यूनीकॉर्न

# हिन्दी शब्दकोश

यूनीकॉर्न

# हिन्दी शब्दकोश


*सम्पादक*

**डॉ. सच्चिदानन्द शुक्ल**

*एम.ए. पी-एच.डी. (हिन्दी), साहित्य रत्न (संस्कृत)*

*शब्द संकलन*

**लक्ष्मीकान्त उपाध्याय**

*एम.ए.*



**यूनीकॉर्न बुक्स**

प्रकाशक

**यूनीकॉर्न बुक्स**

F-2/16, अंसारी रोड, दरियागंज, नई दिल्ली-110002

☎ 23275434, 23262683, 23250704 • Fax: 011-23257790

ई-मेल: info@unicornbooks.in • वेबसाइट: www.unicornbooks.in

**शाखा : मुम्बई**

23-25, जाओबा वाड़ी, ठाकुरद्वार, मुम्बई-401002

☎ 022-22010941, 022-22053387

ई-मेल: rapidex@bom5.vsnl.net.in



ISBN: 978-81-7806-216-7

*हिन्दी शब्दकोश*

**संस्करण** : 2017



मुद्रकः परम ऑफसेटर्स, ओखला, नई दिल्ली-110020

# सम्पादकीय

'कोश' या 'कोष' शब्द का अर्थ है– खजाना, भण्डार, एकत्रिकरण आदि। किन्तु सामान्य रूप से आर्थिक क्षेत्र जैसे– खजाना, धन आदि के लिए 'कोष' तथा अन्न भण्डार या शब्द भण्डार के लिए 'कोश' शब्द का चलन है। वैसे, दोनों शब्दों का अर्थ एक ही है। 'शब्दकोश' में शब्दों एवं उनके प्रयोगों के उपचार आदि का प्रस्तुतिकरण होता है।

अच्छा 'कोश' वह होता है, जिसमें पाठक या जिज्ञासु के लिए आवश्यकतानुसार वे सब सूचनाएँ मिल जायें, जिनकी उसे आवश्यकता है, जैसे– शब्द का अर्थ, उसका मूल भाषा स्रोत, उसका वाक्य में सही प्रयोग आदि। इस प्रकार पाठक को सूचना या जानकारी प्राप्त करने में किसी प्रकार की कोई कठिनाई नहीं होनी चाहिए अर्थात् पाठक उसे वहीं प्राप्त कर सके, जहाँ वह प्राप्त करने की आशा रखता है। अच्छे 'कोश' में 'कोश' की जरूरतों को ध्यान मे रखकर उस भाषा के शब्दों को तथा उसके सही अर्थों को विधिवत जानने वाला ही यह कार्य ठीक ढंग से कर सकता है, तभी शब्द के अर्थ को प्रामाणिकता मिलती है। 'कोश' में नवीनतम सामग्री यथा– विषय, वस्तु, शब्द, अर्थ का प्रयोग, वर्तनी की एकरूपता, प्रचलित एवं ऐतिहासिक वर्तनियों के प्रयोग तथा उनमें अर्थ–परिवर्तन आदि का विवरण देने से 'कोश' अच्छा व प्रामाणिक बनता है। उदाहरणार्थ– मध्ययुग में 'साहसी' शब्द डाका डालने वाले, लुटरों, चोरों आदि के लिए प्रयुक्त होता था, किन्तु वर्तमान में उसका अर्थ 'निडर' के अर्थ में प्रयुक्त हो रहा है और उसी के आधार पर नया शब्द 'दुस्साहसी' बुरे अर्थ में प्रयुक्त हो रहा है।

प्रस्तुत शब्दकोश में उपर्युक्त विशेषताओं को यथासम्भव, यथास्थान प्रस्तुत किया गया है। वर्तनी की एकरूपता और शुद्धता किसी भी शब्दकोश का प्राण है, क्योंकि शब्दकोश में लिखित 'वर्तनी' के आधार पर ही पाठक, विद्यार्थी आदि शुद्ध शब्द लिखना, पढ़ना जानते हैं। एक भी शब्द यदि गलत लिख दिया गया तो वही प्रामाणिक होकर अशुद्ध रूप में चलन में आ जाता है और उक्त भाषा विकृत हो जाती है। अब 'ठण्ढ' शब्द को लें। यह शब्द प्राय: सभी शब्दकोशों, पुस्तकों आदि में 'ठण्ड' के रूप में लिखा-पढ़ा जा रहा है। प्रस्तुत शब्दकोश में शुद्ध शब्द 'ठण्ढ' ही लिखा गया है। यह विडम्बना है कि वर्तमान समय तक हिन्दी भाषा की देवनागरी लिपि में शुद्ध वर्तनी लिखने की समस्या ज्यों की त्यों बनी हुई है। देवनागरी लिपि की मात्राओं के लिए कवर्ग, चवर्ग, टवर्ग, तवर्ग और पवर्ग के पंचम वर्ण की मात्राओं का उपयोग अब नहीं के बराबर हो रहा है। मात्र संस्कृत भाषा के कुछ विद्वान् ही इन मात्राओं का प्रयोग कर रहे हैं। इनकी मात्राओं के लिए केवल अनुस्वार ( ं ) जैसे गङ्गा / गङ्गा शब्द के लिए गंगा (कवर्ग), चञ्चल शब्द के लिए चंचल (चवर्ग), ठण्ढ शब्द के लिए ठंढ (टवर्ग), तन्तु शब्द के लिए तंतु (तवर्ग), पम्पा शब्द के लिए पंपा (पवर्ग) लिखा जा रहा है, जो चिन्तनीय है। यही प्रयोग होता रहा, तो भविष्य में पंचम वर्ण की ङ्, ञ, ण्, न् तथा म् की मात्राएँ विलुप्त हो जायेंगी या इन्हें वर्णमाला में से ही निकाल देना पड़ेगा।

अनुनासिक ( ँ ) को भी तिलांजलि देकर अनुस्वार ( ं ) की मात्रा का प्रयोग अनेक विद्वान, लेखक, प्रकाशक, सम्पादक व विद्यार्थी धड़ल्ले से कर रहे हैं। उदाहरणार्थ उपलब्धियाँ के स्थान पर उपलब्धियां, आवश्यकताएँ के स्थान पर आवश्यकताएं आदि। हंस और हँस में कोई भेद ही नहीं रह गया है। इससे भी हिन्दी भाषा दूषित हो रही है।

कुछ समस्या टंकण सम्बन्धी भी है। कम्प्यूटर या लेटर टाइप कम्पोजिंग के लिए जो अक्षर बने हैं, उनमें प्राय: संयुक्ताक्षर मात्राओं वाले अक्षर उन फाण्टों में नहीं हैं। इस कारण से भी 'कवर्ग' की

संयुक्ताक्षर मात्राओं यथा– कङ्क, खङ्ग, गङ्गा, कङ्घी का टंकण नहीं हो पाता है।

अतः इनकी मात्राओं के लिए अनुस्वार ( ं ) लगाकर काम चला लिया जाता है। हालाँकि यह उचित नहीं है और आधुनिक कम्प्यूटरों के फाण्टों में इसकी व्यवस्था होनी चाहिए। कम्प्यूटर के कुछ फाण्टों यथा–चाणक्य, नारद, नयी दिल्ली आदि में इन संयुक्ताक्षर मात्राओं को दिया गया है, जिसका उपयोग किया जा सकता है और जो संयुक्ताक्षर मात्राएँ नहीं हैं, उनको विभिन्न नम्बरों से मिलाकर बनाया जा सकता है। अँग्रेजी भाषा से आये हुए शब्दों को तो हिन्दी में लिखने पर इतना अशुद्ध प्रयोग हो रहा है कि क्या कहा जाये। और यह प्रयोग कुछ विशेष हिन्दी विद्वानों और कम पढ़े-लिखे व्यक्तियों द्वारा भी हो रहा है। उदाहरणार्थ– टेन्सन, कान्ड, सन्स आदि। जबकि नियमानुसार हिन्दी भाषा की देवनागरी लिपि में लिखे जाने पर एक वर्ग की मात्रा का चिह्न दूसरे वर्ग में लगाना अशुद्ध है।

इसी प्रकार अरबी, फारसी, उर्दू व अँग्रेजी के शब्दों को देवनागरी लिपि में लिखे जाने पर उन शब्दों में आवश्यकतानुसार अधोबिन्दु लगाने का मसला है। कुछ हिन्दी के विद्वान् अधोबिन्दु ( . ) अवश्य ही लगाने के पक्षपाती हैं और कुछ विद्वान् नहीं। अब इसमें सबसे बड़ी समस्या यह है कि सभी हिन्दी भाषियों को यह ज्ञान नहीं कि किस शब्द में अधोबिन्दु लगाया जाये और किसमें नहीं। यहाँ तक कि अनेक हिन्दी एवं अरबी-फारसी के विद्वान् भी इस सम्बन्ध में चकरा जाते हैं। उदाहरणार्थ– जाकिर लिखा जाये या ज़ाकिर, सरफराज़ लिखा जाये या सरफराज। यही नहीं, बाग़ और बाग ये दोनों शब्द फ़ारसी के हैं, किन्तु एक में नुक्ता (अधोबिन्दु) लगाने से अर्थ ही बदल जाता है। बाग का अर्थ है घोड़ों की रास या लगाम और बाग़ का अर्थ है बगीचा, मुर्गे की बाग। यह एक विकट समस्या है। अरबी-फ़ारसी ही नहीं, अँग्रेजी के कुछ शब्दों को भी देवनागरी लिपि में लिखने में हिन्दी के वर्तनी के अनुसार लिखना पड़ता है। यह बात बहुत कम लोगों को मालूम है। उदाहरण के लिए जिराफ़, रिलीफ़, इम्पीरियलिज़्म, इनफ्लएंज़ा, एग्ज़िबिशन आदि।

प्रस्तुत पुस्तक में यथास्थान इसका ध्यान रखा गया है। इस पुस्तक में हिन्दी भाषा में प्रचलित विदेशी शब्दों जैसे– अरबी, फारसी, अँग्रेजी आदि को उचित मात्रा में सम्मिलित किया गया है, जो शब्द हिन्दी में लिखे जाने, बोलने और कामकाज में घुलमिल कर प्रयुक्त हो रहे हैं। कामर्स, अर्थशास्त्र, विज्ञान, प्रशासनिक आदि शब्दों को भी इस शब्दकोश में लिया गया है, जिसके कारण यह शब्दकोश व्यावहारिक व प्रामाणिक बन गया है। यही सब बातें इस शब्दाकोश की विशेषता हैं।

सम्पादक और लेखक की कुछ सीमाएँ होती हैं। इन्हें प्रकाशक के मूड व रुचि का भी विशेष ध्यान रखना होता है। इसलिए पंचम वर्ण के मात्र टवर्ग, तवर्ग और पवर्ग की मात्राओं को ही इस शब्दकोश में स्वीकार किया गया है, शेष कवर्ग तथा चवर्ग की मात्राओं के लिए अनुस्वार ( ं ) को ही लिया गया है। इस प्रकार अपनी मति व बुद्धि के अनुसार यथासम्भव शब्दों के शुद्ध रूप, शब्दों से सम्बन्धित मुहावरे आदि को इस शब्दकोश में स्थान दिया गया है। यह ध्यान रखा गया है कि यह 'शब्दकोश' बाज़ार में बिकने वाले अन्य शब्दकोशों की तुलना में विशेष और उत्कृष्ट बन सके। किसी भी पुस्तक के प्रथम संस्करण में विशेष सावधानी के बाद भी कुछ त्रुटियों का होना सम्भावित होता है। यह बात इस शब्दकोश पर भी लागू होती है। विद्वान पाठकों व अनुसन्धित्सुओं से निवेदन है कि वे उक्त त्रुटियों के बारे में हमें सूचित करें, ताकि उनका सुधार किया जा सके। इस शब्दकोश के शब्द संकलनकर्ता श्री लक्ष्मीकान्त उपाध्याय ने बड़े परिश्रम व मनोयोग से शब्दकोश का लेखन किया है।

आशा है, यह शब्दकोश विद्यार्थियों, जिज्ञासु पाठकों एवं विद्वानों में लोकप्रिय होगी।

दीपपर्व (सन् 2010) **डॉ. सच्चिदानन्द शुक्ल**
विक्रम संवत् 2067 *सम्पादक*
नयी दिल्ली

# भूमिका

अँग्रेजी भाषा में जो स्थान 'डिक्शनरी' को प्राप्त है, वही हिन्दी में शब्दकोश को। इससे ऐसा प्रतीत होता है कि इस ग्रन्थ में शब्द भण्डार पर ही अति बल दिया जाता है। अँग्रेजी का 'डिक्शन' शब्द अति व्यापक है। इसका अभिप्राय यह है कि शब्द-चयनाधारित शैलीगत प्रयोग कैसे होता है। इस प्रयोग का ज्ञान कराना **व्याकरण** का कार्य है। शैली में अर्थ का विशेष महत्त्व है। इस प्रकार **डिक्शनरी** मात्र **शब्दकोश** नहीं। इसे सही अर्थों में शब्दार्थ कोश कहा जाये तो यह किसी सीमा तक उचित है। फिर भी रूढ़ार्थ में शब्दकोशान्तर्गत व्याकरणिक संकेत एवं अर्थच्छटाएँ सन्निहित हैं।

कोश में शब्द-चयन एक समस्या है। परम्परानुसार शब्दकोश में सब प्रकार के प्रचलित शब्दों का प्रयोग होना चाहिए, केवल साहित्यिक शब्दावली का ही नहीं। वैसे हिन्दी शब्द सागर, मानक हिन्दीकोश तथा बृहत् हिन्दीकोश ये तीन साहित्य के प्रामाणिक कोश हैं। इनमें आधुनिक हिन्दी शब्दावली के संग्रह पर कोई विशेष ध्यान नहीं दिया गया है। इसमें एक ओर ज्ञान-विज्ञान, दर्शन, मनोविज्ञान, भूगोल आदि की शास्त्रीय शब्दावली का अभाव है तथा दूसरी ओर हिन्दी की अन्य बोलियों के शब्द भर दिये गये हैं। कबीर, सूर, तुलसी आदि के काव्यगत शब्द संग्रहीत हैं। मानक हिन्दी कोश में बहुत से अप्रचलित शब्द एकत्र कर दिये गये हैं। सीमित चलन वाले शब्दों की भी भरमार देखी जाती है। अन्य कवियों एवं लेखकों की शब्दावलियों का संग्रह भी अत्यावश्यक है। विदेशी भाषाओं के कोश अलग हैं। प्राचीन, मध्यकालीन तथा अर्वाचीन भाषा कोश भी अलग हैं। रेडियो, दूरदर्शन, पत्र-पत्रिकाओं एवं शिक्षा-दीक्षा की प्रचलित भाषा के व्यावहारिक शब्दों का संकलन अत्यावश्यक है। प्रस्तुत कोश अर्वाचीन प्रचलित एवं व्यापक हिन्दी भाषा का मानक शब्दकोश है।

**शब्द-चयन एवं स्रोत**—शब्द-चयन की दृष्टि से विचार किया जाये तो हमें हिन्दी में अनेक लघु-दीर्घ शब्दकोश मिलते हैं। उन्नीसवीं शताब्दी में प्रकाशित कोशों में एक हजार से पाँच हजार तक शब्द थे। वे छात्रोपयोग की दृष्टि से रचे गये। बीसवीं शताब्दी में अनेक शब्दकोश रचे गये, जिनमें नागरी प्रचारिणी सभा, काशी ने उस समय तक प्राप्त हिन्दी के शब्द भण्डार संग्रह करके 'हिन्दी शब्द सागर' नामक कोश प्रकाशित किया, जिसे साहित्य कोश जगत् में मील का पत्थर कहा जा सकता है। इसके अनन्तर शब्दकोश निर्माण इसी शैली पर हुआ। 'हिन्दी शब्द सागर' के प्रथम संस्करण में एक लाख शब्द थे तथा आज वे ढाई लाख हैं। इतने पर भी आधुनिक ज्ञानविज्ञान की शब्दावली न के बराबर आ पायी है। हिन्दी के अमानक शब्दों से संख्या तो बढ़ गयी, अनेक बोलियों के शब्दकोश भी प्रकाशित हुए, अनेक लेखकों की शब्दावली का संग्रह कर लिया गया। संस्कृत, उर्दू कोशीय शब्द भी ग्रहण कर लिये गये। प्रस्तुत कोश में शब्द चयन विधि पृथक् है। प्रस्तुत कोश आधुनिक मानक

हिन्दी का है, इसमें चलताऊ बोलियों के साथ परिनिष्ठित हिन्दी शब्दों का चयन किया गया है। तत्सम, तद्भव, देशी एवं विदेशी बोलियों के हिन्दी में प्रयुक्त होने वाले शब्दों का संग्रह करने का प्रयास किया गया है। कुछ अरबी-फारसी के शब्द भी लिये गये हैं लेकिन नेत्र बन्द करके नहीं। अन्य भाषाओं के जो शब्द हिन्दी साहित्य में प्रयुक्त होते रहे हैं, उन्हें इस कोश में स्थान दिया गया है। परिशिष्ट में पारिभाषिक शब्दावली का संग्रह किया गया है, जिसमें विशेष रूप से आवश्यक व्यावहारिक बैंकिंग शब्दावली विज्ञान व कम्प्यूटर आदि की शब्दावली दी गयी है।

कुछ विशेष प्रचलित शब्द ऐसे हैं, जिन्हें अनेक भाषित एवं लिखित स्रोतों से संग्रहीत किया गया है। संस्कृत, अरबी, फारसी तथा अँग्रेजी भाषा से आगत शब्दों के साथ हिन्दी के तद्भव एवं देशज शब्दों का भी संग्रह यहाँ हुआ है। प्रकाशकीय सीमा के कारण हमने अति विस्तार से बचने का प्रयास किया है।

**व्याकरणिक कोटि संकेत**—संज्ञा, सर्वनाम, विशेषण, क्रिया, क्रिया-विशेषण, सम्बन्ध बोधक, समुच्चय बोधक तथा विस्मयादि शब्द– ये आठ शब्द भेद हैं। कोश में संज्ञा को स्त्रीलिंग तथा पुल्लिंग दो भेदों में स्त्री० तथा पु० रूप में दर्शाया गया है। क्रिया के भेद सकर्मक एवं अकर्मक (सक० अक०) रूप में दिखाये गये हैं। प्रेरणार्थक क्रिया या द्विकर्मक क्रियाओं को क्रमशः (प्रे० क्रि०, द्वि० क्रि०) के रूप में प्रदर्शित किया गया है। विशेषण एवं क्रिया-विशेषणों को प्रकट करने में भी परम्परा का निर्वाह किया गया है, इनकी अधिक जानकारी आगामी संस्करण में दी जायेगी।

**अर्थभेद**—अर्थ प्रकट करने में पर्याय, अन्य भाषा समान शब्द तक दिया गया है। अर्थ में सरल भाषा का प्रयोग किया गया है। अपनी ओर से प्रस्तुत कोश में दोषों से बचने का प्रयास किया गया है। इसका मूल्यांकन पाठकों की सूक्ष्म अर्थग्राहिणी दृष्टि ही कर सकेगी, भाषा के शब्द-शरीर को विधिपूर्वक खोला गया है तथा उसकी आत्मा 'अर्थ' को सुस्पष्ट कर प्रस्तुत किया गया है। इस कार्य हेतु नये, पुराने अनेक कोशों की सहायता ली गयी है। एतदर्थ हम उन कोश सम्पादकों के हृदय से आभारी हैं, साथ ही हम इसकी मौलिकता एवं नूतनता को अपने सुधी एवं ज्ञानपिपासु पाठकों को समर्पित करते हैं।

**विजयादशमी** **—लक्ष्मीकान्त उपाध्याय**
**2010 ईसवी**

# शब्दकोश प्रयोग विधि

**अक्षरक्रम–**

कोश में आदि अक्षरक्रम वही रखा गया है जो देवनागरी वर्णमाला का है–अ आ इ ई उ ऊ ए ऐ ओ औ क ख ग घ ड. च छ ज झ ञ ट ठ ड ढ ण त थ द ध न प फ ब भ म य र ल व श ष स ह

**विशेष–**

1. अं/अँ, अः को पृथक से अक्षर न मानकर इन्हें अ में ही सम्मिलित किया गया है।

2. ङ ञ ण से एकाध शब्द आरम्भ होता है, अतः इन्हें यथास्थान यथोचित सम्मान दिया गया है।

अन्य अक्षर क्रम इस प्रकार रखा गया है–

अं/अँ, अः, अक, अख, अग, अघ, अछ, अज, अझ, अट, अठ, अड, अढ, अत, अथ, अद, अध, अन, अप, अफ, अब, अभ, अम, अय, अर, अल, अव, अश, अष, अस, अह। इस क्रम के अनन्तर उस आदि अक्षर के साथ मात्राएँ लगने का क्रम इस प्रकार होगा, यथा–का कि की कु कू कृ के कै को कौ। मात्राओं के उपरान्त संयुक्त अक्षर अपने क्रम से होंगे, यथा–क्क, क्ख, क्च, क्त, क्थ, क्न, क्प, क्म, क्य, क्र, क्ल, क्व, क्श, क्ष, क्ष (क्ष) क्स। जैसा कि आपको विदित है–क्ष त्र ज्ञ संयुक्ताक्षर हैं, अतः क्ष को क के साथ, त्र को त के साथ तथा ज्ञ को ज के साथ रखा जा रहा है।

अर्थ स्पष्टीकरण वाक्यांश, वाक्यप्रयोग, पदबन्ध आदि का सहारा लिया गया है। जहाँ किसी शब्द का समानार्थी पूर्व में दिया जा चुका है, उसके लिए देखिए (दे०) के आगे पूर्व वर्णित समानार्थी का वही रूप दे दिया गया है। शब्द प्रविष्टि के उपरान्त, जिस भाषा से वह शब्द आया है, उस भाषा का संक्षेप में संकेत इस प्रकार किया गया है–संस्कृत (सं०), अरबी (अ०), फ़ारसी (फ़ा०), अँग्रेजी (अं०), रूसी (रू०), तुर्की (तु०) तथा फ्रांसीसी (फ्रां०) आदि।

प्रस्तुत कोश में प्रत्येक शब्द हेतु व्याकरणिक कोटि संकेत यथास्थान किया गया है। स्त्री० पु० लिखकर संज्ञा के भेद स्पष्ट किये गये हैं। बोली के सुप्रयोज्य शब्दों के सामने सितारा (*) अंकित किया गया है। हिन्दीकृत अँग्रेजी शब्दों के लिए अँग्रेजी रूप को कोष्ठक में रोमन में लिखा गया है।

# संक्षेप एवं संकेत चिह्न

## (व्याकरणिक संक्षेप चिह्न, भाषा-स्रोत एवं विषय-संक्षेप चिह्न)

| | |
|---|---|
| फ्रें० | फ्रेंच |
| मुहा० | मुहावरा |
| ला० | लाक्षणिक |
| पु० | पुल्लिंग |
| स्त्री० | स्त्रीलिंग |
| सर्व० | सर्वनाम |
| अव्य० | अव्यय |
| अँ० | अँग्रेजी |
| हि० | हिन्दी |
| सं० | संस्कृत |
| फा० | फारसी |
| क्रि० | किया |
| वि० | विशेषण |
| अ० | अरबी |
| सां० | सांख्यदर्शन |
| व्या० | व्याकरण |
| म० भ० | महाभारत |
| पुर्त० | पुर्तगाली |
| तु० | तुर्की |
| रू० | रूसी |
| ग० | गणित |
| ज्या० | ज्यामिति |
| क्रि०वि० | क्रिया विशेषण |

# अनुक्रम


| अक्षर | पृष्ठांक | अक्षर | पृष्ठांक |
|---|---|---|---|
| अ | 13 | ठ | 300 |
| आ | 84 | ड | 303 |
| इ | 103 | ढ | 307 |
| ई | 109 | ण | 309 |
| उ | 110 | त | 310 |
| ऊ | 135 | थ | 326 |
| ऋ | 137 | द | 328 |
| ए | 138 | ध | 347 |
| ऐ | 141 | न | 355 |
| ओ | 142 | प | 383 |
| औ | 144 | फ | 439 |
| क | 147 | ब | 446 |
| ख | 202 | भ | 465 |
| ग | 217 | म | 478 |
| घ | 238 | य | 524 |
| ङ | 245 | र | 531 |
| च | 245 | ल | 552 |
| छ | 266 | व | 569 |
| ज | 273 | श | 627 |
| झ | 291 | ष | 654 |
| ञ | 295 | स | 655 |
| ट | 295 | ह | 702 |


## परिशिष्ट


1. बैंकिंग शब्दावली और अँग्रेजी पर्याय 718
2. भारतीय संविधान विषयक हिन्दी शब्दावली एवं अँग्रेजी पर्याय 744
3. कुछ पदनाम 759
4. विज्ञान शब्दावली 760

# अ

**अ** देवनागरी और संस्कृत वर्णमाला का पहला अक्षर और स्वर वर्ण। उच्चारण स्थान कण्ठ।

**अंक** पु० *(सं०)* गोद; बगल; लिखावट; अदद; छाप; चिह्न; संख्या 1 से 9 तक; अक्षर।

**मुहा० अंक देना** गले लगाना। **अंक लगाना** गले लिपटाना, गले लगाना।

**अंकक** पु० *(सं०)* हिसाब लिखने वाला।

**अँकटा** पु० कंकड़ या पत्थर का छोटा टुकड़ा।

**अँकड़ी** स्त्री० टेढ़ी कटिया; एक प्रकार की लता।

**अँकना** अ० क्रि० अंकित होना। स० कि० आँकना।

**अंकनी** स्त्री० एक प्रकार की लेखनी; पेंसिल।

**अंकम** पु० गोद, अंक।

**अँकरा** पु० एक तरह की घास; कंकड़ का टुकड़ा।

**अँकरास** पु० आलस्य; शैथिल्य; देह का टूटना।

**अँकरी** स्त्री० एक प्रकार की घास।

**अँकरोरी, अँकरौरी** स्त्री० कंकड़ी; कंकड़ आदि का बहुत छोटा टुकड़ा।

**अँकवार** स्त्री० आलिंगन; अंक; गोद।

**अंकांक** पु० *(सं०)* पानी, जल।

**अँकाई** स्त्री० अनुमान लगाना, अन्दाजा; कूत।

**अँकाना** स० क्रि० अन्दाजा लगवाना; अनुमान लगवाना।

**अंकित** वि० *(सं०)* लिखित; चिह्नित; चित्रित; गिना हुआ।

**अंकित**मूल्य पु० *(फेस वैल्यू)* प्रत्यक्ष मूल्य; वह मूल्य जो किसी मुद्रा, ऋणपत्र आदि पर अंकित हो पर जो विशेष कारणों, स्थितियों में घटता-बढ़ता रहे।

**अंकिल** वि० अंकित, दागवाला।

**अँकुड़ा** पु० लोहे का टेढ़ा काँटा; दरवाजे की चूल में ठोका जाने वाला लोहे का पच्चड़।

**अंकुर** पु० *(सं०)* डाभ, अँखुआ, कली।

**अंकुरक** पु० *(सं०)* नया अंकुर; घोंसला; माँद।

**अंकुरण** पु० *(सं०) (जर्मिनेशन)* बीज आदि का अंकुरित होना; किसी वस्तु की उत्पत्ति होना।

**अँकुरना, अँकुराना** अ० क्रि० बीज से अंकुर का निकलना, अँखुआ फूटना।

**अंकुरित** वि० *(सं०)* नया अंकुर या अँखुआ आया हुआ हुआ; प्रस्फुटित।

**अँकुरी** स्त्री० वह बीज, जिसमें भिगोने के कारण अंकुर निकल आये हों।

**अंकुश** पु० *(सं०)* हाथी रोकने का लोहे का काँटा, नियन्त्रण; दबाव; रोक।

**अंकुशी (शिन्)** वि० *(सं०)* अंकुशवाला; अंकुश की सहायता से काबू में करने वाला।

**अँकुसी** स्त्री० लोहे की टेढ़ी की हुई कील, हुक।

**अंकेक्षक** पु० *(सं०)* बही-खातों की जाँच- पड़ताल करने वाला अधिकारी।

**अंकेक्षित लेखा** पु० *(ऑडिटेड एकाउण्ट)* वह लेखा या हिसाब जिसके आय-व्यय के आँकड़ों की जाँच आदि लेखा-परीक्षक द्वारा कर ली गयी हो।

**अँकोड़ा** पु० बड़ी काँटिया; एक तरह का लंगर।

**अँकोर*** पु० छाक, कलेवा; उपहार; भेंट; अँकवार, गोद; घूस।

**अँकोरना** स० क्रि० गोद में लेना।

**अँकोरी** स्त्री० गोद; आलिंगन।

**अँकोल** पु० *(सं०)* एक पहाड़ी वृक्ष जिसकी छाल दवा के काम आती है।

**अँकोलसार** पु० अंकोल के पेड़ से पैदा होनेवाला विष।

**अँखड़ी** स्त्री० चितवन; आँख।

**अँखमुदनी** पु० आँखमिचौनी।

**अँखाना** अ० क्रि० नाराज होना; रुष्ट होना, अनखाना।

**अँखिया** स्त्री० *आँख; नक्काशी करने की कलम।

**अँखुआ** पु० अंकुर; कल्ला।

**अँखुआना, अँखुवाना** अ० क्रि० अंकुर निकलना।

**अंग** पु० *(सं०)* शरीर के विभिन्न अवयव (हाथ, पैर, नाक, कान, मुँह आदि); भाग (देश या प्रान्त का एक अंग, नाटक का एक अंक)।

**मुहा० अंग उभरना** यौवन पर आना। **अंग**

चुराना संकोच करना। **अंग टूटना** अँगड़ाई आना। **अंग ढीले होना** थक जाना। **अंग मोड़ना** संकुचित होना।

**अंगणा** पु० *(सं०)* आँगन।

**अंगद** पु० *(सं०)* बालि का पुत्र; लक्ष्मण का पुत्र।

**अंगन** पु० *(सं०)* चौक, आँगन; टहलने का स्थान; टहलना; सवारी।

**अँगना**[†] स्त्री० *(सं०)* स्त्री; सुन्दर अंगों वाली स्त्री; कलहप्रिया स्त्री; ।

**अँगना** पु० आँगन।

**अँगनाई**[*] स्त्री० जनानखाने या भीतर का आँगन।

**अँगरखा** पु० अंगा, चपकन, एक प्रकार की लम्बी मर्दाना पोशाक।

**अँगरना**[†] अ० क्रि० नाज-नखरा दिखाना।

**अँगरी**[*] स्त्री० गोह के चमड़े का दस्ताना; कवच।

**अँगरेज़** पु० *(इंग्लिशमैन)* इंग्लैण्ड देश का निवासी।

**अँगरेज़ियत** पु० अँग्रेजी वेश-भूषा या चाल चलन।

**अँगरेज़ी** स्त्री० अँगरेजों की भाषा। वि० अँगरेज का।

**अँगवना**[*] स० क्रि० अंगीकार करना; सहना।

**अंगा** पु० चपकन, अँगरखा।

**अंगार** वि० *(सं०)* लाल। पु० दहकता हुआ पत्थर, अंगारा; कोयला या काष्ठखण्ड; लाल रंग।

**मुहा० अंगार उगलना** उग्रता का परिचय देना, क्रोध में बात करना।

**अंगारकाड़ी**[†] स्त्री० माचिस की तीली; दियासलाई।

**अंगारपेटी**[†] स्त्री० दियासलाई की डिबिया।

**अंगारा** वि० अंगारे जैसा लाल। पु० अग्निखण्ड; दहकता हुआ कोयला, कण्डा आदि।

**मुहा० अंगारा बनाना/होना** गुस्से से लाल होना। **अंगारे फाँकना** दुष्परिणाम वाले कार्य करना। **अंगारे बरसना** बहुत गर्मी पड़ना। **अंगारों पर पैर रखना** जानते हुए भी संकट में पड़ना। **अंगारों पर लेटना** गुस्से में जलना या तड़पना।

**अंगारित** वि० *(सं०)* दग्ध; पूर्ण रूप से जला हुआ। पु० पलाश-कलिका।

**अंगारी** स्त्री० अग्निस्फुलिंग, चिनगारी।

**अंगार्या** स्त्री० *(सं०)* कोयले का ढेर।

**अंगिका** स्त्री० *(सं०)* कंचुकी; अँगिया।

**अँगिया** स्त्री० छलनी; कंचुकी; चोली।

**अँगिराना** अ० क्रि० अँगड़ाना।

**अंगीकरण** पु० *(सं०)* स्वीकार करने की क्रिया; राजी होना, सहमत होना; वादा करना।

**अंगीकार** पु० *(सं०)* स्वीकार; ग्रहण।

**अंगीकृत** वि० *(सं०)* अंगीकार किया हुआ।

**अंगीकृति** स्त्री० *(सं०)* सहमति, मंजूरी, स्वीकृति।

**अँगीठा** पु० आग रखने का पात्र; अँगीठी।

**अँगीठी** स्त्री० अग्निपात्र; बोरसी।

**अंगीभूत** वि० *(सं०)* समाया हुआ; अंग बना हुआ।

**अंगीय** वि० *(सं०)* शरीर-सम्बन्धी; अंग देश- सम्बन्धी।

**अँगुरी**[†] स्त्री० हाथ या पैर की उँगली।

**अंगुल** पु० *(सं०)* एक अंगुल की नाप।

**अंगुलांक** पु० *(फिंगरप्रिण्ट)* उँगलियों के निशान।

**अंगुलि, अँगुली** स्त्री० *(सं०)* उँगली।

**अंगुलिका** स्त्री० *(सं०)* अँगुली, एक तरह की चींटी।

**अंगुल्यग्र** पु० *(सं०)* अंगुली का अगला हिस्सा।

**अंगुल्यस्थि** पु० उँगली की हड्डी।

**अंगुश्त** पु० *(फ़ा०)* उँगली।

**अंगुश्तरी** स्त्री० *(फ़ा०)* अँगूठी।

**अंगुष्ठ** पु० *(सं०)* अँगूठा।

**अंगुष्ठ्य** पु० *(सं०)* अँगूठे का नाखून।

**अँगुसा** पु० अंकुर, अँखुआ।

**अँगुसाना** अ० क्रि० अंकुरित होना।

**अँगूठा** पु. *(सं०)* हाथ या पैर की पहली और सबसे मोटी उँगली।

**मुहा० अँगूठा चूमना** खुशामद करना। **अँगूठा चूसना** मूर्खता का परिचय देना। **अँगूठा दिखाना** अवज्ञा करना। **अँगूठे पर मारना** परवाह न करना। **पत्नी के अँगूठे तले होना** पत्नी के अधीन रहना।

**अंगूरबानी** स्त्री० *(फ़ा०)* अंगूर की खेती का काम।

**अंगूष** पु० *(सं०)* नरकुल; बाण।

**अँगेजना** स० क्रि० सहना; अंगीकार करना।

**अँगेठा** पु०, **अँगेठी** स्त्री० आग जलाने का बोरसा।

**अँगेरना** स० क्रि० स्वीकार करना।

**अंगोच, अंगोचन** पु० *(सं०)* अंगोछा, तौलिया।

**अँगोछा** पु० देह पोंछने का कपड़ा; गमछा।

**अँगोछी** स्त्री० छोटा गमछा।

**अँगोरी** स्त्री० चिनगारी; आग।

**अंगौंगा** पु० अँगऊँ; उपयोग में लाने के पहले अनाज, अन्य किसी वस्तु को धर्मार्थ देवता को चढ़ाने के लिए निकाला गया हिस्सा।

**अँग्रेज** पु० इंग्लैण्ड का रहनेवाला, अँगरेज।

**अँघिया** स्त्री० झीने कपड़े से मढ़ी छलनी।

**अंचति** स्त्री० *(सं०)* अग्नि; हवा।

**अँचरा** पु० आँचल।

**अंचल** पु० *(सं०)* पल्लू, आँचल; नदी का किनारा।

**अँचवन** पु० आचमन।

**अँचवाना** स० क्रि० अचवाना।

**अंचित** वि० *(सं०)* टेढ़ा; जिसकी आराधना की गयी हो; सुन्दर।

**अन्दर** पु० अक्षर, मन्त्र या टोना; एक मुख-रोग।

**अंज** पु० कमल, कंज।

**अंजन** पु० *(सं०)* सिद्धांजन; काजल।

**अंजना** स्त्री० *(सं०)* बिलनी; आँख की पलक पर निकलने वाली फुंसी; हनुमान् की माता।

**अंजर** वि० उज्ज्वल।

**अंजर-पंजर** पु० हड्डी-पसली; ठठरी; शरीर का जोड़।

**अंजल** पु० अंजलि, अन्न-जल।

**अंजलि** स्त्री० *(सं०)* करसम्पुट; अंजलि भर वस्तु।

**अंजली** स्त्री० अंजलि।

**अंजस** वि० *(सं०)* सरल, अकुटिल।

**अंजसा** अ० *(सं०)* साक्षात्; यथावत्; तुरन्त; झटपट।

**अंजसायन** वि० *(सं०)* सीधा जाने वाला।

**अंजहा** वि० अनाज का, अन्न के मेल से निर्मित।

**अंजही** स्त्री० गल्ला मण्डी (अनाज का बाजार)।

**अंजाम** पु० *(फ़ा०)* पूर्ति; समाप्ति, अन्त; फल; नतीजा।

**अंजित** वि० *(सं०)* अंजन-युक्त; आराधित।

**अंजिव** वि० *(सं०)* फिसलने वाला, चिकना।

**अंजी** स्त्री० *(सं०)* शुभकामना, आशीष।

**अंजीर** पुं० *(फ़ा०)* गूलर जैसा फल विशेष।

**अंजुमन** पु० *(फ़ा०)* समिति, सभा, महफिल।

**अँजुरी, अंजुलि, अँजुली** स्त्री० अंजलि।

**अँजोर, अँजोरा** पु० प्रकाश, उजाला।

**अँजोरना** स० क्रि० हरण करना; दीया जलाना।

**अंजोरी** स्त्री० चाँदनी, उजाला। वि०, स्त्री० उजियाली।

**अंझा** पु० छुट्टी का दिन, अनध्याय; नागा।

**अँटकना** अ० क्रि० अटकना।

**अँटना** अ० क्रि० पूरा पड़ना; ठीक आना, समाना, उचित नाप का।

**अण्टसण्ट** वि०, पु० व्यर्थ का, बेकार की बात।

**अण्टा** पु० सूत या रेशम का लच्छा; बड़ी गोली।

**अण्टाचित** वि० पूर्णतः पराजित; पूरी तरह चित; बेसुध; नशे में चूर; स्तब्ध, बेकार, बर्बाद।

**अँटाना** स० क्रि० कोई वस्तु इस तरह बाँटना या देना कि सबको मिल जाये, कम न पड़े।

**अँटिया** स्त्री० लकड़ियों, घास आदि का पूला, मुट्ठा।

**अण्टी** स्त्री० अटेरन; दो उँगलियों के बीच की जगह; कमर के ऊपर लपेटी गयी धोती; गाँठ; टेण्ट।

**अँटौतल** पु० कोल्हू में जुते हुए बैल के मुख, आँखों पर लगाये जानेवाले ढक्कन।

**अँठई** स्त्री० कुत्तों आदि के बदन में चिपटे रहनेवाले छोटे कीड़े, किलनी।

**अँठली** स्त्री० नवोढ़ा का उभरता हुआ स्तन।

**अण्ठी** स्त्री० गिल्टी; गाँठ; गुठली; अण्ठली।

**अण्ड** पु० *(सं०)* वीर्य; अण्डा; फोता, अण्डकोश; ब्रह्माण्ड।

**अण्डक** पु० *(सं०)* अण्डकोश; छोटा अण्डा।

**अण्डजेश्वर** पु० *(सं०)* गरुड़।

**अण्डबण्ड** वि० बे-सिर-पैर का; शृंखलाहीन, ऊटपटांग।

**अण्डरग्रेजुएट** पु० *(अं०)* पूर्व स्नातक।

**अण्डरना** अ० क्रि० रेड़ना, धान का बाल निकलने की अवस्था पर पहुँचना।

**अण्डरवियर** *(अँ०)* अधोवस्त्र (जाँघिया)।

**अण्डस** स्त्री० अड़चन; कठिनाई; रुकावट।

**अण्डसना** अ० क्रि० कठिनाई में फँसना।

**अण्डा** पु० गोलाकार पिण्ड जिसमें से साँप, मछली, चिड़िया आदि का बच्चा निकलता है। **मुहा० अण्डा खटकना** अण्डे का टूटना। **अण्डा ढीला हो जाना** थक जाना; शिथिल होना; कमजोर या बीमार होना; दिवालिया होना। **अण्डा फूटना** अण्डे से बच्चे का बाहर निकलना। **अण्डा सेना** पक्षियों का अपने अण्डे पर बैठकर गर्मी पहुँचाना; घर में बैठे रहना। **अण्डे बच्चे** औलाद, सन्तान।

**अण्डे सरकना** हाथ-पैर हिलाना।
**अण्डाकर्षण** पु० *(सं०)* जननशक्ति समाप्त करना; नपुंसक बनाना; बधिया करना।
**अण्डाकार, अण्डाकृति** वि० *(सं०)* गोलाकार, गोल आकार का; अण्डे की आकृति वाला।
**अण्डाणु** पु० *(सं०)* डिम्ब, स्त्रीबीज।
**अण्डाशय** पु० मादा प्राणियों में डिम्ब के विकसित होने का स्थान(ओवरी)।
**अण्डी** स्त्री० एक रेशमी कपड़ा; एरण्ड का पेड़ अथवा उसका बीज।
**अण्डीर** वि० *(सं०)* बली। पु० जवान पुरुष।
**अन्तः** वि० *(सं०)* 'अन्तर' का समासगतरूप, भीतरी, आपसी।
**अन्त** पु० *(सं०)* अन्तिम भाग; सीमा; छोर; मृत्यु।
**अन्तक** पु० मारण। वि० नाशक।
**अन्तकर्म** पु० नाश, अन्त्येष्टि।
**अन्तकाल** पु० *(सं०)* मारण।
**अँतड़ी** स्त्री० आँत।
**अन्ततः** अ० *(सं०)* अंशतः; भीतर; अन्त में।
**अन्ततोगत्वा** अ० *(स०)* आखिरकार, अन्त में; निदान।
**अन्तम** वि० *(सं०)* अति समीपी।
**अन्तरंग** पु० *(सं०)* शरीर के सबसे भीतर के अंग (हृदय, मन, मस्तिष्क), परम, आत्मीय।
**अन्तर** पु० *(सं०)* फर्क; आशय; मन; आत्मा।
**अन्तरण** पु० *(सं०)* *(ट्रांसफरेंस)* किसी वस्तु, धन आदि का एक के खाते या हाथ से दूसरे के खाते या हाथ में जाना; तबादला।
**अन्तरतम** पु० *(सं०)* सबसे भीतर का भाग; हृदय; दिल की गहराई।
**अन्तरस्थ** वि० *(सं०)* अन्त का, संस्कृत व्याकरण में य र ल व चार वर्ण।
**अन्तरपट** पु० *(सं०)* पर्दा, ओट।
**अन्तरज्ञ** वि० *(सं०)* विशेषज्ञ, मर्मज्ञ।
**अँतरा*** पु० बीच, अन्तर।
**अन्तराकृत** पु० *(सं०)* गुप्त अभिप्राय।
**अन्तरागम** पु० *(इम्फ्लेक्स)* जलराशि, जन-समूह का भीतर आना।
**अन्तरात्मा** स्त्री० *(सं०)* जीवात्मा; अन्तःकरण।
**अँतराना** स० क्रि० छिपाना; अलग करना।
**अन्तरापत्या** वि० स्त्री० *(सं०)* गर्भवती स्त्री।
**अन्तराय** पु० *(सं०)* बाधा; अड़चन; मन की एकाग्रता में बाधक बातें।
**अन्तरायण** पु० *(सं०)* नजरबन्द।
**अन्तराल** पु० *(सं०)* मध्यवर्ती स्थान या काल; बीच; भीतर का भाग; दो बिन्दुओं, कालों के मध्य का अवकाश, घेरा, रिक्त स्थान।
**अन्तरावधि** स्त्री० *(सं०)* बीच का समय।
**अन्तरावरोधित** वि० *(इण्टरसेप्टेड)* जिसे बीच में रोक लिया गया हो।
**अन्तरिक्ष** वि० *(सं०)* अदृश्य। पु० आकाश, स्वर्ग।
**अन्तरिख, अन्तरिच्छ** पु० अन्तरिक्ष।
**अन्तरित** वि० *(सं०)* अदृश्य, छिपा हुआ; एकान्तरित।
**अन्तरिम** वि० *(इण्टेरिम)* अन्तिम निर्णय से पूर्व का अस्थायी; बीच की अवधि का, मध्यवर्ती।
**अँतरिया** वि० एक दिन के अन्तर से आने वाला ज्वर।
**अन्तरीप** पु० *(सं०)* *(केप)* भूमि का नुकीला भाग जो समुद्र में दूर तक चला गया हो, रास; टापू।
**अन्तरीय** वि० *(सं०)* भीतर का। पु० अँतरौटा।
**अन्तरे** अ० *(सं०)* मध्य में।
**अँतरौटा** पु० बारीक साड़ी के नीचे पहनने का कपड़ा, साया, अस्तर।
**अन्तर** अ० *(सं०)* भीतर, बीच में।
**अन्तर्य** वि० *(सं०)* भीतर का, बीच का।
**अन्तश्** 'अन्तर्' का समासगत रूप।
**अन्तस** पु० हृदय, अन्तःकरण।
**अन्तस्** 'अन्तर्' का समासगत रूप।
**अन्तःकोष** पु० *(सं०)* भण्डारघर का भीतरी कक्ष।
**अन्तहपुर** पु० अन्तःपुर, रनिवास।
**अन्तावरी** स्त्री० अँतड़ी।
**अन्तावशायी (यिन्)** पु० अन्तावसायी, नीच।
**अन्तावसायी (यिन्)** पु० *(सं०)* नीच जाति का व्यक्ति।
**अन्ति** स्त्री० *(सं०)* बड़ी बहन।
**अन्तिक** पु० *(सं०)* पड़ोस; नैकट्य, सामीप्य। वि० नजदीकी, पास का; अन्त तक पहुँचने वाला।
**अन्तिका** स्त्री० *(सं०)* भट्ठी; चूल्हा; बड़ी बहन।

**अन्तिकाश्रय** पु० *(सं०)* निकटवर्ती का सहारा।

**अन्तिम** वि० *(सं०)* अन्त का, आखिरी।

**अन्तिमेत्थम्** पु० *(अल्टिमेटम्)* चेतावनी।

**अन्ती** स्त्री० *(सं०)* चूल्हा।

**अन्तेउर, अन्तेवर** पु० अन्तःपुर।

**अन्त्य** पु० *(सं०)* अन्त्यज; अन्तिम चान्द्र मास; शब्द का अन्तिम वर्ण। वि० बाद का; आखिरी; अन्त का।

**अन्त्यज** पु० *(सं०)* नीच जाति का, शूद्र।

**अन्त्या** स्त्री० *(सं०)* अन्त्यज स्त्री; चाण्डाल-स्त्री।

**अन्त्याक्षर** पु० *(सं०)* शब्द या पद का अन्तिम अक्षर।

**अन्त्याक्षरी** स्त्री० *(सं०)* कवितापाठ की वह प्रतियोगिता जिसमें पहले पढ़े हुए कविता के अन्तिम अक्षर से आरम्भ होनेवाला कविता पढ़ना होता है।

**अन्त्याश्रम** पु० *(सं०)* संन्यासाश्रम; अन्तिम-आश्रम।

**अन्त्याश्रमी (मिन्)** पु० *(सं०)* संन्यासी।

**अन्त्येष्टि** स्त्री० *(सं०)* मरने के बाद किया जानेवाला मृतकर्म।

**अन्त्र** पु० *(सं०)* आँत।

**अन्त्री** स्त्री० *(सं०)* अँतड़ी।

**अन्दर** अ० *(फ़ा०)* भीतर। पु० दिल; मन।

**अन्दरसा** पु० एक प्रकार की मिठाई।

**अन्दरूनी** वि० *(फ़ा०)* भीतरी, अन्दर का।

**अन्दाज** पु० *(फ़ा०)* अनुमान; अदा; हाव-भाव, अटकल।

**अन्दाजन** अ० *(फ़ा०)* अनुमानतः, अटकल से, लगभग।

**अन्दाजा** पु० *(फ़ा०)* अनुमान, अटकल।

**अन्दिका** स्त्री० *(सं०)* चूल्हा; अँगीठी; बड़ी बहन।

**अँदुआ** पु० हाथी के पैर में डालने की जंजीर।

**अन्देशा** पु० *(फ़ा०)* खतरा-खटका; सन्देह; शंका।

**अन्दोर** पु० शोरगुल; कोलाहल; हल्ला।

**अन्दोह** पु० *(फ़ा०)* दुःख; खटका।

**अन्ध** पु० *(सं०)* नेत्रहीन व्यक्ति; अज्ञान; अन्धकार।

**अन्ध(स्)** पु० *(सं०)* आहार, खाद्य; भात।

**अन्धकार** पु० *(सं०)* अँधेरा, अज्ञान।

**अन्धकाराच्छन्न** वि० *(सं०)* अन्धकार से घिरा हुआ।

**अन्धड़** पु० आँधी, तूफान।

**अन्धर** पु० अन्धकार; अन्धड़।

**अँधरा** वि० अन्धा। पु० अन्धा आदमी।

**अन्धा** पु० दृष्टिहीन प्राणी। वि० बिना आँखों का। **मुहा० अन्धे की लकड़ी, अन्धे की लाठी** दुर्बल का एकमात्र सहारा। **अन्धे के आगे रोये, अपना दीदा खोये** मूर्ख के आगे अपना दुःखड़ा कहना। **अन्धे के हाथ बटेर लगी** अचानक मूल्यवान वस्तु की प्राप्ति। **अन्धों में काना राजा** मूर्खों में अपने को बड़ा समझना।

**अन्धाकुप्प** पु० *(ब्लैकआउट)* गहन अन्धेरा; चिरागगुल।

**अन्धाधुन्ध** स्त्री० घना अन्धकार; अव्यवस्था। अ० बेहिसाब; बिना सोचे-विचारे।

**अन्धानुकरण** पु० *(सं०)* बिना विचारे अनुकरण करना।

**अन्धानुयायी** पु० *(सं०)* बिना सोचे-समझे अनुसरण करने वाला।

**अँधियार, अँधियारा** वि० अँधेरा। पु० अन्धकार।

**अँधियारी, अँधियाली** स्त्री० गहन अँधेरा।

**अन्धी** स्त्री० नेत्रहीन।

**अन्धु** पु० *(सं०)* शिश्न; कुआँ; मेहन।

**अन्धेर** पु० नियम-व्यवस्था का अभाव; अनीति; अन्याय।

**अँधेरा** वि० प्रकाशहीन; अन्धकारमय। पु० नैराश्य; अन्धकार; उदासी; छाया।

**अँधेरिया** स्त्री० कालीरात, अन्धकारमयी।

**अँधोटी** स्त्री० घोड़े या बैल की आँख पर डालने का पर्दा; अनवट।

**अँधौरी** स्त्री० एक प्रकार का चर्मरोग; अम्हौरी।

**अँध्यार** पु० अन्धकार।

**अँध्यारी** स्त्री० अँधियारी, अन्धकारमयी।

**अम्ब** पु० *(सं०)* जल; आम; वेद; स्वर।

**अम्बक** पु० *(सं०)* आँख; पिता; ताँबा।

**अम्बर** पु० *(सं०)* वस्त्र; कपास; आकाश; घेरा, सुगन्धित खनिज।

**अम्बरान्त** पु० *(सं०)* क्षितिज; वस्त्र का छोर।

**अम्बराई** स्त्री० **अँबराव** पु० अमराई।

**अम्बरीष** पु० *(सं०)* अयोध्या का एक सूर्यवंशी राजा; बछड़ा; दाना भूनने का मिट्टी का बरतन; भाड़।

**अम्बल** पु० मादक पदार्थ; खट्टा रस।
**अम्बा** पु० *(सं०)* आम। स्त्री० दुर्गा; माता।
**अम्बायु** स्त्री० *(सं०)* माँ, माता।
**अम्बार** पु० *(फ़ा०)* ढेर, राशि। भण्डार; गोदाम।
**अँबिया** स्त्री० छोटा कच्चा आम, टिकोरा।
**अम्बिली** स्त्री० इमली।
**अम्बु** पु० *(सं०)* जल; रक्त का जलीय तत्त्व।
**अम्बुजाक्ष** पु० *(सं०)* विष्णु। वि० कमल के समान नेत्रोंवाला।
**अम्बुजासन** पु० *(सं०)* ब्रह्मा।
**अम्बुवा** पु० आम।
**अम्बोह** पु० *(फ़ा०)* मजमा; भीड़।
**अम्भ(स्)** पु० *(सं०)* जल; मनुष्य; शक्ति; तेज; आकाश; देवता; पितर; चार की संख्या।
**अम्भनिधि** पु० अम्भोनिधि; समुद्र।
**अम्भोज** पु० *(सं०)* कमल, कपूर, चन्द्रशेखर।
**अम्भोजिनी** स्त्री० *(सं०)* कमलपुष्पों का समूह; कमलिनी।
**अँभौरी** स्त्री० अम्हौरी।
**अम्मि** पु० आम का छोटा फल, अँबिया; अमृत।
**अँवदा** वि० औंधा, जिसका मुँह नीचे की ओर हो।
**अँवरा, अँवला** पु० आँवला।
**अंश** पु० *(सं०)* दिन; भाग; वृत्त की परिधि का 36वाँ भाग; सोलहवाँ भाग।
**अंशतः** अ० *(सं०)* कुछ अंश में, आंशिक रूप से।
**अंशन** पु० *(सं०)* बँटवारा करना, विभाजन।
**अंशल** वि० *(सं०)* हिस्सेदार; असल।
**अंशकान** पु० *(सं०)* विभाग क्रम निश्चित करना, डिग्री लगाना।
**अंशांकित** वि० *(ग्रेडेड)* जिस पर नापने के लिए अंशों के चिह्न बने हों; क्रम से अंकित किया हुआ।
**अंशांश** पु० अंश का अंश, हिस्से का हिस्सा।
**अंशावतार** पु० *(सं०)* वह अवतार जिसमें ईश्वर या देव विशेष की पूरी कला प्रकट न हुई हो।
**अंशी(शिन्)** वि० *(सं०)* हिस्सेदार; सम्पूर्ण; अवतारी।
**अंशु** पु० *(सं०)* छोर; सिरा; सूर्य; किरण; प्रभा।
**अंशुक** पु० *(सं०)* थोड़ा प्रकाश; वस्त्र; सूक्ष्म वस्त्र।
**अंशुमान (मत्)** वि० *(सं०)* प्रभायुक्त; अंशयुक्त।
**अंशुल** वि० *(सं०)* कान्तिवान। पु० चाणक्य।
**अंस** पु० *(सं०)* अंश, कन्धा।
**अंसल** वि० *(सं०)* शक्तिशाली; मजबूत कन्धों वाला।
**अंसु** पु० भाग; अंश; आँसू; कन्धा; किरण।
**अँसुआ, अँसुवा** पु० अश्रु, आँसू।
**अँसुआना** अ० क्रि० आँखों में आँसू भर आना।
**अंह (स्)** पु० *(सं०)* पाप; दुःख; व्यवधान; चिन्ता।
**अंहड़ा** पु० बटखरा।
**अंहति, अंहती** स्त्री० *(सं०)* दुःख; उत्सर्ग; त्याग; दान।
**अंहि** पु० *(सं०)* चरण; वृक्षमूल।
**अ** पु० *(सं०)* ब्रह्मा, विष्णु, शिव, अमृत, वायु।
**अइल** पु० मुँह; छिद्र।
**अउ, अउर** अ० एवं, तथा, और।
**अउहब** वि० अनोखा; अद्वितीय।
**अऊत** वि० सन्तान रहित, निस्सन्तान, अऊत-प्रेत।
**अऊलना** अ० क्रि० जलना; गर्मी पड़ना; तप्त होना।
**अऋजु** वि० *(सं०)* टेढ़ा; अनुचित।
**अऋण, अऋणी (णिन्)** वि० *(सं०)* ऋणमुक्त।
**अएरना** स० क्रि० स्वीकार करना; ग्रहण करना।
**अकण्टक** वि० *(सं०)* व्यवधान से दूर; निर्विघ्न।
**अकण्ठ** वि० *(सं०)* स्वरहीन; कर्कश।
**अकम्प** पु० *(सं०)* स्थिर; गति या कम्पन का न होना।
**अकम्पन** वि० *(सं०)* कम्पन का न होना; स्थिर।
**अकम्पित** वि० *(सं०)* स्थिर; जिसमें कम्पन न हो।
**अकम्पय** वि० *(सं०)* स्थिर; जो कम्पायमान न हो।
**अक** पु० *(सं०)* पाप; कष्ट; दुःख।
**अकच** पु० *(सं०)* केतु ग्रह। वि० गंजा, केशरहित।
**अकचकाना** अ० क्रि० भौंचक या चकित रह जाना।
**अकच्छ** वि० *(सं०)* नंगा, वस्त्रहीन; लम्पट।
**अकटुक** वि० *(सं०)* अक्लान्त।
**अकड़** स्त्री० हठ; ढिठाई; घमण्ड; कड़ापन; ऐंठ।
**अकड़ना** अ० क्रि० घमण्ड करना; ऐंठना; सूखकर कड़ा होना; जिद करना।
**अकड़ाव** पु० ऐंठन; अकड़ने की क्रिया; तनाव।
**अकड़ू** वि० अकड़बाज, अकड़कर चलनेवाला।
**अकड़ैत** वि० अकड़बाज; घमण्डी।
**अकत्थ** वि० न कहने योग्य, अकथ्य।
**अकत्थन** वि० *(सं०)* दर्पहीन, जो घमण्ड न करे।
**अकथ** वि० जो कहा न जा सके।

**अकथनीय** वि० *(सं०)* न कहने योग्य।
**अकथित** वि० *(सं०)* गौण; जो कहा न गया हो।
**अकथ्य** वि० *(सं०)* जो कहा न जा सके; कहने की शक्ति के बाहर।
**अकधक** पु० भय; हिचक; संकोच।
**अकनना** स० क्रि० कान लगाकर सुनना।
**अकना** अ० क्रि० घबड़ाना।
**अकपट** वि० *(सं०)* छलहीन।
**अकबक** वि० निस्तब्ध, चकित। पु० अण्डबण्ड बातें; सुधबुध; चिन्ता, खटका; प्रलाप।
**अकबकाना** अ० क्रि० चकित होना; घबराना; भौचक्का होना।
**अकर** वि० *(सं०)* कर मुक्त; बिना महसूल का; बिना हाथ का; दुष्कर।
**अकरखना*** स० क्रि० खींचना; आकृष्ट करना।
**अकरण** वि० *(सं०)* कर्म न करना, स्वाभाविक, इन्द्रिय रहित।
**अकरणि** स्त्री० *(सं०)* नैराश्य; असफलता।
**अकरणीय** वि० *(सं०)* न करने योग्य।
**अकरन*** वि० अकरणीय; अकारण।
**अकरनीय*** वि० *(सं०)* न करने योग्य; अकरणीय।
**अकरब** पु० अ० बिच्छू; वृश्चिक राशि।
**अकरा** स्त्री० *(सं०)*आमलकी। *वि० खरा; बहुमूल्य।
**अकराय*** वि० निष्प्रयोजन; व्यर्थ।
**अकराम** पु० अ० अनुग्रह, कृपा।
**अकराल** वि० *(सं०)* भयहीन, जो भयंकर न हो; सौम्य; सुन्दर। *वि० भयानक।
**अकरास** पु० सुस्ती; अँगड़ाई; आलस्य।
**अकरासू** वि० स्त्री० गर्भवती, जिसे गर्भ हो।
**अकरी** स्त्री० एक विशेष पौधा; हल में लगा हुआ चोंगा जिससे बीज गिराते हैं।
**अकरुण** वि० *(सं०)* कठोर; करुणा-रहित; निर्दयी।
**अकर्कश** वि० *(सं०)* नरम; मृदु, कोमल।
**अकर्ण** वि० *(सं०)* जिसके कान छोटे हों; कर्णहीन, बहरा; जिसमें पतवार न हो। पु० साँप।
**अकर्णक** वि० *(सं०)* कर्णहीन।
**अकर्तव्य** पु० *(सं०)* अनुचित कर्म। वि० जो करने योग्य न हो, अनुचित।
**अकर्ता (र्तृ)** वि० *(सं०)* जो कर्ता न हो; कर्म न करने वाला; कर्म से अलिप्त (पुरुष)।
**अकर्तृक** वि० *(सं०)* जिसका कोई कर्ता न हो।
**अकर्म (न्)** पु० *(सं०)* कर्म का अभाव; बुरा काम।
**अकर्मण्य** वि० *(सं०)* निकम्मा; आलसी।
**अकर्मा(र्मन्)**वि० *(सं०)*निकम्मा; कर्मरहित; कर्महीन।
**अकर्मी (र्मिन्)** वि० *(सं०)* दुष्कर्म करने वाला, दुष्कर्मी; पापी।
**अकर्षण** पु० *(सं०)* आकर्षण; खिंचाव।
**अकलंक** वि० *(सं०)* कलंकरहित; बेदाग; निर्दोष।
**अकलंकता** स्त्री० *(सं०)* दोषरहित अवस्था।
**अकलंकित** वि० *(सं०)* बेदाग; शुद्ध; निर्दोष।
**अकल** वि० *(सं०)* खण्डहीन; अखण्ड; गुणहीन।
**अकलुष** वि० *(सं०)*निर्दोष, दोषरहित, बेदाग, स्वच्छ।
**अकल्क** वि० *(सं०)* निर्मल; शुद्ध; निष्पाप।
**अकल्कता** स्त्री० *(सं०)* शुद्धता।
**अकल्पनीय** वि० जिसकी कल्पना न की जा सके।
**अकल्पित** वि० *(सं०)* कल्पनारहित; वास्तविक।
**अकल्मष** वि० *(सं०)* शुद्ध; बेदाग; निर्दोष, निष्पाप।
**अकल्य** वि० *(सं०)* सत्य; अस्वस्थ।
**अकल्याण** वि० *(सं०)*अशुभ। पु० अहित; अमंगल।
**अकवन** पु० आक का पेड़।
**अकषाय** *(सं०)* निर्मल; जो कसैला न हो।
**अकसर** वि० *(अ०)* अकेला; अकेले; बहुत अधिक। अ० अधिकतर; बहुधा।
**अकसीर** वि० *(अ०)* अव्यर्थ, अचूक। स्त्री० कीमिया।
**अकस्मात्** अ० *(सं०)* सहसा; अचानक; संयोगवश।
**अकह** वि० अवर्णनीय; न कहने योग्य; अनुचित।
**अकाउण्ट** पु० *(अँ०)* लेखा, हिसाब।
**अकाउण्टेण्ट** पु० *(अँ०)* क्लर्क; मुनीम; लेखाकार।
**अकाज** अ० निष्प्रयोजन, व्यर्थ ही। पु० काम का हर्ज, कार्यहीन; दुष्कर्म; बुरा काम।
**अकाजी** वि० बहुत जरूरी; अकाज करनेवाला।
**अकाट, अकाट्य** वि० न कटने योग्य; अखण्डनीय।
**अकाथ** अ० व्यर्थ; अकारथ। वि० न कहने योग्य।
**अकादमी** पु० *(एकेडमी)* कला, विज्ञान आदि की समुन्नति के लिए स्थापित विद्वानों की परिषद्; ज्ञान-विज्ञान की उच्च संस्था।
**अकाम** वि० *(सं०)*कामनारहित; निष्काम; उदासीन।
**अकामी (मिन्)** वि० *(सं०)* उदासीन; कामहीन।

**अकाय** पु० *(सं०)* परमात्मा; राहु। वि० शरीरहीन।
**अकार** पु० *(सं०)* 'अ' अक्षर की उच्चारण-ध्वनि।
**अकारण** पु० *(सं०)* कारण का अभाव। अ० बेवजह; बेमतलब; बिना कारण। वि० हेतुरहित।
**अकारत, अकारथ** वि० अनुपयोगी; निष्फल; लाभ-रहित। अ० बेकार, व्यर्थ (जाना, होना)।
**अकारन** वि० अ० अकारण।
**अकारान्त** वि० *(सं०)* जिसके अन्त में 'अ' स्वर आये।
**अकाल** पु० *(सं०)* भुखमरी; अशुभ समय; अभाव।
**अकालिक** वि० *(सं०)* असामयिक; बिना समय का।
**अकाव** पु० मदार, आक।
**अकासी** स्त्री० चील; ताड़ी।
**अकिंचन** वि० *(सं०)* दरिद्र; बहुत गरीब; कर्मशून्य।
**अकि** अ० अथवा, फिर।
**अकितव** वि० *(सं०)* निष्कपट; जो जुआरी न हो।
**अकिल** स्त्री० अक्ल, बुद्धि।
**अकिल्वि** वि० *(सं०)* निर्मल; पापरहित।
**अकीक़** पु० *(अ०)* एक बहुमूल्य पत्थर।
**अकीरकित** स्त्री० अकीर्ति; बदनामी।
**अकीर्ति** स्त्री० *(सं०)* अपमान; बदनामी; अपयश।
**अकुण्ठ** वि० *(सं०)* शक्तिशाली; पैना; तीक्ष्ण; स्थिर।
**अकुण्ठित** वि० *(सं०)* कुण्ठा से मुक्त, अकुण्ठ।
**अकुच** वि० बिखरा हुआ।
**अकुटिल** वि० *(सं०)* सरल; सीधा; भोला।
**अकुत्सित** वि० *(सं०)* अनिन्दनीय, जो बुरा न हो।
**अकुलाना** अ० क्रि० व्याकुल होना; घबड़ाना।
**अकुलाहट** स्त्री० घबराहट, ऊब।
**अकुलीन** वि० *(सं०)* कमीना; नीच कुल में उत्पन्न।
**अकुशल** पु० *(सं०)* बुराई, अमंगल; बुरा शब्द। वि० किसी काम में कच्चा, अनाड़ी।
**अकुसीद** वि० *(सं०)* सूद या लाभ न लेने वाला।
**अकुह, अकुहक** पु० *(सं०)* ईमानदार आदमी।
**अकूत** वि० *(सं०)* जिसका अनुमान न लगाया जा सके; बेहिसाब। अ० अकस्मात्, अचानक।
**अकूर्च** वि० *(सं०)* कपटरहित; जिसके दाढ़ी न हो।
**अकूल** वि० *(सं०)* बिना तट का; सीमारहित।
**अकूहल** वि० अनगिनत, अगणित, अत्यधिक।
**अकृत** वि० *(सं०)* जो न किया गया हो, बिगड़ा हुआ।
**अकृतार्थ** वि० *(सं०)* विफल।
**अकृती (तिन्)** वि० *(सं०)* जो दक्ष न हो; अनाड़ी।
**अकृतोद्वाह** वि० *(सं०)* जिसका विवाह न हुआ हो।
**अकृत्य कारी (रिन्)** वि० दुष्कर्मी, कुकर्मी।
**अकृत्रिम** वि० *(सं०)* असली; स्वाभाविक; सच्चा।
**अकृप** वि० *(सं०)* कठोर; दयाहीन; निर्दय।
**अकृपण** वि० *(सं०)* जो कृपण न हो; उदार।
**अकृषिक** वि० जिसका सम्बन्ध कृषि से न हो।
**अकृषित** वि० *(अनकल्टिवेटेड)* बिना जोता हुआ; जो जमीन जोती-बोयी न गयी हो।
**अकेतन** वि० *(सं०)* गृहहीन, बिना घर का, खानाबदोश।
**अकेल** वि० जिसके साथ कोई न हो, अकेला।
**अकेला** पु० निर्जन स्थान; बिना साथी का।
**मुहा० अकेला चना भाड़ नहीं फोड़ सकता** एक के करने से सफलता नहीं मिलती। **अकेली लकड़ी कहाँ तक जले** एक ही व्यक्ति कब तक काम करे।
**अकेले** अ० तनहा; बिना किसी साथी या मित्र के।
**अकेश** वि० *(सं०)* केशरहित; गंजा; अल्प केशयुक्त।
**अकैया** पु० झोला, थैला।
**अकोप** पु० *(सं०)* जिसे क्रोध न हो, क्रोध का अभाव।
**अकोरी** स्त्री० अँकवार, गोद।
**अकोविद** वि० *(सं०)* अनाड़ी; अज्ञानी; मूर्ख।
**अकोसना** स० क्रि० कोसना; भला-बुरा कहना।
**अकौआ** पु० मदार; गले की घण्टी, ललरी।
**अकौशल** पु० *(सं०)* कुशलता की कमी, अदक्षता।
**अक्खड़** वि० अशिष्ट; अभद्र; मूर्ख; जड़; उजड्ड।
**अक्त** वि० *(सं०)* लिप्त; व्याप्त; व्यक्त; भरा हुआ।
**अक्ता** स्त्री *(सं०)* रात्रि।
**अक्त्र** पु० *(सं०)* वर्म, बख्तर, कवच।
**अक्द** पु० *(अ०)* निकाह; विवाह; प्रतिज्ञा; इकरार।
**अक्रान्त** वि० *(सं०)* अपराजित; अविजित।
**अक्रान्ता** स्त्री० *(सं०)* कण्टकारि; बृहती।
**अक्रिय** वि० *(सं०)* निष्क्रिय; निकम्मा; आलसी।
**अक्रीत** वि० *(सं०)* जो खरीदा हुआ न हो।
**अक्रूर** वि० *(सं०)* जो निर्दयी न हो, दयालु।
**अक्रोध** पु० *(सं०)* क्रोधरहित; सहिष्णुता।
**अक्ल** स्त्री० *(अ०)* बुद्धि; मन; समझ।
**मुहा० अक्ल आना** समझ आना। **अक्ल का**

**कसूर होना** समय की कमी होना। **अक्ल का चिराग गुल होना** समझ न आना। **अक्ल का दुश्मन** मूर्ख। **अक्ल का पूरा** मूर्ख। **अक्ल के घोड़े दौड़ाना** ज्यादा कल्पना करना। **अक्ल पर पत्थर पड़ना** समझ नष्ट हो जाना। **अक्ल सठियाना** विवेक नाश होना।

**अक्लान्त** वि० *(सं०)* जो थका न हो।

**अक्लिका** स्त्री० *(सं०)* नील का पौधा।

**अक्लिन्न** वि० *(सं०)* जो गीला या भींगा न हो।

**अक्लिष्ट** वि० *(सं०)* आसान; अक्लान्त; शान्त।

**अक्लेद** पु० *(सं०)* सूखापन।

**अक्लेद्य** वि० *(सं०)* जो भिंगोया न जा सके।

**अक्लेश** पु० *(सं०)* क्लेशहीनता। वि० क्लेशरहित।

**अक्षन्तव्य** वि० *(सं०)* अक्षम्य।

**अक्ष** पु० *(सं०)* पहिये की धुरी; पृथ्वी की धुरी; पासों का खेल; सर्प; आत्मा; अक्षय कुमार।

**अक्षत** वि० *(सं०)* समूचा, अखण्डित; क्षतहीन। पु० हानि का अभाव; कल्याण; शिव; पूरा चावल।

**अक्षम** वि० *(सं०)* असहिष्णु; क्षमता-रहित; अशक्त।

**अक्षमा** स्त्री० *(सं०)* क्रोध; ईर्ष्या; अधीरता; असमर्थता।

**अक्षम्य** वि० *(सं०)* क्षमा न करने योग्य।

**अक्षय** वि० *(सं०)* क्षयरहित। पु० परमात्मा।

**अक्षय्योदक** पु० *(सं०)* श्राद्ध में पिण्डदान के बाद दिया जाने वाला जल, मधु और तिल का अर्घ्य।

**अक्षर** पु० *(सं०)* वर्ण; स्वर; शब्द; आत्मा; आकाश; ब्रह्म; खड्ग; तपस्या; जल। वि० नित्य; अविनाशी।

**अक्षरशः** अ० *(सं०)* पूर्णतया; एक-एक अक्षर करके।

**अक्षरा** स्त्री० *(सं०)* भाषा, शब्द।

**अक्षरी** स्त्री० *(सं०)* वर्तनी; वर्षा ऋतु।

**अक्षराभ्यास** वि० *(सं०)* अक्षर का अभ्यास।

**अक्षवार** पु० *(सं०)* अखाड़ा।

**अक्षान्तर** पु० *(सं०)* भूमध्य रेखा से दूरी।

**अक्षान्ति** स्त्री० *(सं०)* असहनशीलता; ईर्ष्या; अशान्ति।

**अक्षांश** पु० *(सं०)* भूमध्य रेखा के समानान्तर उत्तर या दक्षिण की ओर चलने वाली काल्पनिक रेखा जिसके ध्रुवों पर पहुँचने पर अक्षांश $90^0$ हो जाता है।

**अक्षार** वि० *(सं०)* जिसमें क्षारीय गुण न हो। पु० प्राकृतिक लवण।

**अक्षि** स्त्री० *(सं०)* आँख; दो की संख्या।

**अक्षीण** वि० *(सं०)* जो नष्ट न हो, अनश्वर।

**अक्षीय** वि० धुरी का; अक्ष सम्बन्धी।

**अक्षुण, अक्षुण्ण** वि० *(सं०)* अखण्डित; अपराजित।

**अक्षेम** पु० *(सं०)* अकल्याण।

**अक्षुब्ध** वि० *(सं०)* क्षोभरहित; दुःखःहीन; शान्त।

**अक्षोट, अक्षेड, अक्षोडक** पु० *(सं०)* अखरोट का पेड़।

**अक्षोधुक** वि० *(सं०)* जो भूखा न हो।

**अक्षोनि** स्त्री० अक्षौहिणी।

**अक्षोभ** पु० *(सं०)* दुःख का अभाव; शान्ति। वि० जो क्षुब्ध न हो; सुखी; शान्त; गम्भीर।

**अक्षौहिणी** स्त्री० *(सं०)* चतुरंगिणी सेना का परिमाण जिसमें 1,09,350 पैदल, 65,610 घोड़े, 21,870 रथ और इतने ही हाथी हों।

**अक्ष्ण** पु० *(सं०)* काल, समय। वि० जो खण्डित या टूटा न हो, अखण्ड।

**अक्स** पु० *(अ०)* चित्र; छाया; परछाईं; फोटो।

**अक्सर** अ० अकसर; बहुधा; प्रायः; एकाकी।

**अखण्ड** वि० *(सं०)* निर्विघ्न; सम्पूर्ण; पूरा; अटूट।

**अखण्डता** वि० *(सं०)* खण्डित न होने वाला।

**अखण्डन** पु० *(सं०)* स्वीकार; खण्डन न करना; परमात्मा; कला। वि० समूचा; अखण्डनीय; अखण्डित।

**अखण्डनीय** वि० *(सं०)* जिसका खण्डन न किया जा सके; विभाज्य; सुदृढ़; मजबूत।

**अखण्डल** वि० सम्पूर्ण; अखण्ड। पु० आखण्डल।

**अखण्डित** वि० *(सं०)* अटूट; अखण्ड; निर्विघ्न।

**अखण्ड्य** वि० *(सं०)* जो खण्डन योग्य न हो।

**अखज** वि० अखाद्य।

**अखड़ा** पु० ताल के बीच का गड्ढा।

**अखड़ैत** पु० पहलवान; ताकतवर।

**अख़नी** स्त्री० *(अ०)* गोश्त का शोरबा।

**अख़बार** पु० *(अ०)* समाचारपत्र।

**अखय*** वि० अक्षय।

**अखरना** अ० क्रि० खलना; कष्टप्रद जान पड़ना।

**अखर्व** वि० *(सं०)* लम्बा; बड़ा।

**अख़लाक़** पु० *(अ०)* शिष्टता; अच्छा आचरण; सदाचार।

**अखाड़ा** पु० कुश्ती लड़ने, कसरत करने का स्थान;

साधुओं के रहने का स्थान; मठ; जमघट; आँगन।
**अखाड़िया** वि० सधा हुआ, दंगली पहलवान; बड़े-बड़ों को पछाड़ देने की क्षमता रखने वाला।
**अखाड़ेबाज** पु० *(हि०, फ़ा०)* अखाड़िया।
**अखाद्य** वि० *(सं०)* अभक्ष्य, न खाने योग्य।
**अखानी** स्त्री० दँवरी के समय डण्ठल एकत्र करने का एक औजार।
**अखिन्न** वि० खेदरहित; क्लेशरहित; प्रसन्न;अक्लान्त।
**अखिल** वि० *(सं०)* सम्पूर्ण; खेती के योग्य कृष्य भूमि।
**अखिला** वि० अप्रसन्न; अविकसित।
**अखिलेश** पु० *(सं०)* ईश्वर; सबका स्वामी।
**अख़ीर** पु० *(अ०)* समाप्ति; अन्त।
**अखीरी** वि० अन्तिम; अन्त का।
**अखुटित*** बराबर; लगातार।
**अखूट** वि० अखण्ड; जो न घटे; अक्षय; अत्यधिक।
**अखेटक** पु० शिकार करने वाला, आखेटक, शिकारी।
**अखेद** पु० *(सं०)*प्रसन्नता। वि० दुःखरहित; प्रसन्न।
**अखोला** पु० अंकोल वृक्ष।
**अखोह** पु० असमतल भूमि; ऊबड़-खाबड़ जमीन।
**अखैटा** वि० चक्की।
**अख़्ज** पु० *(अ०)* स्वीकार या ग्रहण करने का भाव।
**अख़्तर** पु० *(अ०)* ध्वज; झण्डा; तारा।
**अख़्तियार** पु० *(अ०)* अधिकार; इख्तियार।
**अख्यात** वि० *(सं०)* अप्रसिद्ध; अज्ञात।
**अख्याति** वि० *(सं०)* अपमान; अप्रसिद्धि।
**अग** पु० *(सं०)* वृक्ष; पर्वत; पहाड़। वि० चलने में असमर्थ; अचल; स्थावर; टेढ़ा चलने वाला।
**अगट** पु० माँस की दुकान।
**अगटना** अ० क्रि० एकत्र होना, इकट्ठा होना।
**अगड़*** पु० ऐंठ, अकड़।
**अगड़म-बगड़म** पु० अव्यवस्थित ढेर।
**अगड़ी** स्त्री० अर्गल, ब्यौण्ड़ा।
**अगणित** वि० *(सं०)* बेहिसाब, अनगिनत।
**अगण्य** वि० *(सं०)* बेहिसाब; असंख्य; तुच्छ।
**अगत** वि० *(सं०)* न गया हुआ। †आगे चलो। वि० हाथी को आगे बढ़ाने के लिए महावतों द्वारा कहा जानेवाला शब्द; दुर्दशा; अगति।
**अगति** स्त्री० *(सं०)* दुर्दशा; प्रगति का रुक जाना।
**अगतिक** वि० *(सं०)* बिना आश्रय; निरुपाय।
**अगद** वि० *(सं०)* नीरोगता।
**अगदित** वि० *(सं०)* जो कहा न गया हो, अकथित।
**अगन†** स्त्री० अग्नि। वि० बेशुमार, अगण्य।
**अगनिउ*** पु० दक्षिण-पूर्व का कोना, अग्निकोण।
**अगनू*** स्त्री० आग्नेय कोण।
**अगनेउ, अगनेत** पु० अग्निकोण।
**अगम** वि० *(सं०)* अथाह; दुर्गम। पु० बुद्धि के परे; पहुँच के बाहर।
**अगमानी*** पु० अगुआ; नायक। स्त्री० अगवानी।
**अगम्य** वि० *(सं०)* कठिन; दुर्गम; अयुक्त; पहुँच के बाहर; अप्राप्त; अथाह; मन; बुद्धि के परे।
**अगर** पुं० सुगन्धित लकड़ी का वृक्ष, चन्दन।
**अगर** अ० *(फ़ा०)* जो, यदि। ~**चे** अ० यद्यपि।
**अगरना** अ० क्रि० आगे बढ़ना या जाना।
**अगराई*** स्त्री० प्रमुखता; अग्रता; श्रेष्ठता।
**अगरु** पु० *(सं०)* अगर का पेड़, चन्दन।
**अगर्हित** वि० *(सं०)* जो बुरा न हो; अनिन्द्य।
**अगल-बगल** अ० आस-पास; इधर-उधर।
**अगला** पु० अगुआ; चतुर; आगे का; पूर्वज।
**अगवई, अगवानी** *पु० अगुआ। स्त्री० बारात के स्वागतार्थ कन्यापक्ष का आगे जाना; आगे बढ़कर लेना, स्वागत करना।
**अगवार†** पु० वह अन्न जो गाँव के पुरोहित आदि को देने के लिए खलियान में राशि से अलग कर दिया जाता है; घर के सामने की जगह; हल्का अन्न।
**अगह*** वि० दुःसाध्य; चंचल; ग्रहण के अयोग्य।
**अगहन** पु० मार्गशीर्ष मास।
**अगहनी** वि० अगहन में होने वाला।
**अगहर*** अ० पहले, आगे।
**अगहार** पु० ब्राह्मण को देने के लिए खेती से निकाला गया अनाज; अग्रहार।
**अगहुँड़*** अ० आगे। वि० आगे चलने वाला।
**अगाउनी** अ० अगवानी; आगे।
**अगाऊँ, अगाऊ** अ० पहले से; आगे से। वि० आगे का; पेशगी।
**अगाड़ू** अ० पहले; आगे।
**अगाद*** वि० अगाध।

**अगाध** वि० *(सं०)* अथाह; अधिक; अज्ञेय; दुर्बोध।
**अगान*** पु० नासमझी। वि० अज्ञानी; नासमझ।
**अगार** पु० *(सं०)* आगार। अ० आगे।
**अगारी** स्त्री० किसी वस्तु का आगे का हिस्सा।
**अगास** पु० द्वार के सामने का चबूतरा; आकाश।
**अगाह*** अ० पहले से; आगे से।
**अगिन** वि० अनगिनत, बहुत अधिक। स्त्री० आग; एक घास; ईख का ऊपर का हिस्सा।
**अगिनत, अगिनित** वि० अनगिनत; अगणित।
**अगियार** पु० पूजा के लिए जलायी जानेवाली आग।
**अगियारी**† पु० पारसियों का धर्मस्थल जहाँ आग जलती रहती है। स्त्री० अग्नि में डालने की धूप जैसी वस्तु।
**अगिला**† वि० अगला।
**अगिलाई*** स्त्री० अग्निदाह; शवदाह; झगड़ा लगाना।
**अगिहाना** वि० अग्नि जलाने का स्थान।
**अगीठा** पु० अगवाड़ा; घर के आगे की जमीन।
**अगु** पु० *(सं०)* अन्धकार; राहु।
**अगुआ** पु० विवाह तय कराने वाला; मुखिया; आगे चलने वाला; आगे का भाग; मार्गदर्शक।
**अगुआई** स्त्री० अगवानी; नेतृत्व; मार्गप्रदर्शन।
**अगुआनी** स्त्री० आगे जाकर स्वागत करना।
**अगुणी (णिन्)** वि० *(सं०)* गुणहीन।
**अगुरु** पु० *(सं०)* शीशम का पेड़; अगर। वि० निगुरा; हल्का; लघु वर्ण; जो गुरु न हो; गुरु से भिन्न।
**अगुवा** पु० आगे आने वाला; अगुआ।
**अगुसरना*** अ० क्रि० आगे बढ़ना।
**अगुसारना*** स० क्रि० आगे बढ़ाना।
**अगूठा**† पु० घेरा।
**अगूढ़** वि० *(सं०)* जो गूढ़ न हो; सहज; स्पष्ट।
**अगूता*** अ० सामने, आगे।
**अगृह** वि० *(सं०)* गृहहीन। पु० वानप्रस्थ।
**अगेय** वि० जो गाया न जा सके।
**अगेह** वि० *(सं०)* बिना घर का, अगृह।
**अगोई*** वि० स्त्री० स्पष्ट; प्रकट; नोक का सिरा।
**अगोचर** पु० *(सं०)* वह जो देखा न जा सके; वह जो इन्द्रियातीत हो; ब्रह्म।
**अगोटना*** अ० क्रि० रुकना; उलझना; फँसना। स० क्रि० छिपा रखना; स्वीकार करना; चुनना।
**अगोता*** पु० अगवानी। अ० सामने; सम्मुख।
**अगोरना**† स० क्रि० प्रतीक्षा करना, बाट जोहना; पहरा देना, रखवाली करना।
**अगोरा**† पु० अगोरने या प्रतीक्षा करने की क्रिया; पहरा देना, रखवाली करना।
**अगोरिया**† पु० खेत आदि की रखवाली करनेवाला।
**अगोह्य** वि० *(सं०)* जो छिपाये जाने योग्य न हो।
**अगौढ़**† पु० पेशगी दी जानेवाली रकम।
**अगौता*** पु० पेशगी; अगवानी। अ० आगे।
**अगौरा** पु० ईख के ऊपर का नीरस भाग।
**अग्नि** स्त्री० *(सं०)* पंचमहाभूतों में से एक तत्त्व; आग; तेज, प्रकाश; गर्मी, उष्णता; पित्त; जठराग्नि।
**अग्न्याधान** पु० *(सं०)* वेदमन्त्र द्वारा अग्नि की स्थापना।
**अग्न्याशय** पु० *(सं०)* जठराग्नि का स्थान।
**अग्न्याहित** पु० *(सं०)* अग्निहोत्री; साग्निक; वैदिक मन्त्र द्वारा अग्नि की स्थापना करने वाला।
**अग्न्युत्पात** पु० *(सं०)* अग्निकाण्ड; उल्कापात।
**अग्न्युद्धार** पु० *(सं०)* दो अरणि काष्ठों को रगड़कर आग उत्पन्न करना।
**अग्य** वि० स्त्री० अचेतन; ज्ञानशून्य; अज्ञ।
**अग्यारी** स्त्री० अग्यारी करने का बर्तन; घी, गुड़, दशांग आदि को मिलाकर आग में डालना या हवन करना।
**अग्र** पु० *(सं०)* अगला भाग; शिखर; नोक; लक्ष्य;
**अग्रजाधिकार** पु० ज्येष्ठाधिकार।
**अग्रतः (तस्)** अ० *(सं०)* आगे से; पहले।
**अग्रदाय धन** पु० *(इम्प्रेस्टमनी)* किसी कार्य-विशेष में खर्च करने के लिए पहले से दिया गया धन।
**अग्रशः (शस्)** अ० *(सं०)* आरम्भ से ही।
**अग्रह** पु० *(सं०)* गृहहीन व्यक्ति।
**अग्रांश** पु० *(सं०)* अग्रभाग; अगला भाग।
**अग्रांशु** पु० *(सं०)* केन्द्रीय बिन्दु।
**अग्राक्षण** पु०, **अग्राक्षि** स्त्री० *(सं०)* तिरछी चितवन।
**अग्राभिसारी** वि० *(सं०)* आगे की ओर बढ़ता हुआ
**अग्राशन** पु० *(सं०)* भोजन का वह अंश जो गौ, देवता आदि के लिए पहले निकाल दिया जाय।
**अग्रासन** पु० *(सं०)* सम्मान का आसन या स्थान।
**अग्राह्य** वि० *(सं०)* त्याज्य; अविचारणीय।

**अग्रिम देय धन** पु० *(इम्प्रेस्ट मनी)* किसी कार्य-विशेष में खर्च करने के लिए पहले से दिया गया धन।
**अग्रिय** वि० *(सं०)* उत्तम; श्रेष्ठ। पु० बड़ा भाई।
**अग्रेदिधिषू** स्त्री० *(सं०)* वह विवाहिता स्त्री जिसकी बड़ी बहन की शादी न हुई हो।
**अग्रेमूल्य** पु० *(फॉरवर्ड प्राइस)* बाद में बेची जानेवाली वस्तु का अभी से लगाया जानेवाला मूल्य।
**अग्रेय** वि० *(सं०)* श्रेष्ठ; जो सबसे आगे हो; योग्य।
**अग्रेषण** पु० *(स०)* आगे लाना।
**अघ** पु० *(सं०)* दुष्कर्म; पाप; विपत्ति; दुःख; अशौच।
**अघट** वि० *(सं०)* कठिन, न होने योग्य।
**अघट** वि० जो घटे नहीं; जो एक-सा बना रहे; स्थिर।
**अघट** वि० *(सं०)* कठिन, न होने योग्य।
**अघटित** वि० *(सं०)* न होने वाला; असम्भव; जो हुआ न हो; अवश्यम्भावी; अनुचित; न घटने वाला।
**अघट्ट** वि० जो एक-सा बना रहे; स्थिर; अघट।
**अघन** वि० *(सं०)* जो घना या ठोस न हो।
**अघर्म** वि० *(सं०)* शीतल; ठण्ढा; जो गर्म न हो।
**अघर्मांशु** पु० *(सं०)* चन्द्रमा, चाँद।
**अघाउ*** पु० सन्तोष; तृप्ति।
**अघाट†** पु० ऐसी जमीन जिसे बेचने का अधिकार उसके स्वामी को न हो।
**अघात** पु० *(सं०)* प्रहार; आघात; चोट।
**अघाना** अ० क्रि० तृप्त होना; पेटभर खाना; अफरना।
**अघायु (स्)** वि० *(सं०)* पापरत; पाप में लिप्त।
**अघारि** पु० *(सं०)* अघ नामक दैत्य को मारने वाले, कृष्ण; पापनाशक; पाप को नष्ट करने वाला।
**अघी (घिन्)** वि० *(सं०)* पापी; नीच।
**अघुलनशील** वि० *(हि, सं०)* जो घुल न सके।
**अघेरन†** पु० जौ का मोटा आटा।
**अघोड़ी** वि० पु० घृणित; अघोरी।
**अघोर** वि० *(सं०)* सौम्य, जो घोर या भयानक न हो। पु० एक शिवोपासक पन्थ; शिव का एक रूप।
**अघोरी** पु० अघोर सम्प्रदाय का, अघोरपन्थी; औघड़।
**अघोष** वि० *(सं०)* अल्प ध्वनि वाला; बिना शब्द का।
**अघ्न्य** वि० *(सं०)* न मारने योग्य। पु० साँड़; ब्रह्मा।
**अघ्न्या** स्त्री० *(सं०)* गाय।
**अघ्रान** पु० सूँघना; तृप्ति; आघ्राण।
**अघ्रेय** वि० *(सं०)* न सूँघने योग्य।
**अचंचल** वि० *(सं०)* धीर; जो चंचल न हो; स्थिर।
**अचण्ड** वि० *(सं०)* जो उग्र स्वभाव का न हो, सौम्य।
**अचंजी** स्त्री० *(सं०)* क्रोध न करने वाली स्त्री।
**अचम्भव, अचम्भो, अचम्भौ** पु० आश्चर्य, अचम्भा।
**अचम्भा** पु० विस्मय; अद्भुत रस का स्थायी भाव; आश्चर्य; आश्चर्यजनक बात।
**अचम्भित*** वि० आश्चर्य चकित, विस्मित।
**अचक** *स्त्री० भौचक्कापन; अचकचाने का भाव। वि० बहुत अधिक; भरपूर; धीरे से।
**अचकन** पु० लम्बा बन्द गले का कोट।
**अचकचाना** अ०क्रि० भौचक्का होना; चौंक उठना; घबराना; विस्मित होना।
**अचकाँ*** अ० अचानक, एकाएक।
**अचक्का** पु० अनजान।
**अचक्षु (स्)** वि० *(सं०)* नेत्रहीन, बिना आँख का; अन्धा; चक्षुरहित। पु० बुरी आँख।
**अचक्षुष्क** वि० *(सं०)* नेत्रहीन, नेत्ररहित; अन्धा।
**अचगरा*** वि० नटखट; शरारती; उत्पाती।
**अचगरी*** स्त्री० शरारत; नटखटी; दुष्टता।
**अचतुर** वि० *(सं०)* जो कुशल या चतुर न हो।
**अचना*** स० क्रि० अचवना।
**अचपल** वि० *(सं०)* जो चंचल न हो; धीर; स्थिर।
**अचपलाहट** स्त्री० चुलबुलापन; अचंचलता, स्थिरता।
**अचपली*** स्त्री० छेड़छाड़; क्रीड़ा।
**अचभौन*** पु० अचम्भा; अचरज की बात।
**अचर** पु० *(सं०)* स्थावर पदार्थ या प्राणी; स्थिर राशि-वृष, सिंह, वृश्चिक और कुम्भ।
**अचरज** वि० अनोखा; आश्चर्य से युक्त।
**अचरा*** पु० आँचल। वि० स्थिर; अचर।
**अचल** पु० *(सं०)* सात की संख्या; कील; खूँटी; पहाड़।
**अचल सम्पत्ति** स्त्री० *(सं०)* गैर मनकूला जायदाद; न हटायी जा सकने वाली सम्पत्ति (घर आदि)।
**अचला** स्त्री० *(सं०)* पृथ्वी।
**अचवना†** अ० कि० भोजनोपरान्त कुल्ली आदि करना।
**अचवाई*** वि० स्वच्छ, प्रक्षालित।
**अचवाना** स० क्रि० पिलाना; आचमन कराना।
**अचाक, अचाका*** अ० अचानक।

**अचाक्षुष** वि० *(सं०)* अदृश्य, अप्रत्यक्ष।
**अचातुर्य** पु० *(सं०)* अकुशलता; चतुराई का न होना।
**अचानक** अ० यकायक; औचक में।
**अचापल, अचापल्य** पु० अचपलता; गम्भीरता; स्थिरता।
**अचार** पु० रीति-रिवाज; चाल-चलन; आचार; अचार, मुरब्बा।
**अचारु** वि० *(सं०)* जो सुन्दर न हो; असुन्दर।
**अचाह** वि० इच्छारहित; निष्काम; जिसकी चाह करनेवाला कोई न हो। स्त्री० अनिच्छा।
**अचाहा** पु० वह व्यक्ति जिस पर प्रेम न हो या जो प्रेम न करे। वि० जो प्रेमपात्र न हो; प्रीतिरहित।
**अचाही** वि० निष्काम; इच्छारहित।
**अचिन्तनीय** वि० *(सं०)* आकस्मिक; अज्ञेय, जिसका चिन्तन या बोध न हो सके; अप्रत्याशित।
**अचिन्ता** स्त्री० *(सं०)* बेफिक्री; लापरवाही।
**अचिन्तय** वि० *(सं०)* अज्ञेय; अचिन्तनीय।
**अचिज्ज** पु० अचम्भा; आश्चर्य।
**अचित** वि० *(सं०)* जो सोचा न गया हो।
**अचितवन** वि० एकटक; निर्निमिष; अपलक।
**अचिति** स्त्री० *(सं०)* अविचार; असंग्रह।
**अचित्** पु० *(सं०)* ज़ड़ जगत्। वि० अचेतन, जड़।
**अचित्त** वि० *(सं०)* अज्ञान, निर्बुद्धि; न सोचा हुआ, अप्रत्याशित; जो समझ के परे हो।
**अचित्ति** वि० *(सं०)* अज्ञान; ज्ञान का अभाव।
**अचित्र** वि० *(सं०)* जिसमें भेद न किया जा सके।
**अचिर** अ० *(सं०)* बहुत जल्दी, शीघ्र; हाल में।
**अचिरता** स्त्री० *(सं०)* क्षणिकता।
**अचिरेण** क्रि० वि० *(सं०)* तुरन्त
**अचीर** वि० *(सं०)* निर्वस्त्र, वस्त्रहीन; निश्चित, अमोघ।
**अचूक** अ० सफाई से; कौशलपूर्वक; निश्चय- पूर्वक।
**अचेत** पु० जड़ पदार्थ; जड़ता। वि० बेहोश; असावधान; जड़; संज्ञा-रहित।
**अचेतन** वि० *(सं०)* चेतनारहित; निर्जीव; संज्ञा-शून्य; अज्ञानी; बेहोश। पु० जड़ पदार्थ।
**अचेतनक** पु० *(एनीस्थेटिक)* अचेतन करने वाला, चेतनाहीन बना देने वाला पदार्थ (जैसे—क्लोरोफार्म), संज्ञाहीन; मूर्च्छित; बेहोश।
**अचेता (तस्)** वि० *(सं०)* चेतनारहित; अचेत; निर्जीव।
**अचेतावस्था** स्त्री० *(सं०)* बेहोशी की स्थिति।
**अचेतिकी** स्त्री० *(सं०)* अचेतन करने का विज्ञान।
**अचेष्ट** वि० *(सं०)* चेष्टारहित; बिना प्रयत्न के।
**अचैतन्य** पु० *(सं०)* जड़ पदार्थ; अज्ञान; बेहोशी।
**अचैन*** पु० बेचैनी। वि० बेचैन या व्याकुल।
**अचोना*** पु० आचमन का पात्र।
**अचौन*** पु० अचवन।
**अच्** पु० *(सं०)* स्वर वर्ण (व्याकरण)।
**अच्छत** वि० लगातार; अखण्डित। पु० अक्षत।
**अच्छा** पु० श्रेष्ठ पुरुष। वि० सुन्दर; उचित; भला, सम्पन्न।
**अच्छिद्र** पु० *(सं०)* छिद्रहीन; दोषरहित।
**अच्छिन्न** वि० *(सं०)* समूचा; अखण्डित।
**अच्छूरिका** स्त्री० *(सं०)* चक्र; मण्डल।
**अच्छे** वि० भले।
**अच्छोटन** पु० *(सं०)* आखेट करना; शिकार करना।
**अच्युत** पु० *(सं०)* विष्णु; परमेश्वर; कृष्ण। वि० निर्विकार; अटल; स्थिर; अस्खलित; अचल।
**अच्युतागज** पु० *(सं०)* मन्मथ, कामदेव।
**अच्युतानन्द** पु० *(सं०)* परमात्मा।
**अछकना** अ० क्रि० तृप्त न होना; न छकना।
**अछत** वि० अविद्यमान। अ० विद्यमानता में रहते हुए; सिवा; अलावा।
**अछताना-पछताना** अ० क्रि० बार-बार पछताना।
**अछन*** पु० बहुत दिन। अ० धीरे-धीरे।
**अछना*** अ० क्रि० उपस्थित या मौजूद रहना; बिना छना हुआ।
**अछप*** वि० न छिपने लायक।
**अछय*** वि० क्षयरहित; निर्धन; अक्षय।
**अछया*** स्त्री० इच्छा।
**अछरौटी** स्त्री० वर्णमाला।
**अछल** वि० सीधा-सादा; छलरहित, निश्छल।
**अछवानी** स्त्री० एक तरह का अवलेह, जो प्रसूता स्त्रियों को दिया जाता है, एक तरह का हलआ।
**अछाम*** वि० जो दुबला न हो; मोटा-ताजा; हृष्ट-पुष्ट।
**अछिद्र** वि० *(सं०)* निर्दोष; जिसमें छिद्र न हो।
**अछूत** वि० न छूने योग्य; अछूता। पु० अछूत जाति का मनुष्य, हरिजन; अन्त्यज।
**अछूता** वि० जो काम में न लाया गया हो; नया;

कोरा; जो छुआ न गया हो; अस्पृश्य।
**अछेद*** पु० अभेद; छल-छिद्र का अभाव; निष्कपटता।
**अछेव*** वि० निर्दोष, छिद्ररहित।
**अछेद्य** वि० *(सं०)* अविभाज्य।
**अछेह*** वि० अ० निरन्तर; लगातार; अत्यधिक।
**अछोभ*** वि० क्षोभरहित; गम्भीर; निर्भीक; नीच।
**अछोर*** वि० जिसका कोई ओर-छोर न हो।
**अछोह** वि० निर्दय; क्षोभरहित; स्नेहरहित। पु० शान्त; ममतारहित; क्षोभ का अभाव; निर्दयता।
**अछोही** वि० निष्ठुर; अछोह; स्नेहरहित।
**अज** वि० *(सं०)* अजन्मा; बकरा।
**अजगर** पु० *(सं०)* एक प्रकार का बड़ा निर्विष साँप।
**अजगव** पु० *(सं०)* शिव का धनुष; अजवीथी।
**अजगाव** पु० *(सं०)* पालकी; पिनाक; एक यज्ञपात्र।
**अजगुत** पु० विचित्र व्यापार; अचम्भे की बात।
**अजगैबी** वि० आसमानी; आकस्मिक।
**अजदहा** पु० *(फ़ा०)* अजगर।
**अजन** पु० *(सं०)* अजन्मा; जन्मरहित; तुच्छ व्यक्ति।
**अजनबी** वि० *(फ़ा०)* परदेशी; अनजान; अपरिचित।
**अजनि** स्त्री० *(सं०)* सड़क; मार्ग।
**अजन्मा (न्मन्)** वि० *(सं०)* अनादि; जन्मरहित।
**अजपा** वि० *(सं०)* जिसका जप न किया जाये; नाद, हीन जप।
**अज़ब** वि० *(अ०)* अद्भुत, अनोखा; विचित्र।
**अजम** पु० *(सं०)* ईरान
**अजमत** स्त्री० *(अ०)* गौरव; बड़ाई; चमत्कार।
**अजमी** पु० *(अ०)* ईरानी; अजम का रहने वाला
**अजमीढ़** पु० *(सं०)* पुरुवंशीय हरित का पुत्र; अजमेर; उसके आस-पास का प्रदेश।
**अजमोद** पु० अजवायन की तरह का एक पौधा।
**अजय** वि० *(सं०)* अजेय। पु० अग्नि; एक छन्द; विष्णु; एक नदी। स्त्री० पराजय।
**अजया** स्त्री० *(सं०)* बकरी; भाँग; माया।
**अजय्य** वि० *(सं०)* जो जीता न जा सके, अजेय।
**अजर** पु० *(सं०)* देवता; परब्रह्म। वि० जो सदा जवान रहे; जो बूढ़ा न हो, जरारहित; जो पचे नहीं।
**अजरक** पु० *(सं०)* अग्निमान्द्य।
**अजरणीय** वि० *(सं०)* अपाच्य; जिसका क्षय न हो।
**अजरा** स्त्री० *(सं०)* छिपकली।
**अजरागल** वि० टिकाऊ; जीर्ण न होने वाला।
**अजर्य** पु० *(सं०)* मैत्री, मतैक्यता। वि० जो पचाया न जा सके; जरारहित; जो बूढ़ा न हो।
**अजल** वि० बिना जल का; जलरहित।
**अजस** पु० अयश; लांछन; अपयश।
**अजसरे नौ** अ० नये सिरे से।
**अजसी** वि० जिसके हाथ में यश न हो; बदनाम।
**अजस्र** अ० *(सं०)* लगातार, निरन्तर, सतत। वि० लगातार, अनवरत; अविच्छिन्न।
**अजहति** स्त्री० अजहत्स्वार्था।
**अजहत्** वि० *(सं०)* जो खोये या छोड़े नहीं।
**अजहत्स्वार्था** पु० *(सं०)* लक्षणा का भेद जब लक्ष्यार्थ भिन्न होते हुए भी वाच्यार्थ हो।
**अजहद** अ० अत्यधिक; बेहद।
**अजहद** *(अ० फ़ा०)* बहुत।
**अजहल्लिव** पु० *(सं०)* वह शब्द जो अन्य लिंग-वाचक शब्द के विशेषणरूप में व्यवहृत होने पर भी स्वलिंग का त्याग न करे।
**अजहुँ, अजहूँ** क्रि०वि०(हि०) आज भी; अब तक।
**अजा**[1] स्त्री० *(सं०)* बकरी; प्रकृति; माया; शक्ति।
**अजा**[2] स्त्री० *(अ०)* मृत व्यक्ति के घर जाकर शोक प्रकट करना; शोक, मातम।
**अजागर** पु० *(सं०)* भृंगराज। वि० जो जागृत न हो।
**अजाच** वि० अजाचक; धन-धान्य से परिपूर्ण।
**अजाचक, अजाची*** वि० धन-धान्य से भरपूर।
**अजातारि** पु० *(सं०)* युद्धिष्ठिर।
**अजाति** वि० *(सं०)* जो उत्पन्न न हुआ हो; अनादि।
**अजाती** वि० बिरादरी से अलग किया हुआ।
**अजान** वि० अज्ञात, न जानने वाला।
**अज़ान** स्त्री० *(अ०)* नमाज़ पूर्व का बुलावा।
**अजानता** स्त्री० अज्ञानता; अबोधता।
**अजानि** वि० *(सं०)* बिना पत्नी का, विधुर, पत्नीरहित।
**अजानिक** वि० *(सं०)* पत्नीरहित, विधुर।
**अजानेय** पु० *(सं०)* अच्छी जाति का घोड़ा।
**अजाब** पु० *(अ०)* गुनाह की सजा; पाप के बदले मिलने वाला दुःख; पाप; पीड़ा; परेशानी; बखेड़ा।
**अजाय** वि० *(सं०)* पत्नीरहित, बिना पत्नी का।
**अजाय*** वि० *(अ०, फ़ा०)* अनुचित, बेजा।
**अजायब** पु० *(अ०)* अद्भुत, अनोखी वस्तुओं का

संग्रह।
**अजाया** वि० मरा हुआ, मृत्यु को प्राप्त, मृत।
**अजार** पु० बीमारी; दुःख; कष्ट।
**अजिऔरा** पु० दादी के पिता का घर; दादी का पीहर।
**अजिता** स्त्री० *(सं०)* भाद्रपद के कृष्णपक्ष की एकादशी।
**अजितेन्द्रिय** वि० *(सं०)* असंयमी।
**अजिर** पु० *(सं०)* शरीर; इन्द्रिय-विषय; आँगन; वायु।
**अजिह्म** पु० *(सं०)* मछली; मेंढक। वि० ईमानदार।
**अजिह्व** पु० *(सं०)* मेंढक। वि० बिना जीभ का।
**अज़ीज़** पु० *(फ़ा०)* निकट सम्बन्धी; प्रिय।
**अज़ीज़ाना** वि० *(अ० फ़ा०)* स्नेहमय; प्रेमपूर्ण।
**अज़ीज़ी** स्त्री० इज़्ज़त; दोस्ती; प्यारी बेटी।
**अजीटन** पु० *(एडजुटेण्ट)* एक सहायक फौजी अधिकारी।
**अजीत** वि० *(सं०)* अजेय; जो मुर्झाया हुआ न हो।
**अजीति** स्त्री० *(सं०)* अभ्युदय; क्षयराहित्य।
**अजीब** वि० *(सं०)* अद्भुत; अनोखा; जीव रहित।
**अजीबो-गरीब** वि० *(अ०)* अनोखा
**अजीरन** पु० अपच, बदहजमी; अजीर्ण।
**अजीर्ण** वि० *(सं०)* जो पुराना या बूढ़ा न हुआ हो।
**अजीर्णि, अजीर्ति** स्त्री० *(सं०)* बदहजमी; अपच।
**अजीम** पु० *(सं०)* जड़ पदार्थ। वि० मृत; जड़।
**अजीवन** पु० *(सं०)* मृत्यु; जीवन या अस्तित्त्व का अभाव।
**अजीवित** पु० *(सं०)* मृत्यु। वि० मृत।
**अजूबा*** पु० एक मुर्दाखोर जानवर।
**अजूबा** पु० *(अ०)* अद्भुत, अनोखा; आश्चर्य में डालने वाली वस्तु। वि० अजीब।
**अजूरा** पु० मजदूरी। वि० पृथक्; अप्राप्त।
**अजूह** पु० युद्ध, संग्राम, लड़ाई।
**अजे, अजेइ, अजै** वि० अजेय।
**अजेय** वि० *(सं०)* जिसे कोई जीत न सके।
**अजैव** वि० *(इनआर्गेनिक)* जो जीव-सम्बन्धी न हो।
**अजोग** वि० बेजोड़, बेमेल; अयोग्य, अनुचित।
**अजोतर** वि० निरंकुश, स्वच्छन्द।
**अजोरना** स० क्रि० उजाला करना, अँजोरना।
**अजाँ** अ० अब तक, आज तक; आज भी।
**अज्ज** अ० आज।
**अज्जान** अ० आजानु; घुटने तक।
**अज्झल** पु० *(सं०)* ढाल; अंगारा।
**अज्ञ** वि० *(सं०)* ज्ञानरहित; बेवकूफ, मूर्ख; अचेतन।
**अज्ञता** स्त्री०, **अज्ञत्व** पु० *(सं०)* अज्ञान; नासमझी।
**अज्ञा** स्त्री० आज्ञा, आदेश।
**अज्ञात** अ० जिसके विषय में जानकारी न हो, बिना जाने। वि० *(सं०)* न जाना हुआ; अप्रत्याशित।
**अज्ञातक** वि० *(सं०)* न जाना हुआ; अप्रसिद्ध।
**अज्ञान** वि० *(सं०)* ज्ञान शून्य; ज्ञानरहित; मूर्ख। पु० अविद्या, मिथ्या ज्ञान; ज्ञान का अभाव।
**अज्ञानतः (तस्)** अ० *(सं०)* अज्ञानवश (किया हुआ)।
**अज्ञानता** स्त्री०, **अज्ञानपन** पु० मूर्खता, नासमझी।
**अज्ञानी (निन्)** वि० *(सं०)* ज्ञानरहित, नादान; मूर्ख।
**अज्ञेय** वि० *(सं०)* जो जाना न जा सके; ज्ञानातीत।
**अज्यों*** अ० अजौं; आज भी; आज तक।
**अझर** वि० जो न झरे; न बरसने वाला बादल।
**अझूना** पु० आग। वि० जो जीर्ण न हो।
**अटम्बर** पु० ढेर; राशि।
**अट** स्त्री० शर्त, प्रतिबन्ध।
**अटक**† स्त्री० जरूरत, आवश्यकता।
**अटक** स्त्री०अड़चन; उलझन; अकाज; जरूरत; संकोच।
**अटकन** स्त्री० रोक; उलझन; अड़चन; अकाज।
**अटकन-बटकन** पु० बच्चों का खेल।
**अटकना** अ० क्रि० गले से न उतरना; उलझना, रुकना।
**अटकर** स्त्री० अन्दाजा; अटकल।
**अटकरना, अटकलना** स० क्रि० अन्दाज लगाना।
**अटकल** स्त्री० अन्दाजा; अनुमान; पहचान।
**अटकाना** स० क्रि० देर लगाना; उलझाना; रोकना।
**अटकाव** पु० प्रतिबन्ध; अड़चन; रुकावट; बाधा।
**अटन** वि० *(सं०)* भ्रमणशील। पु० घूमना; चलना।
**अटना** अ० क्रि० पूरा पड़ना; भ्रमण या यात्रा करना।
**अटपट** वि० बेडौल; बेढंगा; अटपटा। स्त्री० कठिनाई।
**अटपटा** वि० ऊटपटाँग; अनोखा; कठिन; टेढ़ा।
**अटपटाना** अ० क्रि० लड़खड़ाना; हिचकना; अटकना।
**अटपटी** स्त्री० अजीब; अनोखी।
**अटल** वि० दृढ़; पक्का; नित्य; अचल; स्थिर; निश्चित।
**अटवी** स्त्री० वन, जंगल, छोटा जंगल, बनी।

**अटहर** पु० ढेर; फेंटा; अड़चन।
**अटा** स्त्री० अटारी।
**अटाउ** पु० बिगाड़; शरारत, दुष्टता।
**अटाटूट** वि० असंख्य, अनगिनत; आधिक्य; ठसाठस।
**अटारी** स्त्री० दो या अधिक मंजिलों वाला मकान।
**अटाल** पु० मीनार।
**अटाला**† पु० महल; अट्टालिका।
**अटूट** वि० मजबूत; दृढ़; अजेय; अखण्डित; बहुत।
**अटूटनीय** वि० *(सं०)* जो तोड़ा न जा सके; मजबूत।
**अटेरना** स० क्रि० †बहुत अधिक शराब पीना; सूत की आँटी बनाना।
**अटैची** स्त्री० *(अं०)* सामान रखने का बाक्स।
**अट्ट** पु० *(सं०)* बुर्ज; अटारी; महल; अन्न; हाट।
**अट्टक** पु० *(सं०)* अटारी, कोठा; ऊँचा महल।
**अट्टन** पु० *(सं०)* उपेक्षा; एक चक्राकार आयुध।
**अट्टसट्ट** पु० निरर्थक बात। वि० अगड़म-बगड़म।
**अट्टा** पु० कोठा, अटारी; मचान।
**अट्टाट्टहास** पु० *(सं०)* अट्टहास; जोर की हँसी।
**अट्टालिका** स्त्री० *(सं०)* पक्की इमारत; महल; कोठा, अटारी।
**अट्टी** स्त्री० ऊन या सूत का लच्छा।
**अटूया** स्त्री० *(सं०)* परिभ्रमण; घूमना; पर्यटन।
**अठ** आठ का रूप, यहाँ।
**अठकौसल** पु० मन्त्रणा, सलाह; पंचायत।
**अठखेल** वि० चुलबुला, खिलाड़ी, शोख।
**अठखेली** स्त्री० अल्हड़पन; खिलवाड़; किलोल।
**अठत्तर** पु० 78 की संख्या। वि० सत्तर और आठ।
**अठन्नी** स्त्री० रुपये का आधा; पचास पैसे।
**अठमासा** वि० आठ मास का।
**अठपाव*** पु० नटखटी, शरारती।
**अठलाना*** अ० क्रि० इठलाना।
**अठाई** वि० शरारती, नटखट; उत्पाती।
**अठान** पु० (हि०) अनुचित कार्य।
**अठाना** स० क्रि० छेड़ना; सताना; ठानना; जमाना।
**अठिलाना** अ० क्रि० इठलाना।
**अठी** पु० योद्धा; सिपाही।
**अठोठ** पु० आडम्बर; ढोंग।
**अठोतरसो** वि० *(हि०)* एक सौ आठ की संख्या।
**अठोतरी** स्त्री० एक सौ आठ मनकों की माला।
**अड़ंग** वि० अडिग, स्थिर, दृढ़।
**अड़ंगा** पु० रुकावट; अटकाव; रोक; बाधा।
**अड़** स्त्री० टेक; जिद; हठ; अड़ने की क्रिया।
**अड़काना** स० क्रि० ओट लगाना; टिकाना; उलझाना।
**अड़ग** वि० न डिगनेवाला, स्थिर।
**अड़च** स्त्री० शत्रुता, विघ्न।
**अड़चन, अड़चल** स्त्री० बाधा; रुकावट, विघ्न।
**अड़तीस** पु० 38 की संख्या। वि० तीस और आठ।
**अड़न** स्त्री० मर्यादा।
**अड़नस** पु० अड़हुल का फूल।
**अड़तिया** पु० आढ़त का कारोबार करने वाला; एजेण्ट।
**अड़दार** वि० अड़ियल, अड़नेवाला।
**अड़वना** स० क्रि० आज्ञा देना।
**अड़ना** अ० क्रि० रुकना; अटकना; हठ करना।
**अड़पना** स० क्रि० फटकार लगाना, डाँटना- डपटना।
**अड़बंग, अड़बंगा** वि० टेढ़ा; कुटिल स्वभाववाला।
**अड़सठ** पु. 68 की संख्या। वि० साठ और आठ।
**अड़हुल** पु० जपाकुसुम, लाल रंग का गुड़हल का फूल।
**अड़ाअड़ी** स्त्री० लाग-डाट; होड़।
**अड़ाड़** पु० ढेर; अड़ार; पशुओं को बाँधने का घेरा।
**अड़ान** पु० पड़ाव; रुकने की जगह, विश्रामस्थल।
**अड़ाना** पु० ओट, थूनी; डाट। स० क्रि० अटकाना, ओट लगाना; रोकना; ठूँसना; ढरकाना।
**अड़ानी** पु० रोकने का साधन।
**अड़ायती** वि० आड़ करनेवाला।
**अडिग** वि० अटल, जो अपनी जगह से डिगे नहीं।
**अड़ियल** वि० अड़कर चलनेवाला; हठी।
**अड़िया** स्त्री० चूना; साधुओं की कुबड़ी; अढिया।
**अड़ी** स्त्री० अड़ने की क्रिया; जरूरत का वक्त।
**अडीठ** वि० गुप्त, जो दिखायी न दे।
**अडुपस** पु० *(सं०)* हल का एक भाग।
**अडुलना** स० क्रि० उँड़ेलना; डालना।
**अडूसा** पु० एक विशेष पौधा जिसकी पत्ती और फूलों का प्रयोग औषधि में होता है।
**अडोल** वि० अटल, मौन, स्तब्ध।
**अडोर** पु० कोलाहल; अन्दोर; शोरगुल।
**अड़ोस-पड़ोस** पु० पास-पड़ोस; आस-पास।

**अड़ोसी-पड़ोसी** पु० पास-पड़ोस में रहनेवाले।
**अड्डा** पु० इक्के, ताँगे, बस आदि वाहन के रुकने की जगह।
**अढ़ाई** वि० दो और आधा।
**अढ़ी** वि०, स्त्री० करनेवाली; युक्त।
**अढ़ुक** पु० ठोकर।
**अढ़ुकना** अ० क्रि० सहारा लेना; ठोकर खाना।
**अणक** वि० *(सं०)*तुच्छ; अधम; बहुत छोटा; कुत्सित।
**अणि** पु० *(सं०)*एक ऋषि। स्त्री० घर का कोना; धार; नोक; धुरी की कील; सीमा।
**अणिमा (मन्)** स्त्री० *(सं०)*सूक्ष्मता; छोटापन; अणुत्व।
**अणियाला** वि० अनियारा; नुकीला।
**अणी** स्त्री० *(सं०)* नोक; धार; अणि, अरी, ओजी।
**अणीय** वि० *(सं०)* अतिसूक्ष्म।
**अणु** पु० *(सं०) (मॉलिक्यूल)* यौगिक या तत्त्व का सबसे छोटा कण जो स्वतन्त्र रूप से अपना अस्तित्त्व बनाये रख सके, एवं उस तत्त्व या अयौगिक के सभी गुण व्यक्त कर सके; 60 परमाणुओं का योग; परमाणु; ज़र्रा; कण। वि० अति-सूक्ष्म, अल्पपरिणाम का।
**अणुवीक्षण** पु० *(सं०)* सूक्ष्मदर्शक।
**अतंक** पु० *(सं०)* आतंक।
**अतन्द्र** वि० *(सं०)* तन्द्रारहित; सतर्क; जागरूक।
**अतः (तस्)** अ० (सं)० इसलिए; इस कारण।
**अतऊर्ध्वम्** अ० *(सं०)* इसलिए; इस कारण से।
**अतगत** अ० अनुचित।
**अतएव** अ० *(सं०)* इस कारण से।
**अतट** वि० *(सं०)* खड़ी ढाल वाला; बिना तट का।
**अतथ्य** वि० *(सं०)* गलत; असत्य; तथ्यरहित।
**अतद्वत्** वि० *(सं०)* जो उसके सदृश न हो।
**अतनु** पु० *(सं०)* कामदेव; अनंग। वि० देहरहित।
**अतन्त्र** वि० *(सं०)* बिना कारण का।
**अतन्द्र** वि० *(सं०)* सचेत।
**अतप** वि० *(सं०)*अनुत्तेजित; शीतल; ठण्ढा; निठल्ला।
**अतप्त** वि० *(सं०)* शीतल; जो तपा या गर्म न हो।
**अतमा (मस्)** वि० *(सं०)* अन्धकाररहित।
**अतमिस्र** वि० *(सं०)* जो अन्धकाराच्छन्न न हो।
**अतर** पु० पुष्पसार; इत्र।
**अतरल** वि० *(सं०)* गाढ़ा; ठोस।
**अतरसों** क्रि०वि० परसों के आगे या बाद का दिन।
**अतरिख** पु० अन्तरिक्ष।
**अतर्क** वि० *(सं०)* असंगत; तर्कहीन; अहेतुक।
**अतर्कित** वि० *(सं०)*अचानक; आकस्मिक; अनसोचा।
**अतल** वि० *(सं०)* तलरहित; बिना पेंदे का, अति गहरा।
**अतलस** पु० एक प्रकार का रेशमी कपड़ा।
**अतलान्त** वि० *(सं०)* अत्यधिक गहरा।
**अतलान्तिक** *(अं० ऐटलाण्टिक)* पु० वह महासागर जिसके पश्चिमी तट पर अमेरिका महाद्वीप और पूर्वी तट पर अफ्रीका तथा यूरोप है।
**अतवान** वि० बहुत अधिक।
**अतवार** पु० रविवार।
**अतस** पु० *(सं०)* गुल्म; आत्मा; वायु; एक अस्त्र।
**अतसी** स्त्री० *(सं०)* पटसन; अलसी, तीसी।
**अता** पु० *(अ०)* दान, बख्शीश।
**अतापी** वि० तापरहित; शान्त।
**अतार्किक** वि० *(सं०)* तर्कहीन, तर्क रहित।
**अतालीक** पु० *(अ०)* गुरु; शिक्षक।
**अतिकथा** स्त्री० *(सं०)* व्यर्थ का प्रलाप; बकवाद।
**अतिकर** पु० *(सं०)* अतिरिक्त टैक्स।
**अतिकर्षण** पु० *(सं०)* बहुत अधिक परिश्रम।
**अतिकल्पना** स्त्री० *(सं०)* अयथार्थ कल्पना।
**अतिकान्त** वि० *(सं०)* अत्यधिक प्यारा।
**अतिकाय** वि० *(सं०)* स्थूल, विशालकाय।
**अतिकारक** वि० *(सं०)* निर्दयी।
**अतिकाल** पु० *(सं०)* समय का बीत जाना।
**अतिकृति** स्त्री० *(सं०)*मर्यादा का उल्लंघन; अतिक्रम।
**अतिक्रम, अतिक्रमण** पु० *(सं०)* हद से आगे जाना; मर्यादा का उल्लंघन।
**अतिक्रमित, अतिक्रान्त** वि० *(सं०)* आक्रमण से दबा हुआ; बीता हुआ, अतीत; आगे बढ़ा हुआ।
**अतिक्रामक** पु० *(सं०)* क्रम या मर्यादा का उल्लंघन करनेवाला।
**अतिक्रामक दृष्टि** स्त्री० सीमाओं को भेदकर मूल तत्त्व को पहचानने वाली दृष्टि।
**अतिक्रुद्ध** वि० *(सं०)* बहुत नाराज।
**अतिक्रूर** वि० *(सं०)* बहुत निष्ठुर।
**अतिगति** स्त्री० *(सं०)* मुक्ति; उत्तम-गति।

**अतिगव** वि० *(सं०)* वर्णनातीत; अतिमूर्ख।
**अतिगुण** वि० *(सं०)* बहुत अच्छे गुणोंवाला।
**अतिगुरु** वि० *(सं०)* बहुत भारी।
**अतिग्राह** पु० *(सं०)* मगर, घड़ियाल।
**अतिग्राह्य** पु० *(सं०)* ज्योतिष्टोम-यज्ञ में लगातार तीन बार किया जाने वाला तर्पण।
**अतिघ** पु० *(सं०)* अस्त्र-शस्त्र; क्रोध।
**अतिघ्न** वि० *(सं०)* अधिक नाश करनेवाला।
**अतिचर** वि० *(सं०)* अति परिवर्तनशील।
**अतिचार** पु० *(सं०)* मर्यादा का उल्लंघन; आगे बढ़ जाना; अतिक्रमण; अनुचित कार्य करना।
**अतिचारी (रिन्)** वि० *(सं०)* अतिक्रमण करनेवाला।
**अतिच्छत्र, अतिच्छत्रक** पु० *(सं०)* छत्रक; भूतृण।
**अतिच्छादन** सं० आस-पास छा जाना।
**अतिजन** वि० *(सं०)* अवसित; जो आबाद न हो।
**अतिजव** पु० *(सं०)* बहुत तीव्र गति; असाधारण गति। वि० बहुत तेज चलने वाला, अति वेगवान्।
**अतिजात** वि० *(सं०)* पिता से बढ़ा हुआ; श्रेष्ठ।
**अतिजीर्ण** वि० *(सं०)* बहुत पुराना।
**अतिजीवी** पु० अधिक समय तक जीवित रहनेवाला।
**अतिडीन** पु० *(सं०)* चिड़ियों की असाधारण उड़ान।
**अतितपस्वी** पु० *(सं०)* अति तपी।
**अतितरण** पु० *(सं०)* पराभूत करना; पार करना।
**अतिराम** अव्य० *(सं०)* अतिशय; बिलकुल।
**अतितारी (रिन्)** वि० *(सं०)* विजयी; पार करने वाला।
**अतितीक्ष्ण** वि० *(सं०)* बहुत तेज।
**अतितीव्र** वि० *(सं०)* बहुत तेज।
**अतितृष्ण** वि० *(सं०)* बहुत प्यासा; अत्यधिक लालची।
**अतितृष्णा** स्त्री० *(सं०)* अत्यन्त लालच; अत्यधिक प्यास।
**अतित्रस्नु** वि० *(सं०)* अत्यधिक डरनेवाला।
**अतिथि** पु० *(सं०)* अभ्यागत; अचानक आया हुआ मेहमान।
**अतिदर्प** वि० *(सं०)* बहुत घमण्डी, अभिमानी। पु० अत्यधिक अभिमान; एक सर्प।
**अतिदर्शी (र्शिन्)** वि० *(सं०)* दूरदर्शी।
**अतिदाता (तृ)** पु० *(सं०)* बहुत बड़ा दानी।
**अतिदान** पु० *(सं०)* बहुत अधिक दान।
**अतिदाह** पु० *(सं०)* बहुत अधिक जलन; अतिताप।
**अतिदिष्ट** वि० *(सं०)* प्रभावित; आकृष्ट।
**अतिदुःसह** वि० *(सं०)* जिसका सहन करना कठिन हो; असह्य।
**अतिद्रुत** पु० *(सं०)* तेज गतिवाला।
**अतिदेश** पु० *(सं०)* उपमा; सादृश्य; निष्कर्ष; आत्मसात् करना; एक वस्तु के धर्म का अन्य पर आरोपण।
**अतिदोष** पु० *(सं०)* बहुत बड़ा दोष; अपराध।
**अतिद्वय** वि० *(सं०)* अद्वितीय; दोनों से बढ़ा हुआ।
**अतिधन्वा (न्वन्)** पु० *(सं०)* अद्वितीय वीर।
**अतिनाटकीय** वि० *(मेलोड्रेमेटिक)* अस्वाभाविक ढंग से नाटकीयता पैदा करने का अवगुण।
**अतिनाष्ट्र** वि० *(सं०)* खतरे से बाहर।
**अतिनिकट** पु० *(सं०)* बहुत पास।
**अतिपतन** पु० *(सं०)* अतिक्रमण; सीमा से बाहर जाना; गलती से छूट जाना; भूल।
**अतिपतित** वि० *(सं०)* अतिक्रान्त; भूला हुआ।
**अतिपत्ति** स्त्री० *(सं०)* समय व्यतीत होना; अतिक्रमण।
**अतिपथ** पु० *(सं०)* सन्मार्ग; उत्तम मार्ग।
**अतिपन्न** वि० *(सं०)* अतिक्रान्त; बीता हुआ समय।
**अतिपरोक्ष** वि० *(सं०)* दृष्टि से बिलकुल परे; प्रकट; जो दिखायी न देता हो, अदृश्य; जो छिपा न हो।
**अतिपात** पु० *(सं०)* अव्यवस्था; विघ्न; हानि।
**अतिपुरुष** पु० *(सं०)* प्रथम श्रेणी का मनुष्य।
**अतिप्रकाश** वि० *(सं०)* अतिप्रसिद्ध; बहुत मशहूर।
**अतिप्रकृत** वि० *(सं०)* असामान्य; जो प्रकृत या सामान्य रूप से बहुत बढ़ गया हो।
**अतिप्रजनन** पु० *(ओवर पॉपुलेशन)* किसी क्षेत्र या देश की जनसंख्या में इतनी वृद्धि होना कि उसके लिए वहाँ अच्छी तरह से निर्वाह करने में कठिनाई हो।
**अतिप्रबन्ध** पु० *(सं०)* अजस्रता; बिलकुल लगा होना।
**अतिप्रवृद्ध** वि० *(सं०)* घमण्डी; अत्यधिक बढ़ा हुआ।
**अतिप्रश्न** पु० *(सं०)* समुचित उत्तर मिल जाने पर भी किया गया प्रश्न; अनावश्यक प्रश्न।
**अतिप्रसंग** पु०, **अतिप्रसक्ति** स्त्री० *(सं०)* बहुत अधिक सम्पर्क; घना सम्बन्ध; धृष्टता।
**अतिप्रौढ़ा** स्त्री० *(सं०)* सयानी लड़की।
**अतिबल** पु० *(सं०)* बहुत बड़ा बल।
**अतिबालक** पु० *(सं०)* छोटा बच्चा।

**अतिबाहु** पु० *(सं०)* अद्वितीय बाहुबल का मनुष्य।
**अतिभव** पु० *(सं०)* पराजित करना; बढ़ जाना।
**अतिभार** पु० *(सं०)* गति; अत्यधिक बोझ।
**अतिभारित** वि० *(ओवर-लोडेड)* जिस पर बहुत अधिक भार लाद दिया गया हो।
**अतिभी** स्त्री० *(सं०)* वज्रमाला; बिजली।
**अतिभू** वि० *(सं०)* सबसे बढ़ जानेवाला।
**अतिभूमि** स्त्री० *(सं०)* श्रेष्ठता; विस्तृत भूमि; अधिकता।
**अतिभोजन** पु० *(सं०)* अधिक खाना, पेटूपन।
**अतिमंगल्य** पु० *(सं०)* बेल का वृक्ष। वि० बहुत शुभ।
**अतिमत** पु० *(सं०)* सर्वमान्य विचार या सिद्धान्त।
**अतिमति** स्त्री० *(सं०)* अति दर्प; बहुत अधिक घमण्ड; अहंकार।
**अतिमध्यन्दिन** पु० *(सं०)* खड़ी दुपहरी।
**अतिमर्त्य** वि० *(सं०)* मनुष्य की शक्ति से दूर; अमानुषिक; अलौकिक।
**अतिमर्श** पु० *(सं०)* अत्यधिक सम्पर्क।
**अतिमा** स्त्री० *(सं०)* चरमावस्था।
**अतिमात्र** वि० *(सं०)* अत्यधिक; मात्रा से अधिक।
**अतिमान** पु० *(सं०)* अहंकार; बहुत अधिक घमण्ड।
**अतिमानव** पु० *(सं०) (सुपरमैन)* महामानव, अलौकिक शक्ति और गुणोंवाला व्यक्ति।
**अतिमानुष** वि० *(सं०)* मानवशक्ति के बाहर का।
**अतिमित** वि० *(सं०)* शुष्क; अपरिमित।
**अतिमित्र** पु० *(सं०)* घनिष्ठ मित्र; शुभ ग्रह।
**अतिमुक्त** वि० *(सं०)* वीतराग; जिसे मुक्ति मिल गयी हो, मुक्ति-प्राप्ति।
**अतिमृत्यु** स्त्री० *(सं०)* महामारी; मुक्ति।
**अतिमैथुन** पु० *(सं०)* अत्यधिक स्त्री-सम्भोग।
**अतिमोदा** स्त्री० *(सं०)* सुगन्ध की अधिक मात्रा।
**अतियथार्थवाद** पु० *(सं०)* यथार्थ की अभिव्यक्ति में अति करना।
**अतियोग** पु० *(सं०)* रेल-पेल; अतिशयता।
**अतिरंजन** पु० *(सं०)* अतिशयोक्ति।
**अतिरंजना** स्त्री० *(सं०)* बढ़ा-चढ़ाकर कहना।
**अतिरंजित** वि० अत्यधिक बढ़ा-चढ़ाकर कहा हुआ।
**अतिरक्तचाप** स्त्री० *(सं०)* हाई ब्लड प्रेशर।
**अतिरथ, अतिरथी (थन्)** पु० *(सं०)* अकेले बहुतों से लड़नेवाला, बड़ा रथारूढ़ योद्धा।
**अतिरिक्त** अ० *(सं०)* अलावा। वि० फाजिल; नियम परिमाण से अधिक; अद्वितीय; बढ़ा हुआ।
**अतिरुक्ष** *(सं०)* वि० रूखा; प्रेमहीन; कठोर।
**अतिरूप** वि० *(सं०)* बहुत सुन्दर; खूबसूरत; आकृतिहीन; रूप से परे (परमेश्वर)
**अतिरेक** पु० *(सं०)* आवश्यकता से अधिक; अन्तर; अतिशयता; आधिक्य; बढ़ोत्तरी; फालतू होना।
**अतिरोग** पु० *(सं०)* क्षयरोग; राजयक्ष्मा।
**अतिरोमश, अतिलोमश** पु० *(सं०)* एक तरह का बन्दर; जंगली बकरा, अति रोमों से युक्त।
**अतिलघु** वि० *(सं०)* अत्यधिक छोटा, सूक्ष्म।
**अतिलाभ** पु० *(सं०)* अत्यधिक लाभ।
**अतिलौल्य** पु० *(सं०)* बहुत तीव्र इच्छा।
**अतिवक्ता (क्तृ)** वि० *(सं०)* अधिक बोलनेवाला; बकवादी।
**अतिवया (यस्)** वि० *(सं०)* वृद्ध; अतिवृद्ध।
**अतिवर्तन** पु० *(सं०)* क्षम्य अपराध; दण्ड से मुक्ति।
**अतिवर्ती (र्तिन्)** वि० *(सं०)* बहुत अधिक; पार करने वाला; आगे बढ़ जाने वाला।
**अतिवर्तुल** वि० *(सं०)* वृत्ताकार, अधिक गोल।
**अतिवर्षण, अतिवृष्टि** स्त्री० *(सं०)* बहुत अधिक वृष्टि, अत्यधिक वर्षा।
**अतिवात** पु० *(सं०)* वायु का प्रचण्ड रूप।
**अतिवाद** पु० *(सं०)* डींग; उग्रवाद; कठोर वचन।
**अतिवाहन** पु० *(सं०)* बहुत अधिक परिश्रम करना; व्यतीत करना; बिताना; यापन।
**अतिवाहिक** पु० *(सं०)* सूक्ष्म शरीर।
**अतिविकट** पु० *(सं०)* दुष्ट हाथी। वि० बहुत डरावना।
**अतिविपिन** वि० *(सं०)* बहुत से जंगलों-वाला; बहुत घना, गहन (वन) जिसमें प्रवेश पाना कठिन हो।
**अतिविष** वि० *(सं०)* अत्यधिक जहरीला।
**अतिविस्तर** पु० *(सं०)* विस्तार; बहुत अधिक फैलाव।
**अतिवृंहित** वि० *(सं०)* पुष्ट या सशक्त किया हुआ।
**अतिवृत्ति** स्त्री० *(सं०)* अतिक्रमण; बढ़ जाना।
**अतिवृद्ध** वि० *(सं०)* बहुत बूढ़ा।
**अतिवृद्धा** स्त्री० *(सं०)* बहुत बूढ़ी; बहुत बूढ़ी गाय।
**अतिवृष्टि** स्त्री० *(सं०)* अत्यधिक वर्षा; खेती को नुकसान पहुँचाने वाली वर्षा।
**अतिवेगित** वि० *(सं०)* तीव्रगामी।

**अतिवेल** वि० *(सं०)* मर्यादा का अतिक्रमण करनेवाला।
**अतिवेला** स्त्री० *(सं०)* विलम्ब, असमय।
**अतिव्ययकर्म (न्)** पु० *(सं०)* व्यर्थ खर्चा करना।
**अतिशय** पु० *(सं०)* अतिरिक्त; अधिकता; श्रेष्ठता।
**अतिशयन** पु० *(सं०)* अधिकता, प्राचुर्य।
**अतिशयित** वि० *(सं०)* बहुत अधिक; आगे बढ़ा हुआ या निकला हुआ।
**अतिशयी (यिन्)** वि० *(सं०)* बहुत अधिक, बहुत ज्यादा, अत्यधिक; श्रेष्ठ; प्रधान।
**अतिशयोक्ति** स्त्री० *(सं०)* किसी बात को चढ़ा-बढ़ाकर कहना; अतिरंजना।
**अतिशायन** पु० *(सं०)* श्रेष्ठता; अधिक होना।
**अतिशायी (यिन्)** वि० *(सं०)* अत्यधिक; श्रेष्ठ।
**अतिशीतन** पु० *(सं०)* अधिक ठण्ढा करना।
**अतिशीलन** पु० *(सं०)* अभ्यास करना।
**अतिशूद्र** पु० *(सं०)* अन्त्यज; सबसे अछूत।
**अतिशेष** पु० *(सं०)* बाकी रोकड़; बचा हुआ अंश।
**अतिश्रेष्ठ** वि० *(सं०)* सर्वोत्तम; सर्वोत्कृष्ट।
**अतिसन्ध** पु० *(सं०)* आज्ञा का उल्लंघन; वचनभंग।
**अतिसन्धान** पु० *(सं०)* धोखा-धड़ी; छल-कपट।
**अतिसन्धित** वि० *(सं०)* छला गया; वंचित; अतिक्रान्त।
**अतिसन्ध्या** स्त्री० *(सं०)* सूर्योदय के पहले और सूर्यास्त के बाद का समय।
**अतिसर** पु० *(सं०)* प्रयास; प्रयत्न। वि० तीव्रगामी, सबसे तेज चलनेवाला; सबसे आगे का।
**अतिसर्ग** वि० *(सं०)* मुक्त; नित्य; चिरस्थायी। पु० अलग करना; इच्छा पूरी करना; दान।
**अतिसर्जन** पु० *(सं०)* धोखा; वध; पार्थक्य; उदारता।
**अतिसर्पण** पु० *(सं०)* तेजी से चलना; अतिक्रमण।
**अतिसार** पु० *(सं०)* आँव की बीमारी; पतले दस्त।
**अतिसारांशित** वि० *(सं०)* अत्यन्त संक्षिप्त।
**अतिसौरभ** पु० *(सं०)* आम; बहुत अधिक सुगन्ध।
**अतिसौहित्य** पु० *(सं०)* अत्यधिक भोजन करना।
**अतिस्थूल** *(सं०)* वि० अत्यन्त मूर्ख; बहुत मोटा।
**अतिस्पर्श** *(सं०)* वि० कंजूस, कृपण; कमीना।
**अतिहत** वि० *(सं०)* पूर्णतः नष्ट किया हुआ।
**अतिहसित** पु० *(सं०)* अत्यधिक जोर की हँसी।
**अतीन्द्रिय** पु० *(सं०)* मन *(वे०)*; प्रकृति; आत्मा। वि० इन्द्रियों से परे; ज्ञान।
**अतीक्ष्ण** वि० *(सं०)* जो तेज न हो।
**अतीत** पु० *(सं०)* संन्यासी; भूतकाल; अतिथि।
**अतीतना*** अ० क्रि० बर्तना; गुजरना।
**अतीरेक** पु० *(सं०)* आधिक्य, अतिशयता।
**अतीव** अ० *(सं०)* अत्यन्त; बहुत अधिक।
**अतीव्र** वि० *(सं०)* जो तेज न हो।
**अतुंग** वि० *(सं०)* नाटा; ठिगना; जो ऊँचा न हो।
**अतुकान्त** वि० बिना छन्द की कविता।
**अतुद** वि० *(सं०)* जो हृष्ट-पुष्ट न हो; दुबला-पतला।
**अतुराई*** स्त्री० चंचलता; आतुरता।
**अतुराना** अ० क्रि० जल्दी मचाना; आतुर होना।
**अतुल** वि० *(सं०)* तुलना रहित; असीम अत्यधिक।
**अतुलनीय** वि० *(सं०)* जिसकी तुलना न हो सके।
**अतुलित** वि० *(सं०)* अपार; बेहिसाब; बेजोड़।
**अतुल्य** वि० *(सं०)* अद्वितीय; बेजोड़।
**अतुष** वि० *(सं०)* बिना भूसी का।
**अतुषार** वि० *(सं०)* गर्म, जो ठण्ढा न हो।
**अतुष्टि** स्त्री० *(सं०)* अप्रसन्नता; असन्तोष।
**अतुहिन** वि० *(सं०)* जो ठण्ढा न हो, गर्म।
**अतूथ*** वि० अतुल्य; अपूर्व।
**अतूल*** वि० अतुल; असीम; तुलनारहित।
**अतृप्त** वि० *(सं०)* असन्तुष्ट; भूखा-प्यासा।
**अतृप्ति** स्त्री० *(सं०)* सन्तुष्ट न होने की अवस्था।
**अतृष्ण** वि० *(सं०)* जिसे कोई चाह न हो।
**अतेज (स्)** पु० *(सं०)* सुस्ती; छाया; अन्धकार।
**अतेजा (जस्)** वि० *(सं०)* धुँधला; कमजोर; तुच्छ।
**अतोर*** वि० अटूट, टूट न सकने वाला।
**अतोल, अतौल** वि० बेहिसाब; बेजोड़।
**अतोषणीय** वि० *(सं०)* सन्तुष्ट न होने योग्य।
**अत्त†** स्त्री० ज्यादती, अति।
**अत्त*** वि० प्राप्त; आप्त।
**अत्ता** स्त्री० *(सं०)* माता; मौसी; बड़ी बहन।
**अत्ता (तृ)** पु० *(सं०)* ईश्वर; खानेवाला।
**अत्ति*** स्त्री० ऊधम; ज्यादती।
**अत्ति, अत्तिका** स्त्री० *(सं०)* बड़ी बहन।
**अत्न, अत्नु** पु० *(सं०)* सूर्य; पथिक; वायु।
**अत्यन्त** वि० *(सं०)* अनन्त; पूर्ण; हद से ज्यादा।
**अत्यन्तिक** वि० *(सं०)* अति समीपी; बहुत चलनेवाला।
**अत्यन्तीन** वि० *(सं०)* तीव्रगामी।

**अत्यणु** वि० *(सं०)* बहुत छोटा, अत्यन्त सूक्ष्म।

**अत्यधिक** वि० *(सं०)* बहुत अधिक, हद से ज्यादा।

**अत्यम्ला** स्त्री० *(सं०)* बिजौरा-नींबू।

**अत्यय** पु० *(सं०)* अभाव; विनाश; मृत्यु-दण्ड; अपराध; आक्रमण; मर्यादा का अतिक्रमण; श्रेणी; खतरा।

**अत्ययी (यिन्)** वि० *(सं०)* आगे बढ़ जाने वाला।

**अत्यल्प** वि० *(सं०)* बहुत थोड़ा, बहुत कम।

**अत्याग** पु० *(सं०)* ग्रहण; स्वीकार।

**अत्याचार** पु० *(सं०)* अन्याय; अनुचित आचरण।

**अत्याचारी (रिन्)** वि० *(सं०)* अन्यायी; अत्याचारी।

**अत्याज्य** वि० *(सं०)* जो त्यागने योग्य न हो।

**अत्याधान** पु० *(सं०)* धोखा, छल; अतिक्रमण।

**अत्याधुनिक** वि० *(सं०)* अति आधुनिक, आधुनिकतम।

**अत्यानन्द** पु० *(सं०)* परम आनन्द, ईश्वर में लीन होने पर प्राप्त होने वाला आनन्द।

**अत्यारूढ़** वि० *(सं०)* उच्च पद पर आसीन

**अत्यारूढ़ि** स्त्री० *(सं०)* उत्थान; बहुत ऊँचा पद।

**अत्यावश्यक** वि० *(सं०)* बहुत आवश्यक।

**अत्यावाय** पु० *(सं०)* देशद्रोहियों की बहुलता।

**अत्याहित** पु० *(सं०)* संकट; खतरा; अप्रियता; अरुचि।

**अत्युक्त** वि० *(सं०)* जो बढ़ा-चढ़ाकर कहा गया हो।

**अत्युक्ति** स्त्री० *(सं०)* बढ़ा-चढ़ाकर कही गयी बात; किसी बात को चढ़ा-बढ़ाकर कहना।

**अत्युग्र** पु० *(सं०)* हींग। वि० बहुत प्रचण्ड।

**अत्युच्च** वि० *(सं०)* बहुत ऊँचा।

**अत्युत्तम** वि० *(सं०)* अति उत्कृष्ट एवं सुन्दर।

**अत्युत्पादन** पु० *(सं०)* अधिक मात्रा में पैदावार।

**अत्यह** पु० *(सं०)* अत्यधिक सोच-विचार; मोर।

**अत्रप** वि० *(सं०)* उद्दण्ड, अशिष्ट; निर्लज्ज; अविनीत।

**अत्रस्त, अत्रस्नु, अत्रास** वि० *(सं०)* भयरहित; निडर।

**अत्वक्क** वि० *(सं०)* त्वचारहित; चर्मरहित।

**अत्वरा** स्त्री० *(सं०)* शीघ्रता का अभाव।

**अत्र** अ० *(सं०)* इस विषय में यहाँ पर, यहाँ

**अत्रप** वि० *(सं०)* निर्लज्ज।

**अथ** पु० *(सं०)* आरम्भ; आदि। अ० अगर; अब; तब।

**अथऊ** पु० सन्ध्या काल का भोजन; व्यालू।

**अथक** वि० अक्लान्त, न थकनेवाला।

**अथना, अथयना** अ० क्रि० डूब जाना, अस्त होना।

**अथमना** पु० पश्चिम दिशा।

**अथरा** पु० नाँद; दही जमाने का मिट्टी का बर्तन।

**अथरी** स्त्री० छोटा अथरा।

**अथर्वा (र्वन्)** पु० *(सं०)* ब्रह्मा के पुत्र, एक मुनि।

**अथर्वाण** पु० *(सं०)* अथर्ववेद को जानने वाला।

**अथर्ववेद** पु० *(सं०)* चतुर्थ वेद जो ब्रह्मा के उत्तर मुख से निकला था।

**अथवना** अ० क्रि० डूब जाना, अस्त होना।

**अथवा** अ० *(सं०)* या; वा; किंवा।

**अथायी** स्त्री० मण्डली; चौपाल; गोष्ठी।

**अथाना** स० क्रि० ढूँढ़ना। अ० क्रि० अस्त होना।

**अथॉरिटी** स्त्री० *(अं०)* प्राधिकरण; अधिकार।

**अथापि** अ० *(सं०)* जब भी; इस तरह।

**अथाह** पु० गहराई; समुद्र। वि० अगाध; बहुत गहरा; अगम्य; अपार; अति गूढ़।

**अथाही** स्त्री० उगाही; वसूली।

**अथिर** स्त्री० अस्थिर; क्षणस्थायी; चलायमान।

**अन्दक** पु० भय; डर; आतंक।

**अदण्डनीय, अदण्ड्य** वि० *(सं०)* जिसे दण्ड न दिया गया हो; जो दण्ड का अधिकारी न हो।

**अदण्डमान** वि० जो दण्ड का भागी न हो; अदण्ड्य।

**अदन्त** पु० *(सं०)* जोंक। वि० बिना दाँत का।

**अदम्भ** वि० *(सं०)* अकृत्रिम; दम्भरहित; सरल; सच्चा।

**अदंष्ट्र** वि० *(सं०)* बिना दाँत का, दन्तहीन।

**अदक्ष** वि० *(सं०)* भद्दा; अकुशल; बदसूरत।

**अदग** वि० अछूता; निर्दोष; बेदाग।

**अदग्ध** वि० *(सं०)* न जला हुआ।

**अदत्त** वि० *(सं०)* कंजूस; जो दिया न गया हो।

**अदद** पु० *(अ०)* अंक; संख्या।

**अदन** पु० *(सं०)* भोजन, भोज्य पदार्थ।

**अदना** वि० *(अ०)* छोटा; नीच, तुच्छ।

**अदनीय** वि० *(सं०)* भोजन करने योग्य।

**अदब** पु० *(अ०)* बड़ों का सम्मान; शिष्टाचार।

**अदबी** वि० *(अ०)* साहित्यिक।

**अदम** पु० *(अ०)* परलोक; अनुपस्थिति; अभाव।

**अदम्य** वि० *(सं०)* प्रबल; जो दबाया न जा सके।

**अदभ्र** वि० *(सं०)* प्रचुर, अपार।

**अदय** वि० *(सं०)* निष्ठुर; निर्दय।

**अदराना** अ० क्रि० इतराना; मिजाज बिगाड़ना।
**अदर्शन** पु० *(सं०)* लोप, नाश; उपेक्षा; दिखायी न देना; दर्शन का अभाव। वि० अदृश्य; लुप्त।
**अदर्शनीय** वि० *(सं०)* कुरूप; जो देखने योग्य न हो।
**अदल** वि० *(सं०)* बिना सेना का; बिना पत्ते का।
**अदल** पु० *(अ०)* न्याय, इंसाफ।
**अदल-बदल** पु० हेर-फेर, परिवर्तन।
**अदली** वि० न्यायी, न्यायशील, पत्रहीन।
**अदलीय** वि० *(सं०)* *(इण्डिपेण्डेण्ट)* उन लोगों से सम्बन्ध रखने वाला जो किसी दल-विशेष में शामिल न हो; जो किसी विशेष दल से सम्बद्ध न हो।
**अदवाइन, अदवान** स्त्री० चारपाई को कसने के लिए उसके पैताने लगी रस्सी; ओनचन, ओड़चन।
**अदस** पु० *(अ०)* मसूर।
**अदहन** पु० दाल-चावल आदि पकाने के लिए आग पर चढ़ाया गया पानी; खौलता हुआ पानी।
**अदह्य** वि० *(सं०)* अदह।
**अदाक्षिण्य** पु० *(सं०)* अकृपा, दयाहीनता, मूर्खता।
**अदाँत** वि० बिना दाँत का (पशु), अदन्त।
**अदान्त** वि० *(सं०)* जिसकी इन्द्रियाँ वश में न हों, लम्पट।
**अदा** स्त्री० *(फ़ा०)* ढंग; हाव-भाव; मोहक चेष्टा।
**अदाई** वि० चतुर। स्त्री० अदा करने की क्रिया।
**अदाय** वि० *(सं०)* पैतृक सम्पत्ति का अंश न पाने योग्य।
**अदाग, अदागी** वि० निष्कलंक, जिसपर कोई कलंक न लगा हो; बेदाग; साफ; स्वच्छ।
**अदान** पु० *(सं०)* न देने वाला; कंजूस। वि० नासमझ।
**अदानी** वि० न देने वाला, कंजूस, कृपण।
**अदायगी** स्त्री० *(अ० फ़ा०)* भुगतान, चुकता करना।
**अदायाँ** वि० जो अनुकूल न हो; प्रतिकूल; बुरा।
**अदायिक** वि० *(सं०)* लावारिस।
**अदार** वि० *(सं०)* रँडुआ; बिना पत्नी का, विधुर।
**अदालत** स्त्री *(अ०)* न्यायालय।
**अदावँ** पु० कुदावँ, कठिनाई; धोखा।
**अदावती** वि० ईर्ष्या से किया गया।
**अदास** वि० *(सं०)* स्वतन्त्र; जो दास न हो; स्वाधीन।
**अदाह** वि० जिसमें दाह या जलन न हो।
**अदाहक** वि० *(सं०)* न जलाने वाला।
**अदित** पु० सूर्य; रविवार।
**अदिति** स्त्री० *(सं०)* पृथ्वी; वाणी; प्रकृति; निर्धनता; स्वतन्त्रता; असीमता; पूर्णता; दूध; गाय।
**अदिन** पु० अभाग्य; कुसमय।
**अदिश** *(स्केलर)* ऐसी भौतिक राशि जिसमें केवल परिमाण *(मैग्निच्यूड)* मौजूद हो किन्तु दिशा न हो, जैसे—द्रव्यमान, आयतन, घनत्व आदि।
**अदिष्ट** पु० अदृष्ट; दुर्भाग्य।
**अदिष्टी** वि० अदूरदर्शी; दुष्ट; अभागा।
**अदीक्षित** वि० *(सं०)* जिसे दीक्षा न मिली हो।
**अदीठ** वि० अदृष्ट; न देखा हुआ; छिपा हुआ।
**अदीन** वि० *(सं०)* न दबने वाला; तेजस्वी; उदार।
**अदीनात्मा (त्मन्)** वि० *(सं०)* तेजोमय।
**अदीपित** वि० जो प्रकाश में न आया हो, अप्रकाशित, न जलाया हुआ।
**अदीब** पु० *(अ०)* साहित्यिक; साहित्यकार।
**अदीर्घ** वि० *(सं०)* छोटा; जो बड़ा न हो।
**अदीह** वि० अदीर्घ; छोटा।
**अदुन्द** वि० बेजोड़; शान्त; बेफिक्र, निर्द्वन्द्व।
**अदुःख** वि० *(सं०)* दुःख से रहित।
**अदुर्ग** वि० *(सं०)* जहाँ पहुँचना कठिन हो।
**अदुर्वृत** वि० *(सं०)* शुद्धाचरण वाला।
**अदुतिय** वि० बेजोड़, अद्वितीय।
**अदूया** वि० अद्वितीय।
**अदूर** वि० *(सं०)* पास का। पु० सामीप्य। अ० पास।
**अदूषण** वि० *(सं०)* निर्दोष; निर्मल; शुद्ध; दूषणरहित।
**अदूषित** वि० *(सं०)* अविकृत; शुद्ध; निर्दोष।
**अदृत** वि० *(सं०)* चंचल; अस्थिर; कमजोर।
**अदृप्त** वि० *(सं०)* अभिमानरहित, दर्परहित।
**अदृश्य** वि० *(सं०)* अगोचर; लुप्त; जो दिखायी न दे।
**अदृष्ट** वि० *(सं०)* अज्ञात; अदृश्य; अवैध; अस्वीकृत।
**अदृष्टि** स्त्री० *(सं०)* क्रुद्ध या बुरी नजर; कुदृष्टि।
**अदृष्टिका** स्त्री० *(सं०)* बुरी दृष्टि।
**अदेखा** वि० जो देखा न गया हो।
**अदेय** वि० *(सं०)* दान न देने योग्य।
**अदेस** पु० प्रणाम; आज्ञा; आदेश।
**अदेह** पु० *(सं०)* कामदेव। वि० देहरहित।
**अदैव** वि० *(सं०)* दुर्भाग्ययुक्त

**अदोख; अदोखिल** वि० निरअपराध; बिना दोष का।
**अदोष** वि० *(सं०)* दोषरहित; निरपराध; बेऐब।
**अदौरी** स्त्री० उर्द की सुखायी हुई बरी।
**अद्ध** वि० *(सं०)* आधा, अर्द्ध।
**अद्धा** अ० *(सं०)* निश्चय पूर्वक; प्रत्यक्षतः; निःस्सन्देह।
**अद्धा** पु० आधी ईंट; किसी चीज की आधी तौल या नाप; एक बोतली या एक प्वाइण्ट शराब।
**अद्भुत** पु० *(सं०)* आश्चर्य; अनोखा लगने वाला। वि० अनोखा; विचित्र; विस्मय-जनक।
**अद्भुतालय** पु० *(सं०)* जहाँ अनोखी या अद्भुत वस्तुओं का संग्रह हो; अजायबघर।
**अद्य** अ० *(सं०)* आज, अभी, अब। वि० खानेयोग्य।
**अद्यनि** पु० *(सं०)* अग्नि, आग।
**अद्यर** वि० *(सं०)* बहुत अधिक भोजन करने वाला।
**अद्यतन** पु० *(सं०)* आधी रात तक का समय। वि० ताजा; नवीन।
**अद्यतनता** स्त्री० आधुनिकता।
**अद्यतनीय** वि० *(सं०)* आज का; आधुनिक।
**अद्यापि** अ० *(सं०)* अब तक; आज तक; अब भी।
**अद्यावधि** अ० *(सं०)* इस समय तक; अब तक।
**अद्यावधिक** वि० *(अप-टु-डेट)* आज तक का; हाल तक का।
**अद्यूत्य** वि० *(सं०)* ईमानदारी से प्राप्त किया हुआ।
**अद्रव** पु० *(सं०)* ठोस पदार्थ। वि० ठोस; कठोर।
**अद्रव्य** पु० *(सं०)* अयोग्य पात्र।
**अद्रि** पु० *(सं०)* पर्वत।
**अद्रोध** वि० *(सं०)* सत्य; द्वेषरहित; बिना इर्ष्या के।
**अद्रोह** पु० *(सं०)* द्वेषरहित।
**अद्रोही (हिन्)** वि० *(सं०)* द्रोहरहित।
**अद्वन्द्व** वि० *(सं०)* संघर्षरहित; शत्रुताहीन।
**अद्वय** पु० *(सं०)* बुद्ध; अद्वैत; द्वैत का अभाव। वि० अद्वितीय; बेजोड़; अकेला।
**अद्विज** वि० *(सं०)* जो विप्र न हो।
**अद्वितीय** पु० *(सं०)* ब्रह्म। वि० बेजोड़; अनोखा; अद्भुत; जैसा कोई दूसरा न हो; अकेला।
**अद्वेष** पु० *(सं०)* द्वेषहीनता। वि० द्वेषरहित; शान्त; निर्वैर; वैर-विरोध न रखने वाला।
**अद्वैत** वि० *(सं०)* अद्वितीय। पु० जड़-चेतन या आत्मा-परमात्मा की एकता; ब्रह्म।
**अद्वैध** वि० *(सं०)* अच्छा; जो दो भागों में बँटा न हो।
**अधः (धस्)** अ० *(सं०)* पाताल या नरक में; नीचे।
**अध** वि० आधा।
**अधजर** वि० अधजला।
**अधड़ी** वि० अधर में स्थित; ऊटपटाँग।
**अधन** वि० *(सं०)* धनहीन।
**अधन्ना, अधन्नी** पु० आधे आने की मुद्रा, सिक्का।
**अधफर** पु० अधर; अन्तरिक्ष।
**अधम** पु० *(सं०)* कामी; परनिन्दक कवि। वि० नीच; बदमाश; निर्लज्ज; निकृष्ट; पापी; दुष्ट; अत्यन्तहीन।
**अधमई, अधमाई** स्त्री० अधमता; नीचता।
**अधमर्ण** पु० *(सं०)* ऋण लेनेवाला; कर्जदार।
**अधमाधम** वि० *(सं०)* अत्यधिक नीच; बुरे से बुरा।
**अधर** पु० *(सं०)* नीचे का होठ; ओठ।
**अधरम** पु० अधर्म।
**अधराधर** पु० *(सं०)* नीचे का होठ।
**अधरामृत** पु० *(सं०)* होठ चुम्बन से प्राप्त होनेवाला अमृत तुल्य रस।
**अधरोष्ठ, अधरौष्ठ** पु० *(सं०)* नीचे और ऊपर के होठ; नीचे का होठ।
**अधरोधा** वि० आधा खाया हुआ।
**अधर्म** पु० *(सं०)* पाप; धर्म-विरुद्ध कार्य; अन्याय; दुष्कर्म; शास्त्र-विरुद्ध आचरण या कर्म।
**अधर्मी (र्मिन्)** वि० *(सं०)* पापी; अधर्म करने वाला।
**अधर्म्य** वि० *(सं०)* अन्याय; अवैध; अधर्मी; धर्म-विरुद्ध।
**अधर्षणीय** वि० निर्भय; निडर।
**अधवरा** वि० आधा सेर।
**अधवा** स्त्री० *(सं०)* विधवा; जिसका पति मर गया हो।
**अधस्तात्** अ० *(सं०)* नीचे।
**अधस्थ** वि० *(सं०)* नीचे रहकर कार्य करने वाला।
**अधस्तल** पु० *(सं०)* किसी वस्तु के नीचे का स्थान।
**अधातु** स्त्री० वह जिसमें धातु के गुण न हों।
**अधाधुन्ध** अ० अन्धाधुन्ध।
**अधाणार्णय** पु० *(सं०)* अपामार्ग।
**अधार** पु० आधार।
**अधारी** स्त्री० आधार, आश्रय। वि० आश्रय देनेवाली।

**अधार्मिक** वि० *(सं०)* दुष्कर्मी; पापी; अधर्मी।
**अधिकतम** वि० *(सं०)* मात्रा तथा संख्या आदि में सर्वाधिक।
**अधिकतर** वि० *(सं०)* किसी की तुलना में अधिक बड़ा; और अधिक।
**अधिकता** स्त्री० *(सं०)* विशेषता; बढ़ती; बहुतायत।
**अधिकमास** पु० *(सं०)* मलमास, लौंद का माह।
**अधिकर** पु० *(सुपर टैक्स)* अधिशुल्क; अधिक आय अथवा किसी विशेष अवस्था में लगनेवाला अतिरिक्त कर; अधिभार।
**अधिकरण** पु० *(सं०)* अधिकार-प्रदान; व्याकरण में क्रिया का आधार; कारक में सप्तमी;
**अधिकरणी (णिन्)** पु० *(सं०)* निरीक्षक; अध्यक्ष।
**अधिकरण्य** पु० *(सं०)* अधिकार।
**अधिकर्द्धि** वि० *(सं०)* समृद्धिशाली।
**अधिकर्मा(र्मन्)** पु० *(सं०)* अध्यक्ष; निरीक्षक।
**अधिकर्मिक** पु० *(सं०)* व्यापारियों से चुंगी वसूलनेवाला अधिकारी; हट्टाध्यक्ष।
**अधिकर्म** अ० (सं०) बड़ा काम।
**अधिकर्मी** पु० *(ओवरसीयर)* ओवर-सियर; सर्वेक्षक; उनके कामों की देखभाल करने वाला अधिकारी।
**अधिकांग** वि० *(सं०)* अतिरिक्त अंगवाला। पु० अतिरिक्त अंग।
**अधिकांश** वि० *(सं०)* अधिकतर। पु० बड़ा भाग। अ० बहुधा, अकसर।
**अधिकांशतः, अधिकांशतया** पु० *(सं०)* अधिक अंशों में; प्रायः।
**अधिकाई** स्त्री० विशेषता; महत्त्व; अधिकता।
**अधिकाधिक** वि०, अ० *(सं०)* अधिक-से-अधिक।
**अधिकार** पु० *(सं०)* प्रभुत्व; शक्ति; हक; स्थान; पद; निरीक्षण; कर्तव्य; प्रयत्न; स्वत्व; कब्जा; पात्रता।
**अधिकारिका सेना** स्त्री० *(आरमी ऑफ आक्कुपेशन)* जीते हुए देश पर तब तक अधिकार बनाये रखनेवाली सेना जब तक वहाँ नियमित शासन की व्यवस्था कायम न हो जाये।
**अधिकारितन्त्र; राज्य** पु० *(ब्यूरोक्रैसी)* वह राज्य जिसकी शासन-व्यवस्था मुख्य रूप से अधिकारियों की परम्परा पर आश्रित हो; कर्मचारी तन्त्र; नौकरशाही।
**अधिकारी (रिन्)** पु० *(सं०)* अफसर; शासक; मालिक।
**अधिकार्य** वि० *(सं०)* अतिरंजित।
**अधिकृत** वि० *(सं०)* अधिकार या कब्जे में आया हुआ; अधिकारसम्पन्न। पु० अधिकारी; अध्यक्ष।
**अधिकृति** स्त्री० *(सं०)* अधिकार; स्वत्व।
**अधिकोष** पु० बैंक।
**अधिकोषण कार्य (व्यापार)** पु० *(बैंकिंग बिजिनेस)* महाजनी; बैंक व्यापार।
**अधिक्रम, अधिक्रमण** पु० *(सं०)* *(सुपरसेशन)* चढ़ाई; आरोहण; हमला।
**अधिक्रान्त** वि० *(सुपरसीडेड)* अधिकार में लिया हुआ (संस्था); जिसे दबा दिया गया हो।
**अधिक्षिप्त** वि० *(सं०)* नियत किया हुआ; भेजा हुआ; तिरस्कृत; अपमानित; फेंका हुआ।
**अधिक्षेत्र** पु० *(जूरिसडिक्सन)* अधिकारक्षेत्र।
**अधिक्षेप** पु० *(सं०)* दोषाराप; व्यंग्य; फेंकना; अपमान, निन्दा; पृथक् करना।
**अधिगणन** पु० *(सं०)* अधिक महत्त्व देना; गिनना।
**अधिगम** पु० *(सं०)* व्यापारिक लाभ; धनादि की प्राप्ति; पहुँचना; ज्ञान प्राप्ति; सीखना; जानना; स्वीकार।
**अधिगमन** पु० *(सं०)* अध्ययन; व्याख्या।
**अधिगुण** पु० *(सं०)* विशिष्ट गुण। वि० जिसका गुण खिंचा हो (धनुष); सुयोग्य; विशिष्ट गुणयुक्त; विशेष प्रकार के गुणों से युक्त, गुण सम्पन्न।
**अधिगुप्त** वि० *(सं०)* सुरक्षित; छिपाया हुआ।
**अधिग्रहण** पु० *(ऐक्विजिशन)* अंगीकार करना; अधिकार द्वारा ले लेना, कब्जा।
**अधिचरण** पु० *(सं०)* किसी के ऊपर गमन करना।
**अधिचर्म** पु० *(एपिडर्मिस)* बाहरी परत जो, प्राणी या पौधे की कोशिकाओं को घेरे रहती है।
**अधिज** वि० *(सं०)* जन्मा हुआ।
**अधिजनन** पु० *(सं०)* जन्म, उत्पत्ति।
**अधित्यका** स्त्री० *(सं०)* *(टेबुललैण्ड)* पहाड़ के ऊपर की समतल भूमि।
**अधित्याग** पु० *(एब्डिकेशन)* राज्य, पद, अधिकार आदि का औपचारिक रूप से किया गया त्याग।
**अधिदान** पु० *(सं०)* साधारण से अधिक दान।
**अधिदार्व** वि० *(सं०)* काष्ठ-सम्बन्धी; काठ का।

**अधिदेय** पु० *(अलाउंस)* कर्मचारी को दी जानेवाली बँधी हुई रकम, भत्ता।

**अधिदेव** पु० (सं०) परमेश्वर।

**अधिनाथ** पु० *(सं०)* राजा; प्रधान अधिकारी।

**अधिनायक** पु० *(सं०) (डिक्टेटर)* सर्वाधिकार सम्पन्न शासक; नेता; मुखिया; अनियन्त्रित; प्रभु।

**अधिनियम** पु० *(ऐक्ट)* विधान के अन्तर्गत बनाया गया नियम।

**अधिनियमन** पु० *(इनैक्टमेण्ट)* विधायन।

**अधिनिष्कासन** पु० *(इविक्शन)* बेदखली; कानून के आधार पर बाहर निकालना।

**अधिन्यस्त** वि० *(असाइण्ड)* जो किसी को सौंप दिया गया हो, विन्यस्त।

**अधिप** पु० *(सं०)* प्रधान; राजा, शासक; स्वामी।

**अधिपति** पु० *(सं०)* स्वामी; शासक; प्रधान; मस्तक का वह भाग जहाँ का घाव घातक होता है।

**अधिपत्र** पु० *(वारण्ट)* किसी को पकड़ने या उसका माल जब्त करने की न्यायालय की लिखित आज्ञा।

**अधिपांशुल** वि० *(सं०)* धूलि से भरा हुआ।

**अधिपुरुष, अधिपूरुष** पु० *(सं०)* हाकिम; अधिकार प्राप्त व्यक्ति; पुरुषोत्तम या परमेश्वर; श्रेष्ठ व्यक्ति।

**अधिप्रज** वि० *(सं०)* अधिक सन्तान पैदा करने वाला।

**अधिभार** पु० *(सरचार्ज)* कर आदि का वह अतिरिक्त भार जो विशेष परिस्थितियों में किसी विशेष कार्य के लिए किसी व्यक्ति पर डाला या लगाया जाये।

**अधिभू** पु० *(सं०)* प्रधान व्यक्ति; स्वामी; परमेश्वर।

**अधिभूत** पु० *(सं०)* जड़ जगत्; ब्रह्म या उसकी माया। वि० भूत-सम्बन्धी।

**अधिमत** पु० *(वर्डिक्ट)* पंचनिर्णय, फैसला; सर्वमान्य मत या सिद्धान्त; किसी मामले में जूरी या न्यायसभ्य द्वारा दिया गया निर्णायक मत; जनता या निर्वाचकों द्वारा दिया गया मत।

**अधिमात्र** वि० *(सं०)* बहुत ज्यादा, मान से अधिक।

**अधिमान** पु० *(प्रिफरेंस)* वरीयता।

**अधिमान्य** वि० *(प्रिफरेबिल, प्रिफरेंशियल)* जो औरों से अधिक सम्मान योग्य हो।

**अधिमान्यता** स्त्री० *(प्रेफरेंस)* अधिमान्य होने का भाव; अति आदर एवं सम्मान, वरीयता (राजकीय अधिमान्यता=इम्पीरियल प्रेफरेंस)।

**अधिमास** पु० *(सं०)* मलमास, लौंद का महीना, हर तीसरे वर्ष पड़ने वाला चान्द्र मास।

**अधिमित्र** पु० *(सं०)* परस्पर मित्र ग्रहों का योग। वि० जिनमें परस्पर मित्रता या मैत्री भाव हो।

**अधिमुक्तिक** पु० *(सं०)* महाकाल।

**अधिमूल्य** पु० *(सं०)* साधारण मूल्य से अधिक मूल्य वाला।

**अधिमूल्यन** पु० मूल्योत्कर्ष; मूल्याधिरोह; (सिक्के आदि का) मूल्य बढ़ाना।

**अधिया** स्त्री० आधे की साझेदारी।

**अधियाचन** पु० *(रेक्विजिशन)* किसी सभा के सदस्यों द्वारा सभा का अधिवेशन करने की लिखित माँग करना।

**अधियाना** अ० क्रि० आधा होना; आधा रह जाना। स० क्रि० आधे-आध बाँट देना।

**अधियार** पु० वह काश्तकार जिसका आधा सम्बन्ध एक गाँव से और आधा दूसरे से हो; आधे का हिस्सेदारे।

**अधियारिन** स्त्री० सहपत्नी; आधे की दावेदार या आधे हिस्से की हकदार स्त्री; सौत।

**अधियुक्त** वि० (एम्प्लॉयड) नियोजित; वेतन या मजदूरी पर कार्य करनेवाला।

**अधियोक्ता, अधियोजक** पु० *(एम्प्लॉयर)* नियोजक; काम पर रखनेवाला; मालिक।

**अधियोग** पु० *(सं०)* ग्रहों का एक योग जो यात्रा के लिए शुभ माना जाता है।

**अधियोजन** पु० *(एम्प्लॉयमेण्ट)* काम लगना या लगवाना।

**अधिरथ** वि० *(सं०)* रथ पर आरूढ़। पु० कर्ण को पालने वाला सूत; रथ हाँकने वाला, सारथि, योद्धा।

**अधिराज, अधिराट्** पु० *(सं०)* राजा, सम्राट; अधीश्वर।

**अधिराज्य** पु० *(सं०) (डोमिनियन)* साम्राज्य; स्वतन्त्र उपनिवेश; राजा या सम्राट् का पद या अधिकार।

**अधिरूढ़** वि० *(सं०)* चढ़ा हुआ; बढ़ा हुआ।

**अधिरोह** पु० *(सं०)* चढ़ना; सीढ़ी। वि० चढ़ा हुआ।

**अधिरोहण** पु० *(सं०)* ऊपर चढ़ना, उठाना।
**अधिरोहणी, अधिरोहिणी** स्त्री० *(सं०)* सोपान; सीढ़ी।
**अधिरोही (हिन्)** वि० *(सं०)* धनुष पर प्रत्यंचा चढ़ाने वाला; अधिरोहण करने वाला।
**अधिलाभांश** पु० *(बोनस)* लाभांश; वह धनराशि जो नियोजक द्वारा अपने कर्मचारियों को वेतन के अतिरिक्त दिया जाये।
**अधिलोक** पु० *(सं०)* विश्व; ब्रह्माण्ड।
**अधिवक्ता (क्त)** पु० *(सं०)* *(एडवोकेट)* न्यायालय में किसी के मामले की पैरवी करनेवाला।
**अधिवचन** पु० *(सं०)* नाम; उपाधि; पक्ष समर्थन।
**अधिवर्ष** पु० *(लीप-ईयर)* वह चान्द्र वर्ष जिसमें मलमास पड़ता हो।
**अधिवसित** वि० *(सं०)* आबाद; बसा हुआ।
**अधिवाचन** पु० *(सं०)* चुनाव, निर्वाचन; नामजदगी।
**अधिवास** पु० *(सं०)* *(डोमिसाइल)* एक देश, प्रान्त या राज्य से हटकर किसी दूसरे देश, प्रान्तादि में स्थायी रूप से बस जाना, ठहरने का स्थान।
**अधिवासित** वि० *(सं०)* सुगन्धित।
**अधिवासी (सिन्)** वि०, पु० *(सं०)* *(डोमिसाइल्ड पर्सन)* दूसरे देश या राज्यादि में स्थायी रूप से बसने वाला; रहने वाला।
**अधिवासी किसान** पु० वह उसे जीवनभर जोतता रह सकता है पर हस्तान्तरित नहीं कर सकता।
**अधिवेशन** पु० *(सं०)* जलसा; बैठक; सम्मेलन।
**अधिशासी अभियन्ता** पु० *(एक्जीक्यूटिव इंजीनियर)* मकान इत्यादि बनाने के सम्बन्ध में बनाये गये नियमों का या इस सम्बन्ध में जारी किये गये आदेशों का पालन कराने वाला अधिकारी।
**अधिशिक्षक** पु० *(रेक्टर)* किसी विश्वविद्यालय या शिक्षण संस्था का प्रधान अध्यापक।
**अधिशुल्क** पु० *(प्रीमियम)* किसी मुद्रा को उससे अधिक मूल्य की मुद्रा में परिणत करने पर अलग से लिया जानेवाला शुल्क।
**अधिशोषण** पु० *(ऐडसार्पशन)* बहुत अधिक सोखना; अधिक शोषण।
**अधिश्रय** पु० *(सं०)* आधार; पात्र।
**अधिश्रयण** पु० *(सं०)* आग पर रखना; चूल्हा।
**अधिश्रयणी** स्त्री० *(सं०)* चूल्हा; अँगीठी।
**अधिष्ठाता (तृ)** पु० *(सं०)* प्रधान; अध्यक्ष; ईश्वर।
**अधिष्ठात्री** स्त्री *(सं०)* अध्यक्षा; माता; देवी।
**अधिष्ठान** पु० *(सं०)* आधार; आश्रय; नगर; बस्ती।
**अधिष्ठित** वि० *(सं०)* नियोजित; स्थापित; स्थित; अधिकृत; व्यापार आदि में लगाया हुआ धन।
**अधिसूचना** स्त्री *(नोटिफिकेशन)* सरकार द्वारा प्रकाशित सूचना; विशेष सूचना; अधिकृत सूचना; प्रज्ञापन।
**अधिहरण** पु० *(सं०)* हथिया लेना; जब्त करना।
**अधीक्षक** पु० *(सुपरिण्टेण्डेण्ट)* किसी कार्यालय या विभाग का प्रधान अधिकारी।
**अधीक्षण** पु० *(सुपरिटेण्डेण्ट्स)* अधीनस्थ कर्मचारियों के काम-काज की देख-रेख करने का कार्य।
**अधीजना** अ० क्रि० अधीर होना।
**अधीति** स्त्री *(सं०)* अध्ययन, पठन।
**अधीन** वि *(सं०)* आश्रित; मातहत; वशवर्ती।
**अधीनता** स्त्री *(सं०)* परवशता; दीनता; विवशता।
**अधीनीकरण** पु० *(सब्जुगेशन)* जीतने या अधीनता में लाने का कार्य; वश में करने का कार्य।
**अधीर** वि० *(सं०)* आकुल; अस्थिर-चित्त; धैर्यरहित।
**अधीरता** स्त्री० *(सं०)* धैर्य का अभाव।
**अधीश, अधीश्वर** पु० *(सं०)* मालिक; राजा; अध्यक्ष।
**अधीश्वरी** स्त्री० *(सं०)* शासिका।
**अधुना** अ० *(सं०)* इन दिनों; अब; इस समय।
**अधुनातन** वि० *(सं०)* हाल का; आधुनिक; अबका।
**अधुर** वि० *(सं०)* चिन्तारहित।
**अधूत** वि० *(सं०)* अकम्पित; निडर; जो निर्भीक हो।
**अधूमक** पु० *(सं०)* जलती आग।
**अधूरा** वि० जो पूरा न हो, अपूर्ण; अस्पष्ट।
**अधृष्ट** वि० *(सं०)* अजेय; सलज्ज; विनम्र।
**अधृष्य** वि० *(सं०)* अजेय; लज्जाशील; अभिमानी।
**अधेंगा** पु० अधाँगा; एक तरह की चिड़िया।
**अधेड़** वि० आधी उम्र का, ढलती उम्र का।
**अधेनु** स्त्री० *(सं०)* ठाँठ गाय।
**अधेला** पु० पैसे का आधा भाग।
**अधोक्षज** पु० *(सं०)* विष्णु; कृष्ण।
**अधोर्द्ध** अ० नीचे-ऊपर।
**अधोलम्बित** वि० *(सं०)* नीचे लटका हुआ।
**अधोलिखित** वि० *(सं०)* नीचे लिखा हुआ।
**अध्मान** पु० *(सं०)* अफारा, पेट फूलना।

**अध्यक्ष** वि० *(सं०)* संचालक; अधिष्ठाता; दृश्य। पु० *(चेयरमैन)* किसी सभा, संस्था या नगरपालिका का प्रधान।

**अध्यक्षर** पु० *(सं०)* ओम् मन्त्र। अ० अक्षरशः।

**अध्ययन** पु० *(सं०)* पढ़ना; पढ़ाई।

**अध्यवसान** पु० *(सं०)* लगातार कोशिश; उद्यम; यत्न; निश्चय; उत्साहपूर्ण लगन।

**अध्यवसाय** पु० *(सं०)* परिश्रम; उद्यम; यत्न; निश्चय।

**अध्यवसायी(यिन्)** वि० *(सं०)* परिश्रमी; उत्साही; उद्यमशील; अध्यवसाय करने वाला।

**अध्यस्त** वि० *(सं०)* भ्रमवश अनुभूत या प्रतीत।

**अध्यात्म** पु० *(सं०)* परमात्मा; आत्मा-परमात्मा के सम्बन्ध में चिन्तन-मनन।

**अध्यात्मिक** वि० *(सं०)* अध्यात्म-सम्बन्धी।

**अध्यादेश** पु० *(आर्डिनेंस)* राज्य के अधिपति द्वारा जारी किया गया वह आधिकारिक आदेश जो किसी आकस्मिक या विशेष स्थित में थोड़े समय तक के लिए लागू हो तथा उस विशेष परिस्थिति के समाप्त होने पर वापस ले लिया जाय।

**अध्यापक** वि० *(सं०)* पढ़ाने वाला; शिक्षक।

**अध्यापकी** स्त्री पढ़ाने का काम; शिक्षण-कार्य।

**अध्यापन** पु० *(सं०)* पढ़ाना।

**अध्यापन कार्य** पु० पढ़ाने का काम।

**अध्यापिका** स्त्री० *(सं०)* पढ़ानेवाली; शिक्षिका।

**अध्याप्त** वि० *(ऐक्वायर)* प्राप्त किया हुआ।

**अध्याय** पु० *(सं०)* अध्ययन; पढ़ना; पुस्तक का भाग; प्रकरण; परिच्छेद; पाठ।

**अध्यारूढ़** वि० *(सं०)* सवार; ऊपर चढ़ा हुआ; श्रेष्ठ।

**अध्यारोप, अध्यारोपण** पु० *(सं०)* दोष या कलंक लगाना; निराधार कल्पना; मिथ्या ज्ञान।

**अध्यासन** पु० *(सं०)* बैठना; आसन; स्थान; कब्जा; अधिकार; निरीक्षण करना।

**अध्यासित, अध्यासीन** वि० *(सं०)* निरीक्षण करना; उच्च स्थान पर बैठना; आसन।

**अध्याहरण** पु० *(सं०)* तर्क-वितर्क; अध्याहार।

**अध्याहार** पु० *(सं०)* *(इन्फरेंस)* तथ्यों के आधार पर कुछ अनुमान लगाना; शब्द, वाक्य तथा पदादि को पूर्ण करने हुतु ऊपर से जोड़ना।

**अध्युषित** वि० *(सं०)* बसा हुआ।

**अध्युष्ट** वि० *(सं०)* बसा हुआ; साढ़े तीन।

**अध्यूहन** वि० *(सं०)* (राख आदि की) परत डालना।

**अध्येतव्य, अध्येय** वि० *(सं०)* जिसका अध्ययन अभी करना है; पढ़ने के योग्य।

**अध्येता(तृ)** वि० *(सं०)* अध्ययन करनेवाला।

**अध्येत्री** स्त्री० *(सं०)* अध्ययन करनेवाली।

**अध्येय** वि० *(सं०)* पढ़े जाने योग्य।

**अध्येषणा** स्त्री० *(सं०)* याचना; निवेदन।

**अधुष** पु० *(सं०)* गलशोथ; कण्ठप्रदाह।

**अध्व** पु० *(सं०)* दूरी; काल; रास्ता; अध्वा।

**अध्वग** पु० *(सं०)* यात्री, ऊँट।

**अध्वगामी** पु० *(सं०)* पथिक

**अध्वन** स्त्री० *(सं०)* पथ, भूमि, स्थान।

**अध्वर** वि० *(सं०)* स्थिर; सावधान; अकुटिल; टिकाऊ; जो गतिशील न हो; अचंचल; व्यतिक्रमरहित।

**अध्वर** पु० *(सं०)* यज्ञ।

**अध्वा(ध्वन्)** पु० *(सं०)* दूरी; काल; पथ; रास्ता; यात्रा; वेद की शाखा; साधन; स्थान; हवा।

**अध्वाति** पु० *(सं०)* चतुर व्यक्ति; पथिक।

**अध्वाधिप** पु० *(सं०)* मार्गनिरीक्षक।

**अध्वायन** पु० *(सं०)* सफर; यात्रा।

**अध्वेश** पु० *(सं०)* मार्ग निरीक्षक।

**अनंग** पु० *(सं०)* मन; कामदेव। वि० आकृतिहीन; देह-रहित; बिना देह का।

**अनंगक** पु० *(सं०)* चित्त; मन।

**अनंगना** अ० क्रि० विदेह होना; बेसुध होना।

**अनंगी** वि० बिना शरीर का।

**अनंगीकार करना** स० क्रि० *(रिपुडिएट)* किसी के कथन या आरोप आदि को न मानना।

**अनन्त** वि० *(सं०)* अपार, असीम; अन्तहीन; नारायण।

**अनन्तर** वि० *(सं०)* अन्तर-रहित; पास, पड़ोस का। पु० सामीप्य; ब्रह्म। अ० पीछे; तुरन्त बाद।

**अनन्तरय** पु० *(सं०)* अपरित्याग; अन्तर का अभाव।

**अनन्तराय** वि० *(सं०)* अन्तररहित; निर्विघ्न।

**अनन्तरित** वि० *(सं०)* अटूट; अखण्डित।

**अनन्तरीय** वि० *(सं०)* वंशक्रम में ठीक बाद का।

**अनन्तानुबन्धी** पु० *(सं०)* कभी न मिटने वाला दोष।

**अनन्तिम** वि० *(सं०)* अस्थायी; जो अन्त में न हो।

**अनन्तय** पु० *(सं०)* नित्यता; हिरण्यगर्भ का चरण।

वि० अपार, असीम, अन्तरहित।
**अनन्द** पु० *(सं०)* हर्ष, खुशी, आनन्द। वि० बिना आनन्द का, आनन्द रहित।
**अनन्दना** अ० क्रि० खुश होना, हर्षित होना।
**अनन्दी** पु० एक धान। वि० प्रसन्न करने वाला।
**अनंश** वि० *(सं०)* जिसका कोई भाग न हो; भाग रहित, बिना टुकड़े का।
**अनइस, अनइसा** वि० अनिष्ट; बुरा, निकृष्ट, अधम।
**अनऋतु** स्त्री० बेसमय, अनुपयुक्त समय।
**अनकम्प** वि० स्थिर, कम्पनरहित।
**अनक** पु० *(सं०)* नगाड़ा; गड़गड़ाता हुआ बादल।
**अनकना** स० क्रि० लुक-छिपकर सुनना; सुनना।
**अनकरीब** अ० *(अ०)* पास; करीब-करीब; प्राय।
**अनकस्मात्** अ० *(सं०)* अचानक नहीं।
**अनकहा** स्त्री० अनकही। वि० बिना कहा हुआ।
**अनका** पु० *(अ०)* उनका।
**अनक्ष** वि० *(सं०)* दृष्टिहीन; अन्धा।
**अनक्षर** वि० *(सं०)* निरक्षर; मूर्ख; गूँगा।
**अनक्षि** स्त्री० *(सं०)* खराब आँख।
**अनक्षिक** वि० *(सं०)* अन्धा, नेत्रहीन।
**अनख** पु० *(सं०)* नाराजगी; क्रोध; डाह, जलन; ग्लानि।
**अनखना** अ० क्रि० खीझना; नाराज होना।
**अनखाना** स० क्रि० रुष्ट करना; खिझाना।
**अनखाहट** स्त्री० खीझ; खीझने की क्रिया।
**अनखी** वि० *(सं०)* क्रोधी।
**अनखुला** वि० जो खुला न हो।
**अनखौहा** वि० क्रोध से भरा; अनुचित; चिड़चिड़ा।
**अनगढ़** वि० बे-डौल; टेढ़ा-मेढ़ा; असंस्कृत; उजड्ड।
**अनगन** वि० *(सं०)* बहुत, अगणित।
**अनगनिया** वि० अनगिनत; बेशुमार।
**अनगवना** क्रि० जानबूझकर देर करना।
**अनगिनत** वि० बेहिसाब; अगणित।
**अनगैरी** वि० बिना जाना-समझा; अपरिचित।
**अनघ** वि० *(सं०)* पवित्र; निर्मल; निष्पाप; अघहीन; निरापद; सुन्दर; शोकहीन।
**अनघरी*** स्त्री० बिना समय का, असमय।
**अनघैरी*** वि० अनाहूत; अनिमन्त्रित।
**अनघोर*** पु० अन्याय; ज्यादती।
**अनघोरी*** अ० एकाएक, अचानक; चुपके से।
**अनचहा** वि० अप्रिय; जो चाहा न गया हो।
**अनचाखा** वि० जो चखा न हो।
**अनचाहत** पु० न चाहने वाला व्यक्ति। वि० प्रेम-रहित।
**अनचीन्हा** वि० गैर, बिना जाना-पहचाना, अपरिचित।
**अनचैन** पु० उलझन, बेचैनी।
**अनच्छ** वि० *(सं०)* गन्दा; जो साफ न हो।
**अनछता** वि० बिना इच्छा का।
**अनजान** पु० अज्ञान। वि० अपरिचित; नासमझ; अज्ञान; अनभिज्ञ; न जानने वाला।
**अनट*** पु० अनाचार, अनीति; अन्याय, उपद्रव।
**अनडीठ*** वि० न देखा हुआ; अदृष्ट।
**अनत** वि० *(सं०)* सीधा, खड़ा; अभिमानी।
**अनत** क्रि० वि० अन्यत्र।
**अनदेखा** वि० न देखा हुआ।
**अनधिक** वि० *(सं०)* जो अधिक न हो; असीम; पूर्ण।
**अनधिकार** पु० *(सं०)* अयोग्यता। वि० अधिकार रहित।
**अनधिकृत** वि० *(अन-अथॉराइज्ड)* जिसके पीछे समुचित अधिकार न हो; जो अधिकार में न किया गया हो।
**अनधिगत** वि० *(सं०)* अज्ञात, बिना समझा बूझा।
**अनधिगम्य** वि० *(सं०)* अप्राप्य; पहुँच के बाहर।
**अनधियुक्ति** स्त्री० *(सं०)* बेरोजगारी।
**अनधिष्ठान** पु० *(सं०)* निरीक्षण का अभाव।
**अनधिष्ठित** वि० *(सं०)* अनुपस्थित; अधिकारी के पद पर जिसकी नियुक्ति न हुई हो।
**अनधुला** वि० जो धुला न हो; कोरा।
**अनध्ययन** पु० *(सं०)* अध्ययन न करना; अध्ययन करते समय बीच में होने वाला विराम।
**अनध्यवसाय** पु० *(सं०)* उद्यम, यत्न का अभाव।
**अनध्याय** पु० *(सं०)* पढ़ाई न होना; अवकाश।
**अनध्यास** वि० *(सं०)* विस्मृत; जो भूल गया हो।
**अनन** पु० *(सं०)* साँस लेना, जीना।
**अननुकूल** वि० *(सं०)* उलटा; जो अनुकूल न हो।
**अननुज्ञात** वि० *(सं०)* बिना आज्ञा का, असम्मत।
**अननुभवी** वि० *(सं०)* जो अनुभव योग्य न हो।
**अननुभूत** वि० *(सं०)* अज्ञात; जिसका अनुभव न किया गया हो।

**अननुरूप** वि० *(सं०) (इनकॉम्पेटिबिल)* जो किसी के अनुरूप या उपयुक्त न हो।
**अनन्नास** पु० एक खट्‌मिट्‌ठा फल विशेष।
**अनन्य** वि० *(सं०)* एकाग्र; अभिन्न; अद्वितीय।
**अनन्याधिकार** पु० *(सं०)* किसी वस्तु के बनाने-बेचने आदि का एकाधिकार।
**अनन्यभाव** वि० *(सं०)* केवल ईश्वर में ध्यान लगाने वाला।
**अनचित** वि० *(सं०)* असम्बद्ध, पृथक्।
**अनप** वि० *(सं०)* जलहीन।
**अनपकार** पु० *(सं०)* निर्दोषता; अहित न करना।
**अनपकारक** वि० *(सं०)* निर्दोष; अहानिकर।
**अनपकारी (रिन्)** वि० *(सं०)* दोष रहित; निर्दोष।
**अनपक्रम, अनपक्राम** पु० *(सं०)* न जाना; न हटना।
**अनपच** पु० अजीर्ण, अपच।
**अनपढ़** वि० निरक्षर; बिना पढ़ा।
**अनपत्यक** वि० *(सं०)* निःसन्तान।
**अनपदेश** पु० *(सं०)* लचर दलील; अग्राह्य-तर्क।
**अनपराध** वि० *(सं०)* बेगुनाह, बेकसूर। पु० निर्दोषता।
**अनपराधी (धिन्)** वि० *(सं०)* निरपराध; निर्दोष।
**अनपसर** वि० *(सं०)* अन्याय; अक्षम्य।
**अनपाकरण, अनपाकर्म(न्)** पु० *(सं०)* कर्ज या मजदूरी न चुकाना; इकरार पूरा न करना।
**अनपायी (यिन्)** स्त्री० *(सं०)* अनपायिनी। वि० अचल; स्थिर; स्थायी; अविकारी; नाश रहित।
**अनपाणय** वि० *(सं०)* स्वतन्त्र।
**अनपायी** वि० *(सं०)* स्थिर, निश्चय।
**अनपेक्षा** स्त्री० *(सं०)* अनिच्छा; बेपरवाही।
**अनपेक्षित, अनपेक्ष्य** वि० *(सं०) (अन-एक्सपेक्टेड)* जिसके होने की अपेक्षा न हो।
**अनविध** वि० अनछिदा, बिना छेद का।
**अनबूझ** वि० अबूझ; जो समझ में न आ सके।
**अनबूड़ा** वि० गहराई में न पैठा हुआ; न डूबा हुआ।
**अनबेधा** वि० बिना बेधा हुआ।
**अनबोलता** वि० अनबोल, न बोलनेवाला।
**अनब्याहा** वि० जिसका ब्याह न हुआ हो।
**अनभल** पु० हानि; अहित।
**अनभला** वि० कुत्सित; बुरा।
**अनभावता** वि० अनभाया; अरुचिकर।
**अनभिग्रह** पु० *(सं०)* एकरूपता; भेदराहित्य, बिना भेद का। वि० भेद-भाव रहित।
**अनभिज्ञ** वि० *(सं०)* अनजान; बुद्धिहीन; मूर्ख।
**अनभिभव** वि० *(सं०)* सम्मान; निरादर का अभाव।
**अनभिभूत** वि० *(सं०)* बाधा रहित; अपराजित।
**अनभिव्यक्त** वि० *(सं०)* जो व्यक्त या प्रकट न हो।
**अनभीष्ट** वि० *(सं०)* अवांछित; अप्रिय; अनुद्दिष्ट।
**अनभो** पु० अपचय। वि० विचित्र अनुभव।
**अनभोरी** स्त्री० धोखा; भुलावा।
**अनभ्यस्त** वि० *(सं०)* जिसका अभ्यास न किया गया हो; जिसने अभ्यास न किया हो।
**अनभ्यासी(सिन्)** वि० *(सं०)* अभ्यास न करने वाला, बिना अभ्यास का।
**अनमद** वि० मदरहित; निरहंकार।
**अनमना** वि० अस्वस्थ; खिन्न; उदास।
**अनमारग** पु० दुष्कर्म; अधर्म; कुमार्ग।
**अनमाया** वि० मायाहीन।
**अनमिख** पु० अपलक।
**अनमीलना** स० क्रि० आँखें खोलना।
**अनमेल** वि० खालिस; बे-मेल।
**अनमोल** वि० अमूल्य; कीमती; बहुमूल्य; सुन्दर।
**अनम्र** वि० *(सं०)* अविनीत; घमण्डी; उद्दण्ड।
**अनय** पु० *(सं०)* अनीति; अन्याय; दुराचार; व्यसन।
**अनयन** वि० *(सं०)* अन्धा; नेत्ररहित।
**अनयस** वि० बुरा, अनुत्तम।
**अनरजिस्टर्ड** अ० अपंजीकृत, जिसका नाम रजिस्टर पर दर्ज न हो।
**अनरथ** वि० अनर्थ।
**अनरना** क्रि० अनादर करना।
**अनरस** पु० रोदन, रसहीनता, दुःख, कष्ट, वैर।
**अनराता** वि० जो किसी रंग से रँगा न हो।
**अनरीति** स्त्री० अनीति; कुरीति; अनुचित व्यवहार।
**अनरुच** वि० रुचिहीन, अरुचिकर।
**अनरुचि** स्त्री० अनिच्छा; अरुचि; मन्दाग्नि।
**अनरूप** वि० असमान, असदृश; कुरूप, भद्दा।
**अनर्गल** वि० *(सं०)* बेसिर-पैर का; विचारहीन; अनियन्त्रित; लगातार; मनमाना; व्यर्थ।

**अनर्घ्य** वि० *(सं०)* पूजा के अयोग्य; कम कीमत का।
**अनर्थ** पु० *(सं०)* विपत्ति; अनिष्ट; अर्थहानि; उलटा अर्थ; मूल्य का न होना।
**अनर्थक** वि० *(सं०)* निष्प्रयोजन; अर्थरहित; भाग्यहीन; अहितकर। पु० अर्थहीन या असम्बद्ध बात।
**अनर्थापद** पु० *(सं०)* विनाश, अनर्थ होने की सम्भावना।
**अनर्थ्य** पु० *(सं०)* असम्बद्ध या अर्थहीन बात। वि० बेमतलब; अर्थरहित।
**अनहिवात** पु० (हिं०) वैधव्य, रँड़ापा।
**अनर्ह** वि० *(सं०)* अनुपयुक्त; अयोग्य; अनधिकारी।
**अनर्हता** स्त्री० *(डिस्क्वालिफिकेशन)* किसी कार्य, पद आदि के योग्य न होने का भाव; अयोग्यता।
**अनर्हीकरण** पु० *(डिस्क्वालिफाइ)* किसी को किसी पद, कार्य आदि के अयोग्य ठहराना।
**अनर्हीकृत** वि० *(डिस्क्वालिफाइड)* जो किसी कार्य या पद के लिए अयोग्य ठहरा दिया गया हो।
**अनल** पु० *(सं०)* पेट की अग्नि; पाचन-रस; पित्त।
**अनलस** वि० *(सं०)* फुर्तीला; आलस्यरहित; असमर्थ।
**अनलसित** वि० *(सं०)* आलस्यरहित; जागरूक।
**अनलहक** पु० *(अ०)* मैं सत्य हूँ; अहं ब्रह्मास्मि (परमेश्वर इत्यादि)।
**अनलेख** वि० अलख; अगोचर; जिसका वर्णन लिखा न जा सके।
**अनल्प** वि० *(सं०)* उदाराशय; अत्यधिक, ज्यादा।
**अनवकाश** पु० अवकाश न होना।
**अनवगाह, अनवगाह्य** वि० *(सं०)* बहुत गहरा; अथाह।
**अनवगीत** वि० *(सं०)* अनिन्द्य; निर्दोष; अनिन्दित।
**अनवग्रह** वि० *(सं०)* अनियन्त्रित; स्वच्छन्द; अबाधित; जो रोका न जा सके।
**अनवच्छिन्न** वि० *(सं०)* अखण्डित; अन्तररहित; संयुक्त।
**अनवच्छिन्न हास** पु० जोर की हँसी।
**अनवट** पु० कोल्हू के बैल की आँखों का ढक्कन; पैर के अँगूठे का चाँदी का छल्ला।
**अनवद्य** वि० *(सं०)* निर्दोष; अनिन्द्य।
**अनवधान** पु० (सं०) असावधानी।
**अनवधि** अ० *(सं०)* निरन्तर। वि० बिना समय की पाबन्दी का; असीम; बेहद।
**अनवभ्र** वि० *(सं०)* अक्षुण्ण; अनश्वर; स्थायी।
**अनवय** वि० *(सं०)* अन्वय; कुल; वंश।
**अनवर** वि० *(सं०)* अन्यून; अकनिष्ठ; श्रेष्ठ।
**अनवरत** अ० *(सं०)* लगातार। वि० निरन्तर; अविराम।
**अनवसर** वि० (सं०) कुसमय।
**अनवराध्य** वि० *(सं०)* सर्वोत्तम; प्रधान।
**अनवरोध** पु० *(सं०)* बिना रोक-टोक का या मुक्त।
**अनवलम्बित** वि० *(सं०)* आश्रयहीन; निराधार।
**अनवसित** वि० *(सं०)* जो समाप्त न हुआ हो।
**अनवस्कर** वि० *(सं०)* स्वच्छ; मलरहित; शुद्ध।
**अनवस्थ** वि० *(सं०)* अव्यवस्थित; चंचल; अस्थिर।
**अनवस्था** स्त्री० *(सं०)* अव्यवस्था; अस्थिरता।
**अनवस्थान** वि० *(सं०)* अनवस्थित। पु० अनिश्चिन्तता; अस्थिरता; आचरण भ्रष्टता।
**अनवस्थायी(यिन्)** वि० *(सं०)* क्षणस्थायी।
**अनवस्थित** वि० *(सं०)* अस्थिर; अस्थिरचित्त।
**अनवस्थिति** स्त्री० *(सं०)* आचरण हीनता; अस्थिरता।
**अनवहित** वि० *(सं०)* लापरवाह; असावधान।
**अनवाँसा** वि० पहले काम में लाया हुआ।
**अनवाद** पु० कटुवचन।
**अनवाप्त** वि० *(सं०)* अप्राप्त।
**अनवेक्ष; अनवेक्षक** वि० *(सं०)* उदासीन; लापरवाह।
**अनशन** पु० *(सं०)* आहार त्याग; उपवास।
**अनश्वर** वि० *(सं०)* ध्रुव; नित्य; अविनाशी; शाश्वत।
**अनसखरी** स्त्री० पक्की रसोई, घृत निर्मित भोग।
**अनसढ़** वि० नीच, अधम।
**अनसाना** स० क्रि० अप्रसन्न करना, चिढ़ाना। अ० क्रि० क्रुद्ध होना; झुँझलाना।
**अनसुना** वि० जो सुना न गया हो।
**अनसूरि** पु० *(सं०)* चतुर व्यक्ति; जो मूर्ख न हो।
**अनस्तित्व** पु० *(सं०)* अस्तित्व का अभाव।
**अनस्थ, अनस्थिक** वि० *(सं०)* अस्थिरहित।
**अनहंकार** वि० *(सं०)* जिसे अहंकार न हो।
**अनहंकृत** वि० *(सं०)* अहंकाररहित।
**अनहद** पु० अनाहद।
**अनह(न्)** पु० *(सं०)* कुदिन; बुरा दिन।
**अनहित** वि० अहितकारी; अप्रिय। पु० बुराई।
**अनहितू** वि० अशुभ चाहने वाला; अपकारी।
**अनहोता** वि० असम्भव; अलौकिक; निर्धन।

**अनहोनी** स्त्री० *(सं०)* न होने वाली असम्भव बात। वि० असम्भव; न होने वाली; अलौकिक।

**अनाकर्षण** पु० *(सं०)* आकर्षण का अभाव; अरुचि।

**अनाकानी** स्त्री० अनसुनी, जानकर टालना।

**अनाकार** वि० *(सं०)* निराकार, आकारहीन।

**अनाकाल** पु० *(सं०)* दुर्भिक्ष।

**अनाकाश** वि० *(सं०)* अपारदर्शक; आकाश से भिन्न।

**अनाकुल** वि० न घबराया हुआ।

**अनाकृत** वि० *(सं०)* अनिवारित, जो रोका न गया हो।

**अनाक्रान्त** वि० *(सं०)* जो पीड़ित न हो।

**अनाकुखर** वि० मूर्ख।

**अनागम्य** वि० *(सं०)* अप्राप्य; अगम्य; दुर्गम।

**अनाघ्रात** वि० *(सं०)* जो सूँघा न गया हो।

**अनाचार** वि० *(सं०)* विचित्र; अभद्र; अविशिष्ट। पु० दुराचरण; बुराई।

**अनाचारिता** स्त्री० *(सं०)* निन्दनीय-आचरण।

**अनाचारी(रिन्)** वि० *(सं०)* भ्रष्टाचारी; आचारहीन, कुकर्मी।

**अनाज** पु० अन्न।

**अनाज्ञाकारी(रिन्)** वि० *(सं०)* आज्ञा का पालन न करने वाला।

**अनाज्ञात** वि० *(सं०)* अप्रत्याशित, अज्ञात।

**अनाटोमी** स्त्री० *(अं०)* विश्लेषण; चीर-फाड़।

**अनाड़ी** वि० नासमझ; अज्ञान, अकुशल।

**अनाढ्य** वि० *(सं०)* दरिद्र, कंगाल, धनहीन।

**अनातप** पु० *(सं०)* छाया का अभाव; ठण्ढ।

**अनात्म(न्)** पु० देहादि, जड़ पदार्थ।

**अनात्मवान्(वत्)** वि० *(सं०)* असंयमी।

**अनाथ** पु० *(सं०)* आश्रयहीन व्यक्ति; बिना माँ-बाप का बच्चा।

**अनाथा** स्त्री० *(सं०)* अनाथ औरत, स्वामी रहित।

**अनाथानुसारी(रिन्)** वि० *(सं०)* दीनों का सहायक।

**अनाथालय, अनाथाश्रम** पु० *(सं०)* वह स्थान जहाँ पर बिना माँ-बाप के बच्चे रखे जाते हैं, यतीमखाना।

**अनादर** वि० *(सं०)* उपेक्षा करनेवाला; उदासीन। पु० जिसका आदर न हो, तिरस्कार।

**अनादरण** पु० *(सं०)* *(डिसऑनर)* (खाते में धन की कमी आदि के कारण) (चेक या बिल) का रुपया देने से इनकार करना; उपेक्षा, तिरस्कारपूर्ण व्यवहार।

**अनादरित** वि० जिसका सम्मान न किया गया हो।

**अनादि** पु० *(सं०)* नित्य; जिसका आदि न हो, ब्रह्म।

**अनादृत** वि० *(सं०)* जिसका अनादर किया गया हो।

**अनादेय** वि० *(सं०)* न लेने योग्य; अग्राह्य।

**अनाद्यन्त** पु० *(सं०)* ईश्वर; शिव। वि० जिसका आदि-अन्त न हो, आदि और अन्त रहित।

**अनाद्य** वि० *(सं०)* अनादि; न खाने योग्य।

**अनाधार** वि० *(सं०)* बिना सहारे का, बेसहारा।

**अनाधि** वि० *(सं०)* चिन्तारहित।

**अनाधिकारिक** वि० जिसे करने का अधिकार न हो; अनधिकृत; *(अन-अथॉराइज्ड)* अप्रामाणिक।

**अनाधृष्ट, अनाधृष्य** वि० *(सं०)* अनियन्त्रित; अजेय।

**अनाप-शनाप** पु० अण्ट-सण्ट; निरर्थक बात।

**अनाम** वि० (सं०) अविख्यात, नामहीन।

**अनामय** पु० *(सं०)* आरोग्य; तन्दुरुस्ती। वि० स्वस्थ।

**अनामा, अनामिका** स्त्री० *(सं०)* बिचली और कानी उँगलियों के बीच की उँगली।

**अनामा(मन्)** पु० *(सं०)* मलमास; अनामिका। वि० जो प्रसिद्ध न हो, अप्रसिद्ध; नाम हीन, नामरहित।

**अनामिय** वि० *(सं०)* लाभरहित; प्रलोभनरहित।

**अनामृत** वि० *(सं०)* अमर।

**अनायक** वि० *(सं०)* अव्यवस्थित; नायकहीन।

**अनायास** अ० *(सं०)* बिना प्रयास और परिश्रम के; स्वतः; आसानी से; सरलता से।

**अनारी** वि० अनार के रंग का, अनाड़ी, मूर्ख।

**अनायासिक-विजय** स्त्री० *(सं०)* अनायास प्राप्त विजय; *(वॉकओव्हर)* बिना प्रयत्न के होनेवाला।

**अनायुध** वि० निहत्था; शस्त्रहीन।

**अनारकी** स्त्री० *(सं०)* अराजकता।

**अनारत** वि० *(सं०)* स्थायी, नित्य; अनवरत।

**अनारम्भ** वि० *(सं०)* आरम्भ करने के अयोग्य।

**अनार्जव** वि० *(सं०)* कुटिल; बेईमान। पु० छल, कपट।

**अनार्य** वि० *(सं०)* अप्रतिष्ठित; असभ्य; नीच; वह देश जहाँ आर्य न हों।

**अनालम्ब** पु० *(सं०)* आश्रय का अभाव। वि० बेसहारा।

**अनालम्बन** वि० *(सं०)* बेसहारा; अवलम्बहीन।

**अनावरित करना** स० क्रि० *(अनवील)* किसी प्रसिद्ध व्यक्ति की मूर्ति या चित्र के ऊपर पड़ा हुआ आवरण हटाकर उसे जनता के दर्शनार्थ खोल देना।
**अनावर्ति** स्त्री० *(सं०)* न लौटना; मोक्ष।
**अनावर्ती** वि० *(सं०)* जो बार-बार न होता हो।
**अनावर्षण** पु० *(सं०)* सूखा।
**अनावश्यक** वि० *(सं०)* जिसकी आवश्यकता न हो; व्यर्थ; फालतू।
**अनावश्यकता** स्त्री० *(सं०)* जरूरत का न होना।
**अनाबिद्ध** वि० *(सं०)* जिसे चोट न लगी हो; अनाहत।
**अनाविल** वि० *(सं०)* निर्मल; स्वच्छ।
**अनावृत** वि० *(सं०)* खुला; जो ढका न हो।
**अनावृत्ति** स्त्री० *(सं०)* फिर जन्म न होना; न लौटना।
**अनावृष्टि** स्त्री० *(सं०)* अवर्षण; सूखा।
**अनावेदित** वि० *(सं०)* जो ज्ञात न हो; अज्ञात।
**अनाश** वि० *(सं०)* जिसका नाश न हो; जीवित।
**अनाशु** वि० *(सं०)* तेजहीन ; सुस्त; अनश्वर।
**अनाश्रय** वि० *(सं०)* आश्रय रहित; बिना सहारे का।
**अनाश्रित** वि० *(सं०)* स्वाधीन, जो दूसरों के सहारे न हो, जो दूसरे पर आश्रित न हो।
**अनासक्त** वि० *(सं०)* उदासीन; निर्लिप्त; वीतराग।
**अनासक्ति** स्त्री० *(सं०)* उदासीनता; आसक्ति या अनुराग का अभाव।
**अनासादित** वि० *(सं०)* अस्तित्वहीन; अघटित।
**अनासाद्य** वि० *(सं०)* अप्राप्य।
**अनासीन** वि० *(अनूसीटेड)* आसनरहित; जिसे किसी कारणवश अपने स्थान, पद आदि से हट जाना पड़ा हो; स्थानवंचित; आसनच्युत।
**अनास्था** वि० *(सं०)* अनास्थ-उदासीन। स्त्री० अनादर; उदासीनता; श्रद्धा या आस्था का अभाव।
**अनास्राव** वि० *(सं०)* क्लेशरहित।
**अनास्वाद** पु० *(सं०)* नीरसता; स्वाद का अभाव। वि० स्वादरहित, बिना स्वाद का।
**अनाह** पु० *(सं०)* पेट फूलना; अफारा।
**अनाहक** अ० नाहक, व्यर्थ; निरर्थक।
**अनाहत** वि० (सं०) चोट न लगा हुआ।
**अनाहार** पु० (सं०) उपवास, व्रत।
**अनाहारी** वि० *(सं०)* भोजन न करनेवाला।
**अनाहूत** वि० *(सं०)* अनिमन्त्रित; बिना बुलाया।
**अनिन्द** वि० अनिन्द्य।
**अनिन्दनीय** वि० *(सं०)* निर्दोष; जो निन्दनीय न हो।
**अनिन्दित** वि० *(सं०)* निन्दारहित; निर्दोष।
**अनिन्द्य** वि० *(सं०)* निन्दारहित; निर्दोष; प्रशंसनीय।
**अनिकेत** पु० *(सं०)* खानाबदोश; संन्यासी। वि० जिसका कोई नियत वास-स्थान न हो।
**अनिग्रह** वि० *(सं०)* अजेय; अनियन्त्रित। पु० तर्क में हार न मानना; रोक; बन्धन, दण्ड का अभाव।
**अनिच्छा** स्त्री० *(सं०)* इच्छा का अभाव; अरुचि।
**अनिच्छित** वि० *(सं०)* अनचाहा, अनीप्सित।
**अनित** वि० *(सं०)* रहित; अनित्य।
**अनित्य** वि० *(सं०)* नश्वर, जो सदा न रहे; अस्थिर।
**अनिद्रा** स्त्री० *(सं०)* नींद न आने की बीमारी।
**अनिन्दनीय** वि० *(सं०)* निर्दोष।
**अनिन्दित** वि० *(सं०)* निन्दा किया हुआ।
**अनिप** पु० सेना नायक, सेनापति।
**अनिपुण** वि० *(सं०)* अदक्ष अकुशल।
**अनिबद्ध** वि० *(सं०)* बे-लगाव; असम्बद्ध।
**अनिभ्य** वि० *(सं०)* धनहीन; दरिद्र, निर्धन।
**अनिमन्त्रित** वि० *(सं०)* जिसे निमन्त्रण न दिया गया हो; बिना बुलाया हुआ; अनाहूत।
**अनिमक** पु० *(सं०)* भ्रमर; मधुमक्खी; पद्मकेशर।
**अनिमित्त** पु० *(सं०)* बिना कारण के; अपशकुन। वि० कारण रहित; आकस्मिक।
**अनिमित्तक** वि० *(सं०)* व्यर्थ; प्रयोजनरहित।
**अनिमिष, अनिमेष** पु० *(सं०)* देवता; मछली। वि० स्थिर-दृष्टि; जिसकी पलक न गिरे।
**अनिमिषाचार्य** पु० *(सं०)* बृहस्पति; देवगुरु।
**अनिमेखी** अ० निरन्तर।
**अनियन्त्रित** वि० *(सं०)* प्रतिबन्धरहित; निरंकुश; स्वतन्त्र।
**अनियत** वि० *(सं०)* अस्थिर; असीम; असाधारण; अनिश्चित; अनियमित; आकस्मिक।
**अनियमित** वि० *(सं०)* नियमरहित; नियम-विरुद्ध।
**अनियाउ, अनियाव** पु० अन्याय।
**अनियारा** वि० तीक्ष्ण, धारयुक्त।
**अनिराकरण** पु० *(सं०)* निवारण न करना।
**अनिरुक्त** वि० *(सं०)* अस्पष्ट; जिसकी सम्यक्

व्याख्या न हुई हो।
**अनिर्णय** पु० *(सं०)* अनिश्चय; निर्णय का अभाव।
**अनिर्णीत** वि० *(सं०)* अनिश्चित।
**अनिर्देश** पु० *(सं०)* निश्चित नियम या आदेश का अभाव; जिसका निर्देश न हो सके।
**अनिर्द्धारित** वि० *(सं०)* जो निश्चित न हो, अनिश्चित।
**अनिर्धारित** वि० *(सं०)* जो निश्चित न हो।
**अनिर्बन्ध** वि० *(सं०)* स्वच्छन्द, बन्धनरहित।
**अनिर्भर** वि० *(सं०)* हल्का; अनवलम्बित; थोड़ा।
**अनिर्भेद** पु० *(सं०)* भेद न खोलना।
**अनिर्मल** वि० *(सं०)* अस्वच्छ, गन्दा।
**अनिर्वचनीय** पु० *(सं०)* अज्ञान, माया; जगत्। वि० जिसका वर्णन न हो सके; अकथनीय।
**अनिर्वाच्य** वि० *(सं०)* अनिर्वचनीय।
**अनिर्वाह** पु० *(सं०)* असंगति; अपर्याप्त आय।
**अनिर्वृति,** स्त्री० *(सं०)* निर्धनता; बेचैनी।
**अनिर्वेद** पु० *(सं०)* विषाद का अभाव; स्वावलम्बन।
**अनिर्वेश** वि० *(सं०)* बेरोजगार; दुःखी।
**अनिल** पु० *(सं०)* स्वाति नक्षत्र; वायु; पक्षाघात।
**अनिलय** वि० *(सं०)* विश्राम रहित, बेघर।
**अनिलोडित** वि० *(सं०)* अनुभवहीन।
**अनिवर्तन** वि० *(सं०)* स्थिर; अपरित्याज्य।
**अनिवारित** वि० *(सं०)* जो रोका न गया हो; अनियन्त्रित।
**अनिवार्य** वि० *(सं०)* अत्यावश्यक; अटल।
**अनिवेदित** वि० *(सं०)* अवर्णित, अकथित।
**अनिश** अ० *(सं०)* लगातार, निरन्तर।
**अनिश्चय** पु० *(सं०)* सन्देह; निश्चय का अभाव।
**अनिश्चित** वि० *(सं०)* सन्दिग्ध; जिसका निश्चय न हुआ हो या न हो; कच्चा।
**अनिषिद्ध** वि० *(सं०)* जो वर्जित या अविहित न हो।
**अनिष्ट** पु० *(सं०)* अहित; हानि; अमंगल; अनर्थ। वि० बुरा; जो इष्ट न हो; अवांछित; हानिकर।
**अनिष्पत्ति** स्त्री० *(सं०)* अपूर्णता; पूर्णता का अभाव।
**अनिष्पन्न** वि० *(सं०)* अपूर्ण, असमाप्त।
**अनिस** अ० अहर्निश; लगातार, निरन्तर।
**अनीक** पु० *(सं०)* सेना। वि० बुरा।
**अनीठ** वि० अनिष्ट; अप्रिय; बुरा।
**अनीठि** स्त्री० बुराई; क्रोध।
**अनीड़** वि० *(सं०)* आश्रयहीन; बिना घोंसले का।
**अनीत** स्त्री० दुष्कर्म; दुर्व्यवहार; अन्याय।
**अनीति** स्त्री० *(सं०)* अन्याय; दुष्टता; अनुचित व्यवहार; दुराचार; अनैतिकता।
**अनीश** वि० *(सं०)* अनाथ।
**अनीस** वि० अनीश; असमर्थ, अनाथ।
**अनीसून** पु० *(सं०)* एक प्रकार की सौंफ।
**अनु-उपसर्ग** *(सं०)* पीछे, आसपास, अर्थक।
**अनुकम्पन** पु० *(सं०)* सहानुभूति; दया। वि० दयालु।
**अनुकम्पा** स्त्री० *(सं०)* हमदर्दी; दया।
**अनुकम्पित** वि० *(सं०)* जिस पर अनुकम्पा की गयी हो।
**अनुकम्पय** वि० *(सं०)* दयनीय; दया का पात्र।
**अनुक** वि० *(सं०)* लोलुप; आश्रित; कामुक।
**अनुकथन** पु० *(सं०)* बातचीत; वर्णन; पीछे कहना।
**अनुकरण** पु० *(सं०)* नकल; किसी की देखादेखी करना।
**अनुकर्ता, अनुकारी** वि० नकल करनेवाला।
**अनुकरणात्मक** वि० *(सं०)* अनुकरण करने योग्य।
**अनुकरणीय** वि० *(सं०)* अनुकरण करने योग्य।
**अनुकर्ता(तृ)** पु० *(सं०)* नकल करने वाला; अनुयायी।
**अनुकलन** पु० *(सं०)* हिसाब जोड़ना; लेखन।
**अनुकांक्षा** स्त्री० *(सं०)* इच्छा।
**अनुकांक्षित** वि० *(सं०)* इच्छित, चाहा हुआ।
**अनुकांक्षी (क्षिन्)** वि० *(सं०)* चाहने वाला।
**अनुकामी (मिन्), अनुकामीन** वि० *(सं०)* अपनी इच्छानुसार काम करने वाला।
**अनुकार्य** वि० *(सं०)* अनुकरण योग्य।
**अनुकाल** वि० *(सं०)* सामयिक; समयानुकूल।
**अनुकीर्तन** पु० *(सं०)* प्रकाशन; कथन; वर्णन।
**अनुकूल** पु० *(सं०)* कृपा; अनुग्रह। वि० सहायक; प्रसन्न; दक्षिण; आश्रय देने वाला।
**अनुकूलन** पु० *(एडैप्टेशन)* अपने अनुकूल करना; परिस्थिति के अनुसार ढालना।
**अनुकूलना** अ० क्रि० प्रसन्न होना; मुआफिक होना।
**अनुकूलीकरण** पु० *(एडैप्टेशन)* अनुकूलन।
**अनुकृत** वि० *(सं०)* जिसकी नकल की गयी हो।
**अनुकृति** स्त्री० *(सं०)* नकल।
**अनुकृष्ट** वि० *(सं०)* खिंचा हुआ; आकृष्ट।
**अनुक्रम** पु० *(सं०)* सिलसिला; उचित क्रम; एक के

बाद एक होने की क्रिया।

**अनुक्रमण** पु० *(सं०)* अनुगमन; क्रमपूर्वक आगे बढ़ना।

**अनुक्रमणिका, अनुक्रमणी** स्त्री० *(सं०)* विषयसूची, सूचीपत्र।

**अनुक्रमांक** सं० सूची में निर्धारित संख्या।

**अनुक्रान्त** वि० *(सं०)* परिगणित; पठित; क्रमपूर्वक किया हुआ; उल्लिखित।

**अनुक्रोश** पु० *(सं०)* अनुकम्पा, कृपा, दया।

**अनुक्षण** अ० *(सं०)* लगातार, हमेशा; प्रतिक्षण।

**अनुख्यान** पु० *(सं०)* भेद खोलना; पता लगाना।

**अनुग** पु० *(सं०)* सेवक, अनुयायी।

**अनुगत** पु० *(सं०)* खुशामद; मनुहार; सेवक। वि० अनुकूल; अनुगामी; अधीन; उपयुक्त।

**अनुगतार्थ** वि० *(सं०)* मिलते-जुलते अर्थवाला।

**अनुगति** स्त्री० *(सं०)* अनुगमन; अनुकरण।

**अनुगम, अनुगमन** पु० *(सं०)* समझना; नकल करना; पीछे चलना; सहमरण।

**अनुगामी(मिन्)** वि० *(सं०)* आज्ञाकारी; साथी; पीछे चलनेवाला; अनुयायी।

**अनुगामुक** वि० *(सं०)* बराबर पीछे चलने वाला।

**अनुगुप्त** वि० *(सं०)* छिपाया हुआ; रक्षित।

**अनुगृहीत** वि० *(सं०)* जिस पर अनुग्रह किया गया हो; एहसानमन्द, कृतज्ञ।

**अनुग्रह** पु० *(सं०)* सेना के पृष्ठभाग की रक्षा करने वाला दल; अनिष्ट निवारण, दया, कृपा।

**अनुग्रही** वि० *(सं०)* बाजीगरी में कुशल।

**अनुग्रासक** पु० *(सं०)* कौर, नेवाला।

**अनुग्राहक, अनुग्राही** वि० *(सं०)* अनुग्रह करनेवाला, दया करने वाला, मेहरबान।

**अनुग्राह्य** वि० *(सं०)* कृपा पात्र, अनुग्रह का पात्र।

**अनुघटन** पु० *(सं०)* सम्बन्ध स्थापित करना।

**अनुघात** पु० *(सं०)* विनाश।

**अनुचर** पु० *(सं०)* साथी; नौकर, सेवक; पीछे चलनेवाला।

**अनुचारक** पु० *(सं०)* अनुचर।

**अनुचारी** पु० *(सं०)* नौकर, अनुचर। वि० अनुगमन करनेवाला, पीछे चलनेवाला।

**अनुचित** वि० *(सं०)* बुरा; बेजा; नामुनासिब।

**अनुच्चारित** वि० *(सं०)* उच्चारण न किया हुआ।

**अनुच्छेद** पु० *(सं०)* प्रस्तर, पैराग्राफ।

**अनुछन*** अ० अनुक्षण।

**अनुजन्मा** पु० *(सं०)* अनुज, छोटा भाई।

**अनुजा, अनुजाता** स्त्री० *(सं०)* छोटी बहन।

**अनुजीवी** पु० *(सं०)* सेवक। वि० परावलम्बी, किसी के सहारे जीने वाला; आश्रित।

**अनुज्ञप्त** वि० *(सं०)* लाइसेंसदार; जिसे स्वीकृति या अनुज्ञा मिल चुकी हो।

**अनुज्ञप्ति** स्त्री० *(सं०)* लाइसेंस; स्वीकृति; आज्ञा।

**अनुज्ञा** स्त्री० *(सं०)* वह आज्ञा या स्वीकृति जो किसी अधिकारी द्वारा अथवा किसी मान्य व्यक्ति द्वारा किसी कार्य के करने के लिए दी जाये; आज्ञा, स्वीकृति।

**अनुज्ञान** पु० *(सं०)* अनुमति, स्वीकृति।

**अनुज्ञापक** पु० *(सं०)* आज्ञा देने वाला।

**अनुज्ञापन** पु० *(सं०)* अनुमति देना; आज्ञा देना।

**अनुताप** पु० *(सं०)* पछतावा; जलन, ताप; खेद, रंज।

**अनुतापी** पु० *(सं०)* पश्चात्ताप करने वाला।

**अनुत्कृष्ट** वि० *(सं०)* जो उत्तम या जो श्रेष्ठ न हो।

**अनुत्तम** वि० *(सं०)* सबसे अच्छा नहीं; सबसे अच्छा।

**अनुत्तर** वि० *(सं०)* चुप, मौन, उत्तररहित।

**अनुत्तरित** वि० *(सं०)* जिसका उत्तर न दिया गया हो।

**अनुत्थान** पु० *(सं०)* उत्थान का अभाव।

**अनुत्पत्ति** स्त्री० *(सं०)* उत्पति का अभाव या कमी।

**अनुत्पन्न** वि० *(सं०)* जो पूरा न हुआ हो।

**अनुत्साह** वि० *(सं०)* जिसमें संकल्प की दृढ़ता न हो; उत्साहहीन।

**अनुदक** वि० *(सं०)* जलहीन (मरुभूमि); जिसे कोई पानी देने वाला न हो; थोड़ा जलवाला।

**अनुदग्र** वि० *(सं०)* कमजोर; कोमल; निस्तेज।

**अनुदत्त** वि० *(सं०)* माफ किया हुआ; स्वीकृत।

**अनुदर** वि० *(सं०)* पतली कमरवाला; पतला।

**अनुदाता** पु० *(सं०)* अनुदान देने वाला।

**अनुदान** पु० *(सं०)* आर्थिक-सहायता।

**अनुदार** वि० *(सं०)* संकीर्ण-हृदय; अदाता; कंजूस।

**अनुदारता** स्त्री० *(सं०)* उदारता का अभाव।

**अनुदित** वि० *(सं०)* जो उदित या प्रकट न हुआ हो; अकथनीय; अकथित।

**अनुदिन, अनुदिवस** अ० *(सं०)* प्रतिदिन, नित्य।

**अनुदिष्ट** वि० *(सं०)* जिसे बतलाया गया हो।
**अनुदेश** पु० *(इंस्ट्रक्शन)* कोई काम करने के लिए विशेष रूप में हिदायत देना, आदेश देना; शिक्षा; निर्देश।
**अनुद्धत** वि० *(सं०)* शिष्ट; विनीत; सौम्य।
**अनुद्धरण** पु० *(सं०)* प्रमाणित न करना; न हटाना।
**अनुद्धार** पु० *(सं०)* न हटाना; बँटवारा न करना।
**अनुद्धृत** वि० *(सं०)* अप्रमाणित; जिसकी स्थापना न की गयी हो; अविभक्त; अक्षत।
**अनुद्यत** वि० *(सं०)* जो काम के लिए तत्पर न हो।
**अनुद्यम** वि० *(सं०)* हीनपुरुष; अकर्मण्य, आलसी। पु० आजीविका या उद्यम का अभाव।
**अनुद्यमी** वि० *(सं०)* उद्यम न करने वाला।
**अनुद्योग** वि० *(सं०)* निरुद्योगी। पु० निश्चेष्टता।
**अनुद्योगी** वि० *(सं०)* उदासीन; निष्क्रिय।
**अनुद्वेग** पु० *(सं०)* भय, आशंका आदि का अभाव।
**अनुध्यान** पु० *(सं०)* चिन्तन, ध्यान।
**अनुनय** पु० *(सं०)* अनुशासन; प्रार्थना, विनय।
**अनुनादित** वि० *(सं०)* प्रतिध्वनित।
**अनुनासिक** पु० *(सं०)* अनुनासिक वर्ण; उसका उच्चारण। वि० जिसका उच्चारण मुँह और नाक से हो—(ङ्, ञ, ण्, न्, म् और अनुस्वार)।
**अनुनीत** वि० *(सं०)* अनुशासित; सन्तुष्ट; प्रार्थित।
**अनुन्मत्त** वि० *(सं०)* जो नशे में चूर न हो।
**अनुन्माद** पु० *(सं०)* उन्माद, पागलपन की कमी।
**अनुपकार** पु० *(सं०)* बुराई, अहित।
**अनुपकारी** वि० *(सं०)* कृतघ्न; उपकार न करनेवाला।
**अनुपजाऊ** वि० *(सं०)* बंजर, ऊसर।
**अनुपगीत** वि० *(सं०)* अप्रशंसित।
**अनुपतन** पु० *(सं०)* एक के बाद दूसरे का गिरना। अंश, टुकड़ा।
**अनुपतित** वि० *(सं०)* आ गिरा हुआ।
**अनुपथ** वि० *(सं०)* पीछे चलने वाला। अ० कदम-ब-कदम; शब्द प्रति शब्द।
**अनुपदवी** स्त्री० *(सं०)* सड़क, मार्ग।
**अनुपदिष्ट** वि० *(सं०)* अशिक्षित।
**अनुपदी (दिन्)** वि० *(सं०)* अनुसरणकर्ता; अन्वेषक, खोजी; खोज करने वाला।
**अनुपधि** वि० *(सं०)* स्वच्छ हृदय वाला।
**अनुपनीत** वि० *(सं०)* उपनयन रहित।
**अनुपन्यास** पु० *(सं०)* सन्देह; प्रमाणित न होना।
**अनुपपत्ति** स्त्री० *(सं०)* संकट; युक्ति का अभाव; असमर्थता; असंगति; असिद्धि।
**अनुपपन्न** वि० *(सं०)* असम्भव; अप्रबाधित।
**अनुपम** वि० *(सं०)* उपमारहित, बे-जोड़, सर्वोत्तम।
**अनुपमित** वि० *(सं०)* जिसकी उपमा न दी गयी हो; सर्वोत्तम।
**अनुपमेय** वि० *(सं०)* अतुलनीय, अनुपम।
**अनुपयुक्त** वि० *(सं०)* जिसका उपयोग न हुआ हो; बेमेल; अयोग्य; अनुचित।
**अनुपयोगी** वि० *(सं०)* बेकार, उपयोगरहित।
**अनुपस्थान** पु० *(सं०)* अनुपस्थिति।
**अनुपस्थित** वि० *(सं०)* अविद्यमान, गैरहाजिर, जो सामने न हो।
**अनुपस्थिति** स्त्री० *(सं०)* गैरहाजिरी, अविद्य-मानता।
**अनुपहत** वि० *(सं०)* कोरा, नया; अक्षत।
**अनुपाख्य** वि० *(सं०)* जो स्पष्ट रूप से कहा न जा सके; जो साफ-साफ देखा न जा सके।
**अनुपात** पु० *(सं०)* सापेक्षित सम्बन्ध; (गणित) तीन ज्ञात संख्याओं के आधार पर चौथी को निकालना।
**अनुपान** पु० *(सं०)* दवा के साथ या बाद में ली जानेवाली वस्तु या पेय।
**अनुपार्जित** पु० *(सं०)* जो अर्जित न किया गया हो।
**अनुपालन** पु० *(सं०)* रक्षण; आज्ञापालन।
**अनुपासन** पु० *(सं०)* ध्यान न देना।
**अनुपुरुष** पु० *(सं०)* अनुयायी; पूर्वोक्त व्यक्ति।
**अनुपुष्प** पु० *(सं०)* सरकण्डा।
**अनुपूरक** वि० *(सप्लिमेण्टरी)* जो कमी रह गयी हो उसे पूरा करने के लिए जो बाद में रखा जाये, जोड़ा जाये, पूछा जाये या प्रकाशित किया जाये।
**अनुपूरण** पु० *(सप्लिमेण्ट)* कमी या छूट की पूर्ति के लिए बाद में जोड़ना।
**अनुपूरित** वि० *(सप्लिमेण्टेड)* जो कोई छूट, कमी आदि पूरी करने के लिए बाद में जोड़ा या प्रकाशित किया गया हो।
**अनुप्रश्न** पु० *(सं०)* पीछे किया हुआ प्रश्न; बाद में किया जाने वाला प्रश्न।

**अनुप्रशक्ति** स्त्री० *(सं०)* गहरा सम्बन्ध।
**अनुप्राणन** पु० *(सं०)* प्रेरण; स्फूर्ति; प्राणसंचार।
**अनुप्राणित** वि० *(सं०)* पुष्ट किया हुआ; जीवन्त।
**अनुप्रापण** पु० *(सं०)* प्राप्तव्य धन इकट्ठा करना।
**अनुप्राप्ति** स्त्री० *(सं०)* मिलने वाले धन की वसूली।
**अनुप्राशन** पु० *(सं०)* भोजन, खाना।
**अनुप्रेक्षा** स्त्री० *(सं०)* मनन, चिन्तन; गौर से देखना।
**अनुप्रेरणा** स्त्री० *(सं०)* प्रोत्साहन।
**अनुप्रेरित** वि० *(सं०)* प्रोत्साहित।
**अनुपल्लव** पु० *(सं०)* साथी; अनुयायी, अनुचर।
**अनुबन्ध** पु० *(सं०)* आरम्भ; मार्ग; फल; नतीजा;
**अनुबन्ध पत्र** पु० *(एग्रीमेण्ट फॉर्म)* इकरारनामा; शर्तनामा, बन्धनपत्र।
**अनुबन्धक** वि० *(सं०)* सम्बद्ध।
**अनुबन्धन** पु० *(सं०)* *(एग्रीमेण्ट)* सहमति; सम्बन्ध; क्रम, सिलसिला; अनुबन्ध करने की क्रिया।
**अनुबन्धी** स्त्री० *(सं०)* सम्बन्ध जोड़ने वाला; प्यास।
**अनुबन्धी** वि० *(सं०)* सम्बद्ध; अनुबन्ध-युक्त।
**अनुबद्ध** वि० *(सं०)* लगाव रखनेवाला, सम्बद्ध।
**अनुबोध** पु० *(सं०)* पीछे होने वाला स्मरण।
**अनुभव** पु० *(सं०)* सुख-दुःख रूप में उपलब्धि; काम की जानकारी; तजुर्बा; संवेदन महसूस करना।
**अनुभवातीत** वि० *(सं०)* अनुभव से परे।
**अनुभवना*** स० क्रि० अनुभव करना।
**अनुभवी** वि० *(सं०)* भुक्तभोगी; अनुभव रखनेवाला।
**अनुभवोक्ति** स्त्री० सूत्र, उक्ति; अनुभव के आधार पर कही जाने वाली बात।
**अनुभाग** पु० *(सं०)* वर्ग, सेक्शन।
**अनुभाव** पु० *(सं०)* दृढ़ विश्वास; प्रभाव; संकल्प।
**अनुभूत** वि० *(सं०)* अनुभव किया हुआ; परीक्षित।
**अनुभूति** स्त्री० *(सं०)* संवेदना; अनुभव; प्रत्यक्ष।
**अनुभ्राता** पु० *(सं०)* छोटा भाई।
**अनुमन्ता** वि० *(सं०)* किसी कार्य को होने देने वाला; स्वीकृति देने वाला।
**अनुमत** वि० *(सं०)* सहमत; स्वीकृत; प्रिय।
**अनुमति** स्त्री० *(सं०)* स्वीकृति, इजाजत।
**अनुमत्त** वि० *(सं०)* आनन्द से उन्मत्त।
**अनुमनन** पु० *(सं०)* स्वीकृति देना।
**अनुमान** पु० *(सं०)* अन्दाजा; स्वीकृति, प्रत्यक्ष ज्ञान द्वारा अप्रत्यक्ष विषय का निश्चय।
**अनुमानतः (तस्)** अ० *(सं०)* अनुमान से।
**अनुमानना*** स० क्रि० समझना; अनुमान करना।
**अनुमानित** वि० *(सं०)* अनुमान से समझा हुआ।
**अनुमित** वि० *(सं०)* अनुमान किया हुआ।
**अनुमिति** स्त्री० *(सं०)* अनुमान द्वारा प्राप्त ज्ञान।
**अनुमेय** वि० *(सं०)* अनुमान करने योग्य।
**अनुमोदक** वि० *(सं०)* समर्थन करने वाला।
**अनुमोदन** पु० *(एप्रूवल)* समर्थन; स्वीकृति।
**अनुमोदित** वि० *(सं०)* स्वीकृत, समर्थित।
**अनुयाचक** पु० *(कैनवैसर)* माल खरीदने के लिए दूसरों के राजी करने का प्रयत्न करने वाला।
**अनुयाता** पु० *(सं०)* अनुयायी, अनुसरण करनेवाला।
**अनुयात्री** पु० *(सं०)* यात्रा में साथी, सहयात्री।
**अनुयायी** वि० *(सं०)* किसी मत का अनुसरण करने वाला; किसी नेता का अनुसरण करने वाला।
**अनुयोग** पु० *(सं०)* प्रश्न; पूछताछ; जिज्ञासा।
**अनुयोगी** वि० *(सं०)* अनुयोग करने वाला।
**अनुरंजन** पु० *(सं०)* प्रसन्न करना; सन्तुष्ट करना।
**अनुरंजित** वि० *(सं०)* प्रसन्न, सन्तुष्ट।
**अनुरक्त** वि० *(सं०)* आसक्त; प्रेमी; सन्तुष्ट; प्रसन्न।
**अनुरक्ति** स्त्री० *(सं०)* आसक्ति; भक्ति; प्रेम।
**अनुरक्षण** पु० *(सं०)* पीछे से रक्षा करना।
**अनुरत** वि० *(सं०)* अनुरागयुक्त; अनुरक्त।
**अनुरति** स्त्री० *(सं०)* आसक्ति; अनुराग।
**अनुरस** पु० *(सं०)* अतिरिक्त स्वाद; प्रतिध्वनि।
**अनुरहस** वि० *(सं०)* एकान्त।
**अनुराग** वि० *(सं०)* लाल रँगा हुआ। पु० भक्ति; प्रेम, आसक्ति; लाल रंग।
**अनुरागी** वि० *(सं०)* प्रेमी, आसक्त; भक्त।
**अनुराध** वि० *(सं०)* भलाई या हित करने वाला।
**अनुराधना*** स० क्रि० प्रार्थना या विनती करना।
**अनुरूप** वि० *(सं०)* समान रूपवाला, सदृश; उपयुक्त।
**अनुरोध** पु० *(सं०)* विनय; प्रार्थना; आग्रह; बाधा।
**अनुर्वर** वि० *(सं०)* जो उपजाऊ न हो, ऊसर, वंजर।
**अनुलग्न** वि० *(सं०)* संलग्न।
**अनुलाप** पु० *(सं०)* एक ही बात घुमा-फिराकर बार-बार कहना; पुनरुक्ति।
**अनुलाभ** पु० *(परक्विजिट)* लाभ, मुनाफा।

**अनुलिखित** वि० *(सं०)* नकल किया हुआ।
**अनुलिपि** स्त्री० *(फैसिमिलि)* किसी आकृति या लेख की हू-ब-हू नकल, प्रतिलिपि।
**अनुलेख** पु० *(सं०)* प्रतिलिपि।
**अनुलेप** पु० *(सं०)* उबटन आदि का लेप या मालिश।
**अनुलेपक** वि० *(सं०)* उबटन आदि लगाने वाला।
**अनुलोम** पु० *(सं०)* अनुक्रम, ऊपर से नीचे की ओर आनेवाला, यथाक्रम, अविलोम।
**अनुलोम विवाह** उच्च वर्ण के पुरुष का हीनवर्ण की स्त्री से विवाह।
**अनुलोमा** अनुलोम विवाहिता।
**अनुल्लंघन** पु० *(सं०)* उल्लंघन न करना।
**अनुवंश** पु० *(सं०)* वंशवृक्ष; वंशवृत्त।
**अनुवक्ता** पु० *(सं०)* उत्तर देने वाला।
**अनुवचन** पु० *(सं०)* अध्याय; शिक्षण; भाषण; पाठ।
**अनुवर्ती** वि० *(सं०)* आज्ञाकारी; उपयुक्त; अनुगमन या अनुसरण करने वाला, अनुयायी; समान।
**अनुवश** वि० *(सं०)* आज्ञाकारी। पु० आज्ञाकारिता।
**अनुवर्ष** अ० *(सं०)* प्रत्येक वर्ष।
**अनुवसित** वि० *(सं०)* सम्बद्ध, आबद्ध; आज्ञाकारिता।
**अनुवा** पु० स्थान विशेष।
**अनुवाद** पु० *(सं०)* भाषान्तरण; फिर से कहना; अपशब्द; समर्थन।
**अनुवादक** पु० *(सं०)* अनुवाद करने वाला।
**अनुवादित** वि० *(सं०)* अनुवाद किया हुआ।
**अनुवादी** वि० *(सं०)* समर्थन करने वाला; सदृश।
**अनुवाद्य** वि० *(सं०)* अनुवाद करने योग्य।
**अनुवासित** वि० *(सं०)* सुगन्धित, बसाया हुआ।
**अनुविभाग** पु० *(सं०)* अनुभाग।
**अनुवीक्षण** वि० *(सं०)* निरीक्षण।
**अनुवीक्षित** वि० *(सं०)* निरीक्षित।
**अनुवेध** पु० *(सं०)* मिलाना, मिश्रण; सूराख करना।
**अनुवेश पत्र** पु० वीजा, प्रवेशपत्र।
**अनुवृत्ति** वि० *(सं०)* व्याकरण में पूर्व सूत्र के पद का आगे के सूत्र में नियोग।
**अनुशंसा** स्त्री० *(सं०)* संस्तुति, सिफारिश।
**अनुशंसित** वि० *(सं०)* जिसकी सिफारिश की गयी हो।
**अनुशय** पु० *(सं०)* पछतावा; पुराना वैर; आसक्ति।
**अनुशयान** वि० *(सं०)* पश्चात्ताप करने वाला।
**अनुशासक** पु० *(सं०)* नियोजन, शिक्षक, राज्य का प्रबन्धक।
**अनुशासन** पु० *(सं०)* आदेश; दण्ड; नियन्त्रण; शिक्षा।
**अनुशासित** वि० *(सं०)* आदिष्ट; दण्डित, जिसका अनुशासन किया गया हो।
**अनुशिष्ट** वि० *(सं०)* अनुशासित।
**अनुशिष्टि** स्त्री० *(सं०)* आदेश; शिक्षा; शासन।
**अनुश्रवण** पु० *(सं०)* परम्परा।
**अनुश्रुत** वि० *(सं०)* परम्परा से प्राप्त।
**अनुषंग** पु० *(सं०)* करुणा; सम्बन्ध, लगाव; कारण कार्य का सम्बन्ध; उत्कट-इच्छा; मिश्रण।
**अनुषंगिक** वि० *(सं०)* प्राप्त; गहरा; सम्बद्ध; अनिवार्य।
**अनुषक्ति** स्त्री० *(सं०)* आसक्ति; निष्ठा।
**अनुषक्त** वि० *(सं०)* संलग्न; सम्बद्ध।
**अनुष्टुप** पु० *(सं०)* आठ आठ अक्षर चार पद का छन्द विशेष।
**अनुष्ठान** पु० *(सं०)* कोई धार्मिक कृत्य; फल विशेष के लिए किसी देवता का आराधन।
**अनुष्ठायी** वि० *(सं०)* कार्य करनेवाला।
**अनुष्ठेय** वि० *(सं०)* करणीय; अनुष्ठान के योग्य।
**अनुष्ण** पु० *(सं०)* नील कमल। वि० ठण्ढा; आलसी।
**अनुसन्धाता** पु० *(सं०)* खोज करने वाला।
**अनुसन्धान** पु० *(इनवेस्टिगेशन)* छानबीन, अच्छी तरह देख-सुनकर या जाँच-पड़ताल द्वारा वस्तु स्थिति का पता लगाना।
**अनुसन्धान** पु० *(सं०)* प्रयत्न; योजना; जाँच-पड़ताल।
**अनुसन्धानना*** स०क्रि० विचारना; ढूँढ़ना।
**अनुसन्धानी, अनुसन्धायी** वि० *(सं०)* जाँच-पड़ताल या खोज करने वाला; योजना बनाने में कुशल।
**अनुसन्धि** स्त्री० *(सं०)* गुप्त योजना; गुप्त मन्त्रणा।
**अनुसन्धित्सु** वि० *(सं०)* शोधकर्त्ता, शोधक, अन्वेषक।
**अनुसन्धेय** वि० *(सं०)* खोज करने योग्य।
**अनुसरण** पु० *(सं०)* अनुकरण; अनुकूल आचरण।
**अनुसरना*** स० क्रि० अनुकरण करना; किसी के अनुकूल कार्य करना; अनुसरण करना।
**अनुसर्प** पु० *(सं०)* सरीसृप; सर्प सदृश प्राणी।
**अनुसार** वि० *(सं०)* अनुकूल, अनुरूप। पु० परिणाम; चलन; प्रथा; प्रकृति या प्राकृतिक अवस्था।

**अनुसारक** वि० *(सं०)* अनुरूप; अनुसरण करनेवाला।
**अनुसाल*** पु० कष्ट, पीड़ा, दर्द।
**अनुसीमा** स्त्री० *(सं०)* क्षेत्र के आस-पास की सीमा।
**अनुसूचित जाति** स्त्री० *(शेड्यूल्ड कास्ट)* अनुसूची में निर्दिष्ट या उल्लिखित जाति।
**अनुसूची** स्त्री० *(सं०)* बाद में या पीछे जोड़ी गयी सूची।
**अनुसृति** स्त्री० *(सं०)* अनुसरण; कुलटा स्त्री।
**अनुस्तरण** पु० *(सं०)* बिखेरना, फैलाना।
**अनुस्तरणी** स्त्री० *(सं०)* गाय; आवरण; आच्छादन।
**अनुस्मरण** पु० *(सं०)* निरन्तर, याद करना।
**अनुस्मारक** पु० *(रिमाइण्डर)* स्मरण दिलाने का कार्य करनेवार.. लेख या पत्र।
**अनुस्वान** पु० *(सं०)* गूँज, प्रतिध्वनि।
**अनुस्वार** पु० *(सं०)* अनुनासिक वर्ण जो अन्य वर्ण के साथ मिलकर उच्चरित होता है। इसे अक्षर के ऊपर बिन्दु लगाकर लिखते हैं।
**अनुहरण** पु० *(सं०)* सादृश्य; नकल करना, अनुकरण।
**अनुहरत*** वि० उपयुक्त; योग्य; अनुरूप।
**अनुहरना*** स० क्रि० अनुसरण करना; नकल करना।
**अनुहरिया*** वि० *(सं०)* सदृश, तुल्य। स्त्री० आकृति।
**अनुहस्ताक्षरण** पु० *(सं०)* पीछे हस्ताक्षर करना।
**अनुहर्ता** पु० *(सं०)* नकल उतारने वाला।
**अनुहार** स्त्री० *(सं०)* आकृति; भेद, प्रकार। पु० अनुकरण, समानता। वि० समान, तुल्य।
**अनुहारना*** स० क्रि० समता करना, उपमा देना।
**अनूजरा*** वि० मैला, अनुज्ज्वल।
**अनूठा** वि० अद्‌भुत, अनोखा; विलक्षण; सुन्दर।
**अनूढ** वि० *(सं०)* अविवाहित; कुँवारा।
**अनूढ़ा** स्त्री० *(सं०)* कुमारी, अविवाहिता।
**अनूत्तर*** वि० मौन; निरुत्तर।
**अनूदक** पु० *(सं०)* सूखा, अवर्षण; जलाभाव।
**अनूदन** पु० *(सं०)* अनुवाद करना।
**अनूदित** वि० *(सं०)* भाषान्तरित; पीछे कहा हुआ।
**अनूप** वि० अद्वितीय; अति सुन्दर; दलदल वाला।
**अनूप** वि० *(सं०)* जल से पूर्ण, प्रचुर जलवाला।
**अनूर्जित** वि० *(सं०)* कमजोर; अशक्त, बलहीन।
**अनृण** वि० *(सं०)* ऋणमुक्त, ऋणहीन।
**अनृत** पु० *(सं०)* असत्य, झूठ। वि० झूठ, अन्यथा।
**अनृशंस** वि० *(सं०)* मृदुल, जो निर्दय न हो, दयालु।
**अनेऊ*** वि० कुटिल, बुरा।
**अनेक** वि० *(सं०)* एक से अधिक, कई, बहुत।
**अनेकधा** अ० *(सं०)* प्रायः, बहुधा।
**अनेकश** अ० *(सं०)* कई बार।
**अनेकत्र** अ० *(सं०)* कई जगह।
**अनेकानेक** वि० *(सं०)* असंख्य।
**अनेकार्थ** वि० *(सं०)* जिसके अनेक अर्थ हों।
**अनेकार्थक** वि० *(सं०)* जिसके कई अर्थ हों।
**अनेड** वि० *(सं०)* बेवकूफ, मूर्ख; निकम्मा, खराब।
**अनेरा*** अ० व्यर्थ ही। वि० व्यर्थ; निकम्मा; निरंकुश, स्वच्छन्द विचरने वाला; दुष्ट; झूठा।
**अनेस*** पु० चिन्ता, अन्देशा। वि० अप्रिय, बुरा।
**अनेहा (हस्)** पु० *(सं०)* समय, काल।
**अनै** पु० अनय।
**अनैकान्त** वि० *(सं०)* बदलनेवाला, अनिश्चित।
**अनैक्य** पु० *(सं०)* बहुत्व; अव्यवस्था, फूट, मतभेद; एकता का अभाव; ऐक्य या एकता का उलटा।
**अनैतिक** वि० *(सं०)* नीतिविरुद्ध, अविहित।
**अनैतिहासिक** वि० *(सं०)* इतिहास-विरुद्ध।
**अनैपुण** पु० *(सं०)* निपुणता का अभाव; अकुशलता।
**अनैयमिक** वि० *(सं०)* जो नियमविरुद्ध हो।
**अनैश्वर्य** पु० *(सं०)* प्रभुता, शक्ति, सामर्थ्य, ऐश्वर्य इत्यादि का अभाव।
**अनैश्चित्य** पु० *(सं०)* अनिश्चितता।
**अनैस*** वि० बुरा। पु० बुराई, अनिष्ट; अन्देशा।
**अनैसर्गिक** वि० *(सं०)* अलौकिक; अस्वाभाविक।
**अनैसना*** अ० क्रि० नाराज होना, अप्रसन्न होना।
**अनैहा*** पु० उत्पात; उपद्रव।
**अनोखा** वि० सुन्दर; नया; अद्‌भुत, अनूठा; अपूर्व।
**अनोदन** वि० *(सं०)* निराहार।
**अनोसर*** पु० ठाकुरजी को शयन कराना।
**अनौचित्य** पु० *(सं०)* अनुचित या नामुनासिब; औचित्य का अभाव।
**अनौजस्य** पु० *(सं०)* बल या शक्ति का अभाव।
**अनौद्धत्य** पु० *(सं०)* ऊँचा न होना; विनम्रता; शान्ति।
**अनौधि*** अ० बिना देर किये, शीघ्र।
**अनौपचारिक** वि० *(सं०)* जो परिपाटी के रूप में न हो; सहज।

**अनौपम्य** वि० *(सं०)* बेजोड़, अनोखा, अद्वितीय।
**अनौपचारिकता** वि० *(सं०)* अनौपचारिक रूप से।
**अनौरस** वि० *(सं०)* गोद लिया हुआ, अवैध पुत्र।
**अन्न** पु० *(सं०)* अनाज, धान्य; भोज्य पदार्थ; खाने की चीज, पका अन्न। *वि० दूसरा, अन्य।
**अन्ना** स्त्री० धाय; माता।
**अन्नकाल** भोजन का समय।
**अन्नछत्र** पु० *(सं०)* दीनहीनों को भोजन बाँटने का स्थल।
**अन्नजल** पु० *(सं०)* जीविका, खानपान।
**अन्नोत्पादन** पु० *(सं०)* अन्न पैदा करना।
**अन्नोपलब्धि** स्त्री० *(सं०)* अन्न-ग्रहण।
**अन्य** वि० *(सं०)* अतिरिक्त, अधिक; भिन्न; दूसरा।
**अन्यतः (तस्)** अ० *(सं०)* दूसरे स्थान से; दूसरे से; दूसरा; अन्यथा दूसरे की ओर; विपरीत, उल्टा।
**अन्यतम** वि० *(सं०)* सर्वश्रेष्ठ, बहुतों में से एक।
**अन्यतर** वि० *(सं०)* दो में से एक; दूसरा; भिन्न।
**अन्यत्र** अ० *(सं०)* और कहीं, दूसरी जगह।
**अन्यत्व** पु० *(सं०)* परायापन।
**अन्यथा** वि० *(सं०)* विरुद्ध; झूठ; उलटा। ।
**अन्यदा** अ० *(सं०)* यदा-कदा, कभी-कभी।
**अन्यान्य** सर्व० *(सं०)* और दूसरे।
**अन्याय** पु० *(सं०)* बे-इंसाफी; अनौचित्य, अत्याचार।
**अन्यायी (यिन)** वि० *(सं०)* अन्याय करने वाला।
**अन्याय्य** वि० *(सं०)* अनुचित, न्याय विरुद्ध।
**अन्यारा*** वि० अनोखा; अभिन्न; वीर; बहुत।
**अन्यार्थ** वि० *(सं०)* भिन्नार्थक, भिन्न अर्थ रखनेवाला।
**अन्याश्रित** वि० *(सं०)* दूसरे पर अवलम्बित।
**अन्यास*** अ० 'अनायास'; अकस्मात्।
**अन्यून** वि० *(सं०)* बहुत, अधिक, अनल्प।
**अन्योका** वि० *(सं०)* दूसरे के घर में रहनेवाला।
**अन्योक्ति** स्त्री० *(सं०)* वह उक्ति जिसका अर्थ साधर्म्य से दूसरे पर घटाया जाये।
**अन्योन्य** वि० *(सं०)* परस्पर
**अन्वय** पु० *(सं०)* वंश, सम्बन्ध, सन्तान।
**अन्वयागत** वि० *(सं०)* वंशानुगत।
**अन्वयार्थ** पु० *(सं०)* अन्वय से निकलने वाला अर्थ।
**अन्वर्थ** वि० *(सं०)* आशय; यथार्थ; स्पष्ट अर्थवाला।
**अन्ववकिरण** पु० *(सं०)* क्रमपूर्वक चारों ओर बिखेरना।
**अन्ववसायी** वि० *(सं०)* आश्रित; सम्बन्ध रखनेवाला।
**अन्ववसित** वि० *(सं०)* सम्बद्ध; आबद्ध।
**अन्ववाय** पु० *(सं०)* जाति; वंश, कुल।
**अन्वायन** पु० *(सं०)* दहेज।
**अन्वारूढ़** वि० *(सं०)* पीछे चढ़ने वाला।
**अन्वारोहण** पु० *(सं०)* पति के शव के साथ या पीछे विधवा का चितारोहण।
**अन्वासन** पु० *(सं०)* आराधना, सेवा; पश्चात्ताप।
**अन्वाहिक** वि० *(सं०)* दैनिक।
**अन्वाहित** पु० *(सं०)* वि० अधिकारी को देने के लिए किसी के पास जमा किया हुआ।
**अन्वित** वि० *(सं०)* समझा हुआ; प्राप्त, सहित।
**अन्वितार्थ** पु० *(सं०)* ऐसा अर्थ जो अन्वय करने से सहज ही समझ में आ जाये।
**अन्विति** स्त्री० *(सं०)* अनुगमन; आहार।
**अन्विष्ट** वि० *(सं०)* इच्छित; ढूँढ़ा हुआ।
**अन्वीक्षण** पु० *(सं०)* बारीकी से देखना; खोज; विचार।
**अन्वीक्षा** स्त्री० *(सं०)* विचारना, अन्वीक्षण।
**अन्वीप** वि० *(सं०)* जल के समीप का; प्राप्य।
**अन्वेष, अन्वेषण,** पु०, **अन्वेषणा** स्त्री० *(रिसर्च)* जाँच-पड़ताल करना; खोज करना।
**अन्वेषक** वि० *(सं०)* अन्वेषण करने वाला, खोजी, अनुसन्धानकर्ता।
**अन्वेषित** वि० *(सं०)* जिसका अन्वेषण किया गया हो, जो खोजी गयी हो, जिसकी खोज की गयी हो।
**अन्वेषी, अन्वेष्टा** वि० *(सं०)* खोज करने वाला।
**अन्वेष्टव्य, अन्वेष्य** वि० *(सं०)* अन्वेषण के योग्य।
**अन्हरा** वि० अन्धा। पु० नेत्रहीन व्यक्ति।
**अन्हवाना*** स० क्रि० नहलाना।
**अपंकिल** वि० *(सं०)* निर्मल; बिना कीचड़ का; सूखा।
**अपंग** वि० अंगहीन; लँगड़ा-लूला; अशक्त।
**अपण्डित** वि० *(सं०)* मूर्ख, निरक्षर, ज्ञानहीन।
**अप** *(सं०)* अनादर; अधिक; बुरा; वियोग अर्थक।
**अपक** पु० *(सं०)* पानी।
**अपकरण** पु० *(सं०)* दुर्व्यवहार; दुष्कर्म।
**अपकरुण** वि० *(सं०)* निष्ठुर, निर्दय।
**अपकर्ता** वि० *(सं०)* हानि या बुराई करने वाला।

**अपकर्म** पु० *(सं०)* बुरा काम; दुष्कर्म।
**अपकर्मा** वि० *(सं०)* भ्रष्टाचारी, दुष्कर्मी।
**अपकर्ष** पु० *(सं०)* हीनता; अपयश; अवनति; ह्रास, क्षय; नीचे की ओर लाना या आना; अपमान।
**अपकलंक** पु० *(सं०)* न मिटने वाला कलंक।
**अपकार** पु० *(सं०)* अहित; बुराई; नुकसान; शत्रुता।
**अपकारक, अपकारी** वि० *(सं०)* किसी की बुराई करने वाला; अपकार करने वाला।
**अपकीरति*** स्त्री अपकीर्ति, अपयश।
**अपकीर्ति** स्त्री० *(सं०)* बदनामी, अपयश।
**अपकृति,** स्त्री० **अपकृत्य** पु० *(सं०)* अपकार, बुराई।
**अपकृष्ट** वि० *(सं०)* नीच, अधम; नष्ट किया हुआ।
**अपक्ति** स्त्री० *(सं०)* अजीर्ण, कच्चापन।
**अपक्रम** पु० *(सं०)* भागना; पीछे हटना। वि० क्रमरहित, व्यतिक्रम।
**अपक्रमी** वि० *(सं०)* हटने वाला; जाने वाला।
**अपक्रिया** स्त्री० *(सं०)* अहित; हानि; दुष्कर्म।
**अपक्रोश** पु० *(सं०)* निन्दा करना।
**अपक्व** वि० *(सं०)* कच्चा; न पका हुआ; अनभ्यस्त।
**अपक्ष** वि० *(सं०)* निष्पक्ष; जिसके साथी-समर्थक न हों; बिना पंख का।
**अपक्षय** पु० *(सं०)* ह्रास, छीजना; नाश।
**अपक्षेप, अपक्षेपण** पु० *(सं०)* गिराना; फेंकना; किसी वस्तु से टकराकर फेंका जाना।
**अपखण्ड** पु० *(सं०)* बिनष्ट या लुप्त वस्तु का बचा हुआ अंश; विखण्ड।
**अपगत** वि० *(सं०)* बीता हुआ; भागा हुआ; गया हुआ; मृत, तिरोहित।
**अपगति** स्त्री० *(सं०)* दुर्भाग्य; दुर्गति; अधोगति।
**अपगर** पु० *(सं०)* निन्दा करने वाला; निन्दा।
**अपगुण** पु० *(सं०)* ऐब, दोष।
**अपघात** पु० *(सं०)* आघात या दुर्घटना से मरना।
**अपघाती (तिन्)** वि० *(सं०)* अपघात करने वाला।
**अपच** पु० अजीर्ण, बदहजमी।
**अपचय** पु० *(सं०)* छीजना; हानि; असफलता; दोष।
**अपचयन** पु० *(रिडक्शन)* किसी रासायनिक यौगिक *(कम्पाउण्ड)* से ऑक्सीजन को अलग करना।
**अपचरण** पु० *(सं०)* *(ट्रेसपासिंग)* किसी दूसरे के सीमा क्षेत्र में अनधिकार प्रवेश कर जाना जहाँ जाना अनुचित हो; कुत्सित या बुरा व्यवहार।
**अपचरित** वि० *(सं०)* मृत; विचलित; गया हुआ। पु० अभाव; मृत्यु; दुष्कर्म; दोष; प्रस्थान; बुरा आचरण।
**अपचायक** वि० *(सं०)* सम्मान करने वाला।
**अपचायी** वि० *(सं०)* बड़ों का निरादर करने वाला।
**अपचारी (रिन्)** वि० *(सं०)* बुरा, नीच; दुष्कर्मी।
**अपचाल*** स्त्री० कुचाल, खोटापन, खोटाई।
**अपचित** वि० *(सं०)* दुबला-पतला; व्यय किया हुआ।
**अपचिति** स्त्री० *(सं०)* हानि; क्षय; व्यय; प्रायश्चित्त।
**अपचेता** वि० *(सं०)* मितव्ययी, कंजूस।
**अपच्छेद, अपच्छेदन** पु० *(सं०)* काटकर अलग करना; विघ्न-बाधा; हानि।
**अपच्युत** वि० *(सं०)* गया हुआ; मरा हुआ; गिरा हुआ।
**अपछह** वि० अहितकर।
**अपजय** स्त्री० *(सं०)* पराजय, हार।
**अपजस*** पु० लांछन; अपयश, बदनामी।
**अपजात** पु० *(सं०)* नालायक पुत्र, कपूत।
**अपटन**†* पु० उबटन।
**अपटी** स्त्री० *(सं०)* कपड़े की दीवार; परदा।
**अपटु** वि० *(सं०)* कच्चा, अकुशल; सुस्त।
**अप-टू-डेट** वि० *(अं०)* नये फैशन का; आज तक।
**अपठ** वि० *(सं०)* निरक्षर, अपढ़।
**अपठनीय** वि० *(सं०)* जो पढ़ने योग्य न हो।
**अपठित** वि० *(सं०)* जो नहीं पढ़ा गया है।
**अपडर*** पु० शंका, डर।
**अपडरना*** अ० क्रि० शंकित होना, डरना।
**अपड़ाना*** अ० क्रि० लड़ाई करना, झगड़ना।
**अपढ़** वि० *(सं०)* अशिक्षित, बेपढ़ा।
**अपतई*** स्त्री० चंचलता; ढिठाई; निर्लज्जता।
**अपताना*** पु० झंझट, जंजाल।
**अपतिका** स्त्री० कुमारी; विधवा।
**अपती** स्त्री० एक बलिस्त नाप की लकड़ी जो नाव के दोनों सिरों पर लगायी जाती है।
**अपतुष्टि** स्त्री० *(सं०)* दबाव, भय आदि के कारण किसी को अनुचित रूप से सन्तुष्ट करना।
**अपतोस*** पु० दुःख, अफसोस।
**अपत्नीक** वि०, *(सं०)* बिना पत्नी का, रँडुआ।
**अपत्य** पु० *(सं०)* बेटा या बेटी, सन्तान।

**अपत्र**[1] वि० पत्रहीन, नीच, अधम, निर्लज।
**अपत्र**[2] वि० *(सं०)* पंखहीन; बिना पत्तों का। पु० पंखहीन पक्षी; बिना पत्तों का वृक्ष।
**अपत्रप** वि० *(सं०)* धृष्ट, निर्लज्ज।
**अपत्रस्त** वि० *(सं०)* डरा हुआ, भयभीत।
**अपथ** वि० *(सं०)* जहाँ अच्छे रास्ते न हों। पु० गलत या बुरी राह; धर्म विरोधी; पथहीन।
**अपद*** वि० *(सं०)* बिना पैर का। पु० आकाश; बुरा स्थान; रेंगने वाला जन्तु। अ० अनधिकारपूर्वक।
**अपदस्थ** वि० *(सं०)* पदच्युत, पद से हटाया हुआ।
**अपदान** पु० *(सं०)* उत्तम कार्य; शुद्धाचरण।
**अपदार्थ** पु० *(सं०)* अनस्तित्व; तुच्छता। वि० तुच्छ।
**अपदिष्ट** वि० *(सं०)* प्रयुक्त।
**अपदेखा** वि० स्वार्थी, अधमी।
**अपदेश** पु० *(सं०)* निर्देश; बहाना; ब्याज; छल; लक्ष्य।
**अपद्रव्य** पु० *(सं०)* बुरी वस्तु, बुरा द्रव्य।
**अपधूम** वि० *(सं०)* धूमहीन; धुआँ रहित।
**अपध्वंस** पु० *(सं०)* निन्दा; नाश; अपमान; पतन।
**अपध्वस्त** वि० *(सं०)* अपमानित; पराजित।
**अपनत्व** पु० *(हि०)* निजत्व, अपनापन।
**अपनय** पु० *(सं०)* खण्डन; अनीति दूर करना।
**अपनयन** पु० *(सं०)* *(ऐबडक्शन)* किसी बालक, स्त्री आदि को उसके माता-पिता या पति के पास से दूर ले जाना; अपहरण।
**अपना** सर्व० स्वीय, निजका, आत्म-सम्बन्धी; निज, आप। पु० आत्मीयजन, प्रियजन, स्वजन। **मुहा० अपनी बात का एक होना** अडिग रहना। **अपने तक रखना** किसी से न कहना। **अपने पर आना** अपने बुरे स्वभाव के अनुसार कार्य करना। **अपने पैरों पर कुल्हाड़ी मारना** खुद की हानि करना। **अपने मुँह मियाँ मिट्ठू बनना** आत्म प्रशंसा करना। **अपने हाथों कब्र खोदना** अपना अहित करना।
**अपनाइयत**† स्त्री० आत्मीयता, आपसदारी।
**अपनाना** स० क्रि० अपने पक्ष या वश में कर लेना; अपना बना लेना; स्वीकार कर लेना।
**अपनाम** पु० अपयश, दुर्नाम।
**अपनायत** स्त्री० आपसदारी, आत्मीयता।
**अपनाव** पु० एकता; अपनाने की क्रिया।
**अपप्रदान** पु० *(सं०)* रिश्वत, उत्कोच, घूस।
**अपभय** वि० *(सं०)* भयरहित। पु० अकारण भय।
**अपभाषण** पु० *(सं०)* गाली देना; निन्दा करना।
**अपभ्रंश** पु० *(सं०)* बिगाड़; पतन, नीचे गिरना; शब्द का विकृत रूप। वि० बिगड़ा हुआ।
**अपभ्रंशित, अपभ्रष्ट** वि० *(सं०)* गिरा हुआ; बिगड़ा हुआ।
**अपमर्द** पु० *(सं०)* धूल, गर्द।
**अपमर्श** पु० *(सं०)* घर्षण; स्पर्श; निन्दा, बुराई।
**अपमान** पु० *(सं०)* बेइज्जती, निरादार, मान- भंग, तिरस्कार, अनादर, अवज्ञा, अवहेलना।
**अपमानना*** स० क्रि० अपमान करना।
**अपमानित** वि० *(सं०)* तिरस्कृत, जिसका अपमान किया गया हो।
**अपमृत्यु** पु० *(सं०)* स्वाभाविक मृत्यु।
**अपमार्गी (र्गिन्)** वि० *(सं०)* पापी, कुमार्गगामी।
**अपमार्जन** पु० *(सं०)* *(डिलीशन)* रद्द करने या मिटाने की क्रिया; सफाई; शुद्धि।
**अपमिश्रण** पु० *(सं०)* *(एडल्टरेशन)* किसी वस्तु में घटिया वस्तु को मिलाने की क्रिया; मिलावट।
**अपयश (स्)** पु० *(सं०)* बदनामी, अपकीर्ति।
**अपयोग** पु० *(सं०)* कुसमय; कुयोग; कुचाल।
**अपयोजन** पु० *(मिसएप्रोप्रिएशन)* दुरुपयोजन।
**अपरंच** अ० *(सं०)* फिर भी, तो भी।
**अपरम्पार** वि० असीम, अपार।
**अपर** वि० *(सं०)* साधारण; दूसरे का; दूसरा, अन्य, पिछला।
**अपरछन*** वि० छिपा हुआ, गुप्त; जो छिपा न हो।
**अपरतन्त्र** वि० *(सं०)* स्वतन्त्र, जो किसी के वश में न हो।
**अपरबल*** वि० उद्धत; प्रबल; प्रचण्ड, बलवान।
**अपरव** पु० *(सं०)* विवाद, झगड़ा।
**अपराग** पु० *(सं०)* शत्रुता; असन्तोष।
**अपरलोक** पु० *(सं०)* स्वर्ग।
**अपरवश** वि० पराधीन।
**अपरस** वि० अस्पृश्य, अनछुआ।
**अपराजित** वि० *(सं०)* जो जीता न गया हो; जिसकी कभी पराजय न हुई हो। पु० विष्णु; शिव।
**अपराजिता** स्त्री० *(सं०)* दुर्गा, कोयल, छन्द विशेष

जिसके प्रत्येक चरण में चौदह अक्षर होते हैं, पुण्य विशेष।

**अपराजेय** वि० *(सं०)* जो जीता न जा सके।

**अपराध** पु० *(सं०)* गलती; जुर्म; दण्ड योग्य कर्म; पाप।

**अपराधी (धिन्)** वि० *(सं०)* दोषी; अपराध करनेवाला।

**अपरार्द्ध** पु० *(सं०)* उत्तरार्द्ध।

**अपराह्न** पु० *(सं०)* तीसरा पहर, दोपहर के बाद का काल।

**अपरिकलित** वि० *(सं०)* अदृष्ट; अज्ञात।

**अपरिक्रम** वि० *(सं०)* परिश्रम न करनेवाला।

**अपरिगणित** वि० *(सं०)* अनगिनत।

**अपरिगण्य** वि० *(सं०)* बेशुमार, अनगिनत।

**अपरिगृहीत** वि० *(सं०)* स्वीकार न किया हुआ।

**अपरिग्रह** पु० *(सं०)* त्याग; दान का अस्वीकार; निर्धनता। वि० सम्पत्ति आदि से रहित; अकिंचन।

**अपरिग्राह्य** वि० *(सं०)* जो लेने योग्य न हो।

**अपरिचित** वि० *(सं०)* अनभिज्ञ; अज्ञात; अजनबी।

**अपरिच्छद** वि० *(सं०)* फटेहाल, गरीब; वस्त्रहीन।

**अपरिच्छन्न, अपरिच्छादित** वि० *(सं०)* जो ढका न हो, नंगा; आवरणरहित।

**अपरिणत** वि० *(सं०)* ज्यों-का-त्यों; कच्चा, अनपका।

**अपरिणय, अपरिणयन** पु० *(सं०)* चिरकौमार्य, ब्रह्मचर्य, आजीवन अविवाहित रहना।

**अपरिणीत** वि० *(सं०)* कुँवारा, अविवाहित।

**अपरिणीता** वि० स्त्री० *(सं०)* अविवाहिता स्त्री।

**अपरिपक्व** वि० *(सं०)* कच्चा; अनुभवहीन।

**अपरिमार्जित** वि० *(सं०)* बिना माँजा हुआ।

**अपरिमित** वि० *(सं०)* बे-हिसाब; बे-हद; अत्यधिक।

**अपरिवर्तन** पु० *(सं०)* फेर-बदल या बदलाव न होना।

**अपरिवर्तनीय** वि० *(सं०)* अवश्यम्भावी; न बदलने वाला।

**अपरिवर्तित** वि० *(सं०)* अविकृत; जिसमें कोई परिवर्तन, बदलाव अथवा हेर-फेर न हुआ हो।

**अपरिश्रमी** वि० *(सं०)* परिश्रम न करने वाला।

**अपरिष्कार** पु० *(सं०)* उच्छृंखलता; भद्दापन; मैलापन।

**अपरिष्कृत** वि० *(सं०)* असंस्कृत; भद्दा; मैला।

**अपरिसर** वि० *(सं०)* दूर; अप्रशस्त। पु० विस्ताराभाव।

**अपरिहार्य** वि० *(सं०)* अनिवार्य; जिसका परिहार न हो सके, अत्याज्य; अवश्यम्भावी।

**अपरुष** वि० *(सं०)* अकठोर, क्रोधरहित; मृदुल।

**अपरूप** वि० *(सं०)* भद्दा, कुरूप। पु० कुरूपता।

**अपरोक्ष** वि० *(सं०)* प्रत्यक्ष, इन्द्रिय गोचर।

**अपरोक्षानुभूति** स्त्री० *(सं०)* प्रत्यक्षज्ञान।

**अपर्यन्त** वि० *(सं०)* अपरिमित, असीम।

**अपर्याप्त** वि० *(सं०)* अधूरा; अयोग्य; असीम।

**अपर्याय** पु० *(सं०)* क्रमहीनता। वि० क्रमहीन।

**अपलक** अ० निर्निमेष, एकटक।

**अपलापी (पिन्)** वि० *(सं०)* बकवासी।

**अपलोक*** पु० बदनामी; अपवाद।

**अपवचन** पु० *(सं०)* अपशब्द, निन्दा, गाली।

**अपवर्ग** पु० *(सं०)* अपवाद; त्याग, दान; मोक्ष, निर्वाण।

**अपवर्जन** पु० *(सं०)* वचनपालन; त्याग; दान।

**अपवर्त** पु० *(सं०)* अलग करना; सामान्य विभाजक।

**अपवर्तक** वि० *(सं०)* सामान्य विभाजक; हटाने या निकालने वाला; गणितीय संख्या जिससे अन्य दो या अधिक संख्याओं को भाग देने पर शून्य शेष रहे।

**अपवर्तन** पु० *(सं०)* (रिफ्लेक्शन) प्रकाश की किरण जब एक माध्यम से दूसरे माध्यम में तिर्यक् प्रवेश करती है तो विभाजक तल पर यह अपनी पूर्व दिशा से थोड़ी मुड़ जाती है। किरण का इस प्रकार मुड़ना अपवर्तन है; विभाजक; परिवर्तन।

**अपवर्तित** वि० *(सं०)* सामान्य विभाजक से निःशेष विभक्त किया हुआ; परिवर्तित।

**अपवाचक** वि० *(सं०)* चुगलखोर।

**अपवाद** पु० *(सं०)* निन्दा, विरोध, अपकीर्ति।

**अपवादित** वि० *(सं०)* निन्दित।

**अपवादी** पु० *(सं०)* विरोधी, निन्दक।

**अपवारण** पु० *(सं०)* गायब हो जाना; ढकना; छिपना।

**अपवारित** वि० *(सं०)* अन्तर्हित, छिपा हुआ।

**अपवाहित** वि० *(सं०)* *(मिसकैरिड)* जो उचित स्थान पर न ले जाया जाकर इधर-उधर पहुँचा दिया गया हो; स्थानान्तरित; हटाया हुआ।

**अपवित्र** वि० *(सं०)* मैला; नापाक, अशुद्ध, मलिन।

**अपविद्ध** वि० *(सं०)* नीच; बेधा हुआ; छोड़ा हुआ।

**अपविद्या** स्त्री० *(सं०)* अविद्या; आध्यात्मिक अज्ञान।

**अपवृत्ति** स्त्री० *(सं०)* समाप्ति, अन्त।

**अपव्यय** पु० *(सं०)* फिजूलखर्ची, अनुचित व्यय।
**अपव्ययी** वि० *(सं०)* व्यर्थ खर्च करने वाला; फिजूलखर्ची करने वाला।
**अपशंक** वि० *(सं०)* निर्भीक, निःशंक।
**अपशकुन** पु० *(सं०)* अनिष्ट-सूचक शकुन, असगुन।
**अपशब्द** पु० *(सं०)* अशुद्ध शब्द; दुर्वचन; गाली-गलौच।
**अपशम** पु० *(सं०)* निवृत्ति, विराम।
**अपश्रय** पु० *(सं०)* तकिया।
**अपश्री** वि० *(सं०)* श्रीहीन।
**अपष्ठुर, अपष्ठुल** वि० *(सं०)* विपरीत, उलटा।
**अपसंचय** पु० *(सं०)* अपसंग्रह।
**अपसना** क्रि० भाग जाना, चल देना।
**अपसर** पु० *(सं०)* पलायन; प्रस्थान; उचित कारण।
**अपसव्य** पु० *(सं०)* देह का दाहिना हिस्सा, दक्षिण।
**अपसरण** पु० *(सं०)* पीछे हटना; भागना।
**अपसार** पु० भाप, जलकण।
**अपसोसना*** अ० क्रि० अफसोस करना।
**अपसौना†** अ० क्रि० पहुँचना; जाना; प्राप्त होना।
**अपस्पर्श** वि० *(सं०)* संज्ञाशून्य।
**अपस्फीति** स्त्री० *(सं०)* मुद्रा के बाहुल्य में कमी होना।
**अपस्मृति** वि० *(सं०)* घबड़ाया हुआ; भूलने योग्य।
**अपस्वर** पु० *(सं०)* बुरा या गलत स्वर।
**अपह** वि० *(सं०)* निवारण करने वाला, नाश करने वाला।
**अपहत** वि० *(सं०)* मारा हुआ; नष्ट किया हुआ।
**अपहरण** पु० *(सं०)* उठा ले जाना; छीन लेना; चुराना; लूट लेना। स्त्री० रुपया ऐंठने की इच्छा से किसी धनी व्यक्ति को बलपूर्वक उठा कर ले जाना।
**अपहरना*** स० क्रि० अपहरण करना।
**अपहर्ता** वि० *(सं०)* अपहरण करने वाला।
**अपहास** पु० *(सं०)* चिढ़ाना; उपहास, अकारण हँसी।
**अपहृत** वि० *(सं०)* अपहरण किया हुआ।
**अपह्नुति** स्त्री० *(सं०)* छिपाव, बहाना, अलंकार विशेष जिसमें प्रकृत पदार्थ का निषेधकर अन्य को स्थापित किया जाता है।
**अपह्नव** पु० *(सं०)* तुष्टीकरण; बात बनाना; प्रेम।
**अपा** स्त्री० अभिमान,अहं।
**अपांग** पु० *(सं०)* नेत्र का कोना।
**अपाक्ष** वि० *(सं०)* नेत्रहीन, अन्धा; प्रत्यक्ष।
**अपाच्य** वि० *(सं०)* जो पकाया न जा सके।
**अपाटव** पु० *(सं०)* अनाड़ीपन; रोग। वि० अनाड़ी।
**अपात्र** वि० *(सं०)* अनधिकारी; दान, श्राद्ध आदि में निमन्त्रण का अनधिकारी ब्राह्मण; अयोग्य, मूर्ख। पु० दान आदि पाने का अनधिकारी ब्राह्मण; अयोग्य व्यक्ति; निकम्मा, कुपात्र।
**अपादक** वि० *(सं०)* पदहीन, बिना पैर का।
**अपादान** पु० *(सं०)* व्याकरण में पाँचवाँ कारक; दूर करना; हटाना।
**अपान*** पु० *(सं०)* गुदा मार्ग से बाहर निकलने वाली हवा; भीतर खींची गयी साँस; पाँच प्राणों में से एक। वि० ईश्वर का एक विशेषण; दुःखहर्ता।
**अपानवायु** स्त्री० गुदा मार्ग से निकलने वाली वायु।
**अपानन** पु० *(सं०)* मूत्र, स्राव; साँस लेना।
**अपाप** वि० *(सं०)* निर्दोष, पापरहित। पु० पुण्य।
**अपामार्जन** पु० *(सं०)* निवारण करना, सफाई, शुद्धि।
**अपाय** पु० *(सं०)* खतरा; विपत्ति; नाश; लोप; हानि; अन्त; बुराई। वि० निरुपाय, बिना पैर का।
**अपार** पु० *(सं०)* मानसिक सन्तोष; असहमति। वि० असीम; अत्यधिक; जिसका पार न हो।
**अपारा** स्त्री० *(सं०)* धरती, पृथ्वी।
**अपार्थक** वि० *(सं०)* निरर्थक, निकम्मा।
**अपार्थिव** वि० *(सं०)* जो पृथ्वी से सम्बद्ध न हो; जो पृथ्वी अथवा मिट्टी से उत्पन्न न हो। पु० पाप, अत्याचार।
**अपावन** वि० *(सं०)* मैला, गन्दा; अपवित्र।
**अपाश्रित** वि० *(सं०)* अवलम्बित; अधिवसित; विरक्त।
**अपासरण** पु० *(सं०)* गमन, अपसरण; पलायन।
**अपाहिज** वि० अंगहीन, आलसी।
**अपासु** वि० *(सं०)* मृत, निर्जीव।
**अपिण्डी** वि० *(सं०)* अशरीरी, पिण्डरहित।
**अपि** अ० *(सं०)* अगरचे; भी, और, ही, अवश्य।
**अपिच्छिल** वि० *(सं०)* स्वच्छ, अपंकिल; गहरा।
**अपितु** अ० *(सं०)* बल्कि, किन्तु।
**अपितृक** वि० *(सं०)* पितृहीन; अपैतृक।
**अपीड़न** पु० *(सं०)* दया; कष्ट या पीड़ा न देना।

**अपीच** वि० सुन्दर, सुहावना।
**अपीति** स्त्री० *(सं०)* हानि; प्रलय; प्रवेश।
**अपील** स्त्री० *(सं०)* मुकदमे के निर्णय के पुनर्विचार के लिए प्रार्थना; साग्रह प्रार्थना।
**अपीलाण्ट** पु० *(अं०)* अपील करने वाला।
**अपुण्य** पु० *(सं०)* पुण्य का अभाव। बुरा; अपवित्र।
**अपुनरावर्तन** पु० *(सं०)* मोक्ष; फिर न लौटना।
**अपुनरावृत्ति** स्त्री० *(सं०)* अपुनरावर्तन।
**अपुरातन** वि० *(सं०)* नया, नवीन।
**अपुष्कल** वि० *(सं०)* नीच, कमीना।
**अपुनपौ** पु० आत्मीयता, मेल-जोल।
**अपुनीत** वि० *(सं०)* अपवित्र।
**अपूजक** वि० *(सं०)* अभक्त, भक्तिहीन; अधार्मिक।
**अपूजा** स्त्री० *(सं०)* अभक्ति, अनादर।
**अपूज्य** वि० *(सं०)* जो पूजा के योग्य न हो, पूजा या सम्मान के अयोग्य।
**अपूठा*** वि० जो प्रौढ़ न हो; अपुष्ट; अनभिज्ञ।
**अपूत** वि० *(सं०)* अशुद्ध, अपवित्र; निपूता।
**अपूप** पु० *(सं०)* मालपुए, रोटी, टिकिया।
**अपूर*** वि० प्रचुर, भरपूर।
**अपूरना*** स० क्रि० फूँकना, बजाना; भरना।
**अपूरा** वि० अपूर; व्याप्त।
**अपूर्ण** वि० *(सं०)* अधूरा; कम; जो भरा या पूरा न हो।
**अपूर्णता** स्त्री० *(सं०)* कमी; अधूरापन।
**अपूर्णांक** पु० *(सं०)* बिना पूर्ण अंक का।
**अपूर्ति** स्त्री० *(सं०)* कमी, पूर्ति न होना; अतृप्ति।
**अपूर्व** पु० *(सं०)* परब्रह्म; पाप-पुण्य। वि० अद्भुत, बे-जोड़; अनूठा; निराला, उत्तम, श्रेष्ठ।
**अपृक्त** वि० *(सं०)* असंयुक्त; बेमेल, बेजोड़, असम्बद्ध।
**अपृथक** वि० *(सं०)* मिला हुआ, संयुक्त।
**अपृष्ट** वि० *(सं०)* जो पूछा न गया हो।
**अपेक्षक** वि० *(सं०)* अपेक्षा करनेवाला; देखने वाला।
**अपेक्षण** पु० *(सं०)* ध्यान देना; अपेक्षा करना; आदर।
**अपेक्षा** स्त्री० *(सं०)* चाह; आशा; आवश्यकता। अ० तुलना में।
**अपेक्षाकृत** अ० किसी की तुलना में।
**अपेय** वि० *(सं०)* न पीने योग्य।
**अपैठ*** वि० दुर्गम, पैठ या पहुँच के बाहर।
**अपैतृक** वि० *(सं०)* जो बाप-दादों की न हो, जो पैतृक न हो।
**अप्रकट** वि० *(सं०)* जो प्रकट न हो, छिपा हुआ।
**अप्रकरण** पु० *(सं०)* आकस्मिक या असम्बद्ध विषय।
**अप्रकाश** पु० *(सं०)* अँधेरा; गुप्त बात, रहस्य। वि० छिपा हुआ; अन्धकारपूर्ण; अप्रकट।
**अप्रकाशित** वि० *(सं०)* अप्रकट; प्रकाशहीन।
**अप्रकृत** वि० *(सं०)* बनावटी; अयथार्थ; गौण; विषय से असम्बद्ध, आकस्मिक। पु० अप्रस्तुत, उपमान।
**अप्रकृति** स्त्री० *(सं०)* पुरुष, आत्मा; विकृति।
**अप्रखर** वि० *(सं०)* कोमल; अतीक्ष्ण; सुस्त।
**अप्रगतिशील** वि० *(सं०)* यथापूर्व स्थितिवादी।
**अप्रगल्भ** वि० *(सं०)* जो प्रौढ़ या ढीठ न हो; विनीत।
**अप्रचलन** पु० *(सं०)* जो प्रचलन में न हो।
**अप्रचलित** वि० *(सं०)* जिसका प्रचलन न हो।
**अप्रचुर** वि० *(सं०)* जो काफी न हो।
**अप्रचोदित** वि० *(सं०)* अनादिष्ट; अनिच्छित।
**अप्रच्छन्न** वि० *(सं०)* स्पष्ट, जो गुप्त न हो।
**अप्रतिकार** पु० *(सं०)* बदले का भाव न होना; बदले में वार न करना। वि० ला-इलाज, निरुपाय।
**अप्रतिकारी** वि० *(सं०)* प्रतिकार न करनेवाला।
**अप्रतिग्राह्य** वि० *(सं०)* ग्रहण न करने योग्य।
**अप्रतिघ** वि० *(सं०)* जो रोका न जा सके; अजेय।
**अप्रतिघात** वि० *(सं०)* प्रतिघात या विरोध से रहित।
**अप्रतिद्वन्द्व** वि० *(सं०)* बे-जोड़, बिना प्रतिद्वन्द्वी का।
**अप्रतिपक्ष** वि० *(सं०)* अप्रतियोगी, असमान, असदृश।
**अप्रतिपत्ति** स्त्री० *(सं०)* स्फूर्ति का अभाव; विह्वलता।
**अप्रतिबद्ध** वि० *(सं०)* मनमाना; बे-रोक।
**अप्रतिबल** वि० *(सं०)* बहुत शक्तिशाली।
**अप्रतिभ** वि० *(सं०)* प्रतिभाहीन, उदास; लज्जाशील।
**अप्रतिभा** स्त्री० *(सं०)* दब्बूपन; प्रतिभाहीनता।
**अप्रतिम** वि० *(सं०)* अनुपम, बे-जोड़।
**अप्रतिरूप** वि० *(सं०)* बे-जोड़ रूप वाला; अद्वितीय।
**अप्रतिलभ्य** वि० *(सं०)* अनिन्द्य; अप्राप्य।
**अप्रतिवीर्य** वि० *(सं०)* अतुलित शक्तिवाला।
**अप्रतिष्ठा** स्त्री० *(सं०)* बेइज्जती, स्थिरता का अभाव; आदर-मान का अभाव।
**अप्रतिष्ठित** वि० *(सं०)* समाज में जिसका आदर-सम्मान न हो; प्रतिष्ठा हीन।

**अप्रतिहत** वि० *(सं०)* अबाधित, जिससे कोई रोकने वाला न हो, अक्षुण्ण, अपराजित।
**अप्रतीक** वि० *(सं०)* शरीरहीन; अंगहीन।
**अप्रतीत** वि० *(सं०)* अगम्य; विरोधरहित; अप्रसन्न।
**अप्रतीति** स्त्री० *(सं०)* अविश्वास; प्रतीति का अभाव।
**अप्रत्यक्ष** वि० *(सं०)* अगोचर; जो दिखायी न दे, गुप्त।
**अप्रत्यादेय** वि० *(सं०)* न लौटा सकने योग्य।
**अप्रत्याशित** वि० *(सं०)* आकस्मिक, जिसकी आशा न रही हो, अनसोचा।
**अप्रधान** वि० *(सं०)* गौण; छोटा। पु० गौण कार्य।
**अप्रभ** वि० *(सं०)* धुँधला; प्रभाशून्य; बुरा।
**अप्रभावशाली** वि० *(सं०)* प्रभावहीन।
**अप्रमत्त** वि० *(सं०)* सावधान, जागरूक।
**अप्रमद** वि० *(सं०)* अप्रसन्न; भोग-विलास से रहित।
**अप्रमाण** वि० *(सं०)* अनधिकृत; बिना सबूत का; असीम।
**अप्रमाद** पु० *(सं०)* जागरूकता। वि० चौकन्ना।
**अप्रमेय** वि० *(सं०)* बेहद; जो सिद्ध या प्रमाणित न किया जा सके; जिसकी माप न हो सके; अज्ञेय।
**अप्रमोद** पु० *(सं०)* प्रसन्नता का अभाव।
**अप्रयत्न** वि० *(सं०)* उत्साहहीन; उदासीन। पु० प्रयत्न का अभाव या कमी।
**अप्रयुक्त** वि० *(सं०)* गलत तरीके से काम में लाया हुआ; काम में लाया हुआ अभियुक्त।
**अप्रयोग** पु० *(सं०)* प्रयोग में न आना; दुष्प्रयोग।
**अप्रलम्ब** वि० *(सं०)* फुर्तीला, तेज, चुस्त।
**अप्रवर्तक** वि० *(सं०)* कार्य में न लगनेवाला।
**अप्रवीण** वि० *(सं०)* मूर्ख, अज्ञान।
**अप्रवृत्त** वि० *(सं०)* कार्य में न लगा हुआ।
**अप्रसंग** पु० *(सं०)* संगति, लगाव आदि का अभाव; आसक्ति का अभाव।
**अप्रसक्त** वि० *(सं०)* आसक्तिहीन।
**अप्रसन्न** वि० *(सं०)* नाराज, खिन्न, उदास; नाखुश।
**अप्रसिद्ध** वि० *(सं०)* जिसे ख्याति न मिली हो; जिसे अधिक लोग न जानते हों, गुमनाम।
**अप्रसूता** स्त्री० *(सं०)* वन्ध्या स्त्री, गाय; बाँझ।
**अप्रस्तुत** वि० *(सं०)* गौण, अप्रधान; असम्बद्ध; अनुपस्थित; अनुद्यत।
**अप्राकृत** वि० *(सं०)* अलौकिक; संस्कृत; मौलिक।
**अप्राकृतिक** वि० *(सं०)* अलौकिक, अस्वाभाविक।
**अप्राज्ञ** वि० *(सं०)* अशिक्षित; ज्ञानहीन।
**अप्राचीन** वि० *(सं०)* नया, पुराना नहीं।
**अप्राण** वि० *(सं०)* निर्जीव, प्राणहीन।
**अप्राणी** वि० *(सं०)* जड़, निर्जीव।
**अप्राप्त** वि० *(सं०)* न पहुँचा हुआ; न मिला हुआ; अल्पवयस्क; परोक्ष, अनुपस्थित।
**अप्राप्ति** स्त्री० *(सं०)* अनुपपत्ति; अलाभ; न मिलना; पूर्वनियम से प्रमाणित न होना; घटित न होना।
**अप्राप्य** वि० *(सं०)* अलभ्य, न मिलनेवाला।
**अप्रामाणिक** वि० *(सं०)* जो प्रमाण से सिद्ध न हो सके; न मानने योग्य; प्रमाणरहित; अविश्वसनीय।
**अप्रासंगिक** वि० *(सं०)* प्रस्तुत विषय से असम्बद्ध।
**अप्रिय** वि० *(सं०)* वैर करने वाला; नापसन्द; जो प्यारा न हो, अरुचिकर।
**अप्रीति** स्त्री० *(सं०)* दुर्भाव; अरुचि; वैर।
**अप्रौढ़** वि० *(सं०)* नाबालिग; अशक्त; भीरु; नम्र।
**अप्रौढ़ा** स्त्री० *(सं०)* वह कन्या जिसका हाल में ही विवाह हुआ हो; कुमारी कन्या।
**अप्सरा** स्त्री० *(सं०)* परी, स्वर्ग की वेश्या, विद्याधरी।
**अप्सुक्षित्** पु० *(सं०)* देवता।
**अप्सुचर** वि० *(सं०)* जल में रहने वाला, जलचर।
**अफ़ज़ल** वि० *(अ०)* श्रेष्ठ, उत्तम।
**अफ़ज़ूँ** वि० *(फ़ा०)* फाजिल, बचा हुआ।
**अफ़ताली*** पु० पड़ाव पर पहले से जाकर आराम का प्रबन्ध करने वाला कर्मचारी।
**अफ़नाना*** अ० क्रि० घबराना; क्रुद्ध होना; उबलना।
**अफ़यून** स्त्री० *(अ०)* अफीम।
**अफ़यूनी** वि० *(अ०)* अफीमची।
**अफ़रना** अ० क्रि० खूब भोजन करना; पेट फूलना; ऊबना।
**अफ़रा-तफ़री** स्त्री० *(फ़ा०)* बदहवासी; आतंक।
**अफल** वि० *(सं०)* निरर्थक; फलरहित; बाँझ, व्यर्थ।
**अफला** स्त्री० *(सं०)* फलहीना, व्यर्थ।
**अफ़वाह** स्त्री० *(अ०)* उड़ती खबर; किंवदन्ती, गप्प।
**अफ़सर** पु० *(फ़ा०)* हाकिम; प्रधान अधिकारी।
**अफ़सरी** स्त्री० अधिकार; प्रधानता।
**अफ़साना** पु० *(फ़ा०)* आख्यान; कहानी, उपन्यास।
**अफ़सोस** पु० *(फ़ा०)* पछतावा; दुःख; खेद।

**अफ़ीम** स्त्री० पोस्ते के ढोंढ़ का गोंद जो नशे और दवा के लिए काम में लाया जाता है।
**अफ़ीमी** वि० अफीम खाने वाला, अफ़ीमची।
**अफुल्ल** वि० *(सं०)* अविकसित (पुष्प)।
**अब**[1] अव्य० इस क्षण, फिलहाल; इस समय; आगे से।
**अब**[2] पु० *(अ०)* बाप, पिता।
**अबटन** पु० उबटन।
**अबतर** वि० *(फ़ा०)* खराब, बुरा; बिगड़ा हुआ।
**अबतरी** स्त्री० *(फ़ा०)* खराबी; बिगड़ी हालत।
**अबद्ध** वि० *(सं०)* निरर्थक; आजाद; मुक्त।
**अबध*** वि० अबाध।
**अबधू*** पु० संन्यासी, अवधूत। वि० अबोध।
**अबर** वि० निर्बल।
**अबरक** पु० *(सं०)* धातु विशेष जिसमें पर्तें होती हैं।
**अबरा** पु० *(फ़ा०)* उपल्ला, ऊपर का पल्ला; उलझन।
**अबरी** स्त्री० एक तरह का रंगीन कागज जो जिल्द के ऊपर लगाया जाता है।
**अबरू** स्त्री० *(फ़ा०)* भौं।
**अबल** वि० *(सं०)* अरक्षित; कमजोर। पु० निर्बलता।
**अबलग** क्रि० वि० अब तक।
**अबला** स्त्री० *(सं०)* स्त्री, नारी।
**अबल्य** पु० *(सं०)* अस्वस्थता; निर्बलता, कमजोरी।
**अबाँह*** वि० अनाथ; बिना बाँह का।
**अबाती*** वि० निर्वात; स्थिर रूप से जलनेवाला।
**अबादान** वि० अबाद; समृद्ध।
**अबाध** वि० *(सं०)* निर्विघ्न, बाधा रहित; *अपार, असीम। पु० बाधा न होना।
**अबाध व्यापार** पु० *(फ़्री ट्रेड)* मुक्त व्यापार, वह व्यापार जिसमें संरक्षक कर आदि लगाकर बाधा न डाली जाये।
**अबाधा** स्त्री० *(सं०)* कष्टराहित्य, जिसे कोई बाधा न हो; त्रिभुज के आधार का अंश।
**अबाधित** वि० *(सं०)* स्वाधीन; जो रोका न गया हो।
**अबाध्य** वि० *(सं०)* जो रोका न जा सके।
**अबान*** वि० निहत्था।
**अबार*** अ० शीघ्र, जल्द ही। स्त्री० अबेर, देर।
**अबालेन्दु** पु० *(सं०)* पूर्ण चन्द्र।
**अबास*** पु० घर, आवास।
**अबाह्य** वि० *(सं०)* भीतरी, बाहरी नहीं; पूर्ण रूप से परिचित; जिसमें बहिर्भाग न हो।
**अबिरथा** वि० व्यर्थ।
**अबिरल** वि० घना; दृढ़ (भक्ति); अविरल।
**अबीह** वि० निःशंक, निर्भय।
**अबुझ** वि० नासमझ, अज्ञान।
**अबुद्धि** स्त्री० *(सं०)* नासमझी, अज्ञान। वि० बुद्धिहीन।
**अबुद्ध** पु० *(सं०)* मूर्ख, गँवार।
**अबू** पु० *(अ०)* पिता, बाप।
**अबूझ** वि० निर्बुद्धि, नासमझ, अज्ञान।
**अबे** अव्य० ओ, अरे, क्यों रे।
**अबेर** स्त्री० देर, अतिकाल।
**अबेश** वि० बहुत, अधिक।
**अबैन** वि० मौन, चुप।
**अबोध** वि० *(सं०)* अज्ञान। पु० ज्ञान का अभाव।
**अबोध्य** वि० *(सं०)* जो समझ में आने योग्य न हो।
**अबोल** अ० चुपचाप। वि० मूक, मौन; अनिर्वचनीय।
**अबोला*** पु० मान के कारण न बोलना।
**अब्ज** पु० *(सं०)* पानी में उत्पन्न वस्तु, कमल।
**अब्जाद** पु० *(सं०)* हंस।
**अब्द** पु० *(सं०)* बादल; आकाश; वर्षा। वि० जल देनेवाला। पु० *(अ०)* सेवक; दास।
**अब्धि** पु० *(सं०)* झील, ताल; समुद्र।
**अब्बर*** वि० कमजोर, अबल, निर्बल।
**अब्बा** पु० *(अ०)* बाप, पिता।
**अब्बिन्दु** पु० *(सं०)* आँसू, अश्रुकण।
**अब्भक्ष** वि० *(सं०)* पानी के सहारे जीनेवाला।
**अब्र** पु० *(फ़ा०)* घटा, बादल।
**अब्रह्मण्य** पु० *(सं०)* जो कार्य ब्राह्मण के योग्य न हों
**अभंग** वि० *(सं०)* न टूटा हुआ, अखण्डित।
**अभंगी** वि० *(सं०)* अभंग; अखण्डित, न टूटा हुआ। *जिसका कोई कुछ न ले सके।
**अभंगुर** वि० *(सं०)* अनश्वर; स्थिर।
**अभंजन** वि० *(सं०)* जिसका भंजन न हो सके। पु०
**अभक्त** वि० *(सं०)* असम्बद्ध; अस्वीकृत; श्रद्धाहीन, जो भक्त न हो।
**अभक्ष, अभक्षण** पु० *(सं०)* आहार न ग्रहण करना।
**अभक्ष्य** वि० *(सं०)* न खाने योग्य, जिसके खाने का निषेध हो।

**अभग** वि० *(सं०)* भाग्यहीन।
**अभगत*** वि० जो भक्ति न करता हो।
**अभग्न** वि० *(सं०)* अखण्डित, न टूटा हुआ; अबाधित।
**अभद्र** वि० *(सं०)* असभ्य; अशुभ। पु० शोक; बुराई।
**अभय** पु० *(सं०)* निर्भयता; परमात्मा; भय से रक्षा।
**अभरन*** पु० आभरण; आभूषण।
**अभरम** वि० भ्रमहीन, निडर।
**अभल*** वि० बुरा, भला नहीं, खराब।
**अभव्य** पु० *(सं०)* अमंगल। वि० अशुभ, नीच।
**अभस** पु० *(सं०)* पूर्ण भोग रहित। पु० अभाग्य।
**अभाऊ*** वि० अरुचिकर; असुन्दर, अशोभन; अभद्र।
**अभागा** वि० बदनसीब, भाग्यहीन।
**अभागी** वि० *(सं०)* जायदाद में हिस्सा पाने का अनधिकारी; अभागा; भाग्यहीन।
**अभाग्य** पु० *(सं०)* बदकिस्मती।
**अभाज्य** वि० *(सं०)* जो बाँटा न जा सके।
**अभाव** पु० *(सं०)* न होना; लोप; मृत्यु; कमी; दुर्भाव।
**अभावन*** वि० रुचिकर, सुन्दर।
**अभावी, अभाव्य** वि० *(सं०)* न होने वाला।
**अभाषित** वि० *(सं०)* अनुक्त, अकथित।
**अभिक** वि० *(सं०)* लम्पट, कामी। पु० कामी पुरुष।
**अभिकथन** पु० *(सं०)* प्रमाणित अभियोग।
**अभिकर्ता** पु० *(सं०)* एजेण्ट, संस्था की ओर से प्रतिनिधि के रूप में कार्य करनेवाला।
**अभिकांक्षा** स्त्री० *(सं०)* इच्छा, अभिलाषा।
**अभिकांक्षित** वि० *(सं०)* अभिलषित, इच्छित।
**अभिकांक्षी** वि० *(सं०)* इच्छा करनेवाला।
**अभिक्रन्द** पु० *(सं०)* चिल्लाहट।
**अभिक्रम** पु० *(सं०)* प्रयत्न; आरोहण; आरम्भ।
**अभिक्रान्त** वि० *(सं०)* विस्थापित।
**अभिख्यात** वि० *(सं०)* यशस्वी; प्रसिद्ध, विख्यात।
**अभिगृहीत** वि० *(सं०)* राज्य द्वारा ग्रहण कर लिया गया, या ले लिया गया।
**अभिग्रह** पु० *(सं०)* चुनौती; आक्रमण; ग्रहण; कलह।
**अभिग्रहण** पु० *(सं०)* किसी वस्तु का उसके स्वामी के सामने अपहरण; राज्य द्वारा ले लेना।
**अभिघात** पु० *(सं०)* आघात, प्रहार, चोट पहुँचाना।
**अभिजय** स्त्री० *(सं०)* पूर्ण विजय।
**अभिजात** वि० *(सं०)* कुलीन; उच्च कुल में उत्पन्न, श्रेष्ठ; विद्वान्; बुद्धिमान।
**अभिजाति** स्त्री० *(सं०)* कुलीनता।
**अभिजित** पु० *(सं०)* दिन का आठवाँ मूहूर्त।
**अभिजित्** वि० *(सं०)* अभिजित् नक्षत्र में उत्पन्न; सामने से शत्रु पर विजय प्राप्त करनेवाला।
**अभिज्ञ** वि० *(सं०)* कुशल; जाननेवाला; निपुण।
**अभिज्ञात** वि० *(रेकगनाइज्ड)* जिसका अस्तित्व मान लिया हो; समझा हुआ, जाना-पहचाना हुआ; (सरकार द्वारा) जिसे मान्यता दे दी गयी हो; मान्यता प्राप्त।
**अभिज्ञापक** वि० *(सं०) (एनाउंसर)* रेडियो पर समाचार सुनाने या कार्यक्रम आदि बताने वाला, उद्घोषक; सूचना बताने वाला।
**अभिज्ञापन** पु० *(एनाउंसमेण्ट)* कोई बात घोषित करना, उद्घोषणा।
**अभिटिप्पण** पु० *(एनोटेशन)* किसी पुस्तक के कठिन स्थलों का अर्थ स्पष्ट करने के लिए जोड़े गये टीका या अंश।
**अभितोमुख** वि० *(सं०)* चौमुख।
**अभिदान** पु० *(सं०)* चन्दा; अनुदान।
**अभिद्रोह** पु० *(सं०)* निन्दा; निष्ठुरता; बुराई; हानि।
**अभिधमन** पु० *(सं०)* तेज हवा बहना।
**अभिधा** स्त्री० *(सं०)* कथन।
**अभिधान** पु० *(सं०)* शब्द, शब्दकोश; कथन; उपाधि।
**अभिधानक** पु० *(सं०)* शब्द, आवाज।
**अभिधावक** वि० *(सं०)* आक्रमणकारी।
**अभिधावन** पु० *(सं०)* आक्रमण, धावा।
**अभिधेय** वि० *(सं०)* वाच्य, जिसके बारे में संकेत किया गया हो।
**अभिध्यान** पु० *(सं०)* लोभ; चिन्तन; इच्छा।
**अभिनन्द** पु० *(सं०)* प्रशंसा; आनन्द, प्रसन्नता; इच्छा।
**अभिनन्दन** पु० *(सं०)* अभिवादन; विनती; सराहना करना; बधाई देना; स्वागत करना। **~ पत्र** मानपत्र, प्रशंसापत्र।
**अभिनन्दी** वि० *(सं०)* अभिनन्दन करनेवाला।
**अभिनय** पु० *(सं०)* किसी के कार्य आदि की नकल करना; नकल, स्वाँग।

**अभिनव** वि० *(सं०)* नया; ताजा; बिलकुल नया; अनुभवहीन।
**अभिनवीकरण** पु० *(रेशनलाइजेशन ऑफ इण्डस्ट्री)* वैज्ञानिक अवस्था; उद्योग-समीकरण।
**अभिनहन** पु० *(सं०)* आँख पर बाँधने की पट्टी।
**अभिनिधन** वि० *(सं०)* जिसकी मृत्यु निकट हो; जिसका अन्त निकट हो।
**अभिनिर्णय** पु० *(वर्डिक्ट)* अन्तिम निर्णय; अधिमत; निर्वाचकों का मत।
**अभिनिर्याण** पु० *(सं०)* शत्रु पर आक्रमण करने के लिए आगे बढ़ना; कूच; हमला, आक्रमण।
**अभिनिवेश** पु० *(सं०)* आग्रह; संकल्प; अनुराग।
**अभिनिवेशित** वि० *(सं०)* प्रविष्ट किया हुआ।
**अभिनिर्याण** पु० *(सं०)* हमला, आक्रमण।
**अभिनीत** वि० *(सं०)* दयालु; योग्य; उचित; धीर; क्रुद्ध; अभिनय किया हुआ; सुसज्जित; अलंकृत।
**अभिनेता** पु० *(सं०)* अभिनय करने वाला, *(ऐक्टर)*।
**अभिनेत्री** स्त्री० *(सं०)* (रंगमंच पर) अभिनय या पात्र की भूमिका अदा करने वाली नटी।
**अभिन्न** वि० *(सं०)* अपरिवर्तित; भेद या अन्तर न रखने वाला; सम्बद्ध; जो अलग न हो; अविभक्त।
**अभिपतन** पु० *(सं०)* आक्रमण करना; नजदीक जाना; प्रस्थान करना।
**अभिपन्न** वि० *(सं०)* निकट गया या आया हुआ; पलायित; मृत; दोषी; भाग्यहीन; स्वीकृत; पराभूत।
**अभिपुष्प** वि० *(सं०)* फूलों से ढका हुआ।
**अभिपूर्ति** स्त्री० *(सं०)* पूरी तरह पूर्ण करना।
**अभिप्रणय** पु० *(सं०)* कृपा, अनुग्रह; प्रेम।
**अभिप्राय** पु० *(सं०)* प्रयोजन; उद्देश्य; आशय, मतलब।
**अभिप्रेत** वि० *(सं०)* अभिलषित; प्रिय; स्वीकृत।
**अभिप्लव** पु० *(सं०)* बाढ़; उतराकर बहना; उपद्रव।
**अभिप्लुत** वि० *(सं०)* घिरा हुआ।
**अभिभावक** वि० *(सं०)* श्रेष्ठ; अभिभूत करने वाला; संरक्षक।
**अभिभू** वि० *(सं०)* श्रेष्ठ, उत्तम; आगे बढ़ा हुआ।
**अभिभूत** वि० *(सं०)* किंकर्तव्य विमूढ़; पराजित; विकल; पीड़ित; चकित।
**अभिभूति** स्त्री० *(सं०)* अपमान, अभिभव, पराभव।
**अभिमन्त्रित** वि० *(सं०)* आवाहित; मन्त्रोच्चारण द्वारा पवित्र या शुद्ध किया हुआ।
**अभिमत** वि० *(सं०)* इच्छा; प्रिय; अनुकूल, सम्मत।
**अभिमर्दन** पु० *(सं०)* कुचलना; युद्ध; रगड़ना।
**अभिमान** पु० *(सं०)* घमण्ड, गर्व, अहंकार।
**अभिमानित** पु० *(सं०)* प्रेम; अहंकार।
**अभिमानी** वि० *(सं०)* अहंकारी; घमण्डी।
**अभिमुख** वि० *(सं०)* उद्यत, प्रवृत्त। क्रि० वि० समक्ष, सम्मुख।
**अभियन्ता** पु० *(सं०)* यन्त्र विशेषज्ञ; इंजीनियर; नहर आदि के नक्शे बनाने और उनके निर्माण की देखरेख करनेवाला।
**अभियाचन** पु० *(सं०)* माँगना; याचना, प्रार्थना।
**अभियाचना** स्त्री० *(डिमाण्ड)* अधिकार पूर्वक या दृढ़ता के साथ याचना करना, माँग।
**अभियान** पु० *(सं०)* व्यवस्थित आन्दोलन; चढ़ाई, आक्रमण; दल-बल सहित चल देना।
**अभियुक्त** वि० *(सं०)* मुलजिम; आक्रान्त; दक्ष।
**अभियुक्ति** स्त्री० *(सं०)* अभियुक्त होने की अवस्था; दोषारोपण, अभियोग; प्रतिवादी।
**अभियोग** पु० *(सं०)* *(एक्यूजेशन)* फौजदारी नालिश; दोषारोपण; आक्रमण; लगकर कोशिश करना; मनोयोग।
**अभियोगाधीन** वि० *(अण्डर ट्रायल)* वह व्यक्ति जिसका अभियोग अभी अदालत में चल रहा हो।
**अभियोगी** वि० *(सं०)* फरियादी; आक्रमण करनेवाला।
**अभिरक्त** वि० *(सं०)* सम्बद्ध, लगा हुआ।
**अभिरंजन** पु० *(सं०)* अनुरक्त करना; रंजन।
**अभिरक्षक** वि० *(सं०)* *(कस्टोडियन)* बचाव करनेवाला; संरक्षक।
**अभिरत** वि० *(सं०)* अनुरक्त; लगा हुआ; प्रसन्न।
**अभिरना** अ० क्रि० किसी का सहारा लेना; भिड़ना।
**अभिरमण** पु० *(सं०)* (किसी चीज में) आनन्द लेना।
**अभिरुचि** स्त्री० *(सं०)* चाह; शौक; विशेष रुचि।
**अभिरूप** वि० *(सं०)* विद्वान्; प्रिय; अनुरूप; सुन्दर।
**अभिरोपण** पु० *(सं०)* वृक्ष या पौधे को एक जगह से दूसरी जगह रोपना।
**अभिलषित** वि० *(सं०)* वांछित, इच्छित; चाहा हुआ।
**अभिलाखना*** स० क्रि० अभिलाषा करना, चाहना।
**अभिलाप** पु० *(सं०)* वर्णन; संकल्प-कथन; शब्द।

**अभिलाष** पु० *(सं०)* इच्छा; प्रिय से मिलने की लालसा।
**अभिलाषा, अभिलासा** स्त्री० *(सं०)* अभिलाष; लोभ।
**अभिलाषी** वि० *(सं०)* इच्छुक, चाहनेवाला।
**अभिलिखित** वि० *(सं०)* लिखा या खोदा हुआ।
**अभिलेख** पु० *(सं०)* महत्त्वपूर्ण लेख; कानूनी महत्त्व वाले दस्तावेज; लेख।
**अभिवंचन** पु० *(सं०)* ठगना, छलना।
**अभिवंचित** वि० *(सं०)* जिसे धोखा दिया गया हो।
**अभिवन्दन** पु० *(सं०)* प्रणाम करना, नमन करना।
**अभिवन्दना** स्त्री० *(सं०)* नमस्कार; स्तुति, प्रार्थना।
**अभिवन्दित** वि० *(सं०)* वन्दित, अभिवादित।
**अभिवक्ता** पु० *(सं०)* वकील।
**अभिवचन** पु० *(सं०)* प्रतिज्ञा, अधिवक्ता का कथन।
**अभिवदन** पु० *(सं०)* नमस्कार, प्रणाम।
**अभिवांछित** वि० *(सं०)* अभिलाषा किया हुआ।
**अभिवाद, अभिवादन** पु० *(सं०)* प्रणाम करना; स्तुति।
**अभिवादक** प्रमाणकर्त्ता।
**अभिविश्रुत** वि० *(सं०)* ख्यातिलब्ध; सु-विख्यात।
**अभिवृद्धि** स्त्री० *(सं०)* बढ़ती; सफलता।
**अभिव्यंजक** वि० *(सं०)* बोधक; प्रकट करने वाला।
**अभिव्यंजन** पु० *(सं०)* अभिव्यक्ति।
**अभिव्यंजना** स्त्री० *(सं०)* प्रकट होना, अभिव्यंजन।
**अभिव्यक्त** वि० *(सं०)* स्पष्ट, प्रकट, प्रकाशित।
**अभिव्यक्ति** स्त्री० *(सं०)* व्यक्त, प्रकट होना; प्रकाशन।
**अभिव्याप्त** वि० *(सं०)* अच्छी तरह व्याप्त।
**अभिशंका** स्त्री० *(सं०)* चिन्ता; सन्देह; आशंका, भय।
**अभिशंसन** पु० *(सं०)* अपराध या आरोप की विधिक पुष्टि; चोट पहुँचाना; झूठा दोष लगाना।
**अभिशपन** पु० *(सं०)* झूठा आरोप।
**अभिशप्त, अभिशस्त** वि० *(सं०)* अभियुक्त; शापित।
**अभिशस्ति** स्त्री० *(सं०)* अभिशाप; दोष का प्रमाणन।
**अभिशाप** पु० *(सं०)* शाप; मिथ्या आरोप; बुराई।
**अभिशापन** पु० *(सं०)* कोसना; शाप देना।
**अभिशून्यन** पु० *(सं०)* *(एनलिंग)* न्यायालय के निर्णय आदि को रद्द कर देना; शून्य करना।
**अभिषंगी** पु० *(सं०)* *(एकॉमप्लिस)* जो किसी अनुचित काम में साथ दे; साथ लगा रहने वाला।
**अभिषिक्त** वि० *(सं०)* पदारूढ़, अधिकार प्राप्त।
**अभिषुत** वि० *(सं०)* निचोड़ा हुआ।
**अभिषेक** पु० *(सं०)* राजा का सिंहासनारोहण; जल छिड़कना; शान्ति के लिए किया जानेवाला स्नान।
**अभिष्यन्दी** पु० *(सं०)* अति वृद्धि, बहाव।
**अभिसन्ताप** पु० *(सं०)* पीड़ा; संघर्ष, युद्ध; पतन; संगम, मिलन; शाप; पीड़ा।
**अभिसन्देह, अभिसन्दोह** पु० *(सं०)* जननेन्द्रिय; विनिमय।
**अभिसन्ध, अभिसन्धक** पु० *(सं०)* धोखा देनेवाला।
**अभिसन्धि** स्त्री० *(सं०)* अभिप्राय; षड्यन्त्र; लक्ष्य; धोखेबाजी।
**अभिसमय** पु० *(कॉनवेंशन)* रूढ़ि, परिपाटी; उपसन्धि।
**अभिसक्त** वि० *(सं०)* दृढ़ता से जुड़ा हुआ।
**अभिसम्मत** वि० *(सं०)* प्रतिष्ठित; सम्मानित।
**अभिसर** पु० अनुचर, भृत्य।
**अभिसरन*** पु० अभिसरण; आश्रय, सहारा।
**अभिसरण** पु० *(सं०)* सम्मुख गमन।
**अभिसरना** क्रि० गमन करना।
**अभिसर्ग** पु० *(सं०)* सृष्टि, रचना।
**अभिसार** पु० *(सं०)* साथी; अनुचर; युद्ध; शक्ति।
**अभिसारी** पु० *(सं०)* सहायक, साथी; धावा करनेवाला।
**अभिस्ताव** पु० *(रेकॅमिण्डेशन)* कोई सलाह या सुझाव देते हुए उसके पक्ष में अपना भाव प्रकट करना, संस्तुति, सिफारिश।
**अभिहत** वि० *(सं०)* पराभूत; आहत; आक्रान्त; गुणित।
**अभिहति** स्त्री० *(सं०)* मारना, निशाना लगाना।
**अभिहर** पु० *(सं०)* हटाना। वि० ले भागने वाला।
**अभिहरण** पु० *(सं०)* लूटना; निकट लाना। *(डिस्ट्रेस)* नीलाम कर देना, कुर्की कर लेना।
**अभिहर्ता** पु० *(सं०)* अपहरण करनेवाला, डाकू।
**अभिहार** पु० *(सं०)* गाँजा आदि पीनेवाला; हमला; डाका; हथियार से लैस होना; मिश्रण; प्रयत्न।
**अभिहारी** वि० *(सं०)* हरण करने वाला; चुरानेवाला।
**अभिहास** पु० *(सं०)* मसखरी, मजाक; विनोद।
**अभिहित** वि० *(सं०)* आबद्ध; उक्त; कहा हुआ।
**अभिहूत** स्त्री० *(सं०)* पूजन; आवाहन।

**अभी** अ० अब तक; इसी क्षण, इसी वक्त, तत्काल।
**अभीक** वि० निडर, निर्भीक।
**अभीक्षक** वि० निगरानी रखने वाला।
**अभीत** वि० *(सं०)* निर्भीक, निडर।
**अभीप्सित** वि० *(सं०)* चाहा हुआ। पु० इच्छा।
**अभीर** पु० *(सं०)* एक छन्द; अहीर।
**अभीरी** स्त्री० *(सं०)* अहीरों की बोली।
**अभीरु** वि० *(सं०)* निडर; निर्दोष।
**अभीरुण** वि० *(सं०)* निर्दोष; निडर; जो कायर न हो।
**अभील** पु० *(सं०)* कठिनाई; संकट; भयंकर दृश्य।
**अभीष्ट** वि० *(सं०)* अभिलषित; अभिप्रेत; प्रिय। पु० मनोरथ; प्रिय व्यक्ति; अभिलषित वस्तु; प्रेमी।
**अभीष्टा** स्त्री० *(सं०)* पान, ताम्बूल; प्रेमिका।
**अभीष्टि** स्त्री० *(सं०)* चाह, इच्छा।
**अभीसार** पु० *(सं०)* हमला, आक्रमण।
**अभुआना*** अ० क्रि० रात में सोते समय बक-झक करना आदि।
**अभुवाना** क्रि० अधीर होना, हाथ-पैर पटकना, सिर धुनना।
**अभुक्त** वि० *(सं०)* न भोगा हुआ; न खाया हुआ। जिसने भोजन या भोग न किया हो।
**अभुग्न** वि० *(सं०)* सीधा; स्वस्थ, रोगहीन।
**अभूखन** पु० आभूषण।
**अभूत** वि० *(सं०)* अविद्यमान; जो हुआ न हो।
**अभूतार्थ** पु० *(सं०)* अश्रुतपूर्व या अनहोनी बात।
**अभूति** स्त्री० *(सं०)* धन या शक्ति का अभाव; निर्धनता; अविद्यमानता। वि० वैभवहीनता, निर्धन।
**अभूरि** वि० *(सं०)* कतिपय; थोड़ा, कुछ।
**अभृश** वि० *(सं०)* कुछ, चन्द, थोड़ा।
**अभेद** पु० *(सं०)* एकरूपता; एकता। वि० अनुरूप।
**अभेरा*** पु० टक्कर, रगड़, मुठभेड़, लड़ाई-झगड़ा।
**अभोगी** वि० *(सं०)* विरक्त; अभोक्ता।
**अभोज*** वि० जो खाने योग्य न हो।
**अभोग्य** वि० *(सं०)* न भोगने योग्य।
**अभौतिक** वि० *(सं०)* जो पंच भूतों से न बना हो।
**अभ्यंग** पुं० *(सं०)* मालिश।
**अभ्यमित** वि० *(सं०)* आहत; रुग्ण।
**अभ्यर्चन** पु०, स्त्री *(सं०)* आराधना, पूजा।
**अभ्यर्थन** पु० **अभ्यर्थना** स्त्री० *(सं०)* अनुरोध, प्रार्थना, विनती; माँग, याचना; स्वागत; दरख्वास्त।
**अभ्यर्थित** वि० *(सं०)* जिसकी विनती की गयी हो।
**अभ्यर्थी** वि० *(सं०)* प्रार्थी; अभ्यर्थना करनेवाला।
**अभ्यर्दन** पु० *(सं०)* कष्ट देना, उत्पीड़न।
**अभ्यर्हणा** स्त्री० *(सं०)* इज्जत करना; पूजा, सम्मान।
**अभ्यवहरण** पु० *(सं०)* भोजन ग्रहण करना।
**अभ्यवहार** पु० *(सं०)* आहार; भोजन करना।
**अभ्यसन** पु० *(सं०)* अभ्यास करना; व्यायाम करना।
**अभ्यसनीय** वि० *(सं०)* अभ्यास करने योग्य।
**अभ्यसित** वि० अभ्यस्त।
**अभ्यसूय** पु० *(सं०)* क्रोध; द्वेष।
**अभ्यस्त** वि० *(सं०)* अच्छी तरह सीखा हुआ, कुशल।
**अभ्यान्त** वि० *(सं०)* क्षतिग्रस्त; रुग्ण; आहत।
**अभ्यागत** वि० *(सं०)* अतिथि के रूप में आया हुआ। पु० मेहमान, अतिथि।
**अभ्यागम** पु० *(सं०)* पड़ोस; नजदीक आना; किसी परिणाम पर पहुँचना; वध करना, हमला।
**अभ्यागृहीत** वि० *(अटैच्ड)* अधिगृहीत किया हुआ।
**अभ्याग्रहण** पु० कुर्की, अधिग्रहण।
**अभ्याघात** पु० *(सं०)* बाधा, रुकावट, आक्रमण।
**अभ्याधान** पु० *(सं०)* आरम्भ।
**अभ्याश** पुं० *(सं०)* निकट, पड़ोस।
**अभ्यास** पु० *(सं०)* किसी काम को बार-बार करना; आदत; सीखना; सैनिक अनुशासन आदि।
**अभ्यासादन** पु० *(सं०)* सामना; आक्रमण।
**अभ्यासी** वि० *(सं०)* साधक, अभ्यास करने वाला।
**अभ्युक्त** वि० *(सं०)* उच्चरित, कहा हुआ।
**अभ्युक्ति** स्त्री० *(रिमाक)* व्यंग्यात्मक रूप से कही गयी बात, आलोचना के योग्य बात, उच्चकथन।
**अभ्युक्षित** वि० *(सं०)* जिसपर छिड़काव हुआ हो।
**अभ्युच्छेदन** पु० *(सं०)* शल्य क्रिया द्वारा काटना।
**अभ्युत्थान** पु० *(सं०)* उत्कर्ष; बढ़ती; उदय; आदरणीय के लिए उठकर खड़े होना।
**अभ्युदय** पु० *(सं०)* वृद्धि; इष्टलाभ; उत्सव; आरम्भ; आनन्द; शुभफल।
**अभ्युदित** वि० *(सं०)* उदित, उगा हुआ; जो सूर्योदय हो जाने के बाद भी सोया हो; समृद्धि प्राप्त।
**अभ्युपपत्ति** स्त्री० *(सं०)* रक्षा; सहायता देने के लिए

निकट जाना; वादा; समझौता; कृपा, अनुग्रह।
**अभ्युपाय** पु० *(सं०)* स्वीकार; वादा; साधन; उपाय।
**अभ्युपायन** पु० *(सं०)* रिश्वत; भेंट।
**अभ्रंकष** वि० *(सं०)* बहुत ऊँचा, गंगनचुम्बी। पु० हवा; पहाड़।
**अभ्र** पु० *(सं०)* अभ्रक; आकाश; कपूर; बादल।
**अभ्रक** पु० *(सं०)* अबरक, धातु विशेष।
**अभ्रम** पुं० *(सं०)* भ्रम का न होना।
**अभ्रान्त** वि० *(सं०)* यथार्थ ज्ञाता, भ्रमरहित; धीर।
**अभ्रित** वि० *(सं०)* बादलों से आवृत, मेघाच्छन्न।
**अमंगल** वि० *(सं०)* भाग्यहीन, अशुभ, अकल्याणकर।
**अमन्द** वि० *(सं०)* तेज, परिश्रमी। पु० वृक्ष।
**अम** 'आम' का समासगत लघु रूप।
**अम** पु० *(सं०)* दबाव; भय; नौकर; बल; भार।
**अमका** पु० अमुक, ऐसा।
**अमचूर** पु० सूखे आम का चूर्ण, पिसी आम की खटाई।
**अमड़ा** पु० वृक्ष विशेष जैसे—आँवला।
**अमणिव** वि० *(सं०)* मणिहीन, रत्नरहित।
**अमत** पु० *(सं०)* समय; रोग; मृत्यु; धूलिकण।
**अमति** स्त्री० *(सं०)* संज्ञाहीनता; अदूरदर्शिता; अज्ञान।
**अमत्त** वि० *(सं०)* सावधान; सही दिमाग का; जो नशे में न हो; विचारशील।
**अमद** पु० *(अ०)* इरादा, संकल्प। वि० *(सं०)* गम्भीर; मदरहित; शोकान्वित।
**अमधुर** वि० *(सं०)* कड़वा स्वाद का; अरुचिकर।
**अमन** पु० *(अ०)* इत्मीनान, शान्ति; सुरक्षा सुव्यवस्था।
**अमनिया*** स्त्री० रसोई पकाना, भोजन बनाने की क्रिया।
**अमनुष्य** वि० *(सं०)* जो मनुष्य न हो; अमानवोचित।
**अमनोज्ञ** वि० *(सं०)* अरुचिकर; चित्त को प्रिय न लगने वाला।
**अमम** वि० *(सं०)* ममताशून्य; कामनाहीन।
**अमर** वि० *(सं०)* अविनाशी, न मरनेवाला। पु० देवता।
**अमरख*** पु० अमर्ष।
**अमरपख** पु० पितृपक्ष।
**अमरज** पु० *(सं०)* मृत्यु न होना; अमरता।
**अमरस** पु० आम का रस।
**अमरसी** वि० आम के रस के रंग जैसा; हल्का पीला।
**अमरा** स्त्री० *(सं०)* नाल; अपरा, खेड़ी; दूब; अमरावती; सेंहुड़; गुड्च।
**अमराई** स्त्री० आम के वृक्षों का बाग; सुर कानन, उद्यान।
**अमराद्रि** पु० *(सं०)* सुमेरु पर्वत।
**अमरापगा** स्त्री० *(सं०)* स्वर्गंगा।
**अमरालय** पु० *(सं०)* स्वर्ग।
**अमरावती** स्त्री० *(सं०)* इन्द्रपुरी।
**अमरू** पु० एक रेशमी कपड़ा।
**अमर्त्य** वि० *(सं०)* जो कभी मृत्यु को न प्राप्त हो, मृत्युरहित; अनश्वर; दिव्य।
**अमर्दित** वि० *(सं०)* जिसका कभी पराभव न हुआ हो; जिसका मर्दन न हुआ हो।
**अमर्यादा** स्त्री० *(सं०)* आचरणहीनता; सीमोल्लंघन।
**अमर्ष** पु० *(सं०)* क्रोध, रोष, साहस, सहनशीलता।
**अमर्षी** वि० *(सं०)* अमर्ष करनेवाला।
**अमल** वि० *(सं०)* मलरहित, स्वच्छ; निष्पाप; उज्ज्वल।
**अमलतास** पु० एक पेड़ जिसके फूल, फल और बीज दवा के काम आते हैं।
**अमलपट्टा** पु० कार्य में नियुक्ति हेतु अधिकार पत्र।
**अमलबत** पु० चूक; पालक।
**अमलिन** वि० *(सं०)* निर्दोष, निर्मल, स्वच्छ।
**अमली** स्त्री० एक झाड़ीदार पेड़; इमली। वि० कामकाजी; नशेबाज।
**अमसृण** वि० *(सं०)* कड़ा, कठोर; मुलायम नहीं।
**अमस्तु** वि० *(सं०)* जिसमें छेना या मलाई न हो।
**अमहर** पु० कच्चे आम की सुखायी हुई फाँक।
**अमाँस** वि० *(सं०)* दुबला-पतला, निर्बल; माँसरहित।
**अमातना*** स० क्रि० निमन्त्रण देना, आमन्त्रित करना।
**अमात्य** पु० *(सं०)* मन्त्री।
**अमान** वि० *(सं०)* निरभिमान; सरल; असीम; अत्यधिक; रक्षा; शान्ति; मान, शून्यता।
**अमानत** स्त्री० *(अ०)* पैमाइश का काम; थाती रखना; धरोहर, थाती; अमीन का पद।
**अमानन** पु०, **अमानना** स्त्री० *(सं०)* अपमान, अवज्ञा।
**अमाननीय** वि० *(सं०)* न मानने योग्य।
**अमानस्य** पु० *(सं०)* पीड़ा, दुःख, व्यथा।

**अमाना** अ० क्रि० समाना; अँटना; इतराना; सटाना।
**अमानिता** स्त्री०, **अमानित्व** पु० *(सं०)* नम्रता।
**अमानी** वि० *(सं०)* विनीत; निरभिमान; ठेके पर न दिया जाने वाला कार्य।
**अमानुष** वि० *(सं०)* मनुष्य से न होनेवाला; अलौकिक। पु० मनुष्य नहीं, ज्ञानहीन प्राणी।
**अमानुषी** वि० पैशाचिक; अलौकिक।
**अमानुषीय, अमानुष्य** वि० *(सं०)* अलौकिक।
**अमान्य** वि० *(सं०)* जो स्वीकार योग्य न हो।
**अमाप** वि० *(सं०)* बहुत अधिक; अपरिमित।
**अमार** पु० *(सं०)* अनाश, अमरण।
**अमार्ग** पु० *(सं०)* कुमार्ग, बुरा रास्ता।
**अमार्जित** वि० *(सं०)* जो साफ न किया गया हो।
**अमार्ज्य** वि० *(सं०)* जो स्वच्छ न किया जा सके।
**अमाल*** पु० शासक; अधिकारी।
**अमावट** स्त्री० कई पर्तों में जमाया हुआ अमरस।
**अमावना*** अ० क्रि० भीतर आ सकना; अमाना।
**अमावस** स्त्री० अमावस्या, कृष्णपक्ष की पन्द्रहवीं तिथि।
**अमिख*** पु० आमिष, माँस।
**अमिट** वि० सदा रहने वाला; न मिटने वाला।
**अमित** वि० *(सं०)* अत्यधिक; उपेक्षित; अज्ञात; बे-हिसाब; असंस्कृत।
**अमिति** स्त्री० *(सं०)* असीमता।
**अमित्र** वि० *(सं०)* वैरी, विरोधी मित्रहीन।
**अमिय** पु० अमृत।
**अमियमूरि** स्त्री० संजीवनी बूटी।
**अमिरती** स्त्री० इमरती।
**अमिलताई** स्त्री० खटाई, अम्लता; कपट।
**अमिलित** वि० *(सं०)* पृथक्, जो मिला न हो।
**अमिली*** स्त्री० अनबन; वैमनस्य; इमली।
**अमिश्र** वि० *(सं०)* असंयुक्त; बिना मिलावट का।
**अमिश्रित** वि० *(सं०)* बिना मिलावट का; अमिश्र।
**अमिष** वि० *(सं०)* निश्छल। पु० माँस।
**अमी*** पु० अमिय, अमृत।
**अमी (मिन)** वि० *(सं०)* रोगी।
**अमीकर** पु० चन्द्रमा।
**अमीन** वि० (पु०) एक दीवानी अहलकार जो पैमाइश, बँटवारे आदि का काम करता है।
**अमीबा** पु० *(अमीबा)* एक-कोशीय सूक्ष्म जीव जो हमेशा पानी में रहता है और अन्य बड़े जीवों की तरह सभी क्रियाएँ करता है।
**अमीर** पु० *(अ०)* सरदार; अधिकारी; धनी व्यक्ति।
**अमीराना** वि० अमीरी जताने वाला।
**अमीरी** स्त्री० दौलतमन्दी। वि० अमीर के योग्य।
**अमीव** पु० *(सं०)* कष्ट; क्षति; रोग; शत्रु; पाप।
**अमुक** वि० *(सं०)* कोई खास (आदमी या चीज जिसका नाम न लेते हुए उसकी ओर इंगित किया जाये); फलाँ।
**अमुक्त** वि० *(सं०)* सम्बद्ध, बँधा हुआ।
**अमुग्ध** वि० *(सं०)* अनासक्त, विरक्त; चतुर।
**अमूक** वि० *(सं०)* वक्ता; जो मूक या गूँगा न हो।
**अमूढ़** वि० *(सं०)* चतुर; जो घबड़ाया न हो; विद्वान्।
**अमूर्त** वि० *(सं०)* देह-रहित; आकार-रहित। पु० ईश्वर, आत्मा; आकाश; काल; वायु।
**अमूर्ति** वि० *(सं०)* आकार रहित। पु० विष्णु।
**अमूर्तिमान् (मत्)** वि० *(सं०)* आकार रहित।
**अमूल** वि० *(सं०)* निराधार; बिना जड़ का; मिथ्या।
**अमूल्य** वि० *(सं०)* बहुमूल्य; अनमोल।
**अमृत** वि० *(सं०)* न मरने वाला; अमरत्व देनेवाला।
**अमृत प्रिय** पु० इन्द्रजल; लवण; घी; दूध; अन्न; रोगनाशक पदार्थ।
**अमृतदान** पु० एक ढक्कनदार बरतन।
**अमृताशन** पु० *(सं०)* देवता।
**अमृतेश** पु० *(सं०)* शिव; देवता।
**अमृतेष्टका** स्त्री० *(सं०)* पकी हुई ईंट।
**अमृदु** वि० *(सं०)* कठोर।
**अमृष्ट** वि० *(सं०)* गन्दा, न माँजा हुआ।
**अमृषा** अ० *(सं०)* सचमुच, वस्तुतः।
**अमृष्य** वि० *(सं०)* न सहने योग्य।
**अमेजना*** स० क्रि० मिलावट करना, मिलाना। अ० क्रि० मिलना।
**अमेघ** पु० *(सं०)* बिना बादल का, मेघ का अभाव।
**अमेठना, अमैठना*** स० क्रि० उमेठना।
**अमेत*** वि० असंख्य, अमित, बहुत।
**अमेधा** वि० *(सं०)* निर्बुद्धि, मूर्ख।
**अमेध्य** वि० *(सं०)* यज्ञ का अनधिकारी; अपवित्र। पु० अपशकुन; अपवित्र वस्तु; मल आदि।

**अमेय** वि० *(सं०)* सीमारहित परिमाणरहित; अज्ञेय।
**अमेल** वि० असंगत, जिसका मेल न बैठता हो।
**अमेली*** वि० अनाप-शनाप; असम्बद्ध।
**अमेह** पु० *(सं०)* पेशाब का न उतरना।
**अमोक्ष** वि० *(सं०)* अमुक्त। पु० बन्धन।
**अमोघ** वि० *(सं०)* जो व्यर्थ न जाये, अचूक।
**अमोघा** स्त्री० *(सं०)* हरीतकी; विडंग; एक शक्ति।
**अमोद** वि० *(सं०)* निरानन्द, मोदरहित।
**अमोनिया** पु० नौसादर, 'एमोनिया'।
**अमोरी** स्त्री० आमड़ा; अँबिया।
**अमोल, अमोलक** वि० बहुमूल्य; अनमोल।
**अमोला** पु० आम का उगता हुआ पौधा।
**अमोही*** वि० निर्मोही, निष्ठुर।
**अमौन** पु० *(सं०)* आत्मज्ञान; मौन का अभाव।
**अमौलिक** वि० *(सं०)* अयथार्थ; निर्मूल।
**अम्बर** पु० *(सं०)* आकाश; अभ्रक; वस्त्र।
**अम्बा** स्त्री० *(सं०)* माता।
**अम्बु** पु० *(सं०)* जल
**अम्बुवाह** पु० *(सं०)* पानी भरनेवाला; बादल।
**अम्बुद** पु० *(सं०)* जलद।
**अम्बुधर** पु० *(सं०)* जलधर।
**अम्भ** पु० *(सं०)* पानी; आकाश।
**अम्भोद, अम्भोदा** पु० *(सं०)* बादल।
**अम्भोज** पु० *(सं०)* कमल।
**अम्मा** स्त्री० माता, माँ, महतारी।
**अम्मारी** स्त्री *(अ०)* हौदा।
**अम्र** पु० *(अ०)* आज्ञा; विषय; बात। *(सं०)* आम्र।
**अम्ल** वि० *(सं०)* खट्टा। पु० तेजाब; सिरका; नींबू; मट्ठा; खट्टापन, खटाई; वमन।
**अम्लाक्त** वि० *(सं०)* खट्टा किया हुआ।
**अम्लान** वि० *(सं०)* प्रफुल्ल, प्रसन्न; स्वच्छ, जो मुरझाया या कुम्हलाया न हो।
**अम्लानी** वि० *(सं०)* साफ, स्वच्छ।
**अम्लिमा (मन्)** स्त्री० *(सं०)* खट्टापन।
**अम्लीय** वि० *(सं०)* जिसमें खटास हो।
**अम्हौरी** स्त्री० अधिक पसीना निकलने के कारण बदन में निकलनेवाली छोटी-छोटी फुंसियाँ, घमौरियाँ।
**अय (स्)** पु० *(सं०)* हथियार; धातु; सोना; लोहा, फौलाद।
**अयज्ञ** वि० *(सं०)* यज्ञ न करनेवाला।
**अयत** वि० *(सं०)* जो नियन्त्रण में न हो, असंयत; अनियन्त्रित।
**अयतेन्द्रिय** वि० *(सं०)* जिसकी इन्द्रियाँ संयत न हों।
**अयत्न** पु० *(सं०)* यत्न का अभाव। वि० जिसके लिए उद्योग करने की आवश्यकता न हो।
**अयथा** अ० *(सं०)* अनुचित या गलत तरीके से, जैसे होना चाहिए वैसे नहीं।
**अयथार्थ** वि० *(सं०)* गलत, झूठ।
**अयथावत्** अ० *(सं०)* गलत तरीके से।
**अयथेष्ट** वि० *(सं०)* अपर्याप्त; अनिच्छित; इच्छा के अनुरूप नहीं।
**अयथोचित** वि० *(सं०)* निकम्मा, अयोग्य।
**अयन** पु० *(सं०)* सूर्य की विषुवत् रेखा से उत्तर या दक्षिण को गति; राशिचक्र की गति; रास्ता, मार्ग।
**अयम्** सर्व० *(सं०)* यह।
**अयव** वि० *(सं०)* जो पूर्ण न हो; अभावग्रस्त।
**अयश** पु० *(सं०)* लांछन; बदनामी, अपयश।
**अयशस्व** वि० *(सं०)* बदनामी करनेवाला।
**अयशस्वी** वि० *(सं०)* जिसे यश न प्राप्त हो, बदनाम।
**अयस्कान्त** पु० *(सं०)* चुम्बक।
**अयाँ** वि० *(सं०)* जाहिर, खुला, प्रकट।
**अयाचक** वि० *(सं०)* कामना रहित; न माँगनेवाला।
**अयाचित** वि० *(सं०)* बिन माँगा, अप्रार्थित।
**अयाज्य** वि० *(सं०)* पतित; जातिच्युत। पु० चाण्डाल।
**अयान** पु० *(सं०)* स्वभाव, प्रकृति।
**अयानत** स्त्री० *(सं०)* सहायता।
**अयानता*** स्त्री० अज्ञान, अजानपन।
**अयाना** वि० नासमझ।
**अयानी** वि० अज्ञान, अजान।
**अयास** अ० सहज गति से; अनायास।
**अयास्य** पु० *(सं०)* प्राण-वायु; अंगिरा ऋषि।
**अयि** अ० *(सं०)* अरे! क्यों, सम्बोधनपरक शब्द।
**अयुक्त** वि० *(सं०)* अनुपयुक्त; अनभ्यस्त; अयोग्य; अधार्मिक; अविवाहित।
**अयुगल** वि० *(सं०)* अकेला; अलग; विषम।
**अयुग्बाण** पु० *(सं०)* कामदेव।

**अयुग्म** पु० *(सं०)* विषम, ताक; अकेला। वि० जो पूरा न हो।

**अयुज** वि० *(सं०)* अकेला; जिसका कोई साथी न हो।

**अयुध** पु० *(सं०)* आयुध; वह जो न लड़े।

**अयुध्य** वि० *(सं०)* जो जीता न जा सके, अजेय।

**अयुव** वि० *(सं०)* असम्बद्ध; अविभक्त।

**अये** अ० *(सं०)* विस्मयादिसूचक शब्द।

**अयोग** पु० *(सं०)* अप्राप्ति; अक्षमता; संकट; विधुर। कूट। वि० जोरदार कोशिश करने वाला;

**अयोगी*** वि० अयोग्य।

**अयोगी** वि० *(सं०)* जिसने शास्त्रानुसार योग का अनुष्ठान नहीं किया है।

**अयोगू** वि० *(सं०)* लुहार, लौहकर्मी।

**अयोग्य** वि० *(सं०)* योग्यताहीन; निकम्मा; नामुनासिब।

**अयोजन** पु० *(सं०)* वियोग।

**अयोघन** पु० *(सं०)* हथौड़ा।

**अयोच्छिष्ट** पु० *(सं०)* जंग, मोरचा।

**अयोद्धा (द्ध)** पु० *(सं०)* निम्न श्रेणी का योद्धा।

**अयोनि** वि० *(सं०)* अवैध रूप से उत्पन्न; नित्य; अजन्मा; कोख से उत्पन्न नहीं। पु० शिव; ब्रह्मा।

**अयोमय** वि० *(सं०)* लोहे का बना हुआ।

**अयौगिक** वि० *(सं०)* अनियमित रूप से व्युत्पन्न; रूढ़; जिसका योग से सम्बन्ध न हो।

**अयौन** वि० *(सं०) (नान-सेक्सुअल)* जिसका सम्बन्ध कामवासना आदि से न हो, जो यौन न हो।

**अरण्ड** पु० एरण्ड, अण्डी का पेड़, अण्डी।

**अरम्भ*** पु० आरम्भ।

**अरम्भना*** स० क्रि० आरम्भ करना। अ० क्रि० आरम्भ होना, बोलना।

**अर** पु० *(सं०)* चक्रवाक पक्षी; पहिये की नाभि और नेमि के बीच की लकड़ी; कोण।

**अर** पु० हठ, जिद।

**अरइल*** पु० प्रयाग में गंगा-यमुना का संगम-स्थान।

**अरक** पु० *(सं०)* सिवार; पहिये की तीली, अरा।

**अरकटी** पु० नाव की पतवार पर रहने वाला माँझी।

**अरकना*** अ० क्रि० दरकना; भिड़ना; टकराना।

**अरकसी** वि० सुस्ती, आलस्य।

**अरकान** पु० *(अ०)* प्रधान कार्यकर्ता या कर्मचारी।

**अरक्षित** वि० *(सं०)* जिसकी रक्षा न की गयी हो या की जाती हो; बिना बचाव का।

**अरगट** वि० भिन्न, अलग।

**अरगल** पु० किवाड़ को भीतर से बन्द करने के लिए लगायी जाने वाली आड़ी लकड़ी, ब्योण्ड़ा, अर्गला।

**अरगाना*** स० क्रि० अलग करना। अ० क्रि० चुप्पी साधना; अलग होना।

**अरघा** पु० जलहरी, अर्घ्य पात्र के आकार का बना पत्थर का आधार, जिसमें शिवलिंग की स्थापना की जाती है।

**अरचन*** पु०, **अरचना*** स्त्री० अर्चन, अर्चना।

**अरचि*** स्त्री० प्रकाश, ज्योति।

**अरज** पु० *(अ०)* प्रार्थना; कपड़े आदि की चौड़ाई।

**अरजना*** स० क्रि० प्रार्थना करना; प्राप्त करना।

**अरजस्क** वि० *(सं०)* वासनारहित; स्वच्छ, धूलिरहित।

**अरजा (जस)** वि० स्त्री० कन्या; घीकुआर।

**अरज़ाल** पु० *(अ०)* कमीने, नीच लोग।

**अरजी** स्त्री० प्रार्थनापत्र, अर्जी।

**अरज्जु** वि० *(सं०)* जिसमें रस्सी न हो। पु० कारागृह।

**अरझना** अ० क्रि० अरुझना; उलझना।

**अरझा** पु० सनई, छोटी जाति का सन।

**अरणि, अरणी** स्त्री० *(सं०)* चकमक पत्थर; सूर्य; अग्नि।

**अरण्य** पु० *(सं०)* जंगल, वन; कायफल।

**अरण्यक** पु० *(सं०)* जंगल की सभा; जंगल।

**अरण्यरोदन** पु० *(सं०)* निरर्थक बात, व्यर्थ का रोना।

**अरण्यानि, अरण्यानी** स्त्री० *(सं०)* वनदेवी; बहुत बड़ा जंगल।

**अरत** वि० *(सं०)* विरक्त; सुस्त; अनासक्त; असन्तुष्ट।

**अरति** स्त्री० *(सं०)* उद्वेग; असन्तोष; क्रोध; विरक्ति; चिन्ता; व्यथा; सुस्ती।

**अरत्नि** पु० *(सं०)* कुहनी; बाँह; कुहनी से कानी उँगली के छोर तक की माप।

**अरथाना*** स० क्रि० व्याख्या करते हुए कहना; समझाकर कहना।

**अरथी** स्त्री० टिकठी, जिसपर शव को रखकर श्मशान ले जाते हैं। वि० अर्थी।

**अरद** वि० *(सं०)* बिना दाँत का।

**अरदना*** स० क्रि० मसल-कुचलकर मार डालना; कुचलना; मसलना।

**अरदली** पु० किसी बड़े अफसर के साथ रहनेवाला खास चपरासी।

**अरदास** स्त्री० प्रार्थना-पत्र; ईश्वर प्रार्थना; भेंट, नजर।

**अरध*** वि० अ० अन्दर, भीतर।

**अरधंग** पु० अर्धांग।

**अरना** *अ० क्रि० अड़ना। पु० जंगली भैंसा।

**अरनि** स्त्री० अरणि;* रुकना; अड़ना; हठ करना।

**अरनी** स्त्री० यज्ञ का अग्निमन्थन काष्ठ; दाह, जलन।

**अरपना*** स० क्रि० भोजन के पूर्व भोज्य पदार्थ भगवान् को अर्पित करना; भेंट करना।

**अरपित*** वि० अर्पित।

**अरब** पु० सौ करोड़ की संख्या। वि० सौ करोड़।

**अरबर*** वि० कठिन, टेढ़ा; अण्डबण्ड।

**अरबराना*** अ० क्रि० लटपटाना; घबड़ाना।

**अरबरानि*** स्त्री० हड़बड़ी, घबराहट।

**अरबरी*** स्त्री० हड़बड़ी।

**अरबीला*** वि० गर्वयुक्त; अण्डबण्ड, निरर्थक।

**अरम** वि० *(सं०)* कमीना, नीच।

**अरमण, अरममाण** वि० *(सं०)*अविराम; अरुचिकर।

**अरमा*** स्त्री० चमक।

**अरमान** पु० *(फ़ा०)* इच्छा, लालसा, कामना।

**अरर** पु० *(सं०)* किवाड़; दरवाजा; युद्ध; ढक्कन। अव्य० आश्चर्य सूचक शब्द।

**अरवन** पु० काटकर लायी जाने वाली कच्ची फसल।

**अरवा** पु० *(सं०)* बिना उबाले धान से निकाला गया चावल।

**अरविन्द** पु० *(सं०)* सारस; कमल; ताँबा।

**अरवी** स्त्री० एक कन्द, घुइयाँ।

**अरस** वि० *(सं०)* निर्बल; अयोग्य; रसहीन, सुस्त।

**अरसठ** *(हि०)* अड़सठ।

**अरसन-परसन*** पु० आँख-मिचौनी का खेल।

**अरसना-परसना** स० क्रि० आलिंगन करना; छूना।

**अरसा** पु० *(अ०)* बहुत दिन; अवधि; समय; देर।

**अरसाना*** अ० क्रि० अलसाना।

**अरसी*** स्त्री० तीसी, अलसी।

**अरसीला** वि० आलस्य से भरा हुआ; सूखा, रसहीन।

**अरह** पु० *(सं०)* रहस्य या गुप्त भेद का अभाव।

**अरहट** पु० रहट; कुएँ से पानी निकालने का यन्त्र।

**अरहना*** स्त्री० पूजा।

**अरहर** स्त्री० दाल के काम आने वाला एक अनाज।

**अरा*** पु० आरा; झगड़ा।

**अराजक** वि० *(सं०)* बिना राज्य का, राज शून्य।

**अराजकता** स्त्री० *(सं०)* अव्यवस्था; शासन का अभाव।

**अराजी** स्त्री० *(अ०)* जमीन, धरती।

**अराद्धि** स्त्री० *(सं०)* द्वेष; अपराध; असफलता।

**अराधन अराधना***स० क्रि० आराधन करना।

**अराधी*** पु० आराधन करनेवाला।

**अराबा** पु० *(अ०)*तोप लादने की गाड़ी; गाड़ी, रथ।

**अराम***पु० आराम, बाग।

**अराल** वि० *(सं०)* टेढ़ा। पु० राल; मतवाला हाथी।

**अरि** पु० *(सं०)* शत्रु, वैरी।

**अरिन्द*** पु० शत्रु।

**अरिया** स्त्री० विशेषतः पानी के किनारे रहनेवाली एक चिड़िया।

**अरियाना** क्रि० अरे! तू तू कहकर बोलना।

**अरिष्ट** पु० *(सं०)* अपशकुन; लहसुन; अनिष्ट ग्रह या ग्रहयोग; कष्ट, क्लेश; आपत्ति; दुर्भाग्य; अशुभ।

**अरिमर्दन** वि० *(सं०)* शत्रु दमन।

**अरिघ** वि० *(सं०)* शत्रुनाशक।

**अरीझना*** अ० क्रि० बँध जाना, उलझना।

**अरीत*** स्त्री० अरीति, अनुचित कार्य।

**अरु (रु)** पु० *(सं०)* मर्मांग; आँख; सूर्य; जख्म।

**अरु** अव्य० और।

**अरुई**† स्त्री० अरवी, घुइयाँ।

**अरुक** वि० *(सं०)* नीरोग, रोगमुक्त।

**अरुग्ण** वि० *(सं०)* नीरोग, स्वस्थ।

**अरुचि** स्त्री० *(सं०)* (किसी वस्तु का) अच्छा न लगना, अनिच्छा; विरक्ति; घृणा।

**अरुज** वि० *(सं०)* तन्दुरुस्त, नीरोग।

**अरुझना*** अ० क्रि० झगड़ना; फँसना, उलझना, अटकना; युद्ध में संलग्न होना।

**अरुझाना*** अ० क्रि० उलझना। स० क्रि० उलझाना।

**अरुण** *(सं०)* पु० लाल, प्रातः, सूर्य, तड़का, भोर।
**अरुणशिखा** *(सं०)* पु० मुर्गा।
**अरुणा** स्त्री० *(सं०)* उषा; घुँघची; इन्द्रवारुणी।
**अरुणिमा** स्त्री० *(सं०)* अरुणाई, लालिमा।
**अरुणाई*** स्त्री० लालिमा।
**अरुणाभ** वि० *(सं०)* लालिमा लिये हुए, रक्ताभ।
**अरुणार्चि (स्)** पु० *(सं०)* सूर्य।
**अरुणित** वि० *(सं०)* लाल रंग में रँगा हुआ।
**अरुणी** स्त्री० *(सं०)* उषा; लाल गाय।
**अरुणोदय** पु० *(सं०)* भोर, सवेरे का समय, सूर्योदय।
**अरुन*** वि० अरुण।
**अरुनाई*** स्त्री० ललाई।
**अरुनोदय*** पु० अरुणोदय।
**अरुन्तुद्** वि० *(सं०)* दुःखकर, मर्मभेदी।
**अरुरना*** अ० क्रि० बल खाना, सिकुड़ना।
**अरुराना*** स० क्रि० सिकोड़ना; ऐंठना, मरोड़ना।
**अरुष** वि० *(सं०)* चमकीला; अक्रुद्ध। पु० ज्वाला।
**अरूझना*** अ० क्रि० भिड़ना, झगड़ना।
**अरूप** वि० *(सं०)* कुरूप; असमान। पु० भद्दी शक्ल।
**अरूपन** वि० *(सं०)* अलंकार हीन।
**अरूरना*** अ० क्रि० पीड़ित होना, व्यथित होना।
**अरे** अव्य० *(सं०)* रे, ओ, हे, आश्चर्यसूचक नीच व्यक्ति सम्बोधनार्थ अव्यय।
**अरेणु** वि० *(सं०)* जिसमें धूलि न लगी हो।
**अरेरना*** स० क्रि० रगड़ना।
**अरोगी, अरोग्य** वि० *(सं०)* स्वस्थ, जो रोगी न हो।
**अरोग्य** वि० *(सं०)* स्वस्थ, नीरोग।
**अरोच*** पु० अनिच्छा, अरुचि।
**अरोचक** वि० *(सं०)* अरुचिकर।
**अरोहना*** अ० क्रि० आरोहण करना, चढ़ना।
**अरोही*** वि० आरोही, सवार।
**अरौद्र** वि० *(सं०)* जो भयंकर या भयानक न हो।
**अर्क** पु० *(अ०)* पसीना; रस; किसी चीज का भाप से खींचा हुआ रस।
**अर्क** पु० *(सं०)* स्फटिक; अग्नि; सूर्य; ज्योति, प्रकाश-किरण;।
**अर्की (किन्)** पु० *(सं०)* मोर।
**अर्गल** पु० *(सं०)* ब्योण्ड़ा; रोक, किवाड़ के पीछे लगाने का दण्ड, लहर; माँस।
**अर्घ** पु० *(सं०)* हाथ धोने के लिए दिया गया जल; भेंट, जलदान।
**अर्घट** पु० *(सं०)* राख।
**अर्घार्ह** वि० *(सं०)* भेंट या पूजा के योग्य।
**अर्घ्य** वि० *(सं०)* पूजनीय; बहुमूल्य। पु० पूजा में देने योग्य एक प्रकार का मधु; पूजोपकरण।।
**अर्चक** वि० *(सं०)* पूजा करनेवाला।
**अर्चन** पु०, **अर्चना** स्त्री० *(सं०)* पूजन, वन्दन।
**अर्चनीय, अर्चमान** वि० *(सं०)* पूजनीय।
**अर्चि** सत्री० *(सं०)* अग्नि-शिखा; किरण, प्रकाश।
**अर्चित** वि० *(सं०)* सम्मानित; पूजित।
**अर्चिष्मान् (ष्मत्)** वि० *(सं०)* चमक वाला।
**अर्च्य** वि० *(सं०)* अर्चनीय, पूजनीय।
**अर्ज़** पु० *(अ०)* प्रार्थना; निवेदन; चौड़ाई।
**अर्जक** वि० *(सं०)* कमानेवाला, प्राप्त करनेवाला।
**अर्जन** पु० *(सं०)* संग्रह करना; कमाना।
**अर्जित** वि० *(सं०)* बटोरा हुआ; कमाया हुआ; इकट्ठा किया हुआ।
**अर्ज़ी** स्त्री० *(अ०)* दरख्वास्त, प्रार्थनापत्र।
**अर्जुनी** स्त्री० *(सं०)* कुटनी; श्वेत गौ; एक सर्प।
**अर्जुनोपम** पु० *(सं०)* सागौन वृक्ष।
**अर्ण (स्)** पु० *(सं०)* उद्वेलित समुद्र; तरंग; पानी।
**अर्णव** पु० *(सं०)* सूर्य; अन्तरिक्ष; समुद्र; रत्न, मणि।
**अर्णवोद्भव** पु० *(सं०)* चन्द्रमा; अमृत।
**अर्णवोद्भवा** स्त्री० *(सं०)* लक्ष्मी
**अर्णस** वि० *(सं०)* तरंगों से भरा हुआ।
**अर्णोद** पु० बादल।
**अर्ति** स्त्री० *(सं०)* व्यथा, पीड़ा।
**अर्थ** पु० *(सं०)* धन; शारीरिक आवश्यकताओं की पूर्ति का साधन; प्रयोजन; फल; निमित्त; धनार्जन; लाभ; लिए; वस्तु; धन।
**अर्थतः (तस्)** अव्य० *(सं०)* सचमुच; वस्तुतः।
**अर्थपिशाच** पु० *(सं०)* कृपण।
**अर्थान्तर** पु० *(सं०)* नयी स्थिति; दूसरा विषय।
**अर्थमन्त्री** पु० *(सं०)* अर्थ सचिव।
**अर्थागम** पु० *(सं०)* आय, धनागम।
**अर्थात्** अ० *(सं०)* दूसरे शब्दों में, यानी।
**अर्थाधिकारी** पु० *(सं०)* खजांची, कैशियर; अर्थमन्त्री।
**अर्थाना*** स० क्रि० व्याख्या करना; अर्थ लगाना।

**अर्थानुबन्ध** पु० *(सं०)* आर्थिक-समझौता; अर्थबन्ध।
**अर्थापदेश** पु० *(सं०)* नये अर्थ का समावेश।
**अर्थापत्ति** स्त्री० *(सं०)* अलंकार विशेष।
**अर्थापति** पु० *(सं०)* कुबेर।
**अर्थापन** पु० *(सं०)* *(इण्टरप्रिटेशन)* अर्थनिर्णय; व्याख्या; विशेष ढंग से समझना या समझाना।
**अर्थापिशाच** पु० *(सं०)* कृपण।
**अर्थालंकार** पु० *(सं०)* वह अलंकार जो शब्द-प्रयोग पर नहीं, किन्तु अर्थ पर आश्रित हो।
**अर्थिक** वि० *(सं०)* किसी वस्तु का चाहने वाला। पु० प्रहरी।
**अर्थित** वि० *(सं०)* चाहा हुआ; माँगा हुआ।
**अर्थी** वि० *(सं०)* सेवा करने वाला; वादी; गरज या चाह रखने वाला; प्रार्थी।
**अर्थ्य** वि० *(सं०)* धनी; उपयुक्त; चालाक, चतुर।
**अर्दनि** पु० *(सं०)* प्रार्थना; रोग; भिक्षा।
**अर्द्ध, अर्ध** वि० *(सं०)* आधा। पु० आधा भाग।
**अर्द्धक** वि० *(सं०)* आधा।
**अर्द्धमागधी** स्त्री० *(सं०)* मथुरा से पटना के मध्य की प्राकृत भाषा।
**अर्द्धव्यास** पु० *(सं०)* वृत्त की त्रिज्या।
**अर्द्धसमवृत्ति** वि० *(सं०)* सोरठा।
**अर्द्धांगिनी** स्त्री० *(सं०)* सहधर्मिणी, पत्नी।
**अर्द्धांगी** पु० *(सं०)* शिव।
**अर्द्धांशी** वि० *(सं०)* आधे हिस्से का अधिकारी।
**अर्द्धार्द्ध** वि० *(सं०)* आधे का आधा; चौथाई।
**अर्धुक** वि० *(सं०)* उन्नतिशील।
**अर्पण** पु० *(सं०)* भेंट करना; त्याग; दान।
**अर्पित** वि० *(सं०)* अर्पण किया हुआ।
**अर्पिस** पु० *(सं०)* हृदय का माँस; हृदय।
**अर्ब-दर्ब*** पु० धन-सम्पत्ति, माल-दौलत।
**अर्बुद** पु० *(सं०)* अरब, सौ करोड़ की संख्या।
**अर्बुदी** वि० *(सं०)* अर्बुद रोग से ग्रस्त।
**अर्भ** पु० *(सं०)* छात्र; नेत्रवाला; शिशु, बच्चा।
**अर्भक** पु० *(सं०)* बच्चा; छौना; मूर्ख आदमी; नेत्रवाला; कृशा। वि० दुबला; मूर्ख, निर्बुद्धि; सदृश; थोड़ा।
**अर्य** वि० *(सं०)* पूज्य; श्रेष्ठ; सच्चा।
**अर्या** स्त्री० *(सं०)* रखेली; वैश्य जाति की स्त्री।
**अर्याणी** स्त्री० *(सं०)* वैश्य जाति की स्त्री।
**अर्रबर्र** पु० व्यर्थ की बात।
**अर्वट** *(सं०)* भस्म, राख।
**अर्वती** स्त्री० *(सं०)* कुटनी; घोड़ी; विद्याधरी।
**अर्वा** पु० *(सं०)* घोड़ा; इन्द्र।
**अर्वाक्** अ० *(सं०)* इस ओर; पीछे; समीप; नीचे।
**अर्वाचीन** वि० *(सं०)* नया; हाल का; कृपादृष्टि रखने वाला; इधर का; आधुनिक।
**अर्श** पु० *(सं०)* गुदा का एक रोग, बवासीर। वि० अश्लील।
**अर्श** पु० *(फ़ा०)* आसमान।
**अर्शी** वि० *(सं०)* बवासीर का रोगी।
**अर्हन्त** वि० *(सं०)* योग्य। पु० जिन; बुद्ध।
**अर्हण** पु०, **अर्हणा, अर्हा** स्त्री० *(सं०)* सम्मान; पूजा।
**अर्हणीय** वि० *(सं०)* पूजा या सम्मान के योग्य।
**अर्हत** पु० *(सं०)* परम ज्ञानी। वि० पूज्य।
**अर्हता** स्त्री० *(सं०)* योग्यता, उपयुक्तता।
**अर्हित** वि० *(सं०)* सम्मानित; पूजित।
**अर्ह्य** वि० *(सं०)* अधिकारी; पूजनीय; प्रशंसनीय।
**अलम्पट** वि० *(सं०)* सच्चरित्र। पु० अन्तःपुर।
**अल** पु० *(सं०)* विष; बिच्छू का डंक; हरताल।
**अलक** पु० *(सं०)* जुल्फ; सिर के बाल; सफेद मदार।
**अलक़त** पु० *(अ०)* रद्द कर देना; न मानना।
**अलकतरा** पु० काले रंग का एक गाढ़ा द्रव जो सड़क निर्माण करने एवं लकड़ी आदि रँगने के काम आता है, कोलतार।
**अलकली** स्त्री० *(अं०)* क्षार।
**अलकावलि** स्त्री० *(सं०)* केशपाश, बालों की लटें।
**अलकोहल** पु० *(सं०)* स्पिरिट, सुरासार।
**अलक्षण** वि० *(सं०)* जिसमें कोई परिचायक चिह्न न हो; चिह्नरहित; अशुभ।
**अलक्षता** स्त्री० उद्देश्यहीनता।
**अलक्षित** वि० *(सं०)* न देखा हुआ; अज्ञात; गुप्त।
**अलक्ष्मी** स्त्री० *(सं०)* दारिद्र्य, दुर्भाग्य।
**अलक्ष्य** वि० *(सं०)* अज्ञेय; अदृश्य; चिह्नरहित; जिसका लक्षण न किया जा सके।
**अलख** वि० अलक्ष्य; जो देखा न जा सके; अगोचर। पु० परमेश्वर।
**अलग** वि० जुदा, भिन्न; तटस्थ; सुरक्षित; न्यारा।
**अलगरज** वि० लापरवाह।

**अलगरजी** वि० लापरवाह। स्त्री० लापरवाही।
**अलगाना** स० क्रि० अलग करना; छाँटना।
**अलगाव** वि० दूरी; अलग करने या रखने का भाव।
**अलग़ोजा** पु० *(अ०)* एक तरह की बाँसुरी।
**अलगौझा** पु० संयुक्त कुटुम्ब से अलग होना, बँटवारा।
**अलजबरा** पु० *(अं०)* बीजगणित।
**अलघु** वि० *(सं०)* लम्बा; भारी; उग्र; गम्भीर।
**अलज्ज़** वि० *(सं०)* बेहया; लज्जारहित।
**अलता** पु० महावर, नारियों के पैर में लगाने का लाल रंग।
**अलबत्ता** अ० *(अ०)* निस्सन्देह, बेशक।
**अलबम** पु० *(फ्रें०)* तसवीरें रखने की किताब या कॉपी; चित्र-संग्रह।
**अलबेला** वि० अनूठा; सुन्दर; मनमौजी; बाँका।
**अलब्ध** वि० *(सं०)* जो प्राप्त न हुआ हो, अप्राप्त।
**अलभ्य** वि० *(सं०)* अप्राप्य; दुर्लभ; अनमोल; बहुमूल्य।
**अलम** पु० *(अ०)* झण्डा, निशान; दुःख, शोक; भाला।
**अलमस्त** वि० मतवाला, मस्त; बे-फिक्र, मौजी।
**अलम्** अ० *(सं०)* पर्याप्त, पूरा; बस, बहुत हो चुका।
**अलर्क** पु० *(सं०)* सफेद मदार; पागल कुत्ता।
**अललटप्पू** वि० ऊट-पटाँग; अटकलपच्चू।
**अललाना** अ० क्रि० गला फाड़कर पुकारना, चिल्लाना।
**अलवाती** स्त्री० प्रसूता।
**अलवान** पु० *(अ०)* एक तरह का ऊनी शाल।
**अलस** वि० *(सं०)* अलसाया हुआ; आलसी; निष्क्रिय।
**अलसना, अलसाना** अ० क्रि० कुछ करने को जी न चाहना; थकावट या सुस्ती महसूस होना।
**अलसान** स्त्री० आलस्य, शिथिलता।
**अलसेट** स्त्री० टालमटूल, ढिलाई; अड़ंगा; अड़चन।
**अलसेटिया** वि० अड़ंगा डालनेवाला।
**अलसौंहा*** वि० क्लान्त, अलसाया हुआ।
**अलस्सबाह** अ० *(अ०)* एक दम भोर में, सबेरे।
**अलहदगी** स्त्री० अलगौझा, बिलगाव।
**अलहदा** वि० *(अ०)* जुदा, अलग।
**अलहन** पु० कुसमय, बुरा समय।
**अलहनियाँ** वि० आलसी, अकर्मण्य, अलहदी।
**अलाई** वि० काहिल, आलसी।
**अलाउंस** पु० *(अं०)* भत्ता।
**अलाटमेण्ट** पु० *(अं०)* आबण्टन, बँटाई।
**अलात** पु० *(सं०)* लुकाठी; अंगार; जलती लकड़ी।
**अलान** पु० हाथी बाँधने का खूँटा।
**अलापना** अ० क्रि० गाने में तान का प्रयोग करना; बोलना; बात करना।
**मुहा० अपना-अपना राग अलापना** अपने-अपने हित की बात करना।
**अलापी*** वि० गाने वाला; आलाप करने वाला।
**अलाबु, अलाबू** पु० *(सं०)* तूँबी; लौकी, कद्दू।
**अलाम*** वि० मिथ्यावादी; बात बनानेवाला।
**अलार्म** पु० *(अं०)* खतरे की सूचना।
**अलाव** पु० *(फ़ा०)* तापने के लिए जलायी हुई आग।
**अलावा** अ० *(अ०)* सिवा, अतिरिक्त।
**अलि** पु० *(सं०)* सखी; भौंरा; कौआ; बिच्छू; कोयल; वृश्चिक।
**अलिक** पु० *(सं०)* ललाट, माथा।
**अलिजिह्वा** स्त्री० *(सं०)* कण्ठ-काक, गले के भीतर का कौआ।
**अलिन्द** पु० *(सं०)* घर के बाहरी द्वार का चबूतरा।
**अलिप्त** वि० *(सं०)* बिना लेप का; बे-लाग; निर्दोष।
**अली** स्त्री० सखी, सहेली; पाँत, पंक्ति, कतार।
**अली** पु० *(सं०)* बिच्छू; भ्रमर।
**अलीक** वि० *(सं०)* मिथ्या; अप्रिय; सारहीन; अल्प।
**अलीकी** वि० *(सं०)* मिथ्या, झूठ; अप्रिय।
**अलीजा*** वि० बहुत-सा, प्रचुर।
**अलीन** पु० दरवाजे की चौखट का साह।
**अलुमिनम** पु० *(एलुमिनियम)* एक धातु जिसके बर्तन बनते हैं।
**अलुक समास** पु० *(सं०)* वह तत्पुरुष समास जिसमें विभक्ति बनी रहती है।
**अलूना** वि० बिना नमक का।
**अलूला*** पु० उद्गार; लपट; बुलबुला।
**अलेख** पु० देवता; निराकारब्रह्म।
**अलेखी*** वि० अन्यायी।
**अलेपक** पु० *(सं०)* परब्रह्म।
**अलोक** वि० *(सं०)* निर्जन; आध्यात्मिक-जगत्।
**अलोकना*** स० क्रि० अवलोकन करना; देखना।
**अलोकित** वि० *(सं०)* जो दिखायी न देता हो।
**अलोना** वि० बे-मजा; बिना नमक का।

**अलोप** वि० *(सं०)* लुप्त न होना (वर्ण आदि का)। *वि० गायब, अदृश्य, लुप्त।

**अलोलुप** वि० *(सं०)* लोभरहित, जो लालची न हो।

**अलोहित** वि० *(सं०)* रक्तशून्य। पु० लाल कमल।

**अलौकिक** वि० *(सं०)* अद्भुत, असाधारण; विलक्षण; विरल; अतिप्रकृत।

**अल्क** पु० *(सं०)* वृक्ष; अवयव।

**अल्टीमेटम** पु० *(अं०)* अन्तिम चेतावनी।

**अल्ट्रावायलेट** वि० *(अं०)* पराबैंगनी किरण।

**अल्प** वि० *(सं०)* थोड़ा; कम अवस्था का; तुच्छ।

**अल्पक** वि० *(सं०)* छोटा; थोड़ा।

**अल्पज्ञ** वि० *(सं०)* थोड़ा जानने वाला।

**अल्पतनु** पु० *(सं०)* बौना, वामन।

**अल्पतः** अ० *(सं०)* थोड़े से, थोड़े में।

**अल्पप्राण** व्यंजनों के वर्ग का प्रथम, तृतीय तथा पंचमाक्षर (य र ल व तथा स्वर व्याकरण में अल्पप्राण कहलाते हैं)।

**अल्पशः (शस्)** अ० *(सं०)* थोड़ा-थोड़ा करके।

**अल्पांश** पु० *(सं०)* कुछ भाग, थोड़ा भाग।

**अल्पाधिक** वि० *(सं०)* कमोबेश, थोड़ा बहुत।

**अल्पायु(स्)** वि० *(सं०)* जिसकी आयु थोड़ी हो, छोटी उम्र में मरनेवाला।

**अल्पाहार** वि० *(सं०)* हल्का भोजन। पु० साधारण से कम आहार।

**अल्पाहारी** वि० *(सं०)* जिसका आहार थोड़ा या संयत रहता हो।

**अल्ल** पु० वंश का नाम, उपगोत्र।

**अल्लाना*** अ० क्रि० चिल्लाना।

**अल्लाह** पु० *(अ०)* खुदा, परमेश्वर।

**अल्हड़** पु० बिना दाँत का। वि० दुनियादारी से अनभिज्ञ; मस्त, लापरवाह; भोला।

**अल्हड़पन** पु० भोलापन, लापरवाही।

**अल्हर*** वि० मस्त, लापरवाह, अल्हड़।

**अवन्तिका** सत्री० *(सं०)* उज्जैन।

**अवंश** वि० *(सं०)* निःसन्तान। पु० नीच कुल।

**अव** अव्य० और; *(सं०)* अव्य० अवश्य, तिरस्कार, बराबर तथा मेल।

**अवकर** पु० *(सं०)* झाड़ू मारने से निकली हुई धूल।

**अवकर्त** पु० *(सं०)* खण्ड, टुकड़ा।

**अवकलन** पु० *(सं०)* जानना; देखना; ग्रहण करना।

**अवकलना*** अ० क्रि० समझ में आना।

**अवकलित** वि० *(सं०)* ज्ञात; गृहीत।

**अवकाश** पु० *(सं०)* शून्य स्थान, अन्तर, व्यवधान, अवसर, फुरसत, छुट्टी।

**अवकिरण** पु० *(सं०)* बिखेरना।

**अवकीर्ण** वि० *(सं०)* फैलाया हुआ; चूर किया हुआ।

**अवकीलक** पु० *(सं०)* खूँटी।

**अवकुंचन** पु० *(सं०)* समेटना; सिकोड़ना।

**अवकुण्ठन** पु० *(सं०)* ढकना; आकृष्ट करना।

**अवकुत्सित** वि० *(सं०)* निन्दित; पु० निन्दा।

**अवक्त्र** वि० *(सं०)* बिना मुँह का बरतन; फोड़ा।

**अवक्रन्दन** पु० *(सं०)* क्रन्दन करना, चिल्लाकर रोना।

**अवक्रमण** पु० *(सं०)* नीचे आना; गर्भ में आना।

**अवक्रय** पु० *(सं०)* मूल्य; भाड़ा; किराये पर देना।

**अवक्षय** पु० *(सं०)* नाश, बर्बादी।

**अवक्षिप्त** वि० *(सं०)* निन्दित; नीचे गिराया हुआ।

**अवक्षेप** पु० *(सं०)* लांछन; आक्षेप; आपत्ति।

**अवक्षेपण** पु० *(सं०)* दोष लगाना; किसी वस्तु से गुजरते समय प्रकाश की किरण का वक्र होना।

**अवक्षेपणी** स्त्री० *(सं०)* घोड़े की लगाम।

**अवखण्डन** पु० *(सं०)* विभाजन करना; नष्ट करना।

**अवगण्ड** पु० *(सं०)* चेहरे पर मुँहासा।

**अवगणित** वि० *(सं०)* तिरस्कृत; पराभूत; निन्दित।

**अवगत** वि० *(सं०)* जाना हुआ, ज्ञात।

**अवगतना*** स० क्रि० सोचना, विचारना।

**अवगति** स्त्री० *(सं०)* बुरी गति; निश्चयात्मक ज्ञान।

**अवगाढ़** वि० *(सं०)* जमा हुआ; भीतर पैठा हुआ।

**अवगरारना** *(क्रि०)* जताना, समझाना-बुझाना।

**अवगाह** वि० *(सं०)* अथाह, गहरा स्थान। पु० पानी में उतरकर नहाना; डूबना; थाह लेना।

**अवगाहन** पु० *(सं०)* गम्भीर चिन्तन; डुबकी लगाना।

**अवगाहना*** अ० क्रि० डुबकी लगाना; जल में घुसकर स्नान करना। स० क्रि० बिलोड़ना।

**अवगाहित** वि० *(सं०)* स्नान किया हुआ।

**अवगीत** वि० *(सं०)* निन्दित; दुष्ट। पु० निन्दा।

**अवगुण्ठन** पु० *(सं०)* घूँघट निकालना; स्त्री का माथा और मुँह ढकना, घूँघट; बुर्का।

**अवगुण्ठित** वि० *(सं०)* ढका हुआ, छिपा हुआ।
**अवगुण्डित** वि० *(सं०)* चूर्ण किया हुआ।
**अवगुण** पु० *(सं०)* ऐब, बुराई; दोष।
**अवगूहन** पु० *(सं०)* गले लगाना, छिपाना।
**अवग्रह** पु० *(सं०)* अंकुश; रुकावट; बाधा; स्वभाव।
**अवग्रहण** पु० *(सं०)* अनादर; ज्ञान; बाधा, रुकावट।
**अवग्राह** पु० *(सं०)* बाधा; विच्छेद, पार्थक्य; अभिशाप।
**अवघट** वि० दुर्गम, विकट।
**अवघर्षण** पु० *(सं०)* साफ करना; रगड़ना; पीसना।
**अवघात** पु० *(सं०)* बुरी तरह मारना; आघात करना।
**अवघूर्णन** पु० *(सं०)* लुढ़कना; बवण्डर; चक्कर देना।
**अवघोटित** वि० *(सं०)* सब ओर से ढका हुआ।
**अवघोषक** पु० *(सं०)* अफवाहें फैलाने वाला।
**अवचट** पु० कठिनाई। स्त्री० औचट। क्रि०वि० अचानक।
**अवचूर्णित** वि० *(सं०)* पीसा हुआ, चूर्ण किया हुआ; सरल कर के समझाया गया।
**अवचूलक** पु० *(सं०)* मोर के पंख का बना चँवर, सुरा गाय की पूँछ का बना हुआ चँवर।
**अवचेतन** वि० *(सं०)* अचेतन, जिसमें चेतना न हो।
**अवचेतना** स्त्री० *(सं०)* अन्तःसंज्ञा।
**अवच्छद** पु० *(सं०)* ढक्कन, आवरण।
**अवच्छिन्न** वि० *(सं०)* सीमित; अलगाया हुआ।
**अवच्छुरित** वि० *(सं०)* मिश्रित। पु० अट्टहास।
**अवच्छेद** पु० *(सं०)* अलगाव; अन्वेषण; विभाग।
**अवजय** स्त्री० *(सं०)* हार, पराजय।
**अवजित** वि० *(सं०)* विजित; पराजित, तिरस्कृत।
**अवज्ञा** सत्री० *(सं०)* उपेक्षा, किसी आज्ञा या कानून को न मानना; अपमान; अनादर।
**अवज्ञात** वि० *(सं०)* जिसकी अवज्ञा की गयी हो।
**अवज्ञान** पु० *(सं०)* तिरस्कार, अवज्ञा।
**अवट** पु० *(सं०)* जादूगर; गड्ढा; काँख का गड्ढा।
**अवटना** स० क्रि० औटाना, उबालना।
**अवटु** पु० *(सं०)* कुआँ; गड्ढा; गले का पिछला भाग
**अवडंग** पु० *(सं०)* हाट, बाजार।
**अवडेर** † पु० बखेड़ा, झंझट।
**अवडेरना***स० क्रि० परेशान करना, झंझट में डालना।
**अवडेरा** वि० चक्करदार, झंझटवाला; भद्दा।
**अवतंस** पु० *(सं०)* आभूषण; हार; माला; कर्णफूल,; मुकुट।
**अवतंसक** पु० *(सं०)* बाली; आभूषण; कर्णफूल।
**अवतत** वि० *(सं०)* फैलाया हुआ, बिखेरा हुआ।
**अवतमस** पु० *(सं०)* अन्धकार; अस्पष्टता।
**अवतरण** पु० *(सं०)* देवताओं का पार्थिव रूप में प्रकट होना; नीचे आना; उतरना; पार होना।
**अवतरणिका** स्त्री० *(सं०)* प्रस्तावना, प्रारम्भिक कथन।
**अवतरणी** स्त्री० *(सं०)* परिपाटी; प्रस्तावना।
**अवतरना*** अ० क्रि० प्रकट होना; अवतार लेना।
**अवतरित** वि० अनूदित; पार पहुँचा हुआ; स्नात; उद्धृत; अवतार के रूप में उत्पन्न; उतरा हुआ।
**अवतल** वि० *(सं०)* बीच में दबा हुआ, नतोदर।
**अवतलन** पु० *(सं०)* तल के नीचे जाना।
**अवताडन** पु० *(सं०)* चोट देना, कुचलना, रौंदना।
**अवतान** पु० *(सं०)* चँदोवा; फैलाना; पौधे का फैलना।
**अवतार** पु० *(सं०)* किसी विषय को लक्ष्य बनाना; विशिष्ट व्यक्ति; नीचे आना।
**अवतारना*** स० क्रि० पैदा करना; जन्म देना।
**अवतीर्ण** वि० *(सं०)* नीचे आया हुआ; उतरा हुआ; अवतार के रूप में उत्पन्न; पार गया हुआ।
**अवदरण** पु० *(सं०)* फाड़ना; अलग करना; फोड़ना।
**अपदशा** स्त्री० *(सं०)* बहुत गिरी हुई दशा, हालत।
**अवदाघ** पु० *(सं०)* ग्रीष्म ऋतु; ताप; जलन।
**अवदात** वि० *(सं०)* सुन्दर; उज्ज्वल; पीला; निर्मल।
**अवदान** पु० *(सं०)* विभाजन; पराक्रम; उल्लंघन; देना।
**अवदान्य** वि० *(सं०)* कंजूस; पराक्रमी।
**अवदारण** पु० *(सं०)* विभाजन करना; चीरना; खोदना।
**अवदारित** वि० अवदीर्ण।
**अवदाह** पु० *(सं०)* ताप; जलाना।
**अवदीर्ण** वि० *(सं०)* पिघला हुआ; विभक्त, खण्डित।
**अवदोह** पु० *(सं०)* दुहना; दूध।
**अवद्य** पु० *(सं०)* पाप; लज्जा; निन्दा; अपराध; दोष। वि० त्याज्य; अधम; दोषी; पापी।
**अवधर्मी** पु० *(सं०)* नीच धर्म का अनुयायी।
**अवधान** पु० *(सं०)* चौकन्नापन; ध्यान; किसी विषय में मन की एकाग्रता।
**अवधार** पु० *(सं०)* सीमा; निश्चय; इयत्ता।
**अवधारण** पु० *(सं०)* शब्दार्थ की सीमा बाँधना; हद

बाँधना; निश्चय करना।
**अवधारणा** स्त्री० *(सं०)* सुविचारित धारणा; विचार।
**अवधारणीय** वि० *(सं०)* निरूपण करने योग्य।
**अवधारना*** स० क्रि० ग्रहण करना, धारण करना।
**अवधारित** वि० *(सं०)* सुज्ञात; निश्चित।
**अवधाव** पु० *(सं०)* चट्टान या बर्फ आदि का समूह।
**अवधावन** पु० *(सं०)* साफ करना; पकड़ना।
**अवधि** स्त्री० *(सं०)* मियाद, नियतकाल; समय सीमा।
**अवधिमान*** पु० समुद्र।
**अवधू*** पु० अवधूत, संन्यासी।
**अवधूक** वि० *(सं०)* पत्नीरहित।
**अवधूत** पु० *(सं०)* साधुओं का एक भेद; संन्यासी।
**अवधूपित** वि० *(सं०)* सुवासित।
**अवधूलन** पु० *(सं०)* घाव पर दवा का चूर्ण भुरकना।
**अवधेश** पु० *(सं०)* दशरथ; अवधनरेश।
**अवध्वंस** पु० *(सं०)* परित्याग; अनादर; चूर्ण; निन्दा।
**अवध्वस्त** वि० *(सं०)* निन्दित; विनष्ट; तिरस्कृत; चूर्णित; परित्यक्त; छिड़का हुआ; छितराया हुआ।
**अवन** पु० *(सं०)* प्रसन्नता, प्रीति; इच्छा; जल्दबाजी।
**अवनत** वि० *(सं०)* झुका हुआ; गिरा हुआ।
**अवनतावस्था** स्त्री० *(सं०)* गिरावट।
**अवनति** स्त्री० *(सं०)* अस्त होना, डूबना; अधःपतन; झुकाव; विनम्रता; दण्डवत; गिराव, उतार।
**अवनद्ध** वि० *(सं०)* ढका हुआ; निर्मित; बँधा हुआ।
**अवनमन** पु० *(सं०)* पाँव पड़ना; झुकना।
**अवनयन** पु० *(सं०)* नीचे गिराना, नीचे लाना।
**अवना*** अ० क्रि० आना।
**अवनि, अवनी** स्त्री० *(सं०)* पृथ्वी; उँगली।
**अवनीन्द्र** पु० *(सं०)* राजा।
**अवनीश, अवनीश्वर** पु० *(सं०)* राजा।
**अवपात** पु० *(सं०)* गर्त; हाथी फँसाने का गड्ढा।
**अवपातन** पु० *(सं०)* नीचे फेंकना; गिराना।
**अवपाद** पु० *(सं०)* नीचे गिरना, फेंकना।
**अवपीड़न** पु० *(सं०)* यातना देना; पीड़ा देना।
**अवप्रेरण** पु० *(सं०)* *(एबेटमेण्ट)* किसी को अपराध करने के लिए सहायता देना या प्रोत्साहित करना।
**अवबोध** पु० *(सं०)* विवेक; ज्ञान, बोध; जागना।
**अवबोधक** वि० *(सं०)* ज्ञापक। पु० जगाने वाला।
**अवबोधन** पु० *(सं०)* जताना; बताना; ज्ञान।
**अवभंग** पु० *(सं०)* पराजित करना; नीचा दिखाना।
**अवभास** पु० *(सं०)* दिखायी देना; मिथ्या ज्ञान; चमक।
**अवभासक** वि० *(सं०)* प्रकाशक; प्रकाशमय।
**अवभासित** वि० *(सं०)* प्रकट; प्रकाशित; प्रतीत।
**अवमन्ता (तृ)** वि० *(सं०)* निरादर करनेवाला।
**अवम** वि० *(सं०)* अधम, नीच; पापी; घटता हुआ।
**अवमत** वि० *(सं०)* तिरस्कृत; अपमानित।
**अवमति** पु० *(सं०)* स्वामी। स्त्री० तिरस्कार; अवज्ञा।
**अवमर्द** पु० *(सं०)* वध; उत्पीड़न; रौंदना।
**अवमर्दन** पु० *(सं०)* उत्पीड़न; कुचलना; मालिश करना।
**अवमर्दित** वि० *(सं०)* नष्ट किया हुआ; रौंदा हुआ।
**अवमर्ष** पु० *(सं०)* आक्रमण; आलोचना।
**अवमर्षण** पु० *(सं०)* मिटाना, हटाना; असहिष्णुता।
**अवमान** पु० *(सं०)* अवहेलना; तिरस्कार; अवज्ञा।
**अवमानन** पु०, **अवमानना** स्त्री० *(सं०)* अपमान करना; तिरस्करण।
**अवमानित** वि० *(सं०)* तिरस्कृत; अपमानित।
**अवमान्य** वि० *(सं०)* तिरस्कार के योग्य।
**अवमूल्यन** पु० *(सं०)* *(डिवेलुएशन)* मुद्रा का सापेक्ष मूल्य या विनिमय मूल्य गिरा देना।
**अवमृदा** स्त्री० *(सं०)* खराब मिट्टी।
**अवमोचन** पु० *(सं०)* ढीला करना; मुक्त करना।
**अवयव** पु० *(सं०)* शरीर या शरीर का कोई भाग, अंग; वस्तु का अंश।
**अवर** *वि० और, दूसरा; बलहीन। *(सं०)* जो श्रेष्ठ न हो; कनिष्ठ, छोटा; नीचा; हीन; पीछे होनेवाला।
**अवरज** पु० *(सं०)* छोटा भाई; शूद्र।
**अवरत** वि० *(सं०)* रुका हुआ; विरामयुक्त; निवृत्त।
**अवरति** स्त्री० *(सं०)* निवृत्ति; विश्राम, ठहराव।
**अवरागार** पु० *(लोअर हाउस)* अवर सदन; विधान मण्डल या संसद का निम्न सदन– लोकसभा, विधानसभा, कामंस सभा, प्रतिनिधि सभा आदि।
**अवराधक*** वि० आराधना करने वाला।
**अवराधन*** पु० आराधन; पूजा-अर्चन।
**अवराधना*** स० क्रि० आराधना करना; सेवा करना।
**अवरावपतन** पु० *(सं०)* गर्भपात।
**अवरुद्ध** वि० *(सं०)* रुका या रोका हुआ; घिरा हुआ।

**अवरुद्धा** स्त्री० *(सं०)* रखेली।
**अवरूढ़** वि० *(सं०)* उखाड़ा हुआ।
**अवरेखना*** स० क्रि० देखना; सोचना; तस्वीर खींचना।
**अवरेब** पु० वक्रगति; कपड़े की तिरछी काट; फन्दा।
**अवरोध** पु० *(सं०)* आवरण, ढक्कन; नुकसान; घेरा; रोक; नीचे जाना; अन्तःपुर; महल।
**अवरोधक** वि० *(सं०)* रोकने वाला, घेरा डालने वाला; बाधक।
**अवरोधन** पु० *(सं०)* बाधा; घेरा, रोक।
**अवरोधिक** पु० *(सं०)* अन्तःपुर का प्रहरी।
**अवरोप, अवरोपण** पु० *(सं०)* नीचे उतारना; उन्मूलन।
**अवरोह** पु० *(सं०)* चढ़ना; पौधे या बेल की बाढ़; अवतरण; उतार।
**अवरोहण** पु० *(सं०)* नीचे आने की क्रिया, उतरना; ऊपर जाना, चढ़ना।
**अवरोहना*** स० क्रि० रोकना; अंकित करना।
**अवरोहित** वि० *(सं०)* हीन; नीचे गिरा हुआ।
**अवरोही (हिन्)** पु० *(सं०)* ऊपर से नीचे आने वाला स्वर; वटवृक्ष।
**अवर्ण** वि० *(सं०)* वर्णहीन; बिना रंग का, कुरूप; वर्णधर्म हीन।
**अवर्णनीय** वि० *(सं०)* जिसका वर्णन न हो सके।
**अवर्त** पु० *(सं०)* चक्कर; पानी का भँवर।
**अवर्तमान** वि० *(सं०)* जो मौजूद न हो, अनुपस्थित।
**अवर्धमान** वि० *(सं०)* न बढ़नेवाला।
**अवर्ष, अवर्षण** पु० *(सं०)* सूखा, वर्षा का न होना।
**अवलंघना*** स० क्रि० लाँघना।
**अवलम्ब** पु० *(सं०)* परिशिष्ट; आश्रय, सहारा; लकुट।
**अवलम्बन** पु० *(सं०)* अवलम्ब; छड़ी; अनुसरण।
**अवलम्बित** वि० *(सं०)* लटकाया हुआ; आश्रित।
**अवलम्बी (बिन्)** वि० *(सं०)* आश्रय लेने वाला।
**अवलिप्त** वि० (सं०) घमण्डी; लगाव रखने वाला।
**अवली** स्त्री० समूह; पाँत, पंक्ति।
**अवली-सवली*** वि० सजी-धजी।
**अवलीक** वि० दोषरहित; पापरहित, निष्पाप।
**अवलीढ** वि० *(सं०)* खाया हुआ; चाटा हुआ।
**अवलीला** स्त्री० *(सं०)* तिरस्कार; अनादर; क्रीड़ा।
**अवलुंचन** पु० *(सं०)* उखाड़ना; हटाना; काटना।
**अवलुण्ठन** पु० *(सं०)* लूटना; लोटना।
**अवलुण्ठित** वि० *(सं०)* भूमि पर लोटा हुआ; लूटा हुआ।
**अवलुम्पन** पु० *(सं०)* (किसी चीज पर) झपट्टा मारना।
**अवलेख** पु० *(सं०)* खुरचना; खुरची हुई चीज।
**अवलेखन** पु० *(सं०)* बाल झाड़ना; लकीर खींचना।
**अवलेखना***स० क्रि० चिह्न करना; खुरचना।
**अवलेखनी** स्त्री० *(सं०)* ब्रश; कंघी।
**अवलेखा** स्त्री० *(सं०)* सजाना; चित्रकारी; रगड़ना।
**अवलेप** पु० *(सं०)* गाढ़ा द्रव पदार्थ; लेप, उबटन, चन्दन आदि; आक्रमण; आभूषण; लगाव; घमण्ड।
**अवलेपन** पु० *(सं०)* लेपने की क्रिया; लगाव; घमण्ड।
**अवलेह** पु० *(सं०)* चाटकर खायी जाने वाली दवा; चटनी।
**अवलेहन** पु० *(सं०)* चाटना; चटनी।
**अवलोक, अवलोकन** पु० *(सं०)* दृष्टिपात; दृष्टि; ध्यानपूर्वक देखना; अनुसन्धान; देखना; निरीक्षण।
**अवलोकनि*** स्त्री० दृष्टि; चितवन; देखने का ढंग।
**अवलोकना*** स० क्रि० देखना।
**अवलोकनीय** वि० *(सं०)* दर्शनीय; देखने योग्य।
**अवलोकित** वि० *(सं०)* देखा हुआ। पु० चितवन।
**अवलोक्य** वि० *(सं०)* देखने योग्य।
**अवलोचना*** स० क्रि० दूर करना; निवारण करना।
**अवलोप** पु० *(सं०)* दाँत काटना; नष्ट करना; चूमना।
**अवलोभन** पु० *(सं०)* विषय वासना।
**अवलोम** वि० *(सं०)* अनुकूल (व्यक्ति); उपयुक्त।
**अववदिता** वि० *(सं०)* फैसला करने वाला।
**अववरक** पु० *(सं०)* खिड़की; छिद्र।
**अववाद** पु० *(सं०)* निन्दा; तिरस्कार; उपेक्षा; सहारा।
**अवश** वि० *(सं०)* निरंकुश; स्वाधीन; बे-बस, लाचार।
**अवशातन** पु० *(सं०)* मुर्झाना; नष्ट करना।
**अवशिष्ट** वि० *(सं०)* बाकी, फाजिल; बचा हुआ।
**अवशीर्ण** वि० *(सं०)* छिन्न-भिन्न; टूटा-फूटा।
**अवशेष** पु० *(सं०)* शेष, वह जो बाकी रहे; समाप्त।
**अवशोषण** पु० *(सं०)* अपने में समा लेना; सोखना।
**अवश्यम्भावी (विन्)** वि० *(सं०)* अटल, जिसका होना निश्चित हो।
**अवश्य** वि० *(सं०)* अनिवार्य। अव्य० निश्चय, जरूर।
**अवश्यमेव** अ० *(सं०)* यकीनन, निःसन्देह।

**अवश्यय** पु० *(सं०)* कुहरा; ओस; पाला।
**अवश्या** स्त्री० *(सं०)* स्वतन्त्र स्त्री; पाला; कुहरा।
**अवश्याय** पु० *(सं०)*पाला; ओस, हिमकण; अभिमान।
**अवष्टम्भ** पु० *(सं०)* घमण्ड; खम्भा; आश्रय; साहस।
**अवस** पु० *(सं०)* आहार; राजा; उपाहार; रक्षण। क्रि०वि० अवश्य।
**अवसथ** पु० *(सं०)* ग्राम; विद्यालय; घर; छात्रालय।
**अवसन** वि० *(सं०)* निर्वस्त्र, वस्त्रहीन।
**अवसन्न** वि० *(सं०)* अपना कार्य करने में अक्षम; उदास; नाशोन्मुख; सुस्त; समाप्त; हारा हुआ।
**अवसर** पु० *(सं०)* वत्सर; अवकाश; सुयोग; मौका।
**अवसर्ग** पु० *(सं०)* ढीला करना; शिथिलता; मुक्त करना; रोक न लगाना; दण्डादि में कमी; स्वतन्त्रता।
**अवसर्जन** पु० *(सं०)* मुक्त करना, छोड़ना।
**अवसर्प** पु० *(सं०)* जासूस, गूढ़ पुरुष; भेदिया।
**अवसाद** पु० *(सं०)* शिथिलता; उदासी; खेद; हार।
**अवसादन** पु० *(सं०)*पतन; उत्पीड़न; समाप्त करना।
**अवसादी (दिन्)** वि० *(सं०)* अवसाद-युक्त।
**अवसान** पु० *(सं०)* समाप्त करना; मृत्यु; अन्त; विराम।
**अवसाय** पु० *(सं०)* शेष; समाप्ति; नाश; संकल्प।
**अवसिक्त** वि० *(सं०)* सिंचित, सींचा हुआ।
**अवसित** पु० रहने का स्थान।
**अवसुप्त** वि० *(सं०)* सोया हुआ।
**अवसेचन** पु० *(सं०)* सींचने के काम में आने वाला पानी; छिड़कना; सींचना; पसीना निकलना।
**अवसेर*** स्त्री० देर; उलझन; क्लेश; चिन्ता; व्याकुलता।
**अवस्कन्द** पु० *(सं०)* सेना का युद्ध स्थल, शिविर।
**अवस्करक** पु० *(सं०)* कूड़ा, मलमूत्र उठाने वाला, मेहतर; गोबरौला; झाड़ू।
**अवस्तु** वि० *(सं०)* शून्य; तुच्छ, निकम्मा। स्त्री० बेकार की वस्तु; निकम्मी चीज।
**अवस्त्र** वि० *(सं०)* नग्न, वस्त्रहीन, बिना वस्त्र का।
**अवस्थ** पु० *(सं०)* पुरुषेन्द्रिय।
**अवस्था** स्त्री० *(सं०)* दशा; उम्र; शरीर की कालकृत अवस्थाएँ—लड़कपन, जवानी, बुढ़ापा आदि।
**अवस्थान** पु० *(सं०)*ठहरने या रहने की अवधि; रहने एवं ठहरने का स्थान; घर; ठहरना; रहना; मौका।
**अवस्थित** वि० *(सं०)* खड़ा; मौजूद; टिका हुआ।
**अवस्थिति** स्त्री० *(सं०)* विद्यमानता; अवस्थान।
**अवस्फीति** स्त्री० *(सं०)* *(डिप्रीसियेशन)* मुद्रा एवं मूल्यों में कमी।
**अवहरण** पु० *(सं०)* युद्धविराम; चुरा लेना।
**अवहार** पु० *(सं०)* चोर; जाति या धर्म का त्याग; लौटाना।
**अवहालिका** स्त्री० *(सं०)* दीवार, प्राचीर।
**अवहास** पु० *(सं०)*हँसी-मजाक, उपहास; मुस्कराहट।
**अवहित** पु० *(सं०)* तैयार, उद्यत, ध्यान लगाये हुए।
**अवहृत** वि० *(सं०)* चुराया हुआ; जिस पर जुर्माना किया गया हो; हरण किया हुआ।
**अवहेलन** पु० *(सं०)* उपेक्षा करना; अवज्ञा।
**अवहेलना, अवहेला** स्त्री० *(सं०)* उपेक्षा; अनादर, अवज्ञा; तिरस्कार।
**अवहेलित** वि० *(सं०)* तिरस्कृत; अवज्ञात।
**अवाँ** पु० कुम्हार का वर्तन पकाने का गड्ढा।
**अवांगना*** स० क्रि० नीचे की ओर झुकना।
**अवांछनीय** वि० *(सं०)* जिसकी चाहना न की जाये।
**अवांछित** वि० *(सं०)* जिसकी इच्छा न की गयी हो।
**अवाई** स्त्री० गहरी जुताई; आगमन।
**अवाक् (च्)** वि० *(सं०)* चुप, मौन; चकित, स्तब्ध।
**अवाक्ष** पु० *(सं०)* देख-भाल करने वाला; रक्षक।
**अवाङ्** 'अवाच्' का समासगत रूप।
**अवाचीन** वि० *(सं०)* अधोमुख; अधोगत; दक्षिणी।
**अवादी** वि० *(सं०)*अविरोधी; अवक्ता।
**अवान्तर** वि० *(सं०)* प्रसंग के मध्य का।
**अवान** वि० *(सं०)* (फलादि) शुष्क, सूखा हुआ।
**अवापित** वि० *(सं०)* रोपा हुआ, बोया हुआ नहीं।
**अवाप्त** वि० *(सं०)* मिला हुआ, प्राप्त।
**अवाप्ति** स्त्री० *(सं०)* प्राप्ति।
**अवाम** पु० *(अ०)* आम-लोग, जनता; दक्षिण; दाहिना।
**अवाय*** वि० उद्धत, निरंकुश; अनिवार्य।
**अवारण** वि० *(सं०)* बिना निषेध का।
**अवारना*** स० क्रि० वारण करना, रोकना।
**अवारा†** वि० इधर-उधर घूमने वाला, आवारा।
**अवारिका** स्त्री० *(सं०)* धनिया।
**अवास्तव** वि० *(सं०)* झूठ, मिथ्या; निराधार।
**अवास्तविक** वि० *(सं०)* मिथ्या, झूठ; यथार्थहीन।

**अवि** स्त्री० *(सं०)* भेड़; लज्जा।
**अविक** पु० *(सं०)* हीरा; मेष।
**अविकच** वि० अनखिला।
**अविकट** वि० *(सं०)* शान्त, चिन्ताहीन।
**अविकल्प** वि० *(सं०)* असन्दिग्ध।
**अविकसित** वि० *(सं०)* जो खिला न हो।
**अविका, अविता** स्त्री० *(सं०)* भेड़।
**अविकार** वि० *(सं०)* विकार-रहित, एक रूप।
**अविकारी** वि० *(सं०)* जिसमें विकार न हुआ हो।
**अविक्रान्त** वि० *(सं०)* कमजोर, शक्तिहीन।
**अविक्षत** वि० *(सं०)* जिसकी हानि या क्षति न हुई हो।
**अविक्षिप्त** वि० *(सं०)* एकाग्रचित्त।
**अविगत** वि० *(सं०)* जो बीता न हो, मौजूद।
**अविगीत** वि० *(सं०)* अनिन्दित।
**अविग्रह** वि० *(सं०)* देहरहित, निराकार; अज्ञात।
**अविचल** वि० *(सं०)* स्थिर, अचल।
**अविचलित** वि० *(सं०)* जो अटल हो।
**अविचार** पु० *(सं०)* अज्ञान; अन्याय। वि० अविवेकी।
**अविचारित** वि० *(सं०)* बिना सोचे-समझे किया हुआ।
**अविचारी (रिन्)** वि० *(सं०)* विवेकहीन।
**अविचलित** वि० *(सं०)* विजयी; अटल, स्थिर।
**अविच्छिन्न** वि० *(सं०)* अटूट, अविभक्त, अखण्ड।
**अविछीन*** वि० अविच्छिन्न, अटूट।
**अविजित** वि० *(सं०)* जो जीता न गया हो, अजेय।
**अविज्ञ** वि० *(सं०)* अजान, अनजान, अनाड़ी।
**अवित्त** वि० *(सं०)* अप्रसिद्ध; धनहीन, निर्धन; अज्ञात।
**अवित्ति** स्त्री० *(सं०)* अप्राप्ति; निर्धनता; बुद्धिहीनता। वि० जिसे कुछ प्राप्त न हुआ हो; मूर्ख।
**अवित्यज** पु० *(सं०)* पारा।
**अविद** वि० *(सं०)* अनजान।
**अविदग्ध** वि० *(सं०)* जो पूर्ण रूप से न जला हो; अधकचरा; मूर्ख, अपण्डित।
**अविदित** वि० *(सं०)* जो जानकारी में न हो, अज्ञात।
**अविद्ध** वि० *(सं०)* जो बिद्ध न हो, अनविधा।
**अविद्य** वि० *(सं०)* अपढ़, मूर्ख, विद्याहीन; *जो समाप्त हो गया हो, नष्ट, लुप्त।
**अविद्यमान** वि० *(सं०)* अनुपस्थित, जो मौजूद न हो।
**अविद्या** स्त्री० *(सं०)* ज्ञान का अभाव; अज्ञान; भ्रान्ति।
**अविद्वान्** पु० मूर्ख।
**अविधान** पु० *(सं०)* नियम-कानून का अभाव।
**अविधि** वि० *(सं०)* विधिविरुद्ध, अवैध।
**अविधिक** वि० *(सं०)* अवैध; निषिद्ध।
**अविधेय** वि० *(सं०)* जो विधिसम्मत न हो।
**अविनय** स्त्री० *(सं०)* उजड्डपन; अशिष्टता; विनय या नम्रता का अभाव; अपराध।
**अविनाशी, अविनासी** वि० *(सं०)* अक्षय, नित्य, नाशरहित। पु० शिव; ईश्वर।
**अविनिमेय** वि० *(सं०)* जो बदला न जा सके।
**अविनीत** वि० *(सं०)* गुस्ताख; उजड्ड; घमण्डी; विनयहीन, अनम्र, अशिष्ट।
**अविनीता** स्त्री० *(सं०)* व्यभिचारिणी, कुलटा।
**अविपक्व** वि० *(सं०)* अधकचा, पका नहीं।
**अविपद्** स्त्री० *(सं०)* विपत्ति रहित, दुःखाभाव; समृद्धि।
**अविपर्यय** पु० *(सं०)* विकार रहित।
**अविबुध** वि० *(सं०)* मूर्ख, बुद्धिहीन।
**अविभक्त** वि० *(सं०)* पूर्ण; समूचा; जो बाँटा न जा सके, अविभाजित, अखण्ड; एक।
**अविभाज्य** वि० *(सं०)* अविभक्त, जो बाँटा न जा सके।
**अविभावन** पु० *(सं०)* पहचान का अभाव; लोप।
**अविभिन्न** वि० *(सं०)* जो अलग न हो, घनिष्ठ।
**अविमान** पु० *(सं०)* आदर-सत्कार; अपमान नहीं।
**अवियुक्त** वि० *(सं०)* संयुक्त, मिला हुआ; अविभक्त।
**अवियोग** वि० *(सं०)* मिला हुआ; सम्बद्ध।
**अविरत** वि० *(सं०)* अनिवृत्त, निरन्तर चलते रहना, विरामहीन; परित्यक्त।
**अविरति** स्त्री० *(सं०)* आसक्ति, विराम का अभाव।
**अविरथा*** अ० बेकार; नाहक।
**अविरल** वि० *(सं०)* अविरत; घना; मिला हुआ।
**अविराम** वि० *(सं०)* निरन्तर।
**अविरुद्ध** वि० *(सं०)* अनुकूल; अप्रतिकूल।
**अविरेचन** पु० *(सं०)* कब्ज करने वाली चीज।
**अविलम्ब** वि० *(सं०)* विलम्बरहित। अ० तुरत।
**अविलम्बित** वि० *(सं०)* जिसमें देर न की गयी हो।
**अविला** स्त्री० *(सं०)* भेड़।
**अविलोकना*** स० क्रि० अवलोकना।
**अविवर** वि० *(सं०)* छिद्रहीन, सघन।
**अविवाद** पु० *(सं०)* सहमति। वि० विवादरहित।

**अविवाहित** वि० *(सं०)* कुँआरा, बिन-ब्याहा।
**अविवाहिता** वि० *(सं०)* कुँआरी लड़की।
**अविवेक** पु० *(सं०)* भला-बुरा समझने की शक्ति का अभाव; अविचार; नासमझी।
**अविवेकी** वि० *(सं०)* जिसमें विवेक न हो, विवेकरहित।
**अविशुद्ध** वि० *(सं०)* अपवित्र; जो शुद्ध न हो।
**अविशेष** पु० *(सं०)* एकता; सूक्ष्मभूत। वि० समान, तुल्य।
**अविस्तर** वि० *(सं०)* संकुचित, न फैला हुआ।
**अविस्तार** पु० *(सं०)* विस्तारहीन।
**अविस्तृत** वि० *(सं०)* मिला हुआ, संलग्न, जो लम्बा-चौड़ा न हो।
**अविश्रान्त** वि० *(सं०)* लगातार, अविराम; न थकने वाला।
**अविश्वसनीय** वि० *(सं०)* जिस पर विश्वास न किया जा सके; जो विश्वास के योग्य न हो।
**अविश्वस्त** वि० *(सं०)* जिसका विश्वास न हो, अविश्वसनीय व्यक्ति, सन्दिग्ध।
**अविश्वास** पु० *(सं०)* विश्वास का न होना, एतबार न होना, बे-एतबारी; सन्देह, शंका।
**अविश्वासी** वि० *(सं०)* विश्वास न करने वाला।
**अविस्तृत** वि० *(सं०)* अविरल, ठसा हुआ, घना।
**अविहड़*** वि० बीहड़; अविनाशी।
**अविहित** वि० *(सं०)* निषिद्ध; शास्त्रविरुद्ध; अनुचित।
**अविह्वल** वि० *(सं०)* अव्याकुल।
**अवृत** वि० *(सं०)* अपराभूत; अरक्षित।
**अवृत्ताकार** वि० *(सं०)* जो वृत्ताकार न हो।
**अवृत्ति** वि० *(सं०)* जीविकारहित; अस्तित्वहीन।
**अवृथा** अ० *(सं०)* सफलतापूर्वक; व्यर्थ नहीं।
**अवृद्धिक** पु० *(सं०)* मूल धन। वि० बिना सूद का।
**अवृष्टि** स्त्री० *(सं०)* सूखा, अवर्षण।
**अवेज** पु० प्रतीकार, बदला।
**अवेस** पु० आवेश।
**अवैदिक** वि० *(सं०)* अवेदोक्त; वेदविरुद्ध।
**अवैद्य** वि० *(सं०)* जो विद्वान् नहीं है।
**अवैतनिक** वि० *(सं०)* बिना वेतन का।
**अवैध** वि० *(सं०)* विधानविरुद्ध; अविहित; विधिविरुद्ध।
**अवैधानिक** वि० *(सं०)* जो संविधान के नियमों के अनुरूप न हो या उसके विरुद्ध हो।
**अवोक्षण** पु० *(सं०)* हाथ तिरछा करके जल छिड़कना।
**अवोद** पु० *(सं०)* गीला करना।
**अव्यंग** वि० *(सं०)* सरल, जो टेढ़ा-मेढ़ा न हो, सीधा।
**अव्यंजन** वि० *(सं०)* चिह्नरहित; अस्पष्ट; सुलक्षणरहित।
**अव्यक्त** वि० *(सं०)* अज्ञात; अदृश्य, अप्रकट; अज्ञेय; अनुच्चार्य।
**अव्यग्र** वि० *(सं०)* जो व्यग्र न हो, शान्त, धीर।
**अव्यथ** वि० *(सं०)* व्यथारहित; दयालु। पु० साँप।
**अव्यथिष** पु० *(सं०)* सागर, समुद्र; सूर्य।
**अव्यभिचार** पु० *(सं०)* वफादारी; नित्य साहचर्य।
**अव्यभिचारी** वि० *(सं०)* अपवादरहित; नित्य; सदाचारी।
**अव्यय** वि० *(सं०)* नित्य; अविकारी; अक्षय; कंजूस।
**अव्ययीभाव** पु० *(सं०)* व्याकरण में समास का भेद विशेष जिसका पहला पद अव्यय होता है।
**अव्यर्थ** वि० *(सं०)* अचूक; व्यर्थ न होने वाला।
**अव्यलीक** वि० *(सं०)* सत्य, झूठ नहीं; प्रिय, चहेता।
**अव्यवसायी (यिन्)** वि० *(सं०)* उद्यमहीन; शौकिया।
**अव्यवस्था** स्त्री० *(सं०)* शास्त्रविरुद्ध व्यवस्था; नियम का अभाव, व्यवस्था का अभाव।
**अव्यवस्थित** वि० *(सं०)* व्यवस्थाहीन; अस्थिर।
**अव्यवहार्य** वि० *(सं०)* जो काम में न लाया जा सके, व्यवहार के अयोग्य; जो व्यवहार के योग्य न हो।
**अव्यवहित** वि० *(सं०)* निर्विघ्न; लगा हुआ; प्रकट।
**अव्यवहृत** वि० *(सं०)* जो व्यवहार में न लाया गया हो।
**अव्यसन** वि० *(सं०)* व्यसनहीन।
**अव्याकृत** वि० *(सं०)* जो प्रकट न हुआ हो; अव्यक्त। पु० जगत् का कारणरूप अज्ञान; मूल प्रकृति।
**अव्याख्यात** वि० *(सं०)* जिसका स्पष्टीकरण न किया गया हो जिसकी व्याख्या न की गयी हो।
**अव्याघात** वि० *(सं०)* लगातार या निरन्तर होनेवाला।
**अव्याज** पु० *(सं०)* छल का अभाव।
**अव्यापन्न** वि० *(सं०)* जीवित; जो मरा न हो।
**अव्यापारिक** वि० *(सं०)* जो व्यापार के योग्य न हो।
**अव्यापारी** पु० *(सं०)* जो उद्यमी या व्यापारी न हो।
**अव्यापी** वि० *(सं०)* जो सर्वव्यापी न हो, सीमित।
**अव्याप्त** वि० *(सं०)* जो सर्वत्र व्याप्त न हो; परिच्छिन्न।
**अव्याप्ति** स्त्री० *(सं०)* लक्षण का लक्ष्य पर घटित न होना; अधूरी व्याप्ति; व्याप्त न होने की स्थिति।

**अव्याहत** वि० *(सं०)* बाधा रहित; अखण्डित।
**अव्युच्छिन्न** वि० *(सं०)* बाधारहित; अव्याहत; अटूट।
**अव्युत्पन्न** वि० *(सं०)* अनुभवहीन, अकुशल; कारण न जानने वाला।
**अव्रत्य** पु० *(सं०)* धार्मिक कर्तव्य का उल्लंघन।
**अव्वल** वि० *(सं०)* सर्वश्रेष्ठ; पहला, प्रथम।
**अव्वलन्** अ० *(अ०)* प्रथमतः।
**अशंक, अशंकित** वि० *(सं०)* निर्भय; शंकारहित।
**अशकुन** पु० *(सं०)* अशुभ लक्षण, असगुन।
**अशक्त** वि० *(सं०)* अयोग्य; शक्तिहीन, कमजोर।
**अशक्ति** स्त्री० *(सं०)* असामर्थ्य; निर्बलता।
**अशत्रु** वि० *(सं०)* शत्रुरहित; जो शत्रु न हो।
**अशन** पु० *(सं०)* भोज्य-पदार्थ; भक्षण; भोजन।
**अशना** स्त्री० *(सं०)* भोजनेच्छा।
**अशनाया** स्त्री० *(सं०)* भूख, भोजन की इच्छा।
**अशनायित** वि० *(सं०)* भूखा।
**अशनीय** वि० *(सं०)* भोजनीय, भोजन करने योग्य।
**अशब्द** वि० *(सं०)* शब्दरहित; मूक।
**अशरण** वि० *(सं०)* असहाय, आश्रयहीन।
**अशरफ़** वि० *(फ़ा०)* उच्च, बहुत शरीफ; सरल।
**अशराफ़** पु० *(फ़ा०)* सज्जन व्यक्ति, प्रतिष्ठित व्यक्ति।
**अशरीर** वि० *(सं०)* निराकार; आकर रहित; शरीररहित।
**अशरीरी (रिन्)** वि० *(सं०)* अपार्थिव; जिसका कोई आकार न हो।
**अशर्फी** स्त्री० *(फ़ा०)* मुहर, सोने का सिक्का, अशरफी।
**अशर्म (न्)** पु० *(सं०)* शोक; कष्ट, दुःख।
**अशान्त** वि० *(सं०)* बेचैन, उद्विग्न; शान्तिरहित।
**अशान्ति** स्त्री० *(सं०)* क्षोभ, खलबली; बेचैनी।
**अशाअत** स्त्री० *(अ०)* प्रचार, प्रकाशन।
**अशाम्य** वि० *(सं०)* जो शान्त न किया जा सके; जिसका शमन न किया जा सके।
**अशालीन** वि० *(सं०)* ढीठ, विनयहीन।
**अशासन** पु० *(सं०)* अव्यवस्था; अराजकता।
**अशास्त्रीय** वि० *(सं०)* अविहित, शास्त्रविरुद्ध।
**अशिक्षित** वि० *(सं०)* मूर्ख; अपढ़, गँवार।
**अशित** वि० *(सं०)* खाया हुआ।
**अशित्र** पु० *(सं०)* चोर।
**अशिथिल** वि० *(सं०)* चुस्त, जो ढीला न हो।
**अशिष्ट** वि० *(सं०)* असभ्य; अविनम्र; अधार्मिक।
**अशिष्टता** स्त्री० *(सं०)* असभ्यता, अशिष्ट-व्यवहार।
**अशीत** वि० *(सं०)* गर्म, ठण्ढा नहीं।
**अशीति** स्त्री० *(सं०)* अस्सी की संख्या, 80।
**अशील** वि० *(सं०)* अशिष्ट, उद्दण्ड; शीलरहित।
**अशुद्ध** वि० *(सं०)* गलत; अशोधित; नापाक, अपवित्र।
**अशुद्धि** स्त्री० *(सं०)* अशुद्धता; गन्दगी; गलती।
**अशुन*** पु० अश्विनी-नक्षत्र।
**अशुभ** वि० *(सं०)* अनिष्टसूचक; अमंगलकारी।
**अशुभ्र** पु० *(सं०)* काला।
**अशुष्क** वि० *(सं०)* हरा; गीला।
**अशुश्रूषा** स्त्री० *(सं०)* अभिभावक की आज्ञा में न रहने का अपराध।
**अशून्य** वि० *(सं०)* पूरा किया हुआ, खाली नहीं।
**अशृंग** वि० *(सं०)* बिना सींग वाला।
**अशृत** वि० *(सं०)* कच्चा, अपक्व।
**अशेव** वि० *(सं०)* हर्षदायक, आनन्ददायक।
**अशेष** वि० *(सं०)* असंख्य; सबका सब; सम्पूर्ण।
**अशेषता** स्त्री० *(सं०)* समग्रता।
**अशोक** पु० *(सं०)* वृक्षविशेष। वि० शोकहीन।
**अशोच** पु० *(सं०)* चिन्ता का अभाव; नम्रता; शान्ति।
**अशोचनीय** वि० *(सं०)* जो चिन्ता करने योग्य न हो।
**अशोभन** वि० *(सं०)* न फबनेवाला; असुन्दर।
**अशोभनीय** वि० *(सं०)* अनुचित, अनुपयुक्त; जो देखने में सुन्दर न लगे।
**अशौच** पु० *(सं०)* अपवित्रता; जन्म-मरण के कारण कुटुम्बियों और सपिण्ड जनों को लगनेवाली छूत।
**अश्मन्त** पु० *(सं०)* मृत्यु; चूल्हा; खेत।
**अश्म** पु० पर्वत; पत्थर; अश्मा।
**अश्मन** वि० *(सं०)* पत्थर हो जाना।
**अश्मर** वि० *(सं०)* पत्थर-सम्बन्धी; पथरीला।
**अश्मरी** स्त्री० *(सं०)* पथरी नामक रोग।
**अश्मा (श्मन्)** पु० *(सं०)* बादल; पत्थर; पहाड़।
**अश्र** पु० *(सं०)* रक्त; आँसू।
**अश्रद्धा** स्त्री० *(सं०)* अविश्वास; श्रद्धा का अभाव।
**अश्रवण** वि० *(सं०)* बहरा; कर्णहीन।
**अश्रान्त** वि० *(सं०)* अथक; न थका हुआ।

**अश्रीक** वि० *(सं०)* भाग्यहीन; विवर्ण, श्रीहीन।
**अश्रु** पु० *(सं०)* आँसू।
**अश्रुत** वि० *(सं०)* अशिक्षित; न सुना हुआ; अवैदिक।
**अश्रुति** वि० *(सं०)* कर्णहीन। स्त्री० विस्मृति; न सुनना।
**अश्रेय** पु० *(सं०)* अकल्याण; बुराई; दुःख। वि० हीनतर; निकम्मा; अकल्याणकर।
**अश्लिष्ट** वि० *(सं०)* श्लेषरहित, जिसमें एक से अधिक अर्थ न निकलते हों; असंगत; असंयुक्त।
**अश्लील** वि० *(सं०)* घृणा, लज्जा या अमंगल की व्यंजना करने वाला; भद्दा; गँवारू; गन्दा।
**अश्लीलता** स्त्री० *(सं०)* रचना में अश्लील शब्दों का प्रयोग; गँवारूपन; भद्दापन।
**अश्वन्त** वि० *(सं०)* अशुभ; अभागा; असीम।
**अश्व** पु० *(सं०)* घोड़ा।
**अश्वक** पु० *(सं०)* घोड़ा; लावारिस घोड़ा।
**अश्वत्थाम** वि० *(सं०)* घोड़े की-सी शक्तिवाला।
**अश्वाजनी** स्त्री० *(सं०)* चाबुक।
**अश्वमेध** पु० *(सं०)* यज्ञ विशेष।
**अश्वशाला** स्त्री० *(सं०)* घुड़साल।
**अश्वारि** पु० *(सं०)* कनेर; भैंसा।
**अश्वारूढ़, अश्वारोही** वि० *(सं०)* जो घोड़े पर सवार हो।
**अश्वारोह** वि० *(सं०)* अश्व पर सवार। पु० घुड़सवार; घुड़सवारी।
**अश्वारोहण** पु० *(सं०)* घुड़सवारी।
**अश्वारोही** वि० *(सं०)* घोड़े का सवार।
**अष्ट(न्)** पु० *(सं०)* आठ की संख्या।
**अष्टक** पु० *(सं०)* आठ वस्तुओं का समूह, आठ पद्यों का समूह या योग; आठ ऋषियों का एक समूह।
**अष्टकोण** पु० *(सं०)* आठ कोने का यन्त्र।
**अष्टधातु** पु० *(सं०)* आठ धातुएँ—स्वर्ण, रजत, ताम्र, राँगा, जस्ता, सीसा, पारा, लौह।
**अष्टपदी** स्त्री० *(सं०)* आठ पदवाला गीत।
**अष्टपाद** पु० *(सं०)* टिड्डा, मकड़ी।
**अष्टम, अष्टमक** वि० *(सं०)* आठवाँ।
**अष्टमी** स्त्री० *(सं०)* शुक्ल या कृष्ण पक्ष की आठवीं तिथि।
**अष्टसिद्धि** स्त्री० *(सं०)* आठ सिद्धियाँ।
**अष्टांग** पु० *(सं०)* शरीर के वे आठ अंग जिनसे साष्टांग प्रणाम किया जाता है।
**अष्टादश** वि० *(सं०)* अठारह।
**अष्टाध्यायी** स्त्री० *(सं०)* पाणिनि कृत आठ अध्यायों का ग्रन्थ।
**अष्टि** स्त्री० *(सं०)* सोलह की संख्या; गिरी; बीज।
**असंक*** वि० अशंक, निडर।
**असंकुल** वि० *(सं०)* खुला हुआ; जहाँ भीड़ न हो।
**असंख्य, असंख्यक, असंख्यात** वि० *(सं०)* बे-हिसाब, अगणित, बे-शुमार।
**असंख्येय** वि० *(सं०)* बेशुमार, अगणित। पु० शिव; विष्णु; बहुत बड़ी संख्या।
**असंग** वि० *(सं०)* अनासक्ति; निर्लिप्त; बन्धनरहित; अनासक्त; अकेला; अबाधित।
**असंगति** स्त्री० *(सं०)* मेल का न होना, अनौचित्य।
**असंगम** पु० *(सं०)* अनासक्ति; असामंजस्य, पार्थक्य।
**असंगी (गिन्)** वि० *(सं०)* किसी से जिसका सम्बन्ध न हो, जो किसी के साथ न हो।
**असंचयी (यिन्)** वि० *(सं०)* संचय न करने वाला।
**असंज्ञ** वि० *(सं०)* संज्ञाहीन।
**असन्त** वि० खल, असाधु।
**असन्तुलन** पु० *(सं०)* महत्त्व में या भार में असमानता।
**असन्तुष्ट** पु० *(सं०)* अप्रसन्न; अतृप्त।
**असन्तुष्टि** स्त्री० *(सं०)* असन्तोष।
**असन्तोष** पु० *(सं०)* नाराजगी; अतृप्ति; लोभ; बेसब्री।
**असन्तोषी (षिन्)** वि० *(सं०)* बेसब्र; लोभी।
**असन्दिग्ध** वि० *(सं०)* निश्चित, पक्का; सन्देहरहित।
**असम्पर्क** पु० *(सं०)* सम्बन्ध या लगाव का न होना। वि० सम्पर्कहीन, सम्बन्धहीन।
**असम्पूर्ण** वि० *(सं०)* अपूर्ण, अधूरा।
**असम्बन्ध** वि० *(सं०)* सम्बन्धहीन; बेमेल।
**असम्बद्ध** वि० *(सं०)* सम्बन्धहीन; बे-मेल; बे-लगाव।
**असम्बाध** वि० *(सं०)* चौड़ा; सुनसान; खुला हुआ।
**असम्भव** वि० *(सं०)* न हो सकनेवाला, नामुमकिन।
**असम्भव्य, असम्भावी (विन्)** वि० *(सं०)* असम्भव, न हो सकने वाला।
**असम्भावनीय, असम्भाव्य** वि० *(सं०)* असम्भव, दुर्बोध।

**असम्भावित** वि० *(सं०)* असम्भव; जिसकी सम्भावना न रही हो।
**असम्भाव्य** वि० *(सं०)* जो घटित न हो सकता हो।
**असम्भ्रम** वि० *(सं०)* शान्त। पु० धीरता; शान्ति।
**असंयत** वि० *(सं०)* जिसके विचार संयत न हों; संयमरहित; बन्धनहीन; अनियन्त्रित।
**असंयम** पु० *(सं०)* मन, इन्द्रिय आदि को वश में न रखना; संयम का अभाव; विलासिता।
**असंयुक्त** वि० *(सं०)* अलग, जो जुड़ा न हो; विलग।
**असंयुत** वि० *(सं०)* अमिश्र, न मिलाया हुआ।
**असंयोग** पु० *(सं०)* सुयोग का अभाव, योग या मेल न होना। वि० जिसके साथ सम्पर्क निषिद्ध हो।
**असंलग्न** वि० *(सं०)* जो लगा या सटा न हो।
**असंवाहक** वि० *(नॉन कण्डक्टर)* वह वस्तु जिसमें से ताप, विद्युत आदि न आ जा सके जैसे रबड़, सूखी लकड़ी।
**असंश्लिष्ट** वि० *(सं०)* असंयुक्त। पु० शिव।
**असंसक्त** वि० *(सं०)* विभक्त; अनासक्त।
**असंसारी (रिन्)** वि० *(सं०)* जिसका संसार से कोई सम्बन्ध न हो, विरक्त।
**असंसारी** वि० *(सं०)* अलौकिक, जो लौकिक या सांसारिक न हो।
**असंस्कृत** वि० *(सं०)* अपरिमार्जित; असभ्य, अशिष्ट; संस्कारहीन; व्याकरण विरुद्ध।
**असंस्तुत** वि० *(सं०)* विचित्र; अज्ञात, अप्रसिद्ध।
**असंस्थान** पु० *(सं०)* अव्यवस्था; अच्छी स्थिति का न होना; अभाव; सम्बन्ध न होना।
**असंस्थिति** स्त्री० *(सं०)* क्रम या व्यवस्था का अभाव।
**अस*** सर्व० ऐसा, यह। वि० जैसा, ऐसा, समान, तुल्य; इस प्रकार का।
**असकताना** अ० क्रि० आलस्य अनुभव करना।
**असक्त** वि० *(सं०)* उदासीन; आसक्ति रहित।
**असकृत** अव्य० *(सं०)* बारम्बार।
**असगर** वि० *(अ)* बहुत छोटा।
**असगुन** पु० अपशकुन, अशुभ होना।
**असगुनिया**† पु० वह व्यक्ति जिसका मुँह देखना अशुभ मानते हैं।
**असगोत्र** वि० *(सं०)* भिन्नगोत्रीय, जो एक गोत्र का न हो।
**असज्जन** पु० *(सं०)* बुरा व्यक्ति, दुष्ट आदमी।
**असढ़िया**† वि० आषाढ़ मास का या आषाढ़ में होनेवाला।
**असती** वि० स्त्री० *(सं०)* चरित्रहीना, अपतिव्रता।
**असत्** वि० *(सं०)* झूठ; बुरा; जिसका अस्तित्त्व न हो।
**असत्कार** पु० *(सं०)* जिसका आदर या सत्कार न हो, अनादर, आवभगत न होना।
**असत्कृत** वि० *(सं०)* जिसका आदर न किया गया हो।
**असत्त्व** वि० *(सं०)* सत्त्वगुण रहित; अशक्त, निर्बल। पु० असाधुता।
**असत्य** पु० *(सं०)* झूठ बात। वि० मिथ्या, झूठ।
**असत्यता** स्त्री० *(सं०)* झुठाई।
**असदृश** वि० *(सं०)* अयोग्य, अनुचित; असमान।
**असनान*** पु० स्नान, नहाना।
**असन्नद्ध** वि० *(सं०)* जो युद्धार्थ हथियार आदि बाँधकर तैयार न हो; जो तैयार न हो; घमण्डी।
**असन्दिग्ध** वि० *(सं०)* सन्देह रहित।
**असन्नादी** वि० *(डिसोनेण्ट)* जिसमें ध्वनि साम्य न हो, भिन्न स्वरवाला।
**असफल** वि० *(सं०)* नाकामयाब, विफल।
**असफलता** स्त्री० *(सं०)* विफलता, सफल न होना।
**असबाब** पु० *(अ०)* आवश्यक सामग्री, चीज, वस्तु।
**असभई** वि० अशिष्टता।
**असभ्य** वि० *(सं०)* अशिष्ट; सभा के अयोग्य; गँवार, सामाजिक व्यवस्था में पिछड़ा हुआ; जंगली।
**असभ्यता** स्त्री० *(सं०)* गँवारपन; अशिष्टता।
**असमंजस** वि० *(सं०)* अस्पष्ट; अयुक्त, असंगत।
**असमन्त*** पु० चूल्हा।
**असम** वि० *(सं०)* अतुल्य, असमान।
**असमग्र** वि० *(सं०)* असकल, असम्पूर्ण।
**असमत** स्त्री० *(अ०)* पवित्रता, सतीत्व, इज्जत।
**असमय** पु० *(सं०)* समय का उलटा; अनुचित समय।
**असमयोचित** वि० *(इनएक्स्पीडिएण्ट)* जो स्थिति-विशेष या समय-विशेष को देखते हुए उचित न हो, अनुपयुक्त।
**असमर्थ** वि० *(सं०)* अपेक्षित शक्ति या योग्यता न रखने वाला; जो समर्थ न हो; अशक्त, दुर्बल।
**असमस्त** वि० *(सं०)* जो एकत्र न किया गया हो; जो

पूरा न हो, असमग्र; विस्तृत; असंक्षिप्त; आंशिक।
**असमान** वि० *(सं०)* असदृश, जो बराबर न हो।
**असमाप्त** वि० *(सं०)* अपूर्ण, अधूरा।
**असमाहार** पु० *(सं०)* पार्थक्य, असंयोग।
**असमीक्ष्य** अव्य० *(सं०)* बिना सोचे-विचारे।
**असमीचीन** पि० *(सं०)* अनुचित।
**असम्पूर्ण** वि० *(सं०)* अधूरा।
**असमेध*** पु० अश्वमेध, एक वैदिक यज्ञ।
**असम्मत** पु० *(सं०)* विरोध करनेवाला, शत्रु, दुश्मन। वि० मतभेद रखनेवाला, अनादृत; अस्वीकृत।
**असम्मति** स्त्री० *(सं०)* निरादर; मतभेद; अस्वीकृति।
**असम्मान** पु० *(सं०)* निरादर, अश्रद्धा।
**असम्यक** वि० *(सं०)* बुरा, अनुचित।
**असयाना*** वि० सीधा, भोला, अचतुर।
**असर** पु० *(अ०)* प्रभाव।
**असरन** पु० अशरण।
**असरार** पु० *(अ०)* भेद, रहस्य।
**असल** वि० *(अ०)* वास्तविक; यथार्थ, बनावटी न हो।
**असलह** पु० *(अ०)* हथियार, अस्त्र-शस्त्र।
**असलियत** स्त्री० *(अ०)* वास्तविकता; असल बात।
**असली** वि० शुद्ध, सच्चा; खालिस।
**असलेड** वि० असह्य।
**असवर्ण** वि० *(सं०)* भिन्न वर्ण का, जो सवर्ण न हो।
**असवार**ं पु० सवार।
**असह** वि० *(सं०)* न सहनेवाला, असहिष्णु अधीर।
**असहयोग** पु० *(सं०)* सहयोग का अभाव; मिल कर काम न करना; शासन में सहयोग न करना।
**असहयोगी** वि० *(सं०)* सहयोग या सहायता न देनेवाला।
**असहाय** वि० *(सं०)* बेसहारा, जिसका कोई सहायक न हो, जिसका कोई साथी न हो; निरुपाय; निःसहाय।
**असहिष्णु** वि० *(सं०)* असहनशील; क्रोधी, चिड़चिड़ा; बर्दाश्त न करनेवाला; झगड़ालू।
**असह्य** वि० *(सं०)* न सहने योग्य, असहनीय।
**असाँच*** वि० झूठ, असत्य।
**असान्द्र** वि० *(सं०)* जो घना न हो, विरल।
**असाम्प्रदायिक** वि० *(सं०)* धर्म निरपेक्ष; जिसका किसी सम्प्रदाय से सम्बन्ध न हो।
**असांसद, असांसदिक** वि० *(अनपार्लिमेण्टरी)* जो संसद में करने या कहने योग्य न हो।
**असांसारिक** वि० *(सं०)* जो इस संसार का नहीं है; अलौकिक; दैवीय।
**असा** पु० *(अ०)* चाँदी या सोना मढ़ा हुआ डण्डा।
**असाक्षी (क्षिन्)** वि० *(सं०)* गवाह बनने के अयोग्य; जो चश्मदीद गवाह न हो।
**असाक्ष्य** पु० *(सं०)* गवाह का न होना।
**असाढ़** पु० अषाढ़ मास।
**असाढ़ा** पु० बटा हुआ रेशमी धागा।
**असाढ़ू** पु० मोटा पत्थर; असाढ़ मास का।
**असाध*** वि० असाधु, असाध्य।
**असाधारण** वि० *(सं०)* जो सामान्य न हो; साधारण से अधिक, गैर मामूली।
**असाधु** वि० *(सं०)* दुष्ट; खोटा।
**असाध्य** वि० *(सं०)* जो साधने योग्य न हो; अतिकठिन; जिसका साधन न हो सके; लाइलाज रोग।
**असाध्वी** स्त्री० *(सं०)* असती, व्यभिचारिणी। वि० जो साध्वी न हो।
**असामंजस्य** पु० *(सं०)* असाम्य, समता का अभाव।
**असामयिक** वि० *(सं०)* जो समयानुकूल न हो।
**असामर्थ्य** स्त्री० *(सं०)* अक्षमता। वि० असमर्थ।
**असामान्य** वि० *(सं०)* विशेष; असाधारण।
**असामी** पु० *(अ०)* आदमी, मनुष्य; पद; नौकरी; नाम; काश्तकार; कर्जदार; मुलजिम; ग्राहक।
**असाम्य** पु० *(सं०)* असमानता; अन्तर; अननुकूलता।
**असार** वि० *(सं०)* निकम्मा; बेकार की वस्तु; सारहीन।
**असावधान** वि० *(सं०)* जो सावधान न हो, बेखबर।
**असावधानी** स्त्री० *(हि०, सं०)* बेखबरी, लापरवाही।
**असिद्धि** स्त्री० *(सं०)* विफलता; अपूर्णता; कच्चापन।
**असिस्टेण्ट** वि० *(अं०)* सहायक, नायब (कर्मचारी)।
**असीम** वि० *(सं०)* बे-हिसाब; जिसकी सीमा न हो।
**असीमित** वि० *(सं०)* जो सीमित न हो; अपरिमित।
**असीर** वि० *(अ०)* बन्दी, कैदी।
**असीरी** स्त्री० *(अ०)* कैद।
**असीस*** स्त्री आशीर्वाद, शुभ कामना।
**असीसना*** स० क्रि० आशीर्वाद देना।
**असुन्दर** वि० *(सं०)* कुरूप, भद्दा, जो सुन्दर न हो।

**असु** पु० *(सं०)* चित्त; शोक; प्राण; प्राण वायु; हृदय।
**असुखी** पु० *(सं०)* दुःखी।
**असुख** पु० *(सं०)* दुःख।
**असुप्त** वि० *(सं०)* जागता हुआ, जो सोया न हो।
**असुभ*** वि० अशुभ।
**असुर** पु० *(सं०)* राक्षस, दैत्य।
**असुरक्षा** स्त्री० *(सं०)* सुरक्षा का अभाव।
**असुविधा** स्त्री० अड़चन; सुभीता न होना; कठिनाई।
**असूक्षण** पु० *(सं०)* अनादर, अपमान।
**असूत*** वि० असम्बद्ध।
**असूय** स्त्री० *(सं०)* ईर्ष्या, शत्रुता, जलन।
**असूल** पु० उसूल; वसूल।
**असेम्बली** स्त्री० *(अं०)* विधानसभा।
**असेग*** वि० असह्य, कठिन।
**असेवन** वि० *(सं०)* व्यवहार में न लिया जाने वाला; सेवा न करने वाला; उपेक्षा करनेवाला।
**असेवित** वि० *(सं०)* जिसकी ओर ध्यान न दिया गया हो; उपेक्षित; जिससे परहेज किया गया हो।
**असेसमेण्ट** पु० *(अं०)* मकान, जमीन आदि की मालियत आँकते हुए कर निर्धारण; कर की रकम निश्चित करना; तशखीस।
**असेसर** पु० *(अं०)* फौजदारी मामलों में जज या मजिस्ट्रेट को सलाह देने के लिए चुना गया व्यक्ति; कर लगाने के लिए मालियत, आय आदि की जाँच करनेवाला।
**असैनिक** वि० *(सं०)* जहाँ सेना न रखी जाये (क्षेत्र); जो सैनिक न हो।
**असैनिकीकरण** पु० *(सं०)* सैनिक बल हटा देना।
**असैला*** वि० अनुचित; कुमार्गगामी।
**असो, असों** अव्य० इस साल, वर्तमान में।
**असोच** वि० निर्द्वन्द्व; चिन्तारहित।
**असोस*** वि० अशोष्य, न सूखने वाला।
**असोसियेशन** पु० *(अं०)* *(एसोसियेशन)* समिति, सभा, संघ।
**असौन्दर्य** पु० *(सं०)* कुरूपता, सुन्दरता का अभाव।
**असौंध*** स्त्री० दुर्गन्ध।
**असौच** पु० अपवित्रता, सूतक।
**असौम्य** वि० *(सं०)* अप्रिय; असुन्दर, भद्दा।
**असौष्ठव** पु० *(सं०)* निकम्मापन; कुरूपता।
**अस्कर** पु० *(सं०)* सेना, लश्कर।
**अस्करी** पु० *(सं०)* सिपाही, सैनिक।
**अस्खलित** वि० *(सं०)* सत्पथ से न बहकने वाला; ठीक मार्ग पर चलने वाला; शुद्ध; अच्युत; स्थायी, टिकाऊ।
**अस्तंगत** वि० *(सं०)* नष्ट; लुप्त; डूबा हुआ।
**अस्त** वि० *(सं०)* समाप्त; फेंका हुआ; डूबा हुआ; लुप्त, अदृश्य।
**अस्तबल** पु० *(अ०)* तबेला, अश्वशाला, घुड़साल।
**अस्तब्ध** वि० *(सं०)* चंचल, अस्थिर; घबड़ाया हुआ।
**अस्तमन** पु० *(सं०)* अस्त होना, डूबना।
**अस्तव्यस्त** वि० *(सं०)* अव्यवस्थित।
**अस्तर** पु० अँतरौटा; जूते या सिले कपड़े की भीतरी तह; किसी द्रव में अन्य सुगन्धित द्रव का मिश्रण।
**अस्ति** स्त्री० *(सं०)* भाव, सत्ता, विद्यमानता।
**अस्तित्त्व** पु० *(सं०)* विद्यमान होना, सत्ता, हस्ती।
**अस्तु** अ० *(सं०)* ऐसा हो, जो हो।
**अस्तुति** स्त्री० *(सं०)* प्रशंसा न करना।
**अस्तुति** स्त्री० *(देशज)* प्रशंसा करना।
**अस्त्र** पु० *(सं०)* आयुध
**अस्त्रशाला** स्त्री० *(सं०)* अस्त्रागार।
**अस्त्रागार** पु० *(सं०)* हरबा-हथियार रखने का भण्डार।
**अस्त्रीक** वि० *(सं०)* रँडुआ, बिना स्त्री का।
**अस्थायी** वि० *(सं०)* जो सदा या अधिक दिन रहने वाला न हो, क्षणिक।
**अस्थावर** वि० *(सं०)* चल (सम्पत्ति), जंगम।
**अस्थि** स्त्री० *(सं०)* हड्डी।
**अस्थिति** स्त्री० *(सं०)* दृढ़ता का अभाव; मर्यादाहीन; अस्थिरता।
**अस्थिर** वि० *(सं०)* जो स्थिर न हो, चंचल।
**अस्थूल** वि० *(सं०)* जो स्थूल न हो, पलता (हिन्दी) स्थूल।
**अस्थैर्य** पु० *(सं०)* स्थिरता का अभाव, अस्थिरता।
**अस्नाविर** वि० *(सं०)* स्थूल शरीरहित, स्नायुहीन।
**अस्निग्ध** वि० *(सं०)* निर्दय, कर्कश।
**अस्नेह** पु० *(सं०)* स्नेह का अभाव।
**अस्पन्द** वि० *(सं०)* न हिलने-डुलनेवाला, स्पन्दनहीन।
**अस्पताल** पु० *(हॉस्पिटल)* चिकित्सालय, दवाखाना।

**अस्पष्ट** वि० *(सं०)* जो समझ में न आये, धुँधला।
**अस्पृश्य** वि० *(सं०)* जिसका स्पर्श न हो सके।
**अस्पृश्यता** स्त्री० *(सं०)* छुआछूत, अछूतपन।
**अस्पृह** वि० *(सं०)* जिसे कोई लालच न हो; निर्लोभ।
**अस्फुट** वि० *(सं०)* अप्रकट, अस्पष्ट।
**अस्मत** स्त्री० *(अ०)* इज़्ज़त।
**अस्मद्** सर्व० *(सं०)* मैं। पु० जीवात्मा, प्रत्यगात्मा।
**अस्मदीय** वि० *(सं०)* मेरा।
**अस्र** पु० *(सं०)* कोना, कोण; रक्त; आँसू; केश।
**अस्र** पु० *(अ०)* युग; उम्र; दिन का चौथा पहर।
**अस्रु** पु० *(सं०)* अश्रु, आँसू।
**अस्ल** पु० *(अ०)* वास्तविकता; मूलधन; मूल वस्तु।
**अस्लो** वि० खरा; खालिस; मौलिक; सच्चा।
**अस्लीयत** स्त्री० सच्ची स्थिति या रूप; जड़।
**अस्व** वि० *(सं०)* निर्धन, धनहीन, स्वत्वहीन।
**अस्वच्छ** वि० *(सं०)* जो साफ न हो, धुँधला, गन्दा।
**अस्वतन्त्र** वि० *(सं०)* जो स्वतन्त्र न हो, पराधीन।
**अस्वस्थ** वि० *(सं०)* जो स्वस्थ न हो; बीमार, रोगी।
**अस्वाधीन** वि० *(सं०)* जो दूसरे के वश में हो।
**अस्वाभाविक** वि० *(सं०)* बनावटी; स्वभावविरुद्ध।
**अस्वामिक** पु० *(सं०)* वह धन या सम्पत्ति जिसका कोई मालिक न हो। वि० लावारिस।
**अस्वार्थ** वि० *(सं०)* निकम्मा; निःस्वार्थ; उदासीन।
**अस्वास्थ्य** पु० *(सं०)* बीमारी, रोग।
**अस्वीकरण** पु० *(सं०)* इनकार करना।
**अस्वीकार** पु० *(सं०)* न लेना, इनकार; न मानना।
**अस्वीकृत** वि० *(सं०)* नामंजूर, न माना हुआ; स्वीकार न किया हुआ।
**अस्वीकृति** स्त्री० *(सं०)* अस्वीकार।
**अस्सी** पु० सौ से बीस कम की संख्या।
**अहं** सर्व० *(सं०)* 'अहम' का समासगत रूप। अपने अस्तित्त्व की कल्पना, मै।
**अहन्ता** स्त्री० *(सं०)* गर्व, घमण्ड, अहंकार।
**अहंवाद** पु० *(सं०)* धृष्टता।
**अह** अ० आश्चर्य, दुःख आदि का सूचक उद्गार।
**अहक*** पु० इच्छा, अतृप्त-आकांक्षा, लालसा।
**अहकना*** अ० क्रि० कामना करना, इच्छा करना।
**अहद** पु० *(अ०)* दृढ़-संकल्प, वादा, पक्का-निश्चय।
**अहदी** वि० आलसी।
**अहना*** अ० क्रि० होना, वर्तमान रहना।
**अहटाना** क्रि० आहट लेना, खोजना।
**अहनिसि** अव्य० अहर्निशि।
**अहर्मुख** पु० *(सं०)* सवेरा, प्रातःकाल।
**अहबाब** पु० *(अ०)* मित्र, दोस्त।
**अहम्** वि० *(अ०)* महत्त्वपूर्ण, बहुत जरूरी।
**अहमक़** वि० *(अ०)* मूर्ख, जड़मति, नासमझ।
**अहम्** सर्व० *(सं०)* मैं। पु० अपने अस्तित्त्व की कल्पना या भान; अहंभाव।
**अहरन, अहरनि*** स्त्री० निहाई।
**अहरह** अव्य० *(सं०)* प्रतिदिन।
**अहरा** पु० आग सुलगाने के लिए लगाये गये कण्डे या उपले; लोगों के रुकने या ठहरने का स्थान।
**अहरी** स्त्री० गड्ढ़ा; प्याऊ; हौज, चरही।
**अहर्निशि** अव्य० *(सं०)* रात-दिन, सर्वदा।
**अहल्कार** पु० *(अ०)* कर्मचारी; सरकारी कर्मचारी।
**अहलना*** अ० क्रि० दहलना; हिलना।
**अहलमद** पु० *(अ०)* अदालत या रेवेन्यू विभाग का कर्मचारी।
**अहवात** पु० सौभाग्य।
**अहवाल** पु० *(अ०)* हाल; समाचार, वृत्तान्त।
**अहसान** पु० एहसान।
**अहस्तक्षेप** पु० *(सं०)* दखल न देना।
**अहह** अव्य० *(सं०)* हाय, अरे, शोक क्लेशाश्चर्यादि सूचक।
**अहा, अहाहा** अ० हर्ष तथा विस्मय-सूचक उद्गार।
**अहाता** पु० *(अ०)* चारों ओर से चारदीवारी में घिरा मैदान, घेरा, बाड़।
**अहान** पु० आह्वान, पुकार।
**अहारना** स० क्रि० चिपकाना, लकड़ी को छील-छालकर सुडौल करना, अहरना; *खाना, आहार करना।
**अहिंसक** वि० *(सं०)* हिंसा न करनेवाला।
**अहिंसा** स्त्री० *(सं०)* मन, वचन, कर्म से किसी को कष्ट न देना; किसी जीव को न मारना।
**अहिंसात्मक** वि० *(सं०)* जिसमें हिंसा न हो, अहिंसा विषयक।
**अहिंस्र** वि० *(सं०)* अहिंसक।
**अहि** पु० *(सं०)* ठग; बादल; नाभि; सीसा; साँप; सूर्य;

पथिक; जल; पृथ्वी।

**अहित** पु० *(सं०)* अपकार, बुराई। वि० विरोधी, शत्रु; आहेतकर।

**अहिनाह** पु० शेषनाग।

**अहिम** वि० *(सं०)* गर्म, जो ठण्ढा न हो।

**अहिमांशु** पु० *(सं०)* सूर्य।

**अहिर** पु० अहीर।

**अहिरख*** पु० दुःख, हर्ष का अभाव।

**अहिला*** पु० झगड़ा; पानी की अधिकता।

**अहिवात** पु० सुहाग; सधवा होने का भाव।

**अहिवातिन, अहिवाती** वि०, स्त्री० सौभाग्यवती।

**अहीन** वि० *(सं०)* श्रेष्ठ; समग्र, समूचा; बहुत दिनों तक टिकने वाला।

**अहीर** पु० *(सं०)* ग्वाला, आभीर।

**अहुटना*** अ० क्रि० अलग होना, हटना।

**अहुटाना*** स० क्रि० हटाना, दूर करना।

**अहुराना*** स० क्रि० हटा देना, खींच देना।

**अहुठना** क्रि० निवृत्त होना; भागना।

**अहूण्ठ** वि० साढ़े तीन।

**अहूठन†** पु० चारा काटने का ठीहा।

**अहेर** पु० शिकार, आखेट।

**अहेरी** वि० शिकारी। पु० शिकार करने वाला।

**अहो** अ० *(सं०)*प्रशंसा, खेद, धिक्कारसूचक उद्गार।

**अहो** 'अहन्' का समासगत रूप।

**अहोरात्र** पु० *(सं०)*दिन-रात। अव्य० सर्वदा, निरन्तर।

**अहद्** पु० *(अ०)* काल; प्रतिज्ञा।

**अह्रिय** वि० *(सं०)* ढीठ; निर्लज्ज; घमण्डी।

**अह्रीक** वि० *(सं०)* बेशर्म, निर्लज्ज।

**अह्लिया** स्त्री० *(अ०)* घरवाली, पत्नी।

**अह्वल** वि० *(सं०)* स्थिर, दृढ़।

## आ

**आ** देवनागरी वर्णमाला का दूसरा (स्वर) वर्ण, 'अ' का दीर्घ रूप।

**आँक** पु० गोद; अँकवार; अंक; चिह्न; सिद्धान्त।

**आँकड़ा** पु० हुक; अंक; तथ्यों की गणना।

**आँकना** स० क्रि० अनुमान लगाना; अन्दाज करना।

**आँकर*** वि० अत्यधिक; महँगा; गहरा।

**आंकिक** पु० *(सं०)* *(स्टैटिस्टीशियन)* सांख्यिक।

**आँकुश*** पु० अंकुश।

**आँकू** पु० कूतनेवाला; आँकनेवाला।

**आँख** स्त्री० *(सं०)* देखने की इन्द्रिय, नेत्र, चक्षु, निगाह, दृष्टि।

**मुहा० आँख उठाकर न देखना** उपेक्षा करना। **आँख उलटना;** मरणासन्न होना, मरने के समय आँखों का पथरा जाना। **आँख ऊँची न होना** नजर बराबर न करना, लज्जा के कारण सामने न देखना। **आँख का काँटा बनना** कार्य में बाधा डालना। **आँख का काजल चुराना** सफाई से हाथ मारना, सामने या पास की वस्तु चुरा लेना। **आँख का खुला रहना** सावधान रहना। **आँख का पानी ढल जाना** बेमुरौवत होना, बेशर्म होना। **आँख की पुतली** अत्यधिक प्यारी वस्तु, अति प्रिय व्यक्ति; आँख के भीतर के परदे का वह भाग जो बाहर से काला दिखाई देता है। **आँखें टेढ़ी करना** क्रोध करना, नाराज होना। **आँखें सेंकना** सौंदर्य-दर्शन का सुख लेना। **आँखों से गिरना** आँखों से उतरना, आदर खो बैठना। **आँखों से ओझल होना** दृष्टि से परे होना, सामने न रहना। **आँखों पर बिठाना** आदर के साथ रखना, आदर-सत्कार करना। **आँखों से लगाकर रखना** प्यार के साथ रखना। **आँखें टेढ़ी करना** नाराज होना। **आँखें सेंकना** हसीनों को घूरना, सौंदर्य-दर्शन का सुख लेना।

**आँखड़ी*** स्त्री० आँख; अँखड़ी।

**आँग*** पु० स्तन; शरीर; अंग।

**आँगन** पु० घर के भीतर का सहन, चौक।

**आँगी*** स्त्री० छलनी; चोली, अँगिया।

**आँगुर, आँगुल** पु० अंगुल।

**आँगुरिया*** स्त्री० अंगुल, आँगुर।

**आंग्ल** वि० *(सं०)* अँग्रेजी।

**आँघी†** स्त्री० महीन जाली से मढ़ी छलनी।

**आँच** स्त्री० आग; लपट; गर्मी; जलन; हानि; संकट।

**आँचना*** स० क्रि० कष्ट देना, तपाना, जलाना।

**आँचर*** पु० आँचल, अंचल, स्तन।

**आँचल** पु० साड़ी, धोती आदि का सामने रहने वाला छोर; शाल, दुपट्टे आदि का छोर, अँचला, पल्ला। **मुहा० आँचल पसारना** दीनतापूर्वक याचना

करना। **आँचल दबाना** दूध पीना। **आँचल देना** बच्चे को दूध पिलाना। **आँचल में बाँधना** अच्छी तरह याद कर लेना, गाँठ बाँधना। **आँचल लेना** आँचल से पैर छूकर प्रणाम करना।

**आंचलिक** वि० *(सं०)* किसी विशेष क्षेत्र या अंचल का निवासी; किसी विशेष क्षेत्र या अंचल की भाषा; क्षेत्रीय।

**आँजन** पु० अंजन, काजल।

**आँजना** स० क्रि० काजल या अंजन लगाना।

**आँटना*** स० क्रि० अँटाना। अ० क्रि० पूरा पड़ना, अँटना; हाथ लगना, मिलना; पार पाना; पहुँचना।

**आँटी** स्त्री० घास या फसल (धान आदि) का छोटा गट्ठा; सूत का लच्छा; कुश्ती का एक पेंच; टेण्ट।

**आँठी** स्त्री० गाँठ; गुठली; उठता हुआ स्तन।

**आँड़** पु० अण्डकोश।

**आँडू** वि० अँडुआ (बैल), जो बधिया न हो।

**आँत** स्त्री० अन्त्र; अँतड़ी, पाचन-संस्थान।

**मुहा० आँत ऐंठना** आँतों में ऐंठन होना, मरोड़ना। **आँत उलट जाना** कै होना। **आँतें कुलबुलाना** भूख से बेचैन होना। **आँतें गले या मुँह में आना** तंग होना, पेट में दर्द होना। **आँतें समेटना** भूख सहना। **आँतें सूखना** बहुत भूख लगना। **आँतों का बल खुलना** छक कर खाना। **आँतों में बल पड़ना** पेट में दर्द होना।

**आँतर** पु० अन्तर, फासला।

**आन्तर** वि० *(सं०)* गुप्त; अन्तरंग, भीतरी।

**आन्तराल** वि० *(सं०)* आन्तरिक स्वभाव का ज्ञान रखने वाला।

**आन्तरिक** वि० *(सं०)* हार्दिक; भीतरी; अन्तरंग।

**आन्तरिक्ष, आन्तरीक्ष** वि० *(सं०)* अन्तरिक्ष-सम्बन्धी।

**आन्त्र** वि० *(सं०)* आँत से सम्बन्ध रखने वाला।

**आँदू*** पु० बेड़ी; सीकड़।

**आन्दोल** पु० *(सं०)* कम्पन; झूलना; झूला।

**आन्दोलक** पु० *(सं०)* सुलानेवाला।

**आन्दोलन** पु० *(सं०)* कम्पन, झूलना, हिलना। किसी बात के लिए सामूहिक प्रयत्न।

**आन्दोलनकार** पु० *(सं०)* आन्दोलन करने वाला।

**आन्दोलित** वि० *(सं०)* हलचल से पूर्ण; झुलाया हुआ।

**आँध** वि० अन्धा। स्त्री० रतौंधी; अँधेरा।

**आँधना*** अ० क्रि० टूट पड़ना, हल्ला बोलना।

**आँधर†, आँधरा*** वि० अन्धा।

**आँधस** पु० *(सं०)* माँड़।

**आँधी** स्त्री० तूफान, धूलभरी जोर की हवा; अन्धड़।

**आन्ध्य** पु० *(सं०)* अन्धकार; अन्धापन।

**आँटी** स्त्री० घास का गठ्ठर, सूत की लच्छी, धोती की फेंट।

**आँठी** स्त्री० गुठली, बीज।

**आँब†** पु० आम का वृक्ष एवं उसका फल।

**आँय-बाँय** पु० निरर्थक प्रलाप, अण्डबण्ड, बकबक।

**आँव** पु० एक तरह का चिकना सफेद मल।

**आँवठ** पु० बरतन का किनारा; कपड़े का किनारा।

**आँवड़ना*** अ० क्रि० बह निकलना, उमड़ना।

**आँवड़ा*** वि० गहरा।

**आँवरा** पु० आँवला।

**आँवलगट्टा** पु० सूखा आँवला।

**आँवाँ** पु० आवाँ; मिट्टी के बर्तन आदि पकाने का एक गड्ढा।

**आंशिक** वि० *(सं०)* अंश-सम्बन्धी; थोड़ा, कुछ।

**आँस*** पु० कष्ट, वेदना; आँसू।

**आँस†** स्त्री० रोमवली की हल्की-सी रेखा, मूँछों का प्रारम्भिक रूप; सुतली; डोरी; रेशा; फाँस।

**आँसना†** अ० क्रि० चुभना, गड़ना, खटकना।

**आँसी*** स्त्री० भेंट, बायन।

**आँसू** पु० अश्रु, नेत्रजल।

**मुहा० आँसू पीकर रह जाना** मन मसोस कर रह जाना। **आँसू पोंछना** धीरज बँधाना। **आँसुओं की झड़ी बाँधना** निरन्तर रोते जाना। **आँसुओं से मुँह धाना** बहुत रोना।

**आँह** अ० भरोसे।

**आ** अव्य० *(सं०)* थोड़ा; मर्यादा; तक, मह आदि द्योतक।

**आइन्दा** वि० *(फ़ा०)* भविष्य, आने वाला।

**आइ*** स्त्री० जीवन, आयु।

**आई*** स्त्री० मौत; आयु; † माँ, माता।

**आईन** पु० *(अ०)* नियम, कानून, विधान।

**आईना** पु० *(फ़ा०)* शीशा, दर्पण; किवाड़ का दिलहा।

**आईनी** वि० *(अ०)* नियमबद्ध; वैध, विधान- संगत।

**आउंस** पु० औंस।
**आउ** पु० जीवन।
**आउ-बाउ*** पु० प्रलाप; आयँ-बायँ (बकना)।
**आउट** *(अं०)* बाहर, खत्म।
**आउस*** एक प्रकार का धान।
**आकण्ठ** अ० *(सं०)* गले तक।
**आकम्प, आकम्पन** पु० *(सं०)* काँपना; हिलना।
**आक** पु० मदार।
**आकर** पु० *(सं०)* खजाना, भण्डार; उत्पत्तिस्थान; खान।
**आकरखना*** स० क्रि० खींचना, आकर्षित करना।
**आकर्णित** वि० *(सं०)* सुना हुआ।
**आकर्ष** पु० *(सं०)* वितान; तनाव, खिंचाव।
**आकर्षक** वि० *(सं०)* खींचने वाला; रोचक सुन्दर, दूसरों का मन अपनी ओर आकृष्ट करने वाला।
**आकर्षण** पु० *(सं०)* लगाव, खिंचाव।
**आकर्षण शक्ति** स्त्री० भौतिक पदार्थ की अन्य पदार्थ की खींचने की शक्ति।
**आकर्षित** वि० *(सं०)* आकृष्ट, खींचा हुआ; अनुरक्त।
**आकलन** पु० *(सं०)* संचय; गणना; खोज; सन्देह, अनुमान; शोध।
**आकलित** वि० *(सं०)* आबद्ध; समझा हुआ; संगृहीत।
**आकली*** स्त्री० बेचैनी; गौरैया नामक पक्षी।
**आकल्पक** पु० *(सं०)* गाँठ; अन्धकार; उत्कण्ठा; मूर्च्छा।
**आकल्पित** वि० *(सं०)* जोड़ा हुआ; सजाया हुआ।
**आकष** पु० *(सं०)* कसौटी।
**आकस्मात्*** अ० अकस्मात।
**आकस्मिक** वि० *(सं०)* अचानक होने वाला; कारणहीन।
**आकांक्षा** स्त्री *(सं०)* अपेक्षा; चाह, इच्छा; अभिप्राय।
**आकांक्षित** वि० *(सं०)* अपेक्षित; चाहा हुआ।
**आकांक्षी** वि० *(सं०)* इच्छा रखने वाला; खोजी।
**आक़ा** पु० *(अ०)* स्वामी, मालिक।
**आकाय** पु० *(सं०)* निवासस्थान; चिता; चिताग्नि।
**आकार** पु० *(सं०)* गढ़न, बनावट; रूप, शक्ल।
**आकारक** पु० *(सं०)* बुलाने वाला।
**आकारण** पु० *(सं०)* चुनौती; आह्वान, बुलाना।
**आकारित** वि० *(सं०)* माँगा हुआ; आहूत।
**आकारी*** वि० बुलाने वाला।
**आकाल** पु० *(सं०)* अनुपयुक्त काल, उपयुक्त समय।
**आकाश** पु० *(सं०)* ईथर; शून्य *(ग०)*; पंच महाभूतों में से प्रथम जो शब्द गुणवाला माना जाता है, आसमान; शून्य स्थान; छिद्र, रंध्र; ब्रह्म; अभ्रक। **मुहा० आकाश खुलना** आसमान साफ होना, बादल हटना। **आकाश छूना** बहुत ऊँचा उठना, प्रगति करना। **आकाश पाताल एक करना** अत्यधिक परिश्रम करना, हलचल मचाना। **आकाश पाताल का अन्तर** बहुत अधिक अन्तर। **आकाश से बातें करना** बहुत ऊँचा होना।
**आकाश मण्डल** पु० *(सं०)* नभ मडण्ल।
**आकाशी** स्त्री० धूप से बचने हेतु चाँदनी।
**आकाशीय** वि० *(सं०)* आकाश में स्थित; आकाश में उत्पन्न; आकाश-सम्बन्धी।
**आकाशेश** वि० *(सं०)* निराश्रय, असहाय।
**आकिंचन, आकिंचन्य** पु० *(सं०)* गरीबी, निर्धनता।
**आक़िल** वि० *(अ०)* समझदार, अक्लमन्द।
**आकीर्ण** वि० *(सं०)* बिखेरा हुआ; भरा हुआ, व्याप्त।
**आकुंचन** पु० *(सं०)* टेढ़ा होना; सिमटना, सिकुड़ना।
**आकुंचित** वि० *(सं०)* कुटिल; घुँघराले (केश)।
**आकुण्ठन** पु० *(सं०)* भौंथरा होना; लज्जा।
**आकुण्ठित** वि० *(सं०)* भौंथरा; जड़; लज्जित।
**आकुल** वि० *(सं०)* बेचैन; परेशान, उद्विग्न; उतावला।
**आकुलता** स्त्री० *(सं०)* परेशानी; उद्विग्नता, बेचैनी।
**आकूत** पु० *(सं०)* आशय; अभिप्राय; इच्छा; अनुभूति।
**आकृत** *(सं०)* जिसे आकार दिया गया हुआ।
**आकृति** स्त्री० *(सं०)* चेहरा; रूप, गढ़न; नीति।
**आकृष्ट** वि० *(सं०)* आकर्षित, खींचा हुआ।
**आकृष्टि** स्त्री० *(सं०)* गुरुत्वाकर्षण; खिंचाव।
**आक्रन्दन** पु० जोर से पुकारना या चिल्लाना; रोना।
**आक्रंदित** वि० *(सं०)* चिल्लाने वाला; जोर से रोने वाला। पु० रोना, चिल्लाना।
**आक्रम** पु० *(सं०)* प्राप्त करना; निकट जाना।
**आक्रमण** पु० *(सं०)* टूट पड़ना; हमला, चढ़ाई; चोट करना; पास जाना; छीन लेना।
**आक्रम्य** वि० *(सं०)* आक्रमण योग्य।
**आक्रय** पु० *(सं०)* व्यापारी; व्यापार; फेरीवाला।
**आक्रान्त** वि० *(सं०)* जिस पर आक्रमण किया गया हो; प्राप्त।

**आक्रान्ति** स्त्री० *(सं०)* आरोहण; कब्जा करना; पराभूत करना; शक्ति; बल; विवशता।

**आक्रामक** वि० *(सं०)* आक्रमण करनेवाला।

**आक्रीड** पु० *(सं०)* क्रीड़ास्थान; क्रीड़ा।

**आक्रीडी** वि० *(सं०)* खिलाड़ी; क्रीड़ाशील।

**आक्रोश** पु० *(सं०)* रोषपूर्ण भावना; कोसना; शाप; निन्दा, कुत्सा; कटूक्ति; शपथ।

**आक्रोशन** पु० *(सं०)* शाप देना; कोसना।

**आक्लान्त** वि० *(सं०)* पूर्ण रूप से खिन्न; भींगा हुआ।

**आक्लिन्न** वि० *(सं०)* गीला, तर; द्रवित, करुणार्द्र।

**आक्लेद** पु० *(सं०)* भींगना, लथपथ होना।

**आक्ष** वि० *(सं०)* धुरी या अक्ष-सम्बन्धी।

**आक्षारण** पु० *(सं०)* व्यभिचार आदि का दोषारोप।

**आक्षिक** वि० *(सं०)* जुए से सम्बन्ध रखने वाला।

**आक्षिप्त** वि० *(सं०)* व्याकुल, अभिभूत; छीना हुआ; फेंका हुआ।

**आक्षीव** वि० *(सं०)* मत्त। पु० अक्षीव, सहिजन।

**आक्षेप** पु० *(सं०)* अपवाद, लांछन; खींचना; फेंकना उछालना; संकेत, निर्देश; आपत्ति, एतराज।

**आक्षेपक** वि० *(सं०)* शिकारी; आक्षेप करनेवाला।

**आक्षेपी** वि० *(सं०)* आक्षेपक।

**आक्षोदन** पु० *(सं०)* शिकार, आखेट।

**आक्षोभ** पु० आघात, चोट।

**आक्साइड** पु० *(अं०)* ऑक्सीजन और धातु के मेल से बना ऑक्सीजन का यौगिक पदार्थ, जंग।

**आक्सीजन** पु० *(अं०)* प्राण-वायु, एक गैस जो प्राणियों के जीवन के लिए अत्यावश्यक है।

**ऑक्सीकृत** वि० *(अं०, सं०)* उपचित।

**आख** पु० *(सं०)* कुदाल; खन्ती।

**आखण** वि० *(सं०)* कड़ी भूमि जो खोदी न जा सके।

**आखत** पु० विवाह आदि में नाई आदि के लिए निकाला जाने वाला अन्न; अक्षत।

**आखता** वि० *(फ़ा०)* बधिया।

**आखन** अव्य० क्षण-क्षण, बार-बार।

**आखना*** स० क्रि० देखना; कहना; चाहना, उल्लंघन करना; छलनी से छानना; वर्णन करना।

**आखनिक** पु० *(सं०)* खान खोदनेवाला; खोदनेवाला।

**आखर** पु० *(सं०)* कुदाल; कुल्हाड़ी; अस्तबल।

**आखर** पु० अक्षर।

**आखा** *वि० अनगढ़ा, पूरा, समूचा।

**आख़िर** पु० *(फ़ा०)* समाप्ति, अन्त, सीमा; परिणाम।

**आख़िरी** वि० अन्त में होनेवाला; अन्तिम।

**आखु** पु० *(सं०)* चूहा; चोर।

**आखेट** पु० *(सं०)* मृगया, शिकार।

**आखेटक** पु० *(सं०)* शिकार; शिकारी।

**आखेटिक** पु० *(सं०)* शिकारी कुत्ता; शिकारी। वि० शिकार करने में दक्ष; भयंकर।

**आख्या** स्त्री० *(सं०)* व्याख्या; यश; नाम; विवरण।

**आख्याता** पु० *(सं०)* विवरण बताने वाला; कहने वाला, बतानेवाला; शिक्षक।

**आख्याति** स्त्री० *(सं०)* नाम; प्रसिद्धि; कहना, बताना।

**आख्यान** पु० *(सं०)* वृत्तान्त; कथा-कहानी; कहना, वर्णन; कथा-कहानी।

**आख्यानिक** वि० *(सं०)* *(लीजेण्डरी)* जिसकी चर्च आख्यानों मिलती हो; आख्यान सम्बन्धी।

**आख्यापक** वि०, पु० *(सं०)* दूत; सन्देशवाहक; कहने वाला, बतानेवाला।

**आख्यापिका** स्त्री० *(सं०)* गल्प, कहानी; सत्य कथा।

**आख्येय** वि० *(सं०)* कहने योग्य, कथन, बताने योग्य।

**आगन्तव्य** वि० *(सं०)* आया हुआ; अचानक आ जाने वाला; अभ्यागत, अतिथि।

**आगन्ता (तृ)** वि० *(सं०)* आने की इच्छा करने वाला।

**आगन्तु** वि० *(सं०)* बाहर से आने वाला; आने वाला; भटका हुआ; आकस्मिक।

**आगन्तुक** वि० *(सं०)* अचानक आनेवाला; अचानक होनेवाला; अजनबी; बिना बुलाये आने वाला।

**आग** वि० *(सं०)* आकस्मिक। स्त्री० *(हि०)* डाह; अग्नि; जलन; कामाग्नि; ताप; अन्तर्ज्वाला, सन्ताप।

**मुहा० आग उठाना** शपथ उठाना। **आग का पुतला** क्रोधी। **आग दिखाना** आग लगाना; तोप में बत्ती देना। **आग पर पानी डालना** क्रुद्ध को शान्त करना। **आग पर लोटना** बेचैन होना, तड़पना; ईर्ष्या करना। **आग पानी का वैर** सहज वैर। **आग फाँकना** डींग मारना। **आग फूँकना** क्रुद्ध करना। **आग बबूला होना** गुस्से से लाल

होना, अति क्रुद्ध होना। **आग बरसना** गोलियों की या गोलों की बौछार होना; सख्त गर्मी पड़ना या लू चलना। **आग बुझा लेना** कसर निकालना। **आग बोना** झगड़ा लगाना; उत्पात खड़ा करना। **आग भड़काना** लड़ाई बढ़ाना; हलचल मचाना; जोश बढ़ाना। **आग में कूदना** अपने ऊपर विपत्ति लेना। **आग में घी छोड़ना या डालना** झगड़ा बढ़ाना; क्रोध भड़काना। **आग में झोंकना** (किसी को) आफत में ढकेलना; अनिष्ट में ढकेल देना। **आग में पानी डालना** क्रोध शान्त करना; झगड़ा मिटाना। **आग लगना** क्रोध भड़क उठना, गुस्से से लाल हो जाना; डाह से जलने लगना। **आग लगाकर तमाशा देखना** झगड़ा खड़ा करके उसमें आनन्द लेना। **आग लगाना** क्रोध या ईर्ष्या भड़काना; चुगली खाना; नाश करना। **आग लगे पर कुआँ खोदना** पहले से करने के काम को ऐन वक्त पर करते चलना। **आग होना** क्रुद्ध होना।

**आग(स्)** पु० *(सं०)* पाप; दण्ड; अपराध, दोष।

**आग** अव्य० बढ़कर; सम्मुख; भविष्य में; अग्रमार्ग में।

**आगजनी** स्त्री० उपद्रवकारियों द्वारा दूकान, घर आदि में आग लगा देने का कार्य।

**आगत** वि० *(सं०)* उपस्थित; आया हुआ। पु० आगमन।

**आगति** स्त्री० *(सं०)* आगमन; वापस आना; अवसर।

**आग-पीछ*** पु० आगा-पीछा।

**आगपेटी** स्त्री० दियासलाई की डिबिया।

**आगम** पु० *(सं०)* उपस्थित होना; आना; समागम; उत्पत्ति, जन्म, वृद्धि; आमदनी; ज्ञान; वेदशास्त्र।

**आगमजानी** पु० *(सं०)* भविष्य ज्ञाता।

**आगमन** पु० *(सं०)* पहुँचना; प्राप्त होना, लाभ होना; लौटना; आना; प्राप्ति; उत्पत्ति।

**आगमी (मिन्)** वि० पु० *(सं०)* भावी; आने वाला; ज्योतिषी; सामुद्रिक शास्त्र का ज्ञाता; शास्त्रज्ञ।

**आगर** पु० खजाना; ढेर; रहने का स्थान, घर; खान।

**आगरा*** वि० बहुत; बढ़ा-चढ़ा।

**आगरी** पु० नमक बनानेवाला।

**आगल*** अ० सामने, आगे। वि० अगला।

**आगान्तु** पु० *(सं०)* मेहमान, अतिथि।

**आगा** पु० *(तु०)* मालिक; बड़ा भाई; सरदार; सेना का अगला भाग; अग्रभाग।

**आगा-पीछा** पु० दुविधा; सोच-विचार।

**आग़ाज़** पु० *(फ़ा०)* शुरू, आरम्भ।

**आगाध** वि० *(सं०)* दुष्प्राप्य; बहुत अधिक गहरा।

**आगान** पु० हाल, वृत्तान्त; प्रसंग।

**आगामी (मिन्), आगामुक** वि० *(सं०)* भावी; आने वाला।

**आगार** पु० *(सं०)* घर; रहने का स्थान; खजाना; मकान से निकलने वाला धुआँ।

**आगाही** स्त्री० *(फ़ा०)* पूर्व में मिलने वाली सूचना, जानकारी।

**आगि*** स्त्री० आग।

**आगिल** वि० अगला, आगे होने वाला।

**आगू** स्त्री० *(सं०)* वचन, प्रतिज्ञा, इकरार।

**आगे** अव्य० सामने वाले भाग की ओर; समक्ष, सम्मुख; सामने की ओर कुछ दूर पर; सामने; पहले।

**आगोश** पु० क्रोड़, आलिंगन।

**आगौ*** वि० बढ़ा हुआ, अग्रगण्य।

**आगौन*** पु० आगमन।

**आग्नेय** वि० *(सं०)* अग्नि से निकाला हुआ, आग पकड़ने वाला, अग्निवन्त।

**आग्नेयास्त्र** पु० *(सं०)* ऐसा पुराणोक्त अभिमन्त्रित बाण जिससे आग निकले; तोप-बन्दूक आदि।

**आग्नेयी** स्त्री० *(सं०)* स्वाहा, अग्निपत्नी; अग्नि कोण, पूर्व-दक्षिण के मध्य की दिशा।

**आग्रह** पु० *(सं०)* ग्रहण, हठ, हठपूर्वक की गयी पूजा-प्रार्थना; अनुग्रह; निश्चय; जोर देना।

**आग्रहायणी** स्त्री० *(सं०)* अगहन की पूर्णमासी।

**आग्रहिका** स्त्री० *(सं०)* सहायता; अनुग्रह।

**आग्रही** वि० *(सं०)* आग्रह करनेवाला, हठी।

**आघ*** पु० सूँघने की क्रिया, गन्ध; अर्घ, मूल्य।

**आघट्टक** पु० *(सं०)* लाल खिचड़ी।

**आघर्ष, आघर्षण** पु० *(सं०)* संघर्षण, रगड़।

**आघाट** पु० *(सं०)* सीमा, सरहद, सिवान अपामार्ग।

**आघात** पु० *(सं०)* ठोकर, धक्का; प्रहार, चोट; वध; मारपीट।

**आघातन** पु० *(सं०)* वधस्थान; आघात करना।

**आघार** पु० *(सं०)* यज्ञाग्नि में घी की आहुति देना।

**आघूर्ण** वि० *(सं०)* घूमता हुआ, चक्कर खाता हुआ।

**आघूर्णन** पु० *(सं०)* चक्कर खाना, घूमना।

**आघूर्णित** वि० *(सं०)* घुमाया या चक्कर खाया हुआ।

**आघृणि** पु० *(सं०)* सूर्य। वि० तेज से चमकने वाला।

**आघोष** पु० *(सं०)* ऊँची आवाज में कहना, जोर से पुकारना; मुनादी।

**आघ्राण** पु० *(सं०)* तृप्ति; सूँघना। वि० तृप्त; सूँघा हुआ।

**आघ्रात** वि० *(सं०)* तृप्त; सूँघा हुआ; स्पृष्ट।

**आघ्रापण** पु० *(सं०)* सुगन्ध-दान, सुँघाना।

**आचक्षु** पु० *(सं०)* विद्वान्।

**आचमन** पु० *(सं०)* पूजन के पहले शुद्धि के लिए हथेली पर जल लेकर पीना; भोजनोपरान्त मुख शुद्धि।

**आचमनी** स्त्री० जल लेकर आचमन करने का एक छोटा कलछी के समान चम्मच।

**आचमनीय** वि० *(सं०)* आचमन करने योग्य।

**आचमनीयक** पु० *(सं०)* आचमन करने का जल।

**आचमित** वि० *(सं०)* आचमन किया हुआ।

**आचय** पु० *(सं०)* ढेर; चुनना, इकट्ठा करना।

**आचयक** वि० *(सं०)* चयन करने में दक्ष।

**आचरण** पु० *(सं०)* व्यवहार; चाल-चलन; चरित्र।

**आचरणीय** वि० *(सं०)* आचरण करने योग्य।

**आचरन*** पु० आचरण, चरित्र; व्यवहार।

**आचरना*** स० क्रि० व्यवहार करना।

**आचर्य** वि० *(सं०)* आचरणीय।

**आचाम** पु० *(सं०)* माँड़; आचमन।

**आचामक** पु० *(सं०)* आचमन करनेवाला।

**आचार** पु० *(सं०)* चरित्र, आचरण; अच्छा चाल-चलन; व्यवहार; शास्त्रोक्त आचार।

**आचारवान्** वि० *(सं०)* शास्त्रोक्त कर्म करनेवाला, कर्मनिष्ठ, सदाचारी।

**आचार-विचार** पु० *(सं०)* शुद्धाचरण; पवित्रता।

**आचारी** स्त्री० *(सं०)* हिलमोचिका, हुरहुर।

**आचारी (रिन्)** वि० *(सं०)* शुद्ध आचरण वाला।

**आचार्य** पु० *(सं०)* महाविद्यालय का प्रधान प्राध्यापक; शिक्षक, गुरु; वेद भाष्यकार।

**आचार्यक** वि० *(सं०)* आचार्य से मिलने वाला।

**आचार्या** स्त्री० *(सं०)* मन्त्र की व्याख्या करने वाली।

**आचार्यानी** स्त्री० *(सं०)* आचार्य की पत्नी।

**आचार्यी** वि० आचार्यका; आचार्य-सम्बन्धी।

**आचिन्तय*** वि० *(सं०)* जो चिन्तन में न आ सके।

**आच्छन्न** वि० *(सं०)* ढका हुआ; छिपा हुआ।

**आच्छादक** वि० *(सं०)* छिपाने, ढकने वाला।

**आच्छादन** पु० *(सं०)* छिपाना; ढकना; ढक्कन, खोल।

**आच्छादित** वि० *(सं०)* ढका हुआ, छिपा हुआ।

**आच्छोदन** पु० *(सं०)* आखेट, शिकार।

**आछत*** अ० मौजूदगी में, होते हुए, रहते हुए; सामने; अतिरिक्त।

**आछना*** अ० क्रि० मौजूद होना, होना।

**आछी*** वि० स्त्री० अच्छी। वि० खानेवाला।

**आज** अव्य० *(हि०)* वर्तमान, इस समय, जो दिन चल रहा है, बीतता हुआ दिन।

**मुहा० आजकल करना** टालमटोल करना, बहाने बनाना। **आजकल लगना** मृत्यु के करीब आना, मरणासन्न होना। **आजकल में** बहुत जल्द।

**आजक** पु० *(सं०)* बकरों का समूह।

**आजगव** पु० *(सं०)* शिव का धनुष।

**आजणी*** पु० अंजन।

**आजनन** पु० *(सं०)* सद्वंश, उच्चकुल।

**आजना*** स० क्रि० बिछाना।

**आजन्म** अव्य० *(सं०)* जन्मकाल से; जन्म भर, आजीवन।

**आज़माइश** स्त्री० *(फ़ा०)* परीक्षार्थ प्रयोग; परीक्षा।

**आज़माइशी** वि० परीक्षा के लिए किया गया।

**आज़माना** स० क्रि० परखना, परीक्षा लेना।

**आज़ा** पु० दादा, पितामह।

**आज़ाद** वि० *(फ़ा०)* स्वाधीन, जो दास न हो; जो बन्धुआ न हो; निडर; उद्धत; बे-परवाह।

**आज़ादी** स्त्री० मुक्ति, स्वाधीनता।

**आजानु** अ० *(सं०)* जाँघ के अन्त तक, घुटने तक।

**आज़ार** पु० *(फ़ा०)* कष्ट, पीड़ा; रोग।

**आजि** पु० *(सं०)* युद्धस्थल; युद्ध; सीमा; दौड़ का मैदान; सड़क; अपशब्द; क्षण।

**आजिज़** वि० *(अ०)* लाचार, अशक्त; परेशान; तंग

आया हुआ।

**आजिज़ी** स्त्री० *(अ०)* अशक्तता, लाचारी; दीनता।

**आजी** स्त्री० पितामही, दादी।

**आजीव** पु० *(सं०)* पेशा; रोजी, जीविका का उपाय।

**आजीवन** पु० *(सं०)* जीविका। अव्य० जीवनपर्यन्त।

**आजीविका** स्त्री० *(सं०)* रोजगार, धन्धा; रोजी।

**आजीविकार्जन** पु० *(सं०)* रोजगार करना, जिविकोपार्जन।

**आजीव्य** वि० *(सं०)* जीविका देने योग्य; उपजाऊ।

**आज़ुर्दगी** स्त्री० *(फ़ा०)* रंज, खिन्नता।

**आज़ुर्दा** वि० *(फ़ा०)* अप्रसन्न, खिन्न।

**आज्ञप्त** वि० *(सं०)* आज्ञा दिया हुआ।

**आज्ञप्ति** स्त्री० *(सं०)* आज्ञा।

**आज्ञा** स्त्री० *(सं०)* आदेश, हुक्म, अनुमति।

**आज्ञान** पु० *(सं०)* समझना, देखना; अनुभव करना।

**आज्ञापन** पु० *(सं०)* जताना; हुक्म देना।

**आज्ञापित** वि० *(सं०)* जिसे आदेश दिया गया हो।

**आज्ञायी** वि० *(सं०)* बोध करनेवाला; जानने-समझनेवाला; अनुभव करनेवाला।

**आज्य** पु० *(सं०)* घी; वृत।

**आटना** स० क्रि० ढक देना, तोपना।

**आटविक** पु० *(सं०)* सेना का एक भेद; वनवासी।

**आटा** पु० पिसा हुआ अन्न, पिसान, गेहूँ, जौ, मकई आदि का पिसा महीन चूर्ण।

**मुहा० आटा गीला होना** कठिनाई में और संकट होना। **आटा माटी होना** बर्बाद होना, तबाह होना। **आटे की आपा** भोलीभाली औरत। **आटे के साथ घुन पीसना** बड़े आदमी के साथ छोटे को नुकसान पहुँचाना। **आटे दाल का भाव मालूम होना** असलियत का पता चलना; किए का फल मिलना। **आटे दाल की फिक्र** गृहस्थी की चिन्ता। **आटे में नमक** जरा सा; थोड़ा सा।

**आटि** स्त्री० *(सं०)* एक मछली; एक तरह की चिड़िया।

**आटी**[†] स्त्री० रोक, डाट।

**आटीकर** पु० *(सं०)* वृष; साँड़।

**आटोग्राफ** स्त्री० *(अं०)* स्वाक्षर, हस्ताक्षर।

**आठ** वि० चार का दूना, सात और एक।

**आठक*** वि० आठ।

**आठवाँ** वि० अष्टम।

**आडम्बर** पु० *(सं०)* हर्ष, दर्प; युद्ध घोषणा, गर्जना; दिखावा।

**आडम्बराघात** पु० *(सं०)* डंका बजानेवाला।

**आड़** स्त्री० बचाव, आश्रय; परदा, ओट; थूनी; टेक; रोक; आड़ा तिलक; लम्बी टिकली; टीका।

**आड़ना*** स० क्रि० बाँधना; रोकना; बन्धक रखना।

**आड़ा** पु० जहाज का लट्ठा; एक धारीदार कपड़ा; शहतीर; बुनाई में सूत फैलाने की लकड़ी।

**आडिट** पु० *(अं०)* लेखा परीक्षा।

**आड़ू** पु० सतालू।

**आढ़** पु० चार सेर की तोल, आढ़क।

**आढकी** स्त्री० *(सं०)* गोपी चन्दन नामक एक तरह की खुशबूदार मिट्टी; अरहर की दाल।

**आढ़त** स्त्री० दलाली, दूसरे का माल कमीशन लेकर बिकवा देने का रोजगार।

**आढ़तिया** पु० दलाल, कमीशन पर माल बेचने वाला, अढ़तिया।

**आढ्य** वि० *(सं०)* धनी, सम्पन्न।

**आणक** पु० *(सं०)* एक रतिबन्ध; रुपये का सोलहवाँ भाग; एक आना।

**आणव** वि० *(सं०)* अति सूक्ष्म, अणुरूप।

**आतंक** पु० *(सं०)* दहशत; दबदबा; रोग; ज्वर; भय, पीड़ा; सन्देह; अनिश्चय; डंके का शब्द।

**आतंकित** वि० *(सं०)* भयभीत, आतंक से प्रभावित।

**आतंचन** पु० *(सं०)* दूध को जमाने के लिए जामन देना; जामन; दूध जमाना।

**आत** पु० शरीफा।

**आतत** वि० *(सं०)* फैलाया हुआ; फैला हुआ; खिंचा हुआ, चढ़ा या चढ़ाया हुआ (धनुष)।

**आततायी** वि० *(सं०)* कष्ट देने वाला।

**आतप** पु० *(सं०)* गर्मी; धूप; प्रकाश; दुःख देने वाला।

**आतपत्र** पु० *(सं०)* धूप से रक्षक छाता।

**आतपीय** वि० *(सं०)* धूपवाला।

**आतपोदक** पु० *(सं०)* मृगजल, मृग-तृष्णा।

**आतम*** वि० निज का, अपना।

**आतर** पु० *(सं०)* खेवा, उतराई।

**आतर्दन** पु० *(सं०)* धक्का देकर खोलना।

**आतश** पु० *(फ़ा०)*, आतिश आग। गुस्सा, अत्यधिक क्रोध, बहुत गर्मी।

**आतशक** स्त्री० *(फ़ा०)* उपदंश, गर्मी की बीमारी।

**आतशी** वि० अग्नि से उत्पन्न; अग्नि-सम्बन्धी।

**आतिथेय** वि० *(सं०)* अतिथि सेवा परायण; अतिथि का सत्कार करने वाला।

**आतिथ्य** पु० *(सं०)* अतिथि सेवा, पहुनई।

**आतिथेयी** स्त्री० *(सं०)* अतिथि-सत्कार।

**आतिरेक्य, आतिरैक्य** पु० *(सं०)* अतिरेक; फालतू।

**आतिशयिक** वि० *(सं०)* अत्यधिक; बहुत अधिक।

**आतिशय्य** पु० *(सं०)* बहुतायत, अतिशयता।

**आतुर** वि० *(सं०)* बेसब्र, अधीर; उतावला, बेचैन; उत्कट इच्छावाला; बीमार; अशक्त।

**आतुरता** स्त्री० *(सं०)* बेचैनी; उतावली; *शीघ्रता।

**आतुराना*** अ० क्रि० उतावला होना, आतुर होना।

**आत्त** वि० *(सं०)* स्वीकृत; निकाला हुआ; लिया हुआ, गृहीत; आरब्ध।

**आत्म** वि० *(सं०)* मन या आत्मा से सम्बन्धित; स्व, अपना (आत्मकथा), आत्म-परिचय।

**आत्मक** वि० *(सं०)* गुण धर्म रूपवाला; युक्त।

**आत्मकीय** वि० *(सं०)* जिस पर अपना अधिकार हो।

**आत्मज** पु० *(सं०)* पुत्र।

**आत्मजा** स्त्री० *(सं०)* पुत्री।

**आत्मनीन** वि० *(सं०)* जिस पर अपना अधिकार हो; जीवित; वर्तमान।

**आत्मज्ञान** पु० *(सं०)* आत्मा का वास्तविक ज्ञान।

**आत्मवत** अव्य० *(सं०)* अपनी तरह।

**आत्मज्ञ** पु० *(सं०)* सिद्ध, ब्रह्मज्ञ।

**आत्मत्याग** पु० *(सं०)* स्वार्थ त्याग।

**आत्मघात** पु० *(सं०)* आत्महत्या।

**आत्मसात** अव्य० *(सं०)* सब भाँति से अपने अधीन।

**आत्मा** स्त्री० पु० *(सं०)* अन्तःकरण; मन; जीवात्मा; बुद्धि; जीवनतत्त्व, जीव; चेतन तत्त्व।

**आत्माधीन** वि० *(सं०)* अपने वश में।

**आत्मानुभव** पु० *(सं०)* अपना तजुर्बा।

**आत्मानुभूति** स्त्री० *(सं०)* आत्म-साक्षात्कार।

**आत्मापहार** पु० *(सं०)* अपने को छिपाना।

**आत्माभिमान** पु० *(सं०)* स्वाभिमान, आत्म-सम्मान।

**आत्माभिमुख** वि० *(सं०)* अन्तर्मुख।

**आत्माश्रय** वि० *(सं०)* केवल अपना या अपनी बुद्धि का भरोसा करने वाला।

**आत्मीय** पु० *(सं०)* स्वजन।

**आत्मीयता** स्त्री० *(सं०)* मैत्री, अपनापन।

**आत्मेश्वर** वि० *(सं०)* अपने मन पर अधिकार रखने वाला।

**आत्मोत्सर्ग** पु० *(सं०)* दूसरे के हित के लिए अपने को संकट में डालना; आत्मत्याग; अपना जीवन अर्पित कर देना।

**आत्मोद्धार** पु० *(सं०)* अपना उद्धार; मुक्ति।

**आत्मोपजीवी (विन्)** पु० *(सं०)* अपने श्रम से जीविका चलाने वाला; अभिनेता; मजदूर।

**आत्मोपम** वि० *(सं०)* अपने जैसा।

**आत्यन्तिक** वि० *(सं०)* अबाधित; अविच्छिन्न; सार्वकालिक; पूर्ण; जिसकी अतिशयता हो, जो इफरात हो।

**आत्रेयिका** स्त्री० *(सं०)* रजस्वला स्त्री।

**आथना** क्रि० होना, रहना।

**आदंश** पु० *(सं०)* दाँत, दाँत से काटने का घाव।

**आदत** स्त्री० *(अ०)* लत, बान, टेक; व्यसन।

**आदतन** अ० आदत के अनुसार, अभ्यासतः; स्वभावतः।

**आदम** पु० *(अ०)* इस्लाम एवं यहूदी धर्म के अनुसार ईश्वर निर्मित प्रथम मनुष्य, आदि-मानव; मनुष्य।

**आदमक़द** वि० मनुष्य के आकार का।

**आदमखोर** वि० पु० नरमाँस भक्षी।

**आदमीयत** स्त्री० इनसानियत, मनुष्यता; भलमनसी।

**आदर** पु० *(सं०)* इज्जत; सम्मान; पूज्यभाव।

**आदरण** पु० *(सं०)* आदर करना।

**आदरणीय, आदर्तव्य** वि० *(सं०)* आदर के योग्य।

**आदरना*** स० क्रि० सम्मान करना।

**आदर्य** वि० *(सं०)* आदरणीय।

**आदर्श** पु० *(सं०)* श्रेष्ठतम अवस्था; प्रतिमान, नमूना; दर्पण; टीका, व्याख्या।

**आदर्शन** पु० *(सं०)* प्रदर्शित करना, दिखलाना।

**आदर्शित** वि० *(सं०)* प्रदर्शित; निर्देश किया हुआ।

**आदर्शीकरण** पु० *(सं०)* आदर्श रूप देना।

**आदहन** पु० *(सं०)* निन्दा करना; ईर्ष्या करना; घृणा करना, आहत करना, जलाना; मारना; श्मशान।

**आदान** पु० *(सं०)* लेना, पाना, ग्रहण; बन्धन; कर, शुल्क आदि के रूप में लिया जाने वाला धन।

**आदान-प्रदान** पु० *(सं०)* लेन-देन।

**आदाब** पु० *(फ़ा०)* सलाम, प्रणाम, अभिवादन;

**आदाय** पु० *(सं०)* पाना, ग्रहण करना, प्राप्त करना।

**आदि** वि० *(सं०)* प्रधान; प्रथम; पहला (जैसे—आदि कवि) आरम्भ का। अव्य० आदिक।

**आदिक** अ० *(सं०)* इत्यादि, वगैरह।

**आदित** पु० आदित्य।

**आदित्य** पु० *(सं०)* सूर्य, देवता।

**आदित्यवार** पु० *(सं०)* रविवार।

**आदितेय** पु० *(सं०)* सूर्य; अदिति का पुत्र।

**आदिदेव** पु० *(सं०)* नारायण; सूर्य; शिव।

**आदिम** वि० *(सं०)* पहला; आदि में उत्पन्न; सर्वप्रथम।

**आदिष्ट** वि० *(सं०)* जिसे (कार्य का) आदेश किया गया हो। पु० सम्मति; आज्ञा; जूठन।

**आदिशक्ति** स्त्री० *(सं०)* परमेश्वरी; परमेश्वरी की माया रूपा शक्ति।

**आदिष्टी** वि० *(सं०)* आदेश देनेवाला। पु० ब्रह्मचारी; प्रायश्चित्त करनेवाला; विद्यार्थी।

**आदी** स्त्री० अदरक।

**आदीपन** पु० *(सं०)* उत्तेजित करना; आग लगाना।

**आदीपित, आदीप्त** वि० *(सं०)* प्रज्वलित किया हुआ; जलता हुआ।

**आदृत** वि० *(सं०)* सम्मानित; आदर-प्राप्त; सावधान।

**आदृत्य** वि० *(सं०)* आदरणीय, सम्मान्य।

**आदृष्टि** स्त्री० *(सं०)* देखना, नजर।

**आदेश** पु० *(सं०)* सलाह; विवरण; हिदायत; हुक्म, आज्ञा; भविष्यकथन।

**आदेशक** वि० *(सं०)* आदेश, आज्ञा करने वाला।

**आदेशात्मक** वि० *(सं०)* आदेशपूर्ण।

**आदेशानुसार** वि० *(सं०)* आज्ञा के अनुसार।

**आदेशी (शिन्)** वि० *(सं०)* आदेश करनेवाला; भविष्यवक्ता, ज्योतिषी।

**आद्यन्त** अ० *(सं०)* आदि से अन्त तक।

**आद्य** वि० *(सं०)* प्रारम्भ का, पहला, प्रथम, आदि का; प्रधान; अद्वितीय; खाने योग्य।

**आद्यक्षर** पु० *(सं०)* नाम के शुरू का अक्षर।

**आद्योत** पु० *(सं०)* चमक, प्रकाश, कान्ति।

**आद्योपान्त** अव्य० *(सं०)* आदि से अन्त तक।

**आद्रा** स्त्री० आर्द्रा।

**आधर्मिक** वि० *(सं०)* असाधु; अन्यायी।

**आधर्षण** पु० *(सं०)* अपराधी ठहराना; दण्ड देना।

**आधर्षित** वि० *(सं०)* दण्डित, दोषी ठहराया हुआ, अपराधी घोषित किया हुआ।

**आधा** वि० अर्द्ध, वस्तु के दो समान भागों में से एक।

**आधान** पु० *(सं०)* उत्पन्न करना; प्रयत्न; स्थापन, रखना; ग्रहण, धारण। पूरा करना; कोई वस्तु जमा करने या रखने का स्थान; घेरा।

**आधायिनी** स्त्री० *(सं०)* करने वाली।

**आधार** पु० *(सं०)* वह जो किसी वस्तु को धारण करे; आलम्बन, सहारा; तालाब; अधिष्ठान।

**आधारिक** वि० *(सं०)* आधार से सम्बद्ध; आधारभूत।

**आधारित** वि० आधार पर टिका हुआ, आधृत।

**आधि** स्त्री० *(सं०)* अभिशाप; मानसिक पीड़ा; विपत्ति; बन्धक; धरोहर; आवास; स्थान; आशा।

**आधिक*** वि० आधा या आधे के लगभग।

**आधिकारिक** वि० *(सं०) (आफिशियल)* अधिकारपूर्ण; अधिकार या अधिकारी से सम्बद्ध; प्रामाणिक।

**आधिक्य** पु० *(सं०)* बहुतायत; प्राधान्य; अधिकता।

**आधिदैविक** वि० *(सं०)* इन्द्रियों के अधिष्ठाता देवताओं से सम्बन्ध रखने वाला; दैवकृत या भूत-प्रेतकृत (क्लेशादि)।

**आधिपत्य** पु० *(सं०)* सत्ता; राज्य; प्रभुत्व।

**आधिभौतिक** वि० *(सं०)* प्राणियों या पंचभूतों से सम्बद्ध या उनसे उत्पन्न।

**आधिराज्य** पु० *(सं०)* आधिपत्य।

**आधी** स्त्री० *(सं०)* आधार का स्त्रीलिंग।

**आधीकृत** वि० *(सं०)* बन्धक रखा हुआ।

**आधीन*** वि० अधीन, आश्रित।

**आधीनता*** स्त्री० अधीनता, आश्रय।

**आधुनिका** स्त्री० *(सं०)* आधुनिक सभ्यता एवं आचरण वाली स्त्री।

**आधुनिकीकरण** पु० *(सं०)* आधुनिकता से पूर्ण, अत्याधुनिक।

**आधूत** वि० *(सं०)* काँपता या कँपाया हुआ, व्याकुल, हिलाया हुआ; परेशान, क्षुब्ध किया हुआ।

**आधेक** वि० आधे के बराबर।

**आधेय** वि० *(सं०)* स्थापित किये जाने योग्य; ठहराने योग्य; जो धारण किया जाये।
**आधो-आध** अ० आधा-आधा करके।
**आध्मान** पु० *(सं०)* पेट फूलना, अफारा; गर्व करना।
**आध्यात्मिक** वि० *(सं०)* आत्मा से या परमात्मा से सम्बन्ध रखने वाला।
**आध्यापक** पु० *(सं०)* गुरु, शिक्षक।
**आनन्द** पु० *(सं०)* खुशी, मोद, हर्ष, मौज।
**आनन्दक** वि० *(सं०)* आनन्द मनाने वाला।
**आनन्दन** वि० *(सं०)* आनन्दप्रद।
**आनन्दना*** अ० क्रि० प्रसन्न होना, आनन्दित होना।
**आनन्दमय** वि० *(सं०)* आनन्द या खुशी से भरा हुआ।
**आनन्दयिता** वि० *(सं०)* आनन्द देनेवाला।
**आनन्दा** स्त्री० *(सं०)* भाँग।
**आनन्दानुभूति** स्त्री० *(सं०)* आनन्द या खुशी का एहसास।
**आनन्दावेग** पु० *(सं०)* आनन्द की प्रबलता।
**आनन्दित** वि० *(सं०)* खुश, प्रसन्न; हर्षित।
**आनन्दी** वि० *(सं०)* सदा आनन्द मनानेवाला, प्रसन्न।
**आन** *वि० अन्य, दूसरा। स्त्री० गौरव; गर्व; दुहाई; शपथ; ढंग; शर्म; भय; अदब, लिहाज।
**आन** पु०, स्त्री० *(अ०)* क्षण, लहजा।
**आनक दुन्दुभि** बड़ा नगाड़ा।
**आनति** स्त्री० *(सं०)* प्रणाम करना; झुकना; सत्कार।
**आनन** पु० *(सं०)* मुँह; ग्रन्थ का बड़ा खण्ड, अध्याय।
**आननफानन** अ० अति शीघ्र; बात-की-बात में।
**आनबान** स्त्री० चमक-दमक, सज-धज।
**आनना*** स० क्रि० लाना।
**आनमन** पु० *(सं०)* विनय, झुकाव।
**आनयन** पु० *(सं०)* पास ले जाना; उपनयन संस्कार।
**आनर्तन** पु० *(सं०)* नाचना।
**आना** पु० एक रुपये को सोलहवाँ भाग। क्रि० आना; होना; बीतना; मिलना; लौटना; पकना।
**आनाकानी** स्त्री० उज्र, टालमटोल; एतराज।
**आनाय** पु० *(सं०)* जाल।
**आनाह** पु० *(सं०)* बन्धन; मलावरोध; मल-मूत्र के अवरोध से पेट का फूलना।
**आनीत** वि० *(सं०)* पास लाया हुआ।
**आनुकूलिक** वि० *(सं०)* अनुकूल।
**आनुकूल्य** पु० *(सं०)* अनुकूलता।
**आनुगत्य** पु० *(सं०)* अनुगमन; परिचय; घनिष्ठता।
**आनुग्रामिक** वि० *(सं०)* ग्रामीण; ग्राम-सम्बन्धी।
**आनुपूर्वी** वि० *(सं०)* क्रमानुसार।
**आनुमानिक** वि० *(सं०)* अटकल पर आश्रित, अनुमान।
**आनुयात्रिक** पु० *(सं०)* सेवक, अनुचर।
**आनुलोमिक** वि० *(सं०)* क्रमबद्ध, सिलसिले-वार; अनुकूल; उपयुक्त।
**आनुवंशिक** वि० *(सं०)* पुश्तैनी, वंश परम्परा से प्राप्त।
**आनुषंगिक** वि० *(सं०)* गौण; संयुक्त; सम्बद्ध; अनिवार्य; अनुरूप; प्रासंगिक।
**आनृशंस** पु० *(सं०)* दयालुता; करुणा।
**आनेता** वि० *(सं०)* लाने वाला।
**आनैपुण, आनैपुण्य** पु० *(सं०)* अदक्षता।
**आन्वयिक** वि० *(सं०)* व्यवस्थित; कुलीन।
**आप** पु० *(सं०)* प्राप्ति; पानी; एक वस्तु, आकाश।
**आप** सर्व० खुद, स्वयं, तुम, वे।
**मुहा० आप आप करना** खुशामद करना। **आप आपकी पड़ना** अपने-अपने काम में व्यस्त रहना। **आप आपको** अपने-अपने, अलग-अलग, अपने को। **आप से आप** खुद-बखुद, अपने आप। **आप ही आप** स्वतः, अपने मन से; मन-ही-मन।
**आपक** वि० *(सं०)* प्राप्त करने वाला।
**आपगेय** पु० *(सं०)* भीष्म।
**आपण** पु० *(सं०)* दुकान; बाजार।
**आपणिक** वि० *(सं०)* बाजार-सम्बन्धी; बाजार से प्राप्त (कर आदि)। पु० बाजार; दुकानदार।
**आपतन** पु० *(सं०)* गिरना, टूट पड़ना; घटित होना, उतरना; ज्ञान; प्राप्ति; स्वाभाविक परिणाम।
**आपत्तिक** वि० *(सं०)* दैवी; आकस्मिक।
**आपत्ति** स्त्री० *(सं०)* संकट, विपत्ति; अनिष्ट-प्रसंग; उज्र, दोष; एतराज; प्राप्ति।
**आपत्, आपद्** स्त्री० *(सं०)* मुसीबत, विपत्; कठिनाई, कष्ट।
**आपद्धर्म** पु० *(सं०)* विपत्ति में करणीय धर्म।
**आपदा** स्त्री० *(सं०)* आपत्ति, मुसीबत।
**आपन्न** वि० *(सं०)* विपत्ति ग्रस्त, आपदग्रस्त।

**आपनिधि** पु० समुद्र, जलधि।

**आपरूप** वि० अपने रूप-रंग का। सर्व० स्वयं, आप।

**ऑपरेटर** पु० *(अं०)* चालक।

**ऑपरेशन** पु० *(अं०)* चीरफाड़, शल्यक्रिया।

**आपस** पु० *(सं०)* एक दूसरे का नाता; परस्पर का सम्बन्ध।

**आपसी** वि० पारस्परिक, आपस का, आपस में होने वाला।

**आपा** पु० धैर्य; अपना अस्तित्त्व, निजत्व; अपना स्वरूप; अपनी सत्ता का ज्ञान, अहंभाव, धैर्य। **मुहा० आपा खोना** होश में न रहना। **आपा डालना** घमण्ड छोड़ना। **आपा तजना** घमण्ड छोड़ना, द्वैत भाव का त्याग। **आपा दिखलाना** दर्शन या दिखायी देना। **आपा सँभालना** चेतना, सजग होना। **आपे में आना** होश हवास में होना; मनोभावों पर काबू होना। **आपे में न रहना, आपे से बाहर होना** उत्तेजना में विवेक खो देना, उत्तेजित होना, धैर्यच्युत होना।

**आपात** पु० *(सं०)* गिराना; अचानक घटित होने की स्थिति; अचानक आ धमकना, टूट पड़ना।

**आपाद** पु० *(सं०)* पुरस्कार; प्राप्ति।

**आपाधापी** स्त्री० हर एक को अपनी या अपने काम की चिन्ता होना; धाँधली।

**आपान** पु० *(सं०)* मिलकर शराब पीना, मद्यपानगोष्ठी।

**आपानक** पु० *(सं०)* मद्यपान स्थान, दूकान।

**आपापन्थी** वि० स्वच्छन्द, अपने मन की करनेवाला।

**आपीड** वि० *(सं०)* दबाने वाला; पीड़ा देने वाला। पु० किरीट; माला; सिर पर पहनने की चीज।

**आपुन, आपुनो*** सर्व० अपना; स्वयं।

**आपूप्य** पु० *(सं०)* सत्तू; बेसन; आटा; मैदा।

**आपूर** वि० *(सं०)* भरापूरा।

**आपूरना*** अ० क्रि० भर जाना।

**आपूरित, आपूर्ण** वि० *(सं०)* पूरी तरह भरा हुआ।

**आपूर्ति** स्त्री० *(सं०)* भरा होना; भरना; सन्तुष्टि।

**आपेक्षिक** वि० *(सं०)* अपेक्षा रखने वाला; जो किसी पर आश्रित हो; तुलनात्मक।

**आपो, आपौ*** पु० अहंभाव; आपा; होश, सुध।

**आप्त** वि० *(सं०)* मिला हुआ; कुशल; प्राप्त, पहुँचा हुआ; नियुक्त; तत्त्वज्ञ; मनीषी।

**आप्ति** स्त्री० *(सं०)* सम्बन्ध; संयोग; प्राप्ति; पहुँचाना।

**आप्यायन** पु० *(सं०)* तृप्ति; बाढ़, वर्द्धन; तृप्त करना।

**आप्रच्छन्न** वि० *(सं०)* गुप्त, छिपा हुआ।

**आप्लव** पु० *(सं०)* पानी से तर कर देना; स्नान।

**आप्लाव** पु० *(सं०)* बाढ़; स्नान।

**आप्लावन** पु० *(सं०)* स्नान; पानी से तर करना।

**आप्लावित** वि० *(सं०)* डुबाया हुआ; स्नात।

**आप्व (न्)** पु० *(सं०)* गरदन; वायु।

**आफ़त** स्त्री० *(अ०)* मुसीबत, विपद्; क्लेश, दुःख; संकट, बला; ऊधम।

**मुहा० आफ़त उठाना** ऊधम मचाना। **आफ़त का परकाला** बहुत तेज, चलता, धूर्त आदमी; तूफानी। **आफ़त का मारा** दुर्दैव-पीड़ित, विपद्-ग्रस्त। **आफ़त ढाना** कष्ट पहुँचाना, पीड़ित करना, उपद्रव मचाना; अनहोनी बात कहना। **आफ़त मचाना** शोरगुल करना; उपद्रव मचाना। **आफ़त मोल लेना** कोई झंझट, बखेड़ा अपने सिर लेना; संकट को न्योता देना।

**आफ़ताब** पु० *(फ़ा०)* धूप; सूर्य।

**आफ़री** अ० *(फ़ा०)* धन्य, शाबाश।

**आफ़रीनिश** स्त्री० *(फ़ा०)* जगत् की उत्पत्ति, सृष्टि।

**आफ़ियत** स्त्री० *(अ०)* खैरियत, कुशल; बचाव।

**ऑफ़िस** पु० *(अं०)* कार्यालय, दफ्तर, पद।

**आफ़िसर** पु० *(अं०)* अधिकारी; अफसर।

**आब** पु० *(फ़ा०)* पसीना; जल; फूलों का प्राकृतिक रस; आँसू; शराब; अर्क; मवाद।

**मुहा० आब दाना उठना** स्थानविशेष में जीविका का उपाय (नौकरी आदि) न रह जाना।

**आबद्ध** वि० *(सं०)* प्रतिबद्ध, बँधा हुआ।

**आबला** पु० *(फ़ा०)* फफोला, छाला।

**आबल्य** पु० *(सं०)* कमजोरी, निर्बलता।

**आबाद** वि० *(फ़ा०)* सम्पन्न, खुशहाल, फलता-फूलता।

**मुहा० आबाद करना** उजाड़, बंजर जमीन को बसाना या कृषि योग्य बनाना।

**आबादान** वि० भरा-पूरा; बसा हुआ; उन्नत, समृद्ध।

**आबादानी** स्त्री० सभ्यता, संस्कृति; आबाद जगह; आबादी; करवृद्धि; बहुतायत; आमोद-प्रमोद।

**आबादी** स्त्री० जनसंख्या; बस्ती; खुशहाली।

**आबाध** पु० *(सं०)* क्षति; छेड़-छाड़; कष्ट।

**आभरण** पु० *(सं०)* गहना, आभूषण; पोषण।

**आभरन*** पु० आभूषण।

**आभरित** वि० *(सं०)* सँवारा हुआ; भूषित।

**आभा** स्त्री० शोभा; कान्ति; छाया; प्रतिबिम्ब।

**आभार** पु० *(सं०)* बोझ; एहसान।

**आभारी** वि० *(सं०)* ऋणी, एहसानमन्द।

**आभाषण** पु० *(सं०)* सम्बोधन; बोलना, बातचीत।

**आभास** पु० *(सं०)* मिथ्या ज्ञान; प्रतीति; मिथ्या प्रतीति; संकेत।

**आभिजित** वि० *(सं०)* अभिजित् नक्षत्र में उत्पन्न।

**आभिधा** स्त्री० *(सं०)* नाम; उल्लेख; स्वर; शब्द।

**आभिमुख्य** पु० *(सं०)* (किसी की ओर) रुख होना, आमने-सामने होना।

**आभिरूपक, आभिरूप्य** पु० *(सं०)* सौन्दर्य।

**आभिषेचनिक** वि० *(सं०)* राजतिलक-सम्बन्धी।

**आभीर** पु० *(सं०)* अहीर; एक राग।

**आभीरी** स्त्री० *(सं०)* अहीरिन; अहीरों की बोली।

**आभील** वि० *(सं०)* भयानक, दुःख से पीड़ित। पु० शारीरिक कष्ट; दुःख; क्षति; दुर्भाग्य।

**आभूषण** पु० *(सं०)* सजावट, शृंगार; गहना, अलंकार।

**आभूषित** वि० *(सं०)* सजाया हुआ, अलंकृत; शोभित।

**आभृत** वि० *(सं०)* उत्पादित; भरा हुआ; जकड़ा हुआ।

**आभोग** पु० *(सं०)* रूप; विस्तार; भोजन; तृप्ति; प्रयत्न।

**आभोजी (जिन्)** वि० *(सं०)* खानेवाला।

**आभ्यन्तर** वि० *(सं०)* अन्दरूनी, भीतर का।

**आभ्युदयिक** वि० *(सं०)* उन्नत; उन्नति करने वाला।

**आमंजु** वि० *(सं०)* मनोरम, सुन्दर।

**आमन्त्रण** पु० *(सं०)* न्योता, निमन्त्रण; स्वागत; सम्बोधन, बुलाना, पुकारना; विदा लेना; सलाह-मशविरा।

**आमन्त्रयिता** पु० *(सं०)* निमन्त्रण देनेवाला।

**आमन्त्रित** वि० *(सं०)* बुलाया हुआ, निमन्त्रित।

**आम** पु० एक प्रसिद्ध फल और उसका पेड़।

**मुहा० आम के आम गुठलियों के दाम** दोहरा लाभ।

**आमक** पु० *(सं०)* कुम्हड़ा, कुष्माण्ड।

**आमद** स्त्री० *(फ़ा०)* आय; अक्लिष्ट-कल्पित भाव; आगमन, आना।

**मुहा० आमद होना** लाभ होना।

**आमदनी** स्त्री० *(फ़ा०)* प्राप्ति; आय; नफा, निकास।

**आमनस्य** पु० *(सं०)* गम, दुःख, रंज; पीड़ा।

**आमना-सामना** पु० भेंट; सामना।

**आमय** पु० *(सं०)* चोट; क्षति; रोग, बीमारी; अजीर्ण।

**आमरख*** पु० अमर्ष; क्रोध।

**आमरखना*** अ० क्रि० क्रोध करना।

**आमरण** वि० *(सं०)* मृत्युपर्यन्त।

**आमर्द, आमर्दन** पु० *(सं०)* रगड़ना, मसलना; दबाना।

**आमलक** पु० *(सं०)* आँवला।

**आमला** पु० आँवला, आमड़ा।

**आमात्य** पु० *(सं०)* अमात्य, मन्त्री।

**आमादा** वि० *(फ़ा०)* उद्यत, तैयार, तत्पर।

**आमावास्य** वि० *(सं०)* अमावस या उस दिन होनेवाले व्रत से सम्बन्ध रखनेवाला।

**आमाशय** पु० *(सं०)* पाचन-संस्थान का वह थैलीनुमा भाग, जिसमें आहार इकट्ठा होकर पचता है, मेदा, जठर, कोष्ठ।

**आमिल** वि०, पु० *(अ०)* अधिकारी; झाड़-फूँक करने वाला; प्रयोग करनेवाला।

**आमिष** पु० *(सं०)* रूप; आकृति; भोग्य वस्तु; माँस; शिकार; लुभावनी वस्तु; कामना।

**आमिषाशी** वि० *(सं०)* माँसाहारी, माँस-भक्षी।

**आमी** स्त्री० छोटा कच्चा आम, अँबिया।

**आमीन** अ० *(अ०)* तथास्तु, ईश्वर ऐसा करे।

**आमुख** पु० *(सं०)* भूमिका; आरम्भ; प्रस्तावना।

**आमूल** अ० *(सं०)* जड़ तक, मूलपर्यन्त; जड़ से।

**आमेजना*** स० क्रि० मिलाना।

**आमेज़िश** स्त्री० *(फ़ा०)* मिश्रण, मिलावट।

**आमोद** पु० *(सं०)* प्रसन्नता, हर्ष, खुशी।

**आमोदित** वि० *(सं०)* आनन्दित, प्रसन्न; सुगन्धित।

**आमोदी (दिन्)** वि० *(सं०)* सुवासित; प्रसन्न रहनेवाला।

**आमोष** पु० *(सं०)* चोरी, अपहरण।

**आम्रात, आम्रातक** पु० *(सं०)* आमड़ा।

**आम्ल** पु० *(सं०)* खट्टापन; इमली का पेड़।

**आयँती-पायँती** स्त्री० सिरहाना-पायताना। क्रि० वि० ऊपर-नीचे।

**आय** स्त्री० *(सं०)* आमदनी, धनागम; लाभ।

**आयत**[1] वि० *(सं०)* विस्तृत; विशाल; लम्बा; आकृष्ट।

**आयत**[2] स्त्री० *(अ०)* कुरान का वाक्य; चिह्न, निशान।

**आयतन** पु० *(सं०)* लम्बाई, चौड़ाई, ऊँचाई आदि; यज्ञस्थान; घर; स्थान; आश्रय; बखार।

**आयति** स्त्री० *(सं०)* मिलन, संगम; भविष्य में होने वाली आय; विस्तार; लम्बाई; तेज; प्रभाव; संयम।

**आयत्त** वि० *(सं०)* अधीन; अवलम्बित, आश्रित।

**आयद** वि० *(सं०)* घटित होने वाला; लौटने वाला।

**आयमन** पु० *(सं०)* फैलाव; लम्बाई; नियमन; खींचना, तानना (धनुष आदि)।

**आयस** पु० *(सं०)* लोहे की बनी चीज; लोहा; हथियार; रत्न।

**आयसु*** स्त्री० पु० आज्ञा, आदेश।

**आया** स्त्री० बच्चे को दूध पिलानेवाली स्त्री, धाय।

**आयी** क्रि० उपस्थित हुई, आ पहुंची।

**आयाचित** वि० *(सं०)* प्रार्थित। पु० प्रार्थना।

**आयात** वि० *(सं०)* आगत, आया हुआ; विदेश से आया हुआ (माल)।

**आयातक** पु० *(सं०)* माल आयात करनेवाला।

**आयान** पु० *(सं०)* स्वभाव, प्रकृति; आना।

**आयातित** वि० *(सं०)* विदेश से मँगाया हुआ।

**आयाम** पु० *(सं०)* फैलाव; लम्बाई; खींचना, तानना।

**आयास** पु० *(सं०)* यत्न; श्रम; थकावट; मानसिक पीड़ा।

**आयासक** वि० *(सं०)* कष्टकारक; थकानेवाला।

**आयु (स्)** स्त्री० *(सं०)* जीवनकाल; जीवन।

**मुहा० आयु खुटाना*** आयु कम होना।

**आयुक्त** वि० *(सं०)* नियुक्त; संयुक्त।

**आयुध** पु० *(सं०)* हथियार, युद्ध का साधन। आभूषण बनाने के काम में आनेवाला सोना।

**आयुधक, आयुधकार** वि० *(सं०)* हथियार धारण करने वाला।

**आयुधजीवी** योद्धा।

**आयुधागार** पु० *(सं०)* हरबे-हथियार रखने का गोदाम।

**आयुर्** 'आयुस्' का समासगत रूप।

**आयुष** पु० *(सं०)* जीवनकाल।

**आयुष्मान** वि० *(सं०)* लम्बी उम्रवाला; जीवित।

**आयोग** पु० *(सं०)* कोई काम देना या किसी काम में लगाना; नियुक्ति; कार्य सम्पादन; कूल।

**आयोजन** पु० *(सं०)* तैयारी; प्रबन्ध; इकट्ठा करना।

**आयोजित** वि० *(सं०)* सम्बद्ध किया हुआ; जिसे जोड़ा गया हो; जिसका आयोजन किया गया हो।

**आयोधन** पु० *(सं०)* युद्धभूमि; युद्ध; वध।

**आरम्भ** पु० *(सं०)* श्रीगणेश, शुरू करना, कार्य; प्रयत्न; शुरू का हिस्सा; उत्पत्ति।

**आरम्भक** वि० *(सं०)* आरम्भकर्ता, आरम्भ करनेवाला।

**आरम्भिक** वि० *(सं०)* शुरू का; शुरु में होने वाला।

**आर** पु० *(सं०)* खान से निकला अशोधित लोहा; कोना; पीतल; मंगल; गमन; दूरी; किनारा।

**आरक्त** वि० *(सं०)* हल्का लाल।

**आरक्षक** पु० *(सं०)* पहरेदार, प्रहरी; पुलिस।

**आरक्षण** पु० *(सं०)* रिजर्व कराना।

**आरक्षित** वि० *(सं०)* रिजर्व, रक्षित, रक्षा किया हुआ।

**आरक्षी** वि० *(सं०)* रक्षा करने वाला, पुलिस, सिपाही।

**आरचित** वि० *(सं०)* व्यवस्थित किया हुआ।

**आरज** पु० आर्य।

**आरज़ू** स्त्री० *(फ़ा०)* कामना, इच्छा; बिनती।

**मुहा० आरज़ू खाक में मिलाना** इच्छाओं पर पानी फेर देना।

**आरट** वि० *(सं०)* शोरगुल करनेवाला।

**आरणि** पु० *(सं०)* भँवर, आवर्त।

**आरण्य** वि० *(सं०)* बनैला, जंगली, जंगल का।

**आरण्यक** वि० *(सं०)* वन में उत्पन्न; वन्य।

**आरत** वि० *(सं०)* सौम्य; शान्त; रुका हुआ, आर्त।

**आरती** स्त्री० पूजन के समय पढ़ा जानेवाला स्तोत्र।

**मुहा० आरती उतारना** अभिनन्दन करना।

**आरनाल, आरनालक** पु० *(सं०)* काँजी।

**आर-पार** अ० इस पार्श्व से उस पार्श्व तक।

**आरब्धि** स्त्री० *(सं०)* आरम्भ।

**आरभट** पु० *(सं०)* साहस; वीर; साहसी पुरुष।

**आरमण** पु० *(सं०)* विराम; विश्राम करने का स्थान।

**आरव** पु० *(सं०)* चिल्लाहट; तीव्र ध्वनि; आवाज।

**आरसी** स्त्री० अँगूठे में पहनने की नगदार अँगूठी; दर्पण।

**आरस्य** पु० *(सं०)* विरसता, नीरसता, स्वादहीनता।

**आरा** पु० *(सं०)* घोड़िया बैठाने के लिए दीवार पर रखी जानेवाली लकड़ी या पत्थर की पटरी; सूजा; लकड़ी काटने का दाँतेदार औजार।

**आराइशी** वि० *(फ़ा०)* सजावट के काम आने वाली।
**आराज़ी** स्त्री० *(अ०)* खेत; भूमि, जमीन।
**आराति** वि० *(सं०)* दुश्मन, शत्रु।
**आराधक** वि० *(सं०)* उपासक।
**आराधन** पु० *(सं०)* सेवा करना; उपासना करना, पूजा करना; प्रसन्न करना; सम्मान करना।
**आराधना** स्त्री० *(सं०)* उपासना, पूजा; सेवा।
**आराधनीय** वि० *(सं०)* पूज्य, आराधन के योग्य।
**आराधित** वि० *(सं०)* सेवित; पूजित।
**आराध्य** वि० *(सं०)* आराधन करने योग्य।
**आराम** पु० *(सं०)* सुख, प्रसन्नता; बगीचा, उपवन। **मुहा० आराम करना** चंगा कर देना; सोना। **आराम फरमाना** आराम करना **आराम से** फुरसत में; धीरे-धीरे। **आराम से गुजरना** चैन से दिन कटना। **आराम होना** चंगा होना।
**आरामिक** पु० *(सं०)* माली, बागवान।
**आरालिक** पु० *(सं०)* रसोइया, सूपकार।
**आरास्ता** वि० *(फ़ा०)* सजाया, शृंगार किया हुआ।
**आरि*** स्त्री० मर्यादा; हठ, जिद; झगड़ा।
**आरियत** स्त्री० *(अ०)* मँगनी, उधार।
**आरी** वि० *(अ०)* लाचार; दीन।
**आरी** स्त्री० छोटा आरा।
**आरुण** वि० *(सं०)* अरुण से सम्बन्ध रखने वाला।
**आरुह** वि० *(सं०)* ऊपर जाने वाला।
**आरूक** पु० *(सं०)* आलूबुखारा।
**आरूढ़** वि० *(सं०)* सवार; जमकर बैठा हुआ; आसीन।
**आरूढ़ि** स्त्री० *(सं०)* आरोहण, चढ़ाव।
**आरेख** पु० खाका, डायग्राम।
**आरेस*** पु० डाह, ईर्ष्या।
**आरोग*** वि० स्वस्थ, नीरोग।
**आरोचन** वि० *(सं०)* चमकीला।
**आरोध** पु० *(सं०)* अवरोध, घेरा।
**आरोधना*** स० क्रि० रोकना।
**आरोप** पु० *(सं०)* दोष लगाना; इलजाम; एक पदार्थ में दूसरे के गुण-धर्म की कल्पना।
**आरोपण** पु० *(सं०)* झूठी कल्पना; ऊपर चढ़ाना; लगाना; कमान की डोरी चढ़ाना; रोपना; भ्रम।
**आरोपित** वि० *(सं०)* रोपा हुआ; आरोप किया हुआ।
**आरोह** पु० *(सं०)* उतरना, नीचे आना; चढ़ना, ऊपर को जाना; सवार होना।
**आरोहण** पु० *(सं०)* सवार होना; चढ़ना; ऊपर को जाना; अँखुआ फूटना; सीढ़ी।
**आरोही (हिन्)** वि० *(सं०)* चढ़ने वाला; ऊपर की ओर चढ़ने वाला; अवरोही का उलटा।
**आर्क** वि० *(सं०)* सूर्य या मदार-सम्बन्धी।
**आर्जव** पु० *(सं०)* सीधापन; सरल व्यवहार; नम्रता।
**आर्जुनि** पु० *(सं०)* अभिमन्यु, अर्जुन का पुत्र।
**आर्टिकल** पु० *(अं०)* धारा; अनुच्छेद; शर्तें।
**आर्टिस्ट** पु० *(अं०)* कलाकार।
**आर्डर** पु० *(अं०)* फरमाइश, फैसला; आज्ञा, आदेश।
**आर्डनंस** पु० *(अं०)* तोप खाना; गोला-बारूद।
**आर्डिनेंस** पु० *(अं०)* शासक के आदेश के रूप में खास जरूरत के लिए निकाला गया अस्थायी कानून।
**आर्त** वि० *(सं०)* दुःख-कातर; बीमार; किसी कष्ट या पीड़ा से बेचैन, पीड़ित, नश्वर।
**आर्थिक** वि० *(सं०)* धनी, वास्तविक; अर्थ-सम्बन्धी, माली, रुपये-पैसे से सम्बन्ध रखने वाला; धनी।
**आर्द्धिक** पु० *(सं०)* आर्धिक।
**आर्द्रक** पु० *(सं०)* अदरक। वि० तर, गीला।
**आर्द्रतामापी** पु० *(हाइग्रोमीटर)* हवा में विद्यमान नमी (आर्द्रता) की मात्रा बताने वाला यन्त्र।
**आर्द्रतामिति** स्त्री० *(हाईग्रोमिट्रि)* भौतिक शास्त्र का वह अंग जो वायुमण्डल की नमी से सम्बन्ध रखता है।
**आर्नव*** पु० समुद्र।
**आर्मी** स्त्री० *(अं०)* योद्धा, सैनिक।
**आर्य** पु० *(सं०)* कुलीन, सज्जन; पूज्य; श्रेष्ठ; वैदिक कालीन; श्रेष्ठ जाति।
**आर्यक** पु० *(सं०)* पितामह; आदरणीय व्यक्ति।
**आर्यव** पु० *(सं०)* ईमानदारी, सज्जनोचित व्यवहार।
**आर्या** स्त्री० *(सं०)* पार्वती; सास; श्रेष्ठ स्त्री; छन्द विशेष।
**आर्यावर्त** पु० *(सं०)* उत्तरीभारत।
**आर्ष** वि० *(सं०)* ऋषि विषयक।
**आर्षभी** स्त्री० *(सं०)* केवाँच।
**आर्षेय** वि० *(सं०)* श्रेष्ठ, आदरणीय।
**आलंकारिक** वि० *(सं०)* अलंकारयुक्त; अलंकार-

सम्बन्धी; अलंकारशास्त्र वेत्ता।
**आलम्ब** वि० *(सं०)* सहारे से लटकता हुआ; आश्रित।
**आलम्बन** पु० *(सं०)* सहारा लेना; आधार; कारण।
**आलम्बित** वि० *(सं०)* सहारे पर टिका हुआ; आश्रित।
**आलम्भ, आलम्भन** पु० *(सं०)* छूना; पकड़ना; उखाड़ना।
**आल** स्त्री० एक कीड़ा; कद्दू। वि० *(सं०)* विस्तृत; भीगा; मछली; मेढक का अण्डा।
**आलकस**ं पु० आलस।
**आलकसी** वि० आलसी।
**आलक्षित** वि० *(सं०)* समझा हुआ; देखा हुआ।
**आलथी-पालथी** स्त्री० दाहिनी एड़ी बायीं और बायीं एड़ी दाहिनी जाँघ पर रखकर बैठना।
**आलन** पु० पुआल।
**आलपीन** स्त्री० कागज में लगाने की घुण्डीदार सूई।
**आलभन** पु० *(सं०)* पकड़ना; छूना; मारना।
**आलम** पु० *(अ०)* जगत; भीड़; अवस्था।
**आलमनक** पु० तिथिपत्र, पंचांग।
**आलय** पु० *(सं०)* अधिष्ठान; घर, मकान; आश्रय स्थान; सम्बन्ध, सम्पर्क।
**आलवाल** पु० *(सं०)* मेघ; थाला, क्यारी।
**आलस** पु० आलस्य।
**आलसी (सिन्)** वि० *(सं०)* आलस्य-दोषयुक्त, सुस्त।
**आला** *वि० ताजा; गीला; हरा; ताख।
**आलात** पु० *(सं०)* जलती हुई लकड़ी, लुक; अंगारा।
**आलान** पु० *(सं०)* हाथी बाँधने का खूँटा।
**आलाप** पु० *(सं०)* सम्भाषण, कथन; सप्त स्वरों का रागमय उच्चारण।
**आलापना** स० क्रि० गाना; आलाप लेना।
**आलापित** वि० *(सं०)* गाया हुआ; कहा हुआ।
**आलाबु, आलाबू** पु० *(सं०)* लौकी, तुम्बी, अलाबु।
**आलावर्त** पु० *(सं०)* कपड़े का पंखा।
**आलिंगना*** स० क्रि० भेंटना, गले लगाना।
**आलिंगी (गिन्)** वि० *(सं०)* आलिंगन करने वाला।
**आलिंग्य** वि० *(सं०)* आलिंगन करने योग्य।
**आलिंजर** पु० *(सं०)* झंझर; बड़ा घड़ा।
**आलिम्पन** पु० *(सं०)* लीपना; सफेदी, लिपाई, पुताई।
**आलि**[1] वि० *(सं०)* सुस्त; निकम्मा; निरर्थक; ईमानदार।
**आलि**[2] स्त्री० *(सं०)* सखी, सहेली; नाला; पंक्ति; सन्तति। पु० बिच्छू, भ्रमर।
**आलिखित** वि० *(सं०)* चित्रित, लिखित, अंकित।
**आलिज्जर** पु० *(सं०)* जल भरने का बड़ा घड़ा।
**आलिम** वि० *(अ०)* विद्वान्, जानने वाला, पण्डित।
**आलीढ़** वि० *(सं०)* भक्षित; चाटा हुआ।
**आलुंचन** पु० *(सं०)* टुकड़े-टुकड़े करना; चीरना।
**आलुण्टन** पु० *(सं०)* लूटना; अपहरण करना।
**आलुल** वि० *(सं०)* अस्थिर, काँपता हुआ।
**आलुलित** वि० *(सं०)* क्षुब्ध।
**आलेख** पु० *(सं०) लिखना, लिखावट, लिपि, लेख, चित्र, खाका।*
**आलेखन** पु० *(सं०)* तसवीर बनाना; लिखना।
**आलेखनी** स्त्री० *(सं०)* पेंसिल; कूँची, ब्रश।
**आलेख्य** पु० *(सं०)* चित्र।
**आलेप** पु० *(सं०)* पलस्तर; लेप, उबटन आदि।
**आलेपन** पु० *(सं०)* पलस्तर करना; लेप करना।
**आलोक** पु० *(सं०)* दृष्टिसीमा; देखना, दृष्टि; प्रकाश, उजाला; स्पष्टीकरण, दर्शन; प्रशंसा।
**आलोकन** पु० *(सं०)* दर्शन, देखना; विचार करना।
**आलोकनीय** वि० *(सं०)* देखने योग्य।
**आलोकित** वि० *(सं०)* प्रकाशित; देखा हुआ।
**आलोचक** वि० *(सं०)* समीक्षक; देखनेवाला।
**आलोचन** पु०, **आलोचना** स्त्री० *(सं०)* गुण-दोष का विवेचन; देखना; समीक्षा, परख, दर्शन करना।
**आलोचनीय, आलोच्य** वि० *(सं०)* परखने के योग्य, आलोचना करने योग्य।
**आलोचित** वि० *(सं०)* जिसकी आलोचना की गयी हो; विवेचित।
**आलोच्य** वि० *(सं०)* आलोचना योग्य।
**आलोड़न** पु० *(सं०)* मथना; छान-बीन; मर्दन।
**आलोड़ना*** स० क्रि० ऊहा-पोह करना; मथना।
**आलोड़ित** वि० *(सं०)* हिलोरा हुआ; मथित; विचारित।
**आलोप** पु० *(सं०)* लुप्त करना, गायब होना।
**आलोल** वि० *(सं०)* थोड़ा हिलता हुआ; आन्दोलित।
**आलोलित** वि० *(सं०)* क्षुब्ध, हिलाया हुआ।
**आल्हा** पु० पृथ्वीराज कालीन महोबे का एक प्रख्यात वीर।
**आवण्टन** पु० *(सं०) (एलॉटमेण्ट)* सम्पत्ति, भूमि आदि का हिस्सों में बाँटा जाना; विभाजन।

**आवन्दन** पु० *(सं०)* प्रणाम, नमस्कार।
**आव्र*** स्त्री० आयु।
**आव-आदर** पु० आदर-सत्कार।
**आवक** पु० आमद, पहुँच, आना।
**आवती** स्त्री० रसीद।
**आवधिक** वि० *(सं०)* समय-समय पर होने वाला।
**आवन** पु० आगमन।
**आवनेय** पु० *(सं०)* मंगल, अवनि-पुत्र।
**आवपन** पु० *(सं०)* बिखेरना; बुआई; पात्र; क्षमता।
**आवभगत** स्त्री० खातिर-बात, स्वागत-सत्कार।
**आव-भाव** पु० आवभगत।
**आवरण** पु० *(सं०)* वेष्टन, आवृत्ति-पत्र, कवर।
**आवरा**† पु० ढकने वाली चादर; गिलाफ, आवरण।
**आवर्जक** वि० *(सं०)* प्रसन्न करने वाला।
**आवर्जन** पु० *(सं०)* आकृष्ट करना; देना, पराजय।
**आवर्जित** वि० *(सं०)* झुकाया हुआ; परित्यक्त; पराभूत।
**आवर्त** पु० *(सं०)* भँवर; चारों तरफ घूमना; किसी तरफ घूमना, घुमाव, चक्कर।
**आवर्तक** वि० *(सं०)* घूमने वाला, चक्कर खानेवाला। पु० भँवरी; भँवर; चक्कर; घूर्णन; चिन्तन।
**आवर्तन** पु० *(सं०)* चक्कर खाना, घूमना; मन्थन, आलोड़न; (धातु का) गलाना, पिघलाना; दुहराना।
**आवर्तनीय** वि० *(सं०)* गुणन करने योग्य, दोहराने योग्य।
**आवर्तित** वि० *(सं०)* मथा हुआ; घुमाया हुआ।
**आवर्द्धक** वि० *(सं०)* पदार्थ की शक्ति, मान एवं आकार को बढ़ानेवाला।
**आवर्द्धन** पु० *(सं०)* पदार्थ की शक्ति, मान, आकार को बढ़ाने की क्रिया।
**आवलि, आवली** स्त्री० *(सं०)* श्रेणी, पाँत; परम्परा।
**आवश्यक** वि० *(सं०)* अवश्यम्भावी, जरूरी; प्रयोजनीय।
**आवश्यकता** स्त्री० *(सं०)* जरूरत, आवश्यक होने की अवस्था।
**आवस*** स्त्री० औस, ऊमस।
**आवसथ** पु० *(सं०)* गाँव; घर; आश्रम।
**आवसित** वि० *(सं०)* निर्धारित किया हुआ; पूरा किया हुआ; जमा किया हुआ; पका हुआ (अन्न)।
**आवस्थिक** वि० *(सं०)* परिस्थिति के अनुकूल।
**आवहन** पु० *(सं०)* पास लाना, नजदीक लाना।
**आवाँ** पु०† गर्म लोहा पीटने के लिए दूसरे लोहार का बुलाया जाना; मिट्टी के बरतन पकाने का भट्ठा।
**आवागमन** पु० *(सं०)* जन्म-मरण का चक्र या बन्धन, संसृति; आना-जाना।
**मुहा० आवागमन छूटना** मुक्ति मिलना।
**आवाज़** स्त्री० *(फ़ा०)* ध्वनि, स्वर; पुकार; शोर।
**मुहा० आवाज़ उठाना, ऊँची करना** बोलना, किसी बात के पक्ष या विपक्ष में कहना। **आवाज़ खुलना** गला बैठने के बाद शब्द का साफ निकलना। **आवाज़ गिरना** स्वर का मन्द होना। **आवाज़ देना** पुकारना, बुलाना। **आवाज़ निकालना** बोलना। **आवाज़ पर कान देना** ध्यान देना। **आवाज़ बैठना** स्वर भंग होना, गला बैठना। **आवाज़ भारी होना** गले से अस्पष्ट और मोटी आवाज निकलना। **आवाज़ मारना** जोर से पुकारना। **आवाज़ लगाना** आवाज देना; ऊँची तान लगाना।
**आवाजाही**† स्त्री० आवागमन, आना-जाना, आमदरफ्त।
**आवाप** पु० *(सं०)* शत्रुतापूर्ण अभिप्राय; थाला; बीज बोना; बिखेरना; फेंकना; धान्यपात्र; कंकण।
**आवारगी** स्त्री० *(फ़ा०)* आवारापन।
**आवारजा** पु० *(फ़ा०)* जमा-खर्च बही; रोजनामचा।
**आवारा** वि० *(फ़ा०)* जो बेकार घूमता-फिरता रहे; निकम्मा; कुमार्ग-गामी।
**आवास** पु० *(सं०)* कमरा; वासस्थान, घर।
**आवाह** पु० *(सं०)* विवाह; आमन्त्रण।
**आवाहक** पु० *(सं०)* आमन्त्रित करने वाला।
**आवाहन** पु० *(सं०)* निमन्त्रण।
**आवाहना*** स० क्रि० आमन्त्रित करना।
**आविक** वि० *(सं०)* ऊनी। पु० ऊनी वस्त्र; कम्बल।
**आविर्भाव** पु० *(सं०)* उत्पत्ति; अभिव्यक्ति; अवतार।
**आविर्भूत** वि० *(सं०)* अभिव्यक्त; अवतीर्ण, उत्पन्न।
**आविद्ध** वि० *(सं०)* छेदा हुआ, फेंका हुआ।
**आविल** वि० *(सं०)* गन्दा, धुँधला, कलुषयुक्त; अस्पष्ट।
**आविष्करण** पु० *(सं०)* कोई अज्ञात बात खोज निकालना; नयी चीज बनाना, ईजाद।

**आविष्कार** पु० *(सं०)* खोज, नये अनुसन्धान।
**आविष्कृत** वि० *(सं०)* प्रकट किया हुआ; ईजाद किया हुआ।
**आविष्ट** वि० *(सं०)* तत्पर; प्रविष्ट; भरा हुआ, अभिभूत।
**आवीत** वि० *(सं०)* पहना हुआ; प्रविष्ट; ढका हुआ। पु० एक विशेष ढंग से पहना गया जनेऊ।
**आवृति** स्त्री० *(सं०)* आवरण।
**आवृत्त** वि० *(सं०)* घुमाया हुआ, लौटा हुआ, पीछे हटा हुआ, दुहराया हुआ, पढ़ा हुआ।
**आवृत्ति** स्त्री० *(सं०)* लौटना; चक्कर लगाना; दुहराना; अभ्यास, बार-बार पढ़ना।
**आवृष्टि** स्त्री० *(सं०)* वर्षा।
**आवेग** पु० *(सं०)* घबड़ाहट।
**आवेदक** वि० *(सं०)* आवेदन करने वाला।
**आवेदित** वि० *(सं०)* निवेदित, बताया हुआ।
**आवेश** पु० *(सं०)* व्याप्ति, प्रवेश; जोश; गुस्सा; प्रेतादि का पकड़ लेना; घमण्ड; मूर्च्छा।
**आवेशनिक** पु० *(सं०)* प्रीतिभोज।
**आवेष्टन** पु० *(सं०)* खोल; लपेटना; ढकना; घेरा।
**आवेष्टित** वि० *(सं०)* ढका हुआ, घिरा हुआ।
**आव्रजन** स्त्री० *(सं०)* एक जगह से दूसरी जगह जाना; चलना-फिरना।
**आशंका** स्त्री० *(सं०)* सन्देह, अविश्वास।
**आशंसा** स्त्री० *(सं०)* आशा; कथन; अपेक्षा; चर्चा।
**आशक्त** वि० *(सं०)* सक्षम, शक्तिशाली।
**आशनाई** स्त्री० अवैध सम्बन्ध; दोस्ती; प्रेम।
**आशय** पु० *(सं०)* अर्थ, अभिप्राय; घर; शयनस्थान।
**आशयिता (तृ)** वि० *(सं०)* संरक्षण देनेवाला।
**आशा** स्त्री० *(सं०)* किसी वस्तु की प्राप्ति की इच्छा का किंचित विश्वास, उम्मीद।
**मुहा० आशा टूटना** आशा भंग होना। **आशा तोड़ना** निराश करना। **आशा देना** उम्मीद बँधाना। **आशा पूजना** आशा पूरी होना। **आशा बँधना** आशा उत्पन्न होना।
**आशातीत** वि० *(सं०)* आशा से अधिक।
**आशार** पु० *(सं०)* रक्षास्थान, आश्रय।
**आशावादिता** स्त्री० *(ऑप्टिमिज्म)* आशावादी होने की क्रिया, आदत या भाव।
**आशावादी** वि० *(ऑप्टिमिस्ट)* हमेशा कल्याणकारी परिणामों और अच्छी बातों की आशा करनेवाला।
**आशासन** पु० *(सं०)* किसी वस्तु की इच्छा करना; किसी वस्तु के लिए प्रार्थना करना।
**आशि** स्त्री० *(सं०)* भक्षण, खाना।
**आशिक़** वि० *(अ०)* आसक्त, इश्क करने वाला, प्रेम करने वाला।
**आशिक़ी** स्त्री० प्रेम, आशिक़ होना।
**आशित** वि० *(सं०)* भोजन से तृप्त; पेटू।
**आशियाँ, आशियाना** पु० *(फ़ा०)* बसेरा; घोंसला; घर।
**आशिष्** स्त्री० *(सं०)* आशीर्वाद, असीस; ईश्वर से किसी के कल्याण या मंगल की प्रार्थना; वृद्धि।
**आशीर्वचन, आशीर्वाद** पु० *(सं०)* शुभ वचन, असीस।
**आशीविष** पु० *(सं०)* विषधर, साँप।
**आशु** वि० *(सं०)* शीघ्र।
**आशुकवि** पु० *(सं०)* तत्काल काव्य रचयिता, तुरन्त कविता बनाने वाला।
**आशुतोष** पु० *(सं०)* शिव। वि० शीघ्र प्रसन्न होने वाला।
**आशोषण** पु० *(सं०)* सोखने की क्रिया।
**आशौच** पु० *(सं०)* अपवित्रता, अशुद्धि।
**आशौची** वि० *(सं०)* नापाक, अपवित्र, अशुद्ध।
**आश्चर्य** पु० *(सं०)* अचम्भा, विस्मय।
**मुहा० आश्चर्य में डालना** चकित करना। **आश्चर्य में पड़ना** विस्मित होना।
**आश्चर्यित** वि० *(सं०)* विस्मित, चकित।
**आश्म** वि० *(सं०)* पत्थर बना हुआ। पु० पत्थर से बनी वस्तु।
**आश्मन** पु० *(सं०)* सूर्य का सारथि, अरुण।
**आश्मिक** वि० *(सं०)* पत्थर ढोने वाला; पत्थर का बना।
**आश्यान** वि० *(सं०)* जो जमकर ठोस हो गया हो।
**आश्र** पु० *(सं०)* आँसू।
**आश्रम** पु० *(सं०)* साधक-समुदाय के रहने का स्थान; तपोवन; मठ, साधु-सन्त की कुटी;।
**आश्रय** पु० *(सं०)* सहारा; शरण, ठिकाना; आधार; विषय; घर; सहायता; बहाना; संरक्षक।
**आश्रयी** वि० *(सं०)* सहारा लेनेवाला, आश्रय लेनेवाला।
**आश्रव** पु० *(सं०)* वचन, प्रतिज्ञा; धारा; नदी; क्लेश; दोष; अंगीकार; उबलते हुए चावल का फेन।
**आश्रि** स्त्री० *(सं०)* तलवार की धार।

**आश्रित** वि० *(सं०)* (किसी के सहारे) ठहरा हुआ, सहारा दिया हुआ; टिका हुआ, अधीन; अवलम्बित।

**आश्रुत** वि० *(सं०)* सुना हुआ; स्वीकृत; गृहीत।

**आश्रुति** स्त्री० *(सं०)* ग्रहण करना; अंगीकृति; सुनना।

**आश्लिष्ट** वि० *(सं०)* जुड़ा हुआ, लगा हुआ; आलिंगित।

**आश्लेष** पु० *(सं०)* सम्बन्ध, लगाव; आलिंगन।

**आश्लेषण** पु० *(सं०)* संयोग, मेल; अवलम्बन।

**आश्वत्थ** वि० *(सं०)* पीपल या अश्वत्थ सम्बन्धी।

**आश्वयुज** पु० *(सं०)* आश्विन मास।

**आश्वस्त** वि० *(सं०)* जिसे आश्वासन दिया गया हो; जिसे ढाढ़स बँधाया गया हो; उत्साहित।

**आश्वास** पु० *(सं०)* तसल्ली देना; रक्षा का वचन; खुलकर साँस लेना; ढाढ़स।

**आश्वासक** वि० *(सं०)* सान्त्वना देनेवाला।

**आश्वासन** पु० *(सं०)* दिलासा देना, ढाढ़स; भयनिवारण; प्रोत्साहन।

**आश्वास्य** वि० *(सं०)* आश्वासन के योग्य।

**आश्विक** पु० *(सं०)* अश्वारोही-सैनिक।

**आषाढ़** पु० *(सं०)* जेठ के बाद एवं सावन के पूर्व का महीना।

**आषाढ़क** पु० *(सं०)* आषाढ़-मास।

**आषाढ़ी** स्त्री० *(सं०)* आषाढ़ की पूर्णिमा।

**आसंग** पु० *(सं०)* साथ; संलग्नता; आसक्ति, लगाव।

**आसंगी (गिन्)** वि० *(सं०)* सम्बद्ध; आसक्त।

**आसंजन** पु० *(सं०)* धारण करना; बाँधना; सम्बन्ध।

**आसन्द** पु० *(सं०)* वासुदेव; विष्णु।

**आसन्दी** स्त्री० *(सं०)* आराम-कुरसी; मचिया।

**आस** पु० *(सं०)* आसन; बैठना; राख; चूतड़; सामीप्य।

**आसकत**† स्त्री० आलस्य, सुस्ती।

**आसकती**† वि० आलसी।

**आसक्ति** स्त्री० *(सं०)* अनुराग; मन का लगाव।

**आसति*** स्त्री० आसक्ति; सत्य; समीपता, निकटता।

**आसतोष*** वि०, पु० आशुतोष।

**आसत्ति** स्त्री० *(सं०)* समीपता; मेल; लाभ, प्राप्ति।

**आसथा** पु० आस्था, विश्वास।

**आसदन** पु० *(सं०)* बैठना; समीपता; आसन; लाभ।

**आसन** पु० *(सं०)* वह चीज जिस पर बैठा जाए (चटाई, कुरसी आदि); बैठना। **मुहा० आसन उखड़ना** जमकर न बैठ सकना, बैठने में हिलना, डगमगाना। **आसन उठना** स्थान छूटना। **आसन करना** योग के अनुसार शरीर को विशेष स्थिति में रखना; टिकना। **आसन कसना** अंगों को तोड़-मरोड़कर बैठना। **आसन छोड़ना** उठकर चल देना। **आसन जमना** एक ही स्थान पर एक प्रकार से देर तक बैठना; स्थिर होकर बैठना। **आसन जमाना** जमकर बैठना; अपनी स्थिति दृढ़ कर लेना। **आसन डोलना** मन विचलित होना। **आसन देना** सम्मानपूर्वक बैठाना। **आसन मारना, आसन लगाना** जमकर बैठना, आसन जमाना।

**आसना** स्त्री० *(सं०)* छोटा बिछावन, आसन, बैठना।

**आसनी** स्त्री० *(सं०)* बैठना; ठहरना; छोटा आसन।

**आसन्न** वि० *(सं०)* उपस्थित प्राय; लगा या सटा हुआ; पास आया हुआ; जिसकी मृत्यु निकट हो।

**आस-पास** अ० चारों ओर; अगल-बगल, करीब।

**आसमाँ/आसमान** पु० *(फ़ा०)* आकाश, नभ; स्वर्ग। **मुहा० आसमान के तारे तोड़ना** अनहोनी बात करना। **आसमान छूना** बहुत ऊँचा होना, प्रसिद्धि पाना। **आसमान टूटना** दैवकोप होना, अचानक भारी विपद आ पड़ना। **आसमान दिखाना** कुश्ती में प्रतिद्वन्द्वी को चित कर देना। **आसमान पर चढ़ना** घमण्ड में इतराना। **आसमान पर थूकना** बड़े आदमी को निन्दित करने के प्रयत्न में स्वयं निन्दित होना। **आसमान सिर पर उठा लेना** बहुत ऊधम मचाना। **आसमान सिर पर टूटना** अचानक कोई भारी विपद् आना। **आसमान से गिरना** किसी आरोप लगने का प्रभाव होना, **आसमान से टपकना** अपने आप उपस्थित हो जाना।

**आसमानी** वि० आसमान के रंग का; आसमान का।

**आसय** पु० आशय, अर्थ, अभिप्राय।

**आसरना*** स० क्रि० आश्रय लेना।

**आसरा** पु० सहारा, अवलम्ब; भरोसा; प्रतीक्षा; आशा।

**आसव** पु० *(सं०)* पुष्परस; फल आदि के खमीर से तैयार किया हुआ अर्क; मद्य; रस; अधरामृत।

**आसवनी** *(डिस्टिलरी)* अभिस्रावणी; शराब बनाने का घर; शराब या कोई अर्क चुआने का उपकरण।

**आसवी (विन्)** वि० *(सं०)* शराबी, आसवसेवी।
**आसाइश** स्त्री० *(फ़ा०)* आराम; सुख।
**आसादित** वि० *(सं०)* फैलाया हुआ; आक्रान्त; प्राप्त; तेज चलकर पकड़ा हुआ; पूरा किया हुआ।
**आसादन** पु० *(सं०)* प्राप्ति, स्थापन।
**आसान** वि० *(फ़ा०)* सीधा, सहज, सुगम।
**आसानी** स्त्री० सहज होना, सुगमता।
**आसार** पु० *(सं०)* शत्रु को घेर लेना; मूसलाधार वृष्टि।
**आसिक** वि० *(सं०)* तलवार से युद्ध करने वाला।
**आसिख, आसिखा*** स्त्री० आशीर्वाद।
**आसित** वि० *(सं०)* बैठा हुआ।
**आसिन** पु० क्वार, आश्विन।
**आसिया** स्त्री० *(फ़ा०)* जाँता, चक्की।
**आसिरवचन*** पु० आशीर्वाद।
**आसीन** वि० *(सं०)* बैठा हुआ।
**आसीस** स्त्री० आशीर्वाद।
**आसीसा** पु० तकिया।
**आसु** सर्व० इसका। अव्य० शीघ्र, जल्दी।
**आसुति** स्त्री० *(सं०)* शराब चुआना; काढ़ा; प्रसव।
**आसुर** वि० *(सं०)* राक्षसी, असुर विषयक।
**आसुरी** वि० *(सं०)* राक्षसी।
**आसुरीय** वि० *(सं०)* राक्षस-विषयक।
**आसूदा** वि० *(फ़ा०)* सन्तुष्ट, तृप्त।
**आसेक** पु० *(सं०)* भिगाना, सिंचन करना।
**आसेचन** पु० *(सं०)* आसेक। वि० प्रिय; सुन्दर।
**आसेचनी** स्त्री० *(सं०)* छोटा पात्र।
**आसेद्धा** पु० *(सं०)* कैद करने वाला।
**आसेध** पु० *(सं०)* राकना।
**आसेधक** वि० *(सं०)* रोक रखने वाला, कैद करनेवाला।
**आसेब** पु० *(फ़ा०)* बाधा; चोट; कष्ट; प्रेतबाधा।
**आसेवित** वि० *(सं०)* बार-बार सेवित, निरन्तर जिसकी सेवा की जा रही हो।
**आसोज, आसोजा** पु० आश्विन मास।
**आसौं*** अ० इस साल।
**आस्कन्द, आस्कन्दन** पु० *(सं०)* शोषण; तिरस्कार, गाली; आरोहण; आक्रमण; रौंदना; नष्ट करना।
**आस्तर** पु० *(सं०)* कम्बल; बिस्तर; कालीन; फैलाना।
**आस्तार** वि० *(सं०)* बिखेरना; फैलाना।
**आस्तिकता** स्त्री०, **आस्तिकत्व** पु० *(सं०)* आस्तिक्य।
**आस्तिक्य** पु० *(सं०)* धार्मिकता; ईश्वर आदि में विश्वास।
**आस्तीर्ण** वि० *(सं०)* विस्तीर्ण, फैला हुआ।
**आस्तीन** स्त्री० *(फ़ा०)* सिले कपड़े का बाँह पर का भाग, बाँही।
**मुहा० आस्तीन का साँप** मित्र बनकर शत्रुता करनेवाला, दोस्तनुमा दुश्मन। **आस्तीन चढ़ाना** लड़ने को तैयार होना; किसी काम के लिए तैयार होना।
**आस्त्र** वि० *(सं०)* अस्त्र-सम्बन्धी।
**आस्थगन** पु० *(अबेयंस)* कुछ समय के लिए स्थगित कर देना या लागू न करना।
**आस्थगित** वि० *(सं०)* *(डिफड)* जिसका चुकाया या दिया जाना निर्धारित समय तक या कोई खास शर्त पूरी होने तक स्थगित रखा जाये।
**आस्था** स्त्री० *(सं०)* प्रयत्न; आशा; विश्वास; आदर; श्रद्धा; आलम्बन, सहारा; स्थिति; सभा; वादा।
**आस्थान** पु० *(सं०)* सभागृह; सभा; दरबार; श्रद्धा।
**आस्थानी** स्त्री० *(सं०)* सभाभवन।
**आस्थायिका** स्त्री० *(सं०)* सभा।
**आस्थिति** स्त्री० *(सं०)* हालत, स्थिति।
**आस्नान** पु० *(सं०)* पवित्रता; स्नान करने का जल।
**आस्पद** पु० *(सं०)* अधिष्ठान, आलम्बन; स्थान; पद।
**आस्पर्धा** स्त्री० *(सं०)* लागडाँट, स्पर्धा, होड़।
**आस्पर्धी** वि० *(सं०)* स्पर्धा करनेवाला।
**आस्फाल** पु० *(सं०)* रगड़ना; मारना; हिलाना; दाबना।
**आस्फालन** पु० *(सं०)* हिलाना; रगड़ना; घमण्ड।
**आस्फोट** पु० *(सं०)* हिलना; रगड़ या धक्का; काँपना।
**आस्फोटन** पु० *(सं०)* फटकना; हिलाना-डुलाना; फूलना; फैलना; सिकुड़ना; विकास; प्रकट करना; माँड़ना।
**आस्फोटनी** स्त्री० *(सं०)* छेद करने की बरमी।
**आस्फोटा** स्त्री० *(सं०)* वनमल्लिका; नवमल्लिका।
**आस्य** पु० *(सं०)* मुँह, चेहरा। वि० मुख-सम्बन्धी।
**आस्या** स्त्री० *(सं०)* विश्रामावस्था; निवासस्थान।
**आस्वादन** पु० *(सं०)* चखना, स्वाद लेना; खाना।
**आस्वादित** वि० *(सं०)* खाया हुआ, चखा हुआ।

**आस्वाद्य** वि० *(सं०)* स्वाद लेने योग्य; मजेदार।

**आह** स्त्री० दुःख या पीड़ा प्रकट करनेवाली ध्वनि। **मुहा० आह करना** कलपना। **आह खींचना** ठण्ढी साँस के साथ आह करना, कलपना। **आह पड़ना** शाप लगना, किसी को सताने, कष्ट देने या रुलाने का फल मिलना। **आह भरना** आह खींचना। **आह लेना** सताने का फल अपने ऊपर लेना; सताना।

**आहत** वि० *(सं०)* मारा हुआ, हत; घायल; जिस पर प्रहार या आघात किया गया हो; लुढ़काया हुआ।

**आहति** स्त्री० *(सं०)* वध; आघात; गुणन।

**आहतोपचारी दल** पु० *(एम्बुलेंसकोर)* घायलों का उपचार करने वाले डॉक्टरों, परिचारको, कम्पाउण्डरों आदि का दल।

**आहन** पु० *(फ़ा०)* लोहा।

**आहन** पु० भीति उठाने हेतु मिट्टी एवं तिनकों का मिश्रण।

**आहनी** वि० *(फ़ा०)* लोहे जैसा कठोर; लोहे का।

**आहर्ता** वि० *(सं०)* छीनने वाला; यज्ञादि करनेवाला।

**आहव** पु० *(सं०)* युद्ध; यज्ञ; आह्वान; ललकार।

**आहवन** पु० *(सं०)* हवि; यज्ञ।

**आहाँ** †अ० निषेध सूचक शब्द।

**आहा** अव्य० हर्ष एवं आश्चर्य सूचक शब्द।

**आहार** पु० *(सं०)* लेना, ग्रहण; खाना, भोजन; लाना; खाने की वस्तु।

**आहारी (रिन्)** वि० *(सं०)* खाने वाला; ग्रहण करने वाला; एकत्र करने वाला।

**आहाव** पु० *(सं०)* ललकार; युद्ध; अग्नि।

**आहिण्डन** पु० *(वैग्रेंसी)* बेकार घूमना; बेघर-द्वार के, बेमतलब इधर-उधर भटकना; आवारागर्दी।

**आहित** वि० *(सं०)* किया हुआ; अमानत या बन्धक रखा हुआ; स्थापित, रखा हुआ।

**आहितक** पु० *(सं०)* बन्धक रखा हुआ माल।

**आहितांक** वि० *(सं०)* चिह्नित।

**आहिस्ता** अ० *(फ़ा०)* धीमी आवाज से; धीरे-धीरे; धीरे से।

**आहिस्ता आहिस्ता** अ० क्रमशः; धीरे-धीरे।

**आहुति** स्त्री० *(सं०)* यज्ञ या हवन में हवनसामग्री को अग्नि में डालना; चुनौती; हवनसामग्री; कुर्बानी।

**आहुती*** स्त्री० हवन के रूप में डाली जानेवाली वस्तु; यज्ञाग्नि में हवनसामग्री डालना।

**आहूत** वि० *(सं०)* नाम दिया हुआ; बुलाया हुआ, न्योता हुआ।

**आहूति** स्त्री० *(सं०)* पुकारना, बुलाना।

**आहै** क्रि० है।

**आह्न** वि० *(सं०)* प्रतिदिन, दैनिक, रोज का।

**आह्निक** पु० *(सं०)* पाठ; शिक्षक; नित्यकर्म।

**आह्लाद** पु० *(सं०)* खुशी, प्रसन्न, हर्ष, आनन्द।

**आह्लादन** वि० *(सं०)* हर्ष, आनन्द देनेवाला।

**आह्लादित** वि० *(सं०)* आह्लादयुक्त, आनन्दित।

**आह्लादी (दिन्)** वि० *(सं०)* आह्लादजनक; प्रसन्न।

**आह्वयन** पु० *(सं०)* नाम; नाम लेना।

**आह्वान** पु० *(सं०)* पुकार; पुकारना, बुलाना; चुनौती; देवता का आवाहन; समन; नाम।

**आह्वाय** पु० *(सं०)* नाम; समन, तलबनामा।

**आह्वायक** पु० *(सं०)* सन्देहवाह। वि० आह्वान करने वाला।

## इ

**इ** देवनागरी वर्णमाला का तीसरा (स्वर) वर्ण। इसका उच्चारण-स्थान तालु है।

**इंक** स्त्री० *(अं०)* स्याही, रोशनाई।

**इंकार** पु० *(अ०)* मना करना, इनकार।

**इंगन** पु० *(सं०)* हिलना; हिलाना; इशारा करना; चलना; चलाना; जानना, ज्ञान।

**इंगनी** स्त्री० एक खनिज द्रव्य, मैंगनीज।

**इंगलिश, इंग्लिश** स्त्री० *(अं०)* अँग्रेजी भाषा। वि० इंग्लैण्ड का; इंग्लैण्ड में उत्पन्न या बना।

**इगलैण्ड, इग्लैण्ड** पु० *(अं०)* अंग्रेजों का देश, इग्लिस्तान।

**इंगाल** पु० *(सं०)* कोयला।

**इंगित** पु० *(सं०)* संकेत, इशारा; मन का भाव बताने वाली अंगचेष्टा; अभिप्राय, मन का भाव।

**इंगुर***पु० सिन्दूर, लाल कुमकुम, ईंगुर, ।

**इँगुरौटी** स्त्री० सेन्दुर या ईंगुर रखने की डिबिया।

**इंच** पु० *(अं०)* अल्पांश; फुट का बारहवाँ भाग।

**इँचना*** अ० क्रि० खिंचना।

**इंचाक** पु० *(सं०)* एक तरह की मछली, जलवृश्चिक।
**इंचार्ज** वि० *(अं०)* जिस पर किसी कार्य या विभाग की देखभाल का भार हो।
**इंजन** पु० भाप आदि की शक्ति को चालक शक्ति में बदल देनेवाला यन्त्र; कल, यन्त्र; साधन।
**इंजीनियर** पु० *(अं०)* यान्त्रिक अधिकारी; यन्त्र विशेषज्ञ; इंजन बनाने वाला।
**इंजीनियरिंग** स्त्री० *(अं०)* लोहे के कल-पुरजे बनाने का काम; यान्त्रिकी, इंजीनियर का काम।
**इंजीनियरी** स्त्री० *(अं०)* इंजीनियर का कार्य या पद; यन्त्र-कला, यन्त्र-विद्या।
**इंजेक्शन** पु० *(अं०)* सुई लगाना।
**इँटकोहरा** पु० गिट्टी, ईंट का टुकड़ा।
**इकंगा** वि० अकेला, निर्जन।
**इण्टर** ५० *(अं०)* मध्य, बीच।
**इण्टरनेशनल** वि० *(अं०)* दो या अधिक राष्ट्रों से सम्बद्ध, दो या अधिक राष्ट्रों के बीच का, अन्तर्राष्ट्रीय।
**इण्टरमीडिएट** वि० *(अं०)* दरमियानी, बीच का।
**इण्टेलिजेंस** स्त्री० *(अं०)* जासूसी; समझ, बुद्धि।
**इण्ट्रोडक्शन** पु० *(अं०)* भूमिका, परिचय।
**इण्डस्ट्रियल** वि० *(अं०)* औद्योगिक।
**इनडायरेक्ट** वि० *(अं०)* परोक्ष, अप्रत्यक्ष।
**इण्डिकेशन** पु० *(अं०)* संकेत, निर्देश।
**इण्डिया** पु० *(अं०)* हिन्दुस्तान, भारतवर्ष।
**इण्डेक्स** पु० *(अं०)* अनुक्रमणिका, किसी पुस्तक के विषयों या विशेष शब्दों की अकारादि क्रम से बनी हुई सूची जो पुस्तक के अन्त में दी जाती है।
**इन्तकाम, इन्तिकाम** पु० *(अ०)* बदला लेना।
**इन्तकाल, इन्तिकाल** पु० *(अ०)* मृत्यु को प्राप्त होना।
**इन्तज़ाम, इन्तिज़ाम** पु० *(अ०)* व्यवस्था, उपाय; प्रबन्ध करना।
**इन्तज़ामी, इन्तिज़ामी** वि० *(अ०)* प्रबन्ध-सम्बन्धी।
**इन्तजार, इन्तिजार** पु० *(अ०)* प्रतीक्षा; प्रतीक्षा करना।
**इन्तशार, इन्तिशार** पु० *(अ०)* चिन्तित होना; उद्विग्न होना; बिखरना; परेशानी, चिन्ता।
**इन्तहाई, इन्तिहाई** वि० *(अ०)* हद दर्जे की, अतिशय।
**इन्दर*** पु० इन्द्र।
**इँदारा** पु० कूप, कुआँ, इनारा।
**इन्दिन्दिर** पु० *(सं०)* भ्रमर।
**इन्दिया** पु० *(अ०)* इच्छा; राय, विचार।
**इन्दिरा** स्त्री० *(सं०)* शोभा, कान्ति; लक्ष्मी।
**इन्दिवर, इन्दीवर, इन्दीवार** पु० *(सं०)* नीलकमल।
**इन्दीवरिणी** स्त्री० *(सं०)* उत्पलिनी।
**इन्दीवरी** स्त्री० *(सं०)* शतमूली।
**इन्दु** पु० *(सं०)* चन्द्रमा; मृगशिरा नक्षत्र; कपूर।
**इन्दुआ** पु० बिड़ई, गेण्डुरी।
**इन्दुक** पु० *(सं०)* अश्मन्तक नामक वृक्ष।
**इन्दुमती** स्त्री० *(सं०)* अज की पत्नी; पूर्णिमा।
**इन्दुमान्** पु० *(सं०)* अग्नि।
**इन्द्र** पु० *(सं०)* अधिपति; राजा; मेघ; अन्तरिक्ष का देवता; देवराज; वर्षा का देवता।
**इन्द्रप्रस्थ** पु० *(सं०)* पाण्डवों की राजधानी।
**इन्द्रा** स्त्री० *(सं०)* शची, इन्द्र की पत्नी; इन्द्रायन।
**इन्द्राणी** स्त्री० *(सं०)* इन्द्रायन; बायीं आँख की पुतली; दुर्गा; इन्द्र की पत्नी; बड़ी इलायची; नील सिन्दुवार।
**इन्द्रानी*** स्त्री० इन्द्राणी, शची।
**इन्द्रानुज, इन्द्रावरज** पु० *(सं०)* विष्णु।
**इन्द्रायन** पु० एक लता जिसका फल कड़वा होता है और दवा के काम आता है।
**इन्द्रायुध** पु० *(सं०)* इन्द्रधनुष; वज्र।
**इन्द्रावसान** पु० *(सं०)* मरुस्थल।
**इन्द्राशन** पु० *(सं०)* घुँघुची; भाँग।
**इन्द्रासन** पु० *(सं०)* इन्द्रपद; इन्द्र की गद्दी।
**इन्द्रियागोचर** वि० *(सं०)* अज्ञेय।
**इन्द्रियायतन** पु० *(सं०)* शरीर, इन्द्रियों का निवासस्थान।
**इन्द्रियार्थ** पु० *(सं०)* किसी इन्द्रिय का विषय शब्द, स्पर्श, रूप, रस, गन्ध में से कोई।
**इन्द्रियासंग** पु० *(सं०)* अनासक्ति, वैराग्य, संन्यासवृत्ति।
**इन्द्रय्य*** स्त्री० इन्द्रिय।
**इन्द्री** स्त्री० शरीर के ज्ञान और कर्म के साधन- रूप अंग; इन्द्रिय।

**इन्द्रेज्य** पु० *(सं०)* बृहस्पति।
**इन्ध** पु० *(सं०)* परमेश्वर; जलाना; ईंधन।
**इन्धन** पु० *(सं०)* जलाना; कोयला, जलाने की लकड़ी, उपले आदि ।
**इन्धरौड़ा** पु० ईंधन रखने का स्थान।
**इँनारुन** पु० इन्द्रायन, एक औषधीय लता।
**इम्पीरियल** वि० *(अं०)* राष्ट्र से सम्बद्ध; सम्राट के उपयुक्त; राज्य सम्बन्धी, साम्राज्य-सम्बन्धी; साम्राज्य-भोगी शाही।
**इम्पीरियलिज़्म** पु० *(अं०)* साम्राज्य-विस्तार की नीति; साम्राज्य की उपयोगिता का विश्वास; साम्राज्यवाद।
**इंशा** स्त्री० *(अ०)* वह पुस्तक जिसमें पत्रादि लिखने के नियम दिये गये हों; इबारत।
**इंसान** पु० इनसान।
**इंसाफ़** पु० *(अ०)* निर्णय, न्याय, फैसला।
**इ** पु० *(सं०)* कामदेव।
**इकंक*** अ० निश्चय ही।
**इकंग*** पु० शिव, अर्द्धनारीश्वर।
**इकइस*** वि०, पु० इक्कीस।
**इकटक** वि० अपलक, टकटकी लगाये हुए।
**इकट्ठा** वि० एक साथ; एक जगह रखा हुआ।
**इकतर, इकत्र*** वि० एकत्र।
**इकता** स्त्री० एकता।
**इकताई*** स्त्री० एकान्तप्रियता; एक होने का भाव।
**इकतान** वि० समान।
**इकतार** वि० बराबर।
**इकतालीस** वि० चालीस और एक की संख्या।
**इकतीस** वि० तीस और एक की संख्या।
**इक़बाल** पु० *(अ०)* स्वीकार करना, कबूल करना; समृद्धि, सौभाग्य, प्रताप।
**इकबाली गवाह** पु० राज साक्षी या अपराधि साक्षी।
**इकराम** पु० *(अ०)* अनुग्रह; मान; दान, बख्शीश।
**इक़रार** पु० *(अ०)* स्वीकृति; हाँ करना, वचन, प्रतिज्ञा।
**इकलड़ा** वि० एक डोरी में बँधा। पु० एक लड़ का हार।
**इक़लीम** पु० *(अ०)* भूखण्ड; राज्य; दुनिया के आबाद हिस्से का सातवाँ भाग।
**इकल्ला** वि० एकाकी; एकहरा।
**इकलौता** वि० अकेला पुत्र।
**इकसीर** स्त्री० *(अ०)* बहुत लाभदायक वस्तु; लाभदायक औषध।
**इकहरा** वि० एकहरा।
**इकान्त** वि०, पु० एकान्त।
**इकाई** स्त्री० एकाइू।
**इकेठ*** वि० इकट्ठा।
**इकोत्तोर** पु० एक अधिक।
**इकौंज** स्त्री० वह स्त्री जिसे एक ही सन्तान हुई हो।
**इकौना** पु० बिना छाँटा चावल।
**इकौनी** वि० स्त्री० यकता, बेजोड़।
**इकौसा*** वि० एकान्त।
**इकौसें*** अ० एकान्त में, अकेले।
**इक्कावन** वि० पु० इक्यावन, पचास और एक की संख्या।
**इक्कासी** वि०, पु० इक्यासी, 81 की संख्या
**इक्की** स्त्री० ताश का इक्का; एक बैल द्वारा खीचीं जाने वाली गाड़ी।
**इक्कीस** पु० 21 की संख्या। वि० बीस और एक।
**इक्केवान** पु० इक्केवाला।
**इक्यानवे** पु० 91 की संख्या। वि० नब्बे और एक।
**इक्यावन** पु० 51 की संख्या। वि० पचास और एक।
**इक्यासी** पु० 81 की संख्या। वि० अस्सी और एक।
**इक्विटी** स्त्री० *(अं०)* साम्य; साम्यता।
**इक्षु** पु० *(सं०)* ईख; इच्छा; कोकिला वृक्ष।
**इक्ष्वाकु** पु० *(सं०)* कड़वी लौकी; वैवस्वत मनु का पुत्र और सूर्यवंश का पहला राजा।
**इक्ष्वालिका** स्त्री० *(सं०)* कास; नरकट।
**इकट्ठा** क्रि० वि० एकत्र होकर।
**इखर*** वि०, अ० थोड़ा, ईषत्।
**इख़राजात** पु० *(अ०)* खर्चे, व्यय।
**इख़लास** पु० *(अ०)* सरलता; हार्दिक मित्रता; पवित्रता।
**इख़्तियार** पु० *(अ०)* अधिकार; विचाराधिकार; ग्रहण, पसन्द करने का अधिकार; वश।
**इख़्तिलाफ़** पु० *(अ०)* अनबन; विरोध; भेद, अन्तर।
**इचिकिल** पु० *(सं०)* पंक; दलदल; तालाब।
**इच्छुक** वि० *(सं०)* चाहनेवाला, इच्छा करने वाला।
**इच्छा** स्त्री० *(सं०)* रुचि; ख्वाहिश, चाह; माल की माँग, डिमाण्ड।

**इच्छाफल** पु० *(सं०)* गणित में फल की उपपत्ति।
**इच्छान्वित** वि० *(सं०)* इच्छापूर्ण, इच्छायुक्त।
**इच्छित** वि० *(सं०)* अभिलषित, चाहा हुआ, अभीष्ट, इच्छा किया हुआ।
**इच्छु** वि० *(सं०)* चाहने वाला, इच्छा करने वाला
**इच्छुक** वि० *(सं०)* चाहने वाला।
**इजमाल** पु० *(अ०)* थोड़े में कहना; संक्षेप करना; इकट्ठा करना; साझा।
**इजमालन्** अ० *(अ०)* संक्षेप में, थोड़े में।
**इजमाली** वि० शिरकती, साझे का।
**इजराय** पु० *(अ०)* काम में लाया जाना; जारी करना, होना; काम में लाना।
**इज़हार** पु० *(अ०)* अदालत में दिया हुआ बयान या गवाही; प्रकट करना, जाहिर करना।
**इज़ाफ़त** स्त्री० *(अ०)* लगाव, सम्बन्ध।
**इज़ाफ़ा** पु० *(अ०)* बढ़ती, वृद्धि।
**इजाबत** स्त्री० *(अ०)* शौच, मलत्याग; स्वीकृति।
**इज़ार** पु० *(अ०)* सुथना, पाजामा।
**इजारा** पु० *(अ०)* किसी वस्तु के बनाने, बेचने, भोगने आदि का अकेले अधिकारी होना।
**इज़्ज़त** स्त्री० *(अ०)* आदर, सम्मान; मान, प्रतिष्ठा। **मुहा० इज़्ज़त उतारना/ इज़्ज़त बिगाड़ना** बेइज्जत करना, अपमानित करना। **इज़्ज़त खोना/ इज़्ज़त गँवाना** मर्यादा खोना। **इज़्ज़त देना** गौरवान्वित करना। **इज़्ज़त पर पानी फिरना** सम्मान खत्म हो जाना। **इज़्ज़त मिट्टी करना** मान मर्यादा का नाश करना। **इज़्ज़त में बट्टा लगना** सम्मान कम हो जाना।
**इज़्ज़तदार** वि० प्रतिष्ठित।
**इज़्तिराब** पु० *(अ०)* अधीरता, व्याकुलता, बेचैनी।
**इज्य** पु० *(सं०)* पूजनीय व्यक्ति।
**इज्या** स्त्री० *(सं०)* यज्ञ; पूजा।
**इठलाना** अ० क्रि० इतराना; नखरा करना; ठसक।
**इडली**† स्त्री० दक्षिणी क्षेत्रों में प्रचलित एक भोज्य पदार्थ जो चावल और उड़द की दाल का बनता है।
**इड़ा** स्त्री० *(सं०)* स्तुति, सन्तोष।
**इडाचिका** स्त्री० *(सं०)* भिड़, ततैया।
**इडिका** स्त्री० *(सं०)* पृथ्वी।

**इतः (तस्)** अ० *(सं०)* यहाँ से; यहाँ; इधर।
**इत*** अ० यहाँ, इधर।
**इत-उत** अव्य० इधर-उधर।
**इतमीनान** पु० *(अ०)* तसल्ली; विश्वास, भरोसा।
**इतमीनानी** वि० *(अ०)* भरोसे का, विश्वासी।
**इतर** वि० *(सं०)* और, दूसरा; हीन; साधारण।
**इतराजी*** स्त्री० एतराज।
**इतराना** अ० क्रि० गर्व से ऐंठना, इठलाना।
**इतराहट** स्त्री० गर्व, घमण्ड, इतराने का भाव।
**इतरौंहा*** वि० गर्वसूचक, जिससे इतराना प्रकट हो।
**इतलाक़** पु० *(अ०)* समन आदि के जारी होने, तलबाने के आमद-खर्च का हिसाब रखने वाला दफ्तर; जारी करना; बन्धन मुक्त करना; व्यवहार।
**इतवार** पु० रविवार।
**इतस्ततः (तस्)** अ० *(सं०)* यहाँ-वहाँ, इधर-उधर।
**इताअत** स्त्री० *(अ०)* आज्ञा पालन; अधीनता।
**इति** अ० *(सं०)* समाप्ति-सूचक शब्द। स्त्री० पूर्णता; अन्त; समाप्ति; गमन।
**इति मात्र** वि० *(सं०)* केवल, इतना ही।
**इतिवृत्ति** पु० *(सं०)* कथा, कहानी।
**इतिहास** पु० *(सं०)* तवारीख, प्राचीन आख्यान।
**इतेक** वि० इतना।
**इतो, इत्तो*** वि० इतना।
**इत्तफ़ाक़, इत्तिफ़ाक़** पु० *(अ०)* सहमति; मेल, एकता; संयोग; अचानक होनेवाली अनहोनी बात।
**इत्तफ़ाक़न्, इत्तिफ़ाक़न्** पु० *(अ०)* अचानक, संयोगवश।
**इत्तला, इत्तिला** स्त्री० *(अ०)* जानकारी, सूचना, खबर।
**इत्ता** वि० इतना।
**इत्तिहाम** पु० *(अ०)* इलजाम, तुहमत, दोष।
**इत्थमेव** अ० *(सं०)* इसी प्रकार, इसी जैसा।
**इत्मीनान** पु० *(अ०)* तसल्ली।
**इत्यादि, इत्यादिक** अ० *(सं०)* वगैरह, इसी प्रकार।
**इत्युक्त** वि० *(सं०)* ऐसा कहा हुआ।
**इत्वर** वि० *(सं०)* गरीब; नीच; निर्दय। पु० हिजड़ा।
**इत्वरी** स्त्री० *(सं०)* अभिसारिका; व्यभिचारिणी, कुलटा।
**इद्ध** वि० *(सं०)* आश्चर्यजनक; चमकता हुआ; प्रज्वलित।

**इधर** अव्य० यहाँ, इस ओर।

**मुहा० इधर उधर** इस तरफ उस तरफ। **इधर का उधर होना** उलट-पुलट जाना, कहीं-का-कहीं हो जाना। **इधर उधर की बातें करना/हाँकना** अनावश्यक, व्यर्थ की बातें करना। **इधर उधर हो जाना** अदृश्य हो जाना, छितरा जाना। **इधर की उधर करना** झगड़ा लगाना, चुगली करना। **इधर की दुनिया उधर हो जाना** असम्भव का सम्भव होना।

**इन** पु० *(सं०)* सूर्य; राजा; हस्त नक्षत्र; स्वामी, प्रभु। सर्व० 'इस' का बहुवचन।

**इनआम** पु० *(अ०)* पारितोषिक, इनाम।

**इनक़लाब** पु० *(अ०)* भारी उलट-फेर; क्रान्ति।

**इनकार** पु० *(अ०)* न मानना; मुकरना; ईश्वर का अस्तित्व न मानना; अस्वीकृति; नाहीं करना।

**इनकारी** वि० *(अ०)* अस्वीकृति, नकारात्मक।

**इनफार्मर** पु० *(अं०)* मुखबिर, भेदिया।

**इनफ़िसाल** पु० *(अ०)* निर्णीत; जुदा होना।

**इनसान** पु० *(अ०)* आदमी, मनुष्य।

**इनसिदाद** पु० *(अ०)* बन्द होना, रुकना।

**इनसिदादे जुर्म** पु० अपराधों की रोक।

**इनहिसार** पु० *(अ०)* घेरना; अवलम्बित होना।

**इनाम** पु० पुरस्कार, पारितोषिक; माफी जमीन।

**इनामी** वि० *(अ०)* इनाम के लिए।

**इनायत** स्त्री० *(अ०)* प्रदान; कृपा, अनुग्रह।

**इनारा** पु० इनार, कूप, कुआँ।

**इनारुन** पु० इन्द्रायन का फल।

**इन्क्वायरी** स्त्री० *(अं०)* पूछ-ताछ।

**इंश्योरेंस** पु० *(अं०)* बीमा, भविष्य निधि।

**इफ़रात** स्त्री० *(अ०)* अतिशयता; आधिकय, प्रचुरता।

**इफ़ाक़ा** पु० *(अ०)* आराम होना, रोगमुक्ति।

**इफ़्तार** पु० *(अ०)* रोजा व्रत खोलना।

**इबरायनामा** पु० *(फ़ा०)* इस्तीफा, त्यागपत्र।

**इबलीस** पु० *(अ०)* मनुष्य को बहकानेवाला फरिश्ता।

**इबादत** स्त्री० *(अ०)* वन्दना; उपासना, पूजा।

**इबारत** स्त्री० *(अ०)* मजमून; रचना, वाक्य की बनावट; लिखने का ढंग।

**इब्तिदा** स्त्री० *(अ०)* शुरुआत, आदि, आरम्भ, उत्पत्ति।

**इभ** पु० *(सं०)* हाथी।

**इभमाचल** पु० *(सं०)* सिंह।

**इभया** स्त्री० *(सं०)* हथिनी; स्वर्णक्षीरी, भड़भाँड़।

**इभी** स्त्री० *(सं०)* हथिनी।

**इभोषणा** स्त्री० *(सं०)* गजपिप्पली।

**इभ्य** वि० *(सं०)* धनी; हाथीनशीन।

**इमकान** पु० *(अ०)* सामर्थ्य, शक्ति; शक्यता।

**इमदाद** स्त्री० *(अ०)* मदद करना; सहायता।

**इमदादी** वि० मदद से चलने वाला; मदद पाने वाला।

**इमरती** स्त्री० एक प्रसिद्ध मिठाई, उड़द की दाल की जलेबीनुमा मिठाई।

**इमला** पु० *(अ०)* लिखने का अभ्यास; आलेख, श्रुतिलेख।

**इमलाक** पु० *(अ०)* मिलकियत, जायदाद, सम्पत्ति।

**इमली** स्त्री० इमली का वृक्ष, फल।

**इमसाक** पु० *(अ०)* कंजूसी; स्तम्भन; रोकना।

**इमामत** स्त्री० *(अ०)* इमाम का पद; नेतृत्व, पेशवाई।

**इमामदस्ता** पु० एक तरह का खरल।

**इमारत** स्त्री० *(अ०)* पक्का मकान; मकान।

**इमि** अव्य० इस प्रकार से।

**इम्तहान** पु० इम्तिहान, परीक्षा।

**इम्तियाज़** पु० *(अ०)* विशेषता, भेद करना; विवेक।

**इम्तिहान** पु० *(अ०)* परीक्षा, आजमाइश।

**ईयत्** वि० *(सं०)* इतना। अ० यहाँ तक।

**इरण** पु० *(सं०)* मरुस्थल; बंजर भूमि।

**इरषा, इरिषा*** स्त्री० ईष्या।

**इरा** स्त्री० *(सं०)* आहार; कोई पेय (दूध आदि); वाणी, सरस्वती; जल; मद्य।

**इरादा** प० *(अ०)* संकल्प; इच्छा; उद्देश्य; विचार।

**इरिका** स्त्री० *(सं०)* एक पौधा।

**इरिण** पु० *(सं०)* बंजर; मरुस्थल; खारी जमीन।

**इरेश** पु० *(सं०)* ब्राह्मण; सम्राट; विष्णु; वरुण।

**इर्गल** पु०, **इर्गला** स्त्री० अर्गल, अर्गला।

**इर्तिकाब** पु० *(अ०)* अपराध या कोई बुरा काम करना; कर्म करना, बुरा कर्म करना।

**इर्शाद** पु० *(अ०)* हिदायत करना; आदेश; पथप्रदर्शन।

**इल** वि० *(सं०)* निद्रालु।

**इलज़ाम** पु० *(अ०)* दोष, अभियोग, आरोप लगाना।

**इलव** पु० *(सं०)* गरीब व्यक्ति; हलवाहा; किसान।

**इलहामी** वि० ईश्वर से प्रेरित, इलहाम से प्राप्त।

**इला** स्त्री० पृथ्वी; गाय; वाक्य।

**इलाज** पु० *(अ०)* उपचार, निवारक उपाय; चिकित्सा।

**इलाही** अ० *(अ०)* (इलाह—परमेश्वर का सम्बोधन का रूप) हे ईश्वर! या खुदा ! पु० खुदा, ईश्वर।

**इलिका** स्त्री० *(सं०)* पृथ्वी।

**इलेक्ट्रॉनिक** वि० *(अं०)* विद्युदाणविक।

**इलेक्ट्रिक** वि० *(अं०)* बिजली की शक्ति से होनेवाला, विद्युत, वैद्युत। विद्युतशक्ति।

**इलेक्ट्रिसिटी** स्त्री० *(अं०)* विद्युत, बिजली।

**इलेक्ट्रोकार्डियोग्राम** पु० *(ई० सी० जी०)* हृदय की धड़कन के साथ-साथ हृदय में होनेवाले वैद्युत परिवर्तनों की जाँच का यन्त्र।

**इल्ज़ाम** पु० *(अ०)* इलज़ाम, अभियोग, दोष लगाना।

**इल्तिफ़ात** स्त्री० *(अ०)* ध्यान देना; कृपा, अनुग्रह।

**इल्तिवा** पु० *(अ०)* टलना, मुल्तवी होना।

**इल्म** पु० *(अ०)* विद्या, शास्त्र; जानकारी, ज्ञान।

**इल्लल** पु० *(सं०)* एक प्रकार का पक्षी।

**इल्ला** पु० चमड़े पर निकलने वाला छोटा कड़ा अर्बुद; कील; मगर, परन्तु।

**इव** अ० *(सं०)* मानिन्द, सदृश, समान।

**इशा** स्त्री० *(अ०)* रात; रात्रि का अन्धकार।

**इशाअत** स्त्री० *(अ०)* प्रचार करना, फैलाना; प्रकट, प्रसिद्ध करना; छापना; प्रकाशित करना।

**इशारत** स्त्री० *(अ०)* इशारा करना; संकेत।

**इश्क** पु० *(अ०)* आसक्ति; अनुराग, प्रेम, चाह।

**इश्क़िया** वि० *(अ०)* शृंगारिक, प्रेमप्रधान।

**इश्तिआल, इश्तियाल** पु० *(अ०)* उकसाना; भड़काना; उत्तेजना; भड़कना, प्रज्वलित होना।

**इश्तियाक़** पु० *(अ०)* शौक होना; चाह, लालसा।

**इश्तिराक** पु० *(अ०)* साझा, शिरकत।

**इश्तिराकिया** पु० *(अ०)* समाजवादी व्यवस्था में उत्पादन के साधनों पर संयुक्त स्वामित्व।

**इश्तिहा** पु० *(अ०)* इच्छा; भूख।

**इश्तिहार** पु० *(अ०)* विज्ञापन; प्रसिद्धि; प्रसिद्ध करना।

**इश्तिहारी** वि० *(अ०)* विज्ञापित, जिसका इश्तिहार निकला हो।

**इष** पु० *(सं०)* आश्विन मास; बलवान् व्यक्ति।

**इषण्या** स्त्री० *(सं०)* तीव्र इच्छा, बलवती इच्छा।

**इषव्य** वि० *(सं०)* बाण विद्या में कुशल।

**इषिका, इषीका** स्त्री० *(सं०)* सरपत अथवा मूँज आदि के बीच-की सींक; कूँची; बाण।

**इषुध्या** स्त्री० *(सं०)* प्रार्थना करना, गिड़गिड़ाना।

**इषूपल** पु० *(सं०)* किले के फाटक पर रखी जाने वाली एक तरह की तोप।

**इष्ट** वि० *(सं०)* अभिलषित; प्रिय।

**इष्टापत्ति** स्त्री० *(सं०)* वादी द्वारा प्रतिवादी के पक्ष में बात कहना; इच्छित घटना का होना।

**इष्टि** स्त्री० *(सं०)* प्राप्त करने का प्रयत्न; निमन्त्रण; निवेदन; इच्छा, चाह; यज्ञ; हवि।

**इष्टु** स्त्री० *(सं०)* इच्छा, चाह।

**इष्म** पु० *(सं०)* कामदेव; वसन्त ऋतु।

**इष्वनीक** पु० *(सं०)* बाण की नोक।

**इष्वास** पु० *(सं०)* धनुष; तीरन्दाज।

**इस** वि० यह का रूप।

**इसकन्दर** पु० अलेक्ज़ेण्डर; सिकन्दर।

**इसकन्दरिया** पु० मिस्र का एक प्रसिद्ध नगर और बन्दरगाह।

**इसपंज** पु० बिना जल का बादल; स्पंज।

**इसबगोल** पु० अतिसार, पेचिश आदि रोगों में दिया जाने वाला एक लुआबदार दाना।

**इसराज** पु० एक सितार जैसा बाजा जो सारंगी की तरह कमानी से बजाया जाता है।

**इसराफ़** पु० *(फ़ा०)* उड़ाऊपन, फजूलखर्ची।

**इसरार** पु० *(अ०)* आग्रह करना; हठ, आग्रह।

**इसलाम** पु० *(अ०)* मुसलमानों का धर्म, मुहम्मद का चलाया हुआ धर्म; मुसलिम जगत्।

**इस्क़ात** पु० *(अ०)* गर्भपात; पतन, गिरना।

**इस्तिंजा** पु० *(अ०)* पेशाब करने के बाद उसकी बूँदों को मिट्टी के ढेले से सुखाना, पानी से धोना।

**इस्तिअमाल** पु० *(अ०)* प्रयोग, इस्तेमाल, उपयोग।

**इस्तिलाही** वि० *(अ०)* लाक्षणिक, पारिभाषिक।

**इहकाल** पु० *(सं०)* वर्तमान समय।

**इहतिमाल** पु० *(अ०)* सम्भावना; शक, सन्देह।

**इहतियाज** पु० *(अ०)* अभाव; गरज; हाजत।

**इहतियात** स्त्री० *(अ०)* सावधानी; बचाव, परहेज।

**इहतियातन्** अ० *(अ०)* सावधानी की दृष्टि से।

**इहलोक** पु० *(सं०)* यह संसार।

**इहसान** पु० *(अ०)* नेकी, उपकार करना।
**इहा** अव्य० यहाँ।
**इहागत** वि० *(सं०)* यहाँ आया हुआ।

## ई

ई देवनागरी वर्णमाला का चौथा (स्वर) वर्ण, 'इ' का दीर्घ रूप; कामदेव।
**ईंखन** पु० *(सं०)* गोलाकार घूमना, चक्कर खाना।
**ईंगुर** पु० सिन्दूर।
**ईंचना*** स० क्रि० खींचना, ऐंचना।
**ईंट** स्त्री० मकान बनाने की कच्ची-पक्की ईंट; ताश का एक प्रकार।
**ईंदर** पु० तत्काल व्यायी हुई गाय या भैंस के दूध (पियूष) में गुड़ या चीनी डालकर औटकर बनायी जानेवाली एक मिठाई।
**ईंधन** पु० जलाने की लकड़ी; कोयला, उपला आदि।
**ईकारान्त** वि० *(सं०)* ऐसा शब्द जिसके अन्त में 'ई' हो।
**ईक्षक** वि०, पु० *(सं०)* विचार करने वाला।
**ईक्षण** पु० *(सं०)* जाँच-पड़ताल, देखना, दर्शन, दृष्टि।
**ईक्षणिक, ईक्षणीक** पु० *(सं०)* हस्तरेखा विशेषज्ञ।
**ईक्षा** स्त्री० *(सं०)* दृष्टि; विवेचन; दर्शन।
**ईक्षिका** स्त्री० *(सं०)* आँख; दृष्टि, निगाह।
**ईक्षित** वि० *(सं०)* देखा हुआ; आलोचित; विवेचित।
**ईक्षिता (तृ)** वि०, पु० *(सं०)* दर्शक, देखनेवाला।
**ईक्ष्यवाचक** पु० *(सं०)* *(प्रूफ रीडर)* प्रूफ पढ़ने वाला; शोध्य शोधक।
**ईखना*** स्त्री० इच्छा, एषणा।
**ईछन*** पु० आँख, नेत्र, ईक्षण।
**ईछना*** स० क्रि० कामना करना, इच्छा करना।
**ईछन*** पु० आँख, नेत्र, ईक्षण।
**ईछना*** स० क्रि० कामना करना, इच्छा करना।
**ईजति*** स्त्री० सम्मान, इज्जत, मान-मर्यादा।
**ईज़ा** स्त्री० *(अ०)* दुःख, कष्ट, पीड़ा, दर्द।
**ईजाद** स्त्री० *(अ०)* नयी चीज बनाना, आविष्कार।
**ईजादी** वि० *(अ०)* नयी चीज बनाने वाला, आविष्कारक।
**ईजान** वि० *(सं०)* यज्ञ करनेवाला।
**ईठ*** वि०, पु० अत्यधिक प्रिय; मित्र; इष्ट।
**ईठना*** अ० क्रि० चाहना।
**ईठि*** स्त्री० मित्रता, प्रीति; यत्न; चाह।
**ईठी** *वि० स्त्री० प्यारी। स्त्री० भाला।
**ईडन** पु० *(सं०)* बड़ाई करना, प्रशंसा करना।
**ईडवा** पु० ईडुरी; गेण्डुरी।
**ईडवी** स्त्री० पगड़ी।
**ईडा** स्त्री० *(सं०)* बड़ाई, प्रशंसा, स्तुति।
**ईडित** वि० *(सं०)* स्तुत; प्रशंसित, प्रशंसा या बड़ाई किया हुआ।
**ईड्य** वि० *(सं०)* प्रशंसा या बड़ाई करने योग्य।
**ईढ़*** स्त्री० जिद्द, हठ। वि० समान, बराबर।
**ईढ़ी** पु० हठी।
**ईतर*** साधारण; हठी, ढीठ; इतरानेवाला; नीच।
**ईति** स्त्री० *(सं०)* झगड़ा; कृषि हानिकर आपदा; पीड़ा, कष्ट, दुःख।
**ईद** स्त्री० *(अ०)* मुसलमानों का एक त्योहार।
**ईदी** स्त्री० ईद के त्योहार पर सम्बन्धियों, दोस्तों, मित्रों को दिया जाने वाला उपहार; ईद का ईनाम।
**ईदूर** पु० चूहा, मूसक।
**ईदृश** वि० *(सं०)* इस प्रकार का, ऐसा।
**ईप्सन** पु० *(सं०)* प्राप्त करने की इच्छा करना।
**ईप्सा** स्त्री० *(सं०)* इच्छा, चाह; पाने की इच्छा।
**ईप्सित** वि० *(सं०)* चाहा हुआ, जिसकी चाह हो।
**ईप्सु** वि० *(सं०)* कामना करने वाला, इच्छा रखनेवाला।
**ईफाय** पु० *(अ०)* दिये गये वचन का पालन करना।
**ईमन** पु० एक रागिनी, ऐमन।
**ईमा, ईमाय** पु० *(अ०)* इशारा, संकेत; ध्वनि।
**ईमान** पु० *(अ०)* धर्म; ईश्वर पर विश्वास; खरापन; धर्मविश्वास।
**मुहा० ईमान का सौदा** खरा व्यवहार। **ईमान की कहना** सच्ची बात कहना। **ईमान ठिकाने न रहना** धर्मपर दृढ़ न रहना। **ईमान में फर्क आना** नीयत खराब होना।
**ईरखा*** स्त्री० ईर्ष्या, जलन।
**ईरण** वि० *(सं०)* क्षुब्ध या अस्थिर करने वाला।
**ईरिण** वि० *(सं०)* ऊसर। पु० ऊसर जमीन।
**ईरित** वि० *(सं०)* कथित; कम्पित; प्रेषित; गत।
**ईर्म** वि० *(सं०)* क्षुब्ध; बराबर चलने या भड़काने वाला।

**ईर्वारु** पु० *(सं०)* फूट, एक तरह की ककड़ी।
**ईर्षणा*** स्त्री० ईर्ष्या, जलन, इर्षा।
**ईर्षणा** स्त्री० *(सं०)* त्वरा; शीघ्रता।
**ईर्षा** स्त्री० *(सं०)* जलन, ईर्ष्या, ईर्षणा।
**ईर्ष्य** वि० *(सं०)* जलन या डाह करनेवाला।
**ईर्ष्या** स्त्री० *(सं०)* जलन; दूसरे की बढ़ती न देख सकना।
**ईर्ष्यालु** वि० *(सं०)* ईर्ष्या या डाह करने वाला।
**ईर्ष्यु** वि० *(सं०)* ईर्ष्यालु, जलन करने वाला।
**ईलि, ईली** स्त्री० *(सं०)* छोटी तलवार।
**ईश** पु० *(सं०) (मर्करी)* पारा; परमेश्वर, ईश्वर।
**ईशता** स्त्री० *(सं०)* स्वामित्व, प्रभुत्व।
**ईशा** स्त्री० *(सं०)* ऐश्वर्ययुक्त स्त्री; ऐश्वर्य; अधिकार।
**ईशान** वि० *(सं०)* ऐश्वर्ययुक्त; आधिपत्ययुक्त, एक दिशा।
**ईशानी** स्त्री० *(सं०)* दुर्गा; शाल्मली वृक्ष।
**ईशिता** स्त्री०, **ईशित्व** पु० *(सं०)* ईश्वरत्व, प्रभुत्व।
**ईशी (शिन्)** वि० *(सं०)* शासन करने वाला।
**ईश्वराधीन** वि० *(सं०)* ईश्वर की इच्छा पर अवलम्बित।
**ईश्वरी** स्त्री० *(सं०)* दुर्गा; कोई शक्ति; लक्ष्मी।
**ईश्वरीय** वि० *(सं०)* ईश्वर सम्बन्धी, ईश्वर द्वारा किया गया, दिया गया या भेजा गया; ईश्वर का।
**ईष** पु० *(सं०)* शिव का एक अनुचर; तीसरे मनु का एक पुत्र; आश्विन मास।
**ईषण** वि० *(सं०)* शीघ्रता, जल्दी करनेवाला।
**ईषणा** स्त्री० *(सं०)* क्षिप्रता; तीव्र, तेजगति।
**ईषत्** अ० *(सं०)* आंशिक रूप में; कुछ-कुछ।
**ईषद्** 'ईषत्' का समासगत रूप।
**ईषद्धास** पु० *(सं०)* हँसी, मुस्कराहट।
**ईषना*** स्त्री० एषणा; प्रबल इच्छा।
**ईषा** स्त्री० *(सं०)* हरिस।
**ईषिका** स्त्री० *(सं०)* बाण; चित्रकार की कूँची।
**ईषिर** पु० *(सं०)* अग्नि, आग।
**ईष्म** पु० *(सं०)* कामदेव; वसन्त ऋतु।
**ईष्व** पु० *(सं०)* गुरु, आचार्य, शिक्षक, अध्यापक।
**ईस*** पु० ईश्वर; ईश।
**ईसन*** पु० ईशान-कोण।
**ईसर*** पु० ऐश्वर्य; शिव, महादेव।
**ईसरमूल** पु० रुद्रलता या रुद्रजटा नामक पौधा।
**ईसवी** वि० *(अ०)* ईसा से सम्बन्ध रखने वाला।
**ईसा** पु० *(अ०)* मसीह, ईसाई धर्म के प्रवर्तक।
**ईसान*** पु० ईशान कोण।
**ईसार** पु० *(अ०)* दूसरे के हित के लिए अपनी हानि करना, स्वार्थ को त्यागना।
**ईहग** वि० *(सं०)* इच्छानुसार चलने वाला।
**ईहा** स्त्री० *(सं०)* कामना, इच्छा, उद्यम, चाह।
**ईहार्थी (र्थिन्)** वि० *(सं०)* उद्देश्य पूर्ति के लिए प्रयत्नशील रहना; धन लाभ के लिए सचेष्ट।
**ईहित** वि० *(सं०)* अभिलषित, चाहा हुआ; चेष्टित।

## उ

**उ** देवनागरी वर्णमाला का पाँचवाँ (स्वर) वर्ण। इसका उच्चारणस्थान ओष्ठ है। अव्य० हाँ; ठीक; भी। पु० शिव; ब्रह्मा; मनुष्य।
**उंकुण** पु० *(सं०)* चारपाई में पड़ने वाला कीड़ा।
**उँगनी** स्त्री० गाड़ी के पहिए में तेल देना।
**उँगलाना** स० क्रि० परेशान करना, तंग करना।
**उँगली** स्त्री० अँगुली।
**मुहा० उँगली पकड़ते-पकड़ते पहुँचा पकड़ना** किसी से अनुचित लाभ उठाने का प्रयास करना। **उँगलियों पर नचाना** इच्छानुसार काम कराना। **दाँतों तले उँगली दबाना** आश्चर्य प्रकट करना। **पाँचों उँगलियाँ घी में होना** हर तरह से लाभ होना।
**उँघाई** स्त्री० झपकी, ऊँघने की क्रिया।
**उंचन** स्त्री० खाट की अदवान, उनचन।
**उंचना** स० क्रि० उनचन, अदवान कसना।
**उँचाई*** स्त्री० ऊँचेपन की सीमा; ऊँचापन; बड़ाई।
**उँचान** पु० ऊँचाई।
**उँचाना*** स० क्रि० ऊपर उठाना, ऊँचा करना।
**उँचास*** पु० ऊँचाई।
**उँजरिया*** स्त्री० रोशनी; चाँदनी।
**उँजियार*** वि० उज्ज्वल; प्रकाशमान।
**उँड़ेलना** सं० क्रि० कोई चीज एक बर्तन से दूसरे बर्तन में गिराना, डालना, उड़ेलना।
**उन्दन** पु० *(सं०)* भिगोना, गीला करना।
**उँदरी** स्त्री० गंजा होने, बाल झड़ जाने का रोग।

**उन्दुर, उन्दुरु, उन्दूरु** पु० *(सं०)* चूहा।
**उम्बर, उम्बुर** पु० *(सं०)* चौखट के ऊपर की लकड़ी।
**उ** पु० *(सं०)* चन्द्रमण्डल; ब्रह्मा; शिव।
**उअना*** अ० क्रि० निकलना, उगना, उदय होना।
**उआना** क्रि० उठाना, जगाना।
**उऋण** वि० कर्ज से मुक्त; जो किसी के प्रति अपने कर्तव्य का पालन कर चुका हो।
**उकचन*** पु० मुचकुन्द का फूल।
**उकचना** क्रि० निकलवाना; दूर होना।
**उकटा** वि० बार-बार उपकार की याद दिलाने वाला।
**उकठना** अ० क्रि० उखड़ना; सूखकर ऐंठ जाना।
**उकठा** वि० शुष्क, सूखा; सूखकर ऐंठा हुआ।
**उकडूँ** पु० बैठने का वह ढंग जिसमें घुटने मोड़ कर छाती से मिलाते हैं।
**उकताना** अ० क्रि० अधीर होना, ऊबना।
**उकताहट** स्त्री० जल्दबाजी, अधीरता।
**उकलना** अ० क्रि० उखड़ना, उघड़ना।
**उकलाई**† स्त्री० मिचली; कै, उलटी।
**उकलाना** अ० क्रि० कै या उलटी करना; उघड़ना, तह अलग होना।
**उकवथ** पु० चर्मरोग विशेष।
**उकसना** अ० क्रि० अंकुरित होना; उभरना।
**उकसनि***स्त्री० उभार।
**उकसवाना** क्रि० निकलवाना।
**उकसाहट** स्त्री० उत्तेजना; उकसाने का भाव।
**उकसाई** क्रि० हटवाई।
**उकसौंहा*** वि० उभरता हुआ, उठता हुआ।
**उक़ाब** पु० *(अ०)* गरुड़; बड़ी जाति का गिद्ध।
**उकार** पु० *(सं०)* 'उ' स्वर; शिव।
**उकारान्त** वि० *(सं०)* जिस शब्द के अन्त में उकार हो।
**उकासना*** स० क्रि० ऊपर की ओर फेंकना।
**उकिलना** अ० क्रि० उकलना, ऐंठन खुलना।
**उकीरना** स० क्रि० उखाड़ना; खोदना।
**उकुसना*** स० क्रि० उजाड़ना; उधेड़ना।
**उकेलना** स० क्रि० उचाड़ना; उधेड़ना, खोलना।
**उकौना**† पु० गर्भावस्था में होनेवाली इच्छाएँ।
**उक्त** वि० *(सं०)* कविता; कहा गया।
**उक्ति** स्त्री० *(सं०)* वाक्य; कवित्वमय वचन, कथन।
**उक्थ** पु० *(सं०)* स्तोत्र; एक यज्ञ; साम-विशेष।
**उक्थी** वि० *(सं०)* स्तोत्र-पाठ करने वाला।
**उक्षण** पु० *(सं०)* सींचना, जल छिड़कना।
**उक्षाल** वि० *(सं०)* क्षिप्र; बड़ा; उत्तम; भयंकर।
**उक्षित** वि० *(सं०)* भिगोया हुआ।
**उखटना** स० क्रि० कुतरना; खोंटना।
**उखड़ना** अ० क्रि० तितर-बितर होना; जमी, गड़ी या जड़ी हुई चीज का ऊपर आ जाना; अपनी जगह से हटना; टूटना; उपटना; तितर-बितर होना।
**मुहा० उखड़ी-उखड़ी बातें करना** बेमुरौवत या बेलौस होकर बात करना। **उखड़ी-पुखड़ी सुनाना** अण्डबण्ड सुनाना, अनाप शनाप बकना।
**उखड़ा** वि० उखड़ा हुआ, अपने स्थान से हटा हुआ।
**उखम*** पु० गरमी।
**उखमज** वि० उष्मज, गर्मी से उत्पन्न, उष्म, ताप। पु० उपद्रव।
**उखर*** पु० ऊख बोने के बाद होने वाली हल की पूजा।
**उखरना*** अ० क्रि० उखड़ना।
**उखराज** पु० ईख की बोआई का पहला दिन।
**उखा** स्त्री० *(सं०)* बटलोई; हाँडी; *'उषा'।
**उखाड़ना** (हि० उखरना का सं०) उखाड़ने की क्रिया, किसी गड़ी या जमी हुई वस्तु को हटाकर अलग करना।
**मुहा० गड़े मुर्दे उखाड़ना** पुरानी बातों को फिर से छेड़ना। **पैर उखाड़ देना** हटा देना, भगा देना।
**उखाड़ू** वि० उखाड़ने वाला।
**उखारना*** स० क्रि० उखाड़ना।
**उखारी** स्त्री० ईख का खेत।
**उखालिया** पु० सरगही, व्रत आरम्भ करने के पूर्व कुछ रात रहते ग्रहण किया जानेवाला अल्पाहार।
**उखेड़ना** स० क्रि० उखाड़ना।
**उखेरना*** स० क्रि० उखाड़ना।
**उखेलना***स० क्रि० चित्र उरेहना, तस्वीर बनाना।
**उख्य** वि० *(सं०)* हाँडी या इस प्रकार के अन्य पात्र में पकाया हुआ (माँसादि)।
**उगना** अ० क्रि० अँखुआ फेंकना, जमना; उपजना।
**उगटना** क्रि० उपहास करना, उधेड़ना।
**उगरना** अ० क्रि० निकलना; कुएँ में जमी हुई मिट्टी

आदि की सफाई होना।

**उगलना** क्रि० गुप्त बात को प्रकट करना।

**उगलवाना, उगलाना** स० क्रि० उगलना का प्रेरणार्थक रूप; उगलने में प्रवृत्त करना।

**उगवाना, उगवना***स० क्रि० उपजाना, उगाना, उत्पन्न कराना।

**उगसारना***स० क्रि० प्रकट करना; कहना।

**उगहना** स० क्रि० लोगों से लेकर इकट्ठा करना, वसूली करना; उगाहना।

**उगहनी** स्त्री० चन्दा, लगान।

**उगाना** स० क्रि० उपजाना, जमाना; तानना; उठाना।

**उगारना** स० क्रि० पानी का स्रोत बन्द होने पर कुएँ की मिट्टी आदि निकालकर सफाई करना।

**उगार, उगाल** पु० खँखार, थूक; पीक।

**उगाला** पु० फसलों को हानि पहुँचानेवाला एक प्रकार कीड़ा।

**उगाहना** स० क्रि० वसूल करना; चन्दा करना या लेना; बहुत से लोगों से लेकर इकट्ठा करना।

**उगाही** स्त्री० लगान; चन्दा; वसूली।

**उगिलना*** स० क्रि० उगलना।

**उगिलवाना, उगिलाना** स० क्रि० उगलवाना।

**उग्र** वि० *(सं०)* तीखा, तेज; क्रूर; हिंस्र; भयानक।

**उग्रक** वि० *(सं०)* बहादुर, वीर, बलवान।

**उग्रह** पु० मोक्ष, ग्रहण से मुक्ति।

**उग्रा** स्त्री० *(सं०)* उग्र स्वभाववाली, कर्कशा स्त्री।

**उघटा** वि० उघटने वाला।

**उघड़ना** अ० क्रि० प्रकट होना; खुलना; नंगा होना; भण्डाफोड़ होना।

**उघरना*** अ० क्रि० नंगा होना, उघड़ना।

**उघरारा*** वि० खुला हुआ। पु० खुला स्थान।

**उघाई** स्त्री० कर संग्रह।

**उघाड़ना** स० क्रि० खोलना; वस्त्र हरण करना।

**उघाड़ी** वि० प्रकट; प्रकाशित।

**उघारा** वि० नग्न, खुला हुआ।

**उचकन** पु० टेक, आड़; उठना।

**उचकना** क्रि० कूदना; उइलना; भागना; छीनना।

**उचका*** अ० सहसा, अचानक।

**उचकाना** स० क्रि० ऊपर उठाना, उभारना; पंजों के बल खडा करना।

**उचक्का** पु० उठाईगीर, राहजन, चोर।

**उचटना** अ० क्रि० मन का हट जाना, न लगना; अलग होना, बिलगाना, छूटना; उचड़ना; भड़कना।

**उचटाना** स० क्रि० विरक्त करना; छुड़ाना।

**उचड़ना** अ० क्रि० उखड़ना; चल देना।

**उचना*** स० क्रि० ऊपर उठाना। अ० क्रि० ऊपर उठाना, उचकना।

**उचनि*** स्त्री० उभार, उठान।

**उचरना** क्रि० बालना, बढ़ना; उच्चारण करना।

**उचराना** क्रि० कहलाना।

**उचाट** पु० विरक्ति, जी न लगना, उदासी।

**उचाटन*** पु० उच्चाटन।

**उचाटना** स० क्रि० उचाट कर देना।

**उचाटी*** स्त्री० उदासी, उचाट।

**उचाड़ना** स० क्रि० सटी हुई चीज को अलग करना; नोचना, उचेलना।

**उचाना*** स० क्रि० उठाना, ऊँचा करना।

**उचार*** पु० उच्चार।

**उचारना*** स० क्रि० उखाड़ना; उच्चारण करना।

**उचारक** पु० उच्चारण करने वाला।

**उचावा** पु० सपने में बड़बड़ाना।

**उचित** वि० *(सं०)* विहित; ज्ञात; योग्य, ठीक, मुनासिब।

**उचेड़ना, उचेलना** क्रि० नोंचना, अलग करना।

**उचैहा, उचौंहा*** वि० उठा हुआ, उभरा हुआ।

**उच्चण्ड** वि० *(सं०)* अति उग्र, प्रचण्ड; अति क्रुद्ध; तेज।

**उच्च** वि० *(सं०)* ऊँचा, लम्बा; तेज; कुलीन।

**उच्चकित** वि० *(सं०)* भौचक्का, आश्चर्य-चकित।

**उच्चघन** पु० *(सं०)* मन-ही-मन हँसना।

**उच्चटा** स्त्री० *(सं०)* घमण्ड; प्रथा; अभ्यास।

**उच्चतर** वि० *(सं०)* पहले से ऊँचा, और ऊँचा।

**उच्चतम** वि० *(सं०)* सर्वोच्च, जो सबसे ऊँचा हो।

**उच्चयापचय** पु० *(सं०)* उत्थान और पतन।

**उच्चरण** पु० *(सं०)* ध्वनि, किसी शब्द आदि का (मुँह से) बाहर आना; आना, ऊपर उठना।

**उच्चरना*** स० क्रि० उच्चारण करना।

**उच्चरित** वि० *(सं०)* बोला हुआ, कहा हुआ, कथित।

**उच्चल** पु० *(सं०)* मन; समझ। वि० गतिशील।

**उच्चलन** पु० *(सं०)* रवाना होना, जाना।
**उच्चलित** वि० *(सं०)* जो जानेवाला ही हो; फटका हुआ।
**उच्चाकांक्षा** स्त्री० *(सं०)* बड़प्पन की आकांक्षा।
**उच्चाट** पु० *(सं०)* मन्त्र से मन को विरक्त कर देना।
**उच्चाटन** पु० *(सं०)* मन का खिन्न होना या उचटना।
**उच्चादर्श** पु० *(सं०)* ऊँचा आदर्श।
**उच्चाधिकारी** पु० *(सं०)* ऊँचे दर्जे का अधिकारी।
**उच्चाभिलाषा** स्त्री० *(सं०)* ऊँची आकांक्षा या इच्छावाला।
**उच्चायुक्त** पु० *(सं०)* राजदूत के स्तर का अधिकारी।
**उच्चायोग** पु० *(सं०)* उच्चायुक्त का कार्यालय।
**उच्चार** पु० *(सं०)* (शब्द को) कहना, बोलना, मल।
**उच्चारक** वि० *(सं०)* कहने वाला, उच्चारण करनेवाला।
**उच्चारणभ्यास** पु० *(सं०)* बोलने, कहने या उच्चारण करने का अभ्यास।
**उच्चारित** वि० *(सं०)* उच्चारण किया गया।
**उच्चार्य** वि० *(सं०)* उच्चारण किया हुआ, उच्चारणीय।
**उच्चालक** पु० *(सं०)* ऊपर ले जाने वाला।
**उच्चालन** पु० *(सं०)* ऊपर ले चला।
**उच्चालित्र** वि० *(सं०)* उच्चालक।
**उच्चावच** वि० *(सं०)* विभिन्न; विषम; छोटा-बड़ा।
**उच्चिंगट** पु० *(सं०)* क्रुद्ध व्यक्ति।
**उच्चित** वि० *(सं०)* चयन किया हुआ; संगृहीत।
**उच्चूड, उच्चूल** पु० *(सं०)* झण्डे के सिरे पर की सजावट; ध्वजा या उसका ऊपर का भाग।
**उच्चैः** अ० *(सं०)* ऊँची आवाज में, जोर से।
**उच्छन्न** वि० *(सं०)* नष्ट, लुप्त; अनावृत।
**उच्छरना*** अ० क्रि० उछलना।
**उच्छलन** पु० *(सं०)* तरंगित होना; उछलना।
**उच्छलना*** अ० क्रि० ऊपर उठकर गिरना; छलकना।
**उच्छलित** वि० *(सं०)* कम्पित; तरंगित; क्षुब्ध।
**उच्छादन** पु० *(सं०)* लेपना, उबटन लगाना।
**उच्छास*** पु० उच्छ्‌वास, दीर्घ साँस।
**उच्छासन** वि० *(सं०)* नियन्त्रण में न रहने वाला।
**उच्छाह*** पु० उछाह।
**उच्छिख** वि० *(सं०)* शिखायुक्त; चमकीला; प्रकाशमान।
**उच्छित्ति** स्त्री० *(सं०)* ध्वंस, विनाश।
**उच्छिन्न** वि० *(सं०)* कटा हुआ, उखड़ा हुआ; नष्ट।
**उच्छिष्ट** वि० *(सं०)* जूठा, खाने के बाद थाली में बचा भोजन।
**उच्छीर्षक** वि० *(सं०)* जिसका सिर उठा हो।
**उच्छुष्क** वि० *(सं०)* सूखा हुआ।
**उच्छून** वि० *(सं०)* सूजा हुआ; मोटा, स्थूलकाय।
**उच्छृंखल** वि० *(सं०)* बन्धन न मानने वाला; निरंकुश, स्वेच्छाचारी; कामरहित।
**उच्छेत्ता** वि०, पु० *(सं०)* नाशकर्ता, उच्छेद करनेवाला।
**उच्छेद, उच्छेदन** पु० *(सं०)* उन्मूलन; नाश; काटना।
**उच्छेदी** वि० *(सं०)* नाश करने वाला।
**उच्छेष, उच्छेषण** पु० *(सं०)* जूठन; अवशेष, बचा हुआ, छूटा हुआ भाग।
**उच्छोषण** पु० *(सं०)* रस ऊपर खींच लेना; सुखाना। वि० सुखाने वाला।
**उच्छ्रय, उच्छ्राय** पु० *(सं०)* वृद्धि; ऊँचाई; अभिमान।
**उच्छ्‌वसन** पु० *(सं०)* गहरी साँस लेना; साँस लेना।
**उच्छ्‌वसित** वि० *(सं०)* आश्वासित, ढाढ़स बँधाया हुआ; प्रसन्न; प्रफुल्ल, विकसित; चिन्तामुक्त।
**उच्छ्‌वासित** वि० *(सं०)* ढाढ़स बँधाया हुआ; उठाया हुआ; प्रसन्न किया हुआ।
**उच्छ्‌वासी** वि० *(सं०)* मुरझानेवाला; मरता हुआ; स्फीत; साँस लेनेवाला; आह भरनेवाला।
**उछंग*** पु० हृदय; गोद; उत्तंग।
**उछकना*** अ० क्रि० होश में आना; चौंकना।
**उछक्का** वि० स्त्री० व्यभिचारिणी स्त्री, कुलटा।
**उछरना*** अ० क्रि० उछलना; उपटना; उतराना।
**उछल-कूद** स्त्री० असंयत, अधीरता सूचक चेष्टाएँ।
**उछाँटना*** स० क्रि० छाँटना, चुनना; उपाटना; उचाटना।
**उछार*** स्त्री० उछाल।
**उछारना*** स० क्रि० उछालना।
**उछाल** स्त्री० छलाँग; ऊँचाई; कुदान, उछलने की क्रिया; उछलने या ऊपर उठने की हद; छोटा।
**उछालना** स० क्रि० ऊपर फेंकना, जाहिर करना।
**उछाला** पु० उफान; उलटी, कै।
**उछाव** पु० उत्साह, उमंग; उत्सव, खुशी।
**उछाह** पु० हर्ष; उत्साह; खुशी के काम की धूम।

**उछाही*** वि० उछाह करने वाला; उत्साही।
**उछिन्न*** वि० उच्छिन्न।
**उछिष्ट*** वि०, पु० उच्छिष्ट।
**उछीनना*** स० क्रि० उच्छेद करना, नाश करना।
**उछीर*** पु० दरार, अवकाश; कम भीड़, भीड़ न होना।
**उजट*** पु० उटज, पर्णकुटी।
**उजड़ना** अ० क्रि० वीरान होना, बसना का उलटा।
**उजड्ड** वि० असभ्य, अशिष्ट, गँवार; उद्धत।
**उज़बक** वि० *(तु०)* मूर्ख, निर्बुद्धि।
**उजबेग** पु० *(अ०)* तातारियों की एक जाति।
**उजरत** स्त्री० *(अ०)* पारिश्रमिक, मजदूरी।
**उजरा*** वि० उजला, सफेद।
**उजराना*** स० क्रि० चमकाना; साफ करना।
**उजलत** स्त्री० *(अ०)* उतावली, जल्दी।
**उजवास** पु० चेष्टा, प्रयत्न।
**उजागर** वि० दीप्तिमय; प्रकट, प्रकाशित।
**उजाड़** पु० उजड़ा हुआ, वीरान-स्थान। वि० उजड़ा हुआ; ध्वस्त, वीरान; जनशून्य।
**उजाड़ना** स० क्रि० तोड़-फोड़ मचाना, ढाहना; बसे हुए को निकाल बाहर करना, रहने न देना।
**उजान** अ० बहाव की उलटी दिशा में।
**उजार*** वि०, पु० उजाड़।
**उजारना*** स० क्रि० उजाड़ना।
**उजारा*** पु० उजाला।
**उजाली** वि० स्त्री० प्रकाशमयी। स्त्री० चाँदनी।
**उजास** पु० चमक; रोशनी, उजाला।
**उजासना*** अ० क्रि० चमकना; प्रकाशित होना।
**उजियरिया*** स्त्री० चाँदनी, उजाली।
**उजियाना** अ० क्रि० उत्पन्न या पैदा करना।
**उजियार*** वि० रोशन, प्रकाशित, चतुर।
**उजियारना*** स० क्रि० बालना; रोशन करना।
**उजियारा*** वि० कान्तिमान; उज्ज्वल; चमक वाला।
**उजियाला** पु० उजाला, प्रकाश।
**उजेला** वि० प्रकाशयुक्त।
**उज्जर*** वि० उज्ज्वल, स्वच्छ।
**उज्जल** अ० *(सं०)* धारा के प्रतिकूल।
**उज्जागर** वि० *(सं०)* क्षुब्ध, उत्तेजित।
**उज्जासन** पु० *(सं०)* मारण, वध।
**उज्जृम्भित** वि० *(सं०)* फैला हुआ, खिला हुआ।
**उज्जैन** पु० उज्जयिनी नगरी।
**उज्ज्वल** वि० *(सं०)* स्वच्छ, निर्मल; सुन्दर; चमकता हुआ; उजला। पु० सोना; प्रेम।
**उज्ज्वलन** पु० *(सं०)* दीप्ति, चमक; आग; चमकना।
**उज्ज्वला** स्त्री० *(सं०)* स्वच्छता, कान्ति, चमक।
**उज्ज्वलित** वि० *(सं०)* प्रकाशित; जलता हुआ।
**उज्झटित** वि० *(सं०)* कर्तव्य-मूढ़; उलझा हुआ।
**उज्झड़** वि० मूर्ख; मनमौजी, झक्की।
**उज्झन** पु० *(सं०)* परित्याग।
**उज्झित** वि० *(सं०)* परित्यक्त; वर्जित।
**उज्रत** स्त्री० *(अ०)* उजरत, मजदूरी।
**उझकना** अ० क्रि० चौंकना; उचकना; उचक कर देखना।
**उझपना** अ० क्रि० खुलना।
**उझरना*** स० क्रि० सरकाना; ऊपर उठाना।
**उझलना** *अ० क्रि० उमड़ना; बड़ पात्र से छोटे पात्र में द्रव गिराना।
**उझाँकना** अ० क्रि० सिर उठाकर देखना; उझकना।
**उटंगन** पु० चौपतिया नाम की घास।
**उट** पु० *(सं०)* घास, तृण; पत्ती।
**उटकना*** स० क्रि० अन्दाजा लगाना।
**उटक-नाटक** वि० अण्ड-बण्ड; ऊँचा-नीचा।
**उटारी** स्त्री० ठीहा; चारा काटने के लिए गाड़ा जाने वाला लकड़ी का कुन्दा।
**उट्ठी** स्त्री० प्रतियोगिता में हार जाना।
 **मुहा० उट्ठी बोलना** हार मान लेना।
**उठँगाना** स० क्रि० किसी चीज को दूसरी चीज के सहारे टिकाना; लिटाना।
**उठकना** अ० क्रि० उठँगना।
**उठना** अ० क्रि० ऊँचाई में बढ़ना, ऊपर की ओर जाना, जागना, खड़ा होना।
 **मुहा० उठ खड़ा होना** चलने को तैयार होना। **दुनिया से उठ जाना** मर जाना, चल बसना। **उठती जवानी** किशोरावस्था। **उठते-बैठते** हर वक्त; हर हालत में। **उठना-बैठना** साथ, मेल-जोल।
**उठल्लू** वि० आवारा, एक स्थान पर जमकर न रहने वाला; कहीं टिके नहीं।
**उठवाना** स० क्रि० उठाने में प्रवृत्त कराना।

**उठाँगन** पु० बड़ा सहन, बड़ा आँगन।
**उठाईगीरा** पु० जो छोटी-मोटी चीजें उठाकर चलता बने; चोर, उचक्का।
**उठाऊ** वि० जो उठाया जा सके।
**उठान** स्त्री० बाढ़; आम्रभ; उठने की क्रिया; व्यय।
**उठाना** स० क्रि० जगाना; लेटे हुए को बैठाना; बैठे हुए को खड़ा करना।
**उठाव** पु० उभरा हुआ भाग; उठा हुआ, उठान।
**उठावनी** स्त्री० मृतक के दाह-संस्कार के बाद उसकी अस्थियाँ उठाने का कार्य।
**उठौनी** स्त्री० मृतक-सम्बन्धी एक रीति; उठाने की मजदूरी या उजरत; पेशगी दिया हुआ मूल्य।
**उड़ंकू** वि० चलने-फिरने वाला; उड़ने वाला।
**उड़म्बरी** स्त्री० एक पुराना बाजा।
**उड़** पु० तारा।
**उड़द** पु० उड़द जिसकी दाल खाते हैं, माष।
**उड़न** स्त्री० उड़ने की क्रिया, उड़ान।
**उड़सना*** अ० क्रि० उठना, भंग होना; ठूँसना।
**उड़ाँक, उड़ाँकू*** वि० जिसमें उड़ने की योग्यता हो।
**उड़ा** पु० रेशम खोलने का एक तरह का परेता।
**उड़ाइक, उड़ायक*** वि०, पु० (गुड्डी आदि) उड़ाने वाला।
**उड़ाऊ** वि० फिजूलखर्च; पैसा बर्बाद करने वाला।
**उड़ाक** वि० पतंग उड़ाने वाला; उड़ाने वाला।
**उड़ाका** पु० उड़ने वाला; हवाई जहाज का चालक।
**उड़ाकू** वि० उड़ने में समर्थ; उड़ने वाला।
**उड़ाना** स० क्रि० काटकर फेंक देना; अलग कर देना; उड़नेवाले प्राणी, वस्तु को चलाना।
**उड़ाल** पु० उससे बनी हुई रस्सी; कचनार की छाल।
**उड़ास*** स्त्री० रहने का स्थान, वासस्थान।
**उड़िया** स्त्री० उड़ीसा की भाषा; उड़ीसावासी।
**उड़ीसा** पु० उत्कल, भारतवर्ष का एक पूर्वी प्रदेश।
**उडु** पु० *(सं०)* जल; नक्षत्र; पक्षी।
**उडुप** स्त्री० *(सं०)* डौंगी।
**उड़पति** पु० *(सं०)* चन्द्रमा; झगड़ा।
**उडुस** पु० खटमल।
**उड़ेरना*** स० क्रि० उड़ेलना।
**उड़ैनी*** स्त्री० एक प्रकार का कीड़ा, जुगनू।
**उड़ौंहा*** वि० उड़ने वाला।
**उड्डामर** वि० *(सं०)* प्रचण्ड; सम्मान्य; श्रेष्ठ।
**उड्डीयन** पु० *(सं०)* उड़ना।
**उड्डीयमान** वि० *(सं०)* उड़ता हुआ; उड़नेवाला।
**उड्डीश** पु० *(सं०)* शिव।
**उढ़कन** पु० सहारा, टेक।
**उढ़कना** अ० क्रि० सहारा लेना; ठोकर खाना।
**उढ़काना** स० क्रि० सहारा देकर खड़ा करना, भिड़ाना।
**उढ़ना*** स० क्रि० बाहर निकालना।
**उढ़रना**[†] अ० क्रि० विवाहिता स्त्री का पर पुरुष के साथ निकल जाना या भाग जाना।
**उढ़री** स्त्री० भगाकर लायी हुई स्त्री, रखैल।
**उढ़ाना** स० क्रि० ओढ़ाना।
**उढ़ारना** स० क्रि० दूसरे की स्त्री को भगा लाना।
**उढ़ावनी, उढ़ौनी** स्त्री० ओढ़नी।
**उतंक** पु० *(सं०)* एक ऋषि का नाम।
**उतंग*** वि० उत्तुंग, ऊँचा, बड़ा।
**उतन्त*** वि० सयाना, बड़ा, जवान।
**उत*** अव्य० वहाँ, उधर।
**उतन*** अव्य० उधर।
**उतन्ना** पु० कान में ऊपर पहनने की बाली।
**उतपन्न*** वि० उत्पन्न।
**उतपात*** पु० उपद्रव; उत्पात।
**उतपानना*** अ० क्रि० उपजना, उत्पन्न होना।
**उतर*** पु० उत्तर; नीचे उतरना।
**उतरंग** पु० द्वार के ऊपर ढाँचे पर रखी जाने वाली लकड़ी।
**उतरन** पु० उतरग। स्त्री० पुराने कपड़े, उतारन।
**उतरना** (अ०क्रि०) नीचे आना, पार होना, तौल में ठीक आना।
**मुहा० ऋण उतरना** कर्ज से मुक्त होना। **खरा उतरना** पूरा सिद्ध होना। **चित्त से उतरना** आदर योग्य न रह जाना। **मन से उतरना** भूल जाना। **मुँह उतरना** फीका पड़ना।
**उतरहा**[†] वि० उत्तर का, उत्तरी।
**उतराई** स्त्री० नाव आदि पर से उतरने का स्थान; पार उतारने का भाड़ा।
**उतरायल** वि० पहना हुआ; उतारा हुआ।
**उतराव** पु० उतार।
**उतराहा*** अ० उत्तर की ओर।

**उतरिन** वि० ऋणमुक्त।

**उतलाना*** अ० क्रि० उतावली करना।

**उतान** वि० पीठ के बल लेटा हुआ, चित।

**उतार** पु० उतरने की क्रिया; ढाल; चढ़ाव का उलटा।

**उतारन** पु० निकृष्ट वस्तु; पहना हुआ पुराना कपड़ा आदि जो नौकर, भिक्षु आदि को दे दिया जाये।

**उतारना** स० क्रि० अर्क या सार खींचना; चमड़ी खींचना; निकालना; नदी के पार करना। **मुहा० इज्ज़त या पगड़ी उतारना** अपमानित करना। **नकल उतारना** परिहास करना।

**उतारा** पु० कुछ पदार्थ शरीर से उतार कर नदी, चौराहे आदि पर रखना।

**उतारू** वि० आमादा, उद्यत।

**उतावली*** स्त्री० फुर्ती, शीघ्रता।

**उतावल*** अ० जल्द, शीघ्रतापूर्वक।

**उतावला** वि० उतावली करने वाला, जल्दबाज।

**उतावली** स्त्री० जल्दबाजी, जल्दी; अधीरता। वि० स्त्री० जल्दी मचानेवाली अधीर।

**उतृण** वि० ऋणमुक्त, उऋण।

**उतैला*** वि० उतावला।

**उत्कण्ठा** स्त्री० *(सं०)* लालसा; मिलने की उत्सुकता।

**उत्कण्ठित** वि० *(सं०)* अधीर; उत्सुक, उत्कण्ठा युक्त।

**उत्कन्दक** पु० *(सं०)* एक प्रकार का रोग।

**उत्कन्धर** वि० *(सं०)* जिसने गरदन ऊपर उठायी हो।

**उत्कम्प** पु० *(सं०)* कँपकँपी।

**उत्क** वि० *(सं०)* इच्छुक; खिन्न।

**उत्कट** वि० *(सं०)* विषम; कठिन; प्रबल; विकट।

**उत्कर** पु० *(सं०)* ढेर, राशि।

**उत्कर्तन** पु० *(सं०)* काटना; फाड़ना; उन्मूलन।

**उत्कर्ष** पु० *(सं०)* उन्नति; समृद्धि; उठाना।

**उत्कर्षक** वि० *(सं०)* उन्नतिकारक, उत्कर्ष कारक।

**उत्कर्षण** पु० *(सं०)* उन्नति या उत्कर्ष करना।

**उत्कर्षापकर्ष** पु० *(सं०)* उत्थान-पतन, उठना-गिरना।

**उत्कर्षी** वि० *(सं०)* उत्कर्षक, उत्कर्षकारक।

**उत्कल** पु० *(सं०)* वर्तमान उड़ीसा राज्य; ब्राह्मणों का एक उपजाति; बहेलिया; भारवाहक।

**उत्कलन** पु० *(सं०)* स्वतन्त्र होना; लहराना।

**उत्कलिका** स्त्री० *(सं०)* उत्कण्ठा; लहर, तरंग; कली।

**उत्कलित** वि० *(सं०)* उन्नतिशील; विकसित।

**उत्कषण** पु० *(सं०)* जोतना; फाड़ना, चीरना।

**उत्का*** स्त्री० उत्कण्ठिता नायिका।

**उत्कारिका** स्त्री० *(सं०)* लेप, पुलटिस।

**उत्काशन** पु० *(सं०)* आज्ञा देना, आदेश देना।

**उत्कीर्ण** वि० *(सं०)* छितराया या ढेर किया हुआ; खोदा हुआ।

**उत्कीर्णन** वि० खोदना, छेदना।

**उत्कीर्तन** पु० *(सं०)* प्रशंसा करना; चिल्लाना।

**उत्कुण** पु० *(सं०)* जूँ; खटमल, उड्डस।

**उत्कूट** पु० *(सं०)* छाता, छतरी।

**उत्कूर्दन** पु० *(सं०)* उछलना, कूदना।

**उत्कृष्ट** वि० *(सं०)* उन्नत; ऊपर उठाया हुआ।

**उत्केन्द्र** वि० *(इक्सेण्ट्रिक)* केन्द्र से दूर या हटा हुआ।

**उत्कोच** पु० *(सं०)* सुविधा शुल्क, रिश्वत, घूस।

**उत्कोटि** वि० *(सं०)* धारदार; नोकदार।

**उत्क्रम** पु० *(सं०)* क्रमोन्नति, क्रमबद्ध उपर चढ़ना।

**उत्क्रमण** पु० *(सं०)* *(ट्रांसग्रेशन)* अतिक्रमण; बढ़ जाना; चढ़ना, ऊपर जाना; प्रस्थान।

**उत्क्रान्त** वि० *(सं०)* प्रस्थान किया हुआ; बढ़ा हुआ।

**उत्क्रान्ति** स्त्री० *(सं०)* क्रमबद्ध विकास; मृत्यु।

**उत्क्रोश** पु० *(सं०)* घोषणा; चिल्लाना, शोर-गुल।

**उत्क्लेद, उत्क्लेदन** पु० *(सं०)* गीला होना, तर होना।

**उत्क्लेश** पु० *(सं०)* अस्वस्थता; उत्तेजना; क्षोभ।

**उत्क्वथन** वि० *(एबुलीशन)* उबाल, उफान।

**उत्क्षिप्त** वि० *(सं०)* अलग किया हुआ; उछाला हुआ।

**उत्क्षेप** पु० *(सं०)* फेंक देना; उछाली जानेवाली वस्त; कनपटी के ऊपर का सिर का भाग।

**उत्क्षेपक** वि० *(सं०)* वस्त्रादि चुरानेवाला; फेंकनेवाला।

**उत्क्षेपण** पु० *(सं०)* भेजना; वमन; उछालना; फेंकना।

**उत्खचित** वि० *(सं०)* मिलाकर गुँथा हुआ, बना हुआ।

**उत्खला** स्त्री० *(सं०)* मुरा नामक गन्धद्रव्य।

**उत्खात** वि० *(सं०)* खोदा हुआ; उखाड़ा हुआ।

**उत्खाता** वि० *(सं०)* उखाड़ने वाला; खोदने वाला।

**उत्खान** पु० *(सं०)* खोदना, खोदकर बाहर करना।

**उत्तंक** पु० उतंक।

**उत्तंग*** वि० उत्तुंग।

**उत्तम्भ, उत्तम्भन** पु० *(सं०)* सहारा, टेक, रोकना।
**उत्तंस** पु० *(सं०)* शेखर, शिरोभूषण; कर्णाभरण।
**उत्त** वि० *(सं०)* गीला, तर।
**उत्तप्त** वि० *(सं०)* कुढ़ता हुआ; दुःखी; स्नात।
**उत्तम** वि० *(सं०)* श्रेष्ठ, सबसे अच्छा; प्रधान।
**उत्तमता** स्त्री० *(सं०)* अच्छाई; श्रेष्ठता।
**उत्तमांग** पु० *(सं०)* गले से ऊपर का भाग, सिर।
**उत्तमा** वि० स्त्री० *(सं०)* नेक, भली; स्त्री० नेक स्त्री।
**उत्तमाह** पु० *(सं०)* अन्तिम दिन; अच्छा या शुभ दिन।
**उत्तमोत्तम** वि० *(सं०)* अच्छे से अच्छा।
**उत्तर** पु० *(सं०)* दक्षिण की उलटी दिशा, बदला; जवाब; बाद का जवाब, बचाव।
**उत्तरण** पु० *(सं०)* पार होना; उतरना।
**उत्तरदाता** पु० *(सं०)* जिम्मेदार।
**उत्तराधिकार** पु० *(सं०)* विरासत, किसी की मृत्यु के बाद उसकी चल-अचल सम्पत्ति प्राप्त करने का अधिकार।
**उत्तराधिकारी** वि० *(सं०)* वारिस, किसी की मृत्यु के बाद उसकी चल-अचल सम्पत्ति प्राप्त करने का अधिकार।
**उत्तरापथ** पु० *(सं०)* उत्तरी मार्ग का क्षेत्र।
**उत्तरापेक्षी** वि० *(सं०)* जवाब की अपेक्षा करनेवाला।
**उत्तराभास** पु० *(सं०)* बहाना; ऊपर से सत्य लगने वाला झूठा जवाब; टालमटूल उत्तर।
**उत्तरायण** पु० *(सं०)* सूर्य का उत्तर दिशा में गमन।
**उत्तरार्द्ध, उत्तरार्ध** पु० *(सं०)* किसी वस्तु का बाद का हिस्सा, पिछला भाग।
**उत्तरावस्था** स्त्री० *(सं०)* बाद की दशा।
**उत्तराषाढ़ा** स्त्री० *(सं०)* एक नक्षत्र।
**उत्तरासंग** पु० *(सं०)* उत्तरीय, ऊपर का वस्त्र।
**उत्तरीय, उत्तरीयक** पु० *(सं०)* दुपट्टा, ओढ़नी; अच्छी जाति का सन।
**उत्तरेतरा** स्त्री० *(सं०)* दक्षिण दिशा।
**उत्तरेद्युः (द्युस्)** अ० *(सं०)* आने वाले दिन; कल।
**उत्तरोत्तर** अ० *(सं०)* क्रमशः; लगातार, अधिकाधिक।
**उत्तर्जन** वि० *(सं०)* भयंकर, भयावह; प्रचण्ड।
**उत्तल** वि० *(सं०) (कॉन्वेक्स)* उन्नतोदर, जिसका तल का बीच का भाग ऊपर उठा हो।
**उत्तलित** वि० *(सं०)* ऊपर की ओर उठा या फेंका हुआ, ऊपर की ओर उछाला हुआ।
**उत्तान** वि० *(सं०)* पीठ के बल लेटा हुआ, चित्त।
**उत्ताप** पु० *(सं०)* दुःख; चिन्ता; क्लेश, क्षोभ; उत्तेजना।
**उत्तापित** वि० *(सं०)* गरम किया हुआ; पीड़ित।
**उत्तारी** वि० *(सं०)* पार करनेवाला; अस्थिर; अस्वस्थ।
**उत्ताल** वि० *(सं०)* भयावह; भयंकर; ऊँचा; विशाल।
**उत्तीर्ण** वि० *(सं०)* परीक्षा में पास; कर्तव्य से मुक्त; जिसका उद्धार किया गया हो; चतुर, अनुभवी।
**उत्तुंग** वि० *(सं०)* बहुत ऊँचा; गगनस्पर्शी।
**उत्तू** पु० चुभन।
**उत्तेजक** वि० *(सं०)* जोश; बढ़ावा देनेवाला; काम, क्रोध दिलानेवाला; क्रोध आदि को भड़कानेवाला।
**उत्तेजन** पु० *(सं०)* क्रोध दिलाना; बढ़ावा देना; उकसाना भड़काना, उभारना; भावावेश।
**उत्तेजना** स्त्री० *(सं०)* बढ़ावा; रोष; प्रेरणा; क्रोध।
**उत्तेजनात्मक** वि० *(सं०)* भड़कीला, जोश दिलाने वाला।
**उत्तेजित** वि० *(सं०)* उकसाया हुआ, जिसमें जोश या भावावेश उत्पन्न हो गया हो; भड़काया हुआ।
**उत्तोरण** वि० *(सं०)* पताका या तोरण आदि से सजा हुआ।
**उत्तोलक** वि० *(सं०)* उत्तोलन यन्त्र; भार या वस्तु को ऊपर उठानेवाला; क्रेन।
**उत्तोलन** पु० *(सं०)* तानना, ऊपर उठाना; तौलना।
**उत्त्यक्त** वि० *(सं०)* छोड़ा हुआ; उछाला हुआ।
**उत्त्याग** पु० *(सं०)* उछालना; फेंकना; छोड़ना; संन्यास।
**उत्त्रास** पु० *(सं०)* आतंक, भय।
**उत्थवना*** स० क्रि० शुरूआत, आरम्भ करना।
**उत्थान** पु० *(सं०)* उठना; आँगन; उठाना; बढ़ती, बल-वैभव की वृद्धि; प्रसन्नता।
**उत्थापन** पु० *(सं०)* प्रेरित करना; जगाना; समाप्त करना; उभारना; वमन करना; उत्पन्न करना।
**उत्थायी** वि० *(सं०)* उठने वाला, उभरने वाला।
**उत्थित** वि० *(सं०)* उठा हुआ; जागा हुआ; उठता हुआ; बल-वैभव में बढ़ा हुआ।
**उत्थिति** स्त्री० *(सं०)* ऊपर उठना, उन्नत होना।
**उत्पट** पु० *(सं०)* पेड़ के छिलके से निकलने वाला लसदार रस, गोंद; दुपट्टा।

**उत्पतन** पु० *(सं०)* कूदना; चढ़ना; ऊपर उठना; ऊपर उड़ना; फेंकना; उछलना; उछालना; उत्पत्ति।
**उत्पत्ति** स्त्री० *(सं०)* जन्म; आरम्भ; सृष्टि; उपज; जन्मस्थान; पुनर्जन्म; उद्‌गम; अस्तित्व लाभ।
**उत्पथ** पु० *(सं०)* बुरा या गलत रास्ता, कुमार्ग; भटकता हुआ व्यक्ति।
**उत्पन्न** वि० *(सं०)* जन्मा हुआ; उपजा हुआ।
**उत्परिवर्तन** पु० *(म्यूटेशन)* पौधों और प्राणियों के वंशजों में होने वाले आकस्मिक परिवर्तन।
**उत्पल** पु० *(सं०)* कमल, जलज, पंकज; कुमुद; ।
**उत्पलवन घनत्वमापी** पु० *(हाइड्रोमीटर)* द्रव का घनत्व मापने का यन्त्र जो काँच के बल्ब का बना होता है जिसके पेंदे में पारा रखा रहता है तथा इसकी गर्दन लम्बी होती है।
**उत्पलिनी** स्त्री० *(सं०)* कमल का पौधा; कमल-पुष्पों का समूह।
**उत्पवन** पु० *(सं०)* पानी का शुद्धिकरण करना; पानी छानना; शुद्धीकरण; साफ करने का यन्त्र।
**उत्पाचित** वि० *(सं०)* अच्छी तरह पकाया हुआ।
**उत्पाट** पु० *(सं०)* पीड़ा होना; जड़ से नाश करना।
**उत्पाटक** पु० *(सं०)* कान का एक रोग।
**उत्पाटन** पु० *(सं०)* जड़-मूल से नाश करना; उखाड़ना।
**उत्पाटिका** स्त्री० *(सं०)* पेड़ की ऊपरी छाल।
**उत्पात** पु० *(सं०)* ऊपर उठना, उछलना; उपद्रव, खुराफात, ऊधम; उछाल; छलाँग।
**उत्पातक** पु० *(सं०)* एक कल्पित जानवर, शरभ। वि० ऊपर उड़नेवाला; उत्पातजनक।
**उत्पाती** वि० *(सं०)* खुराफाती, उत्पात करने वाला।
**उत्पाद** वि० *(सं०)* जिसके पैर ऊपर उठे हों।
**उत्पादक** वि० *(सं०)* पैदा करने वाला।
**उत्पादन** पु० *(सं०)* पैदा करना, पैदा किया हुआ माल।
**उत्पादित** वि० *(सं०)* पैदा किया हुआ, उत्पन्न किया हुआ; उपजाया हुआ।
**उत्पादी** वि० *(सं०)* उत्पन्न करने वाला (समास में); उत्पन्न, जात।
**उत्पाली** स्त्री० *(सं०)* आरोग्य, स्वास्थ्य।
**उत्पिंज** पु० *(सं०)* विद्रोह; षड्‌यन्त्र।
**उत्पिंजर, उत्पिंजल** वि० *(सं०)* व्याकुल; अव्यवस्थित।
**उत्पीड** पु० *(सं०)* दबाना; कुचलना; पेरना; जख्म।
**उत्पीडक** वि० *(सं०)* दबानेवाला; कष्ट देने वाला।
**उत्पीडन** पु० *(सं०)* दबाना; जुल्म करना; कष्ट देना।
**उत्पीड़ित** वि० *(सं०)* दबाया हुआ; सताया हुआ।
**उत्पुच्छ** वि० *(सं०)* जिसकी पूँछ ऊपर उठी हो।
**उत्पुट** वि० *(सं०)* खिला हुआ।
**उत्पुलक** वि० *(सं०)* प्रसन्न; रोमांचित।
**उत्प्रभ** वि० *(सं०)* प्रकाश बिखेरनेवाला; प्रभापूर्ण। पु० दहकती हुई आग।
**उत्प्रवासी** पु० *(एमिग्रैण्ट)* उद्‌व्रजक; एक देश छोड़कर किसी दूसरे देश में जा बसनेवाला।
**उत्प्रसव** पु० *(सं०)* गर्भपात, गर्भ का गिर जाना।
**उत्प्रास, उत्प्रासन** पु० *(सं०)* व्यंग्य; फेंकना; लुढ़कना।
**उत्प्रेक्षक** वि० *(सं०)* देखने-समझने वाला, तर्क-वितर्क करने वाला, विचार-विमर्श करने वाला।
**उत्प्रेक्षण** पु० *(सं०)* तुलना करना; ऊपर देखना।
**उत्प्रेक्षा** स्त्री० *(सं०)* अर्थालंकार का एक भेद; अनुमान; उद्‌भावना, उपेक्षा; उदासीनता।
**उत्प्रेरक** वि० *(सं०) (कैटेलाइजर)* उत्प्रेरणा करनेवाला।
**उत्प्रेरित** वि० *(सं०)* उत्साहित।
**उत्प्लव** पु० *(सं०)* कुदान, उछाल।
**उत्प्लवन** पु० *(सं०)* कूदना, उछलना।
**उत्प्लावकता** स्त्री० *(बायंसी)* किसी ठोस पदार्थ को द्रव या गैस में डुबाने पर द्रव या गैस से ऊपर की ओर लगने वाला बल, उछाल का बल।
**उत्फाल** पु० *(सं०)* छलाँग, जस्त; उछाल।
**उत्फुल्ल** वि० *(सं०)* खिला हुआ, प्रसन्नता से खिला हुआ; पूर्णतः विकसित; विस्फारित (नेत्र)।
**उत्फुल्लन** पु० *(एफ्लोरेसेंस)* हवा में रखे जाने पर क्रिस्टलों का भुरभुरे चूर्ण की शक्ल धारण कर लेने की क्रिया।
**उत्संग** पु० *(सं०)* घर का सबसे ऊपर का भाग; ढाल; वितान; नाड़ीव्रण का भीतरी भाग; अंक।
**उत्संगित** वि० *(सं०)* सम्पर्क में लाया हुआ; आलिंगित।
**उत्संजन** पु० *(सं०)* उछालना; उठाना।
**उत्स** पु० *(सं०)* जलमय स्थान; स्रोत, सोता।
**उत्सन्न** वि० *(सं०)* व्यवहार में न आनेवाला; पूरा किया हुआ; नष्ट; क्षीण; उठाया हुआ; विलुप्त।
**उत्सर्ग** पु० *(सं०)* सामान्य नियम; छोड़ना, त्यागना; अलग करना; गलना।

**उत्सर्गी** वि० *(सं०)* उत्सर्ग करने वाला।

**उत्सर्जन** पु० *(सं०)* दान करना; त्याग; उत्सर्ग करना; वेदाध्ययन स्थगित करना।

**उत्सर्जित** वि० *(सं०)* त्यागा हुआ, छोड़ा हुआ।

**उत्सर्प, उत्सर्पण** पु० *(सं०)* उठना; ऊपर चढ़ना।

**उत्सव** पु० *(सं०)* उछाव-बधाव (मनाना); जलसा; आनन्दजनक-कार्य; पर्व, त्यौहार।

**उत्साद** पु० *(सं०)* क्षय, नाश।

**उत्सादक** वि० *(सं०)* विध्वंसकारी, नाशक।

**उत्सादन** पु० *(सं०)* मालिश करना; उबटन लगाना; बाधा डालना; नाश करना।

**उत्सारक** पु० *(सं०)* द्वारपाल; उत्सारण करने वाला।

**उत्सारण** पु० *(सं०)* अतिथि का स्वागत करना; दूर करना, हटाना।

**उत्साह** पु० *(सं०)* दृढ़-संकल्प; दृढ़ता; कल्याण; उमंग, हौसला; चेष्टा; प्रवृत्ति, इच्छा।

**उत्साहक** वि० *(सं०)* क्रियाशील, कर्मठ; अध्यवसायी।

**उत्साहन** पु० *(सं०)* उत्तेजना देना, उत्साह बढ़ाना; अध्यवसाय; उद्यम।

**उत्साही** वि० *(सं०)* उद्यमी; अध्यवसायी उत्साहयुक्त।

**उत्सिक्त** वि० *(सं०)* घमण्डी; सींचा हुआ; प्लावित।

**उत्सुक** वि० *(सं०)* बहुत चाहने वाला; अत्यधिक इच्छुक; उत्कण्ठित; बेचैन, अफसोस करने वाला।

**उत्सुकता** स्त्री० *(सं०)* उत्कण्ठा; आसक्ति, प्रेम; व्याकुलता, अधीरता, बेचैनी; प्रबल इच्छा।

**उत्सृष्ट** वि० *(सं०)* प्रयोग में लाया हुआ; परित्यक्त।

**उत्सृष्टि** स्त्री० *(सं०)* परित्याग, छोड़ देना।

**उत्सेक** पु० *(सं०)* उफनकर बहना; घमण्ड; छिड़कना।

**उत्सेकी (किन्)** वि० *(सं०)* उफनने वाला; घमण्डी।

**उत्सेचन** पु० *(सं०)* उफनने या छिड़कने की क्रिया।

**उत्सेध** पु० *(सं०)* बड़ाई; शोथ; ऊँचाई; मोटाई।

**उत्स्मय** पु० *(सं०)* मुस्कुराहट।

**उथपना*** स० क्रि० उजाड़ या उखाड़ देना; उठा देना।

**उथलना*** अ० क्रि० उलटना; डगमगाना।

**उथल-पुथल** स्त्री० भारी उलट-फेर; हलचल।

**उथला** वि० कम गहरा, छिछला।

**उदंचन** पु० *(सं०)* आरोहण; ऊपर फेंकना; घड़ा।

**उदंचित** वि० *(सं०)* प्रतिध्वनित; पूजित; उछाला हुआ।

**उदंचु** वि० *(सं०)* ऊर्ध्वगमनशील।

**उदण्ड*** वि० उद्दण्ड।

**उदन्त** पु० *(सं०)* समाचार, खबर; सज्जन; व्यापार।

**उदन्तक** पु० *(सं०)* खबर, समाचार, वृत्तान्त।

**उदन्तिका** स्त्री० *(सं०)* तृप्ति, सन्तुष्टि।

**उदन्त्य** वि० *(सं०)* सीमा के बाहर रहनेवाला।

**उद** पु० *(सं०)* जल।

**उद कुम्भ** पु० पानी से भरा या पानी का घड़ा। अव्य० ऊपर, अभाव, दोष, उत्कर्ष, आश्चर्य, प्रकाश, शक्ति अर्थ का उपसर्ग है।

**उदक** पु० *(सं०)* जल; हाथी।

**उदकना*** अ० क्रि० उछलना-कूदना; छटकना।

**उदकल** वि० *(सं०)* जलवाला; जलीय।

**उदकान्त** पु० *(सं०)* किनारा, तट।

**उदकाधार** पु० *(सं०)* कूप, हौज आदि।

**उदकेचर** वि० *(सं०)* जलचर।

**उदकेशय** वि० *(सं०)* जल में सोने या रहने वाला।

**उदकोदंचन** पु० *(सं०)* पानी का घड़ा।

**उदकौदन** पु० *(सं०)* भात।

**उदक्** वि० *(सं०)* उत्तरी; ऊपर का; परवर्ती। अ० ऊपर; उत्तर की ओर।

**उदक्या** स्त्री० *(सं०)* रजस्वला स्त्री।

**उद्गरना** अ० क्रि० उभड़ना, प्रकट होना, निकलना।

**उदगारना*** अ० क्रि० डकार लेना; भड़काना। स० क्रि० उगलना।

**उदगारी*** वि० डकार लेनेवाला, उगलनेवाला।

**उदग्र** वि० *(सं०)* विशाल; उभरा हुआ; उदार; उन्नत; ऊँचा।

**उदघटना*** अ० क्रि० प्रकट होना।

**उदघाटना*** स० क्रि० खोलना; प्रकट करना।

**उदजन** पु० *(हाइड्रोजन)* एक वर्णहीन, गन्धहीन, अदृश्य गैस; जो ऑक्सीजन से मिल कर पानी बना है।

**उदधि** पु० *(सं०)* बादल; सागर, समुद्र; घड़ा।

**उदन्य** वि० *(सं०)* जलीय; प्यासा।

**उदन्या** स्त्री० *(सं०)* प्यास।

**उदन्वान्** पु० *(सं०)* सागर, समुद्र।

**उदबस*** वि० जो आज यहाँ, कल वहाँ रमता रहे; उजड़ा हुआ; उद्वासित।

**उदबासना** स० क्रि० भगा देना; उजाड़ना; किसी

स्थान से हटा देना, कहीं से भगा देना।

**उद्‌बुदि*** वि० जगाया हुआ; उद्‌बुद्ध।

**उद्‌बेग** पु० उद्वेग।

**उद्‌भट** वि० प्रबल, श्रेष्ठ।

**उदभव** पु० उत्पत्ति, उद्‌भव।

**उदमाद** पु० मौज-मस्ती; उन्माद।

**उदमादी** वि० उन्मत्त, मस्त, मतवाला।

**उदमान** पु० *(सं०)* वि० उन्मत्त, मतवाला।

**उदमानना** अ० क्रि० उन्मत्त होना।

**उदय** पु० *(सं०)* (सूर्य आदि का) निकलना, उगना, सृष्टि; उद्‌गमस्थान; पूर्वपर्वत, उदयाचल।

**उदयन** वि० *(सं०)* जिसका उदय हो रहा हो; ऊपर उठता हुआ।

**उदयना*** अ० क्रि० निकलना, उदय होना।

**उदयाचल** पु० *(सं०)* पूर्व दिशा का एक कल्पित पर्वत जिसके पीछे से सूर्य का उदय माना जाता है, उदयगिरि।

**उदया-तिथि** स्त्री० *(सं०)* सूर्योदय काल में वर्तमान तिथि।

**उदयाद्रि** पु० *(सं०)* उदयाचल, उदयगिरि।

**उदयान*** पु० बाग, उद्यान।

**उदयास्त** पु० *(सं०)* बनना-बिगड़ना; उत्थान- पतन।

**उदयी (यिन्)** वि० *(सं०)* उन्नतिशील, प्रगतिशील; उठता हुआ, उगता हुआ; प्रवाहित होने वाला।

**उदरम्भरी** स्त्री० पेटूपन।

**उदर** पु० *(सं०)* पेट, आमाशय।

**उदरना*** अ० क्रि० टूट जाना; गिरना; विदीर्ण होना;।

**उदरामय** पु० *(सं०)* पेट की बीमारी।

**उदवना*** अ० क्रि० उदय होना।

**उदवसित** पु० *(सं०)* मकान, गृह।

**उदश्रु** वि० *(सं०)* फूट-फूटकर रोनेवाला।

**उदसन** पु० *(सं०)* फेंकना; निकाल देना; उठाना।

**उदसना*** अ० कि० नष्ट हो जाना, उजड़ना।

**उदस्त** वि० *(सं०)* निरस्त; फेंका हुआ; नीचा दिखाया हुआ; निकाला हुआ; उठाया हुआ।

**उदात्त** वि० *(सं०)* प्रिय; ऊँचा; उदार; प्रसिद्ध; महान्।

**उदान** पु० *(सं०)* बरुनी; साँस; प्राण के पाँच भेदों में से एक जिसका स्थान कण्ठ और गति हृदय से कण्ठ-तालु तक है।

**उदार** वि० *(सं०)* विशाल हृदय; दयालु, ईमानदार; महात्मा, शिष्य।

**उदारता** स्त्री० *(सं०)* दान शीलता; उदार स्वभाव।

**उदारना** क्रि० गिराना।

**उदारथि** वि० *(सं०)* ज्ञानेन्द्रियों को प्रकाश देने वाला।

**उदाराशय** वि० *(सं०)* ऊँचे दिलवाला।

**उदास** पु० *(सं०)* *दुःख; संन्यास; तटस्थता।

**उदासना** *स० क्रि० उजाड़ना; समेटना (बिस्तर)। अ० क्रि० उदास होना।

**उदासिल*** वि० उदासीन।

**उदासी** स्त्री० खिन्नता, उदासपन, रंजीदगी।

**उदासी** वि० *(सं०)* निरपेक्ष; तटस्थ।

**उदासीन** वि० *(सं०)* निष्पक्ष; तटस्थ; विरक्त।

**उदासीनता** स्त्री० *(सं०)* तटस्थता; विरक्ति।

**उदास्थित** वि० *(सं०)* नियुक्त। पु० जासूस; गुप्तचर; द्वारपाल; निरीक्षक।

**उदाहरण** पु० *(सं०)* मिसाल, दृष्टान्त; वर्णन करना; आरम्भ; वाक्य के पाँच अवयवों में से तीसरा।

**उदाहार** पु० *(सं०)* भाषण का आरम्भिक भाग।

**उदाहित** वि० *(सं०)* ऊपर उठाया हुआ।

**उदाहृत** वि० *(सं०)* जिसका दृष्टान्त दिया गया हो; कहा गया, कथित, वर्णित, वर्णन किया गया।

**उदित** वि० *(सं०)* प्रकाशित, निकला हुआ, प्रकट; कथित; उत्पन्न।

**उदिति** स्त्री० *(सं०)* भाषण; उदय।

**उदीक्षण** पु० *(सं०)* ऊपर की ओर देखना।

**उदीची** स्त्री० *(सं०)* उत्तर-दिशा।

**उदीचीन** वि० *(सं०)* उत्तराभिमुख; उत्तरी।

**उदीप** वि० *(सं०)* प्लावित। पु० बाढ़, जलप्लावन।

**उदीयमान** वि० *(सं०)* उगता हुआ, उदय होता हुआ।

**उदीरण** पु० *(सं०)* कथन, बोलना; अस्त्रक्षेपण।

**उदीर्ण** वि० *(सं०)* उत्तेजित; महान; उदार; कथित।

**उदुम्बर** पु० *(सं०)* गूलर; देहरी; चौखट।

**उदूल** पु० *(अ०)* उल्लंघन; विमुख होना

**उदोती*** वि० उदय करने वाला; प्रकाश करने वाला।

**उद्‌गन्धि** वि० *(सं०)* तीव्र गन्धवाला।

**उद्‌गत** वि० *(सं०)* निकला हुआ; उत्पन्न; उदित।

**उद्‌गतासु** वि० *(सं०)* मृत।

**उद्गति** स्त्री० *(सं०)* मूल; उदय; ऊपर जाना, आरोह।
**उद्गम** पु० *(सं०)* उत्पत्तिस्थान; निकास; निकलना।
**उद्गमन** पु० *(सं०)* प्रकट होना, उदय।
**उद्गाढ** वि० *(सं०)* अतिशय; गहरा।
**उद्गाथा** स्त्री० *(सं०)* आर्या छन्द का एक भेद।
**उद्गार** पु० *(सं०)* जलप्लावन; शब्द; कण्ठगर्जन; दिल में भरी हुई बात का बाहर निकलना।
**उद्गीरण** पु० *(सं०)* थूकना; वमन करना; बाहर निकलना; मुँह में पानी लाना; लार निकालना।
**उद्गीर्ण** वि० *(सं०)* निकाला हुआ; उगला हुआ।
**उद्गूर्ण** वि० *(सं०)* उत्तेजित; ऊपर उठाया हुआ।
**उद्गेय** वि० *(सं०)* गाने योग्य।
**उद्गेही** स्त्री० *(सं०)* एक तरह की चींटी।
**उद्ग्रन्थ** वि० *(सं०)* बन्धनमुक्त; ढीला किया हुआ।
**उद्ग्रन्थि** वि० *(सं०)* सांसारिक बन्धनों से मुक्त।
**उद्ग्राह** पु० *(सं०)* कररूप में इकट्ठा किया हुआ अन्न; प्रतिवाद, वाद का उत्तर; ऊपर उठाना।
**उद्ग्राहित** वि० *(सं०)* स्मृत; उत्तम; हटाया हुआ।
**उद्घ** पु० *(सं०)* आनन्द, सुख; उत्तमता; श्रेष्ठता।
**उद्घटित** पु० *(सं०)* संकेत।
**उद्घट्टन** पु० *(सं०)* संघर्ष; खण्ड; उन्मोचन करना।
**उद्घट्टित** वि० *(सं०)* अलग किया हुआ।
**उद्घर्षण** पु० *(सं०)* मारना; घोंटना; रगड़ना।
**उद्घस** पु० *(सं०)* माँस।
**उद्घाट** पु० *(सं०)* चुंगी की चौकी, खोलना; पहरा।
**उद्घाटक** पु० *(सं०)* कुएँ की चरखी, कुंजी।
**उद्घाटन** पु० *(सं०)* प्रारम्भ। वि० प्रारम्भीकृत।
**उद्घाटित** वि० *(सं०)* आरम्भ किया हुआ; ऊपर उठाया हुआ, उत्तोलित; खोला हुआ।
**उद्घात** पु० *(सं०)* अध्याय; प्राणायाम; उल्लेख।
**उद्घोषक** वि० *(सं०)* घोषणा करने वाला।
**उद्घोषित** वि० *(सं०)* जिसके सम्बन्ध में उद्घोषणा की गयी हो; कही हुई।
**उद्दण्ड** वि० *(सं०)* न दबने वाला, निडर, सरकश।
**उद्दन्तुर** वि० *(सं०)* ऊँचा; भयंकर, कराल।
**उद्दंश** पु० *(सं०)* जूँ; मच्छर; खटमल।
**उद्दम** पु० *(सं०)* वश में लाना या करना।
**उद्दान्त** वि० *(सं०)* उत्साही; अत्यन्त दबाया हुआ।
**उद्दान** पु० *(सं०)* वश में लाना, उद्दम; बन्धन।
**उद्दाम** वि० *(सं०)* विशाल; भयंकर; निरंकुश; असीम।
**उद्दित** वि० *(सं०)* बन्धा हुआ; उदित; उद्यत; उद्धत।
**उद्दिम*** पु० *(सं०)* उद्यम।
**उद्दिष्ट** वि० *(सं०)* लक्ष्य किया हुआ।
**उद्दीप** पु० *(सं०)* उत्तेजित करना; प्रज्वलित करना।
**उद्दीपक** वि० *(सं०)* प्रज्वलित करने वाला; उत्तेजक।
**उद्दीपन** पु० *(सं०)* रस का पोषण-वर्द्धन करने वाली वस्तु; भड़काना। वि० उद्दीपन करने वाला।
**उद्दीपित** वि० उद्दीप्त।
**उद्दीप्त** वि० *(सं०)* चमकीला; प्रज्वलित; उत्तेजित।
**उद्दीप्ति** स्त्री० *(सं०)* उद्दीप्त होना; प्रकाश, जगमगाहट।
**उद्देश** पु० *(सं०)* इरादा; अभिप्राय; उदाहरण, हेतु, स्पष्टीकरण; शोध, लक्ष्य करना।
**उद्देश्य** पु० *(सं०)* उत्पत्ति; बुद्धि; जन्म।
**उद्देशन** पु० *(सं०)* दिखलाने या बतलाने की क्रिया।
**उद्देष्टा** वि० *(सं०)* अपने मन में कोई लक्ष्य निर्धारित कर काम करने वाला; इंगित करने वाला।
**उद्देहिका** स्त्री० *(सं०)* एक कीट, दीमक।
**उद्द्राव** पु० *(सं०)* भागना, पलायन।
**उद्द्रुत** वि० *(सं०)* भागनेवाला।
**उद्ध*** अ० ऊपर।
**उद्धत** वि० *(सं०)* उजड्ड, अविनीत; अतिशय; कठोर।
**उद्धम*** पु० *(सं०)* जोर से साँस लेना, हाँफना।
**उद्धरण** पु० *(सं०)* पढ़ा हुआ दुहराना; उदाहरण के तौर पर कुछ अंश लेना।
**उद्धरणी** स्त्री० *(सं०)* पढ़े हुए पाठ को दुहराना।
**उद्धरना*** स० क्रि० उद्धार करना।
**उद्धर्ष** वि० *(सं०)* खुश, प्रसन्न। पु० उमंग, प्रसन्नता।
**उद्धस्त** वि० *(सं०)* जिसके हाथ ऊपर फैले हुए हों।
**उद्धान** वि० *(सं०)* फूला हुआ; उद्गत।
**उद्धार** पु० *(सं०)* मुक्ति; छुटकारा; ऋण से छुटकारा।
**उद्धारक** वि० *(सं०)* उद्धार करने वाला।
**उद्धारण** पु० *(सं०)* भाग लेना; ऊपर उठाना; उबारना।
**उद्धारना*** स० क्रि० उद्धार करना।
**उद्धुर** वि० *(सं०)* साहसी; विजयी; स्वतन्त्र; भारमुक्त।
**उद्धूत** वि० *(सं०)* उच्च; ऊपर फेंका हुआ।
**उद्धूपन** पु० *(सं०)* सुवासित करना, धूप देना।

**उद्‌धूलन** पु० *(सं०)* धूल या कोई चूर्ण भुरकना।
**उद्‌धूषण** पु० *(सं०)* रोमांच, पुलक।
**उद्‌धृति** स्त्री० *(सं०)* हटाना; निकालना; त्राण।
**उद्‌ध्मान** पु० *(सं०)* चूल्हा।
**उद्‌बन्ध** वि० *(सं०)* बन्धनमुक्त।
**उद्‌बल** वि० *(सं०)* शक्तिशाली, बलवान्।
**उद्‌बाष्प** वि० *(सं०)* अश्रुपूर्ण।
**उद्‌बाहु** वि० *(सं०)* जो बाहें ऊपर उठाये हुए हो।
**उद्‌बुद्ध** वि० *(सं०)* विकसित; जगा या जगाया हुआ।
**उद्‌बोध** पु० *(सं०)* कर्तव्य आदि का स्मरण होना।
**उद्‌बोधक** वि० *(सं०)* उद्दीपक; जगानेवाला।
**उद्‌बोधन** पु० *(सं०)* चेतना, जगना, जगाना।
**उद्‌भट** वि० *(सं०)* जबर्दस्त; प्रचण्ड; श्रेष्ठ।
**उद्‌भव** पु० *(सं०)* जन्म, उत्पत्ति; मूल; विष्णु।
**उद्‌भाव** पु० *(सं०)* उदाराशयता; कल्पना; उद्‌भव।
**उद्‌भावक** वि० *(सं०)* कल्पना करने वाला; उद्‌भव करने वाला; उत्पन्न करने वाला।
**उद्‌भावन** पु० *(सं०)* उपेक्षा करना; कल्पना करना।
**उद्‌भावना** स्त्री० *(सं०)* कल्पना; उत्पन्न; उद्‌भव।
**उद्‌भावयिता(तृ)** वि० *(सं०)* उत्पन्न करने वाला।
**उद्‌भास** पु० *(सं०)* प्रकाश; दीप्ति, चमक।
**उद्‌भासित** वि० *(सं०)* प्रकाशित; चमकता हुआ।
**उद्‌भासी** वि० *(सं०)* व्यक्त होने वाला; दीप्तिमान।
**उद्‌भासुर** वि० *(सं०)* चमकीला, दीप्तिमान।
**उद्‌भिज्ज** वि० *(सं०)* उगने वाला, वनस्पति।
**उद्‌भिद** वि० *(सं०)* उगने वाला, निकलनेवाला।
**उद्‌भिद्** वि० *(सं०)* वनस्पति, धरती फोड़कर उगने वाला।
**उद्‌भिन्न** वि० *(सं०)* विभक्त; विकसित; व्यक्त।
**उद्‌भूत** वि० *(सं०)* व्यक्त; उत्पन्न, सृष्ट; गोचर।
**उद्‌भेद** पु० *(सं०)* झरना, ज्वालामुखी का फूटना; बीज का अंकुरित होना; विस्फोट।
**उद्‌भेदन** पु० *(सं०)* प्रकट होना; उगना।
**उद्‌भ्रम** पु० *(सं०)* पश्चात्ताप; घुमाना; घूमना।
**उद्‌भ्रमण** पु० *(सं०)* उदय होना; भ्रमण करना।
**उद्‌भ्रान्त** वि० *(सं०)* भ्रमितचित्त; उद्विग्न; घूमा हुआ।
**उद्यत** वि० *(सं०)* अनुशासित, शिक्षित; ताना हुआ।
**उद्यति** स्त्री० *(सं०)* चेष्टा; उठाना, प्रयत्न।
**उद्यम** पु० *(सं०)* धन्धा; उद्योग; तैयारी; श्रम; मेहनत; उठाना।
**उद्यमी(मिन्)** वि० *(सं०)* उद्योगी; मेहनती।
**उद्यान** पु० *(सं०)* वाटिका; टहलना; प्रयोजन; जंगल।
**उद्यानिकी** पु० बाग-बगीचे लगाने का काम।
**उद्यानक** पु० *(सं०)* बगीचा, वाटिका।
**उद्याव** पु० *(सं०)* मिलाना, संयोग।
**उद्युक्त** वि० *(सं०)* उद्यमी, मुस्तैद; तैयार; तत्पर।
**उद्योग** पु० *(सं०)* कल-कारखानों में माल तैयार करना; उद्यम।
**उद्योगी** वि० *(सं०)* उद्योगशील।
**उद्योत** पु० *(सं०)* प्रकाश, चमक।
**उद्योगीकरण** पु० *(सं०)* उद्योग का रूप देना।
**उद्योतन** पु० चमकना, प्रकाशित करना या होना।
**उद्राव** पु० *(सं०)* शोर, हल्ला।
**उद्रिक्त** वि० *(सं०)* अतिशय; स्पष्ट; बढ़ा हुआ।
**उद्रुज** वि० *(सं०)* जड़ खोदने वाला; तोड़ने वाला।
**उद्रेक** पु० *(सं०)* प्रमुखता; उपक्रम; आरम्भ; इफरात।
**उद्रेचक** वि० *(सं०)* बहुत बढ़ा देने वाला।
**उद्वत्सर** पु० *(सं०)* साल, वत्सर, वर्ष।
**उद्वपन** पु० *(सं०)* हिलाकर गिराना; उड़ेलना; दान।
**उद्वर्त** पु० *(सं०)* उबटन की मालिश; उबटन; शेषांश। वि० शेष बचा हुआ; फाजिल।
**उद्वर्तक** वि०, पु० *(सं०)* उठाने वाला।
**उद्वर्तन** पु० *(सं०)* तारकशी; उजड्डपन; अभ्युदय।
**उद्वर्तित** वि० *(सं०)* जिसकी मालिश की गयी हो।
**उद्वर्धन** पु० *(सं०)* दबायी हुई हँसी; वृद्धि।
**उद्वर्हित** वि० *(सं०)* उन्मूलित; खींचा हुआ।
**उद्वस** वि० *(सं०)* मधु निकाला हुआ छत्ता; रिक्त।
**उद्वहन** पु० *(सं०)* सम्भालना; उठाना; उठाकर ले जाना; विवाह करना।
**उद्वहा** स्त्री० *(सं०)* बेटी, पुत्री।
**उद्वान** वि० *(सं०)* निकाला हुआ; वमित।
**उद्वाप** पु० *(सं०)* निकालना; ऊपर उठाना; हटाना।
**उद्वासन** पु० *(सं०)* खदेड़ देना; उजाड़ना।
**उद्वाह** पु० *(सं०)* विवाह; सँभालना; उठाना।
**उद्वाहन** पु० *(सं०)* सँभालना; विवाह करना; उठाना।
**उद्वाहित** वि० *(सं०)* विवाहित; उठाया हुआ।
**उद्वाहिनी** स्त्री० *(सं०)* डोरी, रस्सी।

**उद्वाही (हिन्)** वि० *(सं०)* विवाह करने वाला।
**उद्विग्न** वि० *(सं०)* परेशान; चिन्तित, आतंकित।
**उद्विद्ध** वि० *(सं०)* उछलता हुआ; क्षुब्ध; उठा हुआ।
**उद्वीक्षण** पु० *(सं०)* देखना; ऊपर की ओर देखना।
**उद्वीजन** पु० *(सं०)* पंखा झलना।
**उद्बृंहण** पु० *(सं०)* बढ़ती, वृद्धि।
**उद्वृत्त** वि० *(सं०)* समृद्ध; उजड्ड, क्षुब्ध; घमण्डी।
**उद्वेग** पु० *(सं०)* चिन्ता; भय; विस्मय; क्षोभ; परेशानी।
**उद्वेगी, उद्वेजी** वि० *(सं०)* दुःखी, कष्टग्रस्त।
**उद्वेजक** वि० *(सं०)* उद्वेगकारक।
**उद्वेजन** पु० *(सं०)* उद्वेग का कारण होना; पीड़ा देना।
**उद्वेजयिता** वि० *(सं०)* उद्वेजक।
**उद्वेल** वि० *(सं०)* मर्यादा का अतिक्रमण करने वाला; उफन कर बहने वाला।
**उद्वेलन** पु० *(सं०)* उपट कर बहना, उफनना।
**उद्वेलित** वि० *(सं०)* ऊपर से बहाया हुआ।
**उद्वेल्लित** वि० *(सं०)* उछलता हुआ; उफनता हुआ।
**उद्वेष्टन** पु० *(सं०)* घेरना; घेरा; बाड़ा।
**उधर** अ० क्रि० उस पक्ष में; उस ओर, वहाँ।
**उधरना*** स० क्रि० उद्धार करना; छूटना; अलग होना।
**उधराना*** अ० क्रि० गायब हो जाना; बिखरना।
**उधाड़** पु० उखाड़; कुश्ती का एक पेंच।
**उधार** पु० ऋण, देनदारी।
**उधारक** वि० उद्धार करने वाला।
**उधारना***स० क्रि० उद्धार करना।
**उधेड़ना** स० क्रि० अलग करना; उखाड़ना; बिखरेना।
**उधेड़-बुन** पु० उधेड़ना और बुनना; चिन्ता, सोच-विचार।
**उधेरना*** स० क्रि० उधेड़ना, परत खोलना, अलग करना।
**उनन्त*** वि० नमित, झुका हुआ।
**उन** सर्व० उसका बहुबचन।
**उनइस*** वि०, पु० उन्नीस।
**उनचन** स्त्री० अदवान, ओनचन।
**उनचास** वि० चालीस और नौ। पु० 49 की संख्या।
**उनदा, उनदौंहा*** वि० नींद से भरा हुआ; उनींदा।
**उनमत** वि० मतवाला, मस्त, उन्मत्त।
**उनमना*** वि० उदास, अनमना।
**उनमाथना*** स० क्रि० मथना।
**उनमाथी*** वि० मथनेवाला।
**उनमाद*** पु० उन्माद।
**उनमान*** पु० सामर्थ्य; तुलना; थाह; अन्दाजा, अनुमान।
**उनमानना*** स० क्रि० सोचना; अनुमान करना।
**उनमुना*** वि० उदास; खामोश, चुप।
**उनमूलना*** स० क्रि० खतम करना, नष्ट करना।
**उनमेख*** पु० उन्मेष।
**उनमेखना*** अ० क्रि० विकसित होना, बढ़ना।
**उनमोचन*** पु० दूर करना; मुक्त करना।
**उनरना*** अ० क्रि० उछलना; उठना; उमड़ना; बढ़ना।
**उनवना*** अ० क्रि० घहराना, ऊपर आना; गिरना।
**उनवर*** वि० अधिक का उल्टा, कम; तुच्छ।
**उनवान** पु० *(अ०)* प्रस्तावना; ढंग; शीर्षक, सिरनामा।
**उनहारि*** स्त्री० अनुहार; समानता, अनुरूपता।
**उनाना*** स० क्रि० आज्ञा मानना; लगाना; झुकाना।
**उनारना*** स० क्रि० बढ़ाना, खिसकाना; उठाना।
**उनियार** पु० उजाला।
**उनींदा** वि० ऊँघता हुआ; नींद से भरा हुआ।
**उन्न** वि० *(सं०)* भींगा हुआ, गीला, तर; दयालु।
**उन्नत** वि० *(सं०)* विद्या, कला आदि में आगे बढ़ा हुआ; ऊँचा; श्रेष्ठ; सभ्य।
**उन्नति** स्त्री० *(सं०)* तरक्की; बढ़ती; ऊँचाई।
**उन्नद्ध** वि० *(सं०)* अत्यधिक; फूला हुआ; बढ़ा हुआ; बँधा हुआ; घमण्ड़ी।
**उन्नमन** पु० *(सं०)* अभ्युदय; उन्नति करना; उठाना।
**उन्नम्र** वि० *(सं०)* ऊँचा, खड़ा।
**उन्नस** वि० *(सं०)* ऊँची नाक वाला।
**उन्नहन** वि० *(सं०)* अबद्ध, बन्धनमुक्त।
**उन्नाद** पु० *(सं०)* गुंजन; (पक्षियों का) कलरव।
**उन्नाबी** वि० उन्नाब के रंग का; उन्नाब सम्बन्धी।
**उन्नाय** पु० *(सं०)* निष्कर्ष; ऊँचाई; ऊपर ले जाना।
**उन्नायक** वि० *(सं०)* उन्नति की ओर ले जाने वाला, ऊपर उठाने वाला।
**उन्नाह** पु० *(सं०)* दर्प; काँजी; आतिशय्य, प्राचुर्य; आगे की ओर निकलना।
**उन्नीत** वि० *(सं०)* ऊपर की कक्षा में पहुँचाया हुआ; ऊपर पहुँचाया हुआ।

**उन्नीस** पु० 19 की संख्या।
**उन्नैना** अ० क्रि० झुकना।
**उन्मज्जक** वि० *(सं०)* जल से बाहर आने वाला।
**उन्मत्त** वि० *(सं०)* पागल; मतवाला; नशे में चूर।
**उन्मत्तक** वि० *(सं०)* नशे में चूर; पागल।
**उन्मथन** पु० *(सं०)* बिलोड़ना; फेंकना; छेड़ना; हिलाना।
**उन्मन** वि० अन्यमनस्क; उद्विग्न; उत्कण्ठित; उदास।
**उन्मनस्क** वि० *(सं०)* शोकान्वित; उद्विग्न, व्यग्र।
**उन्मना (नस्)** वि० *(सं०)* उत्कण्ठायुक्त; अन्य मनस्क।
**उन्मर्दन** पु० *(सं०)* शरीर में मलने का एक सुगन्धित द्रव्य; रगड़ना, मलना।
**उन्माथ** पु० *(सं०)* विलोड़न; मारण; कष्ट, पीड़ा।
**उन्माद** पु० *(सं०)* एक संचारी भाव; अत्यधिक अनुराग; पागलपन, सनक।
**उन्मादन** पु० *(सं०)* उन्माद उत्पन्न करना।
**उन्मादी (दिन्)** वि० *(सं०)* उन्मत्त, उन्मादग्रस्त।
**उन्मान** पु० *(सं०)* मूल्य; नापना; तौलना; नाप।
**उन्मार्गी (गिन्)** वि० *(सं०)* पथ-भ्रष्ट, कुमार्गगामी।
**उन्मार्जन** पु० *(सं०)* रगड़ना, मलना; मिटाना।
**उन्मार्जित** वि० *(सं०)* मलकर साफ किया हुआ।
**उन्मिष** वि० *(सं०)* खिला हुआ; खुला हुआ।
**उन्मिषित** वि० *(सं०)* खिला हुआ; खुला हुआ।
**उन्मीलन** पु० *(सं०)* खिलना, विकसित होना; अंकन।
**उन्मीलना*** स० क्रि० खोलना; विकसित करना।
**उन्मीलित** वि० *(सं०)* अंकित; खिला हुआ।
**उन्मुक्त** वि० *(सं०)* स्वतन्त्र, आजाद, बिना बन्धन का, बन्धनरहित।
**उन्मुक्ति** स्त्री० *(इम्यूनिटी)* विमुक्ति; किसी प्रकार के रोग के आक्रमण की सम्भावना से मुक्ति।
**उन्मुख** वि० *(सं०)* उत्कण्ठित; उत्सुक; जिसकी दृष्टि या मुख ऊपर की ओर हो, उद्यत।
**उन्मुखर** वि० *(सं०)* हल्ला करने वाला, शोर मचानेवाला; बहुत तेज बोलनेवाला।
**उन्मुग्ध** वि० *(सं०)* मन्दबुद्धि; घबड़ाया हुआ।
**उन्मुद्र** वि० *(सं०)* बिना मुहर का; विकसित; आपे से बाहर अनियन्त्रित।
**उन्मूलन** पु० *(सं०)* जड़-मूल से नाश करना, उखाड़ना।
**उन्मूलित** वि० *(सं०)* मिटाया हुआ; उखाड़ा हुआ।
**उन्मृष्ट** वि० *(सं०)* मिटाया हुआ; साफ किया हुआ; रगड़ा हुआ, मला हुआ।
**उन्मेदा** स्त्री० *(सं०)* मोटापा।
**उन्मेष** पु० *(सं०)* खिलना; स्फुरण; आँख का खुलना।
**उन्मेषण** पु० *(सं०)* स्फुरण होना; उन्मेष होना।
**उन्मोचन** पु० *(सं०)* ढीला करना; खोलना।
**उपन्त*** वि० उत्पन्न।
**उपकण्ठ** अ०, वि० *(सं०)* समीप, निकट।
**उपकथा** स्त्री० *(सं०)* छोटी कहानी।
**उपकरण** पु० *(सं०)* साधन; औजार; यन्त्र।
**उपकरना*** स० क्रि० उपकार करना।
**उपकर्णन** पु० *(सं०)* सुनना।
**उपकर्णिका** स्त्री० *(सं०)* जनश्रुति, अफवाह।
**उपकल्प** पु० *(सं०)* सामान; आवश्यक वस्तुएँ।
**उपकल्पन** पु० *(सं०)* बनाना, तैयार करना; आयोजन।
**उपकल्पित** वि० *(सं०)* प्रस्तुत, तैयार।
**उपकार** पु० *(सं०)* सहायता; भलाई; तैयारी; लाभ।
**उपकारक** वि० *(सं०)* लाभदायक; अनुकूल; सहायक।
**उपकारी** स्त्री० *(सं०)* शाही खेमा; राजमहल।
**उपकारी** वि० *(सं०)* लाभदायक; उपकारक।
**उपकार्या** स्त्री० *(सं०)* राजभवन; शाही खेमा।
**उपकिरण** पु० *(सं०)* बिखेरना, फैलाना, छितराना।
**उपकीर्ण** वि० *(सं०)* ढका हुआ; फैलाया हुआ।
**उपकुल्या** स्त्री० *(सं०)* पिप्पली; नहर; खाई।
**उपकूप** पु० *(सं०)* छोटा कुआँ।
**उपकूल** पु० *(सं०)* किनारा; किनारे के पास की भूमि।
**उपकृति** स्त्री० *(सं०)* भलाई, उपकार।
**उपकृती** वि० *(सं०)* सहायक; उपकार करने वाला।
**उपक्रन्ता** वि० *(सं०)* उपक्रम करने वाला; आरम्भ करने वाला, शुरुआत करने वाला।
**उपक्रम** पु० *(सं०)* साहस; आरम्भ; निकट जाना।
**उपक्रमण** पु० *(सं०)* चिकित्सा, उपचार; पास जाना; आयोजन; आरम्भ करना।
**उपक्रमणिका** स्त्री० *(सं०)* प्रस्तावना; विषय- सूची।
**उपक्रमिता** वि० *(सं०)* उपक्रम करने वाला।
**उपक्रान्त** वि० *(सं०)* पूर्वकथित; आरम्भ किया हुआ।
**उपक्रिया** स्त्री० *(सं०)* भलाई, उपकार।
**उपक्रुष्ट** वि० *(सं०)* जिसकी निन्दा की गई हो;

कोसा हुआ।

**उपक्लिन्न** वि० *(सं०)* सड़ा-गला; गीला, तर।

**उपक्लेश** पु० *(सं०)* साधारण कष्ट; हलका क्लेश; क्लेश का कारण।

**उपक्षय** पु० *(सं०)* ह्रास, क्षय।

**उपक्षेप** पु० *(सं०)* चर्चा; अभिनय के आरम्भ में कथावस्तु का संक्षेप में कथन; संकेत; आक्षेप।

**उपक्षेपण** पु० *(सं०)* शूद्र का खाद्य पदार्थ ब्राह्मण के घर में रखना; आक्षेप करना।

**उपगन्ता** वि० *(सं०)* स्वीकार करने वाला; पास जाने वाला; जानने वाला; पाने वाला।

**उपगत** वि० *(सं०)* प्रतिज्ञात; स्वीकार किया हुआ; पास आया हुआ, पास हुआ; घटित; अनुभूत।

**उपगम** पु० *(सं०)* वादा; अंगीकार; पास जाना; जानना; आना; प्राप्ति; वचन।

**उपगमन** पु० *(सं०)* अंगीकार करना; जाना; पाना।

**उपगामी** वि० *(सं०)* उपगमन करने वाला।

**उपगुप्त** वि० *(सं०)* छिपाया हुआ।

**उपगुरु** पु० *(सं०)* सहायक अध्यापक।

**उपगूढ** वि० *(सं०)* दबाया हुआ; छिपाया हुआ; आलिंगित। पु० आलिंगन।

**उपग्रह** पु० *(सं०)* *(सेटेलाइट)* छोटा ग्रह।

**उपग्रहण** पु० *(सं०)* पकड़ना, बन्दी बनाना; सँभालना।

**उपग्राह** पु० *(सं०)* उपहार देना; उपहार, भेंट देना।

**उपघात** पु० *(सं०)* आक्रमण; नाश; आघात।

**उपघातक, उपघाती (तिन्)** वि० *(सं०)* आक्रमण करने वाला; उपघात करने वाला।

**उपचक्षु (स्)** पु० *(सं०)* ऐनक, चश्मा।

**उपचय** पु० *(सं०)* इकट्ठा करना; लग्न से तीसरा, छठा, दसवाँ या ग्यारहवाँ स्थान; वृद्धि, उन्नति; संग्रह।

**उपचरण** पु० *(सं०)* सेवा, शुश्रूषा करना।

**उपचरित** वि० *(सं०)* जिसकी शुश्रूषा की गयी हो।

**उपचर्या** स्त्री० *(सं०)* चिकित्सा, इलाज; सेवा।

**उपचाय्य** पु० *(सं०)* एक तरह की पवित्राग्नि।

**उपचार** पु० *(सं०)* इलाज, चिकित्सा; सेवा।

**उपचारक** वि० *(सं०)* उपचार करने वाला।

**उपचारना*** स० क्रि० विधान करना; व्यवहार करना।

**उपचारी (रिन्)** वि० *(सं०)* सेवा-टहल करने वाला।

**उपचित** वि० *(सं०)* जिसकी शक्ति बढ़ गयी हो।

**उपचिति** स्त्री० *(सं०)* जमा करना; राशि, ढेर।

**उपच्छद** पु० *(सं०)* परदा; चादर; ढक्कन।

**उपच्छन्न** वि० *(सं०)* छिपाया हुआ; ढका हुआ।

**उपज** स्त्री० मनगढ़न्त बात; पैदावार, उत्पत्ति; कल्पना।

**उपजत*** स्त्री० उत्पत्ति, पैदावार।

**उपजन** पु० *(सं०)* वृद्धि; उत्पत्ति; मूल; शरीर।

**उपजनन** पु० *(सं०)* प्रजनन, उत्पादन।

**उपजना** अ० क्रि० मन में उठना; सूझना; उगना।

**उपजाऊ** वि० ऊर्वर, जिसमें अधिक उपज हो, जरखेज।

**उपजात** वि० *(सं०)* उत्पन्न किया हुआ; घटित।

**उपजाना** स० क्रि० पैदा करना, उत्पन्न करना।

**उपजाप** पु० *(सं०)* विद्रोह करने के लिए बहकाना।

**उपजापक** वि० *(सं०)* कान भरने वाला; बहकाने वाला; विश्वासघाती।

**उपजीवक** वि० *(सं०)* जीविका चलाने वाला; आश्रय दाता।

**उपजीवन** पु० *(सं०)* जीविका का साधन; जीविका।

**उपजीवी** वि० *(सं०)* पराश्रित, दूसरों पर निर्भर।

**उपजीव्य** वि० *(सं०)* जिसके सहारे जीवन चलता हो, जीविका या जीविका का साधन देने वाला।

**उपजोष** पु० *(सं०)* पसन्द; इच्छा; आनन्द।

**उपजोषण** पु० *(सं०)* स्वाद लेना; उपभोग; ग्रहण (आहार का); सुख उठाना।

**उपज्ञा** स्त्री० *(सं०)* अनुपदिष्ट ज्ञान; अन्तःकरण में अपने आप उपजा हुआ, आद्य ज्ञान।

**उपटन** पु० उबटन; आघात आदि का चिह्न।

**उपटना** अ० क्रि० उखड़ना; उभरना; निशान पड़ना।

**उपटा** वि० नष्ट-भ्रष्ट। पु० ठोकर, धक्का।

**उपटाना*** स० क्रि० उबटन लगवाना या लगाना।

**उपटारना*** स० क्रि० हटाना; विरक्त करना, उचाटना।

**उपड़ना** अ० क्रि० उखड़ना, उपटना।

**उपड़वाना, उपड़ाना** उखड़वाना।

**उपतपन** वि० *(सं०)* ताप पहुँचाने वाला; कष्ट, दुःख देने वाला।

**उपतप्त** वि० *(सं०)* रुग्ण; पीड़ित; झुलसा हुआ।

**उपताप** पु० *(सं०)* त्वरा, जल्दबाजी; आँच, ताप; पीड़ा; क्लेश; रोग।

**उपतापी(पिन्)** वि० *(सं०)* कष्ट सहने वाला; पीड़ा देने वाला; तप्त करने वाला।
**उपतारक** वि० *(सं०)* उपटकर बहने वाला।
**उपत्यका** स्त्री० *(सं०)* पहाड़ के नीचे की भूमि, घाटी।
**उपदंश** पु० *(सं०)* गरमी की बीमारी, चाट, गजक।
**उपदर्शक** पु० *(सं०)* गवाह; द्वारपाल; मार्गदर्शक।
**उपदर्शन** पु० *(सं०)* व्याख्या, टीका; समझाना।
**उपदा** स्त्री० *(सं०)* रिश्वत; नजर, भेंट।
**उपदिशा** स्त्री० *(सं०)* कोण, अन्तर्दिशा; दो दिशाओं के मध्य की दिशा।
**उपदिष्ट** वि० *(सं०)* सिखाया हुआ; दीक्षा प्राप्त; निर्देश किया हुआ; उपदेश किया हुआ; जिसे उपदेश किया गया हो।
**उपदेश** पु० *(सं०)* अच्छी सलाह, राय; शिक्षा, सीख; दीक्षा; उल्लेख; निर्देश; बहाना।
**उपदेशक** वि० पु० *(सं०)* उपदेश करने वाला।
**उपदेशना** स्त्री० *(सं०)* सिद्धान्त; सूचना।
**उपदेसना*** स० क्रि० शिक्षा देना, उपदेश करना।
**उपद्रव** पु० *(सं०)* सार्वजनिक संकट या आपत्ति; दंगा-फसाद; क्षति; उत्पात; अत्याचार।
**उपद्रवी** वि० *(सं०)* उपद्रव करने वाला, उत्पाती।
**उपद्रष्टा** वि० *(सं०)* देखने वाला।
**उपद्वीप** पु० *(सं०)* छोटा टापू।
**उपधरना*** स० क्रि० सहारा देना; अपनाना।
**उपधा** स्त्री० *(सं०)* ईमानदारी की परीक्षा; दगा-फरेब, धोखा-धड़ी; छल; शब्द का उपान्ताक्षर।
**उपधातु** स्त्री० *(सं०)* शरीरस्थ सात धातुओं से उत्पन्न सात गौण धातुएँ; आठ प्रधान धातुओं के समान अन्य धातु।
**उपधान** पु० *(सं०)* विशेषता; वह वस्तु जिसका सहारा लिया जाए; तकिया; प्रेम।
**उपधानी** स्त्री० *(सं०)* गद्दा; तकिया।
**उपधानीय** वि० *(सं०)* पास रखने योग्य।
**उपधारा** पु० *(सं०)* *(सब-सेक्शन)* किसी अधिनियम आदि में धारा के अन्तर्गत आनेवाली छोटी धारा।
**उपधावन** पु० *(सं०)* अनुयायी; विचार करना।
**उपधिक** वि० *(सं०)* धोखेबाज, छली; ठग।
**उपध्वस्त** वि० *(सं०)* मिलावटी; नष्ट किया हुआ।
**उपनगर** पु० *(सं०)* नगर का बाहरी भाग, शहर से सटी हुई बस्ती, कस्बा।
**उपनत** वि० *(सं०)* शरणागत; उपस्थित; पास आया हुआ; झुका हुआ, नम्र; निकटवर्ती।
**उपनति** स्त्री० *(सं०)* नमस्कार करना; झुकना।
**उपनद्ध** वि० *(सं०)* नधा या बँधा हुआ।
**उपनना*** अ० क्रि० उपमा देना; उपजना, पैदा होना।
**उपनय** पु० *(सं०)* नियुक्ति; प्राप्ति; उपनयन संस्कार।
**उपनयन** पु० *(सं०)* पास ले जाना; यज्ञोपवीत संस्कार।
**उपनहन** पु० *(सं०)* वह कपड़ा जिसमें कोई चीज लपेटी या बाँधी जाये; बाँधना; गँठियाना।
**उपना*** अ० क्रि० उपजना; उत्पन्न होना।
**उपनाना*** स० क्रि० उत्पन्न करना, उपजाना।
**उपनाम** पु० *(सं०)* लेख-कविता आदि में व्यवहृत छोटा नाम; पुकारने का नाम; गौण नाम; पदवी।
**उपनायक** पु० *(सं०)* अप्रधान या गौण नायक।
**उपनासिक** पु० *(सं०)* नाक के पास का हिस्सा।
**उपनाह** पु० *(सं०)* बिलनी; वीणा या सितार की खूँटी; गठरी; मरहम।
**उपनाहन** पु० *(सं०)* लेप या मरहम लगाना।
**उपनिक्षेप** पु० *(सं०)* थाती, धरोहर, अमानत।
**उपनिधाता** वि० *(सं०)* अमानत रखने वाला।
**उपनिधान** पु० *(सं०)* धरोहर रखना; (किसी) के पास रखना; धरोहर।
**उपनिधायक** वि० *(सं०)* अमानत रखने वाला; उपनिधाता; धरोहर रखने वाला।
**उपनिधि** स्त्री० *(सं०)* मुहरबन्द अमानत; धरोहर।
**उपनिबन्ध** पु० *(सं०)* रचना, बनावट, गूँथन।
**उपनिविष्ट** वि० *(सं०)* अनुभवी; सुशिक्षित; नयी आबादी में बसा हुआ।
**उपनिवेश** पु० *(सं०)* वह जीता हुआ देश जिसमें विजेता राष्ट्र के लोग आकर बस गये हों; नगर के निकट की छोटी बस्ती।
**उपनिवेशित** वि० *(सं०)* उपनिवेश बनाया हुआ।
**उपनिवेशी (शिन्)** वि० *(सं०)* आबाद कर, दूसरे देश में बस जाने वाला, उपनिवेशवासी।
**उपनिहित** वि० *(सं०)* धरोहर रखी वस्तु।

**उपनीत** वि० *(सं०)* जिसका उपनयन हुआ हो; प्राप्त; पास लाया हुआ, उपस्थित।
**उपनृत्य** पु० *(सं०)* नाचघर, नृत्यशाला।
**उपनेता (तृ)** वि०, पु० *(सं०)* उपनयन या जनेऊ संस्कार कराने वाला (गुरु); पास ले जाने वाला।
**उपनेत्र** पु० *(सं०)* चश्मा।
**उपन्यास** पु० *(सं०)* धरोहर, अमानत; प्रमाण; रोचक लम्बी कहानी।
**उपपक्ष** पु० *(सं०)* कन्धा; काँख।
**उपपति** पु० *(सं०)* पर-स्त्री से प्रेम करने वाला। पुरुष, यार, आशना।
**उपपत्ति** स्त्री० *(सं०)* सिद्धि; समाधान; सम्बन्ध; युक्ति; तर्क; सिद्धि में युक्तिप्रमाण देना; घटित होना; उत्पन्न होना; सहारा; प्रमाण *(ग०)*। प्राप्ति; अन्त; साधन; औचित्य; स्वीकृति; समाधि।
**उपपत्नी** स्त्री० *(सं०)* रखेली।
**उपपन्न** वि० *(सं०)* युक्त; योग्य; पूर्ण; सम्भव; युक्तियुक्त; सिद्ध किया हुआ; प्राप्त।
**उपपातक** पु० *(सं०)* छोटा पाप।
**उपपादक** वि० *(सं०)* सिद्ध करने वाला; सुविचारित।
**उपपादन** पु० *(सं०)* सम्पादन; सम्यक् प्रतिपादन।
**उपपादित** वि० *(सं०)* प्रमाणित, सिद्ध किया हुआ।
**उपपीडन** पु० *(सं०)* पीड़ा, कष्ट; विध्वंस करना।
**उपप्लव** पु० *(सं०)* हलचल, विपत्ति; अराजकता; भौतिक दुर्घटना; उत्पात, उपद्रव; भय; पीड़न।
**उपबन्ध** पु० *(सं०)* एक रतिबन्ध; संयोग; सम्बन्ध।
**उपबर्ह, उपबर्हण** पु० *(सं०)* तकिया; दबाना।
**उपबाहु** पु० *(सं०)* हाथ का बाहु से नीचे का भाग।
**उपभंग** पु० *(सं०)* छन्द का एक भाग; पलायन।
**उपभाषा** स्त्री० *(सं०)* गौण भाषा, मुख्य भाषा का गौण भेद।
**उपभुक्त** वि० *(सं०)* काम में लाया हुआ; जूठा, उच्छिष्ट।
**उपभुक्ति** स्त्री० *(सं०)* ग्रह का दैनिक चार; उपभोग।
**उपभूमि** स्त्री० *(सब-सॉइल)* अधोभूमि, अवभूमि।
**उपभेद** पु० *(सं०)* उपविभाग, गौण-भेद।
**उपभोक्तव्य** वि० *(सं०)* भोगने योग्य।
**उपभोगी** वि० *(सं०)* उपभोग करने वाला; उपभोक्ता।
**उपभोग्य** वि० *(सं०)* भोगने योग्य।
**उपभोज्य** वि० *(सं०)* खाने योग्य।
**उपमण्डल** पु० *(सं०)* तहसील, मण्डल या जिले का उपविभाग।
**उपमन्त्रण** पु० *(सं०)* अनुरोध करना; आमन्त्रण।
**उपमन्त्री (त्रिन्)** पु० *(सं०)* सहायक मन्त्री।
**उपमज्जन** पु० *(सं०)* स्नान।
**उपमर्द, उपमर्दन** पु० *(सं०)* निन्दा; अपमान।
**उपमा** स्त्री० *(सं०)* अर्थालंकार का एक भेद, जिसमें दो वस्तुओं में भेद होते हुए भी धर्मगत समता दिखायी जाती है; तुलना, समता।
**उपमाता** स्त्री० *(सं०)* धाय।
**उपमाति** स्त्री० *(सं०)* मारण; निवेदन, अनुरोध।
**उपमाद** वि० *(सं०)* आनन्ददायक।
**उपमान** पु० *(सं०)* बराबरी, समता।
**उपमाना*** स० क्रि० तुलना करना।
**उपमित** पु० *(सं०)* जिसकी उपमा दी गयी हो।
**उपमेय** वि० *(सं०)* उपमा देने योग्य।
**उपयम** पु० *(सं०)* विवाह; संयम।
**उपयमन** पु० *(सं०)* सहारा; दबाना; विवाह करना।
**उपयाचित** वि० *(सं०)* निवेदित, प्रार्थित।
**उपयान** पु० *(सं०)* पास जाना।
**उपयाम** पु० *(सं०)* विवाह।
**उपयुक्त** वि० *(सं०)* प्रयुक्त, उपयोग में लाया हुआ; उचित, ठीक; अनुकूल; योग्य।
**उपयोग** पु० *(सं०)* सदाचरण; अभीष्ट की प्राप्ति कराने वाला कार्य; दबा देना; प्रयोजन, काम; तैयार करना।
**उपयोगिता** स्त्री० *(सं०)* उपयुक्तता।
**उपयोगी (गिन्)** वि० *(सं०)* सपर्म्कवाला; काम में लाने वाला; लाभजनक; काम में आने वाला; योग्य, अनुकूल; उपकारी।
**उपयोजन** पु० *(सं०)* *(एप्रोप्रियेशन)* विनियोग।
**उपयोज्य** वि० *(सं०)* उपयोग में लाया जाने वाला।
**उपरंजक** वि० *(सं०)* असर डालने वाला; रंगनेवाला।
**उपरन्ध्र** पु० *(सं०)* छोटा छिद्र; घोड़े के शरीर का एक विशेष भाग, पसलियों के बीच की खाल।
**उपरक्त** वि० *(सं०)* रंजित; पीड़ित; विपद्ग्रस्त।
**उपरत** वि० *(सं०)* मृत; जिसका मन विषय-भोग या दुनिया से हट गया हो, रोगरहित, विरक्त।

**उपरति** स्त्री० *(सं०)* उदासीनता; बुद्धि, समझ; मृत्यु; विरति, त्याग।
**उपरत्न** पु० *(सं०)* निम्नकोटि के रत्न।
**उपरना** *अ० क्रि० उखड़ना। पु० उत्तरीय, दुपट्टा।
**उपरफट, उपरफट्ट** वि० बेकार, निष्प्रयोजन; ऊपरी।
**उपरम** पु० *(सं०)* विश्रान्ति; निवृत्ति; उपरति होना।
**उपरमण** पु० *(सं०)* विश्रान्ति; यज्ञादि कर्मों का त्याग।
**उपरवार** वि० ऊपरी। स्त्री० ऊँची जमीन, बाँगर।
**उपरा** पु० उपला, गोल उत्पल।
**उपराँठा** पु० पराठा, तवे पर घी लगाकर सेंकी रोटी।
**उपरान्त** अ० *(सं०)* अनन्तर, बाद।
**उपराजना*** स० क्रि० बनाना; उपार्जन करना।
**उप-राजसंरक्षक** पु० *(वाइस रीजेण्ट)* राज संरक्षक की गैरहाजिरी में उसका काम करने या सँभालने वाला।
**उपराज्यपाल** पु० *(सं०)* *(लेफ्टिनेण्ट गवर्नर)* किसी छोटे प्रदेश का शासक या सर्वोच्च पदाधिकारी।
**उपराना*** अ० क्रि० उतरना; ऊपर आना।
**उपरावटा***वि० अकड़ता हुआ, जो सिर ऊपर किये हुए हो।
**उपराष्ट्रपति** पु० *(सं०)(वाइस प्रेसीडेण्ट)* गणतन्त्र का वह निर्वाचित पदाधिकारी जो राष्ट्रपति की अनुपस्थिति के समय उनके कार्यों को सँभालता है; राष्ट्र का उपाध्यक्ष।
**उपराहना*** स० क्रि० बड़ाई या प्रशंसा करना।
**उपरि** अ० *(सं०)* उपरान्त; ऊपर।
**उपली/री** स्त्री० गोहरी, उपरा।
**उपरुद्ध** वि० *(सं०)* बाधित, रोका हुआ; कैद।
**उपरूढ** वि० *(सं०)* परिवर्तित; भरा हुआ (घाव)।
**उपरूप** पु० *(सं०)* बहुत हलका या नगण्य लक्षण।
**उपरूपक** पु० *(सं०)* छोटा नाटक।
**उपरैनी*** स्त्री० ओढ़नी, चुन्नी।
**उपरोक्त** वि० 'उपर्युक्त' का अशुद्ध रूप।
**उपरोध** पु० *(सं०)* फूट, कलह; पकड़ना; बाँधना; रोक, बाधा; घेरना; ढकना; रक्षा; सम्मान।
**उपरोधक** वि० *(सं०)* उपरोध करने वाला।
**उपरोधन** पु० *(सं०)* उपरोध करना।
**उपरौना*** पु० उपरना।
**उपरौछा** अव्य० ऊपर की ओर।
**उपरौटा** पु० ऊपरी पल्ला।
**उपर्युक्त** वि० *(सं०)* ऊपर या पहले कहा हुआ।
**उपलम्भ, उपलम्भन** पु० *(सं०)* अनुभव; ज्ञान; लाभ।
**उपलम्भक** वि० *(सं०)* ज्ञान या अनुभव कराने वाला।
**उपल** पु० *(सं०)* बादल; ओला; पत्थर; रत्न।
**उपलक्षक** वि० *(सं०)* अनुमान करने वाला; बोधक।
**उपलक्षित** वि० *(सं०)* इशारे से बतलाया हुआ; लक्ष्य किया हुआ; अनुमान किया हुआ।
**उपलब्ध** वि० *(सं०)* ज्ञात, प्राप्त, मिला हुआ।
**उपलब्धा (ब्धृ)** वि० *(सं०)* प्राप्त करने वाला; अनुभव करने वाला।
**उपलब्धि** स्त्री० *(सं०)* किसी पद पर काम करने से वेतन, परिश्रम आदि के रूप में मिलने वाला लाभ; अनुभव; ग्रहण की योग्यता; प्राप्ति; ज्ञान।
**उपलभ्य** वि० *(सं०)* सम्मान्य; मिलने योग्य।
**उपलालन** पु० *(सं०)* दुलारना, प्यार करना।
**उपलालिका** स्त्री० *(सं०)* प्यास, तृषा।
**उपलिंग** पु० *(सं०)* अरिष्ट; उपद्रव।
**उपली** स्त्री० छोटा उपला; चिपड़ी, गोहरी।
**उपलेप** पु० *(सं०)* लेप सामग्री; लेपन, लीपना।
**उपलेपन** पु० *(सं०)* लेप की सामग्री; लेप लगाना।
**उपवन** पु० *(सं०)* बगीचा, उद्यान।
**उपवना*** अ० क्रि० अदृश्य हो जाना; उदय होना।
**उपवपन** पु० *(सं०)* बिखेरना; ऊपर छितराना।
**उपवर्ण, उपवर्णन** पु० *(सं०)* ब्योरेवार वर्णन, विस्तृत।
**उपवर्ण्य** पु० *(सं०)* अवर्ण्य, उपमान।
**उपवर्तन** पु० *(सं०)* परगना; जिला; अभ्यास स्थान; निकट लाना; वसित, अवसित स्थान; राज्य।
**उपवर्ष** पु० *(सं०)* मीमांसा दर्शन के एक भाष्यकार।
**उपवस्त** पु० *(सं०)* उपवास।
**उपवस्ता (स्तृ)** वि० *(सं०)* उपवास करने वाला।
**उपवाक** पु० *(सं०)* सम्बोधन, प्रशंसा, बड़ाई।
**उपवाक्य** पु० *(सं०)* वाक्यांश, वाक्यखण्ड।
**उपवाद** पु० *(सं०)* निन्दा; लांछन।
**उपवसथ** पु० *(सं०)* ग्राम।
**उपवास** पु० *(सं०)* व्रत-रूप में भोजन का त्याग; फाका; भोजन का त्याग; हवनकुण्ड।

**उपवासक** वि० *(सं०)* व्रत या उपवास करने वाला।
**उपवासी** वि० *(सं०)* उपवास करने वाला।
**उपविक्रय** पु० *(सं०)* सन्दिग्धावस्था में होने वाला किसी वस्तु का क्रय-विक्रय।
**उपविचार** पु० *(सं०)* पड़ोस।
**उपविष** पु० *(सं०)* हल्का विष।
**उपविषा** स्त्री० *(सं०)* अतिविषा, अतीस।
**उपविष्टक** वि० *(सं०)* नियत समय के बाद गर्भाशय में टिका रहनेवाला (अर्भक)।
**उपवीत** पु० *(सं०)* उपनयन-संस्कार; जनेऊ।
**उपवेद** पु० *(सं०)* वेदों से निकली लौकिक विधाएँ—आयुर्वेद, धनुर्वेद, गन्धर्ववेद और स्थापत्यवेद।
**उपवेधक** पु० *(सं०)* गुण्डा, बदमाश।
**उपवेश** पु० *(सं०)* किसी कार्य में संलग्न होना; स्थिति, बैठक।
**उपवेशन** पु० *(सं०)* उपवेश; सभा की बैठक; बैठाना।
**उपव्याघ्र** पु० *(सं०)* चीता।
**उपशम** पु० *(सं०)* निवृत्ति; इलाज; उपाय; तृष्णा, वासना का नाश; विश्रान्ति।
**उपशमन** पु० *(सं०)* दबाना; घटाना; निवारण।
**उपशल्य** पु० *(सं०)* पहाड़ के पास की जमीन; भाला।
**उपशान्ति** स्त्री० *(सं०)* उपशम।
**उपशाखा** स्त्री० *(सं०)* शाखा की शाखा; छोटी शाखा।
**उपशामक** वि० *(सं०)* निवारक; शान्त करने वाला।
**उपशाय** पु० *(सं०)* बारी-बारी सोना।
**उपशायी** वि० *(सं०)* पास सोनेवाला।
**उपशिंघन, उपशिंहन** पु० *(सं०)* सूँघना; सूँघने के लिए दी गयी वस्तु।
**उपशिक्षक** पु० *(सं०)* सहायक-अध्यापक।
**उपशिष्य** पु० *(सं०)* शिष्य का शिष्य।
**उपशीर्षक** पु० *(सं०)* एक प्रकार का रोग जिसमें सिर पर छोटी-छोटी फुंसियाँ निकलती हैं।
**उपशोभिका** स्त्री० *(सं०)* आभूषण; सजावट।
**उपश्रुत** वि० *(सं०)* सुना हुआ; प्रतिज्ञात; स्वीकृत।
**उपश्लाघा** स्त्री० *(सं०)* डींग, गर्व।
**उपश्लिष्ट** वि० *(सं०)* आसन्न; सपर्म्क में लाया हुआ।
**उपसंख्यान** पु० *(सं०)* योग; वृद्धि।
**उपसंग्रह** पु० *(सं०)* प्रसन्न रखना; उपकरण; स्वीकार करना (स्त्री के रूप में)।
**उपसंघात** पु० *(सं०)* इकट्ठा करना, जोड़ना।
**उपसंचार** पु० *(सं०)* पहुँच, प्रवेश।
**उपसम्पत्ति** स्त्री० *(सं०)* अवस्थान्तर में प्रवेश करना।
**उपसम्पदा** स्त्री० *(सं०)* भिक्षु बनना।
**उपसम्पन्न** वि० *(सं०)* पर्याप्त; पहुँचा हुआ; मृत; बलि चढ़ाया हुआ; राँधा हुआ।
**उपसम्पादक** पु० *(सं०)* *(सब-एडिटर)* सहायक सम्पादक।
**उपसम्भाष** पु० **उपसम्भाषा** स्त्री० *(सं०)* मैत्रीपूर्ण अनुरोध।
**उपसंयम** पु० *(सं०)* प्रलय; बाँधना; नियन्त्रित करना।
**उपसंवाद** पु० *(सं०)* एकमत होना, समझौता।
**उपसंवीत** वि० *(सं०)* तोपा या ढका हुआ।
**उपसंहरण** पु० *(सं०)* आक्रमण करना; अलग कर लेना; ले लेना; अस्वीकार करना।
**उपसंहार** पु० *(सं०)* लेख आदि के अन्त में दिया जाने वाला खुलासा; समाप्ति; निचोड़; सारांश; नाश।
**उपसंहारी (रिन्)** वि० *(सं०)* अन्तर्भाव करने वाला।
**उपसक्त** वि० *(सं०)* संलग्न; आसक्त।
**उपसद** वि० *(सं०)* निकट या पास जाने वाला।
**उपसदन** वि० *(सं०)* पड़ोस; निकट जाना; सेवा।
**उपसद्** स्त्री० *(सं०)* घेरा; जमा करना; सेवा; आक्रमण।
**उपसमाधान** पु० *(सं०)* राशीकरण, एकत्र करना।
**उपसमिन्धन** पु० *(सं०)* प्रज्वलित करना, आग जलाना।
**उपसमिति** स्त्री० *(सं०)* कार्यविशेष के लिए बनी छोटी कमेटी, छोटी समिति; सब-कमेटी।
**उपसरण** पु० *(सं०)* पनाह, जिसके पास रक्षा आदि के लिए पहुँचा जाये।
**उपसादन** पु० *(सं०)* (ऊपर) रखना; सम्मान करना।
**उपसाना** स० क्रि० बासी करना, सड़ाना।
**उपसीर** पु० *(सं०)* हल।
**उपसूर्यक** पु० *(सं०)* एक तरह का जुगनू या भौंरा।
**उपसृष्ट** वि० *(सं०)* प्रेताविष्ट; ग्रस्त; गृहीत।
**उपसेक, उपसेचन** पु० *(सं०)* छिड़कना; सींचना।
**उपस्कार** पु० *(सं०)* सँवारना, आघात; समूह।
**उपस्कृत** वि० *(सं०)* लांछित; बदला हुआ; हत।
**उपस्तरण** पु० *(सं०)* बिछावन; चादर; फैलाना।
**उपस्थ** पु० *(सं०)* पेड़ू; नितम्ब; शरीर का मध्य भाग।

**उपस्थान** पु० *(सं०)* वासस्थान; उपासनास्थल; सामने आना; पूजा के निमित्त पास आना; उपस्थिति, मौजूदगी; प्राप्ति।
**उपस्थापक** वि० *(सं०)* पास लाने या रखने वाला।
**उपस्थापन** पु० *(सं०)* सेवा-टहल; उपस्थिति; पास या सामने रखना; स्मरण दिलाना।
**उपस्थापित करना** स० क्रि० *(टू प्रजेण्ट)* विधान सभा या विधान परिषद (दोनों सदनों) के समक्ष कोई प्रस्ताव विचारार्थ या स्वीकृति हेतु रखना।
**उपस्थित** वि० *(सं०)* हाजिर, मौजूद, पास या सामने आया हुआ; सेवित; पूजित।
**उपस्थिति** स्त्री० *(सं०)* मौजूदगी, हाजिरी, विद्यमानता; प्राप्ति; स्मरणशक्ति।
**उपस्नेह** पु० *(सं०)* नम या आर्द्र होना, गीला होना।
**उपस्पर्श, उपस्पर्शन** पु० *(सं०)* कुल्ला करना; मुँह धोना; सम्पर्क; छूना; स्नान करना।
**उपस्वेद** पु० *(सं०)* आर्द्रता; वाष्प; पसीना।
**उपहत** वि० *(सं०)* विकृत; अभिभूत; लांछित; घायल।
**उपहतक** वि० *(सं०)* दुर्भाग्यग्रस्त।
**उपहति** स्त्री० *(सं०)* वध; आघात; उपघात।
**उपहत्या** स्त्री० *(सं०)* आँख की तिलमिलाहट।
**उपहरण** पु० *(सं०)* ग्रहण; पास लाना; खाना परसना।
**उपहव** पु० *(सं०)* आवाहन; आमन्त्रण।
**उपहार** पु० *(सं०)* सौगात; भेंट; सन्धि के लिए दी जाने वाली रकम; सम्मान; आमोद-प्रमोद।
**उपहारी** वि० *(सं०)* पास लानेवाला; भेंट देने वाला।
**उपहास** पु० *(सं०)* बदनामी, निन्दा; खिल्ली उड़ाना।
**उपहासास्पद** वि० *(सं०)* हँसने के योग्य; उपहास्य।
**उपहासी*** स्त्री० उपहास।
**उपहास्य** वि० *(सं०)* जिसकी खिल्ली या हँसी उड़ायी जा सके; उपहास के योग्य।
**उपहित** वि० *(सं०)* उपाधियुक्त; सहित, युक्त।
**उपही*** पु० परदेसी; बाहरी आदमी, अजनबी।
**उपहृत** वि० *(सं०)* बलि चढ़ाया हुआ; निकट या पास लाया हुआ; परसा हुआ (भोजन)।
**उपह्वर** पु० *(सं०)* नैकट्य; निर्जन या एकान्त स्थान।
**उपांग** पु० *(सं०)* भाल पर अंकित पादुका चिह्न; गौण अंग, छोटा अंग; अंग का विभाग।
**उपांजन** पु० *(सं०)* सफेदी करना; लीपना।
**उपान्त** पु० *(सं०)* किनारा, छोर; आँख का कोना।
**उपान्तिक, उपान्तिम** वि० *(सं०)* निकटवर्ती।
**उपान्तय** वि० *(सं०)* आखिरी से पहले का।
**उपाकर्म** पु० *(सं०)* आरम्भ; उपक्रम।
**उपाकृत** वि० *(सं०)* आरम्भ किया हुआ; आहूत; पास लाया हुआ; बलि चढ़ाया हुआ।
**उपाख्यान, उपाख्यानक** पु० *(सं०)* पौराणिक कहानी; छोटी कथा या कहानी।
**उपागत** वि० *(सं०)* वादा किया हुआ; घटित।
**उपागम** पु० *(सं०)* स्वीकृति; कष्टानुभूति; वादा।
**उपाड़**† पु० एक रोग जिसमें शरीर की खाल उचड़ जाती है।
**उपाड़ना*** स० क्रि० उपाटना, उखाड़ना।
**उपाती*** स्त्री० उत्पत्ति।
**उपात्त** वि० *(सं०)* अनुभूत; उल्लिखित; लब्ध, प्राप्त।
**उपादान** पु० *(सं०)* उल्लेख; कारण; स्वीकार; प्राप्त करना; ग्रहण; कथन, बोध।
**उपादि*** स्त्री० उपाधि।
**उपादेय** वि० *(सं०)* उत्कृष्ट; उपयोगी; प्रशस्त।
**उपाधि** स्त्री० *(सं०)* गुण धर्म; योग्यता-सूचक शब्द; पदवी; छद्म वेश।
**उपाधी** वि० *(सं०)* छली, धोखेबाज; उत्पाती।
**उपाध्यक्ष** पु० *(सं०)* किसी संस्था या समिति का अध्यक्ष का सहायक जो उसके अधीन काम करता है।
**उपाध्याय** पु० *(सं०)* ब्राह्मणों की एक उपजाति की उपाधि; शिक्षक; वेद-वेदांग पढ़ाने वाला।
**उपाध्यायी** स्त्री० *(सं०)* अध्यापिका; गुरुपत्नी।
**उपाध्वा** पु० *(सं०)* मेंड़, डाँड़, पगडण्डी।
**उपाना*** स० क्रि० उपजाना; उत्पन्न करना।
**उपाय** पु० *(सं०)* इलाज; यतन; शत्रु पर विजय प्राप्ति की युक्ति; साम, दाम, भेद और दण्ड।
**उपायन** पु० *(सं०)* पास जाना; भेंट, उपहार।
**उपायिक** वि० *(सं०)* उन्नत करने वाला।
**उपायी** वि० *(सं०)* उपाय कुशल; उपाय करने वाला।
**उपार** पु० *(सं०)* दोष; सामीप्य; पाप; भूल।
**उपारत** वि० *(सं०)* मुदित; संलग्न; प्रसन्न।
**उपार्जक** वि० *(सं०)* कमाने वाला, पैदा करने वाला।
**उपार्जित** वि० *(सं०)* बटोरा हुआ; पैदा किया हुआ।

**उपार्थ** वि० *(सं०)* अल्प महत्त्व का; अल्प मूल्य का।
**उपालम्भ, उपालम्भन** पु० *(सं०)* देर लगाना; वर्जन; तिरस्कार, उलाहना।
**उपावर्तन** पु० *(सं०)* चक्कर देना; वापस आना।
**उपावृत्त** वि० *(सं०)* लोटा हुआ; लौटा हुआ।
**उपासंग** पु० *(सं०)* सामीप्य; तूणीर।
**उपास*** पु० फाका, उपवास।
**उपासा** पु० उपवास करने वाला।
**उपासक** वि० *(सं०)* भक्त; अनुयायी; आराधक।
**उपासन** पु० *(सं०)* यज्ञाग्नि; शराभ्यास; क्षति पहुँचाना।
**उपासना** स्त्री० *(सं०)* आराधना, सेवा, भक्ति।
**उपाय/उपाइ** पु० उपाय, अपाय का विलोम।
**उपासनीय** वि० *(सं०)* पूज्य, पूज्यनीय।
**उपास्ति** स्त्री० *(सं०)* पूजा, आराधना।
**उपस्थि** स्त्री० *(सं०)* कोमल हड्डी।
**उपेक्षक** वि० *(सं०)* उपेक्षा करने वाला; धीर।
**उपेक्षण** पु० *(सं०)* सहन; परित्याग; अवहेलना, अनादर।
**उपेक्षा** स्त्री० *(सं०)* तिरस्कार, अवहेलना; कपट; लापरवाही; योग की एक भावना।
**उपेक्षित** वि० *(सं०)* जिसकी उपेक्षा की गयी हो।
**उपेखना*** स० क्रि० उपेक्षा करना।
**उपोढ** वि० *(सं०)* शुरू किया हुआ; बटोरा हुआ, जमा किया हुआ; व्यूहबद्ध।
**उपोत** वि० *(सं०)* आच्छादित, ढका हुआ (बख्तर से)।
**उपोती** सत्री० *(सं०)* पूतिका नामक पौधा।
**उपोदक** वि० *(सं०)* जल के पास का।
**उपोद्ग्रह** पु० *(सं०)* ज्ञान।
**उपोद्घात** पु० *(सं०)* उपक्रम, भूमिका।
**उपोष/उपोषण** पु० *(सं०)* उपवास।
**उफ़** स्त्री० *(अ०)* अफसोस, आह।
**उफ़ड़ना*** अ० क्रि० उफनना।
**उफ़ताद** स्त्री० *(अ०)* दुःख, क्लेश, पीड़ा; घटना।
**उफ़तादा** वि० *(अ०)* दीन-हीन, गिरा हुआ; व्यर्थ पड़ी वस्तु, जगह।
**उफान** स्त्री० जोश खाकर ऊपर उठना, उबाल।
**उफाल** पु० लम्बी डग।
**उबकना** अ० क्रि० उलटी या कै करना।
**उबका** पु० अरिवन, कुएँ से पानी निकालने के लिए कलसे में फँसाया जाने वाला रस्सी का फन्दा।
**उबकाई** स्त्री० मतली, कै।
**उबट*** वि० *(सं०)* ऊबड़-खाबड़; टेढ़ा; कठिन रास्ता।
**उबटन** पु० चिरौंजी, सरसों, तिल आदि का लेप।
**उबटना** अ० क्रि०, स० क्रि० उबटन लगाना, उबटन आदि की मालिश करना।
**उबरना** अ० क्रि० छुटकारा पाना; बाकी बचना।
**उबरी** स्त्री० एक तरह की काश्तकारी; ओबरी।
**उबलना** अ० क्रि० खौलना, उफनना, जोश खाना।
**उबसन** पु० बरतन माँजने में काम आनेवाला।
**उबसना** अ० क्रि० सड़ना। स० क्रि० बरतन माँजना।
**उबहन**† पु०, स्त्री० कुएँ से पानी निकालने की रस्सी।
**उबहना*** वि० बिना जूते का।
**उबहनी**† स्त्री० रस्सी।
**उबाना*** वि० नंगे पाँव। पु० कपड़ा बुनने में राछ के बाहर रह जाने वाला सूत।
**उबार** पु० बचाव; बचत; छुटकारा; पर्दा, ओहार।
**उबारा** पु० जानवरों के पानी पीने के लिए कुएँ के पास बनाया जानेवाला कुण्ड, चरही।
**उबाल** पु० जोश, उफान, खौलकर ऊपर उठना।
**उबालना** स० क्रि० खौलाना, जोश देना।
**उबासी** स्त्री० जँभाई।
**उबिठना, उबीठना*** अ० क्रि० जी भर जाना, ऊबना।
**उबीधना*** अ० क्रि० धँसना, चुभना; फँसना।
**उबेना*** वि० नंगे पाँव।
**उभटना**† अ० क्रि० अहंकार करना।
**उभड़ना*** अ० क्रि० उभरना।
**उभना*** अ० क्रि० उठना।
**उभय** वि० *(सं०)* दो में से प्रत्येक, दोनों।
**उभयतः(तस्)** अ० *(सं०)* दोनों ओर से, दोनों प्रकार से; दोनों अवस्थाओं में।
**उभयतः (तस्)** अ० *(सं०)* दोनों प्रकार से; दोनों अवस्थाओं में, दोनों ओर से।
**उभयत्र** अ० *(सं०)* दोनों तरफ से।
**उभयार्थ** वि० *(सं०)* अस्पष्ट, दो अर्थों वाला; द्वयर्थी।
**उभयालंकार** पु० *(सं०)* वह अलंकार जो शब्दालंकार और अर्थालंकार दोनों हो।
**उभयोत्तल** वि० *(सं०)* दोनों ओर से उभरा हुआ।
**उभरना** अ० क्रि० गाय आदि का मस्त होना;

खुलना; उठना, जवानी पर आना; ऊँचा होना; प्रकट होना।
**उभरौहाँ*** वि० उभरता हुआ; ऊपर उठा हुआ।
**उभाड़** पु० उभार। क्रि० उत्तेजित करना; बहकाना, उकसाना।
**उभाड़ना** स० क्रि० उभारना।
**उभाना** अ० क्रि० अभुआना, सिर हिलाना और हाथ-पैर पटकना।
**उभार** पु० उभरने, बढ़ने की क्रिया, अवस्था।
**उभारना** स० क्रि० बढ़ाना; ऊपर उठना; भड़काना।
**उभिटना*** अ० क्रि० अटकना, हिचकना।
**उमंग** स्त्री० उल्लास, उत्साह; जोश; मौज; उभार।
**उमँगना*** अ० क्रि० उल्लसित होना; जोश में आना।
**उमंगी** वि० जिसे उल्लास हो; उल्लसित; मौजी।
**उमण्ड** पु० उत्साह, उमंग; जोश; उठान।
**उमकना**† अ० क्रि० उमगना।
**उमग, उमगन*** स्त्री० उत्साह, उमंग।
**उमगाना*** स० क्रि० उत्साहित करना।
**उमचना*** अ० क्रि० चौंकना; हुमचना।
**उमड़** स्त्री० बाढ़; धावा; घिराव; चढ़ाव, उठान।
**उमड़ना** अ० क्रि० बढ़कर फैलना; बह चलना; छाना; जोश में आना; क्षुब्ध होना।
**उमदाना*** अ० क्रि० उत्साहित; जोश में आना।
**उमर** स्त्री० उम्र।
**उमरा** पु० *(सं०)* धनिक; सरदार; सामन्त।
**उमराव***पु० उमरा।
**उमस** स्त्री० आन्तरिक उत्ताप।
**उमहाना** स० क्रि० उमाहना; उमड़ाना।
**उमा** स्त्री० *(सं०)* हलदी; कान्ति; कीर्ति; पार्वती; दुर्गा।
**उमाकिनी*** वि० स्त्री० उखाड़ने वाली।
**उमाचना*** स० क्रि० निकालना, उभारना।
**उमाद*** पु० उन्माद।
**उमाह*** पु० उत्साह, उमंग; आनन्द।
**उमाहना*** स० क्रि० उमड़ाना। अ० क्रि० उत्साहित होना, उमड़ना, आवेश में आना।
**उमाहल*** वि० उत्साह-भरा।
**उमेठन** स्त्री० मरोड़, ऐंठन।
**उमेठवाँ** वि० *(सं०)* ऐंठा हुआ।
**उमेना** स० क्रि० मरोड़ना, ऐंठना।
**उमेलना*** स० क्रि० खोलकर बताना; वर्णन करना।
**उम्दगी** स्त्री० *(अ०)* खूबी, अच्छाई।
**उम्दा** वि० *(अ०)* अच्छा, बढ़िया, उत्तम। पु० स्तम्भ; आधार; सरदार।
**उम्मस** स्त्री० दर्द, पीड़ा।
**उम्मीद** स्त्री० *(फ़ा०)* आशा, इच्छा, कामना; अपेक्षा।
**उम्मुल किताब** स्त्री० *(अ०)* सूरा-ए-फातिहा; मुसलमानों की एक पवित्र किताब, कुरान।
**उम्र** स्त्री० *(अ०)* आयु, अवस्था, वयस।
**उरंग, उरंगम** पु० *(सं०)* सर्प, साँप।
**उरः** 'उरस' का समासगत रूप।
**उर (स्)** वि० *(सं०)* उत्तम, श्रेष्ठ। पु० छाती, वक्ष, हृदय, मन।
**उरई** स्त्री० खस।
**उरकना*** अ० क्रि० ठहरना, रुकना।
**उरक्षत** पु० *(सं०)* क्षय, छाती का घाव।
**उरस्थल** पु० *(सं०)* हृदय, छाती।
**उरंग** पु० *(सं०)* (छाती के बल रेंगनेवाला) साँप।
**उरगना*** स० क्रि० अंगीकार करना, झेलना।
**उरगारि, उरगाशन** पु० *(सं०)* गरुड़; मोर।
**उरगिनी*** स्त्री० उरगी, सर्पिणी।
**उरगी** स्त्री० *(सं०)* सर्पिणी, मादा-साँप।
**उरझाना*** अ० क्रि० फँसना। स० क्रि० उलझाना।
**उरझेर*** पु० झकोरा।
**उरण** पु० *(सं०)* भेड़ा, मेढ़ा; एक असुर।
**उरद** पु० माष, दाल के वर्ग का एक अनाज।
**उरदी** स्त्री० छोटे उड़द, वर्दी।
**उरदावन** स्त्री० उंचन, अदवान।
**उरधारना*** स० क्रि० फैलाना, बिखेरना; उधेड़ना।
**उरभ्र** पु० *(सं०)* भेड़; एक विषैला कीड़ा।
**उरमना*** अ० क्रि० झूलना, लटकना।
**उरमाना*** स० क्रि० लटकाना, झुलाना।
**उरमाल** पु० रूमाल।
**उरला*** वि० निराला, विरल; पिछला।
**उरश्छद** पु० *(सं०)* छाती पर बाँधने का कवच।
**उरस** वि० *(सं०)* उरस्वान, चौड़ी छाती वाला।
**उरसना*** स० क्रि० ऊपर-नीचे करना, उठाना-गिराना; ठूँसना।

**उरसिज, उरसिरुह** पु० *(सं०)* उरोज, स्तन।
**उरसिल** वि० *(सं०)* उरस्वान; चौड़ी छाती वाला।
**उरस्वान** वि० *(सं०)* चौड़ी छाती वाला।
**उरहना, उरहना*** पु० उलाहना, उपालम्भ।
**उरा*** स्त्री० पृथ्वी; धरती।
**उराना*** अ० क्रि० चुक जाना, खतम हो जाना।
**उरारा*** वि० प्रशस्त, फैला हुआ, विस्तृत।
**उराव*** पु० उत्साह; चाह; उमंग, हौसला; आनन्द।
**उराहना***स० क्रि० ओगारना।
**उरिन*** वि० उऋण।
**उरु*** वि० *(सं०)* कीमती; श्रेष्ठ; विस्तृत; विशाल।
**उरूज** पु० *(सं०)* ऊपर उठना, उत्थान, वृद्धि।
**उरे*** अ० परे, दूर।
**उरेखना*** स० क्रि० उरेहना; सोचना; देखना।
**उरेब** वि० *(फ़ा०)* टेढ़ा, तिरछा; छलपूर्ण। **पु०** धूर्तता, छलकपट।
**उरेह** पु० तस्वीर, चित्र; आलेखन; चित्रकारी।
**उरेहना** स० क्रि० चित्र या तस्वीर बनाना।
**उरैड़ना** स० क्रि० गिराना; उँड़ेलना।
**उरो** 'उरस्' का समासगत् रूप।
**उर्जित** वि० *(सं०)* वर्द्धित; बलवान, शक्तिशाली; घमण्डी; विख्यात; प्रख्यात; परित्यक्त।
**उर्द** पु० उरद की दाल।
**उर्दू** पु० *(तु०)* लश्कर; छावनी।
**उर्फ़** पु० *(अ०)* उपनाम, अधिक प्रचलित नाम, पुकारने का नाम।
**उर्वर** वि० उपजाऊ, उर्वरता।
**उर्वरक** पु० *(फर्टिलाइजर)* वह रासायनिक खाद जो भूमि की उर्वरता बढ़ाने में मददगार हो।
**उर्वरता** स्त्री० उपजाऊपन।
**उर्वरा** स्त्री० *(सं०)*उपजाऊ, जरखेज जमीन; जमीन।
**उर्वशी** स्त्री० *(सं०)*इन्द्रलोक की एक प्रसिद्ध अप्सरा।
**उर्वी** स्त्री० *(सं०)* जमीन; पृथ्वी।
**उर्वीश, उर्वीश्वर** पु० *(सं०)* राजा।
**उलंग** वि० नंगा।
**उलंघन** पु० उल्लंघन।
**उलँघना*** स० क्रि० लाँघना, उल्लंघन करना।
**उलका*** स्त्री० उल्का।
**उलग*** पु० परदेश; प्रवास।
**उलछना** स० क्रि० फैलाना, छितराना; उलीचना।
**उलछा** पु० बीज बोने का एक तरीका।
**उलझन** स्त्री० कठिनाई; गुत्थी; फँसाव; चिन्ता; सोच।
**उलझना** अ० क्रि० लिपटना; तागे को एक में गुँथ जाना; तागा, डोरी आदि का फँस जाना।
**उलझाना** अ० क्रि० उलझना। स० क्रि० फँसाना; गाँठें, गुत्थियाँ डाल देना; अटकाना।
**उलझाव, उलझेड़ा** पु० बखेड़ा; उलझन; फेर।
**उलझौंहा*** वि० फँसाने वाला; उलझाने वाला।
**उलटकम्बल** पु० एक पौधा जिसकी छाल रस्सी बनाने और दवा के काम आती है।
**उलटना** स० क्रि० बदल देना; कुछ-का-कुछ कर देना; नीचे का ऊपर कर देना।
**उलट-पलट, उलट-पुलट** पु० परिवर्तन, गड़-बड़; अदल- बदल; अस्तव्यस्तता।
**उलट-फेर** पु० परिवर्तन, उलट-पुलट।
**उलटा** वि० औंधा, विपरीत क्रम, असमान। **मुहा० उलटी खोपड़ी** मूर्ख, नासमझ। **उलटी गंगा बहाना** रीति के विरुद्ध कार्य करना। **उलटी पट्टी पढ़ाना** बहकाना। **उलटी माला फेरना** बुरा मनाना। **उलटी साँस चलना** मरणासन्न होना, दम उखड़ना। **उलटी साँस लेना** मरणासन्न होना। **उलटी सीधी सुनाना** फटकारना। **उलटे छुरे से मूँड़ना** बेवकूफ बनाकर पैसा ऐंठना। **उलटे पाँव फिरना** तुरन्त वापस आना। **उलटे मुँह गिरना** खुद का अहित कर लेना।
**उलटी** स्त्री० वमन, कै।
**उलटे** अ० जैसा होना चाहिए उसके विपरीत।
**उलथना*** स० क्रि० उलट-पलट करना।
**उलथा** पु० कलाबाजी; बैठे-बैठे अंगों को मोड़ना; करवट बदलना; एक तरह का नृत्य; अनुवाद।
**उलद*** स्त्री० लगातार वर्षा, झड़ी।
**उलदना*** स० क्रि० उँड़ेलना; बरसाना।
**उलफ़त** स्त्री० *(अ०)* प्रेम, मुहब्बत, चाह।
**उलमना*** अ० क्रि० उरमना।
**उलमा** पु० *(अ०)*विद्वान् लोग, आलिम का बहुबचन।
**उलरना*** अ० क्रि० ऊपर-नीचे होना; उछलना; झपटना।

**उललना*** अ० क्रि० उलटना; ढरकना।
**उलहना*** अ० क्रि० फूटना; निकलना; खिलना।
**उलाँक** पु० डाक; एक तरह की नाव।
**उलाँघना*** स० क्रि० आज्ञा का उल्लंघन करना।
**उलार** वि० पीछे की ओर (अधिक बोझ से) झुका हुआ।
**उलारना*** स० क्रि० ओलारना; उछालना।
**उलारा** पु० चौताल के अन्त में गाया जाने वाला पद।
**उलाह*** पु० उठाह, उल्लाम।
**उलाहना** स० क्रि० शिकायत करना, दोष देना।
**उलिचना, उलीचना** स० क्रि० पानी बाहर फेंकना।
**उलूक** पु० *(सं०)* उल्लू पक्षी; इन्द्र।
**उलूखल** पु० *(सं०)* ओखली; खल।
**उलूत** पु० *(सं०)* अजगर साँप।
**उलेड़ना, उलैण्डना*** स० क्रि० उड़ेलना।
**उलेल***पु० बाढ़; उछल-कूद।
**उल्का** स्त्री० *(सं०)* रात में आकाश से टूटकर गिरनेवाला प्रकाशमय पिण्ड; तारा; लौ; मशाल।
**उल्काश्म** पु० *(सं०)* (मीटिओराइट) आकाश से पत्थर के रूप में गिरा पिण्ड।
**उल्कुषी** स्त्री० *(सं०)* मशाल; उल्का।
**उल्था** पु० भाषान्तर, अनुवाद।
**उल्मुक** पु० *(सं०)* लुकाठी, लुक; मशाल।
**उल्लंघन** पु० *(सं०)* लाँघना; विरुद्धाचरण; आज्ञा, नियम आदि को तोड़ना।
**उल्लंघना*** स० क्रि० उल्लंघन करना।
**उल्लंघित** वि० *(सं०)* लाँघा हुआ; तोड़ा हुआ।
**उल्लम्फन** पु० *(सं०)* कुदान।
**उल्लम्बित** वि० *(सं०)* उठा हुआ, खड़ा।
**उल्लल** वि० *(सं०)* हिलता हुआ; रोमश; बहु-रोगग्रस्त।
**उल्ललित** वि० *(सं०)* क्षुब्ध, आन्दोलित; उठा हुआ।
**उल्लस** वि० *(सं०)* चमकीला; प्रकट होने वाला।
**उल्लसन** पु० *(सं०)* हर्ष; उल्लसित होना; पुलक।
**उल्लसित** वि० *(सं०)* चमकता हुआ; मुदित, हर्षयुक्त।
**उल्लाघ** वि० *(सं०)* प्रसन्न; दुष्ट; दक्ष; शुद्ध।
**उल्लापन** वि० *(सं०)* नश्वर, क्षणस्थायी।
**उल्लापी (पिन्)** वि० *(सं०)* चाटुकार, खुशामदी।
**उल्लास** पु० *(सं०)* प्रसन्नता, हर्ष; उमंग; प्रकाश; आह्लाद; कान्ति; आरम्भ; परिच्छेद।
**उल्लासन** पु० *(सं०)* नचाना; कान्ति, चमक; प्रकाश।
**उल्लिंगित** वि० *(सं०)* ख्यात, प्रसिद्ध।
**उल्लिखित** वि० *(सं०)* उरेहा हुआ; लिखा हुआ; वर्णित; खोदा हुआ।
**उल्लीढ** वि० *(सं०)* माँजा हुआ; चमकाया हुआ।
**उल्लू** पु० एक अशुभ माना जाने वाला पक्षी जिसे दिन में नहीं दिखायी देता। वि० मूर्ख, नासमझ। **मुहा० उल्लू का गोश्त खिलाना** वश में कर लेना, बेवकूफ बनाना। **उल्लू का पट्ठा** निरा मूर्ख। **उल्लू बनाना** बेवकूफ बनाना। **उल्लू बोलना** उजाड़ होना, वीरान होना।
**उल्लेख** पु० *(सं०)* चर्चा, जिक्र; खुदाई; लिखायी।
**उल्लेखन** पु० *(सं०)* उल्लेख करना; लिखना; खोदना; ऊपर उठाना; वमन।
**उल्लेखनीय, उल्लेख्य** वि० *(सं०)* कहने योग्य; उल्लेख करने योग्य; बताने योग्य।
**उल्लोच** पु० *(सं०)* चँदोवा।
**उल्लोल** वि० *(सं०)* अति चंचल।
**उवना*** अ० क्रि० उगना, प्रकट होना।
**उवनि*** स्त्री० प्रकट होना; उदय।
**उशी** स्त्री० *(सं०)* कामना, चाहना, इच्छा।
**उशीर** पु० *(सं०)* खस, शीतमूलक।
**उषः (षस्)** स्त्री० *(सं०)* भोर, तड़का; भोर का उजाला; उषःकाल की अधिष्ठात्री देवी; कर्णरन्ध्र।
**उष** पु० *(सं०)* खारी मिट्टी; भोर, तड़का।
**उषण** पु० *(सं०)* काली मिर्च; अदरक; सोण्ठ।
**उषप** पु० *(सं०)* सूर्य, भानु; आग, अग्नि।
**उषर्बुध** वि० *(सं०)* उषःकाल में उठनेवाला।
**उषसी** स्त्री० *(सं०)* शाम, सन्ध्या; सान्ध्य प्रकाश।
**उषा** स्त्री० *(सं०)* तड़का, भोर; भोर का उजाला।
**उषित** वि० *(सं०)* जला हुआ; बासी; फुर्तीला।
**उष्ट्र** पु० *(सं०)* बैलगाड़ी; ऊँट; रथ।
**उष्ट्रिका** स्त्री० *(सं०)* शराब रखने की एक तरह की सुराही; ऊँटनी।
**उष्ट्री** स्त्री० *(सं०)* ऊँटनी।
**उष्ण** वि० *(सं०)* चतुर; प्याज; गरम; तीखा; गरम तासीर वाला; फुर्तीला।
**उष्णक** पु० *(सं०)* चक्कर काटना; ग्रीष्म ऋतु; ज्वर; सोपारी।

**उष्णज** वि० *(सं०)* गर्मी से उत्पन्न।

**उष्णता** स्त्री०, **उष्णत्व** पु० *(सं०)* गर्मी, उष्मा।

**उष्णांक** पु० *(सं०) (कैलोरी)* विज्ञान में प्रचलित ताप की एक इकाई।

**उष्णा** स्त्री० *(सं०)* उष्मा; गरमी; क्षय; पित्त।

**उष्णालु** वि० *(सं०)* तापपीड़ित; गरमी या उष्मा न सह सकने वाला।

**उष्णासह** पु० *(सं०)* शीत ऋतु; शीत काल।

**उष्णिका** स्त्री० *(सं०)* माँड़।

**उष्णोष्ण** वि० *(सं०)* अत्यधिक उष्म; बहुत गरम।

**उष्म** पु० *(सं०)* उष्मा; धूप; ऊमस; ग्रीष्म-ऋतु; जोश; क्रोध; 'श, ष, स, ह' ये चार वर्ण।

**उष्मज** पु० *(सं०)* पसीने या मैल से पैदा होनेवाले कीड़े-जूँ, खटमल आदि। वि० गरमी से उत्पन्न।

**उष्मा (मन्)** स्त्री० *(सं०)* गरमी, ताप; वाष्प; ग्रीष्म ऋतु; जोश; ऊष्म वर्ण।

**उस** सर्व० वह का रूप।

**उसकन** पु० उबसन, बर्तन माँजने की घास, जूना; उभाड़।

**उसकाना** स० क्रि० उभाड़ना; ऊपर उठाना।

**उसकारना*** स० क्रि० उसकाना, भड़काना।

**उसनना** स० क्रि० उबालना, पकाना।

**उसरना*** अ० क्रि० हटना; अलग होना; बीतना; बिसरना, भूलना।

**उसवास†** पु० प्रवेग, प्रवृत्ति।

**उससना*** स० क्रि० उसाँस लेना; साँस लेना।

**उसाँस** स्त्री० ऊपर को खींची हुई या लम्बी साँस; दुःखसूचक साँस।

**उसार†** स्त्री० काम-धन्धा, सेवा, पशुओं का गोबर आदि हटाकर सफाई करना।

**उसारना, उसालना** स० क्रि० उपर उठाना, उखाड़ना; भगाना।

**उसारा** पु० छत्ता; ओसारा।

**उसास** स्त्री० गहरी लम्बी सांस, उच्छवास; उसाँस।

**उसासी*** स्त्री० छणभर सुस्ताने, दम लेने की मुहलत।

**उसिनना†** स० क्रि० उसनना, उबालना।

**उसीला*** पु० वसीला; सहायक।

**उसीस, उसीसा*** पु० सिरहाना; तकिया।

**उसूल** पु० *(अ०)* कायदा-कानून, नियम; सिद्धान्त।

**उसेना†** स० क्रि० उबालना।

**उस्तरा** पु० नाइयों का एक औजार, डॉक्टरों का औजार, उस्तुरा।

**उस्ताद** पु० *(फ़ा०)* शिक्षक, अध्यापक; गुरु।

**उस्तादी** स्त्री० *(फ़ा०)* प्रवीणता; धूर्तता, चालाकी।

**उस्तानी** स्त्री० धूर्त स्त्री; गुरु की पत्नी; शिक्षिका।

**उस्तुरा** पु० *(फ़ा०)* बाल मूँड़ने का औजार, छुरा।

**उस्वास*** स्त्री० उसाँस।

**उहट*** स्त्री० उचाट, ऊब जाने की क्रिया।

**उहदा** पु० पदवी, उपाधि, ओहदा।

**उहवाँ/उहाँ*** अव्य० वहाँ।

**उहि** सर्व० वह।

**उहै** सर्व० वही।

## ऊ

ऊ–देवनागरी वर्णमाला का छठा (स्वर) वर्ण। उच्चारण स्थान होंठ। पु० शिव; रक्षक; इन्द्र; चन्द्रमा। अव्य० आरम्भ सूचक अव्यय जो करुणा, संरक्षा आदि अर्थों को प्रकट करता है। सर्व० वह।

**ऊँअना** क्रि० उगना, उदय होना।

**ऊँगा** पु०,**ऊँगी** स्त्री० चिचड़ी, अपामार्ग।

**ऊँघ** स्त्री० निद्रागम, तन्द्रा, झपकी, नींद का झोंका।

**ऊँघन** स्त्री० हलकी-नींद, झपकी।

**ऊँघना** अ० क्रि० उनींदा होना, नींद में झूमना।

**ऊँच*** वि० कुलीन; ऊँची जाति का; बड़ा; ऊँचा।

**ऊँचा** वि० श्रेष्ठ, उच्च, उदात्त; पद-प्रतिष्ठा में बड़ा; सम्मानित; बुलन्द, ऊपर की ओर अधिक उठा हुआ।

**मुहा० ऊँचा सुनना** कम सुनना, कुछ बहरा होना। **ऊँचा-नीचा सुनना** भला-बुरा कहना। **ऊँची दुकान फीका पकवान** नाम के अनुरूप न होना। **ऊँची साँस लेना** दुःख प्रकट करना।

**ऊँचाई** स्त्री० उच्चता; गौरव; बड़ाई।

**ऊँचे** अ० ऊँचाई पर, ऊपर की ओर।

**ऊँछना** स० क्रि० कंघी करना।

**ऊँट** पु० *(सं०)* एक रेगिस्तानी पशु जो बोझा ढोने व सवारी के काम आता है।

**मुहा०** (देखिए) **ऊँट किस करवट बैठता है** (देखिए) मामले का क्या परिणाम निकलता है। **ऊँट की चोरी और नीचे-नीचे** न छिपने वाली बात को छिपाने की कोशिश करना। **ऊँट के गले में बिल्ली** असंगत और असाधारण बात। **ऊँट के मुँह में जीरा** आवश्यकता से कम। **ऊँट को निगल जायें, दुम से हिचकियाँ** बड़ी-बड़ी बातें आसानी से करना और छोटी बात पर अटकना।

**ऊँड़ा*** पु० वह बरतन जिसमें रुपये आदि रखकर गाड़ दियक जायें; तहखाना।

**ऊँदर*** पु० चूहा।

**ऊँहूँ** अ० नहीं; कदापि नहीं।

**ऊ** पु० *(सं०)* रक्षक; शिव।

**ऊअना*** अ० क्रि० निकलना, उगना, उदय होना।

**ऊआबाई*** स्त्री० निरर्थक बात; घबड़ाहट। वि० बेसिर-पैर का, व्यर्थ।

**ऊक*** स्त्री० गलती, चूक; आँच; जलना।

**ऊकना*** स० क्रि० जलाना; तपाना; भूलना; छोड़ना।

**ऊख** *वि० तप्त, गरम। पु० स्त्री० ईख।

**ऊखड़** पु० पहाड़ के नीचे की सूखी भूमि।

**ऊखम** वि० ऊष्म।

**ऊखल** पु० ओखली, उलूखल।

**ऊज*** पु० उपद्रव, उत्पात, अन्धेर।

**ऊजड़** वि० उजाड़, वीरान।

**ऊजना*** अ० क्रि० पूरा होना।

**ऊजर** वि० उजला, अच्छा; उजाड़।

**ऊटकनाटक** पु० व्यर्थ का काम।

**ऊटपटाँग** वि० बेसिर-पैर का, निरर्थक; असंगत।

**ऊड़ना*** स० क्रि० ब्याह करना।

**ऊड़ा** पु० न्यूनतम, कमी, घाटा, अकाल, विनाश।

**ऊढ** वि० *(सं०)* जिसका विवाह हुआ हो, विवाहित; धृत, वहित।

**ऊढ कंकट** वि० कवचधारी।

**ऊढना** अ० क्रि० सोचना; अनुमान करना।

**ऊत** वि० उजड्ड, बेवकूफ; निपूता। पु० बिना पुत्र का, निःसन्तान व्यक्ति।

**ऊतक** पु० *(टिशू)* वनस्पतियों या जीवों का वह सूक्ष्म अंश जो एक ही ढंग की कोशिकाओं से बना हो।

**ऊतर** पु० बहाना; उत्तर।

**ऊतला*** वि० तेज; उतावला; चंचल।

**ऊताताई** वि० उजड्ड, अव्यवस्थित।

**ऊति** स्त्री० *(सं०)* कृपा, अनुग्रह; इच्छा; सिलाई की मजदूरी; सिलाई; क्रीड़ा; सहायता; रक्षण; बुनाई।

**ऊदबिलाव** पु० उभयचर नेवले के समान जन्तु।

**ऊदा** वि० बैंगनी।

**ऊधन्य, ऊधस्य** पु० *(सं०)* दूध।

**ऊधम** पु० उपद्रव, उत्पात; हंगामा, शोरगुल।

**ऊधमी** वि० उपद्रव मचाने वाला, उत्पाती।

**ऊन** वि० *(सं०)* छोटा; घटिया; कम, थोड़ा।

**ऊनक** वि० *(सं०)* अपर्याप्त; न्यून; सदोष।

**ऊनता** स्त्री० *(सं०)* घटियापन; कमी; त्रुटि।

**ऊना*** वि० अपूर्ण, अधूरा; ऊन।

**ऊनित** वि० *(सं०)* घटाया हुआ, कम किया हुआ।

**ऊनी** वि० ऊन का बना (जैसे ऊनी शाल, कम्बल)

**ऊप** पु० अनाज का सूद।

**ऊपना*** अ० क्रि० उपजना।

**ऊपर** अ० ऊर्ध्व दिशा, आकाश की ओर; अधिक; अतिरिक्त; ऊँचाई पर; सहारे; सिर पर, जिम्मे; बड़े या ऊँचे दरजे में।

**मुहा० ऊपर ऊपर से** प्रकट में। **ऊपर की दोनों जाना** दोनों आँखें फूट जाना। **ऊपर के लोग** अफ़सर लोग। **ऊपर वाला** ईश्वर, भगवान्। **ऊपर वालियाँ** चीलें, चुड़ैलें, परियाँ। **ऊपर होना** बड़ा होना।

**ऊपरी** वि० दिखावटी; ऊपर का; बाहरी; अतिरिक्त।

**ऊब** स्त्री० उकताना, ऊबने का भाव।

**ऊबट*** पु० ऊबड़-खाबड़ रास्ता; कठिन मार्ग।

**ऊबड़-खाबड़** वि० अटपटा, ऊँचा-नीचा।

**ऊबना** अ० क्रि० जी भरना; एक ही स्थिति में रहने से मन का उकता जाना।

**ऊबर*** वि० ज्यादा, अधिक।

**ऊभ*** स्त्री० बेचैनी; ऊमस; उत्साह; ऊँच नीच, उठा हुआ।

**ऊमक** स्त्री० वेग; झोंक, झपट।

**ऊमना*** अ० क्रि० उमड़ना।

**ऊमस** स्त्री० बरसात की गरमी; हवा न चलने से मालूम होनेवाली गरमी।

**ऊमहना*** अ० क्रि० घिरना; उमंग में आना।
**ऊमा** स्त्री० उम्बी।
**ऊर*** पु० ओर, अन्त।
**ऊरघ** पु० ऊर्ध्व।
**ऊरू** पु० *(सं०)* जाँघ, रान।
**ऊरू** स्त्री० एक कँटीली लता, अलई।
**ऊरुद्भव** वि० *(सं०)* जाँघ से उत्पन्न।
**ऊर्ज** वि० *(सं०)* शक्तिदायक; बल देने वाला; बली, शक्तिशाली।
**ऊर्ज (स्)** पु० *(सं०)* बिजली की शक्ति; उत्साह; वीर्य; बल, शक्ति; आहार।
**ऊर्जन** पु० *(सं०)* ऊर्जा उत्पन्न करने वाला; भड़काना।
**ऊर्जस्वल** वि० *(सं०)* श्रेष्ठ; तेजस्वी; बलवान; उत्कृष्ट।
**ऊर्जस्वित** वि० *(सं०)* ऊर्जा से युक्त।
**ऊर्जस्वी** वि० *(सं०)* तेजस्वी और बलवान; प्रतापी।
**ऊर्जा** स्त्री० *(सं०)* कार्य करने की क्षमता, बल; उत्साह; काम करने में व्यय होने वाली शक्ति।
**ऊर्जित** वि० *(सं०)* समृद्ध; तेजस्वी; बलवान्।
**ऊर्ण** भेंड़-बकरियों के कोमल बाल।
**ऊर्णपट** पु० *(सं०)* मकड़ी, लूता।
**ऊर्णाजिन** पु० *(सं०)* फ़र, ऊन वाला चमड़ा।
**ऊर्णामय** वि० *(सं०)* ऊनी।
**ऊर्णायु** वि० *(सं०)* ऊनी। पु० मकड़ा; ऊनी कम्बल।
**ऊर्ध्व** वि० *(सं०)* सीधा; ऊँचा; उठाया हुआ; खड़ा।
**ऊर्ध्वारोहण** पु० *(सं०)* ऊपर की ओर जाना; मृत्यु।
**ऊर्ध्वासित** पु० *(सं०)* करैला।
**ऊर्ध्वोन्मुख** वि० *(सं०)* ऊपर उठा हुआ; ऊपर खुला हुआ।
**ऊर्मि** स्त्री० *(सं०)* प्राण, चित्त और शरीर के ये छः क्लेश—भूख, प्यास, लोभ, मोह, सर्दी और गरमी; प्रकाश; प्रवाह; वेग; लहर, तरंग; इच्छा; परिताप।
**ऊर्मिका** स्त्री० *(सं०)* खेद; भौरे का गुंजन; लहर।
**ऊर्मिला** स्त्री० *(सं०)* लक्ष्मण की पत्नी।
**ऊर्मी (र्मिन्), ऊर्म्य** वि० *(सं०)* लहराता हुआ।
**ऊर्वरा** स्त्री० *(सं०)* उर्वरा, उपजाऊ।
**ऊर्वस्थि** पु० *(सं०)* जाँघ की हड्डी।
**ऊलजलूल** वि० बेढंगा, अनाड़ी; ऊटपटांग; अशिष्ट।
**ऊलना*** अ० क्रि० उछलना।
**ऊष** पु० *(सं०)* ऊसर, रेहवाली जमीन; दरार, विवर।
**ऊषक** पु० *(सं०)* तड़का, भोर; काली मिर्च; नमक।
**ऊषण** पु० *(सं०)* चीता, चित्रक; सोंठ; पिप्पली; चव्य; काली मिर्च।
**ऊषर** पु० *(सं०)* ऊसर-जमीन।
**ऊषा** स्त्री० *(सं०)* प्रभात, सवेरा।
**ऊषी** स्त्री० *(सं०)* खारी जमीन; नोनी मिट्टी।
**ऊष्म** वि० *(सं०)* गरम। पु० गरमी का मौसम; ताप।
**ऊष्मांक** पु० *(सं०)* कैलोरी, ताप की इकाई।
**ऊष्मा (ष्मन्)** स्त्री० *(सं०)* ग्रीष्म ऋतु; भाप; गरमी।
**ऊष्मापह** पु० *(सं०)* जाड़े का मौसम।
**ऊष्मायण** पु० *(सं०)* ग्रीष्म काल।
**ऊसर** पु० बंजर; अनुपजाऊ भूमि; वह जमीन जिसमें रेह हो और कुछ उत्पन्न न हो।
**ऊसरज** पु० एक तरह का चुम्बक; नोनी मिट्टी से निकाला हुआ नमक।
**ऊह** पु० *(सं०)* सुधार; परिवर्तन; अनुमान; तर्क-वितर्क।
**ऊहन** पु० *(सं०)* तर्क-वितर्क करना; सुधार; विचारना।
**ऊहनी** स्त्री० *(सं०)* झाड़ू।
**ऊहा** स्त्री० *(सं०)* कल्पना; तर्क-वितर्क; बुद्धि, समझ।
**ऊह्य** वि० *(सं०)* ऊहा करने योग्य।
**ऊहापोह** वि० *(सं०)* तर्क से मिटाया हुआ संशय।

## ऋ

**ऋ** देवनागरी वर्णमाला का सातवाँ वर्ण। उच्चारण स्थान मूर्द्धा है। स्त्री० *(सं०)* देवजननी, अदिति।
**ऋंजसान** पु० *(सं०)* बादल।
**ॠ** स्त्री० *(सं०)* अदिति, देवमाता; उपहास; निन्दा।
**ऋकार** पु० *(सं०)* 'ऋ' स्वर और उसकी ध्वनि।
**ऋक् (च्)** स्त्री० *(सं०)* स्तुति; पूजा; वेदमन्त्र, ऋचा; ऋग्वेद का मन्त्र; कान्ति; ऋग्वेद।
**ऋक्ण** वि० *(सं०)* क्षत, आहत।
**ऋक्थ** पु० *(सं०)* पूँजी; धन, सम्पत्ति; सोना; जायदाद; उत्तराधिकार में मिलनेवाली जायदाद।
**ऋक्ष** पु० *(सं०)* भालू, रीछ; राशि; तारा, नक्षत्र।
**ऋक्षा** स्त्री० *(सं०)* उत्तर-दिशा।
**ऋक्षी** स्त्री० *(सं०)* मादा-रीछ।
**ऋक्षेश** पु० *(सं०)* चन्द्रमा।
**ऋग्** 'ऋच्' का समासगत रूप।

**ऋग्वेद** पु० *(सं०)* चारों वेदों में से प्रथम।

**ऋग्वेदीय** वि० *(सं०)* ऋग्वेद का।

**ऋचा** स्त्री० *(सं०)* पद्य में रचा हुआ वेदमन्त्र; ऋग्वेद का मन्त्र।

**ऋच्छ** पु० रीछ।

**ऋच्छका** स्त्री० *(सं०)* इच्छा।

**ऋच्छरा** स्त्री० *(सं०)* हथकड़ी; वेश्या।

**ऋजिमा (मन्)** स्त्री० *(सं०)* सीधापन, सरलता।

**ऋजीक** वि० *(सं०)* भ्रष्ट किया हुआ; मिश्रित।

**ऋजु** वि० *(सं०)* हितकर; सीधा; सच्चा; अनुकूल।

**ऋजुता** स्त्री० *(सं०)* सरलता; सच्चाई; सीधापन।

**ऋज्वी** वि० स्त्री० *(सं०)* सरल, सीधी।

**ऋण** उधार, देनदारी, गणित में क्षय राशि।

**ऋणान्तक** पु० *(सं०)* मंगल ग्रह।

**ऋणात्मक** वि० *(सं०)* *(नेगेटिव)* ऋणरूप।

**ऋणादान** पु० *(सं०)* कर्ज का वसूल होना।

**ऋणिक्** वि० *(सं०)* कर्जदार।

**ऋणी (णिन्)** वि० *(सं०)* उपकृत; एहसानमन्द, कर्जदार।

**ऋणेच्छुक** पु० *(सं०)* ऋण चाहने वाला व्यक्ति।

**ऋतम्भरा** वि० स्त्री० *(सं०)* सदा एकरूप रहनेवाली सात्त्विक बुद्धि, सत्य का ही धारण-पोषण करनेवाली।

**ऋत** पु० *(सं०)* कर्मफल; यज्ञ; सत्य; ईश्वरीय नियम। वि० सत्य, पूजित।

**ऋतव्य** वि० *(सं०)* मौसम-सम्बन्धी; मौसमी।

**ऋतिंकर** वि० *(सं०)* भाग्यहीन; कष्टप्रद।

**ऋति** स्त्री० *(सं०)* अभ्युदय; दुर्भाग्य; आक्रमण; गति; मंगल; मार्ग; दुःख; रक्षण; सत्य; स्पर्द्धा।

**ऋतीया** स्त्री० *(सं०)* लज्जा; निन्दा; घृणा।

**ऋतु** स्त्री० *(सं०)* मौसम; वर्ष के गीष्म, प्रावृट, शरत्, हेमन्त, शिशिर, वसन्त—ये छः विभाग।

**ऋतुमती** वि०, स्त्री० *(सं०)* रजस्वला, ऋतुवती।

**ऋतुवती*** वि०, स्त्री० ऋतुमती, रजस्वला।

**ऋत्व** पु० *(सं०)* गर्भाधान का उपयुक्त समय।

**ऋत्विक** पु० *(सं०)* पुरोहित, वैदिक मन्त्रों से यज्ञ में कर्मकाण्ड करानेवाला।

**ऋद्ध** वि० *(सं०)* जमा किया हुआ; खुशहाल; धन-धान्य से सम्पन्न।

**ऋद्धि** स्त्री० *(सं०)* गणेश की एक दासी; सिद्धि; लक्ष्मी; सम्पन्नता, वृद्धि; पार्वती; सफलता; पत्नी।

**ऋभु** पु० *(सं०)* शिल्पी; देवता; एक गणदेव।

**ऋभुक्ष** पु० *(सं०)* स्वर्ग; इन्द्र; इन्द्र का वज्र।

**ऋश्य** पु० *(सं०)* वध; ऋश्यक, मृगविशेष।

**ऋषभ** पु० *(सं०)* शूकर या मगर की पूँछ; बैल; नर जानवर; कर्णरन्ध्र; प्रसिद्ध ओषधियों में से एक।

**ऋषभक** पु० *(सं०)* अष्टवर्ग के अन्तर्गत एक औषधि।

**ऋषभी** स्त्री० *(सं०)* एक औषधि; विधवा; गाय; वह स्त्री जिसे मूँछ, दाढ़ी या और कोई पुरुष-चिह्न हो।

**ऋषि** पु० *(सं०)* बहुत बड़ा तपस्वी, मुनि; 7 की संख्या; वेदमन्त्र प्रकाशक, ज्ञान से संसार सागर को पार करनेवाला।

**ऋषिक** पु० *(सं०)* निम्न श्रेणी का ऋषि।

**ऋषीक** पु० *(सं०)* तृण विशेष।

**ऋषु** वि० *(सं०)* बलवान, शक्तिशाली; बड़ा; चतुर।

**ऋष्टि** स्त्री० *(सं०)* दुधारी तलवार; खड्ग, तलवार।

**ऋष्य** पु० *(सं०)* एक प्रकार का कोढ़ नामक रोग; एक प्रकार का हिरन।

## ए

**ए** देवनागरी वर्णमाला का ग्यारहवाँ वर्ण ॠ, ऌ, ॡ को छोड़ने पर आठवाँ (स्वर) वर्ण। उच्चारण-स्थान कण्ठ और तालु। पु० विष्णु। अव्य० सम्बोधन सूचक।

**एँच-पेंच** पु० *(हि० + फ़ा०)* उलझन; चक्कर, पेंच-पाच; चाल-घात।

**एँचाताना** वि० खींचतान, तिरछा देखने वाला।

**एँचातानी** वि० कलह, खींचखाँच।

**एँड़ा-बेंड़ा** वि० उलटा-सीधा।

**एँडुआ** पु० कुण्डली, गेंडुरी।

**एम्पायर** पु० *(अं०)* साम्राज्य।

**एम्बुलेंस** पु० *(अं०)* ऐसी मोटर गाड़ी जिसपर दुर्घटना ग्रस्त, घायल तथा बीमार व्यक्तियों को लिटाकर अस्पताल ले जाया जाता है।

**एकंग** वि० *(सं०)* अकेला।

**एकंगा** वि० एक ओर का, एकतरफा।

**एकंगी** वि० एक अंग वाला; एकांगी।

**एकँड़िया** पु० एक अण्ठीवाली लहसुन की गाँठ; एक अण्डकोष वाला बैल या घोड़ा।

**एक** वि० *(सं०)* पहले अंक से सूचित, इकाई से सूचित, अकेला, दो का आधा।

**मुहा० एक अनार सौ बीमार** थोड़ी वस्तु के अनेक चाहने वाले। **एक आँख न भाने वाला** तनिक भी पसन्द न करना। **एक आँख से सबको देखना** समान व्यवहार करना। **एक और एक ग्यारह होते हैं** मिलकर काम करने से शक्ति बढ़ जाती है। **एक के दस सुनाना** एक कटुवचन के बदले दस सुनाना। **एक पन्थ दो काज** एक प्रयास से दो सफलताएँ। **एक पाँव से खड़े होना** आज्ञा की प्रतीक्षा में खड़ा रहना। **एक लाठी से सबको हाँकना** सबके साथ समान व्यवहार करना।

**एकक** वि० *(सं०)* एक से सम्बन्धित; अकेला।

**एकट्ठा** वि० *(हि०)* एक साथ, इकट्ठा।

**एकड़** पु० *(अं०)* भूमि की एक नाप जो 35 बिस्वे के करीब होती है।

**एकडेमी** स्त्री० *(अं०)* स्कूल, पाठशाला; विज्ञान की उन्नति तथा शोध के लिए स्थापित संस्था।

**एकत*** अ० एक ही स्थान पर, एकत्र।

**एकतरा** पु० एक दिन के अन्तर से आने वाला बुखार।

**एकता** स्त्री० *(सं०)* अभेद; मेल; एक होना।

**एकदा** अव्य० *(सं०)* किसी दिन।

**एकधा** अव्य० *(सं०)* एक बार, अकेले।

**एकनिष्ठ** वि० *(सं०)* एक में ही लीन।

**एकाध** थोड़ा सा।

**एकत्र** अ० *(सं०)* इकट्ठा।

**एकत्रित** वि० इकट्ठा किया हुआ।

**एकबाल** पु० *(अ०)* सौभाग्य; स्वीकार; प्रताप।

**एकरार** पु० *(अ०)* स्वीकृति; वादा।

**एकला*** वि० अकेला, अद्वितीय।

**एकसूत्रीकरण** पु० *(को-आर्डिनेशन)* किसी व्यक्ति तथा वस्तु को परस्पर समुचित रूप से सम्बद्ध करने या समान स्तर पर लाने का कार्य; समन्वयन।

**एकहत्तर** पु० 71 की संख्या।

**एकहरा** वि० एक परत का।

**एकांग** वि० *(सं०)* एक अंगवाला; विकलांग।

**एकान्त** वि० *(सं०)* अलग; अकेला; निश्चित; एक ही ओर लगा हुआ। पु० सूना स्थान; तनहाई।

**एकान्तरित** वि० *(अल्टरनेट)* बीच में एक दिन छोड़कर दूसरे दिन होने वाला या आने वाला।

**एकान्तिक** वि० *(सं०)* पक्का, निश्चित।

**एका** स्त्री० *(सं०)* दुर्गा। पु० एकमत होना; इत्तिफाक।

**एकाएक** क्रि० वि० *(फ़ा०)* सहसा, अचानक।

**एकाकिनी** वि०, स्त्री० *(सं०)* अकेली।

**एकाकी (किन्)** वि० *(सं०)* अकेला।

**एकाक्ष** वि० *(सं०)* काना, एक आँखवाला।

**एकाक्षरी (रिन्)** वि० *(सं०)* एक अक्षरवाला।

**एकाग्र** वि० *(सं०)* एक ही नोकवाला; जिसका ध्यान एक ही ओर लगा हो।

**एकाग्रता** स्त्री० *(सं०)* एकाग्र होने का भाव।

**एकाच्** वि० *(सं०)* एक स्वरवाला (शब्द)।

**एकात्म** वि० *(सं०)* आत्मा स्वरूप, एकप्राण।

**एकादशाह** पु० *(सं०)* मृत्यु या दाह की तिथि से ग्यारहवाँ दिन; उस दिन का कर्म।

**एकाधिक** वि० *(सं०)* अनेक, एक से अधिक।

**एकार** पु० *(सं०)* 'ए' अक्षर या उसकी ध्वनि।

**एकार्णव** पु० *(सं०)* जलप्रलय, जलप्लावन।

**एकाह** वि० *(सं०)* एक दिन में पूर्ण होने वाला।

**एकीकरण** पु० *(सं०)* दो या अधिक वस्तुओं को मिलाकर एक रूप कर देना।

**एकीकृत** वि० *(सं०)* मिलाकर एक किया हुआ।

**एकीभूत** वि० *(सं०)* जो मिलकर एक हो गया हो, जो एकजुट हो गया हो।

**एकोतर** वि० एक सौ एक।

**एकोदर** पु० *(सं०)* सहोदर।

**एकोद्दिष्ट** वि० *(सं०)* एक ही पितर के उद्देश्य से किया जाने वाला (श्राद्ध)।

**एकौझा*** वि० अकेला, तनहा।

**एक्का** वि० अकेला। पु० एक घोड़े से खींची गयी दो पहियों की गाड़ी।

**एक्की** स्त्री० एक बैल या घोड़े की गाड़ी; ताश का एक बूटी का पत्ता।

**एक्ज़िबिशन** पु० *(अं०)* प्रदर्शनी, नुमाइश।

**एक्यानबे** वि० नब्बे और एक।

**एक्यावन** वि० पचास और एक।
**एक्यासी** वि० अस्सी और एक।
**एक्स-किरण, एक्स-रे** पु० *(अं०)* बिजली की सहायता से निःसृत एक चुम्बकीय तरंग जिसकी तरंग दैर्ध्य प्रकाश की तरंग दैर्ध्य से एक हजार गुना कम होता है।
**एक्साइज़** पु० *(अं०)* मादक वस्तुओं पर लगनेवाला कर; देश में तैयार हुए माल पर लगनेवाला कर, उत्पादन कर।
**एग्जिबिशन** पु० *(अं०)* नुमाइश, प्रदर्शनी।
**एजाज़** पु० *(अ०)* चमत्कार, करिश्मा।
**एजुकेशन, एडुकेशन** पु० *(अं०)* शिक्षा, तालीम।
**एजेण्ट** पु० *(अं०)* अभिकर्ता; कमीशन पर माल बेचने वाला।
**एजेंसी** स्त्री० *(अं०)* एजेण्ट का कार्य या कार्यक्षेत्र; किसी एजेण्ट के अधीन प्रदेश या क्षेत्र; वह स्थान जहाँ कमीशन पर माल बेचा जाये।
**एटर्नी** पु० *(अं०)* अधिकार प्राप्त प्रतिनिधि, वकील।
**एड** पु० *(अं०)* मदद।
**एडक** पु० *(सं०)* भेंड़ा; बनैला बकरा।
**एडिटर** पु० *(अं०)* पुस्तक या समाचारपत्र के सम्पादन का कार्य करने वाला, सम्पादक।
**एडिटरी** स्त्री० एडिटर का काम, सम्पादन कार्य।
**एडिशन** पु० *(अं०)* (पुस्तक का) संस्करण, आवृत्ति।
**एडिशनल** वि० *(अं०)* अतिरिक्त, बढ़ाया हुआ।
**एडिसन** पु० *(अं०)* एक प्रसिद्ध अँग्रेजी कवि और साहित्यकार जोजफ एडिसन *(1672-1719 ई०)*; ग्रामोफोन का आविष्कार करने वाले विख्यात अमेरिकन विज्ञानवेत्ता टामस एल्वा एडिसन।
**एड़ी** स्त्री० पैर के पंजे के पीछे का उभरा हुआ भाग।
**एतदर्थ** अव्य० *(सं०)* इसलिए।
**एतदवधि** अ० *(सं०)* इस हद तक।
**एतबार** पु० *(अ०)* विश्वास, भरोसा।
**एतबारी** वि० *(अ०)* विश्वास करने योग्य।
**एतमाद** पु० *(अ०)* विश्वास, भरोसा।
**एतराज़** पु० *(अ०)* नुक्ताचीनी; आपत्ति, विरोध।
**एता** वि० इस परिमाण का, इतना।
**एतावत्** वि० *(सं०)* इस परिमाण का।
**एतादृशी** वि०, स्त्री० *(सं०)* इस प्रकार की, ऐसी।
**एतिक*** वि० स्त्री० इतनी।
**एप्रुवल** पु० *(अं०)* इकबाली गवाह।
**एफ़िडेविट** पु० *(अं०)* शपथ-पत्र, हलफनामा,।
**एयर** पु० *(अं०)* वायु, हवा।
**एराफ़** पु० *(अ०)* जहाज का पेंदा।
**एरे** अ० अरे, हे !
**एरोड्रोम** पु० *(अं०)* हवाई अड्डा।
**एरोप्लेन** पु० *(अं०)* हवाई जहाज, विमान।
**एलकोहल** पु० *(अं०)* एक तरल मादक द्रव्य जो शराब बनाने एवं दवाएँ बनाने के काम आता है।
**एलची** पु० *(तु०)* राजदूत; दूत।
**एलवालु, एलवालुक** पु० *(सं०)* कपित्थ नामक वृक्ष की छाल जो महकती है; एक द्रव्य।
**एलान** *(अ०)* सार्वजनिक घोषणा, मुनादी।
**एलानिया** पु० *(अ०)* सार्वजनिक घोषणा; घोषणा के रूप में, खुले आम।
**एलाने जंग** पु० *(फ़ा०)* युद्ध की घोषणा।
**एलार्म** पु० *(अं०)* खतरा; खतरे की घण्टी।
**एलोपैथ** पु० *(अं०)* अँग्रेजी चिकित्सा पद्धति।
**एल्डरमैन** पु० *(अं०)* म्युनिसिपल कॉर्पोरेशन का मेयर से नीचे का सदस्य।
**एव** अव्य० *(सं०)* ही, भी, ऐसे, इस प्रकार।
**एवज़** पु० *(अ०)* वह जो किसी के बदले में काम करे, स्थानापन्न; प्रतिफल, बदला।
**एवम्** अ० *(सं०)* और, और भी; ऐसे ही, इस प्रकार।
**एवमेव** अ० *(सं०)* ऐसा ही।
**एवमस्तु** *(सं०)* ऐसा ही हो। अव्य० ऐसे ही, और।
**एवेन्यू** वि० *(अं०)* चौड़ी सड़क; वह सड़क जिस पर थोड़ी-थोड़ी दूर पर पेड़ लगे हों।
**एषणा** स्त्री० *(सं०)* याचना, प्रार्थना; तीव्र-इच्छा।
**एषा, एष्टि** स्त्री० *(सं०)* इच्छा, चाह।
**एसिड** पु० *(अं०)* अम्ल, तेजाब।
**एसेम्बली** स्त्री० *(अं०)* एकत्रित समूह; सभा, परिषद्।
**एसेंस** पु० *(अं०)* सुगन्धि; फूल का सत्त, सार।
**एहतिमाम** पु० *(अ०)* प्रबन्ध, आयोजन; इन्तजाम।
**एहतिमाल** पु० *(अ०)* सम्भावना; आशंका; शक, अन्देशा।
**एहतिमाली** वि० सन्दिग्ध।
**एहतियात** पु० *(अ०)* होशियारी, चौकसी।

**एहतियातन्** अ० *(अ०)* बचाव की दृष्टि से; सावधानी के तौर पर।

**एहतियाती** वि० हिफाजती; बचाव सम्बन्धी; किसी आपत्ति से बचाव के लिए की जाने वाली होशियारी।

**एहतिलाम** पु० *(अ०)* स्वप्नदोष, सोते समय स्वप्न में वीर्यपात।

**एहसान** पु० *(अ०)* किसी की भलाई, मदद, उपकार या नेकी का ऋण।

**एहसानमन्द** वि० *(अ०)* कृतज्ञ, उपकार मानने वाला।

**एहसास** पु० *(अ०)* प्रतीति, अनुभव।

**एहाता** पु० *(अ०)* प्रेसिडेंसी, सूबा; घेरी हुई चहारदीवारी के बीच की जगह; घेरा।

**एहो** अव्य० अरे, हे, ओ।

## ऐ

**ऐ** देवनागरी वर्णमाला का बारहवाँ (स्वर) वर्ण; ॠ, लृ, लॄ को छोड़ने पर 9वाँ (स्वर) वर्ण। उच्चारण स्थान कण्ठ एवं तालु। अव्य० इस प्रकार। पु० महादेव।

**ऐं** अव्य० आश्चर्य को प्रकट करने वाला अव्यय।

**ऐंगुद** वि० *(सं०)* इंगुदी सम्बन्धी; इंगुदी का।

**ऐंग्लो** वि० *(अं०)* अँग्रेजी, इंग्लिश (समास में व्यवहृत रूप)।

**ऐंग्स्ट्रमभात्रक** पु० *(ऐंग्स्ट्रम यूनिट)* प्रकाश तरंगों के तरंग दैर्ध्य को नापने की इकाई, मात्रक, एक छोटी इकाई जिससे लम्बाई नापी जाती है। एक ऐंग्स्ट्रम इकाई = 10.8 सेमी; = एक सेमी० का दस करोड़वाँ भाग।

**ऐंचना** स० क्रि० सूप के सहारे अनाज से गन्दगी निकालना, फटकना; खींचना।

**ऐंचा**† वि० दूसरी तरफ खिंचा हुआ, तिरछा।

**ऐंचाताना** वि० देखते समय जिसकी पुतली तिरछी खिंची रहे, भेंगा देखने वाला।

**ऐंचातानी** स्त्री० खींचाखाँची।

**ऐंचीला** वि० खींचे जाने योग्य; लचीला, लचकदार।

**ऐंठ** स्त्री० ऐंठन; खिंचाव; अकड़, घमण्ड।

**ऐंठन** स्त्री० लपेट, खिंचाव, तनाव।

**ऐंठना** अ० क्रि० अकड़ना; मरना।

**ऐंड़** पु० गर्व; ऐंठ, शान, अभिमान; शरीर तोड़ना।

**ऐंड़दार** वि० अभिमानी, गर्वीला।

**ऐंड़ना** स० क्रि० ऐंठना, बल देना; अँगड़ाई लेना।

**ऐन्द्र** वि० *(सं०)* इन्द्र-सम्बन्धी।

**ऐन्द्रजालिक** वि० *(सं०)* इन्द्रजाल जाननेवाला; बाजीगरी जाननेवाला।

**ऐन्द्रि** पु० *(सं०)* इन्द्र का पुत्र जयन्त; काक; अर्जुन।

**ऐन्द्रिय** वि० *(सं०)* इन्द्रिय-सम्बन्धी; इन्द्रियों द्वारा प्राप्त होने वाला ज्ञान।

**ऐकपत्य** पु० *(सं०)* पूर्ण स्वामित्व; एकतन्त्र शासन।

**ऐकपदिक** वि० *(सं०)* एक पैर वाला; लंगड़ा।

**ऐकमत्य** पु० *(सं०)* सम्मान, सम्मति।

**ऐकाग्र** वि० *(सं०)* जिसका ध्यान एक विषय पर केन्द्रित हो।

**ऐकात्म्य** पु० *(सं०)* एक रूपता, एकात्मता।

**ऐकाधिकरण्य** पु० *(सं०)* एक ही विषय से जुड़े होने की स्थिति।

**ऐकार्थ्य** पु० *(सं०)* अर्थ का सामंजस्य; उद्देश्य या प्रयोजन की एकता।

**ऐकाहिक** वि० *(सं०)* एक दिन में होनेवाला।

**ऐकितापरक** वि० *(सं०)* *(सेक्यूलर)* जिसका सम्बन्ध सांसारिक बातों से हो।

**ऐक्ट** पु० *(अं०)* अभिनय; नाटक का अंक; काम; अधिनियम या कानून।

**ऐक्य** पु० *(सं०)* एकरूपता; जोड़; एकता।

**ऐक्षव** वि० *(सं०)* ईख से उत्पन्न। पु० गुड़।

**ऐगुन*** पु० अवगुण।

**ऐच्छिक** वि० *(सं०)* वैकल्पिक; अपनी इच्छा पर निर्भर।

**ऐड** वि० *(सं०)* भेड़ से उत्पन्न; शक्तिवर्द्धक तत्त्ववाला।

**ऐडमिनिस्ट्रेटर** पु० *(अं०)* प्रबन्धक, प्रशासक; किसी राज्य, जिला, रियासत या संस्थान का प्रबन्ध करने वाला।

**ऐडमिरल** पु० *(अं०)* प्रधान सेनापति, नौ सेना।

**ऐडवर्टिज़मेण्ट** पु० *(अं०)* इश्तहार, विज्ञापन।

**ऐडवांस** पु० *(अं०)* अग्रिम, पेशगी।

**ऐडवोकेट** पु० *(अं०)* अधिवक्ता, वकील; एडवोकेट।

**ऐडिशनल** वि० *(अं०)* अतिरिक्त।

**ऐतरेय** पु० *(सं०)* एक आरण्यक; एक उपनिषद्।

**ऐतिहासिक** वि० *(सं०)* इतिहास में वर्णित, इतिहास-सम्बन्धी।

**ऐतिह्य** पु० *(सं०)* परम्परा-प्राप्त उपदेश या प्रमाण।

**ऐन*** पु० 'अयन' और 'एण'। वि० ठीक, असल; अ० ज्यों का त्यों।

**ऐनक** स्त्री० (अ०) चश्मा, उपनेत्र।

**ऐनि** पु० *(सं०)* इक्ष्वाकु; सूर्यपुत्र—कर्ण, सुग्रीव, यम।

**ऐन्य** वि० *(सं०)* सूर्य-सम्बन्धी; स्वामी।

**ऐपन** पु० पिसे चावल और हल्दी का मिश्रण जो मांगलिक कार्यों तथा पूजन में प्रयोग किया जाता है, इसी से बना लेप।

**ऐब** पु० *(अ०)* लांछन; दोष, बुराई, खोट।

**ऐबी** वि० जिसके शरीर का कोई अंग खराब हो, जिसमें कोई ऐब या दोष हो।

**ऐभ** वि० *(सं०)* हाथी-सम्बन्धी।

**ऐमेचर** पु० *(अं०)* शौकीन, धन के लालच से नहीं बल्कि रुचि के कारण किसी प्रकार की कला या हुनर का अभ्यासी।

**ऐया**† स्त्री० दादी, बूढ़ी माँ।

**ऐयाम** पु० *(अ०)* काल, समय, दिन।

**ऐयारी** स्त्री० होशियारी, चालाकी, धूर्तता।

**ऐयाश** वि० *(अ०)* विषयासक्त, भोग-विलास में रत, कामुक।

**ऐरा-ग़ैरा** वि० नगण्य; बाहरी; इधर-उधर का; अजनबी।

**ऐरावत** पु० *(सं०)* समुद्र मन्थन के समय निकला चौदह रत्नों में एक हाथी।

**ऐरावती** स्त्री० *(सं०)* इरावती नदी; बिजली।

**ऐरिण** पु० *(सं०)* सेंधा नमक।

**ऐल** पु० *(सं०)* इलापुत्र, पुरूरवा; खाद्य पदार्थ।

**ऐलविल** पु० *(सं०)* मंगल-ग्रह; कुबेर।

**ऐलान** पु० *(अ०)* मुनादी, सार्वजनिक घोषणा।

**ऐश** वि० *(सं०)* ईश्वरीय; दैवीय; राजकीय।

**ऐशान** वि० *(सं०)* उत्तर-पूर्व-सम्बन्धी; शिव- सम्बन्धी।

**ऐशानी** स्त्री० *(सं०)* दुर्गा; ईशानकोण।

**ऐश्य** पु० *(सं०)* प्रभुत्व सम्पन्न; शक्ति सम्पन्न।

**ऐश्वर** वि० *(सं०)* शक्तिशाली, शिव विषयक।

**ऐश्वर्य** पु० *(सं०)* शक्ति; धन-वैभव; सर्वशक्तिमत्ता।

**ऐश्वर्यवान्** वि० *(सं०)* वैभवशाली, सम्पन्न।

**ऐसा** वि० इस तरह का। अव्य० इस तरह से, इस प्रकार से।

**ऐसे** क्रि० वि० *(सं०)* इस प्रकार का, इस ढंग का।

**ऐहलौकिक** वि० *(सं०)* इहलोक या मृत्यु लोक से सम्बन्ध रखने वाला, सांसारिक।

**ऐहिक** वि० *(सं०)* इस लोक से सम्बन्धित, संसारी।

## ओ

**ओ** देवनागरी वर्णमाला का तेरहवाँ (स्वर) वर्ण, ॠ, ऌ, ॡ को छोड़ने पर 10वाँ (स्वर) वर्ण। इसका उच्चारण स्थान कण्ठोष्ठ है। पु० *(सं०)* ब्रह्मा। अव्य० विष्मय सूचक शब्द।

**ओंइछना**† स० क्रि० न्योछावर करना, वारना।

**ओंकार** पु० *(सं०)* 'ओम्' मन्त्र, 'ओम्' ॐ मन्त्र का उच्चारण; श्रीगणेश।

**ओंगना** क्रि० पहिये की धुरी में तेल लगाना।

**ओंठ** पु० घड़ा या बर्तन के मुँह का किनारा; होंठ।

**ओआ** पु० हाथी के फँसाने का गड्ढा।

**ओइँछना** क्रि० वारना, न्योछावर।

**ओक** पु० अंजलि; *(सं०)* घर। अव्य० वृक्ष विशेष।

**ओक (स्)** पु० *(सं०)* निवास्थान, घर; आश्रय।

**ओकना** अ० क्रि० उबकाई आना।

**ओकाई** क्रि० उबकाई, वमन।

**ओकार** पु० *(सं०)* ओ अक्षर।

**ओकारान्त** वि० *(सं०)* जिस शब्द के अन्त में 'ओ' हो।

**ओकोदनी** स्त्री० *(सं०)* खटमल, ऊड्डस।

**ओखल** पु० ओखली; परती जमीन।

**ओखली** स्त्री० अन्न या मसाला आदि कूटने का लकड़ी या पत्थर का बना पात्र।

**ओखा*** वि० हल्का; साधारण; मिलावटी; सूखा। पु० बहाना।

**ओग*** पु० कर; उगहनी, चन्दा; गोद; पानी के दाग।

**ओगरना**† अ० क्रि० रिसना, टपकना, कुएँ का साफ किया जाना।

**ओगल** पु० ऊसर, अनुर्वर।

**ओगारना**† स० क्रि० टपकाना; निकालना; कुएँ से कीचड़ आदि निकालकर सफाई करना।

**ओघ** पु० *(सं०)* पूर्णांश; धारा, जल-प्लावन, बहाव; ढेर, राशि, समूह; एक प्रकार का नृत्य।

**ओछा** वि० खोटा; छोटा; तुच्छ, छिछोरा; हल्का।

**ओछाई** स्त्री० नीचता, हल्कापन, तुच्छता।

**ओज** वि० *(सं०)* जो दो से विभाजित न हो सके। विषम संख्या (पहला, तीसरा आदि)।

**ओज (स्)** पु० *(सं०)* वीर्य; शक्ति, बल; तेज; कान्ति।

**ओजना**† स० क्रि० सहना, अंगेजतना, झेलना; एक बड़े पात्र से छोटे पात्र में पानी झलकाना; भर लेना।

**ओजस्विता** स्त्री० *(सं०)* प्रताप; दीप्ति; प्रभाव।

**ओजस्वी (स्विन्)** वि० *(सं०)* जोश पैदा करने वाला।

**ओजुत*** पु० देह, शरीर, काया।

**ओज़ोन** पु० *(अ०)* ऑक्सीजन (अम्लजन) का घनीभूत रूप जिसके एक अणु में ऑक्सीजन के तीन परमाणु स्थित होते हैं।

**ओझ** पु० *(सं०)* पेट, आँतें।

**ओझर** पु० उदर, पेट की थैली, आमाशय।

**ओझल** वि० गायब हुआ; आँख से परे; छिपा हुआ।

**ओझा** पु० उपजाति विशेष; भूत-प्रेत उतारने वाला।

**ओझाई** स्त्री० ओझावृत्ति, झाड़-फूँक।

**ओट** †पु० कुसुमोदर; एक वृक्ष जिसमें ताड़ के से फल लगते हैं।

**ओटन** पु० कपास ओटने वाली चरखी का डण्डा।

**ओटनी** स्त्री० वह चरखी जिसमें ओटकर कपास से बिनौले को अलग करते हैं।

**ओटना** क्रि० कपास ओटने की क्रिया, कपास से बिनौला अलग करना।

**ओटपाय** पु० धूर्तता।

**ओटी** स्त्री० कपास ओटने की चरखी।

**ओटँगन**† पु० सहारा, आधार।

**ओटँगना**† अ० क्रि० आराम करने के लिए लेटना।

**ओड़न*** पु० वह वस्तु जिससे आघात को रोका जाये, फरी, ढाल।

**ओड़ना** स० क्रि० भार ढोना; सहना; आघात रोकने के लिए आड़ करना, रोकना, ऊपर लेना।

**ओड़ा**† पु० अकाल; कमी, न्यूनता; गड्ढा; सेंध।

**ओढ़ना** पु० शरीर को ढकने के लिए उपयोग में लाया जाने वाला वस्त्र; ओढ़ने की चीज; कपड़ा।

**ओढ़र*** पु० ब्याज, बहाना।

**ओढ़ाना** स० क्रि० कपड़े से ढँकना।

**ओत** वि० *(सं०)* बुना हुआ; गुँथा हुआ। स्त्री० सुख, विश्राम।

**ओता** वि० उतना, उतनी मात्रा में।

**ओतु** पु० *(सं०)* नर बिलाव; बाना।

**ओद** पु० गीलापन, तरी। वि० भींगा हुआ, गीला।

**ओदक** पु० *(सं०)* जल में रहने वाला प्राणी, जलजन्तु।

**ओदन** पु० *(सं०)* पकाया हुआ चावल, भात।

**ओदरना*** अ० क्रि० नष्ट होना; कटकर गिर पड़ना।

**ओदा** वि० गीला, नम।

**ओदारना*** स० क्रि० नष्ट करना; गिराना, ढाना।

**ओधना*** अ० क्रि० (काम में) लगना।

**ओनन्त*** वि० झुका हुआ, अवनत।

**ओनवना*** अ० क्रि० मुड़ना, झुकना, टूटना।

**ओना*** पु० पानी निकलने का रास्ता।

**ओनाना*** स० क्रि० आदेश का पालन करना; झुकाना।

**ओनामासी** स्त्री० आरम्भ, शुरू; शब्दारम्भ; 'ओनमः सिद्धिम् (सिद्धम्)' ऐसा विद्या प्रारम्भ करते समय पट्टी पूजा के समय लिखा/बोला जाने वाला मांगलिक वाक्य का अपभ्रंश।

**ओप** स्त्री० कान्ति, चमक; मुख की सुन्दरता; पॉलिश।

**ओपची** पु० रक्षा करने को तैयार सैनिक।

**ओपना** अ० क्रि० चमकना, आभा होना।

**ओपनि*** स्त्री० झलक, आभा, चमक।

**ओपी*** वि० चमकीला।

**ओबरी**† स्त्री० छोटा कमरा, कोठरी, वह छोटा कमरा जो वायु एवं प्रकाश से रहित हो।

**ओम्** पु० *(सं०)* मन्त्र वाचन के शुरू में एवं वेद पाठ के शुरू एवं अन्त में उच्चारण होने वाला शब्द, प्रणव।

**ओम** पु० *(ओह्म)* विद्युत प्रतिरोध (रेजिस्टेंस) नापने का मात्रक या इकाई। स्त्री० दिशा, पक्ष।

**ओर** पु० छोर, सिरा; आरम्भ।

**ओरती*** स० क्रि० ओलती।

**ओरमना** स० क्रि० लटकना, झुकना; झूलना।

**ओरमाना*** स० क्रि० लटकाना, झुकाना।

**ओरा*** पु० ओला।

**ओराना†** अ० क्रि० समाप्त होना, चुकना।

**ओरी** स्त्री० छप्पर आदि का ढाल युक्त छोर जहाँ से वर्षा का पानी जमीन पर गिरता है, ओलती। अव्य० अरी, हेरी।

**ओलम्बा, ओलम्भा*** पु० शिकायत, उलाहना।

**ओल** वि० *(सं०)* नम, गीला, नमी युक्त। पु० सूस। स्त्री० आद्र; रक्षा, गोद।

**ओलचा** पु० छिछली डलिया या परात जिससे पानी उलीचने तथा अनाज ओसाने का काम लेते हैं।

**ओलती** स्त्री० छप्पर आदि का ढाल युक्त छोर जहाँ से वर्षा का पानी जमीन पर गिरता है; ओलती गिरने की जगह।

**ओलना*** स० क्रि० चुभाना; ओढ़ना, अपने ऊपर लेना; किसी ओट के सहारे आघात रोकना; भोंकना।

**ओलरना†** अ० क्रि० लेटना; झुकना; आराम करने के लिए लेटना।

**ओलराना†** स० क्रि० लटकाना; झुकाना; लिटाना।

**ओला** वि० बहुत ठण्ढा।

**ओलारना** स० क्रि० लिटाना, सुलाना; झुकाना।

**ओलिक*** पु० आड़, परदा।

**ओलियाना†** स० क्रि० ढेर लगाना; गोद में भरना।

**ओली** स्त्री० अंचल; गोद; झोली।

**ओवरसियर** पु० *(अं०)* निर्माण आदि कार्यों की देखभाल करने वाला, इमारत आदि के काम का निरीक्षक; जूनियर-इंजीनियर।

**ओषजन** पु० *(सं०)* ऑक्सीजन नामक गैस जो एक निश्चित अनुपात में हाइड्रोजन से मिलकर पानी बनाती है।

**ओषध** पु० *(सं०)* औषधि, वनस्पति।

**ओषण** पु० *(सं०)* तीतापन, कसैला।

**ओष्ठ** पु० *(सं०)* होंठ, ओठ।

**ओष्ठ्य** वि० *(सं०)* होठ से उच्चारण किया जाने वाला।

**ओष्ठी** सत्री० *(सं०)* कुँदरू, बिम्बाफल।

**ओष्ण** वि० *(सं०)* कुनकुना, हल्का-गर्म।

**ओस** स्त्री० शबनम, वातावरण में रहने वाली नमी जो रात में जलकण के रूप में पेड़-पौधों व जमीन पर गिरती है।

**ओसरा** पु० क्रम, अवसर, मौका, समय।

**ओसरी†** स्त्री० पारी, अवसर, बारी।

**ओसांक** पु० *(इयूप्वाण्ट)* वह तापक्रम जिसपर वायु में रहने वाली नमी सन्तृप्त होकर द्रव रूप में बदल कर ओस के रूप में प्रकट होती है; शिशिरांक।

**ओसार** पु० विस्तार, चौड़ाई।

**ओसारा** पु० सहन, बरामदा, सायबान।

**ओह** अव्य० खेद, दुःख सूचक शब्द; आश्चर्य-सूचक शब्द।

**ओहका** सर्व० उसका।

**ओहट*** स्त्री० ओट, आड़।

**ओहदा** पु० *(अ०)* पद, स्थान। पदाधिकारी।

**ओहना†** स० क्रि० किसी वस्तु को बिखेरना, फैलाना।

**ओहर** अव्य० उस ओर।

**ओहार** पु० गाड़ी तथा पालकी को ढँकने का वस्त्र, परदा।

**ओहो** अव्य० अरे!, अहो!, आहा!, आश्चर्य प्रकट करने हेतु शब्द।

## औ

**औ** देवनागरी वर्णमाला का चौदहवाँ (स्वर) वर्ण, ॠ, ऌ, ॡ को छोड़ने पर 11वाँ (स्वर) वर्ण। उच्चारण-स्थान कण्ठोष्ठ। अव्य० और।

**औंगा*** वि० बिना वाणी का, गूँगा, चुप्पा। पु० वनस्पति विशेष।

**औंजना*** स० क्रि० उलझना। होना, ऊबना।

**औंटना** स० क्रि० दूध को गर्म कर गाढ़ा करना, देर तक खौलना, उबलना।

**औंटाना** स० क्रि० आँच देकर गाढ़ा करना, उबालना।

**औंड़ा*** वि० गहरा; उभड़ता या उभड़ा हुआ।

**औंधा** पु० चिल्ला। वि० उलटा; नीचा; जिसका मुँह तथा सिर नीचे की ओर हो। क्रि० वि० उलटकर। **मुहा० औंधा हो जाना** बेसुध होना, उलटा हो जाना। **औंधी खोपड़ी** निरा मूर्ख। **औंधे मुँह गिरना** धोखा खाना, भूल करना।

**औंधू** पु० मूर्ख।

**औंरा**† पु० आँवला।
**औंस*** स्त्री० ऊमस।
**औंसना**† अ० क्रि० उमस होना।
**औ** पु० *(सं०)* शेषनाग; शब्द।
**औक़ात** स्त्री० *(अ०)* हैसियत। पु० समय; जमाना। **मुहा० औक़ात बसर करना** जीवन-निर्वाह करना। **अपनी औक़ात से बाहर जाना** सामर्थ्य से बाहर काम करना।
**औगत*** वि० अवगत। *स्त्री० अवगति, ज्ञान।
**औगाह*** वि० अवगाह, बहुत गहरा।
**औगाहना*** अ० क्रि०, स० क्रि० जल में डुबकी लगाना; अवगाहना।
**औगुन*** पु० बुराई, अवगुण, दोष, दुर्गुण।
**औगुनी*** वि० दोषी; दुर्गुणी।
**औघट*** पु० दुर्गम मार्ग।
**औघड़** वि० अनोखा, अटपट, फूहड़, अनाड़ी। पु० मनमौजी; अघोरी।
**औचक** पु० कठिनाई; असमंजस। अ० अचानक, यकायक; एकदम, धोखे से।
**औचट** अ० भूल से, अचानक।
**औचिन्त*** वि० निश्चिन्त, बेखबर।
**औचित्य** पु० *(सं०)* उपयुक्तता, उचित होना।
**औज** *(अ०)* ऊँचाई; बुलन्दी; महत्ता। पु० ओज, प्रकाश।
**औजक*** अ० औचक।
**औजड़*** वि० उजड्ड, असभ्य, गँवार।
**औज़ार** पु० *(अ०)* कोई काम करने या मशीन आदि खोलने में काम आने वाला उपकरण।
**औज्ज्वल्य** पु० *(सं०)* शुभ्रता; चमक।
**औझड़, औझर*** अ० लगातार, निरन्तर।
**औटन*** स्त्री० उबलने की क्रिया; उबाल।
**औटना*** अ० क्रि० खौलना, उबलना, तपना।
**औटनी** स्त्री० उबाली जानेवाली चीज को बराबर चलाने की कलछी या चम्मच।
**औतार** पु० अवतार।
**औदर्य** वि० *(सं०)* पेट का, उदर का; पेट-सम्बन्धी।
**औदसा*** स्त्री० दुर्दशा ग्रस्त, अवदशा, विपत्ति।
**औदार्य** पु० *(सं०)* उदारता; अर्थगाम्भीर्य।
**औदुम्बरी** स्त्री० *(सं०)* गूलर की लकड़ी।
**औद्धत्य** पु० *(सं०)* उद्धतता, धृष्टता, उजड्डता।
**औद्भिज्ज** वि० *(सं०)* धरती से उत्पन्न।
**औद्भिद** वि० *(सं०)* पृथ्वी के अन्दर से निकलने वाला।
**औद्भिदकी** स्त्री० *(सं०)* वनस्पति-विज्ञान।
**औद्योगिक** वि० *(सं०)* कल-कारखानों से सम्बन्ध रखने वाला।
**औद्योगिकीकरण** पु० *(सं०)* *(इण्डस्ट्रियलिजेशन)* अनेक उद्योग-धन्धों की विस्तार, उन्नति एवं नये कारखानों, उद्योगों के खोलने, बनाने आदि की योजना या क्रिया।
**औधारना*** स० क्रि० प्रारम्भ करना, शुरू करना; अवधारना।
**औधि*** स्त्री० अवधि, समय।
**औटी** स्त्री० ईख का गर्म किया हुआ रस।
**औतरना*** अ० क्रि० अवतार लेना, जन्म लेना।
**औत्कर्ष्य** पु० *(सं०)* उत्कर्ष, उत्तमता, श्रेष्ठता।
**औत्तरेय** पु० *(सं०)* उत्तरा से उत्पन्न, परीक्षित्।
**औत्सर्गिक** वि० *(सं०)* स्वाभाविक, सहज; सामान्य विधि सम्मत, सामान्यतया मान्य; सामान्य।
**औत्सुक्य** पु० *(सं०)* जिज्ञासा, उत्सुकता।
**औथरा*** वि० उथला, छिछला।
**औदक** वि० *(सं०)* जलीय, जल-सम्बन्धी। पु० जल से घिरा उपनिवेश।
**औदकना*** अ० क्रि० चौंकना।
**औदयिक** वि० *(सं०)* सूर्योदय से गिना जाने वाला, शुभ काल में होनेवाला।
**औदर** वि० *(सं०)* उदर-सम्बन्धी; पाचन-सम्बन्धी।
**औदरिक** वि० *(सं०)* पेट के लिए उपयुक्त; पेटू।
**औन, औनि*** स्त्री० अवनि, धरती।
**औनति** वि० अवनति।
**औने-पौने** अ० कुछ कम दाम पर बेच देना। वि० चौथा हिस्सा कम।
**मुहा० औन-पौने करना** कम दाम पर बेचना।
**औपक्रमिक** वि० *(सं०)* शुरुआती, प्रारम्भिक।
**औपचारिक** वि० *(सं०)* उपचार-सम्बन्धी; उपचार रूप में होने वाला।
**औपचारिकता** स्त्री० *(सं०)* रस्मी तौर पर; औपचारिक होने की स्थिति, दिखाऊपन।

**औपटी** वि० विकट।
**औपदेशिक** वि० *(सं०)* उपदेश से प्राप्त।
**औपधर्म्य** पु० *(सं०)* धर्म विरोधी मत।
**औपधिक** वि० *(सं०)* ठगी, छली, धोखा करने वाला। पु० भयभीत कर धन ऐंठने वाला ठग।
**औपनिवेशिक** वि० *(सं०)* उपनिवेश से सम्बन्धित।
**औपनिषद** वि० *(सं०)* उपनिषद के सिद्धान्त पर आश्रित। पु० उपनिषद का अनुयायी; परब्रह्म।
**औपम्य** पु० *(सं०)* समता, बराबरी, सादृश्य।
**औपल** वि० *(सं०)* पत्थर से निर्मित; पत्थर-सम्बन्धी।
**औपवस्त्रक** पु० *(सं०)* उपवास, व्रत आदि में भोग्य या उपयुक्त आहार।
**औपवास** वि० *(सं०)* उपवास काल में दिया या किया जाने वाला।
**औपशामिक** वि० (सं०) शान्तिदायक, शमन करने वाला; शमन से उत्पन्न होनेवाला।
**औपसर्गिक** वि० *(सं०)* उपसर्ग विषयक।
**औपस्थिक** वि० *(सं०)* जिसकी जीविका व्यभिचार से चलती हो।
**औपस्थिका** स्त्री० *(सं०)* वेश्या, वारांगना।
**औपस्थ्य** पु० *(सं०)* सहवास, सम्भोग।
**औपहारिक** वि० *(सं०)* उपहार-सम्बन्धी; उपहार के काम आनेवाला।
**औपाधिक** वि० *(सं०)* विशेष स्थिति में होने वाला कोई कार्य, विशेष धर्म से सम्बन्धित।
**औपायनिक** वि० *(सं०)* उपहार स्वरूप प्राप्त या उपहार में दिये जाने योग्य।
**औपासन** वि० *(सं०)* गृह्याग्नि-सम्बन्धी; पूजा से सम्बन्धित। पु० पितरों को अर्पित पिण्ड; गृह्याग्नि।
**और** अ० व, तथा; दो शब्दों या वाक्यों को जोड़नेवाला एक शब्द, वि० दूसरा; अधिक। **मुहा० और का और** कुछ का कुछ। **और ही कुछ** सबसे निराला, अनूठा। **और ही रंग खिलना** विचित्र घटना घटित होना।
**औरग** वि० *(सं०)* साँप से सम्बन्धित; साँप का। पु० आश्लेषा नक्षत्र।
**औरत** स्त्री० *(अ०)* स्त्री; पत्नी; नारी, जोरू।
**औरना*** अ० क्रि० आगे बढ़ना; सूझना।
**औरभ्र** वि० *(सं०)* भेड़-सम्बन्धी। पु० ऊनी कम्बल, ऊनी कपड़ा; भेड़ का माँस।
**औरभ्रक** पु० *(सं०)* भेड़ों का झुण्ड।
**औरभ्रिक** वि० *(सं०)* भेड़-सम्बन्धी। पु० भेड़ों को चराने वाला, गड़ेरिया।
**औरस** वि० *(सं०)* वैध, विवाहिता पत्नी से उत्पन्न पुत्र, जायज सन्तान।
**औरसना*** अ० क्रि० किसी से नाराज होना, रूठना।
**औरसी** स्त्री० *(सं०)* विवाहित पत्नी से उत्पन्न कन्या।
**औरासा*** वि० विलक्षण; बेढंगा।
**औरेब** पु० कपड़े की तिरछी कटाई; तिरछापन, वक्रता, टेढ़ापन; संकट, कठिनाई; पेच।
**और्जिकी** स्त्री० *(सं०)* ऊर्जा-विज्ञान।
**और्णिक** वि० *(सं०)* ऊन का, ऊन से सम्बन्धित।
**और्ध्वदेह** पु० *(सं०)* मृतक कर्म, अन्त्येष्टि, दाह-संस्कार।
**और्ध्वदेहिक, और्ध्वदैहिक** वि० *(सं०)* मृत व्यक्ति से सम्बद्ध या उसके निमित्त किया गया कर्म।
**और्व** वि० *(सं०)* पृथ्वी से उत्पन्न या सम्बद्ध; उरु से या जाँघ से उत्पन्न।
**और्वशेय** पु० *(सं०)* वसिष्ठ; अगस्त्य।
**औलना**† स० क्रि० तपना; दुःख, क्लेश देना।
**औलाद** स्त्री० *(अ०)* वंश, सन्तान, बेटी-बेटा।
**औला-दौला, औला-मौला** वि० मनमौजी, लापरवाह, जिसको परवाह न हो।
**औलान** पु० *(सं०)* सहारा; पानी का हौज।
**औलिया** पु० *(अ०)* पहुँचा हुआ मुसलमान फकीर, महात्मा, सूफी, सन्त, सिद्ध पुरुष।
**औली**† स्त्री. पहले-पहले खेत से काटकर लाया हुआ हरा नया अन्न।
**औलूक** पु० *(सं०)* उलूकों का झुण्ड, समूह।
**औलूक्य** पु० *(सं०)* वैशेषिक दर्शन के प्रवर्तक महर्षि कणाद।
**औलूखल** वि० *(सं०)* उलूखल सम्बन्धी, ओखली में कूटा हुआ।
**औल्बण्य** पु० *(सं०)* प्राबल्य, अतिशयता, आधिक्य।
**औवल** वि० *(अ०)* प्रधान; सर्वश्रेष्ठ; प्रथम।
**औशि** अव्य० अवश्य।
**औशीर** पु० *(सं०)* पंखे या चँवर की डाँड़ी; चटाई।

**औशीरिका** स्त्री० *(सं०)* जलाधार; (पौधे का) अँखुआ।
**औषध** स्त्री० *(सं०)* औषधि, जड़ी-बूटी, दवा। वि० जड़ी-बूटियों से बनी।
**औषधालय** पु० *(सं०)* दवाखाना, अस्पताल।
**औषधीय** वि० *(सं०)* औषधि-योग्य।
**औषधोपचार** पु० *(सं०)* रोगों का उपचार, दवा-इलाज।
**औषर** पु० *(सं०)* खारी नमक; चुम्बक पत्थर।
**औषसी** स्त्री० *(सं०)* भोर, उषाकाल, प्रत्यूष।
**औष्ठ** वि० *(सं०)* ओठ की शक्ल का।
**औष्ण, औष्ण्य, औष्म्य** पु० *(सं०)* उष्णता, गर्मी।
**औसत** वि० *(अ०)* दरमियानी, बीच का; साधारण।
**औसना**† अ० क्रि० फल आदि का सूख जाना; गर्मी से खाने की चीज का बिगड़ना; ऊमस होना।
**औसर*** पु० अवसर, मौका।
**औसन** स्त्री० उष्णता, गर्मी।
**औसान** पु०*समाप्ति, अन्त, अवसान; होश-हवास। **मुहा० औसान खता होना** घबरा जाना, होश ठिकाने न रहना।
**औहत*** स्त्री०, दुर्गति, अपमृत्यु, बुरी तरह से मृत्यु।

## क

**क** देवनागरी वर्णमाला के कवर्ग का पहला (व्यंजन) वर्ण। इसका उच्चारण-स्थान कण्ठ है। पु० *(सं०)* ब्रह्मा, विष्णु, सूर्य, किरण, काल, धन, प्रकाश, शब्द, मोर, वायु, अग्नि, मन, शरीर।
**कंक** पु० *(सं०)* चील; बगुला; यम; क्षत्रिय।
**कंकट** पु० *(सं०)* अंकुश; कवच, बख्तर।
**कंकड़** पु० मिट्टी चूने के योग से बने रोड़े, जिन्हें फूँककर चूना बनाते हैं; ईंट-पत्थर के छोटे टुकड़े।
**कंकड़ी** स्त्री० कंकड़ का छोटा टुकड़ा, छर्री।
**कंकड़ीला** वि० कंकड़ मिला हुआ।
**कंकत** पु० *(सं०)* बालों को सँवारने का प्लास्टिक, रबड़ आदि का बना एक औजार; कंघी।
**कंकन*** पु० कंगन; कंकड़।
**कंकर** वि० *(सं०)* कंकड़; बुरा। पु० गिट्टी; मट्ठा।
**कंकरीट** स्त्री० *(अं०)* *(कांक्रीट)* छोटी कंकड़ी, गिट्टी; सीमेण्ट, गिट्टी, बालू आदि को मिलाकर छत आदि बनाने के लिए प्रयोग में आने वाला मसाला।
**कंकरेत** स्त्री० छत पर डालने वाला बालू, सीमेण्ट, कंकड़ आदि का बना मसाला। वि० कंकरीला।
**कंकाल** पु० *(सं०)* ठठरी, हड्डियों का ढाँचा।
**कंकालय** पु० *(सं०)* देह, शरीर।
**कंकालिनी** वि० स्त्री० झगड़ालू, कर्कशा स्त्री। स्त्री० *(सं०)* काली।
**कंकाली** स्त्री० दुर्गा।
**कंकु** पु० *(सं०)* एक अन्न, कँगनी, काकुन।
**कंकर**† पु० एक तरह का पान।
**कंकेलि** पु० *(सं०)* अशोक वृक्ष, कंकेल्ल।
**कँखवारी** स्त्री० काँख में निकलने वाला फोड़ा।
**कँखौरी** स्त्री० काँख में निकलने वाला फोड़ा।
**कंगन** पु० लोहे की मफन्दरी, पीली सरसों, हल्दी आदि से युक्त धागा जो वर एवं कन्या को विवाह संस्कार से पूर्व हाथ में बाँधा जाता है; कंकण, कलाई में पहनने वाला आभूषण। **मुहा० हाथ-कंगन को आरसी क्या** प्रत्यक्ष के लिए क्या प्रमाण।
**कँगना** पु० कलाई पर पहनने का एक गहना।
**कँगला** वि० कंगाल, दरिद्र; दुर्भिक्ष-पीड़ित।
**कंगाल** वि० भुक्खड़; निर्धन, गरीब।
**कंगाली** स्त्री० गरीबी, निर्धनता।
**कंगु** पु०, **कंगुनी** स्त्री *(सं०)* साँवा जाति का एक मोटा अन्न; माल काँगनी।
**कंगुष्ठ** पु० *(सं०)* अँगुलियों का कुष्ठ, कंकुष्ठ।
**कंगूरा** पु० बुर्ज, गुम्बद।
**कंघा** पु० जुलाहों का एक औजार; बाल सँवारने की कंघी या दानेदार यन्त्र।
**कँघेरा** पु० कंघी बनाने वाला।
**कंचन** वि० निर्मल; नीरोग। पु० धतूरा; सोना।
**कंचनी** स्त्री० कंचन जाति की स्त्री; वेश्या।
**कंचुक** पु० *(सं०)* केंचुल; तसमा; भूसी, छिलका; चोली, अँगिया; जामा, अँगरखा।
**कुंचकित** वि० *(सं०)* बख्तरदार, कवचबन्द।
**कंचुकी** स्त्री० साँप की केंचुल; चोली, अँगिया।
**कंचुलिका, कंचुली** स्त्री० *(सं०)* चोली, अँगिया।
**कँचेरा** पु० शीशे तथा काँच का काम करने वाला।
**कंज** पु० *(सं०)* ब्रह्मा; कमल; अमृत।

**कंजड़** पु० यायावर जाति।

**कंजा** पु० एक कँटीली झाड़ी। वि० खाकी रंग का।

**कंजी** वि० स्त्री० गहरे खाकी रंग की।

**कण्ट** वि० *(सं०)* कँटीला। *पु० काँटा।

**कण्टक** पु० *(सं०)* जन्म कुण्डली में पहला, चौथा, सातवाँ और दसवाँ स्थानरोमांच; घड़ियाल; बाँस।

**कण्टकाल** पु० *(सं०)* रेंड़; कटहल; धतूरा।

**कण्टकिनी, कण्टकी** स्त्री० *(सं०)* भटकटैया।

**कँटबाँस** पु० कण्टकिल, कँटीला बाँस।

**कण्टर** पु० गुलाबजल, शराब, आदि रखने की शीशे की सुराही, सुन्दर बोतल।

**कण्टाइन** स्त्री० लड़ाकी स्त्री; भूतनी; चुड़ैल।

**कण्टालु** पु० *(सं०)* भटकटैया; काँटेदार; बाँस।

**कँटिया** स्त्री० छोटी कील; किसी वस्तु को फँसाने के लिए अँकुसी के आकार का उपकरण; मछली फँसाने की बंसी।

**कण्टी (टिन्)** वि० *(सं०)* काँटेदार।

**कँटीला** वि० काँटेदार।

**कण्टोप** पु० सिर और कानों को ढँकने वाली बड़ी टोपी।

**कण्टूनमेण्ट** स्त्री० *(अं०)* *(कैटूनमेण्ट)* छावनी, जहाँ सेना रहती है।

**कण्ट्रैक्ट** पु० *(अं०)* ठेका; मुआहिदा, संविदा।

**कण्ट्रोल** पु० *(अ०)* नियन्त्रण।

**कण्ठ** पु० *(सं०)* आवाज; घड़े का ऊपर का हिस्सा, गला।

**मुहा० कण्ठ खुलना** आवाज निकलना। **कण्ठ फूटना** जवानी आने पर आवाज बदलना। **कण्ठ होना** जुबानी याद होना।

**कण्ठहरिया*** स्त्री० कण्ठी।

**कण्ठा** पु० कुरते का गले पर रहने वाला अर्धचन्द्राकार भाग; बड़े मनकों की माला, हार।

**कण्ठाग्र** वि० *(सं०)* जो जबानी याद हो; बरजबान।

**कण्ठाक** पु० *(सं०)* पटेला, पाटा; नाव; ऊँट; युद्ध।

**कण्ठी** स्त्री० *(सं०)* घोड़े के गले की रस्सी; कण्ठ; छोटे मनकों का पिरोया हुआ कण्ठा, तुलसी की माला।

**मुहा० कण्ठी छूना** कण्ठी की शपथ खाना। **कण्ठी तोड़ना** वैष्णव मत का त्याग कर माँसाहारी होना। **कण्ठी बाँधना, कण्ठी लेना** वैष्णव सम्प्रदाय की दीक्षा लेना।

**कण्ठ्य** वि० *(सं०)* गले से सम्बन्धित; गले के लिए लाभकर, कण्ठ से उच्चारित।

**कण्डन** पु० *(सं०)* छाँटना,कूटना।

**कण्डनी** स्त्री० *(सं०)* मुसल; ओखली।

**कण्डरा** स्त्री० *(सं०)* मोटी नस; महानाड़ी, महास्नायु।

**कण्डा** पु० गोल पाथा और सूखा हुआ गोबर, उपली।

**मुहा० कण्डा होना** ऐंठ जाना।

**कण्डाल** पु० लोहे-ताँबे आदि का गोल मुँह का बर्तन जो पानी भरने के काम आता है।

**कण्डी** स्त्री० सूखा मल, गोटा; छोटा कण्डा, कण्डे का टुकड़ा।

**कण्डील** स्त्री० प्रकाश स्तम्भ; कन्दील।

**कण्डीलिया** स्त्री० कन्दील आदि लटकाने का बाँस।

**कण्डु, कण्डू** स्त्री० *(सं०)* खारिस, खाज, खुजली।

**कण्डुर** वि० *(सं०)* खाज, खुजली पैदा करने वाला।

**कण्डूयन** वि० *(सं०)* खाज, खुजली पैदा करने वाला।

**कण्डूयनक** वि० *(सं०)* खुजली पैदा करने वाला।

**कण्डूल** वि० *(सं०)* खुजली उत्पन्न करने वाला।

**कण्डोल** पु० *(सं०)* अनाज रखने की बाँस की टोकरी।

**कण्डोलक** पु० *(सं०)* टोकरा; भण्डार-घर।

**कन्त** वि० *(सं०)* प्रसन्न। *पु० पति; ईश्वर।

**कन्तु** वि० *(सं०)* प्रसन्न।

**कन्था** स्त्री० *(सं०)* नगर; दीवार; गुदड़ी; कथरी।

**कन्थी (थिन्)** वि० *(सं०)* गुदड़ी धारण करने वाला। पु० फकीर, साधु।

**कन्द** पु० *(सं०)* गाँठदार या गूदेदार जड़; लहसुन; कपूर; शकरकन्द; सूरन; गाँठ।

**क़न्द** पु० *(अ०)* मिस्री; सफेद शक्कर।

**कन्दर** पु० *(सं०)* सोंठ; गुफा।

**कन्दरा, कन्दरी** स्त्री० *(सं०)* गुफा; घाटी।

**कन्दर्प** पु० *(सं०)* कामदेव।

**कन्दर्प कूप** पु० योनि।

**कन्दल** पु० *(सं०)* अपवाद; कलध्वनि; वाद-विवाद।

**कन्दली** स्त्री० *(सं०)* कमल का बीज; केला।

**कन्दा** पु० अरुई; शकरकन्द।

**कन्दी (दिन्)** पु० *(सं०)* सूरन, जिमीकन्द।

**कन्दील** स्त्री० *(अ०)* चिराग, लालटेन।

**कन्दु** पु० *(सं०)* भाड़; भट्ठा।

**कन्दुक** पु० *(सं०)* सुपारी; गेंद।

**कन्दू*** पु० कीचड़।

**कन्दैला*** वि० कीचड़ युक्त; गन्दला।

**कन्दोरा** पु० करधनी, कटिडोरा।

**कन्ध** पु० *(सं०)* मोथा; बादल; *तने का ऊपरी भाग; कन्धा।

**कन्धनी** स्त्री० मेखला, करधनी।

**कन्धर** पु० *(सं०)* मोथा; गला, गरदन; एक शाक।

**कन्धा** पु० बाहुमूल और गले के बीच का हिस्सा, स्कन्ध, मोढ़ा।

**मुहा० कन्धा डाल देना** जिम्मेदारी उठाने से भागना; हिम्मत हारना। **कन्धा देना** सहारा देना, अर्थी में कन्धा लगाना। **कन्धा बदलना** एक से दूसरे को जिम्मा सौंपना, एक से दूसरे कन्धे पर बोझ ढोना। **कन्धे से कन्धा छिलना** बहुत ज्यादा भीड़ होना। **कन्धे से कन्धा मिलाकर चलना** साथ देना।

**कन्धार** पु० गान्धार, अफगानिस्तान का एक नगर और प्रदेश; *कर्णधार।

**कन्धारी** वि० कन्धार का; कन्धार में उत्पन्न हुआ।

**कन्धावर** स्त्री० बैल के कन्धे पर स्थित जुआ; कन्धे पर डालने वाला छोटा दुपट्टा।

**कँधियाना** क्रि० कन्धा देना, कन्धे पर रखना।

**कन्धेला** पु० साड़ी का कन्धे पर डाला हुआ छोर, कन्धे पर पड़ा रहने वाला।

**कन्धेली** स्त्री० घोड़े की पीठ पर रगड़ से बचाने के लिए रखी जानेवाली गद्दी, जीन।

**कम्प** पु० *(सं०)* एक सात्त्विक भाव; हिलना; काँपना।

**कम्प** पु० *(अं०) (कैम्प)* पड़ाव, डेरा।

**कम्पन** पु० *(सं०)* ठण्ढी, शिशिर ऋतु; कँपकँपी।

**कँपना** अ० क्रि० डरना; काँपना, हिलना।

**कम्पनी** स्त्री० *(अं०)* फैक्ट्री; संयुक्त व्यापार करनेवाले व्यक्तियों का एक समूह; जत्था।

**कम्पा** स्त्री० *(सं०)* कम्पन; भय। तीलियों में लासा लगाकर बनाया हुआ फन्दा जिससे चिड़ियों को फँसाया जाता है।

**कम्पाउण्डर** पु० *(अं०)* डाक्टर का वह सहायक जो दवाएँ देता है।

**कँपाना** स० क्रि० डराना; हिलाना; किसी को काँपने की युक्ति करना।

**कम्पास** स्त्री० *(अं०)* परकार; कुतुबनुमा, दिग्दर्शक यन्त्र।

**मुहा० कम्पास लगाना** घात में रहना; पैमाइश करना।

**कम्पित** वि० *(सं०)* हिलता; हिलाया, कँपाया हुआ।

**कम्पू** पु० *(अं०) (कैम्प)* पड़ाव; फौज; खेमा।

**कम्पोज** पु० *(अं०)* रचना करना; टाइप के अक्षरों को जोड़ना।

**कम्पोज़िंग** स्त्री० *(अं०)* कम्पोज करने का काम।

**कम्पोटर**† पु० डाक्टर का सहायक, दवा तैयार करके देने वाला, मलहम-पट्टी करने वाला, कम्पाउण्डर।

**कम्पोस्ट** स्त्री० *(अं०)* सड़ाकर बनायी गयी गोबर एवं खर पतवार की खाद।

**कम्प्र** वि० *(सं०)* काँपता हुआ; तेज; चंचल।

**कम्बल** पु० *(सं०)* कम्मल; दीवार; पानी; एक प्रकार का हिरन।

**कम्बली (लिन्)** वि० *(सं०)* कम्बल से ढका हुआ; कम्बलवाला।

**कम्बी** स्त्री० *(सं०)* बाँस का अँखुआ या गाँठ।

**कम्बु** पु० नली (अस्थि की); हाथी; शंख; गला।

**कम्बुक** पु० *(सं०)* नीच, अधम व्यक्ति; शंख।

**कम्बुका** स्त्री० *(सं०)* शंख जैसी सुराहीदार गरदन।

**कम्बू** पु० *(सं०)* चोर; कंगन।

**कम्बोज** पु० *(सं०)* एक तरह का हाथी; शंख।

**कँवल** पु० कमल।

**कँवल-गट्ट** पु० कमल के बीज के अन्दर की मिठी गरी। *(सं०)*

**कँवासा**† पु० नाती का लड़का।

**कंस** पु० *(सं०)* काँसे का बर्तन; एक प्रकार की धातु, काँसा।

**कंसक** पु० *(सं०)* काँसा; काँसे का पात्र या बर्तन।

**कंसकड़ोरन**† स्त्री० घसीटना; मारना-पीटना।

**कंसकार** पु० कॉस्यकार, कसेरा।

**कंसरवेटिव** वि० *(अँ०)* रूढ़िवादी विचारों का व्यक्ति या मत जो नवीनता या सुधारों का विरोधी हो।

**कँस** काँसा का समासगत विकृत रूप।

**कंसर्ट** पु० *(अँ०)* गाने, बजाने वालों के स्वर का मेल; कई बाजों का एक साथ बजना।
**कंसाराति, कंसारि** पु० *(सं०)* कृष्ण।
**कंसीय** पु० *(सं०)* काँसा। वि० काँसे के लायक या उससे सम्बन्ध रखने वाला।
**कंसुआ** पु० ईख के नये पौधों में लगने वाला एक प्रकार का कीड़ा।
**क** पु० *(सं०)* मेघ; ब्रह्मा; सूर्य; यम; कामदेव; राजा।
**कइत** स्त्री० किनारा, कपित्थ।
**कइन, कइनी**† स्त्री० बाँस की पतली टहनी।
**कई** वि० एकाधिक, अनेक, चन्द, कितने।
**ककड़ी** स्त्री० गर्मी और बरसात में होने वाली एक प्रकार की बेल जिसका फल खीरे से लम्बा होता है।
**मुहा० ककड़ी का चोर** छोटा अपराध करनेवाला। **ककड़ी के चोर को कटारी से मारना** छोटे अपराध के लिए भारी सजा देना। **ककड़ी खीरा समझना** छोटा या तुच्छ समझना।
**ककना**† पु० कंगन।
**ककनी** स्त्री० छोटा कँगना, इमली का छोटा फल।
**ककहरा** पु० 'क' से 'ह' तक अक्षर, वर्णमाला। एक तरह की कविता जिसके चरण अक्षरों के क्रम से आरम्भ होते हैं।
**ककही** स्त्री० एक तरह की कपास; कंघी।
**कका**† पु० चाचा, काका।
**ककार** पु० *(सं०)* 'क' अक्षर, उसकी ध्वनि।
**ककुंजल** पु० *(सं०)* चातक।
**ककुद, ककुद्** पु० *(सं०)* राजचिह्न; चोटी, पर्वत-शिखर।
**ककुद्मान (मत्)** वि० *(सं०)* चोटी वाला।
**ककुनी**† स्त्री० कँगनी।
**ककुप्, ककुभ्** स्त्री० *(सं०)* चम्पकमाला; शास्त्र; श्रेणी; दिशा; शोभा।
**ककुभ** पु० *(सं०)* अर्जुन का पेड़; कुटज-पुष्प; वीणा के अन्त का मुड़ा हुआ भाग; एक राग।
**ककेरुक** पु० *(सं०)* पेट का कीड़ा, उदर-कृमि।
**ककैया** स्त्री० लखौरिया ईंट।
**ककोरना**† स० क्रि० सिकोड़ना; खरोंचना।
**कक्का** पु० काका; केकय देश; सिख।
**कक्कोल** पु०, **कक्कोली** स्त्री० *(सं०)* एक फलदार वृक्ष।
**कक्खट** वि० *(सं०)* ठोस; कठोर, कठिन।
**कक्ष** पु० *(सं०)* कमरा; काँख; कछोटा; कछार; सूखी खास।
**कक्षा** स्त्री० *(सं०)* दर्जा; ग्रहों का भ्रमणपथ; परिधि, दायरा; समता; आँगन; चहारदीवारी; कमर पट्टी।
**कक्षावेक्षक** पु० *(सं०)* द्वारपाल; अन्तःपुर का निरीक्षणकर्ता; अभिनेता; उद्यान का रक्षक; लम्पट।
**कक्षोन्नति** स्त्री० *(प्रमोशन)* अधिक ऊँची स्थिति या अधिक ऊँची कक्षा में पहुँचा दिया जाना।
**कखौरी** स्त्री० काँख में निकलने वाला फोड़ा; काँख।
**कगर** *अ० निकट; अलग; किनारे पर।
**कगिरी** पु० एक पेड़ जिसके दूध से रबर बनता है।
**कग्ग*** काग, कौआ।
**कंकण** पु० *(सं०)* कंगन।
**कंकपत्र** पु० *(सं०)* बाण तीर।
**कंकमुख** पु० *(सं०)* सँड़सी।
**कच** पु० *(सं०)* सूखा घाव, फोड़ा; केश, सिर के बाल; मेघ।
**कच** वि० कच्चा। पु० किसी नरम चीज में तेजी से काँटे, दाँत आदि के धँसने, चुभने की आवाज ('कच' से चुभ गया)।
**कचक** स्त्री० व्यर्थ का विवाद, व्यर्थ का आलाप।
**कचकच** स्त्री० व्यर्थ का अलाप; व्यर्थ का विवाद।
**कचकचाना** अ० क्रि० दाँत धँसाना; कचकच की आवाज होना।
**कचकना**† अ० क्रि० ठेस लगना; दबना।
**कचकाना**† स० क्रि० दबाकर तोड़ना; कुचलना।
**कचनार** पु० एक पेड़ जिसकी छाल तथा फूल दवा के काम आते हैं और कली सब्जी बनाने के काम आती है।
**कचपचिया, कचपची** स्त्री० चमकीला बुन्दा, सितारा।
**कचर-कचर** स्त्री० खाते समय कचर-कचर की आवाज; कच्चा फल या कच्चा अन्न।
**कचरकूट** पु० कसकर पीटना; †डटकर भोजन करना।
**कचरघान** पु० बहुत-सी छोटी वस्तुओं का एकत्र होने के कारण गड़बड़ी होना।
**कचरना*** स० क्रि० रौंदना, कुचलना

**कचर-पचर** पु० कच्चा फल खाने पर मुख-ध्वनि होना।

**कचरा** पु० अनाज का बेकार अंश; कूड़ा-करकट; रुई का बिनौला; समुद्री सेवार।

**कचरी** स्त्री० पहुँटा, एक लता जिसका फल सब्जी के काम आता है।

**कचवाँसी** स्त्री० विस्वांसी का बीसवाँ भाग; खेत नापने का एक मान।

**कचहरी** स्त्री० *(अ०)* अदालत; दरबार; दफ्तर; जमाव।

**कचाई** स्त्री० *(सं०)* अनुभवहीनता; खामी; कच्चापन।

**कचाकु** वि० *(सं०)* असह्य; दुष्प्राप्य; दुष्ट, कुटिल।

**कचाना** अ० क्रि० कचियाना, कच्चा पड़ना।

**कचायँध** स्त्री० कच्चेपन की गन्ध।

**कचायन** स्त्री० लड़ाई-झगड़ा, किचकिच।

**कचार** पु० नदी के किनारे का छिछला और जमा हुआ जल।

**कचालू** पु० उबले हुए आलू या अरवी के टुकड़े जिन पर नमक, मिर्च, खटाई आदि छिड़की हो।

**मुहा० कचालू करना या बनाना** खूब पीटना।

**कचिया** पु० काँच की भट्ठियों से निकले क्षार से बनाया जानेवाला नमक।

**कचियाना** स० क्रि० कच्चा करना।

**कचीची*** स्त्री जबड़ों का जोड़; दाढ़; कचपचिया।

**कचु** स्त्री० *(सं०)* एक प्रकार का खाद्य कन्द, बण्डा।

**कचुल्ला** पु० चौड़ी पेंदी का कटोरा, प्याला।

**कचूमर** पु० भर्ता, कुचली हुई चीज।

**मुहा० कचूमर करना, कचूमर निकालना** पीटकर बेदम कर देना; भर्ता बना देना।

**कचूर** पु० *कटोरा; हल्दी के वर्ग का एक पौधा जिससे दवा बनायी जाती है।

**कचोका** पु० किसी नोकदार वस्तु को धँसाने-चुभाने की क्रिया।

**कचोट** स्त्री० मानसिक पीड़ा, टीस; दर्द, चुभन।

**कचोटना** अ० क्रि० किसी प्रिय जन की याद कर दुःखी होना; चुभना, गड़ना।

**कच्चर** वि० *(सं०)* कमीना; गन्दा।

**कच्चा** वि० *(सं०)* अपक्व, जो पका न हो, अनपका; जिसके पकने में कसर हो (चावल)।

**मुहा० कच्चा कागज** बिना रजिस्ट्री के कागज। **कच्चा खा जाना** खत्म करना। **कच्चा चिट्ठा खोलना/ सुनाना** पोल खोलना, रहस्य खोलना। **कच्चा धागा होना** कमजोर या अविश्वसनीय होना। **कच्चा पड़ना** गलत ठहरना, खिसियाना। **कच्ची गोटी खेलना** अनाड़ी, अनुभवहीन होना। **कच्चे घड़े से पानी भरना** कठिन या गलत काम करना। **कच्चे पक्के दिन होना** चार-पाँच माह का गर्भ होना।

**कच्छपिका** स्त्री० *(सं०)* फुंसी; एक रोग जिसमें पास-पास कई फुंसिया निकलती हैं।

**कच्छा** पु० *(हि०)* चौड़े छोर वाली बड़ी नाव जिसमें दो पतवारें लगती हैं; जाँघिया।

**कच्छार** पु० *(सं०)* नदी के किनारे की भूमि।

**कच्छी** पु० जाँघिया; कच्छ देश का घोड़ा, जिसकी पीठ बीच में कुछ गहरी होती है।

**कच्छु** स्त्री० *(सं०)* खारिश, खुजली की बीमारी।

**कच्छुमती** स्त्री० *(सं०)* केवाँच का पौधा, जो खुजली पैदा करता है।

**कच्छुर** वि० *(सं०)* कंगाल; लम्पट; जिसे खुजली की बीमारी हो।

**कच्छुरा** स्त्री० *(सं०)* शूकशिंवी, दुरालभा आदि पौधे।

**कछना** अ० क्रि० काछा जाना।

**कछनी** स्त्री० वह उपकरण जिससे कोई चीज काछी जाये; छोटी धोती, घुटने के ऊपर की धोती, काछनी, कच्छा।

**कछरा**† पु० चौड़े मुँह का मटका।

**कछरी**† स्त्री० छोटा कछरा।

**कछार** पु० आसाम प्रान्त का एक जिला; नदी के किनारे की तर और नीची जमीन।

**कछियाना** पु० सब्जी पैदा करने का खेत; काछियों (सब्जी पैदा करने वालों) की बस्ती।

**कछुआ, कछुवा** पु० जल में रहने वाला एक प्रसिद्ध जन्तु, कच्छप।

**कछुक*** वि० कुछ।

**कछोटा** पु०, **कछोटी** स्त्री० स्त्री की कछनी के ढंग पर पहनी हुई धोती; कछनी।

**कज** वि० *(फ़ा०)* झुका हुआ, टेढ़ापन, वक्र।

**कजक** पु० *(फ़ा०)* अंकुश।

**कजनी** स्त्री० पीतल के बने बर्तन को खुरचने या साफ करने का उपकरण।

**कजरा*** वि० काली या कजरारी आँखों वाला।

**कजरारा** वि० काजल लगा हुआ; काला।

**कजरौटा, कजलौटा** पु० काजल पारने या बनाने की डाँड़ीदार डिबिया।

**कजला** वि० काली आँखों वाला; जिसकी आँखों में काजल लगा हो।

**कजलाना** स० क्रि० काजल लगाना।

**कजली** स्त्री० स्त्रियों का एक त्योहार जो भादों के महीने में तीज को मनाया जाता है।

**क़ज़ा** स्त्री० *(अ०)* भाग्य, नियति; मृत्यु; ईश्वरीय आदेश; कर्तव्य-पालन; निर्णय।

**कजाकी** स्त्री० *छल, धोखेबाजी; क़ज़्ज़ाकी।

**क़ज़िया** पु० *(सं०)* टण्टा, झगड़ा।

**कज्जल** पु० *(सं०)* सुरमा; काजल; कालिख; बादल।

**कज्जलित** वि० *(सं०)* आंजन लगाया हुआ; कालिख लगा हुआ।

**कज्जली** स्त्री० *(सं०)* पारे और गन्धक के योग से बना हुआ एक पदार्थ।

**क़ज़्ज़ाक** पु० *(तु०)* लुटेरा, डाकू।

**कज़्ज़ाकी** स्त्री० राहजनी, डकैती, लुटेरापन।

**कटंकट** पु० *(सं०)* शिव; गणेश; आग; सोना।

**कट[1]** पु० *(सं०)* अर्थी; शव; श्मशान; सरपत, घास; हाथी का गण्डस्थल।

**कट[2]** पु० *(अं०)* वाट, तराश।

**कटक** पु० *(सं०)* सेना, फौज; समूह; सोने का कड़ा।

**कटकई*** स्त्री० फौज, सेना।

**कटकाई*** स्त्री० कटक, सेना।

**कटखना** पु० युक्ति; चाल।

**कट[3]** 'काठ' का समासगत और विकृत रूप।

**कटती** स्त्री० खपत; बिक्री; छाँटना।

**कटन** पु० *(सं०)* मकान की छत या छाजन।

**कटना** अ० क्रि० किसी धारदार हथियार से शरीर का कटना या जख्मी होना; काटा जाना। **मुहा० कट मरना** कटकर मर जाना। **कटे पर नमक छिड़कना** कष्ट पाते हुए को कष्ट देना; दुखिया को और दुःख देना।

**कटनि*** स्त्री० आसक्ति; काट।

**कटनी** स्त्री० आड़े-तिरछे या कन्नी काटकर भागना; फसल की कटाई; काटने का उपकरण।

**कटभी** स्त्री० *(सं०)* ज्योतिष्मती लता; एक प्रकार का वृक्ष।

**कटर** पु० *(अं०)* काटनेवाला, चाकू।

**कटरा** पु० छोटा चौकोर बाजार; भैंसे का नर बच्चा।

**कटरी** स्त्री० नदी के किनारे की दलदल जमीन।

**कटल्लू** पु. कसाई।

**कटवाँ** वि० जिसमें कटाई का काम हुआ हो।

**कटवा** पु० गले में पहनने का एक गहना।

**कटवाना** स० क्रि० कटाना।

**कटसरैया** स्त्री० एक काँटेदार पौधा।

**कटहल** पु० वृक्ष विशेष, जिसका काँटेदार छिलके वाला बड़ा फल, सब्जी खाने के काम आता है; उसका पेड़, पनस।

**कटा*** स्त्री० हिंसा, प्रहार, चोट; कटाकटी, मारकाट।

**कटाइक*** वि० काटने वाला।

**कटाई** स्त्री० काटने की मजदूरी; काटने का काम।

**कटाऊ*** वि० काटे जाने लायक।

**कटाकट** पु० कटकट शब्द।

**कटाकटी** स्त्री० खून-खराबा, मारकाट।

**कटाक्ष** पु० *(सं०)* क्रोध या प्यार की दृष्टि; व्यंग्य या तिरछी निगाह; आक्षेप, चोट।

**कटाग्नि** स्त्री० *(सं०)* घास-फूस की आग।

**कटाटंक** पु० *(सं०)* शिव।

**कटान** स्त्री० कटने या काटने की क्रिया।

**कटाना** स० क्रि० बगल से घुमाकर गाड़ी ले जाना; डँसवाना; काटने की क्रिया दूसरे से कराना।

**कटार** पु० *(सं०)* लम्पट पुरुष; नागरिक। स्त्री० एक दुधारा हथियार; खंजर।

**कटारा** पु० ऊँटकटारा; बड़ी कटार।

**कटारिया** पु० एक तरह का धारीदार रेशमी कपड़ा।

**कटारी** स्त्री० छोटी कटार।

**कटाली** स्त्री० भटकटैया।

**कटाव** पु० काटकर या पच्चीकारी द्वारा बेलबूटे बनाना; काट; खोदाई कर बनाये हुए फूल आदि।

**कटावदार** वि० जिस पर कटाव का काम हुआ हो।

**कटावन**† वि० काटनेवाला।
**कटास** पु० वनबिलाव का एक भेद, कटार।
**कटाह** पु० *(सं०)* कूप; कड़ाह; एकद्वीप; ढूह; नरक; कछुए की पीठ का कड़ा आवरण।
**कटाहक** पु० *(सं०)* कड़ाह।
**कटि** स्त्री० *(सं०)* कमर; पेड़ू; कमर के नीचे का माँसल भाग; हाथी का गण्डस्थल।
**कटिबद्ध** वि० *(सं०)* तैयार, उद्धत।
**कटिबन्ध** पु० *(सं०)* शीतता एवं ऊष्णता पर आधारित पृथ्वी के भाग।
**कटिपूत्र** पु० *(सं०)* करधनी, कमर बन्द।
**कटिया** स्त्री० कँटिया। पु० चौपायों का कटा हुआ चारा, अँकड़ा, पड़िया, भैस का मादा बच्चा।
**कटियाना** अ० क्रि० रोमांचित होना, कण्टकित होना।
**कटीला** पु० कतीरा। वि० मुग्ध करने वाला; तीव्र प्रभाव डालने वाला; नुकीला, काँटेदार।
**कटुंकता** स्त्री० *(सं०)* उजड्डपन; कर्कशता।
**कटु** वि० *(सं०)* चरपरा; बुरा लगने वाला; कड़वा।
**कटुआ**† वि० अनेक टुकड़ों में कटा हुआ। पु० धान का एक कीड़ा।
**कटुक** पु० *(सं०)* कड़वापन। वि० भयंकर; कठोर।
**कटुता** स्त्री०, **कटुत्व** पु० *(सं०)* कठोरता; दुर्भावना, अप्रियता; तिक्तता।
**कटुर** पु० *(सं०)* मट्ठा, छाछ।
**कटूक्ति** स्त्री० *(सं०)* अप्रिय बात।
**कटूमर** पु० *(सं०)* जंगली गूलर।
**कटेरी** स्त्री० भटकटैया।
**कटेहर** पु० हल के नीचे की फाल लगाने की लकड़ी।
**कटैया*** स्त्री०भटकटैया। वि० काटने वाला।
**कटैला** पु० एक बहुमूल्य पत्थर।
**कटोर** पु० *(सं०)* मिट्टी आदि का छोटा पात्र।
**कटोरा** पु० *(सं०)* फूल, काँसे आदि का प्यालानुमा बर्तन।
**कटोरी** स्त्री० छोटा कटोरा; कटोरी के समान या आकार की वस्तु।
**कटोल** वि० *(सं०)* कड़वा। पु० कड़वान।
**कटौती** स्त्री० किसी धनराशि या मद से धर्मादा आदि के रूप में कुछ काट लेना।
**कट्टर** वि० काट खाने वाला; दृढ़; जिसे अपने मत या विश्वास का दुराग्रह हो; असहिष्णु; अनुदार।
**कट्टा** वि० मोटा-ताजा, तगड़ा, हट्टा-कट्टा। पु० जबड़ा।
**कट्वर** पु० *(सं०)* छाछ; चटनी अचार आदि।
**कठंगर** वि० हट्टा-कट्टा, काठ की तरह दृढ़ शरीरवाला; मोटा; कड़ा।
**कठ** पु० *(सं०)* कठ शाखा का अध्ययन; एक मुनि जिनके नाम पर यजुर्वेद की एक शाखा बनी।
**कठ** वि० काठ का बना; निकृष्ट, घटिया; कठोर।
**कठकीकर** पु० मूर्ख, निष्ठुर।
**कठर** वि० *(सं०)* सख्त, कड़ा।
**कठला** पु० चाँदी की चौकोर पट्टी आदि की माला जो बच्चों को पहनायी जाती है।
**कठारा*** पु० नदी आदि का किनारा।
**कठारी** स्त्री० कमण्डलु; काठ का बर्तन।
**कठिन** वि० *(सं०)* कठिन; कड़ा, सख्त; दुस्साध्य; *स्त्री० कठिनाई; कष्ट।
**कठिनाई** स्त्री० कठिन, मुश्किल, दुस्साध्य होना; दिक्कत, झंझट।
**कठिया** पु० एक तरह का लाल गेहूँ।
**कठुवाना*** अ० कि० काठ की तरह कड़ा हो जाना।
**कठोर** वि० *(सं०)* निष्ठुर, बेरहम; सख्त, कड़ा।
**कठोरता** स्त्री० *(सं०)* कड़ापन, सख्ती, निर्दयता।
**कठोरताई*** स्त्री० कठोरता।
**कठौता** पु० काठ का बना बर्तन जिसमें खाने का सामान रखा जाता है।
**कड़ंगा** वि० कड़े अंगों वाला; हट्टा-कट्टा; अक्खड़।
**कडन्दिका** स्त्री० *(सं०)* सर्वविद्या; विज्ञान।
**कड** वि० *(सं०)* अबोध, मूर्ख; कर्कश, श्रुतिकटु।
**कड़क** स्त्री० घोड़े की सरपट चाल; बिजली चमकने के साथ होने वाली कड़कदार आवाज; बहुत कड़ी आवाज; जोर से डाँटने की आवाज।
**कड़कड़ाता** वि० तेज; जिससे 'कड़कड़' की आवाज निकले, कलफदार।
**कड़कड़ाना** स० क्रि० (घी आदि) का खूब गर्म होना।
**कड़कना** अ० डाँटते हुए जोर से बोलना; किसी वस्तु का तीव्र ध्वनि के साथ फूटना या टूटना।
**कड़कनाल** स्त्री० चौड़े मुँह की तोप।

**कड़खा** पु० योद्धाओं को प्रोत्साहित करने के लिए वीरों की प्रशस्ति में लिखा या गाया गया गीत।

**कड़बढ़ा** पु० वह मनुष्य जिसकी दाढ़ी के बाल काले सफेद मिश्रित हों।

**कड़वा** वि० नागवार; चिड़चिड़ा; जीभ को कटु या कसैला लगने वाला, अप्रिय।

**मुहा० कड़वा घूँट पीना** अत्यधिक कष्टकर बात को सह लेना।

**कड़वाना** क्रि० कड़वा लगना।

**कड़वा तेल** पु० सरसों का तेल।

**कड़वी** वि० स्त्री०† के प्रयोगों में आने वाले ज्वार के डण्ठल; कसैला, कटु, अप्रिय चार।

**कड़हन** पु० जंगली धान।

**कड़ा** पु० गोल आकार का एक आभूषण जो हाथ या पाँव में पहना जाता है, वलय, गीत का एक भाग।

**मुहा० कड़ा पड़ना** न झुकना या न दबना, दृढ़ता दिखाना।

**कड़ाई** स्त्री० कठोर-व्यवहार; सख्ती, कड़ापन।

**कड़ाका** पु० फाँका, उपवास; कड़ी चीज के टूटने की आवाज।

**कडार** वि० *(सं०)* पिंगल वर्ण का; घमण्डी।

**कड़ाह, कड़ाहा** पु० लोहे की चद्दर का गोल, छिछला बर्तन जिसमें गुड़, पूरियाँ और सब्जियाँ आदि सेंकी और बनायी जाती हैं, कढ़ैया।

**कड़ाही** स्त्री० छोटा कड़ाह।

**मुहा० कड़ाही में हाथ डालना** अग्निपरीक्षा देना।

**कड़िहर**† स्त्री० कमर।

**कड़िहार*** पु० निकालने वाला, उद्धार करने वाला, मुक्त करने वाला।

**कड़ी** स्त्री० कोई चीज लटकाने का छल्ला; जंजीर का छल्ला; छोटी धरन; जरीब का 1/100वाँ भाग।

**मुहा० कड़ी सुनाना** खोटी-खरी सुनाना।

**कड़ुआना** अ० क्रि० कड़ुवा लगना; खफा होना।

**कड़ुला**† पु० बच्चों के हाथ या पाँव में पहनाया जाने वाला छोटा कड़ा।

**कड़ेलोट, कड़ेलोटन** पु० मलखम्भ की एक कसरत।

**कढ़ना** अ० क्रि० *लाभ होना; उदय होना; काढ़ा जाना; दूध का खौलकर गाढ़ा होना, नकलना।

**कढ़नी** स्त्री० † बरसात में खेतों की वह जुताई जिसके बाद अन्न बोना ही शेष रहता है, मथानी की रस्सी।

**कढ़राना, कढ़लाना*** स० क्रि० घसीटकर बाहर निकालना।

**कढ़ाई** स्त्री० निकालने की क्रिया; बेलबूटे बनाने का काम।

**कढ़ाना** स० क्रि० बेल-बूटे बनवाना, निकलवाना, बाहर निकलवाना।

**कढ़ी** स्त्री० बेसन, दही और मसाले के योग से बननेवाला तरल व्यंजन।

**कढ़ुआ,** पु० ऋण; बच्चों के प्रातःकाल खाने के लिए बचाकर रखा गया रात का भोजन।

**कढ़ैया**† स्त्री० कड़ाही। पु० निकालनेवाला।

**कण** पु० *(सं०)* रवा; भिक्षा, किनक, चावल की टूटन, परमाणु।

**कणगच, कणगज** पु० करंज; केवाँच।

**कणा** स्त्री० *(सं०)* एक प्रकार की मक्खी; पीपल।

**कणिक** पु० *(सं०)* गेहूँ का आटा; कण; शत्रु।

**कणिका** स्त्री० *(सं०)* *(रेड ब्लड सेल्स एवं व्हाइट ब्लड सेल्स)* रक्त में प्रसरणशील छोटे कण जो लाल और सफेद रंग के होते हैं; कण; तिनका, अति सूक्ष्म वस्तु।

**कणिष्ठ** वि० *(सं०)* अति सूक्ष्म; छोटे-से-छोटा।

**कणीकरण** पु० *(क्रिस्टैलाइजेशन)* कणों के रूप में परिवर्तित करना।

**कणीक** वि० *(सं०)* बहुत छोटा, अत्यल्प।

**कणीची** स्त्री० *(सं०)* शकट; पुष्पित-लता; एक वृक्ष।

**कणेरा** स्त्री० *(सं०)* जलहस्तिनी; वेश्या।

**कत*** पु० *(सं०)* निर्मली; रीठा।

**कतअन्** अ० *(अ०)* एकदम, निश्चित, बिलकुल।

**क़तई** वि० *(अ०)* बिना शर्त का; निश्चित, पक्का।

**कतक** पु० *(सं०)* रीठा; निर्मली।

**कतकी**† स्त्री० कार्त्तिक में पकने वाली फसल; कार्त्तिक मास भर गंगास्नान करने वाली।

**कतना** वि० कितना। अ० क्रि० काता जाना।

**कतनी** स्त्री० सूत कातने का सामान रखने की टोकरी; तकली।

**कतरन** स्त्री० कपड़े, कागज आदि काटने पर बच

रहनेवाले छोटे टुकड़े, रद्दी-टुकड़े।

**कतरना** पु० बड़ी कतरनी; बात काटने वाला व्यक्ति।

**कतरनी** स्त्री० कैंची; काटने का औजार।

**कतर-ब्योंत** स्त्री० हिसाब एवं खर्च में काट-छाँट; काट-छाँट; जोड़-तोड़; किफायत, युक्ति।

**कतरा**† पु० कतला; बड़ी नाव; पत्थर गढ़ते समय निकले छोटे टुकड़े, खण्ड, अंश।

**क़तरा** पु० *(अ०)* बूँद।

**कतराई** स्त्री० कतरने का काम; काटने की मजदूरी।

**कतराना** स० कि० कटवाना। अ० क्रि० किसी से बचने के लिए एक किनारे से निकल जाना।

**कतरी**† स्त्री० जहाजों पर नाव चढ़ाने का एक यन्त्र; फल आदि का पतला-सा टुकड़ा; कतरनी।

**क़तल** पु० क़त्ल, हत्या करना।

**कतला** पु० किसी खाद्य वस्तु का कटा हुआ टुकड़ा।

**कतलाम**† पु० सामूहिक हत्या, क़त्लेआम।

**कतवार** पु० कूड़ा-करकट; *कातने वाला।

**कतहूँ** अव्य० किस ओर।

**क़ता** पु० *(अ०)* रूप, आकार; ढंग; काट, तराश; काटना; काट-छाँट।

**कताई** स्त्री० कातने का काम; कातने की मजदूरी।

**कतान** पु० अधिक ऐंठनवाले धागे का बारीक रेशमी कपड़ा जिससे साड़ियाँ, दुपट्टे आदि बनाये जाते हैं।

**क़तार** स्त्री० *(अ०)* समूह; क्रम, सिलसिला।

**कति** वि० *(सं०)* कितना; कितने; *कौन; कितने ही।

**कतिक*** वि० थोड़ा; बहुत; कितना।

**कतिपय** वि० *(सं०)* कुछ; कई।

**कतौनी** स्त्री० कातने की क्रिया या भाव; कातने की मजदूरी; ढिलाई से काम करना; बहुत देर लगाना।

**कत्तल** पु० पत्थर तराशने में निकलने वाला अंश या टुकड़ा; फल आदि का छोटा टुकड़ा; क़तरा।

**कत्ता*** पु० पासा; कुछ टेढ़ी और छोटी तलवार।

**कत्ती** पु० सूत कातनेवाला। स्त्री० सुनारों की कतरनी; छोटी तलवार; कटार।

**कत्थक** पु० नाचने-गाने में दक्ष और उसका पेशा करने वाली एक विशेष जाति।

**कत्थन** वि० *(सं०)* डींग मारने वाला।

**क़त्ल** पु० *(अ०)* जान से मार डालना, हत्या।

**कत्थ**† पु० कत्था।

**कत्थकीकर** पु० खैर का पेड़।

**कथक** पु० *(सं०)* कत्थक; कथा कहने का पेशा करने वाला; पुराण की कथा कहने वाला।

**कथक्कड़** पु० कथावाचन की वृति, रामायण आदि पर प्रवचन करने वाला।

**कथना*** स० क्रि० निन्दा करना; कहना।

**कथनी*** स्त्री० बात, कथन; बकवाद।

**कथांतर** पु० *(सं०)* दूसरी कथा; गौण कथा।

**कथा** स्त्री० *(सं०)* रामायण-पुराण आदि का अर्थसहित वाचन; हाल, जिक्र, चर्चा।

**मुहा० कथा उठना** कथा बन्द होना। **कथा बैठना** कथा का आरम्भ होना। **कथा बैठाना** पुराणादि की कथा का आयोजन करना।

**कथिक** पु० *(सं०)* कथक; कहानियाँ सुनाने वाला।

**कथित** वि० *(सं०)* उक्त, कहा हुआ।

**कथोपकथन** पु० *(सं०)* बातचीत, संवाद।

**कदम्ब** पु० *(सं०)* सरसों का पौधा; एक सुन्दर वृक्ष जिसमें पीले फूल लगते हैं, कदम, डग।

**कदम्बक** पु० *(सं०)* कदम्ब; हरिद्रा।

**कद*** पु० *(फ़ा०)* घर। अ० किस समय, कब।

**क़द** पु० *(फ़ा०)* डील, शरीर की लम्बाई।

**कदक** पु० *(सं०)* डेरा; तम्बू; चँदोवा।

**कदक्षर** पु० *(सं०)* बुरी या गन्दी लिखावट; बुरे वर्ण।

**कदधव*** पु० कुमार्ग।

**क़दपत्य** पु० *(सं०)* बुरी सन्तान, कपूत।

**क़दम** पु० *(अ०)* चलने में दोनों पगों के बीच का अन्तर; पदचिह्न।

**मुहा० क़दम उखड़ना** भाग जाना। **क़दम उठाना** आगे बढ़ना। **क़दम चूमना** पाँव छूना; सम्मान करना। **क़दम छूना** प्रणाम करना। **क़दम पर क़दम रखना** अनुसरण करना। **क़दम ब क़दम चलना** साथ-साथ चलना। **क़दम बढ़ाना** आगे बढ़ना; चाल तेज करना।

**कदर** पु० *(सं०)* अंकुश; छेना; सफेद खैर; आरा।

**क़दर** स्त्री० *(अ०)* मान, प्रतिष्ठा; महत्त्व; कद्र।

**कदरमस*** स्त्री० मार-पीट, लड़ाई।

**कदराई*** स्त्री० डरपोकपन, कायरपन।

**कदराना*** अ० क्रि० पीछे हटना, कचियाना।

**कदर्थ** पु० *(सं०)* कूड़ाकरकट। वि० निरर्थक।
**कदली** स्त्री० *(सं०)* केला, रम्भाफल, हिरण की एक जाति विशेष।
**कदा** अव्य० *(सं०)* कब, किस समय।
**कदाकार** वि० *(सं०)* भद्दा, कुरूप। पु० डरावना रूप।
**कदाच, कदाचि*** अ० कदाचित्।
**कदाचार** वि० *(सं०)* दुराचारी, बुरे आचरण वाला। पु० बुरा व्यवहार, कुत्सित आचार।
**कदाचित्** अ० *(सं०)* कभी, शायद।
**कदी** अ० कभी-कभी। वि० कद्द रखनेवाला; जिद्दी।
**कदुष्ण** वि० *(सं०)* थोड़ा गर्म।
**कदे*** अ० कभी; कदा।
**कद्द** स्त्री० *(अ०)* द्वेष, जिद्द; आग्रह, हठ; प्रयास।
**क़द्र** स्त्री० *(अ०)* इज्जत; बड़ाई; मरतबा; दर्जा।
**कधी**† अ० कभी।
**कनंक*** पु० सोना।
**कन** पु० 'कान' का समास में व्यवहृत संक्षिप्त रूप; प्रसाद; भीख; सत; कण, बूँद, चावल की धूल।
**कनई** स्त्री० गीली मिट्टी, कनखा।
**कनक** पु० *(सं०)* सोना; धतूरा; नागकेशर; चम्पा। स्त्री० गेहूँ का आटा।
**कनकटा** वि० कान काटने वाला; बूचा, जिसका कान कटा हुआ हो।
**कनकना** वि० हलकी-सी चोट लगने से टूट जानेवाला।
**कनकनाना** स्त्री० चुनचुनाना; चौकन्ना होना; नागवार या बुरा लगना; रोमांचित होना।
**कनकाध्यक्ष** पु० *(सं०)* कोषाध्यक्ष, खजांची।
**कनकी** स्त्री० चावल के महीन टुकड़े।
**कनकौवा** पु० गुड्डी, बड़ा पतंग; गोफन।
**कनखिया** स्त्री० कनखी, कटाक्ष।
**कनखियाना** स० क्रि० इशारा करना; कनखी या तिरछी आँखों से देखना।
**कनखी** स्त्री० आँख का इशारा; आँख की कोर।
**मुहा० कनखी मारना** आँख से इशारा करना।
**कनगुरिया** स्त्री० छिंगुली, कानी उँगली।
**कनय*** पु० कनक, सोना।
**कनमनाना** क्रि० सुसुप्त का धीरे-धीरे जागना, सचेत होना, हिलना-डुलना।
**कना** पु० कण; सरकण्डा।
**क़नात** स्त्री० *(तु०)* टेण्ट आदि लगाते समय कपड़े की चारों तरफ खड़ी की गयी दीवार।
**क़नाती** वि० कनात से बनाया हुआ।
**कनागत** पु० श्राद्ध पक्ष।
**कनिका*** स्त्री० कणिका।
**कनियाँ*** स्त्री० गोद, उत्संग; कन्या।
**कनियाना** अ० क्रि० आँख बचाकर निकल जाना; साथ छोड़ना।
**कनियार** पु० कनकचम्पा।
**कनिष्ठ** वि० *(सं०)* छोटा; सबसे छोटा; अत्यल्प।
**कनिष्ठा** वि०, स्त्री० *(सं०)* सबसे छोटी; छोटी। स्त्री० पीछे ब्याही हुई पत्नी; छोटे भाई की स्त्री।
**कनिष्ठिका** स्त्री० *(सं०)* छिगुनी, सबसे छोटी (कानी) उँगली।
**कनिहार** पु० पार उतारने वाला, मल्लाह, कर्णधार।
**कनी** स्त्री० (हि०) छोटा टुकड़ा, कणिका; हीरे की कणिका; बूँद; *(सं०)* बालिका, कन्या।
**कनीज़** स्त्री० *(फ़ा०)* नौकरानी, परिचारिका, दासी।
**कनीन** वि० *(सं०)* तरुण; कम उम्र का।
**कनीनक** पु० *(सं०)* लड़का; आँख का तारा।
**कनीनका** स्त्री० *(सं०)* क्वाँरी लड़की।
**कनीनिका, कनीनी** स्त्री० *(सं०)* कनिष्ठा अँगुली; आँख की पुतली; कन्या, गुड़िया।
**कनीयस** वि० *(सं०)* अल्पतर।
**कनीर*** पु० कनेर वृक्ष और उसका फूल।
**कने**† अ० और; पास, निकट।
**कनेठा**† वि० काना, तिरछा देखनेवाला; ऐंचा-ताना।
**कनेठी** स्त्री० कान उमेठने का दण्ड।
**कनोई*** स्त्री० खूँट, कान का मैल।
**कनौजिया** वि०, पु० कान्यकुब्ज।
**कनौठा** पु० कोण; किनारा; कोना; भाई-बन्धु।
**कनौड़ा** वि० अपंग; काना; क्षुद्र; लज्जित; एहसानमन्द।
**कनौती** स्त्री० कान खड़े करने का ढंग, पशुओं के कानों के छोर।
**कन्था** स्त्री० गुदड़ी।
**कन्द** पु० *(सं०)* लाल मूली; गाजर; जड़।
**कन्दर** पु० *(सं०)* हाथी का अंकुश; गुहा।
**कन्दराक्ष** स्त्री० *(सं०)* गुफा।
**कन्दुक** पु० *(सं०)* गेंद।

**कन्न** पु० *(सं०)* पाप; मूर्छा, बेहोशी।
**कन्ना** वि० कन्ना रोग से ग्रस्त फल या लकड़ी।
**कन्या** स्त्री० *(सं०)* अविवाहिता बालिका, क्वाँरी लड़की; लकड़ी; घृतकुमारी।
**कन्हावर*** पु० बैल की गरदन पर रहने वाला जुआ।
**कन्हैया** पु० सुन्दर बालक; कृष्ण; प्रियजन।
**कपट** पु० *(सं०)* छल, धोखा; बनावटी व्यवहार। वि० धूर्त, वंचक।
**कपटना** स० क्रि० खोंटना, नोंचना; रुपए-पैसे में कटौती कर लेना।
**कपटी** स्त्री० *(सं०)* एक अंजुली की मात्रा; धान की फसल का एक कीड़ा।
**कपड़छन** पु० *(सं०)* किसी चूर्ण को कपड़े से छानना।
**कपड़ा** पु० पहनावा; ऊन, कपास, रेशम आदि के धागों से बुनी ओढ़ने या पहनने के काम में आनेवाली वस्तु।
**मुहा० कपड़ा उतार लेना** सब कुछ छीन लेना। **कपड़ा रँगना** विरक्त होना। **कपड़े में न समाना** फूले अंग न समाना।
**कपर्दी (दिन्)** वि० *(सं०)* जटा-जूटधारी। पु० महादेव।
**कपसा** स्त्री० गारा, एक तरह की गीली मिट्टी।
**कपसेठा** पु०, **कपसेठी** स्त्री० कपास के डण्ठल।
**कपाट** पु० *(सं०)* दरवाजा, किवाड़।
**कपार*** पु० कपाल।
**कपाल** पु० *(सं०)* खप्पर; भड़भूजे की खपड़ी।
**कपालक** वि० *(सं०)* प्याले के आकार शक्ल का। पु० प्याला।
**कपालि** पु० *(सं०)* शिव।
**कपालिका** स्त्री० *(सं०)* खोपड़ी; दुर्गा।
**कपास** स्त्री० एक पौधा जिसके डोंड़े से रुई निकलती है।
**कपासी** वि० कपास पुष्प, पीत रंग।
**कपिंजल** पु० *(सं०)* गोरा; तीतर; पपीहा; एक मुनि। वि० पीले रंग का।
**कपि** पु० *(सं०)* बन्दर।
**कपिल** वि० *(सं०)* बादामी, भूरा। पु० जन्तु; एक मुनि; सांख्य-दर्शन के प्रवर्तक; भूरा रंग।
**कपिला** वि० स्त्री० *(सं०)* भूरे या बदामी रंगवाली। स्त्री० माटा; दक्ष प्रजापति की एक कन्या।
**कपिलाक्षी** स्त्री० *(सं०)* शिंशपा वृक्ष; एक मृगी।
**कपिश** वि० *(सं०)* काला-पीला रंग युक्त, भूरा-बादामी रंग। वि० मटमैला, भूरे रंग का।
**कपिशा** स्त्री० *(सं०)* माधवी लता; मद्य, शराब।
**कपिस** पु० रेशमी वस्त्र।
**कपीन्द्र** पु० *(सं०)* हनुमान्; सुग्रीव।
**कपीतन** पु० *(सं०)* अमड़ा, बिल्व आदि वृक्ष।
**कपीष्ठ** पु० *(सं०)* कपित्थ, कैथ।
**कपूर** पु० स्फटिक के रंग-रूप का एक गन्ध- द्रव्य।
**कपूरी** स्त्री० कपूर की गन्ध युक्त एक जड़ी। वि० कपूर के रंग का।
**कपोत** पु० *(सं०)* पण्डुक; कबूतर; चिड़िया; कबूतर का भूरा रंग।
**कपोतक** पु० *(सं०)* छोटा कबूतर; सुरमा।
**कपोताङ्घ्रि** स्त्री० *(सं०)* एक गन्धद्रव्य।
**कपोतारि** पु० *(सं०)* बाज पक्षी।
**कपोती** स्त्री० *(सं०)* पण्डुकी; कबूतरी।
**कपोती (तिन्)** वि० *(सं०)* कपोत के रंग का, फाख्तई; कबूतर के वर्ण का।
**कपोल** पु० *(सं०)* गाल।
**कपोल कल्पना** स्त्री० मनगढ़न्त बात।
**कपोल कल्पित** वि० *(सं०)* मिथ्या, असत्य, झूठ।
**कप्तान** पु० *(अं०)* *(कैप्टेन)* दल-नायक पुलिस सुपरिटेण्डेण्ट।
**कप्पड़, कप्पर*** पु० कपड़ा।
**कप्यास** पु० *(अ०)* लाल। पु० बन्दर का चूतड़।
**कफ**[1] पु० *(सं०)* शरीर की तीन धातुओं (कफ़, वात, पित्त) में से एक, बलगम; गाढ़ी, लसलसी चीज जो अक्सर खाँसने पर बाहर निकलती है, फेन।
**कफक्षय** पु० यक्ष्मा।
**कफघ्न, नाशन, हर** वि० कफनाशक।
**कफ़**[2] पु० *(अ०)* खाँसी; कमीज या कुरते की आस्तीन का वह दुहरा भाग जिसमें बटन लगता है।
**कफ**[3] स्त्री० *(अ०)* हथेली।
**कफ**[4] **दस्त** पु० हथेली।
**क़फ**[5] पु० *(फ़ा०)* बलगम; झाग, फेन; लुआब।
**क़फ़गीर** पु० चाशनी, घी आदि का झाग या मैल

आदि निकालने वाली कलछी।

**कफ़न** पु० *(अ०)* शववस्त्र, शवाच्छादन, मृतचेल। **मुहा० कफ़न को कौड़ी न रखना** बहुत गरीब होना, कुछ भी बचाकर न रखना। **कफ़न फाड़कर उठना** मुर्दे का जी उठना। **कफ़न फाड़कर चिल्लाना/बोलना** बहुत जोर से बोलना। **कफ़न सिर से बाँधना** जान पर खेलना; साहस के लिए तैयार होना।

**कफनाना** अ० क्रि० कफन में ढक जाना। स० क्रि० मुर्दे को कफन में लपेटना।

**कफन खसोट** वि० दुर्दान्त लुटेरा।

**कफ़नी** स्त्री० *(अ०)* साधु-फकीरों का बिना बाँह का ढीला-ढाला कुरता।

**कफल** वि० *(सं०)* कफयुक्त; श्लेष्मायुक्त।

**कफ़श** पु० *(फ़ा०)* जूता। ~

**क़फ़स** पु० *(अ०)* क़ैदखाना, पिंजड़ा।

**कफालत** स्त्री० *(अ०)* जमानत; जिम्मेदारी।

**कफ़ील** पु० *(अ०)* जमानत करने या देने वाला।

**कफोणि** स्त्री० *(सं०)* कुहनी।

**कबन्ध** पु० *(सं०)* पेट; पुच्छल तारा; एक राक्षस जो दण्डक वन में राम के हाथों मारा गया; बिना मस्तक का धड़।

**कब** अ० किस समय, कदा; कभी नहीं (वह मेरी बात कब सुनता है)।

**कबड्डी** स्त्री० एक खेल विशेष; कम्पा।

**कबर** वि० *(सं०)* चितकबरा।

**कबरा** वि० जिसमें दूसरे रंग के दाग-धब्बे हों।

**क़बा** पु० *(अ०)* एक ढीला-ढाला लम्बा पहनावा जो अँगरखे के ऊपर पहना जाता है; चोगा।

**कबाड़, कबाड़ा** पु० कूड़ा करकट; झगड़ा, झंझट।

**कबाड़िया, कबाड़ी** पु० टूटी-फूटी चीजें खरीदने या बेचनेवाला।

**कबाब** पु० *(फ़ा०)* बारीक कटा हुआ या कूटा गया माँस जो टिकिया के रूप में आग पर भूना गया हो।

**कबार** पु० लेन-देन; व्यवसाय, व्यापार।

**कबारना**' स० क्रि० उखाड़ना।

**क़बाला** पु० *(अ०)* दानपत्र; एक दस्तावेज जिसमें सम्पत्ति किसी को हस्तान्तरित की गयी हो। अधिकारपत्र।

**क़बाहत** स्त्री० *(अ०)* झंझट, कठिनाई, खोट।

**कबीर** वि० *(अ०)* सम्मानित; बड़ा; बुजुर्ग। पु० एक प्रसिद्ध सन्त, कबीर पन्थ सम्प्रदाय के प्रवर्तक।

**कबीला** स्त्री० *(सं०)* जोड़, समूह।

**कबूतर** पु० एक प्रसिद्ध पक्षी जो पालतू और जंगली–दो तरह के होते हैं।

**कबूतरी** स्त्री० कपोती; नर्तकी; सुन्दर स्त्री।

**कबूद** वि० *(फ़ा०)* नीला, आसमानी। पु० नीलकण्ठी।

**क़बूलना** स० क्रि० मान लेना, स्वीकार करना।

**क़बूलियत** स्त्री० *(अ०)* स्वीकृति; स्वीकृति सम्बन्धी लिखित दस्तावेज जो पट्टा धारक पट्टा देनेवाले को लिखकर देता है।

**कबूली** स्त्री० चने की दाल की खिचड़ी; पुलाव।

**कबूलवाना** क्रि० स्वीकार कराना।

**क़ब्ज़** पु० *(अ०)* मल अवरोध; पकड़; कोष्ठबद्धता; पेट का साफ न होना।

**क़ब्ज़ा** पु *(अ०)* दस्ता, मूठ; अधिकार; पकड़; दखल।

**क़ब्जुल वसूल** पु० *(फ़ा०)* वह रजिस्टर जिस पर वेतन-वितरण कराया जाता है।

**क़ब्र** स्त्री० *(अ०)* गड़े हुए मुर्दे के ऊपर बना चबूतरा।
**मुहा० क़ब्र का अज़ाब** पापी को कब्र में मिलने वाला क्लेश। **क़ब्र का मुँह झाँक आना** मरते-मरते बचना, मौत के मुँह से निकल आना। **अपनी कब्र खोदना** अपने सर्वनाश का उपाय करना। **क़ब्र में पाँव लटकाना** मृत्यु का दिन निकट होना। **क़ब्र से उठकर आना** नया जीवन पाना।

**क़ब्र गाह** स्त्री० कब्रिस्तान।

**क़ब्रिस्तान** पु० *(अ०)* जहाँ बहुत-सी कब्रें हों, वह स्थान जहाँ मुर्दे दफनाये जाते हों।

**कभी** अव्य० किसी समय।

**कभी कभी** जब-तब, यदा- कदा।

**कभी का** कब का, अरसे से।

**कमंकर** पु० हड्डी बैठाने वाला; चित्रकार।

**कमंचा** पु० *(सं०)* बढ़ई का बरमा चलाने का डण्डा, जिसमें रस्सी बाँधी रहती है।

**कमण्डली** पु० ब्रह्मा। वि० कमण्डलधारी साधु।

**कमण्डलु** पु० *(सं०)* कमण्डल; जिसे साधु-संन्यासी लेकर चलते हैं।

**कमन्द*** स्त्री० *(फ़ा०)* फन्दा; रस्सी की सीढ़ी।

**कम** वि० *(फ़ा०)* छोटा; कम, थोड़ा, अल्प; खराब। अव्य० क्वचित्, बहुत कम, कम-कम। क्रि० वि० थोड़ा-थोड़ा।

**कमकस** वि० आलसी, कामचोर।

**कमचा** पु० छोटी कमान; सारंगी; लचकने वाली डाल।

**कमची** स्त्री० *(तु०)* बाँस की पतली टहनी, पतली लचकने वाली छड़ी।

**कमठ** पु० *(सं०)* बाँस; कछुआ; तूँबी; दैत्य। (हि०) कर्मठ।

**कमठा** पु० चाप, कमान।

**कमठी** स्त्री० *(सं०)* मादा कछुआ। (हि०) बाँस की फट्टी।

**कमती** स्त्री० कम, घटी, अल्प।

**कमनीय** वि० *(सं०)* प्रिय, सुन्दर, रुचिर।

**कमनेत** पु० *(सं०)* धनुर्धर।

**कमर** स्त्री० *(फ़ा०)* शरीर का मध्य भाग, कटि; कुश्ती का एक पेंच।
**मुहा० कमर कसना** (किसी काम के लिए) पक्का इरादा करना। **कमर खोलना** दम लेना। **कमर टूटना** हिम्मत पस्त होना। **कमर बाँधना** सफर के लिए तैयार होना। **कमर सीधी करना** थकावट मिटाना, सुस्ताना।

**कमल** पु० *(सं०)* जल; ताँबा; आँख का कोया; ध्रुव ताल का एक भेद; पीलिया रोग।

**कमलाग्रजा** स्त्री० *(सं०)* दरिद्रा, दुर्भाग्य।

**कमलासन** पु० *(सं०)* एक आसन, पद्मासन।

**कमलिनी** स्त्री० *(सं०)* कमल; कमलों का समूह।

**कमलिया, कमरिया** स्त्री० छोटा कम्बल।

**कमली** स्त्री० *(सं०)* पद्मसमूह। स्त्री० छोटा कम्बल।

**कमलेश** पु० *(सं०)* विष्णु।

**कमवाना** क्रि० दूसरे से कमाई कराना।

**कमाण्डर** पु० *(अं०)* सेनानायक।

**कमाई** स्त्री० श्रम-फल; मजदूरी।

**कमाऊ** वि० कमाने वाला।

**कमान** स्त्री० *(फ़ा०)* मेहराब; इन्द्रधनुष; धनुष *तोप।

**कमान** स्त्री० *(अं०)* *(कमाण्ड)* हुक्म; आदेश, फौजी ड्यूटी।

**कमाना** स० क्रि० पाखाना साफ करना; संचय करना; श्रम और उद्यम से पैसा उत्पन्न करना; वेश्या-वृत्ति करना।

**कमानी** स्त्री० सारंगी बजाने का गज; लोहे की लचीली और झुकावदार पट्टी; बढ़ई का एक औजार जिसमें बरमा फँसाकर खींचते हैं।

**कमाल** पु० *(अ०)* पूर्ण; अति; निपुणता, चमत्कार पूर्ण कार्य, पूर्णता, पराकाष्ठा, कबीर का बेटा।

**कमासुत** वि० धन कमाने वाला, उद्यमी।

**कमिश्नर** पु० *(अं०)* कमीशन या आयोग का सदस्य; कमिश्नरी या मण्डल का प्रधान अधिकारी।

**कमिश्नरी** स्त्री० *(सं०)* कमिश्नर की कचहरी व कार्यालय; विभाग।

**कमी** स्त्री० न्यूनता; घाटा; कम होना, अल्पता।

**कमीन** स्त्री० *(फ़ा०)* घात, हमला करने के लिए छिपकर बैठना।

**कमीना** वि० *(फ़ा०)* नीच, खोटा, क्षुद्र।

**कमीशन** पु० *(अं०)* दलाली, दस्तूरी; विचार के लिए नियुक्ति छोटी समिति।

**कमुंजा, कमुखा** स्त्री *(सं०)* बालों का गुच्छा।

**कमुकन्दर*** पु० धनुष तोड़नेवाले रामचन्द्र।

**कमेटी** स्त्री० *(अं०)* समिति।

**कमेरा** पु० *(सं०)* खेतों में काम करने वाला, मजदूर।

**कमेला** पु० कसाईखाना; जानवरों को जिबह किये जाने का स्थान।

**कमोड** पु० *(अं०)* मलत्याग के लिए लोहा अथवा चीनी मिट्टी का बना एक पात्र।

**कमोदन, कमोदिन*** स्त्री० *(हि०)* कुमुदिनी।

**कमोरा** पु० मिट्टी का चोड़े मुँह का घड़ा।

**कमोरी** स्त्री० चपरिया, छोटा कमोरा।

**कम्मल** पु० कम्बल; ओढ़ने-बिछाने के लिए ऊन का बना मोटा कपड़ा।

**कम्मा†** पु० भोज पत्र या ताड़ पत्र पर लिखा लेख।

**कम्यून** पु० *(अं०)* सम्पत्ति के संयुक्त अधिकारी मनुष्यों का समूह या संघ।

**कम्युनिज़्म** पु० *(अं०)* साम्यवाद; सम्पत्ति पर समाज

का अधिकार।
**कम्युनिस्ट** पु० *(अं०)* साम्यवाद का अनुयायी।
**कम्र** वि० *(सं०)* कामुक; सुन्दर।
**क़याम** पु० *(अ०)* ठिकाना; ठहराव ठहरना।
**क़यामत** स्त्री० *(अ०)* प्रलय; आफत; हंगामा, हलचल।
**मुहा० क़यामत बरपा करना** गजब ढाना, संकट उपस्थित करना।
**क़यास** पु० *(अ०)* अनुमान, अटकल; कल्पना।
**करंजा** वि० *(सं०)* भूरी आँखों वाला।
**करंजुवा** पु० झाड़; कंजा वृक्ष; मुर्गा।
**करन्द**† पु० वह जो बिना भोजन किये न टले, दरिद्र।
**करम्बित** वि० *(सं०)* मिला हुआ; मिश्रित।
**करम्भ** पु० *(सं०)* दही में सना हुआ सत्तू; पंक।
**करम्भक** पु० *(सं०)* दिया; दही में सना हुआ सत्तू।
**कर** पु० *(सं०)* हाथ; ओला; टैक्स; हाथी की सूड़; चौबीस अंगुल की माप; छल, युक्ति; करने वाला; महसूल, मालगुजारी।
**करक** पु० *(सं०)* महसूल, कर; कमण्डलु; करवा।
**करक** स्त्री० जलन के साथ थोड़ा-थोड़ा पेशाब होना।
**करकच** पु० झगड़ा, बखेड़ा।
**करकट** पु० कतवार, कूड़ा; †लोहे की चादर जिससे ट्रंक, बाल्टी आदि बनाते हैं।
**करकना** अ० क्रि० तड़कना; चुभना, सालना।
**करकस*** वि० कर्कश।
**करकरा** वि० *(हि०)* खुरदरा, चुभने वाला।
**करखा** पु० कालिख; ताव, उत्तेजना; कड़खा।
**करगस** पु० *(फ़ा०)* गिद्ध; *तीर।
**करगह** पु० कपड़ा बुनने वाला यन्त्र।
**करघा** पु० करगह।
**करछा** पु० कलछा; एक चिड़िया।
**करछी, करछुली**† स्त्री० कलछी।
**करछुल**† कलछुला, करछुली।
**करछैयाँ*** वि०, स्त्री० श्यामा गाय।
**करट** पु० *(सं०)* कौआ; दुष्ट पुरुष।
**करटक** पु० *(सं०)* कौआ।
**करटा** स्त्री० *(सं०)* दूध दुहने पर छटकने वाली गाय।
**करटु** पु० सारस, करकटिया।
**करण** पु० *(सं०)* तृतीया विभाक्ति; इन्द्रिय, शरीर, कार्य; वर्गमूल न निकाला जा सके ऐसी गणितीय संख्या।
**करतब** पु० कौशल; काम; करतूत, दूषित कर्म।
**करतबी** वि० करतब दिखाने वाला; गुणी; पुरुषार्थी, अधिक कार्य करने वाला।
**करतव्य*** वि० करणीय। पु० धर्म; करने योग्य काम।
**करता** पु० करने वाला; अधिकारी, मुखिया; कर्ता।
**करतारी*** स्त्री० एक प्रकार का बाजा; ईश्वर की लीला; मुखिया का कार्य; कर्तृत्व; ताली।
**करताल** पु० *(सं०)* झाँझ, मजीरा।
**करती** स्त्री० मरे बछड़े का चमड़ा जिसमें भूसा भरकर गाय को दिखाकर दुहा जाता है।
**करतति, ती** स्त्री० कर्म, करनी, कर्तव्य, करर्तब।
**करद** पु० किसान। वि० सहारा देने वाला; कर खिराज देनेवाला (राज्य, राजा)।
**करदम*** पु० माँस; पाप; कीच, कीचड़, कर्दम।
**करदा** पु० बदलाई; अनाज में मिला हुआ कूड़ा-करकट।
**करधन, करधनी** स्त्री० रेशम की बनी हुई पट्टी; कमर में पहना जानेवाला सोने-चाँदी का आभूषण।
**करन**† पु० कर्ण।
**करनधार*** पु० पार उतारने वाला, माँझी, कर्णधार।
**करना** *पु० काम, करनी; एक प्रकार का नीबू।
**करनाटकी** पु० स्त्री० कर्नाटक की भाषा, कन्नड़। कर्नाटक का रहने वाला।
**करनाल** पु० बड़ा ढोल; एक तरह की तोप; भोंपा।
**करनी** स्त्री० कन्नी; करतूत, कर्म; अन्त्येष्टि।
**करनैल** पु० *(अं०)* *(कर्नल)* सेना का एक बड़ा अफसर।
**करपर*** वि० कृपण। पु० खोपड़ी; खप्पर।
**करपरी**† स्त्री० पीठी की पकौड़ी।
**करपुट** पु० *(सं०)* अंजलि।
**करप्रद** पु० *(सं०)* करदाता।
**करप्रसाद** पु० *(सं०)* हस्तगत।
**करबला** स्त्री० *(अ०)* अरब का वह जलशून्य मैदान जहाँ इमाम हुसैन साथियों सहित शहीद हुए।
**करबुर*** स्त्री० शोरगुल; झगड़ा; विपत्ति।
**करबूस** पु० घोड़े की जीन में टँकी हुई हथियार लगाने की पट्टी।
**करभ** पु० *(सं०)* कमल; हाथी की सूँड़; हाथी का

बच्चा; नख।
**करभा**† पु० कोल, भील आदि जंगली जातियों का एक विशेष गाना।
**करभीर** पु० *(सं०)* सिंह
**करभोरु** वि० स्त्री० *(सं०)* हाथी की सूँड़ के समान जाँघ वाला हो, सुन्दर जाँघोंवाली।
**करम**[1] पु० *(अ०)* अनुग्रह; क्षमा; उदारता।
**करम**[2] पु० कर्मफल; भाग्य; कर्म, काम।
**मुहा० करम फूटना** भाग्य फूटना।
**करमठ** वि० कर्मठ, कर्मनिष्ठ।
**करमट्ठा*** वि० कंजूस।
**करमरी (रिन्)** पु० *(सं०)* आजीवन कारावास का दण्ड प्राप्त कैदी।
**करमात*** पु० कर्म; भाग्य।
**कमान**[1] स्त्री० *(फ़ा०)* मेहराब; धनुष।
**मुहा० कमान खींचना** तीर फेंकने के लिए कमान अपनी ओर खींचना। **कमान चढ़ना** गुस्से में होना; प्रसिद्धि होना।
**कमान**[2] स्त्री० *(अं०) (कमाण्ड)* हुक्म; आदेश, फौजी ड्यूटी।
**मुहा० कमान पर जाना** लड़ाई पर जाना।
**कमान**[3] **अफसर** पु० कमाण्डर।
**कमान**[4] **अफसरी** स्त्री० सेना-विशेष का नायकत्त्व।
**कमान**[5] **दार** पु० फौजी अफसर।
**कमाल** पु० *(अ०)* पूर्ण; अति; निपुणता, चमत्कारपूर्ण कार्य, पूर्णता, पराकाष्ठा, कबीर का बेटा। वि० सर्वोत्तम; अद्भुत।
**मुहा० कमाल करना** अद्भुत कुशलता का परिचय देना।
**करमी** वि० कर्मशील, कर्मठ।
**करमुँहा, करमुखा** वि० कलंकित जिसके मुँह में कालिख लगी हो; काले मुँहवाला, कलमुस।
**करल*** पु० कड़ाही।
**करवट** पु० एक विषैला वृक्ष; आरा।
**मुहा० करवट न लेना** चुप्पी साधना; कर्तव्य पर ध्यान न देना। **करवट बदलना** पलटना; बेचैनी से बार-बार पहलू बदलना; नींद न आना; सोते समय पहलू बदलना। **करवट लेना** बदलना; पहलू बदलना; पलटना।
**करवर*** पु० करवाल। स्त्री० आपत्ति, विपत्ति।
**करवा** पु० मिट्टी का बना टोंटीदार बर्तन।
**करवानक*** पु० गौरैया पक्षी, चिड़ा।
**करवीराक्ष** पु० *(सं०)* खर का एक सेनापति जो राम के हाथों मारा गया था।
**करवैया**† पु० करतब करने वाला, करने वाला।
**करश्मा** पु० *(फ़ा०)* नाज-नखरा; आँख का इशारा।
**करशाखा** स्त्री० अँगुली।
**करष*** पु०, स्त्री० क्रोध; आवेश; वैर; ताप।
**करषक*** पु० कृषक, किसान।
**करषना** क्रि० घसीटना, तानना।
**करसना** क्रि० खींचना घसीटना।
**करसान** पु० किसान।
**करसायर, करसायल** पु० *(सं०)* कृष्णसार, काला मृग।
**करहँज** पु० चने की वह फसल जो उपजी तो काफी हो पर दाने कम पड़े हों।
**करह*** पु० ऊँट; पुष्पकलिका।
**करहनी** पु० अगहनी धान।
**करहाट, करहाटक** पु० *(सं०)* कमल का छत्ता; कमल की जड़।
**करही**† स्त्री० वृक्ष।
**करा*** स्त्री० कला।
**कराई** स्त्री० करने या कराने का भाव; दाल का छिलका।
**क़राबत** स्त्री० *(अ०)* समीपता; नाता, रिश्ता।
**करामत** स्त्री० *(अ०)* सिद्धि, चमत्कार, महत्ता।
**करामात** स्त्री० *(अ०)* सिद्धि, चमत्कार।
**करामाती** वि० करामात करने वाला, चमत्कार दिखानेवाला, चमत्कारी।
**करायल** †स्त्री० कलौंजी। पु० मँगरैला, तेल या लोबान मिला हुआ लसलसा पदार्थ।
**करायिका** स्त्री० *(सं०)* छोटा सारस पक्षी; एक पक्षी।
**करार**[1] पु० नदी का ऊँचा और खड़ा किनारा; कगार।
**क़रार**[2] पु० *(अ०)* चैन, आराम; ठहराव; धीरज।
**मुहा० क़रार पाना** चैन पाना; आराम पाना; ठहरना।
**करारना*** अ० क्रि० कर्कश स्वर में बोलना।
**करारा** पु० टीला; कौआ। वि० तेज; कड़ा; दृढ़।

**कराल** वि० *(सं०)* भयावह, डरावना; बड़े-बड़े दाँतोंवाला।
**क़रालिक** पु० *(सं०)* तलवार; वृक्ष।
**कराह** पु० *(सं०)* आह, पीड़ा में निकला हुआ शब्द।
**कराहत** स्त्री० *(अ०)* नफरत, घृणा।
**कराहना** अ० क्रि० आह-आह करना।
**कराहा*** पु० कड़ाहा।
**कराही*** स्त्री० कड़ाही।
**करिन्द** पु० बड़ा हाथी; ऐरावत।
**करि*** पु० हाथी।
**करिखई*** स्त्री० कालापन।
**करिखा**† पु० कालिख, कलंक।
**करित** पु० *(सं०)* आदेश देकर बनवायी गयी वस्तु।
**करिया** वि० काला। पु० *पतवार; माँझी, कर्णधार।
**करीन्द्र** पु० *(सं०)* श्रेष्ठ हाथी; ऐरावत।
**करी*** स्त्री० धरन, कड़ी; कली।
**करी (रिन्)** पु० *(सं०)* हाथी।
**क़रीन** वि० *(अ०)* मिला हुआ; समान, तुल्य।
**क़रीना** पु० *(अ०)* मेल, समानता; तरतीब।
**करीर** पु० *(सं०)* घड़ा; बाँस का नया कल्ला; करील।
**करीष** पु० *(सं०)* करसी, सूखा गोबर।
**करुआ, करुवा** † पु० मिट्टी का बर्तन, करवा।
**करुआना, करुवाना*** अ० क्रि० दुःखना, गड़ना।
**करुखी*** स्त्री० कनखी, तिरछी चितवन।
**करुण** वि० *(सं०)* दयनीय; करुणायुक्त।
**करुणा** स्त्री० *(सं०)* दया; अनुकम्पा।
**करुणाकर** वि० *(सं०)* अति दयालु, करुणानिधान।
**करुणामय** वि० *(सं०)* करुणा से युक्त; अतिदयालु।
**करुणी (णिन्)** वि० *(सं०)* करुणा का पात्र, दयनीय।
**करुर*** वि० कड़वा।
**करुवारि*** स्त्री० पतवार।
**करेण्ट** वि० *(अं०)* शीघ्र घटित। पु० विद्युतप्रवाह।
**करेजा*** पु० कलेजा।
**करेणु** स्त्री० *(सं०)* हथिनी। पु० हाथी।
**करेणू** पु० *(सं०)* हाथी। स्त्री० हथिनी।
**करेनर, करेवर** पु० *(सं०)* एक गन्ध द्रव्य, लोबान।
**करेब** पु० *(अं०)* *(क्रेप)* बारीक बुनावट वाला रेशमी कपड़ा।
**करेर, करेरा*** वि० कठोर, सख्त, कड़ा।
**करेला, करैला** पु० कड़वे स्वाद की एक सब्जी।
**करेली, करैली** स्त्री० जंगली करेला।
**करैल** पु० बाँस का नरम कल्ला।
**करोट** पु० **करोटि** स्त्री० *(सं०)* खोपड़ी; प्याला।
**करोड़** पु० सौ लाख की संख्या।
**करोड़ी** पु० कर संग्राहक; रोकड़िया।
**करोदना*** स० क्रि० कुरेदना।
**करोना*** स० क्रि० खुरचना, कुरेदना।
**करोर*** वि०, पु० करोड़।
**करौंदा** पु० एक काँटेदार झाड़ीनुमा पेड़ जिसका फल मटर के दाने से बड़ा होता है जो पकने पर काला हो जाता है।
**करौंदिया, करौंदी** पु० गुलाबी रंग।
**करौत** स्त्री० रखैल।
**करौली** स्त्री० केला देवी के मन्दिर वाली नगरी, एक छोटी रियासत, नुकीली छुरी।
**कर्क** पु० *(सं०)* आग; आईना; घड़ा; केकड़ा; बारह राशियों में से चौथी; काकड़ासींगी।
**कर्कटी** स्त्री० *(सं०)* तराजू की डाँड़ी; एक तरह की ककड़ी; सेमल का फल; तोरई।
**कर्कर** वि० *(सं०)* सख्त, कठोर; दृढ़। पु० कंकड़; हथौड़ा; नीलम जाति का कुरण्ड पत्थर।
**कर्करी** स्त्री० *(सं०)* एक पौधा; झाड़ी।
**कर्कश** वि० *(सं०)* दुराचारी; खुरदरा; कठोर; तीव्र; उग्र; अचिन्त्य; हट्टा कट्टा।
**कर्कशा** वि०, स्त्री० *(सं०)* झगड़ालू; कटुभाषिणी।
**कर्कारुक** पु० *(सं०)* तरबूज।
**कर्कोट, कर्कोटक** पु० *(सं०)* बेल का पेड़; कोहड़ा; खेखसा; ईख; एक नाग।
**कर्चूरक** पु० *(सं०)* हल्दी।
**क़र्ज़** पु० *(अ०)* उधार, ऋण, देना।
**मुहा० क़र्ज़ खाना** ऋणी होना, ऋणभार से दबा होना।
**कर्ण** पु० *(सं०)* कौरव पक्ष का एक महारथी; नाव की पतवार; एक प्राचीन जाति; समकोण त्रिभुज में समकोण के सामने की भुजा।
**कर्णक** पु० *(सं०)* पेड़ के पत्ते और टहनियाँ; लता; सन्निपात रोग का एक भेद; माँझी।
**कर्णकटु** वि० *(सं०)* अप्रिय, कर्कश।
**कर्णविवर** पु० *(सं०)* कान का छेद।

**कर्णपूर** पु० *(सं०)* कर्णाभूषण।
**कर्णिक** पु० *(सं०)* माँझी, कर्णधार।
**कर्णिका** स्त्री० *(सं०)* कमल का छत्ता; लेखनी; हाथी की सूँड की नोक; बिचली उँगली; गाँठ गिलटी।
**कर्णिकार** पु० *(सं०)* कनेर का पेड़, फूल।
**कर्णी** स्त्री० *(सं०)* फलवाला बाण; कंस की माता।
**कर्णी (र्णिन्)** वि० *(सं०)* बड़े कानोंवाला; कानवाला।
**कर्णेजप** वि०, पु० *(सं०)* भेदी, भेद बताने वाला; चुगलखोर; एक से दूसरे तक पहुँचने वाला।
**कर्तन** पु० *(सं०)* कतरना; काटना।
**कर्तब*** पु० करतब।
**कर्तरि, कर्तरिका** स्त्री० *(सं०)* कटारी; कैंची; छुरी।
**कर्तरी** स्त्री० *(सं०)* कतरनी; छुरी; कटारी; कैंची।
**कर्ता (र्तृ)** पु० *(सं०)* काम करने वाला; ब्रह्मा, विधाता; ईश्वर; कारक, क्रिया का कर्ता।
**कर्तार** पु० ईश्वर; काम करने वाला, कर्ता।
**कर्तित** वि० *(सं०)* काटा-छाँटा हुआ।
**कर्तृका** स्त्री० *(सं०)* कटारी; छुरी।
**कर्त्रिका, कर्त्री** स्त्री० *(सं०)* छुरी; कैंची।
**कर्तृत्व** पु० *(सं०)* कर्ता का धर्म।
**कर्तृवाचक** वि० *(सं०)* कर्ता बोधक।
**कर्तृवाच्य** पु० *(सं०)* क्रिया पद द्वारा कर्ता सूचक वाक्य।
**कर्दट** पु० *(सं०)* कीचड़; पद्मकन्द।
**कर्दम** पु० *(सं०)* पाप; कीचड़; माँस।
**कर्नल** पु० *(अं०)* सेना का एक अफसर।
**कर्पटिक, कर्पटी (टिन्)** वि० *(सं०)* भिखारी।
**कर्पर** पु० *(सं०)* कपाल; ठीकरा; कड़ाह; गूलर।
**कर्परी** स्त्री० *(सं०)* एक उपधातु; खपरिया।
**कर्पूर** पु० *(सं०)* कपूर।
**कर्बुर** वि० *(सं०)* चितकबरा
**कर्म (न्)** पु० *(सं०)* धन्धा; काम; क्रिया; शास्त्रविहित कर्म; वह पूर्वकृत कर्म जिसका फल इस जन्म में मिल रहा हो, जिसपर कर्ता की क्रिया का फल पड़े।
**कर्मठ** वि० *(सं०)* कार्य में कुशल; कर्मनिष्ठ।
**कर्मणा, कर्मतः (तस्)** अ० *(सं०)* कर्म द्वारा।
**कर्मण्य** पु० *(सं०)* काम के प्रति निष्ठा। वि० काम करने में कुशल; उद्यमी।
**कर्मण्या** स्त्री० *(सं०)* मानदण्ड, पारिश्रमिक।
**कर्मधारय** पु० *(सं०)* संस्कृत में विशेषण विशेषण विशेष्य परक समास।
**कर्मशील** वि० *(सं०)* परिश्रमी, कर्म करने वाला।
**कर्मान्त** पु० *(सं०)* जोती हुई जमीन; काम की समाप्ति; कार्य का सम्पादन।
**कर्मान्तिक** पु० *(सं०)* कार्य करने वाला, कर्मचारी।
**कर्माजीव** पु० *(सं०)* किसी पेशे से जीविका-निर्वाह करने वाला।
**कर्मिष्ठ** वि० *(सं०)* कार्यकुशल; कर्मनिष्ठ।
**कर्मी (मिन्)** वि० *(सं०)* उद्यमी; कार्य करने वाला।
**कर्मीर** पु० *(सं०)* नारंगी रंग। वि० चितकबरा।
**कर्रा** वि० कड़ा, कठिन। (स्त्री० कर्री)। पु० बुनाई के लिए सूत को फैलाकर तानना।
**कर्राना** अ० क्रि० कठोर होना, कड़ा होना।
**कर्वट** पु० *(सं०)* बाजार; नगर; मण्डी; पहाड़ की ढाल।
**कर्वर** पु० *(सं०)* पाप; राक्षस; बाघ। वि० चितकबरा।
**कर्वरी** स्त्री० *(सं०)* रात्रि; राक्षसी; दुर्गा; व्याघ्री।
**कर्शन** वि० *(सं०)* क्षीण या कमजोर करने वाला।
**कर्शित** वि० *(सं०)* क्षीण, कमजोर, दुबला-पतला।
**कर्ष** पु० *(सं०)* जोतना; जोश; ताव।
**कर्षक** पु० *(सं०)* किसान। वि० खींचने वाला।
**कर्षण** पु० *(सं०)* खरोचना; हानि पहुँचना।
**कर्षना*** स० क्रि० तानना; खींचना।
**कर्षिणी** स्त्री० *(सं०)* खिरनी का पेड़।
**कर्षित** वि० *(सं०)* खींचा हुआ; कमजोर।
**कर्हि** अव्य० *(सं०)* कब।
**कर्हि चित्** अव्य० किसी समय।
**कलंक** पु० *(सं०)* बदनामी; दोष; दाग।
**कलंकष** पु० *(सं०)* सिंह; एक वाद्य।
**कलंकी (किन्)** वि० *(सं०)* बदनाम; जिसे कलंक लगा हो; अपमानित।
**क़लन्दर** पु० *(अ०)* ईश्वर के ध्यान में लगा रहनेवाला; मुसलमान फकीरों का एक समूह; फक्कड़।
**क़लन्दरी** वि० *(फ़ा०)* कलन्दर के समान। स्त्री० कलन्दर का पेशा; एक रेशमी कपड़ा।
**कलम्ब** पु० *(सं०)* कदम्ब; बाण; कलन्दर सम्बन्धी।
**कल**[1] वि० *(सं०)* सुहावना; कमजोर; अजीर्ण।

**कल**[2] स्त्री० यन्त्र, मशीन; पुर्जा; चैन, आराम, शान्ति।
**मुहा० कल ऐंठना, कल घुमाना** कल चलाना; पट्टी पढ़ाना। **कल बेकल होना** बेचैन होना; पुरजे का अपनी जगह से हट जाना। **कल हाथ में होना** नकेल हाथ में होना।

**कल**[3] 'काला' का समास में व्यवहृत रूप।

**कल**[4] अ० पीछे बीता या आगे आने वाला दिन।

**कलइया** स्त्री० कलाबाजी।

**क़लई** स्त्री० *(अ०)* चूने की पुताई, सफेदी; चूना; लेप; राँगा।
**मुहा० क़लई खुलना** असलियत का प्रकट हो जाना।

**कलंकत** पु० *(सं०)* कोकिल, कोयल।

**क़लक** पु० *(अ०)* पछतावा; दुःख, रंज; ग्लानि।

**कलकना*** अ० क्रि० चीत्कार करना, चिग्घाड़ना।

**कलकान, कलकानि*** स्त्री० परेशानी; दुःख, ग्लानि।

**कलक्टर** पु० *(अं०)* जिले का सबसे बड़ा अफसर।

**कलक्टरी** वि० कलक्टर का; कलक्टर से सम्बद्ध। स्त्री० कलक्टर का पद या कार्य।

**कलगी** स्त्री० *(फ़ा०)* मोर या मुर्गे के सिर पर की चोटी; टोपी, पगड़ी में लगाया जानेवाला फुँदना; ऊँची इमारत का शिखर; मुकुट में लगा पंख।

**कलचुरी** पु० दक्षिण भारत का एक प्राचीन राजवंश।

**कलछुला** पु० भड़भूजे का एक औजार, लम्बी डाँड़ी का कलछा जिससे भड़भूजा भाड़ से जलती बालू निकालता है।

**कलछी** स्त्री० बड़ी डण्डी का चम्मच।

**कलधौत** पु० *(सं०)* सोना।

**कलन** पु० *(सं०)* शब्द करना; समझना; दोष।

**कलना** स्त्री० *(सं०)* छोड़ना; ज्ञान; ग्रहण करना।

**कलप** पु० खिजाब; कलफ़।

**कलपना** स्त्री० हाय, आह।

**कलपाना** स० क्रि० सताना, रुलाना; कलपने का कारण उत्पन्न करना।

**कलफ़** पु० धुले कपड़े में कड़कपन लाने के लिए प्रयोग में लाने वाली माड़ी।

**कलबल** पु० उद्योग। स्त्री० कोलाहल।

**कलभ** पु० *(सं०)* हाथी का बच्चा; धतूरा।

**कलभी** स्त्री० *(सं०)* हाथी का बच्चा (मादा)।

**कलम**[1] स्त्री० *(सं०)* लेखनी। पु० एक अच्छी जाति का धान, जिसका चावल महीन और सुगन्धित होता है।
**मुहा० कलम खींचना** लिखे हुए को काटना। **कलम तोड़ना** श्रेष्ठ रचना लिखना।

**क़लम**[2] वि० *(अ०)* कटा, तराशा हुआ।
**मुहा० क़लम करना** सिर काटकर अलग कर देना; छाँटना; काटना। **क़लम रोपना** *(ग्रैफ्टिंग)* नवीन गुणों से युक्त पौधों की नई जाति या नस्ल तैयार करने के लिए एक पौधे की टहनी को काटकर या छीलकर दूसरे पौधे की डाली पर बाँधना; क़लम काटना।

**कलमना*** स० क्रि० कलम करना, कलम काटना।

**कलमा** पु० *(अ०)* इसलाम धर्म का मूल मन्त्र—'ला इलाह इलिल्लाह, मुहम्मद रसूलिल्लाह'।

**कलल** पु० *(सं०)* गर्भ का आरम्भिक रूप, जरायु।

**कलवरिया** स्त्री० कलवार की दुकान, शराब-खाना।

**कलवार** स्त्री० कलवारिन।

**कलश, कलस** पु० *(सं०)* घड़ा, कलसा; सिरमौर।

**कलशी, कलसी** स्त्री० *(सं०)* छोटा कँगूरा; छोटा घड़ा, गगरा।

**कलह** पु० *(सं०)* झगड़ा, लड़ाई; युद्ध।

**कलहंस** पु० *(सं०)* राज हंस।

**कलहान्तरिता** स्त्री० (सं०) नायक या अपने पति का तिरस्कार कर पीछे पछताने वाली नायिका।

**कलाँ** वि० *(फ़ा०)* बड़ा; दीर्घाकार।

**कलान्तर** पु० *(सं०)* दूसरी कला; ब्याज; लाभ।

**कला** स्त्री० *(सं०)* *ज्योति, तेज; छटा, शोभा; अंश; चन्द्रमण्डल का सोलहवाँ भाग; काल का एक मान; हुनर, गुण; यन्त्र।

**कलाधर** पु० *(सं०)* चन्दमा, शिव।

**कलाई** स्त्री० हथेली और पहुँचे के बीच का भाग, हाथ में हथेली के जोड़ के ऊपर, गट्टा; अलान।

**कलाकन्द** पु० एक तरह का मिष्टान्न।

**कलादा*** पु० हाथी की गरदन जहाँ पीलवान बैठता है।

**कलानुनादी (दिन्)** पु० *(सं०)* गौरैया; भौंरा।

**कलाप** पु० *(सं०)* अर्द्ध चन्द्राकार अस्त्र; समूह; मोर की पूँछ; हाथी के गले की रस्सी; एक रागिनी।

**कलापिनी** स्त्री० *(सं०)* निशा, रात; मोरनी।

**कलापी (पिन्)** वि० *(सं०)* तरकशधारी।

**कलाबतून** पु० *(तु०)* सोने या चाँदी के तार से लपेटा रेशम का वस्त्र।

**कलाबत्तू** पु० कलाबत्तू का बना पतला फीता; रेशम के धागे पर लपेटा हुआ सोने या चाँदी का तार।

**कलाबा** पु० *(अ०)* हाथी के गले की रस्सी; हाथी की गरदन; तकली पर लिपटा हुआ सूत।

**कलाबाज** वि० नट, क्रिया करने वाला।

**कलाम** पु० *(अ०)* वचन, उक्ति; वादा।

**कलामक** पु० *(सं०)* जाड़े में तैयार होनेवाली धान की एक जाति।

**कलामत*** पु० कलावन्त, संगीतज्ञ।

**कलालाय** पु० *(सं०)* भ्रमर, भौंरा।

**कलावती** स्त्री० *(सं०)* गंगा। वि० शोभायुक्त।

**कलिंग** वि० *(सं०)* चालाक, चतुर, धूर्त; कलिंग देश। पु० तरबूज; इन्द्रजौ; एक राग।

**कलिंगा** स्त्री० *(सं०)* सुन्दरी स्त्री।

**कलिन्द** पु० *(सं०)* वह पर्वत जहाँ से यमुना निकलती है; सूर्य।

**कलि** पु० *(सं०)* युद्ध; कलियुग का अधिष्ठाता एक असुर; चार युगों में से चौथा।

**कलिका** स्त्री० *(सं०)* एक छन्द; कली; कला।

**कलिकान*** वि० परेशान, हैरान।

**कलिकाल** पु० *(सं०)* कलियुग।

**कलित** वि० *(सं०)* ज्ञात; गृहीत; गणना किया हुआ।

**कलिमल** पु० *(सं०)* पाप।

**कलियाना** अ० क्रि० पक्षियों का नया पंख; नयी कलियों से युक्त होना।

**कली** स्त्री० *(हि०)* कुर्ते आदि में लगने वाला तिकोना कपड़ा; चिड़िया का पहला निकलने वाला छोटा पंख; अप्राप्त यौवना कन्या।

**मुहा० कली फूटना** चिड़िया के पहले परों का निकलना।

**कलीट*** वि० कलूटा, काला।

**कलीरा†** पु० छुहारों, कौड़ियों आदि को गूँथकर बनाया हुआ हार।

**कलीसाई** पु० ईसाई।

**कलुख** पु० *(हि०)* कलुष, पाप।

**कलुखी*** वि० कलुषयुक्त, दोषी।

**कलुष** पु० *(सं०)* पाप; क्रोध; मैल, गन्दगी; भैंसा। वि० क्रूर; मैला, गन्दा; निन्दित, पापी।

**कलुषाई*** स्त्री० अपवित्रता; दोष।

**कलुषित, कलुषी (षिन्)** वि० *(सं०)* रुष्ट; दुष्ट।

**कलेक्टर** पु० *(अं०)* जिले का अधिकारी, कलक्टर।

**कलेजा** पु० साहस, हिम्मत; जिगर, यकृत।

**मुहा० कलेजा उछलना** उद्वेग, हर्ष, आशंका आदि से दिल का धड़कना। **कलेजा काँपना** डर से काँप जाना। **कलेजा छलनी होना** व्यंग्य-बाणों से कलेजा छिद जाना, ताने। **कलेजा जलना** मन को अति क्लेश होना। **कलेजा ठण्ढा होना** मन को शान्ति मिलना। **कलेजा पत्थर का करना** असह्य दुःख के सहने के लिए जी कड़ा करना। **कलेजा फट जाना** किसी के दुःख से हृदय का विदीर्ण होना। **कलेजा मुँह को आना** किसी कष्ट या व्यथा से व्याकुल, बेचैन होना। **कलेजे का टुकड़ा** सन्तान, पुत्र। **कलेजे पर छुरी चल जाना** हृदय पर गहरा आघात होना। **कलेजे पर साँप लोटना** ईर्ष्या से जल उठना; व्यथा से बहुत बेचैन हो जाना। **कलेजे में पैठना** भेद लेने के लिए मेलजोल बढ़ाना। **कलेजे से लगाना** छाती से लगाना, आलिंगन करना।

**कलेवर** पु० *(सं०)* डील, देह, आकार।

**मुहा० कलेवर बदलना** नया शरीर धारण करना।

**कलेवा** पु० शादी- ब्याह में होने वाली एक रस्म; मार्ग के लिए साथ लिया गया भोजन, पाथेय।

**कलैया†** स्त्री० कलाबाजी मारना; डाल से अंकुर फूटना।

**कलोर** *पु० बछड़ा। स्त्री० बिना ब्यायी या गर्भिणी गाय।

**कलोलना*** अ० क्रि० कलोल करना।

**कलौंजी** स्त्री० मँगरैला; मसाला भरकर घी-तेल में तली हुई समूची करेली, बैंगन आदि।

**कलौंस** वि० जो कालापन लिये हो। स्त्री० कलंक; कालिमा; स्याही।

**कल्क** पु० *(सं०)* मैल; दम्भ; तेल में नीचे जमने वाला मैल, कीट; पाप; बहेड़ा; चूर्ण।

**कल्प** पु० *(सं०)* ब्रह्मा का एक दिन; प्रलय; धार्मिक कर्तव्यों का विधि-विधान; यज्ञों, संस्कारों आदि

की विधियाँ।

**कल्पक** वि० *(सं०)* काटने वाला, रचयिता, रचनेवाला; कल्पना करने वाला; ग्रन्थकार

**कल्पतरु, कल्पद्रुम** पु० *(सं०)* मनचाहा फल देने वाला वृक्ष विशेष।

**कल्पन** पु० *(सं०)* कल्पना करना; रचना; कतरना।

**कल्पना** स्त्री० *(सं०)* उपज; सोचना; रचना; सजाना।

**कल्पान्त** पु० *(सं०)* सृष्टि का अन्त, प्रलय,उत्पत्ति।

**कल्पारम्भी (भिन्)** वि०, पु० *(सं०)* प्रशंसा के लोभवश कार्य करने वाला।

**कल्पिक** वि० *(सं०)* उपयुक्त, योग्य।

**कल्पित** पु० *(सं०)* रचित, बनावटी, कल्पना किया हुआ।

**कल्पितोपमा** स्त्री० *(सं०)* उपमा अलंकार का एक भेद जहाँ वास्तविक उपमान के न मिलने पर कल्पना द्वारा मनमाना उपमान प्रयुक्त हो।

**कल्मष** पु० *(सं०)* पाप।

**कल्माष** वि० *(सं०)* चितकबरा।

**कल्य** पु० *(सं०)* सवेरा, भोर, तड़का; मद्य; मंगल कामना। वि० गूँगा; स्वस्थ, नीरोग; बहरा।

**कल्या** स्त्री० *(सं०)* कलोर गाय।

**कल्याण** पु० *(सं०)* शुभ कर्म; सुख-सौभाग्य; मंगल; भलाई; अभ्युदय।

**कल्याणक** वि० *(सं०)* शुभ, मंगलकारक; उन्नतिशील।

**कल्याणी** वि० स्त्री० *(सं०)* सुन्दरी; कल्याणमयी। स्त्री० जंगली उड़द; कलोर गाय।

**कल्याणी (णिन्)** वि० *(सं०)* मंगलकारी; भाग्यशाली।

**कल्लर** पु० रेह, नोनी मिट्टी।

**कल्ला** पु० गोंफा (फूटना); जबड़े के नीचे गले तक का भाग।

**मुहा० कल्ला दबाना** बोलने से रोकना।

**कल्लाना** अ० क्रि० जलनयुक्त पीड़ा या दर्द होना।

**कल्लोल** पु० *(सं०)* क्रीड़ा, आनन्द। वि० दुश्मनी।

**कल्हर** पु० वेग।

**कल्हरना*** अ० क्रि० कड़ाही में भूनना।

**कल्हारना** अ० क्रि० कराहना। स० क्रि० घी या तेल में किसी वस्तु एवं पदार्थ का तलना।

**कवक** पु० *(सं०)* निवाला, कम्बल; कुकुरमुत्ता।

**कवच** पु० *(सं०)* बख्तर, वर्म; छिलका; ताबीज।

**कवची (चिन्)** वि० *(सं०)* वर्मधारी।

**कवटी** स्त्री० *(सं०)* शूद्र जाति की स्त्री।

**कवन** *सर्व० कौन। पु० *(सं०)* पानी।

**कवयिता (तृ)** पु० *(सं०)* कवि।

**कवयित्री** स्त्री० *(सं०)* कविता लिखने वाली स्त्री।

**कवर** पु० *(सं०)* चोटी; व्याख्याता; *(अं०)* लिफाफा।

**कवरना** स्त्री० क्रि० जरा-जरा भूनना; सेंकना।

**कवर्ग** पु० *(सं०)* 'क' से 'ङ' तक के अक्षर।

**कवरा, कवरी** स्त्री० चोटी, जूड़ा।

**कवल** पु० *(सं०)* ग्रास; कौर, कुल्ली; एक पक्षी; पीलिया नामक रोग।

**कवलन** पु० *(सं०)* खाना; चबाना; निगलना।

**कवलिका** स्त्री० *(सं०)* फोड़े पर बाँधी जाने वाली पट्टी।

**कवलित** वि० *(सं०)* प्राप्त हुआ; खाया, निगला हुआ।

**कवष** पु० *(सं०)* एक ऋषि; ढाल।

**कवस** पु० *(सं०)* काँटेदार झाड़ी; कवच।

**क़वायद** पु० *(अ०)* क्रियाविधि; नियमावली।

**कवार** पु० *(सं०)* ज *(सं०)* कमल; जलपक्षी।

**कवि** पु० *(सं०)* कविता करने वाला, शायर।

**कविक** पु० *(सं०)* लगाम।

**कविका** स्त्री० *(सं०)* लगाम; केवड़ा।

**कविता** स्त्री० *(सं०)* रसात्मक छन्दोबद्ध रचना।

**कवित्त** पु० कविता, काव्य, प्रत्येक चरण में इकत्तीस अक्षर वाला छन्द।

**कवित्व** पु० *(सं०)* काव्यरचना की शक्ति; काव्य का गुण।

**कविराज** पु० *(सं०)* श्रेष्ठ, कवि, बंगदेशीय वैद्य की उपाधि।

**कवीन्द्र** पु० *(सं०)* श्रेष्ठ कवि।

**कवेरा** वि० गँवार।

**कवोष्ण** वि० *(सं०)* कुनकुना, थोड़ा गर्म।

**कव्य** पु० *(सं०)* पितरों को अर्पित अन्न।

**कश** पु० *(फ़ा०)* खींच; तम्बाकू, सिगरेट आदि के धुँए का घूँट।

**कशकोल** पु० *(फ़ा०)* खप्पर, फकीरों का भिक्षापात्र।

**कशा** स्त्री० *(सं०)* चाबुक, कोड़ा; रस्सी।

**कशाघात** पु० *(सं०)* चाबुक या कोड़ा मारना।

**कशिक** पु० *(सं०)* नेवला।

**कशिपु** पु० *(सं०)* चटाई; बिछौना; अन्न; वस्त्र।

**कशिश** स्त्री० *(फ़ा०)* आकर्षण; खींचने की शक्ति।

**कशीद** स्त्री० *(फ़ा०)* अर्क खींचना।

**कशीदा** वि० खिंचा या खींचा हुआ; उठाया हुआ।

**कशेरु** पु० *(सं०)* रीढ़ की हड्डी; कसेरू।

**कशेरुक** पु० *(सं०)* कसेरू; रीढ़।

**कशेरुका** स्त्री० *(सं०)* रीढ़ की हड्डी; मेरुदण्ड।

**कश्चित्** वि०, सर्व० *(सं०)* कोई एक; कोई।

**कश्ती** स्त्री० *(फ़ा०)* नाव, नौका, किश्ती।

**कश्मल** पु० *(सं०)* पापी; मोह; उत्साहहीनता; मूर्छा, बेहोशी।

**कश्मीरज** पु० केसर।

**कश्यपनन्दन** पु० गरुड़।

**कष** पु० *(सं०)* परीक्षा; सान, रगड़ना; कसौटी।

**कषण** वि० *(सं०)* कच्चा, अपक्व।

**कषा** स्त्री० *(सं०)* कशा, चाबुक।

**कषाकु** पु० *(सं०)* सूर्य; अग्नि।

**कषाय** पु० *(सं०)* कसैलापन, काढ़ा।

**कषायित** वि० *(सं०)* गेरुए रंग का; प्रभावित।

**कषि** वि० *(सं०)* हानिकारक, नुकसान देह।

**कषेरुका** स्त्री० *(सं०)* रीढ़, मेरुदण्ड।

**कष्ट** पु० *(सं०)* विपत्ति; कठिनाई; पीड़ा; मुसीबत।

**कष्टि** स्त्री० *(सं०)* परीक्षा; पीड़ा; चोट।

**कष्टी (ष्टिन्)** वि० *(सं०)* कष्ट पानेवाला।

**कस** पु० *(सं०)* कसौटी, परीक्षा, जाँच।

**मुहा० कस में रखना** रोक या दबाव में रखना।

**कसक** स्त्री० खटक; पुराना बैर; रह-रहकर होने वाली पीड़ा, टीस; जलन, ईर्ष्या।

**कसकन** स्त्री० पीड़ा; कसक।

**कसकना** अ० क्रि० सालना; पीड़ा होना, टीसना।

**कसकुट** पु० *(हि०)* काँसा।

**कसना** स० क्रि० *(हि०)* बन्धन को कड़ा करना; फन्दे आदि को कसना; जकड़ना; कसकर बाँधना।

**कसनि** स्त्री० बन्धन।

**कसब** पु० *(अ०)* वेश्यावृत्ति; काम-धन्धा; कठिनाई परिश्रम से अर्जन करना, कमाना।

**क़सबा** पु० *(अ०)* छोटा नगर या शहर।

**कसबाती** वि० नागरिक, नगर में रहनेवाला।

**कसबिन, कसबी** स्त्री० वेश्या, व्यभिचार से जीविकोपार्जन करने वाली।

**क़सम** स्त्री० *(अ०)* शपथपूर्वक ली हुई प्रतिज्ञा; सौगन्ध, शपथ।

**मुहा० क़सम उतारना** शपथ के बन्धन से अपने को मुक्त करना (लड़कों का)। **किसी बात की कसम खाना** किसी बात के करने या न करने की प्रतिज्ञा करना। **कसम खाने को** नाममात्र को।

**कसमस** पु०, स्त्री० कसमसाहट।

**कसमसाना** अ० क्रि० छटपटाना, बेचैन होना, ऊबकर घबड़ाना; कुलबुलाना; हिचकना।

**कसमसाहट** स्त्री० कुलबुलाहट; घबड़ाहट, बेचैनी।

**कसमा-कसमी** स्त्री० दोनों पक्षों का कसम खाना।

**किसमिया, कसमीया** अ० कसम खाकर, शपथपूर्वक।

**कसर** स्त्री० *(अ०)* घाटा; कमी, न्यूनता; विकार।

**कसरत** स्त्री० *(अ०)* शरीर को पुष्ट और बलवान् बनानेवाली क्रियाएँ; व्यायाम, वर्जिश।

**कसरती** वि० व्यायाम से बनाया हुआ (बदन); कसरत करने वाला।

**कसली** स्त्री० छोटा फावड़ा।

**कसवाना** स० क्रि० कसने या कड़ा करने का काम कराना।

**कसाई** पु० *(अ०)* बूचड़, माँस-विक्रेता।

**मुहा० कसाई का पिल्ला** मोटा-ताजा आदमी। **कसाई के खूँटे बँधना** बेदर्द से ब्याहा जाना; निर्दय व्यक्ति के पाले पड़ना।

**कसाकसी** स्त्री० वैर-विरोध, तनातनी।

**कसाफ़त** स्त्री० *(अ०)* मोटाई; स्थूलता; गाढ़ापन।

**कसार** पु० घी में भूना हुआ चीनी युक्त आटा।

**कसालत** स्त्री० *(सं०)* सुस्ती, शिथिलता।

**कसाला** पु० वह खटाई जिसमें सोनारआभूषण साफ करते हैं; कष्ट; कठिन, कष्टकर श्रम।

**कसाव** पु० *कसाई; कसैलापन; कसने का काम।

**कसावट** स्त्री० खिंचाव, तनाव।

**कसीटना*** स० क्रि० रोकना; कसना।

**क़सीदा** पु० *(अ०)* उर्दू-फारसी भाषा में वह कविता जिसमें किसी की प्रशंसा या निन्दा की गयी हो।

**कसीर** वि० *(अ०)* बहुत, अधिक, ज्यादा।

**कसीस** *स्त्री० कोशिश; निर्दयता।

**कसेरा** स्त्री० कसेरन, कसेरिन। पु० लोहे का गन्धक के तेजाब से अभिक्रिया करने पर प्राप्त लवण।

**कसेरू** पु० मोथे की जड़ जो छीलकर खायी जाती है।

**कसैया*** पु० परखनेवाला; जकड़ने, कसनेवाला।

**कसैला** वि० जिसमें कसाव या कसैलापन हो।

**कसैली** स्त्री० सुपारी।

**कसोरा** पु० मिट्टी का बना छिछला प्याला।

**कसौंजा, कसौंदा** पु० कासमर्द; छाजन बनाने के काम आनेवाला कास-जैसा एक पौधा।

**कसौटी** स्त्री० एक काला पत्थर जिस पर सोना घिसकर परखा जाता है; जाँच, परख।

**कस्तरी** स्त्री० दूध उबालने का एक मिट्टी का पात्र।

**कस्तीर** पु० *(सं०)* टीन।

**कस्तूरी** स्त्री० *(सं०)* एक सुगन्धित पदार्थ जो एक विशेष प्रकार के नर हिरन की नाभि के पास होता है और दवा के काम आता है।

**क़स्द** पु० *(अ०)* संकल्प; इरादा; इच्छा।

**क़स्दन्** अ० *(अ०)* जानबूझकर, इरादा करके।

**कस्र** स्त्री० हिस्सा, अंश, भाग; इकाई का अंश; भिन्न *(गणित)*; जेर की हरकत।

**कस्रा** स्त्री० *(अ०)* जेर की मात्रा।

**कस्मिया** क्रि० वि० *(अ०)* शपथपूर्वक।

**कस्सा** पु० बबूल की छाल से बनने वाली शराब; बबूल की छाल।

**क़स्साब** पु० *(अ०)* बूचड़, कसाई।

**कहँरना** अ० क्रि० कराहना।

**क़हक़हा** पु० *(अ०)* जोर की हँसी, खिल-खिलाकर हँसना।

**कहगिल** स्त्री० *(फ़ा०)* पुआल की कुट्टी, भूसा आदि मिट्टी में सानकर बनाया हुआ गारा।

**क़हत** पु० *(अ०)* अकाल; अवर्षण; दुर्भिक्ष किसी वस्तु की दुष्प्राप्यता।

**कहता** वि० कहने वाला।

**कहना** पु० उक्ति; कथन; आज्ञा, आदेश। स० क्रि० शब्द द्वारा भाव व्यक्त करना; बोलना; बयान करना, बताना; पुकारना; बहकाना; आज्ञा देना।

**कहनाउत*** स्त्री० उक्ति, कथन, कहावत।

**कहनावत** स्त्री० कहावत, उक्ति, कथन।

**कहनि*** स्त्री० उक्ति, कहन, वचन।

**कहनी** स्त्री० कथन; कहानी।

**कहनूत** स्त्री० कहावत।

**क़हर** पु० *(अ०)* आपत्ति; संकट; गुस्सा; क्रोध।

**कहरना*** अ० क्रि० कराहना।

**क़हरी** वि० अत्याचार करने वाला।

**कहल*** पु० *(अ०)* सुरमा। दुःख-दर्द; हवा के न बहने से होने वाली गर्मी, उमस।

**कहलना*** अ० क्रि० (ताप से) व्याकुल होना, गर्मी से बेचैन होना।

**कहलवाना** अ० क्रि० पुकारा जाना। स० क्रि० किसी अन्य के माध्यम से किसी से कुछ कहना; सन्देशा भेजना।

**कहलाना** अ० क्रि० पुकारा जाना; * कहलना। स० क्रि० कहलवाना।

**कहवाँ*** अ० कहाँ।

**क़हवा** पु० *(अ०)* एक पेय जो एक पौधे के बीज के बने पॉउडर से चीनी, दूध आदि डालकर उबालकर पीया जाता है।

**कहवैया** वि० कहने वाला।

**कहा** *स्त्री० कथा। पु० सलाह; कहना; आदेश।

**कहाउति*** स्त्री० कहावत।

**कहाना** अ० क्रि०, स० क्रि० कहलाना।

**कहानी** स्त्री० वृत्तान्त; आख्यायिका; कथा; मन से गढ़ी बात।

**कहार** पु० एक सेवक हिन्दू जाति जो डोली ढोने एवं पानी भरने आदि के काम करती है।

**कहाल** पु० एक प्रकार का वाद्य, बाजा।

**कहावत** स्त्री० लोकोक्ति; उक्ति, मसल, कथन।

**कहिया** पु० राँगा जोड़ने के काम में आनेवाला एक औजार। क्रि० वि० किस समय, कब।

**कहीं** वि० बहुत; बहुत ज्यादा। अव्य० किसी जगह; दूसरी जगह; नहीं, कदापि नहीं; अगर।

**कही** स्त्री० कथन, कही हुई बात।

**क़हर** पु० *(अ०)* जुल्म; बला, आफत। **मुहा० क़हर करना** जुल्म करना। **क़हर टूटना** दैवी संकट पड़ना। **क़हर ढाना** किसी पर आफत लाना।

**कह्लार** पु० *(सं०)* श्वेत पद्म।

**कह्व** पु० *(सं०)* सारस; बगला।
**काँइयाँ** वि० चतुर, चालाक, धूर्त, वंचक।
**काँकर*** पु० कंकड़।
**काँकरी*** स्त्री० छोटा कंकड़।
**काँकुनी** स्त्री० कँगनी।
**कांक्षणीय** वि० *(सं०)* चाहने योग्य।
**कांक्षा** स्त्री० *(सं०)* कामना, चाह, इच्छा; झुकाव।
**कांक्षी (क्षिन्)** वि० *(सं०)* चाहनेवाला।
**कांक्षोरु** पु० *(सं०)* बगुले की जाति का एक पक्षी।
**काँख** स्त्री० बाहुमूल के नीचे का गड्ढा, बगल।
**काँखना** अ० क्रि० भारी बोझ उठाने या मलत्याग में जोर लगाने आदि से गले से निकली आवाज।
**काँखासोती** स्त्री० दुपट्टा डालने का एक ढंग जिसमें वह बायें कन्धे के ऊपर और दाहिनी बगल के नीचे से जनेऊ की तरह निकाला जाता है।
**काँगड़ा** पु० एक पक्षी, हिमाचल प्रदेश का एक जिला।
**काँगड़ी**† स्त्री० ठण्ढे प्रदेशवासियों के गले में लटकाने की एक अँगीठी।
**कांग्रेस** स्त्री० *(अं०)* इण्डियन नेशनल कांग्रेस; संयुक्त राष्ट्र अमेरिका की पार्लियामेण्ट या राष्ट्रसभा; सम्मेलन; समुदाय-विशेष के प्रतिनिधियों की वार्षिक बैठक।
**कांग्रेसी** पु० कांग्रेस का अनुयायी।
**काँच** स्त्री० काँछ; गुदा का भीतर का भाग।
**काँचरी** स्त्री० साँप की केंचुली।
**कांचन** पु० *(सं०)* दीप्ति, चमक; सोना; धतूरा; चम्पा।
**कांचनक** पु० *(सं०)* चम्पा; अन्न; हरताल।
**कांचनार** पु० *(सं०)* कचनार।
**कांचनी** स्त्री० *(सं०)* गोरोचन; हल्दी।
**काँचा*** वि० अस्थिर; कच्चा।
**काँचि, काँची** स्त्री० *(सं०)* काँजिवरम्, दक्षिण भारत का एक प्रसिद्ध नगर; मेखला; करधनी।
**काँचिक** पु० *(सं०)* दही का पानी; एक स्वादिष्ट और पाचक पेय; काँजी।
**काँचू** पु० †केंचुल। वि० काँच निकलने का रोग।
**काँछना** स० क्रि० सँवारना; काछना; पहनना।
**काँछा** पु० लँगोट, कमर के पीछे धोती बाँधने का भाग।
**काँजिका** स्त्री० *(सं०)* पलाशी लता; काँजी।
**काँजिवरम्, काँजिवारम्** पु० काँची नगरी।
**काँजी** स्त्री० *(सं०)* दही का पानी; एक स्वादिष्ट पाचक खट्टा पेय जो माड़, राई, सिरका और जीरा नमक आदि मिलाकर बनाया जाता है।
**काँजी-हाउस** पु० *(अ०) (काइन-हाउस)* लावारिस पशु रखने का एक बाड़ा, मवेशीखाना।
**काँटा** पु० लोहे या पीतल की लम्बी पतली कील; सोना-चाँदी तौलने का काँटेदार तराजू।
**मुहा० काँटा निकलना** मन की कसक, क्लेश मिटना। **काँटाहोना** दुबला-पतला होना। **काँटे की तौल** न कम, न अधिक, एकदम ठीक। **(राह में) काँटे बिछाना** रोड़े अटकाना, बाधाएँ खड़ी करना। **काँटे बोना** बुराई करना। **काँटों पर लोटना** ईर्ष्या से जलना; बेचैन होना, तड़पना। **काँटों में घसीटना** तकलीफ देना।
**काँटी** स्त्री० कँटिया; छोटा काँटा; रुई का फुचड़ा।
**काँठा*** पु० तोते के गले की मण्डलाकार रेखा; किनारा; पार्श्व; गला; कण्ठा, गले का आभूषण।
**काण्ड** पु० *(सं०)* डण्ठल; अंश, हिस्सा, विभाग; घटना (हत्याकाण्ड); ईख की पोर।
**काँड़ना*** स० क्रि० कुचलना, कूटना।
**काँडली** स्त्री० कुलफा।
**काण्डवान् (वत्)** पु० *(सं०)* तीरन्दाज।
**काँड़ा** पु० लकड़ी में लगने वाला एक कीड़ा; दाँत का कीड़ा; वृक्षों का एक रोग।
**काँड़ी** स्त्री० ओखली का गड्ढा; भारी चीजें ढकेलने का लकड़ी का मोटा डण्डा।
**कान्त** पु० *(सं०)* प्रिय व्यक्ति; प्यार करने वाला; पति।
**कान्ता** स्त्री० *(सं०)* पृथ्वी; सुन्दरी स्त्री; पत्नी; प्रिया; प्रियंगु लता; बड़ी इलायची।
**कान्तार** पु० *(सं०)* गड्ढ़ा; दुर्गम पथ; गहन वन; ईख।
**कान्ति** स्त्री० *(सं०)* सुन्दर स्त्री; सौन्दर्य; चमक, दीप्ति; इच्छा; शृंगार; दुर्गा।
**कान्दविक** पु० *(सं०)* हलवाई।
**कान्दू** पु० बनियों की एक उपजाति।
**काँदो*** पु० पंक; कीचड़।
**कान्ध*** पु० कोल्हू के जुआठ का ऊपरी हिस्सा,

कन्धा।

**काँधना*** स० क्रि० भार सहना; सँभालना; उठाना; स्वीकार करना।

**काँधा*** पु० कन्धा; कृष्ण।

**काँपना** अ० क्रि० थर्राना; लरजना; हिलना।

**काँपा** पु० बाँस की पतली तीली।

**काँवर** स्त्री० वह डण्डा जिसके छोरों पर टोकरियाँ बाँधकर उनमें गंगाजल आदि रखकर ले जाते हैं, बँहगी।

**काँवरा** वि० व्याकुल, उद्विग्न।

**काँवरि*** स्त्री० काँवर।

**काँवरिया** पु० कहार जाति का व्यक्ति; काँवर लेकर चलने वाला व्यक्ति।

**काँवरू** पु० कामरूप देश।

**काँवाँरथी** पु० काँवर लेकर तीर्थयात्रा करने वाला।

**काँस** पु० शरद् ऋतु में फूलने वाली एक लम्बी घास।

**काँसी** स्त्री० धान के पौधे का रोग; काँसा।

**काँसीय** पु० *(सं०)* जस्ता।

**कांस्य** पु० *(सं०)* ताँबे और जस्ते के मेल से बनी एक धातु, काँसा।

**कांस्यक** पु० *(सं०)* पीतल।

**काइयाँ** वि० धूर्त; चतुर, चालाक।

**काई** स्त्री० ताँबे-पीतल आदि पर लगने वाला मोरचा। **मुहा० काई छुड़ाना** जमा हुआ मैल छुड़ाना। **काई-सा फटना** बिखर जाना।

**काक** पु० *(सं०)* नीच व्यक्ति; लँगड़ा आदमी; अति धृष्ट; कौआ; एक द्वीप।

**काकड़ा** पु० एक पहाड़ी वृक्ष।

**काकतालीय** पु० *(सं०)* संयोग से होने वाला काम।

**काकपक्ष** पु० *(सं०)* काक की पंखों जैसे दोनों ओर के बाल।

**काकपद** पु० *(सं०)* विराम चिह्नों में टूटे शब्द को सूचित करने हेतु एक चिह्न विशेष।

**काकबन्ध्या** स्त्री० *(सं०)* एक सन्तति वाली स्त्री।

**काकरी*** स्त्री० ककड़ी।

**काकरेज़** पु० *(फ़ा०)* एक तरह का काले और लाल रंग के मेल से बना हुआ रंग।

**काकरेज़ा** पु० काकरेज रंग का कपड़ा।

**काकरेज़ी** वि० काकरेज रंग का।

**काकल** पु० *(सं०)* काला कौआ; द्रोणकाक; कण्ठमणि।

**काकलक** पु० *(सं०)* कण्ठमणि; धान की एक जाति।

**काकली** स्त्री० *(सं०)* मीठी आवाज; एक वाद्य; कैंची; घुँघची।

**काका** स्त्री० *(सं०)* काकजंघा; घुँघची; मकोय।

**काकाक्षिगोलक न्याय** पु० *(सं०)* एक शब्द या पद से, कौए की आँख के डेले की तरह दो काम निकालना।

**काकादनी** स्त्री० *(सं०)* गुंजा; सफेद घुँघची।

**काकी** स्त्री० *(सं०)* कौए की मादा; चाचा, काका की औरत।

**काकु** पु० *(सं०)* *छिपी चोट करने वाली उक्ति, व्यंग्य; वक्रोक्ति अलंकार का एक भेद।

**काकुन** स्त्री० एक मोटा अन्न, कँगनी।

**काकोदर** पु० *(सं०)* साँप।

**काकोल** पु० *(सं०)* साँप; काला कौआ।

**काक्षी** स्त्री० *(सं०)* एक सुगन्धित मिट्टी; एक गन्धद्रव्य।

**काग** पु० *(सं०)* कौआ।

**कागभुसुण्डि, कागभुसुण्डी*** पु० रामभक्त; काकभुशुण्डि।

**काग़ज़** पु० *(फ़ा०) (पेपर)* लिखित प्रमाण, दस्तावेज। **मुहा० काग़ज़ काला करना** बेकार की बातें लिखना। **काग़ज़ के घोड़े दौड़ाना** पत्र-व्यवहार करना; लम्बी लिखा-पढ़ी करना।

**काग़ज़ात** पु० *(फ़ा०)* सबूत; कागजपत्र; ऋण-पत्र।

**काग़ज़ी** वि० *(फ़ा०)* पतले छिलकेवाला (बादाम, नीबू); कागज का बना; लिखित प्रमाण।

**कागद** पु० कागज-पत्र।

**कागर*** पु० कागज; केंचुली; पंख।

**कागरी** पु० तुच्छ।

**कागा*** कौआ।

**कागाबासी** स्त्री० एक तरह का मोती; तड़के छानी जाने वाली भाँग।

**कागारोल** पु० कौओं का कोलाहल, काक रव।

**काँच** पु० *(सं०)* शीशा; मोम; काला नमक।

**काचक** पु० *(सं०)* खार; शीशा; पत्थर।

**काचरी*** स्त्री० केंचुली।

**काछ** पु० धोती का छोर जिसे जाँघों के बीच से ले

जाकर पीछे खोंसते हैं।

**काछना** स० क्रि० धोती का छोर या लाँग को पीछे ले जाकर खोंसना; पहनना।

**काछनी** स्त्री० घुटनों तक पहनी हुई धोती जिसमें दोनों छोर खुँसे हों।

**काछी** पु० कोयरी, तरकारियाँ बोने-बेचने वाली एक हिन्दू जाति; काछी-माली।

**काज** पु० *बटन का छेद; ब्याहा; काम, कार्य, धन्धा।

**काजरी*** स्त्री० एक गाय जिसकी आँख के चारों ओर काला हो।

**काजल** पु० आँख में लगायी जाने वाली दीये के धुएँ की कालिख।

**मुहा० काजल की कोठरी** बदनामी का घर, ऐसी जगह जहाँ जाने पर कलंक लगे। **काजल पारना** दीये की लौ पर कजरौटा आदि रखकर कालिख इकट्ठा करना।

**क़ाज़ी** पु० *(अ०)* निकाह पढ़ाने वाला मौलवी; विचारक।

**काजू** पु० एक पेड़ और उसका फल जिसकी गिरी का प्रयोग मेवे के रूप में होता है।

**काट** स्त्री० *(हि०)* घाव, चोट; चालबाजी; काटने का काम; काटने का ढंग।

**मुहा० काट खाना** दाँतों से घायल करना; डँसना; डंक मारना। **काटने दौड़ना** बहुत गुस्से में बोलना, अति क्रोध प्रकट करना। **काटो तो खून नहीं** स्तब्ध होना।

**काटना** स० क्रि० एक संख्या का दूसरी से विभाजन करना कि कुछ शेष न रहे, टुकड़े करना, तोड़ना, नष्ट करना; डँसना।

**काटुक** पु० *(सं०)* अम्लता।

**काठ** पु० *(सं०)* चट्टान, पत्थर। पु० *(हि०)* काष्ठ, लकड़ी।

**मुहा० काठ का उल्लू** निरा मूर्ख। **काठ का घोड़ा** बैसाखी। **काठ की हाँड़ी** धोखे की टट्टी। **काठ मारना** शोक आदि से स्तब्ध हो जाना; चलने-फिरने पर प्रतिबन्ध लगाना। **काठ होना** संज्ञाहीन होना; वस्तु का सूख कर कड़ा हो जाना।

**कठड़ा** पु० कठौता, काष्ठ पात्र।

**काठिन** पु० *(सं०)* कड़ापन, कठोरता।

**काठिन्य** पु० *(सं०)* कठिनाई; आचरण की दृढ़ता।

**काठी** स्त्री० देह की गठन; काठ का बना म्यान।

**काड़ी**† स्त्री० अरहर का सूखा डण्ठल, रहठा।

**काढ़** स्त्री० *(हि०)* खींचने की मोटी रस्सी।

**काढ़ना** स० क्रि० दूध दुहना; खींचना; सुई से बेल-बूटे बनाना; ऋण लेना।

**काढ़ा** पु० भिन्न प्रकार की बनस्पतियों को जल में उबालकर बनाया पेय; क्वाथ, जोशान्दा।

**काण** वि० *(सं०)* छेद किया हुआ; काना।

**काणूक** पु० *(सं०)* कौआ; मुर्गा; एक तरह का हंस।

**काण्व** पु० *(सं०)* कण्व के वंशज।

**कात** पु० भेड़ों के बाल काटने का हथियार।

**कातना** स० क्रि० सन से सुतली बनाना।

**कातर** स्त्री० कोल्हू का वह घूमने वाला हिस्सा जिसपर बैठकर आदमी बैल को हाँकता है।

**काता** पु० बाँस छीलने की अर्द्ध-चन्द्राकार छूरी।

**कातिक** पु० अच्छी प्रजाति का तोता; कार्त्तिक मास।

**कातिब** पु० *(अ०)* लिखने वाला।

**क़ातिल** पु० *(अ०)* कत्ल करने वाला, हत्यारा।

**काती** स्त्री० छुरी; कत्ती; चाकू; कैंची।

**कातु** पु० *(सं०)* कुआँ।

**कात्यायन** पु० *(सं०)* विश्वामित्र के वंशज एक ऋषि; कत गोत्र में उत्पन्न पुरुष।

**कात्यायनी** स्त्री० *(सं०)* दुर्गा; पार्वती।

**काथ*** स्त्री० गुदड़ी।

**कादम्बिनी** स्त्री० *(सं०)* घटा, मेघमाला।

**कादर** वि० कातर।

**क़ादिर** वि० *(अ०)* शक्ति सम्पन्न, भाग्यशाली, समर्थ।

**काद्रव** वि० *(सं०)* गहरे पीले रंग का।

**कान** पु० कर्ण, श्रवणेन्द्रिय, श्रुति; सुनने की शक्ति।

**मुहा० कान उठाना** आहट लेना, चौकन्ना होना। **कान काटना** नीचा दिखाना। **कान कतरना/काटना** धूर्तता से बढ़ जाना। **कान का कच्चा** सुने हुए पर तत्काल विश्वास कर लेने वाला। **कान खड़े करना/होना** चौकन्ना या सावधान होना। **कान गरम करना** कान उमेठना। **कान देना** ध्यान से सुनना। **कान पकड़कर निकाल**

देना अनादरपूर्वक बाहर निकालना। **कान पकड़ना** आगे के लिए सचेत हो जाना; अपनी भूल स्वीकार करना। **कान पर जूँ न रेंगना** कुछ भी प्रभाव न पड़ना; बिलकुल ध्यान न देना। **कान भरना** चुगली करना। **कान में रूई/तेल डालना** बहरा बन जाना, ध्यान न देना। **कानों कान खबर न होना** कुछ भी पता न चलना।

**कानक** वि० *(सं०)* सोने का।

**कानड़ा** वि० काना।

**कानन** पु० *(सं०)* बाग, वन; जंगल; घर।

**कानागोसी*** स्त्री० कानाफूसी।

**कानाबाती** स्त्री० कान में कही जानेवाली बात।

**कानि*** स्त्री० लोकलज्जा, मर्यादा; लिहाज।

**कनी** स्त्री० एक आँख वाली स्त्री; हाथों की सबसे छोटी अँगुली (कनिष्ठिका)।

**कानीहाउस** पु० जहाँ लावारिस घरेलू पशुओं को बन्द किया जाता है।

**कानून** पु० *(अ०)* विधान, नियम, ऐसा नियम जिसे प्रत्येक प्रजाजन माने, राजनियम, विधि।

**कानूनन** अ० नियमतः; कानून के अनुसार।

**कानूनिया** वि० कानून का जानकार; हुज्जत करने वाला।

**कानूनी** वि० हुज्जती; कानून से सम्बन्धित, कानून के अनुकूल।

**कान्त** पु० *(सं०)* पति, स्वामी।

**कान्ता** स्त्री० *(सं०)* पत्नी, सुन्दरी स्त्री; बालू।

**कान्ति** स्त्री० *(सं०)* आभा, शोभा, चमक।

**कान्दू** पु० *(सं०)* भड़भूँजा।

**कॉन्फरेंस** स्त्री० *(अं०)* सम्मेलन; किसी विषय पर विचार हेतु बुलायी गयी सभा।

**काँसटेबिल** पु० *(अं०)* पुलिस का सिपाही।

**कान्ह*** पु० कन्हैया, कृष्ण।

**कापटिक** वि० *(सं०)* कपट करने वाला, दुष्ट।

**कापट्य** पु० *(सं०)* दुष्टता, छलछद्म।

**कापथ** पु० *(सं०)* कुमार्ग, बुरा रास्ता; खस।

**कापर** *(अं०)* ताँबा। * पु० कपड़ा।

**कापाल** वि० *(सं०)* वामपन्थ-सम्बन्धी।

**कापाली** स्त्री० *(सं०)* कपाल कोटरों की माला; चालाक औरत।

**कापाली (लिन्)** वि० *(सं०)* नरमुण्डों की माला पहनने वाला।

**कापिक** वि० *(सं०)* बन्दर के समान शक्ल वाला; बन्दर के सदृश हाव-भाव करने वाला।

**कापिल** वि० *(सं०)* सांख्यमत मतानुयायी; भूरा रंग; कपिल-सम्बन्धी; कपिल मुनि द्वारा प्रणीत; भूरा।

**कापिश** पु० *(सं०)* एक प्रकार का मादक द्रव्य।

**कापिशायन** पु० *(सं०)* शराब, एक देवता।

**कापिशेय** पु० *(सं०)* पिशाच।

**कापुरुष** पु० *(सं०)* कायर, कुत्सित पुरुष।

**कापोत** पु० *(सं०)* कबूतरों का झुण्ड; धूसर रंग।

**काप्य** पु० *(सं०)* पाप; कपि ऋषि का गोत्र।

**क़ाफ़** पु० *(अ०)* एक कल्पना किया हुआ पौराणिक पर्वत; अरबी-फारसी वर्णमाला का एक अक्षर।

**काफल** पु० *(सं०)* कायफल।

**काफ़िर** पु० *(अ०)* अफगानिस्तान में रहनेवाली एक जाति; नास्तिक, ईश्वर का अस्तित्व न मानने वाला। वि० दुष्ट, उत्पाती; नास्तिक; निर्दय।

**क़ाफ़िरी** स्त्री० काफिर जाति की भाषा।

**क़ाफ़िला** पु० *(अ०)* यात्रियों का एक देश से दूसरे देश को जानेवाला समूह।

**कॉफ़ी** वि० *(अ०)* पूरा; बहुत। स्त्री० *(अं०)* कहवा।

**काफ़ूर** पु० *(फ़ा०)* कपूर।

**मुहा० काफ़ूर होना** उड़ जाना, अदृश्य हो जाना।

**काफ़ूरी** पु० कपूरी रंग; कपूरी पान। वि० कपूर का बना हुआ; कर्पूरी रंग का।

**काबा** पु० *(अ०)* मक्का की एक चौकोर इमारत।

**क़ाबिज़** वि० *(अ०)* कब्ज उत्पन्न करने वाला; कब्जा करने वाला, भोक्ता।

**क़ाबिल** वि० *(अ०)* विद्वान्; लायक, योग्य।

**क़ाबिलीयत** स्त्री० विद्वत्ता; योग्यता।

**काबिस** पु० एक रंग जिसमें रँगकर बर्तनों को पकाते हैं।

**काबुक** स्त्री० *(फ़ा०)* कपड़े का गद्दा जिस पर रोटियाँ रखकर तन्दूर में लगाते हैं।

**काबुली** पु० एक तरह का चना; ऊँची उड़ान भरने वाला एक कबूतर।

**काम**[1] पु० धन्धा, रोजगार; नौकरी; दुःसाध्य कार्य; कारीगरी; नक्काशी, बेल-बूटे।

**मुहा० काम आना** किसी के काम आना; युद्ध में मारा जाना। **काम चलना** काम का जारी रहना; काम होना। **काम तमाम करना** मार डालना; काम पूरा करना। **काम तमाम होना** मारा जाना; काम समाप्त होना। **काम निकलना** प्रयोजन या मतलब सिद्ध होना। **काम बनना** प्रयोजन निकलना; कार्य का बन जाना। **काम होना** मतलब पूरा होना।

**काम**[2] पु० *(सं०)* इन्द्रिय या काम सुख की इच्छा; कामना का विषय; सम्भोग की इच्छा।

**काम**[3] पु० *(फ़ा०)* मतलब, इरादा; कामना, इच्छा।

**कामत** क्रि० वि० *(सं०)* जानबूझकर, स्वेच्छा से। पु० गोत्र विशेष।

**कामता** पु० चित्रकूट के पास का एक स्थान।

**कामद** वि० *(सं०)* कामना करने वाला।

**कामदार**† पु० जायदाद का प्रबन्ध करने वाला।

**कामदेव** पु० *(सं०)* अनंग, रतिपति।

**काम-धाम** पु० काम-धन्धा।

**कामन** वि० *(सं०)* लम्पट, कामुक।

**कामना** स्त्री० *(सं०)* चाह, इच्छा।

**कामनी*** स्त्री० सुन्दर स्त्री, कामिनी।

**कमरि, कामरी** स्त्री० कम्बली, छोटा कम्बल।

**कामरेड** पु० *(अं०)* साथ काम करने वाला, साथी, साथ रहने वाला।

**कामर्स** पु० *(अं०)* व्यापार, वाणिज्य।

**कामल** वि० *(सं०)* कामी। पु० वसन्त; पीलिया रोग।

**कामली** *(सं०)* पीलिया रोग। स्त्री० कमली।

**कामांकुश** पु० *(सं०)* शिश्न, मेहन; नाखून।

**कामांग** पु० *(सं०)* आम; काम क्रीड़ा का अंग।

**कामान्ध** वि० *(सं०)* जो विषय वासना में अन्धा हो गया हो, कामातुर।

**कामा** पु० *(अं०)* लघु विराम। स्त्री० कामिनी।

**कामाख्या** स्त्री० *(सं०)* दुर्गा का एक नाम।

**कामाग्नि** स्त्री० *(सं०)* कामोत्तेजन; उत्कट-प्रेम।

**कामातुर** वि० *(सं०)* कामवेग से विह्वल, कामपीड़ित।

**कामानुज** पु० *(सं०)* क्रोध।

**कामार्त** वि० *(सं०)* काम से पीड़ित, कामातुर।

**कामालिका** स्त्री० *(सं०)* शराब।

**कामित** वि० *(सं०)* अभिलषित, इच्छित।

**कामिनी** स्त्री० *(सं०)* सुन्दरी स्त्री; भीरु स्त्री; काम के वशीभूत स्त्री; इच्छावती स्त्री; हल्दी।

**कामिल** वि० *(अ०)* योग्य; पूर्णज्ञाता; सम्पूर्ण, पूरा।

**कामी** स्त्री० काँसे का ढाला हुआ छड़।

**कामी (मिन्)** वि० *(सं०)* जिसमें कामवेग की प्रबलता हो, विषयासक्त; चाह रखने वाला, कामनायुक्त।

**कामुक** वि० *(सं०)* कामी, चाहने वाला।

**कामुकता** स्त्री० विषय-वासना।

**कामुका** वि० स्त्री० *(सं०)* धन की इच्छा रखनेवाली।

**कामुकी** वि०, स्त्री० *(सं०)* व्यभिचारिणी।

**कामेश्वरी** स्त्री० *(सं०)* एक भैरवी; कामाख्या देवी।

**कामोदी** स्त्री० *(सं०)* एक पौधा; एक रागिनी।

**कामोद्दीपक** वि० *(सं०)* सहवास या विषय वासना की इच्छा बढ़ाने वाला।

**काम्य** वि० *(सं०)* उद्देश्यविशेष से किया हुआ; सुन्दर, कमनीय; चाहने योग्य; जिसकी चाह या कामना हो।

**काम्यक** पु० *(सं०)* एक प्रसिद्ध वन।

**काम्या** स्त्री० *(सं०)* इच्छा, कामना।

**काम्येष्टि** स्त्री० *(सं०)* अनुष्ठान, इच्छा की पूर्ति के लिए किया जानेवाला यज्ञ।

**काय** पु० *(सं०)* पेड़ का तना; शरीर, देह; संघ, समूह; मूल धन।

**क़ायदा** पु० *(अ०)* ढंग; नियम; विधान।

**कायफल** पु० एक वृक्ष जिसकी छाल दवा के काम में आती है तथा फल को सर्दी के दिनों में बच्चों को चटाते हैं।

**क़ायम** वि० *(अ०)* ठहरा हुआ; स्थायी; स्थिर।

**क़ायमा** पु० *(अ०)* समकोण।

**क़ायमी** स्त्री० स्थिर होना, कायम होना।

**कायर** वि० डरपोक, बुजदिल।

**क़ायल** वि० *(अ०)* अपनी भूल या गलती स्वीकार करने वाला; माननेवाला।

**मुहा० क़ायल करना** निरुत्तर कर देना; किसी से कोई बात मनवा लेना। **क़ायल माकूल करना** कायल करना। **क़ायल होना** मान लेना; निरुत्तर हो जाना; विपक्षी तर्क या दलील स्वीकार करना।

**कायली** स्त्री० ग्लानि; लज्जा।

**कायस्थ** पु० *(सं०)* शरीर में स्थित; एक जाति विशेष।
**कायस्था** स्त्री० *(सं०)* बड़ी इलायची; तुलसी; हर्रे; आँवला।
**काया** स्त्री० शरीर, देह।
**कायापलट** स्त्री० बड़ा हेर-फेर।
**कायिकी** स्त्री० *(फिजियोलॉजी)* शरीर क्रिया विज्ञान।
**कारण्ड, कारण्डव** पु० *(सं०)* हंस, बतख।
**कार** पु० *(सं०)* कार्य; क्रिया; करने वाला; कर्ता सूचक।
**कारक** पु० *(सं०)* वाक्य में संज्ञा या सर्वनाम का वह रूप जो दूसरे शब्दों के साथ उसका सम्बन्ध प्रकट करता है।
**कारकर** वि० कर्म करने वाला।
**कारकारी** वि० काम चलाऊ, कार्मकारी।
**कारकीय** वि० *(सं०)* कारक का।
**कारखी*** स्त्री० कलंक; कालिख।
**कारज** वि० *(सं०)* उँगली सम्बन्धी; कार्य।
**कारटा*** पु० कौआ, करट।
**कारटून** पु० *(अं०)* व्यंग्यचित्र।
**कारटूनिस्ट** पु० *(अं०)* कार्टून बनानेवाला; व्यंग्य चित्रकार।
**कारण** पु० *(सं०)* निमित्त, सबब; किसी बात के या कार्य के सम्पन्न होने का हेतु; कथावस्तु का आधार।
**कारणा** स्त्री० *(सं०)* मृत्यु वेदना; पीड़ा, वेदना। वि० कारण-सम्बन्धी; कारण के रूप में होने वाला।
**कारणिक** पु० *(सं०)* लिपिक, अर्जीनवीस; विचारक; परीक्षक।
**कारतूस** पु० *(फ़ा०)* दफ्ती या पीतल की बनी खोल जिसमें लोहे के टुकड़े और बारूद भरकर तमंचे या बन्दूक से फायर किया जाता है।
**कारन*** पु० करुण स्वर; कारण।
**कारनिस** स्त्री० *(अ०)* दीवार की कँगनी, अँगीठी।
**कारनी*** पु० प्रेतबाधा आदि से ग्रस्त व्यक्ति।
**कारपोरल** पु० *(अं०)* फौज का छोटा अफसर, अधिकारी।
**कारबंकल** पु० *(अं०)* पीठ का एक जहरीला फोड़ा।
**कारबन** पु० *(अं०)* रासायनिक तत्त्व; हीरा; कोयला; सृष्टि के मूलभूत तत्त्वों में से एक।
**कारमिहिका** स्त्री० *(सं०)* कपूर।
**कारयिता (तृ)** वि० *(सं०)* कराने वाला।
**कारव** पु० *(सं०)* कौआ।
**कारवाँ** पु० *(फ़ा०)* एक स्थान से दूसरे स्थान पर जानेवाले यात्रियों या व्यापारियों का झुण्ड, समूह।
**कारवेल्ल, कारवेल्लक** पु० *(सं०)* करेला।
**कारा** स्त्री० *(सं०)* स्वर; पीड़ा; कैदखाना, बन्दीगृह, कैद; दूती; सुनारिन।
**कारागार** पु० *(सं०)* *(जेल)* कैदखाना, बन्दीगृह।
**कारागृह** पु० *(सं०)* जेल निवास।
**कारामद** वि० *(फ़ा०)* उपयोगी, काम आने योग्य।
**कारावास** पु० *(सं०)* जेल निवास।
**कारिन्दा** पु० कर्मचारी, काम करने वाला, गुमाश्ता।
**क़ारिक़** पु० *(अ०)* कुर्की करने वाला।
**कारिका** स्त्री० *(सं०)* उत्पीड़न; व्यापार; अलग-अलग श्लोकों या पदों की व्याख्या; नटी; नर्तकी।
**कारिख** स्त्री० कालिया; काजल; कलंक।
**कारित** वि० *(सं०)* कराया हुआ।
**कारी*** वि०, स्त्री० काली।
**कारी** *(फ़ा०)* असर करने वाला; गहरा।
**कारीगर** पु० *(फ़ा०)* शिल्पी, दस्तकार।
**कारीगरी** स्त्री० *(फ़ा०)* शिल्प-कौशल; शिल्प, दस्तकारी।
**करीष** पु० *(सं०)* सूखा गोबर, करसी का ढेर।
**कारु** पु० *(सं०)* कारीगर, शिल्पकार, शिल्पी; विश्वकर्मा।
**कारुक** पु० *(सं०)* कलाकार, शिल्पी; दस्तकार।
**कारुणिक** वि० *(सं०)* दया पात्र, करुणा करने वाला।
**कारुण्य** पु० *(सं०)* करुणा, दया।
**कारूँ** पु० *(अ०)* बहुत धनवान किन्तु कंजूस व्यक्ति। **मुहा० कारूँ का ख़ज़ाना** बेसुमार दौलत, अत्यधिक धन।
**क़ारूरा** पु० *(अ०)* बारूद की कुप्पी; चिकित्सक को रोगी का पेशाब दिखाने की शीशी; पेशाब। **मुहा० क़ारूरा मिलना** गहरी दोस्ती होना।
**कारोनर** पु० *(अं०)* कत्ल या जहर से मृत शव की जाँच करने वाला चिकित्साधिकारी।
**कारोबार** पु० *(फ़ा०)* कार्य, व्यापार।

**कारोबारी** वि० *(फ़ा०)* कार-बार करने वाला।
**कार्क** पु० *(अं०)* एक पेड़ की छाल; पेड़ के छाल की बनी शीशी में लगायी जानेवाली डाट, काग।
**कार्कश्य** पु० *(सं०)* दृढ़ता; निर्दयता; कठोरता; ठोसपन।
**कार्ड** पु० *(अं०)* मोटे कागज का टुकड़ा; ताश का पत्ता।
**कार्डियोग्राम** पु० *(अं०)* हृदयगति लेख।
**कार्डियोलॉजिस्ट** पु० *(अं०)* हृदयविज्ञानी।
**कार्डियोलॉजी** स्त्री० *(अं०)* हृदय विज्ञान।
**कार्ण** पु० *(सं०)* कर्णफूल; कान का मैल।
**कार्तयुगीन** वि० *(सं०)* सत्ययुग।
**कार्तस्वर** पु० *(सं०)* सोना; धतूरा।
**कार्तिक** पु० *(सं०)* आश्विन के बाद का महीना।
**कार्तिकी** स्त्री० *(सं०)* कार्तिक की पूर्णिमा।
**कार्त्तिकेय** पु० *(सं०)* स्कन्द।
**कार्दम** वि० *(सं०)* कीचड़ से सना हुआ।
**कार्पट** पु० *(सं०)* लाख; चीथड़ा; कार्य का इच्छुक, कार्यार्थी, उम्मीदवार।
**कार्पटिक** पु० *(सं०)* अनुभवी व्यक्ति; यात्रियों का समूह; गंगा जल आदि के सहारे जीविका चलाने वाला।
**कार्पण्य** पु० *(सं०)* निर्धनता; दया; कंजूसी।
**कार्पासिका, कार्पासी** स्त्री० *(सं०)* कपास का पौधा।
**कार्म** वि० *(सं०)* कर्मशील, परिश्रमी।
**कार्मण** पु० *(सं०)* मन्त्र और औषधि द्वारा मारण, मोहन करना।
**कार्मार** पु० *(सं०)* कारीगर, दस्तकार, शिल्पी।
**कार्मिक** पु० *(सं०)* कर्म में संलग्न व्यक्ति; वह वस्त्र जिसमें चक्र, स्वस्तिक आदि चिह्न बुनकर बनाए गये हों।
**कार्मुक** पु० *(सं०)* बाँस; धुनकी; धनुराशि; धनुष, चाप।
**कार्य** पु० *(सं०)* लेन-देन का विवाद; मुकद्दमा; हेतु; जो कुछ किया जाए या करना है, कर्तव्य।
**कार्यकारी** दि० *(सं०)* प्रभारी।
**कार्यतः(तस्)** अ० *(सं०)* फलतः, कार्यरूप में।
**कार्यवाही** स्त्री० किसी सभा में हुआ काम।
**कार्याकार्य** पु० *(सं०)* कर्तव्य-अकर्तव्य।
**कार्याक्षम** वि० *(सं०)* कार्य करने में असमर्थ।
**कार्याधिकारी** पु० *(सं०)* कार्य करने वाला अधिकारी।
**कार्याधिप** पु० *(सं०)* कार्य निरीक्षक।
**कार्याध्यक्ष** पु० *(सं०)* कार्य का प्रधान अध्यक्ष।
**कार्यानुक्रम** पु० *(सं०)* कार्य का क्रमबद्ध ब्योरा।
**कार्यान्वित** वि० *(सं०)* व्यवहार में लाया हुआ; कार्यरूप प्राप्त; कार्य से सम्बद्ध।
**कार्यार्थी (र्थिन्)** वि० *(सं०)* स्वकार्य सिद्धि का यत्न करने वाला; मुकद्दमे की पैरवी करने वाला।
**कार्यालय** पु० *(सं०)* दफ्तर, काम करने का स्थान।
**कार्यावधि** स्त्री० *(सं०)* कार्य करने की अवधि।
**कार्यावली** स्त्री० *(सं०)* कारवाई; कार्य-सूची; एजेण्डा।
**कार्येक्षण** पु० *(सं०)* काम का निरीक्षण।
**कार्ष, कार्षक** पु० *(सं०)* कृषक, खेतिहर।
**कार्ष्ण** वि० *(सं०)* कृष्ण, व्यास या काले मृग से सम्बन्ध रखने वाला; काला।
**कार्ष्ण्य** पु० *(सं०)* कालापन।
**कालंजर** पु० *(सं०)* संन्यासियों की सभा; एक पहाड़।
**काल** वि० *(सं०)* हानिकारक; काला।
**काल**ं पु० अकाल, दुर्भिक्ष; समय, अवसर; अन्तिम समय।
**काल कोठरी** स्त्री० कैदियों को रखने के लिए जेल में एकान्त में बनी तंग कोठरी।
**कालक** वि० *(सं०)* काला।
**कॉलम** पु० *(अं०)* अखबार के पृष्ठ का खड़ी रेखा या रिक्त स्थान से किया गया खण्ड।
**कालशेय** पु० *(सं०)* छाछ, मट्ठा।
**कालज्ञ** पु० *(सं०)* मुर्गा; कुक्कुर; ज्योतिषी। वि० उचित अवसर को जानने वाला।
**कालांग** वि० *(सं०)* काले शरीर वाला।
**कालांजन** पु० *(सं०)* सुरमा।
**कालांजनी** स्त्री० *(सं०)* एक छोटा पौधा जो दवा के काम आता है।
**कालाण्डज** पु० *(सं०)* कोकिल।
**काला** वि० कलुषित; कोयले के रंग का, स्याह।
**कालाक्षर** पु० *(सं०)* अपठनीय लेख, कलंक स्वरूप लिया गया।
**कालाग्नि** स्त्री० *(सं०)* काला नल।
**कालाचोर** पु० चतुर चोर।

**कालाजिन** पु० *(सं०)* काले मृग की खाल।
**कालातिक्रमण** पु० *(सं०)* समय बीत जाना, देर होना।
**कालातिपात** पु० *(सं०)* विलम्ब, समय का नष्ट होना।
**कालातीत** वि० *(सं०)* जिसका समय बीत गया हो।
**कालात्मा (त्मन्)** पु० *(सं०)* परमात्मा।
**कालाध्यक्ष** पु० *(सं०)* सूर्य; ब्रह्म; परमेश्वर।
**कालानल** पु० *(सं०)* रुद्र; प्रलयकाल की अग्नि।
**कालाप** पु० *(सं०)* साँप का फन; सिर के बाल।
**कालापानी** पु० देश बदर (निकाला) दण्ड।
**कालावधि** स्त्री० *(सं०)* मुद्दत, नियत कला।
**कालाशौच** पु० *(सं०)* जन्म या मरण से लगने वाला अशौच।
**कालिंग** वि० *(सं०)* कलिंग देश का।
**कालि*** अ० आनेवाला या बीता हुआ दिन, कल।
**कालिक** वि० *(सं०)* मौसमी, सामयिक।
**कालिका** स्त्री० *(सं०)* काली, चण्डिका।
**कालिख** स्त्री० कलंक (लगना); स्याही; कलौछ।
**कालिज** पु० *(अं०)* *(कॉलेज)* वह विद्यालय जहाँ दसवीं कक्षा से ऊपर की पढ़ाई होती हो और किसी विश्वविद्यालय से सम्बद्ध हो।
**कालिय** पु० *(सं०)* श्रीकृष्ण द्वारा वश में किया गया नाग।
**काली** स्त्री० दुर्गा।
**काली** *पु० कालिय नाग।
**क़ालीन** पु० *(अ०)* बड़ा गलीचा।
**कालीन** वि० *(सं०)* काल विषयक, प्रत्यक्ष रूप में प्रयुक्त होने वाला शब्द।
**कालुष्य** पु० *(सं०)* अस्वच्छता; मलिनता; अपवित्रता।
**कालेय** वि० *(सं०)* कलियुग-सम्बन्धी।
**कालेश** पु० *(सं०)* सूर्य; शिव।
**कालोंछ** स्त्री० कालिख; कालिमा।
**कालोनी** स्त्री० *(अं०)* भवनों का समूह या बस्ती।
**काल्पनिक** वि० *(सं०)* अयथार्थ; फर्जी, कल्पना में स्थित।
**काल्य** वि० *(सं०)* अनुकूल; शुभ; सामयिक।
**काल्या** वि० *(सं०)* गर्भाधान के योग्य गाय या औरत।
**काल्ह, काल्हि*** अ० कल।
**कावा** पु० *(फ़ा०)* चक्कर; घोड़े को गोल दायरे या वृत्त में चक्कर देना।
**मुहा० कावा काटना** किसी विशेष स्थिति से बचने के लिए चक्कर मारना, लगाना।
**कावार** पु० *(सं०)* सेवार।
**कावारी** स्त्री० *(सं०)* बिना डण्डे की छतरी।
**काव्य** पु० *(सं०)* कवि की रसात्मक रचना; कविता; शुक्राचार्य।
**काव्या** स्त्री० *(सं०)* बुद्धि, समझ; पूतना।
**काव्यार्थापत्ति** स्त्री० *(सं०)* एक अर्थालंकार।
**काश** अ० *(फ़ा०)* इच्छा की या कामना की सूचना देने के लिए इसका प्रयोग होता है; खाँसी।
**काशि** पु० *(सं०)* ज्योति; सूर्य; मुट्ठी।
**काशिक** वि० *(सं०)* प्रकाशमान; प्रकाश करने वाला।
**काशी** स्त्री० *(सं०)* वाराणसी, उत्तर भारत की एक प्रसिद्ध नगरी।
**मुहा० काशी करवट लेना** काशी करवट में आरे के नीचे कटकर जान देना।
**काश्त** स्त्री० *(फ़ा०)* जोत की जमीन; खेती; जोत।
**काश्मीर** वि० *(सं०)* कश्मीर में रहने वाला; कश्मीर का; कश्मीर में उत्पन्न।
**काश्मीरा** पु० एक ऊनी कपड़ा।
**काश्मीरी** पु० कश्मीर-निवासी; रबर का पेड़; कश्मीर की भाषा।
**काश्मीर्य** पु० *(सं०)* केसर।
**काश्य** पु० *(सं०)* मद्य।
**काश्यप** पु० माँस।
**काश्यप** वि० *(सं०)* कश्यप गोत्र का; कश्यप से जुड़ा।
**काश्यपि** पु० *(सं०)* अरुण; गरुड़।
**काश्यपी** स्त्री० *(सं०)* पृथ्वी।
**काष** पु० *(सं०)* एक ऋषि; कसौटी; सान; वह वस्तु जिसपर कोई चीज घिसी जाये।
**काषाय** पु० *(सं०)* गेरुआ वस्त्र।
**काष्ठ** पु० *(सं०)* लम्बाई नापने का एक औजार; लकड़ी, काठ; छड़ी; ईंधन।
**काष्ठक** पु० *(सं०)* अगरु।
**काष्ठा** स्त्री० *(सं०)* चरम, अन्तिम सीमा; दिशा; सीमा; घुड़दौड़ का मार्ग या मैदान; जल।
**काष्ठागार** पु० *(सं०)* लकड़ी का बना घर; लकड़ी का भण्डार।

**काष्ठिक** पु० *(सं०)* लकड़हारा।
**काष्ठिका** स्त्री० *(सं०)* चैली, लकड़ी का छोटा टुकड़ा।
**काष्ठीला** स्त्री० *(सं०)* केला।
**कास** पु० *(सं०)* सहिजन का पेड़; खाँसी; एक घास।
**कासनी** स्त्री० *(फ़ा०)* हल्का नीला रंग; एक पौधा जिसके बीज दवा के काम आते हैं।
**कासर** पु० *(सं०)* भैंसा।
**कासा** पु० *(फ़ा०)* खाना; कटोरा; प्याला; फकीरों का भिक्षापात्र।
**कासार** पु० *(सं०)* झील; ताल; तालाब।
**कासालु** पु० *(सं०)* एक आलू की जाति।
**कासिका** स्त्री० *(सं०)* खाँसी।
**क़ासिद** पु० *(अ०)* दूत, सन्देश ले जानेवाला; पत्रवाहक। वि० इरादा करने वाला, कस्द।
**कासिर** वि० *(अ०)* कोताही करने वाला, कुसूर।
**कासी (सिन्)** वि० *(सं०)* खाँसी से पीड़ित, कास रोग से ग्रस्त व्यक्ति।
**कासीस** पु० *(सं०)* हीरा-कसीस।
**कासू** स्त्री० *(सं०)* भाला; कान्ति; बुद्धि; भक्ति; रोग।
**कासृति** स्त्री० *(सं०)* गुप्तमार्ग; पगडण्डी; गली।
**कास्टिक** पु० *(अं०)* त्वचा या कपड़े को जला देनेवाला एक तेजाब।
**काह** पु० *(फ़ा०)* सूखी घास। वि० *(हि०)* क्या, कौन सी वस्तु।
**काहल** पु० *(सं०)* अस्पष्ट वाणी; एक बाजा; बिल्ली।
**काहला** स्त्री० *(सं०)* फौजी ढोल।
**काहली** स्त्री० *(सं०)* युवती।
**काहि*** सर्व० किसे; किससे।
**काहिल** वि० *(अ०)* आलसी, सुस्त, कामचोर।
**काहिली** स्त्री० आलस्य, सुस्ती, ढिलाई।
**काहीं*** अव्य० को; द्वारा; पास।
**काही** वि० स्याही लिये हुए हरे रंग का, घास के रंग का।
**काहु*** सर्व० किसी।
**काहू** *सर्व० किसी।
**काहे*** अव्य० क्यों, किसलिए।
**किंकर** पु० *(सं०)* नौकर; सेवक।
**किंकर्तव्य** वि० *(सं०)* क्या किया जाये।
**किंकिणी** स्त्री० *(सं०)* करधनी।
**किंकिनी***स्त्री० करधनी।
**किंकिर** पु० *(सं०)* घोड़ा; कोयल; एक भ्रमर; गजकुम्भ।
**किंकिरा** स्त्री० *(सं०)* रक्त।
**किंचित्** वि० *(सं०)* थोड़ा, कुछ।
**किंचिलिक, किंचिलुक** पु० *(सं०)* केंचुआ।
**किंज, किंजल, किंजल्क** पु० *(सं०)* नागकेशर; कमल का केसर।
**किन्तु** अ० *(सं०)* बल्कि; परन्तु, लेकिन।
**किन्तुघ्न** पु० *(सं०)* एक करण।
**किम्पाक** पु० *(सं०)* कारस्कर; एक वृक्ष।
**किम्पुरुष** पु० *(सं०)* किन्नर; नीच व्यक्ति।
**किंवदन्ती** स्त्री० *(सं०)* अफवाह, जनरव, लोकापवाद।
**किंवा** अ० *(सं०)* या तो, या अथवा।
**किंशारु** पु० *(सं०)* बाण; कंक पक्षी; गेहूँ, जौ आदि की बाल का टूँड़।
**किंशुक** पु० *(सं०)* पलाश।
**कि** अव्य० *क्यों, क्योंकर; क्या; एक जोड़नेवाला शब्द।
**किकियाना** अ० क्रि० चिल्लाना, रोना।
**किचकिच** स्त्री० अशान्ति, झगड़ा, विवाद।
**किचकिचाना** अ० क्रि० अत्यन्त क्रोधित होना।
**किचड़ाना** अ० क्रि० (आँख में) कीचड़ भरना।
**किचपिच** वि० अस्पष्ट। स्त्री० गिचपिच; भीड़भाड़।
**किटकिट** पु० किचकिच, झगड़ा।
**किटकिटाना** स० क्रि० (दाँत) पीसना।
**किटकिरा** पु० सुनारों का ठप्पा।
**किटि** पु० *(सं०)* सूअर।
**किटिभ** पु० *(सं०)* खटमल, उड्डुस; जूँ।
**किड़कना** अ० क्रि० चुपके से चल देना।
**किण** पु० *(सं०)* लकड़ी का एक कीड़ा; घट्ठा।
**कित*** वि० कितना। अव्य० किधर, कहाँ।
**कितक*** वि० कितना; कहाँ।
**कितना** अव्य० कहाँ तक; किस मात्रा में; बहुत ज्यादा।
**कितने** वि० अत्यधिक; बहुत से।
**कितव** पु० *(सं०)* ठग; धूर्त; जुआरी; गोरोचन।
**क़िता** पु० *(अ०)* टुकड़ा, खण्ड।
**किताब** स्त्री० *(अ०)* पोथी; बही।

**किताबत** स्त्री० *(अ०)* नकल करने का काम।
**किताबी** वि० किताब से सम्बद्ध, पुस्तकीय।
**कितिक, कितेक** वि० बहुत; कितना।
**कितै*** अ० कहाँ; किस जगह।
**कितो*** वि०, अव्य० कितना।
**किधर** अव्य० कहाँ; किस ओर।
**किधौं** अव्य० या तो; अथवा, या।
**किन** पु० चिह्न। अव्य० क्यों न।
**किनका** पु० टूटा हुआ दाना; कण।
**किनहा** वि० वह सब्जी, फल आदि जिसमें कीड़े पड़ गये हों।
**किनार** पु० *(फ़ा०)* किनारा।
**किनारा** पु० *(फ़ा०)* छोर, हाशिया; तट, तीर; गोट।
**मुहा० किनारा करना, खींचना** अलग होना, दूर होना।
**किनारी** स्त्री० दुपट्टों आदि के किनारे लगा पतला गोटा; धोती के लम्बाई वाले किनारे।
**किनारे** अव्य० अलग; किनारे पर।
**मुहा० किनारे लगना** काम समाप्त होना; पार पहुँचाना। **किनारे होना** छुट्टी पाना; दूर हटाना।
**किन्नर** पु० *(सं०)* किम्पुरुष, घोड़े जैसे मुँहवाली देवताओं की एक योनि।
**किन्नरी** स्त्री० *(सं०)* किंगरी, किन्नर स्त्री।
**किफ़ायत** स्त्री० *(अ०)* बचत; थोड़ा मूल्य; कमखर्ची; काफी, पूरा होना।
**किफ़ायती** वि० किफायत करने वाला।
**क़िबला** पु० *(अ०)* मुसलमानों द्वारा उस ओर मुँह कर नमाज अदा करना, काबा; पूज्य पुरुष।
**किमाछ** स्त्री० केवाँच।
**क़िमार** पु० *(अ०)* जुआ, शर्त के साथ खेला जानेवाला खेल।
**क़िमाश** पु० *(अ०)* तर्ज, ढंग।
**किमि*** अ० कैसे।
**किम्** अ० *(सं०)* कहाँ से; क्यों, कैसे।
**किम्मत*** स्त्री० कौशल, बहादुरी।
**कियत्** वि० *(सं०)* कितना।
**कियारी** स्त्री० क्यारी।
**कियाह** पु० *(सं०)* लाल रंग का घोड़ा।
**किरक** पु० *(सं०)* लेखक; सूअर का बच्चा।
**किरका** पु० छोटा कण, कंकड़।
**किरकिरा** पु० लोहारों का एक औजार। वि० कँकरीला।
**मुहा० (मजा) किरकिरा होना** आनन्द में विघ्न पड़ना।
**किरकिराना** अ० क्रि० दाँत या आँख में किरकिरी (छोटे कण) पड़ने से कष्ट होना।
**किरकिरी** स्त्री० अपमान, हेठी; रेत या किसी कड़ी चीज का छोटा कण; छोटी कँकड़ी।
**किरण** स्त्री० *(सं०)* रश्मि, ज्योति, धूलिकण।
**किरतम*** पु० मायिक प्रपंच।
**किरन** स्त्री० हाथ से कढ़ाई हुई एक तरह की झालर; किरण।
**मुहा० किरन फूटना** सुबह होना, सूर्योदय होना।
**किरपा*** स्त्री० कृपा।
**किरपान*** पु० कृपाण।
**किरमाल*** पु० तलवार।
**किरयात** पु० चिरायता।
**किरवान, किरवार*** पु० तलवार, कृपाण।
**किरात** पु० *(सं०)* शिव; साईस; एक भारतीय जंगली जाति; बौना; चिरायता; कोल।
**किरान*** अव्य० निकट, पास।
**किराना** पु० पंसारी की दुकान से मिर्च-मसाले आदि मिलनेवाली चीजें।
**किराया** पु० भाड़ा।
**किरासन** पु० मिट्टी का तेल, 'केरोसिन'।
**किरि** पु० *(सं०)* बादल; शूकर।
**किरिका** स्त्री० *(सं०)* स्याही का बर्तन, दावात।
**किरिच** स्त्री० नुकीला टुकड़ा या रवा।
**किरिया*** स्त्री० मृतक कर्म; कर्तव्य; शपथ।
**किरीट** पु० *(सं०)* मुकुट।
**किरीटी (टिन्)** पु० *(सं०)* इन्द्र, अर्जुन।
**किरोध*** पु० क्रोध।
**किरोलना** स० क्रि० खुरचना।
**किरौना†** पु० कीड़ा।
**किर्तनिया*** पु० कीर्तन करने वाला।
**किर्म** पु० *(फ़ा०)* कीड़ा।
**किर्मीरित** वि० *(सं०)* चितकबरा।
**किर्याणी** स्त्री० *(सं०)* जंगली शूकरी।
**किर्रा** स्त्री० धातु पर नक्काशी करने के काम की

एक छेनी।

**किल** पु० *(सं०)* क्रीड़ा। अ० निश्चय ही।

**किलक** पु०, स्त्री० किलकारी।

**किलकन** स्त्री० किलकने की क्रिया।

**किलकना** अ० क्रि० बन्दरों आदि का किलकारी मारना; बच्चों का चहकना, किलकारी मारना।

**किलकार, किलकारी** स्त्री० बन्दरों आदि के हर्षित होने पर मुख से निकलने वाली अस्पष्ट ध्वनि।

**किलकारना** अ० क्रि० हर्षपूर्वक जोर से आवाज करना।

**किलकिल** स्त्री० किचकिच, झगड़ा।

**किलकिला** स्त्री० *(सं०)* हर्षसूचक ध्वनि, किलकारी।

**किलकिलाना** अ० क्रि० हर्ष-ध्वनि करना; किलकारी मारना।

**किलना** अ० क्रि० वश में किया जाना।

**किलनी** स्त्री० बैल, गाय, कुत्तों और भैंस के शरीर से चिपकने वाला कीड़ा।

**किलबिलाना** अ० क्रि० बहुत से कृमियों का एक छोटे से स्थान पर हिलना डोलना; चंचल होना।

**किलवाँक** पु० काबुली घोड़े का एक भेद।

**किलवाना** स० क्रि० मन्त्रादि द्वारा प्रेतादि बाधा से मुक्त कराना; कील ठुकवाना।

**किलवारी** स्त्री० नाव की पतवार।

**किलविष** पु० पाप, दोषी।

**किलविषी*** वि० दोषी; पापी; रोगी।

**किलहँटा** पु० सिरोही नामक पक्षी।

**क़िला** पु० *(अ०)* दुर्ग, गढ़; वह मजबूत और लम्बी-चौड़ी इमारत जिसके भीतर सेना रहती है।

**मुहा० क़िला फतह करना** अत्यन्त कठिन कार्य पूरा कर लेना। **क़िला बाँधना** शतरंज के बादशाह को बचाने का प्रयास करना। **हवाई क़िला बनाना** व्यर्थ की कल्पनाएँ करना।

**किलाटी (टिन्)** पु० *(सं०)* बाँस।

**किलिंच, किलिंज, किलिंजक** पु० *(सं०)* चटाई।

**किलोमीटर** पु० *(अं०)* दूरी की एक माप जो लगभग 1000 मीटर या 518 कील के बराबर होती है।

**क़िल्लत** स्त्री० *(अ०)* तंगी, कमी।

**किल्ला** पु० चक्की या जाँते के बीचोंबीच गड़ी लकड़ी की कील; खूँटा।

**मुहा० क़िल्ला गाड़कर बैठना** जिद्द करके बैठना।

**किल्लाना*** अ० क्रि० कल्लोल करना; खिलखिलाना, किलकिलाना।

**किल्ली** स्त्री० कुंजी; खूँटी; कल की मुठिया।

**मुहा० किल्ली ऐंठना/घुमाना** जोड़-तोड़ लगाना; पेच घुमाना। **(किसी की) किल्ली हाथ में होना** किसी का किसी के बस में होना।

**किल्विष** पु० *(सं०)* रोग; दोष; पाप, अपराध।

**किवाँच** स्त्री० केवाँच।

**किवाड़** पु० लकड़ी, शीशे, लोहे आदि का पल्ला जिससे दरवाजा बन्द किया जाता है, कपाट।

**किशटा** पु० एक तरह का छोटा शफतालू।

**किशमिश** स्त्री० *(फ़ा०)* सुखाया हुआ छोटा अँगूर।

**किशमिशी** वि० किशमिश का; किशमिश के रंग का।

**किशल, किशलय** पु० *(सं०)* नवपल्लव, कोंपल।

**किशोर** पु० *(सं०)* बछेड़ा; 11 से 15 वर्ष तक की उम्र वाला बालक।

**किश्त** स्त्री० *(फ़ा०)* खेती, कृषिकर्म; जुर्माना, ऋण आदि जमा करने की किश्त।

**किश्ती** स्त्री० *(फ़ा०)* डोंगी, नौका, नाव; नौका या लकड़ी या धातु की बनी लम्बी तश्तरी।

**किसनई**† स्त्री० काश्तकारी, किसानी, कृषिकर्म।

**किसबत** स्त्री० *(फ़ा०)* नाई का बाल काटने का यन्त्र रखने वाला कई खानों का थैला।

**किसमी*** पु० मजदूर।

**किसान** पु० कृषक, काश्तकार, किसान।

**किसानी** स्त्री० खेती, काश्तकारी, किसान का काम।

**किसी** सर्व०, वि० 'कोई' का रूप।

**किसू*** सर्व०, वि० किसी।

**क़िस्त** स्त्री० *(अ०)* मालगुजारी का वह भाग जो नियत समय पर दिया जाना हो; भाग, अंश।

**क़िस्म** स्त्री० *(अ०)* प्रकार, तरह, भेद।

**किस्मत** स्त्री० *(अ०)* अंश; भाग्य, तकदीर।

**मुहा० किस्मत आजमाना** भाग्य के भरोसे काम करना। **किस्मत का धनी** भाग्यवान्। **किस्मत का फेर** बदकिस्मती। **किस्मत चमकना/जागना** बढ़ती के दिन आना; भाग्य खुलना। **किस्मत फूटना** भाग्य का हीन होना। **किस्मत लड़ना**

भाग्य का अनुकूल होना।

**क़िस्सा** पु० *(अ०)* जिक्र, चर्चा; कहानी, वृत्तान्त।

**मुहा० क़िस्सा कोताह करना** मतलब की बात थोड़े में कहना। **क़िस्सा खत्म/तमाम/पाक होना** झगड़ा ख़तम होना।

**की** स्त्री० *(अं०)* कुंजी; उत्तरमाला।

**कीक** स्त्री० चीत्कार, चीख।

**कीकट** वि० *(सं०)* कृपण; निर्धन।

**कीकर** पु० बबूल का पेड़।

**कीकरी** स्त्री० कीकर या बबूल का एक प्रकार; एक तरह की सिलाई।

**कीकश** पु० *(सं०)* चाण्डाल।

**कीका** पु० घोड़ा।

**कीकान**† पु० घोड़ा; कोकण देश का घोड़ा।

**कीच** पु०, स्त्री० कीचड़, पंक।

**कीचड़** पु० आँख से निकलने वाला मैल, कीचड़; गीली मिट्टी, पंक।

**मुहा० कीचड़ में फँसना** कठिनाई में फँसना।

**कीट** पु० *(सं०)* कीड़ा।

**कीटक** पु० *(सं०)* कीड़ा।

**कीटिका** स्त्री० *(सं०)* तुच्छ प्राणी; छोटा कीड़ा, कीड़ी।

**कीड़ी** स्त्री० दाँतों के कीड़े; छोटा और बारीक कीड़ा।

**कीनना**† स० क्रि० खरीदना, क्रय करना।

**कीना** पु० *(फ़ा०)* वैर, द्वेष।

**कीनाश** पु० *(सं०)* किसान, काश्तकार; यम।

**कीनिया**† वि० कीना रखने वाला।

**कीप** स्त्री० छोटे मुँह का पात्र, तरल पदार्थ भरने की कुप्पी।

**क़ीमत** स्त्री० *(अ०)* योग्यता; मूल्य; गुण।

**क़ीमती** वि० *(अ०)* दामी, बहुमूल्य।

**क़ीमा** पु० *(अ०)* बहुत छोटे-छोटे टुकड़ों में कटा हुआ माँस।

**मुहा० क़ीमा करना** बहुत छोटे-छोटे टुकड़े करना।

**कीमिया** स्त्री० *(अ०)* कार्य साधने की युक्ति; रसायन-विद्या; अकसीर रसायन।

**कीर** पु० *(सं०)* शुक; तोता; साँप।

**कीरक** पु० *(सं०)* एक वृक्ष; लब्धि, प्राप्ति।

**कीरतन** पु० कीर्तन, यशोगान, कीर्ति-वर्णन।

**कीरति*** स्त्री० कीर्ति, यश, ख्याति।

**कीर्ण** वि० *(सं०)* ढका हुआ; स्थित; बिखरा हुआ; मारा हुआ, चोट पहुँचाया हुआ।

**कीर्तन** पु० *(सं०)* आराध्य देव राम-कृष्णादि का यशगान गायन-वादन के रूप में करना; कीर्ति-वर्णन, यशोगान; कथन, वर्णन।

**कीर्तनिया** पु० यशगान या कीर्तन करने वाला।

**कीर्ति** स्त्री० *(सं०)* ख्याति, नामवरी; यश; दक्ष प्रजापति की कन्या और धर्म की पत्नी; दीप्ति।

**कीर्तित** वि० *(सं०)* कथित, वर्णित; प्रशंसित।

**कीर्तिस्तम्भ** पु० *(सं०)* स्मारक, कीर्ति स्मरण दिलाने वाला स्तम्भ।

**कील** पु० *(सं०)* कुहनी; भाला; स्तम्भ।

**कीलना** क्रि० कील ठोकना, रोकना मन्त्रों से वश में करना।

**कीलम** पु० *(सं०)* एक तन्त्रोक्त देवता; खूँटी; पशुओं आदि के बाँधने का खूँटा।

**कीलन** पु० *(सं०)* बाँधना; कीलना।

**कीला** पु० जाँते का खूँटा; बड़ी खूँटी; चाक की खूँटी।

**कीलाल** वि० *(सं०)* बन्धन हटाने वाला।

**कीलित** वि० *(सं०)* निरुद्ध; कीला हुआ।

**कीली** स्त्री० खूँटी; धुर।

**कीश** वि० *(सं०)* नंगा। पु० बन्दर; सूर्य।

**कुँअर** पु० राजकुमार; कुमार, लड़का।

**कुँअरि*** स्त्री० राजकुमारी; कुमारी।

**कुँआरा** वि० अविवाहित।

**कुँआरी** स्त्री० कुमारी, अविवाहिता कन्या। वि० स्त्री० कुमारी।

**कुँइयाँ**† स्त्री० छोटा कुआँ, कच्चा कुआँ।

**कुंकुम** पु० *(सं०)* कुमकुम; केसर; रोली।

**कुंचन** पु० *(सं०)* सिकुड़ना, सिमटना; टेढ़ा होना।

**कुंचि** स्त्री० *(सं०)* आठ मुट्ठी का एक परिमाण।

**कुंचिका** स्त्री० *(सं०)* बाँस की टहनी; कुंजी; चाबी।

**कुंचित** वि० *(सं०)* घुँघराले (बाल); सिकुड़ा हुआ।

**कुंची*** स्त्री० कुंजी।

**कुंज** *(सं०)* लता आदि से घिरा या ढका हुआ स्थान; हाथी का दाँत।

**कंज गली** स्त्री० अत्यधिक सँकरी गली।

**कुंजड़** पु० पिस्ते का गोंद।

**कुंजर** पु० *(सं०)* हस्त नक्षत्र; हाथी; पीपल; एक नाग; छप्पय छन्द का एक भेद।

**कुंजरा** स्त्री० *(सं०)* हथिनी।

**कुंजरानीक** पु० *(सं०)* हस्तिदल, हाथियों की सेना।

**कुंजराराति, कुंजरारि** पु० *(सं०)* सिंह; शरभ।

**कुंजरारोह** पु० *(सं०)* पीलवान।

**कुंजराशन** पु० *(सं०)* पीपल का पेड़।

**कुंजित*** वि० कूजित।

**कुण्ठ** वि० *(सं०)* सुस्त; भोंथरा; मन्दबुद्धि।

**कुण्ठक** वि० *(सं०)* मूर्ख। पु० मूर्ख व्यक्ति।

**कुण्ठित** वि० *(सं०)* मूर्ख; कुन्द या भोंथरा किया हुआ।

**कुण्ड** पु० *(हि०)* पूला; हौदा; *(सं०)* पानी रखने का कुण्डा।

**कुँड़** पु० कूँड़; नाली; जमीन पर खींची हुई रेखा।

**कुण्डक** पु० *(सं०)* धृतराष्ट्र का एक पुत्र; मटका।

**कुण्डकोदर** पु० *(सं०)* एक नाग।

**कुँड़रा** पु० गोलाकार खींची हुई रेखा जिसके भीतर होकर शपथ ग्रहण करते या भोजन रखकर उसे छूत से बचाते हैं; गेंडुरी।

**कुण्डलाकार** वि० *(सं०)* कुण्डल के आकार का, गोल।

**कुण्डलिका** स्त्री० *(सं०)* जलेबी, मण्डलाकार रेखा।

**कुण्डलित** वि० *(सं०)* जो कुण्डली मारे हुए हो।

**कुण्डलिनी** स्त्री० *(सं०)* जलेबी; मूलाधार चक्र में स्थित एक शक्ति; दुर्गा का एक रूप।

**कुण्डली** स्त्री० *(सं०)* साँप की फेंटी; जन्म- कुण्डली; कुण्डलिनी; जलेबी।

**कुण्डली(लिन्)** वि० *(सं०)* कुण्डलधारी; कुण्डलाकार; जो कुण्डल या फेंटी मारे हुए हो।

**कुण्डा** पु० नाद; बड़ा मटका; कोंढ़ा।

**कुण्डिका** स्त्री० *(सं०)* कमण्डल; मटका; घड़ा।

**कुण्डी** स्त्री० दरवाजे की जंजीर या साँकल।

**मुहा० कुण्डी खटखटाना** दरवाजा खुलवाने के लिए साँकल को बजाना।

**कुन्त** पु० *(सं०)* क्रोध; जूँ; बरछा; भाला।

**कुन्तल** पु० *(सं०)* केश; सिर के बाल; हल।

**कुन्तली** स्त्री० एक तरह की मधुमक्खी।

**कुन्द** वि० *(फ़ा०)* मोटी धार वाला, भोंथरा; मन्द।

**मुहा० कुन्द छुरी से हलाल करना** बहुत कष्ट देना, सताना।

**कुन्दन** वि० तपे हुए सोने जैसा शुद्ध और निर्मल; कान्तियुक्त। पु० शुद्ध दमकता हुआ सोना।

**कुन्दर** पु० *(सं०)* दवा के काम आने वाला तृण।

**कुँदरू** पु० एक लतानुमा पौधा जिसके फूल और फल से सब्जी बनायी जाती है।

**कुन्दा** पु० *(फ़ा०)* बन्दूक में काठ का बना वह भाग जिसमें घोड़ा (ट्रेगर) और नली युक्त होती है।

**कुन्दु** पु० *(सं०)* चूहा।

**कुन्दुर** पु० *(सं०)* एक सुगन्धित गोंद।

**कुँदेरना** स० क्रि० छीलना; खरादना।

**कुँदेरा** पु० कुनेरा।

**कुम्भ** पु० *(सं०)* पुण्यकारी पर्व जो बारह वर्ष के अन्तर पर आता है।

**कुम्भक** स्त्री० *(सं०)* प्राणायाम के अन्तर्गत नाक-मुँह बन्द करके श्वास रोकने की क्रिया।

**कुम्भिका** स्त्री० *(सं०)* बिलनी; छोटा घड़ा; वेश्या।

**कुम्भिल** पु० *(सं०)* सेंध लगाने वाला चोर।

**कुम्भी** स्त्री० *(सं०)* जलकुम्भी; छोटा घड़ा; हँडिया; दन्ती; पाँडर।

**कुम्भीका** स्त्री० *(सं०)* जलकुम्भी।

**कुम्भीपुर*** पु० हस्तिनापुर।

**कुम्भीर** पु० *(सं०)* एक यक्ष; घड़ियाल।

**कुम्भील** पु० *(सं०)* घड़ियाल; सेंध मारनेवाला।

**कुँवर** पु० लड़का; पुत्र, राजकुमार।

**कुँवरि, कुँवरी** स्त्री० कुमारी; राजकन्या।

**कु** स्त्री० *(सं०)* त्रिभुज का आधार; धरती, पृथ्वी।

**कुआँ** पु० भूगर्भस्थ जल या तेल निकालने के लिए खोदा गया बहुत गहरा और गोला (कच्चा या पक्का) गढ़ा, कूप।

**मुहा० कुआँ खोदना** रोजी के लिए मेहनत करना। **कुएँ की मिट्टी कुएँ में लगना** जहाँ की कमाई वहीं खर्च हो जाना। **कुएँ में झँकाना** किसी की तलाश में दौड़ाना; परेशान करना। **कुएँ झाँकना** किसी चीज की कोशिश में बहुत जगह भटकना। **कुएँ पर से प्यासे आना** कार्य सिद्धि की जगह से निराश लौटना। **कुएँ में गिरना** जान-बूझकर विपत्ति में फँसना। **कुएँ में**

डालना/ढकेलना बेटी को जानबूझकर बुरे घर में ब्याह देना। **कुएँ में बाँस डालना** बहुत खोजना। **कुएँ में भाँग पड़ना** बहुत से लोगों का बेवकूफ बन जाना, सबकी अकल मारी जाना।

**कुआर** पु० आश्विन मास।

**कुआरा** वि० कुआर में होने वाला।

**कुइयाँ** स्त्री० छोटा कुआँ।

**कुईं** स्त्री० कमल के समान पौधा जिसमें रात के समय सफेद फूल लगते हैं, कुमुद।

**कुकड़ना*** अ० क्रि० सिमटना।

**कुकड़ी** स्त्री० कच्चे सूत का लच्छा।

**कुकर** पु० *(अं०)* खाना पकाने का एक यन्त्र।

**कुकरी*** स्त्री० मुर्गी, कुक्कुटी।

**कुकरौंदा, कुकरौंधा** पु० एक पौधा जिसकी पत्तियाँ दवा के काम आती हैं।

**कुकुन्दर, कुकुन्दुर** पु० *(सं०)* कुकरौंधा।

**कुकुद, कुकूद** पु० *(सं०)* वस्त्र और भूषण सहित कन्यादान करने वाला।

**कुकुरौंछी** स्त्री० पशुओं को लगने वाली मक्खी।

**कुकूल** पु० *(सं०)* भूसी की आग; भूसी; कवच।

**कुकूलाग्नि** स्त्री० *(सं०)* तुषाग्नि, भूसी की आग।

**कुक्कुट** पु० *(सं०)* वनमुर्गा; मुर्गा; चिनगारी।

**कुक्कुटक** पु० *(सं०)* मुर्गा; एक संकर जाति।

**कुक्कुटि, कुक्कुटी** स्त्री० *(सं०)* मुर्गी; छिपकली।

**कुक्कुभ** पु० *(सं०)* बनमुर्गा; वार्निश; मुर्गा।

**कुक्कुर** पु० *(सं०)* ग्रन्थिपर्णी; कुत्ता।

**कुकीर्ति** स्त्री० *(सं०)* अपयश, निन्दा।

**कुक्रिय** वि० *(सं०)* कुकर्मी।

**कुक्रिया** स्त्री० *(सं०)* बुरा काम।

**कुक्ष** पु० *(सं०)* पेट।

**कुक्षिभरि** वि० *(सं०)* स्वार्थी; पेटू।

**कुक्षि** स्त्री० *(सं०)* कोख, पेट; बीच का भाग; गर्भाशय।

**कुखेत** पु० बुरा स्थान; कठोर।

**कुख्यात** वि० *(सं०)* निन्दित।

**कुगति** स्त्री० *(सं०)* दुर्दशा।

**कुघा*** स्त्री० ओर, दिशा।

**कुघात** स्त्री० छल, कपट।

**कुच** पु० *(सं०)* उरोज, स्तन।

**कुचकुचवा**† पु० उल्लू।

**कुचकुचा*** वि० खाने में गीला-कच्चा लगने-वाला।

**कुचकुचाना** स० क्रि० थोड़ा कुचलना।

**कुचना*** अ० क्रि० सिकुड़ना, संकुचित होना।

**कुचलना** स० क्रि० रौंदना; किसी भारी चीज से किसी वस्तु को जोर से दबाना, मसलना।

**कुचला** पु० एक विषयुक्त पेड़ और उसका बीज जो दवा के काम आता है।

**कुचाग्र** पु० *(सं०)* स्तन का अग्रभाग।

**कुचाह*** स्त्री० संवाद; अमंगल बात।

**कुछ** वि० किंचित, थोड़ा। सर्व० कोई। क्रि० वि० थोड़ा सा।

**मुहा० कुछ कर देना** जादू-टोना कर देना। **कुछ कर बैठना** कोई अनिष्ट बात कर डालना। **कुछ कहना** कोई कड़ी बात कहना। **कुछ का कुछ** और का और। **कुछ खा लेना** जहर खा लेना। **कुछ न चलना** वश न चलना। **कुछ न पूछिये** क्या कहना, क्या बात है! **कुछ हो जाना** रोग, प्रेतबाधा आदि हो जाना।

**कुजम्भल, कुजम्भिल** पु० *(सं०)* सेंध लगाने वाला चोर।

**कुज्जा**† पु० मिट्टी के प्याले में जमायी हुई मिश्री।

**कुजूझटि, कुजूझटिका, कुजूझटी** स्त्री० *(सं०)* कुहरा।

**कुटंक** पु० *(सं०)* छप्पर; छत।

**कुटंगक, कुटुंगक** पु० *(सं०)* छप्पर, छाजन; वृक्ष पर फैलने वाली लता; छत; झोपड़ी।

**कुटन्त*** स्त्री० मार पड़ना, पिटाई।

**कुट** पु० कूटा हुआ टुकड़ा; कलश। *(सं०)* गढ़, किला।

**कुटक** पु० *(सं०)* हल्का फला; एक वृक्ष।

**कुटका** पु० कशीदे में काढ़ा हुआ तिकोना बूटा; छोटा टुकड़ा।

**कुटज** पु० *(सं०)* कमल।

**कुटज गति** स्त्री० *(सं०)* तेरह अक्षरीय छन्द।

**कुटनहारी** स्त्री० धान कूटनेवाली स्त्री।

**कुटना** पु० स्त्रियों को फुसलाकर परपुरुष से मिलनेवाला; चुगलखोर।

**कुटनाना** स० क्रि० किसी स्त्री को बरगला कर कुमार्ग पर ले जाना।

**कुटनी** स्त्री० किसी स्त्री को पर पुरुष से मिलाने वाली स्त्री; झगड़ा लगाने वाली स्त्री।

**कुटप** पु० *(सं०)* कमल; घर के पास का बगीचा।

**कुटल** पु० *(सं०)* छाजन, छप्पर।

**कुटवाना** स० क्रि० कूटने की क्रिया दूसरे से कराना।

**कुटाई** स्त्री० कूटने का काम; कूटने की मजदूरी।

**कुटास** स्त्री० पिटाई।

**कुटि** स्त्री० *(सं०)* वृक्ष; देह; टेढ़ापन, कुटी।

**कुटिका** स्त्री० *(सं०)* कुटिया।

**कुटिया** स्त्री० कुटी, घास-फूस का बना छोटा घर।

**कुटिर** पु० *(सं०)* झोपड़ी।

**कुटिल** पु० *(सं०)* एक टेढ़ा वृत्त।

**कुटिलक** वि० *(सं०)* टेढ़ा, मुड़ा हुआ।

**कुटिलता** स्त्री० *(सं०)* खुटाई, टेढ़ापन।

**कुटिलाई*** स्त्री० कुटिलता।

**कुटिलिक** स्त्री० *(सं०)* पाँव दबाकर आना; चुपके-चुपके आना।

**कुटी** स्त्री० *(सं०)* कुटिया, झोपड़ी; मोड़।

**कुटीका** स्त्री० *(सं०)* छोटा घर।

**कुटीर** पु० *(सं०)* एक पौधा; कुटी, कुटिया।

**कुटीरक** पु० *(सं०)* कुटी।

**कुटुम्ब** पु० *(सं०)* कुटुम्ब का व्यक्ति, स्वजन; कुनबा, परिवार; बाल-बच्चे, सन्तान।

**कुटुम्बिक, कुटुम्बी (बिन्)** पु० *(सं०)* कुटुम्ब का व्यक्ति; कुनबे वाला; बाल-बच्चे वाला; किसान।

**कुटुम्बिनी** स्त्री० *(सं०)* गृहिणी; बाल-बच्चे वाली स्त्री।

**कुटुम*** पु० कुटुम्ब।

**कुटुवा** पु० कूटने वाला; बैल को बधिया करने वाला।

**कुटौनी†** स्त्री० कूटने की मजदूरी; धान कूटने का काम।

**कुट्टक** पु० *(सं०)* पीसने वाला; कूटने वाला।

**कुट्टन** पु० *(सं०)* काटना; पीसना; कूटना।

**कुट्टनी, कुट्टिनी** स्त्री० *(सं०)* कुटनी।

**कुट्टा** पु० परकटा कबूतर; वह पक्षी जिसके पाँव बँधे हों और पिंजड़े में बन्द कर दिया गया हो।

**कुट्टाक** वि० *(सं०)* काटने वाला, तोड़कर अलग करने वाला।

**कुट्टार** पु० *(सं०)* कम्बल; रति क्रिया; पर्वत, पहाड़।

**कुट्टित** वि० *(सं०)* काटा हुआ, कूटा या पीसा हुआ।

**कुट्टिम** पु० *(सं०)* रत्न की खान; पच्चीकारी किया हुआ पत्थर का फर्श; अनार।

**कुट्टी** स्त्री० कूटा और सड़ाया हुआ कागज; बारीक काटा हुआ चारा।

**मुहा० कुट्टी करना** चारा काटना; मित्रता भंग करना।

**कुट्टीर** पु० *(सं०)* पहाड़ी, छोटा पहाड़।

**कुट्टीरक** पु० *(सं०)* कुटिया।

**कुठला** पु० अनाज रखने का मिट्टी का बना बड़ा बर्तन।

**कुठाकु** पु० *(सं०)* कठफोड़वा पक्षी।

**कुठार** पु० कुठला; *(सं०)* फावड़ा; कुल्हाड़ा।

**कुठारक** पु० *(सं०)* कुल्हाड़ी।

**कुठाराघात** पु० *(सं०)* कुल्हाड़ी का घाव; घातक, जानलेवा चोट।

**कुठारिका** स्त्री० *(सं०)* कुल्हाड़ी।

**कुठारी** स्त्री० नाश करनेवाली; *(सं०)* कुल्हाड़ी।

**कुठारु** पु० *(सं०)* हथियार बनाने वाला; बन्दर; पेड़।

**कुठाली** स्त्री० सोना-चाँदी गलाने की घरिया।

**कुठि** पु० *(सं०)* पर्वत; वृक्ष।

**कुठेर** पु० *(सं०)* तुलसी; अग्नि।

**कुठेरु** पु० *(सं०)* पंखे की हवा।

**कुडंग** पु० *(सं०)* निकुंज।

**कुड़कुड़** पु० कौए आदि को उड़ाने के लिए की जाने वाली आवाज।

**कुड़कुड़ाना** स० क्रि० खेत से चिड़ियों को उड़ाना, जानवरों को भगाना।

**कुड़कुड़ी** स्त्री० अजीर्ण; पेट का गुड़गुड़ाना।

**मुहा० कुड़कुड़ी होना** किसी बात को जानने के लिए आतुर होना।

**कुड़बुड़ाना** अ० क्रि० भीतर-ही-भीतर कुढ़ना।

**कुड़री** स्त्री० नदी के घुमाव से घिरी हुई जमीन।

**कुडिला** स्त्री० *(सं०)* मिट्टी या काठ का बना जलपात्र।

**कुड़ी** स्त्री० *(सं०)* कुटी, झोपड़ी।

**कुडुक** स्त्री० अण्डा न देनेवाली मुर्गी।

**मुहा० कुडुक बोलना** बेकार हो जाना।

**कुड्मल** पु० *(सं०)* खिलती हुई कली।

**कुड्य** पु० *(सं०)* औत्सुक्य; दीवार।

**कुढ़न** स्त्री० खीझ, कुढ़ने का भाव; जलन।

**कुढ़ना** अ० क्रि० मन-ही-मन खिन्न होना; भीतर-ही-भीतर जलना, सन्तप्त होना।
**कुढ़ाना** स० क्रि० खिझाना, चिढ़ाना, जलाना।
**कुण** पु० *(सं०)* चीलर; नाभि पर का मैल।
**कुणक** पु० *(सं०)* नवजात पशु शावक।
**कुणप** पु० *(सं०)* दुर्गन्ध; शव; बरछा, भाला।
**कुणपाशी (शिन्)** पु० *(सं०)* प्रेतों का एक भेद; मुर्दा खाने वाला (गीध, गीदड़ आदि)।
**कुतः (तस्)** अ० *(सं०)* कैसे, क्यों कर; कहाँ सँ।
**कुतक, कुतना** पु० अँगूठा; गत का; सोंटा।
**कुतना** अ० क्रि० कूता जाना।
**कुतप** पु० *(सं०)* द्विज; अतिथि; दिन का आठवाँ मुहूर्त।
**कुतरन** स्त्री० कुतरा हुआ टुकड़ा।
**कुतरना** स० क्रि० दाँतों से किसी चीज का कुछ अंश काट लेना।
**कुतवाल**† पु० कोतवाल।
**कुतवाली**† पु० कोतवाली।
**कुताही** स्त्री० कोताही, कमी।
**कुतिया** स्त्री० कुत्ते की मादा, कुत्ती, श्वनी।
**कुतुक** पु० *(सं०)* उत्सुकता, कुतूहल।
**कुतुब** पु० *(अ०)* ध्रुव तारा।
**कुतू** स्त्री० *(सं०)* तेल रखने की चमड़े की कुप्पी।
**कुतूहल** पु० *(सं०)* अचम्भा; उत्सुकता।
**कुतूहली (लिन्)** वि० *(सं०)* कौतुकी; कुतूहलयुक्त।
**कुत्ता** पु० तुच्छ, क्षुद्र जन; बन्दूक का घोड़ा; श्वान।
**मुहा० कुत्ते की दुम कभी सीधी नहीं होती** प्रकृतिगत कमी पर समझाने-बुझाने का कोई असर नहीं होता। **कुत्ते की नींद** ऐसी नींद जो जरा से खटके से खुल जाये। **कुत्ते की मौत मरना** बड़ी दुर्दशा से मरना। **कुत्ते के पाँव जाना** बहुत तेज जाना, दौड़ते हुए जाना। **कुत्ते के भौंकने से हाथी नहीं डरता** शक्तिशाली व्यक्ति तुच्छ व्यक्ति की परवाह नहीं करता।
**कुत्ती** स्त्री० कुत्ते की मादा, कुतिया।
**कुत्र** अ० *(सं०)* कहाँ, किस जगह।
**कुत्सन** पु० *(सं०)* निन्दा करना।
**कुत्सा** स्त्री० *(सं०)* निन्दा, गर्हणा।
**कुत्सित** पु० *(सं०)* अधम; नीच; कुष्ठ; निन्दा।
**कुथ** पु० *(सं०)* हाथी की झूल; दरी; कुश।
**कुथना** अ० क्रि० मार खाना, पीटा जाना।
**कुथा** स्त्री० *(सं०)* कथरी, कन्था; झूल।
**कुदक्कड़** वि० कूदने वाला।
**कुदक्का** पु० उछल-कूद, कूद-फाँद।
**कुदरत** स्त्री० *(अ०)* ईश्वरीय शक्ति, प्रकृति।
**कुदरती** वि० *(अ०)* असली, प्राकृतिक।
**कुदरा*** पु० कुदाल।
**कुदलाना*** अ० क्रि० कूदते-फुदकते हुए चलना।
**कुदान** स्त्री० कूदने का स्थान; छलाँग।
**मुहा० कुदान भरना** कूदना।
**कुदारी** स्त्री० कुदाली।
**कुदाल, कुदाली** स्त्री० मिट्टी खोदने का एक यन्त्र।
**कुदिन** पु० *(सं०)* बुरा दिन।
**कुदूरत** स्त्री० *(अ०)* मैलापन; द्वेष, रंजिश।
**कुद्दार, कुद्दाल** पु० *(सं०)* कुदाल; लाल कचनार।
**कुन्द्रक** पु० *(सं०)* घण्टाघर।
**कुनकुना** पु० *(सं०)* हल्का गर्म।
**कुनना** स० क्रि० खरादना।
**कुनबा** पु० कुटुम्ब, परिवार।
**कुनह** पु० शत्रुता, द्वेष, संचित वैर।
**कुनही** वि० द्वेषी, कुनह रखनेवाला।
**कुनाई** स्त्री० कोयले का चूर; लकड़ी चीरने, खरादने आदि से निकलने वाला चूर।
**कुनाम** पु० *(सं०)* उपनाम।
**कुनालिका** स्त्री० *(सं०)* कोयल।
**कुनिया** पु० कूत करने वाला।
**कुनेरा** पु० खरादी, खरादने वाला।
**कुनैन** स्त्री० *(अं०) (क्विनाइन)* सिनकोना वृक्ष की छाल से बनी एक दवाई जो मलेरिया रोग में लाभदायक होती है।
**कुन्तल** पु० *(सं०)* केश, बाल; सौ किलो की तौल।
**कुप**† पु० भूसे आदि की राशि, घास।
**कुपक** पु० एक मधुर स्वर वाला पक्षी।
**कुपथ्य** पु० *(सं०)* स्वास्थ्य के विपरीत भोजन।
**कुपद** वि० अनपढ़।
**कुपना*** अ० क्रि० कोपना।
**कुपित** वि० *(सं०)* विकृत रूप; क्रुद्ध, खफा।
**कुप्पा** पु० चमड़े का बना एक बड़ा गोल पात्र जिसमें

घी या तेल रखते हैं।

**मुहा० कुप्पा लुढ़कना, कुप्पा लुढ़ना** किसी बड़े आदमी का मरना। **कुप्पा सा मुँह करना** मुँह फुलाना। **कुप्पा होना** रूठना; सूजना; मोटा होना।

**कुप्पी** स्त्री० छोटा कुप्पा।

**कुफ़्र** पु० *(अ०)* नास्तिकता; ईश्वर के अस्तित्व से इनकार, इनकार, न मानना।

**मुहा० कुफ़्र टूटना** हठ छूटना।

**कुबण्ड** वि० विकलांग। *पु० धनुष।

**कुब** पु० कूबड़।

**कुबजा** वि० कृष्ण की दासी, कुबड़ी।

**कुब्जा*** स्त्री० कुबजा।

**कुबड़ा** पु० कूबड़ पीठवाला आदमी।

**कुबड़ी** स्त्री० टेढ़ी पीठ वाली स्त्री।

**कुबेराचल, कुबेराद्रि** पु० *(सं०)* कैलास पर्वत।

**कुब्ज** वि० *(सं०)* कुबड़ा, जिसकी पीठ टेढ़ी हो।

**कुब्बा**† पु० डिल्ला।

**कुब्र** पु० *(सं०)* शकट; बाली; वन; तन्त।

**कुभा** स्त्री० *(सं०)* पृथ्वी की छाया।

**कुमण्ठी*** स्त्री० टहनी, लचीली, पतली।

**कुमक** स्त्री० *(फ़ा०)* किसी सेना के सहायतार्थ भेजी हुई सेना; सेना की सहायता।

**कुमकुम** पु० केसर।

**कुमकुमा** पु० काँच का बना खोखला गोला जो माला बनाने के काम में लाते हैं।

**कुमकुमी** वि० कुमकुम के आकार का।

**कुमरी** स्त्री० *(सं०)* पण्डुक की जाति की एक चिड़िया।

**कुमाच** पु० केवाँच, एक तरह का रेशमी कपड़ा।

**कुमार** पु० *(सं०)* राजकुमार; कार्तिकेय; पाँच वर्ष से कम उम्र का लड़का; बेटा।

**कुमारक** पु० *(सं०)* कुमार; आँख की पुतली।

**कुमारयु** पु० *(सं०)* युवराज; राजकुमार।

**कुमारिक** वि० *(सं०)* जिसके बहुत लड़कियाँ हों।

**कुमारिका** स्त्री० *(सं०)* कुमारी।

**कुमारिल भट्ट** पु० *(सं०)* शंकराचार्य के समकालीन सुप्रसिद्ध मीमांसक और भाष्यकार।

**कुमारी** स्त्री० *(सं०)* भारत के दक्षिण में एक अन्तरीप।

**कुमुद** पु० *(सं०)* रक्तकमल, कुईं; नाग जिसने अपनी बहन कुमुद्वती का विवाह कुश के साथ कर दिया।

**कुमुदिक** वि० *(सं०)* कुमुदों से पूर्ण।

**कुमुदिनी** स्त्री० *(सं०)* कुईं का पौधा; कुमुद-पुष्पों का समूह।

**कुमुद्वती** स्त्री० *(सं०)* कुमुदिनी; नागराज कुमुद की छोटी बहन।

**कुमेरु** पु० *(सं०)* दक्षिणी ध्रुव।

**कुमोदनी, कुमोदिनी*** स्त्री० कुमुदिनी।

**कुम्मैत** पु० *(फ़ा०)* स्याह लाल रंग का घोड़ा।

**कुम्हड़ा** पु० काशीफल, एक प्रसिद्ध लता जिसका फल तरकारी, मुरब्बा बनाने के काम आता है।

**कुम्हड़ौरी** स्त्री० मिर्च-मसाले में काटे हुए कुम्हड़े के गूदे को मिलाकर बनायी हुई बरी।

**कुम्हरौटी** स्त्री० काली, चिकनी मिट्टी।

**कुम्हलाना** अ० क्रि० मुरझाना, सूखने लगना।

**कुम्हार** पु० मिट्टी के बर्तन बनाने वाला; कुम्भकार।

**कुम्हारिन** स्त्री० मिट्टी के बर्तन बनाने वाला।

**कुरंग** पु० *(सं०)* हिरन; तामड़े रंग का हिरन।

**कुरंगक, कुरंगम** पु० *(सं०)* हिरन, मृग।

**कुरंगिन*** स्त्री० हिरनी।

**कुरण्डक** पु० *(सं०)* पीली कटसरैया।

**कुरकी** स्त्री० कुर्की।

**कुरकुट** पु० छोटा टुकड़ा; *कुक्कुट, मुर्गा।

**कुरकुटा** पु० टुकड़ा, टूटन।

**कुरकुर** पु० खरी चीजों के दबकर टूटने का शब्द।

**कुरकुरा** वि० वह खरी, सिंकी या तली हुई चीज जिसे तोड़ने या चबाने से 'कुरकुर' की आवाज निकले।

**कुरकुराना** अ० क्रि० कुरकुर की आवाज करना।

**कुरकुराहट** स्त्री० कुरकुरी चीज के टूटने की आवाज।

**कुरखेत** पु० कुरुक्षेत्र; जोता गया किन्तु बिना बोया खेत।

**कुरच***पु० कराँकुल पक्षी।

**कुरचिल्ल** पु० *(सं०)* केकड़ा।

**कुरट** पु० *(सं०)* मोची, चर्मकार।

**कुरता** पु० कमीज के ढंग का एक पहनावा।

**कुरती** स्त्री० स्त्रियों का एक पहनावा।

**कुरना*** अ० क्रि० ढेर लगना; उझल दिया जाना।

**क़ुरबान** पु० *(अ०)* बलिस्थान; बलि, निछावर।
**मुहा० क़ुरबान होना** निछावर होना, बलि जाना।

**क़ुरबानी** स्त्री० *(अ०)* आत्मत्याग; (मुसलमानों का) बकरीद त्योहार पर ईश्वर प्रीत्यर्थ पशु-बलि करना; पशुबलि।

**कुरमा*** पु० परिवार, कुटुम्ब।

**कुररा** पु० टिटिहरी; क्रौंच।

**कुरल** पु० *(सं०)* घुँघराले बाल, क्रौंच।

**कुरलना*** अ० क्रि० कलरव करना।

**कुरसा**† पु० जंगली गोभी।

**कुरसी** स्त्री० मकान की नींव के ऊपर एक चबूतरा जहाँ से दीवार की चुनाई शुरू होती है।

**क़ुरान** पु० *(अ०)* मुसलमानों का धर्मग्रन्थ।
**मुहा० क़ुरान उठाना/पर हाथ रखना** कुरान की कसम खाना। **क़ुरान का जामा पहनना** धर्मनिष्ठ बनना।

**क़ुरानी** वि० क़ुरान को माननेवाला (मुसलमान); कुरान से सम्बद्ध।

**कुराहर*** पु० कोलाहल, शोरगुल।

**कुरिया** स्त्री० छोटा गाँव।

**कुरियाल** स्त्री० पक्षियों का फुरहरी लेना या मौज में पंख खुजलाना।

**कुरहार*** पु० कोलाहल, शोरगुल।

**कुरी** स्त्री० राशि, ढेर, खण्ड, टुकड़ा; *कुल, घराना।

**कुरीर** पु० *(सं०)* मैथुन; स्त्रियों का शिरस्त्राण।

**कुरुण्ट, कुरुण्टक, कुरुण्ड** पु० *(सं०)* लाल कटसरैया।

**कुरुम्ब** पु० *(सं०)* नारंगी।

**कुरुई** स्त्री० मूँज या बाँस की बनी छोटी डलिया।

**कुरेदना** स० क्रि० खरोचना, खुरचना।

**कुरेर*** स्त्री० खेल, क्रीड़ा, किलोल।

**कुरैत** पु० हिस्सेदार

**कुरैना*** पु० ढेर, राशि; उड़ेलना।

**कुरौना*** स० क्रि० ढेर लगाना, राशि इकट्ठा करना।

**कुर्क़** पु० *(तु०)* जब्ती, जायदाद की रोक; रोकना।

**क़ुर्क़ी** स्त्री० देन, जुर्माने आदि की वसूली के लिए जायदाद का जब्त किया जाना।

**कुर्कुट** पु० *(सं०)* मुर्गा।

**कुर्पर** पु० *(सं०)* कुहनी; घुटना।

**कुर्पास, कुर्पासक** पु० *(सं०)* अँगिया, चोली।

**कुर्ब** पु० *(अ०)* समीपता; करीब होना।

**कुर्बान** पु० *(अ०)* कुरबान।

**कुर्बानी** स्त्री० *(अ०)* कुरबानी।

**कुर्मी** पु० एक कृषिजीवी हिन्दू जाति; कुनबी।

**कुर्स** पु० *(अ०)* दवरा की टिकिया।

**कुलंग** पु० *(फ़ा०)* एक पक्षी; मुर्गा।

**कुलम्भर** पु० *(सं०)* सेंध मारने वाला चोर।

**कुल** पु० *(सं०)* वंश, घराना; गोत्र; उच्च कुल; समुदाय; जाति।

**कुलकना** अ० क्रि० प्रसन्न होना।

**कुलक़ुल** पु० *(सं०)* सुराही या बोतल में भरा तरल उँड़ेलने से निकलने वाली आवाज।

**कुलकुलाना** अ० क्रि० कुलकुल की आवाज निकलना।

**कुलचा** पु० एक तरह की खमीरी रोटी।

**कुलजा** स्त्री० *(सं०)* सकुल वधू; एक तरह की जंगली भेड़।

**कुलथ** पु०, **कुलथी** स्त्री० उड़द की जाति का एक मोटा अन्न।

**कुलना** अ० क्रि० टीसना, दर्द करना।

**कुलफ़त** स्त्री० *(अ०)* विकलता; मनोव्यथा; दुःख।

**कुलफा** पु० एक पौधा जिसका साग खाया जाता है।

**कुलफ़ी** स्त्री० पीतल या ताँबे की नली जो निगाली और नैचे को जोड़ती है।

**कुलबुल** पु० छोटे-छोटे जीवों का चलना-फिरना।

**कुलबुलाना** अ० क्रि० हाथ-पाँव हिलना; सोते में हिलना।

**कुलबुलाहट** स्त्री० कुलबुलाने की स्थिति।

**कुलवन्त** वि० कुलीन।

**कुलवन्ती** वि० स्त्री० कुलीन और सती स्त्री।

**कुलवान् (वत्)** वि० *(सं०)* कुलीन।

**कुलह** स्त्री० अँधियारी, टोपी।

**कुलही*** स्त्री० कनटोप, बच्चों की टोपी।

**कुलांगना** स्त्री० *(सं०)* कुलवधू।

**कुलांगार** पु० *(सं०)* कुल-कलंक।

**कुलाँच** स्त्री० छलांग मारना, चौकड़ी भरना।

**कुलाँचना** अ० क्रि० दौड़-धूप करना; चौकड़ी भरना।

**कुलाचल, कुलाद्रि** पु० *(सं०)* कुलपर्वत।

**कुलाचार** पु० *(सं०)* कुलधर्म; कुल की रीति-नीति।

**कुलायिका** स्त्री० *(सं०)* चिड़ियाखाना, पिंजड़ा।
**कुलाल** पु० *(सं०)* वनमुर्गा; कुम्हार; उल्लू।
**कुलाली** स्त्री० *(सं०)* कुम्हारिन बनकुलथी।
**कुलाह** पु० *(फ़ा०)* ऊँची नोक की टोपी; राजमुकुट।
**कुलाहल*** पु० कोलाहल, शोर।
**कुलिंग** पु० *(सं०)* गौरा; चिड़िया।
**कुलि** पु० *(सं०)* हाथ।
**कुलिक** पु० *(सं०)* शिल्पकार।
**कुलिश** पु० *(सं०)* वज्र।
**कुली** पु० *(तु०)* मोटिया; बोझ ढोने वाला मजदूर।
**कुली (लिन्)** वि० *(सं०)* उच्च वंश का।
**कुलीन** वि० *(सं०)* शुद्ध; ऊँचे कुल का, उच्चकुल में जन्म लेने वाला; निर्मल।
**कुलीनस** पु० *(सं०)* पानी, जल।
**कुलीरक** पु० *(सं०)* छोटा केकड़ा।
**कुलुफ** पु० ताला।
**कुलेल** स्त्री० केलि, क्रीडा, कलोल।
**कुलेलना*** अ० क्रि० केलि, क्रीडा करना।
**कुलोद्भव** वि० *(सं०)* अच्छे कुल या कुल विशेष में उत्पन्न, कुलीन।
**कुलमाष** पु० *(सं०)* उड़द।
**कुल्य** पु० *(सं०)* भद्र पुरुष; कुशल-क्षेम पूछना।
**कुल्या** स्त्री० *(सं०)* नाला; नहर; जीवन्ती; कुलीन स्त्री; छोटी नदी; एक तौल।
**कुल्ली** स्त्री० पानी का एक घूँट; मुँह साफ करने के लिए मुँह में पानी भरकर उगलना।
**कुल्हड़** पु० मिट्टी का छोटा जलपात्र, पुरवा,।
**कुल्हाड़ा** पु० लकड़ी चीरने का एक औजार।
**कुल्हाड़ी** स्त्री० छोटा कुल्हाड़ा।
**कुल्हिया** स्त्री० छोटा पुरवा, घरिया।
**मुहा० कुल्हिया में गुड़ फोड़ना** छिपाकर काम करना।
**कुव** पु० *(सं०)* कमल।
**कुवम** पु० *(सं०)* सूर्य।
**कुवल** पु० *(सं०)* साँप का पेट; कुईं; जल।
**कुवलय** पु० *(सं०)* नीली कुईं; नील कमल।
**कुवाँ** पु० कुआँ।
**कुवाट, कुवाटक** पु० *(सं०)* दरवाजे का पल्ला।
**कुवारी** वि० कुआर के महीने में होनेवाली फसल।
**कुविन्द** पु० *(सं०)* जुलाहा।
**कुवेल** पु० *(सं०)* पंकज, कमल।
**कुशप** पु० *(सं०)* पानपात्र।
**कुशय** पु० *(सं०)* पानपात्र; हौज, जलकुण्ड।
**कुशल** वि० *(सं०)* होशियार, चतुर; कार्य विशेष में निपुण; प्रसन्न।
**कुशली (लिन्)** वि० *(सं०)* सुखी; जो हर प्रकार से कुशल युक्त हो; स्वस्थ।
**कुशांगुरी, कुशांगुलीय** स्त्री० *(सं०)* पवित्री, पैंती।
**कुशा** स्त्री० *(सं०)* कुश घास; रस्सी; लगाम।
**कुशाकर** पु० *(सं०)* यज्ञाग्नि।
**कुशाअ** पु० *(सं०)* बन्दर।
**कुशाग्र** वि० *(सं०)* कुश की नोक जैसा तेज, तीक्ष्ण।
**कुशादगी** स्त्री० *(फ़ा०)* फैलाव, बिस्तार।
**कुशादा** वि० *(फ़ा०)* खुला हुआ; फैला हुआ; लम्बा-चौड़ा।
**कुशारणि** पु० *(सं०)* दुर्वासा ऋषि।
**कुशासन** पु० *(सं०)* कुश का बना हुआ आसन।
**कुशित** वि० *(सं०)* जलमिश्रित।
**कुशी** स्त्री० *(सं०)* एक तरह का तोता; फाल।
**कुशीलव** पु० *(सं०)* नट; गायक; भाट, चारण।
**कुशुम्भ** पु० *(सं०)* घड़ा; संन्यासियों का जलपात्र।
**कुशूल** पु० *(सं०)* कड़ाही; भूसी की आग; बखार।
**कुशेशय** पु० *(सं०)* सारस; कुईं; कमल।
**कुशोदक** पु० *(सं०)* कुश सहित जल।
**कुश्तमकुश्ता** पु० कुश्ती, गुत्थमगुत्था।
**कुश्ता** वि० *(फ़ा०)* मारा हुआ, हत।
**कुश्ती** स्त्री० *(फ़ा०)* मल्लयुद्ध, दो आदमियों का एक दूसरे से गुँथकर लड़ना।
**मुहा० कुश्ती खाना** कुश्ती में हार जाना। **कुश्ती मारना** विपक्षी को पछाड़ देना, कुश्ती जीतना। **कुश्ती लड़ाना** कुश्ती लड़ना सिखाना।
**कुश्तोखून** पु० *(फ़ा०)* खूँरेजी, मारकाट।
**कुषीद** वि० *(सं०)* उदासीन, तटस्थ।
**कुष्ठ** पु० *(सं०)* कोढ़; एक विष; कुट।
**कुष्ठारि** पु० *(सं०)* परवल; खदिर, गन्धक; अर्कपत्र। वि० कुष्ठनाशक।
**कुष्ठी (ष्ठिन्)** वि० *(सं०)* कुष्ठ रोग से पीड़ित।
**कुष्माण्ड** पु० *(सं०)* कुम्हड़ा।

**कुष्माण्डी** स्त्री० *(सं०)* पार्वती; यज्ञक्रिया।
**कुसलई, कुसलाई*** स्त्री० कुशल-क्षेम।
**कुसलात*** स्त्री० कुशल-समाचार।
**कुसली*** स्त्री० आम की गुठली; गोझा।
**कुसवारी** पु० रेशम का कोया; रेशम का जंगली कीड़ा।
**कुसवाहा** पु० सब्जी बेचने या सब्जी की खेती करने वाली एक हिन्दू जाति।
**कुसहाय** पु० *(सं०)* बुरा साथी।
**कुसिया** स्त्री० वेल-बूटे बनाने की सुई।
**कुसियार** पु० एक प्रकार की ईख।
**कुसी** स्त्री० हल का फाल।
**कुसीद** पु० *(सं०)* सूद पर लिया हुआ कर्ज; सूदखोर; सूद पर रुपये देना, महाजनी।
**कुसीदा** स्त्री० *(सं०)* सूदखोर स्त्री।
**कुसीदिक, कुसीदी (दिन्)** पु० *(सं०)* सूदखोर।
**कुसुम्ब** पु० *(सं०)* एक वृक्ष जिसकी लकड़ी गाड़ी बनाने के काम आती है।
**कुसुम्भ** पु० *(सं०)* कुसुम का फूल; केसर; सोना।
**कुसुम्भी** वि० कुसुम के रंग का।
**कुसुमरेणु** पु० *(सं०)* फूल का पराग।
**कुसुमांजन** पु० *(सं०)* जस्ते के भस्म का सुरमा।
**कुसुमांजलि** स्त्री० *(सं०)* फूलों से भरी अंजलि।
**कुसुमाकर** पु० *(सं०)* वसन्त; बाग।
**कुसुमागम** पु० *(सं०)* वसन्त।
**कुसुमाल** पु० *(सं०)* चोर।
**कुसुमासव** पु० *(सं०)* फूलों से बनी शराब; शहद।
**कुसुमित** वि० *(सं०)* पुष्पित, खिला हुआ फूल।
**क़ुसूर** पु० *(अ०)* भूल-चूक; जुर्म, अपराध; दोष।
**कुस्टी*** वि० कोढ़ी।
**कुहक** पु० *(सं०)* इन्द्रजाल; धोखे बाजी; ठगी।
**कुहकना** अ० क्रि० कोयल, मोर आदि का मीठी आवाज में बोलना, कूजना।
**कुहकनी** स्त्री० कोयल।
**कुहकुह*** पु० कुंकुम; केसर।
**कुहन** वि० *(सं०)* दम्भी; इर्ष्यालु।
**कुहना** वि० *(फ़ा०)* पुराना।† अ० क्रि० गाना। स० क्रि० कूथना, मारना।
**कुहनिका** स्त्री० *(सं०)* दिखाऊ ध्यान-पूजा आदि; ढोंग, दम्भ।
**कुहनी** स्त्री० हुक्के में लगायी जानेवाली नली; बाहु और भुजा का सन्धि-स्थल।
**कुहप** पु० राक्षस।
**कुहबर** पु० कोहबर।
**कुहर** पु० *(सं०)* कान; गला; कान या गले का छेद; गढ़ा; छेद; सामीप्य।
**कुहरा** पु० हवा में मिले हुए जलकण जो ठण्ध से जमकर नीचे गिरते हैं।
**कुहराम** पु० रोने-पीटने का शोर; कई आदमियों का एक साथ रोना-पीटना।
**कुहरित** पु० *(सं०)* रति-काल में निकला हुआ शब्द; कोयल का कूजन; शब्द, स्वर।
**कुहलि** पु० *(सं०)* ताम्बूल, पान।
**कुहाड़ा, कुहारा** पु० कुल्हाड़ा।
**कुहाना*** अ० क्रि० नाराज होना, रूठना।
**कुहासा** पु० कुहरा।
**कुहुक** स्त्री० कूजन, चिड़ियों की मधुर बोली।
**कूँख†** स्त्री० कोख; पेट; काँखने का शब्द।
**कूँखना** अ० क्रि० काँखना।
**कूँचना†** स० क्रि० कुचलना।
**कूँची** स्त्री० छोटी बढ़नी; ब्रश; तूलिका।
**कूँज** पु० क्रौंच पक्षी।
**कूँजना*** अ० क्रि० कूजना।
**कूँड़** पु० लोहे की टोपी; जोतने से बनी हुई गहरी लकीर।
**कूँड़ा†** पु० कुण्डा, पानी रखने का चौड़ा बर्तन।
**कूँथना** अ० क्रि० कबूतरों का गुटरगूँ करना; दबी आवाज से कराहना।
**कू** स्त्री० *(सं०)* पिशाची।
**कूक** स्त्री० लम्बी गहरी आवाज; कोयल की बोली।
**कूकना** स० क्रि० घड़ी या बाजे में ताली भरना।
**कूकर†** पु० कुत्ता
**कूच** पु० *(सं०)* स्त्री का स्तन। पु० *(फ़ा०)* एक से दूसरी जगह जाना, रवानगी; मृत्यु।
**मुहा० कूच का डंका या नक्कारा बजना** सेना की युद्ध के लिए रवानगी; सेना का प्रस्थान।
**कूचा** *(फ़ा०)* गली, सँकरा रास्ता।
**कूचिका** स्त्री० *(सं०)* कूँची; कुंजी।
**कूजना** अ० क्रि० मधुर ध्वनि करना।

**कूजा** पु० बेले का पेड़ या फूल; कुल्हड़ में जमायी हुई मिसरी; कुल्हड़।
**कूजित** वि० *(सं०)* गूँजा हुआ, ध्वनित।
**कूट** पु० *(सं०)* व्यंग्य; म्यान आदि में छिपाया हुआ हथियार; मिथ्यावादी, झूठा; कपट, बनावट, छल।
**कूटक** पु० *(सं०)* फाल; धोखा; निकला हुआ भाग।
**कूटकाख्यान** पु० *(सं०)* बनावटी, कल्पित कथा।
**कूटन** स्त्री० पीटना, मारना; कूटने की क्रिया।
**कूटना** स० क्रि० मारना-पीटना; बधिया करना।
**कूटनीति** स्त्री० *(सं०)* कपट नीति।
**कूटसाक्षी** पु० *(सं०)* झूठा साक्षी।
**कूटाक्ष** पु० *(सं०)* बनाया हुआ पासा; सीसा या पारा भरा हुआ पासा जो फेंकने पर किसी खास बल से ही चित्त हो।
**कूटागार** पु० *(सं०)* तहखाना; छत पर की कोठरी, सबसे ऊपर की कोठरी।
**कूटी** स्त्री० दूती।
**कूटू** पु० एक प्रकार का पौधा जिसके बीज को व्रतादि में खाते हैं।
**कूड़ा** पु० राख, धूल आदि, रद्दी, बेकार चीजें।
**कूढ़** पु० हल का एक भाग, परिहत; बीज बोने का एक तरीका।
**कूणित** वि० *(सं०)* बन्द, संकुचित।
**कूणितेक्षण** पु० *(सं०)* बाज।
**कूत** स्त्री० तौल, माप, संख्या आदि का तखमीना या अन्दाजा, अनुमान, अटकल।
**कूतना** स० क्रि० तखमीना करना, अन्दाजा लगाना।
**कूथना**† स० क्रि० पीटना, बुरी तरह मारना।
**कूद** स्त्री० कूदने की क्रिया।
**कूप** पु० *(सं०)* छेद; कुआँ; गहरा गड्ढा।
**कूपक** पु० *(सं०)* नाव बाँधने का खूँटा; कुप्पा; छोटा कुआँ; मस्तूल; नदी के बीच स्थित चट्टान।
**कूपन** पु० *(अं०)* यात्रा टिकट; नियन्त्रित वस्तु प्राप्त करने के लिए मिला पुर्जा।
**कूपार** पु० *(सं०)* समुद्र।
**कूपी** स्त्री० *(सं०)* छोटा कुआँ; कुप्पी।
**कूपुषु** पु० *(सं०)* मूत्राशय, मसाना।
**कूबड़** पु० पीठ की हड्डी का इस तरह निकल आना कि वह टेढ़ी हो जाये।
**कूबर** पु० *(सं०)* कुबड़ा; युगन्धर, रथी के बैठने की जगह।
**कूर** पु० *(सं०)* भोजन; भात। वि० निर्दय; क्रूर; दुष्ट।
**कूरा** वि० बुरा; कुटिल; खराब। पु० ढेर, राशि; भाग।
**कूरी** स्त्री० छोटी राशि; *टीला; धुत्त।
**कूर्च** पु० *(सं०)* कूँची; पूला; मुट्ठीभर; दाढ़ी; मोर का पंख।
**कूर्चक** पु० *(सं०)* कूँची; दाँत साफ करने का ब्रश।
**कूर्चिका** स्त्री० *(सं०)* कली; तस्वीर बनाने की कूँची।
**कूर्दन** पु० *(सं०)* कूदना; खेल-कूद करना।
**कूर्प** पु० *(सं०)* भौहों के बीच का हिस्सा।
**कूर्पर** पु० *(सं०)* कुहनी; घुटना।
**कूर्म** पु० *(सं०)* कछुआ; पृथ्वी।
**कूर्मी** स्त्री० *(सं०)* कछुई।
**कूलंकषा** स्त्री० *(सं०)* नदी।
**कूल** *अ० पास। पु० *(सं०)* नदी का किनारा, तट।
**कूलक** पु० *(सं०)* बाँबी; ढूह; किनारा।
**कूला** पु० छोटी नहर।
**कूलिनी** स्त्री० *(सं०)* नदी।
**कूल्हना** क्रि० कराहना।
**कूल्हा** पु० कमर के दोनों ओर की हड्डी; धड़ और जाँघ का जोड़; कुश्ती का एक पेंच।
**कूवत** स्त्री० *(अ०)* शक्ति, बल।
**कूष्माण्ड** पु० *(सं०)* कुम्हड़ा; एक ऋषि।
**कूष्माण्डी** स्त्री० *(सं०)* दुर्गा; एक औषधि।
**कूसल** पु० एक तरह की घास।
**कूह*** स्त्री० चीख; हाथी की चिंग्घाड़।
**कूहा** स्त्री० *(सं०)* कुहरा।
**कृन्तन** पु० *(सं०)* काटना; कतरना; टुकड़े करना।
**कृन्तनी** स्त्री० *(सं०)* कैंची; कतरने का साधन।
**कृक** पु० *(सं०)* गला।
**कृकर** पु० *(सं०)* कनेर; कृकण; शिव।
**कृकर** पु० *(सं०)* शिव; कृकण; शरीरस्थ वायु।
**कृच्छ्र** वि० *(सं०)* कष्टमय; कठिन; कष्ट-साध्य।
**कृत** पु० *(सं०)* युद्ध में मिला धन; दाँव; भेंट; उद्देश्य; काम; कर्मफल; उपकार; सतयुग।
**कृतक** वि० *(सं०)* बनावटी, बनाया हुआ; अनित्य (न्या०)। पु० खारी नमक।

**कृतकार्य** वि० *(सं०)* कार्य साधन करनेवाला।
**कृतघ्न** वि० *(सं०)* उपकार को न मानने वाला।
**कृतघ्नता** स्त्री० *(सं०)* अहसान न मानना।
**कृतज्ञ** पु० *(सं०)* एहसान मानने वाला, धन्य।
**कृतांक** वि० *(सं०)* चिह्नित।
**कृतान्त** पु० *(सं०)* यम; सिद्धान्त; शनिवार।
**कृताकृत** वि० *(सं०)* अंशतः किया हुआ; किया और न किया हुआ।
**कृतागम** पु० *(सं०)* परमात्मा। वि० योग्य, कुशल।
**कृतात्मा (त्मन्)** वि० *(सं०)* शुद्ध चित्त।
**कृतान्न** पु० *(सं०)* पकाया हुआ अन्न।
**कृतापराध** वि० *(सं०)* अपराधी।
**कृताभय** वि० *(सं०)* खतरे से बचाया हुआ।
**कृताभिषेक** पु० *(सं०)* राजा। वि० सिंहासन पर बैठा हुआ, सिंहासनासीन।
**कृतार्थ** वि० *(सं०)* कृतकार्य; सन्तुष्ट।
**कृतास्त्र** वि० *(सं०)* बाण-विद्या में कुशल।
**कृताह्वान** वि० *(सं०)* जो ललकारा गया हो, जो पुकारा गया हो।
**कृति** स्त्री० *(सं०)* जादू; अभिचार; रचना; क्रिया; काम; रची, बनायी हुई वस्तु।
**कृती (तिन्)** वि० *(सं०)* आज्ञाकारी; जिसने अच्छे काम किये हों, पुण्यवान्।
**कृतोदक** वि० *(सं०)* स्नात।
**कृतोद्वाह** वि० *(सं०)* जिसका विवाह हो चुका हो।
**कृत्त** वि० *(सं०)* अभिलषित; विभक्त, कटा हुआ।
**कृत्ति** स्त्री० *(सं०)* मृगचर्म; खाल; भोजपत्र।
**कृत्याकृत्य** पु० *(सं०)* कर्तव्याकर्तव्य।
**कृत्रिम** वि० *(सं०)* पुत्र के समान पाला गया अनाथ बालक; बनावटी; गोद लिया हुआ; काला नमक।
**कृतस** पु० *(सं०)* जल; समुदाय; पाप।
**कृत्स्न** वि० *(सं०)* सम्पूर्ण।
**कृन्तन** पु० *(सं०)* छेदन, काट-छाँट।
**कृपण** पु० *(सं०)* कंजूस आदमी; कीड़ा।
**कृपणता** स्त्री० *(सं०)* दैन्य; कंजूसी।
**कृपणी (णिन्)** वि० *(सं०)* दीन; दुःखी।
**कृपया** अ० *(सं०)* कृपा करके, कृपा पूर्वक।
**कृपा** स्त्री० *(सं०)* अनुग्रह, दूसरे का दुःख दूर करने की इच्छा, दया।
**कृपाचार्य** पु० *(सं०)* अश्वत्थामा के मामा और कौरव पक्ष के एक महारथी।
**कृपाण** पु० *(सं०)* तलवार; छुरी; कटारी।
**कृपाणक** पु० *(सं०)* तलवार।
**कृपाणिका** स्त्री० *(सं०)* कटारी, छोटी तलवार।
**कृपाणी** स्त्री० *(सं०)* कटार; छोटी तलवार; छुरी।
**कृपानिधि** पु० *(सं०)* दयासिन्धु, ईश्वर।
**कृपापात्र** पु० *(सं०)* दया का पात्र।
**कृपायतन** पु० *(सं०)* दयानिधि।
**कृपालु** वि० *(सं०)* दयालु, कृपायुक्त।
**कृपिन*** वि०, पु० कृपण।
**कृपिनाई*** स्त्री० कृपणता।
**कृमि** पु० *(सं०)* कीड़ा; मकड़ा; चींटी; लाख।
**कृमिकंकट** पु० उदुम्बर; विडंग; चित्रांग।
**कृमिक** पु० *(सं०)* छोटा कीड़ा।
**कृश** वि० *(सं०)* दुबला, कमजोर; अकिंचन।
**कृशता** स्त्री० *(सं०)* दुबलापन।
**कृशरान्न** पु० *(सं०)* खिचड़ी।
**कृशला** स्त्री० *(सं०)* सिर के बाल, केश।
**कृशांग** पु० *(सं०)* शिव।
**कृशांगी** स्त्री० *(सं०)* दुबली-पतली स्त्री।
**कृशाक्ष** पु० *(सं०)* मकड़ा।
**कृशित** वि० *(सं०)* दुबला-पतला, क्षीणकाय।
**कृशोदरी** स्त्री० *(सं०)* पतली कमर वाली स्त्री।
**कृषक** पु० *(सं०)* बैल; किसान; हल जोतने वाला।
**कृषाण** पु० *(सं०)* काश्तकार, किसान, खेतिहर।
**कृषि** स्त्री० *(सं०)* जमीन जोतन; जोतना-बोना।
**कृषी** स्त्री० *(सं०)* *खेती, कृषि; खेत।
**कृषीवल** पु० *(सं०)* किसान, काश्तकार।
**कृष्ट** वि० *(सं०)* जोता हुआ; खींचा हुआ।
**कृष्टि** स्त्री० *(सं०)* आकृष्ट करना, खींचना; खेत जोतना।
**कृष्टोप्त** वि० *(सं०)* जोती-बोयी हुई जमीन।
**कृष्ण** पु० *(सं०)* परब्रह्म; यदुवंशी वसुदेव—देवकी के पुत्र, विष्णु के अवतार; काला हिरन; कौआ।
**कृष्णक** पु० *(सं०)* काली सरसों; काले मृग का चर्म।
**कृष्णा** स्त्री० *(सं०)* द्रौपदी; दुर्गा; काली पत्तियों वाली तुलसी; काला जीरा।
**कृष्णायस** पु० *(सं०)* लोहा।

**कृष्णाष्टमी** स्त्री० *(सं०)* भाद्र-कृष्ण अष्टमी; कृष्ण की जन्म तिथि; जन्माष्टमी।
**कृष्णिका** स्त्री० *(सं०)* श्यामा पक्षी, कोयल।
**कृष्णी** स्त्री० *(सं०)* अँधेरी रात।
**कें कें** स्त्री० कुत्ते के बच्चे की आवाज।
**केंचुआ, केंचुवा** पु० आँतों में पैदा होने वाला कीड़ा।
**केंचुली** स्त्री० साँप की त्वचा जो जाड़े में सूखकर अपने आप खोल की शकल में गिर जाती है।
**केन्तु** पु० *(सं०)* तेन्दू का पेड़।
**केन्दुक** पु० *(सं०)* एक तरह का तेन्दु; एक माप।
**केन्द्र** पु० *(सं०)* किसी व्यवसाय या वस्तु के उत्पादन; वृत्त का मध्य बिन्दु, नाभि; मध्यवर्ती स्थान।
**केन्द्रित** वि० *(सं०)* केन्द्र में स्थित।
**केन्द्री(द्रिन्)** वि० *(सं०)* केन्द्र में स्थित।
**केन्द्रीकरण** पु० *(सं०)* जमा करना, केन्द्रित करना।
**केन्द्रीभूत** वि० *(सं०)* केन्द्रित।
**केन्द्रीय** वि० *(सं०)* केन्द्र-सम्बन्धी; केन्द्र में स्थित।
**केउ**† सर्व० कौन।
**केऊ*** वि० कई। सर्व० कोई।
**केकड़ा** पु० कर्कट, एक गोलाकार क्षुद्र जलजन्तु जिसके आठ टाँगें होती हैं।
**केकर** पु० *(सं०)* भेंगी या ऐंची आँख।
**केका** स्त्री० *(सं०)* मोर की बोली।
**केकी** पु० *(सं०)* मोर, मयूर।
**केचित्** सर्व० *(सं०)* कोई-कोई, कोई।
**केड़ा** पु० कोंपल, कल्ला; नवयुवक।
**केणिका** स्त्री० *(सं०)* तम्बू; खेमा।
**केत** पु० *केतकी; विवेक; *(सं०)* घर; स्थान; बसना; पताका; मन्त्रणा; निमन्त्रण; बुद्धि; धन, सम्पत्ति।
**केतक** *वि० कितना; बहुत।
**केतकी** स्त्री० *(सं०)* एक फूल, केवड़ा।
**केतन** पु० *(सं०)* पताका; स्थान; घर; परिचायक चिह्न, चिह्न।
**केतली** स्त्री० *(अं०)* *(केटिल)* टोंटीदार बर्तन जिसमें पानी गर्म करते हैं।
**केता, केतिक*** अ० कितना ही। वि० कितना।
**केतु** पु० *(सं०)* सर्वोच्च स्थान का अधिकारी पुरुष।
**केतुमान् (मत्)** पु० *(सं०)* काशिराज दिवोदास के वंश का एक राजा।
**केती*** अ० कितना ही।
**केदर** पु० *(सं०)* एक पौधा।
**केदार** पु० *(सं०)* कियारी; थाला; एक शिवलिंग; धान का खेत; हिमालय की एक चोटी।
**केदारा** पु० एक राग।
**केना*** पु० अनाज के बदले ली जाने वाली चीज (साग, भाजी आदि)।
**केनार** पु० *(सं०)* सिर; जोड़; कपोल।
**केमुक** पु० *(सं०)* बण्डा।
**केयूर** पु० *(सं०)* एक रतिबन्ध; भुजबन्द।
**केयुरी (रिन्)** वि० *(सं०)* केयूरधारी।
**केर*** पु० केला।
**केरक** पु० *(सं०)* केरल।
**केरल** पु० *(सं०)* केरल का निवासी; दक्षिण भारत का एक प्रदेश, आधुनिक मलाबार।
**केरा*** पु० केला।
**केराव**† पु० मटर की जाति का एक मोटा अन्न।
**केरोसिन** पु० *(अं०)* मिट्टी का तेल।
**केला** पु० क्रीड़ा, केलि; एक प्रसिद्ध फल, उस फल का वृक्ष, कदली।
**केलास** पु० *(सं०)* स्फटिक।
**केलि** स्त्री० *(सं०)* क्रीड़ा; रति, कामक्रीड़ा; हँसी-मजाक।
**केली**† स्त्री० एक तरह का केला; *(सं०)* कामक्रीड़ा; क्रीड़ा।
**केवका** पु० प्रसूता को दिया जाने वाला मसाला।
**केवट** पु० कैवर्त; नाव चलाने वाला, मल्लाह।
**केवड़ा** पु० एक छोटा पौधा जिसका फूल सुगन्ध के लिए प्रसिद्ध है; केवड़े के फूल का अर्क।
**केवल** अ० *(सं०)* सिर्फ, मात्र।
**केवली (लिन्)** पु० *(सं०)* मुक्ति का अधिकारी साधु, केवली ज्ञानवाला।
**केवा*** पु० बहाना; कमल; संकोच।
**केवाड़** पु० किवाड़।
**केश** पु० *(सं०)* किरण; सिर के बाल; बाल; घोड़े या सिंह की गरदन पर के बाल।
**केशक** वि० *(सं०)* बालों को सँवारने में कुशल।
**केशट** पु० *(सं०)* जूँ; खटमल; बकरा।
**केशव** वि० *(सं०)* सुन्दर बालों वाला; विष्णु; कृष्ण।

**केशवायुध** पु० *(सं०)* विष्णु का अस्त्र; आम।

**केशान्त** पु० *(सं०)* बाल का सिरा; मुण्डन।

**केशाकेशि** स्त्री० *(सं०)* दो आदमियों का झगड़े में एक दूसरे के सिर के बाल पकड़कर नोंचना।

**केशिक** वि० *(सं०)* सुन्दर बालों वाला।

**केशिका** स्त्री० *(सं०)* शतावरी; धमनी आदि से निकलने वाली सूक्ष्म नलिकाएँ।

**केशिनी** स्त्री० *(सं०)* दुर्गा; दमयन्ती की दूती; सुन्दर बालों वाली स्त्री; रावण की माता कैकसी।

**केशी** स्त्री० *(सं०)* दुर्गा; चोटी; भूतकेशी; नीली।

**केस** *(अं०)* लकड़ी की खानायुक्त किश्ती जिसमें छापे के टाइप रखे जाते हैं; खाना; मामला।

**केसर** पु० *(सं०)* कुमकुम, जाफरान; सिंह या घोड़े की गरदन पर का बाल; फूल के बीच का सींका या रेशा; सोना।

**केसरिया** पु० केसर का रंग।

**केसारी** स्त्री० एक मोटा अन्न; द्विबीज पत्री।

**केसू*** पु० टेसू, पलास का फूल।

**केहरि*** पु० सिंह; केसरी।

**केहरी*** पु० सिंह, शेर।

**केहा*** पु० मोर।

**केहि*** वि० किस। सर्व० किसे।

**केहूँ** क्रि० वि० किस प्रकार, कैसे।

**केहू** सर्व० कोई।

**कैंकर्य** पु० *(सं०)* सेवा-टहल, दासत्व।

**कैंचा** पु० बड़ी कैंची।

**कैंची** स्त्री० *(तु०)* कतरनी; मल्लखम्भ की एक कसरत; कुश्ती का एक पेंच।

**कैंड़ा** पु० पैमाना; खाका उतारने का साँचा, ढंग, बनावट।

**मुहा० कैंड़ा लेना** खाका उतारना।

**कैम्प** पु० *(अं०)* खेमों का बना अस्थायी निवास; सेना का पड़ाव, शिविर।

**कै** वि० *(सं०)* कितने, कितना; अव्य० अथवा, वा।

**क़ै** स्त्री० *(अ०)* वमन, उलटी।

**कैकय** पु० *(सं०)* केकय-नरेश।

**कैकसी** स्त्री० *(सं०)* रावण की माता।

**कैकेय** पु० *(सं०)* केकय-नरेश के वंशज।

**कैट** वि० *(सं०)* कीट-सम्बन्धी।

**कैतक** पु० *(सं०)* केतकी का पुष्प।

**कैतव** पु० *(सं०)* जुआ; लहसुनिया; ठगी; धोखा। वि० जुआरी, शठ, दुष्ट।

**कैतवक** पु० *(सं०)* जुए की धोखे बाजी।

**कैथ** पु० कपित्थ, एक कँटीला वृक्ष और उसका फल।

**कैथा** पु० कैथ।

**कैथी** स्त्री० नागरी लिपि का एक भेद।

**क़ैद** स्त्री० *(अ०)* कारावास; शर्त, प्रतिबन्ध; बन्धन।

**कैदक** स्त्री० कागज रखने का एक तरह का दफ्ती का बना लिफाफा या बन्द।

**क़ैदी** वि०, पु० *(फ़ा०)* कैद की सजा भोगने वाला।

**कैधों** अव्य० वा, अथवा।

**कैफ़** पु० *(अ०)* लुत्फ, नशा, आनन्द; मस्ती।

**कैफ़ियत, कैफ़ीयत** स्त्री० *(अ०)* लुत्फ; हाल, समाचार; विवरण।

**मुहा० कैफ़ियत तलब करना** कारण पूछना, जवाब माँगना।

**कैफ़ी** वि० *(अ०)* नशे में चूर, मस्त।

**कैबा*** अ० कई बार।

**कैबिनेट** पु० *(अं०)* मन्त्रणागृह; छोटा, खास लोगों से मिलने का कमरा; मन्त्रिमण्डल।

**कैया** पु० आधा पाव की नाप; राँगे से झलने की हथौड़ी।

**कैरट** पु० *(अं०)* सोने की शुद्धता का एक मान (खालिस सोना 24 कैरट का होता है) 3०5 ग्रेन का भार।

**कैरव** पु० *(सं०)* श्वेत कमल; जुआरी; कुईं; शत्रु।

**कैरा** वि० कंजा, भूरा। पु० भूरा रंग; सफेद लालिमा युक्त रंग। ऐसे रंग का बैल।

**कैलण्डर, कैलेण्डर** पु० *(अं०)* अँग्रेजी तिथि-पत्र; सूची।

**कैलास** पु० *(सं०)* हिमालय की एक चोटी; *स्वर्ग; शिव व कुबेर का निवास स्थान।

**कैवर** पु० तीर का फल।

**कैवर्त** पु० *(सं०)* निषाद; केवट।

**कैवर्तक** पु० *(सं०)* केवट।

**कैवल्य** पु० *(सं०)* एक उपनिषद्; मोक्ष; एकता, शुद्धता।

**कैश** पु० *(अं०)* सिक्का, रुपया; नकद रुपया।

**कैशिक** वि० *(सं०)* केश जैसा, केश जैसा सूक्ष्म। पु० प्रणय; केशगुच्छ; शृंगार रस।

**कैशिकी** स्त्री० *(सं०)* दुर्गा; नाटक का वह भाग जिसमें नृत्य, गीत आदि का विशेष वर्णन हो।

**कैशियर** पु० *(अं०)* खजांची।

**कैशोर** पु० *(सं०)* किशोरावस्था।

**कैसर** पु० *(अ०)* राजाओं के राजा, सम्राट, शाहंशाह।

**क़ैसरा** स्त्री० *(अ०)* साम्राज्ञी।

**कैसा** अ० कितना; किस तरह। वि० किस तरह का।

**कैसिक*** अ० किस प्रकार।

**कैसे** अ० किस प्रकार।

**कैसो*** वि० के सदृश, का-सा, जैसा; कैसा।

**कोंइछा**† पु० स्त्री के आँचल का हिस्सा।

**कोंई*** स्त्री० कुईं।

**कोंकण** पु० *(सं०)* एक प्रकार का हथियार; सह्याद्रि के पश्चिम का प्रदेश।

**कोंकणा** स्त्री० *(सं०)* रेणुका, परशुराम की माता।

**कोंचना** क्रि० चुभाना, गड़ाना, छेदना।

**कोंचफली** स्त्री० केवाँच।

**कोंचा** पु० खोंचा; भड़भूजे का बालू निकालने का कलछा; एक जलपक्षी।

**कोंछ** पु० आँचल का कोना।

**मुहा० कोंछ भरना** सौभाग्यवती स्त्री के आँचल में चावल-हल्दी आदि डालना।

**कोंछना, कोंछियाना** स० क्रि० कोंछ भरकर आँचल के छोरों को कमर में खोंस लेना; फुबती चुनना।

**कोंछी**† साड़ी की चुन्नटवाला हिस्सा जो नाभि के ऊपर खोंसा जाता है।

**कोंढ़ा** पु० पीतल या लोहे का छल्ला या अँकसी जिसमें जंजीर या कोई चीज अटकायी जाये।

**कोंढ़ी** स्त्री० मुँह बँधी पुष्प की कली; छोटा कोंढ़ा।

**कोंथना** अ० क्रि० कूँथना।

**कोंपर**† पु० परात, कोपर; डाल का पका आम।

**कोंपल** स्त्री० नयी कोमल पत्ती, कल्ला।

**कोंवर, कोंवरा*** वि० मुलायम, कोमल।

**कोंहड़ा**† पु० कुम्हड़ा।

**कोंहड़ौरी** स्त्री० पेठे, उड़द एवं मसाले मिलाकर बनी बड़ियाँ।

**कोंहार**† पु० मिट्टी के बर्तन बनाने वाली एक जाति, कुम्हार।

**को** *सर्व० कौन। प्र० कर्म और सम्प्रदान कारक की विभक्ति।

**कोआ** पु० कोष, रेशम के कीड़े का घर, टसर का कीट।

**कोइड़ार**† पु० साग-सब्जी उत्पन्न करने का खेत; बस्ती के निकट का खेत।

**कोइना**† पु० महुए का फल तथा उसकी गिरी।

**कोइरी** पु० सब्जी उत्पन्न करने वाली एक जाति, काछी, कुशवाहा, मौर्य।

**कोइली** स्त्री० आम की गुठली; कोयल; काले दाग वाला कच्चा आम।

**कोई** अ० लगभग। सर्व० अज्ञात व्यक्ति या वस्तु।

**कोऊ*** सर्व० कोई।

**कोक** पु० *(सं०)* कामशास्त्र के एक प्रसिद्ध आचार्य; कोयल; चकवा, चक्रवाक; मेढक; भेंड़ा।

**कोकई** वि० गुलाबी रंग, नीला रंग।

**कोकन** पु० पूर्वी बंगाल और आसाम में उत्पन्न होने वाला एक पेड़।

**कोकना** स० क्रि० लंगर डालना; कच्ची सिलाई करना।

**कोकनी** पु० एक तरह का तीतर; एक तरह का रंग।

**कोका** स्त्री० नीली कुईं। पु० कबूतर; एक ही धाय का दूध पीने वाले बच्चे।

**कोकाह** पु० *(सं०)* सफेद घोड़ा।

**कोकिल** पु० *(सं०)* कोयल; एक जहरीला कीड़ा।

**कोकिला** स्त्री० *(सं०)* कोयल।

**कोकिलाक्ष** पु० *(सं०)* तालमखाना।

**कोकिलेष्टा** स्त्री० *(सं०)* बड़ा जामुन।

**कोकी** स्त्री० *(सं०)* मादा चकवा।

**कोख** स्त्री० पेट; गर्भाशय; कुक्षि।

**मुहा० कोख उजड़ना** बच्चे का मर जाना। **कोख खुलना** बच्चा होना। **कोख बन्द होना/मारी जाना** सन्तान न होना; गर्भ न रहना।

**कोगी** पु० लोमड़ी की शक्ल का एक जंगली जानवर।

**कोच** *(अं०)* एक तरह की बग्घी; गद्देदार पलंग।

**कोचना** पु० पैना। स० क्रि० कोई नुकीली चीज चुभोना।

**कोचनी** स्त्री० कोचने का साधन, औजार; छोटा पैना।

**कोचवान** पु० बग्घी हाँकन वाला।

**कोचा** पु० चुटीली बात, व्यंग्य (मारना); नोकदार हथियार का घाव।

**कोचीन** पु० दक्षिण भारत का एक राज्य।

**कोजागर** पु० *(सं०)* शरत् पूर्णिमा।

**कोट** पु० *(सं०)* गढ़, दुर्ग; परकोटा; राज-प्रासाद।

**कोट** *(अं०)* अँग्रेजी ढंग का एक पहनावा।

**कोटक** पु० *(सं०)* बढ़ई; झोपड़े बनाने वाला; एक छोटी जाति।

**कोटर** पु० *(सं०)* पेड़ के तने का खोखला भाग; किले के आसपास का जंगल।

**कोटि** स्त्री० *(सं०)* वर्ग, दर्जा; आखिरी दर्जा; धनुष की नोक, सिरा; किसी हथियार की नोक।

**कोटिक** वि० करोड़ों, अनगिनत।

**कोटिज्या** स्त्री० धनुषाकार छत्र; गणित में प्रयुक्त शब्द (टैंजेण्ट)।

**कोटिशह** अव्य० करोड़ों, अनेक प्रकार।

**कोट्टार** पु० *(सं०)* कुआँ; तालाब की सीढ़ियाँ; लम्पट।

**कोठरी** स्त्री० छोटा कमरा।

**कोठा** पु० अटारी; पेट, भण्डार, कोठार।

**मुहा० कोठा बिगड़ना** पाचन बिगड़ना। **कोठा साफ होना** पेट का साफ होना। **कोठे पर बैठना** वेश्यावृत्ति करना। **कोठों में चित्त जाना या भरमना** अनेक प्रकार की आशंकाएँ होना।

**कोठार** पु० भण्डार, बखार।

**कोठारी** पु० भण्डारी।

**कोठी** स्त्री० कोठा; बखार; पक्का और काफी बड़ा मकान, अमीर या रईस का आवास, हवेली।

**मुहा० कोठी गलाना** जमवट के ऊपर होने वाली जोड़ाई को नीचे धँसाना। **कोठी चलना** देन-लेन का कारबार होना।

**कोठीवाल** पु० साहूकार, महाजन।

**कोठी वाली** स्त्री० महाजनी लिपि।

**कोड** पु० *(अं०)* संकेत-प्रणाली; नियम-संग्रह।

**कोड़ा** पु० लगने वाली बात; पेंच; चाबुक; डण्डा।

**कोड़ाई** स्त्री० गुड़ाई की मजदूरी; गुड़ाई का काम।

**कोड़ी** वि० बीस। स्त्री० बीस वस्तु का समूह।

**कोढ़** पु० एक चर्म-रक्त रोग; विनाशकारी और घृणित बुराई।

**मुहा० कोढ़ में खाज होना** संकट पर संकट आना। **कोढ़ टपकना/चूना** घाव से पीव बहना।

**कोढ़ी** वि० कुष्ठ रोग से ग्रस्त।

**कोण** पु० *(सं०) (ऐंगिल)* एक रेखा दूसरी को काटने वाली या दूसरी से मिलने वाली दो रेखाओं के बीच का झुकाव; कोना; अन्तर्दिशा।।

**कोणार्क** पु० *(सं०)* जगन्नाथपुरी का तीर्थ।

**कोणि** वि० *(सं०)* टेढ़े हाथ वाला।

**कोत*** स्त्री० बल; तरफ, ओर, दिशा।

**कोतवाल** पु० नगर का पुलिस अफसर जिसके मातहत वहाँ के सब थानेदार हैं।

**कोतवाली** स्त्री० नगर का केन्द्रीय थाना; कोतवाल का दफ्तर; कोतवाल का पद।

**कोतह** वि० *(फ़ा०)* थोड़ा; छोटा; तंग।

**कोताह** वि० *(फ़ा०)* तंग; थोड़ा; छोटा।

**कोताही** स्त्री० त्रुटि, कमी।

**कोति*** स्त्री० दिशा, ओर, तरफ।

**कोथ** पु० *(सं०)* सड़ान; मन्थन।

**कोथला** पु० पेट; बड़ा थैला।

**कोथली** स्त्री० रुपये रखने की कमर में बाँधने वाली थैली।

**कोदण्ड** पु० *(सं०)* धनु राशि; धनुष; भौंह।

**कोद** स्त्री० कोना; दिशा, ओर।

**कोदई** स्त्री० एक कदन्न, कोदो का महीन रवा।

**कोदवला** स्त्री० कोदो के पौधे के समान एक घास।

**कोदार** पु० *(सं०)* एक अन्न।

**कोदों, कोदो** पु० सावाँ की प्रजाति का एक मोटा अन्न।

**मुहा० कोदों दलना** अधिक श्रम वाला निकृष्ट काम करना। **कोदों देकर पढ़ना** मूर्ख रह जाना, निःशुक्ल पढ़ना, परिणाम स्वरूप कुछ सीख न पाना।

**कोन** पु० कोना; खेत का कोना।

**मुहा० कोन मारना** जोतने में छूटे हुए कोनों को गोड़ना।

**कोनसिला** पु० कोनिया की छाजन में धरन से दीवार के कोने तक लगायी जाने वाली लकड़ी।

**कोना** पु० कमरे का वह स्थान जहाँ दो दीवारें मिलती हों; कोण, गोशा; खूँट।

**मुहा० कोना झाँकना** लज्जा से मुँह चुराना। **कोने में बैठ रहना** एकान्त में छिपकर बैठ रहना।

**कोनिया** स्त्री० पानी के नल में मोड़पर लगाया जाने वाला कुहनी के ढंग का टुकड़ा, कोने पर रखा जाने वाला पत्थर।

**कोप** पु० *(सं०)* पित्तादि का बिगड़ना; क्रोध, रोष।

**कोपन** वि० *(सं०)* क्रोधित; कुपित करने वाला।

**कोपना** क्रि० क्रोध करना।

**कोपनीय** वि० *(सं०)* जिस पर क्रोध किया जाये।

**कोपभवन** पु० *(सं०)* वह स्थान जहाँ क्रोधी बैठा या पड़ा रहता है।

**कोपयिष्णु** वि० *(सं०)* कोप करने वाला।

**कोपर**† प० टपका आम।

**कोपली** वि० बैंगनी। पु० बैंगनी रंग।

**कोपित** वि० *(सं०)* कुपित, क्रुद्ध।

**कोपी (पिन्)** वि० *(सं०)* क्रोध करने वाला।

**कोपीन** पु० कौपीन, गेरुवा कपड़ा।

**कोफ़्त** स्त्री० *(फ़ा०)* लोहे पर सोने या चाँदी का जड़ाव; परेशानी; दुःख, रंज, सदमा।

**कोफ़्ता** पु० कुटे हुए माँस का कबाब; कटा हुआ माँस।

**कोमल** वि० *(सं०)* मुलायम, नरम; सुकुमार; मनोहर; अपरिपक्व।

**कोमासिका** स्त्री० *(सं०)* फल का आरम्भिक रूप, बतिया।

**कोय** सर्व० कोई।

**कोयर**† पु० हरा चारा; सब्जी।

**कोयल** स्त्री० कोकिल, कौए के रंग एवं जाति की एक चिड़िया जिसकी बोली बड़ी मीठी होती है।

**कोयला** पु० जली हुई लकड़ी का बुझा हुआ अवशेष। **मुहा० कोयले की दलाली में मुँह काला** बुरे काम से बदनामी ही हाथ लगती है। **कोयलों पर मुहर होना** तुच्छ वस्तुओं की कीमत करना।

**कोया** पु० रेशम के कीड़े का घोंसला; पके कटहल का बीजकोष; आँख का डेला; आँख का कोना।

**कोरंजा**† पु० मजदूरी के रूप में दिया जाने वाला खड़ा अन्न।

**कोर**[1] पु० *(सं०)* वह सन्धि या जोड़ जिस पर से अंग मोड़ा जा सके; कली; प्रान्त, भाग, किनारा, नोक।

**कोर**[2] स्त्री० कोना; हथियार की धार; किनारा, हाशिया।

**कोर**[3] वि० *(फ़ा०)* अन्धा। पु० *(अ०)* कार्य विशेष के लिए संघटित सैनिक दल; सेना का विभाग।

**कोरक** पु० *(सं०)* कली; मृणाल; फूल की कटोरी।

**कोरना** स० क्रि० कोर निकालना; पत्थर या काठ पर चित्रकारी करना या कुछ लिखना।

**कोरनी** स्त्री० पत्थर पर खुदाई का काम।

**क़ोरमा** पु० मसाला देकर भूना हुआ बिना शोरबा का गोश्त।

**कोरहन**† पु० धान की प्रजाति।

**कोरा** †पु० गोद। वि० जिस पर पानी न पड़ा हो (मिट्टी का बर्तन); अलिखित; अनभिज्ञ।

**कोरित** वि० *(सं०)* कलियाया हुआ; अंकुरित।

**कोरिया*** पु० एक नीच जाति।

**कोरी** पु० हिन्दू जुलाहा। स्त्री० रूप। वि० कोरा जो धोया न गया हो; नया, चिह्न रहित, निरक्षर।

**कोर्ट** पु० *(अं०)* दरबार, न्यायालय; अदालत।

**कोल** पु० *(सं०)* एक जंगली जाति; सूअर; गोद; आलिंगन, अँकवार।

**कोलक** पु० *(सं०)* अखरोट; काली मिर्च।

**कोलना** क्रि० छेदना, खोदकर पोला करना।

**कोला** पु० *(अं०)* पश्चिमी अफ्रीका का एक वृक्ष जिसके बीज मसाले और ताकत की दवा के काम में आते हैं।

**कोलाहल** पु० *(सं०)* हंगामा, हल्ला, बहुत से लोगों के एक साथ बोलने से होने वाला शोर; शोर-शराबा होना।

**कोलिया**† स्त्री० वह छोटा खेत जो लम्बा और बहुत कम चौड़ा हो; तंग रास्ता।

**कोलियाना**† पु० कोलियों के रहने का स्थान।

**कोली** स्त्री० अँकवार; सँकरी गली। पु० कोरी।

**कोलैन्दा** पु० महुए का पका फल, कोइना।

**कोल्हाड़** पु० गन्ना पेरने और गुड़ बनाने का स्थान।

**कोल्हू** पु० ईख या तेल पेरने का यन्त्र।

**कोविद** वि० *(सं०)* पण्डित, विद्वान्; प्रवीण।

**कोविदार** पु० *(सं०)* कचनार का पेड़।

**कोश** पु० *(सं०)* संचित धन; खजाना, धनागार;

लुगत, शब्दकोश; रेशम का कोया।

**कोशक** पु० *(सं०)* अण्डकोश; अण्डा।

**कोशकार** पु० *(सं०)* कोश के रचयिता।

**कोशलिक** पु० *(सं०)* रिश्वत, घूस।

**कोशांग** पु० *(सं०)* सरपत।

**कोशागार, कोषागार** पु० *(सं०)* तोश खाना, रुपया-पैसा रखने का घर, खजाना।

**कोशातकी** स्त्री० *(सं०)* चाँदनी रात; तरोई।

**कोशातकी (किन्)** पु० *(सं०)* व्यापार; व्यापारी।

**कोशाधिप, कोशाध्यक्ष, कोषाधिप, कोषाध्यक्ष।**

**कोशिका** स्त्री० *(सं०)* प्याला, गिलास। शरीर के भीतर के छोटे-छोटे जीव कोश।

**कोशिश** स्त्री० *(फ़ा०)* यत्न, उद्योग; श्रम।

**कोशी, कोषी** स्त्री० *(सं०)* कली; अनाज का टूँड़।

**कोशी (शिन्), कोषी (षिन्)** वि० *(सं०)* कोशयुक्त। पु० आम का पेड़।

**कोषपाल** पु० *(सं०)* कोषाध्यक्ष, खजांची।

**कोषागार** पु० *(सं०)* खजाना, धनागार।

**कोष्ठ** पु० *(सं०)* मूत्राशय, पित्ताशय आदि अंग; पेट; मलाशय; घर का भीतरी भाग; कोठा; आमाशय।

**कोष्ठक** पु० *(सं०)* अंकों, शब्दों आदि को घेरने में व्यवहृत चिह्नों का जोड़ा, 'ब्रैकेट'; लकीरों से बनाया हुआ खाना।

**कोष्ठबद्धता** पु० *(सं०)* मल बद्धता, कब्ज।

**कोष्ठागार** पु० *(सं०)* कोषागार, भण्डार।

**कोष्ठाग्नि** स्त्री० *(सं०)* आग्नेय रस, पाचनशक्ति।

**कोष्ण** पु० *(सं०)* उष्णता।

**कोस** पु० दूरी की एक नाप जो लगभग दो मील के बराबर होती है।

**कोसना** स० क्रि० गालियों के रूप में शाप देना; भला-बुरा कहना; निन्दा करना।

**मुहा० पानी पी-पीकर कोसना** बहुत अधिक कोसना, भला-बुरा कहना।

**कोसल** पु० *(सं०)* अवध, एक प्राचीन जनपद।

**कोसा** पु० मिट्टी का कसोरा; बद्दुआ।

**कोसिया** स्त्री० मिट्टी का छोटा कसोरा।

**कोह** *पु० क्रोध; *(फ़ा०)* पर्वत, पहाड़।

**कोहबर** पु० वह घर या कमरा जिसमें विवाह के समय कुल देवता की स्थापना और कुछ रस्में अदा की जाती हैं।

**कोहरा** वि० धुएँ के रूप में प्रातः गिरने वाली ओस।

**कोहा** पु० छोटी नाँद।

**कोहान** पु० *(फ़ा०)* ऊँट की पीठ पर का कूबड़।

**कोहाना*** अ० क्रि० रूठना, रुष्ट होना।

**कोहिस्तान** पु० *(फ़ा०)* पर्वतमाला; पहाड़ी प्रदेश।

**कोहिस्तानी** पु० पहाड़ी प्रदेश का रहने वाला।

**कोही** *वि० क्रोधी; *(फ़ा०)* पहाड़ी।

**कौंकिर*** स्त्री० काँच की रेत; हीरे की कनी।

**कौंच** स्त्री० सेम जैसी एक फली जिसकी तरकारी बनती है; केवांच।

**कौंचा**† पु० ऊख का ऊपरी भाग जो नीरस होता है।

**कौण्ठ्य** पु० *(सं०)* भोथरापन।

**कौन्तिक** पु० *(सं०)* बरछा चलाने वाला।

**कौंध** स्त्री० चमक; बिजली की चमक।

**कौंधना** अ० क्रि० बिजली का चमकना।

**कौंधा** स्त्री० बिजली; चमक; बिजली की चमक।

**कौम्भ** वि० *(सं०)* घड़े में रखा हुआ।

**कौ*** प्र० कर्म, सम्प्रदान और सम्बन्ध कारक की विभक्ति।

**कौआ** पु० धूर्त मनुष्य; एक पक्षी जो अपने काले रंग, धूर्तता के लिए प्रसिद्ध है।

**कौआना**† अ० क्रि० स्वप्न में बड़बड़ाना; चकपकाना।

**कौकृत्य** पु० *(सं०)* कुकर्म करना; पश्चात्ताप।

**कौक्षेयक** पु० *(सं०)* तलवार।

**कौट** पु० *(सं०)* जाल; धोखा; छल।

**कौटकिक** पु० *(सं०)* माँसविक्रेता; बहेलिया।

**कौटवी** स्त्री० *(सं०)* नंगी स्त्री।

**कौटिक** पु० *(सं०)* बहेलिया। वि० छली; बेईमान।

**कौटिलिक** पु० *(सं०)* बहेलिया; लुहार, व्याध।

**कौटिल्य** पु० *(सं०)* अर्थशास्त्र के प्रणेता और कूटनीति के आचार्य चाणक्य; कुटिलता, टेढ़ापन।

**कौटुम्ब** वि० *(सं०)* कुटुम्ब के भरण-पोषण के लिए आवश्यक। पु० परिवार; रिश्ता।

**कौटुम्बिक** वि० *(सं०)* कुनबे वाला; कुटुम्ब-सम्बन्धी। पु० पिता; गृहस्वामी।

**कौड़ा** पु० बड़ी कौड़ी; अलाव।

**कौड़िया** वि० कौड़ी के समान। *पु० मछली को खाने वाला पक्षी।

**कौड़ियाला** पु० कोकई रंग; एक विषैला साँप; एक वनौषधि। वि० कोकई, कौड़ी के रंग का।

**कौड़ियाली** स्त्री० कौड़ियाला पौधा।

**कौड़ियाही** स्त्री० ईंटों आदि की ढुलाई या मजदूरी के लिए प्रति चक्कर के बदले दी जाने वाली कौड़ियाँ, मिट्टी।

**कौड़िल्ला** पु० एक मत्स्यभक्षी पक्षी।

**कौड़ी** स्त्री० पैसा, धन; कर या टैक्स; गले, काँख या जाँघों में निकलने वाली गिलटी; घोंघे, शंख आदि के वर्ग का एक कीड़ा।

**मुहा० कफन को कौड़ी न होना** मुहताज होना। **कौड़ी के तीन** जिसे कोई न पूछे। **कौड़ी के तीन होना** तुच्छ, हेय होना। **कौड़ी के मोल बिकना** बहुत सस्ता बिकना; तुच्छ। **कौड़ी में भी न लेना** मुफ्त में भी न लेना। **कौड़ी कौड़ी का हिसाब** पाई-पाई का हिसाब। **कौड़ी कौड़ी को मुहताज** अति गरीब, निर्धन। **कौड़ी कौड़ी चुका देना** छोटी-से-छोटी रकम को चुकता कर देना; एक-एक पैसा अदा कर देना। **कौड़ी कौड़ी जोड़ना**थोड़ा-थोड़ा करके पैसा जोड़ना। **कौड़ी फिरना** जुए में दाँव फिरना।

**कौड़ना**† पु० बर्तन पर पच्चीकारी करने का एक औजार।

**कौणप** पु० *(सं०)* राक्षस। वि० पातकी, अधर्मी।

**कौणपी** स्त्री० *(सं०)* राक्षसी।

**कौतिग** पु० कौतुक।

**कौतुक** पु० *(सं०)* आनन्द; हँसी-मजाक; विवाह का कंगन; तमाशा; उत्सव; कुतूहल, उत्सुकता।

**कौतुकित** वि० *(सं०)* उत्सुक।

**कौतुकिया** वि० विनोदी; कौतुक करने वाला।

**कौतुकी (किन्)** वि० *(सं०)* खेल-तमाशा करने वाला, विनोदी।

**कौतूह*** पु० कौतुक, लीला।

**कौतूहल** पु० *(सं०)* कुतूहल।

**कौथ**† स्त्री० कौन-सी तिथि।

**कौथा**† वि० किस स्थान का, किस संख्या का।

**कौदन** वि० *(फ़ा०)* मन्दबुद्धि, नासमझ।

**कौद्रविक** पु० *(सं०)* काला नमक।

**कौधनी**† स्त्री० करधनी।

**कौन** सर्व० प्रश्नवाचक सर्वनाम।

**कौबेरी** स्त्री० *(सं०)* उत्तर दिशा।

**क़ौम** स्त्री० *(अ०)* मनुष्य-समूह; राष्ट्र; जाति।

**कौमारक** पु० *(सं०)* कुमारावस्था।

**कौमारिकेय** पु० *(सं०)* कुमारी स्त्री का बेटा।

**क़ौमियत, क़ौमीयत** स्त्री० *(अ०)* राष्ट्रीयता, जाति, राष्ट्रीयता का भाव।

**क़ौमी** वि० जातीय, कौम से सम्बन्ध रखने वाला।

**कौमुद** पु० *(सं०)* कार्तिक का महीना।

**कौमुदिक** वि. *(सं.)* कुमुदसम्बन्धी; कुमुदपूर्ण।

**कौमुदिका** स्त्री० *(सं०)* चाँदनी; उमा की एक सखी।

**कौमुदी** स्त्री० *(सं०)*दीपोत्सव; कुमुद; चाँदनी; कार्तिक की पूर्णिमा।

**कौर** पु० ग्रास; चक्की में एक बार में डाला जाने वाला अन्न।

**कौरना**† स० क्रि० हल्का भूनना।

**कौरव** पु० *(सं०)* कुरु का वंशज।

**कौरवेय** पु० *(सं०)* कुरु का वंशज।

**कौरव्य** पु० *(सं०)* कौरव।

**कौरा**† पु० पालतू पशुओं को दिया जाने वाला खाना।

**कौरियाना** क्रि० दोनों हाथों से पकड़कर छाती से लगाना।

**कौरी*** स्त्री० गोद, अंक।

**कौल** वि० *(सं०)* कुलीन।

**क़ौल** पु० *(अ०)* इकरार, प्रतिज्ञा; वचन, उक्ति।

**मुहा० क़ौल का पक्का** बात का धनी। **क़ौल देना** वचन देना।

**कौलई** पु० नारंगी रंग। वि० सन्तरे के रंग का।

**कौलालक** वि० *(सं०)*, पु० मिट्टी का बर्तन।

**कौलिक** वि० *(सं०)*कुल परम्परागत; कुल-सम्बन्धी।

**कौलीन** पु० *(सं०)*अपवाद, कलंक, तुहमत; वाममार्गी।

**कौलीन्य** पु० *(सं०)* कुलीनता।

**कौलेयक** वि० *(सं०)* उच्च वंश का; वंश-सम्बन्धी।

**कौलों*** अ० कब तक।

**कौल्य** वि० *(सं०)* कुलीन; शाक्त मत का।

**कौवा** पु० कौआ।

**क़ौवाल** पु० *(अ०)* गवैया; कौवाली गाने वाला।

**कौविन्दी** स्त्री० *(सं०)* जुलाहे की स्त्री।

**कौशल** पु० *(सं०)* दक्षता, कुशलता।
**कौशलिक** पु० *(सं०)* रिश्वत, घूस।
**कौशलिका, कौशली** स्त्री० *(सं०)* भेंट, उपहार।
**कौशलेय** पु० *(सं०)* राम, कौशल्या के पुत्र।
**कौशिक** वि० *(सं०)* कुशिकवंश का; रेशमी। पु० विश्वामित्र; उल्लू-सम्बन्धी।
**कौशिका** स्त्री० *(सं०)* गिलास, कटोरा, पानपात्र।
**कौशिकायुध** पु० *(सं०)* इन्द्रधनुष; इन्द्र का वज्र।
**कौशिकाराति, कौशिकारि** पु० *(सं०)* काक।
**कौशिकी** स्त्री० *(सं०)* कोसी नदी; दुर्गा।
**कौशीलव** पु० *(सं०)* अभिनेता का पेशा, नट।
**कौष्ठेयक** पु० *(सं०)* खजाना समृद्ध करने के लिए जनता से समय-समय पर लिया जाने वाला कर।
**कौसल्या** स्त्री० *(सं०)* राम की माता।
**कौसीद** वि० *(सं०)* सूदखोर।
**कौसीद्य** पु० *(सं०)* महाजनी, सूदखोरी।
**कौसुम** वि० *(सं०)* पुष्प युक्त।
**कौस्तुभ** पु० *(सं०)* समुद्र-मन्थन से निकला हुआ एक रत्न मणि।
**क्या** वि० कितना; बहुत; बहुत बढ़िया; कैसा। अ० प्रश्नसूचक शब्द; किसलिए, किस कारण
**क्यारी** स्त्री० सिंचाई के लिए बाग या खेत को मेंड़ बनाकर चौकोर खाने में किया हुआ विभाग।
**क्यों** अ० किस कारण, किसलिए।
**क्रन्दन** पु० *(सं०)* विलाप, रोना; युद्ध के लिए आह्वान, युद्ध के लिए निमन्त्रण।
**क्रन्दित** वि० *(सं०)* आहूत, ललकारा हुआ।
**क्रकच** पु० *(सं०)* आरा; केवड़ा।
**क्रकचा** स्त्री० *(सं०)* केतकी।
**क्रकर** पु० *(सं०)* करील; केकड़ा; दीन व्यक्ति।
**क्रतु** पु० *(सं०)* इन्द्रिय; योग्यता; प्रज्ञा, विवेक; इच्छा।
**क्रम** पु० *(सं०)* तरतीब, सिलसिला; नियमित व्यवस्था।
**क्रमक** वि० *(सं०)* क्रमानुसार आगे बढ़ने वाला।
**क्रमज्या** स्त्री० *(सं०)* गणित ज्योतिष में क्रान्तिज्या।
**क्रमण** पु० *(सं०)* एक से दूसरे स्थान को जाना; लाँघना; कदम उठाना।
**क्रमशः (शस्)** अ० *(सं०)* यथाक्रम, क्रमबद्ध, सिलसिलेवार, सिलसिले से।
**क्रमांक** पु० *(सं०)* क्रमसंख्या।
**क्रमागत** वि० *(सं०)* क्रमप्राप्त; कुलक्रमागत।
**क्रमानुसार** अ० *(सं०)* यथाक्रम, सिलसिले से।
**क्रमुक** पु० *(सं०)* शहतूत का पेड़; सुपारी का पेड़।
**क्रमेल, क्रमेलक** पु० *(सं०)* ऊँट।
**क्रमोद्वेग** पु० *(सं०)* बैल।
**क्रय** पु० *(सं०)* मोल लेना, खरीदना।
**क्रय-विक्रय** पु० *(सं०)* खरीद-फरोख्त, वाणिज्य।
**क्रयारोह** पु० *(सं०)* बाजार; मेला।
**क्रयिक** पु० *(सं०)* व्यापारी। वि० खरीदने वाला।
**क्रयी** वि० *(सं०)* क्रेता, खरीददार।
**क्रयोपघात** पु० *(सं०)* खरीद में रुकावट डालना।
**क्रय्य** वि० *(सं०)* बिक्री के लिए रखा हुआ (माल)।
**क्रवान** पु० कृपाण, तलवार।
**क्रव्य** पु० *(सं०)* कच्चा माँस।
**क्रव्याद** पु० *(सं०)* माँसभक्षी, राक्षस, सिंह, श्येन (बाज)।
**क्रशित** वि० *(सं०)* दुबला-पतला, क्षीणकाय।
**क्रान्त** पु० *(सं०)* पाँव; डग; घोड़ा। वि० दबा हुआ, आक्रान्त।
**क्रान्ति** स्त्री० *(सं०)* सूर्य का भ्रमण-मार्ग; राजक्रान्ति, राजव्यवस्था का उलट दिया जाना; पूर्ण परिवर्तन।
**क्रान्तिक्षेत्र** पु० *(सं०)* नक्षत्र गति जानने हेतु खींचा हुआ क्षेत्र।
**क्रान्तिवृत्त** पु० *(सं०)* सूर्यमार्ग।
**क्राइस्ट** पु० *(अं०)* ईसाई धर्म के प्रवर्तक ईसामसीह।
**क्राकचिक** पु० *(सं०)* लकड़ी चीरनेवाला।
**क्राथ** पु० *(सं०)* वध, मारण।
**क्रायक, क्रायिक** पु० *(सं०)* व्यापारी।
**क्रिकेट** पु० *(अं०)* गेंद और बल्ले से खेला जानेवाला एक खेल।
**क्रिमि** पु० *(सं०)* घुन, कीड़ा।
**क्रिमिजा** स्त्री० *(सं०)* लाख, लाक्षा।
**क्रिया** स्त्री० *(सं०)* श्राद्ध; धार्मिक संस्कार; कर्म।
**क्रियात्मक** वि० *(सं०)* क्रियारूप में किया हुआ।
**क्रियानिष्ठ** वि० *(सं०)* सन्ध्या तर्पण आदि क्रियाओं में संलग्न।
**क्रियापवर्ग** पु० *(सं०)* कार्य की समाप्ति।
**क्रियाभ्युपगम** पु० *(सं०)* किसी काम के सम्बन्ध में

दो व्यक्तियों द्वारा आपस में किया समझौता।

**क्रियार्थ** वि० *(सं०)* क्रिया-विधायक; कर्तव्य-बोधक।

**क्रियावान् (वत्)** वि० *(सं०)* कर्मनिष्ठ।

**क्रिस्टल** पु० *(अं०)* स्फटिक; शोरे, चीनी आदि का रवादार टुकड़ा।

**क्रिस्तान** पु० ईसाई।

**क्रीड** पु० *(सं०)* क्रीडा, खेल-कूद।

**क्रीडक** पु० *(सं०)* क्रीड़ा करने वाला।

**क्रीडन** पु० *(सं०)* खिलौना; खेलना।

**क्रीड़ा** स्त्री० *(सं०)* खेल-कूद, किलोल।

**क्रीडित** वि० *(सं०)* खेला हुआ।

**क्रीत** पु० *(सं०)* माँ-बाप से धन देकर खरीदा पुत्र। वि० खरीदा हुआ, क्रय किया हुआ।

**क्रीतक** वि० *(सं०)* खरीदने से प्राप्त। पु० क्रीत, माँ-बाप से धन देकर खरीदा पुत्र।

**क्रुद्ध** वि० *(सं०)* क्रोधयुक्त, गुस्से से भरा।

**क्रुश्वा (श्वन्)** पु० *(सं०)* स्यार, गीदड़।

**क्रुज़र** पु० *(अं०)* तेज भागने वाला और हल्का युद्धपोत, जंगी जहाज।

**क्रूर** पु० *(सं०)* पापग्रह; निर्दय; भयंकर रूप।

**क्रूरा** वि०, स्त्री० *(सं०)* क्रूर स्वभाववाली। स्त्री० लाल फूलवाली गदहपुर्ना।

**क्रूराकृति** वि० *(सं०)* डरावनी आकृतिवाला।

**क्रूरात्मा(त्मन्)** पु० *(सं०)* शनि।

**क्रूस** पु० *(अं०)* *(क्रास)* ईसाइयों का धर्मचिह्न; सलीब, सूली।

**क्रेता(तृ)** पु० *(सं०)* खरीदने वाला।

**क्रेय** वि० *(सं०)* खरीदने योग्य।

**क्रोड** पु० *(सं०)* गोद, अंक; छाती; पेड़ का खोखला।

**क्रोडीकरण** पु० *(सं०)* आलिंगन, छाती से लगाना।

**क्रोडीमुख** पु० *(सं०)* गैण्डा।

**क्रोध** पु० *(सं०)* रौद्र रस का स्थायी भाव *(सा०)*; गुस्सा, कोप।

**क्रोधना** वि० स्त्री० *(सं०)* क्रोधी स्वभाववाली।

**क्रोधवन्त*** वि० कुपित, क्रुद्ध।

**क्रोधालु** वि० *(सं०)* क्रोधी।

**क्रोधित** वि० क्रुद्ध, कुपित।

**क्रोधी (धिन्)** पु० *(सं०)* भैंसा; कुत्ता।

**क्रोष्टा (ष्टृ)** पु० *(सं०)* शृगाल।

**कोष्टु** *(सं०)* शृगाल।

**क्रोष्ट्री** स्त्री० *(सं०)* शृगाली।

**क्रौंच** पु० *(सं०)* एक पर्वत; एक तरह का बगला।

**क्रौंचाराति, क्रौंचारि** पु० *(सं०)* परशुराम; कार्तिकेय।

**क्रौंची** स्त्री० *(सं०)* कश्यप ऋषि की एक कन्या; मादा क्रौंच।

**क्रौशशतिक** पु० *(सं०)* सौ कोस चलने वाला संन्यासी।

**क्लब** पु० *(अं०)* साहित्य-संगीत आदि की चर्चा एवं मनोरंजन हेतु स्थापित समिति।

**क्लर्क** पु० *(अं०)* मुंशी, लिखने का काम करने वाला; लिपिक।

**क्लर्की** स्त्री० किरानीगिरी, क्लर्क का धन्धा।

**क्लान्त** वि० *(सं०)* हतोत्साह, थका हुआ, श्रान्त।

**क्लान्ति** स्त्री० *(सं०)* थकावट।

**क्लॉक** पु० *(अं०)* दीवार घड़ी, बड़े आकार की घड़ी जो पेण्डुलम के सहारे चलती है।

**क्लास** पु० *(अं०)* श्रेणी; कक्षा, दर्जा।

**क्लिन्न** वि० *(सं०)* आर्द्र, गीला।

**क्लिप** स्त्री० *(अं०)* बालों की पटिया बैठाने, जूड़ा बाँधने आदि में काम देने वाला पंजा, कागज-पत्र को इकट्ठा रखने।

**क्लिष्ट** वि० *(सं०)* क्लेशयुक्त; जिसका अर्थ बहुत सोचने से निकले; कठिन, टेढ़ा अर्थ देने वाला।

**क्लिष्टा** स्त्री० *(सं०)* आत्मा को पीड़ित करने वाली चित्तवृत्ति ।

**क्लिष्टि** स्त्री० *(सं०)* पीड़ा, क्लेश।

**क्लीब, क्लीव** पु० *(सं०)* नपुंसक पुरुष; नपुंसकलिंग। वि० हिजड़ा, नपुंसक, षण्ड, नामर्द; कायर।

**क्लेद** पु० *(सं०)* पसीना; गीलापन, आर्द्रता।

**क्लेदक** पु० *(सं०)* शरीरस्थ दस अग्नियों में से एक; कफ।

**क्लेदु** पु० *(सं०)* सन्निपात; चन्द्रमा।

**क्लेश** पु० *(सं०)* दुःख, पीड़ा।

**क्लेशक** वि० *(सं०)* दुःख देने वाला।

**क्लेशित** वि० *(सं०)* क्लेशयुक्त, पीड़ित।

**क्लेशी (शिन्)** वि० *(सं०)* क्षतिकारक, दुःख देनेवाला।

**क्लेष्टा (ष्टृ)** *(सं०)* क्लेश देने वाला।

**क्लैब्य, क्लैव्य** पु० *(सं०)* क्लीवता, नपुसंकता।

**क्लोम** पु० *(सं०)* फेफड़ा।

**क्लोरोफार्म** पु० *(अं०)* एक तरल औषध जिसे सुँघाकर रोगी को बेहोश किया जाता है।

**क्व** अ० *(सं०)* कहाँ।

**क्वण** पु० *(सं०)* घुँघरू आदि की आवाज; ध्वनि।

**क्वणन** पु० *(सं०)* वीणा, घुँघरू आदि का बजना।

**क्वणित** पु० *(सं०)* शब्द, ध्वनि। वि० ध्वनित; गूँजता हुआ।

**क्वथ** पु० *(सं०)* क्वाथ, काढ़ा।

**क्वथन** पु० *(सं०)* उबालना, काढ़ा करना, खौलाना; औटन, उबलना।

**क्वथित** वि० *(सं०)* काढ़ा बना हुआ; खौलाया हुआ, औटा हुआ।

**क्वथिता** स्त्री० *(सं०)* पाचक और अग्निदीपक बताई गई है, आयुर्वेद में कथित एक तरह की क.ी जो रेचक है।

**क्वाचित्क** वि० *(सं०)* विरल, क्वचित् होने वाला।

**क्वाड्रेट** पु० *(अं०)* सीसे का आधे से चार एम तक की चौड़ाई का चौकोर टुकड़ा जो जगह भरने के काम आता है।

**क्वाथ** पु० *(सं०)* जोशाँदा, काढ़ा।

**क्वाथोद्भव** पु० *(सं०)* रसौत।

**क्वार** पु० आश्विन मास।

**क्वारा** वि० अविवाहित।

**क्वारछल, क्वारपन** पु० अविवाहित अवस्था, क्वारापन।

**क्वारी** स्त्री० अविवाहिता, कुँआरी कन्या।

**क्वार्टर** पु० *(अं०)* रेलवे, स्कूल, फौज आदि के कर्मचारियों के लिए विभाग की ओर से बनवाया हुआ मकान।

**क्वैला*** पु० कोयला।

**क्षन्तव्य** वि० *(सं०)* क्षमा करने के योग्य।

**क्षन्ता (तृ)** वि० *(सं०)* सहिष्णु, क्षमाशील।

**क्ष** पु० *(सं०)* प्रलय, नाश; खेत; बिजली। 'क्' और 'ष' के योग से बना हुआ संयुक्त अक्षर।

**क्षण** पु० *(सं०)* अवसर; छन, निमेष का चौथाई।

**क्षणन** पु० *(सं०)* आहत करना; वध करना।

**क्षणिक** वि० *(सं०)* क्षणस्थायी।

**क्षणिक** स्त्री० *(सं०)* बिजली, अनित्य, क्षणभंगुर।

**क्षणी (णिन्)** वि० *(सं०)* क्षणस्थायी।

**क्षत** पु० *(सं०)* घाव, जख्म। वि० घायल; क्षतिग्रस्त; कटा-फटा हुआ; भग्न।

**क्षतारि** वि० *(सं०)* विजयी; जीता हुआ।

**क्षति** स्त्री० *(सं०)* चोट; हानि, घाटा।

**क्षत्र** पु० *(सं०)* धन; बल; राज्य; क्षत्रिय; योद्धा; देह।

**क्षत्रान्तक** पु० *(सं०)* परशुराम।

**क्षत्राणी** स्त्री० क्षत्रिया; वीर नारी।

**क्षत्रान्वय** वि० *(सं०)* क्षत्रिय जाति का।

**क्षत्रिय** पु० *(सं०)* योद्धा जाति; हिन्दुओं के चार वर्णों में से दूसरा।

**क्षत्रिया** स्त्री० *(सं०)* क्षत्रिय स्त्री।

**क्षत्रियाणी, क्षत्रियी** स्त्री० *(सं०)* क्षत्रिय की पत्नी।

**क्षत्री(त्रिन्)** पु० *(सं०)* क्षत्रिय।

**क्षदन** पु० *(सं०)* खाना; काटना; चीरना; फाड़ना।

**क्षप** पु० *(सं०)* पानी, जल।

**क्षपण्यु** पु० *(सं०)* अपराध।

**क्षपान्त** पु० *(सं०)* सवेरा, प्रभात।

**क्षपान्ध्य** पु० *(सं०)* रतौंधी।

**क्षपा** स्त्री० *(सं०)* हल्दी; रात।

**छपाचर** पु० *(सं०)* निशाचर, राक्षस।

**छपाचारी** स्त्री० *(सं०)* राक्षसी, निशाचरी।

**क्षपाट** पु० *(सं०)* रात्रिकाल में चलने वाला, निशाचर, रात्रि के समय चलने वाला।

**क्षपित** वि० *(सं०)* दबाया हुआ; नष्ट किया हुआ।

**क्षम** पु० *(सं०)* उचित, योग्य, उपयुक्त, समर्थ।

**क्षमणीय** वि० *(सं०)* क्षमा करने योग्य, क्षम्य।

**क्षमता** स्त्री० *(सं०)* शक्ति, सामर्थ्य, योग्यता।

**क्षमा** स्त्री० *(सं०)* धरती; माफी, सहनशीलता; दुर्गा।

**क्षमाई** स्त्री० क्षमा करने की क्रिया।

**क्षमानक** पु० क्षमा करने का अभ्यास।

**क्षमाना*** स० क्रि० क्षमा कराना।

**क्षमापन** पु० *(सं०)* माफी माँगना, क्षमा कराना।

**क्षमापर्व** पु० *(सं०)* जैनियों का क्षमायाचना पर्व।

**क्षमावान** पु० *(सं०)* क्षमायुक्त, सहिष्णु।

**क्षमाशील** वि० *(सं०)* क्षमावान।

**क्षमितव्य** वि० *(सं०)* क्षमा करने योग्य।

**क्षमिता(तृ)** वि० *(सं०)* क्षमाशील; सहिष्णु।

**क्षमी(मिन्)** वि० *(सं०)* क्षमाशील; समर्थ।

**क्षम्य** वि० *(सं०)* क्षमा करने योग्य।

**क्षयंकर** वि० *(सं०)* क्षयकारक, नाश करने वाला।

**क्षय** पु० *(सं०)* अर्थहानि; नाश; प्रलय; यक्ष्मा रोग।

**क्षयण** वि० *(सं०)* नाश करने वाला।

**क्षयिक** वि० *(सं०)* क्षयरोग से पीड़ित।

**क्षयित** वि० *(सं०)* क्षयग्रस्त; नष्ट।

**क्षयिष्णु** वि० *(सं०)* क्षय होनेवाला; नश्वर।

**क्षयी(यिन्)** पु० *(सं०)* चन्द्रमा। वि० क्षय होने वाला।

**क्षय्य** वि० *(सं०)* जिसका क्षय हो सके।

**क्षर** पु० *(सं०)* जल; देह; अज्ञान। वि० चल; नाशवान।

**क्षरण** पु० *(सं०)* उँगलियों का पसीजना; चूना।

**क्षरित** वि० *(सं०)* चुआ हुआ, स्रवित।

**क्षवक** पु० *(सं०)* अपामार्ग; राई।

**क्षवथु** पु० *(सं०)* खाँसी; छींकें आना; गले का दुःखना।

**क्षान्त** पु० *(सं०)* शिव। वि० क्षमाशील, सहनशील।

**क्षान्ता** स्त्री० *(सं०)* पृथ्वी।

**क्षान्ति** स्त्री० *(सं०)* क्षमा, सहिष्णुता।

**क्षान्तु** पु० *(सं०)* पिता। वि० क्षमा करने वाला।

**क्षा** स्त्री० *(सं०)* धरती, पृथ्वी।

**क्षात्रि** पु० *(सं०)* क्षत्रिय पुरुष और दूसरी जाति की स्त्री से उत्पन्न सन्तान।

**क्षाम** पु० *(सं०)* क्षय, नाश।

**क्षाम्य** वि० *(सं०)* क्षमा करने योग्य।

**क्षार** वि० *(सं०)* खारा; क्षरणशील।

**क्षारक** पु० *(सं०)* धोबी; चिड़िया फँसाने का जाल; खार; सज्जी; मछली पकड़ने की खाँची।

**क्षारण** पु० *(सं०)* खार बनाना; टपकाना।

**क्षारिका** स्त्री० भूख, क्षुधा।

**क्षारित** वि० *(सं०)* जिस पर (व्यभिचार का) मिथ्या अपवाद लगाया गया हो।

**क्षाल** पु० *(सं०)* धोना; धुलाई।

**क्षालन** पु० *(सं०)* धोना या साफ करना।

**क्षालित** वि० *(सं०)* धोया या साफ किया हुआ।

**क्षित** पु० *(सं०)* वध; क्षति। वि० क्षयप्राप्त; दीन।

**क्षिता** स्त्री० *(सं०)* धरती, पृथ्वी।

**क्षिति** स्त्री० *(सं०)* पृथ्वी; एक की संख्या।

**क्षितिज** पु० *(सं०)* वह स्थल जहाँ पृथ्वी और आकाश मिले दिखायी देते हैं।

**क्षितिदेव** पु० *(सं०)* ब्राह्मण।

**क्षितिधर** पु० *(सं०)* पहाड़।

**क्षितिरुह** पु० *(सं०)* वृक्ष।

**क्षितीश** पु० *(सं०)* राजा।

**क्षित्यदिति** स्त्री० *(सं०)* कृष्ण की माता देवकी।

**क्षिप** वि० *(सं०)* मारने वाला, फेंकने वाला।

**क्षिपक** पु० *(सं०)* तीरन्दाज। वि० फेंकने वाला।

**क्षिपण** पु० *(सं०)* फेंकना; आक्षेप करना; भेजना।

**क्षिपणि** पु०, **क्षिपणी** स्त्री० *(सं०)* डाँड़; हथियार।

**क्षिपणु** पु० *(सं०)* हवा; हथियार; बानैत।

**क्षिपण्यु** पु० *(सं०)* वसन्त ऋतु; शरीर।

**क्षिपा** स्त्री० *(सं०)* भेजना; फेंकना; रात्रि।

**क्षिप्त** वि० *(सं०)* फेंका गया।

**क्षिप्ता** स्त्री० *(सं०)* रात, रात्रि; पतित, अपमानित।

**क्षिप्ति** स्त्री० *(सं०)* फेंकना।

**क्षिप्र** वि० *(सं०)* शीघ्र फेंकने वाला।

**क्षिया** स्त्री० *(सं०)* नुकसान; क्षति; क्षय; हानि; अनौचित्य; बर्बादी।

**क्षीण** वि० *(सं०)* क्षयप्राप्त; क्षतिग्रस्त; घटा हुआ; कमजोर, दुबला-पतला।

**क्षीणार्थ** वि० *(सं०)* जिसकी सम्पत्ति नष्ट हो गयी हो।

**क्षीयमाण** वि० *(सं०)* जो बराबर घटता जाये।

**क्षीर** पु० *(सं०)* दूध; बरगद, गूलर आदि वृक्षों से निकलने वाला दूध जल।

**क्षीरस** पु० *(सं०)* मलाई, गर्म दूध पर पड़ने वाली पतली परत, *साढ़ी।

**क्षीराद** पु० *(सं०)* दुधमुहाँ बच्चा।

**क्षीरिका** स्त्री० *(सं०)* पिण्ड खजूर; वंशलोचन।

**क्षीरी(रिन्)** वि० *(सं०)* जिसमें से दूध निकले, दुग्धयुक्त।

**क्षीरौदन** पु० *(सं०)* दूध में पका हुआ चावल, खीर।

**क्षीव** पु० *(सं०)* मतवाला, उन्मत्त।

**क्षुणी** स्त्री० *(सं०)* पृथ्वी, धरती।

**क्षुत्(ध्)** स्त्री० *(सं०)* भूख, क्षुधा।

**क्षुद** पु० *(सं०)* आटा, मैदा।

**क्षुद्र** पु० *(सं०)* चावल की खुद्दी। कीड़ा-मकोड़ा।

**क्षुद्रक** पु० *(सं०)* तोला। वि० क्षुद्र।

**क्षुद्रता** स्त्री० *(सं०)* छोटाई, नीचता, ओछापन।

**क्षुद्रल** वि० *(सं०)* बहुत छोटा (जानवर रोग)।

**क्षुद्रा** स्त्री० *(सं०)* मधुमक्खी; वेश्या; मक्खी।
**क्षुद्रात्मा(त्मन्)** वि० *(सं०)* नीच विचारवाला।
**क्षुद्रावली** स्त्री० *(सं०)* क्षुद्रघण्टिका।
**क्षुद्राशय** वि० *(सं०)* छोटी तबीयत का।
**क्षुधा** स्त्री० *(सं०)* भोजन की इच्छा, भूख।
**क्षुधातुर, क्षुधार्त्त** वि० *(सं०)* भूखा, भूख से पीड़ित।
**क्षुधालु** वि० *(सं०)* जिसे हमेशा भूख लगी रहती हो।
**क्षुधावन्त*** वि० भूखा।
**क्षुधित** वि० *(सं०)* भूखा।
**क्षुप** पु० *(सं०)* छोटे तने, डालियों वाला पेड़, झाड़; इक्ष्वाकु के पिता।
**क्षुभ** वि० *(सं०)* प्रवर्तक; उत्तेजित करने वाला।
**क्षुभित** वि० *(सं०)* क्रुद्ध; भीत; अशान्त।
**क्षुमा** स्त्री० *(सं०)* रेशेदार पौधा।
**क्षुरिणी** स्त्री० *(सं०)* नाई की स्त्री नाइन।
**क्षुल्लक** पु० *(सं०)* क्षुद्र शंख। कुटिल; थोड़ा; नीच।
**क्षेत्र** पु० *(सं०)* स्थान; खेत; जमीन; उत्पत्ति स्थान; घर; नगर; तीर्थस्थान।
**क्षेत्राधिकार** पु० *(जूरीस्डिक्शन)* किसी विशेष क्षेत्र के या विशेष प्रकार के मुकदमे सुनने का अधिकार।
**क्षेत्राधिदेवता** पु० *(सं०)* सिद्धस्थान का अधिष्ठाता देवता, क्षेत्र।
**क्षेत्राधिप** पु० *(सं०)* क्षेत्र पति, खेत का स्वामी।
**क्षेत्रानुगत** वि० *(सं०)* घाट पर लगा हुआ (जहाज)।
**क्षेत्राभिरक्षक** पु० *(वार्डन)* नागरिक संगठन का वह अधिकारी जो हवाई हमले के समय किसी क्षेत्र विशेष के नागरिकों की रक्षा में सहयोग करे।
**क्षेत्रिक** पु० *(सं०)* काश्तकार; किसान।
**क्षेत्रिय** पु० *(सं०)* पशुओं के चरने का स्थान; परस्त्री में अनुरक्त पुरुष।
**क्षेत्री(त्रिन्)** पु० *(सं०)* किसान; आत्मा, परमात्मा।
**क्षेत्रीय निरोध** पु० *(इण्टर्नमेण्ट)* किसी व्यक्ति के क्रिया-कलाप को किसी विशेष स्थान या विशेष क्षेत्र के भीतर ही सीमित कर देना।
**क्षेप** पु० *(सं०)* बिताना; हिलाना; आघात; निन्दा; अपमान; उछालना; फेंकना; भेजना; डाँड खेना।
**क्षेपक** वि० *(सं०)* किसी ग्रन्थ में मिलाया गया अंश, मिश्रित, गुच्छा।
**क्षेपण** पु० *(सं०)* हिलाना; फेंकना; फेंककर मारना।
**क्षेपणिक** वि० *(सं०)* नाशक।
**क्षेपणी** स्त्री० *(सं०)* बन्दूक की नाली।
**क्षेमंकर** वि० *(सं०)* कल्याणकारी; क्षेम।
**क्षेम** वि० *(सं०)* कल्याणकारी, श्रेयस्कर; सुखी।
**क्षेमकर** वि० *(सं०)* मंगलकारी।
**क्षेमी (मिन्)** वि० *(सं०)* निरापद; क्षेमयुक्त; *क्षेमकर।
**क्षेम्य** वि० *(सं०)* कल्याणकर; शान्तिदायक; स्वास्थ्यकर।
**क्षेय** वि० *(सं०)* क्षय; विनाश, नाश करने योग्य।
**क्षैण्य** पु० *(सं०)* क्षय; दुबलापन, क्षीणता।
**क्षैरेय** वि० *(सं०)* दूध से बना हुआ।
**क्षोद** पु० *(सं०)* चूर्ण; चूर करना, पीसना; धूल।
**क्षोदित** पु० *(सं०)* बुकनी; धूल; आटा; चूरन।
**क्षोभ** पु० *(सं०)* रोषयुक्त, असन्तोष; हलचल, खलबली।
**क्षोभक** वि० *(सं०)* क्षुब्ध करने वाला, क्षुब्धक।
**क्षोभना*** अ० क्रि० क्रुद्ध होना; व्याकुल होना।
**क्षोभित*** वि० क्षोभयुक्त, क्षुब्ध।
**क्षोभी (भिन्)** वि० *(सं०)* क्षोभयुक्त, क्षुब्ध; बेचैन।
**क्षोम** पु० *(सं०)* अलसी आदि के रेशों से बना हुआ कपड़ा; अटारी; दूसरी मंजिल पर बना कमरा।
**क्षौणि, क्षौणी** स्त्री० *(सं०)* धरती, पृथ्वी।
**क्षौर** पु० *(सं०)* नाई का काम करना।
**क्षौरआलय** पु० *(सं०)* बाल काटने की दुकान।
**क्षौरिक** पु० *(सं०)* बाल काटने वाली एक जाति, नाई।
**क्ष्मा** स्त्री० *(सं०)* पृथ्वी, धरती।
**क्ष्वेडा** स्त्री० *(सं०)* बांस की खूंटी; सिंहनाद।

## ख

**ख** देवनागरी वर्णमाला के क वर्ग का दूसरा वर्ण। इसका उच्चारण-स्थान कण्ठ है।
**खंक*** वि० कमजोर, दुर्बल, निर्बल।
**खंकर** पु० *(सं०)* अलक, जुल्फ, बालों की लट।
**खंख** वि० खाली, छूँछा; उजाड़।
**खंखड़** वि० वीरान, उजड़ा हुआ।
**खंखर*** वि० उजड़ा हुआ, वीरान।
**खँखरा*** वि०, पु०, बांस की पतली खपच्चियों से बना हुआ सामान आदि रखने का बड़ा टोकरा।
**खँखारना** अ० क्रि० थूकना; खरखराहट के साथ गले

में चिपका हुआ बलगम या कफ निकालना।

**खंग** *गैंडा। स्त्री० चोट, घाव। पु० तलवार, खड्ग।

**खंगड़**† वि० उजड्ड, अक्खड़।

**खँगना*** अ० क्रि० घटना, कम हो जाना, अड़ना।

**खँगर** वि० शुष्क, सूखा; दुर्बल, क्षीण।

**खँगवा**† पु० खुरपका, खाँग, जानवरों के खुर पकने का रोग।

**खँगहा** पु० गैंड़ा। वि० जिसे खुरपका रोग हो; खाँग वाला, खँगैल।

**खँगारना, खँगालना** स० क्रि० बर्तन में पानी डालकर उसे धोना; सब कुछ उठा ले जाना।

**खँगैल** वि० लम्बे दाँतों वाला, खाँगवाला, दन्तैला।

**खँघारना** स० क्रि० बर्तन में पानी डालकर उसे धोना; सब कुछ उठा ले जाना; साफ करना; खँगालना।

**खँचना** अ० क्रि० अंकित होना, खाँचा जाना।

**खँचाना** स० क्रि० चिह्न लगाना, अंकित करना।

**खँचैया, खिचैया**† पु० खींचने वाला।

**खंज, खंजक** वि० *(सं०)* लँगड़ा, पैर से विकलांग।

**खंजन** पु० *(सं०)* लँगड़ाते हुए चलना; काले रंग का पक्षी विशेष , एक चंचल काली चिड़िया, खँड़रिच नामक पक्षी।

**खंजर** पु० *(सं०)* कटार, कटारी।

**खँजरी** स्त्री० डफली की भाँति का एक छोटा बाजा।

**खंजरीट, खंजरीटक** पु० *(सं०)* खंजन पक्षी।

**खण्ड** वि० *(सं०)* खण्डित; विकलांग, छोटा विभक्त।

**मुहा० खण्ड खण्ड करना** टुकड़े-टुकड़े करना।

**खँड़** 'खाँड़' का समास में प्रयुक्त रूप।

**खण्डत*** वि० खण्डित, छिन्न, कटा हुआ।

**खण्डन** पु० *(सं०)* हानि करना; तोड़ना; काटना; नाश करना; किसी बात को गलत बताना।

**खण्डना*** स० क्रि० टुकड़े-टुकड़े करना, छोटे-छोटे भागों में विभक्त करना।

**खण्डनीय** वि० *(सं०)* खण्डन करने योग्य।

**खण्डर*** पु० खण्डहर; *(सं०)* एक प्रकार की मिठाई।

**खँडरना*** स० क्रि० छोट-छोटे भागों में विभक्त करना, खण्ड-खण्ड करना।

**खँडरा**† पु० बेसन का बना एक खाद्य पदार्थ।

**खँड़रिच** पु० खंजन पक्षी।

**खण्डला** पु० कतला, टुकड़ा।

**खण्डशः (शस्)** अ० *(सं०)* कई खण्डों में बाँटकर, खण्ड-खण्ड करके।

**खण्डाभ्र** पु० *(सं०)* बिखरे हुए बादल।

**खण्डिक** पु० *(सं०)* विद्यार्थी; मटर, केराव; काँख; खाँड़ या चीनी बनानेवाला।

**खण्डित** वि० *(सं०)* टुकड़े किया हुआ, तोड़ा हुआ; टूटा हुआ, भग्न।

**खण्डिनी** पु० *(सं०)* धरती, पृथ्वी।

**खण्डी**† स्त्री० गल्ले का एक नाप; मराठों द्वारा लिया जाने वाला चौथ नामक कर।

**खँडौरा** पु० मिसरी का लड्डू; खँडवरा।

**खँतरा** पु० अँतरा, दरार, छोटा गड्ढा ।

**खन्ता**† पु० मिट्टी खोदने का एक औजार; वह गड्ढा जिसमें से कुम्हार मिट्टी लाते हैं।

**खन्ती** स्त्री० छोटा गड्ढा; मिट्टी खोदने का औजार।

**ख़न्दक़** स्त्री० *(अ०)* गहरा गड्ढा, खाई।

**ख़न्दाँ**[1] वि० *(फ़ा०)* हँसता हुआ; हँसानेवाला।

**खन्दा*** पु० खोदनेवाला, छोटा नीचा खेत।

**ख़न्दा** पु० *(फ़ा०)* हँसी।

**खन्दी** स्त्री० कटी, खुदी नाली नुमा भूमि।

**खँधवाना**† स० क्रि० खाली कराना (पात्र)।

**खम्भ** पु० सहारा; खम्भा, स्तम्भ।

**खम्भा** पु० लकड़ी, पत्थर, लोहे या ईंट आदि का बना लम्बा आधार; सहारा।

**खँसना** अ० क्रि० गिरना, खिसकना।

**ख** पु० *(सं०)* आकाश; शून्य; ज्ञानेन्द्रिय; क्षेत्र; गड्ढा।

**खक्खट** वि० *(सं०)* कर्कश; कठोर, ठोस, कठिन।

**खक्खा** पु० बड़े डील-डौल का हाथी; अट्टहास।

**खखेटना*** स० क्रि० व्याकुल करना; दबाना; खदेड़ना।

**खखेटा, खखेट्यो*** पु० शंका; छिद्र।

**खखोण्डर**† पु० पेड़ के कोटर में बना हुआ उल्लू आदि का घोंसला।

**खगना*** अ० क्रि० चिह्नित होना; चुभना, गड़ाना; चित्त में बैठना; अनुरक्त होना।

**खगान्तक** पु० *(सं०)* बाज।

**खगेन्द्र, खगेश** पु० *(सं०)* गरुड़।

**खचन** पु० जड़ने या अंकित होने की क्रिया।

**खचना** अ० क्रि० उलझ जाना; अंकित होना।

**खचरा** वि० दोगला; नीच।

**खचाखच** अ० एकदम भरा हुआ, ठसाठस।

**खचाना** स० क्रि० तेजी से लिखना; चिह्न बनाना।

**खचावट** स्त्री० गठन; खचन।

**खचित** वि० *(सं०)* आबद्ध; चिह्नित; अंकित।

**खच्चर** पु० घोड़े से मिलता-जुलता एक जानवर।

**खजक** पु० *(सं०)* मथानी।

**खजहजा*** पु० मेवा, खाने योग्य स्वादिष्ट फल।

**ख़ज़ांची**पु० *(फ़ा०)* खजाने का अधिकारी, कोषाध्यक्ष।

**खजा** स्त्री० *(सं०)* मथानी; कलछी।

**खजाक** पु० *(सं०)* चिड़िया।

**खजाका** स्त्री० *(सं०)* कलछी।

**ख़ज़ाना** पु० *(फ़ा०)* कोश, धनागार, सोना- चाँदी रखने का स्थान, रुपया, राजस्व।

**ख़जिल** वि० *(फ़ा०)* लज्जित।

**खजुरहट, खजुरहटी**† स्त्री० खजूर का बाग।

**खजुलाना** अ० क्रि०, स० क्रि० खुजलाना।

**खजुली** स्त्री० एक मिठाई; खुजली।

**खजूर** पु० ताड़ की जाति का एक पेड़ जिसका रस पीया जाता है।

**खजूरी** *स्त्री० खजूर। वि० खजूर का; खजूर के पत्ते के आकार का।

**खजोहरा** पु० एक तरह का रोयेंदार कीड़ा जिसके स्पर्श से खुजली पैदा होती है।

**खट**[1] पु० *(सं०)* घूँसा; कुल्हाड़ी; अन्धा कुआँ; बलगम।

**खट**[2] स्त्री० दो चीजों के टकराने की ध्वनि।

**खट**[3] वि० 'खट्टा' का समास में व्यवहृत रूप।

**खट*** वि० छः।

**खटकरम** पु० टेढ़े विधि-विधान वाला अनुष्ठान।

**खटक** पु० *(सं०)* घटक; मुष्टिका। *चुभन, टीस; खटकने का भाव; शोक; दुःख; शिकायत; खटका।

**खटकना** अ० क्रि० अनबन होना, बिगाड़ होना; चुभन, गड़ना।

**खटका** पु० पुर्जा; आशंका; खट-खट की आवाज।

**खटकाना** स० क्रि० खटखटाना; भड़काना; बिगाड़ कराना, अनबन।

**खटक्किका** स्त्री० *(सं०)* खिड़की।

**खटखटाना** स० क्रि० याद दिलाना; किसी चीज को पीटकर खटखट की आवाज निकालना।

**खटना** अ० क्रि० कठोर श्रम करना, पिसना; धनोपार्जन करना, कमाना।

**खटपूरा**† पु० ढेले तोड़ने की मुँगरी।

**खटला** पु० पत्नी; परिवार, बाल-बच्चे।

**खटाई** स्त्री० खटास; खट्टी चीज।

**मुहा० खटाई में डालना** किसी काम को रोक देना। **खटाई में पड़ना** पूर्ण होने की आशा न रहना।

**खटाका** पु० खट की आवाज।

**खटाखट** अ० तुरन्त, तत्काल; खट-खट की आवाज करते हुए।

**खटाना** अ० क्रि० खटास आना, खट्टा हो जाना।

**खटापट, खटापटी** स्त्री० झगड़ा, अनबन।

**खटाव** पु० निबाह, गुजर।

**खटास** पु० खट्टाश।

**खटिका** स्त्री० *(सं०)* खड़िया मिट्टी; कान का छेद।

**खटिनी, खटी** स्त्री० *(सं०)* खड़िया मिट्टी।

**खटिया** स्त्री० छोटी चारपाई।

**खटोला** पु० छोटी खाट।

**खटोली** स्त्री० छोटा खटोला।

**खट्ट** वि० *(सं०)* खट्टा।

**खट्टन** वि० *(सं०)* ठिंगना, खर्व।

**खट्टा** वि० *(हि०)* जिसमें खटास हो, अम्ल, तुर्श।

**मुहा० खट्टा खाना** दिल फिर जाना; नीचा देखना; विफल होना। **खट्टा होना** अप्रसन्न होना।

**खट्टाशी** स्त्री० *(सं०)* मादा, गन्धबिलाव।

**खट्टि** स्त्री० *(सं०)* अर्थी, टिकठी।

**खट्टिक** पु० *(सं०)* कसाई; बहेलिया, चिड़ीमार।

**खट्टिका** स्त्री० *(सं०)* अर्थी; छोटी खाट।

**खट्टी** स्त्री० एक खटमीठा नीबू; खट्टी नारंगी।

**खट्वांग** पु० *(सं०)* एक मुद्रा, प्रायश्चित्त करते समय भिक्षा माँगने का पात्र।

**खड** पु० *(सं०)* पयाल; घास, खर।

**खड़काना** स० क्रि० खटकाना।

**खडक्किका, खडक्की** स्त्री० *(सं०)* खिड़की।

**खड़खड़ाना** स० क्रि० किसी चीज को पीटकर खड़-खड़ की आवाज पैदा करना, खट-खटाना।

**खड़बड़** स्त्री० दो धातुओं या पत्थर की बनी चीजें

टकराने से निकलने वाली आवाज; खलबली।

**खड़बड़ाना** स० क्रि० खड़बड़ करना; क्रम उलट-पुलट देना।

**खड़बड़ाहट** स्त्री० खड़बड़ी।

**खड़बड़ी** स्त्री० घबराहट; बेतरतीबी; खलबली।

**खड़बिड़ा** वि० ऊबड़-खाबड़।

**खड़मण्डल** पु० गड़बड़, गोलमाल।

**खड़ा** वि० जो काटा न गया हो, खेत में मौजूद खड़ी फसल; एक जगह स्थिर, रुका हुआ।

**मुहा० खड़ा करना** तैयार करना; ढाँचा बनाना; कच्ची सिलाई करना। **खड़ा होना** ढाँचा बनना; तैयार होना; बनना।

**खड़ाऊँ** स्त्री० लकड़ी की खूँटीदार पादुका।

**खड़िका** स्त्री० *(सं०)* खड़िया मिट्टी।

**खडी** स्त्री० *(सं०)* खड़िया मिट्टी।

**खड़ी** वि० स्त्री० खड़ा लम्ब रूप। स्त्री० खड़िया मिट्टी।

**मुहा० खड़ी पछाड़ें खाना** पछाड़ें खाना, खड़े हो-होकर गिर पड़ना। **खड़ी सवारी आना** तुरन्त लौट जाने को तैयार होना।

**खड़ी चढ़ाई** स्त्री० सीधी चढ़ाई।

**खड्ग** पु० *(सं०)* खाँड़ा; तलवार।

**खड्गिक** पु० *(सं०)* शिकारी; कसाई। वि० तलवार धारण करने वाला।

**खड्ड, खड्ढा** पु० बहुत गहरा गड्ढा।

**ख़त, ख़त्त** पु० *(अ०)* पत्र, लिखावट; लेख, तहरीर; लकीर, रेखा; चिह्न।

**मुहा० ख़त की पेशानी** पत्र लिखने में ऊपर छोड़ी हुई खाली जगह। **ख़त खींचना** काटना; लकीर खींचना। **ख़त निकलना** दाढ़ी के बाल उगना। **ख़त बनाना** कनपटी के बाल उस्तरे से ठीक करना; हजामत बनाना।

**ख़तर, ख़तरा** पु० *(अ०)* डर, भय; आशंका; जोखिम।

**खता*** पु० क्षत, घाव।

**ख़ता** स्त्री० *(अ०)* धोखा; भूल, चूक; अपराध, दोष।

**मुहा० ख़ता होना** कसूर होना, गल्ती होना।

**खतियाना** स० क्रि० खाते में चढ़ाना, लिखना।

**खतियौनी** स्त्री० जमीन का लेखा-जोखा रखने वाली पुस्तिका खतौनी।

**खतौनी** स्त्री० बहीखाता; वह बही जिसमें पटवारी हर काश्तकार की जोत का रकबा, स्थिति (प्रकार), मालगुजारी आदि लिखता है।

**मुहा० खतौनी करना** खाते में चढ़ाना।

**खत्ता** पु० गड्ढा।

**ख़त्म** पु० *(अ०)* अन्त, समाप्ति; पूरा होना।

**ख़दंग** पु० *(फ़ा०)* केकड़ा; तीर, बाण; चनार का पेड़।

**खदंगी*** स्त्री० धनुष का बाण, तीर।

**खदरा†** पु० गड्ढा। वि० निकम्मा, रद्दी।

**ख़दशा** पु० *(अ०)* चिन्ता, खटका, डर।

**खदान** स्त्री० खान।

**खदिर** पु० *(सं०)* चन्द्रमा; इन्द्र; खैर का पेड़।

**खदिरी** स्त्री० *(सं०)* लाजवन्ती।

**खदीज़ा** स्त्री० हजरत मुहम्मद की पहली पत्नी जिसने सर्वप्रथम इस्लाम धर्म स्वीकार किया।

**ख़दीव** पु० *(तु०)* मिस्र के बादशाहों की उपाधि।

**खदुका†** पु० ऋणी, कर्जदार।

**खदेड़ना** स० क्रि० पीछा करते हुए भगाना।

**खद्दर** पु० हाथ का कता-बुना कपड़ा, खादी।

**खन*** स्त्री० खनक (रुपए-पैसे आदि की)।

**खनक** पु० *(सं०)* खोदने वाला; खान खोदने वाला; सेंध मारने वाला, रुपए की टनकार।

**खनकाना** स० क्रि० खन-खन की ध्वनि उत्पन्न करना; रुपये आदि को परखने के लिए बजाना।

**खनकार** स्त्री० झंकार, खनक।

**खनखनाना** स० क्रि० खन-खन की आवाज उत्पन्न करना, खनकाना।

**खनन** पु० *(सं०)* खोदना; गाड़ना।

**खनना** स० क्रि० खोदना।

**खनि, खनी** स्त्री० *(सं०)* खान; गुफा; गड्ढा।

**खनिज** वि० *(सं०)* खान से उत्पन्न।

**खनित्र** पु० *(सं०)* खन्ता; फावड़ा।

**खनित्रक** पु०, **खनित्रिका** स्त्री० *(सं०)* खन्ती, छोटा गड्ढा; छोटी कुदाली, मिट्टी खोदने का औजार।

**खनियाना** स० क्रि० खाली करना।

**खन्न** पु० खनखनाना।

**खन्ना** पु० चारा काटने की जगह; खत्रियों का एक समुदाय।

**खपच** स्त्री० फाँस; बाँस का टुकड़ा।

**खपची** स्त्री० कबाब भूनने की तीली; बाँस की फट्टी।

**खपच्ची** वि० *(ला०)* दुबला। *स्त्री० बाँस की तीली।

**खपट** वि० बूढ़ा, कुरूप; छिलका।

**खपटी** स्त्री० छोटा खपड़ा; खपची।

**खपड़ा** पु० मिट्टी के टूटे हुए बर्तन का टुकड़ा।

**खपड़ी** स्त्री० छोटा खपड़ा, ठीकरा; भड़भूजों द्वारा दाना भूजने के लिए बनी मिट्टी की कूँड़ी।

**खपत** स्त्री० खर्च; माल की बिक्री; खपने का भाव।

**खपना** अ० क्रि० खर्च होना; लगना; बिकना।

**खपरट** पु० खपड़े का टुकड़ा।

**खपरा** पु० खपड़ा।

**खपरैल** पु०, स्त्री० खपड़े से छाया हुआ घर।

**खपाच** स्त्री० रेशमी कपड़े बुननेवालों का एक औजार; खपची।

**खपाना** स० क्रि० मार डालना; खत्म कर देना; व्यय करना, लगाना।

**खप्पर** पु० भिक्षापात्र; काली के हाथ में रहनेवाला रुधिरपात्र; कपाल।

**ख़फ़क़ान** पु० *(अ०)* वहम; दिल धड़कना, मस्तिष्क विकृति।

**ख़फ़क़ानी** वि० वहमी।

**ख़फ़गी** स्त्री० *(फ़ा०)* क्रोध; नाराजगी, रोष।

**ख़फ़ा** वि० *(फ़ा०)* कुपित; नाराज, रुष्ट।

**ख़फ़ीफ़** वि० *(अ०)* लज्जित; हल्का; थोड़ा।

**मुहा० ख़फ़ीफ़ होना** लज्जित होना।

**ख़फ़ीफ़ा** स्त्री० *(अ०)* छोटी रकमों के दावे सुननेवाली अदालत, 'स्माल काज़ कोर्ट'; बदचलन औरत।

**ख़बर** स्त्री० *(अ०)* सन्देशा; जानकारी; समाचार; सूचना।

**मुहा० ख़बर लेना** जवाब तलब करना; खोज-खबर लेना, हाल पूछना; डाँटना, फटकारना; दण्ड देना।

**ख़बीस** पु० *(अ०)* भूत-प्रेत। वि० नापाक; दुष्ट।

**ख़ब्त** पु० *(अ०)* झक्क; सनक, धुन।

**ख़ब्ती** वि० सनकी।

**खभार*** पु० भय; दुःख; घबराहट, परेशानी।

**ख़म** पु० *(फ़ा०)* घुमाव; टेढ़ापन।

**मुहा० ख़म खाना** दबना, नीचा देखना, हारना। **ख़म ठोंककर** ललकारकर, उत्तेजित करके। **ख़म ठोंकना** लड़ने के लिए ताल ठोंकना।

**ख़मसा** पु० *(अ०)* वह पद्य जिसके हर बन्द में पाँच-पाँच मिसरे हों; पाँचों उँगलियाँ।

**ख़मियाज़ा** पु० *(फ़ा०)* हानि; अँगड़ाई; बदला, प्रतिफल; दण्ड; कष्ट।

**मुहा० ख़मियाज़ा उठाना** बदला, दण्ड पाना।

**ख़मीदगी** स्त्री० *(फ़ा०)* वक्रता, टेढ़ापन।

**ख़मीर** पु० *(अ०)* प्रकृति; गुँधे आटे आदि में (देर तक रखने से) पैदा होनेवाली खटास।

**मुहा० खमीर उठना** आटे आदि का खमीर पैदा हो जाने से फूलकर उठना, फैलना।

**ख़मीरा** पु० *(फ़ा०)* मिसरी या चीनी की चाशनी में पकायी हुई दवा।

**ख़मीरी** वि० स्त्री० खमीर वाली (रोटी)।

**खमो** पु० एक सदाबहार पेड़।

**खम्माच** स्त्री० रात में गायी जाने वाली एक रागिनी।

**ख़यानत** स्त्री० *(फ़ा०)* बेईमानी; गबन, अमानत रखी हुई चीज चुरा लेना।

**ख़याल** पु० *(फ़ा०)* कल्पना; ध्यान, चिन्ता, सोच-विचार; ख्याल।

**मुहा० ख़याल में न लाना** लिहाज न करना। **ख़याल में समाना** हर वक्त याद रहना। **ख़याल से उतरना** भूल जाना, याद न रहना।

**ख़याली** वि० कल्पित, सोचा हुआ।

**मुहा० ख़याली पुलाव पकाना** अनहोनी बातें सोचना, कल्पना के महल खड़े करना।

**खरंजा** पु० खडंजा, झाँवाँ।

**खर** पु० घास, तृण। वि० कठिन, तेज, तीक्ष्ण।

**ख़र** वि० *(फ़ा०)* मूर्ख। पु० गधा।

**खरक** स्त्री० खड़क; खटक। पु० बाँस, बल्लों से बनाया हुआ गाय रखने का बाड़ा, गोठ; चरागाह।

**खरकना** अ० क्रि० खटकना; खड़कना; खिसकना, चुपके से भाग जाना।

**खरका** पु० खरक; दाँत खोदने का तिनका; सूखा कड़ा तिनका।

**खरखरा** वि० खुरखुरा।

**ख़रख़शा** पु० *(फ़ा०)* झंझट, बखेड़ा; विवाद, झगड़ा-फसाद।

**खरचना** स० क्रि० खर्च करना; काम में लाना।

**खरतनी, खरदनी** स्त्री० खरादने का औजार।

**खरपत** पु० एक पेड़।

**खरब** वि० सौ अरब, खर्ब। पु० सौ अरब की संख्या।

**ख़रबूज़ा** पु० ग्रीष्म कालीन ककड़ी प्रजाति का गोल मीठा फल विशेष।

**मुहा० ख़रबूज़े को देखकर ख़रबूज़ा रंग पकड़ता है** संगति का असर पड़ता है, आदमी जैसे का संग करे वैसा ही हो जाता है।

**खरभर*** पु० शोर, हल्ला; हलचल, खलबली।

**खरभरना, खरभराना** अ० क्रि० खलबली या हलचल मचना; खलबलाना।

**खरल** पु० पत्थर या लोहे की कूँड़ी जिसमें दवाएँ कूटते हैं।

**मुहा० खरल करना** खरल में बारीक पीसना, हल करना।

**खरली** स्त्री० खली।

**खरत** पु० रीछ, भालू।

**खरहर** पु० हिमालय की तराई में होने वाला एक पेड़।

**खरहना†** स० क्रि० खरहरे से बहारना।

**खरहरा** पु० घोड़े के रोएँ साफ करने की काँटेदार कंघी।

**खरहरी*** स्त्री० छुहारा, खजूर का फल, एक प्रकार का मेवा।

**खरहा** पु० खरगोश, शशक, लोमड़ी की जाति का एक जन्तु जिसके कान बहुत लम्बे होते हैं।

**खरांशु** पु० *(सं०)* सूर्य।

**खरा** वि० नकद; करारा; खूब पका या तपा हुआ; विशुद्ध, खालिस; सच्चा।

**मुहा० खरा खोटा परखना** अच्छे-बुरे की पहचान करना।

**खराई†** स्त्री० ईमानदारी, सच्चाई; सवेरे के समय कुछ खाने को न मिलने पर पित्त उमड़ना।

**ख़राद** पु० *(फ़ा०)* गढ़न; चरख, खरादने का औजार; खरादने का काम।

**मुहा० ख़राद पर चढ़ाना** दुरुस्त करना, सुधारना; खरादने के लिए चरख पर चढ़ाना।

**खरादना** स० क्रि० चरख पर चढ़ाकर धातु या लकड़ी को सुडौल बनाना, चिकना करना।

**ख़रादी** पु० खराद का काम करने वाला।

**खरापन** पु० सत्यता, शुद्धता।

**ख़राब** वि० *(अ०)* दुश्चरित्र; जो काम के लायक न रह गया हो; नष्ट, बर्बाद; उजड़ा हुआ, वीरान।

**ख़राबा** वि० *(फ़ा०)* खेती के अयोग्य; उजड़ा हुआ।

**ख़राबात** पु० *(फ़ा०)* शराबखाना; चकला।

**ख़राबाती** पु० *(फ़ा०)* रण्डीबाज; जुआरी; शराबी।

**ख़राबी** स्त्री० *(फ़ा०)* बर्बादी, तबाही; दोष, बुराई।

**खरायँध** स्त्री० मूत्र के समान दुर्गन्ध।

**खरारि** पु० *(सं०)* राम; कृष्ण; विष्णु।

**खरारि*** पु० राम; विष्णु; बलराम; कृष्ण।

**खरालक, खरालिक** पु० *(सं०)* लोहे का तीर; तकिया।

**ख़राश** स्त्री० *(फ़ा०)* खरोंच, त्वचा का छिल जान।

**खराह्वा** स्त्री० *(सं०)* अजमोदा।

**खरिक*** पु० चरागाह; गोठ।

**खरिका** स्त्री० *(सं०)* चूर्ण की हुई कस्तूरी।

**खरियाना†** स० क्रि० झोली में भर लेना; प्राप्त, हस्तगत करना।

**खरिहान†** पु० खलियान।

**खरी** स्त्री० *(सं०)* गधी।

**खरी जंघ** पु० शिव।

**खरी** वि० खरा, विशुद्ध, स्पष्टभाषी, सच्चा।

**मुहा० खरी खरी सुनाना** अप्रिय सत्य कहना, दो टूक, साफ, बात कहना। **खरी खोटी सुनाना** सच्ची बात कहना; भला-बुरा कहना।

**खरीक*** पु० तिनका।

**ख़रीता** पु० *(अ०)* बड़ा लिफाफा जिसमें सरकारी आदेश भेजे जाते हैं; थैली।

**ख़रीद** स्त्री० *(फ़ा०)* खरीदने का भाव या क्रिया; खरीदी हुई वस्तु; क्रय।

**ख़रीदा** वि० *(फ़ा०)* खरीदा हुआ; क्रीत।

**ख़रीदार** पु० *(फ़ा०)* ग्राहक, खरीदने वाला।

**ख़रीदारी** स्त्री० *(फ़ा०)* क्रय, खरीद।

**ख़रीफ़** स्त्री० *(अ०)* असाढ़-सावन में बोयी जाने वाली फसल—मकई, धान आदि।

**खरु** वि० *(सं०)* निषिद्ध वस्तुओं का इच्छुक; निष्ठुर; सफेद; मूर्ख।

**खरेई, खरोई*** अ० सचमुच, अत्यन्त।

**खरोंच** स्त्री० खराश; त्वचा का नाखून, काँटे आदि

से छिल जाना।

**खरोंचना** स० क्रि० छीलना, खुरचना।

**खरोंट, खरोट** स्त्री० खरोंचना, छीलना।

**खरोष्ट्री, खरोष्ठी** स्त्री० *(सं०)* दाएँ से बाएँ लिखी जानेवाली एक लिपि।

**ख़र्च** पु० *(फ़ा०)* कार्यों में लगने वाला पैसा; पैसे या किसी वस्तु का किसी काम में लगना, व्यय। **मुहा० ख़र्च उठाना** भार-व्यय वहन करना। **ख़र्च निकलना** लागत निकल आना।

**ख़र्चा** पु० *(फ़ा०)* लागत; खर्च।

**खर्ची** वि० खर्च करने वाला।

**खर्चीला** वि० बहुत अधिक खर्च करने वाला, अपव्ययी।

**खर्जिका** स्त्री० *(सं०)* गजक, पीने की इच्छा करने वाला खाद्य पदार्थ; उपदंश रोग, गर्मी की बीमारी।

**खर्जु** स्त्री० *(सं०)* खुजली; जंगली खजूर।

**खर्जुर** पु० *(सं०)* चाँदी।

**खर्जूर** पु० *(सं०)* बिच्छू; धतूरा; हरताल; खजूर का फल; खजूर का पेड़; चाँदी।

**खर्जूरक** पु० *(सं०)* बिच्छू।

**खर्जूरी** स्त्री० *(सं०)* खजूर।

**खर्पर** पु० *(सं०)* मिट्टी का फूटा हुआ बर्तन; खप्पर; कपाल, खोपड़ी; खल; चोर; ठग।

**खर्ब, खर्व** वि० *(सं०)* छोटा; ठिंगना; बौना; विकलांग।

**खर्बट, खर्वट** पु० *(सं०)* बाजार; पहाड़ी गाँव।

**खर्बुज, खर्वुज** पु० *(सं०)* खरबूजा।

**खर्रा** पु० विवरण; मसौदा; लम्बा लेख।

**ख़र्राच** वि० *(फ़ा०)* बहुत खर्च करने वाला।

**खर्राट** वि० वृद्ध; अनुभवी; होशियार।

**खर्राटा** पु० सोते में नाक से निकलने वाली खर्र-खर्र की आवाज। **मुहा० खर्राटे मारना/लेना** गहरी नींद या बेखबर सोना।

**खल** वि० *(सं०)* नीच; चुगलखोर; दुष्ट, बेहया।

**खलई*** स्त्री० दुष्टता।

**खलक़** पु० *(अ०)* लोकसमूह, जीवसमष्टि, जगत्।

**खलखल** पु० तरल पदार्थ को बोतल आदि से उँडेलने या खिलखिलाकर हँसने की आवाज।

**खलखलाना** क्रि० खौलना, उबलना।

**खलड़ी** स्त्री० खाल, त्वचा।

**खलति** वि० *(सं०)* खल्वाट।

**खलना** *खरल में घोंटना।

**खलबलाना** अ० क्रि० खौलना, बेचैन होना; क्षुब्ध होना।

**खलबली** स्त्री० हलचल; बेचैनी, घबराहट; क्षोभ।

**खलमूर्ति** पु० पारा।

**ख़लल** पु० *(अ०)* रोग; बाधा, अड़चन; बिगाड़।

**खलाई**† स्त्री० दुष्टता।

**खलाना** स० क्रि० धँसाना; खाली करना; गड्ढा करना।

**खलार**† वि० गहरा, नीचा।

**ख़लास** पु० *(अ०)* निवृत्ति, मुक्ति, छुटकारा, समाप्त, खत्म।

**खलि** स्त्री० *(सं०)* खली।

**खलित*** वि० स्खलित; गिरा हुआ; चंचल, चलायमान।

**खलियान** पु० ढेर; पकी हुई फसल काटकर जहाँ रखी जाये वह स्थान, राशि, ढेर।

**ख़लिश** स्त्री० *(फ़ा०)* चुभन; रंजिश, वैर।

**ख़लीज** स्त्री० *(अ०)* खाड़ी।

**खलीता** पु० जेब।

**ख़लीफ़ा** पु० *(अ०)* पैगम्बर (मुहम्मद) का उत्तराधिकारी; जानशीन; नेता।

**खलु** अ० *(सं०)* निश्चय, जिज्ञासा, अनुनय।

**खलेल** पु० तेल में रह जाने वाला खली का अंश।

**खल्ल** पु० *(सं०)* नहर; जलप्रणाली; खाल, चमड़ा; मशक; खरल; गड्ढा; चातक।

**खल्लड़** पु० मशक; खलड़ी; अतिवृद्ध व्यक्ति।

**खल्व** पु० *(सं०)* गंजापन।

**खल्वाट** पु० *(सं०)* गंजा।

**खवा** पु० कन्धा, भुजमूल।

**खवाई** स्त्री० खाने की क्रिया।

**खवाना** स० क्रि० खिलाना।

**ख़वास** स्त्री० *(अ०)* सहेली; लौंडी; नाई।

**ख़वासी** स्त्री० *(अ०)* खवास का काम, पद, नाई गीरी।

**खवैया** पु० अधिक खाने वाला; खाने वाला।

**ख़श्म** पु० *(फ़ा०)* रोष, क्रोध।

**खष्य** पु० *(सं०)* निष्ठुरता; हिंसा; क्रोध।

**ख़स** पु० *(फ़ा०)* गाडर नाम की घास की जड़ जिसकी टट्टियाँ गर्मी के दिनों में कमरे को ठण्ढा रखने के लिए खिड़कियों, दरवाजों पर लगायी जाती हैं।

**खसकना** अ० क्रि० खिसकना।

**खसकाना** स० क्रि० खिसकाना।

**खसखस** पु० खशखाश, पोस्ते का दाना।

**खसखसा** वि० भुरभुरा; बहुत छोटा; पोस्ते के दाने के समान।

**ख़सम** पु० *(अ०)* दुश्मन, लड़नेवाला; मालिक, पति।

**मुहा० ख़सम करना** किसी को पति बनाना, (स्त्री का) ब्याह करना।

**खसरा** पु० छोटी माता, चेचक; एक तरह की खुजली।

**ख़सलत** स्त्री० *(अ०)* स्वभाव; आदत; गुण।

**ख़सासत** स्त्री० *(अ०)* क्षुद्रता, नीचता; कंजूसी।

**खसिया** *वि०, पु० ख़सी।

**ख़सी** वि० *(अ०)* बधिया; हिजड़ा, नपुसंक। पु० बधिया बकरा।

**मुहा० ख़सी करना** बधिया करना।

**ख़सीस** वि० *(अ०)* क्षुद्र हृदय, कंजूस।

**खसोट, खसोटी** स्त्री० झटके से तोड़ना, लूट।

**खसोटना** स० क्रि० छीन लेना; नोचना, उखाड़ना।

**खस्खस** पु० *(सं०)* पोस्ता, खसखस।

**ख़स्तगी** स्त्री० *(फ़ा०)* बहुत नरम; खिन्न; दुर्दशाग्रस्त।

**ख़स्तगी हाल** वि० विपन्न; खिन्न; दुर्दशाग्रस्त।

**ख़स्सी** वि० *(अ०)* हिजड़ा, नपुसंक; बधिया।

**खाँखर** वि० झीना; जिसमें बहुत सूराख हों।

**खाँग** पु० गैण्डे के नाक पर रहनेवाला सींग; काँटा। जंगली सूअर का बाहर निकला दांत; पशुओं के पैर का खुरपका रोग।

**खाँगना*** स० क्रि० छेदना। अ० क्रि० लँगड़ा हो जाना; घटना।

**खाँगी** स्त्री० कमी।

**खाँची** स्त्री० छोटा खाँचा; खँचिया।

**खाण्ड** पु० *(सं०)* खण्डित होना; खाँड़ से बनी चीज।

**खाँड़** स्त्री० गीला गुड़ जिससे शक्कर बनाते हैं, शक्कर, कच्ची चीनी।

**खाँड़ना** स० क्रि० चबाना; टुकड़े-टुकड़े करना; कुचलना।

**खाण्डव** पु० *(सं०)* खाँड़ से बनी चीज, मिसरी आदि।

**खाण्डवप्रस्थ** पु० इन्द्रप्रस्थ।

**खाण्डविक** पु० *(सं०)* हलवाई।

**खाँडा** पु० खण्ड, भाग; खड्ग; सीधी और कुछ चौड़ी तलवार।

**मुहा० खाँडा बजना** तलवार चलना, युद्ध होना।

**खाँडना** क्रि० कूँचना, तोड़ना, चलाना।

**खाँभ*** पु० खम्भा।

**खाँप** स्त्री० खण्ड, टुकड़ा, फाँक।

**खाँसना** अ० क्रि० गले से बलगम आदि निकालने की चेष्टा से फेफड़े द्वारा झटके से और आवाज के साथ हवा को तेजी से बाहर निकलना।

**खाँसी** स्त्री० गले या श्वासनली में सुर-सुराहट होने से फेफड़े से झटके और आवाज के साथ हवा का तेजी से बाहर निकलना, खाँसना।

**खाँई, खाई** स्त्री० परकोटे, किले आदि के चारों ओर रक्षा के लिए खोदी हुई खन्दक, नहर।

**खाऊ** वि० बहुत खाने वाला; घूस लेने वाला।

**ख़ाक** वि० *(फ़ा०)* तुच्छ; छोटा। छार, काली राख।

**मुहा० ख़ाक उड़ाना** खाक छानना, भटकते फिरना। **ख़ाक करना** बर्बाद, तबाह कर देना; जलाकर भस्म कर देना। **ख़ाक चाटना** धूल चाटना; स्वीकार करना। **ख़ाक छानना** मारा-मारा फिरना; हैरान होना, परेशान होकर खोजना।। **ख़ाक डालना** (ऐब पर) पर्दा डालना, छिपाना। **ख़ाक बरसना** धूल उड़ना, उजाड़ लगना। **ख़ाक में मिलाना** बरबाद कर देना। **ख़ाक सियाह कर देना** जलाकर राख कर देना। **ख़ाक सिर पर उड़ाना** शोक मनाना, मातम मनाना।

**खाकसी** स्त्री० *(फ़ा०)* खूबकलाँ, एक प्रकार का पौधा जो दवा के काम आता है।

**ख़ाका** पु० *(फ़ा०)* कच्चा नक्शा; रेखाचित्र; ढाँचा; पारदर्शी कागज रखकर बनाया हुआ नक्शा या चित्र।

**मुहा० ख़ाका उड़ाना** बदनाम करना; खिल्ली उड़ाना।

**ख़ाकिस्तर** स्त्री० धूल; राख, भभूत।

**ख़ाकी** पु० *(फ़ा०)* मटियाला रंग; इस रंग का कपड़ा; पुलिस या फौज की वर्दी।

**खाख** स्त्री० चूर्ण; धूल, खाक।
**खागना*** अ० क्रि० चुभना।
**खाज** स्त्री० खारिश, त्वचा में खुजली होने का रोग।
**खाजा** पु० एक प्रकार की मिठाई।
**ख़ाज़िन** पु० *(अ०)* कोषाध्यक्ष, खजांची।
**खाट** पु० *(सं०)* टिकटी, अर्थी। स्त्री० *(हि०)* चारपाई, खटिया। प्रबन्ध होना।
**मुहा० खाट काटना** बहुत अधिक बीमार होना; खाट पर ही मल-मूत्र त्याग का प्रबन्ध होना। **खाट पर पड़ना** बीमार होना। **खाट से उतारा जाना** मरणासन्न होना। **खाट से लगना** रोग के कारण उठने-बैठने में अशक्त हो जाना।
**खाड़ी** स्त्री० खलीज, समुद्र का वह भाग जिसके तीन ओर पृथ्वी, एक ओर जल हो।
**खात** पु० *(सं०)* गड्ढा; कुआँ; खोदना; तालाब; खाईं। वि० खोदा हुआ।
**खातक** पु० *(सं०)* खाई; कर्जदार; खोदनेवाला।
**ख़ातम** पु० *(अ०)* मुहरवाली अँगूठी; मुहर।
**ख़ातमा** पु० *(अ०)* खातिमा।
**खाता** पु० *(हि०)* बखार; लेखा, हिसाब; वह बही जिसमें हर एक ग्राहक का अलग-अलग हिसाब लिखा जाये।
**मुहा० खाता खोलना/डालना** किसी से लेन-देन आरम्भ करना। **खाते में पड़ना** पक्की बही में लिखा जाना; किसी के नाम, किसी के हिसाब में लिखा जाना।
**ख़ातिमा** पु० *(अ०)* मृत्यु; समाप्ति, अन्त।
**ख़ातिर** स्त्री० *(अ०)* इच्छा, मर्जी; खयाल; आदर-सत्कार, आवभगत। अ० वास्ते, लिए।
**ख़ातिरन्** अ० वास्ते; (किसी की) प्रसन्नता के लिए।
**खाती** पु० खतिया जाति; बढ़ई।
**खात्र** पु० *(सं०)* फावड़ा; तालाब; वन; सूत।
**खाद** पु० *(सं०)* खाना। स्त्री० जमीन की उर्वरा शक्ति बढ़ाने वाली एवं पेड़-पौधों का भोजन स्वरूप वस्तु।
**खादक** वि०, पु० *(सं०)* कर्जदार; खाने वाला।
**खादन** पु० *(सं०)* खाद्य पदार्थ; भक्षण, खाना।
**ख़ादिम** पु० *(अ०)* खिदमत करने वाला, सेवक।
**ख़ादिमा** स्त्री० *(अ०)* खिदमत करने वाली, टहलुई।
**खादिर** पु० *(सं०)* कत्था। वि० खदिर से उत्पन्न।
**खादी** स्त्री० हाथ के कते सूत का हाथ-करघे पर बुना हुआ कपड़ा; खद्दर, गजी, हाथ का बुना मोटा कपड़ा।
**खादी (दिन्)** वि०, पु० *(सं०)* खाने वाला, भक्षक।
**खाद्य** पु० *(सं०)* खाने की चीज, भोजन।
**खान** पु० *(सं०)* खोदना; पीड़न; हिंसा; खाने की क्रिया; भोजन।
**ख़ान** पु० *(तु०)* कुछ पठान शासकों की उपाधि; पठान; सरदार, स्वामी, मालिक।
**ख़ान** 'खाना' का समासगत रूप।
**खान-पान** पु० खाना-पीना।
**ख़ानम** स्त्री० *(तु०)* कुलीन, प्रतिष्ठित महिला।
**ख़ाना** पु० *(फ़ा०)* घर, आलम; स्थान, गरीब खाना; डाकखाना; डिबिया, केस।
**खाना** पु० भोजन। स० क्रि० भक्षण करना, भोजन करना; (हिंस्र जन्तुओं का) मारकर भक्षण करना; उड़ाना, घूस लेना।
**मुहा० खाना लहू करना** भोजन के समय दुःख देना। **मुँह की खाना** परास्त होना।
**खानिक** पु० *(सं०)* सेंध; दीवार में किया हुआ छेद, दरार।
**खानोदक** पु० *(सं०)* नारियल का पेड़।
**खाप** स्त्री० चोट, आघात।
**खापगा** स्त्री० *(सं०)* आकाशगंगा।
**खापट** स्त्री० रेह वाली भूमि।
**खाम** *वि० घटने वाला। पु० जोड़; लिफाफा;
**ख़ाम** वि० *(फ़ा०)* अयुक्त, असंगत; कच्चा; जो पका न हो; अनुभवहीन, अप्रौढ़।
**खामा** पु० चौड़े मुँह का मिट्टी का बरतन।
**ख़ामी** स्त्री० *(फ़ा०)* अनुभवहीनता; कमी; दोष।
**ख़ामुशी** स्त्री० *(फ़ा०)* चुप्पी, खामोशी।
**ख़ामोश** वि० *(फ़ा०)* मौन, चुप।
**ख़ाया** पु० *(फ़ा०)* मुर्गी या पक्षी का अण्डा; अण्डकोश।
**खार** पु० *(फ़ा०)* द्वेष, जलन (जो काँटे की तरह चुभती है)।
**खार** पु० क्षार; खारापन, क्षार गुण; राख।
**खारा** पु० झाबा, घास; एक धारीदार कपड़ा।
**ख़ारिज** वि० *(अ०)* बाहर; अलग किया हुआ, बाहर

किया हुआ; बहिष्कृत।

**खारीजा** वि० *(अ०)* दूसरे देश से सम्बन्धित।

**ख़ारिजी** वि० *(अ०)* परराष्ट्र या दूसरे देश से सम्बन्धित; बाहरी, बाह्य।

**खारिश** स्त्री० *(फ़ा०)* खुजली का रोग; खुजली।

**खारिश्ती** वि० *(फ़ा०)* खुजली का रोगी।

**खारी** स्त्री० *(हि०)* खारी नमक। वि० खारा, लवणयुक्त।

**खारेजा** पु० जंगली कुसुम।

**खार्कार** पु० *(सं०)* गधे का रेंकना।

**खार्जूर** वि० *(सं०)* खजूर सम्बन्धी या खजूर से निर्मित।

**खार्वा** स्त्री० *(सं०)* त्रेतायुग।

**खाल** वि० खाला। स्त्री० आधा चरसा; छिलका; त्वचा, चमड़ा; *साड़ी; नीची जमीन; गहरी जगह।

**ख़ाल** पु० *(अ०)* मामूँ; बदन पर का प्राकृतिक काला चिह्न, तिल।

**ख़ाल-ख़ाल** अ० *(फ़ा०)* कहीं-कहीं, बहुत विरल, घना नहीं।

**ख़ालसा** पु० सिखों का एक सम्प्रदाय।

**मुहा० ख़ालसा करना** जब्त कर लेना।

**खाला** वि० निम्न, नीच।

**ख़ाला** स्त्री० *(फ़ा०)* मौसी, माँ की बहन।

**खालिक** वि० *(सं०)* खलियान जैसा।

**ख़ालिक़** वि० *(अ०)* बनाने वाला, सृष्टिकर्ता, ईश्वर।

**ख़ालिस** वि० *(अ०)* जो राज्य की सम्पत्ति हो; शुद्ध।

**खालिसाना** अ० नेकनीयती से, निस्वार्थ भाव से।

**ख़ाली** वि० *(अ०)* जिसके पास करने को कोई काम न हो, बेकार; जिसमें कुछ रखा न हो, रीता, रहित; अव्यवहृत।

**मुहा० ख़ाली जाना** निशाने पर न लगना। **ख़ाली बैठना** बेकार बैठना। **ख़ाली हाथ लौटना** विफल लौटना।

**ख़ालू** पु० *(अ०)* मामूँ; मौसा।

**खावाँ** पु० गहरी खाई; खेत या बाग के चारों ओर बनी ऊँची मेड़; कम चौड़ी।

**खाव** स्त्री० पोत पर माल रखने की कोठरी।

**ख़ाविन्द** पु० *(फ़ा०)* मालिक, स्वामी, पति।

**ख़ाशाक** पु० *(फ़ा०)* कूड़ा-करकट।

**ख़ास** पु० *(अ०)* विशिष्ट जन; प्रिय जन।

**ख़ासा** पु० *(अ०)* राजा की सवारी का घोड़ा; रईस का खाना। वि० विशेष, विशिष्ट, बढ़िया, काफी अच्छा; औसत दर्जे का; सुन्दर।

**ख़ासियत** स्त्री० विशेषता, स्वभाव।

**ख़ासियाना** पु० एक तरह की मजीठ।

**ख़ासीयत** स्त्री० *(अ०)* प्रभाव, गुण; स्वभाव, प्रकृति।

**खास्तगार** वि० *(फ़ा०)* प्रार्थी, इच्छुक।

**खास्सा** पु० *(अ०)* गुण विशेष, खासीयत, स्वभाव।

**खाहा** वि० चाहनेवाला।

**खिंकिर** पु० *(सं०)* लोमड़ी।

**खिंखिर** पु० *(सं०)* खाट का पावा; लोमड़ी।

**खिँचना** अ० क्रि० चित्रित होना (तस्वीर); उतारना; तनना, खींचा जाना, अर्क निकलना।

**खिँचवाना** स० क्रि० दूसरे से खिंचवाना; खीचने की क्रिया में अन्य को लगाना।

**खिँचाई** स्त्री० खींचने की क्रिया; खींचने की मजदूरी।

**खिँचाव** पु० नाराजगी; विरक्ति; तनाव।

**खिआल**† पु० खियाल; हँसी, मजाक।

**खिखिन्द*** पु० बीहड़ भूमि, किष्किन्धा पर्वत।

**खिचड़वार** पु० मकर-संक्रान्ति।

**खिचड़ी** वि० मिला-जुला। स्त्री० चावल-दाल मिलाकर पका हुआ भोजन।

**मुहा० खिचड़ी पकाना** गुप्त मन्त्रणा करना। **अपनी खिचड़ी अलग पकाना** अपनी इच्छानुसार काम करना।

**खिजना** वि० चिड़चिड़ा। अ० क्रि० चिड़चिड़ाना।

**खिजमत*** स्त्री० खिदमत।

**खिजमति*** स्त्री० सेवा-सत्कार।

**खिज़र, ख़िज्र** पु० *(अ०)* पथ-प्रदर्शक; मुसलमानों के पैगम्बर जो अमर माने जाते हैं।

**खिजलाना** स० क्रि० तंग करना। अ० क्रि० चिढ़ना।

**ख़िज़ाँ** पु०, स्त्री० *(फ़ा०)* बुढ़ापा; पतझड़ की ऋतु; अवनति का समय; बेरौनकी।

**खिजाना** स० क्रि० खिझाना।

**ख़िज़ाब** पु० *(अ०)* केशकल्प (करना, लगाना), सफेद बालों को काला कर देनेवाली दवा।

**ख़िज़ालत** स्त्री० *(अ०)* शर्मिन्दगी, लज्जित होना।

**खिझना** वि० चिड़चिड़ाना। अ० क्रि० खीझना।

**खिझाना** स० क्रि० चिढ़ाना, छेड़ना; गुस्सा दिलाने

वाली बात करना।

**खिड़काना** स० क्रि० बेच देना; अलग करना, हटाना।

**खिड़की** स्त्री० चोर दरवाजा जिससे किले या मकान में जाया आया जाता है, झरोखा, गुप्त द्वारा।

**ख़िताब** पु० *(अ०)* पदवी; राज्य की ओर से प्रदत्त उपाधि; मुखातिब होना।

**ख़ित्ता** पु० *(अ०)* प्रदेश, भूखण्ड, इलाका।

**ख़िदमत** स्त्री० *(अ०)* काम; सेवा, टहल।

**ख़िदमती** वि० सेवा के बदले में प्राप्त।

**खिदिर** पु० *(सं०)* इन्द्र; चन्द्रमा।

**खिद्र** पु० *(सं०)* निर्धन व्यक्ति।

**खिन्न** वि० *(सं०)* चिन्तित; दुःखी; उदास; क्लान्त।

**खिपना*** अ० क्रि० निमग्न होना; खपना।

**खियाना** स० क्रि० खिलाना। अ० क्रि० घिस जाना।

**खियाला** पु० विचार, खयाल।

**ख़िरद** स्त्री० *(फ़ा०)* अक्ल, बुद्धि।

**ख़िरद मन्द** वि० बुद्धिमान्।

**खिरनी** स्त्री० एक वृक्ष या उसका फल, क्षीरिणी।

**ख़िरमन** पु० *(फ़ा०)* फसल; अम्बार; खलियान।

**ख़िराज** पु० *(अ०)* अधीन राज्य की ओर से शक्तिशाली राज्य को दिया जानेवाला कर; मालगुजारी, कर।

**ख़िराम** पु० *(फ़ा०)* नाज-नखरे के साथ चलना।

**खिरिरना*** स० क्रि० अनाज को साफ करने के लिए सूराखदार छननी से छानना।

**खिलन्दरा** वि० खिलवाड़ करने वाला।

**खिल** पु० *(सं०)* शेषांश; ऊसर, परती जमीन; खाली जगह; परिशिष्ट, पूरक; ब्रह्मा।

**ख़िलअत** पु०, स्त्री० *(अ०)* वह पहनावा जो राजा किसी को सम्मानार्थ प्रदान करें; जोड़ा, पोशाक।

**ख़िलक़त** स्त्री० *(अ०)* सृष्टि, रचना; प्रकृति; जगत्।

**खिलखिलाना** अ० क्रि० कहकहा लगाना, आवाज के साथ खुलकर हँसना।

**खिलखिलाहट** स्त्री० खिलखिलाकर हँसने की आवाज।

**ख़िलजी** पु० हिन्दुस्तान का एक पठान राजवंश, खिलजी वंश, अलाउद्दीन खिलजी।

**खिलना** अ० क्रि० प्रफुल्ल होना; फूल बनना, कली का विकसित होना; फबना; पककर अलग-अलग हो जाना (चावल, खीलें)।

**ख़िलवत** स्त्री० *(अ०)* तनहाई; एकान्त; जनशून्य स्थान।

**खिलवाना** स० क्रि० प्रफुल्ल कराना; दूसरे से परसवाकर भोजन कराना।

**खिलाई** स्त्री० खिलाने का काम; खिलाने का नेग।

**खिलाड़** वि० स्त्री० चंचल, हाव-भाव में प्रवीण (स्त्री)।

**खिलाड़ी** पु० खेलनेवाला; खेल-तमाशा दिखानेवाला, बाजीगर।

**खिलाना** स० क्रि० विकसित, प्रफुल्ल करना, खेल में लगाना, भोजन कराना।

**मुहा० खिलाना पिलाना** भोजन पान से सत्कार करना।

**ख़िलाफ़** वि० *(अ०)* प्रतिकूल; विरुद्ध।

**ख़िलाफ़त** स्त्री० *(अ०)* पैगम्बर का प्रतिनिधि होना; विरोध, मुखालफत; खलीफा का पद।

**ख़िलाफ़ी** स्त्री० विरोध, मुखालफत।

**खिलौना** पु० मन बहलाने की चीज; खेलने का साधन; काठ, रबर का बना हुआ हाथी, घोड़ा।

**ख़िल्त** पु० *(अ०)* मिलावट।

**खिल्ली** स्त्री० पान का बीड़ा; हँसी, मजाक; कील।

**मुहा० खिल्ली उड़ाना** किसी का मजाक उड़ाना।

**ख़िश्त** स्त्री० *(फ़ा०)* ईंट।

**खिसकना** अ० क्रि० चुपके से चल देना।

**खिसकाना** स० क्रि० चुपके से हथिया लेना, सरकाना, उड़ाना।

**खिसलाहट** स्त्री० फिसलने का भाव।

**खिसाना*** अ० क्रि० खिसियाना।

**खिसिआना, खिसियाना** अ० क्रि० लज्जित होना; लज्जित होकर खीझना; कुढ़ जाना।

**मुहा० खिसिआनी बिल्ली खम्भा नोचे** दूसरों पर क्रोध उतारना।

**खिसियाहट** स्त्री० खिसियाने का भाव।

**खिसिलना†** अ० क्रि० फिसलना।

**खिसी*** स्त्री० खीस, खीझ; लज्जा; धृष्टता।

**खिसौहा** वि० खिसियाया हुआ, लज्जित।

**खींच** स्त्री० खींचने की क्रिया।

**खींचना** स० क्रि० चित्रित करना; रोक रखना; सारपदार्थ निकाल लेना; घसीटना।

**खींचा-खींची** स्त्री० किसी वस्तु की प्राप्ति के लिए

दो व्यक्तियों का परस्पर विरोधी प्रयास, **नोक-झोंक**।

**खीज** स्त्री० खीजने का भाव, झुँझलाहट, कुढ़न।

**खीजना** अ० क्रि० झुँझलाना, क्रुद्ध होना।

**खीनताई*** स्त्री० निर्बलता, दुर्बलता।

**ख़ीमा** पु० *(अ०)* खेमा, तम्बू।

**खीर *** पु० दूध। स्त्री० दूध में पकाया हुआ चावल, सूजी, लौकी, मखाना आदि।

**खीरा** पु० ककड़ी की जाति का एक फल।

**खील** स्त्री० भुना हुआ धान, लावा।

**खीला**† पु० कील, खूँटी।

**खीवर*** वि० बहादुर, वीर।

**खीस** वि० समाप्त होना, नष्ट।

**खीसना** अ० क्रि० बर्बाद होना, नष्ट होना।

**खुँटकढ़वा** पु० कान का मैल निकालनेवाला।

**खुँदवाना** स० क्रि० घोड़े की टाप से कुचलवाना।

**खुँदाना** स० क्रि० घोड़ा कुदाना।

**खुक्ख, खुक्खा** वि० छूँछा, खाली।

**खुखड़ी** स्त्री० करौली, नेपाली कटार, बड़ा छुरा।

**खुचड़, खुचर, खुचुर** स्त्री० किसी काम में दोष निकालना, छिद्रान्वेषण करना।

**खुचड़ी, खुचरी, खुचुरी** वि० खुचड़ निकालने वाला।

**खुजलाना** स० क्रि० खुजली मिटाने के लिए त्वचा को नाखून से खरोचना।

**खुजली** स्त्री० एक त्वचा रोग जिसमें त्वचा पर दाने निकल आते हैं और उनमें तीव्र जलन व खुजली होती है, खारिश; खाज।

**खुटक*** स्त्री० खटका, शंका।

**खुटकना** क्रि० खटका होना।

**खुटचाल** स्त्री० बुरी चाल।

**खुटाई** स्त्री० खोटापन, दोष।

**खुटाना*** अ० क्रि० पूरा होना, समाप्त होना।

**खुड्डी, खुड्ढी** स्त्री० पाखाने का पायदान।

**खुत्थ** पु० कटे हुए पेड़ की जड़।

**खुत्थी** स्त्री० धरोहर, थाती; खूँटी, छोटा खुत्थ।

**खुद** अ० *(फ़ा०)* आप, स्वयं।

**खुदना** अ० क्रि० खोदा जाना।

**खुदरा** पु० फुटकर।

**खुदवाई** स्त्री० खुदवाने की मजदूरी।

**खुदवाना** स० क्रि० खोदना।

**खुदा** पु० *(फ़ा०)* स्वयम्भू; ईश्वर, मालिक।

**मुहा० खुदा के घर जाना** मरना। **खुदा ख़ैर करे** ईश्वर कुशल करे। **खुदा न ख़्वास्ता** ईश्वर न करे। **खुदा हाफ़िज़** ईश्वर रक्षक है।

**खुदाई** स्त्री० खोदने की मजदूरी; खोदने की क्रिया।

**खुदाव** पु० खुदाई का काम।

**खुदी** स्त्री० *(फ़ा०)* गर्व, अहंकार; आपा, अहं।

**खुद्दी** स्त्री० चावल आदि के बहुत छोटे टुकड़े।

**ख़ुनक** वि०, **ख़ुनकी** स्त्री० *(फ़ा०)* ठण्ढा, सर्द।

**खुनखुना** पु० खिलौना, घुनघुना।

**खुनस** स्त्री० क्रोध, रोष।

**खुनसाना** अ० क्रि० क्रोध करना।

**खुफ़िया** वि० *(फ़ा०)* गुप्त, छिपा हुआ।

**खुभी** स्त्री० हाथी के दाँत पर चढ़ाया जाने वाला धातु का पोला; कान में पहनने की कील या लौंग।

**खुम** पु० *(फ़ा०)* शराब का मटका; मटका, घड़ा; भट्ठी; ढील।

**खुमान*** पु० शिवाजी की उपाधि। वि० बड़ी आयुवाला।

**खुमार** पु० *(सं०)* सिर-दर्द; कच्ची नींद टूटने से आँखों का चढ़ जाना; आँखों में छाया हुआ मद; नशा।

**मुहा० खुमार तोड़ना** नशे के उतार का कष्ट दूर करने के लिए थोड़ी-सी शराब फिर पी लेना।

**खुमी** स्त्री० दाँतों में जड़ी हुई सोने की कील; एक उद्भिद वनस्पति वर्ग जिसके अन्दर भुइँ-फोड़, कुकुरमुत्ता आदि पौधे आते हैं।

**खुर** पु० *(सं०)* उस्तुरा, छुरा; नख, सींग वाले चौपायों का पैर।

**खुरहा** पु० खुर पका रोग।

**खुरक** स्त्री० *(सं०)* खटका, खुजली।

**खुरखुराना** अ० क्रि० खुरखुरा मालूम होना; साँस से घरघराहट की आवाज निकलना।

**खुरखुराहट** स्त्री० खुरदरापन; घरघराहट।

**खुरचन** स्त्री० कड़ाही से खुरचकर निकाला हुआ गुड़; खुरचकर निकाली हुई चीज।

**खुरचना** स० क्रि० कुरेदना; बर्तन में जमी हुई चीज खुरच कर अलग करना।

**खुरजी** स्त्री० बीच में खुला लम्बा थैला या झोला जिसमें घुड़सवार जरूरी सामान रखकर घोड़े की

पीठ से बाँध लेता है।

**खुरट** पु० खुर-पका रोग।

**खुरदरा** वि० दानेदार, खुरखुरा; जिसकी सतह चिकनी।

**खुरपा** पु० छीलने का एक औजार, घास काटने।

**मुहा० खुरपा जाली सँभालना** घसियारे का धन्धा करना।

**खफ़रफ़ा** पु० *(फ़ा०)* कुलफे का साग।

**खुरमा** पु० *(फ़ा०)* छुहारा; खजूर; एक मिठाई।

**खुरा** पु० फाल को हिलने से रोकने के लिए लगाया जाने वाला काँटा।

**खुराक** स्त्री० *(फ़ा०)* दवा की एक बार देने की मात्रा; खाना; एक आदमी का एक समय का भोजन।

**खुराकी** स्त्री० खुराक के बदले दिया जाने वाला पैसा; भोजन-व्यय।

**खुराघात** पु० *(सं०)* खुरका आघात, टाप से मारना।

**खुराफ़ात** स्त्री० *(अ०)* बखेड़ा; शरारत।

**ख़ुराफ़ाती** वि० खुराफात करने वाला।

**खुरालक** पु० *(सं०)* लोहे का बाण, नाराच।

**खुरालिक** पु० *(सं०)* तकिया; नाई का औजार रखने का बस्ता या किसबत; नाराच।

**खुरिया** स्त्री० घुटने के जोड़ पर की कटोरीनुमा हड्डी।

**खुरी** स्त्री० घोड़े की टाप या खुर का चिह्न।

**खुरी (रिन्)** पु० *(सं०)* खुरदार पशु।

**ख़ुर्दनी** स्त्री० *(फ़ा०)* खाने की चीज। वि० खाने के योग्य।

**ख़ुर्दा** पु० *(फ़ा०)* टुकड़ा; रेजगारी; थोड़ी मात्रा।

**मुहा० ख़ुर्दा करना** रुपया भुनाना।

**खुर्रांट, खुर्राट** वि० अनुभवी, चालाक, उस्ताद।

**खुलना** अ० क्रि० उधड़ना (सिलाई); फन्दे से छूटना, बँधी हुई चीज का छूटना।

**खुलवाना** स० क्रि० खोलने का काम कराना।

**खुला** वि० जो ढका या छिपा न हो, प्रकट; उन्मुक्त, बन्धन रहित; जाहिर; *जहाँ काफी हवा रोशनी आए; लम्बा-चौड़ा (महल, मैदान)।

**मुहा० खुला दिल से** उदारतापूर्वक। **खुली मुट्ठी होना** दान देने में उदार होना। **खुले दिल का** साफ-दिल का, उदार।

**खुलासा** वि० *(अ०)* संक्षिप्त।

**खुलेड़ना** स० क्रि० उलट-पुलट करना; खुरेदना।

**खुल्ल** वि० *(सं०)* छोटा, कमीना।

**खुल्लमखुल्ला** अ० प्रकाश्य रूप से, खुले आम।

**खुश** वि० *(फ़ा०)* प्रफुल्ल; प्रसन्न, खुश, मुदित; अच्छा, भला।

**खुशामद** स्त्री० *(फ़ा०)* चापलूसी, आवभगत।

**खुशामदी** वि० *(फ़ा०)* आदर करने वाला, चापलूस।

**खुशी** स्त्री० *(फ़ा०)* इच्छा, मर्जी; प्रसन्नता, खुश होना, हर्ष।

**मुहा० खुशी से फूल उठना** अति प्रसन्न होना, खिल उठना।

**खुश्क** वि० *(फ़ा०)* रसहीन; सूखा; रूखा; खाली।

**खुश्का** पु० *(फ़ा०)* पानी में पका हुआ चावल।

**खुसाल, खुस्याल*** वि० खुश, प्रसन्न।

**खुसिया** पु० *(अ०)* अण्डकोश, फोता।

**खुसुरफुसुर** स्त्री० कानाफूसी।

**खुसूसी** वि० *(अ०)* विशेष, खास।

**खूँट** पु० कान का मैल; दिशा, ओर।

**खूँटना** स० क्रि० रोकना; छेड़छाड़ करना; खोंटना।

**खूँटा** पु० खड़ी गड़ी हुई लकड़ी; लकड़ी या बाँस की कील जिसे गाड़कर गाय, बैल को बाँधा जाता है।

**मुहा० खूँटा गाड़ना** अड्डा बना लेना, जम जाना। **खूँटे के बल कूदना** इतराना, दूसरे के बल-बूते पर कूदना।

**खूँटी** स्त्री० सितार, सारंगी, खड़ाऊँ आदि में लगी छोटी किल्ली।

**मुहा० खूँटी कसना** सितार, सारंगी आदि के तार कसना।

**खूँदना** अ० क्रि० एक ही स्थान पर आगे-पीछे बढ़ना, हटना, घूमना; टाप से जमीन खोदना, रौंदना।

**ख़ू** स्त्री० *(फ़ा०)* चाल, स्वभाव, आदत।

**खूझा** पु० अधिक उलझा हुआ लच्छा; फल, सब्जी में अन्दर का रेशेदार भाग।

**खूटना*** स० क्रि० टोकना; छेड़ना; पूछताछ करना। अ० क्रि० घटना; कम होना; रुकना।

**खूद, खूदड़** पु० मैल, तलछँट।

**ख़ून** पु० *(फ़ा०)* हत्या, कतल; रक्त, लहू।

**मुहा० ख़ून उतरना** अत्यधिक क्रोधित होना। **ख़ून का जोश** कुलगत या वंशगत उत्पन्न स्नेह, सगेपन की ममता। **ख़ून का प्यासा** जान लेने पर

तुला हुआ। **ख़ून के आँसू रोना** अत्यधिक विलाप करना, दुःखी होना। **ख़ून के घूँट पीना** क्रोध को सहन या बर्दाश्त कर लेना। **ख़ून खौलना** अति क्रुद्ध होना। **ख़ून पीना** मार डालना; बहुत सताना। **ख़ून बहाना** रक्तपात करना। **ख़ून सफेद हो जाना** निष्ठुर हो जाना। **ख़ून सूखना** घबरा जाना, बहुत डर जाना, भयभीत हो जाना।

**ख़ूनाब, ख़ूनाबा** पु० *(फ़ा०)* लाल रंग; रक्तमिश्रित पानी; रक्तमिश्रित आँसू।

**ख़ूनीं** वि० *(फ़ा०)* हत्यारा; रक्तरंजित, लाल।

**ख़ूनी** वि० *(फ़ा०)* क्रूर, जालिम।

**खूब** अ० *(फ़ा०)* अच्छी तरह, पूरी तरह। वि० बढ़िया, अच्छा; सुन्दर।

**ख़ूबानी** स्त्री० *(फ़ा०)* एक प्रसिद्ध मेवा, जरदालू।

**खूसट** पु० उल्लू। वि० जराजीर्ण; अरसिक, नीरस।

**खेकसा, खेखसा** पु० एक लता की भाँति फैलने वाला पौधा जिसका फल तरकारी के काम आता है।

**खेचर** पु० *(सं०)* बादल; विमान; पक्षी; वायु; ग्रह।

**खेचरी** स्त्री० *(सं०)* दुर्गा; परी।

**खेट** वि० *(सं०)* शस्त्र धारण करने वाला; अधम।

**खेटक** पु० *(सं०)* शिकार; छोटा गाँव, ढाल।

**खेड़ा** पु० छोटा गाँव।

**खेड़ी** स्त्री० माँस खण्ड जो शिशुनाल के दूसरे छोर पर लगा रहता है।

**खेढ़ा**† पु० साधुओं का खेढ़ा, जमात।

**खेत** पु० खेत में खड़ी फसल *(ला०)*; कृषि कार्य योग्य भूमि, क्षेत्र; रणक्षेत्र।

**मुहा० खेत आना** युद्ध में वीरगति प्राप्त करना। **खेत काटना** खड़ी फसल की चोरी करना। **खेत छोड़ना** पीठ दिखलाना। **खेत रखना** युद्ध में शत्रु को मार डालना। **खेत रहना/होना** युद्ध में वीरगति को प्राप्त होना।

**खेतिहर** पु० किसान, खेती करने वाला।

**खेती** स्त्री० कृषि।

**खेद** पु० *(सं०)* व्यथा; दुःख, ग्लानि; रंज।

**खेदन** पु० *(सं०)* व्यथा; ग्लानि, थकावट; अफसोस।

**खेदना** क्रि० खदेड़ना, भगाना।

**खेप** स्त्री० एक बार का बोझ।

**मुहा० खेप लदाना** एक बैलगाड़ी पर ढोया जा सके—इतना सामान देना। **खेप लादना** बैलगाड़ी पर माल लादना। **खेप हारना** माल में घाटा उठाना।

**खेमा** पु० तम्बू, डेरा।

**खेल** वि० *(सं०)* काम केलि; क्रीड़ा; करतब, चाल।

**मुहा० खेल करना** खिलवाड़ करना। **खेल खेलना** चाल चलना, कोई अप्रत्याशित बुरा काम करना। **खेल खेलाना** हैरान करना। **खेल बिगड़ना** काम बिगड़ना।

**खेलन** पु० *(सं०)* हिलना-डोलना; खेल, क्रीड़ा।

**खेलना** स० क्रि० खेल खेलना; अभिनय करना।

**मुहा० खेलना खाना** केवल खाने से मतलब रखना; निश्चिन्त जीवन के आनन्द लेना।

**खेला** स्त्री० *(सं०)* क्रीड़ा, खेल।

**मुहा० खेला-खेलाकर मारना** तड़पा-तड़पा के मारना।

**खेवक*** पु० मल्लाह, नाविक, खेनेवाला, केवट।

**खेवटिया*** पु० मल्लाह, नाविक, केवट।

**खेवरिया*** पु० खेने वाला।

**खेवा** पु० नाव का किराया, भरी हुई नाव।

**खेवाई** स्त्री० खेने की मजदूरी; खेने का काम।

**मुहा० खेवाई भी देना और बह भी जाना** पैसे देकर बेवकूफ बनना।

**खेसारी** स्त्री० दलहन की श्रेणी का एक कदन्न।

**खेह, खेहर** स्त्री० धूल; राख; मल।

**मुहा० खेह खाना** दुर्दशा ग्रस्त होना; धूल फाँकना।

**खैर** पु० खदिर वृक्ष।

**ख़ैर** स्त्री० *(अ०)* कुशल, सलामत; भलाई, नेकी।

**मुहा० ख़ैर बाद कहना** विदा करना।

**खैरा** पु० कत्थई रंग का पक्षी या पशु।

**ख़ैरात** स्त्री० *(फ़ा०)* दान, पुण्यकर्म।

**ख़ैराती** वि० *(फ़ा०)* मुफ्त में मिला हुआ; दान द्वारा संचालित, खैरात का।

**ख़ैरियत, ख़ैरीयत** स्त्री० *(फ़ा०)* भलाई, नेकी, कुशल।

**मुहा० ख़ैरियत पूछना/मिलना** कुशल पूछना।

**खैलर, खैला*** स्त्री० मथानी।

**खोंखना**† अ० क्रि० खाँसना।

**खोंखर**† वि० खोखला।
**खों-खों**† पु० खाँसने की आवाज।
**खोंच**† स्त्री० सुतली से बनायी गयी जालीदार थैली जो बैलों के मुँह पर लगाते हैं, जाबा, मुछिका।
**खोंच** पु० मुट्ठी भर अन्न।
**खोंची** स्त्री० भड़भूज की भुनाई के बदले अन्न, फटन, खुरचन।
**खोंड़ा** पु० कोठिला, खण्डित।
**खोंप** स्त्री० खोंच; दूर-दूर लगा हुआ टाँका।
**खोखल**† वि० खोखला।
**खोखला** पु० कोटर। वि० भीतर से खाली, पोला।
**खोखा** पु० बालक, लड़का; चुकायी हुई हुण्डी; काठ की छोटी दूकान।
**खोज** स्त्री० निशान, चिह्न; अन्वेषण; तलाश, खोजने की क्रिया, पहिये की लीक; पदचिह्न।
**मुहा० खोज खबर लेना** हाल-चाल पूछना।
**खोजक*** वि०, पु० तलाश या खोज करने वाला।
**खोजना** स० क्रि० तलाश करना, ढूँढ़ना।
**खोजवाना** स० क्रि० तलाश करवाना, खोजना।
**ख़ोजा** पु० *(फ़ा०)* बादशाहों के हरम में सुरक्षा के लिए नियुक्त नपुंसक सेवक।
**खोट** पु० दोष, कमी, ऐब, बुराई।
**मुहा० खोट होना** दोष होना, खराब हो जाना।
**खोटा** वि० दोषयुक्त, जिसमें खोट या बुराई हो, घटिया, बुरा; नकली, मिलावट वाला।
**मुहा० खोटा खाना*** बेईमानी की कमाई खाना। **खोटी खरी सुनाना** गालियाँ देना, बुरा-भला कहना।
**खोटाई** स्त्री० कपट, छल, बुराई, ऐब, दोष।
**खोदना** स० क्रि० गड्ढा करना; कुरेदना, खुरचना; किसी वृक्ष की जड़ को खोदकर उखाड़ना।
**मुहा० खोद-खोद कर पूछना** एक-एक बात पर शंका-प्रश्न करते हुए पूछना, पूरी बात जानने के लिए जिरह करना।
**खोदाई** स्त्री० खोदने की क्रिया; खोदने की मजदूरी।
**खोना** स० क्रि० अन्यमनस्क होना; गँवाना, अपनी चीज कहीं छोड़ आना या भूल आना।
**मुहा० खो जाना** हक्का-बक्का हो जाना; किसी चिन्ता या विचार में डूब जाना। **खोया-खोया रहना** गुम-सुम रहना; किसी विचार में निमग्न रहना।
**खोन्चा** पु० फेरी लगा कर मिठाई बेचने का थाल।
**खोपड़ा** पु० सिर, कपाल; भीख माँगने का खप्पर।
**खोपड़ी** स्त्री० कपाल, सिर।
**मुहा० खोपड़ी खाना/चाट जाना** व्यर्थ की बातें करके परेशान करना। **खोपड़ी खाली हो जाना** दिमाग का थक जाना। **खोपड़ी गंजी करना** खूब मारना। **खोपड़ी बजाना** तंग करना। **खोपड़ी मढ़ना** बलात् धन वसूलना।
**खोपनि*** स्त्री० फटना।
**खोभार** पु० तंग अँधेरी कोठरी; तंग दरवाजे वाला झोपड़ा जिसमें रात को सूअर बन्द किये जाते हैं; कूड़ाकरकट फेंकने का गड्ढा।
**खोम*** पु० झुण्ड।
**खोर** वि० *(सं०)* लँगड़ा। *स्त्री० सँकरी गली।
**खोरना**† स० क्रि० खोलना। अ० क्रि० नहाना।
**खोरनी** स्त्री० भाड़ में ईंधन झोकने वाली लकड़ी, वह लकड़ी जिससे भड़भूजे बाहर बचा हुआ ईंधन भाड़ के भीतर करते हैं।
**खोरिया** स्त्री० प्याली।
**ख़ोल** पु० *(फ़ा०)* म्यान, तलवार रखने की खोल।
**खोल** पु० बेठन; आवरण, गिलाफ; मोटी चादर।
**खोसना*** स० क्रि० लुचकना; छीनना।
**खोह** स्त्री० दो पहाड़ों के बीच की तंग जगह, गुफा।
**खोही** स्त्री० पत्तों की छतरी; घोघी; *खेह।
**खौं** स्त्री० गड्ढा; अन्न भरने का कक्ष, गहरा गड्ढा।
**खौंचा** पु० साढ़े छः का पहाड़ा *(ग०)*; मिठाई आदि रखने का एक छोटा सन्दूक।
**ख़ौफ़** पु० *(अ०)* भय, डर, आतंक।
**खौर** स्त्री० त्रिपुण्ड।
**खौरहा** वि० गंजा।
**खौरा** वि० खुजली विशेष।
**खौरी*** वि०, स्त्री० कष्टदायिनी, बुरी।
**खौहा** वि० दूसरे की कमाई खानेवाला; पेटू।
**ख्यात** वि० *(सं०)* प्रसिद्ध; मशहूर।
**ख्याति** स्त्री० *(सं०)* प्रशंसा; वर्णन; ज्ञान; ज्ञापन।
**ख्याल** पु० *(अ०)* एक विशेष गान-पद्धति; खयाल, विचार।

**ख्याली** वि० विचार करने वाला; कौतुक करने वाला।
**ख़्वान्** पु० *(फ़ा०)* थाल।
**ख़्वारी** स्त्री० *(फ़ा०)* बर्बादी, खराबी; बदनामी।
**ख़्वास्त** स्त्री० *(फ़ा०)* प्रार्थना; इच्छा, ख्वाहिश।
**ख़्वाह** अ० *(फ़ा०)* चाहे, अथवा, या।
**ख़्वाहिश** स्त्री० *(फ़ा०)* कामना, इच्छा, चाह।

## ग

**ग** देवनागरी वर्णमाला के कवर्ग का तीसरा वर्ण। उच्चारण स्थान कण्ठ है।
**गंगाम्बु** पु० *(सं०)* वर्षा का शुद्ध जल; गंगा का जल।
**गंगा** स्त्री० *(सं०)* जाह्नवी, भागीरथी।
**मुहा० गंगा उठाना** गंगाजल लेकर कसम खाना। **गंगा नहाना** किसी कठिन कार्य को पूरा कर लेना, कार्य का पूरा होना। **गंगा पार करना** देश से निकाल देना। **गंगा पीना** झूठी कसम खाना।
**गंगेय*** पु० गंगा पुत्र भीष्म, गांगेय।
**गंगोत्तरी** स्त्री० गंगा का उद्‌गम स्थल।
**गंगोद्‌भेद** पु० *(सं०)* गंगा का उद्‌गम स्थान।
**गंगौटी*** स्त्री० गंगा के किनारे की मिट्टी, रेत।
**गंजन** पु० *(सं०)* हरा देना; नीचा दिखाना; तिरस्कार करना, अवज्ञा करना; नाश।
**गंजना*** स० क्रि० नष्ट करना; अवज्ञा करना।
**गंजा** पु० गंज रोग; गंजापन। वि० बाल झड़ने के रोग वाला, खल्वाट। स्त्री० *(सं०)* पनडिब्बा; झोपड़ी।
**गँजिया** स्त्री० एक प्रकार का मिट्टी का बना बर्तन; घास रखने की जाली; शकरकन्द।
**गंजी** स्त्री० ढेर; बनियान; †शकरकन्द, छोटी खान; खल्वाट स्त्री, गाँजा पीने वाला।
**गँठ** 'गाँठ' का समास में लगा रूप।
**गण्ड** पु० *(सं०)* मण्डलाकार रेखा; चिह्न; गाल; गाँठ।
**गण्डकी** स्त्री० *(सं०)* मादा गैण्डा; गण्डक नदी।
**गँड़तरा**† पु० बिस्तर पर लिटाते समय नवजात शिशुओं के नीचे बिछाने का मोटा कपड़ा।
**गण्डा** पु० घोड़े के गले में पहनाने का पट्टा; तोते आदि के गले का रंगीन हल्का कण्ठा।
**गँड़ासा** पु० चारा काटने का औजार।
**गण्डि** स्त्री० *(सं०)* घेघा; पेड़ का धड़, तना।
**गण्डीर** पु० *(सं०)* सेंहुड़; पोई का साग; वीर।
**गण्डु** पु० *(सं०)* तकिया; गाँठ।
**गण्डूष** पु० *(सं०)* हाथी की सूँड की नोक; चुल्लू।
**गण्डोल** पु० *(सं०)* निवाला; कौर; गुड़।
**गन्ता (न्तृ)** पु० *(सं०)* सहवास करने वाला; जानेवाला।
**गन्तु** पु० *(सं०)* जानेवाला, पथिक; मार्ग।
**गन्त्र** पु० *(एंजिन)* कल-पुरजों, यन्त्रों आदि को गति प्रदान करने वाला एक यान्त्रिक साधन, इंजन।
**गन्त्री** स्त्री० *(सं०)* घोड़ागाड़ी; बैलगाड़ी।
**गन्द** स्त्री० *(फ़ा०)* बुरी बात; मलिनता।
**गन्दगी** स्त्री० *(फ़ा०)* बदबू; मलिनता; मल; नापाकी।
**गन्दना** पु० लहसुन-प्याज की जाति का एक मसाला।
**गन्दा** वि० *(फ़ा०)* मैला; बदबूदार; नापाक; बुरा।
**गँदला** वि० मलिन, अपवित्र।
**गन्दुमी** वि० *(फ़ा०)* दबती गोराईवाला, पक्के रंग का।
**गन्ध** पु० *(सं०)* सहजन। स्त्री० दुर्गन्ध; बू, बास; सुगन्ध; घिसा हुआ चन्दन।
**गन्धक** पु०, स्त्री० *(सं०)* शोभांजन; सुगन्ध;
**गन्धकाम्ल** पु० *(सं०)* गन्धक का तेजाब।
**गन्धकी** पु० गन्ध की रंग। वि० गन्धक के रंग का।
**गन्धर्व** पु० *(सं०)* देवलोक में देवताओं के गायक; गायक; कस्तूरी मृग।
**गन्धर्वा** स्त्री० *(सं०)* दुर्गा।
**गन्धर्वी** स्त्री० *(सं०)* सुरभि की पुत्री; गन्धर्व की स्त्री।
**गन्धवती** स्त्री० *(सं०)* व्यास की माता; वरुणपुरी; पृथ्वी; सुरा। वि० स्त्री० गन्धवाली।
**गन्धाजीव** पु० *(सं०)* गन्धी, इत्रफरोश।
**गन्धाढ्य** वि० *(सं०)* खुशबूदार।
**गन्धाढ्या** स्त्री० *(सं०)* आरामशीतला; गन्धपत्रा, स्वर्णयूथी; रामतरुणी; गन्धाली।
**गन्धाना**† अ० क्रि० महकना; दुर्गन्ध निकलना।
**गन्धम्ला** स्त्री० *(सं०)* जंगली नीबू।
**गन्धार** पु० *(सं०)* सप्तक का तीसरा स्वर; कन्धार के आस-पास का देश; एक राग।
**गन्धालु** वि० *(सं०)* गन्धयुक्त, खुशबूदार।
**गन्धाश्मा (श्मन्)** पु० *(सं०)* गन्धक।
**गन्धाष्टक** पु० *(सं०)* आठ सुगन्धित द्रव्यों का मिश्रण।

**गन्धिक** पु० *(सं०)* इत्र बेचने वाला।
**गन्धिनी** स्त्री० *(सं०)* एक गन्धद्रव्य; मदिरा।
**गन्धिया** पु० एक दुर्गंध करने वाला बरसाती कीड़ा।
**गन्धी (धिन्)** पु० *(सं०)* इत्र विक्रेता; खटमल।
**गन्धैला** पु० एक चिड़िया। वि० दुर्गन्ध करने वाला।
**गन्धोत्तमा** स्त्री० *(सं०)* अँगूरी शराब।
**गन्धोपजीवी (विन्)** पु० *(सं०)* इत्र, गन्धी का व्यापारी।
**गन्धोली** स्त्री० *(सं०)* सोंठ; भिड़; इन्द्राणी।
**गम्भारिका, गम्भारी** स्त्री० *(सं०)* एक वृक्ष जिसकी छाल और फल दवा के काम आते हैं।
**गम्भीर** वि० *(सं०)* हँसी मजाक से दूर रहने वाला; गहरा; ऊँची और भारी (आवाज)।
**गँवई** स्त्री० छोटा गाँव।
**गँवर** 'गँवार' का समासगत रूप।
**गँवाऊ** वि० गँवानेवाला, धन-सम्पत्ति नष्ट करनेवाला।
**गँवाना** स० क्रि० (समय) काटना; नष्ट करना, खोना या नष्ट हो जाने देना।
**गँवार** वि० गाँव का रहने वाला; अनाड़ी, मूर्ख।
**गँवारिन** स्त्री० गँवार स्त्री।
**गँवारू** वि० गँवार के सदृश, बेढंगा; भोंडा।
**गँसना*** अ० क्रि० कसा जाना। स० क्रि० जकड़ लेना, कसना।
**गँसीला** वि० गँसा हुआ, गफ; जिसमें गाँसी हो या जो सघन हो; चुभनेवाला।
**ग** पु० *(सं०)* गन्धर्व; गणेश, गुरु मात्रा; गीत। वि० गवैया, गाने वाला, गायक।
**गइनाही*** स्त्री० ज्ञान, जानकारी।
**गयी** वि० स्त्री० जो चली गयी हो।
**मुहा० गई करना** खयाल न करना।
**गऊ** स्त्री० गाय, गौ।
**गकरिया** स्त्री० बाटी, लिट्टी।
**गगन** पु० *(सं०)* शून्य; अन्तरिक्ष, आकाश।
**गगनधूल** पु० केवड़े की पुष्प धूलि।
**गगनाम्बु** पु० *(सं०)* वर्षा का जल।
**गगनापगा** स्त्री० *(सं०)* आकाशगंगा।
**गगनेचर** वि०, पु० *(सं०)* गगनचर; सूर्य, चन्द्रादि ग्रह।
**गगरा** पु० पीतल, ताँबे या लोहे का बना घड़ा।
**गगरी** स्त्री० छोटा गगरा; मिट्टी का घड़ा।
**गचना*** स० क्रि० ठूँसकर भरना; गाँसना।
**गचाका** वि० भरपूर। पु० गच से गिरने की आवाज। स्त्री० जवान स्त्री।
**गच्छ** पु० *(सं०)* गाछ, पेड़।
**गच्छना*** अ० क्रि० जाना।
**गछना*** स० कि० निबाहना।
**गजन्द** पु० *(फ़ा०)* हानि; दुःख; चोट; कष्ट।
**गज** पु० *(सं०)* नींव; हाथी; लम्बाई की एक माप।
**गज़** पु० *(फ़ा०)* सारंगी बजाने की कमानी; कपड़े या दूरी नापने का एक पैमाना।
**गज कुम्भ** पु० हाथी का गण्डस्थल।
**गजगामिनी** स्त्री० गज जैसी मद चाल वाली।
**गज़ट** पु० *(अ०)* समाचारपत्र; वह राजपत्र या पत्र जिसमें सरकारी सूचनाएँ समय-समय पर प्रकाशित हों।
**गजदान** पु० *(सं०)* गजमद।
**गजना***अ० क्रि० गर्जन करना।
**गजपाल** पु० *(सं०)* महावत।
**गजपुट** पु० *(सं०)* एक हाथ का लम्बा, चौड़ा, ऊँचा तथा गहरा गड्ढा जहाँ वैद्य भस्म बनाते हैं।
**ग़ज़ब** पु० *(अ०)* क्रोध, अन्धेर, जुल्म; विपत्ति।
**मुहा० ग़ज़ब टूटना/पड़ना** अचानक भारी विपत्ति आ पड़ना। **ग़ज़ब ढाना** आफत करना।
**गजमुक्ता** स्त्री० *(सं०)* गजमोती।
**गजरा** पु० हाथ की कलाई पर धार करने का एक आभूषण; एक रेशमी कपड़ा।
**गजवान्(वत्)** पु० *(स०)* महावत।
**गजा*** पु० एक बँगला मिठाई; नगाड़ा बजाने का डण्डा।
**गजाजीव** पु० *(स०)* महावत, हाथीवान्।
**गजारोह** पु० *(स०)* महावत।
**गजाशन** पु० *(स०)* पीपल का पेड़; कमल की जड़।
**गजी** स्त्री० *(सं०)* हथिनी।
**गजेन्द्र** पु० *(स०)* गजराज; ऐरावत।
**गज्जूह*** पु० गजयूथ, हाथियों का झुण्ड।
**गझिन** वि० गाढ़ा, घना।
**गटई†** स्त्री० गरदन, गला।
**गटकना** स० क्रि० घोंटना, निगलना; हड़पना।

**गटपट** स्त्री० सहवास; आलिंगनबद्ध होना।
**गटी** स्त्री० समूह; गाँठ।
**गट्टा** पु० गाँठ; बीज (कमलगट्टा); टखना; कलाई।
**गट्ठर** पु० गट्ठा, बड़ी गठरी।
**गट्ठा** पु० कट्ठा; घास या लकड़ी आदि का बोझा।
**गठन** स्त्री, पु० अंगों का कसाव; दृढ़ता, बनावट।
**गठना** अ० क्रि० कसा हुआ और दृढ़ होना; स्त्री-पुरुष का संयोग होना; अधिक हेल-मेल होना।
**गठाव** पु० गठन।
**गठित** वि० ग्रथित, गठा हुआ, बना हुआ।
**गठियाना** स० क्रि० गाँठ में बाँधना; गाँठ देना।
**गठीला** वि० गठा हुआ, दृढ़; कसा हुआ।
**गठूर, गठूल** पु० भूसे की गाँठें।
**गठैत** स्त्री० मित्रता।
**गडंक, गडंग** वि० *(सं०)* पु० शस्त्रागार।
**गड** पु० *(स०)* घेरा; टीला; ओट, आड़।
**गड़कना*** अ० क्रि० डूबना; गड़-गड़ शब्द होना।
**गड़गज** पु० गरगज।
**गड़गड़ा** पु० हुक्का; बड़ी गुड़गुड़ी।
**गड़गड़ाना** अ० क्रि० 'गड़-गड़' शब्द होना।
**गड़गड़ाहट** स्त्री० हुक्के की आवाज; बादल गरजने या गड़गड़ाने की आवाज।
**गड़गड़ी** स्त्री० नगाड़ा; बड़ी डुगडुगी।
**गड़न, गण्ड़न** स्त्री० गाड़ने की क्रिया।
**गड़ना** अ० क्रि० घुसना, समाना; धँसना, चुभना; गाड़ा जाना (खम्भा); दफन होना।
**मुहा० गड़ जाना** लज्जा से सिर झुक जाना। **गड़ा धन या माल** दफीना, धरती में गाड़कर रखा हुआ धन। **गड़े मुर्दे उखाड़ना** पुरानी बात याद दिलाना।
**गड़पना** स० क्रि० गपकना, निकलना।
**गड़बड़** पु० स्त्री० रोग का प्रकोप; अव्यवस्था।
**गड़बड़ाना** स० क्रि० बड़बड़ करना, क्रम भ्रष्ट होना।
**गड़बड़ी** स्त्री० गड़बड़, अव्यवस्था।
**गड़रिया** पु० भेड़ पालने वाली हिन्दू जाति, मेषपाल।
**गड़वाना** स० क्रि० दूसरे से गड़वाना।
**गड़ा** पु० ढेर, गाँज, राशि।
**गड़ाना** स० क्रि० धँसना, चुभाना।
**गड़ायत*** वि० चुभनेवाला, गड़ने वाला।
**गड़ारी** स्त्री० वृत्त, घेरा, घिरनी, पानी खींचने की चरखी।
**गड़ासा** पु० गँड़ासा।
**गड्ड** वि० *(स०)* कूबड़वाला।
**गड्ई** स्त्री० छोटा लोटा।
**गड़ेर** पु० *(स०)* बादल।
**गड़ेरदार** वि० घेरदार।
**गड़ेरुआ†** पु० चौपायों का एक रोग।
**गड़ोना** स० क्रि० धँसाना, चुभाना।
**गड्डमगोल** पु० गड़बड़झाला।
**गड्डर, गड्डल** पु० *(स०)* भेड़, मेष।
**गड्डी** स्त्री० ताश के पत्तों की गड्डी; ढेर।
**गड्ढा** पु० गढ़ा, गर्त।
**गढ़न्त** स्त्री० गढ़ी हुई बात, कल्पित बात।
**गढ़** पु० अड्डा, केन्द्र; किला, कोट।
**मुहा० गढ़ जीतना/तोड़ना** कठिन काम कर डालना; किला फतह करना।
**गढ़त** स्त्री० शरीर सौष्ठव; बनावट; गठन।
**गढ़न** स्त्री० बनावट; गठन, आकृति।
**गढ़पति** पु० कोषाध्यक्ष, राजा।
**गढ़वाना** स० क्रि० गढ़ाना।
**गढ़ाई** स्त्री० गढ़ने की मजदूरी; गढ़ने का काम।
**गढ़ाना** स० क्रि० बनवाना, गढ़वाना।
**गढ़िया** पु० गढ़नेवाला।
**गढ़ी** स्त्री० किले के समान मजबूत घर; छोटा गढ़।
**गढ़ीश, गढ़ीस*** पु० गढ़पति, किलेदार।
**गढ़ैया** स्त्री० गड़ही, छोटा तालाब, गढ़ने वाला।
**गण** पु० *(सं०)* समूह, ढेर।
**गणक** पु० *(स०)* ज्योतिषी, गिनती करने वाला।
**गणन** पु० *(स०)* हिसाब करना, गिनना।
**गणना** स्त्री० *(सं०)* गिनना; हिसाब; गिनती।
**गणनीय** वि० *(सं०)* गिननेलायक, मान्य।
**गणाग्रणी** पु० *(स०)* समूह में सबसे आगे रहनेवाला।
**गणाचल** पु० *(स०)* कैलास।
**गणपति, गणाधिप, गणाधिपति, गणाध्यक्ष** पु० *(स०)* सेनानायक; गणेश, गण का मुखिया।
**गणमुख** पु० *(सं०)* मुखिया।
**गणिका** स्त्री० *(सं०)* धनप्राप्ति के लिए प्रेम करनेवाली स्त्री; वेश्या।

**गणित** वि० *(स०)* गिना हुआ; जोड़ा हुआ।
**गणितीय** वि० *(सं०)* गणित सम्बन्धी।
**गणित्र** पु० *(स०)* गणना करने की मशीन।
**गणेश** पु० *(सं०)* पार्वती नन्दन।
**गण्ड** पु० *(सं०)* कपोल, हाथी की कनपटी, गैण्डा, स्पोटक रोग।
**गण्य** वि० *(सं०)* गणनीय।
**गत** स्त्री० बुरी दशा; हालत, गति; सितार आदि पर बजाया जानेवाला राग का।
**मुहा० गत का** अच्छा। **गत बनाना** दुर्दशा करना।
**गत** वि० *(सं०)* मृत; बीता हुआ; गया हुआ।
**गतक** पु० *(स०)* गति, गमन।
**गतका** पु० खेलने का लकड़ी का बना डण्डा।
**गतांक** वि० *(सं०)* गया-बीता। वि० पिछला अंक।
**गतान्त** वि० *(सं०)* जिसका अन्त आ गया हो।
**गताक्ष** वि० *(सं०)* अन्धा।
**गतागत** पु० *(स०)* जाना-आना; जन्म-मरण।
**गतागति** स्त्री० *(सं०)* जन्म-मरण का बन्धन।
**गतानुगत** पु० *(स०)* परम्परा का अनुसरण।
**गतानुगतिक** वि० *(सं०)* अन्धानुयायी।
**गतायात** पु० *(स०)* जाना और आना, यातायात।
**गतार, गतारि**† स्त्री० बोझ बाँधने की रस्सी; जूए से बैल की गरदन बाँधने की रस्सी।
**गतार्तवा** स्त्री० *(सं०)* बुढ़िया।
**गतार्थ** वि० *(सं०)* अर्थहीन; निर्धन।
**गतावधिक** वि० *(सं०)* जिसकी अवधि बीत गयी हो।
**गतासु** वि० *(सं०)* मृत।
**गति** स्त्री० *(सं०)* गमन, जाना; रफ्तार, चाल; हरकत; पहुँच; दशा, हालत।
**गतिक** पु० *(स०)* चाल, गमन।
**गतिमान्(मत्)** वि० *(सं०)* हरकत करने वाला।
**गतिया** स्त्री० बच्चों के गले में बाँधने का रूमाल।
**गत्वर** वि० *(सं०)* नाशमान; गतिमान्; जाता हुआ।
**गथ*** पु० पूँजी, जमा; धन; झुण्ड।
**गथना*** स० क्रि० जोड़ना, गढ़कर बातें करना।
**गदका** पु० गतका।
**गदकारा** वि० गुलगुला, मुलायम।
**गदगद*** वि० गद्‌गद, पुलकित करने वाला वचन।
**गदन** पु० *(स०)* वर्णन, कथन।
**गदना*** स० क्रि० बोलना, कहना।
**गदबदा** वि० दोहरे बदन का, मुलायम, कोमल।
**ग़दर** पु० *(अ०)* बगावत, विद्रोह, विप्लव।
**गदरा** वि० गदराया हुआ।
**गदराना** अ० क्रि० फली का पूर्ण विकास किन्तु कच्चा होना; यौवनावस्था में अंगों में निखार आना।
**गदला** वि० *(फ़ा०)* गन्दा, मटमैला।
**गदलाना**† अ० क्रि० गन्दा या दूषित होना।
**गदहपचीसी** पु० सोलह से पच्चीस वर्ष तक की अपरिपक्व बुद्धि वाली अवस्था।
**गदहपन** पु० मूर्खता।
**गदहरा*** पु० गद्दा; गधा।
**गदहा** पु० गधा; वैद्य, चिकित्सक।
**गदहिला** पु० वह गधा जिस पर ईंट आदि लादते हैं।
**गदाम्बर** पु० *(स०)* बादल।
**गदा** स्त्री० *(सं०)* लोहे का बना एक पुराना हथियार।
**गदा** पु० *(फ़ा०)* भिखारी, मँगता।
**गदाका**† पु० किसी को उठाकर जमीन पर दे मारना।
**गदागद** अ० निरन्तर, बिना रुके, लगातार।
**गदाधर** पु० *(सं०)* विष्णु, हनुमान, भीम।
**गदाला** पु० मोटा बिछौना।
**गदि** स्त्री० *(सं०)* कथन, भाषण।
**गदेला** पु० *लड़का, बालक; गद्दा।
**गदोरी** स्त्री० हथेली।
**गद्‌गद** वि० *(सं०)* हर्ष, प्रेम के अतिरेक से गला भर आया हो, पुलकित; आनन्दित।
**गद्‌गदिका** स्त्री० *(सं०)* हकलाहट।
**गद्‌द** पु० अजीर्ण, कोमल वस्तु पर किसी चीज के गिरने की ध्वनि।
**गद्‌दर**† वि० अधपका।
**गद्‌दा** पु० रुई का मोटा बिछौना।
**गद्‌दी** स्त्री० छोटा मोटा बिछौना, व्यवसायी का बैठने का स्थान, शिष्य आचार्य-परम्परा का पद।
**मुहा० गद्दी चलना** वंश-परम्परा जारी रहना। **गद्दी पर बैठना** राजगद्दी पर बैठना।
**गद्य** पु० *(स०)* वह रचना जो छन्दोबद्ध न हो, कहने योग्य।
**गद्यात्मक** वि० *(सं०)* गद्य में रचा हुआ।

**गधा** पु० एक चौपाया पशु जो बोझ ढोने के लिए पाला जाता है, खर, रासभ। वि० नासमझ, मूर्ख।
**मुहा० गधा पीटे घोड़ा नहीं होता** मूर्ख सिखाने से समझदार नहीं हो सकता। **गधे को बाप बनाना** काम निकालने के लिए मूर्ख की खुशामद करना। **गधे पर चढ़ाना** बेइज्जत करना।
**गधी** स्त्री० गधे की मादा।
**गन*** पु० गण।
**गननायक/पति** पु० गणपति।
**गनक*** गणक, गणना करने वाला।
**गनती*** स्त्री० गिनती, गणना।
**गनना*** स० क्रि० गिनना। स्त्री० गणना।
**गननाना** *अ० क्रि० गूँजना।
**गनाना*** स० क्रि० गिनाना। अ० क्रि० गिना जाना।
**गनिका*** स्त्री० गणिका, वेश्या।
**गनियारी** स्त्री० एक झाड़, छोटी अरनी।
**ग़नी** वि० *(अ०)* मालदार, धनी।
**ग़नीम** पु० *(अ०)* डाकू, लुटेरा; दुश्मन।
**गनीमत** स्त्री० *(अ०)* सन्तोष करने योग्य बात।
**गन्ना** पु० ईख।
**गप** स्त्री० *(अ०)* अल्प, झूठी-सच्ची इधर-उधर की बात, मिथ्या समाचार।
**मुहा० गप उड़ाना** झूठी खबर फैलाना। **गप मारना/हाँकना** बकवास करना; डींग मारना। **गप लड़ाना** गपशप करना।
**गपकना** *झूठ कहना। स० क्रि० झट से खा लेना।
**गपागप** क्रि० वि० जल्दी-जल्दी।
**गपिहा*** वि० गप्पी।
**गपोड़, गपोड़िया** वि० गप मारनेवाला।
**गपाड़ा** पु० गप्प।
**गपाड़े बाज़ी** स्त्री० झूठी बकवास।
**गप्पा** पु० बड़ा ग्रास।
**गप्पी** वि० डींग हाँकने वाला, झूठी बातें कहने वाला।
**गप्फा** पु० आर्थिक लाभ; बड़ा ग्रास।
**गफ** वि० घना (बुना हुआ) ठस।
**ग़फ़लत** स्त्री० *(अ०)* भूल; असावधानी।
**ग़फ़ूर** वि० *(अ०)* क्षमा करने वाला, दयालु।
**गफ़्फ़ार** पु० *(अ०)* ईश्वर। वि० बड़ा क्षमाशील।
**गबड्डी**† स्त्री० कबड्डी।
**गबदी** वि० मूर्ख, सुस्त, बुद्धिहीन।
**गबद्द** वि० जड़मति, मूर्ख।
**ग़बन** पु० *(अ०)* अमानत की रकम खा जाना।
**गबरगण्ड** वि० मूर्ख, जड़बुद्धि।
**गबरहा** वि० गोबर लगा हुआ।
**गब्बर** वि० धनी; घमण्डी; हठी।
**गभस्ति** पु० *(सं०)* रश्मि; सूर्य; किरण।
**गभीरिका** स्त्री० *(सं०)* बड़ा ढोल।
**गभुआर, गभुवार** वि० जिसका मुण्डन न हुआ हो।
**गभोलिक** पु० *(सं०)* मसूर, गावतकिया।
**गम** पु० *(सं०)* जाना, कूच, अभियान; स्त्री-प्रसंग। *स्त्री० पहुँच, गुजर।
**मुहा० ग़म खाना** सह लेना।
**गमक** वि० *(सं०)* बोधक, सूचक। स्त्री० सुगन्ध।
**गमकीला**† वि० सुगन्धित।
**गमथ** पु० *(सं०)* पथिक, रास्ता।
**गमन** पु० *(सं०)* सम्भोग करना; जाना; पास जाना, यात्रा, प्रमाण।
**गमनना*** अ० क्रि० जाना।
**गमन पत्र** पु० जाने का अधिकार पत्र।
**गमना*** अ० क्रि० जाना; चलना।
**गमागम** पु० *(सं०)* आना-जाना।
**गमाना*** स० क्रि० गँवाना, खोना।
**ग़मी** स्त्री० मृत्यु; मृत्युशोक, मातम।
**गम्भीर** वि० *(सं०)* गहन, घना, गूढ़, सौम्य, प्रकृति का, भारी।
**गम्य** वि० *(सं०)* जाने योग्य; समझाने योग्य।
**गय*** पु० हाथी; गज।
**गया** अ० क्रि० 'जाना' का भूतकालिक रूप।
**गयाल** पु० उत्तराधिकारी हीन सम्पत्ति।
**गर** पु० *(सं०)* एक कड़वा पेय; जहर, विष।
**गर** *पु० गला। प्र० *(फ़ा०)* बनानेवाला।
**ग़रक़** वि० *(अ०)* नष्ट; निमग्न, डूबा हुआ।
**ग़रक़ी** वि० *(अ०)* डूब जाने वाला। स्त्री० पानी में डूबी जमीन; बाढ़।
**मुहा० ग़रक़ी आना** बाढ़ आना।
**गरगज** पु० किले की बुर्ज; हाथियों के आने-जाने के लिए बना चौड़ा रास्ता।
**गरज** स्त्री० शेर की दहाड़; ऊँची, गम्भीर आवाज।

**ग़रज़** स्त्री० *(अ०)* चाह; प्रयोजन, मतलब।

**मुहा० ग़रज़ का आशना** मतलब का दोस्त। **ग़रज़ का बावला** अपनी गरज निकालने के लिए सब कुछ करने को तैयार। **ग़रज़ कि** मतलब यह कि। **ग़रज़ बावली होती है** गरजमन्द आदमी सब कुछ करने को तैयार होता है।

**गरजन*** पु० गर्जन; घोर गम्भीर।

**गरजना†** वि० गर्जन करने वाला।

**ग़रज़ी** वि० गरजमन्द, जरूरतमन्द।

**गरदन** स्त्री० *(फ़ा०)* घड़े या सुराही आदि का मुँह के नीचे का तंग, लम्बोतरा भाग; गला, ग्रीवा।

**मुहा० गरदन उड़ाना/उतारना** सिर धड़ से अलग कर देना, कत्ल करना। **गरदन ऐंठी रहना** घमण्ड में चूर रहना। **गरदन काटना** भारी अहित करना। **गरदन झुकना** लज्जित होना, अधीन होना। **गरदन नापना** धक्के देकर बाहर निकालना, बेइज्जती करना। **गरदन पर छुरी फेरना** हलाल करना, घोर अन्याय करना। **गरदन फँसना** वश में होना, बुरे फँसना। **गरदन मरोड़ना** मार डालना।

**गरदना** पु० गरदन पर किया जाने वाला आघात।

**गरदनिया** स्त्री० गर्दन पकड़कर बाहर निकालने का कार्य।

**गरदा** पु० छल।

**गरदिश** स्त्री० गर्दिश, बुरे दिन।

**गरना** * टपकना; अ० क्रि० निचुड़ना।

**गरनाल** स्त्री० चौड़े मुँह की तोप।

**गरब*** पु० गर्व; हाथी का मद।

**गरबई*** स्त्री० गर्व, घमण्ड।

**गरबना, गरबाना*** अ० क्रि० घमण्ड करना।

**गरबीला** वि० गर्वयुक्त, घमण्डी।

**गरभ** *पु० गर्व; *(सं०)* गर्भ।

**गरभाना*** अ० क्रि० पौधों में फल लगना।

**गरभी*** वि० घमण्डी, गर्वयुक्त।

**गरम** वि० गर्मी करने वाला (गरम मसाला); जिसे छूने में उष्णता का अनुभव हो।

**गरमागरम** वि० जिसमें प्राकृतिक गर्मी या उत्तेजना हो (गरमागरम बहस); ज्यादा गरम (चाय)।

**गरमागर्मी** स्त्री० गुस्से में आ जाना; जोश, सरगर्मी।

**गरमाना** स० क्रि० गरम करना।

**गरमाहट** स्त्री० गर्मी, उष्णता।

**गर्मी** स्त्री० उपदंश रोग, आतशक; गरम होने का अनुभव, उष्णता; क्रोध; जोश, उमंग; आवेश।

**गररा** *(हि०)* भूरे रंग का अश्व विशेष।

**गररी** स्त्री० एक चिड़िया, सिरोही।

**गरल** पु० *(सं०)* विष, जहर।

**गरलारि** पु० *(सं०)* पन्ना।

**गरली (लिन्)** वि० *(सं०)* विषयुक्त, जहरीला।

**गरवा*** पु० गला; विशाल, भारी; गुजराती नृत्य विशेष।

**गरह†** पु० ग्रह।

**गरहन** पु० ग्रहण।

**गरहेण्डुवा†** पु० कौड़िल्ला।

**गराँ** वि० *(फ़ा०)* महँगा; कठिन; अप्रिय, भारी।

**गराण्डील** वि० लम्बा-तड़ंगा, ऊँचे कद का।

**गराँव†** पु० पशुओं के गले में बाँधी जानेवाली फन्देदार रस्सी।

**गराड़ी** स्त्री० चरखी, घिरनी।

**गराना*** सं० क्रि० निचोड़ना; गलाना।

**गरानी** स्त्री० भारीपन, महँगाई।

**गरामी** वि० *(फ़ा०)* पूज्य, बुजुर्ग; सम्मानित।

**गरारा** वि० प्रबल, तेज, प्रचण्ड; घमण्डी; उद्धत। पु० कुली।

**गरास*** पु० ग्रास।

**गरिमा (मन्)** स्त्री० *(सं०)* गौरव, महत्त्व; गुरुता।

**गरियाना†** स० क्रि० दुर्वचन कहना; गाली देना।

**गरिष्ठ** वि० *(सं०)* सम्मानित; कठिनता से पचने वाला (चिकनाई युक्त) भारी।

**गरी** स्त्री० बीज का गूदा, गिरी; नारियल का गूदा।

**ग़रीब** वि० *(अ०)* दीन-हीन; दरिद्र, निर्बल, निर्धन।

**गरीबान/गिरेबान** पु० *(फा०)* अँगरखे या कुर्ते का वह भाग जो गले के नीचे और छाती के ऊपर रहता है।

**मुहा० गरीबान चाक करना/फाड़ना** उन्माद में कपड़े फाड़ना, पागल होना। **गरीबान में मुँह डालना** अपराध स्वीकार करना; लज्जित होना। **गरीबान में सिर डालना** लज्जित होना।

**ग़रीबाना** अ० गरीबी ढंग से।

**ग़रीबी** स्त्री० *(अ०)* गरीबता, निर्धनता; मुफलिसी।
**गरीयस** वि० *(सं०)* भारी, प्रबल, अत्यन्त।
**गरु*** वि० गम्भीर; वजनदान, भारी।
**गरुअ, गरुआ*** वि० वजनदार; गौरवयुक्त।
**गरुआना*** अ० क्रि० गौरवान्वित होना।
**गरुता*** स्त्री० गुरुता।
**गरुत्** पु० *(सं०)* भक्षण; पंख।
**गरू*** वि० बड़ा; भारी, गुरु।
**ग़रूर** पु० *(अ०)* अभिमान, घमण्ड, गर्व।
**गरूरत*** स्त्री० गरूर होने का भाव।
**गरूरताई*** स्त्री० मस्ती; घमण्ड।
**गरूरा** वि० मगरूर; मतवाला।
**गरूरी*** वि० घमण्डी, मगरूर।
**गरेबान** पु० *(फ़ा०)* गरीबान, अभिमानी।
**गरेरना*** स० क्रि० रोकना, घेरना।
**गरेरा*** पु० घेरा। वि० घुमावदार।
**गरेरी** *वि० स्त्री० घुमावदार, चक्करदार।
**गरोह** पु० *(फ़ा०)* दल, जमात, समूह, झुण्ड।
**ग़र्क़** वि० *(अ०)* बर्बाद, डूबा हुआ, नष्ट।
**गर्ग** पु० *(सं०)* यादवों के कुलगुरु; एक ऋषि, गोत्र प्रणेता।
**गर्गरी** स्त्री० *(सं०)* दही मथने का बर्तन; कलसी, मथानी।
**गर्ज** पु० *(सं०)* हाथी का चिग्घाड़ना; गर्जन।
**गर्जन** पु० *(सं०)* बादलों की गड़गड़ाहट; गरजने की क्रिया, घोर आवाज होना; गरजना।
**गर्जना** स्त्री० *(सं०)* गर्जन।
**गर्जर** पु० *(सं०)* गाजर।
**गर्जा** स्त्री० *(सं०)* बादलों का गर्जन।
**गर्जित** पु० *(सं०)* बादलों का गर्जन; मदवाला हाथी। वि० गरजा हुआ।
**गर्त** पु० *(सं०)* एक रोग; गड्ढा, खड्ड; छेद, दरार।
**गर्तकी, गर्तिका** स्त्री० *(सं०)* जुलाहे का घर।
**गर्ता** स्त्री० *(सं०)* बिल; गुफा।
**गर्ताश्रय** पु० *(सं०)* बिल में रहनेवाला जन्तु।
**गर्द** वि० *(सं०)* चिल्लाने वाला।
**गर्दभ** पु० *(सं०)* गधा, एक मूर्ख प्राणी।
**गर्दभाण्ड** पु० *(सं०)* पाकड़; पीपल।
**गर्दाबाद** वि० *(फ़ा०)* धूल से भरा हुआ; उजाड़।
**गर्दिश** स्त्री० *(फ़ा०)* गति; दिन का फेर, विपत्ति।
**गर्ध** पु० *(सं०)* उत्सुकता, इच्छा।
**गर्धन, गर्धित** वि० *(सं०)* लालची।
**गर्बीला** वि० अभिमानी, घमण्डी।
**गर्भ** पु० *(सं०)* सूर्य के ताप से जल का वाष्प रूप में परिवर्तित होकर वायुमण्डल में होना, भ्रूण।
**गर्भागार** पु० *(सं०)* प्रसूतिगृह; गर्भगृह; गर्भाशय।
**गर्भाधान** पु० *(सं०)* गर्भ रहना, गर्भ-धारण।
**गर्भारि** पु० *(सं०)* छोटी इलायची।
**गर्भाष्टम** पु० *(सं०)* गर्भ से आठवाँ महीना।
**गर्भित** पु० *(सं०)* काव्य का एक दोष किसी अतिरिक्त वाक्य का किसी वाक्य के बीच में आ जाना।
**गर्भी (भिन्)** वि० *(सं०)* भरा हुआ; गर्भयुक्त।
**गर्म** वि० *(फ़ा०)* जो ठण्डा न हो, गरम।
**ग़र्रा** पु० *(अ०)* घमण्ड, अभिमान, गरूर।
**गर्राना†** अ० क्रि० घमण्डी बन जाना।
**गर्ववन्त*** वि० गर्वयुक्त।
**गर्वाट** पु० *(सं०)* द्वारपाल; चौकीदार।
**गर्वित** वि० *(सं०)* गर्भयुक्त; घमण्डी।
**गर्वी(विन्)** वि० *(सं०)* गर्व करने वाला, अभिमानी।
**गर्वीला** वि० अभिमानी, घमण्डी।
**गर्हण** पु० *(सं०)* निन्दा करना, आरोप लगाना।
**गर्हणीय** वि० *(सं०)* निन्दा करने योग्य, निन्द्य।
**गर्हित** वि० *(सं०)* बुरा, दूषित, निन्दित।
**गर्ही** वि० *(सं०)* निन्दक।
**गल** गाल का समास में प्रयुक्त।
**गलका** पु० ऊँगलियों के अग्र भाग को गलाने वाला फोड़ा।
**गलगल** पु० मैना जाति की एक चिड़िया; नींबू की जाति का खट्टा एक बड़ा फल।
**गलगला*** वि० मुलायम; गीला, तर।
**गलगलाना†** अ० क्रि० दयार्द होना; गीला करना या पानी से तर होना।
**गलगाजना** क्रि० आनन्द से गरजना।
**गलुगुच्छा** पु० गलमुच्छा।
**गलग्राह** पु० मगर।
**गलछट** स्त्री० गलफड़ा।
**गलतंग** वि० अचेत।
**गलतंस** पु० सन्ततिहीन मृतक।

**ग़लत** वि० *(अ०)* जो सही न हो, नादुरुस्त; असत्य।
**गलतकिया** पु० गालों के नीचे का तकिया।
**ग़लताँ** वि *(फ़ा०)* लोटने वाला; लुढ़कता हुआ।
**गलतान** वि० जर्जर।
**ग़लती** स्त्री० *(अ०)* भूल-चूक; व्याकरण नियम आदि के अनुसार हुई भूल, गलत होना।
**गलथन** पु० अजागल स्तन।
**गलन** पु० *(सं०)* झरण; झाड़ना; ठण्ढ से गलने की क्रिया; पिघलन; गलना, पतन।
**गलना** क्रि० शरीर की जीर्ण होना।
**गलबल***पु० कोलाहल, शोर; गड़बड़।
**गलबली** स्त्री० बन्दर के गाल के नीचे की थैली।
**गलसूजन** पु० गले के नीचे सूजन का रोग।
**गला** पु० मुखर आवाज; घड़े, लोटे आदि का ऊपर का गलेनुमा सँकरा भाग।
**गलाऊ** वि० *(सं०)* गलाने वाला।
**गलाना** दस० क्रि० गाँठ, गिल्टी आदि को धीरे-धीरे गायब कर देना।
**गलार** पु० वृक्षविशेष। वि० झाड़ालू।
**गलावट** स्त्री० गलने का भाव; गलाने वाली चीज।
**गलित** वि० *(सं०)* पतित।
**गलित,गलियारा** पु० घर का संकीर्ण मार्ग।
**गली** स्त्री० सड़क से कम चौड़ा रास्ता जिसके दोनों तरफ मकान हों, सँकरा रास्ता, कूचा; (किसी के) घर के सामने का टोला।
**ग़लीज़** पु० *(सं०)* मैला, विष्ठा। वि० गन्दा, मैला।
**गलेस्तनी** स्त्री० *(सं०)* बकरी।
**गलौआ** पु० बन्दरों के गाल के अन्दर की थैली।
**गल्प** पु०, स्त्री० कहानी; डींग; गप्प।
**गल्ला*** पु० अनाज; हल्ला, शोर।
**गवन*** पु० गमन; गौना।
**गवनना*** अ० क्रि० जाना।
**गवय** पु० *(सं०)* घात, अवसर।
**गवर्नमेण्ट** पु० *(अं०)* सरकार, शासन।
**गवर्नर** पु० *(अं०)* शासक; राज्य की ओर से नियुक्त शासक, प्रदेश का राजा।
**गवर्नरी** स्त्री० गवर्नर का पद, गवर्नर का कार्य या शासनकाल।
**गवाक्ष, गवाक्षक** पु० *(सं०)* छोटी खिड़की, झरोखा।
**गवादनी** स्त्री० *(सं०)* घास; गाय-बैल को चारा देने की नाँद।
**गवार** वि० *(फ़ा०)* रुचने-पचने वाला।
**गवारा** वि० *(फ़ा०)* रुचिकर, स्वीकार करने योग्य।
**गवारिश** स्त्री० *(फ़ा०)* पाचक चूरन।
**गवास** †स्त्री० गाने की इच्छा।
**गवीश** पु० *(सं०)* गोस्वामी, गायों का मालिक; साँड़।
**गवेजा*** स्त्री० बातचीत, बहस।
**गवेल*** वि० गँवार, देहाती; गाँव से सम्बन्धित।
**गवेशणा** स्त्री० *(सं०)* खोज, अन्वेषण।
**गवेसना*** स० क्रि० खोजना।
**गवैंहाँ** वि० ग्रामीण, देहाती, रिश्तेदार।
**गव्य** पु० *(सं०)* गायों का झुण्ड; पंचगव्य।
**गव्या** स्त्री० *(सं०)* गोरोचना; गायों का झुण्ड।
**गश** पु० *(अ०)* मूर्च्छा, बेहोशी।
**गश्त** स्त्री० *(फ़ा०)* भ्रमण, चक्कर, फिरना; पुलिस का रात में इलाके में घूमना।
**गश्ती** वि० घूमने-फिरने वाला, गश्त करने वाला।
**गसना** स० क्रि० पकड़ना; कसना, ग्रसना।
**गसीला** वि० सघन बुना हुआ; गठा हुआ।
**गह** स्त्री० पकड़। *(सं०)*
**गहगह, गहगहा** अ० हर्षोल्लास से; धूमधामपूर्वक। वि० प्रफुल्ल, आनन्द से भरा हुआ।
**गहगहे** अ० धूमधाम से, हर्ष-उत्साह के साथ।
**गहडोरना**† स० क्रि० गन्दा करना।
**गहन** *स्त्री० हठ; पकड़। वि० *(सं०)* अभेद्य, घना, दुर्गम; कठिन।
**गहनता** स्त्री० *(सं०)* दुर्गमता, गम्भीरता।
**गहना** *स० क्रि० पकड़ना। पु० *(सं०)* आभूषण।
**गहनि*** स्त्री० पकड़; हठ, जिद।
**गहने*** अ० बन्धक के तौर पर।
**गहबर*** वि० आत्मविस्मृत; दुर्गम; शोकविह्वल; गह्वर।
**गहबरना*** अ० क्रि० व्याकुल होना, घबड़ाना।
**गहबराना*** अ० क्रि० घबड़ाना।
**गहरा** वि० कठिन; गम्भीर; भारी; बहुत ज्यादा। **मुहा० गहरा आसामी** मालदार आसामी। **गहरी घुटना** प्रगाढ़ मित्रता होना।
**गहराना*** स० क्रि० गहरा करना। अ० क्रि० नाराज होना; गहरा होना।

**गहराव**† पु० गहराई।
**गहवा**† पु० सँड़सी।
**गहवारा** पु० *(फ़ा०)* विकासस्थल; पालना, बच्चे को झुलाने का झूला।
**गहाई*** स्त्री० पकड़, गहन।
**गहागड्ड** वि० खूब तेज; गहरा।
**गहासना*** स० क्रि० निगलना; पकड़ना।
**गहिला*** वि० बावला, पागल।
**गहीला** वि० घमण्डी, गर्वीला, अभिमानी।
**गहेजुआ*** पु० छछूँदर।
**गहेला** वि० घमण्डी; बौड़म, पागल, हठी।
**गहैया**† पु० पकड़ने वाला, ग्रहण करने वाला।
**गह्वर** पु० *(सं०)* निकुंज; दम्भ; गुफा, कन्दरा; गम्भीर विषय। वि० निविड़; दुर्गम; गुप्त।
**गह्वरी** स्त्री० *(सं०)* कन्दरा, गुफा।
**गांग** वि० *(सं०)* गंगा का।
**गांगायनि** पु० *(सं०)* कार्तिकेय; भीष्म।
**गांगेय** पु० *(सं०)* कार्तिकेय; भीष्म; सोना।
**गाँछना** स० क्रि० गूँथना।
**गाँजा** पु० भाँग की जाति का एक पौधा—जिसकी पत्तियाँ नशीली होती हैं।
**गाँठ** स्त्री० गठरी; धागे, रस्सी आदि को जोड़ने से पड़ी हुई गुत्थी, ग्रन्थि।
**मुहा० गाँठ कटना** जेब कटना। **गाँठ का पूरा** धनी। **गाँठ खुलना** उलझन दूर होना। **गाँठपर गाँठ पड़ना** कठिनाई बढ़ते जाना। **गाँठ बाँधना** याद रखना।
**गाँड़** स्त्री० तला, पेंदा; मलद्वार।
**गाँडर** स्त्री० एक दूब; खस नाम की एक घास।
**गाँथना** स० क्रि० गाँठना; गूँथना।
**गान्दिनी** स्त्री० *(सं०)* गंगा।
**गान्धर्व** वि० *(सं०)* गन्धर्व-देश में उत्पन्न; गन्धर्व सम्बन्धी। पु० गानविद्या; गन्धर्व-विवाह।
**गान्धारी** स्त्री० *(सं०)* दुर्योधन की माता, गान्धार की राजकुमारी।
**गान्धिक** पु० *(सं०)* गन्धद्रव्य; गन्धी, इत्र बेचने वाला।
**गान्धी** पु० बरसाती; राष्ट्रपिता बापू।
**गाम्भीर्य** पु० *(सं०)* चित्त की स्थिरता; गहराई।
**गाँव** पु० छोटी बस्ती, ग्राम।
**गाँसना** स० क्रि० कसना; गूँथना; वश में रखना।
**गाँसी** स्त्री० गाँठ; हथियार की नोक; कपट, छल।
**गागर*** स्त्री० कलसा, घड़ा।
**मुहा० गागर में सागर भरना** थोड़े में बहुत अधिक बातों का समाहित होना।
**गागरी*** स्त्री० गगरी।
**गाज** पु० फेन, झाग।
**मुहा० गाज गिरना/पड़ना** बिजली गिरना; आफत आना।
**गाजना** अ० क्रि० बोलना; गरजना।
**ग़ाज़ी** पु० *(सं०)* शूर-वीर; विजेता; काफिरों से लड़नेवाला मुसलमान योद्धा।
**गाटर** पु० *(अं०) (गर्टर)* लोहे की धरनी या शहतीर।
**गाटा**† पु० बैलों को नाधना; खेत का छोटा टुकड़ा।
**गाड़** पु० अनाज रखने का गड्ढा; खेत की मेंड़।
**गाड़ना** स० क्रि० गड्ढे में रखकर मिट्टी से ढँकना; दफन करना; धरती में दबाना, छिपाना।
**गाड़ा** पु० कोल्हू के नीचे का गड्ढा; छकड़ा, बैलगाड़ी।
**गाड़ी** स्त्री० रेलगाड़ी; शकट, पहिये के सहारे चलने वाली सवारी।
**गाढ** वि० *(सं०)*घना; मजबूत; गाढ़ा; गहरा; अवगाहन किया हुआ; कठिन।
**गाढ़ा** पु० गहरी मित्रता होना; हाथ का बुना मोटा कपड़ा, गाढ़ी छनना; विपत्ति के समय में साथ देनेवाला; पक्का।
**मुहा० गाढ़ी छनना** गहरी मित्रता होना। **गाढ़े का साथी** संकट में मददगार। **गाढ़े दिन** मुसीबत के दिन। **गाढ़े पसीने की कमाई** परिश्रम से कमाया धन।
**गाणिक्य** पु० *(सं०)* गणेश का उपासक।
**गात*** पु० शरीर, गात्र।
**गाता(तृ)** पु० *(सं०)* गन्धर्व, गायक।
**गाती** स्त्री० चादर ओढ़ने का एक खास ढंग।
**गातु** पु० *(सं०)* गीत; गवैया; कोयल।
**गात्र** पु० *(सं०)* अंग; देह।
**गात्रवर्ण** पु० *(सं०)* सुर साधने की एक पद्धति।
**गात्रवान्(वत्)** पु० *(सं०)* वि० सुन्दर शरीर वाला।
**गात्रावरण** पु० *(सं०)* ढाल; कवच।

**गाथ** पु० *(सं०)* यशगान; स्तोत्र।
**गाथा** स्त्री० *(सं०)* छन्द; आर्या छन्द; छन्दोबद्ध कथा।
**गाथिका** स्त्री० *(सं०)* गानेवाली, गायिका।
**गादड़** वि० डरने वाला, डरपोक।
**गादर**† पु० मट्ठर बैल; गीदड़।
**गादा**† पु० अधपकी फसल के अधपकी अन्न के दाने; अधपकी फसल; महुए का फूल।
**गादा** स्त्री० पकवान्न, गद्दी।
**गादुर*** पु० चमगादड़।
**गाध** पु० *(सं०)* स्थान; जगह; प्रप्ति की इच्छा; तल।
**गाधि** पु० *(सं०)* विश्वामित्र के पिता।
**गाधेया** स्त्री० *(सं०)* सत्यवती, गाधि की कन्या।
**गान** पु० *(सं०)* स्तवन; बखान; गीत, गाना।
**गाना** पु० गान, गीत। स० क्रि० गुण गाना; बखानना।
मुहा० **गाना बजाना** गान वाद्य; राग-रंग; उत्सव।
**ग़ाफ़िल** वि० *(अ०)* बेखबर, असावधान, लापरवाह।
**गाभ** पु० पशुगर्भ।
**गाभा** पु० नये कोमल पत्ते; कल्ला, कोंपल।
**गाभिन** वि०, स्त्री० गर्भवती (गाय, भैंस, बकरी आदि)।
**गाम** पु० गाँव, ग्राम।
**गामी (मिन्)** वि० *(सं०)* सम्भोग करने वाला; जाने वाला, गमन करने वाला, चलने वाला।
**गाय** स्त्री० *(हि०)* एक मादा पशु जिसका दूध स्वादिष्ट एवं पुष्टिदायक होता है। वि० सीधा-सादा आदमी।
**मुहा० गाय की तरह काँपना** बहुत डरना, भयभीत होना।
**गायक** पु० *(सं०)* स्तुति करने वाला; गवैया।
**गायकी** स्त्री० गाने का पेशा; गाने की उच्च कला।
**ग़ायत** वि० *(अ०)* बेहद, हद दर्जे का।
**गायत्री** स्त्री० गायत्री मन्त्र; सावित्री; *(सं०)* एक वैदिक छन्द जिसमें आठ-आठ वर्णों के तीन चरण होते हैं; दुर्गा; गंगा।
**गायत्री (त्रिन्)** पु० *(सं०)* कत्था का पेड़; साम गायन, गायत्री मन्त्र का गायक।
**गायनी** स्त्री० *(सं०)* गाने का पेशा करने वाली स्त्री।
**ग़ायब** वि० *(अ०)* अदृश्य; अनुपस्थित; लुप्त; आँखों से ओझल।
**ग़ायबाना** अ० *(अ०)* छिपे-छिपे, गुप्त रीति से, पीठ-पीछे।
**गार** प्र० *(फ़ा०)* साधन (यादगार); करने वाला (खिदमतगार, गुनहगार)। *स्त्री० गाली।
**ग़ारत** वि० तबाह; नष्ट; बर्बाद। स्त्री० *(अ०)* लूट-मार; तबाही, बर्बादी (करना, होना)।
**गारद** स्त्री० पहरा; *(अं० 'गार्ड')* सिपाहियों का छोटा दस्ता।
**मुहा० गारद में करना/में रखना** पहरे में रखना; किसी स्थान या व्यक्ति की सुरक्षा के लिए नियुक्त रक्षा टुकड़ी।
**गारना** †स० क्रि० निचोड़ना; गलाना।
**गारा** पु० मिट्टी या चूने-सुर्खी का तरल लसदार घोल जिससे ईंटें जोड़ी जाती हैं।
**गारी*** स्त्री० अपशब्द बकना, गाली।
**गारुड़** वि० *(सं०)* गरुड़ के आकार का; गरुड़-सम्बन्धी।
**गारुडिक, गारुडी(डिन्)** पु० *(सं०)* सँपेरा, साँप का जहर उतारने वाला।
**गारो** पु० *गर्व; गौरव; प्रतिष्ठा; आसाम की एक आदिवासी जाति, पहाड़।
**गार्गेय** पु० *(सं०)* गर्ग के वंश में उत्पन्न।
**गार्गेयी** स्त्री० *(सं०)* गर्ग गोत्र में उत्पन्न स्त्री।
**गार्ड** पु० *(अं०)* प्रहरी; सबसे पीछे के डिब्बे में बैठने वाला अधिकारी जो ट्रेन के परिचालन में मदद करता है; रक्षक।
**गार्ध्र** पु० *(सं०)* लोभ; बाण।
**गार्भ** वि० *(सं०)* गर्भ के पोषण विकास होने सम्बन्धी कर्तव्य; गर्भ-सम्बन्धी।
**गार्हपत** पु० *(सं०)* गृहपतित्व।
**गार्हपत्य** पु० *(सं०)* साग्निक गृहस्थ, गृहपतित्व।
**गार्हस्थ्य** पु० *(सं०)* पंचयज्ञ; गृहकार्य; गृहस्थ के लिए कर्तव्य, गृहस्थाश्रम।
**गाल** पु० कपोल, रुखसार; मुँहजोरी, वाचालता; चक्की में एक बार डाला गया अन्न।
**मुहा० गाल पिचकना** दुबला होना। **गाल फुलाना** मुँह फुलाना, रूठना। **गाल बजाना** बढ़-बढ़कर बात करना।

**गालन** पु० *(सं०)* गलाना; निचोड़ना।

**गाला** पु० *मुँहजोरी; धुनी हुई रुई की पूनी या गोला।

**गालित** वि० *(सं०)* गलाया हुआ; निचोड़ा हुआ।

**ग़ालिब** पु० उर्दू के प्रसिद्ध कवि मिरजा असद अल्लाह खाँ का उपनाम।

**गाली** स्त्री० अपशब्द, गन्दा या अश्लील शब्द; विवाह आदि में गाया जाने वाला गन्दा या अश्लील गीत।

**गालू*** वि० गाल बजाने वाला; शेखी बघारने वाला।

**गाव** पु० *(फ़ा०)* वृष राशि; गाय-बैल। करतब दिखाना।

**मुहा० गाव ज़ोरी दिखाना** बल के करतब दिखाना; बल परीक्षा करना।

**गावन*** स्त्री० गाने का ढंग।

**गासिया*** पु० जीनपोश; घोड़े की जीन पर बिछाया जाने वाला कपड़ा।

**गाह** पु० *(सं०)*अवगाहन; गहराई; *ग्राहक; अन्वेषण; ग्राह।

**गाह** स्त्री० *(फ़ा०)* समय, बारी; स्थान, जगह।

**गाहक** पु० कद्रदाँ; *(सं०)* अवगाहन करने वाला, थहाने वाला; ग्राहक, खरीदार।

**गाहकताई*** स्त्री० खरीदारी; कद्रदानी।

**गाहन** पु० *(सं०)* थाह लेना; बिलोड़ना; पानी में डूबना, गोता लगाना, स्नान करना।

**गाहन** स्त्री० हलचल मचाना, मथना, फसल को खलिहान में रख कर बैल घुमाना।

**गाहा*** स्त्री० कथा, वृत्तान्त; गाथा।

**गाही** स्त्री० फल आदि गिनने की एक विधा; पाँच चीजों का समूह।

**गिंजाई** स्त्री० बिलोड़ना; गींजने की क्रिया।

**गिन्दौड़ा, गिन्दौरा** पु० मोटी परत के रूप में जमायी हुई चीनी।

**गिचपिच** वि० पास-पास लिखा हुआ, अस्पष्ट।

**गिजगिजा** वि० मुलायम और गीला; पिलपिला।

**ग़िज़ा** स्त्री० *(अ०)* खाद्य पदार्थ, पौष्टिक आहार।

**ग़िज़ाई** वि० जो आहार-रूप में हो; भोज्य सामग्री।

**गिटकौरी** स्त्री० पत्थर का छोटा टुकड़ा, कंकड़ी।

**गिटपिट** स्त्री० अस्पष्ट और अर्थहीन शब्द समूह।

**मुहा० गिटपिट करना** टूटी-फूटी अँग्रेजी बोलना।

**गिट्टक** पु० लकड़ी आदि का छोटा टुकड़ा, धातु; चिलम के छेद पर रखने की कंकड़ी।

**गिट्टी** स्त्री० ईंट,पत्थर आदि के छोटे-छोटे टुकड़े।

**गिड़गिड़ाना** अ० क्रि० चिरौरी करना, मिन्नत करना, दीन भाव से प्रार्थना करना।

**गिद्ध** पु० माँस खानेवाला एक बड़ा पक्षी जिसकी दृष्टि बड़ी तीक्ष्ण होती है, गृध्र।

**गिनगिनाना**† स० क्रि० झकझोरना, रोमांच होना।

**गिनती** स्त्री० गणना, गिनने की क्रिया।

**गिनना** स० क्रि० हिसाब लगाना; संख्या मालूम करना, गिनती करना, गणना करना; महत्त्वपूर्ण मानना।

**मुहा० गिन-गिनकर** हिसाब करते हुए, गिनते हुए। **गिन-गिनकर कदम रखना** बहुत धीरे-धीरे चलना, सावधानी पूर्वक चलना। **गिन-गिनकर गालियाँ देना** घर के हर आदमी का नाम ले-लेकर गालियाँ देना। **गिन देना** तुरत चुकता कर देना।

**गिनाना** स० क्रि० गिनने का काम दूसरे से कराना, गिनती करवाना।

**गिनी** स्त्री० *(अं०)* सोने का सिक्का।

**गिन्नी** स्त्री० चक्कर; †सोने का सिक्का।

**मुहा० गिन्नी खाना** चक्कर खाना।

**गिब्बन** पु० *(अं०)* सुमात्रा, जावा आदि में पाया जानेवाला बन्दर।

**गिय*** स्त्री० गरदन, गला।

**गिर*** पु० गिरि, पर्वत।

**गिरई** स्त्री० एक छोटी मछली।

**गिरगिट** पु० छिपकली की जाति का रंग बदलनेवाला एक जन्तु, करकैंटा।

**मुहा० गिरगिट की तरह रंग बदलना** विचार बदलते रहना।

**गिरजा** *स्त्री० पार्वती। पु० ईसाइयों का पूजागृह।

**गिरदा**† पु० ढोलक या खंजड़ी का मेंड़रा, तकिया।

**गिरदावर** वि० घूम-घूमकर जाँच करनेवाला अधिकारी।

**गिरधर, गिरधारी** पु० कृष्ण।

**गिरना** अ० क्रि० खड़े रहने में असमर्थ होकर जमीन पर आ जाना, पतित होना, अवनति करना।

**गिरनार** पु० जैनों का एक प्रधान तीर्थ; गुजरात में

एक पर्वत।

**गिरनारी** वि० गिरनार पर्वत पर रहनेवाला।

**गिरफ़्त** स्त्री० *(फ़ा०)* दोष, अपराध या भूल पकड़ना।

**गिरफ़्तार** वि० *(फ़ा०)* बन्दी; संकट में फँसा हुआ; अपराध के सिलसिले में पकड़ा हुआ।

**गिरफ़्तारी** स्त्री० *(फ़ा०)* गिरफ्तार करना या होना।

**गिरमिट** पु० *(अं०)* *(एग्रीमेण्ट)* एकरारनामा, प्रतिज्ञापत्र; बड़ा बरमा।

**गिरमिटिया** पु० किसी दूसरे देश में गया हुआ बँधुआ हिन्दुस्तानी मजदूर।

**गिरवी** स्त्री० बन्धक रखी हुई चीज; बन्धक, रेहन।

**गिरह** स्त्री० *(फ़ा०)* ईख आदि के पोरों का जोड़; गज का सोहलवाँ भाग; गाँठ, गुत्थी।

**गिराँ** वि० बहुमूल्य; अरुचिकर; महँगा, भारी।

**गिरा** स्त्री० *(सं०)* बोली, जबान; सरस्वती, वाणी।

**गिराना** स० क्रि० पटक देना; फेंकना; ढहाना; जमीन पर लुढ़का देना; सहसा उपस्थित करना।

**गिराव** पु० गिरने की दशा, गिरावट, अधःपात।

**गिरावट** स्त्री० गिरने का भाव, पतन, अधःपात।

**गिरि** पु० *(सं०)* संन्यासियों की एक उपाधि; नेत्ररोग; पर्वत, पहाड़।

**गिरिक** पु० *(सं०)* गेंद; शिव। वि० पर्वत से उत्पन्न।

**गिरका** स्त्री० *(सं०)* चुहिया।

**गिरीन्द्र** पु० *(सं०)* शिव; श्रेष्ठ पहाड़, हिमालय।

**गिरीश** पु० *(सं०)* शिव; हिमालय।

**गिरो** वि. गिरवी, छोटा रस्सा; बन्धक।

**गिर्द** अ० *(फ़ा०)* आस-पास; पास।

**गिर्दागिर्द** अ० *(फ़ा०)* इर्द-गिर्द, चारों ओर।

**गिर्दावर** वि० *(फ़ा०)* घूम-घूमकर कार्यों का निरीक्षण करने वाला अधिकारी; चारों तरफ घूमने वाला।

**गिल** वि० *(सं०)* भक्षक। पु० जँबीरी नीबू; मगरमच्छ।

**गिल** स्त्री० *(फ़ा०)* गीली मिट्टी; मिट्टी; गारा।

**गिलट** स्त्री० मुलम्मा, सोने का पानी चढ़ाने का काम; चाँदी के रंग की एक निम्नकोटि की धातु।

**गिलटी** स्त्री० *(सं०)* एक रोग जिसमें शरीर के विभिन्न भागों में गाँठ निकल आती है।

**गिलना*** स० क्रि० मन में रखना; निगलना।

**गिलबिला** वि० नरम गीला, पिलपिला।

**गिलबिलाना** अ० क्रि० अस्पष्ट शब्द बोलना।

**गिलम** वि० मुलायम। स्त्री० मोटा और मुलायम गद्दा; ऊनी कालीन।

**गिलहरा** पु० धारीदार मोटा कपड़ा; नरगिलहरी।

**गिलहरी** स्त्री० चिखुरी, पेड़ों पर रहनेवाला चूहे जैसा एक छोटा जन्तु, गिलाई।

**गिला** पु० *(फ़ा०)* शिकायत; उलाहना; उपालम्भ, निन्दा।

**गिलाई** स्त्री० गिलहरी।

**ग़िलाज़त** स्त्री० *(अं०)* गाढ़ापन; मैला; गन्दगी; नापाकी।

**गिलान** *स्त्री० घृणा; ग्लानि।

**गिलाफ़** पु० *(फ़ा०)* लिहाफ; तकिये की खोली; म्यान।

**गिलायु** पु० *(सं०)* गले के भीतर गाँठ पड़ जाने का रोग।

**गिलावा** †पु० गारा।

**गिलास** पु० लम्बोतरा बर्तन, शीशे या धातु का बना पानी पीने का गोल एवं लम्बा पात्र।

**गिलोला*** पु० गुलेल से फेंकी जाने वाली मिट्टी की गोली।

**गिलौरी** स्त्री० पान का बीड़ा।

**गिल्यान*** स्त्री० ग्लानि।

**गींजना†** स० क्रि० खाने की तैयार चीजों को मिला कर सानना।

**गींव†** स्त्री० गरदन, ग्रीवा।

**गीत** वि० *(सं०)* गाया हुआ, रचना, प्रशंसा।

**गीता** स्त्री० *(सं०)* गुरु-शिष्य के कथोपकथन रूप में आध्यात्म तत्त्व का उपदेश करने वाला पद्यग्रन्थ— रामगीता, शिवगीता श्रीमद्भगवद् गीता।

**गीतातीत** वि० *(सं०)* अवर्णनीय, अकथनीय, जो गाया न जा सके।

**गीति** स्त्री० *(सं०)* एक मात्रावृत्त; गीत।

**गीतिका** स्त्री० *(सं०)* एक मात्रिक छन्द; वर्णवृत्त।

**गीदड़** पु० भेड़िये की जाति का एक जानवर, स्यार, शृगाल।

**गीदी** वि० *(फ़ा०)* बेहया; डरपोक, कायर।

**ग़ीबत** स्त्री० *(अ०)* गैरहाजिरी; अनुपस्थिति; पीठ पीछे बुराई करना, चुगलखोरी।

**गीर*** स्त्री० सरस्वती; बोली, वाणी।

**गीर्देवी** स्त्री० शारदा, सरस्वती।

**गीर्ण** वि० *(सं०)* निगला हुआ; वर्णित।
**गीर्णि** स्त्री० *(सं०)* निगलना, वर्णन।
**गीला** वि० आर्द्र, भीगा हुआ, नम्र।
**गीवँ, गीव*** स्त्री० ग्रीवा, गरदन।
**गीर्वाण** पु० *(सं०)* देवता।
**गीष्पति** पु० *(सं०)* बृहस्पति; पण्डित।
**गुंग**† वि० गूँगा।
**गुंगा**† वि० गूँगा।
**गुँगुआना*** अ० क्रि० अच्छी तरह न जलना; गूँगे की तरह बोलना।
**गुंचा** पु० *(फ़ा०)* झुरमुट; कली; आनन्द मंगल; फूल की घनी आबादी; नाच रंग।
**गुंज** पु० *(सं०)* पक्षियों का कूजना, बोलना; भौंरे का गुंजार; गुच्छा।
**गुंजन** पु० *(सं०)* गुंजार; गुनगुनाना।
**गुंजना** अ० क्रि० भौंरे का गुंजार गुनगुनाना।
**गुंजरना*** अ० क्रि० गुंजार करना।
**गुँजहरा**† पु० बच्चों के हाथ का कड़ा।
**गुंजा** स्त्री० *(सं०)* घुँघची; कल-कल ध्वनि।
**गुंजाइश** स्त्री० *(फ़ा०)* अवकाश; स्थान; समाई।
**गुंजान** वि० *(फ़ा०)* घना (आबादी) सटा हुआ।
**गुंजायमान** वि० *(सं०)* गूँजता हुआ।
**गुंजार** पु० भौंरे की भनभनाहट।
**गुंजिया** स्त्री० कान में पहनने का आभूषण।
**गुण्ठन** पु० *(सं०)* ढकना; छिपाना; लेपन।
**गुण्ठित** वि० *(सं०)* छिपाया हुआ; लेप किया हुआ।
**गुण्डई** स्त्री० गुण्डापन, नीचता।
**गुण्डन** पु० *(सं०)* गुण्ठन, ढकना।
**गुण्डली** स्त्री० कुण्डली, गेंडरी।
**गुण्डा** वि० कुमार्गी, पापी।
**गुण्डित** वि० *(सं०)* धूल से ढँका हुआ; चूर्ण किया हुआ; पीसकर महीन किया हुआ।
**गुँधना** अ० क्रि० आटे आदि का गूँधा जाना।
**गुँधाई** स्त्री० गूँथने की उजरत; गूँथने की क्रिया।
**गुम्फ** पु० *(सं०)* बाजूबन्द; गूँथना; मूँछ, गलमुच्छा।
**गुम्फन** पु० *(सं०)* क्रमवार रखना; गूँथना।
**गुम्फना** स्त्री० *(सं०)* सुन्दर अर्थ के अनुकूल शब्द योजना, वाक्य-रचना; गूँथना।
**गुम्फित** वि० *(सं०)* सजाया हुआ; गूँथा हुआ।
**गुम्बदी** पु० एक खम्भे का गोल खेमा।
**गुम्भी*** स्त्री० अंकुर; कोंपल।
**गुइयाँ** पु० साथी, सहचर।
**गुआर** स्त्री० कुलथी। *पु० ग्वाला।
**गुआरि*** स्त्री० कुलथी।
**गुआलिन*** स्त्री० मिट्टी का खिलौना, ग्वालिन।
**गुइयाँ** स्त्री० सखी। पु० खेल का साथी।
**गुग्गुल, गुग्गुलु** पु० *(सं०)* एक कँटीला पेड़ और उसका गोंद जो सुगन्धित होता है और दवा के काम में भी आता है।
**गुग्गुलक** पु० *(सं०)* गुग्गुल का व्यापार करनेवाला।
**गुच्ची** स्त्री० गुल्ली खेलने के लिए जमीन में बना हुआ छोटा गढ़ा।
**गुच्छ** पु० *(सं०)* फूलों का गुच्छा, गुलदस्ता; एक ही समान वस्तु का समूह; गुच्छा; मोर की पूँछ।
**गुच्छा** पु० एक टहनी में लगे कई फूल; झब्बा; एक समान एकत्रित वस्तुओं का समूह; फुँदना।
**गुज़र** पु० *(अ०)* घाट; जाना, निकलना; रास्ता; पहुँच, प्रवेश; जीवन निर्वाह, गुजारा। **मुहा० गुज़र करना** दिन काटना; निर्वाह करना। **गुज़र होना** निर्वाह होना (किसी और रास्ते से) निकलना; जा निकलना।
**गुज़रना** अ० क्रि० गुजर होना; (नदी) पार होना; बीतना, कटना (समय); (दर्खास्त)।
**गुजराती** स्त्री० गुजरात की भाषा।
**गुज़रानना** स० क्रि० व्यतीत करना, पेश करना।
**गुजरिया**† स्त्री० गूजरी, व्यतीत करना।
**गुजरी** स्त्री० कलाई में पहनने का एक प्रकार का गहना, पहुँची।
**गुजरेटी** स्त्री० गूजरी; गूजर कन्या।
**गुज़श्ता** वि० *(फ़ा०)* अतीत, बीता हुआ।
**गुज़ारा** पु० *(फ़ा०)* रास्ता; पुल या नाव से नदी पार करना; घाट।
**गुज़ारिश** स्त्री० *(फ़ा०)* प्रार्थना, निवेदन, अर्ज।
**गुज्झा** †वि० छिपा हुआ, गुप्त।
**गुटकना** क्रि० निगलना, कबूतर तुल्य ध्वनि करना।
**गुटका** पु० पान में खाने का एक मसाला; गोली, गुटिका; पॉकेट साइज की पुस्तक।
**गुट्ट** पु० दल, समूह।

**मुहा० गुट्ट बाँधना** दल बनाना।

**गुट्ठल** पु० रुई आदि के दबने से बनी हुई गाँठ।

**गुट्ठी** स्त्री० मोटी गाँठ; टखना।

**गुठली** स्त्री० गिलटी; आम, जामुन आदि; फल का कपड़ा बीज, कुसली।

**गुड़** पु० *(सं०)* ग्रास, हाथी का सन्नाह; गेंद; निवाला।

**गुड़** पु० ईख के रस को गाढ़ा करके बनायी हुई बट्टी या भेली।

**मुहा० गुड़ खाना गुलगुले से परहेज** बड़ी की बुराई करना, छोटी से परहेज। **गुड़ गोबर करना** चौपट करना, नष्ट करना। **गुड़ गोबर होना** बरबाद होना, नष्ट होना। **गुड़ खिलाकर ढेला मारना** लोभ दिखाकर नुकसान करना। **गुड़ से मरे तो जहर क्यों दे** नरमी से काम चले तो कड़ाई क्यों करे।

**गुडक** पु० *(सं०)* गुड़ में पकी औषध; गेंद; गुड़।

**गुड़गुड़** पु० हुक्का पीने और आँतों में वायु के संचार से होने वाला शब्द।

**गुड़गुड़ाना** स० क्रि० हुक्का पीना।

**गुड़गुड़ी** स्त्री० काठ की निगाली वाला छोटा हुक्का।

**गुड़हर, गुड़हल** पु० अड़हुल का फूल, जपा कुसुम।

**गुण्डाका** स्त्री० *(सं०)* आलस्य; नींद।

**गुड़िया** स्त्री० बच्चों के खेलने के लिए प्लास्टिक या कपड़े आदि की बनी स्त्रियों की आकृति, पुतली।

**मुहा० गुड़ियों का खेल** बहुत आसान काम।

**गुड़ीला**† वि० गुड़ जैसा मीठा।

**गुडुच** स्त्री० गुडूची, एक बेल जिसका डण्ठल दवा के काम आता है।

**गुड्डा** पु० बड़ी पतंग; बड़ी नर गुड़िया।

**मुहा० गुड्डा बाँधना** पुतला बनाकर बदनाम करना।

**गुड्डी** स्त्री० गुड़िया, एक छोटा हुक्का; पतंग, कनकौवा; घुटने की हड्डी।

**गुड्डा** पु० बड़ी पतंग; कपड़े, प्लास्टिक आदि का बना मनुष्य की आकृति, पुतला।

**गुढ़*** पु० चोर या अपराधी के छिपने, बचने का स्थान।

**गुण** पु० *(सं०)* प्रकृति का गुणधर्म—सत्त्व, रज, तम।

**गुणकर** वि० लाभदायी।

**गुणकारक** वि० रसोईया। वि० लाभप्रद।

**गुणन** पु० *(सं०)* गुणा करना।

**गुणवान् (वत्)** वि० *(सं०)* गुणशाली, गुणी।

**गुणांक** पु० *(सं०)* वह संख्या जिसको गुणा किया जाए।

**गुणात्र्य** पु० *(सं०)* तीन गुणों में श्रेष्ठ सत्त्व गुण।

**गुणाढ्य** वि० *(सं०)* सद्गुणशाली।

**गुणात्मक** वि० *(सं०)* गुणों पर आधारित।

**गुणानुरोध** पु० *(सं०)* अच्छे गुणों के अनुकूल।

**गुणालय** वि० *(सं०)* बहुत से गुणों से युक्त।

**गुणानुवाद** पु० *(सं०)* प्रशंसा, बड़ाई।

**गुणित** वि० *(सं०)* जिसकी गणना की गयी हो; जिसका गुणन किया गया हो।

**गुणी(णिन्)** वि० *(सं०)* किसी विशेष गुण का जानने वाला, अलौकिक गुणयुक्त; निपुण।

**गुणीभूत** वि० *(सं०)* गौण बनाया हुआ; मुख्य अर्थ से भिन्न।

**गुणोपेत** वि० *(सं०)* अच्छे गुणों से युक्त।

**गुण्य** पु० *(सं०)* वह अंक जिसे गुणा करना हो।

**गुत्थमगुत्था** पु० गुँथ जाने का भाव, भिड़न्त।

**गुत्थी** स्त्री० कठिनाई; उलझन, तागे आदि में उलझने से पड़ी हुई गाँठ।

**गुत्स** पु० *(सं०)* ग्रन्थ का परिच्छेद; चँवर; गुच्छा।

**गुथना** अ० क्रि० भिड़ना; उलझना; गूँथा जाना।

**गुद** पु०, स्त्री० *(सं०)* गुदा, मलद्वार।

**गुदकार, गुदकारा** वि० गुदगुदा; गूदेदार, गूदे से युक्त।

**गुदगुदा** वि० नरम, गुदाज; भरा हुआ।

**गुदड़िया** पु० फटे-पुराने कपड़े पहने व्यक्ति, गुदड़ी ओढ़ने वाला।

**गुदड़ी** स्त्री० गुदड़ी बाजार; फटे-पुराने, रंग-बिरंगे कपड़े के टुकड़ों को सीकर बनाया हुआ ओढ़ना।

**मुहा० गुदड़ी का लाल** साधारण घर में जनमा हुआ असाधारण गुण सम्पन्न। **गुदड़ी में लाल** तुच्छ स्थान में अच्छी वस्तु।

**गुदना** पु० गोदना। अ० क्रि० गड़ना, चुभना।

**गुदरना** क्रि० निवेदन करना।

**गुदराना** क्रि० सूचित करना।

**गुदवाना** स० क्रि० गुदाना।

**गुदा** स्त्री० *(सं०)* गुद, मलद्वार।

**गुदाज़** पु० *(फ़ा०)* पिघलना; मनोव्यथा।

**गुदाना** स० क्रि० गोदवाना, गोदना।

**गुदावर्त** पु० *(सं०)* कोष्ठबद्धता।

**गुद्दी*** स्त्री० मींगी, गूदा।

**मुहा० गुद्दी की नागिन** गरदन के पीछे के बालों की भँवर, जो अशुभ होती है। **गुद्दी में आँखें हो जाना** ऐसी मानसिक स्थिति जिसमें न कुछ समझ में आये न कुछ दिखायी दे। **गुद्दी से जीभ निकालना** जबान खींचकर बाहर निकालना।

**गुन*** पु० गुण, अच्छाई।

**गुनगुना** वि० नाक से बोलने वाला; कुनकुना।

**गुनगुनाना** अ० क्रि० बहुत धीमे स्वर में गाना; नाक से बोलना।

**गुनह** पु० *(फ़ा०)* 'गुनाह' या अपराध का छोटा रूप।

**गुनावन*** पु० विचार।

**गुनाह** पु० *(फ़ा०)* पाप, दोष, अपराध, दुष्कर्म।

**गुनिया**† वि० गुणी। पु० विचार करने वाला।

**गुनियाला*** वि० गुणों वाला।

**गुनी** पु० चतुर मनुष्य; ओझा।

**गुपचुप** स्त्री० एक मिठाई, लड़कों का एक खेल। अ० छिपकर, गुप्त रीति से।

**गुपाल*** पु० गोपाल।

**गुपुत*** वि० गुप्त।

**गुप्त** पु० *(सं०)* वैश्यों की वर्णसूचक उपाधि। वि० गूढ़; रक्षित, छिपा हुआ।

**गुप्ता** स्त्री० *(सं०)* वैश्य स्त्री; चेहरा छिपाने वाली नायिका; रखेली; वर्णसूचक उपाधि।

**गुप्ति** स्त्री० *(सं०)* रक्षण; कारागार; ढकने या छिपाने की क्रिया, गोपन; नाक का छेद।

**गुप्तोत्प्रेक्षा** स्त्री. *(सं.)* उत्प्रेक्षा अलंकार जिसमें वाचक पद मानो, जानो इत्यादि का प्रयोग न होता हो।

**गुफा** स्त्री० छिपने का स्थान, पहाड़ या जमीन में बना हुआ लम्बा गढ़ा, खोह, गुफा।

**गुफ़्त** स्त्री० *(फ़ा०)* यह पद केवल समास में प्रयुक्त होता है जिसका अर्थ कथन, उक्ति आदि।

**गुफ़्तार** स्त्री० *(फ़ा०)* बोलचाल, बातचीत।

**गुबार** पु० *(अ०)* मन में संचित दुःख, मैल; धूल।

**मुहा० गुबार निकालना** मन की भड़ास निकालना।

**गुम** वि० *(फ़ा०)* लापता, गायब, खोया हुआ, लुप्त।

**गुमटा** पु० कपास का एक कीड़ा; सिर पर चोट लगने से उभरा हुआ गूमड़; सूजन।

**गुमटी** स्त्री० रेलवे क्रॉसिंग पर हिफाजत करने वाले चौकीदार के रहने के लिए बनी हुई छोटी कोठरी।।

**गुमना**† अ० क्रि० खो जाना।

**गुमान** पु० *बदगुमानी, कुधारणा। *(फ़ा०)* घमण्ड।

**गुमानी** वि० अभिमानी, घमण्डी।

**गुमाश्ता** पु० *(फ़ा०)* एजेण्ट के रूप में काम करने वाला कर्मचारी।

**गुमेटना*** स० क्रि० लपेटना।

**गुम्मर**† पु० चोट के कारण उभरा अर्बुद, गुम्मड़।

**गुरम्ब, गुरम्भा**† गुड़ की चाशनी में पगा कच्चा आम।

**गुर** पु० कार्य साधने की युक्ति, उपाय; सवाल लगाने की संक्षिप्त और अच्छी युक्ति; गुरुमन्त्र।

**गुरगा** पु० दुष्ट सेवक; दास, सेवक; जासूस।

**गुरचियाना**† अ० क्रि० सिकुड़कर टेढ़ा हो जाना।

**गुरची**† स्त्री० सिकुड़न, बल।

**गुरदा** पु० *(फ़ा०)* शरीर के अन्दर मूत्र तन्त्र का प्रमुख अंग जो रक्त के विजातीय तत्त्वों का शोधन कर यूरिया, नेत्रजन को पेशाब के रूप में बाहर करता है; हिम्मत, जीवट।

**गुरवी*** वि० घमण्डी।

**गुरसी**† स्त्री० अँगीठी, गोरसी।

**गुरिद*** पु० गदा, गुर्ज।

**गुरबत** स्त्री० *(अ०)* निराश्रयता; यात्री की विवशता।

**गुरिया** स्त्री० छोटी गोली; मनका, माला का दाना।

**गुरिल्ला** पु० छापामार दस्ते का सैनिक, फौज की छोटी टुकड़ी जो अवसर पाते ही दुश्मन पर आक्रमण करती है और मारकाट कर लुप्त हो जाती है।

**गुरु** पु० *(सं०)* पिता; पूज्य पुरुष; शिक्षक, कोई कला या विद्या सिखाने वाला, उस्ताद।

**गुरुअई, गुरुआई** स्त्री० मन्त्रोपदेश देने का कार्य।

**गुरुआनी** स्त्री० गुरु की पत्नी; शिक्षा देने वाली स्त्री।

**गुरुता** स्त्री० *(सं०)* महत्त्व, गौरवः गुरु का पद; भारीपन, बोझ; गुरुत्वाकर्षण।

**गुरुत्व** पु० *(सं०)* गुरु होने की अवस्था, गुरु का

कार्य।

**गुरुत्वाकर्षण** पु० *(सं०)* वजन के कारण वस्तु का पृथ्वी के केन्द्र की ओर खींचा जाना।

**गुरुदक्षिणा** स्त्री० *(सं०)* अध्ययन समाप्ति पर गुरु की सन्तुष्टि हेतु भेंट।

**गुरुद्वारा** पु० गुरुस्थान, सिक्ख मन्दिर।

**गुरुभाई** पु० एक गुरु के चेले।

**गुरू**† पु० शिक्षक, गुरु।

**गुरेरना**† स० क्रि० घूरना।

**गुरेरा** *पु० आमना-सामना, घूरने की क्रिया।

**गुर्ग** पु० *(फ़ा०)* भेड़िया।

**गुर्जर** पु० *(सं०)* गुजरात का रहने वाला, गूजर।

**गुर्जरी** स्त्री० *(सं०)* एक रागिनी; गुजरात देश की स्त्री।

**गुर्रा** पु० *(अ०)* नागा, खाली दिन, अंझा; मुसलमानों के मुहर्रम मास की प्रतिपदा (द्वितीया)।

**गुर्राना** अ० क्रि० (ला०) क्रोधसूचक आवाज में बोलना।

**गुर्विणी, गुर्वी** वि० स्त्री० *(सं०)* गर्भवती। स्त्री० गुरुपत्नी; गर्भवती स्त्री; श्रेष्ठ स्त्री।

**गुल** पु० *(फ़ा०)* दीपक की बत्ती का जला अंश या भाग जो फूल का आकार ग्रहण कर लेता है। **मुहा० गुल करना** बुझना। **गुल खिलना** अचम्भे की बात होना, भेद खुलना। **गुल खिलाना** अचम्भे की बात करना। **गुल हो जाना** ठण्ढा हो जाना/बुझ जाना।

**गुल चला** पु० गोलन्दाज, गोला चलाने वाला।

**गुल** पु० *(फ़ा०)* हल्ला, शोर।

**गुलगुल** वि० नरम, गुलगुला, कोमल।

**गुलगुला** पु० आटे में गुड़ या खाँड़ मिलाकर तेल या घी में तला जाने वाला एक पकवान।

**गुलगुलाना** *गुदगुदाना। †स० क्रि० किसी गूदेदार चीज को दबाकर पिलपिला करना।

**गुलचाना, गुलचियाना** स० क्रि० प्रेमपूर्ण चपत मारना।

**गुलछर्रा** पु० चैन, मौज, ऐश।

**मुहा० गुलछर्रे उड़ाना** निद्वन्द्व होकर सुख भोगना, मौज करना।

**गुलझटी** स्त्री० गुत्थी, धागे आदि में उलझकर पड़ी हुई गाँठ।

**गुलत्थी** स्त्री० अधिक गीला पकाया हुआ चावल।

**गुलथी** स्त्री० कोई काम करने से पड़ी हुई गाँठ या घट्ठा; चोट लगने से शरीर में होने वाला गुम्मड़।

**गुलमा** पु० सिर पर चोट लगने से होने वाली गोल सूजन।

**गुलाब** पु० *(फ़ा०)* एक काँटेदार पौधा जिसका फूल बहुत सुन्दर और मीठी सुगन्ध वाला होता है।

**गलाबा*** पु० एक बर्तन।

**गुलाबी** वि० हल्की ठण्ढ, नशा गुलाब से सुगन्धित (रेवड़ी); गुलाब के रंग का, हल्का लाल।

**गुलाम** पु० *(अ०)* ताश का एक पत्ता; नौकर; दास; वशवर्ती, अधीन, पराधीन व्यक्ति। ।

**गुलामी** स्त्री० पराधीनता; चाकरी; दासता।

**गुलियाना** स० क्रि० चोंगे में औषध आदि भरकर पशु को पिलाना; गोलियाना; मुख में ठेलना।

**गुलिस्ताँ** पु० *(फ़ा०)* उद्यान, पुष्प-वाटिका।

**गुलेंछ, गुलुच्छ** पु० *(सं०)* गुच्छा।

**गुलू** पु० *(फ़ा०)* गला, गरदन।

**गुलूबन्द** पु० *(फ़ा०)* गलेबन्द, मफलर।

**गुलूला** पु० *(फ़ा०)* गोली; गुलेल।

**गुलेराना** पु० एक फूल जो भीतर की ओर लाल और बाहर पीला होता है; सुन्दर फूल।

**गुलेल** स्त्री० *(अ०)* दो ताँतों की कमान जिस पर मिट्टी की गोली रखकर फेंकते हैं।

**गुलेला** पु० गुलेल से फेंकने की मिट्टी की गोली।

**गुलौर, गुलौरा** पु० वह स्थान जहाँ रस पकाकर गुड़ या राब बनाया जाये।

**गुल्फ** पु० *(सं०)* एड़ी के ऊपर की गाँठ; घुट्टी।

**गुल्म** पु० *(सं०)* तिल्ली; बिना तने का पौधा जिसमें जड़ से ही कई शाखाएँ निकलती हैं; झाड़।

**गुल्मी** स्त्री० *(सं०)* पेड़ों का झुरमुट; सैनिक।

**गुल्मी (ल्मिन्)** वि० *(सं०)* गुल्म रोग से पीड़ित।

**गुल्य** पु० *(सं०)* मीठा स्वाद, मिठास।

**गुल्लक** पु० प्रतिदिन की आय रखने का डिब्बा, पात्र।

**गुल्लर** पु० गूलर।

**गुल्ला** पु० *शोर, गुल (हल्ला-गुल्ला)। *(फ़ा०)* गुलेल पर फेंकी जानेवाली मिट्टी की गोली।

**गुल्ली** स्त्री० महुए के फूल की गुठली; मकई की

खुखड़ी; ऊख की गँड़ेरी; केवड़े का फूल।

**मुहा० गुल्ली डण्डा खेलना** खेलकूद में समय नष्ट करना।

**गुवार*** पु० ग्वाल।

**गुवाल*** पु० ग्वाल।

**गुसैयाँ*** पु० ईश्वर; स्वामी।

**गुस्ताख़** वि० *(फ़ा०)* बेअदब, ढीठ, अविनीत।

**गुस्ताख़ाना** वि० *(फ़ा०)* गुस्ताखी से भरा हुआ।

**गुस्ताख़ी** स्त्री० *(फ़ा०)* अशिष्टता, ढिठाई, बेअदबी।

**गुस्ल** पु० *(अ०)* मुर्दे को नहलाना; सारे शरीर को धोना, स्नान करना।

**गुस्लखाना** पु० *(अ०)* स्नानागार।

**गुस्सा** पु० *(अ०)* क्रोध, रोष, कोप।

**गुस्सैल** वि० क्रोधी, चिड़चिड़ा।

**गुह†** पु० पाखाना, विष्ठा, मल।

**गुहना†** स० क्रि० गूँथना।

**गुहराना†** स० क्रि० पुकारना।

**गुहा** स्त्री० *(सं०)* माँद; *(ला०)* हृदय, अन्तःकरण; गुफा, खोह; कन्दरा; छिपने की जगह।

**गुहाई** स्त्री० गूँथने की क्रिया।

**गुहामुख** पु० गुफाद्वार।

**गुहार** स्त्री० रक्षा हेतु पुकार।

**गुहेर** पु० *(सं०)* लोहार, अभिभावक, संरक्षक, रक्षक।

**गुह्य** पु० *(सं०)* गुप्त अंग, उपस्थ; भेद, रहस्य।

**गुह्यक** पु० *(सं०)* कुबेर के खजाने के रक्षक गुझिया।

**गुह्य निष्यन्द** पु० मूत्र।

**गुह्य भाषण, भाषित** पु० गुप्त वार्ता, गुप्त मन्त्रणा।

**गूँगा** पु० गूँगा आदमी। वि० मूक, जो बोल न सके; जो मौन साधे हो।

**गूँगी** स्त्री० न बोल सकने वाली स्त्री।

**गूँज** स्त्री० देर तक बनी रहने वाली ध्वनि; प्रतिध्वनि, टकराकर लौटने वाली आवाज; गुंजार।

**गूँजना** अ० क्रि० भौंरे या मधुमक्खी की गुंजार।

**गूँधना** स० क्रि० पिरोना; माड़ना, आटे में पानी डालकर उसे हाथों से मसलना, चोटी करना।

**गू** पु० *(सं०)* मैला, पाखाना, विष्ठा; गन्दगी।

**गूजर** पु०अहीर जाति, ग्वाला, क्षत्रियों का एक भेद; गुजरात का रहने वाला।

**गूझा** *वि० गुप्त। पु० बड़ी गुझिया; फलों के भीतर का रेशा।

**गूढ़** पु० *(सं०)* रहस्य; एकान्त स्थान; गुप्तांग।

**गूढ़ता** स्त्री०, **गूढ़त्व** पु० *(सं०)* गम्भीर होना, गुप्त, गहन, गूढ़ होना।

**गूढ़ाचारी** वि० *(सं०)* भेदिया, गुप्तचर।

**गूढ़ोक्ति** स्त्री० *(सं०)* अर्थालंकार का एक प्रकार जिसमें कोई बात सम्बन्धित व्यक्ति से न कहकर किसी अन्य पर लक्षित कर कही जाये; गूढ़कथन।

**गूढ़ोत्तर** पु० *(सं०)* अर्थालंकार का एक प्रकार जिसमें दिया गया उत्तर गूढ़ अर्थ युक्त हो।

**गूथना** स० क्रि० मोटी सिलाई करना।

**गूदड़** पु० फटा-पुराना वस्त्र।

**गूदा** पु० फल के छिलके के नीचे का खाने योग्य भाग।

**गून** स्त्री० गुण, वह रस्सी जिससे नाव खींची जाती है; एक प्रकार की घास।

**गूर्द** पु० *(सं०)* कुदान, कूदने की क्रिया।

**गूलर** पु० बरगद-पीपल की जाति का एक पेड़, उदम्बर।

**मुहा० गूलर का कीड़ा होना** अपने आप में ही सीमित होना। **गूलर का फूल** अदृश्य एवं अलभ्य वस्तु।

**गूह** पु० विष्ठा, मल।

**गूहन** पु० *(सं०)* छिपाना।

**गृंजन** पु० *(सं०)* गाजर; शलजम; लाल लहसुन;

**गृत्स** वि० *(सं०)* मेधावी; चतुर। पु० कामदेव।

**गृधू** वि० *(सं०)* दुष्ट, खल। स्त्री० अपान-वायु; समझ, बुद्धि।

**गृध्य** पु०, **गृध्या** स्त्री० *(सं०)* लोभ; इच्छा।

**गृध्र** वि० *(सं०)* लोभी। पु० गिद्ध।

**गृध्रसी** स्त्री० *(सं०)* एक वातरोग जिसमें पैर से लेकर कमर तक दर्द होता है और गाँठें जकड़ सी जाती हैं।

**गृष्टि** स्त्री० *(सं०)* एक बार ब्यायी हुई गाय।

**गृह** पु० *(सं०)* गृहिणी, पत्नी; घर, निवास्थान; गृहस्थाश्रम।

**गृहयुद्ध** पु० *(सं०)* देश में आपसी युद्ध।

**गृहलक्ष्मी** स्त्री० *(सं०)* सच्चरित स्त्री।

**गृहस्थ** पु० *(सं०)* गृही, किसान।

**गृहस्थाश्रम** पु० *(सं०)* विवाहित जीवन; ब्रह्मचर्य के बाद का आश्रम, गृहस्थ का जीवन।

**गृहस्थी** स्त्री० गृहस्थ का कर्तव्य।
**गृहाक्ष** पु० *(सं०)* खिड़की, गवाक्ष।
**गृहागत** पु० *(सं०)* घर आया हुआ (अतिथि)।
**गृहाराम** पु० *(सं०)* गृहवाटिका।
**गृहिणी** स्त्री० *(सं०)* गृहस्वामिनी, पत्नी।
**गृही (हिन्)** वि०, पु० *(सं०)* घर-बार वाला, गृहस्थ।
**गृहीत** वि० *(सं०)* पकड़ा हुआ; संगृहीत; ग्रहण किया हुआ; वादा किया हुआ।
**गृहोद्यान** पु० *(सं०)* गृहवाटिका।
**गृहोपकरण** पु० *(सं०)* बर्तन आदि घर का सामान।
**गृह्य** पु० *(सं०)* पालतू पशु-पक्षी। वि० घर में किया जानेवाला (कर्म); गृह-सम्बन्धी।
**गृह्यक** पु० *(सं०)* पालतू जानवर। वि० आश्रित।
**गेंड़** पु० ईख के ऊपर के हरे पत्ते; गेंड़ा।
**गेंड़वा** क्रि० लकीर से घेरना, परिक्रमा करना, चारों ओर घूमना।
**गेंद** पु० टोपी बनाने या पगड़ी बाँधने का कालिब; काठ, रबर, कपड़े, कार्क आदि का बना गोला जिससे लड़के खेलते हैं, कन्दुक।
**गेन्दई** पु० गेंदे के फूल से मिलता रंग। वि० गेंदे के फूल जैसे रंग का, जर्द।
**गेन्दा** पु० कन्दुक, गेंद; एक प्रकार का फूल।
**गेन्दुआ, गेन्दुवा** पु० गोल तकिया।
**गेन्दुक** पु० *(सं०)* गद्दा; खेलने का गेंद।
**गेन्दुर** पु० चमगादड़।
**गेगला** पु. मसूर की जाति का एक पौधा जो प्रायः गेहूँ आदि के साथ पैदा होता है।
**गेटिस** पु० मोजा बाँधने का फीता।
**गेदा** पु० बिना पंख का चिड़िया का बच्चा।
**गेय** वि० *(सं०)* गाने लायक, जो गाया जा सके।
**गेरना*** अ० क्रि० चारों ओर फिरना, जोड़ना। स० क्रि० गिराना; उँडेलना; डालना।
**गेराँव** पु० चौपायों को खूँटे में बाँधने वाली रस्सी का ऊपर का भाग जो गले में रहता है।
**गेरुई**† स्त्री० गेहूँ, जौ के पौधे में लगने वाला एक रोग जिसमें पत्ते गेरुए रंग के हो जाते हैं।
**गेरू** पु०, स्त्री० जमीन से निकलने वाली लाल मिट्टी जो रँगने और दवा के भी काम आती है।
**गेल्हा** पु. तेल रखने का चमड़े का कुप्पा।
**गेष्ण, गेष्णु** पु० *(सं०)* गायक, गवैया; अभिनेता।
**गेसू** पु० *(फ़ा०)* पट्टा; स्त्रियों के बालों की लट।
**गेह** पु० *(सं०)* घर, मकान।
**गेह पति** पु० गृहपति।
**गेहिनी** स्त्री० *(सं०)* गृहस्वामिनी, गृहिणी।
**गेही (हिन्)** वि०, पु० *(सं०)* घर-बार वाला; घरवाला।
**गेहुँअन** पु० गेहूँ के रंग का एक बहुत जहरीला साँप।
**गेहुआँ** वि० गेहूँ के रंग का।
**गेहूँ** पु० गोधूम, एक प्रसिद्ध खाद्यान्न।
**गेहेमेही (हिन्)** वि० *(सं०)* आलसी, काहिल।
**गेहेशूर** वि० *(सं०)* कायर।
**गैण्डा** पु० एक मोटे चमड़े का विशालकाय जन्तु जिसकी नाक पर एक या दो सींग होते हैं।
**गैंती** स्त्री० मिट्टी खोदने का एक औजार, कुदाली।
**ग़ैज़** पु० *(अ०)* कोप, क्रोध।
**गैताल** पु० बेकार, रद्दी चीज; निम्न कोटि का बैल।
**ग़ैब** पु० *(अ०)* दृष्टिगोचर न होना; छिपा होना।
**ग़ैबी** वि० *(अ०)* गुप्त; अज्ञात; अज्ञेय, ईश्वरीय।
**गैयर***द पु० गजवर, बड़ा हाथी।
**गैया** स्त्री० गाय, गो।
**गैर** पु० बड़ा हाथी। स्त्री० अन्यायपूर्ण बर्ताव; अन्धेर।
**ग़ैर** वि० *(अ०)* बदला हुआ, भिन्न; अन्य, दूसरा, पराया।
**ग़ैरत** स्त्री० *(अ०)* आन; लज्जा, शर्म।
**गैरिक** पु० *(सं०)* गेरू; सोना। वि० पहाड़ से उत्पन्न गेरुए रंग का।
**गैरी** स्त्री० *(सं०)* विषलांगला, लांगलिकी वृक्ष।
**गैरेय** वि० *(सं०)* शिलाजीत; पर्वत से उत्पन्न।
**गैल** स्त्री० रास्ता; गली।
**गैलरी** स्त्री० *(अं०)* विधानसभा या लोकसभा में दर्शकों के बैठने के लिए बना हुआ बारजा।
**गैल्वानोदर्शी** पु० *(गैल्वानोस्कोप)* विद्युतधारा की तुलना करने या उनकी उपस्थिति ज्ञात करने के लिए प्रयुक्त होने वाला उपकरण।
**गैस** स्त्री० *(अं०)* सूक्ष्म, वायुरूप जो अत्यधिक प्रसरणशील होती है,हाइड्रोजन, ऑक्सीजन आदि।
**गोंइठा** पु० उपला।
**गोंइड़ा** पु० गाँव के पास का स्थान।
**गोंठना** स० क्रि० नोक या कोर भोथरा कर देना।

रेखा से घेरना, सब ओर रेखा खींचना; गुझिया।
**गोंठनी** स्त्री० गुझिया की कोर बनाने का औजार।
**गोंड** पु० *(सं०)* उभरी हुई नाभि; एक नीच जाति।
**गोंड़** पु० एक राग; भारत की एक आदिवासी जाति।
**गोंडरी** स्त्री० मँडरा, इँडुरी।
**गोंड़ा**† पु० चहार दीवारी से घिरा हुआ आँगन।
**गोंड़ी** स्त्री० मध्य भारत की एक बोली।
**गोंद** पु० लसीला पदार्थ जिससे कागज आदि चिपकाया जाता है, पेड़ का लसदार स्राव जो सूख गया हो।
**गोंदरी** स्त्री० एक जलीय पौधा जिसकी चटाई बनती है; पयाल की चटाई।
**गोंदला** पु० एक तृण जिससे चटाई बनती है।
**गो** पु० *(सं०)* बैल; पशु; सूर्य; चन्द्रमा; गोमेध यज्ञ।
**गो** वि० (फ़ा०) (समासान्त में) कहनेवाला 'खुशगो', 'कानूनगो', 'कहानीगो)।
**गोइँड़, गोइँड़ा*** पु० गाँव का किनारा।
**गोइँड़े*** अ० समीप, पास।
**गोइयाँ** पु० खेल का साथी। स्त्री० सखी।
**गोई** स्त्री० सखी, गोइयाँ।
**गोऊ*** वि० चुरानेवाला।
**गोका** स्त्री० *(सं०)* छोटी गाय; नीलगाय।
**गोक्ष** पु० जोंक।
**गोखरू** पु० गोक्षुर, एक झाड़ी जिसका कँटीला फल दवा के काम आता है; हथेली में पड़ा हुआ घट्ठा।
**गोखले** पु० महाराष्ट्र के ब्राह्मणों का एक वंश समूह।
**गोखा*** पु० गवाक्ष; झरोखा, ताक।
**गोज़** पु० *(फ़ा०)* अपान वायु।
**गोजई** स्त्री० जौ मिला हुआ गेहूँ।
**गोजर** पु० कनखजूरा।
**गोजरा*** पु० गोजई।
**गोजी*** स्त्री० लाठी, डण्डा।
**गोझा** पु गुझिया; गुज्झा।
**गोट** स्त्री० देखने में सुन्दर लगने के लिए कपड़ों के किनारे लगी पट्टी; किनारी।
**गोटन, गोटना** स्त्री० किनारी।
**गोटा** पु० खाने के उद्देश्य से छोटी टुकड़ों में कतरी हुई गिरी, सुपारी, बादाम, इलायची आदि।
**गोटिया चाल** स्त्री० दाँव-घातभरी चाल, चालबाजी।
**गोटी** स्त्री० गोट, कंकड़ या पत्थर, खपड़े आदि के छोटे टुकड़े; मोहरा (शतरंज की गोटी) युक्ति।
**गोठ** स्त्री० गोशाला।
**गोठा*** पु० सलाह।
**गोठिल**† वि० भोथरा।
**गोड़**† पु० पाँव, पैर।
**गोड़इत**† पु० गाँव का चौकीदार।
**गोड़ना** स० क्रि० मिट्टी को नरम और झुरझुरी करने के लिए कुदाल आदि से खोदना।
**गोड़वाना** स० क्रि० गोड़ने का काम दूसरे से कराना।
**गोड़ा**† पु० चारपाई आदि का पाया; थाला।
**गोड़ाई** स्त्री० गोड़ने की क्रिया, गोड़ने की मजदूरी।
**गोड़ापाई**† स्त्री० बार-बार आना-जाना।
**गोड़ारी** स्त्री० खाट का पैताना।
**गोड़िया** पु० मल्लाह, सँपेरा।
**गोड़ी** स्त्री० फायदा, प्राप्ति; पाँव; बन्धन।
**गोणी** स्त्री० *(सं०)* बैठने की चटाई, दोहरे टाट का बोरा, अनाज की पुरानी तौल; चीथड़ा।
**गोत** पु० वंश, गोत्र।
**ग़ोत** पु० *(अ०)* बेहोशी, मूर्च्छा।
**गोतम** पु० *(सं०)* एक ऋषि, अहल्या के पति; न्याय शास्त्र के प्रवर्तक गौतम मुनि।
**गोतमी** स्त्री० *(सं०)* अहल्या, गौतम बुद्ध की पत्नी यशोधरा।
**ग़ोता** पु० *(अ०)* पानी में डूबना, डुबकी।
**गोतिया, गोती** वि० सगोत्र, गोत्रज।
**गोतीत*** वि० जो इन्द्रियग्राह्य न हो, अगोचर।
**गोत्र** पु० *(सं०)* कुल, वंश; वर्ग, समूह आदि-पुरुष के नाम से प्राप्त वंश संज्ञा; समूह।
**गोत्रा** स्त्री० *(सं०)* गायों का झुण्ड; पृथ्वी।
**गोत्री(त्रिन्)** वि० *(सं०)* एक ही गोत्र में उत्पन्न।
**गोदन्ती हरताल** पु० सफेद हरताल।
**गोद** पु० *(सं०)* मस्तिष्क, दिमाग। स्त्री० (हि०) क्रोड़; आँचल; अंक, उत्संग।
**मुहा० गोद का बच्चा** शिशु, दूध-पीता बच्चा। **गोद देना** अपना पुत्र दूसरे को दत्तक रूप में देना। **गोद लेना/गोद बिठाना** दत्तक पुत्र बनाना। **गोद भरना** शुभ अवसरों पर सौभाग्यवती स्त्री के आँचल में चावल, नारियल आदि डालना; सन्तान होना।

**गोदनहर, गोदनहारी** स्त्री० गोदना गोदने वाली औरत।

**गोदना** स० क्रि० चुभाना, गड़ाना; ताना मारना।

**गोदनी** स्त्री० गोदना गोदने की सुई।

**गोदा** पु० बड़, पीपल या पाकड़ का पका फल।

**गोदाम** पु० व्यापार सम्बन्धी माल रखने का स्थान।

**गोदावरी** स्त्री० *(सं०)* दक्षिण भारत की एक नदी।

**गोधि** पु० *(सं०)* ललाट; घड़ियाल।

**गोधिका** स्त्री० *(सं०)* घड़ियाल की मादा; छिपकली।

**गोधिकात्मज** पु० *(सं०)* एक तरह का गिरगिट।

**गोधूम** पु० *(सं०)* गेहूँ।

**गोधूम चूर्ण** पु० आटा।

**गोधूलि** स्त्री० *(सं०)* सन्ध्याकाल।

**गोधेर** पु० (सं०) अभिभावक, रक्षक।

**गोन** स्त्री० गोनी, बोरा; बैल या खच्चर पर अनाज आदि लादने का दोनों ओर लटकने वाला थैला।

**गोना*** स० क्रि० छिपाना।

**गोनिया** पु० बोरे ढोने वाला; बैल लादने वाला। स्त्री० ईंट की दीवार तैयार करते समय दीवार की सीध नापने का एक औजार।

**गोनी** स्त्री० बोरा; पाट, सन; आट का थैला।

**गोप** पु० गले में पहनने का एक गहना; ग्वाला।

**गोपक** पु० *(सं०)* ग्वाला; छिपाव करने वाला; रक्षक।

**गोपन** पु० *(सं०)* छिपाना, दुराव; छिपाव।

**गोपना** स्त्री० *(सं०)* दीप्ति, रक्षण* स० क्रि० छिपाना।

**गोपनीय** वि० *(सं०)* छिपाने लायक; रक्षणीय।

**गोपयिता(तृ)** वि० *(सं०)* छिपानेवाला; संरक्षक।

**गोपांगना** स्त्री० *(सं०)* गोपवधू; ग्वालिन।

**गोपायन** पु० *(सं०)* गोपन; रक्षण।

**गोपाष्टमी** पु० *(सं०)* कार्तिक-शुक्ला अष्टमी।

**गोपिका** स्त्री० *(सं०)* ग्वालिन।

**गोपित** वि० *(सं०)* रक्षित; छिपाया हुआ।

**गोपी** स्त्री० *(सं०)* छिपाने वाली।

**गोपी(पिन्)** वि० *(सं०)* रक्षक; गोपनकर्ता।

**गोप्ता(प्तृ)** वि० *(सं०)* रक्षक; गोपनकर्ता।

**गोप्य** वि० *(सं०)* गोपनीय (आयु, वित्त, गृहच्छिद्र, मन्त्र, मैथुन, भेषज, तप, दान और अपमान—ये नौ विषय मुख्यतः गोप्य माने गये हैं)।

**गोफा** पु० कल्ला, नयी कली, गोफा।

**गोबर** पु० गोबर; गोमल।

**गोबर गणेश** वि० मूर्ख, भद्दा।

**गोबरी** स्त्री० गोबर का लेप (करना); कण्डा, उपला।

**गोमय** पु० *(सं०)* गोबर।

**गोयँड़**† पु० गाँव का किनारा, गाँव का सामीप्य।

**गोयन्दा** वि० *(फ़ा०)* बोलने वाला। पु० जासूस।

**गोय** पु० *(फ़ा०)* गेंद।

**गोया** पु० *(फ़ा०)* बोलने वाला, वक्ता।

**गोर**† वि० गौर वर्ण का, गोरा। पु० *(फ़ा०)* वह गढ़ा जिसमें मुर्दे को दफन करें, कब्र।

**ग़ोर** पु० *(फ़ा०)* कन्धार के पास का एक प्रदेश।

**गोरख** पु० गोरखनाथ।

**गोरखा** पु० नेपाल का निवासी।

**गोरखी** स्त्री० एक ककड़ी, गोरक्षकर्कटी।

**गोरखुल**† पु० गोखरू।

**गोरटा*** वि० गोरा।

**गोरण** पु० *(सं०)* उद्यम; अध्यवसाय।

**गोरसी** स्त्री० अँगीठी।

**गोरा** वि० गौर, श्वेत वर्णवाला।

**गोरिल्ला** पु० अफ्रीका में पाया जाने वाला बन्दर।

**गोरी** वि० स्त्री० गौर वर्णवाली स्त्री, सुन्दरी स्त्री।

**गोरू**† पु० चौपाया, पालतू पशु।

**गोर्द, गोर्ध** पु० *(सं०)* मस्तिष्क।

**गोल** वि० गोला; ठिगना और मोटा; अस्पष्ट।

**गोल** पु० *(फ़ा०)* मण्डली, झुण्ड; भीड़।

**गोल** पु० *(सं०)* मण्डल; गोलाकार पिण्ड, वृत्त; धरती का मण्डल या गोला; मिट्टी का गोलाकार घड़ा।

**गोलक** पु० लकड़ी, मिट्टी आदि का बन्दपात्र जिसमें कार्यविशेष के लिए धन एकत्र किया जाये।

**गोलन्दाज** पु० गोला चलाने वाला तोपची।

**गोलम्बर** पु० गुम्बद; बाग में बना हुआ गोल चबूतरा।

**गोला** स्त्री० *(सं०)* गोली; मटकी; काठ का गेंद; मण्डल।

**गोलाकार, गोलाकृति** वि० *(सं०)* पिण्डाकार।

**गोलासन** पु० *(सं०)* एक तरह की तोप।

**गोलियाना**† स० क्रि० गोल आकार का बनाना।

**गोली** स्त्री० छोटा गोलाकार पिण्ड; शीशे, मिट्टी का बना छोटा गोला जिससे बच्चे खेलते हैं।

**गोलैन्दा**† पु० कोइँदा, महुए का फल।

**गोल्फ** पु० *(अं०)* गोवर्धन पर्वत; गायों का रखवाला।
**गोश** पु० *(फ़ा०)* श्रवणेन्द्रिय; कान।
**गोशा** पु० *(फ़ा०)* कोना, कोण; एकान्त स्थान; कमान की नोक।
**गोश्त** पु० *(फ़ा०)* माँस, सालन, गूदा।
**गोष्ठागार** पु० सभागृह।
**गोष्ठी** स्त्री० मनोरंजन, विचार-विमर्श आदि के लिए किया जाने वाला परिचितों आदि का जमाव।
**गोसा** पु० कण्डा, उपला।
**गोहन** पु० *(सं०)* ढकना; छिपाना।
**गोहर** पु० बिसखोपड़ा।
**गोहरा** पु० उपला।
**गोहराना*** स० क्रि०, अ० क्रि० आवाज देना; पुकारना।
**गोहरौर**† पु० उपलों का सजाकर लगाया हुआ ढेर।
**गोहलौत** पु० गहलौत।
**गोहार** स्त्री० पुकार; सहायता के लिए चिल्लाना।
**गोही** स्त्री० छिपाव, गुप्त बात।
**गोहूँ**† पु० गेहूँ।
**गौं** स्त्री० अवसर; घात; मतलब; युक्ति।
**मुहा० गौं का** मतलब का, काम का। **गौं का यार** मतलब का दोस्त। **गौं गाँठना** काम निकालना। **गौं से** चुपके से।
**गौंजिक, गौंजिक** पु० *(सं०)* जौहरी; सुनार।
**गौंहाँ**† वि० गाँव-सम्बन्धी; गाँव का।
**गौ** स्त्री० *(सं०)* गाय।
**गौ चरी** स्त्री० *(हि०)* गाय चराने का कर।
**गौख**† स्त्री० चौपाल; गवाक्ष, झरोखा।
**गौखा**† पु० *(अ०)* झरोखा, गवाक्ष; गाय का चमड़ा।
**गौग़ा** पु० *(अ०)* शोरगुल, हल्ला; अफवाह।
**गौड** पु० *(सं०)* बंगाल का पुराना नाम; राग; ब्राह्मणों का वंश, कायस्थों की एक उपजाति।
**गौडी** स्त्री० *(सं०)* गुड़ से बनायी हुई शराब।
**गौडीय** वि० *(सं०)* गौड़ देश सम्बन्धी।
**गौण** वि० *(सं०)* अप्रधान; दूसरे दर्जे का; गुण-सम्बन्धी।
**गौणिक** वि० *(सं०)* गुण-सम्बन्धी; सत्त्व-रज-तम से सम्बन्ध रखनेवाला; गौण; बोरे जैसा।
**गौणी** वि० स्त्री० *(सं०)* महत्त्वहीन।
**गौतमी** स्त्री० *(सं०)* अहल्या; गोदावरी नदी;।
**गौद, गौदा** पु० गुच्छा, घौद (केले की)।
**गौन*** पु० गमन; गौना। वि० चंचल।
**गौनहारी** स्त्री० गाने का पेशा करने वाली।
**गौना** पु० विवाह के कुछ काल बाद दुलहिन का पिता के घर से ससुराल जाना; द्विरागमन।
**गौपुच्छ** पु० *(सं०)* गाय की पूँछ के समान।
**गौप्तेय** पु० *(सं०)* वैश्य स्त्री का पुत्र।
**गौर** वि० *(सं०)* गौर वर्ण का; उज्ज्वल; स्वच्छ, चमकीला।
**ग़ौर** पु० *(अ०)* सोच-विचार, चिन्तन, ख्याल, ध्यान।
**गौरव** पु० *(सं०)* गुरुता, बड़प्पन; आदर, सम्मान।
**गौरवान्वित** वि० *(सं०)* गौरव-युक्त; सम्मानित।
**गौरवित** वि० *(सं०)* गौरवयुक्त; सम्मानयुक्त।
**गौरांग** पु० *(सं०)* चैतन्यदेव। वि० गोरा; यूरोपीय।
**गौरिक** पु० *(सं०)* गोरा। पु० सफेद सरसों।
**गौरिल** पु० *(सं०)* सफेद सरसों; लोहे का चूरा।
**गौरी** स्त्री० *(सं०)* गौरवर्ण की स्त्री; पार्वती, आठ वर्ष की अविवाहिता कन्या।
**गौरैया** स्त्री० एक छोटी चिड़िया।
**गौशतिक** वि० *(सं०)* सौ गायें रखने वाला।
**गौसहस्रिक** वि० *(सं०)* कई हजार गायों का मालिक।
**गौहर** पु० *(फ़ा०)* मोती; जौहर।
**ग्रन्थ** पु० *(सं०)* बहुत मोटी और महत्त्वपूर्ण धार्मिक पुस्तक (रामचरितमानस, पुराण), महान प्रकाशित रचना।
**ग्रन्थन** प० *(सं०)* गठियाना; गूँथना।
**ग्रन्थालय** पु० *(सं०)* लाइब्रेरी, पुस्तकालय।
**ग्रन्थि** स्त्री० *(सं०)* गिलटी; गाँठ, गिरह; गुइली; गुत्थी।
**ग्रन्थिक** पु० *(सं०)* पिपरामूल; अज्ञातवास में सहदेव का नाम।
**ग्रन्थिक** वि० *(सं०)* गाँठ लगी हुई, गूँथा हुआ।
**ग्रन्थिल** स्त्री० *(सं०)* गाडर दूब; मालादूर्बा।
**ग्रन्थी(थिन्)** वि० *(सं०)* ग्रन्थकर्ता, ग्रन्थ का पाठ करने वाला विद्वान्।
**ग्रथन** पु० *(सं०)* गूँथना, ग्रन्थ रचना; जमना।
**ग्रथित** पु० *(सं०)* कठिन गाँठवाला, अर्बुद।
**ग्रसन** पु० *(सं०)* भक्षण करना; निगलना; ग्रास; चन्द्र-सूर्य का खण्ड-ग्रहण।
**ग्रसना** स० क्रि० अच्छी तरह से दबाते हुए जकड़ना, लील जाना, ग्रास करना।

**ग्रस्त** वि० *(सं०)* निगला हुआ; ग्रसा हुआ; पीड़ित।
**ग्रस्तास्त** पु० *(सं०)* सूर्य या चन्द्रमा का ग्रहण लगे हुए ही अस्त हो जाना।
**ग्रस्तोदय** पु० *(सं०)* सूर्य या चन्द्रमा का ग्रहण लगे हुए ही उदय होना।
**ग्रह** पु० *(सं०)* सूर्य की परिक्रमा करने वाला पिण्ड।
**ग्रहण** पु० *(सं०)* प्राप्ति; धारण; पाणिग्रहण; पकड़ने की क्रिया, पकड़ना; कैद करना।
**ग्रहणान्त** पु० *(सं०)* ग्रहण का समाप्त होना।
**ग्रहामय** पु० *(सं०)* ग्रहपीड़ा, प्रेतादिक का आवेश।
**ग्रहावमर्दन** पु० *(सं०)* ग्रहयुद्ध; राहु।
**ग्रहीत** वि० गृहीत, प्राप्त किया हुआ; ग्रहणीय।
**ग्रहीता(तृ)** वि०, पु० *(सं०)* ग्रहण करने वाला।
**ग्राम** पु० *(सं०)* जाति समूह; बस्ती; गाँव; स्वर-सप्तक।
**ग्रामटिका** स्त्री० *(सं०)* गया-बीता गाँव, खराब बस्ती।
**ग्रामान्त** पु० *(सं०)* गाँव की बस्ती के बाहर का हिस्सा; गाँव की सीमा।
**ग्रामाचार** पु० *(सं०)* गाँव की प्रथा, रीति-रिवाज।
**ग्रामिक** पु० *(सं०)* ग्राम की रक्षा के लिए नियुक्त अधिकारी, ग्रामवासी।
**ग्रामी (मिन्)** वि० *(सं०)* कामी, विषयी; गाँव का।
**ग्रामीणा** स्त्री० *(सं०)* ग्रामीण स्त्री; पालक का साग।
**ग्रामीय** पु० *(सं०)* ग्रामवासी। वि० गाँव का निवासी।
**ग्रामेय** वि० *(सं०)* गँवार, असभ्य; असभ्य।
**ग्रामोफोन** पु० *(अ०)* शब्द ध्वनि को टेप कर पुनः सुनाने वाला यन्त्र।
**ग्राम्य** वि० *(सं०)* ग्राम-सम्बन्धी; ग्रामीण; गँवार, अशिष्ट।
**ग्राम्या** वि० स्त्री० *(सं०)* गाँव में रहने वाली; गँवार स्त्री। स्त्री० तुलसी का पौधा।
**ग्राव*** पु० ओला; ग्रावा।
**ग्रावा (वन्)** पु० *(सं०)* बादल; पहाड़। वि० सख्त।
**ग्रास** पु० *(सं०)* आहार; निवाला, कौर; ग्रसना; सूर्य या चन्द्र पर पृथ्वी की छाया पड़ा हुआ भाग।
**ग्राह** पु० *(सं०)* ग्रहण; पकड़; मगर, घड़ियाल; कैदी।
**ग्राहक** पु० *(सं०)* गाहक, खरीदार; पुलिस अफसर; विष-चिकित्सक।
**ग्राही (हिन्)** वि० *(सं०)* कब्ज उत्पन्न करने वाला; ग्रहण करने वाला; पकड़ने वाला।
**ग्राह्य** वि० *(सं०)* ग्रहण करने योग्य; लेने योग्य, पकड़ने योग्य; मान्य।
**ग्रीवा, ग्रीवालिका** स्त्री० *(सं०)* गरदन, गला।
**ग्रीवी (विन्)** वि० *(सं०)* लम्बी, सुन्दर गरदन वाला।
**ग्रीषम*** पु० ग्रीष्म।
**ग्रीष्म** पु० *(सं०)* गर्मी का मौसम (वैशाख, ज्येष्ठ या ज्येष्ठ, आषाढ़), गर्मी।
**ग्रीष्मावकाश** पु० *(सं०)* *(समरवैकेशन)* न्यायालयों, विद्यालयों, शिक्षण संस्थाओं आदि में होने वाली गर्मी की लम्बी छुट्टियाँ।
**ग्रेजुएट** पु० *(अं०)* स्नातक, जो किसी विश्वविद्यालय की उपाधि परीक्षा पास कर चुका हो, बी० ए० पास व्यक्ति।
**ग्रेट** वि० *(अं०)* महान्, बड़ा।
**ग्रेन** पु० *(अं०)* एक अँग्रेजी तौल (आधी रत्ती)।
**ग्रेह*** पु० गेह, घर।
**ग्यान*** पु० ज्ञान।
**ग्लपित** वि० *(सं०)* क्लान्त; शिथिल।
**ग्लानि** स्त्री० *(सं०)* अपने किसी कार्य पर उत्पन्न खेद, पश्चात्ताप; शिथिलता, थकावट।
**ग्लास** पु० *(अं०)* शीशा।
**ग्लूकोस, ग्लूकोज़** पु० *(अं०)* फलों आदि में पाया जाने वाला शर्करा का एक विशेष रूप जो शरीर को तत्काल ऊर्जा प्रदान करता है।
**ग्वाला** पु० अहीर, गोप; एक छन्द।
**ग्वाह*** पु० गवाह।
**ग्वैंठना*** स० क्रि० टेढ़ा करना; ऐंठना, मरोड़ना।
**ग्वैंठा** पु० उपला। *वि० ऐंठा हुआ, टेढ़ा।
**ग्वैंड़े**† अ० निकट, पास।

## घ

**घ** देवनागरी वर्णमाला के कवर्ग का चौथा वर्ण। उच्चारण स्थान कण्ठ।
**घँघरा** पु० घघरा, लँहगा, स्त्रियों को पहनने का एक बड़े घेरे वाला वस्त्र।
**घँघोरना, घघोलना** स० क्रि० पानी आदि को गन्दा करना; पानी में मिट्टी आदि घोलना।
**घण्ट, घण्टा** पु० *(सं०)* काँसे का या पीतल का बना हुआ गोल पट्ट जिसे पूजन आदि के समय मुँगरी

से पीटकर आवाज निकालते हैं; बड़ी घण्टी, ढाई घड़ी का समय।

**घण्टाघर** पु० मीनार जैसा ऊँचा घर जहाँ लगी घण्टी चारों ओर दिखायी देती है, जिसका घण्टा दूर तक सुनायी दे।

**घण्टिका** स्त्री० *(सं०)* घुँघरू; छोटी घण्टी।

**घण्टी** स्त्री० छोटी घण्टी; घुँघरू।

**घ** पु० *(सं०)* घण्टा, घर-घर शब्द।

**घई** स्त्री० चक्कर। वि० अथाह।

**घकार** पु० *(सं०)* घ अक्षर।

**घट** स्त्री० कमी।

**घट** पु० *(सं०)* कुम्भ राशि; घड़ा, कलश।

**मुहा० घट में बसना/बैठना** ध्यान में बने रहना।

**घटक** वि० *(सं०)* कराने वाला, बनाने वाला; साधक; मिलाने वाला, योजक; मध्यस्थ।

**घटकना*** स० क्रि० गले के नीचे उतारना, पीना।

**घटका** पु० कफ के कारण गले का अवरुद्ध हो जाना।

**घटन** पु० *(सं०)* गढ़ना; घटित होना, जोड़ना।

**घटना** अ० क्रि० तौल में कम होना; घट जाना।

**घटना** स्त्री० *(सं०)* अचानक किसी बात का होना।

**घटनावली** स्त्री० *(सं०)* घटनाओं का सिलसिला।

**घटबढ़** स्त्री० कमी-बेशी।

**घटवाई*** वि० रुकावट डालने वाला।

**घटवार** पु० घाट का कर लेने वाला, मल्लाह।

**घटवाह** पु० घाट का कर लेने वाला, घाट का ठेकेदार।

**घटहा†** पु० घाट का ठेकेदार; आर-पार ले जाने के लिए नाव, घाट पर का।

**घटा** स्त्री. *(हि.)* जलभरे काले बादलों का समूह, मेघमाला।

**मुहा० घटा उठना** बादल उमड़ना। **घटा घिरना/छाना** आकाश पटल पर बादल छाना।

**घटाटोप** पु० *(सं०)* घनघोर बादल, पालकी आदि पर डालने वाला ओहार जो उसे पूरी तरह ढक ले।

**घटाना** स० क्रि० मान-प्रतिष्ठा गिराना; कम करना।

**घटाव** पु० बाढ़ का घटना; कमी; अवनति।

**घटिक** पु० *(सं०)* घण्टा बजाने वाला अनुचर; नितम्ब।

**घटिका** स्त्री० *(सं०)* घटना; घड़ी (24 मिनट) छोटा घड़ा।

**घटिका यन्त्र** पु० *(सं०)* समय सूचक यन्त्र।

**घटित** वि० *(सं०)* जो हुआ हो; रचित, निर्मित।

**घटिया** वि० सस्ता, तुच्छ, नीच, अधम।

**घटिहा** वि० धोखा देने वाला, विश्वासघाती; लम्पट।

**घटी** स्त्री० कमी; घाटा, नुकसान; *(सं०)* छोटा घड़ा।

**घटी(टिन्)** पु. *(सं०)* शिव; कुम्भ राशि।

**घट्ट** पु० *(सं०)* घाट।

**घट्टना** स्त्री० *(सं०)* रगड़ना; हिलाना; पेशा, वृत्ति।

**घट्टित** वि० *(सं०)* चिकनाया हुआ; चलाया हुआ।

**घट्ठा** पु० शरीर का रगड़ से उभरा हुआ चिह्न।

**घड़घड़** पु० बादल के गरजने की आवाज।

**घड़घड़ाना** अ० क्रि० 'घड़-घड़' शब्द होना, गड़गड़ाना।

**घड़ना** स० क्रि० गढ़ना।

**घड़नैल** पु० बाँस तथा घड़ों से निर्मित एक ढाँचा जिस पर बैठकर नदी पार की जा सके या सिंघाड़ा तोड़ने का काम लिया जाये।

**घड़ा** पु० पानी रखने का मिट्टी का बर्तन।

**मुहा० घड़ों पानी पड़ जाना** शर्म से गड़ जाना, बहुत लज्जित होना।

**घड़िया** स्त्री० घरिया; कुल्हिया, सोना-चाँदी गलाने का सुनार का पात्र।

**घड़ियाल** पु० बड़ा घण्टा, घण्टा, पहर आदि बताने के लिए बजाया जाने वाला घण्टा; ग्राह, मगरमच्छ।

**घड़ी** 60 पल, 24 मिनट का समय, घटी, घण्टा बताने वाला एक यन्त्र, 'क्लाक' आदि।

**मुहा० घड़ी सायत पर होना** मरणासन्न अवस्था। **घड़ियाँ गिनना** उत्सुकता से प्रतीक्षा करना। **घड़ी टलना** समय बीतना। **घड़ी में घड़ियाल** समय का ठिकाना नहीं।

**घड़ौंची** स्त्री० भरा हुआ घड़ा रखने की तिपाई।

**घतिया** वि० धोखेबाज।

**घतियाना** क्रि० चुराना, छिपाना, घात लगाना, दाब में लाना।

**घन** पु० *(सं०)* मेघ, समूह, बड़ा हथौड़ा; पिण्ड, शरीर, काँसे का बाजा; (गणित में) लम्बाई, चौड़ाई, मोटाई का विस्तार; तीन अंको का गुणनफल। वि० ठोस, घना, अधिक।

**घनक*** स्त्री० प्रहार; गर्जन; चोट।

**घनकार** वि० गरजने वाला।

**घनकोदण्ड** पु० *(सं०)* इन्द्रधनुष।
**घनक्षेत्र** पु० *(सं०)* जिस क्षेत्र की लम्बाई, चौड़ाई तथा ऊँचाई समान हो।
**घनघनाहट** स्त्री० 'घन-घन' की आवाज।
**घनघोर** पु० घनघनाहट। वि० अति घना।
**घनचक्कर** पु० मूढ़, मूर्ख, चंचल मति।
**घनता** स्त्री०, **घनत्व** पु० *(सं०)* दृढ़ता; ठोसपन।
**घनप्रिय** पु० *(सं०)* मोर।
**घनमूल** पु० *(सं०)* गणित में किसी धनराशि का मूलांक जैसे, 64 का घनमूल 4 है।
**घनश्याम** पु० *(सं०)* श्रीकृष्ण का विशेषण। वि० मेघ के समान काला।
**घनान्धकार** पु० *(सं०)* निविड़ अन्धकार।
**घना** *पु० जंगल, पेड़ों का समूह।
**घनानन्द** पु० *(सं०)* गद्य काव्य का एक भेद।
**घनिष्ठ** वि० *(सं०)* बहुत घना; बहुत गाढ़ा।
**घनीभूत** वि० *(सं०)* गाढ़ा; केन्द्रीभूत; गहरा; ठोस।
**घने** वि० अनेक, बहुत।
**घपचियाना** अ० क्रि० सिटपिटाना; घबराना; घबराहट में कर्तव्य स्थिर न कर पाना।
**घपला** पु० गड़बड, गोलमाल।
**घबराना** स० क्रि० अस्थिर करना, अधीर करना।
**घबराहट** स्त्री० परेशानी; उद्विग्नता; अधीरता; हड़बड़ी।
**घमंका*** पु० घूँसा, मुक्का।
**घमरा** पु० भँगरा, भृंगराज।
**घमरौल** स्त्री० हल्ला-गुल्ला; ऊधम; गड़बड़।
**घमाघम** अ० 'घम-घम' के साथ।
**घमाना** अ० क्रि० धूप की गर्मी से तप्त होना।
**घमायल** वि० धूप से तमतमाया हुआ; घाम खाया हुआ; घाम से पका हुआ।
**घमोई** स्त्री० बाँस का एक रोग जिससे उसमें नये कल्ले नहीं निकलते।
**घमोरी** स्त्री० गर्मी की उमस के कारण हुए पसीने के सूखने से उत्पन्न होने वाली छोटी-छोटी फुंसियाँ।
**घर** पु० *(सं०)* आवास; आदमी के रहने की जगह। **मुहा० घर आबाद होना** घर बसना। **घर उजड़ना** घर का तबाह होना; पत्नी का मर जाना। **घर करना** दिल में स्थान बनाना। **घर का आँगन हो जाना** सन्तान उत्पन्न होना; घर का खण्डहर हो जाना। **घर का घरौना करना** सत्यानाश करना। **घर का चिराग होना** घर भर का प्यारा होना, एक मात्र सन्तान। **घर का न घाट का** निकम्मा; जो कहीं का भी न हो। **घर का बोझ उठाना** घर-बार सँभालना। **घर का शेर** घर में ही बहादुरी दिखाने वाला। **घर की मुर्गी साग बराबर** घर की अच्छी वस्तु की कद्र नहीं होती। **घर पर गंगा आना** बिना मेहनत के काम पूरा हो जाना। **घर फूँक तमाशा देखना** घर की दौलत लुटाकर मौजमस्ती करना। **घर बेचिराग़ हो जाना** कोई नामलेवा न रह जाना। **घर सिर पर उठाना** ऊधम मचाना। **घर से पाँव निकालना** मर्यादा का उल्लंघन करना।
**घरघराना** अ० क्रि० घर-घर शब्द निकलना।
**घरघराहट** स्त्री० घर्र-घर्र की आवाज होने की क्रिया।
**घरणी, घरनी** स्त्री० *(सं०)* घरनी।
**घरनई**† स्त्री० घड़नई, घड़े की नाव।
**घरवा, घरवाहा** पु० छोटा घर; घरोंदा।
**घराना** पु० वंश, कुल।
**घरियार**† पु० घड़ियाल, मगर, ग्राह।
**घरियारी*** पु० घण्टा बजानेवाला।
**घरी** स्त्री० घड़ी, परत।
**घरीक*** अ० छनभर, घड़ीभर।
**घरू** वि० गृहस्थी विषयक, घर का।
**घरेलू** वि० घर से सम्बन्धित; घर का; पालतू।
**घरौंदा, घरौंधा** पु० खेलने के लिए बच्चों का बनाया हुआ मिट्टी का नन्हा-सा घर।
**घर्घरक** पु० *(सं०)* घाघरा नदी; घर्घर शब्द।
**घर्घरित** पु० *(सं०)* सूअर के घुरघुराने का शब्द।
**घर्घरी** स्त्री० *(सं०)* एक वाद्ययन्त्र।
**घर्म** पु० *(सं०)* ग्रीष्मकाल; घाम, धूप; पसीना।
**घर्मांशु** पु० *(सं०)* सूर्य।
**घर्रा** पु० अंजन; सोते समय नाक का बजना।
**घर्राटा** पु० खर्राटा; नाक से आवाज निकलना।
**घर्षक** वि०, पु० *(सं०)* पालिश करने वाला।
**घर्षण** पु० *(सं०)* रगड़, घिस्सा।
**घर्षित** वि० *(सं०)* रगड़ा, पिसा, घिसा हुआ।
**घलना** अ० क्रि० मारपीट हो जाना।

**घलुआ**† पु० घाल, घाता; घालने वाला।
**घसियारा** पु० घास खोदने वाला।
**घसीट** स्त्री० जल्दी में लिखे हुए अक्षर।
**घसीटना** स० क्रि० जल्दी-जल्दी लिखना।
**घहरानि, घहरारी*** स्त्री० गर्जन; घहराने का भाव।
**घहरारा*** वि० गरजने वाला। पु० गर्जन।
**घाँ*** स्त्री० तरफ, ओर, दिशा।
**घाँघरा** पु०, **घाँघरी** स्त्री० लहँगा; वर्षा ऋतु में होने वाली सब्जी, लोबिया, बोड़ा।
**घाण्टिक** पु० *(सं०)* घण्टी बजाने वाला; धतूरा।
**घा*** स्त्री० ओर, तरफ।
**घाईं*** स्त्री० दफा; बार, भँवर; तरफ, ओर।
**घाट** पु० *(सं०)* जलाशय या नदी का नाव से पार उतरने का किनारा।
**मुहा० घाट घाट का पानी पीना** तरह-तरह के अनुभव करना। **घाट बहाना** शव का क्रिया कर्म करना। **घाट लगना** किनारे लगना।
**घाटा** स्त्री० *(सं०)* घड़ा; नाव आदि से उतरने का स्थान; गरदन के पीछे का भाग।
**घाटारोह*** पु० घाट से किसी को उतरने न देना।
**घाटि*** स्त्री० नीच कर्म; कपट। वि० कम, न्यून।
**घाटिका** स्त्री० *(सं०)* गले का पिछला भाग, गरदन।
**घाटी** स्त्री० पहाड़ का ढाल; दर्रा।
**घात** स्त्री० चाल; तौर-तरीका; विश्वासघात।
**मुहा० घात ताकना** हमला करने का अवसर देखना, अवसर पर आना। **घात पर आना/चढ़ना** दाँव पर चढ़ना। **घात में फिरना** अवसर की ताक में घूमना। **घात में बैठना** आक्रमण करने के लिए छिपकर बैठना। **घात लगना** उपयुक्त अवसर मिलना।
**घातक** वि० कत्ल करने वाला, हत्यारा।
**घातन** वि० *(सं०)* हत्यारा, वध करने वाला।
**घाती (तिन्)** वि० *(सं०)* घात करने वाला; हत्यारा।
**घान** पु० एक बार में पीसने के लिए चक्की में डाला गया अनाज; उतनी चीज जितनी एक बार भाड़ में भूनी या कड़ाह में छानी जाये।
**घाना*** पु० आघात; युद्ध; मारना, पकड़ना।
**घानी** स्त्री० ढेर, समूह क्रम।
**घायल** वि० जख्मी, चोट ग्रस्त, आहत; क्षत-विक्षत क्षतयुक्त, आहत।
**घार** पु० *(सं०)* जल से तर करना, सिंचन।
**घालक** वि० नाश करने वाला; मारने वाला।
**घालना** स० क्रि० प्रहार करना, मारना, (हथियार) डालना, रखना; नाश करना; खराब करना, बिगाड़ना; फेंकना।
**घालमेल** पु० अनेक वस्तुओं का एक साथ मिलना, मिलावट।
**घालिका, घालिनी** स्त्री० घातिनी, नाश करनेवाली।
**घाव** पु० व्रण, क्षत; आघात, चोट।
**मुहा० घाव पर नमक छिड़कना** दुःख की हालत में कष्ट देना। **घाव पूजना/भरना** घाव सूख जाना।
**घावरिया*** पु० शल्य चिकित्सक, घाव का इलाज करने वाला।
**घास** स्त्री० *(सं०)* दुर्वा, दूब, पशुओं को खाने वाला हरी वनस्पति का खाद्य पदार्थ।
**मुहा० घास काटना/खोदना/छीलना** तुच्छ, निरर्थक काम करना। **घास खाना** पशुतुल्य होना; पशु होने का परिचय देना।
**घासलेट** पु० निरर्थक, तुच्छ या व्यर्थ की वस्तु; मिट्टी का तेल(किरासिन ऑयल)।
**घासाहारी** पु० *(सं०)* घास खाने वाला पशु।
**घिग्घी** स्त्री० अधिक भय के कारण मुँह से साफ आवाज न निकलना, रुक-रुककर आवाज निकलना।
**घिघियाना** क्रि० गिड़गिड़ाना।
**घिचपिच** स्त्री० अस्पष्ट, गिचपिच (लिखावट); थोड़ी जगह में अधिक लोगों की भीड़ होना, जगह का अभाव; मिला जुला। वि० अस्पष्ट।
**घिन** स्त्री० घृणा, नफरत, अरुचि।
**घिनावना** वि० नफरत करने योग्य।
**घिनौना** वि० घृणा उत्पन्न करानेवाला, घृणित।
**घिरना** अ० क्रि० घेरा जाना; घेरे में आना; घटा छाना, फैलना, (घटा घिरना)।
**घिरनी** पु० लोटन कबूतर; एक जलपक्षी।
**घिरवाना** स० क्रि० घेरने का काम कराना; एक जगह एकत्र कराना।
**घिराई** स्त्री० घेरने की क्रिया।

**घिरावना*** स० क्रि० घिरवाना।

**घिरिनि, घिरिनी*** स्त्री० पु० गरारी, चरखी, चक्कर।

**घिरिया** स्त्री० शिकार घेरने के लिए बनाया हुआ आदमियों का घेरा, संकटपूर्ण स्थिति।

**घिर्री** स्त्री० घिरनी।

**घिसना** अ० क्रि० रगड़ से कटना, छीजना।

**घिसा-पिटा, घिसा-पिसा** वि० जो बहुत दिनों से चला आ रहा हो, चिरव्यवहृत, पुराना।

**घिसाई** स्त्री० घिसने की क्रिया या भाव; घिसने की मजदूरी; घिसने से नष्ट हुआ अंश।

**घिसिआना**† स० क्रि० घसीटना।

**घिस्समघिस्सा** पु० लड़कों का एक खेल।

**घिस्सा** पु० शरीर पर कोहनी से रन्दा मारना; रगड़ा।

**घींच*** स्त्री० गरदन, खीचने का कार्य।

**घींचना**† स० क्रि० खींचना।

**घी** पु० दूध की चिकनाई जो उससे अलग कर ली गई हो; खूब गरम किया हुआ मक्खन।
 **मुहा० घी का कुप्पा लुढ़कना** भारी क्षति होना। **घी के कुप्पे से लगना** अत्यधिक लाभ होना। **घी के दीये जलाना** खुशी मनाना। **पाँचों ऊँगलियाँ घी में होना** अत्यधिक लाभ होना।

**घीकुँआर** वि० ग्वारपाठा नामक वनस्पति।

**घुँघची** स्त्री० एक बेल; उसका लाल या सफेद रंग का बीज, गुंजा, गुंजिका।

**घुँघरारा*** वि० घुँघराला।

**घुँघराला** वि० बल खाया हुआ या मुड़ा हुआ, छल्लेदार (केश), कुंचित।

**घुँघरू** पु० पाँवों में बाँधने के लिए पीतल या चाँदी की खोखली गोल, गुरिया जिसमें छोटे-छोट लोहे के छर्रे भरे होते हैं और हिलाने या चलने पर बजते हैं, नूपुर।

**घुण्डी** स्त्री० कपड़े का बना गोल बटन, किसी चीज के शीर्ष पर बनी गोल आकृति या गाँठ; एक प्रकार की घास।

**घुघरी, घुघुरी** स्त्री० भीगे चने या मटर आदि की तेल में तली हुई वस्तु।

**घुग्घी** स्त्री० तिकोना बँधा कम्बल या मोटा वस्त्र जिसे किसान जाड़ों में ठण्ढ से बचने के लिए सिर पर रख लेते हैं, घोघी, खोही।

**घुग्घू, घुघुआ** पु० एक पक्षी, उल्लू।

**घुघुआना** अ० क्रि० उल्लू की तरह बोलना; बिल्ली की तरह गुर्राना।

**घुटकना**† स० क्रि० निगल जाना।

**घुटकी** स्त्री० भोजन को पेट में पहुँचाने वाली गले की नली।

**घुटना**[1] अ० क्रि० साँस रुकना, अटकना, घोंटा जाना।

**घुटना**[2] पु० जाँघ और टाँग के बीच का जोड़।
 **मुहा० घुटने टेकना** आत्मसमर्पण करना; पराजय स्वीकार कर लेना। **घुटनों के बल चलना** बच्चे का बैयाँ-बैयाँ चलना। **घुटनों में सिर देना** उदास होना; लज्जित होना।

**घुटन्ना** पु० घुटने तक पहनने का वस्त्र।

**घुटरू, घुट्रुरू*** पु० घुटनों के बल।

**घुटवाना** स० क्रि० सिर मुँड़ाना; रगड़वाना; पिसवाना।

**घुटाई** स्त्री० घोंटने की क्रिया या भाव; घोंटने की मजदूरी।

**घुटी*** स्त्री० घुट्टी; घूँट।

**घुट्टी** स्त्री० नवजात शिशु को पिलायी जानेवाली एक पौष्टिक एवं रेचक दवा।

**घुड़** 'घोड़ा' का समास में व्यवहृत रूप।

**घुड़कना** क्रि० डाँटना, घुड़की देना।

**घुड़की** स्त्री० धमकी भरी डाँट; घुड़कने की क्रिया या भाव।

**घुड़चढ़ा** पु० अश्वारोही।

**घुड़दौड़** स्त्री० घोड़ों की दौड़, धमाचौकड़ी, घोड़े दौड़ाने का एक कलात्मक ढंग।

**घुड़मुँहा** पु० लम्बे, भद्दे मुख वाला।

**घुड़साल** स्त्री० अश्वशाला, घोड़े बाँधने का स्थान।

**घुड़िया** स्त्री० दीवार में लगायी गयी खूँटी।

**घुण** पु० *(सं०)* घुन।

**घुणाक्षर** पु० *(सं०)* लकड़ी में घुन लगने या पुस्तक में दीमक लगने से बनी लकीरें या निशान।

**घुन** पु० अनाज, लकड़ी आदि में लगनेवाला एक छोटा कीड़ा।
 **मुहा० घुन लगना** रोग या चिन्ता के कारण शरीर का क्षीण होना।

**घुनघुना** पु० झुनझुना, खिलौना।

**घुनना** क्रि० घुन लगना, भीतर से छय या नष्ट

होना।

**घुन्ना** वि० न बोलने वाला, चुप्पा।

**घुन्नी** वि० स्त्री० अपने मन का भाव गुप्त रखने वाली स्त्री, चुप्पी।

**घुप** वि० गहन, गहरा, निविड़।

**घुमक्कड़, घुमन्तू** वि० यायावर, बहुत घूमनेवाला।

**घुमक्कड़पन** पु० यायावरी, घूमने की आदत।

**घुमक्कड़ी** स्त्री० घुमक्कड़पन।

**घुमची** स्त्री० घुँघची।

**घुमटा** पु० सिर का चक्कर।

**घुमड़ना** अ० क्रि० बादलों का चारों तरफ से आकर जमा होना, छाना।

**घुमड़ी** स्त्री० परिक्रमा; सिर का चक्कर खाना।

**घुमनी**† स्त्री० घुमड़ी।

**घुमरना** अ० क्रि० गड़गड़ाना; छा जाना (बादल)।

**घुमरी**† स्त्री० परिक्रमा करना; पानी की भँवर।

**घुमाना** स० क्रि० ऐंठना; टहलने में प्रवृत्त करना।

**घुमारा** वि० मतवाला; घूमने वाला, घूमता हुआ।

**घुमाव** पु० घुमाने, घूमने का भाव; चक्कर, फेरामोड़।

**घुर** 'घूर' का समासगत रूप।

**घुर-घुर** पु० सुअर, बिल्ली आदि के गले से निकलने वाली आवाज।

**घुरघुरा**† पु० गले में होने वाला एक रोग, कण्ठमाला, गले में होने वाला फोड़ा।

**घुरघुराना** क्रि० घुर-घुर की आवाज निकालना।

**घुरघुराहट** स्त्री० घर-घुर आवाज निकालने की क्रिया या भाव।

**घुरबिनिया** स्त्री० कूड़े के ढेर से अनाज के दाने बीनने की क्रिया। वि० कूड़े-करकट से अनाज बीनने वाला।

**घुरुहरी, घुरहुरी** स्त्री० पगडण्डी जंगल में पशुओं को चलने से बना हुआ रास्ता।

**घुर्घरक** पु०, **घुर्घुरिका** स्त्री० *(सं०)* कल-कल या गड़-गड़ शब्द।

**घुलनशील** वि० *(सं०)* घुलने वाला।

**घुलना** अ० क्रि० पककर नरम होना, पिघलना।

**घुलवाना** स० क्रि० घोलने का काम दूसरे से कराना।

**घुलाना** स० क्रि० नरम करना; गलाना, टघलाना।

**घुलामिला** वि० मिला-जुला, अन्तरंग।

**घुलावट** स्त्री० पिघलने की क्रिया, नरमी।

**घुल्य** वि० घुलने योग्य।

**घुषना**† अ० क्रि० याद होना।

**घुसना** अ० क्रि० दूर हो जाना; ध्यान देना; भीतर जाना, अन्दर दाखिल होना; बलपूर्वक प्रवेश करना।

**घुसपैठ** स्त्री० अवैध प्रवेश।

**घुसपैठिया** पु० अवैध प्रवेश करने वाला।

**घुसरपुसर** स्त्री० कानाफूसी।

**घुसवाना** क्रि० अन्य से प्रवेश कराना।

**घुसाना** स० क्रि० भीतर पहुँचाना, दाखिल कराना।

**घुसेड़ना** स० क्रि० ठूँसना; बलपूर्वक भीतर पहुँचाना।

**घूँ-घूँ** स्त्री० सन्नाटे की भयंकर ध्वनि।

**घूँघट** पु० अवगुण्ठन; साड़ी के आँचल या ओढ़ने से लज्जावश मुँह को ढँकना।

**मुहा० घूँघट उठाना/उलटना** परदा हटाना। **घूँघट करना/घूँघट काढ़ना/घूँघट निकालना** साड़ी-दुपट्टे आदि से मुँह को ढक लेना, परदा करना।

**घूँघर** पु० छल्ला, बालों का मोड़ या घुँघराला होना।

**घूँघरी*** स्त्री० घुँघरू, नूपुर।

**घूँचा** पु० घूँसा।

**घूँट** पु० जल या किसी पेय पदार्थ की मात्रा, चुसकी।

**घूँटना** क्रि० निगलना, घूँट-घूँटकर पीना।

**घूँस** स्त्री० उत्कोच, रिश्वत।

**घूँसा** पु० मुक्का, बँधी हुई मुट्ठी से मारना।

**घूँसे बाज** पु० *(हि०, फ़ा०)* बाक्सर, मुक्केबाज।

**घूँसे बाजी** स्त्री० *(हि० फ़ा०)* मुक्केबाजी का खेल, लड़ाई।

**घूआ** पु० काँस और सरपत या मूँज का रुई जैसा फूल।

**घूक** पु० उल्लू।

**घूका** पु० सँकरे मुँह की बाँस आदि की टोकरी; मूँज की बनी सँकरे मुँह की डलिया।

**घूघ** पु० शिरत्राण; सैनिकों द्वारा सिर के ऊपर पहनी जाने वाली लोहे या पीतल की टोपी।

**घूघी** स्त्री० थैली, जेब, फाख्ता।

**घू-घू** पु० घुग्घू पक्षी।

**घूम** स्त्री० मोड़, घुमाव; चक्कर; नींद, नशा।

**घूमना** अ० क्रि० एक धुरी के चारों ओर चक्कर

लगाना; मुड़ना।
**घूर, घूरा** पु० घूरा, कूड़े का ढेर।
**घूरना** अ० क्रि० क्रोधभरी दृष्टि से देखना; तीखी निगाह से देखना; आँखें गड़ाकर देखना; कामातुर होकर देखना।
**घूर्ण** वि० *(सं०)* घूमता हुआ।
**घूर्णन** पु० *(सं०)* चक्कर लगाना।
**घूर्णमान** वि० *(सं०)* चक्कर लगाता हुआ, घूमता हुआ।
**घूर्णित** वि० *(सं०)* घूमता हुआ, चक्करदार घुमाव, भ्रमित।
**घूर्ण्य** वि० *(सं०)* घुमाने योग्य, घुमाने वाला।
**घूस** स्त्री० उत्कोच, अपने स्वार्थ की सिद्धि के लिए अवैध रूप से अधिकारी को दिया गया धन।
**घूसखोर** वि० उत्कोच लेने वाला।
**घृणा** स्त्री० *(सं०)* वीभत्स रस का स्थायी भाव; नफरत, घिन; करुणा, दया।
**घृणास्पद** वि० *(सं०)* घृण्य, घृणा करने योग्य।
**घृणि** वि० चमकदार; अप्रिय। पु० *(सं०)* ज्वाला; सूर्य; क्रोध।
**घृणित** वि० *(सं०)* घृणा करने योग्य, घृणा का पात्र।
**घृणी (णिन्)** वि० *(सं०)* चमकता हुआ, दीप्त; घृणा करनेवाला; दयालु।
**घृत** वि० *(सं०)* सिंचित, तर किया हुआ; आलोकित। पु० घी।
**घृताक्त** वि० *(सं०)* घी से तर।
**घृतान्न** वि० *(सं०)* घी में पकाया हुआ अन्न।
**घृताची** स्त्री० *(सं०)* श्रुवा; एक अप्सरा।
**घृताहुति** स्त्री० *(सं०)* घी की आहुति।
**घृती** वि० *(सं०)* जिसमें घी हो, घृतयुक्त।
**घृतोदक** पु० *(सं०)* घी की कुप्पी।
**घृष्ट** वि० *(सं०)* घिसा हुआ।
**घृष्टि** पु० *(सं०)* शूकर। स्त्री० घर्षण; स्पर्द्धा।
**घृष्टी** स्त्री० *(सं०)* शूकरी।
**घेंघा** पु० घेघा, गर्दन।
**घेंट** पु० गर्दन, ग्रीवा।
**घेंटा** पु० सुअर का बच्चा।
**घेर** पु० घेरने-फैलने की क्रिया, घेरा, फैलाव।
**घेरघार** पु० अनुरोध, घेरने की क्रिया।
**घेरना** स० क्रि० रूँधना; छेंकना; आवेष्टित करना; सीमाबद्ध करना; चराना (ढोर)।
**घेरा** पु०प फैलाव, विस्तार; अवरोध।
**घेवर** पु० चीनी, घी, मैदे के मिलने से बना एक मिष्टान्न।
**घैया** स्त्री० ताजा दूध के ऊपर का मक्खन; थन से निकलती हुई दूध की धार; दिशा; चोट; प्रहार।
**घैर*** पु० बदनामी; चुगली।
**घोंघ** पु० *(सं०)* एक जानवर; बीच की जगह।
**घोंघा** वि० बेवकूफ, मूर्ख; खोखला, निःसार।
**घोंची** स्त्री० वह गाय जिसकी सींग नीचे की ओर घूमी हुई हो।
**घोंटना** स० क्रि० गले को इस तरह दबाना कि साँस रुक जाये; घूँटना; निकलना; हजम करना; रगड़ना।
**घोंपना** क्रि० गाड़ना, धँसाना।
**घोंसला** पु० खोता, तृणादि का बना हुआ पक्षी के रहने का स्थान, नीड़।
**घोखना** स० क्रि० याद करने के लिए बार-बार पढ़ना, रटना।
**घोखवाना, घोखाना** स० क्रि० किसी से रटवाना या बार-बार पढ़वाना।
**घोटक** पु० *(सं०)* घोड़ा।
**घोटक मुख** पु० किन्नरों का एक प्रकार।
**घोटना** पु० घोटने का यन्त्र, औजार।
**घोटा** पु० घुटा हुआ एक चमकीला कपड़ा; भाँग घोटने का सोंटा; घोटने का काम; हजामत।
**घोटाई** स्त्री० घोटने की मजदूरी; घोटने की क्रिया।
**घोटू**† पु० वि० घोटनेवाला।
**घोड़** 'घोड़ा' का समास में व्यवहृत रूप।
**घोड़ा** पु० अश्व, एक पालतू चौपाया जानवर जो सवारी के काम आता है, तुरंग।
**मुहा० घोड़ा उड़ाना** घोड़े को सरपट दौड़ाना। **घोड़ा फेरना** घोड़ा दौड़ाने का अभ्यास करना। **घोड़ा बेचकर सोना** निश्चिन्त होकर सोना। **घोड़े पर चढ़ कर आना** लौटने की जल्दी मचाना।
**घोड़िया** पु० खूँटी।
**घोड़ी** स्त्री० घोड़े की मादा; ब्याह की एक रस्म; पाटा;

जुलाहों का एक औजार; पानी के घड़े रखने के लिए खम्भों के सहारे बना आयताकार ढाँचा।

**घोर** पु० *(सं०)* विष; आतंक; जाफरान। वि० कठिन।

**घोरना*** अ० क्रि० गर्जन करना। स० क्रि० घोलना, किसी चीज को पानी या तरल पदार्थ में इस तरह मिलाना कि वह उसमें घुल-मिल जाये।

**घोराकार, घोराकृति** वि० *(सं०)* भयानक, डरावना।

**घोरिला*** पु० घोड़े जैसे मुँह वाला; खेलने का मिट्टी का बना घोड़ा।

**घोल** पु० घोला हुआ, मट्ठा, गाढ़ा मिश्रण।

**घोलक** वि० *(सालवेण्ट)* घुला देने वाला, विलायक।

**घोलना** स० क्रि० किसी चीज को पानी या तरल में इस तरह मिलाना कि वह उसमें घुल जाये।

**घोला** पु० घोलकर बनाया गया पदार्थ।

**घोलुवा†** पु० शोरबा, रसा; घोली हुई तरल दवा; घोली हुई अफीम। वि० घोलकर बनाया हुआ।

**घोष** पु० *(सं०)* नारा; अफवाह; ध्वनि; घोषणा; गाँव, बस्ती; ग्वाला; *गोशाला, गाय के रहने का स्थान।

**घोषक** वि० *(सं०)* घोषणा करने वाला।

**घोषण** पु०, **घोषणा** स्त्री० *(सं०)* ध्वनि; जोर से बोलकर जताना, मुनादी करना।

**घोषा** स्त्री० *(सं०)* सौंफ।

**घोषी** पु० अहीर, ग्वाला।

**घौंकना** क्रि० बार-बार दुहराना।

**घौद, घौर, घौरा** पु० फलों का गुच्छा।

**घ्न** वि० *(सं०)* नष्ट करने वाला (केवल समासान्त में—विषघ्न)।

**घ्राण** पु० *(सं०)* सूँघने की शक्ति; सूँघना; नाक।

**घ्रात** वि० *(सं०)* सूँघा हुआ।

**घ्राता** पु० *(सं०)* सूँघनेवाला।

## ङ

**ङ** देवनागरी वर्णमाला के कवर्ग का अन्तिम एवं पाँचवाँ व्यंजन वर्ण। उच्चारण स्थान नासिका और कण्ठ।

**ङ** पु० *(सं०)* विषयेच्छा; शिव का एक नाम (भैरव), घ्राणशक्ति, सुगन्ध, महत्त्व, गौरव।

## च

**च** देवनागरी वर्णमाला में चवर्ग का पहला वर्ण। उच्चारण स्थान तालु है।

**चंक** वि० पूर्ण, पूरा, समस्त, समूचा।

**चंक्रम, चंक्रमण** पु० *(सं०)* टहलना; घूमना; कूदना।

**चंक्रमित** वि० *(सं०)* घूमा, चक्कर खाया हुआ।

**चंग** वि० *(सं०)* चतुर; दक्ष, कुशल; स्वस्थ; सुन्दर। स्त्री० पतंग, वह पतंग जिसमें दिया जलाकर उड़ाते हैं।

**मुहा० चंग चढ़ना** जोर होना। **चंगपर चढ़ाना** मिजाज बढ़ा देना; अपने अनुकूल बनाना।

**चँगना*** स० क्रि० तंग करना, खींचना, कसना।

**चंगा** वि० नीरोग, स्वस्थ; भला, अच्छा; निर्मल।

**चंगु*, चंगुल** पु० पकड़, अधिकार; शिकारी चिड़ियों का पंजा।

**मुहा० चंगु में फँसना** पकड़ में आना।

**चँगेर, चँगेरी, चँगेली** स्त्री० फूल रखने की डलिया; बाँस की बनी टोकरी; चमड़े की मशक।

**चंच** पु० *(सं०)* पाँच अंगुल की एक माप; टोकरी, डलिया। *स्त्री० चोंच।

**चंचरी (रिन्),चंचरीक** पु० *(सं०)* भँवरा, भ्रमर।

**चंचरीकावली** स्त्री० *(सं०)* भ्रमरों का समूह।

**चंचलता** स्त्री० *(सं०)* चपलता; अस्थिरता।

**चंचलताई*** स्त्री० चंचलता; चपलता।

**चंचलाई*** स्त्री० चंचलता, अस्थिरता।

**चंचलाख्य** पु० *(सं०)* एक सुगन्धित द्रव्य।

**चंचा** स्त्री० *(सं०)* चटाई; बेत की बनी डलिया।

**चंचु** स्त्री० *(सं०)* चोंच। वि० बुद्धिमान; चतुर; प्रसिद्ध। पु० हिरन; बरसात में होनेवाला एक साग, चेंच; एरण्ड।

**चंचुका** स्त्री० *(सं०)* चोंच।

**चंचुमान् (मत्)** पु० *(सं०)* पक्षी।

**चंचुर** वि० *(सं०)* दक्ष, चतुर।

**चंचू** स्त्री० *(सं०)* चोंच।

**चण्ट** वि० धूर्त, चतुर, चालाक।

**चण्ड** वि० *(सं०)* गरम; तीक्ष्ण; उग्र; तीव्र। पु० क्रोध; उष्णता, गर्मी।

**चण्डमुण्डा** स्त्री० चामुण्डा देवी।

**चण्डा** वि० स्त्री० *(सं०)* क्रोधशीला, उग्र स्वभाववाली (स्त्री)। स्त्री० एक गन्ध द्रव्य; सफेद दूब; दुर्गा।

**चण्डाल** पु० *(सं०)* चाण्डाल, एक निम्न कोटि की जाति; क्रूर, नीच कर्म करनेवाला व्यक्ति।

**चण्डालिनी** स्त्री० दुष्ट स्त्री, चाण्डाल।

**चण्डावल** पु० पहरेदार; वीर सैनिक।

**चण्डिल** पु० *(सं०)* रुद्र; बथुआ साग; हज्जाम।

**चण्डी** स्त्री० *(सं०)* कर्कशा स्त्री; दुर्गा।

**चण्डी कुसुम** पु० लाल कनेर।

**चण्डु** पु० अफीम का किवाम।

**चण्डूल** पु० एक चिड़िया; कुरूप व्यक्ति।

**चण्डेश्वर** पु० *(सं०)* शिव का एक रक्तवर्ण रूप।

**चन्द** वि० *(फ़ा०)* दो-चार, थोड़े से, कुछ।

**चन्दक** पु० *(सं०)* चन्द्रमा का प्रकाश; चाँदनी।

**चन्दन** पु० *(सं०)* चन्दन को घिसकर बनवाया हुआ लेप; एक वृक्ष जिसकी लकड़ी सन्दल।

**चँदनौता*** पु० एक तरह का लहँगा।

**चँदराना†** अ० क्रि० किसी बात को जानते हुए अनजान की तरह पूछना।

**चन्दरोज़** पु० थोड़े दिन, दो-चार दिन।

**चँदला** वि० खल्वाट, गंजा।

**चँदवा** पु० छोटा शामियाना, चँदोवा; मोरपंख की चन्द्रिका; गोल चकती; एक शिरोभूषण।

**चन्दा** पु० दान रूप में थोड़ा-थोड़ा उगाह कर इकट्ठा किया हुआ धन, सदस्यता शुल्क।

**चँदिया** स्त्री० कपाल का मध्य भाग, खोपड़ी; गाय की रोटी।

**मुहा० चँदिया खुजलाना/खुजाना** सिर खुजलाना, मार खाने का काम करना। **चँदिया पर बाल न छोड़ना** सब कुछ ले लेना। **चँदिया मूँड़ना** लूटकर खाना, हजामत बनाना।

**चन्दिर** पु० *(सं०)* कपूर; हाथी; चन्द्रमा।

**चन्दे** अ० *(फ़ा०)* थोड़े दिन, कुछ दिन।

**चन्द्र** पु० *(सं०)* चन्द्रबिन्दु, अर्द्ध अनुनासिक का चिह्न; चन्द्रमा; चाँद, कपूर; हीरा; जल; सोना; उज्ज्वल।

**चन्द्रक** पु० *(सं०)* नाखून; सहजन; चन्द्रमा; चाँदनी; अर्धचन्द्राकार, शिरोभूषण, मस्तकाभरण।

**चन्द्रकान्त** पु० एक मणि।

**चन्द्रकान्ता** स्त्री० चन्द्रमा की पत्नी; चाँदनी; रात।

**चन्द्रप्रभ** वि० चाँद की-सी कान्तिवाला।

**चन्द्रप्रभा** स्त्री० चन्द्रज्योति, चाँदनी।

**चन्द्रबिन्दु** पु० सानुनासिक वर्ण के ऊपर लगाया जाने वाला अर्द्धचन्द्राकार चिह्न सहित बिन्दु।

**चन्द्रमा** पु० *(सं०)* सौरमण्डल का एक उपग्रह, जो रात में पृथ्वी पर उजाला करता है, चन्द्र, राकेश, चाँद।

**चन्द्रहास** पु० तलवार, खड्ग; रावण की तलवार।

**चन्द्रा** स्त्री० *(सं०)* खुला दालान; वितान, चँदोवा।

**चन्द्रायण*** पु० चान्द्रायण व्रत।

**चन्द्रायतन** पु० *(सं०)* चन्द्रशाला।

**चन्द्रिका** स्त्री० *(सं०)* मेथी; चाँदा मछली; प्रकाश; चाँदनी; गहना।

**चन्द्रिका पायी (यिन्)** पु० तीतर के वर्ग का चकोर नामक पक्षी।

**चन्द्रिल** पु० *(सं०)* बथुए का साग; हज्जाम।

**चन्द्रोदय** पु० *(सं०)* चन्द्रमा का उदय; चँदोवा।

**चन्द्रोपल** पु० *(सं०)* चन्द्रकान्त मणि।

**चम्प** पु० *(सं०)* चम्पा; कचनार।

**चम्पई** वि० चम्पा के रंग का, पीला।

**चम्पक** पु० *(सं०)* चम्पक का फूल; चम्पा, एक पुष्पवृक्ष।

**चम्पत** क्रि० भागना।

**चँपना** क्रि० भार से दबना; लज्जित होना।

**चम्पा** पु० सुगन्धित पीले रंगे के फूल वाला एक वृक्ष।

**चम्पा कली** स्त्री० चम्पा की कली के समान एक हार जिसके दाने चम्पा की कली जैसे होते हैं।

**चम्बू** पु० विशेष प्रकार का धान; टोंटीदार लोटा।

**चँवर** पु० घोड़े आदि के सिर पर लगाने की कलँगी; पशुओं के मुलायम पूँछ के बालों का गुच्छा; वह विस्तृत नीची जमीन जिसमें बरसाती पानी इकट्ठा होता है और धान की खेती होती हो।

**च** पु० *(सं०)* चन्द्रमा; कछुआ; दुर्जन; चोर। अ० और। वि० बीजरहित; बुरा, नीच; विशुद्ध।

**चउ** चौ के स्थान पर उत्सर्गवत प्रयुक्त होता है।

**चउतरा, चऊतरा** पु० चबूतरा।

**चउपाई*** स्त्री० चौपाई।

**चउहट** पु० चौहट्टा, चौराहा।

**चक** वि० चकित; भरपूर। पु० पहिया; अधिकार; छोटा गाँव, पुरवा; अधिकार; जमीन का बड़ा खण्ड।

**मुहा० चक जमना** रंग जमना।

**चकबन्दी** स्त्री० जमीन का बड़े-बड़े टुकड़ों में बँटवारा, जमीन के छोटे टुकड़ों के एक स्थान पर जोड़ना।

**चकई** स्त्री० मादा सुरखाब; मादा चकवा; खिलौना विशेष।

**चकचोही*** वि० स्त्री० चिकनी-चुपड़ी।

**चकचौंधना** स० क्रि० आँखों में चकाचौंध पैदा करना। अ० क्रि० चौंधियाना।

**चकती** स्त्री० पैबन्द; कपड़े में लगा पैबन्द।

**चकत्ता** पु० त्वचा पर खुजली होने के कारण उभरा हुआ निशान।

**चकनाचूर** वि० जो टूटकर चूर-चूर हो गया हो।

**चकपकाना** अ० क्रि० भौंचक होना, चौंकना।

**चकमक** पु० *(तु०)* एक तरह का पत्थर जिस पर रगड़ने से आग निकलती है।

**चकर*** पु० चकवा।

**चकराना** अ० क्रि० चकित होना, चौंकना।

**चकरी** वि० स्त्री० चौड़ी। स्त्री० चक्की; चक्की का पाट; चकई।

**चकला** पु० व्यभिचार से जीविका चलानेवाली स्त्रियों का अड्डा, वेश्याओं का अड्डा; गोल आकार का बना काठ या पत्थर जिस पर रोटी आदि बेली जाती है, चौका। वि० चौड़ा।

**चकवँड़** पु० कुम्हारों के चाक के पास रखा एक पात्र जो हाथ धोने के काम आता है; एक बरसाती जंगली पौधा विशेष।

**चकवा** पु० एक पक्षी; चक्रवाक।

**चकवाना*** अ० क्रि० चकित होना।

**चकवाह*** पु० चकवा।

**चका*** वि० चकित। पु० चक्का; चकवा।

**चकाचक** स्त्री० तलवार के लगातार आघात का शब्द। वि० अच्छी तरह।

**चकाचौंध** स्त्री० तीव्र प्रकाश के कारण दृष्टि का स्थिर न रह सकना, हैरानी।

**चकाना*** अ० क्रि० चकित होना, हैरान होना।

**चकार** पु० *(सं०)* च अक्षर तथा उसकी ध्वनि।

**चकासना*** अ० क्रि० चमकना, प्रकाशित होना।

**चकित** वि० *(सं०)* विस्मित, आश्चर्यित; हैरान।

**चकितवन्त*** वि० विस्मित, चकित।

**चकिताई*** स्त्री० विस्मय, अचम्भा।

**चकोटना** क्रि० चुटकी से काटना।

**चकोतरा** पु० मीठा जँभीरी नींबू।

**चकोता** पु० चकत्ता।

**चकोर, चकोरक** पु० *(सं०)* तीतर के वर्ग का एक पक्षी जो चन्द्रमा का परम प्रेमी माना जाता है।

**चकोरी** स्त्री० *(सं०)* मादा चकोर।

**चकोह** पु० पानी का भँवर।

**चक्कर** पु० घेरा; परिक्रमा, फेरा; सिर का घूमना; भँवर।

**मुहा० चक्कर काटना** गोलाई में घूमना; भटकना। **चक्कर मारना** इधर-उधर व्यर्थ में घूमना। **चक्कर में आना** धोखे में आना। **चक्कर में डालना** उलझन में डालना। **चक्कर लगाना** किसी की तलाश करना।

**चक्करदार** वि० घुमावदार फेरवाला।

**चकवा*** पु० चकोर, चकवा।

**चक्कव** वि० चक्रवर्ती *(सं०)*

**चक्का** पु० जमा हुआ टुकड़ा; पहिया; ढेला।

**चक्की** स्त्री० आटा पीसने का यन्त्र।

**चक्नस** पु० *(सं०)* कुटिलता; छल-कपट, बेईमानी।

**चक्र** पु० *(सं०)* वृत्त, घेरा; उड़ना; चक्की; पहिये के आकार का एक अस्त्र; वृत्त, घेरा, सेना का मण्डलाकार व्यूह; साजिश, षड्यन्त्र; दिशा।

**चक्रगति** स्त्री० गोलाई में घूमना, चक्राकार गति।

**चक्रवाक** पु० चकवा।

**चक्रवृद्धि** स्त्री० सूद-दर-सूद, वह ब्याज जिसमें संचित ब्याज भी मूल में शामिल हो जाये।

**चक्रशल्या** स्त्री० सफेद घुँघची।

**चक्रसंग्य** पु० राँगा, चकवा।

**चक्रांगी** स्त्री० *(सं०)* हुरहुर; कुटकी; हंसिनी।

**चक्रान्त** पु० *(सं०)* दुरभिसन्धि, षड्यन्त्र।

**चक्राकार** वि० *(सं०)* गोल चक्र के आकार का, मण्डलाकार।

**चक्राट** पु० *(सं०)* स्वर्णमुद्रा, दीनार; बाजीगर; ठग।

**चक्राधिवासी(सिन्)** पु० *(सं०)* नारंगी का पेड़।

**चक्षण** पु० *(सं०)* अनुग्रह।
**चक्षु(स्)** पु० *(सं०)* दृष्टि, देखने की शक्ति; आँख।
**चक्षुर** 'चक्षुस्' का समासगत रूप।
**चक्षुरअपेत** वि० नेत्रहीन, अन्धा।
**चक्षुरबन्ध** पु० आँख ढकना।
**चक्षुष्** 'चक्षुस्' का समासगत रूप।
**चक्षुष्कर्ण** पु० सर्प।
**चक्षुष्पथ** पु० क्षितिज; दृष्टिपथ।
**चक्षु** 'चक्षुस्' का समासगत रूप।
**चक्षुराग** पु० आँख की लाली; आँख की प्रिय वस्तु।
**चख*** पु० आँख।
**चख़** स्त्री० *(फ़ा०)* तकरार, झगड़ा।
**चख़-चख़** पु० कहासुनी, झगड़ा।
**चखना** क्रि० स्वाद लेते हुए खाना।
**चखाना** स० क्रि० किसी को स्वाद लेने के लिए प्रेरित करना।
**चगड़** वि० चण्ट, चालाक।
**चचा** पु० बाप का भाई।
**चचाज़ाद** वि० चचेरा।
**चचेरा** वि० चचा से उत्पन्न, चचाज़ाद।
**चट** अ० झट, तुरन्त।

**मुहा० चट बलायें लेना** उँगलियाँ चटकाते हुए बलायें लेना। **चट कर जाना** चाट-पोंछकर खा जाना।

**चटपट** अ० झटपट, तुरन्त।
**चटक** पु० *(सं०)* गौरैया; चिड़ा। *वि० फुर्तीला; चमकीला; चटपटा। *अ० झटपट।
**चटक-मटक** स्त्री० आडम्बर, ठसक।
**चटकका** स्त्री० *(सं०)* चिड़ी, मादा गौरैया।
**चटकन** पु० टूटन।
**चटकना** पु० तमाचा। अ० क्रि० तड़कना।
**चटकनी** स्त्री० किवाड़ बन्द करने की सिटकनी।
**चटकवाही** पु० शीघ्रता।
**चटका**† पु० चने का अपुष्ट हरा ढोंढ़।
**चटका** पु० विराम, तमाचा, थप्पड़; चसका।
**चटकीला** वि० भड़कीला, चमकीला। पु० आभा।
**चटखारा** पु० स्वादिष्ट वस्तु को खाते समय जीभ के तालू से लगने से होने वाली आवाज।

**मुहा० चटखारे भरना** स्वाद लेकर खाना, होंठ चाटना।

**चटचटा** स्त्री० *(सं०)* हथियारों के आपस में टकराने या लकड़ी के जलने से उत्पन्न चट-चट शब्द।
**चटचटाना** अ० क्रि० चट-चट की आवाज के साथ टूटना, जलना; लसलसापन से होनेवाली आवाज।
**चटनी** स्त्री० अवलेह; खटाई, नमक, मिर्च को एक साथ पीसकर बनाया मिश्रण, अवलेह, चाटने का पदार्थ।

**मुहा० चटनी करना** बहुत बारीक पीसना।

**चटपट** क्रि० वि० शीघ्र, तुरन्त।
**चटपटाना** *अ० क्रि० जल्दी करना; छटपटाना।
**चटपटी** वि० स्त्री० चटपटा। स्त्री० घबड़ाहट, छटपटी।
**चटसार-चटसाल** स्त्री० प्राथमिक पाठशाला।
**चटाई** स्त्री० साथरी; कास नामक घास, मूँज, सींक, बेंत या बाँस की महीन पत्तियों से बना आसन।
**चटोरा** वि० लोभी; स्वाद लोलुप।
**चट्ट** वि० चाट-पोंछकर खाया हुआ; समाप्त।
**चट्टा** पु० शिष्य; मैदान; चटाई; राशि; ढेर।
**चट्टान** स्त्री० ठोस वस्तु का बड़ा टुकड़ा; पत्थर का विशाल खण्ड।
**चट्टा-बट्टा** पु० खिलौना, सामान।

**मुहा० एक ही थैली के चट्टे-बट्टे** एक ही विचार-स्वभाव के मनुष्य।

**चट्टी** स्त्री० खड़ाऊँ; पहाड़ी; पड़ाव।
**चट्टू** वि० चटोरा।
**चढ़त** स्त्री० चढ़ावा, देवता को अर्पित की गयी वस्तु।
**चढ़ना** अ० क्रि० दलबल के साथ जाना, उठना, उन्नति करना; देवताओं को अर्घ्य चढ़ाना, सवार होना।

**मुहा० चढ़ दौड़ना** चढ़ाई करना, चढ़ जाना। **चढ़ बनना** मनचाही होना, बन आना। **चढ़ बैठना** सवार हो जाना, दबा लेना।

**चढ़ाई** *चढ़ावा, आक्रमण। स्त्री० चढ़ने की क्रिया।
**चढ़ाना** स० क्रि० देव पूजन में फल-पुष्प अर्पित करना; ऊपर ले जाने का कार्य करना; अर्पण करना; चढ़ने, चढ़ाई करने को प्रेरित करना।
**चढ़ावा** पु० वधू को चढ़ाया गया गहना; पूजा में देवता को अर्पित की जानेवाली सामग्री जैसे—मेवे, चुनरी आदि, पुजापा।

**चणक** पु० *(सं०)* चना।

**चणका** स्त्री० *(सं०)* तीसी।

**चण्ड** वि० तीक्ष्ण, प्रबल। पु० ताप।

**चण्डांशु** वि० *(सं०)* उग्र किरण वाला सूर्य।

**चतुर** वि० *(सं०)* होशियार; तेज; सुन्दर। पु० होशियारी।

**चतुरपन, चतुरापन**† पु० चतुराई।

**चतुराई** स्त्री० चालाकी, होशियारी।

**चतुर्** पु० *(सं०)* चार की संख्या। वि० चार।

**चतुरंगिणी** वि० स्त्री० चार अंगों वाली (सेना)। स्त्री० पैदल, हाथी, घोड़े और रथ—इन चारों अंगों से युक्त सेना।

**चतुरानन** वि० जिसके चार मुँह हो। पु० ब्रह्मा।

**चतुर्मास** पु० बरसात का चौमासा।

**चतुर्वर्ग** पु० चारों पुरुषार्थ—धर्म, अर्थ, काम और मोक्ष।

**चतुर्थ** पु० *(सं०)* एक ताल। वि० चौथा।

**चतुर्थकाल** पु० सन्ध्या का समय, दिन का चौथा पहर।

**चतुर्थश्रेणी** स्त्री० निम्न श्रेणी के सरकारी कर्मचारी।

**चतुर्थांश** पु० *(सं०)* चौथाई, 1/4 का हिस्सेदार।

**चतुर्थी** स्त्री० *(सं०)* किसी भी पक्ष की चौथी तिथि; सम्प्रदान कारक *(व्या०)*। वि० स्त्री० चौथी।

**चतुष्** 'चतुर्' का समासगत रूप।

**चतुष्कोण** वि० चौकोर, चार कोनों वाला।

**चतुष्पदी** स्त्री० चौपाई छन्द; चार चरणों वाला पद्य; गीत।

**चतुष्कर** पु० *(सं०)* पंजे वाला पशु।

**चतुस्** 'चतुर्' का समासगत रूप।

**चतुस्सम्प्रदाय** पु० वैष्णवों के चार सम्प्रदाय—श्री, माध्व, रुद्र और सनक।

**चतुस्सम** पु० लौंग, जीरा, अजवायन और हड़ के सम भाग लेकर बनी एक औषध।

**चतुस्वर्ग** पु० धर्म, अर्थ, काम, मोक्ष।

**चतुस्वर्ण** पु० ब्राह्मण, क्षत्रिय, वैश्य, शूद्र।

**चतुष्क** वि० *(सं०)* चौपाल। पु० चौक, गृह विशेष।

**चत्वर** पु० *(सं०)* चौराहा, चौमुहानी; चौकोर स्थान।

**चदरा** पु०, **चदरिया*** स्त्री० चादर।

**चदिर** पु० *(सं०)* साँप; हाथी।

**चद्दर** *एक तरह की तोप। स्त्री० चादर।

**चनक*** पु० चना।

**चनकट*** स्त्री० तमाचा, चपत।

**चनकना**† अ० क्रि० नाराज होना; दरकना, चिटकना।

**चनखना**† अ० क्रि० चिढ़ना; चनकना।

**चना** पु० प्रधान अन्न जो कई रूपों में खाया जाता है।

**चनाखार** पु० चने के डण्ठल।

**चपटना**† अ० क्रि० चिपकना।

**चपटा**† वि० चिपटा।

**चपटाना**† स० क्रि० चिपकाना, चिमटाना।

**चपटी** वि० स्त्री० चिपटी। *स्त्री० ताली; पशुओं को लगने वाला एक कीड़ा, किलनी; योनि।

**चपत** स्त्री० हानि, नुकसान; तमाचा।

**मुहा० चपत लगना** नुकसान होना।

**चपना** अ० क्रि० लज्जित होना; दबना, धँसना।

**चपरगट्टू** वि० अभागा, विपद्ग्रस्त; गुत्थमगुत्था।

**चपरास** स्त्री० कुर्ते के मोढ़े पर लगी चौड़ी धज्जी; मुलम्मा करने की कलम।

**चपरासी** पु० सिपाही, अर्दली।

**चपरी** स्त्री० खेसारी।

**चपल** पु० *(सं०)*पपीहा; पारा; हवा। वि० तेज; चंचल।

**चपलता** स्त्री० *(सं०)* तेजी, जल्दबाजी।

**चपला** वि० स्त्री० *(सं०)* चंचल स्त्री।

**चपलाई*** स्त्री० चपलता।

**चपलाना*** स० क्रि० चलाना, हिलाना। अ० क्रि० हिलना, अस्थिर रहना।

**चपली** स्त्री० जूती, चट्टी।

**चपाक*** अ० अचानक; चटपट।

**चपाती** स्त्री० फुलका, पतली रोटी।

**चपेट** स्त्री० रगड़ा; धक्का। पु० *(सं०)*चपत, तमाचा।

**चपेटना** सं० क्रि० पीछा करते हुए दौड़ाना; दाबना।

**चपेटा** पु० धक्का; दबाव। स्त्री० *(सं०)* चपत।

**चप्पल** पु० चट्टी।

**चप्पू** पु० पतवार; नाव खेने का डाँड़।

**चबकना**† अ० क्रि० टीसना, दर्द करना।

**चबका*** पु० चाबुक, कशा।

**चबाना** स० क्रि० चूर करना, दाँतों से कुचलना।

**चबूतरा** पु० ईंटों आदि से निर्मित बैठने के लिए

बनाया गया थोड़ा ऊँचा स्थान, मिट्टी।
**चबेना, चबैना** पु० भूँजा, चबाकर खाने की वस्तु, भुना हुआ चना, चावल आदि, भूँजा।
**चबैनी** स्त्री० मजदूरों का दोपहर का कलेवा।
**चभाना** स० क्रि० कुचलवाना; खिलाना।
**चमक** स्त्री० कान्ति; झलक (देना, मारना); चमकने की क्रिया, प्रकाश।
**चमकदमक** स्त्री० कान्ति-दीप्ति; तड़क-भड़क।
**चमकना** अ० क्रि० झलकना, जगमगाना; प्रसिद्ध होना।
**चमकारी*** वि० स्त्री० चमकीली।
**चमकीला** वि० चमकदार।
**चमक्को** स्त्री० कुलटा स्त्री।
**चमगादड़** पु० एक झिल्ली जैसी पंखों वाला पक्षी विशेष।
**चमचमाना** स० क्रि० चमकाना। अ० क्रि० चमकना, इतना साफ-स्वच्छ होना कि चमक निकले।
**चमची** स्त्री० छोटा चम्मच।
**चमटा** पु० खाल; छिलका।
**चमड़ी** स्त्री० त्वचा, चर्म।
**चमत्करण** पु० *(सं०)* काव्योत्कर्ष; उत्सव।
**चमत्कृत** वि० *(सं०)* आश्चर्यचकित, विस्मित।
**चमन** पु० *(फ़ा०)* छोटा फूलों का बगीचा; फुलवारी; हरा-भरा स्थान। *(सं०)* पीना; खाना।
**चमर** पु० *(सं०)* सुरा गाय की पूँछ का बना चँवर।
**चमरौटी** स्त्री० चमारों की बस्ती या टोली।
**चमरौधा** पु० भद्दा जूता, देशी ढंग का बना।
**चमस** पु० *(सं०)* सोमपान करने के लिए चम्मच की तरह बना लकड़ी का पात्र; लड्डू; पापड़।
**चमार** पु० जूते बनाने का धन्धा करने वाली एक जाति, चर्मकार।
**चमारिन** स्त्री० चमार की स्त्री।
**चमारी** स्त्री० चर्मकारी।
**चमौटी** स्त्री० पतली छड़ी; चमोटा; चाबुक, कोड़ा।
**चम्मल** पु० भिक्षापात्र, भीख माँगने का प्याला।
**चयन** पु० *(सं०)* इकट्ठा करना, चुनना; फूल चुनना।
**चयनिका** स्त्री० *(सं०)* चुनी हुई कहानियों, कविताओं आदि का संग्रह, संचायिका।
**चर** पु० *(सं०)* भेदिया; दूत; वि० सजीव; चलायमान; अस्थिर; चलने वाला।
**चरक** स्त्री० पु० एक कुष्ठ जिसमें बदन पर सफेद दाग हो जाते हैं; फूल।
**चरकना*** अ० क्रि० फूटना, टूटना, दरकना।
**चरका** पु० चकमा, धोखा (खाना, देना); घाटा।
**चरख** पु० खराद; चरखी, घिरनी; पहिया; चरखा।
**चरखकश** पु० खराद की डोरी खींचने वाला।
**चरखा** पु० सूत कातने का चरखीनुमा एक यन्त्र; रहट; ऊख का रस निकालने की कल।
**चरखी** स्त्री० कुएँ से पानी निकालने की गराड़ी; एक आतिशबाजी; जुलाहों का एक औजार।
**चरचराना** क्रि० चरचर शब्द करते हुए टूटना।
**चरचित*** वि० चर्चित।
**चरचा*** चर्चा।
**चरण** पु० *(सं०)* श्लोक का चतुर्थांश, छन्द का एक पद; पाँव, कदम; चौथाई; आचरण।
**चरणचिह्न** पु० पदचिह्न, पाँव का निशान।
**चरणपादुका** स्त्री० पत्थर आदि पर बना चरणचिह्न; खड़ाऊँ।
**चरणपीठ** पु० पाँवड़ी; खड़ाऊँ।
**मुहा० चरण छूना** प्रणाम करना; पाँव छूकर प्रणाम करना। **चरण पड़ना** आगमन होना।
**चरणानुग** वि० *(सं०)* अनुगामी, चरण चिह्नों पर पीछे चलने वाला।
**चरन***पु० पाँव, चरण।
**चरनदासी** स्त्री० जूती; सेविका।
**चरना** *अ० क्रि० चलना; फिरना। स० क्रि० पशुओं का मैदान आदि में घास खाना।
**चरनी** स्त्री० गाय-बैल को चारा-पानी देने के लिए गाड़ी हुई नाँद;*घास, चरागाह।
**चरपरा, चरफरा†** वि० छटपट, तेज; तीखे स्वाद वाला।
**चरब** वि० *(फ़ा०)* तीखा; चर्बीदार, चिकना; तेज।
**चरबाँक, चरबाक** वि० चालाक, चतुर; चंचल।
**चरम** वि० *(सं०)* आखिरी।
**चरमकाल** पु० मृत्युकाल।
**चरमोत्पादन** पु० (पीक प्रॉडक्शन) अधिकतम मात्रा में किया गया उत्पाद।
**चरस** पु० पोस्ते के पेड़ से निकला हुआ गोंद, जो नशीला होता है और गाँजे के समान ही पीया

जाता है।

**चरसा** पु० जमीन की एक नाप; पशु का चमड़ा।

**चराग़ान** पु० *(फ़ा०)* दीपों का उत्सव, अनेक दीयों का एक साथ जलना।

**चरित** वि० *(सं०)* आचरित किया हुआ; प्राप्त; गत; ज्ञात। पु० आचरण; व्यवहार; कर्म; जीवन-चरित्र।

**चरितार्थता** स्त्री० *(सं०)* कृतार्थता; यथार्थ सिद्ध।

**चरितार्थी (र्थिन्)** वि० *(सं०)* सफलता की इच्छा रखने वाला।

**चरित्र** पु० *(सं०)* जीवनी; शील स्वभाव; आचरण, चाल-चलन; कर्तव्य, क्रिया-कलाप।

**चरित्रभ्रष्ट** वि० निन्दनीय आचरण वाला।

**चरित्रहीन** वि० नीच प्रकृति वाला, दुश्चरित्र, बदचलन।

**चरित्रवान् (वत्)** वि० *(सं०)* अच्छे चाल-चलनवाला।

**चरी** स्त्री० गाय-बैलों को खिलाने के लिए बोयी गयी हरी ज्वार; *(सं०)* दूती; स्त्री जासूस; दासी।

**चरु** पु० *(सं०)* यज्ञ में आहुति देने के लिए पकाया हुआ अन्न; यज्ञ।

**चरुआ**† पु० चौड़े मुँह का मिट्टी का बर्तन।

**चरुपात्र** पु०,**चरुस्थाली** स्त्री० हवन का अन्न पकाने का बर्तन, यज्ञ का अन्न पात्र।

**चरुव्रण** पु० एक तरह की पीठी या पकवान।

**चरेरा*** वि० कर्कश; कड़ा और खुरदरा।

**चरैया**† पु० चराने वाला; चरने वाला, अतिभोजी।

**चरोखर**† पु० चरागाह, पशुओं के चरने की जगह।

**चर्ख** पु० *(फ़ा०)* घूमने वाला चक्कर; चाक; चरखा।

**चर्च** पु० *(अं०)* ईसाइयों का उपासनागृह, गिरजा; ईसाई धर्मसंघ; ईसाई धर्म का एक सम्प्रदाय।

**चर्चरीक** पु० *(सं०)* साग-सब्जी; महाकाल भैरव।

**चर्चा** स्त्री० *(सं०)* वार्तालाप; वाद-विवाद; जिक्र।

**चर्चित** पु० *(सं०)* लेपन। वि० इच्छित; विचारित।

**चर्पटी** स्त्री० *(सं०)* रोटी, चपाती।

**चर्भटी** स्त्री० *(सं०)* चर्चा; आनन्द में उछलना-कूदना।

**चर्म (न्)** पु० *(सं०)* खाल, चमड़ा; ढाल।

**चर्मचित्रक** पु० फूल, सफेद कोढ़।

**चर्मतरंग** स्त्री० झुर्री, खाल की सिकुड़न।

**चर्ममय** वि० *(सं०)* चमड़े का बना हुआ।

**चर्मवाद्य** पु० ढोल।

**चर्या** स्त्री० *(सं०)* नियम पूर्वक अनुसरण; काम-धाम, वृत्ति; चाल-चलन; भोजन; आचरण; जीविका।

**चर्वण** स्त्री० *(सं०)* ठोस खाद्य पदार्थ; चबाना।

**चर्वित** वि० *(सं०)* चबाया हुआ।

**चल** पु० *(सं०)* पारा; कम्प; वायु। वि० जंगम; हिलता-डोलता; जो चल-फिर रहा हो।

**चलचलाव** पु० मौत; चलने की तैयारी; कूच।

**चलचित्त** वि० अस्थिर चित्त, चंचल चित्तवाला।

**चलचित्र** पु० बाइसकोप, सिनेमा।

**चलचूक*** स्त्री० छल-कपट।

**चलता** वि० *(हि०)* गतिमान, चलता हुआ; प्रचलित; जो सदा खुला या जारी रहे (खाता)। स्त्री० *(सं०)* गतिशील होने का भाव; अस्थिरता। **मुहा० चलता फिरता नज़र आना** चलता बनना। **चलता बनना, चलता होना** चल देना, खिसक जाना।

**चलता पुरजा** वि० चालाक।

**चलन** पु० *(सं०)* हिलना-डोलना; गति, चाल; भ्रमण।

**चलन** पु० चाल, ढंग; रस्म-रिवाज; रीति; प्रचार।

**चलना** स० क्रि० (शतरंज, चौसर आदि में) मोहरे या गोट को एक से दूसरे घर में रखना, बढ़ाना। अ० क्रि० हिलना, हरकत करना; दूसरी जगह जाना; प्रचलित होना; दायर होना (मुकदमा आदि)।

**चलनी** स्त्री० आटा छानने की छलनी।

**चलनौस**† पु० चालने के बाद बचा हुआ चोकर, पदार्थ आदि।

**चलवन्त*** पु० पैदल सैनिक।

**चलविचल** स्त्री० *(हि०)* व्यतिक्रम। वि० अव्यवस्थित, अस्थिर, डावाँडोल।

**चलसम्पत्ति** स्त्री० *(सं०)* एक स्थान से हटाकर दूसरे किसी जगह पर ले जा सकने वाली सम्पत्ति।

**चलाऊ** वि० टिकाऊ, अधिक दिन चलनेवाला।

**चलाका*** स्त्री० बिजली।

**चलाचली** *वि० चलने को उद्यत। स्त्री० चलचलाव; बहुतों का एक साथ चलना।

**चलित** पु० *(सं०)* हिलना; गमना। वि० चलता हुआ; हिलता हुआ, काँपता हुआ; अस्थिर; गतिमान।

**चलुक** पु० *(सं०)* चुल्लूभर पानी; छोटा बर्तन।

**चलौना** पु० दूध, सब्जी आदि चलाने की कलछी।

**चवना*** स० क्रि० चुआना, स्रवित करना।

**चवन्नी** स्त्री० रुपये का चौथाई; चार आने मूल्य का चाँदी आदि का सिक्का।

**चवर्ग** पु० *(सं०)* वर्ण—च, छ, ज, झ, ञ का समूह।

**चवा*** स्त्री० चारों दिशाओं से एक साथ बहती हवा।

**चवाव** पु० प्रवाद, निन्दा, पीठ पीछे की निन्दा।

**चश्म** स्त्री० *(फ़ा०)* आँख; नेत्र के आकार की वस्तुएँ।

**चश्मनुमाई** स्त्री० डराने के लिए आँख दिखाना।

**चश्मपोशी** स्त्री० उपेक्षा करना, किसी के दुर्गुण देखकर छिपा जाना।

**चश्मा** पु० *(फ़ा०)* सुई का छेद; सोता, स्रोत, उप नेत्र।

**चश्मेनम** स्त्री० आँसूभरी आँख।

**चश्मेबद** स्त्री० डीठ, बुरी निगाह।

**चष*** पु० चक्षु, नेत्र।

**चषक** पु० *(सं०)* सुरापात्र; प्याला, पानपात्र।

**चषचोल** पु० आँख की पलक।

**चषण** पु० *(सं०)* छय, नाश।

**चस** स्त्री० गोटा, वस्त्रों के किनारे लगी गोट।

**चसकना** अ० क्रि० चसका लगना; हल्का दर्द होना।

**चसका** पु० भोगने की इच्छा प्रबल होना, चाट।

**चसना** क्रि० प्राण त्यागना, मारना।

**चसम*** स्त्री० चश्म।

**चसमा**† पु० चश्मा।

**चहक** स्त्री० करलव।

**चहकना** स० क्रि० जलाना, सन्तप्त करना। अ० क्रि० आनन्द में भरकर कलरव करना।

**चहकारना**† अ० क्रि० चहकना।

**चहका** पु० पत्थर निर्मित स्थान, कीचड़, गर्त।

**चहकारा*** वि० कलरव करनेवाला, चहकनेवाला।

**चहचहाना** अ० क्रि० बोलना, चहकना; चिड़ियों का आनन्द मग्न होकर कलरव करना।

**चहनना**† स० क्रि० कुचलना, रौंदना।

**चहना*** स० क्रि० चाहना।

**चहर*** स्त्री० आनन्द का कोलाहल, शोर।

**चहर पहर** स्त्री० चहल-पहल।

**चहराना*** अ० क्रि० चर्राना; प्रसन्न होना।

**चहल** *स्त्री० आनन्दोत्सव; चहला, कीचड़।

**चहल पहल** स्त्री० आनन्दोत्सव; धूम-धाम; आबादी; रौनक।

**चहला*** पु० दलदल, कीचड़; जलती हुई लकड़ी।

**चहेटना*** स० क्रि० आघात के लिए दौड़ाना, चपेटना।

**चाँई** वि० धूर्त, उचक्का, चालाक; गंजा। स्त्री० सिर का एक बाल गिरने का एक रोग। पु० ठग।

**चाँकना** स० क्रि० रेखाओं से घेरना, गोंठना; अन्न की राशि को गोबर आदि से गोंठना।

**चाँचिया** पु० लुटेरा; धूर्त व्यक्ति।

**चाँचु*** स्त्री० चोंच।

**चाँड़** स्त्री० गरज; आकुलता, बेकली, प्रबल इच्छा; थूनी। वि० प्रबल; उग्र, प्रचण्ड; चतुर, तृप्त।

**चाँड़ना** क्रि० देखते देखते खा जाना, चटकर जाना, गुड़ बनाना।

**चाण्डाल** पु० *(सं०)* नीच कर्म करने वाला व्यक्ति।

**चाण्डिला*** वि० चण्ड-प्रचण्ड; प्रबल; उद्धत।

**चाँद** पु० चन्द्रमा। स्त्री० सिर का मध्य भाग। **मुहा० चाँद चढ़ना** नया महीना शुरू होना, गर्भ रहना। **चाँद पर खाक/धूल उड़ाना** निर्दोष व्यक्ति पर लांछन लगाना। **चाँद पर थूकना** महान् व्यक्ति पर लांछन लगाना। **चाँद-सा मुखड़ा** प्यारा व सुन्दर मुखड़ा।

**चाँदनी** स्त्री० चन्द्र प्रकाश, श्वेत चादर।

**चाँदमार** स्त्री० लक्ष्य पर गोली मारना।

**चाँदा** पु० चाँद की शकल का एक उपकरण जिससे रेखागणित में बनाते या नापते हैं।

**चाँदी** स्त्री० सफेद रंग की एक चमकीली धातु जिससे गहने एवं सिक्के बनते हैं। **मुहा० चाँदी कटना** अत्यधिक लाभ होना, आराम से दिन कटना। **चाँदी का जूता मारना** रिश्वत देना। **चाँदी का पहरा** सुख-समृद्धि का समय। **चाँदी की ऐनक लगाना** घूस लेकर ही काम करना। **चाँदी बरसना** खूब आमदनी होना।

**चान्द्र** पु० *(सं०)* शुक्ल पक्ष; चन्द्रकान्त मणि वि० चन्द्र-सम्बन्धी।

**चान्द्रभागा** स्त्री० *(सं०)* चन्द्रभाग पर्वत से निकलने वाली नदी 'चन्द्रभागा'।

**चान्द्रमास** पु० चन्द्रमा की गति के अनुसार होनेवाला महीना।

**चान्द्रायणिक** वि० *(सं०)*चान्द्रायण व्रत करने वाला।

**चान्द्री** स्त्री० *(सं०)* चन्द्रमा की पत्नी; चाँदनी।
**चाँप** पु० 'चाप' बन्दूक का एक पुरजा।
**चांपेय** पु० *(सं०)* किंजल्क; चम्पक; सुवर्ण; धतूरा।
**चाँयँ-चाँयँ, चाँवँ-चाँवँ** स्त्री० व्यर्थ की बातें, बकबक।
**चाँवर*** पु० चावल।
**चाउर**† पु० चावल।
**चाक** पु० *(फ़ा०)* चरखी; कील पर घूमने वाला चक्राकार पत्थर जिस पर कुम्हार बर्तन बनाता है; पहिया।
**चाकती** क्रि० चारों ओर से सीधा बद्ध करके रेखा खींचना।
**चाकरनी, चाकरानी** स्त्री० नौकरानी।
**चाकरी** स्त्री० *(फ़ा०)* नौकरी, सेवा।
**चाका** पु० चीनी का बताशा।
**चाकी** स्त्री० चक्की।
**चाकू** पु० *(तु०)* छोटी छुरी, कलम बनाने या सब्जी इत्यादि काटने का छोटा औजार।
**चाक्षुष** पु० *(सं०)* चक्षु से प्राप्त ज्ञान, प्रत्यक्ष प्रमाण का एक भेद; दृश्य।
**चाचर, चाचरि** स्त्री० होली के गीत, खेल तथा स्वांग।
**चाचा** पु० पितृत्व, पिता के छोटे भाई।
**चाची** स्त्री० चाचा की पत्नी।
**चाट** स्त्री० चसका, आदत, लत; चाटने की क्रिया; मसाला डालकर तैयार किया हुआ तीखे स्वाद वाला खाद्य, मिर्च।
**चाटना** क्रि० स्वाद हेतु जीभ से चखना।
**चाटु** पु० *(सं०)* झूठी प्रशंसा, चापलूसी; प्रियवचन, झूठी प्रिय बात।
**चाटुपटु** वि० चापलूसी में कुशल।
**चाढ़ा*** वि० आसक्त, मुग्ध। पु० प्यारा; प्रेमी।
**चाणक्य** पु० *(सं०)* अर्थशास्त्र के रचयिता विष्णुगुप्त, चणक मुनि के वंश में उत्पन्न, कौटिल्य।
**चाणूर** पु० *(सं०)* कंस का सहयोगी पहलवान जिसे कृष्ण ने मारा था।
**चाणूरमर्दन** पु० कृष्ण।
**चातर** पु० षड्यन्त्र; मछली पकड़ने का महाजाल।
**चातुर** पु० *(सं०)* चार पहियों की गाड़ी। वि० चतुर; चार से सम्बद्ध; चापलूस; होशियार।
**चातुरक्ष** पु० *(सं०)* छोटा गोल तकिया; चार पासों से खेला जाने वाला खेल।
**चातुरी** स्त्री० *(सं०)* चतुराई।
**चादर** स्त्री० बिस्तर के ऊपर बिछाया जानेवाला दुपट्टा; साड़ी के ऊपर ओढ़ा जानेवाला लम्बा आयताकार कपड़े का चौड़ा दुपट्टा; लोहे-पीतल आदि का लम्बा-चौड़ा किया हुआ पत्तर।
**मुहा० चादर उतारना** बेइज्जत करना। **चादर ओढ़ाना, चादर डालना** विधवा से ब्याह करना। **चादर देखकर पाँव फैलाना** बिसात देखकर खर्च करना। **चादर हिलाना** लड़ाई बन्द करने के लिए कपड़ा हिलाना।
**चाप** स्त्री० *(हि०)* दबाव, पाँवों की आहट। पु० *(सं०)* धनुष; इन्द्रधनुष; परिधि का कोई अंश।
**चापड़** वि० बर्बाद, मटियामेट; समतल।
**चाबना** क्रि० चबाना, दाँतों से कुचलकर धीरे-धीरे खाना।
**चाबी** स्त्री० पच्चड़; ताली, कुंजी।
**मुहा० चाबी देना** यन्त्र को गतिशील बनाने या घड़ी को चलने के लिए उसकी कमानी कस देना।
**चाबुक** पु० *(फ़ा०)* चमड़े का कोड़ा। वि० चुस्त, फुर्तीला, तेज।
**चाभना** स० क्रि० भरपेट खाना; चूसना।
**चाम** पु० खाल।
**चामचोर** पु० गुप्त रूप से परस्त्री के पास जानेवाला।
**चामर** पु० *(सं०)* चँवर, मोरछल।
**चामरग्राह, चामरपुष्प** पु० केतकी; सुपारी का पेड़।
**चामरव्यजन** पु० चँवर।
**चामीकर** पु० *(सं०)* धतूरा; सोना।
**चाय** स्त्री० एक पौधा जिसकी पत्तियों को दूध-शक्कर में मिलाकर, उबालकर पीया जाता है; चाय के पौधे की सुखायी हुई पत्तियाँ; चाय की पत्तियों को उबालकर बनाया हुआ पेय। *पु० 'चाव'।
**चायक*** पु० चाहने वाला।
**चार** पु० चार की संख्या। वि० तीन और एक; कुछ; अनेक।
**मुहा० चार आँखें करना** साक्षात्कार करना; निगाह मिलाना। **चार आदमी** कुछ भले आदमी।

**चार चाँद लगना** शोभा, सुन्दरता बढ़ना। **चार पाँच करना** हीला-हवाला करना।

**चार** *सेवक, दास। पु० आचार, व्यवहार रीति (द्वार-चार); *(सं०)* गुप्तचर, जासूस।

**चार** 'चारा' (उपाय) का लघु रूप। नाचार अ० मजबूरन, निरुपाय होकर।

**चारअबरू** पु० दाढ़ी, सिर, भौंहें और मूँछ।

**चारक** पु० *(सं०)* चरवाहा, सहचर, भेदिया।

**चारचक्षु (स्)** पु० राजा, तीव्र या खोजी आँख वाला।

**चारण** पु० *(सं०)* राजपूताना की एक जाति; भाट।

**चारना*** स० क्रि० चराना।

**चारपथ** पु० राजमार्ग।

**चारा** पु० कँटिया में लगाया जाने वाला गीला आटा (मछली फँसाने के लिए) *(फ़ा०)* इलाज; चिड़ियों, मछलियों आदि को फँसाने के लिए खिलायी जाने वाली चीज; चौपायों के खाने की वस्तु—घास, चरी आदि।

**चारासाज़** वि० सहायक।

**चारित** वि० *(सं०)* चलाया हुआ।

**चारित्र** पु० *(सं०)* सदाचार; चाल-चलन; स्वभाव।

**चारित्र्य** पु० *(सं०)* आचरण, चरित।

**चारित्र्यपतन** पु० चरित की गिरावट।

**चारी** स्त्री० *चुगली।

**चारी (रिन्)** पु० *(सं०)* पैदल सिपाही। वि० चलने वाला (स्वेच्छाचारी), जाने वाला (व्योमचारी); व्यवहार करने वाला।

**चार्ज** पु० *(अं०)* अभियोग; खर्च; सुपुर्दगी, देख-रेख; कार्यभार।

**चार्ज शीट** पु० फर्दजुर्म, अभियोग पत्र।

**चार्मण** पु० *(सं०)* खाल मढ़ी, ढालों का समूह। वि० चाम से ढँका हुआ।

**चार्वी** स्त्री० *(सं०)* दीप्ति; सुन्दरी स्त्री; बुद्धि; चाँदनी।

**चारु** वि० सुन्दर, रुचिर।

**चाल** स्त्री० *(हि०)* चलने की क्रिया, गति; छल, धोखा देने वाली बात; कूटयुक्ति; आहट *हलचल। **मुहा० चाल चलना** धोखा देने या ठगने का उपाय करना। **चाल चूकना** गलत चाल चलना; अपनी ही हानि करनेवाली चाल चलना। **चाल फँसना** अपनी चाल में खुद फँस जाना। बढ़ना। मिलाना।

**चालक** वि० *इंजन या मशीन को चलाने वाला व्यक्ति छली, चालबाज।

**चाल-चलन** पु० चरित्र।

**चालढाल** स्त्री० व्यवहार ढंग।

**चालन** पु० *(सं०)* गति; छानना; परिचालन; हिलाना।

**चालना*** अ० क्रि० नववधू का ससुराल आना; *चलना। स० क्रि० छानना; *चलाना; हिलाना।

**चालबाज** वि० छली, प्रपंची, धूर्त; तौर-तरीका।

**चाला** पु० नववधू का ससुराल आना, गौना; चलने की क्रिया, रवानगी; प्रस्थान का मुहूर्त।

**चालाक** वि० *(फ़ा०)* चुस्त, फुर्तीला; चतुर; धूर्त।

**चालान** पु० माल का एक जगह से दूसरी जगह भेजा जाना; अभियुक्त का विचार के लिए मजिस्ट्रेट के पास भेजा जाना, बीजक, सूची (पत्र)।

**चालिया** वि० धूर्त, छली।

**चाली** *स्त्री० चाल, चलने का तरीका। वि० छली, चालबाज; *नटखट।

**चालीस** वि० तीस और दस। पु० चालीस की संख्या, 40।

**चालीसवाँ** पु० मृत व्यक्ति के चालीसवें दिन का कर्म। वि० जो क्रम में 39 के बाद आए।

**चालीसा** पु० चालीस दिन का समूह, चालीस पदों का समूह; चालीस वस्तुओं का समूह।

**चाल्ही** स्त्री० नाव के सिरे पर मल्लाह के बैठने का स्थान।

**चाव** पु० अनुराग, प्रेम; उमंग; शौक; तीव्र इच्छा, चाह; उत्साह।

**मुहा० चाव निकालना** शौक पूरा होना।

**चावर**' पु० चावल।

**चावल** पु० भात, पकाया हुआ चावल।

**चाशनी** स्त्री० *(फ़ा०)* चीनी-गुड़ आदि का शीरा; स्वाद, मजा; खाद्य वस्तु का चखने की चीज।

**चाष** पु० *(सं०)* *आँख, चक्ष; नीलकण्ठ पक्षी।

**चासा** पु० किसान; हलवाहा।

**चाह** स्त्री० इच्छा, लालसा; प्रेम; जरूरत, गरज। पु० *(फ़ा०)* कुआँ।

**चाहकन** पु० कुआँ खोदने वाला।

**चाहक*** पु० चाहने वाला, प्रेमी।

**चाहत*** स्त्री० चाह, प्रेम।
**चाहना** स० क्रि० पसन्द करना; इच्छा करना; माँगना; *चाह भरी दृष्टि से देखना, निहारना।
**चाही** वि० स्त्री० चहेती; *(फ़ा०)* कूप-सम्बन्धी; कुएँ से सींची जाने वाली (जमीन)।
**चाहे** अ० जी चाहे, मर्जी में आये, या तो।
**चिआँ** पु० इमली का बीज।
**चिउँटी** स्त्री० चींटी।
**मुहा० चिउँटी की चाल** बहुत धीमी चाल। **चिउँटी के पर निकलना** मृत्यु का समय आना।
**चिउँटा** पु० चींटा, पिपीलिक।
**चिंगना** पु० पक्षी का बच्चा, छोटा बालक।
**चिंगुरना**† अ० क्रि० देर तक एक स्थिति में रहने से अंग सिकुड़ना।
**चिंघाड़** स्त्री० चीत्कार, हाथी के चिल्लाने का शब्द।
**चिंघाड़ना** अ० क्रि० हाथी का जोर से बोलना।
**चिंचा** स्त्री० *(सं०)* इमली; गुंजा; इमली का चिआँ।
**चिंजा*** पु० बेटा।
**चिंजी*** स्त्री० बेटी।
**चिन्त*** स्त्री० याद, खयाल; चिन्ता।
**चिन्तन** पु० *(सं०)* मनन करना।
**चिन्तनीय** वि० *(सं०)* शोचनीय; विचारणीय।
**चिन्ता** स्त्री० *(सं०)* फिक्र; परवाह; ध्यान।
**चिन्तित** वि० *(सं०)* चिन्तायुक्त, सोच में पड़ा हुआ।
**चिन्त्य** वि० *(सं०)* चिन्तनीय, चिन्ता करने योग्य।
**चिन्दी** स्त्री० टुकड़ा।
**चिम्पाजी** पु० अफ्रीका में पाया जाने वाला आदमी की शक्ल का एक वनमानुस।
**चिक** स्त्री० *(तु०)* खिड़की दरवाजों पर टाँगने वाला बाँस की तीलियों का बना हुआ झीना पर्दा।
**चिकट** वि० चिपचिपा।
**चिकन** पु० सूती कपड़े पर सुई से बेल-बूटे बनाने का काम; ऐसे काम वाला कपड़ा।
**चिकना** वि० जिसकी सतह रगड़कर चिकनी बनायी गयी है; जिस पर हाथ-पाँव फिसले; *स्नेही, प्रेमी।
**चिकनाहट** स्त्री० चिकनाई, चिपचिपापन। पु० स्निग्धता पूर्ण।
**चिकनाई** स्त्री० चिकनापन।
**चिकनाना** अ० क्रि० मोटा होना; चिकना होना। *स्नेह से युक्त, अनुरक्त होना।
**चिकनिया** वि० छैला, बाँका।
**चिकनी** वि० स्त्री० चिकना।
**चिकनी चुपड़ी बातें** स्त्री० चापलूसी युक्त मीठी बातें।
**चिकार*** पु० चीख, चीत्कार।
**चिकारा, चिकाड़ा** पु० सारंगी के समान बाजा।
**चिकित्सक** पु० *(सं०)* वैद्य, डॉक्टर।
**चिकित्सा** स्त्री० *(सं०)* इलाज, रोग-निवारण का उपाय।
**चिकित्सा विज्ञान, चिकित्सा शास्त्र** पु० वह शास्त्र या विज्ञान जिसमें रोगों के लक्षणों तथा उपचार आदि का वर्णन हो।
**चिकित्सा व्यवसायी (यिन्)** पु० वैद्यकी या डाक्टरी का पेशा करने वाला।
**चिकित्सालय** पु० चिकित्सा केन्द्र, चिकित्सा स्थल, औषधालय।
**चिकुटी*** स्त्री० चुटकी, चिकोटी।
**चिकुर** पु० *(सं०)* केश; चंचल; गिलहरी; छछूँदर।
**चिक्कट** पु० जमा हुआ मैल। वि० बहुत मैला, गन्दा।
**चिक्कस** पु० *(सं०)* तेल और हल्दी मिला हुआ जौ के आटे का उबटन; जौ का आटा।
**चिक्कार** पु० चीत्कार, चिकार।
**चिखना**† पु० चाट, मद्यपान के साथ खायी जाने वाली चटपटी वस्तु।
**चिखल्ल**† पु० कीचड़, पंक।
**चिखुरन**† स्त्री० जोतने या निराने से निकली हुई घास।
**चिखुरना**† स० क्रि० जोतने के बाद या निराई कर घास निकालना।
**चिखुरी*** स्त्री० मादा गिलहरी।
**चिग्घाड़**† स्त्री० चिंघाड़।
**चिचड़ा** पु० अपामार्ग; किलनी।
**चिचान*** पु० बाज।
**चिचाना*** अ० क्रि० चिल्लाना।
**चिचिण्डा** पु० एक लता जिसमें गोल लम्बोतरे फल लगते हैं, जो तरकारी के काम आते हैं।
**चिचिड़ी** स्त्री० किलनी।

**चिचियाना** अ० क्रि० चिल्लाना, चीखना।

**चिच्छक्ति** स्त्री० *(सं०)* चैतन्य, चेतनाशक्ति।

**चिजारा** पु० राहगीर।

**चिंजा** स्त्री० इमली, इमली का बीज।

**चिंजी** स्त्री० *(सं०)* घुँघची।

**चिट** स्त्री० कपड़े की धज्जी।

**चिटनवीस** पु० लेखक।

**चिटकना** अ० क्रि० लकड़ी का जलते समय 'चिट-चिट' आवाज करना; गुस्सा होना।

**चिटकाना** स० क्रि० चिढ़ाना, खिझाना।

**चिट्ठा** पु० विवरण, सूची खाता; वेतन का हिसाब।

**चिट्ठी** स्त्री० निमन्त्रण-पत्र; आज्ञा-पत्र; पुरजा; पत्र, खत।

**चिट्ठीरसाँ** पु० चिट्ठियाँ बाँटने वाला, डाकिया।

**चिड़चिड़ा** पु० शीघ्र चिढ़ने वाला, अपामार्ग।

**चिड़चिड़ाना** अ० क्रि० झुँझलाना, चिटकना, चिढ़ना।

**चिड़वा** पु० हरे या भिगोये हुए धान को भून और कूटकर चिपटा किया हुआ खाने की वस्तु।

**चिढ़** स्त्री० नाराजगी; नफरत; चिढ़ने का भाव।

**चिढ़ना** अ० क्रि० बुरा मानना; नाराज होना।

**चित** पु० *चितवन; मकान, इमारत; हृदय, मन। वि० *(सं०)* संचित; चुनकर इकट्ठा किया हुआ;

**चित** अ० पीठ के बल। वि० जिसका मुँह-पेट ऊपर की ओर हो, और पीठ जमीन से लगी हो, उत्तान। **मुहा० चित करना** कुश्ती में प्रतिपक्षी को पछाड़ना, उसकी पीठ लगा देना। **चित पट करना** इधर या उधर कुछ निर्णय करना, कुछ तै कर डालना। **चित पट होना** कुछ तै होना, कोई निर्णय होना। **चित होना** कुश्ती में हार खाना, पछाड़ा जाना।

**चितकबरा** वि० रंग-बिरंगा; जिसमें कई रंग मिले हों।

**चितचोर** पु० प्रिय, मन को लुभाने वाला।

**चितरना*** स० क्रि० बेल-बूटे बनाना, चित्र बनाना।

**चितवन** स्त्री० दृष्टि, किसी की ओर देखने का ढंग।

**चितवनि*** स्त्री० चितवन।

**चितवाना*** स० क्रि० दिखाना।

**चिता** स्त्री० *(सं०)* शव जलाने के लिए चुनकर रखी हुई लकड़ियाँ।

**चिताभूमि** स्त्री० श्मशान।

**चिति** स्त्री० *(सं०)* राशि; चिता; चयन, ढेर।

**चित्** स्त्री० *(सं०)* ज्ञान; ब्रह्म; चित्त; चेतना; आत्मा; अग्नि। पु० चुनने वाला, चयन कर्ता।

**चित्त** वि० *(सं०)* इच्छित; गोचर; विचारित; अनुभूत। पु० अन्तःकरण, मन; अन्तःकरण की खोजी वृत्ति।

**मुहा० चित्त उचटना** मन उदास होना। **चित्त चढ़ना** ध्यान बना रहना। **चित्त से उतरना** अप्रिय हो जाना।

**चित्तवृत्ति** स्त्री० *(सं०)* चित्त की अवस्था।

**चित्ताकर्षक** वि० *(सं०)* मन को लुभाने वाला।

**चित्ताभोग** पु० *(सं०)* किसी विषय के प्रति मन की आसक्ति; पूर्ण चेतनता।

**चित्ति** स्त्री० *(सं०)* कर्म; ख्याति; प्रयोजन।

**चित्र** वि० चमकीला; कई वर्णों वाला; रंग-बिरंगा। पु० *(सं०)* आलेख्य; शब्द चित्र; कागज, कपड़े आदि पर बनायी हुई किसी चीज की प्रतिमूर्ति, तस्वीर; चित्रकाव्य।

**चित्रकला** स्त्री० चित्र बनाने की कला।

**चित्रकाय** पु० चीता।

**चित्रकार** पु० चित्र बनाने वाला।

**चित्रफला** स्त्री० बैंगन; ककड़ी; लिंगिनी; महेन्द्रवारुणी।

**चित्रमय** वि० *(सं०)* सचित्र, चित्रों से भरा हुआ।

**चित्ररथ** पु० सूर्य; कुबेर का सखा एक गन्धर्व।

**चित्रल** वि० चितकबरा।

**चित्रलिपि** स्त्री० वह लिपि जिसमें अक्षरों की जगह सांकेतिक चित्र काम में लायें जायें।

**चित्रवत्** वि० *(सं०)* चित्र जैसा; *(ला०)* स्थिर, गतिरहित; स्तब्ध।

**चित्रविद्या** स्त्री० चित्र बनाने की विद्या, चित्रकला।

**चित्रविन्यास** पु० चित्र बनाना, आलेखन।

**चित्रशाला** स्त्री० *(स्टूडियो)* फोटोग्राफर, चित्रकार आदि के काम करने का स्थान; *(पिक्चर-गैलरी)* जहाँ चित्रकला का प्रदर्शन किया जाये; भित्ति-चित्रों से भरा भवन, मण्डप।

**चित्रित** वि० *(सं०)* जिसका चित्र खींचा या बनाया गया हो।

**चित्री(त्रिन्)** वि० *(सं०)* चितकबरा; चित्रयुक्त।

**चित्रीकरण, चित्रीकार** पु० *(सं०)* चित्रित करना; सजाना; विभिन्न वर्णों से रँगना; आश्चर्य।

**चिथड़ा** पु० फटा-पुराना कपड़ा।

**मुहा० चिथड़े चिथड़े हो जाना** धज्जियाँ उड़ जाना, बुरी तरह फट जाना।

**चिथाड़ना** स० क्रि० जलील करना; धज्जियाँ उड़ाना।

**चिनगटा*** पु० चिथड़ा।

**चिनगारी** स्त्री० स्फुलिंग, अग्निकण।

**मुहा० चिनगारी छोड़ना** झगड़ा लगानेवाली बात कहना। **चिनगारी डालना** आग लगाना; झगड़ा लगाना।

**चिनना*** स० क्रि० चुनना; दीवार उठाना।

**चिनाना*** स० क्रि० चुनवाना; दीवार उठवाना।

**चिनाब** स्त्री० चन्द्रभागा, पंजाब की एक नदी।

**चिन्मय** पु० परब्रह्म। वि० *(सं०)* शुद्ध ब्रह्म, ज्ञान स्वरूप।

**चिन्हाना**† अ० क्रि० पहचाना जाना। स० क्रि० पहचान कराना।

**चिन्हानी**† स्त्री० पहचान, चिह्न।

**चिन्हार**† वि० परिचित।

**चिन्हारि, चिन्हारी*** स्त्री० जान-पहचान।

**चिपकना** अ० क्रि० लिपटना; स्त्री-पुरुष का परस्पर आलिंगन बद्ध होना।

**चिपकाना** स० क्रि० लिपटाना; किसी लसदार चीज से एक वस्तु दूसरी से जोड़ना, साटना।

**चिपचिपा** वि० चिपकने वाला, लसदार।

**चिपचिपाहट** स्त्री० चिपचिपा होने का भाव, लस।

**चिपटा** वि० तल पर फैला हुआ, जो उभरा हुआ न हो।

**चिपटाना** क्रि० चिपकाना।

**चिपटी** वि० स्त्री० एक तरह की बाली; योनि।

**चिपुट** पु० *(सं०)* हरे धान को भून एवं कूटकर चिपटा किया खाद्य पदार्थ।

**चिप्पिका** स्त्री० *(सं०)* रात्रि में चलने वाला जन्तु।

**चिप्पी** स्त्री० उपली; लकड़ी या धातु आदि छोटा चिपटा टुकड़ा।

**चिबिल्ला**† वि० चिलबिला।

**चिमटना** अ० क्रि० आलिंगन बद्ध होना; गुथना।

**चिमटा** पु० चीमटा।

**चिमटी** स्त्री० जिससे छोटी चीज पकड़ने, उठाने आदि का काम लेते हैं; छोटा चिमटा।

**चिमनी** स्त्री० *(अं०)* धुआँ निकालने के लिए घर की छत में बनायी हुई लोहे या सीमेण्ट की नली।

**चिरंजीव** पु० कामदेव; *(हि०)* बेटा, पुत्र। अ० *(सं०)* चिरंजीवी हो, बहुत दिन जियो।

**चिरण्टी** स्त्री० *(सं०)* युवती; सयानी हो जाने पर भी पिता के ही घर रहने वाली लड़की।

**चिरन्तन** वि० पुरातन।

**चिर** अव्य० बहुत दिनों तक, सदा। वि० *(सं०)* जो बहुत दिनों से हो, पुराना।

**चिरकांक्षित** वि० जिसकी चाह या कामना बहुत दिनों से रही हो।

**चिरकालिक, चिरकालीन** वि० बहुत दिन का, पुराना।

**चिरकीन** वि० *(फ़ा०)* मैले में लिपटा हुआ।

**चिरकुट** पु० गुदड़ी चिथड़ा।

**चिरतुषार-रेखा** स्त्री० *(स्नो-लाइन)* जिस पर्वत पर सदैव बर्फ जमी रहे।

**चिरना** पु० चीरने का औजार। अ० क्रि० फटना।

**चिरपरिचित** वि० जिसे बहुत दिनों से जानते-पहचानते हों।

**चिरलब्ध** वि० जो बहुत दिनों तक आस लगाये रहने के बाद मिला हो।

**चिरवाई** स्त्री० चिरवाने की क्रिया; चिराई का पारिश्रमिक।

**चिरहँटा*** पु० चिड़ीमार।

**चिराँदा** स्त्री० माँस, चर्बी आदि के जलने से निकलने वाली दुर्गन्ध; *(ला०)* बदनामी। वि० चिड़चिड़ा।

**चिराक*** पु०, स्त्री० दीया, दीपक।

**चिराग** पु० *(फ़ा०)* बेटा; दीया, दीपक, लैम्प।

**मुहा० चिराग गुल होना** दीया बुझना। **चिराग तले अँधेरा** रखवाले के सामने चोरी। **चिराग दिखाना** प्रकाश फैलाना, रोशनी करना। **चिराग बत्ती का वक्त** शाम हो जाना, दीया जलाने का वक्त, झुटपुटा।

**चिरागगुल** पु० (ब्लैक आउट) हवाई हमला होने के समय या उसकी आशंका होते ही सार्वजनिक स्थानों की बत्तियों का बुझा दिया जाना या उन्हें इस तरह ढक देना जिससे बाहर से रोशनी दिखायी न पड़े।

**चिरातन*** वि० जीर्ण-शीर्ण; पुराना।
**चिराद** पु० *(सं०)* बत्तख की जाति का एक पक्षी।
**चिरायध** स्त्री० फैलती बदनामी; चमड़े, माँस आदि के जलने से निःसृत दुर्गन्ध।
**चिरायु (स्)** वि० बहुत दिन जीने वाला, चिरजीवी।
**चिरिण्टी** स्त्री० *(सं०)* चिरण्टी, सयानी होने पर भी पिता के घर रहने वाली पुत्री।
**चिरिहार*** पु० चिड़ीमार, पक्षियों को मारने या पकड़ने वाला, बहेलिया।
**चिरेता, चिरैता**† पु० चिरायता।
**चिलक** स्त्री० टीस; चमक, झलक।
**चिलकाना**† स० क्रि० उज्ज्वल करना; चमकाना।
**चिलचिल** स्त्री० अभ्रक। वि० चमकीला।
**चिचिलाती** क्रि० कड़ी चमकती। वि० तेज धूप।
**चिलड़ा**† पु० उलटा, बेसन घोलकर बनी पूरी।
**चिलबिल** पु० एक जंगली पेड़। वि० चंचल, नटखट, चिलबिला।
**चिलमन** पु० *(फ़ा०)* चिक, बाँस की तीलियों का बना हुआ पर्दा।
**चिलवाँस*** पु० चिड़िया फँसाने का एक फन्दा।
**चिलुआ** स्त्री० चेल्हवा मछली।
**चिल्लका** स्त्री० *(सं०)* झींगुर।
**चिल्लपौं** स्त्री० चीख-पुकार, शोर-गुल।
**चिल्ला** पु० धनुष की डोरी, कमान की ताँत; पगड़ी का छोर; *(फ़ा०)* चालीस दिनों का व्रत, अनुष्ठान।
**चिल्लाना** अ० क्रि० शोर करना, जोर से बोलना।
**चिल्ली** स्त्री० *(सं०)* झींगुर; बथुआ; *बिजली।
**चिवि** स्त्री० *(सं०)* ठुड्ढी।
**चिविट** पु० *(सं०)* धान का चिउड़ा।
**चिबुक** पु० *(सं०)* ठुड्ढी।
**चिहँक*** स्त्री० चहकी।
**चिहुँक**† स्त्री० खटका, डर।
**चिहुँकना**† अ० क्रि० चौंकना।
**चिहुँटी*** स्त्री० चुटकी।
**चिहुटना**† स० क्रि० चूस लेना।
**चिह्न** पु० *(सं०)* निशानी; लक्षण, छाप; लकीर।
**चिह्नांकन** पु० *(पंक्चुएशन)* किसी रचना, प्रस्तर, वाक्य आदि में विराम-चिह्न लगना।
**चिह्नित** वि० *(सं०)* चिह्न युक्त, अंकित; लक्षित।
**चींटा** पु० चिउँटी की जाति का एक बड़ा कीड़ा।
**चीन्तना*** स० क्रि० चित्रित करना; लिखना।
**चीयाँ** पु० इमली का बीज।
**चीक** स्त्री० कीचड़; चीख। †पु० कसाई।
**चीख़** स्त्री० चिल्लाने की आवाज, चिल्लाहट।
**चीख़पुकार** स्त्री० शोर-गुल; शोर मचाकर की जाने वाली फरियाद।
**मुहा० चीख़ मारना** चिल्लाना।
**चीख़ना** अ० क्रि० चिल्लाना, शोर मचाना।
**चीखना** स० क्रि० स्वाद जानने के लिए किसी चीज को थोड़ी मात्रा में खाना।
**चीखर, चीखल*** पु० कीचड़।
**चीखुर** पु० गिलहरी, चिटकोइल।
**चीज़** स्त्री० *(फ़ा०)* पदार्थ; वस्तु; बहुमूल्य।
**चीठ*** स्त्री० मैल।
**चीठी**† स्त्री० चिट्ठी।
**चीत*** पु० चित्त; चित्रा नक्षत्र।
**चीतकार*** पु० चीत्कार; चित्रकार।
**चीतना*** स० क्रि० सोच विचार करना; चाहना; याद करना; चित्र बनाना।
**चीतर**† पु० चीतल।
**चीतल** पु० चित्तीदार अजगर; हिरन की एक जाति जिसकी खाल पर सफेद चित्तियाँ होती है।
**चीता** पु० एक प्रकार का बाघ।
**चीत्कार** पु० *(सं०)* शोर, चिंघाड़; चीख, पुकार।
**चीथड़ा** पु० जीर्णशीर्ण कपड़ों के टुकड़े।
**चीथना** स० क्रि० फाड़ना, टुकड़े-टुकड़े करना, धज्जी-धज्जी करना।
**चीथरा*** पु० चिथड़ा।
**चीदा** वि० *(फ़ा०)* बढ़िया; चुना हुआ।
**चीनक** पु० *(सं०)* चेना; चीनी कपूर; कंगनी।
**चीनना*** स० क्रि० पहचानना, चीन्हना।
**चीनी** स्त्री० ईख, खजूर आदि के रस से बनी हुई सफेद दानेदार शक्कर। वि० चीन में उत्पन्न, उपलब्ध; चीन-सम्बन्धी। पु० चीन देशवासी।
**चीन्हना**† स० क्रि० पहचानना।
**चीपड़** पु० आँख का कीचड़।
**चीफ़** पु० *(अं०)* जाति या कबीले का नेता; मुखिया। वि० प्रधान, मुख्य।

**चीफ़ एडिटर** पु० प्रधान सम्पादक।
**चीफ़ कमिश्नर** पु० किसी छोटे सूबे का प्रधान शासक।
**चीफ़ जस्टिस** पु० हाईकोर्ट का प्रधान न्यायाधीश।
**चीमड़** वि० टूटे या मुड़े नहीं, जो जल्दी फटे।
**चीर** पु० *(सं०)* कपड़ा, वस्त्र; धज्जी; पेड़ की छाल; लकीर।
**चीरना** स० क्रि० (कागज, कपड़े आदि को) फाड़ना, टुकड़े करना; विदीर्ण करना।
**चीर्ण** वि० फटा हुआ, चिरा हुआ।
**चीला** पु० चिल्ला, उलटा नाम का पकवान।
**चीलिका** स्त्री० *(सं०)* झींगुर, झिल्ली, छोटे चीले।
**चील्ह** स्त्री० चील।
**चील्ही*** स्त्री० एक तन्त्रोपचार।
**चीवर** पु० *(सं०)* भिक्षुओं का फटा वस्त्र।
**चीवरी (रिन्)** पु० *(सं०)* बौद्ध या जैन भिक्षु, संन्यासी।
**चुंगल** पु० चिड़ियों का पंजा, चंगुल; पकड़।
**चुंगी** स्त्री० माल के नगर सीमा पर प्रवेश हेतु लिया जाने वाला कर; अनाज आदि बेचने वालों से लिया जाने वाला कर।
**चुंचु** पु० *(सं०)* छछून्दर; एक वर्णसंकर जाति।
**चुण्टा, चुण्डा** स्त्री० *(सं०)* छोटा कुआँ; कुएँ के पास का हौज।
**चुण्डी†, चुन्दी** स्त्री० कुटनी; चुटिया।
**चुँधलाना†** अ० क्रि० चकाचौंध होना।
**चुँधियाना** अ० क्रि० चौंधना।
**चुम्ब** पु० *(सं०)* चुम्बन।
**चुम्बक** पु० *(सं०)* एक तरह का पत्थर जो लोहे को अपनी ओर खींचता है; कामुक; धूर्त।
**चुम्बकत्व** पु० *(सं०)* चुम्बक का गुण, आकर्षण।
**चुम्बकत्व मापी** चुम्बकीय शक्ति मापने का यन्त्र।
**चुम्बकत्व लेखी** चुम्बक सम्बन्धी; चुम्बकीय शक्ति का रेखांकन।
**चुम्बकीय** वि० *(सं०)* जिसमें चुम्बक का गुण हो।
**चुम्बन** पु० *(सं०)* स्पर्श; बोसा, चूमने की क्रिया।
**चुम्बना***स० क्रि० चूमने की क्रिया; चूमना।
**चुँभना*** अ० क्रि० चुभना।
**चुअना*** अ० क्रि० चूना, रिसना, बहना।
**चुआना** स० क्रि० भबके से अर्क खींचना; टपकाना।
**चुकटा** पु० चुटकी; वस्तु; चुटकी भर।
**चुकटी†** स्त्री० चुटकी।
**चुकता** वि० अदा, बेबाक, जो चुका दिया गया हो।
**चुकना** अ० क्रि० अदा, बेबाक होना; समाप्त होना।
**चुकाई** स्त्री० चुकता होने का भाव।
**चुकाना** अ० क्रि० चूकना। स० क्रि० चुकता करना।
**चुक्कड़** पु० कुल्हड़, पुरवा।
**चुक्कार** पु० *(सं०)* गर्जन, सिंहनाद।
**चुक्र** पु० *(सं०)* अमलबेत; चूक।
**चुक्रक** पु० *(सं०)* चूका नाम का खट्टा साग।
**चुक्रफल** पु० इमली।
**चुक्रा चुक्री** स्त्री० *(सं०)* अमलोनी का साग; इमली।
**चुक्रिमा(मन्)** स्त्री० *(सं०)* खट्टापन।
**चुक्षा** स्त्री० *(सं०)*कत्ल-ए-आम करना; वध; प्रक्षालन।
**चुगली** स्त्री० बुराई, परोक्ष में की हुई निन्दा।
**चुगाई** स्त्री० चुगाने का काम; चुगाने की मजदूरी।
**चुगाना** स० क्रि० चिड़ियों को दाना खिलाना।
**चुचकारना** स० क्रि० चुमकारना।
**चुचाना** अ० क्रि० रिसना, चूना।
**चुचुकना†** अ० क्रि० सूखकर सिकुड़ना।
**चुचुकारना*** स० क्रि० चुमकारना।
**चुटकना** स० क्रि० चुटकी से तोड़ना; चाबुक मारना।
**चुटका** पु० चुटकी भर चीज; बड़ी चुटकी।
**चुटकी** स्त्री० कपड़ों में रंग न चढ़ने के लिए दी गयी गाँठ; भिक्षु को दिया जाने वाला मुट्ठीभर आटा आदि, भीख।
**मुहा० चुटकी उड़ाना** बात की बात में कर डालना; खेल समझना। **चुटकी देना** भीख देना। **चुटकी माँगना** भीख माँगना। **चुटकी लगाना** चुटकी से पकड़ना; चिकोटी। **चुटकी लेना** व्यंग्य, हँसी उड़ाना।
**चुटकुला** पु० सस्ता पर अच्छा काम करने वाला छोटा नुस्खा, दवा; छोटी-सी किन्तु मनोरंजक उक्ति, लतीफा, अनूठी बात।
**मुहा० चुटकुला छोड़ना** मनोरंजक, कुतूहलजनक बात कहना।
**चुटला†** वि० चुटीला। पु० चोटी पर का एक गहना।

**चुटिया** स्त्री० शिखा, चोटी।

**मुहा० (किसी की) चुटिया हाथ में होना** अपने कब्जे में होना, अपने वश में।

**चुटियाना**† स० क्रि० चुटीला करना।

**चुटियल** वि० लम्बी चोटी वाला।

**चुटीला** पु० छोटी चोटी। वि० घायल, जख्मी, जो चोट खाये हो, चोट करने वाला।

**चुट्की*** स्त्री० चुटकी।

**चुटैल** वि० चोट करने वाला; चोट खाया हुआ।

**चुड़िहारा** पु० चूड़ियाँ पहनाने वाला।

**चूड़िहारिन** स्त्री० चूड़ियाँ पहनाने वाली।

**चुड़ैल** स्त्री० क्रूर स्वभाव वाली स्त्री; काली, भूतनी, डाइन।।

**चुन** पु० आटा; चूर, चूर्ण (लोहचुन)।

**चुनचुनाहट** स्त्री० चुनचुनाने का अनुभव।

**चुनट, चुनत** स्त्री० सिलवट, कपड़े।

**चुनना** स० कि० चिड़ियों का चोंच से दाना चुगना; वस्तुओं को एक-एक करके इकट्ठा करना।

**चुनवाँ** वि० बढ़िया, चुना हुआ।

**चुनवाना** स० क्रि० चुनने का काम कराना।

**चुनाई** स्त्री० चुनने की मजदूरी; दीवार की जोड़ाई।

**चुनाखा** पु० *(कम्पास)* परकार।

**चुनाना** स० क्रि० चुनवाना।

**चुनाव** पु० (वोट के द्वारा) किसी का, किसी पद के लिए पसन्द किया जाना; चयन।

**चुनिन्दा** वि० बढ़िया, श्रेष्ठ; छाँटा हुआ।

**चुनौटी** स्त्री० कच्ची तम्बाकू को मलकर खाने के लिए चूना रखने की डिबिया।

**चुनौती** स्त्री० युद्ध, शास्त्रार्थ आदि के लिए आह्वान।

**चुन्नी** स्त्री० चुनरी, किसी दाल के टुकड़े जिनमें भूसी मिली हो; माणिक या लाल का छोटा टुकड़ा।

**चुप** स्त्री० चुप्पी, मौन। वि० मौन, खामोश।

**चुपचाप** अ० बिना बोले, चुपके से, गुप-चुप।

**चुपड़ना** स० क्रि० छिपाना; तेल, घी या चिकनी चीज लगाना, पोतना (रोटी में घी चुपड़ना)।

**चुपड़ी** स्त्री० घी पुती हुई रोटी। वि० स्त्री० तेल, घी पुती हुई (चीज)।

**चुपरना*** स० क्रि० चुपड़ना।

**चुपाना*** अ० क्रि० चुप हो रहना।

**चुप्पा** वि० घुन्ना, चुप रहने वाला।

**चुप्पी** स्त्री० मौन, खामोशी।

**मुहा० चुप्पी साधना** चुप लगा लेना, मौन हो रहना।

**चुब्र** पु० *(सं०)* मुँह, मुखड़ा, चेहरा।

**चुभकना** अ० क्रि० बार-बार गोता खाना, डूबना।

**चुभन** स्त्री० चुभने का भाव; दर्द।

**चुभना** अ० क्रि० खटकना, सालना; धँसना।

**चुभाना** स० क्रि० धँसाना, गड़ाना।

**चुभीला*** वि० मन में घर कर लेने वाला, मोहक।

**चुभोना** स० क्रि० चुभाना।

**चुमकार** स्त्री० चुमकारने की आवाज, पुचकार।

**चुमकारना** स० क्रि० बच्चों को प्यार करने के लिए मुँह से चूमने जैसी आवाज निकालना, पुचकारना।

**चुरकना**† अ० क्रि० चूर होना; बोलना, चहचहाना; टूटना, फटना।

**चुरकी**† स्त्री० चुटिया, शिखा।

**चुरकुट, चुरकुस*** वि० चकनाचूर, चूर्णित।

**चुरना**† अ० क्रि० गुप्त मन्त्रणा होना; पानी में पकना।

**चुरमुराना** अ० क्रि० चुरमुर शब्द के साथ टूटना। स० क्रि० 'चुरमुर' शब्द के साथ तोड़ना।

**चुरवाना** स० क्रि० चोरी करवाना; पकवाना।

**चुरा** *पु० चूरा। स्त्री० *(सं०)* चोरी।

**चुराई** स्त्री० चुरने या पकाने की क्रिया।

**चुराना** स० क्रि० चोरी करना; देना; छिपाना।

**चुरि, चुरी** स्त्री० *(सं०)* छोटा कुआँ।

**चुरिहारा** पु० चूड़ी पहनाने वाला, चुड़िहारा।

**चुरी*** स्त्री० चूड़ी।

**चुरुट** वु० सिगरेट, सिगार।

**चुलबुल** स्त्री० चुलबुलापन, चंचलता।

**चुलबुला** वि० नटखट; जो स्थिर न रह सके।

**चुलबुलाना** अ० क्रि० स्थिर न रह सकना, चंचलता दिखाना; बार-बार हिलना, डोलना।

**चुलबुलिया**† वि० चुलबुला।

**चुलुम्प** पु० *(सं०)* लालन, बच्चों का लाड़-प्यार।।

**चुलुपा** स्त्री० *(सं०)* बकरी।

**चुल्ल** पु० हाथ की हथेली का गड्ढा।

**चुल्ला**† वि० नटखट।

**चुल्लि** स्त्री० *(सं०)* चिन्ता; चूल्हा।

**चुल्ली**[*] वि० नटखट, चिबिल्ला।

**चुल्लू** पु० उँगलियों को थोड़ा मोड़कर गहरी की हुई हथेली; आधी अंजली।

**मुहा० चुल्लू भर पानी में डूब मरना** लज्जा से मुँह न दिखा सकना।

**चुल्हौना**[*] पु० चूल्हा।

**चुवना**[*] स० क्रि० चुगना; टपकाना, रिसना। अ० क्रि० चूना।

**चुसकी** स्त्री० हुक्के का कश।

**चुसना** अ० क्रि० पास में पैसा न रह जाना; होंठों से दबाकर निचोड़ना; चूसा जाना; निचुड़ना।

**चुसनी** स्त्री० बच्चों को दूध पिलाने की शीशी।

**चुस्त** पु० *(सं०)* दृढ़; तेज; भूसी; तंग, कसा हुआ।

**चुस्ती1** स्त्री० *(फ़ा०)* बड़ी आँत का अन्तिम भाग, मलाशय; बकरी या भेड़ के बच्चे का आमाशय।

**चुस्ती2** स्त्री० *(फ़ा०)* मजबूती; तेजी, फुरती; चालाकी।

**चुहँटी, चुहटी**[*] स्त्री० चुटकी।

**चुहचुहाना** अ० क्रि० चिड़ियों का बोलना, चहचहाना।

**चुहटना**[*] स० क्रि० कुचलना, रौंदना।

**चुहल** स्त्री० ठिठोली, मजाक, हँसी, विनोद।

**चुहलबाज़** वि० विनोदी, हँसी-ठिठोली करने वाला।

**चुहिया** स्त्री० मादा चूहा।

**चुहटना**[*] वि० चिपटने वाला। अ० क्रि० चिमटना।

**चूँ1** पु० छोटी चिड़िया या चिड़िया के बच्चे की बोली।

**चूँ2** अव्य० *(फ़ा०)* क्यों, किसलिए; सदृश; जो, अगर।

**चूँकि** अव्य० इसलिए कि, क्त; क्योंकि।

**चूँच**[*] स्त्री० चोंच।

**चूँ चूँ** पु० चीं-चीं, चिड़ियों की बोली।

**चूँदरी**[*] स्त्री० चुनरी।

**चूक** वि० बहुत खट्टा। पु० नीबू का सुखाया हुआ खट्टा रस। स्त्री० भूल, खता, गलती।

**चूकना** अ० क्रि० लक्ष्य पर न लगना; भूल करना।

**चूची** स्त्री० स्तन; चूचुक, स्तन का अग्रभाग।

**चूज़ा** पु० *(फ़ा०)* मुर्गी का बच्चा।

**चूड़ा** स्त्री० *(सं०)* कूड़ा, कंकण; चोटी; मोर; चूडाकरण संस्कार।

**चूडाकरण, चूडाकर्म(न्)** पु० हिन्दू बच्चे का पहला मुण्डन संस्कार।

**चूडामणि** पु० सीसफूल।

**चूडाम्ल** पु० *(सं०)* इमली।

**चूतक** पु० *(सं०)* छोटा कुआँ; आम का पेड़।

**चूतड़, चूतर** पु० नितम्ब।

**चूति** स्त्री० *(सं०)* योनि।

**चूतिया** वि० मूर्ख, बुद्धू।

**चूतिया चक्कर** पु० मूर्ख व्यक्ति के फेर में।

**चूतियापन्थी** स्त्री० बेसमझी, मूर्खता।

**चूना** पु० पान में खाने, पलस्तर, सफेदी करने आदि के काम आने वाला क्षारीय पदार्थ। वि० चूनेवाला। अ० क्रि० टपकना, बूँद-बूँद करके नीचे गिरना; पके फल का नीचे गिरना; [*]गर्भपात होना।

**चूमना** स० क्रि० चुम्बन करना, चुम्मा लेना; सम्मान व्यक्त करने के लिए किसी गुरुजन के हाथ या पाँव को होंठों से छूना।

**चूर** पु० चूर्ण, धूल, चूरा; किसी ठोस वस्तु का कूट-पीसकर महीन करना।

**मुहा० चूर चूर करना** कूट-पीस कर महीन चूर्ण बनाना।

**चूरण** पु० चूर्ण।

**चूरन** पु० घी में भूना हुआ आटा जिसमें चीनी मिली हो; चूर्ण; पाचक दवाओं का चूर्ण।

**चूरनहार** पु० एक तरह की जंगली बेल जो दवा के काम आती है।

**चूरना**[*] स० क्रि० तोड़ना, चूर करना।

**चूरमा** पु० बाजरे की रोटी आदि को मसलकर और घी-शक्कर मिलाकर बनाया हुआ खाद्य, बाटी।

**चूरा** पु० बुरादा, किसी वस्तु का चूर्ण रूप; धूल; चिड़वा। स्त्री० चोटी, शिखा।

**चूर्ण** पु० *(सं०)* अबीर; खड़िया; चूना; चूर, धूल; चूरन।

**चूर्णकार** पु० चूना फूँकने-वाला; पीसने वाला।

**चूर्ण कुन्तल** पु० *(सं०)* घुँघराले बाल, अलक।

**चूर्णन** पु० *(सं०)* चूर्ण करना।

**चूर्णित** वि० *(सं०)* नष्ट, ध्वस्त; चूर किया हुआ।

**चूर्णी(र्णिन्)** वि० *(सं०)* चूर्ण से बना हुआ।

**चूल** पु० *(सं०)* चोटी; बाल। स्त्री० *(हि०)* लकड़ी या बाँस आदि का पतला सिरा जो दूसरी लकड़ी या

बाँस के छेद में ठोका जाये।

**मुहा० चूलें ढीली होना** बहुत थक जाना, वस्त हो जाना।

**चूला** स्त्री० *(सं०)* चन्द्रशाला, चोटी, शिखा।

**चूलिक** पु० *(सं०)* लूची, लुचुई।

**चूल्हा** पु० *(सं०)* मिट्टी, लोहे आदि का बना वह उपकरण जिसमें लकड़ियाँ आदि डालकर खाना पकाया जाता है।

**मुहा० चूल्हा न्योतना** सपरिवार भोजन के लिए बुलाना। **चूल्हे में पड़ना** वज्र हो जाना। **चूल्हे से निकल कर भट्ठी में पड़ना** परेशानी से निकल कर परेशानी में पड़ना।

**चूसना** स० क्रि० रस निचोड़ लेना, शोषण करना; होंठों और जीभ के योग से रसपान करना।

**चूहड़ा** पु० भंगी, डोम।

**चूहा** पु० घरों, खेतों में बिल बनाकर रहनेवाला एक चतुष्पद जन्तु, मूषक।

**चूहेदानी** स्त्री० चूहों को पकड़ने के लिए बनाया हुआ एक पिंजड़ा।

**चेंच** पु० बरसात में उगनेवाला एक साग।

**चेण्टुआ*** पु० चिड़िया का बच्चा।

**चेम्बर** पु० *(अं०)* जज का कमरा जिसमें वह ऐसे मुकद्दमे सुनता है जिन्हें अदालत में सुनने का अवसर न हो; सभागृह; कमरा।

**चेम्बरआव् कॉमर्स** पु० नगर, प्रदेश विशेष के व्यापारी वर्ग की हितरक्षा के लिए संघटित मण्डल, व्यापार-मण्डल।

**चेक** पु० *(अं०)* किसी बैंक के नाम किसी को रुपये देने का लिखित आदेश।

**चेक बुक** स्त्री० चेक-बही।

**चेचक** स्त्री० शीतला, एक छूत की तथा जानलेवा बीमारी जिसमें ज्वर के साथ सारी देह में दाने निकल आते हैं।

**चेजा*** पु० सूराख, छेद।

**चेटका** स्त्री० चिता; श्मशान।

**चेटिका** स्त्री० *(सं०)* लौंडी, दासी।

**चेटिकी*** स्त्री० लौंडी, दासी।

**चेटी** स्त्री० *(सं०)* दासी।

**चेटुवा** पु० चिड़िया का बच्चा।

**चेतःपीडा** स्त्री० *(सं०)* शोक, दुःख।

**चेत(स्)** पु० *(सं०)* इच्छा; होश; याद; ज्ञान; चित्त।

**चेतक** वि० *(सं०)* चेतन; चेत कराने वाला।

**चेतकी** स्त्री० *(सं०)* चमेली; हड़, हरीतकी।

**चेतन** वि० *(सं०)* प्राणयुक्त, चैतन्य-विशिष्ट। पु० आत्मा, जीव; परमेश्वर; मनुष्य; प्राणी।

**चेतना** स० क्रि० सोचना, विचारना। अ० क्रि० बुद्धि-विवेक से काम लेना; होश में आना। स्त्री० *(सं०)* चैतन्य; शान; होश।

**चेतवनि*** स्त्री० चितावनी; चितवन।

**चेतव्य** वि० *(सं०)* चयन करने योग्य।

**चेतावनी** स्त्री० सावधान करने के लिए कही गयी बात, सूचना, तनबीह।

**चेतिका*** स्त्री० चिता।

**चेत्** अव्य० *(सं०)* कदाचित्; यदि, अगर।

**चेत्य** वि० *(सं०)* ज्ञातव्य।

**चेन** स्त्री० *(अं०)* जंजीर, सिकड़ी।

**चेप** पु० लासा; गाढ़ा, लसदार रस।

**चेपदार** वि० चेपवाला, लसदार।

**चेयर** स्त्री० *(अं०)* कुर्सी; सभापति का पद; (ला०) विद्यापीठ में विषय-विशेष के अध्यापक (प्रोफेसर) का पद; अध्यक्ष।

**चेयरमैन** पु० *(अं०)* अध्यक्ष, कमेटी, म्यूनिसिपल बोर्ड आदि का स्थायी सभापति।

**चेर*** पु० दास, सेवक।

**चेरा*** पु० चेला, सेवक, दास, शिष्य।

**चेराई*** स्त्री० शागिर्दी; गुलामी, चाकरी।

**चेरि, चेरी*** स्त्री० सेविका, दासी।

**चेलहाई†** स्त्री० चेलों के यहाँ घूमकर भेंट, पूजा लेना; चेलों का समूह; चेला बनाने का व्यवसाय।

**चेला** पु० शिष्य, शागिर्द; दीक्षा, गुरुमन्त्र लेनेवाला।

**चेलान, चेलाल** पु० *(सं०)* तरबूज का पौधा।

**चेलिका** स्त्री० *(सं०)* अँगिया; वस्त्र-विशेष।

**चेलुक** पु० *(सं०)* बौद्ध-भिक्षु का चेला।

**चेल्हवा** स्त्री० एक छोटी मछली।

**चेष्टक** पु० *(सं०)* चेष्टा करने वाला।

**चेष्टा** स्त्री० *(सं०)* मन का भाव बताने वाली अंगों की गति, भावभंगी; कोशिश, हिलना-डोलना।

**चेस** पु० *(अं०)* लोहे का फ्रेम जिसमें कम्पोज किये

हुए पृष्ठ छापने के लिए कसते हैं; शतरंज।

**चेहरा** पु० *(फ़ा०)* शक्ल, आकृति, मुखमण्डल; सामने का भाग।

**मुहा० चेहरा उतरना** चेहरा तेजहीन होना। **चेहरा खिलना** प्रसन्नता होना। **चेहरा पीला होना** रोग के कारण चेहरे पर पीलापन आना। **चेहरा बिगड़ना** इतना मारना कि पहचान न हो सके। **चेहरा सफेद होना** भयभीत होना, चेहरे की चमक खत्म होना। **चेहरे पर हवाइयाँ उड़ना** भय, घबराहट से चेहरे का रंग उड़ जाना।

**चेहरानवीस** पु० हुलिया बनाने वाला।

**चेहरा मुहरा** पु० मुखाकृति।

**चेहलुम** पु० *(फ़ा०)* मुसलमानों में मृत्यु के चालीसवें दिन का फातिहा और भोज; मुहर्रम के चालीसवें दिन होने वाला कर्बला के शहीदों का फातिहा।

**चै** पु० जन समूह।

**चैत** पु० चैत्र मास।

**चैतन्य** पु० *(सं०)* प्रकृति; आत्मा; चेतना, ज्ञान, संवित्; चित्स्वरूप परमात्मा।

**चैती** स्त्री० चैत के महीने में काटी जाने वाली फसल। वि० चैत्रविषयक।

**चैत्रक** पु० *(सं०)* चैत्र मास।

**चैन** पु० सुख भोग, शान्ति; सुख, आराम।

**मुहा० चैन उड़ाना** सुखपूर्वक रहना। **चैन की वंशी बजाना** सुखपूर्वक जीवन बिताना।

**चैयाँ*** पु० बाँह।

**चैल** वि० *(सं०)* वस्त्र-निर्मित। पु० कपड़ा, वस्त्र; पहनावा; महीना।

**चैलधाव** पु० धोबी।

**चौंका**† वि० चौंकने की क्रिया। पु० होंठों से रसपान करने या चूसने की क्रिया।

**चोंगा** पु० कागज आदि की बनी हुई वैसी नली; बाँस की खोखली नली जिसका एक सिरा बन्द और दूसरा खुला हो।

**चोंगी** स्त्री० छोटा चौंगा; भाथी की नली जिससे होकर उसकी हवा निकलती है।

**चोंघना*** स० क्रि० चुगना।

**चोंच** स्त्री० मुह *(व्यं०)* ठोर, चिड़ियों के मुँह का अगला, नुकीला भाग।

**मुहा० चोंच बन्द करना** मुँह बन्द करना, चुप हो जाना। **दो दो चोंच होना** कहासुनी होना।

**चोंचला** पु० चोचला।

**चोंटना*** स० क्रि० खोंटना; चुटकी से तोड़ना; नोंचना।

**चोंटली** स्त्री० सफेद घुँघची।

**चोंड़ा** पु० झोंटा; सिंचाई के लिए खोदा गया छोटा कच्चा; स्त्रियों के सिर के बाल।

**चोंड़ी** स्त्री० साड़ी।

**चोंथ** पु० गाय-बैल का एक बार में निकला गोबर।

**चोंथना** स० क्रि० चीथना; खोंटना; नोचना।

**चोंधर** वि० मूर्ख; बहुत छोटी आँखों वाला।

**चोकर** पु० गेहूँ, जौ आदि का छिलका जो आटे को छानने से छलनी में रह जाता है।

**चोक्ष** वि० *(सं०)* दक्ष; सच्चा; शुद्ध, स्वच्छ; तेज।

**चोख*** वि० चोखा। स्त्री० तेजी, फुर्ती।

**चोखना**† स० क्रि० गाय आदि के थन से मुँह लगाकर दूध पीना, चूसना।

**चोखा** पु० आलू, बैंगन आदि का भरता। वि० खालिस, सच्चा, खरा; तीखी धारवाला।

**चोग़ा** पु० *(फ़ा०)* *(गाउन)* वकीलों, जजों का ढीला-ढाला अँगरखा, जिसका आगा खुला होता है।

**चोचला** पु० नाज-नखरा, हाव-भाव।

**चोचलेबाज़** वि० नखरेबाज।

**चोचलेबाज़ी** स्त्री० नखरे बाजी।

**चोज** पु० चमत्कारपूर्ण उक्ति; व्यंग्यभरी हँसी।

**चोट** स्त्री० वार; क्लेश, व्यथा; सन्ताप; घाव; प्रहार; कटाक्ष; हानि पहुँचाने के लिए चली हुई चाल।

**मुहा० चोट करना** हमला करना। **चोट खाना** आघात सहना। **चोट पर चोट करना** आघात पर आघात करना। **चोटें चलना** दो व्यक्तियों का आपस में चोट करना।

**चोटना-पोटना*** स० क्रि० फुसलाना, मनाना।

**चोटहा** वि० जिस पर चोट का निशान हो।

**चोटा** पु० जूसी, गुड़ के ऊपर पसेव।

**चोटार*** वि० चोट खाया हुआ; चोट करने वाला।

**चोटारना*** स० क्रि० चोट करना।

**चोटिया**† पु० पाठशाला में पढ़ने वाला छात्र। स्त्री० बालों की लट, चोटी।

**चोटियाना*** स० क्रि० चोटी गूँथना; चोट पहुँचाना।

**चोटी** स्त्री० *(हि०)* शिखा; स्त्रियों के गुँथे या पीछे लटकने वाले बाल; चिड़ियों के सिर पर की कलंगी; पहाड़ का सबसे ऊँचा भाग, शिखर। *(सं०)* लहँगा, साया आदि।

**मुहा० चोटी कटाना** गुलाम बनना, बस में होना। **चोटी कतरना** अधीन करना, बस में करना। **चोटी का** अव्वल, ऊँचा। **चोटी हाथ में होना** वश में आना। **एड़ी चोटी का ज़ोर लगाना** जी जान से परिश्रम करना।

**चोट्टा** पु० चोर।

**चोड** पु० *(सं०)* चोल देश; दुपट्टा, कुर्ती।

**चोडक** पु० *(सं०)* अँगिया; कुर्ता।

**चोढ़*** पु० उमंग, चाव।

**चोद** पु० *(सं०)* चाबुक, सोंटी। वि० प्रेरण, प्रेरक।

**चोद्य** पु० *(सं०)* प्रश्न, पूर्व-पक्ष। वि० प्रेरणा करने योग्य।

**चोप** स्त्री० चोब; *चाह; उमंग; बढ़ावा। पु० आम की ढेपनी तोड़ने से निकलनेवाला तेजाबी रस।

**चोपना*** अ० क्रि० मोहित होना; आसक्त होना।

**चोपी** स्त्री० आम के ढेंपी से निकलने वाला रस। *वि० चाव, चाह, उत्साह रखने वाला।

**चोबा** पु० लोहे की खूँटी; डण्डा, लाठी।

**चोबी** वि० *(फ़ा०)* लकड़ी का बना हुआ।

**चोर** वि० *(हि०)* छिपा हुआ, गुप्त। पु० *(सं०)* बेईमान; चोरी करने वाला; तस्कर।

**मुहा० चोर के घर मोर पड़ना** एक चोर के घर में दूसरे चोर का चोरी करना।

**चोरना*** स० क्रि० चोरी करना।

**चोरहुली** स्त्री० चोरपुष्पी।

**चोरा-चोरी** अ० चोरी-चोरी।

**चोराना** स० क्रि० चुराना।

**चोरित** वि० *(सं०)* चुराया हुआ।

**चोरी** स्त्री० ठगी, धोखेबाजी; चुराने की क्रिया।

**चोरीचोरी** अ० छिपाकर; छिपे-छिपे।

**चोरी से** छिपाकर।

**चोलक** पु० *(सं०)* छाल; कवच; चोली।

**चोलना*** पु० साधुओं का लम्बा कुर्ता।

**चोला** पु० देह, शरीर; मुल्लाओं, फकीरों आदि के पहनने का लम्बा, ढीला-ढाला कुर्ता।

**मुहा० चोला बदलना** एक शरीर त्यागकर दूसरा रूप धारण करना।

**चोली** स्त्री० अँगिया।

**चोली दामन का साथ** कभी न छूटने वाला साथ।

**चोष** पु० *(सं०)* सूखना; चोषण, चूसना।

**चोषक** पु० *(सं०)* चूसने वाला।

**चोषण** पु० *(सं०)* चूसना।

**चोषना*** स० क्रि० थन से मुँह लगाकर दूध चूसना।

**चौंकना** अ० क्रि० काँप उठना; चौकन्ना होना।

**चौंध** स्त्री० चकाचौंध।

**चौंधियाना** अ० क्रि० चकाचौंध होना।

**चौंधी*** स्त्री० चकाचौंध।

**चौंप** स्त्री० इच्छा।

**चौंर** पु० चँवर; झालर।

**चौंर गाय** स्त्री० सुरा गाय।

**चौंरा** पु० अन्न रखने का घर, बखार।

**चौंराना*** स० क्रि० बुहारना; चँवर डुलाना।

**चौंरी** स्त्री० चोटी बाँधने की रेशमी डोरी।

**चौ** वि० चार का संक्षिप्त रूप जो यौगिक पदों के शुरू में समास रूप में प्रयोग होता है। पु० मोती आदि तौलने का बाट।

**चौआ** पु० चार उँगलियों का समूह; चार चिह्नों का समूह।

**चौक** पु० चौखूँटा चबूतरा; पूजन आदि में आटे की रेखाओं से बनाया जानेवाला क्षेत्र; आँगन।

**चौका** पु० चार चीजों का समूह; चकला; हिन्दू के खाना पकाने व खाने का स्थान; मिट्टी या गोबर का लेप; आटे से लकीर खींचकर बना हुआ चौकोर चित्र।

**चौकी** स्त्री० रखवाली; वह स्थान जहाँ पुलिस या सेना के थोड़े से सिपाही रक्षा, निगरानी आदि के लिए रखे जायें; पडाव; छोटा तख्त।

**चौक्ष** वि० *(सं०)* साफ, शुद्ध; दक्ष; तीक्ष्ण।

**चौगानी** स्त्री० हुक्के की निगाली।

**चौचँद*** पु० झगड़ा-फसाद; बदनामी, अपवाद।

**चौड़ा** वि० लम्बाई के दोनों छोरों के बीच विस्तृत, चकला।

**चौड़ाई** स्त्री० चौड़ापन, लम्बाई के दोनों छोरों के बीच का विस्तार, पाट।

**चौड़ाना**† स० क्रि० चौड़ा करना।

**चौडोल*** पु० पालकी, पिनाक।

**चौथा** पु० दाहकर्म करने वाले को रुपये-कपड़े आदि देने की रस्म। वि० क्रम में तीन के बाद।

**चौथाई** स्त्री० चतुर्थांश, चौथा भाग।

**चौधरी** पु० किसी जाति या समाज का मुखिया।

**चौपत** पु० वह पत्थर जिसमें लगी कील पर कुम्हार का चाक टिका रहता है। वि० चार परतों में तह किया हुआ।

**चौपतना, चौपरतना** स० क्रि० तह लगाना।

**चौपाई** स्त्री० चार पैरों वाली, चार चरण वाला छन्द विशेष जिसके प्रत्येक चरण में 16 मात्राएँ होती हैं।

**चौपट** वि० नष्ट-भ्रष्ट, उजड़ा हुआ।

**चौपड़** स्त्री० चौसर का खेल।

**चौपथ** पु० चौरा, चौमुहानी।

**चौपद** पु० चौपाया, पशु, चतुष्पद।

**चौपरतना** क्रि० कपड़े की चार परतें लगाना।

**चौपहर** वि० चार प्रहर का।

**चौपहिया** वि० चार पहियों वाला।

**चौपाया** पु० चार पैरों वाला।

**चौपाल** पु० पंचायत या बैठक बाजी करने के लिए गाँव में खुली, छायी हुई मण्डपाकार बैठक।

**चौफला** वि० चार फलों वाला, चार धार वाला।

**चौफेर** क्रि० वि० चारों ओर।

**चौफेरी** स्त्री० चारों ओर घूमना-फिरना।

**चौबगला** पु० कुर्ता। वि० चारों बगल का।

**चौबगली** स्त्री० बगल बन्दी।

**चौबच्चा** पु० चहबच्चा।

**चौबन्दी** स्त्री० चार तनियों वाली मिर्जई।

**चौबाइन** स्त्री० चौबे की पत्नी।

**चौबाई** स्त्री० चारों ओर बहने वाली वायु, किंवदन्ती, चबाई (चुगली)।

**चौबारा** पु० छत के ऊपर का छोटा कमरा जिसमें से खिड़कियों से हवा आये। वि० चौथी बार।

**चौबिस, चौबीस** वि० बीस और चार की संख्या, 24।

**चौबीसवाँ** वि० तेइस के बाद का।

**चौबे** पु० ब्राह्मणों की एक शाखा।

**चौभड़** पु० आहार को कुचलने का दाँत।

**चौमासा** पु० बरसात के चार महीने, बरसात के महीनों में जोता किन्तु न बोया गया खेत; वर्षाऋतु-सम्बन्धी कविता।

**चौमुख** क्रि० वि० चारों ओर।

**चौमुखा** वि० चार मुख वाला।

**चौमुहानी** स्त्री० चतुष्पथी, चौराही, चौरस्ती।

**चौरंगा** वि० चार रंग वाला।

**चौर** पु० चोर, चोरी करने वाला।

**चौरकर्म(न्)** पु० चोरी का कार्य।

**चौरसाना** स० क्रि० चौरस करना।

**चौरस** वि० समतल।

**चौरस्ता, चौराहा** पु० चतुष्पथ, चौराहा।

**चौरा** पु० सफेद पूँछवाला बैल; चबूतरा।

**चौराई**† स्त्री० एक चिड़िया; चौलाई।

**चौरानबे** वि० नब्बे और चार की संख्या, 94।

**चौराष्टक** पु० *(सं०)* एक संकर राग।

**चौरासी** वि० अस्सी और चार की संख्या, 84; बैल के गले में बाँधने की घुँघरूदार चर्म पट्टिका।

**चौराहा** पु० चार रास्तों वाला, वह जगह जहाँ चार रास्ते मिलें, चौमुहानी।

**चौरी** स्त्री० छोटा चबूतरा, वेदी, विवाह के समय मण्डप के नीचे वेदी के चारों ओर रखा जाने वाला मिट्टी का चार बर्तन।

**चौरेठा** पु० पानी के साथ घिसा हुआ चावल।

**चौलड़ा** वि० जिसमें चार लड़ हों। पु० चार लड़ों वाला हार।

**चौर्य** पु० *(सं०)* छिपाव; छल-छद्म; चोरी।

**चौर्यक** पु० *(सं०)* चोरी।

**चौर्योन्माद** पु० *(सं०)* चोरी करने का चस्का।

**चौल** वि० *(सं०)* पु० चूड़ाकर्म, मुण्डन।

**चौला** पु० लोबिया, बोड़ा।

**चौलाई** स्त्री० एक प्रकार का पत्तेदार हरा साग।

**चौलुक्य** पु० *(सं०)* चालुक्य; चुलुक ऋषि का वंशज।

**चौवन** वि० पचास और चार की संख्या, 54।

**चौवा** पु० हाथ की चार ऊँगलियों का समूह, चार बिन्दुओं वाला ताश का पत्ता; चार ऊँगलियों पर

लपेटा गया सूत का लच्छा।

**चौवालिस, चौवालीस** वि० चालीस और चार की संख्या, 44।

**चौस** पु० चार बार जोता हुआ खेत।

**चौसर** पु० दो लोगों के बीच खेला जाने वाला खेल विशेष।

**चौहट, चौहट्टी** पु० बाजार का चौराहा।

**चौहट्ट** पु० चौक; चौमुहानी।

**चौहड़** पु० आहार को कुचलने का दाँत।

**चौहद्दा** पु० जहाँ चार गाँवों की सीमाएँ मिलती हों।

**चौहद्दी** स्त्री० किसी भूमि, मकान आदि की चारों सीमाएँ।

**चौहरा** वि० चौगुना; जिसमें चार तहें हों।

**चौहत्तर** पु० 74 की संख्या। वि० सत्तर और चार।

**चौहें*** अ० चारों ओर।

**च्यवन** पु० *(सं०) (लीकेज)* च्युति; टपकना, क्षरण।

**च्युत** वि० *(सं०)* स्थान भ्रष्ट; गिरा हुआ; चुआ, क्षरित।

**च्युति** स्त्री० *(सं०)* अपने स्थान से भ्रष्ट होना; झड़ना।

**च्योत** पु० *(सं०)* गिरना, चूना, टपकना, क्षरण।

## छ

छ देवनागरी वर्णमाला में चवर्ग का दूसरा वर्ण। उच्चारण स्थान तालु।

**छंग*** पु० गोद, अंक।

**छंगा** वि० जिसके हाथ या पैर के किसी भी पंजे में छः उँगलियाँ हों।

**छँगुनिया*** स्त्री० कानी उँगली, छगुनी।

**छँटना** अ० क्रि० अलग होना; साफ किया जाना कटना; दूर होना।

**छँटनी** स्त्री० छाँटने की क्रिया।

**छँटवाना** क्रि० पेड़-पौधों के अनावश्यक भाग को कटवाना, बिनवाना।

**छँटाई** स्त्री० कर्मचारी आदि को अलग करने का काम; छाँटने की मजदूरी; छाँटने का काम।

**छँटुआ** वि० बचा-खुचा; छाँटा हुआ।

**छँडना*** अ० क्रि० उल्टी करना, कै करना। स० क्रि० कूटकर खराब अंश छुड़ाना, छाँटना; छोड़ना।

**छँडुआ**† पु० देवता आदि के नाम पर छोड़ा हुआ पशु, साँड़।

**छन्द** पु० (सं०) प्रसन्नता; रुचि; इच्छा; नियन्त्रण; अभिप्राय। वि० सुन्दर, मनोरम; गुप्त।

**छन्द(स्)** पु० *(सं०)* वर्ण, मात्रा आदि के नियमों से युक्त वाक्य या पद्यात्मक रचना; वेद; छन्दशास्त्र।

**छँदना** क्रि० पैरों में रस्सी से बाँधना।

**छन्दित** वि० *(सं०)* सन्तुष्ट; प्रसन्न।

**छन्दोविश्लेष** पु० *(सं०)* छन्द का वर्णों एवं मात्राओं में विश्लेषण करना।

**छ** वि० *(सं०)* निर्मल; अस्थिर। पु० घर; काटना।

**छ** पु० छह की संख्या, 6। वि० पाँच और एक।

**छई** वि० क्षय रोगवाला, क्षय रोगी, छायी हुई। स्त्री० क्षय रोग; *मचलना।

**छई मचाना** अ० क्रि० आफत कर देना।

**छक*** स्त्री० लालसा; नशा; तृप्ति।

**छकड़ा** वि० ढीले ढाँचेवाला। पु० बैलगाड़ी, सग्गड़।

**मुहा० छकड़ा लदाना** बहुत अधिक सामान दे देना।

**छकड़िया** स्त्री० छः कहारों द्वारा उठायी जाने वाली पालकी।

**छकड़ी** स्त्री० छः का समूह।

**छकना** अ० क्रि० हैरान होना; मदमस्त होना।

**छकाछक** वि० परिपूर्ण; तृप्त; नशे में चूर।

**छकाना** स० क्रि० हैरान करना, चक्कर में डालना; खूब नशा पिलाकर मस्त कर देना।

**छकीला*** वि० मस्त; छका हुआ।

**छक्का** पु० छह अवयवों वाली वस्तु; छह बूटियों वाला ताश का पत्ता; क्रिकेट के खेल में बल्लेबाज द्वारा गेंद को सीमा के पार भेज देने के बाद बनने वाला छह रन।

**मुहा० छक्का पंजा भूल जाना** अक्ल काम न करना। **छक्के छूटना** हैरान हो जाना; हिम्मत हारना। **छक्के छुड़ाना** परेशान कर देना, हौसला पस्त कर देना।

**छक्का पंजा** पु० छल-कपट; दाँव-पेंच।

**छगड़ा*** पु० बकरा।

**छगन** पु० नन्हा प्यारा बच्चा; नन्हें बच्चों के लिए प्यार का शब्द।

**छगन मगन** पु० छोटे-छोटे बच्चे।

**छगल** पु० *(सं०)* अत्रि ऋषि; नीला कपड़ा; बकरा।

**छगलक** पु० *(सं०)* बकरा।

**छगली** स्त्री० *(सं०)* बकरी

**छगुनी** स्त्री० कानी उँगली।

**छग्गर*** पु० बैलगाड़ी, सग्गड़, शकट।

**छछन्द*** पु० फरेब; नखरा।

**छछूँदर** पु० नुकीले मुख वाला चूहे की भाँति का जन्तु विशेष, अग्निकीट।

**छजना** अ० क्रि० ठीक जान पड़ना; सजना, फबना।

**छज्जा** पु० आगे निकला हुआ भाग; बारजा।

**छटकना** स्त्री० वेग से निकलना, उछल-कूदकरना। वि० बलपूर्वक अलग करना।

**छटपट** पु० पीड़ा से पैर पटकना। वि० चंचल, चपल।

**छटपटाना** अ० क्रि० तड़फड़ाना।

**छटपटी** स्त्री० व्याकुलता, बेचैनी; छटपटाने का भाव।

**छटाँक, छटाक** स्त्री० एक सेर का सोलहवाँ भाग।

**छटा** स्त्री० *(सं०)* बिजली; झलक; शोभा, छवि।

**छटैत** वि० छँटा हुआ, चालाक।

**छट्ठी** स्त्री० छठी।

**छठाँ, छठा** वि० जो क्रम में पाँच के बाद, छह के स्थान पर हो।

**मुहा० छठे-छमासे** बहुत अरसे के बाद।

**छठी** स्त्री० प्रसूता का छठे दिन का स्नान।

**मुहा० छठी का दूध निकलना** कठिन परिश्रम पड़ना। **छठी में न पड़ना** भाग्य में न होना।

**छठी बरही** स्त्री० जन्मोत्सव।

**छड़** पु०, स्त्री० लोहे, बाँस आदि का पतला डण्डा जो खिड़की-जंगले आदि में लगाया जाता है।

**छड़ा** वि० अकेला, तनहा। पु० चाँदी के तार का बना चूड़ी जैसा गहना जिसे युवतियाँ पैरों में पहनती हैं।

**छड़ी** स्त्री० बाँस, बेंत; सोंटी, कब्र या पीरों के मजार पर चढ़ायी जानेवाली झण्डी। वि० स्त्री० अकेली।

**छत** *अ० अछत, (किसी के) होते, रहते हुए। *पु० क्षत, घाव। स्त्री० मकान की पक्की पाटन।

**छतना** पु० पत्तों का बना हुआ छाता।

**छतनार, छतनारा** वि० फैला हुआ; पौधा जिसकी टहनियाँ दूर तक फैली हों।

**छतरी** स्त्री० हवाई जहाज से कूदने का छाता, पैराशूट; चँदोवा; छाता; ईख के पत्तों, सरपत आदि की बनी हुई छत्राकार मँड़ई; किसी की समाधि पर बना हुआ मण्डप; छत्रक; कुकुरमुत्ता।

**छता*** पु० छाता।

**छतिया** स्त्री० छाती, वक्षस्थल।

**छतीसा, छत्तीसा** वि० चतुर, चालाक,नाई, स्याना।

**छतीसापन** पु० चालाकी, मक्कारी।

**छतीसी** वि० स्त्री० छिनाल; नखरे करने में चतुर।

**छतुरी*** स्त्री० छतरी।

**छतौना** पु० कुकुरमुत्ता; छतरी।

**छत्ता** पु० मधुमक्खियों, बर्रे आदि का घर।

**छत्तीस** पु० 36 की संख्या। वि० तीस और छ।

**छत्र** पु० *(सं०)* छत्रक; छतरी; राजसिंहासन के ऊपर लगाई जाने वाली राजचिह्न रूप छतरी।

**छत्रक** पु० *(सं०)* शहद का छत्ता; छतरी; कुकुरमुत्ता।

**छत्रपत** पु० भाजपत्र का वृक्ष।

**छत्रपति** पु० राजा।

**छत्रभंग** पु० अराजकता।

**छत्रा** स्त्री० *(सं०)* कुकुरमुत्ता; धनिया; सोया।

**छत्री(त्रिन्)** वि० *(सं०)* जो छाता लगाये हो; छत्रयुक्त।

**छत्वर** पु० *(सं०)* कुंज; घर।

**छदम्ब, छदम*** पु० बहाना, छल।

**छद** पु० *(सं०)* आवरण, छाल।

**छदाम** पु० पैसे का चतुर्थांश, एक रुपये का 256वाँ भाग।

**छद्म (न्)** पु० *(सं०)* बदला हुआ वेश छल, कपट।

**छद्म वेश** पु० बनावटी वेश।

**छन*** पु० आनन्द; क्षण, पल; पुण्यकाल।

**छनक** स्त्री० झनकार, भड़क। पु० एक क्षण।

**छनना** पु० छानने का साधन, महीन कपड़े का टुकड़ा जिससे दूध, पानी आदि छाने जायें। अ० क्रि० छाना जाना, छानने की क्रिया होना।

**छनिक*** पु० एक क्षण। वि० क्षणिक। अ० छनभर।

**छपकना** अ० क्रि० थोड़े पानी में हाथ-पैर मारना।

**छपका** पु० पानी में हाथ-पैर मारना; खुरपका रोग।

**छपछपाना** स० क्रि० पानी को पीटने से छप-छप की

आवाज होना। अ० क्रि० मारना, तैरना।

**छपद*** पु० भ्रमर, भँवरा।

**छपन*** पु० संहार, नाश।

**छपनहार** वि० नाश करनेवाला।

**छपना** अ० क्रि० छपने का काम होना, छापा जाना।

**छपरिया** स्त्री० छोटा छप्पर, झोपड़ी, छपरी।

**छपरी*** स्त्री० झोंपड़ी।

**छपवाना** स० क्रि० छापने का काम कराना; छपाना।

**छपवैया** पु० छापने वाला; छपाने वाला।

**छपा*** स्त्री० रात; हल्दी।

**छपाई** स्त्री० छापने का काम; छापने की मजदूरी।

**छपाकर** पु० चन्द्रमा; कपूर।

**छपानाथ** पु० चन्द्रमा; कपूर।

**छपाव*** पु० छिपाव, दुराव।

**छप्पय** स्त्री० छ चरणोंवाला एक मात्रिक छन्द।

**छप्पर** पु० गन्ने की पत्ती, फूस, सरपत आदि की छाजन।

**मुहा० छप्पर टूट पड़ना** अचानक मुसीबत आ पड़ना। **छप्पर पर फूस न होना** अत्यधिक निर्धन होना। **छप्पर फाड़कर देना** बिना परिश्रम के धन मिलना।

**छप्पर बन्द** वि० जो (गाँव में) बस गया हो, आबाद। पु० छप्पर छानेवाला।

**छबड़ा** पु० झावा, टोकरा।

**छबि** स्त्री० सुन्दरता, शोभा।

**छबिवन्त** वि० सुन्दर।

**छबीला** वि० सजीला, सुन्दर छविवाला।

**छम** †पु० सामर्थ्य, शक्ति। †वि० योग्य, समर्थ। स्त्री० घुँघरू बजने की आवाज।

**छमक** स्त्री० ठसक, ठाटबाट।

**छमना*** स० क्रि० क्षमा करना।

**छमवाना, छमाना***स० क्रि० क्षमा कराना।

**छमा*** स्त्री० माफी, क्षमा।

**छमावान** वि० सहनशील, क्षमा करने वाला।

**छमाछम** स्त्री० गहने के बजने, पानी बरसने की आवाज।

**छमावान** वि० क्षमावान।

**छमाही** वि० छः महीने पर होने वाला (परीक्षा आदि)।

**छमिच्छा** स्त्री० समस्या, संकेत।

**छय*** पु० क्षय।

**छयना*** अ० क्रि० छा जाना; नाश होना।

**छरकना** अ० क्रि० छलकना, छिटकना, बिखरना।

**छरकीला**† वि० छहरीला, लम्बा और सुडौल।

**छरछराना** अ० कि० घाव पर नमक या खार लगने से होने वाली पीड़ा।

**छरद*** स्त्री० वमन, उलटी, कै, छर्दि।

**छरना** *स० क्रि० छलना, ठगना; आतंकित करना। अ० क्रि० क्षरण, नष्ट होना; छला जाना, अनाज को ओखली में कूटना।

**छरहरा** वि० फुर्तीला; जो मोटा न हो।

**छरा*** पु० रस्सी; अविवाहित; लड़ी; नीबी, छड़ा, अकेला।

**छरी*** वि० छली। स्त्री० छड़ी।

**छरीदा** वि० अकेला, तनहा।

**छर्रा** पु० घुँघरुओं; कंकड़ी; कारतूस में बारूद के साथ भरे जाने वाले टुकड़े, सीसे, लोहे।

**छर्री** स्त्री० छोटा छर्रा।

**छल** पु० *(सं०)* दूसरे को ठगने या धोखा देने की बात; दुश्मन को छल में रखकर वार करना; कपट।

**छलक** स्त्री० छलकने का भाव।

**छलकना** अ० क्रि० उछलना; उमड़ना; बर्तन में भरे हुए जल का हिलने के कारण गिरना।

**छल कपट** पु० धोखेबाजी।

**छलकाना** स० क्रि० बर्तन में भरे हुए तरल पदार्थ, जल आदि को हिलाकर गिराना।

**छल छन्द** पु० छल-कपट।

**छलछन्दी** वि० कपटी।

**छलछलाना** अ० क्रि० आँखों का आर्द्र हो जाना, आँखों में पानी भर आना।

**छल छिद्र,छल छेव*** पु० धोखेबाजी, छल-कपट।

**छलन** पु० *(सं०)* कपट, छल करना, ठगना।

**छलना** स्त्री० *(सं०)* छल, धोखा। स० क्रि० ठगना।

**छलनी** स्त्री० आटा छानने की चलनी।

**मुहा० छलनी में डालकर छाज में उड़ना** थोड़े से दोष को लेकर अधिक बदनाम करना। **छलनी हो जाना** फट-चिथ कर बेकार हो जाना।

**छलबल** पु० दबाव डालकर, धोखा देकर काम

निकालने की चाल।

**छलयोजन** पु० *(मैनिपुलेशन)* चतुराई से बनावटी कार्य करना; क्रिया-कौशल।

**छलहाया*** वि० छली, धोखेबाज, छल करने वाला।

**छलाँग** स्त्री० उछाल, कुदान, चौकड़ी।

**छला** पु० छल्ला, अँगूठी।

**छलाना** स० क्रि० ठगवाना, धोखा दिलाना।

**छलित** वि० *(सं०)* छला हुआ, ठगा हुआ।

**छलिया, छली(लिन्)** वि० *(सं०)* धोखेबाज, छल करने वाला।

**छल्ला** पु० अँगूठी।

**छल्ली** स्त्री० छोटा छल्ला।

**छवना** पु० सूअर का बच्चा।

**छवि** स्त्री० *(सं०)* शोभा, सुन्दरता; चमक।

**छवैया** पु० छप्पर छाने वाला।

**छहरना*** अ० क्रि० छिटकना, बिखरना।

**छहराना*** स० क्रि० छिटकाना, बिखराना। अ० क्रि० छिटकना, बिखरना।

**छहरीला** वि० सुडौल और लम्बा; छितराने वाला।

**छहियाँ*** स्त्री० छाया।

**छाँछ** स्त्री० मट्ठा, तक्र, मथी हुई दही।

**छाँट** स्त्री० कतरन, छाँटने की क्रिया, दंग, अन्न की भूसी।

**छाँटन** स्त्री० सारहीन, बेकार।

**छाँटना** स० क्रि० बेकार वस्तु का बिलगाना; काटना; अनाज को साफ करने के लिए कूटना, फटकना।

**छाँड़चिट्ठी**† स्त्री० रिहाई का परवाना।

**छाँड़ना** स० क्रि० छोड़ना।

**छाँद** स्त्री० गोड़ी; छान, छानने की रस्सी।

**छाँदना** स० क्रि० जानवरों के अगले या पिछले दोनों पैर एक साथ बाँधना; कसना।

**छाँदा** पु० हिस्सा; पकवान।

**छान्दोग्य** पु० *(सं०)* एक उपनिषद्।

**छाँह** स्त्री० आश्रय-स्थान, परछाईं; छाया।

**छाँही**† स्त्री० छाँह।

**छाई**† स्त्री० राख; खाद।

**छाक** स्त्री० छकने का भाव, तृप्ति, नशा, मस्ती।

**छाकना*** अ० क्रि० छकना।

**छाग** वि० *(सं०)* बकरा-सम्बन्धी। पु० बकरा।

**छागण** पु० *(सं०)* कण्डे की आग।

**छागल** पु० बकरा; स्त्रियों के पैरों का आभूषण।

**छागिका, छागी** स्त्री० *(सं०)* बकरी।

**छाछ** स्त्री० मट्ठा, तक्र।

**छाज** पु० सूप; छाजन; सींक या बाँस के छिलकों का बना छिछला पात्र।

**छाजन** स्त्री० आवरण, कपड़ा छप्पर छाने का काम।

**छाजना** अ० क्रि० सुशोभित होना; शोभा देना।

**छाजा*** पु० †छाजन; छज्जा।

**छाजित*** वि० शोभित।

**छात** *पु० *(सं०)* आश्रय; छतरी। वि० छिन्न; दुबला।

**छाता** पु० छतरी; लोहे की तीलों के ऊपर कपड़ा या प्लास्टिक मढ़ी हुई गोल बड़ी छतरी; बड़ी छतरी।

**छाती** स्त्री० सीना, गले के नीचे और वक्षःस्थल; पेट के ऊपर का चौड़ा भाग; स्तन; हिम्मत, हौसला। **मुहा० छाती जलना** डाह से मन में जलन होना; दुःख से मन का सन्तप्त होना। **छाती ठण्ढी होना** जी की जलन मिटना। **छाती धड़कना** किसी भय से हृदय का जोर से उछलना। **छाती पर साँप लोटना** हृदय में गहरी वेदना होना। **छाती फटना** दुःख का असह्य हो जाना, हृदय विदीर्ण होना। **छाती फुलाना** गर्व करना।

**छात्र** पु० *(सं०)* विद्यार्थी, शिष्य; गुरु के सिर पर छत्र रखकर चलने वाला विद्यार्थी।

**छात्र आन्दोलन** पु० छात्रों द्वारा की गयी हलचल।

**छात्र वृत्ति** स्त्री० विद्यार्थी को पढ़ने के सहायतार्थ मिलने वाला धन, वजीफा।

**छात्र व्यंसक** पु० दुष्ट या मन्दबुद्धि छात्र।

**छात्रालय, छात्रावास** पु० *(सं०)* कॉलेज से सम्बद्ध वह इमारत जिसमें विद्यार्थी रखे जायें, हॉस्टल।

**छात्र, छात्रक** पु० *(सं०)* विद्यार्थी, शिष्य, चेला।

**छाद** पु० *(सं०)* छत; छप्पर।

**छादन** पु० *(सं०)* छिपाना; पर्दा; छाना; आच्छादन।

**छादित** वि० *(सं०)* आवरण; ढँका हुआ, छिपा हुआ।

**छादिनी** स्त्री० *(सं०)* चमड़ा, खाल, आवरण।

**छाद्मिक** पु० *(सं०)* पाखण्डी, बहुरूपिया।

**छादी** वि० *(सं०)* ढँकने वाला; आच्छादन करनेवाला।

**छान** स्त्री० छानने की क्रिया; छान-बीन करना, छप्पर।

**छानना** स० क्रि० मिश्रित चीजों को अलग करना; आटे का मोटा अंश छलनी से निकालना; रस्सी से बाँधना।

**छानबीन** स्त्री० खोज, पूर्ण विवेचना।

**छानि*** स्त्री० घास-फूस का छाजन, छप्पर।

**छानी**ǂ स्त्री० बाँस की फट्टियों आदि से बना ढक्कन (जिससे ईख के रस की नाँद ढँकते हैं); छप्पर।

**छाप** स्त्री० निशान; मुहर का निशान; शंख, चक्र आदि के चिह्न जो वैष्णव अपने अंगों को दगवाकर लगवाते हैं; ठप्पा का निशान; असर, प्रभाव।

**छापा** पु० ठप्पा, साँचा; मुहर; छगा हुआ चिह्न या अक्षर; शंख, चक्र आदि के दागे हुए चिह्न, छाप, मार्का; दुश्मन पर किया गया अचानक हमला।

**छाम*** वि० दुबला-पतला, क्षीण, क्षाम।

**छामोदरी** वि० कृशोदरी, छोटे पेटवाली।

**छाय** स्त्री० छाया।

**छाया** स्त्री० *(सं०)* सादृश्य; अँधेरा; कान्ति।

**छायामय** वि० *(सं०)* छाया-युक्त, सायादार।

**छार** पु० क्षार; नमकीन पदार्थ; राख; धूल।

**छाल** स्त्री० *(सं०)* छिलका, पेड़ के तने या शाखा आदि पर का कड़ा वल्कल।

**छालटा** स्त्री० सन निर्मित कपड़ा।

**छालना** स० क्रि० छेद करना; धोना।

**छाला** पु० चमड़े की ऊपरी झिल्ली का उभरना, फफोला।

**छालिया** पु० सुपारी, छायादान।

**छाली** स्त्री० कटी हुई सुपारी; सुपारी।

**छाँव** स्त्री० आश्रय, छाया, शरण, परछाई।

**छावनी** स्त्री० छप्पर; छप्परपोश मकान; वह स्थान जहाँ सेना रखी जाये, सेना का पड़ाव, शिविर।

**छिंगुनिया, छिंगुनी** स्त्री० कानी उँगली।

**छिंटुआ, छिंटुवा** पु० छींटकर बीज बोने का एक तरीका।

**छिउँका** पु० साधारण चींटे से कुछ छोटा चींटा।

**छिछकना** क्रि० छिड़कना।

**छिछड़ा** पु० जानवरों का मलाशय; माँस का बेकार टुकड़ा जो कुत्तों-बिल्लियों के खाने के लिए फेंक दिया जाता है।

**छिछला** वि० कम गहरा, उथला।

**छिछयाना** स० क्रि० घृणा करना; निन्दा करना।

**छिछोरपन** पु० छिछोरे का काम, क्षुद्रता, ओछापन।

**छिछोरा** वि० कमीना; क्षुद्र, ओछा।

**छिछोरापन** पु० छिछोरपन।

**छिटकना** अ० क्रि० किसी चीज की ज्योति, खासकर चाँदनी का फैलना; बिखरना, फैलना।

**छिटकी** स्त्री० छींट, छींटा।

**छिड़कवाना** स० क्रि० छिड़कने का काम कराना।

**छिड़काई** स्त्री० छिड़काव; छिड़कने की मजदूरी।

**छिड़ना** अ० क्रि० झगड़ा, लड़ाई शुरू होना।

**छिण** पु० क्षीण।

**छिति*** स्त्री० पृथ्वी, क्षिति।

**छितीस*** पु० राजा।

**छिदना** अ० क्रि० घावों से भर जाना; छेदा जाना।

**छिदरा** वि० छेदों वाला; जो घना न हो; फटा हुआ।

**छिदवाना** स० क्रि० छिदाना।

**छिदाना** स० क्रि० छेदने का काम कराना।

**छिदि** स्त्री० *(सं०)* वज्र; काटना; कुल्हाड़ी।

**छिद्र** पु० *(सं०)* गड्ढा; दोष, ऐब; सुराख, छेद।

**छिद्रान्तर** पु० *(सं०)* नरकुल; सरकण्डा।

**छिद्रान्वेषण** पु० *(सं०)* दोष खोजना।

**छिन*** पु० पल, क्षण।

**छिनक*** अ० क्षणभर। पु० एक क्षण।

**छिनछबि** स्त्री० बिजली।

**छिनना** अ० क्रि० पत्थर को छेनी से कटना।

**छिनरा** स्त्री० छिनरी। वि०, पु० लम्पट, परस्त्रीगामी।

**छिनवाना** स० क्रि० पत्थर कटवाना; सिल कुटाना।

**छिनाना** स० क्रि० *छीनना; छिनवाना।

**छिन्न** वि० *(सं०)* नष्ट किया हुआ; क्षीण; कटा हुआ।

**छिपकली** स्त्री० घर की दीवारों पर रेंगता दिखायी देनेवाला एक सरीसृप जो कीड़े-मकोड़े खाता है।

**छिपना** अ० क्रि० डूबना; अस्त होना।

**छिपे-छिपे** अ० गुप्त रूप से, छिपकर।

**छिपाना** स० क्रि० ढकना; प्रकट न करना।

**छिपाव** पु० छिपाने की क्रिया या भाव, गोपन।

**छिप्र*** वि०, अ० क्षिप्र।

**छियानबे** वि० नब्बे और छः। पु० 96 की संख्या।

**छियालिस, छियालीस** वि० चालीस और छः। पु०

46 की संख्या।
**छियासी** पु० 86 की संख्या। वि० अस्सी और छः।
**छिरकना*** स० क्रि० छिड़कना।
**छिलछिला*** वि० छिछला।
**छिलवाना** स० क्रि० छीलने का काम कराना।
**छिलाव** पु०, **छिलावट** स्त्री० छीलने की क्रिया।
**छिहत्तर** वि० सत्तर और छः। पु० 76 की संख्या।
**छिहरना**† अ० क्रि० बिखरना, फैलना।
**छिहानी*** स्त्री० श्मशान, मरघट।
**छींकना** अ० क्रि० श्वासक्रिया में बाधक वस्तु को निकालने के लिए भीतर की वायु का वेग और आवाज के साथ बाहर आना।
**छींका** पु० सिकहर; छीका।
**मुहा० बिल्ली के भाग्य से छींका टूटा** संयोग से मनचाहा काम होना।
**छींदा**† पु० फली, छीमी।
**छीका** पु० सीका, बैलों के मुँह में बाँधा जाने वाला जाबा; सिकहर, रस्सी या तार आदि की बनी झोली जैसी चीज जिसे छत से लटकाकर उस पर खाने-पीने की चीजें रखते हैं।
**छीज** स्त्री० *घाटा; क्षीण होने का भाव, क्षय, घटाव
**छीजन** स्त्री० छीज; छीजने, खराब होने आदि के कारण होने वाली कमी।
**छीतना** स० क्रि० चोट पहुँचाना; बिच्छू आदि का डंक मारना।
**छीति*** स्त्री० हानि।
**छीतीछान**† वि० छिन्न-भिन्न।
**छीन** स्त्री० छीनने का काम। *वि० ह्रास, क्षय, क्षीण।
**छीप** स्त्री० सेहुआँ; छाप, बाँस का डण्डा जिसमें मछली फँसाने की कँटिया बाँधी जाती है; चिह्न, दाग।
**छीपा**† पु० एक तरह का दूध का बर्तन, छीपी।
**छीपी** स्त्री० धातु की तश्तरी। पु० छींटों की छपाई करने वाला।
**छीर**† पु० कपड़े का फटना; कपड़े का छोर।
**छीरज** पु०क्षीरज, दही।
**छीरधि** पु० क्षीरसागर।
**छीरसागर** पु० क्षीरसागर।
**छीलक*** पु० छिलका।
**छीलना** स० क्रि० खुरच कर अलग करना; उतारना।
**छीवर** स्त्री० जिस वस्त्र पर बेलबूटे बने हों।
**छुंगली*** स्त्री० घुँघरूदार अँगूठी।
**छुअना**† स० क्रि० स्पर्श करना।
**छुआछूत** स्त्री० छूतछात का खयाल।
**छुईमुई** स्त्री० लाजवन्ती पौधा विशेष।
**छुगनू*** पु० घुँघरू।
**छुच्छा** वि० खाली, छूँछा।
**छुच्छी** स्त्री० पोली, खाली।
**छुछन्दर** स्त्री० छछूँदर।
**छुछहँड़**† स्त्री० छूछी या खाली हाँडी।
**छुछुआना** अ० क्रि० छछूँदर की तरह 'छू-छू' करते फिरना; बेकार भटकना।
**छुट** वि० 'छोटा' का लघु और समास में व्यवहृत रूप। *अ० छोड़कर, सिवाय।
**छुटकाना*** स० क्रि० अलग करना; छुड़ाना; त्यागना।
**छुटना*** अ० क्रि० छूटना।
**छुटपन** पु० छोटापन; बचपन।
**छुटाई**† स्त्री० छोटाई।
**छुटापा** पु० छुटपन; लड़कपन; छोटा होने का भाव।
**छुटौती**† स्त्री० सूद या लगान जो छोड़ दिया जाये।
**छुट्टी** स्त्री० काम बन्द रहने का दिन, आये हुये को जाने की अनुमति; छुटकारा; अवकाश का समय।
**छुड़ाई** स्त्री० छोड़ने के बदले में दिया जाने वाला उत्कोच या धन; छोड़ने या छुड़ाने की क्रिया।
**छुड़ौती**† स्त्री० छुटौती; बन्धन मुक्त करने या छोड़ने के लिए दिया जाने वाला धन।
**छुतहा, छुतिहा**† वि० जिसे छूत लगी हो; छूतवाला।
**छुतिहर**† पु० बुरा व्यक्ति; अशुद्ध घड़ा।
**छुद्धित***, **छुधित*** वि० भूखा, क्षुधित।
**छुद्रावली*** स्त्री० क्षुद्रघण्टिका।
**छुधा*** स्त्री० भूख, क्षुधा।
**छुप** वि० *(सं०)* चंचल, तेज। पु० झाड़ी; स्पर्श; क्षुप।
**छुभित*** वि० भूखा, क्षुभित।
**छुभिराना*** अ० क्रि० क्षुब्ध होना।
**छुरा** पु० *(हि०)* बड़ा चाकू जो माँस काटने, किसी को घायल करने के काम आता है। स्त्री० छुरी।
**छुरिका** स्त्री० *(सं०)* छुरी।

**छुरित** वि० *(सं०)* लेप किया हुआ, पुता हुआ।

**छुलकना** अ० क्रि० थोड़ा-थोड़ा पेशाब करना।

**छुलछुल** पु० पेशाब करने की आवाज।

**छुवाछूत** स्त्री० छुआछूत।

**छुवाना*** स० क्रि० छुलाना।

**छुहाना†** स० क्रि० पुतवाना, रँगवाना। अ० क्रि० स्नेहयुक्त होना; दया या अनुग्रह करना।

**छुहारा** पु० खुरमा; पिण्डखजूर, उसका (सूखा) फल; खजूर की जाति का एक सूखा मेवा होता है।

**छुही†** स्त्री० सफेद मिट्टी।

**छूँछना†** पु० बाहर निकला हुआ दरी आदि का फुचड़ा, लम्बा रेशा।

**छू** पु० मन्त्र पढ़कर मुख से हवा फेंकने का शब्द।

**छूछा** स्त्री० छूछी। वि० छूँछा।

**छूटना** अ० क्रि० बँधी चीज का खुल जाना; चिपकी हुई चीज का अलग होना, खुलना, रेलगाड़ी आदि का चल पड़ना।

**छूत** स्त्री० स्पर्श करने से एक का रोग दूसरे को लगना; स्पर्शजनित रोग का विष; छूने की क्रिया, स्पर्श; स्पर्शजनित अपवित्रता, स्पर्श दोष; मनहूस आदमी या भूत-प्रेत की छाया।

**मुहा० छूत उतारना/झाड़ना** भूत-प्रेत आदि की छाया से झाड़-फूँक से दूर करना।

**छूना** क्रि० स्पर्श करना।

**छूरा** पु० बड़ा चाकू, छुरा; बाल उतारने का उस्तरा।

**छेंक** स्त्री० रोक; छेंकने की क्रिया; छिद्र, कटाव।

**छेंकना, छेकना** स० क्रि० स्थान घेरना; रोकना।

**छेक** वि० पालतू; चतुर; नागर। पु० *(सं०)* अनुप्रास अलंकार का एक भेद; पालतू पशु; मधुमक्खी।

**छेटा*** स्त्री० रुकावट।

**छेड़ना** स० क्रि० चिढ़ाने या तंग करने के उद्देश्य से उँगली आदि से छूना; व्यंग्य करना, कहना।

**छेद** पु० *(सं०)* छेदन; खण्डन; नाश। वह छिद्र जो किसी वस्तु के आर-पार हो गया हो; बिल, सूराख।

**छेदनहार*** वि० नाश करने वाला; काटनेवाला।

**छेदना** पु० सूजा, छेद करने का औजार। स० क्रि० छेद करना, बेधना, सूराख करना; घाव करना।

**छेदित** वि० *(सं०)* कटा हुआ, छिन्न।

**छेदी(दिन्)** वि० *(सं०)* काटने या फाड़ने वाला।

**छेना** *अ० क्रि० क्षीण होना। स० क्रि० ताड़ के तने को रस निकालने के लिए छीलना; फाटना, पनीर।

**छेनी** स्त्री० टाँकी, रुखानी।

**छेमण्ड** पु० *(सं०)* अनाथ, बिना माँ-बाप का बच्चा।

**छेम*** पु० क्षेम।

**छेमकरी** स्त्री० सफेद चील।

**छेली†** स्त्री० छेरी, बकरी।

**छेव** पु० कटने या छीलने का घाव; अन्त चोट।

**छेवना†** पु० ताड़ी। स० क्रि० चिह्नित करना, काटना।

**छेवर, छेवरा†** पु० छिलका, त्वचा।

**छेवला†** पु० पलाश का पेड़, जिसके पत्तों से पत्तल और दोने बनाये जाते हैं।

**छेवा*** पु० छेव।

**छेह*** वि० खण्डित। पु० धूल; नाश, अन्त; राख; छेव।

**छेहरा*** पु० छेह; विरह।

**छैदिक** पु० *(सं०)* बेत।

**छैल, छैला** पु० जो खूब बन-ठन कर रहे; रँगीला पुरुष।

**छोंड़ा** पु० मथानी; लड़का।

**छो** पु० प्रेम; गुस्सा; दया; छोह।

**छोआ** पु० चोटा।

**छोई** स्त्री० निस्सार वस्तु; ईख की सूखी पत्ती, खोई।

**छोकड़ा** पु० छोकरा, बालक, लड़का।

**छोकड़िया, छोकड़ी, छोकरी** स्त्री० लड़की।

**छोकरी** स्त्री० लौंडिया, कच्ची उम्र की लड़की।

**छोटा** वि० पद एवं प्रतिष्ठा में कम; कम योग्य; महत्त्वहीन, तुच्छ; क्षुद्र; लम्बाई, चौड़ाई, ऊँचाई और उम्र में कम, लघु।

**छोटापन** बचपन।

**छोटी (टिन्)** पु० *(सं०)* मछुआ।

**छोड़ना** स० क्रि० बन्धन खोलना, पकड़ से निकाल देना; न लेना; छुटकारा देना; घर त्यागना।

**छोति*** स्त्री० स्पर्श, छूना।

**छोनिप** पु० भूपति।

**छोनी** स्त्री० भूमि।

**छोपा**† पु० पाल के कोनों पर बँधी हुई रस्सियाँ जिनसे वह ऊपर चढ़ाया जाता है।

**छोपाई** स्त्री० छोपने की मजदूरी, छोपने की क्रिया।

**छोभ*** पु० नदी का उमड़ना; क्षोभ, क्षुब्ध।

**छोभना*** अ० क्रि० उद्विग्न होना; क्षुब्ध होना।

**छोभित*** वि० क्षोभित।

**छोम*** वि० मुलायम, नरम; चिकना।

**छोर** पु० किनारा, नोक, विस्तार की सीमा।

**छोरण** पु० *(सं०)* परित्याग, छोड़ना।

**छोरना** *स० क्रि० अपहरण करना, छीनना, छोड़ना।

**छोरा*** पु० छोकरा, लड़का।

**छोरी*** स्त्री० लड़की, छोकरी।

**छोराछोरी** स्त्री० *(सं०)* नोचखसोट।

**छोल** स्त्री० दाँत लगने का चिह्न; खरोचने या या छिलने का निशान या चिह्न।

**छोलदारी** स्त्री० छोटा शिविर।

**छोलना*** पु० हथियारों का मुरचा छुड़ाने का एक औजार। स० क्रि० छीलना, खुरचना।

**छोलनी**† स्त्री० खुरचनी, छीलने का औजार।

**छोवन**† पु० धागा जिससे कुम्हार चाक पर चढ़े बर्तन को काटकर अलग करता है।

**छोह** पु० कृपा, दया; ममता, स्नेह।

**छोहगर**† वि० प्रेमी, छोह करने वाला।

**छोहना*** अ० क्रि० दया या प्रेम करना; छोभना।

**छोहरा*** पु० लड़का, छोकरा।

**छोहरिया, छोहरी*** स्त्री० छोकरी, लड़की।

**छोहाना*** अ० क्रि० स्नेहयुक्त होना, छोह करना; दया, करना।

**छोहिनी*** स्त्री० अक्षौहिणी।

**छोही** वि० प्रेमी, अनुरागी।

**छौंक** स्त्री० छौंकने की क्रिया, बघार।

**छौंकना** स० क्रि० बघारना, तड़का देना।

**छौंड़ा**† पु० गाड़ा, खत्ता; छोकरा, लड़का।

**छौंड़ी**† स्त्री० लड़की, छोकरी।

**छौना** पु० शावक, जानवर का छोटा बच्चा।

**छौर, छौरा**† पु० छोकरा, लड़का; ज्वार, बाजरे का चारे के काम आने वाला डण्ठल।

**छौर** पु० क्षौर।

**छौलदारी** स्त्री० छोटा तम्बू।

## ज

**ज** देवनागरी वर्णमाला में चवर्ग का तीसरा वर्ण। उच्चारण स्थान तालु है; अल्पप्राण।

**जंकशन** पु० *(अं०)* वह स्टेशन जहाँ दो या अधिक रेल लाइनें मिलें; दो रास्तों या दो सड़कों के मिलने का स्थान।

**ज़ंग**[1] पु० *(फ़ा०)* अफ्रीका, हब्शियों का देश; वायु या नमी के प्रभाव से उत्पन्न धातु का मैल, मोरचा।

**जंग**[2] पु० *(फ़ा०)* युद्ध।

**जंगम** वि० *(सं०)* प्राणिजन्य; चल, चलनेवाला

**जँगरा** पु० मूँग, मटर, उड़द आदि के डण्ठल।

**जँगरैत** वि० परिश्रमी।

**जंगल** पु० *(सं०)* रेगिस्तान; उजाड़ स्थान, बंजर।

**जँगला** पु० जाली या छड़ लगी हुई खिड़की।

**ज़ंगार, ज़ंगाल** पु० *(फ़ा०)* ताँबे को सिरके में डालकर बनाया नीला रंग; ताँबे का कसाव, तूतिया।

**जंगी** वि० *(फ़ा०)* फौजी, सेना सम्बन्धी; युद्ध-सम्बन्धी; युद्धोपयोगी (जंगी जहाज); युद्धोचित (जंगी कारवाई); लड़ाका, झगड़ालू।

**जंगी बेड़ा** पु० जंगी जहाजों का समूह या बेड़ा।

**जंगुल** पु० *(सं०)* जहर, विष।

**जंघा** स्त्री० *(सं०)* पिण्डली; जाँघ; कैंची का दस्ता।

**जंघार** पु० जाँघ में होने वाला फोड़ा।

**जँचना** अ० क्रि० अच्छा मालूम होना, ठीक लगना; पसन्द आना; जाँच में ठीक आना।

**जंजपूक** पु० *(सं०)* मन्द स्वर में जप करने वाला भक्त।

**ज़ंजबील** स्त्री० *(अ०)* सोंठ।

**जंजाल** पु० प्रपंच, बखेड़ा।

**जंजाली** स्त्री० वह घिरनी और रस्सी जिनसे पाल चढ़ाने-उतारने का काम लेते हैं। वि० बखेड़िया।

**ज़ंजीर** स्त्री० *(फ़ा०)* लड़ी; बेड़ी; किवाड़ की कुण्डी; शृंखला, साँकल, सिकड़ी।

**ज़ंजीरख़ाना** पु० कैद खाना।

**ज़ंजीरी** वि० *(फ़ा०)* हाथ में पहनने का एक गहना; जंजीरदार; बन्दी, जंजीर में बँधा हुआ, जंजीरदार।

**जण्ड** पु० विवाहोपरान्त समधी भोज।

**जन्त*** पु० व्यक्ति, जीव, जन्तु।

**जन्तर** पु० यन्त्र, कठुला।

**जन्तरी** पु० यन्त्र-मन्त्र करने वाला; वीणा वादक; तिथि- पत्र। स्त्री० सुनारों का एक औजार; पत्रा, पंचांग।

**जँताना** अ० क्रि० कुचल जाना।

**जन्तु** पु० *(सं०)* जीवात्मा; पशु; जीव, प्राणी; कीड़ा-मकोड़ा।

**जन्तुशाला** स्त्री० प्रदर्शन या अध्ययन के लिए जीवित जन्तु रखे जाने का स्थान, चिड़ियाघर।

**जन्तुका** स्त्री० *(सं०)* लाक्षा, लाख।

**जन्त्र** पु० ताबीज, यन्त्र; ताला।

**जन्त्रमन्त्र** पु० यन्त्र-मन्त्र।

**जन्त्रना*** स्त्री० यन्त्रणा। स० क्रि० ताला लगाना।

**जम्पना*** स० क्रि० कहना, जल्पना।

**जम्पर** पु० *(अं०)* ब्लाउज, अंगिया, कुर्ती।

**जम्बाल** पु० *(सं०)* सेवार; कीचड़; काई; केवड़ा।

**जम्बु, जम्बू** पु० *(सं०)* जामुन का पेड़, जामुन का फल।

**जम्बुक, जम्बूक** पु० *(सं०)* जामुन; नीच, धूर्त आदमी; केवड़ा; स्यार, शृगाल; वरुण।

**जम्बूका** स्त्री० *(सं०)* किशमिश।

**ज़म्बूर** पु० *(अ०) (जन्बूर)* शहद की मक्खी; ततैया।

**ज़ँबूरा** पु० कील निकालने का एक औजार, बाँक।

**जम्भ** पु० *(सं०)* जम्हाई; दाढ़; ठुड्डी; जबड़ा, भक्षण।

**जम्भका, जम्भा, जम्भिका** स्त्री० *(सं०)* जम्हाई।

**जँभाई** स्त्री० जम्हाई।

**जम्भारि** पु० *(सं०)* अग्नि; इन्द्र; वज्र।

**जँमाना** क्रि० जमुहाई लेना।

**ज** पु० *(सं०)* पिता; जन्म; मुक्ति। वि० वेगयुक्त, जीतनेवाला।

**जई** स्त्री० जौ का अँखुआ; जौ की जाति का एक पौधा जो घोड़ों को खिलाया जाता है।

**ज़ईफ़ी** स्त्री० *(फा०)* दुर्बलता; बुढ़ापा।

**जउवा**† पु० *(हि०)* जौ, यव।

**जऊ*** अ० यद्यपि।

**जकन्दना*** अ० क्रि० छलाँग मारना; झपटना।

**जकन्दनि*** स्त्री० दौड़धूप; उलझन।

**जक** पु० भूतप्रेत; कंजूस। स्त्री० हठ।

**जकड़** स्त्री० जकड़कर या कसकर बाँधने की क्रिया।

**जकड़ना** अ० क्रि० (किसी अंग का) अकड़ना। स० क्रि० कसकर बाँधना।

**जकना*** अ० क्रि० स्तम्भित होना, भौचक्का होना।

**जकरना*** स० क्रि० जकड़ना।

**जकित*** वि० भौचक्का, चकित।

**जकी*** वि० चकित; हठी।

**जक्की** वि० झक्की। स्त्री० एक तरह की बुलबुल।

**जक्त*** पु० संसार, जगत्।

**जखमी** वि० ज़ख्मी, घायल, चोटिल।

**ज़ख़्मी** वि० *(फ़ा०)* घायल, जिसे जख्म हुआ हो।

**जग** पु० दुनिया, संसार, जगत।

**जगकर** पु० ब्रह्मा।

**जगच्चक्षु(स्)** पु० *(सं०)* सूर्य।

**जगजोनि** पु० ब्रह्मा।

**जगजगा** वि० चमकीला।

**जगज्** जगत् का समासगत रूप।

**जगज्जननी** स्त्री० जगदम्बा, परमेश्वरी।

**जगण** पु० *(सं०)* पिंगल के आठ गणों में से एक।

**जगतसाक्षी** पु० सूर्य।

**जगत सेठ** पु० सबसे बड़ा धनी।

**जगत** पु० जगत्, संसार, दुनिया; कूप-घाट।

**जगती** स्त्री० *(सं०)* धरती; दुनिया, जगत्; मानवजाति; मकान की जगह; जम्बुवृक्ष युक्त स्थान; एक वैदिक छन्द।

**जगतीतल** पु० धरती।

**जगतीरूह** पु० वृक्ष।

**जगत्** पु० *(सं०)* दुनिया, संसार; वायु।

**जगदन्तक** पु० यम।

**जगना** अ० क्रि० तेज का अधिक परिचय देना।

**जगनु, जगन्नु** पु० *(सं०)* कीड़ा; जन्तु; अग्नि।

**जगन्नाथ** पु० *(सं०)* विष्णु की प्रसिद्ध मूर्ति।

**जगन्मयी** स्त्री० *(सं०)* लक्ष्मी।

**जगमगा** वि० जगमगाता हुआ।

**जगमगाहट** स्त्री० चमक, दमक।

**जगर** पु० *(सं०)* कवच, जिरह।

**जगरन*** पु० जागरण।

**जगरमगर** वि० जगमग।

**जगल** पु० *(सं०)* गोबर; पीठी की शराब; शराब की सीठी; कवच। वि० धूर्त, चालबाज।

**जगह** स्त्री० वस्तु या व्यक्ति-विशेष का नियत स्थान; अवकाश का अंश-विशेष; अवकाश का स्थान।

**जगाजोति*** स्त्री० जगमगाहट, झिलमिलाहट।

**जगाना** स० क्रि० यन्त्र-मन्त्र सिद्ध करना, तम्बाकू, गाँजा आदि सुलगाना; सोते से उठाना, जागने को प्रेरित करना; सावधान करना; प्रदीप्त करना (ज्योति जगाना); चैतन्य करना।

**जगार*** स्त्री० जागरण, जागृति।

**जगीला*** वि० उनींदा।

**जग्ध** पु० *(सं०)* वह स्थान जहाँ किसी ने भोजन किया हो; भोजन, आहार। वि० खाया हुआ।

**जग्य*** पु० यज्ञ।

**जघन** पु० *(सं०)* स्त्रियों का पेड़ू, श्रोणि; नितम्ब।

**जघनकूप,जघनकूपक** पु० चूतड़ के ऊपर का गड्ढा।

**जघन्य** पु० *(सं०)* शूद्र; लिंगेन्द्रिय। वि० सबसे बुरा; अधम, नीच; निन्दित, हेय; अन्तिम, सबसे पीछे का; नीच जाति का।

**जघन्यज** पु० छोटा भाई; शूद्र।

**ज़चगी** स्त्री० *(फ़ा०)* प्रसूतावस्था, प्रसव।

**जचना** अ० क्रि० पसन्द होना, अच्छा लगना; जँचना।

**ज़चा, ज़च्चा** स्त्री० *(फ़ा०)* वह स्त्री जिसे प्रसव किये चालीस दिन न हुए हों; सद्यःप्रसूता।

**जच्छ** पु० यक्ष।

**जज** पु० *(अं०)* न्यायाधीश; विचारक; मुकद्दमे सुनकर उनका फैसला करने का अधिकारी।

**जजमान** पु० *(अ०)* यजमान।

**जज़ा** स्त्री० *(अ०)* परलोक में मिलने वाला पुण्यफल।

**जज़ीरा** पु० *(अ०)* द्वीप, टापू। ~

**जज़ीरानुमा** पु० प्रायद्वीप।

**जज़्बा** पु० *(अ०)* रोष, जलन; भाव, जोश।

**जटना** स० क्रि० जकड़ना; ठगना; जड़ना; जुड़ जाना।

**जटल** स्त्री० बेतुकी बात; गप, झूठी बात।

**जटा** स्त्री० *(सं०)* बरगद का दूध लगाकर लटदार बनाये गये संन्यासी या ब्रह्मचारी के बाल; आपस में उलझे लम्बे बाल; उलझे रेशे।

**जटाजूट** पु० जटासमूह।

**जटामाँसी, जटामासी** स्त्री० *(हि०)* एक सुगन्धित वनस्पति जो दवा के काम आती है, जड़ विशेष।

**जटाजिनी (निन्)** वि० *(सं०)* जटा और अजिन (मृगचर्म) धारण करने वाला।

**जटाना** स० क्रि० ठगने के लिए प्रेरित करना। अ० क्रि० ठगाना, ठगा जाना।

**जटासंकरी** स्त्री० शिव की जटा में रहने वाली गंगा।

**जटि** स्त्री० *(सं०)* बरगद; पाकड़; जटा; समूह।

**जटिल** पु० *(सं०)* ब्रह्मचारी; साधु-संन्यासी; बकरा। वि० उलझा हुआ, पेचीदा; कठिन, दुर्बोध; जटाधारी।

**जटी(टिन्)** पु० *(सं०)* बरगद; शिव। वि० जटाधारी।

**जटटू**' वि० ठगनेवाला।

**जठर** पु० *(सं०)* पेट का भीतरी भाग, मेदा, कुक्षि; पेट; जरायु; एक पर्वत। वि० बूढ़ा, वृद्ध; कड़ा, कठिन।

**जठराग्नि** स्त्री० उदराग्नि, अन्न पचाने वाली पेट की आग।

**जठरामय** पु० *(सं०)* अतिसार, जलोदर रोग।

**जठाइन**' स्त्री० जले हुए जैसा स्वाद।

**जठेरा*** पु० लड़का। वि० जेठा, बड़ा।

**जड़** स्त्री० नींव, आधार, मूल कारण; पेड़-पौधों का वह भाग जो जमीन के अन्दर रहता है, मूल।

**जड़** वि० *(सं०)* अचेतन, चेतनारहित; निर्बुद्धि, मूर्ख; सर्दी से अकड़ा हुआ; निश्चेष्ट। पु० जड़, अचेतन पदार्थ।

**मु० जड़ उखाड़ना/काटना/खोदना** बहुत हानि करना, ऐसा काम करना जिससे आगे कोई बढ़ न सके। **जड़ जमना** अच्छी प्रगति में स्थिर होना। **जड़ में पानी देना** समूल नाश का प्रयास करना, पेड़-पौधों को सींचना।

**जड़ता** स्त्री०, **जड़त्व** पु० *(सं०)* मूर्खता; अचेतनता, स्तब्धता।

**जड़ताई*** स्त्री० जड़ता।

**जड़ना** स० क्रि० मारना, लगाना (धौल, चाँटा); चुगली कराना, शिकायत करना, बैठाना।

**जड़पदार्थ** पु० अचेतन पदार्थ।

**जड़ाई** स्त्री० जड़ने का काम; जड़ने की मजदूरी।

**जड़ाऊ** वि० जिस पर नग या रत्न जड़ा हो, जड़ाव वाला।

**जड़ान** स्त्री० जड़ाई।
**जड़ाना** क्रि० अन्य से जड़ाई कराना, शीत लगना।
**जड़ाव, जड़ावट** पु० जुड़ने का काम, पच्चीकारी।
**जड़ावर** पु० जाड़े में पहनने के वस्त्र।
**जड़ित*** वि० जड़ा हुआ; जड़ाऊ।
**जडिमा(मन्)** स्त्री० *(सं०)* जड़ता; संज्ञाहीनता; मूर्खता।
**जाड़िया** पु० नगीने जड़ने वाला।
**जड़ी** स्त्री० वनौषधि, प्राकृतिक वनस्पतियों की जड़ द्वारा तैयार औषधि बूटी।
**जड़ी-बूटी** स्त्री० वनौषधि।
**जड़ीला** वि० जड़दार।
**जड़ीभूत** वि० *(सं०)* जड़भाव को प्राप्त, स्तब्ध।
**जड़ै ग!** स्त्री० जूड़ी, जाड़ा देकर आने वाला ज्वर।
**जत*** वि०, अ० जितना।
**जतन** पु० यत्न।
**जतलाना** स० क्रि० जताना।
**जति*, जती** पु० यति।
**जतु** स्त्री० *(सं०)* चमगादड़। पु० लाख; शिलाजीत।
**जतुका** स्त्री० *(सं०)* चमगादड़; लाख; पर्पटी लता।
**जतु कृत, जतु कृष्णा** स्त्री० पपड़ी नामक लता।
**जतूका** स्त्री० *(सं०)* चमगादड़; रजनी नामक गन्धद्रव्य।
**जतेक*** वि०, अ० जितना।
**जत्था** पु० यूथ, छोटा दल।
**जत्थे दार** पु० जत्थे का नायक, दल का सरदार।
**जत्था बन्दी** स्त्री० दलबन्दी।
**जत्रु, जत्रुक** पु० *(सं०)* कन्धे के नीचे की कमानी जैसी हड्डी, हँसली।
**जद** अव्य० जब, जब कभी।
**ज़द** स्त्री० *(फ़ा०)* निशाना, मार, चोट, आघात।
**ज़दनी** स्त्री० *(फ़ा०)* मारने की क्रिया। वि० वध्य, मारने के काबिल।
**जदपि*** अव्य० यद्यपि।
**ज़दल** पु० *(अ०)* लड़ाई, युद्ध।
**ज़दा** वि० *(फ़ा०)* पीड़ित, मारा हुआ।
**जदि*** अ० जब; यदि।
**जदीद** वि० *(अ०)* नया; शीघ्र।
**जदु*** पु० यादव, यदु।
**जदुकुल** पु० यदुकुल।
**जद्द** पु० *(अ०)* दौलत; पिता का पिता, दादा। स्त्री० कोशिश। *वि० प्रबल; अधिक।
**जद्दपि*** अ० यद्यपि।
**जद्दबद्द** पु० न कहने योग्य बात, खराब बात।
**जन** पु० *(सं०)* मनुष्य-समूह, मनुष्य; व्यक्ति; जाति
**ज़न** स्त्री० *(फ़ा०)* पत्नी; स्त्री, नारी।
**जनक** पु० *(सं०)* पिता; मिथिला के राजा। वि० जन्म देनेवाला, उत्पादक।
**जनकतनया** स्त्री० सीता।
**जनकल्याणकेन्द्र** पु० *(वेलफेयर सेण्टर)* जनता के स्वास्थ्य, उन्नति तथा भलाई के लिए किये जाने वाले कार्यों का केन्द्र।
**जनकात्मजा** स्त्री० *(सं०)* सीता।
**जनकौर*** पु० जनकवंश; जनकपुर।
**ज़नख़ा** पु० हिजड़ा, नपुंसक, *छक्का; स्त्रैण।
**जनगणना** स्त्री० किसी देश के सब मनुष्यों की गणना।
**जनजीवन** पु० सार्वजनिक जीवन।
**जनतन्त्र** पु० जनता द्वारा चुने गये प्रतिनिधियों द्वारा चलाया जा रहा शासन, लोकतन्त्र, प्रजातन्त्र।
**जनता** स्त्री० *(सं०)* जन; लोक, जनसमूह।
**जनताजनार्दन** पु० जनता रूप जनार्दन, भगवान।
**जनन** पु० *(सं०)* जीवन; उत्पत्ति; जन्म; प्रकट होना।
**जनना** स० क्रि० बच्चे को जन्म देना, प्रसव करना।
**जननि** स्त्री० *(सं०)* जन्म; जन्म देने वाली।
**जननिर्देश** पु० *(रिफरेन्डम)* जनमत संग्रह; संसद में पेश किये गये किसी महत्त्वपूर्ण किन्तु विवादित विषय को सम्पूर्ण जनता के समक्ष मतदान द्वारा अपना निर्णय देने के लिए उपस्थित करना।
**जननी** स्त्री० *(सं०)* माता; दया; चमगादड़।
**जननेन्द्रिय** स्त्री० *(सं०)* उपस्थ, वह इन्द्रिय जिससे सन्तान की उत्पत्ति होती है।
**जनपद** पु० देश, राज्य; राज्य-विशेष का ग्राम-भाग; लोक, प्रजा।
**जनप्रवाद** पु० *(सं०)* लोक निन्दा।
**जनप्रिय** वि० *(सं०)* जन जन का प्यारा।
**जनम** पु० जन्म, आयु,जीवन।
**जनमत** वि० लोकमत, जनसाधारण की राय।
**जनमना** क्रि० जन्म लेना।
**जनमारो*** पु० जीवन; जन्म।

**जनमुरीद** वि०, पु० *(हि०,फ़ा०)* पत्नी का गुलाम।
**जनयिता** पु० *(सं०)* पिता।
**जनयित्री** स्त्री० *(सं०)* माता।
**जनवास** पु० *(सं०)* बरातियों के लिए घर।
**जनश्रुत** वि० प्रसिद्ध, जिसे बहुत लोग जानते हों।
**जनसंख्या** स्त्री० स्थान विशेष में बसने वालों की संख्या, आबादी।
**जनहित** पु० लोकहित, जनता के लाभ का काम।
**जनहीन** वि० जनशून्य, विजन, निर्जन।
**जनान्त** पु० *(सं०)* जनहीन स्थान; प्रदेश, जिला।
**जनान्तक** पु० (सं०) यम, प्राणी का अन्त करने वाला। वि० मनुष्यों का अन्त करने वाला।
**जना** वि० उत्पन्न किया हुआ। स्त्री० *(सं०)* उत्पत्ति।
**जनाकीर्ण** वि० *(सं०)* बहुत घनी आबादी वाला।
**जनाचार** पु० *(सं०)* लोकाचार।
**जनाज़ा** पु० *(फ़ा०)* लाश; अर्थी।
**ज़नानख़ाना** पु० *(फ़ा०)* अन्तःपुर, घर का वह भाग या खण्ड जिसमें स्त्रियाँ रहें।
**ज़नाना** पु० *(फ़ा०)* हिजड़ा; जनानखाना।
**जनाना** स० क्रि० बता देना, जताना; जन्म देना।
**ज़नानी** वि० स्त्री, औरत, नारी, जनाना।
**जनाब** पु० *(अ०)* सम्मानित जन का सम्बोधन– श्रीमन्, महोदय, हुजूर! ड्योढ़ी, चौखट।
**जनाव** पु० *(हि०)* सूचना।
**जनावर*** पु० जानवर, पशु।
**जनाशन** पु० *(सं०)* नरभक्षी।
**जनाश्रम** पु० *(सं०)* धर्मशाला, सराय।
**जनाश्रय** पु० *(सं०)* मण्डप; मकान; धर्मशाला, सराय।
**जनि** स्त्री० उत्पत्ति; स्त्री, भार्या।
**जनित** वि० *(सं०)* पैदा हुआ, उत्पादित, उत्पन्न।
**जनिता(तृ)** पु० *(सं०)* जनक, पिता।
**जनित्री** स्त्री० *(सं०)* जन्म देने वाली, माता, जननी।
**जनित्व** पु० *(सं०)* जनक, पिता।
**जनियाँ** स्त्री० प्रियतमा।
**जनु** स्त्री० *(सं०)* जन्म। *अव्य० मानो, जैसे।
**जनून** पु० *(अ०)* उन्माद, पागलपन।
**जनेऊ** पु० *(हि०)* यज्ञोपवीत-संस्कार; यज्ञोपवीत।
**जनेरा**† पु० मक्का, जोन्हरी।
**जनेश** पु० *(सं०)* नृप, राजा।
**जनैया*** पु० जानने वाला।
**जनौ*** अ० मानो, जानो।
**जनौघ** पु० *(सं०)* मनुष्यों की भीड़।
**ज़न्न** पु० *(अ०)* धारणा, गुमान, खयाल।
**जन्नत** पु० *(अ०)* स्वर्ग, बैकुण्ठ, उद्यान, बाग।
**जन्नती** वि० स्वर्गवासी; *(ला०)* सीधा, भोला।
**जन्म (न्)** पु० *(सं०)* गर्भ से बाहर आना; उत्पत्ति, पैदाइश।
**जन्मकुण्डली** स्त्री० वह जन्मचक्र जिसमें जन्मकाल के ग्रहों की स्थिति वर्णित हो।
**जन्मक्षेत्र** पु० जन्मस्थान।
**जन्मदात्री** स्त्री० माता।
**जन्मसिद्ध** वि० पैदाइशी।
**जन्मस्थान** पु० जन्मभूमि।
**जन्मान्तर** पु० *(सं०)* दूसरा जन्म; परलोक।
**जन्मान्ध** वि० *(सं०)* जन्मजात अन्धा।
**जन्माष्टमी** स्त्री० *(सं०)* भाद्र कृष्ण-जन्माष्टमी।
**जन्मास्पद** पु० *(सं०)* जन्मस्थान।
**जन्मी (मिन्)** पु० *(सं०)* प्राणी।
**जन्मोत्सव** पु० *(सं०)* जन्मदिन का उत्सव, वर्षगाँठ।
**जन्य** पु० *(सं०)* जन्म; पिता; बराती; देह; जाति; लोक; अफवाह; निन्दा, हाट, बाजार; संग्राम।
**जन्यु** पु० *(सं०)* ब्रह्मा; प्राणी; जन्म; अग्नि।
**जप** पु० *(सं०)* किसी मन्त्र, स्तोत्र या ईश्वर का नाम बार-बार स्मरण करना।
**जपतप** पु० पूजा-पाठ।
**जपनी** स्त्री० गोमुखी; माला।
**जपनीय** वि० *(सं०)* जप करने योग्य।
**जपा** स्त्री० *(सं०)* अड़हुल। *वि० जप करने वाला।
**जपाकुसुम** पु० अड़हुल (गुड़हल) का फूल।
**जप्त**† पु० *(अ०)* ज़ब्त।
**जप्ती**† स्त्री० ज़ब्ती।
**जफ़ा** पु० *(अ०)* सख्ती, अत्याचार, जुल्म।
**जब** अव्य० *(हि०)* यदा, जिस समय।
**जबकभी** अव्य० किसी समय, चाहे जब।
**जबकि** अव्य० जब।
**जबड़ा** पु० मुँह में नीचे-ऊपर की हड्डी जिसमें दाँत जमे होते हैं।
**ज़बर** वि० *(फ़ा०)* ऊपर वाला; बलवान्।

**ज़बरदस्त** वि० भारी; विशाल; शक्तिशाली।

**जबरजद** पु० *(अ०)* पुखराज।

**जबरा**ं वि० जबरदस्त, बलवान्।

**जबर्दस्त** वि० ज़बरदस्त, बलवान्, शक्तिशाली।

**जबर्दस्ती** स्त्री० जुल्म, बल पूर्वक कराया गया काम।

**जबल** पु० *(अ०)* पहाड़, पर्वत।

**ज़बान** स्त्री० *(फ़ा०)* भाषा; जीभ; वाणी; वचन।

**मु० ज़बान खींचना** कठोर दण्ड देना। **ज़बान खुलना** मुँह से बात निकलना। **ज़बान खुलवाना** बोलने के लिए विवश करना। **ज़बान खुश्क होना** प्यासा होना। **ज़बान चलना** बराबर कुछ न कुछ बोलते रहना। **ज़बान चलाने की रोटी खाना** खुशामद करके जीविका चलाना। **ज़बान देना** वचन देना, पक्का वादा करना। **ज़बान पर ताला लगाना** चुप रहना। **ज़बान पलटना** बात से मुकर जाना। **ज़बान में खुजली होना** लड़ने-झगड़ने को जी चाहना। **ज़बान हारना** प्रतिज्ञाबद्ध होना।

**ज़बानी** वि० *(फ़ा०)* अलिखित; मौखिक, जो केवल जबान से कहा गया हो।

**जब्त** पु० *(अ०)* निगरानी; सहन; दबाया हुआ; कोई सम्पत्ति शासन द्वारा छीन लेने की क्रिया।

**जब्ती** स्त्री० किसी चीज का जब्त किया जाना, कुर्की।

**जब्र** पु० *(अ०)* जुल्म; मजबूरी, दबाव; जबरदस्ती।

**जब्रन्** अव्य० *(अ०)* बलात्, जबरदस्ती, दबाव देकर।

**जमघट, जमघटा** पु० *(हि०)* आदमियों की भीड़, जमाव।

**जमन** पु० भोजन।

**जमना** अ० क्रि० पतली चीज का ठोस होना, गाढ़ा होना (दही, पानी); नीचे बैठना; उगना (बीज, बाल)।

**मुहा० दही जमना** ठोस रूप में आना। **धाक जमना** दृढ़तापूर्वक स्थित होना। **खेल जमना** प्रभावी रूप में निर्वाह होना। **रोजगार जमना** व्यापार अच्छा चल निकलना। **अखाड़ा जमना** इकट्ठा होना। **लाठी जमना** खूब चोट पड़ना। **महफिल जमना** धाक जमना।

**जमनिका** स्त्री० यवनिका, पर्दा।

**जमनौता** पु० जमानत करने वाले को जमानत करने के बदले में दी जाने वाली रकम।

**जमहूर** पु० *(अ०)* जन समूह।

**जमहूरी** वि० प्रजातान्त्रिक।

**जमा** स्त्री० *(अ०)* लगान; समूह; जोड़कर इकट्ठा किया गया; पूँजी, धन।

**जमाअत** स्त्री० *(अ०)* भीड़, मजमा; श्रेणी; जत्था

**जमाई** पु० जामाता, दामाद। स्त्री० जमने की क्रिया।

**ज़मानत** स्त्री० *(अ०)* इत्मीनान के लिए गारण्टी स्वरूप जमा की गयी रकम; गारण्टी; जिम्मेदारी।

**ज़मानती** वि० जिसकी जमानत हो सके।

**जमाना** स० क्रि० पतली चीज को गाढ़ी या ठोस बनाना (दही, बरफ आदि); बैठाना; उगाना।

**मुहा० नींव जमाना** जड़ मजबूत करना। **रोजगार जमाना** व्यापार चलने योग्य बनाना। **महफिल जमाना** प्रभावशाली सिद्ध होना। **धाक जमाना** स्थापित करना। **लाठी जमाना** चोट करना, प्रहार करना।

**जमामार** वि० जमा धन को मारने वाला।

**ज़माना** पु० *(अ०)* अरसा, अवधि; युग; काल।

**मुहा० ज़माना छानना** बहुत खाजे करना। **ज़माना देखना** अनुभव प्राप्त करना। **ज़माना बदलना** अच्छे-बुरे दिन का आते-जाते रहना। **ज़माने भर का** बहुत अधिक

**जमाल** पु० *(अ०)* सुन्दरता; ईश्वर का माधुर्य, ऐश्वर्य।

**जमाव** पु० मजमा, भीड़; जमने का भाव।

**जमावट** स्त्री० जमने का भाव।

**जमावड़ा** पु० भीड़।

**ज़मीकन्द** पु. सूरन।

**ज़मीन** स्त्री. *(फा.)* पृथ्वी (ग्रह); धरती, भूमि; जमीन का टुकड़ा, खेत; गजल की रदीफ, काफिया और छन्द; नदी, तालाब आदि का तल भाग।

मुहा० **ज़मीन आसमान एक करना** अत्यधिक श्रम करना। **ज़मीन आसमान का फ़र्क़** बहुत अधिक अन्तर। **पैरों से ज़मीन खिसकना** होश-हवास न रहना। **ज़मीन में पैबन्द होना** दफन होना, मरना। **ज़मीन पर पैर न रखना** घमण्ड दिखाना, बहुत गर्व होना। **ज़मीन में गड़ जाना** अत्यन्त लज्जित होना।

**ज़मीमा** पु० *(अ०)* परिशिष्ट; पूरक; क्रोडपत्र।
**जमीर** पु० *(अ०)* भले-बुरे का विचार करनेवाली अन्तःकरण की वृत्ति; हृदय; सत्-असत् विवेक।
**जमील** वि० *(अ०)* सौन्दर्ययुक्त, सुन्दर।
**जमीला** वि० स्त्री० *(अ०)* सुन्दरी।
**जमुकना*** अ० क्रि० होना, पास आना।
**जमुनियाँ** वि० जामुनी रंग।
**जमुर्रद** पु० *(फ़ा०)* पन्ना।
**जमुहाना*** अ० क्रि० जम्हाई लेना।
**जमूरा** पु० एक तोप।
**जमैयत** स्त्री० *(अ०)* समुदाय; सभा; इकट्ठा होना।
**जमोगना**† स० क्रि० किसी की बात की पुष्टि करना; मूल धन में सूद जोड़ना।
**जमौआ**† वि० जमाकर बनाया हुआ।
**जम्मू** पु० कश्मीर का एक प्रान्त।
**जम्हाई** स्त्री० आलस्य से होने वाली शरीर की एक सहज क्रिया जिसमें मुँह पूरा खुल जाता है और साँस जोर से अन्दर खिंचकर फिर धीरे-धीरे बाहर निकलती है, जृम्भा।
**जम्हाना** अ० क्रि० जम्हाई लेना।
**जय** पु० *(सं०)* जीत, विजय।
**जयतु** अ० *(सं०)* आशीर्वाद, जय हो।
**जयन** वि० विजयी। पु० *(सं०)* जय करना, जीतना।
**जयना*** स० क्रि० विजय प्राप्त करना।
**जयमंगल** पु० *(सं०)* राजा की सवारी का हाथी।
**जयमाल** स्त्री० वरमाला।
**जययज्ञ** पु० *(सं०)* अश्वमेध।
**जयश्री** स्त्री० *(सं०)* विजय श्री।
**जया** *वि० स्त्री० जय दिलाने वाली। स्त्री० *(सं०)* दुर्गा की एक सहचरी; पताका; हरी दूब; भाँग।
**जयावह** वि० *(सं०)* जय दिलाने वाला।
**जयी** पु० *(हि०)* विजयी।
**जय्य** वि० *(सं०)* जीतने योग्य।
**जरण्ड** वि० *(सं०)* क्षीण; वृद्ध।
**जरन्त** पु० *(सं०)* भैंसा; वृद्ध मनुष्य।
**जर** पु० *(सं०)* विनाश। *स्त्री० हैसियत; जड़। *वि० वृद्ध; क्षीण; विनाश करने वाला।
**ज़र** पु० *(फ़ा०)* सोना; धन, दौलत।
**जरई** धान के अँखुआये हुए बीज; धान, जौ आदि के भिगोने पर आया हुआ अंकुर।
**जरछार*** वि० जो जलकर राख हो गया हो।
**जरजर** वि० जीर्ण-शीण, जर्जर।
**जरठ** पु० बुढ़ापा। वि० *(सं०)* जीर्ण; बूढ़ा; कठोर।
**जरठाई*** स्त्री० बुढ़ापा।
**जरणा** स्त्री० *(सं०)* बुढ़ापा; प्रशंसा; स्याह जीरा।
**जरतिका, जरती** स्त्री० *(सं०)* बूढ़ी स्त्री।
**जरत्** पु० बूढ़ा आदमी। वि० *(सं०)* बूढ़ा; रुग्ण।
**जरद** वि० ज़र्द पीले रंग का।
**ज़रदा** पु० *(फ़ा०)* पान के साथ खाने के लिए विशेष विधि से बनायी हुई सुगन्धित सुर्ती।
**जरन*** स्त्री० जलन।
**जरना*** स० क्रि० जड़ना। अ० क्रि० जलना।
**ज़रब** स्त्री० *(अ०)* तबले आदि पर थाप; ठप्पा; चोट; प्रहार, आघात; गुणा।
**ज़रबशदीद** स्त्री० गहरी चोट।
**जरबीला*** वि० भड़कीला, चमक-दमक वाला।
**जरबुलमसल** स्त्री० *(अ०)* कहावत, लोकोक्ति।
**ज़रर** पु० *(अ०)* हानि; क्लेश, पीड़ा।
**जरस** पु० *(अ०)* घण्टा, घड़ियाल।
**जरा** स्त्री० बुढ़ापा; क्षीणता।
**जरा** वि० *(अ०)* तनिक, थोड़ा।
**जरा सा** थोड़ा-सा।
**जरातुर** वि० *(सं०)* बूढ़ा, जराग्रस्त।
**जराना*** स० क्रि० जलाना; ईर्ष्या उत्पन्न करना।
**ज़राफत** स्त्री० *(अ०)* हँसोड़पन; हँसी-मजाक।
**जरायु** पु० *(सं०)* केंचुली; खेड़ी; वह झिल्ली जिसमें लिपटा हुआ बच्चा माँ के गर्भ से बाहर आता है।
**जरायुज** पु० *(सं०)* झिल्ली से उत्पन्न, निकला हुआ बच्चा।
**जराह** पु० *(अ०)* शल्य चिकित्सक, जर्राह।
**जरिणी** वि० स्त्री० *(सं०)* बुढ़िया।
**जरित** वि० *(सं०)* बूढ़ा, जरायुक्त।
**जरिया**† वि० जलाकर तैयार किया हुआ।
**ज़री** स्त्री० *(फ़ा०)* सोने का पानी चढ़ा हुआ चाँदी का तार। वि० सुनहरे तारों का बना हुआ।
**जरीदा** वि० *(अ०)* अकेला, तनहा। पु० बही; पुस्तक।
**जरीब** स्त्री० *(अ०)* लाठी, डण्डा; जमीन नापने की जंजीर; लम्बाई नापने की रेशम की डोरी।

**ज़रीया** पु० *(अ०)* साधन; लगाव, वसीला।

**ज़रूर** वि० *(अ०)* आवश्यक, जरूरी। अ० अवश्य।

**ज़रूरत** स्त्री० *(अ०)* आवश्यकता, हाजत।

**ज़रूरतन्** अ० *(अ०)* आवश्यकतावश।

**ज़रूरी** वि० *(अ०)* जिसके बिना काम न चले, आवश्यक, वाजिब।

**जर्जर** वि० *(सं०)* पीड़ित; जीर्ण, टूटा-फूटा।

**जर्जरित** वि *(सं०)* जो जीर्ण या जर्जर हो गया हो; अभिभूत।

**ज़र्फ़** पु० *(फ़ा०)* पात्र, बर्तन; पात्रता, योग्यता।

**ज़र्फ़ीयत** स्त्री० *(फ़ा०)* पात्रता।

**ज़र्रा** पु० *(अ०)* रेत का कण; अणु, वह कण जो सूर्य-प्रकाश में उड़ता दिखायी देता है।

**जर्रार** वि० *(अ०)* बलिष्ठ, साहसी, वीर।

**जर्राह** पु० *(अ०)* शल्यक्रिया करने वाला; चीर-फाड़ करने वाला; *(ऑपरेशन)* शल्यक्रिया।

**जर्राही** स्त्री० चीर-फाड़ का काम।

**जलंगम** पु० *(सं०)* चाण्डाल।

**जलन्धर** पु० जलोदर, पेट में पानी भर जाने का रोग।

**जल** पु० *(सं०)* पूर्वाषाढा नक्षत्र; पानी; खस।

**जलअलि** पु० जल का भौंरा।

**जलकंटक** पु० सिंघाड़ा; घड़ियाल।

**जलक** पु० *(सं०)* कौड़ी; शंख।

**जलक्रिया** स्त्री० तर्पण।

**जलज** पु० *(सं०)* कमल।

**जलजला** वि० चिड़चिड़ा, बिगड़ैल, क्रोधी।

**जलथल** पु० *(हि०)* जल और स्थल।

**जलद** वि० जल देने वाला। पु० बादल।

**जलदाता(तृ)** पु० पानी देने वाला।

**जलदान** पु० तर्पण, प्रेत को तिलांजलि देना।

**जलन** स्त्री० डाह; द्वेष; मनोव्यथा; जलने की पीड़ा।

**जलना** अ० क्रि० सूखना; ईर्ष्या-द्वेष से कुढ़ना; किसी वस्तु का आग से दग्ध होना, अग्नि से दीपक का ज्योतिर्मय होना; भस्म होना, झुलसना। **मु० जलती आग में कूदना** जानबूझकर विपत्ति में पड़ने का कार्य करना। **जलती आग में घी डालना** झगड़ा बढ़ाना। **जले पर नमक छिड़कना** दुःखी को और भी दुःख देना। **जले पाँव की बिल्ली** स्थिर न रहने वाली। **जले फफोले फोड़ना** भड़ास निकालना।

**जलपात्र** पु० पानी पीने का बर्तन।

**जलपान** पु० नाश्ता, कलेवा।

**जलप्रपात** पु० किसी नदी-नाले का पहाड़ के ऊपर से सीधे नीचे गिरना; झरना।

**जलप्रस्फोट** पु० *(डेप्थचार्ज)* जलबम; पानी में फूटने वाला प्रस्फोट बम जो किसी पनडुब्बी या उसके निकट गिराया जाता है।

**जलप्रांगण** पु० *(टेरिटोरियल वाटर्स)* जलीय क्षेत्र।

**जलप्रिय** पु० चातक; मछली।

**जलयान** पु० नाव, जहाज।

**जलविभाग** पु० जल की व्यवस्था करने वाला म्युनिसिपैलिटी का विभाग।

**जलसर्पिणी** स्त्री० जोंक।

**जलसचिव** पु० जनसेना का नियन्त्रण करने वाला मन्त्रिमण्डल।

**जलसा** पु० *(अ०)* बैठक; अधिवेशन, सभा।

**जलसेक,जलसेचन** पु० पानी छिड़कना; सींचना।

**जलसेना** स्त्री० नौ सेना; जंगी जहाजों का बेड़ा।

**जलाम्बिका** स्त्री० *(सं०)* कुआँ।

**जलाक*** स्त्री० पेट की ज्वाला; लू।

**जलाका** स्त्री० *(सं०)* जलाक; जोंक।

**जलाटनी** स्त्री० *(सं०)* जोंक।

**जलात्मिका** स्त्री० *(सं०)* जोंक।

**जलाधार** पु० *(सं०)* जलाशय।

**जलाधिप** पु० *(सं०)* वरुण।

**जलापा** पु० मन-ही-मन जलना, डाह की जलन।

**जलायुका** स्त्री० *(सं०)* जोंक।

**जलार्द्र** वि० *(सं०)* गीला, पानी से भींगा हुआ।

**जलार्द्रा** स्त्री० *(सं०)* गीला वस्त्र।

**जलाव** पु० खमीर; खमीर का उठना।

**जलावन** पु० जलाने के काम में आने वाली लकड़ी।

**जलावर्त** पु० *(सं०)* भँवर।

**जलाशय** वि० *(सं०)* जल में रहने वाला। पु० मछली; समुद्र; झील, तालाब, जलाधार।

**जलाष्ठीला** स्त्री० *(सं०)* बड़ा चौकोर तालाब।

**जलासुका** स्त्री० *(सं०)* जोंक।

**जलाह्रय** पु० *(सं०)* कमल।

**जलिका** स्त्री० *(सं०)* जोंक।

**ज़लील** वि० *(अ०)* शर्मिन्दा किया हुआ।

**जलूस** पु० जुलूस।

**जलेबी** स्त्री० इमरती के समान मिठाई, कुण्डली।

**जलेबा** पु० बड़ी जलेबी।

**जलेरुहा** स्त्री० *(सं०)* सूर्यमुखी; कुटुम्बिनी।

**जलेवाह** पु० *(सं०)* गोताखोर, पनडुब्बा।

**जलेश, जलेश्वर** पु० *(सं०)* वरुण; समुद्र।

**जलौका (कस)** स्त्री० स० जोंक।

**जल्द** अव्य० *(अ०)* झटपट, शीघ्र। वि० फुर्तीला, तेज; चालाक।

**जल्दबाज़ी** स्त्री० उतावलापन।

**जल्दी** अव्य० जल्द। स्त्री० उतावला पन; तेजी, शीघ्रता।

**जल्प** पु० *(सं०)* प्रलाप।

**जल्पक** पु० *(सं०)* प्रलापी।

**जल्पन** पु० *(सं०)* वाचालता।

**जल्लाद** वि० *(अ०)* निर्दय, बेरहम। पु० वधिक; फाँसी की सजा पाने पर फाँसी देने वाला।

**जव** पु० *(सं०)* वेग। *(हि०)* यव।

**जवन** पु० यवन।

**जवस** पु० *(सं०)* घास।

**जवाई** स्त्री० जाने की क्रिया।

**जवाधिक** पु० *(सं०)* तेज घोड़ा। वि० बहुत वेगवान्।

**जवान** पु० युवा पुरुष; योद्धा; सिपाही। वि० *(फ़ा०)* वीर; युवा, तरुण; बलवान्।

**जवानी** स्त्री० मस्ती; *(फ़ा०)* यौवन, युवावस्था।

**जवाब** पु० *(फ़ा०)* सवाल का हल; प्रतिवाद; बचाव।

**जवार**† स्त्री० ज्वार। पु० *(अ०)* पड़ोस; *जवाल।

**जवाल** पु० झंझट, जंजाल।

**ज़वाल** पु० *(अ०)* अवनति, घटाव, ह्रास।

**जवाह** पु० आँख का एक रोग।

**जवाहिरात** पु० *(अ०)* कई प्रकार के रत्नमणि।

**जवी (विन्)** वि० *(सं०)* वेगवान्।

**जवैया**† पु० जाने वाला।

**जशन** पु० जशन।

**जश्न** पु० *(फ़ा०)* खुशी का जलसा, उत्सव।

**जस** *अव्य० जैसा। पु० यश।

**जसद** पु० *(सं०)* यशद, जस्ता ।

**जसामत** स्त्री० *(अ०)* शरीर की स्थूलता, मोटाई।

**जसीम** वि० *(अ०)* स्थूलकाय, मोटा।

**जसु** पु० *(सं०)* हथियार, आयुध; अशक्तता, थकावट। स्त्री० यशोदा।

**जस्टिफाई** स० क्रि० *(अं०)* कम्पोज किये हुए मैटर की पंक्ति बराबर करना; औचित्य सिद्ध करना।

**जस्टिस** पु० *(अं०)* निर्णयकर्ता, हाईकोर्ट का जर्ज। स्त्री० इंसाफ, न्याय।

**जस्त** स्त्री० *(फ़ा०)* छलाँग, चौकड़ी। पु० जस्ता।

**जस्ता** पु० खाकी रंग की एक धातु जिसे ताँबे के साथ मिलाने से पीतल बनता है; दस्ता।

**जहँ*** अव्य० 'जहाँ'।

**जहँड़ना, जहँड़ाना*** अ० क्रि० गँवाना; हानि उठाना।

**जहकना**† अ० क्रि० बहकना।

**जहदना** अ० क्रि० थक जाना; कीचड़ होना।

**जहदा*** पु० दलदल, कीचड़।

**जहद्दम*** पु० जहन्नुम।

**जहना*** स० क्रि० नाश करना; छोड़ना।

**जहन्नम, जहन्नुम** पु० *(अ०)* नरक।

**जहन्नुमी** वि० नारकीय, नरक में जाने वाला।

**ज़हमत** स्त्री० *(अ०)* झंझट; तकलीफ, कष्ट।

**ज़हर** पु० *(फ़ा०)* असह्य बात; विष। वि० घातक।

**जहरी, जहरीला** वि० विषयुक्त, जिसमें जहर हो।

**जहवाँ*** अव्य० *(हि०)* जहाँ।

**जहाँ** अव्य० जिस जगह, जिस स्थान पर।

**जहाँ तहाँ** अव्य० अनेक स्थानों पर; इधर-उधर।

**जहाज़ी** वि० पु० *(फ़ा०)* जहाज का खलासी; जहाज से यात्रा करने वाला। जहाज से होने वाला (कारबार)।

**जहान** पु० *(फ़ा०)* जगत्, दुनिया, लोक।

**जहानक** पु० *(सं०)* प्रलय।

**जहालत** स्त्री० *(अ०)* जाहिलपन, अज्ञान, मूर्खता।

**जहिया*** अव्य० *(हि०)* जब।

**जहीं*** अव्य० जिस स्थान पर, जहाँ ही; ज्योंही।

**ज़हीन** वि० *(अ०)* मेधावी, तीक्ष्णबुद्धि।

**ज़हूर** पु० जुहूर।

**जाँ** वि० जा। स्त्री० *(फ़ा०)* जा; जान।

**जाँउनि*** स्त्री० *(हि०)* जामुन।

**जाँगर** पु० पौरुष; मेहनतकश, श्रमशक्ति, श्रमशीलता।

**जाँगरा** पु० बन्दी, भाट।

**जाँगलू** वि० उजड्ड, जंगली, असभ्य।
**जांगुल** पु० *(सं०)* जहर, तोरई; विष।
**जाँघ** स्त्री० उरु, कमर और घुटने के बीच का भाग।
**जाँघा**† पु० गड़ारी का धुरा।
**जाँघिया** पु० घुटन्ना, काछनी, कछनी।
**जाँच** स्त्री० परख, परीक्षा, छान-बीन, जाँचने की क्रिया, तहकीकात।
**जाँचपड़ताल** स्त्री० छान-बीन।
**जाँचकता*** स्त्री० माँगने का काम।
**जाँचना** स० क्रि० परख करना, किसी बात के सही-गलत, गुण-दोष होने का पता लगाना।
**जाँजरा*** वि० जीर्ण, जर्जर।
**जाँत, जाँता** पु० आटे चक्की।
**जाँनिसार** वि० जाननिसार, स्वामिभक्त।
**जाँपना*** स० क्रि० दबाना, चाँपना।
**जाँम्ब*** पु० जामुन का फल।
**जाँबाज़** वि० जान पर खेलने वाला, जान बाज़।
**जाँवत*** वि०, अव्य० यावत्।
**जाँवर*** पु० जाना, गमन, प्रस्थान।
**जाइ*** वि० बेकार, वृथा।
**जाई** स्त्री० पुत्री, आत्मजा; कन्या; चमेली।
**जाउर**† स्त्री० खीर।
**जाक*** पु० यक्ष।
**जाखिनी** स्त्री० भक्षिणी।
**जाग** *पु० यज्ञ। स्त्री० *स्थान; घर; जागरण।
**जागता** वि० प्रकाशित, प्रत्यक्ष, जागृत।
**जागना** अ० क्रि० सजग होना; सक्रिय होना; *उभरना, नींद का त्याग करना; सोकर उठना।
**जागरण** पु० *(सं०)* भजन-कीर्तन करते हुए रात बिताना, रतजगा; जगना; जगा हुआ होना।
**जागरन*** पु० जागरण।
**जागरूक** वि० *(सं०)* जागरण शील; जागता हुआ।
**जागी*** पु० भाट, बन्दी।
**जागीर** स्त्री० *(फ़ा०)* वह जमीन जो राजा की ओर से पुरस्कार में दी गयी हो।
**जागृति** स्त्री० *(सं०)* जागरण।
**जाग्रति** स्त्री० जागृत होने का भाव, जागरण।
**जाग्रत्** पु० वह अवस्था जिसमें जीव शब्द, स्पर्श आदि विषयों को ग्रहण करे। वि० *(सं०)* जागता हुआ; सचेत, सजग, सावधान।
**जाचक*** पु० याचक।
**जाचकता*** स्त्री० याचकवृत्ति।
**जाचना***स० क्रि० भीख माँगना; माँगना।
**जाजम** स्त्री० जाज़िम।
**जाजरा*** वि० जीर्ण, जर्जर।
**जाजी(जिन्)** पु० *(सं०)* योद्धा।
**जाज्वल्यमान** वि० *(सं०)* प्रज्वलित; तेजोमण्डित।
**जाठराग्नि** स्त्री० *(सं०)* जठराग्नि।
**जाठरानल** पु० *(सं०)* जठराग्नि।
**जाड़ा** पु० शीतकाल, सर्दी, ठण्ढी, हेमन्त और शिशिर ऋतुएँ, (मोटे हिसाब) सर्दी, ठण्ढ (पड़ना, लगना)।
**जाड्य** पु० *(सं०)* निश्चेष्टा; मूर्खता; जड़ता।
**जात** पु० *(सं०)* समूह; जन्म; बेटा; वर्ग। वि० पैदा हुआ; उत्पन्न; घटित; व्यक्त; संगृहीत।
**जातकर्म(न्)** पु० **जातक्रिया** स्त्री० पुत्र जन्म के अवसर पर किया जाने वाला संस्कार।
**जाता** स्त्री० *(सं०)* बेटी, लड़की, पुत्री।
**जाति** स्त्री० *(सं०)* वर्ग; वर्ण; वंश, कुल, गोत्र।
**जातिच्युत** वि० स्वजाति से अलग किया हुआ।
**जातितत्त्व** पु० *(एथनॉलॉजी)* मानव-जाति के मूल विभागों और उनके परस्पर सम्बन्ध की विवेचना करने वाला शास्त्र।
**जातिधर्म** पु० जाति या वर्णविशेष का विशेष धर्म, आचार।
**जातिहीन** वि० नीच जाति का।
**जातिमान् (मत्)** वि० *(सं०)* कुलीन।
**जाती** स्त्री० *(सं०)*जायफल; चमेली; छोटा आँवला।
**ज़ाती** वि० व्यक्तिगत, निजी, अपना; असली।
**जातीय** वि० *(सं०)* जाति का; जाति-सम्बन्धी।
**जातीयता** स्त्री० *(सं०)* अपनी जाति का अभिमान; जाति विशेष से सम्बद्ध होने का भाव; राष्ट्रीयता।
**जातु** अव्य० *(सं०)* कभी; शायद, कदाचित।
**जातुधान** पु० असुर, यातुधान, राक्षस।
**जातुष** वि० *(सं०)* लसदार; लाख का बना हुआ।
**जात्रा** स्त्री० यात्रा।
**जात्री** पु० यात्री।
**जाथका*** स्त्री० राशि, ढेर।
**जादव*** पु० यादव।

**जादू** पु० *(फ़ा०)* नजरबन्दी; टोना; वशीकरण; हाथ की सफाई का काम, बाजीगरी।

**जादव** पु० यादव।

**जान** स्त्री० *(फ़ा०)* अति प्यारी वस्तु; प्राण, जीव; सत्त्व; किसी चीज को प्राणवान करने का तत्त्व।

**जान*** पु० वाहन, यान। स्त्री० जादू-टोना।

**मुहा० जान आँखों में आ जाना** आसन्नमरण होना। **जान आना** मन स्थिर होना। **जान का अज़ाब** जी का जंजाल। **जान का गाहक** जो जान लेने पर आमादा हो, जान का दुश्मन। **जान की खैर मनाना** कुशल, मनाना, प्राणरक्षा का उपाय करना। **जान की तरह रखना** बहुत सम्भालकर रखना। **जान के लाले पड़ना** जान बचना कठिन हो जाना, उबरने की आशा न रखना। **जान को जान न समझना** तकलीफ की परवाह न करना। **जान को रोना** अहित का स्मरण होने पर कुढ़ना। **जान निसार करना** अत्यधिक प्रेम करना। **जान पर आ बनना** भारी संकट में पड़ना। **जान बचाना** किसी अप्रिय या कष्टसाध्य काम से कतराना। **जान बची तो लाखों पाये** मरने से बचे यही लाभ है। **जान में जान आना** इतमीनान होना। **जान से तंग आना** जीने से ऊब जाना। **जान लड़ाना** जी तोड़ कोशिश करना। **जान सूखना** डर से होश गुम हो जाना, सुन्न हो जाना। **जान से हाथ धोना** जान गँवाना। **जान है तो जहान है** दुनिया का सारा सुख जिन्दगी रहने पर है। **जान होंठों पर आना** आसन्नमरण होना, अब तब होना।

**जाननहार*** पु० जानने वाला।

**जानना** स० क्रि० किसी व्यक्ति या घटना के विषय में जानने वाला व्यक्ति; अवगत होना।

**मुहा० जानबूझ कर अनजान होना** किसी बात को जानते हुए भी न जानने का ढोंग करना, अनभिज्ञता दिखाना। **जाने-अनजाने** जानकर या बिना जाने।

**जानहार*** वि० नष्ट होने वाला; जाने वाला।

**जानहुँ†** अ० जानो, मानो।

**जानाँ** स्त्री० *(फ़ा०)* प्रेमपात्र, प्रेयसी।

**जाना** *स० क्रि० जनना, जन्म देना। अ० क्रि० दूर होना; एक से दूसरे स्थान पर पहुँचने की क्रिया करना, रवाना होना; नष्ट होना; मरना।

**मुहा० जा धमकना/निकलना** अचानक पहुँच जाना। **जाने देना** छोड़ देना। **जा लेना** भागने वाले को पकड़ लेना।

**जानपद** पु० *(सं०)* जनपद विषयक।

**जानपना** पु० जानकारी।

**जानु** पु० *(सं०)* घुटना।

**ज़ानू** पु० *(फ़ा०)* जाँघ; घुटना।

**जानो†** अ० जैसे, मानो।

**जाप** पु० *(सं०)* जप। स्त्री० जपमाला।

**जापक** वि० *(सं०)* जाप करने वाला।

**जापा** पु० प्रसव; सौरी, प्रसव कक्ष।

**जापी, जापक** वि० जप कर्ता।

**ज़ाफ़त** स्त्री० *(अ०)* आतिथ्य; ज़ियाफ़त।

**ज़ाफ़रान** पु० *(अ०)* केसर।

**ज़ाबित** पु० *(अ०)* पुलिस अफसर (अरब देश)। वि० जब्त करने वाला, सहनशील; नियामक; रक्षक।

**ज़ाबिता** पु० *(अ०)* विधि, पद्धति; जाब्ता; नियम।

**ज़ाबिती** पु० कांस्टेबिल (अरब देश), पुलिस कर्मचारी।

**जाबिर** पु० *(अ०)* जालिम, जब्र करने वाला, अत्याचारी।

**जाम†** पु० पहर; जामुन। वि० अवरुद्ध (मार्ग आदि)। पु० *(फ़ा०)* प्याला; शराब पीने का प्याला।

**जामन** पु० दूध को जमाने के लिए डाली जाने वाली दही या और कोई खट्टी चीज; जामुन।

**जामल** पु० *(सं०)* एक प्रकार का तन्त्र, यामल।

**जामा** पु० *(फ़ा०)* घुटने तक का लम्बा पहनावा।

**मुहा० जामे में फूला न समाना** बहुत खुश होना, इतराना। **जामे से बाहर होना** आपे में न रहना।

**जामाता (तृ)** पु० *(सं०)* स्वामी; दामाद, जमाई।

**जामातु*** पु० स्वामी; कन्या का पति, दामाद, जमाई।

**जामातृक** पु० *(सं०)* दामाद।

**जामि** स्त्री० *(सं०)* बहिन; भगिनी; कन्या, पुत्री।

**जामिनी** स्त्री० यामिनी।

**जामुन** पु० एक खट्टा-मिट्ठा फल और उसका पेड़, जम्बू।

**जामुनी** वि० स्याह, जामुन के रंग का।

**जामोवर** पु० बेलबूटेदार दुशाला।

**जामेय** पु० *(सं०)* बहन का बेटा, भांजा।

**जायँ**' वि० उचित, मुनासिब।

**जाय** स्त्री० *(फ़ा०)* स्थान; मौका। *अ०, वि० व्यर्थ।

**जायक** पु० *(सं०)* पीला चन्दन।

**ज़ायक़ा** पु० *(अ०)* स्वाद; रसग्रहण की शक्ति।

**जायज़** वि० *(अ०)* उचित; विहित; मानने योग्य।

**जायज़ा** पु० *(अ०)* परख; जाँच-पड़ताल।

**ज़ायद** वि० *(अ०)* अतिरिक्त; ज्यादा, अधिक।

**जायदाद** स्त्री० *(फ़ा०)* जगह-जमीन, सम्पत्ति।

**ज़ायल** वि० *(अ०)* नष्ट, लुप्त; मिटने वाला।

**जाया** स्त्री० *(सं०)* ब्याही हुई स्त्री, पत्नी। *वि० उत्पन्न किया हुआ।

**ज़ाया** वि० *(अ०)* नष्ट करना, बर्बाद करना।

**जायाजीव** पु० नट; नर्तक।

**जायु** पु० *(सं०)* औषध; वैद्य। वि० जयशील।

**जार*** वि० नाशक। पु० उपपति, यार, परस्त्रीगामी।

**जार-जार** वि० *(फ़ा०)* बहुत ज्यादा रोना।

**जारक** वि० *(सं०)* पाचन बढ़ाने वाला; क्षय करने वाला।

**जारज** पु० *(सं०)* उपपति से पैदा सन्तति।

**जारना**' स० क्रि० जलाना।

**जारण** पु० *(सं०)* भ्रम बनाना।

**जारिणी** स्त्री० *(सं०)* कुलटा।

**जारित** वि० *(सं०)* शोधित; गलाया, पचाया हुआ।

**जारी** वि० *(अ०)* प्रवाहित।

**जारु** पु० *(सं०)* खेड़ी।

**जारोब** स्त्री० *(फ़ा०)* बहोरना, झाड़ू।

**जारोबकश** पु० भंगी, झाड़ू देने वाला।

**जार्जेट** पु० *(अं०)* कृत्रिम रेशमी वस्त्र।

**जाल** पु० *(सं०)* अविकसित पुष्प, कली; सूत, सन या नायलॉन की बुनी हुई जालीदार चीज जिसमें मछलियाँ, चिड़ियाँ फँसायी जाती हैं; जाली; ठगने, फँसाने की युक्ति; फन्दा; मकड़ी का जाला।

**मुहा० जाल फेंकना/बिछाना** फँसाने की युक्ति करना।

**जाल** पु० *(अ०)* धोखाधड़ी।

**जालक** पु० *(सं०)* गवाक्ष, झारोखा।

**जाल-जंजाल** पु० झंझट।

**जालजीवी** पु० *(सं०)* धीवर, मछुआ।

**जालना***स० क्रि० जलाना।

**जाला** पु० मकड़ी का बुना हुआ जाल।

**ज़ालिम** वि० *(अ०)* क्रूर; जुल्म करने वाला, अत्याचारी

**जालिया** वि० जालसाज।

**जाली** स्त्री० वह चीज जिसमें जाल जैसे छोटे-छोटे छेद बने हों; आम आदि की गुठली पर के रेशे। वि० नकली, झूठा (दस्तावेज, नोट आदि), फर्जी।

**जाल्म** वि० *(सं०)* नीच, पामर।

**जावन*** पु० दही बनाने के लिए दूध में डाला गया खट्टा पदार्थ, जामन।

**जावन्य** पु० *(सं०)* शीघ्रता; वेग, तेजी।

**जावर** पु० कद्दू के साथ पकाया गया चावल; ईंख के रस में पकायी गयी खीर, रसाव।

**जाह्नवी** स्त्री० *(सं०)* गंगा।

**जाषनी*** स्त्री० यक्षिणी।

**जासु*** सर्व० जिसका।

**जासूस** पु० *(अ०)* अपराध आदि का पता लगाने वाला।

**जासूसी** स्त्री० जासूस का काम, मुखबिरी।

**जाह** पु० *(फ़ा०)* गौरव; पद; प्रतिष्ठा।

**जाहक** पु० *(सं०)* जोंक; खेखर; खाट।

**ज़ाहिर** पु० *(अ०)* बाह्य रूप। वि० प्रकट, विदित; जो स्पष्ट रूप से सबके सामने हो।

**जाहिल** वि० *(अ०)* अज्ञ; अपढ़; गँवार।

**जाहिली** स्त्री० मूर्खता, अज्ञता।

**ज़िन्दगी** स्त्री० *(फ़ा०)* आयु; जीवन; सजीवता।

**ज़िन्दा** वि० *(फ़ा०)* प्रफुल्ल, हरा-भरा; जीवित; सजीव।

**जिंवाना** स० क्रि० भोजन कराना, खिलाना।

**जिंस** स्त्री० *(अ०)* व्यापार की चीजें; अनाज; वस्तु।

**जिआना*** स० क्रि० पालना; जिलाना।

**जिउ*** पु० 'जीव'।

**जिउकिया** पु० व्यापारी; कस्तूरी।

**जिउतिया** स्त्री० उस व्रत में पहना जाने वाला लाल-पीले धागे का गण्डा; जीवत्पुत्रिका व्रत।

**ज़िक्र** पु० *(अ०)* स्मरण; चर्चा; वर्णन।

**जिगर** पु० *(फ़ा०)* जीवट, हिम्मत; यकृत, कलेजा।

**मुहा० जिगर के टुकड़े होना** दुःख होना, दिल पर

भारी सदमा होना। **जिगर थामकर बैठ जाना** पीड़ा से व्याकुल होना, असह्य आघात।

**जिगभिषा** स्त्री० *(सं०)* जानने की इच्छा।

**जिगरा** पु० साहस, जीवट।

**जिगरी** वि० *(फ़ा०)* अन्तरंग, बहुत प्रिय, जिगर का।

**जिगीषा** स्त्री० *(सं०)* विजयेच्छा।

**जिगीषु** वि० *(सं०)* परिश्रमी।

**जिघांसु** पु० *(सं०)* मरनेवाला।

**ज़िच** स्त्री० किसी मामले में समझौते का रास्ता बन्द हो जाना, गतिरोध; मजबूरी, विवशता।

**जिजिया** स्त्री० जीजी, बड़ी बहन।

**जिज्ञासा** स्त्री० *(सं०)* जानने की इच्छा।

**जिज्ञासु** वि० *(सं०)* मुमुक्षु; जानने का इच्छुक, ज्ञानार्थी।

**जिठानी** स्त्री० जेठानी।

**जित*** अव्य० जिधर, जिस ओर। वि० *(सं०)* वश में कर लेने वाला, विजयी।

**जितना** वि० जिस परिणाम का।

**जितवना*** स० क्रि० जिताना; जताना।

**जितवाना** स० क्रि० जिताना।

**जितवार*** वि० जितेन्द्रिय, जीतने वाला, विजेता।

**जितवैया** पु० विजय प्राप्त करने वाला, जीतने वाला।

**जिताक्ष** वि० *(सं०)* जितेन्द्रिय।

**जिताक्षर** वि० *(सं०)* अच्छा पढ़ने-लिखनेवाला।

**जितात्मा(त्मन्)** वि० *(सं०)* जिसने अपने मन और इन्द्रियों को वश में कर लिया हो।

**जिताना** स० क्रि० जीतने में लायक बनाना।

**जितारि** पु० *(सं०)* बुद्ध। वि० काम, क्रोधादि छह शत्रुओं को जीतने वाला।

**जिति** स्त्री० *(सं०)* जीत, जय।

**जितेन्द्रिय** वि० *(सं०)* अपनी इन्द्रियों को वश में करने वाला।

**जिते*** वि० जितने।

**जितै*** अव्य० जिस ओर।

**जितैया*** पु० जीतने वाला।

**जितो*** वि० जितना। क्रि० वि० जिस मात्रा में।

**ज़िद** स्त्री० *(अ०)* हठ, दुराग्रह। वि० उल्टा।

**ज़िद्दन** अव्य० *(अ०)* हठवश।

**ज़िद्दी** वि० हठी, जिद करने वाला।

**जिधर** अव्य० *(हि०)* जहाँ; जिस ओर।

**जिधर तिधर** अव्य० जहाँ-तहाँ।

**जिंस, जिनिस** स्त्री० *(अ०)* गल्ला अनाज; व्यापार की वस्तु।

**जिन** अव्य० मत, नहीं।

**जिन्नात** पु० *(अ०)* भूत-प्रेत।

**जिन्हें** सर्व० *(हि०)* जिनकी।

**ज़िप** पु० *(अं०)* चेन।

**जिप्सम** स्त्री० चूने का सल्फेट।

**जिबह** पु० *(अ०)* गला काटना, हलाल करना।

**जिब्रील** पु० खुदा का एक फरिश्ता (मुसल०)।

**जिब्हा*** स्त्री० जीभ, जिह्वा।

**जिभला** वि० जिह्वा लोलुप, चटोर।

**जिमाना** स० क्रि० भोजन कराना, खाना खिलाना।

**जिमि*** अ० जिस प्रकार, जैसे।

**जिमित** पु० *(सं०)* भोजन।

**जिमिदार** पु० भूस्वामी।

**ज़िम्मा** पु० *(अ०)* जमानत; सुपुर्दगी; प्रतिज्ञा। **मु० ज़िम्मा लेना** किसी काम का भार उठाना।

**जिम्मा** स्त्री० उवासी, जमुहाई।

**जिय*** पु० जीव, जी।

**जियबधा** पु० जल्लाद।

**जियन*** पु० जीवन।

**जियरा*** पु० जीव।

**ज़ियादत** स्त्री० *(अ०)* जुल्म, जबर्दस्ती; अधिकता।

**ज़ियादती** स्त्री० ज़ियादत।

**ज़ियादा** वि० *(अ०)* बहुत, अधिक।

**ज़ियान** पु० *(फ़ा०)* टोटा, हानि, नुकसान।

**जियाना*** स० क्रि० जिलाना, रखना, पालना।

**ज़ियाफ़त** स्त्री० *(अ०)* आतिथ्य; भोजन से सत्कार।

**ज़ियारत** स्त्री० *(अ०)* तीर्थयात्रा; साधु-सन्त।

**जियारी*** स्त्री० जीविका; जीवन; जीवट।

**जिरण** पु० *(सं०)* जीरा।

**जिरह** स्त्री० *(अ० 'जरह')* वे प्रश्न जो प्रतिपक्षी या उसका वकील द्वारा बयान की सचाई जाँचने के लिए किये जाते हैं; चीरा, घाव।

**ज़िरह** स्त्री० *(फ़ा०)* फौलाद की कड़ियों का बना हुआ कवच।

**ज़िरहपोश** वि० कवचधारी।

**ज़िरही** पु० कवचधारी सैनिक। वि० कवचधारी।
**ज़िराअत** स्त्री० *(अ०)* किसानी, खेती।
**जिराफ़ा** पु० *(अ०) (ज़राफा)* अफ्रीका के जंगलों में पाया जाने वाला एक जानवर जिसकी गरदन और अगली टाँगें लम्बी होती हैं; जिराफ।
**जिरिया** पु० एक बढ़िया धान।
**ज़िला** पु० *(अ०)* प्रान्त सूबे का वह भाग जो डिप्टी कमिश्नर या कलक्टर के मातहत हो, 'डिस्ट्रिक्ट'; देश का विभाग, प्रदेश।
**ज़िलाअदालत** स्त्री० कचहरी, जिला अफसर का इजलास।
**ज़िलाजज** पु० *(डिस्ट्रिक्ट जज)* जिले का प्रधान न्यायाधीश।
**जिलाना** स० क्रि० पालना-पोसना; जीवन देना।
**ज़िलाबोर्ड** पु० जिले के प्रतिनिधियों का मण्डल।
**ज़िलामजिस्ट्रेट** पु० जिले का प्रधान प्रबन्धाधिकारी, जिलाधिकारी।
**जिलाह, जिलाहा*** पु० अत्याचार करने वाला, जालिम।
**जिल्द** स्त्री० *(अं०)* पुस्तक की प्रति; त्वचा।
**ज़िल्लत** स्त्री० *(अ०)* हीनता; बेइज्जती; दुर्गति।
**जिल्होर**† पु० एक अच्छा अगहनी धान।
**जिव**† पु० जीव।
**जिवाजिव** पु० *(सं०)* चकोर पक्षी।
**जिवाना*** स० क्रि० जिलाना।
**जिस्ता** पु० दस्ता।
**जिस्मी** वि० शारीरिक।
**ज़िहन** पु० जेहन।
**ज़िहनदार** वि० समझदार।
**जिहाद** पु० *(अ०)* धर्म की रक्षा के लिए किया गया युद्ध; काफिरों से लड़ना।
**जिहादी** वि० जिहाद करने वाला।
**जिहान** पु० *(सं०)* प्राप्ति; गमन।
**जिहानक** पु० *(सं०)* प्रलय।
**जिहालत** स्त्री० *(अ०)* जहालत।
**जिह्वल** वि० *(सं०)* चटोरा, भोजन लोलुप।
**जिह्वा** स्त्री० *(सं०)* आग की लपट; जीभ।
**जिह्वामूलीय** पु० *(सं०)* जो जीभ के मूल से उच्चरित हो।
**जी** पु० जीव; मन, तबीयत। अ० जीवट; समर्थन।
**मुहा० जी उड़ा जाना** चित्त का उद्विग्न होना। **जी का बुखार निकलना** दिल का गुबार निकालना। **जी की जी में रहना** अरमान का पूरा न होना। **जी खट्टा करना** विरक्ति का भाव भर देना। **जी जान लड़ाना** मन लगाकर प्रयास करना। **जी ठण्ढा होना** अभिलाषा पूर्ण होने पर मन ठण्ढा होना। **जी धक-धक करना** जी धड़कना। **जी ललचाना** प्रबल इच्छा होना। **जी हिल जाना** जी का दहल जाना।
**जीग़ा** पु० *(फ़ा०)* कलगी, सिरपेंच।
**जीजा** पु० बहन का पति।
**जीजी** स्त्री० बड़ी बहन।
**ज़ीट** स्त्री० डींग।
**जीत** स्त्री० *(सं०)* लाभ; युद्ध, बाजी के खेल, मुकद्दमे, प्रतियोगिता आदि में मिलने वाली सफलता।
**जीन** वि० *(सं०)* वृद्ध; जीर्ण। पु० चमड़े का थैला।
**ज़ीन** पु० *(फ़ा०)* पलान; काठी; चारजामा।
**ज़ीनत** स्त्री० *(अं०)* शोभा; सजावट, श्रृंगार।
**ज़ीना** पु० *(फ़ा०)* सीढ़ी, सोपान।
**जीनाज** क्रि० जीवित रहना।
**जीभ** स्त्री० *(हि०)* जिह्वा, रसना, जुबान।
**मुहा० जीभ चलना** कटुता पूर्ण बात कहना। **जीभ निकालना** शर्मिन्दगी प्रकट करना, दण्ड हेतु जीभ काट देना।
**जीभी** स्त्री० निब; ताँबे, पीतल आदि के पत्तर की बनी पतली धनुषाकार पत्ती जिससे जीभ का मैल साफ करते हैं।
**जीमट** पु० पेड़-पौधों की शाखा।
**जीमना** स० क्रि० भोजन करना।
**जीमूत** पु० *(सं०)* पोषण करनेवाला; सूर्य।
**जीयदान** पु० प्राणदान।
**जीयति*** स्त्री० जीवन।
**जीरण, जीरन*** वि० पचा हुआ, पुराना।
**जीरना*** अ० क्रि० फटना; जीर्ण होना; कुम्हलाना।
**जीरा** पु० फूल का केसर; एक सुगन्धित बीज जो मसाले और दवा के रूप में भी काम में लाया जाता है।
**जीर्ण** पु० *(सं०)* बुढ़ापा; क्षीणता। वि० जर्जर, क्षयप्राप्त।

**जीर्णोद्धार** पु० *(सं०)* टूटी-फूटी, पुरानी चीज की मरम्मत।
**जीला*** वि० बारीक, झीना।
**जीवंजीव** पु० *(सं०)* चकोर; एक वृक्ष।
**जीवन्त** पु० *(सं०)* जीवन; प्राण; औषध। वि० जीवित।
**जीवन्तक** पु० *(सं०)* जीवशाक।
**जीव** पु० *(सं०)* प्राण, प्राणी; जिसमें जीवन हो।
**जीवक** पु० *(सं०)* सेवक, सूदखोर; सँपेरा; प्राणधारक।
**जीवट** पु० बहादुरी; साहस; हिम्मत।
**जीवति*** स्त्री० जीविका।
**जीवन** वि० *(सं०)* जीवनदाता, परमप्रिय। पु० जीता रहना, जीवित दशा; जीविका।
**जीवनक** पु० आहार; अन्न।
**जीवनान्त** पु० मृत्यु, जीवन का अन्त।
**जीवनाघात** पु० *(सं०)* जहर, विष।
**जीवनाई** पु० दूध; अन्न।
**जीवनी** स्त्री० जीवनचरित, संजीवनी।
**जीवनोपयोगी** स० क्रि० जीवन के लिए लाभदायक।
**जीवनोपार्जन** पु० *(सं०)* जीविका हेतु धन कमाना।
**जीवन् (त्)** वि० *(सं०)* जिन्दा, जीता हुआ।
**जीवाणु** पु० *(सं०)* क्षुद्रतम जीव, 'बैसिलस'।
**जीवात्मा (त्मन्)** पु० *(सं०)* व्यष्टि आत्मा, जीव।
**जीविका** स्त्री० *(सं०)* जीवनयात्रा का साधन, रोजी।
**जीवित** पु० *(सं०)* जीवन; जीवनकाल; जीविका। वि० जीता हुआ, जीवनयुक्त
**जीवितज्ञा** स्त्री० धमनी।
**जीवेश** पु० *(सं०)* परमेश्वर।
**ज़ीस्त** स्त्री० *(फ़ा०)* जीवन, जिन्दगी।
**जुंग** पु० *(सं०)* वृद्ध दारक वृक्ष।
**जुआटना**† स० क्रि० बैल इत्यादि को जुए में जोतना, जिन्द।
**जुआड़ी** पु० जुआ खेलने वाला।
**जुआरी** पु० जुआ खेलने वाला।
**जुगजुगाना** अ० क्रि० बढ़ना; झिलमिलाना।
**जुगत** *वि० युक्ति; सम्भव। स्त्री० उपाय; चतुराई।
**जुगवना** स० क्रि० सँभालकर रखना; इकट्ठा करना।
**जुगुत, जुगुति*** स्त्री० युक्ति।
**जुगुप्सक** पु० *(सं०)* निन्दा करने वाला, निन्दक।
**जुगुप्सा** स्त्री० घृणा।
**जुगुप्सित** वि० *(सं०)* घृणित; निन्दित।
**जुज़वी** वि० *(अ०)* बहुत थोड़ा; छोटा; आंशिक।
**जुज्झ*** पु० युद्ध।
**जुझाना** स० क्रि० उत्साहित करना।
**जुझार*** पु० युद्ध। वि० रणप्रिय, वीर।
**जुट्ट, जुट** स्त्री० थोक, दो अभिन्न मित्र; गुट; जोड़ा, युग्म।
**जुटना** अ० क्रि० जमा, इकट्ठा होना; जुड़ना; गुथना।
**जुटाना** स० क्रि० इकट्ठा करना; जोड़ना; पास पहुँचाना।
**जुटाव** पु० जमाव।
**जुट्टी** स्त्री० घास; मित्रता।
**जुठारना** क्रि० उच्छिष्ट करना।
**जुठिहावा** पु० जूठा खाने वाला।
**जुड़ना** अ० क्रि० इकट्ठा होना; जोड़ा जाना।
**जुड़वाँ** पु० एक साथ पैदा हुए दो बच्चे।
**जुड़वाना**† स० क्रि० ठण्ढा करना; तृप्त करना।
**जुतना** अ० क्रि० जुटना; जोता जाना।
**जुतवाना** क्रि० दूसरे से हल चलवाना।
**जुताई** स्त्री० जोतने का कार्य।
**जुतियाना** क्रि० जूतों से मारना, निरादर करना।
**जुत्थ** पु० यूथ, समूह।
**जुध** स्त्री० युद्ध।
**जुदा** वि० *(फ़ा०)* निराला; भिन्न; अलग।
**जुनून** पु० *(अ०)* सनक, पागलपन।
**जुन्हैया*** पु० चन्द्रमा। स्त्री० चाँदनी रात।
**जुफ़्त** पु० *(फ़ा०)* समसंख्या, जोड़ा, दो।
**जुवराज** पु० युवराज।
**जुम्मा**† पु० जुमा।
**जुयाँग** पु० उड़ीसा की एक जंगली जाति।
**जुर*** पु० ज्वर।
**जुरना*** अ० क्रि० भिड़ना; जुड़ना।
**जुरमाना** पु० न्यायालय द्वारा अपराधी को दिया गया अर्थदण्ड, दण्डस्वरूप दिया गया धन।
**जुरा*** स्त्री० मृत्यु; बुढ़ापा।
**जुरी** स्त्री० जूड़ी, हरारत।
**जुर्म** पु० *(अ०)* वह काम जो कानून में दण्डनीय माना गया हो, अपराध।
**जुर्मशहीद** पु० भारी अपराध।

**जुरंत** स्त्री० हिम्मत, साहस।
**जुर्राब** स्त्री० *(तु०)* मोजा।
**जुलना** क्रि० मिलना, भेंटना।
**जुलाब** पु० विरेचन, दस्त लानेवाली दवा।
**जुलाहा** पु० बुनकर, कोली, कुविन्द, तन्तुवार।
**जुलूस** पु० *(अ०)* प्रदर्शन या समारोह हेतु निकलने वाला व्यक्तियों का समूह, राजा।
**जुलोक*** पु० वैकुण्ठ द्युलोक, सुरलोक।
**ज़ुल्फ़** स्त्री० *(फ़ा०)* गेसू, काकुल, पट्टा।
**ज़ुल्फ़ी** स्त्री० पट्टा, सिर के बाल।
**ज़ुल्म** पु० *(अ०)* अँधेर; अन्याय; आफत।
**मुहा० ज़ुल्म ढाना** अत्याचार करना।
**ज़ुल्मत** स्त्री० *(अ०)* अँधेरा; अन्धकार की कालिमा।
**ज़ुल्मी** वि० जालिम, अत्याचारी।
**जुवराज** पु० युवराज।
**जुवा** पु० युवा।
**जुवारि** पु० ज्वारी।
**जुहाना*** अ० क्रि० एकत्र होना। स० क्रि० इकट्ठा करना।
**जुहार** स्त्री० अभिवादन का एक प्रकार, प्रणाम।
**जुहारना** स० क्रि० अभिवादन करना।
**जुहावना*** स० क्रि० एकत्र करना।
**जुहुवान** पु० *(सं०)* निष्ठुर व्यक्ति; वृक्ष; अग्नि।
**जुहूर** पु० *(अ०)* नुमाइश; प्रकट होना।
**जुहूवान् (वत्)** पु० *(सं०)* आग, अग्नि।
**जूँ-जूँआ** स्त्री० बालों में उत्पन्न स्वेदज, लीख, कीट।
**जूँठा, जूठा** पु० उच्छिष्ट पदार्थ। वि० खाने के बाद बची हुई चीज।
**जू** अव्य० जी, आदरसूचक शब्द।
**जूजू** पु० बच्चों को डराने के लिए कल्पित जीव।
**जूझना** अ० क्रि० लड़ते हुए मर जाना; लड़ना।
**जूट** पु० *(अं०)* पटसन; पटसन का बना कपड़ा।
**जूठन** स्त्री० खाने-पीने से बची हुई जूठी वस्तु।
**जूठा** पु० जूठन। वि० खाकर छोड़ा हुआ।
**जूड़*** वि० शीतल; प्रसन्न।
**जूता** पु० *(हि०)* उपानह, पनही, पदत्राण।
**मु० जूता उछलना** मारपीट होना। **जूता उठाना** नीच सेवा करना। **जूते बरसना** जूतों की मार पड़ना। **जूते लगाना** तिरस्कार करना। **जूतों से बात करना** अत्यन्त अनादरपूर्ण व्यवहार करना।
**जूती** स्त्री० *(हि०)* जनाना जूता।
**मु० जूती की नोक पर मारना** कुछ न समझना। **जूतियाँ चटकाते फिरना** मारा-मारा फिरना। **जूती पर रख कर रोटी देना** अपमानपूर्वक अपने यहाँ रखना। **जूती बगल में दबाना** धीरे से खिसक जाना। **जूती सिर पर रखना** चापलूसी करना।
**जूना** पु० तिनके बटकर बनायी हुई रस्सी; उबसन।
**जूरा*** पु० जूड़ा।
**जूर्ति** स्त्री० *(सं०)* ज्वर।
**जूष** पु० *(सं०)* जूस।
**जृम्भ** पु० *(सं०)* खिलना; जम्हाई; फैलाव।
**जृम्भिका** स्त्री० *(सं०)* जम्हाई; आलस्य।
**जृम्भित** वि० *(सं०)* खिला हुआ; जिसने जम्हाई ली हो; फैलाया हुआ; फैला हुआ; चेष्टित।
**जेण्टिलमैन** पु० *(अं०)* भद्र पुरुष; शरीफ, कुलीन।
**जेंना*** स० क्रि० जीमना।
**जेंवन** पु० भोजन करने की क्रिया।
**जेंवना**† पु० भोजन। स० क्रि० भोजन करना।
**जेंवनार** स्त्री० भोजन।
**जेंवाना** स० क्रि० भोजन कराना।
**जेट** स्त्री० गोद; ढेर। *(अं०)* पु० जेट वायुयान।
**जेठंस** पु०, **जेठंसी** स्त्री० बड़े भाई का हिस्सा।
**जेठा** वि० अग्रज, बड़ा भाई।
**जेठानी** स्त्री० पति के बड़े भाई की स्त्री।
**जेठौत, जेठौता** पु० जेठ का पुत्र।
**जेतव्य** वि० *(सं०)* जेय, जिसे जीता जा सके।
**जेता*** वि० जितना; विजेता, विजयी।
**जेतिक*** अ० जितना।
**जेते*** वि० जितने।
**जेमन** पु० *(सं०)* भक्षण, भोजन।
**जेप्लिन** पु० *(अं०)* जर्मन वैज्ञानिक काउण्ट जेप्लिन द्वारा बनाया गया युद्धोपयोगी हवाई जहाज।
**ज़ेब** पु० *(फ़ा०)* खीशा, पॉकेट, थैली।
**मुहा० जेब के मुताबिक होना** शक्ति व सामर्थ्य के अनुसार होना। **जेब गरम करना** रिश्वत देना।
**ज़ेबरा** पु० *(अं०)* घोड़े या खच्चर की शक्ल का

जंगली जानवर जिसके शरीर पर धारियाँ होती हैं।

**ज़ेबा** वि० *(फ़ा०)* फबने वाला, शोभाजनक।

**ज़ेबाइश, ज़ेबाई** स्त्री० *(फ़ा०)* शोभा; सजावट; सुन्दरता।

**जेमन** पु० *(सं०)* आहार, भोजन; भोजन करना।

**जेय** वि० *(सं०)* जीतने योग्य, जेतव्य।

**जेर** स्त्री० आँवल।

**ज़ेर** वि० कमजोर, दबा हुआ। अ० *(फ़ा०)* नीचे।

**जेरना*** स० क्रि० उत्पीड़ित करना, परेशान करना।

**जेरिथा, जेरी** स्त्री० खेती का एक औजार; चरवाहे का डण्डा।

**जेल** पु० *(अ०)* कैदखाना, बन्दीगृह।

**जेलर** पु० *(अं०)* जेल की देखभाल करने वाला अफसर।

**जेवनार** स्त्री० दावत, भोज, पंगत, पंक्तिबद्ध होकर भोजन करना।

**जेवर**[1] स्त्री० रस्सी। पु० गहना; एक चिड़िया।

**ज़ेवर**[2] पु० *(फ़ा०)* आभूषण, गहना।

**जेवरा*** पु० फन्दा, रस्सी।

**जेवरी*** स्त्री० रस्सी।

**जेष्ठ** वि० उम्र में बड़ा। वि०, पु० जेठमास।

**जेहन** पु० ज़िहन।

**जेहनदार** वि० तीक्ष्णबुद्धि; तेज।

**जेहर*** पु० पाजेब।

**जेहल, जेहलखाना** पु० जेलखाना।

**जेहि*** सर्व० जिससे; जिसे।

**ज़ेहन** पु० *(अ०)* बुद्धि, समझ; धारणा शक्ति।

**जैन्त** पु० जयन्ती वृक्ष।

**जैत्र** वि० *(सं०)* विजयी; जयशील, श्रेष्ठ। पु० पारा; विजय; औषध श्रेष्ठता।

**जैत्ररथ** पु० विजेता।

**जैनी** पु० जैन धर्म को मानने वाला।

**जैनु*** पु० भोजन।

**ज़ैल** अ० नीचे। पु० *(अ०)* नीचे का भाग; समुदाय; पंक्ति; दामन; इलाका।

**ज़ैलदार** पु० वह कर्मचारी जिसके जिम्मे कई गाँवों की तहसील आदि हो।

**जैस*** वि० जैसा।

**जैसा** वि० जितना; सदृश; जिस तरह का।

**जैसे** अव्य० ज्यों; जिस तरह, जिस रीति से। **मुहा० जैसे को तैसा** जो जैसा करे उसके साथ वैसा ही सलूक। **जैसी करनी वैसी भरनी** जैसा कर्म हो, वैसा ही फल मिलना।

**जोंक** स्त्री० पानी का एक कीड़ा जो प्राणियों की देह में चिपककर उनका रक्त चूसता है।

**जोंदरी**†**, जोंधरी** स्त्री० मक्का; छोटे दाने की ज्वार।

**जोंधैया**† स्त्री० चाँदनी।

**जो** अव्य० यदि, अगर। सर्व० सम्बन्ध वाचक सर्वनाम।

**जोइसी*** पु० ज्योतिषी।

**जोउ*** सर्व० जो।

**जोख** स्त्री० जोखने की क्रिया या भाव; तौल।

**जोखना** स० क्रि० *सोचना, विचारना; तौलना।

**जोखा** पु० हिसाब।

**जोखिम** स्त्री० खतरा; ऐसी चीज जो विपत्ति का कारण हो; अनिष्ट, हानि; घाटे की सम्भावना।

**जोखों** स्त्री० जोखिम, खतरा।

**जोग** *पु० योग, जादू-टोना।

**जोगड़ा** पु० नकली योगी।

**जोगवना*** स० क्रि० ध्यान न देना; हिफाजत से रखना; आदर करना; इकट्ठा करना।

**जोगानल*** पु० योग से उत्पन्न अग्नि।

**जोगिन** स्त्री० जोगी-स्त्री, जोगी की स्त्री, साध्वी, विरक्तता।

**जोगिया** पु० जोगीड़ा; जोगिया रंग; जोगी। वि० गेरू के रंग का, भगवा; जोगी का; जोग का।

**जोगी** पु० योगी, साधु।

**जोगीड़ा** पु० वसन्त में गाया जाने वाला एक तरह का गाना।

**जोगीश्वर, जोगेश्वर*** पु० योगीश्वर।

**जोग्य*** वि० योग्य।

**जोग्यता*** स्त्री० योग्यता।

**जोजन*** पु० योजन।

**जोट*** वि० बराबरी का। पु० जोड़ा; झुण्ड; साथी।

**जोड** पु० *(सं०)* बन्धन।

**जोड़** पु० कई संख्याएँ जोड़ने से आनेवाली संख्या, सन्धिस्थान; वह जगह जहाँ दो चीजें या दो टुकड़े जुड़ें, गाँठ; पैबन्द; योगफल; मेल, समानता, जोड़ा।

**जोड़न**† पु० जामन।

**जोड़ा** पु० साथ पहने जानेवाले दो कपड़े (कुरता-पाजामा, लहँगा-दुपट्टा); पूरा पहनावा; दोनों पाँवों के जूते; वर-कन्या; ब्याह में दुलहिन के लिए भेजा जाने वाला कपड़ा—लहँगा, साड़ी आदि, युगल स्त्री-पुरुष।

**जोड़ी** स्त्री० जोड़ा; बग्घी; दो घोड़ों की गाड़ी; मुगदर का जोड़ा; एक साथ जोते जाने वाले दो बैल।

**जोड़ू** स्त्री० भार्या, पत्नी।

**जोत** स्त्री० जोतने की क्रिया या भाव।

**जोति** स्त्री० देवता के प्रीत्यर्थ जलाया जाने वाला दीपक, ज्योति, प्रकाश।

**जोत्सना** स्त्री० प्रकाश, ज्योत्सना।

**जोध, जोधा*** पु० योद्धा, लड़नेवाला वीर।

**जोना*** स० क्रि० देखना।

**जोनि** पु० योनि।

**जोन्ह, जोन्हाई** स्त्री० चन्द्रिका, चाँदनी।

**जोन्हरी**† स्त्री० छोटे दाने की ज्वार; मक्का।

**जोबन** पु० यौवन; जवानी; छाती; बहार, शोभा। **मुहा० जोबन उतरना** जवानी ढलना। **जोबन पर आना** जवानी पर आना। **जोबन लूटना** स्त्री के साथ भोग-विलास करना।

**जोय*** सर्व० जो। स्त्री० जोरू, पत्नी।

**ज़ोर** पु० *(फ़ा०)* बल; सहारा, भरोसा; वेग; वश। **मुहा० ज़ोर आजमाना** बल परीक्षा करना। **ज़ोर दिखाना** शक्ति का परिचय देना। **ज़ोर पर होना** प्रबल होना। **ज़ोर पकड़ना** बल प्राप्त होना।

**जोरन** पु० जामन।

**जोरना** क्रि० जोड़ना।

**जोराजोरी** स्त्री० जबरदस्ती। अ० बलपूर्वक।

**ज़ोरावर** वि० *(फ़ा०)* जबरदस्त; बलवान।

**जोरी*** स्त्री० जोड़ी; जबरदस्ती।

**जोरू** स्त्री० भार्या, पत्नी।

**जोरूजाँता** पु० घर-बार।

**जोलहा, जोलाहा**† पु० जुलाहा।

**जोलाहल*** स्त्री० ज्वाला।

**जोली*** स्त्री० बराबरी; जोड़ी, बराबरी का आदमी।

**जोलो*** पु० अन्तर।

**जोश** पु० *(फ़ा०)* उत्तेजना; उबाल; उत्साह; आवेश। **मुहा० जोश खाना** उबलना। **जोश देना** उबालना। **जोश मारना** उबलना; उमड़ना; मथना। **जोश में आना** क्रुद्ध होना; उत्तेजित होना।

**जोशीला** वि० जोश से भरा हुआ, ओजपूर्ण।

**जोष** पु० *(सं०)* सन्तुष्टि; सेवा; मौन; आराम।

**जोह*** स्त्री० प्रतीक्षा; दृष्टि; तलाश; खोज।

**जोहना*** स० क्रि० खोजना, प्रतीक्षा करना; देखना।

**जोहार** पु० जौहर। स्त्री० जुहार।

**जौहर** पु० *(अ०)* रत्न; गुण; सत्त्व; राजपूत स्त्रियों द्वारा दहकती हुई विशाल चिता में सामूहिक प्रवेश कर जल मरना।

**जौहरी** वि० *(अ०)* गुण-दोष पहचानने वाला, पारखी। पु० जवाहरात का रोजगार करने वाला।

**ज्ञ** 'ज्' और 'ञ्' के संयोग से बना हुआ संयुक्त अक्षर। पु० जीवात्मा; ज्ञानी; ब्रह्मा।

**ज्ञपित, ज्ञप्त** वि० *(सं०)* जाना हुआ, ज्ञात, ज्ञापित।

**ज्ञप्ति** स्त्री० *(सं०)* मारण; स्तुति; बुद्धि; ज्ञान।

**ज्ञात** वि० *(सं०)* जाना हुआ, विदित।

**ज्ञातव्य** वि० *(सं०)* जो जाना जा सके, जानने योग्य।

**ज्ञाता(तृ)** पु० परिचित व्यक्ति; चतुर आदमी। वि० *(सं०)* जानकार, जानने वाला।

**ज्ञाति** पु० सजातीय, बान्धव, गोती।

**ज्ञान** पु० *(सं०)* आत्म साक्षात्कार; परब्रह्म; जानकारी।

**ज्ञानमय** वि० *(सं०)* ज्ञान से भरा हुआ; ज्ञानरूप।

**ज्ञानांजन** पु० *(सं०)* ब्रह्मज्ञान।

**ज्ञानार्जन** पु० *(सं०)* ज्ञान की प्राप्ति।

**ज्ञानी(निन्)** वि० *(सं०)* ज्ञानवान्; जिसने आत्मज्ञान या ब्रह्मज्ञान प्राप्त कर लिया है। पु० ऋषि; दैवज्ञ।

**ज्ञानेन्द्रिय** स्त्री० *(सं०)* विषय बोध का साधन, इन्द्रियाँ—नाक, जीभ, आँख, कान और त्वचा।

**ज्ञानोदय** पु० *(सं०)* ज्ञान की उत्पत्ति, उदय।

**ज्ञापक** वि० सूचक।

**ज्ञापन** पु० बताने का कार्य।

**ज्ञापतीय** वि० निवेदनीय।

**ज्ञापित** वि० *(सं०)* सूचित, जताया हुआ; प्रकाशित।

**ज्ञेय** वि० *(सं०)* जानने योग्य; जो जाना जा सके।

**ज्या** स्त्री *(सं०)* धनुष की डोरी, त्रिज्या।

**ज़्यादती** स्त्री० जबरदस्ती; जुल्म; अधिकता।

**ज़्यादा** वि० अधिक।
**ज़्याफ़त** स्त्री० भोज, दावत।
**ज्यामिति** स्त्री० *(सं०)* रेखागणित।
**ज्यामस** वि० *(सं०)* वृद्ध, जीर्ण।
**ज्यारना** क्रि० जिलाना।
**ज्यूँ** अव्य० ज्यों।
**ज्येष्ठाधिकार** पु० *(सं०)* *(प्राइमोजेनिचर)* पिता की सम्पत्ति राज्य आदि विरासत में पाने का ज्येष्ठ पुत्र का अधिकार।
**ज्येष्ठाश्रम** पु० *(सं०)* गृहस्थ; गृहस्थाश्रम।
**ज्येष्ठी** स्त्री० *(सं०)* छिपकली।
**ज्यों** अ० जिस क्षण; जिस तरह, जैसे।
**ज्योति** स्त्री० प्रकाश।
**ज्योतिक** पु० ज्योतिषी।
**ज्योतित** वि० प्रकाशित।
**ज्योतिर्मय** वि० *(सं०)* ज्योति से भरा हुआ, द्युतिमय।
**ज्योतिष** पु० *(सं०)* ग्रह-नक्षत्रों आदि के शुभाशुभ फल बताने वाला शास्त्र (फलित ज्यो०)।
**ज्योतिषी (षिन्)** वि०, पु० *(सं०)* ज्योतिष शास्त्र जानने वाला।
**ज्योत्सना** स्त्री० *(सं०)* चाँदनी; सौंफ; चाँदनी रात।
**ज्योनार** स्त्री० पक्की रसोईं, भोज, पंक्ति में अनेक लोगों का सहभोज।
**ज्योहत*** पु० आत्महत्या।
**ज्यौ*** अव्य० अगर, यदि।
**ज्यौत्स्नी** स्त्री० *(सं०)* पूर्णिमा की रात।
**ज्वर** पु० *(सं०)* ताप, बुखार।
**ज्वलन्त** वि० जलता हुआ; स्पष्ट; प्रकाशमान।
**ज्वल** पु० *(सं०)* ज्वाला। वि० जलता हुआ।
**ज्वलनांक** पु० (बर्निंग प्वाइण्ट) ताप की वह मात्रा जो किसी पदार्थ या वस्तु को जला देने में समर्थ हो।
**ज्वलित** वि० *(सं०)* जलता हुआ, दीप्त; जला हुआ।
**ज्वान** पु० युवक।
**ज्वार** स्त्री० समुद्री जल का उमड़ना, ऊपर उठना; अन्न विशेष।
**ज्वार-भाटा** पु० सिन्धुजल का उमड़ना, चढ़ाव-उतार।
**ज्वाल, ज्वाला** स्त्री० आग, आग की लपटें।
**ज्वालामुखी** पु० जिसके मुख से निरन्तर आग धूआँ निकले ऐसा पर्वत।

## झ

**झ** देवनागरी वर्णमाला में चवर्ग का चौथा वर्ण। उच्चारण स्थान तालु।
**झंकना** अ० क्रि० दुःखी होना।
**झंकार** स्त्री० *(सं०)* वीणा आदि की ध्वनि; पायल आदि के बजने से होने वाली ध्वनि; झनकार।
**झंखना** अ० क्रि० झींखना; दुःखी होना।
**झंखाड़** पु० काँटेदार झाड़ी, पौधा; काँटेदार झाड़ियों या पौधों का समूह; रद्दी चीजों का ढेर।
**झँगुला, झँगूला*** पु० बच्चों का ढीला कुरता; ढीला कुरता।
**झँगुलिया, झँगुली, झँगूली*** स्त्री० अंगरखा, बच्चों का ढीला कुरता।
**झंझ** पु० झाँझ।
**झंझटी** वि० झंझट वाला (काम), झगड़ालू।
**झंझर** पु० चोड़े मुंह का छोटा घड़ा।
**झंझरा** वि० खखरा, झीना।
**झंझा** स्त्री० *(सं०)* आँधी-पानी; झंकार; तेज हवा, बड़ी-बड़ी बूँदों की वर्षा। *वि० प्रबल, तेज।
**झंझार*** पु० आग की लपट, ज्वाला।
**झंझी** स्त्री० फूटी कौड़ी।
**झंझोड़ना** स० क्रि० पु० झकझोरना।
**झण्ड*** पु० पैदाइशी बाल।
**झण्डा** पु० ध्वजा, पताका।
**मुहा० झण्डा उड़ाना** झण्डा फहराना। **(किसी नगर, दुर्ग आदि पर) झण्डा गाड़ना** कब्जा करना; अपने अधिकार की घोषणा करना। **झण्डा झुकाना** किसी की मृत्यु पर राज्य या किसी दल, संस्था की ओर से शोक प्रकट किया जाना। **झण्डे के नीचे आना** एकत्र होना, एक हो जाना। किसी की ओर से लड़ने के लिए तैयार होना, एकत्र होना। **झण्डे तले की दोस्ती** राह चलते की मुलाकात। **झण्डे पर चढ़ाना** बदनाम करना।
**झम्प** पु० *(सं०)* कुदान, छलाँग।
**झँपकना** अ० क्रि० झपकी लेना, पलक गिरना।
**झँपना** अ० क्रि० पलकों का बन्द होना, झेंपना; उछलना, छलांग मारना; झपटना।
**झम्पाक** पु० *(सं०)* बन्दर।

**झम्पाकी** स्त्री० *(सं०)* बँदरिया।
**झँपिया** स्त्री० छोटी पिटारी; छोटा झाँपा।
**झँपान** पु० छोटी खाट जिसपर बैठकर पहाड़ी यात्रा पूर्ण की जाती है।
**झँपोला** पु० छोटा झाँपा, पिटारा।
**झम्ब*** पु० समूह, गुच्छा।
**झँवराना** अ० क्रि० काला पड़ना; मुरझाना।
**झँवाना** स० क्रि० आग ठण्ढी करना; स्याही ला देना।
**झँसना** स० कि० ठगना; धोखा देना, झाँसा देकर पराया धन ठगना
**झ** पु० *(सं०)* जल बरसाना, पानी गिरना।
**झकझक** स्त्री० हुज्जत, तकरार।
**झकझका** स्त्री० चमकीला।
**झकना** अ० क्रि० बकवाद करना; बड़बड़ाना।
**झकोर** पु० झटका, हवा का तेज झोंका।
**झकोरना** अ० क्रि० झकोरा मारना।
**झकोरा** पु० हवा का तेज झोंका, झटका।
**झक्का** पु० श्वेत, चमकदार।
**झक्की** वि० बकवादी, बक्की; खब्ती, सनकी।
**झख** स्त्री० झींखने की क्रिया। पु० झींखना।
**मुहा० झख मारना** वक्त बरबाद करना; मजबूर होना।
**झखना*** अ० क्रि० दुःखी होना, कुढ़ना।
**झखी*** स्त्री० झष, मछली।
**झगड़ा** पु० बखेड़ा; तकरार।
**मुहा० झगड़ा मोल लेना** जान-बूझकर झगड़े में पड़ना; झगड़ा खड़ा करनेवाली बात करना।
**झगड़ालू** वि० कलहप्रिय, झगड़ा करने वाला।
**झगरना*** अ० क्रि० झगड़ना।
**झगरा*** पु० झगड़ा।
**झगा** पु० अँगरखा, (बच्चों का) ढीला कुरता।
**झगुलिया, झगुली** स्त्री० झगा।
**झज्जर, झज्झर** पु० झंझर, चौड़े मुँह का छोटा घड़ा।
**झझक** स्त्री० झिझक; झझकने की क्रिया या भाव।
**झट** अ० बहुत जल्द, तुरन्त।
**झटकना**† स० क्रि० छीन लेना; ऐंठना; झटका देना।
**झटपट** अ० बहुत जल्द।
**झटाका** अ० जल्दी से, चटपट।
**झटि** स्त्री० *(सं०)* झाड़ी; झाड़।
**झड़ना** अ० क्रि० टूटकर गिरना, कण-कण गिरना।
**झड़वाना** क्रि० दूसरे से झाड़ू लगवाना।
**झड़ाका** अ० तत्काल, फौरन। पु० झड़प।
**झड़ाझड़** अ० लगातार, झड़ी के रूप में।
**झड़ी** स्त्री० हल्की किन्तु लगातार हल्की वर्षा।
**झनक** स्त्री० झनकार; झनझनाहट।
**झनिया*** वि० झीना।
**झप** अव्य० झटपट, तुरन्त।
**झपक** स्त्री० निमेष; पलकों का गिरना; झपकी।
**झपकना** अ० क्रि० झपकी लेना; पलक गिरना।
**झपकाना** स० क्रि० बार-बार पलक गिराना।
**झपकी** स्त्री० हल्की नींद, आँख लगना; धोखा।
**झपट** स्त्री० झपटने की क्रिया, भाव।
**झपट्टा** पु० झपटने की क्रिया।
**झपना** अ० क्रि० झपकना।
**झपलैया*** स्त्री० झँपोला।
**झपस** स्त्री० गूँजने की क्रिया।
**झपसट** स्त्री० धोखेबाजी।
**झपसना** अ० क्रि० वृक्ष-लताओं की शाखाओं का फैलना, पेड़-पौधों की पत्तियों, टहनियों का फैलना।
**झपा** क्रि० बन्द करना, मूँदना।
**झपाका** पु० शीघ्रता। अव्य० झटपट।
**झपिया**† स्त्री० पिटारी।
**झप्पड़** पु० थप्पड़।
**झबार, झबारि**† स्त्री० झंझट, जंजाल।
**झबूकना*** अ० क्रि० चौंकना।
**झब्बा** पु० फुँदना, गुच्छा।
**झमकीला** वि० चमकीला; चंचल।
**झमझम** स्त्री० घुँघरू की ध्वनि, वर्षा होने की ध्वनि।
**झमझमाना** क्रि० चमचमाना। स्त्री० झमेला।
**झमना*** अ० क्रि० दबना, झुकना।
**झमाट** पु० झुरमुट।
**झमेला** पु० झंझट; *भीड़; बखेड़ा, झगड़ा।
**झमेलिया** वि० झमेला करने वाला, झगड़ालू।
**झम्प** पु० *(सं०)* उछाल, कुदान।
**झर** *स्त्री० झड़ी; ज्वाला; आँच; झुण्ड।
**झरझर** स्त्री० पानी झरने का शब्दा।
**झरन** स्त्री० झड़न।

**झरना**† अ० क्रि० जलधारा का पर्वत आदि से नीचे गिरना, झड़ना। पु० निर्झर, पहाड़ से नीचे गिरने वाला सोता; अनाज छानने की बड़ी छलनी।

**झरनी*** वि० स्त्री० जिससे कुछ झड़े।

**झरप** स्त्री० झकोरा, झोंका।

**झरबेर, झरबेरी**† स्त्री० झड़बेरी।

**झरहरा*** वि० सूराखदार, जालीदार।

**झरिफ*** स्त्री० परदा; चिक।

**झरी** स्त्री० झड़ी।

**झरोखा** पु० छोटी खिड़की, गवाक्ष।

**झल** पु० उत्कट कामना; क्रोध; जलन; समूह।

**झलक** स्त्री० अधूरा; क्षणिक दर्शन; आभास; चमक।

**झलकना** अ० क्रि० दिखायी देना; आभास होना।

**झलका** पु० फफोला, छाला।

**झलकाना** स० क्रि० *दिखाना; चमकाना।

**झलझलाना** स० क्रि० चमकाना। अ० क्रि० भड़क उठना, झल्लाना; झलक मारना, चमकना।

**झलना** अ० क्रि० हिलना। स० क्रि० हवा करने के लिए हिलाना; हिलाकर हवा करना; राँगे से जोड़ना।

**झलमल** पु० अल्प प्रकाश।

**झलमला** वि० चमकीला।

**झलमलाना** अ० क्रि० रोशनी का इधर-उधर हिलना; रह-रहकर, कभी धुँधली, रोशनी देना।

**झलाझली*** स्त्री० झलाझल होने का भाव।

**झलाबोर** वि० चमाचम, चमकता हुआ।

**झल्ला** वि० जो गाढ़ा न हो, पतला। पु० बौछार।

**झल्लाना** स० क्रि० चिढ़ाने का काम करना; झुँझला देना। अ० क्रि० बहुत बिगड़ जाना।

**झल्लिका** स्त्री० *(सं०)* चमक; उबटन की झिल्ली।

**झल्ल** पु० चूड़ियों पर सोने का पानी रखना, जलती लौ उठना।

**झल्लर** पु० झालर।

**झल्लारा** स्त्री० झाँझ, शिशुओं के बाल, पसीना।

**झष** पु० *(सं०)* मीन राशि; मकर राशि; मछली; मगर; ताप; वन।

**झषकेतु** पु० कामदेव।

**झषना*** अ० क्रि० झखना।

**झहनाना** स० क्रि० बजाना, झनकार पैदा करना।

**झहराना**† स० क्रि० झकझोरना; लथेड़ना। अ० क्रि० झल्लाना; तिरस्कृत होना, शिथिल होकर गिरना।

**झाँईं** स्त्री० धोखा; रक्तविकार के कारण पड़ा हुआ काला धब्बा; परछाई, छाया; अँधेरा।

**मुहा० झाँईं आना** आँखों के सामने अँधेरा छा जाना। **झाँईं बताना** धोखा देना।

**झाँकना** अ० क्रि० झरोखे आदि से बाहर की वस्तु को देखना, इधर-उधर देखना, आड़ से देखना।

**झाँकर** पु० काँटेदार झाड़ियों या पौधों का समूह।

**झाँकी** स्त्री० कुछ दूर से होने वाला अपूर्ण दर्शन।

**झाँखर** पु० काँटेदार झाड़ियों का समूह; झंखाड़।

**झाँझरी*** स्त्री० झाँझन; झाँझ।

**झाँझा** पु० झंझट; छानने का पौना; फसल को लगने वाला एक कीड़ा; झाँझ।

**झाँपना** अ० क्रि० झेंपना। स० क्रि० ढाँक।

**झाँपी**† स्त्री० झपकी; पिटारी; टोकरी, ढाँकने की डलिया।

**झाँवर** †वि० जिसमें कालापन हो, मुरझाया हुआ। स्त्री० धान की खेती के लिए उपयुक्त नीची जमीन, डाबर।

**झाँवली** स्त्री० झलक; झाँईं; आँख का संकेत।

**झाँवाँ** पु० जली हुई ईंट जो मैल छुड़ाने के लिए देह रगड़ने के काम आती है।

**झाँसना** स० क्रि० बहकाना; ठगना, झाँसा देना।

**झाँसा** पु० छलपूर्ण बात, धोखा।

**झाँसापट्टी** स्त्री० दमबाजी।

**झाँसिमा** वि० धोखा देने वाला।

**झाँसू** वि० झाँसा देने वाला।

**झाईं** स्त्री० धोखा, अँधेरा, छाया।

**झाग** पु० फेन।

**झागड़** पु० झगड़ा।

**झागना** क्रि० झाग देना, झाग उत्पन्न होना।

**झाड़** पु० छोटा पेड़ या पौधा जिसकी जड़ से डालियों जैसे कई तने निकलकर झाड़ियों की शक्ल में फैल जायें, कँटीला पेड़।

**झाड़** स्त्री० फटकार; मन्त्र पढ़कर फूँकना।

**झाड़न** स्त्री० झाड़ने से निकली हुई चीज।

**झाड़ना** स० क्रि० झटकारना; फटकारना; मन्त्र

पढ़कर फूँकना; कँघी करना; धूल-गर्द साफ करना।

**झाड़ा** पु० जमा-तलाशी; मैला, गू, पाखाना; झाड़-फूँक। **मुहा० झाड़ा फिरना** मलत्याग करना, शौच जाना।

**झाड़ी** स्त्री० कँटीले पौधों या झाड़ों का समूह।

**झाड़ू** स्त्री० सींकोंआदि का बना हुआ पूला, बढ़नी।

**झापड़** पु० थप्पड़, तमाचा।

**झाबर** पु० *खाँचा; दलदल।

**झाम** पु० झब्बा, गुच्छा, छल, कपट, कुआँ खोदने का यन्त्र विशेष।

**झामक** पु० जली हुई ईंट।

**झामर** पु० पैर का आभूषण।

**झामी** पु० छली, कपटी।

**झार** वि० सब, कुल। स्त्री० ईर्ष्या, डाह।

**झारन** पु० झाड़न।

**झारना**† स० क्रि० झाड़ना।

**झारा** पु० सूप; पतली छनी हुई भंग; *तलाशी।

**झावँ-झावँ** स्त्री० हुज्जत, तकरार।

**झिंगवा** पु० एक छोटी मछली जिसके मुँह और पूँछ पर लम्बे बाल होते हैं।

**झिंझी** स्त्री० *(सं०)* झींगुर, झिल्ली।

**झिझक** स्त्री० हिचक, भड़क; लज्जाजनित संकोच।

**झिझकना** अ० क्रि० भय या लज्जा के कारण कोई बात कहने या करने में हिचकना।

**झिझकारना** स० क्रि० दुतकारना, झिड़कना।

**झिड़कना** स० क्रि० डाँटना, फटकारना।

**झिड़की** स्त्री० झिड़कने का भाव, डाँट, फटकार।

**झिरझिराना** अ० क्रि० झिर-झिर करते हुए बहना।

**झिरना** पु० छेद; झरना। अ० क्रि० झरना।

**झिरहर*** वि० सूराखदार, झीना।

**झिरी** स्त्री० दरार, छोटा छेद।

**झिलँगा**† वि० ढीलाढाला, झीना।

**झिलम** स्त्री० लोहे का बना टोप।

**झिलमिलाना** अ० क्रि० टिमटिमाना, रोशनी का हिलना।

**झिलमिलाहट** स्त्री० झिलमिलाने की क्रिया या भाव।

**झिल्ली** स्त्री० *(सं०)* झींगुर; एक बाजा।

**झिल्लिका** स्त्री *(सं०)* दीप्ति; झींगुर; उबटन का मैल।

**झिल्ली** स्त्री० उबटन लगाने से शरीर से छूटने वाला मैल; बारीक छिलका; आँख का जाला, पतली तह।

**झिल्लीदार** पु० जिस पर झिल्ली हो, ऊपरी पतली तह वाला।

**झिल्लीक** पु० *(सं०)* झिल्ली, झींगुर।

**झींकना** क्रि० झींखना।

**झींका** पु० चक्की में एक बार अन्न डालने की मात्रा।

**झींखना** अ० क्रि० कुढ़ना; दुखड़ा रोना, दुःखी होना।

**झींगुर** पु० एक कीड़ा जिसकी आवाज बहुत तेज होती है।

**झींसी** स्त्री० नन्हीं-नन्हीं बूँदों में होने वाली वर्षा।

**झीड़ना*** अ० क्रि० घुसना, धँसना।

**झीना** वि० बहुत बारीक; दूर-दूर बुना हुआ; दुबले।

**झीमर** पु० धीवर, मछुआ।

**झील** स्त्री० प्रकृति-निर्मित सरोवर; बहुत बड़ा ताल।

**झीवर** पु० माझी, मछुआ।

**झुँगना*** पु० जुगनू।

**झुण्ड** पु० समूह (हिरनों का समूह), विशेषतः पशु-पक्षियों का गिरोह।

**झुण्डी** स्त्री० पौधों की खूँटी जो फसल काट लेने के बाद खेत में रह जाये।

**झुकना** अ० क्रि० नमित होना; दबना।

**झुकमुख** पु०, **झुकामुखी*** स्त्री० झुटपुटा।

**झुकाना** स० क्रि० मोड़ना; नीचा करना; लटकाना।

**झुकाव** पु० ढाल; प्रवृत्ति; झुकने की क्रिया या भाव।

**झुग्गी** स्त्री० पत्तों का बना घर।

**झुटपुटा** पु० वह समय जब कुछ-कुछ अँधेरा और कुछ-कुछ उजाला हो, सवेरे या शाम का समय जब प्रकाश इतना कम हो कि कोई चीज साफ दिखायी न दे।

**झुटलाना** स० क्रि० झूठा साबित करना।

**झुठाई** स्त्री० झूठापन, असत्यता।

**झुनझुनाना** स० क्रि० झुन-झुन शब्द उत्पन्न करना

**झुनक** पु० पैजनी का शब्द।

**झुपरी*** स्त्री० झोंपड़ी।

**झुरझुरी**† स्त्री० जूड़ी-बुखार की कँपकँपी।

**झुरमुट** पु० घनी झाड़ियों का समूह; मण्डली, समूह।

**झुराना*** स० क्रि० सुखाना। अ० क्रि० सूखना।

**झुर्री** स्त्री० सूखने से (चेहरे, देह आदि पर) पड़ने वाली शिकन।

**झुलना**¹ वि० झूलने वाला; स्त्रियों के पहनने का कुरता। पु० झूला।

**झुलवाना** क्रि० झुलाने का कार्य दूसरे से कराना।

**झुलसना** अ० क्रि० धूप, लू या पाले से पौधों आदि का सूखना, मुरझाना।

**झुलसवाना** क्रि० अन्य से झुलसने का कार्य कराना।

**झुलसाना** स० क्रि० अधजला कर देना, ऊपरी अंश को जलाना

**झुलसाव** पु० अधजला कर देने की क्रिया, भाव।

**झुलावनि*** स्त्री० झुलाने की क्रिया या भाव।

**झुलिया** स्त्री० बच्चों का कुरता; झँगुलिया।

**झूठ** पु० असत्य, झूठी बात। वि० जो सच न हो। **मुहा० झूठ का पुतला** बहुत झूठ बोलनेवाला, **झूठ का पुल बाँधना** झूठ पर झूठ बोलना।

**झूठन** स्त्री० जूठन।

**झूठा** वि० झूठ बोलने वाला; नकली, बनावटी; असत्य।

**झूणि** स्त्री० *(सं०)* एक तरह की सुपारी।

**झूम** स्त्री० झूमने की क्रिया।

**झूमक** पु० होली में स्त्रियों द्वारा झूम-झूमकर गाया जाना वाला गीत।

**झुमड़, झूमर** पु० नारियों का शिरोभूषण।

**झूर** स्त्री० जलन। वि० शुष्क।

**झूरा**¹ वि० खुश्क; सूखा, खाली।

**झूरै** अ० बेकार, व्यर्थ ही।

**झूल** स्त्री० ढीला-ढाला, भद्दा पहनावा।

**झूला** पु० हिण्डोला, झूलने का साधन।

**झेंपना, झेपना** अ० क्रि० लजाना, शर्मिन्दा होना।

**झेंपू** वि० झेंपने वाला, लज्जाशील।

**झेर*** स्त्री० देर, विलम्ब; झंझट, बखेड़ा।

**झेलना** स० क्रि० सहना, बरदाश्त करना।

**झोंक** स्त्री० आवेश; चाल, ढंग; वेग, झोंका।

**झोंकना** स० क्रि० भट्ठे, भाड़ में ईंधन डालना, फेंकना; धकेलना; आगे की ओर फेंकना; बिना सोचे खर्च करना, कार्यभार की अधिकता में फँसना।

**झोंकवा**¹ पु० भाड़ा का काम करने वाला।

**झोंका** पु० तेज हवा का धक्का, झटका; झकोरा।

**झोंकी**¹ स्त्री० जवाब देही; बोझ, भार; जोखिम।

**झोंझ**¹ पु० घोंसला; ढेक, गिद्ध आदि के गले से थैली की शक्ल में लटकता हुआ माँस।

**झोंझल** पु० झुँझलाहट, क्रोध।

**झोंपड़ा** पु० कुटिया, घास-फूस निर्मित घर।

**झोझर** पु० आमाशय; पेट।

**झोपड़ी** स्त्री० घास-फूस से बनी छोटी कुटिया।

**झोली डालना** भिक्षा ग्रहण हेतु झोली फैलाना।

**झोरई** वि० रसदार तरकारी।

**झोर, झोल** पु० तरकारी का गाढ़ा रसा।

**झोरी** स्त्री० झोली।

**झौंर** पु० समूह, झुण्ड; गुच्छा; झुरमुट; कुंज।

**झौंराना*** अ० क्रि० झाँवर होना; मुरझाना; झूमना।

**झौर*** पु० हुज्जत, प्रपंच; भगदड़; डाँट; झगड़ा, तकरार।

**झौरना*** स० क्रि० झपटकर दबोच लेना।

**झौरा** पु० झंझट, बखेड़ा।

**झौरे** क्रि० वि० संग, साथ, समीप।

**झौहाना** अ० क्रि० गुस्से में आकर बोलना, कुढ़ना, चिड़चिड़ाना।

## ञ

**ञ** देवनागरी वर्णमाला में चवर्ग का पाँचवाँ वर्ण। उच्चारण स्थान तालु।

**ञ** पु० *(सं०)* गायन; घर्घर ध्वनि; वृष; शुक्र; बल।

**ञकार** पु० *(सं०)* ञ स्वरूप वर्ण।

## ट

**ट** देवनागरी वर्णमाला में टवर्ग का पहला वर्ण। उच्चारण स्थान मूर्द्धा।

**टंक** पु० एक तोले चार माशे की माप; क्रोध; तलवार; पत्थर का टुकड़ा।

**टंकक** पु० चाँदी का रुपया; लिपि का टाइपिस्ट।

**टंकण, टंकन** पु० *(सं०)* टाँकी देना; सोहागा।

**टँकना** अ० क्रि० लिखा जाना; टाँका जाना।

**टँकाई** स्त्री० टाँकने की क्रिया।

**टंकार** स्त्री० *(सं०)* प्रसिद्धि; धनुष की चढ़ी हुई डोरी को खींचकर छोड़ने से उत्पन्न ध्वनि।1

**टंकिका** स्त्री० *(सं०)* टाँकी, पत्थर काटने की छेनी।

**टंकित** वि० टाँका हुआ।
**टंकी** स्त्री० जल कुण्डिका।
**टंग** पु० *(सं०)* सोहागा; कुदाल, कुल्हाड़ी, फरसा।
**टँगड़ी** स्त्री० टाँग।
**टँगना** पु० अलगनी। अ० क्रि० लटकाया जाना।
**टण्टा** पु० व्यर्थ का फैलाव; झगड़ा, फसाद, कलह।
**टई*** स्त्री० ताक; काम; काम निकालने की युक्ति।
**टकटकाना**† अ० क्रि० 'टक-टक' शब्द उत्पन्न करना।
**टकटोना*** स० क्रि० ढूँढ़ना; उँगलियों से छूकर किसी वस्तु का पता लगाना, टटोलना।
**टकतन्त्री** स्त्री० सितार की तरह एक पुराना बाजा।
**टकराना** स० क्रि० दो वस्तुओं को आपस में लड़ा देना। अ० क्रि० दो वस्तुओं का एक दूसरी से भिड़ जाना; ठोकर लग जाना; *इधर-उधर घूमना।
**टकसाल** पु० *(सं०)* मुद्रा ढालने का स्थान।
**टकसाली** वि० *(सं०)* खरा, चोखा, प्रामाणिक।
**टका** पु० चाँदी का पुराना सिक्का, रुपया। **मुहा० टका पास न होना** निर्धन होना। **टका भर** जरा-सा बहुत कम। **टका सा जवाब देना** साफ इनकार कर देना। **टका सा मुँह लेकर रह जाना** लजा जाना।
**टकाटकी**† स्त्री० टकटकी।
**टकार** पु० *(सं०)* ट अक्षर का स्वरूप।
**टकाही** वि० स्त्री० निम्न श्रेणी की (वेश्या)।
**टकुआ** पु० छोटे तराजू के पलड़े में लगा हुआ तागा।
**टकैत** वि० मालदार, टके वाला, धनी।
**टकोरना** स० क्रि० धीरे से आघात करना; बजाना।
**टकोरा** पु० डंके की चोट।
**टकोरी*** स्त्री० टक्कर; चोट, आघात।
**टकौरी** स्त्री० सोना, चाँदी तौलने की तराजू।
**टक्कर** स्त्री० दो वस्तुओं का वेग के साथ आपस में भिड़ जाना; ठोकर, मुकाबला; क्षति, हानि।
**टटका*** वि० कोरा; हाल का; ताजा।
**टटाना**† अ० क्रि० सूखकर अकड़ना; सूख जाना।
**टटिया** स्त्री० टट्टी।
**टटियाना** क्रि० सूखकर कड़ा होना।
**टटोलना, टटोरना*** स० क्रि० आजमाना; उँगलियों से छूकर पता लगाना; तलाश करना।
**टट्टर** पु० बाँस, लोहे आदि का जाल जिसे आँगन पर डालते हैं।
**टट्टरी** स्त्री० *(सं०)*ठट्ठा; झूठी बात; डींग; एक बाजा।
**टट्टी** स्त्री० अँगूर चढ़ाने के काम आने वाली बाँस की फट्टियों की दीवार; शिकार खेलने की आड़। **मुहा० टट्टी की आड़ से शिकार खेलना** छिपकर चाल चलना, गुप्त रीति से विरुद्ध कार्य करना। **टट्टी की ओट बैठना** छिपे तौर पर कोई कार्य करना। **टट्टी में छेद करना** खुलेआम कुकर्म करना, निर्लज्ज हो जाना।
**टन** पु० *(सं०)* लगभग दस क्विण्टल या 28 मन का एक अँगरेजी तौल। स्त्री० *(हि०)* घण्टे, धातु के बर्तन से उत्पन्न शब्द।
**टनमना** वि० हरी-भरी तबीयत का; स्वस्थ।
**टनाटन** वि० ठीक हालत में, पुष्ट। पु० लगातार घण्टा बजने से होने वाला शब्द।
**टप** स्त्री० टमटम आदि की छतरी जो इच्छा अनुसार फैलायी या मोड़ी जा सकती है; तरल पदार्थ की बूँद, फल इत्यादि के गिरने का शब्द।
**टपक** स्त्री० टप-टप की आवाज, बूँदों के गिरने का शब्द; रुक-रुककर होने वाली पीड़ा; आमों का पककर गिरना।
**टपकन** स्त्री० रुक-रुककर होने वाली पीड़ा, टीस।
**टपकना** अ० क्रि० टप-टप की आवाज; बूँद-बूँद गिरना; पके फल का आप-से-आप गिरना।
**टपका** पु० गिरा या टपका हुआ फल; रह-रह कर होने वाली पीड़ा; बूँद-बूँद गिरना।
**टपका, टपकी** स्त्री० बूँदा-बाँदी।
**टपना** †स० क्रि० लाँघना; ढकना। अ० क्रि० बिना खाये-पीये पड़ा रहना; कूदना।
**टपाना** स० क्रि० लँघाना, झूठ-मूठ में हैरान करना।
**टपाटप** क्रि० वि० झटपट, शीघ्रता से।
**टप्पा** पु० भद्दी सिलाई; उछलती हुई वस्तु का बीच-बीच में पृथ्वी छूना; फलाँग।
**टमस** स्त्री० तमसा नदी।
**टर** स्त्री० हठ; कर्कश ध्वनि; बकवाद; मेढक की बोली; अकड़; ईद के दूसरे दिन का मेला।
**टरकना** क्रि० हटना, जाना।
**टरकाना** स० क्रि० बहाना करके लौटा देना; टाल देना।

**टरकुल** वि० सामान्य।

**टरटराना** क्रि० बकबक करना, टर-टर करना।

**टरना*** अ० क्रि० टलना।

**टरबाइन** स्त्री० *(अं०) (टरबाइन)* एक मोटर यन्त्र जिसके अन्दर धुरी को घुमाने के लिए विशेष प्रकार का चक्र प्रयुक्त होता है जिसके हाशिये पर ब्लेड लगे होते हैं और इन ब्लेडों पर जल, वाष्प या वायु की तेज धारा फेंकने का प्रबन्ध रहता है।

**टराना*** अ० क्रि० टलना, हटना।

**टर्रा** क्रि० धृष्टतापूर्वक बोलने वाला।

**टर्राना** अ० क्रि० गर्व के साथ बात करना।

**टल, टलन** पु० *(सं०)* विह्वलता, घबड़ाहट।

**टलना** अ० क्रि० अलग होना; खिसकना; आगे के लिए समय आदि निश्चित होना, स्थगित होना।

**टलहा** वि० खोटा सिक्का।

**टलाटली*** स्त्री० बहानेबाजी, टालमटोल।

**टल्ला** पु० टालमटोल, ठोकर, धक्का।

**टवर्ग** पु० *(सं०)* 'ट, ठ, ड, ढ, ण का समूह।

**टसक** स्त्री० रुक-रुककर होने वाली पीड़ा, टीस, कसक, पीड़ा, चमक।

**टसकना** अ० क्रि० चले जाना, प्रभावित होना; किसी भारी चीज का अपनी जगह से हटना।

**टसुआ** पु० आँसू।

**टहकना**† अ० क्रि० पिघलना, रह-रहकर दर्द करना।

**टहल** स्त्री० सेवा, चाकरी, काम।

**मुहा० टहल बजाना** सेवा करना।

**टहलना** अ० क्रि० मन्द गति से भ्रमण करना, स्वास्थ्य या मनोविनोद की दृष्टि से धीरे-धीरे चलना।

**टहलुआ, टहलुवा** पु० सेवा करने वाला व्यक्ति।

**टाँक** स्त्री० हिस्सा; चार माशे की एक तौल; *लिखावट।

**टाँकना** स० क्रि० सिल कूटना, बही खाते पर चढ़ाना; सिलाई द्वारा जोड़ना या अटकाना।

**टाँका** पु० धातु की चद्दर जोड़ने के काम आने वाला काँटा; सीवन; डोभ; वह वस्तु जिसके द्वारा दो वस्तुएँ जोड़ी जायें।

**टाँग** स्त्री० कुश्ती का एक पेंच, जाँघ से लेकर एड़ी तक का भाग।

**मुहा० टाँग अड़ाना** अनधिकार हस्तक्षेप करना। **टाँग उठाना** प्रसंग करना। **टाँग तले से निकलना** पराजय स्वीकार करना। **टाँग पसार कर सोना** निश्चिन्त होकर रहना।

**टाँगन** पु० टट्टू, छोटे कद का घोड़ा।

**टाँच** स्त्री० सिलाई; टाँका; पैबन्द; *काट-छाँट।

**टाँचना** अ० क्रि० फूला-फूला फिरना। स० क्रि० टाँकना; सिलाई करना; काट-छाँट करना।

**टाँड़** पु० समूह, राशि। स्त्री० सामान रखने के लिए बनी हुई लकड़ी या ईंट-सीमेण्ट की पाटन।

**टाँड़ा** पु० लकड़ी में लगने वाला एक कीड़ा; बैलों पर लदी हुई व्यापार की वस्तुएँ; *लदकर एक स्थान से दूसरे स्थान पर जाने वाला माल।

**टाँय-टाँय** स्त्री० बकवाद; 'टें-टें' का कर्कश शब्द।

**टाइटिल** स्त्री० *(अं०)*लेख आदि का शीर्षक; उपाधि।

**टाइप** पु० *(अं०)*छपाई के काम आने वाला सीसे का ढला अक्षर।

**टाइप कास्टिंग मशीन,टाइप फाउण्ड्री** स्त्री० टाइप ढालने की मशीन।

**टाइफून** पु० *(अं०)* बहुत भयंकर तूफान, बवण्डर।

**टाइम** पु० *(अं०)* काल, समय।

**टाइम टेबुल** पु० समय सूची, वह कागज जिस पर भिन्न-भिन्न कार्यों के लिए नियत समय लिखा हो।

**टाउन** पु० *(अं०)* कसबा।

**टाउनहॉल** पु० नगर का सार्वजनिक भवन, शहर की वह इमारत जिसमें सरकार या जनता से सम्बन्ध रखने वाली सभाएँ या बैठकें हों, नगर भवन।

**टाटर** *ठठरी; खोपड़ी। पु० रक्षा या परदे के लिए लगाया गया बाँस आदि की फट्टियों का पल्ला।

**टाड़*** पु० भुजा पर पहनने का एक आभूषण।

**टाप** स्त्री० मछली पकड़ने, मुर्गियों को बन्द करने का टोकरा; घोड़े के पाँव का सबसे नीचे का भाग।

**टापड़** पु० ऊसर, मैदान।

**टापू** पु० द्वीप, पृथ्वी का वह भाग जो चारों ओर से जल से घिरा हो।

**टार**† स्त्री० ढेर, राशि। पु० *(अं०)* घोड़ा; लौंडा।

**टाल** पु० कुटना। स्त्री० लकड़ी पुआल आदि का ढेर;

लकड़ी की दूकान; टालने की क्रिया; कुश्ती में टाल मारना।
**टाली** स्त्री० तीन वर्ष से कम उम्र की चंचल बछिया; अठन्नी।
**टाहली*** पु० सेवक, नौकर।
**टिकट** पु० विशेष प्रकार का टिकट या फीस; स्टाम्प।
**टिकड़ा** पु० आँच पर सेंकी हुई बाटी; धातु, पत्थर या खपड़े आदि का छोटा टुकड़ा।
**टिकना** अ० क्रि० युद्ध में डटना; ठहरना।
**टिकली** स्त्री० माथे पर लगायी जाने वाली छोटी बिन्दी, टिकुली।
**टिकस** पु० कर, टैक्स।
**टिकाई** स्त्री० टिकने का भाव।
**टिकाऊ** वि० टिकनेवाला।
**टिकान** स्त्री० टिकने की क्रिया; पड़ाव।
**टिकाना** क्रि० रहने को स्थान देना।
**टिकाव** पु० पड़ाव, स्थिरता, टिकने का स्थान।
**टिकिया** स्त्री० ठोस पदार्थ का गोल या चिपटा टुकड़ा।
**टिकुली** स्त्री० माथे पर लगायी जाने वाली बिन्दी, टिकली।
**टिकोरा**† पु० अँबिया, आम का कच्चा छोटा फल।
**टिक्कड़** पु० रोट, मोटी रोटी।
**टिक्की** स्त्री० ताश की बूटी, अँगूठे आदि का किसी रंग से बना हुआ निशान; टिकिया; बाटी।
**टिचन** वि० प्रस्तुत, तैयार।
**टिटिहा** पु० टिटिहरी।
**टिटिहारोर** पु० शोरगुल।
**टिट्टिभा** स्त्री० *(सं०)* टिट्टिभ की मादा।
**टिढ़बिंगा** वि० बेडौल, टेढ़ा-मेढ़ा।
**टिप-टिप** स्त्री० बूँदों के गिरने का शब्द।
**टिपका** पु० टपकना; बूँद।
**टिपाई** स्त्री० टीपने की मजदूरी; टीपना, नकल करना।
**टिपुर** पु० घमण्ड, अभिमान; ढोंग।
**टिप्पन** पु० टिप्पणी; जन्मकुण्डली; व्यायाम।
**टिमटिमाना** अ० क्रि० मरने के करीब होना; दीपक के बुझने से पूर्व का जलना, मन्द प्रकाश।
**टिमिला** पु० लड़का, छोकरा।
**टिरफिस** स्त्री० विरोध, प्रतिवाद।
**टिलवा** पु० †टीला; ठिंगना या चापलूस आदमी।
**टिल्ला** पु० धक्का, ठोकर, चोट।
**टिसुआ** पु० आँसू।
**टींड़सी** स्त्री० एक फल जिसकी तरकारी बनती है।
**टी** स्त्री० *(अं०)* चाय।
**टीगार्डन** पु० चाय का बगीचा।
**टीक** स्त्री० गले या सिर का एक गहना।
**टीक** पु० संक्रामक रोग से बचने के लिए सूई द्वारा शरीर में औषध प्रविष्ट करने की क्रिया।
**टीका** पु० तिलक, भेंट; धब्बा, कलंक; वर को पक्का करना, व्याख्या।
**टीन** पु० *(अं०)* कलई की हुई लोहे की चद्दर।
**टीप** स्त्री० ईंटों के जोड़ों पर लगाये गये मसाले की लकीर; हल्का आघात; हाथ से दबाने का काम।
**टीपटाप** स्त्री० सजावट, आडम्बर, दिखावा।
**टीपना** †स्त्री० जन्मपत्री। स० क्रि० टाँक लेना; टिपकारी करना; हाथ या उँगली से दबाना।
**टीबा** पु० भीटा, टीला।
**टीला** पु० भूमि का उच्च भाग, छोटी पहाड़ी।
**टीस** स्त्री० रह-रहकर उठने वाली जोर की पीड़ा।
**टीसना** अ० क्रि० रह-रहकर पीड़ा होना।
**टुंच** वि० तुच्छ; नीच, कमीना।
**टुइयाँ** स्त्री० छोटी जाति का तोता। वि० नाटा, बौना।
**टुइल** स्त्री० एक सूती कपड़ा।
**टुक** वि० थोड़ा, तनिक।
**टुकड़खोर** पु० रोटियों पर पलने वाला, भिखारी। वि० निर्धन।
**टुकड़ा** पु० *(ला०)* जूठन; किसी वस्तु का एक खण्ड। **मुहा० टुकड़ा तोड़ जवाब देना** दो-टूक जवाब देना, साफ-साफ इनकार कर देना। **टुकड़ा तोड़ना** दूसरे के दिए हुए भोजन से गुजर करना। **टुकड़ा माँगना** भीख माँगना।
**टुक्का**† पु० अंश; टुकड़ा।
**टुघलाना** स० क्रि० मुँह में रखकर चुभलाना।
**टुच्चा** वि० नीच, दुष्ट, कमीना।
**टुटपुँजिया** वि० बहुत कम पूँजी वाला।
**टुड़ी** स्त्री० नाभि; टुकड़ी; ठोड़ी।

**टुनहाया** वि०, पु० जादू-टोना करने वाला।
**टुनाका** स्त्री० *(सं०)* मुसली, तालमूली।
**टुन्नी** पु० फल वाली डाल।
**टुर्रा** पु० टुकड़ा, कण; दाना।
**टूँगना** क्रि० मन्द गति से खाना।
**टूँड़** पु० मच्छर आदि कीड़ों के मुँह के आगे सूँड़ की तरह निकली हुई पतली नली, सींग।
**टूअर**† वि० (वह बच्चा) जिसकी माँ मर गयी हो।
**टूक, टूकरा, टूका*** पु० टुकड़ा, खण्ड।
**टूट*** स्त्री० त्रुटि, भूल, चूक। वि० खण्डित, टूटा हुआ।
  **मुहा० टूट कर बरसना** मूसलधार वर्षा होना। **टूट जाना** बन्द हो जाना; दुर्बल या शक्तिहीन होना। **टूट पड़ना** अचानक आ जाना; ऊपर से नीचे गिरना।
**टूटना** अ० क्रि० भग्न होना, खण्डित होना, दो टुकड़े हो जाना; हड्डियों के जोड़ का अलग हो जाना; सम्बन्ध न रहना; फलों का तोड़ा जाना; अँगड़ाई के साथ पीड़ा का उठना; कृश होना।
**टूटा** वि० भग्न, खण्डित, निर्धन।
**टूठना*** अ० क्रि० प्रसन्न होना; सन्तुष्ट होना।
**टूठनि*** स्त्री० प्रसन्नता; सन्तुष्टि।
**टूम** स्त्री० गहना, जेवर।
**टूमटाम** स्त्री० साज-शृंगार का सामान, वस्त्राभूषण।
**टूमना** वि० ताना मारना।
**टूर्नामेण्ट** पु० *(अं०)* खेल की प्रतियोगिता।
**टूरी, टूसा**† पु० डोंडा; नुकीली कली, खण्ड।
**टें** स्त्री० तोते की बोली।
  **मुहा० टें बोलना** चटपट मर जाना।
**टें-टें करना** क्रि० व्यर्थ की बातें करना।
**टेंकी** स्त्री० *(सं०)* एक तरह का नृत्य।
**टेंटुआ** पु० गला।
**टें बोलना** पु० मरना।
**टेक** स्त्री० टीला, चबूतरा; हठ; संकल्प; आदत; गीत का स्थायी पद; सहारा; थूनी; *आश्रय, अवलम्ब।
**टेकन** पु० अड़काव; थूनी; टेकनी।
**टेकना** क्रि० सहारा लेना।
**टेकरी** स्त्री० ऊँची भूमि, टेकर।
**टेकला*** स्त्री० धुन, रटन।
**टेकाना** स० क्रि० हाथ का सहारा देना; सहारा देना।
**टेकी** वि० आग्रही; दृढ़प्रतिज्ञ; हठी।
**टेकुआ** पु० टेक लगाने का, तकुआ।
**टेड़** पु० वक्रता।
**टेढ़*** स्त्री० उजड्डपन; दुष्टता; टेढ़ापन। वि० टेढ़ा।
**टेढ़ा** वि० बाँका, कुटिल, वक्र, झुका हुआ; विनयरहित, उद्दण्ड, बुरे स्वभाव का, कठिन, दुःसाध्य।
**टेढ़ापन** पु० दे० टेढ़ाई।
**टेढ़ामेढ़ा** वि० वक्रता लिये हुए, जो सीधा न हो।
  **मुहा० टेढ़ा पड़ना** रुखाई से बात करना।
**टेढ़ी खीर** स्त्री० कठिन काम।
**टेना** क्रि० शस्त्र को पत्थर से रगड़ना; मूँछों के बाल ऐंठना।
**टेनी**† स्त्री० छोटी उँगली।
  **मुहा० टेनी मारना** कम तौलना।
**टेबिल, टेबुल** पु० *(अं०)* नक्शा; मेज।
**टेरना** स० क्रि० तार स्वर में गाना; पूरा करना।
**टेरा** वि० स्त्री० *(सं०)* ऐंचाताना। पु० तना, शाखा।
**टेलीग्राफ** पु० *(अं०)* तार, विद्युत् से शीघ्र समाचार भेजने का एक साधन।
**टेलीप्रिण्टर** पु० *(अं०)* वह यन्त्र जिसमें तार द्वारा प्राप्त सन्देश स्वयं टाइप हो जाता है।
**टेलीविज़न** पु० *(अं०)* व्यवधान रहते हुए भी दूर की वस्तु को देखने की क्रिया।
**टेव** स्त्री० आदत, अभ्यास।
  **मुहा० टेव पड़ना** आदत पड़ जाना।
**टेवा** पु० टीपना।
**टेसू** पु० पलाशपुष्प; खेलने का टेसू; अक्ल का मूर्ख।
**टैक्स** पु० *(अं०)* टिकस, शुल्क, कर, महसूल।
**टैक्सी** स्त्री० *(अं०)* किराये पर चलनेवाली मोटरकार।
**टोंक**† पु० छोर, नोक।
**टोंका** पु० किनारा।
**टोंगा** पु० राँगा।
**टोंचना** क्रि० चुभना, गड़ाना।
**टोंटी** स्त्री० थूथन; बर्तन आदि में लगी हुई पानी गिराने की नली।
**टोक** स्त्री० रोक, कुदृष्टि का प्रभाव।
**टोकना** क्रि० बीच में बाधा डालना।
**टोकटाक** पूछते हुए बाधा डालना।

**टोकरा** पु० डला, झाबा।

**टोकरी** स्त्री० तरकारी आदि रखने का बाँस या झाऊ आदि की बनी डलिया, गहरा पात्र, घास, फल।

**टोकारा** पु० स्मरणार्थ बातें कहना।

**टोटक***, **टोटका** पु० टोना।

**टोन** 'टोना' का समासगत रूप।

**टोनहा, टोनहाया** पु० जादू-टोना करने वाला।

**टोना** स० क्रि० टटोलना, उँगलियों से दबाकर या छूकर मालूम करना। पु० जादू, टोटका।

**टोप** पु० बड़ी टोपी।

**टोपा** पु० कानों को ढकने वाली बहुत बड़ी टोपी।

**टोपी** स्त्री० सिर का एक पहनावा; शिकारी जानवर की आँख पर लगाने की पट्टी।

**टोर*** स्त्री० कटार, कटारी।

**टोरना** क्रि० तोड़ना, अलग करना।

**टोल** स्त्री० टुकड़ा, रोड़ा; दल, समुदाय; पाठशाला। पु० *(अं०)* यात्रियों आदि पर लगने वाला एक कर।

**टोला** पु० मुहल्ला।

**टोलिया, टोली** स्त्री० टोला, मुहल्ला।

**टोली** स्त्री० समूह, मण्डली, जत्था।

**टोवा** पु० पानी की थाह लेने वाला माँझी।

**टोह** स्त्री० टटोल, देख-भाल; खोज, थाह, पता।
**मुहा० टोह में रहना** खोज, में रहना। **टोह लगाना, लेना** पता लगाना।

**टोहना** स० क्रि० टटोलना; खोजना, थाह लेना।

**टोहिया** पु० भेदिया।

**टौड़िक*** वि० पेटू।

**टौर** स्त्री० दाव; पता, टोह; पता लगाने की क्रिया।

**टौरना** स० क्रि० पता लगाना, जाँच करना, परखना।

**ट्रम्प** पु० *(अं०)* ताश के खेल में नियत किया हुआ रंग जिससे बड़े पत्ते काटे जाते हैं।

**ट्रस्टी** पु० *(अं०)* वह व्यक्ति जिसे पक्की लिखा-पढ़ी करके प्रबन्ध के लिए सम्पत्ति सौंपी जाये।

**ट्रांसफर** पु० *(अं०)* बदली, तबादला।

**ट्रांसफॉर्मर** पु० *(ट्रांसफ़ॉर्मर)* ऐसा विद्युत उपकरण जो निम्न वोल्टता की प्रत्यावर्ती धारा को उच्च वोल्टता की प्रत्यावर्ती धारा में परिवर्तित कर सके।

**ट्राम** स्त्री० *(अं०)* बड़े-बड़े शहरों में बिजली की शक्ति से चलनेवाली बड़ी गाड़ी।

**ट्रूप** पु० *(अं०)* साठ घुड़सवारों का दल जिसमें दो लेफ्टिनेण्ट और एक कप्तान हो।

**ट्रेज़रर** पु० *(अं०)* खजांची, कोषाध्यक्ष।

**ट्रेज़री** स्त्री० *(अं०)* खजाना, कोषागार।

**ट्रेडमार्क** पु० *(अं०)* व्यापार चिह्न; किसी व्यापारी द्वारा अपने माल पर लगाया गया विशेष चिह्न।

**ट्रेडिल-मशीन** स्त्री० *(अं०)* छापने की छोटी मशीन जिसे एक व्यक्ति चलाता है।

**ट्रेनिंग** स्त्री० *(अं०)* प्रशिक्षण, कार्यविशेष की शिक्षा।

**ट्रैक्टर** पु० *(अं०)* चार पहियों वाली एक तरह की गाड़ी जो बोझा ढोने या कृषिसम्बन्धी कार्य के काम आता है।

## ठ

ठ उच्चारण स्थान मूर्द्धा। देवनागरी वर्णमाला में टवर्ग का दूसरा वर्ण।

**ठण्ठ** वि० ठूँठा, सूखा; परिवार; शून्य।

**ठण्ठनपाल** वि० अति निर्धन।

**ठण्ठनाना** क्रि० ठनठन शब्द करना।

**ठण्ठार** वि० रिक्त, खाली।

**ठण्ठी** स्त्री० दाना पीटने के बाद बालों में लगा हुआ अनाज।

**ठण्ढ, ठण्ढक** स्त्री० ठण्ढ, शीत, जाड़ा।

**ठण्ढा** पु० शीतल।
**मुहा० ठण्ढा करना** क्रोध शान्त करना। **ठण्ढा पड़ना** क्रोध शान्त होना; आवेशरहित होना। **ठण्ढा होना** मर जाना।

**ठण्ढ** स्त्री० सर्दी।

**ठण्ढई** स्त्री० ठण्ढाई।

**ठण्ढक** स्त्री० *(ला०)* सन्तोष, शान्ति; सुख; तृप्ति; ठण्ढ।

**ठण्ढा** वि० बुझा हुआ, शीतल।

**ठण्ढाई** स्त्री० पेयविशेष।

ठ पु० *(सं०)* शिव; शून्य; चन्द्रमण्डल।

**ठक** स्त्री० दो वस्तुओं के टक्कर होने से उत्पन्न शब्द। वि० स्तब्ध।
**मुहा० ठक हो जाना** स्तम्भित हो जाना, भौचक्का हो जाना।

**ठकुरई॑, ठकुराई** स्त्री० ठाकुर होने का भाव, क्षत्रिय;

स्वामित्व, प्रभुता; राज्य, शासनाधीन प्रदेश।

**ठकुरायत** स्त्री० शासनाधीन प्रदेश; स्वामित्व, प्रभुता।

**ठकुरायन** स्त्री० स्वामिनी, ठाकुर की पत्नी।

**ठक्कर** स्त्री० टक्कर।

**ठक्कुर** पु० *(सं०)* देवता; देवप्रतिमा।

**ठक्कुरपना** पु० ठगने का कार्य; धूर्तता; ठगहाई।

**ठग** पु० वंचक।

**ठगना** *अ० क्रि० धोखा खाना; ठगा जाना; दंग रह जाना, चकित होना। स० क्रि० धोखा देकर लूटना; दगाबाजी करना, धोखा देना, छलना।

**ठगाना**† स० क्रि० दूसरों के द्वारा धोखा दिलवाना। अ० क्रि० धोखा खा जाना।

**ठगा-सा** वि० स्तम्भित, भौचक्का।

**ठटना** स० क्रि० तैयार करना; सजाना; निर्धारित करना; छोड़ना। अ० क्रि० अड़ना; डटना।

**ठठई*** स्त्री० परिहास, ठट्ठई, हँसी।

**ठठक** स्त्री० अवरोध।

**ठठकना** क्रि० सहसा रुक जाना।

**ठठाना** अ० कि० जोर से हँसना। स० क्रि० आघात करना; जोर से पीटना।

**ठठेरा** पु० कसेरा, धातु के बर्तन बनाने वाला।

**ठठेरी** स्त्री० ठठेरे की स्त्री; ठठेरे का काम।

**ठठोली** स्त्री० हँसी, परिहास, मजाक।

**ठढ़िया** पु० ऊँचा ओखल; †एक साग, मरसा; पशुओं का एक रोग जिसमें वे दिनों-दिन सूखते जाते हैं।

**ठनकना** अ० क्रि० रुक-रुककर पीड़ा होना; ठन-ठन करके बजाना; शंका उत्पन्न होना।

**ठनगन** पु० जिद, हठ; नेग पाने के लिए हठ करना।

**ठन-ठन** स्त्री० धातुखण्ड के बजने की ध्वनि।

**ठन-ठन गोपाल** पु० कंगाल।

**ठनना** अ० क्रि० तैयार होना; दृढ़ता के साथ कार्य का आरम्भ होना; लगना; निश्चित होना।

**ठपका** पु० ठोकर, आघात।

**ठप्पा** पु० छापा, साँचा।

**ठमक** स्त्री० नजाकत भरी चाल; सहसा रुक जाने का भाव; इतराते हुए चलने का भाव।

**ठयना*** अ० क्रि० ठहरना, जमना; संकल्पपूर्वक आरम्भ होना; प्रयुक्त होना।

**ठरन** स्त्री० ठिठुरन।

**ठरमराना** क्रि० ठण्ढ से सिकुड़ना।

**ठर्रा**† पु० भद्दा जूता; कड़ा बटा हुआ मोटा सूत; एक तरह की देशी शराब; रद्दी पकी ईंट।

**ठवना** क्रि० गिराना।

**ठवनि, ठवनी** स्त्री० मुद्रा, स्थिति, बैठने का ढंग।

**ठवर** पु० ठौर, स्थान, जगह।

**ठस** वि० घनी बुनावट का (कपड़ा), दबीज; आलसी।

**ठसक** स्त्री० अहंकार, गर्व।

**ठसका** पु० सूखी खाँसी; ठोकर; चक्का।

**ठसनी** स्त्री० ठूँसने की छड़।

**ठसमठस, ठसाठस** वि० ठूँस कर भरा हुआ।

**ठस्सा** पु० ठसक, अंकार।

**ठहक** स्त्री० नगाड़े की ध्वनि।

**ठहर** पु० स्थान, ठहरना। क्रि० रुकना, टिकना।

**ठहरना** अ० क्रि० पक्का होना; रुकना; अस्थायी रूप से रहना; टिकना; थमना; प्रतीक्षा करना।

**ठहराई** क्रि० ठहरने की क्रिया। पु० स्थिरता, दृढ़ता।

**ठहराना** *अ० क्रि० ठहराना, टिकना, रुकना। स० क्रि० स्थिर करना; रोकना; टिकाना; तय करना।

**ठहाका** पु० जोर की हँसी।

**ठाँई** पु० स्थान।

**ठाँउ** वि० ठिकाना।

**ठाँठ** वि० शुष्क।

**ठाँठर** पु० ठठरी।

**ठाकुर** पु० जमींदार; देवप्रतिमा; परमेश्वर; अधीश्वर, क्षत्रियों की उपाधि; नाई।

**ठाटना*** स० क्रि० आयोजन करना; ठानना; रोकने, रक्षा करने या छाया करने के उद्देश्य से बाँस का ढाँचा ठाठना; सवारना।

**ठाटबाट** पु० शोभा, सजावट।

**ठानना** स० क्रि० करने का दृढ़ निश्चय करना।

**ठाना** क्रि० स्थापित करना।

**ठाम*** पु० शरीर की मुद्रा, अंगविन्यास; ठाँउँ।

**ठार** पु० जाड़ा, पाला।

**ठाला** वि० निठल्ला।

**ठाली** *स्त्री० धीरज, ढाढ़स। वि० बेकार, निठल्ली।

**ठाहर*** पु० जगह; ठरने का स्थान; ठिकाना।

**ठिकरी, ठिकरा** स्त्री०, पु० ठीकरा, मिट्टी के पात्र के टुकड़े।

**ठिकरौर**‡ वि० जिसमें कंकड़ अधिक हों (जमीन)।

**ठिकाना** पु० गुजर करने का स्थान; स्थान, जगह; वासस्थान; रहने या ठहरने की जगह, मुकाम।

**ठिठकना** अ० क्रि० चलते-चलते सहसा रुक जाना।

**ठिनकना** अ० क्रि० (बच्चों का) मचलना, ठनकना।

**ठिया** पु० अड्डा।

**ठिर-ठिर** स्त्री० गहरी ठण्ढ।

**ठिरना** क्रि० ठिठुरना।

**ठिलना** अ० क्रि० बलपूर्वक ढकेला जाना; जबरन खिसकाया या बढ़ाया जाना; धँसना।

**ठिलवा** पु० मिट्टी का घड़ा।

**ठिलिया** स्त्री० मटकी, ठिल्ला। पु० घड़ा।

**ठिहारी*** स्त्री० निश्चय, ठहराव।

**ठीक** पु० निश्चय; व्यवस्था, प्रबन्ध। वि० उपयुक्त; युक्तिसंगत; यथार्थ; मनोनुकूल; उचित; सही।

**ठीकड़ा** पु० मिट्टी के पात्र का टूटा अंश।

**ठीका** पु० कर आदि वसूल करने का जिम्मा; नियत समय पर निश्चित दर पर कोई काम करने या कराने का इकरार।

**ठीठी** स्त्री० हँसी का शब्द।

**ठीवन** पु० थूक, खखार।

**ठीहा** पु० पृथ्वी में गड़ा लकड़ी का टुकड़ा जिस पर रखकर कोई चीज गढ़ी या काटी जाती है; वेदी।

**ठुकना** अ० क्रि० हानि होना, चोट मारने पर भीतर धँसना; पीटा जाना; दायर होना (दावा)।

**ठुकराना** स० क्रि० पैर से मारकर हटाना; दुतकारना।

**ठुमक** वि० लुभावनी चाल; ठसक भरी हुई चाल।

**ठुरियाना** अ० क्रि० ‡ठुर्री हो जाना।

**ठुसना** अ० क्रि० कस-कस कर भरा जाना; कम स्थान में ज्यादा भरना।

**ठूँठ, ठूँठा** पु० बिना डाल-पात का पेड़ का सूखा तना।

**ठूँसा** पु० घूसा, ठेंगा।

**ठूसना** स० क्रि० दबा-दबाकर भरना, कसकर भरना।

**ठेंगा** पु० डण्डा, सोंटा; अँगूठा।

**मुहा० ठेंगा दिखाना** निराश करना; साफ इनकार करना।

**ठेंघा** पु० चाँड़, थूनी, टेक।

**ठेंपी**‡ स्त्री० बोतल का मुँह बन्द करने की काग, डाट।

**ठेक** स्त्री० सहारा, टेक।

**ठेकना** क्रि० सहारा लेना; रोटी बनाना।

**ठेका** पु० ठहराने-ठहरने, रुकने का स्थान; अड्डा; टेक; हलका आघात; डुग्गी; 'ठीका'।

**ठेकाना*** पु० स्थान; निवास-स्थान; ठहरने की जगह।

**ठेगना*** स० क्रि० रोकना, मना करना; टेकना।

**ठेगनी**‡ स्त्री० सहारा; टेकने की लकड़ी।

**ठेघना*** अ० क्रि० ठहरना; रुकना। स० क्रि० ठहराना।

**ठेठ** स्त्री० सीधी-सादी बोली। वि० शुद्ध; निरा गँवार।

**ठेपी** स्त्री० कॉर्क; कूदने का स्थान।

**ठेपा** पु० *(सं०)* लम्बी कूद।

**ठेला** पु० धक्का, भीड़; ठेलकर चलायी जाने वाली गाड़ी।

**ठेलाठेली** स्त्री० धक्कमधक्का।

**ठेवकी** स्त्री० ओट।

**ठेवना** पु० घुटना।

**ठेस** स्त्री० आघात।

**ठेसना** क्रि० ठूँसना, अत्यधिक खाना।

**ठेसर** वि० अभिमानी।

**ठेहरी** स्त्री० आश्रयस्थली।

**ठैन, ठैया*** स्त्री० जगह, स्थान।

**ठोंकना** स० क्रि० भारी वस्तु से किसी अन्य वस्तु पर आघात कर; मारना-पीटना; प्यार या ताव से थपथपाना; बेड़ी आदि में जकड़ना।

**ठोंकवा** पु० मोटी मीठी पूड़ी।

**ठोंग** स्त्री० चोच की मार।

**ठोंगा** पु० थैली जैसा कागज का बर्तन जिसमें दुकानदार ग्राहकों को सामान देते हैं।

**ठोंठी** स्त्री० फली; घोड़ी; कोष।

**ठो** अव्य० संख्या, संख्यावाची शब्दों के बाद उपयुक्त होनेवाला।

**ठोकना** स० क्रि० ठोंकना।

**ठोकर** स्त्री० धक्का; पैर से किया गया आघात; चलते समय कंकड़-पत्थर आदि से टकराने से पैर में लगी चोट; जूते का अगला हिस्सा।

**ठोकरा** वि० कठिन, कड़ा।

**ठोकराना** क्रि० जूते से ठोकर देना, ठोकरखाना, कुछ न गिनना।

**ठोट** वि० नीरस, मूर्ख।

**ठोड़ी, ठोढ़ी** स्त्री० ठुड्डी।

**ठोप**† पु० बूँद।

**ठोस** वि० जो भीतर से खाली न हो, जो पोला न हो।

**ठोसा**† पु० ठेंगा।

**मुहा० ठोसा दिखाना** साफ इनकार करना। **ठोसे से** कुछ परवाह नहीं।

**ठोहना** क्रि० पता करना।

**ठौका** पु० वह छोटा गड्ढा जहाँ सिंचाई के लिए दौरी आदि से पानी गिराते हैं।

**ठौनि** स्त्री० ठवनि, स्थिति, स्थान।

**ठौर** पु० अवसर, मौका; वह स्थान, जगह; उपयुक्त स्थान; एक प्रकार का मीठा पकवान।

**मुहा० ठौर ठिकाना** रहने का स्थान।

## ड

**ड** देवनागरी वर्णमाला में टवर्ग का तीसरा वर्ण। उच्चारण स्थान मूर्द्धा।

**डंक** पु० बिच्छू, भिड़ आदि का जहरीला काँटा, दंश।

**डंका** पु० धौंसा, नगाड़ा।

**मुहा० डंका बजना** चलती होना, तूती बोलना। **(लड़ाई का) डंका बजना** युद्ध आरम्भ होना। **डंका बजाना** घोषित करना, जोर-जोर से कहकर सबको सुनाना। **डंके की चोट कहना** निडर होकर मुँह पर कहना, घोषित करना।

**डंकिनी** स्त्री० डाकिनी, नारी का एक भेद।

**डंकौरी**† स्त्री० भिड़, हड्डा।

**डंगर** पु० पशु।

**डंगू ज्वर** पु० *(सं०)* एक प्रकार का ज्वर जिसके होने से शरीर में अकड़न हो जाती है।

**डँटैया*** पु० धमकी देने वाला; डाँटने वाला।

**डण्ठल** पु० जड़ और बाल के बीच का भाग, गेहूँ, जौ, ज्वार आदि का तना जिस पर बाल लगती है।

**डण्ठी**† स्त्री० किसी वस्तु से जुड़ी लम्बी वस्तु; डण्ठल।

**डण्ठी** स्त्री० छोटी लकड़ी।

**डण्डक*** पु० दण्डक।

**डण्डना*** स० क्रि० दण्ड देना।

**डण्डवारा** पु० खुली नीची भीत, चहारदीवारी।

**डँड़वी*** वि० कर देने वाला।

**डण्ड, डण्डा** पु० दण्ड, लाठी, सोंटा।

**डँडाल**† पु० नगाड़ा, डंका।

**डण्डिया** स्त्री० साड़ी विशेष।

**डण्डी** स्त्री० नाल; छोटी, सीधी और पतली लकड़ी; तराजू की लकड़ी जिसके दोनों ओर रस्सियों से पलड़े बाँधे जाते हैं; †शिश्न।

**डण्डीमार** पु० बनिया।

**डँड़ोरना*** स० क्रि० उलट-पुलटकर ढूँढ़ना।

**डम्बर** वि० *(सं०)* प्रसिद्ध। पु० एक प्रकार का बड़ा चँदोवा; आडम्बर; झुण्ड, समूह; भारी शब्द।

**डँवरू** पु० डमरू।

**डंस** पु० डाँस।

**डँसना** क्रि० डसना, डंक मारना।

**डकइत** पु० डकैत, डाकू।

**डकरना** अ० क्रि० गड़प कर जाना; डकार लेना।

**डकवाहा**† पु० डाकिया, डाक ढोने वाला।

**डकार** स्त्री० आवाज के साथ मुँह से निकली हुई हवा, दहाड़।

**मुहा० डकार न लेना** चुप्पी साध लेना।

**डकारना** अ० क्रि० किसी का माल पचा जाना; खाकर तृप्त होना; हजम कर जाना; दहाड़ना।

**डग** पु० कदम, चलने में दोनों पाँवों के बीच का अन्तर, फाल।

**मुहा० डग देना** कदम रखना। **डग भरना** कदम बढ़ाना। **डग मारना** लम्बे-लम्बे डग डालना।

**डगडगाना** अ० क्रि० अस्थिर होना; डगमग होना।

**डगडोलना*** अ० क्रि० डगमगाना।

**डगना*** अ० अपने स्थान से हटना, खिसकना।

**डगमगना*** अ० क्रि० डगमगाना।

**डगमगाना** †स० क्रि० हिलाना-डुलाना; विचलित करना। अ० क्रि० इधर-उधर हिलना या झुकना; विचलित होना, डाँवाडोल होना; लड़खड़ाना।

**डगर** स्त्री० रास्ता, राह, मार्ग।

**डगरना*** अ० क्रि० मन्द गति से चलना; लुढ़कना।

**डगा*** पु० चोब, डुग्गी आदि बजाने की लकड़ी।

**डगाना** स० क्रि० हिलाना; टसकाना; विचलित करना।

**डटना** क्रि० स्थिर रहना, रुकना, अड़ना।

**डटाना** स० क्रि० सटाना, भिड़ाना; अड़ाना, जमाना।

**डट्टा** पु० कण, ठप्पा।

**डढ़ार** वि० बड़ी दाढी वाला।

**डढ़न** स्त्री० सन्ताप; झुलसना।

**डढ़ना*** अ० क्रि० जलना; झुलसना।

**डढ़ियल** वि० लम्बी दाढ़ी वाला।

**डपट** स्त्री० डाँट, झिड़की।

**डपटना** क्रि० फटकारना।

**डपोर** वि० जोश या बकवास से भरा हुआ; बेबुनियाद।

**डपोरशंख, डपोरसंख** पु० डींग मारने वाला, जड़ मनुष्य; केवल बातें बनाने वाला।

**डफ** पु० डफला।

**डफला** पु० चंग, डफ नामक बाजा, ढोल के समान एक ओर मढ़ा हुआ।

**डफली** स्त्री० खंजड़ी-री, ढपली।

**डफार*** स्त्री० गला फाड़कर रोने की आवाज; चिल्लाना।

**डफारना*** अ० क्रि० चिग्घाड़ना; डाढ़ मारना।

**डब** पु० थैला, जेब।

**डबकना** अ० क्रि० आँखों का अश्रुपूर्ण होना; टीसना।

**डबकौंहाँ*** वि० अश्रुपूर्ण, डबडबाया हुआ।

**डबल** पु० पैसा।

**डबला** पु० मिट्टी का पात्र।

**डबिया** स्त्री० छोटा डिब्बा।

**डबरा** पु० छिछला, कम गहरा।

**डबरी** स्त्री० छोटा गड्ढा।

**डब्ब** पु० छोटा कटारी।

**डभकना** अ० क्रि० डूबना-उतराना; (नेत्रों में) आँसू भर आना।

**डभका**† वि० कुएँ से ताजा निकाला हुआ (पानी)।

**डभकोरी*** अ० अघाकार।

**डमर** पु० *(सं०)* भय से भाग खड़ा होना, भगदड़; शोर मचाकर या डराकर शत्रुओं को भगाना; दंगा।

**डमरू** पु० वाद्ययन्त्र विशेष।

**डमरूमध्य** पु० दो विशाल खण्डों को मिलाने वाली सँकरी भूमि।

**डर** पु० भीति होना; भय, त्रास, खौफ।

**डरपना*** अ० क्रि० डरना।

**डरपाना*** स० क्रि० त्रस्त करना, डराना।

**डरवाना** स० क्रि० गिरवाना; डालने देना; भय दिखाना।

**डराडरी*** स्त्री० डर, भय।

**डरावना** वि० जिसे देखकर डर लगे, भयानक।

**डराहुक**† वि० डरपोक।

**डरीला*** वि० शाखायुक्त।

**डल** पु० खण्ड, अंश। स्त्री० एक झील का नाम।

**डलना** अ० क्रि० पड़ना, डाला जाना, छोड़ा जाना।

**डला** पु० टोकरा, डेला।

**डलिया** स्त्री० बाँस की फट्टियों का बना पात्र जो डले से छोटा होता है।

**डली** स्त्री० सुपारी, डेली, छोटा टुकड़ा।

**डवँरा** पु० कटोरा।

**डसन** स्त्री० डसने की क्रिया।

**डसना** स० क्रि० डंक मारना; साँप आदि जहरीले जन्तुओं का दाँत से काटना।

**डहकना** *अ० क्रि० विकसित होना, फूलना, धोखा खाना; हुंकार भरते हुए गरजना, चिग्घाड़ना।

**डहकाना*** अ० क्रि० धोखा खाना, ठगा जाना।

**डहकानी** पु० ठग। स्त्री० ठगी।

**डहडहा*** वि० प्रसन्न; ताजा; हरा-भरा; प्रफुल्ल।

**डहडहाना** अ० क्रि० हरा-भरा होना; खुश होना।

**डहना** क्रि० गिरना; जलना, कुढ़ना।

**डहरना*** अ० क्रि० घूमना, चलना।

**डहरिया, डहरी**† स्त्री० अनाज रखने का मिट्टी का बड़ा बर्तन, कुठिला।

**डाँकना**† अ० क्रि० वमन करना। स० क्रि० लाँघना।

**डाँग*** पु० घना जंगल; डंका; †लाठी, डण्डा।

**डाँगर**† पु०, वि० मृत पशु, अत्यधिक दुबला-पतला।

**डाँट** स्त्री० दबाव; झिड़क, फटकार।

**डाँठ**† पु० डण्ठल।

**डाँड़** पु० खेत की सीमा; जुर्माना; नाव खेने का बाँस या पतवार; मेंड़; खोयी हुई वस्तु का बदला।

**डाँड़ा** पु० नाव खेने का बाँस का डण्डा या पतवार।

**डाँड़ी** स्त्री० टहनी; लम्बी एवं पतली लकड़ी; तराजू की डण्डी; सीधी रेखा; *रस्सी; पालकी।

**डाँवर**† पु० अलकतरा, डामर।

**डाइनामाइट** पु० *(अं०)* एक विस्फोटक पदार्थ।

**डाइरेक्टर** पु० *(अं०)* निदेशक।

**डाई** स्त्री० *(अं०)* कागज, सिक्के, पदक आदि पर चिह्नविशेष बनाने का साँचा, ठप्पा; रंग; पासा।

**डाक** स्त्री० पत्र, आवश्यक कागज-पत्र आदि आने-जाने की सरकारी व्यवस्था, रुपए-पैसे भेजने का सरकारी प्रबन्ध। ~

**डाकखाना** पु० पोस्टऑफिस।

**डाकमुंशी** पु० पोस्ट-मास्टर।

**डाकशुल्क** पु० *(पोस्टेज)* चिट्ठी- पत्री आदि पर टिकट रूप में लगने वाला कर।

**डाका** पु० लुटेरों द्वारा माल लूटने के लिए मारा गया धावा।

**डाकाज़नी** स्त्री० डाका मारने की क्रिया, लूट।

**डाकीय प्रमाणपत्र** पु० *(पोस्टल सर्टिफिकेट)*डाकखाने के कर्मचारी द्वारा किसी पैकेट या पत्र आदि को प्राप्त करने के बाद जारी किया गया प्रमाण पत्र।

**डाक्टरी** वि० डाक्टर का। स्त्री० एलोपैथी (अँग्रेजी) या होमियोपैथी आदि पाश्चात्य चिकित्सा विधि एवं चिकित्साशास्त्र।

**डाट** स्त्री० रुकावट, बोतल, शीशी आदि के मुँह पर लगने वाला काग, टेक, अटकन, चाँड़ फटकार।

**डाढ़** स्त्री० चबाने के दाँत।

**डाढ़ना*** स० क्रि० दग्ध करना, जलाना।

**डाढ़ा*** पु० ताप, जलन; दावानल, वनाग्नि।

**डाढा*** वि० दृढ़, गहरा।

**डाढ़ी** स्त्री० चिबुक, ठोड़ी के बाल।

**डाब** पु० कच्चा नारियल।

**डाबर** वि० मिट्टी मिला गन्दा पानी। पु० गन्दा पानी इकट्ठा होने का गड्ढ़ा; गड़ही; मैला पानी।

**डाभ** पु० कुश जैसी एक घास; कुश; आम का बौर।

**डामर** पु० *(सं०)* हलचल; ठाट-बाट, दंगा; चमत्कार।

**डामल** अ०, **डामिल** पु० आजीवन कारावास का दण्ड; सदैव बन्दी रहने की आज्ञा; देश निर्वासन।

**डायरी** स्त्री० *(अं०)* रोजनामचा, दैनन्दिनी पुस्तिका जिसमें प्रतिदिन के क्रिया-कलाप का विवरण हो।

**डार*** स्त्री० समूह, झुण्ड; डाल।

**डाल** स्त्री० शाखा; टहनी; टोकरी।

**डालना** स० क्रि० घुसाना, प्रविष्ट कराना; गिराना।

**डॉलर** पु० एक अमेरिकन सिक्का जिसका मूल्य भारतीय मुद्रा से कई गुना अधिक होता है।

**डाली** स्त्री० पेड़ की छोटी शाखा; उपहार, भेंट के रूप में भेजे हुए फल, फूल, मिठाई आदि, नजर।

**डावरा*** पु० बेटा, पुत्र।

**डावरी*** स्त्री० बेटी, पुत्री।

**डासन** पु० विस्तर।

**डासना** क्रि० विस्तर लगाना, सँभालना।

**डासनी** स्त्री० चारपाई, पलंग।

**डाह** स्त्री० ईर्ष्या।

**डाहना** स० क्रि० सन्तप्त करना; जलाना; तंग करना।

**डिंगर** पु० मोटा आदमी; ठग, धूर्त।

**डिंगल** वि० नीच, कमीना। स्त्री० चारणों या भाटों की पुरानी काव्य भाषा।

**डिण्डिभ** पु० *(सं०)* डुगडुगी।

**डिम्ब** स्त्री० फुफ्फुस; अण्डा; कोलाहल; भय; डर; विप्लव।

**डिम्बज** पु० अण्डा।

**डिम्बर** पु० शिशु, बालक।

**डिम्बाशय** पु० *(ओवरी)* स्त्री के गर्भाशय की वे दो ग्रन्थियाँ जिनमें डिम्ब रहते और परिपक्व होते हैं।

**डिंभिया** वि० पाखण्डी, ढोंगी, घमण्डी।

**डिगरी** स्त्री० *(अं०)* विश्वविद्यालय से मिलने वाली उपाधि; कला; 'वादी के पक्ष में हुआ फैसला।

**डिगलाना, डिगुलाना*** अ० क्रि० डगमगाना, हिलना।

**डिगाना** स० क्रि० हटाना; सरकाना; हिलाना।

**डिग्गी** स्त्री० तालाब।

**डिज़ाइन** स्त्री० *(अं०)* बनावट, तर्ज।

**डिढ़ाना*** अ० क्रि० दृढ़, मजबूत होना। स० क्रि० दृढ़ होना; मन में पक्का निश्चय करना।

**डिप्टी** पु० *(अं०)* *(डिप्युटी)* सहायक अधिकारी।

**डिप्टीकलक्टर** पु० कलेक्टर का नायब (अफसर)।

**डिपार्टमेण्ट** पु० *(अं०)* विभाग।

**डिफेंस** पु० *(अं०)* सफाई (पक्ष); रक्षा, बचाव।

**डिब्बा** पु० रेल का डिब्बा।

**डिभगना*** स० क्रि० प्रतारित करना, छलना।

**डिमरेज** पु० *(अं०)* स्टेशन पर या बन्दरगाह पर माल के अधिक समय तक पड़े रहने का हर्जाना।

**डिलिवरी** स्त्री० बच्चे को जन्म देने की क्रिया, प्रसव; माल का छुड़ाना या अदा करना।

**डिल्ला** पु० बैल का कूबड़, ककुत्थ।

**डिस्ट्रिब्यूट(करना)** स० क्रि० *(अं०)* वितरित करना;

छपाई हो जाने के बाद टाइपों को अलग-अलग उनके खानों में रखना।

**डिहरी** स्त्री० अनाज रखने का मिट्टी का बड़ा बर्तन।

**डींग** स्त्री० लम्बी-चौड़ी आत्मप्रशंसा; शेखी।

**मुहा० डींग हाँकना** लम्बी-चौड़ी बातें कहना।

**डीठ** स्त्री० दृष्टि, नजर; सूझ।

**डीठबन्ध** पु० नजरबन्दी, इन्द्रजाल।

**डीठना*** अ० क्रि० देख पड़ना। स० क्रि० देखना।

**डीमडाम*** पु० धूमधाम; आडम्बर; गर्व, ठसक।

**डील** पु० शरीर; शरीर की लम्बाई, मोटाई आदि।

**डुंग*** पु० ढूह, टीला; राशि, ढेर।

**डुक** पु० घूँसा।

**डुकियाना** स० क्रि० घूँसे जमाना।

**डुगडुगी** स्त्री० डुग्गी।

**डुगडुगा** क्रि० लकड़ी से नगाड़ा बजाना।

**डुपटना** स० क्रि० चुनियाना; तह लगाना।

**डुपट्टा†** पु० दुपट्टा।

**डुबकी** स्त्री० गोता।

**डुबवाना** क्रि० दूसरे से डुबाना।

**डुबाना** स० क्रि० कलंकित करना, कुल पर धब्बा लगाना; किसी की प्रतिष्ठा नष्ट करना।

**डुब्बा** पु० पनडुब्बा, पानी में डुबकी लगाने वाला।

**डुब्बी** स्त्री० गोता।

**डुभकौरी** स्त्री० डभकौरी, पीठी की सुखाई हुई बड़ी।

**डुलना*** अ० क्रि० डोलना।

**डुलाना** स० क्रि० दूर भगाना, इधर-उधर घुमाना-फिराना; हिलाना, झलना; चालित करना।

**डुलि** स्त्री० *(सं०)* कच्छपी, कछुई।

**डूँगर** पु० छोटा पर्वत, ऊँची जमीन; टील, ढूह।

**डूँगा** पु० चम्मच।

**डूबना** अ० क्रि० लीन होना; अस्त होना; कलंकित होना; मारा जाना; कायम करना या काम करना।

**मुहा० डूबते को तिनके का सहारा होना** अवलम्बहीन को थोड़ा सहारा मिलना। **डूबना-उतराना** चिन्ता में लीन होना। **डूब मरना** लज्जा के मारे मर जाना।

**डेपुटेशन** पु० *(अं०)* किसी काम से अधिकारी से मिलने वाला शिष्टमण्डल, प्रतिनिधि-मण्डल।

**डेड़हा** पु० जल-सर्प।

**डेढ़** पु० एक और आधा।

**डेबरी†** स्त्री० टीन या शीशे की डिब्बी जिससे दीपक का काम लेते हैं।

**डेरा** पु० अस्थायी और थोड़े समय का निवास; टिकने की जगह; खेमा, तम्बू।

**मुहा० डेरा डालना** सामान के साथ टिकना।

**डेरी** स्त्री० *(अं०)* वह स्थान जहाँ दूध देने वाले पशु पाले जाते हैं; दूध, दही आदि मिलने की दूकान।

**डेलटा** पु० *(अं०)* बालू आदि से नदियों के मुहाने पर बनी तिकोनी भूमि।

**डेवढ़** *पु० क्रम, सिलसिला। वि० डेढ़ गुना।

**डेस्क** पु० *(अं०)* लिखने-पढ़ने के काम आने वाली मेज।

**डेहरी†** स्त्री० अन्न रखने का कच्ची मिट्टी का बना बड़ा बर्तन।

**डैना** पु० पर, पंख।

**डोंगर** पु० पहाड़ी; ढूह, टीला, भीटा।

**डोंगा** पु० बड़ी नाव।

**डोंगी** स्त्री० छोटी नाव।

**डोकरा** पु० बूढ़ा आदमी।

**डोकरी** स्त्री० बूढ़ी स्त्री।

**डोका** पु० तेल, घी आदि रखने का काठ का पात्र।

**डोकिया, डोकी** स्त्री० काठ का छोटा घृतपात्र।

**डोम** पु० *(सं०)* श्मशान पर मृतकों के शव को अग्नि देने का काम करने वाली एक नीच जाति।

**डोमनी, डोमिन** स्त्री० घृणित एवं अस्पृश्य-कर्म करने वाली स्त्री; डोम जाति की स्त्री।

**डोमिनियन** पु० *(अं०)* उपनिवेश; राज्य।

**डोर** स्त्री० *(सं०)* धागा, तागा, सूत; *(ला०)* बन्धन, लगाव।

**मुहा० डोर मजबूत होना** दीर्घजीवी होना।

**डोरिया** पु० सूती कपड़ा।

**डोरियाना** क्रि० रस्सी में बाँधकर पशु को एक स्थान से दूसरे स्थान पर ले जाना।

**डोरिहार†** पु० पटवा।

**डोरी** स्त्री० फाँस; सूत्र; रस्सी; बन्धन; लगन।

**डोरे*** अ० साथ-साथ।

**डोल** पु० पानी खींचने का लौहपात्र।

**डोलना** अ० क्रि० इधर-उधर घूमना, अपनी जगह

से हटना; चलना फिरना; (मन का) विचलित होना।

**डोला** पु० पालकी, शिविका।

**डोली** स्त्री० शिविका, पालकी।

**डौंड़ी** स्त्री० मुनादी, डुग्गी।

**डौल** पु० रूपरेखा, गठन; ढाँचा; बनावट; *(ला०)* स्वरूप; कार्य-साधन का उपाय।

**मुहा० डौल डालना** रूपरेखा तैयार करना। **डौल पर लाना** कतर-ब्योंत कर दुरुस्त करना; रास्ते पर लाना, अनुकूल बनाना।

**डौलना**ꜝ स० क्रि० सुघड़ बनाना, सुडौल बनाना।

**ड्यूटी** स्त्री० *(अं०)* बँधा हुआ काम; कर्तव्य; चुंगी।

**ड्योढ़ा** पु० डेढ़गुनी संख्या का पहाड़ा।

**ड्योढ़ी** स्त्री० पौरी; दहलीज।~

**ड्योढ़ीदार** पु० ड्योढ़ी पर रहने वाला पहरेदार, पौरिया।

**ड्योढ़ीवान** पु० द्वारपाल।

**ड्राइंग** स्त्री० *(अं०)* रेखाओं द्वारा चित्र बनाने की कला।

**ड्राइंगरूम** पु० बैठका।

**ड्राम** पु० *(अं०)* द्रव मापने का एक पैमाना जिसमें तीन माशे का एक परिमाण होता है।

**ड्रावर** पु० *(अं०)* कागज आदि रखने का लकड़ी का बना दराज या खाना जो मेज में लगा रहता है।

**ड्रेन** स्त्री० *(अं०)* मल, नाली, गन्दे पानी, मूत्र आदि के बहने की नाली।

**ड्रेस** पु० *(अं०)* पोशाक, वेश-भूषा।

## ढ

ढ देवनागरी वर्णमाला में टवर्ग का चौथा वर्ण। उच्चारण स्थान मूर्द्धा।

**ढंकन** पु० ढक्कन।

**ढँकना** स्त्री० ढकना।

**ढँकना** क्रि० किसी वस्तु को ढक देने की क्रिया।

**ढँकाव** पु० ढँकने का भाव।

**ढंख** पु० ढाक, पलाश।

**ढंग** पु० तरीका; रीति; तर्ज; चलन; उपाय; आचरण।

**ढंगी** वि० धूर्त, चालाक, कुशल।

**ढँढरच**ꜝ पु० ढण्ढस।

**ढण्ढार** वि० मूर्ख, बेवकूफ; बेड़ौल; वृद्ध।

**ढँढोर*** पु० आग की ऊँची लपट।

**ढँढोरा** पु० मुनादी, डुग्गी।

**मुहा० ढँढोरा पीटना** घोषित करना।

**ढ** पु० *(सं०)* कुत्ते की पूंछ; कुत्ता; बड़ा ढोल; ध्वनि।

**ढई**ꜝ स्त्री० धरना, गिर पड़ने की अवस्था।

**मुहा० ढई देना** धरना देना।

**ढकना** पु० ढक्कन। अ० क्रि० छिपना, आच्छादित होना। स० क्रि० छिपाना, घूँघट में मुँह छिपाना, किसी बर्तन से देगची का मुँह ढँकना।

**ढकनी**ꜝ स्त्री० कसोरा; छोटा ढकना।

**ढका** पु० तीन सेर की तौल का बाट; *बड़ा ढोल।

**ढकार** पु० *(सं०)* 'ढ' वर्ण।

**ढकेलना** स० क्रि० धक्का देकर आगे बढ़ाना।

**ढकोसला** पु० आडम्बर, पाखण्ड; झूठा दिखावा।

**ढकोसलेबाजी** स्त्री० *(हि०)* का० आडम्बर, पाखण्ड।

**ढक्का** स्त्री० *(सं०)* धक्का; बड़ा ढोल; डंका।

**ढचर** पु० झंझट; ढाँचा; आयोजन; ढोंग; बखेड़ा।

**ढनमनाना** अ० क्रि० लुढ़कना; चक्कर खाकर गिरना।

**ढपना** पु० ढक्कन। स० क्रि० छिपाना, ढाँकना। अ० क्रि० छिपा होना।

**ढपला**ꜝ पु० डफला।

**ढपली**ꜝ स्त्री० डफली।

**ढब** पु० प्रकृति; स्वभाव; तौर-तरीका, रीति; बनावट।

**ढबका*** पु० युक्ति, उपाय।

**ढबरा**ꜝ वि० मटमैला, गन्दा।

**ढबुआ**ꜝ पु० पैसा।

**ढबैला**ꜝ पु० मिट्टी मिला हुआ, गँदला।

**ढमढम** पु० ढोल का शब्द।

**ढयना** क्रि० ध्वस्त होना, गिरना।

**ढरकना** क्रि० गिरकर बहना।

**ढरका** पु० पशुओं को दवा पिलाने की नली; रिसाव।

**ढरकी** स्त्री० बाने का सूत फेंकने का साधन।

**ढरकीला**ꜝ वि० ढरकने या लुढ़कने वाला।

**ढरनि*** स्त्री० हिलने की क्रिया; झुकाव।

**ढरहरना*** अ० क्रि० प्रसन्न होकर किसी ओर झुकना।

**ढरहरा**ꜝ वि० ढालुवाँ, ढलवाँ।

**ढरहरी**ꜝ स्त्री० पकौड़ी। वि० स्त्री० ढालुई जमीन।

**ढराना**† अ० क्रि० आँसू बहाना। स० क्रि० ढलाना।

**ढरैया**† पु० ढालने वाला।

**ढर्रा** पु० आदत; शैली; उपाय, मार्ग, रास्ता।

**ढलकना** अ० क्रि० ढलना।

**ढलकाना** क्रि० बहाना, गिराना।

**ढलना** अ० क्रि० उम्र का बीतना; लुढ़कना; नीचे की ओर जाना; सूर्य का अस्ताचल की ओर जाना।

**ढलमल** वि० शिथिल।

**ढलवाँ** वि० ढालुआँ (जमीन); ढाला हुआ।

**ढलाई** क्रि० ढालने का कार्य।

**ढलाना** क्रि० ढलवाना।

**ढलुवाँ**† वि० ढालू, ढलवा, ढालदार।

**ढसक** स्त्री० सूखी खाँसी।

**ढहना** अ० क्रि० किसी चीज का ध्वस्त होना।

**ढहरना** अ० क्रि० लुढ़कना, गिर पड़ना।

**ढहरी*** स्त्री० देहली; मटकी।

**ढहाना** स० क्रि० गिराना, ध्वस्त करना।

**ढाँक** पु० पलाश।

**ढाँकना** स० क्रि० ढकना।

**ढाँख** पु० पलाश।

**ढाँचा** पु० बनावट; किसी वस्तु की रचना या बनावट का आरम्भिक रूप; तरीका।

**ढाँपना** स० क्रि० ढकना।

**ढाँसना** क्रि० सूखी खाँसी खाँसना।

**ढाई** पु० दो और आधा।

**ढाक** पु० बड़ा ढोल; पलाश।

**मुहा० ढाक के तीन पात** हमेशा तंगदस्त रहनेवाला।

**ढाड़, ढाढ़** स्त्री० चिग्घाड़; चीत्कार, चीख।

**ढाढ़ना*** स० क्रि० डाढ़ना।

**ढाढ़स** पु० दिलासा, सान्त्वना, धीरज।

**मुहा० ढाढ़स बँधाना** दिलासा देना, सान्त्वना देना।

**ढाना** स० क्रि० ध्वस्त करना; गिराना।

**ढाबर*** वि० गन्दा, मटमैला, गन्दला।

**ढाबा** पु० ओलती; भोजनालय; जाल; परछत्ती।

**ढामक** पु० नगाड़े की ध्वनि।

**ढार** पु० उतार, ढालू।

**ढारस** पु० ढाँढ़स।

**ढाल** पु० तलवार रोकने का खाल का अस्त्र।

**ढालना** स० क्रि० ठेलना; हिलाना; पानी आदि को गिराना, उँड़ेलना; गिलास में शराब उलीचना।

**ढालवाँ** वि० ढालू, जो आगे की ओर क्रमशः नीचा होता गया हो।

**ढालिया** पु० कसेरा।

**ढालुआँ, ढालू** वि० ढालदार, ढालवाँ, ढालुआँ।

**ढास*** पु० लुटेरा, डाकू।

**ढासना** पु० तकिया; टेक, सहारा; आधार की वस्तु।

**ढिण्ढोरना*** स० क्रि० तलाश करना, ढूँढ़ना; बिलोड़ना।

**ढिण्ढोरा** पु० डुग्गी; डुग्गी बजाकर की गई घोषणा।

**ढिग** *स्त्री० तट; किनारा। अ० नजदीक, पास।

**ढिठाई** स्त्री० बेअदबी, दुःसाहस, धृष्टता।

**ढिबरी** स्त्री० टीन, शीशे, मिट्टी आदि की बनी दीपक के काम आने वाली डिबिया; बोल्ट के ऊपर कसा जाने वाला लोहे का छल्ला।

**ढिमका, ढिमाका**† सर्व० फलाँ, अमुक; ठिकाना।

**ढिमरिया, ढिमरी**† स्त्री० पानी लाने वाली, कहारिन।

**ढिलढिला** वि० ढीला-ढाला, तरल।

**ढिलाई** स्त्री० ढील, आलस्य, ढीलापन।

**ढिलाना** अ० क्रि० *ढीला करना; बन्धन से मुक्त करना। स० क्रि० ढीला कराना; बन्धन से छुड़ाना।

**ढिल्लड़** वि० आलसी।

**ढींगर*** पु० जार; अधिक लम्बा-चौड़ा व्यक्ति।

**ढींढ़** पु० गर्भ; बड़ा पेट।

**ढींढ़ गिराना** गर्भपात।

**ढीच*** स्त्री० कूबड़।

**ढीट*** स्त्री० लकीर, रेखा।

**ढीठ** वि० चपल; साहसी; संकोचरहित; निडर।

**ढीठता*** स्त्री० निडरता, बेअदबी, धृष्टता।

**ढीमर**† पु० पानी भरनेवाली एक जाति; धीवर।

**ढीमा**† पु० ईंट, पत्थर आदि का टुकड़ा।

**ढील**† पु० बालों में पड़ने वाला एक छोटा कीड़ा, जूँ। स्त्री० शिथिलता; ढिलाई। †वि० ढीला।

**मुहा० ढील देना** स्वच्छन्द होने देना; किसी वस्तु के तनाव को कम करना; बन्धनमुक्त करना।

**ढीलना** स० क्रि० पानी आदि देकर पतला करना; ढीला करना; बन्धन मुक्त करना; सरकने देना।

**ढीला** वि० शान्त; जिसमें तनाव या खिंचाव न हो।

**मुहा० ढीला पड़ना** सुस्त हो जाना; लापरवाही करना।

**ढीलापन** पु० शिथिलता।

**ढीह** पु० टीला।

**ढुण्ढ***पु० लुटेरा, उचक्का, ठग।

**ढुण्ढन** पु० *(सं०)* खोज, पता लगाना।

**ढुँढवाना** क्रि० खोज कराना।

**ढुण्ढी** स्त्री० नाभि; बाँह, मुश्क।

**ढुकना** अ० क्रि० छिपकर सुनने या देखने के लिए आड़ में बैठना; टूट पड़ना; घुसना।

**ढुकास** पु० तेज प्यास।

**ढुटौना*** पु० ढोटा, लड़का।

**ढुनमुनिया**† स्त्री० लुढ़कने की क्रिया; कजली गाने का एक ढंग जिसमें स्त्रियाँ गोलाई में घूमती और बीच-बीच में झुकती हैं।

**ढुरकना*** अ० क्रि० झुकना; लुढ़कना; फिसलना।

**ढुरना*** अ० क्रि० नीचे की ओर बहना; फिसलना।

**ढुराना** क्रि० ढरकाना, टपकाना।

**ढुर्रा** स्त्री० पतला मार्ग।

**ढुलकना** क्रि० गिरना।

**ढुलना** क्रि० फिसलना।

**ढुलमुल** वि० शिथिल, अस्थिर, ढीला।

**ढुलवाई, ढुलाई** क्रि० ढोने का कार्य।

**ढुलाना** क्रि० ढालना, लुढकाना।

**ढूँढ़ी**† स्त्री० भूने हुए आटे में गुड़ या चीनी मिलाकर बनाया गया लड्डू।

**ढेंकली** स्त्री० सिंचाई लिए पानी निकालने का एक यन्त्र; धान कूटने का एक यन्त्र, ढेंकी।

**ढेंका** पु० कोल्हू में जुए के सिर से लगाया जाने वाला बाँस; धान कूटने की बड़ी ढेंकी।

**ढेंकुर**† स्त्री० ढेंकली।

**ढेंकुली** स्त्री० ढेंकली।

**ढेंढर** पु० आँख का डेला।

**ढेंढ़ी** स्त्री० कान का एक गहना; पोस्ते; कपास; सेमर इत्यादि का डोंड़ा; †छीमी।

**ढेंपी, ढेंप** स्त्री० उभरा हुआ कोना।

**ढेबुआ** पु० पैसा।

**ढेबुक*** पु० पैसा, ताँबे का एक सिक्का।

**ढेर** वि० बहुत, अधिक। पु० राशि, पुंज, अटाला।

**मुहा० ढेर करना** मार डालना। **ढेर हो जाना** मर जाना।

**ढेरी** स्त्री० राशि, टाल।

**ढेलवाँस** पु० कनकौआ, ढेला फेंकने का रस्सी का फन्दा।

**ढेला** पु० मिट्टी, पत्थर आदि का टुकड़ा।

**ढैया** पु० ढाई सेर का बटखरा।

**ढोंका** पु० पत्थर आदि का बड़ा टुकड़ा, डला।

**ढोंग** पु० छल; पाखण्ड।

**ढोंगबाज़ी** स्त्री० आडम्बर, पाखण्ड।

**ढोंगी** वि० पाखण्डी, ढोंग करने वाला।

**ढोटा*** पु० बेटा; पुत्र, बालक।

**ढोटी*** स्त्री० पुत्री, बेटी; बालिका।

**ढोना** क्रि० बोझ ले चलना, भार पहुँचाना; गुजारा करना।

**ढोर** पु० चौपाया, मवेशी; *अदा, छटा।

**ढोरना*** स० कि० पीछे लगाना; हिलाना।

**ढोल** पु० *(सं०)* हाथ से बजाने का चमड़ा मढ़ा एक बाजा; कान का भीतर का परदा, कर्णपटह।

**मुहा० ढोल पीटना** चारों ओर कहते फिरना।

**ढोलक** स्त्री० छोटा ढोल।

**ढोलकिया** पु० ढोल बजाने वाला।

**ढोलकी** स्त्री० छोटा ढोल, ढोलक।

**ढोलना** पु० ताबीज, गले में बच्चों का आभूषण, गठेली।

**ढोलिनी*** स्त्री० ढोल बजानेवाली स्त्री।

**ढोली** स्त्री० हँसी, दिल्लगी; दो सौ पानों की गड्डी।

**ढोव*** पु० मांगलिक अवसर पर राजा आदि को नजर की जानेवाली वस्तु, भेंट।

**ढोहना*** स० क्रि० ढोना, ढूँढ़ना, खोजना।

**ढौंसना*** अ० क्रि० धूमधाम मचाना; हर्षध्वनि करना।

**ढौरी*, ढौली*** स्त्री० ढंग, धुन, लगन।

**ढौकन** पु० *(सं०)* उत्कोच, घूस।

## ण

**ण** देवनागरी वर्णमाला में टवर्ग का पाँचवाँ वर्ण। उच्चारण स्थान मूर्द्धा।

**ण** पु० *(सं०)* विन्दुदेव—बुद्ध का एक नाम; निर्णय; भूषण; ज्ञान; जल में स्थित भवन। वि० गुणहीन।

**णकार** पु० *(सं०)* 'ण' स्वरूप वण।

# त

**त** देवनागरी वर्णमाला में तवर्ग का पहला वर्ण, इसका उच्चारण स्थान दन्त है।
**तंक** पु० *(सं०)* प्रिय के वियोग का दुःख; भय।
**तंग** वि० *(फ़ा०)* सँकरा; चुस्त, आवश्यकता से अधिक कसा हुआ।
**तंग** पु० *(सं०)* विरह, सन्ताप, भय।
**मुहा० तंग आना** परेशान होना। **तंग करना** आजिज करना; दुःख पहुँचाना; हैरान करना।
**तंगी** स्त्री० संकीर्णता; चुस्ती; परेशानी; गरीबी।
**तण्डुरीण** पु० *(सं०)* कीट, पतंग; चावल का धोवन।
**तण्डुला** स्त्री० *(सं०)* बायबिडंग; चौलाई का साग।
**तन्त*** स्त्री० उतावली, जल्दबाजी। पु० अधीनता; तार वाला बाजा; अभिलाषा।
**तन्तमन्त** पु० तन्त्र-मन्त्र।
**तन्ति** स्त्री० *(सं०)* गाय की कतार, लम्बी रस्सी (जिसमें कई बछड़े बँधे हों)। पु० जुलाहा।
**तन्तु** पु० *(सं०)* तागा; रेशा; सूत; धन।
**तन्त्र** पु० *(सं०)* अधीनता; विज्ञान सम्बन्धी सिद्धान्त, रचना या नियम; ताँत; राज्य तन्त्र; वीणा आदि का तार, झाड़-फूंक, टोना।
**तन्त्रमन्त्र** पु० जादू-टोना।
**तन्त्रता** स्त्री० *(सं०)* कोई ऐसा कार्य जिसके करने से अनेक उद्देश्यों की पूर्ति हो।
**तन्त्रि** स्त्री० *(सं०)* नस; वीणा; ताँत; पूँछ।
**तन्त्री** स्त्री० *(सं०)* रस्सी; वीणा।
**तन्दुल*** पु० तण्डुल।
**तन्दूरी** वि० तन्दूर-सम्बन्धी। पु० तन्दूर पर पकी रोटियाँ।
**तन्देही** स्त्री० प्रयत्न, आज्ञा।
**तन्द्रा** स्त्री० *(सं०)* आयुर्वेद शास्त्र में शरीर के भारी और इन्द्रियों के शिथिल होने की दशा, आलस्य।
**तन्द्रालु** वि० ऊँघने वाला।
**तन्द्री (द्रिन्)** वि० *(सं०)* क्लान्त, आलसी; काहिल।
**तम्बाकू** पु० जर्दा; सुरती से बना एक नशीला पदार्थ जिसे चिलम आदि पर रखकर पीते हैं।
**तम्बू** पु० शिविर, डेरा।
**तम्बूल***, **तम्बोल** पु० पान, ताम्बूल।
**तम्भ*** पु० स्तम्भ; सात्त्विक अनुभाव।
**तम्भन*** पु० स्तम्भन; सात्त्विक अनुभाव।
**तँवार** स्त्री० चक्कर, घूँघट।
**त** पु० *(सं०)* चोर; अमृत; पूँछ; नौका; झूठ; पुण्य।
**तअम्मुल** पु० *(अ०)* धैर्य; आगा-पीछा; सोच-विचार।
**तइनात** पु० तैनात।
**तइसा*** वि० तैसा।
**तई** प्रत्य० से, प्रति, को। अव्य० लिए, हेतु, वास्ते।
**तई** स्त्री० छिछली कड़ाही।
**तउ*** अ० तब; त्यों।
**तक** अव्य० पर्यन्त, तुला।
**तक़दीर** स्त्री० *(अ०)* किस्मत, भाग्य।
**मुहा० तक़दीर आज़माना** भाग्य के भरोसे कोई काम करना। **तक़दीर ऊँची जगह लड़ना** अमीर घर से सम्बन्ध बनना। **तक़दीर का खेल** भाग्य के करिश्मे। **तक़दीर का धनी** भाग्यवान्। **तक़दीर जागना** भाग्य का उदय होना। **तक़दीर फूटना** किस्मत खराब होना।
**तकन** स्त्री० ताकने की क्रिया, दृष्टि।
**तकना*** पु० बुरी दृष्टि से देखने वाला व्यक्ति। स० क्रि० ताकना, देखना; आश्रय लेना।
**तकनीक** स्त्री० *(अं०)* *(टेकनीक)* प्रविधि।
**तकनीकी** वि० *(अं०)* *(टेकनिकल)* प्राविधिक।
**तकमा**† पु० *(अ०)* मुद्धी; तमगा।
**तकमील** स्त्री० *(अ०)* पूरण; पूर्णता; समाप्ति।
**तकरार** स्त्री० *(अ०)* झगड़ा; झगड़ना, हुज्जत करना।
**तक़रीब** स्त्री० *(अ०)* वजह; विवाहादि-सम्बन्धी जलसा, उत्सव; समीपता।
**तक़रीब में** उपलक्ष्य में।
**तकरीरी** वि० *(अ०)* विवादग्रस्त; मौखिक; तकरीर के रूप में होने वाला; भाषण।
**तकला** पु० टेकुआ।
**तकली** स्त्री० बिना चर्खे के सूत कातने और लपेटने का एक यन्त्र; छोटा तकला।
**तकल्लुफ़** पु० *(अ०)* तकलीफ उठाना; बनावट; औपचारिकता, शिष्टाचार।
**तकवाना** क्रि० देखने का कार्य दूसरे से कराना, तुलवाना।
**तक़सीम** स्त्री० *(अ०)* भाग देना *(ग०)*; बाँटने की

क्रिया, बंटाई, बाँटना; बँटवारा।
**तक़सीर** स्त्री० *(अ०)* गुनाह, दोष, अपराध, कुसूर।
**तकाई** स्त्री० देखने की क्रिया, भाव।
**तक़ाज़ा** पु० *(अ०)* आदेश; अनुरोध; काम करने का बार-बार अनुरोध करना; इच्छा; आवश्यकता।
**तकातकी** स्त्री० ताकझाँक।
**तकान** स्त्री० थकान।
**तकाना** स० क्रि० दिखाना; किसी ओर दृष्टि फेंकने के लिए प्रेरित करना, देखने में प्रवृत्त करना; तुलवाना।
**तकार** पु० *(सं०)* त स्वरूप अक्षर।
**तकिया** पु० *(फ़ा०)* उपधान, रुई से भरी बड़े मुँह की थैली जिसे सोते समय सिर के नीचे रखते हैं; भरोसा, सहारा; आश्रय स्थान।
**तकुआ, तकुवा** पु० सूत कातने व लपेटने की सलाई, तकला।
**तक्र** पु० *(सं०)* छाछ, मट्ठा।
**तक्का(क्वन्)** पु० *(सं०)* शिकारी चिड़िया; चोर।
**तक्षण** पु० *(सं०)* लकड़ी आदि छीलना, काटना; बढ़ई।
**तख़्फ़ीफ़** स्त्री० *(अ०)* कमी, न्यूनता।
**तख़्मीना** पु० *(अ०)* अन्दाजा; आमद या खर्च का अन्दाजा।
**तख़्लिया** पु० *(अ०)* निर्जन स्थान; एकान्त, तनहाई।
**तख़्त** पु० *(फ़ा०)* राज सिंहासन; लकड़ी की बड़ी चौकी, लकड़ी की पलंग।
**तख़्तनशीन** वि० सिंहासनारूढ़।
**तख़्ता** पु० *(फ़ा०)* लकड़ी का लम्बा और कम मोटा चौकोर पल्ला।
**तगर** पु० *(सं०)* मदन-वृक्ष; एक औषध; एक वृक्ष जिसकी जड़ गन्धद्रव्य के रूप में काम देती है।
**तगड़ा** पु० बलवान, सबल, पुष्ट।
**तगा*** पु० तागा।
**तगार** स्त्री० कच्ची चीनी, शक्कर। पु० मसाला कूटने का कुण्डा।
**तगारी** स्त्री० परात।
**तगीर*** पु० तबदीली, स्थिति-परिवर्तन।
**तचना*** अ० क्रि० दुःखी होना, अत्यन्त तप्त होना।
**तचा*** स्त्री० चमड़ा, त्वचा।
**तचाना*** स० क्रि० तपाना, सन्तप्त करना।
**तचित*** वि० दुःखी; सन्तप्त, तपा हुआ।
**तच्छिन*** अ० तत्क्षण, उसी समय।
**तजन*** पु० चाबुक; त्याग, परित्याग।
**तजरबा** पु० *(अ०)* किसी वस्तु के बारे में ज्ञान की परीक्षा; अनुभव।
**तजरबाकार** वि० अनुभवी।
**तजल्ली** स्त्री० *(अ०)* दिव्य ज्योति का दर्शन; झाँकी।
**तजवीज़** स्त्री० *(अ०)* निर्देश; विचार; फैसला, निर्णय।
**तज्ज्ञ** वि० *(सं०)* तत्वज्ञा।
**तटंक** पु० कर्णफूल।
**तट** पु० *(सं०)* तीर; नदी के किनारे की भूमि। अ० समीप, पास।
**तटस्थ** पु० उदासीन व्यक्ति। वि० जो मतलब न रखता हो, उदासीन।
**तटका*** वि० तुरन्त का, ताजा।
**तटनी*** स्त्री० तटिनी।
**तटस्थ** वि० *(सं०)* निरपेक्ष।
**तटाक** पु० सरोवर।
**तटी** स्त्री० *(सं०)* *नदी; तीर, किनारा; समाधि।
**तट्य** वि० *(सं०)* पर्वत की ढाल पर रहने वाला।
**तड़** पु० थप्पड़ का शब्द, स्थल।
**तड़क** स्त्री० छाजन के नीचे दीवार से बँड़ेर तक लगायी जानेवाली एक लकड़ी।
**तड़कना** अ० क्रि० कर्कश या कड़े स्वर में बोलना।
**तड़का** पु० सवेरा, प्रभात; छौंक, बघार।
**तड़काना** क्रि० क्रोध दिखाना, तोड़ना।
**तड़कीला**† वि० चमकीला, तड़कने वाला, भड़कीला।
**तड़क्का*** अ० जल्दी, शीघ्र, झटपट।
**तड़प** स्त्री० बिजली की चमक; तड़पना, बिजली की कड़क।
**तड़पदार** वि० भड़कीला, चमकीला।
**तड़पना** अ० क्रि० कूदना-फाँदना, छटपटाना, गरजना।
**तड़पाना** स० क्रि० सताना, अत्यधिक कष्ट पहुँचाना।
**तड़फड़ाना** स० क्रि० व्याकुल करना, कष्ट पहुँचाना। अ० क्रि० बेचैन होना।
**तड़बन्दी** स्त्री० जाति।
**तड़ाक** पु० *(सं०)* तालाब। क्रि० वि० चटपट।
**तड़ाका** स्त्री० चोट। क्रि० पि० तुरन्त।

**तड़ाग** पु० सरोवर, तालाब।

**तड़ागना*** अ० क्रि० डींग मारना; उछल-कूद मचाना।

**तड़ातड़** क्रि० वि० तड़ तड़ शब्द।

**तड़ाना** क्रि० ताड़ने का कर्म अन्य से कराना।

**तड़ित, तड़िता*** स्त्री० हिंसा; विद्युत, बिजली।

**तडित्** स्त्री० *(सं०)* विद्युत, बिजली; हिंसा।

**तड़िपाना*** अ० क्रि० तड़पना।

**तड़िया** स्त्री० समुद्र तटीय वायु।

**तड़ी** स्त्री० छल, धोखा; धमकी; थप्पड़; घाटा।

**ततकार, ततकाल*** अ० तत्काल, तुरन्त।

**ततखन, ततछन*** अ० तुरन्त, उसी समय, तत्क्षण।

**ततपर*** वि० तल्लीन, तत्पर।

**ततबीर*** स्त्री० प्रयास; उपाय; तदबीर।

**तताई*** स्त्री० तप्तता, गर्मी।

**ततारना** स० क्रि० गर्म जल से धोना।

**तत्** पु० *(सं०)* ब्रह्म; वायु। सर्व० *(सं०)* वह।

**तत्काल, तत्क्षण** अव्य० उसी समय, तत्क्षण, तुरन्त।

**तत्कालीन** वि० *(सं०)* उस काल का।

**तत्ता*** वि० गर्म, उष्ण।

**तत्पुरुष** पु० *(सं०)* उत्तर पद प्रधान वाला समास विशेष।

**तत्त्व** पु० *(सं०)* यथार्थता; सार; पंचभूत; मूल पदार्थ।

**तत्त्वतः** अव्य० वस्तुतः।

**तत्त्वज्ञ** वि० तत्त्ववेत्ता।

**तत्त्वज्ञान** पु० ब्रह्मज्ञान।

**तत्त्वान्वेषी** वि० *(सं०)* तत्त्व की खोज करने वाला।

**तत्र** अ० *(सं०)* वहाँ, उस जगह।

**तत्रकां** पु० एक पेड़।

**तथा** अ०व्य *(सं०)* किसी के अनुरूप; वैसा ही; और, व।

**तथापि** अव्य० *(सं०)* वैसा होने पर भी, तो भी।

**तथाभावी** वि० *(सं०)* उसी स्वभाव का।

**तथाभूत** वि० उसी प्रकार से सेता हुआ।

**तथास्तु** अव्य० *(सं०)* वैसा ही हो; एवमस्तु।

**तथ्य** पु० *(सं०)* सार; वास्तविकता; यथार्थता; सत्य।

**तथ्यान्वेषी** वि० *(सं०)* तथ्य की खोज करने वाला।

**तदन्त** वि० *(सं०)* उसी प्रकार सम्मान होना।

**तदन्तर, तदनन्तर** पु० *(सं०)* उसके बाद।

**तदनु** क्रि० वि० *(सं०)* तदन्तर।

**तदनुसान** वि० उसके अनुकूल।

**तदपि** अव्य० तथापि, फिर भी।

**तदबीर** स्त्री० *(अ०)* उपाय; प्रबन्ध, उद्योग; प्रयास।

**तदर्थ** अव्य० उसके लिए।

**तदवधि** क्रि० वि० *(सं०)* तब तक।

**तदा** अव्य० *(सं०)* तब।

**तदाकार** वि० *(सं०)* उसी आदर का।

**तदात्म** वि० *(सं०)* उसी तरह।

**तदारुक** पु० *(अ०)* रोकथाम; उपाय; प्रतिबन्ध।

**तद्धित** पु० *(सं०)* संज्ञा-शब्दों में लगने वाला एक प्रत्यय। वि० उसके लिए उपयुक्त।

**तदीय** वि० *(सं०)* उसका, तत्सम्बन्धी।

**तदुपरान्त** अव्य० *(सं०)* उसके बाद।

**तदुपरि** क्रि०वि० *(सं०)* उसके ऊपर।

**तद्भव** पु० *(सं०)* उससे होने वाला, संस्कृत से होने वाला।

**तद्यपि** अव्य० तथापि।

**तद्वत** अव्य० *(सं०)* ज्यों का त्यों।

**तन** *अव्य० तरफ, ओर। पु० शरीर, देह, योनि।

**तन** पु० *(फ़ा०)* शरीर।

**तनक़ीद** स्त्री० *(अ०)* भले-बुरे की परख, समीक्षा।

**तनखाह** स्त्री० वेतन, तनख्वाह।

**तनख़्वाह** स्त्री० *(फ़ा०)* तलब, वेतन।

**तनगना*** अव्य० क्रि० तिनकना।

**तनतना** पु० क्रोध।

**तनना** क्रि० फलना, अकड़कर खड़ा होना।

**तनमय*** वि० तन्मय।

**तनहा** अव्य० अकेले। वि० *(फ़ा०)* अकेला।

**तनहाई** स्त्री० एकान्त स्थान; तनहा होना, अकेलापन।

**तना** *अव्य० ओर, तरफ। पु० *(फ़ा०)* वृक्ष का जमीन के ऊपर का भाग।

**तनान** क्रि० दूसरे से तनवाना।

**तनाप*** तनाव; खींचतान।

**तनाव** पु० द्वेष; तनने का भाव या क्रिया; खींचतान।

**तनि, तनिक*** अव्य० जरा, कुछ। वि० छोटा; अल्प।

**तनिमा (मन्)** स्त्री० *(सं०)* यकृत; दुबलापन।

**तनियाँ, तनिया*** स्त्री० जाँधिया, लँगोट, कछनी।

**तनी** स्त्री० बन्धन, बन्द।

**तनु** पु० शरीर; चर्म; लग्न स्थान। वि० अल्प, थोड़ा,

दुबला-पतला; तुच्छ; कोमल शरीर; सुकुमार; अच्छा। वि० *(सं०)* विरल; अल्प; सुकुमार; तुच्छ।

**तनुज** पु० *(सं०)* पुत्र।

**तनुजा** स्त्री० *(सं०)* पुत्री; कृशता।

**तनुत्याग** पु० *(सं०)* देह त्याग।

**तनू** पु० *(सं०)* व्यक्ति, पुत्र; प्रजापति; गौ; शरीर।

**तनेना*** वि० तना हुआ, खिंचा हुआ; रुष्ट; तिरछा।

**तनोज*** पु० पुत्र; रोम।

**तन्** 'तत्' का समासगत रूप।

**तन्मात्र** पु० पंचभूतों के मूल सूक्ष्म रूप। बहुत थोड़ी मात्रा का।

**तन्तु** पु० *(सं०)* सूत; विस्तार, फैलाव।

**तन्तुनाभ** पु० *(सं०)* मकड़ी।

**तन्तुशाला** स्त्री० बुनने का स्थल।

**तन्मय** वि० *(सं०)* मग्न, दत्तचित्त, तल्लीन।

**तन्वंग** वि० *(सं०)* दुर्बल, सुकुमार अंगों वाला।

**तन्वंगी** वि० स्त्री० सुकुमार अंगों वाली, नाजुक।

**तप** पु० *(सं०)* तपस्या; दाह; अग्नि। वि० कष्टकर।

**तप(स्)** पु० *(सं०)* सूर्य; ताप; इन्द्रियों को एकाग्र रखने की क्रिया; अग्नि; शिशिर; हेमन्त; ग्रीष्म।

**तपना*** स० क्रि० पकाना। अ० क्रि० धूप, आँच आदि से गर्म होना; प्रभाव व्यक्त करना।

**तपनि*** स्त्री० ताप, जलन।

**तपमणि** पु० *(सं०)* सूर्य।

**तपस** पु० *(सं०)* चन्द्रमा; पक्षी; तप, सूर्य।

**तपसाली** वि० जिसने बहुत तपस्या की हो।

**तपसी*** पु० तपस्वी।

**तपस्या** स्त्री० *(ला०)* किसी अभीष्ट की सिद्धि के लिए किया जाने वाला कठोर व्रत; तप।

**तपस्वी(विन्)** पु० संन्यासी; नारद। वि० *(सं०)* दीन; तपस्या करने वाला।

**तपाक** पु० *(फ़ा०)* उत्साह, तेजी, वेग; प्रेम।

**तपाना** स० क्रि० *(ला०)* कष्ट पहुँचाना; तप्त करना।

**तपावन्त*** पु० तपस्वी।

**तपित** वि० *(सं०)* शुद्ध किया हुआ (सोना)।

**तपु(स्)** वि० *(सं०)* तपाने वाला; गर्म पु० सूर्य; अग्नि।

**तपो** 'तमस्' का समासगत रूप।

**तपोबल** पु० तप द्वारा अर्जित शक्ति।

**तपोभूमि** स्त्री० तप करने का स्थान।

**तपोमय** वि० *(सं०)* तपस्या करने वाला; तप वाला।

**तपोवन** पु० तपस्या करने योग्य वन, वह वन जहाँ तपस्वी रहते हैं।

**तप्त** पु० गर्म पानी। वि० *(सं०)* जिसने तपस्या की है; क्रुद्ध; गर्म; तपाया हुआ; दुःखित।

**तफ़रीक़** स्त्री० *(अ०)* घटाना; अन्तर करना; भिन्नता।

**तफ़रीह** स्त्री० *(अ०)* सैर; दिल्लगी; ताजगी।

**तफ़रीहन्** अ० हँसी दिल्लगी के लिए।

**तफ़सीर** स्त्री० *(अ०)* व्याख्या या टीका करना।

**तफ़सील** स्त्री० *(अ०)* ब्योरा; कैफियत, विवरण।

**तब** अव्य० दूरी, फासला; उस समय।

**तबक़** पु० *(अ०)* सोने या चाँदी का वर्क; तल; परत।

**तबक़ा** पु० *(अ०)* मंजिल; तह; आदमियों का समूह।

**तबदील** स्त्री० *(अ०)* एक स्थान से दूसरे स्थान पर जाना, बदलना।

**तबदीलमज़हब** स्त्री० धर्म-परिवर्तन।

**तबादला** पु० *(अ०)* परिवर्तन, एक स्थान से दूसरे स्थान पर जाना।

**तबीअत** स्त्री० *(अ०)* शरीर या मन की स्थिति।

**तबेला** पु० एक पात्र, तसला; घुड़साल, अस्तबल।

**तब्बर*** पु० पुत्र; तबर।

**तभी** अव्य० उसी समय; इसीलिए।

**तमंग** पु० *(सं०)* मंच; रंग-मंच।

**तम** प० *(सं०)* अन्धकार; अज्ञान; माया-मोह; कालिख।

**तमक** पु० रोष; जोश; आवेश; उद्वेग।

**तमकना** अ० क्रि० क्रोध का आधिक्य दिखलाना।

**तमग़ा** प० *(तु०)* सिपाही या सेना के जवानों को पुरस्कार स्वरूप दिया जाने वाला सोने या चाँदी का पदक जो सिक्के की तरह होता है, पदक।

**तमगुन** पु० तमोगुण।

**तमतमाता** वि० चमकता हुआ; गर्म।

**तमतमाना** क्रि० चमकना; चेहरा लाल होना।

**तमतमाहट** स्त्री० तमतमाने की अवस्था।

**तमता** स्त्री० अन्धकार।

**तमन्ना** स्त्री० *(अ०)* इच्छा, आकांक्षा, कामना।

**तमलेट** पु० टीन का पात्र।

**तमस** पु० *(सं०)* अज्ञान; अन्धकार। *स्त्री० तमसा नदी, टौंस। वि० काले रंग का।

**तमस्** पु० *(सं०)* तम, अन्धकार।

**तमस्वी(विन्)** वि० *(सं०)* अन्धकारयुक्त, अन्धकारपूर्ण।
**तमहीद** स्त्री० *(अ०)* प्रस्तावना, प्राक्कथन, भूमिका।
**तमा** स्त्री० *(सं०)* रजनी; रात्रि।
**तमाचारी** पु० निशाचर।
**तमाचा** पु० झापड़, थप्पड़।
**तमाचारी** पु० *(सं०)* निशाचर, राक्षस।
**तमाम** वि० *(अ०)* समस्त, कुल, सारा।
**तमारि** पु० सूर्य।
**तमाशबीन** पु० वेश्यागामी; तमाशा देखने वाला।
**तमाशा** पु० *(अ०)* अद्‌भुत बात; मनोरंजक दृश्य।
**तमि, तमी** स्त्री० *(सं०)* मोह, मूर्च्छा; रात्रि।
**तमिस्र** पु० *(सं०)* मोह; क्रोध; अन्धकार; अज्ञान।
**तमिस्रा** स्त्री० *(सं०)* अँधेरी रात; निविड़ अन्धकार।
**तमीज़** स्त्री० *(सं०)* विवेक; अदब।
**तमो** 'तमस्' का समासगत रूप।
**तमोगुण** पु० अज्ञान, क्रोध, आलस्य, भ्रम आदि का कारण स्वरूप प्रकृति सम्बन्धी तीन गुणों में से एक। पु० अग्नि; चन्द्रमा; अन्धकार को नष्ट करने वाला।
**तमोभूत** वि० *(सं०)* मूर्ख, अज्ञानी।
**तमोमय** वि० *(सं०)* अन्धकारपूर्ण।
**तमोर, तमोल*** पु० ताम्बूल, पान।
**तमोली** पु० पान विशेष।
**तय** वि० *(अ०)* निर्णीत, निश्चित।
**तयना*** अ० क्रि० सन्तप्त होना, दुःखी होना; तपना।
**तयार*** वि० तैयार।
**तरंग** स्त्री० *(सं०)* स्वरों का आरोह-अवरोह; हिलना-डोलना; उमंग। पु० वस्त्र; ग्रन्थ का खण्ड।
**तरंगा** पु० लहर।
**तरंगिणी** स्त्री० *(सं०)* नदी। वि० स्त्री० तरंगों वाली।
**तरंगी(गिन्)** वि० *(सं०)* मौजी; अस्थिर; तरंगयुक्त।
**तरन्त** पु० *(सं०)* मूसलाधार वृष्टि; मेढक; राक्षस।
**तरन्ती** स्त्री० *(सं०)* नौका।
**तर**[1]* अ० नीचे, तले। पु० तरु, पेड़।
**तर**[2] वि० *(फ़ा०)* गीला, आर्द्र; भीगा हुआ; ठण्ढा।
**तर**[3] **(स्)** पु० *(सं०)* बेड़ा; वेग; बल; वानर; तीर; रोग।
**तरई*** स्त्री० तारा, नक्षत्र।
**तरक*** पु० छोड़ना; सोच-विचार; चातुर्य-पूर्ण उक्ति, तर्क।
**तरकना*** अ० क्रि० अनुमान लगाना; तर्क करना।
**तरकस** पु० तूणीर, तीर रखने का चोंगा।
**तरकी** स्त्री० कर्णाभूषण।
**तरकीब** स्त्री० *(अ०)* तरीका, ढंग; मिलावट; रचना।
**तरकुल**ं पु० ताड़।
**तरक्की** स्त्री० *(अ०)* नीचे दर्जे से ऊपर के दर्जे में प्रोन्नत होना, पद-वृद्धि; उन्नति।
**तरखा**ं पु० पानी का तेज भँवर, बहाव, जल का तीव्र प्रवाह।
**तरजना** अ० क्रि० डाँटकर बोलना; मना करना।
**तरजनी** स्त्री० तर्जनी, अँगूठे के पास की उँगली; *भय, डर।
**तरजीला*** वि० प्रचण्ड, उग्र; क्रोधपूर्ण।
**तरजीह** स्त्री० *(अ०)* वरीयता; प्राथमिकता; प्रधानता।
**तरजुई**ं स्त्री० छोटा तराजू।
**तरणी** स्त्री० नाव।
**तरतम** वि० तारतम्य, थोड़ा-बहुत।
**तरतरान** क्रि० तड़-तड़ ध्वनि।
**तरतीब** स्त्री० *(अ०)* क्रम, सिलसिला।
**तरन*** पु० दे० 'तरण'; तरौना।
**तरनतार** पु० मोक्ष; विस्तार; तरणताल।
**तरना** क्रि० पार करना, मुक्त करना।
**तरनि*** पु० शीघ्रगामी; तरणि, सूर्य, सूर्य रश्मि। स्त्री० नौका, तरणी, बेड़ा।
**तरपत*** पु० सुभीता।
**तरपन*** पु० तर्पण।
**तरफ़** स्त्री० *(अ०)* ओर; बगल।
**तरफदार** वि० पक्षपाती।
**तरफ़ा** वि० *(अ० हि०)* पक्षपात करने वाला।
**तरबतर** वि० *(फ़ा०)* अधिक भींगा हुआ, गीला।
**तरराना*** स० क्रि० ऐंठना।
**तरल** वि० *(सं०)* बहने वाला पदार्थ, द्रव; हिलता-डुलता। पु० लोहा; हीरा; धतूरा; हार के बीच की मणि।
**तरवर*** पु० उत्तम वृक्ष।
**तरवा** पु० तलवा।
**तरवार*** स्त्री० तलवार।

**तरस** पु० दुखित व्यक्ति को देखकर उत्पन्न होने वाली दया, करुणा, रहम।

**मुहा० तरस खाना** दया करना।

**तरसना** *स० क्रि० तराशना, काटना। अ० क्रि० पीड़ित होना; किसी वस्तु को प्राप्त करने के लिए बेचैन रहना।

**तरसाना** स० क्रि० आशा दिलाकर तमन्ना पूरी न करना, ललचाना।

**तरसौंहाँ*** वि० तरसने वाला।

**तरस्** पु० *(सं०)* क्षमता; बल; वेग, गति; बन्दर।

**तरस्थान** पु० घाट।

**तरस्वी** वि० शूरवीर।

**तरह** स्त्री० *(अ०)* बनावट; स्थिति; प्रकार, भाँति।

**तराई** स्त्री० पहाड़ियों के बीच नीचे का क्षेत्र; *तारा।

**तराजू** पु० तुला, सामान तौलने का एक औजार।

**तराटक*** पु० त्राटक।

**तरापा*** पु० हाहाकार।

**तराभर*** स्त्री० तड़ातड़ की आवाज।

**तरायला*** वि० तेज; चंचल।

**तरारा** पु० उछाल, छलाँग।

**तरावट** स्त्री० शरीर में शीतलता, ठण्ढक प्रदान करने वाली चीजें; तरी।

**तराश** स्त्री० *(फ़ा०)* तराशने की क्रिया।

**तराशना** स० क्रि० कतरब्योंत, काटना, रत्न आदि।

**तरास*** पु० भय, डर, आतंक, त्रास।

**तरासना***स० क्रि० भयभीत करना, डराना।

**तरिका** पु० तरकी, कान का आभूषण।

**तरियाना**† अ० क्रि० तले बैठना, नीचे जमना। स० क्रि० तर करना; नीचे करना।

**तरिवर*** पु० तरुवर; वृक्ष।

**तरिहन्त*** अ० नीचे।

**तरी** स्त्री० गीलापन; शीतल; तराई; *कर्णफूल; नाव।

**तरीष** पु० *(सं०)* नाव; सुन्दर आकृति; एक विशेष प्रकार की नौका; कुशल व्यक्ति।

**तरु** पु० *(सं०)* वृक्ष, पेड़।

**तरुण** वि० *(सं०)* जो पूर्ण विकास को न प्राप्त हुआ हो (रोग, पौधा); सोलह वर्ष से ऊपर की अवस्था वाला। पु० अंकुर; स्थूल जीरक।

**तरुणापा** पु० युवावस्था।

**तरुणास्थि** स्त्री० *(सं०)* कोमलास्थि, वह हड्डी जो कड़ी न हो।

**तरुणी** स्त्री० *(सं०)* युवती।

**तरुमृग** पु० *(सं०)* बन्दर।

**तरुवाँही** स्त्री० वृक्ष की शाखा।

**तरूट** पु० *(सं०)* भसींड़, कमल की गठीली।

**तरें**† अ० नीचे, तले।

**तरेन्दा** पु० बेड़ा, जल के तल में तैरता हुआ काष्ठ।

**तरेरना*** स० क्रि० क्रोधावेश प्रकट करना; किसी चीज या कार्य को रोकने या डाँट बताने के लिए नेत्र तिरछे कर देखना।

**तरोवर*** पु० तरुवर, वृक्ष।

**तरौंटा** पु० घर की चाकी का निचला पाट।

**तरौंना** पु० कर्णाभूषण, तरकी; मिठाई रखने के खामचे जमाने का मोढ़ा।

**तरौंस***पु० तट, किनारा।

**तर्क** पु० *(सं०)* न्यायशास्त्र; युक्ति; कारण; व्यंग्य, ताना।

**तर्कवितर्क** पु० *(सं०)* विवेचना।

**तर्कविद्या** पु० *(सं०)* न्याय शास्त्र।

**तर्क्य** वि० *(सं०)* तर्क करने योग्य, विचारने योग्य।

**तर्ज़** पु० *(अ०)* बनावट, रीति, शैली; ढंग।

**तर्जन** पु० *(सं०)* डाँटना; डराना; रोकना।

**तर्जना** *अ० क्रि० क्रोध में तड़पना। *स० क्रि० डाँटना।

**तर्जित** वि० *(सं०)*जो फटकारा गया हो; अपमानित।

**तर्पण** पु० *(सं०)* जलदान, तिलोदान क्रिया, सन्तुष्ट करने की क्रिया।

**तर्षण** पु० *(सं०)* इच्छा; तृषा, पिपासा।

**तल** पु० *(सं०)* पेंदा; मकान की छत; निम्नता; माँद।

**तलना** स० क्रि० घी या तेल में पकाना या बघारना।

**तलफ़** वि० *(अ०)* बरबाद, नष्ट, तबाह।

**तलफ़ी** स्त्री० हानि; तबाही, बरबादी।

**तलब** स्त्री० *(अ०)* चाह; माँग; बुलावा; वेतन।

**तलबाना** पु० *(फ़ा०)* मालगुजारी जमा न करने पर लगने वाला दण्ड, तावान।

**तलमलाहट**† स्त्री० तिलमिलाहट।

**तलवकार** पु० *(सं०)* सामवेद की एक शाखा।

**तलवा** पु० पैर के बिल्कुल नीचे का चिपटा अंश।

मुहा० **तलवा खुजलाना** कहीं बाहर जाना—ऐसी मान्यता। **तलवे चाटना** खुशामद करना। **तलवे छलनी होना** पैरों में दम न रहना। **तलवे धोकर पीना** सेवा-सुश्रूषा करना। **तलवे सहलाना** खुशामद करना। **तलवों से आग लगना** बहुत अधिक क्रोध चढ़ना।

**तलवार** स्त्री० खड्ग।

मुहा० **तलवार कसना** तलवार की उत्तमता की जाँच करना। **तलवार का पानी पिलाना** तलवार से युद्ध करना। **तलवार के घाट उतारना** तलवार के आघात से प्राण लेना। **तलवार खींच लेना** लड़ने के लिए म्यान से तलवार बाहर निकाल लेना।

**तलवारिया** पु० तलवार चलाने वाला व्यक्ति।

**तला** स्त्री० *(सं०)* तलवा। पु० तल, पेंदा।

**तलाक़** पु० *(अ०)* विधि सम्मत रीति से विवाह-सम्बन्ध का विच्छेद।

**तलाफ़ी** स्त्री० क्षतिपूर्ति, हानि का बदला।

**तलाबं, तलाव*** पु० तालाब।

**तलाश** स्त्री० *(तु०)* खोज; चाह।

**तलिन** वि० *(सं०)* पृथक; दुर्बल; स्वच्छ। पु० शय्या।

**तली** स्त्री० तल; तेल,घी आदि में पकायी गयी।

**तले** अ० नीचे।

**तलेऊपर** अ० एक के ऊपर दूसरा।

**तलेटी** स्त्री० तलहटी; पेंदी।

**तलैया** स्त्री० छोटा ताल।

**तलौवन** पु० *(अ०)* छिछोरपन; रंग बदलना।

**तल्ख़ी** स्त्री० कटुता, कड़वापन।

**तल्प** पु० *(सं०)* अटारी; शय्या; *(ला०)* पत्नी।

**तल्पक** पु० *(सं०)* पलंग बिछाने वाला नौकर, सेवक।

**तल्ला** पु० (मकान की) मंजिल; जूते का वह भाग जो पैर के नीचे रहता है; *सामीप्य।

**तल्ली** स्त्री० नाक की लौंग या करनफूल को नीचे से फँसाये रखने वाला एक पेंच; *(सं०)* नौका।

**तल्लीन** वि० *(सं०)* लगा हुआ, मग्न, दत्तचित्त।

**तवर्ग** पु० *(सं०)* त, थ, द, ध, न ये पाँच वर्ण।

**तवर्गीय** वि० तवर्ग से उत्पन्न वर्ण।

**तवज्जुह** स्त्री० *(अ०)* किसी की ओर रुख करना।

**तवनी** स्त्री० छोटा तवा।

**तवना** क्रि० गर्म होना, तपना, कुढ़ना।

**तवा** पु० लोहे का गोलाकार छिछला पात्र जो रोटी सेंकने के काम आता है।

मुहा० **तवा सिर से बाँधना** सिर पर चोट सहने के लिए प्रस्तुत होना। **तवे की बूँद** आवश्यकता से बहुत कम; क्षणस्थायी। **तवे सा मुँह** कुरूप होना, काला होना।

**तवानां** वि० *(फ़ा०)* मोटा-ताजा। स० क्रि० गर्म कराना।

**तवारा** पु० अत्यधिक गर्मी से होने वाला कष्ट, जलन।

**तवालत** स्त्री० *(अ०)* झंझट; विस्तार; लम्बाई।

**तशख़ीस** स्त्री० *(अ०)* लगान निर्धारित करने की क्रिया; जाँच पड़ताल, निश्चय; रोग का निदान।

**तशरीफ़** स्त्री० *(अ०)* सम्मान, आदर; इज्जत करना।

मुहा० **तशरीफ़ रखना** बिराजना, आदरपूर्वक बैठाया जाना, होना। **तशरीफ़ लाना** पधारना। **तशरीफ़ ले जाना** चला जाना।

**तश्त** पु० *(फ़ा०)* परात जैसा हलका, थाली।

**तश्तरी** स्त्री० बड़ा प्लेट, छोटी रकाबी, छोटी थाली।

**तष्ट** वि० *(सं०)* दला हुआ; कुचला हुआ।

**तष्टा(ष्ट्र)** पु० *(सं०)* रथकार, छिलने वाला, बढ़ई।

**तस*** अ० वैसे ही। वि० वैसा।

**तसदीक़** स्त्री० *(अ०)* प्रमाणित करना, पुष्टि, समर्थन।

**तसदीह*** स्त्री० पीड़ा, कष्ट।

**तसमा** पु० *(फ़ा०)* चमड़े या सूत की चौड़ी पट्टी जो जूता या अन्य वस्तु को कसने के काम आती है।

**तसला** पु० कटोरे के आकार का कम गहरा बर्तन, परात।

**तसली, तसलिया** स्त्री० छोटी परात। *(सं०)*

**तसलीम** स्त्री० *(अ०)* अभिवादन।

**तसल्ली** स्त्री० *(अ०)* सान्त्वना, ढाढ़स, दिलासा।

**तसवीर** स्त्री० *(अ०)* चित्र, आकृति, प्रतिमा।

**तसू** पु० सवा ईंच, माप विशेष।

**तस्कर** पु० *(सं०)* स्मगलर, चोर; देश की सीमा के बाहर से बिना कर चुकाये माल ले जाने या ले आने वाला।

**तस्करी** स्त्री० *(हि०)* चोरी। वि० चोरी से लाया हुआ (माल)।

**तस्करी** स्त्री० *(सं०)* उग्र स्वभाव की स्त्री; चोर की

स्त्री; चोरी करने वाली स्त्री।

**तस्किया, तसपिया** पु० *(अ०)* फैसला, सुलह।

**तस्थु** वि० *(सं०)* अचल, स्थावर।

**तहँ तहँवाँ*** अव्य० वहाँ।

**तह** स्त्री० *(फ़ा०)* परत; किसी चीज का बिलकुल नीचे का भाग; तल, पानी के नीचे की जमीन।

**तहक़ीक़** स्त्री० *(अ०)* जाँच-पड़ताल, असलियत मालूम करना।

**तहक़ीक़ात** स्त्री० तहक़ीक़; मामले की जाँच-पड़ताल।

**तहज़ीब** स्त्री० *(अ०)* शिष्टता, सभ्यता।

**तहत** पु० *(अ०)* मार्फत, अधीनता।

**तहना*** अ० क्रि० क्रुद्ध होना; तपना।

**तहम्मुल** पु० *(अ०)* सहनशीलता; बर्दाश्त।

**तहरी** स्त्री० घी में चावल भूनकर बनायी गयी खिचड़ी।

**तहरीक** स्त्री० *(अ०)* बढ़ावा देना; गति; उत्तेजन।

**तहरीर** स्त्री० *(अ०)* लिखित प्रमाण; लिखावट।

**तहरीरी** वि० कलमबद्ध, लिपिबद्ध।

**तहलका** पु० *(अ०)* उत्पात, उपद्रव; खलबली, हलचल।

**तहवाँ*** अव्य० वहाँ।

**तहसनहस** वि० सर्वथा नष्ट, बरबाद।

**तहसील** स्त्री० *(अ०)* तहसीलदार की कचहरी; जिले का वह भाग जो तहसीलदार के अधीन रहता है।

**तहसीलदार** पु० तहसील का मुख्य अधिकारी; माल-गुजारी वसूल करने वाला।

**तहाँ** अव्य० वहाँ।

**तहाना** स० क्रि० लपेटना, तह लगाना।

**तहिया*** अव्य० उस समय; उस दिन।

**तहीं** अव्य० वहीं।

**तही** स्त्री० जमा हुआ थक्का; तह।

**ताँई*** अव्य० पास; तक; वास्ते; के प्रति।

**ताँगा** पु० दो पहियों की घोड़ा गाड़ी।

**ताण्डव** पु० *(सं०)* शिव का प्रसिद्ध नृत्य।

**ताँत** स्त्री० भेड़-बकरी आदि के चमड़े या नसों को बटकर बनायी हुई धागे जैसी वस्तु, तन्त्री।

**ताँतड़ी** स्त्री० ताँत।

**ताँता** पु० अटूट सिलसिला या पाँत; अटूट कतार।
**मुहा० ताँता लगना** तार न टूटना, पंक्ति भंग न होना।

**ताँतिया** पु० ताँत की भाँति पतला।

**ताँती** पु० जुलाहा। स्त्री० अटूट पंक्ति; सिलसिला।

**तान्त्रिक** वि० *(सं०)* तन्त्र-सम्बन्धी। पु० तन्त्र-शास्त्र का ज्ञाता; तन्त्र का प्रयोग करने वाला।

**ताँबा** पु० लाल रंग की एक प्रसिद्ध धातु।

**ताँबिया** पु० एक तरह का बर्तन। वि० ताँबे का; ताँबे के रंग का।

**ताम्बूल** पु० *(सं०)* पान।

**ताम्बूलिक** पु० *(सं०)* तमोली, पान बेचने वाला।

**ताम्बूली** स्त्री० *(सं०)* पान की बेल।

**ताम्बूली** पु० *(सं०)* पान बनाकर देने वाला; पान बेचने वाला, पनवाड़ी। वि० पान सम्बन्धी।

**ताँवर, ताँवरी*** स्त्री० जूड़ी; ज्वर; चक्कर, मूर्च्छा, झाँई।

**ताँसना*** स० क्रि० धमकाना; डाँटना; तंग करना।

**ताई** स्त्री० ताऊ की पत्नी; ताप, आग।

**ताउ*** पु० क्रोध; आवेश; ताप, ताव।

**ताऊ** पु० पिता का बड़ा भाई।

**ताक** स्त्री० घात; खोज, टोह; अवसर की प्रतीक्षा।

**ताक** वि० *(अ०)* अकेला, जो दो से विभाजित न हो सके। पु० ताखा, आला।
**मुहा० ताक में रहना** मौका देखते रहना। **ताक लगाना** मौका देखना, घात में रहना।

**ताकझाँक** स्त्री० छिपकर देखना, देखभाल।

**ताक़त** स्त्री० *(अ०)* साहसी; बल, शक्ति।

**ताकना** स० क्रि० नजर रखना; ताड़ लेना; स्थिर दृष्टि से ध्यानपूर्वक देखना; देखना।

**ताकि** अ० *(फ़ा०)* जिससे, जिसमें, इसलिए कि।

**ताकीद** स्त्री० *(अ०)* आग्रह।

**ताक्षण्य, ताक्ष्ण** पु० *(सं०)* बढ़ई का लड़का।

**ताग** स्त्री० तागने की क्रिया। *पु० तागा, सूत।

**तागपाट** पु० रेशम का एक विशेष धागा जिसे विवाह के समय वर का बड़ा भाई वधू को पहनाता है।

**तागड़ी, तगड़ी** स्त्री० करधनी।

**तागना** क्रि० सिलाई करना।

**तागा** पु० सूत, डोरा।

**ताज** पु० *(फ़ा०)* शिखा; ताजमहल; राजा का मुकुट।

**ताज़गी** स्त्री० *(फ़ा०)* ताजा होने का भाव; नवीनता।

**ताजन, ताजना*** पु० दण्ड; उत्तेजना देने वाली वस्तु; चाबुक; कीड़ा।

**ताज़ा** वि० *(फ़ा०)* हरा-भरा; तुरन्त का तैयार किया हुआ; पौधे से तत्काल का तोड़ा हुआ (पुष्प, फलादि)।

**ताजिन्दगी** क्रि० वि० *(फ़ा०)* आजीवन।

**ताजिया** पु० *(अ०)* मकबरे की वह आकृति जिसमें इमामहुसैन की कब्र की कल्पना की जाती है और दफनाया जाता है।

**मुहा० ताजिया ठण्ढा होना** किसी बड़े आदमी का देहान्त होना; ताजिये का दफनाया जाना।

**ताज़ीम** स्त्री० *(अ०)* दूसरे को बड़ा समझना; सलाम; बड़ों के प्रति आदर-भाव प्रदर्शित करना।

**ताटंक** पु० *(सं०)* तरकी, कर्णफूल।

**ताटस्थ्य** पु० *(सं०)* उदासीनता; तटस्थता, निरपेक्षता, सामीप्य।

**ताड़** पु० एक लम्बे तने वाला एवं ऊँचा वृक्ष जिसमें शाखाएँ नहीं होतीं, केवल सिर पर पत्तियाँ ही होती हैं। इसमें से एक तरह द्रव निकलता है जिसके पीने से नशा होता है।

**ताड़क** पु० *(सं०)* प्रताड़ित करने वाला, जल्लाद।

**ताड़न** पु० *(सं०)* मार; फटकार; प्रताड़ना, आघात।

**ताड़ना** स्त्री० *(सं०)* आघात; प्रताड़ना; मार; डाँट-डपट।

**ताड़ना** स० क्रि० मारना; समझ लेना।

**ताड़नी** स्त्री० कोड़ा।

**ताड़नीय** वि० दण्डनीय, शासनीय।

**ताड़ी** स्त्री० तारी; ताड़ के वृक्ष से निकलने वाला एक मादक रस।

**तात** पु० पिता, बड़ा भाई। वि० गर्म।

**ताता*** वि० तपाया हुआ, तप्त, गर्म।

**ताताथैया** पु० नृत्यपदक्रम, ध्वनि।

**तात्कालिक** वि० *(सं०)* तुरन्त का, उसी समय का।

**तात्पर्य** पु० *(सं०)* मंशा, अभिप्राय, आशय।

**तादात्म्य** पु० *(सं०)* दो वस्तुओं के परस्पर अभिन्न होने का भाव, अभिन्नता।

**तादृश** वि० *(सं०)* उसके समान, वैसा।

**तानना** स० क्रि० बढ़ाना; फैलाना।

**तानबान*** पु० ताना-बाना।

**ताना** पु० *(अ०)* व्यंग्यपूर्ण चुटीली बात; करघे में लम्बाई के बल फैलाया हुआ सूत।

**तानाशाह** पु० *(ला०)* स्वेच्छाचारी शासक।

**तानाशाही** स्त्री० अधिनायकत्व; स्वेच्छाचारिता।

**तान्तव** पु० कपड़ा।

**तान्त्रिक** पु० तन्त्रशास्त्र का ज्ञाता।

**ताप** पु० *(सं०)* दुःख; मानसिक व्यथा; गर्मी, ज्वर।

**तापतिल्ली** स्त्री० प्लीहा।

**तापना** क्रि० अग्नि से शारीरिक अंगों को गर्माना।

**तापमान** पु० तापक्रम।

**तापमान यन्त्र** पु० थर्मामीटर।

**तापस** वि० *(सं०)* तपस्या सम्बन्धी; तपस्वी। पु० तपस्वी, संन्यासी।

**तापसी** स्त्री० तपस्विनी।

**तापित** वि० *(सं०)* ताप से पीड़ित किया हुआ।

**तापी** स्त्री० *(सं०)* ताप्ती नदी; यमुना नदी।

**तापी(पिन्)** वि० *(सं०)* आधि से पीडित; गर्म।

**ताबड़तोड़** क्रि० वि० लगातार, क्रम से, बराबर।

**ताबूत** पु० *(अ०)* मुरदा ले जाने का सन्दूक।

**ताम** पु० क्लेश; पाप; क्रोध; अन्धकार।

**तामडा, तामड़ी** पु०, स्त्री० ताँबे का विशाल जलपात्र, ताँबे की टंकी; ताम्र रंग; पत्थर विशेष।

**तामरस** पु० *(सं०)* सुवर्ण; ताँबा; कमल; धतूरा।

**तामस** पु० *(सं०)* क्रोध; खल; उल्लू; अन्धकार।

**तामस** वि० ज्ञानहीन; पापी; जिसमें तमोगुण की प्रधानता हो, तमोगुण से युक्त; अँधेरा।

**तामसी** वि० स्त्री० *(सं०)* तमोगुण वाली।

**तामील** स्त्री० *(अ०)* तलब किये गये व्यक्ति का समन पर हस्ताक्षर करना; अमल करना।

**ताम्र** वि० *(सं०)* ताँबे का बना हुआ। पु० ताँबा।

**ताम्रकार** पु० ताँबे के पात्र बनाने वाला कसेरा।

**ताम्रपट्ट, ताम्रपत्र** पु० प्राचीन काल में ताँबे के पत्र पर दान पत्र खुदवाये जात थे जिन्हें ताम्र पत्र कहते थे।

**ताम्राक्ष** वि० *(सं०)* जिसकी आँखें लाल हों।

**ताम्रिका** स्त्री० *(सं०)* गुंजा, घुँघची।

**ताम्रेश्वर** पु० *(सं०)* ताँबे का भस्म।

**ताम्बूल** पु० पान।

**ताय*** सर्व० उसको। पु० ताप; धूप; जलन।

**तायदाद†** स्त्री० तादाद।

**तायना*** स० क्रि० क्लेश देना; सन्ताप पहुँचाना।

**तायनि*** स्त्री० तपन, जलन; पीड़ा।

**ताया** पु० पिता का बड़ा भाई।

**तार** पु० *(सं०)* रूपा; चाँदी; तारण; उद्धार; नक्षत्र; तारा। पु०उच्च स्वर; धातुसूत्र; तागा; परम्परा; क्रम; मुक्ति; उपाय; व्यवस्था; सुविधा; मजीरा; करताल; संगीत का एक सप्तक।

**मुहा० तार तार करना** धज्जियाँ उड़ाना। **तार तार होना** चिथड़े-चिथड़े हो जाना।

**तारक** पु० तारा; आँख की पुतली।

**तारका** स्त्री० तरैया; नक्षत्र; आँख की पुतली; अभिनेत्री।

**तारघर** पु० तार से समाचार-प्रेषण स्थल।

**तारघाट** पु० व्यवस्था, कार्यसिद्धि योग।

**तारण** पु० तेली; विष्णु। वि० उद्धारक।

**तारतम्य** पु० *(सं०)* क्रमवार, सिलसिला।

**तारन*** वि०, पु० उद्धार करने वाला, तारने वाला।

**तारना** स० क्रि० उद्धार करना; भवबन्धन से मुक्त करना; पार करना।

**तारपीन** पु० वारनिश; चित्रकारी।

**तारा** पु० *(सं०)* रात को आकाश में चमकने वाला ज्योतिपुंज, नक्षत्र। स्त्री० बालि की पत्नी।

**मुहा० तारे गिनना** नींद न आना, रातभर जागते रहना। **तारे तोड़ लाना** कोई कठिन काम कर दिखाना।

**तारायण** पु० *(सं०)* आकाश; वटवृक्ष।

**तारावली** स्त्री० *(सं०)* तारों का समूह।

**तारिक** पु० *(सं०)* नाव का किराया; मल्लाह।

**तारी** *स्त्री० कुंजी; टकटकी; करतल ध्वनि, ताली।

**तारीख़** स्त्री० *(अ०)* इतिहास; वह तिथि जिस दिन कोई महत्त्वपूर्ण ऐतिहासिक घटना घटी हो; कार्यविशेष के लिए नियत किया हुआ दिन।

**मुहा० तारीख़ टलना** नियत दिन का और आगे बढ़ जाना। **तारीख़ डालना** तारीख निश्चित करना। **तारीख़ पड़ना** तारीख निश्चित होना (शादी आदि की)।

**तारीफ़** स्त्री० *(अ०)* प्रशंसा; लक्षण, बड़ाई, विशेषता।

**तारु, तारू*** पु० तालु।

**तारुण्य** पु० जवानी।

**ताल** पु० *(सं०)* मँजीरा; करतल ध्वनि; *(हि०)* लम्बा-चौड़ा गड्ढा जिसमें बरसाती पानी इकट्ठा होता है।

**तालपत्र** पु० ताड़पत्र।

**ताला** पु० लोहे-पीतल आदि का बना एक यन्त्र जो खास कुंजी से बन्द होता है और खुलता है; *छाती पर पहनने का लोहे का तवा। वि० चढ़ने वाला।

**तालाख्या** स्त्री० *(सं०)* एक गन्धद्रव्य।

**तालाबेलिया, तालाबेली*** स्त्री० व्याकुलता।

**तालिक** पु० *(सं०)* ताली; तमाचा, चपत।

**तालिका** स्त्री० *(सं०)* सूची; तालमूली; मजीठ; कुंजी।

**तालु** पु० *(सं०)* ऊपर के दाँतों और कौवे के बीच का गड्ढा।

**तालू** पु० दिमाग, तालु।

**मुहा० तालू चटकना** प्यास से मुँह सूखना। **तालू से जीभ न लगना** चुप न रहना, बोलते जाना।

**तालूर** पु० *(सं०)* पानी का भँवर।

**तालेवन** पु० धनी।

**ताव** पु० अहंकारयुक्त रोष; कागज का बड़ा, चौकोर, बिना कटा-फटा टुकड़ा।

**तावना*** स० क्रि० सन्तप्त करना; तपाना, जलाना।

**तावरा*** पु० ताप, गर्मी; घाम।

**तावीज़** पु० *(अ०)* कागज या भोजपत्र पर अंकित मन्त्र या चक्र जिसे सोने-चाँदी आदि के सम्पुट में बन्द कर गले, कमर आदि में धारण करते हैं।

**तासन, तासों*** सर्व० उससे।

**तासीर** स्त्री० *(अ०)* गुण, असर; असर करना।

**तासु*** सर्व० उसका।

**ताहि, ताही*** सर्व० उसको, उसे।

**तिआह** पु० तीसरा विवाह।

**तिउहार**† पु० त्योहार।

**तिक्ख*** वि० तेज, चालाक; तीखा, तीक्ष्ण।

**तिक्खा**† वि० तिरछा।

**तिक्खे**† अ० तिरछे।

**तिक्त** वि० *(सं०)* कडुवा, तीता, चरपरा,।

**तिक्ष*** वि० तीखा, तीक्ष्ण, तेज।

**तिक्षता*** स्त्री० तेजी।

**तिखरी** स्त्री० टिकटी।

**तिच्छ*, तिच्छन*** वि० तीक्ष्ण।

**तिखाई** स्त्री० तीखापन।

**तिजहरिया, तिजहरी**† स्त्री० दिन का तीसरा पहर।

**तिजारत** स्त्री० *(अ०)* रोजगार, व्यवसाय, व्यापार।

**तिजोरी** स्त्री० लोहे की मजबूत अलमारी जिसमें रुपए, गहने आदि रखे जाते हैं।

**तितना*** अ० उस मात्रा में। वि० उतना।

**तितर-बितर** वि० विघटित; विकीर्ण।

**तितली** स्त्री० सुन्दर पंखों वाला एक प्रसिद्ध फतिंगा।

**तितिक्ष** वि० *(सं०)* सहनशील, सहिष्णु।

**तितिक्षु** वि० *(सं०)* तितिक्षा युक्त, सहनशील; क्षमावान्।

**तिते*** अ० उस परिणाम में। वि० उतने।

**तितेक*** वि० उतना।

**तितै*** अ० उधर; तहाँ।

**तिथ** पु० *(सं०)* वर्षाकाल; कामदेव; अग्नि; समय।

**तिथि** स्त्री० *(सं०)* दिनांक; तारीख; मृत्यु दिवस।

**तिथित** वि० *(डेटेड)* वह पत्र आदि जिस पर दिन या तारीख अंकित हो, दिनांकित।

**तिदरी** स्त्री० वह कोठरी जिसमें तीन खिड़कियाँ हों।

**तिधर**† अ० उधर, उस ओर।

**तिन*** सर्व० तिस का बहु०। पु० तृण, तिनका।

**तिनकना** अ० क्रि० बिगड़ना, रूठना, झल्लाना।

**तिनका** पु० घास-फूस, तृण।

**मुहा० तिनका उतारना** बला उतारना। **तिनका तोड़ना** बलैया लेना। **तिनका दाँतों से पकड़ना** दया की भीख माँगना। **तिनके का सहारा** थोड़ी-सी सहायता। **तिनके चुनना** विक्षिप्त होना। **तिनके चुनवाना** विक्षिप्त कर देना।

**तिनगना** अ० क्रि० बिगड़ना, तिनकना, रूठना।

**तिनुका, तिनूका*** पु० घास-फूस का टुकड़ा, तिनका।

**तिन्ना** पु० तिन्नी के धान का पौधा।

**तिन्नी** स्त्री० निवार, बिना जोते-बोये अपने-आप उत्पन्न होने वाला एक धान जिसका चावल व्रत आदि में फलाहार के रूप में खाया जाता है।

**तिपति*** स्त्री० तृप्ति।

**तिपल्ला** वि० जिसमें तीन पर्तें हों।

**तिपाई** स्त्री० तीन पायों की ऊँची चौकी।

**तिबारा** वि० तीसरी बार। पु० तीन द्वार की कोठरी; तीन बार उतारा हुआ अर्क।

**तिबासी** वि० तीन दिन का बासी।

**तिब्ब** स्त्री० *(अ०)* हकीमी, यूनानी चिकित्सा-शास्त्र।

**तिमित** वि० *(सं०)* स्थिर, शान्त; भींगा हुआ।

**तिमिर** पु० *(सं०)* अँधेरा; लोहे का मोरचा।

**तिमिरारि, तिमिरारी*** पु० सूर्य। स्त्री० अन्धकार-पुंज; अँधेरा।

**तिय*** स्त्री० पत्नी; स्त्री।

**तिया** पु० तीन बूटियों वाला ताश का पत्ता।

**तिरछा** वि० जो एक ओर कुछ झुका हुआ हो, वक्र।

**तिरछाई** स्त्री० तिरछापन।

**तिरछाना** क्रि० तिरछा होना।

**तिरपट**† वि० कठिन; बाँका, तिरछा।

**तिरपित*** वि० तृप्त।

**तिरिन*** पु० तृण।

**तिरिया*** स्त्री० औरत, स्त्री।

**तिरेसठ** वि० साठ और तीन।

**तिरोधान** पु० अन्तर्धान।

**तिरौंछा*** वि० तिरछा।

**तिर्यक्(यंच्)**अ० *(सं०)* वक्रतापूर्वक; तिरछे; आड़े। वि० तिरछा; आड़ा; वक्र। पु० पशु; पक्षी।

**तिलंगा** पु० अँग्रेजी फौज का हिन्दुस्तानी सिपाही।

**तिल** पु० *(सं०)* काले सफेद दाने का एक तिलहन।

**मुहा० तिल का ताड़ करना** बात का बतंगड करना। **तिल-तिल करके** थोड़ा-थोड़ा करके। **तिल धरने की जगह न होना** ठसाठस भरा होना। **तिलों में तेल न होना** मुरौवत न होना।

**तिलछना** अ० क्रि० व्यग्र होना, छटपटाना।

**तिलमिलाना** अ० क्रि० चौंधियाना; बेचैन होना।

**तिलमिलाहट, तिलमिली** स्त्री० बेचैनी; चकाचौंध।

**तिलांजलि** स्त्री०, **तिलाम्बु** पु० *(सं०)* मृतक के नाम दी गयी तिलमिश्रित जल की अंजलि।

**तिलिस्म** पु० *(अ०)* इन्द्रजाल; जादू की रेखा या चिह्न; जादू; ऐन्द्रजालिक रचना।

**मुहा० तिलिस्म तोड़ना** जादू या करामात का भेद खोल देना।

**तिलिस्मी** वि० जिसमें जादू के चमत्कार का वर्णन हो।

**तिलोदक** पु० *(सं०)* तिलांजलि।

**तिलोनी*** वि०, स्त्री० फुलेल से सुगन्धित।

**तिलोरी*** स्त्री० एक प्रकार की मैना; तिलौरी।

**तिलौंछना** स० क्रि० तेल लगाकर चिकना करना।

**तिशना** पु० ताना, व्यंग्य। स्त्री० तृष्णा।

**तिष्ट*** वि० रचित, बनाया हुआ।
**तिष्यक** पु० *(सं०)* पौष मास।
**तिस*** स्त्री० लालसा, तृष्णा।
**तिसना*** स्त्री० तृष्णा।
**तिहत्तर** वि० सत्तर और तीन। पु० तिहत्तर की संख्या, 73।
**तिहराना** क्रि० तिबारा करना।
**तिहरी** स्त्री० दही जमाने का मिट्टी का सकोरा।
**तिहाई** स्त्री० तीसरा हिस्सा, तीसरा भाग; फसल।
**तिहाउ***, **तिहाव** पु० बिगाड़; क्रोध, रोष।
**ती*** स्त्री० पत्नी; स्त्री।
**तीक्ष्ण** वि० *(सं०)* कुशाग्र; प्रखर; असह्य या तीव्र ताप युक्त; कठोर। पु० इस्पात; विष, जहर।
**तीक्ष्णबुद्धि** वि० जिसकी बुद्धि प्रखर हो।
**तीक्ष्णता** स्त्री० *(सं०)* चोखापन; प्रखरता।
**तीख** वि० तीखा।
**तीखनि** वि० तीक्ष्ण।
**तीखा** वि० कठोर; कटु; तीक्ष्ण।
**तीखापन** पु० तीक्ष्णता।
**तीक्षन, तीछन***, **तीछा*** वि० तीक्ष्ण।
**तीछनता*** स्त्री० तीक्ष्णता।
**तीज** स्त्री० एक पक्ष की तीसरी तिथि, तृतिया।
**तीन** वि. दो और एक। पु. तीन की संख्या, 3।
**मुहा० तीन तेरह करना** अस्त-व्यस्त करना; तितर-बितर करना। **तीन तेरह होना** तितर-बितर होना, छितरा जाना। **तीन पाँच करना** टालमटोल करना।
**तीमार** पु० *(फ़ा०)* हिफाजत, सेवा-शुश्रूषा।
**तीर** पु० *(सं०)* नदी-तट; बाण।
**तीरथ*** पु० तीर्थ।
**तीर्थ** पु० *(सं०)* वह पुण्यस्थान जहाँ विशेष धर्म के अनुयायी पूजा, स्नान आदि के लिए जाते हों—जैसे मथुरा, प्रयाग, काशी, आदि पुण्यक्षेत्र।
**तीर्थराज** पु० प्रयाग।
**तीर्थाटन** पु० तीर्थयात्रा; तीर्थसेवा।
**तीली** स्त्री० खपची, सलाई, मोटी सींक।
**तीवर** पु० *(सं०)* बहेलिया; एक वर्णसंकर जाति।
**तीवरी** स्त्री० तीवर जाति की स्त्री।
**तीव्र** वि० *(सं०)* जोर का; तेज, तीक्ष्ण; भयंकर; (स्वर)।
**तीस** वि० बीस और दस।
**तीसर***, **तीसरा** वि० जो दो में से किसी पक्ष का न हो, गैर।
**तीसरा पहर** पु० अपराह्न।
**तुंग** पु० *(सं०)* चतुर व्यक्ति; नारियल; प्रधान।
**तुंगी(गिन्)** वि० *(सं०)* ऊँचा। पु० उच्चस्थ ग्रह।
**तुण्ड** पु० *(सं०)* हथियार की नोक; मुख; थूथन; शिव।
**तुण्डि** पु० *(सं०)* चोंच; बिम्बाफल। स्त्री० नाभि।
**तुण्डी(डिन्)** वि० *(सं०)* मुँह, थूथन या सूँड़ से युक्त।
**तुन्दिल** वि० *(सं०)* बड़े पेट वाला, तोंद वाला।
**तु** अव्य० निरर्थक पादपूरक, तो।
**तुअ*** सर्व० तुम्हारा।
**तुअना*** अ० क्रि० गर्भपात होना; टपकना।
**तुक** स्त्री० मैत्री, अन्तिमाक्षर मिलना।
**तुकान्त** पु० चरणों के अन्तिम अक्षरों का मेल।
**तुख** पु० छिलका।
**तुख़्म** पु० *(अ०)* बीज।
**तुच, तुचा** स्त्री० त्वचा।
**तुच्छ** पु० *(सं०)* तुष, भूसी। वि० निःसत्व; निकृष्ट।
**तुज़ुक** पु० *(तु०)* शान-शौकत, वैभव, ऐश्वर्य।
**तुट्ना*** स० क्रि० तुष्ट, प्रसन्न करना। अ० क्रि० प्रसन्न होना, तुष्ट होना।
**तुड़वाना** क्रि० तुड़ाई कराना।
**तुड़ाई** स्त्री० तोड़ने की क्रिया, भाव।
**तुतरा** वि० तुतला।
**तुतलाना** अ० क्रि० बच्चों का शब्दों तथा वर्णों का अस्पष्ट और कुछ का कुछ उच्चारण करते हुए बोलना।
**तुनीर*** पु० तरकश, तूणीर।
**तुन्न** वि० *(सं०)* फटा हुआ; कटा हुआ, छिन्न।
**तुभना*** अ० क्रि० थक जाना; स्तब्ध हो जाना।
**तुरंग** पु० *(सं०)* घोड़ा; सात की संख्या।
**तुरंगारि** पु० *(सं०)* कनेर; भैंसा।
**तुर** अ० *(सं०)* शीघ्र, वेग के साथ। वि० वेगवान्।
**तुरत** अ० शीघ्र, तुरन्त, तत्काल, चटपट।
**तुरा*** स्त्री० शीघ्रता, तुरन्त, त्वरा।
**तुराइ, तुराय*** अ० आतुरता के साथ।
**तुराई*** अ० तुरन्त। स्त्री० तोशक; त्वरा में।

**तुरावान*** वि० त्वरायुक्त, वेगयुक्त।
**तुरास*** पु० वेग। अ० वेग से।
**तुर्रा** पु० *(अ०)* पगड़ी या टोपी में लगा हुआ पंख, कलगी; जुल्फ। वि० *(फ़ा०)* अनोखा।
**तुलना** स्त्री० *(सं०)* बराबरी, मिलान, जाँच करना।
**तुलवाई** स्त्री० तोलने का पारिश्रमिक।
**तुलवाना** क्रि० तोल कराना; गाड़ी के पहिये को औंगवाना।
**तुलसी** स्त्री० एक पवित्र औषधीय पौधा।
**तुलसी दल** पु० तुलसी का पत्ता।
**तुलसीदास** पु० हिन्दी के महाकवि, रामचरितमानस के रचयिता।
**तुला** स्त्री० *(सं०)* समानता; काँटा, तराजू।
**तुलि, तुली** स्त्री० *(सं०)* जुलाहों की कूची; तूलिका।
**तुलित** वि० *(सं०)* समान, सदृश; तौला हुआ।
**तुल्य** वि० *(सं०)* समान, सदृश, बराबर।
**तुल्याकृति** वि० देखने में समान आकृति वाला।
**तुवर** वि० *(सं०)* कसैला; बिना दाढ़ी मूँछ का। पु० अरहर; कषाय रस।
**तुष** पु० *(सं०)* अण्डे के ऊपर का छिलका; भूसी।
**तुषाग्नि, तुषानल** पु० भूसी की आग।
**तुषार** पु० हिम, पाला। वि० अतिशीतल।
**तुषारांशु** पु० *(सं०)* चन्द्रमा।
**तुष्ट** पु० *(सं०)* विष्णु। वि० खुश, तोषयुक्त, प्रसन्न।
**तुष्टि** स्त्री० *(सं०)* सन्तोष, प्रसन्नता।
**तुसी*** स्त्री० तुष।
**तुहमत** स्त्री० *(फ़ा०)* बुरी राय; इल्जाम; झूठी बदनामी।
**तुहमती** वि०, पु० इल्जाम लगाने वाला (आदमी)।
**तुहार** सर्व० तुम्हारा।
**तुहिन** पु० *(सं०)* चन्द्रिका; हिम; बर्फ; कपूर।
**तू** सर्व० तुम का सम्बोधन। स्त्री० कुत्ते को पुकारने का शब्द।
**मुहा० तू-तू मैं-मैं करना** गाली-गलौज करना।
**तूख** पु० सींक का टुकड़ा।
**तूठना*** अ० क्रि० तुष्ट, प्रसन्न होना।
**तूणी** स्त्री० *(सं०)* तरकश; नील का पौधा।
**तूणी(णिन्)** वि० *(सं०)* तरकश धारण करने वाला।
**तूणीर** पु० *(सं०)* बाण रखने का चोंगा, निषंग।
**तूतिया** पु० नीला थोथा, गन्धकाम्ल के योग से बना हुआ ताँबे का क्षार।
**तूना** अ० क्रि० टपकना; रिसना, चूना।
**तूनीर*** पु० तूणीर।
**तूफान** पु० *(अ०)* उपद्रव; जोर की आँधी; हंगामा।
**मुहा० तूफान खड़ा करना** उपद्रव मचाना।
**तूफान बाँधना** झूठा कलंक लगाना।
**तूफ़ानी** वि० उपद्रवी; तूफान जैसा प्रचण्ड।
**तूबना** क्रि० तूमना, रुई के रेशे अलग-अलग करना।
**तूय** पु० जल, पानी; शीघ्रता।
**तूर** पु० नगाड़ा, तुरही। स्त्री० अरहर का पौधा।
**तूरना*** पु० तुरही। स० क्रि० तोड़ना।
**तूरा** *पु० तुरही। स्त्री० *(सं०)* वेग।
**तूर्ण** वि० *(सं०)* तेज। अ० शीघ्र, तेजी से।
**तूर्त** अ० तुरत, शीघ्र। वि० *(सं०)* फुर्तीला, तेज।
**तूर्य** पु० *(सं०)* मृदंग, मुरज; तुरही।
**तूल** पु० *(सं०)* तृण का सिरा; रुई; आकाश; धतूरा।
**तूल** पु० लाल रंग का कपड़ा; गाढ़ा लाल रंग। *(अ०)* विस्तार, लम्बाई। *वि० सदृश, समान।
**मुहा० तूल पकड़ना** किसी बात का बहुत अधिक बढ़ जाना या उग्र रूप धारण करना।
**तूलता*** स्त्री० सादृश्य, समता।
**तूलना** स० क्रि० धुरी में तेल देना। *अ० क्रि० समता करना, समान होना।
**तूलमतूल*** अ० आमने-सामने, समक्ष।
**तूला** स्त्री० *(सं०)* कपास, रुई।
**तूली** स्त्री० *(सं०)* चित्रकार की कूची; रुई; दीपक की बत्ती; जुलाहे की कूची; नील का पौधा।
**तूस** पु० भूसी; पहाड़ी बकरे का ऊन।
**तूसना*** अ० क्रि० प्रसन्न या सन्तुष्ट होना। स० क्रि० प्रसन्न करना, सन्तुष्ट करना।
**तृखा** स्त्री० तृषा।
**तृण** पु० *(सं०)* खर-पात; घास; तिनका।
**तृणमय** वि० *(सं०)* तृणनिर्मित, घास का बना हुआ।
**तृणवत्** वि० *(सं०)* तिनके के बराबर, अत्यन्त तुच्छ।
**तृणोद्भव** पु० *(सं०)* तिन्नी, नीवार।
**तृतीय** वि० *(सं०)* तीसरा।
**तृतीयप्रकृति** पु० हिजड़ा।
**तृतीया** स्त्री० *(सं०)* पक्ष की तीसरी तिथि, तीज; करणकारक की विभक्ति। वि०, स्त्री० तीसरी।

**तृप्ताना*** अ० क्रि० तृप्त होना।

**तृप्त** पु० *(सं०)* दुःख; पुरोडाश; तृप्त करने वाला।

**तृषा** स्त्री० *(सं०)* लोभ; तीव्र इच्छा, अभिलाष।

**तुषित** वि० *(सं०)* प्यासा, लोभी।

**तृष्णा** स्त्री० *(सं०)* प्यास; अप्राप्त वस्तु को पाने की तीव्र इच्छा; लोभ; भोगेच्छा।

**तृष्णालु** वि० *(सं०)* प्यासा; लोभी; तृष्णा से युक्त।

**तें*** प्र० द्वारा; से।

**तेंतालीस** पु० तैंतालीस की संख्या, 43। वि० चालीस और तीन।

**तेई*** सर्व० वे ही।

**तेईस** वि० बीस और तीन की संख्या।

**तेखना*** अ० क्रि० नाराज होना, रुष्ट होना।

**तेगा** पु० कुश्ती का एक दाँव; खाँड़ा, छुरा।

**तेज** पु० *(सं०)* तीखापन; चमक; उत्साह।

**तेजपुंज** आभा मण्डल।

**तेज** वि० *(फ़ा०)* जिसकी धार तीक्ष्ण हो; द्रुतगामी; जल्द असर करने वाला; महँगा; चंचल।

**तेज(स्)** पु० *(सं०)* पराक्रम; उग्रता; प्रभाव; अधीरता; ताप; दीप्ति; प्रभा, चमक; बल।

**तेजधारी** वि० तेजस्वी।

**तेजवन्त*** वि० तेजोवान्।

**तेजवान्** वि० ओजस्वी; पराक्रमी; बलिष्ठ; कान्तिमान्।

**तेजस** पु० *(सं०)* तेज; शक्ति।

**तेजसी*** वि० तेजस्वी।

**तेजस्विनी** स्त्री० *(सं०)* तेज से युक्त स्त्री। वि० स्त्री० तेजवाली।

**तेजस्वी(विन्)** वि० *(सं०)* तेजवान; प्रभावशाली।

**तेज़ाब** पु० *(फ़ा०)* किसी तत्त्व का बना अम्ल जिसमें दूसरी वस्तुओं को गलाने की शक्ति रहती है।

**तेज़ी** स्त्री० प्रखरता; तीव्रता; शीघ्रता; महँगी।

**तेजोवान् (वत्)** वि० *(सं०)* तेज; उत्साही; तीखा।

**तेतिक*** वि० उतना।

**तेती*** वि० स्त्री० उतनी।

**तेतो*** वि० उतना।

**तेलहन** पु० वे बीज जिनसे तेल निकाला जाता है।

**तेलहा†** वि० तेल में बना हुआ, जिसमें तेल हो।

**तेवर** पु० भौंह; क्रोधभरी दृष्टि; तिरछी नजर। **मुहा० तेवर चढ़ना** क्रोध के मारे भौंहों का तन जाना। **तेवर बदलना** क्रुद्ध होना।

**तेवान*** पु० चिन्ता, सोच।

**तेवाना*** अ० क्रि० सोच में पड़ना, चिन्ता-मग्न होना।

**तेह*** पु० क्रोध, कोप; स्वाभिमान, ऐंठ; तेजी।

**तेहरा** वि० तीसरी बार किया हुआ; तीन तहों का।

**तेहि*** सर्व० उसे, उसको।

**तेही*** सर्व० तेहि। वि० क्रोधी, गुस्सैल; अभिमानी।

**तैं*** प्र० से। सर्व० तू।

**तैक्त** पु० *(सं०)* तिक्तता, तिताई।

**तैखाना** पु० भूमिगृह।

**तैतिक्ष** वि० *(सं०)* क्षमाशील।

**तैतिर** पु० *(सं०)* तीतर।

**तैतिल** पु० *(सं०)* गैण्डा।

**तैत्तिर** पु० *(सं०)* तीतर।

**तैना*** स० क्रि० तपाना, जलाना।

**तैनात** वि० मुकर्रर, किसी काम के लिए नियुक्त।

**तैनाती** स्त्री० नियुक्ति।

**तैयार** वि० हर प्रकार से दुरुस्त; मुस्तैद; मोटा-ताजा।

**तैयारी** स्त्री० मुस्तैदी; सज-धज; शरीर की पुष्टता।

**तैयो*** अ० तो भी, फिर भी।

**तैरना** अ० क्रि० उतराना।

**तैराई** स्त्री० तैरने की क्रिया।

**तैराक** पु० तैरने वाला।

**तैर्थ** वि० *(सं०)* तीर्थ विषयक।

**तोइ*** पु० तोय, जल।

**तोटना*** अ० क्रि० टूटना।

**तोडन** पु० *(सं०)* फाड़ना; तोड़ना, भेदन।

**तोड़र*** पु० तोड़ा, पैर का एक गहना।

**तोण*** पु० तूणीर, तरकश।

**तोत** पु० ढेर, राशि। ~

**तोतकर** पु० पपीहा।

**तोतक*** पु० पपीहा।

**तोपना*** स० क्रि० छिपाना, ढाँकना।

**तोफा†** वि० तोहफा।

**तोबा** पु० पछतावा; अफसोस।

**तोमर** पु० भाले के समान अस्त्र विशेष।

**तोमरी*** स्त्री० तुमड़ी; कड़आ कद्दू।

**तोय** पु० *(सं०)* जल, पानी; पूर्वाषाढ़ा नक्षत्र।

**तोर** *सर्व० तेरा। पु० अरहर; तोड़।
**तोरण** पु० *(सं०)* बन्दनवार।
**तोरना*** सु० क्रि० दूर करना; तोड़ना।
**तोरावान्*** वि० वेगवान्, तेज।
**तोल** स्त्री० तौल।
**तोलन** पु० *(सं०)* तोलने की क्रिया।
**तोलना** क्रि० तौलना।
**तोला** पु० बारह माशे की एक तौल।
**तोशक** स्त्री० *(तु०)* रुई भरा बिछावन।
**तोशदान** पु० पाथेय रखने की थैली।
**तोशा** पु० *(फ़ा०)* सम्बल, पाथेय।
**तोष** पु० *(सं०)* सन्तोष।
**तोषक** वि० *(सं०)* तुष्टिकारक।
**तोषक** वि० *(सं०)* तृप्त करने वाला।
**तोषण** पु० *(सं०)* सन्तुष्ट करने की क्रिया या भाव।
**तोषना*** अ० क्रि० तृप्त होना, सन्तुष्ट होना। स० क्रि० तृप्त करना, सन्तुष्ट करना; प्रसन्न करना।
**तोस*** पु० डबल रोटी का सेंका हुआ टुकड़ा; तोष।
**तोसल*** पु० तोषल।
**तोसागार*** पु० तोशाख़ाना।
**तोहफ़ा** पु० *(अ०)* सौगात, नजर, भेंट। वि० अद्भुत, नायाब; सुन्दर बढ़िया, अच्छा।
**तोहमती** वि० मिथ्या आरोप करने वाला।
**तोहरा**† सर्व० तुम; तुम्हें; तुम्हारा।
**तोहार**† सर्व० तुम्हारा।
**तोहि*** सर्व० तुम्हें, तुझे।
**तोंकना*** अ० क्रि० आँच से तपना।
**तोंसना*** अ० क्रि० तप जाना; गर्मी से झुलस जाना।
**तोंसा** पु० अत्यधिक कड़ी गर्मी, भीषण ताप।
**तौर** पु० *(अ०)* ढंग; तरह, भाँति। ~
**तौरतरीक़ा** पु० चाल-चलन, चाल-ढाल।
**तौरा** पु० रई घुमाने की रस्सी; नेमी, नैती।
**तौरि*** स्त्री० घुमटा, चक्कर।
**तौल** पु० *(सं०)* तराजू; तुला राशि। स्त्री० वजन।
**तौलिया** स्त्री० शरीर पोंछने का मोटा अँगोछा।
**तौसना** क्रि० गर्मी के कारण व्याकुल होना।
**तौहीन** स्त्री० *(सं०)* अनादर, बेइज्जती, अपमान।
**तौहीनी**† स्त्री० बेइज्जती।
**त्यक्त** वि० *(सं०)* त्यागा, छोड़ा हुआ।
**त्यजन** पु० *(सं०)* त्यागने या छोड़ने की क्रिया।
**त्याग** पु० *(सं०)* कुरबानी; किसी पद या स्थान का त्याग करना।
**त्यागपत्र** पु० *(सं०)* दान अथवा पद त्यागने का पत्र।
**त्यागशील** वि० त्यागी।
**त्यागी(गिन्)** वि० *(सं०)* जिसने स्वार्थ, भोगादि की इच्छा का त्याग कर दिया हो, विरक्त।
**त्याज्य** वि० *(सं०)* त्यागने योग्य, छोड़ने योग्य।
**त्यार*** वि० तैयार।
**त्यों** अ० उसी वक्त, उसी समय, तत्क्षण; उसी प्रकार।
**त्योरी** स्त्री० दृष्टि, निगाह; माथे का बल, माथे की सिलवट, संकुचन।
**मुहा० त्योरी चढ़ना या बदलना** क्रोध से माथे में बल पड़ना, कोप से भृकुटी का ऊपर की ओर खिंच जाना। **त्योरी चढ़ाना या त्योरी बदलना** क्रोध व्यक्त करने के लिए पेशानी पर बल डालना। **त्योरी में बल पड़ना** त्योरी चढ़ना।
**त्योहार** पु० पर्व, प्रतिवर्ष निश्चित तिथि को मनाया जाने वाला कोई बड़ा धार्मिक या जातीय उत्सव।
**त्योहारी** स्त्री० त्यौहारोपलक्ष्य में मिठाई, धन आदि देना।
**त्यौनार*** पु० ढंग, तरीका।
**त्यौराना** अ० क्रि० सिर में चक्कर आना।
**त्र** प्र० सप्तमी विभक्ति के रूप में प्रयुक्त होने वाला एक प्रत्यय। वि० *(सं०)* (समासान्त में) रक्षा करने वाला; तीन।
**त्रपा** *वि० लज्जित। स्त्री० *(सं०)* व्यभिचारिणी, कुलटा; लज्जा।
**त्रय** पु० *(सं०)* तीसरी संख्या।
**त्रयी** पु० *(सं०)* तीन वस्तु का समूह।
**त्रयोदशी** वि० स्त्री० तेरहवीं। स्त्री० *(सं०)* किसी पक्ष की तेरहवीं तिथि, तेरस।
**त्रसना*** अ० क्रि० डरना, भीत होना।
**त्रसाना*** स० क्रि० डराना, भय दिखाना।
**त्रस्त** वि० *(सं०)* भीत, डरा हुआ; काँपता हुआ; तेज (संगीत); चकित, अचम्भे में पड़ा हुआ।
**त्राण** वि० रक्षित। पु० *(सं०)* आश्रय; रक्षा, बचाव।
**त्राणक** पु० *(सं०)* रक्षक।
**त्रातव्य** वि० *(सं०)* रक्षा करने योग्य, रक्षणीय।

**त्राता,त्रातार*** पु० रक्षक।
**त्रास** वि० चल; भयंकर। पु० *(सं०)* डर, भय, खौफ।
**त्रासक** वि०, पु० *(सं०)* नाशक; डराने वाला।
**त्रासदी** स्त्री० *(अं०)* *(ट्रेजेडी)* दुःखान्त नाटक; (जीवन की) कोई दुःखद घटना।
**त्रासित** वि० *(सं०)* त्रस्त किया हुआ, डराया हुआ।
**त्राहि** अ० *(सं०)* बचाओ, पाहि, रक्षा करो।
**मुहा० त्राहि त्राहि करना** दैन्यपूर्वक रक्षा के लिए प्रार्थना करना, बेबस होकर बचाने के लिए किसी को पुकारना। **त्राहि त्राहि मचना** विपद्ग्रस्तों के मुँह से 'त्राहि-त्राहि' की पुकार निकलना।
**त्रिंश** वि० *(सं०)* तीसवाँ।
**त्रि** वि० *(सं०)* तीन (यह यौगिक शब्दों के आरम्भ में जोड़ा जाता है, जैसे—त्रिकाल, त्रिदेव, त्रिलोक आदि)।
**त्रिक** पु० *(सं०)* तीन का समूह, कटि प्रदेश; तीसरे दिन का ज्वर।
**त्रिकण्टक** पु० *(सं०)* गोखरू, त्रिशूल।
**त्रिकालदर्शक** वि० जिसे तीनों कालों की बातें ज्ञात हों। पु० ऋषि।
**त्रिकुट** पु० *(सं०)* सोंठ, काली मिर्च, पीपल ये तीन कडुए पदार्थ।
**त्रिकुटी** स्त्री० *(सं०)* दोनों भौंहों की मध्य का भाग।
**त्रिकूट** पु० *(सं०)* तीन शिखरवाला पर्वत।
**त्रिकोण मिति** स्त्री० ज्यामिति, रेखागणित।
**त्रिगुणात्मक** वि० जिसमें सत्त्व आदि तीनों गुण हों।
**त्रिण, त्रिन*** पु० 'तृण'।
**त्रितय** पु० त्रिगुट, तीन का समूह (धर्म, अर्थ, काम)। वि० *(सं०)* तीन भागों वाला।
**त्रिदशाचार्य** पु० *(सं०)* बृहस्पति।
**त्रिदशाध्यक्ष, त्रिदशायन** पु० *(सं०)* विष्णु।
**त्रिदशालय** पु० *(सं०)* स्वर्ग; सुमेरु।
**त्रिदोषना*** अ० क्रि० काम, क्रोध और लोभ के वश में होना।
**त्रिपुण्ड** पु० *(हि०)*, **त्रिपुण्ड्र** पु० तीन आड़ी रेखाएँ या चन्द्राकार रेखाओं वाला तिलक।
**त्रिय, त्रिया*** नारी, स्त्री।
**त्रिवली** स्त्री० पेट पर पड़ने वाले तीन वलय।
**त्रुटि** स्त्री० *(सं०)* भूल, चूक; संशय; प्रतिज्ञा-भंग।
**त्रुटि** स्त्री० *(सं०)* कमी, कसर; भूल-चूक; अंगहीनता।
**त्रेधा** अ० *(सं०)* तीन प्रकार से; तीन भागों में।
**त्रै*** वि० तीन।
**त्रैकालिक** वि० *(सं०)* तीनों कालों में होने वाला।
**त्रैगुणिक** वि० *(सं०)* तीन बार किया हुआ।
**त्रैगुण्य** पु० *(सं०)* तीनों गुणों का योग।
**त्रैमासिक** वि० *(सं०)* तीन महीनों में होने वाला; तीन महीनों का; हर तीसरे महीने निकलने वाला।
**त्रैमास्य** पु० *(सं०)* तीन मास का समय।
**त्रैलोक्य** पु० *(सं०)* त्रिलोक।
**त्रैलोक्यनाथ** पु० राम।
**त्रैवर्षिक** वि० *(सं०)* जो तीन वर्षों में हो।
**त्रैवार्षिक** वि० *(सं०)* तीन वर्षों के अन्तर से होने वाला; तीन वर्षों में होने वाला; तीन वर्षों का।
**त्रैविद्य** पु० *(सं०)* तीनों वेद; तीनों वेदों का ज्ञाता।
**त्रोण** पु० *(सं०)* तरकश।
**त्रोतल** वि० *(सं०)* तोतला, तुतलाने वाला।
**त्र्यशीति** वि० *(सं०)* अस्सी और तीन। स्त्री० तिरासी की संख्या, 83।
**त्वक** पु० *(सं०)* छिलका, खाल, स्पर्शेन्द्रिय।
**त्वङ्मय** वि० *(सं०)* चमड़े या छाल का बना हुआ।
**त्वच** पु० *(सं०)* तेजपत्ता; दारचीनी; छाल।
**त्वचकना*** अ० क्रि० पुराना पड़ना; भीतर की ओर धँसना, पचकना।
**त्वचा** स्त्री० *(सं०)* चर्म, चमड़ा।
**त्वचिसार** पु० *(सं०)* बाँस।
**त्वदीय** वि० *(सं०)* तुम्हारा।
**त्वम्** सर्व० *(सं०)* तुम।
**त्वम्पदवाच्य** पु० जीव।
**त्वरण** पु० *(सं०)* शीघ्रतापूर्वक करना, तेजी से करना।
**त्वरा** स्त्री० *(सं०)* जल्दी, शीघ्रता।
**त्वरि** स्त्री० *(सं०)* शीघ्रता।
**त्वरित** अ० *(सं०)* शीघ्रतापूर्वक, तेजी से। वि० तेज।
**त्वष्टा(ष्ट्र)** पु० *(सं०)* बढ़ई; विश्वकर्मा।
**त्विषि** स्त्री० *(सं०)* प्रभा; दीप्ति; प्रकाश; किरण।
**त्वेष(स्)** वि० *(सं०)* दीप्त; प्रकाशित।

# थ

**थ** देवनागरी वर्णमाला में तवर्ग का दूसरा वर्ण। उच्चारण स्थान दन्त।

**थण्डिल*** पु० यज्ञ के लिए साफ की हुई भूमि; यज्ञवेदी।

**थम्ब** पु० टेक, सहारा; थम्भ।

**थम्भ** पु० सहारा; स्तम्भ, खम्भा।

**थँभना*** अ० क्रि० ठहरना, रुकना; सँभलना।

**थम्भा*** पु० थम्भ; सहारा; खम्भा।

**थम्भित*** वि० स्तब्ध; टिका हुआ; रुका हुआ।

**थ** पु० *(सं०)* पर्वत; रक्षक; खतरे का चिह्न; आहार, भक्षण; भय।

**थकन** स्त्री० थकान, थकावट, शैथिल्य।

**थकना** अ० क्रि० थकावट; तंग आना; धीमा पड़ना।

**थकान** स्त्री० थकने का भाव, थकावट, शैथिल्य। **मुहा० थका डालना, थका देना** श्रान्त कर देना, अशक्त बना देना।

**थकाना** स० क्रि० शिथिल बना देना; हराना।

**थकार** पु० *(सं०)* थ स्वरूप अक्षर।

**थकावट, थकाहट** स्त्री० थकान, थकने का भाव।

**थकित** वि० अशक्त; थका हुआ, शिथिल; मुग्ध।

**थकिया** स्त्री० गाढ़ी वस्तु के जमने से मोटी पर्त।

**थकौहाँ*** वि० थोड़ा शिथिल, कुछ थका हुआ।

**थक्का** पु० लोंदा, किसी चीज का जमा हुआ टुकड़ा।

**थगित*** वि० रुका हुआ; शिथिल।

**थड़ा** पु० बैठक, बैठने की जगह।

**थति*** स्त्री० पूँजी; थाती; धन।

**थत्ती** स्त्री० राशि, ढेर।

**थन** पु० गाय-भैंस आदि का स्तन।

**थपका**† पु० थक्का; हथेली की हल्की चोट, आघात।

**थपकी** स्त्री० हथेली का हल्का आघात। **मुहा० थपकी देना/लगाना** हाथ से धीरे-धीरे ठोकना।

**थपड़ी** स्त्री० थपोड़ी, करतल ध्वनि, ताली। **मुहा० थपड़ी पीटना, बजाना** हथेलियों के परस्पर आघात द्वारा शब्द उत्पन्न करना; उपहास करना।

**थपथपाना** स० क्रि० थपकना।

**थपथपाहट, थपथपी** स्त्री०हथेली का हल्का आघात।

**थपना*** पु० पिटना; थापी। स० क्रि० ठोकना; जमाना; दृढ़ करना। अ० क्रि० धीरे-धीरे पीटना, स्थापित किया जाना, स्थापित होना।

**थपाना*** स० क्रि० स्थापित कराना।

**थपुआ** पु० चौड़ा-चिपटा मिट्टी का पका खपड़ा जिसके ऊपर नरिया रखी जाती है।

**थपेड़ना** स० क्रि० ठोकर देना; आघात करना।

**थपेड़ा** पु० चपत, चपेटा; घात-प्रतिघात, दरेरा, धक्का।

**थपोड़ी** स्त्री० ताली, करतल ध्वनि।

**थप्पड़** पु० चपेटा, तमाचा, झापड़।

**थमना** अ० क्रि० प्रतीक्षा करना, ठहरा रहना; रुकना, ठहरना, चालू न रहना; बन्द होना, किसी काम का होता न रहना, रुक जाना; धैर्य रखना।

**थमाना** स० क्रि० टिकाना; पकड़ाना, सँभलाना।

**थर** स्त्री० तह, परत।

**थरकना*** अ० क्रि० भय से कम्पित होना, थर्राना।

**थरकाना**† स० क्रि० भय से कँपाना।

**थरकौहाँ*** वि० चंचल; काँपता हुआ; स्थिर।

**थरथराना** अ० क्रि० काँपना; भय के मारे काँपना।

**थरथराहट** स्त्री० काँपना, कम्प, कँपकँपी।

**थरथरी** स्त्री० भय आदि के कारण होने वाली कँपकँपी।

**थरना**† स० क्रि० ठगना; थुरना; नोक को हथौड़ी से पीटकर चौड़ी करना।

**थरसल*** वि० हक्का-बक्का, स्तब्ध, थरथराया हुआ।

**थरहर*, थरहरी** स्त्री० थरथरी।

**थरहाई*** स्त्री० निहोरा।

**थरिया**† स्त्री० थाली।

**थरु*** स्थल

**थर्ड** वि० *(अं०)* तीसरा।

**थर्डक्लास** वि० घटिया, रद्दी। पु० ट्रेन में तीसरा दर्जा; तीसरी कक्षा; तीसरी श्रेणी।

**थर्डडिवीज़न** पु० तृतीय श्रेणी, तीसरी श्रेणी।

**थर्मस** पु० *(अं०)* एक प्रकार की बोतल जिसमें गर्म चीज देर तक गर्म और ठण्ढी चीज देर तक ठण्ढी रहती है।

**थर्मामीटर** पु० *(अं०)* तापमानमापी यन्त्र, शीशे की नली में थोड़ा पारा भरकर बनाया जाने वाला गर्मी मापने का एक यन्त्र।

**थर्राना** अ० क्रि० काँप उठना, दहलना।

**थल** पु० जलरहित भूमि; स्थल, स्थान; फोड़े का घेरा।

**थलकना** अ० क्रि० काँपना; मोटाई या ढीलेपन के कारण चलने में हिलना।

**थलचर** पु० पृथ्वी पर रहने वाले जीव।

**थलथल** वि० मोटाई या झोल के कारण हिलता हुआ।

**थलथलाना** अ० क्रि० शरीर की स्थूलता के कारण माँस का ऊपर-नीचे हिलना।

**थलरुह** पु० पृथ्वी पर उगनेवाले वृक्ष आदि।

**थली** स्त्री० बैठक; रेतीली जमीन; स्थान; भूमि।

**थवई** पु० राजगीर, मकान बनाने वाला कारीगर।

**थहरना** अ० क्रि० हिलना, काँपना।

**थहराना** स० क्रि० हिलाना; भय से कँपाना। अ० क्रि० हिलना; भय से काँपना।

**थहाना** स० क्रि० अवगाहन करना; गहराई का पता लगाना, थाह लेना।

**थाँग** पु० भेद; खोज, सुराग; चोरों का गुप्त अड्डा।

**थाँगी** पु० जासूस; चोरी का माल लेने वाला; चोरों का मुखिया; चोरों को पता देने वाला।

**थाँभ*** पु० खम्भा।

**थाँवरा*, थाँवला** पु० थाला।

**था** क्रि० है का भूतकाल का रूप, रहा।

**थाई** स्त्री० स्थाई पु० बैठक।

**थाक** पु० सीमा; राशि, समूह।

**थाकि*** स्त्री० क्लान्ति, थकावट।

**थात*** वि० स्थित, बैठा या ठहरा हुआ।

**थाति*** स्त्री० स्थिरता, थाती; स्थायित्व।

**थाती** स्त्री० पूँजी, संचित धन; अमानत, धरोहर।

**थान** पु० देवता आदि के रहने की जगह; बँधी हुई लम्बाई का कपड़े का बड़ा टुकड़ा।

**थानक** पु० स्थान; नगर; थाला।

**थाना** पु० निवास स्थान; पुलिस की चौकी

**थानेदार** पु० थाने का प्रधान अफसर, दारोगा।

**थाप** स्त्री० थप्पड़, खुले हुए हाथ का पूरा आघात; शपथ; विश्वास, ठिकाना; मर्यादा, गौरव; आदर, सम्मान; धाक; हाथ का पूरा पड़ा हुआ चिह्न।

**थापना** स्त्री० स्थापना, प्रतिष्ठा। स० क्रि० उखड़ी हुई जड़ को मजबूत करना; स्थापित करना।

**थापी** स्त्री० मुँगरी, पिटनी; कच्चा घड़ा पीटने का लकड़ी या मिट्टी का एक औजार।

**थाम*** पु० खम्भा। स्त्री० पकड़; थामने की क्रिया।

**थामना** स० क्रि० रोके रहना; हाथ में लेना; पकड़ना; अवरुद्ध करना; गिरने या लुढ़कने से बचाना; किसी काम का उत्तरदायित्व स्वीकार करना।

**थाम्हना**† स० क्रि० किसी वस्तु को लुढ़कने या गिरने से बचाना, सँभालना; थामना।

**थायरॉइड ग्रन्थि** स्त्री० *(थाइराइड ग्लैण्ड)* मानव शरीर के गले में लेरिंक्स के नीचे स्थित वाहिनीहीन ग्रन्थि। यह शरीर में थायराक्सिन हार्मोन स्रावित करती है जिसमें आयोडीन रहता है। इसी थायराक्सिन हार्मोन की कमी के कारण गलफड़ा रोग होता है।

**थाला** पु० फोड़े की सूजन; पौधे या वृक्ष की जड़ के चारों ओर बनाया गया क्यारी की तरह का घेरा।

**थाली** स्त्री० छोटा थाल।

**मुहा० थाली का बैंगन** कभी इस पक्ष, कभी उस पक्ष में रहने वाला, अस्थिर। **थाली गिरी झनकार सबने सुनी** छिपाने वाली बात छिपती नहीं।

**थावर*** वि० जंगम का उलटा, अचल, स्थावर।

**थाह** स्त्री० सीमा; नदी आदि में वह स्थान जहाँ बिना डूबे पाँव तल से टिक जाए; गाध, गहराई की सीमा; पार; छिपे तौर से लगाया गया पता। वि० उथला, कम गहरा।

**मुहा० थाह लगना** गहराई का पार मिलना। **थाह लेना** किसी वस्तु के रहस्य की जाँच करना; गहराई का अन्दाज लगाना।

**थाहना** स० क्रि० गहराई का पता लगाना; थाह लेना।

**थाहरा*** वि० उथला, कम गहरा।

**थिएटर** पु० *(अं०)* अभिनय; वह भवन जहाँ नाटक का अभिनय किया जाता है, रंगशाला।

**थिएट्रिकल** वि० *(अं०)* थिएटर-सम्बन्धी।

**थिगली, थिगड़ी** स्त्री० पैबन्द, फटे वस्त्र पर लगा थिगड़ा।

**थित** वि० स्थित, ठहरा, रखा हुआ।

**थिति** स्त्री० व्यवस्था, दशा, अवस्था।

**थियोसोफ़ी** स्त्री० *(अं०)* एक सम्प्रदाय; ब्रह्मविद्या, अध्यात्म विद्या।

**थिर** वि० एक ही स्थिति में रहने वाला; स्थिर।

**थिरकना** अ० क्रि० आगे-पीछे डोलना।

**थिरता, थिरताई*** स्त्री० स्थायित्व; ठहराव, स्थिरता।

**थिरा*** स्त्री० पृथ्वी।

**थिराना** क्रि० तरलपदार्थ को स्थिर करना।

**थी** स्त्री० था का स्त्रीलिंग-रूप।

**थीता*** पु० चैन, शान्ति, स्थिरता।

**थीर*** वि० स्थिर।

**थुक्काफजीहत** स्त्री० धिक्कार और तिरस्कार।

**थुकाई** स्त्री० थूकने का काम।

**थुकाना, थुकवाना** क्रि० उगलवाना; निन्दा करना।

**थुड़ी** अ. छिः, धिक्कारसूचक शब्द। स्त्री. बेइज्जती, लानत।

**मुहा० थुड़ी करना** थू-थू करना, धिक्कारना। **थुड़ी होना** सबकी दृष्टि में गिर जाना।

**थुथना** पु० थूथन।

**थुथराइ*** स्त्री० कम पड़ना, थोड़ा होना।

**थुथराना*** अ० क्रि० कम पड़ना, थोड़ा होना।

**थुनी*, थुन्नी** स्त्री० खम्भा, थूनी।

**थुरहथा*** वि० कम खर्च; छोटे हाथ का।

**थुलथुल** वि० जिसका शरीर मोटाई के कारण ढीला हो गया हो।

**थुली**' स्त्री० दला हुआ अनाज जो दरदरा हो।

**थू** पु० थूकने में मुँह से निकलने वाला शब्द, थूकने का शब्द। स्त्री० थुड़ी, लानत। अ० घृणा और धिक्कारसूचक शब्द, छिः।

**मुहा० थू करना** थुड़ी-थुड़ी करना, घृणा और तिरस्कार सूचित करना। **थू होना** चारों ओर निन्दा होना।

**थूक** पु० खँखार, ष्ठीवन।

**मुहा० थूक लगाना** नीचा दिखाना। **थूक से सत्तू सानना** अत्यन्त कंजूसी से काम चलाना।

**थूकना** स० क्रि० निन्दा करना; उगलना। अ० क्रि० मुँह से थूक बाहर निकालना या फेंकना; धिक्कारना।

**मुहा० थूककर चाटना** वचन देकर मुकर जाना; त्यक्त वस्तु को ग्रहण करना।

**थूत्कार** पु० *(सं०)* थू-थू करना, थूकते समय निकलने वाला शब्द।

**थूथन** पु० लम्बे मुँह का आगे की ओर निकला हुआ भाग।

**थूरना*** स० क्रि० अच्छी तरह पीटना; चूर करना।

**थूला, थूली*** वि० हृष्ट-पुष्ट, मोटा; मोटा दलिया।

**थूहड़** पु० थूहर।

**थूहर** पु० सेहुँड़ का पेड़।

**थूहा** पु० टीला, ढेर।

**थूही** स्त्री० खम्भा जिसमें पानी खींचने की घिर्री लगाते हैं; मिट्टी का ढेर।

**थेंथर**' वि० थका हुआ; हैरान; हेहर, बेहया।

**थेगली*** स्त्री० कन्धा; थिगली।

**थैला** पु० झोला।

**थैली** स्त्री० कोथरी, रुपयों से भरा छोटा थैला।

**थोक** पु० माल की राशि; ढेर, राशि।

**मुहा० थोक करना*** जमा करना, एकत्र करना।

**थोड़**' स्त्री० अपर्याप्तता, कमी।

**थोड़न** पु० *(सं०)* लपेटने या ढाँकने की क्रिया।

**थोड़ा** अ० जरा-सा। वि० जरा-सा, अल्प, न्यून।

**थोथा, थोथरा** वि० बेकाम; निःसार; तोंद, पेटी।

**थोथा** वि० खोखला; निःसार; निकम्मा, बेकार वस्तु।

**थोपना** स० क्रि० जिम्मेदारी या दोष किसी पर डालना, मढ़ना; आरोपित करना।

**थोरिक*** वि० थोड़ा-सा।

**थ्योरी** स्त्री० *(अं०)* सिद्धान्त।

**थ्रिल** पु० *(अं०)* पुलक, रोमांच।

## द

**द** देवनागरी वर्णमाला में तवर्ग का तीसरा वर्ण। उच्चारण स्थान दन्त्य।

**दंग** वि० *(फ़ा०)* हक्का-बक्का; चकित; लापरवाह; बेवकूफ। *पु० घबराहट; डर।

**मुहा० दंग रह जाना** चकित हो जाना।

**दंगयी** वि०, पु० लड़ाका, दंगा करने वाला।

**दंगल** पु० *(फ़ा०)* अखाड़ा; कुश्ती आदि की प्रतिद्वन्द्विता।

**दंगली** वि० दंगल मारने वाला; युद्ध करने वाला।

**दंगह*** वि० अद्‌भुत, दंग करने वाला।

**दंगा** पु० कोलाहल; झगड़ा-फसाद, उत्पात।

**दण्ड** पु० *(सं०)* डण्डा; दमन; आक्रमण; जुर्माना; जहाज या नाव का मस्तूल; कमल आदि की नाल।

**दण्डक** पु० *(सं०)* दण्ड देने वाला; दण्डकारण्य।

**दण्डना*** स० क्रि० दण्ड देना, दण्डित करना।

**दण्डनीय** वि० *(सं०)* जिसे दण्ड देना न्यायसंगत हो।

**दण्डमान*** वि० दण्डनीय।

**दण्डवत्** पु० *(सं०)* साष्टांग प्रणाम, डण्डे की तरह पृथ्वी पर गिरकर किया जाने वाला प्रणाम। वि० डण्डे के सदृश सीधा या खड़ा।

**दण्डादेश** पु० *(सेण्टेंस)* किसी अपराधी को दण्ड देने का न्यायाधीश द्वारा सुनाया जाने वाला निर्णय।

**दण्डाधिकारी** पु० *(मजिस्ट्रेट)* फौजदारी मुकद्दमे सुनने और शासन-प्रबन्ध का काम करने वाला अफसर।

**दण्डाधिप** पु० *(सं०)* स्थानविशेष का प्रधान शासक।

**दण्डार्ह** वि० *(सं०)* दण्ड पाने योग्य।

**दण्डालय** पु० *(सं०)* न्यायाधिकरण, अदालत।

**दण्डाश्रमी** पु० *(सं०)* संन्यासी।

**दण्डिक** पु० *(सं०)* दण्डधारक; पुलिस कर्मचारी।

**दण्डित** वि० *(सं०)* जिसे दण्ड दिया गया हो।

**दण्डी(डिन्)** पु० *(सं०)* राजा; दण्डधारी संन्यासी।

**दण्डोत्पल** पु० *(सं०)* कुकरौधा नामक पौधा।

**दण्ड्य** वि० *(सं०)* दण्डनीय।

**दन्त** पु० *(सं०)* पर्वत का शिखर; पठार; कुंज; दाँत।

**दन्तायुध** पु० *(सं०)* सूअर।

**दन्तार** पु० हाथी। वि० बड़े दाँतों वाला।

**दन्तालय** पु० *(सं०)* मुख।

**दँतिया** स्त्री० छोटे-छोटे दाँत।

**दन्तुरित** वि० *(सं०)* ढका हुआ, लिप्त।

**दँतुरिया*** स्त्री० बच्चों के नये-नये दाँत।

**दन्द*** स्त्री० गर्मी। पु० द्वन्द्व, झगड़ा, उपद्रव।

**दन्दारू** पु० फफोला, छाला।

**दन्दी*** वि० उपद्रवी, झगड़ालू।

**दम्पति*** पु० पति-पत्नी, दम्पती।

**दम्पती** पु० *(सं०)* पति-पत्नी, स्त्री-पुरुष।

**दम्भ** पु० *(सं०)* ढकोसला; पाखण्ड; कपट; अभिमान।

**दम्भक** वि०, पु० *(सं०)* कपटी; वंचक; पाखण्डी।

**दम्भन** पु० *(सं०)* पाखण्ड करना, ढोंग करना।

**दम्भी (भिन्)** वि० *(सं०)* पाखण्डी; अभिमानी, घमण्डी।

**दंश** पु० *(सं०)* एक प्रकार की बड़ी मक्खी, डाँस, दाँत काटने की क्रिया; डंक मारने की क्रिया।

**दंशक** पु० *(सं०)* मच्छर; डाँस। वि० डंक मारनेवाला।

**दंशना*** स० क्रि० डंक मारना या दाँत से काटना।

**दंष्ट्रा** स्त्री० *(सं०)* दाढ़, चौभर, मोटा और बड़ा दाँत।

**द** पु० *(सं०)* अचल; पर्वत; दाँत। स्त्री० भार्या।

**दइत** पु० दैत्य।

**दई** पु० दैव।

**दईमारा** वि० अभागा।

**दक** पु० *(सं०)* जल।

**दक़ियानूस** पु० *(अ०)* परम्परावादी, पुराने विचारों वाला।

**दक़ियानूसी** वि० पुराणपन्थी, पुराने खयाल का; पुराना।

**दक्क़ाक़** पु० *(अ०)* आटा पीसने वाला।

**दक्ष** वि० *(सं०)* चतुर, कुशल। पु० योग्यता, शक्ति

**दक्षता** स्त्री० योग्यता, कुशलता।

**दक्षा** स्त्री० *(सं०)* पृथ्वी।

**दक्षिणा** स्त्री० *(सं०)* दान कर्म; दक्षिण दिशा।

**दक्षिणाचारी(रिन्)** वि०, पु० *(सं०)* शक्तिपूजक।

**दक्षिणाभिमुख** वि० *(सं०)* दक्षिण दिशा की ओर बहने वाला; जिसका मुँह दक्षिण की ओर हो।

**दक्षिणायन** पु० सूर्य की दक्षिण दिशा में गति।

**दक्षिन*** पु० दक्षिण।

**दक्षिनी*** वि० दक्षिणी।

**दख़ल** पु० *(अ०)* अनुचित हस्तक्षेप; अख्तियार। **मुहा० दख़ल देना** बीच में बोलना, हस्तक्षेप करना।

**दखिनहा**† वि० दक्षिण का, दक्षिणी।

**दग़दग़ाना** स० क्रि० चमकाना। अ० क्रि० चमकना।

**दग़दग़ाहट** स्त्री० तमतमाहट; चमक-दमक।

**दगधना*** अ० क्रि० जलना। स० क्रि० जलाना।

**दग़ल** पु० *(अ०)* छल, फरेब, धोखा, कपट; सड़ना।

**दगहा** पु० मृतक संस्कार करने वाला। वि० दागदार।

**दग़ा** स्त्री० *(फ़ा०)* छल, फरेब, धोखा।

**दग़ैल** वि० खोटा; दगाबाज, कपटी, छली; दागदार।

**दग्ध** वि० *(सं०)* पीड़ित; जला या जलाया हुआ।

**दग्धित*** वि० दग्ध।

**दचना*** अ० क्रि० गिरना, पड़ना।

**दच्छ*** पु० दक्ष।

**दढ़ियल** वि० दाढ़ी वाला।

**दतवन** स्त्री० दातौन।

**दतुअन, दतुवन** स्त्री० दातौन।
**दत्तक** पु० *(सं०)* गोद लिया हुआ पुत्र, मुतबन्ना।
**दत्तावधान** वि० *(सं०)* सुसमाहित, सावधान।
**दत्ति** स्त्री० *(सं०)* दान।
**दत्त्रिम** वि० *(सं०)* दान से प्राप्त।
**ददन** पु० *(सं०)* दान देना; दान।
**ददिया सास** स्त्री० ससुर की माता, सास की सास।
**ददिहाल** पु० दादा का घर या कुल।
**दध** वि० *(सं०)* धारण करने वाला; देने वाला।
**दधना*** अ० क्रि० दहना।
**दधि*** पु० समुद्र, उदधि।
**दधि** वि० *(सं०)* धारण करने वाला। पु० घर; दही।
**दधिज** पु० *(सं०)* मक्खन, नवनीत।
**दधिसुत** पु० विष; कमल।
**दनुजारि** पु० *(सं०)* देवता, सुर।
**दपट** स्त्री० डाँटने-डपटने की क्रिया, घुड़की।
**दफ़ती** स्त्री० *(अ०)* दफ्ती।
**दफ़न** पु० *(अ०)* किसी वस्तु या मुर्दे को जमीन में गाड़ने का काम; मुर्दा गाड़ना।
**दफ़नाना** स० क्रि० मुर्दे को जमीन में गाड़ना।
**दफा** स्त्री० कानून का एक नियम, धारा, मर्तबा। **मुहा० दफा लगना** कानून की किसी खास दफा के अनुसार अभियुक्त ठहराया जाना।
**दफ़ा** पु० *(अ०)* दूर करना, ढकेलना, हटाना।
**दफ़ीना** पु० *(अ०)* दफन किया हुआ खजाना।
**दफ़्तर** पु० *(अ०)* किसी अधिकारी का अपने कार्य की देखरेख करने का कमरा; कार्यालय।
**दफ़्ती** स्त्री० *(फ़ा०)* कुट, कई कागजों को आपस में चिपकाकर बनाया हुआ मोटा कड़ा कागज।
**दफ़्तीन** स्त्री० दफ़्ती।
**दबंग** वि० रोबीला; जो किसी से दबता न हो।
**दबका** पु० धातु को पीटकर लम्बा किया हुआ तार।
**दबकाना** स० क्रि० ओट में करना; छिपाना।
**दबदबा** पु० रोब-दाब; आतंक।
**दबाई** वि० दबाने का कार्य।
**दबाना** स० क्रि० भार या दबाव के नीचे लाना या आ जाना; किसी बात या मामले को आगे न बढ़ने देना; छिपाना; बलपूर्वक पीछे हटाना।
**दबाव** पु० चाँप, दाब; दबाने की क्रिया या भाव। **मुहा० दबाव डालना** प्रभावित करना।
**दबीज** वि० *(फ़ा०)* ठस, मजबूत; मोटा, गफ।
**दबीर** पु० *(अ०)* मुहर्रिर, क्लर्क, कातिब, मुंशी।
**दबेला** वि० जिस पर दबाव पड़ा हो।
**दबैल** वि० दबने वाला, दब्बू; जिसपर दबाव पड़ा हो।
**दबोचना** स० क्रि० धर दबाना, झपटकर दबा बैठना।
**दबोरना*** स० क्रि० दबाना; बलपूर्वक पीछे हटा देना।
**दमकना*** अ० क्रि० चमकना।
**दम** पु० *(सं०)* बाह्य वृत्तियों का निग्रह; कीचड़।
**दम** पु० *(फ़ा०)* जोर, ताकत; धोखा, फरेब; पल, लहजा, क्षण; श्वास, साँस; जान, जिन्दगी। **मुहा० दम अटकना** साँस घुटना। **दम खींचना** चुप्पी लगाना, साँस ऊपर खींचना। **दम घुटना** साँस प्रक्रिया बन्द होना। **दम फ़ना होना** मर जाना। **दम फूलना** साँस का वेग से चलना। **दम होठों पर आना** मरणासन्न होना।
**दमक** स्त्री० चमक, प्रभा।
**दमकना** अ० क्रि० चमकना, प्रभायुक्त होना।
**दमड़ी** स्त्री० एक पैसे का आठवाँ भाग।
**दमदमा** पु० दिखावा; शोरगुल; धोखा; फरेब; शोहरत।
**दमन** वि० पराजित करने वाला; शान्त। पु० *(सं०)* दबाने या बलपूर्वक शान्त करने का काम।
**दमनशील** वि० दमन करने वाला।
**दमनी** स्त्री० *(सं०)* संकोच; लज्जा।
**दमनीय** वि० दमन करने योग्य।
**दमाग़** पु० *(अ०)* दिमाग।
**दमांद** पु० पुत्री का पति, जामाता, दामाद।
**दमारि*** स्त्री० दावानल, वन की आग।
**दमित** वि० *(सं०)* जिसका दमन किया गया हो।
**दमी** वि० गाँजा, चरस आदि का दम खींचने वाला।
**दमी(मिन्)** वि० *(सं०)* दमनशील; जितेन्द्रिय।
**दमैया*** पु० दमन करने वाला; मिटाने वाला।
**दय** पु० *(सं०)* दया।
**दयनीय** वि० *(सं०)* दया करने योग्य।
**दया** स्त्री० *(सं०)* करुणा, अनुकम्पा।
**दयानत** स्त्री० *(अ०)* ईमानदारी, सच्चाई।
**दयाना*** अ० क्रि० दयार्द्र होना, कृपायुक्त होना।

**दयामय** वि० *(सं०)* दया से पूर्ण। पु० परमेश्वर।
**दयार्द्र** वि० *(सं०)* जिसका हृदय दया से द्रवित हो।
**दयाल*** वि० दयालु।
**दयालु** वि० *(सं०)* कृपायुक्त।
**दयालुता** दया करने का भाव।
**दयानिधान, दयानिधि** पु० अति दयालु।
**दयामय** वि० दयालु।
**दयार्द्र** वि० दया पूर्ण।
**दयावन्त*** वि० दयावान्।
**दयावान्(वत्)** वि० *(सं०)* दयालु, कृपायुक्त।
**दयिता** स्त्री० *(सं०)* पत्नी; प्रेयसी।
**दयित्नु** वि० *(सं०)* दयाशील।
**दर** पु० सेना, समूह। वि० थोड़ा-सा।
**दरक** वि० डरपोक। स्त्री० दरार।
**दरकच†** स्त्री० कुचलने की चोट।
**दरकचना†** स० क्रि० कुचलना।
**दरकना** क्रि० विदीर्ण होना, फटना।
**दरका*** पु० चीर, दरार।
**दरख़्त** पु० *(फ़ा०)* पेड़, वृक्ष।
**दरज** स्त्री० दरार, चीर।
**दरणि, दरणी** स्त्री० *(सं०)* प्रवाह; दारण; लहर; भँवर।
**दरदरा** वि० जो मोटा पीसा गया हो।
**दरद*** पु० दर्द।
**दरना*** स० क्रि० पीसना; दलना; नष्ट करना।
**दरप*** पु० दर्प।
**दरपन** पु० दर्पण।
**दरपना** अ० क्रि० गर्वित होना, अभिमान करना।
**दरपनी** स्त्री० छोटा दर्पण।
**दरबा** पु० कबूतरों के रहने के लिए लकड़ी का खानेदार सन्दूक।
**दरबी*** स्त्री० करछुल, दर्वी।
**दरभ** पु० दर्भ; बन्दर; कुश।
**दरमन** पु० *(फ़ा०)* इलाज; दवा, औषध।
**दरया** पु० *(फ़ा०)* दरिया।
**दरवाज़ा** पु० *(फ़ा०)* द्वार; कपाट, किवाड़।
**दरशाना** अ० क्रि० देख पड़ना। स० क्रि० दिखलाना।
**दरस** पु० दर्शन, सौन्दर्य, रूप; साक्षात्कार।
**दरसन** पु० नेत्रदृष्टि; प्रत्यक्ष, साक्षात्कार; चाक्षुष।
**दरसना*** स० क्रि० देखना। अ० क्रि० दिखायी देना।
**दरसनी*** स्त्री० दर्पण, आईना; चौखट की डिजाइन।
**दरसाना** अ० क्रि० दिखायी पड़ना। स० क्रि० दिखाना।
**दराज** वि० दराज़। स्त्री० ड्रावर, दरार।
**दराज़** अ० अधिक, बहुत। वि० *(फ़ा०)* दीर्घ, विशाल।
**दरार** स्त्री० रेखा की तरह का लम्बा छिद्र जो सूखी धरती, दीवार या लकड़ी आदि में फटने के कारण पड़ जाता है।
**दरारना*** अ० क्रि० फटना, विदीर्ण होना।
**दरिन्द, दरिन्दा** पु० *(फ़ा०)* हिंस्र जन्तु, फाड़ खानेवाला।
**दरिद्र** पु० *(सं०)* *दरिद्रता; निर्धन मनुष्य। वि० गरीब।
**दरिद्राण** पु० *(सं०)* निर्धनता, गरीबी।
**दरिद्रित** वि० *(सं०)* संकटापन्न; कंगाल, दरिद्र।
**दरिया** पु० नदी।
**मुहा० दरिया को कूजे में बन्द करना** थोड़े में बहुत कह जाना।
**दरियाई** वि० *(फ़ा०)* नदी के किनारे का; जो नदी में रहता हो। स्त्री० एक तरह का रेशमी कपड़ा।
**दरियादिली** स्त्री० उदारता।
**दरियाफ़्त** वि० *(फ़ा०)* ज्ञात, जिसकी जाँच की गयी हो। स्त्री० जाँच-पड़ताल, पता लगाना।
**दरियाव** पु० दरिया।
**दरी** स्त्री० मोटे सूतों का एक बिछावन; गुफा, कन्दरा।
**दरीचा** पु० *(फ़ा०)* छोटा दरवाजा; खिड़की।
**दरेंती** स्त्री० अनाज दलने की चक्की।
**दरेग़** पु० *(अ०)* घृणा; खेद, पछतावा, कोर-कसर।
**दरेरना** स० क्रि० रगड़ के साथ धक्का देना।
**दरेसी** स्त्री० काट-छाँटकर दुरुस्त करना; ड्रेसिंग।
**दरैया*** पु० नाशक; दलन करने वाला।
**दरोग़** पु० *(अ०)* झूठ, मिथ्या, असत्य।
**दरोगा†** पु० दारोग़ा, निरीक्षक।
**दर्ज** वि० *(अ०)* अंकित, उल्लिखित, लिखा हुआ।
**दर्जन** पु० बारह (वस्तुओं) का समाहार। वि० बारह।
**दर्जा** पु० *(अ०)* ओहदा, पद; कक्षा; खाना; श्रेणी।
**दर्ज़ी** पु० *(फ़ा०)* कपड़ा सीने वाला।
**दर्द** पु० *(फ़ा०)* दुःख, कष्ट; तकलीफ; व्यथा, पीड़ा।
**दर्दर** पु० *(सं०)* पहाड़। वि० फटा हुआ।
**दर्दरीक** पु० *(सं०)* बादल; मेढक।
**दर्दुर** पु० *(सं०)* मेघ; मेढक; प्रान्त।

**दर्पण** पु० *(सं०)* आईना, आकृति देखने का शीशा।

**दर्ब*** पु० द्रव्य, धन-दौलत।

**दर्भ** पु० *(सं०)* कुश की बनी चटाई; कुश, डाभ।

**दर्भण** पु० *(सं०)* कुश की चटाई।

**दर्भासन** पु० *(सं०)* कुश का बना हुआ आसन।

**दर्भेषिका** स्त्री० *(सं०)* कुश का डण्ठल।

**दर्मियान** पु० अ० बीच में, दरमियान।

**दर्रा** पु० *(फ़ा०)* दरार, दर्जा; दो पहाड़ों के बीच से होकर जाने वाला तंग रास्ता।

**दर्राना*** अ० क्रि० दरराना।

**दर्व** पु० *(सं०)* हिंस्र जन्तु; आततायी; क्षति, चोट।

**दर्वट** पु० *(सं०)* द्वारपाल; गाँव का चौकीदार।

**दर्शक** पु० *(सं०)* दर्शन करने वाला, निर्देश करने वाला; द्वारपाल। वि० द्रष्टा; दिखाने वाला।

**दर्शन** पु० *(सं०)* नेत्रदृष्टि; प्रत्यक्ष, साक्षात्कार।

**दर्शनीय** वि० *(सं०)* मनोहर; दिखाने योग्य।

**दर्शयिता(तृ)** पु० *(सं०)* द्वारपाल। वि० दिखाने वाला।

**दर्शित** वि० *(सं०)* दिखाया हुआ; प्रकट; प्रमाणित।

**दर्शी (र्शिन्)** वि० *(सं०)* विवेचन करने वाला; प्रदर्शित करने वाला; साक्षात्कार करने वाला।

**दल** पु० *(सं०)* फूल की पँखुड़ी; सेना या फौज का दस्ता; आधारभूत परत; झुण्ड, गिरोह।

**दलक** पु० *(सं०)* पत्ता, दल; *कष्ट, दुःख। स्त्री० आघात से उत्पन्न कम्प; टीस, चमक; गुदड़ी।

**दलकना** स० क्रि० त्रस्त कर देना; कँपा देना। अ० क्रि० चिर जाना; डगमगाना; कम्पित होना, काँपना।

**दलदल** पु०, स्त्री० *(अ०)* पंक, कीचड़।

**मुहा० दलदल में फँसना** ऐसी मुसीबत में फँसना जिससे उबरना बहुत मुश्किल हो।

**दलदार** वि० मोटा, गूदेदार।

**दलन** वि० नाशकारक। पु० *(सं०)* नाश, संहार।

**दलना** स० क्रि० नष्ट करना; चूर करना; कुचलना।

**दलनी** स्त्री० *(सं०)* ढेला।

**दलपति** पु० सरदार, सेनापति।

**दलहन** पु० वह अन्न जिससे दाल तैयार की जाये।

**दलाढ्य** पु० *(सं०)* पंक।

**दलित** पु० *(सं०)* दबाया हुआ, रौंदा हुआ।

**दलिया** पु० दलकर निर्मित अन्न चूर्ण।

**दली(लिन्)** वि० *(सं०)* दलयुक्त; पत्तों से युक्त।

**दलील** स्त्री० *(अ०)* बहस; तर्क, युक्ति।

**दलेल** पु० सिपाहियों से सजा के तौर पर करायी जानेवाली कड़ी कवायद।

**मुहा० दलेल बोलना** सजा के लिए कड़ी कवायद की आज्ञा देना।

**दलैया†** पु० नाशक।

**दल्भ** पु० *(सं०)* बेईमानी; धोखा; पाप; पहिया।

**दवँरी** स्त्री० बैलों द्वारा मड़ाई का काम, दँवरी।

**दव** पु० वन, जंगल।

**दवथु** पु० *(सं०)* सन्ताप; जलन, दाह।

**दवना*** स० क्रि० जलाना, झुलसना। पु० दौना।

**दवनी†** स्त्री० दँवरी।

**दवाई†** स्त्री० दवा।

**दवाईखाना** पु० दवाखाना।

**दवागिन, दवाग्नि** स्त्री० *(सं०)* वनाग्नि, दावानल।

**दवात** स्त्री० *(अ०)* स्याही रखने का बर्तन; मसिपात्र।

**दवान*** पु० एक हथियार।

**दवार, दवारि*** स्त्री० सन्ताप; दावाग्नि।

**दश (न्)** पु० *(सं०)* दस की संख्या, 10। वि० नौ और एक।

**दशकण्ठ** पु० रावण।

**दशकर्म** पु० विप्रों के दस संस्कार। *(सं०)*

**दशति** स्त्री० *(सं०)* शत, सौ।

**दशम** पु० *(सं०)* दसवाँ भाग। वि० दसवाँ।

**दशरथ** पु० राम के पिता।

**दशहरा** स्त्री० ज्येष्ठ शुक्ल दशमी।

**दशा** स्त्री० *(सं०)* स्थिति, हालत; बाल्यावस्था, जन्म।

**दशानन** पु० रावण।

**दशाह** पु० मृतक कर्म का दसवाँ दिन।

**दस** पु० शरीर के दस छिद्र।

**दसखत†** पु० दस्तख़त।

**दसन** पु० *(सं०)* दशन; नाश; बर्खास्तगी; प्रक्षेपण।

**दसना** स० क्रि० बिस्तर आदि फैलाना, बिछाना। अ० क्रि० बिस्तर आदि का फैलाया जाना।

**दसाना*** स० क्रि० बिछाना।

**दसी** स्त्री० पल्ला।

**दस्तन्दाजी** स्त्री० *(फ़ा०)* दखलन्दाजी, हस्तक्षेप।

**दस्तक** स्त्री० *(फ़ा०)* खटखटाना; ताली।

**दस्ता** पु० *(फ़ा०)* चपरास; डण्डा; सैनिकों की टोली; जत्था; कागज के चौबीस तख्तों की गड्डी।

**दस्तावेज़** स्त्री० *(फ़ा०)* वह विधि सम्मत लेख्य जो दो या अधिक आदमियों के बीच होने वाले व्यवहार के सम्बन्ध में लिखा गया हो, तहरीर, सनद।

**दस्तूर** पु० *(फ़ा०)* नेग, पारसियों का पुरोहित; तौर-तरीका, रीति; चाल; प्रणाली; कायदा।

**दह** पु० हौज, नदी का वह भाग जहाँ पानी बहुत गहरा हो। स्त्री० ज्वाला।

**दहक** स्त्री० आग का दहकना; लपट, ज्वाला।

**दहकना** अ० क्रि० तप्त होना; इस प्रकार जलना कि आँच या लपट बाहर निकले।

**दहकाना** स० क्रि० भड़काना, उत्तेजित करना।

**दहड़-दहड़** अ० धधक-धधककर।

**दहन** पु० *(सं०)* अग्नि।

**दहना*** स० क्रि० जलाना; कष्ट देना। अ० क्रि० जलना, भस्म होना; धँसना। वि० दाहिना।

**दहनाराति** पु० *(सं०)* पानी।

**दहनि*** स्त्री० दग्ध होना, जलने की क्रिया।

**दहपट** वि० ध्वस्त; कुचला हुआ।

**दहर** *स्त्री० धधक।

**दहर-दहर*** अ० धधकते हुए।

**दहरना*** स० क्रि० दहलाना। अ० क्रि० दहलना।

**दहला** पु० ताश का वह पत्ता जिस पर किसी रंग के दस चिह्न बने हों; *आलवाल, थाला।

**दहलीज़** स्त्री० *(फ़ा०)* चौखट; देहली।

**मुहा० दहलीज़ का कुत्ता** पालतू कुत्ता; मुफ्तखोर। **दहलीज़ झाँकना** किसी के पास किसी काम के लिए जाना। **दहलीज़ न झाँकना** बहुत अधिक परदे में रहना।

**दहशत** स्त्री० *(फ़ा०)* भय, आतंक, डर।

**दहाड़** पु० शेर या बाघ का घोर गर्जन। स्त्री० चिल्लाहट।

**मुहा० दहाड़ मारना** जोर-जोर से रोना-चिल्लाना।

**दहाड़ना** अ० क्रि० शेर या बाघ का गरजना।

**दहार**ǂ स्त्री० नदी के बीच में बनी प्राकृत झील।

**दहिंगल**ǂ पु० एक छोटा पक्षी।

**दहिऔरी**ǂ स्त्री० दही डालकर बनाया हुआ गुलगुला।

**दहिना**ǂ वि० दाहिना, बायें हाथ का उलटा।

**दही** पु० खटाई या जामन डालकर जमाया हुआ दूध।

**मुहा० दही दही करना** बेचने के लिए किसी वस्तु का प्रचार करते फिरना।

**दहुँ*** अव्य० या, शायद, कदाचित्, अथवा।

**दहेड़ी, दहेंगर**ǂ पु० दही का पात्र।

**दहेज** पु० दायजा, विवाह के अवसर पर वरपक्ष को दिया जाने वाला धन और सामान।

**दहेला*** वि० पीड़ित, परितप्त; दुःखी; आर्द्र।

**दह्यौ*** पु० दही।

**दह्र** वि० *(सं०)* बारीक; छोटा। पु० अग्नि; हृदय।

**दाँक*** स्त्री० किसी जन्तु का भीषण गर्जन। पु० डंका, नगाड़ा।

**दाँकना*** अ० क्रि० गरजना, दहाड़ना।

**दाँग** *पु० छोटी पहाड़ी। स्त्री० *(फ़ा०)* दिशा, और; छः रत्ती की तौल; किसी वस्तु का छठा भाग।

**दाँगर**ǂ पु० डाँगर।

**दाँज*** स्त्री० समानता, तुलना, बराबरी।

**दाँडना**ǂ स० क्रि० दण्ड देना।

**दाँण्डिक** वि०, पु० *(सं०)* दण्ड देने वाला।

**दाँत** पु० *(सं०)* रीढ़ वाले प्राणियों के मुख में भोजन चबाने आदि के लिए ऊपर नीचे अर्द्ध चन्द्राकार छोटे-छोटे अस्थिखण्ड।

**मुहा० दाँत कटी रोटी/दोस्ती** प्रगाढ़ मित्रता। **दाँत कुरेदने को तिनका न रहना** पास में कुछ भी न रहना। **दाँत खट्टे करना** परास्त करना। **दाँत पीसना** क्रोध करना। **दाँत तले उँगली दबाना** आश्चर्य में पड़ जाना। **दाँतों में पसीना आना** अत्यधिक परिश्रम करना। **दाँत तोड़ना** परास्त करना। **दाँत निपोरना/दिखाना/निकालना** गिड़गिड़ाना। **दाँत पर मैल न होना** अत्यन्त दरिद्र होना। **दाँतों में तिनका दबाना/गहना** दीनता प्रकट करना। **दाँतों में जीभ जैसे रखना** चतुर्दिश शत्रुओं से घिरा होना।

**दाँति** स्त्री० *(सं०)* क्लेश, सहिष्णुता; तप।

**दाँती** स्त्री० दन्तपक्ति; नाव बाँधने का खूँटा; दर्रा।

**दाँना** स० क्रि० डण्ठल से दाना अलग करने के लिए फसल को बैलों से रौंदवाना।

**दाँयँ*** स्त्री० दँवरी।

**दाँव** पु० खेलने की बारी; कुश्ती का पेंच; छलने की चाल; कार्यसिद्धि का उपयुक्त अवसर, मौका।
**मुहा० दाँव लगाना** बाजी लगाना। **दाँव लेना** बदला लेना।
**दाँवरी** स्त्री० रस्सी, डोरी।
**दाइ*** पु० दाय।
**मुहा० दाई से पेट छिपाना** ऐसे व्यक्ति से कोई बात छिपाना जिसे सारा भेद मालूम हो।
**दाइज, दाइजा*** पु० दहेज, दायज।
**दाई** स्त्री० धाय; बच्चा पैदा कराने वाली स्त्री।
**दाउ*** पु० दावँ।
**दा*** स्त्री० दावानल।
**दाक** पु० *(सं०)* दाता, यजमान।
**दाक्षायण** वि० *(सं०)* दक्ष से उत्पन्न।
**दाक्षिण** वि० *(सं०)* दक्षिण विषयक।
**दाक्षिणात्य** वि० दक्षिण देश विषयक।
**दाक्षिण्य** पु० अनुकूलता, उदारता।
**दाक्ष्य** पु० *(सं०)* कार्यपटुता, निपुणता, दक्षता।
**दाख** स्त्री० द्राक्षा, मुनक्का।
**दाख़िल** वि० *(फ़ा०)* शामिल; प्रविष्ट, भीतर घुसा हुआ।
**दाख़िलख़रिज** पु० किसी सरकारी कागज पर से एक व्यक्ति का नाम हटाकर उसके स्थान पर दूसरे का नाम चढ़ाने की कानूनी कार्रवाई।
**दाख़िला** पु० *(अ०)* वह रजिस्टर जिसमें किसी दाखिल या जमा की जानेवाली वस्तु का लेखा हो; मालगुजारी की रसीद।
**दाग** पु० दाहकर्म; दाह; दग्ध करने की क्रिया।
**मुहा० दाग़ लगाना** कलुषित करना; कलंकित करना।
**दाग़** पु० *(फ़ा०)* कलंक; रंग आदि का कपड़े पर पड़ जाने वाला चिह्न, धब्बा; किसी प्राणी के शरीर पर घाव या जलने आदि का चिह्न।
**दागना** स० क्रि० जलाना; बन्दूक छोड़ना; धब्बा लगाना; सन्तप्त करना।
**दाघ** पु० जलन, दाह, उष्णता।
**दाजन, दाझन*** स्त्री० जलन; पीड़ा।
**दाडिम** पु० *(सं०)* अनार; इलायची।
**दाढ़** स्त्री० गरज, दहाड़; घोर शब्द। पु० सूअर का आगे की ओर निकला हुआ दाँत।
**दाढ़ना*** स० क्रि० जलाना; सन्तप्त करना, कष्ट पहुँचाना। अ० क्रि० जलना; गरजना।
**दाढ़ी** स्त्री० ठुड्डी; ठुड्डी पर के बाल, डाढ़ी।
**दाता(तृ)** पु० *(सं०)* शिक्षक; देने वाला।
**दातापन** पु० दानशीलता।
**दातार** पु० देने वाला; प्रदान करने वाला।
**दाती*** स्त्री० देनेवाली, दात्री।
**दात्यूह** पु० *(सं०)* मेघ, बादल; पपीहा, चातक।
**दात्योनि*** स्त्री० दातौन।
**दात्री** स्त्री० *(सं०)* हँसिया। वि० स्त्री० देने वाली।
**दाद** स्त्री० *(फ़ा०)* इंसाफ, न्याय। *(हि०)* चर्म रोग विशेष, दद्रु।
**मुहा० दाद देना** न्याय करना।
**दादस**† स्त्री० ददिया सास।
**दादा** पु० बड़ा भाई; पितामह के लिए प्रयुक्त आदरसूचक शब्द, पिता के पिता, गुरुजन।
**दादि*** स्त्री० दाद; फरियाद।
**दादी** स्त्री० पिता की माता। वि० पूज्या।
**दादुर*** पु० मेढ़क, दर्दुर, बादल।
**दाध*** स्त्री० जलन; ताप।
**दाधना*** स० क्रि० पीड़ा देना; तपाना; जलाना।
**दाधिक** वि० *(सं०)* दही से बना।
**दान** पु० *(सं०)*शिक्षण; उदारता; धर्म हेतु या दयावश किसी को कोई वस्तु देने की क्रिया।
**दानव** पु० *(सं०)* दनु के पुत्र, असुर।
**दानव गुरु** पु० शुक्राचार्य।
**दाना** वि० *(फ़ा०)* समझदार, अक्लमन्दी, बुद्धिमान।
**दाना** पु० *(फ़ा०)* अनार आदि का बीज; चबेना।
**मुहा० दाना पानी उठना** जीविका न रहना, रोजी खत्म होना। **दाने दाने को तरसना** भूखों रहना। **दाने दाने को मुहताज** अति निर्धन।
**दानाई** स्त्री० समझदारी, बुद्धि-मत्ता।
**दानि*** वि०, पु० दानी, दान करने वाला।
**दानिश** स्त्री० *(फ़ा०)* विवेक, अक्ल, बुद्धि।
**दानी(निन्)** पु० *(सं०)*कर वसूलने वाला। वि० दान करने वाला; दानशील, उदार।
**दानुद** वि० दानदाता।
**दानो*** पु० राक्षस, दानव।

**दाप** पु० उत्साह; अहंकार, घमण्ड; दर्प, बल, शक्ति।
**दाब** पु० शासन; नियन्त्रण; अधिकार, प्रभुत्व।
**दामन** पु० *(फ़ा०)* पहाड़ के नीचे की जमीन; पाल, अँगरखे का नीचे लटका हुआ भाग।
**दामरि, दामरी*** स्त्री० रज्जु; रस्सी।
**दामा** स्त्री० *(सं०)* *दावाग्नि; रस्सी।
**दामिन, दामिनी** स्त्री० बिजली।
**दामी** वि० मूल्यवान, अधिक दाम का। स्त्री० कर।
**दाम्पत्य** पु० *(सं०)* पति-पत्नी का सम्बन्ध।
**दाम्भ** वि० *(सं०)* दाभ। पु० ढोंग करने वाला व्यक्ति।
**दायक** पु० *(सं०)* दायाद, उत्तराधिकारी।
**दायज, दायजा** पु० विवाह के समय वरपक्ष को दिया जाने वाला धन आदि, दहेज, यौतुक।
**दायरा** पु० *(अ०)* कार्य या अधिकार का क्षेत्र।
**दायाँ** वि० दाहिना।
**दायाद** पु० *(सं०)* पुत्र; दाय का अधिकारी।
**दार** पु० दार, भार्या।
**दारक** पु० पुत्र, बेटा। वि० विदारक।
**दरकर्म** पु० विवाह।
**दारना*** स० क्रि० नष्ट कर देना; चीरना, फाड़ना।
**दारिउँ*** पु० इलायची, दाड़िम, अनार।
**दारिका** स्त्री० कन्या, बेटी।
**दारित** वि० *(सं०)* चीरा हुआ, विदीर्ण किया हुआ।
**दारिद*** पु० गरीबी, निर्धनता, दारिद्रय।
**दारिद्र्य** पु० *(सं०)* दरिद्रता, गरीबी, धनहीनता।
**दारु** वि० *(सं०)* विदारण करने वाला; दानशील। पु० उदार व्यक्ति; कारीगर; काठ; देवदारु; शीतल।
**दारुण** पु० *(सं०)* भयानक रस। वि० उग्र; भयंकर।
**दारुपत्र** पु० *(सं०)* काठ निर्मित पात्र।
**दारुमय** वि० *(सं०)* काठ का बना हुआ; काठ का।
**दारुलशफ़ा** पु० *(अ०)* आरोग्य शाला; चिकित्सालय।
**दारू** स्त्री० *(फ़ा०)* दवा; बारूद; शराब।
**दार्दुर** पु० *(सं०)* एक तरह का शंख; लाख; पानी।
**दार्दुरिक** वि० *(सं०)* मेढक-सम्बन्धी। पु० कुम्हार।
**दारयों*** पु० अनार का दाना; अनार।
**दार्शनिक** वि० *(सं०)* दर्शनशास्त्र-सम्बन्धी। पु० तत्त्ववेत्ता, दर्शनशास्त्र का जानकार।
**दार्षद** वि० *(सं०)* पत्थर पर पीसा हुआ; खनिज।
**दालान** पु० बरामदा, ओसारा।
**दावड़ी*** स्त्री० लड़की, छोकरी।
**दावत** स्त्री० *(अ०)* भोज का निमन्त्रण।
**दावना** स० क्रि० दमन करना; दाँना; नष्ट करना।
**दावरी** स्त्री० रस्सी, डोरी।
**दावा** पु० *(अ०)* हक, अधिकार; किसी बात की यथार्थता के विषय में दृढ़ आत्मविश्वास; स्वत्व की रक्षा या अन्याय के प्रतीकार के लिए न्यायालय में दिया हुआ प्रार्थनापत्र।
**दावानल** पु० *(सं०)* वन में लगने वाली आग।
**दास** पु० *(सं०)* खरीदा हुआ नौकर; बंगाली कायस्थों की एक उपाधि; दस्यु; आत्मज्ञानी; धीवर।
**दासता** स्त्री० *(सं०)* गुलामी, दासवृत्ति; परतन्त्रता।
**दासन*** पु० डासन।
**दासानुदास** पु० *(सं०)* अत्यन्त विनम्र सेवक।
**दासी** स्त्री० *(सं०)* सेवा-टहल करने वाली स्त्री।
**दास्ताँ, दास्तान** स्त्री० *(फ़ा०)* वृत्तान्त; विवरण; कहानी।
**दाह** पु० *(सं०)* मुर्दा जलाना; सन्ताप; जलन।
**दाहक** वि० *(सं०)* जलाने वाला। पु० अग्नि।
**दाहना** स० क्रि० सन्तप्त करना; भस्मसात् करना
**दाहिन*** वि० दाहिना; अनुकूल।
**मुहा० दाहिने होना** अनुकूल होना।
**दाही(हिन्)** वि०, पु० *(सं०)* कष्ट देने वाला।
**दाहुक** वि० *(सं०)* कष्ट देने वाला; दाही।
**दिअरी†** स्त्री० छोटा दीया, दिअली।
**दिआ** पु० दीया।
**दिआबत्ती** दीया जलाने का कार्य।
**दिक़** वि० *(अ०)* परेशान, आजिज। पु० एक प्रकार का ज्वर जो यक्ष्मा के रोगी को होता है, तपेदिक।
**दिकली†** स्त्री० चने की दाल।
**दिक्(श्)** स्त्री० *(सं०)* आदेश; दिशा; दस की संख्या; उदाहरण; स्थान; संकेत।
**दिक्पाल** पु० दशों दिशाओं के पालक देव।
**दिक्क़त** स्त्री० *(अ०)* परेशानी, तंगी, कठिनाई।
**दिखलाना** स० क्रि० प्रदर्शित करना; जाहिर करना।
**दिखाव** पु० दृश्य; देखने की क्रिया।
**दिखावट** स्त्री० दिखाने का भाव या तर्ज।
**दिखावटी** वि० जो केवल ऊपर से देखने में सुन्दर हो।

**दिखैया**† *पु० देखने वाला; दिखाने वाला।

**दिगदन्ति*** पु० दिग्गज।

**दिगम्बर** पु० *(सं०)* शिव, महादेव। वि० नंगा।

**दिग्गज** पु० *(सं०)* आठ दिशाओं को दबाकर रखने वाले आठ हाथी।

**दिग्दर्शक यन्त्र** पु० *(सं०)* कुतुबनुमा, दिशासूचक यन्त्र।

**दिग्ध** पु० *(सं०)* तेल; आग; विष में बुझाया बाण। वि० लिप्त; विषाक्त; गन्दा किया हुआ; लम्बा, दीर्घ।

**दिग्विजय** पु० चतुर्दिक विजय।

**दिच्छा**† स्त्री० उपनयन-संस्कार, दीक्षा।

**दिच्छित** पु० दीक्षित।

**दिठादिठी*** स्त्री० देखादेखी, साक्षात्कार।

**दिढ*** वि० दृढ़।

**दिढ़ता, दिढ़ाई*** स्त्री० दृढ़ता।

**दिढ़ाना*** सं क्रि० पक्का करना, दृढ़ करना।

**दिढ़ाव*** पु० समर्थन करना; दृढ़ बनाना; दृढ़ता।

**दिन** पु० *(सं०)* सूर्योदय से सूर्योदय तक का चौबीस घण्टे का समय; काल; तारीख; नियत समय। **मुहा० दिन कटना** किसी तरह समय बीतना। **दिन को तारे दिखायी देना** होश ठिकाने न रहना। **दिन को रात कहना** उल्टी बात कहना। **दिन गिनना** प्रतीक्षा करना। **दिन ढलना** सूर्य का अस्ताचलगामी होना। **दिन दहाड़े** खुलेआम। **दिन दूना, रात चौगुना होना या बढ़ना** बहुत जल्दी उन्नति करना। **दिन धरना** दिन निश्चित करना। **दिन फिरना** किस्मत पलटना, सुख के दिन आना।

**दिनकर्ता** पु० सूर्य।

**दिनचर्या** स्त्री० पूर्ण दिवस का काम-काज।

**दिनमुख** पु० *(सं०)* सबेरा, प्रातःकाल।

**दिनान्त** पु० *(सं०)* सन्ध्या, शाम।

**दिनागम** पु० *(सं०)* प्रातःकाल, सबेरा।

**दिनाती** स्त्री० मजदूर का एक दिन का वेतन।

**दिनादि** पु० *(सं०)* सबेरा, प्रातःकाल।

**दिनाधीस** पु० *(सं०)* सूर्य।

**दिनानुदिन** अ० *(सं०)* दिन-प्रतिदिन।

**दिनार्द्ध** पु० *(सं०)* मध्याह्न।

**दिनास्त** पु० *(सं०)* सूर्यास्त।

**दिनी** वि० प्राचीन, पुराना, बहुत दिनों का।

**दिनेर** पु० दिनकर।

**दिनेश** पु० सूर्य।

**दिनौधी** स्त्री० दिन के तेज प्रकाश में दिखायी न देने का रोग।

**दिपति*** स्त्री० दीप्ति।

**दिपना*** अ० क्रि० देदीप्यमान होना, चमकना।

**दिपाना*** स० क्रि० चमकाना। अ० क्रि० चमकना।

**दिब*** पु० दिव्य परीक्षा।

**दिमाक*** पु० मस्तिष्क; दिमाग़।

**दिमाकदार** वि० बुद्धिमान।

**दिमाग़** पु० *(अ०)* सोचने-समझने की शक्ति, बुद्धि। **मुहा० दिमाग़ आसमान पर होना** अत्यधिक अभिमान होना। **दिमाग़ खाना** बकवाद करना। **दिमाग़ चढ़ना** घमण्ड होना। **दिमाग़ चाटना** व्यर्थ की बकवाद करना। **दिमाग़ में खलल होना** मस्तिष्क में दोष होना। **दिमाग़ सातवें आसमान पर होना** बहुत अधिक घमण्ड होना।

**दिमात** वि० दो मात्रा वाला।

**दियट** स्त्री० दीवट।

**दियरा*** पु० दीया; एक पकवान।

**दियासा*** पु० मृगतृष्णा।

**दिरम** बु० *(फ़ा०)* चाँदी का एक सिक्का जो मिस्र में चलता है; एक तौल।

**दिरमान**† स्त्री० चिकित्सा।

**दिमानी*** पु० चिकित्सक, वैद्य।

**दिरानी*** स्त्री० देवरानी, देवर की पत्नी।

**दिरिस*** पु० दृश्य।

**दिल** पु० *(फ़ा०)* हिम्मत; इच्छा; मन, हृदय; हौसला। **मुहा० दिल का गुबार निकालना** मन का भड़ास दूर करना। **दिल की आग बुझना** इच्छा पूरी होना। **दिल की कली खिलना** चित्त प्रसन्न होना। **दिल खट्टा होना** मन फिर जाना। **दिल पर साँप लोटना** सदमा होना, विकल होना। **दिल में फर्क आना** मनमुटाव होना।

**दिलवाना, दिलाना** स० क्रि० देने में दूसरे को प्रवृत्त करना, देने का काम कराना।

**दिलावर** वि० *(फ़ा०)* बहादुर, दिलेर; हिम्मती, साहसी।

**दिलावरी** स्त्री० *(फ़ा०)* दिलावर होने का गुण, बहादुरी।
**दिलासा** पु० धीरज, आश्वासन, सान्त्वना।
**दिली** वि० जिससे किसी प्रकार का भेदभाव न हो।
**दिलेर** वि० *(फ़ा०)* जवाँमर्द, बहादुर, जीवट वाला।
**दिलेरी** स्त्री० हिम्मत; बहादुरी।
**दिल्लगी** स्त्री० परिहास, हँसी, मजाक।
**दिल्ला** पु० किवाड़ का पल्ला।
**दिल्ली** स्त्री० भारत की राजधानी।
**दिल्लीवाला** पु० दिल्ली का निवासी। वि० दिल्ली का बना हुआ।
**दिवंगत** वि० *(सं०)* मृत्यु को प्राप्त, स्वर्गवासी।
**दिव** स्त्री० आकाश; दिन। पु० वन, जंगल।
**दिवरानी** स्त्री० देवरानी, देवर की पत्नी।
**दिवस** पु० *(सं०)* वार, दिन, रोज।
**दिवान्ध** वि० *(सं०)* जिसे दिन में दिखायी न दे।
**दिवा** पु० *(सं०)* दिन, वार।
**दिवाचर** पु० पक्षी, चिड़िया।
**दिवान** पु० राजा का छोटा भाई; दीवान; समूह।
**दिवाना*** स० क्रि० दिलाना। वि० दीवाना।
**दिवानाथ** पु० सूर्य।
**दिवानी**† स्त्री० दीवानी।
**दिवार, दिवाल**† स्त्री० दीवार। पु० देने वाला।
**दिवालिया** वि० जिसके पास अपना ऋण चुकाने के लिए कुछ न रह गया हो।
**दिवाली** स्त्री० दीपावली।
**दिवावसान** पु० संध्या, शाम।
**दिवास्वप्न** पु० अवास्तविक, निठल्ले की हवाई सोच।
**दिविता** स्त्री० *(सं०)* दीप्ति, प्रभा।
**दिविष्ठ** पु० *(सं०)* देवता, स्वर्ग में स्थित।
**दिवोल्का** स्त्री० *(सं०)* दिन में गिरनेवाली उल्का।
**दिव्य** पु० *(सं०)* अलौकिक; दीप्तियुक्त; अति सुन्दर।
**दिव्यांगना** स्त्री० *(सं०)* देववधू; अप्सरा।
**दिव्योदक** पु० *(सं०)* वर्षा का जल।
**दिष्टि** स्त्री० *(सं०)* उत्सव; हर्ष; आदेश; उपदेश।
**दिसन्तर*** अ० बहुत दूर तक। पु० विदेश, देशान्तर।
**दिसम्बर** पु० *(अं०)* अँग्रेजी साल का अन्तिम मास।
**दिस*** स्त्री० दिशा।
**दिसना*** अ० क्रि० दिखना।
**दिसा** स्त्री० मलत्याग; दिशा।
**दिसावर** पु० परदेश।
**दिसावारी** वि० विशेष दिशा से आया हुआ।
**दिसि*** स्त्री० दिशा।
**दिसैया*** पु० दिखाने वाला; देखने वाला।
**दिस्ता** पु० दस्ता।
**दिहन्द, दिहन्दा** वि० *(फ़ा०)* देने वाला।
**दिहरा**† पु० देवस्थान, देवायतन।
**दिहाड़ा** पु० दुर्गति।
**दिहाड़ी** स्त्री० दैनिक वेतन।
**दिहात** स्त्री० देहात, गाँव।
**दिही*** स्त्री० नजर, दृष्टि।
**दीक्षक** पु० *(सं०)* दीक्षा देने वाला, गुरु, मन्त्रोपदेष्टा।
**दीक्षण** पु० *(सं०)* उपनयन; दीक्षा देने की क्रिया।
**दीक्षा** स्त्री० *(सं०)* तन्त्रोक्त विधि से किसी देवता का मन्त्र ग्रहण करने की क्रिया; उपनयन संस्कार; याग; धार्मिक कृत्य; नियम।
**दीक्षित** पु० *(सं०)* ब्राह्मणों की एक उपाधि। वि० जिसे गुरु द्वारा दीक्षा दी गयी हो।
**दीच्छा*** स्त्री० दीक्षा।
**दीठ** स्त्री० आँख; दृष्टि; निगाह; अनुग्रह, कृपा। **मुहा० दीठ पर चढ़ना** नजर पर चढ़ना। **दीठ बचाना** देखादेखी से बचना। **दीठ बाँधना** नजर बाँधना। **दीठ बिछाना** बहुत सम्मान करना। **दीठ मारना** आँख से संकेत करना।
**दीठना*** स० क्रि० देखना।
**दीठि*** स्त्री० दीठ।
**दीदा** पु० *(फ़ा०)* धृष्टता *(स्त्री०)*; दृष्टि, आँख। **मुहा० दीदा लगना** काम में तबीयत लगना। **दीदे का पानी ढल जाना** बेशर्म हो जाना। **दीदे निकालना** आँखें नीली-पीली करना। **दीदे फाड़ कर देखना** ध्यानपूर्वक देखना।
**दीदार** पु० *(फ़ा०)* दर्शन, साक्षात्कार; नजारा।
**दीन** वि० *(सं०)* दुःखपूर्ण; दयनीय दशा में पड़ा हुआ।
**दीन** पु० *(अ०)* पन्थ, मजहब, धर्म।
**दीनक** वि० *(सं०)* दीन, दुःखित।
**दीनता** स्त्री० *(सं०)* विपन्नता; दरिद्रता, अर्थहीनता।
**दीनताई*** स्त्री० दीनता।
**दीना** स्त्री० *(सं०)* मूषिका, चुहिया।

**दीनानाथ** पु० *(सं०)* दीनों का स्वामी, रक्षक।

**दीनार** पु० स्वर्ण मुद्रा, सोने की मुहर।

**दीप** पु० *(सं०)* द्वीप; चिराग, दीया; किसी कुल या समुदाय का उन्नायक श्रेष्ठ पुरुष, शिरोमणि।

**दीपक** वि० *(सं०)* आलोकित करनेवाला। पु० दीया।

**दीपन** पु० *(सं०)* आलोकित करना; उत्तेजित करना। वि० अग्निवर्द्धक; उत्तेजित करने वाला।

**दीपना*** स० क्रि० प्रदीप्त करना; चमकाना।

**दीपाग्नि** स्त्री० *(सं०)* दीपक की आँच।

**दीपित** वि० *(सं०)* उत्तेजित; प्रकाशित या प्रकाशवान।

**दीप्त** स्त्री० *(सं०)* प्रज्वलित। पु० सोना, सुवर्ण।

**दीप्ति** स्त्री० *(सं०)* कान्ति; चमक; ज्ञान की अभिव्यक्ति, ज्ञान का प्रकाश।

**दीप्तिप्रसारण, दीप्तिविकिरण** पु० *(रेडियेशन ऑफ लाइट)* ॒काश की किरणें चारों ओर फैलाना, प्रसारित करना।

**दीप्तिमान्(मन्)** वि० *(सं०)* कान्तिमान्; प्रभायुक्त।

**दीप्यमान** वि० *(सं०)* चमकता हुआ, प्रकाशमान।

**दीमक** स्त्री० चींटी की तरह क सफेद कीड़ा जो कागज, लकड़ी आदि को खा जाता है; वाल्मीकि।
**मुहा० दीमक का खाया हुआ** खराब किया हुआ।

**दीया** पु०मिट्टी का छोटा छिछला पात्र जिसमें बत्ती जलाते हैं, उजाले के लिए तेल या घी के योग से जलनेवाली बत्ती।
**मुहा० दीया ठण्ढा करना** दीपक बुझा देना। **दीया ठण्ढा होना** चिराग बुझना। **दीया दिखाना** सामने रोशनी करना। **दीया लेकर खोजना** बहुत परिश्रम से खोजना।

**दीर्घ** वि० *(सं०)* विस्तृत; लम्बा; बड़ा; ऊँचा।

**दीर्घा** स्त्री० *(सं०)* *(गैलरी)* भवन के भीतर बैठने के लिए बना हुआ लम्बा और ऊँचा स्थान।

**दीर्घायु(स्)** वि० *(सं०)* दीर्घजीवी, लम्बी आयु वाला।

**दीर्घावकाश** पु० *(वैकेशन)* विद्यालयों या न्यायालयों के दो सत्रों के बीच की लम्बी छुट्टी।

**दीर्ण** वि० *(सं०)* डराया हुआ; विदारित; डरा हुआ।

**दीवँक†** स्त्री० दीमक।

**दीवट** स्त्री० दीया रखने का पीतल, लकड़ी आदि का बना आधार, दीपक-स्तम्भ।

**दीवा*** पु० दीया।

**दीवाना** वि० *(फ़ा०)* पागल, विक्षिप्त, सनकी।

**दीसना*** अ० क्रि० दृष्टिगत होना, दिखायी देना।

**दीह*** वि० लम्बा; बड़ा; दीर्घ।

**दुण्डुक** वि० *(सं०)* कुटिल; छली; बेईमान।

**दुन्द*** अ० ठक-ठक। पु० जोड़ा; नगाड़ा; ऊधम।

**दुन्दभ*** पु० जन्म-मरणादि का क्लेश।

**दुन्दुभ** पु० *(सं०)* पानी में रहने वाला साँप, डोंडहा।

**दुम्बुर** पु० गूलर का पेड़।

**दुःख** पु० *(सं०)* क्लेश, कष्ट, तकलीफ।
**मुहा० दुःख उठाना** तकलीफ सहना। **दुःख देना** कष्ट पहुँचाना। **दुःख पाना** तकलीफ सहना, झेलना। **दुःख बँटाना** विपत्ति में साथ देना, सहानुभूति व्यक्त करना। **दुःख मानना** दुःखी होना, खिन्न होना।

**दुःखमय** वि० *(सं०)* दुःखों से भरा हुआ, दुःखपूर्ण।

**दुःखान्त** पु० दुःख का अन्त या नाश।

**दुःखित** वि० *(सं०)* जिसे दुःख पहुँचा हो, खिन्न।

**दुःशकुन** वि० *(सं०)* बुरा शकुन।

**दुःशील** वि० *(सं०)* दुर्विनीत, बुरे स्वभाव का।

**दुःशीलता** स्त्री० दुष्टता, अविनय।

**दुःशोध** पु० जिसका सुधार कठिनता से हो।

**दुःसंग** पु० कुसमय।

**दुःसह** वि० *(सं०)* असह्य, जिसे सहना कठिन हो।

**दुःसाध, दुःसाध्य** वि० *(सं०)* असाध्य; दुष्कर।

**दुःसाहस** पु० *(सं०)* असम्भव या दुष्कर कार्य की सिद्धि के लिए किया गया साहस।

**दुःसाहसी** वि० *(सं०)* अनुचित साहस करने वाला।

**दुःस्वभाव** पु० *(सं०)* बुरा स्वभाव, दुष्ट प्रकृति। वि० खोटे स्वभाव का, दुष्ट, नीच, कुटिल।

**दुआ** स्त्री० *(अ०)* आशीर्वाद; प्रार्थना, याचना।
**मुहा० दुआ करना** दुआ माँगना। **दुआ माँगना** ईश्वर से किसी की भलाई की प्रार्थना करना। **दुआ लगना** दुआ का सफल होना।

**दुआदस*** वि० द्वादश।

**दुआर, दुआरा†** पु० द्वार।

**दुआरी†** स्त्री० छोटा द्वार।

**दुइज*** पु० द्वितीय का चन्द्रमा। स्त्री० दूज।

**दुऔ†** वि० दोनों।

**दुकड़ा** पु० एक पैसे का चतुर्थांश।
**दुकना** अ० क्रि० लुकना, छिपना।
**दुकाल** पु० अकाल।
**दुकेला** वि० जिसके साथ कोई और भी हो।
**दुक्का** वि० जोड़ा, दो बूदों वाला ताश।
**दुखना** अ० क्रि० दर्द करना, पीड़ा होना।
**दुखिया** वि० दुःख में पड़ा हुआ, विपद्ग्रस्त।
**दुखियारा** वि० संकटापन्न, दुखिया।
**दुखी** वि० खिन्न; जिसे मानसिक व्यथा हो; रुग्ण।
**दुखौहाँ*** वि० कष्टप्रद, दुःखकर।
**दुगुन** वि० दूना।
**दुगुना** वि० द्विगुण, दूना।
**दुचित** वि० अस्थिर चित्त।
**दुग्ध** वि० *(सं०)* दुहा हुआ; चूसा हुआ। पु० दूध।
**दुग्धाग्र** पु० *(सं०)* मलाई।
**दुग्धी(ग्धिन्)** वि० *(सं०)* दूध वाला; दुग्धयुक्त।
**दुधा** स्त्री० *(सं०)* वह गाय जो दूध दे रही हो।
**दुतकारना** स० क्रि० धिक्कारना।
**दुदहँड़ी** स्त्री० दूध रखने का बर्तन।
**दुदुकारना†** स० क्रि० दुतकारना।
**दुधार** वि० जो अधिक दूध देती हो; दूध देनेवाली; जिससे अधिक मात्रा में दूध निकलता हो।
**दुधारू*** वि० दुधार।
**दुधिया** वि० जिसका रंग दूध की तरह सफेद हो। स्त्री० दुद्धी नाम की घास; खड़िया मिट्टी।
**दुधैल** वि० स्त्री० जो बहुत दूध देती हो।
**दुध्र** वि० *(सं०)* हिंसक; दुर्धर्ष, दुर्धर।
**दुनिया** स्त्री० *(अ०)* संसार में रहनेवाले लोग; जगत्, संसार।
**मुहा० दुनिया की हवा लगना** संसार का अनुभव होना; सांसारिक बातों की जानकारी होना, दुनिया के तौर-तरीके अपना लेना। **दुनिया से उठ जाना** मर जाना।
**दुनियाई** स्त्री० संसार। वि० सांसारिक।
**दुनी** स्त्री० संसार, दुनिया।
**दुनाली** वि० जिसमें दो नाली हों। स्त्री० दो नालों वाली बन्दूक।
**दुबकना†** अ० क्रि० दबकना।
**दुबला** वि० जिसका शरीर क्षीण हो, कृश।
**दुबिधा** स्त्री० असमंजस; सन्देह, संशय, अन्देशा।
**दुम** स्त्री० *(फ़ा०)* पिछलग्गू; पुच्छ, पूँछ; उपाधि।
**मुहा० दुम के पीछे फिरना** साथ लगे रहना। **दुम दबाकर भागना** डरपोक कुत्ते की तरह भागना।
**दुमन** वि० उदास, अनमना।
**दुमाता** स्त्री० खराब माता; विमाता।
**दुरजन*** पु० दुर्जन।
**दुर्-दुर** अव्य० *(सं०)* दुष्ट एवं दुतकारार्थक।
**दुरतिक्रम** वि० अपार, प्रबल।
**दुरत्यय** वि० दुस्तर।
**दुरथल*** पु० बुरा स्थान, कुठाँव।
**दुरद** पु० द्विरद।
**दुरदाम*** वि० निकट, नजदीक; कठिन; प्रबल।
**दुरदुराना** स० क्रि० तिरस्कार कर के भगाना।
**दुरना*** अ० कि० आँखों से ओझल होना, छिपना।
**दुरपवाद** पु० *(सं०)* कुत्सा, निन्दा।
**दुरबास*** स्त्री० दुर्गन्ध, बुरी गन्ध।
**दुरभिग्रहा** स्त्री० *(सं०)* केवाँच; जवासा।
**दुरभेव†** पु० खटका, आशंका; दुर्भाव।
**दुरमुस** पु० सड़क पर बिछाया गया कंकड़ पीटने वाला एक औजार, दुरमुठ।
**दुरलभ†** वि० दुर्लभ।
**दुरवस्था** स्त्री० *(सं०)* कष्टपूर्ण दशा, बुरी हालत।
**दुरवाप** वि० *(सं०)* दुष्प्राप्य।
**दुराउ*** पु० दुराव।
**दुराकृति** वि० *(सं०)* बदशकल, बुरास्वरूप।
**दुराग्रह** पु० *(सं०)* जिद करना।
**दुराग्रही (हिन्)** वि० *(सं०)* हठी, जिद्दी, जो दुराग्रह करे।
**दुराचारी (रिन्)** वि० *(सं०)* कुत्सित आचरण वाला।
**दुरात्मा (त्मन्)** वि० *(सं०)* नीच प्रकृति का।
**दुराना** स० क्रि० दूर करना; छिपाना।
**दुरारुहा** स्त्री० *(सं०)* खजूर का पेड़।
**दुराव** पु० छिपाव, गोपन; भेदभाव; छल।
**दुरित** पु० *(सं०)* पाप, पातक।
**दुरियाना†** स० क्रि० दुरदुराना; बेइज्जत कर भगाना।
**दुरीषणा, दुरेषणा** स्त्री० *(सं०)* शाप।
**दुरुक्त** पु० अपशब्द।
**दुरुद्वह** वि० *(सं०)* असहनीय।
**दुरुपयोग** पु० *(सं०)* अनुचित उपयोग, बुरा इस्तेमाल।

**दुरुस्त** वि० *(फ़ा०)* दोषरहित; उचित, यथार्थ, युक्तियुक्त; ठीक, जो अच्छी स्थिति में हो।
**दुरूह** वि० *(सं०)* कठिनता से समझ में आने योग्य।
**दुर्कुल*** पु० दुष्कुल।
**दुर्गन्ध** वि० *(सं०)* जिससे दुर्गन्ध निकलती हो। स्त्री० बदबू, बुरी गन्ध। पु० प्याज; काला नमक।
**दुर्ग** पु० *(सं०)* किला। वि० दुर्बोध; दुर्गम।
**दुर्गत** वि० *(सं०)* दरिद्र; बुरी दशा में पड़ा हुआ।
**दुर्गति** स्त्री० *(सं०)* दुर्दशा; नरक; दरिद्रता।
**दुर्गम** वि० *(सं०)* जहाँ पहुँचना कठिन हो, बीहड़।
**दुर्गुण** पु० *(सं०)* दोष, दोष युक्त गुण।
**दुर्गेश** पु० *(सं०)* दुर्गपति।
**दुर्गोत्सव** पु० *(सं०)* दुर्गापूजा जो नवरात्र में होती है।
**दुर्घटना** स्त्री० *(सं०)* क्लेशकर घटना; अशुभ घटना।
**दुर्जन** पु० *(सं०)* खल, दुष्ट मनुष्य।
**दुर्जीव** वि० *(सं०)* दूसरे की कमाई पर आश्रित रहने वाला। पु० घृणित जीवन, निन्द्य जीवन।
**दुर्जेय** वि० जिसका जीतना कठिन हो।
**दुर्ज्ञेय** वि० *(सं०)* जो कठिनाई से जाना जा सके।
**दुर्दशा** स्त्री० *(सं०)* दुरवस्था, दुर्गति।
**दुर्दान्त** वि० *(सं०)* भयंकर, दुर्दम।
**दुर्दिन, दुर्दिवस** पु० *(सं०)* घना अन्धकार; बुरा दिन।
**दुर्दैव** पु० *(सं०)* फूटा हुआ भाग्य, दुर्भाग्य, बदकिस्मती।
**दुर्नाम(न्)** पु० *(सं०)* सीप; दुर्वचन; बुरा नाम।
**दुर्नीत** पु० कुचाल, कुनीति।
**दुर्बल** वि० *(सं०)* क्षीणकाय, कृश; कमजोर, शक्तिहीन।
**दुर्बुद्धि** वि० *(सं०)* मूर्ख; हतबुद्धि; दुष्ट बुद्धि वाला।
**दुर्बोध** वि० *(सं०)* जो शीघ्र समझ में न आये, गूढ़।
**दुर्भागी** वि० भाग्यहीन।
**दुर्भाग्य** वि० *(सं०)* भाग्यहीन। पु० बदकिस्मती।
**दुर्भाव** पु० *(सं०)* तुच्छ विचार; कुभाव, बुरा भाव।
**दुर्भावना** स्त्री० *(सं०)* बुरी भावना, कुविचार।
**दुर्भिक्ष** पु० *(सं०)* अकाल।
**दुर्मति** वि० *(सं०)* दुष्ट; मन्दबुद्धि, मूर्ख।
**दुर्मद** वि० *(सं०)* गर्व से भरा हुआ।
**दुर्मना(नस्)** वि० *(सं०)* जिसका मन खिन्न हो।
**दुर्मित्र** पु० *(सं०)* बुरा मित्र, कुमित्र।
**दुर्यश(स्)** पु० *(सं०)* कुख्याति, बदनामी, अपयश।
**दुर्लभ** वि० *(सं०)* अप्राप्य; जिसका मिलना कठिन हो।
**दुर्वचन** पु० *(सं०)* कटुवचन; गाली।
**दुर्लक्षण** पु० *(सं०)* अशुभ लक्षण।
**दुर्लभ** वि० दुष्प्राप्य।
**दुर्ललित** पु० *(सं०)* पाप, दुष्कर्म। वि० चंचल, चपल।
**दुर्लेख्य** पु० *(सं०)* कुलेख पत्र। वि० जिसका लेखन बुरा हो।
**दुर्वाक्(च्)** वि० *(सं०)* कटुभाषी। स्त्री० दुर्वचन।
**दुर्वाद** पु० *(सं०)* अपवाद, दुर्वचन, निन्दित वाक्य।
**दुर्वादी(दिन्)** वि० *(सं०)* दुर्वचन कहने वाला।
**दुर्वासना** स्त्री० *(सं०)* ओछी कामना; बुरी वासना।
**दुर्व्यवस्था** स्त्री० *(सं०)* कुप्रबन्ध, बदइन्तजामी।
**दुर्व्यवहार** पु० *(सं०)* बुरा बर्ताव।
**दुर्व्यसन** पु० *(सं०)* खराब आदत, बुरी लत।
**दुर्हृदय** वि० *(सं०)* दुरात्मा, कुटिल, दिल का खोटा।
**दुलन**' पु० दोलन।
**दुलना*** अ० क्रि० डोलना।
**दुलभ*** वि० दर्लभ।
**दुलराना** क्रि० लाड़करना।
**दुलरी, दुलड़ी** स्त्री० दो लड़ों की माला, हार।
**दुलरुवा**' वि०, पु० दुलारा।
**दुलहा** पु० दुल्हा। **~ई*** स्त्री० विवाह का गीत।
**दुलहिया*, दुलही**' स्त्री० दुलहन।
**दुलहेटा** पु० प्यारा बेटा, दुलारा या लाडला पुत्र।
**दुलाई** स्त्री० हल्की रजाई।
**दुलीचा*** पु० गलीचा, कालीन।
**दुलैचा**' पु० दुलीचा।
**दुवादसी*** स्त्री० द्वादशी।
**दुवार**' पु० द्वार।
**दुवारिका**' स्त्री० द्वारका।
**दुविधा** स्त्री० चिन्ता, संशय।
**दुवो*** वि० दोनों। वि० शत्रु, बैरी।
**दुशवार** वि० *(फ़ा०)* कठिन, मुश्किल।
**दुश्चर** वि० *(सं०)* दुर्गम।
**दुश्चरित** वि० *(सं०)* बुरे आचरण का। पु० दुष्कृत्य।
**दुश्चरित्र** पु० *(सं०)* बुरी चालचलन। वि० चरित्रहीन।
**दुश्चित** पु० *(सं०)* व्यग्रता।
**दुश्चिन्ता** स्त्री० *(सं०)* आशंका।

**दुश्चेष्टित** पु० *(सं०)* कुकृत्य, नीच काम।
**दुश्मनी** स्त्री० शत्रुता, वैर।
**दुष्कर** वि० *(सं०)* जिसे करना कठिन हो।
**दुष्कर्म** पु० *(सं०)* कुकर्म, पाप।
**दुष्कर्मी** वि० कुकर्मी; पापी; बुरा कार्य करने वाला।
**दुष्काल** पु० *(सं०)* दुर्भिक्ष; बुरा समय, प्रलय।
**दुष्कीर्ति** स्त्री० *(सं०)* अपयश, बदनामी।
**दुष्कृत** वि० *(सं०)* बुरे तरीके से किया हुआ; पापी। पु० पापकर्म; नीच कर्म।
**दुष्कृति** वि० *(सं०)* पापी; नीचकर्म। स्त्री० पाप।
**दुष्कृती(तिन्)** वि० *(सं०)* कुकर्मी; पापी।
**दुष्ट** वि० *(सं०)* दूषित; नीच; निकम्मा। पु० पाप।
**दुष्टा** स्त्री० *(सं०)* वेश्या; बुरी स्त्री।
**दुष्टाचारी(रिन्)** वि० *(सं०)* दुराचारी।
**दुष्टात्मा (त्मन्), दुष्टाशय** वि० *(सं०)* दुरात्मा।
**दुष्प्रकृति** वि० *(सं०)* नीच प्रकृति का, बुरे स्वभाव का। स्त्री० खोटी आदत, बुरा स्वभाव।
**दुष्प्रवृत्ति** स्त्री० *(सं०)* बुरी प्रवृत्ति; दुःखद समाचार।
**दुष्प्रवेशा** स्त्री० *(सं०)* कन्थारी वृक्ष।
**दुष्प्राप, दुष्प्रापण, दुष्प्राप्य** वि० *(सं०)* जिसका मिलना सुगम न हो; जो कठिनता से प्राप्त हो सके।
**दुसह*** वि० दुःसह, असहनीय।
**दुसही*** वि० डाह करने वाला।
**दुसार** पु० आरपार छेद। क्रि० वि० आरपर।
**दुसूती** स्त्री० दो धागों के ताने वाने से निर्मित चादर।
**दुस्थिति** स्त्री० *(सं०)* दुरवस्था, दुर्दशा।
**दुहता** पु० नाती, दौहित्र।
**दुहराना** स० क्रि० दोहराना।
**दुहाई** स्त्री० रक्षा के लिए की गयी पुकार; आपत्ति के समय रक्षा के लिए किसी समर्थ व्यक्ति या देवता को पुकारना; कसम।
**दुहाग** पु० वैधव्य; दुर्भाग्य।
**दुहागिन*** वि० स्त्री० दुर्भाग्यवती, विधवा; अभागिन।
**दुहागिल†** वि० खाली, शून्य; भाग्यहीन; अभागा।
**दुहागी*** वि० अभागा, भाग्यहीन।
**दुहिता(तृ)** स्त्री० *(सं०)* पुत्री, कन्या।
**दुहेल*** पु० क्लेश, संकट।
**दुहेला** वि० दुःखी; कठिन। पु० कठिन कार्य।
**दूं†** वि०, पु० दो।
**दूगुन†** वि० द्विगुण, दुगना।
**दूखना*** स० क्रि० दोष लगाना, दोषारोपण करना। अ० क्रि० दुखना।
**दूखित†** वि० दूषित।
**दूज** स्त्री० द्वितीया।
**मुहा० दूज का चाँद होना** बहुत कम दिखायी पड़ना।
**दूजा*** वि० दूसरा।
**दूत** पु० *(सं०)* चिट्ठी-पत्री या सन्देश पहुँचाने के लिए नियुक्त व्यक्ति, राजदूत।
**दूतक** पु० *(सं०)* दूत।
**दूतर*** वि० दुस्तर, कठिन।
**दूतावास** पु० *(सं०)* राजदूत के रहने का स्थान और उसका कार्यालय।
**दूद** पु० *(फ़ा०)* धुआँ।
**दूदकश** पु० सूराख, धुआँ निकलने की चिमनी।
**दूदुह*** पु० दुन्दुभ।
**दूध** पु० दुग्ध, अनेक डण्ठल एवं पत्तियों से निकलनेवाला दुग्धवत तरल द्रव।
**मुहा० दूध का जला छाछ फूँक-फूँक कर पीता है** विपत्ति सहने के बाद सँभलकर कदम रखना। **दूध का दूध और पानी का पानी** सच्चा-सच्चा न्याय। **दूध की मक्खी** अत्यन्त तुच्छ या घृणित वस्तु। **दूध की मक्खी की तरह निकाल फेंकना** घृणित समझकर अलग कर देना। **दूध के दाँत न टूटना** अनुभव हीन होना। **दूध पीता बच्चा** बिना बुद्धि का व्यक्ति। **दूधों नहाना, पूतों फलना** पुत्र-पौत्रादि से सम्पन्न होना, धन-धान्य।
**दूधा†** पु० कच्चा अन्न का दाना जिसमें से दूध के-से रंग का रस निकलता है।
**दूधिया** वि० बहुत कच्चा; सफेद। स्त्री० खरिया मिट्टी।
**दूनर*** वि० जो झुककर दोहरा हो गया हो।
**दूना** वि० दुगुना, दोगुना।
**दूनौ*** वि० दोनों।
**दूब** स्त्री० एक प्रसिद्ध घास; दूर्वा।
**दूबरा*** वि० अशक्त, दीनहीन, कृश, दुर्बल।
**दूबा†** स्त्री० दूब।
**दूभर** वि० असह्य; दुष्कर; कठिन।
**दूमना*** अ० क्रि० हिलना, डोलना।

**दूरन्देश** वि० *(फ़ा०)* दूरदर्शी।

**दूरन्देशी** स्त्री० दूरदर्शी होने का भाव; दूर की बात सोचने की शक्ति।

**दूर** वि० *(सं०)* पास न रहने वाला हो। अ० फासले पर, विशिष्ट स्थान या समय से बहुत हटकर। **मुहा० दूर की कहना** बड़ी सूझ की बात कहना। **दूर की बातें** असम्भव बात, सूक्ष्म बात। **दूर भागना** अलग रहना।

**दूरगामी** वि० दूर तक जाने वाला, गया हो।

**दूरदर्शक यन्त्र, दूरदर्शी** पु० *(टेलिस्कोप)* दूरबीन, वह यन्त्र जिससे देखने पर दूर की वस्तुएँ निकटस्थ जैसी तथा आकार में बड़ी एवं साफ दिखायी पड़ें।

**दूरबा**ꜝ स्त्री० दूर्वा, दूब।

**दूरभाष** पु० *(टेलीफोन)* वह यन्त्र जिसमें प्रायः बिजली की सहायता से दूर के शब्द या दूर की आवाज ज्यों-की-त्यों सुनायी दे।

**दूरलेख** पु० टेलीग्राम।

**दूर-संचार** पु० *(टेलीकम्युनिकेशन)* तार टेलीफोन आदि की सहायता से दूर तक सन्देश, समाचार आदि पहुँचाने की व्यवस्था या कार्य।

**दूरागत** वि० *(सं०)* दूर से आया हुआ।

**दूरि*** अ, वि० दूर।

**दूरी** स्त्री० अन्तर, फासला।

**दूलम**ꜝ वि० दुर्लभ।

**दूलह** पु० दूल्हा।

**दूश्य** पु० *(सं०)* खेमा।

**दूषणारि** पु० *(सं०)* राम।

**दूषना*** स० क्रि० दोष लगाना; दूषित बनाना।

**दूषित** वि० *(सं०)* कलंकित; दोषयुक्त, गन्दा।

**दृग*** पु० देखने की शक्ति, दृष्टि, आँख।

**दृग्** दृश का समासगत रूप।

**दृग्अंचल** पु० पलक।

**दृग्गोचर** वि० नेत्रों से देखा जा सके।

**दृढ़** वि० *(सं०)* स्थूल; पुष्ट; मजबूत; अटल, पक्का; अविचल, धीर, अशिथिल; स्थायी।

**दृढ़ता** स्त्री० *(सं०)* पुष्टता।

**दृढ़निश्चय** पु० दृढ़ संकल्पित।

**दृढ़प्रतिज्ञ** वि० *(सं०)* जो प्रतिज्ञा पर अडिग रहे।

**दृढ़ांग** वि० जिसके अंग पुष्ट हों।

**दृढ़ाई*** स्त्री० दृढ़ता, मजबूती।

**दृढ़ाना** स० क्रि० पक्का करना, दृढ़ बनाना। अ० क्रि० स्थिर होना; दृढ़ होना।

**दृप्त** वि० *(सं०)* तेजोयुक्त; दीप्त; उन्मत्त; गर्वित।

**दृप्र** वि० *(सं०)* बलवान्; घमण्डी।

**दृशा** स्त्री० *(सं०)* आँख।

**दृष्ट** वि० *(सं०)* दर्शन; अनुभूति; देखा हुआ।

**दृष्टान्त** पु० *(सं०)* मरण; शास्त्र; उदाहरण, मिसाल।

**दृष्टार्थ** वि० *(सं०)* जिसका अर्थ स्पष्ट हो; व्यावहारिक।

**दृष्टि** स्त्री० *(सं०)* ज्ञान; प्रकाश; देखना; दीठ, नजर। **मुहा० दृष्टि उठाना/गड़ाना** निगाह भर देखना। **दृष्टि पर रखना** देखते रहना। **दृष्टि फिरना** पहले जैसा प्रेम न रहना। **दृष्टि बचाना** कतराना। **दृष्टि मारी जाना** अन्धा होना। **दृष्टि में समाना** पसन्द आ जाना।

**दृष्टिगत** वि० जो दिखायी दे रहा हो, जो दृष्टि में हो।

**दृष्टिवन्त** वि० दीठ वाला; बुद्धिमान, ज्ञानवान्।

**देई*** स्त्री० देवी।

**देख** स्त्री० देखने की क्रिया या भाव।

**देखभाल, देखरेख** स्त्री० निगरानी, निरीक्षण।

**देखनहार** वि० देखने वाला।

**देखना** स० क्रि० निरीक्षण करना; अनुभव करना।

**देखाऊ** वि० तड़क-भड़क वाली।

**देग़** पु० *(फ़ा०)* खाना पकाने का ताँबे का या एल्यूमीनियम का बड़ा बर्तन।

**देग़चा** पु० छोटा देग।

**देग़ची** स्त्री० छोटा देगचा।

**देदीप्यमान** वि० *(सं०)* खूब चमकता हुआ।

**देन** स्त्री० देने की क्रिया, भाव; दान दी हुई वस्तु।

**देनदार** ऋण।

**देनदारी** ऋणी।

**देनलेन** पु० महाजनी।

**देनहारा** वि० देने वाला।

**देना** क्रि० सौंपना, दान करना, लगाना, डालना। पु० ऋण।

**देय** वि० देने योग्य।

**देर** स्त्री० *(फ़ा०)* विलम्ब; उचित से अधिक समय।

**देरी**ꜝ स्त्री० देर।

**देवँक**† स्त्री०, **देवँका**† पु० दीमक।

**देव** पु० *(सं०)* सुर, परमात्मा; इन्द्र; देवता

**देवका**† स्त्री० दीमक।

**देवट** पु० *(सं०)* शिल्पी।

**देवढ़ी** स्त्री० चौखट; ड्योढ़ी।

**देवता** पु० *(सं०)* स्वर्ग में वास करने वाला अमर प्राणी; ज्ञानेन्द्रिय।

**देवतागृह** पु० देवमन्दिर।

**देवयान** पु० देव विमान।

**देवर** पु० पति का छोटा भाई।

**देवर्षि** पु० *(सं०)* देवऋषि।

**देवल** पु० देवालय; मन्दिर; *(सं०)* धार्मिक व्यक्ति।

**देवलोक** पु० स्वर्ग।

**देवस*** पु० दिन, दिवस।

**देवहरा**† पु० देवालय।

**देवांगना** स्त्री० *(सं०)* अप्सरा; देवता की स्त्री।

**देवागार** पु० *(सं०)* स्वर्ग; देवस्थान, मन्दिर।

**देवान** पु० दीवान, मन्त्री; राज-दरबार।

**देवाना*** वि० पागल, दीवाना।

**देवापगा** स्त्री० *(सं०)* सुरसरित, गंगा।

**देवारण्य** पु० *(सं०)* देवताओं का उपवन, नन्दनवन।

**देवाराधन** पु० *(सं०)* देवता को प्रसन्न करने के लिए किया जाने वाला पूजा-पाठ।

**देवारी, देवाली**† स्त्री० *(सं०)* दीपावली।

**देवार्चन** पु०, **देवार्चना** स्त्री० *(सं०)* देवता का पूजन।

**देवाल**† स्त्री० दीवार। पु० देने वाला।

**देवी** स्त्री० *(सं०)* आद्याशक्ति, दुर्गा।

**देवेन्द्र** पु० *(सं०)* देवराज इन्द्र।

**देवै*** स्त्री० देवकी।

**देवैया**† पु० देने वाला।

**देश** पु० *(सं०)* क्षेत्र; विभाग; मुल्क; स्थान।

**देशज** वि० देश में उत्पन्न।

**देशज्ञ** वि० देश के विषय में ज्ञान रखने वाला।

**देशधर्म** पु० देश की रीति-नीति, व्यवहार।

**देशना** स्त्री० *(सं०)* उपदेश, शिक्षा।

**देशस्थ** वि० देश वासी।

**देशान्तर** पु० *(सं०)* दूसरा देश, विदेश।

**देशाचार** पु० देश की चाल व्यवहा।

**देशाटन** पु० *(सं०)* पर्यटन करना, भ्रमण।

**देशी** वि० देश-सम्बन्धी; अपने देश का; स्वदेशी।

**देशीय** वि० *(सं०)* देशी।

**देष्णु** पु० *(सं०)* धोबी। वि० उद्दण्ड; बहुत उदार।

**देसावर** पु० परदेश, विदेश।

**देसावरी** वि० परदेसी, विदेशी।

**देसी** वि० देशी, देश का।

**देह** स्त्री० *(सं०)* जिन्दगी, जीवन; तन, शरीर।
**मुहा० देह छूटना** मृत्यु होना। **देह छोड़ना** मरना। **देह धरना** शरीर धारण करना। **देह बिसरना** सुध-बुध खो देना, अपने को भूल जाना।

**देहवन्त*** वि० शरीर वाला। पु० देहधारी।

**देहान्त** पु० *(सं०)* मृत्यु, मरण।

**देहात** स्त्री० गाँव, गँवई।

**देहाती** वि० गाँव का निवासी; गाँव में होने वाला।

**देहात्म** पु० *(सं०)* शरीर और आत्मा।

**देहात्मज्ञान, देहात्मप्रत्यय** पु० देह और आत्मा के अभेद का ज्ञान।

**देहावरण** पु० *(सं०)* जिरह; वस्त्र।

**देहावसान** पु० *(सं०)* देहान्त, मृत्यु।

**देही*** स्त्री० शरीर। पु० *(सं०)* आत्मा। वि० शरीरी, प्राणी।

**दैजा**† पु० दहेज, दायजा।

**दैनिक** वि० *(सं०)* प्रतिदिन होने या निकलने वाला।

**दैन्य** पु० *(सं०)* कातरता; दरिद्रता; एक संचारीभाव।

**दैर्घ, दैर्घ्य** पु० *(सं०)* बड़ाई, लम्बाई, दीर्घता।

**दैव** वि० *(सं०)* देवता का; देवता द्वारा प्रेरित। पु० देवता; भाग्य, अदृष्ट, होनहार; ईश्वर।

**दैवगति** स्त्री० ईश्वर की माया, प्रारब्ध, भाग्य।

**दैवत्य** पु० (सं०) देवता।

**दैवयोग** पु० संयोग।

**दैवात्** अ० *(सं०)* संयोगवश, दैवयोग से।

**दैविक** वि० *(सं०)* देवकृत; देवता-सम्बन्धी।

**दैवी(विन्)** पु० *(सं०)* ज्योतिषी।

**दैह्य** पु० *(सं०)* आत्मा। वि० शारीरिक।

**दोंचना*** स० क्रि० दबाना; कुचलना।

**दो** वि० तीन से एक कम।
**मुहा० दो आँखों से देखना** एक जैसा न देखना। **दो नावों पर चढ़ना** दो वस्तुओं का एक साथ सहारा लेना। **दो सिर होना** मरने को तैयार होना।

**दोउ, दोऊ** वि० दोनों।
**दोख*** पु० दोष।
**दोखना** क्रि० दोषारोपण करना।
**दोखी*** वि० दोषी।
**दोगा** पु० मोटे देशी कपड़े ओढ़ना; पानी में घोला गया चूना।
**दोच*** स्त्री० असमंजस; क्लेश, संकट; दबाव।
**दोचन*** स्त्री० दबाव में पड़ना; दबाव डालना; असमंजस।
**दोज*** स्त्री० दूज, द्वितीया तिथि।
**दोज़ख़** पु० *(फ़ा०)* नरक, जहन्नुम।
**दोज़ख़ी** वि० बहुत बड़ा पापी; नारकीय।
**दोजग*** पु० दोज़ख़; नरक।
**दोतही** स्त्री० मोटी चादर।
**दोदना** क्रि०कथित बात को अस्वीकार करना।
**दोधार** पु० भाला।
**दोन** पु० संगम, मेल।
**दोना** पु० पत्तों का बना हुआ कटोरे के आकार का पात्र।
**दोनिया, दोनी** स्त्री० छोटा दोना।
**दोनों** वि० उभय, दो में से प्रत्येक।
**दोपट्टा** पु० दुपट्टा।
**दोपल्ला** वि० दो पल्ले का।
**दोपल्ली** वि० दोपल्लों वाली, दोपलिया टोपी।
**दोपहर** पु० मध्याह्न।
**दोपहरी, दोपहरिया** स्त्री० मध्याह्न।
**दोबल*** पु० लांछन, दोष।
**दोय*** वि० दोनों।
**दोयम** वि० *(फ़ा०)* दूसरे दर्जे का, दूसरे नम्बर का।
**दोर**† स्त्री० दूसरी बार जोती हुई जमीन।
**दोराहा** पु० जहाँ पर दो राहें जुडें हों।
**दोलन** पु० *(सं०)* झूलना।
**दोलिका** स्त्री० *(सं०)* डोली; झूला।
**दोलित** वि० *(सं०)* चंचल, अस्थिर; चलायमान।
**दोली** स्त्री० *(सं०)* डोली; पालना, झूला।
**दोष** पु० *(सं०)* अशुद्धि; कलंक; अपराध; अवगुण।
**दोषन*** पु० दूषण, अपराध, दोष।
**दोषना*** स० क्रि० दोषारोपण करना, दोष लगाना।
**दोषाकर** वि० *(सं०)* जिसमें अनेक दोष हों।
**दोषारोपण** पु० *(सं०)* दोष लगाना।
**दोषित*** वि० दोषयुक्त।
**दोषिन** स्त्री० पापिन।
**दोषी(षिन्)** वि०, पु० *(सं०)* पापी; ऐबी; अपराधी।
**दोस*** पु० दोष।
**दोसदारी**† मित्रता, दोस्ती।
**दोसाला** वि० दो वर्ष पुराना।
**दोसाही** वि० जिस वर्ष में दो फसलें होती हों; जिस भूमि पर दूसरी फसल हो वह फसल।
**दोस्त** पु० *(फ़ा०)* सुहृद्, मित्र।
**दोस्तनवाज़** पु०, वि० मित्रों के प्रति सहानुभूति रखने वाला।
**दोस्ती**† दो लोइयाँ एक साथ बेलकर बनायी हुई रोटी। स्त्री० मित्रता, सौहार्द।
**दोह** पु० *(सं०)* दोहन।
**दोहगा**† स्त्री० दुर्भगा; वह विधवा जिसे किसी दूसरे ने रख लिया हो, उपपत्नी।
**दोहता**† पु० लड़की का लड़का, नाती।
**दोहत्था** पु० दोनों हाथों से मारा गया थप्पड़।
**दोहद** पु० *(सं०)* गर्भावस्था; गर्भवती स्त्री की इच्छा।
**दोहदान्विता** स्त्री० *(सं०)* दोहदवती।
**दोहन** पु० *(सं०)* चूसना; दुहने का काम; दुग्धपात्र।
**दोहनी** स्त्री० *(सं०)* दूध दुहने का पात्र।
**दोहरना** स० क्रि० दोहरा करना। अ० क्रि० दोहरा होना, दो परत होना; दुबारा होना।
**दोहराना** स० क्रि० किसी बात की बार-बार आवृत्ति; पुनरावृत्ति करना; *दोहरा करना।
**दोहरी** वि० स्त्री० दो तह की हुई; दुगनी।
**दोहल** पु० *(सं०)* अशोक वृक्ष; गर्भिणी की इच्छा, दोहद; इच्छा।
**दोहली** स्त्री० *(सं०)* अशोक; आक।
**दोहा** पु० मात्रिक छन्द विशेष।
**दोहाई** स्त्री० दुहाई, गुहार, पुकार; *कविता।
**दोहाग*** पु० दुर्भाग्य, बदकिस्मती।
**दोहापनय** पु० *(सं०)* दूध।
**दोहित** वि० *(सं०)* जिसे दुहा गया हो। *पु० दौहित्र, पुत्री का पुत्र।
**दोही** वि० दुहने वाला।
**दोह्य** पु० *(सं०)* दूध। वि० दुहने योग्य।
**दोह्या** स्त्री० *(सं०)* गाय।
**दौंकना** अ० क्रि० दमकना।

**दौंगड़ा, दौंगरा**† पु० शोरगुल; तेजी से आकर निकल जाने वाली वर्षा, तेज बौछार।
**दौंचना*** अ० क्रि० हठ पकड़कर लेना; उलचना। स० क्रि० दबाव डालकर लेना।
**दौंची**† स्त्री० ठोकर लगने से धातु के बर्तन में पड़ी हुई पचकन, चिपटापन, सड़कों के गड्ढे।
**दौंरी** स्त्री० दँवरी, दाँय।
**दौड़** स्त्री० बुद्धि की पहुँच; द्रुत गमन; पहुँच, गति।
**दौड़ धूप** स्त्री० बार-बार इधर से उधर आना-जाना।
**दौड़ना** अ० क्रि० अति वेग से चलना।
**दौड़ा-दौड़ी**स्त्री० भाग-दौड़; त्वरा, जल्दबाजी; दौड़-धूप।
**दौन*** वि० दमन करने वाला। पु० दमन।
**दौना** *स० क्रि० दमन करना, दबाना; तपाना। पु० एक पौधा जिसकी पत्तियों में विशेष प्रकार की तीव्र सुगन्ध होती है; *द्रोणगिरि; दोना।
**दौनागिरि, दौनाचल** पु० द्रोणगिरि।
**दौर** *स्त्री० दौड़; आक्रमण। पु० *(अ०)* समय का फेर, समय; चक्कर, फेरा; उन्नतिकाल; पारी।
**दौरा**† पु० जाँच-पड़ताल; निरीक्षण के लिए अफसर का अपने इलाके में घूमना; समय-समय पर उभरने वाली बीमारी का आक्रमण; टोकरा।
**दौरात्म्य** पु० *(सं०)* अन्तःकरण, स्वभाव; दुर्जनता।
**दौराना*** स० क्रि० दौड़ाना।
**दौरित** पु० *(सं०)* बुराई; हानि, क्षति।
**दौरी**† स्त्री० चँगेरी, छोटी टोकरी, छोटा दौरा।
**दौर्गन्ध्य** पु० *(सं०)* बदबू, बुरी गन्ध।
**दौर्बल्य** पु० *(सं०)* दुर्बलता।
**दौर्भाग्य** पु० *(सं०)* भाग्य की खोटाई, दुर्भाग्य।
**दौर्हार्द** पु० *(सं०)* शत्रुता।
**दौर्हृद** पु० *(सं०)* दोहद; कुटिलता, दुष्टता; शत्रुता।
**दौलत** स्त्री० *(अ०)* धन, सम्पत्ति।
**दौवारिक** पु० *(सं०)* प्रतिहार, द्वारपाल।
**दौश्चर्य** पु० *(सं०)* दुष्टता; दुराचरण; दुष्कर्म।
**दौष्कुल** वि० *(सं०)* हीनवंश में उत्पन्न।
**दौष्ट्र्य** पु० *(सं०)* दुष्टता।
**दौष्यन्ति** पु० *(सं०)* दुष्यन्त के पुत्र, भरत।
**दौहित्र** पु० *(सं०)* तलवार; नाती, धेवता, बेटी का बेटा।
**दौहित्री** स्त्री० *(सं०)* बेटी की बेटी, नातिन, धेवती।
**द्युक** पु० *(सं०)* उल्लू।
**द्युकारि** पु० *(सं०)* कौआ।
**द्युति** स्त्री० *(सं०)* दीप्ति, चमक; आभा, कान्ति।
**द्युतिमा(मन्)** स्त्री० *(सं०)* कान्ति, प्रभा, तेज।
**द्युतिमान्(मत्)** वि० *(सं०)* द्युति वाला, प्रभायुक्त।
**द्युत्** पु० *(सं०)* किरण।
**द्युन** पु० *(सं०)* लग्न से सातवाँ स्थान।
**द्युमान(मत्)** वि० *(सं०)* कान्तियुक्त।
**द्यूत** पु० *(सं०)* जुआ।
**द्यून** वि० *(सं०)* क्षीण।
**द्योत** पु० *(सं०)* धूप; प्रकाश; ताप।
**द्योतक** वि०, पु० *(सं०)* सूचक; प्रकाश करने वाला।
**द्योतन** वि० *(सं०)* चमकने वाला। पु० प्रकाश करना।
**द्योति(स्)** स्त्री० *(सं०)* ज्योति, प्रकाश; आभा; तारा।
**द्योस, द्यौस*** पु० दिवस, दिन।
**द्योहरा*** पु० देवालय।
**द्यौ(दिव)** स्त्री० *(सं०)* अग्नि; स्वर्ग; दिन; प्रकाश।
**द्रग** वि० दृग, नेत्र।
**द्रप्स** वि० *(सं०)* चूने वाला। पु० पतली दही; रस।
**द्रव** वि० *(सं०)* पिघला हुआ। पु० रस; तरल पदार्थ।
**द्रवण** वि० *(सं०)* द्रवक। पु० बहना; पिघलने की क्रिया, तरल होना; क्षरण; भागना; दयार्द्र होना।
**द्रवना*** अ० क्रि० पसीजना; तरल होना; पिघलना।
**द्रवाधार** पु० *(सं०)* चुल्लू, अंजलि, छोटा बर्तन।
**द्रविणाधिपति** पु० *(सं०)* कुबेर।
**द्रवीभूत** वि० *(सं०)* दयार्द्र; पिघला हुआ; तरलित।
**द्रवेतर** वि० *(सं०)* कठोर, ठोस।
**द्रवोत्तर** वि० *(सं०)* बहुत तरल।
**द्रव्य** वि० *(सं०)* वृक्ष से उत्पन्न; वृक्ष जैसा। पु० विनम्रता; वस्तु; चीज; वह पदार्थ, जिससे दूसरी वस्तुएँ तैयार की जाती हैं; धन-दौलत; लाख।
**द्रव्यमय** वि० *(सं०)* किसी द्रव्य का बना हुआ; धन सम्पत्ति से परिपूर्ण।
**द्रव्यवान्** वि० *(सं०)* द्रव्य वाला, धनी।
**द्रव्यार्जन** पु० *(सं०)* धनोपार्जन, धन कमाना।
**द्रष्टव्य** वि० *(सं०)* साक्षात्कार करने योग्य; जो देखने में अच्छा लगे; दर्शनीय, देखने या दिखाने योग्य।
**द्रष्टा(ष्टृ)** पु० *(सं०)* प्रकाशक; दर्शक, देखने वाला।

**द्राक्ष शर्करा** स्त्री० *(ग्लूकोज)* अँगूर के रस से बनी हुई चीनी।

**द्राक्षा** स्त्री० *(सं०)* दाख, अँगूर; मुनक्का।

**द्राघिमा(मन्)** स्त्री० *(सं०)* लम्बाई, दीर्घता।

**द्राप** पु० *(सं०)* मूर्ख व्यक्ति; आकाश; कीचड़; कौड़ी।

**द्राव** पु० *(सं०)* गति, वेग; पिघलने, पसीजने की क्रिया; पिघलकर बहने की क्रिया; क्षरण।

**द्राविका** स्त्री० *(सं०)* लार।

**द्राविडक** पु० *(सं०)* कचूर; काला नमक।

**द्राविडी** स्त्री० *(सं०)* द्राविड देश या जाति की स्त्री; छोटी इलायची।

**द्रावित** वि० *(सं०)* गलाया या पिघलाया हुआ (स्वर्ण आदि); दया के लिए प्रेरित किया गया, द्रव क्रिया हुआ।

**द्रु** पु० *(सं०)* काष्ठनिर्मित यन्त्र; शाखा; वृक्ष; लकड़ी।

**द्रुग्ध** पु० *(सं०)* अपराध; बुराई का काम। वि० क्षतिग्रस्त; जिसके विरुद्ध कुचक्र रचा गया हो।

**द्रुण** पु० *(सं०)* भृंग; खड्ग; धनुष; दुष्ट व्यक्ति।

**द्रुत** पु० *(सं०)* मध्यम से कुछ तेज लय। वि० तीव्र गति वाला, पिघला हुआ; तेज।

**द्रुति** स्त्री० *(सं०)* जाना; भागना; द्रव होना।

**द्रुतै*** अ० शीघ्रता से।

**द्रुम** पु० *(सं०)* कुबेर; पारिजात; वृक्ष, पेड़।

**द्रुमामय** पु० *(सं०)* द्रुम-व्याधि।

**द्रुमारि** पु० *(सं०)* हाथी।

**द्रुवय** पु० *(सं०)* एक माप।

**द्रुह** पु० *(सं०)* पुत्र; झील।

**द्रुही** स्त्री० *(सं०)* पुत्री।

**दू** पु० *(सं०)* सोना।

**द्रूघण** पु० *(सं०)* हथौड़ा।

**द्रोण** पु० *(सं०)* लकड़ी का रथ; द्रोणाचार्य।

**द्रोणि, द्रोणी** स्त्री० *(सं०)* पानी रखने का पात्र; कठवत; टब; डोंगी; एक प्रकार का नमक।

**द्रोन*** पु० द्रोण।

**द्रोह** पु० *(सं०)* अपराध; हिंसा; व्रिदोह करना।

**द्रोहाट** पु० *(सं०)* ढोंगी आदमी; नकली आदमी; मृगलुब्धक, शिकारी। वि० जो ऊपर से सीधा जान पड़े पर भीतर से क्रूर हो, वैडालव्रतिक।

**द्रोही(हिन्)** पु० *(सं०)* द्रोह करेन वाला व्यक्ति। वि० विद्रोह करने वाला, अहितचिन्तन करने वाला।

**द्वन्दर*** पु० संसार। वि० लड़ने-झगड़ने वाला।

**द्वन्द्व** पु० *(सं०)* कलह, झगड़ा; जोड़ा, युग्म।

**द्वन्द्वी(द्विन्)** वि० *(सं०)* झगड़ालू; परस्पर विरोधी।

**द्वाःस्थ, द्वाःस्थित** पु० *(सं०)* द्वारपाल।

**द्वादशांगुल** पु० *(सं०)* बारह अंगुल की माप, बित्ता।

**द्वादशाक्ष** पु० *(सं०)* बुद्ध; कार्त्तिकेय।

**द्वादशाख्य** पु० *(सं०)* बुद्धदेव।

**द्वादशाह** पु० *(सं०)* मरण-तिथि से बारहवें दिन किया जाने वाला श्राद्ध।

**द्वादशी** स्त्री० किसी भी पक्ष की बारहवीं तिथि।

**द्वापर** पु० *(सं०)* चार युगों में से तीसरा युग।

**द्वार** पु० *(सं०)* द्वार, मार्ग; छिद्र; साधन; लाभ।

**द्वारवती, द्वारावती** स्त्री० *(सं०)* द्वारका।

**द्वारा** अ० *(सं०)* जरिये, कर्तृत्व से, मारफत।

**द्वारी*** स्त्री० छोटा द्वार।

**द्विः(द्विर्)** अ० *(सं०)* दो बार।

**द्विज** पु० *(सं०)* ब्राह्मण; पक्षी आदि अण्डज जीव। वि० जिसने दो बार जन्म लिया हो।

**द्विजायनी** स्त्री० *(सं०)* यज्ञोपवीत।

**द्विजालय** पु० *(सं०)* द्विज का घर; पक्षी का घोंसला।

**द्विजोत्तम** पु० *(सं०)* ब्राह्मणों में श्रेष्ठ।

**द्वितीय** वि० *(सं०)* दूसरा। पु० मुकाबला करने वाला।

**द्वितीयक** वि० *(सं०)* दूसरा, दूसरी बार होने वाला।

**द्वितीया** स्त्री० *(सं०)* पक्ष की दूसरी तिथि।

**द्विध** वि० *(सं०)* दो खण्डों में विभक्त।

**द्विप** पु० *(सं०)* हस्ती, हाथी।

**द्विपक्ष** पु० *(सं०)* पक्षी, एक माह। वि० दो पक्ष वाला।

**द्विपाद** पु० *(सं०)* मनुष्य, पक्षी। वि० दो पैरों वाला।

**द्विबाहु** पु० *(सं०)* दो भुजाओं वाले जीव। वि० जिसके दो बाहु हों।

**द्विभाग** पु० *(सं०)* दो भाग।

**द्विर** पु० *(सं०)* भौंरा, मधुमक्खी।

**द्विरद** पु० *(सं०)* हाथी। वि० दो दाँत वाला।

**द्वेष** पु० *(सं०)* वैर, शत्रुता।

**द्वेषाग्नि** स्त्री०, **द्वेषानल** पु० जलन या उग्रता।

**द्वै*** वि० दोनों; दो।

**द्वैगुण्य** पु० *(सं०)* तीनों गुणों सत्त्व, रज और तम में से किन्हीं दो से युक्त होना; द्वैत।

**द्वैज*** स्त्री० दूज, द्वितीया।

**द्वैत** पु० *(सं०)* भेदभावना; मोह; जोड़ा, युगल।

**द्वैतीयीक** वि० *(सं०)* दूसरा।

**द्वैध** पु० *(सं०)* सन्देह, अनिश्चय; भिन्नता।

**द्वैधीकरण** पु० *(सं०)* दो भागों में बाँटना।

**द्वैसमिक** वि० *(सं०)* दो वर्षों का।

**द्वौ*** वि० दोनों।

**द्व्यष्ट** पु० *(सं०)* ताँबा।

## ध

**ध** देवनागरी वर्णमाला में तवर्ग का चौथा वर्ण। उच्चारण स्थान दन्त।

**धंका** पु० धक्का।

**धंगर** पु० अहीर, चरवाहा।

**धँगरिन** स्त्री० बच्चों का नाल काटनेवाली स्त्री, नर्स या चमाइन जो बच्चों का नाल काटती हैं, धगरिन, अहीरिन।

**धन्ध, धन्धक*** पु० बखेड़ा, झंझट, झमेला।

**धँधला** पु० आडम्बर, ढोंग; छल-कपट।

**धन्धा** पु० †चौका धोने बर्तन माँजने आदि का काम; काम-काज; पेशा, रोजगार, व्यवसाय।

**धन्धार*** स्त्री० ज्वाला।

**धन्धारि*, धन्धारी** स्त्री० गोरखधन्धा।

**धँधोर** स्त्री० होली; आग की लपट, ज्वाला।

**धँवना*** स० क्रि० धौंकना।

**धँसना** अ० क्रि० नष्ट होना; गड़ना; भीतर घुसना।

**धँसान** स्त्री० धसने की क्रिया।

**धँसाना** स० क्रि० प्रविष्ट करना; गाड़ना।

**धँसाव** पु० धँसान।

**ध** पु० *(सं०)* धन; धर्म; कुबेर; ब्रह्मा; धकार वर्ण।

**धउरहर†** पु० धरहरा।

**धक** *अ० एक-ब-एक, सहसा। स्त्री० दिल की जोर की धड़कन; हृदय का संवेग स्पन्दन; *उल्लास।

**धकधकी** स्त्री० धड़कना, खटका, अन्देशा।

**धकना*** अ० क्रि० धिकना; तप्त होना।

**धकपकाना** आ० क्रि० आतंकित होना, डरा होना।

**धकपेल** स्त्री० धक्कमधक्का, रेलपेल।

**धका*** पु० आघात; झोंका, धक्का।

**धकाना*** स० क्रि० जलाना, दहकाना।

**धकारा*** पु० धकधकी; खटका, अन्देशा।

**धकियाना†** स० क्रि० धक्का देना, ढकेलना।

**धकेलना** स० क्रि० ढकेलना, धक्का देना।

**धकैत** वि० धक्का देने वाला।

**धक्का** पु० टक्कर; मार्मिक पीड़ा।

**मुहा० धक्का खाना** धक्का सहना; ठोकर खाना, भटकते रहना; अपमानित होना।

**धगड़ा** पु० व्यभिचारी, उपपति, जार।

**धगरिन** स्त्री० बच्चों का नाल काटनेवाली स्त्री।

**धगा*** पु० डोरा, धागा, सूत।

**धचका** पु० धक्का, झोंका; आघात।

**धजा** स्त्री० कपड़े की धज्जी; ध्वजा।

**धजी*** स्त्री० टुकड़ा, धज्जी।

**धजीला** वि० झण्डा, सुन्दर ढंग का।

**धज्जी** स्त्री० कागज, कपड़े आदि का लम्बा पतला टुकड़ा।

**मुहा० धज्जियाँ उड़ाना** फाड़कर टुकड़े-टुकड़े कर देना।

**धट** पु० *(सं०)* तुला परीक्षा; तुला राशि; तराजू।

**धड़ंग** वि० नंगा।

**धड़** पु० शरीर का कमर से गले तक का भाग; वृक्ष का जमीन के ऊपर से जहाँ से शाखाएँ फूटती हैं वहाँ तक का भाग, तना।

**धड़क** स्त्री० हृदय का स्पन्दन; खटका, हिचक।

**धड़कन** स्त्री० कलेजे की धकधक, हृदय का स्पन्दन।

**धड़कना** अ० क्रि० जी का धकधक करना।

**धड़ल्ला** पु० वेग से गिरने आदि की आवाज, धड़ाका।

**मुहा० धडल्ले से करना** वेग से करना, बिना झिझक के करना।

**धड़ा** पु० बाट; तराजू; पसँगा; वजन; दल।

**धड़ाका** पु० धड़ाधड़ शब्द करना।

**धड़ाम** पु० गिरने का शब्द।

**धड़ाधड़** अ० जल्दी-जल्दी, बिना रुके।

**धड़ी** स्त्री० एक पाँच सेर का वजन; होंठों पर पड़ने वाली मिस्सी या पान की लकीर।

**धत** स्त्री० बुरी आदत, लत।

**धतकारना** स० क्रि० दुतकारना; धिक्कारना।

**धता** वि० दूरीकृत।

**धतींगड़, धतींगड़ा** पु० दोगला; बेडौल आदमी।

**धतूरा** पु० एक विषैला पौधा और उसका फल।

**मुहा० धतूरा खाये फिरना** पागल बने घूमना।

**धधक** स्त्री० लपट, लौ; धधकने की क्रिया या भाव।

**धधकना** अ० क्रि० धायँ-धायँ जलना।

**धधकाना** वि० क्रि० आग में लपट पैदा करना; दहकाना।

**धधाना**† अ० क्रि० इतराना; धधकना।

**धन** पु० *(सं०)* पुरस्कार; ऐहिक सुख के साधनभूत द्रव्य, भूमि आदि, वित्त, सम्पत्ति; पूँजी। *वि० जिसमें (कुछ) जोड़ा जाये; युक्त। स्त्री० नायिका।

**धनक** पु० *(सं०)* धन की इच्छा, वित्त की कामना। *(हि०)* धनुष, कमान, टोपी का गोटा।

**धनकुबेर** पु० बड़ा, धनवान।

**धनक्षय** पु० धननाश, धन की हानि।

**धनतेरस** स्त्री० कार्तिक कृष्ण त्रयोदशी।

**धनद** पु० कुबेर।

**धनमान, धनवन्त*** वि० धनवान्।

**धनवान् (वत्)** वि० *(सं०)* धनी, धन वाला।

**धना*** स्त्री० युवती; वधू।

**धनाढ्य** वि० *(सं०)* धनवान्, दौलतमन्द।

**धनाधिप, धनाध्यक्ष** पु० *(सं०)* खजांची, कुबेर।

**धनार्थी(र्थिन्)** वि०, पु० *(सं०)* धन चाहने वाला।

**धनाशा** स्त्री० *(सं०)* अर्थप्राप्ति की आशा, धन की आशा।

**धनिक** पु० *(सं०)* ऋणदाता, व्यापारी; धनाढ्य मनुष्य। वि० धनवान्, धनी।

**धनिया** स्त्री० एक प्रसिद्ध मसाला; युवती; वधू, स्त्री।

**धनी, धनीका** स्त्री० *(सं०)* युवती स्त्री।

**धनी(निन्)** पु० *(सं०)* धनवान् मनुष्य। वि० दौलतमन्द।

**धनीयक** पु० *(सं०)* धनिया।

**धनु** पु० *(सं०)* धनुष, कमान।

**धनुआ** पु० धनुष; रूई धुनने का एक औजार।

**धनुई** स्त्री० छोटा धनुष।

**धनुहा**† पु० धनुष।

**धनुहाई*** स्त्री० बाणयुद्ध, धनुष् की लड़ाई।

**धनुही*** स्त्री० लड़कों के खेलने का छोटा धनुष।

**धनेस** पु० *धनेश, कुबेर; खजांची।

**धनैषणा** स्त्री० *(सं०)* धन की इच्छा।

**धन्नासेठ** पु० बहुत धनी मनुष्य।

**धन्नी** स्त्री० एक जाति विशेष।

**धन्य** वि० *(सं०)* कृतार्थ; प्रशंसनीय; भाग्यशाली; धन देनेवाला; धनी। पु० भाग्यवान् व्यक्ति।

**धन्यवाद** वि० *(सं०)* साधुवाद, कृतज्ञता सूचक शब्द।

**धन्या** स्त्री० (सं०) धात्री, उपमाता; धनिया। वि० स्त्री० भाग्यशालिनी; प्रशंसनीया।

**धन्व** पु० *(सं०)* धनुष।

**धन्वधि** पु० धनुष की खोली।

**धन्व(न्)** पु० *(सं०)* तट; आकाश; मरुस्थल।

**धन्वन्तर** पु० *(सं०)* चार हाथ की माप।

**धन्वा(न्वन्)** पु० *(सं०)* चाप; धन्व।

**धन्वाकार** वि० *(सं०)* धनुष के आकार का।

**धन्विन** पु० *(सं०)* सूअर।

**धन्वी(न्विन्)** पु० *(सं०)* धनुर्धर। वि० धूर्त; विदग्ध; जिसने धनुष धारण किया हो।

**धप** पु० थप्पड़, तमाचा।

**धपना**† अ० क्रि० मारना, पीटना। अ० क्रि० वेग से आगे बढ़ना, झपटना।

**धप्पा** पु० टोटा, नुकसान; थप्पड़, तमाचा।

**धबला** पु० ढीलाढाला पहनावा।

**धमक** पु० *(सं०)* (धौंकने वाला) लोहार। स्त्री० धम; भारी वस्तु के आघात या चलने।

**धमकाना** स० क्रि० धमकी देना, डराना।

**धमकी** स्त्री० घुड़की।

**धमन** वि० *(सं०)* फूँकने वाला; निष्ठुर। पु० फूँककर हवा भरना; भाथी चलाने वाला मनुष्य; नरकट।

**धमनि, धमनी** स्त्री० *(सं०)* फुंकनी; सिरा; नाड़ी; शिराएँ; गरदन।

**धमाका** पु० भारी वस्तु के गिरने का गम्भीर शब्द।

**धमाचौकड़ी** स्त्री० उछल-कूद, कूद-फाँद।

**धमार, धमाल** स्त्री० उपद्रव; उछल-कूद; कलाबाजी। पु० फाग का एक भेद (संगीत); एक ताल।

**धमारिया** पु० धमार गाने वाला। वि० उपद्रव मचाने वाला, उछल-कूद मचाने वाला; कलाबाज।

**धमारी** *स्त्री० होली की क्रीड़ा।

**धमाला**[ ] पु० चूल्हे के ऊपर बना मीनार के ढंग का मार्ग जिसमें से धुआँ बाहर निकलता है, चिमनी।
**धमासा**[ ] पु० जवासा।
**धमेख** स्त्री० बुद्धकालीन।
**धमूका** पु० घूँसा, आघात।
**धयना*** अ० क्रि० धावा मारना, दौड़ना।
**धरन्ता*** वि०, पु० धारण करने वाला।
**धर** पु० *(सं०)* पर्वत, पहाड़। वि० धारण करने वाला।
**धरकना*** अ० क्रि० धड़कना।
**धरका*** पु० धड़का।
**धरणि, धरणी** स्त्री० *(सं०)* पृथ्वी; नस, नाड़ी।
**धरता** पु० धारण करने वाला; ऋणी, कर्जदार।
**धरती** स्त्री० भूमण्डल, पृथ्वी, संसार।
**धरधरा*** पु० धड़कन, धकधकी।
**धरधराना** अ० क्रि० धड़धड़ाना।
**धरन** पु० धरना। स्त्री० पकड़ हठ; जमीन।
**धरना** स० क्रि० पत्नी बना लेना; सहायक बनाना।
**धरनी** स्त्री० शहतीर; 'धरणी'।
**धरनेत** पु० धरना देने वाला।
**धरपकड़** अपराधियों को पकड़ने का काम।
**धरम*** पु० धर्म।
**धरमसार** पु०, स्त्री० सदावर्त; धर्मशाला।
**धरषना*** स० क्रि० चूर्ण करना; दबाना; डराना।
**धरसनी*** स्त्री० धर्षणी।
**धरहरा** पु० धौरहर, मीनार।
**धरहरिया** पु० रक्षक; बीच-बचाव करने वाला।
**धरा** स्त्री० *(सं०)* पृथ्वी, धरती, जमीन।
**धराऊ** वि० पुराना।
**धरातल** पु० धरती, पृथ्वी की सतह।
**धराधर** पु० पर्वत, शेषनाग, कृष्ण।
**धराधिप** पु० राजा।
**धराना** स० क्रि० निश्चित कराना; पकड़ाना, थमाना।
**धरावना** क्रि० पकड़ाना।
**धरासुर** पु० ब्राह्मण।
**धरिमा(मन्)** स्त्री० *(सं०)* रूप, शकल; तराजू।
**धरी** स्त्री० उपपत्नी; पाँच सेर की एक तौल।
**धरुण** पु० *(सं०)* दूध पीने वाला बछड़ा; पानी।
**धरेजा** स्त्री० रखेली, उपपत्नी। पु० स्त्री को रखेली बनाकर रखना।
**धरेल, धरेली** स्त्री० उपपत्नी, रखेली।
**धरैया** वि० धरने, पकड़ने वाला।
**धरोहर** स्त्री० अमानत, दूसरे के पास इस विश्वास से रखी गयी वस्तु कि पुनः उसी रूप में मिल जाएगी।
**धर्ता** पु० धारण करने वाला।
**धर्त्तूर** पु० *(सं०)* धतूर।
**धर्म** पु० *(सं०)* निष्पक्षता; उपासना, आराधना आदि; औचित्य; सत्संग; युद्धिष्ठिर; आचार; लौकिक, सामाजिक कर्तव्य; वह कर्म जिसे वर्ण, आश्रम, जाति आदि की दृष्टि से करना आवश्यक हो; सदाचार, पुण्य; यज्ञ; अहिंसा। *(हि०)* ईमान।
**धर्मज्ञ** वि० धर्म का ज्ञाता।
**धर्मतः** अव्य० धर्म को साक्षी करके।
**धर्मपत्नी** स्त्री० विवाहिता।
**धर्मपुत्र** पु० धर्म से स्वीकृत पुत्र, युधिष्ठिर।
**धर्मभगिनी** स्त्री० धर्मानुसार मानी बहन, गुरु कन्या।
**धर्मराज** पु० युद्धिष्ठिर।
**धर्मवान् (वत्)** वि० *(सं०)* धर्मनिष्ठ, धर्मात्मा।
**धर्मशाला** स्त्री० धर्मार्थ यात्री-निवास, गृह।
**धर्मशास्त्र** पु० धर्मग्रन्थ।
**धर्मांग** पु० *(सं०)* बगला, बक।
**धर्माचरण** पु० *(सं०)* धर्म के अनुसार आचरण करना; धार्मिक या पुण्य कार्य करना।
**धर्माचार्य** पु० *(सं०)* धर्म की शिक्षा देने वाला गुरु।
**धर्मात्मा(त्मन्)** वि० *(सं०)* धर्मशील, धर्मनिष्ठ, धार्मिक।
**धर्मादा** पु० धर्मार्थ निकाला हुआ धन।
**धर्माधिकरण** पु० *(सं०)* न्यायाधीश; न्यायालय।
**धर्माधिकरणिक** पु० *(सं०)* न्यायाधीश, विचारक।
**धर्माधिकार** पु० *(सं०)* न्याय-व्यवस्था; धार्मिक कृत्यों का निरीक्षण; न्यायाधीश का पद।
**धर्मार्थ** अ० *(सं०)* धर्म या परोपकार के निमित्त।
**धर्मावतार** पु० *(सं०)* परम धर्मात्मा व्यक्ति; एक आदरसूचक सम्बोधन; युधिष्ठिर।
**धर्माश्रित** वि० *(सं०)* न्याय; धर्मसम्मत।
**धर्मेंद्र** पु० *(सं०)* यमराज; युधिष्ठिर।
**धर्मोपदेश** पु० *(सं०)* धर्म का उपदेश।
**धर्मोपदेशक** पु० *(सं०)* धर्म की शिक्षा देने वाला।
**धर्मोपाध्याय** पु० *(सं०)* पुरोहित।

**धर्म्य** वि० *(सं०)* न्याय; पुण्यकर; धर्मसंगत।
**धर्ष** पु० *(सं०)* क्रोध; घमण्ड; असहिष्णुता; संकोच का अभाव, ढिठाई, अविनय; अपमान; पराभव।
**धर्षण** पु० *(सं०)* औद्धत्य, धृष्टता; पराभव; अनादर।
**धर्षित** पु० *(सं०)* रति; अभिमान; असहिष्णुता। वि० अपमानित; पराभूत।
**धर्षिता** वि० स्त्री० जिसका सतीत्व नष्ट या हरण किया गया हो। स्त्री० *(सं०)* कुलटा; वेश्या।
**धव** पु० *(सं०)* स्वामी, पति।
**धवनी** स्त्री० धौंकनी, भाथी।
**धवरहर, धवराहर** पु० धरहरा।
**धवरा**† वि० धवल, सफेद।
**धवल** पु० *(सं०)* सफेद रंग। वि० स्वच्छ; सफेद।
**धवलना*** स० क्रि० उज्ज्वल करना।
**धवला** स्त्री० *(सं०)* गौर वर्ण की स्त्री। वि० स्त्री० सफेद रंग की, उजली। †पु० सफेद बैल।
**धवलागिरि** पु० हिमालय की एक चोटी, धवलगिरि।
**धवलित** वि० *(सं०)* सफेद बनाया हुआ।
**धस*** पु० गोता, डुबकी; जल आदि में पैठना।
**धसक** स्त्री० सूखी खाँसी; डर; जलन, ईर्ष्या।
**धसकना** अ० क्रि० ईर्ष्या करना; दब जाना।
**धसना*** अ० क्रि० प्रवेश करना; ध्वस्त होना।
**धाँधना** स० क्रि० ठूँस-ठूँसकर खा लेना; बन्द करना।
**धाँधल** स्त्री० धूर्तता, दगा, छल; ऊधम, शैतानी; त्वरा, जल्दबाजी।
**धाँसना** अ० क्रि० पशुओं आदि का खाँसना, ढाँसना।
**धाँसी** स्त्री० कुत्ते आदि की खाँसी।
**धा** वि० *(सं०)* धारण करने वाला।
**धाइ**†, **धाई** स्त्री० धाय।
**धाक** पु० ढाक, पलाश। स्त्री० आतंक; शोहरत।
**धाकर** पु० अकुलीन ब्राह्मण; पंजाब में पैदा होने वाला गेहूँ जो बिना पानी के पैदा होता है।
**धागा** पु० महीन सूत, डोरा, तागा।
**धाड़** स्त्री० डाकुओं का धावा, झुण्ड, दहाड़।
**मुहा० धाड़ मारना** चिल्ला-चिल्लाकर रोना।
**धाड़स** पु० सान्त्वना, ढाढ़स, तसल्ली।
**धातविक** वि० *(सं०)* धातु से बना हुआ।
**धाता(तृ)** वि० *(सं०)* धारण करने वाला; पालन-पोषण करने वाला। पु० व्यवस्था करने वाला; रक्षक।
**धातु** स्त्री० *(सं०)* सोना, चाँदी आदि अपार-दर्शक खनिज पदार्थ; परमात्मा; हिस्सा, भाग, खण्ड।
**धातुक** पु० अयस्क, अपरिष्कृत या कच्ची धातु।
**धातुमय** वि० *(सं०)* खनिज पदार्थों से भरा हुआ; जिसमें खनिज पदार्थों का प्राचुर्य हो।
**धात्र** पु० *(सं०)* पात्र।
**धात्री** स्त्री० *(सं०)* आँवला; धाय, उपमाता; पृथ्वी।
**धात्रेयिका, धात्रेयी** स्त्री० *(सं०)* धाय की बेटी।
**धात्वीय** वि० *(सं०)* धातु-सम्बन्धी; धातु से निर्मित।
**धान** पु० *(हि०)* एक प्रसिद्ध अन्न जिसका चावल मुख्य खाद्यों में गिना जाता है, तुषयुक्त चावल।
**धानक** पु० *(सं०)* धनिया; *धनुर्द्धर, धुनिया।
**धाना** *अ० क्रि० *(ला०)* वेग से चलना; दौड़ना।
**धानुक** पु० कमनैत, धनुर्धर; एक जाति विशेष।
**धानुष्क** पु० *(सं०)* धन्वी तीरन्दाज, धनुर्धर।
**धान्य** पु० *(सं०)* अनाज; छिलकायुक्त अन्न; धान।
**धान्याम्ल** पु० *(सं०)* काँजी।
**धापना*** स० क्रि० तृप्त करना, सन्तुष्ट करना। अ० क्रि० तृप्त होना, अघाना; तेज चलना; दौड़ना।
**धाबा** पु० ऐसा भोजनालय जहाँ कच्ची रसोई जमीन पर बैठकर खाने को मिले; आक्रमण।
**धामक-धूमक** स्त्री० ठाट-बाट, धूम-धाम।
**धार** वि० *(सं०)* बहने वाला; धारण करने वाला; सहारा देने वाला। स्त्री० *(हि०)* किसी द्रव पदार्थ का निरन्तर गिरना, प्रवाह, स्रोत; तलवार का वह तेज किनारा जिससे कुछ काटते हैं। पु० स्तन दबाने से दूध का लगातार निकलना; जोर की वर्षा। *अ० ओर, तरफ।
**धारक** पु० *(सं०)* वह जो धारण करे; कलश, घड़ा; ऋण लेने वाला, कर्जदार; सन्दूक आदि। वि० धारण करने वाला।
**धारण** पु० *(सं०)* पहनना; ऋण लेना; अवलम्बन ग्रहण करना; खाना या पीना; सुरक्षित रखना, बनाये रखना, रक्षण, पालन; शिव; स्तन।
**धारणक** पु० *(सं०)* ऋणी, कर्जदार।
**धारणा** स्त्री० *(सं०)* ग्रहण, रक्षण, पालन आदि करने की क्रिया; न्यायपक्ष में स्थित रहना, स्थिति, मर्यादा, विचार, निश्चित मति; मस्तिष्क में कोई वस्तु धारण करने की शक्ति।

**धारणाशक्ति** स्त्री० मस्तिष्क में ग्रहण करने की शक्ति।
**धारणावधि** स्त्री० *(टेन्यूर)* वह अवधि या समय जब तक कोई पद, सम्पत्ति आदि धारण की जाय या उसका उपभोग किया जाये, पदावधि, भूधृति।
**धारणावान् (वत्)** वि० *(सं०)* मेधावी।
**धारणी** स्त्री० *(सं०)* धमनी; श्रेणी; पंक्ति; सिरा; स्थिरता; बुद्धों का एक मन्त्र।
**धारणीय** वि० धारण करने योग्य।
**धारना*** स० क्रि० ऋण लेना; धारण करना।
**धारयिता (तृ)** वि०, पु० *(सं०)* धारण करने वाला, धारक, धारणकर्ता।
**धारस**† पु० ढाढ़स।
**धारा**[1] स्त्री० *(सं०)* निरन्तर वर्षा; सेना का अति वृष्टि; उद्यान का घेरा; निरन्तर बोलना; ऋण; धार।
**धारा**[2] स्त्री० कानून की दफा।
**धाराल** वि० *(सं०)* जिसमें धार हो, धारदार।
**धारावनि** स्त्री० *(सं०)* वायु।
**धारिणी** वि० *(सं०)* स्त्री० कर्जदार; धारण करनेवाली।
**धारित** वि० *(सं०)* धारण किया हुआ; सँभाला हुआ।
**धारी** स्त्री० कपड़े आदि पर की लकीर; *समूह।
**धारोष्ण** पु० *(सं०)* थन से निकला ताजा कुछ गर्म सा दूध।
**धार्मिक** वि० *(सं०)* क्षमा, दया आदि से युक्त, पुण्यात्मा; धर्म करनेवाला; धर्म-सम्बन्धी।
**धार्मिणेयी** स्त्री० *(सं०)* धर्मवती स्त्री की पुत्री।
**धावक** वि० *(सं०)* बहने वाला; दौड़ने वाला; तेज चलने वाला। पु० दूत; तेज चलने वाला दूत।
**धावन** पु० *(सं०)* दौड़ना; दूत; धोना; शुद्ध करना।
**धावना*** अ० क्रि० दौड़ना, तेजी से चलना।
**धावल्य** पु० *(सं०)* श्वेतता, सफेदी।
**धावा** पु० चढ़ाई, हमला, आक्रमण।
**मुहा० धावा मारना** दूर तक चढ़ाई करना।
**धावित** वि० *(सं०)* जाने वाला; दौड़ता हुआ; मार्जित।
**धाह*** स्त्री० चिल्लाकर रोना; †आग की गर्मी।
**धाही** *स्त्री० धाय; छाया; †आग की गर्मी।
**धिंग** स्त्री० ऊधम, उपद्रव।
**धिंगाई*** स्त्री० कुटिलता, खोटाई; ऊधम, उपद्रव।
**धिआ**† स्त्री० बेटी, पुत्री; बालिका।
**धिआन*** पु० ध्यान।
**धिकना*** अ० क्रि० तपकर लाल होना; गरम होना।
**धिकाना**† स० क्रि० तपाना, गरम करना।
**धिक्कारना** स० क्रि० अनुचित बात के लिए किसी के प्रति निन्दा और घृणासूचक शब्दों का प्रयोग करना; तिरस्कार।
**धिग*** अ० धिक्।
**धिय*, धिया** स्त्री० बालिका; पुत्री; बेटी।
**धिरकार**† पु० धिक्कार।
**धिरवना*** स० क्रि० धमकी देना, धमकाना।
**धिष्ण्य** पु० *(सं०)* स्थान; अग्नि; गृह।
**धींग, धींगरा** पु० गुण्डा; हृष्ट-पुष्ट मनुष्य। वि० दुष्ट।
**धींगड़ा** पु० हृष्ट-पुष्ट मनुष्य; गुण्डा।
**धींगा** वि० पाजी, दुष्ट, तगड़ा।
**धीआ** स्त्री० लड़की, बेटी।
**धीजना*** अ० क्रि० सन्तुष्ट होना; धैर्य धरना। स० क्रि० विश्वास करना, स्वीकार करना।
**धीति** स्त्री० प्यास; अनादर; आराधना।
**धीदा** स्त्री० कन्या, बेटी। वि० बुद्धिमानी।
**धीम*** वि० मन्द, धीमा।
**धीमर** पु० धीवर।
**धीमा** वि० मन्द चलने वाला, वेगरहित, मन्द।
**धीमान् (मत्)** वि० *(सं०)* प्रज्ञावान्, बुद्धिमान।
**धीय**† स्त्री० धीया।
**धीया** स्त्री० बेटी, लड़की।
**धीर** वि० *(सं०)* धैर्यवान; गम्भीर; दृढ़; मन्द; नम्र, विनीत; उत्साही। *चित्त की दृढ़ता; स्थिरचित्त।
**धीरक*** पु० धीरज, धैर्य।
**धीरज*** पु० धैर्य।
**धीरजमान** वि० धैर्यवान्।
**धीरता** स्त्री, **धीरत्व** पु० *(सं०)* गम्भीरता; धैर्य।
**धीरय*** पु० धैर्य, धीरज।
**धीरे** अ० मन्द गति से; चुपके; मन्द स्वर से।
**धीरोदात्त** पु० *(सं०)* क्षमाशील, धीर, विनम्र।
**धीर्य** *पु० *(सं०)* धैर्य। वि० कातर।
**धीवर** पु० *(सं०)* लोहा; मल्लाह, मछुआ।
**धीवरक** पु० *(सं०)* मल्लाह।
**धीवरी, धीवरिन** स्त्री० मल्लाहिन।

**धुँआँ** पु० धुआँ; बड़ा समूह, उमड़ती हुई वस्तु।
**मुहा० धुएँ के बादल उड़ाना** लम्बी-चौड़ी बातें करना।
**धुँआँना** क्रि० अधिक धुएँ में रहने के कारण स्वाद, गन्ध का बिगड़ना।
**धुँईं**† स्त्री० धूनी।
**धुँगार** स्त्री० बघार, छौंक।
**धुँगारना** स० क्रि० बघारना, छौंकना।
**धुंज*** वि० मन्द ज्योतिवाला; धुँधला, अस्पष्ट।
**धुन्द, धुन्ध** स्त्री० आकाश में बहुत अधिक गर्द छा जाने से होने वाला अँधेरा।
**धुन्धकार** पु० गर्जन, घोर शब्द; अन्धकार।
**धुँधराना, धुँधलाना*** अ० क्रि० धुँधला पड़ना।
**धुँधला** वि० अँधेरा, अस्पष्ट; धुएँ के रंग का।
**धुँधली** स्त्री० अँधेरा; नजर की कमजोरी।
**धुँधार*** वि० धूमिल; धुआँधार।
**धुँधुकार** पु० अँधेरा, धुँधलापन।
**धुन्धुरि*** स्त्री० धूल, धुएँ आदि के कारण छाया हुआ अन्धकार।
**धुँधुरी** स्त्री० आँख का एक रोग; धुँधलापन; धुन्ध।
**धुआँ** पु० *विनाश; सुलगती या जलती हुई लकड़ी से निकलनेवाला भाप जैसा हल्का काला पदार्थ।
**धुकड़ी** स्त्री० बटुआ, थैली।
**धुकधुकी** स्त्री० धड़कन; छाती और पेट के बीच का कुछ गहरा स्थान जहाँ धड़कन होती रहती है।
**धुकार*** स्त्री० नगाड़े की आवाज; गड़गड़ाहट।
**धुकारी*** स्त्री० धुकार।
**धुजा*** स्त्री० ध्वजा।
**धुजिनी** स्त्री० सेना।
**धुतकारना** स० क्रि० दुतकारना।
**धुताई*** स्त्री० धूर्तता।
**धुत्त**† वि० बुत, निश्चेष्ट।
**धुन** स्त्री० विचार, चिन्तन; किसी कार्य में बराबर लगे रहने की प्रवृत्ति, लगन; एक राग।
**मुहा० धुन का पक्का** आरम्भ किये हुए काम को पूरा करके छोड़नेवाला।
**धुनकना** क्रि० धुनन।
**धुनकी** स्त्री० धुनने का साधन।
**धुनियाँ, धुनिया**† स्त्री० धुनकी। पु० रुई धुनने का काम करनेवाला।
**धुपना*** स० क्रि० धुलना।
**धुपाना**† स० क्रि० धूप के धुएँ से सुवासित करना; सूखने के लिए धूप में रखना, धूप दिखाना।
**धुमिलाना*** स० क्रि० धूमिल बनाना।
**धुमिला** वि० धूमिल, धुएँ के रंग का; धुँधला।
**धुरन्धर** वि० *(सं०)* अग्रगण्य; श्रेष्ठ; प्रधान; जोते जाने योग्य; उत्तम गुणों से युक्त। पु० बैल, नेता।
**धुरड्डी**† स्त्री० धुरेण्डी।
**धुरना*** स० क्रि० भूसा बनाने के लिए पयाल को फिर से दाँना; बजाना; पीटना।
**धुरवा*** पु० बादल।
**धुर, धुरा** पु० *(सं०)* भार, बोझ, लकड़ी या लोहे का वह डण्डा जिसके सहारे पहिया घूमा करता है; अक्ष, धूरा।
**धुरियाना**† स० क्रि० धूल से लथ-पथ होना।
**धुरी** स्त्री० छोटा धुरा।
**धुरीण** पु० *(सं०)* अग्रणी, प्रधान पुरुष। वि० श्रेष्ठ, अग्रगण्य, प्रमुख; धुरा धारण करने वाला।
**धुरीन*** वि०, पु० धुरीण।
**धुरीय** वि०, पु० *(सं०)* धुरीण।
**धुरेण्डी, धुलेण्डी**† स्त्री० होलिका जलने के बाद होने वाले वसन्तोत्सव का एक अंग, धूलिवन्दन।
**धुरेटना*** स० क्रि० धूल लगाना; धूल से ढकना।
**धुर्य** पु० *(सं०)* बैल; विष्णु। वि० धुरीण।
**धुर्रा** पु० धूल कण; किसी वस्तु का चूर्ण। वि० धुर गँवार।
**धुव*** वि०, पु० ध्रुव।
**धुवन** वि० *(सं०)* कम्पित करने वाला। पु० आग।
**धुवाँ** पु० धुआँ।
**धुवाँकश** पु० धुआँकश।
**धुवाना** स० क्रि० धुलाना।
**धुस्तूर** पु० *(सं०)* धतूरा।
**धुस्सा** पु० ऊन का भारी कम्बल।
**धू*** पु० ध्रुव; ध्रुवतारा। वि० स्थिर।
**धूजना** अ० क्रि० काँपना, हिलना।
**धूत** वि० कम्पित; धूर्त।
**धूतना*** स० क्रि० छलना, धूर्तता करना, दगा करना।

**धूता** स्त्री० *(सं०)* पत्नी।

**धूतू** पु० तुरही बाजा।

**धूधू** पु० आग के जोर से जलने का शब्द।

**धूनक** पु० *(सं०)* राल; कम्पित करने वाला।

**धूनन** पु० *(सं०)* कम्पन; क्षोभ; हवा।

**धूना** पु० एक पेड़ या उसका गोंद जो धूनी देने तथा वारनिश तैयार करने के काम आता है।

**धूनि** स्त्री० *(सं०)* कँपाने, हिलाने की क्रिया।

**धूनी** स्त्री० देव पूजन में सुगन्धित द्रव्य जलाना; साधुओं के तापने की आग।

**धूप**[1] पु० *(सं०)* गुग्गुल आदि गन्धद्रव्य।

**धूप**[2] स्त्री० सूर्य का तीखा प्रकाश, सूर्य की गर्मी। **मुहा० धूप खाना** धूप में सूखना अथवा सुखाया जाना; धूप लगने के लिए बाहर बैठना आदि।

**धूपक, धूपिक** पु० *(सं०)* धूप बेचने वाला; गन्धी।

**धूपना** स० क्रि० धूप से बासना; धूप देना।

**धूपित** वि० *(सं०)* तप्त; धूप में तपाया हुआ; धूप दिया हुआ।

**धूम**[1] स्त्री० चर्चा; बड़े काम या उत्सव का शोर; उपद्रव, प्रसिद्धि, शोहरत।

**धूम**[2] पु० *(सं०)* बादल; धुआँ; कुहरा।

**धूमकेतु** पु० *(सं०)* पुच्छलतारा।

**धूमधाम** पु० समारोह, ठाटबाट।

**धूमर, धूमरा***, **धूमला** वि० धूमल।

**धूमसी** स्त्री० *(सं०)* उड़द का आटा; उड़द का बड़ा।

**धूमावरण** पु० *(स्मोकस्क्रीन)* सेना तथा टैंक की गतिविधि आदि छिपाने के लिए फैलाये गये धुएँ के बादल, तोपें।

**धूमिका** स्त्री० *(सं०)* कुहरा।

**धूमिता** स्त्री० *(सं०)* वह दिशा जिधर सूर्य पहले मुड़ता है।

**धूमिल** वि० *(सं०)* धूमल।

**धूमोत्थ** पु० *(सं०)* नौसादर। वि० धुएँ से उत्पन्न।

**धूम्र** पु० *(सं०)* लोबान; दुष्टता; पाप। वि० ललाई लिये काले रंग का; ललाई लिये काला रंग; धुँधला।

**धूम्रकान्त** पु० एक रत्न।

**धूम्रकेश** वि० जिसके बाल धुएँ के रंग के हों। पु० राजा पृथु का एक पुत्र।

**धूम्रशूक** पु० ऊँट।

**धूम्राक्ष** वि० *(सं०)* जिसके नेत्र धूमवर्ण के हों।

**धूर*** अ० धुर। स्त्री० धूल।

**धूरा** पु० धूल; चूरा; चूर्ण।

**धूरे*** अ० निकट, पास।

**धूर्त** पु० *(सं०)* जुआरी; धतूरा; क्षति पहुँचाना। वि० लम्पट; वंचक, छल करने वाला, दगाबाज, मायावी।

**धूर्तता** स्त्री० *(सं०)* छल, दगाबाजी, धूर्त का गुण।

**धूर्धर** वि०, पु० *(सं०)* धुरन्धर।

**धूल** स्त्री० *(ला०)* अति तुच्छ वस्तु। रज, मिट्टी आदि का चूर।
**मुहा० धूल उड़ना** सुनसान होना। **धूल उड़ाते फिरना** मारा-मारा फिरना। **धूल की रस्सी बटना** असम्भव काम के लिए प्रयास करना। **धूल चाटना** परास्त हो जाना। **धूल झाड़ना** पराजय की लज्जा छोड़ना। **धूल फाँकना** इधर-उधर गिरते फिरना। **धूल में मिलाना** मटियामेट करना।

**धूलक** पु० *(सं०)* जहर, विष।

**धूलि, धूली** स्त्री० *(सं०)* रज, गर्द, धूल।

**धूसर** पु० *(सं०)* भूरा रंग। वि० धूल में सना हुआ; भूरे रंग का, मटमैला।

**धूसरित** वि० *(सं०)* धूल में लिपटा हुआ; भूरे रंग का।

**धूस्तुर, धूस्तूर** पु० *(सं०)* धतूरा।

**धृक, धृग*** अ० धिक्।

**धृत** पु० *(सं०)* स्थिति; ग्रहण; धारण। वि० पतित; ग्रहण किया हुआ; रखा हुआ; तैयार किया हुआ।

**धृति** स्त्री० *(सं०)* धारण करना; पकड़ना; ठहराव; ग्रहण करना; धैर्य; प्रीति; तुष्टि।

**धृषित** वि० *(सं०)* बहादुर, वीर, निर्भीक।

**धृष्ट** पु० *(सं०)* अपराध करके निःशंक बना रहने वाला नायक। वि० निर्दय; लज्जा रहित; उद्दण्ड।

**धृष्टता** स्त्री० *(सं०)* निर्दयता, उद्दण्डता; निर्लज्जता।

**धेनिका** स्त्री० *(सं०)* धनिया।

**धेनु** स्त्री० *(सं०)* पृथ्वी; हाल की ब्यायी हुई गाय, सद्यःप्रसूता गौ; दूध देने वाली गाय।

**धेली** स्त्री० अठन्नी, आधा रुपया।

**धेय** वि० *(सं०)* धारण करने योग्य। पु० ग्रहण; पोषण।

**धेयना*** स० क्रि० ध्यान करना।

**धेलचा†** पु० अधेला।

**धेला†** पु० अधेला, आधा पैसा।

**धैना*** स्त्री० धन्धा; आदत, टेब।

**धैर्य** पु० *(सं०)* साहस; धीरता, धीर होने का भाव।

**धोंकना*** अ० क्रि० काँपना

**धोंधा** पु० बेडौल शरीर; मिट्टी का लोंदा।

**धोई** * पु० राजगीर। स्त्री० उड़द या मूँग की दाल जिसका छिलका धोकर अलग कर दिया गया हो।

**धोकड़ा†** वि० मोटा-ताजा।

**धोख*** पु० धोखा।

**धोखा** पु० मिथ्या प्रतीति; दगा; भ्रम में डालने वाली वस्तु; चिड़ियों को डराने के लिए खेतों में खड़ा किया जाने वाला मनुष्य के आकार का पुतला। **मुहा० धोखा खाना** नुकसान उठाना। **धोखा देना** विश्वासघात करना। **धोखे की टट्टी** झूठ-मूठ में फँसा रखने वाली चीज, मायाजाल।

**धोटा** पु० बेट, ढोटा।

**धोतरा*** पु० धतूरा।

**धोती** स्त्री० धोबती, कमर में बाँधने का अधोवस्त्र। **मुहा० धोती ढीली होना** हिम्मत छूटना; भयभीत होना।

**धोप*** स्त्री० तलवार।

**धोब** पु० धुलाई, धोने की क्रिया।

**धोबन†** स्त्री० धोबिन।

**धोबी** पु० रजक, कपड़ा धोने का पेशा करने वाला। **मुहा० धोबी का कुत्ता** उठल्लू आदमी। **धोबी का छैला** दूसरे की वस्तु पर घमण्ड करने वाला।

**धोम*** पु० धुआँ, धूम।

**धोर** पु० नैकट्य; किनारा।

**धोरे** क्रि० वि० पास में।

**धोरण** पु० *(सं०)* तीव्रगमन; सवारी, यान, वाहन।

**धोरित** पु० *(सं०)* क्षति पहुँचाना; गमन।

**धोरे*** अ० किनारे, निकट, समीप।

**धोवत*** पु० धोबी।

**धोवना** क्रि० धोने की क्रिया।

**धोवा*** पु० धोवन; जल।

**धौं*** अव्य० भला, तो; एक शब्द जो संशय, विकल्प, आदेश आदि में प्रयुक्त होता है, न मालूम, पता नहीं, कुछ ठीक नहीं, क्या मालूम अथवा।

**धौंक** स्त्री० धौंकने की क्रिया; गरम हवा; आघात।

**धौंकनी** स्त्री० भाथी; सोनारों की आग दहकाने की लोहे या बाँस की नली।

**धौंका†** पु० लू, गरम हवा; तीव्र वायु।

**धौंकिया** पु० आग फूँकने वाला, भाथी चालक।

**धौंकी** स्त्री० धौंकनी।

**धौंटा†** घोड़े, बैल आदि की आँखें ढकने की पट्टी।

**धौंस** स्त्री० झाँसा-पट्टी; डाँट-डपट, धमकी।

**धौंसना** स० क्रि० दबाना; डाँटना-डपटना, घुड़कना।

**धौम्र** पु० *(सं०)* धूम्र वर्ण। वि० धुएँ के रंग का।

**धौर*** पु० सफेद कबूतर; एक पक्षी। वि० सफेद।

**धौरा** पु० सफेद बैल; एक पक्षी। वि० सफेद, श्वेत।

**धौरे*** अव्य० धोरे।

**धौल** पु० धवका पेड़। स्त्री० हानि। *वि० धवल।

**धौलहर, धौलहरा*** पु० धरहरा। वि० थप्पड़, तमाचा, थाप।

**धौला** पु० सफेद बैल; धव वृक्ष। वि० धवल।

**ध्मापन** पु० *(सं०)* जलाकर राख करना।

**ध्यात** वि० *(सं०)* ध्यान किया हुआ, सोचा हुआ।

**ध्यातव्य** वि० *(सं०)* ध्यान करने योग्य, ध्येय।

**ध्यान** पु० *(सं०)* किसी एक विषय पर मन को स्थिर करने की क्रिया; विषय-विशेष में चित्त की एकाग्रता, गौर।

**ध्यानना, ध्याना*** स० क्रि० बराबर स्मरण करना, विचार करना।

**ध्यानी (निन्)** वि० *(सं०)* जो बराबर परमात्मा का चिन्तन किया करता हो; ध्यान करने वाला।

**ध्येय** वि० *(सं०)* ध्यान करने योग्य; (वह विषय)। पु० ध्यान का विषय; उद्देश्य, लक्ष्य।

**ध्रुव** पु० *(सं०)* एक प्रसिद्ध ध्रुवतारा जो सदा उत्तर दिशा में एक स्थान पर स्थित रहता है। वि० अटल, पक्का; नित्य; निश्चित; स्थिर।

**ध्रुवदर्शक** पु० सप्तर्षि मण्डल।

**ध्रुवरेखा** स्त्री० विषवत् रेखा।

**ध्रुवक** पु० *(सं०)* टेक, स्थाणु, ठूँठ; गीत का वह आरम्भिक अंश जो बराबर दुहराया जाता है।

**ध्रुवीय** वि० *(सं०)* ध्रुव प्रदेश का; ध्रुव सम्बन्धी।

**ध्रुवीयज्योति** स्त्री० *(ऑरोरा)* रंगीन प्रकाश की चमक

का आलोक-प्रवाह जो मुख्यतः लाल और हरे वर्ण का होता है और उत्तरी तथा दक्षिणी प्रदेशों में दिखलायी देता है।

**ध्वंस** पु० *(सं०)* नाश; मकान या इमारत का ढहना।

**ध्वंसक** वि० *(सं०)* नाश करने वाला; ढाहने वाला।

**ध्वंसावशेष** पु० *(सं०)* खण्डहर।

**ध्वांसित** वि० *(सं०)* नष्ट किया हुआ; हटाया हुआ।

**ध्वज** पु० *(सं०)* प्लास आदि का लम्बा डण्डा; झण्डा।

**ध्वजांशुक** पु० *(सं०)* झण्डा, ध्वज पट।

**ध्वजा** स्त्री० पताका, झण्डा।

**ध्वजारोपण** पु० *(सं०)* झण्डा गाड़ना।

**ध्वजिक** पु० *(सं०)* पाखण्डी, दम्भी।

**ध्वजिनी** वि० स्त्री० *(सं०)* ध्वज वाली, जिस *(स्त्री)* के पास ध्वज हो। स्त्री० सेना।

**ध्वन** पु० *(सं०)* शब्द।

**ध्वनन** पु० *(सं०)*शब्द का वह व्यापार जिससे व्यंग्यार्थकी प्रतीति होती है, प्रत्ययन; व्यंजन, अस्पष्ट शब्द।

**ध्वनि** स्त्री० *(सं०)* शब्द, आवाज; गीत की लय; व्यंग्यार्थ; मृदंग आदि से उत्पन्न शब्द।

**ध्वनिपेक्षक यन्त्र** पु० *(माइक्रोफोन)*एक यन्त्र जिसकी सहायता से किसी स्थान पर किये गये भाषण आदि की ध्वनि-वैद्युत प्रक्रिया से चारों तरफ फैलायी जाती है।

**ध्वनिवर्द्धक, ध्वनिविस्तारक** पु० *(लाउडस्पीकर)*ध्वनि या आवाज की तीव्रता बढ़ाने वाला यन्त्र।

**ध्वनिग्राहक, ध्वन्यभिलेखक** पु० *(साउण्ड रिकार्डर)* ध्वनि का संग्रहण या अभिलेखन करने वाला साधन अथवा यन्त्र।

**ध्वस्त** वि० *(सं०)* गिरा हुआ; ढहा हुआ, नष्ट।

**ध्वस्ति** स्त्री० *(सं०)* नाश, ध्वंस।

**ध्वान्त** पु० *(सं०)* अँधेरा, अन्धकार।

**ध्वान्तोन्मेष** पु० *(सं०)* जुगनू, खद्योत।

**ध्वान** पु० *(सं०)* गुंजन; आवाज, नाद।

**ध्वानिकी** स्त्री० *(सं०)* ध्वनि विज्ञान।

## न

**न**–देवनागरी वर्णमाला में तवर्ग का पाँचवाँ वर्ण। उच्चारणस्थान दन्त और नासिका।

**नंग** पु० नंगधड़ंग, नंगापन। वि० नंगा।

**नंगपरा** वि० जूते रहित।

**नंगर** पु० लंगर।

**नंगा** वि० निर्वस्त्र; पाजी; निर्लज्ज, बेहया।

**नंगाझोरी, नंगाझोली** स्त्री० तलाशी लेना, टटोलकर वस्त्रों को देखना।

**नंगालुच्चा, नंगाबुच्चा** वि० अति दरिद्र, कंगाल।

**नंचना*** अ० क्रि० नाचना।

**नन्द** पु० *(सं०)* आनन्द; परमात्मा, परमेश्वर; सुख देने वाला, श्रेष्ठ। †स्त्री० ननद, पति की बहन।

**नन्दथु** पु० *(सं०)* प्रसन्नता, आनन्द।

**नन्दन** पु० *(सं०)* आनन्द; मेघ; मेढक; इन्द्र का उद्यान। वि० प्रसन्नता प्रदान करने वाला आनन्द देनेवाला।

**नन्दा** स्त्री० *(सं०)* आनन्द, प्रसन्नता; गौरी, ननद।

**नन्दि** पु० *(सं०)* नन्दिकेश्वर (शिव का वाहन); परमानन्द- स्वरूप; द्यूत। स्त्री० आनन्द।

**नन्दित** वि० *(सं०)* *बजता हुआ; आनन्दयुक्त, प्रसन्न।

**नन्दिन*** स्त्री० पुत्री।

**नन्दिनी** स्त्री० *(सं०)* कामधेनु की पुत्री।

**नन्दी(दिन्)** पु० *(सं०)* पुत्र; शिव का विशेष गण।

**नन्दीश, नन्दीश्वर** पु० *(सं०)* शिव।

**नन्देऊ*, नन्दोई, नन्दोसी** पु० ननद का पति।

**नम्बरदार** पु० भूमिकर लेकर सरकार को जमा करने वाला व्यक्ति।

**नम्बरी** वि० जिसपर नम्बर लिखा हो, छटा हुआ।

**नम्बरीगज** पु० तीन फुट का गज।

**नम्बरीशेर** पु० अस्सी तोले का भार।

**नंस*** वि० नष्ट।

**न** अ० *(सं०)* कि नहीं, या नहीं; निषेध।

**नइहर**† पु० मायका, स्त्रियों का पितृगृह।

**नयी** *वि० नीतिवान्; नीतिज्ञ; नीतिपालक।

**नउ*** वि० नौ; नया।

**नउआ*** पु० नाऊ, नापित।

**नउका*** स्त्री० नौका।

**नउत*** वि० नत, झुका हुआ।

**नउलि*** वि० ताजा, नया।

**नओड़** वि० नवोढ़ा।

**नककटा** वि० कटीनाक वाला, निर्लज्ज।

**नकना*** नाँघा जाना; नाक में दम करना।

**नक़ब** स्त्री० *(अ०)* सेंध।

**नक़बज़न** पु० सेंध मारने वाला।

**नक़बज़नी** स्त्री० सेंध लगाना।

**नक़ल** स्त्री० *(अ०)* स्वाँग, लेख आदि की प्रतिलिपि।

**नक़ली** वि० खोटा, जाली; झूठा; असली का उलटा।

**नकशा, नकसः** पु० नक्शा, मानचित्र।

**नकसीर** स्त्री० स्वस्थ नाक से रक्त बह निकले।

**नक़ाब** स्त्री, पु० *(अ०)* घूँघट; मुँह ढँकने का रंगीन या जालीदार कपड़ा।

**नकार** पु० *(सं०)* 'न' अक्षर; अस्वीकृति; निषेध या अस्वीकृति-सूचक शब्द।

**नकारना** अ० क्रि० अस्वीकृत करना, इनकार करना।

**नकारा**† वि० निकम्मा। पु० नगाड़ी।

**नकारात्मक** वि० ऐसा कथन जिसमें किसी बात से इनकार किया गया हो या किसी बात के अस्वीकृति का बोध होता हो।

**नकास**† पु० नक्क़ाश।

**नकिंचन** वि० *(सं०)* अकिंचन।

**नकियाना** क्रि० नाक से बोलना।

**नकुआ** पु० नचना।

**नकुच** पु० *(सं०)* मदार का पेड़।

**नकुट, नकुटी** पु० *(सं०)* नाक।

**नकुरा**† पु० नाक।

**नकुड़ा** पु० नाक, नथना।

**नकुल** पु० नेवला।

**नकुला** स्त्री० *(सं०)* पार्वती।

**नकुली** स्त्री० नेवली, मादा नेवला।

**नकेल** स्त्री० ऊँट की नाक में पड़ी लकड़ी जिसमें रस्सी बाँधते हैं।

**नक्का** पु० सुई का छेद; कौड़ी; ताश का एक्का।

**नक्क़ाशी** स्त्री० *(अ०)* चित्रकारी; रंगसाजी; बेल-बूटे खोदने, चित्र बनाने आदि का काम।

**नक्कू** वि० दोषी ठहराया गया व्यक्ति, बदनाम।

**नक्तंचर** वि० *(सं०)* रात को घूमने वाला।

**नक्तक** पु० *(सं०)* गन्दा कपड़ा; फटा-पुराना कपड़ा।

**नक्तमाश** पु० रात में किया जाने वाला भोजन।

**नक्द** वि० *(अ०)* प्रस्तुत; अच्छा। अ० तुरन्त रुपए देकर। पु० वह रकम जो फौरन अदा की जाये।

**नक्दी** स्त्री० *(अ०)* रोकड़।

**नक्दीचिट्ठा** पु० रोकड़ बही।

**नक्र** पु० *(सं०)* नासिका; नाक; घड़ियाल, मगर।

**नक्रा** स्त्री० *(सं०)* नाक; मधुमक्खियों, भिड़ों आदि का झुण्ड।

**नक्रासु** पु० *(क्रोकोडायल टीयस)* दिखावटी दुःख ; मिथ्या विलाप; झूठे आंसू।

**नक्शा** पु० *(अ०)* रूपरंग, शक्ल; आकृति।

**नक्षत्रवृष्टि** स्त्री० उल्कापात।

**नक्षत्री** वि० अच्छे नक्षत्रों में जन्म।

**नख** पु० *(सं०)* खण्ड, टुकड़ा; नाखून; 20 की संख्या।

**नखत*, नखत्र** पु० नक्षत्र।

**नखतराज, नखतराय** पु० चन्द्रमा।

**नखतेस*** पु० चन्द्रमा।

**नखना** क्रि० नष्ट करना।

**नखबान*** पु० नाखून।

**नख़रा** पु० *(फा०)* बनना; हाव-भाव; नाज-अदा।

**नखरायुध** पु० नखायुध।

**नखराह्व** पु० *(सं०)* करवीर, कनेर।

**नखरौट*** स्त्री० नखक्षत।

**नखशिख** पु० नाखूनों से शिखा तक के अंग।

**नखा** पु० *(सं०)* नशा। स्त्री० नासिका, नाक।

**नखायुध** पु० *(सं०)* सिंह; मुर्गा; बाघ।

**नखालि** पु० *(सं०)* छोटा शंख।

**नख़ास** पु० *(अ०)* घोड़ा क्रय-विक्रय बाजार; पशुओं का बाजार।

**नखियाना*** स० क्रि० नाखून से खरोंचना।

**नखेद*** पु० निषेध।

**नखोटना*** स० क्रि० नाखून से खरोंचना या नोचना।

**नग** पु० *(सं०)* पर्वत, पहाड़; पेड़। वि० स्थिर, अचल।

**नगण्य** वि० *(सं०)* जो गणना में न आ सके, तुच्छ।

**नगद** पु० नागदमनी। वि०, पु० नकद।

**नगदी** स्त्री० नकदी।

**नगन*** वि० नग्न, निरावरण।

**नगपति** पु० हिमालय; शिव; मेरु पर्वत।

**नगफंग**† वि० नटखट, उपद्रवी, ऊधमी।

**नग़मा** पु० *(अ०)* सुरीली आवाज; गान; गीत, राग।

**नगर** पु० शहर।

**नगरहा** पु० नगरवासी।

**नगराई*** स्त्री० नागरिकता; चतुरता, चालाकी।

**नगराधिप** पु० *(सं०)* नगरपालक।

**नगरीय** वि० *(सं०)* नगर-सम्बन्धी, नागरिक।

**नगरोपान्त** पु० *(सं०)* उपनगर।

**नगारि** पु० *(सं०)* इन्द्र।

**नगाश्रय** वि० *(सं०)* पर्वत पर रहनेवाला।

**नगिचाना*** अ० क्रि० पास आना।

**नगी** स्त्री० पार्वती; पहाड़ी स्त्री; छोटा रत्न; रत्न।

**नगीच*** अ० नजदीक।

**नगेन्द्र** पु० *(सं०)* हिमालय; सुमेरु।

**नगोच्छ्राय** पु० *(सं०)* पहाड़ की ऊँचाई।

**नग्न** वि० विवस्त्र, नंगा।

**नग्नता** स्त्री० नंगापन।

**नग्ना** वि० नंगी औरत।

**नग़्मा** पु० *(अ०)* सुरीला गान, नग़मा, गीत।

**नघना** स० क्रि० लाघना; पार करना।

**नचनिया*** पु० नाचने का पेशा करने वाला।

**नचाना** स० क्रि० गोलाई में घुमाना; परेशान करना; किसी से तरह-तरह के काम कराना; नृत्य करना।

**नचीला*** वि० नाचता हुआ, चंचल।

**नचौंहा*** वि० जो इधर-से-उधर घूमा करे, चंचल।

**नछत्र*** पु० नक्षत्र।

**नज़दीक** अ० *(फ़ा०)* पास, समीप।

**नज़म** स्त्री० *(अ०)* नज़्म।

**नज़र** स्त्री० *(अ०)* निगाह; टोना; उपहार, भेंट; दया। **मुहा० नज़र अन्दाज करना** उपेक्षा करना, नापसन्द करना। **नज़र आना** दिखायी देना। **नज़र पर चढ़ना** कोपभाजन होना, पसन्द आना। **नज़र बदलना** रुष्ट होना। **नज़र लगना** कुदृष्टि का प्रभाव होना।

**नज़राना** अ० क्रि० नजर लग जाना। स० क्रि० नजर लगाना। पु० भेंट में दी जानेवाली वस्तु या द्रव्य।

**नज़ला** पु० *(अ०)* प्रतिश्याय, जुकाम, सरदी।

**नजात** स्त्री० *(अ०)* मुक्ति, छुटकारा।

**नज़ामत** स्त्री० नाजिम का कार्यालय; प्रबन्ध, इन्तजाम।

**नज़ारा, नज़्ज़ारा** पु० *(अ०)* देखना; नजर; दृश्य।

**नजिकाना*** अ० क्रि० नजदीक या पास पहुँचना।

**नजीक*** अ० समीप, पास।

**नजूम** पु० *(अ०)* ज्योतिष।

**नजूमी** पु० ज्योतिषी।

**नजूल** पु० *(अ०)* सरकारी जमीन।

**नटक** पु० *(सं०)* अभिनेता।

**नटखट** वि० पाजी, उपद्रवी, चंचल, शरीर।

**नटखटी** स्त्री० शरारती।

**नटन** पु० *(सं०)* अभिनय करना; नाचना।

**नटना*** स० क्रि० नष्ट करना, बिगाड़ना। अ० क्रि० नाचना; नष्ट होना; मुकरना; अभिनय करना।

**नटनि** स्त्री० नाच, नृत्य; अस्वीकार।

**नटसार** स्त्री० नाट्यशाला।

**नटान्तिका** स्त्री० *(सं०)* लज्जा; नम्रता।

**नटित** पु० *(सं०)* अभिनय।

**नटिन, नटी** स्त्री० *(सं०)* वेश्या; नट जाति की स्त्री।

**नटैया*** स्त्री० गला, गरदन।

**नठना*** अ० क्रि० नष्ट होना।

**नडह** वि० *(सं०)* सुन्दर, कान्त, ललित।

**नढ़ना*** स० क्रि० कसना; गूँथना, पिरोना।

**नत** वि० *(सं०)* विनीत, टेढ़ा, कुटिल; झुका हुआ।

**नतइत**† पु० नतैत।

**नतकुर**† पु० नाती, दौहित्र, लड़की का लड़का।

**नतर, नतरु*** अ० अन्यथा, नहीं तो।

**नतांग** स्त्री० *(सं०)* जिसका बदन झुका हो।

**नति** स्त्री० *(सं०)* नमस्कार; विनय; टेढ़ापन; झुकना।

**नतिनी**† स्त्री० बेटी की बेटी।

**नतीजा** पु० *(फ़ा०)* फल, परिणाम, परीक्षाफल।

**नतु*** अ० नहीं तो, अन्यथा।

**नतैनी*** स्त्री० रिश्ता, नाता, सम्बन्ध।

**नतोहू** स्त्री० पौत्रवधू, प्रस्नुषा, नाती की स्त्री।

**नत्यूह** पु० *(सं०)* कठफोड़वा पक्षी।

**नथ** स्त्री० *(सं०)* नाक में पहनने का एक गोलाकार आभूषण।
**मुहा० नथ उतरना** वेश्या बनने वाली लड़की का प्रथम सम्भोग सम्बन्ध होना। **नथ उतारना** वेश्या बनने वाली लड़की से प्रथम सम्भोग करना।

**नथिया**† स्त्री० नथ।

**नथुना**† पु० नाक के अग्र भाग के दोनों छेद, नथना।

**मुहा० नथुना फुलाना** रोष जाहिर करना।
**नद** पु० नाला; बड़ी नदी।
**नदना*** अ० क्रि० पशुओं का बोलना, रँभाना; बजना।
**नदर** वि० निडर।
**नदराज** पु० समुद्र।
**नदान*** वि० अबोध, नादान, बेसमझ।
**नदारद** वि० *(फ़ा०)* गायब, लुप्त; गैर मौजूद; खाली।
**नदाल** वि० *(सं०)* भाग्यवान्।
**नदि** स्त्री० स्तुति।
**नदी** स्त्री० धारा।
**नदीश** पु० *(सं०)* वरुण; समुद्र।
**नद्ध** पु० *(सं०)* गाँठ; बन्धन। वि० ढका हुआ।
**नद्धि** स्त्री० *(सं०)* बाँधने की क्रिया।
**नद्युत्सृष्ट** पु० *(सं०)* दरियाबरार, नदी द्वारा छोड़ी हुई भूमि, गंगबरार।
**ननकारना*** अ० क्रि० अस्वीकार करना।
**ननद, ननदी**† स्त्री० पति की बहन।
**ननदोई** पु० पति का बहनोई, ननद का पति।
**ननिहाल** पु० नाना का घर।
**नन्हा** वि० छोटा।
**नन्हाई*** स्त्री० छोटापन।
**नन्हैया*** वि० नन्हा।
**नपराजित्** पु० *(सं०)* शिव।
**नपुंस** पु० *(सं०)* क्लीव, हिजड़ा।
**नपुंसक** पु० *(सं०)* हिजड़ा; नामर्द। वि० कायर।
**नप्ता(प्तृ)** पु० *(सं०)* नाती; पोता।
**नप्ती** स्त्री० पोती, नातिन।
**नफ़र** पु० *(अ०)* व्यक्ति; नौकर, सेवक; मजदूर।
**नफ़रत** स्त्री० *(अ०)* घृणा, किसी चीज से भागना।
**नफ़स** पु० *(अ०)* साँस, दम।
**नफ़ा** पु० *(अ०)* हासिल, लाभ, फायदा।
**नफ़ासत** स्त्री० नफीस—उम्दा होने का भाव, कोमलता, निर्मलता, बढ़ियापन, सुन्दरता।
**नफ़ीरी** स्त्री० *(फ़ा०)* शहनाई।
**नफ़ीस** वि० *(अ०)* बढ़िया, सुन्दर, उम्दा।
**नफ़्स** पु० *(अ०)* प्राण; आत्मा; सत्यता; कामना।
**नबी*** वि० नवीन, नया।
**नबी** पु० *(अ०)* ईश्वर का दूत, पैगम्बर।
**नबेड़ना, नबेरना** स० क्रि० निबटाना; छुड़ाना।
**नब्ज़** स्त्री० *(अ०)* हाथ की वह रग जिस पर उँगली रखकर वैद्य रोगी की हालत समझते हैं; नाड़ी।
**नब्बे** वि० *(हि०)* अस्सी और दस की संख्या। पु० यह संख्या 90 है।
**नभ** आसमान, आकाश।
**नभ(स्)** पु० *(सं०)* वर्षा; आश्रय; आकाश; मेघ।
**नभग** वि० *(सं०)* नभ, आसमान; भाग्यहीन।
**नभगेश** पु० *(सं०)* गरुड़।
**नभचर** वि० आकाश में विचरने वाला। पु० पक्षी; बादल वायु।
**नभधुज*, नभध्वज** पु० बादल।
**नभनीरप** पु० चातक।
**नभाक** पु० *(सं०)* अन्धकार।
**नर्भत** वि० निडर।
**नभ्य** पु० *(सं०)* धुरा; धुरे में लगाया जाने वाला तेल। वि० पहिये की नाभि के लिए आवश्यक।
**नभ्राट् (ज्)** पु० *(सं०)* काला बादल।
**नमः(मस्)** पु० *(सं०)* नमन; त्याग; भेंट।
**नम** वि० *(फ़ा०)* आर्द्र, तर, गीला।
**नमक** पु० *(फ़ा०)* सुन्दरता; क्षारीय स्वाद के लिए भोज्य वस्तुओं में छोड़ा जाने वाला एक पदार्थ। **मुहा० नमक अदा करना** स्वामी की यथोचित सेवा करना। **(किसी का) नमक खाना** किसी की सेवा करके जीविका चलाना। **(कटे पर) नमक छिड़कना** दुःखी को और दुःख देना। **नमक मिर्च मिलाना** किसी बात को आकर्षक या प्रभावोत्पादक बनाने के लिए उसमें अपनी ओर से कुछ और जोड़ देना।
**नमकीन** पु० *(फ़ा०)* नमक डालकर तैयार किया गया व्यंजन या पकवान। वि० जिसमें नमक छोड़ा गया हो; लावण्ययुक्त, सलोना, सुन्दर।
**नमत** पु० *(सं०)* अभिनेता; धुआँ; स्वामी; बादल; ऊनी वस्तु। वि० नत, झुका हुआ।
**नमन** वि० *(सं०)* दूसरे को झुकाने वाला। पु० प्रणाम; नमस्कार करना; झुकने की क्रिया।
**नमना*** अ० क्रि० प्रणाम करना; नत होना।
**नमनि*** स्त्री नमन।
**नमस** वि० *(सं०)* अनुकूल, प्रसन्न।

**नमसकारना*** स० क्रि० नमस्कार करना।

**नमस्कार** पु० प्रणाम।

**नमस्ते** *(सं०)* आपको नमस्कार है।

**नमस्या** स्त्री० *(सं०)* अर्चना, पूजा।

**नमाज़** स्त्री० *(फ़ा०)* मुसलमानों की उपासना पद्धति।

**नमाज़ी** वि० *(फ़ा०)* नमाज पढ़ने वाला।

**नमाना*** स० क्रि० वश में करना; झुकाना।

**नमित** वि० *(सं०)* झुका हुआ; झुकाया हुआ।

**नमी** स्त्री० *(फ़ा०)* सीलन, तरी।

**नमूदार** वि० *(फ़ा०)* आविर्भाव, प्रकट, जाहिर।

**नमोगुरु** पु० *(सं०)* आध्यात्मिक गुरु; ब्राह्मण।

**नम्य** वि० *(सं०)* नमस्य।

**नम्र** वि० *(सं०)* वक्र; विनीत; झुका हुआ, नत।

**नयकारी*** पु० नर्तकों का मुखिया।

**नयन** पु० *(सं०)* दृष्टि; आँख, चक्षु।

**नयना** स्त्री० *(सं०)* आँख की पुतली। *पु० आँख, दृष्टि। *अ० क्रि० झुकना, नम्र होना।

**नयनी** स्त्री० *(सं०)* आँख की पुतली।

**नयनू** पु० नवनीत, मक्खन; बूटीदार मलमल।

**नयनोपान्त** पु० *(सं०)* अपांग, आँख की कोर।

**नया** वि० कम उम्र का; नवीन, ताजा।

**नरंग** पु० *(सं०)* पुरुषेन्द्रिय; मुहाँसा।

**नरन्धि** पु० *(सं०)* संसार; भौतिक जीवन।

**नर** वि० *(सं०)* पुरुष जाति का (मर्द)। पु० पुरुष, मर्द; मनुष्य; घोड़ा; शतरंज का मोहरा; सेवक।

**नरतक*** पु० नाचनेवाला, नर्तक।

**नरता** स्त्री० मानवता।

**नरदवाँ, नरदा**ं पु० नाबदान।

**नरदेव** पु० राजा, ब्राह्मण।

**नरद्विस** पु० राक्षस।

**नरनाथ** पु० राजा।

**नरपति** पु० राजा।

**नरपद** पु० देश।

**नरपाल** पु० राजा।

**नरबदा, नरमदा** स्त्री० नर्मदा।

**नरम** वि० मुलायम, नर्म।

**नरमट** स्त्री० मुलायम मिट्टी वाली जमीन।

**नरमा** स्त्री० मुलायम कपड़ा; सेमर की रुई।

**नरमाई*** स्त्री० मुलायमियत, नर्मी, कोमलता।

**नरमी** स्त्री० नर्मी।

**नरर्षभ** पु० *(सं०)* राजा।

**नरांग** पु० *(सं०)* पुरुषेन्द्रिय, मुँहासा।

**नराच** पु० बाण, तीर।

**नराट*** पु० राजा।

**नराधम** पु० *(सं०)* नीच मनुष्य।

**नराधिप, ~ नराधिपति** पु० *(सं०)* राजा।

**नरिन्द*** पु० राजा, नरेन्द्र।

**नरियाना**ं अ० क्रि० चिल्लाना।

**नरेश, ~ नरेश्वर** पु० *(सं०)* राजा।

**नरेस*** पु० नरेश, राजा।

**नरोत्तम** पु० मनुष्यों में श्रेष्ठ।

**नर्त** पु० नाच, नर्तन। वि० *(सं०)* नाचनेवाला।

**नर्तक** पु० *(सं०)* अभिनेता; चारण, भाट।

**नर्तकी** स्त्री० *(सं०)* अभिनेत्री; नाचने या नृत्य करने का पेशा करने वाली स्त्री।

**नर्तन** पु० नृत्य, नाच।

**नर्तना*** अ० क्रि० नाचना, नृत्य करना।

**नर्तु** पु० *(सं०)* तलवार की धार पर नाचने वाला।

**नर्दित** वि० *(सं०)* गरजा हुआ।

**नर्बदा** स्त्री० नर्मदा, एक नदी।

**नर्म(न्)** पु० *(सं०)* विनोद, परिहास, हँसी।

**नर्म** वि० *(फ़ा०)* मुलायम, कोमल, विनम्र।

**नर्स** स्त्री० *(अं०)* परिचारिका, धाय।

**नर्सिंग होम** पु० *(अं०)* रोगियों के इलाज व उपचार का केन्द्र।

**नल** पु० पद्म, कमल; नरकट।

**नलकिनी** स्त्री० *(सं०)* पैर; जंघा।

**नलनी*** स्त्री० नलिनी।

**नला** पु० हाथ या पैर की लम्बी हड्डी।

**नलिनी** स्त्री० *(सं०)* कमलों का समूह; कमलिनी।

**नली** स्त्री० नलिका, चोंगा; नल के आकार की हड्डी; बन्दूक की नली; पिण्डली।

**नलुआ** पु० छोटा नल, नली; बाँस का पोर।

**नव(न्)** पु० *(सं०)* नौ की संख्या, 9। वि० नौ।

**नव** पु० *(सं०)* स्तुति; रक्त पुनर्नवा। वि० नया।

**नवका*** स्त्री० नौका।

**नवछावरि** स्त्री० न्योछावर।

**नवत** वि० नया।

**नवतन*** वि० नया, नूतन।
**नवता** पु० ढालू भूमि।
**नवति** स्त्री० *(सं०)* नब्बे की संख्या, 90। वि० अस्सी और दस।
**नवदल** पु० नया पत्ता।
**नवद्वीप** पु० बंगाल का नदिया नामक नगर।
**नवधा** अ० *(सं०)* नौ प्रकार से; नौ भागों में।
**नवन** पु० *(सं०)* *प्रशंसा करना; झुकना; नमन।
**नवना*** अ० क्रि० नम्र होना; झुकना।
**नवनि*** स्त्री० विनयभाव; झुकना; नमन; नम्रता।
**नवमी** स्त्री० *(सं०)* पक्ष की नवीं तिथि।
**नवरात्र** पु० अश्विन शुक्ल प्रतिपदा से नवमी तक का नौ .दन।
**नवल** वि० शुभ्र, विमल; नवीन; सुन्दर; युवा।
**नववधू** स्त्री० नवविवाहिता।
**नववर, ~ नववरि** स्त्री० निछावर।
**नववर्ष** पु० नया साल; नयी वर्षा।
**नवाँ** वि० नवम, आठ के ठीक बाद का।
**नवांग** पु० *(सं०)* आँवला, चाब, सोंठ, पीपल, मिर्च, हड़, बहेड़ा, चीता और बायबिडंग—ये नौ पदार्थ।
**नवा**ं वि० नया।
**नवाई*** वि० नया। स्त्री० नम्रता।
**नवाज़** वि० *(फ़ा०)* कृपा करने वाला, दयालु।
**नवाज़ना*** अ० क्रि० दया करना, रहम करना।
**नवाज़िश** स्त्री० *(फ़ा०)* मेहरबानी, दया, कृपा।
**नवाना** स० क्रि० नम्र होने के लिए प्रेरित करना।
**नवान्न** पु० नया अन्न।
**नवाब** वि० *(अ०)* बड़े ठाट-बाट से रहनेवाला; अपव्ययी। पु० (अ० 'नव्वाब') प्रदेश का प्रधान शासक।
**नवाबी** स्त्री० नवाबों का-सा ठाट-बाट।
**नवासा** पु० *(फ़ा०)* नाती; लड़की का लड़का, दौहित्र।
**नवासी** वि० अस्सी और नौ की संख्या।
**नवीन** वि० *(सं०)* नया; अपूर्व; मौलिक।
**नवेद** पु० निमन्त्रण; निमन्त्रण-पत्र।
**नवेला** वि० नवीन, नया; नयी उम्र का, युवा।
**नवोदक** पु० *(सं०)* कुएँ के खोदते समय धरती के भीतर से पहले-पहल निकलने वाला पानी।
**नवोद्धृत** पु० *(सं०)* ताजा मक्खन। वि० तुरन्त निकला हुआ।
**नव्य** वि० *(सं०)* स्तुत्य; स्तुति करने योग्य, नवीन।
**नशन** पु० *(सं०)* नष्ट होना, नाश होना।
**नशना*** अ० क्रि० बर्बाद होना, नष्ट होना।
**नशा** पु० *(अ०)* नशीली चीज; मद, गर्व।
**मुहा० नशा उतरना** घमण्ड चूर होना। **नशा किरकिरा होना** मौज-मस्ती में बाधा पड़ना।
**नशाना*** स० क्रि०, अ० क्रि० नसाना; किसी स्त्री को भगा कर ले जाना।
**नशीला** वि० मदभरा; जिसमें नशा छाया हो।
**नशेड़ी**ं वि० नशेबाज।
**नशोहर*** वि० नाशक।
**नश्तर** पु० *(फ़ा०)* चीर-फाड़ करने का यन्त्र।
**नश्वर** वि० *(सं०)* क्षणभंगुर; नाश करनेवाला।
**नष*** पु० नख, नाखून।
**नषत*** पु० नक्षत्र।
**नष्ट** पु० नाश, क्षय। वि० *(सं०)* अधम, नीच; तिरोहित; जो समाप्त हो चुका हो; बर्बाद; व्यर्थ।
**नष्टात्मा(त्मन्)** वि० *(सं०)* अधम, नीच।
**नष्टाशंक** वि० *(सं०)* भयरहित; निरापद।
**नष्टि** स्त्री० *(सं०)* नाश।
**नष्टेन्द्रिय** वि० *(सं०)* संज्ञाहीन।
**नसंक*** वि० निडर, निर्भय, निःशंक।
**नस** स्त्री० रग, पेशियों को बाँधने वाला तन्तु; रुधिर वाहिनी नलिका।
**मुहा० नस फड़क उठना** प्रसन्नता की लहर दोड़ना। **नसें ढीली होना** हिम्मत पस्त होना।
**नसकटा** पु० नपुंसक, हिजड़ा।
**नसना*** अ० क्रि० भागना; नष्ट होना; खराब होना।
**नसल** स्त्री० *(अ०)* नस्ल।
**नसवार** स्त्री० सुँघनी, नकसुँघनी।
**नसहा** वि० नसवाला।
**नसाना*** अ० क्रि० नसना। स० क्रि० नष्ट करना।
**नसावना** क्रि० नष्ट होना।
**नसीत*** स्त्री० नसीहत।
**नसीठ** पु० अपशकुन।
**नसीनी**ं स्त्री० नशीनी; जीना, सीढ़ी।
**नसीब** पु० *(अ०)* हिस्सा; किस्मत, भाग्य, अदृष्ट।
**मुहा० नसीब टेढ़ा होना** बुरे दिन आना।

**नसीब फूट जाना** भाग्य खराब होना। **नसीब लड़ना** भाग्य का साथ देना।
**नसीम** स्त्री० *(अ०)* धीमी और स्वच्छ हवा।
**नसीला**ं वि० उत्तेजक, नसों वाला; नशीला।
**नसीहत** स्त्री० *(अ०)* अच्छी राय; उपदेश, शिक्षा।
**नसूड़िया**ं वि० मनहूस।
**नसेनी** स्त्री० जीना, सीढ़ी।
**नस्ता** स्त्री० *(सं०)* नाक का छेद।
**नस्तिपंजी** स्त्री० *(फाइल रजिस्टर)* टीन की पत्ती, तार, क्लिप आदि में फँसाकर कागज-पत्र एक जगह रखने की पंजी, मिसिल, फाइल।
**नस्य** पु० सुँघनी।
**नस्यधानी** स्त्री० सुँघनी की डिबिया।
**नस्ल** स्त्री० *(अ०)* जाति; कुल, वंश।
**नस्वर*** वि० नश्वर।
**नहँ, नह**ं पु० नाखून, नख।
**नहना** क्रि० काम में लगाना। वि० महीन।
**नहन्न, नहरना** पु० नाखून काटने का यन्त्र।
**नहरुआ, नहरुवा, नहरु** पु० ढील, जूँ।
**नहला** पु० राजगीरों की छोटी करनी; ताश का पत्ता।
**नहा** पु० पहिये के बीच के छेद।
**नहान** पु० स्नान का पर्व; स्नान, नहाने की क्रिया।
**नहार** वि० बिना आहार के रहना।
**नहारी** स्त्री० सबेरे का हल्का भोजन, जलपान।
**नहिं, नहिंन*** अ० नहीं।
**नहूसत** स्त्री० *(अ०)* मनहूसी।
**नाँउँ*** पु० नाम।
**नाँउँगाँउँ** पु० नाम और पता।
**नाँगा** पु० नागा साधु। वि० नंगा, वस्त्रविहीन व्यक्ति।
**नाँघना*** स० क्रि० लाँघना।
**नाँद** स्त्री० पशुओं को पानी पिलाने, चारा खिलाने का चौड़े मुँह का पात्र।
**नाँदना*** अ० क्रि० गम्भीर शब्द करना; प्रसन्न होना।
**नाँदी** स्त्री० *(सं०)* धन-सम्पत्ति, समृद्धि; अभ्युदय।
**नान्दीक** पु० *(सं०)* तोरणस्तम्भ।
**नाम्ब** पु० *(सं०)* स्वतः उत्पन्न धान्य।
**नाँवँ**ं पु० नाम।
**ना** अव्य० न, विशेष सूचक शब्द।
**नाइक** पु० नायक।
**नाइट्रोजन** पु० *(अं०)* स्वाद, रंग तथा गन्ध से रहित एक गैस जो वायुमण्डल का 4/5 भाग है।
**नाइन** स्त्री० नाई या नाई की जाति की स्त्री।
**नाईं** अ० तरह, भाँति, प्रकार (से)।
**नाई** *स्त्री० नाव। पु० हजामत बनाने वाली एक जाति।
**नाउन**ं स्त्री० हज्जाम की स्त्री, नाइन।
**नाऊ**ं पु० नाई।
**नाक** वि० *(सं०)* सूँघने की इन्द्रिय; कष्टरहित; खुश। पु० अन्तरिक्ष।
**मुहा० नाक की सीध** ठीक सामने। **नाक न दिया जाना** अत्यन्त दुर्गन्ध होना। **नाक पकड़ते दम निकलना** अत्यधिक अशक्त होना। **नाक पर दिया जलाकर आना** जीत कर आना। **नाक पर सुपारी तोड़ना** बहुत परेशान करना। **नाकपर मक्खी न बैठने देना** अत्यन्त सावधान रहना। **नाक भौं चढ़ाना** क्रोध दिखाना। **नाकों चने चबवाना** अत्यधिक परेशान करना।
**नाकना*** स० क्रि० चारों ओर से घेरना; लाँघना।
**नाका** पु० चौकी, थाना; प्रवेशद्वार; रास्ते का मोड़ जहाँ: से दूसरी ओर जाने का रास्ता मिलता है।
**नाखना*** स० क्रि० गिराना; फेंकना; नष्ट करना।
**नाखुदा** वि० *(फ़ा०)* खुदा को न मानने वाला। पु० जहाज का कप्तान।
**नाग** पु० सीसा; सर्प; हाथी।
**नागदन्त** पु० हाथी दाँत; खूँटी।
**नागरता** स्त्री० *(सं०)* चालाकी; नागरिकता; सभ्यता।
**नागरिक** पु० *(सं०)* किसी राज्य का वह निवासी जिसे उस राज्य में रहने व्यापार आदि करने तथा सम्पत्ति रखने का अधिकार प्राप्त होता है; नगरवासी, पौर। वि० नगर-सम्बन्धी; नगर का; नगर में रहने वाला, शहराती।
**नागरिकउड्डयन विभाग** पु० *(सिविल ऐवियेशन डिपार्टमेण्ट)* नागरिकों की हवाई यात्रा आदि की देखभाल करने वाला विभाग।
**नागरिकता** स्त्री० *(सं०)* नागरिक जीवन; शिष्टता।
**नागराह्व** पु० *(सं०)* सोंठ।
**नागान्तक** पु० *(सं०)* सिंह; गरुड़; मोर।

**नागा** *वि० खाली; नंगा। पु० एक शैव सम्प्रदाय के साधु जो नंगे रहते हैं।
**नागानन** पु० *(सं०)* गणेश।
**नागार्जुनी** स्त्री० *(सं०)* दूधिया घास।
**नागालाम्बु** पु० *(सं०)* गोल कद्दू।
**नागिन** स्त्री० मादा सर्प।
**नागुला** पु० नेवला; नाकुली ओषधि।
**नागेन्द्र** पु० *(सं०)* महाकाय हाथी; शेषनाग; गजराज।
**नागेश** पु० *(सं०)* संस्कृत व्याकरण के एक प्रसिद्ध विद्वान नागेशभट्ट, पतंजलि; शेषनाग।
**नागेश्वर** पु० *(सं०)* शेषनाग; ऐरावत; नागकेशर।
**नागोद, नागोदर** पु० *(सं०)* कवच।
**नाच** पु० खेल, नृत्य, क्रीडा; कामधन्धा; कूद। **मुहा० नाच दिखाना** किसी के सामने उछल-कूद मचाना। **नाच नचाना** परेशान करना; किसी से इच्छानुसार काम कराना।
**नाचघर** पु० नृत्यशाला।
**नाचना** क्रि० नृत्य करना।
**नाचरंग** पु० आमोद-प्रमोद।
**नाज*** पु० अनाज, अन्न; खाद्य वस्तु, खाद्य पदार्थ।
**नाज़** पु० *(फ़ा०)* हाव-भाव, विलास-चेष्टा; घमण्ड।
**नाज़ाँ** वि० *(फ़ा०)* गर्वित, अभिमान सम्पन्न, गर्वीला।
**नाज़िम** वि० *(अ०)* प्रबन्धक, प्रबन्ध करने वाला।
**नाज़िर** * स्त्री० अन्तःपुर की मुख्य परिचारिका। वि० *(अ०)* दर्शक, देखने वाला। पु० निरीक्षक।
**नाज़िल** वि० *(अ०)* गुजरने वाला; नीचे आने वाला।
**नाज़ुक** वि० *(फ़ा०)* सूक्ष्म; बारीक; कोमल; जो जल्दी नष्ट हो जाए; संकटपूर्ण, खतरे का; गम्भीर।
**नाट** पु० *(सं०)* नृत्य; नाटक, अभिनय।
**नाटक** पु० *(सं०)* रूपक; अभिनय; नर्तक; अभिनेता।
**नाटकिया** पु० अभिनेता; बहुरूपिया।
**नाटकीय** वि० *(सं०)* नाटक जैसा; नाटक-सम्बन्धी।
**नाटना** स० क्रि० अस्वीकार करना, इनकार करना। अ० क्रि० नटना, इनकार करना।
**नाटा** पु० छोटा बैल। वि० बौना।
**नाटार** पु० *(सं०)* अभिनेत्री का पुत्र।
**नाट्य** पु० *(सं०)* अभिनयकला; अभिनेता की वेशभूषा।
**नाट्यालंकार** पु० *(सं०)* नाटक की शोभावृद्धि करने वाला विशेष प्रकार का अलंकार।
**नाट्योचित** वि० *(सं०)* अभिनय करने योग्य।
**नाठ** पु० लावारिस जायदाद; सत्ता का अभाव; नाश; हानि।
**नाठना*** अ० क्रि० नष्ट होना, ध्वस्त होना; हटना; भाग जाना। स० क्रि० ध्वस्त करना, नष्ट करना।
**नाड** पु० नाल, पोला डण्ठल।
**नाड़** स्त्री० गर्दन।
**नाडि** स्त्री० *(सं०)* पोला डण्ठल; नली; नाड़ी।
**नाडिका** स्त्री० *(सं०)* नासूर; पोला डण्ठल; नली।
**नाडिकेल, नारिकेल** पु० *(सं०)* नारियल।
**नाड़िया** पु० वैद्य।
**नाड़ी** स्त्री० *(सं०)* नली; शरीर की रक्तवाहिनी शिराएँ; धमनी; हाथ या पैर की नब्ज।
**नाडीक** पु० *(सं०)* एक प्रकार का साग।
**नाणक** पु० *(सं०)* एक प्राचीन सिक्का; सिक्का।
**नात*** पु० सम्बन्ध, नाता; रिश्तेदार, सम्बन्धी।
**नाता** पु० रिश्ता, सम्बन्ध।
**नातिन** स्त्री० लड़की की लड़की, लड़के की लड़की।
**नाती** पु० लड़के का लड़का, लड़की का लड़का।
**नाते** अ० के लिए, वास्ते; रिश्ता होने से।
**नाथ** पु० स्वामी; पशुनासिका रज्जु; लड़ी; नत्थी।
**नाथता** स्त्री० *(सं०)* नाथ या स्वामी होने का भाव।
**नाथना** क्रि० नकेल डालना, नाक छेदना, नत्थी करना।
**नाथवान्(वत्)** वि० *(सं०)* सनाथ; पराधीन।
**नाद** पु० *(सं०)* शब्द, ध्वनि; अव्यक्त शब्द; अनुनासिक वर्ण; भारी शब्द, स्तुति करने वाला।
**नादविद्या** स्त्री० संगीत शास्त्र।
**नादना*** अ० क्रि० बजना; गरजना। स० क्रि० बजाना।
**नादि** वि० *(सं०)* गरजने वाला; शब्द करनेवाला।
**नादित** वि० *(सं०)* गर्जन करता हुआ, बजाया हुआ।
**नादिम** वि० *(अ०)* शर्मिन्दा, लज्जित।
**नादिर** वि० *(अ०)* अद्भुत, असाधारण।
**नाधना** स्त्री० जोतना; गूँथना; आरम्भ करना।
**नाधा** पु० हल या कोल्हू के हरिस से जुए को बाँधने की रस्सी।
**नान** स्त्री० *(फ़ा०)* रोटी, चपाती; तन्दूर में पकायी जाने वाली एक प्रकार की मोटी खमीरी रोटी।
**नानकीन** पु० एक मटमैले रंग का सूती कपड़ा।
**नानस**† स्त्री० ननिया सास।

**नानसरा**† पु० ननिया ससुर, पति या पत्नी का नाना।

**नाना*** स० क्रि० डालना; झुकाना। पु० माता का पिता, मातामह।

**नानाप्रकार** वि० बहुविध।

**नानारूप** पु० अनेक प्रकार की आकृतियाँ।

**नानार्थ** वि० *(सं०)* अनेक अर्थों वाला।

**नानावर्ण** वि० जिसमें अनेक रंग हों।

**नानी** स्त्री० माता की माता, मातामही।

**नानुकर** पु० अस्वीकार, नहीं।

**नान्दी** स्त्री० नाटक का मंगलाचरण।

**नान्ह*** वि० नीच, अधम; छोटा; बारीक, महीन।

**नाप** स्त्री० किसी मानदण्ड के अनुसार किसी वस्तु की लम्बाई, चौड़ाई आदि का निर्धारण करने की क्रिया; माप, परिमाण।

**नापदान**† पु० नाबदान।

**नापना** स० क्रि० किसी मानदण्ड के अनुसार किसी वस्तु के विस्तार, मात्रा आदि का निर्धारण करना।

**नापित** पु० *(सं०)* नाई, हज्जाम।

**नापितायनि** पु० *(सं०)* हज्जाम का लड़का।

**नापित्य** पु० *(सं०)* हज्जाम का पेशा।

**नाफ़** स्त्री० *(फ़ा०)* मध्यस्थान, मध्यभाग; नाभि।

**नाबदान** पु० घर के गन्दे पानी के बहने की नाली।

**नाभस** वि० *(सं०)* आकाशीय, नभ-सम्बन्धी।

**नाभिक** पु० *(न्यूक्लियस)* परमाणु का केन्द्रीय भाग जो प्रोटानो तथा न्यूट्रानों का बना होता है

**नाभिकीय** वि० *(सं०)* केन्द्रकीया, केन्द्रक।

**नाभिच्छेदन** पु० नाभि का नाल काटना।

**नाभिकीय रिऐक्टर** पु० *(न्यूक्लियर रिऐक्टर)* यह एक ऐसा संयन्त्र है जिसमें परमाणु नाभिक (युरेनियम 235 या प्लेटोनियम) का विखण्डन करके उससे विभुक्त होनेवाली ऊर्जा की अतुल राशि के नियन्त्रण और उसके उपयोग की व्यवस्था रहती है। इसे परमाणु भट्टी या परमाणु पाइल भी कहते हैं।

**नाभिल** वि० *(सं०)* जिसकी नाभि उभरी हुई हो।

**नाम(न्)** पु० *(सं०)* वह शब्द जिससे किसी व्यक्ति, वस्तु या समूह का बोध हो, संज्ञा शब्द, वाचक शब्द, आख्या।

**नाम** पु० *(सं०)* प्रसिद्धि; धाक; इज्जत।
**मुहा० नाम उछलना** बदनामी होना। **नाम उछालना** बदनाम करना। **नाम कमाना** प्रसिद्ध होना। **नाम के लिए करना** मर्यादा की रक्षा के लिए करना। **नाम तक मिट जाना** कुछ भी चिह्न शेष न रहना। **नाम बदनाम करना** कलंक लगाना। **नाम भर बाकी रहना** केवल स्मृति का रह जाना।

**नामकरण** पु० नाम रखने का संस्कार।

**नामतः(तस्)** अ० *(सं०)* नाम से, नाम के द्वारा।

**नामधेय** पु० नामकरण; नाम, संज्ञा।

**नाममात्र** वि०, अ० अत्यल्प, कहने भर को।

**नामलेखनशुल्क** पु० *(एनरोलमेण्ट फी)* सदस्य बनाने, भरती करने या नाम लिखने आदि का शुल्क।

**नामांक** वि० *(सं०)* नामांकित।

**नामांकित** वि० *(सं०)* जिस पर नाम खुदा हो।

**नामान्तर** पु० *(सं०)* दूसरा नाम, उपनाम।

**नामानुशासन** पु० *(सं०)* कोश।

**नामाभिधान** पु० *(सं०)* कोश।

**नामावली** स्त्री० †वह कपड़ा जिस पर किसी देवता का नाम सर्वत्र अंकित हो; *(सं०)* नामों की सूची।

**नामिक** वि० *(सं०)* नाम-सम्बन्धी।

**नामित** वि० *(सं०)* झुकाया हुआ।

**नामी** वि० प्रसिद्ध, नाम वाला, विख्यात, मशहूर।

**नाम्य** वि० *(सं०)* झुकाने योग्य; लचीला।

**नाय** पु० *(सं०)* नेतृत्व; नय, नीति; नेता; युक्ति।

**नायब** पु० *(अ०)* सहायक; मुनीम। वि० स्थानापन्न, प्रतिनिधित्व करने वाला, सहायक।

**नायबी** स्त्री० नायब का काम; नायब का पद।

**नायर** पु० बड़ी नाव; दक्षिणी जाति विशेष।

**नायिका** स्त्री० काव्य, नाटक का प्रमुख स्त्री पात्र।

**नारंग** पु० *(सं०)* प्राणी; यमज; गाजर; पिप्पली-रस।

**नारंगी** स्त्री० फल विशेष। वि० लाल-पीले रंग का।

**नार** †पु० नाला; घाँघरा आदि बाँधने की सूत की डोरी; आँवल; मोटा रस्सा। स्त्री० स्त्री; गर्दन।

**नारकी(किन्)** पु० *(सं०)* नरक में रहने वाला। वि० नरक में जाने योग्य; नरकभोगी।

**नारकीय** वि० *(सं०)* अति अधम; नरक-सम्बन्धी।

**नारना*** स० क्रि० भाँपना, समझना, ताड़ना।

**नाराइन*** पु० विष्णु, नारायण।
**नाराच** पु० *(सं०)* लोहे का बाण, बाण।
**नारायण** पु० परमात्मा; विष्णु।
**नारायणी** स्त्री० दुर्गा, लक्ष्मी, गंगा; सतावर।
**नाराशंसी** स्त्री० *(सं०)* मनुष्यों की प्रशंसा।
**नारि** स्त्री० नारी।
**नारियल** पु० नारिकेल।
**नारियली** स्त्री० नारियल की खोपड़ी।
**नारी** स्त्री० नाली, हरिस में जूआ बाँधने की रस्सी या तस्ना;* *(सं०)* औरत, स्त्री।
**नारू** पु० क्यारियों में होने वाली बुवाई; जूँ, ढील।
**नालम्बी** स्त्री० *(सं०)* शिव की वीणा।
**नाल** पु० *(अ०)* अर्धचन्द्राकार लोहे का टुकड़ा जो घोड़े के खुर आदि में लगाया जाता है।
**नाल** स्त्री० *(सं०)* बन्दूक की नली, कमल आदि की डण्डी; नाड़ी; नली। वि० नरकुल से बना हुआ। पु० नाभि एवं गर्भाशय से जुड़ी रहने वाली नली, आँवला। *(हि०)* कसरत करने के लिए बना हुआ भारी गोल पत्थर; जुए का अड्डा।
**नाला** पु० लम्बा-चौड़ा गड्ढा जिसमें से होकर बरसात का पानी नदी आदि में पहुँचता है।
**नालि** वि० *(सं०)* कमल आदि की डण्डी।
**नाली** स्त्री० छोटा नाला। *(सं०)* रक्तवाहिनी शिरा; करेमू का साग; कमल की डण्डी; धमनी।
**नालीक** पु० *(सं०)* कमलों का समूह; भाला; कमलदण्ड।
**नालौर, नालौट** वि० कहकर बदल जाने वाला।
**नाव** स्त्री० जल के ऊपर तैरने वाला काठ का खुला यान जो नदी, नाला आदि पार करने, मछली मारने, जलयात्रा करने आदि के काम आता है, तरणि, नौका, किश्ती।
**मुहा० नाव में धूल उड़ाना** बिलकुल झूठ बोलना।
**नावक** पु० *(फ़ा०)* मधुमक्खी का डंका; एक प्रकार का छोटा तीर; *केवट, मल्लाह।
**नावघाट** पु० नाव ठरने का घाट।
**नावना*** स० क्रि० झुकाना, नवाना; डालना; घुसाना।
**नावनीत** वि० *(सं०)* मुलायम, मृदुल।
**नावर** पु० नौका।
**नावाधिकरण** पु० (एडमिरलिटी) नौसेना आदि का संचालन करने वाला अधिकारी वर्ग या उनका विभाग अथवा प्रधान कार्यालय।
**नाविक** पु० *(सं०)* कर्णधार, मल्लाह, माँझी।
**नाश** पु० *(सं०)* त्याग; लोप; संहार, बरबादी; संकट।
**नाशक** वि० *(सं०)* संहार करने वाला।
**नाशन** वि० *(सं०)* नष्ट करने वाला, नष्ट कराने वाला। पु० हटाना; नष्ट करना।
**नाशपाती** स्त्री० फल विशेष, चकोतरा।
**नास*** स्त्री० सुँघनी। पु० नाश।
**नासना*** स० क्रि० मार डालना; नष्ट करना।
**नासा** स्त्री० *(सं०)* दरवाजे के ऊपर लगायी जाने वाली आड़ी लकड़ी, भरेटा; अड़ूसा; स्वर, नासिका।
**नासिका** स्त्री० नाक, नासा।
**नासाग्र** पु० *(सं०)* नाक का अग्र भाग।
**नासूर** पु० *(अ०)* नाडी व्रण, पुराना घाव जिसमें से प्रायः मवाद बहा करता हो।
**मुहा० आँखों का नासूर हो जाना** बहुत खटकना।
**छाती में नासूर डालना** अत्यधिक दुःख देना।
**नास्तिक** वि० *(सं०)* ईश्वर में विश्वास न करने वाला। पु० जिसे ईश्वर में विश्वास न हो।
**नास्तिद** पु० *(सं०)* आम का पेड़।
**नाह** पु० नाथ, स्वामी, राजा।
**नाहट**† वि० नटखट।
**नाहनूह**† स्त्री० इनकार।
**नाहिन*** अ० नहीं।
**निण्डिका** स्त्री० *(सं०)* कलाय, मटर।
**निन्त*** अ० हमेशा, नित्य।
**निन्द*** वि० निन्दा करने योग्य, निन्द्य।
**निन्दनीय** वि० *(सं०)* निन्दा करने योग्य।
**निन्दरिया*** स्त्री० नींद, निद्रा।
**निन्दा** स्त्री० *(सं०)* बदनामी, शिकायत।
**निन्दित** वि० *(सं०)* दूषित, जिसकी निन्दा की गयी हो।
**निन्द्य** वि० *(सं०)* निन्दनीय, निन्दा करने योग्य।
**निम्बकौड़ी, निम्बकौरी** स्त्री० नीम का फल।
**निम्बरिया**† स्त्री० नीम के पेड़ों का बाग।
**निःकपट** वि० *(सं०)* शुद्ध हृदय वाला, निष्कपट।
**निःकासित** वि० *(सं०)* बाहर निकाला हुआ।
**निःक्षेप** पु० *(सं०)* त्यागने या अर्पण करने की क्रिया।

**निःशंक** अ० *(सं०)* बिना किसी खटके या डर के। वि० जिसे किसी प्रकार का खटका न हो, निडर।

**निःशब्द** वि० *(सं०)* जो किसी प्रकार का शब्द न करे; शब्दरहित।

**निःशलाक** वि० *(सं०)* एकान्त, निर्जन।

**निःशेष** वि० *(सं०)* पूर्ण, समाप्त; सारा, समूचा।

**निःश्रीक** वि० *(सं०)* कान्तिहीन, शोभाशून्य।

**निःश्रेणी** स्त्री० *(सं०)* खजूर का पेड़; काठ की सीढ़ी।

**निःश्वास** पु० *(सं०)* साँस का बाहर निकलना।

**निःसंकोच** अ०, वि० *(सं०)* बिना संकोच के।

**निःसंख्य** वि० *(सं०)* अनगिनत, बेशुमार।

**निःसंग** वि० *(सं०)* निष्काम, निस्संग, संग रहित।

**निःसंज्ञ** वि० *(सं०)* संज्ञाहीन, बेहोश।

**निःसत्त्व** वि० *(सं०)* कमजोर, निस्सत्त्व, शक्तिहीन।

**निःसरण** पु० *(सं०)* मरण; बाहर निकलना; घर आदि का निकास (द्वार); उपाय, बचने का रास्ता।

**निःसार** वि० *(सं०)* जिसमें कोई तत्त्व न हो, निस्सार।

**निःसारित** वि० *(सं०)* बाहर किया हुआ।

**निःस्नेह** वि० *(सं०)* स्नेह रहित, निस्स्नेह।

**निःस्पन्द** वि० *(सं०)* जिसमें कोई हरकत न हो।

**निःस्पृह** वि० *(सं०)* आशारहित, निरीह।

**निःस्वार्थ** वि० *(सं०)* बिना स्वार्थ का, निस्स्वार्थ।

**नि** अव्य० *(सं०)* उपसर्ग विशेष।

**निअर, निअरे** †वि० समान। *अ० पास, समीप, निकट।

**निअराना*** स० क्रि० पास पहुँचना। अ० क्रि० पास आना, नजदीक आना; निकट होना।

**निआर्थी*** स्त्री० अर्थहीनता, दरिद्रता, गरीबी।

**निकन्दना*** स० क्रि० नाश करना।

**निकट** वि० *(सं०)* पास का, नजदीकी। अ० नजदीक।

**निकटता** स्त्री० *(सं०)* समीप होने का भाव, समीपता।

**निकटवर्ती** वि० समीप का, निकट का।

**निकषण** पु० *(सं०)* घिसना, रगड़ना; कसौटी।

**निकस** पु० *(सं०)* कसौटी; निकष।

**निकाई*** स्त्री० अच्छापन; भलाई, सुन्दरता।

**निकाय** पु० *(सं०)* शरीर; समूह; निवास स्थान।

**निकारना*** स० क्रि० निकालना।

**निकालना** स० क्रि० पैदा करना; नष्ट करना; प्राप्त करना; खोलना; पूर्ण करना; अलग करना; हल करना; तैयार करना; प्रकाशित करना।

**निकाश** पु० *(सं०)* दृश्य; सामीप्य; क्षितिज।

**निकास** पु० रक्षा की युक्ति; निर्वाह का उपाय; द्वार, दरवाजा; निकलने का मार्ग; त्राण का उपाय।

**निकासी** स्त्री० चुंगी; माल की रवानगी या लदाई।

**निकाह** पु० *(अ०)* उस पद्धति के अनुसार किया गया विवाह; मुलसमानों की विवाह-पद्धति।

**निकिष्ट*** वि० निकृष्ट।

**निकुन्तन** वि० *(सं०)* काटने वाला। पु० विदारण।

**निकृत** वि० *(सं०)* परागूत; पतित, नीच; तिरस्कृत।

**निकृत्त** वि० *(सं०)* काटा हुआ; छिन्न; विदीर्ण।

**निकृष्ट** पु० *(सं०)* सामीप्य। वि० नीच, अधम।

**निकेतन** पु० *(सं०)* प्याज, वासस्थान, घर।

**निकोसना** क्रि० दाँत पीसना।

**निकौनी** स्त्री० निराई।

**निक्षण** पु० *(सं०)* चुम्बन।

**निक्षिप्त** वि० *(सं०)* भेजा हुआ; परित्यक्त।

**निक्षेपक** पु० फेंकने वाला। *(सं०)*

**निक्षेपण** पु० *(सं०)* रखना; जमा करना; अपर्ण करना; फेंकना; त्यागना; चलाना; धरोहर रखना।

**निक्षेपित** वि० *(सं०)* बन्धक या धरोहर रखवाया हुआ।

**निखण्ड** वि० बिलकुल ठीक; मध्य।

**निखट्टू** वि० निकम्मा; झगड़ा-फसाद करने वाला।

**निखर्व** पु० *(सं०)* दस हजार करोड़ की संख्या। वि० दस हजार करोड़; छोटे कद का।

**निखात** वि० *(सं०)* खोदा हुआ; गाड़ा हुआ।

**निखार** पु० सफाई; निर्मलता, सजावट।

**निखारना** स० क्रि० पवित्र करना; साफ करना।

**निखालिस**† वि० पवित्र, बिना मिलावट का।

**निखुटना** क्रि० घटना, समाप्त होना।

**निखेध*** पु० निषेध।

**निखेधना*** स० क्रि० मना करना, निषेध करना।

**निखोट** पु० निर्दोष; स्वच्छ।

**निखोड़ा** वि० कठोर हृदयवाला, निष्ठुर।

**निगड़ित** वि० सिकड़ी से बँधा हुआ।

**निगदित** वि० *(सं०)* उक्त, कथित, कहा हुआ।

**निगर** पु० *(सं०)* होम का धुआँ; निगलना, भोजन।

**निगरा** वि० बिना पानी मिला हुआ (गन्ने का रस)।
**निगरण** पु० *(सं०)* होम का धुआँ; निगलना, भक्षण।
**निगराँ** वि० *(फ़ा०)* देखरेख करने वाला, निरीक्षक।
**निगराना**† अ० क्रि० स्पष्ट होना। स० क्रि० छाँटकर अलग करना; स्पष्ट करना।
**निगरानी** स्त्री० *(फ़ा०)* देख-भाल, निरीक्षण।
**निगरु*** वि० हल्का।
**निगारक, निगालक** वि० *(सं०)* भक्षण करने वाला।
**निगाह** स्त्री० *(फ़ा०)* निरीक्षण; चितवन, परख। **मुहा० निगाह रखना** रखवाली करना; खयाल रखना।
**निगिभ*** वि० परम प्रिय; अत्यन्त गोप्य।
**निगुनी*** वि० गुणहीन।
**निगूढ़** वि० *(सं०)* गुप्त; जो जल्दी समझ में न आये।
**निगूहन** पु० *(सं०)* छिपाना, गोपन।
**निगृहीत** वि० *(सं०)* आक्रान्त; जिसका दमन किया गया हो; दबाया हुआ; विवाद में पराजित; पीड़ित।
**निगृहीति** स्त्री० *(सं०)* पराभव, आक्रमण।
**निगेटिव** वि० *(अं०)* ऋणरूप, ऋणात्मक; नकारात्मक।
**निगोड़ा** वि० निकम्मा; अभागा; *नीच, दुष्ट; स्वच्छन्द।
**निग्रह** पु० *(सं०)* अवरोध; दबाना, बाँधना; अभ्यास और वैराग्य द्वारा चित्तवृत्ति का निरोध; परमात्मा।
**निग्रहण** वि० *(सं०)* रोकने या दमन करने वाला। पु० बन्धन; दण्ड देने का काम; पराभव।
**निग्रहना*** स० क्रि० दण्ड देना; रोकना; पकड़ना।
**निग्रही(हिन्)** वि० *(सं०)* निग्रह करने वाला, दमन करने वाला; दण्ड देने वाला।
**निघण्ट** पु० सूची-पत्र।
**निघण्टु** पु० *(सं०)* वैदिक मन्त्र कोश, मन्त्र-सूची।
**निघ** पु० *(सं०)* पाप; गेंद। वि० जिसकी लम्बाई और चौड़ाई या मोटाई दोनों बराबर हो।
**निघरघट** वि० बेशर्म, निर्लज्ज।
**निघाती(तिन्)** वि० *(सं०)* वध करने वाला।
**निघृष्ट** वि० *(सं०)* रगड़ा हुआ; पराभूत, पराजित।
**निघ्न** वि० *(सं०)* गुणित, गुणा किया हुआ; अधीन।
**निचय** पु० *(सं०)* निश्चय; ढेर, समूह; संचय।
**निचला** वि० स्थिर, अचल, शान्त; नीचे वाला।
**निचाय** पु० *(सं०)* ढेर, राशि।
**निचुड़ना** अ० क्रि० सारहीन होना।
**निचुलक** पु० *(सं०)* उरस्त्राण; निचोल।
**निचोड़** पु० सारांश, निष्कर्ष; निचोड़ा हुआ रस आदि।
**निचोड़ना** स० क्रि० किसी वस्तु का तत्त्व निकाल लेना; दबाकर या ऐंठकर तरल पदार्थ निकालना, गारना; किसी का सब कुछ ले लेना।
**निचोल** पु० *(सं०)* स्त्रियों की ओढ़नी; चदरा।
**निचौंहा** वि० झुका हुआ, नीचे की ओर किया हुआ।
**निच्छिवि** पु० *(सं०)* एक वर्णसंकर जाति।
**निछक्का** वि० निरा। पु० एकान्त स्थान।
**निछद्म**† पु० एकान्त स्थान।
**निछल*** वि० निश्छल, कपटरहित।
**निछला**† वि० जिसमें मिलावट न हो; निश्चल।
**निछान**† अ० एकदम, बिलकुल। वि० खालिस।
**निछावर** स्त्री० इनाम; बलि; नेग; उत्सर्ग।
**निज** वि० *(सं०)* सच्चा; अपना, खास, प्रधान। अ० अधिकतर; बिलकुल; निश्चयपूर्वक, यथार्थ में।
**निजसचिव** पु० *(प्राइवेट सेक्रेटरी)* किसी मुख्य मन्त्री, राज्यपाल या अन्य बड़े आदमियों के साथ रहकर उसके पत्र व्यवहार आदि या निजी कामों की देखभाल करनेवाला सचिव।
**निजकाना*** अ० क्रि० नजदीक आना; पास पहुँचना।
**निजन*** वि० निर्जन, जनरहित, सुनसान।
**निजी** वि० निज का, अपना।
**निजोर*** वि० कमजोर, बलहीन।
**निझरना** क्रि० झड़जाना, दोषमुक्त होना।
**निझाना** क्रि० छिपकर देखना।
**निटर** क्रि० दमन होना।
**निटोर** पु० टोला, मुहल्ला।
**निठल्ला, निठल्लू** वि० जो बेकार बैठा रहे; अकर्मण्य।
**निठुर** वि० निष्ठुर।
**निठुरता*** स्त्री० निर्दयता, निष्ठुरता।
**निठुराई** स्त्री० निष्ठुरता, दयाहीनता, क्रूरता।
**निठौर** पु० दुर्दशा, शोचनीय अवस्था; बुरा स्थान।
**निडर** वि० निर्भय, ढीठ, निर्भीक।
**निढाल** वि० उत्साहहीन, शिथिल, थककर चूर, पस्त।
**नितम्ब** पु० *(सं०)* पहाड़ की ढाल; स्त्रियों के शरीर का कमर से नीचे का भाग, कमर; चूतड़।
**नित** अ० सदा, प्रति दिन, नित्य।
**नितान्त** अ० *(सं०)* एकदम; अत्यन्त, बहुत अधिक।

**नित्य** पु० *(सं०)* समुद्र; अनिवार्य कर्म। अव्य० हर रोज, प्रति दिन; हमेशा। वि० सदा बना रहने वाला, जो कभी नष्ट न हो, उत्पत्ति और विनाश से रहित।
**नित्यशः(शस्)** अव्य० *(सं०)* हमेशा; प्रतिदिन।
**नित्या** स्त्री० *(सं०)* मनसादेवी; दुर्गा की एक शक्ति।
**नित्यानन्द** वि० *(सं०)* वह जो सदा आनन्द से रहे। पु० वह आनन्द जो सदा बना रहे।
**निथम्भ*** पु० स्तम्भ, खम्भा।
**निथरना** अ० क्रि० मैल आदि के नीचे बैठ जाने से जल आदि का स्वच्छ हो जाना।
**निथार** पु० तरल पदार्थ आदि; निथरा हुआ जल।
**निथारना** स० क्रि० पानी या किसी अन्य तरल पदार्थ को इस रूप में लाना कि उसमें धुला हुआ मैल आदि नीचे बैठ जाये।
**निद** वि० *(सं०)* निन्दा करने वाला। पु० विष।
**निदई** वि० निर्दयी।
**निदरना*** स० क्रि० नीचा दिखाना; अपमान करना।
**निदर्शक** वि० *(सं०)* दिखलाने या बतलाने वाला।
**निदर्शन** पु० *(सं०)* उदाहरण; नमूना, प्रदर्शन।
**निदर्शित** वि० *(सं०)* दिखलाया हुआ।
**निदहना*** स० क्रि० जलानान्ताप, गर्मी; पसीना।
**निदाध** पु० *(सं०)* ग्रीष्मकाल, घाम, धूप।
**निदान** पु० रोग की पहचान, कारण। अव्य० अन्त में।
**निदारुण** वि० *(सं०)* असह्य; भीषण; निर्दय, निष्ठुर।
**निदिष्ट** वि० *(सं०)* आदिष्ट; निदर्शित।
**निदेश** पु० *(सं०)* आज्ञा; कथन; निकटता; निर्देश; शासन। पु० *(डायरेक्शन)* हिदायत, करने या किये जाने का आदेश देना; बर्तन, पात्र; निकटता।
**निदेशक** पु० *(सं०)* आज्ञा देने वाला।
**निदेशिनी** वि० स्त्री० *(सं०)* आज्ञा देने वाली।
**निदेशी(धिन्)** वि० *(सं०)* आज्ञा देने वाला।
**निदोष*** वि० जो दोष रहित हो, निर्दोष।
**निद्धि*** स्त्री० खजाना, निधि।
**निद्रा** स्त्री० *(सं०)* आलस्य, नींद।
**निद्राक्रान्त** वि० निद्रा से आक्रान्त।
**निद्राकुल** वि० *(सं०)* नींद से व्याकुल।
**निद्राण** वि० *(सं०)* सोता हुआ।
**निद्रित** वि० *(सं०)* सोया हुआ, नींद में डूबा हुआ।
**निधड़क** अ० बिना रुके; बेखटके, निःशंक होकर।
**निधन** पु० *(सं०)* मृत्यु; अन्त। वि० गरीब, दरिद्र।
**निधनी** वि० दरिद्र, धनहीन, गरीब।
**निधान** पु० *(सं०)* खजाना; सम्पत्ति; घर; आश्रय।
**निधि** स्त्री० *(सं०)* सम्पत्ति, खजाना।
**निधीश, निधीश्वर** पु० *(सं०)* कुबेर।
**निधेय** वि० *(सं०)* रखने योग्य, स्थापन करने योग्य।
**निध्यान** पु० *(सं०)* देखना, ध्यान करना, दर्शन।
**निध्वान** पु० *(सं०)* शब्द।
**निनंक्षु** वि० *(सं०)* जो मरना या भागना चाहता हो।
**निनरा** क्रि० दूर, न्यारा, अलग।
**निनाद** पु० *(सं०)* शब्द।
**निनादना*** अ० क्रि० निनाद करना।
**निनादी** वि० *(सं०)* ध्वनि उत्पन्न करने वाला, शब्द कारक।
**निनाया†** पु० खटमल।
**निनौना** क्रि० झुकाना, नीचे करना।
**निनौरा** पु० नाना-नानी का घर।
**निन्दक** वि० बुराई करने वाला।
**निन्दनीय** वि० निन्द्य, निन्दा के योग्य।
**निन्दा** स्त्री० अपवाद, आक्षेप, बुराई।
**निन्दित** वि० निन्दा किया हुआ।
**निन्द्य** वि० निन्दा के योग्य, निन्दनीय।
**निन्यानबे** पु० निन्यानबे की संख्या, 99। वि० नब्बे और नौ।
**निपंग*** वि० पंगु, अपाहिज।
**निप** पु० *(सं०)* कलस; कदम का पेड़।
**निपट** अ० नितान्त, बिलकुल, एकदम, निरा।
**निपटना** अ० क्रि० चुकता होना, निवृत्त होना।
**निपटाना** स० क्रि० झगड़ा खत्म करना, कर्ज आदि चुकाना।
**निपटारा** पु० समाप्ति, निर्णय, फैसला।
**निपठ, निपाठ** पु० *(सं०)* अध्ययन, पाठ।
**निपतन** पु० *(सं०)* नीचे आना; उतरना, गिरना।
**निपत्र** वि० जिसमें या जिस पर पत्ते न हों, पत्रहीन।
**निपाँगुर** वि० अपाहिज, पंगु।
**निपात** वि० पत्रहीन, निपत्र। पु० *(सं०)* विनाश; आक्रमण; मृत्यु; पतन, गिरना; चलाना, फेंकना;

जो शब्द व्याकरण नियमानुसार न बना हो।
**निपातक** पु० *(सं०)* दुष्कर्म, पाप।
**निपातन** पु० *(सं०)* नाश करना; नीचे गिरना।
**निपातना*** स० क्रि० गिराना; नाश करना।
**निपातित*** स० क्रि० गिराया हुआ; नष्ट किया हुआ; अनियमित रूप से बना हुआ।
**निपीड़न** पु० *(सं०)* बहुत अधिक पीड़ा पहुँचाना; निचोड़ना, मारना; दबाना या मलना; पेरना।
**निपीड़ना** * स० क्रि० पीड़ा पहुँचाना; मारना; दबाना।
**निपीड़ित** वि० *(सं०)* निचोड़ा हुआ; अत्यधिक पीड़ित।
**निपीत** वि० *(सं०)* पान किया हुआ; शोषित।
**निपुड़ना** क्रि० खोलना, उघारना।
**निपुण** वि० *(सं०)* कुशल, प्रवीण, चतुर।
**निपुणता** स्त्री० *(सं०)* निपुण होने का भाव, कुशलता।
**निपुणाई*** स्त्री० कुशलता, प्रवीणता, चतुरता।
**निपुत्री** वि० सन्तानरहित; निःसन्तान।
**निपूत*** वि० जिसे पुत्र न हो, पुत्रहीन।
**निफन** वि० निष्पन्न, पूर्ण। क्रि० वि० भलीभाँति चुभकर पार निकलना।
**निफरना*** अ० क्रि० स्पष्ट होना, साफ होना।
**निफल*** वि० निष्फल।
**निफ़ाक़** पु० *(अ०)* झगड़ा, अनबन, वैमनस्य।
**निफारना** स० क्रि० स्पष्ट करना, साफ करना; खोलना।
**निफालन** पु० *(सं०)* देखना, अवलोकन।
**निफोट** वि० स्पष्ट, व्यक्त।
**निबद्ध** वि० बँधा, गुँथा हुआ।
**निबन्ध** पु० लेख, टीका बन्धक।
**निबन्धा** पु० *(सं०)* बाँधने वाला; लेखक, रचयिता।
**निबन्धी** वि० *(सं०)* उत्पन्न करने वाला; जुड़ा हुआ।
**निबकौड़ी, निबकौरी**† स्त्री० नीम का फल, नीम का बीज, निबौरी।
**निबटना** अ० क्रि० फैसला होना; समाप्त होना; तय होना; शौचक्रिया से निवृत्त होना।
**निबटाना** स० क्रि० फैसला; चुका देना; तय करना।
**निबर*** वि० निर्बल।
**निबल*** वि० निर्बल।
**निबहना** अ० क्रि० निभना; बच निकलना, पार पाना; निर्बाह होना; छुटूटी पाना; पूरा होना
**निबहुरा**† वि० जो सदा के लिए चला जाये (गाली)।
**निबाह** पु० छुटकारे का उपाय; गुजारा; बचाव; पूर्ति।
**निबाहक** वि० निबाह करने वाला।
**निबाहना** स० क्रि० पूरा करना; निभाना।
**निबिड़** वि० *(सं०)* घना, गहरा; कठिन।
**निबुकना*** अ० क्रि० बन्धन से मुक्त होना।
**निबेड़ना** स० क्रि० फैसला करना; सुलझाना; छुड़ाना।
**निबेढ़ा, निबेरा** पु० निबटारा; सुलझाव; निबेड़ा।
**निबेरना** स० क्रि० छोड़ना; निबेड़ना; वसूल करना।
**निबेरा** पु० निबेड़ा।
**निबेहना*** स० क्रि० छोड़ना, त्यागना, निबेरना।
**निबौरी, निबौली** स्त्री० निमकौड़ी।
**निभना** अ० क्रि० निर्वाह होना, निबहना, पूरा होना।
**निभरम*** भ्रमरहित। अ० निःशंक, बेखटके।
**निभरोस**† वि० निराधार; बिना सहारे का।
**निभरोसी*** वि० असहाय, आश्रयहीन।
**निभाउ, निभाव** वि० भावरहित। पु० निबाह।
**निभागा** वि० भाग्यहीन, अभागा।
**निभाना** स० क्रि० पूरा करना, निर्वाह करना।
**निभृत** पु० *(सं०)* नम्रता। वि० स्थिर; पूर्ण; गुप्त।
**निभृतात्मा** वि० *(सं०)* दृढ़, कठिन; धीर।
**निमन्त्रण** पु० *(सं०)* दावत; किसी उत्सव आदि में बुलावा।
**निमन्त्रना*** स० क्रि० न्योता देना, निमन्त्रण देना।
**निमन्त्रित** वि० *(सं०)* जो आमन्त्रित किया गया हो।
**निम** पु० *(सं०)* शलाका; खूँटी, कील। पु० नमक।
**निमकी** स्त्री० अचार नींबू का।
**निमकौड़ी** स्त्री० नीम का फल या उसका बीज।
**निमग्न** वि० *(सं०)* डूबा हुआ, तल्लीन।
**निमज्जथु** पु० *(सं०)* डुबकी लगाना; शयन करना।
**निमज्जन** पु० *(सं०)* अवगाहन; डुबकी लगाना।
**निमज्जित** वि० *(सं०)* स्नान किया हुआ; डूबा हुआ।
**निमता*** वि० शान्त; जो मदमाता हुआ न हो।
**निमन्यु** वि० *(सं०)* क्रोधहीन।
**निमान** पु० *(सं०)* माप; मूल्य; *जलाशय; ढाल।
**निमिख*** पु० पलकों का गिरना; क्षण; पलक मारना।
**निमित्त** पु० *(सं०)* फल; कारण; लक्ष्य, उद्देश्य; चिह्न।
**निमिष** पु० *(सं०)* क्षण; पलक मारना; परमेश्वर।
**निमिषान्तर** पु० *(सं०)* पल भर का अन्तर।

**निमुँहा** वि० जो दृढ़तापूर्वक कुछ बोल न सके, चुप रहने वाला, जिसे बोलने का साहस न हो।

**निमूँद** वि० बन्द।

**निमूल** वि० मूलरहित।

**निमेट*** वि० जो मिट न सके, अमिट, जो बना रहे।

**निमेष** पु० *(सं०)* निमिष। *स्त्री० पलक।

**निमेषक** पु० *(सं०)* पलक; जुगनू।

**निमोना** पु० चने या मटर के पिसे हुए कच्चे दानों से तैयार की हुई मसालेदार दाल।

**निमोनिया** पु० *(अं०)* ठण्ढ लगने से उत्पन्न रोग जिसमें फेफड़ों में कफ जमा हो जाने से सूजन और प्रदाह हो जाती है।

**निमौनी**† स्त्री० ईख कटने का पहला दिन।

**निम्न** पु० *(सं०)* ढाल; नीची जमीन। वि० नीचा।

**निम्नांकित** वि० *(सं०)* नीचे लिखा हुआ।

**निम्नोन्नत** वि० *(सं०)* विषम, नीचा-ऊँचा।

**निम्लोच** पु० *(सं०)* सूर्य का अस्त होना।

**नियन्तव्य** वि० दमन करने योग्य।

**नियन्ता** वि० विधायक, नियन्त्रक, कार्यसाधक।

**नियन्ता(तृ)** वि०, पु० *(सं०)* नियन्त्रण में रखने वाला; शासनकर्ता। पु० सारथि; परमेश्वर।

**नियन्त्रण** पु० *(सं०)* प्रतिबन्धन, नियमों में बाँधकर रखना, वश में रखना।

**नियन्त्रित** वि० *(सं०)* नियन्त्रण में रखा हुआ, प्रतिबद्ध।

**नियत** वि० *(सं०)* नियमबद्ध; नियुक्त, निश्चित, मुकर्रर। स्त्री० नीयत, इरादा, इच्छा।

**नियतन** पु० *(अलाटमेण्ट)* किसी के लिए भूमि आदि का कोई हिस्सा निर्धारित करना, आवण्टन।

**नियतभागी** पु० *(एलॉटी)* वह व्यक्ति जिसे कोई वस्तु या कोई हिस्सा निर्दिष्ट किया गया हो।

**नियतांक** पु० *(सं०)* नियत किया गया अंक।

**नियतांश** पु० *(कोटा)* सम्पूर्ण राशि का वह अंश जो किसी व्यक्ति से लेने या उसे देने के लिए निर्धारित किया जाय।

**नियति** स्त्री० *(सं०)* अदृष्ट, भाग्य, आत्मसंयम; नियत होने की क्रिया या भाव; नियमन; प्रकृति।

**नियतेन्द्रिय** वि० *(सं०)* इन्द्रियों को वश में रखने वाला।

**नियम** पु० *(सं०)* विधान; रीति, पद्धति; दस्तूर।

**नियमन** पु० *(सं०)* नियन्त्रण, शासन, दमन, निग्रह।

**नियमापत्ति** स्त्री० *(प्वाइण्ट ऑफ आर्डर)* किसी सभा समिति में कार्यप्रणाली की मानी हुई परम्परा या स्वीकृत नियमों के विरुद्ध कोई बात होनेपर की गयी या उठायी गयी आपत्ति।

**नियमावली** स्त्री० *(सं०)* सदस्यों या कार्यकर्ताओं के अनुशासन आदि सम्बन्धी नियम; किसी संस्था के संचालन, प्रवेश आदि सम्बन्धी नियमों का संग्रह।

**नियमित** वि० *(सं०)* नियम के अनुसार; निश्चित।

**नियर**† अ० पास, निकट।

**नियराई*** स्त्री० समीपता, निकटता।

**नियराना*** स० क्रि० पास पहुँचना। अ० क्रि० पास आना।

**नियरे*** अ० नजदीक, नियर।

**नियाज़** स्त्री० *(फ़ा०)* फातिहा; चढ़ावा; प्रसाद। पु० आवश्यकता; प्रार्थना; भेंट, इच्छा; दर्शन।

**नियातन** पु० *(सं०)* निपातन।

**नियाम** पु० *(सं०)* नियम।

**नियामक** वि० *(सं०)* नाशक; नियन्त्रण करने वाला। पु० नियन्ता; व्यवस्था करने वाला, विधायक।

**नियामत** स्त्री० नेमत।

**नियारना*** स० क्रि० दूर करना, अलग करना।

**नियारा*** वि० जुदा, पृथक्।

**नियारिया** पु० चतुर व्यक्ति।

**नियारे*** अ० न्यारे।

**नियाव*** पु० न्याय।

**नियुक्त** वि० *(सं०)* तैनात किया हुआ, अधिकृत।

**नियुद्ध** पु० *(सं०)* कुश्ती, हाथ-बाँही, बाहुयुद्ध।

**नियोक्ता** वि० *(सं०)* नियोजक, नियोजित करने वाला।

**नियोग** पु० *(सं०)* नियुक्त करने की क्रिया; प्रेरणा करना, प्रवृत्त करना, उद्योग।

**नियोगी(गिन्)** पु० *(सं०)* कर्मसचिव।

**नियोग्य** पु० *(सं०)* मालिक। वि० नियोग करने योग्य।

**नियोजक** पु० *(सं०)* तैनान करने वाला।

**नियोजन** पु० *(सं०)* *(एम्प्लॉयमेण्ट)* मजदूरी, वेतन देकर किसी को किसी काम पर नियुक्त करने या कराने का कार्य, सेवा-योजन।

**नियोजनकेन्द्र** पु० *(एम्प्लॉयमेण्ट एक्सचेंज)* रोजगार दफ्तर, सेवा योजनालय।
**नियोजित** वि० *(सं०)* प्रवृत्त किया हुआ; तैनात। पु० *(एम्प्लॉई)* मजदूर, काम करने वाला।
**नियोज्य** पु० *(सं०)* सेवक, नौकर; कर्मचारी। वि० नियोजित करने योग्य; जो नियुक्त किया जाए।
**निरंकार*** वि०, पु० निराकार।
**निरंकुश** वि० *(सं०)* जिस पर किसी तरह का दबाव न हो, मनमाना करनेवाला, स्वेच्छाचारी।
**निरंग** वि० बदरंग, फीका; *(सं०)* विशुद्ध, निरा, खालिस; अंगहीन, बिना अंग का, साधनहीन।
**निरंजन** पु० *(सं०)* शिव, निर्गुण ब्रह्म, परमात्मा।
**निरन्तर** अ० *(सं०)* लगातार, बराबर, हमेशा, सर्वदा।
**निरन्तराभ्यास** पु० *(सं०)* स्वाध्याय।
**निरन्तराल** वि० *(सं०)* जिसके बीच में जगह न हो।
**निरन्ध** वि० *(सं०)* महामूर्ख; भारी अन्धा; घोर अन्धकार।
**निरम्भ** वि० *(सं०)* पानी तक न पीनेवाला; निर्जल।
**निरंश** वि० *(सं०)* अपने अंश से वंचित।
**निर** अव्य० निषेधार्थक उपसर्ग।
**निरकेवल**† वि० स्वच्छ, शुद्ध; बिना मिलावट का।
**निरक्ष** पु० *(सं०)* भूमध्य रेखा। वि० बिना पासे का; पृथ्वी के मध्य भाग का।
**निरक्षर** वि० *(सं०)* मूर्ख, अपढ़, गँवार।
**निरखना***स० क्रि० देखना; निरीक्षण करना।
**निरगुन*** पु० एक पन्थ। वि० निर्गुण।
**निरघ** वि० *(सं०)* निष्कलुष, पापरहित, निर्दोष।
**निरचू** वि० खाली; जिसे काम से छुट्टी मिल गयी हो।
**निरच्छ*** वि० नेत्रहीन, अन्धा।
**निरजर*** वि० जो कभी पुराना न हो। पु० देवता।
**निरजल** वि० निर्जल।
**निरजोस** पु० निर्णय; निष्कर्ष, सारांश।
**निरजोसी** वि०, पु० निष्कर्ष निकालनेवाला।
**निरत** *पु० नृत्य। *अ० निरन्तर, लगातार।
**निरतना*** अ० क्रि० नृत्य करना, नाचना।
**निरतिशय** पु० *(सं०)* परमेश्वर। वि० जिससे बड़ा या बढ़कर दूसरा न हो, अद्वितीय।
**निरत्यय** वि० *(सं०)* निर्दोष, पूर्णतः सफल; भयरहित, सुरक्षित, निरापद।
**निरदोषी*** वि० निर्दोष।
**निरधार*** वि० आधाररहित। अ० निश्चय पूर्वक।
**निरधारना** स० क्रि० सोचना, समझना।
**निरधिष्ठान** वि० *(सं०)* आश्रयहीन; बिना आधार का।
**निरनुक्रोश** पु० *(सं०)* निर्दयता। वि० निष्ठुर, निर्दय।
**निरनुनासिक** वि० *(सं०)* अनुनासिक से भिन्न।
**निरनुमोद** पु० *(सं०)* स्वीकृति न देना।
**निरनुरोध** वि० *(सं०)* अमैत्रीपूर्ण, सद्भाव शून्य।
**निरनै*** पु० निर्णय।
**निरन्वय** वि० *(सं०)* दृष्टि से परे; असम्बद्ध; निःसन्तान।
**निरपराध** अ० *(सं०)* बिना अपराध किये।
**निरपराधी*** वि० निर्दोष, बेकसूर।
**निरपवाद** वि० *(सं०)* बिना अपवाद का।
**निरपाय** वि० *(सं०)* जिसका कभी नाश न हो।
**निरपेक्ष** वि० *(सं०)* किसी और की अपेक्षा न रखने वाला।
**निरपेक्षा** स्त्री० *(सं०)* उपेक्षा; उदासीनता।
**निरपेक्षित** वि० *(सं०)* जिसकी उपेक्षा न की गयी हो।
**निरबन्ध*** पु० परमात्मा। वि० बन्धनरहित।
**निरबंसी** वि० निःसन्तान, जिसे कोई सन्तान न हो।
**निरबहना** अ० क्रि० निर्वाह होना, निबहना।
**निरभय*** वि० भय रहित, निर्भय।
**निरभ्र** वि० *(सं०)* जिसमें बादल न हों, मेघरहित।
**निरमना*** स० क्रि० रचना करना।
**निरमूलना*** स० क्रि० समूल नष्ट करना; उन्मूलन करना, जड़ से उखाड़ना।
**निरमोल** वि० अनमोल, अमूल्य।
**निरमोलिक, निरमोलिका*** वि० अनमोल, बहुमूल्य।
**निरमोही*** मोह रहित, निर्मोह।
**निरम्बर** वि० नग्न, वस्त्रहीन।
**निरर्गल** वि० *(सं०)* अर्गलारहित; प्रतिबन्ध रहित।
**निरर्थ, निरर्थक** वि० *(सं०)* व्यर्थ; अर्थरहित।
**निरलस** वि० *(सं०)* आलस्यहीन।
**निरवकाश** वि० *(सं०)* अवकाशरहित, जहाँ अवकाश न हो, जिसे अवकाश न हो।

**निरवद्य** पु० *(सं०)* राग आदि से रहित परमात्मा; अनिन्द्य।
**निरवधि** वि० *(सं०)* जिसकी कोई सीमा न हो, अपार।
**निरवयव** वि० *(सं०)* अंगरहित, पूर्ण; निराकार; जिसका विभाग न हो सके।
**निरवलम्ब** वि० आधाररहित, निराधार।
**निरवहानिका, निरवहालिका** स्त्री० *(सं०)* चहारदीवारी।
**निरवार** पु० सुलझाव; छुटकारा, टालने या दूर करने की क्रिया, बचाव; निबटारा।
**निरवारना*** स० क्रि० छुड़ाना, मुक्त करना।
**निरशन** पु० *(सं०)* भोजन का अभाव, उपवास।
**निरसंक*** वि० निःशंक।
**निरस** वि० *(सं०)* या सरस का उलटा; बेमजा; जो आनन्द न दे; सारहीन; रूखा-सूखा, रागहीन करना।
**निरसन** पु० *(सं०)* निवारण; खण्डन, प्रत्याख्यान; अपसारण; फेंकना, दूर करना या हटाना।
**निरस्त** पु० *(सं०)* अस्वीकार; परित्याग; फेंका या छोड़ा हुआ बाण, त्वरायुक्त उच्चारण; फेंकना।
**निरस्त्र** वि० *(सं०)* बिना हथियार का, निःशस्त्र।
**निरस्थि** वि० *(सं०)* बिना हड्डी का।
**निरहेल*** वि० तुच्छ, जिसका आदर न हो, निकृष्ट।
**निरा** वि० एकमात्र; कोरा, एकदम, निपट।
**निराकार** पु० *(सं०)* परमात्मा; विष्णु; शिव। वि० जिसका कोई रूप या आकार न हो।
**निराकुल** वि० *बहुत घबराया हुआ।
**निराकृती** वि० *(सं०)* बिना आकार का, निराकार।
**निराखर*** वि० अनपढ़, निरक्षर।
**निराट*** वि० बिलकुल; एकमात्र।
**निराडम्बर** वि० *(सं०)* जिसमें ढोंग न हो, ढोंग रहित।
**निरान्तक** पु० *(सं०)* शिव।
**निरातप** वि० *(सं०)* शीतल; जिसमें गर्मी न हो।
**निरादर** पु० *(सं०)* अपमान। वि० अपमानजनक।
**निराधि** वि० *(सं०)* मनोव्यथा से रहित; नीरोग।
**निरानन्द** पु० *(सं०)* आनन्द का अभाव; दुःख।
**निरापद्** वि० *(सं०)* आपत्ति से रहित, सुरक्षित।
**निरापन, निरापुन*** वि० जो अपना न हो, परकीय।
**निराबाध** वि० *(सं०)* जिसके साथ छेड़छाड़ न हो।
**निरामय** पु० *(सं०)* रोगराहित्य।
**निरायास** वि० *(सं०)* जिसमें परिश्रम न लगे।
**निरायुध** वि० *(सं०)* निरस्त्र, निहत्था।
**निरालम्ब** पु० *(सं०)* ब्रह्म। वि० निरवलम्ब, आश्रयहीन।
**निरालस्य** पु० *(सं०)* आलस्य का न होना। वि० जिसमें आलस्य न हो, चुस्त, फुर्तीला।
**निराला** वि० जहाँ कोई बस्ती या मनुष्य न हो, एकान्त, विजन; जो अपने ढंग का अकेला हो, विलक्षण, अजीब। पु० निर्जन स्थान।
**निरालोक** वि० *(सं०)* दृष्टिहीन; अदृश्य।
**निराशक, निराशी (शिन्)** वि० *(सं०)* निराश।
**निराशा** स्त्री० *(सं०)* आशा का अभाव, नाउम्मीदी।
**निराशी** वि० आशाहीन।
**निराश्रय** वि० *(सं०)* निरवलम्ब, आश्रय रहित।
**निरासी*** वि० जहाँ या जिसमें उदासी छाई हो; कान्तिहीन।
**निरास्वाद** वि० *(सं०)* बिना स्वाद का, बेमजा।
**निराहार** पु० *(सं०)* उपवास।
**निरिंगिणी, निरंगिनी** स्त्री० *(सं०)* परदा।
**निरिन्द्रिय** वि० *(सं०)* जो किसी इन्द्रिय से रहित हो, कमजोर, जिसकी कोई इन्द्रिय बेकाम हो।
**निरिच्छना*** स० क्रि० निरीक्षण करना।
**निरीक्षण** पु० *(सं०)* देखरेख करना; गौर से देखना।
**निरीक्षित** वि० *(सं०)* मुआयना किया हुआ; देखाभाला हुआ; जिसकी जाँच की गयी हो।
**निरीक्ष्यमाण** वि० *(सं०)* जिसका निरीक्षण किया जा रहा हो, जिसकी निगरानी की जा रही हो।
**निरीह** वि० *(सं०)* चेष्टारहित; उद्यमहीन।
**निरुक्त** पु० *(सं०)* शब्दशास्त्र; वेद के छः अंगों में से एक। वि० स्पष्ट कहा गया; नियोग कराने वाला; नियोग में प्रवृत्त किया हुआ।
**निरुक्ति** स्त्री० व्यत्पत्तिपरक पद व्याख्या।
**निरुच्छवास** वि० *(सं०)* जहाँ साँस लेने तक की जगह न हो, तंग, सँकरा; जो श्वास न लेता हो।
**निरुत्तर** वि० *(सं०)* जिसकी जबान बन्द हो गयी हो।
**निरुत्पात** वि० उत्पातहीन।
**निरुत्सव** वि० उत्सवहीन।
**निरुत्साह** पु० *(सं०)* उत्साह का अभाव।
**निरुदक** वि० *(सं०)* जलरहित, जहाँ जल न हो।

**निरुद्देश्य** अ० *(सं०)* बिना किसी उद्देश्य के।

**निरुद्ध** वि० *(सं०)* प्रतिबद्ध, विशेष रूप से रुका हुआ, रुँधा हुआ।

**निरुद्यम** वि० बिना उद्योग का।

**निरुद्यमी** वि० जो कोई कार्य न करता हो।

**निरुद्विग्न** वि० उद्वेगहीन।

**निरुपद्रव** वि० *(सं०)* जो किसी प्रकार की बाधा या कष्ट न पहुँचाए; शुभ, मंगलकारी।

**निरुपधि** वि० *(सं०)* निष्कपट; सच्चा, विशुद्ध, पवित्र।

**निरुपम** वि० *(सं०)* बेजोड़; अतुलनीय।

**निरुपयोग** वि० *(सं०)* जो किसी काम न आये।

**निरुपयोगी** वि० बेकार, निरर्थक।

**निरुपस्कृत** वि० *(सं०)* विशुद्ध, पवित्र, शुचि।

**निरुपहत** वि० *(सं०)* शुभ, मंगलकारी; अनाहत।

**निरुपाख्य** वि० *(सं०)* जो मन और वचन के परे हो।

**निरुपाय** वि० *(सं०)* जिसका कोई उपाय न हो।

**निरुपेक्ष** वि० *(सं०)* छलहीन; उपेक्षा से रहित, जो उपेक्षा न करे।

**निरुवरना*** अ० क्रि० दूर होना, सुलझना, कठिनाई।

**निरूढ़** पु० *(सं०)* एक पशुयाग। वि० अधिक प्रसिद्ध; अत्यन्त रूढ़, जिसका अधिक व्यवहार होता हो।

**निरूढि** स्त्री० *(सं०)* निरूढ-लक्षणा; दक्षता; प्रसिद्धि।

**निरूप** वि० कुरूप, रूपहीन, भद्दा, निराकार।

**निरूपण** पु० *(सं०)* रूप; अन्वेषण, ढूँढना, जाँचना

**निरूपना*** स० क्रि० वर्णन करना, प्रतिपादन करना

**निरूपिति** स्त्री० *(सं०)* व्याख्या; परीक्षण।

**निरूह** वि० *(सं०)* पूर्ण वाक्य; निश्चय; तर्क।

**निरूहण** पु० *(सं०)* निश्चय करना; तर्क करना।

**निर** पु० निरय, नरक।

**निरोग, निरोगी**' वि० जिसे कोई रोग न हो, स्वस्थ।

**निरोद्धव्य** वि० *(सं०)* घेरने या आवृत करने योग्य।

**निरोध** पु० *(सं०)* घेरना; प्रतिबन्ध, रुकावट।

**निरोधी(धिन्)** वि० *(सं०)* निरोध करनेवाला।

**निर्ऋत** वि० *(सं०)* निर्बल; क्षीण; शीर्ण।

**निर्ख** पु० *(फ़ा०)* भाव, दर।

**निर्गन्ध** वि० *(सं०)* जिसमें गन्ध न हो, गन्धरहित।

**निर्गत** पु० *(सं०)* निर्यात। वि० निकला हुआ।

**निर्गम** पु० *(सं०)* द्वार; बाहर निकलना, जाना।

**निर्गमन** पु० *(सं०)* बाहर जाने या निकलने का रास्ता, द्वार; द्वारपाल

**निर्गमना** क्रि० निकलना।

**निर्गुण** पु० *(सं०)* त्रिगुणातीत परमात्मा।

**निर्गूढ** पु० *(सं०)* कोटर। वि० अत्यन्त गूढ।

**निर्ग्रन्थ** पु० *(सं०)* बौद्ध या दिगम्बर जैन साधु, बुद्धिहीन व्यक्ति। वि० विरक्त; असहाय; निष्फल।

**निर्ग्रन्थक** पु० *(सं०)* दिगम्बर संन्यासी; क्षणपक; जुआड़ी।

**निर्ग्रन्थिक** पु० *(सं०)* क्षपणक। वि० बिना गाँठ का।

**निर्ग्राह्य** वि० *(सं०)* साक्षात्कार करने योग्य।

**निर्घण्ट** पु० *(सं०)* ग्रन्थों का सूचीपत्र; निघण्टु।

**निर्घात** पु० *(सं०)* प्रहार; वज्राघात; तूफान।

**निर्घातन** पु० *(सं०)* अस्त्रचिकित्सा की एक क्रिया।

**निर्घोष** वि० *(सं०)* शब्दरहित। पु० निनाद, शब्द।

**निर्जन** पु० *(सं०)* उजड़ी हुई या गैरआबाद जमीन।

**निर्जर** पु० *(सं०)* अमृत; देवता।

**निर्जल** पु० *(सं०)* मरुभूमि। वि० जहाँ पानी न हो, जलरहित, जिसमें जल पीने का निषेध हो।

**निर्जलीकरण, निर्जलीभवन** पु० (डीहाईड्रेशन) वनस्पति, शरीर आदि में जल की कमी हो जाना।

**निर्जित** वि० *(सं०)* जो अच्छी तरह जीत लिया गया हो, जो पूर्ण रूप से वश में कर लिया गया हो।

**निर्जीव** वि० *(सं०)* मुर्दादिल, उत्साह रहित।

**निर्झरी** वि० *(सं०)* जिससे झरने झरते हों।

**निर्णय** पु० *(सं०)* मत, फैसला।

**निर्णयन** पु० *(सं०)* निपटारा करना, निश्चय करना।

**निर्णिक्त** वि० *(सं०)* शोधित, धुला हुआ।

**निर्णेक, निर्णेजन** पु० *(सं०)* स्नान; प्रायश्चित्त।

**निर्णेता** पु० *(सं०)* मार्गप्रदर्शक; विचारपति; साक्षी। वि० निर्णायक।

**निर्णेय** वि० निर्णय कार।

**निर्तक*** पु० नर्तक, नट; भाँड़।

**निर्दन्त** वि० *(सं०)* जिसे दाँत न हो, बिना दाँत का।

**निर्दग्ध** वि० *(सं०)* जला हुआ; जो न जला हो।

**निर्दट, निर्दड** वि० *(सं०)* निष्ठुर; निकम्मा; उग्र।

**निर्दय** वि० *(सं०)* उग्र; प्रचण्ड; दयारहित; निष्ठुर।

**निर्दयता** स्त्री० *(सं०)* कठोरहृदयता, निष्ठुरता।

**निर्दर** वि० *(सं०)* कठिन; निर्दय। पु० सार; गुफा।

**निर्दल** वि० *(सं०)* दलहीन; दलबन्दी से अलग।

**निर्दश** वि० *(सं०)* जिसको हुए दस दिन हो चुके हों।
**निर्दहन** वि० *(सं०)* जिसमें दाह न हो, दाहशून्य।
**निर्दहना*** स० क्रि० जला देना, दग्ध करना।
**निर्दिग्ध** वि० *(सं०)* हृष्ट-पुष्ट, निर्लिप्त; मोटा-ताजा।
**निर्दिष्ट** वि० *(सं०)* निर्णीत; वर्णित।
**निर्देश** पु० *(सं०)* उल्लेख; दिखाना, बतलाना, संकेत करना, जताना; कथन; सामीप्य।
**निर्दोष, निर्दोषी** वि० *(सं०)* निरपराध; निष्कलंक, जिसमें कोई दोष न हो, दोष रहित।
**निर्धर्म** वि० *(सं०)* जो धर्म का पालन न करे।
**निर्धार, निर्धारण** पु० *(सं०)* निर्णय या निश्चय करना।
**निर्धारना*** स० क्रि० निर्धारण करना।
**निर्धार्य** वि० *(सं०)* निर्भीक; दृढ़; उत्साही।
**निर्धूत** वि० *(सं०)* परित्यक्त; हिलाया हुआ; नाशित।
**निर्धौत** वि० *(सं०)* जो धुल गया हो; चमकाया हुआ।
**निर्नाथता** स्त्री० *(सं०)* अनाथ होने की अवस्था।
**निर्निमित्त, निर्निमित्तक** वि० *(सं०)* बिना कारण का।
**निर्पक्ष*** वि० पक्षपात रहित, निष्पक्ष।
**निर्बंध** वि० *(सं०)* बन्धनरहित। पु० बाधा, रोक।
**निर्बल** वि० *(सं०)* शक्तिहीन, कमजोर।
**निर्बहना*** अ० क्रि० पार पाना; त्राण पाना; निबहना।
**निर्बाध** वि० *(सं०)* एकान्त, निर्जन; बिना बाधा निरुपद्रव, जहाँ या जिसमें कोई उपद्रव न हो।
**निर्बुद्धि** वि० *(सं०)* बुद्धिहीन, मूर्ख, बेवकूफ।
**निर्भग्न** वि० *(सं०)* जो टुकड़े-टुकड़े हो गया हो।
**निर्भर** पु० *(सं०)* बेगार में काम करनेवाला आदमी।
**निर्भाग्य** वि० *(सं०)* अभागा।
**निर्भास** पु० *(सं०)* प्रकट होना; चमकना।
**निर्भृति** वि० *(सं०)* बेगार में काम करनेवाला।
**निर्भेद** पु० *(सं०)* फाड़ना; स्पष्ट कथन या उल्लेख।
**निर्मद** वि० *(सं०)* अभिमानरहित; हर्षरहित; (वह हाथी) जो मदजल से रहित हो।
**निर्मना*** स० क्रि० बनाना, उत्पन्न करना।
**निर्मर्याद** वि० *(सं०)* अशिष्ट, उद्दण्ड, जिसने मर्यादा का अतिक्रमण कर दिया है।
**निर्मल** वि० *(सं०)* अकलुष; मल रहित, स्वच्छ; शुद्ध।
**निर्मलीकरण** पु० शुद्धी करण।
**निर्मलोपल** पु० *(सं०)* स्फटिक।
**निर्माण** पु० *(सं०)* अंश; बनाने या रचने की क्रिया।
**निर्माता(तृ)** वि०, पु० *(सं०)* स्रष्टा, बनाने वाला।
**निर्मात्री** वि० *(सं०)* रचना करने वाला।
**निर्मान** वि० *(सं०)* अभिमानरहित; असीम, अपार।
**निर्माना*** स० क्रि० पैदा करना; रचना करना।
**निर्मार्जन** पु० *(सं०)* धोना, साफ करना।
**निर्मुक्त** वि० *(सं०)* बन्धन से मुक्त।
**निर्मुक्ति** स्त्री० *(सं०)* मुक्ति, छुटकारा।
**निर्मृष्ट** वि० *(सं०)* मिटाया हुआ; साफ किया हुआ।
**निर्मेघ** वि० *(सं०)* बादलों से रहित, निरभ्र।
**निर्मोक** पु० *(सं०)* आकाश; छोड़ना, साँप की केंचुल।
**निर्मोल*** वि० अनमोल, बहुमूल्य।
**निर्मोह, निर्मोहिया, निर्मोही** वि० *(सं०)* बेदर्द।
**निर्याण** पु० *(सं०)* मोक्ष; बाहर जाना, निकलना, कूच।
**निर्यात** पु० *(सं०)* बेचने के लिए विदेश भेजा जानेवाला माल; बाहर जाना या भेजना।
**निर्यातन** पु० *(सं०)* ऋण आदि चुकाना।
**निर्याति** स्त्री० *(सं०)* मृत्यु; प्रस्थान; मोक्ष।
**निर्याम** पु० *(सं०)* नाविक, पोतवाह, मल्लाह।
**निर्यास** पु० *(सं०)* किसी वस्तु में से निकलने वाला पानी, काढ़ा, क्वाथ; गोंद; अर्क।
**निर्लज्ज** वि० *(सं०)* बेहया, बेशर्म, लज्जारहित।
**निर्लुण्ठन** पु० *(सं०)* लूट लेना; फाड़कर अलग करना।
**निर्लेखन** पु० *(सं०)* खुरचने का औजार।
**निर्लेप** पु० *(सं०)* सन्त, ऋषि। वि० आसक्ति रहित, किसी विषय में आसक्ति न हो।
**निर्लोभ** पु० लोभरहित।
**निर्लोभी** वि० लोभरहित।
**निर्वचन** पु० *(सं०)* उक्ति, कहावत; निरुक्ति। वि० मौन।
**निर्वण, निर्वन** वि० *(सं०)* खुला हुआ; वन से बाहर।
**निर्वपण** पु० *(सं०)* पितृतर्पण; देना, दान।
**निर्वर** वि० *(सं०)* निर्लज्ज, बेहया; निडर।
**निर्वर्णन** पु० *(सं०)* देखना, दर्शन; ध्यान से देखना।
**निर्वसु** वि० *(सं०)* दरिद्र।
**निर्वाचक** पु० *(सं०)* चुनने वाला, जिसे मताधिकार प्राप्त हो, चुनाव करनेवाला।
**निर्वाचकगण, निर्वाचकवर्ग** पु० *(इलेक्टरेट)* निर्वाचकों

का समूह या वर्ग।

**निर्वाचन** पु० *(सं०)* वोट द्वारा चुनना, चुनाव।

**निर्वाच्य** वि० *(सं०)* जिस पर आपत्ति न की जा सके; निर्दोष; न कहने योग्य।

**निर्वाण** पु० *(सं०)* (हाथी को) नहलाना, धोना, परम गति, मोक्ष; शान्ति; अस्त होना; बुझना; विनाश।

**निर्वाद** पु० *(सं०)* अफवाह; वादाभाव; लोकनिन्दा।

**निर्वाप** पु० *(सं०)* दान; बुझाना; पितरों के निमित्त किया जानेवाला दान।

**निर्वापण** पु० *(सं०)* उड़ेलना; शान्त करना; दान।

**निर्वास, निर्वासन** पु० *(सं०)* प्रवास; विसर्जन।

**निर्वासित** वि० *(सं०)* नगर, देश से निकाला हुआ।

**निर्वाह** पु० पालन, गुजारा, समाप्ति।

**निर्वाहक** वि० *(सं०)* निर्वाह करनेवाला।

**निर्वाहना*** स० क्रि० निबाहना।

**निर्वाहित** वि० निबाहा हुआ।

**निर्विकल्प** वि० *(सं०)* सर्वदा एक समान रहने वाला, एक रूप, एक रस रहने वाला, निश्चल, स्थिर।

**निर्विकार** वि० *(सं०)* उदासीन, विकार रहित।

**निर्विकास** वि० *(सं०)* अविकसित, जो खिला न हो।

**निर्विण्ण** वि० *(सं०)* खिन्न; ज्ञात; नम्र; निश्चित।

**निर्विद्य** वि० *(सं०)* मूर्ख, विद्याविहीन, अनपढ़।

**निर्विवाद** वि० *(सं०)* विवादरहित, बिना झगड़े का।

**निर्विवेक** वि० *(सं०)* विवेकशून्य।

**निर्विशेष** पु० *(सं०)* अन्तर का अभाव। वि० समान, तुल्य; सदा एक रूप रहने वाला (परब्रह्म)।

**निर्विष** वि० *(सं०)* विषरहित।

**निर्विषय** वि० *(सं०)* घर से निकाला हुआ।

**निर्वीज** वि० *(सं०)* कारणरहित; नपुंसक; बीजरहित।

**निर्वीरा** स्त्री० *(सं०)* पति और पुत्र से रहित स्त्री।

**निर्वीर्य** वि० *(सं०)* नपुंसक; शक्तिहीन, निर्बल।

**निर्वृति** स्त्री० *(सं०)* सुख; मोक्ष।

**निर्वेग** वि० *(सं०)* शान्त, वेगरहित।

**निर्वेतन** वि० *(सं०)* बिना वेतन का।

**निर्वेद** पु० *(सं०)* शान्त रस का स्थायी भाव।

**निर्वेश** पु० *(सं०)* मूर्च्छित होना, मूर्च्छन; विवाह।

**निर्वेष्टन** पु० *(सं०)* सूत लपेटने की जुलाहों की नरी।

**निर्व्यलीक** वि० *(सं०)* निश्छल, बिना कपट का।

**निर्व्याज** वि० *(सं०)* विशुद्ध; छल-कपट से रहित।

**निर्व्याधि** वि० *(सं०)* व्याधि से रहित, नीरोग।

**निर्व्यूढ** वि० *(सं०)* पूरा या समाप्त किया हुआ।

**निर्व्यूढि** स्त्री० *(सं०)* द्वार; खूँटी; काढ़ा; अन्त, समाप्ति।

**निर्हरण** पु० *(सं०)* नष्ट करना; निकालना।

**निर्हार** पु० *(सं०)* अपने लिए अलग धन इकट्ठा करना *(स्मृ०)*; मल-मूत्र का त्याग; निर्हरण।

**निर्हारी** पु० *(सं०)* दूर तक फैलनेवाली गन्ध; सुगन्ध।

**निर्हास** पु० *(सं०)* अत्यन्त ह्रास।

**निलज, निलज्ज** वि० निर्लज्ज।

**निलजई, निलजता*** स्त्री० बेशर्मी, निर्लज्जता।

**निलय** पु० घर।

**निलयन** पु० *(सं०)* बाहर जाना; बसेरा लेना, वास करना; वासस्थान, घर, आश्रयस्थान।

**निलहा** वि० नील का कारोबार करनेवाला।

**निलाम** पु० नीलाम।

**निलीन** वि० *(सं०)* छिपा हुआ; पिघला हुआ।

**निवचन** पु० *(सं०)* बराबर कहते जाना; वचनाभाव।

**निवपन** पु० *(सं०)* बिखेरना; बोना।

**निवर्तक** वि० *(सं०)* लौटाने वाला; रुकने वाला।

**निवर्तमान** वि० *(सं०)* *(रिटायरिंग)* अवकाश ग्रहण कर लेना, नौकरी या पद से हटाया जाने वाला।

**निवर्तित** वि० *(सं०)* लौटा हुआ, लौटाया हुआ।

**निवसति** स्त्री० *(सं०)* निवासस्थान, घर।

**निवसना*** अ० क्रि० रहना, वास करना।

**निवह** पु० *(सं०)* अनिल; समूह, यूथ, समुदाय।

**निवाई*** वि० अद्भुत; नवीन।

**निवाजना*** स० क्रि० कृपापात्र बनाना; कृपा करना।

**निवाड़ा**† पु० नाव में बैठकर की जाने वाली जलक्रीड़ा।

**निवात** पु० *(सं०)* वायु से रक्षित स्थान।

**निवान*** पु० जलाशय; कीचड़ से युक्त नीची जमीन।

**निवाप** पु० *(सं०)* पितरों के निमित्त किया जाने वाला दान; दान।

**निवार** वि० रोक, रोकने वाला।

**निवारक** वि० *(सं०)* दूर करने वाला, रोकने वाला।

**निवारण** पु० *(सं०)* दूर करना, मिटाना; हटाना; रोकना।

**निवारना*** स० क्रि० बचाना; बरजना; दूर करना; हटाना; रोकना।

**निष्पुरुष** वि० *(सं०)* नपुंसक।
**निष्पेष, निष्पेषण** पु० *(सं०)* रगड़ना; पीसना।
**निष्पौरुष** वि० *(सं०)* पौरुषहीन।
**निष्प्रकम्प** वि० *(सं०)* अचल, स्थिर, कम्पनरहित।
**निष्प्रकाश** वि० *(सं०)* अँधेरा, प्रकाशरहित।
**निष्प्रचार** वि० *(सं०)* एक ही स्थान पर रहनेवाला।
**निष्प्रताप** वि० *(सं०)* प्रतापरहित।
**निष्प्रभ** वि० *(सं०)* तेजहीन, विवर्ण; द्युतिहीन।
**निष्प्रयोजन** अ० *(सं०)* बिना किसी मतलब के। वि० बिना किसी मतलब का, निःस्वार्थ; व्यर्थ।
**निष्फल** पु० *(सं०)* पयाल। वि० बेकार; निवीर्य।
**निसंक*** वि० निःशंक।
**निसँठ*** वि० दरिद्र, धनहीन।
**निसँसना*** अ० क्रि० हाँफना।
**निस** अव्य० *(सं०)* निषेध निश्चय सा कल्याति क्रमार्थक उपसर्ग।
**निसक*** वि० शक्तिहीन, कमजोर।
**निसचय निसचै*** पु० निश्चय।
**निसतरना*** अ० क्रि० छुटकारा पाना, मुक्ति पाना।
**निसतार*** पु० निस्तार।
**निसतारना*** स० क्रि० उद्धार करना, मुक्त करना।
**निसनेहा*** स्त्री० निःस्नेहा।
**निसबत** स्त्री० *(अ०)* लगाव, सम्बन्ध। अ० सम्बन्ध में।
**निसयाना*** वि० जो आपे में न हो, बेहोश।
**निसरना*** अ० क्रि० बाहर आना, निकलना।
**निसराना*** स० क्रि० बाहर करना, निकालना।
**निसर्ग** पु० *(सं०)* दान करना; मल-त्याग; छोड़ना।
**निसर्गतः** क्रि० वि० *(सं०)* प्रकृति के अनुसार।
**निसवादला*** वि० बिना स्वाद का, निःस्वाद।
**निसाँस*** स्त्री० लम्बी साँस, निःश्वास। वि० बेहोश।
**निसाँसा*** वि० बेदम, मृतप्राय।
**निसा**† *स्त्री० इच्छा; निशा; तृप्ति। पु० नशा।
**निसाद*** पु० भंगी; मल्लाह, निषाद।
**निसान*** पु० डंका, नगाड़ा; निशान।
**निसाना*** पु० निशाना।
**निसाफ*** पु० न्याय, इंसाफ।
**निसार** पु० *(सं०)* समुदाय, समूह; *(अ०)* निकलने का मार्ग; निछावर। *वि० निःसार; सारहीन।
**निसारना*** स० क्रि० निकालना; बाहर करना।
**निसास*** पु० निःश्वास।
**निसि** स्त्री० रात।
**निसिचर** पु० निशाचर।
**निसु*** स्त्री० रात।
**निसुका*** वि० दरिद्र, धनहीन।
**निसूदक** वि० *(सं०)* कसाई, हिंसा करने वाला।
**निसूदन** वि० *(सं०)* मारने वाला, वध करनेवाला। पु० वध करना, मारना।
**निसृत** वि० *(सं०)* विशेष रूप से निकला हुआ।
**निसृता** स्त्री० *(सं०)* निसोथ।
**निसेनी, निसैनी*** स्त्री० सोपान, सीढ़ी।
**निसेष*** वि० निःशेष।
**निसेस*** पु० निशेश, चन्द्रमा।
**निसोग*** वि० निश्चिन्त, बेफिक्र, शोक रहित, निःशोक।
**निसोच*** वि० चिन्ता रहित, निश्चिन्त, बेफिक्र।
**निस्केवल*** वि० निरा, विशुद्ध, बिना मिलावट का।
**निस्तन्तु** वि० *(सं०)* सन्तानहीन; तन्तुरहित।
**निस्तत्त्व** वि० *(सं०)* जिसमें कुछ तत्व न हो, सारहीन।
**निस्तब्ध** वि० *(सं०)* गतिहीन, विशेष रूप से स्तब्ध।
**निस्तमस्क** वि० *(सं०)* जहाँ अँधेरा न हो।
**निस्तरण** पु० *(सं०)* पार जाना; उपाय; उद्धार।
**निस्तरना*** अ० क्रि० उबरना, छुटकारा पाना।
**निस्तर्हण** पु० *(सं०)* वध, मारण।
**निस्तल** वि० *(सं०)* चलायमान; गोल वस्तु; अतल।
**निस्तार** पु० *(सं०)* छुटकारा; मुक्ति; पार पाना।
**निस्तारक** वि०, पु० *(सं०)* पार लगाने वाला।
**निस्तारण** पु० *(सं०)* विजय पाना; उद्धार करना।
**निस्तारन*** वि० जो पार लगाये। पु० निस्तारण।
**निस्तारना*** स० क्रि० उद्धार करना; मुक्त करना।
**निस्तुष** वि० *(सं०)* विशुद्ध, निर्मल; भूसी रहित।
**निस्तेजा(जस्)** वि० *(सं०)* कान्तिहीन, तेजहीन।
**निस्तोद** पु० *(सं०)* बहुत अधिक व्यथा।
**निस्तोय** वि० जल रहित।
**निस्त्रप** वि० *(सं०)* निर्लज्ज। पु० तलवार, खंग।
**निस्पृह** वि० *(सं०)* निर्लोभ, वासनारहित।
**निस्फल*** वि० अण्डकोशहीन; निष्फल।
**निस्यन्द** पु० *(सं०)* जाहिर करना; रिसना, चूना।
**निस्यन्दी** वि० *(सं०)* बहनेवाला, रिसनेवाला।

**निस्रव, निस्राव** पु० *(सं०)* बहना; भात का माँड।
**निस्संकोच** अ० *(सं०)* बिना संकोच के, संकोचरहित होकर। वि० संकोचरहित।
**निस्संग** वि० *(सं०)* एकाकी; निष्काम; निर्लिप्त।
**निस्सन्तान** वि० *(सं०)* सन्तानहीन।
**निस्सन्देह** अ० *(सं०)* बिना किसी सन्देह के। वि० असन्दिग्ध, सन्देहरहित।
**निस्सत्त्व** वि० *(सं०)* तुच्छ; सत्त्वरहित; शक्तिहीन।
**निस्सहाय** वि० *(सं०)* सहायरहित, असहाय।
**निस्सीम** वि० *(सं०)* जिसकी सीमा न हो, अपार।
**निस्स्व, निस्स्वक** वि० *(सं०)* दरिद्र, धनहीन।
**निस्स्वार्थ** वि० *(सं०)* स्वार्थरहित, बिना स्वार्थ का।
**निहंगम** वि० निहंग; अकेला; नंगा।
**निहन्ता(तृ)** वि० *(सं०)* प्राण हर लेनेवाला; नाशक।
**निह*** उप० निस् का एक विकृत रूप।
**निहकर्मा, निहकर्मी*** वि० निष्कर्मा।
**निहकलंक*** वि० निष्कलंक।
**निहकाम, निहकामी*** वि० निष्काम।
**निहचय, निहचै*** पु० निश्चय।
**निहचल*** वि० निश्चल।
**निहचिन्त*** वि० निश्चिन्त।
**निहठा** *स्त्री० निष्ठा। †पु० ठीहा, वह लकड़ी जिस पर रखकर बढ़ई कोई चीज गढ़ते हैं।
**निहत** वि० *(सं०)* जड़ा हुआ; संलग्न; मारा हुआ।
**निहत्था** वि० बिना हथियार का, निःशस्त्र, निरस्त्र।
**निहनन** पु० *(सं०)* वध, मारण।
**निहनना*** स० क्रि० मारना, वध करना।
**निहपाप*** वि० निष्पाप।
**निहफल*** वि० निष्फल।
**निहाई** स्त्री० लौह खण्ड जिस पर घन से लोहा पीटा जाता है।
**निहानी** स्त्री० रुखानी।
**निहायत** अ० *(अ०)* अत्यधिक, बहुत ज्यादा।
**निहार** पु० *(सं०)* पाला; कुहरा; ओस। *वि० निहाल।
**निहारना*** स० क्रि० निरखना, गौर से देखना।
**निहारिका** स्त्री० *(सं०)* ओस कण, नीहारिका।
**निहाल** पु० *(फ़ा०)* तोशक, गद्दा; पौधा; छोटा पौधा। वि० प्रसन्न, सन्तुष्ट; तृप्त, सफल मनोरथ।
**निहाली** स्त्री० *(फ़ा०)* रजाई; निहाई; गद्दा, तोशक।
**निहिंसन** पु० *(सं०)* हत्या कर देना, मार डालना।
**निहित** वि० *(सं०)* गम्भीर स्वर में उच्चरित; स्थापित।
**निहित** वि० नष्ट, फेंका हुआ; मारा हुआ; मौजूद।
**निहुँकना†** अ० क्रि० झुकना।
**निहुड़ना†** अ० क्रि० निहुरना।
**निहुरना*** अ० क्रि० झुकना, नत होना।
**निहुराई** स्त्री० निष्ठुरता।
**निहुराना†** स० क्रि० नत करना, झुकाना।
**निहोरा*** पु० एहसान; कृपा, उपकार; प्रार्थना, निवेदन।
**निहोरे*** अ० वास्ते; वजह से, कारण से।
**निह्नत** वि० छिपाया हुआ।
**निह्नव** पु० *(सं०)* बहाना; अविश्वास; प्रायश्चित्त।
**निह्नवन** पु० *(सं०)* इनकार; बहाना।
**निह्नवोत्तर** पु० *(सं०)* टामटोलवाला उत्तर।
**निह्नुत** वि० *(सं०)* छिपाया हुआ, गोपित।
**नींद, नींदड़ी*** स्त्री० निद्रा।
**मुहा० नींद उचाट होना** नींद में बाधा उत्पन्न होना। **नींद हराम होना** चिन्ता आदि के कारण नींद न आना।
**नींदना*** स० क्रि० निराना; निन्दा करना।
**नींदर, नींदरी*** स्त्री० नींद, निद्रा।
**नींब†** स्त्री० नीम।
**नीअर†** अ० निकट, नजदीक।
**नीक-नीका** वि० स्वच्छ, सुन्दर।
**नीकाश** वि० *(सं०)* तुल्य, समान, सदृश।
**नीके*** अ० सकुशल; भलीभाँति; अच्छी तरह।
**नीच** पु० *(सं०)* नीच मनुष्य। वि० दुष्ट; निकृष्ट।
**नीचग** पु० नीचे बहने वाला जल।
**नीचक** वि० *(सं०)* मन्द; कमीना; ठिंगना।
**नीचका, नीचिका** स्त्री० *(सं०)* बढ़िया गाय।
**नीचगा** स्त्री० नदी। पु० नीच, ओछा।
**नीचट†** वि० दृढ़, पक्का, मजबूत।
**नीचता** स्त्री०, **नीचत्व** पु० *(सं०)* ओछापन, खोटाई।
**नीचा** वि० कम ऊँचाई वाला; मन्द, धीमा।
**मुहा० नीचा खाना** अपमानित होना, पराजित होना। **नीचा दिखाना** किसी को अपमानित करना; पराजित करना। **नीचा देखना** घृणित या तुच्छ समझना, छोटा समझना।
**नीचाशय** वि० तुच्छ विचार।

**नीजन*** पु० एकान्त स्थान। वि० निर्जन, एकान्त।
**नीझर*** पु० निर्झर।
**नीठा*** वि० अप्रिय, अरुचिकर, जो अच्छा न लगे।
**नीड** पु० *(सं०)* आश्रय; घोंसला; माँद।
**नीडक** पु० *(सं०)* पक्षी; घोंसला।
**नीड़ोद्भव** पु० *(सं०)* चिड़िया, पक्षी।
**नीत** वि० *(सं०)* गृहीत, ग्रहण किया हुआ; पहुँचाया हुआ; बिताया हुआ। पु० धन, सम्पत्ति; गल्ला।
**नीति** स्त्री० *(सं०)* चतुराई भरी चाल; राजनीति।
**नीतिज्ञ** वि० नीति को जाननेवाला।
**नीतिमान्(मत्)** वि० *(सं०)* बुद्धिमान्।
**नीदना*** स० क्रि० निन्दा करना।
**नीधना*** वि० दरिद्र, निर्धन।
**नीपजना*** अ० क्रि० उत्पन्न होना; उन्नति करना।
**नीपना*** स० क्रि० लीपना।
**नीब** पु० फल विशेष।
**नीबर**† वि० निर्बल।
**नीम** पु० निम्ब, वृक्ष विशेष।
**नीम** वि. *(फा.)* आधा।
**मुहा० नीम हकीम खतरे जान** अधकचरे वैद्य की दवा करने में जान जाने का डर रहता है।
**नीमन**† वि० स्वस्थ; बढ़िया; ठीक।
**नीमर**† वि० अशक्त, क्षीण, निर्बल।
**नीयत** स्त्री० *(अ०)* इरादा, इच्छा, मंशा।
**नीर** पु० *(सं०)* नीम के पेड़ से निकलनेवाला रस; पानी, जल; रस।
**नीरज** पु० उशीर; मोती; कमल।
**नीरना*** स० क्रि० बिखेरना; पशुओं को चारा डालना।
**नीरव** वि० *(सं०)* जो शब्द न करे; शब्दरहित।
**नीराज** पु० *(सं०)* ऊदबिलाव।
**नीराजन** पु० आरती।
**नीराजना** देव को दीप जलाना।
**नीरुक्(ज्)**, **नीरोग** वि० *(सं०)* रोगरहित, स्वस्थ।
**नीरे*** अ० नियर।
**नीरोग** वि० रोगहीन, स्वस्थ।
**नीलंगु** पु० *(सं०)* गीदड़; भँवरा; फूल; कीड़ा।
**नील** पु० *(सं०)* तूतिया; सुरमा; चिह्न; मैना; एक पौधा जिससे नीला रंग तैयार किया जाता है; सौ खरब की संख्या, 100,00,00,00,00,000। वि० सौ खरब; नीले रंग का।
**नीलकण्ठ** वि० नीले कण्ठ वाला पक्षी।
**नीलपद्म** पु० नीलकमल।
**नीलफला** स्त्री० बैंगन।
**नीलांजन** पु० *(सं०)* नीला सुरमा; तूतिया।
**नीलांजना** स्त्री० *(सं०)* बिजली।
**नीलाम्बरी** स्त्री० *(सं०)* एक रागिनी।
**नीलाम्बुज, नीलाम्बुजन्म(न्)** पु० *(सं०)* नील कमल।
**नीलाम** पु० बोली बोलकर बेचना।
**नीलारुण** पु० *(सं०)* प्रत्यूष, उषा।
**नीलाश्मा(श्मन्)** पु० *(सं०)* नीलम।
**नीलि** पु० *(सं०)* एक जलजन्तु।
**नीलिमा** स्त्री० नीलापन।
**नीली** वि० स्त्री० नीला।
**नीलीचकरी** स्त्री० एक पौधा।
**नीलोत्पल** पु० *(सं०)* नील कमल।
**नीलोपल** पु० *(सं०)* नीलम; नीला पत्थर।
**नीलोफ़र** पु० *(फ़ा०)* कुईं; नील कमल।
**नींव** स्त्री० मूल आधार; मकान की जड़ या मूल।
**नीवर** पु० *(सं०)*वणिक्, व्यापारी; संन्यासी, परिव्राजक।
**नीवानाश** पु० सत्यानाश, सर्वनाश।
**नीवार** पु० तिन्नी चावल।
**नीवि** स्त्री० पूँजी; लहँगे की गाँठ, डोरी; कमर की धोती की गाँठ।
**नीवीं*** स्त्री० नींव।
**नीसक*** वि० असमर्थ, अशक्त।
**नीसान*** पु० निशान।
**नीसानी** स्त्री० एक छन्द।
**नीहल**† पु० खलार, नीची जमीन।
**नीहार** पु० *(सं०)* हिम, बर्फ; कुहरा।
**नुक़ता** पु० *(अ०)* बिन्दु; धब्बा, दाग; सिफर, शून्य; लिखावट में अक्षरों पर लगायी जानेवाली बिन्दी।
**नुकति** स्त्री० बूँदी।
**नुकरी**† स्त्री० जलाशयों के किनारे पायी जाने वाली एक छोटी चिड़िया।
**नुकसान** पु० *(अ०)* ऐब, दोष; हानि, क्षति; कमी।
**नुकाना** क्रि० छीलना, छिपाना।
**नुकीला** वि० सजीला, सुन्दर, जवान।
**नुक्कड़** पु० छोर; नाका, मोड़; नोक।

**नुक्का** पु० नोक, नुकीला भाग।

**नुक्स** पु० *(अ०)* खामी, त्रुटि; दोष, ऐब।

**नुचना** क्रि० उखड़ना।

**नुचवाना** क्रि० दूसरे से उखड़वाना।

**नुति** स्त्री० *(सं०)* स्तुति; प्रणाम।

**नुत्फ़ा** पु० *(अ०)* सन्तान; वीर्य, शुक्र।

**मुहा० नुत्फ़ा ठहरना** गर्भाधान होना।

**नुनखरा, नुनखारा** पु०, वि० नमक जैसा खारा।

**नुनना** क्रि० लुनना, खेती को काटना।

**नुनरा** पु० नमक बनाने वाला।

**नुनाई*** स्त्री० सौन्दर्य, शोभा, लावण्य।

**नुमाइश** स्त्री० *(फ़ा०)* प्रदर्शन; दिखावा।

**नुमाइशी** वि० *(फ़ा०)* दिखावटी; तड़क-भड़कवाला।

**नुसख़ा** पु० *(अ०)* लिखा हुआ कागज; डॉक्टर, वैद्य या हकीम द्वारा दवा लिखा गया कागज, नकल।

**नूत** वि० *(सं०)* *नया, नवीन; नुत।

**नूतन** वि० *(सं०)* अपूर्व, अद्भुत; हाल का, ताजा; नवीन, नया, अभिनव।

**नूत्न** वि० *(सं०)* नूतन।

**नूद** पु० *(सं०)* शहतूत, ब्रह्मदारु वृक्ष।

**नूनताई*** स्त्री० न्यूनता, कमी।

**नूनी**† स्त्री० लिंगेन्द्रिय।

**नूपुर** पु० *(सं०)* घुँघरू, पैर का एक गहना।

**नूर** पु० *(अ०)* ज्योति, प्रकाश; कान्ति, छवि।

**नृतक*** पु० नर्तक।

**नृतना, नृत्तना*** अ० क्रि० नाचना।

**नृति** स्त्री० *(सं०)* नर्तन, नाच।

**नृतु** पु० *(सं०)* नर्तक, नाचने वाला।

**नृपंजय** पु० *(सं०)* एक पुरुवंशी नरेश।

**नृप** पु० *(सं०)* राजा।

**नृपात्मजा** पु० *(सं०)* राजकुमार।

**नृपात्मज** पु० *(सं०)* राजकुमारी।

**नृपाभीर** पु० *(सं०)* नृपमान।

**नृपासन** पु० *(सं०)* तख्त, सिंहासन।

**नृहन** पु० नरसंहार।

**नेइँ, नेई*** स्त्री नीवँ।

**नेउछावरि**† स्त्री० निछावर।

**नेउता**† पु० न्योता।

**नेउला**† पु० नेवला।

**नेक*** वि० जरा, थोड़ा-सा। अ० जरा, थोड़ा।

**नेक** वि० *(फ़ा०)* उम्दा, अच्छा, भला।

**नेकी** स्त्री० *(फ़ा०)* अच्छा काम, भलाई, उपकार।

**मुहा० नेकी और पूछ-पूछ** किसी की भलाई बिना उससे पूछे करना।

**नेकु*** अ० जरा, थोड़ा। वि० थोड़ा, जरा-सा।

**नेग** पु० विवाहादि मांगलिक अवसरों पर सगे-सम्बंधियों तथा प्रजावर्ग को खुश करने के लिए द्रव्य-वस्त्र आदि देने की रस्म।

**नेगी** पु० नेग पाने का हकदार, नेग पानेवाला।

**नेछावर**† स्त्री० निछावर।

**नेजक** पु० *(सं०)* धोबी।

**नेजन** पु० *(सं०)* सफाई करना, धोना।

**नेजा** पु० *(फ़ा०)* राजाओं का निशान; भाला।

**नेटा** पु० नरसिका का कफ।

**नेठना*** अ० क्रि० नाठना।

**नेड़े**† अ० समीप, निकट।

**नेत** पु० निश्चय, निर्धारण।

**नेता(तृ)** पु० *(सं०)* स्वामी, मालिक; प्रवर्तक; अगुआ, नायक, सरदार; पहुँचाने वाला; नीम का पेड़।

**नेताजी** पु० सुभाषचन्द्र वसु।

**नेति** स्त्री० रई की रस्सी।

**नेतिधौति** स्त्री० योग क्रिया विशेष।

**नेत्र** पु० *(सं०)* आँख।

**नेत्रज, नेत्रजल** पु० आँसू।

**नेत्रामय** पु० *(सं०)* आँख का रोग।

**नेत्रारि** पु० *(सं०)* सेहुँड़।

**नेत्रोपम** पु० *(सं०)* बादाम।

**नेप** पु० *(सं०)* जल; पुरोहित।

**नेपचून** पु० *(सं०)* सौर मण्डल का एक ग्रह जो अन्य ग्रहों की अपेक्षा बहुत अधिक दूरी पर है।

**नेपथ्य** पु० रंगमंच का परदा जिसके पीछे नट-नटी (नाटक के पत्र) सजते हैं।

**नेपालक** पु० *(सं०)* ताँबा।

**नेपालिका** स्त्री० *(सं०)* मैनसिल।

**नेपाली** स्त्री० *(सं०)* नेवारी; एक जंगली खजूर; मैनसिल। वि० नेपाल-सम्बन्धी; नेपाल देश का।

**नेफ़ा** पु० *(फ़ा०)* लहँगे आदि का वह ऊपरी हिस्सा जिसमें इजारबन्द (नारा) पिरोया जाता है।

**नेमि** स्त्री० पहिये का घेरा, चक्कर।
**नेमी** वि० धर्म-दृष्टि से पाठ, पूजा।
**नेरा*** अ० नियरा, नजदीक, पास।
**नेराना†** अ० क्रि०, स० क्रि० निपटाना।
**नेरुवा†** पु० कोल्हू के नीचे तेल बहने की नाली।
**नेरे, नेरैं*** अ० समीप, नजदीक।
**नेलपॉलिश** स्त्री० *(अं०)* नाखून रंगने की पॉलिश।
**नेवग*** पु० नेग, दस्तूर।
**नेवछावर†** स्त्री निछावर।
**नेवज** पु० नैवेद्य, भोग।
**नेवजा** पु० *(फ़ा०)* चिलगोजा।
**नेवत, नेवता†** पु० न्योता।
**नेवतना*** स० क्रि० निमन्त्रित करना।
**नेवतहरी** पु० आमन्त्रित किया गया व्यक्ति, न्योतहरी।
**नेवर** स्त्री० घोड़े के दो पैरों के आपस में रगड़ खाने से होनेवाला घाव। पु० घुँघरू, नूपुर।
**नेवरना*** अ० क्रि० निवारित होना, दूर होना।
**नेवा** वि० तुल्य, समान; खामोश, चुप। पु० कहावत, लोकोक्ति; रीति, प्रथा, दस्तूर।
**नेवाजना*** स० क्रि० निवाजना।
**नेवाड़ा** पु० निवाड़ा।
**नेवाड़ी** स्त्री० नेवारी।
**नेवाना** स० क्रि० झुकाना।
**नेवार** पु०, स्त्री० निवार नेपाल की एक जाति।
**नेश्तर** पु० *(फ़ा०)* नश्तर।
**नेस** पु० जंगली जन्तुओं के नुकीले दाँत।
**नेसुहा†** पु० ठीहा, गन्ना या चारा काटने के काम का जमीन में गाड़ा जाने वाला लकड़ी का टुकड़ा।
**नेस्ती** स्त्री० *(फ़ा०)* विनाश; आलस्य।
**नेह*** पु० तेल या घी; स्नेह, प्रेम, प्यार।
**नेही*** वि० स्नेही, प्रेमी, प्रीति रखने वाला।
**नैःस्व** पु० *(सं०)* निर्धनता, दरिद्रता, अकिंचनता।
**नैक** वि० *(सं०)* बहुसंख्यक, एक से अधिक, अनेक, बहुत। अ० जरा, थोड़ा; अल्प।
**नैकचर** वि० झुण्ड या जमात में चलने वाला, जो अकेले न चले, समूहचारी (जैसे—हाथी, हिरन, भेड़ आदि)।
**नैकटिक** वि० *(सं०)* पार्श्ववर्ती; भिक्षा आदि के लिए ग्राम आदि के समीप रहने वाला। पु० संन्यासी।
**नैकधा** अ० *(सं०)* कई तरह से।
**नैकशः** वि० अनेक बार।
**नैकु** वि० थोड़ा-सा, अल्प। अ० जरा, थोड़ा।
**नैगम** पु० नय, नीति।
**नैघण्टुक** पु० *(सं०)* वैदिक शब्दों का संग्रहग्रन्थ।
**नैचिक** पु० *(सं०)* बैल या गाय का सिर।
**नैज** वि० *(सं०)* अपना, निजी, निजका।
**नैदेशिक** पु० *(सं०)* निर्देश का पालन करनेवाला; नौकर।
**नैधन** वि० *(सं०)* मरणशील, नश्वर।
**नैन*** पु० नयन, लोचन, नेत्र, आँख।
**नैपुण, नैपुण्य** पु० निपुणता। *(सं०)*
**नैप्च्यून** पु० *(अं०)* वरुण, जल देवता।
**नैमन्त्रणक** पु० *(सं०)* तवाजा, भोज।
**नैमय** पु० *(सं०)* सौदागर, व्यापारी।
**नैमित्त** वि० *(सं०)* चिह्न-सम्बन्धी; निमित्त से उत्पन्न।
**नैमित्तक** वि० जो किसी निमित्त से हो।
**नैमिष** वि० *(सं०)* पलभर टिकने वाला, क्षणिक।
**नैमिषारण्य** पु० *(सं०)* अवध का एक प्राचीन वन।
**नैमेय** पु० *(सं०)* किसी चीज को बदल कर दुसरी चीज लेना, एक्सचेंज, अदला-बदला, विनिमय।
**नैया** स्त्री० नाव।
**नैयामिक** पु० न्याय शास्त्रज्ञ।
**नैरंग** पु० *(फ़ा०)* जादू, कपट, अद्भुत बात, धोखा।
**नैर*** पु० देश; नगर।
**नैरर्थ्य** पु० *(सं०)* निरर्थक होने का भाव, निरर्थकता।
**नैराश्य** पु० *(सं०)* निराश होने का भाव; नाउम्मीदी।
**नैरुक, नैरुक्तिक** पु० *(सं०)* निरुक्ति जानने वाला।
**नैरुज्य** पु० *(सं०)* आरोग्य, स्वस्थता।
**नैर्ऋत** पु० *(सं०)* मूल नक्षत्र; दक्षिण-पश्चिम कोण का स्वामी। वि० निर्ऋति-सम्बन्धी।
**नैर्घृण्य** पु० *(सं०)* निष्ठुरता, निर्दयता।
**नैर्देशिक** पु० *(सं०)* नौकर, भृत्य, सेवक।
**नैर्मल्य** पु० *(सं०)* साफ सुथरा, निर्मलता, स्वच्छता।
**नैर्लज्य** पु० *(सं०)* लज्जाहीनता, बेहयाई, निर्लज्ज होने का भाव, जिसको लाज न आती हो।
**नैल्य** पु० *(सं०)* नीलापन।
**नैवासिक** वि० *(सं०)* निवास के उपयुक्त।
**नैविड्य** पु० *(सं०)* निविड़ होने का भाव, घनापन।

**नैश्चल्य** पु० *(सं०)* स्थिरता, निश्चलता।
**नैश्चित्य** पु० *(सं०)* निश्चित संस्कार।
**नैषध्य** पु० *(सं०)* राजा नल का पुत्र।
**नैष्किंचन्य** पु० *(सं०)* दरिद्रता, अकिंचनता।
**नैसर्गिक** वि० *(सं०)* स्वाभाविक, सहज, प्राकृतिक।
**नैसर्गिकी** वि० स्वाभाविक।
**नैसा** वि० बुरा।
**नैहर** पु० ननिआउर, मायका, पिता का घर।
**नो** अव्य० नहीं।
**नोआ** पु० लोमना, दूध दुहते समय गाय के पैर बाँधने की रस्सी।
**नोक** स्त्री० *(फ़ा०)* किसी वस्तु का नुकीला अग्रभाग; वस्तु का शंकु की तरह निकला हुआ कोना।
**नोकना*** अ० कि० ललचना; आकृष्ट होना।
**नोकाझोंकी** स्त्री० झगड़ा, विवाद, छींटाकशी।
**नोकीला**† वि० नुकीला।
**नोखा*** वि० अनोखा, अपूर्व, अद्भुत।
**नोचानाची** स्त्री० नोचखसोट।
**नोचू** वि० नोचखसोट करनेवाला; नोचने वाला।
**नोटिस** स्त्री० *(अं०)* सूचना; इश्तहार, विज्ञापन।
**नोदन** पु० *(सं०)* बैलों को हाँकने का पैना या डण्डा।
**नधा** अव्य० नवधा, नव प्रकार।
**नोन**† पु० नमक।
**नोर*** वि० नया, नूतन। पु० आँसू।
**नोवना*** स० क्रि० दुहते समय गाय की पिछली टाँगों को एक में बाँधना।
**नौ** वि० *(फ़ा०)* ताजा, नया, शीघ्र उत्पन्न।
**नौ** वि. आठ और एक, आठ से एक अधिक। पु. नौ की संख्या।
**मुहा० नौ दो ग्यारह होना** चम्पत होना, भाग जाना।
**नौकरानी** स्त्री० दासी, भृत्या।
**नौकरी** स्त्री० नौकर का काम या पेशा, सेवा।
**नौका** स्त्री० *(सं०)* पोत; नाव।
**नौग्रही** स्त्री० हस्ताभूषण विशेष।
**नौची** स्त्री० वह लड़की जिसे वेश्या अपना पेशा सिखाती है; नवयुवती।
**नौज** अ० कुछ परवाह नहीं, बला से (स्त्रि०); ऐसी नौबत न आये, भगवान् न करे।
**नौजा*** पु० बादाम, चिलगोजा।
**नौजी**† अ० नौज। स्त्री० लीची।
**नौतन*** वि० नूतन।
**नौतम*** पु० नम्रता। वि० ताजा, बिलकुल नया।
**नौतरणीय** वि० *(सं०)* जिसमें नौका आदि चल सकें।
**नौता*** पु० न्योता। वि० नया।
**नौतार्य** वि० *(सं०)* नाव से पार उतरने योग्य।
**नौधा**† पु० नया बाग; वर्षारम्भ में बोयी हुई नील की फसल।
**नौन*** पु० नमक।
**नौना** *वि० सुन्दर। अ० क्रि० नम्र होना; झुकना।
**नौबत** स्त्री० *(फ़ा०)* हालत; दुर्दशा; स्थिति।
**मुहा० नौबत गुज़रना** मौका जाता रहना; दुर्दशा होना। **नौबत बजना** अमोद-प्रमोद होना। **नौबत बजाना** आमोद-प्रमोद करना, खुशी मनाना।
**नौबती** वि० *(फ़ा०)* बारी से होने वाला। पु० नौबत बजानेवाला; कोतल घोड़ा; चौकीदार, पहरेदार।
**नौबलाध्यक्ष** पु० *(सं०)* नौ सेनापति।
**नौमि** *(सं०)* प्रणाम करता हूँ।
**नौमी** स्त्री० नवमी, किसी पक्ष की नवीं तिथि।
**नौरंगी**† स्त्री० नारंगी।
**नौल*** वि० नवल।
**नौला**† पु० नेवला; नौ बूँदों वाला ताश।
**नौलासी** वि० मुलायम।
**नौसर** वि० धूर्तता, छल, फरेब; नौ लड़ियों का हार।
**नौसरिया** वि० धोखेबाज, बहुत धूर्त।
**न्यंग** पु० *(सं०)* भेद, प्रकार; चिह्न।
**न्यंचन** पु० *(सं०)* विवर; छिपने का स्थान; मोड़।
**न्यंचनी** स्त्री० *(सं०)* गोद।
**न्यंचित** वि० *(सं०)* झुकाया हुआ; नीचे फेंका हुआ।
**न्यंज** पु० *(सं०)* सामीप्य; अन्तिम भाग।
**न्यसन** पु० *(सं०)* देना; छोड़ देना; रखना।
**न्यस्त** वि० *(सं०)* छोड़ा हुआ; स्थापित किया हुआ।
**न्याना**† वि० कम उम्र का; अनजान; अबोध।
**न्याय** *वि० *(सं०)* ठीक, उचित। पु० निर्णय, फैसला; उचित-अनुचित का विवेक, इंसाफ; प्रतिज्ञा, हेतु, उदाहरण आदि।
**न्यायकर्ता(र्तृ)** वि०, पु० न्याय करने वाला।
**न्यायतः (तस्)** अ० *(सं०)* न्याय से, न्याय के अनुसार, न्याय को दृष्टि में रखते हुए।

**न्यायपालिका** स्त्री० *(जूडीशियरी)* देश के न्यायायधीशों का समूह, देश की न्याय व्यवस्था या न्याय विभाग।

**न्यायसभा** स्त्री० न्यायालय, अदालत, कचहरी।

**न्यायाधिपति** पु० *(जस्टिस)* सर्वोच्च न्यायलय का न्यायाधीश, न्यायमूर्ति।

**न्यायाधीश** पु० *(सं०)* किसी विवाद या मुकद्दमे का निबटारा करनेवाला अधिकारी, जज।

**न्यायालय** पु० *(सं०)* अदालत, कचहरी, न्यायाधीश के बैठने का स्थान।

**न्यायी(यिन्)** वि० *(सं०)* न्याय के पथ पर चलनेवाला।

**न्यायोचित** वि० *(सं०)* जो न्याय सम्मत हो।

**न्यार*** पु० निवार, तिन्नी धान। वि० न्यारा।

**न्यारा** वि० जो अलग हो; अद्भुत, विचित्र; दूर का।

**न्यारे** अ० दूर; अलग।

**न्याव** पु० नियम, नीति, आचरण, पद्धति।

**न्यास** पु० उपनिधि, धरोहर, थाती।

**न्यसिक** वि० धरोहर रखने वाला।

**न्यूज़** पु० *(अं०)* संवाद, समाचार।

**न्यून** वि० *(सं०)* विकारयुक्त; हीन; कम; निकृष्ट।

**न्यूनकोण** पु० *(एक्यूट एंगिल)* वह कोण जो एक सम कोण से छोटा हो।

**न्यूनता** स्त्री० *(सं०)* हीनता; नीचता; कमी, अल्पता।

**न्यूनन** पु० *(एब्रिजमेण्ट)* छोटा कर देना; घटा देना।

**न्यूनांग** वि० *(सं०)* जिसका कोई अंग विकृत हो।

**न्यूनीकरण** पु० *(अबेटमेण्ट)* कम कर देना, घटा देना।

**न्योचनी** स्त्री० *(सं०)* दासी, परिचारिका।

**न्योछावर** स्त्री० निछावर।

**न्योजी*** स्त्री० चिलगोजा; लीची।

**न्योतना** स० क्रि० विवाहादि में निमन्त्रित करना।

**न्योतहरी** पु० निमन्त्रित व्यक्ति। वि० निमन्त्रण में आया हुआ।

**न्योता** पु० निमन्त्रण; दावत।

**न्यौज*** पु० नैवेद्य।

**न्यौरा*** पु० बड़े दानों का घुँघरू; नेवला।

**न्यौला** पु० नेवला।

**न्हवाना*** स० क्रि० स्नान कराना, नहलाना।

**न्हाना*** अ० क्रि० नहाना।

# प

**प** देवनागरी वर्णमाला में पवर्ग का प्रथम वर्ण। उच्चारण स्थान ओष्ठ।

**पंक** पु० *(सं०)* पोतने योग्य गीली मिट्टी; कीचड़।

**पंक्ति** स्त्री० *(सं०)* क्रमबद्ध समूह, कतार, श्रेणी।

**पंख** पु० डैना, पर।

**मु० पंख जमना** भागने, कुमार्ग पर चलने या प्राण गँवाने का लक्षण प्रकट होना। **पंख लगाना** उड़ान भरना; पक्षी की-सी गति से युक्त होना।

**पंखड़ी** स्त्री० छोटी पंख।

**पँखिया, पंखी*** स्त्री० पँखड़ी; भूसी के महीन टुकड़े; पक्षी।

**पंखुड़ा, पखुरा** पु० पखौरा, हाथ, कन्धे का जोड़।

**पंखेरू** पु० पक्षी।

**पंग*** वि० शनिग्रह; बेकाम; अवरुद्ध; गतिहीन; स्तब्ध।

**पंगत** स्त्री० भोजन के समय की पंक्ति, पाँति।

**पंगु** पु० *(सं०)* लँगड़ा आदमी; शनि ग्रह। वि० गतिहीन; जो पाँव के बेकाम होने से चल-फिर न सकता हो; जो चल न सके।

**पंच** पु० *(सं०)* पाँच की संख्या; न्याय करने वाली मण्डली; मध्यस्थ; जनसाधारण; पाँच या अधिक मनुष्यों का समूह; पंचायत का सदस्य; जूरी का सदस्य। वि० पाँच।

**पंचकन्या** स्त्री० *(सं०)* कुन्ती, तारा, अहल्या, द्रौपदी और मन्दोदरी।

**पंचकपाल** वि० *(सं०)* पाँच कसोरों में तैयार किया हुआ।

**पंचकर्म(न्)** पु० *(सं०)* वैद्यक में चिकित्सा के अन्तर्गत पाँच क्रियाएँ—वमन, विरेचन, नस्य, निरूह और अनुवासन; पाँच प्रकार के कर्म—उत्क्षेपण, अपक्षेपण, आकुंचन, प्रसारण और गमन *(न्या०)*।

**पंचकर्मी** स्त्री० पंचकर्म, उपचार के पाँच अंग।

**पंचकषाय** पु० *(सं०)* बेर, मौलसिरी, जामुन, सेमर और बरियारा—इन पाँच वृक्षों की छाल का रस।

**पंचकान** पु० पाँच प्रकार के कामदेव—कन्दर्प, मकरध्वज, काम, मन्मथ, और मीनकेतु।

**पंचकारण** पु० कार्योत्पत्ति के पाँच कारण—नियति, पुरुष, काल, स्वभाव, और कर्म।

**पंचकृत्य** पु० *(सं०)* पंचकृत्य– सृष्टि, ध्वंस, संहार, तिरोभाव, और अनुग्रह- करण।

**पंचकोण** वि० *(सं०)* पाँच कोनोंवाला। पु० पाँच भुजाओं वाला क्षेत्र।

**पंचकोल** पु० पीपर, चव्य, चित्रकमूल, पिपरामूल और सोंठ–पाँच औषधियों का योग।

**पंचकोश, पंचकोष** पु० *(सं०)* वेदान्त के अनुसार पाँच कोश–अन्नमय कोश, मनोमय कोश, विज्ञानमय कोश, प्राणमय कोश, और आनन्दमय कोश।

**पंचकोस** पु० *(हि०)* काशीपुरी।

**पंचकोसी** स्त्री० *(हि०)* काशी की परिक्रमा।

**पंचक्लेश** पु० *(सं०)* राग, द्वेष, अविद्या, अस्मिता, और अभिनिवेश –ये पाँच क्लेश।

**पंचगंगा (घाट)** पु० *(हि०)* काशी का एक प्रसिद्ध स्थान जो कई नदियों का संगम स्थान माना जाता है।

**पंचगणयोग** पु० *(सं०)* पृश्निपर्णी, निदिग्धिका, विदारीगन्धा, बृहती और भूकुष्माण्ड का योग।

**पंचगव** पु० *(सं०)* पाँच गायों का योग।

**पंचगव्य** पु० *(सं०)* गाय के दूध, घी, दही, गोबर और मूत्र को एक में मिलाकर तैयार किया जाने वाला एक पेय पदार्थ।

**पंचगुण** वि० *(सं०)* पँचगुना। पु० शब्द, स्पर्श, रूप, रस और गन्ध–ये पाँच गुण।

**पंचग्रामी** स्त्री० *(हि०)* पाँच गाँवों का समूह।

**पंचचक्र** पु० *(सं०)* पाँच चक्रों–राजचक्र, वीरचक्र, महाचक्र, देवचक्र, और दशचक्र–का योग *(तं०)*।

**पंचचोल** पु० *(हि०)* हिमालय-श्रेणी का एक हिस्सा।

**पंचजन** पु० नाग, गन्धर्व, देव, मनुष्य और पितर–ये पाँच प्रकार के प्राणी।

**पंचजनी** स्त्री० पाँच व्यक्तियों का समुदाय।

**पंचजनीन** वि० पंचजन-सम्बन्धी। पु० विदूषक, अभिनेता।

**पंचज्ञान** पु० *(सं०)* पाशुपत दर्शन का ज्ञाता; बुद्ध।

**पंचतन्त्र** पु० *(सं०)* संस्कृत की एक प्रसिद्ध पुस्तक।

**पंचतन्त्री** स्त्री० *(सं०)* पाँच तारों वाली वीणा।

**पंचतत्त्व** पु० *(सं०)* पंचमकार; पंचभूत।

**पंचतन्मात्र** पु० *(सं०)* स्पर्श, रूप, रस, गन्ध और शब्द –ये पाँच सूक्ष्म तत्त्व जिनसे पंचमहाभूतों की उत्पत्ति होती है।

**पंचतपा (पस्)** वि०, पु० *(सं०)* पंचाग्नि का ताप लेनेवाला।

**पंचतरु** पु० *(सं०)* सन्तान, कल्पवृक्ष, मन्दार, पारिजात, और हरिचन्दन का समाहार।

**पंचतिक्त** पु० *(सं०)* पाँच कड़वी ओषधियों–सोंठ, कुट, गुडुच, भटकटैया, और चिरायता का योग।

**पंचतीर्थी** स्त्री० पाँच तीर्थ–नैमिष, प्रयाग, विश्रान्ति, शौकर, और पुष्कर।

**पंचतृण** पु० *(सं०)* कुश, कास, डाभ, सरकण्डा, और ईख–इन पाँच तृणों का योग।

**पंचदश(न्)** वि०, पु० *(सं०)* पन्द्रह।

**पंचदशी** स्त्री० *(सं०)* अमावस्या; पूर्णिमा।

**पंचदेव** पु० *(सं०)* सूर्य, गणेश, विष्णु, शिव और दुर्गा।

**पंचनख** पु० *(सं०)* हाथी; कछुआ; बाघ, शेर। वि० पाँच नखों वाला (जानवर)।

**पंचनद** पु० *(सं०)* पंजाब, पाँच नदियोंवाला देश।

**पंचनाथ** पु० जगन्नाथ, रंगनाथ, बदरीनाथ, द्वारकानाथ, और श्रीनाथ।

**पंचनामा** पु० *(हि०)* एक लिखित प्रमाण स्वरूप कागज जिस पर पंचों ने अपनी तजवीज लिखी हो; वह कागज जिसके द्वारा वादी और प्रतिवादी किसी व्यक्ति या व्यक्तिसमूह को अपने मामले का फैसला करने का अधिकार देते हैं।

**पंचनिम्ब** पु० नीम के पाँच अंग।

**पंचनिर्णय** पु० *(आर्बिट्रेशन)* पंच द्वारा किया गया फैसला, निर्णय।

**पंचपर्व(न्)** पु० *(सं०)* पूर्णिमा, अमावस्या, अष्टमी, चतुर्दशी और रविसंक्रान्ति।

**पंचपल्लव** पु० *(सं०)* वैदिक कर्म में–पीपल, गूलर, पाकड़, आम और बड़–इन पाँच वृक्षों के पल्लव; आम, जामुन, कैथ, बेल और बिजौरा–इन पाँच वृक्षों के पल्लव; तान्त्रिक कर्म में–कटहल, आम, पीपल, बड़ और मौलसिरी–इन पाँव वृक्षों के पल्लव।

**पंचपात्र** पु० *(सं०)* पाँच पात्रों का योग।

**पंचपाद्** पु० *(सं०)* संवत्सर। वि० पाँच चरणों वाला।

**पंचपुष्प** पु० *(सं०)* शमी, कमल, चम्पा, आम, और कनेर के फूलों का योग।

**पंचप्राण** पु० *(सं०)* शरीर में संचरण करनेवाली पाँच वायु—प्राण, समान, उदान, अपान, और व्यान।

**पंचवाण, पंचशर** पु० *(सं०)* कामदेव के पाँच बाण—स्तम्भन, शोषण, सम्मोहन, उन्मादन, और तापन।

**पंचबाहु** पु० *(सं०)* शिव।

**पंचभर्तारी** स्त्री० *(हि०)* द्रौपदी।

**पंचभर्ती** स्त्री० *(सं०)* द्रौपदी।

**पंचभुज** वि० *(सं०)* पाँच भुजाओं वाला।

**पंचभूत** पु० *(सं०)* तेज, वायु, पृथ्वी, जल, और आकाश—ये पाँच तत्त्व।

**पंचमहापातक** पु० *(सं०)* पाँच प्रकार के महापातक—ब्रह्महत्या, सुरापान, स्तेय, गुरुपत्नी-गमन और उक्त चार महापातकों को करनेवाले का संसर्ग।

**पंचमहाव्रत** पु० *(सं०)* ब्रह्मचर्य, अहिंसा, सूनृता, अस्तेय और अपरिग्रह।

**पंचमहिष** पु० *(सं०)* भैंस का घी, दूध, दही, गोबर और मूत्र।

**पंचमास्य** पु० *(सं०)* कोकिल। वि० पाँच महीनों में या हर पाँचवें महीने होने वाला; पाँच महीने का।

**पंचमुख** वि० *(सं०)* जिसके पाँच मुँह हो। पु० शिव; पाँच नोकोंवाला बाण; पाँच मुखोंवाला रुद्राक्ष।

**पंचमुद्रा** स्त्री० *(सं०)* पूजनविधि के अन्तर्गत पाँच प्रकार की मुद्राएँ—आवाहनी, स्थापनी, सन्निधापनी, सम्बोधिनी और सम्मुखी-करणी।

**पंचमूत्र** पु० गाय, बकरी, भेड़, भैंस और गधी—इन पाँच जानवरों का मूत्र।

**पंचमूल** पु० *(सं०)* पाँच-पाँच वनस्पतियों की जड़ से तैयार की जानेवाली एक प्रकार की दवा।

**पंचयज्ञ** पु० *(सं०)* गृहस्थों के पाँच महायज्ञ।

**पंचयाम** पु० *(सं०)* दिन।

**पंचरत्न** पु० *(सं०)* पाँच प्रकार के रत्न—नीलम, हीरा, पद्मराग मणि, मोती ओर मूँगा; पाँच रत्न।

**पंचरश्मि** पु० *(सं०)* सूर्य।

**पंचरसा** स्त्री० *(हि०)* आँवला।

**पंचरात्र** पु० *(सं०)* पाँच रातों का समय; पाँच रात्रियों का समाहार।

**पंचराशिक** पु० *(सं०)* गणित की चार ज्ञात राशियों के द्वारा पंचम राशि निकाली जाती है।

**पंचवट** पु० *(सं०)* यज्ञोपवीत।

**पंचवटी** स्त्री० बड़, हड़, पीपल, बेल, ओर अशोक—इन पाँच वृक्षों का योग; दण्डकारण्य में एक स्थान जहाँ राम ने सीता और लक्ष्मण के साथ निवास किया था।

**पंचवर्ग** पु० *(सं०)* पाँच प्रकार के गुप्तचरों का समूह; पाँच ज्ञानेन्द्रियाँ; शरीर के पाँच तत्त्व; पाँच पदार्थों का समूह; पंच महायज्ञ।

**पंचवर्ण** पु० *(सं०)* मकार, नाद, अकार, उकार और बिन्दु से संयुक्त ओंकार।

**पंचविंशति** वि० *(सं०)* पच्चीस।

**पंचवृक्ष** पु० *(सं०)* पाँच देव वृक्ष—परिजात, मदार, हरिचन्द, सन्तान और कल्पवृक्ष।

**पंचशब्द** पु० *(सं०)* शंखध्वनि आदि पाँच प्रकार की ध्वनियाँ; पंच मंगलवाद्य।

**पंचशाख** पु० *(सं०)* हाथ; हाथी; पाँच शाखाओं का समाहार।

**पंचशैल** पु० *(सं०)* एक पर्वत।

**पंचसरा*** पु० कामदेव।

**पंचसुगन्धक** पु० *(हि०)* लौंग, सुपारी, शीतल चीनी, कपूर और जायफल—ये पाँच सुगन्धित पदार्थ।

**पंचस्कन्ध** पु० *(सं०)* रूप, संस्कार, वेदना, संज्ञा तथा विज्ञान—ये पाँच वस्तुएँ।

**पंचस्नेह** पु० *(सं०)* चरबी, मज्जा, घी, तेल और मोम—ये पाँच चिकने पदार्थ।

**पँचरंगा** वि० पाँच रंग का।

**पँचलड़ा** वि० पाँच लड़ों का।

**पंचांश** पु० *(सं०)* पाँचवाँ भाग।

**पंचानबे** वि० नब्बे और पाँच की संख्या।

**पंचामृत** पु० *(सं०)* पाँच द्रव्यों का योग; गाय के दूध, दही, घी, मधु और चीनी के योग से बना एक पेय है। वि० पाँच द्रव्यों के मेल से बना हुआ पेय।

**पंचायत** स्त्री० किसी मामले या झगड़े के सम्बन्ध में पंचों द्वारा किया जानेवाला विचार।

**पंचालिस**† वि०, पु० पैतालीस।

**पंचावस्थ** पु० *(सं०)* मुर्दा, शव।

**पंचाश** वि० *(सं०)* पचासवाँ।

**पन्दा** पु० फफोले, चेचक के दाने आदि में भरा हुआ

पानी; प्राणियों के शरीर या पेड़-पौधों में कटने, छिलने या फुंसी आदि की जगह से निकलने वाला एक प्रकार का रस।

**पन्दाला** पु० फफोले के भीतर का पानी; फफोला।

**पन्दी** पु० पक्षी।

**पंजर** पु० *(सं०)* पिंजड़ा; कंकाल, हड्डियों का ढाँचा।

**पंजरक** पु० *(सं०)* पिंजड़ा।

**पँजरी** स्त्री० ˈपसली; अर्थी।

**पंजा** पु० *(सं०)* पाँच अँगुलियों सहित हथेली का अग्र भाग।

**मुहा० पंजा फैलाना** अधिकार में करने की चेष्टा करना। **पंजा मारना** झपट्टा मारना। **पंजा मोड़ना** परास्त करना। **पंजा लड़ाना** बल परीक्षा करना। **पंजे से छूटना** अधिकार से छूटना। **पंजों पर चलना** इतराना।

**पंजारा** पु० धुनिया, रुई धुनने वाला।

**पंजि, पंजी** स्त्री० *(सं०)* पूनी; पंचांग; बही, रजिस्टर।

**पंजिका** स्त्री० *(सं०)* पंचांग, तिथिपत्र; रजिस्टर।

**पंजीयन** पु० *(रजिस्ट्रेशन)* अभ्यर्थियों आदि की नाम-सूची में नाम का दर्ज कर लिया जाना।

**पंजीरी** स्त्री० नैवेद्य के लिए बनाया गया घी में भुना आटा; धनिया, चीनी आदि का मिला हुआ चूर्ण।

**पण्डित** वि० *(सं०)* कुशल; विद्वान्। पु० शास्त्रज्ञ विद्वान्; ब्राह्मण।

**पण्डितराज** पु० बहुत बड़ा विद्वान्।

**पण्डोह**ˈ पु० पनाला, नाबदान।

**पण्ड्र, पण्ड्रक** पु० *(सं०)* पंगु मनुष्य; हिजड़ा।

**पन्थ** पु० मार्ग, रास्ता; रीति; धर्म, सम्प्रदाय।

**मु० पन्थ गहना*** रास्ता पकड़ना। **पन्थ दिखाना** शिक्षा देना; रास्ता दिखलाना। **पन्थ निहारना** प्रतीक्षा करना, बाट जोहना। **पन्थ पर लाना/लगाना** सुमार्ग पर चलाना।

**पन्थक** वि० *(सं०)* मार्ग में उत्पन्न।

**पन्थकी*** पु० यात्री, मुसाफिर।

**पन्थान*** पु० मार्ग, रास्ता।

**पन्थिक*** पु० पथिक।

**पन्थी** पु० यात्रा करने वाला; यात्री; राही, मुसाफिर।

**पन्द** पु० *(फ़ा०)* शिक्षा, नसीहत; सलाह।

**पँवर*** स्त्री० ड्योढ़ी; सामान।

**पँवरना*** अ० क्रि० तैरना; थाह लेना, पता लगाना।

**पँवरि*** स्त्री० द्वार; ड्योढ़ी।

**पँवरी** स्त्री० ड्योढ़ी; *खड़ाऊँ, पाँवरी।

**पँवाड़ा, पँवारा** पु० विस्तृत कथा; वीरगाथा, कीर्तिकथा।

**पँवारना*** स० क्रि० फेंकना; दूर करना, हटाना।

**पँसली** स्त्री० छाती के अस्थि पंजर की आड़ी हड्डियों में से एक।

**पंसारी** पु० मसाले, नमक आदि रोजमर्रा की वस्तुएँ बेचने वाला।

**पंसासार*** पु० पासे का खेल।

**पंसेरी** स्त्री० पाँच सेर की तौल का बाट।

**प** पु० *(सं०)* हवा; पत्ता; पतन, अन्त।

**पइसना** क्रि० घुसना, प्रवेश करना।

**पइसार*** पु० प्रवेश।

**पउँरि*** स्त्री० ड्योढ़ी।

**पउनी*** स्त्री० पौनी।

**पकड़ना** स० क्रि० गिरफ्तार करना; किसी वस्तु से चिपकना; समझना; खोज निकालना।

**पकना** अ० क्रि० कच्चा न रहना; ताप के कारण गलना या नरम होना; पक्का होना।

**पकला**ˈ पु० फोड़ा।

**पकवान** पु० घी या तेल में तली हुई भोज्य वस्तु।

**पकवाना** क्रि० दूसरे से पकाने का कार्य कराना।

**पकाई** स्त्री० पकाने की क्रिया।

**पकाना** स० क्रि० उबालना; अनाज, फल आदि के पकने की अवस्था तक पहुँचाना।

**पकार** पु० प अक्षर।

**पकौड़ा** पु० बेसन की बड़ी जो तेल में तली हो।

**पकौड़ी** स्त्री० छोटा पकौड़ा।

**पक्का** वि० परिपुष्ट; निश्चित; पका हुआ; पूर्णता को प्राप्त; अचल, सुदृढ़; ईंट या पत्थर का बना हुआ; अच्छी तरह जाँचा हुआ।

**पक्खर*** स्त्री०, वि० प्रखर, तीक्ष्ण; तेज; दृढ़, पक्का।

**पक्व** पु० *(सं०)* पकाया हुआ भोजन। वि० अनुभवी; दृढ़, पुष्ट; पूर्णत पका हुआ; पकाया हुआ; विकसित।

**पक्वता** स्त्री०, **पक्वत्व** पु० *(सं०)* पके होने का भाव।

**पक्ष** पु० *(सं०)* चान्द्र मास के दो भागों में से एक; मत-सिद्धान्त के अनुयायी; सहायक।

**पक्ष(स्)** पु० *(सं०)* पंख; मासार्द्ध; दरवाजे का पल्ला।
**पक्षान्त** पु० *(सं०)* अमावस्या; पूर्णिमा।
**पक्षाघात** पु० लकवा।
**पक्षान्तर** पु० दूसरा पक्ष।
**पक्षिशाला** स्त्री० चिड़ियाघर।
**पक्ष्म(न्)** पु० *(सं०)* फूल का केसर; पंख; बरौनी।
**पखण्ड**† पु० पाखण्ड।
**पख़** स्त्री० *(फ़ा०)* नुक्स; रोक; अडंगा; शर्त; झगड़ा।
**पखरना*** स० क्रि० पखारना, धोना।
**पखवाड़ा**† पु० मासार्द्ध, पखवारा।
**पखा*** पु० दाढ़ी।
**पखाउज**†, **पखावज** पु० मृदंग।
**पखारना** स० क्रि० धोकर साफ करना; पानी से धोना।
**पखी, पखीरी*** पु० पक्षी।
**पखुड़ी, पखुरी**† स्त्री० पँखड़ी।
**पखेरू** पु० पक्षी, चिड़िया।
**पखेव**† पु० गाय, भैंस ब्याने के बाद कुछ दिन तक खिलाया जाने वाला सोंठ, गुड़ आदि का घोल।
**पखोआ*** पंख।
**पखौरा** पु० पखुरा।
**पग** पु० डग; पैर।
**पगडण्डी** स्त्री० संकीर्ण मार्ग।
**पगड़ी** स्त्री० दुकान किराये पर देने के पूर्व किरायेदार से नजराने के रूप में ली जानेवाली रकम; पाग। **मुहा० पगड़ी उछालना** अपमान करना। **पगड़ी बँधना** सम्मान प्राप्त होना। **पगड़ी बाँधना** उत्तराधिकारी बनाना।
**पगतरी** स्त्री० जूती।
**पगदासी** स्त्री० पाद सेविका, जूता।
**पगना** स्त्री० रससिक्त होना।
**पगनियाँ*** स्त्री० जूती।
**पगनी** स्त्री० खड़ाऊँ, जूता।
**पगरा*** पु० सफर शुरू करने का समय; प्रभात; डग।
**पगरी**† स्त्री० पगड़ी।
**पगहा** पु० गोड़ी, पशु के पैर बाँधने की रस्सी।
**पगा*** पु० पगड़ी; पघा; डुपट्टा।
**पगार** वेतन; कीचड़; हलकर पार करने योग्य नदी।
**पगारना** क्रि० फैलाना।
**पगिया*** स्त्री० पगड़ी।
**पघा** पु० गोड़ी।
**पघैया** पु० घूमकर माल बेचने वाला व्यापारी; लम्बी रस्सी में पशु को बाँधना जिससे वह गोलाई में चर सके।
**पचक** पु० *(सं०)* पकानेवाला, रसोइया।
**पचकना** क्रि० पिचकना।
**पचखा**† पु० पंचक।
**पचड़ा** पु० प्रपंच।
**पचना** क्रि० हजम होना, नष्ट होना।
**पचनागार** पु० *(सं०)* रसोईघर।
**पचनिका** स्त्री० *(सं०)* कड़ाही।
**पचनीय** वि० पचने योग्य।
**पचपन** वि० पचास और पाँच की संख्या। पु० 55।
**पचवना*** स० क्रि० पचाना।
**पचहत्तर** वि० सत्तर और पाँच की संख्या। पु० 75।
**पचहरा** वि० पाँच गुना; पाँच स्तरों या परतोंवाला।
**पचाना** स० क्रि० हजम करना; किसी मामले को दबा देना; किसी वस्तु को अपने में छिपा लेना।
**पचारना*** स० क्रि० ललकारना।
**पचास** वि० चालीस और दस की संख्या। पु० 50।
**पचित** वि० पचा हुआ।
**पचूका**† पु० पिचकारी।
**पचेलुक** पु० *(सं०)* रसोइया।
**पचौनी** स्त्री० आमाशय, मेदा।
**पचौर*** पु० पचौली।
**पच्चर** पु० बाँस अथवा लकड़ी की वह फट्टी या गुल्ली जिसे लकड़ी की बनी चीजों में सन्धि की दरार भरने के लिए ठोंकते या बैठाते हैं। **मु० पच्चर अड़ाना** रुकावट पैदा करना, बाधा डालना। **पच्चर ठोंकना** ऐसा कार्य करना जिससे किसी को भारी कष्ट पहुँचे। **पच्चर मारना** होते हुए काम में बाधा डालना।
**पच्छिम** पु० पश्चिम।
**पच्छी*** पु० पक्ष ग्रहण करने वाला; चिड़िया।
**पच्छौज** पु० *(सं०)* पैर धोकर साफ करना।
**पछताना** अ० क्रि० कोई अनुचित कार्य करके बाद में पश्चात्ताप करना।
**पछतानि*** स्त्री०, **पछतावा** पु० किसी कार्य के

अनौचित्य के बोध से होने वाली आत्म-ग्लानि, अनुचित कार्य करने के कारण उत्पन्न हुआ दुःख।

**पछतावना*** अ० क्रि० पछताना।

**पछमन*** अ० पीछे।

**पछरना*** अ० क्रि० लौटना; पछड़ना।

**पछाड़ना** स० क्रि० कपड़ा धोना; परास्त करना।

**पछाड़ी** स्त्री० पिछाड़ी।

**पछाया** पु० पिछला भाग।

**पछार**ꜝ स्त्री० पछाड़; मूर्च्छित होकर गिरना, पटक।

**पछारना*** स० क्रि० पछाड़ना।

**पछाही** वि० पश्चिम प्रदेशीय।

**पछिआना, पछियाना*** स० क्रि० पीछा करना, पीछे-पीछे चलना।

**पछिताना*** अ० क्रि० पछताना।

**पछिताव** पु० पछतावा।

**पछिला**ꜝ वि० पिछला।

**पछीत** स्त्री० मकान का पिछवाड़ा।

**पछुआ** वि० पश्चिमी। स्त्री० पश्चिम की हवा।

**पछेलना**ꜝ स० क्रि० पीछे छोड़ना या हटाना।

**पछेला, पछेली** पु०, स्त्री० स्त्रियों के हाथ का आभूषण विशेष।

**पछोड़ना**ꜝ स० क्रि० सूप से फटकना।

**पछोरना*** स० क्रि० अनाज आदि को सूप से साफ करना, पछोड़ना।

**पछौरा** पु० पिछौरा, दुपट्टा, चादर।

**पजरना*** अ० क्रि० सुलगना; जलना।

**पजारना*** स० क्रि० जलाना।

**पजावा** पु० *(फ़ा०)* ईंट का भट्ठा।

**पटम्बर*** पु० पाटम्बर।

**पट** पु० *(सं०)* पर्दा; बारीक कपड़ा; वस्त्र; छाजन।

**पट** पु० पालकी का दरवाजा; किवाड़।

**मु० पट उघड़ना/खुलना** मन्दिर का द्वार खुलना। **पट पड़ना** धीमा होना, मन्द होना; औंधे पड़ना।

**पटका** पु० दुपट्टा; कमरपेंच।

**पटच्चर** पु० *(सं०)* चोर; फटा-पुराना कपड़ा।

**पटतर** ꜝवि० हमवार, चौरस। *पु० बराबरी, तुलना।

**पटतरना*** स० क्रि० तुलना करना, समता दिखाना।

**पटपर** पु० समतल मैदान; उजाड़ जगह। वि० समतल।

**पटरा** पु० खेत समतल करने का पटरे का बना उपकरण; लम्बा, चौकोर और कम मोटा चीरा हुआ लकड़ी का टुकड़ा।

**मु० पटरा कर देना** बरबाद कर देना; मारकर गिरा देना। **पटरा फेरना** पाटा से जमीन बराबर करना। **पटरा होना** मरकर या कटकर गिर जाना।

**पटरी** स्त्री० लोहे की लम्बी मजबूत छड़ जिससे लाइन पर रेलगाड़ी चलती है; सड़क के किनारे पैदल चलने का रास्ता; काठ का लम्बा तख्ता।

**मुहा० पटरी बैठना** मन मिलना।

**पटरोल*** पु० रेशमी वस्त्र

**पटल** पु० *(सं०)* आवरण; तह, परत; छत, छाजन।

**पटलक** पु० *(सं०)* टोकरी; पर्दा; ढेर, राशि; सन्दूकची।

**पटली** स्त्री० *(सं०)* वृक्ष; डण्ठल; छप्पर; *पंक्ति; चौकी।

**पटवा** पु० गहना गूँथने का पेशा करनेवाली जाति; गहना गूँथने का पेशा करनेवाला व्यक्ति।

**पटवारी** *स्त्री० वस्त्र पहनानेवाली दासी। पु० गाँव की जमीन का लेखा रखनेवाला एक राजकीय कर्मचारी।

**पटवास** पु० *(सं०)* कपड़ों को सुगन्धित करने वाला पदार्थ; शिविर; खेमा, तम्बू; लहंगा।

**पटसन** पु० एक पौधा जिसकी छाल के रेशे रस्सी, बोरा और थैले आदि बनाने के काम आते हैं।

**पटह** पु० *(सं०)* ढोल; डुग्गी।

**पटहारिन** पु० पटहार की स्त्री।

**पटा** पु० *खरीद-बिक्री, सौदा; पीढ़ा; पटरा; सनद।

**पटाका** स्त्री० *(सं०)* झण्डा, ध्वजा। पु० थप्पड़; पटाके या आतिशबाजी की आवाज।

**पटाख़ा** पु० एक तरह की आतिशबाजी, पटाका।

**पटाना**ꜝ अ० क्रि० शान्त हो जाना। स० क्रि० ऋण चुकाना; गड्ढा पाटने का काम कराना।

**पटार** स्त्री० पिंजड़ा; पिटारी, मंजूषा; रेशम की डोरी।

**पटाव** पु० पाटी हुई जगह; पाटकर बनायी हुई छत।

**पटिका** स्त्री० *(सं०)* कपड़ा, वस्त्र।

**पटिमा(मन्)** स्त्री० *(सं०)* उग्रता; दक्षता, पटुता।

**पटिया** स्त्री० लम्बा और कम चौड़ा खेत; चौकोर

और समतल; पत्थर का लम्बोतरा टुकड़ा।

**पटी** स्त्री० *(सं०)* *कमरबन्द, कपड़े की पट्टी।

**पटीर** पु० क्यारी; क्षेत्र; ऊँचाई; *बरगद का पेड़।

**पटीर** वि० *(सं०)* ऊँचा; सुन्दर।

**पटुआ** पु० जूट, करेमू; पटसन।

**पटुक** पु० *(सं०)* परवल।

**पटुवा** पु० जूट, पटुआ।

**पटैला** पु० पटेला; अर्गला, ब्योंड़ा।

**मुहा० पटैले के साथ अपनी पनसुइया बाँधना** बड़े कार्य के साथ छोटे कार्य को सम्बद्ध करना।

**पट्ट** पु० *(सं०)* घाव पर बाँधने की पट्टी; पगड़ी; रेशम; दुपट्टा; राज-सिंहासन।

**पट्टक** पु० *(सं०)* घाव पर बाँधने की पट्टी; तख्ती; राजाज्ञा खुदवाने का ताम्रादि का पट्ट; दस्तावेज।

**पट्टा** पु० चपरास; सनद; किसी स्थावर सम्पत्ति के उपयोग का अधिकारपत्र।

**पट्टार्हा** स्त्री० *(सं०)* पटरानी।

**पट्टी** स्त्री० *(हि०)* तख्ती; बहकाने वाली सीख; घाव बाँधने का कपड़े का लम्बा और पतला टुकड़ा; चने, तिल आदि को चाशनी में मिलाकर बनायी जानेवाली एक प्रकार की पपड़ी। *(सं०)* तोबड़ा; नगर; घोड़े की पेटी।

**मुहा० पट्टी पढ़ाना** बहकाना।

**पट्टू** पु० एक प्रकार का धारीदार चारखाना; एक प्रकार का ऊनी कपड़ा।

**पट्टैत** पु० पटैत; मूर्ख मनुष्य।

**पट्ठा** पु० चढ़ती जवानीवाला मनुष्य, युवा, तरुण।

**पठार** पु० दूर तक फैली हुई चौरस और ऊँची जमीन।

**पठावन**† पु० दूत।

**पठित** वि० *(सं०)* पढ़ा हुआ।

**पठिया** स्त्री० जवान और हृष्ट-पुष्ट औरत।

**पठौना*** स० क्रि० भेजना, पठाना।

**पठ्यमान*** वि० पढ़ने योग्य।

**पड़त, पड़ता** पु० सामान्य दर, लागत।

**पड़ताल** स्त्री० खोज, पटवारी की जाँच-पड़ताल, निरीक्षण।

**पड़तालना** क्रि० छानबीन करना।

**पड़ती** स्त्री० बिना जोती बोयी पड़ी हुई जमीन।

**पड़वा** स्त्री० प्रतिपक्ष की प्रथम तिथि।

**पड़वी**† स्त्री० वैशाख या ज्येष्ठ में बोयी जाने वाली एक प्रकार की ईख।

**पड़ा** पु० पँड़वा, भैंस का बच्चा।

**पड़ाका**† पु० पटाका।

**पड़ाना** स० क्रि० लिटाना; गिराना; झुकाना।

**पड़ाव** पु० सेना, काफिले या यात्रियों का रात भर या कुछ समय के लिए कहीं ठहरना; यात्रियों के ठहरने की जगह, टिकाना।

**पड़िया** स्त्री० भैंस का मादा बच्चा।

**पड़ोरा**† पु० परवल।

**पड़ोस** पु० किसी के घर के आसपास की जगह; किसी के घर के पास का घर, प्रतिवेश।

**पड़ोसी, पड़ौसी** पु० आस-पास में रहनेवाला।

**पढ़न्त** स्त्री० जादू; निरन्तर पढ़ना।

**पढ़त** स्त्री० *(रीडिंग)* वाचन; पाठ, पढ़ने की क्रिया।

**पढ़ना** स० क्रि० लिखे हुए अक्षरों या शब्दों का क्रम से उच्चारण करना; बोलकर जपना; सीखना।

**पढ़वैया**† पु० पढ़ने या पढ़ानेवाला।

**पढ़ाई** स्त्री० अध्ययन का ढंग; पठन, पढ़ने का काम; विद्योपार्जन, शिक्षा; पढ़ाने की मजदूरी।

**पढ़ाना** स० क्रि० कोई विषय या बात सिखाना, शिक्षित बनाना, शिक्षा देना।

**पण** पु० *(सं०)* प्रतिज्ञा; पारिश्रमिक; वेतन; धन।

**पणता** स्त्री०, **पणत्व** पु० *(सं०)* मूल्य।

**पणनीय** वि० *(सं०)* खरीदने-बेचने योग्य।

**पणस** पु० *(सं०)* विक्रय वस्तु।

**पणायित** वि० *(सं०)* स्तुत; खरीदा या बेचा हुआ।

**पणार्पण** पु० *(सं०)* इकरार, शर्त।

**पणासी*** वि० विनाश करने वाला।

**पणित** पु० *(सं०)* बाजी। वि० खरीदा या बेचा हुआ।

**पणितव्य** वि० *(सं०)* खरीदने या बेचने योग्य।

**पणिता(तृ)** पु० *(सं०)* व्यापारी, सौदागर।

**पण्यांगना** स्त्री० *(सं०)* वेश्या, व्यभिचारिणी, कुलटा।

**पण्याजीव** पु० *(सं०)* व्यापारी, वणिक्।

**पण्याजीवक** पु० *(सं०)* व्यापारी; बाजार।

**पतंगम** पु० *(सं०)* शलभ, पतंगा; पक्षी।

**पतंगा** पु० फतिंगा; एक प्रकार का उड़नेवाला कीड़ा।

**पतंगिका** स्त्री० *(सं०)* एक तरह की मधुमक्खी।

**पतंगी** पु० *(सं०)* पक्षी।

**पतंगेन्द्र** पु० *(सं०)* गरुड़।

**पत*** स्त्री० लाज; इज्जत, प्रतिष्ठा।

**मु० पत उतारना** किसी की प्रतिष्ठा भंग करना, अपमान करना। **पत रखना** इज्जत बचाना; प्रतिष्ठा की रक्षा करना।

**पतई†** स्त्री० पत्ती।

**पतग** पु० *(सं०)* पक्षी।

**पतत्** पु० *(सं०)* पक्षी। वि० गिरता हुआ।

**पतझड़, पतझर, पतझार** स्त्री० जिस ऋतु में वृक्षों की पत्तियाँ झड़ती हैं।

**पतत्र** पु० *(सं०)* डैना, पर; वाहन, सवारी।

**पतन** पु० *(सं०)* उड़ना; गिरना; च्युत होना; ऊपर से नीचे आना; गर्भपात; पतित होना; घटाव।

**पतनोन्मुख** वि० *(सं०)* पतन की ओर जानेवाला।

**पतर*** वि० पतला। पु० पनवारा; पत्ता।

**पतरा†** वि० पतला; झीना; निर्बल।

**पतरी†** स्त्री० पत्तल।

**पतला** वि० दुर्बल, सँकरा; बारीक; अबल।

**पतली** स्त्री० द्यूत, जुआ।

**पतलून** पु० *(अं०)* *(पैण्टलून)* अँग्रेजी ढंग का पायजामा।

**पतलो†** स्त्री० सरपत या उसकी पत्ती।

**पतवा†** पु० एक तरह का मचान जिस पर बैठ कर जंगली जानवरों का शिकार करते हैं।

**पतवार** स्त्री० नाव में पीछे की ओर लगी हुई वह तिकोनी लकड़ी जिसके द्वारा नाव को इधर-उधर घुमाते या मोड़ते हैं।

**पतवारी** स्त्री० पतवार; ईख का खेत।

**पतस** पु० *(सं०)* पक्षी; चन्द्रमा; फतिंगा।

**पता** पु० खोज, खबर; भेद, रहस्य; ठिकाना, जानकारी।

**पताई** स्त्री० सूखी हुई पत्तियाँ।

**पताकांशुक** पु० *(सं०)* झण्डा, पताका।

**पताका** स्त्री० *(सं०)* झण्डा, ध्वजा; चिह्न; प्रतीक।

**पताकिक** पु० *(सं०)* पताका धारण करनेवाला।

**पताकिनी** स्त्री० *(सं०)* सेना।

**पतामी†** स्त्री० एक तरह की नाव।

**पतावर** पु० सूखे पत्ते।

**पतासी†** स्त्री० बढ़इयों की छोटी रुखानी।

**पति** पु० *(सं०)* किसी ब्याही हुई औरत का शौहर, कान्त; मूल, जड़; किसी वस्तु का स्वामी; गति।

**पतिआना†** स० क्रि० विश्वास करना, पतियाना।

**पतित** पु० *(सं०)* उड़ना। वि० महापापी, अत्यन्त नीच; जाति; आचारहीन।

**पतितव्य** वि० *(सं०)* गिरने योग्य, पतित।

**पतिया*** स्त्री० पत्र, चिट्ठी।

**पतियार†** वि० विश्वसनीय। पु० एतबार, विश्वास।

**पतियारा*** पु० विश्वास, एतबार।

**पतीजना, पतीनना*** स० क्रि० विश्वास करना।

**पतीला** पु० बड़ी पतीली।

**पतीली** स्त्री० चौड़े मुँह वाली पीतल आदि की पेंइदी युक्त बटलोई।

**पतुकी*** स्त्री० मिट्टी की बनी हण्डी; पतीली।

**पतुरिया** स्त्री० वेश्या।

**पतुली** स्त्री० कलाई का आभूषण।

**पतेर** पु० पक्षी; गड्ढा।

**पतोखा** पु० पत्ते का बना दोना; पत्तों से बनी छतरी।

**पतोखी** स्त्री० छोटा पतोखा।

**पतौआ, पतौवा*** पु० पत्ता।

**पत्तन** पु० *(सं०)* मृदंग; शहर, नगर।

**पत्तर** पु० पत्तल; धातु का कागज के समान बनाया गया टुकड़ा जो किसी चीज पर चढ़ाया जाये।

**पत्तल** स्त्री० थाली के स्थान पर उपयोग में लाया जाने वाला पत्तों का बर्तन।

**मु० (जिस) पत्तल में खाना उसी में छेद करना** कृतघ्न होना।

**पत्ता** पु० पर्ण, पत्र। वि० बहुत हल्का।

**मु० पत्ता न हिलना** जरा भी हवा न चलना।

**पत्ति** पु० *(सं०)* सेना की वह सबसे छोटी टुकड़ी जिसमें 1 रथ, 1 हाथी, 3 घोड़े ओर 5 पैदल सिपाही होते थे; पैदल सेना का जवान; योद्धा।

**पत्तिक** वि० *(सं०)* पैदल चलने वाला।

**पत्ती** स्त्री० छोटा पत्ता, भाग, हिस्सा।

**पत्तीदार** पु० साझीदार, हिस्सेदार।

**पत्थर** पु० कठोर पदार्थ का कोई टुकड़ा; ओला; हीरा जवाहर आदि।

**मुहा० पत्थर का कलेजा होना** अति निष्करुण होना। **पत्थर की लकीर होना** अपनी बात पर

दृढ़ रहना। **पत्थर के तले से हाथ निकालना** कष्ट से छुटकारा मिलना। **पत्थर पर दूब जमना** अनहोनी बात होना। **पत्थर पसीजना/पिघलना** निष्ठुर हृदय में दया का संचार होना। **पत्थर सा फेंक मारना** बहुत कड़वी बात कहना।

**पत्नी** स्त्री० *(सं०)* परिणीता स्त्री, भार्या, जोरू।

**पत्याना** क्रि० विश्वास करना।

**पत्यारी*** स्त्री० कतार, पंक्ति, पाँत।

**पत्र** पु० *(सं०)* कागज जिस पर कोई समाचार, सूचना या गोपनीय बात लिखी हो; चिट्ठी; खत।

**पत्रक** पु० *(सं०)* पत्तियों की शृंखला; तेजपत्ता; पत्ता।

**पत्रकार** पु० पत्र का सम्पादक।

**पत्रकारिता** स्त्री० *(सं०) (जर्नेलिज्म)* समाचार इकट्ठे करने, समाचार-पत्रों के सम्पादन आदि का विवेचन करने वाली विद्या; पत्रकार का कार्य या पेशा।

**पत्रा** पु० पंचांग।

**पत्राचार** पु० (करेस्पोण्डेंस) पत्रव्यवहार, लिखा-पढ़ी।

**पत्रावलि** स्त्री० *(सं०)* पत्तों की पंक्ति या श्रेणी; गेरू।

**पत्रावली** स्त्री० *(सं०)* पीपल की कोंपलों के साथ जौ और मधु का मिश्रण; दस्तावेज समूह, पत्रावलि।

**पत्राहार** पु० *(सं०)* केवल पत्तियाँ खाकर जीना।

**पत्रिका** स्त्री० *(सं०)* पाक्षिक, मासिक आदि निकलने वाली पुस्तिका, पत्र *(आ०)*; पत्र, चिट्ठी।

**पत्री** स्त्री० *(सं०)* जन्मपत्री; अँखुवा; चिट्ठी।

**पत्रोत्तर** पु० *(सं०)* पत्र का जवाब।

**पत्रोल्लास** पु० *(सं०)* नयी कोंपल, अँखुवा।

**पत्सल** पु० *(सं०)* सड़क, मार्ग।

**पथ** पु० *(सं०)* कार्य करने की पद्धति; रास्ता, मार्ग।

**पथक** पु० *(सं०)* मार्गदर्शक, गाइड।

**पथगामी, पथचारी** पु० पथिक।

**पथनार** स्त्री० उपले पाथना; मारने-पीटने का काम।

**पथन्‌ (त्)** पु० *(सं०)* जाने वाला; मार्ग; सड़क।

**पथरना**† स० क्रि० हथियार या औजार को पत्थर पर घिसकर तेज करना; ठगना।

**पथराना** अ० क्रि० चेतनाशून्य हो जाना, निर्जीव हो जाना; पत्थर के समान कठोर हो जाना।

**पथरी** स्त्री० अश्मरी नामक रोग।

**पथरीला** वि० पत्थरों से युक्त।

**पथरौटी** स्त्री० पत्थर की कूँड़ी, पथरी।

**पथरौड़ा**† पु० वह स्थान जहाँ गोबर पाथा जाता है, गोबर पाथने की जगह।

**पथिक** पु० *(सं०)* यात्री; रास्ता चलनेवाला, राही।

**पथिकाश्रय** पु० *(सं०)* धर्मशाला, सराय।

**पथी (थिन्)** पु० *(सं०)* यात्री, पथिक।

**पथु** पु० पथ, मार्ग।

**पथोरा** पु० ईंट पाथने वाला, कुम्हार।

**पथौरा** पु० गोबर पाथने की जगह, पथनौरा।

**पथ्य** वि० *(सं०)* अनुकूल; रुग्ण प्राणी के लाभानुकूल।

**पथ्या** स्त्री० *(सं०)* सड़क, रास्ता; हड।

**पथ्यापथ्य** वि० *(सं०)* बीमारी की अवस्था में हितकर और अहितकर खाद्य पदार्थ।

**पद** पु० *(सं०)* पैर; कदम; डग; योग्यता के अनुसार प्राप्त स्थान, दर्जा; चरणचिह्न; रक्षा, त्राण; वर्गमूल।

**पदक** पु० किसी धातु पर निर्मित देवता का चरणचिह्न।

**पदग** पु० पैदल चलने वाला।

**पदच्युत** वि० पद से हटाया हुआ।

**पदतल** पु० *(सं०)* पैर का तलवा।

**पदत्तर** पु० *(सं०)* पैदल।

**पदचिह्न** पु० *(सं०)* पैरों का निशान।

**पदत्याग** पु० पदमुक्ति की क्रिया।

**पदत्राण** पु० *(सं०)* जूता।

**पददलित** वि० पैरों से कुचला हुआ।

**पदांक** पु० *(सं०)* पैर का निशान, पदचिह्न।

**पदाम्भोज** पु० *(सं०)* पदकंज।

**पदाक्रान्त** वि० *(सं०)* पैरों से कुचला हुआ, पददलित।

**पदाघात** पु० *(सं०)* पैर का प्रहार।

**पदाति** पु० *(सं०)* पदात; पैदल सिपाही; पैदल यात्री।

**पदातिका*** स्त्री० पैदल सेना।

**पदाधिकारी (रिन्)** पु० *(सं०)* ओहदेदार, वह जो किसी पद पर पदासीन हो।

**पदाब्ज** पु० *(सं०)* पदकंज।

**पदार** पु० *(सं०)* पैर की धूल, चरणरज।

**पदारथ*** पु० पदार्थ।

**पदारविन्द** पु० *(सं०)* चरणकमल, पदकंज।

**पदार्थ** पु० *(सं०)* वह वस्तु जो किसी शब्द से बोधित हो; वस्तु; पद या शब्द का अर्थ।

**पदार्पण** पु० *(सं०)* पैर रखना; आगमन।

**पदालिक** पु० *(सं०)* पैर का ऊपरी भाग।

**पदावली** स्त्री० *(सं०)* शब्दों की लड़ी; किसी कवि या लेखक द्वारा प्रयुक्त शब्द-समूह; किसी रचना में अनेक पदों का क्रम; भजनों का संग्रह।

**पदावास** पु० *(ऑफिशल रेजीडेंस)* किसी पदाधिकारी का सरकारी निवास-स्थान।

**पदाश्रित** वि० *(सं०)* आश्रय में रहनेवाला, शरणागत।

**पदासीन** वि० *(सं०)* उच्च पद पर आरूढ़।

**पदाहत** वि० *(सं०)* पैर से ठुकराया हुआ।

**पदोदक** पु० *(सं०)* वह जल जिसमें पद प्रक्षालन किया गया हो, चरणामृत।

**पदोन्नति** स्त्री० *(प्रमोशन)* किसी कर्मचारी को पहले से अधिक ऊँचे पद पर नियुक्त होना या भेजा जाना, पद की वृद्धि, तरक्की।

**पद्धति, पद्धती** स्त्री० *(सं०)* रास्ता; प्रथा; प्रणाली।

**पद्मक** पु० *(सं०)* पद्मव्यूह; पद्म; पद्मासन।

**पद्मान्तर** पु० *(सं०)* कमल-दल।

**पद्मा** स्त्री० *(सं०)* कुसुम का फूल; गेंदा; लक्ष्मी।

**पद्माक्ष** वि० *(सं०)* जिसके नेत्र कमल के समान हों।

**पद्माट** पु० *(सं०)* चकवँड़।

**पदमालया** स्त्री० *(सं०)* लक्ष्मी; लौंग।

**पद्मासन** पु० *(सं०)* एक प्रकार का योगासन।

**पद्माह्वा** स्त्री० *(सं०)* लौंग; गेंदा।

**पद्य** पु० *(सं०)* प्रशंसा, स्तुति, छन्दोबद्ध रचना, चार चरणों वाला छन्द। वि० शब्द-सम्बन्धी; पदों वाला।

**पद्यमय** वि० *(सं०)* पद्यरूप; छन्दोबद्ध।

**पद्या** स्त्री० *(सं०)* पगडण्डी; शर्करा।

**पद्यावली** स्त्री० *(सं०)* पदों या पद्यों का क्रम।

**पद्र** पु० *(सं०)* गाँव, ग्राम; भूलोक; रथ; सड़क।

**पधरना*** अ० क्रि० पधारना, आना।

**पधारना** स० क्रि० पधराना। अ० क्रि० चला जाना; पदार्पण करना।

**पनग*** पु० सर्प, पन्नग।

**पनगनि*** स्त्री० सर्पिणी, पन्नगी।

**पनच** स्त्री० प्रत्यंचा, धनुष की डोरी।

**पनतुआ**† पु० रसगुल्ले की तरह की एक मिठाई।

**पनपना** अ० क्रि० फूलना-फलना; विकसित होना।

**पनभरा** पु० पानी भरने वाला।

**पनव*** पु० एक बाजा; प्रणव।

**पनस** पु० *(सं०)* कटहल।

**पनसारी** पु० पंसारी।

**पनसी** स्त्री० *(सं०)* पनसिका।

**पनहिया**† स्त्री० जूता, पनही।

**पनही*** स्त्री० जूता।

**पनाती** पु० नाती का बेटा।

**पनारा, पनाला** पु० प्रवाह; नाला; नाबदान।

**पनारी** स्त्री० एक भोज्य वस्तु; *बहावु। मोरी, नाली।

**पनासना**† स० क्रि० पालना-पोसना।

**पनाह** स्त्री० *(फ़ा०)* शरण; शरण लेने की जगह; शत्रु से रक्षा।

**मु० पनाह माँगना** किसी कष्टप्रद वस्तु या व्यक्ति के संसर्ग से बचना। **पनाह लेना** शरण के लिए कहीं जाना।

**पनिया**† पु० पानी। वि० पानी का; पानी में उत्पन्न।

**पनियाना**† अ० क्रि० पानी से चपचपाना। स० क्रि० सराबोर करना, पानी से गीला करना।

**पनियारा**† पु० बाढ़।

**पनियाला** पु० रंगीन कपड़ा विशेष।

**पनिहा** वि० जलयुक्त; पानी में रहनेवाला।

**पनी** पु० प्रतिज्ञा करने वाला।

**पनीर** पु० *(फ़ा०)* छेना, फाड़े दूध का थक्का; निचोड़े हुए दही से तैयार किया जानेवाला खाद्य पदार्थ।

**पनीरी**† स्त्री० दूसरी जगह लगाने के उद्देश्य से उगाये हुए छोटे पौधे।

**पनीला** वि० जिसमें पानी मिला हो, जल से युक्त।

**पनेथी**† स्त्री० वह रोटी जिसमें पलेथन की जगह पानी लगाया गया हो।

**पनेवा**† पु० एक पक्षी।

**पनेहड़ी** स्त्री० पनहड़ा।

**पनेहरा** पु० पनहरा।

**पनौआ**† पु० पान के पत्ते की पकौड़ी।

**पनौटी** स्त्री० पान रखने की पिटारी।

**पन्नयी** वि० पन्ने के रंग का।

**पन्नग** पु० *(सं०)* साँप; सीसा; *पन्ना।

**पन्नगी** स्त्री० *(सं०)* सर्पिणी; साँपिन।

**पन्ना** पु० मरकत मणि, हरा रंग।

**पन्नी** स्त्री० सुनहला अथवा रुपहला महीन कागज।
**पपड़ा** पु० लकड़ी आदि का सूखा छिलका।
**पपड़ी** स्त्री० वृक्ष की सूखकर चिटकी हुई छाल; सूखकर ऐंठी हुई वस्तु की ऊपरी परत।
**पपड़ीला** वि० जिसमें पपड़ी हो, पपड़ीवाला।
**पपनी**† स्त्री० बरौनी।
**पपि** वि० *(सं०)* पीनेवाला। पु० चन्द्रमा।
**पपी** पु० *(सं०)* चन्द्रमा; सूर्य।
**पपीहरा**† पु० पपीहा।
**पपीहा** पु० सितार का पक्का तार; पपैया; हल्के काले रंग का एक प्रसिद्ध पक्षी, चातक।
**पपु** स्त्री० *(सं०)* धाय। वि० पालन करने वाला।
**पपैया**† पु० अमोले की जड़ में लगी हुई गुठली को घिसकर बनायी जानेवाली एक प्रकार की सीटी।
**पपोटा** पु० पलक।
**पपोरना*** स० क्रि० बाँहों को ऐंठकर उनकी शक्ति का अनुमान लगाना।
**पपोलना** क्रि० मुँह चलाना।
**पबई** स्त्री० मैना की जाति की एक चिड़िया।
**पबना*** स० क्रि० पाना।
**पबारना** क्रि० फेंकना।
**पबि** पु० वज्र।
**पब्बय*** पु० पत्थर; पर्वत, पहाड़।
**पब्लिक** वि० *(अं०)* सार्वजनिक, आम। स्त्री० जनसाधारण, सर्वसाधारण।
**पब्लिशर** पु० *(अं०)* प्रकाशक।
**पब्लिसिटी** स्त्री० *(अं०)* प्रचार।
**पय (स्)** पु० *(सं०)* दूध; आहार; शक्ति; जल; वीर्य।
**पयःपान** पु० दुग्धपान।
**पयस्या** स्त्री० *(सं०)* स्वर्णक्षीरी; दूधिया; दही।
**पयस्वल** पु० *(सं०)* बकरा। वि० दूध या जल से युक्त।
**पयस्वली** स्त्री० *(सं०)* बकरी।
**पयस्विनी** स्त्री० *(सं०)* बकरी; दूधफेनी; नदी; धेनु।
**पयस्वी (विन्)** वि० *(सं०)* दूध या जल से युक्त।
**पयान** पु० रवानगी, प्रस्थान, गमन।
**पयाल** पु० पके हुए धान के दाने अलग कर लिये गये डण्ठल।
**पयोद** पु० मेघ।
**पयोदन** पु० दूध-भात।
**पयोधर** पु० समुद्र।
**परंच** अ० *(सं०)* और भी; पर, लेकिन, तो भी।
**परंज** पु० *(सं०)* छुरी का फल; तेल पेरने का कोल्हू।
**परंजय** पु० *(सं०)* वरुण। वि० शत्रु को जीतने वाला।
**परन्तप** वि० *(सं०)* योद्धा; तपस्वी।
**परन्तु** अ० *(सं०)* मगर, किन्तु, लेकिन।
**परम्परा** स्त्री० *(सं०)* क्रमबद्ध समूह या पंक्ति; प्रथा; वंशगत, सन्तति; न टूटनेवाला क्रम, अनुक्रम।
**परम्परागत** वि० *(सं०)* सदा से चला आता हुआ।
**पर** अव्य० पीछे; *पास; उपरान्त, बाद, किन्तु, तो भी, लेकिन। सर्व० दूसरा व्यक्ति, गैर। पु० अजनबी।
**पर** पु० *(फ़ा०)* डैना, पंख। वि० श्रेष्ठ; अन्य, दूसरा।
**परकना*** अ० क्रि० किसी विषय में ढीठ बनना।
**परकाजी** वि० परोपकारी।
**परकाना**† स० क्रि० किसी को किसी बात का चसका लगाना; परचाना।
**परकाल** पु० परकार।
**परकाला** पु० *(फ़ा०)* टुकड़ा; शीशे का टुकड़ा। सीढ़ी; जीना, देहली; चिनगारी।
**परकास*** पु० प्रकाश।
**परकासना** क्रि० प्रकाशित करना, प्रकट करना।
**परकीय** वि० *(सं०)* दूसरे का।
**परकोटा** पु० गढ़, या किले की रक्षा के लिए चारों ओर उठायी गयी दीवार।
**परख** स्त्री० गुण-दोष की दृष्टि से किसी वस्तु को देखने की क्रिया, परीक्षा।
**परखचा** पु० टुकड़ा, खण्ड।
**परखना** स० क्रि० किसी की राह देखना; किसी वस्तु के गुण-दोष को भली-भाँति देखना।
**परखवाना** स० क्रि० परखना; अन्य से परख कराना।
**परखाई** स्त्री० परखने की क्रिया, शुल्क।
**परखाना** क्रि० जँचवाना।
**परखैया** पु० परख कर्त्ता, परखने वाला।
**परग*** पु० कदम, डग।
**परगट*** वि० स्पष्ट, प्रकट।
**परगटना*** स० क्रि० प्रकट करना। अ० क्रि० प्रकट होना।

**परगना** पु० *(फ़ा०)* एक क्षेत्र जिसके अन्तर्गत बहुत से गाँव होते हैं।
**परगसना*** अ० क्रि० प्रकट होना; प्रकाशित होना।
**परगाढ़*** वि० प्रगाढ़।
**परघट*** वि० प्रकट।
**परचण्ड*** वि० प्रचण्ड।
**परचत*** स्त्री० जान-पहचान।
**परचर**† पु० बैलों की एक जाति।
**परचून** पु० आटा-चावल आदि भोजन की सामग्री।
**परछत्ती** स्त्री० हलकी छाजन, हल्का छप्पर; कमरे के भीतर बनी हुई सामान रखने की पाटन।
**परछन** पु० वर की आरती उतारने की एक रीति।
**परछना** स० क्रि० परछन करना।
**परछा** पु० सूत लपेटने की नली; कड़ाही।
**परछाईं** स्त्री० जल, दर्पण आदि में दिखनेवाली किसी की छायाकृति; प्रकाश के सामने आने वाली किसी वस्तु की छाया, प्रतिच्छाया।
**मु० परछाईं से डरना** मामूली बात से भी डरना।
**परछालना*** स० क्रि० प्रक्षालन करना, साफ करना।
**परछिद्रान्वेषण** पु० *(सं०)* दूसरों के दोष देखना।
**परंजक*** पु० पर्यंक।
**परजन्य*** पु० पर्जन्य।
**परजरना*** अ० क्रि० ईर्ष्या-द्वेष करना; खीझ उठना; सुलगना, दहकना।
**परजा** स्त्री० आसामी, प्रजा, रैयत।
**परजात** वि० दूसरे से उत्पन्न। पु० कोयल।
**परजाता** पु० हरसिंगार नामक प्रसिद्ध पुष्प।
**परजाय*** पु० पर्याय।
**परजौर** पु० घर बनाने की भूमि पर वार्षिक कर।
**परज्वलना*** अ० क्रि० प्रज्वलित होना। स० क्रि० प्रज्वलित करना।
**परणना*** स० क्रि० ब्याहना।
**परतंचा, परतिंचा*** स्त्री० प्रत्यंचा।
**परतन्त्र** वि० पराधीन, परवश।
**परतः (तस्)** अ० *(सं०)* शत्रु से; बाद में, पीछे; परे, आगे; दूसरे से; अन्य से।
**परत** स्त्री० स्तर।
**परतच्छ, परतछ*** अ० प्रत्यक्ष।
**परतदार** वि० *(फ़ा०)* अनेक तहवाला।
**परतला** पु०, **परतली** स्त्री० कन्धे से लटकायी जाने वाली चमड़े की पट्टी जिसमें तलवार लगी होती है।
**परतिग्या, परतिज्ञा*** स्त्री० प्रतिज्ञा।
**परती** पु० परलोक। स्त्री० बिना जोती-बोयी जमीन।
**परथन**† पु० रोटी बनाते समय सूखे आटे का प्रयोग।
**परद*** पु० परदा।
**परदच्छिना, परदछिना*** स्त्री० प्रदक्षिणा।
**परदनिया*** स्त्री० धोती।
**परदनी*** स्त्री० बख्शीश; धोती; दक्षिणा।
**परदा** पु० *(फ़ा०)* पट, यवनिका, एक प्रचलित प्रथा, दरवाजे पर आड़ करने के लिए लटकाने वाला कपड़ा।
**मुहा० परदा उठाना या खोलना** रहस्य की बात प्रकट करना। **परदा डालना** छिपाना। **परदा फ़ाश करना** भेद खोलना; दोष प्रकट करना। **परदा फ़ाश होना** भेद खुलना; दोष प्रकट होना। **परदे में छेद होना** गुप्तरूप से व्यभिचार होना। **परदे में बैठना/छिपना** छिपा रहना, स्त्रियों का सबके सामने न आना।
**परदाख़्त** स्त्री० *(फ़ा०)* ठीक; सहायता; परवरिश।
**परदादा** पु० दादा का बाप।
**परदार** स्त्री० *(सं०)* पराई स्त्री, दूसरे की स्त्री।
**परदोस*** पु० प्रदोष; भारी दोष।
**परधान*** पु० नायक; परिधान; मन्त्री। वि० प्रधान।
**परन** *स्त्री० टेव, आदत। पु० प्रण, टेक; पत्ता।
**परना*** अ० क्रि० पड़ना।
**परनाम**† पु० प्रणाम।
**परनाला** पु० घर के एवं गली के गन्दे पानी के बहने का बड़ा नाला, नाबदान।
**परनि*** स्त्री० टेव, आदत।
**परनौत*** स्त्री० प्रणाम, प्रणति।
**परपंच*** पु० प्रपंच।
**परपंचक*** वि० धूर्त; प्रपंच रचने वाला, फसादी।
**परपंची*** वि० छल करने वाला, प्रपंच करने वाला।
**परपटी** स्त्री० एक गन्ध द्रव्य, पर्पटी; समतल अनुपजाऊ भूमि।
**परपरा*** वि० पर-पर आवाज के साथ टूटने वाला।
**परपाजा** पु० परदादा।

**परपूठा** वि० पक्का, दृढ़।
**परपोता** पु० पोते का पुत्र, प्रपौत्र।
**परबन्ध*** पु० पर्वत; प्रबन्ध, इन्तजाम।
**परबत्ता** पु० पहाड़ी तोता।
**परबी** स्त्री० त्योहारी।
**परबीन*** वि० प्रवीण।
**परबोधना*** स० क्रि० समझाना-बुझाना, सान्त्वना देना; प्रबुद्ध करना; ज्ञान का उपदेश देना।
**परभा*** स्त्री० प्रभा।
**परभाइ*** पु० प्रभाव।
**परभात** पु० प्रभात, सबेरा।
**परभाव*** पु० प्रभाव।
**परभुक्त** वि० दूसरे से भोगा हुआ।
**परभूत** पु० अन्य का सेवक।
**परमल** पु० भुना हुआ गेहूँ।
**परमांगना** स्त्री० *(सं०)* अच्छी स्त्री।
**परमा** †पु० प्रमेह रोग। *स्त्री० शोभा, सौन्दर्य।
**परमाकांक्षा** स्त्री० *(सं०)* महान इच्छा।
**परमानन्द** पु० *(सं०)* सर्वोत्तम आनन्दरूप ईश्वर।
**परमान*** पु० विश्वास; सत्य बात; प्रमाण; परिमाण।
**परमानना*** स० क्रि० प्रमाण रूप में ग्रहण करना।
**परमान्न** पु० *(सं०)* पायस; सर्वोत्कृष्ट अन्न।
**परमारथ*** पु० परमार्थ।
**परमार्थ** पु० *(सं०)* ब्रह्म, उत्कृष्ट वस्तु; सत्य; मोक्ष।
**परमार्थी (र्थिन्)** वि० *(सं०)* मोक्ष की इच्छा रखनेवाला, मुमुक्ष, परोपकारी, दूसरे का भला चाहने वाला।
**परमावश्यक** वि० *(सं०)* बहुत जरूरी, अपरिहार्य।
**परमिति*** स्त्री० परम सीमा; मर्यादा।
**परमुख*** वि० जिसने किसी से मुँह मोड़ लिया हो।
**परमेश्वर** पु० *(सं०)* इन्द्र; परमेश।
**परमेसरी*** स्त्री० परमेश्वरी।
**परमोद*** पु० प्रमोद।
**परम्परा** स्त्री० परिपाटी।
**परम्परागत** वि० वंशानुक्रम से प्रचलित।
**परलउ, परलय*** पु० प्रलय।
**परला** वि० उस ओर का; दूसरी ओर का।
**परलोक** पु० स्वर्ग, दूसरा लोक।
**परलोकवासी** वि० मृत्यु प्राप्त।
**परवरिश** स्त्री० *(फ़ा०)* पालन-पोषण; मेहरबानी।
**परवलय** पु० *(सं०)* वह बिन्दु-पथ जो किसी नियत बिन्दु तथा नियत रेखा से समान दूरी पर रहता है।
**परवस्ती**† स्त्री० पालन-पोषण, परवरिश।
**परवा** स्त्री० *(फ़ा०)* परवाह; ख्वाहिश, चाह; सोच, चिन्ता, फिक्र; गरज। पु० पक्षी, परेवा।
**परवा** पु० कोसा, पुरवा, मिट्टी का बना कटोरे जैसा बर्तन। स्त्री० परिवा; †एक घास; सहारा; अवलम्ब।
**परवाई*** स्त्री० परवा।
**परवाज़** स्त्री० *(फ़ा०)* घमण्ड; नाज़; उड़ना, उड़ान। वि० डींग मारनेवाला; उड़नेवाला।
**परवान*** पु० जहाज का मस्तूल; प्रमाण; अवधि।
**परवानगी** स्त्री० *(फ़ा०)* आज्ञा, परमान, इजाजत।
**परवाना** पु० *(फ़ा०)* हुक्मनामा; नियुक्ति-पत्र; मातहत के नाम भेजाजानेवाला आज्ञापत्र; पतिंगा, शलभ।
**परवान् (वत्)** वि० *(सं०)* पराधीन, पराश्रयी; असहाय।
**परवाह** †पु० शव को बिना जलाये नदी में प्रवाहित कर देना, प्रवाह। स्त्री० परवा।
**परवी**† स्त्री० पर्वकाल।
**परवेख*** पु० देवताओं आदि के मुखमण्डल के चारो ओर का प्रकाशवृत्त, प्रभामण्डल; परिवेश।
**परवेश*** पु० प्रवेश।
**परशु** पु० *(सं०)* शस्त्र; फरसा।
**परशुधर** पु० परशुराम।
**परसंग*** पु० प्रसंग।
**परसंसा*** स्त्री० प्रशंसा।
**परस** पु० स्पर्श; पारस।
**परसना** क्रि० स्पर्श करना, भोजन परोसना।
**परसन्न*** वि० प्रसन्न।
**प्रसन्नता*** स्त्री० प्रसन्नता।
**परसवर्ण** पु० उत्तरवर्त्ती वर्ण के समान वर्ण।
**परसॉन*** वि० प्रसन्न।
**परसा** पु० कुठार।
**परसाद*** पु० प्रसाद।
**परसिद्ध*** वि० प्रसिद्ध।
**परसु*** पु० परशु।
**परसूत*** वि० प्रसूत।
**परसों** अ० अगले दिन से एक दिन आगे।
**परसोतम*** पु० पुरुषोत्तम।

**परस्** अ० *(सं०)* परे, दूर।
**परस्परावलम्ब** पु० *(सं०)* एक-दूसरे पर आश्रित।
**परहरना*** स० क्रि० छोड़ना, त्यागना।
**परहेज़** पु० *(फ़ा०)* बीमार या रुग्ण द्वारा हानिकर पदार्थ न खाना, कुपथ्य से बचना; निषिद्ध वत हानिकर वस्तुओं से बचना।
**परहेलना*** स० क्रि० किसी को तुच्छ समझना, अनादर करना, अवहेलना करना।
**परान्त** पु० *(सं०)* मृत्यु।
**परा** अव्य० गति, प्राधान्य, अनादरार्थक उपसर्ग।
**पराइ*** वि० स्त्री० दूसरे की।
**पराकाष्ठा** स्त्री० हद।
**पराक्रम** पु० शक्ति, बल, सामर्थ्य।
**पराक्रमी (मिन्)** वि० *(सं०)* शूर, पराक्रम वाला; सामर्थ्य वाला; पुरुषार्थी।
**पराक्रान्त** वि० *(सं०)* आक्रान्त; वीर; शक्तिशाली।
**पराग** पु० *(सं०)* केसर का चूर्ण; उपराग; चन्दन; कपूर का चूरा; पुष्परज, फूल के भीतर की धूल।
**परागण** पु० *(पॉलिनेशन)* पराग से अभिसिंचित हो जाना, (हवा के झकारे आदि से) पुष्प पर पराग का छा जाना, फैल जाना।
**परागत** वि० *(सं०)* फैला हुआ; मृत; वेष्टित, आवृत।
**परागना*** अ० क्रि० प्रेमासक्त होना, प्रेम में पड़ना।
**पराङ्मुख** वि० *(सं०)* जिसने किसी ओर से मुँह मोड़ लिया हो, प्रतिकूल; विमुख होना।
**पराजित** वि० *(सं०)* हारा हुआ, हारा हुआ व्यक्ति।
**परात** स्त्री० बड़ी थाली, थाल।
**परात्प्रिय** पु० *(सं०)* तृणविशेष।
**परात्मा(त्मन्)** पु० *(सं०)* परमात्मा।
**पराधीन** वि० *(सं०)* परवश, जो दूसरे के अधीन हो।
**पराधीनता** स्त्री० *(सं०)* पराधीन होने का भाव; पराधीन होने की दशा।
**परान*** अ० क्रि० पलायन करना, भागना; प्राण।
**परान्न** पु० *(सं०)* दूसरे का दिया हुआ भोजन।
**पराभव** पु० पराजय, हार।
**पराभूत** वि० *(सं०)* परास्त, हारा हुआ; नष्ट; तिरस्कृत।
**परामर्श** पु० *(सं०)* युक्ति; सलाह; विरेचन।
**परायचा** पु० सिले हुए कपड़े बेचनेवाला।
**पराया** वि० अपने से भिन्न; बिराना, दूसरे का।
**परार*** पु० धान का डण्ठल, पयाल। वि० पराया, दूसरे का।
**परारब्ध, परालब्ध†** पु० प्रारब्ध।
**परार्द्ध, परार्ध** पु० *(सं०)* गणित में सबसे बड़ी संख्या।
**परार्द्धय** पु० *(सं०)* असीम संख्या। वि० उत्तम; श्रेष्ठ।
**पराव, परावा*** वि० पराया, दूसरे का।
**परावर्तक** वि० *(सं०)* अदल-बदल जानेवाला।
**परावलम्बन** पु० *(सं०)* पराधीनता।
**पराविद्ध** पु० *(सं०)* कुबेर।
**परावृत्त** वि० *(सं०)* बदला हुआ; लौटाया हुआ।
**परावेदी** स्त्री० *(सं०)* बृंहती, भटकटैया।
**पराशर** पु० *(सं०)* आयुर्वेद के एक आचार्य, व्यास के पिता।
**पराशरी (रिन्)** पु० *(सं०)* भिक्षुक; संन्यासी।
**पराश्रय** वि० *(सं०)* दूसरे पर आश्रित। पु० दूसरे का अवलम्ब।
**परासु** वि० *(सं०)* मरा हुआ, मृत।
**परास्त** वि० *(सं०)* हराया हुआ, पराजित।
**पराहत** पु० *(सं०)* आघात। वि० आक्रान्त; खण्डित।
**परिन्दा** पु० *(फ़ा०)* पक्षी, चिड़िया।
**परिकथा** स्त्री० *(सं०)* अनुकथा; बड़ी कहानी के बीच छोटी कथा।
**परिकर** पु० *(सं०)* राजा के साथ रहनेवाले; परिवार।
**परिकरमा*** स्त्री० परिक्रमा।
**परिकर्मा (र्मन्)** पु० *(सं०)* परिचारक, अनुचर, सेवक।
**परिकर्ष, परिकर्षण** पु० *(सं०)* बाहर खींच लाना।
**परिकर्षित** वि० *(सं०)* बाहर खींचा हुआ; उत्पीड़ित।
**परिकलन** पु० *(सं०)* कठिन हिसाब लगाने वाला।
**परिकल्पित** वि० *(सं०)* कल्पित; मन में गढ़ा हुआ।
**परिकांक्षित** पु० *(सं०)* भक्त; तपस्वी।
**परिकृश** वि० *(सं०)* क्षीण; दुर्बल।
**परिक्रम** पु० *(सं०)* टहलना; चारों ओर घूमना।
**परिक्रमा** स्त्री० किसी तीर्थ में प्रदक्षिणा करने के लिए बनवायी हुई जगह, फेरी देने का मार्ग।
**परिक्रय** पु० *(सं०)* भाड़ा; मजदूरी; खरीद।
**परिक्रान्त** पु० *(सं०)* डग; पदचिह्न; वह स्थान जिस पर गमन किया गया हो। वि० जिसके चारों ओर चक्कर लगाया गया हो।

**परिक्रिया** स्त्री० *(सं०)* घेरना; खाई आदि से घेरना।
**परिकीर्ण** वि० विस्तृत, फैला हुआ।
**परिकीर्तन** पु० अति प्रशंसा।
**परिक्लेद** पु० *(सं०)* आर्द्रता, नमी, गीलापन।
**परिक्षत** वि० *(सं०)* बहुत अधिक क्षतिग्रस्त; नष्ट।
**परिक्षय** पु० *(सं०)* बर्बादी, नाश, लोप।
**परिक्षा** स्त्री० *(सं०)* परीक्षा; गीली मिट्टी; कीचड़।
**परिक्षाम** वि० *(सं०)* अति क्षीण; बहुत दुर्बल।
**परिक्षिप्त** वि० *(सं०)* चारों तरफ से घिरा हुआ; खाई से घिरा हुआ; त्यक्त; चारों ओर से घिरी हुई।
**परिक्षीव** वि० *(सं०)* प्रमत्त, बहुत मतवाला।
**परिक्षेप** पु० *(सं०)* टहलना, इधर-उधर घूमना; बिखेरना।
**परिखन** वि० रक्षक।
**परिखना*** स० क्रि० प्रतीक्षा करना; जाँच करना।
**परिखात** पु० *(सं०)* परिखा; हराई, बाँह; चारों ओर खाई खोदने की क्रिया।
**परिखिन्न** वि० *(सं०)* परेशान, अत्यधिक दुखी, पीड़ित।
**परिख्यात** वि० *(सं०)* बहुत अधिक प्रसिद्ध।
**परिख्याति** स्त्री० *(सं०)* विशेष प्रसिद्धि।
**परिगणन, परिगणना** पु० भली-भाँति गणना, विचार करना।
**परिगणनीय** वि० गिनने योग्य।
**परिगणित** वि० गिना हुआ।
**परिगत** वि० *(सं०)* पूर्णतः व्याप्त; प्राप्त किया हुआ।
**परिगलित** वि० *(सं०)* गला हुआ; तरल; च्युत।
**परिगह*** पु० आश्रित जन; सम्बन्धी; रिश्तेदार।
**परिगहना*** स० क्रि० ग्रहण करना, अंगीकार करना।
**परिगूढ** वि० *(सं०)* अत्यन्त गुप्त, बहुत अधिक गूढ़।
**परिगृहीत** वि० *(सं०)* पकड़ा हुआ; ग्रहण किया हुआ; संरक्षित; स्वीकृत; चारों ओर से घिरा हुआ।
**परिगृहीता(तृ)** पु० *(सं०)* पति, सहायक।
**परिग्रह** पु० *(सं०)* आदर; सहायता; दण्ड; किसी दी हुई वस्तु को ग्रहण करना; दावा; कृपा; स्वागत-सत्कार।
**परिग्रहण** पु० *(सं०)* पहनना, धारण करना।
**परिग्राह्य** वि० *(सं०)* परिग्रह के योग्य।
**परिघ** पु० *(सं०)* घड़ा; शीशे की सुराही; ब्योड़ा, अर्गला; रोक के लिए लगी छड़ या डण्डा; बर्छा।
**परिघात** पु० *(सं०)* गदा; हत्या करना; नष्ट करना।
**परिघोष** पु० *(सं०)* कटु शब्द; बादल का गर्जन; अनुचित बात; जोर की आवाज।
**परिचपल** वि० *(सं०)* जो कभी स्थिर न रहे।
**परिचय** पु० *(सं०)* अच्छी तरह जानना, जान-पहचान के योग्य; चारों ओर जमा करना।
**परिचर्या** स्त्री० *(सं०)* रोगी की सेवा; सेवा, खिदमत।
**परिचायक** पु० *(सं०)* जतानेवाला; परिचय करानेवाला।
**परिचारण** पु० *(सं०)* सेवा, टहल।
**परिचारिका** स्त्री० दासी।
**परिचारित** पु० *(सं०)* मनोविनोद, क्रीडा। वि० *(सरक्यूलेटेड)* जिसका परिचारण किया गया हो।
**परिचालक** वि० *(सं०)* चलाने वाला; हिलाने वाला; चारों ओर घुमाने वाला। पु० परिचालन; वह वस्तु जो विद्युत की सुचालक हो।
**परिचालन** पु० *(सं०)* चलाना; हिलाना-डुलाना।
**परिचिन्तन** पु० *(सं०)* सोचना; स्मरण करना।
**परिचित** वि० *(सं०)* जिसका परिचय प्राप्त हो, जिससे जान-पहचान हो; अभ्यस्त; एकत्र किया हुआ।
**परिचेय** वि० *(सं०)* जान-पहचान के योग्य।
**परिच्छन्द** पु० *(सं०)* साथ में चलनेवाले अनुचर आदि।
**परिच्छद** पु० *(सं०)* वस्त्राच्छादन, पहनावा; राजा के साथ चलने वाले अनुचर; ढाँकने की वस्तु।
**परिच्छा*** स्त्री० परीक्षा।
**परिच्छिन्न** वि० *(सं०)* उपचारित; जिसकी सीमा या अवधि निर्धारित की गयी हो; परिमित।
**परिच्छेद** पु० *(सं०)* निर्णय, निश्चय (जैसे सत्य और असत्य का); विभाजन; अवधि, सीमा; अवधारण।
**परिच्छेदक** पु० *(सं०)* अवधि या सीमा निर्धारित करने वाला; अवधारण करनेवाला।
**परिछन** पु० परछन।
**परिजंक*** पु० पर्यंक।
**परिजटन*** पु० पर्यटन।
**परिजन** पु० *(सं०)* वे लोग जिनका कोई प्रतिपालन करे; राजा के साथ अनुचरगण; आश्रित वर्ग।
**परिजनता** स्त्री० *(सं०)* अधीनता; सेवकत्व।
**परिजय्य** वि० *(सं०)* जो हर तरह से जीता जा सके, जो पूर्णरूपेण जीता जा सके।

**परिजीवी** पु० *(सं०)* दूसरों की अपेक्षा अधिक समय तक जीवित रहनेवाला प्राणी।
**परिज्ञप्ति** स्त्री० *(सं०)* बातचीत, कथोपकथन; परिचय
**परिज्ञात** वि० *(सं०)* भलीभाँति परिचित।
**परिज्ञाता (तृ)** वि०, पु० *(सं०)* पहचानने वाला; पूर्णरूपेण परिचित; अच्छी तरह जाननेवाला।
**परिज्ञान** पु० *(सं०)* सूक्ष्म ज्ञान; पहचान; पूर्व परिचय।
**परिज्ञेय** वि० *(सं०)* जानने योग्य।
**परिणत** वि० *(सं०)* पचा हुआ; ढलती हुई (उम्र); अत्यधिक झुका हुआ; जिसकी पूरी वृद्धि हो चुकी हो; प्रौढ़; पुष्ट, परिपक्व। पु० वह हाथी जो दाँत से प्रहार करने के लिए एक तरफ झुका हो।
**परिणति** स्त्री० *(सं०)* पचना; अन्त, अवसान; चारों ओर से झुका होना; रूपान्तर होना; प्रौढ़ होना।
**परिणद्ध** वि० *(सं०)* चौड़ा, विशाल; मढ़ा हुआ।
**परिणय** पु० विवाह।
**परिणयन** पु० *(सं०)* विवाह की क्रिया, ब्याहना।
**परिणाम** पु० विकार, फल।
**परिणामित्र** पु० *(ट्रांसफार्मर)* ए. सी. विद्युतधारा की वोल्टता घटाने या बढ़ाने का यन्त्र।
**परिणायक** पु० *(सं०)* नेता; पति, भर्ता।
**परिणाह** पु० *(सं०)* घेरा, परिधि; विस्तार, फैलाव।
**परिणाही(हिन्)** वि० *(सं०)* फैला हुआ, विस्तृत।
**परिणीत** वि० *(सं०)* विवाहिता; समाप्त।
**परिणेता (तृ)** पु० *(सं०)* पति, स्वामी।
**परितच्छ*** अ० देखते-देखते; आँखों के सामने।
**परितप्त** वि० *(सं०)* बहुत दुःखित; बहुत गरम।
**परितप्ति** स्त्री० *(सं०)* अत्यन्त ताप; अत्यधिक दुःख, सन्ताप; परितप्त होने की क्रिया या भाव।
**परितर्पण** पु० *(सं०)* खुश करना, सन्तुष्ट करना।
**परिताप** पु० *(सं०)* अत्यधिक दुःख; सन्ताप; शोक। वि० अति दुःखकर; बहुत गरम; सन्तापयुक्त।
**परितुष्ट** वि० *(सं०)* सन्तुष्ट; पूर्ण रूप से प्रसन्न।
**परितृप्ति** स्त्री० *(सं०)* परितृप्त होने का भाव।
**परितोष** पु० *(सं०)* तृप्ति; सन्तोष।
**परितोषी(षिन्)** वि० *(सं०)* सन्तोषी, परितोष वाला।
**परितोस*** पु० परितोष।
**परित्यक्त** वि० *(सं०)* पूरे तौर से त्यागा हुआ।
**परित्याग** पु० *(सं०)* जुदाई; एकदम छोड़ देना।
**परित्यागी (गिन्)** वि० *(सं०)* पूरी तरह छोड़ देने वाला, जो पूरी तरह छोड़ दे, परित्याग करे।
**परित्याजन** पु० *(सं०)* परित्याग कराना, छोड़वाना।
**परित्रस्त** वि० *(सं०)* अति त्रस्त, बहुत डरा हुआ।
**परित्राण** पु० *(सं०)* आत्मरक्षा; आश्रय; पूर्ण रक्षा।
**परित्रात** वि० रक्षा किया हुआ।
**परिदंशित** वि० *(सं०)* जिसने कवच धारण किया हो।
**परिदग्ध** वि० *(सं०)* जला या झुलसा हुआ।
**परिदहन** पु० *(सं०)* विनिमय, अदला-बदली।
**परिदाह** पु० *(सं०)* अति दाह या जलन।
**परिदीन** वि० *(सं०)* जिसे बहुत अधिक मानसिक दुःख हो; तीव्र आन्तरिक दुःख से पीड़ित।
**परिधन*** पु० परिधान।
**परिधर्षण** पु० *(सं०)* आक्रमण; हानि पहुँचाना।
**परिधान** पु० *(सं०)* वस्त्र धारण करना; नाभि से नीचे का पहनावा; वस्त्र; पहनने का कपड़ा।
**परिधानीय** वि० *(सं०)* पहनने योग्य।
**परिधाय** पु० *(सं०)* जलस्थान; अनुचरगण; मध्यभाग।
**परिधावन** पु० *(सं०)* किसी के पीछे-पीछे दौड़ना।
**परिधि** पु० *(सं०)* समुद्र (जो पृथ्वी को घेरे हुए है)। स्त्री० वृत्त बनाने वाली रेखा; पहिये का घेरा।
**परिधूपित** वि० *(सं०)* पूर्ण रूप से सुगन्ध से वासित।
**परिधूसर** वि० *(सं०)* धूल युक्त, धूल से भरा हुआ।
**परिधेय** पु० *(सं०)* नीचे या भीतर पहनने का एक कपड़ा। वि० पहनने योग्य।
**परिध्वंस** पु० *(सं०)* जातिच्युति; विनाश; विफलता।
**परिनय*** पु० परिणय।
**परिनाम*** पु० परिणाम।
**परिनिर्वपण** पु० *(सं०)* देना, बाँटना।
**परिनिष्ठा** स्त्री० *(सं०)* चरम सीमा; पर्यवसान।
**परिनिष्ठित** वि० *(सं०)* पूर्णतया निपुण।
**परिपंच*** पु० प्रपंच।
**परिपक्व** वि० *(सं०)* अच्छी तरह पका हुआ; जो कच्चा न हो (बुद्धि, ज्ञान)।
**परिपक्वता** स्त्री० *(सं०)* परिपक्व होने की दशा।
**परिपण, परिपन** पु० *(सं०)* पूँजी, मूल धन।
**परिपणन** पु० *(सं०)* वादा करना; बाजी लगाना।
**परिपाण्डु** वि० *(सं०)* बहुत अधिक सफेद या पीला।

**परिपाचन** पु० *(सं०)* परिपक्व बनाना।

**परिपाचित** वि० *(सं०)* अच्छी तरह पकाया हुआ।

**परिपाटल** वि० *(सं०)* पीला रंग युक्त लाल रंग का।

**परिपाटि, परिपाटी** स्त्री० *(सं०)* अंकगणित; रीति।

**परिपाक** वि० रक्षक।

**परिपालन** पु० *(सं०)* पोषण; रक्षण, रक्षा करना।

**परिपालना** स्त्री० *(सं०)* रक्षण, बचाव।

**परिपाल्य** वि० *(सं०)* परिपालन के योग्य।

**परिपीडन** पु० *(सं०)* बहुत पीड़ा देना; अनिष्ट करना।

**परिपीवर** वि० *(सं०)* बहुत मोटा, अति पीवर।

**परिपूजित** वि० *(सं०)* जिसका सम्यक् पूजन किया गया हो, अच्छी तरह पूजित।

**परिपूरक** वि० *(सं०)* परिपूर्ण करने वाला; समृद्ध या पूर्णतया सम्पन्न बनाने वाला।

**परिपूरन*** वि० परिपूर्ण।

**परिपूर्ण** वि० *(सं०)* अच्छी तरह भरा हुआ; सन्तुष्ट।

**परिपृच्छक** वि, पु० *(सं०)* जिज्ञासु; प्रश्न पूछने वाला।

**परिपृच्छा** स्त्री० *(सं०)* प्रश्न; पूछताछ; जाँच-पड़ताल।

**परिपोष** पु० *(सं०)* सम्यक् पुष्टि; सम्यक् पोषण।

**परिपोषण** पु० *(सं०)* वृद्धि करना; परिपुष्ट करना।

**परिप्रश्न** पु० *(सं०)* युक्तायुक्तता का प्रश्न; परिपृच्छा।

**परिप्रेषण** पु० *(सं०)* त्यागना; निकाल बाहर करना।

**परिप्लुष्ट** वि० *(सं०)* जला हुआ; जलाया हुआ।

**परिप्लोष** पु० *(सं०)* जलाना; आन्तरिक ताप।

**परिबन्धन** पु० *(सं०)* जकड़कर बाँधना।

**परिबाधा** स्त्री० *(सं०)* कष्ट, तकलीफ; श्रम, आयास।

**परिभंग** पु० *(सं०)* टुकड़े-टुकड़े होना।

**परिभव** पु० *(सं०)* पराजय; तिरस्कार, अनादर।

**परिभवन** पु० *(सं०)* अनादर करना, तिरस्कार करना।

**परिभावन** पु० *(सं०)* मनन करना; मिलन, संयोग।

**परिभावित** वि० *(सं०)* विचारित; व्याप्त; संयुक्त।

**परिभाषण** पु० *(सं०)* नियम; फटकार।

**परिभाषा** स्त्री० *(सं०)* अपने प्रयोग के लिए शास्त्रकारों द्वारा रची हुई विशिष्ट संज्ञा।

**परिभाषिक** वि० *(सं०)* निन्दक, अपमान करनेवाला।

**परिभाषी** वि० तिरस्कृत। पु० तिरस्कार, अपमान करने वाला।

**परिभू** वि० *(सं०)* आवेष्टित करनेवाला; चारों ओर से घेरने या आच्छादित करने वाला।

**परिभूत** वि० *(सं०)* तिरस्कृत; अनादृत।

**परिभूति** स्त्री० *(सं०)* अनादर, तिरस्कार।

**परिभूषण** पु० *(सं०)* बनाव-सिंगार करना, सजाना।

**परिभूषित** वि० *(सं०)* सजाया हुआ, सँवारा हुआ।

**परिभेद** पु० *(सं०)* शस्त्र आदि का आघात; क्षत।

**परिभोग** पु० *(सं०)* स्त्री-प्रसंग; उपभोग, सेवन; बिना अधिकार के परायी वस्तुएँ काम में लाना।

**परिभ्रंश** पु० *(सं०)* पलायन; गिरना, पतन।

**परिभ्रम** पु० *(सं०)* इधर-उधर घूमना; भ्रम; भूल।

**परिभ्रमण** पु० *(सं०)* चारों ओर घूमना; परिधि।

**परिभ्रष्ट** वि० *(सं०)* पतित, गिरा हुआ; खोया हुआ।

**परिभ्रामण** पु० *(सं०)* चक्कर देना; इधर-उधर घुमाना।

**परिमण्डल** पु० *(सं०)* वृत्त; परिधि। वि० गोल, वर्तुलाकार।

**परिमण्डलता** स्त्री० *(सं०)* गोलाई।

**परिमण्डलित** वि० *(सं०)* बहुत धीमा, बहुत मन्द।

**परिमन्द** वि० *(सं०)* बहुत क्षीण; बहुत मन्द, बहुत।

**परिमर** पु० *(सं०)* विनाश।

**परिमर्द** पु० *(सं०)* मसलना, मींजना; घर्षण; विनाश।

**परिमर्श** पु० *(सं०)* विचार करना, विचारण; छू जाना।

**परिमर्ष** पु० *(सं०)* ईर्ष्या; क्रोध।

**परिमार्ग** पु० *(सं०)* खोजना।

**परिमार्जक** पु० *(सं०)* सफाई करने वाला, धोने, माँजनेवाला।

**परिमाण** पु० *(सं०)* आकार, तौल; मात्रा; माप।

**परिमार्जन** पु० *(सं०)* धोना; स्वच्छ करना।

**परिमार्जनीय** वि० *(सं०)* संशोध्य, जिसकी गलतियाँ दूर करना जरूरी हो

**परिमार्जित** वि० *(सं०)* साफ किया हुआ; धोया हुआ।

**परिमिताहार** वि० *(सं०)* अल्पाहारी।

**परिमिति** स्त्री० *(सं०)* सीमा; परिमाण; अवधि; *मर्यादा।

**परिमिलन** पु० *(सं०)* स्पर्श; संयोग, मिलन।

**परिमुक्त** वि० *(सं०)* मुक्त किया हुआ।

**परिमुक्ति** स्त्री० *(सं०)* छुटकारा।

**परिमुग्ध** वि० *(सं०)* आकर्षक, सुन्दर।

**परिमूढ** वि० *(सं०)* व्याकुल, परेशान, घबराया हुआ।

**परिमोक्षण** पु० *(सं०)* छुटकारा, छोड़ना, मुक्ति।
**परिमोष, परिमोषण** पु० *(सं०)* डाका, चुराना; चोरी।
**परिमोहन** पु० *(सं०)* पूरी तरह मुग्ध कर देना।
**परिम्लान** वि० कुम्हलाया हुआ।
**परिम्लायी (यिन्)** वि० खिन्न; मुरझाया हुआ।
**परियंक*** पु० पर्यंक।
**परियन्त*** अ० पर्यन्त।
**परिरन्धित** वि० *(सं०)* क्षत या नष्ट किया हुआ।
**परिरम्भ, परिरम्भण** पु० *(सं०)* आलिंगन।
**परिरम्भना*** स० क्रि० आलिंगन करना।
**परिरक्षक** पु० *(सं०)* रक्षण करने वाला, अभिभावक; संग्रहपाल, संग्रहालयाध्यक्ष।
**परिरक्षण** पु० *(सं०)* हर तरह से रक्षा करना; देखभाल।
**परिरक्षित** वि० *(सं०)* जिसका पूरी तरह पालन किया गया हो; जिसकी अच्छी तरह रक्षा की गयी हो।
**परिरथ्या** स्त्री० *(सं०)* सड़क।
**परिराटी (टिन्)** वि० *(सं०)* चीखने-चिल्लाने वाला।
**परिरोध** पु० *(सं०)* रोक, रुकावट।
**परिलंघन** पु० *(सं०)* उछलना, लाँघना।
**परिलघु** वि० *(सं०)* बहुत छोटा; बहुत हल्का
**परिलिखन** पु० *(सं०)* रगड़कर चिकना करना।
**परिलुप्त** वि० *(सं०)* नष्ट; लुप्त; क्षतिग्रस्त।
**परिलेखना*** स० क्रि० समझना, जानना।
**परिलोप** पु० *(सं०)* उपेक्षा; लोप; क्षति; नाश।
**परिलोभन** पु० किसी तरह की लालच या आश्वासन के द्वारा झूठी आशा उत्पन्न कर बहकाना।
**परिवक्रा** स्त्री० *(सं०)* गोल गड्ढा।
**परिवत्सर** पु० *(सं०)* पूरा साल, पूरा वर्ष।
**परिवपन** पु० *(सं०)* कतरना; मूँड़ना (बाल)।
**परिवर्जक** वि० *(सं०)* त्याग करनेवाला।
**परिवर्जन** पु० *(सं०)* त्यागना, त्याग।
**परिवर्जनीय** वि० *(सं०)* त्यागने योग्य।
**परिवर्जित** वि० *(सं०)* त्यक्त, त्यागा हुआ।
**परिवर्त** पु० *(सं०)* अदल-बदल; युगान्त; विनिमय।
**परिवर्तन** पु० *(सं०)* परिभ्रमण; चक्कर; उलटना-पलटना; विनिमय, अदल-बदल; बदलना।
**परिवर्तनीय** वि० *(सं०)* परिवर्तन के योग्य।
**परिवर्तित** वि० *(सं०)* उलटा-पलटा हुआ; बदला हुआ।
**परिवर्ती (र्तिन्)** वि० *(सं०)* जो घूमता या चक्कर देता रहे; जो बदला रहे, विनिमय करनेवाला।
**परिवर्तुल** वि० *(सं०)* एकदम गोल।
**परिवर्धन** पु० *(सं०)* भली-भाँति वृद्धि होना।
**परिवर्धित** वि० *(सं०)* जो अच्छी तरह बढ़ा हो या बढ़ाया गया हो; जिसमें पूर्ण वृद्धि की गयी हो।
**परिवर्ह** पु० *(सं०)* घर का साज-सामान; सम्पत्ति।
**परिवहन** पु० कोई वस्तु सामान अथवा माल आदि का एक स्थान से दूसरे स्थान तक ढोकर ले जाना या पहुँचाना।
**परिवसथ** पु० *(सं०)* ग्राम, गाँव।
**परिवा** स्त्री० पक्ष की पहली तिथि, प्रतिपदा, पड़वा।
**परिवाद** पु० *(सं०)* शिकायत; झूठी निन्दा; कुख्याति।
**परिवादक** वि० *(सं०)* निन्दक, निन्दा करनेवाला।
**परिवादी (दिन्)** वि० *(सं०)* वादी, निन्दा करने वाला
**परिवार** पु० *(सं०)* आश्रितजन, परिजन; आवरण; कुटुम्ब।
**परिवारण** पु० *(सं०)* आच्छादन; आवरण।
**परिवास** पु० *(सं०)* ठहरना, टिकना; सुगन्ध।
**परिविष्ट** वि० घिरा हुआ।
**परिविहार** पु० *(सं०)* इतस्ततः, घूमना, चहल कदमी।
**परिवीजित** वि० *(सं०)* जिसे पंखा झला गया हो।
**परिवीत** वि० *(सं०)* परिवेष्टित; आवृत; व्याप्त।
**परिवृत** वि० *(सं०)* ज्ञात; घिरा हुआ; व्याप्त; प्राप्त।
**परिवृत्त** वि० *(सं०)* लौटाया हुआ; घुमाया हुआ; बदला हुआ; घेरा हुआ; आवेष्टित। पु० आलिंगन।
**परिवृत्ति** स्त्री० *(सं०)* अदला-बदला, विनिमय; घेरना।
**परिवृद्ध** वि० *(सं०)* अच्छी तरह विकसित हुआ।
**परिवृद्धि** स्त्री० *(सं०)* पूर्णवृद्धि, सम्यक् वृद्धि।
**परिवेद** पु० *(सं०)* यथार्थ ज्ञान।
**परिवेदना** स्त्री० *(सं०)* बुद्धिमत्ता, चातुरी; दूरदर्शिता।
**परिवेश** पु० परिधि, वेष्टन, घेरा।
**परिवेष** पु० सूर्य मण्डल, घेरा।
**परिवेषक** पु० *(सं०)* खाना परोसनेवाला।
**परिवेषण** पु० *(सं०)* घेरने की क्रिया; भोजन परोसना।
**परिवेष्टन** पु० *(सं०)* पट्टी; आवरण; आच्छादन; घेरा।
**परिवेष्टा (ष्टृ)** पु० *(सं०)* भोजन परोसने वाला।
**परिवेष्टित** वि० *(सं०)* आच्छादित; आवृत।
**परिव्यय** पु० *(सं०)* *(कॉस्ट)* मसाले; मूल्य; व्यय।

**परिव्याध** पु० *(सं०)* चारों ओर से बेचने वाला।
**परिव्रज्या** स्त्री० *(सं०)* संन्यास; तपस्या।
**परिव्राज, परिव्राजक** पु० *(सं०)* संन्यासी।
**परिशंकी (किन्)** वि० *(सं०)* आशंकित।
**परिशिष्ट** पु० *(सं०)* किसी पुस्तक या लेख का पूरक अंश। वि० बचा हुआ, जो छूट गया हो।
**परिशीलन** पु० *(सं०)* स्पर्श; सम्यक् अध्ययन; लगाव।
**परिशुद्धि** स्त्री० *(सं०)* पूर्ण शुद्धि; रिहाई।
**परिशुष्क** वि० *(सं०)* एकदम सूखा हुआ; नीरस।
**परिशोध** पु० ऋण की चुकती।
**परिशोधन** पु० पूण रूपेण शुद्ध करना।
**परिश्रम** पु० *(सं०)* क्लेशकर आयास; मेहनत; क्लांति।
**परिश्रमी (मिन्)** वि० *(सं०)* परिश्रम करनेवाला।
**परिश्रय** पु० *(सं०)* आश्रय; सभा।
**परिश्रुत** वि० *(सं०)* विख्यात, प्रसिद्ध।
**परिषद्** स्त्री० *(सं०)* *(काउंसिल)* सलाह देने वाले या विवाद आदि में हिस्सा लेने वाले सदस्यों की सभा; नगर या जिले की स्थानीय प्रबन्ध सभा।
**परिषिक्त** वि० *(सं०)* सींचा हुआ।
**परिषेक** पु० *(सं०)* सींचना, छिड़काव; स्नान।
**परिषेचक** वि०, पु० *(सं०)* सींचने वाला।
**परिष्कर** पु० *(सं०)* सजावट।
**परिष्कार** पु० *(सं०)* सुसंस्कार; सजावट; सफाई।
**परिष्कृत** वि० *(सं०)* चमकाया हुआ; शुद्ध किया हुआ; सजाया हुआ; साफ किया हुआ।
**परिष्कृति** स्त्री० *(सं०)* सँवारना; साफ करना; चमकाना।
**परिष्टवन** पु० *(सं०)* स्तुति, प्रशंसा।
**परिष्टोम** पु० *(सं०)* हाथी की झूल; गद्दा; आवरण।
**परिष्ठल** पु० *(सं०)* आसपास की भूमि।
**परिष्यन्द** पु० *(सं०)* आर्द्रता; नदी; प्रवाह, बहाव।
**परिष्वन्द** पु० *(सं०)* आलिंगन।
**परिसंख्या** स्त्री० *(सं०)* गिनती, गणना।
**परिसंख्यान** पु० *(सं०)* गणना; सही अनुमान।
**परिसंचर** पु० *(सं०)* प्रलय-काल।
**परिसन्तान** पु० *(सं०)* ताँत, तार; तन्त्री।
**परिसंवाद** पु० *(सं०)* तर्कयुक्त वाद-विवाद।
**परिसज्जा** स्त्री० *(सं०)* पूर्ण सजावट।
**परिसमाप्ति** स्त्री० *(सं०)* पूर्ण समाप्ति।
**परिसर** पु० *(सं०)* आस-पास की भूमि, नदी, नगर।
**परिसरण** पु० *(सं०)* इधर-उधर दौड़ना; पर्यटन।
**परिसर्पण** पु० *(सं०)* रेंगना; घूमना-फिरना; गमन।
**परिसर्या** स्त्री० *(सं०)* इधर-उधर जाना; घूमना।
**परिसान्त्वन** पु० *(सं०)* सान्त्वना देना, ढाढ़स बँधाना।
**परिसार** पु० *(सं०)* चारों ओर जाना या घूमना।
**परिसीमा** स्त्री० *(सं०)* सीमा, अन्तिम सीमा; चौहद्दी।
**परिस्तर** पु० *(सं०)* छितराना, व्याप्त करना, फैलाना।
**परिस्तरण** पु० *(सं०)* छितराना, बिखराना, फैलाना।
**परिस्थान** पु० *(सं०)* वासस्थान; दृढ़ता, ठोसपन।
**परिस्थिति** स्त्री० *(सं०)* संकटावस्था, अवस्था, आसपास की स्थिति, चारों ओर की स्थिति।
**परिस्पन्दन** पु० *(सं०)* बहुत अधिक कम्पित होना।
**परिस्पर्द्धा, परिस्पर्धा** स्त्री० *(सं०)* प्रतिस्पर्द्धा।
**परिस्फुट** वि० *(सं०)* पूर्ण रूप से विकसित; सुस्पष्ट।
**परिस्फुरण** पु० *(सं०)* शाखा से कल्लों का निकलना।
**परिस्मापन** पु० *(सं०)* अचम्भे में डालना।
**परिस्यन्द** पु० *(सं०)* चूना, रिसना।
**परिस्रव** पु० *(सं०)* प्रवाहित होना, बहना; टपकना।
**परिस्रावी (विन्)** वि० *(सं०)* बहने वाला, चूने।
**परिस्रुत** वि० *(सं०)* स्रावयुक्त; रसा हुआ।
**परिहँस*** पु० ईर्ष्या, डाह; उपहास, हँसी; दुःख।
**परिहर** पु० त्याग, परिहार।
**परिहरण** पु० *(सं०)* छीन लेना; त्यागना; निवारण।
**परिहरणीय** वि० *(सं०)* हटाने योग्य।
**परिहरना*** स० क्रि० त्यागना; छोड़ना।
**परिहस*** पु० दुःख; परिहास।
**परिहा** पु० एक छन्द।
**परिहार** पु० *(सं०)* अनादर, उपेक्षा।
**परिहारना*** स० क्रि० दूर करना; प्रहार करना।
**परिहारी (रिन्)** वि० *(सं०)* त्याग करने वाला।
**परिहास्य** वि० *(सं०)* परिहास के योग्य।
**परिहित** वि० *(सं०)* आच्छादित, आवृत; पहना हुआ।
**परिहीण** वि० *(सं०)* रहित; उपेक्षित; त्यागा हुआ; जिसका ह्रास हो गया हो।
**परिहृति** स्त्री० *(सं०)* त्यागना, छोड़ना।
**परीन्दन** पु० *(सं०)* भेंट देना; तुष्ट करना।
**परीक्षक** पु० *(सं०)* परीक्षा लेनेवाला, परखने वाला।
**परीक्षण** पु० *(सं०)* परीक्षा लेने की क्रिया; जाँच।
**परीक्षना*** स० क्रि० परीक्षा लेना।

**परीक्षा** स्त्री० *(सं०)* किसी की क्षमता, गुण, दोष, योग्यता, शक्ति आदि को परखना; इम्तहान।
**परीक्षा मूलक** वि० *(सं०)* परीक्षा पर आधारित।
**परीक्षार्थ** अ० *(सं०)* परीक्षा के लिए।
**परीक्षार्थी (र्थिन्)** पु० *(सं०)* परीक्षा देने वाला।
**परीक्षालय** पु० *(इग्ज़ामिनेशन हॉल)* वह भवन या स्थान जहाँ परीक्षार्थी बैठकर परीक्षा देते हैं।
**परीक्षित** वि० *(सं०)* जाँचा हुआ, आजमाया हुआ।
**परीक्ष्य** वि० *(सं०)* जिसकी परीक्षा ली जाये।
**परीखना*** अ० अवश्य ही। स० क्रि० जाँचना।
**परीत** वि० *(सं०)* घेरने वाला; चक्कर देने वाला; बीता हुआ, गृहीत।
**परीताप** पु० *(सं०)* परिताप।
**परीभाव** पु० *(सं०)* तिरस्कार, अनादर।
**परु** पु० *(सं०)* स्वर्ग; पहाड़; ग्रन्थि, गाँठ; समुद्र।
**परुआ†** वि० कामचोर, बैल जो काम लेते समय बैठ जाये; रास्ते में गिरा पड़ा हुआ द्रव्य या वस्तु।
**परुई†** स्त्री० भड़भूजे की अनाज भूनने की नाँद।
**परुख*** वि० पुरुष; कठोर, तीक्ष्ण।
**परुखाई*** स्त्री० पुरुषता, कठोरता।
**परुष** पु० *(सं०)* कड़ी बात, दुर्वचन। वि० रूखा; कठोर, कड़ा; कर्कश; बुरा लगने वाला।
**परुषाक्षर** वि० *(सं०)* कड़े शब्द।
**परुषोक्ति** स्त्री० *(सं०)* निष्ठुर वचन।
**परुसना*** स० क्रि० परसना।
**परे** अ० ऊपर; बाहर; उस ओर; बहुत दूर।
**मु० परे बिठाना** परास्त करना, हराना।
**परेई** स्त्री० पण्डुकी; कबूतरी, मादा परेवा।
**परेखना** स० क्रि० जाँचना; *प्रतीक्षा करना।
**परेखा*** पु० जाँच, परीक्षा; विश्वास; पश्चात्ताप।
**परेग** स्त्री० लोहे की कील, छोटा काँटा।
**परेट, परेड** पु०, स्त्री० *(अं०)* सैनिकों को युद्धकला का प्रशिक्षण देने का मैदान।
**परेत** पु० प्रेत। वि० मृत।
**परेता** पु० चरखी।
**परेर*** पु० आकाश।
**परेश** पु० *(सं०)* परमेश्वर, परमात्मा।
**परेशान** वि० *(फ़ा०)* हैरान; उद्विग्न, व्याकुल।
**परेशानी** स्त्री० *(फ़ा०)* व्याकुलता, उद्विग्नता।
**परेह** पु० बेसन की पतली कढ़ी।
**परैधित** वि० *(सं०)* अन्य द्वारा पालित। पु० सेवक।
**परोः*** अव्य० परसों।
**परोक्ष** पु० *(सं०)* पूर्ण भूतकाल; अनुपस्थिति। वि० अप्रत्यक्ष; जो आँखों के सामने न हो; छिपा हुआ।
**परोधित** वि० दूसरे पालित। पु० कोयल।
**परोजन†** पु० प्रयोजन; विवाह आदि उत्सव।
**परोट** पु० *(सं०)* पराठा, पूड़ी।
**परोना*** स० क्रि० पिरोना।
**परोपकार** पु० *(सं०)* दूसरे की भलाई।
**परोपकारी (रिन्)** वि० *(सं०)* दूसरों की भलाई करने वाला।
**परोरना†** स० क्रि० अभिमन्त्रित करना।
**परोरा*** पु० परवल।
**परोष्टि, परोष्णी** स्त्री० *(सं०)* तिलचट्टा।
**परोस*** पु० पड़ोस।
**परोसा** पु० एक मनुष्य का भोजन जिसे कहीं भेजा जाये।
**परोसना†** स० क्रि० परोसना।
**परोसैया†** पु० भोजन परोसने वाला।
**परोहा†** पु० पुर, मोट।
**परौं** अव्य० परसों।
**पर्कटि, पर्कटी** स्त्री० *(सं०)* पाकड़ का वृक्ष।
**पर्कार** पु० परकार, परकाल।
**पर्गना** पु० परगना।
**पर्चा** पु० परचा।
**पर्चाना** क्रि० परचाना।
**पर्चून** पु० परचून।
**पर्चूनिया** पु० परचूनी।
**पर्जक** पु० पर्यंक।
**पर्जन्य** पु० *(सं०)* मेघ।
**पर्ण** पु० *(सं०)* पान; बाण का पंख; पत्ता; पर।
**पर्णन** पु० *(सं०)* पत्ते आना।
**पर्णल** वि० *(सं०)* पत्तों से युक्त; पत्तों से भरा हुआ।
**पर्णाशन** पु० *(सं०)* वह जो पत्ते खाकर रहे; मेघ।
**पर्णास** पु० *(सं०)* तुलसी।
**पर्णिक** पु० *(सं०)* पत्ते बेचनेवाला।
**पर्णिका** स्त्री० *(सं०)* शालपर्णी; पिठवन।
**पर्णोटज** पु० *(सं०)* पर्णकुटी, पर्णशाला।

**पर्त** स्त्री० परत।

**पर्दनी*** स्त्री० धोती।

**पर्दा** पु० *(फ़ा०)* परदा।

**पर्दाफाश** पु० भेद प्रकट करना।

**पर्प** पु० *(सं०)* हरी और नयी घास; गृह, घर।

**पर्पटी** स्त्री० *(सं०)* एक रसौषधि; पापड़; एक गन्धद्रव्य।

**पर्परी** स्त्री० *(सं०)* जूड़ा; पापड़ी।

**पर्फरीक** पु० *(सं०)* नया पल्लव, किसलय।

**पर्यन्त** पु० *(सं०)* अन्तिम सीमा, किनारा; अन्त, समाप्ति। अ० तक। वि० सीमित।

**पर्यटक** पु० *(सं०)* देश-विदेश में घूमने-फिरने वाला; भ्रमण करने वाला।

**पर्यटन** पु० *(सं०)* चारों ओर घूमना, भ्रमण।

**पर्यय** पु० *(सं०)* परिवर्तन; अव्यवस्था।

**पर्ययण** पु० *(सं०)* काठी, घोड़े की जीन।

**पर्यवरोध** पु० *(सं०)* बाधा, रोक।

**पर्यवसायी** वि० समाप्त करने वाला।

**पर्यवस्थान** पु० *(सं०)* विरोध करना; प्रतिवाद करना।

**पर्यसन** पु० *(सं०)* दूर करना; फेंकना; निकालना।

**पर्यस्त** वि० *(सं०)* निकला हुआ, बाहर किया हुआ; दूर किया हुआ; फेंका हुआ।

**पर्याकुल** वि० *(सं०)* गँदला; क्षुब्ध, उत्तेजित; व्याकुल।

**पर्याण** पु० *(सं०)* काठी, घोड़े का जीन।

**पर्याप्त** वि० *(सं०)* पाया हुआ, प्राप्त, समग्र; जो जितना चाहिए उतना हो, पूरा, काफी।

**पर्याप्ति** स्त्री० *(सं०)* मिलना, प्राप्ति; अन्त, समाप्ति; यथेष्ट या काफी होने का भाव।

**पर्याप्लाव** पु० *(सं०)* चक्कर, फेरा; घेरा।

**पर्याय** पु० *(सं०)* एक अर्थालंकार; समानार्थक शब्द, अनुक्रम।

**पर्याविल** वि० *(सं०)* बहुत गँदला।

**पर्यास** पु० *(सं०)* परिभ्रमण; चारों ओर घूमना।

**पर्यासन** पु० *(सं०)* फेरा, चक्कर।

**पर्याहार** पु० *(सं०)* घड़ा; जूआ; ढोना; बोझ।

**पर्युत्थान** पु० *(सं०)* उठ खड़ा होना।

**पर्युत्सुक** वि० *(सं०)* उदास, व्याकुल; बहुत उत्सुकत।

**पर्युदंचन** पु० *(सं०)* उद्धार; ऋण।

**पर्युदय** पु० *(सं०)* आसन्न सूर्योदयकाल।

**पर्युदस्त** वि० *(सं०)* अपवाद किया हुआ; निषिद्ध।

**पर्युदास** पु० *(सं०)* निषेध; मुसतसन, अपवाद।

**पर्युपस्थान** पु० *(सं०)* टहल, सेवा।

**पर्युपासक** पु० *(सं०)* सेवा करनेवाला।

**पर्युपासन** पु० *(सं०)* सेवा

**पर्युषण** पु० *(सं०)* पूजन, उपासना।

**पर्युषित** वि० *(सं०)* मूर्ख; कुरस; घमण्डी; वासी।

**पर्व (न्)** पु० *(सं०)* पुस्तक का कोई भाग (जैसे महाभारत का); त्योहार; पोर; भाग; गाँठ, जोड़।

**पर्वक** पु० *(सं०)* घुटने का जोड़।

**पर्वत** पु० *(सं०)* शैल, गिरि।

**पर्वतात्मजा** स्त्री० *(सं०)* पार्वती।

**पर्वतारोहण** पु० *(सं०)* पहाड़ पर चढ़ना।

**पर्वताशय** पु० *(सं०)* मेघ, बादल।

**पर्वताश्रय** वि० *(सं०)* पहाड़ी। पु० पहाड़ पर रहनेवाला।

**पर्वतारोही** वि० *(सं०)* पहाड़ पर चढ़ने वाला।

**पर्वताश्रयी (यिन्)** वि०, पु० *(सं०)* पहाड़ पर रहनेवाला।

**पर्वती** वि० पर्वत सम्बन्धी; पर्वतीय, पर्वत का।

**पर्वतेश्वर** पु० *(सं०)* हिमालय।

**पर्वर** पु० परवर, परवल।

**पर्वसन्धि** पु० *(सं०)* घुटने का जोड़।

**पर्वा, पर्वाह** स्त्री० परवाह।

**पर्वाना** पु० परवाना।

**पर्वावधि** स्त्री० *(सं०)* जोड़, गाँठ।

**पर्शु** पु० *(सं०)* पसली; अस्त्र; फरसा।

**पर्षद्वल** पु० *(सं०)* सभासद्।

**पलंका*** स्त्री० दूरवर्ती स्थान।

**पलंग** पु० अधिक लम्बी-चौड़ी और सुन्दर चारपाई।

**पलंगड़ी** स्त्री० चारपाई, छोटा पलंग।

**पल** पु० *(सं०)* *पलक; समय का बहुत ही छोटा भाग।

**पलई**† स्त्री० पेड़ की पतली और नरम टहनी।

**पलक** स्त्री० *क्षण; आँख के ऊपर का पतला आवरण। **मुहा० पलक पाँवड़े बिछाना** श्रद्धापूर्वक स्वागत करना। **पलक भाँजना** आँखों से संकेत करना। **पलक से पलक न लगना** नींद न आना। **पलकों से जमीन झाड़ना** श्रद्धाभाव से सेवा करना।

**पलका*** पु० पलंग, शय्या।

**पलटन** स्त्री० पैदल सेना के दो सौ सिपाहियों का समूह।

**पलटना** क्रि० फेरना, बदलना, लौटाना, मुड़ना।

**पलटा** पु० प्रतिफल।

**पलटी**† स्त्री० बदली; पलटा जाना।

**पलड़ा, पलरा** पु० तराजू का पल्ला।

**पलथा**† पु० कलैया मारने की क्रिया।

**पलल** पु० *(सं०)* राक्षस; कीचड़; तिलकुट; माँस।

**पलवा**† पु० ऊख का ऊपरी भाग जो नीरस होता है; एक घास; *अंजलि।

**पलवाना** क्रि० अन्य से पालन कराना।

**पलवैया**† पु० पालन-पोषण करने वाला।

**पलहना** क्रि० पत्तियाँ फूटना, पल्लवित होना।

**पलहा** पु० जन्म-मृत्यु की सूचना; *पल्लव।

**पलाण्डु** पु० *(सं०)* प्याज।

**पला** पु० आँचल, पल्ला, किनारा; *तराजू का पल्ला।

**पलानी** स्त्री० स्त्रियों का पहनने का एक प्रकार का गहना।

**पलान्न** पु० *(सं०)* पुलाव।

**पलायन** पु० *(सं०)* दूसरी जगह चले जाना, भागना।

**पलायित** वि० *(सं०)* भागा हुआ।

**पलायी** वि० भगोड़ा, भग्गू।

**पलाल** पु० *(सं०)* भूसी; पौधे का सूखा डण्ठल।

**पलाशक** पु० *(सं०)* पलाश का पेड़।

**पलाशी** स्त्री० *(सं०)* लाख।

**पलास** पु० एक प्रसिद्ध वृक्ष जिसका फूल बहुत लाल होता है (हिन्दू इस वृक्ष को पवित्र मानते हैं और ब्रह्मचारी इसका दण्ड धारण करते हैं)।

**पलिघ** पु० *(सं०)* चहारदीवारी; फाटक; गोशाला।

**पलित** वि० *(सं०)* वृद्ध। पु० गरमी; लोहा; कीचड।

**पलीत** वि० धूर्त; दुष्ट; गन्दा। पु० भूत-प्रेत।

**पलीद** वि० *(फ़ा०)* अपवित्र; नीच; दुष्ट। पु० भूत-प्रेत।

**पलुबाँ**† वि० पालतू।

**पलुहना*** अ० क्रि० पल्लवित होना, हरा-भरा होना।

**पलेड़ना*** स० क्रि० धक्का देना।

**पलेथन, पलोथन** पु० लोई में लगाने का सूखा आटा।

**मु० पलेथन निकलना** गहरी मार पड़ना, खूब पीटा जाना। **पलेथन निकालना** परेशान करना; खूब पीटना।

**पलेव** पु० गाढ़ा करने हेतु मिलाया गया आटा।

**पलेवट** स्त्री० बोने से पूर्व सूखी भूमि की सिंचाई।

**पलोटना*** स० क्रि० पैर दबाना। अ० क्रि० किसी भारी शारीरिक कष्ट से तड़फड़ाना-छटपटाना।

**पलोसना*** स० क्रि० धोना, साफ करना।

**पल्लड़** पु० झुण्ड समूह।

**पल्लव** पु० *(सं०)* नया और कोमल पत्ता; कली।

**पल्लवित** पु० *(सं०)* लाख का रंग। वि० जिसमें पल्लव लगे हों; हरा-भरा एवं लहराता हुआ।

**पल्लवी (विन्)** पु० *(सं०)* वृक्ष, पेड़। वि० जिसमें नये पत्ते निकले हों।

**पल्ला** पु० किवाड़, तराजू, कैंची आदि के दो हिस्सों में से कोई एक; कपड़े का छोर; दूरी।

**पल्लौ*** पु० पल्लव; अनाज बाँधने का टाट आदि।

**पवँरि*** स्त्री० ड्योढ़ी।

**पव** पु० *(सं०)* शुद्धीकरण; हवा। स्त्री० पौ।

**पवना**† पु० पौना, झरना।

**पवनात्मज** पु० *(सं०)* हनुमान्; भीमसेन।

**पवनाशनाश** पु० *(सं०)* मोर; गरुड़।

**पवनी** स्त्री० *(सं०)* †पौनी; झाड़ू।

**पवर*** वि० प्रवर। स्त्री० ड्योढ़ी।

**पवाँरना, पवारना*** स० क्रि० फेंकना; छींटना, फैलाना।

**पवाँरी**† स्त्री० लोहा छेदने का लोहारों का एक औजार।

**पवाका** स्त्री० *(सं०)* बवण्डर।

**पवाड़ा**† पु० चकवँड़।

**पवाना** * स० क्रि० †प्राप्त कराना; खिलाना।

**पवि** पु० *(सं०)* वज्र; बिजली; मार्ग; थूहड़ का वृक्ष।

**पवित** वि० *(सं०)* पूत, पवित्र, शुद्ध।

**पविताई*** स्त्री० पवित्रता, शुद्धता।

**पवित्तर**† वि० पवित्र।

**पवित्र** पु० *(सं०)* घृत; मधु; शुद्ध करने वाली वस्तु, कुश; यज्ञोपवीत; जल। वि० शुद्ध, निर्मल, स्वच्छ।

**पवित्रक** पु० *(सं०)* कुश; क्षत्रिय का जनेऊ।

**पवित्रता** स्त्री० *(सं०)* पवित्र होने का भाव।

**पवित्रा** स्त्री० श्रावण शुक्ला एकादशी; रेशमी दानों की माला।

**पवित्रात्मा (त्मन्)** वि० *(सं०)* शुद्ध हृदय वाला।

**पवित्रित** वि० *(सं०)* शुद्ध किया हुआ।
**पवित्री** स्त्री० कुश घास का छल्ला जिसे यज्ञ में समय अनामिका में पहनते हैं।
**पवेर, पवेरा** वि० छितरा हुआ, छितराकर बोया।
**पवेरना** क्रि० छितराकर बोना।
**पशमीना** पु० कश्मीर में बननेवाला एक तरह का बहुत मुलायम ऊन का कपड़ा।
**पशु** पु० *(सं०)* जन्तु, प्राणी; मूर्ख, मनुष्य; चार पैरों और पूँछ से युक्त जानवर।
**पशुता** स्त्री०, **पशुत्व** पु० *(सं०)* पशु का भाव।
**पश्चात्** अ० *(सं०)* अन्त में; पश्चिम दिशा से; पीछे से, बाद में, अनन्तर।
**पश्चानुताप** पु० *(सं०)* पछतावा।
**पश्चिमी** वि० पछवाँ, पश्चिमी देशों में रहनेवाला।
**पष*** पु० पंख; तरफ; पक्ष, पाख।
**पषा*** पु० दाढ़ी।
**पषाण, पषान*** स० क्रि० पत्थर, पाषाण।
**पषारना** क्रि० धोना, प्रक्षालन।
**पसँगा** पु० पासंग। वि० बहुत कम, बहुत थोड़ा। **मु० पसँगा भी न होना** अति नीच होना, अति तुच्छ होना।
**पसन्द** वि० *(फ़ा०)* जो मन को जँचे, मनोनीत; रुचि के अनुकूल। स्त्री० रुचि; तरजीह, स्वीकृति।
**पसन्दा** पु० *(फ़ा०)* जो पसन्द हो; पसन्द किया हुआ।
**पसन्दीदा** वि० *(फ़ा०)* जो पसन्द हो; पसन्द किया हुआ।
**पस** पु० *(अं०)* मवाद। अ० *(फ़ा०)* अन्त में; अतः; बेशक, निःसन्देह; बाद में, पीछे; आखिरकार।
**पसनी*** स्त्री० अन्नप्राशन, चटावन।
**पसम*** पु० पशम।
**पसर** पु० विस्तार, गहरी हथेली, अर्द्धांजलि।
**पसरट्टा**† पु० पँसरहट्टा, पंसारियों का बाजार।
**पसरना** अ० क्रि० हाथ-पाँव फैलाकर सोना; फैलना।
**पसरौहाँ*** वि० जो फैले, फैलने वाला।
**पसा**† पु० अंजलि, पसर।
**पसार** पु० *प्रपंच, मायाजाल; फैलाव, विस्तार।
**पसारना** स० क्रि० फैलाना, आगे की ओर बढ़ाना।
**पसारी**† पु० तिन्नीधान; पंसारी।
**पसाव** पु० पसेव, माँड़, पीच।
**पसावन** पु० पानी, माँड़।
**पसाहनि** स्त्री० अंगराग।
**पसिंजर** पु० पैसेंजर।
**पसित*** वि० पाशबद्ध, बँधा हुआ।
**पसीजना** अ० क्रि० खिन्न होना; दया से आर्द्र होना; द्रवित होना, पिघलना।
**पसीना** पु० स्वेद, प्रस्वेद।
**पसुरी, पसुली*** पसली।
**पसूजना**† स० क्रि० सीना।
**पसूता** स्त्री० प्रसूता, जच्चा।
**पसेउ*** पु० प्रस्वेद, पसीना।
**पस्त** वि० *(फ़ा०)* नीच; थका हुआ, शिथिल, तुच्छ।
**पस्ती** स्त्री० *(फ़ा०)* नीचता, कमीनापन; कमी।
**पह*** स्त्री० पौ।
**पहँ** अव्य० निकट, समीप, पास।
**पहचान** स्त्री० चिह्न; परखने की शक्ति; परख।
**पहचानना** स० क्रि० किसी का गुण-दोष जानना।
**पहटना**† स० क्रि० पत्थर आदि पर रगड़कर धार तेज करना, भगाने या पकड़ने के लिए दौड़ना।
**पहन** पु० *(फ़ा०)* *पत्थर, पाषाण।
**पहनाना** स० क्रि० किसी को कपड़े, गहने आदि धारण कराना।
**पहनाव**† पु० पहनावा।
**पहनावा** पु० किसी तरह का खास पहनने का वस्त्र।
**पहपट** पु० धोखा, दगाबाजी; हल्ला, शोर।
**पहर** पु० समय, काल, जमाना; तीन घण्टे का समय।
**पहरा** पु० रक्षक दल के तैनात रहने का समय; रक्षक दल का फेरा; निगरानी, देखरेख।
**पहराइत*** पु० पहरा देने वाला।
**पहराना**† स० क्रि० पहनाना।
**पहरावनी** स्त्री० भेंट, वस्त्रादि पूज्य पुरुष को पहनाना।
**पहरावा**† पु० पहनावा।
**पहरी, पहरुआ**† पु० पहरेदार।
**पहल** पु० समतल, तह।
**पहलवान** पु० *(फ़ा०)* हृष्ट-पुष्ट और बलवान आदमी।
**पहलवानी** स्त्री० *(फ़ा०)* पहलवान होने का भाव।
**पहला**† पु० पुरानी रुई की जमी हुई तह। वि०

प्रथम, आदि में पड़ने वाला।

**पहले** अ० प्राचीनकाल में; सर्वप्रथम; पूर्व में आगे।

**पहाड़ी** वि० पहाड़ पर होने वाला; पहाड़-सम्बन्धी।

**पहिचानना**† स० क्रि० पहचानना।

**पहिना** स्त्री० एक मछली, पाठीन, वदाल।

**पहिरावनि, पहिरावनी*** स्त्री० पहनावा।

**पहिल*** अ० पहले। वि० पहला।

**पहिला**† वि० पहला, प्रथम।

**पहुंच** स्त्री० प्रवेश; पैठ, पहुँच जाने की सूचना; समझने की सामर्थ्य, जानकारी।

**पहुँचना** अ० क्रि० एक स्थान से चलकर दूसरे स्थान पर जाना; उपस्थित होना; व्याप्त होना।

**पहुंचा** पु० कलाई के ऊपर और कुहनी के नीचे का भाग।

**मु० पहुँचा पकड़ना** किसी कार्य के निमित्त बलपूर्वक किसी का हाथ पकड़ना और उसे रोक रखना।

**पहुँचाना** स० क्रि० आगे बढ़ाकर या फैलाकर किसी विशिष्ट स्थान को प्राप्त कराना।

**पहुनई**† स्त्री० पाहुना बनकर कहीं जाना या आना।

**पहुनाई** स्त्री० अतिथि-सत्कार; पाहुना होने का भाव।

**पहुप*** पु० पुष्प, फूल।

**पहुम, पहुमि, पहुमी** स्त्री० पृथ्वी।

**पहेटना** स० क्रि० पत्थर पर रगड़कर औजार तेज करना; पकड़ने के लिए किसी का पीछा करना।

**पहेली** स्त्री० किसी की बुद्धि या समझ की परीक्षा लेने के लिए टेढ़ा-मेढ़ा लक्षण बताकर प्रश्न पूछना, बुझौवल।

**पह्लिका** स्त्री० *(सं०)* जलकुम्भी, वारिपृश्नि।

**पाँ, पाँइ, पाँउ*** पु० पैर, पाँव।

**पाँइता*** पु० पायताना।

**पाँउरी*** स्त्री० खड़ाऊँ।

**पांक्त** वि० *(सं०)* पंक्ति-सम्बन्धी; पंक्तिका।

**पाँखा**† पु० पंख, पर।

**पाँखी*** स्त्री० पक्षी; फतिंगा।

**पाँगानोन** पु० रेह से तैयार किया जानेवाला नमक।

**पाँगुर*** पु० लँगड़ा मनुष्य। वि० पंगु, लँगड़ा।

**पाँच** वि० चार से एक अधिक, छः से एक कम। पु० पाँच की संख्या, 5।

**मुहा० पाँचों उँगलियाँ घी में होना** हर काम में सफलता मिलना। **पाँचों सवारों में नाम लिखना** स्वयं को जबरदस्ती श्रेष्ठ मनुष्यों में गिनना।

**पाँचवर्षिक** वि० (सं०) पाँच वर्ष का।

**पाँचशब्दिक** पु० *(सं०)* संगीतवाद्य।

**पाँचा**† पु० भूसा बटोरने के काम का किसानों का एक बेंटदार औजार जिसमें पाँच दाँते होते हैं।

**पांचाल** पु० *(सं०)* पांचाल नामक देश; पांचाल देश का राजा; पांचाल देश के निवासी। वि० पांचाल देश का; पांचाल देश-सम्बन्धी।

**पांचाली** स्त्री० *(सं०)* पांचाल देश की स्त्री या रानी।

**पाँजना** स० क्रि० लोहे, पीतल आदि की वस्तुओं को टाँका देकर जोड़ना, झालना।

**पाँजर** पु० शरीर का काँख और कमर के बीच का पसलियों वाला भाग, पार्श्व।

**पाण्डव** पु० *(सं०)* पांण्डु के पुत्र, युधिष्ठिर, भीम, अर्जुन, नकुल और सहदेव इन पाँचों में से कोई एक।

**पाण्डित्य** पु० विद्वता, पण्डिताई।

**पाण्डु** वि० *(सं०)* पीलापन लिये हुए सफेद रंग का। पु० पीलिया रोग; पाण्डवों के पिता।

**पाण्डुक** पु० *(सं०)* पण्डुक; पीलिया रोग; राजा पाण्डु।

**पाण्डुरिमा (मन्)** स्त्री० *(सं०)* हल्का पीलापन; सफेदी।

**पाण्डुरोग** पु० कामला रोग।

**पाण्डुलिपि** पु० हस्तलिखित, प्रथम लेख।

**पाँडे पाण्डेय** पु० *रसोइया; अध्यापक।

**पाँत** स्त्री० समूह; पंगत; पंक्ति, कतार।

**पाँति** स्त्री० कतार; एक साथ खाने वालों का समूह।

**पान्थ** पु० *(सं०)* राही; सूर्य; पथिक, विरही; प्रवासी।

**पाँव** पु० पैर, वह अंग जिसके बल प्राणी चलते हैं।

**मुहा० पाँव उखड़ जाना** युद्ध में ठहर न सकना। **पाँव कट जाना** शक्ति नष्ट हो जाना। **पाँव की जूती** तुच्छ सेवक। **पाँव की बेड़ी** जंजाल, झंझट। **पाँव तले की धरती खिसकना** अत्यधिक घबड़ा जाना/स्तब्ध रह जाना। **पाँव तोड़कर बैठना** आना-जाना बन्द कर देना। **पाँव धरती पर न पड़ना** घमण्ड में चूर रहना। **पाँव धोकर पीना**

अत्यधिक सम्मानित करना। **पाँव पर पाँव रख कर बैठना** निश्चिन्त रहना। **पाँव में मेंहदी लगाना** काम करने हेतु बाहर न जाना।
**पाँवड़ा** पु० पाँवदान।
**पाँवड़ी** स्त्री० *जूता; खड़ाऊँ।
**पाँवर*** वि० नीच; तुच्छ, क्षुद्र; मूर्ख।
**पाँवरी*** स्त्री० बैठक; सीढ़ी; ड्योढ़ी।
**पांशन, पांसन** पु० *(सं०)* तिरस्कार, घृणा। वि० अपमानित करने वाला; भ्रष्ट करने वाला; दुष्ट।
**पांशु, पांसु** स्त्री० *(सं०)* नोना मिट्टी से निकाला हुआ नमक; धूल, धूलिकण; गोबर की खाद।
**पांशुल, पांसुल** वि० *(सं०)* अपवित्र; व्यभिचारी, लम्पट; जिसमें धूल लगी हो। पु० व्यभिचारी पुरुष।
**पांशुला, पांसुला** स्त्री० *(सं०)* रजस्वला; पृथ्वी; पुंश्चली।
**पाँसना**† स० क्रि० खेत में खाद देना।
**पाँही*** अ० पास, निकट।
**पा** पु० *(फ़ा०)* वृक्ष की जड़; कदम; पैर, पाँव।
**पाइट** स्त्री० बाँस आदि का बना हुआ वह ढाँचा जिस पर चढ़कर दीवार चुनी जाती है।
**पाइप** पु० *(अं०)* नली; नल; पानी की कल।
**पाईं** पु० *(फ़ा०)* नीचे; सामने; सिरहाने।
**पाई** स्त्री० खड़ी लकीर; आ की मात्रा; सबसे छोटी मुद्रा, पैसे का एक तिहाई भाग।
**पाउँ*** पु० पाँव, पैर।
**पाउण्ड** पु० *(अं०)* सोने का एक अँग्रेजी सिक्का जो 20 शिलिंग के बराबर होता है; एक बाट जो 400 ग्राम का होता है।
**पाक** पु० पकाने की क्रिया, रसोई; खाये हुए का पचाना।
**पाकठ**† वि० होशियार; दृढ़; मजबूत; अनुभवी।
**पाकल**† पु० *(सं०)* पाक में। वि० पका हुआ।
**पाकशाला** स्त्री० रसोईघर, पाकशास्त्र। पु० इन्द्र।
**पाका**† पु० फोड़ा। वि० पका हुआ।
**पाकाभिमुख** वि० *(सं०)* जो पकने पर हो।
**पाकिम** वि० *(सं०)* पकाया हुआ; पका हुआ।
**पाकी** स्त्री० *(फ़ा०)* सफाई; पवित्रता; निष्कलंकता।
**पाकीज़गी** स्त्री० *(फ़ा०)* सफाई; सुन्दरता।
**पाकीज़ा** वि० *(फ़ा०)* सुन्दर; निष्कलंक; हसीन; उम्दा।
**पॉकेट** पु० *(अ०)* जेब, थैली। **मु० पॉकेट गरम करना** घूस देना, घूस लेना।
**पाक्य** पु० *(सं०)* खारी नमक; शोरा; नौसादर। वि० पकाये जाने योग्य।
**पाक्षपातिक** वि० *(सं०)* पक्षपात करने वाला।
**पाक्षिक** पु० *(सं०)* बहेलिया, चिड़ीमार; विकल्प। वि० पक्षपात करने वाला; वैकल्पिक; पक्ष-सम्बन्धी।
**पाखण्ड** वि० *(सं०)* ढकोसले बाजी करना। पु० ढोंग; छल, वेद-विरुद्ध आचरण करनेवाला।
**पाखण्डी (डिन्)** वि० *(सं०)* ढोंगी, पाखण्ड करने वाला।
**पाख** पु० पाखवाली दीवार; पखवाड़ा।
**पाखान*** पु० पत्थर, पाषाण।
**पाग** स्त्री० पगड़ी। पु० वह शीरा जिसमें मिठाई आदि को डुबाते हैं, चाशनी।
**पागना** *अ० क्रि० सराबोर होना, मग्न होना। स० क्रि० चाशनी में डुबाना, पाग या शीरे में डुबाना।
**पागल** वि० *(सं०)* सनकी, विक्षिप्त; जिसे कुछ भी सुध-बुध न हो; बहुत नासमझ, अति मूर्ख।
**पाचक** पु० *(सं०)* रसोइया; पाचन शक्ति वर्धक।
**पाचन** पु० *(सं०)* जठराग्नि द्वारा भोजन का पचाया जाना; अग्नि; अम्लरस; खटाई। वि० पचाने वाला, पकाने वाला।
**पाचना*** अ० क्रि० गलना, मरना। स० क्रि० पकाना।
**पाचनिक** स्त्री० *(सं०)* पचाना; पकाना।
**पाचयिता (तृ)** वि०, पु० *(सं०)* पकाने वाला।
**पाचल** वि० *(सं०)* पचाने वाला; पकाने वाला।
**पाच्य** वि० *(सं०)* पचाने या पकाने योग्य; पाचनीय।
**पाछ** *अ० पीछे। †पु० पिछला भाग, पीछा। स्त्री० वह चीरा जो अफीम निकालने के लिए पोस्ते के डोंडे पर नहरनी से लगाया जाता है।
**पाछना** स० क्रि० छुरे आदि के हल्के आघात से शरीर पर या पेड़-पौधे पर जहाँ-तहाँ चीरा लगाना; हल्का घाव करना।
**पाछी, पाछु** क्रि०, वि० *(हि०)* पीछे की ओर।
**पाजरा**† पु० एक वनस्पति जिससे रंग निकालते हैं।
**पाजी** वि० बदमाश, दुष्ट। *पु० पैदल सिपाही; रक्षक।
**पाजेब** स्त्री० *(फ़ा०)* पायल नूपुर।
**पाटम्बर** पु० रेशमी कपड़ा।
**पाट**[1] पु० *(हि०)* धोबी का कपड़े धोने के काम का

पत्थर या काठ का बड़ा टुकड़ा; चक्की के दो भागों में से कोई एक; रेशम; वस्त्र।

**पाट**[2] पु० *(सं०)* फैलाव, विस्तार; चौड़ाई।

**पाटच्चर** पु० *(सं०)* चोर; डाकू, चुराने वाला।

**पाटन** पु० *(सं०)* चीरना, फाड़ना, छेदन।

**पाटना** स० क्रि० ढेर लगा देना; किसी गड्ढे को या नीची भूमि को समतल करना; पूर्ण कर देना।

**पाटनीय** वि० *(सं०)* चीरने या फाड़ने योग्य।

**पाटमहिषी** स्त्री० पटरानी।

**पाटलक** वि० *(सं०)* लाल-पीले रंग का।

**पाटला** पु० शुद्धीकृत भारतीय सोना।

**पाटलि** स्त्री० *(सं०)* पाढर का पेड़; पाण्डुफली।

**पाटल्या** स्त्री० *(सं०)* गुलाबी पुष्पों का समूह।

**पाटव** पु० *(सं०)* तीक्ष्णता; पटुता, कौशल, दक्षता।

**पाटविक** वि० *(सं०)* कुशल, दक्ष, पटु; धूर्त।

**पाटवी*** वि० पटरानी से जन्मा हुआ (राजकुमार)।

**पाटहिका** स्त्री० *(सं०)* घुँघची, गुंजा।

**पाटित** वि० *(सं०)* फाड़ा हुआ, विदारित।

**पाटी** स्त्री० *(सं०)* अंकगणित; रीति; प्रणाली।

**पाटी** स्त्री० चटाई; तख्ती; पत्थर की पटिया।

**पाटीर** पु० *(सं०)* छलनी; चन्दन; खेत, मैदान; बादल।

**पाठ** पु० *(सं०)* परिच्छेद; पढ़ने वाला विषय।

**पाठक** पु० *(सं०)* छात्र; पढ़ानेवाला; अध्यापक; गुरु।

**पाठन** पु० *(सं०)* पढ़ाने की क्रिया, अध्यापन।

**पाठशाला** स्त्री० विद्यालय।

**पाठांश** पु० *(सं०)* पाठ का एक भाग।

**पाठा** पु० जवान बैल, भैंसा, बकरा, हाथी आदि।

**पाठार्थी** पु० विद्यार्थी।

**पाठावली** स्त्री० *(सं०)* वह पुस्तक जिसमें किसी विषय के पाठों का संग्रह हो; पाठों का संग्रह।

**पाठिका** स्त्री० *(सं०)* पाठ करने वाली; पढ़ने वाली।

**पाठित** वि० *(सं०)* पढ़ाया हुआ।

**पाठ्य** वि० *(सं०)* पढ़ाने योग्य; पढ़ने योग्य।

**पाड़** पु० बाँध; धोती या साड़ी का किनारा; मचान।

**पाड़ा** पु० टोला; मुहल्ला; †एक समुद्री मछली।

**पाडिनी** स्त्री० *(सं०)* हाँड़ी, मिट्टी का बर्तन।

**पाड़ी** स्त्री० पड़िया, भैंस की बच्ची।

**पाणि** पु० *(सं०)* हाथ; खुर *(वै०)*। स्त्री० बाजार।

**पाणिग्रहण** पु० विवाह।

**पाणिज** पु० नख, उँगली।

**पाणितल** पु० करतल।

**पाणी** पु० पाणि।

**पाणौकरण** वि० *(सं०)* विवाह।

**पाण्य** वि० *(सं०)* प्रशंसा के योग्य; हाथ-सम्बन्धी।

**पातंग** वि० *(सं०)* फतिंगों के सम्बन्ध का; भूरा।

**पातंगि** पु० *(सं०)* कर्ण; यम; शनैश्चर; सुग्रीव।

**पात** पु० *(सं०)* गिरने की क्रिया या भाव; पतन।

**पातक** वि० *(सं०)* गिराने वाला। पु० पाप, अघ।

**पातकी (किन्)** वि० *(सं०)* अपराधी; पापी, अघी।

**पातनीय** वि० *(सं०)* प्रहार करने योग्य।

**पातर**† वि० पतला; दुर्बल, क्षुद्र, नीच। स्त्री० पत्तल।

**पातरि, पातरी** स्त्री० पत्तल।

**पातल*** स्त्री० पातर, पत्तल; वेश्या।

**पाता (तृ)** पु० *(सं०)* रक्षक; पीनेवाला।

**पाता*** पु० पत्ता।

**पाताखत*** पु० मामूली भेंट; पत्र और अक्षत।

**पाति** †स्त्री० चिट्ठी; पत्ती। पु० *(सं०)* स्वामी, प्रभु।

**पातिक** पु० *(सं०)* सूँस।

**पातित** वि० *(सं०)* गिराया हुआ; फेंका हुआ।

**पातिव्रत** पु० पातिव्रत्य, पतिव्रता का धर्म।

**पाती*** स्त्री० पत्ता; चिट्ठी, पक्ष; लज्जा; मर्यादा।

**पात्य** वि० *(सं०)* लगाने योग्य; प्रहार करने योग्य।

**पात्र** पु० *(सं०)* नदी का पेटा या पाट, राजा का मन्त्री।

**पात्रक** पु० *(सं०)* बर्तन; छोटा बर्तन।

**पात्रक** पु० *(सं०)* पात्र; फटा-पुराना कपड़ा; प्याला।

**पात्रिका, पात्रिकी** स्त्री० *(सं०)* कटोरा, पात्र, थाली।

**पात्री** स्त्री० *(सं०)* छोटी भट्ठी; बर्तन-थाली आदि।

**पात्री** वि० *(सं०)* जिसके पास योग्य व्यक्ति हों।

**पाथ** पु० *रास्ता, मार्ग। *(सं०)* सूर्य; जल।

**पाथना** स० क्रि० मारना, पीटना; *गढ़ना, बनाना।

**पाथा** पु० अन्न में लगने वाला एक प्रकार का कीड़ा; अन्न नापने की एक तौल; कोल्हू हाँकनेवाला।

**पाथेय** पु० *(सं०)* कन्या राशि, राहखर्च; एक देश।

**पाथोन** पु० कन्याराशि।

**पाद** पु० अपान वायु; *(सं०)* खम्भा; किरण; गमन।

**पादज** पु० *(सं०)* शूद्र। वि० पैर से उत्पन्न।
**पादतल** पु० *(सं०)* तलवा।
**पादधावन** पु० पाद प्रक्षालन क्रिया।
**पादना** क्रि० अपानवायु त्यागना।
**पादमूल** पु० पैर का निचला भाग।
**पादहीन** वि० पैर रहित; तीन चरण वाली कविता।
**पादाक्रान्त** वि० पैरों से कुचला हुआ।
**पान** पु० *(सं०)* शराब पीना; रक्षा करने की क्रिया।
**पानक** पु० *(सं०)* आम आदि को भूनकर बनाया गया खट-मीठा पेय पदार्थ, पना; पेय।
**पाना** स० क्रि० अनुभव करना; भोगना; प्राप्त करना।
**पानागार** पु० *(सं०)* शराबखाना।
**पानी** पु० जल; पानी जैसी ठण्ढी वस्तु; पानी की तरह निःस्वाद पदार्थ; दम्भ; जीवट; मानमर्यादा, इज्जत। **मुहा० पानी उतरना** इज्जत कम होना। **पानी के मोल** बहुत सस्ता। **पानी का बताशा** क्षणभंगुर। **पानी चढ़ाना** चमक लाना। **पानी देना** तर्पण करना। **पानी पर नींव डालना** स्थायित्व का अभाव होना। **पानी पर लकीर खींचना** बेकार काम करना। **पानी पानी करना** अत्यधिक लज्जित करना। **पानी से पहले पुल बाँधना** विपत्ति आने के पहले ही उपाय सोचना।
**पाप** पु० *(सं०)* धर्म एवं नीति के विरुद्ध किया जाने वाला आचरण, गुनाह, अपराध; जुर्म, कुकृत्य। **मु० पाप उदय होना** पूर्वकृत पाप का फल मिलने लगना। **पाप कटना** बाधा आदि का दूर होना। **पाप मोल लेना** जान बूझकर बखेड़े में पड़ना।
**पापक** पु० *(सं०)* दुष्ट व्यक्ति; अपराध। वि० पापी।
**पापर्द्धि** स्त्री० *(सं०)* आखेट, शिकार।
**पापा** पु० जौ, बाजरे आदि में लगने वाला एक तरह का बरसाती कीड़ा।
**पापा** स्त्री० *(अं०)* पिता का सम्बोधन।
**पापाचार** वि० *(सं०)* जिसका आचरण पापमय हो। पु० पाप से भरा हुआ कृत्य, दुराचार।
**पापात्मा (त्मन्)** वि० *(सं०)* जो सदा पाप में प्रवृत्त रहे, जिसकी आत्मा सदा पाप में प्रवृत्त रहे, घोर पापी।
**पापानुबन्ध** पु० *(सं०)* पाप का दुष्परिणाम।
**पापानुवसित** वि० *(सं०)* पापपूर्ण; पापी।
**पापार्त** वि० *(सं०)* दुष्कृत्य या पाप के कारण दुःखी।
**पापिष्ठ** वि० *(सं०)* सबसे बड़ा पापी; अति पापी।
**पापी (पिन्)** पु० *(सं०)* पाप करने वाला मनुष्य। वि० पाप करने वाला, अघी; निष्ठुर, निर्दय।
**पापोश** स्त्री० *(फ़ा०)* जूता, †उपानह।
**पाबन्द** पु० *(फ़ा०)* सेवक, नौकर। वि० बन्धन में पड़ा हुआ, वचन आदि का पालन करने वाला।
**पामर** वि० *(सं०)* निर्धन; मूर्ख; दुष्ट, नीच; असहाय; पामा रोग से ग्रस्त। पु० मूर्ख या नीच व्यक्ति।
**पामाल** वि० *(फ़ा०)* पददलित; तबाह, बर्बाद।
**पायँ*** पु० पैर, पाँव।
**पायनियर** पु० *(अं०)* अग्रदूत, अग्रणी।
**पायमाल** वि० *(फ़ा०)* तबाह; पैरों तले रौंदा हुआ।
**पायस** पु० *(सं०)* दूध में पकाया हुआ चावल, खीर; अमृत; तारपीन। वि० दूध या जल से सम्बद्ध।
**पाया** पु० *(फ़ा०)* नींव; चारपाई, कुरसी आदि के उन डण्डों के आकार के निचले अंगों में से कोई एक जिनके बल वे स्थित रहते हैं, पावा, गोड़ा।
**पायी (यिन्)** वि०, पु० *(सं०)* पीनेवाला।
**पारंगत** वि० *(सं०)* अत्यधिक ज्ञान प्राप्त करने वाला।
**पारम्पर्य** पु० *(सं०)* कुल आदि की परम्परा।
**पार** अ० *(सं०)* परे, दूर। पु० नदी, समुद्र आदि का दूसरी ओर का किनारा; अन्त, हद; पारा। **मुहा० पार उतरना** कार्य में सफलता पाना। **पार पाना** अन्त तक पहुँचना, वास्तविकता ज्ञात करना। **पार लगाना** उद्धार करना।
**पारक** वि० *(सं०)* पालक; पार करने वाला; प्रिय।
**पारक्य** पु० *(सं०)* शत्रु, विरोधी; पवित्र आचरण। वि० दूसरे का, पराया; जो दूसरे के लिए हो।
**पारख*** पु० पारखी। स्त्री० परख।
**पारखी** पु० वह व्यक्ति जिसमें परखने की शक्ति हो।
**पारग** वि० *(सं०)* काम पूरा करने वाला, पार जाने वाला, विषय का पूरा जानकार।
**पारग्रामिक** वि० *(सं०)* विरोधी; पराया।
**पारचा** पु० *(फ़ा०)* पोशाक; टुकड़ा; कपड़ा।
**पारजायिक** पु० *(सं०)* व्यभिचारी, परस्त्रीगामी, लम्पट।
**पारणीय** वि० *(सं०)* समाप्त; पूरा करने योग्य।
**पारथ*** पु० पारधी; पार्थ।

**पारथिव*** वि० मिट्टी-सम्बन्धी; मिट्टी का बना हुआ। पु० राजा; मिट्टी का शिवलिंग।

**पारद** पु० *(सं०)* एक प्राचीन असभ्य जाति; पारा।

**पारदर्शन** वि० सर्वज्ञ, परगामी।

**पारदर्शी** वि० चतुर; दूरदर्शी।

**पारधि*** पु० शिकारी; पारधी, बहेलिया; वधिक।

**पारधी** पु० कमनैत; हत्यारा। †स्त्री० ओट, आड़।

**पारन*** पु० पारण।

**पारना** क्रि० डालना, गिराना; मिलाना; पछाड़ना।

**पारभृत** पु० उपायन, भेंट, नजर।

**परमाणविक** वि० *(सं०)* परमाणु सम्बन्धित।

**पारमिक** वि० *(सं०)* उत्तम, सबसे बड़ा, सर्वश्रेष्ठ।

**पारय** वि० *(सं०)* सन्तोषजनक; उपयुक्त।

**पारलोक्य** वि० *(सं०)* परलोक-सम्बन्धी; परलोक का।

**पारलौकिक** पु० *(सं०)* अन्त्येष्टि क्रिया।

**पारवश्य** पु० *(सं०)* परवशता, पराधीनता।

**पारस** पु० एक प्रकार का पत्थर जिसके स्पर्श से लोहा सोना हो जाता है, स्पर्शमणि।

**पारसा** वि० *(फ़ा०)* धर्मात्मा एवं सदाचारी; साधुचरित।

**पारस्त्रैणेय** पु० *(सं०)* पराई स्त्री से उत्पन्न पुत्र।

**पारस्परिक** वि० *(सं०)* आपसी, आपस का।

**पारस्यकुलीन** वि० *(सं०)* दूसरे कुल में उत्पन्न।

**पारा** पु० *(हि०)* एक प्रसिद्ध चमकदार, सफेद एवं तरल धातु जो आनुपातिक तौर पर बहुत वजनी होता है तथा साधारण गर्मी एवं सर्दी में द्रव रूप में रहता है, बड़ी परई; टुकड़ा।

**पारायण** पु० *(सं०)* सपूर्णता; पार जाना; धार्मिक ग्रन्थ का किया जाने वाला पाठ।

**पारायणी** स्त्री० *(सं०)* कर्म; प्रकाश; सरस्वती; मनन।

**पारावत** पु० *(सं०)* बन्दर; पहाड़, पर्वत; कबूतर।

**पारावती** स्त्री० *(सं०)* हरफारेवड़ी; कबूतरी।

**पाराशर** पु० *(सं०)* पराशर के पुत्र वेदव्यास।

**पारि*** स्त्री० नदी, समुद्र आदि का किनारा; मेंड।

**पारिगर्भिक** पु० *(सं०)* कबूतर।

**पारिणामिक** वि० *(सं०)* जिसका विकास हो सके।

**पारितोषिक** पु० *(सं०)* पुरस्कार, इनाम। वि० सन्तुष्ट करने वाला; प्रसन्न करनेवाला।

**पारिपन्थिक** पु० *(सं०)* चोर; लुटेरा।

**पारिपार्श्व** पु० *(सं०)* अनुचर, सेवक, पार्श्वचर।

**पारिप्लव** पु० *(सं०)* नाव, जलयान; आकुलता। वि० चंचल; क्षुब्ध, आकुल; तैरनेवाला।

**पारिभाषिक** वि० *(सं०)* सर्वसामान्य; जिसका प्रयोग किसी विशिष्ट अर्थ में किया जाये।

**पारिरक्षक, पारिरक्षिक** पु० *(सं०)* तापस, तपस्वी।

**पारिवारिक** वि० *(सं०)* परिवार से सम्बन्ध रखने वाला।

**पारिश्रमिक** पु० *(सं०)* *(रेम्यूनरेशन)* मेहनताना, मजदूरी, किये गये परिश्रम के बदले में मिलने वाला धन।

**पारिषद्य** पु० *(सं०)* सामाजिक; दर्शक।

**पारिस्थितिक** वि० *(सं०)* परिस्थिति सम्बन्धित।

**पारिहार्य** पु० *(सं०)* वलय; हरण करने की क्रिया।

**पारिहास्य** पु० *(सं०)* हँसी-मजाक, दिल्लगी।

**पारीन्द्र** पु० *(सं०)* अजगर; सिंह।

**पारी** स्त्री० बारी, पाली।

**परीण** वि० परगामी।

**पारीक्षित** पु० *(सं०)* राजा परीक्षित; जनमेजय।

**पारु** पु० *(सं०)* अग्नि; सूर्य।

**पारुष्य** पु० *(सं०)* रुखाई; कठोरता; दुर्वचन; बृहस्पति।

**पारेरक** पु० *(सं०)* तलवार।

**पारोक्ष** वि० *(सं०)* गुप्त; रहस्यमय; अस्पष्ट।

**पारोवर्य** पु० *(सं०)* परम्परा।

**पार्घट** पु० *(सं०)* राख या धूल।

**पार्ट** पु० *(अं०)* अंश, हिस्सा, कर्तव्य का निर्वाह।

**पार्टनर** पु० *(अं०)* हिस्सेदार, भागीदार।

**पार्टी** स्त्री० *(अं०)* दावत, प्रीतिभोज; मण्डली, दल।

**पार्ण** वि० *(सं०)* पत्तियों से प्राप्त होनेवाला; पत्तों का या पत्तों का बना हुआ।

**पार्थ** पु० *(सं०)* अर्जुन नाम का पेड़; अर्जुन।

**पार्थक्य** पु० *(सं०)* जुदाई; पृथक् होने का भाव, भेद।

**पार्थव** वि० *(सं०)* पृथु-सम्बन्धी; पृथु का। पु० विशालता; पृथु होने का भाव, स्थूलता।

**पार्थिव** वि० *(सं०)* मिट्टी का बना हुआ; पृथ्वी तत्त्व का विकार रूप; पृथ्वी से उत्पन्न; सांसारिक। पु० शरीर; पृथ्वी पर रहने वाला प्राणी; राजा।

**पार्थिवात्मज** पु० *(सं०)* राजकुमार।

**पार्थिवाधम** पु० *(सं०)* नीच राजा।

**पार्यन्तिक** वि० *(सं०)* अन्तिम।
**पार्याप्तिक** वि० *(सं०)* सम्पूर्ण, पर्याप्त, यथेष्ट।
**पार्लमेण्ट** स्त्री० *(अं०)* राष्ट्र की निर्वाचित लोकसभा।
**पार्वती** स्त्री० *(सं०)* शिव की अर्द्धांगिनी गौरी।
**पार्वतीय** पु० *(सं०)* पहाड़ी, जो पर्वत पर रहे। वि० पहाड़ी; पर्वत पर रहनेवाला।
**पार्श्व** वि० *(सं०)* पास का, निकट। पु० पसलियाँ; पाँजर; अगल-बगल की जगह; धूर्तता, छल।
**पार्श्वक** पु० *(सं०)* साथी; ठग; चोर; छलपूर्ण उपाय।
**पार्श्वका** स्त्री० पसली।
**पार्श्वग** पु० अनुचर, सेवक।
**पार्श्वतीय** वि० *(सं०)* साथ रहने वाला।
**पार्श्वानुचर** पु० *(सं०)* परिचारक, सेवक, नौकर।
**पार्श्वास्थि** स्त्री० *(सं०)* पसली।
**पार्श्वोदरप्रिय** पु० *(सं०)* केकड़ा।
**पार्षद** पु० *(सं०)* सभासद; परिचारक, सेवक।
**पार्षद्** स्त्री० *(सं०)* सभा, परिषद्।
**पार्सल** पु० *(अं०)* डाक या रेल द्वारा भेजे जाने वाले माल का पैकेट।
**पालंग*** पु० पलंग।
**पाल** वि० *(सं०)* रक्षक। पु० पीकदान; राजा; रक्षा करना; रक्षा करने वाला चरवाहा।
**पाल** पु० आम, केला आदि पकाने की एक विधि जिसमें उन्हें पत्तों पर रखकर पुनः पत्तों से ही ढक देते हैं; शामियाना।
**पालउ*** पु० पल्लव, पत्ता।
**पालक** वि० पालन करनेवाला; निभाने वाला। पु० एक प्रसिद्ध साग; *(सं०)* पालन करनेवाला।
**पालकी** स्त्री० एक तरह की सवारी जिसे कहार कन्धे पर ढोते हैं, शिविका; पालक का साग।
**पालड़ा** पु० पलड़ा।
**पालतू** वि० जो पाला जा सके; पाला हुआ।
**पालन** पु० *(सं०)* भरण-पोषण करना। वि० रक्षा करने वाला।
**पालना** पु० बच्चों का छोटा झूला या हिण्डोला। स० क्रि० भरण-पोषण करना, परवरिश करना।
**पालव*** पु० नया और कोमल पत्ता; पल्लव।
**पाला** पु० सर्दी; हवा में मिले हुए भाव के सूक्ष्म कण जो अधिक ठण्ढक पड़ने पर तह के रूप में जमीन पर जम जाते हैं, हिम, बर्फ; डेहरी।
**पालागन** स्त्री० पैर छूने की क्रिया, चरणस्पर्श।
**पालागल** पु० *(सं०)* संवादवाहक, दूत।
**पालि** स्त्री० *(सं०)* पंक्ति; सीमा; परिधि; गोद; चिह्न।
**पालित** वि० *(सं०)* पाला हुआ; जिसका पालन किया गया हो; रक्षित। पु० सिंहोर का पेड़।
**पालिनी** वि० स्त्री० *(सं०)* पालन करनेवाली।
**पॉलिश** वि० *(अं०)* चमकदार, चमक वाला। स्त्री० चमकाने हेतु लगाया जाने वाला लेप।
**पॉलिसी** स्त्री० *(अं०)* बीमा-सम्बन्धी वह पतिज्ञापत्र जो किसी कम्पनी की ओर से बीमा करने वाले को मिलता है; नीति।
**पॉलिसी होल्डर** पु० बीमा कम्पनी की पॉलिसी रखने वाला व्यक्ति।
**पाली (लिन्)** वि० *(सं०)* पालन करने वाला।
**पाल्य** वि० *(सं०)* पालने योग्य।
**पाव** पु० चौथा भाग, एक चौथाई; †पैर; एक सेर का चौथा भाग।
**पावक** वि० *(सं०)* पवित्र करनेवाला, शुद्ध करनेवाला। पु० सूर्य; अग्नि; सदाचार; तपस्वी; वरुण।
**पावती** स्त्री० रसीद।
**पावन** पु० *(सं०)* अग्नि; सिद्ध पुरुष; प्रायश्चित्त; शुद्धि; गोबर; जल। वि० पवित्र, शुद्ध।
**पावना** *पु० दूसरे से रुपया आदि पाने का अधिकार। स० क्रि० प्राप्त करना; समझना; खाना, जीमना।
**पावनी** स्त्री० *(सं०)* गाय; तुलसी; गंगा; हड़।
**पावर** पु० *(सं०)* अधिकार; सैन्यबल; शक्ति; शासन। *(अं०)* वह शक्ति जिसके बल से मशीनें चलायी जाती हैं, यन्त्रशक्ति (जैसे विद्युत्)।
**पावस** पु० वर्षा ऋतु, बरसात।
**पावा**† पु० पाया।
**पाश** पु० *(सं०)* पशु-पक्षियों को फँसाने का जाल; पासा; बन्धन; फाँस।
**पाशक** पु० *(सं०)* जाल, फन्दा; पासा।
**पाशन** पु० *(सं०)* रस्सी; बन्धन; जाल में फँसाना।
**पाशिक** पु० *(सं०)* बहेलिया, चिड़ीमार।
**पाशित** वि० *(सं०)* फँसा हुआ; पाशबद्ध।
**पाशुबन्धका** स्त्री० *(सं०)* बलिवेदी।
**पाश्चात्य** पु० *(सं०)* पिछला हिस्सा। वि० पश्चिम

का रहने वाला; पिछला, बाद का; पश्चिम का।

**पाश्या** स्त्री० *(सं०)* पाश-समूह; जाल।

**पाषण्ड** वि०, *(सं०)* पु० पाखण्ड, वेद विरुद्ध कार्य।

**पाषण्डी (डिन्)** वि० *(सं०)* ढोंगी; पाखण्डी।

**पाषर*** स्त्री० पाखर।

**पाषाण** पु० *(सं०)* शिला, पत्थर।

**पाषाणमय** वि० *(सं०)* निष्ठुर; अत्यन्त कठोर।

**पाषान*** पु० पाषाण।

**पासँग** पु० *(फ़ा०)* *(पासंग)* डाँड़ी का ऊपर-नीचे होना; तराजू की डाँड़ी बराबर करने के लिए हल्के पलड़े की ओर रखी जाने वाली वस्तु।

**पास** *पु० भेड़ के बाल कतरने की कैंची का दस्ता; ओर, तरफ; फाँस; पासा। अ० निकट; पल्ले।

**पास** पु० *(फ़ा०)* तीन घण्टे का काल, पहर; लिहाज, खयाल; रिआयत; निगहबानी।

**पासना†** अ० क्रि० पेन्हाना।

**पासनी*** स्त्री० चटावन, अन्नप्राशन।

**पासि*** पु० बन्धन, फन्दा।

**पासिक*** पु० जाल; फन्दा।

**पासी** पु० एक अस्पृश्य जाति जिसका पेशा सूअर पालना या ताड़ी उतारना है; बहेलिया। स्त्री० फाँस; वह जाली जिसमें भूसा आदि बाँधते हैं।

**पासुरी*** स्त्री० पसली।

**पाहँ*** अ० समीप, पास, नजदीक; से, प्रति।

**पाहन*** पु० पत्थर।

**पाहरू*** पु० पहरेदार, पहरू।

**पाहा†** पु० मेंड़।

**पाहिं** * अ० समीप, पास; से, प्रति।

**पाहि** (क्रियापद) *(सं०)* बचाओ, रक्षा करो।

**पाहुन†** पु० पाहुना।

**पाहुना** पु० मेहमान, अतिथि; दामाद।

**पाहुनी** स्त्री० अतिथि; अतिथि-सत्कार, मेहमानदारी।

**पाहुर†** पु० बायन; उपहार, भेंट।

**पिंग** पु० *(सं०)* चूहा; भैंसा। वि० ललाई लिये हुए भूरे रंग का।

**पिंगल** पु० *(सं०)* रुद्र; एक पर्वत; एक प्राचीन देश; ललाई लिये भूरा रंग; बन्दर; *एक पक्षी, पपीहा। वि० पीले रंग का, ललाई लिये भूरे रंग का; छन्दशास्त्र, पिंगलाचार्य।

**पिंगला** स्त्री० *(सं०)* पीतल; शीशम का पेड़; लक्ष्मी।

**पिंगी** स्त्री० *(सं०)* चुहिया; शमी का पेड़।

**पिंगूरा** पु० बच्चों को सुलाकर झुलाने का पालना।

**पिंगेश** पु० *(सं०)* अग्नि।

**पिंजट** पु० *(सं०)* कीचड़, आँख का मैल।

**पिंजड़ा** पु० पिंजरा।

**पिंजर, पिंजरा** पु० बहुत सँकरी जगह; लोहे, बाँस आदि की तीलियों का बना हुआ एक प्रकार का झाबा जिसमें पालतू पक्षी या पशु रखे जाते हैं।

**पिंजा** पु० *(सं०)* धुनिया। स्त्री० रुई; हल्दी; हिंसा।

**पिंजिका** स्त्री० *(सं०)* रुई की पूनी।

**पिंजूष** पु० *(सं०)* खूँट, कान का मैल।

**पिंजेट** पु० *(सं०)* आँख का मैल, कीचड़।

**पिण्ड** पु० *(सं०)* माँस; शरीर; गर्भ की आरम्भिक अवस्था; राशि; समूह; गोला। वि० ठोस।

**मुहा० पिण्ड छोड़ना** परेशान करने से बाज आना, पीछा छोड़ना। **पिण्ड पड़ना** पीछे पड़ना।

**पिण्डक** पु० *(सं०)* गाजर; गोला; गोलाकार पिण्ड।

**पिण्डन** पु० *(सं०)* बाँध; टीला; पिण्ड बनाना।

**पिण्डरक** पु० *(सं०)* पुल; बाँध।

**पिण्डली** स्त्री० टाँग का पीछे की ओर का माँसल भाग।

**पिण्डा** पु० *(सं०)* गोला; ठोस या गीले पदार्थ का गोला; पके हुए चावल या पायस का वह हाथ से बनाया हुआ गोला जिसे पितरों को श्राद्ध में अर्पित करते हैं। स्त्री० *(हि०)* फौलाद; वंशपत्री।

**मु० पिण्डा पानी देना** श्राद्ध और तर्पण करना।

**पिण्डाकार** वि० *(सं०)* गोल।

**पिण्डाभ्र** पु० *(सं०)* ओला।

**पिण्डार** पु० *(सं०)* ग्वाला; भैसों का चरवाहा; क्षपणक।

**पिण्डि, पिण्डी** स्त्री० *(सं०)* वह पीठिका जिस पर देव-मूर्ति की स्थापना की जाती है; गोलक।

**पिण्डिया†** स्त्री० गाढ़ा किये हुए ऊख के रस या आम, आँवले आदि के गूदे का मुट्ठी से दबाकर बनाया हुआ छोटा पिण्ड।

**पिण्डीर** वि० *(सं०)* शुष्क, नीरस। पु० अनार का पेड़।

**पिण्डुरी, पिण्डुली*** स्त्री० पिण्डली।

**पिण्डूक** पु० उल्लू; पण्डुक।

**पिण्डोल** स्त्री० पीली मिट्टी।
**पिण्डोलि, पिण्डोलिका** स्त्री० *(सं०)* जूठन।
**पिअ*** वि० सुन्दर; प्यारा। पु० प्रिय।
**पिअना†** स० क्रि० पीना।
**पिअर†** वि० पीला।
**पिअरवा†** वि० प्यारा। पु० स्वामी, पति।
**पिअराई*** स्त्री० पीलापन।
**पिअरी†** स्त्री. हल्दी या पीले रंग में रँगी हुई धोती; पीलिया रोग। *वि० स्त्री० पीली।
**पिआज†** पु० प्याज।
**पिआना†** स० क्रि० पिलाना।
**पिआसा†** वि० प्यासा।
**पिउ*** पु० कान्त, प्रियतम।
**पिउनी†** स्त्री० रुई की पूनी।
**पिकानन्द** पु० *(सं०)* वसन्त ऋतु।
**पिघरना, पिघलना** अ० क्रि० किसी ठोस पदार्थ का गरमी पाकर तरल होना, दया से आर्द्र होना।
**पिघलाऊ** वि० पिघलाने वाला।
**पिघलाना** स० क्रि० दया से आर्द्र करना, गरमी पहुँचा कर किसी ठोस पदार्थ को तरल बनाना।
**पिच†** स्त्री० माँड़ पु० *(सं०)* ठुड्डी।
**पिचक†** स्त्री० पिचकारी।
**पिचलना†** स० क्रि० कुचलना।
**पिचास*** पु० पिशाच।
**पिचुकिया†** स्त्री० गुड़ और सोंठ भरी हुई गुझिया।
**पिचुक्का, पिचूका†** पु० गोलगप्पा; पिचकारी।
**पिचल** पु० *(सं०)* झाऊ का पेड़; कपास की रुई।
**पिच्चट** पु० *(सं०)* सीसा; राँगा। वि० दबाकर चिपटा किया हुआ; निचोड़ा हुआ।
**पिच्चा** वि० *(सं०)* पिचका हुआ।
**पिच्छक** पु० *(सं०)* पूँछ पर के पर; पूँछ।
**पिच्छल** पु० चिकना।
**पिच्छिका** स्त्री० चँवर।
**पिछड़ना†** अ० क्रि० उन्नति न कर सकने के कारण पीछे रह जाना; बराबरी में या आगे न रहना।
**पिछलग्गी** स्त्री० अनुसरण।
**पिछलग्गू** पु० पिछलगा।
**पिछलना†** अ० क्रि० पीछे हटना या मुड़ना।
**पिछलपाई†** स्त्री० जादूगरनी; चुडैल।
**पिछला** पु० पिछले दिन का पाठ। वि० बीता हुआ; अन्तिम भाग का; पुराना; ठीक पीछे का।
**पिछाड़ी** स्त्री० घोड़े के पिछले पैरों को खूँटे से बाँधने की रस्सी; पीछे का भाग।
**पिछौंड़ा, पिछौंता†** अ० पीछे की ओर।
**पिछौंहीं†, पिछौरी*** स्त्री० ऊपर से ओढ़ा जाने वाला कोई वस्त्र; ओढ़नी।
**पिछौरा*** पु० दुपट्टा, चादर।
**पिटना†** पु० पीटने का औजार, थापी। अ० क्रि० हारना; पीटा जाना; मार खाना।
**पिटपिटाना** अ० क्रि० छटपटाना।
**पिटरिया†** स्त्री० पिटारी।
**पिटारा** पु० बाँस , बेत आदि निर्मित गोल पात्र, ढक्कनदार टोकरा।
**पिटारी** स्त्री० छोटा पिटारा।
**पिट्टस** स्त्री० शोक में छाती पीटना।
**पिट्ठी** स्त्री० पीठी।
**पिट्ठू** पु० पीछे-पीछे चलने वाला, अनुगामी; सहायक।
**पिठरिका, पिठरी** स्त्री० *(सं०)* हाँड़ी; बटलोई।
**पिड़की** स्त्री०†एक पक्षी, पण्डुक; फुड़िया, फुंसी।
**पिड़िया** स्त्री० चावल का लड्डू।
**पितम्बर†** पु० पीताम्बर।
**पितर** पु० प्रेतत्व से छूटे हुए पूर्वज जिन्हें पिण्डा-पानी दिया जाता है; परलोकवासी पितर, मृत पूर्वज।
**पितरिहा** वि० पीतल निर्मित।
**पितामह** पु० *(सं०)* ब्रह्मा; दादा; पितर।
**पितामही** स्त्री० *(सं०)* दादी।
**पितियानी†** स्त्री० चाची।
**पितु*** पु० पिता।
**पितृ** पु० *(सं०)* पिता; मरे हुए पुरखे।
**पितृकल्प** वि० पिता समान।
**पितृकानन** पु० श्मशान।
**पितृगृह** पु० श्मशान; पिता का घर, नैहर, पीहर।
**पितृघात** पु० पिता की हत्या।
**पितृतिथि** स्त्री० अमावस्या।
**पितृतीर्थ** पु० गया; दाहिने हाथ की तर्जनी एवं अँगूठे के मध्य का स्थान।
**पितृत्व** पु० पिता का भाव।
**पितृव्य** पु० *(सं०)* चाचा।

**पित्त** पु० *(सं०)* यकृत में बनने वाला पदार्थ।
**पित्ता** पु० पित्ताशय।
**पित्ती** स्त्री० दानेदार रोग विशेष।
**पित्ताशय** पु० *(सं०)* पित्तकोष, पित्त की थैली।
**पित्तास्र** पु० *(सं०)* पित्त-रक्त।
**पित्सल** पु० *(सं०)* पथ, मार्ग।
**पिदर** पु० *(फ़ा०)* पिता।
**पिधानक** पु० *(सं०)* म्यान; ढक्कन।
**पिन** स्त्री० *(अं०)* कागज आदि नत्थी करने के काम की लोहे, पीतल आदि की बारीक कील।
**पिनकी** वि०, पु० पीनक लेने वाला, अफीमची।
**पिन्यास** पु० *(सं०)* हींग।
**पिपरमिण्ट** पु० *(अं०)* पुदीने की जाति का एक विदेशी पौधा जो प्रायः दवा के काम आता है।
**पिपास*** स्त्री० पीने की इच्छा, प्यास; लालच।
**पिपासा** स्त्री० *(हि०)* लालच। *(सं०)* प्यास, तृषा।
**पिपासु** वि० *(सं०)* प्यासा; *(हि०)* लालची।
**पिपीलिका** स्त्री० *(सं०)* चींटी।
**पिप्पल** पु० *(सं०)* पीपल का पेड़; पीपल का गोदा।
**पिप्पली** स्त्री० पीपल नामक औषधि विशेष।
**पिप्लु** पु० *(सं०)* मसा, तिल।
**पिय*** पु० प्रियतम, कान्त, पति।
**पियर*** वि० पीला।
**पियरई** स्त्री० पियराई।
**पियराई** स्त्री० पीलापन।
**पियरवा†** पु० प्रियतम, कान्त।
**पियराना*** अ० क्रि० पीला होना, पीला पड़ना।
**पियरी*** स्त्री० पीलापन; पीली धोती; †पीलिया नामक रोग। वि० स्त्री० पीली।
**पियली** स्त्री० नारियल की खोपड़ी का टुकड़ा।
**पियल्ला** पु० दूधपीता बच्चा।
**पियवास** पु० प्रियवास।
**पिया*** पु० पिय।
**पियाज†** पु० प्याज।
**पियादा†** पु० प्यादा।
**पियाना** क्रि० पिलाना।
**पियारा*** वि० प्यारा।
**पियाला†** पु० प्याला।
**पियूख, पियूष*** पु० पीयूष।
**पिरकी†** स्त्री० फुंसी, फुड़िया।
**पिराई*** स्त्री० पीलापन, जर्दी।
**पिराना** क्रि० दुखना, पीड़ा होना।
**पिरारा*** पु० लुटेरा, डाकू।
**पिरीतम*** पु० प्रियतम।
**पिरीता*** वि० प्यारा।
**पिरोजन†** पु० प्रयोजन, कनछेदन।
**पिरोना** स० क्रि० माला गूँथना, डोरे में मनका आदि पहनाना; किसी बारीक छेद में कोई चीज डालना।
**पिरोहना*** स० क्रि० पिरोना।
**पिलपिल†** वि० पिलपिला।
**पिलपिला** वि० बहुत नरम, पिचपिचा।
**पिलाना** स० क्रि० पान कराना; पीने को देना।
**पिलु** पु० *(सं०)* पीलू का पेड़।
**पिल्ला** पु० कुत्ते का नर बच्चा; कुत्ता।
**पिल्ली** स्त्री० कुत्ते का नारी बच्चा, कुतिया।
**पिल्लू** पु० बिना पैर का सफेद कीड़ा।
**पिव*** पु० कान्त, प्रियतम।
**पिवाना†** स० क्रि० पिलाना।
**पिशंगी(गिन्)** वि० *(सं०)* पाप से मुक्त; बहुरूप।
**पिशाच** पु० *(सं०)* दुष्ट मनुष्य *(ला०)*; प्रेत।
**पिशित** पु० *(सं०)* कच्चा माँस; छोटा टुकड़ा।
**पिशुन** वि० *(सं०)* नीच; क्रूर; छली; मूर्ख। पु० विश्वासघात करना; चुगलखोर; नारद।
**पिशुनता** स्त्री० चुगलखोरी, क्रूरता।
**पिष्ट** पु० *(सं०)* आटा; पिसा हुआ पदार्थ, विशेषतः अन्न; पीठी। वि० चूर्ण किया हुआ, पिसा हुआ।
**पिष्टप** पु० *(सं०)* लोक, भुवन।
**पिष्टपेषण** पु० पिसे हुए को पीसना, दोहराना।
**पिष्टि** स्त्री० *(सं०)* चूर्ण, आटा।
**पिष्टिक** पु० *(सं०)* चावल की पीठी।
**पिसनहारी** स्त्री० आटा पीसने वाली।
**पिसना** अ० क्रि० बहुत अधिक कष्ट पाना; घोर परिश्रम करना; दबकर चिपटा हो जाना।
**पिसवाज** पु० वेश्याओं का घाघरा।
**पिसवाना** क्रि० दूसरे से पिसाई कराना।
**पिसाच** पु० राक्षस।
**पिसान*** पु० आटा।
**पिसुन†** पु० पिशुन, चुगलखोर।

**पिसौनी** स्त्री० पीसने का कार्य; पीसने की मजदूरी।
**पिस्तई** वि० पिस्ते के रंग का।
**पिस्ता** पु० एक प्रसिद्ध मेवा; पिस्ता का पेड़।
**पिस्तौल** स्त्री० बन्दूक की तरह परन्तु उससे छोटा गोली दागने का एक हथियार।
**पिस्सू** पु० मच्छर जैसा एक प्रकार का छोटा कीड़ा।
**पिहान** पु० ढाँकना।
**पिहाना**† पु० ढकना, ढक्कन।
**पिहित** वि० आच्छादित, छिपा हुआ। *(सं०)*
**पींजन** पु० धुनकी।
**पींजरा*** पु० पिंजरा।
**पीण्डुरी*** स्त्री० पिण्डुली।
**पी*** स्त्री० पपीहे की बोली। पु० कान्त, प्रियतम।
**पीक** पु० थूकमिश्रित पान रस।
**पीकदान** पु० उगलदान, थूकदान।
**पीका*** पु० कोमल पत्ता, नया।
**पीखग** पु० पपीहा।
**पीच** स्त्री० माँड़; †पीक। पु० *(सं०)* ठुड्डी।
**पीछ**† स्त्री० माँड़; पक्षियों की पूँछ।
**पीछा** पु० पिछला भाग।
**मु० पीछा करना** किसी को पकड़ने या मारने के लिए उसके पीछे-पीछे जाना, खदेड़ना। **पीछा छुड़ाना** किसी अप्रिय व्यक्ति या वस्तु से पिण्ड छुड़ाना। **पीछा छूटना** किसी अप्रिय व्यक्ति या वस्तु से छुटकारा मिलना। **पीछा दिखाना** भाग खड़ा होना। **पीछा पकड़ना** किसी आशा से किसी का साथ करना।
**पीछू*** अ० पीछे।
**पीछे** अ० मर जाने पर; लिए, वास्ते, खातिर; पीठ की ओर; अनन्तर, बाद; अन्त में, बाद में; वजह से।
**मुहा० पीछे चलना** अनुगमन करना। **पीछे छूटना** पिछड़ जाना। **पीछे छोड़ना** पराजित करना। **पीछे पड़ना** निरन्तर प्रयास करना। **पीछे लगना** आश्रय लेना, साथ न छोड़ना।
**पीटना** पु० रोना-धोना, पिट्टस; विपत्ति, भारी संकट। स० क्रि० किसी वस्तु पर चोट करना; मारना।
**पीठ** पु० *(सं०)* मूर्ति आदि का आधार; देव-प्रतिमा की स्थापना का आधार; सिंहासन।
**पीठ** स्त्री० किसी वस्तु का पीछे का भाग।
**मुहा० पीठ चारपाई से लगना** बीमार का उठने-बैठने में असमर्थ होना। **पीठ ठोंकना** शाबासी देना। **पीठ पर हाथ फेरना** पछाड़ देना।
**पीठा** पु० आटे की लोई में पीठी भरकर बनाया गया पकवान।
**पीठि*** स्त्री० पीठ।
**पीडक** पु० *(सं०)* सताने वाला; पीड़ित करने वाला।
**पीडन** पु० *(सं०)* पीड़ा पहुँचाना, सताना, दुःख देना।
**पीडा** स्त्री० *(सं०)* शारीरिक या मानसिक कष्ट, पीड़ा।
**पीडिका** स्त्री० *(सं०)* फुड़िया, फुंसी।
**पीडित** पु० *(सं०)* पीड़ा देने की क्रिया; क्षति। वि० दबाया हुआ; ग्रस्त; ध्वस्त; पकड़ा हुआ; सन्तति।
**पीढ़ा** पु० चौकी।
**पीढ़ी** स्त्री० किसी पीढ़ी के अन्तर्गत आनेवाले व्यक्तियों का समुदाय, परम्परागत स्थिति।
**पीत** पु० *(सं०)* पुखराज; पीला रंग; सुवण। वि० पीले रंग का, पीला; खूब सिक्त किया हुआ।
**पीतक** पु० *(सं०)* पीतल; अशोक का पेड़।
**पीतन** पु० *(सं०)* आमड़ा; हरताल; केसर; पाकड़।
**पीतता** स्त्री० पीलापन।
**पीतर†, पीतल** पु० *(सं०)* एक प्रसिद्ध धातु जो मुख्यतः ताँबे और जस्ते के योग से तैयार की जाती है।
**पीतलक** पु० *(सं०)* पीतल; पीला रंग।
**पीताम्बर** पु० *(सं०)* पीला वस्त्र; पीत वस्त्रधारी संन्यासी। वि० जिसने पीला वस्त्र धारण किया हो।
**पीता** स्त्री० *(सं०)* गोरोचना; प्रियंगु; कपिल शिंशपा।
**पीताभ** वि० *(सं०)* पीले रंग का।
**पीताश्मा(श्मन्)** पु० *(सं०)* पुखराज।
**पीति** स्त्री० *(सं०)* गमन; पान; सूँड़। पु० घोड़ा।
**पीतिका** स्त्री० *(सं०)* दारुहल्दी; केसर।
**पीथ** पु० *(सं०)* अग्नि; सूर्य; काल, समय; रक्षा; पेय।
**पीन** वि० *(सं०)* परिपुष्ट; मोटा; बृहत्; भारी।
**पीनक** स्त्री० ऊँघना; अफीम के नशे में ऊँघना।
**पीनता** स्त्री० *(सं०)* परिपुष्टता; मोटाई, स्थूलता।
**पीनस** पु० नाक का रोग। स्त्री० पालकी।
**पीपा** पु० प्लास्टिक या लोहे का ढोल के आकार का बना एक बड़ा पात्र जिसमें तेल आदि द्रव पदार्थ

रखे या बन्द करके बाहर भेजे जाते हैं।
**पीप** स्त्री० मवाद।
**पपल** पु० वृक्ष विशेष।
**पीयु** पु० *(सं०)* सूर्य; अग्नि; उल्लू; कौआ; सोना।
**पीयूष** पु० *(सं०)* गाय का ब्याने के बाद पहला या सात दिनों तक का दूध, पेउस; दूध; अमृत।
**पीर** वि० *(फ़ा०)* बूढ़ा, वृद्ध; धूर्त, चालाक। पु० सिद्ध, महात्मा; बूढ़ा आदमी; मुसलमानों के धर्मगुरु।
**पीर** स्त्री० दुःख, दर्द, पीड़ा, व्यथा; प्रसवपीड़ा।
**पीरानी** स्त्री० *(फ़ा०)* पीर की पत्नी।
**पीरानेपीर** पु० *(फ़ा०)* सबसे बड़ा पीर, पीरों का पीर।
**पीरी** स्त्री० *(फ़ा०)* चालाकी, धूर्तता; बुढ़ापा; हुकूमत।
**पीलक** पु० *(सं०)* काला बड़ा चींटा।
**पीलपाँव** पु० पैर के फूलने का रोग।
**पीलवान** पु० महावत।
**पीला** वि० जर्द, हल्दी के रंग का; निष्प्रभ।
**पीलिमा*** स्त्री० पीलापन।
**पीलु** पु० *(सं०)* फूल; हाथी; ताड़ के वृक्षों का समूह।
**पीवना*** स० क्रि० पीना।
**पीवर** वि० स्थूल, गुरु, भारी, मोटा।
**पीवरा** स्त्री० *(सं०)* असगन्ध; सतावर।
**पीवा** स्त्री० *(सं०)* जल।
**पीवा(वन्)** वि० *(सं०)* स्थूल, मोटा; बलवान्।
**पीसना** स० क्रि० किसी वस्तु को बिलकुल महीन करना; कुचल देना; घोर परिश्रम करना।
**पीहर** पु० मायका।
**पीहू** पु० पिस्सू।
**पुंखित** वि० *(सं०)* पंखयुक्त (बाण)।
**पुंग** पु० *(सं०)* समूह; राशि।
**पुंगफल** पु० सुपारी।
**पुंगल** पु० *(सं०)* आत्मा।
**पुंगीफल** पु० सुपारी।
**पुंच्छी** वि० *(सं०)* पूँछवाला, दुमदार।
**पुँछल्ला*** पु० पुँछाला।
**पुँछार*** पु० मोर।
**पुंछाला** पु० पूछवत् जोड़ी गयी वस्तु।
**पुंज** पु० *(सं०)* समूह; राशि, ढेर, अटाला।
**पुंजि** स्त्री० *(सं०)* ढेर, राशि।
**पुंजिक** पु० *(सं०)* ओला।
**पुंजित** वि० *(सं०)* एक साथ दबाया हुआ; राशिकृत।
**पुंजी*** स्त्री० पूँजी।
**पुंजीकृत** वि० ढेर।
**पुण्ड** पु० *(सं०)* तिलक, टीका।
**पुण्डरी** पु० भूमि; कमल।
**पुण्डरीक** पु० *(सं०)* अग्नि; श्वेत कमल; कमण्डलु।
**पुण्डरीकेक्षण** वि, पु० *(सं०)* पुण्डरीकाक्ष।
**पुण्ड्र** पु० *(सं०)* टीका, तिलक; श्वेतकमल।
**पुण्ड्रक** पु० *(सं०)* तिलक; माधवी लता; तिलक वृक्ष।
**पुंल्लिंग** पु० पुरुष वाचक शब्द; पुरुष का चिह्न।
**पुंश्चल** पु० व्यभिचारी।
**पुंश्चली, पुंश्चलू** स्त्री० *(सं०)* कुलटा, वेश्या, छिनाल, परपुरुष गामी।
**पुंसवान् (वत्)** वि० *(सं०)* जिसे पुत्र हो।
**पुंसी** स्त्री० *(सं०)* बछड़ावाली गाय।
**पुंसत्व** पु० *(सं०)* पुरुष की कामशक्ति; पुरुषत्व।
**पुआ** पु० अपूप, पूए, एक प्रकार का मीठा पकवान।
**पुआल** पु० पयाल; †एक जंगली पेड़।
**पुकार** स्त्री० चिल्लाहट; आवाज; टेर, दुहाई।
**पुकारना** स० क्रि० दुहाई देना; नाम लेकर बुलाना।
**पुक्कश, पुक्कस** वि० *(सं०)* नीच, कमीना। पु० अधम, नीच; चाण्डाल; एक संकर जाति।
**पुखता*** वि० पुख्ता।
**पुखर, पुखरा†** पु० पोखरा, तालाब।
**पुखराज** पु० पीले रंग का एक प्रसिद्ध रत्न।
**पुख़्ता** वि० *(फ़ा०)* टिकाऊ; मजबूत; अनुभवी; सख्त।
**पुगाना** क्रि० पूरा करना।
**पुचकारी** स्त्री० पुचकार।
**पुचारना** स० क्रि० पोतना; पुचारा देना।
**पुचारा** पु० पोंछा, लेप; मिथ्या प्रशंसा।
**पुच्छ** पु० पूँछ।
**पुच्छटि, पुच्छटी** स्त्री० *(सं०)* उँगली चटकाना।
**पुच्छल** वि० दुमदार, पूँछयुक्त जिसमें पूँछ के सदृश व्यर्थ अंग लगा हो।
**पुच्छल तारा** स्त्री० धूमकेतु, केतु।
**पुच्छाग्र** पु० *(सं०)* पूँछ का आगे का भाग।

**पुछल्ला** पु० लम्बी पूँछ; साथ में लगा रहने वाला अप्रिय या अनावश्यक व्यक्ति।

**पुछार** पु० †मातमपुरसी; मोर।

**पुछिया** पु० मेढ़ा, दुम्बा।

**पुछैया**† पु० पूछनेवाला, खोज-खबर लेने वाला।

**पुजना** क्रि० सम्मानित होना, पूजा जाना।

**पुजवना*** स० क्रि० सफल करना; पूरा करना।

**पुजवाना** स० क्रि० पूजा कराना; अपनी पूजा, अपनी आवभगत कराना।

**पुजाई** स्त्री० पूजा की क्रिया, भाव, पूजा शुल्क।

**पुजाना** क्रि० भेंट चढ़वाना, पूजा में प्रवृत्त कराना; पूर्ति कराना।

**पुजापा** पु० वह पात्र जिसमें पूजन की सामग्री रखी जाती है, पुजाही; देवपूजन की सामग्री।

**पुजारी** पु० किसी देवता की नियमित रूप से पूजा करनेवाला; पूजा करने वाला।

**पुजाही** स्त्री० पूजा सामग्री रखने का पात्र।

**पुजैया**† स्त्री० पुजाई। पु० भरने या पूरा करनेवाला; पूजा करने वाला, पूजक।

**पुजौरा** पु० पूजार्पित सामग्री।

**पुटास** पु० पोटाश।

**पुण्य** वि० *(सं०)* शुभ, मंगलकारक; पवित्र, शुद्ध। पु० धर्म विहित कर्म; सुकर्म से उत्पन्न शुभ फल।

**पुण्या** स्त्री० *(सं०)* तुलसी।

**पुण्याई** स्त्री० पुण्य का प्रताप।

**पुण्यात्मा(त्मन्)** वि० *(सं०)* पुण्यशील, धर्मात्मा।

**पुतना** अ० क्रि० पोता जाना, चुपड़ा जाना।

**पुतरिया***, **पुतरी*** स्त्री० पुतली।

**पुतला** पु० लकड़ी, कपड़े, आटा आदि की बनायी हुई पुरुष आदि की प्रतिमा।

**पुतली** स्त्री० आँख के मध्य का काला भाग; गुड़िया। **मु० पुतली फिर जाना** घमण्ड होना; आँखें पथरा जाना।

**पुत्तल** पु० *(सं०)* पुतला।

**पुत्र** पु० *(सं०)* प्यारा बच्चा; बेटा।

**पुत्रक** पु० बेटा।

**पुत्रादिनी** स्त्री० *(सं०)* अप्रकृत माता; व्याघ्री।

**पुत्रिक** वि० *(सं०)* पुत्रवाला।

**पुत्रिका** स्त्री० *(सं०)* पुतली, गुड़िया; बेटी।

**पुत्री** स्त्री० *(सं०)* दुर्गा; बेटी, कन्या।

**पुत्रीया** स्त्री० *(सं०)* पुत्रलाभ की इच्छा।

**पुत्रेप्सु** वि० *(सं०)* पुत्र का इच्छुक।

**पुत्रेष्टि** स्त्री० पुत्रकामना यज्ञ।

**पुत्रैषणा** स्त्री० *(सं०)* पुत्रप्राप्ति की कामना।

**पुनः** क्रि० वि० *(सं०)* दोबारा, फिर।

**पुन**† पु० पुण्य। वि० *(सं०)* शुद्ध करने वाला।

**पुनना** स० क्रि० गालियाँ देना, दुर्वचन कहना।

**पुनरीक्षण** पु० *(रिवीजन)* दुबारा देखना, पुनरावलोकन।

**पुनरुक्त** वि० *(सं०)* दुबारा या बार-बार कहा हुआ।

**पुनरुज्जीवन** पु० *(सं०)* *(रिवाइवल)* फिर से जीवित होना।

**पुनरुत्थान** पु० *(रिनेसाँ)* पुनः उन्नति करना।

**पुनर्गठन** पु० *(सं०)* फिर से गठन करना।

**पुनर्ग्रहण** पु० *(सं०)* फिर से ग्रहण करना।

**पुनाराज** पु० *(सं०)* नया राजा।

**पुनि*** अव्य० पुनः, फिर।

**पुनिपुनि** अव्य० बार-बार।

**पुनिम*** स्त्री० पूर्णिमा।

**पुनी*** अव्य० पुनः, फिर। स्त्री० पूर्णिमा। पु० पुण्यात्मा।

**पुनीत** वि० *(सं०)* पवित्र किया हुआ; शुद्ध, पाक।

**पुन्न*** पु० पुण्य।

**पुन्नम, पुन्निम*** स्त्री० पूर्णिमा।

**पुन्य*** पु० पुण्य।

**पुन्यताई** स्त्री० पवित्रता।

**पुपली** स्त्री० बाँस नलिका।

**पुप्फुस** पु० *(सं०)* फेफड़ा; कमल का बीजकोष।

**पुमान्(मस्)** पु० *(सं०)* नर, पुरुष।

**पुरंजनी** स्त्री० *(सं०)* समझ, बुद्धि, प्रज्ञा।

**पुरन्दरा** स्त्री० *(सं०)* गंगा।

**पुर** पु० *(सं०)* बड़ी बस्ती; नगर; गृह, घर; अटारी; अन्तःपुर; भण्डारघर। वि० भरा हुआ, पूर्ण।

**पुर** वि० *(फ़ा०)* भरा हुआ, पूर्ण।

**पुर**† पु० कुएँ से पानी खींचने का मोट, चरसा।

**पुरइन*** स्त्री० कमल; कमल का पत्ता; जरायु, अपरा।

**पुरइया*** पु० ताना; तकुआ।

**पुरखा** पु० पूर्वज, बड़ा-बूढ़ा।

**पुरखिन** स्त्री० बड़ी-बूढ़ी (जैसे—दादी, परदादी)।

**पुरजन** पु० नागरिक।

**पुरज़ा** पु० *(फा०)* कागज का टुकड़ा; अवयव, अंग; रुक्का।

**मु० पुरज़े पुरज़े होना या उड़ना** टुकड़े-टुकड़े होना। **पुरज़े पुरज़े करना या उड़ाना** टुकड़े-टुकड़े करना।

**पुरजित** पु० शिव।

**पुरतिटी** स्त्री० छोटी हाट।

**पुरनियाँ**† वि० बूढ़ा, वृद्ध।

**पुरपाल** पु० नागरपाल, कोतवाल।

**पुरवा** पु० छोटा गाँव।

**पुरवासी** वि० नगरवासी।

**पुरवाई** स्त्री० पुरवा हवा।

**पुरवैया**† स्त्री० पुरवइया।

**पुरस**† पु० खाद।

**पुरस्** अ० *(सं०)* सामने, समक्ष; आगे, पहले।

**पुरहत** पु० वह अन्न और द्रव्य जो मांगलिक कृत्यों के आरम्भ में नेग के रूप में दिया जाता है।

**पुराचीन**† वि० प्राचीन।

**पुराट्ट** पु० *(सं०)* बुर्ज।

**पुराण** वि० *(सं०)* प्राचीन, पुराना। पु० प्राचीन वृत्तान्त; एक प्रसिद्ध हिन्दू धर्मग्रन्थ; अठारह की संख्या।

**पुरातन** पु० *(सं०)* विष्णु; प्राचीन कथा वि० पुराना।

**पुराधिप, पुराध्यक्ष** पु० *(सं०)* नगर के शासन, रक्षण आदि का प्रबन्ध करनेवाला प्रधान अधिकारी।

**पुरान**† पु० पुराण। वि० पुराना।

**पुराना** वि० बहुत दिनों का;बहुत पहले बीते हुए समय का; जिसका रिवाज उठ गया हो। स० क्रि० *अँटाना; पूरा करना। पु० वृद्ध मनुष्य।

**पुराराति, पुरारि** पु० *(सं०)* शिव।

**पुराल*** पु० पयाल।

**पुरावृत** पु० इतिहास।

**पुरिखा, पुरिषा*** पु० पूर्वपुरुष, पुरखा।

**पुरी** स्त्री० नगरी।

**पुरीष** पु० *(सं०)* विष्ठा, मल, गू; कूड़ा।

**पुरीषम** पु० *(सं०)* उड़द।

**पुरीषोत्सर्ग** पु० *(सं०)* मलत्याग।

**पुरुख*** पु० पुरुष।

**पुरुखा** पु० पुरखा।

**पुरुषत्व** पु० *(सं०)* पुरुष का भाव।

**पुरुषमेध** पु० नरबलि।

**पुरुषराज** पु० पुरुषश्रेष्ठ।

**पुरुषवध** पु० नरहत्या।

**पुरुषाद्य** पु० *(सं०)* दैत्य; विष्णु।

**पुरुषाधम** पु० *(सं०)* नीच मनुष्य।

**पुरुषारथ*** पु० पुरुषार्थ।

**पुरुषास्थि** स्त्री० *(सं०)* मनुष्य की हड्डी।

**पुरुषार्थी** वि० पराक्रमी, उद्योगी।

**पुरुषेन्द्र** पु० *(सं०)* राजा; श्रेष्ठ पुरुष।

**पुरुषोत्तम** पु० *(सं०)* श्रेष्ठ पुरुष; कृष्ण; नारायण।

**पुरुहूत** पु० *(सं०)* इन्द्र। वि० जिसकी बहुत से लोगों ने स्तुति की हो।

**पुरूरवा (वस्)** पु० *(सं०)* एक प्रसिद्ध सोमवंशी राजा।

**पुरेथा*** पु० हल की मूठ; परिहथा।

**पुरैन, पुरैनि** स्त्री० पुरइन।

**पुरोग** वि० अग्रगामी।

**पुरोजका** वि० अग्रज।

**पुरोजन** वि० आगे बढ़ने वाला।

**पुरोधा** स्त्री० *(सं०)* पौरोहित्य।

**पुरोधा(धस्), पुरोधानीय** पु० *(सं०)* पुरोहित।

**पुरोवर्ती** वि० *(सं०)* पहले आने वाला।

**पुरोहित** पु० *(सं०)* धार्मिक कृत्य करानेवाला।

**पुरोहितानी** स्त्री० पुरोहित की पत्नी।

**पुरौती**† स्त्री० पूर्ति, कमी पूरी करना।

**पुरौनी**† स्त्री० समाप्ति; पूरा करना।

**पुल** पु० *(फ़ा०)* खाईं, नदी, नाले आदि को पार करने के लिए उसके ऊपर बनायी गयी एक रचना।

**मुहा० प्रशंसा के पुल बाँधना** प्रशंसा की झड़ी लगाना। **हवाई पुल बाँधना** असम्भव कल्पनाएँ करना।

**पुलक** पु० *(सं०)* हर्ष, रोमांच।

**पुलकना*** अ० क्रि० हर्षविह्वल होना, पुलकित होना।

**पुलकाई*** स्त्री० पुलकित होने का भाव, पुलक।

**पुलकावलि** स्त्री० *(सं०)* प्रेम या हर्षजन्य रोमांच।

**पुलकित** वि० *(सं०)* प्रसन्न, हर्षविह्वल।

**पुलट**† स्त्री० पलटने की क्रिया।

**पुलपुल**' वि० पुलपुला।
**पुलपुला** वि० जो भीतर से नरम और ढीला हो।
**पुलपुलाना** स० क्रि० दबाकर चूसना।
**पुलपुलाहट** पु० पुलपुला होने का भाव।
**पुलाकी(किन्)** पु० *(सं०)* वृक्ष।
**पुलानिका** स्त्री० *(सं०)* त्वचा का कठिन पड़ना।
**पुलाव** पु० चावल निर्मित व्यंजन।
**पुलिन** पु० *(सं०)* रेतीला किनारा; नदी का किनारा।
**पुलिन्दा** पु० गट्ठर।
**पुलिरिक** पु० *(सं०)* सर्प।
**पुलिहोरा*** पु० एक पकवान।
**पुलोमही** स्त्री० *(सं०)* अफीम।
**पुल्ल** वि० *(सं०)* विकसित। पु० एक पुष्प।
**पुवार** पु० पुआल।
**पुश्त** स्त्री० *(फ़ा०)* मददगार; सहारा।
**पुश्ता** पु० *(फ़ा०)* किताब की जिल्द का पीछे की ओर का कपड़ा या चमड़ा; बाँध।
**पुश्ती** स्त्री० *(फ़ा०)* मसनद; मदद, सहायता; सहारा।
**पुश्तैनी** वि० जो कई पीढ़ियों से चला आता हो।
**पुष** वि० *(सं०)* पोषण प्रदान करनेवाला।
**पुषा** स्त्री० *(सं०)* लांगलिकी, कलियारी।
**पुष्क** पु० *(सं०)* पोषण; पुष्टि।
**पुष्कर** पु० *(सं०)* कमल; नील कमल; जलाशय, सरोवर, पोखरा; हाथी की सूँड़ का अग्रभाग।
**पुष्कराख्य** पु० *(सं०)* सारस पक्षी।
**पुष्कराग्र** पु० *(सं०)* सूँड़ का अग्रभाग।
**पुष्करिणी** स्त्री० *(सं०)* कमलयुक्त जलाशय; हथिनी।
**पुष्करी(रिन्)** पु० *(सं०)* हाथी। वि० कमल युक्त।
**पुष्कल** पु० *(सं०)* एक प्रकार का ढोल; अनाज आदि का चौंसठ मुट्ठी का एक प्राचीन परिमाण। वि० पूर्ण; पर्याप्त; शब्दपूर्ण; निकटवर्ती; श्रेष्ठ।
**पुष्कलक** पु० *(सं०)* अर्गला, सिटकिनी; खूँटी, कील।
**पुष्ट** पु० *(सं०)* विष्णु; पोषण। वि० मोटा-ताजा; पोषित; पूरी आवाज करने वाला; पूर्ण।
**पुष्टई** स्त्री० बलवर्द्धक औषध।
**पुष्टता** स्त्री० *(सं०)* पुष्ट होने का भाव, बलिष्ठता।
**पुष्टि** स्त्री० *(सं०)* पोषण; वृद्धि; दृढ़ीकरण; तगड़ापन।
**पुष्टिका** स्त्री० *(सं०)* सीपी, सुतही।
**पुष्प** पु० *(सं०)* फूल; कुबेर का पुष्पक विमान।
**पुष्पक** पु० *(सं०)* फूल; कसीस; कुबेर का विमान।
**पुष्पकाल** पु० वसन्त ऋतु।
**पुष्पद्रव** पु० *(सं०)* फूल का रस।
**पुष्पनिर्यास** पु० मकरन्द, पुष्परस।
**पुष्पपत्री** पु० *(सं०)* कामदेव।
**पुष्पभव** पु० मकरन्द, मधु।
**पुष्पहीन** वि० गूलर, फूल रहित।
**पुष्पांजलि** स्त्री० *(सं०)* अंजलीभर फूल।
**पुष्पाम्बुज** पु० *(सं०)* मकरन्द।
**पुष्पाकर, पुष्पागम** पु० *(सं०)* वसन्त ऋतु।
**पुष्पाजीव, पुष्पाजीवी (विन्)** पु० *(सं०)* माली।
**पुष्पापण** पु० *(सं०)* फूल की मण्डी।
**पुष्पाराम** पु० *(सं०)* फुलवारी।
**पुष्पासार** पु० *(सं०)* फूलों की वर्षा।
**पुष्पास्त्र** पु० *(सं०)* कामदेव।
**पुष्पित** वि० *(सं०)* जिसमें फूल लगे हों; विकसित
**पुहुप*** पु० पुष्प, फूल।
**पुहुपराग** पु० पुखराज, पुष्पराग।
**पुहुमी*, पुहुवी*** स्त्री० पृथ्वी, भूमि।
**पूँगी**' स्त्री० एक तरह की बाँसुरी।
**पूँछ** स्त्री० सदा पीछे लगा रहनेवाला; पुछल्ला।
**पूँजी** स्त्री० *समूह; मूलधन; जमा किया हुआ धन।
**पूआ** पु० पूरी की तरह का मीठा पकवान।
**पूग** पु० *(सं०)* सुपारी का पेड़ उसका फल; स्वभाव।
**पूगना*** अ० क्रि० पूरा होना।
**पूगी** स्त्री० *(सं०)* सुपारी का पेड़ या उसका फल।
**पूछ** स्त्री० जिज्ञासा, पूछने का कार्य; खोज; आदर।
**पूछना** स० क्रि० टोकना; खोज-खबर लेना।
**पूछरी*** स्त्री० पिछला भाग; पूँछ।
**पूछाताछी, पूछापाछी** स्त्री० पूछताछ करने की क्रिया।
**पूजक** पु० *(सं०)* उपासक, पूजा करनेवाला।
**पूजन** पु० *(सं०)* अर्चना; आदर की वस्तु।
**पूजयान** वि० *(सं०)* आदर-सम्मान करने वाला।
**पूजयितव्य** वि० *(सं०)* पूजा करने योग्य।
**पूजयिता(तृ)** वि०, पु० *(सं०)* पूजा करनेवाला।
**पूजा** स्त्री० *(सं०)* पत्र, पुष्प, गन्ध आदि से ईश्वर या देवता का पूजन, स्मरण आदि करने का कार्य।
**पूजार्ह** वि० *(सं०)* मान्य; पूजनीय, पूजा के योग्य।

**पूजितव्य** वि० *(सं०)* पूजनीय, पूजा के योग्य।
**पूज्य** पु० *(सं०)* श्वशुर; सम्मान्य व्यक्ति। वि० पूजा करने योग्य; आदरणीय, मान्य।
**पूठि*** स्त्री० पीठ।
**पूड़ा**† पु० पुआ।
**पूत** पु० *(हि०)* पुत्र, बेटा। पु० *(सं०)* सत्य; शंख; श्वेत कुश। वि० (अन्न) साफ किया हुआ; पवित्र किया हुआ, शुद्ध; प्रायश्चित्त किया हुआ।
**पूतड़ा** पु० छोटे बच्चे का छोटा बिस्तर।
**पूतना** स्त्री० *(सं०)* एक प्रसिद्ध राक्षसी; गन्धमासी।
**पूतरा*** पु० पुतला; पुत्र, बेटा।
**पूता** †पु० बेटा, पुत्र। स्त्री० *(सं०)* दुर्गा; एक दूब।
**पूतात्मा (त्मन्)** पु० *(सं०)* सन्त; विष्णु। वि० पवित्र; अन्तःकरण का।
**पूतिक** पु० *(सं०)* विष्ठा, मल। वि० बदबूदार।
**पूती** स्त्री० लहसुन की गाँठ; गाँठदार जड़।
**पूतीक** पु० *(सं०)* पूतिकरंज; गन्धमार्जार।
**पूत्कारी** स्त्री० *(सं०)* सरस्वती।
**पूत्यण्ड** पु० *(सं०)* एक बदबू करने वाला कीड़ा; हिरन जिसकी नाभि से कस्तूरी निकलती है।
**पूथ, पूठ** पु० बालू का टीला।
**पूथिका** स्त्री० *(सं०)* पोय।
**पून**† पु० जंगली बादाम का पेड़। वि० *(सं०)* नष्ट।
**पूनसलायी** स्त्री० वह पतली छोटी लकड़ी जिस पर धुनी हुई रुई लपेटकर पूनी बनाते हैं।
**पूनी** स्त्री० पवित्रता, शुद्धि; कातने की रुई की मोटी बत्ती।
**पूनो*** स्त्री० पूर्णिमा।
**पून्यो*** स्त्री० पूनो।
**पूप** पु० पुआ।
**पूय** पु० *(सं०)* पीब, मवाद।
**पूयारि** पु० *(सं०)* नीम का पेड़।
**पूरक** पु० *(सं०)* बिजौरा नींबू; गुणक अंक *(ग०)*। वि० पूरा करने वाला; तुष्ट करने वाला।
**पूरण** वि० *(सं०)* पूरा करने वाला; पूर्ण। पु० पूर्ण या पूरा करने की क्रिया; रोटी।
**पूरणीय** वि० *(सं०)* पूर्ण करने योग्य।
**पूरन** पु० उबाले जाने के बाद सिल पर पिसी हुई मटर या चने की दाल।
**पूरनकाम** वि० पूर्णकाम।
**पूरनपूरी** स्त्री० मीठी कचौड़ी।
**पुरनमासी** स्त्री० पूर्णमासी।
**पूरना** *अ० क्रि० ओत-प्रेत होना; व्याप्त होना। †स० क्रि० पूर्ति करना, पूरा करना; *आच्छादित करना।
**पूरनिमा*** स्त्री० पूर्णिमा।
**पूरब** *अ० पहले, पूर्व। पु० सूर्योदय की दिशा।
**पूरबला*** वि० पूर्व जन्म का।
**पूरबली*** स्त्री० पूर्वजन्म का कर्म।
**पूरबिया, पूरबी** वि० पूर्व का, पूर्व सम्बन्धी।
**पूरयितव्य** वि० *(सं०)* पूरा करने योग्य।
**पूरा** वि० पर्याप्त, अधूरा न हो, सिद्ध; अन्यून; सफल।
**पूरिक** पु०, **पूरिका** स्त्री० *(सं०)* कचौड़ी।
**पूरित** वि० *(सं०)* गुणित; पूरा किया हुआ; तृप्त।
**पूरी** स्त्री० *घास का पूला, गट्ठर। स्त्री० आटे को रोटी की तरह बेलकर घी या तेल में तला हुआ एक पकवान। वि० पूरा, सम्पूर्ण।
**पूर्ण** पु० *(सं०)* जल। वि० सम्पूर्ण; भरा हुआ; समाप्त।
**पूर्णांक** पु० *(ग०)* किसी प्रश्नपत्र के लिए निर्धारित पूरा अंक। *(सं०)* अविभक्त संख्या; पूरी संख्या।
**पूर्णा** स्त्री० *(सं०)* पंचमी, पूर्णिमा और अमावस्या।
**पूर्णाभिलाष** वि० *(सं०)* सन्तुष्ट, परितृप्त।
**पूर्णामृता** स्त्री० *(सं०)* पूनम का चन्द्रमा।
**पूर्णायु (स्)** वि० *(सं०)* सौ वर्ष की आयुवाला।
**पूर्णाहुति** स्त्री० *(सं०)* किसी कार्य का पूरक अंश; होमकर्म की अन्तिम आहुति।
**पूर्णिमा, पूर्णिमासी** स्त्री० *(सं०)* पूनो, शुक्लपक्ष की अन्तिम तिथि।
**पूर्णेन्दु** पु० *(सं०)* पूर्णिमा का चन्द्र।
**पूर्त** पु० *(सं०)* पूरा करना; पालन; पुरस्कार। वि० पूरित, पूरा किया हुआ; रक्षित; पालित।
**पूर्ति** स्त्री० *(सं०)* *(सप्लाई)* उपभोक्ताओं की आवश्यकता पूरी करने के लिए उन्हें चीजें देना; तृप्ति; सन्तुष्टि; पूर्णता; कमी पूरा करना।
**पूर्य** वि० *(सं०)* पालन के योग्य; पूरणीय।
**पूर्व** पु० *(सं०)* पूरब दिशा; अग्रभाग। अ० पहले, आगे। वि० पिछला; सर्वप्रथम; पहले का।
**पूर्वतः(तस्)** अ० *(सं०)* पहले, प्रथमतः; सामने।

**पूर्वतन** वि० *(सं०)* पुराना, पहला।
**पूर्वत्र** अ० *(सं०)* पहले भाग या स्थान में; पहले।
**पूर्वा** स्त्री० *(सं०)* प्राची, पूरब।
**पूर्वाग्नि** स्त्री० *(सं०)* आवसथ्य अग्नि।
**पूर्वांचल, पूर्वाद्रि** पु० *(सं०)* उदयाचल।
**पूर्वानिल** पु० *(सं०)* पूरबी हवा, पुरवा।
**पूर्वापर्य** पु० *(सं०)* पूर्वापर का भाव।
**पूर्वाभिषेक** पु० *(सं०)* पहले का स्नान; एक मन्त्र।
**पूर्वार्जित** पु० *(सं०)* पैतृक सम्पत्ति। वि० पहले का कमाया हुआ, पहले का उपार्जन किया हुआ।
**पूर्वार्द्ध, पूर्वार्ध** पु० *(सं०)* दो भागों में से पहला भाग।
**पूर्वार्ध्य** वि० *(सं०)* पहले भाग का; पूर्वार्ध-सम्बन्धी।
**पूर्वाशा** स्त्री० *(सं०)* पूर्व दिशा।
**पूर्वाह्न** पु० पूर्वाह्न।
**पूर्वी** वि० पूरबी, पूरब का।
**पूर्वेतर** वि० *(सं०)* पश्चिमी, पूरब के अतिरिक्त।
**पूर्वोक्त, पूर्वोदित** वि० *(सं०)* जिसका कथन पहले हो चुका हो, पहले कहा हुआ; पहले कहा गया।
**पूर्वोत्तर** वि० *(सं०)* उत्तर-पूरबी।
**पूल, पूलक** पु० *(सं०)* पूला, तृण आदि का ढेर।
**पूलिका** स्त्री० *(सं०)* मीठी पूरी।
**पूली** स्त्री० छोटा पूला या मुट्ठा।
**पूल्य** पु० *(सं०)* पैया, खोखला दाना।
**पूषण, पूषन*** पु० सूर्य।
**पूषात्मज** पु० *(सं०)* इन्द्र; मेघ, बादल।
**पृक्त** पु० *(सं०)* धन, सम्पत्ति। वि० मिश्रित; पूर्ण।
**पृक्थ** पु० *(सं०)* सम्पत्ति, धन।
**पृच्छक** पु० *(सं०)* पूछनेवाला, जिज्ञासु।
**पृच्छा** स्त्री० *(सं०)* प्रश्न; भविष्य-सम्बन्धी प्रश्न।
**पृतना** स्त्री० *(सं०)* संग्राम; सेना।
**पृथक** अव्य० अलग।
**पृथक भाव** पु० पृथकता।
**पृथिवी** वि० *(सं०)* पृथ्वी।
**पृथु** वि० *(सं०)* चतुर, होशियार; महान्, विशाल; विस्तीर्ण, चौड़ा। पु० अग्नि; शिव; विष्णु।
**पृथुता** स्त्री०, **पृथुत्व** पु० मोटापन; विशालता।
**पृथुल** वि० *(सं०)* बहुत बड़ा; मोटा, स्थूल। विशाल।
**पृथुलाक्ष** वि० *(सं०)* बड़े नेत्रों वाला।
**पृथ्वीन्द्र** पु० *(सं०)* राजा।
**पृथ्वी** स्त्री० *(सं०)* पृथ्वी का तल, जमीन, धरती
**पृथ्वीज** वि० भूमि से उत्पन्न।
**पृथ्वीतल** पु० संसार, धरातल।
**पृथ्वीधर** पु० पर्वत।
**पृथ्वीनाथ** पु० राजा।
**पृथ्वीपाल** पु० राजा।
**पृथ्वीपुत्र** पु० मंगल ग्रह।
**पृथ्वीश** पु० *(सं०)* राजा।
**पृश्नि** पु० *(सं०)* छोटे कद का, बौना; एक ऋषि। स्त्री० किरण; पृथ्वी; छोटी गाय। वि० बौना।
**पृश्नी** स्त्री० *(सं०)* जलकुम्भी।
**पृषन्ति** पु० *(सं०)* जल की बूँद।
**पृष्ठ** पु० *(सं०)* किसी वस्तु का ऊपरी भाग, तल; पीठ; पुस्तक के पन्ने का एक ओर का भाग।
**पृष्ठास्थि** स्त्री० *(सं०)* रीढ़।
**पृष्णि** स्त्री० *(सं०)* किरण; पिछला भाग; एड़ी।
**पेंग**ˈ पु० एक पक्षी। स्त्री० झूलने के समय झूले या हिण्डोले का आगे-पीछे जाना।
**पेंच** पु० पेच।
**पेण्डुलम** पु० *(अं०)* दीवार घड़ी का वह लटकनेवाला पुरजा जो बराबर हिलता रहता है।
**पेण्डुली**ˈ स्त्री० पिण्डली।
**पेंदा** पु० किसी गहरी वस्तु का निचला हिस्सा जिसके बल पर वह टिकी होती है।
**पेंदी** स्त्री० किसी गहरी वस्तु का नीचे का तला।
**पेउसी**ˈ स्त्री० गाय या भैंस का ब्याने के दिन से सात दिनों तक का दूध।
**पेखन*** पु० प्रेक्षण; तमाशा, दृश्य।
**पेखना*** स० क्रि० देखना।
**पेच** पु० *(फ़ा०)* झंझट; कठिनाई; धोखा; चाल।
**पेचकी** स्त्री० *(सं०)* उल्लू की मादा।
**पेचीदा** वि० *(फ़ा०)* उलझन वाला, टेढ़ा, क़ठिन।
**पेचीला** वि० पेचीदा।
**पेट** पु० *(सं०)* पिटारा; थैला; जीविका; एक में जुड़े हुए चक्की के पाटों का भीतर का हिस्सा। **मुहा० पेट की आग बुझाना** भूख शान्त करना। **पेट की बात** रहस्य की बात। **पेट पीठ एक हो जाना** बहुत कमजोर हो जाना। **पेट मारकर मरना** आत्म हत्या करना। **पेट में चूहे कूदना**

भूख से व्याकुल होना। **पेट रहना** गर्भवती होना। **पेट से पाँव निकालना** कुमार्ग पर चलना।
**पेटक** पु० *(सं०)* समूह; पिटारा; थैला।
**पेटकैयाँ**† पेट के बल।
**पेटा** पु० नदी के दोनों किनारों के बीच का भाग जिस पर से पानी बहता है; पशुओं की अँतड़ी।
**पेटाग्नि*** स्त्री० पेट की आग, भूख।
**पेटारा*** पु० पिटारा।
**पेटारी*** स्त्री पिटारी।
**पेटार्थी, पेटार्थू** वि० भुक्खड़।
**पेटिका** स्त्री० छोटी पिटारी।
**पेटी** स्त्री० *(सं०)* छोटा सन्दूक; बेल्ट।
**पेटू** वि० दीर्घाहारी, बहुत अधिक खानेवाला।
**पेठा** पु० सफेद कुम्हड़ा।
**पेड़** पु० वृक्ष, दरख्त।
**पेडल** पु० *(अं०)* साइकिल आदि का वह पुरजा जिसे पैर से चलाने पर साइकिल आदि चलती है।
**पेड़ा** पु० गुँधे हुए आटे की लोई; एक प्रसिद्ध मिठाई।
**पेड़ी** स्त्री० पेड़ या पौधे का तना; पुराने पौधे से उत्पन्न ईख।
**पेत्व** पु० *(सं०)* भेड़ा; घी; अमृत।
**पेदर** पु० पिदर; †एक जंगली पेड़।
**पेनी** स्त्री० *(अं०)* एक अँग्रेजी सिक्का जो शिलिंग के बारहवें भाग के बराबर होता है।
**पेन्हाना**† अ० क्रि० गाय-भैंस आदि के थन में दूध उतर आना। स० क्रि० पहनाना।
**पेपर** पु० *(अं०)* समाचारपत्र; प्रश्नपत्र, परचा।
**पेय** पु० *(सं०)* पीने योग्य पदार्थ; जल; दूध; शरबत।
**पेया** स्त्री० *(सं०)* माँड़।
**पेयु** पु० *(सं०)* सूर्य; समुद्र; अग्नि।
**पेयूष** पु० *(सं०)* पेउस; ताजा घी; अमृत।
**पेरना** स० क्रि० किसी पदार्थ का रस निकालना।
**पेरवा, पेरवाह**† पु० पेरनेवाला।
**पुरा** पु० पेवरी, घर पोतने की पीली मिट्टी।
**पेरोज** पु० *(सं०)* एक उपरत्न, फिरोजा।
**पेलक** पु० *(सं०)* अण्डकोष।
**पेलव** वि० *(सं०)* कोमल; विरल; कृश, क्षीण।
**पेला** पु० झगड़ा; आक्रमण; *बहाना बताना।
**पेव** पु० प्रेम।
**पेवक्कड़** पु० पियक्कड़।
**पेवड़ी** स्त्री० रामरज, पीली मिट्टी, खड़िया का चूर्ण।
**पेवस** पु० हाल की ब्यायी हुई गाय या भैंस का दूध।
**पेश** अ० *(फ़ा०)* सामने, समक्ष, आगे; पहले, कब्ल।
**पेश (स्)** पु० *(सं०)* सजावट; सोना; रूप; कान्ति।
**पेशल** वि० दक्ष, प्रवीण।
**पेशा** पु० *(फ़ा०)* पेट का धन्धा, व्यवसाय या धन्धा।
**पेशानी** स्त्री० *(फ़ा०)* किस्मत, भाग्य; ललाट, माथा।
**मु० पेशानी का ख़त** भाग्यरेखा। **पेशानी पर बल आना/पड़ना** त्योरी चढ़ना, क्रोध से ललाट पर के चमड़े का ऊपर की ओर खिंच जाना।
**पेशाब** पु० *(फ़ा०)* शुक्र, वीर्य; मूत, मूत्र।
**मु० पेशाब करना** अत्यन्त हेय समझना। **(किसी के) पेशाब का चिराग़ जलना** बहुत प्रतापी होना।
**पेशावर** पु० *(फ़ा०)* सीमा प्रान्त का एक प्रसिद्ध नगर।
**पेशि** स्त्री० *(सं०)* माँसपिण्ड; वज्र; अण्डा; जटामासी।
**पेशी** स्त्री० *(सं०)* पेशि; *(फ़ा०)* न्यायाधीश के सामने मुकद्दमे का पेश होना, मुकद्दमे की सुनवाई; पेश होने या किये जाने की क्रिया या भाव।
**पेश्तर** अ० *(फ़ा०)* पेशतर।
**पेषण** पु० *(सं०)* पीसने की क्रिया, पिसाई; खरल।
**पेषणि, पेषणी** स्त्री० *(सं०)* चक्की; सिल; खरल।
**पेषणीय** वि० पीसने योग्य।
**पेषना*** स० क्रि० देखना; पीसना।
**पेषि** पु० *(सं०)* वज्र।
**पेस्वर** वि० *(सं०)* ध्वंसक; गतिशील, चलनेवाला।
**पेहँटुल**† पु० पेहँटा।
**पैंगि** पु० *(सं०)* यास्क का एक नाम।
**पैंच** स्त्री० धनुष की डोरी; मोर की पूँछ।
**पैंचा**† पु० हाथ-उधार; हेर-फेर।
**पैंठौर*** पु० हाट, दुकान, बाजार।
**पेण्ड़** पु० डग; राह, रास्ता।
**पेण्ड़ा** पु० रास्ता, राह, पथ; घुड़सार; रीति, चलन।
**पैंत** स्त्री० दाव, घात; पासा।
**पैंतरा** पु० पैतरा।
**पैंतरी*** स्त्री० जूती।
**पैंती** स्त्री० पवित्री।

**पैंयाँ*** स्त्री० पाँव, पैर।
**पैंसठ** पु० साठ और पाँच की संख्या।
**पैकरमा*** स्त्री० परिक्रमा।
**पैका** पु० पैसा।
**पैकार** पु० *(फ़ा०)* खुदरा माल बेचने वाला व्यापारी।
**पैकारी** पु० पैकार।
**पैकिंग** स्त्री० *(अं०)* मजबूती से बाँधने की क्रिया।
**पैकी** पु० मेले में घूमकर तम्बाकू पिलानेवाला।
**पैग़म्बर** पु० *(फ़ा०)* मनुष्यों के पास ईश्वर का सन्देसा पहुँचाने वाला, नबी, ईश्वर का दूत।
**पैग*** पु० पग, डग।
**पैग़ाम** पु० *(फ़ा०)* सूचना, समाचार, सन्देसा, संवाद।
**पैग़ार** पु० *(फ़ा०)* खन्दक; हल की लकीर, हराई।
**पैज** स्त्री० हठ, प्रण, टेक।
**पैजनी** स्त्री० घुँघरू युक्त पदाभूषण।
**पैज़ार** पु० *(फ़ा०)* जूता।
**पैजावा** पु० ईंट पकाने का भट्ठा।
**पैठ** स्त्री० हाट, दुकान, हाट लगाने का दिन विशेष।
**पैठना** अ० क्रि० चुभना; घुसना, प्रवेश करना।
**पैठार*** पु० प्रवेश; प्रवेश करने का मार्ग, द्वार।
**पैठारी**ǂ स्त्री० पहुँच; प्रवेश, पैठ।
**पैठी** स्त्री० बदला।
**पैड़ी** स्त्री० जीना, सीढ़ी।
**पैतरा** पु० पदमुद्रा, पदचिह्न।
**पैतला** वि० उथला।
**पैत्तल** वि० *(सं०)* पीतल का बना हुआ।
**पैत्र** पु० *(सं०)* पितृतीर्थ (इस अर्थ में 'पैत्र्य' भी होता है); पितरों के लिए पवित्र वर्ष, मास या दिन। वि० पितृ-सम्बन्धी (श्राद्ध आदि)।
**पैथला**ǂ वि० पैतला।
**पैदल** पु० पाँव के सहारे चलना। वि० अपने पैरों से चलने वाला, बिना सवारी के चलने वाला।
**पैदाइश, पैदायश** स्त्री० *(फ़ा०)* उत्पत्ति, प्रादुर्भाव।
**पैदाइशी** वि० सहज, कुदरती, जन्मजात।
**पैदावार** स्त्री० *(फ़ा०)* उपज, उत्पादन।
**पैन** पु० नाली; पेन।
**पैना** पु० बैल हाँकने की छड़ी; अंकुश। वि० जिसकी धार बहुत तेज हो, धारदार; तीक्ष्ण, तीव्र।
**पैनाना** क्रि० धारदार करना।
**पैनापन** वि० तीक्ष्णता, तीखापन।
**पैन्य** पु० *(सं०)* मोटापा; घनता।
**पैमाना** पु० *(फ़ा०)* प्याला, पानपात्र; नाप; वह मानदण्ड जिससे कोई वस्तु मापी जाये।
**पैयाँ*** स्त्री० पैर, पाँव।
**पैया** पु० अकिंचन मनुष्य; सारहीन अन्न; *पहिया।
**पैर** पु० पैर का निशान; खलिहान; पाँव, चरण। **मुहा० पैर उखड़ जाना** पराजित हो जाना। **पैर काँपना** शक्ति व साहस न होना। **पैर तले जमीन खिसकना** होस-हवास गायब होना। **पैर दबाकर चलना** आहट तक न मिलना। **फूँक फूँक कर पैर रखना** सँभलकर काम करना।
**पैरना** अ० क्रि० तैरना।
**पैरवी** स्त्री० *(फ़ा०)* पीछे-पीछे जाना, अनुगमन;
**पैरहन** पु० लम्बा लबादे के समान पहनावा।
**पैरा** पु० आगमन; ǂलकड़ी की वह सन्दूक के आकार की वस्तु जिसमें सुनार अपने काँटे, बाट रखते हैं; रखे हुए चरण, कदम; *(अं०)* पैराग्राफ।
**पैराई** स्त्री० तैरने की क्रिया।
**पैराक** पु० तैराक, तैरने वाला।
**पैराग्राफ** पु० *(अं०)* किसी लेख या निबन्ध का वह लिखा अंश जिसकी शुरुआत करते समय पहली पंक्ति के आरम्भ में कुछ जगह छोड़ दी जाती है और जिसमें एक बात कही गयी हो।
**पैराउ*** पु० पैराव।
**पैराना** क्रि० तैराने का कार्य कराना।
**पैराव** पु० जिसे तैरकर पार किया जाये।
**पैरी** स्त्री० माड़ने की क्रिया; *सीढ़ी; पीढ़ी, पुश्त; पैरों का गहना।
**पैलगी** स्त्री० प्रणाम।
**पैरेलल** वि० *(अं०)* समानान्तर।
**पैला**ǂ वि० *परला; दूसरा। पु० अनाज नापने का एक चार सेर का बर्तन, टोकरी, दौरी।
**पैली**ǂ स्त्री० तेल, अनाज आदि नापने का एक बर्तन।
**पैबन्द** फटे हुए कपड़े पर जोड़ा गया दूसरा कपड़े का टुकड़ा, चकती।
**पैबन्दी** पु० शफतालू। वि० कलमी, पैबन्द लगाकार तैयार किया हुआ; दोगला।

**पैवस्त** वि० *(फ़ा०)* व्याप्त या भिँदा हुआ, जज्ब, किसी वस्तु में पूरी तरह समाया हुआ।

**पैवीलियन** पु० *(अं०)* मण्डप।

**पैशाच्य** पु० *(सं०)* क्रूर स्वभाव, पिशाच का स्वभाव।

**पैशुन, पैशुन्य** पु० *(सं०)* चुगलखोरी; दुष्टता।

**पैसना*** अ० क्रि० प्रविष्ट होना, घुसना।

**पैसरा*** पु० झंझट, झमेला।

**पैसार**। पु० प्रवेश, पैठ; घुसने-पैठने का मार्ग।

**पैसेंजर** पु० *(अं०)* यात्री।

**पैहम** अ० *(फ़ा०)* लगातार, निरन्तर।

**पोंका** पु० एक बड़ा फतिंगा।

**पोंगरा*** पु० बालक, बच्चा।

**पोंगली** स्त्री० बाँस या नरकट की चोंगी।

**पोंगा** वि० खोखला; अज्ञ, मूर्ख। पु० बाँस की नली।

**पोंगी** स्त्री० गाँठदार वस्तुओं के दो गाँठों के बीच का खोखला भाग; जुलाहों का नरसल का एक यन्त्र जिस पर सूत लपेटकर वे ताना-भरना करते हैं।

**पोंछ*** स्त्री० पूँछ।

**पोंछना** पु० किसी वस्तु को साफ करने का कपड़ा। स० क्रि० किसी वस्तु पर लगी धूल आदि साफ करना।

**पोंटा**। पु० नाक की श्लेष्मा।

**पोआ** पु० साँप का छोटा बच्चा, सँपोला।

**पोई** स्त्री० अँखुआ; ईख का कल्ला।

**पोखना*** स० क्रि० पालन-पोषण करना, पोसना।

**पोखरा** पु० तालाब, जलाशय।

**पोखरी** स्त्री० छोटा तालाब

**पोची*** स्त्री० खोटाई; नीचता।

**पोट** स्त्री० गठरी; राशि, पुंज।

**पोटक** पु० *(सं०)* नौकर, सेवक।

**पोटरी*** स्त्री० पोटली।

**पोटला** पु० बड़ी गठरी।

**पोटली** स्त्री० छोटी गठरी; छोटे-से वस्त्र में कसकर बाँधी हुई थोड़ी-सी वस्तु।

**पोटाश** पु० *(अं०)* एक क्षार जो खान से निकलता है और लकड़ी की राख से भी तैयार किया जाता है।

**पोटिक** पु० *(सं०)* फोड़ा।

**पोटी** स्त्री० कलेजा; आमाशय, पेट की थैली।

**पोढ़*** वि० पोढ़ा।

**पोढ़ा** वि० दृढ़, मजबूत; कड़ा, कठिन।

**पोढ़ाना**। स० क्रि० दृढ़ बनाना, पुष्ट बनाना। अ० क्रि० मजबूत होना, दृढ़ होना, पुष्ट होना।

**पोत** पु० *(सं०)* जहाज; नाव; जानवर का बच्चा।

**पोतक** पु० *(सं०)* पशु शावक; नया पोधा।

**पोतदार** पु० कोषाध्यक्ष।

**पोतनायक** पु० जहाज का अधिकारी।

**पोतला** पु० परांठा।

**पोतवाह** पु० मल्लाह।

**पोता** पु० पौत्र।

**पोती** स्त्री० पौत्री।

**पोथी** स्त्री० पुस्तक, ग्रन्थ; लहसुन की गाँठ।

**पोदना** पु० नाटा आदमी; छोटी चिड़िया।

**पोदीना** पु० पुदीना।

**पोपला** वि० जो भीतर से खाली या खोखला हो; जिसके मुँह में दाँत न हो, सिकुड़ा, पिचका हुआ।

**पोय**। स्त्री० पोई।

**पोया** पु० नन्हा बच्चा; पौधे की नयी कली; सँपोला।

**पोयाबोई** स्त्री० छल-कपट की बातें।

**पोर** स्त्री० ईख, बाँस आदि में दो गाँठों के बीच का भाग; उँगली का दो गाँठों के बीच का भाग।

**पोरिया** स्त्री० छल्ले के आकार का हाथ पैर का गहना।

**पोर्टर** पु० *(अं०)* जहाज का कुली; रेलवे-कुली।

**पोला** पु० परेती पर सूत लपेटने से तैयार होने वाला लच्छा; ।एक पेड़। वि० खोखला; निःसार, निस्तत्त्व।

**पोलिन्द** पु० *(सं०)* जहाज या नाव का मस्तूल।

**पोवना*** स० क्रि० पोना।

**पोशाक** स्त्री० *(फ़ा०)* कपड़ा, परिधान, पहनावा।

**पोशीदा** वि० *(फ़ा०)* छिपा हुआ, गुप्त।

**पोष** पु० वृद्धि, तृप्ति।

**पोषक** वि०, पु० *(सं०)* वर्द्धक; बढ़ाने वाला; सहायक।

**पोषण** पु० *(सं०)* बढ़ाने की क्रिया, सहायता देना।

**पोषना*** स० क्रि० पोषण करना, पालना।

**पोष्य** वि० *(सं०)* पोषण के योग्य; अभ्युदय करने वाला।

**पोस** पु० पालने का उपकार; पोषण करने की क्रिया।

**पोसन*** पोषण।

**पोसना** स० क्रि० ढाँकना, छिपाना; पालन करना।
**पोस्ट** पु० *(अं०)* पद; नौकरी; डाक; स्थान, जगह।
**पोस्टमार्टम** पु० *(अं०)* मृत्यु का कारण जानने के लिए शव परीक्षा, शव की चीर-फाड़।
**पोस्त** पु० *(फ़ा०)* तह; अफीम का पौधा; छिलका।।
**पोहना*** वि० घुसने वाला, धँसने वाला। स० क्रि० भेदना, छेदना; गूँथना, पिरोना; लगाना, चढ़ाना।
**पोहमी*** स्त्री० पृथ्वी।
**पोहर**† पु० चरागाह; पशुओं का चारा, चरी।
**पोहा**† पु० चौपाया।
**पोहिया**† पु० चरवाहा।
**पौंचा** पु० साढ़े पाँच का पहाड़ा।
**पौण्ड** पु० पाउण्ड।
**पौंड़ा** पु० मोटी ईख का गन्ना।
**पौंडी**† स्त्री० पौरी।
**पौण्ड्र*** पु० *(सं०)* इस देश का रहने वाला राजा; एक प्रकार की ईख, पौण्ड़ा; भीमसेन का शंख।
**पौंश्चल्य** पु० *(सं०)* व्यभिचार।
**पौंसरा** पु० पौसला।
**पौंस्न** पु० *(सं०)* पुरुषत्व, पुंसत्व। वि० पुरुषोचित।
**पौ** *पु० जड़; पाँव। स्त्री० प्रातःकाल का लालिमा युक्त प्रकाश; प्याऊ।
**मु० पौ फटना** प्रातःकाल होना। **पौ बारह पड़ना** लाभ का मौका मिलना। **पौ बारह होना** लाभ- ही-लाभ होना; विजय होना।
**पौआ** पु० मिट्टी या धातु का वह बर्तन जिसमें पावभर दूध, पानी आदि अँटे; सेर का चौथा हिस्सा।
**पौड़ना***, **पौढ़ना** अ० क्रि० झूलना; लेटना।
**पौतवाध्यक्ष** पु० *(सं०)* माल की तौल की देखरेख करने वाला अधिकारी *(कौ०)*।
**पौतवापचार** पु० *(सं०)* डाँड़ी मारना, कम तौलना।
**पौतिक** वि० *(सं०)* दुर्गन्धवाले द्रव्य का बना हुआ।
**पौत्तिक** पु० *(सं०)* एक प्रकार का मधु।
**पौद** स्त्री० एक स्थान से खोदकर दूसरे स्थान पर लगाने लायक छोटा पौधा; छोटा पौधा।
**पौदर** स्त्री० मोट खींचनेवाले बैलों के कुएँ के पास तक बार-बार आने का रास्ता; चरणचिह्न; राह।
**पौद्‌गलिक** वि० *(सं०)* पुद्‌गल का; पुद्‌गल सम्बन्धी; पदार्थविषयक।
**पौध** स्त्री० पैदाइश, उपज।
**पौधि*** स्त्री० पौद।
**पौन** वि० तीन-चौथाई, पूर्ण से चतुर्थांश कम।
**पौनर्नव** वि० *(सं०)* पुनर्नवा-सम्बन्धी।
**पौना** पु० किसी वस्तु के चार हिस्सों में से तीन हिस्सा।
**पौनार** स्त्री० कमल की नाल।
**पौनारि**† स्त्री० पौनार।
**पौनी** स्त्री० गाँव में प्रजावर्ग।
**पौमान*** पु० पवमान; जलाशय।
**पौगण्ड** वि० *(सं०)* बालोचित। पु० पोगण्ड।
**पौगण्डक** पु० *(सं०)* पोगण्ड।
**पौर** वि० *(सं०)* जो नगर में जन्मा हो; पुर-सम्बन्धी।
**पौरना**† अ० क्रि० तैरना।
**पौरवी** स्त्री० *(सं०)* एक मूर्च्छना, संगीत।
**पौरस्त्य** वि० *(सं०)* आद्य, अगला; पूरबी, पूरब का।
**पौरा**† पु० रखे हुए चरण, आगमन, कदम।
**पौराण** वि० *(सं०)* पुराण का; पुराण सम्बन्धी; पुराणोक्त।
**पौराणिक** पु० *(सं०)* पुराणवाचक; पुराण का जानकार व्यक्ति। वि० पौराण; पुराणों का जानकार।
**पौरिक** पु० *(सं०)* नगर का शासक; नागरिक।
**पौरी** स्त्री० मकान के प्रवेश-द्वार का सँकरा रास्ता; *(सं०)* अन्तःपुर में रहनेवाले सेवकों की भाषा।
**पौरुष** पु० *(सं०)* पुरुषार्थ; शुक्र; पुरुषत्व; विक्रम, पराक्रम; उद्यम। वि० पुरुष का; पुरुष सम्बन्धी।
**पौरुषेय** पु० *(सं०)* मनुष्यों का समूह; मनुष्य का कार्य।
**पौरुष्य** पु० *(सं०)* साहस, मरदानगी।
**पौरेय** वि० *(सं०)* नागर; नगर के समीप का स्थान।
**पौरोभाग्य** पु० *(सं०)* दुष्कर्म; दोषदर्शन; द्वेष।
**पौर्णमास** पु० *(सं०)* पूर्णिमा को किया जाने वाला यज्ञ; पूर्णिमा। वि० पूर्णिमा-सम्बन्धी।
**पौर्णमासिक** वि० *(सं०)* पूर्णिमा के दिन होने वाला।
**पौर्णमास्य** पु० *(सं०)* पूर्णिमा को होने वाला यज्ञ।
**पौर्णमी, पौर्णिमा** स्त्री० *(सं०)* पूर्णिमा, पूनो।
**पौर्व** स्त्री० *(सं०)* पहले का; पूरबी।
**पौल** स्त्री० सिंहद्वार; रास्ता।
**पौलस्त्य** पु० *(सं०)* रावण; कुबेर; विभीषण; चन्द्रमा।

**पौला**[†] पु० रस्सी लगा एक प्रकार का खड़ाऊँ।
**पौली** स्त्री० पैर का एड़ी से पंजे तक का हिस्सा; पैर का निशान, चरणचिह्न; ड्योढ़ी, पौरी।
**पौवा** पु० पावभर का वजन; सेर का चौथा हिस्सा।
**पौष** पु० *(सं०)* पूस का महीना; एक त्योहार; युद्ध।
**पौष्टिक** पु० *(सं०)* धन, जन आदि की वृद्धि करने वाला कर्म। वि० पुष्ट बनाने वाला।
**पौष्ण** वि० *(सं०)* सूर्य-सम्बन्धी। पु० रेवती नक्षत्र।
**पौष्पी** स्त्री० *(सं०)* पटना, पाटलिपुत्र; फूलों से तैयार की जाने वाली एक शराब है।
**पौसेरा** पु० एक पाव का बाट।
**प्याऊ** पु० पौसला, पानी पीने का स्थान।
**प्याज़** पु० *(फ़ा०)* तीव्र गन्ध युक्त एक प्रसिद्ध मूल जो तरकारी, मसाले और दवा के काम आता है।
**प्याज़ी** वि० *(फ़ा०)* हलका गुलाबी, प्याज के रंग का।
**प्यादा** पु० *(फ़ा०)* शतरंज का एक मोहरा जो चलता सीधा है और आड़े मारता है; दूत; पैदल।
**प्यायन** वि० *(सं०)* शक्तिवर्द्धक। पु० वृद्धि, वर्द्धन।
**प्यायित** वि० *(सं०)* जिसकी वृद्धि हुई हो।
**प्यार** पु० प्रीति, प्रेम; प्रेमसूचक स्पर्श, चुंबन आदि।
**प्यारा** वि० प्रिय; *महँगा।
**प्याला** पु० *(फ़ा०)* जल-पात्र; जाम।
**मु० प्याला देना** शराब पिलाना। **प्याला पीना/लेना** शराब पीना। **प्याला भरना** आयु पूरी होना।
**प्यावना*** स० क्रि० पिलाना।
**प्यास** स्त्री० पानी पीने की उत्कट इच्छा; शरीर की वह आवश्यकता जो पानी पीने से शान्त होती है।
**मु० प्यास बुझाना** किसी उत्कट इच्छा की पूर्ति करना; पानी पीकर प्यास दूर करना।
**प्यासा** वि० जिसे प्यास लगी हो, पिपासार्त्त।
**प्यून** पु० *(अं०)* चपरासी।
**प्यूपा** पु० *(अं०)* कीड़े के रूपान्तर की तीसरी अवस्था।
**प्योरिटन** पु० *(अं०)* शुद्धताचारी, शुद्धतावादी।
**प्योसर** पु० हाल ब्यायी हुई गाय का दूध।
**प्योसार*** पु० स्त्री का पितृगृह, मायका।
**प्योंदा**[†] पु० पैबन्द।
**प्यौर*** पु० कान्त, प्रियतम, पति।
**प्र** अव्य० गति, उत्कर्ष, उत्पत्ति।
**प्रकम्प** पु० *(सं०)* कँपकँपी, थरथराहट।
**प्रकम्पन** पु० *(सं०)* तेज हवा; कँपकँपी।
**प्रकम्पित** वि० *(सं०)* काँपता हुआ; हिलता हुआ।
**प्रकम्पी(पिन्)** वि० *(सं०)* काँपने वाला; हिलने वाला।
**प्रकच** वि० *(सं०)* जिसके बाल खड़े हों।
**प्रकट** * अ० प्रकाश्य रूप में, सबके सामने; स्पष्ट, प्रत्यक्ष, उत्पन्न।
**प्रकटन** पु० *(सं०)* प्रकट करने की क्रिया।
**प्रकटना*** अ० क्रि० प्रकट होना।
**प्रकथन** पु० *(सं०)* घोषित करना।
**प्रकर** पु० *(सं०)* अगर नाम गन्ध द्रव्य, खिला हुआ फूल; समूह, राशि; सहायता; मैत्री; गुलदस्ता।
**प्रकरण** पु० *(सं०)* निर्माण, रचना; प्रसंग, सन्दर्भ; अवसर; एक प्रकार का शृंगारप्रधान नाटक।
**प्रकरी** स्त्री० *(सं०)* एक तरह की प्रासंगिक कथावस्तु *(ना०)*; आँगन; एक तरह का गान; चौराहा।
**प्रकर्ष** पु० *(सं०)* उत्तमता; उत्कर्ष; खींचने की क्रिया।
**प्रकर्षक** पु० *(सं०)* उत्कर्षक; खींचने वाला; कामदेव।
**प्रकर्षित** वि० *(सं०)* सूद के अतिरिक्त वसूल किया हुआ; ताना हुआ, खींचा हुआ।
**प्रकर्षी(र्षिन्)** वि० *(सं०)* प्रकर्षयुक्त, चलाने वाला।
**प्रकलना** स्त्री० *(सं०)* निश्चयना।
**प्रकला** स्त्री० *(सं०)* कला (समय) का साठवाँ भाग।
**प्रकल्पना** स्त्री० *(सं०)* नियत करना, स्थिर करना।
**प्रकल्पित** वि० *(सं०)* निर्मित, बनाया हुआ; निश्चित किया हुआ, स्थिर किया हुआ।
**प्रकार** पु० *(सं०)* रीति, ढंग; किस्म, भेद; सादृश्य।
**प्रकालन** पु० *(सं०)* हिंसा, हत्या; एक नाग।
**प्रकाश** वि० *(सं०)* *(लाइट)* प्रकाशयुक्त; स्फुट; ज्योति। पु० ज्योति, तेज, उजाला, धूप; प्रसिद्धि।
**प्रकाशक** पु० *(सं०)* पुस्तक छपवाकर प्रकट करने वाला, 'पब्लिशर'; सूर्य; आविष्कर्ता।
**प्रकाशन** वि० *(सं०)* प्रकाशित करने वाला। पु० आलोकित करना; विज्ञापन।
**प्रकाशमान** वि० *(सं०)* प्रसिद्ध; चमकता हुआ।
**प्रकाशवान्(वत्)** वि० *(सं०)* प्रकाशयुक्त।
**प्रकाशी(शिन्)** वि० *(सं०)* प्रकाशयुक्त, चमकीला।

**प्रकास*** पु० प्रकाश।
**प्रकासना*** अ० क्रि० प्रकाशित होना।
**प्रकिरण** पु० *(सं०)* मिश्रण मिलाना; बिखेरना, फैलाना।
**प्रकीर्ण** पु० बिखेरना; विस्तार। वि० *(सं०)* अस्त-व्यस्त किया हुआ; मिश्रित; फैलाया हुआ; परिशिष्ट।
**प्रकीर्ति** स्त्री० *(सं०)* घोषणा; यश, ख्याति।
**प्रकुथित** वि० *(सं०)* दूषित; सड़ा हुआ।
**प्रकुल** पु० *(सं०)* सुन्दर शरीर।
**प्रकूष्माण्डी** स्त्री० *(सं०)* दुर्गा।
**प्रकृत** वि० *(सं०)* शुद्ध; आरब्ध; जिसकी उत्पत्ति प्रकृति में हुई हो, प्रकृतिजन्य; पूरा किया हुआ; नियुक्त; इच्छित; स्वाभाविक।
**प्रकृतार्थ** वि० *(सं०)* यथार्थ और वास्तविक अर्थ।
**प्रकृतार्थ** पु० *(सं०)*, वि० असल यथार्थ अभिप्राय।
**प्रकृति** स्त्री० *(सं०)* परमात्मा; स्वभाव; चराचर संसार।
**प्रकृतितः** क्रि० वि० *(सं०)* स्वभावतः।
**प्रकृत्या** अ० *(सं०)* स्वभाव से, स्वभावतः।
**प्रकृष्ट** वि० *(सं०)* उत्तम, श्रेष्ठ; उत्कृष्ट; मुख्य।
**प्रकोप** पु० *(सं०)* अत्यधिक कोप; विद्रोह; आक्रमण;
**प्रकोष्ठ** पु० *(सं०)* इमारतों से घिरा हुआ सहन; इमारत के भीतर का आँगन; पहुँचा।
**प्रक्रम** पु० *(सं०)* उपक्रम; क्रम; कदम; अवसर।
**प्रक्रमणीय** वि० *(सं०)* भ्रमण करने योग्य।
**प्रक्रिया** स्त्री० *(सं०)* विधि; प्रकरण; उच्च पद; ग्रन्थ का अध्याय; विशेषाधिकार।
**प्रक्रीड** पु० *(सं०)* खेल, क्रीड़ा।
**प्रक्लेद** पु० *(सं०)* गीलापन, तरी, आर्द्रता, नमी।
**प्रक्वाथ** पु० *(सं०)* उबलना, उबाल।
**प्रक्ष** वि० पूछनेवाला।
**प्रक्षपण** पु० *(सं०)* नष्ट करना।
**प्रक्ष्य** पु० *(सं०)* विनाश, अन्त।
**प्रक्षरण** पु० *(सं०)* चूना, झरना।
**प्रक्षाम** वि० *(सं०)* झुलसा हुआ, जला हुआ।
**प्रक्षालन** पु० *(सं०)* पानी जिससे कोई वस्तु धोई जाये; धोना, पानी से साफ करना।
**प्रक्षालित** वि० *(सं०)* साफ किया हुआ; धोया हुआ।
**प्रक्षिप्त** वि० *(सं०)* पीछे से जोड़ा या मिलाया हुआ।
**प्रक्षुण्ण** वि० *(सं०)* चूर्ण किया हुआ; रौंदा हुआ।
**प्रक्षेप** पु० *(सं०)* ऊपर से मिलाना; फेंकना, डालना।
**प्रक्षेपण** पु० *(सं०)* फेंकना, डालना; ऊपर से मिलाना।
**प्रक्षोभण** पु० *(सं०)* क्षुब्ध करना।
**प्रखर** पु० *(सं०)* प्रक्खर। वि० प्रचण्ड; तीक्ष्ण, तेज।
**प्रखरता** स्त्री० *(सं०)* प्रचण्डता; तीक्ष्णता, तेजी; उग्रता।
**प्रखल** वि० *(सं०)* अत्यन्त दुष्ट।
**प्रख्यात** वि० *(सं०)* प्रसन्न, सुखी; बहुत प्रसिद्ध।
**प्रख्याति** स्त्री० *(सं०)* अधिक प्रसिद्धि; प्रशंसा।
**प्रख्यान** पु० *(सं०)* सूचना देना; खबर देना।
**प्रगट** अ० प्रकट रूप से। वि० प्रकट।
**प्रगटना*** स० क्रि० प्रकट करना। अ० क्रि० जन्म लेना; प्रकट होना; अवतरित होना।
**प्रगटाना*** स० क्रि० प्रकट करना।
**प्रगण्ड** पु० कन्धे से कुहनी तक का भाग, अंग।
**प्रगति** स्त्री० *(सं०)* आगे बढ़ना, उन्नति।
**प्रगमन** पु० उन्नति।
**प्रगर्जन** पु० अति भयंकर शब्द।
**प्रगर्भ***, **प्रगल्भ** वि० *(सं०)* साहसी; ढीठ; प्रौढ़; प्रतिभावान्; उत्कृष्ट बुद्धि वाला; निर्लज्ज; उद्दण्ड।
**प्रगल्भता** स्त्री० *(सं०)* कुशलता; दक्षता; उत्साह; धृष्टता; प्रौढ़ता; निःशंकता; प्रसिद्धि; अध्यवसाय।
**प्रगल्भित** वि० *(सं०)* घमण्डी; प्रसिद्ध, ख्यात।
**प्रगसना*** अ० क्रि० प्रकट होना, व्यक्त होना।
**प्रगाढ़** पु० *(सं०)* कष्ट। वि० गहरा, घना; कठिन।
**प्रगाता (तृ)** पु०, वि० *(सं०)* अच्छा गाने वाला।
**प्रगामी (मिन्)** वि० *(सं०)* प्रस्थान करने वाला।
**प्रगुण** वि० *(सं०)* दक्ष; सीधा; उत्तम गुण वाला।
**प्रगुणन** पु० *(सं०)* व्यवस्थित करना; चिकना करना।
**प्रगुणित** वि० *(सं०)* सुव्यवस्थित; बराबर।
**प्रगुण्य** वि० *(सं०)* अधिक; उत्तम।
**प्रगे** अ० *(सं०)* प्रातःकाल, तड़के, सवेरे।
**प्रग्रह** पु० *(सं०)* सूर्यग्रहण अथवा चन्द्रग्रहण का आरम्भ; ग्रहण करना; ग्रस्त होना, कैदी; अनुग्रह।
**प्रग्रहण** पु० *(सं०)* नियमन; नेतृत्व करना; बागडोर।
**प्रग्रहीत** वि० भली-भाँति पकड़ा हुआ।
**प्रग्राह** पु० *(सं०)* वहन; बागडोर; तराजू की रस्सी।
**प्रग्रीव** पु० *(सं०)* झरोखा; पेड़ का सिरा; रंगभवन।
**प्रघट*** वि० प्रकट।

**प्रघटना*** अ० क्रि० प्रकट होना।

**प्रघोर** वि० *(सं०)* अत्यधिक कठिन, अति घोर।

**प्रचण्ड** पु० *(सं०)* सफेद कनेर। वि० भयंकर, अति तेजस्वी; अति उग्र; प्रबल; बहुत क्रोधी; प्रतापी।

**प्रचय** पु० झुण्ड, समूह, ढेर; बीजगणित में एक प्रकार का संयोग।

**प्रचर** पु० *(सं०)* मार्ग, राह; चलन, रीति।

**प्रचरना*** अ० क्रि० फैलना; प्रचार-प्रसार होना; चलना।

**प्रचरित** वि० *(सं०)* अभ्यस्त; जो प्रचलन में हो।

**प्रचल** वि० *(सं०)* चंचल; जिसका चलन हो।

**प्रचलन** पु० *(सं०)* उपयोग-व्यवहार में आना; हिलना।

**प्रचलित** वि० *(सं०)* जारी, चलता हुआ; गतिशील; हिला हुआ; जो चल चुका हो।

**प्रचार** पु० *(सं०)* आचरण; व्यवहार में आना; प्रयोग।

**प्रचारक** वि०, पु० *(सं०)* फैलाने वाला।

**प्रचारण** पु० *(सं०)* फैलाना; छितराना; प्रचार, रीति।

**प्रचारना*** स० क्रि० प्रचार करना, फैलाना; ललकारना।

**प्रचारित** वि० *(सं०)* जिसका प्रचार किया गया हो।

**प्रचुर** वि० *(सं०)* बहुत बड़ा; प्रभूत, बहुत अधिक।

**प्रचुरता** स्त्री० बहुलता, अधिकता।

**प्रचेता (तस्)** वि० *(सं०)* बुद्धिमान्, चतुर।

**प्रचेता (तृ)** पु० *(सं०)* चयन करने वाला; सारथि।

**प्रचेतित** वि० *(सं०)* देखा हुआ; विचारा हुआ।

**प्रचोद** पु० *(सं०)* प्रेरणा करना; उत्तेजित करना।

**प्रचोदक** वि०, पु० *(सं०)* प्रेरणा करने वाला, प्रेरक।

**प्रचोदनी** स्त्री० *(सं०)* उत्तेजन, प्रेरण।

**प्रचोदित** वि० *(सं०)* उत्तेजित किया हुआ; प्रेषित।

**प्रच्छक** वि, पु० *(सं०)* प्रश्नकर्ता, पूछने वाला।

**प्रच्छद** पु० *(सं०)* बिछावन की चादर; आच्छादन।

**प्रच्छन** पु० *(सं०)* प्रश्न करना, पूछना।

**प्रच्छर्दिका** स्त्री० *(सं०)* उल्टी का रोग, वमन।

**प्रच्छादक** वि०, पु० *(सं०)* छिपाने वाला; ढकने वाला।

**प्रच्छादन** पु० *(सं०)* उत्तरीय, ओढ़नी; छिपाने की क्रिया; ढँकने, आवृत्त करने की क्रिया।

**प्रच्छादित** वि० *(सं०)* आवृत; छिपाया हुआ।

**प्रच्छान** पु० *(सं०)* घाव चीरना।

**प्रच्छाय** पु० *(सं०)* घनी छाया; छायादार जगह।

**प्रच्छालना*** स० क्रि० धोना।

**प्रच्छिल** वि० *(सं०)* जलहीन, सूखा हुआ।

**प्रच्छेदन** पु० *(सं०)* टुकड़े-टुकड़े करना, काटना।

**प्रच्युत** वि० *(सं०)* निष्कासित; पतित, भ्रष्ट; विचलित।

**प्रच्युति** स्त्री० *(सं०)* हानि; पतन।

**प्रछालना*** स० क्रि० धोना।

**प्रजंक*** पु० पलंग।

**प्रजन्त** अव्य० पर्यन्त।

**प्रजनन** वि० *(सं०)* उत्पन्न करने वाला। पु० सन्तान उत्पन्न करना; जन्म; सन्तान; वीर्य; भग।

**प्रजनिका** स्त्री० *(सं०)* माता।

**प्रजय** स्त्री० *(सं०)* विजय।

**प्रजरना*** अ० क्रि० बहुत जलना।

**प्रजा** स्त्री० *(सं०)* राज्य की जनता; छोटी जाति का, प्रजनन; सन्तति; किसी राज्य या राष्ट्र की जनता।

**प्रजागरण** पु० *(सं०)* जागना।

**प्रजात** वि० *(सं०)* उत्पन्न।

**प्रजाति** स्त्री० *(सं०)* प्रजनन; सन्तान उत्पन्न करना।

**प्रजाध्यक्ष** पु० *(सं०)* सूर्य; दक्ष।

**प्रजानाथ** पु० राजा, लोकनाथ।

**प्रजापति** पु० ब्रह्मा; राजा।

**प्रजारना*** स० क्रि० पूरी तरह जलाना; उद्दीप्त करना।

**प्रजावती** वि० स्त्री० *(सं०)* गर्भवती; सन्तानवाली।

**प्रजित** वि० *(सं०)* हाँका हुआ, प्रेरित।

**प्रजीवन** पु० *(सं०)* जीविका।

**प्रजुरना*** अ० क्रि० प्रज्वलित होना; प्रकाशित होना।

**प्रजुरित, प्रजुलित*** वि० प्रज्वलित।

**प्रजोक*** पु० प्रयोग।

**प्रज्ञ** पु० *(सं०)* पण्डित, विद्वान्; बुद्धिमान् मनुष्य। वि० प्रकृष्ट बुद्धि वाला, उत्कृष्ट, बुद्धिमान्, मतिमान्।

**प्रज्ञा** स्त्री० *(सं०)* विदुषी; विवेक, बुद्धि, मति; सरस्वती।

**प्रज्ञात** वि० *(सं०)* विवेचित; स्पष्ट; प्रसिद्ध, विश्रुत।

**प्रज्ञात्मा(त्मन्)** वि० *(सं०)* परम बुद्धिमान्।

**प्रज्ञान** वि० *(सं०)* बुद्धिमान्। पु० चिह्न; बुद्धि।

**प्रज्ञावान् (वत्)** वि० *(सं०)* चतुर, बुद्धिमान्।
**प्रज्ञिल, प्रज्ञी (ज्ञिन्)** वि० *(सं०)* बुद्धिमान्।
**प्रज्वलित** वि० *(सं०)* दहका हुआ; जलता हुआ।
**प्रण** पु० अटल निश्चय, प्रतिज्ञा।
**प्रणत** वि० प्रणाम करता हुआ।
**प्रणतपाल** पु० दीनरक्षक।
**प्रणति** स्त्री० विनती, नम्रता।
**प्रणदित** वि० *(सं०)* गुंजार करता हुआ।
**प्रणमन** पु० *(सं०)* झुकना; प्रणाम करना।
**प्रणम्य** वि० वन्दनीय।
**प्रणय** पु० *(सं०)* प्रीतियुक्त प्रार्थना; प्रेम; विश्वास।
**प्रणयिनी** स्त्री० *(सं०)* प्रेमिका; कान्ता, पत्नी।
**प्रणयी (यिन्)** पु० *(सं०)* प्रेमी; पति। वि० प्रेमी।
**प्रणव** पु० *(सं०)* ओंकार; परमेश्वर; त्रिदेव।
**प्रणाम** पु० *(सं०)* नमस्कार, अभिवादन; झुकना।
**प्रणामांजलि** स्त्री० *(सं०)* हस्तबद्ध प्रणाम।
**प्रणामी** पु० प्रणामकर्त्ता।
**प्रणायक** पु० *(सं०)* पथप्रदर्शक; नेता, सेनापति।
**प्रणाल** पु० *(सं०)* पानी बहने का नाला।
**प्रणाली** स्त्री० *(सं०)* पद्धति; रीति, ढंग, परम्परा, प्रथा।
**प्रणाशी(शिन्)** वि० *(सं०)* नाश करने वाला।
**प्रणिधान** पु० *(सं०)* श्रद्धा एवं भक्तिपूर्ण उपासना; अर्पण; अभिनिवेश, आग्रह; प्रयत्न।
**प्रणिधि** स्त्री० *(सं०)* प्रार्थना; मन की एकाग्रता; तत्परता। पु० दूत, भेदिया; भेद लेना; गुप्तचर।
**प्रणिनाद** पु० वज्रतुल्य गर्जना।
**प्रणी** पु० *(सं०)* ईश्वर।
**प्रणीत** वि० रचित, निर्मित, प्रेषित।
**प्रणेजन** पु० *(सं०)* प्रक्षालन, धोना; नहाना।
**प्रणेता(तृ)** पु० *(सं०)* पथप्रदर्शक; बनाने वाला; लेखक।
**प्रणोद** पु० *(सं०)* प्रेरित करना; भेजना, प्रेषण।
**प्रणोदन** पु० *(सं०)* प्रेरित करना; भेजना, प्रेषण।
**प्रणोदित** वि० *(सं०)* भेजा हुआ; प्रेरित।
**प्रतक्ष*** वि० प्रत्यक्ष।
**प्रतच्छ*** वि० प्रत्यक्ष।
**प्रतप्त** वि० *(सं०)* तपा हुआ।
**प्रतान** पु० *(सं०)* विस्तार; पेड़-पौधे का नया कल्ला।
**प्रताप** पु० *(सं०)* वीरता; प्रभुत्व; पौरुष; साहस।
**प्रतापी (पिन्)** वि० *(सं०)* दुःख देने वाला, सताने वाला; तेजवान, प्रताप वाला।
**प्रतारण** पु० *(सं०)* ठगी, धोखा।
**प्रतिकर्म (न्)** पु० *(सं०)* बदला; शृंगार, प्रसाधन।
**प्रतिकाय** पु० *(सं०)* प्रतिमूर्ति, पुतला।
**प्रतिकार** पु० *(सं०)* बदला चुकाना; किसी बात के जवाब में किया जाने वाला कार्य।
**प्रतिकारक** वि०, पु० *(सं०)* प्रतिकार करने वाला।
**प्रतिकूल** पु० *(सं०)* प्रतिरोध, विरोध। वि० विरुद्ध पक्ष का आश्रय करने वाला; विपरीत, विरुद्ध।
**प्रतिकूलिक** वि० *(सं०)* शत्रुता रखने वाला, विरोधी।
**प्रतिक्रम** पु० *(सं०)* विपरीत आचरण; उलटा क्रम।
**प्रतिक्रिया** स्त्री० *(सं०)* क्रिया के फलस्वरूप होनेवाली क्रिया; प्रतिकार।
**प्रतिकुष्ट** वि० *(सं०)* दुःखी, दीन।
**प्रतिक्षण** अ० *(सं०)* हरदम, प्रत्येक क्षण में, निरन्तर।
**प्रतिक्षय** पु० *(सं०)* अंगरक्षक; सेवक।
**प्रतिक्षेप, प्रतिक्षेपण** पु० *(सं०)* अलग करना; खण्डन; बलपूर्वक पीछे हटाना; तिरस्कार; फेंकना।
**प्रतिख्यात** वि० *(सं०)* बहुत अधिक प्रसिद्ध।
**प्रतिख्याति** स्त्री० *(सं०)* बहुत अधिक प्रसिद्धि।
**प्रतिगृहीत** वि० *(सं०)* अंगीकृत; ग्रहण किया हुआ।
**प्रतिग्रह** पु० *(सं०)* दान लेना, ग्रहण करने वाला; स्वीकार करना; ग्रहण करना; उपहार; अनुग्रह।
**प्रतिग्रहीता (तृ)** पु० *(सं०)* पति; दान लेने वाला।
**प्रतिग्राह** पु० *(सं०)* प्रतिग्रहकारक; पीकदान।
**प्रतिघातक** वि०, पु० *(सं०)* प्रतिघात करने वाला।
**प्रतिघातन** पु० *(सं०)* मारण, वध; निवारण।
**प्रतिघाती(तिन्)** वि०, पु० *(सं०)* निवारण करने वाला; विरोधी; क्षतिकारक।
**प्रतिघ्न** पु० *(सं०)* शरीर।
**प्रतिचरित** वि० *(सं०)* प्रचारित, घोषित।
**प्रतिचिन्तन** पु० पुनः विचार।
**प्रतिच्छन्न** वि० *(सं०)* आवृत; छिपा हुआ, गुप्त।
**प्रतिच्छा*** स्त्री० प्रतीक्षा।
**प्रतिच्छाया** स्त्री० *(सं०)* प्रतिरूप; प्रतिबिम्ब, परछाईं।
**प्रतिच्छेद** पु० *(सं०)* बाधा, विरोध; खण्डित करना।
**प्रतिजीव** पु० *(सं०)* जीव विरोधी।
**प्रतिजीवन** पु० *(सं०)* फिर से जी जाना; पुनर्जीवन।
**प्रतिजीवाणु** पु० *(एण्टीबायोटिक)* जीवाणुनाशक औषधि।

**प्रतिजीवी, प्रतिजैविक** वि० *(सं०)* जीव विरोधी।
**प्रतिज्ञा** स्त्री० *(सं०)* वादा; किसी कार्य को पूरा करने या न करने का दृढ़ संकल्प; निश्चय।
**प्रतिज्ञात** वि० अंशीकृत।
**प्रतिज्ञातार्थ** पु० *(सं०)* बयान, वक्तव्य।
**प्रतितन्त्र** पु० *(सं०)* प्रतिकूल शास्त्र।
**प्रतितर** पु० *(सं०)* डाँड़ा; मल्लाह, कर्णधार।
**प्रतिताली** स्त्री० *(सं०)* चाभी, कुंजी।
**प्रतिदत्त** वि० लौटाया हुआ।
**प्रतिदान** पु० *(सं०)* निक्षेप या धरोहर वापस करना; किसी वस्तु के बदले में दूसरी वस्तु देना।
**प्रतिदिन** अव्य० *(सं०)* नित्य, प्रत्येक दिन, हर रोज।
**प्रतिदिवस** अव्य० प्रतिदिन।
**प्रतिदिवा (वन्)** पु० *(सं०)* सूर्य।
**प्रतिदेय** पु० *(सं०)* खरीदकर लौटायी हुई चीज।
**प्रतिद्वन्द्व** पु० *(सं०)* प्रतिद्वन्द्वी, शत्रु।
**प्रतिद्वन्द्विता** स्त्री० *(सं०)* प्रतिद्वन्द्वी होने का भाव।
**प्रतिद्वन्द्वी (द्विन्)** वि० *(सं०)* प्रतिपक्षी, मुकाबला करने वाला। पु० विरोधी, विपक्षी, शत्रु।
**प्रतिध्वनित** वि० *(सं०)* गूँजा हुआ।
**प्रतिध्वान** पु० *(सं०)* प्रतिध्वनि।
**प्रतिनव** वि० *(सं०)* नवीन, नया, नूतन।।
**प्रतिनाद** पु० प्रतिशब्द।
**प्रतिनाह** पु० *(सं०)* निशान, झण्डा।
**प्रतिनिधि** पु० *(सं०)* संसद या विधान-सभा का वह व्यक्ति जो जनता के द्वारा किसी निर्वाचन क्षेत्र से चुना गया हो; प्रतिरूप, प्रतिमा; प्रतिभू।
**प्रतिनिधित्व** पु० *(सं०)* प्रतिनिधि का भाव।
**प्रतिनियम** पु० व्यवस्था, हरेक के लिए एक नियम।
**प्रतिनिर्देश** पु० *(सं०)* पुनर्कथन करना।
**प्रतिनिर्यातन** पु० *(सं०)* बदला लेना, लौटाना।
**प्रतिनिवर्तन** पु० *(सं०)* निवारण; लौटना।
**प्रतिनिश्चिय** पु० *(सं०)* विरोधी मत।
**प्रतिनिष्क्रय** पु० *(सं०)* प्रतिकार, बदला।
**प्रतिपक्ष** पु० *(सं०)* प्रतिवादी; विपक्ष; शत्रु, विरोधी।
**प्रतिपक्षता** स्त्री० *(सं०)* बाधा; प्रतिपक्ष का भाव।
**प्रतिपक्षी (क्षिन्)** पु० *(सं०)* विरोधी, शत्रु।
**प्रतिपच्छ*** पु० प्रतिपक्ष।
**प्रतिपत्ति** स्त्री० *(सं०)* आदर, सम्मान; संकल्प; गौरव; कर्तव्य का ज्ञान; बुद्धि; उन्नति; प्रसिद्धि।
**प्रतिपत्तिमान (मत्)** वि० *(सं०)* प्रसिद्ध; बुद्धिमान्।
**प्रतिपदा, प्रतिपदी** स्त्री० *(सं०)* पक्ष की पहली तिथि।
**प्रतिपादक** वि०, पु० *(सं०)* देने वाला; उत्पादक; प्रतिपादन करने वाला; व्याख्या करने वाला।
**प्रतिपादन** पु० *(सं०)* आरम्भ करना; उत्पन्न करना।
**प्रतिपादित** वि० *(सं०)* उत्पादित; प्रमाणित; कथित।
**प्रतिपालना*** स० क्रि० रक्षा करना; पालन करना।
**प्रतिपालनीय** वि० *(सं०)* पालन करने योग्य, प्रतिपाल्य।
**प्रतिपालित** वि० *(सं०)* रक्षित; पालित।
**प्रतिपीडन** पु० *(सं०)* कष्ट देना, पीड़ा पहुँचाना।
**प्रतिपूजन** पु० *(सं०)* आवभगत करना।
**प्रतिपूजा** स्त्री० *(सं०)* प्रतिपूजन।
**प्रतिपूज्य** वि० *(सं०)* प्रतिपूजन के योग्य।
**प्रतिपोषक** पु० *(सं०)* सहायक; समर्थक।
**प्रतिप्रयाण** पु० *(सं०)* लौटना, वापसी।
**प्रतिफल** पु० *(सं०)* पुरस्कार, वह जो बदले में किसी को दिया जाये, प्रतिच्छाया; परिणाम, नतीजा।
**प्रतिफलन** पु० *(सं०)* प्रतिफल।
**प्रतिबन्ध** पु० *(सं०)* बन्धन; बाधा, अवरोध।।
**प्रतिबन्धु** पु० *(सं०)* वह जो पद आदि में समान हो।
**प्रतिबद्ध** वि० *(सं०)* बँधा हुआ; जमाया हुआ; फँसा हुआ, अटका हुआ; जो अलग न किया जा सके।
**प्रतिबाधित** वि० *(सं०)* पीड़ित; निवारित; बाधित।
**प्रतिबिम्ब, प्रतिबिम्ब** पु० *(सं०)* चित्र; परछाईं; प्रतिमूर्ति।
**प्रतिबिम्बना*** अ० क्रि० प्रतिबिम्बित होना।
**प्रतिबिम्बित, प्रतिबिंबित** वि० *(सं०)* दर्पण आदि में प्रतिच्छाया, जिसका प्रतिबिम्ब पड़ा हो।
**प्रतिबुद्ध** वि० *(सं०)* प्रसिद्ध; जागृत; ज्ञात; खिला हुआ।
**प्रतिबोध** पु० *(सं०)* स्मृति; होश में आना; ज्ञान।
**प्रतिबोधित** वि० *(सं०)* जगाया हुआ; जिसे किसी बात का ज्ञान कराया गया हो।
**प्रतिभा** स्त्री० *(सं०)* बुद्धि; विलक्षण बौद्धिक शक्ति।
**प्रतिभात** वि० *(सं०)* ज्ञात; चमकदार, प्रभायुक्त।
**प्रतिभान** पु० *(सं०)* बुद्धि, समझ; प्रगल्भता।

**प्रतिभावान्(वत्)** वि० *(सं०)* दीप्तियुक्त; जिसमें प्रतिभा हो, प्रतिभायुक्त, जिसमें कान्ति या चमक हो।
**प्रतिभाशाली** वि० प्रतिभावान्।
**प्रतिभास** *(सं०)* आभास; प्रकाश; भ्रम; मिथ्याज्ञान।
**प्रतिभासन** पु० *(सं०)* दिखायी देना; चमकना।
**प्रतिभासम्पन्न** वि० प्रतिभाशाली।
**प्रतिभाहानि** स्त्री० बुद्धिनाश।
**प्रतिभू** वि० जमानत देनेवाला, जामिन।
**प्रतिभोजन** पु० *(सं०)* निर्दिष्ट भोजन।
**प्रतिमन्त्रण** पु० *(सं०)* उत्तर, जवाब।
**प्रतिमा** स्त्री० *(सं०)* पत्थर, मिट्टी या धातु की बनायी हुई देवी-देवता की मूर्ति, तस्वीर।
**प्रतिमास** अ० *(सं०)* हर महीने।
**प्रतिमुद्रा** स्त्री० *(सं०)* मुद्रा की छाप।
**प्रतिमुद्रण, प्रतिमूर्ति** स्त्री० *(सं०)* प्रतिमा; पत्थर, धातु या मिट्टी की बनायी हुई देवी-देवता की मूर्ति।
**प्रतियोग** पु० *(सं०)* विरोध; किसी के प्रभाव को नष्ट करने वाला तत्त्व, मारक; सहयोग।
**प्रतियोगात्मक** वि० *(सं०)* द्वन्द्वमय, संघर्षपूर्ण।
**प्रतियोगिता** स्त्री० *(सं०)* प्रतिद्वन्द्विता, होड़; दुश्मनी।
**प्रतियोगी(गिन्)** वि० *(सं०)* विरोधी; बराबरी का। पु० साझेदार, हिस्सेदार; प्रतिद्वन्द्वी; विरोधी, शत्रु।
**प्रतिरूप** वि० *(सं०)* एक ही जैसे रूप वाला; सुन्दर; उपयुक्त। पु० प्रतिमूर्ति; समान; चित्र; प्रतिनिधि।
**प्रतिरोध** पु० *(सं०)* बाधा, रोक; प्रतिबन्ध; विरोध।
**प्रतिलाभ** पु० *(सं०)* प्राप्ति; पुनः प्राप्त करना।
**प्रतिलोम** वि० *(सं०)* नीच, अधम; प्रतिकूल; अनुलोम का उलटा; उलटा; बायाँ। पु० हानिकर कार्य।
**प्रतिवक्ता (क्तृ)** वि०, पु० *(सं०)* (कानून की) व्याख्या करने वाला; उत्तर देने वाला।
**प्रतिवचन** पु० *(सं०)* प्रतिध्वनि; जवाब, उत्तर।
**प्रतिवहन** पु० *(सं०)* निवारण करना; पीछे ले जाना।
**प्रतिवाक् (च्)** स्त्री० *(सं०)* उत्तर, जवाब।
**प्रतिवाद** पु० *(सं०)* विरोध; वादी की बात के विरोध में कही जाने वाली बात, वादी की बात का उत्तर।
**प्रतिवादी (दिन्)** पु० *(सं०)* मुद्दालेह; वादी की बात का उत्तर देने वाला; विरोध करने वाला; शत्रु।
**प्रतिवासर** अ० *(सं०)* प्रतिदिन, नित्य, हर रोज।
**प्रतिशब्द** अ० *(सं०)* शब्द-शब्द में; शब्द-शब्द पर। पु० प्रतिध्वनि, गूँज।
**प्रतिशम** पु० *(सं०)* निवृत्ति, छुटकारा।
**प्रतिशोध** पु० *(सं०)* प्रतिकार।
**प्रतिश्रय** पु० *(सं०)* आश्रय; सहायता; गृह; सभा।
**प्रतिश्रव** पु० *(सं०)* प्रतिज्ञा; प्रतिध्वनि, गूँज।
**प्रतिश्रवण** पु० *(सं०)* प्रतिज्ञा करना; सुनना।
**प्रतिश्रित** पु० *(सं०)* आश्रयस्थान।
**प्रतिश्रुत** वि० *(सं०)* प्रतिज्ञात; सुना हुआ।
**प्रतिश्रुति** स्त्री० *(सं०)* प्रतिज्ञा; गूँज, प्रतिध्वनि।
**प्रतिष्ठ** वि० *(सं०)* ख्यात, प्रसिद्ध।
**प्रतिष्ठा** स्त्री० *(सं०)* देवप्रतिमा की स्थापना; सम्मान, गौरव, मान-मर्यादा; स्थिरता; ख्याति, प्रसिद्धि।
**प्रतिष्ठान** पु० *(सं०)* स्थान; संस्थान; संघटन, संस्था।
**प्रतिष्ठापन** पु० *(सं०)* पदासीन करना; देवप्रतिमा की स्थापना; स्थापित करने का काम।
**प्रतिष्ठापित** वि० *(सं०)* जिसका स्थापन किया गया हो।
**प्रतिष्ठावान् (वत्)** वि० *(सं०)* गौरवशाली; इज्जतदार।
**प्रतिष्ठित** वि० *(सं०)* सम्मानित; स्थापित; प्रसिद्ध।
**प्रतिसर** वि० *(सं०)* अधीन, परतन्त्र। पु० व्रणशुद्धि; सेना का पिछला भाग; रक्षक, रख वाला; प्रभात।
**प्रतिस्थान** अ० *(सं०)* सर्वत्र, प्रत्येक जगह।
**प्रतिहत** वि० *(सं०)* दूर किया हुआ; अवरुद्ध।
**प्रतिहति** स्त्री० *(सं०)* नैराश्य; प्रतिघात, रोष, क्रोध।
**प्रतिहरण** पु० *(सं०)* निवारण; परित्याग; हटाना।
**प्रतिहारी** स्त्री० *(सं०)* द्वारपाल का काम करनेवाली स्त्री, द्वारपालिका; द्वार पर पहरा देने वाली स्त्री।
**प्रतिहारी (रिन्)** पु० *(सं०)* द्वारपाल।
**प्रतिहास** पु० *(सं०)* हँसने के जवाब में हँसना; कनेर।
**प्रतिहित** वि० *(सं०)* रखा हुआ, स्थापित किया हुआ।
**प्रतीक** पु० *(सं०)* प्रतिमा, चिह्न; मुँह, चेहरा। वि० विलोम, उलटा; विरुद्ध।
**प्रतीक्षक** पु० प्रतीक्षा करनेवाला; पूजा करनेवाला।
**प्रतीक्षण** पु० *(सं०)* ध्यान देना; प्रतीक्षा करना।
**प्रतीक्षा** स्त्री० *(सं०)* सम्मान; इन्तजार; ध्यान देना।
**प्रतीक्षालय** पु० *(वेटिंग रूम)* किसी बड़े आदमी,

अधिकारी आदि से मिलने वालों के लिए बैठकर प्रतीक्षा करने का कमरा।

**प्रतीची** स्त्री० *(सं०)* पश्चिम दिशा।

**प्रतीत** वि० *(सं०)* सम्मानित, प्रतिष्ठित; प्रसिद्ध।

**प्रतीति** स्त्री० *(सं०)* आदर; प्रसिद्धि; ज्ञान; विश्वास।

**प्रतीर** पु० *(सं०)* तट; किनारा।

**प्रतुष्टि** स्त्री० *(सं०)* सन्तुष्टि, तृप्ति।

**प्रतूलिका** स्त्री० *(सं०)* गद्दा, तोशक।

**प्रतोष** पु० *(सं०)* सन्तोष।

**प्रतोषना*** स० क्रि० समझाना-बुझाना; सन्तुष्ट करना।

**प्रत्यांकित** वि० *(सं०)* अनुरेखित।

**प्रत्यंग** अ० *(सं०)* प्रत्येक अंग में, अंग-अंग में। पु० शरीर का कोई गौण अंग (जैसे नाक)।

**प्रत्यंचा** स्त्री० धनुष की डोरी।

**प्रत्यंचित** वि० *(सं०)* सम्मानित, पूजित।

**प्रत्यंजन** पु० *(सं०)* लेपन; अंजन लगाना।

**प्रत्यन्त** पु० *(सं०)* सीमा। वि० जो सन्निकट हो।

**प्रत्यक्ष** पु० *(सं०)* किसी ज्ञानेन्द्रिय द्वारा वस्तु-विशेष का ग्रहण। वि० स्पष्ट दिखायी पड़ने वाला, जो आँखों से दिखायी दे; स्पष्ट।

**प्रत्यक्षर** अ० *(सं०)* अक्षर-अक्षर में, प्रत्येक अक्षर में।

**प्रत्यक्षीभूत** वि० *(सं०)* जो प्रत्यक्ष हो चुका हो।

**प्रत्यभिज्ञात** वि० *(सं०)* पहचाना हुआ।

**प्रत्यभिज्ञान** पु० समान वस्तु देखकर पूर्व देखी वस्तु का स्मरण।

**प्रत्यभिवाद, प्रत्यभिवादन** पु० *(सं०)* प्रणाम करनेवाले को दिया जाने वाला आशीर्वाद।

**प्रत्यर्थ** पु० *(सं०)* शत्रुता; विरोध; उत्तर। वि० उपयोगी।

**प्रत्यर्थी (र्थिन्)** पु० *(सं०)* शत्रु; प्रतिवादी, मुद्दालेह।

**प्रत्यर्पित** वि० *(सं०)* लौटाया हुआ।

**प्रत्यवनेजन** पु० *(सं०)* पुनः धोना।

**प्रत्यवमर्श, प्रत्यवमर्ष** पु० *(सं०)* अनुचिन्तन; सहिष्णुता।

**प्रत्यवरोधन** पु० *(सं०)* बाधा, रुकावट।

**प्रत्यवरोह** पु० *(सं०)* अवरोध; नीचे के क्रम में आना।

**प्रत्यवहार** पु० *(सं०)* संहार, विनाश; प्रलय।

**प्रत्यवाय** पु० *(सं०)* नैराश्य; परिवर्तन।

**प्रत्यवेक्षण** पु० *(सं०)* देखभाल, निगरानी।

**प्रत्यस्तगमन** पु० *(सं०)* अस्त होना।

**प्रत्याख्यात** वि० *(सं०)* सूचित किया हुआ; प्रसिद्ध।

**प्रत्याख्यान** पु० *(सं०)* इनकार; उपेक्षा; खण्डन।

**प्रत्यागत** वि० लौटा हुआ।

**प्रत्याघात** पु० *(सं०)* आघात के उत्तर में किया जाने वाला आघात।

**प्रत्याचार** पु० *(सं०)* अनुकूल व्यवहार।

**प्रत्यादेश** पु० *(सं०)* चेतावनी, हिदायत करने वाला।

**प्रत्याम्नाय** पु० *(सं०)* प्रतिनिधि; अनुमान।

**प्रत्याय** स्त्री० *(सं०)* राजस्व, कर, टैक्स।

**प्रत्यायित** पु० *(सं०)* विश्वसनीय प्रतिनिधि।

**प्रत्यारोप** पु० *(सं०)* *(काउण्टर चार्ज)* आरोप के बदले लगाया गया आरोप।

**प्रत्यालोचना** स्त्री० *(सं०)* आलोचना की समीक्षा।

**प्रत्याशित** वि० *(सं०)* जिसकी आशा की गयी हो।

**प्रत्याशी (शिन्)** वि० *(सं०)* *(कण्डिडेट)* पद का इच्छुक, उम्मीदवार; आशा करने वाला।

**प्रत्याहत** वि० *(सं०)* अस्वीकार किया हुआ; निवारित।

**प्रत्याहरण** पु० *(सं०)* निग्रह करना; हटाना।

**प्रत्याहूत** वि० *(सं०)* वापस बुलाया हुआ।

**प्रत्युक्त** वि० *(सं०)* जिसका उत्तर दिया गया हो; जिसका खण्डन किया गया हो।

**प्रत्युत** अ० *(सं०)* बल्कि, वरन्, इसके विपरीत।

**प्रत्युत्तर** पु० *(सं०)* जवाब का जवाब; उत्तर का उत्तर।

**प्रत्युत्थान** पु० *(सं०)* अभ्युत्थान; युद्ध या किसी कार्य के लिए तैयारी करना।

**प्रत्युत्पन्न** वि० जो पुनः ठीक समय पर उत्पन्न हुआ हो।

**प्रत्युत्पन्नमति** वि० ठीक समय पर कार्य करने वाली बुद्धि।

**प्रत्युद्धरण** पु० *(सं०)* पुनः प्राप्त करना।

**प्रत्युद्यम** पु० *(सं०)* प्रतिक्रिया, प्रतिकार।

**प्रत्युपकार** पु० *(सं०)* भलाई के बदले में की हुई भलाई, उपकार के बदले में किया हुआ उपकार।

**प्रत्युप्त** वि० *(सं०)* बोया हुआ; जमाया।

**प्रत्यूष** पु० *(सं०)* प्रातःकाल; सूर्य।

**प्रत्यूष (स्)** पु० *(सं०)* प्रातःकाल।

**प्रत्यूह** पु० *(सं०)* विघ्न-बाधा।
**प्रथम** अ० *(सं०)* पहले, आगे। वि० पहला; सर्वश्रेष्ठ।
**प्रथमतः (तस्)** अ० *(सं०)* सबसे पहले, पहले।
**प्रथमाक्षर** पु० *(सं०)* पहला अक्षर।
**प्रथमी*** स्त्री० पृथ्वी।
**प्रथमोपचार** पु० *(सं०)* प्राथमिक उपचार।
**प्रथा** स्त्री० *(हि०)* ख्याति; परिपाटी। *(सं०)* प्रसिद्धि।
**प्रथानुकूल, प्रथानुसार** वि० *(सं०)* पारम्परिक
**प्रथित** वि० *(सं०)* दिखलाया; विख्यात, प्रसिद्ध।
**प्रथिति** स्त्री० *(सं०)* ख्याति, प्रसिद्धि।
**प्रथिमा (मन्)** स्त्री० *(सं०)* स्थूलता, पृथुलत्व।
**प्रथु** वि० *(सं०)* फैला हुआ, विस्तृत। पु० विष्णु।
**प्रथुक** पु० *(सं०)* चिउड़ा; शावक।
**प्रद** वि० दाता, देनेवाला।
**प्रदक्षिणा** स्त्री० परिक्रमा।
**प्रदग्ध** वि० *(सं०)* बहुत जला हुआ।
**प्रदत्त** वि० *(सं०)* दिया हुआ।
**प्रदर** पु० *(सं०)* सेना का तितर-बितर होना; दरार।
**प्रदर्प** पु० *(सं०)* भारी घमण्ड।
**प्रदर्शक** वि० *(सं०)* भविष्यवक्ता; दिखलाने वाला। पु० देखने वाला; दिखाने वाला; गुरु; सिद्धान्त, मत।
**प्रदर्शन** पु० *(सं०)* भविष्यकथन; रूप; नजारा; उदाहरण; दिखाना, दिखलाने की क्रिया, सिखलाना।
**प्रदर्शनी** स्त्री० *(सं०)* नुमायश; वह स्थान जहाँ तरह-तरह की वस्तुएँ प्रदर्शित की जायें।
**प्रदर्शित** वि० *(सं०)* सिखलाया हुआ; जनाया हुआ।
**प्रदाता (तृ)** पु० *(सं०)* कन्यादान करने वाला; अतिशय दान, दाता।
**प्रदान** पु० दान क्रिया।
**प्रदायक** वि० दानदाता।
**प्रदायी** वि० दानदाता।
**प्रदाह** पु० दावाग्नि, दाहक ज्वर।
**प्रदिशा** स्त्री० दो मुख्य दिशाओं का मध्य का कोना।
**प्रदीप्त** वि० *(सं०)* जगमगाता हुआ, जलता हुआ; उत्तेजित, दीप्तियुक्त, चमकीला; प्रकाशित।
**प्रदीप्ति** स्त्री० *(सं०)* प्रकाश; प्रभा, चमक।
**प्रदीर्घ** वि० *(सं०)* अत्यधिक बड़ा।
**प्रदूषित** वि० *(सं०)* विशेष रूप से दूषित।
**प्रदेश** पु० *(सं०)* भूखण्ड, स्थान, जगह; अँगूठे के सिरे से लेकर तर्जनी के सिरे तक की दूरी; संकल्प
**प्रदेशीय** वि० *(सं०)* प्रदेश-सम्बन्धी; प्रदेश का।
**प्रदोह** पु० *(सं०)* दूध दुहना, दोहन करना।
**प्रद्युतित** वि० *(सं०)* प्रकाशित, आलोकित।
**प्रद्योतन** वि० *(सं०)* चमकने वाला। पु० प्रभा; सूर्य।
**प्रद्वार** पु० *(सं०)* द्वार के सामने का स्थान।
**प्रद्वेष, प्रद्वेषण** पु० *(सं०)* घृणा; अधिक द्वेष।
**प्रधन** पु० आक्रमण।
**प्रधनक** वि० आक्रमणकारी।
**प्रधनण** पु० आक्रमण।
**प्रधर्ष** पु० *(सं०)* पराभव, अपमान; बलात्कार; आक्रमण।
**प्रधर्षित** वि० *(सं०)* आक्रान्त; क्षति-ग्रस्त; घमण्डी।
**प्रधान** पु० *(सं०)* सेनापति; प्रकृति (सां०); *बुद्धितत्त्व* (सां०); परमात्मा; किसी दल, समाज आदि का प्रमुख व्यक्ति, मुखिया। वि० सबसे बड़ा; मुख्य।
**प्रधानतः (तस्)** अ० *(सं०)* मुख्यतः; प्रधान रूप में।
**प्रधानता** स्त्री० *(सं०)* मुख्यता, प्रधान होने का भाव।
**प्रधानामात्य** पु० *(सं०)* प्रधानमन्त्री।
**प्रधानी*** स्त्री० प्रधान का पद या कार्य।
**प्रधानोत्तम** वि० *(सं०)* वीर; बहुत प्रसिद्ध।
**प्रधारणा** स्त्री० *(सं०)* ध्यान स्थिर रखना।
**प्रधावन** पु० *(सं०)* मार्जन, प्रक्षालन; वायु।
**प्रधि** पु० *(सं०)* कुआँ; नेमि, पहिये की परिधि।
**प्रधूपित** वि० *(सं०)* सन्तापित, तप्त; सुवासित; पीड़ित।
**प्रधृष्ट** वि० *(सं०)* घमण्डी; उद्दण्ड; अपमानित।
**प्रध्वंसक** वि०, पु० *(सं०)* विनाश करने वाला।
**प्रध्वंसित** वि० *(सं०)* विनष्ट किया हुआ।
**प्रध्वंसी (सिन्)** वि० *(सं०)* नाश करने वाला।
**प्रनमना*** स० क्रि० प्रणाम करना।
**प्रनय*** पु० प्रणय।
**प्रनव*** पु० प्रणव।
**प्रनाली** स्त्री० प्रणाली।
**प्रनाम*** पु० प्रणाम।
**प्रनामी*** पु० प्रणाम करने वाला। स्त्री० ब्राह्मण या गुरु को प्रणाम करते समय दी जाने वाली भेंट।
**प्रनिघातन** पु० *(सं०)* मारण, वध।

**प्रनिपात*** पु० प्रणिपात।
**प्रन्यासी** पु० *(सं०)* विशेष ट्रस्टी।
**प्रपंच** पु० *(सं०)* धोखा; बखेड़ा *(हि०)*; भवजाल।
**प्रपंचक** वि० *(सं०)* धोखा, छल करने वाला।
**प्रपंची (चिन्)** वि० *(सं०)* बखेड़ा खड़ा करने वाला; धोखेबाज; छलिया, प्रपंच रचने वाला।
**प्रपत्ति** स्त्री० *(सं०)* अनन्य भक्ति।
**प्रपन्न** वि० *(सं०)* दीन; कष्टग्रस्त; शरणागत।
**प्रपलायी (यिन्)** वि० *(सं०)* भगोड़ा।
**प्रपा** स्त्री० *(सं०)* पौसरा; कूप, हौज।
**प्रपात** पु० *(सं०)* धड़ाम से नीचे गिरना; झरना।
**प्रपातन** पु० *(सं०)* गिरना, नीचे फेंकना।
**प्रपाथ** पु० *(सं०)* सड़क; मार्ग।
**प्रपितामह** पु० *(सं०)* कृष्ण; परब्रह्म, परदादा।
**प्रपीड़क** पु० *(सं०)* दबाने वाला; पेरने वाला।
**प्रपीड़न** पु० *(सं०)* वह जो दबाये; पेरना; निचोड़ना।
**प्रपूरण** पु० *(सं०)* तृप्त करना; मिलाना; भरना।
**प्रपूरित** वि० *(सं०)* अच्छी तरह भरा हुआ।
**प्रफुला*** स्त्री० कुईं, कुमुदिनी, कमलिनी।
**प्रफुलित*** वि० अति प्रसन्न, प्रमुदित; विकसित हुआ।
**प्रफुल्ल** वि० *(सं०)* प्रसन्न; विकसित, खिला हुआ।
**प्रबन्ध** पु० *(सं०)* व्यवस्था; आयोजन; प्रकृष्ट, बन्धन।
**प्रबन्धक** वि०, पु० *(सं०)* प्रबन्धकर्ता।
**प्रबन्धन** पु० *(सं०)* आयोजन करना; व्यवस्था करना।
**प्रबल** पु० *(सं०)* कोंपल, पल्लव। वि० उग्र, प्रचण्ड।
**प्रबलक** वि० *(सं०)* बलवर्द्धक।
**प्रबल्हिका** स्त्री० *(सं०)* पहेली।
**प्रबाधक** वि० *(सं०)* पीड़न करने वाला; हटाने वाला।
**प्रबाधित** वि० *(सं०)* आगे बढ़ाया हुआ; पीड़ित।
**प्रबाल** पु० *(सं०)* मूँगा; नया कोमल पत्ता; शिष्य।
**प्रबाह*** पु० प्रवाह।
**प्रबाहु** पु० *(सं०)* हाथ का अगला भाग, पहुँचा।
**प्रबिसना*** अ० क्रि० घुसना, प्रवेश करना।
**प्रबीन*** स्त्री० अच्छी वीणा। वि० प्रवीण।
**प्रबुद्ध** वि० *(सं०)* सजीव; जागृत; ज्ञानी; विकसित।
**प्रबोध** पु० *(सं०)* ढाढ़स, सान्त्वना; सतर्कता; उड़ी हुई गन्ध को फिर तेज करना; फूल का खिलना।
**प्रबोधक** वि०, पु० *(सं०)* ढाढ़स बँधानेवाला; ज्ञानदाता।
**प्रबोधन** पु० *(सं०)* यथार्थ ज्ञान; बोध कराना; जगाना।
**प्रबोधना*** स० क्रि० कोई बात सिखाना; ढाँढ़स बँधाना।
**प्रबोधित** वि० ज्ञानप्राप्त।
**प्रबोधिनी** स्त्री० *(सं०)* दुरालभा; देवोत्थान कार्तिक शुक्ला एकादशी।
**प्रभंग** वि० *(सं०)* पूर्णतः पराभूत; रौंदा हुआ।
**प्रभंजन** वि० *(सं०)* नष्ट करने वाला, तोड़-फोड़ करने वाला। पु० प्रचण्ड वायु, जोर की हवा, आँधी।
**प्रभद्रक** पु० *(सं०)* वि० बहुत सुन्दर।
**प्रभव** पु० *(सं०)* जन्म; हेतु; जल निकासी मार्ग।
**प्रभवन** पु० *(सं०)* उत्पत्ति स्थान; उत्पत्ति।
**प्रभा** स्त्री० *(सं०)* दीप्ति, तेज, चमक; प्रकाश।
**प्रभाकर** पु० सूर्य; चन्द्र; अग्नि।
**प्रभाकीट** पु० खद्योत, जुगनू।
**प्रभात** वि० *(सं०)* जो दृष्टिगत या प्रकाशित होने लगा हो। पु० प्रातःकाल।
**प्रभान** पु० *(सं०)* दीप्ति, प्रकाश।
**प्रभामय** वि० *(सं०)* प्रकाश पूर्ण।
**प्रभार** पु० *(सं०)* चार्ज, कार्यभार।
**प्रभारी** वि० *(सं०)* *(इनचार्ज)* कार्यभार चलाने वाला, जिसके ऊपर किसी विभाग आदि के कार्य का उत्तरदायित्व या भार हो।
**प्रभाव** पु० *(सं०)* सामर्थ्य, शक्ति, विक्रम; सूर्य का पुत्र; राजकीय शक्ति, प्रताप; असर; दबाव; फल, परिणाम; विस्तार।
**प्रभावना** स्त्री० *(सं०)* (किसी सिद्धान्त का) प्रचार; प्रकाश; उद्भावना, प्रकट करना।
**प्रभावान् (वत्)** वि० *(सं०)* दीप्तियुक्त।
**प्रभावान्वित** वि० *(सं०)* प्रभाव से युक्त; प्रभावित।
**प्रभावित** वि० *(सं०)* जिस पर प्रभाव पड़ा हो।
**प्रभास** पु० *(सं०)* दीप्ति, प्रकाश; सोमतीर्थ। वि० अति दीप्तिमान्, प्रचुर प्रभाव वाला।
**प्रभासना** दिखायी देना।
**प्रभु** पु० *(सं०)* अन्नदाता; ईश्वर; स्वामी; शासक।
**प्रभुता** स्त्री, **प्रभुत्व** पु० *(सं०)* गौरव, महत्त्व; वैभव।
**प्रभुताई*** स्त्री प्रभुता।
**प्रभू*** पुन० प्रभु।

**प्रभूत** वि० प्रचुर, अधिक, बहुत।
**प्रभृति** अव्य० *(सं०)* इत्यादि, आदि।
**प्रभेद** पु० भेद, अन्तर।
**प्रभेदक** वि० विभाग कर्त्ता।
**प्रभ्रष्ट** वि० टूटा-फूटा।
**प्रमथन** पु० *(सं०)* क्षति पहुँचाना; मार डालना, वध।
**प्रमद** पु० *(सं०)* धतूरे का फल; एक दैत्य; हर्ष, मोद। वि० नशे में चूर, प्रमत्त; असावधान; विवेकहीन।
**प्रमदा** स्त्री० *(सं०)* सुन्दरी।
**प्रमर्दन** वि० *(सं०)* नष्ट करने वाला, रौंदने वाला।
**प्रमन** वि० प्रसन्न।
**प्रमाण** वि० *(सं०)* यथार्थ; सत्य; सिद्ध हुआ; सर्वमान्य; ठीक। पु० सत्यता; मानने योग्य वस्तु; आज्ञापत्र।
**प्रमाणतः (तस्)** अ० *(सं०)* प्रमाण के अनुसार।
**प्रमाणना*** अ० क्रि० प्रमाणित करना, प्रमानना।
**प्रमाणिक** वि० *(सं०)* जिसके लिए कोई प्रमाण हो।
**प्रमाणित** वि० *(सं०)* प्रमाण द्वारा सिद्ध, प्रमाणसिद्ध।
**प्रमाणीकरण** पु० *(सं०)* प्रमाण द्वारा सिद्ध।
**प्रमातामह** पु० *(सं०)* परनाना।
**प्रमातामही** स्त्री० *(सं०)* परनानी।
**प्रमाथ** पु० *(सं०)* बहुत अधिक दुःख देना, उत्पीड़न।
**प्रमाद** पु० *(सं०)* मूर्च्छा; नशा; उन्माद; संकट, विपत्।
**प्रमादी (दिन्)** वि० *(सं०)* मत्त; प्रमादशील, लापरवाह।
**प्रमान*** 'प्रमाण'।
**प्रमापण** पु० *(सं०)* मारण, वध।
**प्रमार्जन** पु० *(सं०)* पोंछना; दूर करना।
**प्रमुख** वि० *(सं०)* मुख्य, प्रधान; सम्मान्य, प्रतिष्ठित।
**प्रमुग्ध** वि० *(सं०)* मूर्च्छित; हतबुद्धि; बहुत सुन्दर।
**प्रमुदित** वि० *(सं०)* आनन्दित, हर्षित, अति प्रसन्न।
**प्रमुद्** पु० *(सं०)* अति हर्ष। वि० हर्षयुक्त।
**प्रमूढ** वि० *(सं०)* घबड़ाया हुआ, चकराया हुआ।
**प्रमोद** पु० *(सं०)* प्रकृष्ट हर्ष, आनन्द; खुशी; सुख।
**प्रमोदी (दिन्)** वि० *(सं०)* प्रसन्न; प्रमोदजनक।
**प्रयत्न** पु० *(सं०)* कोशिश, प्रयास; अध्यवसाय।
**प्रयास** पु० *(सं०)* श्रम, आयास; कोशिश, प्रयत्न।
**प्रयुक्त** वि० *(सं०)* समाधिस्थ; किसी काम में लगाया हुआ; जिसका प्रयोग किया गया हो; मिश्रित।
**प्रयुक्ति** स्त्री० *(सं०)* प्रयोग; प्रयत्न; नीयत, उद्देश्य।
**प्रयुत** पु० दस लाख की संख्या।
**प्रयोग** पु० *(सं०)* परिणाम; अनुष्ठान; जाँच, परीक्षण।
**प्रयोजन** पु० *(सं०)* अभिप्राय, साधन, उपाय; उपयोग, प्रयोग, व्यवहार; लाभ।
**प्रयोजनवान** उपयोगी, खुदगर्ज।
**प्रयोजनीय** वि० *(सं०)* प्रयोग में लाने योग्य, उपयोगी।
**प्ररक्षण** पु० *(सं०)* रक्षा करना।
**प्ररुदित** वि० *(सं०)* बहुत रोता-चिल्लाता हुआ।
**प्ररूढ़** वि० *(सं०)* जड़ पकड़ ली हो; खूब बढ़ा हुआ।
**प्ररूढ़ि** स्त्री० *(सं०)* वृद्धि, बाढ़।
**प्ररोह** पु० *(सं०)* अंकुर; उत्पत्ति; अंकुरित होना।
**प्ररोहण** पु० *(सं०)* जमना; उत्पत्ति; अंकुर; टहनी।
**प्रलम्ब** पु० *(सं०)* लटकाव, लटकने की क्रिया; माला। वि० लटका हुआ; लटकता हुआ; अधिक लम्बा।
**प्रलम्बन** पु० *(सं०)* लटकना; अवलम्बित होना।
**प्रलम्बित** वि० *(सं०)* लटका हुआ।
**प्रलम्भ** पु० *(सं०)* लाभ, प्राप्ति; धोखा देना, छलना।
**प्रलम्भन** पु० *(सं०)* धोखा देना, छलना।
**प्रलब्ध** वि० *(सं०)* गृहीत; जो छला गया हो।
**प्रलयंकर** वि० *(सं०)* प्रलय करने वाला।
**प्रलय** पु० *(सं०)* सृष्टि का अपने मूल प्रकृति में लीन हो जाना; संहार, विनाश; भारी या व्यापक संहार।
**प्रलाप** पु० *(सं०)* दुःखड़ा रोना; निरर्थक बात; बकवास।
**प्रलापन** पु० बकवाद, बकबक।
**प्रलापित** वि० कथित।
**प्रलापी (पिन्)** वि० *(सं०)* प्रलाप करने वाला; निरर्थक बोलने वाला, अनाप-शनाप बकने वाला।
**प्रलोप** पु० *(सं०)* विलय, लुप्त, नाश।
**प्रलोभ** पु० *(सं०)* प्रलोभन; लालच, अधिक लोभ।
**प्रलोभन** पु० *(सं०)* लालच।
**प्रलोभी (भिन्)** वि० *(सं०)* प्रलोभन में पड़ने वाला, लालची, ललचाने वाला।
**प्रवंचक** वि०, पु० *(सं०)* धूर्त, ठग।
**प्रवंचन** पु० *(सं०)* ठगना, धोखा देना।
**प्रवंचना** स्त्री० *(सं०)* धोखेबाजी, ठगी, धूर्तता।
**प्रवक्ता (क्तृ)** वि०, पु० *(स्पृ०)* अच्छा वक्ता। *(सं०)*

वेद आदि का प्रवचन करने वाला।

**प्रवचन** पु० *(सं०)* धर्मोपदेश करना; शास्त्र।

**प्रवचनीय** वि० *(सं०)* प्रवचन के योग्य।

**प्रवदन** पु० *(सं०)* घोषणा।

**प्रवर** पु० गोत्र, सन्तति। वि० श्रेष्ठ, मुख्य।

**प्रवर्तक** वि० *(सं०)* कार्य प्रारम्भक, संचालक, आविष्कारक।

**प्रवर्तन** पु० *(सं०)* उसकाना, उभारना; प्रवृत्त करना।

**प्रवर्ती (र्तिन्)** वि० *(सं०)* आरम्भ करने वाला; उद्गत होने वाला; प्रयोग में लाने वाला; फैलाने वाला।

**प्रवाक** पु० *(सं०)* बकवादी; घोषणा करने वाला।

**प्रवाचक** वि० व्याख्याता।

**प्रवाद** पु० जनश्रुति।

**प्रवादक** पु० बाजा बजाने वाला।

**प्रवाल** पु० *(सं०)* मूँगा; प्रवाल।

**प्रवास** पु० *(सं०)* परदेश जाना।

**प्रवासन** पु० *(सं०)* बाहर रहना; वध; देश-निष्कासन।

**प्रवासित** वि० *(सं०)* देश से निकाला हुआ।

**प्रवाह** पु० *(सं०)* किसी वस्तु का अटूट क्रम, अखण्ड परम्परा; बहने की क्रिया या भाव, बहाव।

**प्रवाहिका** स्त्री० *(सं०)* संग्रहणी रोग।

**प्रवाहित** वि० *(सं०)* ढोया हुआ; बहाया हुआ।

**प्रवाही (हिन्)** वि० *(सं०)* चलाने वाला; प्रवाह-युक्त, बहने वाला; ले जाने वाला।

**प्रविकीर्ण** वि० *(सं०)* छितराया, फैलाया हुआ।

**प्रविष्ट** वि० *(सं०)* घुसा हुआ, अन्दर गया हुआ।

**प्रविसना*** अ० क्रि० प्रवेश करना, घुसना।

**प्रवीण** वि० *(सं०)* निपुण, कुशल।

**प्रवीणता** स्त्री० *(सं०)* निपुणता, कौशल।

**प्रवीन*** स्त्री० अच्छी वीणा। वि० प्रवीण।

**प्रवीर** पु० *(सं०)* बड़ा योद्धा।

**प्रवृत्त** पु० *(सं०)* एक गोलाकार गहना; कार्य। वि० निर्विवाद; लगा हुआ, प्रवृत्तियुक्त, रत।

**प्रवृत्ति** स्त्री० *(सं०)* प्रवाह, बहाव; आचार-व्यवहार।

**प्रवृद्ध** वि० *(सं०)* घमण्डी; उग्र; प्रौढ़; विशाल।

**प्रवेग** पु० *(सं०)* अधिक वेग।

**प्रवेदन** पु० *(सं०)* जाहिर करना, प्रकट करना।

**प्रवेश** पु० *(सं०)* पैठ; दूसरे के काम में दखल देना।

**प्रवेशक** पु० *(सं०)* प्रवेश करने वाला।

**प्रवेशन** पु० *(सं०)* प्रवेश; सिंहद्वार; रतिक्रिया।

**प्रवेशनीय** वि० *(सं०)* घुसने योग्य।

**प्रवेशिका** स्त्री० *(सं०)* प्रवेश-पत्र या प्रवेश-शुल्क; संस्कृत, अँग्रेजी आदि की एक परीक्षा *(आ०)*।

**प्रवेशित** वि० *(सं०)* घुसाया हुआ; पैठाया हुआ।

**प्रवेश्य** पु० *(सं०)* बाहर से आने वाला माल। वि० प्रवेश करने योग्य, जिसमें प्रवेश किया जाये।

**प्रवेष्ट** पु० *(सं०)* हाथी की पीठ; भुजा; हाथी की झूल।

**प्रव्रजन** पु० *(सं०)* संन्यास लेना; विदेश गमन।

**प्रव्रजित** पु० *(सं०)* संन्यास ग्रहण; संन्यासाश्रम।

**प्रव्रजिता** स्त्री० *(सं०)* संन्यासिनी, तापसी।

**प्रव्रज्या** स्त्री० *(सं०)* संन्यास; देशत्याग; संन्यासाश्रम।

**प्रशंस*** वि० स्तुत्य, प्रशंसा के योग्य।

**प्रशंसक** वि०, पु० *(सं०)* प्रशंसा करने वाला।

**प्रशंसन** पु० *(सं०)* प्रशंसा करना, गुणों का बखान।

**प्रशंसना** * स० क्रि० प्रशंसा करना, तारीफ करना।

**प्रशंसनीय** वि० *(सं०)* प्रशंसा करने योग्य।

**प्रशंसा** स्त्री० *(सं०)* ख्याति; गुणों का बखान, बड़ाई।

**प्रशंसी (सिन्)** वि०, पु० *(सं०)* प्रशंसा करने वाला।

**प्रशस्त** वि० *(सं०)* शुभ; श्रेष्ठ; प्रशंसा के योग्य।

**प्रशस्ति** स्त्री० *(सं०)* तारीफ, प्रशंसा, बड़ाई; वर्णन।

**प्रशस्य** वि० *(सं०)* प्रशंसा के योग्य, प्रशंसनीय।

**प्रशान्ति** स्त्री० *(सं०)* शमन; शान्ति; विश्राम।

**प्रशासक** पु० *(सं०)* उपदेष्टा; शासन करने वाला।

**प्रशासन** पु० *(सं०)* शासन; शिष्य आदि को दी जाने वाली कर्तव्य की शिक्षा।

**प्रशासित** वि० *(सं०)* आदिष्ट; विशेष रूप से शासित।

**प्रशासी** वि० *(सं०)* प्रशासन-सम्बन्धी।

**प्रशिक्षक** पु० *(सं०)* प्रशिक्षण देने वाला।

**प्रशिक्षण** पु० *(सं०)* ट्रेनिंग, नियमित रूप से दी जाने वाली व्यावहारिक शिक्षा।

**प्रशिष्य** पु० *(सं०)* शिष्य का शिष्य।

**प्रशून** वि० *(सं०)* सूजा हुआ।

**प्रश्न** पु० *(सं०)* विचारणीय विषय; पूछ-ताछ; सवाल।

**प्रश्रय, प्रश्रयण** पु० *(सं०)* प्रीति; आश्रय स्थान।

**प्रश्रयी (यिन्)** वि० *(सं०)* सरल प्रकृति; नम्र; सज्जन।

**प्रसंग** पु० *(सं०)* आसक्ति; वार्तालाप का पूर्व अंश, विषय का तारतम्य, प्रकरण; लगाव; *बात, विषय।

**प्रसंसना*** स० क्रि० प्रशंसा करना।
**प्रसक्ति** स्त्री० *(सं०)* आपत्ति; अनुमति; प्राप्ति।
**प्रसन्न** वि० *(सं०)* सन्तुष्ट; खुश; स्वच्छ; शान्त; उचित।
**प्रसन्नता** स्त्री० हर्ष, आनन्द।
**प्रसन्नित*** वि० प्रसन्न, खुश।
**प्रसर** पु० *(सं०)* आसार; प्रवाह; प्रलय; समूह; साहस; युद्ध; प्रवार; वात, पित्त आदि का घट-बढ़ जाना।
**प्रसरित** वि० आगे बढ़ा हुआ; फैला हुआ।
**प्रसर्पण** पु० *(सं०)* फैलाव।
**प्रसव** पु० *(सं०)* उत्पत्ति स्थान; उत्पत्ति; बच्चा जनना, गर्भमोचना; फल; फूल।
**प्रसवित्री** स्त्री० *(सं०)* माता।
**प्रसविनी** स्त्री० *(सं०)* जन्मदात्री।
**प्रसह्य** अ० *(सं०)* बलपर्वूक, बलात्।
**प्रसाद** पु० *(सं०)* देवता को चढ़ाई गयी वस्तु; कृपा।
**प्रसादना** स्त्री० सेवा।
**प्रसादी** स्त्री० चढ़ावा।
**प्रसाधन** पु० *(सं०)* शृंगार की सामग्री, भूषण, कंघी आदि जिससे शृंगार किया जाता है।
**प्रसाधित** वि० *(सं०)* प्रमाणित; निष्पादित, सम्पादित।
**प्रसार** पु० *(सं०)* फैलाने की क्रिया, फैलने की क्रिया।
**प्रसारना** स० क्रि० पसारना, फैलाना।
**प्रसिद्ध** वि० *(सं०)* ख्यात; मशहूर।
**प्रसूत** वि० उत्पन्न।
**प्रसूता** स्त्री० जननी, जन्मदात्री।
**प्रसूति** स्त्री० *(सं०)* उत्पत्ति; प्रसूता; प्रसव।
**प्रसून** पु० *(सं०)* फूल; फल।
**प्रसेद*** पु० प्रस्वेद, पसीना।
**प्रस्तर** पु० *(सं०)* एक प्रकार का ताल; पत्तों आदि का बिछावन; पत्थर; ग्रन्थ का अध्याय; चौरस मैदान।
**प्रस्तरण** पु०, **प्रस्तरणा** स्त्री० *(सं०)* आसन; फैलाना।
**प्रस्ताव** पु० *(सं०)* आरम्भ; प्रसंग, प्रकरण; अवसर।
**प्रस्तावना** स्त्री० *(सं०)* प्राक्कथन; आरम्भ।
**प्रस्तावित** वि० *(सं०)* वर्णित, कथित; आरब्ध।
**प्रस्तुति** स्त्री० *(सं०)* प्रकृष्ट स्तुति; निष्पत्ति; प्रस्तावना।
**प्रस्थान** पु० *(सं०)* मृत्यु, मरण; सेना का युद्धक्षेत्र में जाना, कूच; वस्त्र आदि जो यात्रा के पहले गन्तव्य स्थान की दिशा में कहीं रख दिया जाता है।
**प्रस्थानी*** प्रस्थान करने वाला, जाने वाला।
**प्रस्थापित** वि० *(सं०)* भेजा हुआ, प्रेषित; विशेष रूप से स्थापित; आगे बढ़ाया हुआ।
**प्रस्राव** पु० *(सं०)* उबलते हुए चावल का ऊपर से बहता हुआ माँड़; बहाव, चूने की क्रिया, क्षरण।
**प्रस्रुत** वि० *(सं०)* क्षरित; झड़ा हुआ।
**प्रस्वन, प्रस्वान** पु० *(सं०)* जोर की आवाज।
**प्रस्वेद** पु० *(सं०)* पसीना।
**प्रस्वेदित** वि० *(सं०)* तप्त, पसीना लाने वाला।
**प्रस्वेदी (दिन्)** वि० *(सं०)* पसीने से तर-बतर।
**प्रहरखना*** अ० क्रि० प्रसन्न होना।
**प्रहसन** पु० *(सं०)* परिहास, दिल्लगी।
**प्रहार** पु० *(सं०)* कण्ठहार; मारण; आघात, वार।
**प्रहारी (रिन्)** पु० *(सं०)* श्रेष्ठ योद्धा। वि० प्रहार करने वाला; आक्रमण करने वाला; नष्ट करने वाला।
**प्रांगण** पु० *(सं०)* आँगन; छोटा ढोल।
**प्राइमरी** वि० *(अं०)* आरम्भिक, प्राथमिक।
**प्राइवेट** वि० *(अं०)* आपसी; व्यक्ति विशेष से सम्बद्ध।
**प्राकृतिक** वि० *(सं०)* लौकिक; प्रकृति से उत्पन्न।
**प्रागल्भ्य** पु० *(सं०)* घमण्ड; विकास; वाग्मिता; दृढ़ता।
**प्रागामी** वि० पूर्वगामी, अग्रगामी।
**प्राग्जन्म** पु० पूर्वजन्म।
**प्राचीन** वि० *(सं०)* पूरब का; पुराना, पहले का।
**प्राचीर** पु० *(सं०)* नगर, किले आदि के चारों ओर रक्षा के लिए बनायी गयी दीवार, चहारदीवारी।
**प्राचुर्य** पु० *(सं०)* राशि; प्रचुरता, आधिक्य, बहुतायत।
**प्राजन** पु० *(सं०)* चाबुक; कोड़ा।
**प्राज्ञी** स्त्री० *(सं०)* विदुषी; विद्वान् की स्त्री।
**प्राण** पु० *(सं०)* वायु; श्वास; जीवन; घ्राण; ज्ञानेन्द्रिय। **मु० प्राण उड़ जाना या सूख जाना** बहुत डर जाना। **प्राण गले तक आना** मरणासन्न होना। **प्राण छूटना/त्यागना** देहावसान होना, मरना। **प्राण देना** किसी को बहुत चाहना; मरना। **प्राण मुँह को आना** बहुत अधिक दुःख होना। **प्राण हथेली पर लिये रहना** मरने को तैयार रहना। **प्राणों पर खेलना** जान जोखिम में डालना।

**प्राणनाशक** वि० मारक।
**प्राणप्रतिष्ठा** स्त्री० मूर्ति में मन्त्रों से प्राणारोपित करना।
**प्राणान्त** वि० *(सं०)* मृत्यु, मौत।
**प्राणान्तक** वि०, पु० *(सं०)* प्राण लेने वाला।
**प्राणान्तिक** पु० *(सं०)* हत्या, वध; वधिक। वि० प्राण हरने वाला, घातक; जीवनपर्यंत रहने वाला।
**प्राणाघात** पु० *(सं०)* वध, हत्या, प्राणातिपात।
**प्राणाधार** पु० *(सं०)* पति; जीवन का सहारा।
**प्राणी (णिन्)** पु० *(सं०)* जीव-जन्तु, मनुष्य। वि० जिसमें प्राण हों, प्राणवान्।
**प्राणेश, प्राणेश्वर** पु० *(सं०)* प्रियतम; स्वामी, पति।
**प्रातः (तर्)** अ० *(सं०)* सवेरे, तड़के। पु० सवेरा।
**प्रात** *अ० सवेरे, तड़के। *पु० सवेरा, प्रातःकाल।
**प्राथमिक** वि० *(सं०)* शुरू का, प्रारम्भिक; पहला।
**प्रान*** पु० प्राण
**प्राप्त** वि० *(सं०)* स्थापित; पाया हुआ, जो मिला हो; जो आ पड़ा हो, उपस्थित; उचित।
**प्राप्ति** स्त्री० *(सं०)* संहति; उपार्जन; मिलना, लाभ।
**प्रामाणिक** पु० *(सं०)* प्रमाणों को मानने वाला। वि० मानने योग्य; जो किसी बात का प्रमाण हो।
**प्रायः (यस्)** वि० *(सं०)* लगभग, करीब-करीब।
**प्रायश्चित्त** पु० *(सं०)* वह शास्त्र-विहित कर्म जो पाप का मार्जन करने के लिए किया जाये; शोधन।
**प्रारम्भ** पु० *(सं०)* प्रयत्न, कार्य; आरम्भ।
**प्रारम्भिक** वि० *(सं०)* शुरू का, प्रारम्भ में होने वाला।
**प्रारब्ध** पु० *(सं०)* वह जो शुरू किया गया हो; किस्मत। वि० आरम्भ किया हुआ।
**प्रारूप** पु० *(सं०)* पूर्वगामी रूप; प्राथमिक रूप, मसौदा।
**प्रारोह** पु० *(सं०)* अंकुर, प्ररोह।
**प्रार्थना** स्त्री० *(सं०)* निवेदन। *स०क्रि० प्रार्थना करना।
**प्रार्थी (र्थिन्)** वि० *(सं०)* आक्रमण करने वाला।
**प्रालेय** पु० *(सं०)* हिम, तुषार, बर्फ।
**प्राव्राज्य** पु० *(सं०)* संन्यास, बेकार घूमना।
**प्राशन** पु० *(सं०)* खाना; भोजन; खिलाना।
**प्रिण्टर** पु० *(अं०)* छापने वाला, मुद्रक।
**प्रिण्टिंग** वि० *(अं०)* छापने वाला। स्त्री० छापने का काम; छपाई, मुद्रण।
**प्रिंस** पु० *(अं०)* राजा; राजकुमार, शाहजादा।
**प्रिय** पु० *(सं०)* स्वामी, पति; प्रेमी। वि० अत्यन्त प्यारा; अच्छा लगने वाला, शुभ; खर्चीला।
**प्रियतम** पु० *(सं०)* पति; प्रेमी। वि० अधिक प्यारा।
**प्रियतमा** स्त्री० *(सं०)* पत्नी; प्रेमिका। वि० स्त्री० सबसे अधिक प्यारी।
**प्रीत** *स्त्री० प्रेम, प्रीति। वि० *(सं०)* प्रीतियुक्त।
**प्रीतम** पु० प्रियतमा; पति, स्वामी।
**प्रीति** स्त्री० *(सं०)* कृपा; हर्ष; तृप्ति; प्रेम, प्यार।
**प्रीमियम** पु० *(अं०)* अधिमूल्य, बीमा, किस्त, बढ़ौती।
**प्रेक्षक** वि०, पु० *(सं०)* देखने वाला, दर्शक।
**प्रेक्षण** पु० *(सं०)* निगरानी; किसी प्रकार का अभिनय।
**प्रेक्षित** वि० *(सं०)* ध्यानपूर्वक देखा हुआ।
**प्रेत** पु० *(सं०)* मृतात्मा। वि० मृत, मरा हुआ।
**प्रेती*** पु० प्रेतपूजक, प्रेत पूजने वाला।
**प्रेम (न्)** पु० *(सं०)* आनन्द; मुहब्बत, प्यार, अनुराग।
**प्रेमानुभूति** स्त्री० *(सं०)* प्रेम में होने वाला अनुभव।
**प्रेमानुराग** पु० *(सं०)* प्रेम और अनुराग।
**प्रेमालाप** पु० *(सं०)* प्रेमपूर्वक की जाने वाली बातचीत।
**प्रेमाश्रु** पु० *(सं०)* प्रेम के आँसू, प्रेम के कारण आँखों से झड़ने वाले आँसू।
**प्रेमिका** स्त्री० *(सं०)* प्रेम की जाने वाली स्त्री।
**प्रेमी (मिन्)** वि० *(सं०)* प्रेमयुक्त, प्रेम वाला।
**प्रेयसी** स्त्री० *(सं०)* प्रियतमा, प्रेमिका; पत्नी।
**प्रेरक** वि०, पु० *(सं०)* भेजने वाला; प्रेरित करने वाला।
**प्रेरणा** स्त्री० *(सं०)* उसकाने की क्रिया; भेजना।
**प्रेरित** वि० *(सं०)* किसी कार्य में प्रवृत्त किया हुआ।
**प्रेषक** वि०, पु० *(सं०)* आदेश देने वाला।
**प्रेषना*** स० क्रि० भेजना।
**प्रेषयिता** वि० भेजनेवाला।
**प्रेषित** पु० *(सं०)* स्वर साधने की एक रीति। वि० भेजा हुआ; निर्वासित; प्रेरित किया हुआ।
**प्रोक्षण** पु० सेचन, पानी के छींटे।
**प्रोक्षणी** स्त्री० कुश निर्मित मुद्रिका।
**प्रोक्षित** वि० सिंचा हुआ।
**प्रोटीन** पु० *(अं०)* खाद्य पदार्थ में पाया जाने वाला शक्तिवर्धक तत्त्व।
**प्रोत्साह** पु० *(सं०)* अत्यधिक उत्साह; उमंग।
**प्रोत्साहन** पु० *(सं०)* हिम्मत बाँधकर किसी काम में

लगना *(सा०)*; उत्साह बढ़ाना।

**प्रोत्साहित** वि० *(सं०)* जिसका उत्साह बढ़ाया गया हो, जिसको बढ़ावा दिया गया हो; उत्साहित।

**प्रोनोट** पु० *(अं०)* वह रुक्का जो कर्ज लेने वाला शर्तों के साथ रसीद के तौर पर लिखता है, हैण्डनोट।

**प्रोफ़ेशन** पु० *(अं०)* व्यवसाय, पेशा।

**प्रौढ़** वि० *(सं०)* परिपक्व, पुष्ट; निपुण, दक्ष।

**प्लक्ष** पु० पाकर वृक्ष, सप्तकल्पित द्वीपों में से एक।

**प्लवंग, प्लवंगम** पु० बन्दर।

**प्लवन** पु० उछल-कूद।

**प्लवित** पु० *(सं०)* तैरना; उछलना।

**प्लावित** पु० *(सं०)* बाढ़। वि० जो जल में डूब गया हो।

**प्लीहा** पु० पेट की तिल्ली।

**प्लेटिनम** पु० *(अं०)* सफेद रंग की एक प्रसिद्ध बहुमूल्य धातु जो बहुत कड़ी और प्रायः अन्य धातुओं से भारी होती है।

**प्वाइण्ट** पु० *(अं०)* अंक दशमलव चिह्न; बिन्दु, निशान।

## फ

**फ** देवनागरी वर्णमाला में प वर्ग का द्वितीय वर्ण। उच्चारण स्थान ओष्ठ।

**फंक*** स्त्री० चीरा हुआ टुकड़ा, फाँक।

**फंकी** स्त्री० रेचक चूर्ण; फाँकी जाने वाली दवा।

**फंग*** पु० अधीनता; अनुराग, प्रेम; फन्दा, बन्धन।

**फँदना** क्रि० फँसना।

**फन्दा** पु० फँसानेवाली वस्तु, बन्धन; पशु-पक्षियों को फँसाने का जाल; दुःख, कष्ट; धोखा; छल। **मु० फन्दा छुड़ाना** कैद से मुक्त करना। **(किसी पर) फन्दा पड़ना** रचा हुआ प्रपंच सफल होना। **फन्दा मारना** जाल में फँसाना। **फन्दे में पड़ना या आना** वश में होना। **फन्दे में लाना** फरेब में लाना, जाल में लाना।

**फँदाना** क्रि० जाल में फँसाना।

**फन्दैत** पु० बहेलिया, व्याध।

**फँसना** अ० क्रि० उलझना; चिकनी-चुपड़ी बातों में आना और धोखा खाना।

**फँसरी**† स्त्री० फाँसी; फाँस, फन्दा।

**फँसाना** स० क्रि० उलझाना, फन्दे में लाना।

**फ** वि० *(सं०)* प्रत्यक्ष, प्रकट। पु० निष्फल वचन; फूत्कार; झंझावात; निष्फलता; कटुवचन; जँभाई।

**फक** वि० फीका, बदरंग; स्वच्छ, शुभ्र। **मु० (रंग) फक हो जाना या पड़ जाना** डर या लज्जा के के कारण स्तब्ध हो जाना। **फक कराना** रेहन रखी हुई चीज धन देकर छुड़ाना।

**फकड़ी** स्त्री० दुर्गति, दुर्दशा; फक्कड़पन।

**फ़क़त** वि० *(अ०)* केवल, अकेला। अ० सिर्फ।

**फकर*** पु० नाज; गर्व, घमण्ड, फखर।

**फ़कीर** पु० *(अ०)* भिखारी; मुसलमान साधु; कंगाल, परम दरिद्र, महात्मा; साधु-सन्त; अकिंचन मनुष्य।

**फकीरी** स्त्री० भिगमंगापन।

**फक्कड़** पु० फकीर; लापरवाह एवं निश्चिन्त व्यक्ति।

**फ़ख्र** पु० *(फ़ा०)* गर्व, घमण्ड; नाज।

**फग*** पु० जाल, फन्दा।

**फ़जर** स्त्री० *(अ०)* प्रभात, तड़का।

**फ़ज़ल** पु० *(अ०)* मेहरबानी, कृपा, फ़ज़्ल।

**फ़ज़ीता** पु० अपमान, फ़ज़ीहत।

**फ़ज़ीहत** स्त्री० *(अ०)* बदनामी; दुर्गति; अपमान।

**फजूल** वि० अनावश्यक, निरर्थक, बेकार।

**फ़ज़्ल** पु० *(अ०)* अनुग्रह, दया; विद्या, महत्ता।

**फट** स्त्री० हल्की वस्तु के गिरने की ध्वनि।

**फटकन** स्त्री० फटककर निकाली निःसार वस्तु, भूसी।

**फटकरी**† स्त्री० फिटकरी।

**फटकार** स्त्री० झिड़क, डाँट, दुत्कार।

**फटकारना** स० क्रि० पछारना; झटकारना* फेंकना;* दुत्कारना, झिड़कना, छितराना; उपार्जन करना।

**फटीचर** वि० फटे-पुराने कपड़े पहनने वाला।

**फड़कना** अ० क्रि० हिलना-डुलना; फड़फड़ाना।

**फड़फड़ाना** स० क्रि० उत्सुक होना; छटपटाना।

**फडिंगा** स्त्री० *(सं०)* फतिंगा; झींगुर।

**फड़ी** स्त्री० ईंटों का ढेर।

**फ़ड़ुई, फ़ड़ुही**† स्त्री० छोटा फावड़ा; फरवी, लाई।

**फड़ोलना** क्रि० किसी वस्तु को इधर-उधर करना।

**फ़तह** स्त्री० *(अ०)* सफलता; विजय, जीत। **मु० फ़तह का डंका** जीत की खुशी में बजाया जाने वाला नगाड़ा।

**फतूह*** स्त्री० लूट का माल; जीत, विजय।

**फते, फतेह*** स्त्री० जीत, विजय, फतह।
**फ़त्ताह** पु० परमेश्वर। वि० फतह करने वाला।
**फनगना**† अ० क्रि० कल्ला फूटना; अंकुर युक्त होना।
**फनना**† अ० क्रि० ठाना जाना, काम का आरम्भ होना।
**फनफनाना** अ० क्रि० तेजी से इधर-उधर हिलना।
**फ़ना** स्त्री० *(अ०)* विनाश, बर्बादी; मृत्यु; मिटना, अस्तित्व नष्ट होना। वि० मृत; नष्ट, बर्बाद।
**फनाना** स० क्रि० आरम्भ करना, तैयार करना।
**फपकना** अ० क्रि० बढ़ना, पुष्ट होना।
**फफका**† पु० फफोला, झलका।
**फफदना**† अ० क्रि० दाद आदि का फैलना।
**फफसा**† वि० जो भीतर से खाली हो, पोला; फीका।
**फफूँद** स्त्री० भुकड़ी।
**फफूँदी*** स्त्री० फल, लकड़ी आदि पर बरसात में या सील के कारण जमनेवाली काई की तरह की सफेद वस्तु, भुकड़ी; नारा।
**फफोला** पु० जलने आदि से शरीर पर होने वाला उभार जिसके भीतर पानी भरा रहता है, छाला।
**फबना** अ० क्रि० अच्छा लगना, भला मालूम होना।
**फ़रक़** पु० *(अं०)* अलगाव; विषमता, अन्तर; फासला।
**फ़रक** वि० *(अ०)* तेज चलने वाला, तेज।
**फरकना*** अ० क्रि० फड़कना।
**फरकाना** क्रि० हिलाना, फड़फड़ाना।
**फरचा** वि० शुद्ध, पवित्र।
**फरचाना**† स० क्रि० साफ करना; शुद्ध करना।
**फ़रज़ाना** वि० *(फ़ा०)* बुद्धिमान्।
**फरवार**† पु० खलिहान।
**फरस** पु० समतल भूमि।
**फरसा** पु० फावड़ा; परशु।
**फ़रसूदा** वि० *(फ़ा०)* जीर्ण, घिसा हुआ।
**फ़रहाँ** वि० *(अ०)* प्रफुल्ल, प्रसन्न, खुश।
**फराक** पु० मैदान। वि० लम्बा-चौड़ा।
**फराकत*** स्त्री० छुटकारा। वि० चौड़ा, विस्तृत।
**फ़राख़** वि० *(फ़ा०)* चौड़ा, विस्तृत, कुशादा।
**फ़राख़ी** स्त्री० बहुलता; खुशहाली; घोड़े का तंग।
**फ़राग़त** स्त्री० *(अ०)* छुटकारा; बेफिक्री; मलत्याग।
**फ़रामोश** पु० *(फ़ा०)* लड़कों का एक खेल। वि० विस्मृत, भूला हुआ।
**फ़रामोशकार** वि० विस्मरण शील।
**फ़रार** *पु० फलाहार; फैलाव। वि० भागा हुआ।
**फ़रार** पु० *(अं०)* भागना, गायब होना।
**फ़रारी** पु० भागा हुआ अपराधी। वि० भागा हुआ।
**फ़रियाद** स्त्री० *(फ़ा०)* अन्याय-अत्याचार से बचाने की प्रार्थना; नालिश।
**फ़रियादी** पु० अभियोक्ता। वि० फरियाद या नालिश करने वाला।
**फरियाना**† स० क्रि० चावल आदि का कचरा धोकर साफ करना। अ० क्रि० निर्णीत होना।
**फ़रिश्ता** पु० *(फ़ा०)* परोपकारी तथा सात्त्विक वृत्ति वाला व्यक्ति; देवदूत; देवता।
**फरी** स्त्री० फड; चमड़े की ढाल, सबल सिंह।
**फ़रीक़** पु० *(अ०)* जुदा करने वाला; वादी-प्रतिवादी, पक्ष का कोई व्यक्ति।
**फरुआ** पु० फावड़ा।
**फरुई** स्त्री० फरवी; फरुही।
**फरुहा*** पु० फावड़ा।
**फरुही*** स्त्री० फरवी; छोटा फावड़ा।
**फरेन्दा** पु० बड़ी गूदेदार मीठी जामुन।
**फ़रेफ़्ता** वि० *(फ़ा०)* मुग्ध, लुभाया हुआ, मोहित।
**फ़रेब** पु० *(फ़ा०)* छल, धोखा। वि० (समास के अन्त में) ठगने, लुभाने वाला (दिलफ़रेब, नज़रफ़रेब)।
**फरेबिया*** वि० फ़रेबी।
**फरेरा*** पु० झण्डा, पताका।
**फरेरी** पु० जंगली मेवा।
**फ़रोख़्ता** वि० *(फ़ा०)* बेचा हुआ, बिका हुआ।
**फ़रोग़** पु० *(फ़ा०)* रोशनी; ख्याति; रौनक।
**फ़र्क़** पु० *(अं०)* भिन्नता; माँग, सिर; अन्तर, दूरी।
**फ़र्ज़** पु० *(अ०)* जिम्मेदारी; ईश्वरादिष्ट आवश्यक कर्तव्य कर्म, *(मुसल०)* शास्त्र-विहित कर्म; कर्तव्य। **मु० फ़र्ज़ अदा करना** कर्तव्य का पालन करना। **(किसी पर) फ़र्ज़ होना** आवश्यक कर्तव्य होना, धर्म होना।
**फ़र्ज़ी** वि० काल्पनिक; आवश्यक कर्तव्य।
**फ़र्द** वि० *(अ०)* बेजोड़; एक, अकेला। स्त्री० चादर, शाल; रजाई का ऊपर का पल्ला; चिट्ठा।
**फ़र्नीचर** पु० *(अं०)* कुर्सी, मेज आदि।

**फर्फरीक** पु० *(सं०)* नयी टहनी या कल्ला; कोमलता।
**फ़र्म** स्त्री० *(अं०)* व्यापारिक संस्था; साझे का कारोबार करने वाली कोठी या बड़ी दुकान।
**फर्राटा** पु० तेजी, वेग।
**फ़र्राश** पु० *(अ०)* खेमा लगाने वाला; झाड़ू देने वाला।
**फ़र्श** पु० *(अ०)* कंकर आदि कूटकर पक्की की हुई जमीन; दरी, कालीन, जाजिम आदि; धरातल।
**फलंक*** पु० फलाँग; आकाश।
**फल** पु० *(सं०)* कर्म से प्राप्त होने वाला सुख-दुःख रूप भोग; बदला; तलवार आदि की धार; फाल; लाभ; प्रयोजन; क्षेत्रफल।
**फलक** पु० *(सं०)* हथेली; परिणाम; फल; लाभ; कमल का बीजकोष; ढाल; धोबी का पाट।
**फ़लक** पु० *स्वर्ग; *(अ०)* आकाश।
**फलकना*** अ० क्रि० फड़कना; छलकना; फफोले पड़ना।
**फलका** पु० फफोला, झलका।
**फलकी** वि० आकाशीय।
**फलतः (तस्)** अव्य० *(सं०)* इसलिए, फलस्वरूप।
**फलन** पु० *(सं०)* परिणाम उत्पन्न करना; फलना।
**फलना** अ० क्रि० (पेड़ में) फल आना, फलयुक्त होना; फल देना, सन्तानवती होना।
**फलप्रद** वि० फल देनेवाला।
**फलवान् (वत्)** पु० *(सं०)* फलदार वृक्ष। वि० फलयुक्त; फल देने या उत्पन्न करने वाला।
**फलश, फलस** पु० *(सं०)* कटहल।
**फ़लसफ़ा** पु० *(अ०)* दर्शनशास्त्र, तर्कविद्या; ज्ञान।
**फ़लसफ़ी** पु० दार्शनिक; फ़लसफ़ा जानने वाला।
**फलहक** पु० *(अ०)* तख्ता।
**फलहारी, फलाहारी** वि० फलों का आहार करनेवाला।
**फलही** स्त्री० *(सं०)* कपास; शाल्मली।
**फ़लाँ** पु० *(अ०)* लिंग। वि० कोई आदिष्ट (व्यक्ति या वस्तु), अमुक।
**फ़लाँ फलाँ** वि० अमुक-अमुक।
**फलाँग*** स्त्री० छलाँग में तय की जानेवाली दूरी।
**फलाँगना*** अ० क्रि० छलाँग मारना, कूदना।
**फलान्त** पु० *(सं०)* बाँस।
**फलान्त** पु० फल का शेष।
**फलांश** पु० *(सं०)* तात्पर्य, सारांश।
**फलाकांक्षा** स्त्री० *(सं०)* फल की इच्छा।
**फलागम** पु० *(सं०)* फलयोग; फल आना; फल आने का काल; शरद् ऋतु।
**फलाढ्य** वि० *(सं०)* फलों से भरा हुआ।
**फलादन** पु० *(सं०)* तोता। वि० फल-भक्षक।
**फलादेश** पु० *(सं०)* ग्रहों आदि का फल बताना।
**फलाना** क्रि० फलने में प्रवृत्त करना।
**फलापेक्षा** स्त्री० *(सं०)* फल की आशा।
**फलापेत** वि० *(सं०)* फलहीन, अनुत्पादक।
**फलाफल** पु० *(सं०)* कर्म-विशेष का शुभाशुभ या इष्ट-अनिष्ट फल।
**फला-फूला** वि० विकसित; सम्पन्न; समृद्ध।
**फलार**† पु० फलाहार।
**फलार्थी (र्थिन्)** वि० *(सं०)* फल की इच्छा करने वाला।
**फलाशन** पु० *(सं०)* तोता। वि० फलभोजी।
**फलाशी (शिन्)** वि० *(सं०)* फल खाकर रहने वाला।
**फलासंग** पु० *(सं०)* फल के प्रति आसक्ति।
**फलास्थि** पु० *(सं०)* नारियल का पेड़।
**फलाहार** वि० *(सं०)* फल खाकर रहने वाला। पु० फल-मूल का आहर।
**फलित** वि० *(सं०)* फला हुआ; पूर्ण, सम्पूर्ण।
**फलितार्थ** पु० *(सं०)* निचोड़, तात्पर्य।
**फलिन** पु० *(सं०)* कटहल; रीठा; श्योनाक। वि० फल देने वाला, फलयुक्त।
**फली** स्त्री० लम्बोतरे पतले फल जिनमें एक साथ कई दाने या बीज होते हैं, मटर, सेम, केवाँच आदि।
**फलीकरण** पु० *(सं०)* माँड़ना, कूटना; अनाज को भूसे या भूसी से अलग करना, फटकना।
**फलीभूत** वि० *(सं०)* फलरूप में परिणत, सफल।
**फलेन्द्र** पु० *(सं०)* फलेन्दा, बड़ा जामुन।
**फलोच्चय** पु० *(सं०)* फलों की राशि।
**फलोदय** पु० *(सं०)* लाभ; फलोत्पत्ति; हर्ष; दण्ड।
**फलोद्देश** पु० *(सं०)* फल की आशा।
**फलोद्भव** वि० *(सं०)* जो फल से उत्पन्न हुआ हो।
**फलोपजीवी** वि० फलों पर जीविका निर्वाह करनेवाला।
**फल्गु** वि० क्षुद्र, छोटा, व्यर्थ।
**फल्य** पु० *(सं०)* कली; फूल।

**फसल** स्त्री० *(अ०)* फलने का काल, मौसम, ऋतु; खेती की पैदावार, उपज।

**फ़साद** पु० *(अं०)* झगड़ा; उत्पात, उपद्रव; खराबी।

**फ़सादी** वि० झगड़ालू, फ़साद करने वाला, उपद्रवी।

**फ़साना** पु० *(फ़ा०)* उपन्यास; कहानी।

**फ़स्द** स्त्री० *(अ०)* रग को काटकर खून निकालना।

**मु० फ़स्द खोलना/लेना** रग से खून निकालना, रग पर नश्तर देना।

**फ़स्ल** स्त्री० *(अ०)* अन्तर; परदा; खेती की पैदावार।

**फ़स्ली** वि०, पु० मौसमी, फसल का।

**फ़हम** स्त्री० बुद्धि, फ़ह्म, ज्ञान, अकल।

**फ़हमाइश** स्त्री० चेतावनी; शिक्षा; आदेश; आज्ञा

**फहरना** अ० क्रि० हवा में उड़ना, फहराना।

**फहराना** अ० क्रि० हवा में हिलना, लहराना।

**फ़हश** वि० *(फ़ा०)* फूहड़, अश्लील।

**फ़ह्माइश** स्त्री० आज्ञा, आदेश; शिक्षा; चेतावनी।

**फाँक** स्त्री० नारंगी आदि का प्राकृतिक रूप में विभाजित अंश जो छिलके के अन्दर होता है; फल आदि का चाकू आदि से लम्बाई में काटा हुआ टुकड़ा, खण्ड।

**फाँकना** क्रि० फंकी लगाना।

**फाँकी**† स्त्री० फाँकने की चीज; फाँक।

**फाँग, फाँगी*** स्त्री० एक तरह का साग।

**फाण्ट** पु० कई भागों में बाँटना; भाग, हिस्सा।

**फाण्टक** पु० *(सं०)* क्वाथ, काढ़ा।

**फाँटना** स० क्रि० विभाग करना, कई भागों में बाँटना।

**फाँटा** पु० कोनिया।

**फाण्ड** पु० *(सं०)* पेट, उदर।

**फाँड़** *स्त्री० फेटा, धोती का कमर में बाँधा हुआ भाग।

**फाँड़ा**† पु० धोती का कमर में बाँधा हुआ भाग, फेंटा।

**मु० फाँड़ा पकड़ना** फेंटा पकड़कर भागने से रोकना। **फाँड़ा बाँधना** कमर कसना, तैयार होना।

**फाँद** स्त्री० जाल, फन्दा; छलाँग, उछाल।

**फाँदना** स० क्रि० कूदकर लाँघना; *फन्दे या जाल में फाँसना। अ० क्रि० उछलना, छलाँग भरना।

**फाँदा*** पु० फन्दा।

**फाँदी** स्त्री० गट्ठा बाँधने की रस्सी।

**फाँस** स्त्री० पाश, बन्धन, महीन काँटा।

**फाँसना** स० क्रि० फन्दे में कसना; फन्दे में फँसाना; दाँव-पेंच में बाँधना; बस में करना।

**फाँसी** स्त्री० वह फन्दा जिस पर प्राणदण्ड पाये हुए अपराधी को लटकाते हैं; रस्सी का फन्दा जिससे गला घुटकर जान निकल जाये।

**फाइटर** पु० *(अं०)* योद्धा।

**फ़ाइन** वि० *(अं०)* सुन्दर। पु० जुर्माना, अर्थदण्ड।

**फाइनल** वि० *(अं०)* दो प्रतिद्वन्द्वियों के बीच निपटारे के लिए खेला गया अन्तिम मैच; अन्तिम (परीक्षा)।

**फ़ाक़ा** पु० *(अ०)* उपवास, भूखा रहना।

**मु० फ़ाक़ा मरना** भूखों मरना।

**फ़ाख़्ता** स्त्री० *(अ०)* पेण्डुक नामक पक्षी; कुररी।

**मु० फ़ाख़्ता उड़ जाना** घबरा जाना; बेहोश होना।

**फाग** पु० फागुन में गाया जाने वाला गीत; फागुन में होने वाला रागरंग, होली।

**फ़ाजिर** वि० *(अ०)* बदकार, दुश्चरित्र।

**फाजिरा** स्त्री० *(अ०)* बदकार, दुश्चरित्र स्त्री।

**फ़ाज़िल** वि० *(अ०)* बढ़ा हुआ, आवश्यकता से अधिक; विद्वान्।

**फाटक** पु० तोरण; सिंहद्वार; †मवेशीख़ाना, काँजीहौस।

**फाटना*** अ० क्रि० फटना।

**फाड़ना** स० क्रि० चीरना; टुकड़े करना।

**फाणि** स्त्री० *(सं०)* दही में गूँधा हुआ सत्तू; गुड़।

**फाणित** पु० *(सं०)* शीरा; राब।

**फ़ातिहा** स्त्री० *(अ०)* परलोकगत आत्मा की सद्गति के लिए सूर ए फातिहा आदि पढ़े जाने की रस्म; कुरान की पहली आयत; आरम्भ।

**फ़ानना** स० क्रि० †किसी काम को शुरू करना।

**फ़ानी** वि० *(अ०)* फना होने वाला, नाशवान्।

**फ़ानूस** पु० *(फ़ा०)* शीशे का गिलास जिसमें मोमबत्ती जलायी जाती है; छत पर लगाया जाने वाला शीशे का शमादान; पिंजरे के आकार की कन्दील।

**फाफा** स्त्री० पोपली बुढ़िया।

**फाफा नन्द** पु० दरिद्र।

**फाफुन्दा*** पु० फतिंगा।

**फाब*** स्त्री० शोभा, फबन।

**फाबना*** अ० क्रि० फबना।
**फ़ायदा** पु० *(अ०)* लाभ; प्रयोजन की सिद्धि; गुण।
**फ़ायर** पु० *(अं०)* फैर; आग; गोली दागना।
**फाया** पु० फाहा।
**फार*** पु० फाल।
**फारखती** स्त्री० रसीद, बेबाकी की रसीद।
**फारना*** स० क्रि० फाड़ना; चीरना; टुकड़े करना।
**फ़ारम** पु० फ़ार्म।
**फारस** पु० *(अ०)* पारस, ईरान।
**फारा*** पु० फरा; कटी हुई फाँक, फाल।
**फ़ारिग़** वि० *(अ०)* नित्य क्रिया से निवृत्त हो चुका हो; अवकाश प्राप्त; कार्य से निवृत्त, निश्चिन्त।
**फारी** स्त्री० ओढ़नी, फरिया।
**फाल** पु० एक डग का फासला; डग। स्त्री० कटी हुई सुपारी। *(सं०)* जोती हुई जमीन; कुसी।
**फ़ाल** स्त्री० *(अ०)* शकुन।
**फ़ालतू** वि० आवश्यकता से अधिक, निकम्मा, निरर्थक।
**फ़ालिज़** पु० *(अ०)* पक्षाघात रोग, लकवा।
**फाल्गुन** पु० फागुन मास।
**फावड़ा** पु० चौड़े फल की कुदाल, बेलचा।
**मु० फावड़ा बजाना** खुदाई का काम शुरू होना, खोदकर गिराना।
**फ़ाश** वि० *(फ़ा०)* प्रकट, अनावृत्त; खुला हुआ।
**फासला** पु० दूरी, अन्तर।
**फ़ासिला** पु० *(अ०)* अन्तर, दूरी।
**फाहा** पु० मरहम चुपड़ी हुई पट्टी; इत्र, घी आदि में तर की हुई रुई या कपड़ा।
**फ़ाहिशा** स्त्री० *(अ०)* पुंश्चली, दुश्चरित्र स्त्री।
**फिंकरना**† अ० क्रि० गीदड़ का बोलना।
**फ़िकर** स्त्री० यत्न; परवाह, चिन्ता, सोच।
**फ़िक्र** स्त्री० *(अ०)* अन्देशा; यत्न।
**फ़िज़िकल** वि० *(अं०)* शारीरिक (जैसे—फिजिकल ट्रेनिंग)।
**फ़िज़िक्स** स्त्री० *(अं०)* भौतिक विज्ञान।
**फ़िजूल** वि० *(अ०)* बेकार।
**फिट** अ० *(अं०)* दुरुस्त, उपयुक्त; फटकार, धिक्कार।
**फ़िट** वि० *(अं०)* बिलकुल तैयार; ठीक, उपयुक्त। पु० बेहोशी; बीमारी का दौरा।
**फिटकरी** स्त्री० एक मिश्र खनिज पदार्थ जो स्फटिक की तरह सफेद होता और दवा के काम आता है।
**फिटकार** स्त्री० शाप; लानत, फटकार, धिक्कार।
**फ़िटर** पु० *(अं०)* फिट करने वाला, मशीन के कल-पुरजे दुरुस्त करने वाला मिस्तरी।
**फिट्ट, फिट्टा** वि० निर्लज्ज, खिसियाया हुआ (चेहरा)।
**फ़ितना** पु० *(अ०)* दंगा-फसाद; दुष्टता।
**फ़ितरत** स्त्री० *(अ०)* चालाकी; चाल; सृष्टि; धूर्तता।
**फ़ितरती** वि० शरारती; प्रकृतिगत, पैदाइशी; धूर्त।
**फ़ितरी** वि० प्राकृतिक; जन्मगत, प्रकृतिगत।
**फ़ितूर** पु० फुतूर; शरारत; कमजोरी; खराबी।
**फ़ितूरी** वि० फुतूरी; फ़ुतूर करने वाला।
**फ़िदा** वि० *(अ०)* किसी पर जान देने वाला, आसक्त।
**मु० फ़िदा होना** आशिक होना; किसी के लिए जान देना।
**फिनिया*** स्त्री० कान में पहनने का एक गहना।
**फिफरी*** स्त्री० पपड़ी।
**फिरंग** *स्त्री० विलायती तलवार। पु० गर्मी की बीमारी।
**फिरंगिस्तान** पु० यूरोप।
**फिरंगी** वि० यूरोपीय, विलायती। पु० यूरोपियन।
**फिरण्ट** वि० नाराज; प्रतिकूल, विरुद्ध।
**फिरन्दर** वि० इधर-उधर घूमने वाला।
**फिर** अ० इसके अलावा; पीछे, अनन्तर; बाद; दूसरे समय; तब; पुनः, एक बार और; दोबारा।
**फ़िरऔन** पु० *(अ०)* मिस्र के प्राचीन बादशाहों की उपाधि। वि० घमण्डी, सरकश।
**फिरगाना*** पु० अंग्रेज; यूरोप-निवासी।
**फिरता** पु० वापसी; अस्वीकार। वि० लौटाया, वापस।
**फ़िरदौस** पु० *(अ०)* बाग, उद्यान; स्वर्ग।
**फिरना** स० क्रि० मल त्यागना। अ० क्रि० भ्रमण करना; लौटाया जाना; चक्कर खाना।
**मु० दिन फिरना** अनुकूल समय की वापसी।
**सिर फिरना** बुद्धि भ्रष्ट होना।
**फ़िरनी** स्त्री० *(फ़ा०)* पिसे हुए चावलों की खीर।
**फिर फिर** अ० बार-बार, पुनः-पुनः।
**फिरवाना** स० क्रि० फेरने का काम कराना।
**फ़िराक़** पु० *(अ०)* वियोग, जुदाई।
**फिराक**† पु० टोह; चिन्ता।
**फिराद, फिरादि*** स्त्री० फरियाद।
**फिराना** स० क्रि० इधर-उधर घुमाना, भ्रमण कराना।

**फिरि*** अ० फिर।

**फिरिकी*** स्त्री० फिरकी।

**फिरियाद, फिरियादि** स्त्री० फ़रियाद।

**फ़िरिश्ता** पु० *(फ़ा०)* फरिश्ता; देवदूत; देवता।

**फिरिहरी**† स्त्री० फिरकी।

**फ़िलहाल** क्रि० वि० *(अ०)* तत्काल, अभी, इसी समय।

**फ़िलामेण्ट** पु० *(अं०)* रेशा, तन्तु।

**फ़िल्टर** पु० *(अं०)* छन्नी, छन्ना।

**फ़िल्म** स्त्री० *(अं०)* सिनेमा; चलचित्र।

**फ़िश** क्रि० वि० *(फ़ा०)* छी, धिक् (तिरस्कारसूचक)।

**फिस्स** वि० कुछ नहीं; सारहीन।

**मु० फिस्स हो जाना** कुछ न रह जाना, बेकार सिद्ध होना।

**फिसड्डी** वि० निकम्मा; काम में पिछड़ा रहने वाला।

**फिसफिसाना** अ० क्रि० ढीला, कमजोर हो जाना।

**फिसलन** स्त्री० फिसलने की क्रिया।

**फिसलना** वि० फिसलने वाला। अ० क्रि० चिकनाई की अधिकता से पाँव का न टिकना, सरकना; *(ला०)* चूकना, धर्म या नीति से डिगना; लुभाना।

**फिसलाहट** स्त्री० फिसलने का भाव; पिच्छलता।

**फ़िहरिस्त** स्त्री० *(अ०)* फर्द, सूची।

**फींचना**† स० क्रि० कपड़ा धोना, कचारना।

**फीका** वि० कान्तिहीन; बेस्वाद वाला, हलका; जो तेज या चटकीला न हो, हलका (रंग); *व्यर्थ।

**फ़ील** पु० *(फ़ा०)* हाथी।

**फीली** स्त्री० पिण्डली।

**फील्ड** पु० *(अं०)* मैदान।

**फ़ीस** स्त्री० *(अं०)* शिक्षा-शुल्क; प्रवेश-शुल्क; डॉक्टर, वकील आदि का मेहनताना।

**फुँकना** अ० क्रि० नष्ट होना; भस्म होना, जलना।

**फुँकनी** स्त्री० मुख से फूँक देकर आग जलाने की पीतल, लोहे, बाँस आदि की नली।

**फुआ** स्त्री० पिता की बहन, बूआ।

**फुआरा**† पु० फुहारा।

**फुटेहरा** पु० जिसका छिलका फट गया हो।

**फ़ुतूर** पु० *(अ०)* घटना; फसाद; कमजोरी; खराबी।

**फुदकना** अ० क्रि० उमंग से उछलना; कूदना।

**फुनगी** स्त्री० फुनंग; वृक्ष या शाखा का सिरा; शाखा के अग्रभाग की कोमल पत्तियाँ।

**फुरक़त** स्त्री० *(अ०)* वियोग, जुदाई।

**फुरती** स्त्री० तेजी; चुस्ती; जल्दी।

**फुरतीला** वि० चुस्त; फुर्ती से काम करने वाला; तेज।

**फुरमान*** पु० आदेश, फ़रमान।

**फुरमाना*** स० क्रि० कहना, फ़रमाना।

**फुरसत** स्त्री० *(अ०)* इतमीनान; अवकाश; छुट्टी।

**फुरहरना*** अ० कि० स्फुरित होना; फड़क उठना।

**फुर्सत** स्त्री० अवकाश, फुर्सत, छुट्टी।

**फुलका** पु० *फफोला; फूल जैसा; चपाती।

**फुलकी** स्त्री० छोटा फुलका।

**फुलझड़ी** स्त्री० पटाके फुलझड़ी, व्यंग्यात्मक बात।

**फुलरा** पु० फुँदना।

**फुलवर** पु० बेलबूटेदार कपड़ा।

**फुलवाड़ी** स्त्री० बगीचा।

**फुलहारा** पु० माली।

**फुलाव** पु० फूलने की अवस्था।

**फुलाना** स० क्रि० कली को फूल बनाना, पुजित करना; हवा भरकर फैलाना; गर्व उत्पन्न कराना; चापलूसी करके किसी का दिमाग चढ़ाना।

**फुलिंग*** पु० स्फुलिंग, चिंगारी।

**फुलेल** पु० खुशबूदार तेल।

**फुलेली** स्त्री० इत्र की शीशी।

**फुलौरा** पु० बड़ी पकौड़ी।

**फुलौरी** स्त्री० बेसन की पकौड़ी।

**फुवारा**† पु० फुहारा।

**फुसफुसा** वि० नरम, ढीला।

**फुसफुसाना** अ० क्रि० फुसफुस करना, धीमी एवं अस्फुट आवाज में बोलना।

**फुसफुसाहट** स्त्री० फुस-फुस।

**फुसलाना** स० क्रि० भुलावा देना, बहकाना।

**फुसलाव, फुसलाह** पु० फुसलाने का भाव।

**फुहार** स्त्री० जलकण, नन्हीं-नन्हीं बूँदों की झड़ी।

**फुहारना** क्रि० फुहार डालना।

**फुहारा** पु० बारीक धार या फुहार के रूप में पानी ऊपर फेंकने वाला एक जल यन्त्र।

**फुही** स्त्री० फुहार।

**फूँक** स्त्री० साँस, मुख की हवा।

**फूँकना** स० क्रि० फूँक मारना; मन्त्र पढ़कर मुख से हवा छोड़ना; अग्नि को फूँक की हवा से प्रज्वलित करना, जलाना; होठों को मिलाकर मुख के मध्य भाग से तेज हवा छोड़ना; आग लगाकर जला देना; बर्बाद करना।

**फूई** स्त्री० फुहार; फफूँदी।

**फूट** पु० ककड़ी जो पकने पर फट जाती है। स्त्री० एकता का उलटा, बिगाड़, विरोध; विग्रह।

**मुहा० फूट पड़ना** बिगाड़ होना। **फूट-फूट कर रोना** बिलख-बिलख कर रोना।

**फूटन** स्त्री० फूटकर अलग हुआ टुकड़ा; शरीर की सन्धियों में होने वाली पीड़ा।

**फूटना** अ० क्रि० अंकुरित होना; बिखरना; टूटना।

**फूटा** पु० *(सं०)* टूटकर खेतों में गिरने वाली फसल की बालें; शरीर के अंग का दर्द; फूटा हुआ, बिगड़ा हुआ।

**मुहा० फूटी आँखों का तारा** अनेक बेटों में से बचा हुआ अकेला बेटा, बहुत प्यारा बेटा। **फूटी कौड़ी न होना** कुछ भी न होना। **फूटे मुँह से न बोलना** अति उपेक्षा करना।

**फूत्कार** पु० फुफकार।

**फूफा** पु० फूफी या बुआ का पति।

**फूफी** स्त्री० पिता की बहन, बुआ।

**फूफू** स्त्री फूफी।

**फूर*** पु० फूल।

**फूरना*** अ० क्रि० पुष्पित होना।

**फूल** पु० सुमन, कुसुम, प्रसून।

**मुहा० फूल कर कुप्पा हो जाना** अत्यधिक प्रसन्न होना। **फूला फूला फिरना** गर्व से इतराते हुए घूमना। **फूले न समाना** खुशी में आपे से बाहर होना।

**फूला** पु० आँख की फूली; खील, लावा।

**फूवा** †स्त्री० फूफी। पु० फूस, सूखा तृण।

**फूस** पु० जीर्ण-शीर्ण वस्तु; सूखी घास जो छप्पर बाँधने, ईंधन आदि के काम आये।

**फूहड़** स्त्री० बेशऊर स्त्री। वि० भद्दा, गन्दा (गाली); बेशऊर, भद्दे ढंग से काम करने वाला।

**फूहर**† वि०, स्त्री० फूहड़।

**फूहा** पु० रुई का फाया।

**फूही** स्त्री० फुहार, झींसी।

**फेकना** क्रि० उछालना, छोड़ना।

**फेकरना*** अ० क्रि० फेकरना।

**फेगा**† पु० फिंगा।

**फेटा** पु० कमर का घेरा, पटुका।

**फेट** स्त्री० फेंटने की क्रिया; फेंटा; लपेट।

**फेटना** स० क्रि० अच्छी तरह मिलाना।

**फेन** पु० *(सं०)* झाग, बुलबुला।

**फेनिल** वि० फेनयुक्त।

**फेफड़ा** पु० फुफ्फुस।

**फेर** पु० घुमाव, चक्कर, मोड़, उलझन, संशय, प्रयास, युक्ति, ढंग।

**फेरी** स्त्री० बार-बार आना-जाना, सौदा बेचने के लिए गली-कूचों में घूमना; भाँवर, फेरा, चक्कर।

**फेरु** पु० *(सं०)* सियार।

**फेरौरी**† स्त्री० टूटे खपरैलों को बदलने का काम।

**फेल** पु० *(सं०)* जूठा भोजन, उच्छिष्ट, जूठन। वि० *(अ०)* अनुत्तीर्ण; विफल, नाकामयाब।

**फ़ेल** पु० *(अ०)* दुष्कर्म; काम, कर्म; क्रियापद *(व्या०)*।

**फ़ेहरिस्त** स्त्री० *(फ़ा०)* फ़िहरिस्त।

**फ़ैंसी** वि० *(अं०)* जिस पर सुन्दर, भड़कदार, काम किया हुआ हो।

**फ़ैज़** पु० *(अ०)* भलाई, उपकार, लाभ।

**फ़ैयाज़ी** स्त्री० उदारता, दरियादिली।

**फ़ैर** पु० बन्दूक, तमंचे आदि से गोली चलाना।

**फैल*** पु० खेल; बनावट; फैलाव, विस्तार; अनुत्तीर्ण, फेल, कर्म, काम।

**फैलना** अ० क्रि० विस्तृत होना, मोटा होना; अधिक दूर तक जाना; प्रसिद्ध या यश का प्रचारित होना; वृद्धि होना; बिखरना; आकार का बढ़ना, अधिक स्थान घेरना, पसरना; मचलना; हठ करना।

**फैलाना** स० क्रि० खोलना, तानना; प्रचार करना; नाम और यश को फैलाना, प्रसिद्ध करना; हिसाब की पूरी प्रक्रिया दिखाना; विस्तार करना, बिछाना, पसारना; बिखेरना; बढ़ाना।

**फैलाव** पु० लम्बाई-चौड़ाई; प्रचार; विस्तार, प्रसार।

**फैलावट** स्त्री० फैलाव।

**फ़ैसला** पु० *(अ०)* निर्णय, निबटारा; निश्चय।

**फोकट** वि० मूल्यरहित; निःसार; व्यर्थ, निरर्थक।

**फोकला*** पु० फल आदि का छिलका।

**फोकली†** स्त्री० छिलका।

**फोका*** पु० बुद्बुदा।

**फोट** पु० स्फोट, धड़ाका।

**फोटक*** वि० निरर्थक, बेकार, व्यर्थ; मूल्यरहित।

**फ़ोटो** पु० *(अं०)* छायाचित्र, अक्स।

**फोड़ना** स० क्रि० टुकड़े करना, तोड़ना।

**फोड़ा** पु० बड़ी फुंसी।

**फोड़िया** स्त्री० छोटा फोड़ा।

**फौंकना** क्रि० डींगमारना।

**फ़ौआरा** पु० *(अ०)* फौव्वारा, फुहारा।

**फ़ौज** स्त्री० *(अ०)* जनसमूह, मजमा; सेना।

**फ़ौजी** पु० सैनिक। वि० फौज से सम्बन्ध रखने वाला।

**फ़ौरन्** अ० *(अ०)* झटपट, तुरन्त, अभी।

**फ़ौलाद** पु० *(फ़ा०)* कड़ा और बढ़िया लोहा।

**फ्री** वि० *(अं०)* बिना पैसे का, निःशुल्क; स्वतन्त्र।

## ब

**ब** देवनागरी वर्णमाला में पवर्ग का तीसरा वर्ण। उच्चारण स्थान ओष्ठ।

**बंक** *अ० तिरछी निगाह से, वक्र रूप से। वि० †तिरछा; दुर्गम, विकट; पराक्रमी, वीर; *टेढ़ा।

**बंकट*** वि० वक्र, टेढ़ा।

**बंका*** वि० दुर्गम, विकट; टेढ़ा; वक्र; बाँका; बढ़िया।

**बंकिम** वि० वक्र, टेढ़ा।

**बंकुर*** वि० बंक।

**बंगा†** वि० टेढ़ा; उपद्रवी, नटखट; अज्ञान।

**बंगालिन** स्त्री० बंगाल निवासिनी, बंगाली की पत्नी।

**बंगाली** पु० बंगाल निवासी।

**बंचक** पु० वंचक, कृतघ्न।

**बंचकता, बंचकताई*** स्त्री० वंचकता।

**बंचना*** स्त्री० वंचना। स० क्रि० ठगना।

**बंचर** पु० बनचर।

**बँचवाना** स० क्रि० पढ़वाना।

**बंचित** वि० ठगा हुआ।

**बंजारा** पु० बनजारा।

**बंझा†** स्त्री० बन्ध्या स्त्री। वि० बन्ध्या।

**बँटना** अ० क्रि० बाँटा जाना; वितरित होना।

**बँटवारा** पु० विभाजन, अलगौझा; बाँटने का काम।

**बण्टाधार** वि० चौपट; पूर्णतः नष्ट।

**बँटैया†** पु० बँटाने वाला।

**बण्डल** पु० *(अं०)* गट्ठा, पूला; पुलिन्दा, छोटी गठरी।

**बण्डी** स्त्री० बगल बन्दी।

**बन्द** पु० *(फ़ा०)* बाँधने की वस्तु; बन्धन; बाँध; गिरह, गाँठ; तनी। वि० रुका हुआ, बँधा हुआ; पकड़ा हुआ, कैद; जिसकी गति, अवरुद्ध हो।

**बन्दगी** स्त्री० *(फ़ा०)* आराधना; अधीनता, प्रणाम। **मु० बन्दगी कबूल होना** प्रणाम, वन्दना स्वीकार होना।

**बन्दन** पु० बन्दनवार; वन्दन; *रोली; सिन्दूर।

**बन्दनता** स्त्री० वन्दनीयता।

**बन्दनवार** पु० फूलों, पत्तों आदि की झालर जो शुभ अवसरों पर दरवाजे आदि पर बाँधी जाती है।

**बन्दना** स्त्री० वन्दना, प्रार्थना, जाप। क्रि० प्रणाम करना।

**बन्दनी** स्त्री० स्त्रियों का सिरका आभूषण।

**बन्दर** पु० कपि।

**बन्दवान** पु० बन्दी, गृहरक्षक।

**बन्दा** पु० *(फ़ा०)* भक्त, वशवर्ती; दास, सेवक।

**बन्दि** पु० *(सं०)* कैदी; चारण। स्त्री० बन्धन, कैद।

**बन्दिग्रह** पु० *(सं०)* सेंध मारने वाला चोर।

**बन्दिनी** स्त्री० *(सं०)* कैदी महिला।

**बन्दिश** स्त्री० *(फ़ा०)* रोक, प्रतिबन्ध; गाँठ; साजिश।

**बन्दी (दिन्)** पु० *(सं०)* चारण; कैदी।

**बन्दी** स्त्री० *(फ़ा०)* बन्द करना; कैद करना; बाँदी।

**बँदेरी** स्त्री० बाँदी, दासी।

**बन्ध** पु० *(सं०)* बाँधने का साधन; बन्धन; बाँध।

**बन्धक** पु० *(सं०)* रेहन, गिरवी; बन्धन; कैद; वादा।

**बन्धन** वि० *(सं०)* दूसरे के आश्रय में रहने वाला। पु० रस्सी; बाँधना; समाज द्वारा लगायी गयी रोक।

**बँधना** अ० क्रि० कैद होना; बाँधा जाना; फँसना। पु० बाँधने का साधन (रस्सी, डोर आदि); बन्धन।

**बन्धनि*** स्त्री० बाँधने की चीज, बन्धन।

**बँधिया** स्त्री० छोटा बाँध या मेंड़। पु० नपुंसक पशु।

**बँधी*** स्त्री० बन्धेज, बँधा हुआ काम।

**बन्धु** पु० *(सं०)* भाई; पति; पिता; स्वजन; मित्र।

**बँधुआ, बँधुवा** पु० कैदी।

**बन्धुता** स्त्री० *(सं०)* बन्धुवर्ग; भाईचारा; रिश्ता, सम्बन्ध।
**बन्धुत्व** पु० *(सं०)* स्नेह; भाईचारा, सम्बन्ध।
**बन्धुर** वि० *(सं०)* बहरा; वक्र; झुका हुआ, चढ़ाव-उतार वाला; हानिकारक। पु० मुकुट; पुष्प; भग; हंस; गणेश।
**बन्धुरा** स्त्री० *(सं०)* वेश्या; कुलटा।
**बन्धेज** पु० स्तम्भन; परिपाटी, रीति, प्रथा; प्रतिबन्ध।
**बन्ध्या** स्त्री० *(सं०)* बाँझ स्त्री या गाय।
**बम्ब** स्त्री० नाद; दुन्दुभि; नगाड़ा।
**बम्बा** पु० पानी की मशीन; पानी बहाने का नल; छोटी नहर।
**बम्बुलिस** स्त्री० सार्वजनिक शौचालय।
**बम्बू** पु० बाँस की नली, नलिका।
**बंस** पु० बाँस; वंश, कुल; *बाँसुरी।
**बँसदिया** पु० कुलदीपक।
**बँसवाड़ी** स्त्री० बास का बगीचा।
**बंहिमा (मन्)** पु० *(सं०)* आधिक्य, प्राचुर्य।
**बँहुटा** पु० बहूँटा।
**बँहोल*** स्त्री० आस्तीन।
**बँहोली**ǃ स्त्री० बँहोल, कुर्ते का हाथ का भाग।
**बउराना** अ० क्रि० उन्मत्त होना, पागल होना।
**बक** पु० *(सं०)* ढोंगी; ठग; कुबेर; बगला; अगस्त, वकयन्त्र। *वि० बगले जैसा सफेद।
**बक** स्त्री० बकने की क्रिया, बकवास।
**बकझक** स्त्री० बकवाद।
**बकझकवृत्ति** पु० कपटी।
**बकतर** पु० *(सं०)* लोहे के जाल का बना हुआ कवच।
**बकता, बकतार*** वि०, पु० वक्ता।
**बक़र** पु० *(अ०)* कुरान की एक आयत; गाय, बैल।
**बकरना** अ० क्रि० अपना दोष मानना; बड़बड़ाना।
**बकरा** पु० एक पालतू पशु, छाग।
**बक़रीद** स्त्री० स्त्री० मुसलमानों का एक त्योहार जिसमें पशुबलि करना शबाब माना गया है।
**बकला** पु० छिलका; छाल।
**बकसना*** स० क्रि० बख़्शना।
**बकसवाना**ǃ**, बकसाना*** स० क्रि० बख़्शवाना।
**बकसीस*** स्त्री० पुरस्कार, बख़्शिश।
**बकाना*** स० क्रि० कहलाना; बकवाना।
**बक़ाया** वि० *(अ०)* बाकी, अवशिष्ट, बचा हुआ। पु० बाकी बची हुई चीज; बाकी पड़ी हुई रकम।
**बकुचन*** स्त्री० पंजे या मुट्ठी में पकड़ना; हाथ जोड़ना।
**बकुचना** *अ० क्रि० सिकुड़ना, सिमटना।
**बकुचा** पु० ढेर, गुच्छा; गठरी; जुड़ा हुआ हाथ।
**बकुची** स्त्री० छोटी गठरी।
**बकुला**ǃ पु० बगला।
**बकेल** स्त्री० पलाश की जड़।
**बक्कल** पु० छिलका, छाल।
**बक्की** वि० बकवादी, बकबक करने वाला।
**बक्कुर**ǃ पु० मुँह से निकला हुआ वचन, बोल।
**बक्स*** पु० बकस, सन्दूक।
**बखत*** पु० समय, वक्त।
**बखतर** पु० बकतर, कवच।
**बखरा** पु० बाखर; हिस्सा, टुकड़ा, भाग।
**बख़रा** पु० *(फ़ा०)* भाग, टुकड़ा, हिस्सा।
**बखरी**ǃ स्त्री० बड़ा अच्छा मकान; जमींदार का मकान।
**बखसीस**ǃ स्त्री० बख़्शीश, पुरस्कार।
**बखान** पु० वर्णन; बड़ाई, गुण-कथन।
**बखार** पु० अनाज रखने के लिए बनाया हुआ बड़े कोठले जैसा घेरा।
**बखारी** स्त्री० बण्डा, बखार।
**बख़िया** पु० *(फा०)* महीन और मजबूत सिलाई का एक प्रकार, दुहरे टाँकों की सिलाई। **मु० बख़िया उधड़ना** भण्डाफोड़ होना। **बख़िया उधेड़ना** भण्डाफोड़ करना।
**बख़ील** वि० *(अ०)* कृपण, सूम, कंजूस।
**बखेड़ा** पु० विवाद; कठिनाई; आडम्बर; झगड़ा, टण्टा।
**बखेड़िया** वि० झगड़ालू, बखेड़ा उठाने वाला।
**बखेरना** स० क्रि० चीजों को फैलाना, छितराना।
**बख़्त** पु० *(फ़ा०)* भाग; सौभाग्य; भाग्य, किस्मत।
**बख़्तर** पु० बकतर, कवच।
**बख़्तावर** वि० *(फ़ा०)* भाग्यशाली, ऊँचे नसीब वाला।
**बख़्शना** स० क्रि० देना, दान करना; क्षमा करना।
**बख़्शिश** स्त्री० *(फ़ा०)* दान; देन; इनाम; क्षमा।
**बख़्शीश**ǃ स्त्री० इनाम; दान; क्षमा।
**बगदना**ǃ अ० क्रि० गुस्से में अण्ड-बण्ड बकना; बिगड़ना।

**बगदर** पु० मच्छर।

**बगदहा**† वि० लड़ने वाला; बिगड़ने वाला।

**बगरना*** अ० क्रि० बिखरना, फैलना।

**बगराना*** अ० क्रि० फैलना, बिखरना। स० क्रि० बिखेरना, फैलाना।

**बगरी**† स्त्री० मकान, बखरी।

**बग़ल** स्त्री० *(फ़ा०)* बगली; काँख; पहलू, पार्श्व। **मु० बग़ल गीर होना** आलिंगन करना। **बग़ल में ईमान दबाना** बेईमानी करना। **बग़ल में दाबना** काँख में छिपा लेना; कब्जे में कर लेना। **बग़लें झाँकना** निरुत्तर होना; बचाव का रास्ता ढूँढ़ना।

**बगलाना** क्रि० अलग करना, बगल में करना।

**बगला** पु० बक, बगुला।

**बगली** वि० बगल का, बगलविषयक।

**बगलौंहाँ** वि० तिरछा, बगल को झुका हुआ।

**बगाना*** अ० क्रि० घूमना-फिरना; भागना, दौड़ना। स० क्रि० घुमाना-फिराना; सैर कराना।

**बगार**† पु० गायों को बाँधने की जगह, गोशाला।

**बग़ावत** स्त्री० *(अ०)* अराजकता; राज-विद्रोह, विप्लव।

**बग़िया** स्त्री० वाटिका, छोटा बाग।

**बगीचा** पु० छोटा बाग; फुलवारी; बाग।

**बगैचा**† पु० बगीचा।

**बघम्बर** पु० बाघ की खाल, बाघम्बर।

**बघार** पु० छौंक, तड़का।

**बघारना** स० क्रि० छौंकना, तड़का लगाना।

**बघूरना** पु० बवण्डर करना।

**बघेरा** पु० लकड़बग्घा।

**बचका*** पु० लौकी, आलू आदि का पतला चिपटा टुकड़ा जिस पर बेसन लपेटकर तेल में तलते हैं।

**बचकाना** वि० बच्चों के योग्य।

**बचत** स्त्री० बची हुई रकम; लाभ, बचाव।

**बचना** *स० क्रि० बोलना, कहना। अ० क्रि० अलग रहना; शेष रहना, खर्च से उबरना; रक्षा, बचाव।

**बचपन** पु० बालावस्था, लड़कपन।

**बचवैया*** पु० बचाने वाला, रक्षक।

**बचा*** पु० बच्चा।

**बचाना** स० क्रि० खर्च न होने देना; रक्षा करना।

**बच्चा** वि० अनुभवहीन; नादान। पु० शिशु; वत्स।

**बच्ची** स्त्री० कन्या, बालिका।

**बच्छ*** पु० ढाल; वक्ष, सीना, वत्स।

**बच्छल*** वि० वत्सल।

**बछरा, बछरू*** पु० गाय का बछड़ा।

**बछवा, बछा*** पु० बछड़ा।

**बछिया** स्त्री० गाय का मादा बच्चा।

**बछेरू*** पु० बछड़ा; बच्चा।

**बछेड़ा** पु० घोड़े का बच्चा।

**बच्छल** पु० छाती, सीना।

**बजर*** पु० वज्र, बहुत मजबूत, पक्का, कठोर।

**बजरी** स्त्री० छोटा कँगूरा; बाजरा; ओला; कंकड़ी।

**बजा** वि० *(फ़ा०)* दुरुस्त; उचित।

**बजागि*, बजागिन*** स्त्री० बिजली, वज्राग्नि।

**बज़ाज़ा, बज़्ज़ाज़** पु० *(अ०)* कपड़ा बेचने वाला, वस्त्रवणिक्; कपड़े का व्यापारी।

**बज़ाज़ी** स्त्री० कपड़ा बेचने का व्यवसाय।

**बजाय** कि० वि० *(फ़ा०)* बदले में।

**बजार*** पु० बाज़ार।

**बझना*** अ० क्रि० हठ करना; फँसना, उलझना।

**बझाना**† स० क्रि० उलझाना, फँसाना।

**बझाव** पु० फँसाव, उलझाव।

**बट** स्त्री० रस्सी की ऐंठन, बटन; बड़ा नामक पकवान।

**बटखरा** पु० बाट, वजन।

**बटना** अ० क्रि० पिसना, पिसा जाना। स० क्रि० सूत, धागे के रेशों आदि को तागा, रस्सी आदि बनाने के लिए मिलाकर ऐंठना। पु० उबटन।

**बटा*** पु० गोल वस्तु; गेंद।

**बटाई** स्त्री० बाँटने की क्रिया, बँटवारा, विभाजन।

**बटाऊ*** पु० बाँटने वाला व्यक्ति; राही, पथिक।

**बटाना** क्रि० बाँटने या बटने का काम कराना; बन्द हो जाना।

**बटालियन** पु० *(अं०)* कई कम्पनियों से संयुक्त पैदल सेना का एक विभाग।

**बटुरना**† अ० क्रि० सिमटना; इकट्ठा होना।

**बटोर** पु० लोगों का जमा होना, इकट्ठा होना।

**बटोरन** स्त्री० बटोरकर एकत्र किये जाने वाले खेत में पड़े दाने या अन्य सामान; झाड़ने-बुहारने से इकट्ठा होने वाला कूड़ा।

**बटोरना** स० क्रि० चुनना; इकट्ठा करना; समेटना।

**बट्ट*** पु० ऐंटन; गोला, बटा; गेंद; सिलवट, शिकन।
**बट्टा** पु० पत्थर का चिकना, छोटा गोला।
**बट्टा** पु० कमी; घाटा; रुपये, नोट, हुण्डी आदि भुनाने या बेचने पर उसके मूल्य में से काटी गयी रकम।
**मु० बट्टा लगना** इज्जत आदि में दाग लगना; पूरा मूल्य न मिलना। **बट्टा सहना** घाटा या नुकसान उठाना।
**बट्टी** स्त्री० छोटा बट्टा; साबुन आदि की टिकिया।
**बड़** पु० बरगद।
**बड़प्पन** पु० महत्त्व, श्रेष्ठता।
**बड़बड़ाना** अ० क्रि० डींग मारना; धीरे-धीरे बोलना।
**बड़बड़िया** पु० बड़बड़ करने वाला।
**बड़बोला** वि० लम्बी-चौड़ी हाँकने वाला।
**बड़रा*** वि० बड़ा।
**बड़वागि*, बड़वाग्नि** स्त्री० *(सं०)* समुद्र स्थित अग्नि।
**बड़वार*** वि० बड़ा।
**बड़ा** पु० अधिक शक्ति या प्रभाव वाला पुरुष; बुजुर्ग, गुरुजन। वि० पद-प्रतिष्ठा या अधिकार में अधिक; लम्बा-चौड़ा, उम्र में अधिक; अधिक।
**बड़ी** स्त्री० पेठा, मसाला आदि उरद की पीठी में मिलाकर बनायी और सुखायी हुई टिकिया, कुम्हड़ौरी।
**बड़ेरा*** पु० झगड़ा, फसाद; बँड़ेर। वि० बड़ा।
**बड़ौना*** पु० प्रशंसा, बड़ाई।
**बढ़** वि० अधिक।
**बढ़ई** पु० काठ का काम करने वाला।
**बढ़ती** स्त्री० धन-सम्पत्ति की वृद्धि, समृद्धि; वृद्धि।
**बढ़ना** अ० क्रि० धन-धान्य की वृद्धि होना; आगे जाना; लम्बा या ऊँचा होना, वृद्धि होना।
**बढ़वारि**† स्त्री० बढ़ती, बढ़ने का भाव; वृद्धि।
**बढ़ाना** *अ० क्रि० चुकना, समाप्त होना। स० क्रि० बढ़ावा देना; वृद्धि करना; आगे निकालना।
**बढ़ाव** पु० आगे जाना (सेना का), फैलाव, विस्तार।
**बढ़ावा** पु० प्रोत्साहन; हिम्मत बढ़ानेवाली बात; उत्तेजन।
**बढ़ैया** † पु० उन्नति कराने वाला; *बढ़ई।
**बढ़ोतरी** स्त्री० बढ़ती; तरक्की, लाभ, वृद्धि, उन्नति।
**बणिक् (ज्)** पु० *(सं०)* बनिया; रोजगारी, व्यवसायी।
**बतर*** वि० बदतर।
**बातरान*** स्त्री० बातचीत।
**बतलाना** †अ० क्रि० बात करना। स० क्रि० बताना।
**बताना** स० क्रि० सूचित करना, कहना; समझाना।
**बतास*** स्त्री० वायु; वातरोग।
**बतिया** पु० शीघ्र ही लगा हुआ छोटा फल।
**बतियाना**† अ० क्रि० पेड़ में फल का लगना।
**बतीसी** स्त्री० बत्तीस चीजों का समूह; नीचे-ऊपर की दन्तपंक्ति के बत्तीसों दाँत।
**बतू*** पु० कलाबत्तू।
**बतोला** पु० धोखा देने की बात, भुलावा, झाँसा।
**बतौरी** स्त्री० रसौली, माँसग्रन्थि, ददौरा।
**बत्ती** स्त्री० दीपक, चिराग; रोशनी, फलीता; रुई को ऐंठ या बटकर बनायी हुई पतली पूनी जिसे तेल में डालकर दीया जलाते हैं; बुना हुआ निवाड़ जैसा फीता जिसे लैम्पों में डालकर जलाते हैं।
**बत्तीस** पु० बत्तीस की संख्या, 32। वि० तीस और दो।
**बत्तीसा** पु० बत्तीस दवाओं और मेवों के योग से बनाया हुआ लड्डू या हलवा; बतीसा।
**बथान**† पु० गाय-बैल रखने की जगह, पशुओं को बाँधे जाने की जगह।
**बद** वि० *(फ़ा०)* अशुभ; दुष्ट, खोटा; बुरा, खराब।
**बदन** पु० *(फ़ा०)* शरीर, देह; वदन।
**मुहा० बदन ढीला करना** शरीर की अकड़न दूर करना। **बदन तख्ता होना** अकड़ जाना। **बदन दुहरा होना** शरीर झुक जाना। **बदन में आग लगना** बहुत क्रोधित होना। **बदन साँचे में ढला होना** प्रत्येक अंग सुन्दर व सही होना। **बदन सूखकर काँटा हो जाना** अत्यन्त दुबला हो जाना। **बदन हरा होना** शरीर तरोताजा होना।
**बदना** स० क्रि० *कहना, वर्णन करना।
**बदरा** *पु० मेघ। स्त्री० *(सं०)* कपास का पौधा।
**बदराई*** स्त्री० बदली।
**बदरी** स्त्री० *(सं०)* कपास का पौधा; *मेघ।
**बदरौरी** स्त्री० बादलों वाली।
**बदल** पु० *(अ०)* एवज, बदला; परिवर्तन, फेर-फार।
**बदलना** स० क्रि० एक चीज देकर दूसरी चीज लेना, बदला करना; किसी वस्तु के बदले दूसरी वस्तु लेना, काम में लाना। अ० क्रि० एक से दूसरी

स्थिति में जाना, रंग-रूप दूसरा हो जाना; मुकरना।
**बदला** पु० मुआवजा; अदल-बदल, बदलने की क्रिया।
**बदलाना** स० क्रि० बदलवाना।
**बदलौवल**† स्त्री बदलने की क्रिया।
**बदाबदी** अ० बढ़कर। स्त्री० प्रतियोगिता, होड़।
**बदि** *अ० बदले, एवज में। स्त्री० एवज, बदला।
**बद्दू** †वि० *(अ०)* बुरा, बदनाम।
**बद्ध** वि० *(सं०)* बन्द किया हुआ; प्रदर्शित, प्रकटित; जुड़ा हुआ (बद्धांजलि); भव-बन्धन में फँसा हुआ।
**बद्धानुशय** वि० *(सं०)* अनुतप्त; कृतसंकल्प।
**बद्धी** स्त्री० बाँधने का उपकरण, डोर, रस्सी।
**बद्धोत्सव** वि० *(सं०)* उत्सव का आनन्द लेने वाला।
**बधाई** स्त्री० शुभ अवसर पर दिया जाने वाला उपहार; मुबारकबाद; उत्सव, बधावा।
**बधाना** क्रि० वध करना।
**बधाया*** पु० बधाई।
**बधावा** पु० पुत्रजन्म आदि के अवसर पर दिया जाने वाला उपहार।
**बधिक** बहेलिया, व्याध; हत्यारा।
**बधिया पु**० बैल; घोड़ा, बकरा आदि।
**बधिरता** स्त्री० *(सं०)* बहरापन।
**बधिरिमा (मन्)** स्त्री० *(सं०)* बहरापन।
**बधू** स्त्री० वधू, पुत्र की पत्नी।
**बधूरा*** पु० बवण्डर, चक्रवात, बगूला।
**बधैया*** स्त्री० बधाई।
**बन** पु० कपास; वन, कानन, जंगल।
**बनउर**† पु० बिनौला; ओला।
**बनक*** स्त्री० वेश, बाना; बनावट।
**बनज** पु० व्यवसाय।
**बनजर*** पु० बंजर।
**बनजारा** पु० जो बैलों पर अनाज लादकर बेचने को ले जाये, टाँडा लादने वाला; व्यापार करने वाला।
**बनजारिन, बनजारी** स्त्री० बनजारे की स्त्री।
**बनजी*** स्त्री० व्यापार। पु० व्यापारी।
**बनताई** स्त्री० जंगल का घनापन।
**बनद** पु० मेघ, बादल।
**बनना** अ० क्रि० निर्मित, बनाया जाना; नया रूप मिलना; दुरुस्त होना; मालदार होना।
**बनवना*** स० क्रि० बनाना।
**बनसी**† स्त्री० मुरली; मछली फँसाने की कँटिया।
**बना** पु० बाना; वर, दूल्हा।
**बनागि* बनाग्नि** स्त्री० दावानल।
**बनात** स्त्री० कई रंग का मोटा ऊनी कपड़ा।
**बनाना** स० क्रि० निर्माण करना; सँवारना; सुधारना।
**बनाम** अ० विरुद्ध; किसी के नाम पर, नाम से।
**बनाव** पु० युक्ति, उपाय; मेल; बनावट।
**बनावट** स्त्री० आडम्बर; गठन; शृंगार; बनाने की क्रिया।
**बनावटी** वि० नकली, कृत्रिम; दिखाऊ।
**बनावन**† पु० अनाज के साफ करने पर निकलने वाली मिट्टी, कचरा, कंकड़ी आदि।
**बनिज** पु० वाणिज्य।
**बनिज ब्योपार** पु० वाणिज्य-व्यापार।
**बनिजना*** स० क्रि० व्यापार करना; क्रय करना।
**बनित*** पु० बाना; सजावट।
**बनिया** पु० व्यापार करनेवाली एक हिन्दू जाति, आटा-दाल आदि बेचने वाला; वैश्य।
**बनौआ, बनौवा**† वि० बनावटी; बनाव, परेशानी।
**बनौरी**† स्त्री० उपल, ओला।
**बन्नी** स्त्री० अन्न के रूप में मिलने वाली दैनिक मजदूरी; †दुलहिन, बनरी।
**बपु, बपुख*** पु० शरीर; रूप, अवतार।
**बपुरा*** वि० अशक्त, दीन, बेचारा।
**बपौती** स्त्री० बाप की छोड़ी हुई जायदाद।
**बबकना** अ० क्रि० *उछलना; उत्तेजित होकर बोलना।
**बमकना** अ० क्रि० उछलना; फूटना; जोर से बोलना।
**बयना*** पु० मित्रों तथा सम्बन्धियों के यहाँ भेजा जाने वाला; मिष्टान्न। अ० क्रि० आरोपित होना।
**बयस** स्त्री० उम्र।
**बयस वाला*** वि० वयस्क, युवा।
**बया** पु० बड़ी-बड़ी आढ़तों में माल तौलने का काम करेन वाला; गौरैया से मिलती-जुलती एक चिड़िया जो अपना घोंसला बड़े कौशल से बनाती है।
**बयाई** स्त्री० तौलने की मजदूरी; बया का धन्धा।
**बयार, बयारि*** स्त्री० हवा, वायु; शीतल-मन्द वायु।
**बयालीस** पु० चालीस और दो की संख्या, 42।
**बयासी** पु० अस्सी और दो की संख्या, 82।

**बर** पु० दूल्हा।
**बर*** पु० शौर्य, बल, ताकत।
**बरई** पु० तमोली।
**बरकत** स्त्री० *(अ०)* वृद्धि; सौभाग्य; लाभ; बढ़ती। **मु० बरकत उठना** अवनति होना; पूरा न पड़ना घटना। **बरकत देना** वृद्धि करना, बढ़ाना। **बरकत होना** बढ़ना, वृद्धि होना।
**बरकना**ं अ० क्रि० घटित न होना; अलग रहना।
**बरकाना*** स० क्रि० हटाना; बचाना; पीछा छुड़ाना।
**बरखना*** स० क्रि० बरसाना। अ० क्रि० बरसना।
**बरखा*** स्त्री० वर्षा ऋतु; वर्षा।
**बरगद** पु० बर का पेड, वट वृक्ष।
**बरछा** पु० भाला।
**बरछैद** पु० बरछा चलाने वाला।
**बरछी** स्त्री० छोटा भाला। *(सं०)*
**बरजना*** स० क्रि० मना करना, रोकना।
**बरजोरी** स्त्री० बल प्रयोग, जबर्दस्ती।
**बरणना** क्रि० वर्णन करना।
**बरत** पु० व्रत।
**बरतन** पु० मिट्टी या धातु का बना पात्र, भाँड़ा।
**बरताना** स० क्रि० बाँटना, वितरण करना।
**बरती** वि० व्रती।
**बरद** पु० बरधा; बैल।
**बरदिया, बरधिया*** पु० चरवाहा।
**बरध, बरधा**ं पु० बैल।
**बरन*** पु० रंग। अ० बल्कि।
**बरनन*** पु० वर्णन।
**बरना** क्रि० वर्णन करना; चुनना। पु० पति।
**बरनी** स्त्री० पत्नी।
**बरबट*** अ० हठात्, बरबस।
**बरबस** अ० जबरदस्ती, बलपूर्वक; अकारण।
**बरम्हाना, बरम्हावना*** स० क्रि० आशीर्वाद देना।
**बरम्हाव*** पु० ब्राह्मणत्व; आशीर्वाद।
**बरवै** पु० एक मात्रिक छन्द।
**बरषना*** अ० क्रि०, स० क्रि० बरसाना, बरसना।
**बरषा*** स्त्री० वर्षा।
**बरस गाँठ** स्त्री० सालगिरह।
**बरसात** स्त्री० वर्षा के दिन, वर्षा ऋतु।
**बरसाती** वि० बरसात में होने वाला; बरसात का। पु० मोमजामे या प्लास्टिक का बना हुआ ओवरकोट।
**बरसाना** स० कि० बड़ी संख्या या मात्रा में फेंकना, बिखेरना (फूल) प्रहार करना (लाठी बरसाना)। पु० गोवर्धन के समीप का एक प्रसिद्ध गाँव। **मु० बरस पड़ना** बहुत क्रुद्ध होकर डाँटना।
**बरसी** स्त्री० मृत्यु की प्रथम वार्षिक तिथि को किया जाने वाला श्राद्ध।
**बरसौंहा*** वि० बरसने वाला।
**बरहम** वि० *(फ़ा०)* बेतरतीब; परेशान; क्रुद्ध; उद्विग्न।
**बरहा** पु० खेतों की सिंचाई के लिए बनी हुई नाली।
**बरही** पु० मोर; ईंधन; प्रसूता के बारहवें दिन का स्नान।
**बराक** वि० अधम; बेचारा; शोचनीय। पु० युद्ध।
**बरात** स्त्री० दूल्हे की सवारी के साथ का जुलूस; भीड़, मजमा; वर के साथ कन्यापक्ष के यहाँ जाने वालों का समूह, जनेत।
**बराती** पु० बरात में आये हुये लोग। वि० बरात में शामिल लोग; बरात से सम्बन्धित।
**बराना** अ० क्रि० जलना। स० क्रि० *जलाना; बचाना; रक्षा करना; चुनना, छाँटना।
**बराबर** वि० *(फ़ा०)* समतल; बल, योग्यता आदि में समान; तुल्य, सदृश। अ० सदा; एक पंक्ति में।
**बरामद** पु० *(फ़ा०)* प्रकट होना, निकलना; चोरी का माल प्राप्त होना, सामने आना।
**बरामदा** पु० *(फ़ा०)* छज्जा; ओसारा, दालान।
**बराय** अ० *(फ़ा०)* वास्ते, लिए।
**बराव** पु० बराने का भाव, बचाव, परहेज।
**बरास** पु० भीमसेनी कपूर।
**बरिआई*** अ० बलपूर्वक। स्त्री० जबर्दस्ती।
**बरिआर*** वि० बलवान, प्रबल।
**बरिया** वि० पुष्ट।
**बरिषा** स्त्री० वर्षा।
**बरिस**ं पु० वर्ष, साल।
**बरी** *वि० बली; *(अ०)* रिहा; निर्दोष; आजाद, मुक्त।
**बरीसना** क्रि० बरसना।
**बरु** अव्य० चाहे, भले ही।
**बरुन*** पु० जल पति, वरुण।
**बरे*** अ० बदले में; बलपूर्वक; ऊँची आवाज से।
**बरेठ, बरेठा** पु० धोबी।

**बरेत*** स्त्री० मथानी की रस्सी, पतली रस्सी।
**बरेदी**। पु० चरवाहा।
**बरोठा** पु० बैठक, ड्योढ़ी।
**बरोह** पु० बरगद की जटा।
**बरौंछी** स्त्री० सूअर के बालों का ब्रुश, कूँची।
**बरोरी*** स्त्री० बड़ी।
**बर्क़** स्त्री० *(अ०)* बिजली, विद्युत्।
**बर्खास्त** वि० बरखास्त; नौकरी से अलग किया हुआ।
**बर्ग** पु० *(फ़ा०)* पत्ता; लड़ाई का हथियार।
**बर्ताव** पु० बरताव।
**बर्द** पु० बैल, बृष।
**बर्नर** पु० *(अं०)* लैम्प का वह हिस्सा जिसमें लगी हुई बत्ती मुँह पर जलती है।
**बर्फ़** वि० *(फ़ा०)* अत्यधिक ठण्ढा। स्त्री० बर्फ में रखकर जमाया हुआ दूध, फलों का रस आदि।
**बर्बटी** स्त्री० *(सं०)* वेश्या; राजमाष। ।घोड़ा।
**बर्बरी** स्त्री० *(सं०)* वनतुलसी; ईंगुर।
**बर्रा** पु० भिड़, ततैया।
**बर्बर** वि० असभ्य, उद्दण्ड। पु० शस्त्रों की झनकार।
**बर्बरता** स्त्री० असभ्यता, अत्याचार।
**बर्राक** वि० *(अ०)* चतुर; सफेद, चमकीला।
**बर्रें**। पु० एक काँटेदार पौधा जिसके बीज तेलहन के काम आते हैं; भिड़, ततैया।
**बल** पु० फेरा; टेढ़ापन; करवट, बगल; ऐंठन; घाटा।
**बल** पु० *(सं०)* सहारा; ताकत, शरीर की शक्ति।
**बलकर** वि० बल वृद्धिकारी।
**बलकल*** पु० वल्कल, संन्यासियों का वस्त्र।
**बलका**। पु० काढ़ा।
**बलकाना** अ० क्रि० उबालना, खौलना, जोश में आना। स० क्रि० उबालना; उमगाना, उसकाना।
**बलग़मी** वि० कफजन्य (रोग); कफप्रधान।
**बलदाऊ** पु० बलराम।
**बलबलाना** क्रि० ऊँट का बोलना; निरर्थक बोलना।
**बलम, बलमा*** पु० प्रियतम, पति।
**बलय*** पु०, **बलया*** स्त्री० वलय।
**बलवण्ड*, बलवन्त*** वि० बलवान्।
**बलवा** पु० दंगा, फसाद, पाँच से अधिक आदमियों का मिलकर दंगा-फसाद करना, मार-पीट करना।
**बलवान् (वत्)** वि० *(सं०)* शक्तिशाली, ताकतवर।
**बलवार*** वि० बलवान्।
**बलहर** पु० बलनाशक।
**बला** स्त्री० *(अ०)* प्रेत-बाधा, भूत-प्रेत; बहुत कष्ट देनेवाली वस्तु, व्यक्ति; आपत्ति, आफत।
**मु० बला टलना** छुटकारा मिलना, कष्ट से या परेशानी से तंग। **बला मोल लेना** जान-बूझकर झंझट में पड़ना। **(मेरी) बला से** कुछ परवा नहीं। **बलाएँ लेना** किसी की रोग-व्याधि, बला अपने ऊपर लेना।
**बलाघात** पु० *(सं०)* स्वराघात; कार्य, वस्तु आदि पर साधारण से कुछ अधिक बल लगाने का भाव।
**बलात्** अ० *(सं०)* बलपूर्वक, जबर्दस्ती, हठपूर्वक।
**बलात्कार** पु० अन्याय, बलपूर्वक अत्याचार करना।
**बलाधिकृत** पु० *(सं०)* सेना का सर्वोच्च अधिकारी।
**बलाधिक्य** पु० *(सं०)* बल की अधिकता।
**बलान्वित** वि० *(सं०)* बली, बलशाली, बल से युक्त।
**बलालक** पु० *(सं०)* जल-आँवला।
**बलाश, बलास** पु० *(सं०)* क्षय रोग; कफ।
**बलाहक** पु० बादल, मेघ।
**बलि** पु० *(सं०)* पूजा; बलिपशु; बवासीर का मस्सा।
**बलिकर्म** पु० बलिदान।
**बलित*** वि० बलि चढ़ाया हुआ, मारा हुआ।
**बलिदान** पु० भेंट चढ़ाना।
**बलिश** पु० *(सं०)* बंसी, कँटिया।
**बलिष्ठ** पु० *(सं०)* ऊँट। वि० सबसे अधिक बली।
**बलिहारना** क्रि० न्यौछावर होना।
**बलिहारी** स्त्री० कुर्बान जाना, निछावर होना।
**मु० बलिहारी जाना** निछावर होना। **बलिहारी लेना** बलाएँ लेना।
**बली (लिन्)** वि० *(सं०)* बलशाली, ताकतवर, बलवान्, ताकतवर। पु० भैंसा; साँड़; ऊँट।
**बलीन** पु० *(सं०)* बिच्छू।
**बलुआ** वि० जिसमें बालू मिली हो, रेतीली। पु० बलुई जमीन।
**बलैया*** स्त्री० बला, आपत्ति, कष्ट; प्रेतबाधा।
**बल्कि** अव्य० *(फ़ा०)* अच्छा हो कि; किन्तु, प्रत्युत।
**बल्ली** स्त्री० छोटा बल्ला; डाँड़ा; *लता।
**बवण्डर, बवण्डा*** पु० तूफान, चक्रवात, अन्धड़।
**बवाँड़ियाना**। अ० क्रि० भटकना।

**बवघूरा*** पु० बगूला।
**बवना*** अ० क्रि० बिखरना। वि०, पु० बौना। स० क्रि० बिखेरना; बोना।
**बष्ट** वि० *(सं०)* अज्ञान, मूर्ख।
**बसन्ती** पु० हलका पीला रंग। वि० बसन्ती रंग का।
**बसन्दर** पु० आग।
**बस** पु० वश, शक्ति, काबू।
**बस का** काबू का, वश का।
**बसना** पु० बेठन; थैली। अ० क्रि० निवास करना, रहना; आबाद होना; बसाया जाना।
**बसनि*** स्त्री० रहाइश, वास।
**बसवार*** वि० सोंधा। पु० तड़का, छौंक।
**बसह*** पु० बैल।
**बसा** स्त्री० *बर्रै, भिड़; वसा, चर्बी।
**बसाना** अ० क्रि० बस चलना; बदबू करना। स० क्रि० किसी को आबाद करना; सुवासित करना।
**बसिया**† वि० बासी। पु० बासी भोजन।
**बसीकर*** वि० वशीकर।
**बसीना*** पु० रिहाइश, निवास।
**बसीला** वि० दुर्गन्धयुक्त; गन्धयुक्त, बासवाला।
**बसुरी**† स्त्री० बाँसुरी।
**बसेरा** पु० चिड़ियों के रात बिताने का स्थान, घोंसला; रात बिताने का स्थान; रहने वाला।
**बसेरी*** पु० बसने-टिकने वाला।
**बसैया*** पु० बसने वाला।
**बसौड़ा** पु० होली के बाद का एक दिन जिसमें बासी भोजन करते हैं।
**बस्ती** स्त्री० आबाद घरों का समूह, गाँव, कसबा।
**बस्य** पु० अधीनस्थ व्यक्ति; सेवक। वि० अधीन।
**बहकना** अ० क्रि० नशे में अण्ड-बण्ड बकना; धोखा खाना; गलत रास्ते पर जाना, पथ-भ्रष्ट होना।
**बहकाना** स० क्रि० भरमाना; पथभ्रष्ट करना; बहलाना।
**बहना** स० क्रि० ढोना; धारण करना, निभाना। अ० क्रि० मवाद निकलना; प्रवाहित होना; चूना।
**बहनु*** पु० सवारी, वाहन।
**बहनोई** पु० बहन का पति।
**बहनौता** पु० बहिन का बेटा, भांजा।
**बहरा** वि० श्रवणशक्तिहीन, जिसे सुनायी न दे।
**बहराना** *अ० क्रि० बाहर होना; बह जाना; उड़ जाना। स० क्रि० बहलाना; *बाहर करना।
**बहलाना** स० क्रि० बहकाना; मनोरंजन करना।
**बहलित** वि० *(सं०)* जो खूब ठोस और दृढ़ हो गया हो।
**बहल्ला*** पु० आनन्द।
**बहस** स्त्री० *(अ०)* वाद-विवाद; सवाल-जवाब।
**बहसना*** अ० क्रि० बहस करना; होड़ लगाना।
**बहादर*** वि० बहादुर।
**बहाना** स० क्रि० द्रव पदार्थ को गिराना। पु० *(फ़ा०)* किसी काम के करने या न करने का झूठा या बनावटी हेतु, किसी काम को न करने का हीला।
**बहार** स्त्री० *(फ़ा०)* आनन्द; तमाशा; शोभा।
**बहारी, बहारू** स्त्री० झाड़ू, बढ़नी।
**बहाल** वि० *(फ़ा०)* ज्यों का त्यों; तन्दुरुस्त; कायम। अ० पुनर्नियुक्त, पूर्ववत्, असली हालत पर।
**बहाली** स्त्री० पुनर्नियुक्ति; †झाँसा।
**बहाव** पु० प्रवाह, धारा, बहने का भाव या क्रिया।
**बहिक्रम*** पु० अवस्था, उम्र।
**बहियाँ** स्त्री० बाँह।
**बहिर, बहिरा*** वि० बहरा, बधिर।
**बही** स्त्री० महाजनों, व्यापारियों के हिसाब का रजिस्टर, हिसाब-किताब लिखने की पुस्तक।
**बहु** वि० *(सं०)* दो से अधिक, अनेक, बहुत, ज्यादा।
**बहुत** अ० अधिक मात्रा में, ज्यादा। वि० अधिक, ज्यादा (मात्रा या संख्या में); काफी, पूरा।
**बहुतांश** पु० *(सं०)* ज्यादा भाग।
**बहुतक*** वि० बहुत-से।
**बहुताइत, बहुतायत** स्त्री० ज्यादती, अधिकता।
**बहुधा** अ० *(सं०)* अनेक प्रकार से; प्राय; बहुत करके, अकसर।
**बहुरना*** अ० क्रि० लौटना, फिर मिलना।
**बहुरुपिया** पु० नाना रूप धारण करने वाला।
**बहुरि*** अ० फिर; पीछे, अनन्तर।
**बहुलता** स्त्री० *(सं०)* अधिकता, प्रचुरता, बहुतायत।
**बहुलित** वि० *(सं०)* वर्धित, बढ़ाया हुआ।
**बहुशः(शस्)** अ० *(सं०)* बहुत बार, बहुत तरह से।
**बहेंता**† स्त्री० बहकर जमा होने वाली मिट्टी।
**बहेरी*** स्त्री० बहाना।
**बहेलिया** पु० चिड़ियों को फँसाने वाला, चिड़ीमार।
**बहोर*** पु० लौटाना, बहोरने का भाव; वापसी।

**बहोरना*** स० क्रि० लौटाना, हाँकना, वापस करना।
**बाँक** पु० वक्रता, टेढ़ापन; चौड़ी चूड़ी; नदी का घुमाव; टेढ़ी छुरी; शिकंजा; बाँका; धनुष्।
**बाँकड़ा**† वि० वीर, साहसी।
**बाँकना*** अ० क्रि० टेढ़ा होना। स० क्रि० टेढ़ा करना।
**बाँकपन, बाँकपना** पु० वक्रता, टेढ़ापन; अदा।
**बाँका** वि० टेढ़ा, वक्र; गुण्डा; सुन्दर, छबीला, अनोखा।
**बाँकुरा*** टेढ़ा, बाँका; चतुर; वीर, साहसी; पैना।
**बाँग** स्त्री० *(फ़ा०)* अजान; मुर्गे की आवाज; बोली।
**बाँगड़** पु० हिसार, रोहतक और करनाल जिले।
**बाँगड़ू** †वि० मूर्ख, उजड्ड।
**बाँगा**† पु० कपास, बिना ओटी गयी रुई।
**बाँचना** अ० क्रि० बचना, बाकी रहना; रक्षा पाना। स० क्रि० पढ़ना; *बचाना; चुनना, चयन करना।
**बाँछना*** स० क्रि० चाहना; बाछना।
**बाँझ** स्त्री० बन्ध्या स्त्री, गाय आदि। वि० जिसे सन्तान न उत्पन्न हो; जो वृक्ष फल न दे।
**बाँट** स्त्री० हिस्सा, बाँटा; बटवार, बाँटने की क्रिया।
**बाँटना** स० क्रि० वितरण करना; हिस्से करना।
**बाँड़ा** वि० असहाय पुरुष, जिसके आगे-पीछे कोई न हो, असहाय; पूँछविहीन पशु।
**बाँड़ी** स्त्री० बिना पूँछ की गाय या अन्य मादा पशु।
**बाँध** पु० बन्द; पानी रोकने के लिए बनाया हुआ कच्चा या पक्का मेंड़।
**बाँधना** स० क्रि० नियम, वचन आदि से बन्धन में डालना; गाँठ देना, बन्धन में लाना।
**बाँबी, बाँमी** स्त्री० साँप का बिल; बमीठा।
**बाँभन*** पु० ब्राह्मण।
**बाँह** स्त्री० आस्तीन; भरोसा; बाहु, भुजा; कन्धे से हथेली तक का भाग; *(ला०)* बल; शरण।
**बाइबिल** स्त्री० ईसाइयों की धर्मपुस्तक, इंजील।
**बाइस** *(अं०)* कारण, सबब, हेतु।
**बाउ*** पु० वायु; अपना वायु।
**बाउर** *वि० बावला; मूर्ख; गूँगा; †खराब, बुरा।
**बाक** पु० *(सं०)* *बगलों का समूह; वाक्य, वचन।
**बाका*** स्त्री० वाणी, वाक्शक्ति।
**बाकिरा** स्त्री० *(अ०)* कुमारी; अनबिंधा मोती।
**बाकी*** स्त्री० एक धान। अ० लेकिन, मगर।
**बाक़ी** स्त्री० *(अ०)* शेष; घटाने से निकलने वाली संख्या। वि० बचा हुआ, शेष; मौजूद, विद्यमान।
**बाग** स्त्री० घोड़े की लगाम, रास।
**बाग़** पु० *(फ़ा०)* बाड़ी; वाटिका, उपवन।
**बागना*** अ० क्रि० घूमना, चलना, बोलना।
**बागड़** पु० उजाड़ क्षेत्र।
**बागर** पु० जाल, फन्दा; *रस्सी; मरुभूमि।
**बाग़ी** वि० *(अ०)* विद्रोही, बगावत करने वाला।
**बाग़ीचा** पु० *(फ़ा०)* बगीचा, छोटा बाग।
**बागुर*** पु० फन्दा, जाल।
**बाघम्बर** पु० रोयेंदार कम्बल; बाघ की खाल।
**बाघ** पु० व्याघ्र, सिंह के समान बल-विक्रम रखने वाला, किन्तु उससे कुछ छोटा एक हिंस्र जन्तु।
**बाचा** *स्त्री० वाक्य; वचन; बोलने की शक्ति।
**बाछना** स० क्रि० विभक्त करना; छाँटना, चुनना।
**बाछा**† पु० बछड़ा; * बच्चा, वत्स।
**बाछी**† स्त्री० बछिया।
**बाजना*** अ० क्रि० लड़ना; पहुँचना; लगना (चोट आदि का); पहुँचना, लड़ाई-झगड़ा करना; बजना।
**बाजरा** पु० एक मोटा अनाज; उसका पौधा।
**बाजा** वाद्य, बजाने का यन्त्र।
**बाज़ार** पु० *(फ़ा०)* भाव; मण्डी; वह स्थान जहाँ साधारण आवश्यकता की वस्तुएँ बेची-खरीदी जायें, खरीद-फरोख्त के लिए जमा हुए लोग।
**बाज़ी** स्त्री० *(फ़ा०)* चालाकी; बारी, खेल; तमाशा। **मु० बाज़ी मारना** जीतना। **बाज़ी ले जाना** आगे बढ़ जाना, जीतना।
**बाझन*** पु० लड़ाई; उलझन; फँसाव, बझाव।
**बाझना*** अ० क्रि० फँसना, बझना।
**बाट** स्त्री० राह, रास्ता, मार्ग। पु० बटखरा, वजन। **मुहा० बाट जोहना/देखना** इन्तजार करना।
**बाटना** स० क्रि० *बटना, ऐंठना; पीसना, घोंटना।
**बाटिका** स्त्री० उपवन, उद्यान।
**बाटी** स्त्री० लिट्टी, अंगारों पर पेड़े के आकार की सिंकी हुई रोटी।
**बाड़ा** पु० पशुशाला; आहाता, घेरा।
**बाड़ि*** स्त्री० बाड़ी; मेंड़; टट्टर।
**बॉडी** स्त्री० *(अं०)* चोली, शरीर, अंगिया।
**बाड़ी** स्त्री० वाटिका; फुलवारी; घिरी जगह; घर।
**बाढ़** स्त्री० नदी के जल का बढ़ना; अधिकता; वृद्धि।

**बाढ़ीवान**† पु० सान चढ़ाने वाला, धार तेज करनेवाला।
**बाण** पु० *(सं०)* तीर, शर; बाण का फल, गाँसी।
**बाणाश्रय** पु० *(सं०)* तरकश।
**बाणासन** पु० *(सं०)* धनुष्।
**बात** स्त्री० तात्पर्य; काम; वचन; विषय, मामला; वार्ता, बातचीत; वक्तव्य; चर्चा, प्रसंग; संयोग। **मु० बात आँचल में बाँधना** बात गाँठ बाँधना। **बात उठना** चर्चा चलना, जिक्र होना। **बात उठाना** बात न मानना; चर्चा चलाना। **बात का धनी/का पूरा** जो कहे वह करने वाला। **बात का बतंगड़ करना/बनाना** छोटी-सी बात को बहुत तूल देना। **बात की बात में** तुरन्त, छन भर में। **बात गढ़ना** झूठी बात कहना। **बात पर धूल डालना** किसी बात को भूल जाना या उस पर ध्यान न देना। **बातें बनाना** चापलूसी करना; बनावटी बातें करना। **बातों में आना** धोखा खाना, बातों का विश्वास कर लेना।
**बातिल** वि० *(अ०)* झूठ, मिथ्या, रद्द किया हुआ।
**बाती*** स्त्री० बत्ती।
**बातूनी** वि० बहुत बोलने वाला, बक्की।
**बाथ** † पु० गोद, अंक। *(अं०)* स्नान।
**बाद** अ० *(अं०)* पीछे, अनन्तर।
**बाद** पु० बहस; तर्क; शर्त। वि० छोड़ा हुआ। अ० फजूल, बेकार, बेमतलब।
**बादना*** अ० क्रि० ललकारना; झगड़ा या बहस करना।
**बादर*** पु० बादल, मेघ। वि० कपास का; बेर का।
**बादरा** स्त्री० *(सं०)* कपास का सूत या पेड़।
**बादरिया, बादरी**† स्त्री० बदली।
**बादशाह** पु० *(फ़ा०)* राजा; ईश्वर; सरदार; स्वतन्त्र विचारों वाला पुरुष।
**बादशाहत** स्त्री० बादशाह का पद; हुकूमत, राज्य।
**बादशाही** स्त्री० मनमाना व्यवहार; राज्य, शासन। वि० राजोचित, शाहाना; बादशाह का।
**बादि*** अ० व्यर्थ, बेकार।
**बादी** वि० वातकारक। स्त्री० वात विकार। पु० वादी।
**बादीगर*** पु० बाजीगर।
**बादुर*** पु० चमगादड़।
**बाध** पु० †मूँज की रस्सी। *(सं०)* बाधा देने वाला; रोक, प्रतिबन्ध; प्रतिरोध; कष्ट, पीड़ा।
**बाधक** वि० *(सं०)* कष्ट देनेवाला, विघ्नकारक; रुकावट डालनेवाला, बाधा करने वाला।
**बाधा** स्त्री० *(सं०)* कष्ट; रुकावट, विघ्न; भय।
**बाधित** वि० *(सं०)* जिसमें रुकावट पड़ी हो; आभारी।
**बाध्य** वि० *(सं०)* विवश; रोका हुआ; पीड़ित।
**बान** पु० तीर; आदत; अभ्यास; खाट बुनने की रस्सियाँ।
**बानना*** स० क्रि० बनाना।
**बाना** स० क्रि० प्रसारित करना, फैलाना। पु० रीति, चाल; पहनावा; बुनावट; *रंग; निशान।
**बानि*** अ० प्रकार से। स्त्री० सज-धज; रंग, चमक; आदत, बान; वचन, वाणी।
**बानिक*** स्त्री० बनिया; वेश, बाना।
**बानी** *पु० बनिया; *(अ०)* आरम्भ करने वाला। स्त्री० उक्ति; वाणी; *वाणिज्य; चमक; वर्ण।
**बापुरा** वि० तुच्छ, नगण्य; बेचारा; गरीब।
**बापुरी** स्त्री० बेचारी; नगण्य; गरीब (स्त्री)।
**बाफ**† स्त्री० भाप।
**बाब** पु० *(अ०)* पुस्तक का अध्याय, परिच्छेद; दरबार; द्वार, दरवाजा; प्रकार, विषय।
**बाबत** स्त्री० *(फ़ा०)* विषय; जरिया।
**बाबरची** पु० बार्वची।
**बाबरी** स्त्री० जुल्फ, काकुल।
**बाबा** पु० *(फ़ा०)* दादा; बूढ़ा; साधु- संन्यासी।
**बाबी*** स्त्री० साधुनी।
**बाबुल** पु० पिता, बाप।
**बाबू** पु० क्लर्क; ठाकुर; जमींदार; प्रतिष्ठित जन।
**बाम** पु० विपरीत।
**बामन** पु०, वि० कद में छोटा, वामन, बौना।
**बामा** स्त्री० स्त्री, वामा, पत्नी।
**बामी** स्त्री० बाँबी, दीमक का घर।
**बाय*** स्त्री० वायु; वात का कोप; पापी।
**बायक*** पु० वाचक; दूत।
**बायबी** वि० अजनबी, गैर, पराया, बाहरी।
**बायें** अ० विरुद्ध(होना); बायीं ओर; प्रतिकूल (होना)।
**बारम्बार** अ० फिर-फिर, कई बार।
**बार** पु० *(अं०)* मदिरालय; नृत्यशाला; बैरिस्टरों, वकीलों का समूह; बारिस्टर का पेशा।
**बार** पु० *(फ़ा०)* गर्भ, भ्रूण; दरबार, इजलास; ऋणभार;

बोझ, भार; फल; वृक्षशाखा; दखल, पहुँच।

**बारजा** पु० छतदार बरामदा।

**बारता*** स्त्री० वार्ता।

**बारन** पु० हाथी।

**बारना** स० क्रि० न्योछावर करना; जलाना; रोकना।

**बारनिश** स्त्री० *(अं०) (वारनिश)* लकड़ी-चमड़े आदि पर चमक लाने के लिए लगाया जानेवाला रोगन; बारनिश की चमक।

**बारबधू, बारबधूटी** स्त्री० वेश्या, रण्डी।

**बारहखड़ी** स्त्री० द्वादशाक्षरी।

**बारहदरी** स्त्री० हवादार बैठक।

**बारहद्वारी** स्त्री० बारह द्वारों वाली।

**बारहमासी** स्त्री० सदाबहार, सब ऋतुओं में फलने फूलने वाली।

**बारिगर*** पु० हथियारों पर सान रखने वाला।

**बारिश** स्त्री० *(फ़ा०)* मेह, वर्षा; बरसात।

**बारी** पु० दोने-पत्तल आदि बनाने वाली एक हिन्दू जाति। स्त्री० बालिका; किनारा; घर।

**बारी** स्त्री० पारी के बुखार का दिन; पारी।

**बारीक** वि० *(फ़ा०)* गूढ़; बहुत पतला; सूक्ष्म।

**बारीकी** स्त्री० *(फ़ा०)* खूबी, सूक्ष्म गुण-दोष; सूक्ष्मता

**बारै*** वि०, पु० बारह।

**बारोठा** पु० ब्याह की एक रस्म, द्वारपूजा; द्वार।

**बार्बरीट** पु० *(सं०)* टीन; अँखुवा; आम की गुठली।

**बाल** पु० *(सं०)* नारियल; बच्चा; बछेड़ा; केश, रोआँ। स्त्री० जौ, गेहूँ आदि का आगे का दाने लगा हुआ भाग; *बाला, तरुणी। वि० नवोदित; मूर्ख। स्त्री० तरुणी, बाला; गेहूँ, जौ आदि का वह भाग जिसमें दाने लगे होते हैं, खोशा।

**बालकपन** पु० बचपन; नासमझी।

**बालकेलि** स्त्री० बालकों का खेल।

**बालखोर** पु० बाल झड़ने का रोग।

**बालगोपाल** पु० परिवार के बच्चे।

**बालधि** स्त्री० पूँछ।

**बालम** पु० पति; प्रेमी।

**बाला** स्त्री० नर्तकी, मदिरा पिलाने वाली।

**बालातप** पु० *(सं०)* सबेरे की धूप।

**बालावस्थ** वि० *(सं०)* अल्पवयस्क, कमसिन।

**बालावस्था** स्त्री० *(सं०)* बचपन।

**बालिका** स्त्री० *(सं०)* छोटी लड़की; कन्या।

**बालिग** पु० *(अ०)* जवान आदमी। वि० वयस्क, जवान।

**बालिश** वि० *(सं०)* बालोचित; लापरवाह; बालबुद्धि, नासमझ। पु० मूर्ख व्यक्ति; शिशु; *(फ़ा०)* तकिया।

**बालिश्त** पु० *(फ़ा०)* बित्ता।

**बालिश्य** पु० *(सं०)* बचपन, बाल्यावस्था; मूर्खता।

**बालीं** स्त्री० *(फ़ा०)* सिरहाना; तकिया।

**बावड़ी** स्त्री० बावली, जलाशय।

**बावना**† वि० बौना, ठिंगना।

**बावर** पु० (फ़ा०) विश्वास। *वि० बावला।

**बावरा*** वि० पागलपन।

**बावरि, बावरी** स्त्री० बावली।

**बावला** वि० बातरोगी, पागल, सिड़ी।

**बावली** वि० स्त्री० पगली। स्त्री० छोटा सोपान युक्त तालाब; जलाशय।

**बावेला** पु० कुहराम।

**बाष्प** पु० *(सं०)* लोहा; भाप; आँसू।

**बाष्पाम्बु** पु० *(सं०)* अश्रुजल।

**बास** स्त्री० गन्ध, महक; आग। पु० निवास; वासस्थान।

**बासन** पु० पात्र, बर्तन।

**बासनवारा*** पु० सुगन्धित करने वाला।

**बासना** स्त्री० इच्छा, चाह।

**बासर*** पु० प्रातःकाल; सवेरा; वासन, दिन।

**बाससी*** स्त्री० वस्त्र, कपड़ा।

**बासा** पु० पैसा देकर पक्की रसोई प्राप्त करने का स्थान।

**बासिग*** पु० वासुकि नाग।

**बासित** वि० सुगन्धित किया हुआ।

**बासी** वि० रहने वाला; सूखा, कुम्हलाया हुआ।

**बाहना** क्रि० ढोना।

**बाहरी** वि० अजनबी; दिखाऊ; पराया; बाहर का।

**बाहिनी** स्त्री० सेना।

**बाहु** स्त्री० *(सं०)* बाँह, भुजा।

**बाहुक** वि० *(सं०)* आश्रित, अधीन; तैरनेवाला।

**बाहुल** पु० *(सं०)* अग्नि; बाहुत्राण; कार्त्तिक मास।

**बाहुल्य** पु० *(सं०)* बहुतायत; अधिकता, ज्यादती।

**बाहुशिखर** पु० कन्धा।

**बाह्मन**† पु० ब्राह्मण।

**बाह्य** वि० *(सं०)* ऊपरी; बाहरी; बहिष्कृत; गैर,

बेगाना। पु० यान, रथ। अ० बाहर, परे।

**बिंग**† पु० व्यंग्य।

**बिंजन*** पु० व्यंजन।

**बिन्दी** स्त्री० शून्य, सिफर; नुक्ता; गोल टीका।

**बिन्दु** पु० *(सं०)* भ्रूमध्य; शून्य; बूँद; अनुस्वार का चिह्न।

**बिन्दुली** स्त्री० बिन्दी, टिकली।

**बिन्धना** स० क्रि० छेदना। अ० क्रि० उलझना।

**बिम्ब** पु० *(सं०)* परछाही; प्रतिमूर्ति; झलक; प्रतिच्छाया; सूर्य या चन्द्रमा का मण्डल; आईना; *बाँबी।

**बिम्बित** वि० *(सं०)* प्रतिबिम्बित।

**बिम्बु** पु० *(सं०)* सुपारी का पेड़।

**बिआज**† पु० बहाना; ब्याज, सूद।

**बिआध**† स्त्री० व्याधि। पु० व्याधा।

**बिआधि*** स्त्री० व्याधि, रोग, पीड़ा, कष्ट।

**बिकट** वि० विकट, भयंकर।

**बिकना** अ० क्रि० *मुग्ध होना; किसी वस्तु का बेचा जाना, मूल्य लेकर किसी वस्तु का दिया जाना।

**बिकरार*** वि० विकराल; बेकरार, विकल।

**बिकल** वि० बेचैन, विकल।

**बिकलायी** स्त्री० व्याकुलता।

**बिकलाना** क्रि० घबड़ाना।

**बिकाऊ** वि० जो बेचा जानेवाला हो।

**बिकारी** वि० विकार ग्रस्त, हानिकारक।

**बिकास** पु० विकास, उन्नति।

**बिकासना*** अ० क्रि० विकसित होना; प्रकट होना। स० क्रि० खोलना; विकसित करना।

**बिक्ख*** पु० विष।

**बिक्रय** पु० विक्रय, किसी वस्तु का बेचना।

**बिक्री** स्त्री० बिक्री की आय; विक्रय, बेचा जाना।

**बिखरना** अ० क्रि० फैल जाना; तितर-बितर होना, बेतरतीबी से वस्तुओं का इधर-उधर फैलना।

**बिखराना** स० क्रि० बिखेरना, फैलाना।

**बिखेरना** स० क्रि० तितर-बितर करना, फैलाना।

**बिगन्ध*** स्त्री० बदबू, दुर्गन्ध।

**बिग*** पु० भेड़िया।

**बिगड़ना** अ० क्रि० बुरी दशा में आना; अनबन होना; विद्रोह करना; खराब होना; टूट-फूट जाना।

**बिगड़ैल** वि० क्रोधी, हठी; कुमार्गगामी।

**बिगरना*** अ० क्रि० बिगड़ना।

**बिगलित** पु० विगलित।

**बिगहा**† पु० बीघा।

**बिगाड़** पु० झगड़ा; खराबी, अनबन, बिगड़ने का भाव।

**बिगाड़ना** स० क्रि० नष्ट या बरबाद करना, तोड़-फोड़ देना; पथभ्रष्ट करना; खराब करना; टेढ़ा करना।

**बिगाना**† वि० बेगाना।

**बिगार**† स्त्री० बेगार। *पु० बिगाड़।

**बिगास*** पु० विकास।

**बिगासना*** स० क्रि० विकसित करना।

**बिगुन*** वि० विगुण, निर्गुण, गुण-रहित।

**बिगुरचना*** अ० क्रि० कठिनाई में पड़ना।

**बिगुल** पु० *(अं०)* सिपाहियों को एकत्र करने के लिए बजाया जानेवाला तुरही के ढंग का बाजा। **मु० बिगुल बजना** डंका बजना, कूच करने आदि का आदेश होना।

**बिगूचन*** स्त्री० कठिनाई; असमंजस, उलझन।

**बिगूचना, बिगूतना*** स० क्रि० दबोचना। अ० क्रि० दबाया जाना; उलझन में पड़ना, असमंजस में पड़ना।

**बिगोना*** स० क्रि० छिपाना; बिगाड़ना; गँवाना।

**बिघटना*** स० क्रि० बिगाड़ना; तोड़ना।

**बिघन*** पु० विघ्न, बाधा।

**बिघार*** पु० बाघ।

**बिचकना** क्रि० भड़कना।

**बिचकाना** स० क्रि० भड़काना; मुँह चिढ़ाना।

**बिचखोपड़**† पु० गिरगिट।

**बिचच्छन***वि० विचक्षण; प्रकाशमान।

**बिचरना** अ० क्रि० स्वच्छन्द भ्रमण करना; घूमना-फिरना।

**बिचलना** अ० क्रि० मुकरना; हटना, विचलित होना।

**बिचला** वि० मध्यम, बीच का।

**बिचलाना** स० क्रि० विचलित करना, डिगाना।

**बिचवई** स्त्री० मध्यस्थता। पु० बीच-बिचाव करने वाला।

**बिचहुत*** पु० दुविधा; अन्तर।

**बिचार** पु० ख्याल, विचार; इरादा।

**बिचारना** क्रि० विचार करना।

**बिचारा** वि० बेचारा।

**बिचारी** वि० विचार करने वाला, विचारवान्।
**बिचुकना*** अ० क्रि० चौंकना। वि० चौंकने वाला।
**बिचेत*** वि० बेहोश, अचेत।
**बिचौहाँ** वि० बीचवाला, बीच का।
**बिच्छी**' स्त्री० बिच्छू।
**बिच्छू** पु० एक छोटा डंकदार जहरीला जन्तु, वृश्चिक।
**बिछना** अ० क्रि० बिछाया या फैलाया जाना।
**बिछलन** स्त्री० फिसलन।
**बिछलना, बिछलाना** अ० क्रि० डगमगाना; फिसलना।
**बिछाना** स० क्रि० बिखेरना; आसन-बिस्तर आदि को जमीन या चारपाई आदि पर फैलाना।
**बिछावन** पु० बिछौना।
**बिछिया** स्त्री० बिछुआ, पैरों की उँगलियों में पहनने का आभूषण।
**बिछिप्त** वि० विक्षिप्त।
**बिछुआ** पु० पैरों में पहनने के गहने।
**बिछुड़न** स्त्री० *(सं०)* वियोग।
**बिछुड़ना** अ० क्रि० जुदा होना, साथ छूटना।
**बिछुरनि*** स्त्री० बिछुड़न।
**बिछोय*** पु० बिछोह।
**बिछोह** पु० वियोग, जुदाई।
**बिछोही** वियुक्त, बिछुड़ा हुआ।
**बिजना*** पु० पंखा।
**बिजली** स्त्री० विद्युत।
**बिजाती** वि० विजातीय।
**बिजान*** वि० अनजान, ज्ञानरहित।
**बिजूका, बिजूखा** पु० विभीषिका, पशु-पक्षियों को उड़ाने हेतु खेतों में लगा पुतला।
**बिजै*** स्त्री विजय।
**बिजोग*** वियोग।
**बिजोना*** स० क्रि० अच्छी तरह देखना; देख-रेख करना
**बिट** स्त्री० बीट। पु० विदूषक; वैश्य, वेश्यागामी।
**बिटप** पु० वृक्ष; झाड़ी; वृक्षादि की नयी शाखा।
**बिटारना*** स० क्रि० घँघोलना, गन्दा करना।
**बिटालना** स० क्रि० फैलाना, बिखेरना।
**बिटिया** स्त्री० बेटी, पुत्री।
**बिटौरा*** पु० उपलों की राशि।
**बिठलाना** स० क्रि० बिठाना।
**बिडम्ब*** पु० आडम्बर।
**बिड़ई** स्त्री० इँडुरी, गेंडुरी।
**बिड़र** वि० *ढीठ, निडर; जो सटा न हो, अलग-अलग।
**बिडराना** स० क्रि० तितर-बितर करना; भगाना।
**बिड़वना*** स० क्रि० तोड़ना।
**बिड़ा*** पु० वृक्ष; बाँसों का समूह।
**बिडारना** स० क्रि० तितर-बितर कर देना।
**बिडाल** पु० *(सं०)* बिलाव; आँख का डेला; पद।
**बिडिक** पु० *(सं०)* गिलौरी, पान का बीड़ा।
**बिड़ी**' स्त्री० बीड़ी।
**बिढ़तो*** पु० लाभ; कमाई।
**बित*** पु० वित्त।
**बितरना*** स० क्रि० वितरण करना, बाँटना।
**बिताना** *अ० क्रि० बीतना। स० क्रि० व्यतीत करना, गुजारना।
**बितीतना** क्रि० व्यतीत होना।
**बित्त** पु० बूता, सामर्थ्य; हैसियत; धन-दौलत, वित्त।
**बित्ता** पु० अँगूठे के सिरे से छिंगुनी के छोर तक की लम्बाई, बालिश्त।
**बिथकना** अ० क्रि० थकना; चकित होना।
**बिथरना, बिथुरना*** अ० क्रि० खिलना; बिखरना।
**बिथराना, बिथुराना**' स० क्रि० फैलाना, बिखेरना।
**बिथा*** स्त्री० व्यथा।
**बिथित*** वि० व्यथित।
**बिथुरित*** वि० बिखरा हुआ।
**बिथोरना*** स० क्रि० बिथराना।
**बिदकना*** अ० क्रि० घायल होना; चौंकना, भड़कना।
**बिदकाना*** स० क्रि० फाड़ना; चौंकाना, भड़काना।
**बिदरन** स्त्री० दरार, फटन। वि० फाड़नेवाला।
**बिदरना*** अ० क्रि० फटना, विदीर्ण होना।
**बिदलना** क्रि० दलित करना।
**बिदला** वि० जिसमें पत्ते न हों।
**बिदा** स्त्री० प्रस्थान, जाने की आज्ञा।
**बिदाई** स्त्री० विदा का भाव, क्रिया, विदा होने की आज्ञा।
**बिदारना*** स० क्रि० नष्ट करना; विदीर्ण करना।
**बिदुराना*** अ० क्रि० मुस्कराना।
**बिदुरानी** स्त्री० मुस्कुराहट।
**बिदेश** पु० अन्य देश, परदेश।
**बिदोरना*** स० क्रि० चलाना; फैलाना।

**बिद्दत** स्त्री० दुर्दशा; बुराई।
**बिधना** पु० विधि, ब्रह्मा।
**बिधवा*** स्त्री० विधवा।
**बिधवाँस*** पु० विद्वान।
**बिधवाना** स० क्रि० छेद कराना।
**बिधि** स्त्री० ढंग। *(सं०)*
**बिनठना*** अ० क्रि० नष्ट होना; बिगड़ना।
**बिनती** स्त्री० अर्ज, प्रार्थना।
**बिनना** स० क्रि० डंक मारना; छाँटना, चुनना।
**बिनवाना** स० क्रि० चुनवाना; बुनवाना।
**बिनशना, बिनसना*** अ० क्रि० नष्ट होना।
**बिना** अव्य० छोड़कर।
**बिनानी*** वि० विज्ञानी; नासमझ। स्त्री० विचार।
**बिनावट**† स्त्री० बुनावट।
**बिनास*** पु० नाक से खून जाना; विनाश।
**बिनि, बिनु*** अव्य० बिना।
**बिनौला** पु० कपास का बीज।
**बिन्दु** पु० बूँद।
**बिपति*** स्त्री० विपत्ति।
**बिपद, बिपदा*** स्त्री० विपत्ति, आफत, मुसीबत।
**बिफरना*** अ० क्रि० नाराज होना; भड़कना; मचलना।
**बिबादना*** अ० क्रि० विवाद करना, झगड़ना।
**बिबाहना*** स० क्रि० ब्याह करना।
**बिबि*** वि० दो।
**बिभचारी*** वि० व्यभिचारी।
**बिभावरी** स्त्री० रात्रि।
**बिभिचारी*** वि० व्यभिचारी।
**बिभु** पु० सर्वव्यापक, नित्य। पु० आत्मा, ईश्वर।
**बिभौ*** पु० प्राचुर्य; ऐश्वर्य।
**बिमर्दना*** स० क्रि० नष्ट करना; मसलना।
**बिमान** पु० वायुयान; अनादर।
**बिमोचना*** स० क्रि० टपकाना; छोड़ना, मुक्त करना।
**बिमौटा**† पु० वल्मीक, बाँबी।
**बियहुता**† वि० विवाहित।
**बिया** †पु० बीज। *वि० दूसरा।
**बियाज**† पु० बहाना; सूद।
**बियाजू**† वि० ब्याज पर दिया हुआ (धन)।
**बियाध** पु० व्याधा।
**बियाधि*** स्त्री० व्याधि।
**बियान** पु० प्रसव।
**बियाह**† पु० ब्याह।
**बिरंचि*** पु० ब्रह्मा।
**बिरंज** पु० *(फ़ा०)* भात; चावल; *(अ०)* पीतल।
**बिरंजारी** पु० *(फ़ा०)* गल्ले का व्यापारी।
**बिरंजी** वि० *(अ०)* पीतल का। स्त्री० छोटी कील।
**बिरई*** स्त्री० छोटा पौधा।
**बिरछ** पु० वृक्ष, पेड़।
**बिरज** वि० गुणरहित; निर्दोष; निर्मल; व्रजभूमि।
**बिरझना*** अ० क्रि० क्रुद्ध होना; मचलना; उलझना।
**बिरझाना*** अ० क्रि० क्रुद्ध होना।
**बिरतन्त, बिरतान्त*** पु० वृत्तान्त।
**बिरताना** क्रि० बाँटना।
**बिरथा*** अ० निष्प्रयोजन, अकारण। वि० व्यर्थ।
**बिरद** पु० नाम, बड़ाई, यश।
**बिरदैत** पु० नामी योद्धा। वि० विख्यात, बड़े नामवाला।
**बिरध*** वि० वृद्ध।
**बिरधाई*** स्त्री० बुढ़ापा, वृद्धावस्था।
**बिरधापन*** पु० बुढ़ापा।
**बिरमना*** अ० क्रि० विश्राम करना; प्रेम में बँधना; अटकना, रुकना; देर करना।
**बिरमाना*** अ० क्रि० ठहरना, विश्राम करना; भुलाना। स० क्रि० बिताना; रोक; प्रेम में बाँधना।
**बिरल** वि० विरल।
**बिरला** वि० बहुतों में से कोई एक, कोई-कोई।
**बिरले** वि० *(बहु०)* बहुत थोड़े, इने-गिने।
**बिरवा*** पु० वृक्ष, पौधा।
**बिरवाही**† स्त्री० वह स्थान जहाँ बहुत-से छोटे पौधे उगे हो; छोटे पौधों का समूह, पौधघर।
**बिरहाना*** अ० क्रि० विरह-व्यथा का अनुभव करना।
**बिरहुला** पु० सर्प, साँप।
**बिरागना*** अ० क्रि० विरक्त होना।
**बिराजना** अ० क्रि० बैठना, आसीन होना।
**बिरादर** पु० *(फ़ा०)* सजातीय, भाई-बन्द; भाई-बन्धु।
**बिरादराना** वि० *(फ़ा०)* भाई का-सा, भाई के अनुरूप।
**बिरादरी** स्त्री० *(फ़ा०)* भाईचारा; जाति, गोत्र।
**बिरान*** वि० पराया, बेगाना।
**बिरिछ*** पु० वृक्ष।
**बिरिध*** वि० वृद्ध।

**बिरी*** स्त्री० गठरी; मिस्सी; पान का बीड़ा।
**बिरुझना, बिरुझाना*** अ० क्रि० बिफरना; झगड़ना।
**बिरोग**<sup>।</sup> पु० दुःख, चिन्ता।
**बिरोधना*** अ० क्रि० विरोध करना।
**बिल** पु० छेद; गुहा।
  **मु० बिल ढूँढ़ना** बचाव की जगह ढूँढ़ना। **बिल में घुसना** घर में बैठ रहना, छिप जाना।
**बिलखना** अ० क्रि० *ताड़ जाना; दुःखी होना।
**बिलग** *पु० रंज; बुराई; बिलगाव। वि० जुदा, अलग।
**बिलगाना** क्रि० पृथक होना; चुनना, छाँटना।
**बिलछना*** अ० क्रि० ताड़ना, लखना।
**बिलनी** स्त्री० एक कीड़ा, भृंगी।
**बिलबिलाना** अ० क्रि० विह्वल होना, रोना-चिल्लाना; कीड़ों का कुलबुलाना; गिड़गिड़ाना।
**बिलमाना*** स० क्रि० बाँधना; रोकना, अटकाना।
**बिलवाना**। स० क्रि० छिपाना; गँवाना, खोना।
**बिलायी** स्त्री० बिल्ली; सिटकनी।
**बिलाना** अ० छिन्न-भिन्न होना; छिपना, लुप्त होना।
**बिलायन** पु० *(सं०)* गुफा; माँद।
**बिलासना*** स० क्रि० बरतना, भोगना।
**बिलुठना*** अ० क्रि० लोटना।
**बिलैया** स्त्री० बिल्ली; सिटकनी; कद्दूकस; कूँए से बर्तन निकालने का काँटा।
**बिलोकना*** स० क्रि० अवलोकन करना, देखना।
**बिलोकनि*** स्त्री० चितवन, दृष्टि।
**बिलोड़ना*** स० क्रि० मथना; गड्डमड्ड करना।
**बिलोन*** वि० अलोना; बदसूरत।
**बिलोना** वि० बिलोन। स० क्रि० ढालना, गिराना, बहाना (आँसू); घँघोलना, मथना।
**बिलोरना*** स० क्रि० बिलोड़ना, घँघोलना।
**बिलोल** वि० सुन्दर; चंचल।
**बिलौटा, बिलौरा**। पु० नर बिल्ली, बिलाव।
**बिल्लौर** पु० स्फटिक।
**बिल्व** पु० बेल।
**बिषहर** पु० साँप।
**बिसन*** पु० दुर्भाग्य; दोष; पतन; व्यसन।
**बिसमय*** पु० गर्व; विषाद; सन्देह; विस्मय, आश्चर्य।
**बिसमिल** वि० जबह किया हुआ; जख्मी, घायल।
**बिसयक*** पु० राज्य; विषय, प्रदेश।
**बिसरात*** पु० खच्चर।
**बिसहरू** पु० मोल लेने वाला।
**बिसात** स्त्री० *(अ०)* हैसियत; पूँजी; हस्ती; शक्ति, सामर्थ्य; फैलाव; फैलायी जाने योग्य वस्तु।
**बिसायँध** वि० दुर्गन्ध गन्ध वाला। स्त्री० दुर्गन्ध।
**बिसासी*** वि० विश्वासघाती।
**बिसाह** पु० खरीद, बिसाहने की क्रिया।
**बिसाहना**। पु० सौदा। स० क्रि० मोल लेना, खरीदना।
**बिसाहा** पु० सौदा।
**बिसियर** पु० विषैला।
**बिसूरना** क्रि० चिन्ता करना। स्त्री० चिन्ता।
**बिस्वास** पु० भरोसा, विश्वास।
**बिहँग** पु० विहंग, पक्षी।
**बिहँडना*** स० क्रि० मार डालना; टुकड़े करना, काटना।
**बिहँसना*** अ० क्रि० मुसकराना।
**बिहँसाना*** अ० क्रि० खिलना। स० क्रि० हँसाना।
**बिहग** पु० विहग, पक्षी।
**बिहबल*** वि० शिथिल; विह्वल।
**बिहरना*** अ० क्रि० फटना; विहार करना; विचरना।
**बिहरी** स्त्री० अंशदान।
**बिहान** अ० आने वाला कल। पु० अन्त; भोर, सवेरा।
**बिहाना** क्रि० त्यागना।
**बिहाल** वि० व्याकुल।
**बिहि*** पु० ब्रह्मा, विधि।
**बिहोरना*** अ० क्रि० बिछुड़ना।
**बींड़ा** पु० पयाल का बना गोल आसन, गोल पिण्ड।
**बींदना*** स० क्रि० अनुमान करना।
**बी** स्त्री० बीबी, प्रतिष्ठित महिला।
**बीख** पु० पद, डग, कदम।
**बीग*** पु० भेड़िया।
**बीगना** वि० फेंकना।
**बीघा** पु० बीस विस्वे की माप।
**बीच** अ० दरमियान, बीच में। पु० दो वस्तुओं के मध्य का अन्तर, फर्क; *अवसर, अवकाश; दरमियान, किसी वस्तु या क्षेत्र का मध्य भाग।
  **मु० बीच में कूदना** टाँग अड़ाना। **बीच में पड़ना** बिचवई करना।
**बीछना*** स० क्रि० छाँटना, चुनना।

**बीछ, बीछी** पु० बिच्छू।
**बीजाढ्य** वि० *(सं०)* बीज से भरा हुआ।
**बीजारोपण** पु० *(सं०)* बीज बोना; काम करना।
**बीजित** वि० *(सं०)* बोया हुआ।
**बीजी** स्त्री० गिरी, गुठली।
**बीजू** वि० बीज से उत्पन्न वृक्ष।
**बीट** स्त्री० तुच्छ वस्तु; चिड़ियों का मैला, विष्ठा।
**बीड़ा** पु० पान की गिलौरी।
**मु० बीड़ा उठाना** किसी काम को करने की प्रतिज्ञा करना।
**बीड़ी** स्त्री० छोटा बीड़ा; गठरी; मिस्सी।
**बीतना** अ० क्रि० दूर होना; घटना क्रम होना; पड़ना; व्यतीत होना, गुजरना, कटना।
**बीती** स्त्री० घटित घटना; वृत्तान्त।
**बीथि, बीथी** स्त्री० वीथी, गली।
**बीथित** वि० व्यथित।
**बीनना*** स० क्रि० बुनना; चुनना।
**बीभत्स** पु० *(सं०)* घृणोत्पादक वस्तु। वि० पापी; सड़ा-गला, घृणा उत्पन्न करनेवाला, गन्दा।
**बीभत्सित** वि० *(सं०)* निन्दित, घृणित।
**बीमा** पु० *(फ़ा०)* मृत्यु; जमानत; ठेका।
**मु० बीमा करना** क्षति-पूर्ति की जिम्मेदारी लेना।
**बीसी** स्त्री० कोड़ी।
**बीहड़** वि० विकट।
**बुख़ारी** स्त्री० बखार; दीवार में बनायी हुई अँगीठी। वि० बुखारा देश का रहनेवाला।
**बुग़चा** पु० *(तु०)* बुकचा, कपड़ों की गठरी।
**बुगिअल** पु० चरी, चरागाह।
**बुज़** पु०, स्त्री० *(अ०)* बकरा, बकरी।
**बुजुर्ग** पु० *(फ़ा०)* पुरखा; गुरुजन; सन्त, महात्मा। वि० आदरणीय, बड़ा, वृद्ध।
**बुझाना** *अ० क्रि० शान्त होना। स० क्रि० जलती हुई चीज को ठण्ढा करना, गुल करना।
**बुझारत*** स्त्री० हिसाब समझना, हिसाब-फहमी।
**बुटना** क्रि० माँगना।
**बुड़की** स्त्री० डुबकी, गोता।
**बुढ़ाई** स्त्री० बुढ़ापा, वृद्धावस्था।
**बुढ़ाना†** अ० क्रि० बूढ़ा होना।
**बुढ़ापा** पु० बूढ़ा होने की अवस्था, वार्द्धक्य, बुढ़ौती।
**बुढ़िया** स्त्री० बूढ़ी, वृद्धा स्त्री।
**बुढ़ौती** स्त्री० बुढ़ापा।
**बुत** वि० *(फ़ा०)* मूर्ति की तरह जड़, निश्चेष्ट। पु० मूर्ति, प्रतिमा; आकृति के अनुरूप बना चित्र।
**बुतना** क्रि० बुझना।
**बुताना** क्रि० बुझाना।
**बुताम** पु० बटन।
**बुत्ता** पु० धोखा।
**बुद्ध** वि० *(सं०)* जगा हुआ; विकसित; ज्ञानी; पण्डित।
**बुद्धि** स्त्री० *(सं०)* मनीषा, समझ, अक्ल; समझने, जानने और निर्णय करने की शक्ति।
**बुद्धिपरक** पु० बुद्धियुक्त।
**बुद्धिपरे** वि० जहाँ बुद्धि न पहुँच सके।
**बुद्धपूर्ण** वि० बुद्धियुक्त।
**बुद्धिमत्ता** स्त्री० *(सं०)* समझदारी, बुद्धिमानी।
**बुद्धिमानी** स्त्री० समझदारी, बुद्धिमत्ता।
**बुद्धिमान (मत्)** वि० *(सं०)* चतुर, होशियार
**बुधिल** वि० *(सं०)* विद्वान्।
**बुनना** स० क्रि० सुतली, बान, बेंत के छिलके की रस्सी से चारपाई, कुरसी आदि को सोने या बैठने लायक बनाना; खाली जगह भरना।
**बुनाई** स्त्री० बुनने की क्रिया।
**बुनियाद** स्त्री० *(फ़ा०)* शुरू करना; आधार, नींव।
**बुनियादी** वि० नीवँ का कार्य देनेवाला; आधाररूप।
**बुभुक्षा** स्त्री० भूख।
**बुभुषा** स्त्री० *(सं०)* भूख, खाने की इच्छा।
**बुभुक्षित, बुभुक्षु** वि० *(सं०)* क्षुधित, भूखा।
**बुभुत्सा** स्त्री० *(सं०)* जानने की इच्छा।
**बुभुत्सु** वि० *(सं०)* जिज्ञासु।
**बुरा** पु० हानि; बुराई। वि० खोटा; हानिकर; निकृष्ट।
**बुराई** स्त्री० अपकार, अनिष्ट; दुश्मनी; खराबी, दोष, बुरा होना; दुष्टता, खुटाई; निन्दा, बदगोई।
**बुरादा** पु० *(फ़ा०)* लकड़ी, कोयले आदि का चूरा।
**बुलन्द** वि० *(फ़ा०)* ऊँचा।
**बुलन्दी** स्त्री० *(फ़ा०)* ऊँचाई; उत्कर्ष।
**बुलबुला** पु० क्षणभंगुर वस्तु; पानी का बुल्ला।
**बुलाक** पु० नथ।
**बुलाना** क्रि० पुकारना।
**बुलावा** पु० न्योता, बुलाने का भाव।

**बुलौआ, बुलौवा**† पु० बुलावा।
**बुल्ला*** पु० बुलबुला।
**बुस** पु० अनाज का छिलका।
**बुस्त** पु० *(सं०)* फल का छिलका।
**बुहारना** स० क्रि० झाड़ना, झाड़ू देना।
**बुहारी** स्त्री० झाड़ू, बढ़नी।
**बू** स्त्री० *(फ़ा०)* दुर्गन्ध; ढंग; सुगन्ध; गन्ध।
**बूचड़** पु० कसाई; माँस-विक्रेता।
**बूचा** वि० कनकटा; नंगा।
**बूट** पु० हरा चना; चने का पौधा।
**बूटना*** अ० क्रि० भागना।
**बूता** पु० बल, शक्ति; बस, सामर्थ्य।
**बूरा** पु० कच्ची चीनी; चीनी; चूर्ण।
**बृक** पु० गीदड़; भेड़िया।
**बृहत्** पु० *(सं०)* विष्णु। वि० निबिड़, घना; चमकीला; लम्बा-चौड़ा; बड़ा; शक्तिशाली; स्पष्ट; ऊँचा।
**बेंट, बेंठ**† स्त्री० मूठ, दस्ता।
**बेंड़*** स्त्री० टेक, चाँड।
**बेंड़ा*** पु० ब्योंड़ा। वि० कठिन; आड़ा।
**बेंत** पु० बेंत की छड़ी; एक लता जिसका डण्ठल बहुत मजबूत और लचीला होता है।
**बेंदली**† स्त्री० टिकली, बिन्दी।
**बेंदा** पु० टीका, तिलक, बड़ी बिन्दी।
**बेकरी** स्त्री० *(अं०)* बिस्कुट आदि पकाने की भट्ठी।
**बेख*** पु० वेश।
**बेख़** स्त्री० *(फ़ा०)* नींव, जड़।
**बेगना*** अ० क्रि० बेगपूर्वक करना, जल्दी करना।
**बेगर*** वि० भिन्न, पृथक्।
**बेगार** स्त्री० *(फ़ा०)* बिना मजदूरी दिये कराया जाने वाला काम, जबर्दस्ती कराया गया काम।
**बेगारी** स्त्री० बेगार।
**बेगि*** अ० जल्दी, वेगपूर्वक, झटपट।
**बेगुन**† पु० बैगन।
**बेचक*** पु० बेचने वाला।
**बेचना** स० क्रि० पैसे के बदले में देना; किसी वस्तु का दाम लेकर देना, बिक्री करना।
**बेची** स्त्री० बिक्री, विक्रय।
**बेझ*** पु० बेझा।
**बेझड़** पु० ऐसा अनाज; जौ, चना, मटर आदि की मिली हुई फसल।
**बेझा*** पु० बेध, निशाना।
**बेटौना**† पु० बेटा।
**बेड़ना** स० क्रि० बाड़ लगाना, थाला बनना।
**बेड़ा** पु० नावों या जहाजों का समूह; लट्ठों या तख्तों को बाँधकर और उन पर बाँस का टट्टर रखकर बनायी हुई नाव; नाव।
**मु० बेड़ा डूबना** काम बिगड़ना। **बेड़ा पार होना** संकट कटना, काम हो जाना।
**बेड़ी** वि० स्त्री० कठिन। स्त्री० कैदियों, हाथी-घोड़ों आदि के पाँवों में पहनायी जानेवाली लोहे की जंजीर, बन्धन; छोटा बेड़ा, नाव।
**बेढ़** पु० घेरने का कार्य; अंकुरित बीज; नाश।
**बेढ़ना** स० क्रि० घेरना; बाड़ बनाना, रूँधना।
**बेढब** पु० भद्दा, विचित्र, बेढंगा।
**बेढ़ा** पु० मकान की बारी; एक तरह का हाथ में पहनने का कड़ा।
**बेदार** वि० *(फ़ा०)* जागता हुआ; जागरूक; चौकन्ना।
**बेधना** स० क्रि० घाव करना; छेद करना।
**बेपार**† पु० व्यापार।
**बेपारी**† पु० व्यापारी।
**बेयरा** पु० होटलों में भोजन परोसनेवाला, बेरा।
**बेरा** *(अं०) (बेअरर)* किसी बड़े अफसर का चपरासी।
**बेरा**† पु० मिला हुआ जौ और चना; *पोत-समूह; बेड़ा, नाव। स्त्री० सबेरा; समय; दफा।
**बेरिआ, बेरिया**† स्त्री० समय, बेला।
**बेरी** स्त्री० देरी; *नौका; बेड़ी।
**बेलम्ब*** पु० विलम्ब, देर।
**बेलपत्र, बेलपाती** पु० बेल वृक्ष की पत्तियाँ।
**बेलसना*** अ० क्रि० विलास करना, मौज करना।
**बेलहरा**† पु० बिलहरा।
**बेला** पु० चमेली की जाति का एक प्रसिद्ध सुगन्धित फूल; मोतिया; मोगरा; बेला का पौधा।
**बेली** पु० सहायक, साथी।
**बेवट*** स्त्री० संकट, विवशता।
**बेवड़ा** पु० अर्गला।
**बेवस्था*** स्त्री० प्रबन्ध; शास्त्रीय विधान; स्थिति।
**बेवहरिया*** पु० साहूकार, महाजन; मुनीम।
**बेश** वि० *(फ़ा०)* ज्यादा, अधिक।

**बेशी** स्त्री० अधिकता, वृद्धि; नफा।
**बेश्म** पु० घर।
**बेसन्दर*** पु० अग्नि, वैश्वानर।
**बेसन** पु० चने का आटा।
**बेसहना*** स० क्रि० मोल लेना, खरीद करना।
**बेसा*** स्त्री० रण्डी, वेश्या।
**बेसाहना*** स० क्रि० खरीदना, मोल लेना।
**बेसुध** वि० अचेत।
**बेसुर** वि० बेमेल सुर का।
**बेसुरा** वि० अनियमित सुर वाला।
**बेस्वा*** स्त्री० वेश्या।
**बेहँसना*** अ० क्रि० विहँसना, प्रमुदित होना।
**बेह*** वि० *(फ़ा०)* अच्छा, भला। पु० छेद।
**बेहड़*** पु० जंगल आदि विकट स्थान। † वि० बीहड़।
**बेहन**† वि० पीला। पु० अनाज का बीज, पौध।
**बेहरना**† अ० क्रि० दरार पड़ना, फटना।
**बेहरी**† स्त्री० चन्दा।
**बेण्डा** वि० नौका समूह, लकड़ियों का ढाँचा जिसपर बैठकर नदी पार करते हैं।
**बै** स्त्री० बिक्री, बेचना।
**बैकुण्ठ** पु० स्वर्ग, वैकुण्ठ।
**बैकल** वि० उन्मत्त, पागल।
**बैगनी** वि० बैंगनी।
**बैजई** पु० हलका नीला रंग। वि० हलके नीले रंग का।
**बैजनी** पु० बैंगनी।
**बैज़ा** पु० *(अ०)* अण्डा; अण्डकोष।
**बैजिक** पु० *(सं०)* अंकुर; आत्मा। वि० पैतृक।
**बैठक** स्त्री० बैठकी; जलसा, (संसद आदि का); अधिवेशन; बैठने का कमरा, चौपाल।
**बैठका** पु० बैठने या मित्रों से मिलने-जुलने का कमरा।
**बैठकी** स्त्री० आसन, आधार।
**बैठन** स्त्री० बैठने का ढंग।
**बैठना** अ० क्रि० ज़मीन का धँसना, दबना; (घोड़े पर) चढ़ना; (कुर्सी आदि पर) आसीन होना।
**बैढ़ना*** स० क्रि० घेरना, बेढ़ना।
**बैताल** पु० एक प्रेतयोनि; भाट; स्तुतिपाठक, बेताल।
**बैतुलख़ला** पु० *(अ०)* पाखाना, शौचालय।
**बैतुलमाल** पु० *(अ०)* लावारिस माल जो जब्त हो जाये; राजकोश; सार्वजनिक कोष।
**बैतुल्लाह** पु० *(अ०)* खुदा का घर; खानएकाबा।
**बैद*** पु० वैद्य।
**बैदई** स्त्री० वैद्य का पेशा।
**बैदाई*** स्त्री० उपचार, आयुर्वेदिक चिकित्सा।
**बैन*** पु० वचन, बोल।
**बैना** पु० विवाह की मिठाई।
**बैपार** पु० उद्यम, व्यापार।
**बैयर*** स्त्री० स्त्री।
**बैर** पु० शत्रुभाव, दुश्मनी; विरोध, बुराई।
**बैरन, बैरिन** स्त्री० शत्रु स्त्री; सौत।
**बैरा** पु० *(अ०)* चपरासी; होटल आदि में भोजन पहुँचाने वाला व्यक्ति।
**बैरागार*** पु० आकर, भण्डार, खानि।
**बैरिस्टर** पु० *(अ०)* अधिवक्ता, बारिस्टर।
**बैरी** वि०, पु० दुश्मन, विरोधी।
**बैहर*** वि० डरावना। स्त्री० वायु।
**बोंड़ा*** पु० बारूद में आग लगाने का पलीता।
**बोंड़ी**† स्त्री० बौंड़ी।
**बोक*, बोकरा**† पु० बकरा।
**बोकला**† बकला, छिलका।
**बोचना**† स० क्रि० लोकना, झेलना।
**बोझ** पु० भार; वजनदार चीज; गठरी, गट्ठा; जिम्मेदारी।
**बोझल, बोझिल** वि० भारी, वजनदार।
**बोझा** पु० बोझ।
**बोट** स्त्री० *(अं०)* धुआँकश, नाव।
**बोटा** पु० टुकड़ा, खण्ड; लकड़ी का कुन्दा।
**बोटी** स्त्री० माँस का छोटा टुकड़ा।
**मु० बोटी बोटी काटना** शरीर के छोटे-छोटे टुकड़े कर देना। **बोटी बोटी फड़कना** बहुत चुलबुलापन होना, अंग-अंग फड़कना।
**बोड़ना*** स० क्रि० डुबाना।
**बोदर*** स्त्री० लचीली, पतली छड़ी।
**बोदा** वि० सुस्त; गावदी, मोटी अक्ल का; दब्बू।
**बोध** पु० *(सं०)* जताना; जानकारी; ज्ञान।
**बोधन** पु० *(सं०)* जगाना; जताना; ज्ञान कराना; उद्दीपन; विकसित करना।
**बोधना*** स० क्रि० समझाना-बुझाना; जताना।
**बोधनी** स्त्री० *(सं०)* ज्ञान; समझ; प्रबोधिनी एकादशी।

**बोधनीय** वि० *(सं०)* जताने या जगाने योग्य।
**बोधयिता(तृ)** वि०, पु० *(सं०)* जगाने वाला; शिक्षक।
**बोधित** वि० *(सं०)* जिसे बोध कराया गया हो।
**बोधितव्य** वि० *(सं०)* जानने योग्य।
**बोध्य** वि० *(सं०)* जानने योग्य; जताने योग्य।
**बोना** स० क्रि० बिखेरना, बीज जमीन में डालना।
**बोबा*** पु० गठरी; थन, स्तन; घर की चीज-वस्तु।
**बोय** स्त्री० दुर्गन्ध।
**बोर, बोरला** पु० शिरोभूषण।
**बोरसी**ǂ स्त्री० अँगीठी।
**बोरा** पु० घुँघरू; जूट का बना बड़ा थैला जिसमें अनाज आदि रखते हैं।
**बोरिया** स्त्री० छोटा बोरा।
**मु० बोरिया बाँधना/उठाना/समेटना** रास्ता लेना, चल देना। **बोरिया सँभालना** चलने की तैयारी करना।
**बोरी** स्त्री० छोटा बोरा।
**बोर्ड** पु० *(अं०)* दफ्ती; लकड़ी का तख्ता; कमेटी, मण्डल; म्युनिसिपल बोर्ड; जिला बोर्ड।
**बोर्डिंग हाउस** पु० *(अं०)* छात्रावास।
**बोलना** स० क्रि० कहना; आज्ञा देना; जवाब देना; *बुलाना। अ० क्रि० मुँह से आवाज निकालना।
**बोलवाना** स० क्रि० उच्चारण कराना, कहवाना।
**बोली** स्त्री० वाणी, वचन।
**मु० बोली कसना** ताने देना। **बोली बोलना** व्यंग्य करना, फबती कसना।
**बौंड़*** स्त्री० लम्बी टहनी; लता।
**बौंड़ना*** अ० क्रि० आगे बढ़ना; दूर तक फैलना; टहनी फेंकना; लिपटना।
**बौंडर*** पु० बवण्डर।
**बौंड़ी** स्त्री० फली; ढोंढ़ी; दमड़ी, छदाम।
**बौआना**ǂ अ० क्रि० सपने में प्रलाप करना।
**बौखलाहट** स्त्री० क्रोधावेश; विक्षिप्तता, बदहवासी।
**बौखा** स्त्री० हवा का तेज झोंका।
**बौछाह** स्त्री० पानी की बौछार।
**बौड़ना*** अ० क्रि० मतवाला होना।
**बौड़म** वि० पागल, सनकी।
**बौड़हा** वि० बौड़म, पागल; बेवकूफ, मूर्ख।
**बौना** पु० वामन, ठिगना।
**बौर** पु० आम की मंजरी, मौर।
**बौरना** क्रि० आम पर बौर आना।
**बौरहा*** वि० पागल, बौड़म।
**बौराना*** स० क्रि० बहकाना; उन्मत्त करना। अ० क्रि० बावला हो जाना, पागल हो जाना।
**ब्यंग** पु० चुटकी, ताना; गूढार्थ।
**ब्यथा** स्त्री० कष्ट, व्यथा, दुःख।
**ब्यसन** पु० आदत, व्यसन, लत।
**ब्याज** पु० ब्याज; सूद।
**ब्याजख़ोर** पु० सूद खाने वाला।
**ब्याध, ब्याधा*** पु० दुःख, व्याध, कष्ट।
**ब्यापक** *स्त्री० व्यापकता। वि० व्यापक, बृहत्तर।
**ब्यार, ब्यारि** स्त्री० हवा।
**ब्याल** पु० व्याल, सर्प।
**ब्यालू** पु० रात का भोजन।
**ब्याह** पु० स्त्री-पुरुष में विधिवत् पति-पत्नी सम्बन्ध की स्थापना; विवाह, पाणिग्रहण।
**ब्याहता** पु० पति। स्त्री० विवाहिता पत्नी। वि० विवाहित; जिसके साथ ब्याह हुआ हो।
**ब्याहना** क्रि० विवाह सम्बन्ध होना।
**ब्याहुता** वि० विवाह विषयक।
**ब्योंचना** अ० क्रि० हाथ, पैर के एकाएक मुड़ जाने से नस का हट जाना, मोच आना।
**ब्योंत** स्त्री० किफायतसारी; युक्ति, उपाय; कपड़े की काट-छाँट; तरीका, विधि; योजना; प्रबन्ध।
**ब्योरना*** स० क्रि० ब्यौरेवार बात बतलाना; उलझे हुए बालों, तारों आदि को अलग-अलग करना।
**ब्योरा** पु० हाल; विवरण, तफसील; अन्तर।
**ब्लेष्क** पु० *(सं०)* फन्दा, जाल।
**ब्रन्द*** पु० समूह, वृन्द।
**ब्रध्न** पु० *(सं०)* बाण की नोक; शिव; सूर्य; दिन; मदार; घोड़ा; एक रोग; सीसा।
**ब्रह्मण्ड*** पु० ब्रह्माण्ड।
**ब्रह्म(न्)** पु० *(सं०)* प्रणव; ब्राह्मण; सत्य; तत्त्व; सच्चिदानन्दस्वरूप जगत् का मूल तत्त्व; ईश्वर, परमात्मा; अन्तरात्मा, विवेक; तपस्या; ब्रह्मचर्य।
**ब्रह्मज्ञान** वि० ब्रह्म विषयक ज्ञान।
**ब्रह्मण्य** पु० *(सं०)* ब्रह्मतेज; नारायण; शहतूत; मूँज; ताड़। वि० ब्राह्मणनिष्ठ; धार्मिक; ब्रह्म-सम्बन्धी।

**ब्रह्मत्व** पु० *(सं०)* ब्रह्मभाव; ब्राह्मणत्व।
**ब्रह्मर्षि** पु० *(सं०)* वसिष्ठ आदि मन्त्रद्रष्टा ऋषि।
**ब्रह्मसूत्र** पु० यज्ञोपवीत, जनेऊ।
**ब्रह्मा** पु० सृष्टिकर्ता।
**ब्रह्माण्ड** पु० *(सं०)* खोपड़ी; अण्डाकार भुवनकोष, जिससे पितामह ब्रह्मा की उत्पत्ति हुई (मनुस्मृति), सम्पूर्ण विश्व।
**ब्रह्माम्भ (स्)** पु० *(सं०)* गोमूत्र।
**ब्रह्माक्षर** पु० *(सं०)* ॐ।
**ब्रह्माग्रभू, ब्रह्मात्मभू** पु० *(सं०)* अश्व, घोड़ा।
**ब्रह्माणी** स्त्री० *(सं०)* दुर्गा; ब्रह्मा की पत्नी; ब्रह्मा की शक्ति; सरस्वती; एक नदी।
**ब्रह्मानन्द** पु० *(सं०)* ब्रह्मस्वरूप के साक्षात्कार का आनन्द।
**ब्रह्माभ्यास** पु० *(सं०)* वेदाध्ययन।
**ब्रह्मारण्य** पु० *(सं०)* वह भूमि जहाँ वेदपाठ होता हो; एक वन।
**ब्रह्मार्पण** पु० *(सं०)* परमात्मा को सर्वकर्म फल का समर्पण।
**ब्रह्मावर्त** पु० *(सं०)* दृषद्वती और सरस्वती नदियों के मध्य का देश या भूखण्ड।
**ब्रह्मासन** पु० *(सं०)* ब्रह्म के ध्यान के उपयुक्त माना जाने वाला एक आसन।
**ब्रह्मास्त्र** पु० *(सं०)* ब्रह्मशक्ति से परिचालित अमोघ माना जानेवाला एक अस्त्र।
**ब्रह्मिष्ठ** वि० *(सं०)* ब्रह्मा को जानने वाला।
**ब्रह्मिष्ठा** स्त्री० *(सं०)* दुर्गा।
**ब्रह्मीभूत** वि० जो ब्रह्म में लीन हो गया हो या ब्रह्म बन गया हो।
**ब्रह्मेशय** पु० *(सं०)* विष्णु; कार्त्तिकेय।
**ब्रह्मोपदेश** पु० *(सं०)* वेद या ब्रह्मज्ञान की शिक्षा।
**ब्रह्मोपनेता (तृ)** पु० *(सं०)* पलाश, ढाक का वृक्ष।
**ब्राण्डी** स्त्री० *(अं०)* एक विलायती शराब।
**ब्रात*** पु० व्रात्य।
**ब्राह्म** पु० *(सं०)* एक महापुराण; रोहिणी; नक्षत्र; आठ प्रकार के विवाहों में से एक; कन्यादान-विवाह; हथेली का अंगुष्ठमूल के नीचे का भाग; ब्राह्म धर्म का अनुयायी *(आ०)*। वि० ब्रह्मा-सम्बन्धी; ब्रह्म-सम्बन्धी; ब्राह्मण-सम्बन्धी; वैदिक; जिसके अधिष्ठाता ब्रह्मा हों (मुहूर्त)।
**ब्राह्ममुहूर्त** पु० सूर्योदय के पूर्व का समय; प्रातःकाल।
**ब्राह्मविवाह** पु० कन्यादान-विवाह।
**ब्राह्मसमाज** पु० राजा राममोहनराय का चलाया हुआ अद्वैतमार्ग, ब्राह्ममन्दिर।
**ब्राह्मण** वि० *(सं०)* ब्राह्मण-सम्बन्धी; ब्रह्मज्ञानी; ब्राह्मणोचित। पु० हिन्दू धर्म के माने हुए चार वर्णों में से पहला; उस वर्ण का व्यक्ति, अग्रजन्मा; पुरोहित; ब्रह्मा का सोमपात्र; अग्नि।
**ब्राह्मणद्रव्य** पु० ब्राह्मण का धन।
**ब्राह्मणवध** पु० ब्राह्मण की हत्या।
**ब्राह्मणत्व** पु० *(सं०)* ब्राह्मणपन, ब्राह्मण का पद, ब्राह्मण का धर्म या भाव।
**ब्राह्मणातिक्रम** पु० *(सं०)* ब्राह्मण का अनादर।
**ब्राह्मणायन** पु० *(सं०)* विद्वान् और विशुद्ध ब्राह्मण कुल में उत्पन्न ब्राह्मण।
**ब्राह्मणिक** वि० *(सं०)* ब्राह्मण-सम्बन्धी।
**ब्राह्मणी** स्त्री० *(सं०)* एक तरह का पीतल; ब्राह्मण की स्त्री; ब्राह्मण की पत्नी; छिपकली की जाति का एक छोटा जन्तु, बभनी।
**ब्राह्मण्य** वि० *(सं०)* ब्राह्मण के योग्य, अनुरूप। पु० ब्राह्मणत्व; ब्राह्मणों का समूह।
**ब्राह्मी** स्त्री० *(सं०)* ब्राह्मणविधि से विवाहिता स्त्री; सरस्वती, वाणी; ब्रह्मा की शक्ति; दुर्गा।
**ब्रिगेड** पु० *(अं०)* सेना का एक विभाग।
**ब्रिगेडियर** पु० *(अं०)* ब्रिगेड का नायक।
**ब्रिज** पु० पुल; ताश का एक खेल।
**ब्रिटिश** वि० *(अं०)* अँग्रेजी, ब्रिटेन का।
**ब्रिटेन** पु० *(अं०)* इंग्लैण्ड, वेल्स और स्काटलैण्ड।
**ब्रीड़ना*** अ० क्रि० लज्जित होना।
**ब्रेक** पु० *(अं०)* पहिये या गतिचक्र की गति रोकनेवाला यन्त्र।

## भ

**भ** देवनागरी वर्णमाला में पवर्ग का चौथा वर्ण। उच्चारण स्थान ओष्ठ।
**भंकार** पु० भयंकर ध्वनि।
**भंग[1]** पु० *(सं०)* बाधा; संकोच; अस्वीकार; भय।
**भंग[2]** स्त्री० भाँग।

**भंग घुटना** पु० भाँग घोंटने का सोंटा।
**भंगड़** वि० अत्यधिक भाँग पीने वाला, एक जाति (भंगी) विशेष का पुरुष।
**भंगना*** स० क्रि० तोड़ना; नष्ट करना।
**भँगरा** पु० एक वनस्पति; भँगरैया।
**भंगि** स्त्री० *(सं०)* टेढ़ापन, विच्छेद; लहर; ढंग।
**भंगी** वि० भाँग छाननेवाला। पु० एक अछूत जाति जो मैले, कूड़ा-करकट की सफाई करती है।
**भंगुर** वि० नाशवान।
**भँगेड़ी** वि० जो भाँग पीने का आदती हो।
**भंजक** वि०, पु० *(सं०)* भंग करने वाला।
**भंजन** वि० *(सं०)* पीड़ा देने वाला; भंग करने वाला। पु० तोड़ना, भंग करना; दन्तक्षय।
**भँजना** अ० क्रि० भँजाया जाना; बटा जाना।
**भँजाना**† स० क्रि० भुनाना; तुड़वाना (सिक्के का)।
**भंजी (जिन्)** वि० *(सं०)* तोड़ने वाला।
**भण्टा**† पु० बैगन।
**भण्डन्** पु० *(सं०)* कवच; हानि, बुराई; युद्ध।
**भण्डरिया भँडरिया** वि० धूर्त; ढोंगी, पाखण्डी। स्त्री०भीतर का ताख।
**भण्डरियापन** पु० पाखण्ड।
**भण्डा** पु० रहस्य; बर्तन, भाँडा।
**भण्डाना** क्रि० तोड़ना।
**भण्डार** पु० पाकशाला; अग्निकोण, कोष।
**भण्डारा** पु० भण्डार; साधुओं का भोज; *समूह।
**भण्डारी** पु० रसोईदार
**भँडुआ** पु० भडुआ, दलाल।
**भँड़ैती** स्त्री० हेय बातचीत, हास-परिहास।
**भम्भ** पु० *(सं०)* मक्षिका; धुआँ; चूल्हे का मुँह।
**भँमर, भँमरा**† पु० भिड़; बड़ी मधुमक्खी, भौंरा।
**भम्भरना** क्रि० भयभीत होना।
**भम्भा** पु० बिल, छेद।
**भम्भाना** क्रि० रँभाना।
**भँवना*** अ० क्रि० चक्कर लगाना, मँडराना; घूमना।
**भँवर** पु० गड्ढा; जलावर्त; भ्रमर।
**भँवरा** पु० लट्टू; भ्रमर, भौंरा।
**भँवरी** स्त्री० परिक्रमा; भँवर; घूम-घूमकर सौदा बेचना।
**भँवाना*** स० क्रि० भ्रम में डालना; घुमाना।
**भँवरा*** वि० भ्रमणशील, घूमने वाला।
**भ** पु० *(सं०)* ग्रह-नक्षत्र, पर्वत, भ्रान्ति।
**भकभकाना** क्रि० प्रदीप्त होना।
**भकुआना, भकुवाना** स० क्रि० चकपका देना।
**भकुड़ा**† पु० तोप में बत्ती भरने का गज।
**भकुरना*** अ० क्रि० रूठना, नाराज होना।
**भकोसना** स० क्रि० भक्षण करना; ठूँसना।
**भकोसू** वि० भकोसने वाला।
**भक्किका** स्त्री० *(सं०)* झींगुर।
**भक्त** पु० *(सं०)* उपासक, सेवक। वि० चाहा हुआ; विभाजित; पूजित; वफादार, अनुरागी; भक्तियुक्त; अनुगत; पकाया हुआ।
**भक्तदास** पु० वह दास जिसे श्रम के बदले में मालिक से केवल भोजन मिलता रहे।
**भक्तद्वेष** पु० मन्दाग्नि।
**भक्तपुलाक** पु० माँड़; भात का कौर।
**भक्ता(क्तृ)** वि०, पु० *(सं०)* पूजक, आराधक।
**भक्ताकांक्षा** स्त्री० *(सं०)* भूख, खाने की इच्छा।
**भक्ति** स्त्री० *(सं०)* श्रद्धा; ईश्वर या पूज्य व्यक्ति के प्रति अत्यनुराग; सेवा, आराधना; विभाग (जैसे, क्षेत्रभक्ति)।
**भक्तिगम्य** वि० सेवा से प्राप्य (शिव)।
**भक्तिरस** पु० ईश्वर के प्रति उत्कट अनुराग, रति।
**भक्तोपसाधक** पु० *(सं०)* रसोइया, पाचक।
**भक्ष** पु० *(सं०)* भोजन; खाना, भक्षण।
**भक्षक** पु० *(सं०)* आहार। वि० खाने वाला; पेटू।
**भक्षकार** पु० हलवाई।
**भक्षना*** स० क्रि० खाना, भक्षण करना।
**भक्षणीय** वि० खाने योग्य।
**भक्षयिता(तृ)** वि०, पु० *(सं०)* भक्षण करने वाला।
**भक्षिका** स्त्री० *(सं०)* खाना (समासान्त में); आहार।
**भक्षित** पु० *(सं०)* आहार। वि० खाया हुआ।
**भक्ष्य** पु० *(सं०)* वह जो खाया जाय, आहार। वि० खाने योग्य।
**भक्ष्यकार** पु० पाचक, रसोइया।
**भखना*** स० क्रि० भक्षण करना, खाना।
**भग** स्त्री० *(सं०)* गुदा और अण्ड कोष के बीच का स्थान; स्त्री की योनि, कान्ति, सौभाग्य, मोक्ष।
**भगती** स्त्री० भक्ति।

**भगभक्षक** पु० भँडुआ।
**भगशास्त्र** पु० कामशास्त्र।
**भगई**† स्त्री० कमर में लपेटकर पहनी जानेवाली कपड़े की लँगोटी, पट्टी।
**भगत** पु० वैष्णव साधु; राजपूताना की एक जाति। वि० भक्त, भगवद् भजन में लगा रहने वाला।
**भगदड़, भगदर** स्त्री० बहुत-से लोगों का बदहवास होकर इधर-उधर भागना।
**भगन*** वि० टूटा हुआ, भग्न।
**भगरना** अ० क्रि० गर्मी से सड़ने लगना, खत्ते में या बखार में रखे हुए अनाज का खराब होना।
**भगली** वि० छली; बाजीगरी करने वाला।
**भगवती** स्त्री० *(सं०)* लक्ष्मी; दुर्गा; सम्मान्य स्त्री।
**भगवा** पु० एक रंग, इस रंग में रँगा हुआ वस्त्र।
**भगवान् (वत्)** पु० *(सं०)* परमेश्वर; विष्णु; शिव।
**भगिनिका** स्त्री० *(सं०)* बहिन।
**भगिनी** स्त्री० *(सं०)* बहिन; भाग्यवती स्त्री।
**भगीरथ** पु० *(सं०)* सूर्यवंशी राजा दिलीप के पुत्र।
**भगन्दर** पु० गुदाव्रण।
**भगाँकुर** पु० बवासीर।
**भगेड़ू, भगेलू** वि० भागनेवाला, भगोड़ा।
**भगोड़ा** वि० भागा हुआ; रणभूमि से भागनेवाला।
**भगौती** स्त्री० भगवती।
**भगौहाँ** वि० भगवा रंग में रँगा हुआ; भगोड़ा; गेरुआ।
**भग्गू-भग्गुल*** वि० रणभूमि से भागा हुआ, भगोड़ा।
**भग्न** पु० *(सं०)* पैर का अस्थिभंग। वि० खण्डित, नष्ट।
**भग्नांश** पु० *(सं०)* समान विभागों में से कुछ अंश।
**भचक** स्त्री० भचकने, लँगड़ाने का भाव, क्रिया।
**भचक्र** पु० ग्रह नक्षत्र, राशिचक्र।
**भचकना** अ० क्रि० लँगड़ाते हुए चलना।
**भच्छना*** स० क्रि० भक्षण करना, खाना।
**भजक** वि०, पु० *(सं०)* विभाग करने वाला।
**भजन** पु० *(सं०)* सेवा, आराधना; स्मरण।
**भजना** स० क्रि० जपना; सेवा, भक्ति करना।
**भजनानन्द** वि० *(सं०)* भजन में तल्लीन रहने वाला।
**भजनानन्दी** वि० भगवद्भजन में मस्त रहने वाला।
**भजनीय** वि० *(सं०)* सम्मान्य, पूज्य।
**भजाना*** अ० क्रि० भागना। स० क्रि० भगाना।
**भट** पु० *(सं०)* एक वर्णसंकर जाति; योद्धा; सैनिक।
**भटई** स्त्री० झूठी तारीफ, चापलूसी, भाटपन।
**भटकटैया** स्त्री० एक कँटीली वनस्पति, एक वनौषधि।
**भटकना** अ० क्रि० व्यर्थ घूमना; रास्ता भूलना; तलाश में फिरना; *चूक जाना।
**भटका*** पु० चक्कर; व्यर्थ घूमने की क्रिया।
**भटकाना** स० क्रि० बहकाना, गलत रास्ता बताना।
**भटधर्मा** वि० *(सं०)* वीर धर्म का पालन करने वाला।
**भटा**† पु० बैंगन, भण्टा।
**भटियारी** स्त्री० एक संकर रागिनी; भठियारी।
**भटू*** स्त्री० सहेली, सखी, अलि।
**भटोला** पु० भार की दी गयी भूमि।
**भट्ट** पु० *(सं०)* दक्षिण के ब्राह्मणों की एक उपाधि; भाट; पण्डित; स्वामी, राजा।
**भट्टाचार्य** पु० *(सं०)* सम्मानित अध्यापक (पदवी रूप में प्रयुक्त) दर्शनशास्त्र का पण्डित।
**भट्टार** पु० *(सं०)* पूज्य, राजा, माननीय।
**भट्टारक** पु० *(सं०)* राजा *(ना०)*; तपस्वी; मुनि।
**भट्टारिका** स्त्री० *(सं०)* सम्मान्य स्त्री, रानी, देवी।
**भट्टिनी** स्त्री० *(सं०)* ब्राह्मणी; सम्मान्य स्त्री।
**भट्ठी** स्त्री० मद्य बनाने का स्थान; *माँद।
**भठियाना** क्रि० समुद्र में भाटा आना।
**भठियारखाना** पु० कमीने, असभ्य लोगों की बैठक।
**भठियारन, भठियारिन, भठियारी** स्त्री० लड़ाकी औरत।
**भठियारपन** पु० भठियारे का पेशा; भठियारों की तरह लड़ना-झगड़ना, कमीनापन।
**भड़क** स्त्री० भड़कने का भाव, झिझक; भड़कीलापन।
**भड़कना** अ० क्रि० क्रुद्ध होना; चौंकना।
**भड़काना** वि० बहकाना; प्रज्वलित करना, आग को तेज करना, उत्तेजित करना, बढ़ावा देना; चौंकाना।
**भड़कीला** वि० भड़कनेवाला; चमक-दमकवाला।
**भड़कैल** वि० बिदकने वाला, भड़कने वाला।
**भड़भड़ाना** अ० क्रि० 'भड़-भड़' आवाज होना, व्यर्थ की बातें करना।
**भड़भड़िया** वि० बक्की, डींग मारनेवाला।
**भड़भाँड़** पु० एक कँटीला पौधा, घमोय।
**भड़भूँजा** पु० भुजवा; दाना भूनने और भाड़ झोंकने का काम करनेवाली हिन्दू जाति।

**भड़सार** स्त्री० भोजन रखने का स्थान, आलमारी, व्यापारी का कार्य, गोदाम।

**भड़हर** पु० बर्तन, भाँड़ा।

**भड़ना** क्रि० कहना।

**भड़िहा** पु० चोर।

**भड़िहाई*** स्त्री० चोरी।

**भड़ी** स्त्री० मिथ्या बढ़ावा।

**भणन** पु० *(सं०)* कहना, कथन; वर्णन।

**भणित** पु० *(सं०)* कथन; वर्णन। वि० कहा हुआ।

**भणिता (तृ)** वि०, पु० *(सं०)* वक्ता, बोलने वाला।

**भणिति** स्त्री० *(सं०)* वार्ता; कथन।

**भण्ड** पु० भाँड़।

**भण्डन** पु० क्षति, हानि।

**भतार*** पु० पति, भर्तार।

**भतीजा** पु० भाई का पुत्र।

**भदन्त** पु० *(सं०)* बौद्ध भिक्षु। वि० सम्मानित, पूजित।

**भदई†** स्त्री० भादों में होने वाली फसल।

**भदाक** पु० *(सं०)* सौभाग्य, अभ्युदय।

**भदेस*** वि० बेढंगा, भोंडा।

**भदोहाँ†** वि० भादों में होने वाला।

**भदौरिया** पु० क्षत्रियों की एक उपजाति।

**भद्दा** वि० अशिष्ट; भोंड़ा, बेढंगा, बेडौल; अयुक्त।

**भद्रंकर** वि० *(सं०)* मंगलकारक, शुभ।

**भद्र** पु० *(सं०)* सुख-सौभाग्य; मंगल; बैल; कदम्ब।

**भद्रक** पु० मोथा; देवदार। वि० *(सं०)* भद्र।

**भद्रशील** वि० सच्चरित्र।

**भद्राकरण** पु० *(सं०)* मुण्डन; भद्र नामक करण।

**भद्राकृति** वि० *(सं०)* भव्य आकृति वाला, सुन्दर।

**भद्रानन्द** पु० *(सं०)* स्वर-साधन की एक प्रणाली।

**भद्री** वि० भाग्यवान्।

**भद्रोदनी** स्त्री० *(सं०)* नागबला; बला।

**भनक** स्त्री० उड़ती हुई खबर (पड़ना); धीमी ध्वनि।

**भनकना*** अ० क्रि० गुंजार करना, 'भन-भन' करना।

**भनिति*** स्त्री० गणित; रचना, उक्ति।

**भबकी** स्त्री० बन्दर-घुड़की, झूठी धमकी।

**भभक** स्त्री० भभकने का भाव; भड़क उठना।

**भभकना** अ० क्रि० जोर से जल उठना; भड़कना।

**भभरना*** अ० क्रि० डरना; घबराना; भ्रम में पड़ना।

**भभूका** वि० अंगारे के समान लाल प्रज्वलित। पु० लपट, ज्वाला।

**भभूत** स्त्री० यज्ञकुण्ड, धूनी आदि की राख, भस्म जिसे शिवभक्त शरीर पर लगाते हैं।

**भय** पु० *(सं०)* डर, खौफ; खतरा, डर।

**भय कर्त्ता** वि० भयानक

**भयजात** वि० भय से उत्पन्न।

**भयद** वि० भयप्रद।

**भयाकुल** वि० *(सं०)* डर से घबराया हुआ, भय-विह्वल।

**भयहारी** वि० भय हरण करने वाला।

**भयातुर** वि० *(सं०)* डर से घबराया हुआ; भयाकुल।

**भयानक** पु० *(सं०)* राहु; भय; बाघ; काव्य के नौ रसों में से एक जिसका स्थायी भाव भय है *(सा०)*।

**भयाना*** स० क्रि० डराना। अ० क्रि० डरना।

**भयान्वित** वि० *(सं०)* भय से युक्त, डरा हुआ।

**भयावदीर्ण** वि० *(सं०)* डर से घबराया हुआ; भयविह्वल।

**भयावह** वि० *(सं०)* डरावना, भयजनक, खतरनाक।

**भरण्ड** पु० *(सं०)* बैल; राजा; स्वामी; कीड़ा।

**भरन्त** स्त्री० भ्रान्ति, सन्देह।

**भरक†** पु० एक प्रकार की चिड़िया।

**भरट** पु० *(सं०)* कुम्हार; सेवक।

**भरण** वि० *(सं०)* भरण-पोषण करने वाला।

**भरण्य** पु० *(सं०)* भरणी नक्षत्र; पालन-पोषण, वेतन

**भरण्या** स्त्री० *(सं०)* स्त्री, मजदूरी।

**भरण्यु** पु० *(सं०)* रक्षक; सूर्य; मित्र; स्वामी; चन्द्र।

**भरण्ड** पु० राम का छोटा भाई, जड़मत, दुष्यन्त पुत्र।

**भरतरी** स्त्री० पृथ्वी।

**भरतखण्ड** पु० भारतवर्ष।

**भरता** पु० भुरता आलू, बैंगन को भून कर बनाया गया साग।

**भरतार*** पु० कान्त, पति; स्वाभी।

**भरती** स्त्री० भरे जाने कि क्रिया।

**भरती** स्त्री० प्रवेश, दाखिला, लिया जाना ।

**भरथ** पु० *(सं०)* अग्नि; *राम के छोटे भाई भरत।

**भरनी** स्त्री० सर्प का विष उतारने का मन्त्र।

**भरभराना** अ० क्रि० घबड़ाना; रोमांच होना; फूलना।

**भरम** पु० प्रतिष्ठा, साख (खुलना, खोना, गँवाना)।

**भरमना*** स्त्री० भूल, भ्रान्ति। अ० क्रि० भटकना।

**भरमाना** *अ० क्रि० चकित होना; भटकना। स० कि० बहकाना, धोखा देना; भ्रम में डालना।
**भरपाई** क्रि०वि० पूर्णरूपेण, चुकता।
**भरभराना** स० क्रि० 'भरर' शब्द के साथ गिराना।
**भरसक** क्रि०वि० यथाशक्ति।
**भरा** वि० क्रोध क्षोभ, खीझ से भरा हुआ।
**भराई** स्त्री० भरने कि क्रिया, भाव।
**भरापुरा** वि० जिसमें कोई कमी न हो।
**भराव** पु० भर्ती; कशीदे में पत्तियों आदि का काम।
**भरित** पु० *(सं०)* हरा रंग। वि० पोषित; भरा हुआ।
**भरिमा (मन्)** स्त्री० *(सं०)* भरण-पोषण; कुटुम्ब।
**भरिया**† पु० ढलाई करने वाला। वि० भरने वाला।
**भरी** स्त्री० एक रुपये या दस माशे भर की तौल।
**भरु** पु० *(सं०)* स्वामी; शिव; भर्ता, पति; विष्णु।
**भरुहाना*** स० क्रि० बढ़ावा देना; बहकाना।
**भरेठी** स्त्री० द्वार पर लगी लकड़ी।
**भरेठा** पु० बरेठा, धोबी।
**भरैत**† पु० किरायेदार।
**भरैया** पु० भरनेवाला; भरण करनेवाला, पालक।
**भरोसा** पु० विश्वास; सहारा, आसरा।
**भरोसी**† वि० भरोसा रखने वाला; आश्रित; विश्वस्त।
**भरौती** स्त्री० भरपाई की रसीद।
**भरौना** वि० भारी।
**भर्जन** पु० भुना हुआ अन्न।
**भर्ग** पु० *(सं०)* भर्जन, भूनना; ज्योति, तेज; ब्रह्मा।
**भर्तव्य** वि० *(सं०)* पालनीय; वहन करने योग्य।
**भर्ता(र्तृ)** पु० *(सं०)* स्वामी; भरण करने वाला; पति।
**भर्त्सन** पु०, **भर्त्सना** स्त्री० *(सं०)* निन्दा।
**भर्म(न्)** पु० *(सं०)* बोझ; मकान; धतूरा; भृति, मजदूरी; पोषण; सोना; स्वर्णमुद्रा; नाभि।
**भर्य** पु० *(सं०)* गुजारा, भरण-पोषण का खर्च *(कौ०)*।
**भलका*** स्त्री० गाँठ; हथियार की नोक; कपट।
**भलपति*** पु० भाला धारण करने वाला।
**भलमनसाहत, भलमनसी** स्त्री० सज्जनता।
**भला** पु० भलाई, हित। अ० अच्छा, खूब।
**भलाई** स्त्री० उपकार, अच्छापन।
**भले** अ० भली-भाँति, खूब, अच्छा, अच्छी।
**भल्लाट** पु० *(सं०)* भालू; एक पहाड़।
**भल्लाक्ष** वि० मन्ददृष्टि।
**भल्लुक, भल्लूक** पु० *(सं०)* भालू।
**भवें** स्त्री० भौंहें।
**भवन्त** * सर्व० आपका। पु० *(सं०)* वर्तमान काल।
**भवन्ती** पु० *(सं०)* वर्तमान काल। स्त्री० साध्वी स्त्री।
**भँवलिया**† स्त्री० एक तरह की पटी हुई नाव।
**भव** पु० *(सं०)* शिव; अग्नि; संसार, वि० लौकिक सत्ता में अनुरक्त।
**भवक** पु० *(सं०)* अस्तित्व। वि० जीवित; उत्पन्न।
**भवदीय** वि० आपका।
**भवदीया** वि०, स्त्री० *(सं०)* आपकी।
**भवन** पु० *(सं०)* अधिष्ठान; जन्मकुण्डली; घर, मकान।
**भवना** क्रि० घूमना।
**भवनी** स्त्री० गृहिणी, भार्या स्त्री।
**भवाम्बुधि** पु० *(सं०)* संसार रूप समुद्र; भवसमुद्र।
**भवात्मज** पु० *(सं०)* कार्त्तिकेय; गणेश।
**भवान्(वत्)** सर्व० *(सं०)* आप, श्रीमान् (सम्बोधन)।
**भविक** पु० *(सं०)* मंगल, कल्याण। वि० धार्मिक।
**भवित** वि० *(सं०)* जो हो चुका है, भूत।
**भवितव्य** वि० *(सं०)* होनहार, अवश्यम्भावी।
**भवितव्यता** स्त्री० *(सं०)* जिसका होना अटल हो।
**भविता(तृ)** वि० *(सं०)* होनहार, होने वाला।
**भविष्य** वि० *(सं०)* होने वाला, भावी। पु० आने वाला कल; आने वाला समय।
**भविष्यत्** पु० आने वाला काल; जल; एक फल। वि० (सं०) होने वाला, भावी।
**भविष्यद्** 'भविष्यत्' का समासगत रूप।
**भविष्यवक्ता** पु० ज्योतिषी।
**भविष्यवाणी** स्त्री० भविष्य में होने वाली बात पूर्व में ही घोषित करना।
**भवीला** वि० भावपूर्ण।
**भवेश** पु० *(सं०)* संसार का स्वामी, शिव।
**भव्य** वि० *(सं०)* सुन्दर; विद्यमान; होने वाला, भावी; शान्त, प्रसन्न; सत्य; शुभ। पु० करेला, कमरख।
**भव्यता** स्त्री० भव्य होने का भाव, धर्म।
**भव्या** स्त्री० *(सं०)* गजपीपल, पार्वती।
**भष** *पु० आहार, भक्ष्य। वि० भूँकनेवाला।
**भषित** पु० *(सं०)* भूँकने की क्रिया।

**भसना**† अ० क्रि० धँसना; डूबना; तैरना।
**भसम** पु० भस्म।
**भसमा** पु० *(अ०)* नील की पत्तियों का चूरा; खिजाब।
**भसाना**† स० क्रि० धँसाना; डुबाना; तैराना।
**भसित** पु० *(सं०)* भस्म। वि० भस्मीभूत।
**भसुर** पु० पति का बड़ा भाई, जेठ।
**भस्त्रा** स्त्री० *(सं०)* भाथी, धौंकनी; मशक।
**भस्म(न्)** पु० *(सं०)* चिता की राख।
**भस्माच्छादित** वि० *(सं०)* राख से ढका हुआ।
**भस्मावशेष** पु० *(सं०)* राख के रूप में बचा अंश। वि० जो जलकर राख मात्र रह गया हो।
**भस्मीकृत** वि० *(सं०)* जलाकर राख किया हुआ।
**भस्मीभूत** वि० *(सं०)* जो जलकर राख हो गया हो।
**भस्सड़** वि० बहुत भद्दा और मोटा, बेडौल।
**भहराना** अ० क्रि० एकाएक गिर पड़ना।
**भाँईं** पु० खरादी, खरादने वाला।
**भाँऊ** पु० भाव, आशय।
**भाँग** स्त्री० गाँजे की जाति का एक पौधा जिसकी पत्तियाँ नशा पैदा करती हैं, विजया।
**भाँगड़ा** पु० पंजाब का एक सामूहिक लोकनृत्य।
**भाँज** स्त्री० तह, मोड़; भुनाई, बट्टा; भाजने का काम।
**भाँजी** स्त्री० चुगली; बहकाने, रुष्ट करनेवाली बात।
**भाँड** पु० *(सं०)* नदी का पेट; भाँड़ का काम, पात्र।
**भाँड़** पु० वह जिसके पेट में बात न पचे; महफिलों में हँसी-मजाक का पेशा करनेवाला।
**भाँड़ना** अ० क्रि० भटकना। स० क्रि० बदनाम करते फिरना; *घूम-घूमकर देखना; नष्ट करना।
**भाण्डागार** पु० *(सं०)* भण्डार, गोदाम; खजाना।
**भाण्डार** पु० *(सं०)* कोष; खजाना; भण्डार।
**भाण्डि** स्त्री० *(सं०)* नाई के औजार रखने का थैला।
**भाण्डिनी** स्त्री० पिटारी।
**भाण्डिक** पु० *(सं०)* तुरही आदि बजाकर जगाने वाला।
**भाण्डीर** पु० *(सं०)* बरगद।
**भात** पु० उबले हुए चावल।
**भान्त** वि० *(सं०)* दीप्त, वज्ररूप, प्रकाशयुक्त।
**भाँति** स्त्री० *मर्यादा; तरह, प्रकार, रंग।
**भाथा** पु० तूणीर, तरकश।
**भाथी** स्त्री० धौंकनी।
**भाँपना** स० क्रि० ताड़ना, रंग-ढंग से जान लेना।
**भाँवर** *पु० भौंरा। स्त्री० खेत जोतते समय एक बार खेत के चारों ओर घूम आना; परिक्रमा, फेरी।
**भा** *अ० क्रि० हुआ। *अ० चाहे, या।
**भाइ*** स्त्री० चाल-ढाल; रीति, प्रकार। पु० भाव।
**भाई** पु० सहोदर, भ्राता, एक ही माँ-बाप का बेटा।
**भाऊ*** पु० वृत्ति; अवस्था; महिमा; प्रेम; भाव; स्वभाव।
**भाक्त** पु० *(सं०)* चावल। वि० औपचारिक, गौण; खाने योग्य; जिसे नित्य भोजन दिया जाता हो।
**भाखना*** अ० क्रि०, स० क्रि० बोलना; कहना।
**भाखर** पु० पर्वत, पहाड़।
**भाग** पु० *(सं०)* चौथाई; परिधि का 30वाँ भाग; राशिचक्र का 50 वाँ भाग।
**भागड़** स्त्री० भगदड़, बहुत से लोगों का आतंकित होकर एक साथ भागना।
**भागदौड़** स्त्री० दौड़-धूप, भगदड़।
**भागना** अ० क्रि० जान बचाना, हारकर पलायन करना; चल देना।
**भागवत** वि० *(सं०)* भगवत्सम्बन्धी।
**भागी(गिन्)** पु० *(सं०)* हिस्सेदार। वि० मालिक, अधिकारी; गौण; हिस्सेदार।
**भागीरथ** *पु० *(सं०)* भगीरथ। वि० भगीरथ-सम्बन्धी।
**भागीरथी** स्त्री० *(सं०)* भगीरथ के प्रयत्न से अवतरित गंगा।
**भाग्य** पु० *(सं०)* नियति, किस्मत, तकदीर, सौभाग्य।
**भाग्यवान्(वत्)** वि० *(सं०)* भाग्यशाली, खुश किस्मत।
**भाग्योदय** पु० *(सं०)* जागना, भाग्य का खुलना।
**भाजन** वि० *(सं०)* भाग लेने वाला, शामिल होनेवाला।
**भाजी** स्त्री० साग, तरकारी।
**भाज्य** वि० *(सं०)* विभाज्य, भाग करने योग्य।
**भाट** पु० राजाओं आदि का यशगान करने वाला।
**भाटक** पु० *(सं०)* लगान; किराया, भाड़ा।
**भाटा** पु० पथरीली जमीन; समुद्र के पानी का चढ़ाव के बाद वेगपूर्वक पीछे हटना, ज्वार का उलटा।
**भाठी** स्त्री० *भट्ठी; समुद्र के पानी का उतार, भाटा।
**भाड़ा** पु० किराया, गाड़ी आदि का किराया।
**भाड़ैत** वि० भाड़े पर काम करने वाला।
**भात** पु० ब्याह में रस्म अदा की जाती है।
**भादों** पु० सावन के बाद पड़ने वाला महीना; भाद्रपद।

**भाद्री** स्त्री० *(सं०)* भादों की पूर्णिमा।
**भान** पु० *(सं०)* ज्ञान; दीप्ति, चमक, प्रकाश; *सूर्य।
**भानजा** पु० बहन का लड़का।
**भानना*** स० क्रि० काटना; नष्ट करना; तोड़ना।
**भानवीय** पु० *(सं०)* दाहिनी आँख। वि० सूर्य-सम्बन्धी।
**भाना** स० क्रि० मथना (मट्ठा); खराद पर चढ़ाना। अ० क्रि० *आभास होना; भान होना, जान पड़ना; अच्छा लगना, फबना, रुचना, पसन्द आना।
**भानु** पु० *(सं०)* सूर्य; प्रकाश; प्रभा; किरण; राजा; मदार; विष्णु; स्वामी; शिव।
**भानु दिन** पु० रविवार।
**भानु फला** स्त्री० केला, कदली।
**भानुमती** स्त्री० *(सं०)* विक्रमादित्य की रानी जो इन्द्रजाल विद्या की पण्डित थी; गंगा।
**भाप, भाफ** स्त्री० पानी को खौलाने से निकलने वाला वाष्पीय रूप।
**भाप टर्बाइन** स्त्री० *(अं०)* भाप की मशीन। ~
**भापना** क्रि० भाँपना।
**भाम** पु० *(सं०)* चमक, दीप्ति; क्रोध; बहनोई; मदार।
**भामक** पु० बहन का पति।
**भामर** पु० पर्वत के नीचे तराई का जंगल, मूँज, डाभ।
**भाभी** स्त्री० बड़े भाई की पत्नी।
**भामती*** स्त्री० प्रियतमा, भावती।
**भामा** स्त्री० *(सं०)* *स्त्री; क्रोधी स्त्री।
**भामिनी** स्त्री० *(सं०)* क्रोध करनेवाली स्त्री।
**भामी(मिन्)** वि० *(सं०)* दीप्तिमान्; सुन्दर; क्रोधी।
**भायप** पु० भाईचारा।
**भाया*** वि० प्यारा, जो अच्छा लगता हो।
**भार** वि० *(सं०)* कष्टप्रद, बोझा-सा लगनेवाला, कठिन। उठाने में समर्थ। पु० गधा।
**भारत** पु० *(सं०)* भारतवर्ष, हिन्दुस्तान; भरतवंश में उत्पन्न जन।
**भारती** स्त्री० *(सं०)* नाट्यकला; वाणी की अधिष्ठात्री, सरस्वती; संन्यासियों की एक उपाधि; वाणी।
**भारतीय** वि० *(सं०)* भारत-सम्बन्धी। पु० भारतवासी।
**भारथी** पु० योद्धा।
**भारद्वाज** पु० *(सं०)* अस्थि; अगस्त्य; द्रोणाचार्य; मंगल ग्रह; बृहस्पति का एक पुत्र; भरदूल पक्षी।
**भारद्वाजी*** स्त्री० *(सं०)* जंगली कपास।
**भारना** स० क्रि० दबाना; बोझ लादना।
**भारवी** स्त्री० *(सं०)* तुलसी।
**भारा** पु० भाड़ा।
**भारिक** पु० बोझ ढोने वाला।
**भारी** वि० देर में पचने वाला।
**भारी(रिन्)** वि० *(सं०)* वजनी, भार वाला।
**भारीपन** पु० गरिष्ठता; बोझ।
**भारीभरकम** वि० बड़े डील-डौल का।
**भारोद्वह** पु० *(सं०)* बोझ ढोनेवाला।
**भार्गव** पु० *(सं०)* भृगु के वंश में उत्पन्न पुरुष।
**भार्गवी** स्त्री० *(सं०)* पार्वती; लक्ष्मी; दूब।
**भार्य** पु० *(सं०)* आयुधजीवी, सेवक; आश्रित व्यक्ति।
**भार्या** स्त्री० *(सं०)* पत्नी, विवाहिता स्त्री।
**भार्याट** वि० *(सं०)* जोरू की कमाई खाने वाला, अपनी पत्नी को दूसरे के पास भेजने वाला।
**भार्याटिक** पु० *(सं०)* स्त्री के शासन में रहने वाला।
**भार्श्य** पु० *(सं०)* अधिकता; जोर, प्रबलता; तीव्रता।
**भाल** पु० *(सं०)* ललाट; अन्धकार; तेज। भालू; भाला।
**भालांक** पु० *(सं०)* शिव; आरा; कछुआ, रोहू मछली।
**भालचन्द्र** पु० शिव।
**भाला** पु० बरछा, नेजा।
**भाला बरदार** पु० भाला चलाने वाला, भाला धारण करने वाला।
**भालि** स्त्री० बरछी, काँय, शूल।
**भाली** स्त्री० शूल; भाले की गाँसी।
**भाव** पु० दर, मूल्य।
**भावविह्वल** वि० भावातुर, भावुक; भाव से आतुर।
**भावगति** स्त्री० इच्छा, विचार।
**भावइ*** अ० जी चाहे तो, मन में आये।
**भावक** वि० *(सं०)* श्रेयस्कर; भावभरा; भक्त, प्रेमी। *अ० थोड़ा। पु० भाव, मनोविकार।
**भावज** स्त्री० भौजाई, भाभी, बड़े भाई की स्त्री।
**भाव-ताव** पु० मोल-भाव, वस्तु मूल्य।
**भावन** वि० *(सं०)* भावक, *भानेवाला, अच्छा लगनेवाला।
**भावना** स्त्री० *(सं०)* अनुसन्धान; उत्पादन; ध्यान, चिन्तन, ख्याल।
**भावनात्मक** वि० *(सं०)* भाव पूर्ण, भाव मय।

**भावनीय** वि० *(सं०)* विचार करने योग्य; कल्पना के योग्य, चिन्तन के योग्य; सहनीय।

**भावभक्ति** स्त्री० आदर, सत्कार।

**भावली** स्त्री० उपज की बँटाई।

**भाववाचक** पु० भावबोधक।

**भाववाच्य** पु० क्रिया का कर्त्तभाव होना बताने वाला वाक्य।

**भावात्मक** वि० किसी विषय की भावदशा विषयक।

**भावार्थ** पु० तात्पर्य, आशय सार।

**भावानुगा** वि० स्त्री० *(सं०)* भावानुग, भाव का अनुसरण करने वाला। स्त्री० छाया।

**भावाभिव्यक्ति** स्त्री० *(सं०)* भाव प्रकट करना।

**भावाव** वि० *(सं०)* नाजुक, कोमल; दयालु।

**भाविक** पु० *(सं०)* भावी अनुमान।

**भावित** वि० *(सं०)* शोधित; प्रमाणित; मिश्रित।

**भावितात्मा(त्मन्)** वि० *(सं०)* जिसने ईश्वर- स्मरण द्वारा अपनी आत्मा शुद्ध कर ली हा।

**भावित्व** पु० *(सं०)* अवश्यम्भाविता, होनहार।

**भाविनी** स्त्री० *(सं०)* भावनायुक्त स्त्री; साध्वी स्त्री; सुन्दरी स्त्री; क्रीड़ाप्रिय स्त्री।

**भावी(विन्)** वि० *(सं०)* सुन्दर, भव्य; होनेवाला; भविष्यत्।

**भावुक** पु० *(सं०)* बहनोई; मंगल; रसमयी भाषा।

**भावोत्कर्ष** पु० *(सं०)* भाव समृद्धि।

**भावोदय** पु० *(सं०)* एक प्रकार का वर्णन जिसमें एक भाव की शान्ति और दूसरे का उदय हुआ हो।

**भावोद्रेक** पु० *(सं०)* भावावेश।

**भावोन्मेष** पु० *(सं०)* भाव का उदय।

**भाव्य** पु० *(सं०)* होनी, भावी।

**भाष्य** पु० भाषा।

**भाषक** पु० *(सं०)* बोलनेवाला (समासान्त में), कहने।

**भाषण** पु० *(सं०)* कृपापूर्ण शब्द; बोलना, कथन; व्याख्यान।

**भाषणकर्ता** पु० भाषण देने वाला।

**भाषान्तर** पु० *(सं०)* भाषान्तर; अनुवाद; उल्था, तर्जुमा।

**भाषा** स्त्री० *(सं०)* (बोलकर) प्रादेशिक भाषा या बोली; हिन्दी; परिभाषा; अर्जीदावा।

**भाषातत्त्व** पु० शब्दतत्त्व विज्ञान।

**भाषिक** स्त्री० *(सं०)* भाषा, वाणी।

**भाषित** पु० *(सं०)* कथन, बोली, वार्तालाप।

**भाषी(षिन्)** वि० *(सं०)* (समास के अन्त में) बोलने वाला; कहने वाला, बताने वाला।

**भाष्य** पु० *(सं०)* भाषा में लिखित कोई ग्रन्थ; बोलना; व्याख्या; सूत्र या मूल ग्रन्थ की व्याख्या, विवृति।

**भासन्त** पु० *(सं०)* सूर्य; चन्द्र; नक्षत्र। वि० सुन्दर।

**भास** पु० *(सं०)* गीध; किरण; मिथ्याज्ञान, कल्पना।

**भासमान** वि० दिखायी पड़ता हुआ।

**भासक** वि०, पु० *(सं०)* चमकाने वाला, प्रकाशक।

**भासन** पु० *(सं०)* चमकना, रोशन होना।

**भासना*** स० क्रि० बोलना, कहना। अ० क्रि० चमकना, प्रकाशित होना; डूबना; धँसना।

**भासिक** वि० *(सं०)* दिखायी पड़नेवाला।

**भासित** वि० *(सं०)* प्रकाशित, चमकीला, चमकदार, दिखायी पड़नेवाला।

**भासु** पु० *(सं०)* सूर्य।

**भासुर** पु० *(सं०)* वीर; कुष्ठौषध; स्फटिक, कोढ़ की दवा। वि० चमकीला, प्रकाशमान; भयंकर।

**भास** स्त्री० *(सं०)* इच्छा; किरण; चमक प्रतिबिम्ब।

**भाष्कर** पु० सूर्य, अग्नि।

**भास्करि** पु० *(सं०)* एक मुनि; कर्ण; सुग्रीव; शनिग्रह।

**भास्वर** पु० *(सं०)* दिन; अग्नि। वि० दीप्तिमान।

**भास्वान्(वत्)** पु० *(सं०)* सूर्य; वीर; प्रकाश।

**भिण्डी** स्त्री० तरकारी विशेष।

**भिन्दु** पु० *(सं०)* बिन्दु। स्त्री० मृत बच्चे का प्रसव करने वाली स्त्री। वि० नष्ट करने वाला।

**भिक्षा** स्त्री० *(सं०)* भीख; माँगना, याचना, भिक्षु।

**भिक्षाक** पु० *(सं०)* भिक्षुक।

**भिक्षान्न** पु० *(सं०)* भिक्षा में प्राप्त अन्न।

**भिक्षार्थी(र्थिन्)** वि०, पु० *(सं०)* भीख माँगने वाला।

**भिक्षार्ह** वि० *(सं०)* भिक्षा देने योग्य।

**भिक्षाशी(शिन्)** वि० *(सं०)* भिक्षाजीवी।

**भिक्षावृत्ति** वि० भीख से आजीविका चलानेवाला।

**भिक्षु** पु० *(सं०)* बौद्ध संन्यासी;

**भिक्षुक** पु० *(सं०)* भीख माँगने वाला, भिखारी।

**भिक्षुणी** स्त्री० *(सं०)* बौद्ध संन्यासिनी।

**भिखारिन** स्त्री० भीख माँगने वाली स्त्री।

**भिखारी** वि० अकिंचन। पु० भीख माँगने वाला।

**भिखिया** स्त्री० **भिच्छा*** पु० भिक्षा, भीख।
**भिखमंगा** पु० भीख माँगनेवाला।
**भिगौना**† पु० बहुगुना।
**भिच्छु** पु० भिक्षु।
**भिच्छुक*** पु० भिक्षुक।
**भिजवाना** क्रि० अन्य से भेजने का कार्य कराना।
**भिटक** स्त्री० घृणा का भाव।
**भिटनी** स्त्री० चूचुक, स्तन का अग्रभाग।
**भिड़ना** अ० क्रि० गुथना, लड़ना; टकराना; सटना।
**भितरिया**† पु० वल्लभ-कुल के मन्दिरों में भीतर रहनेवाला पुजारी। वि० भीतर रहने, अन्तरंग।
**भितल्ला भीतल्ला** पु० दुहरे कपड़े का भीतरी पल्ला। वि० भीतर का।
**भितल्ली** स्त्री० चक्की के नीचे का पाट।
**भिताना** क्रि० ठराना।
**भित्ति** स्त्री० *(सं०)* दरार; भीत, दीवार; नींव; चित्राधार; टूटी हुई वस्तु; चटाई; दोष; अवसर।
**भिद*** पु० अन्तर, भेद।
**भिदक** पु० *(सं०)* हीरा; वज्र; तलवार।
**भिदना** अ० क्रि० घुसना, पैवस्त होना; छिदना।
**भिदा** स्त्री० *(सं०)* भेद; जीरा; फटना, टूटना; अन्तर।
**भिनकना** क्रि० घृणा उत्पन्न होना।
**भिनसार, भिनुसार*** पु० उषाकाल, सुबह, सवेरा।
**भिन्न** पु० *(सं०)* फूल; जख्म। वि० पृथक, अलग।
**भिन्नता** स्त्री० *(सं०)* भेद, भिन्न होने का भाव।
**भिन्नार्थ** पु० अन्यार्थक।
**भिन्नाना** अ० क्रि० सिर चकराना।
**भिन्नोदर** पु० *(सं०)* सौतेला भाई।
**भियना*** अ० क्रि० भयभीत होना, डरना।
**भिरना*** अ० क्रि० भिड़ना।
**भिल्ल** पु० *(सं०)* भल, एक जंगली जाति।
**भिषक्(ज्)** पु० *(सं०)* उपचार, दवा; हकीम, वैद्य।
**भिस्त*** पु० स्वर्ग।
**भिस्स** स्त्री० कमल की जड़।
**भींगना** अ० क्रि० भीगना।
**भींगी*** स्त्री० भौंरा, भृंगी।
**भींचना*** स० क्रि० दबाना, खींचना।
**भींजना*** अ० क्रि० स्नान करना; भीगना
**भी** अ० तक; अधिक; अवश्य।
**भीख** स्त्री० भिक्षा माँगने से प्राप्त अन्नादि; याचना।
**भिखन** वि० भीषण।
**भीखम*** वि०, पु० भीष्म।
**भीगना** अ० क्रि० पानी से तर होना, गीला होना।
**भीट/भीटा** पु० टीले की शक्ल की जमीन; टीला, ढूह।
**भीड़** स्त्री० आदमियों का जमाव, जनसमूह।
**भीड़ना*** स० क्रि० मिलाना; भिड़ाना; मलना।
**भीड़भाड़** स्त्री० धक्कम धक्का; भीड़।
**भीत** पु० *(सं०)* भय, खतरा। वि० डरा हुआ।
**भीतर** पु० अन्तर, अन्तःकरण; जनानखाना।
**भीतरि*** अ० भीतर।
**भीतरी** वि० मनका; अन्दरूनी, भीतर का; अप्रकट।
**भीन*** पु० सवेरा, भोर, भिनसार।
**भीनना** अ० क्रि० सम्मिलित होना; भीगना।
**भीनी** वि० मीठी।
**भीम** पु० *(सं०)* विशालकाय; भयानक रस।
**भीमता** स्त्री० *(सं०)* भयंकरता, डरावनापन।
**भीमरा*** वि० स्त्री० भयानक आकार-प्रकार वाली।
**भीमा** वि० स्त्री० *(सं०)* भीषण आकार वाली।
**भीमान् (मत्)** वि० *(सं०)* भयावह।
**भीर*** वि० भीरु; भीत। स्त्री० आधिक्य; भीड़। पु० अहीर।
**भीरु** वि० *(सं०)* कायर, डरपोक। पु० बाघ; सियार।
**भीरुक** पु० *(सं०)* वन; भालू; उल्लू; बाघ।
**भीरुता** स्त्री० *(सं०)* कायरता, भयशीलता, बुजदिली।
**भीरुताई** स्त्री० भीरुता।
**भीरे** अव्य० पास।
**भील** पु० मध्य भारत, राजपूताना आदि में पायी जाने वाली एक जंगली जाति।
**भीलु** वि० *(सं०)* डरपोक, भीरु। पु० भालू।
**भीलुक, भीलूक** पु० *(सं०)* भालू। वि० भीरु।
**भीषन भीषण** पु० *(सं०)* शिव; भयानक रस।
**भीषणता** स्त्री० डरावनापन।
**भीषित** वि० *(सं०)* डरा हुआ।
**भीष्म** पु० भयानक रस; गंगा के गर्भ से उत्पन्न शान्तनु के पुत्र, देवव्रत; रुद्र।
**भीष्मक** पु० *(सं०)* विदर्भ-नरेश, रुक्मिणी के पिता।
**भीष्मगन्धक** पु० माधवी लता।

**भुअना*** अ० क्रि० भूलना, बहकना।
**भुआर, भुआल*** पु० राजा, भूपाल।
**भुँइ** स्त्री० भूमि, पृथ्वी।
**भुक*** पु० अग्नि; भोजन, आहार।
**भुकराँद, भुकरायँध** स्त्री० सड़ने से उत्पन्न दुर्गन्ध।
**भुक्खड़** वि० भूखा पेट; जिसके पास कुछ न हो।
**भुक्त** पु० *(सं०)* भोजन। वि० भोगा हुआ।
**भुक्ति** स्त्री० *(सं०)* ग्रह की दैनिक गति।
**भुक्तोच्छिष्ट** पु० *(सं०)* जूठन।
**भुख** 'भूख' का समासगत रूप। भूखों मरने की स्थिति।
**भुखाना†** अ० क्रि० क्षुधित होना।
**भुगतना** अ० क्रि० बीतना, पूरा होना। स० क्रि० भोगना, सहना।
**भुगतान** पु० *(डिलिवरी)* ग्राहक को खरीदा हुआ माल देना; भुगतान की क्रिया।
**भुगुत** स्त्री० बिसात; *भुक्ति।
**भुग्न** वि० *(सं०)* वक्र, बीमार, रोगी;
**भुच्च, भुच्चड़** वि० मूर्ख, जड़मति।
**भुज** स्त्री० भुजा, बाहु, समकोण का पूरक कोण, प्रान्त, किनारा, शाखा, त्रिभुज का आधार।
**भुँजना** क्रि० भुनना, भुन जाना।
**भुजपाश** पु० भुजाओं रूपी जाल, गलबाँही।
**भुजंग** पु० *(सं०)* विदूषक; जार; सीसा; साँप।
**भुजंगम** पु० *(सं०)* अश्लेषा नक्षत्र; साँप; सीसा।
**भुजंगा** पु० काले रंग की एक चिड़िया, *साँप।
**भुजंगी** स्त्री० *(सं०)* सर्पिणी, नागिन, एक वर्णवृत्त।
**भुजदण्ड** पु० *(सं०)* हाथ; बाजू।
**भुजगान्तक** पु० *(सं०)* गरुड़; नेवला; मोर।
**भुजगाशन** पु० *(सं०)* मोर; गरुड़।
**भुजपात*** पु० भोजपत्र का पेड़।
**भुजवा†** पु० भड़भूँजा।
**भुजा** स्त्री० *(सं०)* सर्प की कुण्डली; बाहु, भुज।
**भुजाग्र** पु० *(सं०)* हाथ।
**भुजाली** स्त्री० छोटी कटार, एक तरह का टेढ़ा छुरा।
**भुजिया** पु० घी या तेल में भूनी हुई तरकारी।
**भुजिष्य** वि० *(सं०)*स्वतन्त्र। पु० रोग; दास; हस्तसूत्र।
**भुजौना*** पु० भुनाई में दिया जानेवाला अन्न, भुजैना, भाड़ में भुना हुआ अन्न।
**भुज्यु** पु० *(सं०)* पात्र; आहार; यज्ञ; अग्नि।
**भुतनी†** स्त्री० भूतनी; स्त्री प्रेत।
**भुनगा** पु० तुच्छ; उड़नेवाला छोटा कीड़ा, फतिंगा।
**भुनना** अ० क्रि० सिंकना, भूना जाना।
**भुन-भुन** स्त्री० धीमी, अस्पष्ट ध्वनि।
**भुनभुनाना** अ० क्रि० भुन-भुन शब्द करना, बड़बड़ाना।
**भुनाना** स० क्रि० रुपये या किसी बड़े सिक्के को छोटे सिक्कों में बदलवाना; भूनने का काम कराना।
**भुरकना** अ० क्रि० भुरभुरा होना। स० क्रि० बुरकना।
**भुरका†** पु० प्याला, कुज्जा; बुकनी, चूर्ण।
**भुरकाना†** स० क्रि० छिड़कना, भुरभुराना।
**भुरकी** स्त्री० कोठिला; छोटा भुरका, कुल्हिया।
**भुरकुस** पु० वह वस्तु जो चूर-चूर हो गयी हो; चूर्ण।
**भुरभुरा** वि० जो झट टूटकर चूर्णरूप हो जाये।
**भुराना*** स० क्रि० बहकाना; भूल जाना।
**भुरुण्ड** पु० *(सं०)* भारण्डपक्षी; एक गोत्रप्रवर्तक ऋषि।
**भुलना†** पु० एक तरह की घास। वि० विस्मरणशील।
**भुलवाना** स० क्रि० भूलने को प्रेरित करना; †खो देना।
**भुलसना** अ० क्रि०, स० क्रि० गर्म राख में झुलसना।
**भुलाना** अ० क्रि० भुलावे में पड़ना; बहकना; भटकना।
**भुलावा** पु० धोखा, चकमा; छलपूर्ण बात।
**भुव** *स्त्री० भूमि; भौ। पु० *(सं०)* भुवर्लोक; अग्नि।
**भुवन** पु० *(सं०)* आकाश; जगत्, लोक।
**भुवनेश्वर** पु० *(सं०)* उड़ीसा के अन्तर्गत एक प्रसिद्ध तीर्थ; राजा; लोकों का स्वामी; शिव।
**भुवनेश्वरी** स्त्री० *(सं०)* दस महाविद्याओं के अन्तर्गत एक देवी।
**भुवन्यु** पु० *(सं०)* अग्नि; सूर्य; चन्द्रमा; स्वामी।
**भुशुण्डी** स्त्री० *(सं०)* एक अस्त्र। पु० काकभुशुण्डि।
**भुशुण्डी** स्त्री० *(सं०)* एक तरह का अस्त्र।
**भुस** पु० भूसा।
**भुसी** स्त्री० भूसी।
**भुसना*** अ० क्रि० व्यर्थ बकना; भूँकना।
**भुसौरा, भुसौला*** पु० भूसा रखने का घर।
**भूँकना** अ० क्रि० कुत्ते का भौं-भौं करना।
**भूँजना†** स० क्रि० सताना; पकाना; *भोगना।

**भूँजा**† पु० भड़भूँजा; भूजा हुआ अन्न, चबैना।
**भुडोल** पु० भूकम्प।
**भूँरा*** पु० भ्रमर।
**भूँसना*** अ० क्रि० भूँकना।
**भू** स्त्री० *(सं०)* स्थान; धरती, भूमि, जमीन।
**भूआ** वि० सफेद। पु० रुई जैसा रेशेदार पदार्थ।
**भूई** स्त्री० रुई का छोटा गाला, पूनी।
**भूक** पु० *(सं०)* काल; छेद, छिद्र; वसन्त; अन्धकार।
**भूकन्द** पु० सूरण।
**भूकम्प** पु० भूचाल।
**भूकना** अ० क्रि० भूँकना।
**भूकल** पु० *(सं०)* बिगड़ैल घोड़ा।
**भूख** स्त्री० इच्छा; भोजन की इच्छा, क्षुधा।
**भूखना**† अ० क्रि० उपवास करना। *स० क्रि० भूषित करना, सजाना।
**भूखा** वि० जिसे भूख लगी हो।
**भूगर्भ** पु० भूमि का भीतरी भाग।
**भूटानी** वि० पु० भूटान देश का निवासी।
**भूगर्भ** पु० भूमण्डल।
**भूचक्र** पु० पृथ्वी की परिधि, विषवत् रेखा।
**भूचर** पु० पृथ्वी पर रहने वाला प्राणी।
**भूचित्र** पु० पृथ्वी का मानचित्र।
**भूड़** स्त्री० कुएँ का सोता; बलुई जमीन।
**भूत** पु० *(सं०)* बहुत बड़ा भक्त; कल्याण।
**भूतकाल** पु० बीता हुआ समय।
**भूतनी** स्त्री० स्त्री प्रेत, भुतनी, भूत योनि प्राप्त स्त्री।
**भूतपूर्व** वि० इस समय से पहले का।
**भूतान्तक** पु० *(सं०)* यम; रुद्र।
**भूताक्ष** पु० *(सं०)* सूर्य।
**भूतागति*** स्त्री० विलक्षण बात।
**भूताधिपति** पु० *(सं०)* शिव।
**भूतादि** पु० *(सं०)* अहंकार; परमेश्वर।
**भूतानुकम्पा** स्त्री० *(सं०)* जीवदया।
**भूतायन** पु० *(सं०)* परमेश्वर।
**भूतार्थ** वि० *(सं०)* वस्तुतः घटित, यथार्थ।
**भूतावास** पु० *(सं०)* शरीर; शिव; विष्णु।
**भूति** स्त्री० *(सं०)* उत्पत्ति होना; वैभव, सम्पत्ति।
**भूतिक** पु० *(सं०)* चिरायता; कपूर; चन्दन; अजवायन।
**भूतिनी** स्त्री० डाकिनी; भूतयोनिप्राप्त स्त्री।
**भूती** वि० भूत-पूजक।
**भूतेज्य** पु० *(सं०)* प्रेत-पूजा। वि० प्रेत-पूजक।
**भूतेज्या** स्त्री० *(सं०)* प्रेत-पूजा।
**भूतेश, भूतेश्वर** पु० *(सं०)* शिव।
**भूतेष्टा** स्त्री० *(सं०)* आश्विन-कृष्णा चतुर्दशी।
**भूतोन्माद** पु० *(सं०)* प्रेतबाधा से उत्पन्न उन्माद।
**भूतोपसृष्ट, भूतोपहत** वि० *(सं०)* जिसे भूत लगा हो।
**भूत्तम** पु० *(सं०)* सोना।
**भूदेव** पु० ब्राह्मण।
**भूधन** पु० राजा।
**भूधा** पु० शेषनाग।
**भून*** पु० भ्रूण।
**भूनना** स० क्रि० जलाना; बहुत कष्ट देना।
**भूप** पु० नृप, राजा।
**भूपेन्द्र** पु० *(सं०)* सम्राट्, राजाओं में श्रेष्ठ।
**भूपेष्ट** पु० *(सं०)* राजादनी वृक्ष।
**भूबिम्ब** पु० पृथ्वी की छाया।
**भूभल, भूभुर, भूभुरि** स्त्री० गर्म रेत या धूल।
**भूमय** वि० *(सं०)* मिट्टी का बना हुआ।
**भूमयी** स्त्री० *(सं०)* छाया, सूर्यपत्नी।
**भूमा(मन्)** पु० *(सं०)* ऐश्वर्य; विशाल राशि; धरती।
**भूमि** स्त्री० *(सं०)* आधार, धरती; स्थान, क्षेत्र।
**भूमिका** स्त्री० *(सं०)* नट की वेशभूषा; पृष्ठभूमि; लिखे गये विषय की पूर्व सूचना, रचना, वक्तव्य, मुखबन्ध।
**भूमिज** वि० जो भूमि से उत्पन्न हो।
**भूमिया** पु० ग्राम देवता; जमींदार।
**भूमि-संरक्षण** पु० *(सॉइल कंजर्वेशन)* कटाव आदि से जमीन का बचाव।
**भूमि-हस्तान्तर-अधिनियम** पु० भूमि का स्वामित्व या स्वत्व हस्तान्तरित करने से सम्बन्ध रखने वाला अधिनियम।
**भूमीन्द्र** पु० *(सं०)* राजा।
**भूमीश्वर** पु० *(सं०)* राजा।
**भूम्य** वि० भूमि पर होने योग्य।
**भूयः (यस्)** अ० *(सं०)* साधारणतः और अधिक।
**भूयशः (शस्)** अ० *(सं०)* अधिकतर, अतिशय।
**भूयसी** वि० स्त्री० *(सं०)* बहुत अधिक (दक्षिणा)।

**भूयस्त्व** पु० *(सं०)* प्राचुर्य; प्रधानता।
**भूयिष्ठ** वि० *(सं०)* अत्यधिक, बहुत अधिक।
**भूयोभूयः(यस्)** अ० *(सं०)* बार-बार, पुनः-पुनः।
**भूर** वि० अत्यधिक।
**भूराती** स्त्री० दत्तोपरान्त ब्राह्मणों को दी गयी दक्षिणा।
**भूरा** वि० भूरे रंग का, कपासी।
**भूरि** पु० *(सं०)* ब्रह्मा; विष्णु; शिव; इन्द्र; सोना।
**भूरिता** स्त्री० *(सं०)* आधिक्य, बाहुल्य।
**भूर्ज** पु० *(सं०)* भोजपत्र का पेड़।
**भूर्जपत्र** पु० भोजपत्र।
**भूर्णि** स्त्री० *(सं०)* पृथ्वी; मरुभूमि।
**भूरुह** पु० पेड़, वृक्ष।
**भूर्लोक** पु० *(सं०)* विषुवत् रेखा के दक्षिण का देश।
**भूल** स्त्री० अज्ञानता, गलती, अशुद्धि, चूक।
**भूलना** स० क्रि० भुला देना, याद न रखना।
**भूषण** पु० *(सं०)* सजावट; जेवर, गहना, सुन्दर वस्तु।
**भूषणीय, भूष्य** वि० *(सं०)* अलंकृत करने योग्य।
**भूषना*** स० क्रि० भूषित करना, सजाना।
**भूषा** स्त्री० *(सं०)* शृंगार, गहना, आभूषण, सजावट।
**भूषित** वि० सज्जित, अलंकृत।
**भृंग** पु० *(सं०)* भौंरा, बिलनी, स्वर्णपात्र; लम्पट।
**भृंगक** पु० *(सं०)* भौंरा भृंगराज पक्षी।
**भृंगाण** पु० *(सं०)* बड़ा काला भौंरा।
**भृंगार** पु० *(सं०)* सोना; झारी; अभिषेकपात्र।
**भृगारी, भृंगालिका** स्त्री० *(सं०)* झींगुर।
**भृंकुश, भृकुंस** पु० *(सं०)* स्त्री-वेशधारी अभिनेता।
**भृकुटि, भृकुटी** स्त्री० *(सं०)* भ्रुकुटि, भौं; भौं चढ़ाना।
**भृगु** पु० *(सं०)* शुक्रग्रह; पहाड़ का खड़ा कगार।
**भृत** पु० *(सं०)* वेतन लेकर काम करनेवाला दास।
**भृतक** पु० *(सं०)* वेतन पर काम करने वाला नौकर।
**भृतकाध्ययन** पु० *(सं०)* वैतनिक शिक्षक से पढ़ना।
**भृत्य** पु० *(सं०)* सेवक। वि० भरण करने योग्य।
**भृति** स्त्री० वेतन।
**भृत्या** स्त्री० दासी।
**भृश** अ० *(सं०)* अत्यधिक।
**भृष्ट** पु० *(सं०)* पकाया हुआ माँस।
**भेंटना*** स० क्रि० मिलना; छूना, पकड़ना।
**भेंना, भेंवना*** स० क्रि० भिगोना; तर करना।
**भेक** पु० *(सं०)* डरपोक आदमी; मेढक; मेघ।
**भेट** स्त्री० मिलन, मुलाकात।
**भेड़** स्त्री० *(सं०)* भेड़ी; बकरे की जाति।
**भेड़िया** पु० कुत्ते की जाति का एक जंगली जन्तु जो प्रायः भेड़-बकरियों का शिकार किया करता है।
**भेड़ी** स्त्री० *(सं०)* मादा भेड़; मेषी।
**भेत्ता (त्तृ)** वि० *(सं०)* विघ्न डालने वाला।
**भेद** पु० *(सं०)* राजनीति के चार उपायों में से अन्तिम।
**भेदक** पु० *(सं०)* भेदकारक गुण, विशेषता।
**भेदन** वि० *(सं०)* भेदक। पु० बिलगाना; अन्तर करना।
**भेदना** क्रि० छेदना।
**भेदनीय** वि० भेदने योग्य।
**भेदसाक्षी** पु० *(एप्रूवर)* इकबाली गवाह, मुखबिर।
**भेदिका** वि० स्त्री० *(सं०)* भेदक। स्त्री० ध्वंस, नाश।
**भेदिया** पु० भेद लेने वाला।
**भेदी(दिन्)** पु० *(सं०)* अम्लबेंत।
**भेद्य** वि० भेदने योग्य।
**भेन** पु० *(सं०)* चन्द्रमा; सूर्य। † स्त्री० बहिन।
**भेना*** स० क्रि० तर करना; भिगोना।
**भेरा*** पु० भेला, एक तरह की नाव।
**भेरी** स्त्री० नगाड़ा।
**भेरुण्ड** पु० *(सं०)* गर्भधारण; एक पक्षी; हिंस्र जन्तु।
**भेरुण्डक** पु० *(सं०)* सियार आदि हिंस्र जन्तु।
**भेल** पु० *(सं०)* नाव। वि० मूर्ख; भीरु; ऊँचा, लम्बा।
**भेलपूड़ी** स्त्री० मसालेदार लायी।
**भेला*** पु० मुठभेड़; †गुड़ का बड़ा पिण्ड।
**भेली** स्त्री० किसी वस्तु का पिण्ड; गुड़ की पिण्डी।
**भेषज** वि० *(सं०)* आरोग्यलाभ करानि वाला।
**भेषजांग** पु० *(सं०)* दवा खाने के साथ ,अनुपान।
**भेषजागार** पु० *(सं०)* दवा की दुकान।
**भैंस** स्त्री० गाय जाति का एक मादा पशु, महिषी।
**भैंसा** पु० नर भैंस।
**भैंसाव** पु० भैंस और भैंसे का जोड़ा खाना।
**भैचक** वि० चकित, विस्मित।
**भै*** पु० भय।
**भैजन*, भैदा*** वि० भयजनक, भयोत्पादक।
**भैया** पु० भ्राता, भाई।
**भैरव** वि० भयंकर।

**भैक्ष** वि० *(सं०)* भिक्षाजीवी। पु० भिक्षा।
**भैरों** पु० भैरव।
**भैक्षव** पु० *(सं०)* भिक्षुओं का समूह।
**भैक्षान्न** पु० *(सं०)* भीख में मिला हुआ अन्न।
**भैक्षाशी(शिन्)** पु० *(सं०)* भिक्षुक।
**भैने**† पु० भाँजा, बहन का पुत्र।
**भैया** पु० बराबर वाले या छोटे का सम्बोधन; भ्राता।
**भैरव** पु० *(सं०)* शिव के अवतार रूप माने जाने वाले शिव के अंगविशेष; शिव; भय।
**भैरवी** वि० स्त्री० *(सं०)* भैरव। स्त्री० दुर्गा, एक नदी।
**भैषजिकी** स्त्री० *(फार्मेसी)* औषधि दूकान; औषधि बनाने की विधि।
**भैषज्य** पु० *(सं०)* आरोग्यदायक शक्ति; दवा, औषध।
**भैहा*** वि० जिस पर किसी प्रेत आदि का आवेश हो।
**भोंकना** अ० क्रि० भूँकना, चिल्लाना।
**भोंड़ा** वि० कुरूप; अशिष्ट, बेडौल; भद्दा; *मूर्ख। ~**पन** पु० कुरूपता।
**भोंपा, भोंपू** पु० एक तरह की तुरही।
**भोकार** स्त्री० जोर-जोर से रोना।
**भोक्ता(क्तृ)** पु० *(सं०)* पति; राजा।
**भोग** पु० *(सं०)* सम्पत्ति; चीज को काम में लाना।
**भोगना** स० क्रि० लुत्फ उठाना, ऐश करना, सहना, सुख-दुःख का अनुभव करना।
**भोगवान्(वत्)** पु० *(सं०)* साँप; नाट्य। वि० भोगयुक्त।
**भोगान्त** पु० *(सं०)* भोग या कष्ट का अन्त।
**भोगाधिकार** पु० *(सं०)* भोग करने का उत्तराधिकार।
**भोगाधिकारी** पु० *(सं०)* भोग का उत्तराधिकारी।
**भोगाना** स० क्रि० दूसरे को भोग कराना।
**भोगिक** पु० *(सं०)* साईस; गाँव का मुखिया।
**भोगिनी** स्त्री० *(सं०)* नागिन; राजा की उपपत्नी।
**भोगीन्द्र** पु० *(सं०)* पातंजलि; शेषनाग, वासुकि।
**भोगी(गिन्)** पु० *(सं०)* जमींदार; राजा। वि० भोग करने वाला; भोग-विलास में रत, विषयासक्त।
**भोग्य** पु० *(सं०)* धन-सम्पत्ति, भोग्य वस्तु।
**भोजक** वि० *(सं०)* भोजन देने वाला; खाने वाला।
**भोजन** पु० *(सं०)* खाया जाने वाला खाद्य पदार्थ, खाद्य सामग्री; खाना; भक्षण करना; खिलाना।
**भोजनाधिकार** पु० *(सं०)* पाकशाला की अध्यक्षता।
**भोजनालय** पु० *(सं०)* भोजन शाला; होटल।
**भोजी(जिन्)** वि० *(सं०)* भोजन करने वाला।
**भोज्य** पु० *(सं०)* खाद्य पदार्थ, भोजन।
**भोट** पु० *(सं०)* तिब्बत; भूटान देश।
**भोटांग** पु० *(सं०)* भूटान।
**भोटिया** स्त्री० भूटान की भाषा।
**भोडर, भोडल*** पु० बुक्का; अभ्रक, अभ्रक का चूरा।
**भोथर, भोथरा** वि० जिसकी धार कुन्द हो गयी हो।
**भोर** पु० रात बीतने और सूर्योदय होने का समय।
**भोरा*** वि० भोला।
**भोराई** स्त्री०, **भोरापन** पु० भोलापन।
**भोराना*** अ० क्रि० भुलावे में आना, भ्रम में पड़ना।
**भोलना*** स० क्रि० बहकाना।
**भोला** वि० मूर्ख, बुद्धू; सीधा-सादा, सरल।
**भोलानाथ** पु० शिव
**भोहरा*** पु० भुइँहरा।
**भौं** स्त्री० भौंह; आँख के ऊपर के बाल।
**भौंकना** अ० क्रि० भूँकना।
**भौंचाल**† पु० भूकम्प।
**भौंना** अ० क्रि० भ्रमण करना, घूमना।
**भौंर*** पु० जलावर्त; भ्रमर।
**भौंरहाई*** स्त्री० भौंरे का मँडराना।
**भौंरा** पु० एक काला परदार कीड़ा जो फूलों का प्रेमी माना जाता है, भ्रमर; बड़ी मधुमक्खी।
**भौंराना*** स० क्रि० घुमाना, भाँवर फिराना।
**भौंरी** स्त्री० चक्राकार में उगे हुए बाल या रोयें जो शुभाशुभ सूचक माने जाते हैं।
**भौ*** पु० भय; भव।
**भौचक, भौचक्का** वि० भय या आश्चर्य से हतबुद्धि; हक्का-बक्का, हैरान।
**भौज*** स्त्री० भाभी, भावज।
**भौजल,भौजलि*** पु० भवजाल।
**भौजाई, भौजी** स्त्री० भावज, बड़े भाई की स्त्री।
**भौत** पु० *(सं०)* भूतपूज; पुजारी।
**भौतिक** पु० *(सं०)* मोती; तत्त्व; शिव; तत्त्वों के गुण; उपद्रव। वि० पार्थिव, शरीर विषयक, पंच तत्त्व निर्मित।
**भौना*** अ० क्रि० चक्कर लगाना, घूमना।
**भौम** वि० *(सं०)* भूमि-सम्बन्धी; भूमि से उत्पन्न।
**भौम्य** वि० *(सं०)* भूमि-सम्बन्धी; पृथ्वी पर का।

**भौरिकी** स्त्री० *(सं०)* टकसाल; कोषागार।

**भ्रंश, भ्रंस** पु० *(सं०)* मार्ग से विचलित होना।

**भ्रंशन, भ्रंसन** वि० *(सं०)* नीचे गिराने वाला।।

**भ्रंशित** वि० *(सं०)* नीचे गिराया हुआ; वंचित।

**भ्रंशी(शिन्)** वि० *(सं०)* बर्बाद करने वाला;।

**भ्रंकुश** पु० *(सं०)* स्त्री वेशधारी नट।

**भ्रकुटि** स्त्री० *(सं०)* भृकुटि; भौंह।

**भ्रमण** पु० *(सं०)* चक्कर, चकाचौंध; यात्रा; घूमना।

**भ्रमणीय** वि० *(सं०)* चलने-फिरने योग्य, घूमने योग्य।

**भ्रमना*** अ० क्रि० घूमना, भ्रमण करना, भटकना।

**भ्रमर** पु० *(सं०)* चकाचौंध; चाक; भौंरा।

**भ्रमरक** पु० *(सं०)* जुल्फ; भँवर; भ्रमर; खेलने का गेंद।

**भ्रमरावली** स्त्री० *(सं०)* भौंरों की पंक्ति।

**भ्रमात्मक** वि० *(सं०)* सन्दिग्ध, धोखे में डालने वाला।

**भ्रमाना*** स० क्रि० घुमाना; बहकाना, भ्रम में डालना।

**भ्रमि** स्त्री० *(सं०)* भँवर; कुम्हार का चाक।

**भ्रमित** वि० *(सं०)* घुमाया, चक्कर खिलाया हुआ।

**भ्रमी(मिन्)** वि० *(सं०)* भ्रमयुक्त; चक्कर खानेवाला।

**भ्रशिमा(मन्)** स्त्री० *(सं०)* उग्रता, अतिचार।

**भ्रष्ट** वि० दूषित, दुराचारी।

**भ्रष्टा** स्त्री० *(सं०)* पतिता स्त्री, दुश्चरित्रा।

**भ्रष्टाचार** वि० *(सं०)* आचरणहीन।

**भ्रष्टाचारी** पु० *(सं०)* बेईमानी; दूषित विचार।

**भ्रान्ति** स्त्री० *(सं०)* अस्थिरता; भ्रम, अयथार्थ ज्ञान।

**भ्राजक** वि० *(सं०)* त्वचा में रहनेवाला पित्त।

**भ्राजना*** अ० क्रि० शोभित होना; चमकना।

**भ्राजमान*** वि० सुशोभित, शोभायमान।

**भ्राजि** स्त्री० *(सं०)* चमक, दीप्ति, शोभा।

**भ्राजी(जिन्)** वि० *(सं०)* चमकने वाला, दीप्तियुक्त।

**भ्रात*** पु० भाई, भ्राता।

**भ्रातत्व** पु० भ्रातृभाव।

**भ्राता(तृ)** पु० *(सं०)* सगा भाई।

**भ्रातुष्पुत्र** पु० *(सं०)* भतीजा।

**भ्रात्रेय** वि० *(सं०)* पु० भाई का बेटा, भतीजा।

**भ्रात्र्य** पु० *(सं०)* भ्रातृस्नेह, सगे भाई-सा प्यारा।

**भ्राम** पु० *(सं०)* धोखा, भूल। वि० घूमने वाला।

**भ्रामक** पु० *(सं०)* चुम्बक; ठग; सियार।

**भ्रामर** पु० *(सं०)* भौंरों का इकट्ठा किया हुआ शहद।

**भ्रामरी** स्त्री० *(सं०)* भाँवर; दुर्गा।

**भ्रामरी(रिन्)** वि० *(सं०)* शहद से बना हुआ।

**भ्रुकंश, भ्रूकंश** पु० *(सं०)* स्त्री के वेश में काम करने वाला नट।

**भ्रुकुटि, भ्रुकुटी** स्त्री० *(सं०)* भौं; भ्रूभंग।

**भ्रू** स्त्री० *(सं०)* भौं।

**भ्रूण** पु० *(सं०)* *(एम्ब्रायो)* गर्भस्थ शिशु, वह छोटा प्राणी जो निषेचित अण्ड से विकसित होने की अवस्था में हो ।

**भ्रूविकार** पु० भौंहे चढ़ाना।

**भ्वहरना** क्रि० भयभीत होना, डरना।

**भ्वासर** वि० मूर्ख

## म

**म** देवनागरी वर्णमाला में पवर्ग का अन्तिम व्यंजन-वर्ण। इसका उच्चारण स्थान है—ओष्ठ और नासिका।

**मंकिल** पु० *(सं०)* दावानल, वनाग्नि।

**मंकुर** पु० *(सं०)* दर्पण, आइना।

**मंक्ता(क्तृ)** वि० *(सं०)* गोताखोर।

**मंक्षु** अ० *(सं०)* यथार्थ में; तुरन्त, शीघ्रता से; अत्यधिक।

**मंग** स्त्री० माँग।

**मँगता, मंगन** पु० याचक, भिखमंगा।

**मँगनी** स्त्री० सगाई, ब्याह पक्का करने की रस्म।

**मंगल** वि० *(सं०)* कल्याणकारी, शुभ; सम्पन्न; वीर; शुभ लक्षणयुक्त। पु० मंगलवार; शुभ, कल्याण।

**मंगलमय** पु० *(सं०)* परमेश्वर। वि० कल्याणमय।

**मंगलमुखी** स्त्री० वेश्या।

**मंगला** स्त्री० *(सं०)* सफेद दूब; पतिव्रता स्त्री; पार्वती।

**मंगलाचरण** पु० *(सं०)* कार्य करते समय मंगल कामना से की जाने वाली देवस्तुति।

**मंगलायन** वि० *(सं०)* सुख-समृद्धिवान।

**मंगलारम्भ** पु० *(सं०)* शुभ कार्य का प्रारम्भ, गणेश।

**मंगलालय** पु० *(सं०)* मंगलमय, परमेश्वर।

**मंगलीय** वि० *(सं०)* शुभावह, भाग्यवान।

**मंगलोत्सव** पु० *(सं०)* मांगलिक उत्सव।

**मंगल्या** स्त्री० *(सं०)* ऋद्धि लता; हल्दी; दुर्गा; दूब;

शंखपुष्पी; सफेद बच।

**मँगाना** स० क्रि० मँगाने का काम कराना।

**मँगवाना** स० क्रि० दूसरे के हाथ कोई चीज मँगाना।

**मँगेतर** वि०, स्त्री० (लड़की) जिसकी किसी के साथ शादी की बात पक्की हुई हो।

**मंच** पु० *(सं०) (प्लेटफार्म)* सार्वजनिक स्थल।

**मंजन** पु० दाँत साफ करने का विशेष चूर्ण।

**मँजना** अ० क्रि० अभ्यास होना; माँजा जाना।

**मंजरित** वि० *(सं०)* पुष्पित, मंजरियों से लदा हुआ।

**मंजरी** स्त्री० *(सं०)* लता; तुलसी।

**मंजरीक** पु० *(सं०)* तिलक वृक्ष; अशोक वृक्ष; तुलसी।

**मंजार** पु० मार्जार।

**मंजिमा (मन्)** स्त्री० *(सं०)* मनोहरता, सुन्दरता।

**मंज़िल** स्त्री० *(अ०)* पड़ाव, मुकाम; मकान।

**मंजीर** पु० *(सं०)* नूपुर; घुँघरू; एक जाति।

**मंजीरा** पु० करताल मंजीरा।

**मंजु** वि० *(सं०)* सुन्दर, मनोहर।

**मंजूर** वि० *(अ०)* पसन्द किया हुआ; स्वीकृत।

**मंजूषा** स्त्री० *(सं०)* पत्थर; पिटारी; मँजीठ।

**मंझा** पु० पतंग की डोरी मांजरे का पदार्थ।

**मँझधार** स्त्री० धारा के बीच, नदी के बीच में।

**मँझियाना** स० क्रि० नाव खेना; पार करना।

**मँड़ई** स्त्री० कुटिया, झोपड़ी।

**मण्डक** पु० *(सं०)* गीत का एक अंग; एक रोटी।

**मण्डन** पु० *(सं०)* शृंगार करना; आभूषण; सजाना।

**मण्डना*** स० क्रि० सँवारना, सजाना।

**मण्डप** पु० *(सं०)* ऊपर से छाया हुआ, मँड़वा; कुंज।

**मण्डपक** पु०, **मण्डपिका** स्त्री० *(सं०)* छोटा मण्डप।

**मँडरना*** अ० क्रि० सब ओर से घेर लेना।

**मँडल** क्रि० किसी के आस-पास चक्कर काटना।

**मण्डल** पु० *(सं०)* सूर्य-चन्द्र के इर्द-गिर्द पड़ने वाला घेरा; एक प्रकार का सैन्य-व्यूह; चाक।

**मण्डलाकार, मण्डलाकृत** वि० *(सं०)* मण्डल के आकार का।

**मण्डलाग्र** पु० *(सं०)* खंजर,

**मण्डलित** वि० *(सं०)* गोलाकार बनाया हुआ।

**मण्डलीक** पु० बारह राजाओं का अधिपति।

**मण्डलीकरण** पु० *(सं०)* कुण्डली मारना; मण्डल बनाना।

**मण्डलीश, मण्डलेश** पु० *(सं०)* देश का शासक, नरेश।

**मँडार, मँडारा** पु० गड्ढा; टोकरा, झाबा।

**मण्डी** स्त्री० फल, सब्जी, अनाज आदि की थोक-बिक्री का बाजार।

**मण्डूक** पु० *(सं०)* मेढक; एक रतिबन्ध।

**मण्डूर** पु० *(सं०)* कीट जो दवा के काम आता है।

**मन्त** पु० मन्त्रणा; परामर्श, सलाह।

**मन्तव्य** पु० *(सं०)* निर्णय; संकल्प; मत; प्रस्ताव।

**मन्त्र** पु० *(सं०)* वह शब्द-समूह जिससे किसी देवता की सिद्धि हो या अलौकिक शक्ति की प्राप्ति हो;

**मन्त्रण** पु०, **मन्त्रणा** *(सं०)* सलाह-मशाविरा करना।

**मन्त्रिक** पु० *(सं०)* मन्त्रियों वाला (समासान्त में)।

**मन्त्रिणी** स्त्री० *(सं०)* स्त्री जो मन्त्री का काम करे।

**मन्त्रित्व** पु० *(सं०)* मन्त्री का कार्य, मन्त्री का पद।

**मन्त्री(त्रिन्)** पु० *(सं०)* सलाह देने वाला।

**मन्त्रोदक** पु० अभिमन्त्रित जल।

**मन्थ** पु० *(सं०)* आँख का मैल; करछुल; मथना।

**मन्थक** वि० मन्थन करने वाला।

**मन्थन** पु० *(सं०)* मथानी; रगड़ से आग पैदा करना।

**मन्थर** पु० *(सं०)* सिर के बाल; मक्खन; धीमा; बाधा।

**मन्था** स्त्री० *(सं०)* मेथी।

**मन्थाचल, मंखाद्रि** पु० *(सं०)* मन्दर पर्वत।

**मन्थिनी** स्त्री० *(सं०)* दही मथने का मटका।

**मन्थोदक, मन्थोदधि** पु० *(सं०)* क्षीरसागर।

**मन्थ्य** वि० *(सं०)* मन्थन करने योग्य।

**मन्द** पु० *(सं०)* अभाग्य; एक तरह का हाथी; शनि; यम; प्रलय।

**मन्दक** वि० *(सं०)* बुद्धू मूर्ख।

**मन्दट** पु० *(सं०)* पारिभद्र या देवदारु वृक्ष, फरहा।

**मन्दर** वि० *(सं०)* मन्द। पु० स्वर्ग; मन्दार; आईना।

**मन्दरा, मँदरा** पु० एक तरह का बाजा। वि० ठिगना।

**मन्दसान, मन्दसानु** पु० *(सं०)* अग्नि; प्राण; नींद।

**मन्दा** वि० *(सं०)* ढीला; जिसकी माँग कम हो, कम दाम या सस्ता।

**मन्दाग्नि** स्त्री० *(सं०)* हाजमे का बिगड़ जाना।

**मन्दात्मा(त्मन्)** वि० *(सं०)* मूर्ख; नीच।

**मन्दाना*** अ० क्रि० मन्द पड़ना।
**मन्दानिल** पु० *(सं०)* धीमी और सुखद वायु।
**मन्दार** पु० *(सं०)* मदार; धतूरा; पारिभद्र; मन्दारपुष्प।
**मन्दारक** पु० *(सं०)* एक देव वृक्ष; मन्दार, आक।
**मन्दासु** वि० *(सं०)* जिसकी साँस क्षीण हो रही हो।
**मन्दिमा(मन्)** स्त्री० *(सं०)* मन्दता, सुस्ती, धीमापन।
**मन्दिर** पु० *(सं०)* नगर; देवालय; घर।
**मन्दिरा** स्त्री० *(सं०)* अश्वशाला, अस्तबल, घुड़साल।
**मन्दिल*** पु० घर; मन्दिर।
**मन्दी** स्त्री० तेजी का उलटा, मन्द होने का भाव।
**मन्दुरा** स्त्री० *(सं०)* अश्वशाला; अस्तबल; चटाई।
**मन्दोदरी** वि० स्त्री० *(सं०)* छोटे, तंग पेटवाली।
**मन्दोष्ण** वि० *(सं०)* थोड़ा गरम, कुनकुना।
**मन्द्र** वि० *(सं०)* आह्लादकारी; गम्भीर; प्रसन्न।
**मंशा** पु० अभिप्राय, उद्देश्य; इच्छा, इरादा।
**मंसना** क्रि० मन में संकल्प करना।
**मंसा*** स्त्री० चाह, इच्छा; अभिप्राय।
**मंसूख** वि० मनसूख, रद्द किया गया।
**म** पु० *(सं०)* विष्णु; यम; चन्द्रमा; शिव; ब्रह्मा; विष।
**मइका*** पु० विवाहिता स्त्री के माँ-बाप का घर।
**मई** स्त्री० *(अं०) (मे)* ईसवी सन् का पाँचवाँ महीना।
**मउर** पु० दूल्हे का पुष्प मुकुट।
**मउसी** स्त्री० मौसी।
**मउनी** स्त्री० टोकरी।
**मकई** स्त्री० मक्का।
**मकड़ा** पु० घास की एक जाति; बड़ी मकड़ी।
**मकड़ाना** अ० क्रि० इतराना, मकडी की तरह चलना।
**मकड़ी** स्त्री० एक कीड़ा जो अपने मुँह से निकले लारवा से जाला बुनता है, लूता।
**मकतब** पु० *(अ०)* लिखने-पढ़ने का स्थान; पाठशाला; विद्यारम्भ।
**मकतब का यार** बचपन का साथी।
**मकतबा** पु० *(अ०)* पुस्तकालय; किताबों की दुकान।
**मक़तल** पु० *(अ०)* कत्ल करने की जगह, वधस्थल।
**मक़ता** पु० *(अ०)* गजल या कसीदे का आखिरी शेर।
**मकतूब** वि० *(अ०)* लिखा हुआ, लिखित ।पु० पत्र।
**मक़तूल** वि० *(अ०)* हत, कत्ल किया हुआ।
**मक़दूनिया** पु० मैसिडोनिया, बालकन का एक प्रदेश जो पहले यूनान का भाग था (सिकन्दर पहले यहीं का राजा था)।
**मकदूर** पु० *(अ०)* धन; सामर्थ्य, शक्ति, वश।
**मक़नातीस** पु० *(अ०)* चुम्बक पत्थर।
**मकफ़ूल** वि० *(अ०)* बीमा किया हुआ।
**मक़बरा** पु० *(अ०)* मजार, कब्र पर बनी इमारत।
**मक़बूज़ा** वि० *(अ०)* जिस पर कब्जा किया गया हो।
**मक़बूल** वि० *(अ०)* कबूल किया गया, प्रिया।
**मक़बूलियत** स्त्री० लोकप्रियता; (किसी का) प्रिय या प्यारा होना।
**मकरन्द** पु० *(सं०)* फूलों का केसर, भ्रमर; मधु, फूलों का रस।
**मकरन्दवती** स्त्री० *(सं०)* पाटला लता।
**मकर** पु० *(सं०)* मछली; बारह राशियों में से दसवीं; घड़ियाल; मगर।
**मकर** पु० छल-कपट, मक्र।
**मकर आकार** वि० मगर अथवा मत्स्य के आकार का।
**मकरतार** पु० बादले का तार।
**मकरांक** पु० *(सं०)* कामदेव।
**मकराकृत** वि० *(सं०)* मकर या मछली के आकार का।
**मकराकृतकुण्डल** पु० मछली के आकार का कुण्डल।
**मकराक्ष** पु० *(सं०)* खर का पुत्र।
**मकराज** स्त्री० कैंची।
**मर्करी** पु० *(अ०)* पारा, पारद।
**मकराश्व** पु० *(सं०)* वरुण।
**मकरी** स्त्री० *(सं०)* मादा घड़ियाल।
**मकरी(रिन्)** पु० *(सं०)* समुद्र।
**मकरूज़** वि० ऋणग्रस्त।
**मकरूह** वि० *(अ०)* घृणित, दूषित।
**मकरौरा**† पु० एक छोटा कीड़ा, जो प्रायः आमों के वृक्षों से चिपककर रहता है।
**मक़लूब** वि *(अ.)* औंधा, उलटा हुआ।
**मक़सद** पु० *(अ०)* अभीष्ट, इरादा, मतलब; उद्देश्य।
**मक़सूद** पु० *(अ०)* उद्देश्य, मतलब। वि० अभीष्ट, उद्दिष्ट, जिसका कस्द किया गया हो।
**मक़सूम** पु० *(अ०)* बाँटा, भाग्य; भाज्य।
**मकाई**† स्त्री० मकई।
**मकाद** स्त्री० *(अ०)* बैठने की जगह; गुदा, मलद्वार।

**मकान** पु० *(अ०)* मकान का मालिक।
**मकानात** पु० *(अ०)* मकान का बहुवचन।
**मक़ाम** पु० *(अ०)* पहुँचने का स्थान, मुकाम।
**मकु*** अ० चाहे; शायद; बल्कि।
**मकुट** पु० *(अ०)* मुकुट।
**मकुना** पु० मूँछहीन पुरुष; बिना दाँत का या बहुत छोटे दाँतों वाला (नर) हाथी।
**मकुनी** स्त्री० आटे में बेसन मिलाकर या भरकर बनायी हुई बाटी।
**मकुर** पु० *(सं०)* मौलसिरी; कली; मुकुर, आईना।
**मकुल** पु० *(सं०)* बकुल वृक्ष; कली।
**मकूनी*** स्त्री० मकुनी।
**मकूलक** पु० *(सं०)* कली; दन्ती का पेड।
**मकूला** पु० *(अ०)* उक्ति, वचन, कौल, कहावत।
**मकेरा** पु० बाजरे या ज्वार का खेत।
**मकैनिक** पु० *(अ०) यान्त्रिक, मिस्त्री।*
**मकेरुक** पु० *(सं०)* एक तरह का पराश्रयी कीट।
**मको** स्त्री० मकोय।
**मकोई*** स्त्री० मकोय।
**मकोड़ा** पु० छोटा कीड़ा (कीड़ा के साथ प्रयुक्त)।
**मकोय** स्त्री० दवा के काम आने वाला पौधा और उसका फल; रसभरी का पौधा या फल।
**मकोरना*** स० क्रि० मरोड़ना।
**मकोसल** पु० एक सदाबहार पेड़।
**मकोहा**ं पु० फसल में लगने वाला एक कीड़ा।
**मक्कड़** पु० नर मकड़ी।
**मक्कर**ं पु० मक्र, छलकपट, बनावट।
**मक्कल** पु० *(सं०)* प्रसूता को होने वाला एक प्रकार का शूल रोग।
**मक्का** पु० *(अ०)* अरब का एक प्रधान नगर जो मुहम्मद का जन्मस्थान और मुसलमानों का सर्वप्रधान तीर्थ है; बड़े दाने की मकई, ज्वार।
**मक्कार** वि० *(अ०)* नखरेबाज, धोखा करने वाला।
**मक्कारी** स्त्री० धोखेबाजी, छल, कपट।
**मक्की** पु० मक्के का रहने वाला। वि० मक्के का।
**मक्खन** पु० कच्चा घी, दूध या दही की चिकनाई।
**मक्खा** पु० नर मक्खी, बड़ी मक्खी।
**मक्खी** स्त्री० मधुमक्खी; सर्वत्र पाया जाने वाला उड़नेवाला कीड़ा, मक्षिका।
**मक्खी चूस** पु० वि० कंजूस।
**मक्कण** पु० *(सं०)* मकुना हाथी।
**मक्र** पु० *(अ०)* फरेब, बनावट, धोखा, छल, कपट।
**मक्ष** पु० *(सं०)* क्रोध; समूह; अपना दोष छिपाना।
**मक्षिका** स्त्री० *(सं०)* मक्खी; मधुमक्खी।
**मक्षिकासन** पु० *(सं०)* मधु मक्खियों का छत्ता।
**मख** पु० *(सं०)* यज्ञ।
**मखक्रिया** स्त्री० यज्ञ की विधि।
**मखद्वेषी** पु० राक्षस।
**मखज़न** पु० *(अ०)* भण्डार जमा करने की जगह।
**मखतूल** पु० काला रेशम।
**मखतूली** वि० मखतूल का बना हुआ।
**मखदूम** पु० *(अ०)* स्वामी। वि० सेवित; सेव्य, पूज्य।
**मख़दूमी** पु० सेव्य, पूज्य।
**मखदूश** वि० *(अ०)* भयसंकुल, जिससे खतरा हो।
**मखन*** पु० मक्खन।
**मखनिया** वि० मक्खन निकाला हुआ। पु० मक्खन विक्रेता।
**मखनी** स्त्री० एक छोटी मछली।
**मख़फ़ी** वि० *(अ०)* गुप्त, छिपा हुआ।
**मख़मल** स्त्री० *(अ०)* चौलाई के पौधे पर लगनेवाला फूल; एक मोटा नरम और रोयेंदार रेशमी कपड़ा।
**मख़मली** वि० मखमल का, मखमल का बना।
**मख़मसा** पु० *(अ०)* झमेला, झगड़ा, टण्टा।
**मख़मूर** वि० *(अ०)* नशे में चूर, बदमस्त।
**मख़रज** पु० *(अ०)* मूल; स्रोत, उद्‌गम।
**मख़लूक** स्त्री० *(अ०)* प्राणी; सृष्टि, खिलकत।
**मख़लूक़ात** स्त्री० सृष्टि, चराचर जगत्।
**मख़लूत** वि० *(अ०)* गड्ड-मड्ड, मिला-जुला।
**मख़लूतुन्नस्ल** वि० *(अ०)* वर्णसंकर, दोगला।
**मख़सूस** वि० *(अ०)* खास किया हुआ।
**मखाग्नि** स्त्री० *(सं०)* यज्ञ में संस्कृत अग्नि।
**मखान्न** पु० *(सं०)* यज्ञान्न; बालमखाना।
**मखामल** पु० *(सं०)* यज्ञशाला।
**मखी*** स्त्री० मक्खी।
**मखौल** पु० ठट्ठा, मजाक।
**मखौलिया** वि० मखौल करने वाला।
**मखशाला** स्त्री० यक्षशाला।
**मगन्द** पु० *(सं०)* सूदखोर।

**मग** पु० *(अ०)* प्याला। प्यालेनुमा बर्तन।

**मग*** मगध; मार्ग, रास्ता।

**मग़ज़ी** स्त्री० *(फ़ा)* मिर्जई; रजाई आदि पर लगायी जाने वाली गोट।

**मगद, मगदल** पु० मूँग या उरद के बेसन का लड्डू।

**मगदा** पु० मार्गदर्शक।

**मगदूर*** पु० मकदूर।

**मगध** पु० *(सं०)* कीकट देश, मगध निवासी।

**मगधा** स्त्री० *(सं०)* पिप्पली।

**मगधाधिप, मगधेश्वर** पु० *(सं०)* मगधनरेश; जरासन्ध।

**मगधीय** वि० *(सं०)* मगध का; मगध सम्बन्धी।

**मगन** वि० आनन्दित, अति प्रसन्न; मग्न, डूबा हुआ।

**मगना*** अ० क्रि० प्रसन्न होना, तन्मय होना।

**मगर** अ० *(फ़ा)* किसी प्रकार भी; पर, लेकिन।

**मगर** पु० कान में पहनने का एक गहना; मकर, घड़ियाल; एक हिंस्र जलजन्तु।

**मगरा** वि० हठी; घमण्डी; उद्दण्ड।

**मग़रिब** पु० *(अ०)* सूरज डूबने की जगह या दिशा, पश्चिम।

**मग़रिबी** पु० यूरोपीय; पश्चिम का रहने वाला।

**मग़रूर** वि० *(अ०)* गरूर वाला, घमण्डी।

**मगली एरण्ड** पु० रतनजोत।

**मग़लूब** वि० *(अ०)* दबाया हुआ, पराजित।

**मगसिर** पु० मार्गशीर्ष।

**मगह**† पु० मगध।

**मगहपति** पु० जरासन्ध।

**मगहय, मगहर*** पु० मगध देश।

**मगही** वि० मगध का; मगध में उपजनेवाला।

**मगोर** स्त्री० माँगुर मछली।

**मग्ग*** पु० मग।

**मग़्ज़** पु० *(अ०)* दिमाग, भेजा; सार भाग; मींगी, गिरी, गुद्दा।

**मग्न** वि० *(सं०)* हर्ष-मग्न; तन्मय; डूबा हुआ।

**मघ** पु० *(सं०)* एक म्लेच्छ देश; धन; पुरस्कार; मघा नक्षत्र; एक द्वीप।

**मघवा(वन्)** पु० *(सं०)* उल्लू; इन्द्र।

**मघवाजित्** पु० मेघनाद।

**मघा** स्त्री० *(सं०)* एक औषध; 27 नक्षत्रों में से दसवाँ।

**मघात्रयोदशी** स्त्री० भाद्र-कृष्णा त्रयोदशी।

**मघोनी*** स्त्री० इन्द्राणी।

**मघौना** पु० नीले रंग का कपड़ा।

**मचक** स्त्री० दाब; मचकने की क्रिया, लचक।

**मचकना** स० क्रि० लकड़ी, चमड़े आदि की चीजों को दबा-हिलाकर 'मच-मची' आवाज पैदा होना।

**मचका** पु० झूले की पेंग; मचक।

**मचका** पु० धक्का, झोंका।

**मचकाना** स० क्रि० हिलाना, लचकाना।

**मचना** अ० क्रि० हलचल होना, शोर फैलना।

**मचमचाना** स० क्रि० इस तरह लचकाना कि 'मच-मच' की आवाज निकले।

**मचरंग** पु० किलकिला पक्षी।

**मचर्चिका** स्त्री० *(सं०)* श्रेष्ठता।

**मचला** पु० बाँस की बनी डिबिया। वि० मचलने वाला।

**मचलाना** स० क्रि० हठ करने को प्रवृत्त करना।

**मचली** स्त्री० वमन का उसवास, मतली।

**मचलाई*** स्त्री० हठ।

**मचवा** पु० खाट; मचिया।

**मचान** स्त्री० खम्भों पर बाँस के फट्टे आदि लगाकर बनाया हुआ आसन, मंच।

**मचाना** स० क्रि० जारी या बरपा करना; कराना।

**मचामच** स्त्री० मचक, 'मच-मच' की आवाज।

**मचिया** स्त्री० छोटी चौकी जो खाट की तरह सुतली आदि से बुनी गयी हो।

**मचिलई*** स्त्री० मचलने का भाव, हठ।

**मचीला** पु० एक पौधा जिससे सुहागा बनता है।

**मच्छ** पु० बड़ी मछली; मत्स्य।

**मच्छघातिनी** स्त्री० बंसी।

**मच्छड़** पु० मच्छर।

**मच्छर** पु० एक उड़ने वाला रक्त शोषक कीड़ा।

**मच्छर*** पु० मत्सर।

**मच्छी** स्त्री० मकरबी, मछली।

**मच्छोदरी*** स्त्री० व्यास की माता सत्यवती।

**मछरंग** पु० एक जलपक्षी, मत्स्यरंग, मणी चक।

**मछली** स्त्री० मछली की शक्ल का लटकन।

**मछवा** पु० मछली का शिकार करने की नाव।

**मछुआ, मछुवा** पु० माहीगीर मछलियाँ पकड़ने का पेशा करने वाला, माहीगीर।

**मछुह** पु० मधुमक्खी का छत्ता।

**मज़कूर** वि० *(अ०)* कथित, जिसका जिक्र किया गया हो। पु० चर्चा, जिक्र।

**मज़कूरा** वि० *(अ०)* उक्त, कथित।

**मज़कूरी** पु० अवैतनिक चपरासी जिसे तलबाने से मजदूरी दी जाये।

**मज़ज़ूब** पु० *(अ०)* मुसलमान फकीरों का वर्ग।

**मज़दूर** पु० *(फ़ा)* शरीरश्रम से जीविका करने वाला; मोटिया; बनिहार; मजदूरी पर काम करने वाला।

**मज़दूरी** स्त्री० *(फ़ा)* मजदूरी; उजरत, पारिश्रमिक; शरीर श्रम, बोझ ढोने आदि।

**मजना*** अ० क्रि० निमग्न होना, डूबना।

**मजनू** पु० *(अ०)* बहुत दुबला-पतला आदमी।

**मजबह** पु० *(अ०)* जबह करने की जगह, वधस्थल।

**मज़बूत** वि० *(अ०)* दृढ़, पक्का, टिकाऊ; बलयुक्त।

**मज़बूती** स्त्री० ताकत, सबलता; टिकाऊपन, दृढ़ता।

**मजबूर** वि० *(अ०)* लाचार, विवश।

**मजबूरन्** अ० मजबूर होकर, लाचारी से।

**मजबूरी** स्त्री० विवशता, लाचारी।

**मजमा** पु० *(अ०)* भीड़, जमाव।

**मजमूई** वि० सामूहिक, इकट्ठा।

**मज़मून** पु० *(अ०)* विषय, लेख; लेखादि का विषय, किसी लेख में सन्निहित भाव।

**मज़मूम** वि० *(अ०)* बुरा, निन्दित; नीच।

**मज़म्मत** स्त्री० *(अ०)* निन्दा, बुराई; भर्त्सना।

**मज़रूआ** पु० *(अ०)* जोती-बोयी हुई जमीन, खेत।

**मजरूब** पु० *(अ०)* सिक्का। वि० चोट खाया हुआ।

**मजरूह** वि० *(अ०)* जिसके चोट लगी हो, घायल।

**मजलिस** स्त्री० *(अ०)* सभा, परिषद्, जलसा।

**मजलिसी** पु० सभा में शामिल होने वाला, सभ्य।

**मज़लूम** वि० *(अ०)* सताया हुआ, पीड़ित।

**मज़हब** पु० *(अ०)* रास्ता; पन्थ, धर्म, सम्प्रदाय।

**मज़हबी** वि० धर्मविशेष से सम्बन्ध रखनेवाला, धार्मिक, मजहबी।

**मज़ा** पु० *(अ०)* सुख, आनन्द, लुत्फ; तमाशा। **मुहा० मज़ा किरकिरा होना** कार्य का आनन्द न मिलना। **मज़ा चखना** दण्ड देना। **मज़ा लूटना** आनन्द उठाना, सुख भोगना।

**मज़ाक़** पु० *(अ०)* स्वाद, जायका; रुचि, मन का झुकाव; हँसी, दिल्लगी।

**मज़ाक़न्** अ० हँसी में।

**मज़ाकिया** अ० मजाक में। वि० विनोदी, हँसोड़।

**मजाज़** पु० *(अ०)* लक्ष्यार्थ, लाक्षणिक अर्थ में व्यवहार में लाया हुआ पद। वि० कल्पित, अवास्तविक।

**मजाज़न्** अ० नियमानुसार; मानकर; लक्षणा से।

**मजाज़ी** वि० लौकिक (इश्के मजाज़ी); कल्पित।

**मज़ार** पु० *(अ०)* जियारत की जगह; दरगाह; कब्र।

**मजारी*** स्त्री० मार्जारी, बिल्ली।

**मजाल** स्त्री० *(अ०)* सामर्थ्य, मक़दूर, शक्ति।

**मजिल**† स्त्री० लक्ष्य, मंज़िल।

**मजिस्ट्रेट** पु० *(अ०)* फौजदारी मुकद्दमे सुनने और शासन प्रबन्ध का काम करनेवाला अफसर, दण्डाधिकारी।

**मजिस्ट्रेटी** स्त्री० मजिस्ट्रेट की अदालत; मजिस्ट्रेट का काम, मजिस्ट्रेट का पद, दण्डाधिकारी न्यायालय।

**मजीठ** स्त्री० एक लता जिसकी जड़ों और डण्ठलों को उबालकर लाल रंग निकाला जाता है।

**मजीठी** वि० मजीठ के रंग का, गहरा सुर्ख।

**मजीरा** पु० ताल देने के लिए बजाने वाली काँसे के कटोरियों की जोड़ी।

**मजूमदार** पु० बंगालियों की एक कुलपदवी।

**मजूर**† पु० मज़दूर।

**मजूरी**† स्त्री० मज़दूरी, उजरत।

**मजेज*** स्त्री० घमण्ड, गर्व।

**मज्जन*** पु० *(सं०)* नहाना; मज्जा; डूबना,।

**मज्जना*** अ० क्रि० नहाना; गोता लगाना।

**मज्जरस*** पु० *(सं०)* मज्जारस।

**मज्जा** स्त्री० *(सं०)* पेड़-पौधों का सारभाग, हड्डियों के भीतर का गूदा।

**मझ*** वि० बीच, मध्य।

**मझधार** स्त्री० बीच धारा।

**मझला** वि० बीच का, दरमियानी।

**मझाना*** स० क्रि० घुसाना, प्रवेश करना।

**मझार*** अ० मध्य में, बीच में।

**मझावना*** अ० क्रि०, स० क्रि० मझाना।

**मझियाना*** अ० क्रि० नाव खेना।

**मझियारा*** वि० बीच का, मझला।
**मझोरन** पु० बुनकरी के काम की एक लकड़ी।
**मझेला** पु०†झमेला; मोचियों का एक औजार।
**मझोला** वि० न बहुत बड़ा, न छोटा; मझला।
**मझोली** वि० मझोला, न बहुत बड़ा, न छोटा।
**मट*** पु० मटका। मट्टी का समास में व्यवहृत लघु रूप।
**मट** पु० लाल चींटा।
**मटक** स्त्री० नखरे का भाव, मटकने का भाव।
**मटकना** अ० क्रि० हिलना।
**मटन** *(अं०)* पु० भेड़ का माँस।
**मटकनि*** स्त्री० मटक।
**मटका** पु० माट, बड़े मुँह का घड़ा।
**मटकाना** स० क्रि० किसी विशेष अंग से मटकने की क्रिया करना, उसे नखरे की अदा से हिलाना।
**मटकिनी** स्त्री० मिट्टी का छोटा घड़ा, मटकी।
**मटकी** स्त्री० मटक; छोटा मटका।
**मटकीला** वि० मटकने वाला।
**मटकौअल** स्त्री० मटकाने का काम, मटक।
**मटर** पु० एक द्विदल अन्न जिसकी दाल और रोटियाँ भी खायी जाती हैं।
**मटराला** पु० जौ में मिला हुआ मटर।
**मटियाना** स० क्रि० मिट्टी मलकर धोना।
**मटिया**† स्त्री० मिट्टी, मृत शरीर। वि० मटमैला। पु० एक पक्षी, कजला।
**मटियामेट** वि० नष्ट-भ्रष्ट।
**मटियाला** वि० मटमैला।
**मटुकिया, मटुकी*** स्त्री० छोटा मटका।
**मट्ट** पु० *(सं०)* एक तरह का नृत्य।
**मट्टी** स्त्री० मिट्टी।
**मट्ठर** वि० धीमा, सुस्त।
**मट्ठा** पु० छाँछ।
**मट्ठी** स्त्री० मठरी, एक पकवान विशेष।
**मठ** पु० *(सं०)* देवालय; साधु-संन्यासियों के रहने का स्थान, आश्रम।
**मठरना** पु० सुनारों और कसेरों का एक औजार।
**मठा** पु० मट्ठा।
**मठाधिपति, मठाधीश** पु० *(सं०)* महन्त।
**मठायतन** पु० विद्यालय; मठ।
**मठारना** स० क्रि० बात को बनाकर कहना।
**मठिया** स्त्री० काँसे की बनी हुई चूड़ियाँ; छोटा मठ।
**मठी(ठिन्)** पु० *(सं०)* मठाधीश।
**मठुली** स्त्री० मैदे की नमकीन टिकिया, मठरी।
**मठोर** स्त्री० दही मथने की बड़ी मटकी।
**मडगार्ड** पु० *(अं०)* कीचड़ रक्षक, कीचड़ से रक्षा करने वाला आवरण।
**मर्डर** पु० *(अं०)* हत्या, खून, वध।
**मड़क** स्त्री० गुप्त बात, रहस्य।
**मड़ई** स्त्री० झोपड़ी, लकड़ी आदि के खम्भों पर छप्पर रखकर बनायी हुई कुटी।
**मड़राना** अ० क्रि० मँडराना।
**मड़वा** पु० मण्डप।
**मड़हट*** पु० मरघट।
**मड़हा** पु० भूना हुआ चना।
**मड़ा** पु० माड़ा नामक नेत्ररोग; प्रकोष्ठ, कमरा।
**मड़ाड़**† पु० छोटा तालाब, पोखरी।
**मडुआ** पु० एक मोटा अनाज।
**मड़ैया** स्त्री० मड़ई, झोंपड़ी।
**मढ़** वि० अड़कर एक जगह बैठना। पु० दाँत के ऊपर का मैल।
**मढ़ना** स० क्रि० चीज जड़ना, चौखटे में लगाना।
**मढ़वाना** स० क्रि० मढ़ने का काम कराना।
**मढ़ा** पु० मिट्टी का बना हुआ घर; कमरा।
**मढ़ाई** स्त्री० मढ़ने की मजदूरी; मढ़ने का काम।
**मढ़ी** स्त्री० छोटा मठ; छोटा मन्दिर; कुटी।
**मढ़ैया**† पु० मढ़नेवाला।
**मणि** पु०, स्त्री० *(सं०)* योनि का अग्रभाग; बहुमूल्य रत्न कान्ति युक्त पत्थर, लिंग का अग्रभाग।
**मणिकार** पु० रत्न जड़कर आभूषण निर्माता।
**मणिभ** पु० *(क्रिस्टल)* स्फटिक।
**मणिमान्(मत्)** पु० *(सं०)* सूर्य; एक पहाड़।
**मणी** पु० सर्प।
**मणीन्द्र** पु० *(सं०)* हीरा।
**मणीच** पु० *(सं०)* फूल; हाथ; मोती।
**मणीचक** पु० *(सं०)* चन्द्रकान्त मणि; मत्स्यरंग पक्षी।
**मणीवक** पु० *(सं०)* फूल।
**मतंग** पु० *(सं०)* बादल; हाथी; एक राजर्षि।
**मतंगज** पु० हाथी।

**मतंगी(गिन्)** पु० *(सं०)* हाथी का सवार।

**मत** अ० नहीं, न (जैसे—मत बोलो)।

**मत** स्त्री० मति, बुद्धि, धर्मपन्थ, सम्प्रदाय, आशय।

**मत** पु० *(सं०)* राय, सम्मति; विचार; अभिप्राय; वोट।

**मतना*** अ० क्रि० बिचारना मतवाला होना।

**मतरिया** स्त्री० माता।

**मतरुक** वि० *(अ०)* परित्यक्त, त्यागा हुआ।

**मतलब** पु० *(अ०)* वास्ता; प्रयोजन; आशय, अभिप्राय।

**मतलबी** वि० स्वार्थी, अपनी गरज देखने वाला।

**मतलाना** मिचलाना।

**मतली** स्त्री० मचली।

**मतलूब** वि० *(अ०)* जिसकी इच्छा हो, चाहा हुआ।

**मतलूबा** वि० स्त्री० *(अ०)* माशूका, चाही हुई।

**मतवार, मतवारा*** वि० मतवाला।

**मतवाला** पु० किले की दीवार से शत्रु पर लुढ़काया जानेवाला भारी पत्थर। वि० नशे में चूर, मस्त।

**मतांकन** पु० *(सं०)* मत गणना।

**मतान्तर** पु० *(सं०)* भिन्न मत, दूसरा मत।

**मता** पु० मत। स्त्री० मति।

**माताग्रह** पु० *(सं०)* मत पर अडिग रहना।

**मताग्रही** वि० *(सं०)* मत पर अडिग रहनेवाला।

**मताधिकार** पु० *(सं०)* लोकसभा, विधानसभा, नगरपालिका हेतु वोट देने का अधिकार।

**मताधिकारी(रिन्)** वि० *(सं०)* वोट, मत देने का अधिकारी।

**मतानुसार** अ० *(सं०)* मत के अनुसार।

**मतानुयायी** पु० मत के अनुसार आचरण करने वाला।

**मतानुज्ञा** स्त्री० *(सं०)* एक निग्रह स्थान।

**मतारी*** स्त्री० माता।

**मतार्थना** स्त्री० *(सं०)* मत अपने अनुकूल करना।

**मतार्थी** पु० *(सं०)* वोट चाहने वाला।

**मतावलम्बी(बिन्)** वि० *(सं०)* मत या धर्मविशेष का अवलम्बन करनेवाला।

**मति** स्त्री० *(सं०)* बुद्धि; राय; इच्छा;अक्ल, समझ।

**मति*** अ० सदृश; मत।

**मतिमत, मतिमन्त** वि० बुद्धिमान, विचारवान।

**मती** अ० मत। स्त्री० मति।

**मतिमान्(मत्)** वि० *(सं०)* बुद्धिमान, समझदार।

**मतैक्य*** पु० *(सं०)* दो या अधिक व्यक्तियों का एक राय होना, विचारों की साम्यता, मतों की समानता।

**मत्क** पु० *(सं०)* खटमल।

**मत्कुण** पु० *(सं०)* मकुना हाथी।

**मत्त** पु० *(सं०)* मस्त हाथी; कोयल; धतूरा।

**मत्तक** वि० *(सं०)* जो कुछ-कुछ मस्त हो।

**मत्तता** स्त्री० *(सं०)* पागलपन, मस्ती, मतवाला पन।

**मत्तताई*** स्त्री० पागलपन, मत्तता।

**मत्ता** स्त्री० *(सं०)* मदिरा, मद्य।

**मत्तालम्ब** पु० *(सं०)* बरामदा; बाड़ी।

**मत्तेभ** पु० *(सं०)* मस्त हाथी।

**मत्था** पु० सिर; ललाट, माथा।

**मत्थे** पु० सिर पर।

**मत्स** पु० *(सं०)* मछली; हँसिया की मूठ।

**मत्सर** वि० *(सं०)* डाह करनेवाला; कृपण। पु० क्रोध, द्वेष; डाह, जलन।

**मत्सरी(रिन्)** वि० *(सं०)* मत्सरयुक्त, जलने वाला।

**मत्स्यण्डिका, मत्स्यण्डी** स्त्री० *(सं०)* मोटी और बिना साफ की गयी खाँड़।

**मत्स्य** पु० *(सं०)* विष्णु के दस अवतारों में से पहला; मछली।

**मत्स्य आखेट** पु० मछली पकड़ना।

**मत्यांगना** स्त्री० मत्स्य नारी, जिसका मुख स्त्री एवं तन मछली के समान हो।

**मत्स्याक्षी** स्त्री० *(सं०)* मछली जैसे नेत्रवाली; सोमलता; ब्राह्मी; गाडर दूब।

**मत्स्याद** वि० *(सं०)* मछली खाकर रहनेवाला।

**मत्स्याशन** वि० *(सं०)* मछली खाने वाला।

**मत्स्येन्द्रनाथ** पु० *(सं०)* एक प्रसिद्ध हठयोगी जो गोरखनाथ के गुरु थे।

**मत्स्योत्था** स्त्री० *(सं०)* सत्यवती।

**मत्स्योदरी** स्त्री० *(सं०)* सत्यवती, मत्स्यगन्धा।

**मत्स्योदरी(रिन्)** पु० *(सं०)* विराटराज।

**मत्स्योदरीय** पु० *(सं०)* व्यास।

**मत्स्योपजीवी(विन्)** पु० *(सं०)* धीवर, मछुआ।

**मथन** पु० *(सं०)* वध करनेवाला; मथने की क्रिया।

**मथना** *पु० बड़ी मथानी। स० क्रि० किसी बात को बार-बार सोचना, दूध, दही को मथानी से बिलोना।

**मथनाचल** पु० *(सं०)* मन्दर पर्वत।

**मथनिया*** स्त्री० दही मथने का छोटा मटका; मथानी।
**मथनी** स्त्री० मथने की क्रिया; मथानी।
**मथवाह** पु० हाथीवान, पीलवान, महावत; मस्तक-पीड़ा।
**मथानी** स्त्री० दही मथने का डण्डा जिसके एक सिरे पर कटावदार खोरिया लगी होती है।
**मथित** पु० *(सं०)* वह मट्ठा जिसमें पानी न मिलाया गया हो। वि० पीड़ित; दलित; मथा हुआ।
**मथिता(तृ)** वि०, पु० *(सं०)* नाश करने वाला।
**मथितार्थ** पु० किसी विषय का विवेचनात्मक अध्ययन के बाद निकाला गया अर्थ।
**मथी(थिन्)** पु० *(सं०)* शिश्न; वज्र, वायु; मथानी।
**मथुरा** स्त्री० *(सं०)* व्रजमण्डल के अन्तर्गत एक प्रसिद्ध नगरी, मधुपुरी।
**मथुरानाथ** पु० कृष्ण।
**मथुरिया** वि० मथुरा का।
**मथूल** पु० मस्तूल।
**मथौरी** स्त्री० नारियों का मस्तक, सिर पर धारण करने का अलंकार।
**मथ्य*** पु० माथा।
**मदन्तिका, मदती** स्त्री० *(सं०)* एक श्रुति।
**मद** अ० स्त्री० खाता, शीर्षक।
**मद** *वि० मत्त, उन्मत्त। पु० *(सं०)* मद्य के सेवन से होने वाला विकार। मत्त हाथियों के कनपटी से निकलने वाला द्रव, हर्ष, आनन्द, गर्व अहं, पागलपन।
**मदक** स्त्री० अफीम के सत्त और पान के योग से बननेवाला एक नशीला पदार्थ।
**मदकारी** वि० जिसकी बुद्धि नष्ट हो गयी हो।
**मदकी** वि० मदक पीने वाला।
**मदगल** वि० मत्त।
**मदजल** पु० हस्ति स्राव।
**मदकूक़** वि० *(अ०)* कूटा हुआ।
**मदख़ूल** वि० *(अ०)* दाखिल किया हुआ।
**मदद** स्त्री० *(अ०)* कुमक; सहायता।
**मदन** वि० *(सं०)* मदकारक। पु० प्रेम; वसन्त काल; कामदेव; काम; रति क्रीड़ा; सम्भोग; आलिंगन।
**मदनक** पु० *(सं०)* धतूरा; मौलसिरी; मोम।
**मदनांकुश** पु० *(सं०)* लिंग; नख क्षत।
**मदनान्तक** पु० *(सं०)* शिव।
**मदना** स्त्री० *(सं०)* कस्तूरी; सुरा; मैना।
**मदनात पत्र** पु० *(सं०)* भग।
**मदनातुर** पु० *(सं०)* कामातुर।
**मदनायुध** पु० *(सं०)* भग; सुन्दरी स्त्री।
**मदनारि** पु० *(सं०)* शिव।
**मदनालय** पु० *(सं०)* कुण्डली में सप्तम स्थान; भग।
**मदनी** वि० *(अ०)* नागरिक। पु० मदीने का रहनेवाला। स्त्री० *(सं०)* सुरा; कस्तूरी।
**मदनीय** वि० *(सं०)* प्रेम या राग उत्पन्न करने वाला; नशा पैदा करने वाला।
**मदनोत्सव** पु० *(सं०)* मदन-महोत्सव; होली।
**मदनोद्यान** पु० *(सं०)* प्रमोदवन।
**मदफ़न** पु० *(अ०)* वह गड्ढा जिसमें मुर्दे को दफन करें, दफन करने की जगह, कब्र।
**मदफ़ून** वि० *(अ०)* दफन किया हुआ।
**मदमत्त** वि० मद से चूर।
**मदयन्तिका, मदयन्ती** स्त्री० *(सं०)* मेहँदी; वनमल्लिका।
**मदयिता(तृ)** वि० पु० *(सं०)* आनन्दित करने वाला।
**मदयित्नु** पु० *(सं०)* मेघ; कामदेव; कलवार; मद्य।
**मदस्थल** पु० मदिरापान स्थल।
**मदयून** वि० *(अ०)* देनदार, ऋणी।
**मदर** *पु० हमला, चढ़ाई।
**मदरसा** पु० *(अ०)* पढ़ाने की जगह, पाठशाला।
**मदरास** पु० भारतवर्ष का दक्षिण-पूर्वी प्रान्त, चेन्नई।
**मदरासी** पु० मद्रास का रहने वाला। वि० मद्रास का।
**मदहोश** वि० मतवाला, बेहोश।
**मदान्ध** वि० *(सं०)* अविववेकी, जो मस्ती या बल आदि के गर्व से अन्धा हो रहा हो।
**मदाम्बर** पु० *(सं०)* इन्द्र का हाथी; मस्त हाथी।
**मदाम्बु,मदाम्भ(स्)** पु० *(सं०)* मदजल।
**मदाकुल** वि० *(सं०)* मस्त (हाथी)।
**मदाखिलत** स्त्री० *(अ०)* दखल देना, हस्तक्षेप; प्रवेश।
**मदाढ्य** पु० *(सं०)* ताड़ का पेड़। वि० मत्त।
**मदानि*** वि० स्त्री० कल्याणकारिणी।
**मदापनय** पु० *(सं०)* नशा उतारना।
**मदार** पु० आक; *(अ०)* ग्रह-नक्षत्रों का भ्रमण पथ।
**मदारी** पु० बाजीगर; बन्दर-भालू नचाने वाला।
**मदालस** वि० *(सं०)* जो नशे के कारण सुस्त हो।

**मदालसा** वि० स्त्री० *(सं०)* मद से अलसायी हुई।
**मदालापी(पिन्)** पु० *(सं०)* कोयल।
**मदालु** वि० *(सं०)* मस्त; जिससे मद झरता हो।
**मदान्ध** वि० मद से अन्धा।
**मदिर** वि० *(सं०)* मदभरा; नशा पैदा करने वाला।
**मदिरा** स्त्री० *(सं०)* मद्य, शराब।
**मदिराक्षी** वि० स्त्री० *(सं०)* मदभरी आँखों वाली।
**मदिरायतनयन** वि० *(सं०)* बड़े-बड़े और मदभरे नयनों वाला।
**मदिरालय** पु० *(सं०)* शराबखाना।
**मदिरोत्कट,मदिरोन्मत्त** वि० *(सं०)* नशे में चूर।
**मदीना** पु० *(अ०)* नगर, अरब का एक प्रमुख नगर जहाँ मुहम्मद का मजार है।
**मदीय** वि० *(सं०)* मेरा।
**मदीला*** वि० मत्त, नशे में चूर।
**मदोत्कट** पु० *(सं०)* मस्त हाथी;वि० मत्त; मस्त (हाथी)।
**मदोन्मत्त** वि० *(सं०)* मदान्ध, मतवाला।
**मदोर्जित** वि० *(सं०)* घमण्ड में फूला हुआ।
**मदोल्लापी (पिन्)** पु० *(सं०)* कोयल।
**मदोवै*** स्त्री० मन्दोदरी।
**मद्गु** पु० *(सं०)* एक जलपक्षी; माँगुर मछली।
**मद्गुर** पु० *(सं०)* एक वर्णसंकर जाति; माँगुर मछली।
**मद्द** पु० *(अ०)* ज्वार।
**मद्द** स्त्री० *(अ०)* खाता; शीर्षक, आड़ी लकीर जिसे खींचकर लेख लिखना आरम्भ करते हैं।
**मद्दत*** स्त्री० मदद।
**मद्द व जज़र** पु० ज्वार-भाटा।
**मद्दा** वि० मन्दा।
**मद्दाह** वि *(अ०)* मदद करनेवाला; प्रशंसक।
**मद्दाही** स्त्री० तारीफ करना, प्रशंसा करना।
**मद्दूसाही** पु० एक तरह का पुराना पैसा।
**मद्धिम** वि० मन्दा; धीमा, मध्यम; कम अच्छा।
**मद्धे** अ० खाते में; मद, बीच में।
**मद्य** पु० *(सं०)* शराब, मादक अर्क, सुरा।
**मद्यपाशन** पु० *(सं०)* चाट, गजक।
**मद्याक्षेप** पु० *(सं०)* शराब पीने की लत।
**मद्यामोद** पु० *(सं०)* बकुल वृक्ष।
**मद्र** पु० *(सं०)* मद्रवासी; एक प्राचीन जनपद।
**मद्रक** पु० *(सं०)* मद्र का राजा; पद्रवासी।
**मद्रकर** वि० *(सं०)* मंगलकारी।
**मद्रिका** स्त्री० *(सं०)* मद्र देश की स्त्री।
**मद्रास** पु० मद्रास, चेन्नई।
**मधु** पु० *(सं०)* सोमरस; जल; शहद; शराब; मद्य; पुष्परस; दूध;। वि० मीठा।
**मधुकण्ठ** पु० कोयल।
**मधुकर** पु०भ्रमर।
**मधुकरी** स्त्री० भ्रमरी भिक्षा की रोटी।
**मधुक** वि० *(सं०)*सुरीला; मीठा; शहद के रंग व स्वाद का। पु० मुलेठी; महुआ।
**मधुककोष** पु० मधुमक्खियों का छत्ता।
**मधुमती** स्त्री० *(सं०)* तन्त्र में वर्णित एक नायिका या योगिनी।
**मधुमय** वि० *(सं०)* मिठास से भरा हुआ, मधुर।
**मधुमान्(मत्)** वि० *(सं०)* मीठा; मधु मिला हुआ।
**मधुमेह** पु० रोग विशेष जिसमें मूत्र के साथ शक्कर जाती है।
**मधुर** पु० *(सं०)*मिठास; गुड़; मीठा पेय; महुआ। वि० माधुर्य युक्त, मीठा; प्रिय; सुन्दर; कोमल।
**मधुरई*** स्त्री० मिठास, माधुर्य ।
**मधुरक** पु० *(सं०)* जीवक वृक्ष। वि० प्रिय; मधुर।
**मधुरता** स्त्री०, **मधुरत्व** पु० *(सं०)* माधुर्य, मिठास।
**मधुराई*** स्त्री० मधुरता, मिठास।
**मधुराना*** अ० क्रि० मिठास पैदा होना।
**मधुरान्न** पु० *(सं०)* मिष्टान्न।
**मधुराम्लक** पु० *(सं०)* आमड़ा।
**मधुरिका** स्त्री० *(सं०)* बन सौंफ।
**मधुरित** वि० *(सं०)* जिसमें मिठास हो।
**मधुरिमा(मन्)** स्त्री० *(सं०)* माधुर्य, मिठास।
**मधुरी*** *वि० स्त्री० मीठी, रुचिकर। स्त्री० माधुरी।
**मधुल** वि० *(सं०)* मधुर। पु० मद्य।
**मधुलिका** स्त्री० *(सं०)* राई।
**मधुलिह्-मधुलोलुप** पु० भ्रमर, भौंरा।
**मधुबीज** पु० दाड़िम।
**मधुशर्करा** स्त्री० मधुनिर्मित शर्करा।
**मधुश्री** स्त्री० वसन्त सौन्दर्य।
**मधुपटल** पु० मधुमक्खी का छत्ता।
**मधुयायी** पु० भ्रमर।
**मधुफल** पु० मीठा नारियल।

**मधुमक्षिमा○** स्त्री○ मधुमक्खी।

**मधुमाधव** पु○ वसन्तकाल।

**मधूक** पु○ *(सं○)* मुलेठी; महुए का पेड़, फूल; भ्रमर।

**मधूकरी** स्त्री○ भिक्षा, भ्रमरी, मधुकरी।

**मधूच्छिष्ट** पु○ *(सं○)* मोम।

**मधूत्थ** पु○ *(सं○)* मोम। वि○ शहद से बना हुआ।

**मधूत्थित** पु○ *(सं○)* मोम।

**मधूत्सव** पु○ *(सं○)* वसन्तोत्सव।

**मधूद्यान** पु. *(सं○)* वसन्तोद्यान।

**मधूल** पु○ *(सं○)* जलमहुआ।

**मधूलिका** स्त्री○ *(सं○)* मधूली (गेहूँ) से बनायी हुई शराब; मुलेठी; मूर्वा।

**मधूली** स्त्री○ *(सं○)* पानी में पैदा होने वाली मुलेठी; मध्य देश का गेहूँ; आम का पेड़।

**मध्यन्दिन** पु○ *(सं○)* मध्याह्न, दोपहर।

**मध्य** वि○ *(सं○)* अन्तवर्ती; मध्यस्थ; न्याय्य; बीच का, दरमियानी। पु○ वस्तु का भीतरी भाग।

**मध्यम** पु○ *(सं○)* सात स्वरों में से चौथा; एक राग।

**मध्यमक** पु○ *(सं○)* किसी चीज का भीतरी भाग।

**मध्यमा** स्त्री○ *(सं○)* वह लड़की जो रजस्वला हो चुकी हो; बीच की उँगली।

**मध्यमिका** स्त्री○ *(सं○)* रजःप्राप्त लड़की।

**मध्यमीय** वि○ *(सं○)* मध्य सम्बन्धी, केन्द्रीय।

**मध्यमेश्वर** पु○ *(सं○)* काशी में स्थित एक शिवलिंग।

**मध्यस्थता** स्त्री○ *(सं○)* बिचवई; तटस्थता।

**मध्यात** पु○ निशीथ, आधीरात।

**मध्या** पु○ *(सं○)* वह नायिका जिसमें काम और लज्जा समान हो।

**मध्यान्तर** पु○ *(सं○)* मध्यावकाश, बीच का अन्तर।

**मध्यावकाश** पु○ *(रिसेस)* अल्पावकाश।

**मध्यावधि** वि○ अवधि के बीच में।

**मध्यास्थल** पु○ कटि, कमर।

**मध्याह्न** पु○ *(सं○)* दोपहर।

**मध्याह्नोत्तर** पु○ *(सं○)* दोपहर के बाद का समय, तीसरा पहर।

**मध्व** पु○ एक सम्प्रदाय-प्रवर्तक और वेदान्तसूत्रों पर भाष्य लिखने वाले वैष्णव आचार्य, मध्वाचार्य।

**मध्वक** पु○ *(सं○)* मधुमक्खी।

**मध्वावास** पु○ *(सं○)* आम का पेड़।

**मध्वासव** पु○ *(सं○)* महुए से निकाली हुई शराब।

**मध्वास्वाद** वि○ *(सं○)* शहद के स्वाद वाला।

**मध्विजा** स्त्री○ *(सं○)* मद्य।

**मनःकल्पित** वि○ *(सं○)* मनगढ़न्त, फर्जी।

**मनःक्षेप** पु○ *(सं○)* मन का क्षोभ।

**मनःपाप** पु○ *(सं○)* मानसिक पाप।

**मनःपीडा** स्त्री○ *(सं○)* मानसिक कष्ट।

**मनःपूत** वि○ *(सं○)* मन जिसे पवित्र मानता हो, अन्तरात्मा द्वारा अनुमोदित।

**मनःप्रणीत** वि○ *(सं○)* मन को प्रिय; कल्पित।

**मनःप्रसाद** पु○ *(सं○)* चित्त की प्रसन्नता।

**मनःप्रसूत** वि○ *(सं○)* मनःकल्पित।

**मनःप्रिय** वि○ *(सं○)* मन को प्रिय।

**मनःप्रीति** स्त्री○ *(सं○)* चित्त की प्रसन्नता।

**मनःशास्त्र** पु○ मनोविज्ञान।

**मनःशक्ति** स्त्री○ *(सं○)* मनोबल।

**मनःशिल** पु○ *(सं○)* मैनसिल।

**मनःशीघ्र** वि○ *(सं○)* मन की तरह तेज।

**मनःसंकल्प** पु○ *(सं○)* दिल की इच्छा।

**मनःसंस्कार** पु○ *(सं○)* मन पर पड़नेवाला प्रभाव।

**मनःसंग** पु○ *(सं○)* आसक्ति।

**मनःसन्ताप** पु○ *(सं○)* अफसोस; ग्लानि।

**मनःसुख** वि○ मन को प्रिय। पु○ *(सं○)* मन का सुख।

**मनःस्थैर्य** पु○ *(सं○)* मन की दृढ़ता।

**मन** पु○ चालीस सेर का वजन; मणि।

**मन (स्)** पु○ *(सं○)* इच्छा, जी; ज्ञान, संवेदन, संकल्प आदि की साधनरूप अन्तरिन्द्रिय, चित्त।
**मुहा○ मन का मैल** दुर्भावना। **मन का मैला** बुरे दिल का। **मन से उतरना** ध्यान न रहना। **मन हरना** मन को मोह लेना।

**मनई**† पु○ आदमी, मनुष्य, मानव।

**मनकना** अ○ क्रि○ हाथ-पाँव आदि से कोई चेष्टा करना, हिलना।

**मनका** पु○ सुमिरनी आदि का दाना, माला, गुरिया।

**मनकामना** स्त्री○ इच्छा।

**मनकूला** वि○ स्त्री○ *(अ○)* जिसे दूसरी जगह ले जा सके, चलायमान।

**मनकूलाजायदाद** स्त्री○ चल सम्पत्ति।

**मनगढ़न्त** वि○ कपोल-कल्पित।

**मनचला** वि० रसिक, चंचल, निडर।

**मनज़म** वि० *(अ०)* नज्म किया हुआ, छन्दोबद्ध।

**मनन** पु० *(सं०)* सोचना; समझने के लिए बार-बार विचार करना; अनुमान।

**मनभाया** वि० जो मन को अच्छा लगे।

**मननीय** वि० *(सं०)* मनन करने योग्य।

**मनवाँ** पु० देव कपास।

**मनवाना** स० क्रि० मनाने का काम कराना।

**मनशा** पु० *(अ०)* भाव, विचार; इरादा, इच्छा।

**मनश्चक्षु** पु० *(सं०)* मन की आँख, अन्तर्दृष्टि।

**मनसना*** स० क्रि० इरादा करना, इच्छा करना, संकल्प करना।

**मनसब** पु० *(अ०)* वंशपरम्परा से मिलने वाली वृत्ति।

**मनसबी** वि० मनसब।

**मनसा** अ० *(सं०)* मन से, मन के द्वारा। स्त्री० अभिलाषा, कामना।

**मनसा*** वि० मन से उत्पन्न, मानस।

**मनसाना** अ० क्रि० उत्साहित होना, उमंग में आना, मन्त्र पढ़कर अन्य से दान कराना।

**मनसायन†** वि० जहाँ चहल-पहल हो, रम्य स्थल।

**मनसिकार** पु० *(सं०)* मन में ग्रहण करना।

**मनसिज** पु० *(सं०)* काम; कामदेव; चन्द्रमा।

**मनसिशय** पु० *(सं०)* काम।

**मनसूख़** वि० *(अ०)* रद्द किया हुआ, काटा हुआ।

**मनसूख़ी** स्त्री० रद्द होने का भाव।

**मनसूब** वि० *(अ०)* जिससे निस्बत की गयी हो, सम्बद्ध, मँगेतर।

**मनसूबा** पु० इरादा; तजबीज, योजना; जोड़-तोड़, युक्ति। बनाने वाला।

**मनसूर** वि० *(अ०)* विजयी।

**मनस्काम** पु० *(सं०)* मनोरथ, मन की इच्छा।

**मनस्कार** पु० *(सं०)* (सुख या दुःख का) पूर्ण ज्ञान।

**मनस्ताप** पु० *(सं०)* अनुताप, मन का ताप; दुःख।

**मनस्ताल** पु० वह सिंह जो दुर्गा का वाहन हो।

**मनस्तुष्टि** स्त्री० *(सं०)* मन का सन्तोष।

**मनस्तृप्ति** स्त्री० *(सं०)* मन की तृप्ति।

**मनस्विनी** स्त्री० *(सं०)* दुर्गा; मनस्वी स्त्री।

**मनस्वी(स्विन्)** वि० *(सं०)* बुद्धिमान्; अच्छे मन वाला, ऊँचे मनवाला; स्थिरचित्त, दृढ़- निश्चय।

**मनहसर** वि० मुनहसिर।

**मनहु*** अ० मानो।

**मनहूस** वि० *(अ०)* अशुभ; उदासी से युक्त; अशुभसूचक; अभागा।

**मनहूसियत** स्त्री० *(अ०)* बदकिस्मती; दुर्भाग्य।

**मनहूसी** स्त्री० मनहूस होने का भाव, उदासी।

**मना** वि० *(अ०)* निषिद्ध, अविहित। पु० निषेध, रोक।

**मनाका** स्त्री० *(सं०)* हथिनी।

**मनाक्, मनाग्** अ० *(सं०)* धीरे-धीरे; थोड़ा-सा, जरा-सा।

**मनाक़ूकर** वि० काहिल, सुस्त।

**मनादी** स्त्री० घोषणा, मुनादी।

**मनाना** स० क्रि० मनुहार करना।

**मनार** पु० *(अ०)* मस्जिद का वह स्तम्भ जिस पर खड़ा होकर मुअज्जिन अजाँ देता है; मीनार।

**मनाल** पु० चकोर का एक भेद।

**मनावना†** पु० मनाने की क्रिया।

**मनाही** स्त्री० रोक, निषेध।

**मनि** पु०, स्त्री० मणि।

**मनिका*** पु० मनका।

**मनित** वि० *(सं०)* माना हुआ; ज्ञात, जाना हुआ।

**मनिधर** पु० मणिधर।

**मनिया** स्त्री० मनका, गुरिया।

**मनियार*** वि० सुन्दर, शोभायुक्त; चमकता हुआ, कान्तियुक्त।

**मनिहार** पु० चूड़ी, टिकली, सिन्दूर आदि।

**मनिहारन, मनिहारिन, मनिहारी** स्त्री० चुड़ि-हारिन, चूड़ी बेचने या पहनाने वाली स्त्री।

**मनियार** वि० चमकीला, शोभायुक्त।

**मनी-आर्डर** पु० *(अ०)* धनादेश।

**मनी** स्त्री० *(अं०)* रुपया-पैसा; *(अ०)* वीर्य; *(फ़ा)* गर्व, अभिमान; *मणि।

**मनीक** पु० *(सं०)* अंजन।

**मनीबैग** पु० *(अ०)* बटुआ।

**मनीजर** पु० *(अं०) (मैनेजर)* किसी सम्पत्ति, प्रबन्धक।

**मनीषा** स्त्री० *(सं०)* इच्छा, कामना; बुद्धि; अक्ल।

**मनीषिका** स्त्री० *(सं०)* इच्छा; बुद्धि, मनीषा।

**मनीषित** वि० *(सं०)* चाहा हुआ, अभिलषित।

**मनीषिता** स्त्री० बुद्धिमानी।

**मनीषी(षिन्)** पु० *(सं०)* बुद्धिमान् मनुष्य, पण्डित।
**मनु*** अ० मानो। पु० *(सं०)* मनुष्य; ब्रह्मा के मानस-पफ़त्र; ब्रह्मा के 15 मानसपुत्रों में से कोई एक।
**मनुआँ** पु० मन, मनुष्य।
**मनुज** पु० मनुष्य।
**मनुजता** स्त्री०, **मनुजत्व** पु० मनुष्यता।
**मनुजेन्द्र, मनुजेश्वर** पु० *(सं०)* राजा।
**मनुजोत्तम** पु० वह जो मनुष्यों में श्रेष्ठ हो।
**मनुष*** पु० मनुष्य।
**मनुष्य** पु० *(सं०)* आदमी, मानव, इंसान।
**मनुष्यकृत** वि० बनाया हुआ, मनुष्य का किया।
**मनुष्यता** स्त्री० *(सं०)* इंसानियत; आदमीयत; गुण।
**मनुस†** पु० आदमी, मनुष्य।
**मनुसाई** स्त्री० पुरुषार्थ, मर्दानगी।
**मनुसाना** अ० क्रि० मर्दानगी की भावना जगना।
**मनुहार** पु० खुशामद, विनती; मनाने का यत्न; मनाने के लिए की जाने वाली विनती।
**मनुहारना*** स० क्रि० मनुहार करना, मनाना।
**मने*** पु०, वि० मना।
**मनों*** अ० मानों।
**मनोकांक्षा** स्त्री० *(सं०)* अभिलाषा, मन की इच्छा।
**मनोकांक्षित** वि० *(सं०)* अभिलषित, इच्छित।
**मनोकामना** स्त्री० *(हि०)* मन की इच्छा, मन की कामना, अभिलाषा।
**मनोगत** पु० *(सं०)* इच्छा; विचार। वि० मन के अन्तर्गत।
**मनोगति** स्त्री० *(सं०)* इच्छा; मन की गति।
**मनोगवी** स्त्री० *(सं०)* इच्छा।
**मनोगृहीत** वि० मन द्वारा ग्रहण किया हुआ।
**मनोग्रन्थि** स्त्री० *(सं०)* मन की गाँठ।
**मनोग्राही(हिन्)** वि० सुन्दर, आकर्षण।
**मनोजव** पु० *(सं०)* विष्णु। वि० मन के सदृश, वेग वाला, अति वेगवान्; पितृतुल्य।
**मनोजवी(विन्)** वि० मन की तरह तेज।
**मनोज्ञ** वि० *(सं०)* मनोहरता, सुन्दरता।
**मनोदण्ड** पु० *(सं०)* मन का निग्रह।
**मनोदत्त** वि० *(सं०)* मन से दिया हुआ, दत्तचित्त।
**मनोदाही(हिन्)** वि० *(सं०)* मन को जलाने वाला।
**मनोपाली** स्त्री० एकाधिकार।
**मनोनयन** पु० *(सं०)* चुनना, पसन्द करना।
**मनोनिवेश** पु० *(सं०)* मन लगाना।
**मनोनीत** वि० *(सं०)* पसन्द किया हुआ; चुना हुआ।
**मनोनुकूल** वि० *(सं०)* मनोवांछित।
**मनोभंग** पु० *(सं०)* नैराश्य; विषाद, उदासी।
**मनोभव** पु० कामदेव, वि० मनोल, मन से उत्पन्न।
**मनोभाव** पु० *(सं०)* वृत्ति, मन का भाव।
**मनोभावना** स्त्री० *(सं०)* मन का विचार।
**मनोभाविक** वि० *(सं०)* मनोवृत्ति सम्बन्धी।
**मनोभिलाष** पु० *(सं०)* मन की इच्छा।
**मनोभूत** पु० *(सं०)* चन्द्रमा।
**मनोभ्रंश** पु० *(सं०)* मति भ्रम, मन की दुर्बलता।
**मनोमालिन्य** पु० *(सं०)* मन में दुर्भाव आना।
**मनमोही** वि० *(सं०)* मनोहर।
**मनोयायी(यिन्)** वि० *(सं०)* इच्छानुसार जाने वाला।
**मनोरंजक** वि० *(सं०)* मनोरंजन करने वाला।
**मनोरंजक** वि० *(सं०)* मनोरंजक। पु० मन-बहलाव।
**मनोरथ** पु० *(सं०)* मन की कामना, अभिलाषा।
**मनोरम** वि० *(सं०)* सुन्दर, मन को लुभानेवाला।
**मनोरमा** वि० स्त्री० *(सं०)* मनोरम।
**मनोरा** पु० गोबर से बने चित्र।
**मनोराग** पु० *(सं०)* हृदयानुराग, प्रेम।
**मनोराज्य** पु० *(सं०)* खयाली पुलाव, जागते का सपना, कल्पनासृष्टि।
**मनोरुक्(ज्)** पु० *(सं०)* मनस्ताप।
**मनोरोग** पु० *(सं०)* दिमागी बीमारी, मानसिक रोग।
**मनोरोगचिकित्सक** पु० मानसिक रोगों का उपचार करने वाला।
**मनोलय** पु० *(सं०)* चेतना का नाश।
**मनोलीला** स्त्री० *(सं०)* मन में ही विद्यमान कल्पना की वस्तु जिसका वस्तुतः कोई अस्तित्व।
**मनोलौल्य** पु० *(सं०)* मन की चंचलता, झक।
**मनोल्लास** पु० *(सं०)* मन का उत्साह।
**मनोवल्लभा** स्त्री० *(सं०)* प्रेमिका, प्रियतमा।
**मनोवांछा** स्त्री० *(सं०)* मन की अभिलाषा, इच्छा।
**मनोवांछित** वि० *(सं०)* अभिलषित; मन का चाहा हुआ।
**मनोविकार** पु० *(सं०)* मन की भावना।
**मनोविज्ञान** पु० *(सं०)* मानसशास्त्र, मन की प्रकृति

एवं क्रियाकलापों का विवेचन करनेवाला विज्ञान।
**मनोविनोद** पु० *(सं०)* मनोरंजन।
**मनोविश्लेषक** पु० मन का विश्लेषण करनेवाला।
**मनोविश्लेषण** पु० *(सं०)* चित्तविश्लेषण, मन के विचारों की समीक्षा।
**मनोवृत्ति** स्त्री० *(सं०)* मन का विकार, चित्तवृत्ति।
**मनोवेग** पु० *(सं०)* मन का विकार, मन का आवेग।
**मनोवैज्ञानिक** वि० *(सं०)* मनोविज्ञान-सम्बन्धी।
**मनोव्यथा** स्त्री० *(सं०)* मन का क्लेश, मनस्ताप।
**मनोसर*** पु० मनोविकार।
**मनोहत** वि० *(सं०)* निराश।
**मनोहर** पु० *(सं०)* छप्पय छन्द का एक भेद।
**मनोहरता** स्त्री० *(सं०)* सुन्दरता।
**मनोहरताई*** स्त्री० मनोहरता, सुन्दरता।
**मनोहर्ता(र्तृ)** पु० *(सं०)* दिल चुरा लेने वाला।
**मनोहारी(रिन्)** वि० *(सं०)* मन हरने वाला, सुन्दर।
**मनोह्वा** स्त्री० *(सं०)* मैनसिल।
**मनौअल** स्त्री० मन में कोई विचार धारण करना।
**मनौती** स्त्री० मन्नत, मानता।
**मन्नत** स्त्री० मनौती, संकल्प।
**मुहा० मन्नत उतारना** मनौती पूरी करना।
**मन्तव्य** पु० मन, विचार।
**मन्त्र** पु० वेद की रहस्यात्मक बात, दैवीशक्ति युक्त शब्द।
**मन्त्रकार** पु० मन्त्रद्रष्टा।
**मन्त्रगूढ़** पु० भेदिया।
**मन्त्रज्ञ** पु० मन्त्रज्ञाता।
**मन्त्रण-मन्त्रणा** पु० परामर्श।
**मन्त्रतन्त्र** पु० जादू-टोना।
**मन्त्रदाता** पु० गुरु-पाठ पु० वेद मन्त्र पाठ।
**मन्त्रपूत** वि० मन्त्रों से पवित्र किया हुआ।
**मन्त्री** पु० सचिव, अमात्य।
**मन्थिनी** स्त्री० रई।
**मन्द** वि० धीमा आलसी।
**मन्दता** स्त्री०धीमापन।
**मन्दभाग्य** वि०दुर्भाग्य।
**मन्दभागी** वि० अभागा।
**मन्दाकिनी** स्त्री० गंगा।
**मन्दाग्नि** पु० भूख न लगने का रोग।
**मन्मथ** पु० *(सं०)* कामदेव; कैथ का पेड़।
**मन्मथानन्द** पु० *(सं०)* एक तरह का आम।
**मन्मथानल** पु० *(सं०)* कामाग्नि।
**मन्मथालय** पु० *(सं०)* आम का पेड़; भग।
**मन्मथी(थिन्)** वि० *(सं०)* प्रेमासक्त।
**मन्मथोद्दीपन** वि० *(सं०)* प्रणय उद्दीप्त करनेवाला।
**मन्याका** स्त्री० *(सं०)* गरदन का पिछला भाग।
**मन्यु** पु० *(सं०)* उत्साह; शोक; अहंकार; क्रोध।
**मन्युमान् (मत्)** वि० *(सं०)* अहंकार, क्रोध से युक्त।
**मन्वन्तर** पु० *(सं०)* (मनु+अन्तर) दो मनुओं के अन्तर का समय।
**मफ़रूर** वि० *(अ०)* पलायित, भागा हुआ (अपराधी)।
**मफ़लर** पु० *(अं०)* गुलूबन्द।
**मम** सर्व० मेरा, मेरी।
**ममता** स्त्री०, **ममत्व** पु० *(सं०)* अपनापन; मोह; स्नेह।
**ममतामय** वि० *(सं०)* ममता से युक्त, ममता से पूर्ण।
**ममतालु** वि० ममतावाला।
**ममत्व** पु० *(सं०)* ममत्व।
**ममरखी†** स्त्री० मुबारकबादी, बधावा।
**ममाखी*** स्त्री० *(बं०)* *(मौमाछी)* मधुमक्खी।
**ममाना** पु० मामा का घर।
**ममारखी*** स्त्री० बधावा, ममरखी।
**ममिया** वि० ममेरा, मामा के दर्जे वाला।
**ममियाउर, ममियौरा†** पु० मामा का घर, ममाना।
**ममी** स्त्री० सुरक्षित रूप से रखा हुआ शव।
**ममीरा** पु० आँख के रोगों की उत्तम औषधि।
**ममेरा** वि० मामा सम्बन्धी।
**ममोला** पु० एक छोटी चिड़िया, धोबिन।
**मयंक*** पु० चन्द्रमा।
**मयन्द*** पु० मृगेन्द्र, सिंह।
**मय** स्त्री० *(फ़ा)* शराब। अ० *(अ०)* 'मैं'।
**मयगल*** पु० मस्त हाथी।
**मयट** पु० *(सं०)* पर्णकुटी।
**मयन*** पु० मदन, कामदेव।
**मयमन्त, मयमत्त*** वि० मदमत्त, मस्त।
**मयष्ट, मयुष्टक** पु० *(सं०)* बनमूँग।
**मयस्सर** वि० *(सं०)* मुयस्सर।

**मया*** स्त्री० प्रेम-बन्धन; माया; मोह; दया।
**मयार** वि० दयालु, कृपायुक्त।
**मयारी** स्त्री० धरन।
**मयु** पु० *(सं०)* किन्नर; हिरन।
**मयुराज** पु० कुबेर।
**मयूख** पु० *(सं०)* शिखा; शोभा; दीप्ति; किरण।
**मयूर** पु० *(सं०)* एक पर्वत का नाम; मोर।
**मयूरक** पु० *(सं०)* तूतिया; चिचड़ा; मोर।
**मयूरासन** पु० शाहजहाँ निर्मित मयूर के आकार का सिंहासन।
**मयूरिका** स्त्री० *(सं०)* अम्बष्ठा, मोइया।
**मयूरी** स्त्री० *(सं०)* मोरनी।
**मयूरेश** पु० *(सं०)* कार्त्तिकेय।
**मरन्द** पु० *(सं०)* मकरन्द।
**मरक** *स्त्री० इशारा, शह, बढ़ावा। पु० *(सं०)* महामारी।
**मरकज़** पु० *(अ०)* सदर, मुकाम, मुख्य स्थान।
**मरकज़ी** वि० प्रधान, केन्द्रीय।
**मरकत** पु० *(सं०)* पन्ना।
**मरकताल** पु० भाटा की चरमावस्था; समुद्र के तरंगों के उतार की सबसे अन्तिम स्थिति।
**मरकना** अ० क्रि० दबना; दबकर टूटना।
**मरकहा**† वि० हथछुट; (सींग से) मारने वाला (बैल, भैंसा आदि)।
**मरकाना** स० क्रि० दबाकर तोड़ना।
**मरक्कत*** पु० पन्ना, मरकत।
**मरक़ूम** वि० *(अ०)* लिखा हुआ, लिखित।
**मरखन्ना** वि० मरकहा, सींग से मारने वाला।
**मरगजा** वि०, पु० मलगजा।
**मरगी** स्त्री० बोलचाल।
**मरघट** पु० वह स्थान जहाँ मुर्दे जलाये जाते हैं।
**मरचा** पु० मिरचा।
**मर्चेण्ट** पु० *(अ०)* सौदागर।
**मरज़** पु० मर्ज़।
**मरजाद, मरजादा** स्त्री० मर्यादा।
**मरजिया** वि० जो मरकर जिया हो; जो मरते- मरते बचा हो।
**मरज़ी** स्त्री० *(अ०)* खुशी; इच्छा; रुचि; स्वीकृति।
**मरण** पु० *(सं०)* मरना, मृत्यु; बछनाग।
**मरणान्तक** वि० *(सं०)* जिसका अन्त मृत्यु हो, जानलेवा।
**मरणाशौच** पु० *(सं०)* मृत्यु के कारण स्वजनों को लगने वाला अशौच।
**मरणीय** वि० *(सं०)* मर्त्य, मरने वाला।
**मरणोन्मुख** वि० *(सं०)* जो मृत्यु के निकट हो, आसन्न-मरण, जो मर रहा हो।
**मरत** पु० *(सं०)* मरण।
**मरतबा** पु० *(अ०)* मर्तबा।
**मरतबान** पु० रोगन किया हुआ मिट्टी का बर्तन जिसमें अचार, मुरब्बा रखते हैं।
**मरता** वि० मृत्यु के निकट; मरता हुआ; दुर्बल।
**मरद*** पु० 'मर्द'।
**मरदई** स्त्री० मर्दानगी, वीरता।
**मरदना** स० क्रि० रौंदना, तहस-नहस करना; माँड़ना।
**मरदनिया**† पु० मालिश करनेवाला।
**मरदानगी** स्त्री० मर्दानगी।
**मरदाना** वि०, अ० मर्दाना।
**मरदूद** वि० *(अ०)* निकम्मा; तिरस्कृत; बहिष्कृत।
**मरन** पु० मरण।
**मरना** अ० क्रि० मृतप्राय हो जाना, गड़ जाना।
**मरनि*, मरनी** स्त्री० मृत्युशोक, गमी; अन्त्येष्टि।
**मरभुखा** वि० भूखों मरता हुआ, कंगाल; पेटू।
**मरम** पु० मर्म।
**मरमर** पु० *(यू०)* एक तरह का पत्थर जो बहुत चिकना होता है, संगमरमर।
**मरमराना** अ० क्रि० डाल आदि का दबकर टूटना।
**मरमराहट** स्त्री० चरमराहट।
**मरम्मत** स्त्री० *(अ०)* टूटी-फूटी चीज को दुरुस्त करना, सुधार, दुरुस्ती।
**मरम्मती** वि० मरम्मत करने लायक; मरम्मत-सम्बन्धी।
**मरवा** पु० मरुआ।
**मरवाना** स० क्रि० मारने को उकसाना।
**मरसा** पु० बरसात में होनेवाला एक साग।
**मरहट*** पु० मरघट।
**मरहटा, मरहठा** पु० मराठा।
**मरहठी** स्त्री० मराठी। वि० मरहठा से सम्बद्ध।
**मरहम** पु० *(अ०)* घाव की दवा; घाव पर लगाने का गाढ़ा और चिकना एक लेप।

**मरहमत** स्त्री० *(अ०)* अनुग्रह, कृपा।
**मरहला** पु०*(अ०)* कठिन काम,झमेला;टिकने की जगह, पड़ाव; किले के इर्द-गिर्द बनी हुई बुर्जनुमा कोठरी।
**मरहून** वि० *(अ०)* बन्धक या रेहन रखा हुआ।
**मरहूना** वि० स्त्री० *(अ०)* बन्धक रखी हुई (सम्पत्ति आदि)।
**मरहूम** वि० *(अ०)* बख्शा हुआ, माफ किया हुआ।
**मराठा** पु० महाराष्ट्र देश का निवासी।
**मराठी** वि० मराठों से सम्बन्ध रखनेवाला; मराठों का।
**मरातिब** पु० *(अ०)* मकान का खण्ड; पद, दर्जा।
**मराना** स० क्रि० सम्भोग कराना; मरवाना।
**मरायल** वि० हराया हुआ; मरा हुआ; मारा, पीटा हुआ।
**मरार** वि० *(सं०)* अन्न भण्डार।
**मराल** वि० *(सं०)* चिकना। पु० बादल; राजहंस।
**मरिच** स्त्री० *(सं०)* काली मिर्च।
**मरिचा**† पु० मिरचा।
**मरियम** स्त्री० *(अ०)* कुमारी; ईसा की माता।
**मरियल** वि० बहुत दुबला, कमजोर, बेदम।
**मरी** स्त्री० महामारी।
**मरीचि** पु० *(सं०)* ज्योति; रश्मि, मरीचिका।
**मरीचिका** स्त्री० *(सं०)* मृगतृष्णा।
**मरीचिजल** पु० *(सं०)* भ्रामक दृश्य।
**मरीचिमाली** पु० चन्द्र, सूर्य।
**मरीची(चिन्)** पु० *(सं०)* सूर्य, चन्द्रमा।।
**मरीज़** वि० *(अ०)* बीमार, रोगी।
**मरीज़ा** वि० स्त्री० *(अ०)* रोगिणी।
**मरीना** पु० *(मेरिन्नो)* एक मुलायम ऊनी कपड़ा।
**मरुण्डा** स्त्री० *(सं०)* ऊँचे ललाटवाली स्त्री।
**मरु** पु० *(सं०)* मरुआ नामक पौधा; मारवाड़; जल रहित, पर्वत; रेगिस्तान, मरुभूमि।
**मरुआ** पु० बँड़ेर जिससे हिण्डोला लटकाया जाता है, पत्थर, लकड़ी का खम्भा।
**मरुक** पु० मोर।
**मरुत** पु० हवा, वायु; देवता।
**मरुत्** पु० वायु, वायु का; प्राण।
**मरुत्पति** पु० इन्द्र।
**मरुज** वि० मरुभूमि में होने वाला।
**मरुदेश** पु० मरुभूमि।
**मरुद्रुम** पु० बबूल।
**मरुत्पथ** पु० आकाश।
**मरुत** पु० *(सं०)* एक चन्द्रवंशी राजा।
**मरुत्तक** पु० *(सं०)* नागदौना, मरुआ।
**मरुत्वान्(वत्)** पु० *(सं०)* इन्द्र; हनुमान्।
**मरुद्** मरुत का समासगत रूप।
**मरुप्रिय** पु० उष्ट्र, ऊँट।
**मरुरना*** अ० क्रि० बल खाना, मरोड़ा जाना।
**मरुल** पु० *(सं०)* कारण्डव, बत्तख।
**मरुव** पु० *(सं०)* बंड़ेर, धरना, मरुआ।
**मरुवक** पु० *(सं०)* मरुआ; व्याघ्र; राहु।
**मरुव** पु० मरुआ, धरन; वनतुलसी जैसा एक पौधा।
**मरू*** वि० कठिन।
**मरूक** पु० मोर; एक तरह का हिरन।
**मरूकरि** कठिनाई से।
**मरूद्भवा** स्त्री० *(सं०)* कपास; जवासा।
**मरूरा*** पु० मरोड़, ऐंठन।
**मरोड़** स्त्री० आँव के रोग में आँतों में होनेवाली ऐंठन, पेचिश; * क्षोभ; घमण्ड; ऐंठन।
**मरोड़ना** स० क्रि० गरदन मरोड़कर मार डालना; उमेठना (कान); मसलना; ऐंठना; पीड़ा देना।
**मरोड़ा** पु० पेचिश; ऐंठन, मरोड़।
**मरोड़ी** स्त्री० खींचातानी, गीले आटे आदि की बत्ती जो हाथों को मलने से बन जाती है।
**मरोर*** स्त्री० गर्व, क्रोध; ऐंठन; पछतावा।
**मरोरना*** स० क्रि० मरोड़ना।
**मर्क** पु० *(सं०)* बन्दर; प्राण; देह।
**मर्कक** पु० *(सं०)* मकड़ा।
**मर्कट** पु० *(सं०)* दोहे का एक भेद; बन्दर; मकड़ा।
**मर्कटी** स्त्री० *(सं०)* वानरी; मकड़ी।
**मर्कत** पु० मरकत मणि।
**मर्कर** पु० *(सं०)* भँगरा।
**मर्करा** स्त्री० *(सं०)* तहखाना; बन्ध्या स्त्री; सुरंग।
**मर्ग** स्त्री० *(फ़ा)* मृत्यु।
**मर्चेण्ट** पु० *(अं०)* व्यापारी।
**मर्ज़** पु० *(अ०)* दुःख; रोग, व्याधि, बीमारी।
**मर्ज़ी** स्त्री० *(अ०)* मरज़ी, इच्छा।
**मर्जू** स्त्री० *(सं०)* धोना। पु० धोबी।

**मर्त, मर्त्त** पु० *(सं०)* भूलोक; मनुष्य।
**मर्तबा** पु० *(अ०)* बार, दफा; पद; दर्जा।
**मर्तबान** पु० शीशे का बड़ा बर्तन, मरतबान।
**मर्त्य** पु० *(सं०)* मनुष्य। वि० नश्वर, मरण-शील।
**मर्त्यलोक** पु० पृथ्वी, नरलोक।
**मर्द** पु० *(सं०)* मर्दन; *(फ़ा)* पुरुष, नर; वीर, पुरुष।
**मर्दक** पु० *(सं०)* मर्दन करने वाला।
**मर्दन** पु० *(सं०)* रौंदना, कुचलना; नाश करना।
**मर्दना** स० क्रि० रौंदना, कुचलना, गूँधना।
**मर्दानगी** स्त्री० *(फ़ा)* बहादुरी; पुरुषत्व।
**मर्दाना** पु० (*फ़ा)* मर्दाना बैठक। अ० मर्दों की तरह।
**मर्दित** वि० *(सं०)* मला, रौंदा, कुचला हुआ।
**मर्दुआ** पु० *(फ़ा)* गैर मर्द; तुच्छ पुरुष।
**मर्दुम** पु० *(फ़ा)* आँख की पुतली; मनुष्य।
**मर्दुमक** पु० *(फ़ा)* आँख की पुतली।
**मर्दुमी** स्त्री० *(फ़ा)* पुंसत्व; मर्दानगी।
**मर्द्द** पु० *(सं०)* मर्द *(सं०)*।
**मर्म(न्)** पु० *(सं०)* शरीर का नाजुक भाग जहाँ चोट लगने से अधिक पीड़ा हो या तुरन्त मृत्यु हो जाये।
**मर्मज्ञ** वि० मर्म का ज्ञाता, मर्मविद्।
**मर्ममय** वि० *(सं०)* मर्म युक्त।
**मर्मर** पु० मरमर; *(सं०)* पत्तों की खड़खड़ाहट।
**मर्मरित** वि० *(सं०)* मर्मर ध्वनि उत्पन्न करने वाला।
**मर्मरी** स्त्री० *(सं०)* एक तरह का देवदारु; हल्दी।
**मर्मरीक** पु० *(सं०)* दुष्ट नर; निर्धन व्यक्ति।
**मर्मान्तक** वि० *(सं०)* हृदय भेदी।
**मर्माघात** पु० *(सं०)* मर्मस्थल पर आघात लगना।
**मर्मभेदी** वि० मर्म को बेधनेवाला।
**मर्मवचन** पु० मार्मिक बात।
**मर्माहत** वि० *(सं०)* कठोर हृदयाघात।
**मर्मिक** वि० *(सं०)* तीव्र; रहस्यदर्शी, मर्मविद्।
**मर्मोद्घाटन** पु० *(सं०)* रहस्य का उद्घाटन करना।
**मर्य** पु० *(सं०)* मनुष्य, मर्त्य; युवा पुरुष; प्रेमी।
**मर्या** स्त्री० *(सं०)* सीमा।
**मर्याद*** स्त्री० मर्यादा, सीमा।
**मर्यादक** वि० माननीय।
**मर्यादा** स्त्री० *(सं०)* अवधि; सीमा का चिह्न; सदाचार।
**मर्यादी(दिन्)** वि० *(सं०)* सीमा के भीतर रहनेवाला।
**मर्श** पु० *(सं०)* विचार, विमर्श।
**मर्शन** पु० *(सं०)* विचार करना; रगड़ना; सलाह देना।
**मर्ष** पु० *(सं०)* सहनशीलता, धैर्य, क्षमा।
**मर्षण** पु० *(सं०)* क्षमा करना, सहना।
**मर्षणीय** वि० *(सं०)* क्षमा करने योग्य।
**मर्षित** वि० *(सं०)* सहा हुआ, क्षमा किया हुआ।
**मर्षी(र्षिन्)** वि० *(सं०)* क्षमावान्, सहन करनेवाला।
**मलंग** पु० सफेद रंग का बड़ा बँगला।
**मल** वि० *(सं०)* गन्दा; दुष्ट; क्षुद्र। पु० गन्दगी, मैल।
**मलकना** क्रिया० हिलना, इतराना, डोलना।
**मलकाना** स० क्रि० ठमक-ठमक कर बातें करना।
**मलकुलमौत** पु० *(अ०)* मौत का फरिश्ता।
**मलखम, मलखम्भ** पु० मलखम्भ पर की जानेवाली कसरत।
**मलठ** पु० (अ० मैलेट) लकड़ी का हथौड़ा।
**मलता** वि० घिसा हुआ (पैसा, रुपया आदि)।
**मलन** पु० *(अ०)* लेप करना; मसलना, मर्दन; तम्बू।
**मलना** स० क्रि० मसलना; मरोड़ना; मालिश करना।
**मलनी** स्त्री० कुम्हारों का एक औजार।
**मलपट** पु० ऐसा चित्र जिसमें केवल चेहरे की ही आकृति हो।
**मलबा** पु० कूड़ा-करकट; गिरे हुए मकान के ईंट-पत्थर।
**मलमल** स्त्री० सफेद सूती कपड़ा, सूत का बारीक कपड़ा।
**मलमला** पु० कुलफे का साग।
**मलमलाना** स० क्रि० *बार-बार आलिंगन करना।
**मलमास** पु० अधिकमास, लौंद का महीना।
**मलय** पु० *(सं०)* मलाबार देश; उद्यान; दक्षिण भारत का एक पर्वत; नन्दनकानन शैलांग।
**मलया** स्त्री० *(सं०)* निसोथ; बकुची।
**मलयागिरि** पु० मलयगिरि।
**मलयानिल** पु० *(सं०)* मलय-समीर।
**मलयाली** वि० मलयालम देश का।
**मलयोद्भव** पु० *(सं०)* चन्दन।
**मलराना*** स० क्रि० मल्हराना।
**मलवाना** स० क्रि० मलने का काम कराना।
**मलसा** पु० एक तरह का बड़ा कुप्पा जिसमें घी आदि रखते हैं।
**मलसी** स्त्री० खाना पकाने का मिट्टी का बर्तन।

**मलहटी** स्त्री० मुलेठी।
**मलहम** पु० चिकना गाढ़ा लेप, मरहम।
**मलहर** पु० *(सं०)* जमाल गोटा।
**मला** पु० निलिन्द, भौंरा।
**मलाई** स्त्री० मलने की क्रिया; दूध या दही की साढ़ी।
**मलाकर्षी(र्षिन्)** पु० *(सं०)* भंगी।
**मलाका** स्त्री० *(सं०)* कामवती स्त्री; दूती; हथिनी।
**मलाट** पु० मोटा, घटिया कागज जो कागज की गाँठों पर लपेटा रहता है।
**मलान** वि० म्लान, खिन्न।
**मलाबारी** पु० मलाबार का रहने वाला।
**मलामत** स्त्री० *(अ०)* गन्दगी; झिड़की, फटकार।
**मलाल** पु० *(अ०)* उदासीनता; दुःख; रंज, विषाद।
**मलावरोध** पु० *(सं०)* कब्ज।
**मलाश** पु० *(सं०)* बड़ी आँत का निचला भाग जहाँ मल रहता है।
**मलाहत** स्त्री० *(अ०)* नमकीनी; सलोनापन, सुन्दर।
**मलिक्ष, मलिच्छ, मलेच्छ** वि० मलेच्छ, यवन।
**मलिंग*** पु० मलंग।
**मलिन्द** पु० भ्रमर, भौंरा।
**मलिक** पु० *(अ०)* पंजाब के मुसलमानों की एक सम्मानजनक उपाधि; बादशाह, राजा, सुलतान।
**मलिका** स्त्री० *(सं०)* मल्लिका; *(अ०)* महारानी।
**मलिक्ष, मलिच्छ*** पु० म्लेच्छ।
**मलिन** पु० *(सं०)* पाप; भट्ठा।
**मलिनता** स्त्री० *(सं०)* धूमिलत्व; क्षुद्रता; अशुद्धता।
**मलिनाम्बु** पु० *(सं०)* स्याही।
**मलिना** स्त्री० *(सं०)* रजस्वला स्त्री; लाल खाँड़।
**मलिनाई*** स्त्री० मलिनता, मैलापन।
**मलिनाना*** अ० क्रि० मैला होना, मलिन होना।
**मलिनावास** पु० गन्दी बस्तियाँ।
**मलिनी** स्त्री० *(सं०)* रजस्वला स्त्री।
**मलिम्लुच** पु० *(सं०)* चित्रक वृक्ष; मलमास।
**मलियामेट** वि० मिट्टी में मिला हुआ, तहस-नहस।
**मलिष्ठ** वि० *(सं०)* पापी; अति मलिन।
**मलिष्ठा** स्त्री० *(सं०)* रजस्वला स्त्री।
**मलिस** स्त्री० सुनारों का एक औजार।
**मलीदा** पु० कश्मीर में बननेवाला ऊनी कपड़ा; चूरमा।
**मलीन** वि० उदास; मैला, मलिन।
**मलीनता** स्त्री० मलिनता।
**मलीमस** पु० *(सं०)* लोहा; पीला कसीस।
**मलुक** स्त्री० उदर, पेट।
**मलूक** वि० सुन्दर। पु० एक चिड़िया; एक कीड़ा।
**मलूल** वि० *(अ०)* विषादयुक्त, उदास।
**मलेच्छ** पु० म्लेच्छ।
**मलेपंज** पु० बूढ़ा घोड़ा।
**मलेरिया** पु० *(अ०)* जाड़ा देकर आनेवाला ज्वर।
**मलोत्सर्ग** पु० *(सं०)* शौच, मलत्याग।
**मलोल** स्त्री० पछताना, मलाल।
**मलोलना** अ० क्रि० मलाल करना, पछताना।
**मलोला** पु० पश्चात्ताप, दुःख; अरमान।
**मल्ल** वि० *(सं०)* बलवान्, पट्ठा। पु० कुश्ती लड़नेवाला।
**मल्लक** पु० *(सं०)* नारियल के छिलके का बना हुआ।
**मल्लभूमि** स्त्री० अखाड़ा।
**मल्लविद्या** स्त्री० मल्लयुद्ध की विद्या।
**मल्ला** स्त्री० *(सं०)* पत्रवल्ली लता; मल्लिका; स्त्री।
**मल्लार** पु० *(अ०)* एक राग।
**मल्लाह** पु० *(अ०)* केवट, माझी।
**मल्लाही** स्त्री० मल्लाह का पेशा।
**मल्लि** स्त्री० *(सं०)* मल्लिका।
**मल्लिक** पु० बंगालियों की एक उपाधि।
**मल्लिका** स्त्री० *(सं०)* बेले की जाति की एक सफेद और सुगन्धित फूल।
**मल्लिकाक्ष, मल्लिकाख्य** पु० *(सं०)* घोड़े की एक जाति।
**मल्लिगन्धि** पु० अगर।
**मल्हनी**† स्त्री० एक तरह की नाव।
**मल्हराना, मल्हाना, मल्हारना*** स० क्रि० स्नेह से हाथ फेरना, चुमकारना।
**मवक्किल** पु० वकील का आसामी; मुवक्किल।
**मवाजिब** पु० *(अ०)* देय धन; बँधे समय पर मिलनेवाली बँधी रकम, भृति।
**मवाज़ी** वि० अः बराबरी, बराबर का।
**मवाद** पु० *(अ०)* मसाला, सामग्री; पीब।
**मवाली** पु० दक्षिण भारत की एक असभ्य जाति।
**मवाशी** पु० *(अ०)* मवेशी, पालतू पशु।
**मवास** पु० आश्रयस्थान; बाँस; गढ़, दुर्ग।
**मवासी** पु० किलेदार, किले का नायक। स्त्री०

गढ़, किला।

**मवेशी** पु० दूध देने या बोझ ढोने के काम आनेवाला चौपाया; गाय-बैल आदि चौपाया।

**मश** पु० *(सं०)* क्रोध; मच्छर।

**मशक** पु० *(सं०)* मच्छर; मस्सा।

**मशकहरी** स्त्री० मशहरी।

**मशकी(किन्)** पु० *(सं०)* गूलर का पेड़।

**मशकूक** वि० *(अ०)* जिस पर शक किया गया हो।

**मशकूर** वि० *(अ०)* शुक्रगुजार, कृतज्ञ।

**मशक्क़त** स्त्री० *(अ०)* श्रम, मेहनत; कठोर श्रम।

**मशक्क़ती** वि० मेहनती, मशक्कत करनेवाला।

**मशगूल** वि० *(अ०)* कार्यरत, किसी शगल या काम में लगा हुआ।

**मशरिक़** पु० *(अ०)* पूरब, सूरज निकलने की दिशा।

**मशवरा, मशविरा** पु० *(अ०)* मन्त्रणा, सलाह; साजिश।

**मशहूर** वि० *(अ०)* प्रसिद्ध, जिसकी शोहरत हुई हो।

**मशान** पु० मसान।

**मशीख़त** स्त्री० *(अ०)* शेखी, घमण्ड।

**मशीन** स्त्री० *(अं०)* यन्त्र, कल।

**मशीनगन** पु० *(अ०)* कल-तोप।

**मशीनरी** स्त्री० *(अं०)* किसी यन्त्र या मशीन के कलपुरजे; कारखाने की मशीनों का समूह।

**मशीनी** *(हि, अ०)* मशीन सम्बन्धी।

**मशीर** पु० *(अ०)* सलाहकार, परामर्शदाता।

**मश्क़** पु० *(अ०)* कुशलता प्राप्ति के लिए किसी काम को बार-बार करना, किसी काम का अभ्यास।

**मश्शाक़** वि० *(अ०)* मश्क रखने वाला, अभ्यस्त।

**मश्शाक़ी** स्त्री० निपुणता, अभ्यस्तता।

**मष** पु० मख।

**मषि** स्त्री० *(सं०)* मसि, स्याही।

**मषी** स्त्री० *(सं०)* मसि।

**मष्ट*** वि० चुप, मौन।

**मस**[1] पु० मच्छर।

**मस**[2] मास का समास में व्यवहृत लघु रूप।

**मस**[3] पु० *(सं०)* तौल, माप।

**मसक** पु०, स्त्री० मशक।

**मसकत** पु० अरब देश का एक नगर।

**मसकना** स० क्रि० दबाना, मलना, तानकर फाड़ना।

**मसका** पु० मक्खन; नवनीत; दही का पानी।

**मसख़रा** वि० *(अ०)* परिहासप्रिय, हँसोड़।

**मसखवा** पु० माँसाहारी।

**मसखरी**† स्त्री० मसखरापन, हँसी, ठट्ठा।

**मसजिद** स्त्री० *(अ०)* वह इमारत जिसमें मुसलमान इकट्ठा होकर नमाज पढ़ते है।

**मसनद** पु० *(अ०)* गद्दी; बड़ा तकिया।

**मसनवी** स्त्री० *(अ०)* वह कविता जिसमें तुकबन्दी से मुक्त कई शेर हों; उर्दू-फारसी का प्रबन्ध-काव्य, फारसी की शैली।

**मसना** क्रि० गूँथना, मसलना, वि० काला।

**मसनूई** वि० *(अ०)* बनावटी, कृत्रिम।

**मसमुन्द*** पु० धक्कमधक्का।

**मसरना*** स० क्रि० मसलना।

**मसरफ** पु० *(अ०)* काम; उपयोग।

**मसरूका** वि० *(अ०)* चोरी का, चुराया हुआ।

**मसरूफ़** वि० *(अ०)* काम में लगा हुआ।

**मसलना** स० क्रि० माँड़ना; किसी नरम चीज को दबाकर मलना, रगड़ना।

**मसलहत** स्त्री० *(अ०)* हितकर सलाह; हित, भलाइ।

**मसलहतन्** अ० (मसलहत-हित) लाभ की दृष्टि से।

**मसहरी** स्त्री० जालीदार कपड़े का परदा।

**मसला** पु० *(अ०)* सवाल, प्रश्न; कहावत, लोकोक्ति।

**मसा** पु० मस्सा, शरीर पर उभरा हुआ माँस चिह्न, मच्छर, मस।

**मसान** पु० बच्चों को होने वालासूखा रोग।

**मसाना** पु० *(अ०)* पेशाब की थैली; मूत्राशय।

**मसानिया** पु० ओझा; मसान जगाने वाला।

**मसानी** स्त्री० मसान में रहने वाली पिशाचिनी,काली स्त्री आदि। वि० मसान जगाने वाला।

**मसार** वि० स्निग्ध, गीला।

**मसाल** स्त्री० रोशनी, मशाल।

**मसालह** पु० *(अ०)* (मसलहत का बहु०) खूबियाँ,।

**मसालहत** स्त्री० *(अ०)* मेल-मिलाप, समझौता।

**मसाला** पु० धनिया, लौंग, मिर्च, जीरा, इलायची इत्यादि का मिश्रण आदि।

**मसाहत** स्त्री० *(अ०)* क्षेत्रमिति; पैमाइश, नापना।

**मसावात** स्त्री० *(अ०)* समानता, समीकरण।

**मसि** स्त्री० *(सं०)* कालिख; काजल; स्याही, रोशनाई।

**मसिक** पु० *(सं०)* साँप का बिल।

**मसिका** स्त्री० *(सं०)* निर्गुण्डी; नील शेफालिका।
**मसिबिन्दु** पु० स्याही की बूँद, डिठौना।
**मसिमुख** वि० पापी।
**मसियाना** अ० क्रि० शरीर माँसल होना।
**मसी** स्त्री० स्याही।
**मसीना** पु० *(सं०)* मोटा अनाज, कदन्न।
**मसीह** पु० *(अ०)* ईसाई धर्म के प्रवर्तक ईसा।
**मसीहा** पु० *(फ़ा)* मुर्दे को जिला देने की शक्ति रखने वाला; ईसा मसीह।
**मसीही** पु० मसीह को माननेवाला, ईसाई।
**मसूड़ा, मसूढ़ा** पु० दाँतों के नीचे-ऊपर का माँस।
**मसूर** पु० *(सं०)* दाल के काम आनेवाला एक अन्न।
**मसूरा** स्त्री० *(सं०)* वेश्या; *मसूर की बरी; मसूढ़ा।
**मसूरिका** स्त्री० चेचक, शीतला।
**मसूरी** स्त्री० *(सं०)* मसूरिका नाम का रोग।
**मसूस, मसूसन*** स्त्री० मन मसोसने का भाव।
**मसृण** वि० *(सं०)* चिकना; चमकदार; मुलायम।
**मसेवरा*** पु० माँस की बनी खाद्य चीजें।
**मसोढ़ा** पु० सोना-चाँदी गलाने का बर्तन; मसूढ़ा।
**मसोसना** अ० क्रि० मनोवेग को दबाना, मरोड़ना।
**मसोसा** पु० दुःख, पश्चात्ताप, मानसिक दुःख, कुढ़न।
**मसौदा** पु० मनसूबा; मसविदा, लेख।
**मस्कर** पु० *(सं०)* बाँस; गति; पीला बाँस; ज्ञान।
**मस्करी(रिन्)** पु० *(सं०)* चन्द्रमा; संन्यासी, चतुर्थाश्रमी।
**मस्त** वि० प्रसन्न; मस्ती भरे, मदभरे (नयन); मस्ती पर आया हुआ, काम के वशीभूत।
**मस्त** पु० *(सं०)* सिर। वि० ऊँचा।
**मस्तक** पु० *(सं०)* सिर, माथा, सिर-दर्द।
**मस्तंगी, मस्तगी** स्त्री० *(फ़ा)* एक तरह का गोंद जो दवा के काम आता है।
**मस्तरी** स्त्री० धातु गलाने की भट्ठी।
**मस्ताना** अ० क्रि० मस्त होना, मस्ती पर आना।
**मस्ति** स्त्री० *(सं०)* माप, तौल।
**मस्तिक** पु० *(सं०)* मस्तक।
**मस्तिष्क** पु० *(सं०)* दिमाग, भेजा।
**मस्ती** स्त्री० कुछ वृक्षों से विशेष अवस्थाओं में टपकनेवाला पानी; गव।
**मस्तु** पु० *(सं०)* दही का पानी; छेने का पानी।
**मस्सा** पु० बवासीर की बीमारी में गुदा के बाहर और भीतर निकल आनेवाला दाना।
**महँ*** अ० में।
**महँगा** वि० जिसके दाम उचित से अधिक हों।
**महँगी** स्त्री० आवश्यक वस्तुओं की दुर्लभता।
**महन्त** पु० साधु-संघ का मुखिया; मठाधीश, मुखिया।
**महन्ती** स्त्री० महन्त का पद।
**मह*** अ० महँ। वि० महत्, बड़ा।
**मह(स्)** *(सं०)* उत्सव; दीप्ति; शक्ति; महत्ता; आनन्द।
**महक** स्त्री० सुवास, सुगन्ध।
**महकदार** वि० महकनेवाला।
**महकना** अ० क्रि० महक देना, वास आना।
**महकमा** पु० *(अ०)* विभाग; आज्ञा देने का स्थान।
**महकान** स्त्री० वास, गन्ध।
**महकीला** वि० महकदार, सुगन्ध युक्त।
**महकूम** वि० *(अ०)* अधीन; शासित।
**महज़** वि० *(अ०)* सरासर बेवकूफी; केवल, खालिस।
**महज़र** पु० *(अ०)* बहुत से लोगों के हस्ताक्षर से युक्त साक्ष्य पत्र; हाजिर होने की जगह।
**महत*** स्त्री० प्रतिष्ठा। पु० महत्त्व।
**महतवान्** पु० करघे में पीछे की ओर लगी हुई खूँटी।
**महताब** पु० *(फ़ा)* चाँद। स्त्री० महताबी; चाँदनी।
**महतारी**† स्त्री० माता।
**महती** स्त्री० *(सं०)* नारद की वीणा; महत्ता।
**महतु*** पु० महत्त्व, बड़ाई।
**महतो** पु० प्रमुख कृषक; गाँव का मुखिया।
**महत्** वि० *(सं०)* बड़ा, बृहत्; श्रेष्ठ; ऊँचा; भारी।
**महत्कथ** वि० चापलूस।
**महत्तम** वि० *(सं०)* सबसे बड़ा।
**महत्तर** पु० *(सं०)* गाँव का मुखिया; प्रधान पुरुष।
**महत्तरक** पु० *(सं०)* मुसाहब, दरबारी।
**महत्ता** स्त्री० *(सं०)* गुरुता; उच्च पद; महिमा; बड़प्पन।
**महत्त्व** पु० *(सं०)* महत्ता; वजन; गुरुता; बड़प्पन।
**महत्त्वांकन** पु० *(सं०)* महत्त्व का लेखा-जोखा करना।
**महत्त्वाकांक्षा** स्त्री० *(सं०)* बड़ा बनने की आकांक्षा।
**महदन्तर** पु० *(सं०)* बहुत बड़ा अन्तर।
**महदी** पु० *(अ०)* मुसलमानों के बारहवें इमाम।
**महदूद** वि० *(अ०)* नियत, सीमित।
**महद्** महत् का समासगत रूप।

**महन*** पु० मथन।

**महना†** स० क्रि० मथना।

**महनिया†** पु० मखनिया, मथने वाला।

**महनीय** वि० *(सं०)* महिमा-मण्डित, गौरवपूर्ण; सम्मान्य।

**महनु*** पु० मन्थन करने वाला; नाश करने वाला।

**महफ़िल** स्त्री० *(अ०)* जलसा, सभा; आदमियों के इकट्ठा होने की जगह; नाच-रंग का स्थान।

**महफ़ूज़** वि० *(अ०)* रक्षित जिसकी हिफाजत की गयी हो।

**महबूब** वि० *(अ०)* प्रेमपात्र, प्यारा।

**महबूबा** वि० स्त्री० *(अ०)* प्यारी, प्रेमिका।

**महमन्त*** वि० मदमत्त।

**महमह** अ० महकते हुए, सुवास-युक्त।

**महमहा** वि० खुशबूदार, महकता हुआ।

**महमहाना*** अ० क्रि० सुगन्ध बिखेरना, महकना।

**महमा*** स्त्री० महिमा, महत्त्व।

**महमान** पु० आगन्तुक, मेहमान।

**महमूद** वि० *(अ०)* जिसकी प्रशंसा की गयी हो, स्तुत्य।

**महमूदी** स्त्री० *(फ़ा०)* एक तरह की मलमल; चाँदी का एक पुराना सिक्का।

**महम्मद** पु० मुहम्मद।

**महर** पु० नन्द; कहार; मुखिया।

**महरा** वि० बड़ा; मुखिया।

**महराना** पु० गाँव, महरों की बस्ती।

**महराब*** स्त्री० मेहराब।

**महरी** स्त्री० कहारिन, ग्वालिन।

**महरूम** वि० *(अ०)* हीन (किसी वस्तु से); बेनसीब।

**महरूमी** स्त्री० बेनसीबी; नाकामी; महरूम होना।

**महरेटा** पु० महर का बेटा; कृष्ण।

**महरेटी** स्त्री० राधिका; महर की बेटी।

**महर्लोक** पु० *(सं०)* ऊपर के सात लोकों में से चौथा।

**महर्धता** स्त्री० मँहगा होने का भाव, मँहगी।

**महर्षि** पु० *(सं०)* बहुत बड़ा ऋषि।

**महर्षिका** स्त्री० *(सं०)* भटकटैया।

**महल** पु० *(अ०)* राजा का मकान, प्रासाद; वक्त।

**महल्लक** पु० अन्तःपुर रक्षक।

**महल्ला** पु० *(अ०)* शहर का एक भाग, टोला।

**महशर** पु० *(अ०)* लोगों के इकट्ठा होने की जगह।

**महसिल*** पु० वसूल करने वाला।

**महसूद** पु० *(अ०)* वजीरी पठानों की एक शाखा।

**महसूब** वि० *(अ०)* मिनहा किया हुआ, परिगणित

**महसूर** वि० *(अ०)* घेरा हुआ, घेरे में आया हुआ।

**महसूल** पु० *(अ०)* मालगुजारी; कर; राजस्व; किराया।

**महसूली** वि० बैरंग; जिस पर कर लगे।

**महसूस** वि० *(अ०)* ज्ञात; प्रकट; ज्ञानेन्द्रियों में से किसी के द्वारा अनुभूत (विषय)।

**महसूसात** पु० *(अ०)* इन्द्रियग्राह्य विषयों की समष्टि।

**महाँ*** अ० महँ।

**महाँग** पु० *(सं०)* ऊँट; गोखरू; शिव।

**महांजन** पु० *(सं०)* एक पर्वत।

**महान्तक** पु० *(सं०)* शिव; मृत्यु।

**महान्धकार** पु० *(सं०)* निबिड़ अन्धकार; घोर अज्ञान।

**महाम्बुज** पु० *(सं०)* बहुत बड़ी संख्या; एक अरब।

**महा** स्त्री० *(सं०)* 'महत्' शब्द का समासगत रूप।

**महाई†** स्त्री० मथने की मजदूरी; मथने का कार्य।

**महाउत*** पु० महावत।

**महाउर*** पु० महावर।

**महाचार्य** पु० *(सं०)* प्रधान आचार्य।

**महाकर** पु० लम्बा हाथ, अधिक लगान। वि० बड़े हाथ वाला।

**महाकरुण** वि० अति दयालु।

**महाकाय** वि० विशाल शरीर वाला।

**महाकाव्य** पु० सर्गबद्ध काव्य जिसमें कम से कम आठ सर्ग हों।

**महाकुमार** पु० युवराज।

**महाढ्य** वि० *(सं०)* परम सम्पन्न; अति धनी।

**महातप** पु० कठिन तपस्या।

**महातम*** पु० माहात्म्य।

**महात्मा(त्मन्)** पु० *(सं०)* जिसकी आत्मा या स्वभाव महान् हो, सन्त, योगी; सिद्ध पुरुष।

**महानन्द** पु० *(सं०)* मौर्यवंश के पूर्व नन्द वंश का एक राजा; परमानन्द।

**महानन्दा** स्त्री० *(सं०)* माघ-शुक्ला नवमी; मद्य।

**महान** वि० उच्च कोटि का; बहुत बड़ा, विशाल।

**महानक** पु० *(सं०)* बड़ा नगाड़ा।

**महानतम** वि० *(सं०)* सबसे बड़ा और श्रेष्ठ।
**महानुभाव** पु० *(सं०)* ऊँचे मन या आशय वाला।
**महानुभावी** वि० *(सं०)* महामना।
**महान्(हत्)** वि० *(सं०)* ऊँचा, बड़ा, महत्।
**महान्यायभिकर्ता** पु० *(सालिसिटर जनरल)* विधिक अधिकारी।
**महान्यायवादी** पु० *(एटर्नी जनरल)* वह विधिक अधिकारी जो राज्य सम्बन्धी मुकद्दमे को देखता है।
**महापौर** पु० महानगर परिषद् या नगर निगम का अध्यक्ष, मेयर।
**महाप्राभिकर्ता** पु० *(एटर्नी जनरल)* महा न्यायवादी।
**महाबलाधिकृत** पु० *(फील्डमार्शल)* बलाधिकृतों में सबसे बड़ा या प्रधान आधिकारी।
**महाभिषव** पु० *(सं०)* सोम रस।
**महामहिम** वि० जिसकी बड़ी महिमा हो।
**महामद** वि० अतिप्रसन्न।
**महामारी** वि० अतिबुद्धिमान।
**महामात्य** पु० *(सं०)* अत्यन्त माननीय; प्रधानमन्त्री।
**महामीत** वि० बड़ा डरपोक।
**महाभीरु** वि० अति कायर।
**महाभुज** वि० जिसकी बाँहे लम्बी हों।
**महाभूषण** पु० मूल्यवान, अलंकार।
**महामन्त्री** पु० राजा का प्रधानमन्त्री।
**महानस** पु० पाकशाला।
**महानिद्रा** स्त्री० मृत्यु, मरण।
**महानिशा** स्त्री० आधी रात।
**महानुभाव** वि० महाशय, आदरणीय व्यक्ति।
**महानुराग** वि० एकान्तिक प्रेम।
**महापद्म** पु० एक पद्म की संख्या, श्वेतकमल।
**महापातक** पु० पाँच, सबसे बड़े पाप।
**महापुरी** स्त्री० राजधानी।
**महाभाग** वि० महात्मा, सौभाग्यशाली।
**महाभारत** पु० वेदव्यास रचित कौरव-पाण्डव विषयक महाकाव्य।
**महामारी** स्त्री० भीषण संक्रामक रोग।
**महामूर्ति** पु० विष्णु।
**महा युद्धपोत** पु० *(कैपिटल शिप)* जंगी जहाज।
**महारम्भ** पु० *(सं०)* बड़ा काम। वि० बड़े काम उठाने वाला।
**महारत** स्त्री० *(सं०)* जानकारी; अभ्यास, योग्यता।
**महारण्य** पु० *(सं०)* भारी जंगल।
**महार्घ** वि० *(सं०)* मूल्यवान; महँगा।
**महार्घता** स्त्री० *(सं०)* महँगी, महँगापन।
**महार्घ्य** वि० *(सं०)* बहुमूल्य।
**महार्थ** वि० *(सं०)* महामूल्य।
**महार्थक** वि० *(सं०)* महत्त्वपूर्ण, गम्भीर अर्थवाला।
**महार्थता** स्त्री० महँगाई।
**महार्द्रक** पु० *(सं०)* जंगली अदरक; सोंठ।
**महार्ह** वि० *(सं०)* बहुमूल्य।
**महाल** पु० *(अ०)* विभाग; टोला, मोहल्ला।
**महालय** पु० *(सं०)* तीर्थ; मन्दिर; विहार; परमात्मा।
**महालया** स्त्री० *(सं०)* आश्विन-कृष्णा अमावस्या।
**महालेखाकार** पु० *(अकाउण्टेण्ट जनरल)* महा-गणनाध्यक्ष।
**महावट** स्त्री० जाड़े की वर्षा।
**महावत** पु० हाथीवान, आंकुशिक, पीलवान।
**महावर** पु० लाख का लाल रंग जिससे स्त्रियाँ पाँव रँगती हैं।
**महावरी** स्त्री० महावर लगाने का फाहा।
**महावरोह** पु० *(सं०)* बरगद।
**महाशन** वि० *(सं०)* महावर लगाने का फाहा।
**महाशय** पु० *(सं०)* उच्चविचारों से युक्त।
**महाश्मा(श्मन्)** पु० *(सं०)* बहुमूल्य पत्थर।
**महाश्वेता** स्त्री० *(सं०)* सरस्वती।
**महाष्टमी** स्त्री० *(सं०)* आश्विन-शुक्ला अष्टमी।
**महाशालीन** वि० अतिविनम्र।
**महासन** पु० *(सं०)* सिंहासन।
**महासि** स्त्री० *(सं०)* बड़ी तलवार।
**महासुक्ति** स्त्री० बड़ी सीप।
**महासुरी** स्त्री० *(सं०)* दुर्गा।
**महासून्य** पु० आकाश।
**महासिल** पु० *(अ०)* मालगुजारी, लगान; प्राप्त धन।
**महास्पद** वि० *(सं०)* उच्चपदस्थ, शक्तिशाली।
**महाह्न** पु० *(सं०)* तीसरा पहर, अपराह्न।
**महि** स्त्री० *(सं०)* महत्तत्त्व; पृथ्वी; महिमा।
**महिका** स्त्री० *(सं०)* पृथ्वी, हिम, पाला।
**महिख*** पु० भैंसा, महिष।

**महिमा(मन्)** स्त्री० *(सं०)* अष्ट सिद्धियों में से एक; महत्ता; माहात्म्य; प्रभावोत्पादकता; बड़ाई, बड़प्पन।
**महिमान्वित** वि० *(सं०)* महिमा से युक्त।
**महिमामय** वि० *(सं०)* महिमावाला।
**महिमामयी** वि० स्त्री० *(सं०)* महिमाशालिनी।
**महिमावान्(वत्)** वि० *(सं०)* बड़ा, गौरवशाली, प्रतापी।
**महिर** पु० *(सं०)* सूर्य।
**महिला** स्त्री० *(सं०)* मदमत्त स्त्री; भद्र नारी।
**महिष** पु० *(सं०)* राजा, सम्राट; भैंसा।
**महिषासुर** पु० *(सं०)* एक दानव जो दुर्गा के हाथों मारा गया।
**महिषासुरघातिनी/मर्दिनी** स्त्री० दुर्गा।
**महिषी** स्त्री० *(सं०)* व्यभिचारिणी स्त्री; पटरानी।
**महिष्ठ** वि० *(सं०)* महिमापूर्ण, सबसे बड़ा, बड़े-से-बड़ा।
**मही** स्त्री० छाछ, मट्ठा; *(सं०)* भूसम्पत्ति; पृथ्वी, धरती।
**महीन** वि० बारीक; पतला।
**महीना** पु० मासिक धर्म; वर्ष का बारहवाँ भाग।
**महीने बार** अ० *(हि०, फ़ा)* मासिक।
**महीनेवारी** स्त्री० *(हि०, फ़ा)* मासिक धर्म।
**महीयान्(यस्)** वि० *(सं०)* शक्तिशाली; अधिक बड़ा।
**महीश** पु० *(सं०)* राजा, पृथ्वीपति।
**महुँ*** अ० महँ।
**महुआ, महुवा** पु० एक प्रसिद्ध वृक्ष जिसके फूल, फल खाने तथा तेल निकालने के काम आते हैं।
**महुवरि** स्त्री० बीन, महुअर, तुम्बी।
**महूख*** पु० मधूक।
**महूरत** पु०, **महूरति** स्त्री० मुहूर्त, शुभ घड़ी।
**महेन्द्र** पु० *(सं०)* इन्द्र; विष्णु।
**महेन्द्री** स्त्री० *(सं०)* गुजरात की एक नदी।
**महेर** स्त्री० झगड़ा, अड़चन; महेरा।
**महेलिका** स्त्री० *(सं०)* महिला, स्त्री।
**महेश** पु० *(सं०)* शिव; परमेश्वर।
**महेशानी** स्त्री० *(सं०)* पार्वती।
**महेश्वर** पु० *(सं०)* शिव; परमेश्वर।
**महेसिया** पु० बढ़िया अगहनी धान।
**महेसी*** स्त्री० पार्वती।
**महेसुर*** पु० महेश्वर।
**महैला** स्त्री० *(सं०)* बड़ी इलायची।
**महोक्ष** पु० *(सं०)* बड़ा बैल।
**महोख** पु० महोखा, नामक पक्षी।
**महोच्छव*** पु० महोत्सव।
**महोन्नत** वि० जिसकी अति उन्नति हुई हो। पु० ताल वृक्ष।
**महोती** स्त्री० महुए का फल।
**महोत्पल** पु० *(सं०)* पद्म; सारस पक्षी।
**महोदय** पु० *(सं०)* कान्यकुब्ज देश; स्वामी।
**मेहोदार** वि० *(सं०)* अत्यधिक उदार।
**महोपाध्याय** पु० *(सं०)* महान् पण्डित, बड़ा अध्यापक।
**महोबनी** स्त्री० एक वृक्ष तथा उसका फल।
**महोबा** पु० हमीरपुर का एक जिला।
**महोबिया, महोबी** वि० महोबे का।
**महोरग** पु० *(सं०)* एक सर्पगण; बड़ा साँप।
**महोरस्क** वि० *(सं०)* चौड़ी छातीवाला।
**महोला*** पु० बहाना; धोखा।
**महौघ** वि० *(सं०)* परम तेजस्वी, अधिक ओज वाला।
**महौजा (जस्)** परम तेजस्वी, अधिक तेजवाला।
**महौषध** स्त्री० *(सं०)* बछनाग; सोंठ; लहसुन; अतीस।
**महौषधि** स्त्री० *(सं०)* शतावरी।
**महौषधी** स्त्री० *(सं०)* सफेद भटकटैया; कुटकी।
**माँ** *स्त्री० जननी, माता।
**माँकड़ी** स्त्री० बुनकरों का एक औजार, मकड़ी।
**माखन** पु० मक्खन, नवनीत।
**माँखना*** अ० क्रि० क्रोध करना, नाराज होना।
**माँग** स्त्री० बालों को सँवारकर और अलगाकर बनायी हुई रेखा। केश-विन्यास।
**माँग** स्त्री० अधिकार रूप में की हुई याचना; माँगने का कार्य, याचना; चाह; तलब।
**माँगन*** पु० माँग, माँगना।
**माँगना** स० क्रि० प्रार्थना करना *बुला मँगाना।
**मांगलगान** पु० *(सं०, हि०)* मंगल गीत।
**मांगलिक** पु० *(सं०)* नाटक में मंगलपाठ करने वाला पात्र। वि० मंगलकारी, मंगलसूचक, मंगलजनक।
**मांगल्य** पु० *(सं०)* मंगल का भाव, मांगलिकता।
**मांगल्या** स्त्री० *(सं०)* जीवन्ती; गोरोचन।
**मांगल्याहा** स्त्री० *(सं०)* त्रायमाणा लता।
**माँचना*** अ० क्रि० शुरू होना; लीन होना, फैलना।

**माँचा** पु० मचान, बड़ी खाट।

**माँछ** स्त्री० मछली। पु० माँछली।

**माँछर, माँछली** स्त्री० मछली, मलकर साफ करना।

**मांज** स्त्री० कछार, तराई; दलदली भूमि।

**माँजना** स० क्रि० माँझा देना; अभ्यास देना, कण्ठस्थ करना।

**माँजर** पु० पंजर, ठठरी।

**माँजा** पु० पहली वर्षा का फेन।

**मंजिष्ठ** पु० *(सं०)* लाल रंग। वि० लाल रंग; मजीठ के रंग का।

**माँझ*** अ० भीतर, मध्य।

**माँझा** पु० हल्दी चढ़ने के बाद वर-कन्या को पहनाये जानेवाले पीले कपड़े; पेड़ का तना।

**माँझिल*** वि० मँझला।

**माँझी** पु० *मध्यस्थ; मल्लाह, नाव खेने वाला।

**माँट*** पु० मटका; कुण्डा।

**माँठ** पु० नील घोलने का घड़ा; मटका; बड़ी मठली।

**माँठी**† स्त्री० फूल की बनी चूड़ी; मठली।

**माँड़** पु० ब्रह्माण्ड; पकाये हुए चावलों का पानी।

**माँड़ना** स० क्रि० *लगाना, पोतना, सानना, गूँथना।

**माँड़नी** स्त्री० माड़ने का काम, गोट, हाशिया।

**माण्डलिक** पु० *(सं०)* मण्डल का राजा, मण्डलाधीश।

**माण्डवी** स्त्री० *(सं०)* कुशध्वज की कन्या, भरत की पत्नी। पु० अतिथिशाला, मण्डप।

**माण्डव्य** पु० *(सं०)* एक पुराणवर्णित ऋषि।

**माँड़ा** पु० आँख का एक रोग; मण्डप।

**माण्डूक** पु० *(सं०)* मण्डूक शाखा के ब्राह्मण।

**माण्डूक्य** पु० *(सं०)* दस मुख्य उपनिषदों में से एक।

**माँड़ौ, माँड़्यो*** पु० विवाहमण्डप; अतिथिशाला; मण्डप।

**माँत*** वि० मात खाया, हारा हुआ; उन्मत्त, मत्त।

**माँता*** वि० मतवाला, नशे में मत्त।

**मान्त्र** वि० *(सं०)* मन्त्र-सम्बन्धी, मन्त्र का।

**माँथा, माँथ**† पु० सिर, माथा।

**मान्थर्य** पु० *(सं०)* धीमापन, मन्थरत्व; सुस्ती।

**माँद** स्त्री० खूँखार जानवरों के रहने की जगह, गुफा।

**माँद** वि० श्रीहीन, बेआब, फीका, धूमिल।

**माँद** स्त्री० सूखे गोबर का ढेर।

**माँदगी** स्त्री० *(फ़ा)* थकावट; बीमारी, रोग।

**माँदा** वि० *(फ़ा)* थका हुआ; रोगी, बीमार।

**मान्द्य** पु० *(सं०)* मन्दता, कमी, न्यूनता; दुर्बलता।

**माँपना** स० क्रि० मापना।

**माँस** पु० *(सं०)* प्राणियों के शरीर का मुलायम गूदा।

**माँसल** वि० *(सं०)* गुदारा, स्थूल, मोटा-ताजा, हृष्ट-पुष्ट; माँसयुक्त, गुदगुदा; बलवान्।

**माँसाद, माँसादी(दिन्)** वि० *(सं०)* माँस खाने वाला।

**माँसारि** पु० *(सं०)* अम्लबेत।

**माँसार्गल** पु० *(सं०)* मुँह से लटकने वाला माँस।

**माँसाहारी(रिन्)** वि० *(सं०)* माँस का आहार करनेवाला।

**मांसिनी** स्त्री० *(सं०)* जटामाँसी।

**माँसेष्टा** स्त्री० *(सं०)* चमगादड़।

**माँसोपजीवी(विन्)** वि०, पु० *(सं०)* माँस बेचकर जीवन निर्वाह करने वाला।

**माँह** अव्य० मध्य में।

**मा** स्त्री० *(सं०)* लक्ष्मी; माता।

**माइक** पु० *(अं०)* ध्वनिवर्धक यन्त्र।

**माइका** पु० माता-पिता का घर।

**माइका** पु० *(अं०)* अभ्रक।

**माइकेल मधुसूदन दत्त** पु० बँगला के महान कवि।

**माइल*** मायल।

**माई** स्त्री० माता, माँ; किसी भी स्त्री का आदरसूचक सम्बोधन।

**माई का लाल** हिम्मतवाला; उदार, दानी।

**माइक्रोस्कोप** पु० *(अं०)* सूक्ष्मदर्शी।

**माकलि** पु० *(सं०)* इन्द्र का सारथि (मातलि); चन्द्रमा।

**माक़ूल** वि० *(सं०)* काफी; समझदार; मुनासिब।

**माकूस** वि० *(अ०)* विपरीत, उलटा।

**माख*** पु० रोष, अप्रसन्नता; गर्व।

**माखन** पु० मक्खन।

**माखनचोर** पु० माखन चुरानेवाला।

**माखी*** स्त्री० सोनामक्खी; मक्खी।

**मागध** पु० बन्दी, भाट, स्तुति पाठक, सूत।

**मागधा** स्त्री० *(सं०)* मगध की राजकुमारी; पिप्पली।

**मागधी** स्त्री० *(सं०)* पिप्पली; मगध की राजकुमारी।

**माघवती** स्त्री० *(सं०)* पूर्व दिशा।

**माघ** पु० पौष से अगला तथा फागुन से पूर्व का महीना।

**माघी** वि० माघ का। स्त्री० *(सं०)* माघ की पूर्णिमा।

**माघ्य** पु० *(सं०)* कुन्द का फूल।

**माच*** पु० मचान।

**माचल*** वि० मचलनेवाला, हठी।

**माचा*** पु० बड़ी मचिया।

**माचिका** स्त्री० *(सं०)* मक्खी; आमड़े का पेड़।

**माचिस** पु० *(अ०)* दियासलाई।

**माची**† स्त्री० मचिया।

**माछ*** पु० मछली।

**माछर*** पु० मच्छर।

**माछी**† स्त्री० मक्खी।

**माजरा** पु० *(अ०)* घटना; हाल।

**माजून** स्त्री० *(अ०)* पाक, शहद या चीनी के योग से बना औषधि का अवलेह।

**माट** पु० वह मटका जिसमें रंगरेज रंग रखते हैं।

**माटा** पु० लाल चींटा जो आम के पेड़ पर प्रायः मिलता है।

**माटी*** स्त्री० धूल; मिट्टी; शरीर; शव।

**माठ** पु० *(सं०)* सड़क।

**माठ** पु० मटकी; मोयनदार; मैदे की मोटी पूड़ी।

**माठा** वि० मधुर, गम्भीर, कंजूस। पु० मट्ठा।

**माठू** वि० मूर्ख, निर्बुद्धि। पु० बन्दर, वानर; तोता;

**माठर** पु० *(सं०)* व्यास; ब्राह्मण।

**माठी** स्त्री० एक तरह की कपास।

**माड** पु० *(सं०)* ताड़ वृक्ष; एक तौल।

**माड़ना** अ० क्रि० घूमना फिरना, टहलना।

**मॉडल, मॉडेल** पु० *(अं०)* नमूना, आदर्श, खाका।

**मॉडर्न** वि० *(अं०)* आधुनिक।

**माण्डप** वि० मण्डप विषयक।

**माण्डलिक** पु० मण्डलाधीश, प्रान्त विशेष का शासक, सार्वभौम राजा के अधीन राजा।

**माढ़ा** पु० एक दूसरी मंजिल की बैठक।

**माढी*** स्त्री० मचिया; मढ़ी।

**माणक** पु० *(सं०)* मानक।

**माणव** पु० *(सं०)* मनुष्य; बौना; बालक।

**माणवक** पु० *(सं०)* सोलह या बीस लड़ियों का हार।

**माणविका** स्त्री० *(सं०)* किशोरी, बालिका।

**माणवीन** वि० *(सं०)* माणव-सम्बन्धी।

**माणिक्य** पु० लालवर्ण का रत्न, माणिक।

**माणिक्या** स्त्री० *(सं०)* छिपकली।

**माणिबन्ध, माणिमन्थ** पु० *(सं०)* सेंधा नमक।

**मातंग** पु० *(सं०)* हाथी; चाण्डाल; किरात; एक ऋषि।

**मातंगी** स्त्री० *(सं०)* एक महाविद्या।

**मात** वि० *(अ०)* पराजित, हारा हुआ। स्त्री० पराजय।

**मातदिल** वि० न अधिक गरम न ठण्ढा।

**मातना*** अ० क्रि० मत्त होना, नशे में होना।

**मातबर** वि० मोतवर, विश्वसनीय।

**मातबरी** स्त्री० विश्वसनीयता।

**मातम** पु० *(अ०)* रोना-पीटना; मृत्युशोक।

**मातमी** वि० मातम-सम्बन्धी; शोक-सूचक।

**मातलि** पु० *(सं०)* इन्द्र के सारथि का नाम।

**मातहत** वि० *(सं०)* आज्ञाधीन; पु० सहकारी।

**मातहती** स्त्री० अधीन होने का भाव, अधीनता।

**माता** स्त्री० *(सं०)* वयोवृद्ध स्त्री का सम्बोधन; धरती;

**माता(तृ)** वि० *(सं०)* मापक, मापनेवाला।

**मातामह** पु० *(सं०)* नाना।

**मातामही** स्त्री० *(सं०)* नानी।

**मातुल** पु० *(सं०)* मामा; एक तरह का धान।

**मातुला, मातुलानी, मातुली** स्त्री० *(सं०)* मामी।

**मातुलुंग** पु० *(सं०)* बिजौरा नीबू; खजूर का फल।

**मातुलुंगक** पु० *(सं०)* बिजौरा नींबू।

**मातुलेय** पु० *(सं०)* मामा का बेटा।

**मातुलेयी** स्त्री० ममेरी बहन।

**मातुल्य** पु० मामा का घर।

**मातृ** 'माता' शब्द का प्रातिपदिक रूप जो केवल समास में व्यवहृत होता है।

**मातृक** वि० माता विषयक।

**मातृका** स्त्री० धाय, ठपमाता।

**मात्र** अ० *(सं०)* केवल, सिर्फ।

**मात्रा** स्त्री० *(सं०)* अक्षर में लगायी जानेवाली स्वर-सूचक रेखा; परिमाण।

**मात्रिक** वि० *(सं०)* मात्राओं की गणनावाला (छन्द); मात्रा-सम्बन्धी।

**मात्सर्य** पु० *(सं०)* मत्सर; ईर्ष्या, डाह; मत्सरता।

**मात्स्य** वि० *(सं०)* मत्स्य-सम्बन्धी। पु० एक ऋषि।

**मात्स्यिक** पु० *(सं०)* मछुआ।
**माथ** पु० *(सं०)* मथन; पथ; *सिर, माथा।
**माथना*** स० क्रि० मथना।
**माथा** पु० वस्तु का अग्रभाग; पेशानी, ललाट, मस्तक।
**माथुर** वि० *(सं०)* मथुरा का। पु० मथुरावासी; चौबे।
**माथे** अ० भरोसे; माथे पर।
**मु० माथे चढ़ाना** शिरोधार्य करना।
**माद** पु० *(सं०)* मत्तता; हर्ष; अभिमान, प्रसन्नता; गर्व।
**मादक** वि० *(सं०)* नशा पैदा करनेवाला; हर्षजनक।
**मादकता** स्त्री० *(सं०)* नशीलापन।
**मादक द्रव्यविभाग** पु० *(सं०)* भाँग, गाँजा आदि मादक द्रव्यों पर नियन्त्रण रखने वाला सरकारी विभाग।
**मादन** वि० *(सं०)* मादक।
**मादनी** स्त्री० *(सं०)* मदिरा, भाँग, नशीली वस्तु।
**मादर** स्त्री० *(फ़ा)* माँ, माता।
**मादरिया*** स्त्री० माँ, मादर।
**मादरी** वि० *(फ़ा)* पैदायशी, जन्मसिद्ध; माँ का।
**मादा** स्त्री० *(फ़ा)* स्त्री; स्त्रीलिंगसूचक प्राणी।
**मादिक*** वि० मादक।
**मादिकी, मादिनी** स्त्री० विजया भाँग।
**मादी** स्त्री० मादा, भौतिक।
**मादृक्ष, मादृश** वि० *(सं०)* मुझ जैसा।
**माद्दा** पु० *(अ०)* योग्यता, समझ; शब्द की व्युत्पत्ति।
**माद्दी** वि० *(अ०)* भौतिक, जड़, माद्दा का; पैदाइशी।
**माद्रेय** पु० *(सं०)* नकुल और सहदेव।
**माधव** वि० *(सं०)* मधुनिर्मित; वासन्तिक।
**माधविका** स्त्री० *(सं०)* माधवी लता।
**माधवी** स्त्री० *(सं०)* शहद से बनी शराब;
**माधवेष्टा** स्त्री० वाराही कन्द।
**माधवोचित** पु० *(सं०)* कक्कोल।
**माधुक** पु० *(सं०)* महुए की शराब।
**माधुर** वि० मीठा। पु० चमेली का पुष्प।
**माधुरई*** स्त्री० माधुरी, मिठास।
**माधुरता*** स्त्री० मधुरता।
**माधुरिया*** स्त्री० माधुरी।
**माधुरी** स्त्री० *(सं०)* मिठास, मधुरता; शराब।
**माधुर्य** पु० *(सं०)* दयालुता, मधुरता, मिठास, सुन्दरता।
**माधूक** वि० *(सं०)* मिष्टभाषी।
**माधो, माधौ*** पु० माधव।
**माध्यम** वि० *(सं०)* बिचला, मध्यवर्ती।
**माध्यन्दिन** स्त्री० दोपहर, दिन का मध्य भाग।
**माध्यमिक** वि० *(सं०)* बीच का, मध्यका।
**माध्यमिकशिक्षा** स्त्री० *(सेकण्डरी एजुकेशन)* प्रारम्भिक शिक्षा की समाप्ति से लेकर मैट्रिक तक की शिक्षा।
**माध्यस्थ** वि० *(सं०)* बिचौलिया; तटस्थ; मध्यस्थ।
**माध्यस्थ्य** पु० *(सं०)* मध्यस्थता; निष्पक्षता।
**माध्याकर्षण** पु० *(सं०)* गुरुत्वाकर्षण।
**माध्वी** स्त्री० *(सं०)* मधु से बनायी हुई शराब।
**माध्वीक** पु० *(सं०)* महुए की शराब।
**मान** पु० *(सं०)* नापने की क्रिया; परिमाण।
**मान** पु० *(सं०)* आत्मगौरव; घमण्ड, अभिमान, सामर्थ्य-शक्ति, प्रतिष्ठा।
**मानक** पु० *(सं०)* मानकन्द।
**मानकीकरण** पु० किसी वस्तु के निर्माण।
**मानगृह** पु० कोप भवन।
**मानचित्र** पु० खाका, किसी स्थान एवं देश का चित्र।
**मानता** स्त्री० मनौती।
**मानद** वि० यशद, बड़ाई करने वाला।
**मानन** पु० *(सं०)* सम्मान करना, आदर करना।
**मानना** अ० क्रि० राजी होना; फर्ज करना, समझना।
**माननीय** वि० *(सं०)* आदरणीय, मान करने योग्य।
**मानव** वि० *(सं०)* मनु सम्बन्धी, मनु से उत्पन्न। पु० बालक; मनुष्य की सन्तान; मनुष्य जाति।
**मानविका** स्त्री० मानव विचारों, मानव हित आदि सम्बन्धी विषय—अर्थशास्त्र, राजनीति, साहित्य।
**मानवी** स्त्री० *(सं०)* नारी, स्त्री। वि० मनुष्य-सम्बन्धी।
**मानवीय** वि० *(सं०)* इंसानी, मानव-सम्बन्धी।
**मानवेन्द्र** पु० *(सं०)* नरश्रेष्ठ; राजा।
**मानस** पु० *(सं०)* रामचरितामानस; चित्त, मन।
**मानसचिकित्सक** पु० मनोरोग चिकित्सक।
**मानसरोवर** पु० हिमालय में स्थित एक पवित्र झील।
**मानसवेग** पु० चिन्ता, मन का वेग।
**मानसालय** पु० *(सं०)* हंस।
**मानसिक** वि० *(सं०)* मन-सम्बन्धी।
**मानसी** स्त्री० *(सं०)* एक विद्यादेवी।
**मानसून** पु० *(अं०)* हिन्द महासागर में बहने वाली हवा जो मई के दूसरे पखवाड़े से सितम्बर के

मध्य तक वर्षा करने में मदद करती है।

**मानहु** अव्य० मानो।

**माना** पु० अन्न नापने का पात्र। क्रि० नापना। क्रि० वि० मान लो कि।

**मानापमान** पु० *(सं०)* मान या अपमान।

**मानाय** पु० विष्णु।

**मानिन्द** वि० *(फ़ा)* समान, सदृश।

**मानिक** पु० एक प्रसिद्ध रत्न, लाल, माणिक्य।

**मानिका** स्त्री० *(सं०)* आठ पल का वजन; शराब।

**मानित** वि० *(सं०)* सम्मानित।

**मानिनी** वि० स्त्री० *(सं०)* मानवती, मान, अभिमान करने वाली।

**मानी** स्त्री० *(सं०)* सोलह सेर के अन्न का मान।

**मानी(निन्)** पु० *(सं०)* सिंह। वि० सम्माननीय।

**मानुख*** पु० मनुष्य।

**मानुषक, मानुषिक** वि० *(सं०)* मनुष्य- सम्बन्धी।

**मानुषी** स्त्री० *(सं०)* स्त्री, नारी; चिकित्सा के तीन भेदों—आसुरी, मानुषी, दैवी—में से एक।

**मानुष्य, मानुष्यक** वि० *(सं०)* मनुष्य-सम्बन्धी।

**मानुस*** पु० आदमी, मनुष्य।

**माने** पु० मतलब, मानी, अर्थ।

**मानोज्ञक** पु० *(सं०)* मनोहरता।

**मानौं*** अ० मानों।

**मान्य** वि० *(सं०)* पूज्य, आदरणीय, मानने योग्य।

**मान्यता** स्त्री० *(सं०)* किसी देश की सरकार के अस्तित्व को स्वीकार करना।

**माप** स्त्री० मानने की क्रिया, भाव परिमाण।

**मापक** पु० *(सं०)* मापने वाला; बाट; पैमाना।

**मापन** पु० *(सं०)* तराजू; नापना।

**मापना** स्त्री० *(सं०)* नापना; मापन। *अ० क्रि० मतवाला होना, मत्त, मातना।

**माफ** वि० *(अ०)* बख्शा गया, क्षमा किया हुआ।

**माफिक** वि० अनुसार, अनुकूल।

**माफ़ी** स्त्री० वह जमीन जिसकी मालगुजारी या लगान माफ हो, लाखिराज जमीन; माफ किया जाना।

**माब** पु० *(अ०)* भीड़, जन-समूह।

**माम*** पु० अहन्ता, ममता।

**मामलत** स्त्री० *(अ०) (मुआमिलत)* मामला, झगड़ा; विवाद।

**मामलतदार** पु० तहसीलदार।

**मामला, मामिला** पु० काम; घटना; बात; विवाद।

**मामा** पु० माँ का भाई, मातुल।

**मामी** स्त्री० मातुलानी, मामा की पत्नी।

**मामूँ** पु० मातुल, मामा।

**मामूर** वि० *(अ०)* समृद्ध; आबाद; भरा हुआ।

**मामूल** पु० *(अ०)* दस्तूर; दस्तूरी; नित्य नियम।

**मामूली** वि० साधारण, रोज होने वाला।

**मायँ*** वि० बीच, मध्य।

**माय** पु० *(सं०)* पीताम्बर; असुर। *स्त्री० माता।

**मायक*** वि०, पु० माया करनेवाला।

**मायका** पु० पिता का घर, पीहर, नैहर।

**मायन** *पु० विवाह में मातृकापूजन का दिन; मायण।

**मायनी*** स्त्री० मायाविनी।

**मायाविनी** स्त्री० छल करने वाली स्त्री।

**मायल** वि० *(अ०)* मिला हुआ, आकृष्ट।

**माया** स्त्री० *(सं०)* अविद्या, प्रकृति; इन्द्रजाल, जादू।

**मायाति** पु० *(सं०)* नरबलि।

**मायाद** पु० *(सं०)* मगर।

**मायामय** वि० *(सं०)* मायायुक्त।

**मायावी(विन्)** पु० *(सं०)* माजूफल; बिल्ली; परमात्मा।

**मायिक** पु० *(सं०)* जादूगर। वि० मायाकृत, बनावटी।

**मायी(यिन्)** पु० *(सं०)* कामदेव; अग्नि; जादूगर।

**मायु** पु० *(सं०)* पित्त; सूर्य; शब्द *(वै०)*।

**मायूर** पु० *(सं०)* मोरों द्वारा खींचा जाने वाला रथ।

**मायूस** वि० *(अ०)* भग्न हृदय, निराश।

**मार** पु० *(सं०)* मारण, वध; विघ्न; कामदेव धतूरा।

**मारजित्** पु० बुद्ध; शिव।

**मार** स्त्री० कष्ट, क्लेश (गरीबी की मार); मार-पीट, लड़ाई; चोट; निशाना (तोप की मार)।

**मार** पु० *(फ़ा)* साँप।

**मारक** पु० *(सं०)* महामारी; मारणकर्ता; बाज।

**मारका** पु० *(अं०) (मार्क)* चिह्न, निशान; *(अ०)* लड़ाई-झगड़ा; युद्धस्थल; युद्ध; हंगामा।

**मारकीन** पु० एक मोटा कपड़ा, कोरा कपड़ा।

**मारग*** पु० मार्ग, रास्ता।

**मारगन*** पु० बाण; मार्गण।

**मारगेज** पु० *(अ०)* रहन, गिरवी।

**मारजन** पु० मार्जन।

**मारजार** पु० बिलाव।

**मारण** पु० *(सं०)* जान लेना, मारना; भस्म करना।

**मारतौल** पु० एक तरह का बड़ा हथौड़ा।

**मारना** स० क्रि० पटकना (सिर); जान लेना, हत्या करना; पछाड़ना; प्रहार करना, पीटना।

**मारफ़त** स्त्री० *(अ०)* ज्ञान; अध्यात्म-विषयक रचना।

**मारबल** पु० *(अं०)* संगमरमर पत्थर।

**मारवाड़ी** स्त्री० *(सं०)* मारवाड़ की भाषा।

**मारा** *स्त्री० माला। वि० मारा हुआ; पीड़ित, ग्रस्त।

**मारात्मक** वि० *(सं०)* संहारकारी, घातक।

**मारामार** अ० बहुत जल्दी। स्त्री० दौड़-धूप; हलचल।

**मारि** स्त्री० *(सं०)* महामारी, मारण, वध।

**मारित** वि० *(सं०)* मारा हुआ; भस्म किया हुआ (द्रव्य)।

**मारिष** पु० *(सं०)* नाटकादि में किसी सम्मानित व्यक्ति के सम्बोधन का शब्द; मरसा नाम का साग।

**मारी** स्त्री० *(सं०)* महामारी; चण्डी।

**मारीच** वि० *(सं०)* मारीचि-रचित (मन्त्र)।

**मारीची** स्त्री० *(सं०)* बुद्धदेव की माता।

**मारुण्ड** पु० *(सं०)* साँप का अण्डा; गोबर।

**मारुत** पु० वायु।

**मारु** पु० बड़ा नगाड़ा, धौंसा। वि० हृदयविदारक, मारक।

**मारुति** पु० *(सं०)* हनुमान्; भीम।

**मारू** वि० मर्मस्थान पर आघात करने वाला।

**मारूफ़ा** वि० *(अ०)* प्रसिद्ध।

**मार्क** पु० *(अं०)* लक्षण; छाप (जैसे ट्रेड मार्क)।

**मार्कट** वि० *(सं०)* बन्दर-सम्बन्धी।

**मार्कव** पु० *(सं०)* भँगरैया।

**मार्का** वि० *(अं०)* चिह्नवाला (समास में)। पु० चिह्न, छाप।

**मार्केट** पु० *(अं०)* मण्डी, बाजार।

**मार्क्विस** पु० *(अं०)* अँग्रेज सरदारों की उपाधि।

**मार्ग** पु० *(सं०)* मलद्वार, गुदा; भ्रमणपथ (ग्रह का); रास्ता।

**मार्गण** पु० *(सं०)* बाण; अन्वेषण; प्रेम; याचना; याचक।

**मार्गणक** वि०, पु० *(सं०)* निवेदक, याचक।

**मार्गणा** स्त्री० *(सं०)* अन्वेषण; याचना।

**मार्गन*** पु० मार्गण, मारगन।

**मार्गरक्षक** पु० पहरेदार।

**मार्गशिर, मार्गशीर्ष** पु० *(सं०)* अगहन का महीना।

**मार्गिक** पु० *(सं०)* मृगों को मारने वाला; पथिक।

**मार्गित** वि० *(सं०)* अन्वेषित।

**मार्गी** स्त्री० *(सं०)* संगीत में एक मूर्च्छना।

**मार्गी(र्गिन्)** वि० *(सं०)* पथप्रदर्शक।

**मार्च** पु० *(अं०)* सैनिकों का अनुशासन पूर्ण नपी-तुली चाल से चलना; सेना का प्रस्थान, कूच।

**मार्ज** पु० *(सं०)* मार्जन; धोबी; विष्णु।

**मार्जक** वि०, पु० *(सं०)* मार्जन करनेवाला।

**मार्जन** पु० *(सं०)* धो-माँजकर साफ करना;

**मार्जना** स्त्री० *(सं०)* मृदंग-ध्वनि; मार्जन।

**मार्जनी(निन्)** पु० *(सं०)* अग्नि। स्त्री० झाड़ू।

**मार्जनीय** वि० *(सं०)* मार्जन करने योग्य।

**मार्जार** पु० *(सं०)* बिलाव।

**मार्जारकण्ठ** पु० मोर।

**मार्जारक** पु० *(सं०)* मोर; बिल्ली।

**मार्जरी** स्त्री० *(सं०)* मादा बिल्ली; कस्तूरी।

**मार्जारीय, मार्जालीय** पु० *(सं०)* शूद्र; बिल्ली।

**मार्जित** वि० *(सं०)* शोधित।

**मार्तण्ड** पु० *(सं०)* सूर्य; शूकर; आक।

**मार्त्तिक** पु० *(सं०)* कुल्हड़। वि० मृत्तिका से निर्मित।

**मार्त्य** पु० *(सं०)* मरणशीलता। वि० मनुष्य, मरणशील, शरीर का मैल।

**मार्दंग** पु० *(सं०)* मृदंग बजाने वाला; नगर।

**मार्दंगिक** वि०, पु० *(सं०)* मृदंग बजानेवाला।

**मार्दव** पु० *(सं०)* मृदुता; नरमी।

**मार्मिक** वि० *(सं०)* बारीकी समझने वाला।

**मार्शल** पु० *(अं०)* सेना का उच्च अधिकारी, फौजी अफसर।

**मार्ष्टि** स्त्री० *(सं०)* मार्जन, शोधन।

**माल** पु० *(सं०)* क्षेत्र; बंगाल का एक प्रदेश, मेदिनीपुर।

**मालक** पु० *(सं०)* नारियल का बना पात्र।

**मालका** स्त्री० *(सं०)* माला।

**मालगाड़ी** स्त्री० माल ढोनेवाली रेलगाड़ी।

**मालचक्रक** पु० *(सं०)* कूल्हा।

**मालती** स्त्री० *(सं०)* चाँदनी, एक सुगन्धित फूलों वाली प्रसिद्ध लता।

**मालदह** पु० मालदह के आस-पास होनेवाली आम की एक किस्म; पूर्वी बिहार का एक नगर।
**मालदही** स्त्री० छप्पर लगी नौकर विशेष।
**मालद्वीप** पु० हिन्द महासागर का एक द्वीपपुंज।
**मालपुआ** पु० अपूप, बड़ा पूआ।
**मालन** स्त्री० मालिन।
**मालय** पु० *(सं०)* चन्दन। वि० मलयगिरि पर उत्पन्न।
**मालव** पु० *(सं०)* मालवा के निवासी; मालवा।
**मालवक** पु० *(सं०)* मालवा का निवासी।
**मालवा** पु० मध्य भारत का एक प्रसिद्ध प्रदेश।
**माला** स्त्री० *(सं०)* गजरा, हार, माल्य, पंक्ति, श्रेणी।
**मालाकार** पु० माली।
**मालागुण** पु० माला का डोरा।
**मालामाल** वि० भरपूर; धन-धान्य से भरा हुआ।
**मालावती** स्त्री० *(सं०)* एक रागिनी।
**मालिक** पु० *(अ०)* स्वामी, अधिपति; ईश्वर; पति।
**मालिका** स्त्री० *(सं०)* चन्द्रमल्लिका; अलसी।
**मालिकी** स्त्री० मिलकियत; मालिकाना हक।
**मालित** वि० *(सं०)* जो घेर लिया गया हो।
**मालिनी** स्त्री० *(सं०)* मालिन; मन्दाकिनी; चम्पा।
**मालिन्य** पु० *(सं०)* अपवित्रता; मलिनता; अन्धकार।
**मालियत** स्त्री० धन, दौलत; मूल्य।
**मालिया** पु० *(अ०)* मालगुजारी; मालियत।
**माली(लिन्)** पु० *(सं०)* एक हिन्दू जाति जो फूल बेचने, माला गूँथने आदि का काम करती है;
**मालीदा** वि० *(फ़ा)* पु० चूरमा, मलीदा।
**मालु** स्त्री० *(सं०)* एक लता; नारी।
**मालूम** वि० *(अ०)* प्रकट; प्रसिद्ध; ज्ञात, जाना हुआ।
**मालूर** पु० *(सं०)* कैथ का पेड़; बिल्व-वृक्ष।
**मालेया** स्त्री० *(सं०)* बड़ी इलायची।
**मालोपमा** स्त्री० *(सं०)* उपमा अलंकार का एक भेद।
**माल्य** पु० *(सं०)* माला, हार; पुष्प।
**माल्यार्पण** पु० *(सं०)* माला पहनाना।
**माल्ल** पु० *(सं०)* एक वर्णसंकर जाति।
**मावत*** पु० महावत।
**मावस*** स्त्री० अमावस।
**मावा** †स्त्री० माँ। पु० दूध का खोया।
**मार्शल** पु० *(अं०)* सेनाध्यक्ष।
**मार्शल लॉ** पु० *(अं०)* सैन्य विधि फौजी कानून।
**माश** पु० *(फ़ा)* उड़द।
**माशा** पु० एक तोले का बारहवाँ भाग, आठ रत्ती का बाट।
**माशी** पु० हरा रंग। वि० उड़द के रंग का।
**माशूक़** वि० *(अ०)* सुन्दर, मोहक; प्रेमपात्र, प्रिय।
**माशूक़ा** स्त्री० *(अ०)* प्रेमिका, प्रेयसी।
**माशूकाना** वि० माशूकों जैसा, प्रेमी सदृश।
**माशूक़ी** स्त्री० माशूकपन; हाव-भाव; सुन्दर।
**माष** पु० *(सं०)* मस्सा; महामूर्ख; उड़द; माशा।
**मास** पु० *(सं०)* महीना, वर्ष का बारहवाँ भाग।
**मासना*** स० क्रि० मिलाना। अ० क्रि० मिलना।
**मासर** पु० *(सं०)* यज्ञों में प्रयुक्त एक पेय; काँजी।
**मासान्त** पु० *(सं०)* महीने का अन्त; अमावस्या।
**मासिक** वि० मास विषयक।
**मासी** स्त्री० माँ की बहन, मौसी।
**मासीन** वि० *(सं०)* माहवार; एक महीने का।
**मासूम** वि० *(सं०)* कलुष-रहित; निर्दोष; निष्पाप।
**मासूर** वि० *(सं०)* मसूर का; मसूर की आकृति का।
**मास्टर** पु० *(अं०)* जहाज का कप्तान; अध्यापक।
**मास्टरी** स्त्री० मास्टर का काम, अध्यापक-वृत्ति।
**माहँ*** अ० मध्य, बीच में।
**माह*** पु० *(फ़ा)* महीना, मास; चाँद।।
**माहत*** स्त्री० महत्ता, महिमा।
**माहन** पु० *(सं०)* ब्राह्मण।
**माहना*** अ० क्रि० उमंग में आना, उमड़ना।
**माहली*** पु० महल का नौकर।
**माहाँ*** अ० महँ; माहँ।
**माहा** स्त्री० *(सं०)* गाय, धेनु।
**माहाजन, माहाजनीन** वि० *(सं०)* बड़े आदमी के योग्य।
**माहात्म्य** पु० *(सं०)* कोई व्रत, स्नान आदि की विशेषता।
**माहाराज्य** पु० *(सं०)* अधिराजत्व, महाराजपद।
**माहियाना** वि० मासिक, माहाना।
**माहिर** वि० *(अ०)* कुशल, निपुण; विशेषज्ञ।
**माहिरी** स्त्री० विशेषज्ञता, निपुणता।
**माहिला*** पु० माँझी, मल्लाह।
**माहिष** वि० *(सं०)* दही, भैंस का दूध।

**माही** स्त्री० *(फ़ा)* मछली।
**माहीयत** स्त्री० *(अ०)* असलीयत; तत्त्व, जौहर।
**माहुर**† पु० विष, जहर।
**माहेन्द्री** स्त्री० *(सं०)* गाय; पूर्वदिशा।
**माहेय** पु० *(सं०)* नरकासुर; मंगल ग्रह; मूँगा।
**माहेयी** स्त्री० *(सं०)* महानदी; गाय।
**माहेश्वर** पु० *(सं०)* शिवोपासक; एक अस्त्र।
**माहेश्वरी** स्त्री० *(सं०)* वैश्यों की एक उपजाति; दुर्गा।
**माहौल** पु० पर्यावरण, परिस्थिति।
**मिंड़ाई** स्त्री० मींड़ने की मजदूरी; मींड़ने की क्रिया।
**मिन्त*** पु० मित्र।
**मि** स्त्री० चीन की एक जाति विशेष।
**मिकदार** स्त्री० *(अ०)* मात्रा; परिमाण; माप-तौल।
**मिक़नातीस** पु० *(अ०)* चुम्बक पत्थर।
**मिक़नातीसी** वि० चुम्बकीय।
**मिकाडो** पु० जापान-सम्राट् की उपाधि।
**मिचकाना**† स० क्रि० (पलकें) झपकाना।
**मिचना** अ० क्रि० (आँखों का) बन्द होना।
**मिचराना** अ० क्रि० अरुचि से थोड़ा-थोड़ा खाना।
**मिचली** स्त्री० जी मिचलाने की अवस्था।
**मिचवाना** स० क्रि० मींचने का काम कराना।
**मिज़ाज** पु० *(अ०)* आदत; तबीयत; गर्व, घमण्ड; प्रकृति; स्वभाव।
**मिज़ाजी** वि० घमण्डी, मिजाजदार।
**मिटना** अ० क्रि० नष्ट होना; खत्म होना; चिह्न।
**मिटिया** स्त्री० मिट्टी का छोटा पात्र।
**मिटियाफूस** वि० जो मजबूत न हो।
**मिटियाना** स० क्रि० मिट्टी लगाकर या मिट्टी से रगड़कर साफ करना।
**मिट्टी** स्त्री० जमीन; धूल, खाक; शरीर; प्रकृति। **मुहा० मिट्टी के माधव** मूर्ख, भोंदू। **मिट्टी के मोल** बहुत सस्ता। **मिट्टी खराब होना** सही ढंग से अन्त्येष्टि न होना। **मिट्टी में मिलना** शव का दफन होना।
**मिट्ठू** पु० तोता। वि० मधुर बोलनेवाला, मधुभाषी।
**मिठ** मीठा का समास में व्यवहृत लघु रूप।
**मिठाई** स्त्री० मिठास (लड्डू, पेड़ा आदि), मिष्टान्न।
**मिठाना*** अ० क्रि० मीठा होना।
**मिठास** स्त्री० माधुर्य, मीठापन।
**मिडवाइफ** स्त्री० *(अं०)* धाय, दायी।
**मिड़ना*** अ० क्रि० चिपक जाना।
**मिडिल** वि० *(अं०)* बीच का, मध्यवर्ती।
**मिढुलिया**† स्त्री० कुटी, मढ़िया।
**मितंग** पु० हाथी।
**मितंगम** पु० *(सं०)* हाथी। वि० थोड़ा चलने वाला।
**मितंपच** वि. *(सं०)* थोड़ा अन्न पकाने वाला; कंजूस।
**मित** वि० *(सं०)* सीमित; कम; थोड़ा; नपा-तुला।
**मितभाषी** वि० स्वल्पभाषी।
**मितभुक्** वि० अल्पभोजी।
**मितमति** वि० अल्पबुद्धि।
**मितशायी** वि० कम सोने वाला।
**मिताई**† स्त्री० मित्रता, दोस्ती।
**मिताचरण** पु० *(सं०)* संयम।
**मिताचार** पु० *(सं०)* संयम; संयत व्यवहार।
**मितार्थ** पु० *(सं०)* दूत द्वारा चतुरतापूर्वक थोड़ी बात कहकर अपनी कार्यसिद्धि कर लेना।
**मिताहार** पु० *(सं०)* परिमित आहार।।
**मिति** स्त्री० *(सं०)* सीमा; परिणाम, मान; विज्ञान।
**मिती** स्त्री० ब्याज या ऋण चुकाने की तिथि,।
**मितोपभोगयोजना** स्त्री० *(ऑस्टेरिटी स्कीम)* आवश्यक वस्तुओं का कम प्रयोग करने।
**मित्र** पु० *(सं०)* युद्धादि में साथ देने वाला राष्ट्र; सखा, साथी, दोस्त, बन्धु।
**मित्रघ्न** वि० विश्वासघाती, मित्रनाशी।
**मित्रता** स्त्री०, **मित्रत्व** पु० *(सं०)* दोस्ती।
**मित्रराष्ट्र** पु०, **मित्रशक्ति** स्त्री० *(इलाइड पॉवर)* मित्रतापूर्ण सम्बन्ध रखनेवाला राज्य या देश।
**मित्राई*** स्त्री० मित्रता।
**मित्रलाभ** पु० मित्रों का मिलना।
**मिथः(थस्)** अ० *(सं०)* परस्पर, आपस में, अन्योन्य।
**मिथ** पु० *(अ०)* पुराणकथा।
**मिथि** पु० *(सं०)* निमि के पुत्र जनक।
**मिथिला** स्त्री० *(सं०)* विदेह की राजधानी।
**मिथु** अ० *(सं०)* झूठमूठ।
**मिथुन** पु० *(सं०)* संयोग, मैथुन; बारह राशियों में से तीसरी; स्त्री-पुरुष का जोड़ा; नर-मादा।
**मिथुनीकरण** पु० *(सं०)* सम्भोग कराना।

**मिथ्या** वि० *(सं०)* व्यर्थ; झूठ, असत्य।
**मिथ्याभियोग** पु० असत्य दोषारोपण।
**मिथ्याचार** पु० *(सं०)* मक्कारी, कपटाचरण।
**मिथ्यात्व** पु० *(सं०)* झुठाई, मिथ्यापन।
**मिलनी** स्त्री० मिलने की क्रिया, भाव, भेंट, उपहार, विवाह की रस्म विशेष।
**मिथ्यानाम** पु० ऐसा शब्द या ऐसा नाम जो किसी व्यक्ति, वस्तु, कार्य आदि के लिए उपयुक्त न हो।
**मिथ्यापवाद** पु० *(सं०)* झूठा आरोप, झूठी तुहमत।
**मिथ्याभिमान** पु० *(सं०)* झूठा घमण्ड।
**मिथ्याभियोग** पु० *(सं०)* झूठा इलजाम लगाना, ।
**मिथ्याभ्यास** पु० *(सं०)* भ्रमवश गलत दिखायी पड़ना।
**मिथ्यारोपण** पु० *(विलिफिकेशन)* आधारहीन या झूठे आरोप लगाकर बदनाम करना, झूठा दोष लगाना।
**मिथ्यार्थ** पु० *(सं०)* गलत अभिप्राय, गलत आशय।
**मिथ्योत्तर** पु० *(सं०)* एक प्रकार का झूठा जवाब।
**मिथ्योपचार** पु० *(सं०)* गलत इलाज।
**मिनहा** वि० *(अ०)* जो घटा लिया गया हो।
**मिनिट** पु० *(अं०)* मिनट।
**मिनिस्टर** पु. *(अं०)* मन्त्री।
**मिनि स्कर्ट** स्त्री० *(अं०)* छोटा घाघरा।
**मिनिस्टरी** स्त्री० मन्त्री का पद या विभाग; मन्त्रिमण्डल।
**मिनती, मिन्नत** स्त्री० *(अ०)* उपकार; कृतज्ञता; विनती, चापलूसी।
**मिनमिनाना** क्रि० नाक से बोलना।
**मिन्मिल** वि० *(सं०)* जिसे यह रोग हुआ हो।
**मिमियाना** अ० क्रि० चापलूसी करना; में-में करना
**मियाँ** पु० *(फ़ा)* मुसलमान; मुसलमान शिक्षक।
**मियान** पु० *(फ़ा)* तलवार रखने का खोल या गिलाफ; मध्य भाग।
**मियाना** वि० *(फ़ा)* मझौले कद का घोड़ा।
**मियानी** स्त्री० *(फ़ा)* रूमाल, पाजामे में दोनों पायँचों के बीच का कपड़ा।
**मिरग*** पु० मृग।
**मिरगचिड़ा** पु० एक छोटी चिड़िया।
**मिरगी** स्त्री० अपस्मार, एक मानस रोग।
**मिरचा** पु० लाल मिर्च, मिरचाई। स्त्री० मिरच।
**मिरजई** स्त्री० अँगरखा; बन्ददार कुर्ता।
**मिरज़ा** पु० *(फ़ा)* मुगलों की उपाधि; अमीर का पुत्र।
**मिरजानी** वि० *(फ़ा)* मूँगे का।
**मिरदंग** पु० उससे छोटा वाद्य, ढोलक के आकार का।
**मिरवना*** स० क्रि० मिलाना।
**मिरियासि*** स्त्री० पैतृक सम्पत्ति, बपौती।
**मिर्च** स्त्री० मिर्च की फली मिरचा; काले रंग का,
**मिल** स्त्री० *(अं०)* कपड़ा बुनने की मशीन या कारखाना।
**मिलकना*** अ० क्रि० जलना।
**मिलकी** स्त्री० जिसके पास भू-सम्पदा हो।
**मिलता-जुलता** वि० लगभग समान, एक-सा।
**मिलन** पु० *(सं०)* इकट्ठा होना; मिश्रण; भेंट, मिलना।
**मिलनसार** वि० मेल-जोल रखना, सुशील।
**मिलनसारी** स्त्री० मिलनसार स्वभाव, सुशीलता।
**मिलना** अ० क्रि० एक-सा होना; लाभ होना।
**मिलवना*** स० क्रि० मिलाना।
**मिलवाई** स्त्री० मिलवाने की क्रिया।
**मिलवाना** स० क्रि० मिलन कराना; दूसरे से मिलाना।
**मिलाई** स्त्री० मिलन (कैदी के साथ)।
**मिलान** पु० मिलाकर जाँचना; तुलना करना; *पड़ाव।
**मिलाना** स० क्रि० एक चीज को दूसरी चीज में सम्मिलित करना; मिलान करना; संयोग करना।
**मिलाप** पु० मेल; दोस्ती; प्रेम, भेंट।
**मिलाव** पु० मिलावट।
**मिलावट** स्त्री० बढ़िया चीज में घटिया मिश्रित करना; मिश्रण, मिलाया जाना।
**मिलिन्द** पु० *(सं०)* भौंरा।
**मिलित** वि० *(सं०)* मिला हुआ, युक्त।
**मिली अमीटर** पु० *(अं०)* ऐसा संवेदी धरामापी यन्त्र जो विद्युत-धारा मान मिली-एम्पियर में नाप सके।
**मिलीग्राम** पु० *(अं०)* ग्राम का हजारवाँ हिस्सा।
**मिलीभगत** स्त्री० किसी षड्यन्त्र में शामिल।
**मिलौनी** स्त्री० मिलावट, मेल; मिलनी की रस्म।
**मिल्क** स्त्री० *(अ०)* भूसम्पत्ति; माल, जायदाद।
**मिल्की** पु० *(अं०)* मिल्कवाला, जमींदार, जागीरदार। धर्मप्रचार करने वाली संस्था।
**मिशनरी** पु० *(अं०)* धर्मोपदेशक, पादरी, लोक सेवा के उद्देश्य से अन्य देश में भेजा गया व्यक्ति।

**मिशि, मिशी** स्त्री० *(सं०)* मधुरिका; जटामासी।

**मिश्र** पु० *(सं०)* श्रेष्ठ व्यक्ति, सम्मानित जन; हाथियों की एक जाति।

**मिश्रक** पु० *(सं०)* जस्ता; नन्दनवन; खारी नमक।

**मिश्रकावण** पु० *(सं०)* नन्दनवन।

**मिश्रजाति** स्त्री० दोगला, वर्णशंकर।

**मिश्रण** पु० जोड़ की क्रिया, मिलावट, संयोजन।

**मिश्रित** वि० मिलाया हुआ।

**मिश्री** स्त्री० जमायी एवं शुद्ध की गयी चीनी।

**मिष** पु० *(सं०)* बहाना, मिस; ईर्ष्या-डाह; सींचना।

**मिषि, मिषिका, मिसि** स्त्री० *(सं०)* सोया; सौंफ।

**मिष्ट** वि० *(सं०)* मीठा; स्वादिष्ट; सिक्त, तर।

**मिष्टभाषी** पु० मधुर बोलने वाला।

**मिष्टान्न** पु० *(सं०)* मीठा पकवान, मिठाई।

**मिस** पु० *(फ़ा)* ताँबा। स्त्री० *(अं०)* खोना; कुमारी।

**मिसकीन** वि० *(अ०)* दरिद्र, निर्धन।

**मिसन** स्त्री० बलुई मिट्टी; रेतीली भूमि।

**मिसना*** अ० क्रि० मला जाना; मिलाया जाना।

**मिसरी** वि०, पु०, स्त्री० मिस्र की बोली-भाषा।

**मिसल** स्त्री० मिसिल, कहावत।

**मिसाइल** पु० *(अं०)* प्रक्षेपास्त्र।

**मिसाल** स्त्री० *(अ०)* उपमा, कृति; फारमान; उदाहरण।

**मिसाली** वि० दृष्टान्तरूप।

**मिसिरी** स्त्री० स्वच्छ जमी चीनी।

**मिसेज** स्त्री० *(अं०)* श्रीमती।

**मिस्कला** पु० सैकल करने का औजार।

**मिस्कीन** वि० *(अ०)* अंकिचन; भूखा, दीन; असहाय।

**मिस्कीनी** स्त्री० दीनता, मिस्कीनपन; कंगाली।

**मिस्तरी** पु० कल-पुरजे के काम जानने वाला।

**मिस्मेरिज़्म** पु० *(अं०)* सम्मोहन विद्या।

**मिस्र** पु० *(अ०)* उत्तर-पूर्वी अफ्रीका का एक देश।

**मिस्री** स्त्री० चीनी की एक मिठाई, मिस्र की भाषा।

**मिस्ल** वि० *(अ०)* सदृश, तुल्य, मानिन्द।

**मिस्सा** पु० मूँग, मोठ आदि का भूसा।

**मिहचना** स० क्रि० मीचना, बन्द करना।

**मिहिका** स्त्री० *(सं०)* पाला, बर्फ, हिम।

**मिहिचना, मिहीचना*** स० क्रि० मीचना।

**मिहिर** वि० *(सं०)* बूढ़ा। पु० बादल; विक्रमादित्य की सभा के नवरत्नों में से एक; चन्द्रमा; सूर्य; वायु।

**मींगी** स्त्री० गिरी, फल का गूदा, मग्ज।

**मींजना** स० क्रि० हाथ से मलना या रगड़ना, मलना।

**मींडना*** स० क्रि० हाथ से मलना, मसलना, मींजना।

**मींढक** पु० मेढक।

**मीआद** स्त्री० *(अ०)* दण्ड की अवधि।

**मीआदी** वि० सजायाफ्ता, जो दण्ड भुगत चुका हो; जिसका काल नियत हो, मीयाद वाला।

**मीआदी बुखार** पु० *(टायफायड)* सान्निपातिक ज्वर।

**मीचु, मीच*** स्त्री० मौत, मृत्यु।

**मीचना** स० क्रि० आँखें बन्द करना, मूँदना।

**मीजना**† स० क्रि० मसलना, मलना।

**मीज़ान** पु० *(अ०)* तराजू; संख्याओं का योग, जोड़।

**मीटिंग** स्त्री० *(अं०)* सभा, बैठक।

**मीठा** पु० *(सं०)* सुशील, सौम्य; गुड़; मीठी वस्तु, मिठास।

**मीठी** वि० स्त्री० मधुर, मिठासयुक्त, प्रिय।

**मीठी छुरी** स्त्री० कपटी मित्र।

**मीत**† पु० मित्र, दोस्त, सुहृद।

**मीन** पु० मत्स्य।

**मीना** वि० मत्स्य-नेत्री। स्त्री० नग।

**मीनाक्षी** स्त्री० *(सं०)* दुर्गा।

**मीनालय** पु० *(सं०)* समुद्र।

**मीयाद** स्त्री० *(अ०)* किसी कार्य के सम्पन्न करने के लिए नियत काल, अवधि, मिआद।

**मीमांसक** पु० मीमांसा शास्त्रज्ञ।

**मीमांसा** स्त्री० तत्त्व निर्णय।

**मीर** पु० *(फ़ा)* मुखिया; सरदार, नेता।

**मीर** पु० *(सं०)* समुद्र; जल; सीमा।

**मीरास** स्त्री० *(अ०)* मृत व्यक्ति की छोड़ी हुई सम्पत्ति।

**मीलन** पु० *(सं०)* मूँदना; सिकोड़ना।

**मीलित** वि० बन्द किया हुआ।

**मीवर** वि० *(सं०)* पूज्य, सम्मानार्थ। पु० सेनापति।

**मीवा(वन्)** पु० *(सं०)* उदरकृमि; वायु; छींटा।

**मुँगरा** पु० बड़ा हथौड़ा।

**मुँगरी** स्त्री० छोटा मुँगरा।

**मुँगौरी** पु० स्त्री० मूँग की बरी।

**मुंचना*** स० क्रि० छोड़ना, मुक्त करना।

**मुचित*** वि० खुला, मुक्त।

**मुंज** पु० *(सं०)* राजा भोज का चचा; मूँज।
**मुंजर** पु० *(सं०)* कमल की जड़।
**मुंजातक** पु० *(सं०)* एक कन्द; मूँज।
**मुंजाद्रि** पु० *(सं०)* एक पर्वत का नाम।
**मुण्ड** वि० *(सं०)* मुण्डित; अधम। पु० मुँड़ा हुआ सिर।
**मुण्डन** पु० सिर के बाल मुँड़ना।
**मुँडना** अ० क्रि० मूँड़ा जाना, ठगा जाना, मुण्डन होना।
**मुँड़ाई** स्त्री० मूँड़ने की मजदूरी; मूँड़ने का काम।
**मुण्डायस** पु० *(सं०)* मण्डूर, एक प्रकार का लोहा।
**मुण्डित** पु० *(सं०)* लोहा। वि० मूँड़ा हुआ।
**मुण्डी(डिन्)** पु० *(सं०)* नाई; शिव।
**मुण्डी** स्त्री० बेवा औरत; गोरखमुण्डी;।
**मुड़िया** वि० सिर मुँड़ाकर चेला बन गया हो।
**मुँड़ेरी** स्त्री० छोटा मुँड़ेरा।
**मुण्डो** स्त्री० राँड़; सिर मुँड़ी स्त्री।
**मुन्तख़ब** वि० *(अ०)* इन्तखात किया हुआ, चुना हुआ।
**मुन्तशिर** वि० *(अ०)* बिखरा हुआ; चिन्तित, उद्विग्न।
**मुँदरिज** वि० लिखा हुआ; दर्ज किया हुआ।
**मुँदना** क्रि० बन्द होना, ढँक जाना।
**मुँदरी** स्त्री० अँगूठी; छल्ला।
**मुंशियाना** वि० मुंशियों जैसा; मुंशी के उपयुक्त।
**मुंशी** पु० *(अ०)* सुन्दर भाषा और सुन्दर अक्षर लिखनेवाला; किरानी; मुहर्रिर; लेखक।
**मुंसिफ़** पु० *(अ०)* सब-जज से छोटा न्याय विभाग का एक अधिकारी; न्यायाधीश।
**मुंसिफ़ाना** वि० न्याययुक्त, न्यायोचित।
**मुंसिफ़ी** स्त्री० न्यायशीलता; मुंसिफ की अदालत।
**मुँह** अ० चेहरा; मुख; सामने का भाग; किनारा। **मुहा० मुँह आँसुओं से धोना** बहुत रोना। **मुँह उजला होना** इज्जत रह जाना। **मुँह उठाकर कहना** साहसपूर्वक बोलना। **मुँह उठाये चले आना** बेधड़क चले आना। **मुँह औंधा करके लेटना** दुःख से अलग जाकर पड़ना। **मुँह का कौर छीनना** किसी की रोटी छीनना। **मुँह काला करना** व्यभिचार करना। **मुँह काला होना** बेइज्जत होना। **मुँह की खाना** पराजित होना। **मुँह की बात छीनना** किसी की बात को उसके कहने से पूर्व ही कह देना। **मुँह खुलवाना** जबरदस्ती बोलने को मजबूर करना। **मुँह तोड़ जवाब देना** ऐसा जवाब देना कि दूसरा चुप हो जाये। **मुँह देखकर बात कहना** चापलूसी करना। **मुँह से बात न निकलना** भय से बोल न पाना।
**मुँहकाला** पु० अति अप्रतिष्ठा, गाली विशेष।
**मुँहचोर** वि० सामने आने में संकोच करने वाला।
**मुँहजोर** वि० बड़बड़िया।
**मुँहजोरी** स्त्री० उद्दण्डता।
**मुँहदिखायी** स्त्री० नव विवाहिता का मुख देखने की रीति।
**मुँहफट** वि० असंयत वाणी वाला।
**मुँहासा** पु० मुख पर निकलने वाले दाने, फुंसियाँ।
**मुँहाचही*** स्त्री० डींग मारना।
**मुँहामुँह** अ० बिलकुल ऊपर तक, मुँह तक।
**मुअज़्ज़म** वि० *(अ०)* महान्; पूज्य, बुजुर्ग।
**मुअत्तल** वि० *(अ०)* खाली, बेकार।
**मुअद्दब** वि० *(अ०)* बाअदब, शिष्ट, सभ्य।
**मुहद्दबाना** अ० अदब के साथ।
**मुअम्मा** पु० *(अ०)* पहेली; पेचदार बात; रहस्य।
**मुअल्ला** वि० *(अ०)* ऊँची इज्जत वाला; ऊँचा।
**मुअल्लिम** पु० *(अ०)* इल्म देने वाला, शिक्षक।
**मुआ** वि० निगोड़ा, नकारा; मृत।
**मुआफ़** वि० *(अ०)* क्षमा, माफ़।
**मुआफ़िक़** वि० पक्ष में, मुवाफ़िक़, अनुकूल।
**मुआफ़िक़त** स्त्री० मेल-जोल; अनुकूलता।
**मुआमला** पु० *(अ०)* मामला।
**मुआलिज** पु० *(अ०)* वैद्य, हकीम; इलाज करनेवाला।
**मुआलिजा** पु० *(अ०)* चिकित्सा; औषधोपचार।
**मुआवज़ा** पु० *(अ०)* किसी वस्तु का मूल्य ।
**मुआहिदा** पु० *(अ०)* कौल-करार; इकरारनामा।
**मुकट** पु० मुकुट।
**मुकटा** पु० रेशमी धोती।
**मुकन्द, मुकन्दक** पु० *(सं०)* प्याज; साठी धान; कुँदरू।
**मुकतई*** स्त्री० मुक्ति, मोक्षप्रद।
**मुकता** †वि० बहुत। *पु० मुक्ता।
**मुकतालि*** स्त्री० मोतियों की लड़ी, मुक्तावली।

**मुकति*** स्त्री० मुक्ति।

**मुकत्ता** वि० *(अ०)* सभ्य, शिष्ट; कतरा हुआ।

**मुकना** क्रि० मुक्त होना।

**मुकरना** क्रि० कहकर पलटना, मना करना।

**मुकराना** क्रि० दूसरे को झूठा बनाना।

**मुकदमा** पु० *(अ०) (मुक़द्दमा)* नालिश, दावा, अदालत में गया हुआ मामला।

**मुक़द्दम** पु० *(अ०)* गाँव का चौधरी। वि० प्राचीन।

**मुक़द्दमा** पु० *(अ०)* घटना; अदालत में गया हुआ मामला, व्यवहार; आरम्भ, प्रस्तावना; सिरनामा।

**मुक़द्दर** पु० *(अ०)* तकदीर, भाग्य, भाग्यलेख।

**मुक़द्दस** वि० *(अ०)* पवित्र, पाक।

**मुकना*** अ० कि० चुकना; छुटकारा पाना, मुक्ति।

**मुकम्मल** वि० *(अ०)* सम्पूर्ण, अखण्ड; पूरा किया हुआ।

**मुकम्मिल** वि० *(अ०)* पूरा करने वाला।

**मुकर्रम** वि० *(अ०)* पूज्य; सम्मानित।

**मुक़र्रर** अ० *(अ०)* अवश्य, निश्चय।

**मुक़र्ररी** स्त्री० निश्चित किया गया वेतन; नियुक्ति।

**मुकल** पु० *(अ०)* अमलतास; गुग्गुल।

**मुकलाना*** स० क्रि० खोलना।

**मुक़व्वियात** स्त्री० *(अ०)* पुष्टिकारक दवाएँ।

**मुक़व्वी** वि० *(अ०)* बल बढ़ाने वाला, पुष्टिकारक।

**मुक़ाबला** पु० *(अ०)* मिलान; विरोध; बराबरी।

**मुक़ाबिल** अ० *(अ०)* आमने-सामने।

**मुक़ाम** पु० (अ०) *(मक़ाम)* पड़ाव; घर; मौका।

**मुक़िर, मुक़िर्र** वि० *(अ०)* दस्तावेज लिखने वाला; इकरार करने वाला, स्वीकार करने वाला।

**मुकियाना** क्रि० मुक्का से मारना, घूस मारना।

**मुकुन्द** पु० *(सं०)* कृष्ण; विष्ण।

**मुकुन्दक** पु० *(सं०)* साठी धान; प्याज।

**मुकु** पु० *(सं०)* मोक्ष; उत्सर्ग।

**मुकुट** पु० किरीट।

**मुकुर** पु० *(सं०)* मौलसिरी; शीशा, दर्पण, आईना।

**मुकुल** पु० कली, शरीर, आत्मा।

**मुकुलित** वि० *(सं०)* अधखिला; अधमुँदा।

**मुक़ैयद** वि० *(अ०)* बन्दी, कैद किया हुआ।

**मुक्का** पु० घूँसा, मारने के लिए बाँधी हुई मुट्ठी।

**मुक्क़ैशी** वि० सोने-चाँदी के तारों का बना हुआ।

**मुक्खी** पु० एक तरह का काला कबूतर।

**मुक्त** वि० *(सं०)* मोक्षप्राप्त, भवबन्धन से मुक्त।

**मुक्तक** पु० *(सं०)* काव्य का वह भेद जिसमें वर्णित बातों का कोई पूर्वा पर सम्बन्ध न हो।

**मुक्ता** स्त्री० *(सं०)* मोती; वेश्या।

**मुक्ताकलाप** पु० मुक्तामाला।

**मुक्तागार** पु० *(सं०)* सीप।

**मुक्तात्मा(त्मन्)** वि० *(सं०)* प्राप्तमोक्ष; आसक्तिरहित।

**मुक्तावास** पु० *(सं०)* सीप।

**मुक्ताफल** पु० मोती।

**मुक्ति** स्त्री० *(सं०)* मोक्ष, ब्रह्मस्वरूप की प्राप्ति।

**मुक्तीकरण** पु० *(सं०)* मोक्ष की प्राप्ति का उपाय।

**मुक्तिका** स्त्री० *(सं०)* मोती।

**मुख** पु० *(सं०)* मुँह, निकलने-पैठने का रास्ता।

**मुखड़ा** पु० मुख, चेहरा।

**मुख़तार** पु० *(अ०)* व्यक्ति विशेष के प्रतिनिधि रूप में कार्य करने को अधिकृत; एजेण्ट।

**मुख़न्नस** वि० *(अ०)* हिजड़ा, नपुंसक।

**मुख़बिर** पु० *(अ०)* खबर देने वाला, जासूस।

**मुख़बिरी** स्त्री० जासूसी।

**मुखभूषण** पु० पान।

**मुख़म्मस** वि० *(अ०)* पाँच कोनों वाला, पंजगोशा।

**मुखर** पु० *(सं०)* मुखिया; कौआ; शंख।

**मुखरित** वि० *(सं०)* ध्वनित, शब्दायमान।

**मुखरी** स्त्री० *(सं०)* लगाम; मोहरी।

**मुखागर*** वि० जबानी याद या कण्ठस्थ होना।

**मुखाग्नि** स्त्री० *(सं०)* चिता में आग लगाने के पहले शव के मुँह में आग देने की क्रिया।

**मुखाग्र** वि० *(सं०)* जबानी याद या कण्ठस्थ होना।

**मुख़ातब** वि० *(अ०)* सम्बोध्य।

**मुख़ातिब** वि० मुतवज्जह; बात करने वाला।

**मुखापेक्षी(क्षिन्)** वि० *(सं०)* दूसरे के भरोसे रहनेवाला।

**मुखारविन्द** पु० कमल जैसा सुन्दर मुख।

**मुखारी**[↑] स्त्री० सामने या ऊपर का भाग; मुखाकृति।

**मुख़ालफ़त** स्त्री० *(अ०)* विरोध; शत्रुता।

**मुख़ालिफ़** वि० *(अ०)* विरोध करनेवाला; शत्रु।

**मुखावरण** पु० *(सं०)* घूँघट; पुस्तक का आवरण पृष्ठ।

**मुख़ासमत** स्त्री० *(अ०)* झगड़ा; शत्रुता।

**मुखासव** पु० *(सं०)* थूक; राल।
**मुखिया** पु० नेता, अगुआ।
**मुखिल** वि० बाधक, खलल डालने वाला व्यक्ति।
**मुखीय** वि० *(सं०)* मुख्य; मुख-सम्बन्धी।
**मुख़्तलिफ़** वि० *(अ०)* कई तरह का; विसदृश।
**मुख़्तसर** वि० *(अ०)* संक्षिप्त; साररूप; छोटा।
**मुख्य** पु० *(सं०)* अगुआ, मुखिया।
**मुख्यतः(तस्)** अ० *(सं०)* प्रधानतः; खास तौर से।
**मुगदर** पु० काम में लायी जानेवाली गावदुम मुगरी।
**मुख्यता** स्त्री० मुख्य होने का भाव, विशेषता।
**मुँगरैला** पु० कलौंजी।
**मुग़ल** पु० *(फ़ा)* एक प्रसिद्ध लड़ाकू तातारी जाति।
**मुग़लई, मुग़लाई** वि० *(फ़ा)* मुगली, मुगलों का-सा।
**मुग़लानी** स्त्री० *(फ़ा)* स्त्री; मुगल स्त्री।
**मुग़लिया** वि० *(फ़ा)* मुगलों का।
**मुग़ल्लज़, मुग़ल्लिज़** वि० *(अ०)* मैला, अश्लील; गाढ़ा।
**मुगल्लज़ात, मुग़ल्लिज़ात** स्त्री० गन्दी गालियाँ।
**मुग़ालता** पु० *(अ०)* भ्रम; धोखा।
**मुग्ध** वि० *(सं०)* सरल; भोला; लुब्ध, मोहित; सुन्दर।
**मुचक** पु० *(सं०)* लाख, लाह।
**मुचकुन्द** पु० *(सं०)* एक पेड़ जिसकी छाल और फूल दवा के काम आते हैं; एक सूर्यवंशी राजा।
**मुचिर** पु० *(सं०)* धर्म; देवता; वायु। वि० दाता।
**मुचुकुन्द** पु० *(सं०)* मुचकुन्द का पेड़; एक सूर्यवंशी राजा जो मान्धाता का बेटा था।
**मुचुटी** स्त्री० *(सं०)* उँगली मटकाना; सँड़सी; मुट्ठी।
**मुछन्दर** पु० भोंड़ी शक्लवाला, भोंदू; बड़ी मूँछोंवाला।
**मुछ** मूँछ का समास में व्यवहृत लघु रूप।
**मुछाड़िया** पु० मुछन्दर, बड़ी मूछों वाला।
**मुज़क्किर** पु० *(अ०)* भगवान् का जपने वाला।
**मुजमिल** वि० *(अ०)* इकट्ठा किया हुआ।
**मुजरा** पु० *(अ०)* वेश्या का महफिल में बैठकर गाना। ई० स्त्री० काटने घटाने की क्रिया, बट्टा।
**मुजरिम** पु० *(अ०)* अपराधी, जुर्म करने वाला।
**मुजर्रत** स्त्री० *(अ०)* हानि; कष्ट।
**मुजर्रद** वि० *(अ०)* अविवाहित; अकेला; विरक्त।
**मुजर्रब** वि० *(अ०)* अनुभूत, तजुर्बा।
**मुजल्लद** वि० *(अ०)* जिल्द बँधा हुआ, जिल्ददार।
**मुजव्वज़, मुजव्वज़ा** वि० *(अ०)* तजवीज किया हुआ।
**मुजस्सम** वि० *(अ०)* मूर्तिमान्; शरीरधारी।
**मुजस्समा** पु० *(अ०)* प्रतिमा, मूर्ति।
**मुजादला** पु० *(अ०)* युद्ध, लड़ाई, मार-काट।
**मुज़ायक़ा** पु० *(अ०)* अड़चन; परवा।
**मुजाहिद** पु० *(अ०)* जिहाद करने वाला।
**मुज़ाहिम** वि०, पु० *(अ०)* जिहाद करने वाला।
**मुज़ाहिमत** स्त्री० *(अ०)* रोक-टोक, बाधा, विरोध।
**मुझे** सर्व० 'मैं' का कर्म और सम्प्रदान कारक का रूप।
**मुटका** वि० मोटा।
**मुटकना** पु० छोटा लेकिन सुन्दर।
**मुटाई** स्त्री०स्थूलता; घमण्ड।
**मुटाना** अ० क्रि० मोटा होना; घमण्डी हो जाना।
**मुटिया** पु० बोझा ढोनेवाला श्रमिक।
**मुट्ठा** पु० दस्ता, मुठिया, मूठ।
**मुट्ठी** स्त्री० पकड़, कब्जा ,बँधी हुई हथेली।
**मुठभेड़** स्त्री० सामना; भिड़न्त।
**मुठिका*** स्त्री० घूँसा; मुट्ठी।
**मुठियाँ** स्त्री० मूँठ, हल को पकड़ने का स्थान।
**मुठुकी*** स्त्री० काठ का बना एक तरह का घुनघुना।
**मुड़क** स्त्री० मोड़, मुरक।
**मुड़कना** क्रि० मुरकना।
**मुड़ना** अ० क्रि0 †मूँड़ा जाना; खम होना, ठगा जाना।
**मुड़ला** वि० मुण्डा, बालरहित।
**मुण्ड** पु० सिर, ठूँठ।
**मुड़वाना** स० क्रि० मूड़ने या ठगने का काम कराना।
**मुड़वारी**† स्त्री० सिर की ओर का भाग, सिरहाना।
**मुड़िया** पु० संन्यासी; मुँड़ा हुआ सिर; बैरागी।
**मुड्ढ** पु० मुखिया या प्रधान; बहुत बड़ा धूर्त।
**मुतअद्दिद** वि० *(अ०)* बहुतेरे; कई, अनेक।
**मुतअद्दी** वि० *(अ०)* छुतहा (रोग); सकर्मक(क्रिया)।
**मुतअल्लिक़** वि० *(अ०)* संयुक्त; सम्बन्धित, तअल्लुक।
**मुतअल्लिक़ा** वि० *(अ०)* सम्बद्ध।
**मुतअल्लिक़ीन** पु० *(अ०)* घर के लोग, बाल-बच्चे।
**मुतअल्लिम** पु० *(अ०)* शिष्य, इल्म सीखनेवाला।
**मुतअस्सिब** वि० *(अ०)* कट्टर धर्मपन्थी; धर्म, जाति का पक्षपाती, तअस्सुब करने वाला।

**मुतकल्लिम** पु० *(अ०)* उत्तम पुरुष सर्वनाम।
**मुतफ़न्नी** वि० *(अ०)* चालबाज, फरेबी, फसादी।
**मुतफ़र्रिक़** वि० *(अ०)* बिखरा हुआ; विविध।
**मुतबन्ना** पु० *(अ०)* दत्तक पुत्र। वि० गोद लिया हुआ।
**मुतबर्रिक** वि० *(अ०)* पवित्र, बरकत देनेवाला।
**मुतमौवल** वि० *(अ०)* धनी, मालदार।
**मुतरज्जिम** पु० *(अ०)* तरजुमा करनेवाला।
**मुतरद्दिद** वि० *(अ०)* उद्विग्न; फिक्रमन्द, चिन्तित।
**मुतरादिफ** वि० *(अ०)* समान अर्थवाला, समानार्थक।
**मुतलक़** वि० *(अ०)* आजाद, बन्धनरहित।
**मुतवक़्क़ा** वि० *(अ०)* आशा रखने वाला।
**मुतवज्जह, मुतवज्ज़िह** वि० *(अ०)* तवज्जुह करने वाला।
**मुतवफ़्फ़ा** वि० *(अ०)* मृत, परलोकगत।
**मुतवस्सित** वि० *(अ०)* बीच का, दरमियानी।
**मुतहम्मिल** वि० *(अ०)* बर्दाश्त करनेवाला, सहनशील।
**मुतहर्रिक** वि० *(अ०)* गतिशील, हरकत करनेवाला।
**मुताबक़त** स्त्री० सादृश्य होना, मुताबिक होना।
**मुताबिक़** वि० *(अ०)* सदृश; अनुसार, अनुकूल, समान।
**मुतालबा** वि० *(अ०)* तलब किया जानेवाला।
**मुताह** पु० *(अ०)* मियादी या अस्थायी निकाह जो मुसलमानों के शिया सम्प्रदाय में जायज है।
**मुताही** स्त्री० *(अ०)* रखेली।
**मुतिलाड़ू** पु० मोती चूर के लड्डू।
**मुतेहरा**† पु० कलाई पर पहनने का एक गहना।
**मुत्तफ़िक़** वि० *(अ०)* संयुक्त, एकराय; सहमत।
**मुत्तला** वि० *(अ०)* सूचित, जिसे इत्तिला दी गयी हो।
**मुत्तसिल** वि० *(अ०)* मिलने वाला; निकटस्थ।
**मुत्तहिद** वि० *(अ०)* सहमत, एक; संयुक्त।
**मुत्तहिदा** वि० *(अ०)* संयुक्त, इकट्ठा।
**मुथशील** पु० *(सं०)* इत्थशाल नामक योग।
**मुदब्बिर** पु० *(अ०)* मन्त्री, राज्यप्रबन्ध करने वाला।
**मुदम्मिग़** वि० *(अ०)* दिमाग रखने वाला; घमण्डी।
**मुदर्रिस** पु० *(अ०)* गुरु, शिक्षा देने वाला, अध्यापक।
**मुदर्रिसी** स्त्री० *(अ०)* अध्यापकी; शिक्षक का काम।
**मुदवन्त*** वि० मुदित, हर्षयुक्त।
**मुदा** *अ० *(सं०)* मतलब यह कि; लेकिन, वि० मूर्ख।
**मुदाख़लत** स्त्री० *(अ०)* रोक-टोक; हस्तक्षेप।
**मुदाम** अ० *(अ०)* नित्य, सदा।
**मुदामी** वि० *(अ०)* सदा रहनेवाला।
**मुदित** पु० *(सं०)* वि० मोदयुक्त, प्रसन्न, हर्षित।
**मुदिर** पु० *(सं०)* व्यभिचारी; मेघ; कामुक; मेंढक।
**मुद्ग** पु० *(सं०)* ढक्कन; जलकौआ; मूँग।
**मुद्गर** पु० *(सं०)* मुगदर; हथोड़ा; मुगरा।
**मुद्गल** पु० *(सं०)* रोहिष; एक गोत्रप्रवर्तक मुनि।
**मुद्दआ** वि० *(अ०)* दावा किया हुआ, चाहा हुआ।
**मुद्दई** पु० *(अ०)* दावेदार; वादी; वादा करने वाला।
**मुद्दत** स्त्री० *(अ०)* समय, अर्सा; काल; मिआद।
**मुद्दती** वि० *(अ०)* मिआद वाला, सावधि।
**मुद्दालेह** पु० प्रतिवादी, जिस पर दावा किया गया हो।
**मुद्दी** स्त्री० डोरी को खिसकने वाली गाँठ।
**मुद्रक** पु० *(सं०)* प्रिण्टर, छापनेवाला।
**मुद्रण** पु० *(सं०)* छापना; छपाई; मूँदना।
**मुद्रांक** पु० *(सं०)* अर्जी लिखने का सरकारी कागज।
**मुद्रांकन** पु० *(सं०)* छपाई; मुहर या मुद्रा से छापना।
**मुद्रांकित** वि० *(सील्ड)* जो मोहर लगाकर बन्द कर दिया गया हो।
**मुद्रांकित** वि० *(सं०)* छपा हुआ; मुहर किया हुआ।
**मुद्रा** स्त्री० *(सं०)* मुख और नेत्र चेष्टा; सिक्का।
**मुद्राक्षर** पु० *(सं०)* मुहर का अक्षर; टाइप।
**मुद्राध्यक्ष** पु० *(सं०)* अन्य राज्य में जाने का परवाना देनेवाला अधिकारी।
**मुद्रिका** स्त्री० *(सं०)* अँगूठी; मुहर; सिक्का।
**मुद्रित** वि० *(सं०)* मुँदा हुआ, बन्द; मुहर किया हुआ।
**मुधा** वि० *(सं०)* व्यर्थ, असत्य, मिथ्या, झूठ।
**मुनक्का** पु० *(अ०)* सुखाया हुआ अँगूर, द्राक्षा।
**मुनरी*** स्त्री० मुँदरी, अँगूठी, छल्ला।
**मुनब्बत** वि० *(अ०)* बेल-बूटे जो उभरे हुए हों।
**मुनमुना** वि० बहुत थोड़ा, अत्यल्प एक पकवान विशेष।
**मुनहसिर** वि० *(अ०)* अवलम्बित; आश्रित; धरा हुआ।
**मुनाजरा** पु० *(अ०)* तर्कशास्त्र; शास्त्रार्थ, वाद-विवाद।
**मुनादी** स्त्री० *(अ०)* डुग्गी, ढिंढोरा।
**मुनासबत** स्त्री० *(अ०)* परस्पर सम्बन्ध; उपयुक्तता।
**मुनासिब** वि० *(अ०)* ठीक, उचित, वाजिब।
**मुनि** पु० *(सं०)* तपस्वी; जिन; मौनव्रती, ऋषि; बुद्ध।

**मुनियाँ** स्त्री० माँदा लाल नामक पक्षी।
**मुनीन्द्र** पु० *(सं०)* मुनिश्रेष्ठ; बुद्धदेव।
**मुनी*** पु० मुनि।
**मुनीव, मुनीम** पु० हिसाब-किताब रखने वाला कर्मचारी।
**मुनीमी** स्त्री० हिसाब-किताब रखने का काम।
**मुनीश, मुनीश्वर** पु० *(सं०)* मुनिश्रेष्ठ; बुद्धदेव; विष्णु।
**मुन्ना, मुन्नूँ** पु० छोटे बच्चों का प्यार का सम्बोधन।
**मुन्यन्न** पु० *(सं०)* तिन्नी का चावल।
**मुफ़रद** वि० *(अ०)* तनहा, अकेला।
**मुफ़र्रह** पु० *(अ०)* सुस्वादु और सुगन्धित।
**मुफ़लिस** वि० *(अ०)* गरीब, निर्धन, कंगाल।
**मुफ़लिसी** स्त्री० *(अ०)* निर्धनता, गरीबी।
**मुफ़सिद** वि० *(अ०)* झगड़ा लगाने वाला; झगड़ाल।
**मुफ़स्सल** पु० *(अ०)* नगर के इर्द-गिर्द के छोटे स्थान।
**मुफ़स्सलात** पु० *(अ०)* नगर के इर्द-गिर्द की बस्तियाँ।
**मुफ़स्सिर** पु० *(अ०)* तफसील करने वाला।
**मुफ़ीद** वि० *(अ०)* लाभकारी, फायदा करनेवाला
**मुफ़्त** अ० *(फ़ा)* बिना दाम का।
**मुफ़्तरी** वि० *(अ०)* झूठा इलजाम लगाने वाला।
**मुफ़्ती** पु० *(अ०)* फतवा देने वाला, मौलवी।
**मुबतिला** वि० *(अ०)* आसक्त; कष्ट में पड़ा हुआ।
**मुबर्रा** वि० *(अ०)* मुक्त, निर्दोष, अलग, बरी, पाक।
**मुबस्सिर** पु० *(अ०)* समीक्षक, परखनेवाला।
**मुबादला** पु० *(अ०)* बदला, मुआवजा; अदल-बदल।
**मुबारक** स्त्री० *(अ०)* खुशखबरी।
**मुबारकी** स्त्री० मुबारकबादी, बधाई।
**मुबालग़ा** पु० *(अ०)* बढ़ाकर कहना; अतिशयोक्ति।
**मुबाशरत** स्त्री० *(अ०)* सम्भोग, मैथुन।
**मुबाह** वि० *(अ०)* जायज, मुस्लिम शरीअत के अनुकूल।
**मुबाहसा** पु० *(अ०)* वाद-विवाद करना; बहस करना।
**मुब्तदा** पु० *(अ०)* आरम्भ *(व्या०)*; उद्देश्य।
**मुब्तदी** पु० *(अ०)* आरम्भ करने वाला।
**मुब्तला** वि० *(अ०)* फँसा हुआ; पकड़ा हुआ।
**मुमकिन** वि० *(अ०)* जो हो सके, सम्भाव्य।
**मुमतहिन** पु० *(अ०)* इम्तिहान लेने वाला, परीक्षक।
**मुमताज** वि० *(अ०)* चुनकर अलग किया हुआ।
**मुमलकत** स्त्री० *(अ०)* सल्तनत, राज्य।
**मुमानिअत, मुमानियत** स्त्री० *(अ०)* रोक, मनाही।
**मुमुक्षा** स्त्री० *(सं०)* मोक्ष की कामना।
**मुमुक्षु** पु० *(सं०)* संन्यासी। वि० मोक्ष का अभिलाषी।
**मुमूर्षु** वि० *(सं०)* मरण का इच्छुक; आसन्न-मरण।
**मुमूर्षा** स्त्री० मरणेच्छा।
**मुयस्सर** वि० *(सं०)* उपलब्ध; प्रस्तुत।
**मुर** पु० *(सं०)* विष्णु के हाथों मारा गया एक दैत्य।
**मुरक** स्त्री० मुरकने या मुड़ने की क्रिया या भाव।
**मुरकना** अ० क्रि० *हिचकना; नष्ट होना।
**मुरकाना** स० क्रि० मुरकने का कारण होना; फेरना।
**मुरकी** स्त्री० कान की बाली।
**मुरखाई*** स्त्री० मूर्खता।
**मुरगा** पु० मुर्ग, एक पालतू पक्षी जिसके नर के सिर पर कलगी होती है।
**मुरगी** स्त्री० मुर्गे की मादा, कुक्कुटी।
**मुरचन्ता** पु० मुख से बजाया जाने वाला लौह वाद्य।
**मुरचा** पु० मोरचा।
**मुरछना*** अ० क्रि० मूर्च्छित होना।
**मुरछाना*** अ० क्रि० मूर्च्छित होना।
**मुरछित** वि० मूर्च्छित।
**मुरज** पु० पखावज, मृदंग।
**मुरझना** अ० क्रि० कुम्हलाना।
**मुरझाना** अ० क्रि० उदासी आदि प्रकट होना, कुम्हलाना।
**मुरतकिब** पु० *(अ०)* किसी कर्म का कर्ता।
**मुरतिद** पु० *(अ०)* मुसलमान जो काफिर हो जाये।
**मुरत्तब** वि० *(अ०)* प्रस्तुत, तरतीब दिया हुआ।
**मुरत्तिब** पु० *(अ०)* आकार देने वाला, तरतीब देने वाला।
**मुरदा** पु० *(फ़ा)* शव, लाश, मृतक।
**मुहा० मुरदे का माल** लावारिस वस्तु। **मुरदे की कब्र पहचानना** दूसरे की चालाकी पहचानना। **मुरदे की नींद सोना** निश्चिन्त होकर सोना।
**मुरड़** पु० अहंकार, अभिमान।
**मुरदार** पु० *(फ़ा)* अपनी मौत मरा हुआ जानवर।
**मुरना*** अ० कि० मुड़ना।
**मुरब्बा** वि० वर्ग, वर्गीकृत।।
**मुरब्बी** पु० *(अ०)* पालन करने वाला; रक्षक; सहायक।
**मुरमुरा** वि० मुरमुर शब्द करने वाला।

**मुरमुराना** क्रि० चूर-चूर होना।
**मुररिया*** स्त्री० मुर्री, ऐंठन।
**मुरला** स्त्री० *(सं०)* नर्मदा नदी; मुरली।
**मुरलिका** स्त्री० *(सं०)* मुरली, बाँसुरी।
**मुरली** स्त्री० *(सं०)* बाँसुरी, वंशी।
**मुरलीधर** पु० श्रीकृष्ण।
**मुरवा**† पु० पैर का गट्टा; *मोर।
**मुरवी*** स्त्री० धनुष की चोरी, चिल्ला।
**मुरशिद** पु० *(अ०)* गुरु, पीर; सन्मार्ग दिखाने वाला।
**मुरसिल** पु० *(अ०)* भेजनेवाला; पत्रलेखक।
**मुरहाँ**† पु० सिर।
**मुरहा** वि० अनाथ, नटखट, उपद्रवी।
**मुरा** स्त्री० *(सं०)* चन्द्रगुप्त मौर्य की माता।
**मुरार** पु० कमल की जड़।
**मुराद** स्त्री० *(अ०)* मतलब, अभीष्ट; कामना, मनोरथ।
**मुरादिफ़** वि० *(अ०)* समानार्थक, हममानी।
**मुरादी** वि० जिसकी कोई कामना हो, अभिलाषी।
**मुराना*** स० क्रि० चुभलाना; चबाना।
**मुरायठ**† पु० मुरेठा, पगड़ी।
**मुरारि** पु० *(सं०)* मुर दैत्य को मारने वाले कृष्ण।
**मुरारे** पु० हे मुरारि!
**मुरासा*** पु० कर्णफूल, तरकी।
**मुरीद** पु० *(अ०)* चेला, शिष्य; अनुगामी।
**मुरीदी** स्त्री० *(अ०)* शागिर्दी, शिष्यत्व।
**मुरुख*** वि० मूर्ख।
**मुरुखाई*** स्त्री० मूर्खता।
**मुरुझना*** अ० क्रि० मुरझाना।
**मुरेरना*** स० क्रि० मरोड़ना।
**मुरेरा** पु० मुण्ड़ेरा, मोड़।
**मरेठा** पु० पगड़ी।
**मुरौवज** वि. *(अ०)* प्रचलित, जारी।
**मुरौवजा** वि० जारी, मुरौवज, प्रचलित।
**मुरौवत** स्त्री० *(अ०)* मानवता, सौजन्य।
**मुरौवती** वि० मुरौवतवाला; मुलाहज।
**मुर्ग़ाबी** स्त्री० *(फ़ा)* जलकुक्कुट।
**मुर्तकिब** पु० *(अ०)* मुरतकिब।
**मुर्मुर** पु० *(अ०)* भूसी की आग; सूर्य का घोड़ा।
**मुर्रा** स्त्री० मरोड़; मरोड़फली; †मुरमुरा,भैस।
**मुर्री** स्त्री० गाँठदार; ऐंठनदार, मोड़।
**मुर्वी** स्त्री० *(सं०)* धनुष की डोरी।
**मुलकना*** अ० क्रि० मन्द-मन्द हँसना, मुस्कुराना।
**मुलकित*** वि० जो मुसकुरा रहा हो।
**मुलतवी** वि० *(अ०)* मुल्तवी, स्थगित।
**मुलतानी** पु० मुलतान का रहने वाला।
**मुलमची** पु० मुलम्मा या कलई करने वाला।
**मुलम्मा** पु० *(अ०)* दिखावा, टीम-टाम; कलई।
**मुलहक़** वि० *(अ०)* संयुक्त, लगा हुआ, जुड़ा हुआ।
**मुलहा*** वि० मुरहा, मूल नक्षत्रोत्पन्न।
**मुलहिक़** वि० *(अ०)* मिलाया जाने वाला; शामिल।
**मुलहिम** पु० *(अ०)* इलहाम करने वाला।
**मुलाक़ात** स्त्री० *(अ०)* मिलना-जुलना, हेल-मेल।
**मुलाक़ाती** पु० परिचित; मित्र, मिलनेवाला।
**मुलाज़मत** स्त्री० *(अ०)* नौकरी, सेवा।
**मुलाज़िम** पु० *(अ०)* कर्मचारी; नौकर, सेवक; अनुचर।
**मुलायम** वि० *(अ०)* अनुकूल; कोमल, नरम, सुकुमार।
**मुलायमत** स्त्री० मुलायमपन, कोमलता, नरमी।
**मुलायमियत, मुलायमी** स्त्री० मुलायमत।
**मुलाहज़ा** पु० *(अ०)* देखना, निरखना; लिहाज, मुरौवत।
**मुलेठी** स्त्री० जेठीमधु, यष्टिमधु, गुंजा लता की जड़।
**मुल्क** पु० *(अ०)* देश; राज्य; प्रदेश।
**मुल्की** वि० *(अ०)* शासन-प्रबन्ध-सम्बन्धी; देश का।
**मुल्तजी** पु० *(अ०)* प्रार्थी, इल्तिजा करनेवाला।
**मुल्ला** पु० *(अ०)* मसजिद या मक़तब में बच्चों को पढ़ानेवाला।
**मुल्लाना** पु० मुल्ला; कट्टर मुसलमान।
**मुवना*** अ० क्रि० मरना।
**मुवाना** क्रि० मार डालना।
**मुवल्लिद** पु० *(अ०)* जनक, पैदा करने वाला।
**मुवल्लिफ़ा** वि० *(अ०)* संकलित, संगृहीत।
**मुवस्सिर** वि० *(अ०)* कारगर, असर करने वाला।
**मुवाफ़िक़** वि० *(अ०)* अनुकूल, अनुसार, योग्य।
**मुशफ़िक़** पु० *(अ०)* मित्र, दयालु; कृपालु, अनुग्राहक।
**मुशल** पु० मूसल।
**मुशरब** पु० *(अ०)* तौर-तरीका; मजहब; झरना।
**मुशर्रह** वि० *(अ०)* विशद, विस्तार से कथित।
**मुशाबहत** स्त्री० *(अ०)* रूपसादृश्य, एक जैसा होना।
**मुशाबिह** वि० *(अ०)* समरूप, सदृश, मानिन्द।

**मुशायरा** पु० *(अ०)* कवितापाठ की मजलिस।
**मुशाहरा** पु० *(अ०)* मासिक वेतन, वजीफा।
**मुश्क** पु० *(फ़ा)* कस्तूरी।।
**मुश्किल** वि० *(अ०)* क्लिष्ट, कठिनाई से समझ में आने वाला; कष्टसाध्य।
**मुश्कीं** वि० *(फ़ा)* कस्तूरी की गन्धवाला।
**मुश्की** पु० *(फ़ा)* स्याह रंग का घोड़ा।
**मुश्त** वि० *(फ़ा)* मुट्ठीभर (चीज), थोड़ा-सा।।
**मुश्तबहा** वि० *(अ०)* जिस पर शक हो, सन्दिग्ध।
**मुश्तम्मिल, मुश्तरक** वि० *(अ०)* मिला हुआ, शामिल।
**मुश्तरका** वि० *(अ०)* संयुक्त, साझे का।
**मुश्तरिक** पु० *(अ०)* अनेकार्थक शब्द।।
**मुश्तरी** पु० *(अ०)* खरीददार; बृहस्पति ग्रह।
**मुश्तहर** वि० *(अ०)* शुहरत दिया हुआ; प्रसिद्ध।
**मुश्तहिर** पु० *(अ०)* इश्तिहार देने वाला, विज्ञापक।
**मुश्तही** वि० *(अ०)* इच्छुक; भूख लगाने वाला।
**मुश्ताक़** वि० *(अ०)* शौक रखने वाला, इच्छुक।
**मुषक** पु० चूहा।
**मुषली** स्त्री० *(सं०)* छिपकली; तालमूलिका।
**मुषा** स्त्री० *(सं०)* घरिया, धातु गलाने का पात्र।
**मुषि** स्त्री० *(सं०)* मूसने की क्रिया, चोरी।
**मुषित** वि० *(सं०)* चुराया हुआ; वंचित।
**मुषुर*** स्त्री० गुंजार।
**मुष्क** वि० *(सं०)* मोटा-ताजा, माँसल, पु० तस्कर, चोर, अण्डकोष।
**मुष्कक** पु० *(सं०)* एक वृक्ष।
**मुष्कर** वि०, पु० *(सं०)* बड़े अण्डकोष वाला।
**मुष्ट** वि० *(सं०)* चुराया हुआ।
**मुष्टामुष्टि, मुष्टीमुष्टि** स्त्री० *(सं०)* घूँसेबाजी, घूँसों की लड़ाई।
**मुष्टि** स्त्री० *(सं०)* एक मल्ल; एक पेड़; मुट्ठी; घूँसा।
**मुष्टिका** स्त्री० *(सं०)* घूँसा; मुट्ठी।
**मुष्ठक** पु० *(सं०)* काली सरसों।
**मुसकनि, मुसकनिया*** स्त्री० मुस्कान।
**मुसकराना** अ० क्रि० मन्द-मन्द हँसना, होंठों में हँसना।
**मुसकराहट** स्त्री० मुस्कुराने की क्रिया, मन्द हास।
**मुसकान, मुसकानि*** स्त्री० मुस्कुराहट।
**मुसक्किन** पु० *(अ०)* तस्कीन देने वाली दवा।
**मुसक्याना*** अ० क्रि० मुस्कुराना।
**मुसटी** स्त्री० चुहिया, क्रि० लुटना।
**मुसद्दिक़** वि० *(अ०)* तसदीक करने वाला।
**मुसना** †वि० मूसने वाला, चुराने वाला।
**मुसन्नफ़ा** वि० *(अ०)* तसनीफ किया हुआ।
**मुसन्ना** पु० *(अ०)* रसीद का आधा भाग।
**मुसन्निफ़** पु० *(अ०)* तसनीफ करने वाला; ग्रन्थकार।
**मुसन्निफ़ा** स्त्री० *(अ०)* रचयित्री, लेखिका।
**मुसफ़्फ़ी** वि० *(अ०)* शोधक, साफ करने वाला।।
**मुसम्मन** पु० *(अ०)* अष्टभुज, अष्टभुज क्षेत्र, आकृति।
**मुसम्मी** स्त्री० नीबू की प्रजाति का एक मीठा फल।
**मुसरिफ़** पु० *(अ०)* उड़ाऊ, फजूलखर्च।
**मुसर्रत** स्त्री० *(अ०)* खुशी, आह्लाद, हर्ष।
**मुसर्रह** वि० *(अ०)* ब्योरेवार, तसरीह किया हुआ।
**मुसरिया** स्त्री० चूहे का मादा बच्चा।
**मुसल** पु० *(सं०)* मूसल। *वि० मूर्ख।
**मुसलमान** पु० *(अ०)* इस्लाम मजहब को माननेवाला
**मुसलमानी** स्त्री० मुसलमान होना, खतना।
**मुसलाधार** वि० मोटी धारावाला। अ० मोटी धार से।
**मुसलामुसलि** स्त्री० *(सं०)* मूसलों की लड़ाई।
**मुसलिम** पु० *(अ०)* मुसलमान।।
**मुसलिह** पु० *(अ०)* सुधारक इसलाह करने वाला।
**मुसल्लम, मुसल्लमा** वि० *(अ०)* तसलीम किया हुआ।
**मुसल्लस** पु० *(अ०)* त्रिकोण। वि० तिकोना।
**मुसल्ला** पु० *(अ०)* *मुसलमान, ईदगाह।
**मुसल्सल** वि० क्रमिक, सिलसिलेवार।
**मुसव्विर** पु० *(अ०)* बेल-बूटे बनाने वाला; चित्रकार।
**मुसहर** पु० एक जंगली (आदिवासी) जाति।
**मुसहरिन** स्त्री० मुसहर स्त्री।
**मुसहिल** पु० *(अ०)* दस्त लाने वाली दवा, विरेचन।
**मुसाफ़िर** पु० *(अ०)* परदेशी; यात्री, सफर करनेवाला।
**मुसाफ़िरत, मुसाफ़िरी** स्त्री० *(अ०)* परदेश; सफर।
**मुसाहब** पु० साथी, मुसाहिब।
**मुसाहबत** स्त्री० *(अ०)* साथ उठना-बैठना, मुसाहिबी।
**मुसाहिबी** स्त्री० मुसाहिब का पद या काम।
**मुसीबत** स्त्री० *(अ०)* विपद्, आफत, कष्ट, दुःख।
**मुसुकाना*** अ० क्रि० मुस्कुराना।
**मुसुकाहट*** स्त्री० मुसकराहट।
**मुसौवर** पु० मुसव्विर।

**मुस्कराना** अ० क्रि० मुस्कुराना।
**मुस्कराहट** स्त्री० मुसकराहट।
**मुस्क्यान*** स्त्री० मुस्कान।
**मुस्त, मुस्तक** पु० *(सं०)* नागरमोथा।
**मुस्तअफ़ी** वि० *(अ०)* इस्तीफा देने वाला।
**मुस्तक़िल** वि० *(अ०)* पक्का, दृढ़; सदा रहने वाला।
**मुस्तक़ीम** वि० *(अ०)* ठीक; ऋजु, सीधा।
**मुस्तग़ीस** पु० *(अ०)* फरियादी, अभियोक्ता।
**मुस्ततील** पु० *(अ०)* समकोण चतुर्भुज। वि० लम्बोतरा।
**मुस्तण्डा** वि० हृष्ट-पुष्ट।
**मुस्तदई** पु० *(अ०)* प्रार्थना करने वाला, इच्छुक।
**मुस्तनद** वि० *(अ०)* प्रार्थना करने वाला।
**मुस्तफ़ा** पु० *(अ०)* मुहम्मद की पदवी।।
**मुस्तफ़ीद** वि० *(अ०)* फायदा उठाने वाला।
**मुस्तसना** वि० *(अ०)* अलग किया हुआ, अपवादभूत।
**मुस्तहक़** वि० *(अ०)* योग्य; हक रखने वाला।
**मुस्तैदी** स्त्री० चुस्ती, तेजी; तत्परता, तैयारी।
**मुस्तौजिर** पु० *(अ०)* इजारेदार, ठेकेदार।
**मुहकम** वि० *(अ०)* मजबूत, पक्का, टिकाऊ।
**मुहतमिम** पु० *(अ०)* प्रबन्धक।
**मुहतरम** वि० *(अ०)* आदरणीय, सम्मानित।
**मुहताज** वि० *(अ०)* किसी वस्तु की चाह रखनेवाला।
**मुहताजी** स्त्री० मुहताज होना।
**मुहब्बत** स्त्री० *(अ०)* प्रीति, चाह; प्रेम, इश्क; स्नेह।
**मुहब्बती** वि० स्नेहशील, प्रेमी।
**मुहय्या** वि० *(अ०)* मुहैया।
**मुहर** स्त्री० अँगूठी; अशर्फी; मुद्राकार।
**मुहरा** पु० *(फ़ा)* कागज आदि घोंटने का आला।
**मुहरा** पु० बर्तन आदि का मुँह; सेना का अग्रभाग।
**मुहरी** स्त्री० मोरी; मोहरी।
**मुहर्रम** पु० *(अ०)* मुसलमानी साल का पहला महीना।
**मुहर्रमी** वि० मुहर्रमका; रोनी सूरत वाला।
**मुहर्रिक** पु० *(अ०)* चालक; प्रस्तावक।
**मुहर्रिर** पु० *(अ०)* वकील का मुंशी; लेखक।
**मुहर्रिरी** स्त्री० मुहर्रिर का पेशा, मुहर्रिर का काम।
**मुहसिन** पु० *(अ०)* सहायक; एहसान करने वाला।
**मुहसिल*** पु० प्यादा; कर वसूलने वाला।
**मुहस्सिल** पु० *(अ०)* तहसील का सिपाही।
**मुहाफ़िज़** पु० *(अ०)* रक्षक, हिफाजत करने वाला।
**मुहाफ़िज़त** स्त्री० *(अ०)* रखवाली, रक्षा, निगरानी।
**मुहाल** वि० *(अ०)* कठिन; दुष्कर, नामुमकिन, अनहोनी।
**मुहावरत** स्त्री० *(अ०)* परस्पर बातचीत करना।
**मुहावरा** पु० *(अ०)* रूढ़ वाक्यांश; बोलचाल, बातचीत।
**मुहासबा** पु० *(अ०)* हिसाब; हिसाब की जाँच।
**मुहासरा** पु० *(अ०)* चारों ओर से घेर लेना; घेराबन्दी।
**मुहासिल** पु० *(अ०)* मालगुजारी, राजस्व; आय; पैदावार।
**मुहिब्ब** वि० *(अ०)* प्रेमी, मुहब्बत करने वाला।
**मुहिम** स्त्री० *(अ०)* कठिन या भारी काम; युद्ध।
**मुहिर** पु० *(सं०)* कामदेव। वि० मूर्ख, बेवकूफ।
**मुहुः(हुस्)** अ० *(सं०)* बार-बार, पुनः-पुनः, बार-बार।
**मुहुर्भुक्(ज्)** पु० *(सं०)* घोड़ा।
**मुहूर्त** पु० *(सं०)* 48 मिनट या दो दण्ड का समय।
**मुहैया** वि० *(अ०)* तैयार; आमादा; मौजूद।
**मुह्यमान** वि० *(सं०)* मोहयुक्त; मूर्च्छित होता हुआ।
**मूँगफली** स्त्री० एक पौधा जिसके फल खाने और तेल निकालने के काम आते हैं, चीनिया बादाम।
**मूँगा** पु० समुद्र में रहनेवाले एक तरह के कीड़ों से बना बहुमूल्य पदार्थ; एक प्रकार का रेशम।
**मूँछ** स्त्री० कुत्ते, बिल्ली, शेर के नथनों के अगल-बगल उगनेवाले लम्बे विरल बाल।
**मूँड़**ꜝ पु० सिर, कपाल।
**मूँड़ना** स० क्रि० हजामत बनाना; शिष्य बनाना।
**मूँड़ी** स्त्री० सिर।
**मूँड़ीकाटा** वि० सिरकटा, मरने योग्य।
**मूँदना** स० क्रि० रुद्ध करना; बन्द करना, ढकना।
**मू** पु० बाल की खाल खींचने वाला।
**मूक** वि० *(सं०)* गूँगा; जो बोल न सके।
**मूकता** स्त्री० मूक होने का भाव।
**मूकना*** स० क्रि० बन्धनमुक्त करना, परित्याग करना।
**मूका*** पु० मुक्का, घूँसा; मोखा।
**मूकिमा (मन्)** स्त्री० *(सं०)* गूँगापन।
**मूजिद** पु० आविष्कार करनेवाला।
**मूजी** वि० *(अ०)* दुष्ट; पीड़ा पहुँचाने वाला।
**मूझना*** अ० क्रि० मूर्च्छित होना।
**मूठ** मुट्ठी भर चीज; मुट्ठी; दस्ता, कब्जा।
**मूठि*** स्त्री० मूठ; मुट्ठी।
**मूड़ना** स० क्रि० मुण्डन कराना; ठगना।

**मूढ़** वि० *(सं०)* हैरान, हक्का-बक्का; जड़बुद्धि, मूर्ख।
**मूढात्मा (त्मन्)** वि० *(सं०)* मूर्ख; भौंचक।
**मूत्र** पु० *(सं०)* मूत, पेशाब।
**मूत्रशूल** पु० *(यूरिनरी कालिक)* मूत्रनली में होने वाला दर्द, शूल।
**मूत्राघात** पु० *(सं०)* पेशाब बन्द हो जाने का रोग।
**मूत्रित** वि० *(सं०)* पेशाब लग जाने के कारण गन्दा।
**मूर** पु० मूल; जड़; मूल नक्षत्र; मूल धन।
**मूरछना*** स० क्रि० मूर्च्छित होना। स्त्री० मूर्च्छना।
**मूरत** स्त्री० प्रतिमा, मूर्ति, प्रतिरूप।
**मूरति*** स्त्री० मूर्ति।
**मूरतिवन्त** वि० मूर्तिमान्।
**मूरि, मूरी*** स्त्री० मूल; जड़ी, बूटी।
**मूर्ख** वि० *(सं०)* मूढ़, बेवकूफ, नासमझ।
**मूर्खता** स्त्री०, **मूर्खत्व** पु० *(सं०)* नासमझी, मूढ़ता।
**मूर्खिनी*** स्त्री० मूर्ख स्त्री, मूर्खा।
**मूर्खिमा(मन्)** स्त्री० *(सं०)* मूर्खता, बेवकूफी।
**मूर्च्छन** पु० *(सं०)* बेहोश करने का मन्त्र; मूर्च्छित होना।
**मूर्च्छना** स्त्री० *(सं०)* मूर्च्छा।
**मूर्च्छा** स्त्री० *(सं०)* मूर्च्छन; बेहोशी, सम्मोह।।
**मूर्च्छाल** वि० *(सं०)* मूर्च्छित, संज्ञाहीन।
**मूर्त** वि० *(सं०)* साकार, मूर्तियुक्त; आकार वाला।
**मूर्ति** स्त्री० *(सं०)* शरीर; प्रतिमा; स्वरूप या शक्ल।
**मूर्ति** पु० *(सं०)* पुजारी।
**मूर्द्धन्य, मूर्धन्य** वि० *(सं०)* मूर्द्धा से उच्चरित।
**मूर्द्धा(र्द्धन्), मूर्धा(र्धन्)** पु० *(सं०)* सिर, मस्तक।
**मूल** वि० *(सं०)* आद्य, प्रधान।
**मूलतः (तस्)** अ० *(सं०)* प्रथमत; मूल रूप में।
**मूला** स्त्री० *(सं०)* सतावर; मूल नक्षत्र।
**मूलार्थ** पु० *(मदर टिंक्चर)* होम्योपैथी पद्धति की किसी औषधि का मूलरस।
**मूलिक** वि० *(सं०)* मूलगत; प्रधान, मुख्य; मौलिक।
**मूलिका** स्त्री० *(सं०)* जड़ों का ढेर; जड़ी; जड़।
**मूलिन** वि० *(सं०)* मूल से उत्पन्न। पु० वृक्ष।
**मूली** स्त्री० एक पौधा जिसकी जड़ और पत्ते शाक की तरह खाये जाते हैं।
**मूलोच्छेद** पु० *(सं०)* जड़ से काटना।
**मूलोद्देश्य** पु० *(सं०)* मुख्य उद्देश्य।
**मूल्य** पु० *(सं०)* पारिश्रमिक, वेतन; दाम, कीमत।
**मूल्यन, मूल्यनिरूपण** पु० *(वैलुएशन)* किसी सम्पत्ति के मूल्य का अनुमान लगाना।।
**मूल्यवान्(वत्)** वि० *(सं०)* अधिक मूल्यवाला, दामी।
**मूलहास-कोष** पु० *(डेप्रीशियेशन फण्ड)* यन्त्र, सामान।
**मूल्यांकित** वि० *(सं०)* मूल्य आँका हुआ।।
**मूल्याधिरोह** पु० *(सं०)* मूल्य वृद्धि।
**मूल्यानुसार** अ० *(सं०)* मूल्य के अनुसार।
**मूल्यापकर्ष** पु० *(डेप्रीशिएशन)* मुद्रा, सरकारी ऋणपत्रों।
**मूल्यावपात** पु० *(स्लम्प)* वस्तुओं के मूल्य में एकाएक या तेजी से होने वाली गिरावट, कमी, सस्ती।
**मूल्यावरोहण** पु० *(डेप्रीशिएशन)* मुद्रा, सरकारी ऋणपत्रा।
**मूल्योत्कर्ष** पु० *(एप्रोशियेशन)* मुद्रा मूल्य वृद्धि।
**मूशली** स्त्री० *(सं०)* तालमूली।
**मूष** पु० *(सं०)* मोखा, गवाक्ष; चूहा।
**मूषक** पु० *(सं०)* चोर; चूहा।
**मूरतिवाहन** पु० गणेश।
**मूषण** पु० *(सं०)* मूसना, चुराना।
**मूषा** स्त्री० *(सं०)* कुल्हिया; गवाक्ष; चुहिया।
**मूषिक** पु० *(सं०)* एक प्राचीन जनपद; चूहा; चोर।
**मूषिकांक, मूषिकांचन** पु० *(सं०)* गणेश।
**मूषिका** स्त्री० *(सं०)* चुहिया।
**मूषी** स्त्री० *(सं०)* सोना आदि गलाने की कुल्हिया।
**मूषी(षिन्)** पु० *(सं०)* बड़ा चूहा।
**मूसना** स० क्रि० चुराकर ले जाना; चुराना।
**मूसल** पु० लकड़ी का मोटा डण्डा जिससे धान कूटते हैं, मुषल।
**मूसा** पु० यहूदी धर्म के प्रवर्तक; चूहा।
**मूसीक़ार** पु० *(फ़ा)* एक कल्पित पक्षी।
**मूसीक़ी** स्त्री० *(फ़ा)* संगीत-विद्या।
**मृग** पु० *(सं०)* चन्द्रमा का लाँछन; जंगली जानवर।
**मृगणा** स्त्री० *(सं०)* खोज, अन्वेषण।
**मृगया** स्त्री० *(सं०)* शिकार, आखेट।।
**मृगयु** पु० *(सं०)* व्याध; ब्रह्मा; शृगाल।
**मृगांक** पु० *(सं०)* चन्द्रमा का धब्बा; चन्द्रमा; कपूर; वायु।
**मृगाण्डजा** स्त्री० *(सं०)* कस्तूरी।
**मृगा** स्त्री० *(सं०)* सहदेई। पु० हिरन।
**मृगाक्षी** वि० स्त्री० *(सं०)* मृगनयनी।

**मृगादन** पु० *(सं०)* शेर; चीता।
**मृगाराति** पु० *(सं०)* सिंह; कुत्ता; सिंह राशि।
**मृगारि** पु० *(सं०)* सिंह राशि; सिंह; लाल सहिजन।
**मृगेन्द्र** पु० *(सं०)* सिंह; व्याघ्र।
**मृगेक्षणा** वि० स्त्री० *(सं०)* मृगनयनी।
**मृगेर्वारु** स्त्री० *(सं०)* श्वेत इन्द्रवारुणि।
**मृग्य** वि० *(सं०)* जिसका अन्वेषण किया जाये।
**मृगछाला** स्त्री० मृगचर्म।
**मृगजल** पु० मृगतृष्णा।
**मृगजीवन** पु० व्याध।
**मृगणा** स्त्री० वस्तु की खोज।
**मृगराज** पु० सिंह।
**मृगलछिन** पु० चन्द्रमा।
**मृगलोचना, मृगलोचनी** स्त्री० हिरण के समान नेत्र वाली।
**मृगशावक** पु० हिरन का बच्चा।
**मृगांक** पु० चन्द्रमा, वैद्यक में एक रस।
**मृगांकजा** स्त्री० कस्तूरी।
**मृगाधिप, मृगाधिराज** पु० सिंह, शेर।
**मृगित** वि० अन्वेषित।
**मृगेक्षण** वि० मृगवत् नेत्रों वाला।
**मृगेन्द्र, मृगेश, मृगेश्वर** पु० सिंह।
**मृज** पु० *(सं०)* मृदंग।
**मृजा** स्त्री० *(सं०)* मार्जन।
**मृज्य** वि० *(सं०)* मार्जनीय।
**मृड** पु० *(सं०)* शिव।
**मृडन** पु० *(सं०)* अनुकम्पा, कृपा, अनुग्रह।
**मृडा, मृडानी, मृडी** स्त्री० *(सं०)* दुर्गा, पार्वती।
**मृडीक** पु० *(सं०)* शिव।
**मृणाल** पु० *(सं०)* कमलनाल, कमल की जड़।
**मृणालिनी** स्त्री० *(सं०)* कमल समूह; कमलिनी।
**मृण्मूर्ति** स्त्री० *(सं०)* *(टैराकोटा)* मिट्टी की मूर्ति।
**मृत** पु० *(सं०)* मरण; भीख माँगना। वि० मरा हुआ।
**मृतक** पु० *(सं०)* मुर्दा, शव; मरणाशौच।
**मृतकान्तक** पु० *(सं०)* गीदड़, सियार।
**मृताशन** वि० शव को खाने वाला।
**मृति** स्त्री० *(सं०)* मृत्यु, मौत।
**मृतोत्थित** वि० *(सं०)* जो मरकर फिर जी उठा हो।
**मृत(द्)** स्त्री० *(सं०)* मिट्टी।
**मृतसंस्कार** पु० अन्त्येष्टि क्रिया।
**मृतस्नान** पु० मरणोपरान्त स्नानकर्म।
**मृत्तिका** स्त्री० *(सं०)* मिट्टी।
**मृत्तिकालवण** पु० नोना।
**मृत्युंजय** पु० *(सं०)* शिव; वि० मौत को जीतनेवाला।
**मृत्यु** पु० *(सं०)* ग्यारह रुद्रों में से एक; यम।
**मृत्युलोक** पु० मर्त्यलोक।
**मृत्सा, मृत्स्ना** स्त्री० *(सं०)* अच्छी चिकनी मिट्टी।
**मृत्स्न** पु० *(सं०)* धूल।
**मृथा*** अ० व्यर्थ, नाहक।
**मृदंग** पु० *(सं०)* ढोल की तरह का एक बाजा, मुरज।
**मृदंगी(गिन्)** वि०, पु० *(सं०)* मृदंग बजानेवाला।
**मृदा** स्त्री० *(सं०)* मिट्टी।
**मृदाकर** पु० वज्र।
**मृदिनी** स्त्री० *(सं०)* मुलायम मिट्टी, अच्छी।
**मृदु** वि० *(सं०)* जो तीखा या कड़ा न हो, मधुर।
**मृदुता** स्त्री० *(सं०)* मन्द-मधुर होना; कोमलता, नरमी।
**मृदुल** पु० *(सं०)* जल। वि० मृदु, कोमल।
**मृदूकरण** पु० *(मिटिगेशन)* तीक्ष्णता कम कर देना।
**मृदूत्पल** पु० *(सं०)* नीलोत्पल; नील पद्‌म।
**मृद्वी** वि० स्त्री० *(सं०)* कोमलांगी।
**मृद्वीका** स्त्री० *(सं०)* अँगूर, कपिल द्राक्षा।
**मृध** पु० *(सं०)* युद्ध; शत्रु।
**मृणाल** पु० कमलदण्ड।
**मृणालिनी** स्त्री० कमलिनी।
**मृषा** वि० *(सं०)* झूठ, मिथ्या।
**मृषार्थक** पु० *(सं०)* असम्भव बात। वि० झूठा; असम्भव।
**मृषोद्य** वि० *(सं०)* मिथ्यावादी। पु० मिथ्या कथन।
**मृष्ट** पु० *(सं०)* मिर्च। वि० साफ किया हुआ।
**मृष्टि** स्त्री० *(सं०)* शोधन; विमर्श; छूना।
**में** स्त्री० बकरी की बोली, अधिकरण कारक का चिह्न।
**मेंख** स्त्री० कील, खूँटा। लकड़ी का पच्चड़।
**मेंगनी** स्त्री० लेंड़ी, गोलियों के रूप में विष्ठा।
**मेंड़** पु०, स्त्री० खेत की हदबन्दी, मेंड़, डाँड़ा।
**मेम्बर** पु० *(अं०)* सदस्य, सभासद।
**मेम्बरी** स्त्री० सदस्यता, मेम्बर का पद।

**मेंह** पु० झड़ी, वर्षा का जल, वर्षा।
**मेंहदी** स्त्री० मेहँदी।
**मेकल** पु० *(सं०)* अमरकण्टक पर्वत।
**मेकअप** पु० *(अं०)* प्रसाधन कक्ष, सजना, सँवरना।
**मेकेनिक** पु० *(अं०)* मिस्त्री, अभियान्त्रिक।
**मेकेनिकल** वि० *(अं०)* अभियान्त्रिकी।
**मेख़** स्त्री० *(फ़ा)* खूँटा, कील, खूँटी।
**मेखल** पु० *(सं०)* मेकल। *स्त्री० मेखला।
**मेखला** स्त्री० *(सं०)* पहाड़ की ढाल, नर्मदा नदी।
**मेखली** स्त्री० *करधनी।
**मेखली(लिन्)** पु० *(सं०)*शिव; ब्रह्मचारी, मेखलाधारी।
**मेगज़ीन** पु० *(अं०)* *(मैगज़ीन)* सामयिक पत्र;
**मेगावाट** पु० *(अं०)*दस लाख वाट की विद्युत शक्ति।
**मेघ** पु० *(सं०)* समूह; बरसने वाला बादल; बादल।
**मेघनाक्ष** पु० इन्द्र, मेघमण्डल पु० मेघसमूह, आकाश,।
**मेघान्त** पु० *(सं०)* वर्षा का अन्त; शरत्‌काल।
**मेघागम** पु० *(सं०)* वर्षाकाल; वर्षा का आरम्भ।
**मेघारि** पु० *(सं०)* वायु।
**मेघावरि*** स्त्री० घनघटा।
**मेघास्थि** स्त्री० *(सं०)* ओला।
**मेघोदय** पु० *(सं०)* घटा का उठना।
**मेचक** पु० *(सं०)* काले रंग का, कालिमा; अन्धकार।
**मेचकता** स्त्री० *(सं०)* श्यामता, स्याही।
**मेजर** स्त्री० *(फ़ा)* लकड़ी या संगमरमर की बनी ऊँची टेबुल, चौकी।
**मेज** पु० *(अं०)* सेना का एक फौजी अफसर।
**मेट** पु० मजदूरों का मुखिया, कुलियों का मुखिया।
**मेटक*** पु० *(सं०)* नाश करने वाला, मिटाने वाला।
**मेटनहार*** पु० मिटाने या नष्ट करने वाला।
**मेटा*** पु० मिट्टी का बर्तन, भाँड़ा, मटका।।
**मेठ** पु० *(सं०)* हाथीवान; मेढ़ा।
**मेठक** वि० नाश करने वाला।
**मेड़** पु०, स्त्री० मेंड़।
**मेड़र**† पु० घेरा; मण्डल, चक्कर; फेंटी, कुण्डली।
**मेंड़री** स्त्री० मेड़रा।
**मेडल** पु० *(अं०)* पदक, तमगा।
**मेडिकल** वि० *(अं०)* चिकित्साशास्त्र-सम्बन्धी।
**मेडिसिन** स्त्री० *(अं०)* दवा; चिकित्साशास्त्र।
**मेढकी** स्त्री० *(सं०)* मादा मेंढक, मण्डूकी।
**मेढ़ा** पु० पशु विशेष।
**मेढ़िया** स्त्री० घर; मढ़ी।
**मेथिका** स्त्री० *(सं०)* मेथी।
**मेथौरी** स्त्री० मेथी का साग मिलाकर बनायी हुई बरी।
**मेद** 'मेदस्' का समासगत रूप।
**मेद** पु० *(सं०)* मेद (स्)। *स्त्री० मेदा।
**मेद(स्)** पु० *(सं०)* चर्बी, माँस से उत्पन्न एक धातु।
**मेदन*** स्त्री० धरती, पृथ्वी; मेदिनी।
**मेदा** पु० *(अ०)* पेट, आमाशय।
**मेदिनी** स्त्री० *(सं०)* एक शब्दकोष; पृथ्वी, धरती।
**मेदुर** वि० *(सं०)* अतिशय चिकना; मोटा।
**मेदो** 'मेदस्' का समासगत रूप।
**मेधा** स्त्री० *(सं०)* बल, शक्ति, प्रज्ञा।
**मेधा(धस्)** पु० *(सं०)* स्वायम्भुव मनु का एक पुत्र।
**मेधावान्(वत्)** वि० *(सं०)* मेधावी।
**मेधाविनी** स्त्री० *(सं०)* ब्राह्मणी, विदुषी।
**मेधावी(विन्)** पु० *(सं०)* तोता। वि० बुद्धिमान्; ।
**मेधिर** वि० *(सं०)* बुद्धिशील, मेधावी।
**मेधिष्ठ** वि० *(सं०)*तीव्र बुद्धि वाला, अतिशय मेधावी।
**मेध्य** वि० *(सं०)*पवित्र; बुद्धि बढ़ाने वाला, मेधाजनक।
**मेध्या** स्त्री० *(सं०)* ब्राह्मी, मण्डूकी, केतकी।
**मेनकात्मजा** स्त्री० *(सं०)* पार्वती; शकुन्तला।
**मेना** स्त्री० *(सं०)* मेनका, हिमवान् की पत्नी।
**मेम** स्त्री० विवाहिता यूरोपीय स्त्री।
**मेमार** पु० *(अ०)* राज, इमारत बनाने वाला।
**मेमो** पु० *(अं०)* ज्ञापन, मेमोरैण्डम का संक्षिप्त रूप।
**मेमोरियल** पु० *(अं०)*यादगार, स्मारक; आवेदन-पत्र।
**मेमोरैण्डम** पु० *(अं०)* ज्ञापन, ज्ञापिका; याददाश्त।
**मेय** वि० *(सं०)* जो नापा-जोखा जा सक।
**मेयर** पु० *(अं०)*म्युनिसिपल कॉरपोरेशन का अध्यक्ष।
**मेरवना*** स० क्रि० *(हि०)* मिश्रित करना, मिलाना।
**मेरा** सर्व० मदीय, 'मैं' का सम्बन्धकारक रूप।
**मेराउ, मेराव*** पु० मिलाप, भेंट, मुलाकात।
**मेराज** स्त्री० *(अ०)* ऊपर चढ़ने का साधन; सीढ़ी।
**मेरु** पु० *(सं०)* जपमाला में सबसे ऊपर रहनेवाला प्रधान मनका; करमाला में उँगली की पोर।
**मेरुदण्डी(डिन्)** वि० *(सं०)*विशिष्ट, रीढ़वाला (प्राणी)।
**मेल** स्त्री० *(अं०)* डाकगाड़ी (कालिका मेल, लखनऊ मेल); डाक; डाक का थैला। *(स०)* संयोग,

मित्रता, एकता, ढंग।

**मेलन** पु० *(सं०)* मिलाना; मिलन; संग; मिलावट।

**मेलना*** अ० क्रि० मिलना, समागम होना; पहुँचना।

**मेला** स्त्री० *(सं०)* मिलन, समागम।

**मेलानन्दा** स्त्री० *(सं०)* दवात, मसिपात्र।

**मेलान*** पु० मंजिल, पड़ाव; डेरा डालना।

**मेलापक** पु० *(सं०)* ग्रहों का संयोग; मिलाने वाला।

**मेलायन** पु० *(सं०)* समागम, संयोग, मिलना।

**मेली** पु० मित्र, संगी। मिलनसार।

**मेवा** पु० *(फ़ा)* फल (चिलगोजा, किशमिश, बादाम आदि); सुखाया हुआ फल।

**मेवाड़** पु० *(सं०)* राजपूताना का एक राज्य।

**मेवाड़ी** पु० मेवाड़ निवासी। वि० मेवाड़ का।

**मेवात** पु० राजपूताना का एक इलाका।

**मेवाती** पु० मेवात या मेवाड़ की बोली।

**मेष** पु० *(सं०)* बारह राशियों में से पहली राशि; नर भेंड़।

**मेषा** स्त्री० *(सं०)* छोटी इलायची।

**मेषिका, मेषी** स्त्री० *(सं०)* भेड़।

**मेहँदी** स्त्री० मुसलमानों की ब्याह की रस्म, हिना।

**मेह**[1] पु० *(सं०)* मेष, मेढ़ा; मूत्र; प्रमेह रोग; बकरा।

**मेह**[2] पु० *(फ़ा)* भंगी, मैला साफ करने वाला।

**मेहन** पु० *(सं०)* शिश्न; मूत्र।

**मेहनत** स्त्री० *(अ०)* कष्ट; उद्योग; श्रम।

**मेहनताना** पु० पारिश्रमिक, मजदूरी।

**मेहमान** पु० *(फ़ा)* भोजन के लिए निमन्त्रित।

**मेहमानिन** स्त्री० *(फ़ा)* महिला अतिथि।

**मेहमानी** स्त्री० किसी के यहाँ मेहमान होना।

**मेहर** स्त्री० कृपा, दया।

**मेहरबान** वि० दयालु, कृपालु।

**मेहरा** पु० खत्रियों का समूह, जाति; स्त्रैण।

**मेहराना** अ० क्रि० आर्द्र होना, नम होना।

**मेहराब** स्त्री० *(अ०)* कमान।

**मेहराबी** स्त्री० एक तरह की खमदार तलवार।

**मेहरारू†** स्त्री० स्त्री, औरत।

**मेहरी** स्त्री० स्त्री, पत्नी।

**मेह्र** स्त्री० *(फ़ा)* कृपा, दया; प्रेम, प्रीति।

**मैंगेनिन** पु० *(अं०)* एक मिश्र धातु जिसमें ताँब मिला होता है।

**मैंद** पु० *(सं०)* एक वानर।

**मैं**[1] स्त्री० *(फ़ा)* मद्य, शराब। *(अ०)* मय साथ मिलकर।

**मैं**[2] सर्व० स्वयं, खुद, सर्वनाम उत्तमपुरुष कर्त्ता एक वचन का रूप।

**मैका** पु० मायका, पीहर, नैहर।

**मैगनेट** पु० *(अं०)* चुम्बक पत्थर।

**मैगनेटिक** वि० *(अं०)* चुम्बकीय।

**मैच** स्त्री० *(अं०)*पु० मुकाबले, प्रतियोगिता का खेल।

**मैजल*** स्त्री० मंजिल।

**मैजिक** पु० *(अं०)* जादू का खेल; जादू।

**मैजिस्ट्रेट** पु० *(अं०)* न्यायिक मजिस्ट्रेट, न्यायकर्ता।

**मैजीशियन** पु० *(अं०)* बाजीगर, जादू करने वाला।

**मैटर** पु० *(अं०)* कम्पोज किया हुआ लेख,

**मैट्रिक** वि० *(अं०)* हाईस्कूल पास।

**मैत्र** पु० *(सं०)* मित्रता; बंगाली ब्राह्मणों की एक जाति।

**मैत्रक** पु० *(सं०)* मित्रता; बौद्ध मन्दिर का पुजारी।

**मैत्रावरुण, मैत्रावरुणि** पु० *(सं०)* वसिष्ठ; अगस्त्य।

**मैत्री** स्त्री० *(सं०)* मित्रता, दोस्ती।

**मैथमेटिक्स** स्त्री० *(अं०)* गणित।

**मैथिल** पु० *(सं०)* मिथिला निवासी; मिथिला नरेश।

**मैथिली** स्त्री० *(सं०)* सीता; मिथिला की भाषा।

**मैथुन** पु० *(सं०)* रतिक्रिया; सम्भोग; जोड़ा खाना।

**मैथुनिक** वि० *(सैक्सुअल)* सम्भोग क्रिया या सम्भोग वासना से सम्बन्ध रखने वाला।

**मैदान** पु० *(फ़ा)* रणक्षेत्र, लड़ाई का स्थान; विस्तार। **मुहा० मैदान छोड़ना** रणक्षेत्र से भाग जाना। **मैदान जाना** शौच हेतु बाहर जाना। **मैदान जीतना/मारना** लड़ाई जीतना। **मैदान में उतरना** कार्यक्षेत्र में आना। **मैदान साफ होना** मार्ग में विघ्न-बाधा न होना। **मैदान हाथ में रहना** युद्ध में विजय प्राप्त करना।

**मैन** पु० मोम।

**मैंनसिल** पु० मनः शिला, मिट्टी की भाँति पीली धातु।

**मैन** पु० *(अं०)* मनुष्य; पुरुष, व्यक्ति ।

**मैना** स्त्री० *(सं०)* पार्वती की माता का नाम; सारिका पक्षी।

**मैमन्त** वि० मदमत्त; गर्वीला।

**मैमत*** स्त्री ममता।
**मैया** स्त्री० माता।
**मैयार** पु० *(अ०)* कसौटी; तौलने का काँटा।
**मैल** पु० विकार; शरीर, वस्त्र आदि पर जमा हुआ मल।
**मैला** पु० कूड़ा-कर्कट, कूड़ा; गू; विष्ठा। वि० मैलयुक्त।
**मैलापन** पु० मैला होने का भाव।
**मैलान** पु० *(अ०)* रुचि; प्रवृत्ति, मन का झुकाव।
**मोंड़ा*** पु० लड़का; बालक।
**मोई** स्त्री० घी में सना हुआ आटा।
**मोकना*** स० क्रि० छोड़ना; फेंकना।
**मोकल*** वि० बन्धनरहित, स्वच्छन्द।
**मोकला** वि० अधिक चौड़ा।
**मोक्ष** पु० *(सं०)* गिरना, झड़ना (आँसू, पत्ते)।
**मोक्षक** पु० *(सं०)* मोखा का पेड़, मुष्कक, मोक्षकारी।
**मोक्षद** वि० मोक्षदाता।
**मोक्षण** पु० *(सं०)* फेंकना; खोलना, मोचन; गिराना।
**मोक्ष्य** वि० *(सं०)* मुक्ति का अधिकारी।
**मोखा** पु० रोशनदान, झरोखा।
**मोंगरा** पु० हथौड़ा, एक प्रकार की केसर, मुँगरा पुष्प प्रजाति का पौधा।
**मोघ** पु० *(सं०)* बाड़ा; परकोटा।
**मोघा** स्त्री० *(सं०)* बिडंग; पाटल का फूल।
**मोच** स्त्री० हाथ-पाँव या गर्दन आदि किसी अंग के जोड़ की नस में चोट, नस और हड्डी का अपने स्थान से हटना।
**मोचन** वि० *(सं०)* छुड़ाने वाला (संकटमोचन)।
**मोचना** *पु० वह चिमटी जिससे नाई मूँछ आदि के पके बाल उखाड़ता है।
**मोचनी** स्त्री० छोटा मोचना; *(सं०)* भटकटैया।
**मोचयिता(तृ)** वि० *(सं०)* छुटकारा दिलाने वाला।
**मोचा** स्त्री० *(सं०)* सेमल; केला; नील का पौधा।
**मोचाट** पु० *(सं०)* स्याह जीरा; चन्दन।
**मोची(चिन्)** वि० *(सं०)* मुक्त करनेवाला, छुड़ानेवाला।
**मोंछ** स्त्री० मूँछ। *(अ०)*
**मोज़ा** पु० *(फ़ा)* पायताबा, पैर में पहनने का एक बुना हुआ आवरण।
**मोजिज़ा** पु० *(अ०)* वह काम जो मानवशक्ति से परे हो।
**मोट** स्त्री० चरसा; गठरी।
**मोटन** पु० *(सं०)* चूर्ण करना, पीसना।
**मोटर** स्त्री० *(अं०)* ऐसे यन्त्र या इंजन द्वारा चालित सवारी।
**मोटरी** स्त्री० गठरी।
**मोटा** वि० माँसल; स्थूलकाय; बड़े घेरे वाला; गाढ़ा कपड़ा; भारी; घटिया; भद्दा; * बलवान्, जबर्दस्त।
**मोटाई** स्त्री० स्थूलता, मोटा होना।
**मोटाना** स० क्रि० मोटा होने का उपाय करना।
**मोटिफ** पु० *(अं०)* मूल भाव, मूल विषय।
**मोटिया** पु० गाढ़ा एवं खुरदरा कपड़ा, कुली।
**मोठ** स्त्री० मूँग की भाँति का अन्न।
**मोठस** वि० चुप।
**मोड़** पु० कागज आदि का मुड़ा हुआ कोना।
**मोड़ना** स० क्रि० घुमाना; टेढ़ा करना; झुकाना।
**मोढ़ा** पु० मूँढ़ा बैठने का कुर्सीनुमा आसन कन्धा।
**मोण** पु० *(सं०)* मक्खी; मगर; सूखा फल; झावा।
**मोतदिल** वि० *(अ०)* औसत दर्जे का, समशीतोष्ण।
**मोतबर** वि० *(अ०)* एतबार करने योग्य, भरोसेमन्द।
**मोतबरी** स्त्री० *(अ०)* विश्वसनीयता।
**मोताद** पु० *(अ०)* खुराक।
**मोतिया** वि० मोती के जैसा; मोती सम्बन्धी।
**मोतियाबिन्द** पु० एक नेत्ररोग।
**मोती** पु० मोती से युक्त कानों की बाली।
**मोद** पु० *(सं०)* आह्लाद, हर्ष; प्रसन्नता।
**मोदक** पु० *(सं०)* लड्डू; मिठाई।
**मोदकिका** स्त्री० *(सं०)* मिठाई।
**मोदकी** स्त्री० *(सं०)* श्री विष्णु की गदा, चमेली के फूल का पौधा, वि० आनन्ददात्री।।
**मोदन** वि० *(सं०)* मोदजनक। पु० मोद, आनन्द देना।
**मोदना*** स० क्रि० प्रसन्न करना।।
**मोदयन्ती** स्त्री० *(सं०)* वनमल्लिका।
**मोदाढ्या** वि० स्त्री० *(सं०)* मोदाढ्य। स्त्री० अजमोदा।
**मोदित** वि० *(सं०)* हर्षयुक्त, मुदित।
**मोदी** पु० परचूनिया, दाल, चावल आदि बेचने वाला।
**मोदी(दिन्)** वि० *(सं०)* प्रसन्न; हर्षित, सुगन्धित।
**मोध** वि० मूर्ख।
**मोना** क्रि० तरकसा, भिगाना, पु० बाँस, मूँज की पिटारी, पिटार।
**मोमबत्ती** स्त्री० मोम निर्मित जलाने की बत्ती।

**मोनिया**† स्त्री० ढक्कनदार छोटी पिटारी।
**मोमिन** पु० *(अ०)* सच्चा मुसलमान; शिया।
**मोमियाई** स्त्री० *(फ़ा)* एक तरह का शिलाजीत।
**मोमी** वि० मोम जैसा; मोम का बना हुआ।
**मोयन** पु० खस्तेपन के लिए गुँधे हुए आटे में घी देना।
**मोर** पु० मयूर, एक बड़ा पक्षी जो अपनी सुन्दरता और नृत्य के लिए प्रसिद्ध है।
**मोरचा** पु० *(फ़ा)* आईने पर जमा हुआ मैल। **मुहा० मोरचा बाँधना** मोरचाबन्दी करना।
**मोरट** पु० *(सं०)* ईख की जड़।
**मोरन** स्त्री० मट्ठे का सिखरन, श्रीखण्ड।
**मोरना*** स० क्रि० दही से मक्खन निकालना; मोड़ना।
**मोरनी** स्त्री० मोर की आकृति की नथ की लटकन।
**मोरवा** पु० मोर, मयूर।
**मोरा** सर्व० मोर।
**मोराना** *स० क्रि० फिराना।
**मोरी** स्त्री० नाली; गन्दे पानी की नाली; मोरनी।
**मोल** पु० दाम, मूल्य।
**मोलाई*** स्त्री० मोल-तोल।
**मोलाना**† स० क्रि० मोल-भाव करना, मूल्य स्थिर।
**मोल्ड** पु० *(अं०)* साँचा।
**मोष** पु० *(सं०)* चोरी; चोरी का माल; चोर; लूट।
**मोषक** पु० *(सं०)* वध करनेवाला; चोर।
**मोषण** पु० *(सं०)* काटना; वध; लूटना; चुराना।
**मोषयिता(तृ)** पु० *(सं०)* चोरी कराने वाला।
**मोह** पु० *(सं०)* ममता; भ्रान्ति; अज्ञान; मूर्च्छा; अविद्या।
**मोहक** वि० *(सं०)* मुग्ध कर लेने वाला; मोहजनक।
**मोहड़ा**† पु० वस्तु का अगला या ऊपर का भाग
**मोहन** पु० *(सं०)* मोहने वाला।
**मोहनक** पु० *(सं०)* चैत्र मास।
**मोहनथार** पु० मिठाई विशेष।
**मोहनभोग** पु० विशेष हलुआ।
**मोहनमाला** स्त्री० स्वर्ण दोनों की माला।
**मोहना** अ० क्रि० मोहित होना।
**मोहनी** वि० *(सं०)* मोहिनी।
**मोहनीय** वि० *(सं०)* मोहने योग्य।
**मोहफिल** स्त्री० महफ़िल।
**मोहब्बत** स्त्री. मुहब्बत, प्यार।
**मोहयिता** वि० मोहकारी।
**मोहर्रिर** पु० मुहर्रिर।
**मोहरा** पु० मुख, सेना का अग्रभाग।
**मोहलत** स्त्री० मुहलत।
**मोहल्ला** पु० मुहल्ला।
**मोहाच्छन्न** वि० *(सं०)* मोहित।
**मोहार** पु० शहद की मक्खियों का छत्ता; मुँह, द्वार।
**मोहारनी** स्त्री० पाठशाला में कक्षा में समवेत पहाड़े बोलना।
**मोहि** सर्व० मुझे।
**मोहित** वि० *(सं०)* लुभाया हुआ; मुग्ध, मोह प्राप्त।
**मोहिनी** स्त्री० *(सं०)* विष्णु का समुद्रमन्थन के समय प्रकट नारी-रूप; माया-मोह।
**मोही(हिन्)** वि० *(सं०)* मन को लुभानेवाला, लोभी।
**मोहुक** वि० मोह करने वाला।
**मौज** वि० *(सं०)* मूँज का बना हुआ।
**मौंजवान** वि० *(सं०)* मुंजवान पर्वत।
**मौंजी** स्त्री० *(सं०)* पु० उपनयन।
**मौक़ा** पु० *(अ०)* उपयुक्त काल, अवसर, संयोग।
**मौकूफ़** वि० *(अ०)* वक्फ़ किया हुआ; रोका हुआ।
**मौक्तिक** पु० *(सं०)* मोती।
**मौक्य** पु० *(सं०)* मौन, मूकता।
**मौख** पु० *(सं०)* मुख से होने वाला पाप।
**मौखरि** पु० *(सं०)* एक प्राचीन हिन्दू राजवंश।
**मौखर्य** पु० बहुत अधिक चढ़-बढ़ कर बोलना।
**मौख्य** पु० प्रधानता।
**मौखिक** वि० *(सं०)* मुख-सम्बन्धी, ज़बानी।
**मौगा** पु० नपुंसक, हिंजड़ा। वि० मूर्ख; मौन।
**मौघ्य** पु० *(सं०)* मोघता, निरर्थकता।
**मौज** स्त्री० *(अ०)* सुख, आनन्द; तरंग, लहर, हिलोर।
**मौज़ा** पु० *(अ०)* गाँव; रखने की जगह, स्थान।
**मौजी** वि० मूँडा निर्मित मेखला।
**मौती** वि० आनन्दी; सुख भोगने वाला।
**मौजूँ** वि० *(अ०)* ठीक, उपयुक्त, यथायोग्य; तुला हुआ।
**मौजूद** वि० *(फ़ा)* उपलब्ध; स्थित, विद्यमान।
**मौजूदा** वि० *(अ०)* वर्तमान, हाल का।
**मौजूदात** स्त्री० *(अ०)* सृष्टि, चराचर जगत्।
**मौदकिक** पु० *(सं०)* मोदक-विक्रेता, हलवाई।

**मौद्गीन** पु० *(सं०)* मूँग उत्पन्न होने योग्य खेत।
**मौन** पु० *(सं०)* न बोलना, चुप्पी, मुनिभाव।
**मौनत्व** पु० *(सं०)* मौनभाव।
**मौना** पु० घृतपात्र, मधुमक्खी, मूँज की पिटारी, दाढ़ी रहित सिख।
**मौनी** स्त्री० *(सं०)* मौनी अमावस्या।
**मौनी(निन्)** पु० *(सं०)* मौनव्रतधारी साधु।
**मौर** वि० (समास में) श्रेष्ठ, शिरोमणि (सिरमौर)।
**मौरना** अ० क्रि० बौर लगना।
**मौरसिरी*** स्त्री० मौलसिरी।
**मौरूसी** वि० *(अ०)* पैतृक (सम्पत्ति)।
**मौर्वी** स्त्री० *(सं०)* क्षत्रियों का जनेऊ; धनुष की डोरी।
**मौलवी** पु० *(अ०)* अरबी-फारसी का विद्वान।
**मौला** पु० *(अ०)* आजाद किया हुआ गुलाम; परमेश्वर।
**मौलि** पु० *(सं०)* किरीट, मुकुट; मस्तक; चोटी।
**मौलिक** पु० *(सं०)* कन्द-मूल खोदने, बेचने वाला।
**मौली(लिन्)** वि० *(सं०)* जिसके सिर पर चोटी हो।
**मौल्य** पु० *(सं०)* मूल्य।
**मौष्टा** स्त्री० *(सं०)* घूँसेबाजी, घूँसों की लड़ाई।
**मौष्टिक** पु० *(सं०)* धूर्त, ठग।
**मौसा** पु० माँ की बहिन अर्थात् मौसी का पति।
**मौसिम** पु० *(अ०)* काल, समय; ऋतु।
**मौसिमी** वि० *(अ०)* मौसमी के कारण होने वाला।
**मौसिया†** वि० मौसेरा। पु० मौसा।
**मौसी** स्त्री० माँ की बहन, मासी।
**मौसूफ़** वि० *(अ०)* वर्णन् किया हुआ; वर्णित; प्रशंसित।
**मौसूल** वि० *(अ०)* मिला हुआ, प्राप्त; मिलाया हुआ।
**मौहूर्त** पु० *(सं०)* मुहूर्त, ज्योतिषी जाननेवाला।
**मौहूर्तिक** पु० *(सं०)* मुहूर्तवेत्ता, ज्योतिषी।
**म्नात** वि० *(सं०)* अभ्यस्त, पढ़ा या सीखा हुआ।
**म्याँव, म्याऊँ** स्त्री० बिल्ली की बोली।
**म्यान** पु० *(फ़ा)* खड्गकोष, तलवार का खोल।
**म्याना*** वि० बीच का, मझौला; मोटा।
**म्यानी** स्त्री० बीच की मध्यम, पजामा, घुटने में लगने वाला तीर।
**म्यूज़ियम** पु० *(अं०)* अजायबघर, संग्रहालय।
**म्योंड़ी** स्त्री० निर्गुण्डी, एक सदाबहार पेड़, सिन्दुवार।
**म्रक्ष** पु० *(सं०)* अपना दोष छिपाना; कपट; म्रक्षण।
**म्रक्षण** पु० *(सं०)* स्नेहन, मिलाना, मिश्रण; तेल।
**म्रदिष्ठ** वि० *(सं०)* अतिशय मृदु।
**म्रियमाण** वि० *(सं०)* मरता हुआ; मृतप्राय।
**म्यान** स्त्री० तलवार खोंसने या रखने की जगह।
**म्लान** वि० *(सं०)* दुर्बल; मुरझाया हुआ; मलिन।
**म्लानि** स्त्री० *(सं०)* कान्तिक्षय; मलिनता; उदासी।
**म्लानिमा** स्त्री० *(सं०)* उदासी, मलिनता।
**म्लेच्छ** वि० *(सं०)* पापरत; नीच।
**म्लेच्छाश** पु० *(सं०)* गेहूँ।
**म्लेच्छित** पु० *(सं०)* परभाषा; अपभाषा; म्लेच्छ भाषा।
**म्हा** सर्व० मुझे।
**म्हारा** सर्व० हमारा।

## य

**य** देवनागरी वर्णमाला का छब्बीसवाँ व्यंजन वर्ण ('ई' और 'अ' के संयोग से उत्पन्न। उच्चारण स्थान तालु।
**यन्त, यन्ता(तृ)** पु० *(सं०)* सारथि; शासक, संचालक।
**यन्ति** स्त्री० *(सं०)* दमन।
**यन्त्र** पु० *(सं०)* ताला; वीणा; बाजा; कल, मशीन। मरम्मत करने वाला।
**यन्त्रक** पु० *(सं०)* घाव पर बाँधने की कपड़े की पट्टी।
**यन्त्रगृह** पु० वेधशाला, यन्त्रशाला।
**यन्त्रण** पु० *(सं०)* बाँधना; नियम, विधान द्वारा नियन्त्रण।
**यन्त्रणा** स्त्री० *(सं०)* पीड़ा, यातना, क्लेश।
**यन्त्रविद्** पु० *(सं०)* अभियन्ता।
**यन्त्रविद्या** स्त्री० यन्त्र कला, यन्त्र बनाने, चलाने की विद्या।
**यन्त्रालय** पु० *(सं०)* प्रेस, छापाखाना; यन्त्रशाला।
**यन्त्रित** वि० *(सं०)* जकड़ा हुआ, बन्द किया हुआ।
**यन्त्री(त्रिन्)** वि०, पु० *(सं०)* बाजा बजाने वाला।
**यन्त्रोपकरण** पु० *(सं०)* मशीन के पुर्जे।
**य** पु० *(सं०)* यज्ञ; योग; संयम; प्रकाश; त्याग; वायु।
**यक** वि० *(फ़ा)* अकेला; एक।
**यकार** पु० य स्वरूप वर्ण।
**यकीन** पु० *(अ०)* विश्वास; प्रतीति।
**यकीनन्** अ० *(अ०)* अवश्य; विश्वासपूर्वक।
**यकीनी** वि० *(फ़ा)* असन्दिग्ध।
**यकृत्** पु० *(सं०)* यकृत् में होनेवाले रोग, पेट के

दाहिनी ओर स्थित पाचन रस थैली।

**यकृदात्मिका** स्त्री० *(सं०)* चपड़ा, तिलचट्टा।

**यकृदुदर** पु० *(सं०)* यकृत का बढ़ जाना।

**यक्ष** पु० *(सं०)* कुबेर के सेवक; एक देवयोनि।

**यक्षावास** पु० *(सं०)* यक्षों का वासस्थान; वटवृक्ष।

**यच्छिनी, यक्षिणी, यक्षी** स्त्री० *(सं०)* कुबेर की स्त्री; यक्ष की स्त्री।

**यक्षु** पु० *(सं०)* एक प्राचीन जनपद; यज्ञ करनेवाला।

**यक्ष्मा(क्ष्मन्)** पु० *(सं०)* क्षयरोग, तपेदिक।

**यक्ष्मा** पु० *(ट्यूबर क्यूलोसिस)* हड्डी, फेफड़े का क्षय।

**यगण** पु० इन्द्रशास्त्र के आठ गणों में एक जिसमें प्रथम वर्ण लघु तथा बाद में दो गुरू होते हैं।

**यच्छ*** पु० यक्ष।

**यजन्त** पु० *(सं०)* यज्ञकर्ता।

**यजत** वि० *(सं०)* पूज्य; ईश्वरीय; पवित्र।

**यजन** पु० *(सं०)* यज्ञ का स्थान; यज्ञ करना।

**यजनीय** वि०यज्ञ करने योग्य।

**यजमानक** पु० *(सं०)* यजमान।

**यजमानी** स्त्री० विवाह आदि के अवसरों पर पुरोहित यजमान के यहाँ मांगलिक कार्य करना।

**यजाक** वि० *(सं०)* उदार; पूजक।

**यजि** पु० *(सं०)* यज्ञकर्ता; यज्ञ।

**यजुः(स्)** पु० *(सं०)* वेद के गद्य मन्त्र।

**यजुर्वेद** पु० *(सं०)* चारों वेदों में से एक।

**यजुर्वेदी, यजुर्वेदीय** वि० *(सं०)* यजुर्वेद का ज्ञाता; यजुर्वेद-सम्बन्धी।

**यजूदर** पु० *(सं०)* ब्राह्मण।

**यज्ञ** पु० *(सं०)* अनुष्ठान, होम; यज्ञ-देवता; विष्णु; मख, याग, हवन-पूजनयुक्त एक वैदिक कृत्य।

**यज्ञक** पु० *(सं०)* यज्ञ; यज्ञकर्ता।

**यज्ञकुण्ड** पु० हवनकुण्ड, यज्ञवेदी।

**यज्ञपशु** पु० यज्ञ में बलि दिया जाने वाला पशु।

**यज्ञभूमि** स्त्री० यज्ञस्थल।

**यज्ञमन्दिर** पु० यज्ञशाला।

**यज्ञयूप** पु० यज्ञ में बलि पशु बाँधने का खम्भ।

**यज्ञांग** पु० *(सं०)* एक हिरन, कृष्णसार; यज्ञ-सामग्री।

**यज्ञागार** पु० *(सं०)* यज्ञशाला, यज्ञस्थान।

**यज्ञात्मा(त्मन्)** पु० *(सं०)* विष्णु।

**यज्ञाधिपति** पु० *(सं०)* यज्ञ के स्वामी, विष्णु, यज्ञपुरुष।

**यज्ञारि** पु० *(सं०)* शिव; राक्षस।

**यज्ञावयव** पु० *(सं०)* विष्णु।

**यज्ञाशन** पु० *(सं०)* देवता।

**यज्ञिय** पु० *(सं०)* देवता; द्वापर युग।।

**यज्ञेश** पु० *(सं०)* सूर्य; विष्णु।

**यज्ञेश्वर** पु० *(सं०)* विष्णु।

**यज्ञोपवीत** पु० *(सं०)* जनेऊ, यज्ञ द्वारा संस्कार किया गया उपनयन।

**यज्य** पु० *(सं०)* पूजनीय, यज़न करने योग्य।

**यज्या** स्त्री० *(सं०)* यज्ञ।

**यज्यु** वि० *(सं०)* यजन, पूजन करनेवाला; यज्ञ करनेवाला।

**यज्वा(ज्वन्)** पु० *(सं०)* यज्ञ करनेवाला; विष्णु।

**यतः(तस्)** अ० *(सं०)* क्योंकि, चूँकि।

**यत्** वि० *(सं०)* संयत, मर्यादित; दमन किया हुआ।

**यतन** पु० यत्न।

**यतनीय** वि० यत्न करने योग्य।

**यतमान** वि० *(सं०)* यत्न करता हुआ, चेष्टावान।

**यतात्मा(त्मन्)** वि० *(सं०)* संयमी, संयतमना।

**यति** स्त्री० *(सं०)* पढ़ने में विश्राम रोक, रुकावट; निर्देशन, संन्यासी, योगी, ब्रह्मचारी।

**यतित** वि० *(सं०)* चेष्टित।

**यती(तिन्)** पु० *(सं०)* संन्यासी, जितेन्द्रिय।

**यतीम** वि० *(अ०)* बिना माँ-बाप का (बच्चा); बेजोड़।

**यतेन्द्रिय** वि० *(सं०)* संयतेन्द्रिय, जितेन्द्रिय।

**यत्** सर्व० *(सं०)* जो।

**यत्किंचित्** अ० बहुत कम।

**यत्त** वि० *(सं०)* प्रयत्नशील; सतर्क; चेष्टित।

**यत्न** पु० *(सं०)* प्रयत्न, युक्ति; कोशिश, उपाय।

**यत्नवती** वि० स्त्री० *(सं०)* यत्न में लगी हुई।

**यत्नवान्(वत्)** वि० *(सं०)* यत्न में लगा हुआ।

**यत्र** अ० *(सं०)* जहाँ।

**यत्रतत्र** अ० जहाँ-तहाँ।

**यत्रु** स्त्री० *(सं०)* हँसली।

**यथांश** वि० *(सं०)* भाग के अनुकूल; यथायोग्य।

**यथा** अ० *(सं०)* जैसे; जिस प्रकार।

**यथाकाम** *(सं०)* इच्छानुसार।

**यथाकामी** वि० स्वेच्छाचारी।

**यथाकाल** पु० कालानुसार, उचित समय में।

**यथाक्रम** *(सं०)* क्रमशः, क्रमानुसार।

**यथागत** वि० *(सं०)* मूर्ख।

**यथागम** *(सं०)* शास्त्र के अनुरूप।

**यथागुण** *(सं०)* गुणानुरूप।

**यथाचार** *(सं०)* रीति के अनुसार।

**यथाचारी** क्रिवि० पूर्व आचारानुसार चलने वाला।

**यथाजात** वि० मूर्ख नीच।

**यथानुपूर्व** अ० *(सं०)* परम्परा के अनुसार, क्रमानुसार।

**यथारथ***, **यथार्थ** वि० *(सं०)* प्रकृत, सत्य, उचित।

**यथार्थतः(तस्)** अ० *(सं०)* वस्तुतः; यथानुरूप।

**यथार्ह** वि० *(सं०)* यथायोग्य, उपयुक्त।

**यथायोग्य** *(अ०)* योग्यतानुसार।

**यथावस्थित** अ० *(सं०)* अचल, जैसा था वैसे ही।

**यथास्व** वि० *(सं०)* यथार्थ।

**यथेच्छ** वि० *(सं०)* इच्छानुसार, मनमाना।

**यथेच्छाचार** पु० *(सं०)* मनमाना काम करना।

**यथेष्ट** वि० *(सं०)* जितना चाहिए उतना।

**यथोक्त** वि० *(सं०)* कथनानुसार।

**यथोचित** वि० *(सं०)* जैसा चाहिए वैसा, समुचित।

**यथोपयुक्त** वि० *(सं०)* यथायोग्य, यथोपयोगी।

**यदपि*** अ० यद्यपि।

**यदा** अ० *(सं०)* जहाँ; जिस समय, जब।

**यदाकदा** *(अ०)* जब कभी।

**यदि** अ० *(सं०)* जो, अगर।

**यदीय** वि० *(सं०)* जिसकी, जिसका।

**यदु** पु० *(सं०)* राजा ययाति का ज्येष्ठ पुत्र; यदुवंश।

**यदूत्तम** पु० *(सं०)* कृष्ण।

**यदृच्छया** अ० *(सं०)* मनमाने तौर पर, अकस्मात्।

**यदृच्छा** स्त्री० *(सं०)* आकस्मिक संयोग; स्वतन्त्रता।

**यद्वा** अ० *(सं०)* अथवा, अगरचे।

**यद्वा तद्वा** *(अ०)* कभी-कभी।

**यम** पु० *(सं०)* संयम; निग्रह; मन्त्रद्रष्टा ऋषि; कौआ।

**यमक** वि० *(सं०)* जुड़वाँ; दोहरा,अलंकार विशेष।

**यमदग्नि** पु० *(सं०)* परशुराम के पिता, जमदग्नि।

**यमन** वि० *(सं०)* नियन्त्रण करने वाला।

**यमनिका** स्त्री० यवनिका, नाटक का परदा।

**यमया** स्त्री० *(सं०)* एक नक्षत्रयोग।

**यमयातना** स्त्री० मृत्यु, कष्ट।

**यमरथ** पु० भौंसार।

**यमल** पु० दो की संख्या; जोड़ा।

**यमला** स्त्री० *(सं०)* एक तान्त्रिक देवी, एक नदी।

**यमली** स्त्री० *(सं०)* घाघरा और चोली।

**यमहन्ता** पु० कालनाशक।

**यमान्तक** पु० *(सं०)* यम; मृत्युंजय, शिव।

**यमानिका, यमानी** स्त्री० *(सं०)* अजवायन।

**यमारि** पु० *(सं०)* विष्णु।

**यमालय** पु० *(सं०)* यमपुर, यम का घर।

**यमित** वि० *(सं०)* बँधा हुआ; दबाया हुआ, संयत।

**यमी(मिन्)** वि० *(सं०)* संयमी।

**ययावर** पु० *(सं०)* यायावर, घुमक्कड़।

**यरक़ान** पु० *(अ०)* पीलिया, कँवल रोग।

**यव** पु० जौ, चारधाम, छः सरसों की मापतौल।

**यवक** पु० *(सं०)* जौ।

**यवक्य** वि० *(सं०)* जिसमें जौ बोया गया हो।

**यवन** पु० यूनान, निवासी मुसलमान, म्लेच्छ।

**यवनिका** स्त्री० *(सं०)* रंगमंच का पर्दा; कनात।

**यवनी** स्त्री० *(सं०)* यूनान देश की स्त्री।

**यवनेष्टा** स्त्री० *(सं०)* जंगली खजूर।

**यवमती** स्त्री० *(सं०)* एक पक्षी।

**यवमद्य** पु० जौ की मदिरा।

**यवशक्तु** पु० जौ का सत्तू।

**यवस** पु० *(सं०)* भूसा; घास।

**यवाग्र** पु० *(सं०)* यवक्षार; जौ का टूँड़।

**यवान** वि० *(सं०)* वेगवान्, तीव्र।

**यवीयान,(यस्)** वि०, पु० *(सं०)* अपेक्षाकृत छोटा।

**यव्य** पु० *(सं०)* महीना; जौ का खेत। वि० यवक्य।

**यव्यावती** स्त्री० *(सं०)* वैदिक काल की एक नदी।

**यशःशेष** वि० *(सं०)* मृत।

**यश(स,)** पु० *(सं०)* कीर्ति; प्रशंसा; सुख्याति, सुनाम।

**यशस्कर** वि० *(सं०)* कीर्तिजनक, यशदायक।

**यशस्करी** स्त्री० यशवर्द्धक विद्या।

**यशस्काम** वि० यशकामी।

**यशस्य** वि० *(सं०)* यशदायक, ख्यातिजनक।

**यशस्वत** वि० यशस्वी।

**यशस्वान(वत्)** वि० *(सं०)* कीर्तिमान्, यशस्वी।

**यशस्विनी** स्त्री० कीर्तिमती। *(अ०)*

**यशी** वि० यशस्वी।

**यशील*** वि० कीर्तिमान्।
**यशुमति*** स्त्री० यशोदा।
**यशोगाथा** स्त्री० *(सं०)* कीर्तिगान, गौरवगाथा।
**यशोद** पु० *(सं०)* पारा। वि० यशप्रदाता।
**यशोदा** स्त्री० *(सं०)* नन्द की पत्नी।
**यशोधन** वि० *(सं०)* यश ही जिसका धन है, यशस्वी।
**यशोधर** पु० *(सं०)* कृष्ण का एक पुत्र यशस्वी।
**यशोधरेय** पु० यशोधरा का पुत्र, राहुल।
**यशोभृत** वि० *(सं०)* प्रसिद्ध, नामी।
**यशोमति** स्त्री० यशोदा।
**यशोमती** स्त्री० नन्द की पत्नी।
**यशोवर्त्म(न्)** पु० *(सं०)* कीर्तिपथ।
**यशोहा(हन्)** वि० *(सं०)* यश का नाश करने वाला।
**यष्टा(ष्ट)** पु० *(सं०)* यज्ञकर्ता।
**यष्टि** स्त्री० *(सं०)* बाँह; ताँत; टहनी, डाल; मुलेठी।
**यष्टिक** पु० *(सं०)* जलकुक्कुट; मजीठ; डण्डा।
**यष्टिका** स्त्री० *(सं०)* वापी, बावली; जेठी मधु; छड़ी।
**यसार** वि० *(अ०)* बायाँ। पु० बायाँ हाथ।
**यह** सर्व० निकटस्य वस्तु का निर्देशक।
**यहाँ** अ० इस स्थान पर, इस जगह।
**यही** *(अ०)* निश्चित रूप से यह, यह ही।
**यहूदिन** स्त्री० यहूदी की स्त्री।
**यहूदी** पु० यहूद देश का निवासी।
**याँ**† अ० यहाँ।
**याँचना*** स्त्री० माँगना, याचना।
**यांचा** स्त्री० माँगना, प्रार्थनापूर्वक माँगना।
**यात्राकार** पु० यात्री।
**यात्रावाल** पु० यात्रियों को दर्शन कराने वाला।
**यान्त्रिक** वि० *(सं०)* यन्त्रवत चलने वाला; यन्त्र-सम्बन्धी।
**या** सर्व० ब्रजभाषा में विभक्ति के साथ आनेवाला 'यह' का रूप।
**याक** पु० हिमालय पर मिलनेवाला एक जंगली बैल।
**याग** पु० *(सं०)* यज्ञ।
**याग सन्तान** पु० इन्द्रपुत्र जयन्त।
**याचक** पु० *(सं०)* भिखारी, माँगने वाला।
**याचकता** स्त्री० *(सं०)* भीख माँगने का काम।
**याचन** पु० *(सं०)* याचना *(स्त्री०)*।
**याचनक** पु० *(सं०)* माँगने वाला, याचक।
**याचना** स्त्री० *(सं०)* माँगने की क्रिया।
**याचमान** वि० *(सं०)* याचना करने वाला, याचक।
**याचिका** स्त्री० *(पिटीशन)* प्रार्थनापत्र, आवेदन पत्र।
**याचित** पु० *(सं०)* भिक्षावृत्ति। वि० माँगा गया।
**याचितक** पु० *(सं०)* मँगनी की वस्तु।
**याचिता(तृ)** पु० *(सं०)* भिखारी; प्रार्थी।
**याचिष्णु** वि० *(सं०)* जिसकी माँगने की आदत हो।
**याच्य** वि० *(सं०)* याचना करने योग्य; माँगने योग्य।
**याज** पु० *(सं०)* यज्ञ करने वाला; अन्न।
**याजक** पु० *(सं०)* राजा का हाथी।
**याजन** पु० *(सं०)* यज्ञ करने या कराने का कार्य।
**याजा** पु० *(फ़ा)* अँगड़ाई, जँभाई।
**याजि** पु० *(सं०)* यज्ञ करने वाला। स्त्री० यज्ञ।
**याजी(जिन्)** वि० *(सं०)* यज्ञ करने वाला।
**याजुष** वि० *(सं०)* यजुर्वेद का ज्ञाता, यजुर्वेद- सम्बन्धी।
**याज्ञ** वि० *(सं०)* यज्ञ-सम्बन्धी; यज्ञ का।
**याज्ञवल्क्य** पु० *(सं०)* एक प्रसिद्ध ब्रह्मर्षि, राजा जनक के गुरु।
**याज्ञसेनी** स्त्री० *(सं०)* द्रौपदी।
**याज्ञिक** वि० *(सं०)* यज्ञ-सम्बन्धी।
**याज्ञिय** पु० यज्ञकर्म में कुशल व्यक्ति।
**याज्य** वि० *(सं०)* यज्ञ कराने योग्य; यज्ञ में अर्पित योग्य; यज्ञ करने का अधिकारी।
**याज्या** स्त्री० गंगा।
**यात** पु० *(सं०)* भूतकाल; कूच; गमन, ज्ञात।
**यातन** पु० *(सं०)* प्रतिशोध; पुरस्कार, पारि-तोषिक।
**यातना** स्त्री० *(सं०)* यमलोक की दण्ड-पीड़ा।
**यातव्य** वि० *(सं०)* आक्रमणयोग्य (शत्रु); आक्रमणीय।
**याता(तृ)** वि० *(सं०)* जाने वाला। पु० सारथि। स्त्री० जेठानी या देवरानी, पति के भाई की स्त्री।
**यातायात** पु० *(सं०)* *(ट्रैफिक)* आना-जाना।
**यातु** पु० *(सं०)* आनेवाला; राही, पथिक, राक्षस। **~धान** पु० राक्षस।
**यातृक** पु० *(सं०)* पथिक।
**यात्रा** स्त्री० *(सं०)* जीवन-निर्वाह; व्यवहार, उपाय।
**यात्रिक** वि० *(सं०)* यात्रा-सम्बन्धी; रीति के अनुसार।
**यात्री(त्रिन्)** वि० *(सं०)* जो यात्रा कर रहा हो।
**याथातथ्य** पु० *(सं०)* औचित्य; असलियत, यथार्थता।
**याथार्थ्य** पु० *(सं०)* उपयुक्तता; यथार्थता, सत्य।

**याद** स्त्री० *(फ़ा)* याद या स्मरण करने की क्रिया।
**यादव** वि० *(सं०)* यदु सम्बन्धी।
**यादवी** स्त्री० *(सं०)* यदुकुल की स्त्री; दुर्गा।
**यादवीय** पु० *(सं०)* गृहयुद्ध। वि० यादव- सम्बन्धी।
**यादु** पु० *(सं०)* तरल पदार्थ; पानी।
**यादृक्ष** वि० *(सं०)* यादृश, जैसा, यादृशी स्त्री० जैसी।
**याद्व** पु० *(सं०)* यदुवंश का; यदु-सम्बन्धी।
**यान** पु० *(सं०)* आकाशगामी यान या विमान।
**यानक** पु० *(सं०)* वाहन, गाड़ी।
**यानी** अ० *(अ०)* अर्थात्, मतलब यह है।
**यापक** पु० *(सं०)* व्यतीत करनेवाला।
**यापन** पु० *(सं०)* परित्याग; व्यतीत करना; चलाना।
**यापना** स्त्री० *(सं०)* समय काटना; चलाना।
**यापनीय** वि० *(सं०)* याप्य, यापन करने योग्य।
**यापित** वि० *(सं०)* हटाया हुआ; व्यतीत किया हुआ।
**याप्ता** स्त्री० *(सं०)* जटा।
**याप्य** वि० *(सं०)* गोपनीय, तक्षणीय; छोड़ने योग्य।
**याफ़्त** *(फ़ा)* ऊपरी आमदनी, घूस; प्राप्ति; आय।
**याफ़्ता** वि० *(फ़ा)* शब्दों के अन्त में युक्त 'सनदयाफ़्ता।
**याबन्दा** पु० प्राप्त करनेवाला।
**याब** पु० *(फ़ा)* मिलने वाला, पाने वाला।
**याबू** पु० *(फ़ा)* टट्टू; छोटा घोड़ा।
**याभ** पु० *(सं०)* मैथुन, सम्भोग।
**याम** वि० *(सं०)* यम-सम्बन्धी। *स्त्री० यामि, रात, तीन पहर का समय।
**यामक** पु० *(सं०)* पुनर्वसु नक्षत्र।
**यामकिनी** स्त्री० *(सं०)* पतोहू; बहन; कुलवधू।
**यामल** पु० *(सं०)* शास्त्र का ग्रन्थ; जुड़वाँ बच्चे।
**यामाता(तृ)** पु० *(सं०)* जामाता, दामाद।
**यामायन** पु० *(सं०)* यम गोत्र में उत्पन्न।
**यामार्द्ध** पु० *(सं०)* डेढ़ घण्टा, पहर का आधा भाग।
**यामि, यामी** स्त्री० *(सं०)* कन्या; पतोहू, यामिनी।
**यामिक** वि० *(सं०)* याम-सम्बन्धी। पु० पहरुआ, चौकीदार।
**यामिका** स्त्री० *(सं०)* रात।
**यामिनीपति** पु० चन्द्रमा।
**यामिनी** स्त्री० *(सं०)* कश्यप की एक स्त्री; रात।
**यामीर** पु० *(सं०)* चन्द्रमा।
**यामीरा** स्त्री० *(सं०)* रात।
**यामेय** पु० *(सं०)* बहन का लड़का।
**याम्य** वि० *(सं०)* दक्षिण का; यम-सम्बन्धी।
**याम्या** स्त्री० *(सं०)* भरणी नक्षत्र; दक्षिण दिशा।
**याम्यायन** पु० *(सं०)* दक्षिणायन।
**याम्योद्भूत** वि० *(सं०)* दक्षिण में उत्पन्न।
**यायावर** पु० *(सं०)* अश्वमेध का घोड़ा; संन्यासी।
**यायावरी** स्त्री० घुमक्कड़ी।
**यार** पु० *(फ़ा)* परस्त्री से प्रेम करनेवाला; हिमायती।
**यारक़न्द** पु० *(तु०)* चीनी तुर्किस्तान का एक नगर।
**याराना** पु० *(फ़ा)* अनुचित प्रेम (स्त्री-पुरुष का)।
**यारी** स्त्री० स्त्री-पुरुष का अनुचित सम्बन्ध, मैत्री।
**याल** स्त्री० *(तु०)* घोड़े की गर्दन के बाल।
**याव** वि० *(सं०)* जौ से बनाया हुआ, जौ का।
**यावक** पु० *(सं०)* जौ की बनी हुई वस्तु; जौ का सत्तू।
**यावज्जन्म** अ० *(सं०)* जीवन भर; सारा जीवन।
**यावज्जीवन** अ० *(सं०)* जीवनपर्यन्त, आजीवन।
**यावत्** अ० *(सं०)* जहाँ तक; जब तक। वि० जितना।
**यावन** वि० *(सं०)* मुसलमानों का, यवन का।
**यावनक** पु० *(सं०)* लाल अण्डी, रक्त एरण्ड।
**यावनाल** पु० *(सं०)* ज्वार, मक्का।
**यावर** वि० *(फ़ा)* मित्र; सहायक; हिमायती।
**यावरी** स्त्री० हिमायत; सहारा; सहायता; मित्रता।
**यावस** पु० *(सं०)* घास का ढेर; डण्ठल का पूला।
**यावा** स्त्री० *(फ़ा)* अनर्गल बातें, बेहूदा बातें।
**यावास** पु० *(सं०)* जवासे की शराब।
**याष्टीक** पु० *(सं०)* लठैत।
**यासा** स्त्री० *(सं०)* कोयल; मैना।
**यासु** सर्व० जासु।
**याहि*** सर्व० इसको।
**यियक्षु** वि० यज्ञ करने का इच्छुक।
**यियासु** वि० *(सं०)* जाने को इच्छुक।
**यीशु** पु० ईसा मसीह।
**युक्त** वि० *(सं०)* संयुक्त; जुड़ा हुआ, सम्मिलित।
**युक्ताक्षर** पु० *(सं०)* संयुक्त वर्ण, मिलित वर्ण।
**युक्तायस** पु० *(सं०)* लोहे का एक प्राचीन शस्त्र।
**युक्तार्थ** वि० *(सं०)* अर्थयुक्त; अर्थगर्भ।
**युक्ताहार** वि० *(सं०)* उचित आहार करने वाला।
**युक्ति** स्त्री० *(सं०)* उचित विचार, न्याय, नीति।
**युग** वि० *(सं०)* दो की संख्या वाला; युग्म, जोड़ा।

**युग, युग** *(अ०)* अनन्त काल तक।
**युगम*** पु०; वि० युग्म, जोड़ा।
**युगलक** पु० *(सं०)* जोड़ा।
**युगान्त** पु० *(सं०)* युग की समाप्ति; प्रलय।
**युगान्तक** पु० *(सं०)* प्रलय; प्रलयकाल।
**युगान्तर** पु० *(सं०)* अन्य युग; दूसरा समय।
**युगादि** वि० *(सं०)* युग के आरम्भ का, पुराना।
**युगाधा** स्त्री० किसी भी युग की प्रारम्भिक तिथि।
**युगति** पु० प्रलय।
**युगपत** *(अ०)* एक ही समय में ।
**युग्म** वि० *(सं०)* दो की संख्यावाले (व्यक्ति, पदार्थ आदि)। पु० युगलक; मिथुन राशि; जोड़ा।
**युग्मक** पु० *(सं०)* युग्म, जोड़ा।
**युग्य** वि० *(सं०)* जोते जाने योग्य; जोता जानेवाला।
**युज्य** वि० *(सं०)* मिलाने योग्य; मिला हुआ; उचित।
**युत्** वि० युक्त।
**युतक** पु० *(सं०)* आँचल; एक प्राचीन परिधान।
**युति** स्त्री० *(सं०)* गाड़ी में घोड़े को बाँधने की रस्सी।
**युद्ध** पु० *(सं०)* रण, संग्राम, लड़ाई।
**युद्धस्थल** पु० रणभूमि।
**युद्धमान** वि० *(सं०)* युद्ध करने वाला।
**युद्धरत** वि० *(सं०)* युद्ध में संलग्न।
**युद्धाचार्य** पु० *(सं०)* युद्ध-विद्या की शिक्षा देने वाला।
**युद्धापराधी** पु० *(वार क्रिमिनल)* युद्ध का अपराधी।
**युद्धाभ्यास** पु० *(सं०)* युद्ध का अभ्यास।
**युद्धारम्भ** पु० *(सं०)* युद्ध की शुरुआत।
**युद्धावसान** पु० *(सं०)* युद्ध विराम।
**युद्धास्त्र** पु० *(सं०)* युद्ध के हथियार।
**युद्धोत्तर** वि० *(सं०)* युद्ध के बाद।
**उद्धोत्तेजन** पु० *(वारमंगरिंग)* युद्ध के लिए उत्तेजना देनेवाले भाषण।
**युद्धोन्मत्त** वि० *(सं०)* युद्ध के लिए पागल।
**युद्धोन्माद** पु० *(सं०)* युद्ध का नशा।
**युद्धोन्मुख** वि० *(सं०)* युयुत्सु।
**युद्धोपकरण** पु० *(आर्मामेण्ट्स)* युद्ध की सामग्री।
**युद्धोपयोगी** वि० *(सं०)* युद्ध के लिए उपयोगी।
**युयुधान** पु० *(सं०)* शत्रु; योद्धा, क्षत्रिय।
**युधिक** वि० *(सं०)* लड़ने वाला; योद्धा।
**युध्म** पु० *(सं०)* धनुष; बाण; युद्ध; अस्त्र-शस्त्र।
**युध्य** वि० *(सं०)* जिससे युद्ध किया जा सके।
**युनिवर्सिटी** स्त्री० विश्वविद्यालय, यूनिवर्सिटी।
**युयु** पु० *(सं०)* घोड़ा।
**युयुत्सा** स्त्री० युद्ध की लालसा।
**युयुत्सु** वि० लड़ने की इच्छा रखने वाला।
**युरोप** पु० यूरोप।
**युरोपियन** पु०, वि० यूरोपियन।
**युव** 'युवन्' का समासगत रूप।
**युवक** पु० *(सं०)* सोलह से तीस वर्ष की अवस्था का मनुष्य, तरुण, नौजवान।
**युवति, युवती** स्त्री० *(सं०)* जवानी को प्राप्त यौवना।
**युवन्यु** वि० *(सं०)* तरुण, जवान।
**युवराई** स्त्री० युवराज का पद।
**युवराट्, युवराज** पु० राज्य का उत्तराधिकारी कुमार।
**युवराजी** स्त्री० युवराज का पद।
**युवा(वन्)** वि० *(सं०)* तरुण, जवान।
**युवान** वि० तरुण।
**युष्मदीय** वि० *(सं०)* तुम्हारा।
**यूक** पु० *(सं०)* चीलर; जूँ।
**यूका** स्त्री० *(सं०)* खटमल; अजवायन; गूलर।
**यूत*** पु० मेल, यूति, मिश्रण।
**यूति** स्त्री० *(सं०)* मेल, मिलावट, मिश्रण।
**यूथ** पु० *(सं०)* सजातीय जीवों का समूह; समुदाय।
**यूनक** पु० गरी की खली।
**यूनियन** स्त्री० *(अं०)* सभा, संघ।
**यूनिवर्सिटी** स्त्री० *(अं०)* विश्वविद्यालय, विद्यापीठ।
**यूनीफार्म** पु० *(अं०)* किसी विशेष संस्था की विशेष पोशाक।
**यूप** पु० यज्ञ खम्भ जिससे बलिपशु बाँधा जाता है।
**यूपा** पु० जुआ, द्यूत कर्म।
**यूरिया** पु० *(अं०)* रासायनिक उर्वरक।
**यूरेनस** पु० *(ग्री०)* ग्रह विशेष; एक ग्रीक देवता।
**यूरेनियम** पु० *(अं०)* एक भारी और शुभ्र धातु-तत्त्व जो पानी से 18.7 गुना भारी होता है।
**यूरोपियन** वि० *(अं०)* यूरोप का; यूरोप- सम्बन्धी।
**यूरोपीय** वि० यूरोप-सम्बन्धी; यूरोप का।
**यूष** पु० *(सं०)* दाल का जूस, दाल इत्यादि का पानी।
**यूह*** पु० समूह, झुण्ड; सेना।
**ये** सर्व० यह सब, सर्वनाम 'यह' का बहु०।

**येई** सर्व० यही।

**येऊ** सर्व यह भी।*(अ०)*

**येतो*** वि० इतना।

**येन** सर्व० *(सं०)* जिससे।

**येन** पु० *(जा०)* जापान की मुख्य मुद्रा।

**येमन** पु० *(सं०)* खाना, जीमना।

**येह** सर्व० यह।

**येहू*** अ० यह भी।

**यों** अ० इस प्रकार।

**यों ही** अ० इसी तरह से।

**यो†** सर्व० यह।

**योक्तव्य** वि० *(सं०)* नियुक्त करने योग्य।

**योक्ता(क्तृ)** पु० *(सं०)* उभाड़ने वाला; जोड़ने वाला।

**योग** पु० *(सं०)* मिलाप, जोड़ने का कार्य *(ग०)*; युक्ति, उपाय; सम्बन्ध, लगाव।

**योगांग** पु० *(सं०)* योग के अंग (ये आठ हैं—आसन, प्राणायाम, प्रत्याहार, यम, नियम, धारणा, ध्यान और समाधि।)।

**योगान्तराय** पु० *(सं०)* योग के विघ्न।

**योगाम्बर** पु० *(सं०)* एक बौद्ध देवता।

**योगागम** पु० *(सं०)* योगशास्त्र, योगदर्शन।

**योगाचार** पु० *(सं०)* योग का आचरण, योग साधन।

**योगात्मा(मन्)** पु० *(सं०)* योगी।

**योगानुशासन** पु० *(सं०)* योगशास्त्र, योग दर्शन।

**योगाभ्यास** पु० *(सं०)* योग के अंगों का यथाविधि अभ्यास।

**योगाभ्यासी(सिन्)** पु० *(सं०)* योगी।

**योगारंग** पु० *(सं०)* नारंगी।

**योगाराधन** पु० *(सं०)* योग-साधन, योगाभ्यास करना।

**योगारूढ़** पु० *(सं०)* निष्काम योगी। वि० वीतराग।

**योगासन** पु० *(सं०)* योग के अनुकूल या निर्देशन के अनुसार बैठने की विधि।

**योगित** वि० *(सं०)* मन्त्राविष्ट, जादू मारा हुआ।

**योगिता** स्त्री० *(सं०)* स्थिति; योगित्व।

**योगित्व** पु० *(सं०)* योगी होने का भाव या क्रिया।

**योगिनी** स्त्री० *(सं०)* रणपिशाचिनी; तपस्विनी।

**योगीन्द्र** पु० *(सं०)* सर्वश्रेष्ठ योगी।

**योगी(गिन्)** पु० *(सं०)* योगसिद्ध पुरुष, सिद्ध पुरुष।

**योगीश, योगीश्वर** पु० *(सं०)* सर्वश्रेष्ठ योगी।

**योगीश्वरी** स्त्री० *(सं०)* दुर्गा।

**योगेश, योगेश्वर** पु० *(सं०)* सिद्ध, योगीश्वर; कृष्ण।

**योगेश्वरी** स्त्री० *(सं०)* दुर्गा का एक रूप; दुर्गा।

**योग्य** पु० *(सं०)* रथ, गाड़ी; पुष्य नक्षत्र।

**योग्यता** स्त्री० *(सं०)* प्रतिष्ठा; अनुकूलता; औकात।

**योग्या** स्त्री० *(सं०)* शल्यक्रिया का अभ्यास; अभ्यास।

**योजक** वि० *(सं०)* जोड़ने वाला, संयुक्त करने वाला।

**योजन** पु० *(सं०)* परमात्मा; योग; एकत्रीकरण। बत्तीस हज़ार हाथ की दूरी, चार कोस (आठ मील)।

**योजना** स्त्री० *(सं०)* *(स्कीम)* प्लान, कोई काम करने का विचार, भावी कार्य-पद्धति की पूर्व-कल्पना; नियुक्ति, संयोजन; जोड़, मिलान।

**योजनीय** वि० *(सं०)* योजना करने योग्य।

**योजन्य** वि० *(सं०)* योजन का; योजन-सम्बन्धी।

**योजित** वि० *(सं०)* जो मिलाया गया हो, युक्त।

**योज्य** पु० *(सं०)* वे संख्याएँ जिनका योग किया जाये।

**योत्र** पु० *(सं०)* नाधा, जोत, निर्धन, धनहीन।

**योद्धव्य, योध्य** वि० *(सं०)* जो युद्ध करता हो।

**योद्धा(द्धृ)** पु० *(सं०)* युद्ध करने वाला।

**योध, योधेय** पु० *(सं०)* रणकुशल सैनिक।

**योधक** पु० *(सं०)* वीर, योद्धा।

**योधन** पु० *(सं०)* युद्ध, लड़ाई; रणसामग्री।

**योधी(धिन्)** पु० *(सं०)* वीर, योद्धा।

**योनल** पु० *(सं०)* ज्वार, यवनाल, मक्का।

**योनि** स्त्री० *(सं०)* अन्तःकरण; जननेन्द्रिय; भग; स्त्रीलिंग जीवों द्वारा अपना वंश पैदा करने का अंग।

**योनिज** पु० प्राणी-नरायुज।

**योप** पु० (अ०) दिवस, दिन; तारीख, तिथि।

**योरोपियन** वि०, पु० *(अं०)* यूरोपियन।

**योषा** स्त्री० *(सं०)* स्त्री, नारी।

**योषित्** स्त्री० *(सं०)* नारी, स्त्री।

**योषित्कृत** वि० नारीकृत।

**यौग** पु० *(सं०)* योग-दर्शन का अनुयायी पुरुष।

**यौगक** वि० *(सं०)* योग का; योग-सम्बन्धी।

**यौजनिक** वि० *(सं०)* एक योजन तक जानेवाला।

**यौतक, यौतुक** पु० *(सं०)* वह सम्पत्ति जो कन्या के पिता द्वारा वर पक्ष को दी जाती है; दहेज, विवाह

में मिला हुआ धन, दहेज; चढ़ावा; उपहार।

**यौद्धिक** वि० *(सं०)* युद्ध-सम्बन्धी, युद्ध का।

**यौध** वि० *(सं०)* वीर। पु० सिपाही, योद्धा।

**यौन** वि० *(सं०)* योनि का; योनि-सम्बन्धी।

**यौक्तिक** वि० युक्ति के अनुसार ठीक हो।

**यौवतेय** पु० *(सं०)* युवती का पुत्र।

**यौवन** पु० *(सं०)* बाल्यावस्था के बाद की अवस्था, जवानी।

**यौनकी** स्त्री० *(सैक्सोलॉजी)* स्त्री-पुरुष की जननेन्द्रियों की रचना, सम्भोग, काम विषयक सम्बन्धों का विवेचन करने वाला शास्त्र।

**यौवनिक** वि० *(सं०)* यौवन का; यौवन-सम्बन्धी।

**यौवनीकरण** पु० *(सं०)* फिर से युवा बनना।

**योवनोद्भव** पु० *(सं०)* कामदेव, मदन।

**यौवनोद्रेक** पु० *(सं०)* जवानी की उमंग।

**यौवराजिक** वि० *(सं०)* युवराज-सम्बन्धी; युवराज का।

**यौवराज्य** पु० *(सं०)* युवराज का पद; युवराजत्व। राजकुमार का अभिषेक-कर्म।

**यौवराज्याभिषेक** पु० *(सं०)* राज्य के उत्तराधिकारी राजकुमार का अभिषेक-कर्म।

## र

**र** देवनागरी वर्णमाला का सत्ताईसवाँ व्यंजन और दूसरा अन्तस्थ वर्ण; उच्चारण-स्थान मूर्द्धा।

**रंक** पु० *(सं०)* गरीब, निर्धन व्यक्ति; भिक्षुक।

**रंकु** पु० *(सं०)* सफेद चित्तियों वाला हिरन।

**रंग**[1] पु० चाल; ढब; यौवन; शोभा, सौन्दर्य; आनन्द आतंक; अद्भुत दृश्य; नृत्य-संगीत आदि उत्सव। **मुहा० रंग निखरना** चेहरे पर रौनक आना। **रंग फीका पड़ना** रंग उतरना। **रंग बाँधना** लम्बी-चौड़ी हाँकना। **रंग में भंग करना** आनन्द में ब।धा डालना। **रंग में रंगना** अनुकूल होना।

**रंग**[2] पु० *(फ़ा)* रौनक, खूबसूरती; वर्ण; वह पाउडर नुमा पदार्थ जिससे कपड़ा, लकड़ी आदि रंगा जाता है।

**रंगरस** पु० आनन्द मंगल।

**रंगकार** पु० चित्रकार।

**रंगत** स्त्री० हालत, दशा; आनन्द, मजा; रंग।

**रँगना** अ० क्रि० रंग से युक्त होना, प्रेम में लिप्त होना।

**रंगभवन** पु० विलास भवन।

**रंगमार** पु० ताश का एक खेल।

**रंगरेली** स्त्री० आमोद-प्रमोद।

**रंगवाति*** स्त्री० सुगन्धित द्रव्य की बनी बत्ती।

**रंग विरंग, रंग विरंगा** वि० कई रंगों का, तरह-तरह के रंगों का।

**रंगरूट** पु० *(अं०) (रिक्रूट)* नौसिखिया; नया सिपाही।

**रँगरेज़** पु० *(फ़ा)* कपड़ा रँगने का काम करने वाला।

**रँगरेली** स्त्री० रंगरली।

**रँगौनी**† स्त्री० रँगने की मजदूरी; लाल रंग की चुनी।

**रँगवाई** स्त्री० रँगाई।

**रँगवाना** स० क्रि० रँगने का काम दूसरे से कराना।

**रंगांगा** स्त्री० *(सं०)* फिटकरी।

**रँगाई** स्त्री० रँगने की मजदूरी; रँगने का काम।

**रंगाजीव, रंगाजीवी(विन्)** पु० *(सं०)* रंगसाज।

**रँगाना** स० क्रि० रँगवाना।

**रंगाभरण** पु० *(सं०)* ताल का एक मुख्य भेद।

**रंगार**† पु० राजपूतों की एक उपजाति।

**रंगाभेजी** स्त्री० *(फ़ा)* अपनी तरफ से कुछ बातें बढ़ाना।

**रंगारंग** वि० रंगारंग कार्यक्रम; अनेक रंगों वाला।

**रंगारि** पु० *(सं०)* कनेर।

**रंगालय** पु० *(सं०)* रंगस्थल, रंगशाला।

**रँगावट** स्त्री० रँगाई।

**रंगावतरण** पु० (सं०) रंगमंच पर आना।

**रंगावतारक** पु० *(सं०)* रंगसाज; अभिनेता।

**रंगावतारी(रिन्)** पु० *(सं०)* नट, अभिनेता।

**रंगशाला** स्त्री० नाट्य, गृह।

**रंगिणी** वि० स्त्री० *(सं०)* विनोदिनी, रसिका; रंगवाली।

**रँगिया**† पु० रँगाई का काम करने वाला।

**रंगी** पु० रंगा हुआ।

**रंगी(गिन्)** वि० *(सं०)* अभिनय करने वाला; विनोदी।

**रंगीन** वि० *(फ़ा)* विलासप्रिय, ऐशपसन्द; चमत्कारपूर्ण।

**रंगीनी** स्त्री० रंगीन होना; शृंगार, सजाव; रँगीलापन।

**रँगीला** वि० प्रेमी; सुन्दर; मौजी।।

**रँगिया, रँगैया**† पु० रँगनेवाला।

**रंगोपजीवी(विन्)** पु० *(सं०)* नट।

**रंच, रंचक** वि० जरा, थोड़ा, किंचित्।

**रंज** †वि० नाराज। पु० *(फ़ा)* पछतावा, अफसोस।

**रंजक** स्त्री० *(फ़ा)* तीखा, चटपटा चूर्ण; बन्दूक।
**रंजक** वि० *(सं०)* रँगने का काम करनेवाला; मनोरंजक।
**रंजन** पु० *(सं०)* सोना; लालचन्दन।
**रंजना*** स० क्रि० रँगना; प्रसन्न करना।
**रंजनी** स्त्री० *(सं०)* मजीठ; पहाड़ी लता; नागवल्ली।
**रंजा**† स्त्री० एक मछली, उलवी।
**रंजित** वि० *(सं०)* रँगा हुआ; हर्षित; अनुरक्त।
**रंजिश, रंजीदगी** स्त्री० *(फ़ा)* अनबन; नाराजगी।
**रंजीदा** वि० *(फ़ा)* दुःखी; नाराज।
**रण्ड** पु० *(सं०)* निस्सन्तान मरने वाला मनुष्य।
**रण्डक** पु० *(सं०)* फलहीन वृक्ष।
**रण्डा** स्त्री० विधवा, राँड।
**रँड़ापा** पु० बेवापन, वैधव्य।
**रण्डी** स्त्री नाचने-गाने का व्यवसाय करनेवाली स्त्री, वेश्या स्त्रियों की गाली।
**रँडुआ** पु० वह पुरुष जिसकी पत्नी मर गयी हो।
**रँडोरी**† स्त्री० विधवा।
**रन्ता(तृ)** वि० *अनुरक्त; *(सं०)* रमण करने वाला।
**रक्त चंचु** पु० तोता।
**रक्तचन्दन** पु० लाल चन्दन।
**रक्तधातु** पु० गेरू, गैरिक।
**रक्तनयन** पु० कबूतर चकोर।
**रक्तपद्म** पु० लाल कमल।
**रक्तया** स्त्री० जोंक।
**रक्तिका** स्त्री० रत्ती, गंजा लाली।
**रन्ति** स्त्री० *(सं०)* विराम; केलि, क्रीड़ा।
**रन्तु** पु० *(सं०)* सड़क; नदी; मार्ग।
**रन्द** पु० केले की दीवार में तोप।
**रन्दा** पु० बढ़इयों का एक औजार जिससे लकड़ी को चिकनी और सम बनाते हैं।
**रन्धक** पु० *(सं०)* बर्बाद या नष्ट करनेवाला; राँधनेवाला।
**रन्धन** पु० *(सं०)* नष्ट, बर्बाद करना; रसोई पकाना।
**रन्धित** वि० *(सं०)* नष्ट किया हुआ; पकाया हुआ।
**रन्ध्र** पु० *(सं०)* भग; सूराख, छेद; दोष।
**रम्भ** पु० *(सं०)* रेणु, धूल; गर्जन; आश्रय, सहारा।
**रम्भण** पु० *(सं०)* रँभाना; आलिंगन।
**रम्भा** पु० एक अप्सरा का नाम।
**रँभाना** अ० क्रि० गाय का बोलना।
**रम्भित** वि० *(सं०)* बजाया हुआ; शब्द किया हुआ।
**रम्भी(भिन्)** वि० *(सं०)* जिसके हाथ में डण्डा हो।
**रंह(स्)** पु० *(सं०)* गति, बेग।
**रंहचटा** पु० लालच, लालसा।
**रहतुआ, रहआ** पु० केवल भेजन पर रहने वाला नौकर।
**र** वि० *(सं०)* तीक्ष्ण, प्रखर।
**रअय्यत** स्त्री० *(अ०)* नौकर; प्रजा, रिआया; काश्तकार।
**रइकौ*** अ० *(हि०)* जरा भी, कुछ भी।
**रइबारी** पु० वह जो ऊँट पालता या चराता हो।
**रइनि*** स्त्री० रजनी, रात, रैन।
**रई** *वि० स्त्री० पगी हुई, अनुरक्त, डूबी हुई; सहित।
**रईस** पु० *(अ०)* शिष्ट, प्रतिष्ठित मनुष्य; ताल्लुकेदार।
**रउताई**† स्त्री० *(हि०)* प्रभुता, स्वामित्व।
**रउरे**† सर्व० आप।
**रकछ**† पु० पतौड़, पत्तों की पकौड़ी,।
**रकत*** वि० लाल, माणिक्य।
**रकतांक*** पु० केसर, कुंकुम; मूँगा; लाल चन्दन।
**रकबा** पु० घिरी हुई जमीन; क्षेत्रफल। किया हुआ।
**रक़ाक़** वि० *(अ०)* गरम (दिन)। पु० चौरस जमीन।
**रकान** स्त्री० लगाम; ढंग, तरीका।
**रकाबी** स्त्री० लखनऊ में प्रचलित एक प्रकार का रुपया।
**रकार** पु० 'र' वर्ण बोध वर्ण।
**रक़ाबत** स्त्री० *(अ०)* एक प्रेमिका के कई प्रेमी होना।
**रक़ीक़** पु० *(अ०)* गुलाम, दास।
**रकीक़ा** स्त्री० कनीज, लौंडी, बाँदी।
**रक़ीब** पु० *(अ०)* संरक्षक; प्रतिस्पर्द्धी।
**रक़ीबानेदस्त, हफ़्त बाम** पु० *(अ०)* सात सितारे।
**रक्कास** वि० नाचनेवाला।
**रक्कासी** स्त्री० नाचनेवाली।
**रक्त** वि० *(सं०)* शुद्ध, शोधित; अनुरक्त, आसक्त; रँगा हुआ; सुर्ख, लाल।
**रक्तक** वि० *(सं०)* अनुरागी; विनोदी। पु० लाल वस्त्र।
**रक्त चंचु** पु० तोता।
**रक्त चन्दन** पु० गेरू, गैरिक।
**रक्त नयन** पु० कबूतर चकोर।
**रक्त पद्म** पु० लाल कमल।
**रक्तया** स्त्री० जोंक।
**रक्तिका** स्त्री० रत्ती, गुंजा,। लाली।

**रक्तता** स्त्री० *(सं०)* सुर्खी, ललाई, लालिमा।
**रक्तला** स्त्री० *(सं०)* गुंजा, रत्ती, करजनी; काकतुण्डी।
**रक्तांक** पु० *(सं०)* मूँगा।
**रक्तांग** वि० *(सं०)* लाल शरीर वाला। पु० लाल चन्दन; केसर; मूँगा; खटमल; मंगल ग्रह।
**रक्तांगी** स्त्री० *(सं०)* मजीठ; कुटकी; जीवन्ती।
**रक्ताण्ड** पु० *(सं०)* घोड़ों के अण्डकोष का एक रोग।
**रक्ताम्बर** पु० *(सं०)* लाल कपड़ा (विशेषकर रेशमी)।
**रक्ता** वि० स्त्री० *(सं०)* अनुरक्ता।
**रक्ताकार** वि० *(सं०)* लाल रंग की मूर्ति। पु० मूँगा।
**रक्ताक्त** पु० *(सं०)* लाल चन्दन।
**रक्ताक्ष** पु० *(सं०)* कबूतर; सारस; चकोर; भैंसा।
**रक्ताधार** पु० *(सं०)* चमड़ा।
**रक्ताभ** वि० *(सं०)* रक्त जैसी आभावाला।
**रक्ताभा** स्त्री० *(सं०)* लाल जवा।
**रक्ताभ्र** पु० *(सं०)* लाल अभ्रक।
**रक्तारि** पु० *(सं०)* महाराष्ट्र में उत्पन्न एक पौधा।
**रक्तार्बुद** पु० *(सं०)* एक शुक्रदोष-जनित रोग।
**रक्तार्म(न्)** पु० *(सं०)* आँख का एक रोग।
**रक्तार्श(स्)** पु० *(सं०)* खूनी बवासीर।
**रक्तालता** स्त्री० *(सं०)* मजीठ।
**रक्तालु** पु० *(सं०)* रतालू।
**रक्तावरोधक** पु० *(सं०)* खून को बहने से रोकनेवाला।
**रक्तावसेचन** पु० *(सं०)* रक्तमोक्षण, फस्द।
**रक्ताशोक** पु० *(सं०)* लाल अशोक।
**रक्ताश्वारि** पु० *(सं०)* लाल कनेर।
**रक्ति** स्त्री० *(सं०)* प्रेम, अनुराग, रत्ती बराबर तौल।
**रक्तिका** स्त्री० *(सं०)* घुँघची, रत्ती।
**रक्तिम** वि० *(सं०)* ललाई लिये हुए, लालिमा युक्त।
**रक्तिमा(मन्)** स्त्री० *(सं०)* लाली, ललाई।
**रक्तेक्षु** पु० *(सं०)* लाल ईख।
**रक्तोत्पल** पु० *(सं०)* लाल कमल; सेमल।
**रक्तोदर** पु० *(सं०)* रक्त नील।
**रक्तोपदंश** पु० *(सं०)* आतशक रोग।
**रक्तोपल** पु० *(सं०)* गेरू; लाल, माणिक्य।
**रक्ष(स्)** पु० *(सं०)* राक्षस, असुर।
**रक्ष** पु० *(सं०)* रक्षा; रखवाली, हिफाजत, लाक्षा, लाख।
**रक्षक** वि०, पु० *(सं०)* रक्षा करनेवाला; पहरा देनेवाला।
**रक्षण** पु० *(सं०)* पालन-पोषण करना; रक्षा करना।
**रक्षणारक** पु० *(सं०)* मूत्रकृच्छ्र रोग।
**रक्षपाल** पु० रक्षा करने वाला।
**रक्षना*** स० क्रि० सँभालना; रक्षा करना।
**रक्षणीय** वि० *(सं०)* रक्षा किये जाने योग्य।
**रक्षस*** पु० असुर, राक्षस।
**रक्षा** स्त्री० *(सं०)* भस्म, राख; अनिष्ट या आपत्ति से बचाने की क्रिया; रखवाली; सुरक्षा; रखना।
**रक्षाइद*** स्त्री० राक्षसपन।
**रक्षागृह** पु० सूतिका गृह।
**रक्षात्मक** पु० रक्षा से सम्बद्ध।
**रक्षाधिकृत** पु० *(सं०)* नगररक्षा और शासन का अधिकारी।
**रक्षापेक्षक** पु० *(सं०)* अभिनेता, नट; पहरेदार, प्रहरी।
**रक्षाबन्धन** पु० श्रवण शुक्ल पूर्णिमा पर्व, संस्कृत दिवस, विप्र पर्व।
**रक्षिक** पु० *(सं०)* पहरेदार; रक्षक, बचानेवाला।
**रक्षिका** स्त्री० *(सं०)* रक्षा कार्य के लिए नियुक्त स्त्री।
**रक्षित** पु० *(सं०)* भाँड; एक प्रकार के वैद्य।
**रक्षिता** स्त्री० *(सं०)* एक अप्सरा।
**रक्षिता(तृ)** वि०, पु० *(सं०)* रक्षा करने वाला।
**रक्षी(क्षिन्)** पु० *(सं०)* रक्षा करने वाला।
**रक्षोघ्न** वि० *(सं०)* राक्षस को मारने वाला।
**रक्ष्य** वि० *(सं०)* रक्षा करने योग्य, रक्षणीय।
**रक्ष्यमाण** वि० *(सं०)* रखा जाने वाला।
**रक्स** पु० *(अ०)* मुजरा, नृत्य, नाच।
**रख, रखा** स्त्री० वह चरागाह जिसमें से सर्वसाधारण को घास काटने की मनाही हो।
**रखना** स० क्रि० धरना; गर्भ धारण कराना।
**रखनी** स्त्री० रखी हुई स्त्री, रखैल, उपपत्नी।
**रख-रखाव** पु० *(अपकीप, मेण्टिनेंस)* पालन-पोषण।
**रख़ल** पु० *(फ़ा)* नकब; सूराख; हड्डी का टूटना।
**रखवाला, रखला** पु० रहँकला, चौकीदार।
**रखवाई** स्त्री० चौकीदारी का टैक्स; पहरेदारी।
**रखवाना** स० क्रि० रखने का काम दूसरे से कराना।
**रखवार*** पु० रक्षा करने वाला; पहरेदार; चौकीदार।
**रखवारी†** स्त्री० रखवाली।

**रखवाला** पु० चौकीदार, पहरेदार; रक्षक।

**रखवाली** स्त्री० सुरक्षा; हिफाजत, रक्षाकार्य।

**रखशी** स्त्री० वह मद्य जिसे पहाड़ी या नेपाली पीते हैं।

**रखाई** स्त्री० रक्षा करने का भाव; रक्षा करने की क्रिया।

**रखान** स्त्री० रखौना, चराई की भूमि।

**रखाना** स० क्रि० रक्षा करना; रखवाना।

**रखाल** पु० रक्षक।

**रखिया*** पु० रखने वाला, रक्षक।

**रखियाना** क्रि० राख से बर्तन माँजना।

**रखी** पु० ऋषि।

**रखीसर*** पु० ऋषीश्वर (कबीर)।

**रखेड़िया** पु० ढोंगी साधु।

**रखैया** पु० रक्षा करने वाला; रखने वाला।

**रखौंड़ी†** स्त्री० राखी, रक्षासूत्र।

**रखौंत, रखौना** पु० चारागाह।

**रखौनी†** स्त्री० राखी।

**रख़्श** पु० *(फ़ा)* रुस्तम का घोड़ा; घोड़ा।

**रग** स्त्री० *(फ़ा)* आँख का लाल डोरा; शरीर की नस, नाड़ी; फूल-पत्ते का रेशा; नस्ल, जात। **मुहा० रग उतरना** आँत उतरना। **रग खड़ी होना** नस फूल जाना। **रग दबना** दबाव मानना। **रग पहचानना** भेद जानना। **रग फड़कना** अनिष्ट की आशंका होना। **रगें निकल जाना** अत्यन्त दुबला-पतला होना।

**रगड़** पु० हाथी का कपोल।

**रगड़ना** अ० क्रि० विकास न करना, जहाँ का तहाँ रहना; अत्यधिक परिश्रम करना।

**रगड़वाना** स० क्रि० रगड़ने में प्रवृत्त करना।

**रगड़ा** पु० झगड़ा, अति परिश्रम; रगड़, घर्षण।

**रगड़ान** स्त्री० रगड़ने का काम, रगड़ने का भाव।

**रगड़ी** वि० झगड़ालू, रगड़ा करनेवाला, उलझनेवाला।

**रग़बत** स्त्री० *(अ०)* प्रवृत्ति, रुचि; चाह, कामना।

**रगर*** स्त्री० रगड़।

**रगरवाना** क्रि० शान्त कराना।

**रगरा†** पु० मोर।

**रगाना†** स० क्रि० चुप कराना, शान्त कराना।

**रगी** स्त्री० मैसूर में होने वाला एक मोटा अन्न।

**रगीला** वि० जिद्दी, हठी; पाजी, बदमाश।

**रगेद** स्त्री० सम्भोग-प्रवृत्ति; दौड़ाने या भगाने की क्रिया।

**रगेदना** स० क्रि० भगाना, खदेड़ना, दौड़ाना।

**रग्गी** स्त्री० अति दृष्टि के बाद की धूप।

**रघु** वि० *(सं०)* द्रुतगामी, पु० दिलीप के पुत्र, राम के प्रपितामह।

**रघूत्तम** पु० *(सं०)* रघुश्रेष्ठ, रामचन्द्र।

**रघूद्वह** पु० *(सं०)* रघुवंशियों में प्रधान रामचन्द्र।

**रचक** *वि० *(सं०)* रंचक। पु० रचना करनेवाला।

**रचन** पु० *(सं०)* रचना।

**रचना** स० क्रि० निर्माण करना; उत्पन्न करना, क्रम से रखना, अनुरक्त होना।

**रचयिता(तृ)** पु० *(सं०)* ग्रन्थकार। वि० रचनेवाला।

**रचवाना** स० क्रि० मेहँदी आदि लगवाना।

**रचाना** स० क्रि० रचवाना, मेहँदी लगाना।

**रचित** वि० *(सं०)* बनाया हुआ, निर्मित।

**रचनीय** वि० रचना के योग्य। *(अ०)*

**रचिपचि*** अ० परिश्रम करके, गढ़गढ़ कर।

**रची†** वि० जरा, थोड़ा।

**रच्छ*** पु० रक्ष।

**रच्छक*** पु० रक्षक

**रच्छन*** पु० रक्षण।

**रच्छस*** पु० राक्षस।

**रच्छा*** स्त्री० रक्षा।

**रज(स्)** स्त्री० *(सं०)* धूल, गर्द; पराग। पु० *चाँदी, रजत; तीन गुणों में से दूसरा।

**रज़** वि० *(फ़ा)* रँगनेवाला *(रँगरेज़)*। पु० अँगूर।

**रजक** पु० *(सं०)* धोबी।

**रजतन्त*** स्त्री० वीरता, शूरता।

**रजत** पु० *(सं०)* मुक्ताहार; धवल रंग; चाँदी, रूपा।

**रजतमय** वि० *(सं०)* चाँदी का बना हुआ।

**रजताकर** पु० *(सं०)* चाँदी की खान।

**रजताई** स्त्री० सफेदी!

**रजताचल** पु० *(सं०)* चाँदी का पहाड़; कैलास, रजताद्रि।

**रजतोपम** पु० *(सं०)* रूपामाखी।

**रजधानी*** स्त्री० राजधानी।

**रजन** स्त्री० *(सं०)* राल; एक प्रकार का गोंद।

**रजना*** स० क्रि० रँगना; रंग में डुबाना।

**रजनि, रजनी** स्त्री० *(सं०)* रात; नीली, नील।
**रजनीकर** पु० चन्द्रमा।
**रजनीचर** पु० चन्द्रमा, राक्षस वि० पत में चलने वाला।
**रजनीपति** पु० चन्द्रमा।
**रजनीमुख** पु० सन्ध्या।
**रजनीश** पु० *(सं०)* चन्द्रमा।
**रजपूत*** पु० राजपूत।
**रजपूती*** स्त्री० राजपूत होने का भाव, शूरता, वीरता।
**रजबहा** पु० नदी या नहर से निकाला हुआ बड़ा नाला।
**रजवन्ती, रजवती** वि० स्त्री० जिसे रजस्राव हो रहा हो।
**रजवलाह** पु० मेघ, बादल।
**रजबली** पु० नृपति।
**रजवाड़ा** पु० राज्य, देशी रियासत; राजा।
**रजवार*** पु० राजद्वार; राजा का दरबार।
**रजस्वला** स्त्री० *(सं०)* वह स्त्री जिसका रज प्रवाहित हो रहा हो। वि०, स्त्री० ऋतुमती।
**रज़ा** स्त्री० *(अ०)* खुशी,रुखसत, छुट्टी; इच्छा, मर्जी; इजाजत, आज्ञा, अनुमति; स्वीकृति।।
**रजाइस, रजायस, रजायसु*** स्त्री० आज्ञा, अनुमति।
**रजाई** स्त्री० *रज़ा; रजाई; राजा होने का भाव।
**रज़ाई** स्त्री० *(फ़ा)* रंगीन कपड़े का रुईदार लिहाफ।
**रजान, रजाना*** स० क्रि० राज्यसुख भोग कराना।
**रजाय*** स्त्री० अनुमति; राजा की हुक्म, मर्जी, आज्ञा।
**रजिस्टर** पु० *(अं०)* बही, पंजीयन।
**रजिस्टर्ड** वि० *(अं०)* रजिस्ट्रीशुदा; पंजीकृत।
**रजिस्ट्रार** पु० *(अं०)* पंजीयन अधिकारी।
**रजिस्ट्री** स्त्री० *(अं०)* रजिस्ट्रार के रजिस्टर में कोई बात दर्ज कराना।
**रजिस्ट्रेशन** पु० *(अं०)*रजिस्टर में दर्ज करना, पंजीयन।
**रज़ील** वि० *(अं०)* नीच जाति का; नीच, कमीना।
**रजु** स्त्री० रज्जु, रस्सी।
**रजोकुल*** पु० राजवंश, राजपरिवार।
**रजोगुण** पु० *(सं०)* तीन गुणों में से भोग, विलास।
**रजोदर्शन, रजोधर्म** पु० *(सं०)* स्त्रियों का मासिक धर्म, पहली बार स्त्रियों का ऋतुमती होना।
**रजोरस** पु० *(सं०)* अन्धकार।
**रजोनिवृत्ति, रजोविरति** स्त्री० *(मेंनोपॉज)* स्त्री के जीवन का वह परिवर्तन जिसमें रजः स्राव अन्तिम रूप से बन्द हो जाता है।
**रज्जु** स्त्री० *(सं०)* बागडोर, लगाम की डोरी।
**रज़्म** स्त्री० *(अ०)* युद्ध, लड़ाई, संग्राम।
**रझाना**† पु० रँगे कपड़े का रंग निचोड़ने का बर्तन।
**रटन्त** स्त्री० रटने की क्रिया या भाव।
**रटन्ती** स्त्री० *(सं०)*माघ-कृष्णा चतुर्दशी की पुण्यतिथि।
**रट** स्त्री० किसी शब्द का बार-बार उच्चारण करना।
**रटन** *पु० जोर-जोर से एक ही बात दुहराना।
**रटना** अ० क्रि० बार-बार शब्द करना; बजना।
**रठ** वि० सूखा, शुष्क।
**रठा** पु० विनाश।
**रढ़ना** क्रि० रटाना।
**रढ़िया**† स्त्री० एक साधारण देशी कपास।
**रण** पु० *(सं०)* रमण; दुम्बा भेड़ा; लड़ाई, युद्ध, संग्राम।
**रणत्कार** पु० *(सं०)* झनझनाहट, भौंरे का गुंजन।
**रणन** पु० *(सं०)* बजाना।
**रणांगण** पु० *(सं०)* युद्धक्षेत्र, लड़ाई का मैदान।
**रणाजिर** पु० *(सं०)* रणक्षेत्र, युद्धभूमि।
**रणाभिलाषी** वि० *(सं०)* रण प्रिय।
**रणेश** पु० *(सं०)* विष्णु; शिव।
**रणशिक्षा** स्त्री० युद्धाभ्यास।
**रणोत्कट** वि० *(सं०)* जो युद्ध के लिए उन्मत्त हो।
**रत** पु० *(सं०)* लिंग; योनि; प्रेम; सम्भोग।
**रतन** पु० रत्न।
**रतनजोत** स्त्री० वृहदन्ती, बड़ी दन्ती।
**रतनागार*** पु० समुद्र, सागर।
**रत्नाकार** पु० सिन्धु।
**रतनार, रतनारा** वि० ललछू, लाल, किंचित् लाल।
**रतनारी** स्त्री० ललाई, सुर्खी, लाली।
**रतनालिया*** वि० रतनारा।
**रतमुँहाँ*** पु० बन्दर। वि० लाल मुँहवाला।
**रतांजली** स्त्री० लाल चन्दन।
**रतान्दुक** पु० *(सं०)* कुत्ता।
**रता**† स्त्री० फफूँद, भुकड़ी।
**रताना*** स० क्रि० अपने में रत करना, लीला करना।
**रतायनी** स्त्री० *(सं०)* वेश्या, रण्डी।
**रतालू** पु० पिण्डालू; वाराही कन्द।

**रति** स्त्री० *(सं०)* वह कर्म जिसके उदय से मन प्रसन्न हो; सम्भोग, मैथुन प्रम, छवि, सौभाग्य।
**रतिक*** अ० थोड़ा-सा, रत्तीभर, जरा-सा।
**रतिगर**† अ० प्रातःकाल, सवेरे, तड़के।
**रतिवन्त*** वि० खूबसूरत, सुन्दर।
**रती** अ० कम, थोड़ा, जरा, जरा-सा, रत्तीभर, किंचित्।
**रतून**† पु० पेड़ी की ईख।
**रतोपल*** पु० लाल सुरमा; लाल खरिया; गेरू।
**रतौंधी** स्त्री० नेत्र रोग, जिसमें रात में दिखायी नहीं देता।
**रत्त*** वि०, पु०रुधिर, खून, रक्त।
**रत्थी** स्त्री० अर्थी, टिकठी।
**रत्न** पु० *(सं०)* अपने वर्ग में, जाति में उत्कृष्ट व्यक्ति, खनिज पत्थर, नग, नगीना।
**रत्नगर्भ** पु० समुद्र। मूँगा।
**रत्नगर्भा** स्त्री० पृथ्वी, भूमि, गर्भवती।
**रत्नद्रुम** पु० प्रवाल, मूँगा।
**रत्नपरीक्षक** पु० जौहरी।
**रत्नप्रभा** स्त्री० पृथ्वी।
**रत्नमुख्य** पु० हीरा।
**रत्ना** स्त्री० *(सं०)* एक नदी *(पु०)*।
**रत्नाकर** पु० *(सं०)* मणियों के निकलने का स्थान,।
**रत्नाचल** पु० *(सं०)* रत्नों का ढेर।
**रत्नाद्रि** पु० *(सं०)* एक पर्वत।
**रत्नाधिपति** पु० *(सं०)* कुबेर।
**रत्नाभूषण** पु० *(सं०)* रत्न-जटित आभूषण।
**रत्नावली** *(सं०)* एक प्रकार का हार।
**रत्नेश** पु० *(सं०)* कुबेर; समुद्र।
**रतनोत्तमा, रत्नोल्का** स्त्री० *(सं०)* एक देवी।
**रथ** पु० *(सं०)* तिनिश वृक्ष; विहारस्थल; क्रीडास्थान।
**रथवान्(वत्)** पु० *(सं०)* रथ हाँकने वाला, सारथि।
**रथांग** पु० *(सं०)* रथ का पहिया; चक्र, एक अस्त्र।
**रथांगी** स्त्री० *(सं०)* ऋद्धि नाम की औषधि।
**रथाक्ष** पु० *(सं०)* पहिया; कार्त्तिकेय का एक अनुचर।
**रथाग्र** पु० *(सं०)* वह योद्धा जिसका रथ युद्ध में सबसे आगे रहे, श्रेष्ठतम योद्धा।
**रथारथि** *(अ०)* परस्पर रथ से युद्ध करना।
**रथाश्व** पु० रथ में जोतने का घोड़ा।
**रथिक** पु० *(सं०)* रथी, रथ का सवार।
**रथी(थिन्)** पु० *(सं०)* योद्धा। वि० रथ पर चलनेवाला।
**रथोत्सव** पु० *(सं०)* रथयात्रा का उत्सव।
**रथोपस्थ** पु० *(सं०)* रथ का मध्य भाग।
**रथोरग** पु० *(सं०)* एक प्राचीन जाति।
**रथ्य** पु० *(सं०)* चक्र; सारथि।
**रथ्या** स्त्री० *(सं०)* वह स्थान जहाँ कई मार्ग मिलें।
**रद** पु० *(सं०)* दाँत, दन्त।
**रद** वि० तुच्छ, हीन; रद्दी, खराब; फीका।
**रदन** पु० *(सं०)* दाँत।
**रदनच्छद** पु० अधर, ओठ।
**रदनी(निन्)** पु० *(सं०)* हाथी। वि० दाँतों वाला, दन्तैल।
**रदी(दिन्)** पु० *(सं०)* हाथी।
**रदीफ़** पु० *(अ०)* वह शब्द या पद जो शेर, गजल।
**रद्द** वि० *(अ०)* काटा हुआ, छाँटा हुआ; खराब, निकम्मा।
**रद्दा** पु० चारों ओर एक बार में उठायी जाने वाली मिट्टी की दीवार का अंशविशेष।
**रद्दी** वि० *(अ०)* निकम्मा, बेकार।
**रधार**† स्त्री० खोल, दोहर।
**रधेराजाल** पु० छोटे छेदों का जाल।
**रन*** पु० युद्ध; वन, जंगल।
**रन** पु० *(अं०)* क्रिकेट खेल में बल्लेबाज का एक सिरे से दूसरे सिरे तक बिना बहिर्गत हुए दौड़ लगाना।
**रनकना** अ० क्रि० मन्द-मन्द शब्द होना।
**रनना*** अ० क्रि० शब्द करना; झनकार करना।
**रनछोर** पु० रणछोर।
**रनधन** पु० राँधना, रसोई बनाने की क्रिया।
**रन्ध्र** पु० छिद्र।
**रनबरिया** स्त्री० नेपाल में पायी जाने वाली एक भेड़।
**रनवास, रनिवास** पु० अन्तःपुर, रानियों का महल।
**रनबैकुरा, रनबंका** पु० योद्धा, शूर।
**रनित*** वि० ध्वनित; बजता हुआ, झंकृत होता हुआ।
**रनी*** वि०, पु० वीर, योद्धा।
**रपट**† स्त्री० ढाल, उतार; इत्तला, सूचना, रिपोर्ट।
**रपटना** स० क्रि० मैथुन करना (बाजारू) फिसलना।
**रपटाना** स० क्रि० चटपट कोई काम पूरा कराना।
**रपटीला** वि० फिसलनेवाला स्थान।
**रपट्टा** पु० दौड़-धूप; झपट्टा, चपेट; फिसलन, फिसलाव।
**रपुर** स्त्री० स्वयं।
**रफ** वि० *(अं०)* कच्चा या जल्दी में किया हुआ।

**रफते-रफते** अ० रफ़्ता-रफ़्ता।

**रफ़ा** पु० *(अ०)* समाप्त करना; पूरा करना।

**रफ़ाक़त** स्त्री० *(अ०)* संग; एकता; वफादारी।

**रफ़ात** स्त्री० *(अ०)* ऊँचाई, बुलन्दी; प्रतिष्ठा; पदोन्नति।

**रफादफा** स्त्री० *(अ०)* किसी मामले को समाप्त करना, सुलझाना।

**रफ़ीअ** वि० *(अ०)* बुलन्द, ऊँचा।

**रफ़ीक** पु० *(अ०)* मित्र; साझीदार; मुसाहिब; सहकारी।

**रफ़ू** पु० *(अ०)* फटे या जले कपड़े के छोटे सुराख में तागे भरकर बराबर करना।

**रफ़ूचक्कर** वि० चम्पत।

**रफ़्त** स्त्री० *(फ़ा)* गमन, रवानगी।

**रफ़्तनी** स्त्री० बिक्री के लिए माल बाहर भेजना।

**रफ़्तार** स्त्री० *(फ़ा)* चाल, गति; चलने का भाव।

**रफ़्ता-रफ़्ता** अ० शनैः-शनैः, क्रमशः; धीरे-धीरे।

**रब** पु० *(अ०)* पालन-पोषण करने वाला।

**रबड़** स्त्री० फेर, चक्कर; घुमाव।

**रबड़ना** अ० क्रि० चलना, घूमना।

**रबड़ी** स्त्री० औटाकर गाढ़ा किया हुआ चीनी मिश्रित दूध, बसौंधी।

**रबर** पु० *(अं०)* रबड़।

**रबरी**ं स्त्री० रबड़ी।

**रबाब** पु० *(अ०)* एक तरह की सारंगी।

**रबाबिया** पु० रबाब बजाने वाला।

**रबी** पु० *(अ०)* वसन्त ऋतु में काटी जानेवाली फसल।

**रबील** स्त्री० एक चिड़िया।

**रब्ध** वि० *(सं०)* आरम्भ, शुरू किया हुआ।

**रब्ब** पु० *(अ०)* रब; परवर दिगार; मालिक।

**रब्बा**ं पु० *(फ़ा)* बैल से खींची जाने वाली गाड़ी।

**रभस** वि० *(सं०)* हर्षयुक्त; वेगयुक्त; प्रबल।

**रम** पु० *(सं०)* लाल अशोक; प्रेमी; पति; हर्ष, आनन्द।

**रमक** पु० *(सं०)* कान्त; उपपति; प्रेमपात्र, प्रेमी।

**रमक़** स्त्री० *(अ०)* नशे का असर; आखिरी साँस।

**रमकजरा** पु० भादों में पकनेवाला एक मोटा धान।

**रमकना** अ० क्रि० इतराते, झूमते हुए चलना।

**रमचकरा** पु० बेसन की मोटी रोटी।

**रमचा**ं पु० छोटी करछी, चमचा।

**रमचेरा, रमचेरुआ** पु० टहलुआ (परिहास)।

**रमज़ान** पु० *(अ०)* मुसलमानी वर्ष का नवाँ महीना।

**रमज़ानी** वि० उनके मुतल्लिक; रमजान में उत्पन्न।

**रमझोल**ं पु० रमझोला।

**रमझोला** पु० घुँघरू, नूपुर।

**रमठ** पु० *(सं०)* एक प्राचीन देश या वहाँ का निवासी।

**रमणक** पु० *(सं०)* जम्बूद्वीप का एक वर्ष।

**रमणा** स्त्री० *(सं०)* सुन्दर स्त्री; प्रिया, पत्नी।

**रमणी** स्त्री० *(सं०)* एक गन्धद्रव्य, सुगन्धवाला।

**रमणीक** वि० सुन्दर, मनोहर।

**रमणीय** वि० *(सं०)* रुचिर, सुन्दर, रम्य।

**रमणीयता** स्त्री० *(सं०)* सुन्दरता, मनोहरता।

**रमता** वि० एक जगह स्थिर न रहनेवाला, घुमक्कड़।

**रमति** पु० *(सं०)* स्वर्ग; नायक, प्रेमी; कामदेव।

**रमद** पु० *(अ०)* आँखों की एक बीमारी।

**रमदी**ं पु० अगहन महीने में पकनेवाला जड़हन।

**रमनक*** पु० रमणक।

**रमना** पु० चरागाह; सुन्दर, रमणीक स्थान, घेरा।

**रमनीक*** वि० रमणीक।

**रमनीय*** वि० रमणीय।

**रमसरा** पु० ऊख के खेत का एक पौधा।

**रमा** स्त्री० *(सं०)* वैभव; सम्पत्ति; शोभा; पत्नी; लक्ष्मी।

**रमाना** स० क्रि० अनुरक्त बनाना।

**रमाली** पु० एक बारीक चावल।

**रमित*** वि० मुग्ध, लुभाया हुआ।

**रमौ** स्त्री० एक प्रकार की घास जो कागज।

**रमूज़** स्त्री० *(अ०)* पहेली; भेद, रहस्य; इशारा।

**रमेना*** अ० क्रि० रमना।

**रमैती** स्त्री० ऐसे काम में लगने वाला दिन।

**रमैया*** पु० राम; ईश्वर।

**रम्ज़** स्त्री० *(अ०)* भेद, रहस्य; मंशा; पेचदार बात।

**रम्माल** पु० *(अ०)* रमल फेंककर फल कहने वाला।

**रम्य** पु० *(सं०)* वीर्य; चम्पा वृक्ष; अगस्त्य वृक्ष, सुन्दर।

**रम्यक** पु० *(सं०)* धातु; बकायन, महानिम्ब।

**रम्या** स्त्री० *(सं०)* गंगा नदी; स्थलपद्मिनी।

**रम्हाना** अ० क्रि० गाय-भैंस का बोलना, रँभाना।

**रय** पु० गर्द, रज, *धूल; *(सं०)* प्रवाह; तेजी, वेग।

**रयन*** स्त्री० रयनि।

**रयना*** अ० क्रि० रंग से भीगना, रँगना; मिलना।

**रयनि*** स्त्री० रजनी, रात।
**रया** स्त्री० *(अ०)* मक्कारी; जाहिरदारी, दिखावा।
**रयासत** स्त्री० रियासत।
**रयिष्ठ** पु० अग्नि; कुबेर; एक प्रकार का साम।
**रय्यत**† स्त्री० रअय्यत, जनता प्रजा।
**रंकार*** पु० रकार की ध्वनि।
**रर*** स्त्री० रट, रटन।
**ररक**† स्त्री० कसक; कराह; टीस, ढलान।
**ररकना** अ० क्रि० सालना, पीड़ा देना, गिरना।
**ररना*** अ० क्रि० रटना (कहकर) पुकारना।
**ररिहा*** पु० रुरुआ, रटुआ (उल्लू की जाति का)।
**ररी** वि०, पु० अधम, नीच; माँग की रट लगाने वाला।
**रलना*** अ० क्रि० एक में एक मिलना।
**रलाना*** स० क्रि० एक में एक मिलाना।
**रली** स्त्री० †एक प्रकार का अन्न, चेना; खुशी।
**रल्ल*** पु० धक्का; हल्ला; धक्कमधक्का, रेला।
**रल्लक** पु० *(सं०)* कम्बल; बरौनी; ऊनी वस्त्र।
**रवक** पु० रेंड का पेड़।
**रवकना** अ० क्रि० उछलना, उमगना।
**रवण** वि० *(सं०)* शब्द करता हुआ; गरम, तप्त।
**रवताई** स्त्री० राजा का कर्तव्य, प्रभुता, स्वामित्व।
**रवथ** पु० *(सं०)* कोयल।
**रवन*** पु० पति, भर्ता, स्वामी; रमण। ।
**रवना*** पु० रावण। अ० क्रि० बोलना, शब्द करना।
**रवन्ना** पु० रवाना होने का या राहदारी का परवाना।
**रवनि, रवनी** स्त्री० रमणी, सुन्दरी।
**रवाँ** वि० *(फ़ा)* अभ्यस्त; तेज धार वाला।
**रवा** पु० सूजी; बारूद का दाना; कण, छोटा टुकड़ा।
**रवा** वि० *(फ़ा)* प्रचलित (समास में); ठीक, उचित।
**रवाज** पु० *(फ़ा)* परिपाटी, प्रथा, रीति, चलन।
**रवानगी** स्त्री० प्रस्थान, प्रयाण।
**रवाना** वि० *(फ़ा)* भेजा हुआ; प्रस्थित, चला हुआ।
**रवानी** स्त्री० बहाव, प्रवाह।
**रवाब** पु० रबाब, एक वाद्ययन्त्र।
**रवाबिया** पु० रबाबिया, बलुआ पत्थर; लाल।
**रवायत** स्त्री० *(अ०)* कहानी; कहावत।
**रवि** पु० *(सं०)* बारह की संख्या, धृतराष्ट्र का एक पुत्र; सूर्य; सरदार; अग्नि; आक, मदार।~
**रविकर** पु० सूर्यकिरण।
**रविजेन्द्र** पु० *(सं०)* एक जैन आचार्य।
**रविदिन** पु० रविवार।
**रविरत्न** पु० सूर्यकान्त मणि।
**रविश** स्त्री० *(फ़ा)* रस्म, रिवाज; चलन, रवैया।
**रवीषु** पु० *(सं०)* कामदेव।
**रवेदार** वि० *(हि०)* रवे के रूप में होनेवाला।
**रवया, रवैया** पु० प्रथा, चलन; तरीका, तौर।
**रशना** स्त्री० *(सं०)* लगाम, कांची, करधनी; रस्सी।
**रश्क** पु० *(फ़ा)* कुढ़न, ईर्ष्या, डाह, जलन।
**रश्मि** स्त्री० *(सं०)* रस्सी, डोरी; बरौनी; किरण।
**रस** पु० *(सं०)* शराब, केलि, कामक्रीड़ा; फलों या अन्य वनस्पतियों का जलीय अंश।
**रस** पु० *(फ़ा)* वह आदमी जिसके पास कोई पहुँचे।
**रस कपूर** पु० एक खेत, उपधातु।
**रसकोरा** पु० रसगुल्ला।
**रसखीर** स्त्री० मीठा भात।
**रसगुल्ला** पु० छैने की मिठाई विशेष।
**रसता** स्त्री० रस का भाव, धर्म।
**रसद** पु० *(फ़ा)* हिस्सा, बाँट, बखरा।
**रसदार** वि० सरस, स्वादिष्ट।
**रसन** पु० *(सं०)* †रस्सा; ध्वनि; कफ; आस्वादन।
**रसना** स्त्री० *(सं०)* जीभ; स्वादेन्द्रिय रसस्वाद *(न्या०)*; एक औषधि; रस्सी, मेखला, करधनी।
**रसनीय** वि० *(सं०)* स्वाद लेने या चखने योग्य।
**रसनेन्द्रिय** स्त्री० *(सं०)* स्वाद की इन्द्रिय, रसना।
**रसनेष्ट** पु० *(सं०)* ईख।
**रसभरी** स्त्री० वासन्तिक मीठा फल विशेष।
**रसम** स्त्री० *(अ०)* रस्म।
**रसमसा** वि० पसीने से युक्त; रस-मग्न; रसमय।
**रसमि*** स्त्री० रश्मि, किरण; प्रकाश, आभा।
**रसमुण्डी** स्त्री० बँगाली मिठाई विशेष।
**रस-रस*** अ० धीरे-धीरे, शनैः-शनैः।
**रसराज** पु० पाद पारा रसौत।
**रसरी*** स्त्री० रस्सी, डोरी।
**रसवन्त*** पु० रसज्ञ; प्रेमी; रसिक। वि० रसीला।
**रसवन्ती, रसवत** स्त्री० रसौत।
**रसवती** वि० स्त्री० *(सं०)* रसीली, रसपूर्ण।
**रसवत्ता** स्त्री० *(सं०)* रसयुक्त होना, रसीलापन।
**रसवान्(वत)** पु० *(सं०)* एक अलंकार।

**रसशास्त्र** पु० रसायन शास्त्र।
**रसाँ** वि० *(फ़ा)* दूर जाने वाला, पहुँचाने वाला।
**रसांगक** पु० *(सं०)* श्रीवेष्ट; धूप का वृक्ष।
**रसा** स्त्री० *(सं०)* शिलारस; काकोली; कँगनी; सलइ।
**रसा** पु० जूस, रस; शोरबा।
**रसाइन*** पु० रसायन।
**रसाइनी*** पु० रसायन विद्या जानने वाला, रसायनी।
**रसाई** स्त्री० *(फ़ा)* पहुँच; दाखिला।
**रसातल** पु० पृथ्वी के नीचे सात लोकों में छठा लोक।
**रसाग्रज** पु० *(सं०)* रसौत।
**रसाधिक** पु० अधिक रस।
**रसाज्ञान** पु० *(सं०)* रस का अनुभव न करना।
**रसाढ्य** पु० *(सं०)* अमड़ा।
**रसाधिका** स्त्री० *(सं०)* किशमिश।
**रसाना** अ० क्रि० आनन्द लूटना। *स० क्रि० आनन्दित करना।
**रसाभास** पु० *(सं०)* एक अर्थालंकार।
**रसामृत** पु० *(सं०)* एक प्रकार का आयुर्वेदिक रस।
**रसाम्ल** पु० *(सं०)* एक खटाई, चुक्र; अम्लबेत।
**रसाम्लक** पु० *(सं०)* एक तरह की घास।
**रसाम्ला** स्त्री० *(सं०)* लताविशेष, पलाशी।
**रसायक** पु० *(सं०)* एक घास।
**रसायनिक** वि०, पु० रासायनिक।
**रसायनी** पु० कीमियागार। स्त्री० *(सं०)* जीठ; मकोय।
**रसार*** वि०, पु० रसाल, आम, मीठा, रसीला, शुद्ध।
**रसाल** पु० *(सं०)* कटहल; आम; ईख; लोबान।
**रसालय** पु० *(सं०)* आम का पेड़।
**रसालसा** स्त्री० *(सं०)* कुन्दुर तृण; गन्ना, पौढ़ा; गेहूँ।
**रसालाम्र** पु० *(सं०)* कलमी आम।
**रसालिका** स्त्री० *(सं०)* सप्तला, सातला; अँबिया।
**रसालिहा** स्त्री० *(सं०)* पिठवन।
**रसाली** स्त्री० *(सं०)* पौढ़ा।
**रसाली(लिन्)** पु० *(सं०)* चना; गन्ना, पौढ़ा।
**रसालेक्षु** पु० *(सं०)* पौढ़ा।
**रसावल** पु० रसौर।
**रसावेष्ट** पु० *(सं०)* गन्ध बिरोजा।
**रसाश** पु० *(सं०)* मद्यपान।
**रसास्वादी(दिन्)** पु० *(सं०)* भ्रमर।
**रसाह्व** पु० *(सं०)* गन्ध बिरोजा।
**रसाह्वा** स्त्री० *(सं०)* रास्ना; सतावर।
**रसिआवर, रसिआवल** पु० रसिआउर।
**रसिक** वि० *(सं०)* पु० प्रेमी; काव्यमर्मज्ञ, स्वादिष्ट।
**रसिकता** स्त्री० *(सं०)* हँसी-मजाक; सुरुचि, रसिकपन।
**रसिका** स्त्री० *(सं०)* जीभ; करधनी; दही का शर्बत।
**रसिकाई*** स्त्री० रसिकता।
**रसिकेश्वर** पु० *(सं०)* कृष्ण।
**रसित** पु० *(सं०)* अँगूरी शराब, द्राक्षासव।
**रसिया** पु० फागुन का एक गीत; रसिक।
**रसियाव** पु० रसखीर, ईख के रस में पका चावल।
**रसी** *पु० रसिक। स्त्री० एक तरह की सज्जी।
**रसीद** स्त्री० *(फ़ा)* पहुँच, प्राप्ति।
**रसील, रसीला** वि० रस लेनेवाला; आनन्द लेने वाला; बाँका।
**रसुन** पु० *(सं०)* लहसुन।
**रसूख** पु० *(अ०)* पहुँचा; प्रभाव।
**रसूम** पु० *(अ०)* स्टाप, कोर्ट फीस।
**रसूल** पु० ईश्वर का दूत, पैगम्बर।
**रसूली** स्त्री० *(अ०)* एक गेहूँ या जौ की जाति का एक प्रकार का अन्न।
**रसेन्द्र** पु० *(सं०)* पारा; एक रसौसधि जिसमें जीरा, धनिया, पीपल, त्रिकुट, शहद और रससिन्दूर का योग होता है।
**रसेन्द्रबेधक** पु० सोना।
**रसे-रसे†** अ० धीरे-धीरे, शनैः-शनैः।
**रसेस*** पु० नमक; कृष्ण।
**रसोइया** पु० रसोई बनानेवाला; भोजन पकानेवाला।
**रसोईं, रसोई** स्त्री० भोजन बनाने का घर, भोजन।
**रसोत** स्त्री० रसौत।
**रसोदर** पु० *(सं०)* शिंगरफ, हिंगुल।
**रसोद्भव** पु० *(सं०)* ईंगुर, रसौता, शिंगरफ।
**रसोद्भूत** पु० *(सं०)* रसौत।
**रसोन** पु० *(सं०)* लहसुन।
**रसोपल** पु० *(सं०)* मोती।
**रसोय*** स्त्री० रसोई, भोजन।
**रसौत, रसौत** स्त्री० एक प्रसिद्ध औषधि।
**रसौर** पु० ईख के रस में पका चावल, रसिआउर।
**रसौल** स्त्री० एक प्रकार की बड़ी कँटीली लता।
**रसौली** स्त्री० भौंहों के पास आँख के ऊपर गिल्टी

निकलने का रोग।
**रस्ता, रास्ता** पु० मार्ग।
**रस्तोगी** पु० वैश्यों की एक उपजाति।
**रस्म** स्त्री० *(अ०)* परिपाटी, बर्ताव, मेल जोल।
**रस्मी** वि० *(अ०)* साधारण, रस्म सम्बन्धी।
**रस्मि** स्त्री० किरण, रश्मि।
**रस्य** पु० *(सं०)* रक्त; शरीर का माँस।
**रस्सा** पु० जमीन की एक नाप, मोटा रस्सा।
**रस्साकशी** स्त्री० रस्सा खींचना। दो दलों के मध्य रस्सा खींचने का खेल विशेष।
**रस्सी** स्त्री० रज्जु, डोरी।
**रस्सीबाट** पु० रस्सी बनाने वाला।
**रहँकला** पु० तोल लादने की गाड़ी।
**रहँचटा*** पु० मनोरथ पूर्ति की आकांक्षा।
**रहचटा** पु० रहँचटा।
**रहचह*** स्त्री० चहचहाहट, चिड़ियों की बोली।
**रहट** पु० कुँए से पानी निकालने का यन्त्र, झुलाने का यन्त्र।
**रहठा** पु० अरहर का सूखा पौधा, अरहर का डण्ठल।
**रहन** स्त्री० *(हि०)* रहने का ढंग, व्यवहार।
**रहना** अ० क्रि० रखेली बनकर रहना।
**रहासहा** वि० बना खुचा, शेष, अवशिष्ट।
**रहनि, रहनी*** स्त्री० प्रेम, लगन।
**रहम** पु० *(अ०)* करुणा, दया, कृपा।
**रहमत** स्त्री० *(सं०)* दया, करुणा, मेहरबानी।
**रहमान** पु० *(अ०)* परमात्मा। वि० परम कृपालु।
**रहर, रहरि, रहरी**† स्त्री० अरहर।
**रहरू, रहलू** स्त्री० खाद ढोने की छोटी गाड़ी।
**रहरूढ़भाव** पु० विरक्त होकर एकान्तवास करना।
**रहरेठा**† पु० अरहर का सूखा डण्ठल, कड़िया।
**रहस** पु० *(सं०)* *समुद्र; आमोद-प्रमोद, आनन्द।
**रहसना*** अ० कि० आनन्दित होना, प्रसन्न होना।
**रहसि*** स्त्री० एकान्त, गुप्त स्थान।
**रहसू** स्त्री० *(सं०)* व्यभिचारिणी, पुंश्चली।
**रहस्य** वि० *(सं०)* गुप्त; गोपनीय।
**रहा** वि० छूटा हुआ, बचा हुआ।
**रहाई** स्त्री० रहने की क्रिया भाव।
**रहाइश** स्त्री० स्थिति, सकूनत; बर्दाश्त; गुंजाइश।
**रहाई*** स्त्री० रहना; आराम, चैन।
**रहाऊं**† स्त्री० गीत का स्थायी पहला पद, टेक।
**रहाट** पु० *(सं०)* मन्त्री। वि० परामर्श देने वाला।
**रहाना*** अ० क्रि० रहना; होना।
**रहावन**† स्त्री० पशुओं के खड़े होने की जगह।
**रहि** स्त्री० रास्ता।
**रहित** वि० वर्जित, बिना।
**रहिला**† पु० चना।
**रहीम** पु० *(सं०)* परमात्मा, ईश्वर।
**रहुवा**† पु० टुकड़खोर, खाने पर काम करनेवाला।
**राँकड़**† स्त्री० बंजर भूमि, कम उपजाऊ भूमि।
**राँगड़ी**† एक प्रकार का चावल।
**राँच*** स० क्रि० रँगना, रंग चढ़ाना।
**राँचना** स्त्री० चाहना, प्रेम करना, रंग चढ़ना।
**राँजना**† स० क्रि० रँगना; टाँका लगाना।
**राँटा**† स्त्री० चोरों की सांकेतिक भाषा। पु० टिट्टिभ।
**राँड़** स्त्री० बेवा, जिस स्त्री का पति मर चुका हो।
**राँढ़**† पु० एक बंगाली चावल।
**राँढ़ना**† स० क्रि० रोना, विलाप करना।
**राँध** अ० पास, निकट।
**राँधपड़ोस** अ० अड़ोस-पड़ोस में, आस-पास।
**राँधना** स० क्रि० पकाना (भोजन), पाक करना।
**राँपी**† स्त्री० तराशने का एक औजार, मोचियों का चमड़ा छीलने, की रुखानीनुमा छुरिका।
**राँभना** अ० क्रि० चिल्लाना, बोलना, बँबाना।
**राआ*** पु० राजा।
**राइ*** पु० राय, छोटा राजा, सरदार।
**राइता** पु० रायता।
**राइफल** स्त्री० *(अं०)* एक तरह की बन्दूक।
**राई** स्त्री० एक छोटी सरसों; अल्प परिमाण।
**राउण्ड** स्त्री० *(अं०)* गोल।
**राउ*** पु० राजा।
**राउत**† पु० राजवंशीय व्यक्ति; क्षत्रिय; वीर पुरुष।
**राउर*** पु० जनानखाना, अन्तःपुर। सर्व० आपका।
**राउल*** पु० राजकुलोत्पन्न पुरुष; राजा।
**राकस*** पु० राक्षस।
**राकसिन, राकसी*** स्त्री० राक्षसी।
**राका** स्त्री० *(सं०)* खुजली का रोग; पूर्णिमा।
**राक़िम** वि० *(अ०)* लिखने वाला, मुहर्रिर।
**राकेश** पु० *(सं०)* चन्द्रमा।

**राक्षस** पु० *(सं०)* निशाचर, दैत्य; दुष्ट व्यक्ति, असुर।
**राक्षसी** स्त्री० *(सं०)* दुष्ट,राक्षस की स्त्री; राक्षसी।
**राख** स्त्री० भस्म, जले पदार्थ का अवशेष।
**राखना*** स० क्रि० किसी को अपने यहाँ टिकाना।
**राख** स्त्री० राख, जले पदार्थ का अवशेष, रक्षा-सूत्र।
**राखी** स्त्री० रक्षा बन्धन का डोरा, रक्षा, मंगलसूत्र।
**राक्षा** स्त्री० लाक्षा।
**राग** पु० *(सं०)* कष्ट, क्लेश; सुगन्धित लेप, चन्दन।
**रागना*** स० क्रि० गाना, अलापना।
**रागान्ध** वि० प्रेमान्ध, अतिक्रोधी।
**रागांगी** स्त्री० *(सं०)* मजीठ।
**रागान्वित** वि० *(सं०)* कुपित, अप्रसन्न, क्रुद्ध; अनुरक्त।
**रागारु** वि० *(सं०)* देने की आशा बाँधकर न देनेवाला।
**रागारुण** प्रेम से आह्लादित या लाल।
**रागिब** वि० *(अ०)* इच्छुक, ख्वाहिशमन्द।
**रागी*** स्त्री० रानी, राजा की स्त्री।
**रागी(गिन्)** वि० *(सं०)* लाल, अरुण; रँगा हुआ।।
**राघव** पु० *(सं०)* दशरथ; एक समुद्री मछली; राम।
**राचना*** अ० क्रि० रँगा जाना; रचा जाना।
**राछ** पु० हथौड़ा; कारीगरों का औजार।
**राछस*** पु० असुर, राक्षस।
**राज** पु० *(सं०)* मकान बनानेवाला, राजगीर।
**राज** राजा का शासन।
**राज** पु० *(सं०)* प्रभाव, पूरा अधिकार; जनपद; राज्य शासित देश; प्रजापालन की व्यवस्था, शासन।
**राजपाट** पु० शासन व्यवस्था।
**राज़** पु० *(फ़ा)* भेद, रहस्य, गुप्त बात।
**राजक** पु० *(सं०)* काला अजगर; राजा।
**राजकथा** स्त्री० राजाओं का इतिहास।
**ररजकन्या** स्त्री० राजपुत्री।
**राजकर** पु० राजा का टैक्स।
**राजकीय** वि० राजा से सम्बद्ध, राज्यविषयक।
**राजकरण** पु० *(सं०)* न्यायालय, अदालत।
**राजकुल** पु० राजवंश।
**राजगी** स्त्री० राजा का पद।
**राजगीर** पु० *(हि०)* मकान बनाने वाला कारीगर।
**राजगीरी** स्त्री० *(हि०)* राजगीर का पद या कार्य।
**राजगुरू** पु० राजा का गुरू, उपदेशक।
**राजगृह** पु० राजभवन।
**राजत** पु० *(सं०)* चाँदी। वि० चाँदी-सम्बन्धी।
**राजतनय** पु० राजपुत्र।
**राजता** स्त्री०, **राजत्व** पु० *(सं०)* राजपद।
**राजतिलक** पु० राज्याभिषेक।
**राजदण्ड** पु० राजा की आज्ञानुसार प्रदत्त दण्ड।
**राजना*** अ० क्रि० शोभित होना; रहना; विराजना।
**राजनय** पु० *(सं०)* राजनीति।
**राजनयज्ञ** पु० *(सं०)* राजनीतिज्ञ।
**राजनीति** स्त्री० राज की शासन नीति।
**राजनीतिज्ञ** पु० *(सं०)* राजनीति करने वाला पुरुष।
**राजन्य** पु० *(सं०)* राजा; क्षत्रिय; अग्नि।
**राजन्यति** पु० राजाधि राज।
**राजप** पु० *(सं०)* राजपाल; सर्वप्रधान अधिकारी।
**राजपत्रित** वि० *(सं०)* राजाज्ञा से सम्बन्धित।
**राजपथ** पु० राजमार्ग।
**राजमान** वि० *(सं०)* शोभित।
**राजर्षि** पु० *(सं०)* क्षत्रियकुल में उत्पन्न ऋषि।
**राजस** पु० *(सं०)* क्रोध, आवेश; गर्व।
**राजसिक** वि० *(सं०)* राजस, रजोगुणजनित।
**राजसी** वि० राजाओं का-सा; राजा के योग्य।
**राजसेवक** पु० राजभृत्य।
**राजसेखा** स्त्री०राजा की सेवा।
**राजस्व** पु० राजकर।
**राजा** पु० नृप, नरपति, स्वामी।
**राजाज्ञा** स्त्री० राजा की आज्ञा।
**राजित** वि० *(सं०)* उपस्थित; शोभायुक्त, शोभायमान।
**राजीव,राजिव*** पु० कमल।
**राजि,राजी** स्त्री० *(सं०)* राई; काली सरसों; कतार, श्रेणी।
**राज़ी** वि० *(अ०)* खुश; सहमत, अनुकूल; नीरोग।
**राजीव** वि० *(सं०)* राजवृत्ति से निर्वाह करने वाला।
**राजीविनी** स्त्री० *(सं०)* कमलिनी।
**राजुक** पु० *(सं०)* गवर्नर, सूबेदार।
**राजेन्द्र** पु० *(सं०)* राजाद्रि, एक पहाड़; राजाधिराज।
**राजेश्वर** पु० *(सं०)* सम्राट्, राजाधिराज।
**राजेष्ट** पु० *(सं०)* लाल प्याज; राजभोग्य।
**राजेष्टा** स्त्री० *(सं०)* पिण्डखजूर; केला।

**राजोपकरण** पु० *(सं०)* राजचिह्न।
**राजोपजीवी(विन्)** पु० *(सं०)* राजा की सेवा करके जीविका अर्जन करने वाला व्यक्ति; राजकर्मचारी।
**राजोपसेवी(विन्)** पु० *(सं०)* राजा का सेवक।
**राज्ञी** स्त्री० *(सं०)* संज्ञा, सूर्य की पत्नी; रानी।
**राज्य** पु० *(सं०)* एक राजा या राज्य-पद्धति का देश।
**राज्यक्ता** स्त्री० *(सं०)* रायता।
**राज्यकर्त्ता** पु० राज्य शासन कर्मी।
**राज्यांग** पु० *(सं०)* प्रकृति, राज्य के साधक अंग।
**राज्याभरण** पु० *(सं०)* राज्य के अलंकार।
**राज्याभिषेक** पु० *(सं०)* राजसूय यज्ञ के बाद राजा का तीर्थजलादि से अभिषेक।
**राज्यच्युत** पु० वि० राजसिंहासन से उतारा हुआ।
**राज्यतन्त्र** पु० राजशाही।
**राज्योपकरण** पु० *(सं०)* राजचिह्न।
**राटि** स्त्री० *(सं०)* युद्ध। पु० पक्षी।
**राटुल** पु० तौलने का बड़ा तराजू।
**राट्(ज्)** पु० *(सं०)* राजा; श्रेष्ठ पुरुष, सरदार।
**राठ*** पु० राज्य; राजा।
**राठवर*** पु० राठौर।
**राठौर** पु० राजपूतों की एक उपजाति।
**राड़** वि० कायर, भगोड़ा; निकम्मा; हीन, नीच।
**राड़ा** पु० सरसों; कुश की जाति की एक घास।
**राढ़**† स्त्री० रार, झगड़ा। वि० राड़, निकम्मा।
**राढ़ा** स्त्री० *(सं०)* चमक, कान्ति।
**राढ़ी** स्त्री० एक मोटी घास।
**राण** पु० *(सं०)* पत्ता; मोर की पूँछ।
**राणा** पु० राजा, सरदार।
**राणिका** स्त्री० *(सं०)* लगाम।
**रात** स्त्री० सूर्यास्त से सूर्योदय तक का समय।
**रातड़ी, रातरी**† स्त्री० रात।
**रातना*** अ० क्रि० लाल हो जाना।
**राता*** वि० रँगा हुआ; लाल, सुर्ख, किरमिजी।
**राति*** स्त्री० रात।
**रातिचर** पु० निशाचर, राक्षस।
**रातिब** पु० *(अ०)* हाथियों का खाद्य।
**रातुल** पु० बड़ा तराजू, राटुल।
**रात्रक** पु० *(सं०)* वेश्या के घर वर्ष भर रहनेवाला।
**रात्रिचर** वि० *(सं०)* रात में घूमने वाला, निशाचर।
**रात्रिन्दिव** अ० *(अ०)* रात-दिन।
**रात्रि** स्त्री० *(सं०)* रात, निशा, रजनी। ~
**रातिज** पु० नक्षत्र ग्रह।
**रात्रिजल** पु० कुहरा।
**रात्रिजागरण** पु० रतजगा।
**रात्रिक** वि० *(सं०)* कुछ रातों के लिए पर्याप्त।
**रात्र्यन्ध** वि० *(सं०)* रतौंधी का रोगी।
**रात्र्यट** पु० *(सं०)* राक्षस; चोर।
**राद** पु० *(अ०)* पूरा किया हुआ; पकाया हुआ।
**राद्ध** वि० *(सं०)* पूरा किया हुआ; पकाया हुआ।
**राद्धि** स्त्री० *(सं०)* सफलता, साफल्य; सिद्धि।
**राध** पु० *(सं०)* वैशाख; कृपा, अनुग्रह।
**राधन** पु० *(सं०)* साधना; सन्तोष; प्राप्ति।
**राधना** स्त्री० *(सं०)* वाणी।
**राधनी** स्त्री० *(सं०)* पूजा।
**राधा** स्त्री० *(सं०)* विद्युत्; वैशाख की पूर्णिमा।
**राधाष्टमी** स्त्री० *(सं०)* भाद्रपद-शुक्ला अष्टमी।
**राधिका** स्त्री० *(सं०)* राधा।
**राधी** स्त्री० *(सं०)* वैशाखी पूर्णिमा।
**राधेय** पु० *(सं०)* कर्ण।
**राध्य** वि० *(सं०)* आराधना के योग्य।
**रान** स्त्री० *(फ़ा)* जाँघ।
**रानतुरई** स्त्री० कड़वी तरोई।
**राना** पु० राणा, राजपूताना एवं नैपाल के राजाओं की उपाधि।
**रानी** स्त्री० स्त्रियों के लिए सम्मानसूचक शब्द।
**रापड़** पु० बंजर।
**रापती** स्त्री० एक नदी।
**राब** स्त्री० खाँड।
**राबड़ी** स्त्री० रबड़ी, औटकर गाढ़ा बनाया हुआ दूध।
**राबिता** पु० *(अ०)* जोड़; मेल-मिलाप, सम्बन्ध।
**राभस्य** पु० *(सं०)* प्रसन्नता; वेग।
**राम** पु० *(सं०)* बलराम; राजा दशरथ के बड़े पुत्र राम।
**रामजना** पु० एक वर्णशंकर जाति जिसकी कन्याएँ वेश्यावृत्ति करती हैं।
**राजनी** स्त्री० वेश्या।
**रामतरोई** स्त्री० भिण्डी, तोरई जैसी सब्जी।
**रामदल** पु० राम की सेना।

**रामदाना** पु० चौलाई जाति का पौधा जिसके बीज सफेद होते हैं।

**रामदूत** पु० पवनसुत हनुमान जी।

**रामनामी** पु० दुपट्टा, चादर जिस पर राम नाम छपा हो।

**रामरज** स्त्री० पेषरी, पीली तिलक की मिट्टी।

**रामराज्य** पु० अति सुखदायक राज्य।

**रामसेतु** पु० रामेश्वर तीर्थ के निकट समुद्र में पड़ी चट्टानें।

**रामठ** पु० *(सं०)* चिचड़ा; हींग; अखरोट।

**रामठी** स्त्री० *(सं०)* हींग।

**रामणीयक** पु० *(सं०)* रमणीयता।

**रामति*** स्त्री० भिक्षाटन, भिक्षा के लिए घूमना-फिरना।

**रामना*** अ० क्रि० विचरना, घूमना-फिरना।

**रामल** वि० *(सं०)* रमल-सम्बन्धी।

**रामा** स्त्री० *(सं०)* राधा; सीता; लक्ष्मी; सुन्दरी स्त्री।

**रामानन्दी** पु० रामानन्द सम्प्रदाय का अनुयायी।

**रामायण** स्त्री० *(सं०)* अध्यात्म रामायण, तुलसीदास का रामचरितमानस,वाल्मीकि मुनि रचित।

**रामायणी** पु० रामायणज्ञ; रामायण का ज्ञाता; रामायण का पाठ करने वाला।

**रामायन*** पु० रामायण।

**रामायुध** पु० *(सं०)* धनुष।

**रामिज** वि० *(अ०)* इशारा करनेवाला।

**रामिल** पु० *(सं०)* प्रेमपात्र; कामदेव; पति।

**रामी** स्त्री० काँस नामक घास।

**रामेश्वर** पु० *(सं०)* दक्षिण भारत के रामेश्वरम् नामक स्थान में स्थापित एक शिवलिंग।

**रामोपनिषद्** स्त्री० *(सं०)* अथर्ववेद की एक उपनिषद्।

**राम्या** स्त्री० *(सं०)* रजनी, रात।

**राय** पु० *(सं०)* अँग्रेजी शासन काल में हिन्दुओं को दी जानेवाली एक उपाधि।

**राय** स्त्री० *(फ़ा)* समझ, विचार, तदवीर, सुझाव।

**रायगाँ** वि० *(फ़ा)* (रास्ते पर पड़ा हुआ) अकारथ।

**रायज** वि० *(अ०)* जारी, प्रचलित।

**रायटर** पु० *(अं०)* समाचार भेजने वाली एक एजेंसी।

**रायता** पु० उबले कद्दू, बुँदिया आदि में राई, नमक डालकर दही में मिला एक व्यंजन।

**रॉयल** स्त्री० *(अं०)* राजकीय, शाही।

**रार** स्त्री० झगड़ा, तकरार।

**राल** स्त्री० पतला, लसदार थूक; पशुओं का एक रोग।

**राव** पु० *(सं०)* धनी, अमीर; बन्दीजन, भाट, चारण।

**रावचाव** पु० राग-रंग; प्यार-दुलार; नाच-गाना।

**रावटा**† पु० महल; राजप्रासाद।

**रावटी** स्त्री० कपड़े आदि का घर, छोलदारी; बारहदरी।

**रावण** पु० *(सं०)* लंका का प्रसिद्ध राजा दशानन।

**रावणारि** पु० *(सं०)* राम।

**रावणि** पु० *(सं०)* मेघनाद; रावण का पुत्र।

**रावत** पु० शूर; वीर; सेनापति; छोटा राजा; सरदार।

**रावन*** पु० रावण।

**रावनगढ़** पु० लंका।

**रावना*** स० क्रि० दूसरों को रुलाना।

**रावर*** सर्व० आपका। पु० अन्तःपुर, रनिवास।

**रावल** पु० आदरसूचक सम्बोधन; *अन्तःपुर, रनिवास।

**रावी** स्त्री० पंजाब की पाँच नदियों में से एक।

**राशि** स्त्री० *(सं०)* समूह, पुंज; एक ही जाति की बहुत-सी वस्तुओं का ढेर।

**राशी** वि० *(अ०)* घूसखोर, रिश्वत लेनेवाला।

**राष्ट्र** पु० *(सं०)* जाति, नेशन; देश (जैसे—भारत); राज्य।

**राष्टपति** पु० प्रजातन्त्र में बहुत से चुना हुआ, शासक नायक।

**राष्ट्रान्तपालक** पु० *(सं०)* राज्य का सीमारक्षक।

**राष्ट्रिक** वि० राष्ट्र का; राष्ट्र-सम्बन्धी।

**राष्ट्रिय, राष्ट्रीय** पु० *(सं०)* राजा।

**राष्ट्रीकृत** वि० *(सं०)* राष्ट्र का बनाया हुआ।

**राष्ट्रोत्थान** पु० *(सं०)* राष्ट्र का उत्थान।

**रास** पु० दत्तक, गोद लिया हुआ, लास्य नामक नृत्य।

**रास** पु० *(सं०)* कोलाहल; ध्वनि, शब्द; रसिया।

**रास** वि० *(अ०)* मुबारक; ठीक, उचित, दुरुस्त।

**रासन** पु० *(सं०)* आस्वादन करना; शब्द करना।

**रसना** क्रि० अच्छा लगना, अनुकूल होना, एक कन्द।

**रासभ** पु० *(सं०)* गधा।

**रासभी** स्त्री० *(सं०)* गधी।

**रासबिहारी घोष** पु० बंगाल के सुख्यात विधि विशेषज्ञ।

**रासायन** वि० *(सं०)* रसायन-सम्बन्धी; रसायन का।

**रासायनिक** पु० रसायनशास्त्री।

**रासिख़** वि० *(अ०)* विश्वसनीय; खालिस, खरा।
**रासु*** वि० सीधा; ठीक।
**रासेरस** पु० *(सं०)* उत्सव; हास्य-विनोद; शृंगार।
**रासेश्वरी** स्त्री० *(सं०)* राधा।
**रासो** पु० डिंगल भाषा में लिखित काव्यग्रन्थ(इसमें किसी राजा का चरित्र।
**रास्त** वि० *(फ़ा)* अनुकूल, मुआफिक; सच्चा; नेक।
**रास्ता** पु० *(फ़ा)* राह; उपाय; मार्ग, चाल, रीति
**रास्ना, रास्निका** स्त्री० *(सं०)* एक कन्द, गन्धनाकुली।
**रास्य** पु० *(सं०)* कृष्ण।
**राह** *पु० स्त्री० *(फ़ा)* प्रथा, रीति-रिवाज; रास्ता।
**राहड़ी**† पु० एक घटिया कम्बल।
**राहरीति** स्त्री० परिचय।
**राहत** स्त्री० *(अ०)* सुख, करार, चैन, आराम।
**राहर**† पु० अरहर।
**राहित्य** पु० *(सं०)* रहित होने का भाव, न होना।
**राहिन** पु० *(अ०)* बन्धक रखने वाला।
**राहिम** वि० *(अ०)* रहम करने वाला।
**राही** पु० यात्री, पथिक, मुसाफिर। *स्त्री० राधा।
**राहुल** पु० गौतम बुद्ध का पुत्र।
**राहूच्छिष्ट, राहूत्सृष्ट** पु० *(सं०)* लहसुन।
**राहेरास्त** पु० *(फ़ा)* सन्मार्ग, सीधा रास्ता।
**रिंग** स्त्री० *(अं०)* घेरा, मण्डल; छल्ला, अँगूठी, वलय।
**रिंगण** पु० *(सं०)* फिसलना, सरकना; विचलित होना।
**रिंगल**† पु० एक पहाड़ी बाँस।
**रिंगाना*** स० क्रि० धीरे-धीरे चलाना, घुमाना-फिराना।
**रिंच** पु० *(अं०)* नट-बोल्ट खोलने का औजार, पाना।
**रिन्द** धार्मिक बन्धनों को न माननेवाला।
**रिन्दा**† वि० निरंकुश, उद्धत।
**रिअना**† पु० एक तरह का कीकर।
**रिआयत** स्त्री० *(अ०)* मुरौवत, पक्षपात, तरफदारी; मेहरबानी, ध्यान, ख्याल; नरमी, रहम; बचाव।
**रिआयती** वि० रिआयत किया हुआ।
**रिआया** स्त्री० *(अ०)* प्रजा; रअय्यत।
**रिकसा**† स्त्री० लीख।
**रिकाब** स्त्री० रकाब।
**रिकाबी** स्त्री० रकाबी।
**रिकेट्स** पु० *(रिकेट्स)* बच्चों का सूखा रोग जो आहार में विटैमिन डी की कमी के कारण उत्पन्न हो जाता हैं।
**रिक्क़त** स्त्री० *(अ०)* दया, कृपा; पतलापन।
**रिक्त** पु० *(सं०)* जंगल। वि० खाली, शून्य, निर्धन।
**रिक्तता** स्त्री० *(सं०)* शून्यता, खाली होना।
**रिक्थ हस्त** वि० जिसके हाथ में पाई भी न हो।
**रिक्श** पु० *(सं०)* उत्तराधिकार में प्राप्त धन।
**रिक्थी(थिन्)** पु० *(सं०)* रिक्थहारी।
**रिक्ष** पु० ऋक्ष।
**रिक्षपति** पु० ऋक्षपति, जाम्बवान।
**रिक्षा** स्त्री० *(सं०)* त्रसरेणु; जूँ का अण्डा, लीख।
**रिखि*** पु० ऋषि।
**रिचा*** स्त्री० वेदोक्त श्लोक, ऋचा।
**रिचीक*** पु० ऋचीक।
**रिच्छ** पु० भालू, रिक्ष।
**रिज़्क़** पु० *(अ०)* खुराक; राजी, जीविका।
**रिज़र्व** वि० *(अं०)* अन्ततः प्रयोग के लिए सुरक्षित।
**रिज़र्विस्ट** पु० *(अं०)* रक्षित सेना या सैनिक।
**रिज़ल्ट** पु० *(अं०)* परीक्षाफल; नतीजा, फल।
**रिजवान** पु० *(अ०)* रजा; बरकत; स्वर्ग, बहिश्त।
**रिज़ाला** वि० *(अ०)* कमीना, पाजी, नीच कर्मा।
**रिजीली*** स्त्री० दुष्टता, निर्लज्जता।
**रिजु** वि० सीधा, ऋजु।
**रिझकवार*** पु० रीझनेवाला; गुण पर प्रसन्न होनेवाला।
**रिझायल** वि० रीझने वाला।
**रिझाव** पु० मुग्ध होना, भाव।
**रिझवना** स० क्रि० रिझावना।
**रिझवार*, रिझवैया** पु० प्रेमी, अनुरागी।
**रिझाना** स० क्रि० किसी को लुभाना या मोहित करना।
**रिटर्निंग अफसर** पु० *(अं०)* चुनाव के समय मतगणना एवं परिणाम की घोषणा करनेवाला अधिकारी।
**रिटायर** वि० *(अं०)* *(रिटायर्ड)* अवकाश प्राप्त।
**रिटायरमेण्ट** स्त्री० *(अं०)* अवकाश प्राप्ति।
**रिटेल कीमत** स्त्री० *(अं०, अ०)* खुदरा मूल्य।
**रिटेल स्टाकिस्ट** पु० *(अं०)* खुदरा भण्डारी।
**रितना*** अ० क्रि० खाली होना।
**रितवना*** स० क्रि० खाली करना।
**रिद्धि*** स्त्री० ऋद्धि।
**रिद्धिसिद्धि** स्त्री० ऋद्धि-सिद्धि।

**रिधम** पु० *(सं०)* वसन्त; प्रेम।
**रिन*** पु० ऋण।
**रिनबन्धी** वि० कर्जदार।
**रिनिआँ, रिनियाँ*** वि० ऋणी।
**रिनी**† वि० कर्जदार, ऋणी।
**रिप** पु० *(सं०)* शत्रु।
**रिपब्लिक** स्त्री० *(अं०)* गणतन्त्र, प्रजातन्त्र।
**रिपब्लिकघाती** पु० शत्रुनाशक।
**रिपब्लिकन** वि० *(अं०)* प्रजातन्त्रीय।
**रिपु** पु० *(सं०)* लग्न से छठा स्थान; वैरी, शत्रु।
**रिपुता** स्त्री० *(सं०)* वैर, शत्रुता।
**रिपेयर** पु० *(अं०)* सुधार, मरम्मत।
**रिपोर्ट** स्त्री० *(अं०)* ज्ञातव्य बातों का विवरण, व्यक्ति।
**रिपोर्टर** पु० *(अं०)* संवाददाता।
**रिप्र** वि० *(सं०)* नीच। पु० पाप, पातक; कालुष्य।
**रिफ़ॉर्म** पु० *(अं०)* संस्कार या दोष या त्रुटि दूर करना।
**रिफ़ॉर्मर** पु० *(अं०)* समाज-सुधारक।
**रिफ़ॉर्मेशन** स्त्री० *(अं०)* संशोधन, सुधार।
**रिफॉर्मेटरी** स्त्री० *(अं०)* अल्पवयस्क अपराधियों को सुधार हेतु जेल में रखने की जगह।
**रिफ्यूजी** पु० *(अं०)* शरणार्थी।
**रिमझिम** स्त्री० हलकी फुहार पड़ना।
**रिमाण्ड** पु० *(अं०)* वापस हवालात भेजना।
**रिमाइण्डर** पु० *(अं०)* अनुस्मारक।
**रिमार्क** पु० *(अं०)* मत प्रकट करना, राय देना।
**रिमिका** स्त्री० काली मिर्च की बेल।
**रियर एडमिरल** पु० *(अं०)* सह नौ सेनाध्यक्ष।
**रिया** स्त्री० *(अं०)* बनावट, दिखावा, पाखण्ड, मक्कारी।
**रियाई** वि० *(अं०)* फरेबी, मक्कार।
**रियाज़** पु० *(अ०)* तपस्या, अभ्यास, बारीक काम।
**रियाज़त** स्त्री० *(अ०)* मेहनत, मशक्कत; अभ्यास।
**रियासती** वि० रियासत का; रियासत-सम्बन्धी।
**रियाह** स्त्री० *(अ०)* अफरा, पेट की वायु।
**रिंसा** स्त्री० *(सं०)* विहार या सम्भोग की इच्छा।
**रिर*** स्त्री० जिद, हठ।
**रिरना**† अ० क्रि० गिड़गिड़ाना, दीनता प्रकट करना।
**रिरिहा**† पु० रट लगाकर माँगने वाला।
**रिलना*** अ० क्रि० मिल जाना, एक हो जाना; पैठना।
**रिलीफ़** पु० *(अं०)* साहाय्य, सहायता।
**रिवाज** पु० *(अ०)* प्रथा, रीति, चलन।
**रिवायत** स्त्री० *(अ०)* तहरीरी फतवे; सुनी बात दुहराना।
**रिवाल्वर** पु० *(अं०)* एक प्रकार का तमंचा जिसमें एक साथ कई गोलियाँ भरी जाती हैं।
**रिव्यू** स्त्री० (*अं०*) आलोचना; समीक्षा; फैसले पर पुनर्विचार (अदालत)।
**रिश्ता** पु० *(फ़ा)* सम्बन्ध, नाता।
**रिश्य** पु० *(सं०)* मृग।
**रिश्वत** स्त्री० *(अ०)* सुविधा शुल्क, घूस, उत्कोच।
**रिषीक** वि० *(सं०)* हानिकारक। पु० शिव।
**रिष्टि** स्त्री० *(सं०)* खड्ग; अशुभ।
**रिष्यमूक** पु० *(सं०)* एक पहाड़।
**रिस** स्त्री० कोप, क्रोध।
**रिसना** अ० क्रि० छोटे-छोटे छेदों से तरल द्रव्य कास धीरे-धीरे बहना निकलना चूना।
**रिसवाना**† स० क्रि० रिसाना।
**रिसहा*** वि० क्रोधी, बात-बात पर बिगड़नेवाला।
**रिसहाया*** वि० कुपित, क्रुद्ध।
**रिसान** पु० ताने के सूतों को साफ करना।
**रिसाना*** अ० क्रि० नाराज होना, क्रुद्ध होना।
**रिसानी*** स्त्री० क्रोध।
**रिसाल**† पु० अन्य स्थानों से कर या चुंगी वसूल करके राजधानी भेजा जाना।
**रिसालत** स्त्री० *(अ०)* पैगम्बरी।
**रिसाला** पु० *(अ०)* सौ सवारों की अश्वारोही सेना।
**रिसि*** स्त्री० *(हि०)* रिस, क्रोध, पाप।
**रिसिआना, रिसियाना*** स० क्रि० किसी पर बिगड़ना।
**रिसिक** स्त्री० तलवार, खड्ग।
**रिसौंहा*** वि० किंचित कुपित, क्रुद्ध।
**रिस्टवाच** स्त्री० *(अं०)* कलाईघड़ी।
**रिहड़ी** स्त्री० रेतीली जमीन।
**रिहन** पु० *(अ०)* किसी वस्तु को गिरवी रखना; रेहन।
**रिहलत** स्त्री० *(अ०)* मौत (करना, होना के साथ)।
**रिहा** वि० *(फ़ा)* उबरा हुआ, बचा हुआ (संकट आदि से) मुक्त।
**रिहाई** स्त्री० छुटकारा, मुक्ति।
**रीधना** स० क्रि० किसी वस्तु को उबालना, राँधना।

**री** स्त्री० *(सं०)* टपकना, क्षरण; वध; गति; शब्द।
**रीगन**† पु० भादों-कुआर में होनेवाला धान।
**रीछ** पु० भालू।
**रीछपति, रीछराज** पु० जामवन्त।
**रीज्या** स्त्री० *(सं०)* घृणा; भर्त्सना, निन्दा।
**रीझ** स्त्री० प्रसन्न होने या मोहित होने की क्रिया।
**रीझना** अ० क्रि० मोहित होना; मुग्ध होना।
**रीठ*** वि० अशुभ; खराब। स्त्री० युद्ध; तलवार।
**रीठा** †पु० चूना बनाने के लिए कंकड़ फूँकने का भट्ठा। एक जंगली वृक्ष विशेष, उसका फल जिससे कपड़े, बाल साफ किये जाते हैं।
**रीढ़** स्त्री० गर्दन से कटि तक जानेवाली एक अस्थि।
**रीढक** पु० *(सं०)* रीढ़।
**रीढा** स्त्री० *(सं०)* अवज्ञा।
**रीण** वि० *(सं०)* चुआ या टपका हुआ, च्युत, क्षरित।
**रीत** स्त्री० रीति।
**रीतना*** अ० क्रि० रिक्त होना, खाली होना।
**रीता** वि० शून्य, रिक्त, खाली।
**रीति** स्त्री० *(सं०)* माधुर्य, प्रमाद की उत्पत्ति हो।
**रीतिक** पु० *(सं०)* पुष्पांजन।
**रीतिका** स्त्री० *(सं०)* जस्ते का भस्म; पीतल।
**रीतिकाव्य** पु० *(सं०)* ऐसा काव्य जिसमें रस, अलंकार रीति विषयक वर्णन हो।
**रीति-नीति** स्त्री० *(सं०)* रस्म-रिवाज।
**रीतिबद्ध** वि० *(सं०)* नियम बद्ध।
**रीम** स्त्री० *(अं०)* बीस दस्ते कागज की गड्डी।
**रीषमूक*** पु० ऋष्यमूक नामक पर्वत।
**रीस** स्त्री० *डाह; रिस; स्पर्धा, बराबरी।
**रीसना*** अ० क्रि० क्रुद्ध होना, खफा होना।
**रीसा, रीहा** स्त्री० एक झाड़ी, बनरीहा।
**रुण्टगेन** पु० *(दी रेण्टजेन)* नाभिकीय विकिरण द्वारा उद्भासन का मात्रक।
**रुण्ड** पु० *(सं०)* जिसमें सिर न हो; कबन्ध, धड़।
**रुँदवाना** स० क्रि० विभूति; दूतिका; खुँदवाना।
**रुन्धती*** स्त्री० वसिष्ठ की पत्नी, अरुन्धती।
**रुँधना** अ० क्रि० घिरना, रोक; उलझना, फँसना।
**रु** *अ० *(सं०)* अरु का संक्षिप्त रूप।
**रुआँसा** वि० रोने को होनेवाला।
**रुआ** * पु० †एक आने का चतुर्थांश, एक पैसा, रोआँ।
**रुआना*** स० क्रि० रुलाना।
**रुआब**† पु० रोब; दबदबा; आतंक, भय।
**रुईं** स्त्री० एक पेड़ जिसकी छाल।
**रुई** वि० रुई के समान नरम या मुलायम।
**रुकना** अ० क्रि० कार्य बाधित होना।
**रुकमंजनी** स्त्री० रुक्मांजनी का फूल।
**रुकाव** पु० अवरोध, अटकाव; मलावरोध, कब्ज।
**रुकावट** स्त्री० बाधा, रोक।
**रुक्(च्)** स्त्री० *(सं०)* आनन्द, शोभा, कान्ति; इच्छा।
**रुक़्क़ा** पु० *(अ०)* निमन्त्रणपत्र; छोटा पत्र, चिट।
**रुक्ख*** पु० वृक्ष, रूख।
**रुक्म** वि० *(सं०)* चमकीला। लोहा; धतूरा; सोना।
**रुक्मांजनी** स्त्री० एक फूलदार पौधा।
**रुक्मिण** स्त्री० रुक्मिणी।
**रुक्मिणी** स्त्री० *(सं०)* कृष्ण की प्रथम पत्नी।
**रुक्ष** पु० *(सं०)* वृक्ष। वि० नीरस; कठोर; रूखा।
**रुक्षता** स्त्री० *(सं०)* रुखाई, रूखापन।
**रुख** पु० तृण, घास।
**रुख़** अ० *(फ़ा)* सामने; तरफ, ओर।
**रुखचढ़वा** पु० बन्दर।
**रुख़दार** पु० *(फ़ा)* बाजार भाव (घटता हुआ)।
**रुख़सत** स्त्री० *(अ०)* रवानगी, प्रस्थान; मुहलत।
**रुख़सार** पु० *(फ़ा)* गाल, कपोल।
**रुखाई** स्त्री० बेमुरौवती, शील का त्याग।
**रुखाना*** स० क्रि०...की तरफ रुख करना, लगाना।
**रुखानी** स्त्री० संगतराशों की टाँकीर, टाँकी।
**रुखावट, रुखाहट** स्त्री० रुखाई।
**रुखिता*** स्त्री० क्रोध करनेवाली नायिका; मानवती।
**रुखिया**† स्त्री० पेड़ों से ढकी जमीन।
**रुखुरी**† स्त्री० छोटा पौधा; चबैना, भुना हुआ चना।
**रुखौंहा** वि० जो रुखाई लिये हो, रूखा-सा।
**रुगना**† पु० एक पशुरोग, टपका।
**रुगिया**† वि० रोगी।
**रुग्ण** वि० *(सं०)* टेढ़ा; झुका हुआ; अस्वस्थ, बीमार।
**रुग्णतावकाश** पु० *(मेडिकल लीव)* बीमारी के कारण ली गयी छुट्टी।
**रुग्** रुक् का समासगत रूप।
**रुग्मी(मिन्)** पु० *(सं०)* जम्बूद्वीप का एक पर्वत।

**रुच*** स्त्री० अच्छा लगनेवाला, रुचि, पसन्द।
**रुचक** पु० *(सं०)* माला; सज्जीखार; काला नमक।
**रुचना** अ० क्रि० अच्छा लगना, पसन्द आना।
**रुचा** स्त्री० *(सं०)* शोभा, छवि, सुन्दरता; कामना।
**रुचि** स्त्री० *(सं०)* कान्ति; किरण; शोभा, सुन्दरता।
**रुचिकर** पु० अच्छा लगने वाला।
**रुचित** पु० *(सं०)* इच्छा। वि० मनचाहा, इच्छित।
**रुचिता** स्त्री० *(सं०)* रुचि होना; शोभा, सुन्दरता।
**रुचिर** पु० *(सं०)* मूली; लौंग, केशर; कुंकुम।।
**रुचिरांजन** पु० *(सं०)* शोभांजन, सहिजन।
**रुचिरा** स्त्री० *(सं०)* मूली; एक मात्रिक छन्द; लौंग।
**रुचिराई*** स्त्री० मनोहरता, सुन्दरता।
**रुचिष्य** वि० *(सं०)* जिसे पाने की इच्छा हो।
**रुची** स्त्री० रुचि।
**रुच्छ*** वि० रूखा, क्रुद्ध; कठोर (व्यवहार में)।
**रुच्य** पु०*(सं०)*सेंधा नमक; पति, स्वामी; जड़हन धान।
**रुजा** स्त्री० *(सं०)* कष्ट; थकावट; भेड़, रोग।
**रुजापह** वि० *(सं०)* रोग दूर करनेवाला।
**रुजार्त** वि० *(सं०)* रोगी, रोग से पीड़ित।
**रुजाली** स्त्री० (सं०) पीड़ा का समूह, रोग।
**रुजी*** वि० बीमार, रोगी।
**रुजू** पु० किसी ओर जी लगना, झुकाव होना।
**रुझना*** अ० क्रि० अरुझना, उलझना; भरना, पूजना।
**रुझनी** स्त्री० एक छोटी चिड़िया।
**रुट् (ष्)** स्त्री० *(सं०)* क्रोध।
**रुठ*** पु० गुस्सा, क्रोध।
**रुठना** †वि० रूठने-मचलने वाला। अ० क्रि० रूठना।
**रुठाना** स० क्रि० असन्तुष्ट करना, नाराज करना।
**रुतबा** पु० *(अ०)* इज्जत, ओहदा, दर्जा, कदर, पाया।
**रुदन्ती** स्त्री० *(सं०)* एक छोटा पौधा, संजीवनी, रोती हुई नारी।
**रुदथ** पु० *(सं०)* मुर्गा; कुत्ता; बच्चा।
**रुदन** पु० रोना, क्रन्दन; विलाप।
**रुदराछ*** पु० रुद्राक्ष।
**रुदित** पु० *(सं०)* क्रन्दन, रुदन।
**रुद्ध** वि० *(सं०)* मुँदा हुआ; घेरा हुआ।
**रुद्धक** पु० *(सं०)* नमक।
**रुद्धककण्ठ** वि० जो बोल न सका हो।
**रुद्र** वि० *(सं०)* डरावना, भयंकर; रोनेवाला, चिल्लाने वाला। रौद्र रस; शिव का रूप-विशेष।
**रुद्रक**† पु० रुद्राक्ष।
**रुद्रट** पु० *(सं०)* शतानन्द, रुद्रभट्ट।
**रुद्रवन्ती** स्त्री० एक वनौषधि।
**रुद्रवान्(वत्)** पु० *(सं०)* सोम; इन्द्र; अग्नि।
**रुद्रा** स्त्री० *(सं०)* एक गन्धद्रव्य; रुद्रजटा पौधा।
**रुद्राक्रीड** पु० *(सं०)* मरघट, श्मशान।
**रुद्राक्ष** वि० *(सं०)* लाल आँखों वाला।
**रुद्राणी** स्त्री० *(सं०)* पार्वती, शिव की पत्नी।
**रुद्रारि** पु० *(सं०)* कामदेव।
**रुद्रावास** पु० *(सं०)* शिव का वासस्थान–श्मशान।
**रुद्रिय** पु० *(सं०)* प्रसन्नता, आनन्द।
**रुद्री** स्त्री० *(सं०)* रुद्रवीणा, वेद के रुद्रानुवाक।
**रुद्रोपस्थ** पु० *(सं०)* एक पर्वत।
**रुधिर** वि० *(सं०)* लाल रंग का।
**रुधिराक्त** वि० *(सं०)* खून की तरह लाल; खून से भरा हुआ; खून से भीगा हुआ।
**रुधिराख्य** पु० *(सं०)* एक स्वल्प मणि।
**रुधिरानन** पु० *(सं०)* मंगल की वक्र गति।
**रुधिराभिसरण** पु० *(सं०)* रक्त परिभ्रमण।
**रुधिरामय** पु० *(सं०)* एक रोग, रक्तपित्त।
**रुधिराशन** वि० *(सं०)* रुधिर पीने, रुधिर से जीनेवाला।
**रुधिराशी(शिन्)** वि० *(सं०)* खून पीने वाला।
**रुधिरोद्गारी(रिन्)** वि० *(सं०)* रुधिर वमन करनेवाला।
**रुनझुन** स्त्री० नूपुर झनकार।
**रुनाई*** स्त्री० अरुणाई, लालिमा।
**रुनुक, झुनुक** स्त्री० नूपुर ध्वनि।
**रुनित*** वि० बजता, झनकार करता हुआ।
**रुनझुनु*** स्त्री० नूपुर आदि की झनकार।
**रुनुल** पु० एक प्रकार का बेत।
**रुन्नी**† स्त्री० अमरूद।
**रुपना** अ० क्रि० लगाया जाना, रोपा जाना।
**रुपमनी*** वि० स्त्री० रूपवती।
**रुपया** पु० धन-सम्पदा; भारत का मुख्य सिक्का जो धातु से बनता है।
**रुपहरा**† वि० चाँदी का-सा उज्ज्वल तथा चमकीला।
**रुपहला** वि० चाँदी जैसा, चाँदी के रंग का।
**रुपा**† पु० घटिया चाँदी, रूपा।
**रुपिका** स्त्री० *(सं०)* आक, मदार।

**रुपैया**† पु० रुपया।
**रुबाई** स्त्री० *(अ०)* चार पंक्तियों की एक कविता।
**रुमंच*** पु० रोमांच।
**रुमांचित*** वि० रोमांचित।
**रुमा** स्त्री० *(सं०)* नमक की एक खान; सुग्रीव की पत्नी।
**रुमाली** स्त्री० मुगदर भाँजने, हिलाने का एक ढंग।
**रुरना*** अ० क्रि० छा जाना, शोभित होना।
**रुराई*** स्त्री० शोभा, सौन्दर्य।
**रुरु** पु० *(सं०)* विश्वेदेवों का एक गण; एक भैरव।
**रुरुआ** पु० बड़ी प्रजाति का उल्लू।
**रुरुक्षु** वि० जो चिकना न हो, रूखा।
**रुलना**† अ० क्रि० हिलना-डुलना, इधर-उधर फिरना।
**रुलाई** स्त्री० रोने की इच्छा या प्रवृत्ति; रोना।
**रुवु, रुवुक, रुवूक** पु० *(सं०)* एरण्ड वृक्ष।
**रुष** पु० *(सं०)* गुस्सा; क्रोध।
**रुषा** स्त्री० *(सं०)* गुस्सा, क्रोध।
**रुषान्वित** वि० *(सं०)* क्रोध से भरा हुआ।
**रुषित** वि० *(सं०)* क्रुद्ध; नाराज; दुःखी।
**रुष्कर** पु० *(सं०)* कस्तूरी बूटी; भिलावाँ।
**रुष्ट** वि० *(सं०)* क्रुद्ध, नाराज, अप्रसन्न।
**रुष्टता** स्त्री० *(सं०)* रुष्ट होने का भाव, अप्रसन्नता।
**रुष्टपुष्ट**† वि० हट्टा-कट्टा; हृष्ट-पुष्ट।
**रुसित*** वि० अप्रसन्न, रुष्ट।
**रुसूख़** पु० *(अ०)* एतबार; मजबूती; प्रेम-व्यवहार।
**रुसूम** पु० रसूम।
**रुसूल** पु० *(अ०)* पैगम्बर, रसूल।
**रुस्त** वि० *(फ़ा)* दिलेर; ताकतवर; मजबूत।
**रुस्तनी** वि० *(फ़ा)* जहाँ कोई चीज उगे; जो उगे।
**रुस्तम** वि० *(फ़ा)* निर्भीक; शूर, वीर, बहादुर; छिपा हुआ गुणी।
**रुहक** पु० *(सं०)* सूराख, छेद।
**रुहटि*** स्त्री० रूठना बेईमानी।
**रुहा** स्त्री० *(सं०)* ककड़ी; दूब; लाजवन्ती।
**रुहिर*** पु० लहू, रक्त, रुधिर।
**रुहेलखण्ड** पु० रुहेले पठानों का प्रदेश।
**रुहेला** पु० पठानों की एक जाति।
**रूँखड़** पु० भिक्षुक।
**रूँगटा** पु० रोंगटा।
**रूँदना** स० क्रि० रौंदना।
**रूँध** वि० रुका हुआ।
**रूँधना** स० क्रि० रास्ता बन्द कर देना छेकना।
**रू** पु० *(फ़ा)* वजह; कारण; ध्यान; शक्ल, सूरत।
**रूई** स्त्री० रुई।
**रूक** *स्त्री० तलवार। पु० एक औषधोपयोगी वृक्ष।
**रूख** *वि० रूखा। पु० पेड़, वृक्ष।
**रूक्षता** स्त्री० रूखापन।
**रूखड़ा**† पु० पेड़, वृक्ष।
**रूखना*** अ० क्रि० नाराज होना, रूठना।
**रूखरा** वि० रूखा। पु० पेड़, वृक्ष।
**रूखा** वि० स्नेहहीन; खुरदरा; कठोर; उदासीन, विरक्त।
**रूझना*** अ० क्रि० अरुझना, उलझना।
**रूट** पु० *(अं०)* मार्ग, रास्ता।
**रूटीन** पु० *(अं०)* नित्यकर्म, नित्यचर्या।
**रूठ*** *(हि०)* स्त्री० नाराज होना, रूठना।
**रूठना** अ० क्रि० अप्रसन्न, नाराज होना।
**रूठनि*** स्त्री० रूठन।
**रूड़, रूड़ा*** वि० उत्तम; श्रेष्ठ।
**रूढ** पु० *(सं०)* व्युत्पत्ति प्राप्त अर्थ अकेला; कठोर।
**रूढा** स्त्री० *(सं०)* प्रचलित अर्थ में विनियुक्त लक्षणा *(सा०)*, प्रसिद्ध।
**रूढि** स्त्री० *(सं०)* उभार, उठान; वृद्धि।
**रूद** पु० *(फ़ा)* गीत; साज का तार; सुन्दर युवक।
**रूप** वि० *(सं०)* प्रकृति, दशा खूबसूरत, सुन्दर; समान, अनुरूप।
**रूपक** पु० *(सं०)* मूर्ति; भेद, प्रकार; चिह्न।
**रूपण** पु० *(सं०)* परीक्षा प्रमाण; आरोप करना।
**रूपतम** वि० बड़ा सुन्दरी।
**रूपता** स्त्री० *(सं०)* रूपत्व; सुन्दरता।
**रूपधर** वि० सुन्दर।
**रूपधारी** वि० बहुरूपिया।
**रूपमनी*** वि० स्त्री० रूपवती।
**रूपमय** वि० *(सं०)* परम सुन्दर, रूपवान।
**रूपवन्त, रूपव*** वि० सुन्दर, रूपवान्।
**रूपवती** वि० स्त्री० *(सं०)* सुन्दरी। स्त्री० रुक्मवती।
**रूपवान् (वत्)** वि० *(सं०)* जो किसी रंग, वर्ण का हो।
**रूपसी*** स्त्री० रूपवती स्त्री।

**रूपहानि** स्त्री० रूपनाश।
**रूपांक** पु० *(सं०)* डिजाइन, रूपरेखा।
**रूपांकक** पु० *(सं०)* अभिकल्पक, डिज़ाइनर।
**रूपांकन** पु० *(डिज़ाइनिंग)* अभिकल्पन।
**रूपा** पु० सफेद रंग का घोड़ा; सफेद बैल; घटिया चाँदी।
**रूपाजीवा** स्त्री० *(सं०)* रण्डी, वेश्या।
**रूपाधिबोध** पु० *(सं०)* इस पदार्थ का इन्द्रिय से प्राप्त ज्ञान।
**रूपावली, रूपावलि** स्त्री० शब्द की विभक्तियों का वर्णन।
**रूपाध्यक्ष** पु० *(सं०)* कोषाध्यक्ष, नैष्ठिक।
**रूपाश्रय** पु० *(सं०)* रूपवान, सुन्दर पुरुष।
**रूपिका** स्त्री० *(सं०)* सफेद, मदार।
**रूपी(पिन०)** वि० *(सं०)* समान, सदृश; सुन्दर, रूपवान्।
**रूपेन्द्रिय** स्त्री० *(सं०)* आँख, नेत्र।
**रूपोपजीविनी** स्त्री० *(सं०)* वेश्या, रण्डी।
**रूपोपजीवी(विन्)** पु० *(सं०)* बहुरूपिया, नट।
**रूप्य** वि० *(सं०)* मुद्रांकित; सुन्दर; उपमेय। पु० सोना।
**रूप्याध्यक्ष** पु० *(सं०)* खजांची।
**रूम** पु० *(अं०)* कमरा, कक्ष।
**रूमना*** अ० क्रि० झूमना, झूलना।
**रूमानिया** पु० एक यूरोपीय देश।
**रूमाल** पु० *(फ़ा)* शाल आदि का चौकोर टुकड़ा।
**रूमी** वि० *(फ़ा)* रूम देश का; रूम देश का निवासी।
**रूर** वि० *(सं०)* गरम, जला हुआ।
**रूरना*** अ० क्रि० चिल्लाना, गरजना, दहाड़ना।
**रूरा** वि० उत्तम, अच्छा।
**रूल** पु० *(अं०)* शासन; नियम, कायदा; रेखा खींचने की पेंसिल।
**रूलना*** स० क्रि० *(सं०)* दबा देना।
**रूष*** पु० रूख।सजाने वाला। पु० अडूसा।
**रूषण** पु० *(सं०)* अनुलेपन; सजाना, भूषित करना।
**रूषा** * वि० रूखा।
**रूषित** वि० *(सं०)* धूलि आदि से भरा हुआ।
**रूस** पु० *(फ़ा)* सोवियत रूस, यूरोप-एशिया के भूखण्ड पर फैला हुआ देश।
**रूसना** अ० क्रि० *(हि०)* नाराज होना, रूठना।
**रूसा** पु० अडूसा।
**रूसी** वि० *(फ़ा०)* रूस में उत्पन्न; रूस का, रूस की भाषा, सिर पर जमने वाला मैल।
**रूह** स्त्री० *(अ०)* आभ्यान्तरिक इच्छा; प्राणवायु; आत्मा।
**रूहड** स्त्री० पुरानी रुई
**रूहना*** स० क्रि० घेरना। अ० क्रि० उमड़ना; चढ़ना।
**रूहानी** वि० अन्तःकरण सम्बन्धी, दिली।
**रूही** स्त्री० अहिगन्धा, ईसरमूल; मायरी, खौरी।
**रेंकना** अ० क्रि० बुरी तरह से चिल्लाना, बोलना।
**रेंगटा** पु० गधे का बच्चा।
**रेंगना** अ० क्रि० धीरे-धीरे खिसकना; कीड़ा।
**रेंगनी** स्त्री० भटकटैया।
**रेंगाना** स० क्रि० पेट के बल या धीरे-धीरे चलाना।
**रेण्ट** पु० *(अं०)* घर, भूमि का किराया; लगान।
**रेण्टा** पु० लिसोड़े का फल।
**रेंड** पु० औषध के काम में आनेवाला एक वृक्ष एरण्ड।
**रेंड़ना**† अ० क्रि० गर्भित होना, प्रौढ़ होना।
**रेंड़ी** स्त्री० एरण्ड का बीज।
**रेन्दी** स्त्री० ककड़ी, खरबूजे की बतिया।
**रे** अ० *(सं०)* सम्बोधन का शब्द, अरे, ए, ओ, अरे।
**रेउता** पु० पंखा, व्यंजन। *(अ०)*
**रेक** पु० *(सं०)* शंका; सन्देह; नीच, छोटी जाति का व्यक्ति।
**रेकार्ड** पु० *(अं०)* इन्दराज; दफ्तर के कागज-पत्र, अभिलेख।
**रेख** स्त्री० चिह्न, निशान; निकलती हुई मूँछें, मस।
**रेख्ता, रेखता** पु० *(फ़ा)* उर्दू का आरम्भिक नाम।
**रेखना*** स० क्रि० खरोंचना; चिह्न करना; लकीर।
**रेखांकन** पु० *(सं०)* रेखाएँ अंकित करना।
**रेखांकित** वि० *(सं०)* रेखांकन किया गया।
**रेखांश** पु० *(सं०)* याम्योत्तर वृत्त का कोई अंश।
**रेखा** स्त्री० *(सं०)* लकीर; कतार, पंक्ति; आकृति।
**रेखागणित** पु० रेखा सिद्धान्त गणित।
**रेखित*** वि० रेखा, लकीर खींचा हुआ।
**रेग** स्त्री० *(फ़ा)* बालू, रेत।
**रेगिस्तान** पु० बालू का मैदान, मरुस्थल।

**रेगुलर** वि० *(अं०)* नियमित, व्यवस्थित।
**रेचक** पु० *(सं०)* जमालगोटा। वि० दस्त लानेवाला।
**रेचनीय** वि० दस्तावर, शौच लाने वाला।
**रेचन** पु० *(सं०)* जुलाब; दस्त लाना।
**रेचित** वि० *(सं०)* साफ किया हुआ।
**रेच्य** पु० *(सं०)* भेदक जुलाब।
**रेज़** वि० *(फ़ा)* बहाने वाला।
**रेजगारी**ं स्त्री० रुपये के मूल्य के छोटे सिक्के।
**रेज़श** स्त्री० *(फ़ा)* नाक से पानी बहना; डालना।
**रेजा**ं पु० अँगिया।
**रेज़ा** पु० *(फ़ा)* सुनारों का एक औजार।
**रेज़िश** स्त्री० *(फ़ा)* जुकाम।
**रेजू** पु० ब्रश बनाने का एक तरह का रेशा।
**रेट** पु० *(अं०)* कीमत, भाव, मूल्य, गति, चाल।
**रेडिअम** पु० *(अं०)* एक प्रकाशमय बहुमूल्य धातु।
**रेडिएटर** पु० *(अं०)* विकिरक।
**रेडिकल** वि० *(अं०)* मूलभूत, मौलिक।
**रेडियम** पु० *(अं०)* एक प्रकार की बहुमूल्य धातु।
**रेडियेशन** पु० *(अं०)* प्रसारण; विकिरण।
**रेडियो** पु० *(अं०)* आकाशवाणी; ध्वनि ग्रहण यन्त्र।
**रेणु** स्त्री० *(सं०)* कणिका, बहुत छोटा कण; धूल।
**रेणुका** स्त्री० *(सं०)* पृथ्वी; परशुराम की माता; बाल।
**रेत** स्त्री० बालू; बलुई भूमि।
**रेती** स्त्री० लोहा रेतने का अस्त्र।
**रेत(स्)** पु० *(सं०)* जल; वीर्य; पारा।
**रेतना** स० क्रि० धीरे-धीरे रगड़कर काटना ।
**रेता** पु० बलुई भूमि; बालू।
**रेती, रेतिया** पु० रेतने वाला।
**रेतला, रेतीला** वि० बलुआ, रेत युक्त।
**रेत्य** पु० *(सं०)* पीतल।
**रेत्र** पु० *(सं०)* वीर्य, शुक्र; पारा; अमृत, पीयूष।
**रेनु** पु० रेणु।
**रेनी** स्त्री० अलगनी; रंग देने वाली वस्तु।
**रेप** वि० *(सं०)* क्रूर; कृपण; निन्दित, घृणित।
**रेप** पु० *(अं०)* बलात्कार।
**रेफ** पु० र का महारूप, राग।
**रेल** स्त्री० बहुतायत; बहाव, धारा; भीड़।
**रेलना** अ० क्रि० अधिक होना, खूब भरा होना।
**रेलवे** स्त्री० *(अं०)* रेल विभाग; रेलमार्ग।
**रेला** पु० अधिकता; समूह; पंक्ति; भीड़भाड़; चढ़ाइ।
**रेवट** पु० *(सं०)* सूअर; विषवैद्य; बाँस।
**रेवड़** पु० भेड़ों का समूह, झुण्ड।
**रेवड़ी** स्त्री० तिल मिश्रित चीनी की गोलियाँ।
**रेवना**ं स० क्रि० किसी चीज के सहारे लटकाना।
**रेश** स्त्री० *(फ़ा)* बड़ी और लम्बी दाढ़ी।
**रेशम** पु० *(फ़ा)* रेशम का सूत; उम्दा।
**रेशा** पु० *(फ़ा)* सुतड़ा, सूत की-सी इकहरी चीज।
**रेशियो** पु० *(अं०)* अनुपात।
**रेष** *स्त्री० *(सं०)* रेख। पु० क्षति; हानि; हिंसा।
**रेसर** पु० *(अं०)* दौड़ लगाने वाला।
**रेस्टोरेण्ट, रेस्तराँ** पु० *(अं०)* भोजनालय।
**रेस्पाण्डेण्ट** पु० *(अं०)* प्रतिवादी।
**रेह** स्त्री० खार (क्षार) मिश्रित धूल।
**रेहन** पु० *(फ़ा)* गिरवी, बन्धक।
**रैअत** पु० प्रजा।
**रेहुआ** वि० रेहवाला, जिसमें रेह अधिक हो।
**रैक** पु० *(अं०)* खुली आलमारी; टाँड़।
**रैकेट** पु० *(अं०)* टेनिस खेलने का बल्ला।
**रैतिक** वि० *(सं०)* पीतल-सम्बन्धी; पीतल का।
**रैतुवा** पु० रायता।
**रैत्य** पु० *(सं०)* पीतल का बर्तन।
**रैदास** पु० एक प्रसिद्ध चर्मकार भक्त।
**रैदासी** स्त्री० पु० रैदासी सम्प्रदाय के।
**रैन, रैनि*** स्त्री० रात।
**रैनिचर** पु० राक्षस।
**रैयाराब** पु० छोटा राजा, सरदार।
**रैल*** स्त्री० समूह, झुण्ड; राशि।
**रैली** स्त्री० *(अं०)* जमाव।
**रैवत्य** पु० *(सं०)* एक प्रकार का साम; धन, दौलत।
**रैसा**ं पु० विवाद; झगड़ा, लड़ाई।
**रैहर** पु० लड़ाई, झगड़ा।
**रैहाँ** पु० *(अ०)* गुजारा; रहम, इनायत;।
**रोंआँ** पु० रोयाँ।
**रोंग** पु० लोभ, रौंआ।
**रोंगटा** पु० रोयाँ, लोम।
**रोंगटी** स्त्री० खेल में की जाने वाली बेईमानी।
**रोंघट** स्त्री० मिट्टी, मैल, धूल।
**रोंठा**ं पु० सुखायी हुई आम की खटाई, अमहर।

**रोंत*** स्त्री० ठकुराई।
**रोंसा†** पु० बोड़ेकी फली, लोबिया।
**रोआब** पु० रुआब।
**रोक** स्त्री० *(हि०)* काम करने पर प्रतिबन्ध; मनाही।
**रोक** वि० *(सं०)* चाल, गतिमान्। पु० दीप्ति।
**रोकड़** स्त्री० जमा, पूँजी; नकद रकम, रुपया।
**रोकड़िया** पु० खजांची, मुनीम, नकद रुपया,।
**रोकना** स० क्रि० प्रहार को बचाना, मना करना, बाधा डालना।
**रोख*** पु० रोष।
**रोग** पु० *(सं०)* शरीर की विकारपूर्ण अवस्था।
**रोग़न** पु० *(फ़ा)* लेप, वार्निश, पालिश
**रोग़नी** वि० *(फ़ा)* जिसके खमीर में रोगन मिलाया गया हो; वार्निश किया हुआ; रोगन युक्त।
**रोगाक्रान्त** वि० *(सं०)* रोग से पीड़ित, रोगी।
**रोगातुर** वि० पीड़ित।
**रोगाणु** पु० *(सं०)* जीवाणु, बैक्टीरिया।
**रोगाणु** पु० वे विषैले जीवाणु जो शरीर में पहुँचकर रोग उत्पन्न करते हैं।
**रोगार्त** वि० *(सं०)* दुःखी, रोग से व्याकुल।
**रोगित** पु० *(सं०)* कुत्ते का पागलपन।
**रोगिया** पु० रोगी।
**रोगी(गिन्)** वि० *(सं०)* अस्वस्थ, बीमार।
**रोगीवाहक गाड़ी** स्त्री० *(एम्बुलेंस कार)* अस्पताल गाड़ी।
**रोचक** वि० *(सं०)* रुचने वाला, प्रिय; मनोरंजन।
**रोचि(स्)** स्त्री० *(सं०)* किरण; ज्योति।
**रोज*** पु० विलाप, रोना-पीटना, रोदन।
**रोज़** अ० *(फ़ा)* प्रतिदिन, नित्य। पु० दिवस, दिन।
**रोज़गार** पु० *(फ़ा)* व्यवसाय, व्यापार, उद्यम।
**रोजगारी** पु० *(फ़ा)* सौदागर, व्यापारी।
**रोज़ा** पु० *(फ़ा)* रोजे का दिन; व्रत, उपवास; रोजे का महीना, रमजान।
**रोज़ाना** अ० *(फ़ा)* प्रतिदिन, हर रोज।
**रोज़ी** स्त्री० *(फ़ा)* रोज का खाना, नित्य का भोजन।
**रोज़ीना** पु० *(फ़ा)* पेंशन, वजीफा, खूराक।
**रोटका†** पु० बाजरा।
**रोटिका** स्त्री० *(सं०)* हलकी, छोटी रोटी।
**रोटी** स्त्री० खाना, भोजन; चपाती, फुलका।
**रोड** पु० *(अं०)* राजमार्ग, सड़क।
**रोडवेज** पु० *(अं०)* सरकारी मोटर गाड़ियों द्वारा यात्रियों के आवागमन की नियमित व्यवस्था।
**रोड़ी** स्त्री० ईंट या पत्थर की गिट्टियाँ जो सड़क आदि बनाने के काम आती हैं।
**रोड़ा** पु० पत्थर, ईंट, बड़ा कंकड़, बाधा।
**रोद(स्)** पु० *(सं०)* भूमि; स्वर्ग।
**रोदसी** स्त्री० पृथ्वी।
**रोदन** पु० *(सं०)* विलाप करना, रोना।
**रोदा** पु० धनुष् की डोरी, प्रत्यंचा; बारीक ताँत;।
**रोध** पु० *(सं०)* किनारा; घेरा; रोक, बाधा।
**रोधी** पु० रोधक।
**रोधक** वि० *(सं०)* रोकनेवाला।
**रोधन** पु० *(सं०)* दमन; बाधा, अवरोध।
**रोधना*** स० क्रि० रोकना, रुकावट पैदा करना।
**रोना** वि० चिड़चिड़ा; रोनेवाला।
**रोपण** पु० *(सं०)* उठाना (दीवार आदि)।
**रोपना** स० क्रि० हथेली या कोई वस्त्र फैलाना।
**रोपनी** स्त्री० रोपाई, रोपने (धान आदि के पौधों को गाड़ने) का काम।
**रोपित** वि० *(सं०)* उठाया लगाया हुआ खड़ा किया हुआ।
**रोब** पु० तेज, प्रताप; दबदबा, धाक; आतंक।
**रोमन्थ** पु० *(सं०)* पागुर, जुगाली।
**रोम(न्)** पु० *(सं०)* छिद्र, सूराख रोआँ।
**रोपकूप** पु० शरीर के महीन छेद।
**रोमन** पु० *(अं०)* रोम देश का निवासी।
**रोमांच** पु० *(सं०)* पुलक; हर्ष, आश्चर्य।
**रोमांचक** वि० जिसे पढ़ने से मनुष्य रोमांचित हो उठे।
**रोमांचित** वि० *(सं०)* पुलकित, जिसके रोयें खड़े हों।
**रोमाण्टिक** वि० *(अं०)* स्वच्छन्द; कल्पना प्रधान; कल्पित।
**रोमपाट** पु० ऊनी वस्त्र।
**रोमपुलक** पु० रोमांच।
**रोमाँस** पु० *(अं०)* प्रेम लीला; रोमांचक घटना।
**रोमाग्र** पु० *(अं०)* रोएँ का सिरा।
**रोमहर्षित** वि० पुलकित।
**रोमाली** स्त्री० *(सं०)* रोमों की पंक्ति।

**रोमावलि, रोमावली** स्त्री० *(सं०)* नाभि से ऊपर की ओर जानेवाली रोम पंक्ति; रोमों की पंक्ति।

**रोमिल** वि० बालों वाला, रोएँदार।

**रोमोद्गम** पु० रोंए का खड़ा होना।

**रोयाँ** पु० रोंगटा, रोम।

**रोर** वि० प्रचण्ड; उद्धत; अत्याचारी, दुष्ट।

**रोर** स्त्री० कलकल, कोलाहल, गर्जन, चिल्लाहट।

**रोरी**† स्त्री० रोली। *चहल-पहल, दौड़ धूप।

**रोल** *स्त्री० कोलाहल; आवाज; ध्वनि।

**रोलर** पु० *(अं०)* ढुलकने की चीज, बेलन।

**रोलम्ब** पु० भौंरा, भ्रमर।

**रोला** पु० युद्ध, घमासान।

**रोली** पु० लहसुनिया नग।

**रोवनिहारा*** वि०, पु० *(हि०)* रोवनहार।

**रोवनी धोवनी**† स्त्री० रोनी-धोनी।

**रोवाँ** पु० रोयाँ।

**रोवाँसा** वि० जिसे रुलाई आ रही हो।

**रोशन** वि० *(फ़ा)* मशहूर, प्रसिद्ध; जलता हुआ, प्रकाशित।

**रोशनाई** स्त्री० लिखने की स्याही, मसि।

**रोशनी** स्त्री० ज्ञान, शिक्षा का प्रकाश; उजाला।

**रोष** पु० *(सं०)* चिढ़; गुस्सा, क्रोध; वैर, विरोध।

**रोषी(षिन्)** वि० *(सं०)* रोष करने वाला, क्रोधी।

**रोह** *वि० चढ़ने वाला।

**रोहना** क्रि० चढ़ना, सवार कराना।

**रोहा** पु० नेत्ररोग।

**रोहक** पु० *(सं०)* सवार। वि० चढ़ने वाला।

**रोहण** पु० *(सं०)* ऊपर की ओर बढ़ना; चढ़ना।

**रोहिण** पु० *(सं०)* भूतृण, रोहिश घास; गूलर का पेड।

**रोहिणी** स्त्री० *(सं०)* वसुदेव की एक स्त्री, बलराम की माता; गाय; बिजली; करंज; रीठा; एक नक्षत्र।

**रोहित** पु० *(सं०)* लाल रंग; रक्त।

**रोहिताक्ष** पु० लालनेत्र।

**रोही** वि० आरोही।

**रोहू** स्त्री० मछली विशेष।

**रौंट** स्त्री० चिढ़कर बेईमानी करना।

**रौंद** स्त्री० रौंदने का भाव या काम।

**रौंदना** स० क्रि० बर्बाद, तहस-नहस करना; दबाना।

**रौंदी**† स्त्री० जानवरों के रहने का बाड़ा, घेरा।

**रौंस*** पु० निशान, घट्ठा।

**रौंसा** पु० केवाँच के बीज; बोड़ा, लोबिया; केवाँच।

**रौ** स्त्री० *(फ़ा)* धुन, खयाल; चाल; गति, चाल।

**रौक्ष्य** पु० *(सं०)* रुखाई, रूखापन।

**रौज़न** पु० *(फ़ा)* रोशनदार; छेद; दरार।

**रौत**† पु० ससुर।

**रौताई** स्त्री० ठकुराई, सरदारी; राव, रावत का पद।

**रौद** पु० धूप, घाम।

**रौद्रकर्म** पु० भयंकर कर्म।

**रौद्र** पु० *(सं०)* क्रोध; यमराज; धूप, घाम।

**रौद्रता** स्त्री० *(सं०)* उग्रता, प्रचण्डता; भयंकरता।

**रौन*** पु० रमण करनेवाला, पति।

**रौनक़** स्त्री० *(अ०)* खूबी; चहल-पहल।

**रौना** क्रि० रोना, पु० घुँघरू।

**रौनी*** स्त्री० रमणी।

**रौप्य** पु० चाँदी, रूपा।

**रौप्यमुद्रा** स्त्री० चाँदी का सिक्का।

**रौर**† पु० रोर शब्द, हल्ला।

**रौराना** क्रि० बकझकरना।

**रौरि*** स्त्री० शोर, कोलाहल।

**रौरे**† सर्व० आप, आदरसूचक सम्बोधन।

**रौला** पु० हलचल, हल्ला, ऊधम।

**रौल, रौलि**† स्त्री० तमाचा, झापड़।

**रौशनी** स्त्री० रोशनी।

## ल

**ल** देवनागरी वर्णमाला का अट्ठाईसवाँ व्यंजन और तीसरा अन्तस्थ वर्ण। उच्चारण स्थान दन्त।

**लंक*** गगग और मजबूत सूती कपड़ा।

**लंकूर*** पु० बन्दर; लंगूर।

**लंकेश, लंकेश्वर** पु० *(सं०)* रावण; विभीषण।

**लंग** पु० *(फ़ा)* लँगड़ापन।

**लंग** स्त्री० लाँग, काछ।

**लंगड़ी** वि० वह स्त्री जो पंगु हो।

**लँगटा**† वि० नंगा।

**लँगटी**† स्त्री० लँगोटी। वि० स्त्री० नंगी।

**लंगड़** पु० लंगर। वि० लँगड़ा।

**लँगड़ा**† पु० एक प्रसिद्ध कलमी आम।

**लँगड़ाना** क्रि० लँगड़ाते हुए चलना।
**लंगन** पु० लंघन, लाँघना।
**लंगर** वि० *(फ़ा)* ढीठ; शरारती; वजनदार।
**लँगराई*** स्त्री० शरारत, ढिठाई।
**लँगरी*** स्त्री० शरारत।
**लँगरैया*** स्त्री० धृष्टता, ढिठाई, शरारत।
**लंगूर** पु० हाथ, पैर और काले मुँह वाला तथा लम्बी दुम वाला बन्दर।
**लंगूरी** स्त्री० घोड़े की उछलकर चलने की चाल।
**लंगूल** पु० पूँछ, दुम।
**लँगोटी** स्त्री० कोपीन, छोटा लँगोट।
**लंघक** वि० *(सं०)* नियम तोड़ने या भंग करने वाला।
**लंघन** पु० *(सं०)* अनाहार, उपवास; डाँकना, लाँघना।
**लंघना** क्रि० लाँघना।
**लंघनक** पु० *(सं०)* पार जाने का साधन; पुल।
**लंघनीय** वि० *(सं०)* लाँघने के योग्य।
**लंघित** वि० *(सं०)* उल्लंघित; तिरस्कृत; लाँघा हुआ।
**लंचा** स्त्री० *(सं०)* रिश्वत।
**लंज** पु० *(सं०)* काछ; कुकर्मी, लम्पटता; काछ।
**लंजा** स्त्री० *(सं०)* कुलटा; निद्रा; लक्ष्मी।
**लण्ठ** वि० मूर्ख।
**लन्तरानी** स्त्री० *(अ०)* आत्मप्रशंसा, डींग।
**लम्प** पु० *(अं०)* *(लैम्प)* दीपक, चिराग।
**लम्पट** पु० *(सं०)* कामी पुरुष। वि० कामी, विषयी।
**लम्पटता** स्त्री० *(सं०)* कुकर्म, कामुकता।
**लम्बक** पु० *(सं०)* किसी ग्रन्थ का कोई अध्याय।
**लम्बन** पु० *(सं०)* झूलने की क्रिया; आश्रय, सहारा।
**लम्बमान** वि० *(सं०)* दूर तक फैला हुआ।
**लम्बवत्** वि० *(सं०)* सीधा खड़ा।
**लम्बा** वि० *(हि०)* अधिक ऊँचा (लम्बा पेड़, आदमी)।
**लम्बाई** स्त्री० लम्बापन, लम्बा होने का भाव।
**लम्बिका** स्त्री० *(सं०)* घाँटी, गले के अन्दर की घण्टी।
**लम्बित** वि० *(सं०)* लटकता हुआ; धँसा हुआ।
**लम्बी** वि० स्त्री० लम्बा का स्त्रीलिंग रूप।
**लम्बोतरा** वि० लम्बे आकार का।
**लकड़बग्घा** पु० भेड़िए से बड़ा जंगली हिंसक पशु।
**लम्बोदर** वि० *(सं०)* बड़ी तोंद वाला।
**लम्बोष्ठ** पु० *(सं०)* ऊँट।
**लम्भन** पु० *(सं०)* प्राप्ति; ध्वनि; लांछन।
**लंभित** वि० *(सं०)* प्राप्त कराया हुआ।
**ल** पु० *(सं०)* पृथ्वीबीज *(तं०)*; इन्द्र।
**लउ*** स्त्री० लगन, लौ।
**लऊक़** पु० *(अ०)* चाटकर खाने की दवा, अवलेह।
**लक** पु० *(सं०)* जंगली धान की बाल; ललाट।
**लकड़हारिन** स्त्री० लकड़हारा की स्त्री।
**लकड़ा** पु० लक्कड़, लकड़ी का मोटा हिस्सा।
**लकड़ी** स्त्री० लाठी, बैसाखी; शाखा, टहनी आदि।
**लक़दक़** पु० *(फ़ा)* वीरान बंजर। †वि० स्वच्छ।
**लक़ब** पु० *(अ०)* उपाधि, योग्यता या पद-सूचक नाम।
**लकरी**† स्त्री० लकड़ी।
**लक़वा** पु० *(अ०)* पक्षाघात, फालिज।
**लकसी** स्त्री० फल तोड़ने की लग्घी।
**लकार** पु० *(सं०)* लवर्ण।
**लकालक** वि० पूर्णतः स्वच्छ।
**लकीर** स्त्री० रेखाधारी पंक्ति।
**लकुच** पु० बड़हल, एक वृक्ष विशेष।
**लकुट** पु० *(सं०)* छड़ी; लाठी।
**लकुटिया, लकुटी*** स्त्री० छड़ी।
**लकुटी(टिन्)** वि० *(सं०)* जिसके पास लाठी हो।
**लक्कड़** पु० लकड़ी का बड़ा और मोटा कुन्दा।
**लक्खी** वि० लाख के रंग का।
**लक्त** वि० *(सं०)* लाल।
**लक्तक** पु० *(सं०)* महावर; चिथड़ा, लत्ता।
**लक्तिका** स्त्री० *(सं०)* गोह।
**लक्ष** पु० *(सं०)* चिह्न, निशान; अस्त्र का संहार-विशेष।
**लक्षण** वि० *(सं०)* बतलाने वाला, सूचक।
**लक्षणक** पु० *(सं०)* निशान, चिह्न।
**लक्षणा** स्त्री० *(सं०)* उद्देश्य, लक्ष्य।
**लक्षणी(णिन्)** वि० *(सं०)* लक्षणों को जानने वाला।
**लक्षाधिपति, लक्षाधीश** पु० *(सं०)* लखपति।
**लक्षि*** स्त्री० लक्ष्मी। पु० लक्ष्य।
**लक्षित** वि० *(सं०)* देखा हुआ; लक्षण, चिह्न वाला।
**लक्षी(क्षिन्)** वि० *(सं०)* अच्छे चिह्नों वाला।
**लक्ष्म (न्)** पु० *(सं०)* विशेषता; दाग; चिह्न; परिभाषा।
**लक्ष्मण** पु० राम का भाई।
**लक्ष्मी** स्त्री० पद्मा, श्री, विष्णु पत्नी, रमा।
**लक्ष्मीवर, लक्ष्मीश** पु० *(सं०)* विष्णु; सम्पन्न व्यक्ति।

**लक्ष्य** वि० *(सं०)* दर्शनीय; जो उद्देश्य बनाया जाये।
**लखघर, लखाघर*** पु० लाक्षागृह।
**लखन*** स्त्री० देखने की क्रिया।
**लखना*** स० क्रि० समझना; देखना, ताड़ जाना; जानना।
**लख़लख़ा** पु० *(फ़ा०)* कस्तूरी; अगर का मिश्रण।
**लखपति** पु० लाखों की सम्पत्ति का स्वामी।
**लखाना*** स० क्रि० अनुमान कराना, सुझाना; दिखाना। अ० क्रि० दिखलाना।
**लखाव*** पु० पहचान की चीज; पहचान, चिह्न।
**लखिमी*** स्त्री० लक्ष्मी।
**लखिया** वि० अनुमान करने वाला।
**लखी** पु० लाख के रंग का घोड़ा, लाखी।
**लखुआ, लखुवा**† पु० लाही, गेहूँ का एक रोग।
**लखेसा** क्रि० भागना।
**लखौट*** स्त्री० लाख की चूड़ियाँ।
**लखौटा** पु० *सिन्दूर की डिबिया; लाख की चूड़ी।
**लख़्त** पु० *(फ़ा)* टुकड़ा, खण्ड।
**लगन्त** स्त्री० सम्भोग करना, आसक्त होना।
**लग्नत** स्त्री० लगन होने की क्रिया।
**लग*** स्त्री० प्रेम, धुन। अ० पर्यन्त, तक, समीप, निकट।
**लग़ज़िश** स्त्री० *(फ़ा)* लड़खड़ाहट; भूल-चूक, फिसलन।
**लगड** वि० *(सं०)* सुन्दर।
**लगढग** अ० लगभग।
**लगन** *(फ़ा)* विवाह का मुहूर्त, लग्न; *एक मृग।
**लगन** पु० जिन दिनों विवाह आदि होते हैं वे दिन।
**लगनवट*** स्त्री० लगन, प्रेम।
**लगना** अ० क्रि० सटना; ताक में रहना।
**लगनी** स्त्री० छोटी थाली, रिकाबी; परात।
**लगनीय** वि० *(सं०)* जो सम्बद्ध, संयुक्त किया जाये।
**लगभग** अ० करीब-करीब।
**लगर*** पु० एक शिकारी चिड़िया, बाज।
**लगलग*** वि० दुबला-पतला, अत्यन्त सुकुमार, कोमल।
**लगव*** वि० झूठ, बेकार।
**लगवार*** पु० आशना, यार, उपपति।
**लगवारी** स्त्री० आशनाई, यारी।
**लग़वीयत** स्त्री० *(अ०)* बेहूदगी।
**लगहर**† वि० स्त्री० दूध देने वाली (गाय-भैंस)।
**लगाई** स्त्री० आरोप; लगाव।
**लगातार** अ० निरन्तर, सिलसिला।
**लगाम** स्त्री० बाग, रास।
**लगाय*** स्त्री० लगन, प्रेम।
**लगार*** पु० सम्बन्धी; भेद लेनेवाला।
**लगार** स्त्री० लगाव, मेल, लगन, प्रीति, टिकान।
**लगालगी** स्त्री० लागडाँट, उलझने की क्रिया।
**लगाव** पु० सम्बन्ध, वास्ता, ताल्लुक, प्रेम सम्बन्ध।
**लगावट** स्त्री० सम्बन्ध; रब्त-जब्त; प्रेम, प्यार।
**लगित** वि० *(सं०)* प्रविष्ट; प्राप्त; सम्बद्ध, संयुक्त।
**लगी** स्त्री० भूख; तरफदारी; ख्वाहिश; आग; मेल।
**लगूर, लगूल*** पु० दुम।
**लगे**† अ० साथ; वास्ते; तक, पर्यन्त; पास, निकट।
**लगो** स्त्री० *(अ०)* बेहूदा बात। वि० बेतुका; व्यर्थ।
**लगौहाँ** वि० लगने वाला, रिझवार।
**लग्गा** पु०अँकसीदार लम्बा-पतला बाँस।
**लग्गी** स्त्री० लम्बा बाँस।
**लग्घड़** पु० लकड़बग्घा, एक तरह का चीता, बाज।
**लग्न** वि० *(सं०)* मिला हुआ; आसक्त; लज्जित।
**लग्नक** पु० *(सं०)* जमानत करने वाला व्यक्ति।
**लग्नाचार्य** पु० *(सं०)* ज्योतिषी।
**लग्नाह** पु० *(सं०)* विवाह आदि का शुभ दिन।
**लग्नेश** पु० *(सं०)* लग्न का स्वामी ग्रह।
**लग्नोदय** पु० *(सं०)* लग्न का उदयकाल।
**लघिमा(मन्)** स्त्री० *(सं०)* लघुता, हल्कापन।
**लघु** पु० *(सं०)* ह्रस्व स्वर—आ इ, उ, ऋ *(व्या०)*; काला अगर; खस; चाँदी। वि० निर्बल; छोटा।
**लघुक** वि० *(सं०)* हल्का; महत्त्वहीन, तुच्छ।
**लघुकाय** वि० छोटे शरीर वाला।
**लघुक्रिया** पु० क्षुद्रकर्म।
**लघुतुपक** स्त्री० पिस्तौल, तमंचा।
**लघुतम** वि० *(सं०)* सबसे छोटा।
**लघुता** स्त्री० *(सं०)* छोटाई, लघु होने का भाव
**लघूक्ति** स्त्री० कम बोलना।
**लघ्वाशी(शिन्)** वि० *(सं०)* अल्पाहारी।
**लघ्वाहार** वि० *(सं०)* लघ्वाशी।
**लघ्वी** स्त्री० *(सं०)* बेर; असबरग।
**लच** स्त्री० लचन, लचकन, किसी वस्तु के दबने।
**लचक, लचकन** स्त्री० लचकने का भाव या क्रिया।
**लचकनि*** स्त्री० लचीलापन, लचक।

**लचकाना** स० क्रि० लचाना, झुकाना।
**लचकीला** वि० दबने या लचने वाला, लचकदार।
**लचकौंहा*** वि० झुका हुआ, लचकीला, लचकने वाला।
**लचना** अ० क्रि० लचकना।
**लचर** वि० कमजोर।
**लचलचा** वि० लचकदार।
**लचाना** स० क्रि० लचकाना।
**लचार*** वि० लाचार।
**लचारी*** स्त्री० बड़ो, उपायनै।
**लचीला** वि० मुड़नेवाला; लचकनेवाला।
**लचुई**† स्त्री० मैदे से बनी मुलायम पूरी, लुचुई।
**लच्छण, लच्छन*** पु० तौर तरीका; चिह्न; स्वभाव।
**लच्छा** पु० लम्बे, पतले; डोरे का गुच्छा, समूह।
**लच्छि** पु० एक लाख की संख्या। स्त्री० लक्ष्मी।
**लच्छित*** वि० लक्षणयुक्त; लक्ष्य, चिह्नित किया हुआ।
**लच्छिमी*** स्त्री० लक्ष्मी।
**लच्छी** स्त्री० ऊन, अण्टी, कलाबत्तू।
**लछन*** पु० लक्षण; लक्ष्मण।
**लछमी, लछिमी*** स्त्री० लक्ष्मी।
**लछमीनाथ** पु० विष्णु।
**लछारा*** वि० बड़ा; लम्बा।
**लज*** स्त्री० शर्म, लज्जा।
**लजना*** अ० क्रि० लज्जित होना।
**लजवन्ती*** स्त्री० लजालू पौधा। वि० स्त्री० लज्जाशील।
**लजवाना** स० क्रि० शर्मिन्दा, लज्जित करना।
**लजाधुर**† वि० बहुत लजाने वाला, शर्मीला।
**लजाना** स० क्रि० लज्जित करना।
**लजालू** पु० स्पर्श से सिकुड़ जानेवाला एक पौधा।
**लजावनहारा*** पु० लज्जित करनेवाला।
**लज़ीज़** वि० *(अ०)* स्वादिष्ट, लज्जतदार, प्यारा।
**लजीला** वि० शर्मीला, लजाने वाला।
**लजुरी**† स्त्री० रस्सी, डोरी।
**लजोर, लजौना*** वि० लज्जित करने वाला; शर्मीला।
**लज़्ज़त** स्त्री० *(अ०)* स्वाद, सुख, जायका, मजा।
**लज्जा** स्त्री० *(सं०)* मान; शर्म, हया, लाज।
**लज्जापयिता(तृ)** वि० *(सं०)* लज्जाजनक।
**लज्जायित** वि० *(सं०)* शर्मिन्दा, लज्जित।
**लज्जालु** वि० *(सं०)* लज्जाशील।
**लज्जावन्त** वि० लजीला; शर्माने वाला।
**लज्जावती** वि० *(सं०)* स्त्री० शर्मीली, शर्माने वाली।
**लज्जावान्(वत्)** वि० *(सं०)* शर्म करने वाला, लज्जाशील।
**लज्जाशील** वि० लज्जावान।
**लज्जाशून्य** वि० निर्लज्ज।
**लज्जास्पद** वि० *(सं०)* लज्जाजनक।
**लज्जित** वि० *(सं०)* लजाया हुआ, शर्मिन्दा।
**लट** स्त्री० उलझे हुए बालों का गुच्छा; आँत में पड़ने वाले बारीक कीड़े, चुन्ना।
**लटक** पु० *(सं०)* दुष्ट व्यक्ति, दुर्जन; ठग। स्त्री० झुकाव, लचक।
**लटकना** अ० क्रि० कुछ चल-विचल होना।
**लटका** पु० ढब, गति; रोग आदि का छोटा नुस्खा।
**लटकाना** स० क्रि० इन्तजार कराना, फँसा रखना।
**लटकीला** वि० लचकने वाला, झूमने वाला।
**लटकौआ** क्रि० लटकाने वाला।
**लटना** अ० क्रि० रोग, परिश्रम आदि से कमजोर पड़ जाना; *अनुरक्त, आसक्त होना।
**लटपटा** वि० न बहुत गाढ़ा, न पतला, लुटपुटा।
**लटपटान** स्त्री० आकर्षक और सुन्दर चाल; लड़खड़ाहट।
**लटपटाना** अ० क्रि० चूक जाना; गिरना-पड़ना।
**लटपटालु** वि० लोलुप, लम्पट, बुरा।
**लटभ, लटह** वि० *(सं०)* सुन्दर।
**लटा*** वि० पतित; लम्पट; दुबला; बदमाश, लुच्चा।
**लटापटी** स्त्री० गुत्थमगुत्था; लटपटाना; लड़ाई-झगड़ा।
**लटापोट*** वि० मुग्ध, आसक्त, लहालोट।
**लटिया** स्त्री० आँटी, सूत आदि की छोटी लच्छी।
**लटी** स्त्री० साधुनी; वेश्या; झूठी और व्यर्थ की बात।
**लटुआ*** पु० लट्टू।
**लटूरी** स्त्री० अलक, केश।
**लटूरिमा** स्त्री० बच्चे के जन्म के बाल।
**लट्ट** पु० *(सं०)* दुर्जन।
**लट्टपट्ट**† वि० लथपथ।
**लट्टू** पु० लकड़ी का एक गोल खिलौना।
**लट्ठ** पु० मोटी लाठी।
**लट्ठा** पु० लकड़ी का खम्भा; छाजन।

**लठ, लठा** पु० लट्ठ।
**लठबाज** वि० लठैत।
**लठबाजी** स्त्री० लाठियों की लड़ाई।
**लठमार** वि० अप्रिय, निर्दय, कर्कश।
**लठियल**॑ वि० लठैत।
**लठिया**॑ स्त्री० डण्डा, छोटी लाठी।
**लठैत** वि० लाठी चलाने में कुशल, लट्ठबाज।
**लडंग** पु० झुण्ड, समूह।
**लड़न्त** स्त्री० भिड़न्त; मुकाबला, सामना।
**लड़कई**॑ स्त्री० नटखटी; लड़कपन; नादानी।
**लड़** स्त्री० पंक्ति माला, सोने चाँदी का तार निर्मित आभूषण।
**लड़का** पु० बालक (जो सोलह वर्ष से कम का हो)।
**लड़की** स्त्री० बेटी, पुत्री।
**लड़कोर, लड़कोरी, लड़कौरी** वि० स्त्री० पुत्रवती।
**लड़खड़ाना** अ० क्रि० झोंका खाकर गिर पड़ना।
**लड़ना** अ० क्रि० भिड़ जाना; कुश्ती करना
**लड़बड़ाना** अ० क्रि० लड़खड़ाना।
**लड़बावरा, लड़बावला** वि० उजड्ड और नासमझ।
**लड़ाई** स्त्री० वैर, अनबन; बहस।
**लड़ाका** वि० लड़ने वाला, योद्धा; झगड़ालू।
**लड़ाना** स० क्रि० झगड़े, कलह में लगाना।
**लडित** वि० *(सं०)* इधर-उघर घूमता हुआ।
**लड़ी** स्त्री० कतार, पंक्ति; गुच्छा।
**लड़ीला** वि० प्यारा, लाड़ला।
**लड़ुआ, लड़ुअवा** पु० लड्डू।
**लड़ैता** वि० जिसका बहुत अधिक प्यार किया जाये।
**लड्डू** पु० बेसन की बनी छोटी गोल मिठाई, मोदक। **मुहा० लड्डू खिलाना** प्रसन्नता मनाना। **लड्डू मिलना** लाभ होना। **मन के लड्डू खाना** मन ही मन झूठी आशा में प्रसन्न होना।
**लढ़ा*** पु० बैलगाड़ी।
**लढ़िया**॑ स्त्री० छोटी बैलगाड़ी।
**लत** स्त्री० 'लात' का संक्षिप्त रूप, बुरी आदत।
**लतर** स्त्री० लता, बेल।
**लतरी** स्त्री० खेसारी, मोठ।
**लता** स्त्री० *(सं०)* मोतियों की लड़ी; कोमल शाखा, बेल, बल्लरी।
**लताकुंज** पु० लताओं से घिरा स्थान।
**लतागृह** पु० लतामण्डप।
**लताड़ना** स० क्रि० फटकारना; परेशान करना।
**लतापता** पु० जड़ी बूटी।
**लताभवन** पु० लताकुंज।
**लतामणि** स्त्री० प्रवाल, मूँगा।
**लताफ़त** स्त्री० *(अ०)* उत्तमता; रोचकता; सूक्ष्मता।
**लतार्क** पु० *(सं०)* हरा प्याज।
**लतालक** पु० *(सं०)* हाथी।
**लतिका** स्त्री० *(सं०)* बेल, मोतियों की लड़ी।
**लतियर, लतियल** वि० लात खाने वाला, लतखोर।
**लतियाना** स० क्रि० रौंदना; पैरों से दबाना।
**लतीफ़** वि० *(अ०)* बढ़िया अच्छा, मुलायम।
**लतीफा** पु० *(अ०)* खूबी; नाजुक और उम्दा चीज;।
**लत्ता** पु० फटा-पुराना कपड़ा, चीथड़ा; कपड़े।
**लत्ती** स्त्री० पशुओं की लात मारने की क्रिया। फटी पुरानी करतन, धज्जी।
**लथपथ** वि० लिपटा हुआ; भींगा हुआ, तर।
**लथाड़** स्त्री० पराजय; झिड़की, डाँट-फटकार।
**लथाड़ना** स० क्रि० लथेड़ना; लताड़ना।
**लथेड़ना** स० क्रि० परेशान करना।
**लदवाना** स० क्रि० लादने का काम कराना।
**लदाई** स्त्री० लादने की मजदूरी; लादने का काम।
**लदान** पु० लदन।
**लदाना** क्रि० दूसरे से लदवाना।
**लदाव** पु० लदा हुआ बोझ; लादने का काम।
**लदूदू** वि० बोझ ढोने वाला, लदुआ।
**लद्धड़** वि० काहिल, सुस्त, आलसी।
**लनी**॑ स्त्री० पनवारी की क्यारी।
**लपक** स्त्री० लौ, लपट; चमक; वेग; तेजी; फुर्ती।
**लपका** पु० लपकने वाला।
**लपकना** अ० क्रि० किसी पर झपटना।
**लपट** स्त्री० तपी हुई हवा का झोंका, गरमी; गन्ध।
**लपटा** पु० लसलसा, गीला।
**लपटना** अ० क्रि० सूत आदि का लपेटा जाना।
**लपटाना** अ० क्रि० *लथपथ होना; उलझना, फँसना।
**लपटौआँ** पु० एक जंगली तृण। वि० लिपटने वाला।
**लपटौना**॑ वि० लपटौआँ।
**लपना** अ० क्रि० परेशान होना; झुकना; लचना।
**लपलपाना** स० क्रि० हिलना-डुलना; झुकना।

**लपलपाहट** स्त्री० झुकने की क्रिया; चमक।
**लपसी** स्त्री० लेई, लपटा।
**लपाना** स० क्रि० आगे बढ़ाना।
**लपेट** स्त्री० चक्कर, उलझन; पकड़।
**लपेटन** पु० घेरने, बाँधने के काम आनेवाली चीज।
**लपेटना** स० क्रि० समेटना।
**लपेटवाँ** वि० लपेटी हुई; लपेटकर बनी हुई।
**लपेटा** पु० लपेट।
**लप्प** पु० खोंच, हाथ पर जितना आवे उतना।
**लप्पड़**† पु० थप्पड़, लप्पा।
**लफंगा** वि० आवारा, शोहदा; लम्पट, व्यभिचारी।
**लफटेण्ट** पु० *(सेना का)* एक छोटा अधिकारी।
**लफलफाना** स० क्रि०, अ० क्रि० लपलपाना।
**लफ़्ज़** पु० *(अ०)* सार्थक शब्द; बात।
**लफ़्ज़ी** वि० शाब्दिक, वाच्य।
**लफ़्ज़ीमानी** पु० शब्दार्थ।
**लफ़्फ़ाज़** वि० *(अ०)* लच्छेदार बातें करने वाला।
**लब** पु० *(फ़ा)* किनारा, तट; होंठ। ।
**लबझना*** अ० क्रि० उलझना, फँसना।
**लबड़घोंघों** स्त्री० भुलावा देने वाली बातें, बेईमानी।
**लबड़ना*** अ० क्रि० गप मारना; झूठ बोलना।
**लबदा** पु० मोटा, अनगढ़ डण्डा।
**लबनी**† स्त्री० शीरा निकालने का डौवा।
**लबरा*** वि० झूठ बोलने वाला; गप्पी; †बायाँ।
**लबलबी** स्त्री० बन्दूक के घोड़े की कमानी।
**लबलहका**† वि० बिना मतलब किसी चीज पर हाथ चलाने वाला।
**लबाड़िया** झूठ बोलने वाला, गप्पी।
**लबाब** पु० *(अ०)* मग्ज; गूदा; खुलासा, सारांश।
**लबार**† वि० झूठा; गप्पी।
**लबारी*** वि० चुगलखोर; झूठा। स्त्री० झूठ बोलना।
**लबालब** अ० पूर्णतः भरा हुआ।
**लबेद** पु० परम्परा, लोकाचार, रूढ़ि; वेदविरुद्ध नियम, दन्तकथा।
**लबेदा** पु० मोटा और छोटा डण्डा।
**लब्ध** वि० प्राप्त, गणितीय, लब्धांक।
**लब्धक** वि० *(सं०)* प्राप्त, मिला हुआ।
**लब्धव्य** वि० *(सं०)* प्राप्त करने योग्य।
**लब्धांक** पु० *(सं०)* भागफल।
**लब्धा(ब्धृ)** वि०, पु० *(सं०)* प्राप्त करने वाला।
**लभन** पु० *(सं०)* प्राप्त करने की क्रिया, गर्भधारण।
**लभस** पु० *(सं०)* याचक; धन।
**लभ्य** वि० उचित, प्राप्य।
**लभ्यांश** पु० *(सं०)* लाभ, मुनाफा।
**लम** लम्बा का समासगत रूप।
**लमई**† स्त्री० एक तरह की मधुमक्खी।
**लमक** पु० *(सं०)* उपपति। वि० विलासी, लम्पट।
**लमकना*** अ० क्रि० लपकना; उत्कण्ठित,।
**लमहा** पु० *(अ०)* क्षण, निमेष, पल।
**लमझड़** वि० लम्बा परन्तु बहुत पतला।
**लमतड़ंग** वि० अत्यधिक लम्बा, ताड़-सा।
**लमधी** पु० समधी का पिता।
**लमाना** *अ० क्रि० दूर बढ़ जाना, दूर निकल जाना।
**लम्पट** पु० कामुक, व्यभिचारी।
**लम्फ** पु० उद्दाल।
**लम्ब** पु० उत्कोच। विषवत् रेखा के समानान्तर रेखा। वि० दीर्घ।
**लम्बन** पु० आश्रय, झूलने की क्रिया।
**लय** पु० *(सं०)* मूर्च्छा; स्थिरता; विश्रामस्थल।
**लय** स्त्री० स्वर का आरोह-अवरोह का ढंग।
**लयन** पु० *(सं०)* शरण लेना, आश्रय लेना।
**लरकई*** स्त्री० लड़कपन, नादानी।
**लरकना*** अ० क्रि० तिरछा होना; झुकना; लटकना।
**लरका*** पु० लड़का।
**लरकाना*** स० क्रि० झुकाना; तिरछा करना; लटकाना।
**लरखराना*** अ० क्रि० लड़खड़ाना।
**लरजना*** अ० क्रि० काँपना, थरथराना।
**लरजाँ** वि० *(फ़ा)* काँपने वाला।
**लरज़ा** पु० *(फ़ा)* भूकम्प, बुखार; कँपकँपी, थरथराहट।
**लरज़िश** स्त्री० *(फ़ा)* थरथराहट, कँपकँपी।
**लरझर*** वि० बहुत अधिक मात्रा में उपलब्ध।
**लरम**† वि० नरम। पु० वैभव।
**लराई*** स्त्री० लड़ाई।
**लरिका*** पु० लड़का।
**लरिकिनी** स्त्री० लड़की।
**लरिकाई, लरिकई** स्त्री० लड़कपन।
**लरी*** स्त्री० लड़ी, गले का गहना।
**ललन्तिका** स्त्री० *(सं०)* नीचे तक लटकने वाला हार।

**लल** पु० *(सं०)* उद्यान; अंकुर; एक गन्धद्रव्य।
**ललक** स्त्री० गहरी लालसा।
**ललकार** स्त्री० चुनौती।
**ललकारना** स० क्रि० विपक्षी को लड़ने की चुनौती देना।
**ललकित** वि० गहरी चाह से भरा हुआ।
**ललचना** अ० क्रि० आसक्त होना; लोभ ग्रस्त होना।
**ललचाना** स० क्रि० मोहित करना, मुग्ध करना।
**ललचौंहाँ*** वि० ललचाया हुआ।
**ललदम्बु** पु० *(सं०)* नींबू का पेड़।
**ललन** पु० *(सं०)* लड़का।
**ललना** स्त्री० *(सं०)* कामिनी; सुन्दर स्त्री; जीभ।
**ललनिका** स्त्री० *(सं०)* तुच्छ स्त्री; छोटी स्त्री।
**ललरी** स्त्री० कान की लोलकी।
**ललही छठ** स्त्री० हलषष्ठी, भाद्रकृष्णा षष्ठी।
**लला** पु० लड़का (जो प्यारा, दुलारा हो)।
**ललाई** स्त्री० लाली; सुर्खी।
**ललाक** पु० *(सं०)* शिश्न।
**ललाट** पु० *(सं०)* भाग्य, तकदीर; भाल, माथा।
**ललाटक** पु० *(सं०)* सुन्दर ललाट।
**ललाटाक्ष** पु० *(सं०)* शिव।
**ललाटिका** स्त्री० *(सं०)* तिलक, टीका।
**ललाट्य** वि० *(सं०)* ललाट के उपयुक्त।
**ललाना*** अ० क्रि० किसी चीज पर मोहित होना।
**ललाम** पु० *(सं०)* प्रभाव, चिह्न, ध्वज।
**ललाम (न्)** वि० *(सं०)* दुम; साम्प्रदायिक चिह्न।
**ललामी** स्त्री० सुर्खी, लाली; सुन्दरता।
**ललित** पु० *(सं०)* एक राग; क्रीड़ा; सौन्दर्य।
**ललिता** स्त्री० *(सं०)* कस्तूरी।
**ललिताई*** स्त्री० सुन्दरता; सौष्ठव।
**ललिया†** पु० लाल रंग वाला बैल।
**लली** स्त्री० दुलारी बेटी।
**ललौहाँ*** वि० हल्के लाल रंग का, ललाई लिये हुए।
**लल्लर** वि० *(सं०)* हकलाने वाला।
**लल्ला** पु० नौजवानों का स्नेहपूर्ण सम्बोधन।
**लल्लो** स्त्री० जीभ।
**लल्लो-चप्पो** स्त्री० चापलूसी।
**लल्हरा†** पु० एक तरह का साग।
**लवंग** पु० *(सं०)* लौंग; लौंग का पेड़।
**लव*** स्त्री० लौ।
**लव** पु० *(सं०)* राम के एक पुत्र का नाम।
**लवकना†** अ० क्रि० चमकना, दिखायी देना, कौंधना।
**लवका†** स्त्री० बिजली, चमक।
**लवण** पु० *(सं०)* नमक, लोन; काटने का औजार, छुरी, हँसिया आदि।
**लवणता** स्त्री० लवणपन।
**लवणा** स्त्री० *(सं०)* ज्योतिष्मती लता; आभा, चमक।
**लवणाकर** पु० *(सं०)* सौन्दर्य का आगार।
**लवणापण** पु० *(सं०)* नमक का बाजार।
**लवणाब्धि** पु० *(सं०)* समुद्र।
**लवणाब्धिज** पु० समुद्री नमक।
**लवणार्णव** *(सं०)* समुद्र।
**लवणित** वि० *(सं०)* नमक मिलाया हुआ।
**लवणिमा(मन्)** स्त्री० *(सं०)* सौन्दर्य; सलोनापन।
**लवणोत्तम** पु० *(सं०)* सेंधा नमक।
**लवणोदक** पु० *(सं०)* खारा पानी; समुद्र।
**लवणोदधि** पु० *(सं०)* लवणसमुद्र।
**लवन** पु० *(सं०)* फसल की कटाई, लुनाई; लौनी।
**लवना** वि० नमकीन; सुन्दर।।
**लवनी** *स्त्री० फसल काटने की मजदूरी।
**लवनीय, लव्य** वि० *(सं०)* काटने योग्य।
**लवर** स्त्री० आँच, ज्वाला, लपट।
**लवलासी*** स्त्री० प्रेमसम्बन्ध।
**लवलीन** वि० प्रेम में मगन; तन्मय।
**लवलेश** पु० अति थोड़ी मात्रा, थोड़ा संसर्ग।
**लवहर†** पु० जुड़वाँ बच्चे।
**लवाई** स्त्री० लवनी, फसल की कटाई।
**लवाक** पु० *(सं०)* हँसिया।
**लवारा†** पु० गाय का बच्चा, बछड़ा।
**लवासी*** वि० गप्पी; लम्पट।
**लवि** पु० *(सं०)* काटने के काम आने वाला औजार।
**लवित्र** पु० *(सं०)* हँसिया।
**लवेटिका** स्त्री० *(सं०)* अन्न।
**लवोपल** पु० *(सं०)* बर्फ का टुकड़ा।
**लश** पु० *(सं०)* गोंद।
**लशकर** पु० *(फ़ा)* सशस्त्र दल; विशाल जनसमुदाय;
**लशुन, लशून** पु० *(सं०)* लहसुन।
**लश्करी** वि० *(फ़ा)* सेना-सम्बन्धी, फौजी; जहाजी।
**लषण** वि० *(सं०)* इच्छा करने वाला।

**लषित** वि० *(सं०)* इच्छित।
**लष्व** पु० *(सं०)* अभिनेता, नर्तक, नाचनेवाला।
**लस** पु० चिपकने, चिपकाने का गुण।
**लसकर, लसगर**† पु० लशकर।
**लसदंशु** वि० *(सं०)* चमकती हुई आँखों वाला।
**लसना** अ० क्रि० विराजना, स्थित होना।
**लसनि*** स्त्री० उपस्थिति; शोभित होना।
**लसम*** वि० निकम्मा, खोटा (सोना आदि)।
**लसलसा** वि० चिपचिपा।
**लसलसाना** अ० क्रि० चिपकना, चिपचिपाना।
**लसा** स्त्री० *(सं०)* केसर; हल्दी।
**लसिका** स्त्री० *(सं०)* थूक; पेशी।
**लसित** वि० *(सं०)* क्रीड़ाशील; सुशोभित; प्रकट।
**लसी** स्त्री० सम्बन्ध; दही और बर्फ के मेल से बना शर्बत; आकर्षण; लोभ, प्राप्ति की आशा; चिपक।
**लसीका** स्त्री० *(सं०)* ईख का रस; माँस और चमड़े के बीच रहने वाला रस।
**लसीला** वि० मोहक, सुन्दर; लसदार, चिपचिपा।
**लसुनिया** पु० एक बहुमूल्य पत्थर।
**लस्त** वि० थका हुआ, ढीला; कमजोर; शिथिल।
**लस्तकी(किन्)** पु० *(सं०)* धनुष्।
**लस्सान** वि० *(अ०)* लच्छेदार भाषा बोलने वाला।
**लस्सानी** स्त्री० वाचालता; खुशबयानी।
**लस्सी** स्त्री० चिपचिपाहट, दही का घोल।
**लहक** स्त्री० आग की लपट; चमक; शोभा।
**लहकना** अ० क्रि० हवा का झोंका आना।
**लहका** पु० पतला गोटा; लचका।
**लहकाना** स० क्रि० बढ़ावा देना।
**लहकारना** स० क्रि० कुत्ता छोड़ना।
**लँहगा** पु० स्त्रियों का कमर के नीचे पहनने का घेरदार वस्त्र।
**लहज़ा** पु० *(अ०)* पल, क्षण, निमेष।
**लहद** स्त्री० *(अ०)* कब्र।
**लहन** पु० *एक कँटीली झाड़ी।
**लहनदार** पु० ऋणदाता, महाजन।
**लहना*** पु० भाग्य, तकदीर; उधार दिया हुआ धन।
**लहनी** स्त्री० †ठठेरों का बर्तन छीलने का औजार;
**लहबर** पु० झण्डा, निशान; एक तरह का तोता।
**लहम** पु० *(अ०)* माँस।
**लहमा** पु० पल, निमेष, क्षण, मिनट।
**लहमी** वि० गोश्त वाला।
**लहर** स्त्री० वायु की गति और स्पर्श से पानी में जोश।
**लहरना** *अ० क्रि० लहराना।
**लहरा** पु० तरंग, लहर; मौज, आनन्द।
**लहराना** स० क्रि० टेढ़ा-मेढ़ा चलाना; हिलाना- डुलाना।
**लहरि** स्त्री० *(सं०)* तरंग।
**लहरिया** *स्त्री० लहर। वि० लहरदार।
**लहरी** †वि० *(सं०)* सदा प्रसन्न रहने वाला; मनमौजी।
**लहरीला** वि० लहरदार।
**लहलहा** वि० प्रफुल्ल; हराभरा; हृष्ट-पुष्ट।
**लहलहाट** स्त्री० लहलहाने की अवस्था या भाव।
**लहलहाना** अ० क्रि० पनपना; अत्यन्त प्रसन्न होना।
**लहसुआ, लहसुवा**† पु० लसोड़े के फल का साग।
**लहसुन** पु० प्याज की तरह का एक पौधा जिसकी जड़ पंक्तिबद्ध जवों से बनी होती है।
**लहसुनिया** पु० धूमिल रंग का रत्न विशेष।
**लहा*** पु० लाह, लाभ, काली सरसों-'लहालाहा'।
**लहालह*** वि० प्रफुल्ल; हरा-भरा।
**लहालोट** वि० प्रसन्नता से भरा हुआ।
**लहास**† स्त्री० लाश।
**लहासी** स्त्री० रस्सी; नाव बाँधने की मोटी रस्सी।
**लहि*** अ० पर्यन्त, तक।
**लहीम** वि० *(अ०)* माँसल, मोटा-ताजा।
**लहु*** अ० पर्यन्त, तक। वि० लघु, छोटा।
**लहुरा*** वि० छोटा, कनिष्ठ।
**लहू** पु० रक्त, रुधिर, खून।
**मुहा० लहू का घूँट पीकर रह जाना** क्रोध सह जाना। **लहू पानी एक होना** क्रोध के कारण शरीर में भोजन पानी का प्रभाव न पड़ना। **लहू का प्यासा होना** जानी दुश्मन होना। **लहू पसीना एक करना** बहुत परिश्रम करना। **लहू पी जाना** कत्ल करना। **लहू सफेद हो जाना** दया न रहना।
**लहेरा** पु० रेशम रँगने वाला रँगरेज।
**लह्न** पु० *(अ०)* स्वर, ध्वनि; मधुर स्वर।
**लाँक*** स्त्री० तुरन्त की कटी हुई फसल; भूसा; कमर।
**लांगप्राइमर** पु० *(अं०)* एक तरह का छापे का टाइप।

**लांगल** पु० *(सं०)* एक तरह का चावल; लिंग।

**लांगली** स्त्री० *(सं०)* केवाँच; नारियल; मंजिष्ठा; पिठवन।

**लांगली(लिन्)** पु० *(सं०)* नारियल; हलधर, बलराम।

**लांगलीश** पु० *(सं०)* शिव-लिंग।

**लांगलीषा** स्त्री० *(सं०)* हरिस।

**लांगुल** पु० *(सं०)* लिंग; पूँछ, दुम।

**लांगूलिका** स्त्री० *(सं०)* पृश्निपर्णी।

**लांगूली(लिन्)** पु० *(सं०)* बन्दर।

**लाँघना** क्रि० कूदकर पार करना।

**लाँच**† स्त्री० घूस, रिश्वत।

**लांच** पु० *(अं०)* विहार करने के लिए बनी नौका।

**लांछन** पु० *(सं०)* अंकन; चन्द्रमा पर का दाग; दाग।

**लांछना** स्त्री० *(सं०)* निन्दा करना; दोष लगाना।

**लांछित** वि० *(सं०)* अलंकृत; कलंकित, दोषयुक्त।

**लाण्ठनी** स्त्री० *(सं०)* दुश्चरित्रा।

**लाण्डरी** स्त्री० *(अं०)* कपड़ा धुलने की दूकान।

**लाम्पट्य** पु० *(सं०)* लम्पटता; व्यभिचार।

**लाइ*** स्त्री० प्रेम की लगन; अग्नि।

**लाइक**† वि० योग्य, लायक।

**लाइची**† स्त्री० इलायची।

**लाइट** स्त्री० *(अं०)* उजाला; प्रकाश, रोशनी।

**लाइटर** पु० *(अं०)* आग जलाने का एक यन्त्र।

**लाइन** स्त्री० *(अं०)* रेल की सड़क; पंक्ति।

**लाइनोटाइप मशीन** पु० *(अं०)* वह मशीन जिसमें पूरी पूरी पंक्ति या लाईन ढलकर कम्पोज होती है।

**लाइफ़** स्त्री० *(अं०)* जीवन, जिन्दगी।

**लाइब्रेरियन** पु० *(अं०)* पुस्तकालय का अध्यक्ष।

**लाइब्रेरी** स्त्री० *(अं०)* पुस्तकों का संग्रह स्थान, पुस्तकालय।

**लाइसेंस** पु० *(अं०)* कोई विशेष कार्य करने के लिए दिया गया अधिकारपत्र; अनुज्ञा पत्र।

**लाई** स्त्री० *(फ़ा)* ऊनी चादर; शराब की तलछट।

**लाउडस्पीकर** पु० *(अं०)* बिजली या बैटरी से चालित ध्वनि विस्तारक यन्त्र।

**ललाकड़ी, लाकरी*** स्त्री० लकड़ी।

**लाकुच** वि० *(सं०)* लकुच-सम्बन्धी।

**लाक्षकी** स्त्री० *(सं०)* सीता, जानकी।

**लाक्षण** वि० *(सं०)* लक्षणों से परिचित; लक्षण-सम्बन्धी।

**लाक्षणिक** वि० लक्षण विषयक। पु० लक्षण ज्ञाता।

**लाक्षण्य** वि० *(सं०)* लक्षणों का ज्ञाता।

**लाक्षा** स्त्री० *(सं०)* एक तरह का लाल रंग; लाख।

**लाक्षारस** पु० महावर।

**लाक्षिक** वि० *(सं०)* लाख से रंगा हुआ; लाख-सम्बन्धी।

**लाख** अ० बहुत तरह से, हद से ज्यादा, बहुत।

**लाखपति** पु० लखपति।

**लाखना*** स० क्रि० कोई बात जान लेना।

**लाखा** *स्त्री० लाख। पु० लाख से बना हुआ एक रंग।

**लाखी** पु० मटमैला लाल रंग।

**लाग** *अ० तक, पर्यन्त। स्त्री० दुश्मनी, वैर।

**लागत** स्त्री० किसी चीज को तैयार करने में होने वाला व्यय।

**लागना*** अ० क्रि० लगना। पु० शिकारी।

**लाग़र** वि० *(फ़ा)* दुबला-पतला; कमज़ोर।

**लाग़री** स्त्री० दुबलापन, कमजोरी।

**लागि*** अ० हेतु, के कारण; निमित्त, वास्ते, से।

**लागुड़िक** पु० चौकीदार।

**लागू** वि० लगने वाला; संगत, चरितार्थ होने वाला।

**लागे*** अ० लिए, वास्ते।

**लाघरक** पु० *(सं०)* एक तरह का पाण्डुरोग।

**लाघव** पु० *(सं०)* लघुता, छोटा होना; फुर्ती, त्वरा।

**लाघवी*** स्त्री० फुर्ती, जल्दी।

**लाघवी(विन्)** पु० *(सं०)* बाजीगर।

**लाचार** वि० *(फ़ा)* असमर्थ; मजबूर।

**लाचारी** स्त्री० *(फ़ा)* असमर्थता, विवशता।

**लाची**† स्त्री इलायची।

**लाछन*** पु० कलंक, लाँछन।

**लाछी*** स्त्री० लक्ष्मी।

**लाज** पु० *(सं०)* खस; पानी में भींगा चावल; खील।

**लाज** स्त्री० प्रतिष्ठा; शर्म, लज्जा।

**लाजक** पु० *(सं०)* धान का लावा।

**लाजना** *स० क्रि० लज्जित करना।

**लाजवन्त** वि० लज्जाशील, शर्मीला।

**लाजवन्ती** स्त्री० शर्मीली स्त्री, लज्जालु।

**लाजवर्द** पु० *(फ़ा)* विलायती नीला रंग, लाजावर्त।

**लाजवर्दी** वि० नीला, लाजवर्द के रंग का।
**लाजा** स्त्री० *(सं०)* चावल; धान का लावा, खील।
**लाज़िम** वि० *(फ़ा)* लगा हुआ, फर्ज।
**लाज़िमा** पु० *(अ०)* सम्बद्ध वस्तु; जरूरी सामान।
**लाज़िमी** वि० लाज़िम।
**लाट** पु० *(अं०)* गवर्नर।
**लाट** पु० *(सं०)* अनुप्रास अलंकार का एक भेद।
**लाटानुप्रास** पु० *(सं०)* अनुप्रास का एक भेद।
**लाटी** *स्त्री० ओठ और थूक सूखने की दशा।
**लाठालाठी** स्त्री० लाठी से प्रहार करना।
**लाठी** पु० भीड़ को तितर-बितर करने के लिए पुलिस का डण्डा।
**लाठीचार्ज** स्त्री० का डण्डे से प्रहार करना।
**लाड़*** पु० प्यार, दुलार।
**लाड़ला** वि० दुलारा, प्यारा।
**लाड़ा†** पु० दूल्हा।
**लाडिक** पु० *(सं०)* लड़का; नौकर।
**लाडू*** पु० लड्डू; दक्षिणी नारंगी।
**लाढ़िया†** पु० दुकानदार से मिला हुआ दलाल।
**लात** वि० *(सं०)* प्राप्त, लिया हुआ। स्त्री० पद, पैर।
**लातर†** स्त्री० पुराना जूता।
**लातादाद** वि० *(अ०)* अनगिनत, बेशुमार।
**लाताल्तूती** स्त्री० मारपीट।
**लातीनी** स्त्री० *(अ०)* लैटिन भाषा।
**लाद** स्त्री० पेट, उदर, आँत, अँतड़ी, लादने की क्रिया।
**लादना** स० क्रि० भार डालना; बोझ रखना।
**लादिया** पु० बोझ लादने वाला।
**लादी** स्त्री० गधे पर लदी धोबियों की गठरी।
**लाधना*** स० क्रि० पाना, प्राप्त करना।
**लॉन[1]** पु० *(अ०)* हरी घास युक्त मनोरंजन का मैदान।
**लान[2]** पु० *(अ०)* फटकार, धिक्कार, भर्त्सना।
**लानत** स्त्री० *(अ०)* धिक्कार, फटकार।।
**लानती** वि० लानत का मारा, लानत के योग्य।
**लाना** स० क्रि० किसी चीज को उपस्थित करना,
**लाने*** अ० लिए, वास्ते।
**लाप** पु० *(सं०)* बोलना, कथन।
**लापता** वि० गायब, जिसका कोई पता-ठिकाना न हो।
**लापी** वि० कहने वाला।
**लापु** पु० *(सं०)* एक औजार; एक वनौषधि, रुद्रवन्ती।
**लाप्य** वि० *(सं०)* कहने योग्य, बोलने योग्य।
**लाफ़** स्त्री० *(फ़ा)* आत्म प्रशंसा, डींग।
**लाब, लाबक** पु० *(सं०)* एक पक्षी।
**लावर*** वि० झूठ बोलने वाला, लबार।
**लाबुकी** स्त्री० *(सं०)* वीणा।
**लाबुद** अ० *(अ०)* निश्चय, अवश्य।
**लाबुदी** वि० आवश्यकरणीय, अनिवार्य।
**लाभ** पु० *(सं०)* भलाई, उपकार; ज्ञान; पावना, प्राप्ति।
**लाभकारक** पु० वि० लाभदायक।
**लाभकारी** वि० लाभदायी।
**लाभदायक** वि० गुणकारी।
**लाभालाभ** पु० *(सं०)* लाभ-हानि।
**लाम** पु० समूह (सेना का, लोगों का); ब्रिगेड।
**लामन*** पु० हिलना; लटकना; †लहँगा।
**लामय†** पु० ऊसर में पैदा होनेवाली एक घास।
**लामा** पु० *(ति०)* तिब्बत के बौद्धों का धर्माध्यक्ष और शासक। †वि० लम्बा।
**लामें†** अ० दूर।
**लाय*** स्त्री० लपट, ज्वाला; अग्नि।
**लायक*** पु० धान का लावा, लाजक।
**लायक़ी** स्त्री० योग्यता।
**लायची†** स्त्री० इलायची।
**लायन†** पु० गिरवी रखी हुई चीज।
**लार** स्त्री० मुँह से निकलने वाला लसदार तरल द्रव्य।
**लार*** अ० साथ, पीछे।
**लारी** स्त्री० *(अं०)* यात्री या माल ढोने वाली गाड़ी।
**लारू** पु० लड्डू।
**लार्ड** पु० *(अं०)* इंग्लैंड के रईसों की एक उपाधि।
**लाल** पु० *(फ़ा)* माणिक; सुर्ख रंग।
**लाल** पु० पुत्र, लड़का; प्यारा बच्चा, लाल रंग की चिड़िया।
**लाल** वि० माणिक रत्न, रक्त के रंग का।
**लालच** पु० कोई चीज पाने की बहुत बढ़ी हुई इच्छा।
**लालचहाँ*** वि० जिसे बहुत अधिक लोभ हो, लालची।
**लालची** वि० लोभी, लोलुप।
**लालटेन** स्त्री० *(अं०)* *(लैण्टन)* हाथ में लटकाने वाला चिमनीदार लैम्प।

**लालन** पु० प्रिय व्यक्ति; प्यारा बच्चा; †चिरौंजी।
**लालन** वि० *(सं०)* प्यार करने वाला।
**लालना*** स० क्रि० प्यार करना; इच्छा करना।
**लालनीय** वि० *(सं०)* प्यार करने योग्य।
**लालमन** पु० लाल तोता।
**लालमितव्य** वि० लालन-पालन के योग्य।
**लालरी** स्त्री० लाल रंग का नगीना, लालड़ी।
**लालस** पु० *(सं०)* लालसा; तल्लीनता।
**लालसक** वि० *(सं०)* लालस।
**लालसा** स्त्री० *(सं०)* औत्सुक्य।
**लालसी*** वि० इच्छा करने वाला, इच्छुक, उत्सुक।
**लालसीक** पु० *(सं०)* शोरबा, रसा।
**लालायित** वि० ललचाया हुआ।
**लालितक** पु० *(सं०)* प्रिय व्यक्ति।
**लालित्य** पु० *(सं०)* हाव-भाव; सौन्दर्य, रमणीयता।
**लालिमा** स्त्री० सुर्खी, लाली।
**लाली** स्त्री० आबरू, इज्जत; सुर्खी, लालिमा।
**लाली(लिन्)** वि० *(सं०)* प्यार-दुलार करने वाला।
**लालील** पु० *(सं०)* अग्नि।
**लालुका** स्त्री० *(सं०)* हार।
**लाले** पु० अरमान, हविस।
**लालो*** पु० लाल; संकट।
**लाल्य** वि० *(सं०)* लालन या प्यार करने योग्य।
**लाल्हा*** पु० लाल रंग का एक साग।
**लाव** वि० *(सं०)* नष्ट करने वाला; काटने वाला।।
**लावक** †धान की फसल (जाड़े की); चरसा, मोट।
**लावज** पु० चमड़ा मढ़ा हुआ एक प्राचीन बाजा।
**लावण** पु० *(सं०)* जम्बूद्वीप के चारों ओर का समुद्र।
**लावणा**† पु० बनियों की एक जाति।
**लावणिक** पु० *(सं०)* नमक-विक्रेता; नमक का बर्तन।
**लावण्य** पु० *(सं०)* सुशीलता; सुन्दरता; लवणत्व।
**लावण्या** स्त्री० *(सं०)* ब्राह्मी बूटी।
**लावण्यार्जित** पु० *(सं०)* स्त्री-धन; दहेज।
**लावनता*** स्त्री० लावण्य, सुन्दरता।
**लावना*** स० क्रि० लाना।
**लावनि*** स्त्री० लावण्य; सुन्दरता।
**लावनी** स्त्री० एक गीत-छन्द।
**लावबाली** स्त्री० आवारगी, बेफिक्री, शोखी।
**लावा** पु० लाजा, खील।
**लावा** पु० *(अं०)* ज्वालामुखी के विस्फोट से निकलने वाला द्रव पदार्थ।
**लाविक** पु० *(सं०)* भैंसा।
**लाविका** स्त्री० *(सं०)* भैंस; लवा पक्षी।
**लाव्य** वि० *(सं०)* काटने योग्य।
**लाश** स्त्री० *(फ़ा)* शव, मृत देह।
**लाशा** पु० *(फ़ा)* क्षीणकाय जन; मृतदेह; लाश।
**लाष*** स्त्री० लाह, लाख।
**लाषना*** स० क्रि० लाह से खाली स्थान को भरना।
**लाषुक** वि० *(सं०)* लालची, लोलुप।
**लास** पु० *(सं०)* स्त्रियों का कोमल भावमय नृत्य।
**लासक** पु० *(सं०)* अभिनेता; आलिंगन।
**लासकी** स्त्री० *(सं०)* अभिनेत्री, नाचने वाली।
**लासन** पु० *(सं०)* नाचना; पद-संचालन।
**लासा** पु० चिपचिपी, गोंद, चेप।
**लासानी** वि० *(अ०)* बेजोड़, अद्वितीय।
**लासि, लासु*** पु० लास्य।
**लासिका** स्त्री० *(सं०)* वेश्या, नर्तकी।
**लासी**† स्त्री० लस्सी।
**लासी(सिन्)** वि० *(सं०)* नृत्य करने वाला।
**लास्फोटनी** स्त्री० *(सं०)* छेद करने का एक औजार।
**लास्य** पु० *(सं०)* स्त्री-नृत्य; अभिनेता, नर्तक; नृत्य।
**लास्यक** पु० *(सं०)* नृत्य, लास्यकर्ता।
**लास्या** स्त्री० *(सं०)* अभिनेत्री, नर्तकी।
**लाह** *स्त्री० कान्ति, चमक; लाख, लाक्षा।
**लाहा** पु० काली सरसो।
**लाहिक** वि० *(फ़ा)* पीछे लगा हुआ (होना)।
**लाहिक़ा** वि० *(अ०)* संलग्न।†स्त्री० गेहूँ।
**लाहौरी नमक** पु० सेंधा नमक।
**लिंग** पु० *(सं०)* संज्ञा और सर्वनाम का वर्गीकरण जो शब्दों द्वारा पुल्लिंग या स्त्रीलिंग का बोध कराये।
**लिंगन** पु० *(सं०)* गले मिलना, आलिंगन।
**लिंगवान्(वत्)** पु० *(सं०)* एक शैव सम्प्रदाय, लिंगायत।
**लिंगार्चन** पु० *(सं०)* शिवलिंग का पूजन-अर्चन।
**लिंगिता** स्त्री० *(सं०)* चिह्नित होने का भाव।
**लिंगिनी** स्त्री० *(सं०)* धर्म का आडम्बर करने वाली स्त्री।
**लिंगी(गिन्)** वि० *(सं०)* चिह्न वाला; आडम्बरी।
**लिन्द्र** वि० *(सं०)* पिच्छिल, जिस पर पैर फिसले।
**लिम्प** पु० *(सं०)* पोतना, लेप करना।

**लिम्पट** पु० *(सं०)* कामुक व्यक्ति। वि० कामुक।
**लिम्पाक** पु० *(सं०)* गर्दभ, गधा; जम्बीरी नींबू।
**लिम्फ** पु० *(अं०)* टीका; लसीका; शुद्ध जल।
**लिकिन**† पु० लम्बी टाँगों वाला एक पक्षी।
**लिक्खाड़** पु० बहुत बड़ा लेखक (व्यंग्य में)।
**लिक्षा** स्त्री० (सं०) लीख; बहुत छोटा परिमाण।
**लिख** वि०, पु० *(सं०)* लिखने वाला।
**लिखत** पु० *(इंस्ट्रूमेण्ट)* विलेख।
**लिखत** स्त्री० लिखे होने की अवस्था।
**लिखधार*** पु० दस्तावेज लेखक, मुहर्रिर।
**लिखन** पु० *(सं०)* लेखन, दस्तावेज।
**लिखना** स० क्रि० चित्र बनाना; ग्रन्थ रचना; चिह्न।
**लिखनी**† स्त्री० लिखने की क्रिया काम, होनी।
**लिखवाई** स्त्री० लिखाई।
**लिखवाना** स० क्रि० लिखना।
**लिखवार** पु० लिखधार।
**लिखाई** स्त्री० लिखने का काम; लेख, लिपि।
**लिखापढ़ी** स्त्री० लिखना-पढ़ना, अध्ययन करना।
**लिखावट** स्त्री० लिखने का ढंग; लिपि, लेख।
**लिखित** पु० *(सं०)* दस्तावेज; प्रमाणपत्र; लेख।
**लिखितक** पु० *(सं०)* पुराने चौकोर अक्षर।
**लिखिता(तृ)** पु० *(सं०)* चित्रकार।
**लिखितानुसार** अ० *(सं०)* लिखे हुए के अनुसार।
**लिखेरा** पु० लेखक।
**लिख्य** पु० *(सं०)* जूँ का अण्डा, लिक्षा, लीख।
**लिख्या** स्त्री० *(सं०)* लिक्षा, लीख।
**लिगु** पु० *(सं०)* मूर्ख; हिरन; हृदय; भू-प्रदेश।
**लिच्छवि** पु० *(सं०)*एक प्रसिद्ध ऐतिहासिक राजवंश।
**लिटर** पु० *(अं०)* द्रव मापने का पैमाना।
**लिटाना** क्रिया० सुलाना, पौड़ाना, लिटाने की क्रिया कराना।
**लिट्ट** पु० आग पर सेंकी मोटी रोटी।
**लिठोर**† पु० एक नमकीन पकवान।
**लिडार**† पु० गीदड़। वि० डरपोक, कायर।
**लिथड़ना** अ० क्रि० लथड़ना।
**लिधाड़ना** स० क्रि० लथेड़ना।
**लिप** पु० *(सं०)* लेप करना, पोतना।
**लिपटना** अ० क्रि० सट जाना, आलिंगन करना।
**लिपटाना** स० क्रि० सटाना, चिमटाना; गले लगाना।
**लिपड़ा** पु० कपड़ा। वि० चिपचिपा।
**लिपड़ी** स्त्री० कपड़ा-लत्ता।
**लिपना** अ० क्रि० रंग का फैल जाना।
**लिपवाना** स० क्रि० लीपने का काम कराना।
**लिपाई** स्त्री० लीपने की मजदूरी; लीपने की क्रिया।
**लिपाना** स० क्रि० पुताना, लेप कराना, गोबर।
**लिप्या** पु० भली-भाँति, चिपकना, लिसना।
**लिपि** स्त्री० *(सं०)* लिखने की पद्धति; पत्र, लेख।
**लिपिक** पु० *(सं०)* क्लर्क, लेखक।
**लिपिका** पु० लेखक।
**लिप्त** वि० *(सं०)*ढका हुआ; व्यसनादि में डूबा हुआ।
**लिप्तक** पु० *(सं०)* विष में बुझाया हुआ बाण।
**लिप्ता** स्त्री० *(सं०)* अंश का साठवाँ भाग;।
**लिप्ति** स्त्री० *(सं०)* लेप।
**लिप्सा** स्त्री० पाने की इच्छा रखने वाला, अभिलाषा।
**लिप्सितव्य** वि० *(सं०)* अभिलषणीय।
**लिप्सु** वि० *(सं०)* पाने की इच्छा रखने वाला।
**लिफ़ाफ़ा** पु० *(अ०)* कागज की चौकोर थैली जिसमें चिट्ठियाँ रखकर भेजते हैं; कागज का थैला। **मुहा० लिफ़ाफ़ा खुलना** भेद प्रकट होना। **लिफ़ाफ़ा बदलना** नयी वेशभूषा धारण करना। **लिफ़ाफ़ा बनाना** ठाट बनाना।
**लिफ़ाफ़िया** वि० दिखाऊ; कमजोर।
**लिफ्ट** स्त्री० *(अं०)*ऊँची इमारतों में ऊपर नीचे ले जान।
**लिबड़ना** अ० क्रि० लथपथ होना, चिपकना, लगना।
**लिबड़ी** स्त्री *(अं०)* *(लिवरी)* पहनावा, लुगड़ी, ।
**लिबरल** वि० *(अं०)* उदार नीति वाला; उदार।
**लिबालिबी** स्त्री० *(ट्रिगर)* बन्दूक।
**लिबास** पु० *(अ०)* वेश; पोशाक।
**लियाक़त** स्त्री० *(अ०)* शील, गुण; सामर्थ्य; बुद्धिमत्ता।
**लिलाट*** पु० ललाट।
**लिलार*** पु० माथा।
**लिली** स्त्री० *(अं०)* कुमुदिनी।
**लिवर** पु० *(अं०)* भार उठाने वाला यन्त्र; यकृत।
**लिवाना** स० क्रि० साथ लाना।
**लिवाल** पु० लेने वाला; खरीदार।
**लिवैया**† लाने वाला; लेने वाला।
**लिष्ट** वि० *(सं०)* जो क्षीण हो गया हो, क्षय प्राप्त।
**लिष्व** पु० *(सं०)* अभिनेता, नर्तक।

**लिसान** स्त्री० *(अ०)* जीभ, जबान; भाषा।

**लिस्ट** स्त्री० *(अं०)* फेहरिस्त, सूची।

**लिह** वि० *(सं०)* चाटने वाला (समासान्त में)।

**लिहाज़** पु० *(फ़ा)* मुलाहजा; लज्जा; संकोच, अदब।

**लिहाज़ा** अ० *(अ०)* इसलिए, अतः; निदान।

**लिहाड़ा** वि० निकम्मा; नीच, खराब।

**लिहाड़ी**† स्त्री० निन्दा, हँसी; मजाक।

**लिहित** वि० चाटता हुआ।

**लीक** स्त्री० लकीर, रेखा, रीति, हर, सीमा, प्रथा। मुहा० **लीक खींचना** दृढ़ निश्चय करना। **लीक पीटना** पुरानी रीति पर चलते रहना। **लीक चलना** पुरानी रीति पर चलना। **लीक से बेलीक होना** गुमराह होना, पुरानी रीति छोड़ना।

**लीक्का** स्त्री० *(सं०)* लीख, लिक्षा, जूँ का अण्डा।

**लीख** स्त्री० †लीक; जूँ का अण्डा; मर्यादा।

**लीग** स्त्री० *(अं०)* सभा; संघ।

**लीचड़, लीचर** वि० निकम्मा, फालतू; काहिल, सुस्त।

**लीची** स्त्री० *(हि०)* एक मधुर फल विशेष।

**लीझी** वि० नीरस; निस्सार, बेकाम।

**लीडर** पु० *(अं०)* असमाप्त कथन को दर्शाने वाला।

**लीडिंग आर्टिकल** पु० *(अं०)* अग्रलेख।

**लीढ** वि० *(सं०)* चाटा हुआ, खाया हुआ।

**लीथोग्राफी** स्त्री० *(अं०)* पत्थर पर छपाई की कला।

**लीद** स्त्री० घोड़े, खच्चर, गधे आदि पशुओं का मल।

**लीन** पु० *(सं०)* अभिशोषण; संलग्नता; लेप।

**लीनता** स्त्री० *(सं०)* संलग्नता; तल्लीनता।

**लीप इयर** पु० *(अं०)* वह साल जिसमें 366 दिन हों।

**लीपना** स० क्रि० गोबर का लेप करना; पोतना।

**लीपा-पोती** स्त्री० चौपट करना, काम बिगाड़ना।

**लीबर** पु० कीचड़;। *वि० मैल, कीचड़ से युक्त।

**लीमू*** पु० नीबू।

**लीर*** स्त्री० धज्जी, पतला टुकड़ा।

**लील** *पु० नील। वि० नीले रंग का।

**लीलना*** स० क्रि० निगलना, हड़प जाना।

**लीलया** अ० *(सं०)* सहज ही, अनायास।

**लीलहिं*** अ० अनायास, खेल में।

**लीलाम्बुज** पु० *(सं०)* कमल; लीलाकमल।

**लीला*** स्त्री० *(सं०)* रहस्यपूर्ण कार्य; खेल, खिलवाड़।

**लीलाब्ज, लीलारविन्द** पु० *(सं०)* नीलाकमल।

**लीलापुरुष** पु० लीलाधारी।

**लीलामनुष्य** पु० छद्मवेशी पुरुष।

**लीलामय** वि० *(सं०)* क्रीड़ा-सम्बन्धी; लीला से युक्त।

**लीलायित** पु० *(सं०)* क्रीड़ा; सहजसिद्ध कार्य।

**लीलावती** स्त्री० *(सं०)* शुद्ध स्वरों की एक रागिनी।

**लीलावन्(वत्)** वि० *(सं०)* क्रीड़ाशील; सौन्दर्यमय।

**लीली** वि० नीली।

**लीलोद्यान** पु० *(सं०)* क्रीड़ा करने का उद्यान।

**लीवर** पु० *(अं०)* उत्तोलक।

**लीह** स्त्री० निशान; लकीर की तरह का छोटा।

**लुंगा**† वि० लफंगा, आवारा, बदमाश।

**लुँगाड़ा** वि० लुच्चा, बदमाश।

**लुंगी** स्त्री० छोटी धोती, तहमत।

**लुंच** पु० *(सं०)* छीलना; उखाड़ना; नोचना, काटना।

**लुंचना** स्त्री० *(सं०)* संक्षिप्त भाषण।

**लुंचित** वि० *(सं०)* उखाड़ा हुआ, नोचा हुआ।

**लुंज** वि० बिना हाथ-पैर का; लँगड़ा-लूला।

**लुण्ठक** पु० *(अं०)* लुटेरा, चोर।

**लुण्ठन** पु० *(सं०)* चोरी, लूट; लुढ़कन।

**लुण्ठाक** पु० *(सं०)* डाकू; कौआ।

**लुण्ठि** स्त्री० *(सं०)* लूटपाट।

**लुण्ठित** वि० *(सं०)* लुढ़का हुआ; चुराया हुआ।

**लुण्ठी** स्त्री० *(सं०)* चोरी, लूटपाट; लुढ़कना, लोटना।

**लुण्ड*** पु० धड़, रुण्ड, कबन्ध।

**लुण्डा** पु० सूत का बड़ा गोला। वि० जिसकी पूँछ पर बात न हो।

**लुण्डिका** स्त्री० *(सं०)* गेंद; गोल पिण्ड।

**लुण्डी** स्त्री० लपेटे सूत का गोला।

**लुआठा** पु० वह लकड़ी जिसका एक छोर जलता हो।

**लुआठी** स्त्री० छोटा लुआठा।

**लुआब** पु० *(अ०)* थूक; लसदार रस।

**लुआर*** स्त्री० लू, गरम हवा।

**लुक** पु० आग की लपट।

**लुकना** क्रि० आड़ में छिपना।

**लुक़्मा** पु० *(अ०)* ग्रास, कौर।

**लुक़्मान** पु० *(अ०)* कुरान में वर्णित एक हकीम।

**लुकरी**† स्त्री० जलती हुई लकड़ी, लुआठी।

**लुका-छिपी** स्त्री० लुकने-छिपने का एक खेल।
**लुकाना** अ० क्रि० छिपना, अदृश्य होना, लुकना।
**लुकार*** स्त्री० अग्नि, जलता हुआ।
**लुकारी†** स्त्री० जलती हुई लकड़ी।
**लुकेठा*** पु० लुआठा, जलती हुई लकड़ी।
**लुकोना*** स० क्रि० छिपाना।
**लुक्(च्)** पु० *(सं०)* लोप, गायब।
**लुक्कायित** वि० *(सं०)* अछिपा हुआ, दृश्य, अन्तर्हित।
**लुखिया** स्त्री० धूर्त औरत; पुंश्चली, वेश्या, कुलटा।
**लुगड़ा** पु० ओढ़नी, कपड़ा।
**लुग़त** स्त्री० *(अ०)* शब्द; भाषा।।
**लुगदी** स्त्री० रौंदी हुई गीली वस्तु का पिण्ड।
**लुगरा, लूगरा** †वि० चुगलखोर। *पु० ओढ़नी; छोटी चादर।
**लुगरी** स्त्री० †पीठ पीछे किसी का दोष कहना।
**लुग़वी** वि० *(अ०)* असली; लुगत का, शब्द कोशगत।
**लुगाई** स्त्री० स्त्री।
**लुग़ात** पु० *(अ०)* शब्दावली; शब्दकोश।
**लुगी*** स्त्री० लहँगे का किनारा; फटी धोती; लुंगी।
**लुग्गा** पु० लूगा, वस्त्र।
**लुघड़ना†** अ० क्रि० लुढ़कना।
**लुचकना** स० क्रि० झटके से कोई चीज छीन लेना।
**लुचरी** स्त्री० लुचुई।
**लुचवाना** स० क्रि० नोचवाना।
**लुचुई*** स्त्री (मैदे की) नरम और पतली पूरी।
**लुच्चा** वि० कमीना, बदमाश; दुराचारी, लम्पट।
**लुच्ची** वि० स्त्री० नरम और पतली पूरी, लुचुई।
**लुटन्त*** स्त्री० लूट।
**लुटकना*** अ० क्रि० लटकना।
**लुटना** अ० क्रि० निछावर होना; डाकुओं द्वारा लूटा जाना; बर्बाद होना, तबाह होना।
**लुटरना** अ० क्रि० लुढ़कना; छिटकना, लोटना।
**लुटरा** वि० घुँघराला।
**लुटरी** स्त्री० घुँघराले बालों वाली स्त्री।
**लुटाना** स० क्रि० बर्बाद करना।
**लुटावना*** स० क्रि० लुटाना।
**लुटिया** स्त्री० छोटा लोटा।।
**लुटेरा** पु० डाकू, लूटने वाला।
**लुण्टक** पु० एक प्रकार का साग।
**लुण्ठक** पु० लुटेरा।
**लुठना*** अ० क्रि० लुढ़कना; भूमि पर लोट जाना।
**लुठाना*** स० क्रि० लुढ़काना; लोटाना।
**लुठित** पु० *(सं०)* लोटना (जैसे घोड़े का)।।
**लुड़कना** अ० क्रि० लुढ़कना।
**लुड़काना** स० क्रि० लुढ़काना।
**लुड़की, लुदकी** *स्त्री० दही में बनी हुई भाँग।
**लुड़खुड़ाना** अ० क्रि० लड़खड़ाना।
**लुढ़ना*** अ० क्रि० गिरना; लुढ़कना; लोढ़ा जाना।
**लुढ़ाना*** स० क्रि० लुढ़काना।
**लुढ़ियाना** स० क्रि० गुलना, गोल तुरपना।
**लुतरा** वि० शरारती; बदमाश; झगड़ा लगाने वाला।
**लुत्थ*** स्त्री० लाश, लोथ।
**लुत्फ़** पु० *(अ०)* आनन्द; सौजन्य; मजा, रस।
**लुदरा** पु० एक अगहनी धान।
**लुनना** स० क्रि० नष्ट करना; लुनाई करना; हटाना।
**लुनाई** स्त्री० फसल काटने की क्रिया या मजदूरी।
**लुनेरा** पु० फसल काटने वाला।
**लुपना*** अ० क्रि० लुकना, छिपना।
**लुप्त** वि० *(सं०)* नष्ट; भग्न; अदृश्य; छिपा हुआ।
**लुबधना*** अ० क्रि० लुब्ध होना।
**लुबरी** स्त्री० तलछट, गाद।
**लुबुध** पु० *वि० लुभाया या ललचाया हुआ, लुब्ध।
**लुबुधना†** अ० क्रि० मोहित होना, लुब्ध होना।
**लुब्ध** पु० *(सं०)* व्याध; कामुक।
**लुब्धक** पु० *(सं०)* लम्पट; एक प्रकाशमान तारा।
**लुब्धना*** अ० क्रि० लुब्ध होना।
**लुब्धापति** स्त्री० प्रौढ़ा नायिका का एक भेद।
**लुब्ब** पु० *(अ०)* गूदा, सार भाग; खुलासा।
**लुभाना** स० क्रि० लालसा उत्पन्न करना।
**लुभावना** वि० मनोहर, सुन्दर।
**लुभित** वि० *(सं०)* मोहित, मुग्ध।
**लुरकना†** अ० क्रि० लटकना, झूलना।
**लुरका** पु० झुमका।
**लुरकी** स्त्री० †लुड़की; कान का एक आभूषण।
**लुरना*** अ० क्रि० हिलना-डोलना।
**लुरियाना*** अ० क्रि० एकाएक आ जाना।
**लुलन** पु० *(सं०)* लटकना, झूलना।
**लुलना*** अ० क्रि० लहराना, लटकते हुए झूलना।

**लुलित** वि० *(सं०)* लटकता हुआ, झूलता हुआ।
**लुहना*** अ० क्रि० ललचन, मोहित होना।
**लुहार** पु० लोहे का काम करने वाला।
**लुहारिन** स्त्री० लुहार की पत्नी।
**लुहारी** स्त्री० लोहे का काम; लुहार की स्त्री।
**लूँबरी*** स्त्री० लोमड़ी।
**लू** स्त्री० तपी हुई वायु या उसका झोंका।
**लूक** स्त्री० गरमी की तपी हुई हवा, लू।
**लूकटी, लूकट*** पु० आग, लुआठी।
**लूका** पु० लकड़ी जिसका सिरा जलता हो; ज्वाला।
**लूकी†** स्त्री० चिनगारी; जलती हुई पतली लकड़ी।
**लूक्ष** वि० *(सं०)* रूखा।
**लूखा*** वि० रूखा।
**लूगड़** पु० कपड़ा; चादर, ओढ़नी।
**लूगा†** पु० धोती; वस्त्र।
**लूघर*** पु० जलती हुई लकड़ी लुआठ।
**लूट** स्त्री० अपहृत या लूटा हुआ माल; डकैती।
**लूटक*** पु० सुन्दरता में बढ़ जाने वाला; डाकू, लुटेरा।
**लूटना** स० क्रि० भोगना; बर्बाद।
**लूटि*** स्त्री० लूट।
**लूतक, लूत** वि० *(सं०)* विभक्त, खण्डित। स्त्री० मकड़ी।
**लूता** स्त्री० *(सं०)* मकड़ी; चींटी।
**लूतात** पु० *(सं०)* चींटा।
**लूतामय** पु० *(सं०)* मकड़ी नामक रोग।
**लूतिका** स्त्री० *(सं०)* छोटी मकड़ी।
**लूती** †स्त्री० लुआठी। पु० लौंडेबाज।
**लून** पु० लोन, नमक।
**लून** वि० *(सं०)* कटा हुआ; कुतरा हुआ; आहत।
**लूनक** वि० *(सं०)* विभक्त, कटा हुआ।
**लूनना*** स० क्रि० (फसल) काटना।
**लूम** पु० शुद्ध स्वरों का एक राग।
**लूम** पु० *(सं०)* लांगुल, पूँछ।
**लूमड़ी†** स्त्री० लोमड़ी।
**लूमना*** अ० क्रि० लटकना, झूलना।
**लूमर†** वि० सयाना, जवान (तिरस्कार में)।
**लूला** वि० बेकाम; असहाय; कटे हाथ वाला।
**लूलुक** पु० *(सं०)* मेंढक।
**लूलू†** वि० नासमझ, उजड्ड।
**लूह†** स्त्री० लू।
**लूहर*** स्त्री० लूका; लू।
**लेंड़ी** स्त्री० बकरी आदि का गोल बँधा हुआ मल।
**लेंडुआ†** पु० कागज का एक खिलौना।
**लेंहड़†** स्त्री० लेहड़ा।
**लेंहड़ा** पु० झुण्ड, जानवरों का समूह।
**लेंहड़ी** स्त्री० (भेड़ों, बकरियों आदि का) झुण्ड।
**ले†** अ० शुरू होकर; तक।
**लेइ†** अ० तक, पर्यन्त।
**लेई** स्त्री० पके हुए आटे का घोल जो चिपकाने के काम में आता है; लपसी।
**लेक्चर** पु० *(अं०)* प्रवचन, व्याख्यान, भाषण।
**लेक्चरर** पु० *(अं०)* उप-प्राध्यापक; भाषण करनेवाला।
**लेख** पु० *(सं०)* सामयिक निबन्ध,लिपि; लिखावट।
**लेखक** पु० *(सं०)* चित्रकार; ग्रन्थ-रचयिता।
**लेखन** पु० *(सं०)* लिखने की कला; चित्रकारी।
**लेखनहार** *पु० ईश्वर। वि० लेखक, लिखने वाला।
**लेखना*** स० क्रि० चित्र बनाना; हिसाब लगाना।
**लेखनिक** पु० *(सं०)* व्यक्ति; पत्रवाहक।
**लेखनिका** स्त्री० *(सं०)* तूलिका।
**लेखनी** स्त्री० *(सं०)* लिखने, अक्षर बनाने का उपकरण।
**लेखनीय** वि० *(सं०)* लिखने योग्य।
**लेखपत्रिका** स्त्री० लिखित आवश्यक पत्र।
**लेखप्रणाली** स्त्री० लिखने का ढंग। पु० हिसाब-किताब, गिनती, कूत, आय-व्यय विवरण।
**लेखर्षभ** पु० *(सं०)* देवराज, इन्द्र।
**लेखा** स्त्री० *(सं०)* अनुमान; लिपि; रेखा; चित्रण।
**लेखाकार** पु० *(सं०)* लेखाध्यक्ष।
**लेखागार** पु० *(सं०)* दफ्तर, कार्यालय।
**लेखाध्यक्ष** पु० *(एकाउण्टेण्ट)* लेखापाल।
**लेखिका** स्त्री० पुस्तक रचयिता नारी।
**लेखित** वि० *(सं०)* लिखवाया हुआ; लिखा हुआ।
**लेखीलक** पु० *(सं०)* पत्र-वाहक।
**लेखे** अ० विचारानुसार, समझ में।
**लेख्य** पु० *(सं०)* दस्तावेज; लेख लिखने की कला।
**लेख्यस्थान** पु० लेखन-पठन कक्ष।
**लेख्यात्मक** वि० *(सं०)* लेखा सम्बन्धी।
**लेख्यारूढ़** वि० *(सं०)* लिखा-पढ़ी किया हुआ।

**लेजिस्लेचर** पु० *(अं०)* विधान मण्डल।
**लेजिस्लेटिव** वि० *(अं०)* व्यवस्था सम्बन्धी।
**लेजुर*** स्त्री० कुएँ से पानी निकालने की रस्सी।
**लेजुरी†** स्त्री० लेजुर, रस्सी।
**लेट†** वि० *(अं०)* देर से आनेवाला; पौढ़ना; मर जाना।
**लेटना** क्रि० भूमि, पलंग पर पड़ना, सोना।
**लेटर** पु० *(अं०)* अक्षर; पत्र, चिट्ठी।
**लेटाना** क्रि० अन्य को लेटने में लगाना।
**लेडी** स्त्री० *(अं०)* भले घर की स्त्री,लार्ड की मेम।
**लेत** पु० *(सं०)* आँसू।
**लेदवा†** पु० पकी ककड़ी, फूट।
**लेन** पु० *(हि०)* लेने की क्रिया; लहना।
**लेनदेन** पु० लेने-देने का व्यवहार, महाजनी।
**लेनहार*** पु० लेने वाला; लहनेदार।
**लेना** पु० लेने की क्रिया, लेन।
**मुहा० लेना एक न देना दो** किसी मतलब का न होना। **लेने के देने पड़ना** लाभ के बदले हानि होना। **ले बैठना** कारोबार का नष्ट हो जाना। **ले रखना** खरीद कर रखना।
**लेप** पु० *(सं०)* लेपने या पोतने की क्रिया; मरहम।
**लेपक** वि० *(सं०)* लेप करने वाला; सफेदी करनेवाला।
**लेपन** पु० *(सं०)* उबटन, अंगराग; पोतना।
**लेपना** स० क्रि० गीली चीज लीपना, पोतना, चुपड़ना।
**लेपालक** पु० गोद लिया पुत्र, दत्तक पुत्र, मुतबन्ना।
**लेपनी(पिन्)** वि० *(सं०)* लिप्त; लेप करने वाला।
**लेप्य** वि० *(सं०)* साँचे में ढालने योग्य।
**लेप्यमयी** स्त्री० *(सं०)* पत्थर या काष्ठ की पुत्तलिका।
**लेफ़्टिनेण्ट** पु० *(अं०)* पु० कर्नल का सहायक अधिकारी।
**लेबर** पु० *(अं०)* श्रमिक; शारीरिक या मानसिक परिश्रम।
**लेबरर** पु० *(अं०)* मजदूर, श्रमजीवी।
**लेबोरेटरी** स्त्री० *(अं०)* वैज्ञानिक परीक्षणशाला।
**लेमन** पु० *(अं०)* नीबू।
**लेमनेड** पु० *(अं०)* नीबू के सत के योग से बना शर्बत।
**लेमू** पु० *(फ़ा)* नीबू।
**लेर** स्त्री० लहर।
**लेरुआ*** पु० लड्डू; बछड़ा।
**लेलिहाना** स्त्री० *(सं०)* उँगलियों की एक मुद्रा।
**लेव** पु० घाव आदि पर लगाने की दवा।
**लेवा** पु० वर्षा के पानी में मिट्टी का घुल जाना; लेप।
**लेवादेई** स्त्री० लेन-देन।
**लेवार†** पु० गिलाव, लेव, कहगिल।
**लेवाल** पु० लेनेवाला, खरीदनेवाला।
**लेश** वि० *(सं०)* अल्प, थोड़ा।
**लेशी(शिन्)** वि० *(सं०)* जिसमें सूक्ष्म अंश हो।
**लेशोक्त** वि० *(सं०)* संक्षेप या संकेत में कहा हुआ।
**लेश्या** स्त्री० *(सं०)* प्रकाश; जीव की विशेष अवस्था।
**लेष्ट** पु० *(सं०)* मिट्टी का ढेला।
**लेस*** पु० पानी में घोलकर गाढ़ी बनायी हुई लसलसी।
**लेसक, लेसिक** पु० *(सं०)* गजारोही।
**लेह** पु० *(सं०)* चाटनेवाला; चाटने की वस्तु।
**लेहना** पु० फसल काटनेवालों को फसल के रूप में दी गयी मजदूरी।
**लेहसुर†** पु० कुम्हारों का औजार।
**लेहाज़ा** अ० लिहाज़ा।
**लेहाड़ा†** वि० लिहाड़ा।
**लेहाड़ी** स्त्री० हँसी उड़ाना, लिहाड़ी।
**लेहाफ़** पु० लिहाफ़, मोटी रजाई।
**लेहिन** पु० *(सं०)* सुहागा।
**लेही** स्त्री० *(सं०)* कान के सिरे पर होनेवाला एक रोग।
**लेह्य** पु० *(सं०)* चटनी, चाटने योग्य चीज।
**लैंग** पु० *(सं०)* एक पुराण। वि० लिंग-सम्बन्धी।
**लैंगिक** पु० *(सं०)* *(सेक्सुअल)* लिंग-सम्बंधी; यौन; लिंग द्वारा प्राप्त ज्ञान; शिल्पी; अनुमान।
**लैम्प** पु० *(अं०)* लालटेन, दीपक, चिराग।
**लै*** अ० तक, पर्यन्त।
**लैतोलाल** पु० *(अ०)* टालमटोल, हीला-हवाला।
**लैन** स्त्री० *(अं०)* *(लाइन)* रेखा; पंक्ति; बैरक।
**लैया†** स्त्री० चुगली।
**लैरु** पु० बछड़ा, छोटा बच्चा।
**लैला** स्त्री० *(फ़ा)* श्यामा।
**लैसंस** पु० *(अं०)* *(लाइसेंस)* अनुज्ञा पत्र, सनद।
**लैस** पु० एक तरह का सिरका; कमानी।
**लों*** अ० तक; समान।
**लोअर कोर्ट** पु० *(अं०)* नीचे की अदालत।
**लोइ** पु० लोक, लोग। *स्त्री० ज्वाला, लौ।
**लोइन*** पु० सौन्दर्य; नेत्र; नमकीन, नमकयुक्त।

**लोई** *पु० लोग।

**लोक** पु० *(सं०)* समाज; संसार, प्रजातन्त्रीय रूप देना।

**लोक-कथा** स्त्री० जनश्रुति।

**लोककंटक** पु० दुष्ट पुरुष।

**लोकगति** स्त्री० जीवन यात्रा।

**लोकगाथा** स्त्री० जनश्रुति।

**लोकन** पु० *(सं०)* देखने की क्रिया।

**लोकना** पु० ऊपर से गिरती हुई वस्तु को हाथ में पकड़ना।

**लोकनीय** वि० *(सं०)* दृश्य; देखने योग्य।

**लोकारा** पु० चिथड़ा।

**लोकान्तर** पु० *(सं०)* परलोक।

**लोकान्तरिक** वि० *(सं०)* लोकों के बीच अवस्थित।

**लोकान्तरित** वि० *(सं०)* मृत, परलोक गया हुआ।

**लोकाचार** पु० *(सं०)* संसार का व्यवहार, चलन।

**लोकाचारी** वि० *(सं०)* ढोंगी, पाखण्डी।

**लोकातिग** वि० *(सं०)* असाधारण।

**लोकात्मा** पु० *(सं०)* विश्वात्मा।

**लोकादि** पु० *(सं०)* विश्व का आरम्भ, सृष्टिकर्ता।

**लोकाधिक** वि० *(सं०)* असाधारण।

**लोकाधिप** पु० *(सं०)* लोकपाल; बुद्ध; राजा।

**लोकानुग्रह** पु० *(सं०)* लोगों का कल्याण।

**लोकानुरंजन** पु० *(सं०)* जनता का मन बहलाव।

**लोकाभिलषित** वि० *(सं०)* संसार द्वारा इच्छित।

**लोकाभ्युदय** पु० *(सं०)* संसार की उन्नति।

**लोकायत** पु० *(सं०)* चार्वाक मत का अनुयायी।

**लोकाराधन** पु० *(सं०)* लोक की सेवा।

**लोकी(किन्)** वि० *(सं०)* जो लोक में निवास करे।

**लोकेश** पु० *(सं०)* लोक का स्वामी।

**लोकेश्वर** पु० *(सं०)* लोक का स्वामी; बुद्ध।

**लोकैषणा** स्त्री० *(सं०)* उत्कर्ष।

**लोकोक्ति** स्त्री० *(सं०)* कहावत; एक अलंकार।

**लोकोत्तर** वि० *(सं०)* विलक्षण, असाधारण।

**लोकोत्सव** पु० *(सं०)* लोक का पर्व।

**लोखर** पु० किसबत; बढ़ई आदि के लोहे के औजार।

**लोग** पु० मनुष्य (बहु० में प्रयुक्त)।

**लोगाई*** स्त्री० लुगाई, स्त्री।

**लोच** पु० *(सं०)* आँसू। स्त्री० मृदुता, कोमलता।

**लोचक** पु० *(सं०)* मूर्ख, बेवकूफ, नासमझ।

**लोचन** पु० *(सं०)* नेत्र, आँख; देखने की क्रिया।

**लोचना**† अ० क्रि० चाहना, ललचना।

**लोचीला** वि० लचीला।

**लोट** पु० †नोट, कागजी मुद्रा; घाट; *त्रिवली।

**लोटन** पु० भूमि पर लुढ़कनेवाला एक कबूतर।

**लोटना** अ० क्रि० करवटें बदलना, आराम करना।

**लोटा** पु० जलपात्र।

**लोटिया, लुटिया** स्त्री० छोटा लोटा।

**लोड़ना*** स० क्रि० जरूरत महसूस करना, चाहना।

**लोडित** वि० *(सं०)* क्षुब्ध किया हुआ, मथित।

**लोढ़ना** स० क्रि० *(फूल) तोड़ना; साफ करना।

**लोढ़ा** पु० बट्टा, सिल पर पीसने के लिए गोल पत्थर का खण्ड।

**लोढ़िया** स्त्री० छोटा लोढ़ा।

**लोथ** स्त्री० शव, लाश।

**लोन*** पु० लावण्य, लवण, सुन्दरता, नमक।

**लोना** स० क्रि० काटना। स्त्री० एक जादूगरनी।

**लोनाई*** स्त्री० सुन्दरता।

**लोनिया** स्त्री० लोनी साग।

**लोनी** स्त्री० *सुन्दर नायिका; *पु० नवनीत।

**लोप** पु० *(सं०)* अभाव; भूल चूक।

**लोपना** *अ० क्रि० छिपना; लुप्त होना।

**लोपी(पिन्)** वि० *(सं०)* जो लुप्त हो सके।

**लोबत** स्त्री० *(अ०)* खिलौना; पुतली; गुड़िया।

**लोभ** पु० *(सं०)* लालसा, आकांक्षा; लालच।

**लोभन** वि० *(सं०)* लुभाने वाला। पु० लालच; लालसा।

**लोभना** *स० क्रि० लुभाना, मुग्ध करना।

**लोभनीय** वि० *(सं०)* लुभने वाला, मनोहर, आकर्षक।

**लोभाना*** अ० क्रि० मोहित होना, मुग्ध होना।

**लोभी** वि० लालची।

**लोभ्य** वि० *(सं०)* लोभनीय।

**लोम (न्)** पु० *(सं०)* *लोमड़ी; रोम। पु० रोआँ, बाल।

**लोमड़ा** पु० कुत्ता एवं गीदड़ प्रजाति का वन्य पशु।

**लोमड़ी** स्त्री० गीदड़ प्रजाति की मादा जिसकी पूँछ लम्बी तथा बालयुक्त होती है।

**लोमघ्न** वि० लोमनाशक।

**लोय*** स्त्री० ज्वाला, लौं। पु० आँख; लोक, लोग।

**लोयन*** पु० आँख, लोचन; लावण्य।

**लोर*** पु० लटकन, झुमका; ललरी; कान का कुण्डल।

**लोरना*** अ० क्रि० लोटना; लिपटना; झुकना।

**लोरवा†** पु० लोर; आँसू।

**लोरी** स्त्री० बच्चों का सुलाते समय गाने का गीत।

**लोल** पु० *(सं०)* लिंग। वि० क्षुब्ध, अशान्त; क्षणिक।

**लोलक** पु० घण्टे का लटकन; नथ आदि का लटकन।

**लोलना*** स० क्रि० हिलाना। अ० क्रि० हिलना-डोलना।

**लोलित** वि० *(सं०)* क्षुब्ध, हिला हुआ।

**लोलिनी** स्त्री० *(सं०)* चंचला स्त्री।

**लोलुप** वि० *(सं०)* कोई वस्तु पाने के लिए अधीर।

**लोलुपता** स्त्री, **लोलुपत्व** पु० *(सं०)* लालसा; लालच।

**लोहँड़ा*** पु० लोहे का पात्र, तसला।

**लोह** पु० *(सं०)* लोहा नाम की धातु; हथियार।

**लोहार** पु० लोहे का काम करने वाली एक उपजाति।

**लोहारी** स्त्री० व्यवसाय; लोहारगीरी।

**लोहित** पु० *(सं०)* लाल रंग; ब्रह्मपुत्र नद; ताँबा।

**लोहिताधिप** पु० *(सं०)* मंगल ग्रह।

**लोहिताय(स्)** पु० *(सं०)* ताँबा।

**लोहिताश्व** पु० *(सं०)* शिव; अग्नि।

**लोहिया** पु० लोहे का व्यापारी।

**लोहू** पु० लहू, रक्त।

**लौं*** अ० तक, पर्यन्त; समान, बराबर।

**लौंग** स्त्री० नाक, कान का एक आभूषण।

**लौंड़ी** स्त्री० मजदूरनी, दासी, टहलनी।

**लौ** स्त्री० कान की लोलकी; चाह; दीपशिखा।

**लौआ†** पु० कद्दू।

**लौकना†** अ० क्रि० दिखायी पड़ना।

**लौकिक** पु० *(सं०)* सांसारिक व्यवहार, चलन।

**लौकी†** स्त्री० कद्दू, लौआ।

**लौज़** स्त्री० *(अ०)* बादाम की बर्फी; बादाम।

**लौज़ीना** पु० बादाम का हलवा।

**लौट** स्त्री० *(हि०)* लौटना, घुमाव।

**लौटना** स० क्रि० उलटना, पलटना,।

**लौटान** स्त्री० लौटने की क्रिया भाव।

**लौटाना** स० क्रि० वापस करना; उलट-पुलट करना।

**लौन†** पु० नमक, लवण।

**लौनहार†** पु० फसल काटनेवाला।

**लौना†** *वि० सुन्दर।

**लौनी** *पु० नवनीत, मक्खन। स्त्री० खेत काटने का समय।

**लौल्य** पु० *(सं०)* चंचलता, अस्थिरता; लोभ; लालसा।

**लौरी** स्त्री० बछिया।

**लौह** वि० *(सं०)* लोहे या ताँबे का बना हुआ।

**लौहवरा** पु० लुहार।

**ल्यौ*** स्त्री० लौ, ध्यान।

**ल्यारी** पु० भेड़िया।

**ल्वारि*** स्त्री० लू।

# व

**व** देवनागरी वर्णमाला का उनतीसवाँ और चौथा अन्तस्थ वर्ण। उच्चारणस्थान दन्तोष्ठ।

**वंक** पु० *(सं०)* घुमक्कड़, आवारा आदमी।

**वंकट** वि० दुर्गम, विकट; टेढ़ा।

**वंकिम** वि० वक्र झुका हुआ।

**वंकिल** वि० *(सं०)* काँटा, कण्टक।

**वंक्य** वि० *(सं०)* लचीला, नमनशील; टेढ़ा।

**वंक्रि** स्त्री० *(सं०)* जानवरों की पसली; कड़ी।

**वंक्षण** पु० *(सं०)* उरुसन्धि।

**वंक्षु** स्त्री० *(सं०)* गंगा की एक शाखा; अक्सस नदी।

**वंग** पु० *(सं०)* कपास; एक पहाड़; बैगन; बंगाल।

**वंगन** पु० *(सं०)* बैंगन।

**वंगीय** वि० *(सं०)* बंगाल-सम्बन्धी; बंगाल का।

**वंगेरिका** स्त्री० *(सं०)* डलिया, टोकरी।

**वंघ** पु० *(सं०)* वृक्ष-विशेष।

**वंचक** पु० *(सं०)* गीदड़; पालतू नेवला; नीच आदमी।

**वंचकता** पु० *(सं०)* धूर्तता, ठगी।

**वंचथ** पु० *(सं०)* समय; कोयल; धूर्त।

**वंचन** पु० *(सं०)* ठगी; प्रतारण, धूर्तता।

**वंचना** *स्त्री० *(सं०)* ठगी; छल; नष्ट काल या श्रम।

**वंचनीय** वि० *(सं०)* परित्याग करने योग्य।

**चंचयिता(तृ)** वि०, पु० *(सं०)* धूर्त; ठग।

**वंचित** वि० *(सं०)* धोखा खाया हुआ, ठगा हुआ।

**वंचितक** पु० व्यंग्य।

**वंचिता** स्त्री० *(सं०)* एक तरह की पहेली।

**वंचुक, वंचूक** वि० *(सं०)* धूर्त; बेईमान।

**वंच्य** वि० *(सं०)* वचनीय; त्याज्य; ठगा जाने वाला।

**वंजुल** पु० *(सं०)* एक प्रकार का पक्षी; स्थलपद्म।

**वंजुलक** पु० *(सं०)* एक पक्षी; एक पौधा।
**वंजुला** स्त्री० *(सं०)* अधिक दूध देनेवाली गाय।
**वण्ट** पु० *(सं०)* अंश, भाग; अविवाहित पुरुष।
**वण्टक** पु० *(सं०)* हिस्सा, भाग; बाँटनेवाला।
**वण्टन** पु० *(सं०)* बाँटना, हिस्सा लगाना।
**वण्टनीय** वि० *(सं०)* जो बाँटा जाये; बाँटने योग्य।
**वण्टाल** पु० *(सं०)* नाव; खनित्र, कुदाल।
**वण्टित** वि० *(सं०)* विभाजित, बँटा हुआ।
**वण्टितांश** पु० *(कोटा)* नियतांश, बाँटा गया अंश।
**वण्ठ** पु० *(सं०)* नौकर, सेवक; बौना; अविवाहित पुरुष।
**वण्ठर** पु० *(सं०)* बकरी आदि बाँधने की रस्सी।
**वण्ठाल** पु० *(सं०)* वण्टाल; खोदने का औजार, कुदाल।
**वण्डर** स्त्री० *(सं०)* पुंश्चली, व्यभिचारिणी स्त्री।
**वन्द** वि० *(सं०)* प्रशंसक।
**वन्दक** पु० *(सं०)* वन्दना करने वाला; चारण; भिक्ष।
**वन्दका** स्त्री० *(सं०)* बन्दा।
**वन्दथ** पु० *(सं०)* स्तुत्य व्यक्ति; चारण।
**वन्दन** पु० *(सं०)* नमस्कार; बाँदा; स्तुति।
**वन्दनक** पु० *(सं०)* सम्मानयुक्त अभिवादन।
**वन्दना** स्त्री० *(सं०)* होमभस्म का तिलक; पूजन।
**वन्दनी** स्त्री० *(सं०)* तिलक; जीवातु; स्तुति, पूजा।
**वन्दनीया** स्त्री० *(सं०)* गोरोचना।
**वन्दा** स्त्री० *(सं०)* बाँदा, एक परोपजीवी पौधा।पौधा
**वन्दार** पु० *(सं०)* वन्दा, बाँदा।
**वन्दारु** वि० *(सं०)* विनम्र। पु० चारण; स्तोत्र; वन्दा।
**वन्दि, वन्दी** पु० *(सं०)* वन्दना, स्तुति; कैदी।
**वन्दित** पु० *(सं०)* पूज्य; पूजित।
**वन्दितव्य** वि० *(सं०)* पूजा करने योग्य, पूज्य।
**वन्दिता(तृ)** पु० *(सं०)* प्रशंसक; स्तुति करने वाला।
**वन्दी(दिन्)** पु० *(सं०)* कैदी; चारण।
**वन्दीपाल** पु० बन्दी रक्षक, कारा-रक्षक।
**वन्द्य** वि० *(सं०)* पूज्य, आदरणीय।
**वन्द्या** स्त्री० *(सं०)* बाँदा; गोरोचना।
**वन्द्र** पु० *(सं०)* प्राचुर्य; भक्त; कल्याण, अभ्युदय।
**वन्धुर** पु० *(सं०)* कोचवान के बैठने की जगह।
**वन्ध्य** वि० *(सं०)* अनुत्पादक; सदोष; निष्फल।
**वन्ध्या** स्त्री० *(सं०)* वह स्त्री या गाय जिसे बच्चा न होता हो।
**वन्ध्यीकरण** पु० *(स्टेरिलाइजेशन)* पुंसत्व या उत्पादन क्षमता से रहित कर देना।
**वंश** पु० *(सं०)* मेरुदण्ड; कुल, खानदान, परिवार।
**वंशक** पु० *(सं०)* एक तरह का छोटा बाँस।
**वंशाग्र** पु० *(सं०)* बाँस का छोर।
**वंशानुकीर्तन** पु० *(सं०)* वंशवृक्ष का उल्लेख।
**वंशानुचरित** पु० *(सं०)* वंशवृत्त।
**वंशिक** पु० *(सं०)* अगर; शूद्र और वेणी से उत्पन्न पुत्र।
**वंशिका** स्त्री० *(सं०)* अगर; पिप्पली; बाँसुरी।
**वंशी** स्त्री० *(सं०)* धमनी; विशिष्ट वंश; मुरली।
**वंशी(शिन्)** वि० *(सं०)* वंशविशेष का।
**वंशीय** वि० *(सं०)* वंशविशेष से सम्बद्ध।
**वंशोद्भवा** स्त्री० *(सं०)* बंसलोचन।
**वंश्य** वि० *(सं०)* मेरुदण्ड से सम्बद्ध; उत्तम कुलोत्पन्न।
**व** अ० *(फ़ा)* पु० व्याघ्र; अस्त्र; समुद्र; प्रचेता; पानी।
**वक** पु० *(सं०)* बगला; ढोंगी; ठग; बक।
**वकयन्त्र** पु० अर्क निकालने का भभका।
**वकवृत्ति** स्त्री० अपना कार्य निकालने की घात में रहना।
**वकवत्** पु० बगुले जैसा कपटी।
**वक़अ, वक़अत** स्त्री० *(सं०)* बड़ाई, ऊँचाई; साख।
**वक़ार** पु० *(अ०)* गाम्भीर्य, बड़ाई, प्रतिष्ठा।
**वकालत** स्त्री० *(अ०)* दूसरे की पैरवी करना।
**वक़ीअ** वि० *(अ०)* ऊँची साख वाला; इज्जतदार।
**वकील** पु० *(अ०)* दूसरों की ओर से मुकद्दमों की पैरवी करने वाला।
**वकीली** वि० वकील जैसा; वकील का पेशा।
**वकुल** पु० मालश्री।
**वकुला** स्त्री० *(सं०)* एक औषधि, कुटकी।
**वकुली** स्त्री० *(सं०)* एक औषधि; बकुल का फूल।
**वक़ूअ** पु० *(अ०)* घटित होना, जाहिर होना।
**वक़ूआ** पु० हंगामा, वारदात, फसाद, घटना।
**वकूफ़** पु० *(अ०)* बुद्धि, समझ; जानना, आगाही।
**मुहा० वकूफ़ पकड़ना** अक्ल सीखना।
**वक़्त** पु० *(अ०)* समय, काल, अवसर, मौका, निश्चित समय, मृत्यु का समय आदि।
**मुहा० वक़्त आ जाना** मौत की घड़ी आ जाना।

**वक़्त गुजारना** समय नष्ट करना। **वक़्त तंग होना** समय का प्रतिकूल होना। **वक़्त बेवक़्त काम आना** जरूरत के समय साथ देना।

**वक्तन् फवक्तन्** अ० जब तब; समय-समय पर।

**वक्तव्य** पु० *(सं०)* कथन, वचन।

**वक्तव्यता** स्त्री० कथन, योग्यता।

**वक्ता(क्तृ)** वि० *(सं०)* ईमानदार;पु० अध्यापक।

**वक्ती** वि० सामयिक, वक्त का।

**वक्तुकाम** वि० *(सं०)* बोलने का इच्छुक।

**वक्तमना(नस्)** वि० *(सं०)* जो बोलना चाहता हो।

**वक्तृक** पु० *(सं०)* भाषणकर्ता, बोलने वाला।

**वक्तृव्य** पु० कथन, प्रथम।

**वक्त्र** पु० *(सं०)* दन्त; छन्द; कार्यारम्भ; थूथन, मुख।

**वक्त्रासव** पु० *(सं०)* अधरमधु, राल।

**वक्फ़** पु० *(अ०)* लोकोपकारार्थ दी हुई वस्तु।

**मुहा० वक्फ़ कर देना** ईश्वर को अर्पण कर देना, (पुण्य कार्य में) लगा देना।

**वक्फ़ा** पु० देर; अल्प विलम्ब; ठहराव, विराम।

**वक्र** पु० *(सं०)* नासिका; मंगल; शनि; नदी का मोड।

**वक्र** पु० *(अ०)* गौरव; पद; सम्मान, बड़ाई।

**मुहा० वक्र खोना** मान, प्रतिष्ठा गँवाना।

**वक्रकर** पु० वंश प्रारम्भक।

**वक्रकीर्ति** स्त्री० वंशगौरव।

**वक्रक्षय** पु० वंश नाश।

**वक्रगति** स्त्री० टेढ़ी चाल।

**वक्रगामी** पु० कुटिल।

**वक्रचरित** पु० वंश इतिहास।

**वक्रता** स्त्री०, **वक्रत्व** पु० *(सं०)* टेढ़ापन; कुटिलता।

**वक्रतुण्ड** पु० गणेश।

**वक्रधर** पु० सन्तान।

**वक्रधारा** स्त्री० कुलपद्धति।

**वक्रम** पु० *(सं०)* पलायन।

**वक्रय** पु० *(सं०)* मूल्य।

**वक्ररेखा** स्त्री० टेढ़ी रेखा।

**वक्रांग** पु० *(सं०)* हंस; साँप।

**वक्रि** वि० *(सं०)* कुटिलभाषी; झूठ बोलने वाला।

**वक्रित** वि० *(सं०)* झुका हुआ, टेढ़ा, वक्रीभूत।

**वक्रिमा(मन्)** स्त्री० *(सं०)* टेढ़ापन,।

**वक्री(किन्)** पु० *(सं०)* वह जिसके अंग जन्म से ही टेढ़े हों।

**वक्रोष्ठि, वक्रोष्ठिका** स्त्री० *(सं०)* मन्द हँसी, मुस्कान।

**वक्षःस्थल** पु० *(सं०)* छाती, वक्षस्थल।

**वक्षण** पु० *(सं०)* शक्ति प्रदान करनेवाला पदार्थ।

**वक्षणा** स्त्री० *(सं०)* नदी या उसका पाट; पेट।

**वक्षश्छद** पु० *(सं०)* कवच।

**वक्षस्थल** पु० *(सं०)* हृदय, सीना।

**वक्षोज, वक्षोरुह** पु० *(सं०)* कुच, स्तन।

**वक्ष्यमाण** वि० *(सं०)* जो कहा जा रहा हो,।

**वग़ैरह** अ० *(अ०)* इत्यादि।

**वग्नु** वि० *(सं०)* पु० बोलने वाला, वक्ता।

**वचण्डा, वचण्डी** स्त्री० *(सं०)* मैना; दीये की बत्ती।

**वच** वि० *(सं०)* बोलने वाला (समासान्त में)। पु० सूर्य।

**वच (स्)** पु० *(सं०)* आदेश; परामर्श; वाक्य; शब्द।

**वचक्नु** पु० *(सं०)* ब्राह्मण। वि० बहुत बोलने वाला।

**वचन** पु० *(सं०)* वाणी, बोलने की क्रिया।

**वचनानुग** वि० *(सं०)* आज्ञाकारी।

**वचनावक्षेप** पु० *(सं०)* अपशब्द युक्त बात।

**वचनाकारी** वि० आज्ञाकारी।

**वचनीय** वि० *(सं०)* निन्दनीय; कहने योग्य।

**वचनीकृत** वि० तिरस्कृत।

**वचनोपक्रम** पु० *(सं०)* भाषण का आरम्भ।

**वचर** पु० *(सं०)* नीच व्यक्ति; मुर्गा।

**वचलु** पु० *(सं०)* शत्रु; दोष, अपराध।

**वचस** वि० *(सं०)* बहुत बोलनेवाला; चतुर।

**वचसाम्पति** पु० *(सं०)* बृहस्पति।

**वचसा** अ० *(सं०)* वचन द्वारा।

**वचस्वी(स्विन्)** वि० *(सं०)* भाषणपटु।

**वचा** स्त्री० *(सं०)* एक ओषधि; मैना।

**वचो** 'वचस्' का समासगत रूप।।

**वच्छ*** पु० वक्ष, छाती; वत्स, बच्चा।

**वज़न** पु० *(अ०)* महत्त्व, मान, प्रतिष्ठा।

**वज़नी** वि० महत्त्वयुक्त; भारी, वजन रखनेवाला।

**वजह** स्त्री० *(अ०)* जरिया; ढंग, रीति; कारण, हेतु।

**वज़ा(वज़अ़)** वि० *(अ०)* घटाया हुआ, निकाला हुआ।

**वजाहत** स्त्री० *(अ०)* बड़प्पन; भव्यता; सुन्दरता।

**वज़ीफ़ा** पु० *(अ०)* पेंशन; सहायता वृत्ति, छात्रवृत्ति।

**वज़ीर** पु० *(अ०)* सचिव, मन्त्री।
**वजीह** वि० *(अ०)* सुन्दर; सम्मानित; भव्याकृति।
**वजूद** पु० *(अ०)* जिन्दगी; विद्यमानता, अस्तित्व।
**वजूहात, वुजूह** स्त्री० *(अ०)* वजह का बहु०।
**वज्र** पु० *(सं०)* इन्द्र का अस्त्र, कुलिश, बिजली; हीरा।
**वज्रक** पु० *(सं०)* सूर्य का एक उपग्रह वज्रक्षार; हीरा।
**व्रजाकर** पु० हीरे की खान।
**वज्रांग** पु० *(सं०)* हनुमान।
**वज्रांगी** स्त्री० *(सं०)* हड़जोड़, एक लता; कौड़िल्ला।
**वज्राम्बुजा** स्त्री० *(सं०)* एक बौद्ध देवी।
**वज्रा** स्त्री० *(सं०)* गुडुच; दुर्गा; सेंहुड़।
**वज्राकर** पु० *(सं०)* हीरे की खान।
**वज्राख्य** पु० *(सं०)* एक बहुमूल्य पत्थर।
**वज्राघात** पु० *(सं०)* बिजली का आघात।
**वज्राचार्य** पु० *(सं०)* एक तान्त्रिक बौद्ध आचार्य।
**वज्राभ** पु० *(सं०)* एक बहुमूल्य पत्थर।
**वज्राभ्र** पु० *(सं०)* काले रंग का अभ्रक।
**वज्रायुध** पु० *(सं०)* इन्द्र।
**वज्राशनि** पु० *(सं०)* वज्र।
**वज्री(जिन्)** पु० *(सं०)* बौद्ध संन्यासी; इन्द्र।
**वज्रोद्गत** पु० *(सं०)* एक समाधि।
**वज्रोली** स्त्री० *(सं०)* उँगलियों की एक विशेष स्थिति, योग की मुद्रा जिससे वीर्य स्तम्भन किया जाता है।
**वट** पु० *(सं०)* छोटा गेंद; रस्सी; एकरूपता।
**वटक** पु० *(सं०)* बड़ा, पकौड़ा; बट्टा; टिकिया, गोली।
**वटर** पु० *(सं०)* भ्रमर; मथानी; बटेर, एक चिड़िया।
**वटाकर, वटारक** पु० *(सं०)* रस्सी।
**वटाश्रय** पु० *(सं०)* कुबेर।
**वटिक** पु० *(सं०)* शतरंज का मोहरा।
**वटिका** स्त्री० *(सं०)* बरी; शतरंज की गोटी; गोली।
**वटी** स्त्री० *(सं०)* टिकिया, गोली।
**वटी(टिन्)** वि० *(सं०)* गोली; जिसमें डोरी लगी हो।
**वटु** पु० *(सं०)* ब्रह्मचारी; बालक।
**वटुक** पु० *(सं०)* ब्रह्मचारी; बालक।
**वट्टक** पु० *(सं०)* वटिका, गोली।
**वठर** वि० *(सं०)* मूर्ख; दुष्ट।
**वडब** पु० *(सं०)* घोड़ी जैसा घोड़ा।
**वडा** स्त्री० *(सं०)* गोली, वटिका।
**वडिश** पु० *(सं०)* बंसी; नश्तर लगाने का एक औजार।
**वड्** वि० *(सं०)* बृहत्, बड़ा।
**वड़वाग्नि** स्त्री० बड़वानल।
**वण** पु० *(सं०)* शोरगुल, शब्द।
**वणिक्(ज्)** पु० *(सं०)* वाणिज्य, बनिया।
**वणिग्ग्राम** पु० *(सं०)* व्यापारियों का मण्डल।
**वणिग्पथ** पु० वाणिज्य।
**वणिग्भाव** पु० *(सं०)* व्यापार।
**वणिग्वह** पु० *(सं०)* ऊँट।
**वणिग्वीथी** स्त्री० *(सं०)* बाजार, हाट।
**वणिग्वृत्ति** स्त्री० *(सं०)* व्यापार।
**वणिज** पु० *(सं०)* तुला राशि; सौदागर; शिव।
**वणिजक** पु० *(सं०)* व्यापारी।
**वणिजा** स्त्री० *(सं०)* व्यापार।
**वणिज्य** पु०, **वणिज्या** स्त्री० *(सं०)* व्यापार, सौदागरी।
**वतंसित** वि० *(सं०)* अवतंसित।
**वतन** पु० *(अ०)* मूल वासस्थान; जन्मस्थान।
**वतनी** वि० स्वदेश-वासी; स्वदेशी, अपने देश का।
**वतायन** पु० वातायन, झरोखा।
**वतीरा** पु० *(अ०)* दस्तूर, राह, तरीका, चलन।
**वतोका** स्त्री० *(सं०)* वन्ध्या गाय।
**वत्** अ० *(सं०)* सादृश्य।
**वत्स** पु० *(सं०)* वर्ष; वक्ष, छाती; बछड़ा; एक देश।
**वत्सक** पु० *(सं०)* बछड़ा; शिशु, बच्चा।
**वत्सतरी** स्त्री० *(सं०)* तीन साल की बछिया, कलोर।
**वत्सर** पु० *(सं०)* वर्ष, साल।
**वत्सरान्तक** पु० *(सं०)* वर्ष का अन्तिम मास।
**वत्सरादि** पु० *(सं०)* वर्ष का पहला मास।
**वत्सल** पु० *(सं०)* पुत्रादि के प्रति रतिभाव; प्यार।
**वत्सा** स्त्री० बछिया।
**वत्सादन** पु० *(सं०)* भेड़िया।
**वत्सिमा(मन्)** स्त्री० *(सं०)* बचपन।
**वत्सीय** वि० *(सं०)* वत्स-सम्बन्धी। पु० गोपालक।
**वदन्ति, वदन्ती** स्त्री० *(सं०)* बात, कथन; कथा।
**वदक** पु० *(सं०)* वक्ता, कहनेवाला।
**वदन** पु० *(सं०)* साँस। पु० चेहरा, मुखड़ा; मुख।
**वदनासव** पु० *(सं०)* लार, थूक; अधरमधु।
**वदन्य, वदान्य** वि० *(सं०)* उदार।

**वदर** पु० *(सं०)* कपास का बीज; बेर।
**वदाम** पु० *(सं०)* बादाम।
**वदाल** पु० *(सं०)* पढ़िना, एक मछली, आवर्त, भँवर।
**वदावद** वि० *(सं०)* बहुत बोलने वाला।
**वदि** पु० कृष्णपक्ष।
**वदिता(तृ)** पु० *(सं०)* कहने वाला, बोलने वाला।
**वदीअत** स्त्री० *(अ०)* धरोहर, अमानत।
**वद्य** पु० *(सं०)* अँधेरे पाख के दिन; बात, कथन।
**वध** पु० *(सं०)* शारीरिक दण्ड; लकवा; विलोप; नाश।
**वधक** वि० *(सं०)* घातक। पु० व्याध; मृत्यु; जल्लाद।
**वधांगक** पु० *(सं०)* कारागृह।
**वधालय** पु० *(स्लॉटर हाउस)* बूचड़खाना।
**वधिक** पु० बधिक, जल्लाद, हत्यारा।
**वधित्र** पु० *(सं०)* कामदेव; कामासक्ति।
**वधुटी** स्त्री० अविवाहिता युवती।
**वधु, वधुका** स्त्री० *(सं०)* पुत्रवधू; दुलहिन; युवती।
**वधूटी** स्त्री० *(सं०)* पिता के साथ रहनेवाली नवयुवती।
**वधू** स्त्री० *(सं०)* पतोहू; स्त्री; पत्नी; दुलहिन।
**वधूटी** स्त्री० *(सं०)* नवयुवती; पुत्रवधू।
**वधोदर्क** वि० *(सं०)* जिसकी परिणति मृत्यु में हो।
**वधोद्यत** पु० *(सं०)* हत्यारा। वि० मारने को तत्पर।
**वधोपाय** पु० *(सं०)* मारने का उपाय।
**वध्य** पु० *(सं०)* वि० दण्ड्य; मार डालने योग्य।
**वध्या** स्त्री० *(सं०)* हत्या, वध।
**वध्र** पु० *(सं०)* चमड़े का तस्मा; सीसा।
**वध्रक** पु० *(सं०)* सीसा।
**वध्रि** वि० *(सं०)* बधिया।
**वध्रिका** पु० *(सं०)* खोजा, नपुंसक पुरुष।
**वध्री** स्त्री० *(सं०)* चमड़े का तस्मा।
**वध्रय** पु० *(सं०)* जूता।
**वन** पु० *(सं०)* उपवन, बाग; जंगल; फूलों का गुच्छा।
**वनकाम** वि० जंगल में घूमनेवाला।
**वनकुंजर** पु० जंगली हाथी।
**वनगो** स्त्री० नीलगाय।
**वनचर** वि० वन में घूमनेवाला,।
**वनज** वि० वन में उत्पन्न।
**वनजीवी** पु० लकड़हारा।
**वनद** पु० मेघ, बादल।
**वनमानुष** पु० पूँछहीन बन्दर जिसकी आकृति मानव से मिलती है।
**वनमाला** स्त्री० जंगली फूलों की माला।
**वनमाली** पु० श्रीकृष्ण।
**वनराज** पु० सिंह।
**वनवास** पु० जंगलवास।
**वनस्थ** वि० वनवासी।
**वनस्थली** स्त्री० वनभूमि।
**वनस्पति** स्त्री०, पु० *(सं०)* बरगद; सोम; तना।
**वनान्तर** पु० *(सं०)* वन का भीतरी भाग।
**वनाखु** पु० *(सं०)* खरहा।
**वनाग्नि** स्त्री० *(सं०)* वन में लगने वाली आग।
**वनाज** पु० *(सं०)* जंगली बकरा।
**वनाटन** पु० *(सं०)* वन-भ्रमण।
**वनाटु** पु० *(सं०)* एक तरह की नीली मक्खी।
**वनार्चक** पु० *(सं०)* हार बनानेवाला।
**वनालिका** स्त्री० *(सं०)* हाथीसुण्डी, एक लता।
**वनाश्रम** सं० वानप्रस्थ आश्रम।
**वनि** स्त्री० *(सं०)* इच्छा। पु० ढेर; अग्नि; माँग।
**वनिका** स्त्री० *(सं०)* कुंजवन, छोटा वन।
**वनित** वि० *(सं०)* अभिलषित; पूजित; सेवित; याचित।
**वनिता** स्त्री० *(सं०)* स्त्री; मादा; प्रिया, प्रेयसी।
**वनीक** पु० *(सं०)* भिक्षुक; संन्यासी।
**वनेचर** पु० *(सं०)* जंगली आदमी; संन्यासी।
**वनेज्य** पु० *(सं०)* बढ़िया आम; पापड़ा, पर्पट।
**वनोत्सर्ग** पु० *(सं०)* मन्दिर।
**वनोद्देश्य** पु० वनमध्य स्थान।
**वनोपल** पु० *(सं०)* सूखा गोबर, कण्डा।
**वनौका(कस्)** पु० *(सं०)* शूकर, बन्दर आदि जानवर।
**वनौषध** स्त्री० वन की जड़ी-बूटी।
**वन्न** पु० *(सं०)* साझीदार, भागी।
**वन्नरवाल*** स्त्री० *(सं०)* वन्दनवार।
**वन्य** पु० *(सं०)* जंगली जानवर; जंगली पौधा।।
**वन्या** स्त्री० *(सं०)* मुद्गपर्णी; घुँघची; असगन्ध।
**वन्योपोदकी** स्त्री० *(सं०)* बनपोय।
**वप** पु० *(सं०)* मुण्डन; बोने वाला; बीज बोना।
**वपन** पु० *(सं०)* बीज बोना; केश-मुण्डन।
**वपनीय** वि० *(सं०)* बोने योग्य; मुण्डन के योग्य।
**वपा** स्त्री० *(सं०)* आँतों का पर्दा; विवर; बाँबी।
**वपित** वि० बोया हुआ।

**वपिल** पु० *(सं०)* जनक, पिता।
**वपु** पु० *(सं०)* शरीर।
**वपु(स्)** पु० *(सं०)* सौन्दर्य; सुन्दर रूप; आकृति।
**वपुन** पु० *(सं०)* देवता; ज्ञान।
**वपुमान** वि० सुन्दर; साकार, मूर्त।
**वपुर्धर** वि० *(सं०)* सुन्दर; मूर्त।
**वपुष** पु० *(सं०)* आकृति-सौन्दर्य।
**वपुष्टमा** स्त्री० *(सं०)* पद्मचारिणी लता।
**वपोदर** वि० *(सं०)* तोंदवाला।
**वप्ता(प्तृ)** पु० *(सं०)* किसान; कवि; नाई; पिता।
**वप्र** पु० *(सं०)* मैदान; ऊँचा तट, किनारा; धूल।
**वप्रक** पु० *(सं०)* परिधि; पहिये का घेरा।
**वप्रा** स्त्री० *(सं०)* मिट्टी का चिपटे सिरे का बाँध।
**वप्रि** पु० *(सं०)* समुद्र; स्थान की दुर्गमता, दुर्गति।
**वप्री** स्त्री० *(सं०)* मिट्टी का ढूहा, बाँबी।
**वफा** पु० *(अ०)* प्रीति, मित्रता का निर्वाह; कृतज्ञता।
**वफ़ात** स्त्री० *(अ०)* मौत, मृत्यु।
**मुहा० वफ़ात पाना** मर जाना।
**वफ़्द** पु० *(अ०)* दूतमण्डल, डेपुटेशन, प्रतिनिधि-मण्डल।
**वबा** स्त्री० वि० महामारी रूप, छुतही (बीमारी)।
**वबाल** वि० *(अ०)* दूभर, भाररूप। पु० बला, अभिशाप।
**वम** पु० *(सं०)* कै, उल्टी, वमन।
**वमति** स्त्री० *(सं०)* वमन करने की क्रिया।
**वमथु** पु० *(सं०)* मतली; वमन; थूक।
**वमन** पु० *(सं०)* बाहर निकालना; उलटी करना, कै।
**वमना*** स० क्रि० उलटी करना, कै करना।
**वमनी** स्त्री० *(सं०)* जोंक।
**वमनीया** स्त्री० *(सं०)* मक्खी।
**वमि** पु० *(सं०)* अग्नि; दुष्ट; धतूरा। ।
**वमित** वि० *(सं०)* उल्टी कराया हुआ।
**वमी(मिन्)** वि० *(सं०)* वमि रोग से ग्रस्त।
**वम्य** वि० *(सं०)* जिससे वमन कराया जाये।
**वम्र** पु० *(सं०)* वम्री।
**वम्रक** वि० *(सं०)* बहुत छोटा। पु० दीमक; चींटा।
**वम्री** स्त्री० *(सं०)* चींटी; दीमक।
**वयःक्रम** पु० *(सं०)* अवस्था, उम्र।
**वयःपरिणति** स्त्री० *(सं०)* अवस्था की प्रौढ़ता।
**वयःप्रमाण** पु० *(सं०)* जीवनकाल।
**वयःसन्धि** स्त्री० *(सं०)* बाल्य और तारुण्य के बीच का काल।
**वयःस्थ** पु० *(सं०)* समसामयिक व्यक्ति। वि० जवान्।
**वयःस्था** स्त्री० *(सं०)* युवती, शाल्मलि, आमलकी।
**वयःस्थान** पु० *(सं०)* यौवन।
**वयःस्थापन** पु० *(सं०)* जवानी बनाये रखना।
**वय** पु० *(सं०)* जुलाहा।
**वय(स्)** पु०, स्त्री० *(सं०)* उम्र, अवस्था; जवानी।
**वयन** पु० *(सं०)* बुनने की क्रिया, बुनना।
**वयम्** सर्व० *(सं०)* हम सब।
**वयस** पु० *(सं०)* पक्षी।
**वयस** स्त्री० अवस्था, उम्र।
**वयस्क** वि० *(सं०)* उम्र।
**वयस्यक** पु० *(सं०)* समसामयिक व्यक्ति; मित्र।
**वया** स्त्री०, **वयाक** पु० *(सं०)* टहनी, डाली; लता।
**वयुन** पु० *(सं०)* रीति; स्पष्टता; नियम; मन्दिर; ज्ञान।
**वयोगत** पु० *(सं०)* प्रौढ़ावस्था।।
**वयोत्तर** वि० जो निर्धारित वय से अधिक का हा।
**वयोधा** स्त्री० *(सं०)* शक्ति; शक्ति की वृद्धि।
**वयोधा(धस्)** पु० *(सं०)* मध्य अवस्था का व्यक्ति।
**वयोधिक** वि० *(सं०)* अवस्था में अधिक।
**वयोबाल** वि० *(सं०)* अल्प अवस्था का।
**वयोरंग, वयोवंग** पु० *(सं०)* सीसा।
**वयोविशेष** पु० *(सं०)* अवस्था का अन्तर।
**वयोवृद्ध** वि० *(सं०)* बूढ़ा।
**वयोहानि** स्त्री० *(सं०)* शक्ति का ह्रास।
**वरंच** अ० *(सं०)* लेकिन; अपितु, बल्कि।
**वरण्ड** पु० *(सं०)* राशि, समूह; बंसी की डोरी; घास का ढेर।
**वरण्डक** वि० *(सं०)* बड़ा; दुःखी; गोला; डरा हुआ।
**वरण्डा** स्त्री० *(सं०)* बदामदा; चिराग की बत्ती; कटार।
**वरण्डालु** पु० *(सं०)* एरण्ड वृक्ष।
**वर** वि० *(सं०)* पु० भेंद; बाधा; दान; घेरा; चिरौंजी; जामाता; केसर; दूल्हा; लड़का, बालक; पसन्द।
**वरक़** पु० *(अ०)* सोने, चाँदी का पत्तर; पुस्तक का पन्ना; फूल की पंखुड़ी।
**मुहा० वरक़ उलटना** भारी परिवर्तन, क्रान्ति

होना; पुस्तक को उलट-पलटकर देखना। **वरक़ स्याह करना** बहुत लिखना।
**वरक** पु० *(सं०)* कमर में लपेटने का अँगौछा।
**वरक़ी** वि० परतदार, वरकवाला।
**वरज़िश** स्त्री० *(फ़ा)* शारीरिक श्रम, कसरत; अभ्यास।
**वरट** पु० *(सं०)* कुसुम का बीज; हंस; भिड़।
**वरटा** स्त्री० *(सं०)* बर्रे; कुसुम का बीज।
**वरटी** स्त्री० *(सं०)* एक तरह की भिड़; कुन्द का फूल।
**वरण** पु० *(सं०)* याचना करना, पूजन; निवारण।
**वरणक** वि० *(सं०)* छिपाने वाला, ढकने वाला।
**वरणी** स्त्री० किसी धार्मिक कृत्य में वस्त्र।
**वरणीय** वि० *(सं०)* पूजनीय; प्रार्थना करने योग्य ।
**वरत्रा** स्त्री० *(सं०)* चमड़े का तस्मा; हाथी या घोड़े का तंग।
**वरना*** अ० *(फ़ा)* फिर, नहीं तो।
**वरना*** स० क्रि० वरण करना। पु० वरण; ऊँट।
**वरनारी** स्त्री० सुन्दर स्त्री।
**वरयात्रा** स्त्री० बारात।
**वरन्** अ० बल्कि, ऐसा नहीं *(क्व०)*।
**वरला** स्त्री० *(सं०)* हंसिनी; भिड़।
**वरांग** वि० *(सं०)* सुन्दर शरीर वाला।
**वरांगना** स्त्री० *(सं०)* सुन्दर स्त्री।
**वरांगी** स्त्री० *(सं०)* हरिद्रा; नागदन्ती; मंजिष्ठा।
**वरा** पु० *(अ०)* विश्व, संसार।
**वरासन** पु० सिंहासन, श्रेष्ठ आसन।
**वरा** स्त्री० *(सं०)* त्रिफला; अड़हुल; हल्दी; बैंगन।
**वराक** वि० *(सं०)* दुःखी; भाग्यहीन; दीनहीन; दयनीय।
**वराजीवी(विन्)** पु० *(सं०)* दैवज्ञ, ज्योतिषी।
**वराट** पु० *(सं०)* रस्सी; कौड़ी।
**वराटक** पु० *(सं०)* कौड़ी; रस्सी; पद्म-बीज।
**वराटिका** स्त्री० *(सं०)* कौड़ी; नागकेसर; तुच्छ वस्तु।
**वराण** पु० *(सं०)* इन्द्र।
**वरान्न** पु० *(सं०)* उत्तम अन्न।
**वराभिध** वि० *(सं०)* श्रेष्ठनामा।
**वरारोह** वि० *(सं०)* अच्छे नितम्बोंवाला।
**वरारोहा** स्त्री० *(सं०)* सुन्दर स्त्री; सुन्दर स्त्री की कटि।
**वराई** वि० *(सं०)* जो वर का पात्र हो; बहुमूल्य।
**वराल, वरालक** पु० *(सं०)* लौंग।
**वरालि** पु० *(सं०)* चन्द्रमा।
**वराशि, वरासि** पु० *(सं०)* मोटा कपड़ा।
**वरासत** स्त्री० *(अ०)* वारिस होना; उत्तराधिकार।
**वरासी** स्त्री० *(सं०)* एक तरह का मोटा कपड़ा।
**वराह** पु० *(सं०)* मगर; सूँस; एक पहाड़; बादल।
**वराहक** पु० *(सं०)* हीरा।
**वराही** स्त्री० *(सं०)* अश्वगन्धा; शूकरी, सूअरी।
**वरिता(तृ)** वि० *(सं०)* ढकने या पर्दा करने वाला।
**वरिमा(मन्)** स्त्री० *(सं०)* प्रधानता, श्रेष्ठता; उत्तमता।
**वरिवसित, वरिवस्यित** वि० *(सं०)* उपासित, आदृत।
**वरिवस्या** स्त्री० *(सं०)* शुश्रूषा; पूजा।
**वरिशी** स्त्री० *(सं०)* मछली पकड़ने की बंसी, कँटिया।
**वरिष** पु० वर्ष, वत्सर।
**वरिषा** स्त्री० *(सं०)* वर्षा; वर्षा ऋतु।
**वरिषाप्रिय** पु० चातक।
**वरिष्ठ** पु० *(सं०)* मिर्च; ताँबा; तीतर।
**वरिष्ठा** स्त्री० *(सं०)* हल्दी; एक पौधा, हुरहुर।
**वरी** स्त्री० *(सं०)* सूर्य की पत्नी संज्ञा; सतावर।
**वरीता(तृ)** पु० *(सं०)* ढकने या पर्दा करने वाला।
**वरीयान्(यस्)** वि० *(सं०)* नौजवान; श्रेष्ठ, बड़ा।
**वरुण** पु० *(सं०)* समुद्र; जल।
**वरुणांगरुह** पु० *(सं०)* अगस्त्य।
**वरुणात्मजा** स्त्री० *(सं०)* वारुणी, शराब।
**वरुणादिगण** पु० *(सं०)* पेड़-पौधों का एक वर्ग।
**वरुणालय, वरुणावास** पु० *(सं०)* समुद्र।
**वरुणानी** स्त्री० *(सं०)* वरुण की स्त्री।
**वरुणावि** स्त्री० *(सं०)* लक्ष्मी।
**वरुणेश** पु० *(सं०)* शतभिषा नक्षत्र।
**वरुणोद** पु० सागर।
**वरूथ** पु० *(सं०)* समूह; फौज, बख्तर, सेना।
**वरूथवती** स्त्री० *(सं०)* सेना।
**वरुथाधिप** पु० *(सं०)* सेनानायक।
**वरूथी(थिन्)** वि० *(सं०)* कवचधारी; सेना से रक्षित।
**वरेन्द्र** पु० *(सं०)* बंगाल का एक भाग; राजा; इन्द्र।
**वरें**[†] अ० परे, दूर; उस ओर, उधर।
**वरेश** पु० सर्वेश्वर।
**वरेणुक** पु० *(सं०)* अन्न।

**वरेण्य** पु० *(सं०)* महादेव। वि० सर्वोत्कृष्ट; मुख्य।
**वरेश्वर** पु० *(सं०)* शिव।
**वरोरु, वरोरू** वि० स्त्री० *(सं०)* सुन्दरी; उत्तम जाँघोंवाली।
**वर्क** पु० *(अं०)* काम।
**वर्कर** पु० *(अं०)* काम करने वाला।
**वर्कर** पु० *(सं०)* जवान; तरुण; बकरा।
**वर्कराट** पु० *(सं०)* स्त्री के कुच पर का नखक्षत।
**वर्कुट** पु० *(सं०)* कीला, किल्ली।
**वर्ग** पु० *(सं०)* वह समकोण चतुर्भुज जिसकी लम्बाई-चौड़ाई बराबर हो।
**वर्गधन** पु० किसी वर्गराशि का धनफल।
**वर्गपर** पु० वर्गमूल।
**वर्गफल** पु० किसी अंक से गुणा करने पर प्राप्त अंक।
**वर्गमूल** पु० किसी वर्ग का वह अंक जिसे उसी से गुणा करने पर गुणनफल वही वर्गांक हो।
**वर्गणा** स्त्री० *(सं०)* घात, गुणन।
**वर्गलाना** स० क्रि० बहकाना; उकसाना।
**वर्गित** भू० कृ० *(क्लासीफाइड)* अनेक वर्गों में विभाजित।
**वर्गी(र्गिन्)** वि० *(सं०)* वर्ग-विशेष से सम्बद्ध।
**वर्गीण** वि० *(सं०)* वर्ग-विशेष से सम्बद्ध।
**वर्गीय** पु० *(सं०)* एक ही वर्ग का सदस्य या अक्षर आदि।
**वर्गोत्तम** पु० *(सं०)* प्रथम पाँच व्यंजन वर्गों का अन्तिम वर्ण।
**वर्ग्य** पु० *(सं०)* सहयोगी; समाज का सदस्य।
**वर्च(स्)** पु० *(सं०)* तेज; रूप; अन्न; शक्ति; कान्ति।
**वर्चटी** स्त्री० *(सं०)* वेश्या; धान की एक उपजाति।
**वर्चस्क** पु० *(सं०)* तेज; शक्ति।
**वर्चस्य** वि० *(सं०)* मल-विसर्जन पर असर डालनेवाला।
**वर्चस्वान्(वत्)** वि० *(सं०)* शक्तिशाली; तेजोमय।
**वर्चस्वी(विन्)** पु० *(सं०)* चन्द्रमा; शक्तिशाली मनुष्य।
**वर्चोग्रह, वर्चोविनिग्रह** पु० *(सं०)* कब्ज, कोष्ठबद्धता।
**वर्चोभेद** पु० *(सं०)* अतिसार।
**वर्चोमार्ग** पु० *(सं०)* गुदा।
**वर्ज** पु० *(सं०)* परित्याग। वि० मुक्त, रहित, परित्यक्त।
**वर्जक** वि० *(सं०)* निषेध करने वाला; छोड़ने वाला।
**वर्जन** पु० *(सं०)* निषेध; हिंसा, वध; छोड़ना, त्याग।
**वर्जना*** स० क्रि० निषेध करना, रोकना।
**वर्जनीय** वि० *(सं०)* निषिद्ध–अग्राह्य, छोड़ने योग्य।
**वर्जयिता(तृ)** वि० *(सं०)* उँड़ेलनेवाला; बरसानेवाला।
**वर्जित** वि० *(सं०)* निषिद्ध; रहित; छोड़ा हुआ, त्यक्त।
**वर्ज़िश** स्त्री० वरज़िश, कसरत।
**वर्जी(र्जिन्)** वि० *(सं०)* परित्याग करने वाला।
**वर्ज्य** पु० *(सं०)* चन्द्रमा की वह विशेष स्थिति जिसमें कोई नया काम शुरू करना मना है।
**वर्ण** पु० *(सं०)* यश, ख्याति; एक ताल; धर्म;आवरण, ढक्कन; रंगीन गन्धद्रव्य; बाह्य रूप; रंग।
**वर्णक** पु० *(सं०)* सिन्दूर; घेरा, परिधि; नकाब; पोशाक।
**वर्णका** स्त्री० *(सं०)* नकाब; चन्दन; अध्याय; रंग रँगने का साधन; वृत्त।
**वर्णका** पु० अक्षर श्रेणी, जाति परम्परा।
**वर्णज** वि० वर्णोद्भव, जाति।
**वर्णधर्म** पु० वर्णाश्रम धर्म।
**वर्णन** पु० *(सं०)* कोई बात ब्योरेवार कहना।
**वर्णना** स्त्री० *(सं०)* ब्योरेवार कुछ कहना।
**वर्णनीय** वि० *(सं०)* वर्णन या चित्रण के योग्य।
**वर्णपात्र** पु० चित्रकारी का रंग रखने का पात्र।
**वर्णवती** स्त्री० *(सं०)* हल्दी।
**वर्णसि** पु० *(सं०)* जल।
**वर्णांका** स्त्री० *(सं०)* लेखनी।
**वर्णान्तर** पु० *(सं०)* भिन्न जाति, दूसरी जाति।
**वर्णान्ध** पु० *(कलर ब्लाइण्ड)* वह जो कुछ रंगों के बीच का भेद न पहचान सके।
**वर्णा** स्त्री० *(सं०)* अरहर।
**वर्णाट** पु० *(सं०)* चित्रकार; गायक; प्रेमिक;।
**वर्णात्मक** वि० *(सं०)* *(शब्द)* जो वर्णों में लिखा जा सके।
**वर्णापेत** वि० *(सं०)* वर्णहीन।
**वर्णार्ह** पु० *(सं०)* मूँग।
**वर्णावर** वि० *(सं०)* निम्नतर जाति का।
**वर्णाश्रम** पु० *(सं०)* जाति और आश्रम।
**वर्णि** पु० *(सं०)* अंगराग; सोना।
**वर्णिक** वि० *(सं०)* वर्ण-सम्बन्धी। पु० लेखक।
**वर्णिका** स्त्री० *(सं०)* स्याही, मसि; सोने का पानी।

**वर्णित** वि० *(सं०)* चित्रित; प्रशंसित; कथित।
**वर्णिनी** स्त्री० *(सं०)* हल्दी; किसी एक वर्ण की स्त्री।
**वर्णी(र्णिन्)** वि० *(सं०)* विशेष रंग या वर्ण का (समास के अन्त में)। पु० लेखक, ब्राह्मण, चित्रकार, ब्रह्मचारी।
**वर्णु** पु० *(सं०)* एक प्रदेश, बन्नू; सूर्य।
**वर्णोद्दिष्ट** पु० *(सं०)* छन्दःशास्त्र की एक प्रक्रिया।
**वर्ण्य** वि० *(सं०)* वर्णन या चित्रण के योग्य।
**वर्तक** पु० *(सं०)* नर बटेर; बटुआ।
**वर्तका, वर्तकी** वि० *(सं०)* अनुरक्त; रहनेवाला।
**वर्तन** पु० *(कमीशन)* दलाल या एजेण्ट को किसी सौदे पर मिलने वाली रकम या छूट।
**वर्तन** पु० *(सं०)* जीविका; वेतन, वृत्ति; व्यापार।
**वर्तनार्थी(र्थिन्)** वि० *(सं०)* नौकरी चाहने वाला।
**वर्तनि** स्त्री० *(सं०)* मार्ग; लीक। मार्ग; स्तोत्र।
**वर्तनी** स्त्री० *(सं०)* मार्ग; रास्ता, हिज्जा स्पेलिंग।
**वर्तमान** वि० विद्यमान उपस्थित।
**वर्तरूक** पु० *(सं०)* गतिहीन जल; द्वारपाल; आवर्त।
**वर्ति** स्त्री० *(सं०)* उबटन; बत्ती, कोई लपेटी हुई वस्तु।
**वर्तिका** स्त्री० *(सं०)* रंग; बटेर; सलाई, शलाका;
**वर्तित** वि० *(सं०)* सम्पादित; बिताया हुआ।
**वर्तिष्णु** वि० *(सं०)* चक्कर खानेवाला; वर्तुलाकार।
**वर्तुल** पु० *(सं०)* गेंद; वृत्त। वि० वृत्ताकार, गोल।
**वर्त्म(न्)** पु० *(सं०)* प्रथा; आँख की पलक; रास्ता।
**वर्त्मनि, वर्त्मनी** स्त्री० *(सं०)* सड़क, रास्ता।
**वर्त्मायास** पु० *(सं०)* रास्ते की थकावट।
**वर्त्मावरोह** पु० *(सं०)* पलकों का रोग विशेष।
**वर्द्ध, वर्ध** पु० *(सं०)* काटना; सीसा; विभाजन।
**वर्द्धक, वर्धक** पु० *(सं०)* बढ़ई।
**वर्द्धकी(किन्), वर्धकी(किन्)** पु० *(सं०)* बढ़ई।
**वर्द्धन, वर्धन** पु० *(सं०)* शिव; शिक्षण; वृद्धि, बढ़ाना।
**वर्द्धनी, वर्धनी** स्त्री० *(सं०)* कलसी; झाड़ू; बुहारी।
**वर्द्धमान, वर्धमान** पु० *(सं०)* जिन विशेष विष्णु।
**वर्द्धयिता(तृ), वर्धयिता(तृ)** पु० *(सं०)* बढ़ाने वाला।
**वर्द्धापन, वर्धापन** पु० *(सं०)* नाड़ी-छेदन, नाल काटना।
**वर्द्धिष्णु, वर्धिष्णु** वि० *(सं०)* वृद्धिशील, बढ़ने वाला।
**वर्द्ध्म, वर्ध्म** पु० *(सं०)* हर्निया, आँत उतरना।
**वर्द्ध्र, वर्ध्र** पु० *(सं०)* चमड़ा; चमड़े का तस्मा।
**वर्म(न्)** पु० *(सं०)* आश्रयस्थान; कवच, बख्तर।
**वर्मण** पु० *(सं०)* नारंगी का पेड़।
**वर्मि** पु० *(सं०)* एक मछली।
**वर्मिक** वि० *(सं०)* कवचयुक्त।
**वर्मुष** पु० *(सं०)* एक तरह की मछली।
**वर्य** पु० *(सं०)* कामदेव। चुनने योग्य; श्रेष्ठ।
**वर्या** स्त्री० *(सं०)* पतिवरा कन्या; कन्या।
**वर्वट** पु० *(सं०)* बोड़ा, लोबिया।
**वर्वणा** स्त्री० *(सं०)* नीली मक्खी।
**वर्वर** वि० *(सं०)* छल्लेदार; अस्पष्ट (शब्द)।।
**वर्वरक** पु० *(सं०)* एक चन्दन।
**वर्वरीक** पु० *(सं०)* महाकाल; वनतुलसी; घुँघराले बाल।
**वर्वि** वि० *(सं०)* पेटू।
**वर्वुर, वर्वूर** पु० *(सं०)* बबूल।
**वर्ष** पु० *(सं०)* वर्षा, शुक्रस्राव; पृथ्वी का खण्ड।
**वर्षक** वि० *(सं०)* बरसाने वाला; वर्षा करने वाला।
**वर्षण पु०, वर्षणी** स्त्री० *(सं०)* कर्म; वृष्टि; रहना।
**वर्षांग** पु० *(सं०)* महीना।
**वर्षाम्बु** पु० *(सं०)* वर्षा का जल।
**वर्षांश** पु० *(सं०)* महीना, मास।
**वर्षा** स्त्री० *(सं०)* बरसात; वृष्टि।
**वर्षागम** पु० *(सं०)* वर्षा का आरम्भ।
**वर्षार्चि(स्)** पु० *(सं०)* मंगल ग्रह।
**वर्षाई** वि० *(सं०)* एक वर्ष के लिए पर्याप्त।
**वर्षाल** पु० *(सं०)* पतंग, फतिंगा।
**वर्षाहिक** पु० *(सं०)* एक तरह का विषैला साँप।
**वार्षिक, वर्षिक** पु० *(सं०)* अगुरु। वि० वर्ष या वर्षा-सम्बन्धी।
**वर्षित** पु० *(सं०)* वर्षा। वि० बरसा हुआ।
**वर्षिता(तृ)** वि० *(सं०)* वर्षा करने वाला।
**वर्षिष्ठ** वि० *(सं०)* अतिशय वृद्ध।
**वर्षी(र्षिन्)** वि० *(सं०)* साल का।
**वर्षीय** वि० वर्ष विषयक।
**वर्षुकाम्बुद, वर्षुकाब्द** पु० *(सं०)* बरसने वाला बादल।
**वर्षेश** पु० *(सं०)* वर्षाधिप, इन्द्र।
**वर्षैक** वि० *(सं०)* सालाना, वार्षिक।
**वर्षोपल** पु० *(सं०)* ओला।
**वर्ष्म** पु० *(सं०)* शरीर।
**वर्ष्म(न्)** पु० *(सं०)* ऊँचाई; परिमाण; शरीर; सतह।

**वर्ह** पु० *(सं०)* पत्ता; मोर का पंख; ग्रन्थिपर्णी।
**वर्हण** पु० *(सं०)* पत्ता।
**वर्हिःशुष्मा(ष्मन्)** पु० *(सं०)* अग्नि।
**वर्हि(स्)** पु० *(सं०)* कुशा; चित्रक वृक्ष; दीप्ति; अग्नि।
**वर्हिण** वि० *(सं०)* मयूर के पंखों से अलंकृत।
**वर्हिर्ज्योति(स्)** स्त्री० *(सं०)* अग्नि।
**वर्हिर्मुख** पु० *(सं०)* देवता; अग्नि।
**वर्हिष्केश** पु० *(सं०)* अग्नि।
**वर्ही(र्हिन्)** पु० *(सं०)* तगर; मोर।
**वलम्ब** पु० *(सं०)* लम्ब; अवलम्ब।
**वल** पु० *(सं०)* मेघ।।
**वलक** पु० *(सं०)* शहतीर; यात्रा, जुलूस।
**वलन** पु० *(सं०)* क्षोभ; वक्र गति; घूमना।
**वलना** अ० क्रि० लौटना; किसी ओर मुड़ना या घूमना।
**वलनिक** वि० *(सं०)* *(फोल्डिंग)* जो मोड़कर या तह करके रखा जा सके।
**वलभि, वलभी** स्त्री० *(सं०)* घर की चोटी; छाजन।
**वलय** पु० *(सं०)* कंकण; अँगूठी, छल्ला।
**वलयित** वि० घिरा हुआ।
**वलयित** वि० *(सं०)* चक्कर खाता हुआ; वेष्टित।
**वलयिता(तृ)** वि० *(सं०)* परिवेष्टन करनेवाला।
**वलयी(यिन्)** वि० *(सं०)* जड़ा हुआ; कंकणयुक्त।
**वलाक** पु० *(सं०)* बगला, वक।
**वलाका** स्त्री० *(सं०)* प्रियतमा; वकी, वकपंक्ति।
**वलाट** पु० *(सं०)* मूँग।
**वलासक** पु० *(सं०)* मेंढक; कोयल।
**वलाहक** पु० *(सं०)* कृष्ण के चार घोड़ों में से एक का नाम।
**वलि** स्त्री० *(सं०)* सिकुड़न, झुर्री; ओलती।
**वलित** पु० *(सं०)* काली मिर्च। वि० ढका हुआ।
**वलिमान्(मत्)** वि० *(सं०)* सिकुड़नदार, झुर्रियों वाला।
**वली** स्त्री० *(सं०)* लहर, तरंग; वलि, सिकुड़न।
**वली** पु० *(अ०)* संरक्षक; अल्लाह का प्यारा।
**वलीक** पु० *(सं०)* सरकण्डा; ओलती।
**वलीमुख** पु० बन्दर।
**वलूक** वि० *(सं०)* लाल या काला।
**वलूल** वि० *(सं०)* शक्तिशाली, बलवान्।
**वलेकिन** अ० *(अ०)* लेकिन।
**वल्क** पु० *(सं०)* वक्ता; मछली की चोई।
**वल्कल** पु० *(सं०)* पेड़ की छाल; पेड़ की छाल का कपड़ा।
**वल्कला** स्त्री० *(सं०)* शिलावल्का।
**वल्कली(लिन्)** वि० *(सं०)* वल्कल धारण करनेवाली।
**वल्कवान्(वत्)** वि० *(सं०)* वल्कयुक्त। पु० मछली।
**वल्किल** पु० *(सं०)* काँटा।
**वल्गक** पु० *(सं०)* कूदने वाला, नाचने वाला।
**वल्गन** पु० *(सं०)* अनवरत बोलना।
**वल्गा** स्त्री० *(सं०)* रास, बाग, लगाम।
**वल्गित** पु० *(सं०)* घोड़े की सरपट चाल।
**वल्गु** वि० *(सं०)* बहुमूल्य; मधुर; सुन्दर, रुधिर।
**वल्गुक** पु० *(सं०)* चन्दन; मूल्य। वि० सुन्दर।
**वल्गुलिका** स्त्री० *(सं०)* कत्थई रंग का एक कीड़ा।
**वल्गुली** स्त्री० *(सं०)* चमगादड़; पिटारी; मंजूषा।
**वल्द** पु० *(अ०)* बेटा; पुत्र।
**वल्दीयत** स्त्री० *(अ०)* माँ-बाप का नाम; वंश-परिचय।
**वल्भन** पु० *(सं०)* आहार; भोजन करना।
**वल्भित** वि० *(सं०)* खाया हुआ।
**वल्मी** स्त्री० *(सं०)* चींटी; दीमक।
**वल्मीक** पु० *(सं०)* बिमौट; वाल्मीकि।
**वल्मीकूट** पु० बिमौट।
**वल्ल** पु० *(सं०)* एक मान; ओसाना, फटकना।
**वल्लकी** स्त्री० *(सं०)* वीणा।
**वल्लभ** पु० *(सं०)* स्वामी, पति; अध्यक्ष; नायक।
**वल्लभक** पु० *(सं०)* एक समुद्री जन्तु।
**वल्लभा** वि० स्त्री० *(सं०)* प्यारी। स्त्री० प्रेयसी।
**वल्लर** पु० *(सं०)* लता; अगर; निकुंज; वन।
**वल्लरि, वल्लरी** स्त्री० *(सं०)* लता; मंजरी।
**वल्लव** पु० *(सं०)* गोप; भीम का एक नाम; रसोइया।
**वल्लाह** अ० *(अ०)* सचमुच, खुदा कसम।
**वल्लि** स्त्री० *(सं०)* पृथ्वी; लता।
**वल्लिका** स्त्री० *(सं०)* एक साग, पोई; बेल; लता।
**वल्ली** स्त्री० *(सं०)* अजमोदा; कैवर्तिका; सारिवा।
**वल्लुर** पु० *(सं०)* रेगिस्तान; वीरान; क्षेत्र, खेत।
**वल्लूर** पु० *(सं०)* जंगली सूअर का माँस; ऊसर।
**वल्वग** पु० *(सं०)* आँवला।
**वशंवद** वि० *(सं०)* वशवर्ती; आज्ञाकारी।
**वश** वि० *(सं०)* अधीन; आज्ञाकारी; मुग्ध।

मुहा० **वश का** जिस पर जोर या अधिकार हो। **वश चलना** कुछ करने की शक्ति होना। **वश में होना** अधिकार या आज्ञा में होना।

**वशकर** पु० वशीभूत।

**वशग** वि० *(सं०)* आज्ञाकारी।

**वशन** पु० *(सं०)* इच्छा करना।

**वशा** स्त्री० *(सं०)* स्त्री; गाय; कन्या; हथिनी।

**वशाकु** पु० *(सं०)* एक चिड़िया।

**वशानुग** वि० *(सं०)* वशवर्ती। पु० दास, आज्ञाकारी।

**वशि** स्त्री० *(सं०)* वश में करना।

**वशिक** वि० *(सं०)* रिक्त, शून्य।

**वशिका** स्त्री० *(सं०)* अगर।

**वशिता** स्त्री०, **वशित्व** पु० *(सं०)* अधीनता; सम्मोहन।

**वशिनी** स्त्री० *(सं०)* छोंकर का पेड़, शमी।

**वशी(शिन्)** पु० *(सं०)* शासक; ऋषि।

**वशीकरण** पु० *(सं०)* वश में लाना।

**वशीकार** पु० *(सं०)* वश में करना।

**वशीकृत** वि० *(सं०)* वश में किया हुआ।

**वशीभूत** वि० *(सं०)* पराधीन; अधीन।

**वशेंद्रिय** वि० *(सं०)* जितेन्दिय।

**वश्य** पु० *(सं०)* लौंग; दास।

**वश्यक** वि० *(सं०)* आज्ञाकारी।

**वश्यका** स्त्री० *(सं०)* आज्ञा में रहने वाली स्त्री।

**वश्यता** स्त्री० *(सं०)* अधीनता।

**वश्या** स्त्री० *(सं०)* लगाम; वशीभूता स्त्री; गोरोचन।

**वषट्** अ० *(सं०)* यज्ञाहुति के समय उच्चार्यमाण शब्द।

**वष्कयणी, वष्कयिणी** स्त्री० *(सं०)* बकेना गाय।

**वसन्त** पु० *(सं०)* एक राग; छः ऋतुओं में से एक।

**वसन्तक** पु० *(सं०)* वसन्त ऋतु।

**वसन्तार्त्त** पु० *(सं०)* विभीत का पेड़, बहेड़ा।

**वसन्ती** स्त्री० वासन्ती लता। पु० वसन्त ऋतु-सम्बन्धी।

**वसन्तोत्सव** पु० *(सं०)* होलिकोत्सव।

**वसअत** स्त्री० *(अ०)* मौका; गुंजाइश; आराम; फुरसत।

**वसति, वसती** स्त्री० *(सं०)* शिविर; घर; आबादी।

**वसथ** पु० *(सं०)* नीड़; घर, रहने का स्थान।

**वसन** पु० *(सं०)* ढकने की वस्तु; निवास; मकान।

**वसनार्णवा** स्त्री० *(सं०)* पृथ्वी।

**वसमा** पु० *(अ०)* एक तरह का छपा हुआ कपड़ा।

**वसवास** पु० *(अ०)* सन्देह, शंका; भ्रम; भुलावा।

**वसवासी** वि० भुलावे में डालने वाला; शक करनेवाला।

**वसह*** पु० बैल।

**वसा** स्त्री० *(सं०)* चर्बी वाला पदार्थ; मेद; भेजा; अदरक जैसा एक मूल।

**वसातत** स्त्री० *(अ०)* जरिया, मध्यस्थता।

**वसाति** स्त्री० *(सं०)* एक जनपद; उषा।

**वसादनी** स्त्री० *(सं०)* पीला शीशम।

**वसार** पु० *(सं०)* प्रयोजन; अभिप्राय, इच्छा।

**वसारोह** पु० छत्रक, कुकुरमुत्ता।

**वसि** स्त्री० *(सं०)* वस्त्र; मकान।

**वसिक** पु० *(सं०)* पद्मासन में बैठने वाला।

**वसित** पु० *(सं०)* वस्त्र। वि० पहना हुआ; बसा हुआ।

**वसितव्य** वि० *(सं०)* पहनने योग्य, धारण करने योग्य।

**वसिता(तृ)** वि०, पु० *(सं०)* पहनने वाला।

**वसिर** पु० *(सं०)* समुद्री नमक।

**वसिष्ठ** पु० *(सं०)* सप्तर्षिमण्डल का एक तारा।

**वसी** पु० *(अ०)* वह व्यक्ति जिसको वसीयत की गयी हो।

**वसीअ़** वि० *(अ०)* चौड़ा; विस्तृत; फैला हुआ।

**वसीअत, वसीयत** पु० इच्छा- पत्र, मृत्यु के बाद के कर्तव्यों का आदेश- पत्र।

**वसीक़** वि० *(अ०)* मजबूत, दृढ़; टिकाऊ।

**वसीक़ा** पु० कौल-करार; ऋण पत्र, दस्तावेज।

**वसीम** वि० *(अ०)* सुन्दर।

**वसीला** पु० *(अ०)* सहायता; सहारा; जरिया।

**वसुन्धरा** स्त्री० *(सं०)* देश; पृथ्वी।

**वसु** पु० *(सं०)* शिव; सूर्य; चन्द्रमा, अग्नि, किरण, रत्न सुवर्ण, जल, देवगण।

**वसुक** पु० *(सं०)* साँभर नमक; काला अगर।

**वसुदा, वसुधा** स्त्री० पृथ्वी।

**वसुधाधर** पु० पर्वत।

**वसुधाधिप** पु० *(सं०)* राजा।

**वसुन** पु० *(सं०)* यज्ञ।

**वसुमती** स्त्री० *(सं०)* देश; राज्य; पृथ्वी; जमीन।

**वसुर** वि० *(सं०)* मूल्यवान्।

**वसुल** पु० *(सं०)* देवता।

**वसूत्तम** पु० *(सं०)* भीष्म।

**वसुमति** स्त्री० स्त्री।

**वसूमती** स्त्री० *(सं०)* धनी स्त्री।

**वसूल** वि० *(अ०)* मिला हुआ, प्राप्त।

**वसूली** वि० प्राप्तव्य, वसूल होने योग्य।

**वस्क** पु० *(सं०)* गमन; अध्यवसाय।

**वस्कराटिका** स्त्री० *(सं०)* वृश्चिक।

**वस्त** पु० *(सं०)* रहने का स्थान या मकान; बकरा।

**वस्त** पु० *(अ०)* कटि; मध्य भाग।

**वस्तव्य** वि० *(सं०)* व्यतीत करने योग्य; रहने योग्य।

**वस्तान्त्री** स्त्री० *(सं०)* एक पौधा, वृषपत्रिका।

**वस्ता(तृ)** वि० *(सं०)* वस्त्र धारण करने वाला।

**वस्ति कर्म, वस्ति** स्त्री० *(सं०)* पिचकारी (एनीमा); निवास; पेडू।

**वस्ती** वि० बीच का, दरमियानी।

**वस्तु** स्त्री० *(सं०)* विषय; कथावस्तु; वह गोचर पदार्थ जिसकी स्थिति, सत्ता हो; सत्य; धर्म;।

**वस्तुतः(तस्)** अ० *(सं०)* असल में, यथार्थतः।

**वस्तूपमा** स्त्री० *(सं०)* उपमा अलंकार का एक भेद।

**वस्त्य** पु० *(सं०)* निवासस्थान, मकान।

**वस्त्र** पु० *(सं०)* कपड़ा; पोशाक।

**वस्त्रालय** पु० कपड़े की छोर।

**वस्त्रान्तर** पु० *(सं०)* ऊपर का कपड़ा, उपरना।

**वस्त्रागार** पु० *(सं०)* कपड़े की दुकान।

**वस्त्रोत्पादन** पु० *(सं०)* वस्त्र का उत्पादन।

**वस्त्रोद्योग** पु० *(सं०)* वस्त्र व्यवसाय।

**वस्न** पु० *(सं०)* छाल; निवास; वस्त्र।

**वस्नन** पु० *(सं०)* स्त्रियों का कमर का एक गहना।

**वस्नसा** स्त्री० *(सं०)* नस; स्नायु।

**वस्निक** वि० *(सं०)* क्रय्य; वेतनोपजीवी।

**वस्फ़** पु० *(अ०)* प्रशंसा; पहचान; गुण, खूबी।

**वस्म(न्)** पु० *(सं०)* निवासस्थान; वस्त्र।

**वस्ल** पु० *(अ०)* प्रेमी-प्रेमिका का मिलन, मिलन।

**वस्ला** पु० *(अ०)* मिलन; जोड़; पैबन्द।

**वस्ली** वि० मिलने वाला, वस्ल हासिल करने वाला।

**वस्वौकसारा** स्त्री० *(सं०)* इन्द्रनदी; कुबेरपुरी; इन्द्रपुरी।

**वहन्त** पु० *(सं०)* वायु।

**वह** पु० (सं०) बैल का कन्धा; घोड़ा; वाहन प्रथम पुरुष सर्वनाम सूचक।

**वहत, वहतु** पु० *(सं०)* पथिक; बैल।

**वहति** पु० *(सं०)* वायु; बैल; मित्र।

**वहती** स्त्री० *(सं०)* नदी; गाय।

**वहदत** स्त्री० *(अ०)* अद्वैतभाव, खुदा का एक होना।

**वहदानी** वि० अद्वैतवादी, एक से सम्बद्ध।

**वहन** वि० ले जानेवाला। पु० *(सं०)* नाव; बहना।

**वहनीय** वि० *(सं०)* धारणीय, ढोने योग्य।

**वहम** पु० *(अ०)* भ्रममूलक, गलत; कल्पना; शंका।

**वहमी** वि० भ्रमजनित; वहम करनेवाला।

**वहल** वि० *(सं०)* कर्कश; झबरीला; दृढ़, मजबूत।

**वहला** स्त्री० *(सं०)* बड़ी इलायची; सौंफ, शतपुष्पा।

**वहश** पु० *(अ०)* जंगली जानवर।

**वहशत** स्त्री० भय, सनक; चित्त की अति चंचलता।

**वहशी** पु० असभ्य जन; जंगली आदमी। वि० असभ्य।

**वहाँ** अ० उस स्थिति पर; (दूर के लिए) उस जगह पर।

**वहा** स्त्री० *(सं०)* पानी की धारा का बहाव; नदी।

**वहिः(हिस्)** अ० *(सं०)* बाहर (समस्त पदों में प्रयुक्त)।

**वहित** वि० *(सं०)* विख्यात; ढोया हुआ; प्राप्त।

**वहित्र** पु० *(सं०)* एक तरह का रथ; पोत।

**वहिनी** स्त्री० *(सं०)* नाव।

**वहिर्** 'वहिस्' का समासगत रूप।

**वहिरंग** पु० देह का बाहरी भाग, वि० ऊपरी, बाहरी।

**वहिरिन्द्रिय** स्त्री० कर्मेन्द्रिय।

**वहिर्गत** वि० बाहर किया हुआ।

**वहिर्गमन** पु० बाहर जाना।

**वहिर्देश** पु० विदेश, परदेश।

**वहिर्मुख** वि० विमुख।

**वहिष्कार** पु० दूर करना।

**वहिष्कृत** वि० बाहर किया हुआ।

**वहिश्चर** वि०, पु० *(सं०)* बहिश्चर।

**वहिष्** 'वहिस्' का समासगत रूप।।

**वहीं** अ० उसी जगह (दूर या परोक्ष के लिए)।

**वही** स्त्री० *(अ०)* ईश्वरीय सन्देश या आदेश, इलहाम।

**वही(हिन्)** पु० *(सं०)* बैल। वि० भार ढोनेवाला।

**वहीरु** पु० *(सं०)* पेशी; एक नाड़ी-वर्ग।

**वहेड़ुक, वहेदुक** पु० *(सं०)* बहेड़ा, एक वृक्ष।

**वह्नि** पु० *(सं०)* पाचन; क्षुधा; अग्नि; आठवाँ कल्प।

**वह्नीश्वरी** स्त्री० *(सं०)* लक्ष्मी।

**वह्य** पु० *(सं०)* गाड़ी; यान, वाहन।
**वह्यक** पु० *(सं०)* जोता जानेवाला जानवर।
**वांक** पु० *(सं०)* समुद्र।
**वांछक** वि०, पु० *(सं०)* इच्छा करने वाला, अभिलाषी।
**वांछन** पु० *(सं०)* चाहना, इच्छा करना।
**वांछनीय** वि० *(सं०)* चाहने योग्य, अभि-लषणीय।
**वांछा** स्त्री० *(सं०)* चाह, इच्छा।
**वांछित** पु० *(सं०)* इच्छा, चाह। वि० इच्छित।
**वांछिनी** स्त्री० *(सं०)* पुंश्चली।
**वांछी(छिन्)** वि० *(सं०)* चाहने वाला, इच्छुक; लम्पट।
**वान्त** पु० (सं०) वमन ।
**वान्ताद** पु० *(सं०)* एक पक्षी; कुत्ता।
**वान्ताशी(शिन्)** पु० *(सं०)* कुत्ता। वि० उल्टी खानेवाला।
**वान्ति** स्त्री० *(सं०)* कै करने की क्रिया।
**वाःपुष्प** पु० *(सं०)* लौंग।
**वाःसदन** पु० *(सं०)* जलपात्र, जलाधार।
**वाःस्थ** वि० *(सं०)* जो पानी में खड़ा हो।
**वा** *सर्व० 'वह' का बिगड़ा हुआ रूप।
**वाइण्डिंग** स्त्री० *(अं०)* बिजली के मोटर की वाइण्डिंग।
**वाइ*** सर्व० उसको। स्त्री० वापी।
**वाइज़** वि०, पु० *(अ०)* नसीहत करनेवाला।
**वाइन** स्त्री० *(अं०)* मद्य, शराब।
**वाइरस** पु० *(अं०)* विषाणु; विष।
**वाइस** पु० *(अं०)* पु० उपकुलपति,।
**वाक** वि० *(सं०)* बक-सम्बन्धी। *स्त्री० सरस्वती, वाणी।
**वाक्कलह** पु० बातों का झगड़ा।
**वाक्कील** पु० वकील।
**वाक् चपल** पु० वाचाल।
**वाकपटु** वि० बोलने में चतुर।
**वाकपटुता** स्त्री० वाक् चातुरी।
**वाक़ई** वि० *(अ०)* ठीक, सच्चा। अ० सचमुच; वस्तुतः।
**वाक़िआ, वाक़ेआ** पु० *(अ०)* दुर्घटना; वृत्त; घटना।
**वाक़िआत** पु० *(अ०)* घटनाएँ, वारिदात, दुर्घटनाएँ।
**वाक़िआती** वि० घटनामूलक, परिस्थिति से प्राप्त।
**वाक़िफ़** वि० *(अ०)* अभिज्ञ; समझने वाला।
**वाक़िफ़ीयत** स्त्री० *(सं०)* जानकारी, परिचय।
**वाकुची** स्त्री० *(सं०)* बकुची, ओषधिविशेष।
**वाकुल** पु० *(सं०)* बकुल, मौलसिरी का फल।
**वाक़े, वाक़ेअ** वि० *(अ०)* होनेवाला, घटित होनेवाला।
**वाकोपवाक** पु० *(सं०)* कथोपकथन, संवाद, बात।
**वाकोवाक्य** पु० *(सं०)* तर्क; बातचीत, कथोपकथन।
**वाक्(च्)** स्त्री० *(सं०)* शब्द; वाद; सरस्वती;।
**वाक्य** पु० *(सं०)* पक्षियों का कलरव; आदेश; साक्ष्य।
**वागातित** पु० *(सं०)* एक संकर जाति।
**वागधिप** पु० *(सं०)* बृहस्पति।
**वागना*** अ० क्रि० चलना-फिरना; बागना।
**वागर** पु० *(सं०)* वाड़वानल; पण्डित; निर्णय; मुमुक्ष।
**वागाशनि** पु० *(सं०)* एक बुद्ध।
**वागीश** वि० अच्छा बोलनेवाला।
**वागीशा, वागीश्वरी** स्त्री० *(सं०)* सरस्वती।
**वागीश्वर** पु० *(सं०)* ब्रह्मा; बृहस्पति; कवि।
**वागुज़ार** पु० *(फ़ा)* छोड़ देना, मुक्ति।
**वागुज़ाश्ता** वि० *(फ़ा)* दिया हुआ; लौटाया हुआ।
**वागुजी** स्त्री० *(सं०)* एक ओषधि, बकुची, सोमराजी।
**वागुण** पु० *(सं०)* बैंगन, कमरख।
**वागुरा** स्त्री० *(सं०)* जाल, फन्दा।
**वाग्ऋषभ** पु० *(सं०)* विद्वान्; अच्छा वक्ता।
**वाग्गुण** पु० *(सं०)* भाषण की उत्तमता।
**वाग्जाल** पु० *(सं०)* घुमाव-फिराव की बातें।
**वाग्दण्ड** पु० *(सं०)* वाणी का नियन्त्रण; भर्त्सना, डाँट-फटकार।
**वाग्दत्त** पु० कोई वस्तु देने हेतु वचन दिया हुआ।
**वाग्दत्ता** स्त्री० *(सं०)* वह कन्या जिसके विवाह की बात पक्की हो चुकी हो।
**वाग्दान** पु० *(सं०)* जबान देना।
**वाग्देवता, वाग्देवी** स्त्री० *(सं०)* सरस्वती।
**वाग्दोष** पु० *(सं०)* बोलने की त्रुटि; गाली, निन्दा।
**वाग्बद्ध** वि० *(सं०)* मौन, चुप।
**वाग्मिता** स्त्री०, **वाग्मित्व** पु० *(सं०)* पाण्डित्य; भाषण-पटुता।
**वाग्मी(ग्मिन्)** पु० *(सं०)* बृहस्पति; तोता; वक्ता।
**वाग्य** पु० *(सं०)* विनम्रता; विकल्प; सन्देह।
**वाग्यत** वि० *(सं०)* मौन, चुप, कम बोलने वाला।
**वाग्यमन** पु० *(सं०)* वाणी का नियन्त्रण।
**वाग्याम** पु० *(सं०)* चुप रहने वाला, मूक, गूँगा।
**वाग्युद्ध** पु० *(सं०)* झगड़ा, शब्दों का युद्ध।

**वाग्वज्र** पु० *(सं०)* शाप; कठोर वाणी।
**वाग्वादिनी** स्त्री० *(सं०)* सरस्वती; एक देवी।
**वाग्विदग्ध** वि० *(सं०)* पण्डित; वार्ताकुशल।
**वाग्विभव** पु० *(सं०)* भाषा का विशेष ज्ञान; वर्णनशक्ति।
**वाग्विलास** पु० आनन्दपूर्वक आपसी बातें।
**वाग्विलासी(सिन्)** पु० *(सं०)* कबूतर; पेंडुकी।
**वाग्विश्वास** पु० *(सं०)* *(पैरोल)* कैदियों को उनके वचन पर विश्वास करके छोड़ देना।
**वाग्वैदग्ध्य** पु० *(सं०)* कथोपकथन में चतुरता।
**वाग्व्यापार** पु० *(सं०)* वार्तालाप; भाषण-शैली।
**वाङ्निष्ठा** स्त्री० *(सं०)* वचनबद्धता; विश्वासपात्रता।
**वाङ्मधुर** वि० *(सं०)* मधुरभाषी।
**वाङ्मय** वि० *(सं०)* वाक्यात्मक; पाठन-सम्बन्धी।
**वाङमुख** पु० उपन्यास।
**वाङ्मूर्ति** स्त्री० *(सं०)* सरस्वती।
**वाचंयम** वि० *(सं०)* वाणी पर नियन्त्रण करनेवाला।
**वाचक** पु० *(सं०)* महत्त्वपूर्ण शब्द; दूत; संज्ञा, संकेत।
**वाचन** पु० *(सं०)* *(रीडिंग)* विधानसभा या लोकसभा में किसी विधेयक के रखे जाने पर उसका विचार।
**वाचनक** पु० *(सं०)* पहेली; एक तरह की मिठाई।
**वाचनालय** पु० *(सं०)* *(रीडिंग रूम)* सार्वजनिक पुस्तकालय।
**वाचनिक** वि० *(सं०)* शब्दों द्वारा व्यक्त; मौखिक।
**वाचयिता(तृ)** वि० *(सं०)* पाठ-संचालक; बाँचनेवाला।
**वाचस्पति** पु० *(सं०)* बहुत बड़ा विद्वान; सुवक्ता।
**वाचस्पत्य** वि० *(सं०)* वाचस्पति-सम्बन्धी।
**वाचा** स्त्री० *(सं०)* शपथ; वाणी; शब्द।
**वाचाट** वि० *(सं०)* बातूनी; डींग मारनेवाला।
**वाचापुत्र** पु० प्रतिज्ञापत्र।
**वाचाबन्धन** पु० प्रतिज्ञा बद्ध होना।
**वाचाल** वि० *(सं०)* बकवादी; डींग मारनेवाला; पट।
**वाचालता** स्त्री० *(सं०)* बहुभाषण; बातचीत की निपुणता।
**वाचिक** पु० *(सं०)* मौखिक समाचार, संवाद।
**वाची(चिन्)** वि० *(सं०)* वाचन करने वाला; बोलता हुआ।
**वाचोयुक्ति** स्त्री० *(सं०)* अच्छा भाषण; वक्तव्य।
**वाच्य** पु० *(सं०)* निन्दा; अभिधेयार्थ।
**वाच्यता** स्त्री, **वाच्यत्व** वि० *(सं०)* वाच्य होने का भाव।
**वाच्यावाच्य** पु० *(सं०)* कहने-न कहने योग्य बात।
**वाज** पु० *(सं०)* युद्ध, संघर्ष; आवाज; घी; अन्न।
**वाज़** पु० धर्मोपदेश; शिक्षा, उपदेश।
**वाजयु** वि० *(सं०)* शक्तिशाली; धन देनेवाला।
**वाजसनेयक** वि० *(सं०)* याज्ञवल्क्य से सम्बद्ध।
**वाजसनेयी(यिन्)** पु० *(सं०)* शुक्ल यजुर्वेदीय शाखा के प्रवर्तक।
**वाजसनि** पु० सूर्य।
**वाजि** पु० घोड़ा।
**वाजित** वि० *(सं०)* पंखयुक्त(बाण आदि)।
**वाजिन** पु० *(सं०)* छाछ या छेने का पानी; शक्ति।
**वाजिनी** स्त्री० *(सं०)* असगन्ध; उषा; घोड़ी।
**वाजिब** वि० *(अ०)* उचित, जरूरी; कर्तव्य।
**वाजिबात** पु० *(अ०)* चढ़ी हुई तनखाहें; पावने।
**वाजिबी** वि० उचित; आवश्यक।
**वाजिबुल क़त्ल** वि० *(अ०)* कतल करने योग्य, वध्य।
**वाजिमान्(मत्)** पु० *(सं०)* परवल, पटोल।
**वाज़िह, वाज़ेह** वि० *(अ०)* स्पष्ट, खुला हुआ; विशद।
**वाजिमेध** पु० *(सं०)* अश्वमेध।
**वाजिशाला** स्त्री० अश्वशाला।
**वाजी(जिन्)** वि० *(सं०)* तेज, तीव्र; सुदृढ़; वीर।
**वाञ्छनीय** वि० चाहने योग्य।
**वाञ्छा** स्त्री० इच्छा, अतिशाला।
**वाजीकर** वि० *(सं०)* शक्तिवर्द्धक; कामोद्दीपक।
**वाजूँ** वि० *(अ०)* अधोमुख, उल्टा।
**वाट** पु० *(सं०)* सड़क; इमारत; मण्डप; चहारदीवारी।
**वाटक** पु० *(सं०)* बाड़ा, घेरा; उद्यान।
**वाटर** पु० *(अं०)* हीरे का आब; जल, पानी; मूत्र।
**वाटि** स्त्री० *(सं०)* घिरा हुआ स्थान।
**वाटिका** स्त्री० *(सं०)* बगीचा, उद्यान।
**वाटी** स्त्री० *(सं०)* रास्ता; मकान; इमारत की जमीन।
**वाट्य** वि० *(सं०)* वट की लकड़ी से बना हुआ।
**वाट्या, वाट्याली** स्त्री० *(सं०)* बरियारा, अतिबला।
**वाट्यायनी** स्त्री० *(सं०)* श्वेत पुष्पवाली।
**वाट्याल, वाट्यालक** पु० *(सं०)* वाट्या।
**वाट्टक** पु० भूना हुआ जौ।
**वाड** पु० *(सं०)* वेष्टन।
**वाडब, वाडव** पु० *(सं०)* समुद्र के अन्दर की आग।

**वाडवाग्नि** स्त्री० *(सं०)* समुद्र के अन्दर की आग।
**वडवानल, वाडवानल** पु० *(सं०)* वाडवाग्नि, समुद्र में लगी आग।
**वाडवेय** पु० *(सं०)* अश्विनद्वय; घोड़ा; साँड।
**वाडव्य** पु० *(सं०)* ब्राह्मण-मण्डली।
**वाढ** वि० *(सं०)* अतिशय; उच्च स्वरयुक्त।
**वाढम्** अ० *(सं०)* बहुत अधिक; बस; हाँ (उत्तर में)।
**वाण** पु० *(सं०)* बाण।
**वाणमुख** पु० बाण की नोक।
**वाणतूण** पु० तरकश।
**वाणावली** स्त्री० तीरों की वर्षा।
**वाणि** स्त्री० *(सं०)* सरस्वती; करधा; वचन, वाणी।
**वाणिज** पु० *(सं०)* वाडवाग्नि; व्यापारी।
**वाणिजक** पु० *(सं०)* व्यापारी; वाडवाग्नि।
**वाणिजिक** पु० *(सं०)* वाडवानल; वंचक, ठग; सौदागर।
**वाणिज्यक** पु० *(सं०)* व्यापार सम्बन्धी, व्यापारी।
**वाणिज्या** स्त्री० *(सं०)* व्यापार।
**वाणिनी** स्त्री० *(सं०)* कुलटा; नर्तकी, अभिनेत्री; ।
**वाणी** स्त्री० *(सं०)* सरस्वती; वाक्शक्ति।
**वात** वि० *(सं०)* बढ़ा हुआ; इच्छित;हवा; वायु; पवनदेव; वि० गठिया रोगवाला।
**वातक** पु० *(सं०)* अशनपर्णी; जार।
**वातज** वि० वायु से उत्पन्न। *(अ०)*
**वातमज** पु० *(सं०)* एक हिरन।
**वातर** वि० *(सं०)* तेज; तूफानी।
**वातरायण** पु० *(सं०)* साल वृक्ष; निकम्मा आदमी।
**वातासख** पु० अग्नि।
**वाता(तृ)** पु० *(सं०)* वायु।
**वाताट** पु० *(सं०)* हिरन; सूर्य का घोड़ा।
**वातात्मज** पु० *(सं०)* हनुमान्; भीम।
**वाताद, वाताम** पु० *(सं०)* बादाम।
**वातानुकूलित** वि० *(सं०)* वातानुकूल बनाया गया।
**वाताप्य** पु० *(सं०)* जल; शोथ; खमीर।
**वाताभोदा** स्त्री० *(सं०)* कस्तूरी।
**वातायन** पु० *(सं०)* झरोखा; छज्जा; एक जनपद।
**वातायु** पु० *(सं०)* हिरन।
**वातारि** पु० *(सं०)* विडंग; एरण्ड; शतमूली; सूरन।
**वाताली** स्त्री० *(सं०)* आँधी, तूफान।
**वातावरण** पु० *(सं०)* पृथ्वी के चारों ओर स्थित वायु, सामान्य परिस्थिति।
**वातावर्त्त** पु० *(सं०)* बवण्डर।
**वाताश, वाताशी(शिन्)** पु० *(सं०)* साँप।
**वातास*** स्त्री० हवा, बयार।
**वाताहत** वि० *(सं०)* वायु कम्पित।
**वाताहर** वि० *(सं०)* हवा पीकर जीनेवाला।
**वाति** पु० *(सं०)* सूर्य; चन्द्र; वायु।
**वातिक** पु० *(सं०)* बड़बड़िया; पागल; वि० तूफानी।
**वातिग** वि० *(सं०)* खनिजशास्त्री। पु० बैंगन।
**वातीक** पु० *(सं०)* एक छोटा पक्षी।
**वातीय** पु० *(सं०)* चावल की लपसी, काँजी।
**वातुल** पु० *(सं०)* वातावर्त्त, तूफान।
**वातुलि** स्त्री० *(सं०)* चमगादड़।
**वात्या** स्त्री० *(सं०)* प्रचण्ड वायु; तूफान, अन्धड़।
**वात्सल्य** पु० *(सं०)* स्नेह; सन्तान के प्रति माता-पिता का स्नेह, प्रेम।
**वात्स्य** पु० *(सं०)* एक गोत्र; एक ऋषि।
**वाद** पु० *(सं०)* कथन, उक्ति; दावा, मुकद्दमा, अभियोग; विवरण; तर्क-वितर्क; बहस; व्याख्या; सिद्धान्त।
**वादक** पु० *(सं०)* बजाने वाला; शास्त्रार्थ करने वाला।
**वादन** पु० *(सं०)* बाजा बजाने वाला; बाजा बजाना।
**वादनीय** पु० *(सं०)* संगीत वाद्य बजाने योग्य।
**वादयुद्ध** पु० शास्त्रीय झगड़ा।
**वादर** वि० *(सं०)* सूती। पु० कपास का पौधा।
**वादरा** वि० *(सं०)* कपास का पौधा।
**वादल** पु० अन्धकाराच्छन्न दिवस।
**वादा** पु० *(अ०)* *(वायदा)* कर्ज अदा करने का वक्त।
**वादानुसार** पु० तर्क, शास्त्रार्थ।
**वादान्य** पु० *(सं०)* उदार, वदान्य।
**वादाल** पु० *(सं०)* एक मछली, सहस्रदंष्ट्रा।
**वादि** वि० *(सं०)* चतुर; विद्वान्।
**वादिक** वि० *(सं०)* बात करने वाला; तर्क करनेवाला।
**वादित** पु० *(सं०)* वाद्य-संगीत, बजाया हुआ।
**वादितव्य** पु० *(सं०)* वाद्य-संगीत। वि० कहे जाने योग्य।
**वादित्र** पु० *(सं०)* संगीत-वाद्य; बाजा।
**वादिश** वि० *(सं०)* सत्यभाषी। पु० ऋषि; विद्वान।
**वादी(दिन्)** पु० *(सं०)* गायक; मुद्दई, वक्ता, बोलने वाला।

**वादी** स्त्री० *(फ़ा)* नदी के किनारे का मैदान; घाटी।
**वाद्य** वि० *(सं०)* जो बजाया जाने वाला या कहा जाने वाला हो।
**वाद्यक** पु० *(सं०)* संगीत-वाद्य, बाजा बजाने वाला।
**वाद्यमान** पु० *(सं०)* वाद्य-संगीत।
**वाध** पु० *(सं०)* विरोध, प्रतिरोध।
**वाधन** पु० *(सं०)* बाधा।
**वाधा** स्त्री० *(सं०)* पीड़ा; निषेध।
**वाधुक्य, वाधूक्य** पु० *(सं०)* पाणिग्रहण।
**वान** पु० *(सं०)* जंगलों का समूह; बहना; सुगन्ध।
**वानप्रस्थ** वि० *(सं०)* वानप्रस्थ-सम्बन्धी, तृतीय, आश्रम।
**वानप्रस्थी** वि० *(सं०)* वानप्रस्थ के योग्य, विरक्त।
**वानर** वि० *(सं०)* बन्दर-सम्बन्धी; बन्दर जैसा।
**वानरापसद** पु० *(सं०)* तुच्छ व्यक्ति।
**वानरी** स्त्री० *(सं०)* वानरों की सेना; वानर सम्बन्धी।
**वानपासक** पु० *(सं०)* वैदेही माता से उत्पन्न।
**वानस्पतिक** वि० *(सं०)* वनस्पति जन्य।
**वानस्पत्य** पु० *(सं०)* वृक्षों का समूह; किसी वृक्ष का फल; पौधा; फूल-फल देने वाला वृक्ष।
**वानिक** वि० *(सं०)* जंगल में रहनेवाला।
**वानिकी** स्त्री० *(सं०)* फारेस्ट्री।
**वानीय** पु० *(सं०)* गोन; केवटी मोथा।
**वानीरक** पु० मूँज।
**वानेय** वि० *(सं०)* जल में रहने वाला; जल सम्बन्धी।
**वान्य** वि० *(सं०)* वन-सम्बन्धी।
**वान्या** स्त्री० *(सं०)* मृतवत्सा गौ; वन-समूह।
**वाप** पु० *(सं०)* बुनना; मुण्डन; खेत; बोना।
**वापक** पु० *(सं०)* बोलनेवाला, बीज।
**वापन** पु० *(सं०)* मुण्डन; बीज बोना।
**वापस** वि० *(फ़ा)* लौटा हुआ, फेरा हुआ।
**वापसी** वि० *(फ़ा)* अन्तिम साँस, आखिरी।
**वापसी** स्त्री० वापस होने या करने का भाव।
**वापि** स्त्री० *(सं०)* तालाब।
**वापिका** स्त्री० *(सं०)* छोटा तालाब, चौड़ा कुआँ।
**वापी** स्त्री० *(सं०)* तालाब।
**वाप्य** वि० *(सं०)* वापी से प्राप्त होने वाला (जल)।
**वाबस्तगी** स्त्री० *(फ़ा)* लगाव, सम्बन्ध।
**वाबस्ता** वि० *(फ़ा)* बँधा हुआ; सम्बद्ध; लगा हुआ।
**वाम** पु० *(सं०)* धन; दुष्ट, कुटिल, बुरा प्राणी; एक रुद्र; वरुण; बाया।
**वाम** स्त्री० वामा, स्त्री। पु० *(फ़ा)* कर्ज, उधार।
**वामक** पु० *(सं०)* एक भावभंगी; एक संकर जाति।
**वामत** अ० *(सं०)* बाईं ओर; बाईं तरफ।
**वामदेव्य** वि० *(सं०)* वामदेव से उत्पन्न।
**वामन** पु० *(सं०)* गरुड़वंशी पक्षिविशेष; नाटा बैल।
**वामनक** पु० *(सं०)* बौना, छोटे कद का आदमी।
**वामनी** स्त्री० *(सं०)* एक योनिरोग; बौनी स्त्री।
**वामनेत्र** पु० बाई आँख।
**वाममार्ग** पु० एक तान्त्रिक मत।
**वामलूर** पु० *(सं०)* दीमकों का भीटा, बिमौट।
**वामलोचना** स्त्री० सुन्दरी, सुन्दर स्त्री।
**वामांगिनी, वामांगी** स्त्री० *(सं०)* पत्नी, भार्या।
**वामाँदा** वि० *(फ़ा)* लाचार; थका हुआ।
**वामा** स्त्री० *(सं०)* सरस्वती; एक वर्णवृत्त; दुर्गा, स्त्री।
**वामाक्षि** पु० *(सं०)* दीर्घ ईकार; बायीं आँख।
**वामाक्षी** स्त्री० सुन्दर सुन्दर स्त्री।
**वामागम, वामाचार** पु० *(सं०)* एक तान्त्रिक मत।
**वामारम्भ** वि० *(सं०)* न झुकनेवाला, अदम्य।
**वामावर्त्त** पु० *(सं०)* वह शंख जिसमें बायीं ओर का घुमाव हो।
**वामिका** स्त्री० *(सं०)* दुर्गा, चण्डिका।
**वामिल** वि० *(सं०)* सुन्दर; घमण्डी; धूर्त।
**वामी** स्त्री० *(सं०)* घोड़ी; गधी; उल्टी हथिनी।
**वामेतर** वि० दाहिना।
**वामोरु, वामोरू** स्त्री० *(सं०)* सुन्दरी स्त्री।
**वाम्य** वि० *(सं०)* वामदेव-सम्बन्धी।
**वाम्र** पु० *(सं०)* एक ऋषि; एक साम।
**वाय** पु० *(सं०)* सीना; पक्षी; बुनना; नायक। *सर्व० उसको, वाहि। *स्त्री० तालाब, वापी; वायु।
**वाय** अ० *(फ़ा)* वि० पुनः, खुला हुआ।
**वायक** पु० *(सं०)* राशि, समूह; जुलाहा।
**वायदा** पु० *(अ०)* वचन, वादा।
**वायरस** पु० खसरा, पोलियो, जुकाम ।
**वायव** वि० *(सं०)* वायु सम्बन्धी; पश्चिमोत्तर।
**वायवी** स्त्री० *(सं०)* उत्तर-पश्चिम का कोण।
**वायवीय** वि० *(सं०)* *(एरियल)* वायु से चलने वाला।

**वायव्य** पु० *(सं०)* पश्चिमोत्तरकोण; वायुपुराण, वायु विषयक।

**वायव्या** स्त्री० *(सं०)* पश्चिमोत्तर दिशा।

**वायस** वि० *(सं०)* काक-सम्बन्धी।

**वायसादनी** स्त्री० *(सं०)* एक लता, कौआ टोंठी।

**वायसी** स्त्री० *(सं०)* काकमाची; सफेद घुँघची।

**वायसोलिका, वायसोली** स्त्री० *(सं०)* काकोली।

**वायु** स्त्री० *(सं०)* प्राणवायु, प्राण, अपान, इन्द्रधनुष।

**वायुकोण** पु० पश्मिोत्तर दिशा।

**वायुमण्डल** पु० वायुलोक, आकाश।

**वायुर** वि० *(सं०)* तूफानी; वायुयुक्त।

**वायुवाह** पु० धुआँ।

**वायोलिन** स्त्री० *(अं०)* एक प्रकार का अँग्रेजी वाद्य।

**वायूवास्पद** पु० *(सं०)* आकाश।

**वारंग** पु० *(सं०)* एक औजार; तलवार की मूठ।

**वारण्ट** पु० *(अं०)* व्यक्ति की तलाशी लेने के लिए दिया हुआ अधिकारपत्र।

**वारवार** अ० बारम्बार, बार-बार।

**वार** पु० आघात; प्रहार; आक्रमण।

**वार** पु० *(सं०)* घिरा हुआ स्थान; द्वार; रोक; ढक्कन।

**वार** वु० *(अं०)* युद्ध।

**मुहा० वार खाली जाना** युक्ति का सफल न होना; आघात का निशाने पर न लगना।

**वारक** वि० *(सं०)* बाधा डालनेवाला।

**वारकन्या** स्त्री० वेश्या।

**वारकी(किन्)** पु० *(सं०)* समुद्र; पर्णाजीवी; प्रतिरोधक,।

**वारकीर** पु० *(सं०)* साला; छोटी कंघी; जूँ; बाडवाग्नि।

**वारण** पु० *(सं०)* निषेध; हाथी का अंकुश।

**वारणसी** स्त्री० *(सं०)* वाराणसी।

**वारणिक** वि० *(सं०)* वारण सम्बन्धी।

**वारणीय** वि० *(सं०)* मना करने लायक, हाथी सम्बन्धी।

**वारणेन्द्र** पु० सुन्दर हाथी, ऐरावत।

**वारतिय** स्त्री० वेश्या।

**वारत्र** पु० *(सं०)* चमड़े की पट्टी, तस्मा।

**वारद*** पु० बादल।

**वारदात** स्त्री० घटना, दुर्घटना।

**वारन*** पु० वन्दनवार। स्त्री० निछावर।

**वारना** स० क्रि० उत्सर्ग करना; निछावर करना।

**वारनिश** स्त्री० *(अं०)* *(वार्निश)* लकड़ी आदि पर चमक लाने के लिए लगाया जाने वाला रोगन।

**वार-फेर** स्त्री० निछावर, बलि।

**वारफ़्तगी** स्त्री० बेखुदी, आत्मविस्मृति।

**वारफ़्ता** वि० *(फ़ा)* सुध-बुध भूला हुआ, आत्मविस्मृति।

**वारमुखी** स्त्री० वेश्या।

**वारम्बार** *(अ०)* पुनः पुनः, फिर फिर कर।

**वारयितव्य** वि० *(सं०)* निवारण करने योग्य।

**वारयिता(तृ)** पु० *(सं०)* रक्षक; चुननेवाला, पति।

**वारला** स्त्री० *(सं०)* हंसी; बर्रे।

**वारशिप** पु० जंगी जहाज।

**वारा** वि० सस्ता; जो निछावर हुआ हो; उत्सर्गीकृत।

**वाराणसी** स्त्री० *(सं०)* बनारस, काशी, जो शंकर के त्रिशूल पर बसी है।

**वारा न्यारा** पु० निर्णय, निपटारा।

**वारालिका** स्त्री० *(सं०)* दुर्गा।

**वारावस्कन्दी(दिन्)** पु० *(सं०)* अग्नि।

**वाराशि** पु० *(सं०)* समुद्र।

**वाराह** पु० *(सं०)* वाराही कन्द; विष्णु का एक अवतार।

**वाराही** स्त्री० *(सं०)* एक कन्द; पृथ्वी; शूकरी।

**वारि** स्त्री० *(सं०)* वाणी; वादिनी; गगरा; हाथी बाँधने की जंजीर; हाथी बाँधने का स्थान; सरस्वती।

**वारिज** पु० कमल, मछली, शंख, कीड़ा।

**वारिजात** वि० जल में उत्पन्न।

**वारित** वि० रोका हुआ।

**वारित्र** पु० *(सं०)* निषिद्ध, अविहित कार्यों का आचरण।

**वारिद** वि० *(अ०)* पहुँचने वाला; आने वाला।

**वारिदात** स्त्री० *(अ०)* हाल, वृत्त; दुर्घटना; घटना।

**वारिद्र** पु० चातक, पपीहा।

**वारियाँ** स्त्री० बलि, निछावर।

**वारिस** पु० *(अ०)* मालिक; रक्षक; खोज-खबर लेने वाला; उत्तराधिकारी।

**वारी, फेरी** स्त्री० निछावर।

**वारीश, वारीन्द्र** पु० *(सं०)* समुद्र।

**वारीट** पु० *(सं०)* हाथी।

**वारीफेरी** स्त्री० वार-फेर।

**वारुण्ड** पु० *(सं०)* कान का मैल; आँख का कीचड।
**वारुण्डी** स्त्री० *(सं०)* द्वार की सीढ़ियाँ, द्वारपिण्डी।
**वारु** पु० *(सं०)* घोड़ा; विजय कुंजर।
**वारुठ** पु० *(सं०)* टिकठी, अर्थी; मरणशय्या।
**वारुण** पु० *(सं०)* वरुण की सन्तान; पश्चिम दिशा।
**वारुणि** स्त्री० शराब। पु० *(सं०)* सत्यधृति; वसिष्ठ।
**वारुणी** स्त्री० *(सं०)* हथिनी; शराब, मदिरा।
**वारुणीश** पु० *(सं०)* विष्णु।
**वारुण्य** पु० *(सं०)* भ्रम। वि० वरुण से सम्बद्ध।
**वारूढ़** पु० *(सं०)* पिंजड़ा; दरवाजे का पल्ला।
**वारेन्द्र** पु० *(सं०)* गौड़ देश का एक प्राचीन जनपद।
**वार्** पु० *(सं०)* रक्षक; जल।।
**वार्क्ष** पु० *(सं०)* जंगल।।
**वार्क्ष्य** पु० *(सं०)* जंगल; वृक्षों से घिरा हुआ स्थान।
**वार्च** पु० *(सं०)* हंस।
**वार्ड** पु० *(अं०)* रक्षा, हिफाजत;।
**वार्डन** पु० *(अं०)* *(गार्जियन)* अभिभावक; रक्षक।
**वार्डर** पु० *(अं०)* जेल के भीतर रहने वाला पहरेदार।
**वार्ता** स्त्री० वार्ता, जनश्रुति, अफवाह।
**वार्ताक, वार्त्ताक** पु० *(सं०)* बटेर; बैंगन।
**वार्त्तीर, वार्त्तीर** पु० *(सं०)* वार्त्तीक, बटेर।
**वार्त्त** वि० *(सं०)* हल्का; किसी रोजगार में लगा हुआ।
**वार्त्ता** स्त्री० *(सं०)* ठहरना; घटना; विषय, प्रसंग।
**वार्त्तानुकर्षक** पु० *(सं०)* दूत; जासूस।
**वार्त्तायन** पु० *(सं०)* दूत, एलची; गुप्तचर।
**वार्त्तारम्भ** पु० (सं.) कारोबार, व्यापार।
**वार्त्तालाप** पु० *(सं०)* बातचीत।
**वार्त्तावह** पु० दूत, समाचार वाहक।
**वार्त्तिक** वि० *(सं०)* समाचार-सम्बन्धी; व्यवसाय कुशल।
**वार्त्तिक** पु० दूत, चर, किसी ग्रन्थ के अर्थ स्पष्ट करने वाले वाक्य।
**वार्त्तिका** स्त्री० *(सं०)* व्यवसाय; बटेर।
**वार्त्रघ्न** वि० *(सं०)* इन्द्र-सम्बन्धी। पु० जयन्त, अर्जुन।
**वार्दल** पु० *(सं०)* स्याही, मसि; खराब दिन; मसिपात्र।
**वार्दालिका** स्त्री० *(सं०)* वर्षा ऋतु।
**वार्द** पु० *(सं०)* मेघ, बादल।
**वार्द्धक** पु० *(सं०)* बुढ़ापे की कमजोरी; बुढ़ापा।
**वार्द्धक्य** पु० *(सं०)* बुढ़ापा, वृद्धावस्था।
**वार्द्धि** पु० *(सं०)* समुद्र।
**वार्द्धिभव** पु० समुद्री नमक।
**वार्द्धुषी** स्त्री०, **वार्द्धुष्य** पु० *(सं०)* सूदखोरी।
**वार्द्धेय** पु० *(सं०)* समुद्री लवण।
**वार्द्ध्र** पु०, **वार्द्ध्री** स्त्री० *(सं०)* चमड़े की पट्टी।
**वार्द्ध्रीणस** पु० *(सं०)* गैंडा; लम्बे कानों वाला बकरा।
**वार्बट, वार्वट** पु० *(सं०)* नाव, नावों का बेड़ा।
**वार्य** पु० *(सं०)* दीवार; सम्पत्ति; वरदान।
**वार्युद्भव** वि० *(सं०)* जल से उत्पन्न।
**वार्वणा** स्त्री० *(सं०)* नीले रंग की बड़ी मक्खी।
**वार्ष** वि० *(सं०)* वर्षा-सम्बन्धी; वार्षिक।
**वार्षक** पु० *(सं०)* पृथ्वी के दस भागों में से एक।
**वार्षभ** वि० *(सं०)* बैल-सम्बन्धी, वृषभ।
**वार्षभानवी** स्त्री० *(सं०)* राधा, वृषभानु की पुत्री।
**वार्षल** वि० *(सं०)* शूद्र-सम्बन्धी। पु० शूद्र का पेशा।
**वार्षिक** वि० *(सं०)* *(एनुअल)* प्रति वर्ष होने वाला।
**वार्षिकी** स्त्री० *(सं०)* त्रायमाणा लता; बेले का फूल।
**वार्षिक्य** पु० *(सं०)* वर्षाकाल। वि० वर्ष-सम्बन्धी।
**वार्षिला** स्त्री० *(सं०)* उपल, करका, ओला।
**वार्षुक** वि० *(सं०)* वर्षणशील, बरसने वाला।
**वार्ष्णेय** पु० *(सं०)* वृष्णि का वंशज; कृष्ण।
**वार्हद्रथ, वार्हद्रथि** पु० *(सं०)* वृहद्रथ का पुत्र, जरासन्ध।
**वार्हस्पत्य** पु० *(सं०)* बृहस्पति का शिष्य।
**वाल** पु० *(सं०)* (घोड़े आदि की) पूँछ के बाल; बाल।
**वालक** पु० *(सं०)* कंगन; बालछड़; अँगूठी।
**वाला** वि० *(फ़ा)* बड़ा; ऊँचा; बुजुर्ग।
**वालाग्र** पु० *(सं०)* बाल की नोक; एक मान।
**वालि** पु० *(सं०)* सुग्रीव का भाई; एक मुनि।
**वालिका** स्त्री० *(सं०)* बालू; कान का एक गहना।
**वालिद** पु० *(अ०)* पिता।
**वालिदबुजुर्गवार** पु० पूज्य पिता।
**वालिदा** स्त्री० *(अ०)* माँ।
**वालिदैन** पु० *(अ०)* माँ-बाप।
**वाली** पु० *(अ०)* शासक, मालिक; राजा।
**वाली(लिन्)** पु० *(सं०)* सुग्रीव का बड़ा भाई।
**वालु** पु० *(सं०)* एक गन्धद्रव्य; कपित्थ की छाल।
**वालुक** वि० *(सं०)* नमक से बना हुआ।
**वालीबाल** पु० *(अ०)* इस खेल को खेलने की एक गेंद।

**वालुका यन्त्र** वि० औषधि बनाने का यन्त्र।
**वालुका** स्त्री० *(सं०)* कपूर; ककड़ी; चूर्ण; रेत, बाल।
**वालुकात्मिका** स्त्री० *(सं०)* शर्करा, चीनी।
**वालेय** वि० *(सं०)* भेंट या पूजा में देने योग्य।
**वाल्मीक** वि० *(सं०)* वाल्मीकि द्वारा रचित।
**वाल्लभ्य** पु० *(सं०)* लोकप्रियता; प्रिय होने का भाव।
**वावदूक** पु० *(सं०)* कुशल वक्ता; बातूनी व्यक्ति।
**वावुट** पु० *(सं०)* बेड़ा, नाव।
**वावृत्त** वि० *(सं०)* नियुक्त; चुना हुआ।
**वावैला** पु० *(अ०)* क्रन्दन, रोना-पीटना।
**वाशक** पु० *(सं०)* अडूसा।
**वाशन** वि० *(सं०)* चिल्लाने वाला, शब्द करने वाला।
**वाशि** पु० *(सं०)* आग, अग्निदेव।
**वाशित** वि० *(सं०)* चिल्लाया या शब्द किया हुआ।
**वाशिता** स्त्री० *(सं०)* जोड़ खाने को आतुर मादा पशु; पत्नी, स्त्री; पत्नी; स्त्री।
**वाशी** स्त्री० *(सं०)* कुल्हाड़ी; आवाज, स्वर।
**वाशुरा** स्त्री० *(सं०)* रात्रि।
**वाश्र** पु० *(सं०)* दिन; बैल; मकान; चौराहा।
**वाष्प** पु० *(सं०)* भाप युक्त उष्मा; भाप; आँसू।।
**वाष्पाकुल** वि० *(सं०)* आँसुओं के कारण नेत्र ज्योति का धुँधला हो जाना।
**वाष्पायन** पु० *(सं०)* वाष्प रूप में आना।
**वाष्पिका** स्त्री० *(सं०)* हिंगुपत्री।
**वाष्पीकरण** पु० *(इवैपोरेशन)* द्रवपदार्थ का वाष्प में बदलना, भाप बन जाना।
**वासन्त** वि० *(सं०)* युवा; परिश्रमी; मलय पवन; मूँग।
**वासन्तक** वि० *(सं०)* वसन्त में बोया हुआ।
**वासन्तिक** वि० *(सं०)* वसन्त-सम्बन्धी; विदूषक; भाँड़।
**वासन्तिका** पु० *(सं०)* वसन्त का आनन्द।
**वासन्ती** स्त्री० *(सं०)* एक वृत्त; एक रागिनी दुर्गा।
**वासःखण्ड** पु० *(सं०)* कपड़े का टुकड़ा, चिथड़ा।
**वासःपल्पूली** पु० *(सं०)* कपड़ा धोने वाला, रजत।
**वास** पु० *(सं०)* कपड़ा, पोशाक; सुगन्ध, गन्ध।
**वास(स्)** पु० *(सं०)* रुई; पर्दा; मकड़े का जाल।
**वासक** वि० *(सं०)* रहने के लिए प्रेरित करने वाला।
**वासका** स्त्री० *(सं०)* शयनागार; अडूसा।
**वासगृह** पु० अन्तःपुर, शयनागार।
**वासगेह** पु० वासगृह।
**वासतेय** वि० *(सं०)* रहने योग्य, बसने योग्य।
**वासतेयी** स्त्री० *(सं०)* रात।
**वासन** वि० *(सं०)* रहने योग्य; वास-सम्बन्धी।
**वासनात्मक, वासनामय** वि० *(सं०)* वासना से सम्बद्ध।
**वासनोत्तेजक** वि० *(सं०)* वासना को उभारने वाला।
**वासनीय** वि० *(सं०)* जो माथापच्ची करने पर समझ में आये।
**वासयिता(तृ)** पु० *(सं०)* वस्त्राच्छादित करनेवाला।
**वासर** वि० *(सं०)* प्रातःकाल-सम्बन्धी। पु० दिन, दिवस।
**वासराधीश, वासरेश** पु० *(सं०)* सूर्य।
**वासव** वि० *(सं०)* इन्द्र-सम्बन्धी; वसु-सम्बन्धी।
**वासवावास** पु० *(सं०)* आकाश।
**वासवाशा** स्त्री० *(सं०)* पूर्व दिशा।
**वासवि** पु० *(सं०)* इन्द्रपुत्र—अर्जुन, बालि, जयन्त।
**वासवी** स्त्री० *(सं०)* इन्द्र की शक्ति; मत्स्यगन्धा।
**वासवेय** पु० *(सं०)* व्यास, वासवीपुत्र।
**वासवेश्म** पु० रहने का घर।
**वासन्ती** स्त्री० लता जूही, माधवी।
**वासात्य** वि० *(सं०)* उषाकालीन।
**वासायनिक** वि० *(सं०)* घर-घर घूमनेवाला।
**वासि** पु० *(सं०)* बसूला; वास, रहना।
**वासिक़** वि० *(अ०)* मजबूत, दृढ़।
**वासित** पु० *(अ०)* मध्यस्थ, बिचुआ; घटक।
**वासिता** स्त्री० *(सं०)* स्त्री; आर्या छन्द का एक उपभेद।
**वासिफ़** वि० *(अ०)* प्रशंसा करने वाला, वसफ।
**वासिल** वि० *(अ०)* संयोगी (प्रेमी); जुड़ा या मिला हुआ।
**वासिलात** स्त्री० वसूली, वसूली गयी रकमों का योग।
**वासिष्ठ** पु० *(सं०)* रक्त, खून; वसिष्ठ के पुत्र।
**वासी(सिन्)** वि० *(सं०)* अधिवासी, रहनेवाला।
**वासी** स्त्री० *(सं०)* बसूला, तक्षणी आदि।
**वसुन्धरेयी** स्त्री० *(सं०)* सीता।
**वासु** पु० *(सं०)* विष्णु; पुनर्वसु नक्षत्र; परमात्मा।
**वासुकेय** पु० *(सं०)* वासुकि।
**वासुदेव** वि० *(सं०)* वसुदेव-पुत्र। पु० पीपल वृक्ष।

**वासुदेवक** पु० *(सं०)* कृष्ण का उपासक।
**वासुरा** स्त्री० *(सं०)* भूमि; स्त्री; हथिनी; रात।
**वासोख़्त** पु० *(फ़ा)* विरक्ति, बेजारी।
**वासोख़्ता** वि० *(फ़ा)* दिलजला; जला हुआ।
**वासोभृत्** वि० *(सं०)* वस्त्र धारण करनेवाला।
**वास्कट** स्त्री० *(अं०)* *(वेस्टकोट)* फतुही।
**वास्त** वि० *(सं०)* बकरे से सम्बद्ध या बकरे से प्राप्त।
**वास्तब** पु० *(सं०)* असल तत्त्व, परमार्थभूत वस्तु।
**वास्तविक** पु० *(सं०)* यथार्थवादी।
**वास्तव्य** पु० *(सं०)* बस्ती। वि० आबाद; बसा हुआ;
**वास्ता** पु० *(अ०)* नाता; काम; लगाव, सम्बन्ध।
**मुहा० वास्ता देना** बीच में डालना; दुहाई देना।
**वास्ता पड़ना** सरोकार होना, काम पड़ना।
**वास्तु** पु० *(सं०)* मकान की नींव; कमरा; गृह, भवन।
**वास्तुक, वास्तूक** पु० *(सं०)* पुनर्नवा; बथुआ।
**वास्ते** अ० *(अ०)* कारण, वास्ते, हेतु, लिए।
**वास्तेय** वि० *(सं०)* वस्ति, वस्तु या वास्तु- सम्बन्धी।
**वास्तोष्पति** पु० *(सं०)* इन्द्र; वास्तुपति।
**वास्त्र** पु० *(सं०)* वस्त्राच्छादित रथ।
**वास्प** पु० *(सं०)* भाप; गरमी; लोहा।
**वास्प** पु० *(सं०)* कुल्हाड़ा।
**वास्र** पु० *(सं०)* दिन।
वाह अ० *(फ़ा)* साधुवाद, धन्यवाद, शाबाश।
**वाह** पु० *(सं०)* लादकर या खींचकर ले जानेवाला, वाहन सवारी।
**वाहक** पु० *(सं०)* भारवाहक, बोझ ढोने वाला।
**वाहन** पु० *(सं०)* ले जाना; ढोना, यान।
**वाहनीय** पु० *(सं०)* भारवाहक पशु; भार ढोने योग्य।
**वाहला** स्त्री० *(सं०)* धारा, स्रोत, प्रवाह।
**वाहस** पु० *(सं०)* एक साग; अजगर; झरना।
**वाहावाहवि** अ० *(सं०)* दस्त-ब-दस्त, हाथ से हाथ।
**वाहि** पु० *(सं०)* ले जाना, ढोना।
**वाहिक** पु० *(सं०)* ढोल; भारवाहक; गाड़ी, छकड़ा।
**वाहिका** स्त्री० *(सं०)* *(वेसल)* रक्तवाहिनी शिरा।
**वाहित** वि० *(सं०)* प्रवाहित; चालित या चलाया हुआ।
**वाहिता(तृ)** पु० *(सं०)* चलानेवाला, नायक।
**वाहिद** पु० *(अ०)* एक की संख्या; खुदा का एक नाम।
**वाहिदिया** पु० मुसलमानों का एक सम्प्रदाय।
**वाहिनी** स्त्री० *(सं०)* सेना का एक विभाग; सेना।
**वाहिनीपति** पु० सेनापति।
**वाहिम** वि० *(अ०)* सोचने या कल्पना करने वाला।
**वाहियात** स्त्री० *(फ़ा)* आवारगी, बदमाशी; खुराफात।
**वाही(हिन्)** पु० *(सं०)* रथ। वि० बहाने वाला।
**वाही** वि० *(अ०)* टूटा-फूटा हुआ; निकम्मा।
**वाहु** स्त्री० भुजा।
**वाहुभूल** स्त्री० काँख।
**वाहुल्य** पु० अधिकता।
**वाह्य** वि० *(सं०)* बाह्य; खींचा या ढोया जाने वाला।
**वाह्यक** पु० *(सं०)* रथ, गाड़ी, छकड़ा।
**वाह्यकी** स्त्री० *(सं०)* एक विषैला कीड़ा।
**वाह्याली** स्त्री० *(सं०)* घोड़े के लायक बनी हुई सड़क।
**वाह्यान्तर** वि० भीतर और बाहर का।
**वाह्येन्द्रिय** पु० शरीर की पाँचों इन्द्रियाँ।
**विंग** पु० *(अं०)* सेना का खण्ड; कक्ष, खण्ड।
**विंजामर** पु० *(सं०)* आँख का सफेद हिस्सा।
**विन्द** पु० *(सं०)* धृतराष्ट्र का एक पुत्र; *समूह; बिन्द।
**विन्दक** पु० *(सं०)* प्राप्त करने वाला; जानने योग्य।
**विन्दु** पु० *(सं०)* अनुस्वार का चिह्न।
**विन्दुक** पु० *(सं०)* माथे की विन्दी या टीका।
**विन्दुर** पु० कुन्दकी।
**विन्ध्य** पु० *(सं०)* विन्ध्याचल नामक एवं स्थान।
**विन्ध्याचल** पु० *(सं०)* विन्ध्य पर्वत की एक शाखा पर स्थित विन्ध्यवासिनी देवी का मन्दिर; विन्ध्य पर्वत।
**विन्ध्याटवी** स्त्री० *(सं०)* विन्ध्य पर्वत पर का जंगल।
**विन्ध्याद्रि** पु० *(सं०)* विन्ध्य पर्वत।
**विंश** पु० *(सं०)* बीसवाँ भाग। वि० बीसवाँ।
**विंशक** वि० *(सं०)* जिसमें बीस की वृद्धि की गयी हो।
**विंशत** वि० *(सं०)* बीस (कुछ समस्त पदों में)।
**विंशति** स्त्री० *(सं०)* एक प्रकार का व्यूह।
**वि** पु० *(सं०)* अन्न; घोड़ा; आँख, आकाश।
**विकंकत** पु० *(सं०)* श्रुवा वृक्ष, बनश्रुवावृक्ष।
**विकम्प** वि० *(सं०)* चंचल, अस्थिर।
**विकम्पन** पु० *(सं०)* (सूर्य का) काँपना, गति।
**विकम्पित** पु० *(सं०)* मन्द पड़ते हुए स्वर का एक भेद।

**विकम्पी** स्त्री० *(सं०)* एक श्रुति (संगीत)।
**विकच** वि० *(सं०)* बिना बालों का; विकसित।
**विकचा** स्त्री० *(सं०)* महामुण्डी, कदम्बपुष्पी।
**विकचित** वि० *(सं०)* खुला हुआ; खिला हुआ।
**विकट** वि० *(सं०)* दुर्गम; सुन्दर; टेढ़ा; मुश्किल; घमण्ड, भयंकर, विकराल।
**विकटा** स्त्री० *(सं०)* मायादेवी, बुद्ध की जननी।
**विकटाक्ष** वि० *(सं०)* भयंकर, डरावनी आँखों वाला।
**विकत्थन** पु० *(सं०)* मिथ्या; व्यंग्य; डींग मारना।
**विकत्था** स्त्री० *(सं०)* प्रशंसा; व्यंग्य; मिथ्या प्रशंसा।
**विकत्थी(त्थिन्)** वि० *(सं०)* डींग मारनेवाला।
**विकथा** स्त्री० *(सं०)* कुत्सित बात (जै०); विशिष्ट बात।
**विकरार*** वि० व्याकुल; भयंकर, विकराल।
**विकराल** वि० *(सं०)* भयंकर, भीषण।
**विकराली(लिन्)** पु० *(सं०)* ताप। वि० तप्त, गरम।
**विकर्ण** वि० *(सं०)* बड़े कानों वाला; कर्णरहित।
**विकर्णी(र्णिन्)** पु० *(सं०)* एक तरह का बाण।
**विकर्तन** वि० *(सं०)* काटने वाला, खण्ड करने वाला।
**विकर्म(न्)** पु० *(सं०)* विभिन्न प्रकार के कार्य, दुराचरण।
**विकर्मा(मन्)** वि० *(सं०)* कर्म न करने वाला; दुराचारी।
**विकर्मिक** पु० *(सं०)* बाजार या मेले का निरीक्षक।
**विकर्ष** पु० *(सं०)* बाण; प्रत्यंचा खींचना।
**विकर्षण** पु० *(सं०)* कामदेव के पाँच बाणों में से एक, खींचना, आकर्षण।
**विकलंक** वि० *(सं०)* बेदाग, चमकीला।
**विकल** वि० *(सं०)* हतोत्साह; अपूर्ण; खण्डित।
**विकलता** वि० विशेषण।
**विकलन** पु० *(डेबिट)* किसी को कर्ज के रूप में दी गयी धनराशि।
**विकलांग** वि० *(सं०)* बेकार अंगवाला; अंगहीन।
**विकला** स्त्री० *(सं०)* रजस्वला; ऋतुहीना।
**विकलाना*** अ० क्रि० व्याकुल होना।
**विकलित** वि० पीड़ित, दुःखी; बेचैन, व्याकुल।
**विकलेन्द्रिय** वि० *(सं०)* जिसकी इन्द्रियाँ विकृत हों।
**विकल्प** पु० *(सं०)* भ्रान्त धारणा; गणना; चिन्तन।
**विकल्पन** पु० *(सं०)* सन्देह मानना।
**विकल्पित** वि० *(सं०)* अनियमित; व्यवस्थित; विभक्त।
**विकल्पी** वि० विकल्पयुक्त।
**विकल्मष** वि० पापरहित।
**विकवच** वि० कवचहीन।
**विकस** पु० *(सं०)* चन्द्रमा।
**विकसन** पु० *(सं०)* प्रस्फुटन, खिलना।
**विकसना** अ० क्रि० प्रस्फुटित होना, खिलना।
**विकसित** वि० *(सं०)* प्रसन्न; प्रफुल्ल।
**विकस्वर** पु० *(सं०)* एक काव्यालंकार।
**विकांक्षा** स्त्री० *(सं०)* इच्छा का अभाव; अनिश्चय।
**विकाम** वि० *(सं०)* निष्काम, इच्छारहित।
**विकार** पु० *(सं०)* क्षत; वासना।
**विकारी(रिन्)** वि० *(सं०)* परिवर्तनशील;आसक्त; ।
**विकार्य** पु० *(सं०)* अहंकार। वि० परिवर्तन-शील।
**विकाल, विकालक** पु० *(सं०)* सन्ध्या, निदनान्त, देर, अतिकाल।
**विकाश** पु० *(सं०)* खुलना, प्रसार; आकाश; खिलना।
**विकाशिनी** स्त्री० *(सं०)* स्कन्द की एक मातृका।
**विकाशी(शिन्)** वि० *(सं०)* खिलने वाला, विकासशील।
**विकास** पु० *(सं०)* आनन्द, प्रसन्नता; फैलाव; खिलना।
**विकासन** पु० *(सं०)* प्रदर्शन; फैलना; खिलना; खुलना।
**विकासना*** अ० क्रि० प्रकट या विकसित होना।
**विकासित** वि० *(सं०)* प्रदर्शित; प्रस्फुटित; विस्तारित।
**विकिर** पु० *(सं०)* बिखेरी जाने वाली वस्तु; बिखेरना।
**विकिरण** पु० *(सं०)* चारों ओर फैलाना; ज्ञान का विस्तार।
**विकीर्ण** पु० *(सं०)* स्वर के उच्चारण का एक दोष।
**विकीर्णक** पु० *(सं०)* फैलाने वाला।
**विकीर्णन** पु० *(सं०)* फैलाना।
**विकुंचित** वि० *(सं०)* मुड़ा हुआ, सिकुड़ा हुआ।
**विकुंचन** पु० *(सं०)* मुड़ना, सिकुड़ना।
**विकुंज** पु० *(सं०)* महाभारतोक्त एक जाति।
**विकुण्ठ** पु० *(सं०)* विष्णुलोक, बैकुण्ठ; विष्णु।
**विकुण्ठित** वि० *(सं०)* निर्बल; भोथरा।
**विकुर्वाण** वि० *(सं०)* परिवर्तनशील; प्रसन्न।
**विकुर्वित** पु० *(सं०)* विभिन्न रूप धारण करना।
**विकूजन** पु० *(सं०)* भनभनाना; पेट का गुड़गुड़ाना।
**विकूजित** पु० *(सं०)* पक्षियों का कलरव; गुंजार।
**विकृत** वि० *(सं०)* अस्वाभाविक; अराजक, विद्रोही।
**विकृति** स्त्री० *(सं०)* क्षोभ;शत्रुता; गर्भपात; विकास।

**विकृती** स्त्री० *(सं०)* डिम्ब; रोग; विकार; मद्य।
**विकृष्ट** वि० *(सं०)* पृथक् किया हुआ; फैलाया हुआ।
**विकेट** पु० *(अं०)* विकेट के पीछे खड़ा होने वाला खिलाड़ी।
**विकेश** पु० *(सं०)* पुच्छल तारा; एक मुनि।
**विकेशी** स्त्री० *(सं०)* पूतना नामक राक्षसी; केशरहित।
**विक्टोरिया** पु० *(अं०)* एक छोटा ग्रह; ब्रिटेन की रानी।
**विक्त** वि० *(सं०)* रिक्त; पृथक् किया हुआ।
**विक्रम** पु० *(सं०)* विष्णु; तेज, बल आदि की अधिकता।
**विक्रमण** पु० *(सं०)* वीरता; कदम रखना, डग भरना।
**विक्रमाब्द** पु० *(सं०)* विक्रम संवत्।
**विक्रमी** वि० विक्रमादित्य-सम्बन्धी।
**विक्रमी(मिन्)** पु० *(सं०)* शूर, वीर; शेर; विष्णु।
**विक्रमीय** वि० *(सं०)* विक्रमादित्य-सम्बन्धी।
**विक्रय** पु० *(सं०)* बेचना, दाम लेकर कोई चीज देना।
**विक्रयक** पु० *(सं०)* बेचने वाला, विक्रेता।
**विक्रयण** पु० *(सं०)* बिक्री, बेचना।
**विक्रयन** पु० बिक्री।
**विक्रयपंजी** स्त्री० *(सेल्स जर्नल)* बिक्री-बही।
**विक्रयिक** पु० *(सं०)* *(सेल्समैन)* विक्रेता, बेचनेवाला।
**विक्रयी(यिन्)** पु० *(सं०)* बेचनेवाला, विक्रेता।
**विक्रय्य** वि० *(सं०)* जो बेचे जाने के लिए हो।
**विक्रान्त** पु० *(सं०)* सिंह; वीरता; वैक्रान्त मणि।
**विक्रान्ता** स्त्री० *(सं०)* हंसपदी; अरणी; जयन्ती।
**विक्रान्ता(तृ)** पु० *(सं०)* सिंह। वि० विजयी; वीर।
**विक्रान्ति** स्त्री० *(सं०)* गति; विक्रम; बल, शक्ति।
**विक्रायिक** पु० *(सं०)* विक्रेता, बेचनेवाला।
**विक्रिया** स्त्री० *(सं०)* अप्रसन्नता; शत्रुता; बुराई।
**विक्रियोपमा** स्त्री० *(सं०)* एक तरह का उपमालंकार।
**विक्री** स्त्री० बेचने की क्रिया; बेचने से प्राप्त धन।
**विक्रीत** वि० *(सं०)* बेचा हुआ।
**विक्रुष्ट** वि० *(सं०)* उद्घोषित; कर्कश; कठोर।
**विक्रेता(तृ)** पु० *(सं०)* बेचनेवाला।
**विक्रेय** वि० बिकने वाला।
**विक्लिष्ट** वि० अति थका हुआ।
**विक्रोध** वि० *(सं०)* क्रोधरहित।
**विक्रोश** पु० *(सं०)* गाली; गोहार।
**विक्रोशन** पु० *(सं०)* पुकारना; गाली देना।
**विक्लव** पु० *(सं०)* घबराहट; बेचैनी। वि० भयाक्रान्त।
**विक्लान्त** वि० *(सं०)* हतोत्साह; थका हुआ
**विक्लिध** वि० *(सं०)* जो पसीने से गीला हो गया हो।
**विक्लिन्न** वि० *(सं०)* सड़ा-गला; जीर्ण।
**विक्लिष्ट** वि० *(सं०)* क्षतिग्रस्त; उत्पीड़ित।
**विक्लेद** पु० *(सं०)* द्रावण; आर्द्रता; विगलन, क्षय।
**विक्षत** पु० *(सं०)* घाव, जख्म। वि० आहत।
**विक्षर** वि० *(सं०)* प्रवाहित। पु० एक असुर; विष्णु।
**विक्षालित** वि० *(सं०)* स्नात; धोया हुआ।
**विक्षाव** पु० *(सं०)* शब्द; चिल्लाहट; छींक; खाँसी।
**विक्षित** वि० *(सं०)* नीचे गिराया गया; दुःखी।
**विक्षिप्त** पु० *(सं०)* वि० त्यक्त, छोड़ा हुआ; पागल; व्यग्र, व्याकुल; जिसका खण्डन किया गया हो।
**विक्षिप्तता** स्त्री० *(सं०)* उन्माद, पागलपन।
**विक्षीणक** पु० *(सं०)* विनाशकर्ता; देवमण्डली।
**विक्षुण्ण** वि० *(सं०)* चूर्ण किया हुआ; रौंदा हुआ।
**विक्षुब्ध** वि० *(सं०)* जिसका मन शान्त या स्थिर न हो।
**विक्षुप** पु० *(सं०)* हिलाना; असंयम; प्रेषण।
**विक्षेपण** पु० *(सं०)* फेंकना; हिलाना, झटका देना।
**विक्षोभ** पु० *(सं०)* गति; भय; आतंक; संघर्ष।
**विक्षोभित** वि० *(सं०)* क्षुब्ध किया हुआ।
**विखण्ड** वि० *(सं०)* टुकड़ों में बाँटा हुआ।
**विखण्डन** पु० परमाणु नाभिक का लगभग दो बराबर भागों में खण्डित हो जाना।
**विखण्डित** वि० *(सं०)* दो भागों में बँटा हुआ।
**विख** वि० *(सं०)* नासिकाहीन, नासा रहित, विष।
**विखनन** पु० खोदने का काम।
**विखान** पु० विषाण, सींग।
**विखहा** पु० विषहा; गरुड़।
**विखाद** पु० *(सं०)* खाना; नष्ट करना; विषाद, दुःख।
**विखायँध** स्त्री० जहर की-सी कड़वी गन्ध।
**विखासा** स्त्री० *(सं०)* रसना, जीभ।
**विखु, विख्य, विख, विखु** वि० *(सं०)* विष, जहर।
**विखुर** पु० *(सं०)* राक्षस; चोर।
**विखेद** वि० *(सं०)* अक्लान्त; चौकस।
**विख्यात** वि० *(सं०)* नामधारी; स्वीकार किया हुआ।
**विख्याति** स्त्री० *(सं०)* शोहरत, प्रसिद्धि।
**विख्यापन** पु० *(सं०)* स्वीकार करना; व्याख्या करना।

**विगन्ध** वि० *(सं०)* बदबूदार; गन्धहीन।
**विगन्धिका** स्त्री० *(सं०)* हपुषा; अजमोदा।
**विगणन** पु० *(सं०)* कर्ज चुकाना, ऋणशोधन।
**विगणित** वि० *(सं०)* विचारित; चुकाया हुआ।
**विगत** वि० *(सं०)* अन्धकारावृत; अनुपस्थित; नष्ट।
**विगतभय** वि० निर्भय।
**विगतशोक** वि० शोकहीन।
**विगतासु** वि० *(सं०)* मृत।
**विगति** स्त्री० *(सं०)* दुर्गति, दुर्दशा।
**विगतोद्धव** पु० *(सं०)* बुद्ध।
**विगन्ध** वि० गन्धहीन।
**विगम** पु० *(सं०)* मृत्यु; मोक्ष; त्याग; हानि।
**विगर** पु० *(सं०)* भोजन का त्याग करनेवाला व्यक्ति।
**विगर्हण** पु०, **विगर्हणा** स्त्री० *(सं०)* निन्दा; भर्त्सना।
**विगर्हणीय** वि० *(सं०)* दुष्ट; निन्दनीय।
**विगर्हा** स्त्री० *(सं०)* डाँट-फटकार; निन्दा।
**विगर्हित** वि० *(सं०)* निन्दित; निषिद्ध।
**विगर्ही** वि० निन्दाकारक।
**विगर्ह्य** वि० *(सं०)* डाँटने या निन्दा करने योग्य।
**विगलन** पु० *(सं०)* रिसना; नाश; घुल जाना।
**विगलित** वि० *(सं०)* सूखा हुआ; बहा हुआ।
**विगाधा(धृ)** पु० *(सं०)* डुबकी लगानेवाला।
**विगान** पु० *(सं०)* निन्दा; विरोध; असामंजस्य; घृणा।
**विगाह** पु० *(सं०)* डुबकी लगाना; स्नान करना।
**विगीत** वि० *(सं०)* बुरे ढंग से गाया हुआ।
**विगीति** स्त्री० *(सं०)* आर्याछन्द का एक भेद।
**विगुण** वि० *(सं०)* निर्गुण; बुरा; जिसमें डोरी न हा।
**विगुल्फ** वि० *(सं०)* प्रचुर।
**विगूढ़** वि०निन्दित, गुप्त।
**विगृहीत** वि० *(सं०)* विश्लेषण किया हुआ।
**विगृह्ययान** पु० *(सं०)* आक्रमण।
**विग्न** वि० *(सं०)* क्षुब्ध; भीत।
**विग्र** वि० *(सं०)* बली; विख।
**विग्रह** पु० *(सं०)* कलह; लड़ाई, युद्ध; शरीर; रूप।
**विग्रहण** पु० *(सं०)* फैलाना; विभाजन; पकड़ना।
**विग्रही(हिन्)** पु० *(सं०)* युद्ध-मन्त्री, युद्ध करने वाला।
**विग्राह्य** वि० *(सं०)* योद्धव्य, लड़ाई करने योग्य।
**विघटन** पु० *(सं०)* बर्बादी; तोड़ना; अलग करना।
**विघटिका** स्त्री० *(सं०)* समय का एक लघु मान, पल।
**विघटित** वि० *(सं०)* नष्ट किया हुआ।
**विघट्टन** पु० *(सं०)* व्यथित करना, नाराज करना।
**विघट्टनीय** वि० *(सं०)* हिलाने या तोड़ने योग्य।
**विघट्टित** वि० *(सं०)* रगड़ा हुआ; खोला हुआ।
**विघन** वि० *(सं०)* कठिन; नरम; बादलों से रहित।
**विघस** पु० *(सं०)* शेष अन्न।
**विघहन** पु० रगड़ान।
**विघात** पु० *(सं०)* निवारण; विरोध, रोक; परित्याग, चोट।
**विघातक** वि० *(सं०)* घातक; बाधक, नाश करने वाला।
**विघातन** वि० *(सं०)* हटानेवाला; निवारण करनेवाला। पु० हत्या।
**विघाती(तिन्)** वि० *(सं०)* विरोध करने वाला, बाधक, हत्या करने वाला।
**विघुष्ट** वि० *(सं०)* ऊँची आवाज में कहा हुआ।
**विघूणिका** स्त्री० *(सं०)* नाक।
**विघूर्णन** पु० *(सं०)* *(जाइरेशन)* चक्कर देना, घुमाना।
**विघ्न** पु० *(सं०)* बाधा, अड़चन, कठिनाई।
**विघ्नकर** वि० बाधक।
**विघ्नकारी** वि० विघ्न करने वाला।
**विघ्नान्तक** पु० *(सं०)* गणेश।
**विघ्नित** वि० *(सं०)* घबड़ाया हुआ।
**विघ्नेश्वर** पु० *(सं०)* गणेश।
**विचन्द्र** वि० *(सं०)* चन्द्रहीन।
**विचकित** वि० *(सं०)* भौचक, घबराया हुआ।
**विचकिल** पु० *(सं०)* एक तरह की चमेली।
**विचक** वि० *(सं०)* चक्ररहित।
**चियव** पु० *(अ०)*
**विचच्छन** पु० विचक्षण।
**विचक्ष, विचक्षु** वि० जिसकी आँख नष्ट हो गयी हो।
**विचक्षण** वि० *(सं०)* विद्वान्, दूरदर्शी, चतुर; दक्षी।
**विचक्ष, विचक्षु** वि० जिसकी आँख नष्ट हो गयी हो।
**विचक्षणा** स्त्री० *(सं०)* नागदन्ती।
**विचक्षा(क्षस्)** पु० *(सं०)* आध्यात्मिक गुरु।
**विचक्षु(स्)** वि० *(सं०)* घबड़ाया हुआ; उदास; अन्धा।
**विचय** पु० परीक्षा, एकत्र करना।
**विचर** वि० *(सं०)* भूला-भटका हुआ; भ्रमण किया हुआ।

**विचरण** वि० *(सं०)* जिसके पैर न हों; पु० चलना।
**विचरणीय** वि० *(सं०)* आचरण करने योग्य।
**विचरना** अ० क्रि० इतस्ततः घूमना।
**विचरनि** स्त्री० चलने फिरने की क्रिया।
**विचरित** पु० *(सं०)* पर्यटन, भ्रमण।
**विचल** वि० *(सं०)* निरन्तर घूमने या हिलने वाला।
**विचलता** स्त्री० *(सं०)* घबड़ाहट; अस्थिरता, चंचलता।
**विचलन** पु० *(सं०)* अस्थिरता; घमण्ड।
**विचलना*** अ० क्रि० विचलित होना, अधीर होना।
**विचलाना*** स० क्रि० विचलित करना, इधर उधर हटाना।
**विचलित** वि० *(सं०)* घबड़ाया हुआ, चंचल।
**विचार** पु० *(सं०)* चुनाव; अभियोग आदि का निर्णय।
**विचारक** पु० *(सं०)* पथप्रदर्शक; न्यायाधीश, जज; गुप्तचर, विचार करने वाला।
**विचारण** पु० *(सं०)* सन्देह; हिचक; स्थान-परिवर्तन।
**विचारणा** स्त्री० *(सं०)* विचार करना; घूमना-फिरना।
**विचारणा** स्त्री० *(सं०)* विचार करना; घूमना-फिरना।
**विचारणीय** वि० *(सं०)* विचार करने योग्य; सन्दिग्ध।
**विचारना** स० क्रि० गौर करना; खोज करना, ढूँढ़ना।
**विचाराध्यक्ष** पु० *(सं०)* जज, प्रधान विचारक।
**विचारालय** पु० *(सं०)* न्यायालय।
**विचारित** पु० *(सं०)* सन्देह; विचार; हिचक।
**विचार्य** वि० *(सं०)* सन्दिग्ध; विचार करने योग्य।
**विचाल** पु० *(सं०)* पृथक् करना।
**विचालन** पु० *(सं०)* नष्ट करना; हटाना।
**विचिन्तन** पु० *(सं०)* फिक्र करना, सोचना।
**विचिन्ता** स्त्री० *(सं०)* देख-भाल; सोच-विचार।
**विचिन्तित** वि० *(सं०)* जिस पर विचार किया गया हो।
**विचिन्तय** वि० *(सं०)* सन्दिग्ध; जिसकी देखभाल की जाये।
**विचि, विची** स्त्री० *(सं०)* तरंग, लहर।
**विचिकित्सा** स्त्री० *(सं०)* सन्देह; भूल।
**विचित** वि० *(सं०)* जिसकी खोज की गयी हो।
**विचिति** स्त्री० *(सं०)* अन्वेषण; विचार।
**विचित्त** वि० *(सं०)* कर्तव्यविमूढ़; अचेत।
**विचित्ति** स्त्री० *(सं०)* बेहोशी; चित्त ठिकाने न रहना।
**विचित्र** पु० *(सं०)* विभिन्न रंगों का समुदाय; एक अर्थालंकार; अचम्भा। वि० असाधारण; चित्रित।
**विचित्रक** वि० *(सं०)* आश्चर्यजनक।
**विचित्रता** स्त्री० *(सं०)* अनोखापन; रंग वैभिन्न्य।
**विचित्रांग** पु० *(सं०)* व्याघ्र; मयूर।
**विचित्रित** वि० *(सं०)* आभूषित (समास में)।
**विचिन्वक** पु० *(सं०)* तलाश, अन्वेषण; वीर, योद्धा।
**विचिलक** पु० *(सं०)* एक विषैला कीड़ा।
**विचुम्बन** पु० *(सं०)* चुम्बन।
**विचेतन** वि० *(सं०)* संज्ञाहीन, अचेत; निर्जीव, मृत।
**विचेता(तस्)** वि० *(सं०)* विमूढ़; दुष्ट; चतुर, विशेषज्ञ।
**विचेष्ट** वि० *(सं०)* अचल; चेष्टाहीन, निश्चेष्ट।
**विचेष्टा** स्त्री० *(सं०)* व्यवहार; गति; प्रयत्न; कुचेष्टा।
**विचेष्टन** पु० इधर-उधर लोटना।
**विचेष्टित** पु० *(सं०)* कार्य; इंगित; आचार। वि० विशेष चेष्टा करने वाला।
**विच्छर्दक** पु० *(सं०)* विच्छन्दक, देवमन्दिर।
**विच्छर्दन** पु० *(सं०)* उपेक्षा; क्षय; कै, वमन; अवमानना।
**विच्छर्दित** वि० *(सं०)* उपेक्षित; न्यून किया हुआ।
**विच्छाय** वि० *(सं०)* कान्तिहीन, विवर्ण; छायारहित।
**विच्छित्ति** स्त्री० *(सं०)* विच्छेद; यति (छन्द)।
**विच्छुरण** पु० *(सं०)* लेपना, मलना; छिड़कना।
**विच्छुरित** पु० *(सं०)* एक प्रकार की समाधि।
**विच्छेद** पु० *(सं०)* मतभेद; परिच्छेद, अध्याय (पुस्तक का); टुकड़े-टुकड़े करना; नाश; अलगाव; निषेध।
**विच्छेदक** वि०, पु० *(सं०)* विच्छेद करने वाला।
**विच्छेदन** पु० *(सं०)* *(एम्पूटेशन)* काटकर अलग करना।
**विच्छेदनीय** वि० काटकर अलग करने योग्य।
**विच्छेदी** वि० काटने वाला।
**विच्युत** वि० *(सं०)* गिरा हुआ स्थानभ्रष्ट; असफलीभूत।
**विच्युति** स्त्री० *(सं०)* पार्थक्य, वियोग; पतन; गर्भपात।
**विछलना*** अ० क्रि० फिसलना, स्थानभ्रष्ट होना।
**विछेद*** पु० वियोग, विच्छेद।
**विछोह*** पु० प्रिय से पृथक् होना, वियोग।
**विछोही*** वि०, पु० वियोगी।
**विजंघ** वि० विना जाँघ का।
**विजड़** वि० *(सं०)* पूर्णतः जड़।
**विजन** पु० *(सं०)* साक्षी का अभाव; निर्जन या एकान्त स्थान; *विजना। वि० एकान्त, जनशून्य।

**विजनता** स्त्री० *(सं०)* जनशून्य होना, एकान्तता।
**विजनन** पु० प्रसव।
**विजना*** पु० बीजन, पंखा।
**विजनित** वि० *(सं०)* जात, उत्पन्न; जन्म लिया हुआ।
**विजन्मा(न्मन्)** वि० *(सं०)* जारज, दोगला।
**विजयन्ती** स्त्री० *(सं०)* ब्राह्मी बूटी; एक अप्सरा।
**विजय** पु० *(सं०)* अर्जुन; एक संवत्सर; प्रदेश, जिला।
**विजयक** वि० *(सं०)* विजय प्राप्त करने में कुशल।
**विजया** स्त्री० *(सं०)* कृष्ण की माला; भाँग।
**विजयार्थी(र्थिन्)** वि० *(सं०)* विजय चाहने वाला।
**विजयादशमी** स्त्री० दशहरा, अश्विन् शुक्ला दशमी।
**विजयार्ध** पु० *(सं०)* एक पर्वत।
**विजयी(यिन्)** पु० *(सं०)* जीतने वाला, विजेता।
**विजर** पु० *(सं०)* डण्ठल। वि० नवीन, नया।
**विजरा** स्त्री० *(सं०)* ब्रह्मलोक की एक नदी।
**विजर्जर** वि० *(सं०)* सड़ा-गला; जीर्ण, शीर्ण।
**विजल** पु० *(सं०)* सूखा। वि० जलरहित, निर्जल।
**विजल्प** पु० *(सं०)* द्वेष से झूठी बातें कहना; बकवाद।
**विजल्पित** वि० *(सं०)* कथित; अस्पष्ट कहा गया।
**विजात** वि० *(सं०)* दोगला, हरामजादा।
**विजाता** स्त्री० *(सं०)* सद्यःप्रसूता स्त्री।
**विजाति** स्त्री० *(सं०)* भिन्न जाति या वर्ग।
**विजानना*** स० क्रि० विशेष रूप से जानना।
**विजापयिता(तृ)** वि०, पु० *(सं०)* विजय दिलानेवाला।
**विज़ारत** स्त्री० *(अ०)* मन्त्री का दफ्तर; मन्त्रिमण्डल।
**विजिगीत** वि० *(सं०)* विख्यात, प्रसिद्ध।
**विजिगीषा** स्त्री० *(सं०)* विजय की कामना।
**विजिगीषु** पु० *(सं०)* आक्रामक; प्रतिपक्षी; योद्धा।
**विजिघत्स** वि० *(सं०)* जिसे भूख न लगती हो।
**विजिज्ञासा** स्त्री० *(सं०)* जानने की इच्छा; अन्वेषण।
**विज़िट** स्त्री० *(अं०)* भेंट, मुलाकात; देखने।
**विज़िटर्स बुक** स्त्री० *(अं०)* आगन्तुक पंजिका।
**विजित** पु० *(सं०)* जीता हुआ देश या भूखण्ड।
**विजितवान्(वत्)** वि० *(सं०)* विजयी।
**विजिता(तृ)** पु० *(सं०)* निर्णायक; पृथक् करने वाला।
**विजिति, विजित्वर** स्त्री० *(सं०)* कब्जा; विजय।
**विजिती(तिन्)** वि० *(सं०)* विजयी।
**विजितेय** वि० *(सं०)* जिस पर नियन्त्रण या विजय प्राप्त करनी हो।
**विजिन, विजिल** पु० *(सं०)* एक तरह की लपसी।
**विजिह्म** वि० *(सं०)* तिरछा; झुका हुआ, टेढ़ा।
**विजिह्व** वि० *(सं०)* जिसके जीभ न हो, जिह्व रहित।
**विजीवित** वि० *(सं०)* बेजान, मृत।
**विजुल** पु० *(सं०)* शाल्मली का वृक्ष या कन्द।
**विजुली** स्त्री० *(सं०)* एक देवी; विद्युत, बिजली।
**विजृम्भ** पु० *(सं०)* जँभाई; (भौं) सिकोड़ना।
**विजृम्भण** पु० *(सं०)* कामक्रीड़ा; प्रफुल्ल होना; फैलाना।
**विजृम्भा** स्त्री० *(सं०)* जँभाई।
**विजृम्भिका** स्त्री० *(सं०)* हाँफ; जँभाई।
**विजृम्भित** पु० *(सं०)* परिणाम; चेष्टा, आचार; प्रदर्शन।
**विजृम्भी(भिन्)** वि० *(सं०)* निकलने या प्रकट होनेवाला।
**विजेता(तृ)** पु० *(सं०)* जय प्राप्त करने वाला;।
**विजेय** वि० *(सं०)* पराजित करने योग्य।
**विजोग*** पु० वियोग।
**विजोगी*** वि०, पु० वियोगी।
**विजोर**† पु० बिजौरा नीबू। वि० कमजोर, निर्बल।
**विजोहा** पु० विमोहा, एक वृत्त।
**विजू** पु० *(सं०)* पक्षी; पण।
**विज्जल** पु० *(सं०)* शाल्मली कन्द; फिसलाहट वाला।
**विज्जिल** पु० *(सं०)* विजिल।
**विज्ज, विज्जु*** स्त्री० बिजली।
**विज्जुलता*** स्त्री० विद्युल्लता।
**विज्जुल** पु० *(सं०)* त्वचा; दारचीनी का छिलका।
**विज्जुलिका** स्त्री० *(सं०)* जतुका, एक लता।
**विज्ञ** पु० *(सं०)* चतुर मनुष्य; मुनि।
**विज्ञता** स्त्री०, **विज्ञत्व** पु० *(सं०)* बुद्धिमत्ता; जानकारी।
**विज्ञप्त** वि० *(सं०)* विज्ञप्ति रूप में प्रकाशित, सूचित किया हुआ।
**विज्ञप्ति** स्त्री० *(सं०)* सूचित करने की क्रिया; इश्तहार।
**विज्ञप्तिका** स्त्री० *(सं०)* प्रार्थना, निवेदन, सूचना।
**विज्ञात** वि० *(सं०)* प्रसिद्ध; जाना या समझा हुआ।
**विज्ञातव्य** वि० *(सं०)* जानने या समझने योग्य।
**विज्ञाता(तृ)** वि०, पु० *(सं०)* जानने या समझनेवाला।
**विज्ञाति** स्त्री० *(सं०)* ज्ञान; जानकारी; एक कल्प।
**विज्ञान** पु० *(सं०)* कर्म; दक्षता, निश्चयात्मक बुद्धि, विशेष ज्ञान।
**विज्ञानता** स्त्री० *(सं०)* समझ; अनुभूति।

**विज्ञानमय** वि० *(सं०)* प्रज्ञायुक्त।
**विज्ञानिक** वि० *(सं०)* जानकार; विज्ञ।
**विज्ञानिता** स्त्री० *(सं०)* विज्ञानी होने का भाव।
**विज्ञानी(निन्)** वि० *(सं०)* किसी विषय में निष्णात।
**विज्ञानीय** वि० *(सं०)* विज्ञान-सम्बन्धी।
**विज्ञापक** वि०, पु० *(सं०)* दूसरों को जानकारी देने वाला;विज्ञापन करने वाला।
**विज्ञापन** पु० *(सं०) (ऐडवरटाइजमेण्ट)* समाचार पत्रों आदि में प्रचार; सूचना देना; समझाना; इश्तहार।
**विज्ञापना** स्त्री० *(सं०)* जतलाना, निवेदन; विज्ञप्ति करना, बतलाना।
**विज्ञापनीय** वि० *(सं०)* सिखलाये जाने योग्य।
**विज्ञापित** वि० *(सं०)* बतलाया हुआ, विज्ञप्त।
**विज्ञापी(पिन्)** वि० *(सं०)* सूचना देने वाला।
**विज्ञेय** वि० *(सं०)* जानने, समझने या सीखने योग्य।
**विज्वर** वि० *(सं०)* सन्देहहीन; प्रसन्न; अक्षय्य।
**विटंक, विटंकक** पु० *(सं०)* सबसे ऊँचा सिरा।
**विट** पु० *(सं०)* धूर्त; एक खैर; चूहा; नारंगी।
**विटक** पु० *(सं०)* एक प्राचीन जाति।
**विटप** पु० *(सं०)* पेड़; आदित्य-पत्र; विटों को रखने वाला।
**विटपक** पु० *(सं०)* धूर्त; वृक्ष।
**विटपी(पिन्)** पु० *(सं०)* वृक्ष; वटवृक्ष; झाड़ी।
**विटि** स्त्री० *(सं०)* पीत चन्दन।
**विट्(श्)** स्त्री० *(सं०)* प्रजा; जाति; कन्या।।
**विट्(ष्)** स्त्री० *(सं०)* मल, विष्ठा; प्रसार।
**विट्क** पु० *(सं०)* विष्ठा।
**विटामिन** पु० *(अं०)* खाद्य पदार्थों में स्वास्थ्यवर्द्धक नव आविष्कृत तत्त्व (जैसे—नीबू में विटामिन सी)।
**विठंक** वि० *(सं०)* नीच, कमीना, खराब।
**विठर** पु० *(सं०)* बृहस्पति। वि० वाग्मी।
**विडंग** वि० *(सं०)* कुशल, चतुर।
**विडम्ब** पु० *(सं०)* कष्ट देना; नकल; चिढ़ाना; कुढ़ाना।~
**विडम्बना** स्त्री० अनुकरण करना, हँसी उड़ाना।
**विडम्बनीय** वि० *(सं०)* नकल करने योग्य; उपहास्य।
**विडम्बित** वि० *(सं०)* जो परेशान किया गया हो; दीन।
**विडम्बी(बिन्)** वि० पु० *(सं०)* विडम्बना करने वाला।
**विडम्बय** पु० *(सं०)* घृणा या उपहास का विषय।
**विड्** पु० *(सं०)* काला नमक; नोनहा नम; टुकड़ा।
**विडरना*** अ० क्रि० डरना; तितर-बितर होना; चौंकना।
**विडराना*** स० क्रि० भगाना; चौंकाना; नष्ट करना।
**विडारना*** स० क्रि० तितर-बितर करना; चौंकाना।
**विडाल** पु० मार्जार, बिलाव।
**विडालाक्ष** वि० *(सं०)* बिडालाक्ष।
**विडालाक्षी** स्त्री० *(सं०)* एक राक्षसी।
**विडाली** स्त्री० *(सं०)* बिदारीकन्द; बिल्ली।
**विडीन** पु० *(सं०)* चिड़ियों के उड़ने का एक प्रकार।
**विडीनक** पु० *(सं०)* अलग-अलग उड़ना।
**विडूरज** पु० *(सं०)* वैदूर्य मणि, एक रत्न।
**विडोजा, विडौजा (जस्)** पु० *(सं०)* इन्द्र।
**विड्** 'विष' का समासगत रूप।
**विड्ड** पु० *(सं०)* अस्थि, हड्डी।
**वितण्ड** पु० *(सं०)* एक तरह का ताला; हाथी।
**वितण्डा** स्त्री० *(सं०)* अपने पक्ष की स्थापना; हुज्जत।
**वितन्तु** स्त्री० *(सं०)* विधवा। पु० अच्छा घोड़ा।
**वितंस** पु० *(सं०)* पिंजड़ा।
**वित*** पु० धन, वैभव; शक्ति। वि० वेत्ता; कुशल।
**वितत** पु० *(सं०)* तारवाले बाजे (जैसे वीणा आदि)।
**वितताना*** अ० क्रि० अधीर होना।
**वितति** स्त्री० *(सं०)* विस्तार, फैलाव; परिमाण।
**वितथ** पु० *(सं०)* गृहदेवताओं का एक वर्ग; भरद्वाज वि० मिथ्या झूठ, निरर्थक।
**वितथाभिनिवेष** पु० *(सं०)* झूठ बोलने की प्रवृत्ति।
**वितथ्य** वि० *(सं०)* मिथ्या, असत्य।
**वितनिता(तृ)** वि०, पु० *(सं०)* फैलाने वाला।
**वितनु** पु० *(सं०)* कामदेव। वि० सारहीन; कोमल।
**वितपन्न*** वि० कुशल, व्युत्पन्न, प्रवीण; विकल।
**वितमस्क** वि० *(सं०)* अन्धकाररहित।
**वितरक** पु० *(डिस्ट्रीब्यूटर)* बिक्री-प्रबन्धक; बाँटने वाला।
**वितरण** पु० *(सं०) (डिस्ट्रीब्यूशन)* बाँटना; दान।
**वितरन*** पु० बाँटनेवाला; बाँटना।
**वितरना** क्रि० बाँटना।
**वितर्कण** पु० *(सं०)* तर्क या विचार करने की क्रिया।
**वितर्कित** वि० *(सं०)* पहले से समझा हुआ।

**वितर्क्य** वि० *(सं०)* विचारणीय; सन्दिग्ध; विलक्षण।
**वितल** पु० *(सं०)* सात अधोलोकों में से एक।
**वितस्ताद्रि** पु० *(सं०)* एक पहाड़।
**वितस्ति** पु० *(सं०)* बारह अंगुल की माप; बालिश्त।
**विताडन** पु० *(सं०)* ताडन।
**वितान** पु० *(सं०)* फैलाव, विस्तार; प्रगति; वृद्धि।
**वितानक** पु० *(सं०)* सम्पत्ति; माडवृक्ष; चँदोवा; विस्तार।
**वितानना*** स० क्रि० धनुष का तानना या चढ़ाना।
**वितार** पु० *(सं०)* पुच्छल तारा, एक तरह का केतु।
**वितिमिर** वि० *(सं०)* अन्धकाररहित।
**वितीत*** वि० बीता हुआ, व्यतीत।
**वितीपाती**† वि० शरारती, नटखट, उत्पाती।
**वितीर्ण** वि० *(सं०)* पराभूत; नीचे गया हुआ।
**वितुण्ड** पु० हाथी।
**वितुन्न** पु० *(सं०)* सुसना नामक साग; सेवार।
**वितुन्नक** पु० *(सं०)* तामलकी नामक पौधा।
**वितुन्ना, वितुन्निका** स्त्री० *(सं०)* भुँइआँवला।
**वितुष्ट** वि० *(सं०)* असन्तुष्ट; अप्रसन्न।
**वितृण** वि० *(सं०)* तृणरहित।
**वितृप्त** वि० *(सं०)* सन्तुष्ट।
**वितृप्तक** वि० *(सं०)* वितृप्त।
**वितृष्ण** वि० *(सं०)* तृष्णारहित, उदासीन, निस्पृह।
**वितृष्णा** स्त्री० *(सं०)* तृष्णा का अभाव; प्रबल इच्छा।
**वितोय** वि० *(सं०)* जलहीन।
**वित्त** पु० *(सं०)* *(फाइनेंस)* राज्य की सार्वजनिक धन अथवा पूँजी, राज्य की वित्त-सम्बन्धी व्यवस्था।
**वित्तक** वि० *(सं०)* बहुत प्रसिद्ध।
**वित्तकोश** पु० रुपए पैसे रखने का थैला।
**वित्तवान्(वत्)** वि० *(सं०)* धनवान्।
**वित्तहीन** पु० दरिद्र, धनहीन।
**वित्ताढ्य** वि० *(सं०)* बहुत धनी।
**वित्ताप्ति** स्त्री० *(सं०)* धन की प्राप्ति।
**वित्तायन** वि० *(सं०)* धन लाने वाला।
**वित्तार्थ** पु० *(सं०)* निपुण व्यक्ति, कुशल व्यक्ति।
**वित्ति** स्त्री० *(सं०)* चेतना; सम्भावना; विचार; ज्ञान।
**वित्थार*** फैलाव, विस्तार।
**वित्रप** वि० *(सं०)* बेहया, निर्लज्ज।
**वित्रस्त** क्रि० अति भयभीत।
**वित्रास** पु० भय, डर।
**वित्रासित** वि० *(सं०)* डरवाया हुआ।
**वित्सन** पु० *(सं०)* बैल।
**विथक** पु० पवन।
**विथकना*** अ० क्रि० मुग्ध या चकित होने पर कुछ बोल न सकना; शिथिल पड़ना, थकना।
**विथकित*** वि० जो मुग्ध या चकित होने के कारण कुछ बोलने में असमर्थ हो; थका हुआ।
**विथराना, विथारना*** स० क्रि० फैलाना, छितराना।
**विथा*** स्त्री० पीड़ा, व्यथा, कष्ट।
**विथित*** वि० कष्ट में पड़ा हुआ, दुःखित।
**विथुर** वि० *(सं०)* सदोष; जो ठोस न हो; थोड़ा, अल्प।
**विदंश** पु० *(सं०)* काटना, डँसना।
**विदग्ध** पु० *(सं०)* चतुर या धूर्त आदमी; एक घास।
**विदत्त** वि० *(सं०)* दिया हुआ; बाँटा हुआ।
**विदत्तता** स्त्री० चतुराई।
**विदथ** पु० *(सं०)* सेना; संन्यासी, सन्त; ऋषि; युद्ध।
**विदथी(थिन्)** पु० *(सं०)* एक वैदिक ऋषि।
**विददंक्षु** वि० *(सं०)* खाने का इच्छुक।
**विदमान*** वि० उपस्थित, विद्यमान, मौजूद।
**विदर्भाधिपति** पु० *(सं०)* विदर्भ का राजा, कुण्डिनपति।
**विदर्व्य** वि० *(सं०)* फणहीन(साँप)।
**विदर्शना** स्त्री० *(सं०)* विवेक, ज्ञान।
**विदल** वि० *(सं०)* फटा हुआ; पत्रहीन; खिला हुआ।
**विदलन** पु० *(सं०)* टुकड़े-टुकड़े करना; फाड़ना।
**विदलना*** स० क्रि० नष्ट करना, दलित।
**विदलान्न** पु० *(सं०)* पकाई हुई दाल; चना, अरहर।
**विदा** पु० प्रस्थान।
**विदाई** स्त्री० विदा होने की आज्ञा।
**विदालित** वि० *(सं०)* फाड़ा हुआ; टुकड़े किया हुआ।
**विदाय** पु० *(सं०)* विसर्जन; दान; प्रस्थान; वितरण।
**विदायी(यिन्)** पु० *(सं०)* दान करने वाला।
**विदार** पु० *(सं०)* युद्ध; प्लावन।
**विदारक** वि० *(सं०)* फाड़नेवाला; विदारण करनेवाला।
**विदारण** पु० *(सं०)* रौंदना; मुँह खोलना;करना।
**विदारणा** स्त्री० *(सं०)* लड़ाई, युद्ध।
**विदारना*** स० क्रि० फाड़ना।
**विदारि** स्त्री० *(सं०)* शालपर्णी।
**विदारिका** स्त्री० *(सं०)* विदारीकन्द; शालपर्णी; गम्भारी।

**विदारिगन्धा** स्त्री० विदारि।
**विदारी(रिन्)** वि० *(सं०)* काटने वाला।
**विदारु** पु० *(सं०)* गिरगिट।
**विदाह** पु० *(सं०)* हाथ-पैर की जलन।
**विदाही** पु० दाहक परार्थ।
**विदित** पु० *(सं०)* कवि, विद्वान्; ऋषि; सूचना।
**विदिथ** पु० *(सं०)* विद्वान्; योगी।
**विदिश** स्त्री० दो दिशाओं का मध्यकोण।
**विदीर्ण** वि० *(सं०)* फाड़ा हुआ; मार डाला हुआ।
**विदु** वि० *(सं०)* चतुर, बुद्धिमान्।
**विदुत्तम** पु० *(सं०)* सब कुछ जाननेवाला।
**विदुर** पु० *(सं०)* विद्वान्; षड्यन्त्रकारी; चतुर व्यक्ति।
**विदुल** पु० *(सं०)* जलबेत, अम्बुवेतस, एक गन्धद्रव्य।
**विदुला** स्त्री० *(सं०)* विट्खदिर; थूहर, सातला।
**विदुष*** पु० विद्वान्, पण्डित।
**विदुषी** स्त्री० *(सं०)* विद्वान स्त्री।
**विदुष्कृत** वि० *(सं०)* पापरहित।
**विदून** वि० *(सं०)* कष्टग्रस्त, पीड़ित।
**विदूरित** वि० *(सं०)* दूर किया हुआ।
**विदूषक** वि० *(सं०)* मजाक करनेवाला।
**विदूषण** पु० *(सं०)* गन्दा करना, भ्रष्ट करना।
**विदूषना*** अ० क्रि० दुःखी होना।
**विदूषित** वि० *(सं०)* गन्दा किया हुआ; अपमानित।
**विदृक्(श्)** वि० *(सं०)* अन्धा।
**विदृति** स्त्री० *(सं०)* खोपड़ी का जोड़।
**विदेय** वि० *(सं०)* जो देने योग्य हो।
**विदेव** पु० *(सं०)* राक्षस; यक्ष; पासे का खेल।
**विदेवन** पु० *(सं०)* पासा खेलना।
**विदेश** पु० परदेश।
**विदेशाधिकरण** पु० *(सं०)* विदेश कार्यालय।
**विदेशी** पु० परदेश का रहनेवाला। वि० विदेशीय।
**विदेशीय** वि० *(सं०)* दूसरे देश का, परदेशी।
**विदेही(हिन्)** स्त्री *(सं०)* सीता। पु० ब्रह्म।
**विदोष** वि० *(सं०)* जिसमें कोई दोष न हो, निर्दोष।
**विदोह** पु० *(सं०)* शोषण; अधिक दुहना।
**विद्ध** वि० छेदा हुआ।
**विद्धक** वि० *(सं०)* विद्ध करने वाला।
**विद्धायुध** पु० *(सं०)* एक विशेष लम्बाई का धनुष।
**विद्धि** स्त्री० *(सं०)* चोट, आघात; छेदने की क्रिया।
**विद्य** पु० *(सं०)* लाभ, प्राप्ति।
**विद्यमान** वि० *(सं०)* यथार्थ; उपस्थित, वर्तमान।।
**विद्यमानता** स्त्री०, **विद्यमानत्व** पु० *(सं०)* मौजूदगी।
**विद्या** स्त्री० शिक्षा से उपार्जित ज्ञान।
**मुहा० विद्या चलना** धूर्तता का सफल होना। **विद्या झूठी पड़ना** बाजीगरी, धूर्तता का नाकामयाब होना। **विद्या फलना** विद्या का फलीभूत होना। **विद्या लौटाना** सिखायी हुई विद्या को मन्त्रबल से वापस करना।
**विद्याकर** पु० *(सं०)* विद्वान् व्यक्ति।
**विद्यागम** पु० *(सं०)* विद्या या ज्ञान की प्राप्ति।
**विद्यागुरु** पु० शिक्षक।
**विद्यागृह** पु० पाठशाला।
**विद्यादेवी** स्त्री० सरस्वती।
**विद्याधर** पु० एक देव योनि विशेष।
**विद्याधरी** स्त्री० किन्नरी।
**विद्याधरेन्द्र** पु० *(सं०)* जाम्बवान्।
**विद्याधार** पु० *(सं०)* बहुत बड़ा विद्वान्।
**विद्याधिदेवता** स्त्री० *(सं०)* सरस्वती।
**विद्याधिप** पु० *(सं०)* विद्वान्; शिव।
**विद्याधिराज** पु० *(सं०)* श्रेष्ठ विद्वान्, पूर्ण पण्डित।
**विद्यानुपालन** स्त्री० *(सं०)* अध्ययन; अध्ययन आदि।
**विद्यानुसेवन** पु० *(सं०)* विद्याध्ययन।
**विद्याभिमान** पु० *(सं०)* विद्वान् होने की मनोवृत्ति।
**विद्याभ्यास** पु० *(सं०)* विद्याध्ययन।
**विद्यामृत्** पु० विद्वान।
**विद्यारम्भ** पु० *(सं०)* विद्या की पढ़ाई आरम्भ करने का संस्कार।
**विद्यार्जन** पु० *(सं०)* विद्या की प्राप्ति।
**विद्यार्जित** वि० *(सं०)* विद्या के द्वारा प्राप्त।
**विद्यार्थ** पु० *(सं०)* विद्या प्राप्त करने की इच्छा।
**विद्यार्थिनी** स्त्री० *(सं०)* महिला छात्रा; महिला छात्र।
**विद्यार्थी(र्थिन्)** पु० *(सं०)* छात्र, विद्या पढ़ने वाला।
**विद्यालय** पु० *(सं०)* वह स्थान जहाँ अध्ययन किया जाता है; विद्यागृह, शिक्षण संस्था, पाठशाला।
**विद्यालयीय** वि० *(सं०)* विद्यालय सम्बन्धी।
**विद्यावान्(वत्)** वि० *(सं०)* विद्वान्, विद्यावाला।
**विद्यासागर** वि० सर्वशास्त्र ज्ञाता।
**विद्यु** स्त्री० बिजली।

**विद्युच्छिखा** स्त्री० *(सं०)* विषैली जड़वाला एक पौधा।
**विद्युज्जनित्र** पु० *(इलेक्ट्रिक जेनेरेटर)* बिजली उत्पादक यन्त्र।
**विद्युज्जिह्वा** स्त्री० *(सं०)* स्कन्द की एक मातृका।
**विद्युता** स्त्री० *(सं०)* एक विशेष शक्ति; बिजली।
**विद्युताक्ष** पु० *(सं०)* स्कन्द का एक अनुचर।
**विद्युत्** वि० *(सं०)* निष्प्रभ; बहुत चमकीला।
**विद्युद्घात** पु० *(इलेक्ट्रोक्यूशन)* विद्युत के संस्पर्श से होने वाली मृत्यु।
**विद्युदुन्मेष** पु० *(सं०)* बिजली की कौंध।
**विद्युद्गौरी** स्त्री० *(सं०)* शक्ति की एक मूर्ति।
**विद्युद्वल्ली** स्त्री० *(सं०)* बिजली की कौंध।
**विद्युन्माल** पु० *(सं०)* एक वानर।
**विद्युन्माला** स्त्री० *(सं०)* बिजली का समूह।
**विद्युल्लता** स्त्री० बिजली।
**विद्युल्लोचना** स्त्री० *(सं०)* एक नागकन्या।
**विद्योत** वि० *(सं०)* बिजली के सदृश चमकने वाला।
**विद्योतक, विद्योती(तिन्)** वि० *(सं०)* प्रकाश मान करने वाला।
**विद्योतन** वि० *(सं०)* चमकाने वाला।
**विद्रथ** वि० मोटा, पुष्ट।
**विद्रधिका** स्त्री० *(सं०)* प्रमेहजन्य व्रण।
**विद्रव** पु० *(सं०)* भागना, पलायन; बुद्धि; भय।
**विद्रवण** पु० *(सं०)* पलायन, भागना।
**विद्राण** वि० *(सं०)* सोते से जगाया हुआ।
**विद्राव** पु० *(सं०)* विद्रव; पिघलना; बहना।
**विद्रावक** वि० *(सं०)* पिघलाने वाला; भगाने वाला।
**विद्रावण** पु० *(सं०)* पिघलाना; पलायन; भगाना।
**विद्रावित** वि० *(सं०)* पराभूत किया हुआ।
**विद्रावी(विन्)** वि० *(सं०)* भागने वाला; भगाने वाला।
**विद्राव्य** वि० *(सं०)* भगाने योग्य, जो भगाया जाये।
**विद्रुत** वि० *(सं०)* घबड़ाया हुआ; डरा हुआ।
**विद्रुम** पु० प्रवाल, मूँगा।
**विद्रोह** पु० *(सं०)* किसी राज्य या सरकार को उलटने के लिए किया जाने वाला बलवा, उपद्रव, क्रान्ति।
**विद्रोही(हिन्)** वि० *(सं०)* क्रान्तिकारी, राज्य का अनिष्ट करने वाला; विद्रोह करने वाला।
**विद्वज्जन** पु० *(सं०)* चतुर, विद्वान् आदमी।
**विद्वकल्प** वि० *(सं०)* जो अधिक पढ़ा न हो।
**विद्वत्तम** वि० *(सं०)* बहुत बड़ा विद्वान्।
**विद्वत्व, विद्वत्ता** पु० स्त्री० पाण्डित्य।
**विद्वान्(द्वस्)** पु० *(सं०)* पण्डित, चतुर व्यक्ति।
**विद्विषाण** वि० *(सं०)* द्वेष करने वाला।
**विद्विष्ट** वि० *(सं०)* जिसके प्रति द्वेष किया गया हो।
**विद्विष्टता** स्त्री० *(सं०)* द्वेष, विद्विष्ट होने का भाव।
**विद्विष्टि** स्त्री० *(सं०)* वैर, विद्वेष।
**विद्वेष** पु० *(सं०)* घृणा; वैर, शत्रुता।
**विद्वेष्य** वि० *(सं०)* घृणा, द्वेष, वैर के योग्य।
**विधंस*** पु० नाश, विध्वंस। वि० नष्ट, विध्वस्त।
**विधंसना*** स० क्रि० नष्ट करना, विध्वस्त करना।
**विध** पु० *(सं०)* वेधन; तरीका; ऋद्धि; किस्म; *ब्रह्मा।
**विधन** वि० *(सं०)* दरिद्र, धनहीन, गरीब।
**विधनता** स्त्री० *(सं०)* गरीबी।
**विधना** अ० क्रि० बेधा जाना; फँसाया जाना।
**विधना** *पु० दैव, ब्रह्मा। स्त्री० होनी, अदृष्ट।
**विधर†** अ० उस तरफ, उधर।
**विधर्मी(र्मिन्)** वि० *(सं०)* धर्मभ्रष्ट; विभिन्न प्रकार का।
**विधवन** पु० *(सं०)* हिलाना; कँपाना; कम्पन।
**विधवा** स्त्री० *(सं०)* वह स्त्री जिसके पति की मृत्यु हो गयी हो, बेवा, राँड़।
**विधवापन** पु० वैधव्य, रँड़ापा।
**विधवावेदन** पु० *(सं०)* विधवा से विवाह करना।
**विधव्य** पु० *(सं०)* कम्पन, हिलना।
**विधस** पु० *(सं०)* मोम।
**विधाँसना*** स० क्रि० नष्ट करना, विध्वस्त करना,
**विधा** स्त्री० *(सं०)* हाथी; वेतन; प्रकार, तरीका।
**विधा(धस्)** पु० *(सं०)* सृष्टिकर्ता, ब्रह्मा।
**विधातव्य** वि० *(सं०)* निर्धारित करने योग्य।
**विधाता** स्त्री० *(सं०)* मदिरा।
**विधाता(तृ)** पु० *(सं०)* निर्माता, बनाने वाला; प्रारब्ध।
**विधात्रायु (सृ)** पु० *(सं०)* सूर्यमुखी फूल; सूर्यप्रभा।
**विधात्री** स्त्री (सं०) जन्म देनेवाली; जननी।
**विधानक** पु० *(सं०)* विशेष आदेश (शासन); कष्ट।
**विधारा** पु० एक लता जो उपदंश, के उपचार में काम आती है।।
**विधारी(रिन्)** वि० *(सं०)* रोकथाम करने वाला।
**विधानी** पु० विधि पूर्वक कार्य करने वाला।

**विधावन** पु० *(सं०)* इधर-उधर दौड़ना।

**विधावित** वि० *(सं०)* पलायित, तितर-बितर।

**विधाव्य** पु० *(सं०)* कम्पन।

**विधि** पु० *(सं०)* अग्नि; समय; पूजा, अभ्यर्थना करनेवाला; ब्रह्मा; विष्णु।

**मुहा० विधि बैठना** इच्छानुकूल कार्य होना; मेल खाना। **विधि मिलना** विधि के अनुरूप होना।

**विधिना** पु० विधि, ब्रह्मा।

**विधिक** वि० *(सं०)* विधि सम्बन्धी; विधि के रूप में होने वाला।

**विधिज्ञ** वि० विधि-विधान को जानने वाला।

**विधित्सित** पु० *(सं०)* अभिप्राय, नीयत।

**विधित्सु** वि० *(सं०)* जो करना चाहता हो।

**विधिलोक** पु० ब्रह्मलोक।

**विधुन्त***, **विधुन्तुद** पु० *(सं०)* राहु, चन्द्रमा को कष्ट देनेवाला,

**विधु** पु० *(सं०)* समय; चन्द्रमा; ब्रह्मा; विष्णु।

**विधुत** वि० *(सं०)* काँपता या कँपाया हुआ, विधूत।

**विधुर** पु० *(सं०)* वह पुरुष जिसकी स्त्री मर गयी हो।

**विधुरवरनी** स्त्री० चन्द्रमुखी।

**विधुमणि** स्त्री० चन्द्रकान्त मणि।

**विधूति** स्त्री० *(सं०)* कम्पन, हिलना।

**विधूम्र** वि० *(सं०)* मटमैला, धूसर।

**विधृत** पु० *(सं०)* असन्तोष; आज्ञा की अवमानना।

**विधृति** स्त्री० *(सं०)* नियमन; सीमा; पृथक् रखना;

**विधेय** वि० कर्तव्य, जिसके द्वारा किसी के विषय में कुछ कहा जाये, वह वाक्य।

**विधेयक** पु० *(सं०)* कानून।

**विधेयता** स्त्री० *(सं०)* विधि के योग्य होना।

**विधेयत्व** पु० *(सं०)* निर्भरता; अधीनता।

**विधेयात्मक** वि० *(सं०)* विधेय सम्बन्धी।

**विध्यपराध** पु० *(सं०)* नियम का उल्लंघन।

**विध्यपाश्रय** पु० *(सं०)* नियम का पालन।

**विध्यात्मक** वि० *(सं०)* विधि से सम्बन्धित।

**विध्वंस** पु० *(सं०)* बर्बादी, वैमनस्य; घृणा; विनाश।

**विध्वंसक** पु० *(सं०) (डिस्ट्रायर)* विनाशक युद्धपोत।

**विध्वंसन** वि० *(सं०)* नाश करने वाला।

**विध्वंसात्मक** वि० *(सं०)* विध्वंस से सम्बन्धित।

**विध्वंसित** वि० *(सं०)* टुकड़े-टुकड़े किया हुआ।

**विध्वस्त** वि० *(सं०)* तितर-बितर किया हुआ।

**विन** सर्व० उस, अव्य० बिना।

**विनत** वि० नम्र, झुका हुआ।

**विनतड़ी*** स्त्री० विनती।

**विनति** स्त्री० *(सं०)* झुकाव; नम्रता; प्रार्थना; दमन।

**विनती** स्त्री० प्रार्थना।

**विनद्ध** वि० *(सं०)* बन्धनमुक्त किया हुआ।

**विनमन** पु० *(सं०)* लचना, झुकना; झुकाना।

**विनमित** वि० *(सं०)* झुका हुआ।

**विनम्र** वि० *(सं०)* झुका हुआ; विनीत; विनयी।

**विनम्रक** पु० *(सं०)* नत होनेवाला, तगर-पुष्प।

**विनय** स्त्री० *(सं०) (डिसिप्लिन)* अनुशासन; शासन; भद्रता; मार्गप्रदर्शन; पृथक् करना।

**विनय पत्र** पु० प्रार्थना पत्र।

**विनयन** पु० *(सं०)* विनय; शिक्षण; निराकरण।

**विनयवान(वत्)** वि० *(सं०)* शिष्ट, नम्र।

**विनयशील** वि० सुशील।

**विनयावनत, विनयी (यिन्)** वि० *(सं०)* विनम्र।

**विनयोक्ति** स्त्री० *(सं०)* मधुर वचन।

**विनशन** पु० नाश।

**विनवना*** स० क्रि० प्रार्थना, अनुरोध करना।

**विनष्ट** वि० जो नष्ट हो गया हो।

**विनष्टि** स्त्री० *(सं०)* नाश; पतन; लोप।

**विनाट, विनाड** पु० *(सं०)* चमड़े की थैली।

**विनाती*** स्त्री० बिनती, प्रार्थना।

**विनाथ** वि० *(सं०)* परित्यक्त, रक्षकहीन, अनाथ।

**विनायक** पु० *(सं०)* नायक; बुद्धदेव; देवी का एक स्थान; गरुड़; गणेश; गुरु, आचार्य; विघ्न।

**विनायिका** स्त्री० *(सं०)* गरुड़ या गणेश की पत्नी।

**विनाल** वि० *(सं०)* जिसमें डण्ठल न हो।

**विनाश** पु० *(सं०)* लोप; क्षय; बिगड़ जाना; नाश।

**विनाशक** वि० *(सं०)* नाश करनेवाला; बिगाड़नेवाला।

**विनाशन** वि० *(सं०)* नाश करने वाला।

**विनाशयिता (तृ)** वि०, पु० *(सं०)* नाश करने वाला।

**विनाशान्त** पु० *(सं०)* मृत्यु।

**विनाश्य** वि० *(सं०)* नष्ट करने योग्य।

**विनास** वि० *(सं०)* नासिकाहीन। *पु० विनाश।

**विनासक, विनासिक** वि० *(सं०)* नासिकाहीन।

**विनासन*** पु० विनाशन।

**विनासना*** स० क्रि० खराब करना; बर्बाद करना।
**विनासिका** स्त्री० *(सं०)* एक विषैला कीड़ा।
**विनाह** पु० *(सं०)* कुएँ का ढक्कन।
**विनिन्दा** स्त्री० *(सं०)* शिकायत, निन्दा।
**विनिःसरण** पु० *(सं०)* बाहर जाने की क्रिया।
**विनिःसृत** वि० *(सं०)* बाहर निकला हुआ, बच निकला हुआ, भागा हुआ।
**विनिःसृति** स्त्री० *(सं०)* पलायन।
**विनिःसृष्ट** वि० *(सं०)* चलाया हुआ, फेंका हुआ।
**विनिकषण** पु० *(सं०)* छीलना, खुरचना।
**विनिकार** पु० *(सं०)* अपराध; क्षति।
**विनिकीर्ण** वि० *(सं०)* तोड़ा हुआ; ढका हुआ।
**विनिकृतन** वि० *(सं०)* काटने वाला।
**विनिकृत** वि० *(सं०)* जिसे क्षति पहुँचायी गयी हो।
**विनिकृत्त** वि० *(सं०)* चीरा हुआ, काटा हुआ।
**विनिकेत** वि० *(सं०)* गृहहीन।
**विनिग्रह** पु० *(सं०)* संयम; रुकावट, बाधा; अवरोध।
**विनिग्राह्य** वि० *(सं०)* रोकने योग्य।
**विनिघ्न** वि० गुणा किया हुआ।
**विनिद्र** वि० निद्रा रहित।
**विनिद्रत्व** पु० जागरण।
**विनिपतित** वि० *(सं०)* नीचे गिरा हुआ।
**विनिपात** पु० *(सं०)* पतन; संकट; ध्वंस, विनाश।
**विनिपातन** पु० *(सं०)* गर्भपात करनेवाला।
**विनिपातित** वि० *(सं०)* गिराया हुआ; मारा हुआ।
**विनिपाती(तिन्)** वि० *(सं०)* नष्ट करनेवाला।
**विनिमय** पु० *(सं०) (एक्सचेंज)* एक देश की मुद्रा का दूसरे की मुद्रा में परिवर्तन; प्रतिदान।
**विनियन्त्रण** पु० *(डी-कण्ट्रोल)* नियन्त्रण का न होना।
**विनियन्त्रित** वि० *(सं०)* बिना नियन्त्रण का।
**विनियत** वि० *(सं०)* नियन्त्रित; संयत।
**विनियताहार** वि० *(सं०)* मिताहारी।
**विनियम** पु० *(सं०) (रेगुलेशन)* शासन; रोक; नियन्त्रण; संयम।
**विनियमक** वि० *(रेगुलेटर)* (पंखे आदि की) वेग या गति का नियन्त्रण करने वाला यन्त्र।
**विनियमन** पु० *(सं०)* रोकना, नियन्त्रण करना; वेग।
**विनियम्य** वि० *(सं०)* रोक-थाम करने योग्य; संयत।
**विनियुक्त** वि० *(सं०)* अर्पित; प्रेरित; आदिष्ट।
**विनियोज्य** वि० *(सं०)* काम में लगाया जाने वाला।
**विनिरोध** वि० *(सं०)* अप्रभावित; निष्क्रिय।
**विनिर्गत** वि० निकाला हुआ बीता हुआ।
**विनिर्गति** स्त्री० *(सं०)* बाहर निकलना।
**विनिर्गम** पु० *(सं०)* बाहर होना; फैल जाना; प्रस्थान।
**विनिर्जन** वि० *(सं०)* बिलकुल सुनसान, जनशून्य।
**विनिर्जय** स्त्री० *(सं०)* पूर्ण विजय।
**विनिर्जित** वि० *(सं०)* पूर्णतः पराभूत।
**विनिर्णय** पु० *(सं०)* निश्चित नियम; पूर्ण निश्चय।
**विनिर्णीत** वि० *(सं०)* निश्चित।
**विनिर्दग्ध** वि० *(सं०)* पूर्णतः नष्ट किया हुआ।
**विनिर्दहन** पु० *(सं०)* पूर्णतः जला देना।
**विनिर्दिष्ट** वि० *(सं०)* जिसका निर्देश किया गया हो।
**विनिर्देश्य** वि० *(सं०)* जिसका निर्देश हुआ हो।
**विनिर्धुत** वि० *(सं०)* फेंका हुआ; कँपाया हुआ।
**विनिर्धूत** वि० *(सं०)* हटाया हुआ; फेंका हुआ।
**विनिर्बंध** पु० *(सं०)* अध्यवसाय।
**विनिर्भय** वि० भय रहित।
**विनिर्मल** वि० अति निर्मल।
**विनिर्मिति** स्त्री० *(सं०)* रचना, निर्माण।
**विनिर्मुक्ति** स्त्री० *(सं०)* मुक्ति, छुटकारा।
**विनिर्मूढ** वि० *(सं०)* जो हतबुद्धि न हो।
**विनिर्मोक** वि० *(सं०)* आवरण-रहित; वस्त्रहीन।
**विनिर्याण** पु० *(सं०)* प्रस्थान।
**विनिर्यात** वि० *(सं०)* गया हुआ, प्रस्थित।
**विनिर्वृत्त** वि० *(सं०)* निकला हुआ, उत्पन्न; सम्पन्न।
**विनिवर्ति** स्त्री० *(सं०)* निवृत्ति, विराम।
**विनिवर्तित** वि० *(सं०)* लौटाया हुआ; पलटा हुआ।
**विनिवारण** पु० *(सं०)* नियन्त्रण; दूर रखना।
**विनिविष्ट** वि० *(सं०)* बसा हुआ; रखा हुआ।
**विनिवृत्त** वि० *(सं०)* समाप्त; मुक्त; हटा हुआ।
**विनिवृत्ति** स्त्री० *(सं०)* विराम, अन्त; छुटकारा।
**विनिवेदन** पु० *(सं०)* घोषित करना।
**विनिवेदित** वि० *(सं०)* घोषित किया हुआ।
**विनिवेश** पु० *(सं०)* पुस्तकादि में उल्लेख करना।
**विनिवेशन** पु० *(सं०)* छाप डालना; प्रवेश; व्यवस्था।
**विनिवेशित** वि० *(सं०)* ठहरा हुआ; निर्मित; प्रविष्ट।
**विनिवेशी(शिन्)** वि० *(सं०)* रहनेवाला, अधष्ठित।
**विनिश्चल** वि० *(सं०)* दृढ़, स्थिर, अकम्पित।

**विनिषूदित** वि० *(सं०)* पूर्णतः नष्ट किया हुआ।
**विनिष्कम्प** वि० *(सं०)* स्थिर, अकम्पित।
**विनिष्टप्त** वि० *(सं०)* खूब भूना हुआ।
**विनिष्पतित** वि० *(सं०)* झपटा हुआ।
**विनिष्पात** पु० *(सं०)* झपटना, टूट पड़ना।
**विनिष्पाद्य** वि० *(सं०)* जिसे पूरा करना हो।
**विनीत** पु० *(सं०)* व्यापारी; वृषभ।
**विनीतक** पु० *(सं०)* शिविका, सवारी आदि; वाहक।
**विनीतता** स्त्री०, **विनीतत्त्व** पु० *(सं०)* नम्रता, भद्रता।
**विनीति** स्त्री० *(सं०)* आदर, सम्मान; शिष्ट व्यवहार।
**विनु** अव्य० बिना।
**विनूठा**' वि० अजीब, अनूठा।
**विनेता(तृ)** पु० *(सं०)* शासक; गुरु; नायक।
**विनेय** पु० *(सं०)* शिष्य।
**विनोद** पु० *(सं०)* मनोरंजक बात; हटाना, दूर करना।
**विनोदित** वि० *(सं०)* दूर किया हुआ; प्रसन्न।
**विनोदी(दिन्)** वि० *(सं०)* मौजी; क्रीड़ाशील; कौतूहली।
**विन्ना** स्त्री० *(सं०)* विवाहिता स्त्री।
**विन्यय** पु० *(सं०)* स्थिति।
**विन्यसन** पु० *(सं०)* डालना, रखना।
**विन्यस्त** वि० *(सं०)* डाला हुआ; अर्पित; रखा हुआ।
**विपक्व** वि० *(सं०)* पकाया हुआ; कच्चा।
**विपक्ष** वि० *(सं०)* प्रतिकूल, उल्टा; पक्षपात रहित।
**विपणी(णिन्)** पु० *(सं०)* व्यापारी, दुकानदार।
**विपताक** वि० *(सं०)* ध्वजहीन।
**विपतित** वि० *(सं०)* उड़ा हुआ, गिरा हुआ।
**विपत्** 'विपद्' का समासगत रूप।
**विपत्तत** पु० *(सं०)* *(डिपोटेशन)* देशनिकाला।
**विपत्ति** स्त्री० *(सं०)* संकट, आफत; यातना; मृत्य।
  **मुहा० विपत्ति काटना** दुःख के दिन बिताना। **विपत्ति में डालना** दुःख देना। **विपत्ति मोल लेना** जानबूझकर संकट में पड़ना। **विपत्ति सिर पर लेना** दिक्कत में पड़ना।
**विपदा** स्त्री० *(सं०)* दुःख, विपत्ति।
**विपद्** स्त्री० *(सं०)* आफत, संकट; मृत्यु।
**विपन्न** वि० *(सं०)* मृत; नष्ट; नष्ट शक्ति; संकटग्रस्त।
**विपरिणाम** पु० *(सं०)* परिवर्तन; पकना, प्रौढ़ होना।
**विपरिवर्तन** पु० *(सं०)* चक्कर खाना; लौटना।
**विपरिवर्तित** वि० *(सं०)* लौटाया हुआ।
**विपरिवृत्ति** स्त्री० *(सं०)* लौटना।
**विपरीत** पु० *(सं०)* एक रतिबन्ध।
**विपरीता** स्त्री० *(सं०)* पुंश्चली स्त्री, दुश्चरित्रा।
**विपरीतार्थ** वि० *(सं०)* उलटे अर्थवाला।
**विपर्यय** पु० *(सं०)* *(ट्रांसपोजीशन)* व्यतिक्रम; भूल।
**विपर्यस्त** वि० *(सं०)* परिवर्तित; उल्टा-पलटा हुआ।
**विपर्याण** वि० *(सं०)* बिना चार जामे का।
**विपर्यास** पु० *(सं०)* परिवर्तन; भ्रम, भूल।
**विपल** पु० *(सं०)* पल का साठवाँ भाग।
**विपाण्डु, विपाण्डुर** वि० *(सं०)* पीला।
**विपांसुल** वि० *(सं०)* धूलिरहित।
**विपाक** पु० *(सं०)* अवस्था-परिवर्तन; पकना; फल।
**विपाट** पु० *(सं०)* एक तरह का बाण।
**विपाटक** वि० *(सं०)* फोड़ने वाला, फाड़ने वाला।
**विपाटन** पु० *(सं०)* उखाड़ने या फोड़ने की क्रिया।
**विपाटल** वि० *(सं०)* बहुत लाल।
**विपाटित** वि० उखाड़ा हुआ।
**विपादित** वि० नष्ट किया।
**विपात** पु० *(सं०)* नाश।
**विपातन** पु० *(सं०)* गलाना; नाश कराना।
**विपादन** पु० *(सं०)* वध; नाश करना।
**विपाद्य** वि० *(सं०)* वध या नाश के योग्य।
**विपाप** वि० *(सं०)* निष्पाप, पापरहित।
**विपाप्मा(प्मन्)** वि० *(सं०)* निष्पाप; कष्टरहित।
**विपाल** वि० *(सं०)* अरक्षित, रक्षकहीन।
**विपाश** वि० *(सं०)* बन्धनरहित, बन्धनमुक्त।
**विपाशन** पु० *(सं०)* बन्धन से मुक्त करना।
**विपाशा** स्त्री० *(सं०)* व्यास नदी।
**विपिन** पु० *(सं०)* जंगल, वन; उपवन।
**विपिनविहारी** वि० जंगली, श्रीकृष्ण।
**विपिनौका(कस्)** पु० *(सं०)* वनमानुस; बन्दर।
**विपुत्र** वि० *(सं०)* पुत्रहीन।
**विपुत्रा** स्त्री० पुत्र हीना नारी।
**विपुल** पु० *(सं०)* बुहत, अत्यधिक सम्मानित व्यक्ति; हिमालय।
**विपुलता** स्त्री० अधिकता।
**विपुला** स्त्री० *(सं०)* पृथ्वी; एक छन्द; एक सती।
**विपुलाई*** स्त्री० विपुलता।
**विपुलास्रवा** स्त्री० *(सं०)* विपुल-स्रवा।

**विपुलेक्षण** वि० *(सं०)* बड़ी आँखोंवाला।
**विपुलोरस्क** वि० *(सं०)* चौड़े वक्षःस्थलवाला।
**विपुष्ट** वि० दृढ़।
**विपुष्प** वि० पुष्पहीन।
**विपुष्पित** वि० *(सं०)* प्रफुल्ल, प्रसन्न।
**विपूय** वि० *(सं०)* शुद्ध करनेवाला। पु० मूँज।
**विपृक्कत्** वि० *(सं०)* विशुद्ध, जिसमें मिलावट न हो।
**विप्र** पु० *(सं०)* पुरोहित; ब्राह्मण; भाद्रपद।
**विप्रक** पु० *(सं०)* नीच ब्राह्मण।
**विप्रकर्ण** पु० दूर से खींच लेना।
**विप्रकर्ता(तृ)** पु० *(सं०)* क्षति या हानि करने वाला।
**विप्रकार** पु० *(सं०)* क्षति; विभिन्न ढंग; अनादर।
**विप्रकृत** वि० *(सं०)* अपकृत, अनादृत; क्षतिग्रस्त।
**विप्रकृति** स्त्री० *(सं०)* विरोध; परिवर्तन; प्रतिशोध।
**विप्रचित्ति** पु० *(सं०)* दानव, दनुपुत्र।
**विप्रच्छन्न** वि० *(सं०)* गुप्त, छिपा हुआ।
**विप्रजन** पु० ब्राह्मण, पुरोहित।
**विप्रणाश** पु० *(सं०)* नाश, लोप; मृत्यु।
**विप्रतारक** पु० *(सं०)* बहुत धोखेबाज।
**विप्रतारित** वि० *(सं०)* जो छला गया हो।
**विप्रतिकार** पु० *(सं०)* विरोध; प्रतिशोध।
**विप्रतिपन्न** वि० *(सं०)* परस्पर विरुद्ध; गलत; अभिज्ञ।
**विप्रतिषेध** पु० *(सं०)* दो कथनों का परस्पर विरोध।
**विप्रतीप** वि० *(सं०)* उल्टा, प्रतिकूल, विपरीत।
**विप्रत्यय** पु० *(सं०)* अविश्वास।
**विप्रथित** वि० *(सं०)* प्रसिद्ध।
**विप्रद्रुत** वि० *(सं०)* भागा हुआ, पलायित।
**विप्रधर्ष** पु० *(सं०)* विरक्ति, परेशानी।
**विप्रबुद्ध** वि० *(सं०)* ज्ञानी; जागरूक, जगा हुआ।
**विप्रमत्त** वि० *(सं०)* प्रमादरहित।
**विप्रमुक्त** वि० *(सं०)* छोड़ा या फेंका हुआ।
**विप्रमोक्ष** पु० *(सं०)* बन्धन से छुटकारा; मुक्ति।
**विप्रमोच्य** वि० *(सं०)* जिसे मुक्त करना हो।
**विप्रमोहित** वि० *(सं०)* हतबुद्धि।
**विप्रयाण** पु० *(सं०)* पलायन; भागना, चल देना।
**विप्रयात** वि० *(सं०)* सभी दिशाओं में भागा हुआ।
**विप्रयुक्त** वि० *(सं०)* अलग किया हुआ।
**विप्रयोग** पु० *(सं०)* कलह, मतभेद; अभाव।
**विप्रयोगी (गिन्)** वि० *(सं०)* वियुक्त, वंचित।
**विप्रलम्भक** वि० *(सं०)* वंचक, धोखा देनेवाला।
**विप्रलम्भन** पु० *(सं०)* छल करना, धोखा देना।
**विप्रलम्भ(भिन्)** वि० *(सं०)* विप्रलम्भक।
**विप्रलप्त** पु० *(सं०)* विलाप; वाद-विवाद, तर्क, बहस।
**विप्रलब्ध** वि० *(सं०)* वंचित; क्षतिग्रस्त; छला हुआ।
**विप्रलब्धा(ब्धृ)** वि० *(सं०)* छल करनेवाला।
**विप्रलाप** पु० बकवाद।
**विप्रलापी(पिन्)** वि० *(सं०)* बातूनी, बकवादी।
**विप्रलुम्पक** वि० *(सं०)* छीन-झपटकर ले लेने वाला।
**विप्रलोक** पु० *(सं०)* बहेलिया, चिड़ीमार।
**विप्रलोडित** वि० *(सं०)* अस्त-व्यस्त किया हुआ।
**विप्रलोप** पु० *(सं०)* ध्वंस, नाश, पूर्ण लोप।
**विप्रलोपी(पिन्)** वि० *(सं०)* तोड़नेवाला।
**विप्रलोभी** वि० अति लालची ठग।
**विप्रवाद** पु० *(सं०)* विवाद; मतभेद; कलह।
**विप्रवासन** पु० *(सं०)* देश-निकाला; परदेश में रहना।
**विप्रश्निका** स्त्री० *(सं०)* दैवज्ञ।
**विप्रसारण** पु० *(सं०)* विस्तार करना, फैलाना।
**विप्रहत** वि० *(सं०)* मारा हुआ; रौंदा हुआ।
**विप्रहाण** पु० *(सं०)* अन्त, लोप।
**विप्रहीण** वि० *(सं०)* लुप्त; वंचित, रहित।
**विप्रुष** पु० *(सं०)* बूँद; पक्षी; सीकर।
**विप्रेन्द्र** पु० *(सं०)* ब्राह्मणों का प्रधान।
**विप्रेक्षण** पु० *(सं०)* चारों ओर देखना।
**विप्रेक्षित** पु० *(सं०)* चारों ओर देखना, दृष्टिपात।
**विप्रोषित** वि० *(सं०)* परदेश में रहने वाला; निष्कासित।
**विप्लवक** वि० *(सं०)* विप्लव करने वाला।
**विप्लाव** पु० *(सं०)* बर्बादी; उपद्रव मचाना; होहल्ला।
**विप्लावक** पु० *(सं०)* फैलानेवाला; बाढ़ लाने वाला।
**विप्लावन** पु० *(सं०)* निन्दा करना; अपशब्द कहना।
**विलुप्त** वि० आकुल, घबड़ाया हुआ, लुप्त।
**विप्लुति** स्त्री० *(सं०)* हलचल, अशान्ति; बर्बादी।
**विप्लुष्ट** वि० *(सं०)* जलाया हुआ झुलसा हुआ।
**विप्सा** स्त्री० वीप्सा; सिलसिला, क्रम।
**विफल** वि० असफल, व्यर्थ, निष्फल।
**विफला** स्त्री० *(सं०)* केतकी।
**विबद्ध** वि० *(सं०)* बद्ध (कोष्ठ); बँधा हुआ।
**विबल** वि० *(सं०)* बलहीन, निर्बल; विशेष बलवान्।

**विबाध** वि० *(सं०)* बाधारहित। पु० दूरीकरण, हटाना।
**विबाधा** स्त्री० *(सं०)* पीड़ा, कष्ट, यन्त्रणा।
**विबाहु** वि० *(सं०)* भुजाहीन।
**विबुध** पु० *(सं०)* देवता; चन्द्रमा; विद्वान्।
**विबुधान** पु० *(सं०)* आचार्य; पण्डित।
**विबुधापगा** स्त्री० *(सं०)* आकाशगंगा।
**विबुधावास** पु० *(सं०)* देवमन्दिर।
**विबोध** पु० *(सं०)* चेतनता, होश हवास।
**विबोधन** पु० *(सं०)* जागना; समझाना; जगाना।
**विबोधित** वि० *(सं०)* जगाया हुआ; विकसित।
**विभंग** पु० *(सं०)* *(फ्रैक्चर)* टूटना, भंग।
**विभंगि** स्त्री० *(सं०)* अनुकृति; भंगि।
**विभंगी(गिन्)** वि० कम्पनशील; झुर्रियोंवाला।
**विभंगुर** वि० *(सं०)* अस्थिर (दृष्टि)।
**विभक्त** पु० *(सं०)* कार्तिकेय; पार्थक्य; हिस्सा।
**विभक्ति** स्त्री० *(सं०)* बँटवारा।
**विभग्न** वि० *(सं०)* टूटा-फूटा हुआ; छिन्न- भिन्न।
**विभजनीय** वि० *(सं०)* विभाग योग्य।
**विभज्य** वि० *(सं०)* जिसका भेद दिखलाना हो।
**विभजन** पु० *(सं०)* भेद; पार्थक्य।
**विभव** पु० ऐश्वर्य।
**विभवमद** पु० धन का अहंकार।
**विभववान्** वि० वैभवशाली, शक्तिशाली।
**विभवशाली** वि० ऐश्वर्यवान।
**विभा** स्त्री० *(सं०)* प्रभा, कान्ति; किरण; सौन्दर्य।
**विभा(स्)** स्त्री० *(सं०)* चमक, कान्ति।
**विभागतः(तस्)** अ० *(सं०)* हिस्से के मुताबिक।
**विभागी(गिन्)** पु० *(सं०)* हिस्सेदार; बँटवारा करनेवाला।
**विभाजक** वि० *(सं०)* टुकड़े करने वाला।
**विभाजन** पु० *(सं०)* बँटवाना; विभाग करना, बाँटना।
**विभाजयिता(तृ)** वि० *(सं०)* बँटवानेवाला।
**विभाजित** वि० *(सं०)* बँटवाया हुआ; बँटा हुआ।
**विभाज्य** पु० *(सं०)* वि० भाग करने योग्य।
**विभात** वि० *(सं०)* चमका हुआ। पु० सबेरा।
**विभाति** स्त्री० *(सं०)* चमक; शोभा, सुन्दरता।
**विभाना*** अ० क्रि० शोभा देना; चमकना।
**विभारना*** अ० क्रि० चमकना।
**विभावन** पु० विशेष रूपेण चिन्तन।
**विभावनीय** वि० चिन्तनीय।
**विभावरी** स्त्री० *(सं०)* रात; हल्दी; मुखर स्त्री।
**विभावरीश** पु० *(सं०)* चन्द्रमा।
**विभावित** वि० *(सं०)* समझा हुआ, जाना हुआ।
**विभास** पु० *(सं०)* चमक; सूर्य; दीप्ति।
**विभासना*** अ० क्रि० झलकना, चमकना।
**विभासा** स्त्री० *(सं०)* चमक, झलक, कान्ति।
**विभासिका** वि० स्त्री० *(सं०)* चमकनेवाली।
**विभिन्न** वि० *(सं०)* विकसित; परिवर्तित।
**विभी** वि० *(सं०)* निर्भीक।
**विभीत** पु० *(सं०)* बहेड़ा, बहेड़े का पेड़।
**विभीतकी, विभीता** स्त्री० *(सं०)* बहेड़ा।
**विभीति** स्त्री० *(सं०)* भय; आशंका।
**विभीषक** वि० *(सं०)* भयोत्पादक, देशद्रोही।
**विभु** पु० *(सं०)* अवकाश; स्वामी; काल; आत्मा।
**विभुता** स्त्री०, **विभुत्व** पु० *(सं०)* शक्ति; ऐश्वर्य।
**विभूत** वि० *(सं०)* महान्; शक्तिशाली; उत्पन्न; उत्थित।
**विभूति** स्त्री० *(सं०)* श्मशान की भस्म या राख जिसे शिव जी धारण करते हैं।
**विभूतिवान्** वि० ऐश्वर्य शाली।
**विभूषण** पु० *(सं०)* सजाना; मंजुश्री; सौन्दर्य।
**विभूषणा** स्त्री० *(सं०)* आभूषण; सजावट।
**विभूषना*** स० क्रि० शोभित करना; अलंकृत करना।
**विभूषा** स्त्री० *(सं०)* सौन्दर्य, शोभा; कान्ति।
**विभूषित** पु० *(सं०)* आभूषण। वि० अलंकृत।
**विभेंटन*** पु० आलिंगन, भेंटने की क्रिया।
**विभेत्ता(त्तृ)** वि० *(सं०)* नष्ट करने वाला।
**विभेद** पु० *(सं०)* छेदना; बाधा; संकोच।
**विभेदक** वि०, पु० *(सं०)* भेद दिखाने वाला।
**विभेदकारी** वि० फूट डालने वाला।
**विभेदन** वि० *(सं०)* काटने या छेदने वाला।
**विभोर** वि० तल्लीन, निमग्न।
**विभौ*** पु० प्रभुत्व; धन, ऐश्वर्य।
**विभ्रंश** पु० *(सं०)* वंचित होना; अधित्यका; विनाश।
**विभ्रम** पु० *(सं०)* *(मिसअण्डरस्टैण्डिंग)* गलत फहमी।
**विभ्रमवती** स्त्री० *(सं०)* लड़की, कन्या।
**विभ्रमा** स्त्री० *(सं०)* बुढ़ापा, जरा, वृद्धावस्था।
**विभ्रमी(मिन्)** वि० *(सं०)* चक्कर खानेवाला।
**विभ्रान्त** वि० *(सं०)* घूमता हुआ; अस्थिर, चंचल।

**विभ्रान्ति** स्त्री० *(सं०)* घबड़ाहट; भूल; चक्कर खाना।
**विभ्राट्(ज़्)** वि० *(सं०)* चमकीला, अलंकार से दीप्त।
**विभ्रातृव्य** पु० *(सं०)* प्रतिद्वन्द्विता; शत्रुता, वैर।
**विभ्रेष** पु० *(सं०)* अपराध करना।
**विमण्डन** पु० *(सं०)* सजाना, अलंकरण; अलंकार।
**विमण्ठित** वि० सुशोभित।
**विमन्थन** पु० *(सं०)* अच्छी तरह मथना।
**विमज्जित** वि० *(सं०)* निमग्न, डूबा हुआ।
**विमत** पु० *(सं०)* दुर्विचार, विपरीत मत; शत्रु।
**विमति** स्त्री० *(सं०)* असहमति; मतभेद; नापसन्दगी।
**विमत्त** वि० *(सं०)* मस्त; मदयुक्त।
**विमत्सर** वि० *(सं०)* निःस्वार्थ; द्वेषरहित।
**विमन** वि० अनमना, उदास, खिन्न।
**विमनस्क** वि० *(सं०)* खिन्न, उदास; व्याकुल, अधीर।
**विमना(नस्)** वि० *(सं०)* खिन्न।
**विमनिमा(मन्)** स्त्री० *(सं०)* खिन्नता, उदासी।
**विमन्यु** वि० *(सं०)* क्रोधरहित।
**विमर्द** पु० पीसना, विनाश।
**विमर्दक** पु० *(सं०)* पीसने, नष्ट करने की क्रिया।
**विमर्दन** पु० *(सं०)* युद्ध; नाश, बर्बादी; रौंदना।
**विमर्दनीय** वि० *(सं०)* मलने, रँगने, पीसने योग्य।
**विमर्दित** वि० *(सं०)* पीसा हुआ, रौंदा हुआ।
**विमर्श** पु० *(सं०)* विचार; परीक्षण; समीक्षा; ज्ञान।
**विमर्शन** पु० *(सं०)* तर्क-वितर्क; समीक्षा; परीक्षण।
**विमर्शित** वि० *(सं०)* आलोचित, विचारित।
**विमर्शी(र्शिन्)** वि० *(सं०)* विचार करनेवाला; समीक्षक।
**विमल** पु० *(सं०)* एक उपधातु; अबरक; एक चान्द्र वर्ष, निर्मल, स्वच्छ, निर्दोश।
**विमलता** स्त्री० पवित्रता।
**विमलत्व** पु० स्वच्छता।
**विमलात्मक** वि० *(सं०)* शुद्ध, निर्मल, साफ।
**विमात्र** वि० *(सं०)* जिसका मान बराबर न हो।
**विमाता** स्त्री० उपमाता, विमातृज पु० सौतेला भाई।
**विमान** पु० *(सं०)* राजप्रासाद; सात मंजिलों वाला मकान; सजी हुई अर्थी; असम्मान; वायुयान।
**विमानक** पु० *(सं०)* वायुयान।
**विमानना** स्त्री० *(सं०)* अनादर, तिरस्कार।
**विमानाक्रमण** पु० *(सं०)* विमान से आक्रमण करना।
**विमानास्थान** पु० *(एयरबेस)* हवाई जहाजों के रखे जाने का स्थान।
**विमानित** वि० *(सं०)* तिरस्कृत, अपमानित।
**विमानीकृत** वि० *(सं०)* विमान बनाया हुआ; तिरस्कृत।
**विमार्ग** वि० *(सं०)* कुमार्ग पर जाने वाला।
**विमार्गण** पु० *(सं०)* किसी चीज की तलाश करना।
**विमार्जन** पु० *(सं०)* पवित्र करना; साफ करना।
**विमिश्र** पु० *(सं०)* सूद के साथ मूल धन।
**विमिश्रित** वि० *(सं०)* एक में मिलाया हुआ।
**विमुक्त** वि० *(सं०)* आजाद; मुक्त किया हुआ।
**विमुक्ति** स्त्री० *(सं०)* मुक्ति, मोक्ष; पार्थक्य; रिहाई।
**विमुख** वि० *(सं०)* उदासीन; प्रतिकूल; वंचित; हताश।
**विमुग्ध** वि० *(सं०)* मोहित; घबड़ाया हुआ, हतबुद्धि।
**विमुग्धक** पु० *(सं०)* विमुग्ध करने वाला।
**विमुद्र** वि० *(सं०)* प्रचुर; बिना मुहर का; खिला हुआ।
**विमुद्रण** पु० *(सं०)* खिलने में प्रवृत्त करना।
**विमूढ़** पु० *(सं०)* एक देवयोनि।
**विमूर्च्छ** वि० *(सं०)* जिसकी मूर्छा दूर हो गयी हो।
**विमूर्च्छित** वि० *(सं०)* जो जमकर गाढ़ा हो गया हो।
**विमूर्त** वि० *(सं०)* जमा हुआ; जो ठोस हो गया हो।
**विमूर्धज** वि० *(सं०)* खल्वाट, गंजा।
**विमूल** वि० *(सं०)* बिना जड़ का; मूलहीन।
**विमूलन** वि० *(सं०)* मूलोच्छेद करना; उखाड़ना।
**विमूल्यन** पु० *(सं०)* मूल्य कम करना।
**विमृत्यु** वि० *(सं०)* अमर।
**विमृदित** वि० *(सं०)* विमर्दित।
**विमृश** पु० *(सं०)* विवेचन, सोच-विचार।
**विमृश्य** वि० *(सं०)* जिसकी समीक्षा करनी हो।
**विमृष्ट** वि० *(सं०)* विचारित, विवेचित; रगड़ा हुआ।
**विमृश्य** वि० *(सं०)* विमर्श के योग।
**विमोक** वि० *(सं०)* मलहीन; रागहीन।
**विमोक्ता(क्तृ)** वि० *(सं०)* मुक्त करनेवाला।
**विमोक्ष** पु० *(सं०)* आजाद करना; छुटकारा; दान।
**विमोक्षक** वि० *(सं०)* मुक्त करनेवाला।
**विमोक्षण** पु० *(सं०)* (बाण आदि) चलाना।
**विमोक्षी(क्षिन्)** वि० *(सं०)* जिसे मुक्ति, आजादी।
**विमोघ** वि० *(सं०)* बेकार, व्यर्थ, निष्फल।
**विमोचक** वि० *(सं०)* छोड़नेवाला; गिरानेवाला।
**विमोचन** पु० *(सं०)* छुड़ाना; दूर करना।
**विमोचना*** स० क्रि० बन्धनमुक्त करना।

**विमोचनीय** वि० *(सं०)* छोड़ने योग्य।
**विमोचित** वि० *(सं०)* खोला हुआ; मुक्त किया हुआ।
**विमोच्य** वि० *(सं०)* छोड़ने योग्य, मुक्त करने योग्य।
**विमोह** पु० *(सं०)* मतिभ्रंश; आसक्ति; भ्रम; अज्ञान।
**विमोहक** वि० *(सं०)* भ्रम में डालने वाला।
**विमोहना*** स० क्रि० लुभाना, मुग्ध करना।
**विमोहित** वि० *(सं०)* भ्रम में पड़ा हुआ।
**विमोही(हिन्)** वि० *(सं०)* मुग्ध करने वाला।
**विमौन** वि० मौन रहित।
**विम्बित** वि० प्रतिबिम्बित।
**वियंग*** पु० दो अंगों वाले, महादेव।
**विय*** वि० दो; दूसरा।
**वियत** पु० आकाश।
**वियन्मणि** पु० *(सं०)* सूर्य।
**वियव** पु० *(सं०)* एक प्रकार का आन्त्र कृमि।
**वियात** वि० *(सं०)* बेहया; दुःखी; अशिष्ट।
**वियाम** पु० *(सं०)* सहिष्णुता; रोक; विराम; दुःख।
**वियुक्त** वि० *(सं०)* वंचित; जुदा।
**वियुत** वि० *(सं०)* वंचित, रहित।
**वियूथ** वि० *(सं०)* जो अपने झुण्ड से अलग हो गया हो।
**वियो*** वि० दूसरा।
**वियोग** पु० *(सं०)* दुःख, विरह; अभाव;।
**वियोगान्त** वि० *(सं०)* दुःखान्त (नाटकादि)।
**वियोगात्मक** वि० *(सं०)* वियोग सम्बन्धी।
**वियोगावस्था** स्त्री० *(सं०)* वियोग होने का भाव।
**वियोगावसान** वि० *(सं०)* जिसका अन्त वियोग में हो।
**वियोगिन** स्त्री० वियोगिनी।
**वियोगी(गिन्)** पु० *(सं०)* चक्रवाक; विरही पुरुष।
**वियोजन** पु० *(सं०)* जुदाई, वियोग, घटाना।
**वियोजित** वि० *(सं०)* जुदा किया गया।
**विरंग** पु० *(हि०)* विराग; एक तरह की मिट्टी।
**विरंच** पु० *(सं०)* ब्रह्मा।
**विरंजक** वि० *(सं०)* रंग उड़ा देने वाला।
**विरक्ति** स्त्री० *(सं०)* खिन्नता भाव आदि का परिवर्तन; अनासक्ति; उदासीनता; विराग।
**विरचन** पु० *(सं०)* निर्माण, रचना; सजाने की क्रिया।
**विरचना*** स० क्रि० बनाना, सजाना, निर्माण करना।
**विरचयिता(तृ)** पु० *(सं०)* निर्माण करनेवाला।
**विरचित** वि० *(सं०)* कथित; धारण किया हुआ।
**विरज** वि० *(सं०)* स्वच्छ, निर्मल।
**विरजन** वि० *(सं०)* रंग परिवर्तन के लिए उपयोगी।
**विरजस्** वि० *(सं०)* विरक्त, स्वच्छ, धूल रहित।
**विरजस्क** वि० *(सं०)* विरक्त; धूलरहित, स्वच्छ।
**विरजस्का** स्त्री० *(सं०)* बुढ़िया
**विरजा(जस्)** पु० *(सं०)* एक तीर्थ।
**विरण** पु० *(सं०)* एक सुगन्धित घास।
**विरत** वि० *(सं०)* निवृत्त; जिसने हाथ खींच लिया हो।
**विरति** स्त्री० *(सं०)* मन का हट जाना, विराग।
**विरथ** वि० *(सं०)* रथ-रहित।
**विरथ्या** स्त्री० *(सं०)* बुरा रास्ता।
**विरद** वि० *(सं०)* दन्तहीन। पु० यश, कीर्ति।
**विरदावली** स्त्री० गुणवर्णन, कीर्तिकथा।
**विरदैत*** वि० नामवर, यशस्वी।
**विरम** पु० *(सं०)* सूर्यास्त; अन्त, समाप्ति।
**विरमना** क्रि० ठहरना, रुकना।
**विरमाना*** स० क्रि० मुग्ध करना; फँसा रखना।
**विरल** वि० दूर-दूर स्थित होना। जो सघन न हो।
**विरला** वि० बहुत कम मिलनेवाला।
**विरलिका** स्त्री० *(सं०)* एक तरह का झीना कपड़ा।
**विरलित** वि० *(सं०)* जो घना न हो।
**विरश्मि** वि० *(सं०)* जिसमें किरणें न हों।
**विरस** वि० नीरस, स्वादहीन।
**विरसा** पु० *(अ०)* मृत व्यक्ति की सम्पत्ति।
**विरहिणी** स्त्री० *(सं०)* मजदूरी, पारिश्रमिक।
**विरहित** वि० *(सं०)* रहित; परित्यक्त।
**विरही(हिन्)** वि० *(सं०)* एकाकी; वियोगी।
**विराग** वि० *(सं०)* रागहीन, उदासीन।
**विरागी(गिन्)** वि० *(सं०)* विरक्त, उदासीन।
**विराज** वि० *(सं०)* राज्यरहित; चमकीला।
**विराजन** पु० *(सं०)* शासन करना; शोभित होना।
**विराजना** अ० क्रि० बैठना; शोभित होना।
**विराजमान** वि० *(सं०)* विद्यमान, वर्तमान।
**विराजित** वि० *(सं०)* उपस्थित; सुशोभित; प्रसिद्ध।
**विराज्य** पु० *(सं०)* राज्य; शासन।
**विराट** पु० *(सं०)* मत्स्य देश का राजा; बुद्ध।
**विराट** वि० बहुत बड़ा, अत्यन्त विशाल।

**विराट् (ज्)** पु० *(सं०)* प्राधान्य।
**विराणी(णिन्)** पु० *(सं०)* हाथी।
**विरातक** पु० *(सं०)* अर्जुन वृक्ष।
**विराद्ध** वि० *(सं०)* अपकृत, अपमानित।
**विराधन** पु० *(सं०)* तंग करना; पीड़ा, कष्ट।
**विराधा** स्त्री० *(सं०)* अपकार।
**विराधान** पु० *(सं०)* पीड़ा, कष्ट।
**विराम** पु० विश्राम, रुकावट, ठहराव वाक्य में रुकावट स्थल।
**विरामण** पु० *(सं०)* ठहराव।
**विराल** पु० *(सं०)* मार्जार, बिलाव।
**विराव** पु० *(सं०)* शोरगुल; चिल्लाहट; शब्द।
**विरावी** वि० कोलाहल करने वाला।
**विरावण** वि० *(सं०)* शोरगुल करानेवाला।
**विराविणी** स्त्री० *(सं०)* झाड़ू; एक नदी।
**विरावित** वि० *(सं०)* शब्दायमान किया हुआ।
**विरावृत्त** पु० *(सं०)* काली मिर्च।
**विरास*** पु० विलास।
**विरासत** स्त्री *(अ०)* उत्तराधिकार में मिलने वाला।
**विरासी*** वि० विलासी।
**विरिंच, विरिंचन, विरिंचि** पु० *(सं०)* ब्रह्मा।
**विरिक्त** वि० *(सं०)* खाली किया हुआ।
**विरिब्ध** पु० *(सं०)* ध्वनि; स्वर।
**विरुग्ण** वि० *(सं०)* सुस्त; मन्द; बहुत बीमार।
**विरुज** वि० *(सं०)* पीड़ा देने वाला; नीरोग।
**विरुझना*** अ० क्रि० उलझना।
**विरुझाना*** अ० क्रि० उलझना; मचलना।
**विरुत** पु० *(सं०)* चिल्लाहट; कलरव; शोर।
**विरुद** पु० यश कार्ति।
**विरुदावली** स्त्री० गुणावली, यशोगान।
**विरुदित** पु० *(सं०)* रोना-चिल्लाना; शोक।
**विरुद्ध** पु० *(सं०)* वैर; विरोध; एक अर्थालंकार।
**विरुद्धता** स्त्री० *(सं०)* प्रतिकूलता, वैपरीत्य।
**विरुद्धाचरण** पु० *(सं०)* बुरा कर्म, बुरा आचरण।
**विरूक्षण** पु० *(सं०)* रूखा करने की क्रिया।
**विरूढ़** वि० *(सं०)* अंकुरित; उत्पन्न; चढ़ा हुआ।
**विरूढ़क** पु० *(सं०)* अंकुरित अन्न।
**विरूढ़ि** स्त्री० *(सं०)* अंकुरित होना।
**विरूथिनी** स्त्री० *(सं०)* वैशाखकृष्णा एकादशी।
**विरूप** पु० *(सं०)* भद्दी शक्ल, रूप-भिन्नता।
**विरूपक** पु० *(सं०)* व्यंग्यसूचक नाम; एक असुर।
**विरूपण** पु० *(सं०)* रूप बिगाड़ना।
**विरूपता** स्त्री० *(सं०)* बहुरूपता, विभिन्नता, कुरूपता।
**विरूपा** वि० *(सं०)* कुरूप, बदसूरत। स्त्री० अतिविषा।
**विरूपाक्ष** पु० *(सं०)* एक राक्षस; एक नाग।
**विरूपी(पिन्)** पु० *(सं०)* गिरगिट। वि० कुरूप, भद्दा।
**विरेक** पु० *(सं०)* आँत की सफाई, मल-निष्कासन।
**विरेचक** वि० *(सं०)* दस्तावर, दस्त लानेवाला।
**विरेचन** वि० *(सं०)* खोलनेवाला। पु० दस्तावर दवा।
**विरेचित** वि० *(सं०)* दस्त कराया हुआ।
**विरेची(चिन्)** वि० *(सं०)* दस्तावर।
**विरेच्य** वि० *(सं०)* दस्तावर दवा देने योग्य।
**विरेफ** पु० *(सं०)* धारा, नदी।
**विरोक** पु० *(सं०)* सूर्य-रश्मि; छिद्र; दरार; गड्ढा।
**विरोग** वि० *(सं०)* स्वस्थ। पु० आरोग्य, रोग रहित।
**विरोचन** पु० *(सं०)* चमकना; सूर्य।
**विरोद्धा(द्धृ)** वि० *(सं०)* सामना करनेवाला, ।
**विरोध** पु० *(सं०)* *(कॉन्फ्लिक्ट)* संघर्ष; शत्रुता, वैर।
**विरोधक** वि० *(सं०)* बाधक; कलह पैदा करने वाला।
**विरोधन** पु० *(सं०)* नाश; क्षतिग्रस्त करना।
**विरोधना*** स० क्रि० विरोध करना, वैर करना।
**विरोधाचरण** पु० *(सं०)* शत्रुतापूर्ण कार्य; विरुद्ध कार्य।
**विरोधाभासी** वि० *(सं०)* विरोधाभास सम्बन्धी।
**विरोधित** वि० *(सं०)* जिसका विरोध किया गया हो;
**विरोधिता** स्त्री० *(सं०)* विरोधी होने का भाव।
**विरोधिनी** स्त्री० *(सं०)* विरोध करनेवाली स्त्री।
**विरोधी(धिन्)** पु० *(सं०)* शत्रु। वि० अवरोध करनेवाला।
**विरोधोक्ति** स्त्री० *(सं०)* प्रतिकूल बात, खण्डन।
**विरोमा(मन्)** वि० *(सं०)* बिना रोयें का, रोमरहित।
**विरोलित** वि० *(सं०)* अस्त-व्यस्त किया हुआ।
**विरोष** वि० क्रोधहीन।
**विरोह** पु० *(सं०)* अंकुरित होना; जमने का स्थान।
**विरोहण** पु० *(सं०)* अंकुरित होना; रोपना; एक नाग।
**विरोही (हिन्)** वि० *(सं०)* अंकुरित होने वाला।
**विलंघन** पु० *(सं०)* अपराध; अपकार; उल्लंघन।
**विलंघना** स्त्री० *(सं* पराजित करना, हराना।
**विलंघनीय** वि० *(सं०)* लाँघने या पराभूत करने योग्य।
**विलंघित** पु० *(सं०)* भोजनादि से परहेज।

**विलंघी(घिन्)** वि० *(सं०)* लाँघने वाला; चढ़ने वाला।
**विलंघ्य** वि० *(सं०)* सहन करने योग्य।
**विलम्ब** वि० *(सं०)* लटकने वाला। पु० दीर्घ- सूत्रता।
**विलम्बन** पु० *(सं०)* लटकना; सुस्ती; देर होना।
**विलम्बना*** अ० क्रि० लटकना; अवलम्ब लेना।
**विलम्बित** पु० *(सं०)* सुस्त जानवर; देर; सुस्ती।
**विलम्बी(बिन्)** वि० *(सं०)* पु० विलम्ब।
**विलम्भ** पु० *(सं०)* औदार्य; दान; भेंट।
**विलक्ष** वि० *(सं०)* निशाना चूक जाने वाला।
**विलक्षण** पु० *(सं०)* अशुभ चिह्नों वाला, अद्‌भुत, अपूर्व।
**विलक्षणता** स्त्री० अनौखापन।
**विलक्षणा** स्त्री० *(सं०)* शय्या-विशेष।
**विलखना** अ० क्रि० दुःखी होना; *भाँप लेना।
**विलखाना*** अ० क्रि० दुःखित होना। स० क्रि० कष्ट देना।
**विलग** वि० अलग। पु० भेद, अन्तर।
**विलगाना*** अ० क्रि० अलग होना।
**विलगित** वि० *(सं०)* संलग्न, सम्बद्ध।
**विलग्न** पु० *(सं०)* जन्मपत्रिका; कमर, नितम्ब।
**विलंघी** वि० नियमोलंघन कारी।
**विलच्छन*** वि० विलक्षण।
**विलज्ज** वि० *(सं०)* निर्लज्ज, बेहया।
**विलज्जित** वि० *(सं०)* शर्मिन्दा, लजाया हुआ।
**विलयन** पु० विलाप।
**विलपना*** अ० क्रि० विलाप करना, रोना।
**विलपाना*** स० क्रि० रुलाना, विलाप करना।
**विलपित** पु० *(सं०)* विलाप। वि० विलाप किया हुआ।
**विलब्ध** वि० *(सं०)* प्रदत्त; अलग किया हुआ।
**विलब्धि** स्त्री० *(सं०)* हटाना, दूर करना।
**विलम्ब** पु० देर।
**विलम्बन** पु० विलम्ब करना, सहारा लेना।
**विलम्बित बिलम्बना** क्रि० देर करना, सहारा लेना, वि० लटकता हुआ, जिसे देर हो गयी हो।
**विलम्बी** पु० देर करने वाला।
**विलम्ब** पु० उदारता, उपहार।
**विलयन** पु० *(सं०)* लोप; विलीन होना; घुलना।
**विलय** पु० *(सं०)* क्षय होना; हटाना, दूर करना।
**विलसन** पु० *(सं०)* क्रीडन; चमकना।
**विलसना*** अ० क्रि० विलास करना; शोभित होना।
**विलसित** पु० *(सं०)* क्रीड़ा; अंगभंगी; परिणाम, फल।
**विलहबन्दी** स्त्री० जिले के बन्दोबस्त का ब्योरा।
**विलाना** स० क्रि० नष्ट करना। अ० क्रि० नष्ट होना।
**विलाप** पु० *(सं०)* शोक करना; बिलख-बिलखकर रोना।
**विलापन** पु० *(सं०)* नाश; नाश का साधन, मृत्य।
**विलापना*** अ० क्रि० विलाप करना।
**विलापयिता(तृ)** वि० *(सं०)* घोलने वाला।
**विलापित** वि० *(सं०)* घोला हुआ, पिघलाया हुआ।
**विलापी(पिन्)** वि० *(सं०)* विलाप करने वाला।
**विलायक** वि० *(सं०)* घोलने वाला।
**विलायत** स्त्री० *(अ०)* पराया देश, विदेश; यूरोप।
**विलायती** वि० ईरानी; यूरोपीय; विदेशी; परदेश में रहने वाला, विलायत का।
**विलायित** वि० *(सं०)* पिघलाया हुआ, द्रावित।
**विलास** पु० *(सं०)* मार्जार, विडाल।
**विलास** पु० *(सं०)* हाव-भाव; सुखोपभोग; सौन्दर्य।
**विलासक** वि० *(सं०)* नृत्य करने वाला।
**विलासन** पु० *(सं०)* क्रीड़ा; विमोहन; प्रेमालिंगन।
**विलासवती** स्त्री० *(सं०)* स्वेच्छाचारी या कामुक स्त्री।
**विलासभवन, मन्दिर** पु० नाचघर, क्रीड़ा घर।
**विलासान्ध** वि० *(सं०)* विलास में अन्धा।
**विलासिता** स्त्री० *(सं०)* विलास भाव।
**विलासितामय** वि० *(सं०)* विलासिता में डूबा हुआ।
**विलासिनी** वि० *(सं०)* विलासिता प्रिय।
**विलासी(सिन्)** पु० *(सं०)* अग्नि; चन्द्रमा; नायक; कामदेव।
**विलिंग** पु० *(सं०)* चिह्न का अभाव।
**विलिम्पित** वि० *(सं०)* लेपा हुआ।
**विलिखन** पु० *(सं०)* अंकित करना, लिखना; खरोंचना।
**विलिखित** वि० *(सं०)* लिखा, अंकित किया हुआ।
**विलिप्त** वि० *(सं०)* जिसमें दाग लग गया हो।
**विलिष्ट** वि० *(सं०)* अस्त-व्यस्त; टूटा हुआ।
**विलीक*** वि० अनुचित।
**विलीन** वि० *(सं०)* सम्बद्ध, संलग्न; अदृश्य; लुप्त।
**विलीयन** पु० *(सं०)* घुलना, पिघलना।
**विलुंचन** पु० *(सं०)* नोचना; छीलना।
**विलुण्ठन** पु० *(सं०)* लोटना; चोरी करना।

**विलुण्ठित** वि० *(सं०)* लोटा हुआ; लूटा हुआ; लुढ़कता हुआ; उत्तेजित।
**विलुम्पक** पु० *(सं०)* नष्ट करने वाला; लुटेरा।
**विलुप्त** वि० *(सं०)* लूटा हुआ; नष्ट, क्षीण, खण्डित।
**विलुभित** वि० *(सं०)* अस्त-व्यस्त; क्षुब्ध।
**विलुलित** वि० *(सं०)* क्षुब्ध; अस्थिर; अस्त- व्यस्त।
**विलून** वि० *(सं०)* काटकर अलग किया हुआ।
**विलेख** पु० *(सं०)* दस्तावेज; खरोंचना; आहत करना।
**विलेखन** वि० *(सं०)* खरोंचने वाला। पु० चिह्न बनाना।
**विलेखा** स्त्री० *(सं०)* इकरारनामा; चिह्न।
**विलेखी(खिन्)** वि० *(सं०)* चिह्न बनानेवाला।
**विलेप** पु० *(सं०)* गारा लगाना; लेपना; अंगराग।
**विलेपन** पु० *(सं०)* अंगराग लगाना; लगाने।
**विलेपी(पिन्)** वि० *(सं०)* लसदार; चिपका हुआ।
**विलेप्या** स्त्री० *(सं०)* माँड़।
**विलेय** वि० *(सं०)* जिसका हो सके।
**विलेशय** पु० *(सं०)* बिल में रहनेवाला जीव।
**विलोक** पु० *(सं०)* दृश्य; दृष्टिपात, नजर; जनाभाव।
**विलोकन** पु० *(सं०)* जानकारी हासिल करना।
**विलोकना*** स० क्रि० देखना।
**विलोकनि*** स्त्री० देखने की क्रिया।
**विलोकनीय** वि० *(सं०)* देखने योग्य; समझने योग्य।
**विलोकित** पु० *(सं०)* नजर; परीक्षण वि० देखा हुआ।
**विलोकी(किन्)** वि० *(सं०)* देखने वाला।
**विलोक्य** वि० *(सं०)* देखने योग्य।
**विलोचन** पु० *(सं०)* नेत्र, आँख; नजर।
**विलोचनाम्बु** पु० *(सं०)* आँसू।
**विलोट, विलोटन** पु० *(सं०)* लुढ़कना।
**विलोड़** पु० *(सं०)* आन्दोलित होना; लोटना, लुढ़कना।
**विलोड़क** पु० *(सं०)* चोर।
**विलोड़न** पु० *(सं०)* हिलाना; इधर-उधर करना।
**विलोड़ना** स० क्रि० मथना; हिलाना।
**विलोड़ित** वि० *(सं०)* मथित; लुढ़कता हुआ।
**विलोना** स० क्रि० बिलोना।
**विलोप** पु० *(सं०)* नाश, बाधा; हानि; क्षति; संकट।
**विलोपक** वि० विनाशक।
**विलोपना*** स० क्रि० लोप करना; लेकर भागना।
**विलोपित** वि० *(सं०)* भंग किया हुआ।
**विलोपी(पिन्)** पु० *(सं०)* विलोप करने वाला।
**विलोप्ता(प्तृ)** पु० *(सं०)* चोर; डाकू।
**विलोप्य** वि० *(सं०)* भंग करने, तोड़ने योग्य।
**विलोभ** वि० *(सं०)* निर्लोभ, लोभ से रहित।
**विलोभन** पु० *(सं०)* प्रशंसा; भ्रम में डालना।
**विलोभित** वि० *(सं०)* लुभाया हुआ; बहकाया हुआ।
**विलोम** पु० *(सं०)* उल्टा क्रम।
**विलोमतः** अ० *(कॉन्वर्सली)* विपरीत रूप या दशा में।
**विलोमन** पु० *(सं०)* विपरीत क्रम में रखना।
**विलोमा(मन्)** वि० *(सं०)* उलटी ओर मुड़ा हुआ।
**विलोमाक्षरकाव्य** पु० *(सं०)* विलोमकाव्य।
**विलोमित** वि० *(सं०)* उल्टा हुआ।
**विलोमी** स्त्री० *(सं०)* आँवला।
**विलोल** वि० *(सं०)* ढीला; क्षुब्ध; अस्तव्यस्त।
**विलोलन** पु० *(सं०)* क्षुब्ध करना; चंचल करना।
**विलोहित** पु० *(सं०)* एक नरक; शिव; रुद्र।
**विल्व** पु० *(सं०)* बेल का पेड़ और उसका फल।
**विवंचिषु** वि० *(सं०)* छल करने वाला, धोखे बाज।
**विवन्दिषु** वि० *(सं०)* जो प्रशंसा करना चाहता हो।
**विवन्ध** वि० वंशरहित।
**विव*** वि० दूसरा; दो।
**विवक्ता(क्तृ)** वि० *(सं०)* *(लेक्चरर)* अध्यापक।
**विवक्षा** स्त्री० *(सं०)* बोलने को इच्छा; सन्देह; हिचक; अभिप्राय।
**विवक्षित** पु० *(सं०)* अभिप्राय; आशय, अर्थ।
**विवक्षु** वि० *(सं०)* बोलने की इच्छा रखनेवाला।
**विवत्स** वि० *(सं०)* सन्तानहीन।
**विवत्सा** पु० *(सं०)* वह गाय जिसे बछड़ा न हो।
**विवत्सु** वि० *(सं०)* जो बोलना चाहता हो।
**विवदन** पु० *(सं०)* झगड़ना; मुकद्दमेबाजी।
**विवदना*** अ० क्रि० झगड़ा करना, विवाद, शास्त्रार्थ करना।
**विवदित** वि० *(सं०)* झगड़ा करनेवाला।
**विवध** पु० *(सं०)* घड़ा; सड़क, राजमार्ग।
**विवधा** स्त्री० *(सं०)* जुआठा; बन्धन, हथकड़ी।
**विवधिक** पु० *(सं०)* बिसाती; भारवाहक; फेरीवाला।
**विवर** पु० *(सं०)* विस्तार, फैलाव; गड्ढा; कन्दरा।
**विवरण** पु० *(सं०)* ब्योरा; वर्णन; वाक्य; स्पष्ट करना।
**विवरणी** स्त्री० विवरण पत्र।
**विवरानुग** वि० *(सं०)* छिद्रान्वेषी।

**विवर्चा(र्चस्)** वि० *(सं०)* कान्तिहीन।
**विवर्जक** वि० *(सं०)* त्याग करनेवाला।
**विवर्जन** पु० *(सं०)* निषेध; त्याग; उपेक्षा।
**विवर्जित** वि० *(सं०)* बाँटा हुआ; प्रदत्त।
**विवर्ण** वि० क्रान्तिहीन।
**विवर्त** पु० *(सं०)* भँवर; नाच; समूह; रूपान्तर; आकाश।
**विवर्तन** पु० *(सं०)* किसी वस्तु का अस्तित्व होना।
**विवर्तित** वि० *(सं०)* निवारित; परिवर्तित; खण्डित।
**विवर्ती(र्तिन्)** वि० *(सं०)* रहने वाला।
**विवर्त्म(न्)** पु० *(सं०)* कुमार्ग।
**विवर्धन** वि० *(सं०)* बढ़ानेवाला; वृद्धि।
**विवर्धित** वि० *(सं०)* सन्तुष्ट; विभक्त, खण्डित।
**विवश** वि० *(सं०)* जिसका अपने पर वश न हो।
**विवशता** स्त्री० *(सं०)* लाचारी; असहायावस्था।
**विवस*** वि० विवश।
**विवसता*** स्त्री० विवशता।
**विवसन** पु० *(सं०)* दिगम्बर जैन। वि० वस्त्रहीन।
**विवस्त्र** वि० *(सं०)* नंगा, वस्त्ररहित।
**विवस्वती** स्त्री० *(सं०)* सूर्यनगरी।
**विवस्वान्(स्वत्)** पु० *(सं०)* सूर्य; मदार वृक्ष, अर्क।
**विवह** पु० *(सं०)* सात पवनों में से एक।
**विवाक** पु० *(सं०)* न्यायाधीश, विवेचन करने वाला;।
**विवाचक** पु० *(अर्बिट्रेटर)* मध्यस्थ।
**विवाच्य** वि० *(सं०)* सुधार करने योग्य।
**विवात** पु० *(सं०)* प्रचण्ड वायु, प्रभंजन।
**विवाद** पु० *(सं०) (डिस्प्यूट)* झगड़ा; मुकद्दमा; खण्डन। **मुहा० विवाद उठाना** झगड़ा खड़ा करना; बहस शुरू करना।
**विवादक** पु० झगड़ालू।
**विवादास्पद** वि० *(सं०)* विवाद के योग्य, विवाद पात्र।
**विवादी(दिन्)** पु० *(सं०)* मुकद्दमा लड़ने वाला।
**विचार** पु० *(सं०)* व्यादन, फैलाना।
**विवारी(रिन्)** वि० *(सं०)* रोकने वाला।
**विवास** पु० *(सं०)* गृहत्याग; निर्वासन; पार्थक्य।
**विवासन** पु० *(सं०)* निर्वासित करना।
**विवासित** वि० *(सं०)* निर्वासित।
**विवाह** पु० *(सं०)* दाम्पत्यसूत्र में आबद्ध होने की एक प्रथा।
**विवाहना*** स० क्रि० ब्याहना।
**विवाहित** वि० *(सं०)* ब्याहा हुआ।
**विवाहिता** वि० स्त्री० *(सं०)* जिस (स्त्री) का पाणिग्रहण संस्कार हो चुका हो, ब्याही हुई, विवाहिता।
**विवाही*** वि० ब्याही हुई, विवाहिता।
**विवाह्य** पु० *(सं०)* जामाता; दूल्हा।
**विवि*** वि० दो; दूसरा।
**विविक्त** पु० *(सं०)* संन्यासी; त्यागी; एकान्त स्थान।
**विविक्ता** स्त्री० *(सं०)* बदकिस्मत औरत।
**विविक्ति** स्त्री० *(सं०)* विभाग, पार्थक्य; विवेक करना।
**विविग्न** वि० *(सं०)* शंकित; बहुत क्रुद्ध, क्षुब्ध।
**विविचार** वि० *(सं०)* आचारहीन; विवेकहीन।
**विविचारी(रिन्)** वि० *(सं०)* विचारहीन; मूर्ख; बदचलन।
**विवित्ति** स्त्री० *(सं०)* लाभ, प्राप्ति।
**विवित्सा** स्त्री० *(सं०)* जानने की इच्छा।
**विवित्सु** वि० *(सं०)* जानने का इच्छुक।
**विविदिषा** स्त्री० *(सं०)* ज्ञानप्राप्ति की इच्छा।
**विविदिषु** वि० *(सं०)* जानने का इच्छुक।
**विविध** पु० *(सं०)* विभिन्न प्रकार के काम।
**विविर** पु० गुफा, खोह; बिल; दरार।
**विवीत** पु० *(सं०)* विशेषकर गोचर भूमि।
**विवीताध्यक्ष** पु० *(सं०)* चरागाहों का निरीक्षक।
**विवुध** पु० देव ज्ञानी।
**विवृक्त** वि० *(सं०)* छोड़ा हुआ, परित्यक्त।
**विवृत** वि० *(सं०)* घोषित; फैला हुआ; विस्तृत।
**विवृता** स्त्री० *(सं०)* एक पौधा; एक योनिरोग।
**विवृताक्ष** पु० *(सं०)* कुक्कुट।
**विवृतानन** वि० *(संव)* जिसका मुँह खुला हो।
**विवृतास्य** वि० *(सं०)* जिसका मुँह खुला हो।
**विवृतोक्ति** स्त्री० *(सं०)* एक अर्थालंकार।
**विवृत्त** वि० *(सं०)* चक्कर खाता हुआ; भ्रमणशील।
**विवृत्ता** स्त्री० *(सं०)* एक तरह का चर्मरोग।
**विवृत्तास्य** वि० *(सं०)* जिसका मुँह खुला हो।
**विवृत्ति** स्त्री० *(सं०)* फैलाव, विकास; चक्कर खाना।
**विवृद्ध** वि० *(सं०)* बड़ा; शक्तिशाली; पूर्णतः विकसित।
**विवृद्धि** स्त्री० *(सं०)* उन्नति, तरक्की; वृद्धि; बाढ़।
**विवृह** पु० *(सं०)* वह जो दूसरों से अलग हो जाये।
**विवेक** पु० *(सं०)* विचार, छानबीन।
**विवेकवान्(वत्)** वि० *(सं०)* विचारवान्।

**विवेकाधीन** वि० *(सं०)* विवेक के अधीन।
**विवेकानन्द, स्वामी** पु० प्रकाण्ड विद्वान्।
**विवेकिता** स्त्री० *(सं०)* विचार-शीलता।
**विवेकी(किन्)** पु० *(सं०)* देवसेन का पुत्र; विचारकर्ता।
**विवेचक** वि० *(सं०)* चतुर, ज्ञानी।
**विवेचन** पु० *(सं०)* अनुसन्धान; परीक्षण; मीमाँसा।
**विवेचनात्मक** वि० *(सं०)* विवेचन सम्बन्धी।
**विवेचनीय** वि० *(सं०)* विवेचन करने योग्य।
**विवेचित** वि० *(सं०)* तय किया हुआ, निश्चित।
**विवेच्य** वि० *(सं०)* विवेचन करने योग्य।
**विशंक** वि० *(सं०)* निरापद; निर्भय, शंकारहित।
**विशंकट** वि० *(सं०)* विस्तृत; उग्र, प्रचण्ड।
**विशंकनीय** वि० *(सं०)* डरने या शंका करने योग्य।
**विशंका** स्त्री० *(सं०)* शंका का अभाव; भय, सन्देह।
**विशंकी(किन्)** वि० *(सं०)* आशंकायुक्त, भय।
**विशंक्य** वि० *(सं०)* सन्देह, आशंका करने योग्य।
**विशंवरा** स्त्री० *(सं०)* पल्ली।
**विश** पु० *(सं०)* बिस।
**विशद** पु० *(सं०)* सफेद रंग। वि० चिन्तारहित; श्वेत।
**विशदित** वि० *(सं०)* साफ किया हुआ।
**विशब्दित** वि० *(सं०)* कथित, उल्लिखित।
**विशय** पु० *(सं०)* पनाह, आश्रय; अनिश्चय, सन्देह।
**विशयी(यिन्)** वि० *(सं०)* संशयी; अनिश्चित, सन्दिग्ध।
**विशर** पु० *(सं०)* विदारण; नाश; वध।
**विशरण** वि० *(सं०)* असहाय। पु० वध।
**विशरारु** वि० *(सं०)* नश्वर, भंग होनेवाला।
**विशर्द्धन** पु० *(सं०)* अपान वायु का त्याग।
**विशल्य** वि० *(सं०)* कष्टरहित; जिसमें नोक न हो (बाण)।
**विशल्या** स्त्री० *(सं०)* गुडुची; त्रिपुटा; दन्ती; अग्निशिखा।
**विशसन** पु० *(सं०)* वध; कठोर व्यवहार; वक्र खड्ग।
**विशसित** वि० *(सं०)* काटा हुआ, चीरा हुआ।
**विशसिता(तृ)** पु० *(सं०)* चाण्डाल; काटने वाला।
**विशस्त** वि० *(सं०)* काटा हुआ; उजड्ड, धृष्ट।
**विशस्ति** स्त्री० *(सं०)* वध।
**विशस्त्र** वि० *(सं०)* शस्त्रहीन।
**विशस्पति, विशाम्पति** पु० *(सं०)* व्यापारियों का अगुआ; राजा।
**विशा** स्त्री० *(सं०)* लोक; जाति।
**विशाकर** पु० *(सं०)* भद्रचूड़; दन्ती।
**विशाख** वि० *(सं०)* हस्तहीन; शाखाहीन।
**विशाखक** वि० *(सं०)* शाखाओं वाला।
**विशाखा** स्त्री० *(सं०)* एक प्राचीन जनपद।
**विशाखिका** स्त्री० *(सं०)* शाखायुक्त दण्ड; करेला।
**विशातन** वि० *(सं०)* नष्ट करने वाला।
**विशाप** वि० *(सं०)* शापमुक्त। पु० एक मुनि।
**विशाय** पु० *(सं०)* प्रहरियों का बारी-बारी से सोना।
**विशारण** पु० *(सं०)* विदारण; वध, मारण।
**विशारद** पु० *(सं०)* बकुल वृक्ष। वि० विद्वान्।
**विशारदा** स्त्री० *(सं०)* केवाँच; क्षुद्र, दुरालभा।
**विशाल** वि० *(सं०)* विस्तृत; शक्तिशाली; बड़ा, बृहत।
**विशालक** पु० *(सं०)* गरुड़; कैथ।
**विशाला** स्त्री० *(सं०)* इन्द्रवारुणी; एक तीर्थ।
**विशालिता** वि० *(सं०)* विशाल किया गया।
**विशाली** स्त्री० *(सं०)* अजमोदा।
**विशिका** स्त्री० *(सं०)* बालू, रेत।
**विशिख2** पु० *(सं०)* भाला; बाण; सरकण्डा।
**विशिखाश्रय** पु० *(सं०)* तूणीर।
**विशित** वि० *(सं०)* तीक्ष्ण, तेज।
**विशिप** पु० *(सं०)* मकान; प्रासाद; देवमन्दिर।
**विशिरस्क** पु० *(सं०)* मेरु पर्वत के पास का एक पर्वत।
**विशिष्ट** वि० विलक्षण, यशस्वी, कीर्तिमान्।
**विशिष्टता** स्त्री० *(सं०)* विशेषता।
**विशिष्टांग** पु० *(फीचस्र)* किसी खेल, समाचार- पत्र।
**विशिष्टी** स्त्री० *(सं०)* शंकराचार्य की माता।
**विशिष्टीकरण** पु० *(स्पेशलाइजेशन)* विशेषीकरण।
**विशिष्टीकृत** वि० *(सं०)* विशेषीकृत।
**विशीर्ण** वि० *(सं०)* भग्न; बिखरा हुआ; क्षीण; नष्ट।
**विशील** वि० *(सं०)* दुश्चरित्र, दुष्ट, बदमाश।
**विशीर्ष** वि० सिर रहित।
**विशुद्ध** वि० अति शुद्ध।
**विशुद्धता** स्त्री० पवित्रता।
**विशुद्धात्मा(त्मन्)** वि० *(सं०)* जिसका मन पवित्र हो।
**विशुद्धि** स्त्री० *(सं०)* भाव से मुक्त होना।
**विशूचिका** स्त्री० विसूचिका।
**विशून्य** वि० *(सं०)* पूर्णतः रिक्त।
**विशूल** वि० *(सं०)* कुन्तहीन, बिना भाले का।

**विशृंखलित** वि० *(सं०)* मुक्त, आजाद।
**विशेष** पु० *(सं०)* श्रेष्ठता, प्रकार, किस्म; उत्तमता।
**विशेषक** वि० विशेषता उत्पन्न करने वाला।
**विशेषस** पु० किसी विषय का विशेष ज्ञाता।
**विशेषण** पु० *(सं०)* प्रकार, किस्म।
**विशेषतः** अ० *(सं०)* विशेष रूप से।
**विशेषत्या** अ० *(सं०)* विशेष प्रकार से विशेषता प्रकट करने वाला।
**विशेषता** स्त्री० *(सं०)* खूबी, खसूसियत।
**विशेषना*** स० क्रि० विशेषता प्रदान करना।
**विशेषित** वि० *(सं०)* लक्षित; उत्तम, श्रेष्ठ।
**विशेषार्थक** वि० *(सं०)* विशेष अर्थवाला।
**विशेषीकरण** पु० *(सं०)* साधारण को विशेष बनाना।
**विशेषीकृत** वि० *(सं०)* विशेष बनाया हुआ।
**विशेष्य** वि० *(सं०)* जिसकी विशेषता दिखलानी हो।
**विशोक** वि० *(सं०)* शोकरहित; पु० अशोक का पेड़।
**विशोकता** स्त्री० *(सं०)* विशोक होने का भाव।
**विशोणित** वि० *(सं०)* रक्तहीन।
**विशोधन** वि० *(सं०)* शुद्ध, साफ करने वाला।
**विशोधनी** स्त्री० *(सं०)* ब्रह्मा की पुरी; पान।
**विशोधनीय** वि० *(सं०)* रेचन कराने योग्य।
**विशोध, विशोध्य** वि० *(सं०)* शुद्ध करने योग्य, साफ करने योग्य।
**विशोभित** वि० *(सं०)* अलंकृत, सजाया हुआ।
**विशोष** पु० *(सं०)* शुष्कता।
**विशोषण** पु० भलीभाँति सोखना।
**विशोषी(षिन्)** वि० *(सं०)* सुखाने वाला।
**विश्न** पु० *(सं०)* चमक, कान्ति; गति।
**विश्यार्पण** पु० *(सं०)* एक यज्ञ।
**विश्रम्भ** पु० *(सं०)* विश्वास; गोपनीय विषय; विश्राम।
**विश्रम्भण** पु० *(सं०)* विश्वास प्राप्त करना।
**विश्रम्भी(भिन्)** वि० *(सं०)* विश्वास करनेवाला।
**विश्रणन, विश्राणन** पु० *(सं०)* दान करना; दान।
**विश्रब्ध** वि० *(सं०)* विश्वसनीय; शान्त; धीर; दृढ।
**विश्रम** पु० *(सं०)* विश्राम, आराम।
**विश्रमण** पु० *(सं०)* आराम करना।
**विश्रमित** वि० *(सं०)* विश्राम कराया हुआ।
**विश्रय** पु० *(सं०)* सहारे का साधन, आश्रय-स्थान।
**विश्रयी(यिन्)** वि० *(सं०)* सहारा लेनेवाला।
**विश्रव(स्)** पु० *(सं०)* विख्याति, बड़ा नाम।
**विश्रवा(वस्)** पु० *(सं०)* एक ऋषि जो रावण के पिता थे।
**विश्रान्त** वि० *(सं०)* रहित, वंचित; विश्राम करनेवाला।
**विश्रान्ति** स्त्री० *(सं०)* अन्त; एक तीर्थ; कमी; आराम।
**विश्राणित** वि० *(सं०)* विभक्त; प्रदत्त।
**विश्राम** पु० *(सं०)* शान्ति; कमी; अन्त; विराम; आराम।
**विश्रामण** पु० *(सं०)* विश्राम कराना।
**विश्राव** पु० *(सं०)* विख्याति; शोरगुल; क्षरण, बहना।
**विश्रावण** पु० *(सं०)* बहाना; सुनाना; खून बहाना।
**विश्री** वि० *(सं०)* बदशक्ल; कान्तिहीन, श्रीहीन।
**विश्रुत** पु० *(सं०)* प्रसिद्धि; भवभूति; विद्या।
**विश्रुति** स्त्री० *(सं०)* ख्याति; क्षरण, श्राव।
**विश्लथ** वि० *(सं०)* बन्धनमुक्त; ढीला; क्लान्त।
**विश्लथित** वि० *(सं०)* ढीला; बन्धनमुक्त किया हुआ।
**विश्लिष्ट** वि० *(सं०)* पृथक् किया हुआ।
**विश्लेष** पु० *(सं०)* पार्थक्य; हानि; अभाव; विप्रलम्भ।
**विश्लेषक** पु० *(सं०)* विश्लेषण करने वाला।
**विश्लेषण** पु० *(ऐनेलिसिस)* अलग-अलग करना।
**विश्लेषित** वि० *(सं०)* विदीर्ण किया हुआ।
**विश्लेषी(षिन्)** वि० *(सं०)* (प्रिय वस्तु से) अलग।
**विश्वंकर** पु० *(सं०)* नेत्र।
**विश्वन्तर** वि० *(सं०)* सबको हराने वाला।
**विश्वम्भर** वि० *(सं०)* सबकी भूख हरने वाला, परमेश्वर।
**विश्वम्भरा, विश्वम्भरी** स्त्री० *(सं०)* पृथ्वी।
**विश्व** पु० *(सं०)* सम्पूर्ण संसार; समग्र ब्रह्माण्ड; आत्मा, वि० अधिक, सम्पूर्ण।
**विश्वक** पु० *(सं०)* पृथु का एक पुत्र। वि० विश्वव्यापी।
**विश्वकथा** स्त्री० संसार विषयक कथा।
**विश्वकथाकर्त्ता** पु० परमेश्वर।
**विश्वकथाकर्मा** पु० संसार की रचना करने वाला, ईश्वर, ब्रह्मा, बढ़ई, लुहार।
**विश्वकथाकोश** पु० सभी विषयों का विशद वर्णन करने वाला कोश।
**विश्वकर्मजा**, स्त्री० *(सं०)* रविभार्या, संज्ञा, सूर्यपत्नी।

**विश्वक्षेम** पु० प्रलप।
**विश्वचक्रात्मा(त्मन्)** पु० *(सं०)* विष्णु।
**विश्वतः(तस्)** अ० *(सं०)* सर्वत्र, चारों ओर।
**विश्वथा** अ० *(सं०)* सदा; सर्वत्र, सब जगह।
**विश्वदेव** पु० विश्वदेवता।
**विश्वधर** पु० विष्णु, **विश्वनाथ** पु० शिव, महादेव।
**विश्वमय** वि० *(सं०)* विश्व रूप।
**विश्वयु** पु० *(सं०)* वायु।
**विश्वसन** पु० *(सं०)* विश्वास करना।
**विश्वसनीय** वि० *(सं०)* विश्वास-योग्य।
**विश्वसित** वि० *(सं०)* सन्देह न करनेवाला; विश्वस्त।
**विश्वस्त** वि० *(सं०)* विश्वसनीय; विश्वासपूण।
**विश्वस्ता** स्त्री० *(सं०)* विधवा।
**विश्वाण्ड** पु० *(सं०)* ब्रह्माण्ड।
**विश्वा** स्त्री० *(सं०)*सोंठ; चोरपुष्पी; शतावरी; अतिविष।
**विश्वाक्ष** पु० *(सं०)* ईश्वर। वि० सब पर दृष्टि रखने वाला।
**विश्वातिथि** पु० *(सं०)* वह जो सबका अतिथि बने।
**विश्वातीत** पु० *(सं०)* ईश्वर। वि० सबसे परे।
**विश्वात्मा(त्मन्)** पु० *(सं०)*ब्रह्मा; शिव; विष्णु; ईश्वर।
**विश्वाधाया(यस्)** पु० *(सं०)* देवता।
**विश्वाधार** पु० *(सं०)* विश्व का सहारा, ईश्वर।
**विश्वाधिप** पु० *(सं०)* ईश्वर, विश्व का स्वामी।
**विश्वानर** पु० *(सं०)* अग्नि के पिता; इन्द्र।
**विश्वामृत** वि० *(सं०)* जिसकी कभी मृत्यु न हो।
**विश्वायन** वि० *(सं०)*सबमें प्रवेश करनेवाला, सर्वज्ञ।
**विश्वाराट्(ज्)** पु० *(सं०)* ईश्वर।
**विश्वावसु** पु० *(सं०)* पुरूरवा का एक पुत्र; विष्णु।
**विश्वास** पु० *(सं०)* भरोसा; गुप्त संवाद या भेद। **मुहा० विश्वास जमाना, विश्वास दिलाना** भरोसा उत्पन्न करना।
**विश्वासकारक** वि० मन में विश्वास पैदा करने वाला।
**विश्वासघात** पु० विश्वास तोड़ना।
**विश्वासघाती** वि० विश्वास तोड़ने वाला।
**विश्वासपात्र** पु० विश्वास का पात्र।
**विश्वासिक** वि० *(सं०)* जो विश्वास योग्य हो।
**विश्वासी(सिन्)** वि० *(सं०)* विश्वास करने वाला।
**विश्वासोत्पादक** वि० *(सं०)* विश्वासकारक।
**विश्वास्य** वि० *(सं०)* विश्वसनीय, विश्वासपात्र,।
**विश्वाह्वा** स्त्री० *(सं०)* सोंठ।
**विश्वेक्षिता(तृ)** वि० *(सं०)* सबको देखनेवाला।
**विश्वेदेव** पु० *(सं०)* एक देववर्ग; महापुरुष; अग्नि।
**विश्वेभोजा(जस्)** पु० *(सं०)* इन्द्र।
**विश्वेवेदा(दस्)** पु० *(सं०)* अग्नि।
**विश्वेश** पु० *(सं०)* विश्व का स्वामी (ब्रह्मा; विष्णु; शिव)।
**विश्वेशा** स्त्री० *(सं०)* दक्ष की एक कन्या।
**विश्वेश्वर** पु० *(सं०)* काशी में प्रतिष्ठित शिवलिंग।
**विश्वोत्पत्ति-विज्ञान** पु० सृष्टि विज्ञान।
**विश्वौषध** स्त्री० *(सं०)* सोंठ।
**विषंग** वि० *(सं०)* संलग्न; लटका हुआ।
**विषण्ड** पु० *(सं०)* कमलनाल।
**विष** पु० *(सं०)* कमलनाल; एक सुगन्धित गोंद, जहर।
**विषक्त** वि० *(सं०)* चिपका हुआ या लिपटा हुआ।
**विषज्जित** वि० *(सं०)* संलग्न, चिपका हुआ।
**विषणि** पु० *(सं०)* एक साँप।
**विषण्णता** स्त्री० *(सं०)* उदासी; जड़ता, मूर्खता।
**विषत्व** स्त्री० *(सं०)* जहरीलापन, विष का भाव।
**विषम** पु० *(सं०)* संकट; खतरनाक स्थिति; खड्ड वि०जो समान न हो, अति तीव्र कठिन कार्य का।
**विषमा** स्त्री० *(सं०)* झरबेरी; एक तरह का बछनाग, विष।
**विषमाक्ष** पु० *(सं०)* शिव।
**विषमान्न** पु० *(सं०)* अनियमित आहार।
**विषमित** वि० *(सं०)* जो खतरनाक या वैरी बन गया हो।
**विषमीकरण** पु० *(सं०)* सम को विषम बनाना।
**विषय** पु० *(सं०)* *(मैटर)* किसी ग्रन्थ, लेख आदि में विवेचित सामग्री।
**विषयक** वि० *(सं०)* विषय का, सम्बन्धी।
**विषयान्त** पु० *(सं०)* देश की सीमा।
**विषयान्तर** वि० *(सं०)* पड़ोस का।
**विषया** स्त्री० विषय-वासना; विषय-वासना की वस्तु।
**विषयाज्ञान** पु० *(सं०)* तन्द्रा; क्लान्ति।
**विषयाधिकृत** पु० *(सं०)* गवर्नर, राज्यपाल।
**विषयाधिप** पु० *(सं०)* विषयपति।
**विषयाधिपति** पु० *(सं०)* राजा; गवर्नर।

**विषयानुक्रमणिका** स्त्री० *(सं०)* विस्तृत विषयसूची।
**विषयाभिमुख** वि० *(सं०)* विषय प्रधान।
**विषयायी(यिन्)** पु० *(सं०)* राजा; नास्तिक; ज्ञानेन्द्रिय।
**विषयासक्त** वि० *(सं०)* विषयरत, विषय में लिप्त।
**विषयासक्ति** स्त्री० *(सं०)* विषयभोग में लीन रहना।
**विषयी(यिन्)** पु० *(सं०)* राजा; ज्ञान; अहंभाव; अमीर।
**विषयीय** पु० *(सं०)* विषय, पदार्थ।
**विषांगना** स्त्री० *(सं०)* विषकन्या।
**विषान्तक** वि० *(सं०)* विष का प्रभाव दूर करनेवाला।
**विषा** स्त्री० *(सं०)* कड़वी कँदूरी; काकोली।
**विषाक्त** वि० *(सं०)* विषमिश्रित, विषयुक्त।
**विषाख्या** वि० *(सं०)* अतिविषा।
**विषाग्नि** स्त्री, विषानल पु० *(सं०)* विषजन्य अनल।
**विषाग्रज** पु० *(सं०)* तलवार।
**विषाण** पु० *(सं०)* चोटी, सिरा; केकड़े का पंजा।
**विषाणक** पु० *(सं०)* सींग; हाथी।
**विषाणान्त** पु० *(सं०)* गणेश का दाँत।
**विषाणिका** स्त्री० *(सं०)* आवर्तकी; सातला; कर्कटशृंगी।
**विषाद** वि० *(सं०)* विष खानेवाला। पु० तन्द्रा, थकावट।
**विषादन** पु० *(सं०)* विषाद उत्पन्न करना; कष्ट।
**विषादित** वि० *(सं०)* विषादयुक्त, विषण्ण।
**विषादिता** स्त्री० *(सं०)* विषाद की अवस्था; विषण्णता।
**विषादी(दिन्)** वि० *(सं०)* विषण्ण, खिन्न; दुखी।
**विषाद्** पु० *(सं०)* शिव। वि० विष खानेवाला।
**विषानन** पु० *(सं०)* साँप।
**विषान्न** पु० *(सं०)* विषयुक्त अन्न।
**विषापह** पु० *(सं०)* गरुड़; मुष्कक नामक वृक्ष।
**विषापहरण** पु० *(सं०)* विषहीन करना।
**विषापहा** स्त्री० *(सं०)* निर्विषा; नागदमनी; इन्द्रवारुणी।
**विषार** पु० *(सं०)* साँप।
**विषाराति** पु० *(सं०)* कृष्ण धत्तूरक।
**विषालु** वि० *(सं०)* जहरीला, विषैला।
**विषास्य** पु० *(सं०)* साँप।
**विषास्या** स्त्री० *(सं०)* भिलावाँ।
**विषी(षिन्)** वि० *(सं०)* विषयुक्त, विषाक्त।
**विषुण** पु० *(सं०)* विषुवत रेखा।
**विषुद्रुह** पु० *(सं०)* बाण।
**विषुप** पु० *(सं०)* विषुवत रेखा।
**विषुप्त** वि० *(सं०)* सोया हुआ।
**विषुव** पु० *(सं०)* दिन और रात का मान बराबर होने का समय।
**विषुवत्** पु० *(सं०)* विषुव। वि० मध्यस्थित।
**विषुवद्रेखा** स्त्री०, **विषुवद्वृत्त** पु० *(सं०)* विषुव रेखा।
**विषैला** वि० जहरीला, विषयुक्त।
**विष्कन्ध** पु० *(सं०)* गतिरोध, बाधा।
**विष्कम्भ** पु० *(सं०)* स्तम्भ; वृक्ष; फैलाव, विस्तार।
**विष्कम्भन** पु० *(सं०)* बाधा डालना।
**विष्कम्भित** वि० *(सं०)* अस्वीकृत; बाधा युक्त।
**विष्कम्भी(भिन्)** वि० *(सं०)* बाधा डालनेवाला।
**विष्क** पु० *(सं०)* बीस वर्ष का हाथी।
**विष्कन्न** वि० *(सं०)* बिखरा हुआ, जो चला गया हो।
**विष्कब्ध** वि० *(सं०)* सहारा दिया हुआ; जमाया हुआ।
**विष्कर** पु० *(सं०)* अर्गल; पक्षी।
**विष्कल** पु० *(सं०)* ग्रामशूकर।
**विष्कलन** पु० *(सं०)* भोजन।
**विष्किर** पु० *(सं०)* साँप; अग्नि।
**विष्टम्भ** पु० *(सं०)* रोक, स्थिर करना; बाधा होना।
**विष्टम्भन** पु० *(सं०)* रोकना, दबाना।
**विष्टम्भी(भिन्)** पु० *(सं०)* वि० गतिहीन करनेवाला।
**विष्ट** वि० *(सं०)* युक्त, भरा हुआ; प्रवेश किया हुआ।
**विष्टप** पु० *(सं०)* प्याला; पात्र; संसार, भुवन, लोक।
**विष्टप्** स्त्री० *(सं०)* स्थान, भूभाग; स्वर्गलोक।
**विष्टब्ध** वि० *(सं०)* कड़ा पड़ा हुआ।
**विष्टब्धि** स्त्री० *(सं०)* दृढ़ता से जमाना; सहारा देना।
**विष्टभ** पु० *(सं०)* लोक, संसार।
**विष्टर** पु० *(सं०)* यज्ञ के ब्रह्मा का आसन।
**विष्टरा** स्त्री० *(सं०)* गुण्डासिनी, एक घास।
**विष्टरुहा** स्त्री० *(सं०)* पीली केतकी।
**विष्टि** स्त्री० *(सं०)* बेगार, जबर्दस्ती लिया जानेवाला।
**विष्ठल** पु० *(सं०)* दूरवर्ती स्थान।
**विष्ठा** स्त्री० *(सं०)* पेट; मल, गुह, पाखाना।
**विष्ठित** वि० *(सं०)* मौजूद, निकटवर्ती।
**विष्ठेष्टा** स्त्री० *(सं०)* हल्दी।
**विष्णु** पु० *(सं०)* अग्नि; वसु देवता; आदित्यों में प्रथम; एक धर्मशास्त्र प्रणेता ऋषि; लक्ष्मीपति।

**विष्पन्दन** पु० *(सं०)* आटे, कम्पन, धड़कन।
**विष्पत्री** पु० *(सं०)* चिड़िया, पक्षी।
**विष्फार** पु० *(सं०)* विस्फार।
**विष्यन्द** पु० *(सं०)* बूँद; प्रवाह; चूना, बहना।
**विष्यन्दन** पु० *(सं०)* एक तरह की मिठाई।
**विष्य** वि० *(सं०)* विष देकर मार डालने योग्य।
**विष्व** वि० *(सं०)* हानिकारक, हिंस्र।
**विष्वक्(ष्वंच्)** वि० *(सं०)* सर्वव्यापक।
**विसंकुल** पु० *(सं०)* घबड़ाहट का न होना।
**विसंज्ञ** वि० *(सं०)* बेहोश, संज्ञाहीन।
**विसंज्ञित** वि० *(सं०)* संज्ञावंचित।
**विसन्धिक** वि० *(सं०)* जिनकी सन्धि सम्भव न हो।
**विसम्भरा** स्त्री० *(सं०)* छिपकली।
**विसम्भोग** पु० *(सं०)* पार्थक्य, जुदाई।
**विसंयुक्त** वि० *(सं०)* पृथक्, वियुक्त।
**विसंवाद** पु० *(सं०)* प्रतिज्ञा भंग करना; खण्डन।
**विसंवादक** वि०, पु० *(सं०)* धोखा देनेवाला।
**विसंवादी(दिन्)** वि० *(सं०)* निराश करने वाला।
**विसंवाहक** पु० अवरोधी।
**विसदृश** वि० *(सं०)* *(डिस्सिमिलर)* भिन्न, असमान।
**विसभाग** वि० *(सं०)* जिसका हिस्सा न हो सके।
**विसमाप्ति** स्त्री० *(सं०)* कार्य का पूरा न होना।
**विसयना, विसवना*** अ० क्रि० अस्त होना।
**विसर** पु० *(सं०)* भीड़; झुण्ड; बड़ी राशि।
**विसरण** पु० *(सं०)* *(डिफ्यूजन)* ढीला पड़ना; फैलना।
**विसर्ग** पु० *(सं०)* कान्ति, दीप्ति; प्रेषण; बहाना।
**विसर्जिका** स्त्री० *(सं०)* त्रेता युग।
**विसर्जित** वि० *(सं०)* हटाया हुआ; त्यक्त; भेजा हुआ।
**विसर्प** पु० *(सं०)* फैलना; रेंगना; खुजली नामक रोग।
**विसर्पण** पु० *(सं०)* वृद्धि, बाढ़; स्थान-त्याग; रेंगना।
**विसर्पिणी** स्त्री० *(सं०)* शंखिनी; यवतिक्ता।
**विसर्पी** वि० *(सं०)* तेज चलनेवाला; लहरियेदार।
**विसर्पी(र्पिन्)** पु० *(सं०)* खुजली नामक रोग।
**विसल** पु० *(सं०)* बिसल।
**विसामग्री** स्त्री० *(सं०)* साधन का अभाव।
**विसार** पु० *(सं०)* बल्ला; फैलाव; रेंगना।
**विसारथि** वि० *(सं०)* जिसके साथ सारथि न हो।
**विसारिणी** स्त्री० *(सं०)* माषपर्णी।
**विसारित** वि० *(सं०)* सम्पादित; फैलने में।
**विसारी(रिन्)** वि० *(सं०)* फैलनेवाला; निकलनेवाला।
**विसाल** पु० *(अ०)* सम्भोग; (प्रेमी-प्रेमिका का) मिलन।
**विसिल** वि० *(सं०)* कमलनाल से।
**विसुकृत** पु० *(सं०)* दुष्कर्म। वि० सुकर्मरहित।
**विसुकृत्** वि० *(सं०)* जिसके कर्म अच्छे न हों।
**विसुख** वि० *(सं०)* आनन्दरहित।
**विसुहृत्(द्)** वि० *(सं०)* मित्रहीन।
**विसूचन** पु० *(सं०)* जानने की क्रिया, सूचित करना।
**विसूचिका, विसूची** स्त्री० *(सं०)* विषूचिका।
**विसूत्र** वि० *(सं०)* विरक्त; उद्विग्न, घबड़ाया हुआ।
**विसूरण** पु०, **विसूरणा** स्त्री० *(सं०)* चिन्ता; विरक्ति।
**विसूरित** पु० *(सं०)* शोक, अनुताप; दुःख।
**विसूरिता** स्त्री० *(सं०)* ज्वर।
**विसृज्य** वि० *(सं०)* उत्पन्न किया जाने वाला।
**विसृत्वर** वि० *(सं०)* रेंगने वाला; फैलने वाला।
**विसृमर** वि० *(सं०)* चारों ओर फैलने वाला।
**विसृष्ट** पु० *(सं०)* विसर्जनीय, विसर्ग।
**विसृष्टि** स्त्री० *(सं०)* प्रदान; निर्माण; सन्तान; परित्याग।
**विसैन्यकृत** वि० *(सं०)* सेना हटा दी गयी।
**विसोढ** वि० *(सं०)* सहन किया हुआ।
**विसौख्य** पु० *(सं०)* कष्ट, दुःख।
**विस्खलित** वि० *(सं०)* गिरता हुआ; भटका हुआ।
**विस्त** पु० *(सं०)* सोना तौलने का अस्सी रत्ती का एक मान।
**विस्तर** पु० *(सं०)* ब्योरा, ब्योरेवार विवरण; व्याप्ति।
**विस्तार** वि० *(सं०)* वृत्त का व्यास; ब्योरा।
**विस्तारक** वि० *(सं०)* विस्तार करनेवाला।
**विस्तारण** पु० *(सं०)* पैर आदि फैलाने की क्रिया।
**विस्तारना*** स० क्रि० फैलाना।
**विस्तारित** वि० *(सं०)* फैलाया हुआ।
**विस्तीर्ण** वि० *(सं०)* लम्बा-चौड़ा, विशाल; विस्तृत।
**विस्तृत** वि० *(सं०)* विस्तारवाला; प्रचुर, बड़ा, विशाल।
**विस्तृति** स्त्री० *(सं०)* लम्बाई, चौड़ाई, ऊँचाई।
**विस्थापित** वि० *(डिसप्लेस्ड)* उद्वासित।
**विस्पन्द** पु० *(सं०)* एक व्यंजन; धड़कन, स्पन्दन।
**विस्पष्ट** वि० *(सं०)* जो स्पष्ट या साफ न हो।
**विस्फार** पु० *(सं०)* खुलना; थरथराहट; कम्पन।
**विस्फारक** पु० *(सं०)* एक सन्निपात ज्वर।
**विस्फारण** पु० *(सं०)* डैना फैलाना; खोलना, धनुष की टंकार।

**विस्फारित** पु० *(सं०)* धनुष चढ़ाना या बाण चलाना।
**विस्फीत** वि० *(सं०)* प्रचुर।
**विस्फुट, विस्फुटित** वि० *(सं०)* खुला हुआ।
**विस्फुर** वि० *(सं०)* जिसकी आँखें खूब खुली हों।
**विस्फुरण** पु० *(सं०)* कौंध; विद्युत का कम्पन, स्पन्दन।
**विस्फुरित** वि० *(सं०)* अस्थिर, चंचल कम्पित; बढ़ा हुआ, सूजा हुआ।
**विस्फुलिंग** पु० *(सं०)* चिनगारी।
**विस्फुलिंगक** वि० *(सं०)* चमकता हुआ।
**विस्फूर्ज** पु० *(सं०)* गर्जन।
**विस्फूर्जन** पु० *(सं०)* बढ़ना, वृद्धि; गर्जन।
**विस्फूर्जनी** स्त्री० *(सं०)* तेन्दू, तिन्दुक वृक्ष।
**विस्फूर्जित** पु० *(सं०)* सिकोड़ना; गरजना; स्फुटन।
**विस्फोट** पु० *(सं०)* जहरीला फोड़ा; जोर का शब्द।
**विस्फोटक** वि० *(सं०)* विस्फोट करनेवाला; ।
**विस्फोटन** पु० *(सं०)* फूट पड़ना; जोर का शब्द।
**विस्मय** पु० आश्चर्य।
**विस्मयन** पु० *(सं०)* आश्चर्य, अचम्भा।
**विस्मयाकुल** वि० *(सं०)* आश्चर्ययुक्त।
**विस्मयातिरेक** पु० *(सं०)* आश्चर्य की अधिकता।
**विस्मयी(यिन्)** वि० *(सं०)* विस्मययुक्त; ।
**विस्मरण** पु० *(सं०)* भूल जाना।
**विस्मारक** वि० भुलाने वाला।
**विस्मापक** वि० *(सं०)* आश्चर्यजनक।
**विस्मापन** वि० *(सं०)* आश्चर्यकारक।
**विस्मित** वि० *(सं०)* घमण्डी; चकित।
**विस्मिति** स्त्री० *(सं०)* अचम्भा, आश्चर्य।
**विस्मृत** वि० भूला हुआ।
**विस्मृति** स्त्री० *(सं०)* भूल जाना, विस्मरण।
**विस्मेर** वि० *(सं०)* आश्चर्यान्वित, विस्मित।
**विस्रम्भ** पु० *(सं०)* विश्रम्भ, विश्वास।
**विस्राम** पु० आराम।
**विस्रंस** पु० *(सं०)* क्षरण; निर्बलता; पतन।
**विस्रंसन** पु० *(सं०)* बन्धन खोलना; रेचन।
**विस्रंसा** स्त्री० *(सं०)* विस्रंस।
**विस्रंसिका** स्त्री० *(सं०)* आहुति देने का एक उपकरण।
**विस्रसी(सिन्)** वि० *(सं०)* गिरनेवाला।
**विस्रब्ध** वि० *(सं०)* विश्रब्ध।
**विस्रव** पु० *(सं०)* धारा; बहाव, क्षरण।
**विस्रवण** पु० *(सं०)* क्षरण, बहना।
**विस्रसा** स्त्री० *(सं०)* क्षीणता; वृद्धावस्था; अशक्तता।
**विस्रस्त** वि० *(सं०)* कमजोर, अशक्त।
**विस्रस्य** वि० *(सं०)* ढीला किया जानेवाला।
**विस्रा** स्त्री० *(सं०)* हपुषा; बिसायँध।
**विस्राम*** पु० विश्राम, आराम।
**विस्राव** पु० *(सं०)* माँड़, विस्रव।
**विस्रावण** पु० *(सं०)* रक्त बहाना; बहाना।
**विस्रावित** वि० *(सं०)* बहाया हुआ।
**विस्रुत** वि० *(सं०)* बहा हुआ, रिसा हुआ।
**विस्रुति** स्त्री० *(सं०)* क्षरण, बहना।
**विस्वर** वि० *(सं०)* स्वरहीन; कर्कश; बेमेल (स्वर)।
**विस्वाद** वि० *(सं०)* स्वादहीन।
**विहंग** वि० *(सं०)* आकाश में गमन करने वाला, चिड़िया, बाण।
**विहंगक** वि० *(सं०)* आकाश में गमन करनेवाला।
**विहंगम** पु० *(सं०)* सूर्य; पक्षी; एक देववर्ग।
**विहंगमा, विहंगिका** स्त्री० *(सं०)* बहँगी; चिड़िया (मादा)।
**विहंगमिका** स्त्री० *(सं०)* बहँगी।
**विहंगाराति** पु० *(सं०)* बाज।
**विहंगावलोकन** पु० *(सं०)* सरसरी तौर पर देखना।
**विहंगिका** स्त्री० *(सं०)* बहँगी।
**विहँडना*** स० क्रि० मार डालना; नष्ट करना।
**विहत** वि० *(सं०)* बाधित; आहत; विदीर्ण; निवारित।
**विहति** पु० *(सं०)* साथी, मित्र।
**विहनन** पु० *(सं०)* हिंसा, वध; प्रतिरोध करना।
**विहर** पु० *(सं०)* पार्थक्य, वियोग; स्थान- परिवर्तन।
**विहरण** पु० *(सं०)* ले जाना, हटाना; फैलाना, खोलना।
**विहरना*** अ० क्रि० विहार करना, घूमना- फिरना।
**विहर्ता(र्तृ)** पु० *(सं०)* डाकू; इधर-उधर घूमकर मौज लेने वाला।
**विहसन** पु० *(सं०)* मधुर हास्य, मन्द मुस्कान।
**विहसित** वि० *(सं०)* मुस्कुराता हुआ।
**विहस्त** वि० *(सं०)* हस्तहीन; विद्वान्, चतुर; अशक्त।
**विहस्तित** वि० *(सं०)* व्याकुल, घबड़ाया हुआ।
**विहान** पु० प्रातःकाल, भोर। †अ० कल।
**विहाना*** स० क्रि० अपने को पृथक् करना, छोड़ना।

**विहापित** पु० *(सं०)* दान। वि० प्रदत्त; ।
**विहाय(स्)** पु० *(सं०)* आकाश।
**विहायस** पु० *(सं०)* आकाश; पक्षी।
**विहाया(यस्)** पु० *(सं०)* पक्षी।
**विहार** पु० *(सं०)* मनोरंजन का स्थान; क्रीड़ा, सम्भोग, बौद्धमठ।
**विहारिका** स्त्री० *(सं०)* बौद्ध मठ।
**विहारी(रिन्)** वि० *(सं०)* अवलम्बित; आनन्द लेनेवाला, श्रीकृष्ण का एक नाम।
**विहास** पु० *(सं०)* मुस्कान।
**विहिंसक** वि० *(सं०)* हानि पहुँचाने वाला, नाशक।
**विहिंस्र** वि० *(सं०)* हानिकारक, बुराई करने वाला।
**विहित** वि० *(सं०)* नियुक्त; रखा हुआ; करने योग्य, किया हुआ।
**विहिति** स्त्री० *(सं०)* कार्य का विधान; कार्य-विधि।
**विहीन** वि० *(सं०)* नीच; वंचित; पूर्णतः त्यक्त, रहित।
**विहीनता** स्त्री० विहीन होने का भाव।
**विहृत** पु० *(सं०)* स्त्रियों के दस हावों में से एक।
**विहृति** स्त्री० *(सं०)* फैलाव; बाढ़, वृद्धि; हरण करना।
**विहेठ** पु० *(सं०)* उत्पीड़न; बुराई, क्षति।
**विहेठक** वि० *(सं०)* नुकसान पहुँचाने वाला।
**विहेठन** पु० *(सं०)* पीड़ा; रंज; रगड़ना, पीसना।
**विह्वल** वि० *(सं०)* व्याकुल, भयाक्रान्त; हतबुद्धि; कष्टग्रस्त।
**विह्वलता** स्त्री०, **विह्वलत्व** पु० *(सं०)* क्षोभ, घबड़ाहट।
**विह्वली, विह्वलित** वि० *(सं०)* अशान्त, व्याकुल, विह्वल, क्षुब्ध।
**वींखा** स्त्री० *(सं०)* घोड़े की एक तरह की चाल।
**वीक** पु० *(सं०)* पक्षी; *(अं०)* सप्ताह; वायु; मन।।
**वीकाश** पु० *(सं०)* निर्जन स्थान; प्रकाश; कान्ति।
**वीक्ष** पु० *(सं०)* आश्चर्य; दृश्य वस्तु; निगाह।
**वीक्षक** वि० *(सं०)* देखने वाला।
**वीक्षण** पु० *(सं०)* विशेष रूप से देखना; जाँच; दृष्टि।
**वीक्षणीय** वि० *(सं०)* दृष्टिगोचर; विचार करने योग्य।
**वीक्षा** स्त्री० *(सं०)* जाँच-पड़ताल; ज्ञान; बेहोशी।
**वीक्षित** वि० *(सं०)* विशेष रूपेण देखा हुआ। पु० दृष्टि, नजर।
**वीक्षिता(तृ)** वि०, पु० *(सं०)* देखने वाला।
**वीक्ष्य** वि० *(सं०)* दर्शनीय; आश्चर्यजनक।
**वीचि, वीची** स्त्री० *(सं०)* अवकाश; अल्पता; किरण, लहर।
**वीज** पु० *(सं०)* तत्त्व; अंकुर; फल; बीज; वीर्य।
**वीजक** पु० *(सं०)* बीजक।
**वीजका** स्त्री० *(सं०)* मुनक्का।
**वीजकाह्व** पु० *(सं०)* एक पेड़, बिजौरा नीबू।
**वीजकोश** पु० वह फल जिसमें बीज रहते हैं।
**वीजगणित** पु० गणित जिसमें अज्ञात राशियों हेतु अक्षर प्रयुक्त होते हैं।
**वीजगर्भ** पु० परवल।
**वीजन** पु० *(सं०)* पंखा; चकोर; पदार्थ, वस्तु।
**बीजारोपण** पु० *(सं०)* नींव रखना, बीज लगाना।
**वीजाविक** पु० *(सं०)* ऊँट।
**वीजित** वि० *(सं०)* जल से सींचा हुआ; झला हुआ।
**वीजी(जिन्)** वि०, पु० *(सं०)* बीजी।
**वीज्य** वि० *(सं०)* पंखा झलने योग्य; बीज्य।
**वीटक** पु० *(सं०)* पान का बीड़ा।
**वीटा** स्त्री० *(सं०)* गुल्ली; एक गुल्ली-डण्डा का खेल।
**वीणावती** स्त्री० *(सं०)* सरस्वती।
**वीत** पु० *(सं०)* युद्ध के अनुपयुक्त हाथी या घोड़ा।
**वीतक** पु० *(सं०)* घिरी हुई जमीन, बाड़ा। वि० मुक्त।
**वीतार्चि(स्)** वि० *(सं०)* जिसकी लपटे समाप्त हो गयी हों।
**वीति** स्त्री० *(सं०)* दावत; गति; प्रजनन; भोग।
**वीतोत्तर** वि० *(सं०)* निरुत्तर।
**वीथि, वीथी** स्त्री० *(सं०)* चित्रों की कतार।
**वीथ्यंग** पु० *(सं०)* वीथी का एक अंग।
**वीध्र** वि० *(सं०)* शुद्ध, स्वच्छ। पु० वायु; आकाश।
**वीनाही(हिन्)** पु० *(सं०)* कुआँ।
**वीप** वि० *(सं०)* जलर[illegible]न।
**वीप्सा** स्त्री० व्याप्ति।
**वीपा** स्त्री० *(सं०)* विद्युत, बिजली।
**वीर** वि० *(सं०)* बहादुर; शक्तिशाली; श्रेष्ठ।
**वीरक** पु० *(सं०)* साधारण योद्धा।
**वीरकुक्षि** स्त्री० वीरप्रसू, वीर माता।
**वीरकुक्षिगति** स्त्री० रणभूमि में मरण।
**वीरचक्रेश्वर** पु० *(सं०)* विष्णु।
**वीरण** पु० *(सं०)* उशीर, खस; एक प्रजापति।

**वीरणी** स्त्री० *(सं०)* तिरछी चितवन।
**वीरतर** पु० *(सं०)* श्रेष्ठ वीर; खस। वि० महान वीर।
**वीरत्व** पु० *(सं०)* वीरता।
**वीरत्वावेश** पु० *(सं०)* वीरता का आवेश।
**वीरवती** स्त्री० *(सं०)* मांसरोहिणी लता; सधवा स्त्री।
**वीरवर** वि० अतिवीर।
**वीरशैया** स्त्री० रणभूमि।
**वीरांगना** स्त्री० *(सं०)* वीर नारी।
**वीरा** स्त्री० *(सं०)* मुरा नामक गन्धद्रव्य; क्षीरकाकोली।
**वीरान** वि० *(फ़ा)* बर्बाद, तबाह; जनहीन।
**वीराना** पु० *(फ़ा)* उजाड़ जगह; जंगल।
**वीरानी** स्त्री० वीरान हो जाना; बर्बादी, तबाही।
**वीराम्ल** पु *(सं०)* अम्लवेतस।
**वीरारुक** पु० *(सं०)* आरुक नामक औषधि।
**वीराशंसन** पु० *(सं०)* युद्ध में खतरे का स्थान।
**वीराष्टक** पु० *(सं०)* कार्तिकेय का एक अनुचर।
**वीरेन्द्र** पु० *(सं०)* श्रेष्ठ वीर, वीरों का प्रधान।
**वीरेश, वीरेश्वर** पु० *(सं०)* श्रेष्ठ, वीर।
**वीरोचित** वि० *(सं०)* वीरतापूर्ण।
**वीर्य** पु० *(सं०)* ओज, शक्ति, बल; वीरता, पौरुष; पुंसत्व।
**वीर्यवान्(वत्)** वि० *(सं०)* पुष्ट; शक्तिशाली, बलवान्।
**वीर्या** स्त्री० *(सं०)* शक्ति; पौरुष; पुंसत्व।
**वीर्याधान** पु० *(सं०)* गर्भाधान।
**वीर्यान्वित** वि० *(सं०)* शक्तिसम्पन्न, शक्तिशाली।
**वीर्यावधूत** वि० *(सं०)* शक्ति में पराजित।
**वीवधिक** पु० *(सं०)* बहँगी ढोनेवाला।
**वीशित** वि० *(सं०)* फैला हुआ।
**वुकूआ** पु० झगड़ा, मारपीट; वारदात; घटना।
**वुकूफ़** पु० *(अ०)* बुद्धि; जानना, ज्ञान।
**वुजू** पु० *(अ०)* मुसलमानों द्वारा नमाज से पहले यथाविधि हाथ-पाँव और मुँह धोना। **मुहा० वुजू शिकस्त या ढीला होना** हिम्मत हार जाना, संकल्प का शिथिल हो जाना।
**वुजूद** पु० *(अ०)* अभिव्यक्ति; जीवन; अस्तित्व,।
**वुडित** वि० *(सं०)* निमग्न, डूबा हुआ।
**वुरूद** पु० *(अ०)* पहुँचना, पधारना; उतरना।
**वुसूक़** पु० *(अं०)* भरोसा; मजबूती, दृढ़ता।
**वुसूल** पु० *(अ०)* पहुँचना; मिलना; हासिल, प्राप्ति।
**वुसूली** वि० वसूल करने योग्य।
**वूर्ण** वि० *(सं०)* पसन्द किया हुआ, चुना गया।
**वृन्त** पु० *(सं०)* डण्ठल; चूचुक, स्तन का अगला भाग।
**वृन्ताक, वृन्ताकी** स्त्री० *(सं०)* बैंगन, भण्टा।
**वृन्तिका** स्त्री० *(सं०)* छोटा डण्ठल।
**वृन्तिता** स्त्री० *(सं०)* कटुका।
**वृन्द** वि० *(सं०)* बहुसंख्यक। पु० सामूहिक गान।
**वृंहण** पु० *(सं०)* असगन्ध; दाख; कुकुरमुत्ता। वि० पौष्टिक।
**वृंहित** पु० *(सं०)* हाथी की चिग्घाड़।
**वृक** पु० *(सं०)* गीदड़; क्षत्रिय; एक वृक्ष; चन्द्रमा; सूर्य।
**वृका** स्त्री० *(सं०)* एक प्राचीन परिमाण, पाढ़ा।
**वृकाम्लिका** स्त्री० *(सं०)* एक खट्टा नीबू।
**वृकायु** पु० *(सं०)* चोर; जंगली कुत्ता।
**वृकाराति, वृकारि** पु० *(सं०)* कुत्ता।
**वृकी** स्त्री० *(सं०)* भेड़िये की मादा; शृगाली।
**वृकोदर** पु० *(सं०)* ब्रह्मा; भीमसेन।
**वृक्क, वृक्कक** पु० *(सं०)* *(किडनी)* गुर्दा।
**वृक्का** स्त्री० *(सं०)* हृदय।
**वृक्ण** वि० *(सं०)* छिन्न।
**वृक्त** वि० *(सं०)* ऐंठा हुआ; साफ किया हुआ।
**वृक्ष** पु० *(सं०)* पेड़; विटप; कुर्सीनामा, वंशवृक्ष जड़ से सम्बन्ध रखनेवाला।
**वृक्षक** पु० *(सं०)* उद्दीपक पदार्थ; कुटज; छोटा वृक्ष।
**वृक्षरुहा** स्त्री० अमरबेलि; जतुका लता; विदारीकन्द; परगाछा।
**वृक्षायुर्वेद** पु० वृक्षों का चिकित्सा शास्त्र।
**वृक्षांघ्रि** पु० *(सं०)* पेड़ की जड़।
**वृक्षाच्छादित** वि० *(सं०)* वृक्ष से ढका हुआ।
**वृक्षादन** पु० *(सं०)* पियाल का पेड़; अश्वत्थ वृक्ष; बसूला; कुल्हाड़ी; मधुमक्खी का छत्ता, मधुच्छत्र।
**वृक्षादनी** स्त्री० *(सं०)* विदारीकन्द; वन्दा, वन्दाक।
**वृक्षादिनी** स्त्री० *(सं०)* वन्दा।
**वृक्षामय** पु० *(सं०)* लाख।
**वृक्षाम्ल** पु० *(सं०)* अमड़ा; चुक; एक खटाई, इमली।
**वृक्षावली** स्त्री० *(सं०)* वृक्ष की कतार।
**वृक्षाश्रयी(यिन्)** पु० *(सं०)* वृक्ष पर आधारित।

**वृजन** वि० *(सं०)* टेढ़ा, कुटिल।
**वृजन्य** वि० *(सं०)* सरल, सीधा-सादा व्यक्ति।
**वृजि** स्त्री० *(सं०)* मिथिला; व्रज।
**वृज्य** वि० *(सं०)* घुमाया हुआ, मोड़ा जानेवाला।
**वृत** वि० *(सं०)* प्रार्थित; ढका हुआ; गोल।
**वृताक्ष** वि० *(सं०)* मुर्गा।
**वृत्त** पु० *(सं०)* वर्तुलाकार मन्दिर; कच्छप; घटना।
**वृत्तक** पु० *(सं०)* छन्द; बौद्ध; जैन।
**वृत्तान्त** वि० *(सं०)* एकान्त, एकाकी।
**वृत्तांश** पु० *(सं०)* वृत्त खण्ड।
**वृत्ताकार** क्रि० वि० वृत्ताकार बैठना।
**वृत्तानुवर्ती(र्तिन्)** वि० *(सं०)* शुद्धाचारी।
**वृत्तानुसारी(रिन्)** वि० *(सं०)* विहित कार्य करनेवाला।
**वृत्तेर्वारु** पु० *(सं०)* खरबूजा।
**वृत्त्युपाय** पु० *(सं०)* जीविका का साधन।
**वृत्त्युपरोध** पु० *(सं०)* जीविका में बाधा पड़ना।
**वृत्य** वि० *(सं०)* नियुक्ति के योग्य; घेरा जाने योग्य।
**वृत्र** पु० *(सं०)* अन्धकार; बादल; शत्रु; ध्वनि; चक्र।
**वृथा** अ० *(सं०)* मूर्खता से; भूल से; व्यर्थ, फिजूल।
**वृथोक्त** वि० *(सं०)* जो बेकार ही कहा गया हो।
**वृथोद्यम** वि० *(सं०)* बेकार मेहनत करनेवाला।
**वृद्धक** पु० *(सं०)* कथा, आख्यान; वृद्ध व्यक्ति।
**वृद्धकाल** पु० बुढ़ापा।
**वृद्धता** स्त्री० बुढ़ापा।
**वृद्धा** स्त्री० *(सं०)* अँगूठा; महाश्रावणिका; बूढ़ी स्त्री।
**वृद्धार्क** पु० *(सं०)* डूबता हुआ सूर्य; सन्ध्याकाल।
**वृद्धावस्था** स्त्री० *(सं०)* बुढ़ापा।
**वृद्धाश्रम** पु० *(सं०)* वृद्ध लोगों के रहने का स्थान।
**वृद्धि** स्त्री० *(सं०)* लाभ, मुनाफा।
**वृधसान** पु० *(सं०)* मनुष्य।
**वृधसानु** पु० *(सं०)* पत्ता; मनुष्य; कृति, कर्म।
**वृध्य** वि० *(सं०)* बढ़ाने योग्य।
**वृध्र** पु० *(सं०)* कटा हुआ अंश, टुकड़ा।
**वृन्द** पु० समूह, पु० सौ करोड़ की संख्या।
**वृन्दार** वि० सुन्दर।
**वृश** पु० *(सं०)* अदरक; अडूसा; चूहा।
**वृशा** स्त्री० *(सं०)* एक औषधि।
**वृश्चन** पु० *(सं०)* बिच्छू।
**वृश्चिका** स्त्री० *(सं०)* श्वेत पुनर्नवा; ग्रन्थिपर्ण।
**वृश्चिकाली** स्त्री० *(सं०)* नागदन्तिका।
**वृश्चीक** पु० *(सं०)* एक औषधि।
**वृश्चीर, वृश्चीव** पु० *(सं०)* श्वेत पुनर्नवा।
**वृष** पु० *(सं०)* चूहा; एक राशि; बैल, साँड।
**वृषक** पु० *(सं०)* साँड़; ऋषभक; अडूसा; चूहा।
**वृषण** वि० *(सं०)* पु० अण्डकोश; अण्ड; शिव।
**वृषभ** पु० *(सं०)* एक औषधि, ऋषभ; एक मुहूत।
**वृषभांक** पु० *(सं०)* शिव।
**वृषभाक्षी** स्त्री० *(सं०)* इन्द्रवारुणी लता।
**वृषभाद्रि** पु० *(सं०)* एक पर्वत।
**वृषभी** स्त्री० *(सं०)* विधवा; केवाँच।
**वृषय** पु० *(सं०)* पनाह, आश्रय।
**वृषल** पु० शूद्र, घोड़ा।
**वृषलक** पु० *(सं०)* शूद्रा, तुच्छ, नीच व्यक्ति।
**वृषाकर** पु० *(सं०)* उड़द।
**वृषाकृति, वृषाक्ष** पु० *(सं०)* विष्णु।
**वृषाद्रि** पु० *(सं०)* केरल का एक पहाड़।
**वृषान्न** पु० *(सं०)* पौष्टिक आहार।
**वृषायण** पु० *(सं०)* चटक, गौरवा पक्षी; शिव।
**वृषासुर** पु० *(सं०)* भस्मासुर नामक एक असुर।
**वृषाहार** पु० *(सं०)* चूहों का आहार करने वाला।
**वृषाही(हिन्)** पु० *(सं०)* विष्णु।
**वृषी(षिन्)** पु० *(सं०)* मयूर।
**वृषेन्द्र** पु० *(सं०)* बैल, अच्छा साँड़।
**वृष्ट्यम्बु** पु० *(सं०)* वर्षा का जल।
**वृष्टि** स्त्री० वर्षा।
**वृष्टि जीवन** पु० चातक।
**वृष्णि** पु० *(सं०)* वायु; शिव; प्रकाश-रश्मि।
**वृष्य** पु० *(सं०)* ऋषभ; मृणाल; शिव; माष।
**वृहच्छद** पु० *(सं०)* अखरोट।
**वृहच्छफरी** स्त्री० *(सं०)* सफरी मछली।
**वृहच्छिम्बी** स्त्री० *(सं०)* सेम।
**वृहज्जीरक** पु० *(सं०)* मँगरैला।
**वृहती** स्त्री० *(सं०)* बृहती।
**वृहत्** वि० *(सं०)* भारी; विशाल, बड़ा, महान्।
**वेंघर** पु० *(सं०)* रूप का गर्व।
**वेण्टिलेटर** पु० *(अं०)* झरोखा, खिड़की।
वे सर्व० 'वह' का बहु०।
**वेकट** पु० *(सं०)* विदूषक; युवा; जौहरी।

**वेक्षक** पु० *(सं०)* अच्छी तरह देखना, देखभाल।
**वेग** पु० *(सं०)* उद्यम; वृद्धि; प्रचण्डता; धारा, प्रवाह।
**वेगतः** *(अ०)* क्रिया वि० वेग के अनुरूप।
**वेगवती** स्त्री० *(सं०)* एक औषधि; एक विद्याधरी।
**वेगवान्(वत्)** पु० *(सं०)* एक विद्याधर; चीता।
**वेगाघात** पु० *(सं०)* वेगविधारण, वेगरोध।
**वेगानिल** पु० *(सं०)* प्रचण्ड वायु, प्रभंजन।
**वेगित** वि० *(सं०)* तेज किया हुआ; क्षुब्ध; वेगयुक्त।
**वेगी(गिन्)** पु० *(सं०)* बाज पक्षी, हरकारा।
**वेचा** स्त्री० *(सं०)* मूल्य; पारिश्रमिक, मजदूरी।
**वेजानी** स्त्री० *(सं०)* सामराजी।
**वेजीटेबुल** स्त्री० *(अं०)* वनस्पति, सब्जी।
**वेट** पु० *(अं०)* वजन, भार।
**वेटर** वि० *(अं०)* बैरा।
**वेटलिफ्टिंग** स्त्री० *(अं०)* वजन उठाना।
**वेटिंग रूम** पु० *(अं०)* प्रतीक्षालय।
**वेटा** स्त्री० *(सं०)* वेश्यों की बस्ती।
**वेटी** स्त्री० *(सं०)* नाव।
**वेटेरिनरी** वि० *(अं०)* पशु-चिकित्सालय।
**वेट्** पु० *(सं०)* यज्ञ में प्रयुक्त होने वाला 'स्वाहा।
**वेड** पु० *(सं०)* एक तरह का चन्दन।
**वेड़ा** स्त्री० *(सं०)* बेड़ा, नाव।
**वेढमिका** स्त्री० *(सं०)* बेढ़ई।
**वेणि** स्त्री० *(सं०)* गंगा, यमुना और सरस्वती का संगम; बालों की लटकती हुई चोटी।
**वेणी** स्त्री० *(सं०)* एक नदी; मेष, भेड़; बाँध, पुल।
**वेणीर** पु० *(सं०)* नीम; अरिष्ट वृक्ष।
**वेणुका** स्त्री० *(सं०)* विषैले फलों वाला एक वृक्ष।
**वेणुकीय** वि० *(सं०)* वेणु-सम्बन्धी।
**वेणुग्रध** पु० *(सं०)* एक औषधि।
**वेणुमय** वि० *(सं०)* बाँस का बना हुआ।
**वेणुमान्(मत्)** पु० *(सं०)* वेणुमान् द्वारा शासित एक देश, एक पर्वत, एक पौराणिक पर्व।
**वेतन्द** पु० *(सं०)* वेतण्ड, हाथी।
**वेत** पु० *(सं०)* वेत्र, बेंत।
**वेतन** पु० *(सं०)* जीविका; वृत्ति; चाँदी।
**वेतनभोगी** वि० वेतन कर्मी।
**वेतनादान** पु० *(सं०)* वेतन न चुकाना।
**वेतस** पु० *(सं०)* अग्नि; बेंत; एक तरह का नीबू।
**वेतसक** पु० *(सं०)* एक जनपद।
**वेता** स्त्री० *(सं०)* वेतन।
**वेताल** पु० *(सं०)* द्वारपाल; शिव का एक गणाधिप।
**वेताला, वेताली** स्त्री० *(सं०)* दुर्गा।
**वेतालासन** पु० *(सं०)* आसन का एक प्रकार।
**वेत्ता (त्तृ)** पु० *(सं०)* प्राप्त करनेवाला।
**वेत्र** पु० *(सं०)* डण्डा; बेंत; द्वारपाल का दण्ड।
**वेत्रक** पु० *(सं०)* सरपत, बेंत बाँस।
**वेत्रासन** पु० वेंत निर्मित आसन।
**वेत्रिक** पु० *(सं०)* द्वारपाल; एक जनपद।
**वेत्री(त्रिन्)** पु० *(सं०)* चोबदार, आसाबरदार; द्वारपाल।
**वेद** पु० *(सं०)* ज्ञान; यथार्थ ज्ञान; कुश का पूला।
**वेदक** वि० *(सं०)* जनाने वाला; होश में लाने वाला।
**वेदन** पु०, **वेदना** स्त्री० *(सं०)* कष्ट, व्यथा; प्राप्ति।
**वेदनिन्दक** पु० नास्तिक।
**वेदनी** स्त्री० *(सं०)* त्वचा।
**वेदनीय** वि० *(सं०)* जनाने योग्य; जानने योग्य।
**वेदमुख्य** पु० *(सं०)* एक तरह का कीड़ा।
**वेदयिता(तृ)** वि० पु० *(सं०)* अनुभव करने वाला।
**वेदांग** पु० *(सं०)* वेदों के प्रत्येक अंग।
**वेदान्त** पु० *(सं०)* छह दर्शनों में से एक; ब्रह्म-विद्या।
**वेदान्ती(तिन्)** वि० *(सं०)* ब्रह्मवादी, वेदान्त का पण्डित।
**वेदादि** पु० *(सं०)* ओऽम्, प्रणव।
**वेदमूर्ति** पु० सूर्यनारायण।
**वेदाधिगम** पु० *(सं०)* वेदों का अध्ययन।
**वेदाधिदेव** पु० *(सं०)* ब्राह्मण; ब्रह्मा।
**वेदाध्ययन** पु० *(सं०)* वेदों का अध्ययन।
**वेदाध्यापक** पु० *(सं०)* वेद को पढ़ानेवाला, आचार्य।
**वेदानुयायी** पु० *(सं०)* वेद का अनुसरण करनेवाला।
**वेदानुवचन** पु० *(सं०)* वेद वचन, वेदपाठ।
**वेदाप्ति** स्त्री० *(सं०)* वेद की प्राप्ति।
**वेदाभ्यास** पु० *(सं०)* वेदाध्ययन।
**वेदार** पु० *(सं०)* गिरगिट।
**वेदि** स्त्री० *(सं०)* वेदी, पु० ऋषि; विद्वान्; आचार्य।
**वेदिक** पु० *(सं०)* चौकी, आसन।
**वेदित** वि० ज्ञापित।
**वेदी(दिन्)** पु० *(सं०)* वेद का उच्चारण करने वाला, विद्वान् ब्राह्मण; आचार्य; ब्रह्म।

**वेदी** स्त्री० *(सं०)* सरस्वती; भूभाग; मन्दिर।
**वेदीश** पु० *(सं०)* ब्रह्मा।
**वेदुक** वि० *(सं०)* पानेवाला; ज्ञाता।
**वेदोक्त** वि० वेद में कथित।
**वेद्य** वि० *(सं०)* बतलाने योग्य; प्राप्त करने योग्य।
**वेध** पु० *(सं०)* निशाना मारना; सूर्य।
**वेधक** पु० *(सं०)* कपूर; सैन्धव नमक; धनिया; चन्दन।
**वेधन** पु० *(सं०)* प्रवेश; गहराई; खनन; छेदने की क्रिया।
**वेधनीय** वि० *(सं०)* भेदनीय, छेदा जाने योग्य।
**वेधस** पु० *(सं०)* ब्राह्मतीर्थ, अंगुष्ठमूल।
**वेधालय** पु० *(सं०)* वेधशाला।
**वेधित** वि० *(सं०)* विद्ध, छेदा हुआ।
**वेधिनी** स्त्री० *(सं०)* जोंक।
**वेपित** वि० *(सं०)* कम्पित।
**वेम, वेमा(मन्)** पु० *(सं०)* वामदण्ड, करघा।
**वेमक** पु० *(सं०)* जुलाहा।
**वेर** पु० *(सं०)* केसर; मुख; शरीर; भण्टा।
**वेरि** स्त्री० *(सं०)* परिधान या बकतर।
**वेल** पु० *(सं०)* एक बड़ी संख्या; कुंज; उपवन।
**वेला** स्त्री० *(सं०)* फासला; तट, कूल; अवसर।
**वेलातिक्रम** पु० *(सं०)* विलम्ब।
**वेलातिग** वि० *(सं०)* किनारे के ऊपर से बहने वाला।
**वेलाद्रि** पु० *(सं०)* समुद्र तटवर्ती पर्वत।
**वेल्डिंग** स्त्री० *(अं०)* झाल लगाना; लोहे के टुकड़ों को जोड़ना।
**वेल्ल** पु० *(सं०)* विडंग; वेल्लूर नामक नगर; कम्पन।
**वेल्लन** पु० *(सं०)* झुकना; लिपटना; कम्प।
**वेल्लनी** स्त्री० *(सं०)* काली मिर्च।
**वेशन्त** पु० *(सं०)* अग्नि; छोटा तालाब।
**वेश** पु० *(सं०)* भेस; पारिश्रमिक; वेश्या का बर्ताव;।
**वेशक** पु० *(सं०)* घर। वि० प्रवेश करनेवाला।
**वेशन** पु० *(सं०)* मकान; प्रवेश करना।
**वेश्मनि, वेशनी** स्त्री० *(सं०)* ड्योढ़ी, पौरी, घर।
**वेशर** पु० *(सं०)* खच्चर।
**वेशान्त, वेषान्त** पु० *(सं०)* छोटा तालाब।
**वेशिक** पु० *(सं०)* हस्त शिल्पविद्या, हाथ की कारीगरी।
**वेशिका** स्त्री० *(सं०)* प्रवेश।
**वेश्मान्त** पु० *(सं०)* जनानखाना, अन्तःपुर।
**वेश्य** पु० *(सं०)* निकटवर्ती या अधीन भूभाग; वेश्यावृत्ति।
**वेश्यांगना** स्त्री० *(सं०)* पुंश्चली।
**वेश्या** स्त्री० *(सं०)* पाढ़ा; गणिका, रण्डी।
**वेश्याचर्य** पु० *(सं०)* वेश्याएँ रखेनवाला; भँडुआ।
**वेष** पु० *(सं०)* वेश; नेपथ्य; वेश्यालय।
**वेषणा** स्त्री० *(सं०)* धनिया।
**वेषवार** पु० *(सं०)* पीसा हुआ मसाला, वेसवार।
**वेषिका** स्त्री० *(सं०)* चमेली।
**वेष्टक** वि० *(सं०)* घेरनेवाला।
**वेष्टन** पु० *(सं०)* आवरण, खोल; लपेटनेवाली चीज।
**वेष्टित** पु० *(सं०)* लपेटना; घेरना; पगड़ी लपेटा हुआ।
**वेष्प** पु० *(सं०)* जल।
**वेष्य** पु० *(सं०)* जल; श्रम; पगड़ी; पट्टी; कर्म।
**वेसन** पु० बेसन।
**वेसर** पु० *(सं०)* खच्चर।
**वेस्ट** पु० *(अं०)* पश्चिम।
**वैंकि** पु० *(सं०)* एक गोत्र प्रवर्तक ऋषि।
**वैन्दवि** पु० *(सं०)* युद्धप्रिय प्राचीन जाति।
**वैन्ध्य** वि० *(सं०)* विन्ध्यवासी।
**वैंशतिक** वि० *(सं०)* बीस में खरीदा हुआ।
**वैकटिक** पु० *(सं०)* जौहरी, रत्नपरीक्षक।
**वैकट्य** पु० *(सं०)* विकटता।
**वैकट्रय** पु० *(सं०)* विकटता; विशालता।
**वैकथिक** वि०, पु० *(सं०)* डींग मारने वाला।
**वैकर्णायन** पु० *(सं०)* वात्स्य का वंशधर।
**वैकर्त** पु० *(सं०)* बलि पशु की कटि।
**वैकर्तन** पु० *(सं०)* कर्ण, सूर्य का पुत्र; सुग्रीव।
**वैकर्म** पु० *(सं०)* दुष्कर्म; वात्स्य मुनि।
**वैकल्प** पु० *(सं०)* विकल्पता, अनिश्चयता।
**वैकल्य** वि० *(सं०)* अधूरा; अपूर्ण। पु० पंगुता, विकलाहट, व्याकुलता।
**वैकारिक** पु० *(सं०)* भावावेश; विकार।
**वैकार्य** पु० *(सं०)* परिवर्तन-शीलता; विकार, परिवर्तन।
**वैकाल** पु० *(सं०)* सन्ध्या, अपराह्न।
**वैकालिक** वि० उचित समय पर न होने वाला।
**वैकिर** वि० *(सं०)* टपकाकर छाना हुआ।
**वैकुण्ठ** पु० *(सं०)* इन्द्र; विष्णु; स्वर्ग; तुलसी।

**वैकुअम** वि० *(अं०) (वैक्यूम)* शून्य, निर्वात।
**वैकृतिक** वि० *(सं०)* विकारशील; परिवर्तित, विकृत।
**वैक्रमीय** वि० विक्रय सम्बन्धी।
**वैक्रान्त** पु० *(सं०)* एक मणि, चुन्नी।
**वैक्रिय** वि० *(सं०)* परिवर्तनशील; विकारशील, विकारी।
**वैक्लव, वैक्लव्य** पु० *(सं०)* व्याकुलता; विकलता।
**वैक्सीन** पु० *(अं०)* चेचक का टीका।
**वैक्सीन** पु० वानप्रस्थ।
**वैगलेय** पु० *(सं०)* एक प्रेतवर्ग।
**वैगुण्य** पु० *(सं०)* गुण या धर्म की भिन्नता।
**वैग्रहिक** वि० *(सं०)* शारीरिक, शरीर-सम्बन्धी।
**वैघटिक** पु० *(सं०)* रत्न पारखी, जौहरी।
**वैघसिक** वि० *(सं०)* जूठन खानेवाला।
**वैचक्षण्य** पु० *(सं०)* कुशलता; चातुर्य।
**वैचारिक** वि० *(सं०)* विचार सम्बन्धी।
**वैचारिकी** वि० *(आइडियालॉजी)* विचारधारा।
**वैचारिकीय** वि० *(सं०)* विचारसम्बन्धी।
**वैच्युति** स्त्री० *(सं०)* विचलता; पतन।
**वैजन्य** पु० *(सं०)* निर्जन स्थान, एकान्त।
**वैजयन्तिक** वि० *(सं०)* झण्डाबरदार, झण्डा उठाने वाला।
**वैजयन्तिका** स्त्री० झण्डा।
**वैजयन्ती** स्त्री० *(सं०)* विजयमाला विष्णु की माला।
**वैज्ञानिक** वि० *(सं०)* विज्ञान सम्बन्धी, निपुण , दक्ष। पु० विज्ञान का ज्ञाता।
**वैटेरिनरी** वि० *(अं०)* पशु रोग सम्बन्धी।
**वैडाल** वि० *(सं०)* विडाल का।
**वैडूर्य** वि० *(सं०)* वैदूर्य निर्मित।
**वैण** पु० *(सं०)* बँसोड़, बाँस का काम करनेवाला।
**वैणव** पु० *(सं०)* माहिष्य से उत्पन्न ब्राह्मणी का पुत्र।
**वैणविक** पु० *(सं०)* वेणुवादक, वंशी बजाने वाला।
**वैणुक** पु० *(सं०)* बाँस का बना नुकीला भाग।
**वैण्य** पु० *(सं०)* वेण का पुत्र, पृथु।
**वैतत्य** पु० *(सं०)* फैलाव, विस्तार।
**वैतथ्य** पु० विफलता।
**वैतनिक** पु० *(सं०)* मजदूर, वेतन पर काम करनेवाला।
**वैतसेन** पु० *(सं०)* वीतसेन का पुत्र, राजा पुरूरवा।
**वैतरिणी** स्त्री० यमद्वार पर बहने वाली नदी।
**वैताढ्य** पु० *(सं०)* एक पर्वत।
**वैतान** पु० *(सं०)* तम्बू; यज्ञ का हवि।
**वैताल** पु० *(सं०)* स्तुति पाठक; वेताल।
**वैतालिक** पु० *(सं०)* स्तुतिपाठक, वेताल का अनुचर।
**वैतुष्य** पु० *(सं०)* भूसी का निकाला जाना।
**वैतृष्णय** पु० *(सं०)* इच्छा से रहित होना, उदासीनता।
**वैत्तपाल्य** वि० *(सं०)* कुबेर-सम्बन्धी।
**वैक्तिक** वि० *(सं०)* वित्त सम्बन्धी।
**वैद** वि० *(सं०)* विद्वान् सम्बन्धी; विद्वान्।।
**वैदक**† पु० चिकित्सा शास्त्र, वैद्यक।
**वैदग्ध, वैदग्ध्य** पु० *(सं०)* विद्वता, पाण्डित्य; धूर्तता।
**वैदग्धी** स्त्री० *(सं०)* धूर्तता, चालाकी; वैदग्ध।
**वैदत** वि० *(सं०)* जानकार।
**वैदर्भ** पु० *(सं०)* विदर्भनरेश; दमयन्ती के पिता भीम।
**वैदर्भक** पु० *(सं०)* विदर्भ-निवासी। वि० विदर्भ- सम्बन्धी।
**वैदर्भी** स्त्री० *(सं०)* विदर्भ की राजकुमारी।
**वैदान्तिक** वि० *(सं०)* वेदान्त जाननेवाला।
**वैदिक** वि० *(सं०)* वेदज्ञ; पवित्र; वेद-सम्बन्धी।
**वैदुरिक** पु० *(सं०)* विदुर का भाव या सिद्धान्त।
**वैदुष** वि० *(सं०)* विद्वान, पण्डित।
**वैदुषी** स्त्री० *(सं०)* विद्वत्ता; विज्ञान।
**वैदुष्य** पु० *(सं०)* पाण्डित्य, विद्वत्ता।
**वैदेशिक** पु० *(सं०)* विदेशी, दूसरे देश का व्यक्ति।
**वैदेहक** पु० *(सं०)* विदेह जाति का व्यक्ति; व्यापारी।
**वैदेहिक** पु० *(सं०)* वणिक्; बिदेह जाति का व्यक्ति।
**वैदेही** स्त्री० *(सं०)* विदेह देश की कन्या।
**वैद्य** पु० *(सं०)* चिकित्सक; एक ऋषि।
**वैद्यक** पु० *(सं०)* चिकित्साशास्त्र; चिकित्सक।
**वैद्या** स्त्री० *(सं०)* काकोली; वैद्य की स्त्री; स्त्री वैद्य।
**वैद्याधर** वि० *(सं०)* विद्याधर-सम्बन्धी।
**वैद्युत** पु० *(सं०)* वैद्युत द्वारा शासित एक वर्ष।
**वैद्युतिक** वि० *(सं०)* विद्युत सम्बन्धी।
**वैद्रुम** वि० *(सं०)* मूँगे का, विद्रुम सम्बन्धी।
**वैध** वि० *(सं०)* जायज; कानून के मुताबिक।
**वैधर्मिक** वि० *(सं०)* अविहित, जो धर्मसंगत न हो।
**वैधर्म्य** पु० *(सं०)* धर्म या गुण की भिन्नता; वैपरीत्य।
**वैधव्य** पु० विधवापन।
**वैधानिक** वि० *(सं०)* विधान-सम्बन्धी; विधानानुकूल।
**वैधिक** वि० *(सं०)* वैध।

**वैधी** स्त्री० *(सं०)* विधि पूर्वक की गयी भक्ति।
**वैधीकरण** पु० *(वैलिडेशन)* कानूनी रूप प्रदान करना।
**वैधुरी** स्त्री० *(सं०)* विपत्ति; दैव की प्रतिकूलता।
**वैधुर्य** पु० *(सं०)* सन्देह; भ्रम; अविद्यमानता।
**वैधेय** वि० *(सं०)* विधि-सम्बन्धी; विहित; मूर्ख।
**वैध्यत** पु० *(सं०)* यम का एक द्वारपाल।
**वैन** पु० *(सं०)* वेनपुत्र, पृथु। वि० वेन-सम्बन्धी।
**वैनतेय** पु० *(सं०)* अरुण; गरुड़; विनता-पुत्र।
**वैनतेयी** स्त्री० *(सं०)* एक वैदिक शाखा।
**वैनत्य** वि० *(सं०)* विनयशील, विनम्र।
**वैनदी** स्त्री० *(सं०)* एक प्राचीन नदी।
**वैनयिक** पु० *(सं०)* युद्ध-रथ।
**वैनाशिक** पु० *(सं०)* बौद्ध; अधीनस्थ व्यक्ति।
**वैनीलीन** पु० *(अं०)* वैनीला का सुगन्धित सूत्र।
**वैनेय** वि० *(सं०)* जिसे धार्मिक शिक्षा देनी हो।
**वैपश्चित** पु० *(सं०)* तार्क्ष्य ऋषि।
**वैपादिका** स्त्री० *(सं०)* एक तरह का कुष्ठ रोग।
**वैपार**† पु० व्यापार।
**वैपारी**† पु० व्यापारी।
**वैपित्र** वि० *(सं०)* एक ही माता।
**वैपुल्य** पु० *(सं०)* विशालता; अधिकता।
**वैफल्य** पु० विफलता।
**वैबुध** वि० *(सं०)* देवता-सम्बन्धी।
**वैभव** पु० *(सं०)* अलौकिक शक्ति; गौरवान्वित पद, ऐश्वर्य।
**वैभवशाली** वि० ऐश्वर्यशाली।
**वैभविक** वि० *(सं०)* समर्थ, कार्यक्षम, वैभव- सम्बन्धी।
**वैभागिक** वि० *(सं०)* विभाग सम्बन्धी।
**वैभाजन** वि० *(सं०)* जो कई मार्गों में बँटा हो।
**वैभाजित्र** पु० *(सं०)* वितरण; विभाजन।
**वैभातिक** वि० *(सं०)* उषा-सम्बन्धी।
**वैभूतिक** वि० *(सं०)* विभूति-सम्बन्धी।
**वैभोज** पु० *(सं०)* एक प्राचीन जाति।
**वैभ्र** पु० *(सं०)* विष्णुलोक।
**वैभ्राजक** पु० *(सं०)* एक देवोद्यान।
**वैमत्य** पु० *(सं०)* फूट, मतभेद; अन्तर।
**वैमनस्य** पु० *(सं०)* शत्रुता, वैर; मानसिक सैथिल्य, उदासी; अन्यमनस्क होने का भाव
**वैमल्य** पु० *(सं०)* स्वच्छता, विशुद्धता, निर्मलता।
**वैमात्र, वैमात्रक** पु० *(सं०)* सौतेला भाई, विमाता से उत्पन्न।
**वैमात्रा, वैमात्री, वैमात्रेयी** स्त्री० *(सं०)* सौतेली बहन।
**वैमुक्त** वि० *(सं०)* मुक्त। पु० मोक्ष, मुक्ति।
**वैमुख्य** पु० *(सं०)* पलायन; विमुखता; घृणा, विरक्ति।
**वैमूल्य** पु० *(सं०)* मूल्य की भिन्नता।
**वैमेय** पु० *(सं०)* बदला, विनिमय।
**वैम्य** पु० *(सं०)* गोत्रकार ऋषि।
**वैयग्र, वैयग्र्य** पु० *(सं०)* तल्लीनता; व्यग्रता, घबड़ाहट।
**वैयसन** वि० *(सं०)* व्यसन-सम्बन्धी।
**वयाकरण** पु० व्याकरण का ज्ञाता।
**वैयाख्य** वि० *(सं०)* व्याख्या-सम्बन्धी; व्याख्या युक्त।
**वैयावृत्य** पु० *(सं०)* यति-सेवा।
**वैयास** वि० *(सं०)* व्यास-सम्बन्धी; व्यास का।
**वैयासकि** वि० *(सं०)* व्यास के वंश में उत्पन्न।
**वैयास्क** पु० *(सं०)* एक आचार्य।
**वैयुष्ट** वि० *(सं०)* तड़के होने वाला।
**वैरंकर** वि० *(सं०)* शत्रुता दिखलाने वाला।
**वैरंगिक** वि० *(सं०)* विरागी गृहस्थ; जितेन्द्रिय।
**वैरण्डेय** वि० *(सं०)* एक गोत्रकार ऋषि।
**वैर, वैरक** पु० *(सं०)* शत्रुता, विरोध, द्वेष, ।
**वैरक्त** पु० *(सं०)* वैराग्य, विरक्ति, उदासीनता।
**वैरता** स्त्री० शत्रुता।
**वैरल्य** पु० *(सं०)* भिन्नता, विरलता, न्यूनता।
**वैरस, वैरस्य** पु० *(सं०)* विमुखता, विरसता।
**वैराग** पु० वैराग्य।
**वैरागी** पु० विरक्त।
**वैराग्य** पु० विरक्ति विजय वासना त्याग वृत्ति।
**वैराटक** पु० *(सं०)* एक विषैला कन्द; विषाक्त अर्बुद।
**वैरान्तक** पु० *(सं०)* अर्जुन वृक्ष।
**वैरायित** पु० *(सं०)* वैर, शत्रु, दुश्मनी।
**वैरिंच** वि० *(सं०)* ब्रह्मा-सम्बन्धी।
**वैरि** पु० *(सं०)* दुश्मन, वैरी, शत्रु।
**वैरिता** स्त्री० शत्रुता।
**वैरिण** पु० *(सं०)* दुश्मनी, वैर, शत्रुता।
**वैरी(रिन्)** पु० *(सं०)* शत्रु; योद्धा। वि० वैर पूर्ण।
**वैरूप्य** पु० *(सं०)* कुरूपता; विकृति; भिन्नता, विरूपता।

**वैरेकीय** वि० *(सं०)* विरेचक।
**वैरोचन** पु० *(सं०)* विष्णु का एक पुत्र।
**वैरोचनि** पु० *(सं०)* सूर्य का एक पुत्र; दैत्यराज बलि।
**वैलक्षण्य** पु० *(सं०)* विभिन्नता; विचित्रता।
**वैलक्ष्य** पु० *(सं०)* वैपरीत्य; वैचित्र्य; लज्जा।
**वैलोम्य** पु० *(सं०)* विपरीतता, क्रम-वैपरीत्य।
**वैल्व** पु० *(सं०)* विल्व, बेल का फल।
**वैवक्षिक** वि० *(सं०)* जिसे कहना अभिप्रेत हो।
**वैवर्ण** पु० वैवर्ण्य।
**वैवर्णिक** पु० *(सं०)* जातिच्युत व्यक्ति।
**वैवर्ण्य** पु० *(सं०)* मालिन्य; सौन्दर्याभाव; जातिच्युति।
**वैवर्त** पु० *(सं०)* पहिये के समान घूमना।
**वैवश्य** पु० *(सं०)* विवशता।
**वैवस्वती** स्त्री० *(सं०)* दक्षिण दिशा; यमुना।
**वैवाहिक** वि० विवाह विषयक।
**वैवाह्य** पु० *(सं०)* विवाह-संस्कार।
**वैवृत्त** पु० *(सं०)* उदात्त स्वरों का क्रम।
**वैशम्पायन** पु० *(सं०)* एक प्राचीन ऋषि।
**वैशम्फल्या** स्त्री० *(सं०)* विद्या की देवी, सरस्वती।
**वैशद्य** पु० *(सं०)* स्पष्टता; कान्ति; वृहदता।
**वैशाख** वि० *(सं०)* वैशाख मास-सम्बन्धी, ज्येष्ठ मास से पूर्व का माह।
**वैशाखी** स्त्री० *(सं०)* वैशाख मास का त्यौहार।
**वैशारद** पु० *(सं०)* प्रगाढ़ पाण्डित्य।
**वैशाल** पु० *(सं०)* विशाला नगरी के राजा।
**वैशालाक्ष** पु० *(सं०)* शिवरचित एक शास्त्र।
**वैशाली** स्त्री० *(सं०)* राजा विशाल की पुत्री।
**वैशालीय** पु० *(सं०)* महावीर वर्द्धमान।
**वैशालेय** पु० *(सं०)* विशाल-वंशोत्पन्न तक्षक।
**वैशिष्ट** पु० *(सं०)* विशेषता, विशिष्टता; अन्तर।
**वैशेष्य** पु० *(सं०)* विशेषता; प्राधान्य।
**वैश्मिक** वि० *(सं०)* मकान में रहनेवाला।
**वैश्रम्भक** पु० *(सं०)* एक देवोद्यान।
**वैश्य** पु० वणिक, बनिया।
**वैश्वदेव** पु० *(सं०)* एक एकाह; उत्तराषाढ़ा नक्षत्र।
**वैश्वमनस** पु० *(सं०)* एक साम।
**वैश्वान्तर** पु० अग्नि, परमात्मा।
**वैश्वासिक** वि० *(सं०)* विश्वास सम्बन्धी, विश्वसनीय।
**वैश्वी** स्त्री० *(सं०)* उत्तराषाढ़ा नक्षत्र।
**वैषम** पु० *(सं०)* असमानता; परिवर्तन।
**वैषम्य** पु० *(सं०)* संकट; कठिनाई; अनौचित्य; कठोरता।
**वैषयिक** पु० *(सं०)* विषयी, कामी, लम्पट।
**वैषिक** वि० विषय-सम्बन्धी।
**वैषुवत** पु० *(सं०)* विषुव; मध्य, केन्द्र।
**वैष्ट्र** पु० *(सं०)* भुवन; स्वर्ग; वायु; विष्णु।
**वैष्णव** वि० विष्णु विषयक।
**वैष्णवी** स्त्री० *(सं०)* दुर्गा का एक रूप, मनसा।
**वैष्णव्य** वि० *(सं०)* विष्णु-सम्बन्धी।
**वैसर्गिक** वि० *(सं०)* त्याज्य, छोड़ने योग्य, विसर्जनीय।
**वैसा** अ० उतना; उस प्रकार।
**वैसादृश्य** पु० *(सं०)* अन्तर; असमानता, विषमता।
**वैसारिण** पु० *(सं०)* मत्स्य, मछली।
**वैस्वर्य** पु० *(सं०)* स्वर-विकृति; स्वर से वंचित होना।
**वैहंग, वैहग** वि० *(सं०)* पक्षी-सम्बन्धी।
**वैहायस** पु० *(सं०)* देवता; एक झील।
**वैहार्य** पु० *(सं०)* हँसी-मजाक, दिल्लगी, परिहास।
**वैहाली** स्त्री० *(सं०)* आखेट, शिकार।
**वैहासिक** वि० *(सं०)* हँसानेवाला।
**वैह्वल** पु० *(सं०)* अशक्तता, निर्बलता; विकलता।
**वोंट** पु० *(सं०)* वृन्त।
**वोक*** अ० तरफ, ओर।
**वोछा*** वि० नीच प्रकृति का, ओछा।
**वोट** पु० *(अं०)* मत।
**वोटा** स्त्री० *(सं०)* दासी।
**वोटाधिकार** पु० *(सं०)* मताधिकार।
**वोटिंग** स्त्री० *(सं०)* मतग्रहण; मतदान।
**वोड** पु० *(सं०)* सुपारी।
**वोड़ना*** स० क्रि० फैलाना, पसारना, विस्तार करना।
**वोड्र** स्त्री० *(सं०)* गोनस सर्प; एक मछली।
**वोड्री** स्त्री० *(सं०)* पण का चौथा भाग।
**वोढ** पु० *(सं०)* कदम्ब; वोढू। वि० विवाहित।
**वोढ़व्य** वि० ढ़ोने लायक।
**वोढा(ढृ)** पु० *(सं०)* ढोने वाला, ले जाने वाला।
**वोढु** पु० *(सं०)* मायके में रहने वाली स्त्री का लड़का।
**वोद** वि० *(सं०)* गीला, आर्द्र।
**वोदर, वोद्र*** पु० पेट, उदर।
**वोर*** स्त्री० अन्त; तरफ।

**वोरक, वोलक** पु० *(सं०)* लेखक।
**वोरट** पु० *(सं०)* कुन्द का फूल या पौधा।
**वोरव** पु० *(सं०)* बोरो धान।
**वोरुखान** पु० *(सं०)* एक विशेष रंग का घोड़ा।
**वोल** पु० *(सं०)* रसगन्ध, एक गन्ध द्रव्य।
**वोल्ट** पु० *(अं०)* (बिजली का) ऊर्जा।
**वोल्टेज** पु० *(अं०)* ऊर्जा-मान।
**वोहव्य*** पु० *(सं०)* जहाज, बड़ी नाव।
**व्यंकुश** पु० *(सं०)* निरंकुश, अनियन्त्रित।
**व्यंगिता** स्त्री० *(सं०)* विकलांगता।
**व्यंगी(गिन्)** वि० *(सं०)* विकलांग।
**व्यंग्य** पु० *(सं०)* नीचा दिखाना।
**व्यंग्यपरक** अ० *(सं०)* व्यंग्य रूप में।
**व्यंग्याकृति** स्त्री० *(सं०)* वाक्य प्रधान आकृति।
**व्यंजित** वि० *(सं०)* चिह्नित; संकेतित।
**व्यन्त** वि० *(सं०)* दूरस्थ, दूरवर्ती।
**व्यन्तर** पु० *(सं०)* अन्तराभाव; अवकाश।
**व्यंशक** पु० *(सं०)* पहाड़।
**व्यंशुक** वि० *(सं०)* नग्न, नंगा, वस्त्रहीन।
**व्यंसक** पु० *(सं०)* धूर्त, छली आदमी; बाजीगर।
**व्यंसन** पु० *(सं०)* वितरण; धोखा देना, ठगना।
**व्यक्ति** पु० *(सं०)* व्यष्टि, जन।
**व्यक्तीकृत** वि० *(सं०)* प्रकट किया हुआ।
**व्यक्तीभूत** वि० प्रकट किया हुआ।
**व्यग्र** वि० *(सं०)* संलग्न, व्यस्त; हठी; डरा हुआ।
**व्यग्रता** स्त्री० व्याकुलता।
**व्यज** पु० *(सं०)* पंखा।
**व्यंजक** वि० प्रकाशक।
**व्यजन** पु० *(सं०)* पंखे के काम आनेवाला ताड़-पत्रादि।
**व्यंजना** स्त्री० प्रकट करने की क्रिया।
**व्यजनिक** पु० पंखा चलाने वाला नौकर।
**व्यतिकर** पु० *(सं०)* विनिमय; परिवर्तन; बाधा; घटना।
**व्यतिकरित** वि० *(सं०)* मिश्रित; संयुक्त किया हुआ।
**व्यतिकीर्ण** वि० *(सं०)* मिश्रित; बिखेरा हुआ।
**व्यतिकृत** वि० *(सं०)* व्याप्त।
**व्यतिक्रम** पु० *(सं०)* उल्लंघन; उपेक्षा; पाप; रीति-भंग।
**व्यतिक्रमण** पु० *(सं०)* पाप करना; बुराई करना।
**व्यतिक्रान्त** पु० *(सं०)* अतिक्रमण; पाप। वि० विपर्यस्त।
**व्यतिक्रान्ति** स्त्री० *(सं०)* बुराई करना; पाप करना।
**व्यतिक्षेप** पु० *(सं०)* झगड़ा; वितण्डा, कहासुनी।
**व्यतिगत** वि० *(सं०)* गुजरा हुआ (समय), बीता हुआ।
**व्यतिरेकी(किन्)** वि० *(सं०)* भिन्न; विपरीत।
**व्यतिव्यस्त** वि० *(सं०)* अस्त-व्यस्त।
**व्यतिषंग** पु० *(सं०)* आपस का सम्बन्ध; भिड़न्त।
**व्यतिषक्त** वि० *(सं०)* आसक्त; ओतप्रोत।
**व्यतिहार, व्यतीहार** पु० *(सं०)* मारपीट; विनिमय।
**व्यतीकार** पु० *(सं०)* भिड़न्त; लगाव-बझाव; व्यतिकर।
**व्यतीत** वि० *(सं०)* व्यक्त; मृत; उपेक्षित; गत।
**व्यतीतना*** अ० क्रि० बीतना, व्यतीत होना, गुजरना।
**व्यतीपात** पु० उत्पात, अपमान।
**व्यत्यय** पु० *(सं०)* व्यतिक्रम; परिवर्तन, विनिमय।
**व्यत्यस्त** वि० *(सं०)* उलटे रूप में क्रमबद्ध; विपरीत।
**व्यत्यास** पु० *(सं०)* व्यत्यय, व्यतिक्रम।
**व्यथक** वि० *(सं०)* व्यथित करने वाला।
**व्यथन** पु० *(सं०)* कष्टानुभूति; छेदना; कम्पन; पीड़ा।
**व्यथा** स्त्री० *(सं०)* बेचैनी; क्षति; रोक; तकलीफ।
**व्यथाकुल** वि० *(सं०)* व्यथित, कष्टग्रस्त।
**व्यथाक्रान्त** वि० *(सं०)* व्यथित।
**व्यथातुर** वि० *(सं०)* व्यथित, पीड़ित।
**व्यथान्वित** वि० *(सं०)* व्यथित, व्यथाकुल, पीड़ित।
**व्यथित** वि० *(सं०)* दुःखित; पीड़ित, कष्ट से आकुल।
**व्यथी(थिन्)** वि० *(सं०)* कष्टग्रस्त, व्यथित, दुखित।
**व्यध** पु० *(सं०)* चोट करना; आहत करना; छेदना।
**व्यधिक्षेप** पु० *(सं०)* भर्त्सना; निन्दा, शिकायत।
**व्यध्य** पु० *(सं०)* निशाना, लक्ष्य; धनुष की डोरी।
**व्यध्व** पु० *(सं०)* मार्ग का मध्य; कुमार्ग, बुरी सड़क।
**व्यपकर्ष** पु० *(सं०)* निन्दा; अपवाद।
**व्यपकृष्ट** वि० *(सं०)* निकालकर अलग किया हुआ।
**व्यपगति** स्त्री० *(सं०)* लोप; राहित्य; प्रस्थान।
**व्यपगम** पु० *(सं०)* प्रस्थान (समय) बीतना; लोप।
**व्यपत्रप** वि० *(सं०)* धृष्ट; निर्लज्ज।
**व्यापदिष्ट** वि० *(सं०)* सूचित; छला हुआ;
**व्यपदेश** पु० *(सं०)* उपाधि; कुल; जाति, छल, निन्दा।
**व्यपदेशक** वि० *(सं०)* निन्दा करने वाला।
**व्यपदेशी(शिन्)** वि० *(सं०)* सूचक।
**व्यपदेष्टा(ष्टृ)** वि० *(सं०)* निर्देश करने वाला; छली।
**व्यपनय** पु० *(सं०)* हटाना; त्याग करना; नष्ट करना।
**व्यपनयन** पु० *(सं०)* विसर्जन करना, त्याग देना।

**व्यपनीत** वि० *(सं०)* हटाया हुआ, त्यागा हुआ।
**व्यपमूर्धा(र्धन्)** वि० *(सं०)* बिना सिर का।
**व्यपरोपण** पु० *(सं०)* आघात पहुँचाना; दूर करना।
**व्यपवर्जन** पु० *(सं०)* दे देना; हटाना; छोड़ देना।
**व्यपवर्तन** पु० *(सं०)* वापस होना, लौटना।
**व्यपवृक्त** वि० *(सं०)* पृथक् किया हुआ; विभक्त।
**व्यपसारण** पु० *(सं०)* निकालकर बाहर करना।
**व्यपाकृति** स्त्री० *(सं०)* निवारण, दूरीकरण; अस्वीकार।
**व्यपाय** पु० *(सं०)* अन्त, विराम।
**व्यपाश्रित** वि० *(सं०)* जिसने आश्रय ग्रहण किया हो।
**व्यपेक्षा** स्त्री० *(सं०)* ध्यान देना।
**व्यपोह** वि० *(सं०)* अस्वीकार; नाश; निवारण।
**व्यपोह्य** वि० *(सं०)* अस्वीकार्य।
**व्यभिचरण** पु० *(सं०)* अनिश्चय, सन्देह।
**व्यभिचार** पु० *(सं०)* *(एडल्टरी)* अनुचित यौन सम्बन्ध, भ्रष्टाचरण।
**व्यभिचारी(रिन्)** पु० *(सं०)* अनुचित यौन सम्बन्ध करने वाला।
**व्यभिहास** पु० *(सं०)* उपहास, परिहास।
**व्यभिचार** पु० *(सं०)* दुष्कर्म; अपराध।
**व्यभ्र** वि० *(सं०)* बादल रहित, मेघरहित।
**व्यम्ल** वि० *(सं०)* अम्ल से रहित।
**व्यर्ण** वि० *(सं०)* उत्पीड़ित; जलरहित।
**व्यर्थ** वि० निरर्थक, निष्फल।
**व्यर्थक** वि० *(सं०)* निरर्थक, निष्फल।
**व्यर्थन** पु० *(नलिफिकेशन)* व्यर्थ सिद्ध करना;।
**व्यर्थीकरण** पु० *(सं०)* व्यर्थ करना।
**व्यय** पु० खर्च, त्याग, नाश।
**व्ययकर** वि० व्यय करने वाला।
**व्यलीक** पु० *(सं०)* दुःख का कारण; मिथ्यात्व।
**व्यवकलित** वि० *(सं०)* वियोगित; हीनित।
**व्यवक्रोशन** पु० *(सं०)* गाली; निन्दा, गाली-गलौज।
**व्यवच्छिन्न** वि० *(सं०)* काटकर अलग किया हुआ।
**व्यवच्छेदक** वि० *(सं०)* विशेषता दिखलाने वाला।
**व्यवदात** वि० *(सं०)* चमकीला; साफ।
**व्यवदान** पु० *(सं०)* संस्कार, शुद्धि, सफाई।
**व्यवदीर्ण** वि० *(सं०)* हतबुद्धि; खण्डित।
**व्यवधा** स्त्री० *(सं०)* आवरण, पर्दा; छिपाव; बाधा।
**व्यवधान** पु० विभाग, आच्छादन, रुकावट।
**व्यवधायक** वि० छिपाने वाला।
**व्यवधाता (तृ)** वि० *(सं०)* पृथक् करने वाला।
**व्यवधूत** वि० *(सं०)* विरक्त, उदासीन।
**व्यवभासित** वि० *(सं०)* प्रकाशित।
**व्यवलोकित** वि० *(सं०)* देखा हुआ।
**व्यवसाय** पु० *(सं०)* कर्म; काम-धन्धा, पेशा, उद्योग।
**व्यवसायात्मक** वि० *(सं०)* उत्साह से पूर्ण; संकल्प।
**व्यवसायिक** वि० *(सं०)* व्यवसाय सम्बन्धी।
**व्यवसायी(यिन्)** पु० *(सं०)* कारोबार करने वाला।
**व्यवसित** पु० *(सं०)* निश्चय, संकल्प; छल।
**व्यवसिति** स्त्री० *(सं०)* व्यवसाय; संकल्प, निश्चय।
**व्यवस्थाता(तृ)** वि०, पु० *(सं०)* प्रबन्धक।
**व्यवस्था** स्त्री० नियम, स्थिति शास्त्र, निरूपित विधि।
**व्यवस्थान** पु० *(सं०)* स्थिरता; दृढ़ता; पार्थक्य।
**व्यवस्थापक** पु० *(सं०)* *(मैनेजर)* प्रबन्ध करनेवाला।
**व्यवस्थापन** पु० *(सं०)* निश्चित करना।
**व्यवस्थापनीय** वि० *(सं०)* व्यवस्थापन करने योग्य।
**व्यवस्थापिका सभा** स्त्री० *(सं०)* विधानसभा।
**व्यवस्थापित** वि० निर्धारित नियमित।
**व्यवस्थित** वि० *(सं०)* स्थित; व्यूहबद्ध; निश्चित।
**व्यवस्थिति** स्त्री० *(सं०)* निश्चित नियम।
**व्यवहर्ता(र्तृ)** पु० *(सं०)* मुकद्दमा लड़ने वाला।
**व्यवहार** पु० *(सं०)* व्यापार, सम्बन्ध; पद; व्यापारी; कारोबार।
**व्यवहारशास्त्र** पु० धर्मशास्त्र।
**व्यवहाराभिशस्त** वि० *(सं०)* अभियुक्त।
**व्यवहारास्पद** पु० *(सं०)* नालिश, फरियाद।
**व्यवहारिक** वि० *(सं०)* कारोबार में लगा हुआ।
**व्यवहारिका** स्त्री० *(सं०)* रीति-रिवाज; झाड़।
**व्यवहारी(रिन्)** वि० *(सं०)* मुकद्दमा लड़नेवाला।
**व्यवहार्य** पु० *(सं०)* खजाना।
**व्यवहित** वि० *(सं०)* शत्रुता करनेवाला।
**व्यवहृत** पु० *(सं०)* व्यापार; सम्पर्क वि० जो काम में लाया गया हो।
**व्यवहृति** स्त्री० *(सं०)* व्यापार; मुकद्दमा।
**व्यवायी(यिन्)** पु० *(सं०)* कामोद्दीपक पदार्थ; लम्पट।
**व्यशन** वि० *(सं०)* उपवास करने वाला।
**व्यष्टक** पु० *(सं०)* काली सरसों, राई।
**व्यष्टि** स्त्री० *(सं०)* प्राप्ति; सफलता।

**व्यसन** पु० *(सं०)* बुरी आदत, गन्दी लत।
**व्यसनी** वि० व्यवसन का आदी।
**व्यसनाक्रान्त** वि० *(सं०)* संकट, दुर्दिनग्रस्त।
**व्यसनार्त** वि० *(सं०)* संकट ग्रस्त; संकटापन्न।
**व्यसनी(निन्)** वि० *(सं०)* पापी; बदनसीब; दुराचारी।
**व्यस्त** वि० *(सं०)* कार्यादि में संलग्न, उलझा हुआ।
**व्यस्थक** वि० *(सं०)* हड्डी रहित, अस्थिहीन।
**व्याकरण** पु० *(सं०)* भेद, अन्तर; व्याख्या; निर्माण।
**व्याकर्षण** पु० *(सं०)* लुभाना, आकृष्ट करना।
**व्याकीर्ण** वि० चारों ओर फैलाया हुआ।
**व्याकुंचित** वि० *(सं०)* वक्र, कुटिल; सिकुड़ा हुआ।
**व्याकुल** वि० *(सं०)* व्यग्र; अभिभूत।
**व्याकुलता** स्त्री० विकलता।
**व्याकुलात्मा(त्मन्)** वि० *(सं०)* व्याकुल-चित्त।
**व्याकूत** पु० *(सं०)* अफसोस; मानसिक कष्ट।
**व्याकूति** स्त्री० *(सं०)* बुरी नियत; छल-कपट।
**व्याकृति** स्त्री० प्रकाशन।
**व्याकोच** वि० *(सं०)* विकसित, खिला हुआ।
**व्याकोप** पु० *(सं०)* विरोध, खण्डन।
**व्याक्रोश** पु० *(सं०)* चिल्लाना; आक्रोश व्यक्त करना।
**व्याक्षेप** पु० *(सं०)* घबड़ाहट; बाधा; भर्त्सना।
**व्याक्षोभ** पु० *(सं०)* मानसिक अशान्ति, क्षोभ।
**व्याख्या** स्त्री० *(सं०)* (एक्सप्लेनेशन) टीका; विवेचन।
**व्याख्याता** वि० व्याख्या करने वाला, व्याख्यान देनेवाला।
**व्याख्यातव्य** वि० *(सं०)* व्याख्या करने योग्य।
**व्याख्यान** पु० *(सं०)* *(लेक्चर)* भाषण, वक्तृता।
**व्याख्येय** वि० *(सं०)* व्याख्या करने योग्य।
**व्याघट्टन** पु० *(सं०)* मन्थन, आलोड़न; संघर्षण।
**व्याघात** पु० *(सं०)* बाधा।
**व्याघुटन** पु० *(सं०)* वापस होना, लौटना।
**व्याघुष्ट** वि० *(सं०)* शब्दायमान, गूँजता हुआ।
**व्याघूर्णित** वि० *(सं०)* चक्कर खाया हुआ।
**व्याघ्र** पु० *(सं०)* बाघ, एक हिंस्र जन्तु।
**व्याघ्रनायक** पु० सियार, शृगाल।
**व्याघ्रमुख** पु० बिल्ली।
**व्याघ्राट** पु० *(सं०)* लवा पक्षी।
**व्याघ्राण** पु० *(सं०)* सूँघने की क्रिया।
**व्याघ्रायुध** पु० *(सं०)* नख, एक गन्धद्रव्य।
**व्याघ्रास्य** वि० *(सं०)* शेर के से मुख वाला।
**व्याघ्री** स्त्री० *(सं०)* कण्टकारी।
**व्याज** पु० *(सं०)* बहाना; कौशल।
**व्याजिह्म** वि० *(सं०)* झुका हुआ, टेढ़ा, कुटिल।
**व्याजी** पु० वन्य पशुओं को मारकर निर्वाह करनेवाला।
**व्याड** वि० *(सं०)* द्वेषभाव रखने वाला; द्वेषी।
**व्यादिष्ट** वि० *(सं०)* पूर्वोक्त कथन; आदिष्ट।
**व्यादीर्णास्य** पु० *(सं०)* सिंह।
**व्याधाम, व्याधाव** पु० *(सं०)* इन्द्र का वज्र।
**व्याधि** स्त्री० *(सं०)* रोग; पीड़ा; एक संचारी भाव।
**व्याधित** वि० *(सं०)* रोगग्रस्त, रुग्ण।
**व्याधी(धिन्)** वि० *(सं०)* रोगग्रस्त।
**व्याधूत** वि० *(सं०)* कम्पित; कम्पनयुक्त।
**व्याध्मातक** पु० *(सं०)* फूला हुआ शव।
**व्याध्य** वि० *(सं०)* भेदन करने योग्य, छेदने योग्य।
**व्यान** पु० शरीरस्थ पाँचों वायुओं में से एक।
**व्यानम्र** वि० *(सं०)* नत, झुका हुआ।
**व्यापक** वि० व्याप्त, फैला हुआ।
**व्यापत्ति** स्त्री० *(सं०)* बर्बादी।
**व्यापन, व्यापना** अ० क्रि० व्याप्त होना, सर्वत्र फैलना।
**व्यापाद** पु० *(सं०)* बुरी नीयत, द्वेषबुद्धि; सर्वनाश।
**व्यापार** पु० *(सं०)* कारोबार, पेशा; सहायता करना।
**व्यापारक** वि० *(सं०)* व्यापार वाला, व्यापार करनेवाला।
**व्यापारण** पु० *(सं०)* किसी कार्य में नियोजित करना।
**व्यापारिक** वि० *(सं०)* व्यापार का, व्यापार-सम्बन्धी।
**व्यापारी** वि० व्यापार-सम्बन्धी।
**व्यापित** वि० *(सं०)* व्याप्त कराया हुआ।
**व्यापी(पिन्)** पु० *(सं०)* विष्णु; व्याप्त होनेवाला पदार्थ।
**व्यापृत** पु० *(सं०)* मन्त्री; उच्च कर्मचारी।।
**व्याप्ति** स्त्री० *(सं०)* व्यापकता; प्राप्ति।
**व्याबाध** पु० *(सं०)* रोग, कष्ट, पीड़ा।
**व्याभग्न** वि० *(सं०)* टुकड़े में विभाजित, खण्डित।
**व्याभाषण** पु० *(सं०)* वाक् शैली, बोलने का ढंग।
**व्याभुग्न** वि० *(सं०)* झुका हुआ, नमित।
**व्याम** पु० *(सं०)* लम्बाई की एक माप।
**व्यामूढ** वि० *(सं०)* बहुत घबड़ाया हुआ।
**व्यामृष्ट** वि० *(सं०)* रगड़कर मिटाया हुआ।
**व्यामोक** पु० *(सं०)* छुटकारा, मुक्ति।
**व्यामोह** पु० मोह, अज्ञान।
**व्यायतत्व** पु० *(सं०)* माँसपेशियों का विकास।

**व्यायाम** पु० *(सं०)* कसरत; अभ्यास; आयास।
**व्यायामिक** वि० *(सं०)* व्यायाम-सम्बन्धी।
**व्यायामी(मिन्)** वि० *(सं०)* परिश्रमी।
**व्यायुध** वि० *(सं०)* शस्त्रहीन।
**व्यारोष** पु० *(सं०)* क्रोध।
**व्यार्त** वि० *(सं०)* दुःखी, कष्टग्रस्त।
**व्यालम्बी(बिन्)** वि० *(सं०)* लटका हुआ।
**व्याल** पु० सर्प, व्याघ्र।
**व्यालायुध** पु० *(सं०)* व्यालनख।
**व्यालि** पु० *(सं०)* एक वैयाकरण, व्याडि।
**व्याल, व्यालू**' पु० नाश्ता, ब्यालू, सायंकालीन भोजन।
**व्यालून** वि० *(सं०)* कटा हुआ, छिन्न।
**व्यालोल** वि० थोड़ा हिलता हुआ।
**व्यावकलन** पु० *(सं०)* व्यवकलन, घटाना।
**व्यावचोरी** स्त्री० *(सं०)* आपस की चोरी।
**व्यावर्तक** वि० पीछे की ओर लौटने वाला।
**व्यावतर्य** वि० त्याज्य।
**व्यावर्ग** पु० *(सं०)* विभाग; विभाजन।
**व्यावर्तित** वि० *(सं०)* चक्कर खिलाया हुआ।
**व्यावल्गित** वि० *(सं०)* झोंके के साथ चलता हुआ।
**व्यावसायिक** वि० *(सं०)* व्यवसाय सम्बन्धी।
**व्यावहारिक** वि० *(सं०)* प्रचलित; मिलनसार; व्यवहार।
**व्यावहारी** स्त्री० *(सं०)* आदान-प्रदान, परस्पर लेनदेन।
**व्यावहार्य** वि० *(सं०)* जो जीर्ण-शीर्ण न हो; सक्षम।
**व्यवहासी** स्त्री० *(सं०)* परस्पर हँसना।
**व्याविध** वि० *(सं०)* विभिन्न प्रकार का।
**व्यावृति** स्त्री० *(सं०)* पृथक् करना, छाँटना।
**व्यावृत्** स्त्री० *(सं०)* विराम; प्राधान्य; भेद, अन्तर।
**व्याशा** स्त्री० *(सं०)* विदिशा।
**व्याश्रय** पु० *(सं०)* सहारा, साहाय्य।
**व्यासंग** पु० *(सं०)* पार्थक्य, बिलगाव।
**व्यासंगी(गिन्)** वि० *(सं०)* अत्यधिक आसक्त।
**व्यास** पु० *(सं०)* विस्तार, गोले की मध्य रेखा।
**व्यासासन** पु० *(सं०)* कथावाचक का आसन।
**व्यासिद्ध** वि० *(सं०)* वर्जित (माल); निषिद्ध।
**व्यासेध** पु० *(सं०)* वर्जन; निषेध; प्रतिबन्ध।
**व्याहत** वि० विशेष रूप से आहत।
**व्याहनस्य** वि० *(सं०)* बहुत अश्लील।
**व्याहरण** पु० कण्ठन, उक्ति।
**व्याहार** पु० *(सं०)* वार्तालाप, वाक्य।
**व्युच्छेद** पु० *(सं०)* उन्मूलन, विनाश।
**व्युत** वि० *(सं०)* बराबर किया हुआ, बुना हुआ।
**व्युत्क्रम** पु० *(सं०)* अतिक्रमण; अस्तव्यस्तता।
**व्युत्क्रान्त** वि० *(सं०)* जाने की क्रिया; उपेक्षित।
**व्युत्त** वि० *(सं०)* गीला किया हुआ, आर्द्र।
**व्युत्पत्ति** स्त्री० *(सं०)* दक्षता; बाढ़ विकास; बहुज्ञता।
**व्युत्पत्तिक** वि० *(सं०)* व्युत्पत्ति से सम्बद्ध।
**व्युत्पन्न** वि० *(सं०)* जिसकी व्युत्पत्ति की गयी हो।
**व्युत्पादक** वि० *(सं०)* उत्पन्न करने वाला।
**व्यत्पादित** वि० उत्पन्न किया हुआ।
**व्युपदेश** पु० छल, वंचना।
**व्युपरम** पु० *(सं०)* बाधा; विराम, अन्त।
**व्युषित** पु० *(सं०)* सवेरा।
**व्युष्टि** स्त्री० *(सं०)* प्रशंसा, स्तुति; प्रभात।
**व्यूढ** वि० *(सं०)* व्यवस्थित; दृढ़।
**व्यूढोरु** वि० *(सं०)* जिसकी जाँघें माँसल हों।
**व्यूह** पु० *(सं०)* स्थान-परिवर्तन; विस्तृत व्याख्या, रचना, समूह।
**व्यृद्धि** स्त्री० *(सं०)* संकट, दुर्भाग्य।
**व्योका(कस्)** वि० *(सं०)* अलग रहनेवाला।
**व्योकार** वि० *(सं०)* लोहार।
**व्योम(न्)** पु० *(सं०)* शरीरस्थ वायु; जल; अभ्रक, आकाश, बादल।
**व्योमाचारी** पु० देव, पक्षी नक्षत्र।
**व्योमोदक** पु० *(सं०)* वर्षा का जल।
**व्योम्निक** पु० *(सं०)* आकाश-सम्बन्धी।
**व्रज** पु० *(सं०)* भ्रमण, गमन; समूह, झुण्ड; गोस्थान।
**व्रजक** पु० *(सं०)* भ्रमण करने वाला संन्यासी।
**व्रजन** पु० *(सं०)* गमन, भ्रमण; देशत्याग।
**व्रजभाषा** स्त्री० अगर मथुरा के आस-पास की भाषा, व्रजपदेशीय भाषा।
**व्रजमण्डल** पु० व्रजभूमि।
**व्रण** सं० पु० फोड़ा, क्षत।
**व्रणस्राव** पु० घाव का रिसना।
**व्रत** पु० *(सं०)* किसी संकल्प की प्रतिज्ञा।
**व्रतिक** पु० *(सं०)* व्रताचारी।
**व्रतोपनयन** पु० *(सं०)* उपनयन-संस्कार।
**व्राजि** स्त्री० *(सं०)* आँधी, तूफान।

**व्रीड** पु० *(सं०)* लज्जा।
**व्रीडा** स्त्री० लज्जा।
**वीडित** पु० *(सं०)* विनय; लज्जा।
**ह्विस्की** स्त्री० *(अं०)* विदेश की बनी एक शराब।

## श

**श** देवनागरी वर्णमाला का तीसवाँ और ऊष्म वर्ग का पहला व्यंजन वर्ण। उच्चारण-स्थान तालु।
**शं** पु०(सं०) शिव, महादेव, शास्त्र; शस्त्र; श्रम, कल्याण, मंगल, सुख।
**शंक*** स्त्री० सन्देह, शंका।
**शंकन** पु० *(सं०)* डराना, भय उत्पन्न करना।
**शंकना*** अ० क्रि० डरना; सन्देह करना।
**शंकर** वि० *(सं०)* कल्याणकारी, शान्तिकारक।
**शंकरा** वि० *(सं०)* स्त्री० मंगल करने वाली।
**शंकराचारी** पु० अद्वैत मतावलम्बी।
**शंकरालय** पु० *(सं०)* कैलास पर्वत।
**शंकराह्वा** स्त्री० *(सं०)* शमी वृक्ष।
**शंकरी** स्त्री० *(सं०)* मजीठ; पार्वती; शमीवृक्ष।।
**शंकन** पु० *(सं०)* सकुची नामक मछली।
**शंका** स्त्री० *(सं०)* भय; सन्देह; एक संचारी भाव।
**शंकाभियोग** पु० *(सं०)* सन्देह का दोषारोपण।
**शंकालु** वि० *(सं०)* अकसर सन्देह करने वाला।
**शंकु** पु० *(सं०)* हंस; भाला; खूँटी; कील।
**शंकुक** पु० *(सं०)* छोटी खूँटी।
**शंकुर** वि० *(सं०)* भयानक, डरावना।
**शंकुला** स्त्री० *(सं०)* सरौता, सुपारी काटने का औजार।
**शंक्य** वि० *(सं०)* सन्देह या शंका करने योग्य।
**शंक्वाकार** पु० शंकु के आकार का, नुकीला।
**शंख** वि० *(सं०)* सौ पद्म। समुद्र में पैदा होनेवाले एक जन्तु का खोल जो पत्थर-सा कड़ा और सफेद होता है ।
**शंखज** पु० मोती।
**शंखधर** पु० विष्णु।
**शंखनक** पु० *(सं०)* छोटा शंख।
**शंखपाणि** पु० विष्णु।
**शंखमुख** पु० घड़ियाल।
**शंखस** पु० *(सं०)* शंखवलय।
**शंखान्तर** पु० *(सं०)* ललाट।
**शंखालु, शंखालुक** पु० *(सं०)* सफेद शकरकन्द।
**शंखास्थि** स्त्री० सिर की हड्डी।
**शंगर†** पु० एक प्रकार का वृक्ष।
**शंजरफ** पु० *(फ़ा)* ईंगुर।
**शण्ड, शण्ठ** पु० *(सं०)* हिजड़ा; मूर्ख व्यक्ति।
**शण्डशण्डा** पु० फटा हुआ दूध।
**शण्डामर्क** पु० *(सं०)* शंड और मअर्क नामक दैत्य।
**शण्डील** पु० *(सं०)* एक ऋषि।
**शम्पा** स्त्री० *(सं०)* विद्युत, बिजली; मेखला।
**शम्बर** पु० पानी; एक दैत्य।
**शम्बली** स्त्री० *(सं०)* कुटनी।
**शम्बा** पु० *(फ़ा)* शनिवार।
**शम्बु, शम्बुक, शम्बुक्क** पु० *(सं०)* घोंघा।
**शम्बूका** स्त्री० *(सं०)* घोंघा; सीपी।
**शम्भु** वि० *(सं०)* समृद्धिकारक।
**शंस** पु०, **शंसा** स्त्री० *(सं०)* कथन; वर्णन।
**शंसन** पु० *(सं०)* वर्णन करना; प्रशंसा, प्रार्थना करना।
**शंसनीय** वि० प्रार्थनीय।
**शंसित** वि० निश्चित।
**शंसी(सिन्)** वि० *(सं०)* भविष्यवक्ता।
**शंस्ता(तृ)** पु० *(सं०)* मन्त्र पाठक।
**शंस्य** वि० *(सं०)* अभिलषित; कथित।
**श** वि० *(सं०)* शुभ। पु० समृद्धि; शास्त्र; शिव; शस्त्र।
**शऊर** पु० गुण, आचरण, सलीका, ढंग, शऊर।
**शक, शक्क** पु० *(अ०)* शंका; संशय, सन्देह।
**शक** पु० *(सं०)* तातार देश के निवासी।
**शक़** वि० *(अ०)* दरार पड़ा हुआ, फटा हुआ; सन्देह।
**शकट** पु० *(सं०)* शरीर; धव का पेड़; रोहिणी नक्षत्र।
**शकटाक्ष** पु० गाड़ी की धुरी।
**शकटिका** स्त्री० बच्चों के खेलने की गाड़ी।
**शकठ** पु० मचान।
**शकर** पु० *(फ़ा)* गीले गुड़ को निचोड़कर तैयार किया गया बूरेदार पदार्थ; चीनी, बूरा, शर्करा।
**शकरपारा, शकरपाला** *(फ़ा)* पु० पकवान विशेष।
**शकल** स्त्री० आकृति, शक्ल।
**शकलित** वि० *(सं०)* खण्ड-खण्ड किया हुआ।
**शकली(लिन्)** पु० *(सं०)* चोइयाँदार मछली।
**शकलेन्दु** पु० अपूर्ण चन्द्र।

**शकान्तक** पु० *(सं०)* विक्रमादित्य।

**शकाब्द** पु० *(सं०)* शक संवत्।

**शकार** पु० *(सं०)* राजा की अनूढा पत्नी का भाई।

**शकारि** पु० *(सं०)* शकान्तक।

**शकील** वि० *(अ०)* रूपवान्, सुन्दर।

**शकीला** स्त्री० सुन्दरी, रूपवती।

**शकुन्तक** पु० *(सं०)* पक्षी; एक छोटी चिड़िया।

**शकन्ति** पु० *(सं०)* पक्षी।

**शकुन्तिका** स्त्री० *(सं०)* चिड़िया; झींगुर या टिड्डी।

**शकुन** पु० *(सं०)* पक्षी; गिद्ध, शुभाशुभ सूचक लक्षण।

**मुहा० शकुन आना/जाना** विवाह आदि शुभ अवसरों पर मांगलिक वस्तुओं का आदान-प्रदान। **शकुन करना** शुभ अवसरों पर मंगल के लिए कार्य करना। **शकुन निकालना/विचारना** कोई कार्य करने के पूर्व ज्योतिष द्वारा शुभ तिथि और शुभ मुहूर्त अथवा उस (कार्य) के शुभाशुभ फल जानना।

**शकुनाहृत** पु० *(सं०)* एक तरह का चावल।

**शकुनि** पु० *(सं०)* एक नाग; कौरवों का मामा।

**शकुनिका** स्त्री० *(सं०)* मादा पक्षी।

**शकुनिनाद** पु० प्रातःकालीन पक्षियों का निनाद, कलरव।

**शकुनी** पु० शकुन लेने वाला, शकुनफल ज्ञाता।

**शकुन्त** पु० मोर पक्षी।

**शकुलाक्ष** पु० *(सं०)* श्वेत दूर्वा; गण्ड दूर्वा, गाँडर दूब।

**शकुलाक्षा, शकुलाक्षी** स्त्री० *(सं०)* सफेद दूब।

**शकुलादनी** स्त्री० *(सं०)* एक औषधि, चक्रांगी।

**शक्कर** स्त्री० चीनी; शकर, कच्ची चीनी, खाँड।

**शक्करि** पु० *(सं०)* बैल।

**शक्करीं** वि० *(फ़ा)* शर्करायुक्त, मीठा।

**शक्की** वि० शंकालु, शंकाशील, शक करने वाला।

**शक्तव** पु० *(सं०)* सत्तू।

**शक्ति** स्त्री० *(सं०) (पावर)* सामर्थ्य, बल; ताकत।

**मुहा० शक्ति देखना** किसी विषय में किसी के बल, सामर्थ्य इत्यादि का परिचय मिलना। **शक्ति रखना** किसी कार्य के करने में समर्थ होना। **शक्ति लगना** बल, प्रभाव इत्यादि का प्रयोग होना।

**शक्तिता** *(अ०)* शक्ति के अनुसार।

**शक्तिमत** वि० *(सं०)* प्रबल, शक्तिशाली।

**शक्तिमती** वि० *(सं०)* शक्तिसम्पन्न।

**शक्तिमान** वि० *(सं०)* बलिष्ठ, ताकतवर।

**शक्तिहीन** वि० बल रहित नपुंसक।

**शक्तु** पु० *(सं०)* सक्तु।

**शक्तुक** पु० *(सं०)* एक विष।

**शक्न, शक्नु** वि० *(सं०)* प्रियंवद।

**शक्र** पु० *(सं०)* कुटज वृक्ष; ज्येष्ठा नक्षत्र; उल्लू।

**शक्राग्नि** पु० विशाखा, नक्षत्र।

**शक्राणी** स्त्री० *(सं०)* इन्द्राणी, शची।

**शक्रात्मज** पु० *(सं०)* अर्जुन; इन्द्रपुत्र, जयन्त।

**शक्राशन** पु० *(सं०)* भंग; कुटज।

**शक्रि** पु० *(सं०)* पर्वत; बादल; हाथी; वज्र।

**शक्ल** स्त्री० *(अ०)* चेहरा; ढंग; अन्दाज; नक्शा।

**मुहा० शक्ल दिखाना** मिलना, सामने आना। **शक्ल देखते रह जाना** मुग्ध हो जाना, चकित होना। **शक्ल न दिखाना** मुँह छिपाना, न मिलना। **शक्ल बिगाड़ना** चेहरे को असुन्दर कर लेना या कर देना।

**शक्वरी** स्त्री० *(सं०)* मुद्रिका; मेखला; गाय; उँगली।

**शक्वा** पु० *(अ०)* उलाहना, शिकायत, शिकवा।

**शक्वा (क्वन्)** पु० *(सं०)* हाथी।

**शख़्स** पु० *(अ०)* मानवदेह; व्यक्ति, आदमी।

**शख़्सीयत** स्त्री० व्यक्तित्व, वैयक्तिक विशेषताएँ।

**शगुन** पु० शकुन।

**शकुकुनिसा** पु० शकुन विचार करने वाला।

**शगूफ़ा** पु० शिगूफ़ा।

**शजर** पु० *(अ०)* तनेदार वृक्ष, पेड़।

**शजरा** पु० *(अ०)* वंशवृक्ष।

**शट** पु० *(सं०)* तेजाब; खटाई। वि० खट्टा, अम्ल।

**शटा** स्त्री० *(सं०)* जटा; सिंहकेसर, शेर का अयाल।

**शठ** पु० *(सं०)* दुष्ट; मध्यस्थ; सफेद सरसों; धतूरा।

**शठाम्बा** स्त्री० *(सं०)* अम्बष्ठा।

**शण** पु० सन का पौधा।

**शणई** स्त्री० सनई।

**शणीर** पु० *(सं०)* गंगा और सरयू के बीच का स्थल।

**शत** वि० *(सं०)* सौ; असंख्य। पु० सौ की संख्या।

**शतक** पु० *(सं०)* शताब्दी; विष्णु।

**शतघ्नी, शतहनी** स्त्री० *(सं०)* एक प्राचीन प्रक्षेपास्त्र।
**शतरंज** पु०, स्त्री० *(अ०)* एक प्रसिद्ध खेल, ।
**शतरंजी** स्त्री० रंग-बिरंगी दरी;।
**शतांगुल** पु० *(सं०)* ताल वृक्ष, सौ अंगुल लम्बा।
**शतांश** पु० *(सं०)* सौवाँ हिस्सा।
**शताक्षी** स्त्री० *(सं०)* रात्रि; सौंफ; पार्वती, दुर्गा।
**शताधिक** वि० *(सं०)* सौ से अधिक।
**शतानन्द** पु० *(सं०)* कृष्ण; विष्णु का रथ; ब्रह्मा; गौतम के पुत्र।
**शतानक** पु० *(सं०)* मरघट, श्मशान।
**शतानन** पु० *(सं०)* श्रीफल, बेल।
**शतानना** स्त्री० *(सं०)* एक देवी।
**शताब्द** पु०, **शताब्दी** स्त्री० *(सं०)* *(सेंचुरी)* सौ का समूह, सैकड़ा; सौ सालों की अवधि, शती।
**शतार्ध** पु० पचास की संख्या।
**शतायु(स्)** वि० *(सं०)* सौ वर्षों की आयु वाला।
**शतार** पु० *(सं०)* सुदर्शन चक्र; वज्र।
**शतारुक** पु० *(सं०)* एक तरह का कुष्ठ रोग।
**शतावधानी(निन्)** पु० *(सं०)*राघवेन्द्र; राम, शतावधान।
**शतावधानी** स्त्री० शतावधान का कार्य।
**शतावर** स्त्री० सतावर; सफेद मूसली।
**शतावरी** स्त्री० *(सं०)* कचूर, शटी; सतावर।
**शताह्वया** स्त्री० *(सं०)* सोआ; सौंफ; सतावर।
**शताह्वा** स्त्री० *(सं०)* शतावरी; सौंफ; अजमोदा।
**शतेर** पु० *(सं०)* हिंसा; शत्रु; चोट।
**शत्रि** पु० *(सं०)* हाथी; बल।
**शत्रु** पु० *(सं०)* वैरी; दुश्मन।
**शत्रुहन्ता** वि० शत्रु नाशक।
**शत्रुता** स्त्री, **शत्रुत्व** पु० *(सं०)* वैर, दुश्मनी।
**शत्रुताई*** स्त्री० शत्रुता।
**शत्रुत्व** पु० *(सं०)* शत्रुता।
**शतखण्ड** पु० स्वर्ण।
**शतगुण** पु० सौ गुना।
**शतचण्डी** स्त्री० सौ बार चण्डी पाठ।
**शतच्छद** पु० सौ पंखुड़ियों का कमल।
**शतदला** स्त्री० सेवती, गुलाब।
**शतपत्र** पु० कमल।
**शतपथ** वि० सैकड़ों मार्ग।
**शतपोर** पु० गन्ना।
**शतलक्ष** पु० सौ लाख, करोड़।
**शत्वरी** स्त्री० रात्रि।
**शद** पु० *(सं०)* कर; खाद्य शाक (फल, मूल आदि)।
**शदक** पु० *(सं०)* छिलके या भूसी सहित अन्न।
**शदीद** वि० *(अ०)* प्रबल, बहुत जोर का; कठिन।
**शद्रि** स्त्री० *(सं०)* बिजली; मिस्री।
**शन** पु० *(सं०)* मौनावलम्बन; शान्ति; शण।
**शनकावलि** स्त्री० *(सं०)* गजपिप्पली।
**शनपर्णी** स्त्री० *(सं०)* कटुकी।
**शनावर** वि० *(फ़ा)* तैरने वाला, तैराक।
**शनावरी** स्त्री० तैराकी; तैरना।
**शनि** पु० *(सं०)* सूर्यपुत्र; सप्ताह का अन्तिम दिन।
**शनिश्चर** पु० शनि।
**शनीद** स्त्री० *(फ़ा)* सुनने की क्रिया, श्रवण।
**शनीदा** वि० *(फ़ा)* सुना हुआ, श्रुत।
**शनैः** अ० *(सं०)* उत्तरोत्तर; क्रमशः; धीरे, चुपचाप।
**शन्तन** वि० सुशरीर वाला।
**शन्न** वि० *(सं०)* मुर्झाया हुआ, क्षीण।
**शपथ** स्त्री० *(सं०)* कसम; प्रतिज्ञा।
**शपन** पु० *(सं०)* शपथ; दुर्वचन, गाली।
**शपथ-पत्र** पु० शपथ खाकर लिखा गया पत्र।
**शप्त** पु० शापित।
**शप्ता** वि० शाप देने वाला।
**शपाशप** स्त्री०, अ० शपशप।
**शफ** पु० *(अ०)* खुर; नखी; पेड़ की जड़।
**शफ़क़** स्त्री० *(अ०)* सूर्योदय के पूर्व और सूर्यास्त के पीछे क्षितिज पर प्रकट होनेवाली लाली (अधिकतर संध्या की लाली के लिए प्रयुक्त)।
**मुहा० शफ़क़ फूलना** शफ़क़ का प्रकट होना।
**शफ़तालू** पु० *(फ़ा)* सतालू नामक फल।
**शफर** पु०, **शफरी** स्त्री० *(सं०)* पोठी मछली।
**शफ़ाअ़त** स्त्री० *(अ०)* सिफारिश।
**शफ़ीक़** वि० *(अ०)* हमदर्द; प्यारा; अनुग्रहकर्ता।
**शफ्फ़ाफ़** वि० *(अ०)* अति स्वच्छ; पारदर्शी।
**शब** स्त्री० *(फ़ा)* रात।
**शबनमी** स्त्री० *(फ़ा)* मसहरी।
**शबरक** पु० *(सं०)* जंगली आदमी, चितकबरा।
**शबल** पु० *(सं०)* जल; विभिन्न प्रकार का रंग।
**शबलता** स्त्री० चितकबरापन।

**शबाब** पु० *(अ०)* जवानी, बीस से चालीस बरस तक की उम्र।

**मुहा० शबाब फट पड़ना** पूरी तरह खिल उठना, जवानी का जोर पर होना।

**शबिस्तान** पु० *(फ़ा)* अन्तःपुर; पलंग।

**शबीना** वि० *(फ़ा)* बासी; रात का।

**शब्द** पु० *(सं०)* *(वड)* निर्विभक्तिक नाम जो वर्णसमूह द्वारा निर्मित और सार्थक हों; आप्तवचन।

**शब्दकर** वि० ध्वनिकारक।

**शब्दकारी** वि० शब्द करने वाला।

**शब्दचातुर्य** पु० बातचीत में चतुराई।

**शब्दचित्र** पु० अनुप्रास।

**शब्दन** वि० *(सं०)* शब्द, ध्वनि; शब्द करने वाला।

**शब्दविरोध** पु० शब्द मात्र से विरोध।

**शब्दब्रह्म** पु० वेर, श्रुति, ऊँकार।

**शब्दभेदी** पु० शब्द से लक्ष्यवेध करने वाला।

**शब्दविद्या** स्त्री० व्याकरण।

**शब्दहीन** वि० शब्द रहित।

**शब्दाक्षर** पु० *(सं०)* प्रणव, ओऽम्।

**शब्दाडम्बर** पु० *(सं०)* शब्दजाल।

**शब्दातीत** पु० *(सं०)* ईश्वर। वि० वर्णनातीते।

**शब्दाधिष्ठान** पु० *(सं०)* श्रवणेन्द्रिय, कान।

**शब्दानुशासन** पु० *(सं०)* व्याकरण।

**शब्दायमान** वि० *(सं०)* शब्दकारी, शब्द करता हुआ।

**शब्दार्थ** पु० *(सं०)* शब्द का अभिप्राय या अर्थ।

**शब्दार्थी** स्त्री० *(ग्लॉसरी)* व्याख्या।

**शब्दावली** स्त्री० *(सं०)* *(टर्मिनोलॉजी)* पारिभाषिक शब्दों की सूची।

**शमई** वि० शमा का; शमा के रंग का।

**शमन** वि० *(सं०)* दूर करने वाला।

**शमनीय** वि० *(सं०)* शमन करने योग्य।

**शमल** पु० *(सं०)* पाप; अपवित्रता; विपत्ति, दुर्भाग्य।

**शमशाद** पु० *(फ़ा)* एक लम्बा, सुन्दर वृक्ष।

**शमा** स्त्री० *(अ०)* मोम; मोमबत्ती; लव, दीया।

**शमिका** स्त्री० *(सं०)* शमी का पेड़।

**शमित** वि० शान्त किया हुआ।

**शमी** स्त्री० *(सं०)* बागुजि; शिम्बा।

**शमी(मिन्)** वि० *(सं०)* शान्त; आत्मसंयमी।

**शमीकरण** पु० *(सं०)* *(पैसिफिकेशन)* आत्मसंयम।

**शमीदा** वि० *(फ़ा)* उद्विग्न; मूर्च्छित।

**शमीर** पु० *(सं०)* छोटा शमी का पेड़, शमिर।

**शम्ब** पु० इन्द्र का वज्र।

**शम्बर** *(सं०)* पु० पानी, जल बादल; एक दैत्य।

**शम्बल** पु० तट, किनारा।

**शम्बु** पु० सीप, घोंघा।

**शम्बुक** पु० शंख, हाथी की सूँड़ का अगला भाग।

**शम्मा*** स्त्री० शमा, दीया, मोमबत्ती।

**शयथ** पु० *(सं०)* अजगर; मृत्यु। वि० सोया हुआ।

**शयन** पु० *(सं०)* नारी-सहवास; बिस्तर, बिछौना।

**शयनागार** पु० *(सं०)* शयनकक्ष।

**शयनीय** वि० शयन के योग्य।

**शयालु** पु० *(सं०)* गीदड़; अजगर; कुत्ता।

**शर** पु० तीर।

**शरट** पु० *(सं०)* गिरगिट; कुसुम्भ का साग।

**शरण** पु० *(सं०)* रक्षक; वध; अधीन व्यक्ति, मातहत।

**शरणा** स्त्री० *(सं०)* प्रसारणी लता।

**शरणागत** वि० *(सं०)* शरण में आया हुआ।

**शरणागति** स्त्री० *(सं०)* रक्षा के लिए शरण में जाना।

**शरणापन्न** वि० *(सं०)* शरणागत।

**शरणार्थी(र्थिन्)** पु० *(सं०)* *(रिफ्यूजी)* वह जो एक देश से निष्कासित होकर दूसरे देश में शरण ले।

**शरणि** स्त्री० *(सं०)* पंक्ति; हनन, हिंसा; मार्ग; पृथ्वी।

**शरणी** स्त्री० *(सं०)* प्रसारणी लता; अवली।

**शरण्य** पु० *(सं०)* रक्षा; शिव; आश्रय-स्थान।

**शरत्काल** पु० शरद ऋतु।

**शरदण्ड** पु० सरकण्डा।

**शरन्मुख** पु० *(सं०)* शरद् ऋतु का आरम्भ।

**शरन्मेघ** पु० *(सं०)* शरत् ऋतु का बादल।

**शरफ़** पु० *(अ०)* भलाई; मान, प्रतिष्ठा; खूबी।

**शरबत** पु० *(अ०)* एक प्रकार का पेय; चीनी, खाँड़ या शक्कर पानी में घोल कर दिया जाने वाला पेय।

**मुहा० शरबत पिलाना** ब्याह के पहले या पीछे बरातियों को शर्बत पिलाना (एक रस्म)। **शरबत के प्याले पर निकाह कर देना** बिना कुछ खर्च किये ब्याह कर देना।

**शरम** स्त्री० शर्म, हया, लज्जा *(फ़ा)*।

**शरमाऊं** वि० लजाधुर, शर्मीला, लज्जाशील।

**शरमाना** अ० क्रि० लज्जित होना।
**शरर** पु० *(अ०)* चिनगारी।
**शरल** वि० *(सं०)* कुटिल; सरल, सीधा।
**शरलक** पु० *(सं०)* जल।
**शराटि** पु० टिटहरी नामक पक्षी।
**शरापना*** स० क्रि० शाप देना।
**शराफ़त** स्त्री० *(अ०)* भद्रता; कुलीनता; भलमनसी।
**शराफा** पु० सर्राफा।
**शराफी** स्त्री० सर्राफी।
**शराब** स्त्री० *(अ०)* मद्य; पेय।
**शराबी** वि०, पु० मद्यव्यसनी, शराब पीने वाला।
**शराबोर** वि० भींगा हुआ, बिलकुल गीला।
**शरायुध** पु० *(सं०)* धनुष।
**शरारत** स्त्री० *(अ०)* पाजीपन, शैतानियत; बदमाशी।
**शरारु** पु० *(सं०)* हानिकारक जीव।
**शराब** पु० मिट्टी का पात्र, एक सेर की तोल, शरवा।
**शरावक** पु० *(सं०)* ढक्कन।
**शरावर** पु० *(सं०)* ढाल; तूणीर।
**शरासन** पु० कमान धृतराष्ट्र का एक पुत्र।
**शराश्रय** पु० *(सं०)* तरकश, तूणीर।
**शरास, शरासन** पु० *(सं०)* धनुष्।
**शरिष्ठ** वि० श्रेष्ठ।
**शरी(रिन्)** वि० *(सं०)* बाणयुक्त।
**शरीक** वि० *(अ०)* साझी; जोड़ीदार।
**शरीफ़** पु० *(अ०)* मक्के के शासक की पदवी।
**शरीफा** पु० श्रीफल, सीताफल।
**शरीर** पु० *(सं०)* अस्थि, माँस, मज्जा।
**शरीरान्त** पु० मृत्यु।
**शरीरावरण** पु० *(सं०)* चमड़ा; ढाल।
**शरीरास्थि** स्त्री० *(सं०)* कंकाल।
**शरीरी(रिन्)** पु० *(सं०)* प्राणी; मनुष्य।
**शरु** वि० *(सं०)* सूक्ष्म; शीर्ण; पतला।
**शर्करा** स्त्री० *(सं०)* बालुकाकण; कंकड़।
**शर्करासव** पु० *(सं०)* चीनी से बनी शराब।
**शर्त** स्त्री० *(अ०)* किसी सन्धि या समझौते की अंगभूति प्रतिज्ञा; होड़, बाजी, प्रतिज्ञा।
**मुहा० शर्त बदकर सोना** बहुत देर तक सोना, बड़ी लम्बी नींद लेना। **शर्त बदना/बाँधना** बाजी लगाना।
**शर्तिया, शर्तीया** अ० शर्त बदकर।
**शर्ती** वि० किसी शर्त, प्रतिज्ञा पर आश्रित।
**शर्बत** पु० शरबत, रस।
**शर्बती** वि० शरबती, रसयुक्त।
**शर्म** स्त्री० *(फ़ा)* लज्जा, इज्जत, लाज; खयाल।
**शर्मकृत** वि० मंगलाकारी।
**शर्मद** पु० वि० आनन्द दाता।
**शर्मन्** पु० सुख, आनन्द।
**शर्मर** पु० *(सं०)* एक तरह की पोशाक।
**शर्माऊ, शर्मालू** वि० लज्जाशील, शर्मीला।
**शर्माशर्मी** अ० लज्जावश, संकोचवश।
**शर्मिन्दगी** स्त्री० *(फा०)* शर्मिन्दा होना।
**मुहा० शर्मिन्दगी उठाना** लज्जित होना।
**शर्मिन्दा** वि० *(फ़ा)* लजाया हुआ, लज्जित।
**शर्मिसार** वि० *(फ़ा)* शर्मिन्दा, लज्जित।
**शर्मिरी** स्त्री० शर्मिन्दगी का भाव।
**शर्मी(र्मिन्)** सुखी; भाग्यशाली।
**शलंग** पु० *(सं०)* लवण-विशेष; राजा, लोकपाल।
**शल** पु० *(सं०)* ब्रह्मा; ऊँट; कंस का एक मन्त्री।
**शलक** पु० *(सं०)* मकड़ा; एक पक्षी।
**शलग़म** पु० *(फ़ा)* एक कन्द शाक जिसकी जड़ होती है।
**शलली** स्त्री० *(सं०)* साही का काँटा; छोटी साही।
**शलाका** स्त्री० *(सं०)* अँखुवा; उँगली; साही।
**शलाभोलि** पु० *(सं०)* ऊँट।
**शलालु** पु० *(सं०)* एक गन्धद्रव्य।
**शलूका** पु० कमर तक का एक पहनावा, पूरी आस्तीन का ब्लाउज।
**शल्क** पु० *(सं०)* छिलका; खण्ड, टुकड़ा; वृक्ष की छाल।
**शल्य** पु० *(सं०)* काँटा; कील, खूँटी; शलाका।
**शल्यक** पु० *(सं०)* भाला; काँटा; साही।
**शल्यक्रिया, शल्यचिकित्सा, शल्योपचार** पु० *(ऑपरेशन)* चीर-फाड़ द्वारा चिकित्सा करना।
**शल्ल** पु० *(सं०)* पु० त्वचा; वल्कल, पेड़ की छाल। वि० *(अ०)* थका-माँदा; सुन्न, शिथिल, जो हिलाया-डुलाया न जा सके।
**मुहा० शल्ल हो जाना** थककर चूर हो जाना।

**शल्लकी** स्त्री० सेहा पशु।
**शव** पु० *(सं०)* पानी; लाश, मृत शरीर।।
**शवता** स्त्री० *(सं०)* निष्प्राणत्व, मुर्दापन, निश्चेष्टता।
**शवर** पु० *(सं०)* किरात, शबर।
**शवल** वि०, पु० *(सं०)* शबल, चितकबरा।
**शवलित** वि० *(सं०)* मिश्रित।
**शवली** स्त्री० *(सं०)* शबली।
**शवसान** पु० *(सं०)* पथिक, राही; मार्ग; श्मशान।
**शवाग्नि** स्त्री० *(सं०)* चिता की अग्नि।
**शवाच्छादन** पु० *(सं०)* कफन।
**शवाग्नि** स्त्री० *(सं०)* चिता की अग्नि।
**शश** पु० खरहा, चन्द्र कलंक।
**शशक** पु० *(सं०)* खरगोश, खरहा।
**शशधर** पु० चन्द्रमा।
**शशांक** पु० *(सं०)* चन्द्रमा; कपूर।
**शशाण्डुलि, शशाण्डुली** स्त्री० *(सं०)* कड़वी ककड़ी।
**शशिधर** *(सं०)* पु० महादेव शिव।
**शशिशाला*** स्त्री० शीशमहल।
**शष्कुल** पु० *(सं०)* करंज।
**शष्कुली** *(सं०)* स्त्री० कान का छेद।
**शसा*** पु० खरहा, खरगोश।
**शसि, शसी*** पु० चन्द्रमा।
**शस्तक** पु० *(सं०)* अंगुलित्राण।
**शस्ति** स्त्री० *(सं०)* स्तोत्र, स्तुति; प्रशंसा।
**शस्त्र** पु० *(सं०)* *(वेपन)* हथियार; औजार।
**शस्त्रविद्या** स्त्री० युद्ध विद्या।
**शस्त्रागार** पु० *(सं०)* शस्त्रागार, शस्त्रगृह।
**शस्त्राजीव** वि० *(सं०)* शस्त्रजीवी।
**शस्त्राभ्यास** पु० *(सं०)* युद्धकला का अभ्यास।
**शस्त्रायस** पु० *(सं०)* लोहा, इस्पात।
**शस्त्रालय** पु० *(सं०)* असलहा रखने का स्थान।
**शस्त्रोपचार** पु० *(सं०)* शल्य चिकित्सा।
**शस्य** पु० *(सं०)* फसल; वृक्षादि से निकला हुआ फल-फूल आदि; अन्न, धान्य; नयी घास।
**शस्यक** पु० *(सं०)* तलवार; एक रत्न।
**शस्यागार** पु० *(सं०)* अन्न रखने का स्थान, खलिहान।
**शस्यारु** पु० *(सं०)* शमी वृक्ष का एक भेद।
**शह** पु० *(फ़ा)* हिमायत; राजा, बादशाह; मदद।
**शहद** वि० *(अ०)* अति मधुर। पु० मधु। **मुहा० (कानों में) शहद घोलना** अति मधुर, सुखद वचन बोलना। **शहद लगाकर अलग हो जाना** झगड़ा लगाकर आप अलग हो जाना। **शहद लगाकर चाटना** निरर्थक चीज को यत्न से रखे रहना।
**शहना** पु० *(फ़ा)* शह्ना।
**शहनाई** पु० *(फ़ा)* मुँह से फूँककर बजाया जाने वाला एक प्रसिद्ध बाजा, नफीरी।
**शहवत** स्त्री० *(अ०)* कामना; सम्भोग या मैथुन की इच्छा; भोगेच्छा।
**शहादत** स्त्री० *(अ०)* गवाही, साक्ष्य।
**शहाब** पु० *(फ़ा)* कुसुम को भिगोकर निकाला जाने वाला गहरा लाल रंग।
**शहाबी** स्त्री० एक तरह की सुर्ख महताबी।
**शही** स्त्री० बादशाही; मिठाई।
**शहीद** वि० *(अ०)* जो क्रान्ति के लिए प्राणोत्सर्ग करे।
**शहीदी** वि० लाल; शहीद होने को तैयार।
**शह्ना** पु० *(अ०)* फसल की रखवाली करने वाला;
**शांकरि** पु० *(सं०)* कार्त्तिकेय; गणेश; आग।
**शांकरी** स्त्री० *(सं०)* शिवसूत्र; शंकरमिश्र का भाष्य।
**शांकुची** स्त्री० *(सं०)* शकुची मछली।
**शांख** वि० *(सं०)* शंख-सम्बन्धी; शंख-निर्मित।
**शांख्य** वि० *(सं०)* शांख।
**शांगुष्ठा** स्त्री० *(सं०)* गुंजा।
**शांची** स्त्री० *(सं०)* शाक का एक भेद।
**शाण्डाकी** स्त्री० *(सं०)* एक जानवर।
**शाण्डिल्य** पु० *(सं०)* उक्त गोत्र में उत्पन्न व्यक्ति।
**शान्त** *(सं०)* वि० गम्भीर, सौम्य चुप, स्थिर, निर्विघ्न, मौन।
**शान्तनव** पु० *(सं०)* शान्तनु के पुत्र, भीष्म।
**शान्तनु** पु० *(सं०)* कर्कटी, ककड़ी।
**शान्ति** स्त्री० *(सं०)* *(पीस)* निःशब्दता, सूनापन।
**शान्तिक** पु० *(सं०)* विपद्, अमंगल।
**शान्तिकर्म** *(सं०)* पु० शान्ति दायक कर्म।
**शान्तिमय** वि० *(सं०)* शान्तिगुण युक्त; निर्विघ्न; शान्तिपूर्ण।
**शान्तिप्रद** *(सं०)* वि० शान्ति दायी।
**शान्तवति** स्त्री० *(सं०)* ब्राह्मणयष्टिका।

**शाम्ब** पु० *(सं०)* जाम्बवती से उत्पन्न कृष्ण का पुत्र।

**शाम्बक** *(सं०)* पु० घोंघा।

**शाम्बरिक** *(सं०)* पु० जादूगर।

**शाम्बविक** पु० *(सं०)* शांखिक, शंख-व्यवसायी।

**शाम्बुक, शाम्बूक** पु० *(सं०)* घोंघा।

**शाम्भर** पु० *(सं०)* साँभर।

**शाम्भव** *(सं०)* वि० शिव से सम्बन्धित।

**शाम्भवी** स्त्री० *(सं०)* नीली दूब; पार्वती, दुर्गा।

**शाइरी** स्त्री० *(फ़ा)* शायरी।

**शाइस्तगी** स्त्री० *(फ़ा०)* विनय; शिष्टता, सभ्यता।

**शाकण्ट** पु० *(सं०)* बथुआ।

**शाकम्भरीय** पु० *(सं०)* साँभर नमक।

**शाक** पु० *(अ०)* शक करने वाला; सिपाही; साग।

**शाकरी** स्त्री० *(सं०)* शाकारी; प्राकृत भाषा का एक निम्न रूप, प्रकार।

**शाकल** पु० *(सं०)* हवन-सामग्री।

**शाकलि, शाकली(लिन्)** पु० *(सं०)* मछली।

**शाकलिक** वि० *(सं०)* शाकल, शकल-सम्बन्धी।

**शाकांग** पु० *(सं०)* काली मिर्च।

**शाका** स्त्री० *(सं०)* हड़, हरीतकी।

**शाकाशन** वि० *(सं०)* शाकाहारी।

**शाकाहार** पु० *(सं०)* फूल, फल, पत्रादि का भोजन।

**शाकिन** पु० *(सं०)* खेत, शाकट।

**शाकिनी** स्त्री० *(सं०)* दुर्गा की एक अनुचरी।

**शाकिर** वि० *(अ०)* सन्तोष करने वाला; कृतज्ञ

**शाकी** वि० *(अ०)* फरियाद करने वाला।

**शकुन** *(सं०)* पु० शकुन बताने वाला।

**शकुनि** *(सं०)* पु० बहेलिया।

**शाकुन्तिक** पु० *(सं०)* बहेलिया, चिड़ीमार।

**शाकुलिक** पु० *(सं०)* मछलियों का ढेर।

**शाकेक्षु** पु० *(सं०)* ईख का एक प्रकार।

**शाक्कर** पु० *(सं०)* एक रीति या संस्कार; वृष, बैल।

**शाख** पु० *(सं०)* करंज; कार्त्तिकेय।

**शाख़** स्त्री० *(फ़ा)* टुकड़ा; फाँक; पौधे की कलम; शाखा, डाली।

**मुहा० शाख़ निकलना** ऐब निकलना; टहनी निकलना। **शाख़ निकालना** टहनी निकालना; ऐब निकालना, नुक्ताचीनी करना। **शाख़ लगना** पंख लगना; ऐब होना; टहनी लगना।

**शाख़ा** पु० *(फ़ा)* टहनी, शाखा।

**शाख़ामृग** *(सं०)* पु० बन्दर, गिलहरी।

**शाखाम्ला** स्त्री० *(सं०)* इमली।

**शाखोच्चार** *(सं०)* पु० विवाह के समय वंश वर्णन।

**शाखोट, शाखोटक** पु० *(सं०)* सिरोह का पेड़।

**शाख्य** वि० *(सं०)* शाखा-सम्बन्धी; शाखा के सदृश।

**शागिर्द** पु० *(फ़ा)* विद्यार्थी, शिष्य, चेला, ।

**शागिर्दाना** पु० *(फ़ा)* गुरुदक्षिणा।

**शागिर्दी** स्त्री० शिष्यता, शागिर्द होना।

**शाचि** वि० *(सं०)* प्रबल; प्रसिद्ध। पु० जौ की दलिया।

**शाज़** वि० *(अ०)* अनोखा; दुर्लभ, कमयाब।

**शाट** पु० *(अं०)* गेंद पर जोर से किया गया आघात।

**शाट, शाटक** *(सं०)* पु० पट वस्त्र, कपड़े का टुकड़ा।

**शाटिका, शाटी** स्त्री० *(सं०)* साड़ी; वस्त्र।

**शाठ्य** पु० *(सं०)* छल; छद्म; शठता, दुष्टता।

**शाठ्यग्रन्थि** स्त्री० *(कोल्यूज़न)* दुष्टता के उद्देश्य से की जानेवाली साँठ-गाँठ।

**शाणक** पु० *(सं०)* सन का बना वस्त्र।

**शाणि** स्त्री० *(सं०)* पटुआ, पट्टवृक्ष।

**शाणिशाणित** वि० *(सं०)* कसौटी पर कसा हुआ; जो तेज या तीक्ष्ण किया गया हो, सान रखा हुआ।

**शाणी** स्त्री० *(सं०)* सान; टाट; तम्बू; उपनयन संस्कार के अवसर पर ब्रह्मचारी को पहनने के लिए दिया जाने वाला सन का बना वस्त्र; आरा; चार माशे की तौल; सन के रेशों से बना वस्त्र; फटी पोशाक; छिद्रमय वस्त्र; कसौटी; हाथों और आँखों से किया जाने वाला इशारा।

**शाणोपल** पु० *(सं०)* सान धरने का पत्थर।

**शात** पु० *(सं०)* आनन्द, प्रसन्नता; सुख; धतूरा। वि० तेज किया हुआ, निशित; दुबला, कमजोर; पतित; सुखी; सुन्दर; पतला; दीप्तिशाली।

**शातभीरु** पु० मल्लिका पृष्प का एक भेद।

**शातकर्णि** पु० *(सं०)* एक ऋषि।

**शातकुम्भ** पु० *(सं०)* करवीर वृक्ष; धतूरा।

**शातकौम्भ** पु० *(सं०)* स्वर्ण। वि० स्वर्णनिर्मित।

**शातक्रतव** पु० *(सं०)* इन्द्रधनुष।

**शातन** पु० *(सं०)* उच्छेदन, विभाजन, काटना; क्षीण होना; तेज करना, तीक्ष्ण; कटवाना; गिरवाना; पातन; मुरझाना, नष्ट होना।

**शातिर** पु० *(अ०)* शतरंज खेलने वाला चोर, पक्का चोर। वि० अत्यन्त धूर्त, काइयाँ, चालाक।

**शातोदर** वि० *(सं०)* पतली कमर; दुबला-पतला।

**शातोदरी** स्त्री० *(सं०)* पतली कमरवाली स्त्री।

**शादा** स्त्री० *(सं०)* ईंट।

**शादाब** वि० *(फ़ा)* हरा-भरा; सुसिक्त, सींचा हुआ।

**शादाबी** स्त्री० *(फ़ा)* सुसिक्त, हरा-भरा होना।

**शादी** स्त्री० *(फ़ा)* हर्षोत्सव; ब्याह; खुशी।

**शाद्वल** वि० *(सं०)* हरा; नयी घास से युक्त, हरी घास से युक्त, नवतृणबहुल, नव-तृणाच्छित। पु० गोचारण भूमि, हरित भूमि, घास का मैदान।

**शाद्वलाभ** पु० *(सं०)* एक हरा कीड़ा।

**शाद्वली** वि० हरा भरा।

**शान** स्त्री० *(फ़ा)* गौरव, बड़प्पन; ठसक; रूप, शक्ल; ताकत, कुदरत (खुदा की शान); प्रतिष्ठा (शान घटना); ठाट; दबदबा; अन्दाज; अवसर।
**मुहा० शान बरसना** गौरव, दबदबा प्रकट होना। **शान में बट्टा लगना** हेठी होना, प्रतिष्ठा घटना।

**शान** पु० *(सं०)* कसौटी, निकष, शाण।

**शानपाद** पु० चन्दन रगड़ने का पत्थर; पारियात्र पर्वत।

**शाना** पु० *(फ़ा)* मोढ़ा, कन्धा; मोढ़े की हड्डी; कंघी।

**शाप** पु० *(सं०)* अनिष्ट कामना से कहा गया कथन; बद्दुआ, आक्रोश; जली-कटी सुनाना।

**शापटिक** पु० *(सं०)* मोर पक्षी।

**शापग्रस्त** *(सं०)* वि० जिसे शाप दिया गया हो।

**शापमुक्त** *(सं०)* वि० जिसके ऊपर से शाप हट गया हो।

**शापान्त, शापावसान** पु० *(सं०)* शाप की समाप्ति।

**शापित** *(सं०)* वि० जिसे शाप दिया गया हो।

**शापोत्सर्ग** पु० *(सं०)* शाप देने की क्रिया।

**शापोद्धार** पु० शापमुक्ति, शाप से छूटना, शाप के प्रभाव से बच जाना।

**शाफरिक** पु० *(सं०)* मछली मारने वाला व्यक्ति, मछुआ, मल्लाह।

**शाफ़ा** पु० *(फ़ा)* आँख के ऊपर रखा जाने वाला रुई का फाहा; रुई की बत्ती जो दवा में भिगोकर जख्म के अन्दर रखी जाये; साबुन की बत्ती जो पाखाना लाने के लिए गुदा में रखी जाती है।

**शाफ़ी** वि० *(अ०)* सान्त्वना देने वाला।

**शाब्द** *(सं०)* पु० शब्द शास्त्र, वैयाकरण।

**शाबर** पु० *(सं०)* लोध्र वृक्ष; शबर मृग का चमड़ा; ताँबा; अँधेरा; अपराध, गलती; बदमाशी; पाप; दुष्टता। वि० शबर-सम्बन्धी; जंगली, क्रूर; नीच।

**शाबारिका** स्त्री० *(सं०)* भैंसहिया जोंक, सबरी जोंक, एक प्रकार की मोटी और लम्बी जोंक।

**शाबरी** स्त्री० *(सं०)* शबर जाति की भाषा; प्राकृत भाषा का एक निम्न प्रकार जो पहाड़ी और जंगली जातियों द्वारा बोली जाती थी।

**शाब्दानुवाद** पु० *(सं०)* शब्द का अनुवाद।

**शाब्दिक** वि०, पु० *(सं०)* मौखिक जैसे—शाब्दिक अभिव्यक्ति; शाब्द, शब्द का (जैसे—शाब्दिक अर्थ); शब्द रूप में होने वाला जैसे—शाब्दिक सहानुभूति।

**शाब्दी** *(सं०)* वि० शब्द विषयक।

**शाम** वि० *(सं०)* शम, शान्ति-सम्बन्धी। स्त्री० *(फ़ा)* सूर्यास्त का समय, सन्ध्या। पु० सीरिया; *श्याम।
**मुहा० शामो सहर** रात दिन, हमेशा। **शाम की सुबह करना** सारी रात जागकर बिताना। **शाम सुबह करना** टालना।

**शामक** वि० *(सं०)* कष्ट, पीड़ा, दर्द आदि कम करनेवाली दवा; शमन करने वाला।

**शामत** स्त्री० *(अ०)* मुसीबत; कमबख्ती, दुर्भाग्य।
**मुहा० शामत आना** बुरे दिन आना। **शामत का मारा** दुर्दशाग्रस्त। **शामत की मार** दुर्भाग्य की मार। **शामत सवार होना** शामत आना।

**शामती** वि० अभागा, शामत का मारा।

**शामन** पु० *(सं०)* मारण; हत्या; बलि; शान्ति; शमन; अन्त; यम।

**शामित्र** वि० *(सं०)* बलि चढ़ाने वाले से सम्बद्ध। पु० हिंसा, यज्ञ में पशुबलि; बलि-पशु का माँस पकाने की अग्नि; माँस पकाने का स्थान; बलि के निमित्त पशु को यूप में बाँधना; यज्ञ; यज्ञपात्र; घातक मार, चोट।

**शामियाना** पु० *(फ़ा)* बड़ा और साधारणतः चारों ओर खुला हुआ तम्बू।

**शामिल** वि० *(अ०)* मिला हुआ; इकट्ठा।

**शामिलात** स्त्री० साझे की जायदाद, हिस्सेदारी; अनेक हिस्सेदारों की संयुक्त सम्पत्ति।

**शामिलाती** वि० संयुक्त।

**शामी** स्त्री० छड़ी या औजार आदि की रक्षा के लिए उस पर पहनाया जाने वाला लोहे, पीतल आदि का छल्ला। पु० शाम कर देने वाला।

**शामीन** पु० *(सं०)* भस्म, स्रुवा; यज्ञ में प्रयुक्त होने वाली करछी।

**शामील** पु० *(सं०)* भस्म।

**शामीली** स्त्री० *(सं०)* माला।

**शामूल** *(सं०)* पु० ऊनी वस्त्र।

**शाय** पु० *(सं०)* सोना; लेटना।

**शायक** पु० *(सं०)* तलवार; बाण।

**शायाँ** वि० *(फ़ा)* अनुरूप, योग्य।

**शाया** वि० *(अ०)* प्रकाशित (पुस्तक आदि); विज्ञापित; प्रकट।

**शायिक** पु० *(सं०)* शय्या बनाकर अपनी जीविका चलाने वाला, शय्या निर्माण करने का जानकार।

**शायिका** स्त्री० *(सं०)* पलंग, चारपाई।

**शायित** वि० *(सं०)* गिरा पड़ा हुआ, पतित; सोया हुआ, लेटा हुआ; सुलाया, लेटाया हुआ।

**शायी(यिन्)** वि० *(सं०)* लेटने वाला, सोने वाला।

**शारंग** पु० *(सं०)* सारंग, चितकबरा।

**शारंगी** स्त्री० *(सं०)* सारंगी, एक वाद्य यन्त्र।

**शार** पु० *(सं०)* पासा; शतरंज का मोहरा; चितकबरा रंग; वायु; हरा रंग; हिंसक क्रिया, चोट पहुँचाना। वि० पीला; चितकबरा, विभिन्न रंग से मिश्रित, मिश्रित वर्णयुक्त।

**शारद** पु० *(सं०)* शरत्काल; वर्ष; शरत्काल में उत्पन्न होने वाला अन्न; श्वेत कमल; शरत्-काल की धूप। वि० नवीन; शरद काल में होने वाला; अभिनव, ताजा; विनम्र, लज्जाशील।

**शारदाम्बा** स्त्री० *(सं०)* सरस्वती।

**शारदा** स्त्री० *(सं०)* दुर्गा; ब्राह्मी; श्यामा लता, सारिवा; सरस्वती; एक प्रकार की वीणा।

**शारदिक** पु० *(सं०)* शरद् ऋतु में किया जाने वाला श्राद्ध; शरत् ऋतु की धूप; शरद ऋतु में होने वाला रोग; वार्षिक श्राद्ध।

**शारदी** वि० स्त्री० *(सं०)* शरत् ऋतु-सम्बन्धी। स्त्री० सप्तपर्ण; आश्विन पूर्णिमा; जलपीपल।

**शारदी(दिन्)** वि० *(सं०)* शरत्काल-सम्बन्धी।

**शारदीय** वि० *(सं०)* शरत् ऋतु-सम्बन्धी।

**शारदीया** स्त्री० *(सं०)* शरद्कालीन पूर्णिमा।

**शारद्य** वि० *(सं०)* शरत् ऋतु-सम्बन्धी, शारदीय। पु० शरत् ऋतु में होने वाला अन्न।

**शारद्वत** पु० *(सं०)* कृपाचार्य *(म० भा०)*; गौतम।

**शारि** स्त्री० *(सं०)* मैना, शारिका; कपट; निन्दा; हाथी की झूल; एक गान। पु० छोटा गेंद; शतरंज की गोटी; पासे की गोट, जुआ खेलने का सामान।

**शारिका** स्त्री० *(सं०)* तान्त्रिक (सारंगी आदि) वाद्यों को बजाने की धनुष की तरह की कमानी; शतरंज आदि खेलना; वीणा आदि का वादन; मैना पक्षी; शतरंज की गोटी; दुर्गा।

**शारित** वि० *(सं०)* रंगीन; रंग-बिरंगा।

**शारी** स्त्री० *(सं०)* शतरंज की गोट; कुशा; मैना; गेंद।

**शारीर** पु० *(सं०)* शरीर का ढाँचा; आत्मा, शरीर स्थित जीवात्मा; मल; वृष, बैल, साँड़; शरीररचना शास्त्र। वि० शरीर से सम्बद्ध; शरीर-सम्बन्धी; शरीर से उत्पन्न, देहज।

**शारीरक** पु० *(सं०)* आत्मा। वि० देह-सम्बन्धी।

**शारुक** वि० *(सं०)* शरीर; दुष्ट, शरारती; चोट पहुँचाने वाला, हिंसक।

**शार्कर** वि० *(सं०)* शर्करायुक्त; कँकरीला; चीनी का या चीनी से बना हुआ, शर्करा-निर्मित; रवेदार। पु० दुग्धफेन; लोध का पेड़; कँकरीला स्थान।

**शार्करक, शार्करिक, शार्करीय** वि० *(सं०)* कंकरीला।

**शार्ग** *(सं०)* पु० धनुष।

**शार्गंधर** पु० विष्णु।

**शार्व** वि० *(सं०)* शिव-सम्बन्धी।

**शार्वर** पु० *(सं०)* अत्यधिक अन्धकार, अन्धतमस्। वि० दुष्टतापूर्ण, घातक; रात्रि-सम्बन्धी।

**शार्वरिक** वि० *(सं०)* रात्रि-सम्बन्धी।

**शार्वरी** स्त्री० *(सं०)* लोध; रात।

**शालंकि** पु० *(सं०)* पाणिनि।

**शाल** स्त्री० *(फ़ा)* ऊनी या रेशमी चादर; कश्मीर में बननेवाली दुम्बे के बालों की चादर।

**शालग्राम** *(सं०)* पु० विष्णु की मूर्ति।

**शाल** पु० *(सं०)* चहारदीवारी, घेरा; राजा शालिवाहन; सखुआ का पेड़, साखू; वृक्ष; मत्स्य विशेष।

**शालक** पु० *(सं०)* एक राग; विदूषक; पटुआ।

**शालन** *(सं०)* पु० साग।

**शालव** पु० *(सं०)* लोध्र वृक्ष।

**शालांकी** स्त्री० *(सं०)* पुतली।

**शालांचि** पु० *(सं०)* एक शाक।

**शाला** स्त्री० *(सं०)* मकान का एक हिस्सा, गृहांश; गृह; स्थान; पेड़ की बड़ी प्रधान डाल।

**शालाद्वार** *(सं०)* पु० घर का द्वार।

**शालाकी(किन्)** पु० *(सं०)* बरछी धारण करने वाला; अस्त्र-वैद्य; शल्य-चिकित्सक, नाई।

**शालाक्य** पु० *(सं०)* गर्दन से ऊपर का शल्य चिकित्सक; आयुर्वेदोक्त शल्य-चिकित्सा-सम्बन्धी एक शाखा जिसमें गर्दन के ऊपर की इन्द्रियों की चिकित्सा का विवेचन है।

**शालाजिर** पु० *(सं०)* मिट्टी का प्याला, कसोरा।

**शालानी** स्त्री० *(सं०)* शालपर्णी, विदारी।

**शालामृग** *(सं०)* पु० कुत्ता, सियार।

**शालार** पु० *(सं०)* सोपान; चिड़िया का पिंजड़; हस्तिनख; सीढ़ी; दीवार में गड़ी खूँटी।

**शालि** पु० *(सं०)* गन्धमार्जार या मुश्कबिलाव, जिसकी नाभि से एक प्रकार की कस्तूरी निकलती है; जड़हन चावल, चावल; जिसका पौधा रोपा जाता है, यह हेमन्त ऋतु में होता है।

**शालिक** वि० *(सं०)* भवन-सम्बन्धी; शाल-सम्बन्धी। पु० *(टैक्स)* एक तरह का कर; जुलाहा; कारीगरों का गाँव।

**शालिका** स्त्री० *(सं०)* स्थान; आधार; गृह; विदारिका कन्द; शारिका; शालपर्णी।

**शालिगोप** *(सं०)* पु० धान के खेत का रखवाला।

**शालिनी** स्त्री० *(सं०)* एक वर्णवृत्त; गृहिणी, गृहस्वामिनी। वि० स्त्री० शाली(लिन्)।

**शालिहोत्र** *(सं०)* पु० पशुचिकित्सा शास्त्र, यज्ञ विशेष।

**शालिहोत्री** *(सं०)* पु० पशु वैद्य, यज्ञकर्त्ता।

**शाली** वि० *(सं०)* मेथी; काला जीरा।

**शाली(लिन्)** वि० *(सं०)* शाला-सम्बन्धी; युक्त, सहित।

**शालीन** वि० *(सं०)* सुशील; समान, तुल्य; अधृष्ट, विनम्र; लज्जाशील; धनी। पु० गृहस्वामी।

**शालीनता** स्त्री० *(सं०)* विनम्रता; लज्जा, समान होने का भाव।

**शालीय** वि० *(सं०)* शाला-सम्बन्धी।

**शालु** पु० *(सं०)* कषाय द्रव्य; मेंढक; कुमुद आदि की जड़, भसींड़; जातीफल; चोरक औषधि।

**शालुक** पु० *(सं०)* कमल आदि की जड़।

**शालूक** पु० *(सं०)* मेंढक; भसींड़; जातीफल।

**शालूर** पु० *(सं०)* मेंढक।

**शाल्मल** पु० *(सं०)* शाल्मली वृक्ष का गोंद; सेमल का पेड़; पृथ्वी के सात खण्डों में से एक खण्ड।

**शाल्मलि** पु०, स्त्री० *(सं०)* शाल्मल; नरक-विशेष।

**शाल्मलिनी** स्त्री० *(सं०)* सेमल का पेड़।

**शाल्मली** स्त्री० *(सं०)* पाताल की एक नदी; सेमल का पेड़, शाल्मलि वृक्ष।

**शाल्मली(लिन्)** पु० *(सं०)* गरुड़।

**शावक** पु० *(सं०)* पशु-पक्षी का बच्चा, मृग का बच्चा।

**शावरी** वि० *(सं०)* शूकशिम्बी, केवाँच।

**शाश्वत** वि० *(सं०)* सब; सततस्थायी; निरन्तर, नित्य। पु० शिव; स्वर्ग; वेदव्यास; सूर्य; नैरन्तर्य, नित्यता।

**शाश्वतिक** वि० *(सं०)* शाश्वत।

**शाश्वती** स्त्री० *(सं०)* पृथ्वी।

**शाष्कुल** वि० *(सं०)* माँसभक्षक; मत्स्यभक्षी।

**शाष्कुलिक** पु० *(सं०)* सेंकी हुई रोटियों का ढेर।

**शासक** पु० *(सं०)* राजा, शास्ता, शासन करने वाला व्यक्ति; दण्ड देने वाला व्यक्ति; राज्य-शासन का संचालक, व्यवस्थापक, हाकिम।

**शासन** पु० *(सं०) (गवर्नमेण्ट)* सरकार, हुकूमत; आज्ञा, हुक्म; राज्यादेश, सरकारी हुक्म; सरकार द्वारा किसी व्यक्ति, जाति, नगर, प्रान्त, देश के नियन्त्रण, संचालन, हुकूमत का कार्य; किसी के कार्यादि की देखरेख, अनुशासन; स्मृति, शास्त्र; किसी को वश में रखना; निर्देशन, नियन्त्रण; कागज, ताम्र पट्ट आदि पर लिखित दान आदि; लिखित शर्त, प्रतिज्ञा, समझौता आदि; इन्द्रियों का नियन्त्रण; राजा द्वारा दी गयी भूमि; दण्ड।

**शासनान्तर्गत, शासनाधीन** वि० *(सं०)* वशीभूत; अधिकृत; जो शासन के भीतर हो।

**शासनातिवृत्ति** स्त्री० *(सं०)* राजाज्ञा आदि का उल्लंघन।

**शासनात्मक** वि० *(सं०)* शासन सम्बन्धी।

**शासनादिष्टप्रदेश** पु० *(मैनडेटेड टेरीटरी)* वे पिछड़े हुए प्रदेश या भूखण्ड जिनका शासनभार प्रथम महायुद्ध के बाद राष्ट्रसंघ के आदेश से ब्रिटेन आदि उन्नत विजेता राष्ट्रों को सौंप दिया गया था।

**शासनादेश** पु० *(मैनडेट)* प्रथम महायुद्ध के पूर्व जर्मनी तथा तुर्की के अधिकार में जो उपनिवेश या क्षेत्र थे, उनपर उनके स्वशासन योग्य होने तक शासन करने का ब्रिटेन, फ्रांस आदि को राष्ट्रसंघ द्वारा दिया गया आदेश।

**शासनिक विपर्यय** पु० *(कूडेटा)* शासन व्यवस्था में एकाएक एवं बलपूर्वक किया गया परिवर्तन; बलात् सत्तापहरण।

**शासनादेश** पु० *(सं०)* शासन का हुक्म।

**शासनाधिकार** पु० *(सं०)* शासन की शक्ति।

**शासनाध्यक्ष** पु० *(सं०)* शासन का प्रमुख।

**शासनारूढ़** वि० *(सं०)* शासन के आसन पर आरूढ़।

**शासनिक** वि० *(सं०)* शासन सम्बन्धी।

**शासनी** स्त्री० *(सं०)* धर्मोपदेश करने वाली स्त्री।

**शासनीय** वि० *(सं०)* दण्डनीय; शासन के योग्य, नियन्त्रण के योग्य।

**शासपत्रित लेखाकार** पु० *(चार्टर्ड एकाउण्टेण्ट, सी. ए.)* हिसाब-किताब की जाँच इत्यादि का काम भलीभाँति जानने वाला व्यक्ति जिसे उपयुक्त परीक्षा के बाद सरकार से इसका प्रमाण-पत्र मिला हो।

**शासित** वि० *(सं०)* दण्डित; जिसका शासन किया गया हो।

**शासिनिकाय** पु० *(गवर्निंग बॉडी)* (किसी विद्यालय, चिकित्सालय आदि का) प्रबन्ध या नियन्त्रण करने वाले व्यक्तियों का समूह या मण्डल।

**शाशिता, शास्ता(स्तृ)** पु० *(सं०)* शासक; शिक्षक, गुरु; पिता; बुद्ध जिन; अधिनायक, तानाशाह; शासक राजा; बौद्धों और जैनों का देवतुल्य उपदेष्टा।

**शास्ति** स्त्री० *(सं०)* *(पेनैलिटी)* नियम विरुद्ध कार्य करनेवाले व्यक्ति को दिया गया अर्थदण्ड; दण्ड; शासन का चिह्न, राजदण्ड, सजा; आज्ञा; शासन।

**शास्त्र** पु० *(सं०)* आदेश; गम्भीर ज्ञान विषयक सिद्धान्त; ज्ञान; ज्ञान की कोई शाखा; आचार-विचार तथा विधि-विधान सम्बन्धी ग्रन्थ।

**शास्त्रकार** *(सं०)* पु० शास्त्र बनाने वाला।

**शास्त्रज्ञ** *(सं०)* पु० शास्त्र का ज्ञाता।

**शास्त्राचरण** पु० *(सं०)* शास्त्र का अध्ययन, मनन, अनुशीलन शास्त्र सम्मत विचार-विमर्श; शास्त्र सम्मत आदेश का पालन।

**शास्त्रानुमोदित** वि० *(सं०)* शास्त्र-विहित।

**शास्त्रानुशीलन** पु० *(सं०)* मनन, शास्त्र का अध्ययन।

**शास्त्रार्थ** पु० *(सं०)* शास्त्र के अर्थ, ज्ञान के सहारे होने वाला वाद-विवाद; शास्त्र का अर्थ, तात्पर्य।

**शास्त्रिक** वि० *(सं०)* शास्त्रज्ञ।

**शास्त्री(स्त्रिन्)** पु० *(सं०)* परीक्षा में उत्तीर्ण होने पर प्राप्त होनेवाली एक उपाधि; शास्त्र का पूर्ण अधिकारी, पण्डित, विद्वान। वि० शास्त्र का जानकार, शास्त्रज्ञ।

**शास्त्रीयप्रमाण** पु० *(ऑथारिटी)* किसी कृत या तर्कादि की पुष्टि में दिया जाने या माँगा जाने वाला विधिशास्त्र, किसी धर्मशास्त्र का प्रामाणिक उल्लेख।

**शास्त्रोक्त** वि० *(सं०)* वैध; शास्त्रविहित।

**शाहंशाह** पु० सम्राट्, राजाधिराज, शाहों का शाह।

**शाहंशाही** स्त्री० शाहंशाह, राजाधिराज का पद या कार्य।

**शाह** पु० *(फ़ा०)* बादशाह, स्वामी; शतरंज का एक मोहरा; राजा; मुसलमान फकीरों की पदवी; ताश और गंजीफे का एक पत्ता।

**शाहाना** पु० *(फ़ा०)* शहानी चूड़ियों का जोड़ा। वि० बहुत बढ़िया; राजसी, बादशाह के लायक, राजोचित।

**शाहानाजोड़ा** पु० सुर्ख पोशाक; दूल्हे को पहनाया जाने वाला सुर्ख जोड़ा।

**शाहिद** वि० *(अ०)* प्यारा, सुन्दर, माशूक। पु० देखने वाला; गवाह, शहादत देने वाला।

**शिंघण** पु० *(सं०)* दाढ़ी; नाक का मल।

**शिंघाण** पु० *(सं०)* लोहे का मुरचा, लौहमल, जंग; कफ, श्लेष्मा; काँच; फेन, गाज; दाढ़ी।

**शिंघाणी(णिन्)** पु० *(सं०)* नाक।

**शिंघित** वि० *(सं०)* सूँघा हुआ।

**शिंजंजिका** स्त्री० *(सं०)* कटिबन्ध, करधनी।

**शिंजा** स्त्री० *(सं०)* धनुष की डोरी, प्रत्यंचा; शिंजन।
**शिंजित** वि० *(सं०)* बजता हुआ; झनझनाता हुआ, झंकृत, ध्वनि करता हुआ।
**शिंजिनी** स्त्री० *(सं०)* नूपुर; धनुष की डोरी, प्रत्यंचा।
**शिंजी(जिन्)** वि० *(सं०)* मधुर ध्वनि करने वाला; अलंकारों की ध्वनि से युक्त।
**शिम्ब** पु० *(सं०)* चकवँड़ का पौधा, चक्रमर्द।
**शिम्बा** स्त्री० *(सं०)* छीमी; सेम।
**शिम्बिका** स्त्री० *(सं०)* सेम; छीमी।
**शिम्बिनी** स्त्री० *(सं०)* श्यामा पक्षी; सेम।
**शिंश** पु० *(सं०)* एक फलवृक्ष।
**शिंशुपा*** स्त्री० शीशम का पेड़, शिंशपा।
**शि** पु० *(सं०)* शान्ति; शिव; समृद्धि; मंगल।
**शिआ़र** पु० *(अ०)* तरीका; चाल, शील, तौर।
**शिकंजा** पु० *(फां०)* कोल्हू; एक यन्त्र जिसमें जिल्दसाज किताबें दबाकर पन्ने काटते हैं; यन्त्रणा; रुई दबाने की कल; पकड़, दबाव।
**शिकम** पु० *(फ़ा)* पेट, उदर।
**शिकमी** पु० *(फ़ा)* वह काश्तकार जो असल काश्तकार से जमीन लेकर जोते-बोये। वि० भीतरी (शिकमी शरीक); पैदाइशी; पेट का।
**शिकरा** पु० *(फ़ा)* बाज से छोटा एक शिकारी पक्षी।
**शिकवा** पु० *(फ़ा)* उलाहना, शिकायत, ग्लानि।
**शिकस्त** स्त्री० *(फ़ा)* हार, विफलता, मात (खोना, देना, पाना); पराजय; टूट-फूट।
**शिकस्ता** वि० *(फां०)* घसीट (लिखावट); टूटा हुआ।
**शिकायत** स्त्री० *(अं०)* असन्तोष; दोष मानने का कारण, शिकायत की वजह, असन्तोष दूर करने हेतु किया गया निवेदन; गिला, निन्दा, दोषकथन, बुराई; दुखड़ा; रोग, पीड़ा (पेट की शिकायत)।
**शिकार** पु० *(अ०)* लूट का माल; पशु-पक्षियों को (क्रीड़ा या आहार के लिए) मारना; मृग या आखेट; गोश्त (शिकार खाना, शिकार बनाना); मारा हुआ पशु-पक्षी या उसका माँस; दलाल, वेश्या, डाकू आदि के फन्दे में आया हुआ आदमी।
**शिकारा** पु० *(फ़ा)* हाउसबोट, एक तरह की बड़ी नाव।
**शिकारी** वि०, पु० शिकार करने वाला व्याध, अहेरी, आखेटक।
**शिकोह** पु० *(फ़ा)* डर, भय।
**शिक्कु** वि० *(सं०)* आलसी; बेकार, निठल्ला।
**शिक्थ** पु० *(सं०)* मधुमक्खी के छत्ते का मोम, मधुसम्भव, मधुशेष।
**शिक्षक** पु० *(सं०)* विद्या या ज्ञान सिखाने वाला व्यक्ति, सीखने वाला; गुरु; शिक्षा देने वाला।
**शिक्षण** पु० *(सं०)* शिक्षा देने का काम; शिक्षा लेने का काम, शिक्षा प्राप्ति, ज्ञान प्राप्ति।
**शिक्षणाधीन** वि० *(सं०)* शिक्षा के अधीन।
**शिक्षणालय** पु० *(सं०)* शिक्षा देने का स्थान।
**शिक्षणीय** वि० *(सं०)* पढ़ाने योग्य; शिक्षा देने लायक, शिक्षा के योग्य।
**शिक्षमाण** पु० *(सं०)* विद्यार्थी, छात्र।
**शिक्षा** स्त्री० *(सं०)* व्याकरण में अक्षरों या वर्णों का सही उच्चारण और लेखन प्रकार का विवेचन *(ऑर्थोग्रैफी)*। चारित्रिक तथा मानसिक शक्तियों का विकास; विद्या, विज्ञान, कला (जैसे—'संगीत-शिक्षा', 'रण-शिक्षा'); वेद के षडंगों में से एक अंग जिसमें वेदमन्त्रों के उच्चारण की विवेचना है; प्रशिक्षण, ट्रेनिंग (जैसे—धर्म की शिक्षा, भाषा-विज्ञान की शिक्षा, व्यायाम-शिक्षा); व्यवस्थित रूप से किसी शिक्षा संस्था में या शिक्षक, गुरु आदि से ज्ञान या विद्या की प्राप्ति; नसीहत, उपदेश; सबक, दण्ड (व्यं०); विनम्रता।
**शिक्षात्मक** वि० *(सं०)* शिक्षा सम्बन्धी।
**शिक्षारम्भ** पु० *(सं०)* शिक्षा की शुरुआत।
**शिक्षार्थी(र्थिन्)** पु० *(सं०)* छात्र, शिक्षाप्राप्ति के लिए इच्छुक, व्यक्ति, विद्यार्थी।
**शिक्षालय** पु० *(सं०)* विद्यालय, पाठशाला, स्कूल, कॉलिज।
**शिक्षावधि** स्त्री० *(सं०)* शिक्षा का समय।
**शिक्षाविभाग** *(सं०)* पु० सार्वजनिक शिक्षा का प्रबन्ध करने वाला राजकीय विभाग।
**शिक्षाहीन** *(सं०)* वि० अशिक्षित।
**शिक्षित** वि० *(सं०)* मेधावी, निपुण; विनीत; विद्वान्, विज्ञ; पालतू; शिक्षायुक्त; पढ़ा-लिखा, अधीत; आधुनिक शिक्षा-दीक्षा सम्पन्न।
**शिक्षिताक्षर** पु० *(सं०)* शिक्षक; छात्र; लेखक, मुहर्रिर।

**शिखण्ड** *(सं०)* पु० मोर की पूँछ, शिख।
**शिखण्डिक** पु० *(सं०)* मुर्गा, कुक्कुट।
**शिखण्डिका** स्त्री० *(सं०)* शिखा, चोटी।
**शिखण्डिनी** स्त्री० *(सं०)* राजा द्रुपद की कन्या; गुंजा, घुँघची; मोरनी; यूथिका, जूही।
**शिखर** पु० *(सं०)* पहाड़ का सबसे ऊँचा भाग, पर्वताग्र, शृंग, कूट; शिखा; मकान का सबसे ऊँचा हिस्सा, मुड़ेर; मन्दिर का सर्वोच्च भाग, कँगूरा, कलश; वृक्ष का सबसे ऊपरी हिस्सा, सिरा; तलवार की नोक; किसी भी वस्तु का सिरा, सबसे अग्रभाग, उसकी चोटी, नोक आदि; पके अनारदाने की आभा वाला माणिक्य या एक रत्न; कक्ष, काँख, शरीर में कन्धे के नीचे की खाली जगह; कुन्दकली; पुलक; सूखा तिनका।
**शिखरन** पु० दही में चीनी, केशर आदि मिलाकर तैयार किया गया पेय या लेह्य पदार्थ।
**शिखरस्थ** वि० *(सं०)* चोटी पर स्थित।
**शिखरिणी** वि० स्त्री० *(सं०)* शिखरयुक्ता, शिखरवाली। स्त्री० उत्तम वर्ग की नारी, नारीरत्न; मल्लिका; नवमल्लिका, नेवाड़ी; किशमिश, द्राक्षाविशेष; मूर्वा; एक स्वादिष्ट पेय पदार्थ, श्रीखण्ड; रोमावली जो वक्षःस्थल से चलकर नाभि तक जाती है।
**शिखाण्डक** पु० *(सं०)* काकपक्ष।
**शिखान्त** पु० *(सं०)* शिखा का सबसे ऊपरी भाग।
**शिखा** स्त्री० *(सं०)* चोटी, चुटिया, चूड़ा; अग्नि ज्वाला, आग की लपट; कामज्वर; किसी वस्तु की नोंक या नुकीला सिरा; पैर के पंजे का अगला हिस्सा; पेड़ की जटायुक्त जड़; पेड़ शाखा; प्रधान, नेता; दीये की लौ; प्रकाश की किरण; वस्त्र का सिरा।
**शिखाभरण** पु० *(सं०)* शिरोभूषण।
**शिखालु** पु० *(सं०)* मयूरशिखा, मोर की कलँगी।
**शिखावती** स्त्री० *(सं०)* मूर्वा।
**शिखावली** स्त्री० *(सं०)* मोरनी, मयूरी।
**शिखावा(वत्)** पु० *(सं०)* केतु ग्रह; पुच्छल तारा; दीपक; अग्नि; चित्रक वृक्ष। वि० ज्वालयुक्त।
**शिखावृद्धि** स्त्री० *(कम्पाउण्डइण्ट्रेस्ट)* प्रतिदिन बढ़ने वाला ब्याज, सूद दर सूद।
**शिखि** पु० *(सं०)* मयूर; कामदेव; अग्नि।
**शिखिनी** *(सं०)* स्त्री० मयूरी।
**शिखी(खिन्)** पु० *(सं०)* कुक्कुट; मोर, मयूर; बैल, घोड़ा; अग्नि; बाण; दीपक, दीया; पर्वत; वृक्ष; चित्रक वृक्ष; मेथी; ब्राह्मण; भिक्षा पर जीवन-निर्वाह करने वाला साधु, धार्मिक भिक्षु। वि० शिखायुक्त, शिखा वाला; नुकीला; अभिमानी।
**शिगाफ़** पु० *(फ़ा)* नरकुल आदि की लेखनी के बीचोबीच दिया जाने वाला चीरा; दरार; चीरा।
**शिगार, शिगाल, शिग़ाल** पु० *(फ़ा)* गीदड़, शृगाल।
**शिगुफ़्तगी** स्त्री० हराभरा होना; प्रफुल्लता, शिगुफ्ता होना; प्रसन्नता।
**शिगुफ़्ता** वि० *(फ़ा)* हरा-भरा; खिला हुआ; प्रसन्न।
**शिगूफ़ा** पु० *(फ़ा)* चुटकुला; अनोखी बात; कली। **मुहा० शिगूफ़ा खिलाना** झगड़ा उठाना; कोई अनोखी बात करना। **शिगूफ़ा छोड़ना** झगड़ा-फसाद खड़ा कराने वाली बात कहना।
**शित** पु० *(सं०)* विश्वामित्र का एक पुत्र। वि० सान धरा हुआ; नुकीला, तेज किया हुआ, क्षीण, कृश, दुबला-पतला; कमजोर, दुर्बल; *सफेद।
**शितद्रु** स्त्री० *(सं०)* सतलज नदी, शतद्रु, मोरट।
**शिताग्र** पु० *(सं०)* काँटा।
**शिताफल** पु० *(सं०)* शरीफा, सीताफल।
**शिताब** वि० *(फ़ा)* जल्दबाज, तेज। अ० जल्दी।
**शिताबी** स्त्री० जल्दी; उतावली, घबराहट।
**शिति** *(सं०)* पु० श्वेत।
**शिथिल** पु० *(सं०)* ढीला बन्धन; आलस्य, सुस्ती। वि० बिना पूरे दबाव का, जिसे कुछ छूट दी गयी हो; बिन बन्धा, खुला हुआ; ढीला; सुस्त, आलसी, जल्दी-जल्दी काम न करने वाला; श्रम से थका हुआ; बिना पूरी पाबन्दी के जिसका पालन हो, पूरी सावधानी से जिसका पालन न हो।
**शिथिलता** स्त्री० *(सं०)* काव्य-रचना या वाक्य-रचना में त्रुटि के कारण चुस्ती का न होना; तर्क आदि की अपुष्टता; सुस्ती, आलस्य; ढीलापन; श्रान्ति; पूरा दबाव न डालना, छूट देना, नियम का पालन कराने पर पूरा ध्यान न देना।
**शिथिलन** *(सं०)* ढीला छोड़ देना, ढीला करना।
**शिथिलाई*** स्त्री० शिथिलता।
**शिथिलाना*** अ० क्रि० ढीला पड़ना, थकना।

**शिथिलीभूत** वि० *(सं०)* शिथिलित।

**शिनि** पु० *(सं०)* यादवों के पक्ष का एक वीर; गर्ग के एक पुत्र का नाम।

**शिपविष्ट** वि० *(सं०)* शिपिविष्ट।

**शिपि** स्त्री० *(सं०)* चमड़ा, त्वक्, खाल। पु० जल; प्रकाश की किरण।

**शिफ** पु० *(सं०)* शिफा।

**शिफर*** पु० *(सं०)* सिपर, ढाल।

**शिफा** वि० *(सं०)* शिखा; कोड़े की मार, कोड़े से चोट करने की क्रिया; भसींड़, कमल की जड़; जड़; पेड़ की रेशेदार जड़; हल्दी; लता; माता, माँ; नदी।

**शिफ़ा** स्त्री० *(अं०)* स्वस्थ; रोग से मुक्ति (पाना)।

**शिम्बा** *(सं०)* पु० सेम की फली, छीमी।

**शिरःखण्ड** पु० *(सं०)* कपाल की हड्डी, मस्तक।

**शिरःपट्ट** पु० *(सं०)* पगड़ी।

**शिरःपीडा** स्त्री० *(सं०)* सिरदर्द; सिरदर्द का रोग।

**शिरःफल** पु० *(सं०)* नारियल।

**शिरःस्थ** पु० *(सं०)* वादी; नेता; मुखिया।

**शिर** पु० *(सं०)* अजगर; सिर; शय्या; पिप्पली-मूल।

**शिर(स्)** पु० *(सं०)* पर्वत की चोटी, सिर; खोपड़ी; शिखर; वृक्षाग्र, पेड़ का सिरा; किसी वस्तु का सबसे ऊपरी हिस्सा या भाग; अजगर; सेना का अगला भाग; मुखिया, प्रधान; पिप्पलीमूल; शय्या।

**शिरकत** स्त्री० *(अ०)* साझा; योग; शामिल होना।

**शिरकती** वि० संयुक्त; साझे का।

**शिरनेत** पु० गढ़वाल का निकटस्थ प्रदेश।

**शिरश्छेद, शिरश्छेदन** पु० *(सं०)* सिर काटना।

**शिरसा** अ० *(सं०)* आदर पूर्वक।

**शिरस्क** पु० *(सं०)* शिरस्त्राण; पगड़ी, मुकुट, सिर सम्बन्धी।

**शिरस्का** स्त्री० *(सं०)* पालकी।

**शिरस्तापी (पिन्)** पु० हाथी।

**शिरस्थ** पु० *(सं०)* नेता, मुखिया, शिरःस्थ।

**शिरसिज** *(सं०)* पु० केश।

**शिरहन*** पु० सिरहाना; तकिया।

**शिरा** स्त्री० *(सं०)* खून की नाड़ी, रक्तवाहक नाड़ी।

**शिराकती** वि० संयुक्त, साझे का।

**शिराच्छादन** पु० *(सं०)* सिर को ढकना।

**शिरामूल** *(सं०)* पु० नाभि।

**शिरावरोध** पु० *(सं०)* *(थ्राम्बोसिस)* शिराओं में रक्तकणों की गाँठ बनाने का एक रोग, थ्राम्बोसिस।

**शिराल** पु० *(सं०)* कमरख, कर्मरंग। वि० शिरायुक्त, शिराबहुल; शिरा-सम्बन्धी।

**शिरालक** पु० *(सं०)* अस्थिभंग वृक्ष।

**शिराहर्ष** *(सं०)* पु० नसों का झन-झनाना।

**शिरि** पु० *(सं०)* बाण; हिंसक, जान से मार डालने वाला व्यक्ति; तलवार; शलभ, फतिंगा, टिड्डी।

**शिरीष,शिरीषक** पु० *(सं०)* अत्यधिक कोमल पुष्पों वाला एक वृक्ष, सिरिस।

**शिरोग्रह** पु० *(सं०)* सिरदर्द।

**शिरोगृह** पु० *(सं०)* अट्टालिका।

**शिरोज** पु० *(सं०)* बाल।

**शिरोदाम(न्)** पु० *(सं०)* साफा, पगड़ी।

**शिरोदुःख** पु० *(सं०)* सिरदर्द।

**शिरोधरा** *(सं०)* स्त्री० गर्दन।

**शिरोधाम(न्)** पु० *(सं०)* सिरहाना।

**शिरोधार्य** वि० *(सं०)* अतिशय मान्य; सादर स्वीकार करने या अंगीकार करने योग्य, शिर पर धारण करने योग्य।

**शिरोभूषण** पु० *(सं०)* श्रेष्ठ व्यक्ति।

**शिरोभ्यंग** पु० *(सं०)* सिर में तेल मालिश करना।

**शिरोभूषण** *(सं०)* पु० मुकुट, चूड़ामणि।

**शिरोमणि** पु० *(सं०)* श्रेष्ठ पुरुष; मस्तक पर धारण करने का रत्न, चूड़ामणि, शिरोरत्न।

**शिरोमर्मा(र्मन्)** पु० *(सं०)* सूअर, शूकर।

**शिरोमाली(लिन्)** पु० *(सं०)* मुण्डमालधारी शिव।

**शिरोमौलि** *(सं०)* पु० सिर का रत्न।

**शिरोरक्षी (क्षिन्)** पु० *(सं०)* *(बॉडीगार्ड)* अंगरक्षक।

**शिरोरत्न** पु० *(सं०)* शिरोमणि।

**शिरोरुह** पु० *(सं०)* सिर के बाल।

**शिरोरूला** *(सं०)* स्त्री० सिर वेदना।

**शिरोरेखा** पु० *(सं०)* शब्दों के ऊपर दी गयी रेखा।

**शिरोरोग** पु० *(सं०)* सिरदर्द, मस्तकपीड़ा।

**शिरोवर्ती(र्तिन्)** पु० *(सं०)* प्रधान, नायक, मुखिया; किसी संस्था, विभाग, सेना आदि का प्रधान।

**शिरोवल्ली** स्त्री० *(सं०)* मोर के सिर की कलँगी; मयूरशिखा।

**शिरोवेष्टन** *(सं०)* पु० पगड़ी।

**शिल** *(सं०)* पु० शिला।

**शिलंक** पु० *(सं०)* जुलाहा; ऋषि।

**शिलक, शिल्लक** स्त्री० नकद, रोकड़।

**शिलगर्भज** पु० *(सं०)* पाषाणभेदन।

**शिलांजनी** स्त्री० *(सं०)* काली कपास।

**शिलान्त** पु० *(सं०)* अश्मन्तक वृक्ष।

**शिला** स्त्री० *(सं०)* मनःशिला; कपूर; पाषाण, पत्थर; पत्थर की पटिया, चट्टान; चक्की का नीचे का पाटा; द्वार के नीचे का लकड़ी का बना काठ; खम्भे का सिरा, शिरोभाग; मैनसिल; शिलाजीत।

**शिलाटक** पु० *(सं०)* चहारदीवारी, घेरा; छिद्र; अटारी।

**शिलादित्य** पु० *(सं०)* सम्राट् हर्षवर्धन।

**शिलायु** पु० *(सं०)* गले की एक व्याधि।

**शिलारम्भा** स्त्री० *(सं०)* काष्ठकदली।

**शिलासन** पु० *(सं०)* शैलेय गन्धद्रव्य; पत्थर की बनी चौकी आदि, पत्थर का आसन।

**शिलाहारी(रिन्)** वि० पु० *(सं०)* शिला या पत्थर के सहारे जीवनयापन करने वाला, उञ्छ वृत्ति वाला।

**शिलिंग** पु० *(अं०)* इंग्लैंड में प्रचलित चाँदी का एक सिक्का जिसका मूल्य लगभग बारह आने होता है।

**शिलिन्द** पु० *(सं०)* एक प्रकार की मछली।

**शिलि** स्त्री० *(सं०)* दरवाजे में नीचे का काठ, चौकठा, देहली। पु० भोज-पत्र या भूर्जपत्र वृक्ष।

**शिलीन्ध्र** पु० *(सं०)* कुकुरमुत्ता; केले का फूल; ओला, पत्थर; एक प्रकार की मिलिन्द मछली।

**शिली** स्त्री० *(सं०)* दरवाजे के चौखट की नीचे की लकड़ी, स्तंभशीर्ष; भाला; बाण; डेहरी; मेंढकी।

**शिलीभूत** वि० *(सं०)* प्रस्तरवत हो जाना; जो जमकर पत्थर हो गया हो।

**शिलीमुख** पु० युद्ध; मूर्ख; भ्रमर।

**शिलोत्थ** पु० *(सं०)* शैलेय गन्धद्रव्य; शिलाजीत।

**शिल्प** पु० *(सं०)* निर्माण, सृष्टि; रूप, आकृति; धार्मिक कृत्य, अनुष्ठान; कला आदि कर्म; हस्तकला, दस्तकारी; स्रुवा; कारीगरी; दक्षता।

**शिल्पक** पु० *(सं०)* एक प्रकार का नाटक जिसमें इन्द्रजाल तथा अध्यात्म-सम्बन्धी बातों का वर्णन रहता है।

**शिल्पजीवी(विन्)** पु० *(सं०)* हस्तकला द्वारा जीविका चलाने वाला, शिल्पजीवी।

**शिल्पता** *(सं०)* स्त्री० शिल्प-कौशल।

**शिल्पशास्त्र** *(सं०)* पु० गृहनिर्माण शिल्पकला।

**शिल्पालय** पु० *(सं०)* शिल्पगृह।

**शिल्पिक** वि० *(सं०)* यन्त्र-सम्बन्धी; हाथ-सम्बन्धी। पु० दस्तकारी; शिल्पी; यन्त्र की कला।

**शिवंकर** पु० *(सं०)* एक बालग्रह। वि० शिवकर।

**शिवन्तिका** स्त्री० *(सं०)* गुलदाउदी।

**शिव** वि० *(सं०)* मंगलकारी, शुभावह; सुखी। पु० अद्वैतब्रह्म; मोक्ष; सुख; वेद; जल; पारद, पारा; बालू; काला धतूरा; कल्याण, मंगल; महादेव।

**शिवक** पु० *(सं०)* गाय आदि पशुओं के शरीर को खुजलाने के लिए गड़ा खूँटा; शिवमूर्ति; कील।

**शिवता** स्त्री०, **शिवत्व** पु० *(सं०)* अमरता; शिवसायुज्य, शिवपद; मोक्ष।

**शिवद्रुप** *(सं०)* पु० बेलपत्र।

**शिवबीज** *(सं०)* पु० पारद, पारा।

**शिवरात्रि** *(सं०)* स्त्री० फाल्गुन कृष्णा चतुर्दशी।

**शिवरानी** *(सं०)* स्त्री० पार्वती।

**शिवलोक** *(सं०)* पु० कैलास।

**शिवांक** पु० *(सं०)* अगस्त्य वृक्ष, वक वृक्ष।

**शिवा** स्त्री० *(सं०)* श्यामा लता; नील दूर्वा; पार्वती, गिरिजा, दुर्गा, शिव की पत्नी; मुक्ति; कल्याणी नारी, भाग्यशालिनी स्त्री; बुद्धि शक्ति विशेष; स्यारिन, शृगाली हरीतकी; आँवला; हल्दी।

**शिवाला** पु० शिवालय।

**शिवाक्ष** पु० *(सं०)* रुद्राक्ष।

**शिवात्मक** पु० *(सं०)* सेंधा नमक।

**शिवादेशक** पु० *(सं०)* भविष्यवक्ता।

**शिवापीड** पु० *(सं०)* वक वृक्ष।

**शिवायतन** पु० *(सं०)* शिवालय।

**शिवाराति** पु० *(सं०)* कामदेव; कुत्ता।

**शिवालय** पु० *(सं०)* श्मशान; वह मन्दिर जिसमें शिवमूर्ति या शिवलिंग स्थापित हो; रक्त तुलसी, लाल तुलसी।

**शिववाहन** *(सं०)* पु० बैल, वृषभ।

**शिवालु** पु० *(सं०)* शृगाल, स्यार।

**शिवाह्लाद** पु० *(सं०)* वक वृक्ष।

**शिवाह्वय** स्त्री० *(सं०)* वटवृक्ष; पारा; आक।

**शिविका** पु० *(सं०)* कुबेर का एक अस्त्र; पालकी, डोली; अर्थी; चबूतरा।

**शिविर** पु० *(सं०)* दुर्ग, किला; सेना-निवेश, सेना के लिए विश्रामस्थल; तम्बू, खेमा।

**शिशिर** पु० *(सं०)* ओस, हिम; एक अस्त्र; माघ और फागुन के बीच पड़नेवाली छः ऋतुओं में से एक ऋतु शीत, शीतकाल; लक्ष्य द्वीप का एक वर्ष।

**शिशिरान्त** पु० *(सं०)* शिशिर ऋतु के समाप्त होने पर आने वाली ऋतु, वसन्त ऋतु।

**शिशिरांशु** पु० *(सं०)* चन्द्रमा।

**शिशिरात्यय** पु० *(सं०)* वसन्त।

**शिशिरित** वि० *(सं०)* ठण्ढा किया हुआ।

**शिशु** पु० *(सं०)* बालक, शावक, जानवरों, पक्षियों आदि का बच्चा, छात्र; स्कन्द; नवजात बच्चा; लगभग आठ वर्ष तक की उम्र का बालक।

**शिशुकाल** *(सं०)* पु० बचपन।

**शिशुता, शिशुताई** स्त्री० बचपन।

**शिशुपन** पु० बालकपन।

**शिशुमार** *(सं०)* पु० मगर।

**शिश्न** *(सं०)* लिंग।

**शिश्नोदरपरायण** वि० *(सं०)* कामुक, लम्पट।

**शिष*** स्त्री० शिक्षा, नेक सलाह, सीख; चोटी, चुटिया। पु० शिष्य।

**शिषरी*** वि० शिखर वाला, शिखरसम्पन्न। पु० चिचड़ा।

**शिषा*** स्त्री० शिखा।

**शिषि*** पु० शिष्य।

**शिषी*** पु० मोर।

**शिष्ट** पु० *(सं०)* मन्त्रदाता, सलाहकार; सभ्य, पार्षद्, किसी सभा के सदस्य; श्रेष्ठ व्यक्ति; चतुर मनुष्य। वि० धीर और शान्त; सभ्य; सभ्य समाज में रहने योग्य; सुशील; बुद्धिमान्; विनीत; प्रधान; श्रेष्ठ, उच्च कोटि का; वशीभूत; शेष, बचा हुआ, अवशिष्ट; आदिष्ट।

**शिष्टता** स्त्री०, **शिष्टत्व** पु० *(सं०)* शिष्ट होने का भाव, कर्म आदि।

**शिष्टाचार** पु० *(सं०)* *(फारमैलिटी)* किसी समाज, संस्था आदि द्वारा निर्धारित नियमों के अनुसार आचरण; सदाचार; शिष्ट व्यक्तियों का आचार-व्यवहार, विनम्रता। वि० शिष्टतापूर्वक आचरण करने वाला।

**शिष्टाचारी(रिन्)** वि० *(सं०)* किसी समाज, संस्था या कार्यालय आदि द्वारा निर्धारित नियमों के अनुसार आचार-विचार करने वाला; शिष्ट आचरण करने वाला, सदाचारी; विनम्र।

**शिष्टादिष्ट** वि० *(सं०)* जो शिष्टों को मान्य हो।

**शिष्टि** स्त्री० *(सं०)* परिष्कार, सहायता, मार्जन, सुधार; आज्ञा, आदेश; शासन; दण्ड।

**शिष्य** पु० *(सं०)* *(डिसिपुल)* (शिक्षक से शिक्षा प्राप्त करने वाला या धार्मिक गुरु से मन्त्र लेने वाला) चेला; छात्र, विद्यार्थी; चेला, गुरुकुल में रहकर विद्या ग्रहण करने वाला व्यक्ति। वि० शिक्षणीय, उपदेश देने योग्य; उपदेश्य, शिक्षा देने योग्य।

**शिस्त** स्त्री० *(फ़ा)* वह अंगुलित्राण या अंगुश्ताना जिसे दरजी या तीरन्दाज उँगली में पहनते हैं; निशाना, सीध; मछली पकड़ने का काँटा।

**शिह्ल, शिह्लक** पु० *(सं०)* शिलारस।

**शी** स्त्री० *(सं०)* निद्रा; शान्ति।

**शीकर** पु० *(सं०)* वायु; सरल नामक वृक्ष या उसका गोंद; फुहार, वायुप्रेरित जलकण; जलकण; तुषार।

**शीघ्र** पु० *(सं०)* ग्रहयोग *(ज्यो०)*; वायु। अ० अविलम्ब, क्षिप्र, आशु, बिना देर किए, सत्वर, त्वरित, तुरन्त, तत्वर, जल्द, झटपट, तुरन्त।

**शीघत्व** पु० *(सं०)* शीघ्रता।

**शीघ्रता** स्त्री०, **शीघ्रत्व** पु० *(सं०)* फुर्ती, जल्दी।

**शीघ्रवाही** *(सं०)* शीघ्र ले जाने वाला।

**शीघ्रबेधी** *(सं०)* पु० शीघ्रता से बाण चलाने वाला।

**शीघ्रा** स्त्री० *(सं०)* दन्ती वृक्ष।

**शीघ्रातिशीघ्र** अ० *(सं०)* बहुत जल्दी, अविलम्ब।

**शीघ्रिय** पु० *(सं०)* शिव; विष्णु; बिल्लियों का लड़ना। वि० तीव्र, तेज।

**शीघ्री(घ्रिन्)** वि० *(सं०)* शीघ्र कार्य करनेवाला, तुरत उच्चारण करने वाला; तीव्र व जल्दी गतिशील होने वाला, शीघ्रगामी; शीघ्रकारी।

**शीघ्रीय** पु० *(सं०)* तीव्र, तेज।

**शीघ्र्य** पु० *(सं०)* शीघ्रता, जल्दी, तेजी।

**शीत** पु० *(सं०)* शीतकाल का मौसम जो अगहन, पूस, माघ तीन महीनों का होता है; शीतलता, जाड़ा, ठण्ढक; जुकाम, सर्दी; जल; तुषार। वि० ठण्ढा, शीतल; आलसी, आलस्ययुक्त; निद्रालु।

**शीतक** पु० *(सं०)* शीतकाल; ठण्ढी वस्तु; आलसी व्यक्ति, निश्चिन्त मनुष्य; बिच्छू। वि० ठण्ढा।

**शीतल** पु० *(सं०)* पीत चन्दन; कसीस; शैलेय; कमल, पद्म; कपूर; मोती; मोती चन्द्रमा; ठण्ढक, शीतलता। वि० ठण्ढा, शीतगुणयुक्त; मृदु, सौम्य; सन्तुष्ट, आनन्दित; शान्त, ठण्ढे दिमाग वाला।

**शीतलक** पु० *(सं०)* श्वेत कमल, शीतल या ठण्ढा करने वाला।

**शीतलता** स्त्री० *(सं०)* शीतल होने का भाव या गुण आदि; ठण्ढापन, शैत्य, ठण्ढक; जड़ता।

**शीतलताई*** स्त्री०, **शीतलत्व** स्त्री० *(सं०)* शीतलता।

**शीतला** *(सं०)* स्त्री० वसन्त में होने वाला रोग, चेचक।

**शीतलित** वि० *(सं०)* ठण्ढा किया हुआ।

**शीतली** स्त्री० *(सं०)* जल में पैदा होने वाला एक पौधा, शीतकुम्भी; चेचक (माता) का रोग।

**शीतांग** पु० *(सं०)* शीत सन्निपात; ठण्ढी के दिनों में वात-पित्त-कफ का संयोग हो जाना जिससे तीव्र ज्वर हो जाता है।

**शीतांशु** *(सं०)* पु० चन्द्रमा।

**शीताद्रि** पु० *(सं०)* हिमवान् पर्वत, हिमालय पर्वत।

**शीताबला** स्त्री० *(सं०)* महासमंगा।

**शीताभ** पु० *(सं०)* चन्द्रमा; कपूर।

**शीतार्त** वि० *(सं०)* शीताकुल।

**शीतार्द्र** वि० *(सं०)* ओस से गीला; शीतार्त।

**शीतेतर** वि० *(सं०)* उष्ण।

**शीतोत्तम** पु० *(सं०)* जल।

**शीतोष्ण** वि० *(सं०)* ठण्ढा और गरम, गुनगुना।

**शीत्य** वि० *(सं०)* ठण्ढा करने योग्य; जोते जाने योग्य।

**शीफर** वि० *(सं०)* मनोहर; आनन्दप्रद।

**शीफालिका** स्त्री० *(सं०)* शेफालिका।

**शीभर** वि० *(सं०)* शीफर, आनन्ददायक। पु० जल की फुहार, शीकर।

**शीभ्य** पु० *(सं०)* शिव; बैल।

**शीर** पु० *(फा०)* दूध, क्षीर; *(सं०)* अजगर। **मुहा० शीर हो जाना** अतिशय स्नेह होना; घुल-मिल जाना।

**शीराज़** पु० *(फ़ा)* ईरान का एक प्रसिद्ध नगर।

**शीराज़ी** पु० *(फ़ा)* शीराज का निवासी; कबूतर का एक भेद। वि० शीराज का।

**शीरीं** स्त्री० *(फ़ा)* फरहाद की प्रेयसी। वि० प्यारा, प्रिय, मीठा, मधुर।

**शीरींबयान** वि० मधुरभाषी।

**शीर्ण** पु० *(सं०)* स्थौणेयक, एक गन्धद्रव्य। वि० कुम्हलाया हुआ; नष्ट, सड़ा-गला; टूटा-फूटा, चिथड़े-चिथड़े हुआ; विकीर्ण; कृश; शुष्क।

**शीर्णांध्रि** पु० *(सं०)* यम।

**शीर्ष** पु० *(सं०)* *(वरटेक्स)* वह बिन्दु जिस पर दो सरल रेखाएँ कोई कोण बनायें; किसी वस्तु का सिरा, सबसे ऊपरी हिस्सा; सिर; माथा, ललाट; दो तरफ से आकर मिलनेवाली तिर्यक् रेखाओं का मिलन बिन्दु (जैसे–त्रिभुज का शीर्ष, शीर्षकोण)।

**शीर्षक** पु० *(सं०)* पगड़ी, टोपी, साफा आदि सिर पर देने की वस्तु; सिर में लपेटने की माला; मस्तक; सिरा; सिर; शिरोस्थि, सिर की हड्डी; निर्णय, फैसला; किसी निबन्ध या ग्रन्थ के विषय का बोध कराने वाला शब्द, लेखों, निबन्धों आदि के ऊपर दिया जाने वाला नाम, हेडिंग (पुस्तक का शीर्षक); *(हेडिंग)* शब्दसमूह जो इन (निबन्ध, ग्रन्थ आदि) के ऊपर रखा जाता है; राहु ग्रह।

**शीर्षच्छेद** *(सं०)* पु०सिर काटना।

**शीर्षस्थ** वि० प्रधान, चोटी का।

**शीर्षोदय** पु० *(सं०)* वृश्चिक, कुम्भ, मिथुन, सिंह, कन्या, तुला, मीन को दिया गया नाम।

**शील** वि० *(सं०)*प्रवृत्त, उन्मुख; स्वभाव वाला (समास में)। पु० *(माडेस्टी)* नम्रता; नैतिक आचरण, व्यवहार, चरित्र; मन की स्थायी वृत्ति, स्वभाव; शुद्ध चरित्र, सद्वृत्ति; राग-द्वेष विहीनता, तटस्थ व्यवहार; मुरौवत, संकोची प्रकृति; सौन्दर्य। **मुहा० शील तोड़ना** बेमुरौवत होना। **(आँखों में) शील न होना** बेमुरौवत होना, क्रूरता का व्यवहार करना। **शील निभाना** सद्व्यवहार व विचार को न छोड़ना। **शील मर जाना** बेमुरौवत होना; दुर्वृत्त होना। **शील रखना** सद्व्यवहार रखना, मुरौवत करना।

**शीलता** *(सं०)* स्त्री० शीलत्व।

**शीलधर** *(सं०)* पु० सच्चचरित्र।

**शीलन** पु० *(सं०)* धारण करना, ग्रहण करना; विवेचना; अभ्यास; प्रवर्तन।

**शीलवान्(वत्)** वि० *(सं०)* नेकचलन, सुशील; अच्छे शील या आचरण वाला।

**शीलित** पु० *(सं०)* अभ्यास। वि० धारण किया हुआ; अभ्यस्त; दक्ष; युक्त; निर्मित; उषित।

**शीली(लिन्)** वि० *(सं०)* अभ्यस्त; सदाचारी, शीलवान्।

**शीश*** पु० सिर।

**शीशफूल** पु० एक शिरोभूषण।

**शीशम** पु० *(सं०)* एक कीमती वृक्ष जिसकी लकड़ी मेज, कुर्सी, बेड आदि बनाने के काम आती है।

**शीशा** पु० *(फ़ा)* काँच की सुराही; आईना; काँच।

**शुंशुमार** पु० *(सं०)* सूँस नामक जलजन्तु।

**शुऊर** पु० *(अ०)* बुद्धि; ढंग, सलीका; ज्ञान।

**शुक** पु० *(सं०)* शिरीष वृक्ष; सुग्गा, तोता; वस्त्रांचल, वस्त्र का छोर; वस्त्र, सिर में बाँधने की पगड़ी, साफा, शिरस्त्राण आदि; ग्रन्थि पर्ण।

**शुकाख्या** स्त्री० *(सं०)* सुआठोंठी का पौधा।

**शुकादन** पु० *(सं०)* दाड़िम, अनार।

**शुकानना** स्त्री० *(सं०)* शुकाख्या।

**शुकायन** पु० *(सं०)* बुद्ध; अर्हत।

**शुकी** स्त्री० *(सं०)* सुग्गी।

**शुकेष्ट** पु० *(सं०)* सिरिस का पेड़।

**शुकोदर** पु० *(सं०)* तालीशपत्र।

**शुक्त** पु० *(सं०)* मट्ठा, काँजी; माँस; वह वस्तु जो कुछ दिन रखी रहने के कारण खट्टी हो गयी हो; सिरका। वि० खटाई; स्वच्छ; पवित्र; चमकदार; संयुक्त; अम्ल, खट्टा; निष्ठुर।

**शुक्तयुद्भव** पु० *(सं०)* मोती।

**शुक्ति** *(सं०)* स्त्री० सीप।

**शुक्तिज, शुक्तिबीज** *(सं०)* पु० मोती।

**शुक्र**[1] वि० *(सं०)* चमकीला; श्वेत, विशुद्ध; उज्ज्वल। पु० अग्नि; वीर्य, रेत, बीज; सार, तत्त्व; बल, शक्ति; सौरमण्डल का एक ग्रह, सुकवा; शुक्राचार्य।

**शुक्र**[2] पु० *(अ०)* उपकार मानना, कृतज्ञता व्यक्त, ईश्वर के उपकारों की बड़ाई।

**शुक्रगुज़ार** वि० शुक्र अदा करने वाला, एहसान मानने वाला।

**शुक्रवार** *(सं०)* पु० सप्ताह का छठा दिन।

**शुक्राना** पु० *(फ़ा)* वह रकम जो वकील या पेशकार को मुकद्दमा जीतने की खुशी में मेहनताने के अतिरिक्त दी जाये।

**शुक्रिय** वि० *(सं०)* शुक्रल। पु० चमक।

**शुक्रिया, शुक्रीया** पु० *(फ़ा)* उपकार मानना (करना, अदा करना), धन्यवाद, कृतज्ञता व्यक्त करना।

**शुक्ल** पु० *(सं०)* रजत, चाँदी; मक्खन, ताजा नवनीत; श्वेत वर्ण; उजाला पाख, शुक्ल पक्ष; ब्राह्मणों की एक उपाधि। वि० सफेद, शुभ्र; शुद्ध।

**शुक्लता** *(सं०)* स्त्री० श्वेतता, सफेदी।

**शुक्लांग** पु० *(सं०)* मोर।

**शुक्लांगा, शुक्लांगी** स्त्री० *(सं०)* शेफालिका।

**शुक्लाचार** वि० *(सं०)* शुद्ध आचरण वाला।

**शुक्लापांग** पु० *(सं०)* मयूर।

**शुक्लावंश** *(सं०)* पु० सफेद बाँस।

**शुक्षि** स्त्री० *(सं०)* वायु; तेज, प्रकाश; अग्नि।

**शुचा** स्त्री० *(सं०)* दुःख, सोच, शोक।

**शुचि** पु० *(सं०)* अग्नि; सूर्य की अग्नि, सौराग्नि; चन्द्र; सूर्य; शुक्र; ब्राह्मण; चित्रक वृक्ष; अर्क वृक्ष; मदार का पेड़; शुद्धाचरण, सदाचार; ईमानदार सलाहकार, सच्चा मन्त्री; सच्चा मित्र; अन्नप्राशन के समय का होम। स्त्री० पवित्रता, सफाई। वि० शुद्ध, पवित्र; निर्दोष, अनुपहत, निरपराधी; निष्कपट; निर्मल, साफ; श्वेत, उजला; चमकदार

**शुचि(स्)** स्त्री० *(सं०)* दीप्ति, प्रकाश।

**शुचिकापुष्प** पु० *(सं०)* केतकी, केवड़ा।

**शुचिता** *(सं०)* स्त्री० पवित्रता।

**शुचिष्मान् (ष्मत्)** वि० *(सं०)* देदीप्यमान, प्रकाशयुक्त।

**शुची(चिन्)** वि० *(सं०)* शुचि।

**शुजा** वि० *(अ०)* बहादुर, वीर।

**शुजाअत** स्त्री० *(अ०)* दिलेर, बहादुरी, वीरत्व।

**शुटीर** पु० *(सं०)* दिलेर, वीर।

**शुटीरता** स्त्री० *(सं०)* वीरता।

**शुटीर्य** पु० *(सं०)* शुटीरता।

**शुण्ठी** *(सं०)* स्त्री० सोंठ।

**शुण्ड** *(सं०)* पु० सूँड़।

**शुण्डक** पु० *(सं०)* एक रणगान; शराब उतारने वाला; रणभेरी, युद्धवेणु।

**शुण्डार** *(सं०)* पु० मद्य बनाने तथा बेचने वाला।
**शुण्डाल** पु० *(सं०)* हाथी।
**शुण्डिका** स्त्री० *(सं०)* ग्रन्थिका की सूजन; गले का कौआ, ललरी, घण्टी, घाँटी; शुण्डा।
**शुण्डी** स्त्री० *(सं०)* हस्तिशुण्डी वृक्ष; ग्रन्थि की सूजन।
**शुतुर** पु० *(फ़ा)* ऊँट।
**शुद्ध** पु० *(सं०)* शुद्धात्मा; कोई शुद्ध वस्तु। वि० निर्मल, साफ; पवित्र; निर्दोष; सही; चमकीला; श्वेत; बिना मिलावट का, सच्चा, असली; निश्छल; अधिकार प्राप्त; तेज किया हुआ; निष्कलंक।
**शुद्धता** स्त्री०, **शुद्धत्व** पु० *(सं०)* शुद्ध होने का भाव।
**शुद्धान्त** *(सं०)* पु० अन्तःपुर।
**शुद्धावास** *(सं०)* स्वर्ग।
**शुद्धि** स्त्री० *(सं०)* शुद्ध करने की क्रिया, मार्जन; पवित्रता; सफाई; कान्ति; परिशोध; निर्दोषता; रिहाई; सुधार; अपवित्र हुए व्यक्ति को शुद्ध करते समय का संस्कार (वैदिक धर्म); दुर्गा।
**शुन** पु० *(सं०)* कुत्ता।
**शुनि** पु० *(सं०)* कुत्ता।
**शुनी** स्त्री० *(सं०)* कुष्माण्डी; कुतिया, कुक्कुरी।
**शुनीर** पु० *(सं०)* कुतियों का झुण्ड, कुक्कुरी समूह।
**शुबहा** पु० *(अ०)* भ्रम, धोखा, सन्देह।
**शुभंकर** वि० *(सं०)* मंगलकारी, कल्याणकर।
**शुभंयु** वि० *(सं०)* मंगलान्वित।
**शुभ** पु० *(सं०)* मंगल, कल्याण; एक सुगन्धित लकड़ी; सुख; जल। वि० कल्याणकर, मंगलमय; सुखद; अच्छा; चमकीला; भाग्यशाली; वेदज्ञ।
**शुभकर** *(सं०)* पु० मंगलकारी।
**शुभकर्म** *(सं०)* पु० मंगलकार्य।
**शुभचिन्तक** *(सं०)* हितैषी।
**शुभद** *(सं०)* वि० शुभदायक।
**शुभलक्षण** *(सं०)* शुभ मुहूर्त।
**शुभांग** वि० *(सं०)* सुन्दर, शुभ अंगों से युक्त।
**शुभांगी** स्त्री० *(सं०)* कामदेव की पत्नी रति; कुबेर की पत्नी। वि० स्त्री० सुन्दरी (नारी)।
**शुभांगी(गिन्)** वि० *(सं०)* शुभांग।
**शुभांजन** पु० *(सं०)* शोभांजन वृक्ष।
**शुभाकांक्षी(क्षिन्)** वि० *(सं०)* हितेच्छु, शुभ इच्छा रखने वाला, हितैषी।
**शुभागमन** पु० *(सं०)* सुखद आगमन।
**शुभानुष्ठान** पु० *(सं०)* मांगलिक कर्म, अनुष्ठान।
**शुभान्वित** वि० *(सं०)* मंगलयुक्त।
**शुभापांगा** स्त्री० *(सं०)* सुन्दर स्त्री।
**शुभारम्भ** पु० *(सं०)* अच्छी शुरुआत।
**शुभावह** वि० *(सं०)* मंगलकारी।
**शुभाशय** *(सं०)* वि० धार्मिक।
**शुभाशीर्वाद** पु० *(सं०)* मंगलसूचक आशीर्वचन, मंगलकारी वचन।
**शुभाशीष** पु० शुभाशीर्वाद।
**शुभाशुभ** वि० *(सं०)* पवित्र-अपवित्र, भला और बुरा, शुभ और अशुभ।
**शुभिका** स्त्री० *(सं०)* पुष्पहार।
**शुभेक्षण** वि० *(सं०)* सुन्दर नेत्रों वाला।
**शुभोदय** वि० *(सं०)* भाग्यशाली।
**शुभ्र** पु० *(सं०)* सफेद रंग; चन्दन; अभ्रक, अबरक; स्वर्ग। वि० चमकीला; उज्ज्वल; सफेद।
**शुभ्रक** वि० *(सं०)* शुभ्र करने वाला। पु० (ब्रिलियण्टीन) बालों को चमकाने वाला एक तैलाक्त तरल पदार्थ, अंगराग।
**शुभ्रता** स्त्री० *(सं०)* दीप्ति; सफेदी, उज्ज्वलता।
**शुभ्रांशु** पु० *(सं०)* चन्द्रमा; कपूर।
**शुभ्रा** स्त्री० *(सं०)* स्फटिक; गंगानदी; फिटकिरी।
**शुभ्रि** पु० *(सं०)* ब्रह्मा; सूर्य।
**शुभ्रिका** स्त्री० *(सं०)* मधुशर्करा।
**शुम्बल** *(सं०)* मशाल जलती हुई लकड़ी।
**शुमार** वि० *(फ़ा)* गिनने वाला (समास में)। पु० गिनती; भय, आतंक; तखमीना।
**मुहा० शुमार में न रहना, शुमार में न होना** बिलकुल मामूली; बेशुमार होना, संख्यातीत होना। **शुमार में न लाना** कुछ न समझना।
**शुमाली** वि० उत्तर का, उत्तरी।
**शुमाली अमरीका** पु० उत्तरी अमरीका।
**शुमाली सरकार** स्त्री० उत्तरी सरकार, मद्रास राज्य का एक विभाग।
**शुरवा** पु० शोरबा।
**शुरुआत** स्त्री० *(अ०)* आरम्भ, प्रारम्भ।
**शुरू** पु० *(अ०)* इब्तदा; आरम्भ, उठान।

**शुल्क** *(सं०)* पु० राजकर, फीस, दहेज, होड़।

**शुल्काध्यक्ष** पु० *(सं०)* चुंगी का अध्यक्ष।

**शुल्काई** वि० *(ड्यूटिएबिल)* शुल्क या कर बैठाये जाने योग्य, जो उन वस्तुओं की सूची के अन्तर्गत हो जिन पर शुल्क ग्रहण करने का निश्चय हुआ हो।

**शुल्कशाला** *(सं०)* स्त्री० टैक्सऑफर, चुंगी दफ्तर कर कार्यालय।

**शुल्ब, शुलव** पु० *(सं०)* यज्ञ-कर्म; ताँबा; आचार; रस्सी; नियम; जलसान्निध्य।

**शुल्बज** पु० पीतल।

**शुल्ल** पु० *(सं०)* रस्सी; ताँबा।

**शुश्रू** स्त्री० *(सं०)* बच्चे की सेवा करनेवाली माता।

**शुश्रूषक** पु० *(सं०)* नौकर, दास। वि० आज्ञाकारी; सेवा-कार्य करने वाला।

**शुश्रूषण** पु० *(सं०)* सुनने की इच्छा; कर्तव्यनिष्ठता; परिचर्या, सेवा करने की क्रिया; आज्ञापालन।

**शुश्रूषा** स्त्री० *(सं०)* स्वास्थ्य की देखरेख, कथन; परिचर्या, सेवा-टहल; कर्तव्यपरायणता; (बच्चे का) पालन-पोषण; खिदमतगारी; सुनने की इच्छा।

**शुश्रूषाता** स्त्री० *(सं०)* निस्सारता; सूखापन; नीरसता; कठोरता।

**शुश्रूषिता(तृ), शुश्रूषी(षिन्)** वि० *(सं०)* आज्ञाकारी, आज्ञा मानने वाला।

**शुश्रूषु** वि० *(सं०)* सुनने का अभिलाषी; परिचर्या करने का इच्छुक; सेवा करने को उत्सुक; आज्ञानुवर्ती।

**शुष** पु०, **शुषी** स्त्री० *(सं०)* सूखना; विवर, बिल।

**शुषि** स्त्री० *(सं०)* साँप के जहरीले दाँत का सूराख; बिल, विवर, सुराख; शोष, सूखना; बल।

**शुषिर** पु० *(सं०)* विवर, बिल, छेद; वायुमण्डल, आकाश; चूहा। वि० सुराखों से भरा हुआ, विवरयुक्त।

**शुष्क** वि० *(सं०)* रिक्त; सूखा, अनार्द्र, नीरस, जिसमें गीलापन न हो; निष्प्रयोजन, निस्सार; कठोर।

**शुष्कक** वि० *(सं०)* सूखा हुआ; क्षीण।

**शुष्ककण्ठ** *(सं०)* वि० प्यासा।

**शुष्कता** स्त्री० *(सं०)* कठिनता; सूखापन; व्यर्थता।

**शुष्कपत्र** *(सं०)* पु० सूखापत्ता।

**शुष्कली** स्त्री० *(सं०)* माँस; सूखा माँस।

**शुष्कमुख** *(सं०)* पु० कंजूस, कृपण।

**शुष्कांग** पु० *(सं०)* धव वृक्ष। वि० लकवा मारा हुआ अंग या शरीर; दुबला-पतला।

**शुष्कांगी** स्त्री० *(सं०)* बगुले की जाति की एक चिड़िया; गोह, गोधिका।

**शुष्कार्द्र, शुष्कार्द्रक** पु० *(सं०)* सोंठ, शुण्ठी।

**शुष्ण** पु० *(सं०)* आग; रवि, सूर्य, सूरज; शक्ति।

**शुष्म** पु० *(सं०)* पराक्रम; सूर्य; वायु; अग्नि; लौ, लपट; दीप्ति, तेज, पक्षी; शक्ति।

**शुष्मा(मन्)** पु० *(सं०)* चित्रक वृक्ष; दीप्ति, तेज।

**शुहदा** पु० *(अ०)* गुण्डा, बदचलन; बदमाश।

**शुहरत** स्त्री० *(अ०)* नेकनामी; शोहरत; ख्याति।

**शुहरा** पु० *(अ०)* शुहरत।

**शूक** पु० *(सं०)* शोक, गम; किसी वस्तु का चिकना, नुकीला अग्र भाग; जौ, गेहूँ आदि की बाल का नुकीला हिस्सा, टूँड़; कीड़ों का आगे की ओर निकलना, नुकीला रोआँ

**शूकक** पु० *(सं०)* वर्षाकाल; रस; टूँड़; दया।

**शूकर** पु० *(सं०)* सूअर नामक पशु, वाराह।

**शूकराक्रान्ता** स्त्री० *(सं०)* वराहक्रान्ता।

**शूकरी** स्त्री० *(सं०)* वराहक्रान्ता; सूअरी, वाराही।

**शूकरेष्ट** पु० *(सं०)* मुस्ता, मोथा; कसेरू।

**शूकवती** स्त्री० *(सं०)* केवाँच, कपिकच्छु।

**शूका** स्त्री० *(सं०)* शूकवती।

**शूकाढ्य** पु० *(सं०)* शूकतृण।

**शूकी(किन्)** वि० *(सं०)* टूँड़दार, छोटा काँटा *(स्पाइक)*।

**शूकुल** पु० *(सं०)* एक सुगन्धित तृण।

**शूची*** स्त्री० सूई।

**शूट** पु० *(अ०)* चित्र लेना या खींचना; निशाना।

**शूद्र** पु० *(सं०)* निम्न कोटि का व्यक्ति, अछूत, हरिजन।

**शूद्री, शूद्रा** स्त्री० *(सं०)* शूद्र वर्ण की स्त्री।

**शूद्राणी, शूद्री** स्त्री० *(सं०)* शूद्र की स्त्री।

**शून** वि० *(सं०)* वर्द्धित, बढ़ा हुआ, फूला हुआ; शून्य; रोग के कारण सूजा हुआ।

**शूना** स्त्री० *(सं०)* गृहस्थी के स्थान या वस्तुएँ जहाँ या जिससे छोटे-छोटे जीवों की हत्या होने की सम्भावना रहती है; घण्टी, अधोजिह्विका; कसाई खाना; प्राणियों के वध करने का स्थान।

**शून्य** पु० *(सं०)* रिक्तता; अभावसूचक चिह्न, बिन्दु; निर्जन स्थान; खाली जगह; आकाश; अभाव; ब्रह्म; एक कर्णाभूषण, कर्णफूल। वि० रिक्त, खाली; निर्जन; तुच्छ; हीन; अर्थहीन; निराकार; उदास, अस्तित्वहीन, अवास्तविक।

**शून्यता** स्त्री०, **शून्यत्व** पु० शून्य होने का भाव।

**शून्यदिक्पाती रेखा** स्त्री० *(एगानिक लाइन)* वह काल्पनिक रेखा जो भू-पृष्ठ के उन सभी स्थानों से गुजरती हैं जहाँ दिक्पात का कोण शून्य है।

**शून्या** स्त्री० *(सं०)* महाकण्टकिनी, थूहर, स्नूही, सेंहुँड़; नली, पोला नरकट, नलिका; बाँझ स्त्री।

**शून्यालय** *(सं०)* पु० एकान्तस्थल।

**शूप** *(सं०)* पु० सूप सूर्य।

**शूम** वि० *(अ०)* मनहूस; कंजूस, सूम।

**शूमकदम** वि० मनहूस, चौपटचरण।

**शूमी** स्त्री० मनहूसी, अभागापन।

**शूरंगम** पु० *(सं०)* एक बोधिसत्त्व; एक समाधि।

**शूर** पु० *(सं०)* शौर्यवान् या वीर व्यक्ति; सूर्य; शूकर; सिंह; कुत्ता। वि० वीर, शौर्यशाली; शक्ति-सम्पन्न।

**शूरण** पु० *(सं०)* सूरन, जिमीकन्द, ओल; श्योनाक।

**शूरता** स्त्री०, **शूरत्व** पु० *(सं०)* वीरता, बहादुरी।

**शूरताई*** स्त्री० शूरता।

**शूरन** पु० सूरन, जिमीकन्द।

**शूरम्मन्य** वि० *(सं०)* शूरमानी, शूर न होते हुए भी जो व्यर्थ ही अपने को शूर मानता हो, अपने को हठपूर्वक वीर मानने वाला।

**शूरविद्या** *(सं०)* स्त्री० युद्ध कला।

**शूरवीर** *(सं०)* पु० अतिशय योद्धा।

**शूरिमृग** पु० *(सं०)* वन्यपशु।

**शूर्पी** स्त्री० *(सं०)* शूर्पणखा; छोटा सूप; एक खिलौना।

**शूर्म** पु०, **शर्मि, शूर्मिका, शूर्मी** स्त्री० *(सं०)* निहाई, जिस पर रखकर लोहार लोहे को पीटते हैं; लोहे की बनी मूर्ति, लौह प्रतिमा।

**शूल** पु० *(सं०)* पीड़ा, कष्ट; व्यथा; गठिया; खूब नुकीला लोहे का काँटा; सीखचा; मृत्यु। **मुहा० शूल उठना** शूल चुभाने की-सी पीड़ा का होना। **शूल देना** तीव्र व्यथा उत्पन्न करना।

**शूलपाणि** *(सं०)* शिव।

**शूलक** पु० *(सं०)* दुर्विनीत घोड़ा, भड़कने वाला, अड़ियल घोड़ा।

**शूलना*** अ० क्रि० शूलवत् पीड़ा उत्पन्न करना; शूल की भाँति गड़ना।

**शूला** स्त्री० *(सं०)* सूली; वेश्या।

**शूलि** पु० *(सं०)* शिव। स्त्री० शूली। वि० कुन्तधारी।

**शूलिक** वि० *(सं०)* शूल धारण करने वाला; सीखचे पर भुना हुआ। पु० शशक, खरहा; मुर्गा; कबाब; ब्राह्मण और शूद्रा से उत्पन्न सन्तान।

**शूलिका** स्त्री० *(सं०)* सलाख जिसमें माँस गोदकर भूनते हैं।

**शूलिन** पु० *(सं०)* बरगद का पेड़।

**शूली** स्त्री० *(सं०)* शूल, तीव्र वेदना, 'सूली'; पीड़ा।

**शूल्य** पु० *(सं०)* कबाब। वि० शूल में खोंसकर पकाया हुआ; सूली देने योग्य।

**शृंखलता** स्त्री० *(सं०)* क्रमिकता, क्रमबद्धता।

**शृंखला** स्त्री० *(सं०)* *(चेन)* लड़ी; श्रेणी, कोटिक्रम; *(सीरीज़)* क्रम, परम्परा; कमर की पेटी जिससे पुरुष अपनी धोती आदि बाँधते हैं, कमरबन्द; शृंखल।

**शृंखला, शृंखल** *(सं०)* स्त्री० पु० मेखला, जंजीर का धनी हथकड़ी।

**शृंग** वि० *(सं०)* तीक्ष्ण; नुकीला। पु० प्रभुत्व, अधिकार; चिह्न; पर्वतशिखर; कँगूरा; ऊपरी भाग; सिरा।

**शृगाटक, शृंगाट** पु० *(सं०)* कामाख्या, आधुनिक ढाका का एक पर्वत; सिंघाड़े का पौधा; सिंघाड़ा; चौराहा।

**शृंगार** पु० *(सं०)* शोभा की वस्तु; सौन्दर्य के प्रसाधनों द्वारा स्त्री या पुरुष-शरीर का बनाव-सजाव; किसी वस्तु का सजाव; लौंग; अदरक।

**शृंगारक** पु० *(सं०)* प्रेम; सिन्दूर। वि० सींग वाला।

**शृंगारना*** स० क्रि० सजाना, भूषित करना, सँवरना।

**शृंगारिक** वि० *(सं०)* शृंगार का; शृंगार से सम्बन्ध रखने वाला।

**शृंगारिका, शृंगारिणी** *(सं०)* स्त्री० शृंगार करने वाली स्त्री।

**शृंगारित** वि० *(सं०)* सजाया हुआ; शृंगार किया हुआ, सजा हुआ; मुग्ध, प्रेमाभिभूत।

**शृंगारी(रिन्)** पु० *(सं०)* माणिक्य; सुन्दर वेश वाला

या बना-ठना व्यक्ति; प्रेमी व्यक्ति, कामुक। वि० सिन्दूर से रँगा हुआ; श्रृंगार की वृत्ति से युक्त।

**श्रृंगारुहा** स्त्री० *(सं०)* सिंघाड़ा।

**श्रृंगालिका, श्रृंगाली** स्त्री० *(सं०)* विदारीकन्द।

**श्रृंगाह्व** पु०, **श्रृंगाह्वा** स्त्री० *(सं०)* सिंघाड़ा; जीवक नामक औषधि मूल।

**श्रृंगालिया** पु० श्रृंगार करने वाला बहुरुपिया।

**श्रृंगी** स्त्री० *(सं०)* विष; अतिविषा, अतीस; ऋषभ औषध; काकड़ासिंघी; पाकड़; वट।

**श्रृंगी(गिन्)** पु० *(सं०)* पर्वत; वृक्ष; मेष, भेड़ा; हाथी। वि० श्रृंगयुक्त; दाँतों वाला (हाथी)।

**श्रृकाल** पु० *(सं०)* श्रृगाल।

**श्रृग*** पु० श्रृगाल।

**श्रृगाल** पु० *(सं०)* सियार, गीदड़; कायर, डरपोक।

**श्रृगाली** स्त्री० *(सं०)* तालमखाना; डर के कारण भागना, भय से पलायन; सियार की मादा।

**श्रृणि** स्त्री० *(सं०)* अंकुश; प्रतोद, पैना।

**श्रृत** पु० *(सं०)* काढ़ा; खौला हुआ दूध। वि० पका हुआ, खौला हुआ।

**श्रृधु** पु० *(सं०)* मलद्वार; बुद्धि, समझ।

**शेख*** पु० *(अ०)* इस्लामधर्म का उपदेशक पैगम्बर मुहम्मद के वंशजों की उपाधि।

**शेखर** पु० *(सं०)* टगण का पाँचवाँ भेद, लघुशेखर; किरीट, मुकुट, शिरोभूषण आदि; सिर पर लपेटी हुई माला; श्रृंग, चोटी; पर्वत-शिखर; लौंग।

**शेखरापीडयोजन** पु० *(सं०)* फूलों से सिर या सिर के बाल सजाने की क्रिया।

**शेखावत** पु० राजपूतों का एक उपभेद।

**शेख़ी** स्त्री० *(अ०, फ़ा०)* झूठी शान, अकड़; डींग, घमण्ड; अभिमान।

**मुहा० शेख़ी किरकिरी होना, शेख़ीझड़ना** लज्जित होना; घमण्ड चूर होना। **शेख़ी बघारना** अपने मुँह अपनी बड़ाई करना, डींग मारना।

**शेड** पु० *(अं०)* छाया, छाजन।

**शेप** पु० *(सं०)* लिंग; फोता; पूँछ, दुम।

**शेपाल** पु० *(सं०)* सेवार।

**शेफ** पु० *(सं०)* शेप।

**शेमुषी** स्त्री० *(सं०)* बुद्धि।

**शेर** पु० *(फ़ा)* बाघ, व्याघ्र; सिंह।

**शेल्फ** स्त्री० *(अ०)* आलमारी का खाना, टाँड़।

**शेलु** पु० *(सं०)* बहुवार वृक्ष; बनमेथी।

**शेव** पु० *(अं०)* हजामत।

**शेव** पु० *(सं०)* मछली; सुख; ऊँचाई; सम्पत्ति; अग्नि।

**शेवल** पु० *(सं०)* शैवाल, सेवार।

**शेवाल** पु० *(सं०)* सेवार।

**शेवाली** स्त्री० *(सं०)* एक तरह की जटामासी।

**शेविंग** स्त्री० *(अं०)* दाढ़ी बनाना, हजामत बनाना।

**शेष** पु० *(सं०)* स्वीकृत वस्तु से अतिरिक्त वस्तु; उपयोग में आयी काम की चीज के अलावा बची चीज; भाग करने के बाद बचा, बाकी *(ग०)*; किसी बड़ी संख्या में से किसी छोटी संख्या को घटाने के पश्चात् बची बाकी संख्या; कथन का छोड़ा हुआ अंश; ध्वंस। वि० बाकी, बचा हुआ, अवशिष्ट; छोड़ा हुआ; समाप्त; उच्छिष्ट।

**शेषत्व** पु० *(सं०)* बचा हुआ, शेष।

**शेषांश** पु० *(सं०)* बचा हुआ, अन्तिम भाग।

**शेषावस्था** स्त्री० *(सं०)* बुढ़ापा।

**शेषाहि** पु० *(सं०)* शेषनाग।

**शेषोक्त** वि० *(सं०)* सबके अन्त में लिखा हुआ; सब कुछ कह लेने के बाद अन्त में कहा हुआ।

**शेष्य** वि० *(सं०)* छोड़ देने या उपेक्षा करने योग्य।

**शै** स्त्री० *(अ०)* बढ़ती, बरकत; चीज, वस्तु।

**शैक्य** वि० *(सं०)* छींके पर लटकाया हुआ; नुकीला।

**शैक्या** *(सं०)* पु० छींका, वि० दृढ़।

**शैक्षणिक** स्त्री० *(सं०)* *(एकेडेमिक)* शास्त्रीय; *(एजुकेशनल)* शिक्षा-सम्बन्धी।

**शैक्षिक** वि० *(सं०)* शिक्षा-सम्बन्धी। पु० *(एजुकेशनिस्ट)* शिक्षा शास्त्र में प्रवीण, शिक्षाशास्त्र का जानकार।

**शैक्ष्य** पु० *(सं०)* पाण्डित्य; नैपुण्य, पटुता।

**शैख** पु० *(सं०)* नीच ब्राह्मण की सन्तान।

**शैख़** पु० *(अ०)* महन्त; मुसलमानों की चार जातियों में से एक; गुरुजन; वृद्ध; धर्मशास्त्र, धार्मिक साहित्य का पण्डित; खानकाह या दरगाह का खलीफा; अरब कबीलों का सरदार।

**शैखुल जामिआ** पु० *(सं०)* विश्वविद्यालय का कुलपति *(चांसलर)*।

**शैख्य** वि० *(सं०)* नुकीला।

**शैघ्र, शैघ्र्य** पु० *(सं०)* शीघ्रता, तेजी।

**शैतान** वि० *(अ०)* नटखट; बहकाने वाला; दुष्ट; उपद्रव खड़ा कराने वाला। पु० कुरान के अनुसार अजाजील जिन्न जो आदम की सन्तान मनुष्य जाति को सन्मार्ग से बहकाने का काम करने लगा, इबलीस; प्रेत, पिशाच।

**मुहा० शैतान उतरना** क्रोध शान्त होना। **शैतान के कान काटना** शैतानी में शैतान से बढ़ जाना। **(सिर पर) शैतान चढ़ना या सवार होना** बुराई पर आमादा होना; जिद चढ़ना; गुस्सा चढ़ना।

**शैतानी** स्त्री० शैतान का काम; शरारत, दुष्टता।

**शैत्य** पु० *(सं०)* शीतलता, सर्दी।

**शैथिल्य** *(सं०)* पु० शिथिलता।

**शैथिलिक** वि० *(सं०)* ढीला; आलसी।

**शैल** वि० *(सं०)* पर्वत, पहाड़; शैलेय गन्धद्रव्य; पथरीला; शिला-सम्बन्धी; पत्थर जैसा कठोर पु० पर्वत।

**शैलक** पु० *(सं०)* शिलाजीत; एक गन्धद्रव्य, गूगुल।

**शैलकुमारी** *(सं०)* स्त्री० पार्वती।

**शैलपति** *(सं०)* पु० नगराज, हिमालय।

**शैलाधारा** स्त्री० *(सं०)* पृथ्वी।

**शैलाधिप, शैलाधिराज** पु० *(सं०)* हिमालय।

**शैलाभ** पु० *(सं०)* एक विश्वेदेव।

**शैलाली(लिन्)** पु० *(सं०)* नट, अभिनेता; नर्तक।

**शैलासा** स्त्री० *(सं०)* पार्वती।

**शैलिकी** स्त्री० *(सं०)* शैल विज्ञान।

**शैली** स्त्री० *(सं०)* कला, साहित्य आदि की रचना, अभिव्यक्ति की रीति; किसी काम के करने का ढंग, काम करने का तरीका, कार्य करने की रीति या पद्धति; सदाचार, सच्चरित्र; पत्थर की मूर्ति।

**शैलेन्द्र** पु० *(सं०)* हिमालय।

**शैलेन्द्रजा** स्त्री० गंगा।

**शैलेय** पु० *(सं०)* तालपर्णी; सैन्धव, सेंधा नमक; सिंह; शैलज नामक गन्धद्रव्य; शिलाजीत; मधुकर। वि० पथरीला; पत्थर के समान कठिन; शैल से उत्पन्न; शैल-सम्बन्धी; पहाड़ सदृश अचल।

**शैलेयक** पु० *(सं०)* शैलेय।

**शैलोद्भवा** स्त्री० *(सं०)* क्षुद्र पाषाणभेदी, शिलाजीत।

**शैल्पिक** वि० *(सं०)* शिल्प सम्बन्धी।

**शैल्य** पु० *(सं०)* कठोरता, कड़ापन। वि० पत्थर सा कड़ा; पथरीला; शिला-सम्बन्धी।

**शैव** *(सं०)* वि० शिव विषयक। पु० शिव का उपासक।

**शैवल** पु० *(सं०)* पद्मकाष्ठ; सेवार।

**शैवलिनी** स्त्री० *(सं०)* सरिता, नदी।

**शैवाल** पु० *(सं०)* सेवार।

**शैशव, शैशवावस्था** स्त्री० *(सं०)* शिशु की अवस्था।

**शैशविकी** स्त्री० *(सं०)* *(पैड्रियाट्रिक्स)* शिशुओं से सम्बन्धित विज्ञान।

**शैशिर** वि० *(सं०)* श्याम चातक; शिशिर ऋतु-सम्बन्धी; शिशिर ऋतु में उत्पन्न; काली गौरैया नामक चिड़िया, श्याम चटक।

**शैशुनाग** वि० *(सं०)* राजा शिशुनाग के वंश से सम्बद्ध या उसमें उत्पन्न।

**शो** पु० *(अं०)* प्रदर्शन।~

**शोकेस** पु० प्रदर्शन मंजूषा।

**शोक** पु० *(सं०)* किसी वस्तु के नष्ट हो जाने या खो जाने से उत्पन्न मनोपीड़ा, व्यथा या कष्ट; व्यथा।

**शोककारक** वि० शोक जनक।

**शोकहारी** वि० शोक को दूर करने वाला।

**शोकान्त** पु० *(सं०)* शोक का अन्त।

**शोकाकुल** वि० *(सं०)* शोक से विह्वल, व्याकुल।

**शोकातुर** वि० *(सं०)* शोक से छटपटाने वाला; शोक से विह्वल।

**शोकापनोद** पु० *(सं०)* शोक का निवारण।

**शोकाभिभूत** वि० *(सं०)* शोक से त्रस्त, शोक पीड़ित।

**शोकी** स्त्री० *(सं०)* रात्रि, रजनी।

**शोकी(किन्)** वि० *(सं०)* रंजोगम से भरा हुआ, शोकपूर्ण, अत्यन्त उदास।

**शोकोपहत** वि० *(सं०)* गम का मारा।

**शोख** वि० *(फ़ा)* चपल, चंचल; तेज, गहरा (रंग); नटखट (जैसे—शोख लड़की, शोख अदाएँ); ढीठ।

**शोख़ी** स्त्री० नटखटपन; (रंग का) गहरापन; शोख होने का भाव; चंचलता; ढिठाई।

**शोच** पु० *(सं०)* पीड़ा, दुःख, रंज; शोक; चिन्ता।

**शोचन** पु० *(सं०)* शोच करने की क्रिया; चिन्ता।

**शोचनीय** वि० *(सं०)* जिसे देखकर पीड़ा या रंज हो, गम या रंज करने लायक; चिन्तनीय, शोच्य।

**शोचि(स्)** स्त्री० *(सं०)* लौ; दीप्ति, प्रभा, प्रकाश।

**शोचिष्केश** पु० *(सं०)* अग्नि; चित्रक वृक्ष।
**शोच्य** वि० *(सं०)* दयनीय; चिन्तनीय; शोचनीय।
**शोटीर्य** पु० *(सं०)* पराक्रम, पुरुषार्थ, वीरता।
**शोठ** पु० *(सं०)* खल; मूर्ख व्यक्ति; आलसी आदमी। वि० धूर्त्त; पापी, आलसी, अहदी; मूर्ख; बदमाश, नीच, दुष्ट।
**शोण** *(सं०)* पु० रुधिर, अग्नि, लाल रंग।
**शोणक** पु० *(सं०)* शोणाक वृक्ष।
**शोणता** *(सं०)* स्त्री० लालिमा।
**शोणमणि** *(सं०)* स्त्री० मणिक, पद्मरागमणि।
**शोणाम्बु** पु० *(सं०)* एक तरह का बादल जो प्रलय के समय दिखायी देता है।
**शोणा** स्त्री० *(सं०)* श्योनाक वृक्ष; लाल रंग की वस्तु; सोन नदी।
**शोणाक** पु० *(सं०)* श्योनाक, वृक्ष, शोणा, शुकनास।
**शोणाश्मा(श्मन्)** पु० *(सं०)* शोणोपल।
**शोणित** पु० *(सं०)* लाल रंग का, रक्त वर्णमाला। पु० जाफरान; कुंकुम; रक्त, खून, लहू।
**शोणिताह्वय** पु० *(सं०)* जाफरान, केसर; कुंकुम।
**शोणिमा(मन्)** स्त्री० *(सं०)* लालिमा।
**शोणी** स्त्री० *(सं०)* लाल कमल के रंग के समान रंगवाली स्त्री।
**शोणोपल** पु० *(सं०)* शोणितोपल, लाल कमल, रक्तकमल।
**शोथ** पु० *(सं०)* (इम्पलेमेशन) पित्त, वात, कफ में से किसी एक के कुपित होने पर शरीर के किसी भाग के सूजने का रोग; सूजन।
**शोथक** पु० *(सं०)* शोथ; मुरदासंग।
**शोथारि** पु० *(सं०)* गदहपूरना।
**शोद्धव्य** वि० *(सं०)* शुद्ध करने योग्य।
**शोध** पु० *(सं०)* परिशोध, प्रतिकार; खोज, अनुसन्धान; शुद्धि, सफाई; गलत को सही करने की क्रिया, अशुद्ध, शुद्ध करने की क्रिया, संस्कार।
**शोधक** वि० *(सं०)* शुद्ध करने वाला। पु० शोध करने वाला, शुद्धिकर्ता, सफाई करने वाला व्यक्ति; त्रुटि दूर करने वाला व्यक्ति; अन्वेषक, खोजी।
**शोधन** वि० *(सं०)* शोध करना, शुद्धिकारक।
**शोधना** क्रि० *(सं०)* धातु को दवा के रूप में प्रयोग करने के लिए शुद्ध करना; साफ करना, शुद्ध करना; गलत को सही करना; खोज करना।
**शोधनी** स्त्री० *(सं०)* ताम्रवल्ली; नीली; झाड़, मार्जनी।
**शोधनीय** वि० *(सं०)* साफ या स्वच्छ करने योग्य, शोधन के योग्य, शोध्य।
**शोधवाना** स० क्रि० शुभ कार्य के लिए सुतिथि आदि पर विचार करना; ठीक कराना; ठीक करना; साफ कराना; शोध का कार्य कराना।
**शोधार्थी** वि० *(सं०)* शोध करने वाला।
**शोधित** वि० *(सं०)* सही किया हुआ, सुधारा हुआ; साफ किया हुआ, मार्जित; शुद्ध किया हुआ; चुकाया हुआ; अपनीत; अन्वेषित।
**शोधैया** पु० *(सं०)* शुद्ध करने वाला, शोधक।
**शोध्य** पु० *(सं०)* अपने पर लगाये गये अभियोग के विषय में सफाई देने वाला व्यक्ति, अभियुक्त। वि० शोधनीय, शोध करने योग्य।
**शोफ** पु० *(सं०)* शोथ, सूजन; अर्बुद।
**शोफर** पु० *(फ्रेंच)* चालक, ड्राइवर।
**शोबदा** पु० *(अ०)* छल, धोखा; जादू का काम, इन्द्रजाल; हाथ की सफाई का काम, बाजीगरी।
**शोबा** पु० *(अ०)* विभाग की शाखा; टुकड़ा, हिस्सा, विभाग; शाखा।
**शोभ** पु० *(सं०)* * शोभा; कान्ति (समास में); एक देववर्ग। वि० दीप्तिमान्; सुन्दर।
**शोभक** वि० *(सं०)* कान्तिमान्; सुन्दर।
**शोभन** पु० *(सं०)* ग्रह; विष्कम्भ आदि सत्ताईस योगों में से पाँचवाँ योग; दीप्ति; शुभ; सौन्दर्य; पद्म, कमल; शिव। वि० शोभा से युक्त; मंगल, शुभ; सुन्दर, मनोहर; दीप्तिमान्; सज्जित।
**शोभनक** पु० *(सं०)* सहिजन का पेड़, शोभांजन वृक्ष।
**शोभना** *अ० क्रि० शोभा देना, सोहना, शोभित होना। स्त्री० *(सं०)* गोरोचना; सुन्दर स्त्री; हरिद्रा।
**शोभांजन** पु० *(सं०)* सहिजन का पेड़, शोभनक वृक्ष।
**शोभा** स्त्री० *(सं०)* काव्यगत दस गुणों में से एक; हरिद्रा, हल्दी; सुन्दरता, प्रभा, चमक, कान्ति, शारीरिक सौन्दर्य, प्राकृतिक सौन्दर्य, छवि।
**शोभाकर** वि० *(सं०)* सौन्दर्य उत्पन्न करने वाला। पु० सौन्दर्य-समूह; अत्यन्त सुन्दर व्यक्ति।

**शोभान्वित** वि० *(सं०)* सौन्दर्यपूर्ण, शोभायुक्त।

**शोभामय** वि० *(सं०)* शान वाला, सौन्दर्ययुक्त।

**शोभित** वि० *(सं०)* सज्जित; विराजमान; शोभायुक्त।

**शोभिनी** वि० स्त्री० *(सं०)* शोभा देनेवाली, सुन्दरी।

**शोभी(भिन्)** वि० *(सं०)* शोभा देने वाला, सुन्दर; कान्तिमान, दीप्तिमान्।

**शोर** वि० *(फ़ा)* खारी; बुरा, अशुभ। पु० ऊसर जमीन; खारी नमक; उन्माद; कोलाहल, हल्ला, (करना, मचना, मचाना) प्रसिद्धि, धूम।

**शोरबा, शोरवा** पु० *(फ़ा)* तरकारी या माँस आदि का रसा।

**शोरबेदार** वि० रसेदार।

**शोरा** पु० *(फ़ा)* एक सफेद क्षार जो बारूद बनाने, पानी ठण्ढा करने आदि के काम में आता है। **मुहा० शोरे में डालना** पानी की सुराही को नमक और शोरा मिले हुए पानी में रखकर ठण्डा करना।

**शोरिश** स्त्री० *(फ़ा)* बगावत, उपद्रव, विद्रोह, विप्लव; नमकीनपन; हलचल; शोरगुल, कोलाहल।

**शोला** पु० *(अ०)* आग की लपट; आँच, वाला।

**शोष** पु० *(सं०)* क्षीण होने या दुबले-पतले होने का भाव; सूखने का भाव या क्रिया; शुष्कता, सूखापन; यक्ष्मा रोग का एक प्रकार; सुखण्डी रोग। **~क** *(सं०)* वि० सोखने वाला।

**शोशा** पु० *(फ़ा)* फारसी-अरबी के 'स', 'श' आदि के सिरे पर निकली हुई नोक या दाँत; रेजा, छोटा टुकड़ा; सोने का डला; फारसी-अरबी अक्षरों के नीचे लगाया जाने वाला चिह्न; झगड़ा उठानेवाली बात, अनोखी बात।

**शोषक** वि०, पु० *(सं०)* *(एक्सप्लाइटर)* क्षीण करने वाला; दूसरे का धन हरण करने वाला; सोखने वाला, शोषण करने वाला; चूसने वाला।

**शोषण** *(सं०)* पु० सोखना, सुखाना, क्षीण करना।

**शोषणीय** वि० *(सं०)* शोषण के योग्य।

**शोषयिता(तृ)** वि० पु० शोषण करने वाला।

**शोषापहा** स्त्री० *(सं०)* क्लीतनक, मुलेठी।

**शोषित** वि० *(सं०)* नष्ट किया हुआ; खत्म किया हुआ; सोखा हुआ; क्षीण किया हुआ, सुखाया हुआ।

**शोषी(षिन्)** वि० *(सं०)* शोषण करने वाला।

**शोषु** पु० *(सं०)* प्यास।

**शोहदा** पु० बदमाश, लुच्चा; आवारा; व्यभिचारी, लम्पट।

**शोहरत** स्त्री० *(अ०)* धूम; ख्याति, प्रसिद्धि।

**शोहरा** पु० *(अ०)* ख्याति, शोहरत, प्रसिद्धि।

**शौंगेय** पु० *(सं०)* बाजपक्षी, श्येन, गरुड़।

**शौण्ड** वि० *(सं०)* मद्य पीने का आदती, कुशल, शराबी; दक्ष, चतुर; मतवाला; मत्त।

**शौण्डता** स्त्री० *(सं०)* मत्तता; कुशलता, दक्षता, चातुर्य।

**शौण्डा** स्त्री० *(सं०)* मदिरा।

**शौण्डी** पु० *(सं०)* कटभी; मेघपंक्ति; चव्य; गजपिप्पली।

**शौण्डी(डिन्)** पु० *(सं०)* मद्यविक्रेता, शौंडिक।

**शौण्डीर** वि० *(सं०)* उद्दण्ड; अहंकारी, गर्वान्वित, घमण्डी।

**शौण्डीर्य** पु० *(सं०)* अहंकार, घमण्ड, गर्व।

**शौक़** पु० *(अ०)* उत्साह; व्यसन; धुन; प्रबल इच्छा। **मुहा० शौक़ करना** भोग करना। **शौक़ चर्राना** इच्छा का तीव्र होना। **शौक़ से** निस्संकोच; खुशी से।

**शौक़ीन** वि० चाह, रुचि रखने वाला, छैला; तमाशबीन; शौक, बनाव-सिंगार का शौक रखने वाला।

**शौक़ीनी** स्त्री० *(अ०)* बन-ठन कर रहने की इच्छा, शौकीन होना, बनाव-सिंगार का शौक।

**शौक** वि० *(सं०)* शुक्र ग्रह सम्बन्धी; वीर्य-सम्बन्धी।

**शौक्लिकेय** पु० *(सं०)* एक तरह का विष।

**शौक्ल्य** पु० *(सं०)* सफेदी, उज्ज्वलता, शुक्लता।

**शौच** पु० *(सं०)* प्रातःकालीन नैमित्तिक कर्म द्वारा मलत्याग शुद्धि; पाखाने जाना, शुचिता।

**शौचक** पु० *(सं०)* शुद्धता। वि० शुद्ध, पवित्र।

**शौचागार** पु० *(सं०)* शौचगृह।

**शौचाचार** पु० *(सं०)* शौचकम, शुद्धिकर्म।

**शौचालय** पु० *(सं०)* *(लेवेटरी)* वह कोठरी या स्थान जहाँ शौच किया जाता है, शौच करने का घर।

**शौचेय** पु० *(सं०)* धोबी, रजक।

**शौटीर** पु० *(सं०)* त्यागी, संन्यासी; वीर, योद्धा। वि० उदार; गर्वीला, गर्वयुक्त।

**शौटीरता** स्त्री०, **शौटीर्य** पु० *(सं०)* गर्व; त्याग; पराक्रम; वीरता।

**शौत** हि० स्त्री० सौत।
**शौध*** वि० पूत, पवित्र, निर्मल, शुद्ध।
**शौधिका** स्त्री० *(सं०)* रक्त कण, लाल ककुनी।
**शौन** पु० *(सं०)* कसाईखाने में रखा माँस, वधस्थल।
**शौनक** पु० *(सं०)* एक ऋषि जो कई ग्रन्थों के रचयिता माने जाते हैं।
**शौनिक** वि० *(सं०)* श्वान या आखेट सम्बन्धी।
**शौर्य** पु० *(सं०)* वीरता, शूरता; पराक्रम।
**शौरसेनी** *(सं०)* स्त्री० एक प्राकृत भाषा।
**शौल्फ** पु० *(सं०)* सुलफे का साग; सौंफ।
**शौवापद** वि० *(सं०)* जंगली; वन-पशु सम्बन्धी।
**शौहर** पु० *(फ़ा)* पति, स्वामी,खाविन्द।
**श्म(न्)** पु० *(सं०)* मुख; शरीर; शव, मृत देह।
**श्मशान** पु० *(सं०)* *(क्रेमेटोरियम)* मसान, मरघट, शवदाह-स्थान। पु० प्रेत; शिव; भूत।
**श्मशानिक** वि० *(सं०)* श्मशान में रहने वाला।
**श्मश्रु** पु० *(सं०)* दाढ़ी-मूँछ।
**श्मीलित** वि० *(सं०)* पलक मारा हुआ। पु० पलक का गिरना, पलक मारना, निमेष।
**श्यान** पु०*(सं०)* धुआँ। वि० सिकुड़ा हुआ, सूखा; जो जमकर गाढ़ा हो गया हो, गाढ़ा।
**श्याम** पु० *(सं०)* काली मिर्च; काला रंग; कोयल; बादल। वि० काला; काला और नीला मिश्रित।
**श्यामक** वि० *(सं०)* काला। पु० सावाँ का चावल।
**श्यामलता, श्यामता** स्त्री० *(सं०)* कालापन, श्याम।
**श्यामलिमा(मन्)** स्त्री० *(सं०)* कालापन, श्यामता।
**श्यामलेक्षु** पु० *(सं०)* काली या कजरवा ईख।
**श्यामसुन्दर** *(सं०)* पु० श्रीकृष्ण।
**श्यामांग** वि० *(सं०)* काले शरीर वाला। पु० बुध ग्रह।
**श्यामा** स्त्री० *(सं०)* यमुना; गाय; रात्रि; हल्दी, हरिद्रा; तुलसी; श्याम, कृष्ण की प्रिया राधा; काली, कालिका देवी; वन्दा; कस्तूरी; पिप्पली।
**श्यामिका** स्त्री० *(सं०)* खोटापन; मलिनता; मैल (बर्तन आदि का); श्यामता, कालापन; अपवित्रता।
**श्यामेक्षु** पु० *(सं०)* काले रंग की ईख, कजरवा ईख।
**श्यालक, श्याल** पु० *(सं०)* *शृगाल; पत्नी का भाई, साला।
**श्यालिका** *(सं०)* स्त्री० साली।
**श्येत** पु० *(सं०)* शुक्ल वर्ण। वि० श्वेत, शुक्ल, सफेद।
**श्येन** वि० *(सं०)* पीले रंग का। पु० पाण्डुर वर्ण, दोहे का एक भेद; बाज पक्षी; हिंसा; पीला रंग।।
**श्येनम्पात** वि० *(सं०)* बाज उड़ाने के योग्य (स्थान)।
**श्यैन** वि० *(सं०)* बाज-सम्बन्धी।
**श्यैनेय** पु० *(सं०)* जटायु।
**श्योणाक, श्योनाक** पु० *(सं०)* सोना पाढ़ा, एक वृक्ष।
**श्रन्थ** पु० *(सं०)* शिथिलता, ढीलापन; बाँधना; (मुक्त करने वाला) विष्णु; शिथिल करना, ढीला करना।
**श्रन्थन** पु० *(सं०)* नष्ट कर देना; मार डालना; बाँधना; मुक्त करना; नुकसान पहुँचाना।
**श्रन्थित** वि० *(सं०)* नुकसान पहुँचाया हुआ; विनष्ट; ढीला; मुक्त हुआ; वध किया हुआ।
**श्रथन** पु० *(सं०)* बाँधना; प्रयत्न, प्रयास; वध; ढीला या शिथिल करने की क्रिया, शिथिलीकरण।
**श्रद्दधान** वि० *(सं०)* श्रद्धायुक्त।
**श्रद्धा** स्त्री० *(सं०)* स्पृहा, कामना; शास्त्र, दर्शन आदि में आस्था एवं पूर्ण विश्वास; प्रजापति की पुत्री; सम्प्रत्यय, विश्वास; आदर; पवित्रता, शुद्धि।
**श्रद्धालु** वि० *(सं०)* श्रद्धायुक्त। स्त्री० किसी वस्तु की कामना करनेवाली गर्भिणी स्त्री, दोहदवती।
**श्रद्धावान(वत्)** वि० *(सं०)* श्रद्धायुक्त।
**श्रद्धेय** *(सं०)* वि० श्रद्धा के योग्य।
**श्रपण** पु० **श्रपणा** स्त्री० *(सं०)* उबालने की क्रिया।
**श्रपित** पु० *(सं०)* उबाला हुआ माँस। वि० बिना घी-तेल डाले पकाया हुआ, उबाला हुआ।
**श्रपिता** स्त्री० *(सं०)* काँजी; माँड़।
**श्रम** पु० *(सं०)* तप; खेद; कष्ट; कसरत, व्यायाम।
**श्रमकण** *(सं०)* वि० पसीने की बूँदे।
**श्रमकर** *(सं०)* पु० श्रम करने वाला।
**श्रमजल** *(सं०)* पु० पसीना।
**श्रमजीवी** *(सं०)* पु० श्रम करके जीने वाला, श्रम से उदर पोषण करने वाला।
**श्रमवारि** *(सं०)* पु० पसीना।
**श्रमविनोद** *(सं०)* पु० श्रमज सुख।
**श्रमविभाग** *(सं०)* पु० कार्य का विभाग।
**श्रमस्थान** *(सं०)* पु० श्रमस्थल, कार्यालय।
**श्रमण** पु० *(सं०)* बौद्धभिक्षु।
**श्रमणा** स्त्री० *(सं०)* मेहनती स्त्री; भिक्षुणी; सुन्दरी स्त्री; जटामासी; सुदर्शना ओषधि।

**श्रमणी** स्त्री० *(सं०)* बौद्ध संन्यासिनी।

**श्रमिक** पु० *(सं०)* शारीरिक श्रम कर रोजी कमाने वाला, मजदूर।

**श्रमी(मिन्)** वि० *(सं०)* मेहनती। पु० परिश्रमी व्यक्ति।

**श्रय, श्रयण** पु० *(सं०)* आश्रय।

**श्रयणीय** *(सं०)* वि० सुनने योग्य।

**श्रव** पु० *(सं०)* यश; शब्द; कान; त्रिभुज का वर्ण।

**श्रवण** पु० *(सं०)* कान, श्रवणेन्द्रिय; सुनने की क्रिया।

**श्रवणगोचर** *(सं०)* पु० कर्णगोचर।

**श्रवणपथ** *(सं०)* पु० कान।

**श्रवणविद्या** *(सं०)* स्त्री० संगीत।

**श्रवणेन्द्रिय** स्त्री० *(सं०)* कान; सुनने की इन्द्रिय।

**श्रवन*** पु० कान; सुनना।

**श्रवना** स० क्रि० बहाना; टपकाना, गिराना, चुआना। *अ० क्रि० टपकना, बहना, चूना।

**श्रवस्य** पु० *(सं०)* यश, नाम; नामवरी का कृत्य।

**श्रवित** वि०क्षरित, बहा हुआ, टपका हुआ।

**श्रव्य** वि० *(सं०)* सुनने योग्य; सुना हुआ।

**श्रान्त** पु० *(सं०)* तपस्वी। वि० जितेन्द्रिय, अपनी इन्द्रियों को वश में करने वाला; थका हुआ; शान्त।

**श्रान्ति** *(सं०)* स्त्री० श्रम, खेद, दुःख।

**श्राण** वि० *(सं०)* घृत, दूध या जल में बिना डाले पकाया हुआ; भूना हुआ; पक्व, पका हुआ।

**श्राणा** स्त्री० *(सं०)* थकान; श्रम; खेद।

**श्राद्ध** पु० *(सं०)* शास्त्रविहित पितृ-कर्म, पितरों की प्रसन्नता के लिए श्रद्धापूर्वक किया जाने वाला अन्न, वस्त्र आदि का दान। वि० श्रद्धायुक्त।

**श्राद्धी(द्धिन्)** पु० *(सं०)* श्राद्ध-भोक्ता।

**श्राम** पु० *(सं०)* समय; मण्डप, महीना, मास।

**श्राय** पु० *(सं०)* मकान; शरण, आश्रय।

**श्राव** पु० *(सं०)* बहने की क्रिया; सुनने की क्रिया।

**श्रावक** पु० *(सं०)* बौद्ध-भिक्षु; जैन-संन्यासी; शिष्य; दूरध्वनि; कौवा। वि० सुनने वाला।

**श्रावण** *(सं०)* पु० वर्ष का चतुर्थ मास। सावन मास।

**श्रावित** वि० *(सं०)* सुनाया गया; कथित।

**श्रावी(विन्)** वि० *(सं०)* सुनने वाला। पु० सज्जी।

**श्राव्य** वि० *(सं०)* घोषणा करने योग्य; सुनने योग्य।

**श्रित** वि० *(सं०)* पका हुआ; रक्षित; सेवित; आश्रित।

**श्रिति** स्त्री० *(सं०)* आश्रय, सहारा।

**श्रिय*** स्त्री० कल्याण, अभ्युदय।

**श्रिया** स्त्री० *(सं०)* विष्णु की पत्नी, श्रीधर।

**श्री** स्त्री० *(सं०)* त्रिवर्ग—धर्म, अर्थ, काम; सिद्धि; प्रकार; अधिकार; उपकरण, साधन। वि० सुन्दर; योग्य; मिश्रित। पु० एक एकाक्षर वृत्त।

**श्रीकान्त** *(सं०)* विष्णु।

**श्रीमन्त** पु० एक शिरोभूषण। वि० धनी; सौन्दर्यशाली।

**श्रीमत्ता** स्त्री० *(सं०)* शोभा, गौरव, धनवत्ता।

**श्रील** वि० *(सं०)* शोभायुक्त; लक्ष्मीवान।

**श्रीवन्त*** वि० श्रीमान्, श्रीमन्त।

**श्रुत** पु० *(सं०)* परम्परा से सुनकर रक्षित वेद; शास्त्र; श्रवण का विषय। वि० सुना हुआ; प्रसिद्ध, विश्रुत, विख्यात; ज्ञात।

**श्रुतानुश्रुत** पु० *(हियर से)* बहुतों से सुनी हुई बात।

**श्रुतान्वित** वि० *(सं०)* शास्त्रज्ञ; वेदज्ञ, वेद का ज्ञाता।

**श्रुतायु** पु० *(सं०)* एक सूर्यवंशी नरेश।

**श्रुति** स्त्री० *(सं०)* कान; वेद; ज्ञान; जनश्रुति, किंवदन्ती।

**श्रुव** पु० *(सं०)* याग, यज्ञ; स्रुवा।

**श्रेणी** स्त्री० *(सं०)* *(सीरीज़)* शृंखला, विच्छेद-रहित पंक्ति; श्रेणि।

**श्रेणीकृत** वि० *(सं०)* क्रम से लगाया हुआ, वर्गीकृत।

**श्रेय(स्)** वि० *(सं०)* अपेक्षाकृत अच्छा, बेहतर; उपयुक्त; श्रेष्ठ; हितकर, मंगलमय। पु० धर्म; मुक्ति; शुभ, मंगल; शुभ अवसर; सुख; पुण्य।

**श्रेष्ठ** पु० *(सं०)* ब्राह्मण; राजा; विष्णु; शिव; कुबेर। वि० अति उत्तम; सबसे अच्छा; सर्वप्रधान।

**श्रेष्ठाम्ल** पु० *(सं०)* वृक्षाम्ल; इमली।

**श्रोण** पु० *(सं०)* एक रोग; *शोण, लहू।

**श्रोणा** स्त्री० *(सं०)* काँजी; श्रवण नक्षत्र; माँड।

**श्रोणि** स्त्री० *(सं०)* कटि, कमर; नितम्ब।

**श्रोणित*** पु० रक्त, शोणित, लहू।

**श्रोणी** स्त्री० *(सं०)* मध्यभाग; श्रोणि।

**श्रोतव्य** वि० *(सं०)* श्रव्य, जो सुना जाये, सुनने योग्य।

**श्रोता (तृ)** वि० पु० *(सं०)* सुनने वाला, श्रवणकर्ता।

**श्रोत्रिय** पु० *(सं०)* वेदज्ञ ब्राह्मण, ब्राह्मण, वेदाध्ययन करने वाला। वि० वेदाध्ययनकर्ता, वेदज्ञ।

**श्रयाह्न** पु० *(सं०)* कमल।

**श्लक्ष्ण** वि० *(सं०)* कोमल, नरम; अल्प या महीन; चिकना; मधुर; मनोहर, सुन्दर; सच्चा।
**श्लाघनीय** वि० *(सं०)* प्रशंसनीय, श्लाघ्य।
**श्लाघ्य** वि० *(सं०)* प्रशस्य, श्लाघनीय।
**श्लिषा** स्त्री० *(सं०)* आलिंगन; संयोग; मिलन।
**श्लिष्ट** वि० *(सं०)* श्लेषयुक्त, अनेकार्थक, द्वयर्थक; परिरम्भित, आलिंगित; सम्मिलित, संयुक्त।
**श्लिष्टि** स्त्री० *(सं०)* आलिंगन; सटाव, लगाव।
**श्लेष** *(सं०)* संयोग, जोड़, मिलान।
**श्लेष्मा** *(सं०)* पु० कफ।
**श्लेष्मिक** *(सं०)* वि० कफ विषयक।
**श्लेषी(षिन्)** वि० *(सं०)* आलिंगन करने वाला।
**श्लोक** *(सं०)* पु० संस्कृत पद्य, यश, कीर्ति।
**श्वपच** *(सं०)* पु० चाण्डाल, डोम।
**श्वयथु** पु० *(सं०)* शोथ, सूजन।
**श्वसन** पु० *(सं०)* हाँफना; साँस लेना; पवन, वायु।
**श्वसित** वि० *(सं०)* श्वास निकालने, ग्रहण करने वाला; श्वासयुक्त, जीवित। पु० श्वास; आह।
**श्वसुर** *(सं०)* स्त्री० ससुर।
**श्वान** पु० *(सं०)* कुत्ता, कुक्कुर; छप्पय का एक प्रकार; दोहे का एक प्रकार।
**श्वापद** पु० *(सं०)* हिंस्र पशु। वि० भयंकर; जंगली।
**श्वास** पु० *(सं०)* आह; हाँफने की क्रिया; प्राण वायु।
**श्वासोच्छ्वास** *(सं०)* साँसें बेग से खींचना एवं निकालना।
**श्वित** पु० *(सं०)* श्वेतता, सफेदी। वि० श्वेत।
**श्विति** स्त्री० *(सं०)* सफेदी, श्वेतता।
**श्वित्र** पु० *(सं०)* श्वेत कुष्ठ, सफेद कोढ़।
**श्वेत** पु० *(सं०)* सफेद जीरा। वि० उज्ज्वल, सफेद, उजला; बिना धब्बे का, निष्कलंक; गौर, गोरा।
**श्वेतप्रदर** पु० *(ल्यूकोरिया)* प्रदर का एक भेद जिसमें योनि से सफेद रंग का स्राव होता है।
**श्वेताम्बर** पु० *(सं०)* श्वेत, सफेद वस्त्र।
**श्वेतांशु** पु० *(सं०)* श्वेत-मयूख।
**श्वेता** स्त्री० *(सं०)* शरीर के चमड़े की तीसरी तह, कौड़ी; श्वेत दूर्वा; मिस्री; वंशलोचन। वि० स्त्री० शुभ्र, सफेद रंग वाली।
**श्वेताम्लि, श्वेताम्ली** स्त्री० *(सं०)* इमली।
**श्वेतिका** स्त्री० *(सं०)* सौंफ।
**श्वैत्र, श्वेत्र्य** पु० *(सं०)* श्वेत कुष्ठ।

## ष

**ष** देवनागरी वर्णमाला का इकतीसवाँ व्यंजन वर्ण। इसका उच्चारण स्थान मूर्द्धा है, इसलिए इसे मूर्द्धन्य ष कहते हैं। व्रज और अवधी में यह ध्वनि 'ख' के रूप में परिवर्तित हो गयी है।
**षंजन** पु० मिलन, आलिंगन।
**षण्ड** पु० *(सं०)* ढेर, राशि; भेड़ों आदि का झुण्ड; समूह, झुण्ड; नपुंसक, हिजड़ा; बैल, साँड़; पद्म-समूह।
**षण्डक** पु० *(सं०)* नपुंसक, हिजड़ा।
**षण्डाली** पु० *(सं०)* तालाब; तौल का एक नाप, छटाँक; व्यभिचारिणी, बदचलन औरत।
**षण्ढ** पु० *(सं०)* नपुंसक; शिव; क्लीब लिंग।
**षण्ढा** स्त्री० *(सं०)* मर्दानी औरत।
**षण्ढिता** स्त्री० *(सं०)* षण्ढीयोनि, नारीत्व के भाव से रहित स्त्री।
**ष** वि० *(सं०)* बुद्धिमान्; विद्वान्, विज्ञ; श्रेष्ठ, उत्तम। पु० निद्रा; अन्त; ज्ञान-हानि; शेष, बची वस्तु; हानि, ध्वंस; मोक्ष; केश, बाल; स्वर्ग; बुद्धिमान्, विद्वान् व्यक्ति; भ्रूण; सहिष्णुता, धैर्य।
**षट्(ष्)** वि० *(सं०)* पाँच और एक, छः का सूचक अंक।
**षट्कार** *(सं०)* पु० षट् शब्दोच्चारण।
**षट्कोण** पु० इन्द्र का वज्र; हीरा; लग्न से छठा स्थान; एक यन्त्र *(तं०)*। वि० *(हेक्सेंगुलर)* वह क्षेत्र जिसमें छः कोण हों।
**षट्क** पु० *(सं०)* छः की संख्या; छः का समाहार। वि० छः गुना; छः में खरीदा हुआ।
**षट्चक्र** *(सं०)* पु० षट्यन्त्र, हठ योगानुसार कुण्डलिनी के ऊपर छः चक्र।
**षट्तिला** *(सं०)* स्त्री० माघ कृष्ण पक्षीय एकादशी।
**षट्पद** *(सं०)* पु०भौंरा खटमल वि० छः पैरों वाला।
**षट्पदा** *(सं०)* स्त्री० भ्रमरी।
**षट्पदातिथि** पु० *(सं०)* चम्पा का पेड़; आम्र वृक्ष।
**षड्यन्त्र** पु० *(कांसपिरेसी)* किसी व्यक्ति की ना जानकारी में उसके अनिष्टसाधन के उपाय करना, दुरभिसन्धि, साजिश।
**षट्रस** *(सं०)* पु० छः प्रकार के रस।

**षष्टि** वि० *(सं०)* साठ। स्त्री० साठ की संख्या।

**षष्टिक** पु० *(सं०)* साठी; साठ की संख्या।

**षष्ट्यंशक** पु० *(सं०)* एक यन्त्र जिससे नक्षत्रों के सहारे जहाज की स्थिति निर्धारित की जाती है।

**षष्ठ** वि० *(सं०)* छठा।

**षष्ठांश** पु० *(सं०)* छठा भाग, अन्न का वह छठा भाग जो राजस्व के रूप में दिया जाता था।

**षष्ठिका** स्त्री० *(सं०)* षष्ठी।

**षष्ठी** स्त्री० *(सं०)* सम्बन्धकारक की विभक्ति; शुक्ल या कृष्ण पक्ष की छठी तिथि।

**षडंग** *(सं०)* पु० शरीर के छः अंग।

**षडंगी** वि० छः अंगों वाला।

**षडगुण** *(सं०)* पु० छः गुणों का समूह।

**षडदर्शनी** हि० पु० ज्ञानी, छः दर्शनों का ज्ञाता।

**षडानन** *(सं०)* छः मुखों वाला।

**षहसानु** पु० *(सं०)* यज्ञ; मोर, मयूर।

**षाड्य** पु० *(सं०)* नपुंसकता, हिजड़ापन।

**षाट्कौशिक** वि० *(सं०)* छः तहों में लिपटा हुआ छः कोशों वाला।

**षाडव** पु० *(सं०)* गान; रस; मिठाई; राग की एक जाति जिसमें केवल छः स्वर आते हैं।

**षाड्गुण्य** पु० *(सं०)* किसी संख्या को छः से गुणा करने पर प्राप्त गुणनफल; षड्गुणसमुच्चय; राजनीति में व्यवहार्य छः अंग, कर्म।

**षण्मास** *(सं०)* वि० छः मास, आधार वर्ष।

**षाण्मातुर** पु० *(सं०)* जिनके छह माताएँ हों, कार्त्तिकेय (जिनका पालन छः माताओं ने किया था)।

**षाण्मासिक** पु० *(सं०)* मृत्यु के छः महीने के पश्चात् मृतक-श्राद्ध। वि० छः महीने का; छमाही।

**षाष्ठिक** वि० *(सं०)* जिसकी छठे अध्याय या खण्ड में व्याख्या की गयी हो। पु० चार मास का एक व्रत जिसमें दूध के साथ केवल हर छठे दिन भोजन किया जाता है।

**षिंग** पु० *(सं०)* वेश्या रखने वाला पुरुष; विट।

**षोडन्त** वि० *(सं०)* छः दाँतों वाला।

**षोडश(न्)** पु० *(सं०)* सोलह की संख्या। वि० सोलह।

**षोडशविध** *(सं०)* वि० सोलह प्रकार का।

**षोडशशृंगार** पु० साजसज्जा के सोलह अंग, सम्पूर्ण शृंगार।

**षोडशांग** पु० *(सं०)* सोलह प्रकार के गन्धद्रव्यों से तैयार किया हुआ धूप। वि० सोलह अंगों वाला, सोलह भागों वाला, प्रकारों वाला।

**षोडशात्मक** पु० *(सं०)* सोलह गुणोंवाली आत्मा।

**षोडशार** पु० *(सं०)* एक तरह का कमल। वि० सोलह पँखड़ियों वाला; सोलह अरों वाला (पहिया)।

**षोडशी** स्त्री० *(सं०)* दस या बारह महाविद्याओं में से एक; सोलह वर्ष की स्त्री, तरुणी।

**षोडशी(शिन्)** पु० *(सं०)* एक तरह का सोमपात्र। वि० सोलह भागों वाला (स्तोत्रादि)।

**षोडशोपचार** पु० *(सं०)* देवपूजन के सोलह अंग (स्नान, वस्त्राभरण, यज्ञोपवीत, चन्दन, पुष्प, धूप, दीप, नैवेद्य, आसन, स्वागत, अर्घ्य, आचमन, मधुपर्क, ताम्बूल, परिक्रमा और वन्दना)।

**षोढा** अ० *(सं०)* छः प्रकार से।

**ष्ठीवन** *(सं०)* पु० थूक।

**ष्ठीवी** स्त्री० *(सं०)* थूकने की क्रिया, वि० थूक से भरा हुआ।

**ष्ठेविता(तृ)** वि० *(सं०)* थूकने वाला।

**ष्ठ्यति** स्त्री० *(सं०)* थूकने की क्रिया।

## स

**स** देवनागरी वर्णमाला का बत्तीसवाँ व्यंजन वर्ण। इसका उच्चारण स्थान दन्त से होने के कारण इसे दन्त्य 'स' कहते हैं।

**स** *(सं०)* पु० शिव, विष्णु, सर्प, जीवात्मा, वायु, पक्षी, चन्द्रमा, चिन्ता, ज्ञान, कान्ति।

**सं** *(सं०)* अव्य० संगीत, समानता, शोभा अर्थक अव्यथा।

**सँइतना**† स० क्रि० जोड़ना; लीपना, पोतना; सहेजना।

**सँउपना*** स० क्रि० सौंपना; किसी को देना।

**संक*** स्त्री० भ्रम, शंका; डर।

**संकट** पु० *(सं०)* कठिनाई; खतरा; मुसीबत, विपत्ति। वि० संकट से पूर्ण; खतरनाक; संकीर्ण, तंग।

**संकटमय** वि० *(सं०)* संकट में फँसा हुआ।

**संकटापन्न** वि० *(सं०)* कष्ट में पड़ा हुआ, विपद्ग्रस्त।

**संकटावस्था** स्त्री० *(सं०)* संकट की स्थिति।

**संकत*** पु० संकेत।

**संकथन** पु० *(सं०)* वर्णन करना; वार्ता।

**संकथा** स्त्री० *(सं०)* बातचीत; वर्णन।

**संकथित** वि० *(सं०)* वर्णित, कथित।

**संकना*** अ० क्रि० भयभीत होना, डरना; सन्देह करना, शंका करना।

**संकर** पु० *(सं०)* *(हाईब्रिड)* ऐसे प्राणी या पौधे जो प्रजनिक दृष्टि से इस स्पीसीज के मादा तथा नर के संगमन से उत्पन्न होते हैं; अन्तर्जातीय सम्बन्ध से उत्पन्न सन्तान; मिश्रण, दोगला।

**संकर*** पु० शंकर।

**संकरघरनी** स्त्री० पार्वती।

**सँकरा†** पु० संकट की स्थिति। स्त्री० सिकड़ी, जंजीर। वि० कम चौड़ाई का, तंग।

**मुहा० सँकरे में पड़ना** कष्ट में पड़ना।

**सँकराना** स० क्रि० संकीर्ण करना, संकुचित, तंग, करना।

**संकरित** वि० *(सं०)* मिला हुआ, मिश्रित।

**संकरी(रिन्)** वि० *(सं०)* मिश्र; दोगला।

**संकर्षण** पु० *(सं०)* खींचकर निकालना; पास लाना; बलराम का एक नाम।

**संकल** पु० *(सं०)* योग; एकत्र करना; जोड़ *(ग०)* सॉकल, जंजीर।

**संकलन** पु० *(सं०)* अच्छे विषयों को चुनकर एकत्र करना; एकत्रीकरण; योग; सम्बन्ध; मिलन।

**संकलना** स्त्री० *(सं०)* एकत्र करना; मिलाना, जोड़ना।

**संकलित** वि० *(सं०)* इकट्ठा किया हुआ, मिलाया हुआ; गृहीत; एकत्रीकृत, राशीकृत।

**संकलुष** पु० *(सं०)* अशुद्धता, सदोषता।

**संकल्प** पु० *(सं०)* मन्त्रोच्चारण के साथ धार्मिक कृत्य करने की प्रतिज्ञा करना।

**संकल्पना** अ० क्रि० पक्का इरादा करना। स० क्रि० संकल्प करना, निश्चय करना।

**सँकाना*** अ० क्रि० शंकित होना, डरना।

**संकार** पु० *(सं०)* †संकेत, इशारा; आग के जलने का शब्द; कूड़ा।

**संकारकूट** पु० कूड़े का ढेर।

**सकारना** क्रि० सचेत करना।

**संकाश** पु० *(सं०)* उपस्थिति; पड़ोस; प्रकाश, रोशनी, कान्ति। वि० निकटवर्ती। अ० निकट, पास।

**संकीर्ण** पु० *(सं०)* मस्त हाथी; संकट। वि० बिखेरा हुआ; अस्पष्ट; मिलाया हुआ; तंग, संकुचित।

**संकीर्तन** पु० *(सं०)* देवता के नाम का गुणगान; प्रशंसा; सम्यक् वर्णन; स्तुति।

**संकुचित** वि० *(सं०)* वक्र, कुटिल; झुका हुआ।

**संकु** पु० *(सं०)* छिद्र; *बर्छी।

**संकुचन** पु० *(सं०)* सिकुड़ना; संकुचित होना।

**सँकुचाना** अ० क्रि०, स० क्रि० सकुचाना।

**संकुचित** वि० *(सं०)* सिकुड़ा हुआ; तंग; नत।

**संकुपित** स्त्री० *(सं०)* उत्तेजित; क्रुद्ध।

**संकेत** पु० *(सं०)* निशान, चिह्न; ठहराव; प्रेमी-प्रेमिका के मिलने का निर्दिष्ट स्थान; शर्त।

**संकेतक** पु० *(सं०)* मिलन-स्थान; ठहराव।

**संकेतना*** अ० क्रि० संकुचित होना। स० क्रि० संकट में डालना, विपत्ति में डालना।

**संकेत्ति** वि० *(सं०)* इशारा या संकेत किया हुआ।

**संकोच** पु० *(सं०)* लज्जा; भय; हिचक; असमंजस।

**संकोचवश** वि० संकोच में पड़ा हुआ।

**संकोचक** वि० *(सं०)* संकुचित करने वाला।

**संकोचमय** वि० *(सं०)* संकोच में पड़ा हुआ।

**संकोचित** पु० *(सं०)* युद्ध का एक ढंग।

**संकोची(चिन्)** वि० *(सं०)* सिकुड़ने वाला; संकोच करने वाला; संकुचित होने वाला (पुष्पादि)।

**संकोपना*** अ० क्रि० क्रोध करना।

**संक्रन्द** पु० *(सं०)* शब्द करना; रोना-चिल्लाना; युद्ध।

**संक्रन्दन** पु० *(सं०)* सम्यक् क्रन्दन; इन्द्र; युद्ध।

**सक्रमणं** *(सं०)* पु० अतिक्रमण घूमना, सूर्य का एक राशि से अन्य में प्रवेश करना।

**संक्रमणिका** *(सं०)* स्त्री० सीढ़ियों की पंक्ति।

**संक्रमित** *(सं०)* वि० स्थापित, प्रतिबिम्बित।

**संक्रान्ति** स्त्री० *(सं०)* सूर्य या किसी ग्रह का एक राशि से दूसरी राशि में प्रवेश करना; एक विशेष हिन्दू पर्व; प्रतिबिम्ब; हस्तान्तरण; मिलन; अंकन।

**संक्रामक** वि० *(सं०)* छूत आदि से फैलने वाला (रोग); एक से दूसरे में संक्रमण करने वाला।

**संक्रीड** पु० *(सं०)* खेल, क्रीड़ा, परिहास।

**संक्रीडन** पु० *(सं०)* साथ खेलना; क्रीड़ा करना, परिहास करना, खेलना।

**संक्रोन*** पु० संक्रमण, संक्रान्ति।

**संक्लेश** पु० *(सं०)* पीड़ा, कष्ट।
**संक्षालना** स्त्री० *(सं०)* स्नान; धोना।
**संक्षिप्त** वि० *(सं०)* घटाया हुआ; गृहीत; छोटा; तंग; संक्षेप में कहा हुआ, संक्षेप में लिखा हुआ।
**संक्षुब्ध** वि० *(सं०)* बहुत बेचैन, अत्यन्त अशान्त।
**संक्षेप** पु० *(सं०)* तंगदस्ती; कम करना; घटाना; छोटा रूप; फेंकना; भेजना; हरण; नष्ट करना।
**संक्षेपत** सं० *(अ०)* थोड़े में।
**संक्षेपण** पु० *(सं०)* संक्षिप्त करना; छोटा करना।
**संख** हिन० पु० शंख।
**संखहुली** स्त्री० शंखपुष्पी।
**संखार**† पु० एक पक्षी।
**संखिया** पु० एक बहुत तीव्र असरदायक विष।
**संख्य** पु० *(सं०)* संघर्ष, युद्ध।
**संख्यांक** पु० *(न्यूमरल)* संख्यासूचक अंक।
**संख्या** स्त्री० *(सं०)* अंक; योग; गिनती, गणना।
**संख्यात** पु० *(सं०)* गिनती, संख्या; राशि, समूह। वि० विचारित; शुमार किया हुआ, गिना हुआ।
**संख्यातीत** वि० *(सं०)* असंख्य, बेशुमार।
**संग** पु० *(फ़ा०)* पत्थर, चट्टान। **मुहा० संग करना** दोस्ती करना; साथ होना। **संग छोड़ना** साथ छोड़ना। **संग लग लेना** पीछा करना, साथ हो जाना। **संग लेना** साथ ले चलना। **संग होना** साथ होना, हमराह होना।
**संगठन** पु० *(हि०)* एकत्रीकरण, संघटन, योग।
**संगठित** *(हि०)* वि० व्यवसथित रूप से मिलाया हुआ।
**संगत** स्त्री० *(सं०)* मैत्री; साथ; आसक्ति; मिलन; मेल; मैथुन। वि० एकत्रीभूत; उपयुक्त; युक्त।
**संगति** स्त्री० *(सं०)* सम्पर्क, संसर्ग; मिलने के लिए जाना; मैथुन; सामंजस्य।
**संगाती** *(हि०)* पु० साथी।
**संगथ** पु० *(सं०)* युद्ध, संघर्ष।
**संगम** पु० *(सं०)* सम्पर्क; नदियों का मिलन; मिलन।
**संगमक** वि० *(सं०)* मार्ग दिखलाने वाला।
**संगरण** पु० *(सं०)* रजामन्दी; करार, सौदा।
**संगराम*** पु० युद्ध, संग्राम।
**संगलित** वि० *(सं०)* नष्ट, अच्छी तरह गला हुआ।
**सँगाती** पु० दोस्त; साथी, साथ रहने वाला।
**संगायन** पु० साथ-साथ गाना, स्तुति करना।
**संगाव** पु० *(सं०)* वार्तालाप; वाद।
**संगिनी** स्त्री० *(सं०)* पत्नी; साथिन, साथ रहनेवाली।
**संगी(गिन्)** पु० *(सं०)* दोस्त; साथी। वि० साथी, दोस्त, चिपकने वाला, साथ लगने वाला; कामुक।
**संगीन** स्त्री०, पु० *(फ़ा०)* एक तरह का नोकदार हथियार जो बन्दूक पर चढ़ाया जाता है। वि० सख्त, कठोर; मजबूत।
**संगीनी** स्त्री० ठोसपन; मजबूती।
**संगुप्ति** स्त्री० *(सं०)* सुरक्षा; छिपाव।
**संगृहीत** वि० *(सं०)* एकत्र किया हुआ, संग्रह किया हुआ; स्वीकार किया हुआ; संक्षिप्त किया हुआ।
**संगोतरा** पु० सन्तरा।
**संगोपित** *(सं०)* वि० छिपाया हुआ।
**संग्रह** पु० *(सं०)* ग्रहण करना; नियन्त्रण करना; (ग्रन्थादि का) संकलन; संक्षिप्त; सूची; जोड़।
**संग्रहना*** स० क्रि० संग्रह करना; संचय करना।
**संग्रहालय** पु० *(सं०)* म्यूजियम, वह स्थान जहाँ विशेष प्रकार की वस्तुओं का संग्रह किया गया हो, संग्रह भवन।
**संग्रही(हिन्)** पु० *(सं०)* प्राप्त करने वाला; संग्रह करने वाला, जमा करने वाला।
**संग्रहीता (तृ)** वि० *(सं०)* ग्रहण करने वाला; अपनाने वाला; संग्रह करने वाला, एकत्र। पु० सारथि।
**संग्राम** पु० *(सं०)* कठिनाई, जीवनसंग्राम; युद्ध।
**संग्राह** पु० *(सं०)* ग्रहण करना; ढाल का दस्ता।
**संग्राहक** वि० *(सं०)* एकत्र करने वाला; काबिज। पु० संकलनकर्ता; सारथि; संग्रह करने वाला।
**संघ** पु० *(सं०)* समाज; बौद्ध भिक्षुओं का समूह; समुदाय, समूह, दल; घनिष्ठ सम्पर्क।
**संघक** पु० *(सं०)* समूह।
**संघती**† पु० साथी।
**संघनन** पु० *(सं०)* जमना, घना या गाढ़ा करना।
**संघरना*** स० क्रि० वध करना; नाश करना।
**संघर्ष** पु० *(सं०)* दो विरोधी दलों या पक्षों का टकराव *(स्ट्रगल)*; द्वेष; धीरे-धीरे लुढ़कना, रेंगना, संसर्प; दो चीजों का आपस में रगड़ खाना; होड़।
**संघात** पु० *(सं०)* टक्कर *(इम्पैक्ट)*; संयोग; राशि; कारवाँ; एक ही वृत्त में रचित काव्य समास।
**संघाती** पु० दोस्त, संघातक; साथी, साथ देने वाला।

**संघाती(तिन्)** वि० *(सं०)* घातक, प्राणहारी।

**सँघाती*** पु० संघाती, साथी, दोस्त।

**संघी** पु० *(सं०)* संघ का सदस्य।

**संघीय** वि० *(सं०)* संघ का, संघ सम्बन्धी।

**सँघेरना**† स० क्रि० रस्सी से एक गाय के दायें पैर को दूसरी गाय के बायें पैर के साथ बाँधना।

**संघेला**† पु० दोस्त, सहचर; मित्र, साथी।

**संघोष** पु० *(सं०)* जोर का शब्द; ग्वालों की बस्ती।

**संच** पु० *(सं०)* ग्रन्थ-लेखन के काम आनेवाले पत्रों का संग्रह; *एकत्र करना; रक्षण; कुशल, शान्ति।

**संचकित** वि० *(सं०)* अचम्भे में पड़ा हुआ; कम्पित।

**संचक्ष** पु० *(सं०)* पुरोहित; आचार्य; ऋषि।

**संचत्** पु० *(सं०)* दुष्ट; प्रतारक, ठग; धोखा।

**संचय** पु० *(सं०)* जोड़, सन्धि; बड़ी राशि या परिमाण; भाण्डार, राशि, ढेर; एकत्र करना।

**संचयिक** वि० *(सं०)* संग्रह करने वाला।

**संचर** पु० *(सं०)* प्रवेशद्वार; पुल; शरीर; तंग रास्ता; रास्ता, मार्ग; गमन; विकास, प्रगति।

**संचलन** पु० *(सं०)* काँपना, हिलना; घूमना।

**संचान** पु० *(सं०)* शिकारी पक्षी; बाज, श्येन।

**संचारना*** स० क्रि० उत्पन्न करना; फैलाना।

**संचाल** पु० *(सं०)* चलना; कम्पन।

**संचालन** पु० *(सं०)* नियन्त्रण; गति देना, चलाना।

**संचिन्तन** पु० *(सं०)* विचारणा; चिन्ता।

**संचित** वि० *(सं०) (एक्यूमुलेटेड)* जमा किया हुआ, इकट्ठा किया हुआ, ढेर लगाया हुआ।

**संचितकोष** पु० *(प्रॉविडेण्ट फण्ड)* भविष्य निधि।

**संचिति** स्त्री० *(सं०)* तह लगाना; एकत्र करने की क्रिया, जमा करने की क्रिया।

**संचोदन** पु० *(सं०)* बढ़ावा देना, उत्तेजित करना।

**सन्दन्न** वि० *(सं०)* अज्ञात; पूर्णतः ढका हुआ।

**सन्दादनी** स्त्री० *(सं०)* त्वचा, खाल।

**सन्दिदा** स्त्री० *(सं०)* नाश, बर्बादी।

**सन्देद** पु० *(सं०)* हटाना; विभाजन करना, काटना।

**संज** वि० *(फ़ा०)* तौलने वाला (समास में)।

**संजन** पु० *(सं०)* बन्धन; संघट्टन।

**संजनित** वि० *(सं०)* रचित; उत्पादित।

**संजर** पु० *(फ़ा०)* सम्राट, बादशाह।

**संजात** वि० *(सं०)* उत्पन्न; व्यक्त; व्यतीत।

**संजीदगी** स्त्री० संजीदा होना; समझदारी, शिष्टता।

**संजीदा** वि० *(फ़ा०)* गाम्भीर्ययुक्त; शिष्ट, समझदार।

**संजुक्त**† जुड़ा हुआ, संयुक्त।

**संजुग*** पु० संग्राम, युद्ध।

**सँजूत*** वि० सावधान; सन्नद्ध, तैयार।

**सँजोइल*** वि० सज्जित; इकट्ठा किया हुआ।

**सँजोउ*** पु० सामग्री; संयोग; तैयारी।

**संजोग*** पु० संयोग।

**सँजोना** स० क्रि० सज्जित करना, एकत्र करना; पूरा करना; सजाना; संचित करना।

**सँजोवल*** वि० सैन्यादि विशिष्ट; सन्नद्ध; सज्जित।

**सँजोवा**† पु० जमाव; सजावट।

**संज्ञान** पु० *(सं०)* बोध, ज्ञान; सम्यक् अनुभूति।

**संज्ञापन** पु० *(सं०)* वध; बतलाना, सिखलाना; सूचित करना।

**संज्ञावान(वत्)** वि० *(सं०)* होशदार; नामयुक्त।

**संज्ञाहीन** *(सं०)* वि० बेहोश, अचेत।

**सँझला**† वि० सन्ध्या-सम्बन्धी; मँझले से छोटा (भाई)।

**सँझवाती** स्त्री० विवाह आदि में शाम को गाया जाने वाला गीत; सन्ध्याकाल में जलाया जाने वाला दीपक।

**संझा*** स्त्री० सन्ध्या, शाम।

**सँठ**† पु० चुप्पी; शठ।

**मुहा० सँठ मारना** चुप्पी लगाना, मौन रहना।

**सण्ड** पु० साँड़।

**सण्ड-मुसण्ड** वि० हट्टा-कट्टा।

**सण्डसा** पु० बड़ी सँड़ासी।

**सँड़सी** स्त्री० छोटी सँड़ासी।

**सण्डा** वि० हृष्ट पुष्ट।

**सण्डास** वि० शौचस्थल।

**सण्डी** वि० पुष्ट एवं माँसल स्त्री।

**सन्त** पु० *(सं०)* साधु, सज्जन; अंजलि; निर्मल एवं पवित्र (जैसे–सन्त स्वभाव, सन्त हृदय)।

**सन्तति** स्त्री० *(सं०)* सन्तान, औलाद; फैलाव, विस्तार; कुल; राशि, समूह; अनुभूति।

**सन्तपन** पु० *(सं०)* बहुत तपना; उत्पीड़न; तप्त करना।

**सन्तप्त** वि० *(सं०)* कष्टग्रस्त, पीड़ित; दुखी, उदास,

खिन्न; जलता हुआ; तप्त। पु० कष्ट; दुःख।

**सन्तरी** पु० *(अं०) (सेण्ट्री)* द्वारपाल; पहरेदार, प्रहरी।

**सन्तान** स्त्री० *(सं०)* सन्तति, औलाद, पुत्र। पु० स्नायु; विचार-प्रवाह; एक पौराणिक अस्त्र।

**सन्ताप** पु० *(सं०)* दुःख, कष्ट, पीड़ा; क्रोध; तेज गर्मी; आत्मग्लानि, अनुताप; प्रायश्चित्त; अग्नि।

**सन्तापन** वि० *(सं०)* दुःख, कष्ट देने वाला; जलानेवाला।

**सन्तापना*** स० क्रि० कष्ट देना, पीड़ा देना।

**सन्तापित** वि० *(सं०)* पीड़ित; तपाया हुआ।

**सन्तापी(पिन्)** वि० *(सं०)* दुःखद, कष्टकारक।

**सन्ति** स्त्री० *(सं०)* दान; विनाश, अन्त।

**सन्ती** *अ० द्वारा; †बदले में।

**सन्तुष्ट** वि० *(सं०)* राजी, रजामन्द; तृप्त।

**सन्तुष्टि** स्त्री० *(सं०)* तृप्ति, इच्छापूर्ति; प्रसन्नता।

**सन्तोष** पु० *(सं०)* जो मिले उसी से प्रसन्न रहने का भाव; तृप्ति; प्रसन्नता; अँगूठा और तर्जनी।

**सन्तोषित** वि० *(सं०)* *सन्तुष्ट; प्रसन्न किया हुआ।

**सन्तोष्य** वि० *(सं०)* सन्तोषणीय, सन्तोष करने योग्य।

**सन्त्राण** पु० *(सं०)* रक्षण, उद्धार।

**सन्त्रास** पु० *(सं०)* भय, आतंक।

**सन्त्वरा** स्त्री० *(सं०)* जल्दबाजी, शीघ्रता।

**सन्द** † पु० बिल, छेद; *दबाव।

**सन्दर्प** पु० *(सं०)* घमण्ड, गर्व।

**सन्दर्भ** पु० *(सं०)* साहित्यिक रचना, निबन्ध आदि; पिरोना; बुनना; संकलन करना।

**सन्दली** स्त्री० चौकी; ऊँची तिपाई जिस पर चढ़कर दीवार पर सफेदी आदि करते हैं, सन्दल से सम्बन्धित।

**सन्दष्ट** पु० *(सं०)* दन्तपंक्तियों को सटाकर रखने से होने वाला एक उच्चारण दोष।

**सन्दान** पु० *(सं०)* जंजीर; रस्सी; बाँधने की क्रिया।

**सन्दानिनी** स्त्री० *(सं०)* गोष्ठ, गोशाला।

**सन्दाव** पु० *(सं०)* पलायन।

**सन्दि*** स्त्री० सन्धि, मेल।

**सन्दिग्ध** पु० *(सं०)* अनिश्चय; लेपन। वि० अनिश्चित, जिसमें सन्देह हो; जो खतरे से खाली न हो।

**सन्दिग्धता** स्त्री०, **सन्दिग्धत्व** पु० *(सं०)* सन्दिग्ध होने का भाव या क्रिया; एक दोष जो वाक्य का अर्थ स्पष्ट न होने पर माना जाता है।

**सन्दीपित** वि० उद्दीप्त; जलाया हुआ।

**सन्दीप्त** वि० *(सं०)* उत्तेजित किया हुआ, उकसाया हुआ; प्रज्वलित; उद्दीप्त।

**सन्दूक़** पु० *(अ०)* ताबूत, वह लम्बा बक्सा जिसमें मुरदे दफन करने के लिए ले जाते हैं।

**सन्दूक़ी** वि० सन्दूक की शक्ल का, छोटी सन्दूक।

**सन्दूषण** पु० *(सं०)* कलुषित करना, खराब करना।

**सन्देश** पु० *(सं०)* आदेश; संवाद; भेंट, उपहार।

**सन्देशी(शिन्)** पु० *(सं०)* दूत, सन्देशवाहक।

**सन्देस** पु० सन्देश, समाचार।

**सन्देसा** पु० सन्देश।

**सँदेसी**† पु० सन्देशी।

**सन्देह** पु० *(सं०)* शक, अनिश्चय; खतरा।

**सन्देहात्मक** वि० *(सं०)* सन्दिग्ध, सन्देहपूर्ण।

**सन्देही(हिन्)** वि० *(सं०)* सन्देहयुक्त।

**सन्दोल** पु० *(सं०)* एक आभूषण, कनफूल।

**सन्दोह** पु० *(सं०)* राशि; प्राचुर्य; साथ दुहना, दुहना।

**सन्द्राव** पु० *(सं०)* चाल, गति; पलायन।

**सन्ध** पु० *(सं०)* सम्बन्ध; योग; सन्धि।

**सन्धना*** अ० क्रि० संयुक्त होना, मिलना।

**सन्धान** पु० *(सं०) (वेल्डिंग)* जोड़ना, मिलाना; ध्यान; सँभालना; सीमा; संघटन; अनुभूति; मैत्री, दोस्ती।

**सन्धानित** वि० *(सं०)* बद्ध; जोड़ा हुआ।

**सन्धानी** स्त्री० *(सं०)* शराब की भट्ठी; मिश्रण; काँसा आदि ढालने का कारखाना।

**सन्धानी(निन्)** पु० *(सं०)* शराब टपकाने वाला; मिलाने या बाँधने वाला।

**सन्धि** स्त्री० *(सं०)* शरीर का जोड़ *(ज्वाइण्ट)*; सम्बन्ध, संयोग, मेल; दोस्ती; समझौता; सुलह।

**सन्धिच्छेदन** स० क्रि० *(डिसकनेक्ट)* जोड़ या सम्बन्ध काट देना, पृथक् कर देना।

**सन्ध्य** वि० *(सं०)* जिसकी सन्धि होनेवाली हो; संहिता पर आधृत; सन्धि-सम्बन्धी; विचार में प्रवृत्त।

**सन्ध्या** स्त्री० *(सं०)* मेल; साँझ; इन समयों पर किए जानेवाले धार्मिक कृत्य; सन्धान।

**संन्यसन** पु० *(सं०)* सौंपना; त्याग; रखना, धरना।

**संन्यस्त** वि० *(सं०)* विरक्त; जमा किया हुआ; सौंपा हुआ; अलग किया हुआ; ठहराया हुआ।

**संन्यास** पु० *(सं०)* धरोहर; विरक्ति; छोड़ना, परित्याग।

**संन्यासी(सिन्)** पु० *(सं०)* चतुर्थाश्रम में प्रविष्ट ब्राह्मण; । वि० त्याग करने वाला; पृथक् करनेवाला।

**सम्पक्व** वि० *(सं०)* जिसकी मरने की अवस्था हो गई हो; अच्छी तरह उबाला या पकाया हुआ।

**सम्पति*** स्त्री० सम्पत्ति।

**सम्पत्ति** स्त्री० *(सं०)* एक जड़ी; लाभ; अस्तित्व; ऐश्वर्य; अच्छी अवस्था; एक कला।

**सम्पदा** स्त्री० धन-सम्पत्ति, ऐश्वर्य।

**सम्पन्न** पु० *(सं०)* सुस्वादु भोजन; शिव; धन, सम्पत्ति। वि० उन्नतिशील; भाग्यवान्; सही; जानकार।

**सम्पराय** पु० *(सं०)* संघर्ष, संकट; युद्ध; भविष्य; अनादिकालगत अस्तित्व; मृत्यु।

**सम्परायक, सम्परायिक** पु० *(सं०)* युद्ध, मुठभेड़, भिड़न्त।

**सम्परेत** वि० *(सं०)* मरणशील; मृत।

**सम्पर्क** पु० *(सं०)* जोड़, योग; संयोग, मिलना; स्पर्श।

**सम्पा** स्त्री० *(सं०)* बिजली; साथ पान करना।

**सम्पाचन** पु० *(सं०)* पकाना; फोड़ा (सेंककर) मुलायम करना; उबालकर मुलायम करना।

**सम्पाति** पु० *(सं०)* एक पौराणिक गृद्ध पक्षी जो गरुड़ का ज्येष्ठ पुत्र और जटायु का बड़ा भाई था।

**सम्पातिक** पु० *(सं०)* एक पौराणिक पक्षी, सम्पाति।

**सम्पाती(तिन्)** पु० *(सं०)* एक पौराणिक पक्षी, सम्पाति। वि० उड़ने में होड़ करने वाला।

**सम्पाद** पु० *(सं०)* कार्यसाधन; प्राप्ति।

**सम्पादक** *(सं०)* पु० किसी कार्य को पूर्ण करने वाला, समाचार पत्र को काट-छाँटकर क्रम से लिखने वाला।

**सम्पादकीय** *(सं०)* वि० सम्पादक विषयक।

**सम्पादन** *(सं०)* पु० ठीक करना, प्रकाशनार्थ तैयार करना।

**सम्पादित** वि० *(सं०)* संशोधित कर प्रकाशन के योग्य बनाया हुआ (ग्रन्थादि); निष्पन्न; किया हुआ

**सम्पालक** पु० *(कस्टोडियन)* अभिरक्षक।

**सम्पीड** पु० *(सं०)* कष्ट देना; क्षुब्ध करना; निचोड़ना।

**सम्पीडन** पु० *(सं०)* क्षुब्ध करना; दबाना; कष्ट देना।

**सम्पीडा** स्त्री० *(सं०)* दुःख, कष्ट।

**सम्पीडित** वि० *(सं०)* दबाया हुआ; ग्रस्त; निचोड़ा हुआ।

**सम्पुट** पु० *(सं०)* अंजलि; पुष्पकोष; *घुँघरू। *वि० बन्द।

**सम्पुटक** पु० *(सं०)* एक रतिबन्ध; आवरण।

**सम्पूज्य** वि० *(सं०)* बहुत आदरणीय, पूज्यनीय।

**सम्पूर्ण** पु० *(सं०)* पूरा किया हुआ, सम्पन्न, अतिशय।

**सम्पै*** स्त्री० सम्पत्ति।

**सँपोला** पु० साँप का बच्चा।

**सँपोलिया** पु० साँप पकड़ने वाला।

**सम्पोषण** पु० *(सं०)* पोषण करना।

**सम्प्रक्षालन** पु० *(सं०)* पूर्ण शुद्धि, पूरी धुलाई; जलप्रलय; भली-भाँति धोना, स्नान करना।

**सम्प्रणेता(तृ)** पु० *(सं०)* विचारपति; नेता, नायक।

**सम्प्रति** अ० *(सं०)* इस समय; ठीक-ठीक; मुकाबले में, सामने; ठीक समय पर; वर्तमान समय में।

**सम्प्रतिरोधक** पु० *(सं०)* बाधा; कैद; पूर्ण रोक।

**सम्प्रतीत** वि० *(सं०)* कृतसंकल्प; प्रसिद्ध; ज्ञात; जिसे पूरा विश्वास हो गया हो; लौटा हुआ; विनम्र।

**सम्प्रतीति** स्त्री० *(सं०)* विनय; पूर्ण ज्ञान; पूर्ण विश्वास।

**सम्प्रदान** पु० *(सं०)* किसी वस्तु को उसके मालिक को लौटा देना या निश्चित स्थान पर पहुँचा देना; प्रदान करना, देना; चतुर्थ कारक *(व्या०)*।

**सम्प्रदानीय** पु० *(सं०)* चन्दा; नजर, भेंट।

**सम्प्रदाय** पु० *(सं०)* गुरु परम्परा से प्राप्त मंच; नजर करने वाला; विशेष धार्मिक मत।

**सम्प्रदायी** पु० *(सं०)* सम्प्रदायानुयायी।

**सम्प्रपद** पु० *(सं०)* भ्रमण, पर्यटन।

**सम्प्रमोष** पु० *(सं०)* हानि; नाश।

**सम्प्रयोजन** पु० *(सं०)* एकत्र करना, मिलाना, जोड़ना

**सम्प्रवर्तक** पु० *(सं०)* आगे बढ़ाने वाला; निर्माण करने वाला; चालू, जारी करने वाला।

**सम्प्रवृत्त** वि० *(सं०)* व्यतीत; वर्तमान, उपस्थित; संलग्न।

**सम्प्रवृत्ति** स्त्री० *(सं०)* उपस्थिति, संलग्नता; आसक्ति।

**सम्प्रशान्त** वि० *(सं०)* लुप्त; गायब, मृत।

**सम्प्रसाद** पु० *(सं०)* धीरता; अनुग्रह; विश्वास; आत्मा।

**सम्प्रहार** पु० *(सं०)* हनन; युद्ध; मारकाट, भिड़न्त।

**सम्प्रहास** पु० *(सं०)* चिढ़ाना; जोर की हँसी।

**सम्प्रहित** वि० *(सं०)* फेंका गया, धकेला हुआ।

**सम्प्राप्ति** स्त्री० *(सं०)* लाभ; उदय; पहुँच।

**सम्प्रीत** वि० *(सं०)* प्रसन्न, पूर्ण रूप से तुष्ट।

**सम्प्रीति** स्त्री० *(सं०)* प्रेम; मैत्री; प्रसन्नता, पूर्ण तुष्टि।

**सम्प्रेक्षक** पु० *(सं०)* दर्शक।

**सम्प्रेक्षण** पु० *(सं०)* निरीक्षण, भलीभाँति देखना।

**सम्प्रेषक** वि० *(सं०)* सम्प्रेषण करने वाला।

**सम्प्रैष** पु० *(सं०)* भेजना; आह्वान; बर्खास्तगी।

**सम्प्रोक्षण** पु० *(सं०)* सिंचन; मन्दिर को धोना।

**सम्फाल** पु० *(सं०)* भेड़।

**सम्बन्ध** पु० *(सं०)* लगाव; रिश्ता; योग; मेल-मिलाप; साथ; छठा कारक *(व्या०)*। वि० उपयुक्त; समर्थ।

**सम्बन्धी (धिन्)** पु० *(सं०)* समधी; रिश्तेदार। वि० विषय; सम्बन्ध रखने वाला; सद्गुणसम्पन्न।

**सम्बद्ध** वि० *(सं०)* सम्बन्धी; युक्त; संलग्न; बन्द।

**सम्बाद*** पु० संवाद।

**सम्बाध** पु० *(सं०)* कठिनाई; भय; खतरा; बाधा; भीड़।

**सम्बुद्ध** पु० *(सं०)* बुद्ध; जिन। वि० पूर्णतः जाग्रत्; ज्ञानी, बुद्धिमान्, पूर्णतः ज्ञाता।

**सम्बोध** पु० *(सं०)* भेजना; ढाढ़स; फेंकना; नाश, बर्बादी; समझाना, बतलाना।

**सम्बोधना*** स० क्रि० सान्त्वना देना; समझाना।

**सम्बोधित** वि० *(सं०)* चिताया हुआ; बोध कराया हुआ; जिसका ध्यान आकृष्ट किया गया हो।

**सम्भक्ष** वि० *(सं०)* भोजी, खाने वाला (समास में)। पु० खाद्य-पदार्थ; साथ खाना।

**सम्भग्न** पु० *(सं०)* शिव। वि० असफल; पराभूत; टूटा-फूटा, छिन्न-भिन्न।

**सम्भरण** पु० *(सं०)* रचना; पोषण; तैयारी; समूह।

**सँभलना** अ० क्रि० रुकना, थमना; सावधान होना; टिका रहना; बिगड़ती हुई स्थिति ठीक कर लेना।

**सम्भार** पु० *(सं०)* पालन-पोषण; पूर्णता; सम्पत्ति; समूह; परिमाण; एकत्र करना; तैयारी; आधिक्य।

**सँभार*** पु० होश; पालन-पोषण; देख-भाल; रोकथाम।

**सँभारना*** स० स्मरण करना; सँभालना।

**सँभाल** स्त्री० चेत, होश; पोषणादि का भार; देखभाल।

**सँभालना** स० क्रि० रोक-थाम करना; रक्षा करना; संयत करना, अपने को जब्त करना।

**सम्भावित** पु० *(सं०)* कल्पना। वि० सम्मानित; गृहीत; विचारित; प्रस्तुत किया हुआ; कल्पित; उपयुक्त।

**सम्भावितव्य** वि० *(सं०)* सम्भावनीय।

**सम्भाष्य** वि० *(सं०)* बात करने योग्य।

**सम्भुक्त** वि० *(सं०)* अतिक्रान्त; उपभोग किया हुआ।

**सम्भूति** स्त्री० *(सं०)* विभूति; शक्ति; संयोग; उपयुक्ता; उत्पत्ति, जन्म; वृद्धि, बाढ़; दक्ष की एक कन्या।

**सम्भेदन** पु० *(सं०)* विदारण; भिड़ाना; तोड़ना; छेदना।

**सम्भेद्य** वि० *(सं०)* सम्पर्क में लाने योग्य; छेदने योग्य।

**सम्भोक्ता(क्तृ)** पु० *(सं०)* भोगने वाला; खाने वाला।

**सम्भोजन** पु० *(सं०)* भोज, दावत; भोजन।

**सम्भोजनीय** वि० *(सं०)* खाने, खिलाने योग्य।

**सम्भोज्य** वि० *(सं०)* जिसके साथ खाया जा सके; खिलाने योग्य; खाने योग्य।

**सम्भ्रान्त** वि० *(सं०)* तेज, स्फूर्तियुक्त; क्षुब्ध, उत्तेजित; समादृत; घबड़ाया हुआ; चक्कर खाया हुआ।

**सम्भ्रान्ति** स्त्री० *(सं०)* घबड़ाहट; उतावली।

**संय** पु० *(सं०)* अस्थिपंजर, कंकाल।

**संयत** पु० *(सं०)* संन्यासी। वि० व्यवस्थित किया हुआ।

**संयात** *(सं०)* वि० प्राप्त पहुँचा हुआ।

**संयति** स्त्री० *(सं०)* संयमन, निरोध, तपश्चर्या।

**संयतेन्द्रिय** वि० *(सं०)* जितेन्द्रिय।

**संयत्** स्त्री० *(सं०)* नियत स्थान; मिलाने, जोड़ने का साधन; करार, ठहराव। वि० सम्बद्ध; अविरल।

**संयम** पु० *(सं०)* तपस्या; इन्द्रियनिग्रह; बाँधना; बन्द करना (नेत्र); ध्यान, धारणा और समाधि *(यो०)*।

**संयमन** पु० *(सं०)* खींचना; निग्रह, दमन; बाँधना,

जकड़ना; आत्मनिग्रह करने वाला व्यक्ति।

**संयुक्त** वि० *(सं०)* रखा या जड़ा हुआ।

**संयुक्तीकरण** पु० *(सं०)* जोड़ना, संयुक्त करना।

**संयोग** पु० *(सं०)* मतैक्य; मिश्रण; संघटन; इत्तफाक।

**संयोगी** वि० मिलाने वाला, संयोग करने वाला।

**संयोगित** वि० मेल किया हुआ।

**संयोज्य** वि० *(सं०)* जोड़ने और मिलाने योग्य।

**संयोजक** वि० जोड़ने वाला, दो शब्द अथवा वाक्यों को जोड़ने वाला।

**संयोजन** पु० मिलाने संयोजना की क्रिया, प्रबल्य व्यवस्था।

**संरक्त** वि० *(सं०)* क्रोधाभिभूत; अनुरक्त; लाल; रंगा हुआ; सुन्दर, मनोहर।

**संरक्षक** वि०, पु० *(सं०)* आश्रयदाता; पालक; संरक्षण करनेवाला; अभिभावक, रक्षा करने वाला।

**संरक्षण** वि० *(सं०)* निरीक्षण; पालना-पोसना।

**संरक्षणीय** वि० रक्षा करने योग्य।

**संरक्षिका** स्त्री० *(सं०)* महिला अभिभावक।

**संरक्षित** वि० *(सं०)* सुरक्षित; बचाकर रखा हुआ।

**संरचना** स्त्री० *(सं०)* रचना, सूक्ष्म तत्त्व की बनावट।

**संरम्भ** *(सं०)* पु० युद्ध, लड़ाई।

**संरुजन** पु० *(सं०)* दर्द, पीड़ा।

**संरुषित** वि० *(सं०)* चिढ़ा हुआ; क्रुद्ध।

**संरूढ़** वि० *(सं०)* प्रौढ़, धृष्ट; अंकुरित; फूटकर निकला हुआ, व्यक्त, प्रकट।

**संरुद्ध** *(सं०)* वि० आच्छादित रुका हुआ, ढँका हुआ।

**संरोपण** पु० *(सं०)* घाव भरना; पौधा लगाना।

**संरोषित** वि० *(सं०)* लिप्त, लेप किया हुआ।

**संरोह** पु० *(सं०)* घाव का भरना; जमना।

**संरोहण** पु० *(सं०)* बढ़कर ऊपर छाना; घाव का भरना; बीज को जमाना। वि० सूखने वाला।

**संलग्न** वि० *(सं०)* सम्बद्ध; लीन; चिपका हुआ।

**संलब्ध** वि० *(सं०)* प्राप्त; गृहीत।

**संलाप** *(सं०)* पु० आपसी बातचीत।

**संलापित** वि० *(सं०)* जिससे बात की गयी हो।

**संलापी(पिन्)** वि० *(सं०)* वार्तालाप करने वाला।

**संलिप्त** वि० *(सं०)* प्रसक्त, लगा हुआ; लीन।

**संलीन** वि० *(सं०)* लगा हुआ; आवृत; संकुचित।

**संलेख** पु० *(सं०)* संयम; पूरा परहेज।

**संलेप** पु० *(सं०)* पंक, कीचड़।

**संवत्** *(सं०)* पु० वर्ष, संवत्सर।

**संवर** पु० *(सं०)* ढकना; संकोचन; रोकना; सामान।

**सँवर*** स्त्री० हाल, शीघ्र; स्मरण, स्मृति।

**संवरण** पु० *(सं०)* छिपाना; आवरण; छिपाव; चुनना।

**सँवरना** *(क्रि०)* सजना, अलंकृत होना।

**सँवरिया*** पु० कृष्ण। वि० प्यारा, साँवला।

**संवर्द्धन, संवर्धन** पु० *(सं०)* वृद्धि करना; उन्नत होना; बढ़ना; पालन-पोषण करना; वृद्धि करना। वि० बढ़ाने वाला, पालन-पोषण करने वाला।

**संवर्धक** वि० बढ़ाने वाला।

**संवसथ** पु० *(सं०)* बस्ती, आबादी; ग्राम; मकान।

**संवहन** पु० *(सं०)* दिखलाना; नेतृत्व करना; ले जाना।

**सँवाँ*** वि० सदृश, समान।

**संवाद** पु० *(सं०)* बहस; वृत्तान्त, वाद-विवाद; समाचार।

**संवादिका** स्त्री० *(सं०)* चींटी; कीड़ा।

**संवादी(दिन्)** वि० *(सं०)* राजी होने वाला, सहमत होने वाला; वार्ता करने वाला; वाद्य बजाने वाला।

**संवारण** पु० *(सं०)* छिपाना; रोकना, हटाना।

**संवारना** स० क्रि० सँभालना; सजाना, सुसज्जित करना; ठीक करना, ठीक से रखना।

**संवाह** पु० *(सं०)* मनोरंजन के काम आने वाला उपवर्न; ढोना; शरीर दबाने वाला नौकर; पण्य-स्थान।

**संवाहक** वि० *(सं०)* गति प्रदान करने वाला, चलाने वाला। पु० पहुँचाया जाने वाला, ले जाने वाला, ढोने वाला, बदन दबाने वाला नौकर।

**संवाही(हिन्)** वि० *(सं०)* चलाने वाला; ले जाने वाला।

**संवाह्य** वि० *(सं०)* मालिश करने या मुक्की लगाने योग्य; ढोये जाने योग्य।

**संविदा** स्त्री० *(सं०)* गाँजे या भाँग का पौधा; इकरार, समझौता, ठहराव।

**संविदात** वि० *(सं०)* सामंजस्यपूर्ण; समझदार।

**संविधाता(तृ)** पु० *(सं०)* स्त्रष्टा; प्रबन्धक।

**संविधान** पु० *(सं०)* रचना; तरीका; योजना

**संविधि** स्त्री० *(सं०)* विधान; विधानसभा द्वारा पारित प्रस्ताव; तैयारी।

**संविधिग्रन्थ** पु० प्रस्ताव संग्रह।

**संविभाजन** पु० *(सं०)* बँटवारा, विभाजन।

**संविभाव्य** वि० *(सं०)* समझे जाने योग्य।

**संविवेक** पु० *(सं०)* निर्णायक शक्ति; विवेक।

**संवीत** वि० आवृत, ढका हुआ।

**संवृत** वि० आच्छादित।*(अ०)*

**संवृत्ति** स्त्री० *(सं०)* सिद्धि, पूर्ति; घटित होना, होना।

**संवृद्ध** वि० *(सं०)* पूरा बढ़ा हुआ; जो बढ़कर बड़ा, लम्बा और ऊँचा हो गया हो।

**संवेग** पु० आवेग।

**संवेद** पु० *(सं०)* बोध, ज्ञान; अनुभूति।

**संवेदन** पु० *(सं०)* सुख-दुःख की अनुभूति; ज्ञान।

**संवेदनशील** वि० प्रभावों को शीघ्र हरण करने वाला।

**संवेदना** स्त्री० *(सं०)* दुःख या समवेदना प्रकट करने का भाव या क्रिया; सहानुभूति; दुःख की अनुभूति।

**संवेष्ट** पु० *(सं०)* आवृत होना; आच्छादन।

**संवेष्टन** पु० *(सं०)* घेरना; बेठन; लपेटना; ढकना।

**संवेष्टित** वि० *(सं०)* चारों ओर से घेरा हुआ।

**संवैधानिक** वि० *(सं०)* संविधान सम्बन्धी।

**संव्याध** पु० *(सं०)* लड़ाई; द्वन्द्व युद्ध।

**संव्याय** पु० *(सं०)* ओढ़ना; वस्त्र।

**संशंसा** स्त्री० *(सं०)* स्तुति, प्रशंसा, तारीफ।

**संशप्त** वि० *(सं०)* वचनबद्ध; शापग्रस्त।

**संशब्द** पु० *(सं०)* प्रशंसा; ललकार; वचन; हवाला।

**संशय** पु० *(सं०)* संकट; अनिश्चय, हिचक; सन्देह।

**संशयात्मक** वि० *(सं०)* अनिश्चित, सन्दिग्ध, सन्देहपूर्ण।

**संशयान** वि० संशय युक्त।

**संशयापन्न** वि० *(सं०)* अनिश्चित, सन्देहपूर्ण।

**संशयित** वि० सन्दिग्ध।

**संशयी** वि० संशय करने वाला, सन्देहशील।

**संशर** पु० *(सं०)* चूर करना; विदारण करना; तोड़ना।

**संशासन** पु० *(सं०)* आदेश, आज्ञा; सुशासन।

**संशित** वि० *(सं०)* तैयार; नुकीला; दृढ़ संकल्प।

**संशिति** स्त्री० *(सं०)* बहुत तेज करना, सान चढ़ाना।

**संशीति** स्त्री० *(सं०)* सन्देह, अनिश्चय।

**संशुष्क** वि० *(सं०)* नीरस; शुष्क हृदय वाला; मुरझाया हुआ; बिल्कुल सूखा हुआ।

**संशोधक** वि० शोधक।

**संशोधन** पु० *(सं०)* सुधारना *(करेक्शन)*; शुद्ध करने का साधन; शुद्धीकरण। वि० विशुद्ध करने वाला।

**संशोधनीय** वि० सुधारने योग्य।

**संशोधित** *(सं०)* वि० सुधारा हुआ परिष्कृत।

**संशोषणीय** वि० *(सं०)* सोखने योग्य, सुखाने योग्य।

**संशोषित** वि० *(सं०)* सुखाया हुआ; सोखा हुआ।

**संश्यान** वि० *(सं०)* जमा हुआ; सिकुड़ा हुआ, संकुचित।

**संश्रय** पु० *(सं०)* संयोग, मेल; सम्पर्क, सम्बन्ध; विश्रामस्थल; निवासस्थान, घर; आसक्ति, संसक्ति।

**संश्रव(स्)** पु० *(सं०)* ख्याति, गौरव।

**संश्रान्त** वि० *(सं०)* बहुत थका हुआ।

**संश्राव** पु० *(सं०)* ध्यान से सुनना; स्वीकार करना।

**संश्रावक** पु० *(सं०)* शिष्य; सुनने वाला।

**संश्रित** पु० *(सं०)* परावलम्बित व्यक्ति। वि० शरणागत; आश्रित; निहित; गृहीत; अंगीकृत; उचित; संयुक्त।

**संश्लिष्ट** पु० *(सं०)* समूह, राशि। वि० जुड़ा हुआ।

**संश्लेष्ठ** *(सं०)* वि० मिश्रित सम्मिलित।

**संश्लेषण** *(सं०)* पु० जुटना, मिलना।

**संश्लेषित** वि० *(सं०)* सम्बद्ध किया हुआ; आलिंगित; संश्लेषण किया हुआ; जोड़ा या मिलाया हुआ।

**संश्वत्** पु० *(सं०)* धोखा; जादूगरी; जादूगर; माया।

**संसंग** पु० *(सं०)* सम्बन्ध, मिलन, संयोग।

**संसक्त** वि० *(सं०)* लीन; विषया-सक्त; अनुरक्त; मिश्रित; भिड़ा हुआ (शत्रु के रूप में); चिपकने वाला; अस्पष्ट (वाणी); सापेक्ष।

**संसनाना** क्रि० सनसनाना।

**संसक्ति** स्त्री० *(सं०)* साथ बाँधना; प्रवृत्ति; आसक्ति; घनिष्ठ सम्बन्ध; घनिष्ठता, मेल-जोल।

**संसगर**† वि० उपजाऊ; लाभदायक।

**संसज्जमान** वि० *(सं०)* साथ लगने वाला; तैयार होने वाला; हिचकने वाला; हकलाने वाला।

**संसत्, संसद्** वि० *(सं०)* साथ बैठने वाला; यज्ञ में भाग लेने वाला। स्त्री० किसी विशिष्ट कार्य के लिए संगठित समुदाय; न्यायालय; सभा; समूह।

**संसय*** पु० संशय, सन्देह।

**संसर्ग** पु० *(सं०)* मिश्रण; अवधि।

**संसर्गी** स्त्री० *(सं०)* सफाई, शुद्धि, वि० सहचर, मित्र।

**संसरण** *(सं०)* पु० गमन, बहना।

**संसा** *पु० सन्देह, संशय; †सँड़सा।

**संसादित** वि० *(सं०)* क्रमबद्ध तरीके से रखा हुआ, तरतीब से रखा हुआ; इकट्ठा किया हुआ।

**संसाधक** वि० *(सं०)* जीतने वाला, वश में करने वाला; पूर्ण रूप से सिद्ध करने वाला आयोजक।

**संसाधन** पु० *(सं०)* अच्छी तरह करना; वशीभूत करना; अच्छी तरह सम्पन्न करना, पूरा करना।

**संसाधनीय** वि० *(सं०)* पूरा करने योग्य; वश में करने योग्य; अच्छी तरह सम्पन्न करने योग्य।

**संसाध्य** वि० *(सं०)* प्राप्त करने योग्य; जीतने योग्य; पूरा करने योग्य; आयोजन के लायक।

**संसार** पु० *(सं०)* गृहस्थी; दुनिया; जगत्; आवागमन; मर्त्यलोक; मायाजाल, लौकिक प्रपंच; जन्म-मरण।

**संसारण** पु० *(सं०)* चलाना, गति प्रदान करना।

**संसारी(रिन्)** पु० *(सं०)* जीवात्मा; जीवधारी। वि० लौकिक; दुनियादार; व्यवहार-कुशल।

**संसिद्ध** वि० *(सं०)* प्राप्त; तैयार; सन्तुष्ट; कृत-संकल्प।

**संसिद्धि** स्त्री० *(सं०)* स्वभाव, धर्म; कार्य के सम्पादन में पूर्ण सफलता; प्रमदा, मत्त स्त्री।

**संसूचक** वि० *(सं०)* भेद खोलने वाला; भर्त्सना करने वाला; स्पष्ट रूप में दिखलाने या बतलाने वाला।

**संसूचन** पु० *(सं०)* संकेत करना; दिखलाना।

**संसूचित** वि० *(सं०)* दिखलाया हुआ; जनाया हुआ।

**संसृति** स्त्री० *(सं०)* संसार; संगति; सातत्य, प्रवाह।

**संसृष्ट** पु० *(सं०)* निकट सम्बन्ध; मैत्री। वि० मिश्रित; स्वच्छ वस्त्र धारण किया हुआ।

**संसृष्टि** स्त्री० *(सं०)* संयोग; निर्माण, रचना; मेल-जोल; साझेदारी; एक परिवार में रहना; राशि, समूह।

**संसेवा** स्त्री० *(सं०)* झुकाव; सेवा; हाजिरी; पूजा-सत्कार।

**संसेवी(विन्)** वि० *(सं०)* पूजा-अर्चना करने वाला; आदर-सत्कार करने वाला; सेवा-टहल करने वाला।

**संसेव्य** वि० *(सं०)* व्यवहार में लाने योग्य, उपयोग में लाने योग्य; पूजा करने योग्य।

**संस्करण** पु० *(सं०)* परिष्कृत करना, संशोधन करना; शुद्ध करना; पुस्तकादि का एक बार का मुद्रण।

**संस्कर्त्ता** वि० संस्कार करने वाला।

**संस्कार** पु० *(सं०)* पूरा करना; शुद्धि; पवित्रीकरण; शुद्ध करने वाला कोई कृत्य; अन्तयेष्टि क्रिया।

**संस्कृत** *(सं०)* स्त्री० संस्कार किया हुआ; देवभाषा, देववाणी।

**संस्कृति** स्त्री० *(सं०)* निश्चय; आचरणगत परम्परा, सभ्यता; निर्माण; पूरा करना; सजावट; उद्योग; शुद्धि; सुधार, परिष्कार; पवित्रीकरण।

**संस्तर** पु० *(सं०)* तृणशय्या; फैलाना, बिखेरना; ढकना; आच्छादन; यज्ञ या यज्ञ का आयोजन।

**संस्तरण** पु० *(सं०)* फैलाना; बिछाना; आच्छादित करना; पत्तों की तह, परत।

**संस्तुत** वि० *(सं०)* सदृश; घनिष्ठ; प्रशंसित; अभीष्ट।

**संस्था** स्त्री० *(सं०)* सभा; समिति; समूह, मण्डली।

**संस्थान** पु० *(सं०)* ठहरना, स्थिति, रहना; पड़ोस; ढाँचा; चौराहा। वि० सदृश, मानिन्द; ठहरने वाला।

**संस्थापक** पु० *(सं०)* चीनी आदि की मूर्तियाँ बनाने वाला, रूप-आकृति प्रदान करने वाला; स्थापित करने वाला (संस्था, औषधालय आदि)।

**संस्थापित** वि० *(सं०)* प्रवर्तित; रोका हुआ, नियन्त्रित; स्थापित किया हुआ; जमाया हुआ।

**संस्पर्श** पु० *(सं०)* मिश्रण; प्रभावित होना; छू जाना; संयोग, मेल; सम्पर्क, संसर्ग।

**संस्मृत** वि० *(सं०)* अभिहित; विहित, आदिष्ट।

**संहत** वि० *(सं०)* बन्द; एकत्र; घना; दृढ़; ठोस, कड़ा।

**संहति** स्त्री० *(सं०)* सामंजस्य; राशि, समूह, ढेर; पिण्ड; सन्धि; ठोसपन, घनत्व; सम्मिलित प्रयत्न।

**संहनन** वि० *(सं०)* नष्ट करने वाला; ठोस, दृढ़; वध करने वाला। पु० वध करना; अनुकूलता; देह।

**संहर्ता(र्तृ)** वि०, पु० *(सं०)* वध करने वाला; नाश करने वाला; एकत्र करने वाला।

**संहर्ष** पु० *(सं०)* कामोत्तेजन; ईर्ष्या; संघर्ष, वायु; रगड़; प्रसन्नता, हर्ष; प्रतियोगिता।

**संहर्षित** वि० *(सं०)* रोमांचित, पुलकित।

**संहार** पु० *(सं०)* नाश; प्रलय; सार, संक्षेप; संकोच।

**संहारक** वि०, पु० *(सं०)* नाश करने वाला, विनाशक।

**संहारना*** स० क्रि० नाश करना; वध करना।

**संहिता** स्त्री० *(सं०)* सन्धि; संयोग *(व्या०)*; संग्रह, संकलन; विश्व को संघटित रखनेवाली शक्ति।

**संहिति** स्त्री० *(सं०)* एक साथ रखना; सम्बन्ध।

**सआदत** स्त्री० *(अ०)* सौभाग्य; नेकी, अच्छाई, भलाई।

**सई** स्त्री० *(अ०)* दौड़-धूप; कोशिश; वृद्धि; *सखी।

**सक** †स्त्री० सामर्थ्य, बल। पु० शक, सन्देह; *धाक।

**सकट** पु० शकट, गाड़ी।
**सकटान्न** पु० *(सं०)* अशुद्ध अन्न।
**सकटी** स्त्री० छोटी गाड़ी।
**सकपक** स्त्री० घबड़ाहट, हिचक।
**सकरा** पु० जूठन। वि० संकीर्ण, तंग; जूठा।
**सकल** पु० *(सं०)* पुरुष और प्रकृति। वि० प्रत्येक वस्तु; पशु; भौतिक जगत् से प्रभावित (जीव), सम्पूर्ण।
**सकलाती** वि० बढ़िया; मुलायम, मखमल का।
**सकलेन्दु** पु० पूर्णिमा का चन्द्रमा।
**सकसाना*** अ० क्रि० अँड़सना; भयभीत होना।
**सकर्तृक** *(सं०)* वि०जिसमें कर्ता हो।
**सकर्मक** *(सं०)* वि० कर्मयुक्त पु० कर्मयुक्त धातु।
**सकाना*** अ० क्रि० हिचकना; डरना, शंका करना।
**सकाम** *(सं०)* वि० फल की कामना से कार्य करने वाला।
**सकार** *(सं०)* पु० 'स' अक्षर।
**सकारण** वि० कारण सहित, हेतु सहित।
**सकारना** स्त्री० स्त्री का कार्य करना।
**सकारे, सकारैं*** अ० ठीक समय पर; तड़के, सवेरे।
**सकालत** स्त्री० *(अ०)* क्लिष्टता; बोझ, भारीपन।
**सकाश** पु० निकट।
**सकिलना** क्रि० सरकना, फिसलना।
**सकुचना*** अ० क्रि० संकुचित होना; सम्पुटित होना, मुँदना; लज्जित होना, लज्जा करना।
**सकुचाना*** स० क्रि० संकुचित करना, लज्जित करना; सिकोड़ना। अ० क्रि० संकोच करना।
**सकृपण** वि० *(सं०)* दुःखी, दीन।
**सकोच*** पु० संकोच।
**सकोप** वि० *(सं०)* क्रोधाविष्ट, क्रोध युद्ध।
**सक्त** वि० *(सं०)* जड़ा हुआ; सौंपा हुआ; सावधान।
**सक्र** पु० इन्द्र।
**सक्रिय** वि० *(सं०)* फुर्तीला; क्रियायुक्त; भ्रमणशील।
**सख** पु० सखा, मित्र।
**सक्षम** वि० *(सं०)* क्षमायुक्त; शक्तिशाली, समर्थ।
**सखती**† स्त्री० कड़ाई, सख्ती, कठोरता।
**सखरच, सखरज*** वि० शाहखर्च, बहुखर्ची।
**सखरस** पु० मक्खन।
**सखरा** वि० जल में पकाया हुआ भोजन।
**सखरी** स्त्री० कच्ची रसोई।
**सखस**† पु० व्यक्ति, आदमी, शख़्स।
**सखा(खि)** पु० *(सं०)* सहयोगी; मित्र; साथी।
**सखी** स्त्री० *(सं०)* सहेली, सहचरी।
**सख़ी** वि० *(अ०)* उदार, दानशील, दाता।
**सख़्त** वि० *(अ०)* दृढ़, कठोर; कठिन; तीखा।
**सख़्ती** स्त्री० कष्ट; दृढ़ता; कठोरता; जुल्म, कठोर व्यवहार।
**मुहा० सख़्ती उठाना** जुल्म बरदाश्त करना; मुसीबत झेलना। **सख़्ती से पेश आना** निर्दयता का व्यवहार करना, कड़ाई करना।
**सगपन** पु० सगापन, विकटता का भाव।
**सगबग** वि० लथपथ परिपूर्ण क्रि०वि० झटपट।
**सगबगना*** अ० क्रि० उद्‌बुद्ध, जागृत होना।
**सगबगाना** अ० क्रि० सराबोर होना, तर होना; घबड़ा जाना, सकपकाना; हिलना-डुलना।
**सगरा** पु० झील, पोखर; तालाब। वि० सब, समस्त।
**सगर्भ** पु० *(सं०)* सगा भाई। वि० जिसके पत्ते अभी खुले न हों (पौधा); सहोदर, सगा।
**सगर्भा** स्त्री० *(सं०)* गर्भवती स्त्री; सगी बहन।
**सगर्भ्य** पु० *(सं०)* सहोदर भाई। वि० सहोदर।
**सगल*** वि० समस्त, सकल, सब।
**सगलगी**† स्त्री० चापलूसी; अपनापन दिखाना।
**सगवारा**† पु० गाँव के पास की उससे सम्बद्ध भूमि।
**सगा** वि० निकट सम्बन्धी; सहोदर।
**सगाई** स्त्री० विवाह पूर्ण वाग्दान की रस्म।
**सग़ीर** वि० *(अ०)* छोटा; अदना; कमउम्र।
**सगृह** वि० *(सं०)* सपरिवार, घर-गृहस्थी वाला।
**सगुन** पु० शगुन।
**सगुण** पु० गुणवान, आकार।
**सगुनाना** क्रि० शकुन बतलाना।
**सगोत** वि०, पु० सगोत्र, एक ही गोत्र का।
**सगोत्र** पु० *(सं०)* एक ही कुल या एक ही गोत्र का व्यक्ति। वि० एक ही गोत्र का।
**सघन** वि० *(सं०)* ठोस बादलों से घिरा हुआ; घना।
**सच** वि० *(सं०)* पूजा-सत्कार करने वाला; सम्बद्ध।
**सच** वि० सत्य, ज्यों-की-त्यों। पु० सच्ची बात।
**सचमुच** अ० *(हि०)* यथार्थ में, वस्तुतः, निस्सन्देह।
**सचना*** अ० क्रि० प्रसन्न होना। स० क्रि० सजाना;

जमा करना, बटोरना; पूरा करना।

**सचल लवण** पु० साँचर नमक।

**सचाई** स्त्री० वास्तविकता; ईमानदारी; सत्यता।

**सचान** पु० श्येन, बाज।

**सचारना*** स० क्रि० संचारित करना, फैलाना।

**सचारु** वि० *(सं०)* बहुत सुन्दर।

**सचावट**† स्त्री० सचाई।

**सचिक्कण** वि० *(सं०)* बहुत चिकना।

**सचित्** वि० *(सं०)* चेतनायुक्त, ज्ञान।

**सचिन्त** वि० चिन्तित।

**सचित्र** वि० *(सं०)* चित्रों से युक्त; चित्रित।

**सचिव** पु० मन्त्री, सहायक।

**सची** पु० शची।

**सचु*** पु० सुख, आनन्द; प्रसन्नता।

**सचेत** वि० *(सं०)* चेतनाविशिष्ट; सतर्क; समझदार।

**सचेती** स्त्री० सावधानी।

**सच्चा** वि० यथार्थ; ईमानदार; असली, वास्तविक।

**सच्चाई** पु० सत्यता।

**सच्चाक** पु० *(सं०)* अदरक का पना।

**सच्चापन** पु० सत्यता, सच्चाई।

**सच्चित** पु० *(सं०)* सत् चित् युक्त ब्रह्म।

**सच्चिदानन्द** पु० *(अ०)* सत् चित् एवं आनन्दमय ब्रह्म।

**सच्छन्द** वि० स्वच्छन्द।

**सच्छाय** वि० छायायुक्त।

**सच्छी** पु० साक्षी।

**सज** स्त्री० सजने की क्रिया, भाव, शोभा।

**सजग** वि० सतर्क, होशियार, सावधान।

**सजड़ा**† पु० सहिजन।

**सजन** वि० *(सं०)* जनयुक्त; मनुष्यों से आबाद हुआ। पु० सम्बन्धी; प्रियतम, पति; सज्जन।

**सजना** पु० प्रियतम। स० क्रि० धारण करना; सजाना। अ० क्रि० वस्त्राभूषण से अलंकृत होना।

**सजनी** स्त्री० सखी, प्रिया, सहेली, पत्नी।

**सजल** वि० *(सं०)* भीगा हुआ; जल से युक्त, अश्रुपूर्ण।

**सज़ा** स्त्री० *(फ़ा०)* अपराध का बदला; दण्ड; बदला।

**सजाइ*** स्त्री० दण्ड, सजा।

**सजान*** वि० सज्ञान, जानकारी।

**सजातीय, सजाति** पु० एक ही जाति का क्रि० शृंगार करना।

**सजानि** वि० *(सं०)* सपत्नीक।

**सजाय*** स्त्री० *(सं०)* सज़ा। वि० सपत्नीक, विवाहित।

**सजार, सजारु** पु० शल्यक, साही।

**सजावट** स्त्री० शोभा; तैयारी; सज्जा, अलंकरण।

**सजावटी** वि० सजावट-सम्बन्धी, दिखावटी, आडम्बरयुक्त।

**सजीला** वि० सुन्दर, सुडौल; सजधज वाला, छैला।

**सजीव** वि० सप्रमाण, जीवित। पु० जीवधारी।

**सजीवन, संजीवन** पु० संजीवनी बूटी।

**सजोना** क्रि० सजाना।

**सजीह** पु० *(फ़ा०)* प्रकृति, स्वभाव; मिजाज।

**सज्जन** पु० *(सं०)* कुलीन व्यक्ति; भला आदमी।

**सज्जा** स्त्री० भूषित सजा हुआ।

**सज्जित** वि० भूषित सजा हुआ।

**सज्ञान** वि० *(सं०)* ज्ञानयुक्त; बुद्धिमान।

**सझिदार**† पु० हिस्सेदार।

**सझिदारी**† स्त्री० साझा, साझीदारी।

**सझिया**† पु० हिस्सेदार; साझा।

**सटंकार** वि० *(सं०)* ख्यात, प्रसिद्ध।

**सटकना** स० क्रि० अनाज निकालने के लिए डाँठ पीटना। अ० क्रि० धीरे से खिसक जाना।

**सटपट** स्त्री० द्विविधा; संकोच, हिचकिचाहट।

**सटर-पटर** स्त्री० झंझट, बखेड़ा; अदनी चीज। वि० तुच्छ; बहुत मामूली।

**सटना** क्रि० मिलना, चिपकना।

**सटाना** स० क्रि० चिपकाना; जोड़ना, मिलाना।

**सटान** स्त्री० मिलान।

**सटासट, सटसट** क्रि० वि० तुरत, अतिशीघ्र।

**सटा** स्त्री० *(सं०)* शिक्षा, जटा।

**सटालु*** कच्चा फल।

**सटीक** वि० टीका, व्याख्या सहित। वि० ठीकठीक।

**सट्टा** पु० इकरारनामा; बाज़ार, सट्टे का कार्य।

**सट्टी** स्त्री० जहाँ किसी एक ही चीज का बाजार हो या व्यापार होता हो।

**मुहा० सट्टी मचाना** शोरगुल करना। **सट्टी लगाना** चीजें अस्त-व्यस्त करना।

**सठ*** वि०, पु० दुष्टता, मूर्खता; मूर्ख, शठ, दुष्ट।
**सठई†** स्त्री० शठता।
**सठियाना** क्रि० वृद्धावस्था में बुद्धि का कम होना।
**सत्** *पु० यथार्थता; सत्त्व, किसी पदार्थ का सार, मूल तत्त्व। वि० सत्य, यथार्थ।
**सत्त** अ० *(सं०)* हमेशा, सर्वदा। वि० अविच्छिन्न।
**सतराना*** अ० क्रि० कुढ़ना, गुस्सा करना।
**सतराहट†** स्त्री० रोष, कोप।
**सतसई** स्त्री० सात सौ पद्यों का समूह।
**सतर्क** वि० *(सं०)* सावधान, सचेत; तर्कपूर्ण।
**सतर्कता** स्त्री० *(सं०)* होशियारी, सावधानी।
**सतहत्तर** वि० सत्तर एवं सात की संख्या का।
**सतुआ** पु० भुने हुए अन्न का चूर्ण, सक्तु, सत्तू।
**सतून** पु० *(फ़ा०)* स्तम्भ, खम्भा।
**सतूना** पु० बाज के झपटने का एक ढंग।
**सतेर** पु० *(सं०)* भूसी।
**सतेरक** पु० *(सं०)* ऋतु, मौसम।
**सतोखना*** स० क्रि० सन्तोष देना; ढाढ़स दिलाना।
**सतोगुण†** पु० सत्त्वगुण।
**सतोगुणी†** वि० सत्त्वगुण से युक्त।
**सत्त** पु० *(सं०)* सत्त्व; तत्त्व; सारभाग, रस; *सतीत्व।
**सत्ता** वि० साठ और दस की संख्या का।
**सत्ताइस** वि० बीस और सात की संख्या का।
**सत्तानवे** वि० नब्बे और सात की संख्या का।
**सत्तावन** वि० पचास और सात की संख्या का।
**सत्तारूढ़** वि० *(सं०)* सत्ता प्राप्त, सत्ता पर आरूढ़।
**सत्तासी** वि० अस्सी और सात की संख्या का।
**सत्तू** वि० सतुआ।
**मुहा० सत्तू बाँधकर पीछे पड़ना** पूरी तैयारी से किसी काम में लगना; किसी के विरुद्ध निरन्तर चेष्टाशील रहना।
**सत्थी** स्त्री० *(सं०)* जाँघ का मोटा हिस्सा।
**सत्परामर्श** पु० *(सं०)* सही सलाह-मशवरा।
**सत्त्व** पु० *(सं०)* अस्तिव; स्वभाव; सहजात प्रकृति, धर्म, गुण; चैतन्य, आत्मतत्त्व; प्राण वायु, जीव।
**सत्त्वान् (वत्)** वि० *(सं०)* पुण्यात्मा; सत्त्वयुक्त।
**सत्यतः(तस्)** अ० *(सं०)* दरअसल, सचमुच।
**सत्यता** स्त्री० *(सं०)* नित्यता; वास्तविकता।
**सत्यवादी** वि० यथार्थ वक्ता।
**सत्याग्रही (हिन्)** वि० *(सं०)* सद् उद्देश्य-पूर्ति के लिए सत्याग्रह का सहारा लेने वाला।
**सत्यानास** पु० बर्बादी, सर्वनाश।
**सन्यासी** वि० अभागा।
**सत्यापित** वि० *(सं०)* प्रमाणित किया गया।
**सत्रारम्भ** पु० *(सं०)* सत्र की शुरुआत।
**सत्रावसान** पु० *(सं०)* सत्र का समापन।
**सत्व** पु० *(सं०)* शक्ति; प्रकृति के तीन गुणों में से एक और सर्वोच्च गुण।
**सत्वर** अ० *(सं०)* शीघ्र, फौरन। वि० फुर्तीला।
**सत्संकल्प** पु० *(सं०)* अच्छे अभिप्राय वाला।
**सत्संगति** स्त्री० *(सं०)* सत्संग; उत्तम साथ।
**सत्संगी** वि० *(सं०)* मेल-जोल रखने वाला।
**सत्सम्बन्ध** पु० *(सं०)* उत्तम एवं सत्य सम्बन्ध।
**सथर*** पु० स्थल, भूमि, पृथ्वी।
**सथरी†** स्त्री० साथरी।
**सदम्भ** वि० *(सं०)* अच्छे जल वाला; दम्भी, घमण्डी।
**सदंश** पु० *(सं०)* केकड़ा। वि० तेज चोंच वाला।
**सदंशक** पु० *(सं०)* केकड़ा।
**सदई*** अ० पर्यन्त, सदा, सदैव।
**सदक्ष** वि० *(सं०)* विवेकशील।
**सदन** पु० *(सं०)* निवास स्थान; क्लान्त होना, शिथिल होना; जल।
**सदमा** पु० *(अ०)* दिल पर लगनेवाली चोट, दुःख, शोक का आघात; हानि, नुकसान; चोट; धक्का।
**सदर** पु० *(सं०)* एक असुर। वि० डरा हुआ।
**सदर्थना*** स० क्रि० समर्थन, पुष्टि करना।
**सदस्या** स्त्री० *(सं०)* महिला सदस्य।
**सदस्यता** स्त्री० *(सं०)* सदस्य की स्थिति या भाव।
**सदा** स्त्री० *(अं०)* प्रतिध्वनि; ध्वनि, आवाज; आहट।
**सदाचरण** पु० *(सं०)* अच्छा चाल-चलन, सद्व्यवहार।
**सदाप** वि० *(सं०)* मीठे और अच्छे जल वाला।
**सदी** स्त्री० *(फ़ा०)* शताब्दी, सौ वर्ष का समय।
**सदुद्देश्य** पु० *(सं०)* उत्तम उद्देश्य, सुनीयत।
**सदुपदेश** पु० *(सं०)* उत्तम शिक्षा; अच्छी सलाह।
**सदुपयोग** पु० *(सं०)* सत्कार्य में लगाना।
**सदूर*** पु० सिंह, शार्दूल।
**सदृशता** स्त्री० *(सं०)* एकरूपता, समानता, तुल्यता।
**सदेविक** वि० *(सं०)* रानी के साथ।

**सदैव** अ० *(सं०)* हमेशा ही, सर्वदा।
**सदोगृह** पु० *(सं०)* सभाभवन; राजदरबार।
**सदोष** वि० *(सं०)* दोषी, अपराधी; रात्रियुक्त।
**सदोषक** वि० *(सं०)* दोषयुक्त, ऐबदार।
**सद्भावना** स्त्री० *(सं०)* छल-कपट से रहित विचार।
**सद्भावी** वि० *(सं०)* सदाशयी; सद्भाव से युक्त।
**सद्म(न्)** पु० *(सं०)* संघर्ष; जल; मकान।
**सद्मा(द्मन्)** वि० *(सं०)* रहने वाला, बसने वाला।
**सद्य** अ० 'सद्यः' तुरन्त, आज ही, इसी क्षण।
**सद्योमृत** वि० *(सं०)* जो अभी मरा हो।
**सद्वन्द्व** वि० *(सं०)* झगड़ालू; मुकद्दमेबाज।
**सधर्म** वि० तुल्य।
**सधर*** पु० ऊपरी ओठ।
**सधवा** स्त्री० *(सं०)* सुहागिन, सौभाग्यवती।
**सधूमक** वि० *(सं०)* धुआँदार।
**सध्रीची** स्त्री० *(सं०)* सखी, सहेली।
**सनंक**† पु० सन्नाटा।
**सनन्द** पु० *(सं०)* सनन्दन।
**सन** पु० सन का पौधा, सनई, सन जिससे रस्सी बनाते हैं।
**सन्** पु० *(अ०)* साल, वर्ष।
**सनक** स्त्री० *(हि०)* धुन, खब्तीपन, पागलपन।
**मुहा० सनक आना** पागल होना। **सनक चढ़ना /सवार होना** धुन सवार होना।
**सनकारना, सनकियाना** क्रि० संकेत करना।
**सनकी** वि० पागल, झक्की।
**सनदी** *वि० प्रामाणिक। स्त्री० हाल, वृत्तान्त।
**सनना** अ० क्रि० लिप्त होना, पगना; लथपथ होना, पानी के योग से चूर्ण को माँड़ना।
**सनमान*** पु० सम्मान।
**सनाढ्य** पु० ब्राह्मणों की एक उपजाति।
**सनातन** पु० *(सं०)* शिव; ब्रह्मा। वि० अनादि, अनन्त; शाश्वत; परम्परागत चला आता हुआ; प्राचीन।
**सनाह** पु० बख्तर, कवच।
**सनेहिया*** पु० स्नेही, प्रेमी।
**सनेही** पु० प्रेम करने वाला। वि० प्रेमी, स्नेही।
**सनै-सनै*** अ० शनैः-शनैः।
**सन्त** पु० साधु, महात्मा।
**सन्नद्ध** वि० *(सं०)* अस्त्र शस्त्र से सम्पन्न, युक्त।
**सन्नाटा** वि० नीरव; निर्जन। पु० निर्जनता; निस्तब्धता।
**मुहा० सन्नाटा खींचना/मारना** बिल्कुल चुप हो जाना। **सन्नाटा बीतना** उदासी में वक्त कटना। **सन्नाटे के साथ** तेजी से। **सन्नाटे में आना** चुप रह जाना, स्तम्भित हो जाना।
**सन्निकट** अ० *(सं०)* पास, नजदीक।
**सन्निकर्षण** पु० *(सं०)* सन्निकर्ष।
**सन्निध** पु० *(सं०)* सान्निध्य, सामीप्य।
**सन्निवेशन** पु० *(सं०)* सभा के उपयुक्त स्थान।
**सन्मार्गी** वि० *(सं०)* सत्पथ पर चलने वाला।
**सन्मुख** अ० सम्मुख।
**सपई**† स्त्री० पेट में होने वाला केंचुवा; बेले का फूल।
**सपक्ष** *(सं०)* वि० अनुकूल तुल्य।
**सपक्षक** वि० *(सं०)* पंखदार।
**सपक्षता** स्त्री० अनुकूलता।*(अ०)*
**सपक्षी** वि० सपक्ष।
**सपत्नी** स्त्री० *(सं०)* सौत।
**सपत्नीक** वि० *(सं०)* पत्नी के साथ।
**सपथ** स्त्री० शपथ।
**सपदि** अ० *(सं०)* शीघ्र, तुरन्त, तत्काल।
**सपना** पु० मनगढ़न्त या कपोलकल्पित बात, स्वप्न।
**मुहा० सपना होना** अप्राप्य होना, मिल न सकना।
**सपरिजन** वि० *(सं०)* सपरिवार।
**सपरिवार** वि० *(सं०)* परिवार के सदस्यों के साथ।
**सपर्ण** वि० *(सं०)* पत्तियों से युक्त।
**सपाट** वि० समतल, चौरस, जो ऊबड़-खाबड़ न हो।
**सपिण्ड** पु० *(सं०)* सामान्य पितरों को पिण्ड देने वाला।
**सपेत*** वि० सफेद, श्वेत।
**सपेत** वि० *(फ़ा०)* सफेद।
**सपेरा** पु० सँपेरा, साँप पकड़ने वाला।
**सपेला, सपोला** पु० साँप का छोटा बच्चा।
**सप्तम** वि० *(सं०)* सातवाँ।
**सप्ताहान्त** पु० *(सं०)* सप्ताह का अन्तिम दिन।
**सप्ताहारम्भ** पु० *(सं०)* सप्ताह की शुरुआत।

**सप्लायर** पु० *(अं०)* सप्लाई करने वाला व्यक्ति।

**सप्रज्ञ** वि० *(सं०)* प्रज्ञावान, बुद्धिमान्।

**सप्रभ** वि० *(सं०)* समान कान्ति वाला; कान्तियुक्त।

**सप्रमाण** वि० *(सं०)* विधान या नियम जिसके पक्ष में हो; वैध अधिकारी; प्रामाणिक, ठीक।

**सप्राण** वि० *(सं०)* प्राण के साथ, सजीव।

**सफ़** स्त्री० *(अ०)* पाँत, कतार, पंक्ति; परा; नमाज पढ़ने वालों की पाँत; फर्श; बोरिया, चटाई।
**मुहा० सफ़ उलट देना** सैनिकों की पाँत को छिन्न-भिन्न या अस्त-व्यस्त कर देना। **सफ़ें साफ कर देना** सैन्य पंक्तियों का सफाया कर देना।

**सफल** वि० *(सं०)* फल उत्पन्न करने वाला; अण्डयुक्त।

**सफलक** वि० *(सं०)* ढाल से युक्त।

**सफला** स्त्री० *(सं०)* पौष-कृष्णा एकादशी।

**सफलीभूत** वि० *(सं०)* कामयाब; जो सिद्ध हो।

**सफ़ा** स्त्री० *(अ०)* चमक; मक्का के पास की एक पहाड़ी; साफ, सफाई; पवित्रता।
**मुहा० सफ़ा कर देना** चाट-पोंछ जाना; कुछ रहने न देना, साफ कर देना। **सफ़ा कहना** खरी, बेलाग कहना।

**सफ़ाया** पु० *(अ०)* संहार; नाश; समाप्ति।
**मुहा० सफ़ाया कर देना** सबको मार डालना; मिटा देना, खत्म कर देना।

**सफ़ीना** पु० किताब; नोटबुक; बही; समन।

**सफ़ीर** पु० *(अ०)* राजदूत, दूत।

**सफ्फ़ाक** वि० *(अ०)* निर्दय, जालिम, क्रूरकर्मा।

**सफ्फ़ाकी** स्त्री० क्रूरता, निर्दयता, जुल्म।

**सब** वि० *(सं०)* कुल, सारा, सम्पूर्ण; समस्त।

**सबक़** पु० *(अ०)* अध्याय, पाठ; शिक्षा, सीख।
**मुहा० सबक़ पढ़ाना** बहकाना, पट्टी पढ़ाना; शिक्षा देना। **सबक़ लेना** शिक्षा लेना; पढ़ना। **सबक़ सिखाना** शिक्षा देना।

**सबद*** पु० *(फ़ा०)* शब्द; किसी महात्मा की वानी।

**सबर** पु० सब्र। *वि० सबल।

**सबरा*** वि० सारा, सब, कुल।

**सबल** *(सं०)* वि० बलशाली।

**सबाध** वि० *(सं०)* कष्टदायक; हानिकारक।

**सबार, सबारै*** अ० शीघ्र, जल्द।

**सबेरा** पु० प्रातःकाल।

**सब्ज़** वि० *(फ़ा०)* मनहूस; हरा, कच्चा; हरा-भरा।
**मुहा० सब्ज़ बाग़ दिखाना** धोखा देना; ठगने के लिए झूठी आशाएँ दिलाना। **सब्ज़ होना** फलना-फूलना, हरा-भरा होना।

**सब्ज़ी** स्त्री० हरियाली; हरा रंग; भंग।

**सब्जेक्ट** पु० *(अं०)* प्रजा; विषय।

**सब्र** पु० *(अ०)* पीड़ित की आह का उत्पीड़क पर पड़ने वाला असर; धैर्य; सहन, बर्दाश्त।
**मुहा० सब्र करना** सहन करना; ठहरना, धैर्य रखना। **सब्र देना** धीरज बँधाना; (ईश्वर का) सहने की शक्ति देना। **सब्र पड़ना** पीड़ित या दुखिया की आह का असर होना।

**सभय** वि० *(सं०)* खतरनाक; डरा हुआ।

**सभागार** पु० *(सं०)* सभागृह।

**सभाग्य** वि० *(सं०)* भाग्यशाली।

**सभर्तृका** *(सं०)* स्त्री० सधवा।

**सभाध्यक्ष** पु० *(सं०)* सभापति।

**सभापति** *(सं०)* पु० सभी का नेता।

**सभासद** *(सं०)* पु० सभी का सदस्य, नगर पालिका का सदस्य।

**सभार्य, सभार्यक** वि० *(सं०)* सपत्नीक।

**सभीति** वि० *(सं०)* डरने वाला, डरपोक।

**सभ्य** पु० *(सं०)* कुलीन व्यक्ति; जुआ खेलने वाला।

**सभ्यता** स्त्री० *(सिविलाइजेशन)*, **सभ्यत्व** पु० *(सं०)* शिष्टता, नम्रता; सदस्यता; शिष्ट; कुलीनता।

**समंजस** पु० *(सं०)* सचाई; संगति; औचित्य, उपयुक्तता; यथार्थता; ठीक प्रमाण। वि० स्पष्ट; अभ्यस्त।

**समन्त** पु० *(सं०)* किनारा, सिरा, सीमा, हद। वि० सम्पूर्ण, समस्त, सारा, समग; सार्वत्रिक।

**सम** *(सं०)* वि० कुल, तुल्य, बराबर, समसंख्या।

**समकोण** *(सं०)* वि० ऐसा कोण जिसके आमने सामने के कोण बराबर हों।

**समचर** *(सं०)* वि० समान आचरणशील।

**समचित** *(सं०)* वि० सभी अवस्थाओं में समान रहने वाला।

**समजातीय** *(सं०)* वि० एक ही जाति का।

**समक्षता** स्त्री० *(सं०)* दृश्य होने का भाव।
**समझ** स्त्री० बुद्धि; प्रज्ञा; ख्याल, विचार।
**समझाना** स० क्रि० बोध कराना, परिचित कराना, ज्ञान कराना, जतलाना।
**समझौता** पु० आपसी हल।
**समता** स्त्री०, **समत्व** पु० *(सं०)* बराबरी, अनुरूपता।
**समत्थ*** वि० समर्थ।
**समधी** पु० पुत्र/पुत्री का ससुर।
**समधुर** वि० *(सं०)* मीठा।
**समनुज्ञान** पु० *(सं०)* अनुमति, पूर्ण स्वीकृति।
**समन्मथ** वि० *(सं०)* आसक्त, प्रणयाविष्ट।
**समन्वय** पु० *(सं०)* संयोग; नियमित क्रम; मेल; सम्बद्ध फल, कार्यकरण-सम्बन्ध का निर्वाह।
**समन्वित** वि० *(सं०)* युक्त; प्रभावित; जिसका मेल बैठाया गया हो, लगा हुआ; अनुगत।
**समन्वीकरण** पु० *(सं०)* मिलाना, समन्वय करना।
**समभिश्यान** वि० *(सं०)* पूर्णतः जमा हुआ।
**समयाचार** पु० *(सं०)* प्रचलित व्यवहार।
**समयानुकूल** अ० *(सं०)* समय के अनुकूल।
**समयानुसार** वि० *(सं०)* समय के अनुसार होने वाला। अ० समय के अनुसार।
**समयाभाव** पु० *(सं०)* समय की कमी।
**समयोचित** वि० *(सं०)* समय के अनुसार।
**समर** पु० *(सं०)* फल, मेवा; सत्कर्म का सुफल; युद्ध।
**समरत्थ, समरथ*** वि० समर्थ।
**समरागम** पु० *(सं०)* युद्ध छिड़ना।
**समराजिर** पु० *(सं०)* युद्ध-क्षेत्र।
**समराना*** स० क्रि० सजाना, पहनाना।
**समर्थ** पु० *(सं०)* बोधगम्यता; योग्यता; हित; भावपूर्ण, महत्त्व का शब्द। वि० सशक्त, बलवान्।
**समर्थक** वि० *(सं०)* पुष्टि करने वाला, समर्थन करने वाला, ताईद करने वाला; सँभालने वाला; योग्य।
**समर्थता** स्त्री०, **समर्थत्व** पु० *(सं०)* सामर्थ्य, योग्यता।
**समर्थना** स्त्री० *(सं०)* समर्थन; आमन्त्रण; अनुमोदन।
**समर्थित** वि० *(सं०)* निश्चित, जिसकी पुष्टि की गयी हो; जिसका संकल्प किया गया हो; प्रमाणित।
**समर्थ्य** वि० *(सं०)* समर्थन करने योग्य, समर्थनीय।
**समर्पक** *(सं०)* वि० समर्पण करने वाला।
**समर्पण** पु० *(सं०)* जतलाना, सूचित करना।
**समर्पना*** स० क्रि० सौंपना, समर्पण करना।
**समर्पित** वि० *(सं०)* सौंपा हुआ; रखा या जमाया हुआ; प्रत्यर्पित; दिया हुआ, समर्पण किया हुआ।
**समस्या** स्त्री० *(सं०)* मेल, संयोग; साथ रहना; कठिन विषय, जटिल प्रश्न, टेढ़ा मामला।
**समाँ** पु० बहार; रौनक, चमक-दमक; ऋतु; समय। **मुहा० समाँ बँधना** रंग जमना; गाने या नाच से लोगों को प्रभावित होना। **समाँ बदल जाना** स्थिति बदल जाना। **समाँ बाँधना** रंग जमाना।
**समाँस** वि० *(सं०)* माँसयुक्त; माँसल।
**समा** स्त्री० *(सं०)* संवत्सर, वर्ष, साल। पु० समय, वक्त; मौसम, ऋतु; समाँ; *(अ०)* आकाश।
**समाकर्षण** पु० *(सं०)* अपनी ओर खींचना।
**समाकर्षी(र्षिन्)** वि० *(सं०)* दूर तक फैलाने वाला; खुशबू फैलाने वाला; अपनी ओर खींचने वाला।
**समाकुल** वि० *(सं०)* भरा हुआ, पूर्ण; घबराया हुआ।
**समाक्षिक** वि० *(सं०)* मधुयुक्त।
**समाघात** पु० *(सं०)* लड़ाई, वध; युद्ध।
**समाघ्राण** पु० *(सं०)* अच्छी तरह सूँघना।
**समाघ्रात** वि० *(सं०)* अच्छी तरह सूँघा हुआ।
**समाचयन** पु० *(सं०)* एकत्र करना, संग्रह करना।
**समाचरण** पु० *(सं०)* अभ्यास करना; व्यवहार करना।
**समाज** पु० *(सं०)* तैयारी; सभा; समुदाय, समूह; झुण्ड।
**समाजत** स्त्री० *(अ०)* निकृष्टता, अनुनय; लज्जा।
**समादत्त** वि० *(सं०)* गृहीत; प्राप्त।
**समादर** पु० *(सं०)* विशेष आदर, सत्कार।
**समादान** पु० *(सं०)* अपने ऊपर लेना; निश्चय, संकल्प; आरम्भ करना; * शमादान।
**समादृत** वि० *(सं०)* सत्कृत, सम्मानित।
**समादेय** वि० *(सं०)* ग्रहण करने योग्य।
**समादेश** पु० *(सं०)* निर्देश, आदेश, आज्ञा।
**समाधान** पु० *(सं०)* प्रतिपादन; सहमत होना, अंगीकार करना; ध्यान; समाधि; सन्देहनिवारण, निष्पत्ति, निबटारा, समर्थन।
**समाधि** स्त्री० *(सं०)* मौन; अंगीकार, साथ रखना, मिलाना; एक जगह जमाना; स्वीकृति, नियम योग, ध्यान।
**समाधिस्थ** वि० *(सं०)* समाधि लगाया हुआ।

**समाधि(धिन्)** वि० *(सं०)* समाधिस्थ।
**समानतः** *(सं०)* अव्य० समान भाव से।
**समानता** स्त्री०, **समानत्व** पु० *(सं०)* बराबरी, सादृश्य
**समाना** स० क्रि० अटाना, अन्दर करना, भरना। अ० क्रि० पहुँचना; अटना; व्याप्त होना; भीतर आना।
**समानार्थ** वि० *(सं०)* जिनका उद्देश्य एक हो।
**समापत्ति** वि० *(सं०)* आया हुआ; घटित।
**समापत्ति** स्त्री० *(सं०)* संयोग, मौका; मूल रूप ग्रहण करना; पूर्ति, अन्त, समाप्ति; भेंट, मिलन।
**समापनीय** वि० *(सं०)* वध या हत्या करने योग्य।
**समापन्न** वि० *(सं०)* घटित; पूरा किया हुआ; युक्त। पु० समाप्ति, पूर्ति; अन्त, मृत्यु।
**समापी(पिन्)** वि० *(सं०)* समाप्त करने वाला।
**समाप्त** वि० *(सं०)* व्यतीत हो गया; अस्तित्व समाप्त कर दिया गया; चतुर, बुद्धिमान्।
**समाभाषण** पु० *(सं०)* वार्तालाप।
**समाय** पु० *(सं०)* आगमन।
**समायत** वि० *(सं०)* फैलाया हुआ, विस्तृत।
**समायत्त** वि० *(सं०)* किसी के सहारे टिका हुआ।
**समायुत** वि० *(सं०)* युक्त; एकत्र किया हुआ।
**समायोग** पु० *(सं०)* युक्त करना (धनुष् से बाण)।
**समारम्भ** पु० *(सं०)* आरम्भ; साहसिक कार्य की भावना।
**समारूढ़** वि० *(सं०)* बढ़ा हुआ; आरूढ़, जो चढ़ा हो।
**समारोप** पु० *(सं०)* ऊपर रखना; स्थानान्तरण।
**समारोह** पु० *(सं०)* उत्सव; चढ़ना, आरोह; राजी होना।
**समारोहण** पु० *(सं०)* बढ़ना (बालों का); यज्ञाग्नि का स्थान परिवर्तन करना; चढ़ने की क्रिया।
**समार्हता** स्त्री० योग्यता, मूल्य आदि में समान होना।
**समालम्भ** पु० *(सं०)* बलि-पशु को वध के लिए ग्रहण करना; स्वीकार करना, ग्रहण करना; अंगराग।
**समालम्भन** पु० *(सं०)* बलिपशु को वध के लिए स्वीकार करना; अंगराग लेपन करना।
**समालब्ध** वि० *(सं०)* सम्पर्क में आया हुआ।
**समालिंगन** पु० *(सं०)* प्रगाढ़ आलिंगन।
**समालिप्त** वि० *(सं०)* भलीभाँति लिप्त।
**समालोक** पु० *(सं०)* देखना, निरीक्षण करना।
**समालोकन** पु० *(सं०)* निरीक्षण करना; मनन करना।
**समालोचक** *(सं०)* वि० गुणदोष देखने एवं बतानेवाला।
**समालोचन** *(सं०)* पु० गुणदोषों की पूर्ण रूपेण आलोचना।
**समालोचना** *(सं०)* स्त्री० आलोचना।
**समावर्जन** पु० *(सं०)* अपने वश में करना।
**समावर्जित** वि० *(सं०)* झुकाया हुआ।
**समावर्त** पु० *(सं०)* लौटना, वापस होना।
**समावह** वि० *(सं०)* कारण बनने वाला।
**समाविष्ट** वि० *(सं०)* युक्त; अच्छी तरह सिखलाया हुआ; उपविष्ट, आसीन; व्याप्त; पूर्णतः प्रविष्ट।
**समावृत** वि० *(सं०)* छिपाया हुआ; रक्षित; अलग हटाया हुआ; घिरा हुआ; ढका हुआ, आच्छादित।
**समावेश** पु० *(सं०)* शामिल होना, अन्तर्भाव; व्याप्त होना; प्रेतावेश; घटित होना, साथ-साथ होना।
**समाश्रय** पु० *(सं०)* आश्रय चाहना; आश्रय स्थान।
**समाश्लेष** पु० *(सं०)* प्रगाढ़ आलिंगन।
**समाश्वासन** पु० आश्वासन धीरज।
**समास** *(सं०)* पु० संक्षेप, समर्थन।
**समाहत** वि० *(सं०)* मिला हुआ; मारा हुआ।
**समाहरण** पु० *(सं०)* एकत्र करना, राशिकरण।
**समाहित** वि० *(सं०)* व्यवस्थित; सुपुर्द किया हुआ; स्थापित। पु० एकाग्रचित्तता; पुण्यात्मा व्यक्ति।
**समिक** पु० *(सं०)* भाला, बरछा।
**समित** वि० *(सं०)* समानान्तर; एकत्रीभूत।
**समिता** स्त्री० *(सं०)* गेहूँ का आटा।
**समिति** स्त्री० *(सं०)* युद्ध; साम्य, सादृश्य।
**समिद्ध** वि० *(सं०)* उत्तेजित; प्रज्वलित, जलाया हुआ।
**समिध** पु० *(सं०)* अग्नि, ईंधन।
**समिधा, समिधि** स्त्री० यज्ञीय लकड़ी।
**समिध्** स्त्री० *(सं०)* यज्ञीय लकड़ी; ईंधन।
**समीकृत** वि० *(सं०)* अनुकृत; योग किया हुआ।
**समीकृति** स्त्री० *(सं०)* बराबर करना; तौलना।
**समीक्ष** पु० *(सं०)* पूरी जाँच, पूर्ण परीक्षा।
**समीक्षण** पु० *(सं०)* समालोचना; अन्वेषण; देखना।
**समीक्षा** स्त्री० *(सं०)* मीमाँसा शास्त्र; प्रयत्न; राय, सम्मति; प्रज्ञा; दृष्टिपात; अनुसन्धान; समालोचना।
**समीची** वि० *(सं०)* प्रशंसा, स्तुति; मृगी, हिरनी।
**समीचीन** वि० *(सं०)* संगत, वाजिब उचित; ठीक।

**समीप** पु० *(सं०)* निकटता। वि० अ० निकट, पास।
**समीपग** *(सं०)* वि० समीप गला हुआ।
**समीपता** स्त्री० *(सं०)* निकटता, सामीप्य।
**समीर** पु० *(सं०)* पवनदेव; शमी वृक्ष; प्राण वायु; हवा।
**समीहा** स्त्री० *(सं०)* अन्वेषण; इच्छा; जाँच, तलाश।
**समीहित** पु० *(सं०)* प्रयत्न, चेष्टा। वि० अभिलषित।
**समुख** वि० *(सं०)* बातूनी; जिसे मुख हो; वाग्मी।
**समुचित** वि० *(सं०)* ठीक, उचित; यथेष्ट; उपयुक्त।
**समुछ्वास** पु० *(सं०)* दीर्घ प्रश्वास।
**समुज्ज्वल** वि० *(सं०)* कान्तियुक्त; चमकीला।
**समुझ*** स्त्री० समझ।
**समुझना*** अ० क्रि० समझना।
**समुत्तेजन** वि० *(सं०)* उत्तेजित करना, उद्दीप्त
**समुत्पत्ति** स्त्री० *(सं०)* मूल; पैदाइश।
**समुत्पन्न** वि० *(सं०)* घटित; पैदा हुआ, उद्भुत।
**समुत्पात** पु० *(सं०)* संकटसूचक उपद्रव।
**समुदय** पु० *(सं०)* विकास; अभ्युदय; साइत पूर्णांश; शरीर के तत्त्वों का योग; उत्थान; समुदाय; राशि।
**समुदागम** पु० *(सं०)* पूर्ण ज्ञान।
**समुदाय** पु० *(सं०)* एक नक्षत्र; युद्ध; सेना का पृष्ठ भाग; रक्षित सेना; समूह, राशि; पूर्णांश; संयोग।
**समुदायि*** पु० झुण्ड, समूह।
**समुदाव*** पु० समूह, झुण्ड, राशि।
**समुद्गम** पु० *(सं०)* उत्पत्ति; उत्थान, ऊपर जाना।
**समुद्गार** पु० *(सं०)* उत्तोलन, उठाना; बहुत ज्यादा कै होना; सम्यक् कथन।
**समुद्देश** पु० *(सं०)* पूरी व्याख्या या विवरण; निर्देश।
**समुद्धत** वि० *(सं०)* ऊपर उठा या उठाया हुआ, चंचल, उद्दण्ड।
**समुद्धरण** पु० *(सं०)* दूर करना, हटाना; नष्ट करना।
**समुद्धार** पु० *(सं०)* समुद्धरण, ऊपर उठाना।
**समुद्बोधन** पु० *(सं०)* होश में लाना; उठाना।
**समुद्भव** पु० *(सं०)* उपनयन संस्कार के समय होम के लिए जलाई जानेवाली अग्नि; पुनरुज्जीवन।
**समुद्भूत** वि० *(सं०)* उत्पन्न।
**समुद्भूति** स्त्री० *(सं०)* उत्पत्ति, पैदाइश।
**समुद्यत** *(सं०)* वि० प्रस्तुत तैयार।
**समुद्यम** पु० *(सं०)* आरम्भ; तैयारी; आक्रमण।
**समुद्र** *(सं०)* पु० सागर।
**समुद्रीय** वि० *(सं०)* समुद्र-सम्बन्धी; समुद्र का।
**समुद्वेग** पु० *(सं०)* घबड़ाहट; भय, त्रास।
**समुन्न** वि० *(सं०)* तर, आर्द्र, गीला।
**समुन्नत** पु० *(सं०)* एक प्रकार का स्तम्भ। वि० घमण्डी; खरा, बेलौस; आगे निकला हुआ; ऊँचा।
**समुन्नति** स्त्री० *(सं०)* गौरव; उच्च पद; उन्नति, समृद्धि; प्राधान्य; ऊँचाई, उच्चता; ऊपर उठाना।
**समुन्नद** *(सं०)* वि० गर्वित, अभिमानी।
**समुन्नय** पु० *(सं०)* प्राप्ति; घटना; निष्कर्ष।
**समुन्नयन** पु० *(सं०)* उन्नति करना; लाभ।
**समुपगम** पु० *(सं०)* सम्पर्क; निकट जाना।
**समुपचार** पु० *(सं०)* ध्यान देना; आदर, सम्मान।
**समुपद्रुत** वि० *(सं०)* रौंदा हुआ, आक्रान्त।
**समुपनयन** पु० *(सं०)* नजदीक ले जाना।
**समुपवेश** पु० *(सं०)* अभ्यर्थना।
**समुपालम्भ** *(सं०)* पु० तिरस्कार।
**समुपवेशन** पु० *(सं०)* बैठाना; आसन; मकान।
**समुपेत** वि० *(सं०)* युक्त; आबाद किया हुआ।
**समुल्लास** पु० *(सं०)* उमंग; विशेष आनन्द; क्रीड़ा।
**समुल्लसित** *(सं०)* वि० आनन्दित।
**समुल्लेख** पु० *(सं०)* उन्मूलन, उत्सादन।
**समुहा*** अ० सामने, आगे। वि० सामने का।
**समुहाना*** अ० क्रि० सामने आना, होना।
**समुहैं*** अ० आगे, सामने।
**समूचा** वि० समग्र, सम्पूर्ण, पूरा।
**समूढ़** वि० *(सं०)* व्यवस्थित; कुटिल; शोधित; विवाहित।
**समूर** पु० *(सं०)* समूरु। *वि०, अ० समूल।
**समूल** वि० *(सं०)* सकारण। अ० जड़ से, मूलसहित।
**समूह** पु० *(सं०)* समुदाय; समाज वर्ग; झुण्ड; ढेर।
**समूहनी** स्त्री० *(सं०)* झाड़ू, सम्मार्जनी।
**समृद्ध** वि० *(सं०)* प्रसन्न; मालदार; विशेष रूप से युक्त; बहुल; समग्र; सम्पन्न, धनी; उन्नतिशील।
**समृद्धि** स्त्री० *(सं०)* धन; शक्ति, सामर्थ्य; प्राधान्य।
**समृद्धी(द्धिन्)** पु० *(सं०)* उन्नतिशील; सम्पन्न।
**समेटना** स० क्रि० अंगीकार करना; बिखरी या फैली चीजें, इकट्ठा करना, बटोरना।
**समेत** अ० साथ। वि० *(सं०)* नजदीक आया हुआ। पु० सम्मेत।

**समेतमाय** वि० मोहग्रस्त।
**समोखना*** स० क्रि० ताकीद से कहना।
**समोह** पु० *(सं०)* लड़ाई, युद्ध, मोहग्रस्त।
**समौ*** पु० समय।
**समौरिया†** वि० हमउम्र, समवयस्क।
**सम्माद** पु० *(सं०)* पागलपन, उन्माद; उन्मत्ता।
**सम्मान** पु० *(सं०)* मापना; तुलना करना; आदर।
**सम्मानन** पु० *(सं०)* सिखलाना, बतलाना।
**सम्मानना** स्त्री० *(सं०)* पूजन, सम्मानन, आदर।
**सम्मानित** वि० *(सं०)* आदर, सम्मान पाया हुआ।
**सम्मान्य** वि० *(सं०)* आदर पाने के योग्य, आदरणीय।
**सम्मार्ग** पु० *(सं०)* घास तृण की रस्सी, धोना।
**सम्मार्जक** वि० *(सं०)* साफ करने वाला। पु० झाड़ू।
**सम्मार्जन** पु० *(सं०)* थाली साफ करते समय निकला हुआ उच्छिष्ट; झाड़ू; साफ करना, झाड़ना- बहारना।
**सम्मार्जनी** *(सं०)* स्त्री० झाड़ू, बुहारी।
**सम्मार्जित** वि० *(सं०)* नष्ट किया हुआ; हटाया हुआ।
**सम्मित** पु० *(सं०)* फासला; वसिष्ठ के एक पुत्र। वि० युक्त; निमित्त; मापा हुआ, सदृश, अनुरूप।
**सम्मिति** स्त्री० *(सं०)* महत्त्वाकांक्षा; बराबरी करना।
**सम्मिलन** पु० *(सं०)* एकत्र होना, मिलना।
**सम्मिलित** वि० *(सं०)* एकत्र; साथ मिला हुआ।
**सम्मिश्र** वि० *(सं०)* सम्बद्ध; सम्पन्न, युक्त; मिश्रित।
**सम्मिश्रण** पु० (सं०) मिलाने की क्रिया; मिलावट।
**सम्मिश्रित** वि० *(सं०)* मिलाया हुआ, मिलावटी।
**सम्मुख** अ० *(सं०)* सामने। वि० भिड़ने वाला।
**सम्मुखी(खिन्)** पु० *(सं०)* आईना; वह जो सामने हो।
**सम्मुग्ध** वि० *(सं०)* भटका हुआ; सुन्दर, हतबुद्धि।
**सम्मूढ** वि० *(सं०)* राशिकृत; मूर्ख, ज्ञानहीन।
**सम्मूर्च्छित** वि० *(सं०)* मिलाया हुआ (स्वर); बेहोश।
**सम्मृत** वि० *(सं०)* मरा हुआ, बिल्कुल निर्जीव।
**सम्मेलन** पु० *(सं०)* सभा आदि; मेल; मिश्रण।
**सम्मोह** पु० *(सं०)* अज्ञान, मूर्खता; वशीकरण, विमोहन।
**सम्मोहक** वि० *(सं०)* मुग्ध, वश में करने वाला।
**सम्मोहन** पु० *(सं०)* कामदेव का एक बाण। वि० वशीकरण, सम्मोहक।
**सम्मोहनी** स्त्री० *(सं०)* मुग्ध करनेवाली माया।
**सम्मोहित** वि० *(सं०)* बेहोश किया हुआ।
**सम्याना*** पु० शामियाना।
**सम्राज्ञी** स्त्री० *(सं०)* साम्राज्य के शासन सूत्र का संचालन करने वाली स्त्री; रानी।
**सयाना** पु० झाड़-फूँक करने वाला, ओझा।
**सर** पु० *(अं०)* श्रीमान, महोदय।
**सर** स्त्री० माला। *पु० चिता; बाण।
**सर** पु० *(फ़ा०)* शीर्षक; सरदार (सरपंच); किनारा।
**सर(स्)** पु० *(सं०)* जल; जलाशय, झील, ताल।
**सरकण्डा** पु० एक तरह का गाँठदार सरपत।
**सरक** वि० *(सं०)* गतिशील। पु० रत्न; सरकना।
**सरकना** अ० क्रि० खिसकना; काम चलना; समय का टल जाना; जमीन से सटे हुए आगे बढ़ना।
**सरकाना** स० क्रि० अपनी जगह से हिलाना।
**सरगम** पु० राग में लगनेवाले स्वरों का उच्चारण।
**सरगुन*** वि० सगुण।
**सरगुनिया*** पु० वह जो सगुणोपासक हो।
**सरजना*** स० क्रि० सृष्टि करना; बनाना।
**सरजा** पु० सरदार; सिंह; शिवाजी की उपाधि।
**सरजीव*** वि० जीवट वाला, जीव वाला, सजीव।
**सरजीवन†** वि० जीवित करने वाला; हरा-भरा।
**सरट** पु० *(सं०)* वायु; गिरगिट।
**सरटि** पु० *(सं०)* वायु; बादल।
**सरटु** पु० *(सं०)* गिरगिट।
**सरण** वि० *(सं०)* युद्ध से सम्बद्ध। पु० लौहकिट्ट।
**सरण्यु** पु० *(सं०)* मेघ, बादल; बसन्त; हवा, वायु।
**सरता-बरता** पु० हिस्सा-बाँट, बाँट-बखरा।
**सरतारा*** वि० सावकाश, बाफुर्सत, निश्चिन्त।
**सरथ** पु० *(सं०)* रथारोही सैनिक। वि० रथयुक्त।
**सरद** वि० सर्द, ठण्ढ। *स्त्री० शरत् ऋतु।
**सरदल†** अ० सरदर। पु० दरवाजे का आजू।
**सरदाई** स्त्री० *(फ़ा०)* ठण्ढाई, ठण्ढई।
**सरधन*** वि० अमीर, धनी।
**सरन्ध्र** *(सं०)* वि० सछिद्र, छेददार।
**सरधा*** स्त्री० श्रद्धा; शक्ति।
**सरन*** स्त्री० शरण।
**सरनदीप*** पु० सिंहल, स्वर्णद्वीप, लंका।
**सरना** अ० क्रि० सरकना; *सड़ना; बीत जाना।
**सरनी*** स्त्री० मार्ग, रास्ता।
**सरपत** पु० कुश की जाति का एक तृण, सरकण्डा।

**सरफराना*** अ० क्रि० व्यग्र होना, घबराना।

**सरबदा*** अ० सर्वदा, हमेशा।

**सरबन्धी** पु० धनुर्धारी।

**सरब** वि० सर्व।*(अ०)*

**सरबस*** पु० सब कुछ, सर्वस्व।

**सरबोर*** वि० सराबोर।

**सरभस** वि० *(सं०)* खुश, प्रसन्न; भावाविष्ट; उग्र।

**सरम*** स्त्री० लज्जा।

**सरमाया** पु० *(फ़ा०)* पूँजी, मूलधन।

**सरया**† पु० एक मोटा कुआरी धान; सारा।

**सरराना** क्रि० सर्र-सर्र करना, वायुवेग शब्द।

**सरल** पु० *(सं०)* अग्नि; असली; सीधे स्वभाव का; सीधा, सामान्य, साधारण; खरा, ईमानदार।

**सरलता** स्त्री० *(सं०)* खरापन, ईमानदारी, निष्कपटता।

**सरला** स्त्री० *(सं०)* एक नदी; निसोथ; काली तुलसी।

**सरलित** वि० *(सं०)* सीधा किया हुआ; सीधा।

**सरव** वि० *(सं०)* शब्द करता हुआ। *पु० सराव।

**सरवन*** पु० श्रवण; श्रमण।

**सरवर** पु० *(फ़ा०)* अफसर, सरदार। *स्त्री० बराबरी।

**सरवरि*** स्त्री० स्पर्द्धा, बराबरी।

**सरवाक** पु० सम्पुट; प्याला, कसोरा, दीया।

**सरवान**† पु० खेमा, तम्बू।

**सरस** पु० *(सं०)* सरोवर। वि० रसीला, रसयुक्त।

**सरसठ** पु० सरसठ।

**सरसर** पु० भूमि पर रेंगने का शब्द।

**सरसरना** क्रि० वायुवेगजन्य शब्द।

**सरसराहट** क्रि० वि० खुजली, सर-सर होने का भाव।

**सरसाई*** स्त्री० सुन्दरता; आधिक्य, सरसता।

**सरसिक, सरसीक** पु० *(सं०)* सारस पक्षी।

**सरसिज** वि० *(सं०)* तालाब में उत्पन्न।

**सरसेटना** स० क्रि० खोटी-खरी सुनाना।

**सरसौं** स्त्री० एक प्रसिद्ध फसल; एक तेलहन।

**सरह*** पु० शलभ, पतंग।

**सरहज** स्त्री० साले की स्त्री, सलहज।

**सरहर** पु० सरपत।

**सरहरा** वि० चिकना हाथ-पैर न जमे, चिकना सीधा।

**सराई** स्त्री० †सरकण्डे की पतली लम्बी छड़ी; सलाई

**सराजाम**† पु० सामान, सामग्री।

**सराध*** पु० श्राद्ध।

**सराना*** स० क्रि० पूरा कराना, सम्पादित कराना।

**सरापना*** स० क्रि० शाप देना, बुरा-भला कहना।

**सराफ़** पु० *(अ०) (सर्राफ)* सोने-चाँदी के गहने बेचने वाला।

**सराफ़ा** पु० सर्राफी; कोठी; सर्राफों का बाजार।

**सराबोर** वि० तरबतर, अच्छी तरह भींगा हुआ।

**सराव** *(सं०)* पु० पीने का पात्र।

**सरावन**† पु० हेंगा, पटेला।

**सरास*** पु० भूसी।

**सरासन*** पु० धनुष, कमान।

**सराह*** स्त्री० बड़ाई, स्तुति, प्रशंसा।

**सराहत** स्त्री० *(अ०)* व्याख्या, खोलकर कहना।

**सराहना** स्त्री० तारीफ, बड़ाई। स० क्रि० स्तुति करना, प्रशंसा करना, बड़ाई करना।

**सराहनीय** वि० उत्तम, प्रशंसनीय।

**सरि** स्त्री० *(सं०)* जलप्रपात, झरना; निर्झर, दिशा नदी समता।

**सरिक** वि० *(सं०)* जाने वाला।

**सरिता** स्त्री० धारा; नदी।

**सरित्** स्त्री० *(सं०)* सूत्र, डोरी; नदी; दुर्गा।

**सरिया**† पु० सरकण्डा; पतला छड़।

**सरियाना** स० क्रि० बटोरकर रखना, एकत्रित करके रखना; व्यवस्थित करना, तरतीब से रखना।

**सरिल** पु० *(सं०)* पानी, जल, सलिल।

**सरिषप** पु० *(सं०)* सर्षप, सरसों।

**सरिस*** वि० समान, तुल्य, बराबर।

**सरिसता** स्त्री० भाग।

**सरी** स्त्री० *(सं०)* झरना, सोता; छोटा सरोवर।

**सरीक**† वि० शरीक, सम्मिलित।

**सरीखा** वि० सदृश, समान, तुल्य।

**सरीफा** पु० फल, शरीफा।

**सरीसृप** पु० *(सं०)* रेंगने वाला, कीड़ा, साँप आदि।

**सरीर** पु० शरीर, देह।

**सरीह** वि० *(अ०)* स्पष्ट; खुला हुआ, प्रकट।

**सरु** पु० *(सं०)* बाण; तलवार की मूठ। वि० पतला।

**सरुज** वि० *(सं०)* रोगी, रोगयुक्त।

**सरुट्र (ष्)** वि० *(सं०)* क्रुद्ध, कुपित।

**सरूहना, सरुहना*** अ० क्रि० ठीक होना, सुधरना, अच्छा होना।

**सरुहाना*** स० क्रि० अच्छा, चंगा करना।
**सरूप** वि० *(सं०)* साकार, रूप वाला; एक-सा।
**सरूर** पु० सुरूर, नशा, खुमार; खुशी, आनन्द।
**सरेख*** वि० उम्र में बड़ा और चालाक; सज्ञान।
**सरेखा*** वि० चतुर, सरेख, सयाना।
**सरोंट*** स्त्री० सिकुड़न, कपड़ों की सिलवट।
**सरो** पु० वृक्ष विशेष, वनझाऊ।
**सरोकार** पु० *(फ़ा०)* प्रयोजन; वास्ता, लगाव।
**सरोकारी** वि० *(फ़ा०)* सरोकार रखने वाला।
**सरोज** *(सं०)* पु० कमल, पद्म।
**सरोजिनी** स्त्री० *(सं०)* कमल का पौधा।
**सरोजी(जिन्)** पु० *(सं०)* कमलयुक्त; ब्रह्मा।
**सरोरुह** पु० *(सं०)* कमल।
**सरोवर** पु० *(सं०)* तालाब; ताल, झील।
**सरोश** पु० *(फ़ा०)* इलहाम; फरिश्ता।
**सरोष** वि० *(सं०)* क्रुद्ध, कुपित।
**सरोही** स्त्री० सिरोही।
**सरौ** पु० कसोरा; सरो; ढक्कन।
**सरौता** पु० सुपारी काटने का यन्त्र।
**सर्किल** पु० *(अं०)* गाँव, मुहल्लों आदि का समूह।
**सर्क्यूलर** पु० *(अं०)* गश्ती चिट्ठी, परिपत्र।
**सर्क्ष** वि० *(सं०)* नक्षत्र से युक्त।
**सर्ग** पु० *(सं०)* कूच; आक्रमण; शिव; रुद्र का एक पुत्र; गति; प्राणी; गोह, मूर्च्छा; मूल, उद्गम, आज्ञा, प्रकृति।
**सर्ग*** पु० स्वर्ग।
**सर्ज** पु० *(सं०)* सलई का पेड़; असन वृक्ष; शालवृक्ष।
**सर्जन** पु० *(सं०)* मलत्याग; सेना का पृष्ठ भाग; निर्माण, रचना, सृष्टि; त्याग, छोड़ना; अर्पण।
**सर्जरी** स्त्री० *(अं०)* शल्य-चिकित्सा।
**सर्जूर** पु० *(सं०)* दिन।
**सर्त** * स्त्री० शर्त।
**सर्द** वि० *(फ़ा०)* उदास, बेरौनक; फीका, बेमजा।
**सर्दी** स्त्री० शीत, ठण्ढा, जाड़ा; जूड़ी; जुकाम।
**सर्पारि** पु० *(सं०)* गरुड़; मोर; नवला, नकुल।
**सर्पाशन** पु० *(सं०)* मोर; गरुड़।
**सर्पिल** वि० *(सं०)* सर्प सदृश; साँप का-सा।
**सर्पिस** *(सं०)* पु० हवि, घृत।
**सर्पिष्क** पु० *(सं०)* घृत।
**सर्पिणी** *(सं०)* स्त्री० साँपिन।
**सर्पी*** पु० घी।
**सर्बस*** पु० सर्वस्व वि० धीरे-धीरे चलने वाला।
**सर्म** पु० *(सं०)* आकाश; गमन। *स्त्री० शर्म।
**सर्रा** पु० गराड़ी की धुरी।
**सर्राफ़** पु० *(अ०)* सोना-चाँदी आदि परखने वाला।
**सर्राफ़ी** स्त्री० महाजनी लिपि, सराफ़ी।
**सर्व** पु० *(फ़ा०)* सरो, एक सुन्दर-सुडौल पेड़ जो सीधा ऊपर की ओर जाता है।
**सर्वक** वि० *(सं०)* समग्र, सब, सम्पूर्ण।
**सर्वगत** वि० *(सं०)* व्यापी।
**सर्वतः(तस्)** अ० *(सं०)* सब तरफ से; सर्वत्र, चारों ओर; सब प्रकार से; पूर्णतः।
**सर्वज्ञ** *(सं०)* पु० शिव, विष्णु, ईश्वर, देव, सर्वज्ञाता।
**सर्वत्र** अ० *(सं०)* हर वक्त, हमेशा, सर्वत्र।
**सर्वत्रास** वि० सम्पूर्ण चन्द्रग्रहण।
**सर्वथा** अ० *(सं०)* अत्यन्त; हर तरह से; बिल्कुल।
**सर्वदा** अ० *(सं०)* सदा, हमेशा, हर समय।
**सर्वनाश** *(सं०)* पु० सत्यानाश।
**सर्वनाशी** *(सं०)* वि० सबका नाश करने वाला।
**सर्वप्रिय** *(सं०)* वि० सबका प्यारा।
**सर्वशः(शस्)** अ० *(सं०)* सब प्रकार से; सर्वत्र।
**सर्वस*** पु० सर्वस्व, सब कुछ।
**सर्वसह** *(सं०)* वि० सब प्रकार का क्लेशहारी।
**सर्वस्व** पु० *(सं०)* अमूल्य और महत्त्वपूर्ण पदार्थ।
**सर्वरी** स्त्री० शर्बरी, रात।
**सर्वांग** पु० *(सं०)* अवयव; सारा शरीर; सम्पूर्ण अंश।
**सर्वान्तक** वि० *(सं०)* सबका अन्त करने वाला।
**सर्वाक्ष** वि० *(सं०)* सबको देखने वाला। पु० रुद्राक्ष।
**सर्वाक्षी** स्त्री० *(सं०)* दुद्धी नामक घास।
**सर्वाख्य** पु० *(सं०)* पारा।
**सर्वात्मा(त्मन्)** पु० *(सं०)* जिन, अर्हत्, ब्रह्म; शिव।
**सर्वाधिक** वि० *(सं०)* सबसे बढ़ा हुआ।
**सर्वाधिकार** पु० *(सं०)* पूर्ण प्रभुत्व, पूरा अख्तियार।
**सर्वाधिकारी(रिन्)** पु० *(सं०)* शासक; निरीक्षक।
**सर्वाधुनिक** वि० *(सं०)* आधुनिकतम।
**सर्वाध्यक्ष** पु० *(सं०)* सबका शासन करने वाला।
**सर्वानुभूति** स्त्री० *(सं०)* श्वेत त्रिवृता; व्यापक अनुभूति।
**सर्वान्न** पु० *(सं०)* सब तरह का खाद्य पदार्थ।

**सर्वार्थ** पु० *(सं०)* एक मुहूर्त; सारे विषय, सारे पदार्थ।
**सर्वास्त्र** वि० *(सं०)* सब हथियारों से लैस।
**सर्विस** स्त्री० *(अं०)* सेवा; नौकरी।
**सर्वे** पु० *(अं०)* जमीन की नाप-जोख का विभाग।
**सर्वोत्तम** वि० *(सं०)* सबसे अच्छा, सर्वश्रेष्ठ।
**सर्वोपरि** वि० *(सं०)* सबसे ऊपर या बढ़कर।
**सल** पु० *(सं०)* पानी, जल; कुत्ता; सरल वृक्ष। †स्त्री० सिकुड़न, सिलवट; तह।
**सलग** वि० पूरा, समग्र, अखण्डित।
**सलज्ज** वि० *(सं०)* विनम्र; लज्जाशील।
**सलना*** पु० बरमा। अ० क्रि० गड़ना; साला जाना।
**सलसलाना** स० क्रि० गुदगुदाना; खुजलाना; किसी काम में जल्दी करना। अ० क्रि० गुदगुदी होना।
**सलसलाहट** स्त्री० गुदगुदी; खुजली।
**सलाक*** स्त्री० सलाई; तीर, बाण, शलाका।
**सलात** स्त्री० *(अ०)* नमाज।
**सलाम** पु० *(अ०)* बन्दगी, नमस्कार, प्रणाम।
**मुहा० (किसी को) सलाम करना** नमस्कार करना; विदा होना; त्यागना; दूर रहने की इच्छा प्रकट करना। **सलाम लेना** विदा होना; मिलना बन्द कर देना; सलाम का जवाब देना।
**सलामत** वि० *(अ०)* सुरक्षित; स्वस्थ; अखण्ड, साबित। स्त्री० सकुशल बचाव, रक्षा; कुशल।
**सलामती** स्त्री० जीवित होना, जिन्दगी; तन्दुरुस्ती।
**सलामी** वि० *(फ़ा०)* झुकने वाला, ढालवाँ। पु० सलाम करने वाला, प्रार्थी। स्त्री० अभिवादन करना; तोपों या बन्दूकों की बाढ़ जो राजाओं, बड़े अधिकारियों आदि के सम्मानार्थ दागी जाये; भेंट; ढाल।
**सलाह** स्त्री० *(अ०)* राय, सम्मति, * सुलह, मेल।।
**सलाही** पु० परामर्श देने वाला, सलाह देने वाला।
**सलि*** स्त्री० चिता।
**सलिल** पु० *(सं०)* एक वृत्त; एक बड़ी संख्या; जल।
**सलिलालय** पु० *(सं०)* समुद्र।
**सलिलोद्भव** वि० *(सं०)* जल में उत्पन्न। पु० जल में पैदा होने वाला, कमल; जल में उत्पन्न वस्तु।
**सलीक़ा** पु० *(अ०)* योग्यता; सभ्यता, शिष्टता।
**सलीता** पु० एक तरह का मोटा मारकीन।
**सलीस** वि० *(अ०)* सहज, आसान; क्लिष्ट।
**सलूक** पु० तौर-तरीका, व्यवहार, मेलमिलाप।
**सलेश** वि० *(सं०)* सम्पूर्ण, अंगों में विभक्त।
**सलोना** वि० लवणयुक्त, नमकीन; लावण्यमय।
**सलोहित** वि० *(सं०)* गाढ़ा लाल रंग में रँगा हुआ।
**सल्फर** पु० *(अं०)* गन्धक।
**सल्लाह** स्त्री० मशवरा, सलाह।
**सवर्णा** वि० स्त्री० *(सं०)* सवर्ण समान रंग-रूप का।
**सवाई** वि० एक और चौथाई।
**सवागी** पु० सुहागा।
**सवाद*** पु० स्वाद।
**सवादिक** वि० स्वाद देने वाला।
**सवाब** पु० *(अ०)* पुण्य, नेकी, भलाई; शुभ फल, बदला; सुफल।
**मुहा० सवाब कमाना** सत्कर्म करना, पुण्य संचय करना। **सवाब बख़्शना** दूसरे को पुण्य फल देना।
**सवाया** वि० बढ़कर, सवागुना, अधिक।
**सवारना** स० क्रि० सुधारना; सजाना।
**सवारे, सवारें*** अ० शीघ्र, जल्द, सवेरे।
**सवाल** पु० *(अ०) (सुवाल)* नालिश, फरियाद; अर्जी।
**सविकाश** वि० *(सं०)* विस्तृत; विकसित, प्रफुल्ल।
**सविग्रह** वि० *(सं०)* संघर्षरत, युद्ध में संलग्न।
**सविज्ञान** अ० *(सं०)* विज्ञान सहित। वि० समझदार।
**सवित्री** स्त्री० *(सं०)* धात्री; प्रसव कराने वाली दाई।
**सविद्य** वि० *(सं०)* विज्ञानविद्, विद्वान्।
**सविध** अ० *(सं०)* विधिपूर्वक, नियमानुसार। वि० एक समान, एक ही वर्ग का; आसन्न।
**सविधि** अ० *(सं०)* विधि के अनुसार। वि० विधियुक्त।
**सविनय** अ० *(सं०)* विनयपूर्वक। वि० शिष्टता-पूर्ण।
**सविभ्रम** वि० *(सं०)* क्रीड़ायुक्त; विलासयुक्त।
**सविस्मय** अ० *(सं०)* विस्मय के साथ। वि० चकित।
**सवृद्धिक** वि० *(सं०)* जिसका सूद मिले।
**सवृष्टिक** वि० *(सं०)* वर्षा से युक्त।
**सवेरा** पु० सुबह; प्रातःकाल, सूर्योदय का समय।
**सवेरे** वि० तड़के, प्रातःकाल।
**सवैतनिक** वि० *(सं०)* वेतन लेकर कार्य करने वाला।
**सवैया** पु० सवाई; सवासेर का बाट या तौल।
**सव्यंग** वि० *(सं०)* व्यंग्य सहित, व्यंग्य युक्त।
**सव्य** पु० *(सं०)* जनेऊ; विष्णु। वि० बाम, विपरीत,

बायाँ; दक्षिणी; दाहिना; प्रतिकूल।
**सव्याज** वि० *(सं०)* कपटी; धूर्त।
**सव्यापार** वि० *(सं०)* बेकार नहीं, बाकार, कार्यलग्न।
**सव्रण** वि० *(सं०)* घायल; व्रण वाला; सदोष।
**सशंक** वि० *(सं०)* डरपोक; शंकित, शंकायुक्त।
**सशंकना*** अ० क्रि० शंकित होना; डरना।
**सशंकित** वि० *(सं०)* भयभीत डरा हुआ; सन्दिग्ध।
**सशक्त** वि० *(सं०)* समर्थ।
**सशब्द** वि० *(सं०)* शोरगुल से युक्त; शब्दयुक्त।
**सशरीर** अ० *(सं०)* शरीर के साथ। वि० अस्थियुक्त।
**सशस्त्र** वि० *(सं०)* शस्त्र लिये हुए।
**सश्रम** वि० *(सं०)* परिश्रम पूर्व; थका-हारा हुआ।
**सशाक** पु० *(सं०)* आदी, अदरक।
**सश्रम** अ० *(सं०)* श्रमपूर्वक। वि० थका हुआ।
**सश्रीक** वि० *(सं०)* सुन्दर; समृद्धिशाली।
**ससंग** वि० *(सं०)* सम्बद्ध, संलग्न।
**ससंवाद** वि० *(सं०)* एकमत।
**ससंशय** पु० *(सं०)* सन्दिग्धता। वि० सन्देहयुक्त; अनिश्चित।
**सस** *पु० शशक; चन्द्रमा; शस्य, धान्य।
**ससक** *पु० शशक, खरहा।
**ससकना*** अ० क्रि० दिल धड़कना, घबड़ाना।
**ससत्त्व** वि० *(सं०)* शक्ति या साहसयुक्त।
**ससरना**† अ० क्रि० रेंगना, सरकना।
**ससा** * पु० शशक, खरगोश; †खीरा।
**ससि*** पु० धान्य; चन्द्रमा।
**ससिधर** पु० चन्द्रमा।
**ससुरार, ससुरारि*** स्त्री० ससुराल।
**ससुराल** स्त्री० पति या पत्नी के पिता का घर।
**सस्ता** वि० अल्प मूल्य का, मन्दा; घटिया।
**सस्ती** स्त्री० महँगी का न होना, मन्दी, सस्तापन।
**सस्नेह** वि० *(सं०)* चिकनाई युक्त; प्रेमपूर्ण।
**सस्य** पु० *(सं०)* किसी पौधे का फल; सद्‌गुण।
**सस्वर** अ० *(सं०)* गाकर; स्वरबद्ध, स्वरयुक्त।
**सहँगा*** वि० महँगा का उलटा, सस्ता।
**सह** वि० *(सं०)* समर्थ; सक्षम।
**सह(स्)** पु० *(सं०)* प्रचण्डता; जल; कान्ति; बल।
**सहगामी** *(सं०)* पु० साथी, अनुयायी।
**सहजन्म** *(सं०)* वि० सहोदर, जुड़वाँ।
**सहजात** *(सं०)* वि० जुड़वाँ।
**सहजानुभूति** स्त्री० *(सं०)* सूक्ष्म के आकलन में समर्थ होनेवाली केन्द्रीय शक्ति या क्षमता।
**सहजीवी** *(सं०)* पु० साथ जीने वाले।
**सहजै** *पु० सरलतापूर्वक, आसानी से, अनायास।
**सहत** *पु० शहद। †वि० सस्ता।
**सहता** स्त्री० *(सं०)* सहन करने योग्य। †वि० सस्ता।
**सहताना*** अ० क्रि० सुसताना, थकान मिटाना।
**सहतूत** पु० शहतूत।
**सहदानी*** स्त्री० निशानी, चिह्न।
**सहन** पु० *(सं०)* सहिष्णुता; सहने की क्रिया; क्षमा। वि० सहिष्णु।
**सहनभण्डार*** पु० धनराशि, खजाना।
**सहनशील** वि० धीर; सन्तोषी; सहिष्णु।
**सहना** स० क्रि० फल भोगना; भार ग्रहण करना।
**सहनीय** वि० *(सं०)* क्षमा के योग्य, सहने योग्य।
**सहम** पु० *(फ़ा०)* संकोच, लिहाज, डर, भय।
**सहमना** अ० क्रि० घबरा जाना; शंका मानना।
**सहलाना** अ० क्रि० गुदगुदी मालूम होना। स० क्रि० धीरे-धीरे मलना या हाथ फेरना, गुदगुदाना।
**सहसा** अ० *(सं०)* हठात्; मुस्कुराहट के साथ अचानक।
**सहस्रशः(शस्)** वि० *(सं०)* हजारों, कई हजार।
**सहस्रानन** पु० *(सं०)* विष्णु; एक हजार मुखों वाला।
**सहस्रधा** *(अ०)* हजारों प्रकार का।
**सहवास** *(सं०)* पु० मैथुन।
**सहाइ** *स्त्री० सहायता। पु० सहायक, साथी।
**सहाई** *पु० साथी, सहायक। स्त्री० सहायता।
**सहानुभूति** स्त्री० हमदर्दी।
**सहाय** पु० *(सं०)* सहायक; भरोसा, सहायता, सहारा।
**सहायक** पु० *(सं०)* अधीनता में काम करने वाला; वृद्धि करने वाला; मदद, सहायता करने वाला।
**सहायता** स्त्री० *(सं०)* वृद्धि करने वाला, अनुदान।
**सहायतार्थ** अ० *(सं०)* मदद के लिए।
**सहार** पु० सहनशीलता; बर्दाश्त करना, सहना।
**सहारना*** स० क्रि० गवारा करना; सहन करना।
**सहारा** पु० भरोसा, मदद; आश्रय; टेक।
**सहार्द** वि० *(सं०)* गीला, स्नेहयुक्त।
**सहालग** पु० शुभ वर्ष; व्याह, शादी के दिन।

**सहिदान*** पु० चिह्न, पहचान।
**सही** स्त्री० मान्यता सूचक कथन; हस्ताक्षर; *सखी।
वि० दोष रहित; यथार्थ; सत्य; बिल्कुल ठीक।
**सहुलत** स्त्री० *(अ०)* नरमी; आसानी।
**सहृदय** पु० *(सं०)* विद्वान् व्यक्ति। वि० सच्चा; समझदार; दयालु; कोमलचित्त; प्रसन्नमना।
**सहेज**† पु० जावन, जामन।
**सहेजना** स० क्रि० किसी को कोई वस्तु सचेत व सावधान करके सौंपना, सँभालना।
**सहेलरी** *स्त्री० सखी, सहेली।
**सहेली** स्त्री० सखी; दासी, सेविका; साथ रहनेवाली।
**सहैया** वि० सहन करने वाला।
**सहोदर** *(सं०)* पु० एक ही माँ के पुत्र वि० सगा।
**सह्य** पु० *(सं०)* सह्याद्रि-श्रेणी; आरोग्य; सहायता; उपयुक्ता। वि० सहन करने में समर्थ; जो सहा जा सके; प्रिय, सुमधुर; शक्तिशाली।
**साँईं** पु० मुसलमान फकीर; स्वामी; पति; ईश्वर।
**साक** पु० शाक, भाजी।
**साकल्य** पु० समूह।
**साँकल**† स्त्री० शृंखला, जंजीर।
**सांकेत्य** पु० *(सं०)* ठहराव, निश्चय।
**साँच** पु० सच्ची बात। *वि० ठीक, सत्य।
**साँचला*** वि० सत्य बोलने वाला, सत्यवादी।
**साँचा** पु० कपड़े आदि पर फूल आदि छापने का लकड़ी का ठप्पा; छोटा नमूना; फरमा।
**साँझ** स्त्री० सान्ध्य, शाम।
**साँझा** पु० साझा, हिस्सेदारी।
**साँटा** पु० कोड़ा।
**साँड़** वि० लम्पट; शक्तिशाली व्यक्ति, मोटा-ताजा। पु० वह वृषभ या घोड़ा जो बधिया न कर जोड़ खिलाने के लिए पाला गया हो; मृतक की स्मृति में दागकर छोड़ा हुआ वृषभ।
**मुहा० साँड़ की तरह घूमना** आजादी और बेफिक्री से घूमते फिरना। **साँड़ की तरह डकरना** जोर से चिल्लाना।
**साँड़नी** स्त्री० *(सं०)* ऊँटनी।
**सान्त्व** पु० *(सं०)* ढाढ़स बँधाना, सान्त्वना, तसल्ली।
**सान्त्वन** पु० *(सं०)* तुष्ट करनेवाले शब्द; तसल्ली; ढाढ़स बँधाना; तुष्ट करने का साधन।
**सान्त्वना** स्त्री० *(सं०)* सान्त्वन, धैर्य प्रदान कराना।
**सान्ध्य** वि० *(सं०)* प्रातःकाल या सन्ध्या-सम्बन्धी।
**साँप** पु० पेट के बल रेंगने वाला एक प्रसिद्ध विषैला कीड़ा, सर्प।
**मुहा० साँप का पाँव देखना** असम्भव बात के लिए प्रयत्न करना। **साँप का बच्चा** दुष्ट, जालिम। **साँप की तरह ज़मीन पकड़ना** जरा भी न हिलना। **साँप के मुँह में** खतरे में। **साँप छछूँदर की गति या दशा** द्विविधा की स्थिति। **साँप छाती या कलेजे पर लोटना** बहुत व्याकुल होना; भारी सदमा पहुँचना। **साँप सा लोटना** बहुत व्याकुल होना। **साँप सूँघ जाना** साँप के काटने से मर जाना; शान्त हो जाना। **साँप से खेलना** खतरनाक आदमी से मेल-मिलाप करना।
**सांवत्सर** पु० *(सं०)* ज्योतिषी, गणक, चान्द्रमास; पंचांग बनाने वाला। वि० वार्षिक।
**साँवला** पु० पति; कृष्ण; प्रेमी। वि० श्याम वर्ण का।
**साँवलिया** पु० पति; कृष्ण; प्रेमी। वि० श्याम रंग का।
**साँस** स्त्री० नाक से खींची और बाहर निकाली जाने वाली हवा; जीवनशक्ति; फुर्सत।
**मुहा० साँस अन्दर की अन्दर, बाहर की बाहर रह जाना** भय से स्तब्ध रह जाना। **साँस उखड़ना** हाँफना, दम फूलना। **साँस उलटी चलना** आसन्न मृत्यु होना। **साँस ऊपर-नीचे होना** बहुत व्यस्त होना। **साँस चढ़ना** हाँफना, साँस फूलना। **साँस चढ़ाना** साँस रोककर मुर्दा बनने का स्वांग करना; दम साधना। **साँस चलना** जिन्दा होना। **साँस डकार न लेना** माल पचा जाना और पता न लगने देना। **साँस न लेना/निकालना** एकदम चुप होना। **साँस (उलटी) लेना** बहुत तकलीफ में होना। **साँस सीने में अड़ना** मरणासन्न होना, साँस रुकना।
**साँसत** स्त्री० बहुत पीड़ा; यन्त्रणा; अत्यधिक कष्ट, साँस रुकने की तकलीफ; बखेड़ा।
**साँसति*** स्त्री० सजा, दण्ड, शासन।
**साँसा** पु० साँस; डर; चिन्ता; अन्देशा, शंका; पीड़ा।
**मुहा० साँसा चढ़ना** फिक्र होना। **साँसा पड़ना** सन्देह होना; फिक्र पड़ना। **साँसा रहना** अन्देशा रहना।

**सांसारिक** *(सं०)* वि० लौकिक।
**सांस्कारिक** वि० *(सं०)* अन्य संस्कारों या अन्त्येष्टि के लिए आवश्यक; संस्कार-सम्बन्धी।
**सांस्कृतिक** वि० *(सं०)* संस्कृति-सम्बन्धी।
**सा** *(अ०)* तुल्य, समान, सदृश।
**साइज** पु० *(अं०)* आकार, कद।
**साइत** स्त्री० *(अ०)* *(साअ़त)* मुहूर्त देखना, लग्न विचारना; पल, छन।
**साइना** पु० साईं, ईश्वर।
**साई** स्त्री० अग्रिम धनराशि; बयाना।
**साईस** पु० अश्वभृत्य, घोड़े की सेवा करने वाला।
**साकर** ꜝस्त्री० साँकल। वि० तंग, सँकरा।
**साकार** पु० *(सं०)* ईश्वर का सगुण रूप। वि० रूप विशिष्ट, मूर्त, स्थूल; सुन्दर, अच्छे आकार का।
**साकेत, साकेतन** पु० *(सं०)* अयोध्या।
**साक्षर** पु० विद्वान्।
**साक्षात्** अ० *(सं०)* वस्तुतः; प्रत्यक्ष, आँखों के सामने।
**साक्षी** स्त्री० गवाही, गवाह का बयान।
**साक्षी(क्षिन्)** पु० *(सं०)* चश्मदीद गवाह; अहम्। वि० आँखों से देखने वाला, चश्मदीद।
**साखा*** स्त्री० शाखा, डाली; चक्की का धुरा।
**साख़्त** स्त्री० *(फ़ा०)* बनावट; डौल, शक्ल।
**साख़्ता** वि० *(फ़ा०)* नकली; स्वनिर्मित, बनाया हुआ।
**साख्य** पु० *(सं०)* मैत्री, दोस्ती, मित्रता।
**सागदाना** पु० साबूनदाना।
**साग्रह** वि० आग्रह सहित।
**सागौन** पु० एक जंगली पेड़ जिसकी लकड़ी मेज, कुर्सी आदि बनाने के काम आती है।
**साजन** पु० सज्जन, सुजन; पति; प्रेमी; ईश्वर।
**साजा*** वि० साफ; सुन्दर; अच्छा।
**साजिद** वि० *(अ०)* सिजदा करने वाला; वन्दना करने वाला, आराधना करने वाला।
**साज़िश** स्त्री० *(सं०)* चक्र; षड्यन्त्र, कुचक्र; मेल-जोल।
**साझा** पु० भागीदारी, शिरकत, हिस्सेदारी; पत्ती।
**साझी** पु० जिसकी पत्ती हो; हिस्सेदार।
**साटना** स० क्रि० चिपकाना; जोड़ना, मिलाना।
**साटी** स्त्री० सामान; छड़ी; ꜝगदहपूर्ना; *बदला।
**साठ** वि० पचास और दस की संख्या का।
**साढ़ू** पु० साली का पति।
**सात** वि० पाँच और दो की संख्या का पु० छः और एक की संख्या का।
**साथ** अ० विरुद्ध; सहित; से; प्रति; *द्वारा। पु० साथी; हेल-मेल, संग।
**मुहा० साथ खोना** साथ से वंचित होना। **साथ घसीटना** जबरदस्ती शरीक करना। **साथ लेकर डूबना** अपने साथ दूसरे का भी नुकसान करना। **साथ सोना मुँह छिपाना** घनिष्ठता होन पर भी संकोच करना।
**साथरी*** स्त्री० कुश आदि की चटाई।
**साथी** पु० सहायक; साथ रहने वाला दोस्त, मित्र।
**सादगी** स्त्री० *(फ़ा०)* सरलता; भोलापन, आडम्बर रहित; बनावट का अभाव, सादापन।
**सादन** पु० विनाश, उच्छेदन।
**सादर** अ० *(सं०)* आदर के साथ। वि० आदर प्रदर्शित करने वाला; आदरयुक्त।
**सादा** वि० *(फ़ा०)* कोरा, बिना लिखा हुआ; भोला; बिना सजावट का; बेमेल, खालिस।
**सादिक़** वि० *(अ०)* सच्चा; ठीक, दुरुस्त।
**मुहा० सादिक़ आना** सिद्ध होना, घटित होना।
**सादित** *(सं०)* वि० छिन्न-भिन्न।
**सादृश्य** पु० *(सं०)* बराबरी; समानता; प्रतिमूर्ति।
**साद्यन्त** अ० *(सं०)* आदि से अन्त तक। वि० सम्पूर्ण।
**साध** स्त्री० कामना।
**साधक** पु० *(सं०)* कुशल व्यक्ति, तपस्वी; योगी। वि० साधना करने वाला; योग्य; कुशल; मन्त्रबल से सिद्ध करने वाला; सहायता देने वाला; उपयोगी।
**साधकता** स्त्री० *(सं०)* उपयुक्तता; उपयोगिता।
**साधन** पु० हेतु, गति विधान।
**साधना** क्रि० पूर्ण करना, ठहरना, नापना।
**साधारण** पु० *(सं०)* वह जो सब में हो; जाति या वर्ग का सामान्य धर्म। वि० मामूली; सामान्य, लौकिक; सब जगह पाया जाने वाला; आसान।
**साधारणतः(तस्)** अ० *(सं०)* आम तौर पर; प्रायः।
**साधारणतया** अ० *(सं०)* साधारणतः।
**साधु** पु० *(सं०)* सन्त; मुनि; सच्चा या नेक आदमी। वि० अच्छा, भला; उत्तम; दयालु; कुलीन; शुद्ध।
**साधुवाद** पु० प्रशंसावाद।

**साधुवादी** वि० सच बोलने वाला।

**साध्य** वि० सरल, प्रतिपाद्य, साधन करने योग्य।

**साधू** पु० साधु।

**साध्वी** स्त्री० *(सं०)* धर्मपरायणा स्त्री; पतिव्रता स्त्री।

**सान** पु० पत्थर की वह चक्की जिस पर उस्तुरा, कैंची आदि की धार तेज की जाती है।

**सानुभाव** वि० *(सं०)* सदय, अनुकूल।

**सानुरोध** अ० *(सं०)* अनुरोध के साथ।

**सापना*** स० क्रि० शाप देना; कोसना।

**साफ** अ० *(अ०)* स्पष्ट रूप से। वि० स्वच्छ, निर्मल, उज्ज्वल; निर्दोष; पवित्र; खालिस, शुद्ध, स्पष्ट।

**साबस**† अ० शाबाश।

**साबाध** वि० *(सं०)* अस्त-व्यस्त; अस्वस्थ।

**साबित** पु० *(अ०)* अचल तारा। वि० प्रमाणित; साबूत, अखण्ड, समूचा; सिद्ध; स्थिर; दृढ़।

**साबूत** वि० समूचा, अखण्ड।

**सामग्री** स्त्री० *(सं०)* माल-असबाब; सामान; साधन।

**सामना** पु० भेंट; मोहरा; मुठभेड़; मुकाबला; गुस्ताखी।

**सामने** अ० मुकाबले में; मौजूदगी में; सीध में; आगे; रूबरू।

**मुहा० सामने आना** मुँह दिखाना; मुकाबले में आना; दिखायी देना। **सामने करना** पेश करना; आगे करना। **सामने पड़ना** संयोग से मिल जाना। **सामने से उठ जाना** मर जाना।

**सामयिक** वि० *(सं०)* अस्थायी; समय के विचार से उपयुक्त; नियत समय पर होने वाला।

**सामरथ**† स्त्री० सामर्थ्य।

**सामर्थ**† स्त्री० शक्ति सम्पन्न, सामर्थ्य, योग्य।

**सामर्थ्य** पु०, स्त्री० *(सं०)* भाव की समानता; क्षमता, शक्ति, बल; उद्देश्य की समानता; उपयुक्ता

**सामान्य** पु० *(सं०)* सादृश्य; मध्य की अवस्था। वि० महत्त्वहीन, तुच्छ, अदना; समान; साधारण।

**सामाजिक** वि० समाज से सम्बन्ध।

**सामाजिकता** स्त्री० लौकिकता।

**सामी** वि० स्वामी।

**सामीप्य** पु० *(सं०)* पड़ोस; मुक्ति का एक भेद; पड़ोसी; नजदीकी, निकटता, समीपता।

**सामिष** वि० माँस सहित।

**सामुझि*** स्त्री० समझ।

**सायं** सन्ध्या काल।

**सायन्तन** वि० *(सं०)* सायंकाल-सम्बन्धी।

**सायंस** पु० साइंस विज्ञान।

**सायम** वि० *(अ०)* रोजा रहने वाला।

**सायर*** पु० सागर; †हेंगा, पटेला।

**साया** पु० प्रेतबाधा; सुहबत का असर; साड़ी के नीचे पहनने की घाँघरे जैसी एक पोशाक; *(फ़ा०)* छाया, छाँह; आश्रय, संरक्षण।

**मुहा० साया उठना** संरक्षक का मर जाना। **साया उतरना** प्रेतबाधा दूर होना। **साया पड़ना** सुहबत का असर होना। **साये की तरह साथ-साथ होना** हर वक्त साथ लगे रहना। **साये से भागना** नफरत करना; भड़कना।

**सायुध** वि० *(सं०)* हथियारों से लैस, सशस्त्र।

**सारंग** पु० हिरण, हाथी, मोर, मेढ़क, बाण, ज्योति पृथ्वी, फल, वेष, कौआ, छप्पय, सोभा। वि० सुन्दर, रंगा हुआ।

**सारंगा** स्त्री० लकड़ी की छोटी नौका।

**सारंगिया** पु० सारंगी वादक।

**सारंगी** स्त्री० वाद्य विशेष।

**सार** पु० जल, अम्ल, जंगलबल, वायु, परिमाण।

**सार** *(हि०)* पु० रक्षा, लोहा।

**सारना*** स० क्रि० सँभालना; दुरुस्त करना; निकालना, दूर करना; पोंछना, साफ करना; पूरा करना।

**सारबान** पु० *(फ़ा०)* ऊँट हाँकने वाला।

**सारा** *पु० साला, पत्नी का भाई। वि० सम्पूर्ण, पूरा।

**सार्थक** वि० *(सं०)* उपयोगी; लाभदायक; महत्त्वपूर्ण।

**सार्थकता** स्त्री० *(सं०)* महत्त्व; उपयोगिता।

**सार्थी, सारथी** पु० रथ हाँकने वाला, सारथि।

**सार्वकालिक** वि० *(सं०)* सब काल-सम्बन्धी; सब समयों के लिए उपयुक्त।

**सार्वजनिक, सार्वजनीन** वि० *(सं०)* सबके लिए उपयुक्त; सबसे सम्बन्ध रखने वाला।

**साल** पु० *(फा०)* 12 महीने का काल, वर्ष। **मुहा० साल पलटना** वर्ष पूरा होकर दूसरा आरम्भ होना। **साल भारी होना** वर्ष का अशुभ होना।

**सालन** पु० माँस; शोरबेदार तरकारी; रसयुक्त सब्जी; *(सं०)* गोंद; सालनिर्यास, सर्जरस।

**सालना** अ० क्रि० चुभना; कष्टकर होना; खटकना।

स० क्रि० पीड़ा देना, चुभाना; कष्ट देना।
**सालेय** पु० सौंफ।
**साव** पु० पुत्र, बालक, साहु।
**सावहित** वि० *(सं०)* सावधान।
**साविका** स्त्री० *(सं०)* धात्री।
**सावेग** अ० *(सं०)* झटके से, शीघ्रता से।
**साशंस** वि० *(सं०)* इच्छुक; आशान्वित।
**साशूक** पु० *(सं०)* कम्बल।
**साश्वत** वि० शाश्वत।
**साष्टांग** वि० *(सं०)* आठ अंगों से युक्त।
**सासत** स्त्री० साँसत, कष्ट।
**सासर** पु० *(अं०)* तश्तरी, प्लेट।
**सस्थि** वि० *(सं०)* हड्डियों सहित, अस्थियुक्त।
**साहचर्य** पु० *(सं०)* साथ रहना, साथ, संगति; सहचरता।
**साहनी*** स्त्री० साथी; सेना; परिषद; प्रधान।
**साहब** पु० *(अ०)* मालिक; सरदार; साथी, मित्र; आदरणीय व्यक्ति का सम्बोधन।
**साहबी** स्त्री० अफसरी; हुकूमत; ऊँचा पद। वि० साहबी ठाठ; साहब जैसा।
**साहस** पु० *(सं०)* हिम्मत, उग्रता, प्रचण्डता; उत्पीड़न, निष्ठुरता; जीवट। वि० हिम्मत करने वाला।
**साहसिक** पु० *(सं०)* हिम्मतवर आदमी; डाकू, लुटेरा। वि० हिम्मतवर, दिलेर; अविवेकी; निर्भीक।
**साहसी(सिन्)** वि० *(सं०)* हिम्मतवर; पराक्रमी; निष्ठुर।
**साहित्य** पु० *(सं०)* गद्यात्मक या पद्यात्मक रचना; ग्रन्थों का समूह; मेल; काव्यशास्त्र।
**साहित्यिक** पु० *(सं०)* साहित्यसेवी, साहित्यकार (असाधु)। वि० साहित्य-सम्बन्धी।
**साहिर** पु० *(अ०)* जादू करने वाला।
**साहिरी** स्त्री० जादूगरी।
**साहिल** †स्त्री० साही, एक काँटेदार जानवर। पु० *(अ०)* समुद्र का तट या किनारा, नदी का किनारा।
**साही** स्त्री० एक छोटा जानवर जिसका सारा शरीर तेज लम्बे काँटों से भरा रहता है और जो जमीन में माँद बनाकर रहता है, सेही।
**साहू** पु० सज्जन व्यक्ति; साहू, वणिक, महाजन।
**साहूकार** पु० बड़ा व्यापारी, धनाढ्य महाजन।
**साहूकारी** स्त्री० साहूकार, महाजनी का काम।
**सिंक** पु० *(अं०)* गड्ढा, सोख्ता।
**सिंगार, सिंगार** पु० शृंगार रस; सजावट, शृंगार।
**सिंगाल**† पु० एक पहाड़ी बकरा।
**सिंगिया** पु० एक विषैली जड़ वाला पौधा।
**सिंगिल** वि० *(अं०)* एक; अविवाहित, अकेला।
**सिंघिनी**† स्त्री० शेरनी।
**सिंघेला*** पु० शेर का बच्चा।
**सिंचना** अ० क्रि० सींचा जाना।
**सिंचाई** स्त्री० सींचने की मजदूरी; पानी देने का काम, सींचने का काम।
**सिंचित** वि० *(सं०)* सींचा हुआ।
**सिंचौनी**† स्त्री० नहर, सिंचाई, ट्यूबवेल द्वारा सिंचाई करने का मूल्य या भाड़ा।
**सिन्दर** *(हि०)* पु० स्यन्दन, रथ।
**सिन्दूर** पु० *(सं०)* एक वृक्ष; सुहागिन स्त्रियों द्वारा माँग में भरा जाने वाला एक लाल रंग का चूर्ण।
**सिन्दूरदान** पु० सिन्दूर की डिबिया।
**सिन्दूरिया** वि० अत्यधिक लाल। सिन्दूर के रंग का।
**सिन्दूरी** वि० सिन्दूर के रंग का। स्त्री० *(सं०)* रोचनी; सिन्दूरपुष्पी; लाल कपड़ा।
**सिन्धौरा, सिन्दोरा** पु० सिन्दूर रखने की लकड़ी की डिबिया।
**सिन्धी** स्त्री० सिन्ध देशीय भाषा, निवासी।
**सिन्धु** *(सं०)* पु० समुद्र सागर, सिन्ध प्रदेश।
**सिन्धुर, सिन्धुल** *(सं०)* पु० हाथी।
**सिप्या** पु० मुक्ति, ढ़ंग, लक्ष्य नदी।
**सिमन्त, सीमान्त** पु० क्रि० सीमा समाप्ति पर।
**सिंहासनारूढ़** वि० *(सं०)* सिंहासन पर बैठा हुआ।
**सिंहिनी** स्त्री० *(सं०)* शेरनी, सिंहनी।
**सिंहेश्वरी** स्त्री० *(सं०)* थूहर, दुर्गा।
**सिंहोड़** पु० सेंहुड़।
**सिअनि*** स्त्री० सिलाई।
**सिअरा** *वि० ठण्ढा, ठण्ढा किया हुआ। पु० छाया; †गीदड़।
**सिआना*** स० क्रि० सिलाना; कपड़ा सिला ।
**सिकड़ी** स्त्री० जंजीर, साँकल।
**सिकता, सिकत*** स्त्री० बालू, सिकता।
**सिकर** स्त्री० जंजीर। पु० शृगाल।
**सिकरवार**† पु० क्षत्रियों की एक उपजाति
**सिकरी** स्त्री० जंजीर, सिकड़ी।

**सिकली** स्त्री० हथियार रगड़ कर तेज करना।

**सिकहर** पु० छींका।

**सिकार*** पु० आखेट, शिकार।

**सिकारी*** वि०, पु० आखेटक, शिकारी।

**सिकुड़ना** अ० क्रि० शिकन पड़ना; बटुरना, संकुचित होना, सिमटना; तंग होना।

**सिकुरना*** अ० क्रि० शिकन पड़ना, सिकुड़ना।

**सिकोड़ना** स०क्रि० बटोरना, समेटना; संकुचित करना।

**सिकोही*** वि० गर्वीला; वीर, पराक्रमी।

**सिक्कड़** पु० जंजीर; सिकड़ी।

**सिक्का** पु० *(अ०)* पदक; मुद्रा, रुपया।

**सिक्त** वि० *(सं०)* गर्भित; भीगा हुआ; सींचा हुआ।

**सिखण्ड** पु० मोर की पूँछ।

**सिख** पु० शिष्य; सिक्ख। *स्त्री० शिक्षा, उपदेश।

**सिखर*** पु० सिकहर; शिखर; मुकुट।

**सिखरन*** स्त्री० चीनी, गरी तथा केसर के मिश्रण से बना हुआ ठण्ढी दही में घोला गया पेय पदार्थ।

**शिखा, सिखा*** स्त्री० चोटी, शिक्षा।

**सिखाना** क्रि० शिक्षा देना, पठाना बताना। *(सं०)*

**सिगड़ी** स्त्री० ठण्ढे प्रदेशों में ठण्ढी से बचने के लिए प्रयोग में लाई जाने वाली एक प्रकार की अँगीठी।

**सिगता**† स्त्री० बालू, सिकता, रेत।

**सिगनल** पु० *(अं०)* संकेत; रेलगाड़ी के आने-जाने का सूचक चिह्न-विशेष, स्किन्दरा।

**सिगरा*** वि० सब, सम्पूर्ण, समग्र।

**सिच्छक** पु० शिक्षक सिच्छा स्त्री० शिक्षा।

**सिजदा** पु० *(अ०)* माथा टेकना; ईश्वर के समक्ष नत होना; खुदा के आगे सिर झुकाना।

**सिजल**† वि० सुन्दर, अच्छा, सुघर।

**सिझना** अ० क्रि० आँच पर पकना; पकाया जाना।

**सिझाना** स० क्रि० आँच पर पकाना; शरीर को अतिशय कष्ट देना; चमड़ा पकाना।

**सिटकिनी** स्त्री० किवाड़ अन्दर से बन्द करने के लिए उसमें लगा हुआ छोटा-सा छड़; चटखनी।

**सिटपिटाना** अ० क्रि० मन्द पड़ जाना; सहम जाना, दब जाना; भय खाना।

**सिटी** पु०, स्त्री० *(अं०)* बड़ा शहर।

**सिड़ी** स्त्री० धुन; सनक, दीवानगी, पागलपन, खब्त, महामूर्ख, उन्मत्त।

**मुहा० सिड़ी सवार होना** सनक सवार होना।

**सिड़** वि० झक्की; पागल, सनकी; मनमौजी।

**सितम** पु० *(फ़ा०)* गजब; जुल्म, अन्याय, अन्धेर, अनर्थ; अत्याचार, उत्पीड़न।

**मुहा० सितम ढाना** भारी अन्याय करना, जुल्म करना। **सितम तोड़ना** अन्याय, अत्याचार करना।

**सितारा** पु० *(फा०) (सतारा)* नक्षत्र, तारा; भाग्य; चाँदी-सोने के पत्तर की बनी टिकली; सितार।

**मुहा० सितारा चमकना** भाग्य जगना। **सितारा बुलन्द होना** सौभाग्यकाल होना। **सितारा भारी होना** दुर्दिन का आना।

**सितासित** पु० *(सं०)* बलदेव; शुक्र और शनि; प्रयाग। वि० सफेद और काला; भला और बुरा।

**सितुई, सितुही** स्त्री० सुतुही, सीपी।

**सितूदा** वि० *(फ़ा०)* प्रशंसनीय; सज्जन; नेक।

**सितून** पु० *(फ़ा०)* खम्भा, स्तम्भ; थूनी, लाट; मीनार।

**सितोत्पल** पु० *(सं०)* सफेद कमल।

**सितोपला** *(सं०)* स्त्री० चीनी, मिश्री, वंश लोचन।

**सिथिल*** वि० सुस्त, शिथिल।

**सिदना*** स० क्रि० कष्ट पहुँचाना, दुखी करना।

**सिदिक** वि० सच्चा। स्त्री० सिद्क, कपटहीनता, सच्चाई, निष्कपट भाव, दिल की सफाई।

**सिदौसी*** अ० अति शीघ्र, शीघ्रतापूर्वक।

**सिद्क़** स्त्री० *(अ०)* सच्चाई, निष्कपट भाव।

**सिद्ध** पु० *(सं०)* सिद्धि प्राप्त सन्त या योगी, सन्त या योगी ऋषि; जादूगर। वि० दृढ़, पक्का (नियम); सत्य माना हुआ; मुक्त; अलौकिक शक्ति से सम्पन्न; प्रमाणित, निश्चित; प्राप्त; पराभूत, सफल, प्रसिद्ध।

**सिद्धक** *(सं०)* वि० कार्य पूर्ण करने वाला।

**सिद्धान्त** पु० *(सं०)* पूर्व पक्ष के खण्डन के बाद सिद्ध मत; निश्चित मत जिसे सत्य के रूप में ग्रहण किया जाये; निश्चित मत, उसूल; पक्की राय; अन्तिम उद्देश्य या अभिप्राय।

**सिद्धान्न** पु० भात, पका हुआ अन्न।

**सिद्धार्थ** पु० *(सं०)* प्रसिद्धार्थ; गौतम बुद्ध। वि० जिसने अपना लक्ष्य प्राप्त कर लिया हो; जिसकी इच्छाएँ पूर्ण हो गयी हों, सफल मनोरथ।

**सिद्धि** स्त्री० *(सं०)* पूर्ण शुद्धि; अणिमा, गरिमा आदि

अलौकिक शक्तियाँ; दक्षता, निपुणता; मोक्ष, निबटारा, कौशल।

**सिधाई** स्त्री० सरलता, सीधापन।

**सिधाना*** अ० क्रि० आना; जाना, प्रस्थान करना।

**सिधारना** अ० क्रि० मृत्यु को प्राप्त होना; प्रस्थान करना, जाना; बिदा होना; स्वर्गवासी हो जाना।

**सिनक** स्त्री० नेंटा, नाक का मल।

**सिनकना** क्रि० तेजी से नाक का मैल निकालना, बाहर फेंकना।

**सिनान** पु० *(फ़ा०)* तीर की नोक; भाले का फल।

**सिन्नी**† स्त्री० खुशी में देवता को चढ़ाकर प्रसाद के रूप में बाँटी जानेवाली मिठाई; मिष्टान्न।

**सिपर** स्त्री० *(फ़ा०)* रोक; फरी; मददगार; पनाह। **मुहा० सिपर डाल देना/फेंक देना** हार मान लेना, हथियार डाल देना। **सिपर मुँह पर लेना** हिफाजत के लिए ढाल उठाना।

**सिपारस**† स्त्री० खुशामद; चापलूसी सिफ़ारिश।

**सिपारसी**† वि० चापलूसी करने वाला; सिफ़ारिशी।

**सिपारिश** स्त्री० *(फ़ा०)* खुशामद; सिफारिश।

**सिपास** पु० *(फ़ा०)* बड़ाई, सराहना; कृतज्ञता प्रकाश।

**सिपाह** पु० *(फ़ा०)* फौज, सेना।

**सिपाही** पु० *(फ़ा०)* योद्धा; सैनिक; कांस्टेबिल।

**सिपुर्द** वि० *(फ़ा०)* सौंपा हुआ, हवाले किया हुआ।

**सिप्पर*** स्त्री० सिपर; ढाल, फरी।

**सिप्पा** पु० निशाना; मतलब; काम निकालने का उपाय; युक्ति; निशाने पर किया गया वार; ढब। **मुहा० सिप्पा जमाना** भूमिका बाँधना। **सिप्पा भिड़ना/लड़ना** उपाय लग जाना, मौका मिलना। **सिप्पा भिड़ाना/लड़ाना** तदबीर करना, टिप्पस जमाना। **सिप्पा मारना/लगाना** जाल डालना; निशाना लगाना।

**सिफ़र** वि० *(अ०)* बिना मूल्य का। पु० शून्य, बिन्दु।

**सिफ़ला** वि० *(अ०)* कमीना, क्षुद्र, छिछोरा, नीच।

**सिफ़ारिश** स्त्री० *(फ़ा०)* खुशामद; चिरौरी, चापलूसी।

**सिफ़ारिशी** वि० सिफारिश करने वाला।

**सिफ़ाल** पु० *(फ़ा०)* मिट्टी का बर्तन; ठीकरा।

**सिफ़ाला** पु० *(फ़ा०)* मिट्टी का बर्तन; ठीकरा; खपड़ा।

**सिमटा, सिमटाया** वि० सम्पन्न किया गया।

**सिमर*** पु० सेमर।

**सिमाना**† पु० हद, सीवाना। *स० क्रि० सिलाना।

**सियराई** स्त्री० शीतलता, ठण्ढक।

**सियराना** अ० क्रि० ठण्ढा होना, शीतल होना।

**सियह** वि० *(फ़ा०)* अशुभ, श्याम रंग का, काला।

**सिया*** स्त्री० सीता, जानकी।

**सियादत** स्त्री० *(अ०)* राज्य; प्रतिष्ठा, इज्जत; बड़ाई।

**सियार**† पु० गीदड़, शृगाल।

**सियाल*** पु० गीदड़, शृगाल।

**सियासत** स्त्री० *(अ०)* दबदबा; शास्ति; भय; राज्य प्रबन्ध; देशरक्षा; राजकाज; दण्ड; मारपीट।

**सियाह** वि० *(फ़ा०)* काला, श्याम; अशुभ। **मुहा० सियाह सफेद करना** जो चाहना सो करना। **(कागज) सियाह करना** लिखना।

**सियाही** स्त्री० कालिमा, कालिख; अन्धकार; मसि, रोशनाई; श्यामता; कालापन; दोष।

**सिर** पु० *(हि०)* कपाल, खोपड़ी; किसी भी वस्तु का ऊपरी भाग; आरम्भ; चोटी; किनारा; दिमाग। **मुहा० सिर आँखों पर बिठाना** बहुत इज्जत करना। **सिर उठाकार चलना** इतराना, गरूर करना। **सिर का पसीना पाँव पर आना** बहुत अधिक परिश्रम करना। **सिर का बोझ उतरना** काम से फुरसत पाना। **सिर की आफत टलना** बोझ उतरना। **सिर गंजा करना** इतना पीटना कि सिर पर बाल न रह जायें। **सिर टकराकर मर जाना** इच्छा पूरी न होन पर दुःखमय अन्त होना। **सिर नीचा करना** लज्जित होना। **सिर पर आँखें न होना** अक्ल न होना। **सिर पर आरे चलना** अत्यन्त संकट की स्थिति होना। **सिर पर कफन बाँधना** मरने के लिए तैयार रहना। **सिर पर कोई न होना** कोई मददगार न होना। **सिर पर जनून चढ़ना** पागलपन/धुन सवार होना।

**सिरका** पु० *(फ़ा०)* धूप में सड़ाकर खमीर उठाया हुआ अंगूर, ईख आदि का रस।

**सिरकी** स्त्री० सरकण्डे की बनी हुई टट्टी; सरहरी, सरकण्डा।

**सिरजक*** पु० सृष्टिकर्ता, बनाने वाला।

**सिरजन*** पु० सृष्टि करना, निर्माण करना।

**सिरजनहार** पु० निर्माता विधाता।

**सिरजना*** स्त्री० सृष्टि, रचना। स० क्रि० रचना,

उत्पन्न करना, बनाना; संचय करना।

**सिरती**† स्त्री० लगान, जमा।

**सिरा** पु० शुरू का भाग; अन्त का भाग, किनारा, छोर; नोक; अगला भाग; ऊपर का भाग।

**सिरा** स्त्री० *(सं०)* नसों की तरह एक-दूसरी को काटनेवाली रेखाएँ; नाड़ी, रक्तनलिका, धमनी, जल की सँकरी प्रणाली; डोल।

**सिराना*** स० क्रि० ठण्ढा करना; खत्म करना; बिताना,जल में पधारना। अ० क्रि० ठण्ढा होना; समाप्त होना; उत्साहहीन होना; हार मान लेना; †अवकाश मिलना।

**सिरावन** पु० हेंगा, पटेला, पाटा; जोती हुई जमीन समतल करने वाला उपकरण।

**सिरावना*** स० क्रि० ठण्ढा होना, सिराना।

**सिर्फ़** अ० *(अ०)* केवल। वि० अकेला; केवल।

**सिरी** स्त्री० श्री, शोभा, लक्ष्मी।

**सिर्री**† वि० जिद्दी, सिड़ी।

**सिरोमनि** स्त्री० शिरोमणि।

**सिरोरुह** पु० केश, बाल।

**सिलकी*** पु० बेल, श्रीफल।

**सिलगना*** अ० क्रि० सुलगना।

**सिलप*** पु० हाथ की कला, शिल्प।

**सिलपट** पु० चप्पल, चट्टी। वि० साफ, चौपट; चौरस, बराबर; घिसा हुआ।

**सिलवट** पु० सिल, शिला। स्त्री० शिकन, सिकुड़न, लकीर।

**सिलसिला** पु० *(अ०)* परम्परा, प्रथा; कड़ी, शृंखला; पंक्ति; क्रम। *वि० आर्द्र, चिकना, सिलहिला।

**सिलसिलेवार** अ० *(अ०, फ़ा०)* परम्परा के अनुसार; क्रमवार, शृंखला के रूप में।

**सिलह** पु० *(अ०)* हथियार, आयुध।

**सिलीमुख** पु० शिलीमुख, भ्रमर, बाण।

**सिलेट** स्त्री० काले पत्थर की पट्टी। वि० पुष्ट, मोटा ताजा।

**सिलेक्शन** पु० *(अं०)* सेलेक्शन।

**सिलौट, सिलौटा** पु० सिल और बट्टा; सिल।

**सिल्क** स्त्री० *(अ०)* लड़ी; धागा; पंक्ति। पु० *(अं०)* रेशम; रेशमी कपड़ा।

**सिल्प** पु० शिल्प, कला, कारीगरी।

**सिल्ली** स्त्री० उस्तुरा आदि तेज करने का छोटा पत्थर; †पत्थर की पटिया, बर्फ की सिल्ली, चाँदी की बड़ी ईंट।

**सिवक** पु० *(सं०)* दर्जी; कपड़ा सीने वाला।

**सिवा** वि० *(अ०)* अधिक, बढ़ा हुआ। अ० अतिरिक्त, अलावा, छोड़कर। *स्त्री० पार्वती; शृगाली।

**सिवाइ** अ० सिवा, अतिरिक्त, अलावा।

**सिवाई**† स्त्री० एक तरह की मिट्टी, सिलाई।

**सिवान** पु० गाँव की सीमावर्ती भूमि; सीमा पर स्थित, सीमान्त प्रदेश, सरहद।

**सिवाय** अ०, वि० सिवा, अलावा, अतिरिक्त। † पु० नियत वसूली के ऊपर की आमदनी।

**सिवार** पु० एक जलीय घास, शैवाल।

**सिवाला** पु० शिवालय, शिव का मन्दिर।

**सिविका*** स्त्री० पालकी; अर्थी; शिविका।

**सिविर*** पु० शिविर।

**सिस** पु० शिशु।

**सिसकना** अ०क्रि० भीतर-ही-भीतर रोना।

**सिसकारी** स्त्री० लहकारने की क्रिया; मुँह से निकली हुई सीत्कार, सीटी की आवाज-सी।

**सिसकी** स्त्री० सिसकने की आवाज; सीत्कार।

**सिस्टि*** स्त्री० सृष्टि; संसार की उत्पत्ति।

**सिस्न** पु० पुरुष कामांग, शिश्न, लिंग।

**सिस्य*** पु० चेला, शिष्य।

**सिहद्दा** पु० तीन सरहदों का मिलन-स्थल।

**सिहरना** अ० क्रि० डर जाना, दहल जाना; ठण्ढ से काँपना; काँपना; भयभीत होना; रोमांच होना।

**सिहराना** स० क्रि० सर्दी से कँपाना; रोमांच होना।

**सिहलाना** अ० क्रि० सर्दी लगना, ठण्ढ लगना।

**सिहाना*** स० क्रि० प्रशंसा करना, खुश होना। अ० क्रि० मोहित होना; ईर्ष्या करना, डाह करना; ललचना।

**सिहारना*** स० क्रि० ढूँढ़ना, खोजना; ढूँढ़कर लाना।

**सिहिकना** अ० क्रि० सूखना, फसल आदि का सूखना।

**सिहिट** स्त्री० सृष्टि।

**सींक** पु० तृण।

**सीकचा** पु० सीखचा, जंगले में लगी छड़, पिंजर।

**सीकस*** पु० बंजर भूमि, ऊसर भूमि।

**सिकिया** वि० पतला, दुबला पु० धारीदार कपड़ा।

**सीखना** स० क्रि० अनुभव प्राप्त करना; पढ़ना, किसी विषय का ज्ञान प्राप्त करना; अभ्यास करना।

**सीखा-पढ़ा** वि० चतुर; जानकार, शिक्षित।

**सीखा-सिखाया** वि० किसी कला या हुनर का जानकार।

**सींग** *(हि०)* पु० शृंग।

**मुहा० सींग कटा कर बछड़ों में मिलना** वृद्ध होने पर भी बच्चों की सोहबत करना। **सींग निकलना** सनक जाना। **सींग पूँछ गिरा देना** अति दीन बन जाना। **सींग समाना** मौका मिलना, ठिकाना दिखायी देना। **(सिर पर) सींग होना** कोई विशेष चिह्न होना, कोई विशेषता होना।

**सींगी** स्त्री० हिरन शृंग, वाद्य, रक्त निकालने का यन्त्र।

**सीख** स्त्री० सलाह; शिक्षा, सिखावन।

**मु० सीख लेना** शिक्षा या उपदेश ग्रहण करना।

**सीझना** अ० क्रि० तपस्या करना; गलना; पकना।

**सीटना** अ० क्रि० डींग मारना, बहकना, जीट हाँकना।

**सीटी** स्त्री० शब्दयन्त्र, सावधान सूचक शब्द।

**सीठ** स्त्री० सारहीन वस्तु; सीठी।

**सीठा** वि० फीका, बेमजा।

**सीठी** वि०, स्त्री० सीठा; फीका; बेकार वस्तु। स्त्री० फोक या फुजला; सारहीन वस्तु।

**सीड़** स्त्री० मूँछें निकलते समय के छोटे-छोटे बाल, मसें; जमीन की नमी; सील।

**सीढ़ी** स्त्री० उन्नति-क्रम; जीना, नसेनी।

**मु० सीढ़ी सीढ़ी चढ़ना** धीरे-धीरे ऊपर उठना, उन्नति करना।

**सीत*** पु० ठण्ढ, शीत, शीतलता।

**सीतल*** वि० शीतल, ठण्ढ।

**सीतला** स्त्री० शीतला।

**सीतलामाई** स्त्री० शीतला देवी।

**सीत्कार** पु०, **सीत्कृति** स्त्री० *(सं०)* सिसकी; 'सी-सी' की ध्वनि।

**सीत्य** पु० *(सं०)* धान्य। वि० जुता हुआ खेत।

**सीथ*** पु० सिक्थ, पके हुए चावल का दाना, भात।

**सीद** *(सं०)* पु० व्याज पर रुपए देना।

**सीदना*** अ० क्रि० कष्ट पाना।

**सीद्य** पु० *(सं०)* आलस्य, सुस्ती।

**सीध** स्त्री० ऋजुता; सीधा होने का भाव।

**सीधा** वि० जो ठीक सामने की ओर एक ही दिशा में गया हो, सरल, ऋजु; खड़ा; सज्जन, भला।

**मुहा० सीधा करना** ठोंक-पीटकर ठीक करना, सीधी राह पर लाना। **सीधा जन्नत में जाना** बिना पाप-पुण्य का विचार हुए सीधे स्वर्ग जाना। **सीधा होना** ऐंठ, कुटिलता आदि दूर होना; मेहरबान होना।

**सीधी** वि०, स्त्री० सीधा।

**सीधी उँगलियों से घी नहीं निकलता** नरमी से काम नहीं चलता। **उल्टी सीधी सुनाना** खरी-खोटी कहना; खुली गालियाँ देना।

**सीध्र** पु० *(सं०)* गुदा, मलद्वार।

**सीन** पु० *(अं०)* घटना स्थल; नजारा, दृश्य।

**सीनरी** स्त्री० *(अ०)* रंगमंच की सजावट का दृश्य; प्राकृतिक दृश्य।

**सीना** स० क्रि० सिलाई करना।

**सीना** पु० *(फा०)* छाती।

**मुहा० सीने पर पत्थर रखना** दिल कड़ा करना। **सीने पर साँप लोटना** याद आने से दुःख होना; ईर्ष्या से भर जाना। **सीने में साँस समाना** शान्ति मिलना। **सीने से लगाना** प्यार करना, सम्मान करना।

**सीनियर** वि० *(अं०)* पद में बड़ा या उम्र में श्रेष्ठ।

**सीप** पु०, स्त्री० शंख, घोंघे आदि की जाति का एक जलचर प्राणी; शुक्ति।

**सीप** *(सं०)* तर्पण आदि में व्यवहृत लम्बोतरा जलपात्र।

**सीपति** पु० विष्णु, श्रीपति। *(सं०)*

**सीपिज*** पु० मोती।

**सीमन्त** पु० *(सं०)* हड्डियों का जोड़, अस्थि सन्धि; सीमन्तोन्नयन संस्कार; हद, सीमारेखा।

**सीमन्तक** *(सं०)* पु० सिन्दूर।

**सीमन्तिका** स्त्री० नारी, स्त्री।

**सीमान्त** पु० *(सं०)* हद से ज्यादा, सीमा से बाहर।

**सीमान्तर** पु० *(सं०)* गाँव की सीमा, हद।

**सीमा** स्त्री० *(सं०)* सरहद; खेत, गाँव आदि की सीमा पर का बाँध; हद; सिवान; आचार की मर्यादा।

**सीमातिक्रमण** पु० *(सं०)* सीमोल्लंघन।

**सीमावरोध** पु० *(सं०)* सीमा स्थिर करना या होना।

**सीमिक** पु० *(सं०)* दीमक; बिमौटा; चींटी।
**सीमित** वि० परिमित सीमाबद्ध।
**सीय, सीया** स्त्री० जानकी।
**सीयन** स्त्री० सींकन।
**सीर** पु० रक्त वाहिनी नलिका नस। स्त्री० हिस्सेदारी; वह जमीन जिसे भूखा भी खुद जोता हो।
**सीर** पु० *(सं०)* हल; हल में जोता जाने वाला बैल।
**सीरत** स्त्री० *(अ०)* गुण, स्वभाव; जीवन चरित्र।
**सीरा** पु० *(फ़ा०)* चीनी आदि का चाशनी या शीरा; हलुआ; सिरहाना। *वि० शीतल, ठण्ढा; शान्त, लौटा गुड़।
**सीरी(रिन्)** पु० *(सं०)* हलधर, बलराम।
**सीरीज़** स्त्री० *(अं०)* सिलसिला; श्रेणी, क्रम।
**सील** पु० *(अं०)* मुहर, ठप्पा; एक समुद्री जन्तु। **मुहा० सील मुहर होना** किसी चीज का मुहरबन्द किया जाना।
**सील*** पु० सज्जनता, शील।
**सीलिंग** स्त्री० *(अं०)* अन्दर की छत।
**सीवँ*** स्त्री० सीमा।
**सीस*** पु० माथा, सिर, शीर्ष।
**सुँघनी** स्त्री० तम्बाकू के पत्ते का बहुत बारीक चूर्ण, नास; सूँघने की चीज।
**सुँघाना** क्रि० सुँघाने की क्रिया करना।
**सुँघावन** स्त्री० सुगन्ध, महक।
**सुन्दर** वि० *(सं०)* भला, अच्छा; खूबसूरत, शोभन।
**सुन्दरता** स्त्री०, **सुन्दरत्व** पु० *(सं०)* सौन्दर्य, खूबसूरती।
**सुन्दराई*** स्त्री०, **सुन्दरापा** पु० सुन्दरता।
**सुन्दरी** स्त्री० *(सं०)* एक योगिनी; सुन्दर स्त्री; त्रिपुर सुन्दरी देवी; हल्दी। वि०, स्त्री० रूपवती।
**सुँधाई** स्त्री० सोंधापन।
**सुम्बा** पु० तोप का गज; खूँटी; पत्थर तोड़ने का एक नुकीला भारी औजार।
**सुम्बी** स्त्री० लोहे में छेद करने की छेनी।
**सु** उप० श्रेष्ठता सूचक उपसर्ग। वि० अच्छा, सर्व० वह सो।
**सुअटा*** पु० तोता, शुक।
**सुआन** पु० बेटा, पुत्र।
**सुअना*** पु० शुक, तोता। *अ० क्रि० उत्पन्न होना, जन्मना, उदय होना।
**सुअर** पु० शूकर, सूअर।
**सुअवसर** पु० मौका, अच्छा अवसर।
**सुआ** पु० सूजा, बड़ी सुई। पु० तोता, शुक।
**सुआसन** पु० बढ़िया आसन, सुन्दर आसन।
**सुआसिन, सुआसिनी*** स्त्री० सुहागिन स्त्री; पड़ोसिन, सुवासिनी।
**सुकन्दी(दिन्)** पु० *(सं०)* ओल, सूरन।
**सुक** पु० शुक, तोता।
**सुकचाना*** अ० क्रि० सकुचाना, लज्जित होना।
**सुकड़ना** अ० क्रि० ठिठुरना; शिकन पड़ना; सिमटना।
**सुकन्या** स्त्री० *(सं०)* अच्छी कन्या; महाराज शर्याति की कन्या एवं च्यवन ऋषि की पत्नी।
**सुकमार**† वि० कोमल, सुकुमार, नरम, कुमार, अविवाहित।
**सुकुमारी** *(सं०)* वि० कोमलांगी।
**सुकी** स्त्री० शुकी।
**सुकीर्ति** वि० *(सं०)* अच्छी कीर्ति वाला। स्त्री० नेकनामी, सुयश।
**सुकुल** *(सं०)* पु० उत्तमवंश। वि० जो उत्तम कुल में उत्पन्न हुआ हो।
**सुकुवार** वि० सुकुमार।
**सुकूत** पु० *(अ०)* खामोशी, मौन।
**सुकून** पु० *(अ०)* आराम; साकिन (स्वररहित) वर्ण का चिह्न; शान्ति; ठहराव, विराम।
**सुकृत** वि० *(सं०)* सुनिर्मित; पूर्ण रूप से किया हुआ; जिसके साथ दया युक्त व्यवहार किया गया हो; भाग्यवान्; शुभ, सुविहित; ठीक तरह से किया हुआ। पु० दया; सौभाग्य; दान; पुण्य, सत्कर्म।
**सुकृती** वि० पुण्यवान।
**सुकेशी** स्त्री० सुन्दर केशों वाली स्त्री।
**सुक्षम*** वि० जो प्रत्यक्ष दिखायी न दे, अति सूक्ष्म।
**सुक्षिति** स्त्री० *(सं०)* सुरक्षित स्थान, उत्तम आश्रय।
**सुखण्डी** वि० दुबला, क्षीण। स्त्री० बच्चों को होने वाला एक सूखा रोग।
**सुख** वि० *(सं०)* प्रिय; प्रसन्न; खुश; उपयुक्त। पु० आराम; चैन; तन-मन को भाने वाली अनुभूति, वह अनुभूति जो तन-मन को प्रफुल्लित कर दे।
**सुखक*** वि० सूखा हुआ, शुष्क।

**सुखकर** वि० सुखद।

**सुखदा** स्त्री० सुख देने वाली स्त्री।

**सुखदायी** वि० सुखद।

**सुखधाम** पु० स्वर्ग, सुखप्रद वि० सुखद।

**सुखमा** स्त्री० सुखमा, छवि।

**सुखना*** अ० क्रि० रसहीन होना, सूखना।

**सुखवन्त*** वि० सुखद; प्रसन्न, सुखी।

**सुखवन**† पु० अनाज को धूप में सुखाना; सूखने से अनाज या किसी भी वस्तु की तौल में होने वाली कमी।

**सुखवा*** पु० सुख।

**सुखान्त** वि० *(सं०)* मैत्रीपूर्ण; जिसका अन्त सुखद हो।

**सुखाधार** वि० *(सं०)* सुख का आधार। पु० स्वर्ग।

**सुखाना** अ० क्रि० अनुकूल होना, सूखना, सुखकर प्रतीत होना। स० क्रि० क्षीण व दुर्बल करना; गीलापन दूर करना।

**सुखानुभव** पु० *(सं०)* आनन्द का अनुभव।

**सुखित** वि० *(सं०)* *शुष्क, सूखा हुआ; सुखी, प्रसन्न। पु० सुख, आनन्द।

**सुख्यात** वि० *(सं०)* मशहूर, सुप्रसिद्ध।

**सुख्याति** स्त्री० *(सं०)* प्रसिद्धि, नामवरी।

**सुगति** स्त्री० मोक्ष।

**सुगन्ध** वि० *(सं०)* गन्धयुक्त, सुगन्धित। स्त्री० सुवास।

**सुगन्धमय** वि० *(सं०)* सुगन्धुयक्त सुवासित।

**सुगन्धि** पु० *(सं०)* कसेरू; सिंह। वि० पुण्यात्मा; खुशबूदार; सुन्दर गन्ध वाला। स्त्री० अच्छी गन्ध।

**सुगन्धित** वि० *(सं०)* सुगन्धयुक्त, खुशबूदार।

**सुगठन** स्त्री० अंगसौष्ठव; सुन्दर गठन।

**सुगठित** वि० कसा हुआ; सुन्दर शारीरिक गठन वाला, अच्छी शरीर की गढ़न वाला।

**सुगना**† पु० सहिजन; शुक, तोता।

**सुगम** वि० सरल।

**सुगमता** स्त्री० *(सं०)* आसानी; सरलता, सहजता।

**सुगम्य** वि० *(सं०)* सरलता से, सुगम, सहज में।

**सुगर** पु० *(सं०)* सिन्दूर। *वि० सुकण्ठ; चतुर।

**सुगर्भक** पु० *(सं०)* खीरा।

**सुगहन** वि० *(सं०)* अति घना, निविड़।

**सुगाना*** स०क्रि० शक करना। अ०क्रि० क्रुद्ध होना।

**सुगाना** क्रि० संकेत करना।

**सुगीति** स्त्री० सुन्दर गान।

**सुगुप्र** *(सं०)* वि० भली-भाँति छिपा अथवा रखा हुआ।

**सुगूढ़** *(सं०)* वि० भली-भाँति गुप्त।

**सुग्गा**† पु० सूआ, शुक, तोता।

**सुग्रह** पु० *(सं०)* अनुकूल ग्रह, अच्छा ग्रह। वि० बढ़िया मूठ वाला; सुलभ; बोधगम्य।

**सुघट** वि० *(सं०)* सुन्दर निर्मिति, सुडौल, सुघड़।

**सुघटित** वि० *(सं०)* सुडौल, सुयोजित, जिसका बनावट, गठन, डौल सुन्दर हो।

**सुघड़** वि० किसी कार्य में कुशल, चतुर; सुडौल।

**सुघड़ई** स्त्री० निपुड़ता।

**सुघड़ाई-सुथराई** स्त्री० सुन्दरता।

**सुघड़ी** स्त्री० अच्छी एवं शुभ घड़ी।

**सुघर** वि० सुन्दर, सुघड़।

**सुच** वि० शुचि, शुद्धता।

**सुचतुर** पु० अतिचतुर।

**सुचरित** पु० सुचरित्र।

**ससुचरित्रा** स्त्री० पतिपरायण नारी।

**सुचाना** क्रि० सोचने में प्रवृत्त करना।

**सुचार** वि० सुन्दर।

**सुचारु** वि० अति सुन्दर।

**सुचाल** स्त्री० सदाबहार, अच्छी गति। वि० अच्छे चाल-चलन का।

**सुचालक** *(सं०)* पु० सुगमता से परिचित, सुसंवाहक।

**सुचाली** वि० अच्छी चाल का, अच्छे आचरण का।

**सुचित** वि० सुन्दर चित्त वाला।

**सुचितई** स्त्री० निश्चिन्तता, बेफिक्री, मन की शक्ति।

**सुचित्त** वि० स्थिर चित्त।

**सुचिर** वि० स्थायी, पुराना, बहुत अधिक समझना।

**सुचेत** वि० सचेत, सावधान।

**सुजन** पु० *(सं०)* सज्जन; भला आदमी *स्वजन।

**सुजनता** स्त्री० *(सं०)* सज्जनता, भद्रता; उदारता।

**सुजात** वि० *(सं०)* कुलीन; अच्छा बढ़ा हुआ; सुन्दर।

**सुजातक** पु० *(सं०)* सौन्दर्य, कान्ति।

**सुजान** पु० प्रेमी; प्रभु। वि० ज्ञानी; चतुर; प्रवीण।

**सुजोग*** पु० बढ़िया मौक; सुन्दर योग; सुयोग।
**सुझाना** क्रि० बताना, सूचना देना, सुझाव देना, सलाह देना।
**सुझाव** पु० सलाह; सुझायी हुई बात, तजबीज।
**सुडौल** वि० बनावट वाला, आकर्षक शरीर वाला, सुन्दर डील-डौल, सुघड़ बनावट वाला।
**सुढंग** वि० सुघड़, सुन्दर; अच्छे स्वभाव का। पु० सुन्दर ढंग, अच्छा।
**सुढर*** वि० सुडौल; अनुकूल, प्रसन्न, अनुग्रह के भाव से युक्त।
**सुढार*** वि० सुन्दर, सुडौल।
**सुतन्त, सुतन्तर*** वि० स्वतन्त्र, आजाद।
**सुतस** पु० बताना, पुत्र, बेटा, सुता, स्त्री० पुत्री, बेटी।
**सुतार** पु० बढ़ई, शिल्पी; † अनुकूल अवसर, सुभीता।
**सुतिहार*** पु० सुतार, बढ़ई, शिल्पी, कारीगर।
**सुतून** पु० *(फ़ा०)* खम्भा, थूनी। स्त्री० इन्द्रपुरी।
**सुदिन** पु० *(सं०)* सौभाग्यकाल; शुभ दिन।
**सुदिवस** पु० *(सं०)* प्रशस्त दिन।
**सुदी** स्त्री० चान्द्र मास का शुक्ल पक्ष।
**सुदीक्षा** स्त्री० *(सं०)* लक्ष्मी।
**सुदीप्त** वि० *(सं०)* खूब चमकता हुआ, अति दीप्तिमान्।
**सुदीप्ति** स्त्री० *(सं०)* तेज रोशनी या चमक।
**सुदुर्लभ** वि० *(सं०)* बहुत नायाब; जिसे प्राप्त करना बहुत कठिन हो, अति दुर्लभ।
**सुदुष्कर** वि० *(सं०)* बहुत ही कठिन।
**सुदूर** अ० *(सं०)* बहुत दूर, अति दूर। वि० बहुत दूर का। पु० *(अ०)* निकलना; पहुँचना।
**सुदृढ़** वि० *(सं०)* बहुत कठोर, सुरक्षित; बहुत मजबूत।
**सुदेवस** पु० देवता का नाम लेकर किया जाने वाला कार्य।
**सुदेश** पु० *(सं०)* अच्छा; उपयुक्त स्थान; अच्छा एवं सुन्दर देश। *वि० सुन्दर।
**सुदेस*** वि० अच्छा, सुन्दर। पु० मातृभूमि, स्वदेश; अच्छा स्थान, सुन्दर देश।
**सुदेसी**† वि० अपने देश से सम्बन्ध रखने वाला; अपने देश का; स्वदेशी।
**सुदौसी*** अ० शीघ्रता-पूर्वक।
**सुध** स्त्री० याद; होश, चेत-खबर। *वि० शुद्ध। मुहा० **सुध दिलाना** याद दिलाना। **सुध न रहना, सुध बिसरना** होश न रहना, याद न रहना। **सुध लेना** याद करना; खोज-खबर लेना।
**सुधबुध** स्त्री० चेत, होश-हवास, चेतना।
**सुधरना** अ० क्रि० दोषहीन होना; विकाररहित होना।
**सुधा** स्त्री० *(सं०)* अमृत; रस; रक्त; दूध; जल; शहद।
**सुधाकर** *(सं०)* पु० चन्द्रमा।
**सुधाधार** पु० *(सं०)* अमृतपात्र; चन्द्रमा।
**सुधामय** *(सं०)* वि० अमृत स्वरूप।
**सुधार** वि० अच्छी धार या नोक वाला (बाण आदि)। पु० संशोधन करना, परिवर्तन करना।
**सुधारक** पु० सुधार करने वाला, संशोधक।
**सुधारना** स० क्रि० त्रुटि दूर करना, दुरुस्त करना, दोष दूर करना, संस्कार करना।
**सुधारवादी** *(सं०)* वि० सुधारवाद विषयक, सुधारवाद समर्थक।
**सुधि** स्त्री० सुध, याद।
**सुधी** पु० विद्वान।*(सं०)*
**सुधीर** वि० *(सं०)* दृढ़, धैर्यवान्।
**सुनगुन** स्त्री० उड़ती हुई खबर; कानाफूसी, हलकी एवं अस्पष्ट चर्चा; टोह (पाना, मिलना)।
**सुनत** *स्त्री० सुन्नत, मुसलमानों में किया जाने वाला एक संस्कार।
**सुनति** *स्त्री० सुन्नत, राह, रीति, दस्तूर, परम्परा, खतना, मुसलमानी।
**सुनसान** पु० सन्नाटा। वि० निर्जन; वीरान।
**सुनहरा, सुनहला** वि० सोने के रंग का।
**सुनाद** पु० *(सं०)* शंख; सुन्दर ध्वनि। वि० सुन्दर ध्वनि वाला, सुस्वर।
**सुनाम(न्)** पु० *(सं०)* नेकनामी, कीर्ति, यश।
**सुनार** पु० सोने-चाँदी के गहने गढ़ने वाला, स्वर्णकार; *(सं०)* कुतिया का दूध; साँप का अण्डा।
**सुनासा** स्त्री० *(सं०)* सुन्दर नाक; काकनासा।
**सुनाहक*** अ० नाहक।
**सुनिग्रह** वि० *(सं०)* अच्छी तरह नियन्त्रित; जिस पर आसानी से नियन्त्रण किया जा सके।
**सुनियत** वि० *(सं०)* अच्छी तरह साथ रखा हुआ;।
**सुनियम** पु० *(सं०)* सुन्दर नियम; सुव्यवस्था।

**सुनिश्चय** पु० *(सं०)* दृढ़ धारणा, पक्का निश्चय।
**सुनिश्चित** वि० *(सं०)* पक्का, भली भाँति निश्चित किया हुआ।
**सुनीति** वि० *(सं०)* सुन्दर नीतिविशिष्ट। स्त्री० ध्रुव की माता; सुन्दर नीति। पु० शिव।
**सुनेत्रा** वि० स्त्री० *(सं०)* सुन्दर नेत्रोंवाली।
**सुन्न** वि० जड़वत्, निर्जीव, संवेदन रहित। पु० शून्य, सुन्ना, शिफर।
**सुन्नसान** वि० निर्जन, सुनसान, वीरान।
**सुन्ना** पु० जीरो, शून्य, सिफर।
**सुन्नी** पु० *(अ०)* मुसलमानों का एक सम्प्रदाय।
**सुपंख** वि० *(सं०)* सुन्दर पंखों वाला।
**सुपच** पु० डोम चाण्डाल,श्वान।
**सुपट** *(सं०)* पु० सुन्दर वस्त्र।
**सुपन्थ** पु० *(सं०)* सन्मार्ग; अच्छा रास्ता, उत्तम मार्ग।
**सुपत*** वि० जिसकी अच्छी प्रतिष्ठा हो, प्रतिष्ठित।
**सुपथ** पु० *(सं०)* सन्मार्ग, सदाचार; अच्छा रास्ता। वि० सुन्दर मार्ग वाला; *चौरस।
**सुपथ्य** पु० *(सं०)* स्वास्थ्यकर आहार; अच्छा मार्ग; आम। वि० बहुत स्वास्थ्यकर; बहुत हितकर।
**सुपद** वि० सुन्दर पैरों वाला; शीघ्रगामी; ॑वाजिब। पु० अच्छा पद, शब्द।
**सुपन, सुपना*** पु० सपना, स्वप्न।
**सुपण** *(सं०)* पु० पक्षी। वि० सुपुत्र, सुन्दर पैरों वाला।
**सुपरकास** पु० ताप, शर्मी।
**सुपरण, सुपरन*** सुन्दर पत्तों वाला, सुपर्ण।
**सुपरवाइजर** पु० *(अं०)* निरीक्षण करने वाला, पर्यवेक्षक, निरीक्षक।
**सुपरस*** पु० स्पर्श।
**सुपरिंटेण्डेण्ट** पु० *(अं०)* अधीक्षक, निगरानी करनेवाला।
**सुपर्ण** पु० *(सं०)* सुन्दर पत्ता; गरुड़; किरण; मुर्गा। वि० सुन्दर पंखों वाला; सुन्दर पत्तों वाला।
**सुपात्र** वि० *(सं०)* योग्य, अधिकारी। पु० अच्छा या उपयुक्त पात्र, सुन्दर पात्र; योग्य व्यक्ति।
**सुपान** वि० *(सं०)* आराम से पान करने योग्य, जो सुख से पीया जा सके।
**सुपारी** स्त्री० मुख-शुद्धि के लिए खाया जाने वाला फल; छालिया, कसैली, डली।
**सुपास** पु० आराम, सुभीता।
**सुपासी** वि० सुखी; सुख या आराम देने वाली। सदाचारी पुरुष, भला आदमी।
**सुपुर्द** वि० हवाले करना, सिपुर्द करना।
**सपुष्प** वि० *(सं०)* सुन्दर फूलों वाला। पु० देवदार; सुन्दर फूल; लौंग; शहतूत; सिरिस; श्वेत अर्क।
**सुपेत, सुपेद॑** वि० श्वेत, सफेद, उजला।
**सुपेती*** स्त्री० सफ़ेदी।
**सुपेदी॑** स्त्री० तोशक; रजाई; सफेदी।
**सुपेली** स्त्री० छोटा सूप।
**सुपैदा॑** पु० सफ़ेदा।
**सुप्त** पु० *(सं०)* गाढ़ी नींद। वि० सुन्न; निष्क्रिय, बेकार; सुस्त; सोया हुआ, निद्रित; संकुचित।
**सुप्तता** स्त्री० *(सं०)* नींद; निश्चेष्टता (अंग की)।
**सुप्ति** स्त्री० *(सं०)* संज्ञाहीन हो जाना; लापरवाही; सपना; नींद, ऊँघ; विश्वास।
**सुप्रचेता(तस्)** वि० *(सं०)* अति बुद्धिमान्।
**सुप्रजात** वि० *(सं०)* बहुत-सी सन्तानों वाला।
**सुप्रज्ञ** वि० *(सं०)* बहुत बुद्धिमान्।
**सुप्रतिभा** स्त्री० *(सं०)* सुन्दर प्रतिभा; मदिरा।
**सुप्रतिष्ठा** स्त्री० *(सं०)* प्रसिद्धि; सुन्दर प्रतिष्ठा।
**सुप्रतिष्ठित** वि० *(सं०)* सुप्रसिद्ध; अच्छी प्रतिष्ठायुक्त; दृढ़तापूर्वक स्थित; अच्छी हालत में रहने वाला।
**सुप्रभात** वि० *(सं०)* पु० सुन्दर प्रभात, मंगलमय प्रभात; प्रातःकालीन में उच्चारण किया जाने योग्य; स्तोत्र।
**सुप्रभाव** पु० *(सं०)* बहुत बड़ी शक्ति; सर्वशक्तिमत्ता।
**सुप्रीम** वि० *(अं०)* सबसे ऊँचा, बड़ा।
**सुफल** वि० *(सं०)* सुन्दर फलों से युक्त; सफल। पु० अनार; सुन्दर फल; कैथ; बेर; मूँग; बीजपूर।
**सुबरन*** पु० सुवर्ण; अच्छा रंग; सुन्दर अक्षर।
**सुबह** स्त्री० *(अ०)* *(सुब्ह)* प्रातःकाल, भोर, सवेरा।
**मुहा० सुबह उठकर हाथ देखना** सवेरे आँख खुलते ही अपने दोनों हाथों की रेखाएँ देखना, जिससे किसी मनहूस का मुँह देखने से अनिष्ट होने का डर न रहे। **सुबह कर देना** रात गुजार देना। **सुबह का निकला शाम को आना** आवारागर्दी करना। **सुबह की पूछो, शाम की कहना**

आना-कानी करना, बदहवास होना।

**सुबुक** वि० *(फा०)* हल्का; नाजुक; तेज, चुस्त; *सुन्दर।

**मुहा० सुबुक होना** हेठी होना; हल्का होना, लज्जित होना।

**सुबुद्धि** वि० *(सं०)* अच्छी बुद्धि वाला, बुद्धिमान्। स्त्री० सद्‌बुद्धि, सुन्दर बुद्धि, अच्छी बुद्धि।

**सुबू** स्त्री० सुबह। पु० *(फ़ा०)* घड़ा; शराब का मटका।

**सुबूत** पु० *(अ०)* प्रमाण; साक्ष्य से सिद्धि।

**सुबोध** पु० *(सं०)* सुन्दर ज्ञान। वि० जो सहज में समझ में आ जाये, आसान।

**सुब्ह** स्त्री० *(अ०)* सवेरा, सुबह, भोर।

**सुब्हानी** वि० ईश्वरीय।

**सुभ** *वि० शुभ। पु० *(सं०)* शुभ ग्रह।

**सुभक्ष्य** पु० *(सं०)* बढ़िया भोजन।

**सुभग** पु० *(सं०)* सोहागा; चम्पा; अशोक; सौभाग्य। वि० सुन्दर; भाग्यवान्; प्रिय; उपयुक्त; नाजुक।

**सुभगम्मन्य** वि० *(सं०)* सुभगमानी।

**सुभगा** स्त्री० *(सं०)* पतिप्रिया, पति की प्यारी स्त्री; पंचवर्षीया कुमारी। वि० स्त्री० सुहागिन; सुन्दरी।

**सुभग्ग*** वि० सुभग।

**सुभट** पु० *(सं०)* रणकुशल योद्धा।

**सुभट्ट** पु० नामी योद्धा; रणकुशल योद्धा। *(सं०)* बहुत बड़ा पण्डित, बहुत बड़ा विद्वान।

**सुभर** वि० *(सं०)* सुपुष्ट; प्रचुर; घना; *शुभ्र।

**सुभांजन** पु० *(सं०)* सहिजन।

**सुभा** स्त्री० हड़; शोभा, छवि; अमृत; परस्त्री।

**सुभाइ** *अ० स्वभावतः। *पु० स्वभाव।

**सुभाउ*** पु० स्वभाव।

**सुभाग** *पु० *(सं०)* सौभाग्य। वि० भाग्यवान्; धनी।

**सुभागी** वि० खुशकिस्मत, भाग्यवान्।

**सुभाग्य** वि० अति भाग्यशाली। *पु० सौभाग्य।

**सुभाना*** अ० क्रि० सुहाना, शोभित होना।

**सुभाय*** पु० आदत, स्वभाव।

**सुभायक*** वि० प्राकृतिक, स्वाभाविक।

**सुभाव*** पु० स्वभाव, गुण, आदत।

**सुभावित** वि० *(सं०)* अच्छी तरह भावित किया हुआ, अच्छी तरह सिक्त।

**सुभाषण** पु० *(सं०)* मधुर भाषण, सुन्दर भाषण।

**सुभाषित** वि० *(सं०)* सुन्दर रूप से कथित; वाग्मी, सुन्दर एवं ओजपूर्ण भाषण करने वाला।

**सुभाषी(षिन्)** वि० *(सं०)* सुवक्ता, मधुर भाषी, सुन्दर भाषण करने वाला, प्रभावशाली वक्तृत्व।

**सुभिक्ष** *(सं०)* पु० प्रचुर अन्न एवं भोजन वाला समय।

**सुभीता** पु० आसानी; आराम, सुख, चैन; अनुकूल अवसर या परिस्थिति; सुयोग।

**सुभीम** वि० अति डरावना।

**सुभीरु** वि० अतिडरपोक।

**सुभुक्त** वि० भली-भाँति खाया, भोगा हुआ।

**सुभुज** वि० सबाहु सुन्दर भुजाओं वाला।

**सुभूति** स्त्री० अतिवैभव।

**सुभूषण** *(सं०)* पु० अच्छा अलंकार।

**सुभूषित** वि० *(सं०)* खूब सजाया हुआ, सँवारा हुआ।

**सुभृश** वि० *(सं०)* अत्यधिक, बहुत ज्यादा।

**सुभोग्य** वि० *(सं०)* अच्छी तरह भोगने योग्य।

**सुभोज** पु० *(सं०)* इच्छा भर या पेट भर खाना।

**सुभौटी*** स्त्री० शोभा, सुन्दरता।

**सुभ्र*** वि० शुभ्र; स्वच्छ, श्वेत।

**सुभ्रु, सुभ्रू** स्त्री० *(सं०)* सुन्दरी नारी; स्कन्द की एक मातृका। वि० सुन्दर भौं वाला।

**सुमंगल** पु० *(सं०)* शुभ या मंगलकारी वस्तु; एक विष। वि० अति शुभ, अति मंगलकारी; सदाचारी।

**सुमन्त्रित** *(सं०)* वि० भली-भाँति मन्त्रणा किया हुआ।

**सुमन्त्री** पु० कुशल मन्त्री।

**सुमन्थन** पु० मन्दराचल।

**सुमन्द** वि० *(सं०)* बहुत सुस्त।

**सुमन्दबुद्धि** वि० हतोत्साह; मन्द बुद्धि वाला।

**सुमन्दर** पु० सुमन्द्र।

**समन्द्र** पु० मधुर ध्वनि।

**सुमत** *स्त्री० सुमति, बहुत चतुर, अच्छी बुद्धि, अच्छा स्वभाव। वि० *(सं०)* सुन्दर ज्ञान से युक्त।

**सुमन** *(सं०)* वि० सुन्दर, मनोहर, फूल।

**सुमनोहर** *(सं०)* वि० अति सुन्दर।

**सुमधुर** पु० *(सं०)* मधुर वचन; जीवशाक। वि० बहुत नाजुक; अति मधुर; सुन्दर गाने वाला।

**सुमरन*** स्त्री० सुमरनी। पु० स्मरण।

**सुमरना*** स० क्रि० जपना; स्मरण करना।

**सुमरनी** स्त्री० 27 दानों की जपमाला।

**सुमार** *वि० चुना हुआ। †पु० शुमार।

**सुमार्ग** पु० *(सं०)* सुपथ, अच्छी राह।

**सुमिरन†** पु० जप, स्मरण, ध्यान।

**सुमिरना** स० क्रि० नाम जपना, ध्यान करना।

**सुमिरनी** स्त्री० छोटी जपमाला, सुमरनी।

**सुमुख** पु० *(सं०)* सुन्दर मुख; विद्वान् व्यक्ति। वि० सुन्दर मुख वाला; सुन्दर, मनोज्ञ; प्रसन्न; कृपालु।

**सुमुखी** स्त्री० *(सं०)* सुन्दरी स्त्री। वि० स्त्री० सुन्दर मुखवाली।

**सुमूर्ति** वि० *(सं०)* सुन्दर प्रतिमा।

**सुमूल** वि० *(सं०)* अच्छी व मजबूत जड़ वाला। पु० लाभदायक, अच्छा मूल; सफेद सहिजन।

**सुमृग** पु० *(सं०)* वह स्थान जहाँ शिकार वाले जानवरों की अधिकता हो।

**सुमृत, सुमृति*** स्त्री० याददाश्त, स्मृति।

**सुमृत्यु** पु० अच्छी मृत्यु।

**सुम्मी†** स्त्री० छेनी, सुनारों का एक औजार।

**सुयश(स)** पु० *(सं०)* सुकीर्ति, यशवान, सुख्यात।

**सुयोग** पु० *(सं०)* सुन्दर योग; बढ़िया मौका।

**सुयोग्य** वि० *(सं०)* अति योग्य, बहुत लायक।

**सुरंग** स्त्री० *(सं०)* सेंध; मकान या किले के नीचे खोदकर बनाया हुआ गुप्त रास्ता। पु० सुन्दर रंग; पतंग। वि० सुन्दर रंग वाला; सुन्दर; लाल रंग का; *सरस; स्वच्छ।

**सुर**[1] पु० *(सं०)* पण्डित; मुनि; देवता; सूर्य; देवमूर्ति।

**सुर**[2] पु० स्वर, आवाज।

~**ताल** पु० स्वर और ताल।

**सुरअ़त** स्त्री० *(अ०)* तेजी, फुर्ती; जल्दी।

**सुरक्षा** स्त्री० *(सं०)* उचित रक्षा, समुचित रक्षा।

**सुरक्षित** वि० *(सं०)* अच्छी तरह रक्षित।

**सुरकना** क्रि० वायु के साथ ऊपर की ओर खींचना।

**सुरख*** वि० सुर्ख लाल, घुँघची।

**सुरख़ाब** पु० चक्रवाक, चकवा, सुर्खाब, चकवी।

**सरग्र** पु० स्वर्ग।

**सुरती** स्त्री० सूखे तम्बाकू के पत्ते का चूर्ण, खैनी; तम्बाकू का सुखाया हुआ पत्ता।

**सुरथान** पु० स्वर्ग।

**सुरभि** पु० *(सं०)* सुगन्धित पदार्थ, द्रव्य; सोना। स्त्री० सुवास; पृथ्वी; गाय;। वि० प्रिय, मनोरम; सुगन्धित।

**सुरभी** स्त्री० *(सं०)* सुगन्ध, खुशबू; गाय।

**सुरभूप** पु० इन्द्र, विष्णु।

**सुरमई** पु० सुरमे के रंग से मिलता-जुलता रंग; इस रंग का कबूतर। वि० सुरमे के रंग का, सफेदी लिये हल्का काला या हल्का नीला।

**सुरमण्य** वि० *(सं०)* अत्यन्त सुन्दर।

**सुरमा** पु० *(फ़ा०)* आँखों में लगाया जाने वाला एक खनिज पदार्थ का चूर्ण; अंजन।

**सुरमै*** वि०, पु० सुरमे के रंग का, सुरमई।

**सुरम्य** वि० *(सं०)* अति रमणीय, मनोहर।

**सुरम्यता** स्त्री० सुन्दरता, रमणीयता।

**सुरवस†** पु० सरकण्डा या पतला बाँस।

**सुरवा†** पु० शोरबा, तरकारी का रस।

**सुरवाणी** स्त्री० संस्कृत, देवभाषा।

**सुरवाल** पु० सेहरा, सलवार; पायजामा।

**सुरहना*** अ० क्रि० चोट का सूख जाना, घाव आदि का भर आना।

**सुरांगना** स्त्री० *(सं०)* अप्सरा; देवबाला, देवपत्नी।

**सुरा** स्त्री० *(सं०) (वाइन)* मदिरा; पानपात्र; सोम।

**सुराई*** स्त्री० शूरता, बहादुरी।

**सुराख** पु० सुराग, खोज; सूराख, छिद्र।

**सुराग** पु० सुराग; *(सं०)* प्रगाढ़ प्रेम; अच्छा रंग।

**सुराग़** पु० *(अ०)* पद-चिह्न; खोज; निशान।

**सुरागार** पु० *(सं०)* शराबखाना; देवालय।

**सुराग़ी** पु० खोजी; जासूस; मुखबिर।

**सुराज** पु० अच्छा राज्य; स्वराज्य।

**सुराजिका** स्त्री० *(सं०)* छिपकली।

**सुराजी** पु० स्वराज्य चाहने वाला, स्वतन्त्रता के आन्दोलन में भाग लेने वाला।

**सुराज्य** पु० *(सं०)* सुन्दर राज्य; †स्वराज्य।

**सुरार्थी†** स्त्री० अनाज की बालें पीटने का डण्डा।

**सुराधिप, सुराधीश** *(सं०)* पु० इन्द्र।

**सुरानीक** पु० देवसेना।

**सुरापान** पु० मदिरा पान।

**सुरापगा** पु० गंगा, देवनदी।

**सुराय*** पु० अच्छा, श्रेष्ठ राजा।

**सुरालय** पु० *(सं०)* स्वर्ग; देवालय; मदिरालय।
**सुरासव** पु० *(सं०)* एक तरह का तीक्ष्ण आसव।
**सुरासार** पु० मदिरा-सार।
**सुरास्पद** पु० *(सं०)* देवालय।
**सुरासुर** *(सं०)* पु० देव एवं दैत्य।
**सुराही** स्त्री० *(अ०)* मिट्टी, शीशे आदि धातु का बना लम्बी गरदन और तंग मुँह का पात्र जिसमें शराब रखते हैं, इसी प्रकार का बना मिट्टी का पात्र जिसमें जल की शीतलता बनी रहती है।
**सुरुख*** वि० सुर्ख़, लाल; प्रसन्न।
**सुरुचि** स्त्री० *(सं०)* सुन्दर, संस्कृत रुचि; सुन्दर प्रकाश; सुदीप्ति। वि० सुन्दर रुचि वाला।
**सुरुज** *पु० सूर्य। वि० *(सं०)* बहुत बीमार।
**सुरुवां*** शोरबा, तरकारी, माँस आदि का रसा।
**सुरूप** पु० *(सं०)* पलास पीपल; *स्वरूप। वि० सुन्दर, अच्छी शक्ल वाला; विद्वान्।
**सुरूर** पु० *(अ०)* हल्का, सुखद नशा, खुमार; आनन्द।
**मुहा० सुरूर जमना** आँखों में नशे की सुर्खी आना, हल्का नशा होना।
**सुरेन्द्र** पु० देवेन्द्र।
**सुरैत** स्त्री० उप पत्नी, रखैल।
**सुरोचि** वि० सुन्दर।
**सुरौकस** पु० स्वर्ग।
**सुर्ख़** स्त्री० *(फ़ा०)* गंजीफे का एक खेल; घुँघची। वि० लाल। पु० लाल रंग, रक्त वर्ण।
**मुहा० सुर्ख़ होना** लाल होना।
**सुर्ख़ी** स्त्री० ईंटों का चूरा जो ईंटों की जुड़ाई और फर्श बनाने के काम आता है; लाल रंग; अखबारों का शीर्षक।
**मुहा० सुर्ख़ी कायम करना** शीर्षक लगाना।
**सुलग*** अ० निकट, पास।
**सुलगना** अ० क्रि० (लकड़ी, उपले आदि का) आग पकड़ना, जलने लगना।
**सुलगाना** स० क्रि० झगड़ा उकसाना; भड़काना।
**सुलझना** अ० क्रि० मसले का हल होना, उलझन।
**सुलझाना** स० क्रि० गुत्थी खोलना, हल करना,
**सुलझाव** पु० सुलझने का भाव; निबटारा।
**सुलतान** पु० *(अ०)* बादशाह।
**सुलताना** स्त्री० *(अ०)* मलिका; सुलतान की पत्नी।
**सुलप*** वि० स्वल्प।
**सुलफ** वि० नाजुक; लचीला।
**सुललित** वि० *(सं०)* क्रीड़ाशील; बहुत प्रसन्न; सुन्दर।
**सुलह** स्त्री० *(अ०)* लड़ाई या झगड़े के बाद किया जाने वाला समझौता, मेल; परस्पर अनुकूलता।
**सुलाह*** स्त्री० समझौता, सुलह।
**सुलूक** पु० *(अ०)* मेल; मुहब्बत (सुलूक से रहना)।
**सुलेख** पु० *(सं०)* सुन्दर लेख।
**सुलेखक** वि० सुन्दर लिखने वाला, अच्छा लेखक, निबन्धकार।
**सुलोक** पु० स्वर्ण।
**सुलोचनी** वि० स्त्री० सुन्दर नेत्रों वाला, सुलोचना।
**सुलोम** वि० *(सं०)* मनोहर बालों वाला।
**सुलोमश** वि० *(सं०)* मनोहर बालों वाला, सुलोम।
**सुलोल** वि० *(सं०)* बहुत इच्छुक।
**सुलोहिता** वि० *(सं०)* लाल रंग युक्त।
**सुवंस** पु० सुन्दर कुल, सुवंश, उच्च वंश।
**सुव*** पु० पुत्र।
**सुवर्ण** पु० सोना, कंचन।
**सुवर्णकार** पु० स्वर्णकार, सुनार।
**सुवसन** पु० उत्तम वस्त्र।
**सुवाक्य** पु० *(सं०)* सुन्दर वाक्य। वि० मधुरभाषी, वाग्मी, मीठा बोलने वाला।
**सुवाच्य** वि० *(सं०)* आसानी से पढ़े जाने योग्य।
**सुवास** पु० सुगन्ध, समूह।
**सुवासित** वि० *(सं०)* सुगन्धित, महकदार, सुवासयुक्त।
**सुवासिन*** स्त्री० महकदार, सुवासित।
**सुवासिनी** स्त्री० *(सं०)* सुहागिन; मायके या पिता के घर में रहने वाली युवती।
**सुवासी(सिन्)** वि० *(सं०)* बहुत अच्छे मकान में रहने वाला, आराम से रहने वाला।
**सुविक्रम** वि० अतिसाहसी, सुविचक्षण, वि० अतिबुद्धिमान।
**सुविचार** पु० *(सं०)* सुन्दर न्याय; सुन्दर या सूक्ष्म विचार।
**सुविचारित** वि० *(सं०)* भली भाँति सोचा-विचारा हुआ, अच्छी तरह विचार-विमर्श हुआ।
**सुविज्ञ** वि० *(सं०)* ज्ञानवान, अच्छा जानकार।
**सुवित** वि० *(सं०)* उन्नतिशील; आसान, सुगम। पु० अभ्युदय, उत्थान; सन्मार्ग; कल्याण।

**सुवित्त** वि० *(सं०)* बहुत धनवान। पु० समृद्धि।
**सुविद** पु० *(सं०)* अन्तःपुर का कर्मचारी या रक्षक, सौविद; राजा; विद्वान या चतुर व्यक्ति।
**सुविदा** स्त्री० चतुर, गुणवती स्त्री।
**सुविदित** वि० *(सं०)* अच्छी तरह विदित, ज्ञात।
**सुविधा** स्त्री० आराम, चैन, सुभीता, साधन।
**सुविधामय** वि० *(सं०)* सुविधापूर्ण।
**सुविनय** वि० *(सं०)* अनुशासित; सुशिक्षित।
**सुविनीत** वि० *(सं०)* अच्छी तरह सिखाया, सधाया हुआ (घोड़ा आदि); अत्यन्त नम्र, अति विनीत।
**सुविस्मय** वि० *(सं०)* बहुत अचम्भित; आश्चर्य युक्त।
**सुविस्मित** वि० *(सं०)* बहुत चकित, आश्चर्यजनक।
**सुविहित** वि० *(सं०)* सुव्यस्थित; सम्पन्न; अच्छी तरह रखा हुआ; अच्छी तरह किया हुआ।
**सुवृत्ति** स्त्री० *(सं०)* संयम; सुन्दर आचरण, सदाचार।
**सुवृद्ध** वि० *(सं०)* अति प्राचीन; बहुत बूढ़ा।
**सुवेग** वि० *(सं०)* तेज गति या चाल वाला।
**सुवेश, सुवेष** पु० *(सं०)* बढ़िया पोशाक। वि० अच्छे व सुन्दर वस्त्र पहने हुए; सुन्दर वेशयुक्त; सजीला।
**सुवेषित** वि० सुन्दर, सुवेश, सजीला।
**सुवेस*** पु० सुन्दर वेश। वि० सुवेश।
**सुवेसल** वि० मनोहर, सुन्दर।
**सुवैया** वि० सोने वाला।
**सुवो** पु० शुक, तोता।
**सुव्यवस्था** स्त्री० *(सं०)* सुप्रबन्ध, सुयोजना, अच्छी और सुन्दर व्यवस्था।
**सुव्यवस्थित** वि० *(सं०)* सुन्दर व्यवस्थायुक्त।
**सुव्याहृत** वि० भली-भाँति कहा गया।
**सुशक्ति** वि० *(सं०)* सुशक्त, सक्षम।
**सुशब्द** वि० *(सं०)* सुस्वर; मधुर स्वरयुक्त।
**सुशरीर** वि० *(सं०)* सुन्दर शरीर वाला।
**सुशाक** पु० *(सं०)* चेंच; भिण्डी; अदरक; चौलाई।
**सुशाकक** पु० *(सं०)* ताजा अदरक।
**सुशासन** पु० *(सं०)* सुन्दर शासन, उत्तम राज-प्रबन्ध।
**सुशासित** वि० *(सं०)* भली-भाँति शासित; सुनियन्त्रित, जो नियन्त्रित हो।
**सुशिक्षित** वि० *(सं०)* जिसने अच्छी शिक्षा पायी हो, सुशिक्षा प्राप्त।
**सुशील** पु० *(सं०)* अच्छा स्वभाव। वि० सच्चरित्र; सीधा; विनीत; सत्स्वभाव, सुन्दर शील वाला।
**सुशीलता** स्त्री० *(सं०)* सच्चरित्रता; विनम्रता।
**सुशोभित** वि० *(सं०)* जो बहुत सजता-फबता हो, अति शोभायुक्त।
**सुशोमन** *(सं०)* वि० अतिसोभायमान्, दिव्य।
**सुश्रीक** वि० *(सं०)* श्री-युक्त, सुन्दर, मनोहर।
**सुश्रुत** वि० *(सं०)* प्रसन्नतापूर्वक सुना हुआ; वेदज्ञ, प्रसिद्ध।
**सुषुप्ति** स्त्री० *(सं०)* आनन्दमय कोष; गहरी नींद।
**सुषुप्सा** स्त्री० *(सं०)* सोने की इच्छा।
**सुष्ट** वि० नेक, भला।
**सुष्ठुता** स्त्री० *(सं०)* सुन्दरता; कल्याण, अभ्युदय।
**सुष** पु० सुख।
**सुसंगति** स्त्री० *(सं०)* अच्छी सोहबत; अच्छा मेल।
**सुसंगम** पु० *(सं०)* अच्छी सभा; अच्छा सभास्थल।
**सुसंस्कृत** वि० *(सं०)* सुन्दर संस्कार युक्त; घी-तेल द्वारा भली-भाँति पकाया हुआ, ससुर, ससुर पु० ससुर।
**सुसताना** अ० क्रि० थकान दूर करना, सुस्ताना।
**सुसत्त्व** वि० *(सं०)* बहादुर; दृढ़।
**सुसा** स्त्री० स्वसा, बहन।
**सुसाध्य** वि० जिसका साधन सहज में किया जा सके।
**सुसाना** क्रि० सिसकना, बच्चे को टट्टी पेशाब कराना।
**सुसिक्त** वि० *(सं०)* अच्छी तरह सींचा हुआ।
**सुसिद्ध** वि० *(सं०)* जिसे अच्छी सिद्धि प्राप्त हो; अच्छी तरह पका या पकाया हुआ।
**सुसुपि*** स्त्री० सुषुप्ति; सत्त्वप्रधान अज्ञान।
**सुसूक्ष्म** पु० *(सं०)* परमाणु। वि० नाजुक; अति सूक्ष्म; बुद्धि की तीक्ष्णता, कुशाग्र बुद्धि।
**सुस्त** वि० *(फ़ा०)* मन्दबुद्धि; उदास; आलसी; कमजोर।
**सुस्ताई*** स्त्री० सुस्ती; शिथिलता।
**सुस्ताना** अ० क्रि० थकावट दूर करना।
**सुस्ती** स्त्री० आलस्य; कमजोरी; ढिलाई।
**सुस्थ** वि० *(सं०)* सुखी; उन्नतिशील; स्वस्थ।
**सुस्थित** *(सं०)* वि० अविकल, स्वस्थि।
**सुस्थिति** *(सं०)* स्त्री० स्त्री आनन्द, मजबूत स्थिति।
**सुस्थिर** वि० *(सं०)* शान्त; खूब दृढ़, अधिक स्थिर।

**सुस्पर्श** वि० *(सं०)* मुलायम, कोमल।
**सुस्फीत** वि० *(सं०)* बहुत उन्नतिशील।
**सुस्मित** वि० *(सं०)* सुन्दर, हँसमुख।
**सुस्मिता** स्त्री० *(सं०)* हँसमुख स्त्री।
**सुस्वाप** पु० *(सं०)* प्रगाढ़ निद्रा।
**सुहंग*** वि० सुहँगा, कम मूल्य का, सस्ता।
**सुहंगम*** वि० सरल, आसान, सुगम।
**सुहटा*** वि० सुन्दर, मनोहर, सुहावना।
**सुहनी*** स्त्री० सोहनी।
**सुहबत** स्त्री० *(अ०)* साथ उठना-बैठना; जलसा, गोष्ठी; सोहबत, संग, साथ; दोस्ती, मित्रता।
**सुहबती** वि० मैत्रीभाव रखने वाला।
**सुहवि(स्)** वि० *(सं०)* सुन्दर हवि देने वाला, उत्तम होम आहुति देने वाला, धार्मिक।
**सुहसानन** वि० *(सं०)* हँसमुख।
**सुहाग** पु० प्यार, मुहब्बत; शादी-ब्याह में गाया जाने वाला मांगलिक गीत; सौभाग्य।
**मुहा० सुहाग उजड़ना** विधवा होना। **सुहाग उतरना** विधवा होना; पति के मरने पर पत्नी के शरीर से सुहाग का संकेत करने वाली चीजों (चूड़ियाँ, सिन्दूर आदि) का उतारा जाना। **सुहाग मनाना** सौभाग्य की कामना करना।
**सुहागन, सुहागिन** स्त्री० सौभाग्यवती, सधवा।
**सुहागिनि, सुहागिनी, सुहागिल*** स्त्री० सुहागिन।
**सुहागी** पु० भाग्यवान् पुरुष।
**सुहाना** वि० भला लगने वाला, सुन्दर, सुहावना। अ० क्रि० पसन्द आना; सुन्दर लगना।
**सुहाया*** वि० सुहावना।
**सुहाव** वि० सुन्दर, पु० अच्छे हाव-भाव।
**सुहावन*** वि० सुन्दर, भला लगने वाला।
**सुहावना** वि० भला लगने वाला; सुन्दर।
**सुहासिनी** वि० स्त्री० *(सं०)* सुन्दर हँसी हँसनेवाली।
**सुहृदय** वि० *(सं०)* सुन्दर हृदय वाला; स्नेही।
**सुहेलरा*** वि० सुहावना, सुहेला, सुखद।
**सुहेला** पु० मंगलगीत; *प्रियजन। वि० सुहावना।
**सूँघना** स० क्रि० नाक से गन्ध ग्रहण करना।
**सूँड़ि†** स्त्री० हाथी की स्तम्भनुमा नाक, सूँड।
**सूंड़ी** स्त्री० फसलों में लगने वाला एक कीड़ा।
**सूआ** पु० बड़ी सूई जिससे बोरे आदि सीते हैं, सूजा।
**सूक** पु० *(सं०)* वायु; बाण; कमल; *शुक्र।
**सूकना*** अ० क्रि० सूखना।
**सूका** पु० चवन्नी।
**सूक्त** पु० *(सं०)* वेद का मन्त्र या स्तोत्र; सुन्दर कथन। वि० सुन्दर रीति से कथित; (वाक्य)।
**सूक्ति** स्त्री० *(सं०)* चमत्कारपूर्ण वाक्य, पद्य; सुन्दर उक्ति सुवचन।
**सूक्ष्म** पु० *(सं०)* अणु; सूक्ष्मता; परमात्मा। वि० बहुत छोटा; अणुरूप; कठिनाई से समझ में आने योग्य।
**सूख*** वि० सूखा हुआ, शुष्क।
**सूखना** अ० क्रि० रसहीन होना; क्षीण होना, भयभीत होना; डरना; जलहीन होना; शुष्क होना।
**मुहा० सूखकर काँटा हो जाना** बहुत दुबला हो जाना।
**सूखा** पु० अवर्षण, अकाल। वि० रूखा; खुश्क, सूखा हुआ, रसहीन; स्नेहरहित; निस्तेज, उदास।
**मुहा० सूखा पड़ना** पानी न बरसना, अकाल पड़ना। **सूखा लगना** सूखा रोग होना, दुबला हो जाना। **सूखा घाट उतरना** वंचित रहना। **सूखे टुकड़ों पर कौए उड़ाना** छोटी-सी तनख्वाह पर जलील करना। **सूखे धानों पर पानी पड़ना** नैराश्य की दवा में मनोकामना पूरी होना।
**सूघर*** वि० कोमल, सुघड़, मुलायम।
**सूच** पु० *(सं०)* कुश का अँखुवा, दर्भांकुर।
**सूचक** *(सं०)* वि० सूचना देने वाला, गुप्तचर, ज्ञापक।
**सूचना** अ० क्रि० व्यक्त करना, प्रकट करना। स्त्री० *(सं०)* अभिनय; गन्धन; इत्तिला; संकेत; हिंसा।
**सूचनापत्र** पु० विज्ञप्ति, विज्ञापन।
**सूचि** वि० पवित्र।
**सूचिक** पु० दरजी।
**सूचिका** स्त्री० सूई।
**सूचित** वि० *(सं०)* कहा हुआ; इशारे से बताया हुआ; बताया हुआ, जताया हुआ; ज्ञापित।
**सूची** स्त्री० *(सं०)* अनुक्रमणिका, तालिका, क्रमबद्ध लेखा, संख्या आदि जाँचने की एक रीति।
**सूची(चिन्)** पु० *(सं०)* भेदिया। वि० जताने वाला; सूराख करने वाला; भेद लेने वाला।

**सूच्छम*** वि० सूक्ष्म।

**सूजन** स्त्री० शोथ, वरम, किसी अंग में सूजन होना; सूजने का भाव या स्थिति।

**सूजना** अ० कि० शोथ होना।

**सूजा** पु० बोरे सिलने की बड़ी सूई , सुआ, मोटी सुई। मोची की जूते सीने की सुई।

**सूजाक** पु० *(फ़ा०)* एक रोग जिसमें पेशाब में जलन और शिश्न में पीड़ा होती है।

**सूजी** पु० सूचिक, दर्जी। स्त्री० *सूई; गेहूँ का रवादार आटा जो हलवा आदि बनाने के काम आता है।

**सूझ** स्त्री० कोई नयी या दूर की बात सोचना; निगाह; सूझने का भाव; उपज, कल्पना।

**सूझबूझ** स्त्री० सोचने-समझने की शक्ति, बुद्धि, समझदारी।

**सूझना** अ० क्रि० ध्यान में आना; दिखायी देना।

**सूत** *वि० अच्छा, भला। पु० एक नाप, रुई, रेशम आदि का कच्चा धागा, बारीक तार, सारथि, बढ़ई, सूत्र।

**सूतक** पु० *(सं०)* पारा; अशौच; जन्म का अशौच; जन्म, जनना शौच; बाधा।

**सूता** स्त्री० *(सं०)* प्रसूता, जच्चा। पु० †अफीम काछने की सीपी; एक तरह का रेशम; सूत।

**सूतिका** स्त्री० *(सं०)* वह स्त्री जिसने तुरन्त या हाल में ही बच्चा जना हो; नवप्रसवा, जच्चा।

**सूत्र** पु० *(सं०)* नियम; योजना; तागा; तन्तु; जनेऊ। किसी सूचना या समाचार के मिलने का स्थान।

**सूद** पु० *(सं०)* दोष, पाप; व्यंजन; वध; रसोइया; झरना; मटर की दाल; पंक।

**सूद** पु० *(फ़ा०)* भलाई; ब्याज; लाभ, नफा।

**सूदक** वि० *(सं०)* नष्ट करने वाला, मारने वाला।

**सूदना*** स० क्रि० हनन करना, नष्ट करना।

**सूध*** स्त्री० सीध। अ० सीध में। वि० जो वक्र न हो; जो उलटा न हो; भोला-भाला; सीधा

**सूधना*** अ० क्रि० सत्य होना; सफल होना।

**सूना** पु० एकान्त स्थान। वि० खाली, जनहीन।

**सूप** पु० *(सं०)* पकी हुई दाल; मसाला; रसा, जूस।

**सूप** पु० छाज, अनाज पछोरने का बाँस के छिलके, सींक आदि का बना पात्र, शूर्प, फटकने का पात्र।

**सूपक** पु० रसोइया।

**सूपा**† पु० सूप, छाज।

**सूफ़िया** पु० *(अ०)* मुसलमान साधुओं का एक सम्प्रदाय।

**सूफ़ियाना** वि० सूफियों जैसा, सादा।

**सूफ़ी** पु० संसार की आसक्ति से मुक्त होकर ईश्वर प्राप्ति की साधना करने वाला; सूफिया सम्प्रदाय का अनुयायी। वि० *(फ़ा०)* ऊनी कपड़े पहनने वाला; सन्त; पवित्र।

**सूम** पु० *(सं०)* जल; दूध; आकाश।

**सूम, सूमड़ा** वि० कंजूस, कृपण, बहुत कंजूस।

**सूर*** वि० वीर, शौर्यवान, शूर, बहादुर।

**सूर** पु० *(सं०)* आचार्य; विद्वान् व्यक्ति; आक; सूर्य।

**सूरज** पु० सूरदास; सूर्य।

**मुहा० सूरज को चिराग़ या दीपक दिखाना** अति गुणवान् या बुद्धिमान् को कुछ बताना-सिखाना; **सूरज पर थूकना/धूल फेंकना** नितान्त निर्दोष जन पर लाँछन लगाकर खुद लांछित होना।

**सूरत** *(अ०)* रूप, शक्ल; हालत, स्थिति; भेस; उपाय, वस्तु का बाह्य रूप, ऊपरी हालत।

**मुहा० सूरत दिखाना** सामने आना। **सूरत नजर आना** उपाय सूझना। **सूरत पर झाड़ू फेरना** अतिशय घृणा के कारण शक्ल न देखना, नाम न लेना। **सूरत बनाना** चेहरे से कोई भाव प्रकट करना। **सूरत बिगड़ना** अवस्था बिगड़ना; शक्ल बुरी हो जाना। **सूरत बिगाड़ना** चेहरे से दोष या अप्रसन्नता प्रकट करना; शक्ल खराब कर देना।

**सूरमा** पु० बहादुर, योद्धा, शूरवीर।

**सूरमापन** पु० बहादुरी।

**सूर्य** पु० रवि, ग्रह, भास्कर।

**सूर्यकान्त** पु० सूर्यमणि।

**सूर्यपत्नी** स्त्री० छाया।

**सूर्यश्मि** पु० सूर्यकिरण।

**सूर्यबल्लभा** स्त्री० कमलिनी।

**सूर्यवार** पु० विवाह।

**सूर्यास्त** पु० *(सं०)* सूरज के डूबने का समय; सन्ध्या काल, सूरज का डूबना।

**सूर्योदय** पु० *(सं०)* सूरज के उगने का समय, प्रातःकाल, सवेरा; सूरज का उगना।

**सूर्योपासक** पु० *(सं०)* सूर्य की उपासना करनेवाला।

**सूर्योपासना** स्त्री० *(सं०)* सूर्य की आराधना।

**सूल*** पु० वाण, शूल, माला; माला का फुलरा।

**सूलना*** स० क्रि० दुःख देना; भाले से छेदना। अ० क्रि० चुभना, व्यथित होना; दुखना।

**सूली** स्त्री० लोहे का नुकीला छड़। *पु० फाँसी।

**सृंखला*** स्त्री० कड़ी, शृंखला, जंजीर।

**सृंग*** पु० शृंग बाजा; सींग; शृंग, चोटी, कंगूरा।

**सृंगी*** पु० शृंगी।

**सृगाल** पु० *(सं०)* बुरे स्वभाव का या कटुभाषी मनुष्य; कायर आदमी; गीदड़; दुष्ट, धूर्त।

**सृगालिनी, सृगाली** स्त्री० लोमड़ी।

**सृजक*** पु० स्रष्टा, रचने वाला।

**सृजन*** पु० सर्जन, रचना।

**सृजना*** स० क्रि० उत्पन्न करना; रचना।

**सृष्ट** वि० *(सं०)* सज्जित, विभूषित; फेंका हुआ; सम्पन्न; निर्मित; युक्त; त्यक्त; निश्चित।

**सृष्टि** स्त्री० *(सं०)* निर्माण रचना, निर्मिति वस्तु, उत्पत्ति, पैदाइश; जगत्, संसार; संसार की उत्पत्ति।

**सृष्टि विज्ञान** पु० सृष्टि रचना शास्त्र।

**सेण्ट** पु० *(अं०)* महक, गन्ध, खुशबू; सुगन्धिपूर्ण द्रव्य। *स्त्री० दूध की धार।

**सेण्टर** पु० *(अं०)* केन्द्रबिन्दु या स्थान।

**सेण्ट्रल** वि० *(अं०)* मुख्य, केन्द्रीय, बीचोबीच।

**सेकण्डरी** वि० *(अं०)* गौण; माध्यमिक।

**सेकड़ा**† पु० चाबुक, पैना।

**सेक्शन** पु० *(अं०)* धारा, विभाग।

**सेख*** पु० शेषनाग; समाप्ति; बचा हुआ अंश।

**सेखी**† स्त्री० शेखी; नाज दिखाना, डींग।

**सेज** स्त्री० सुन्दर और कोमल बिस्तरा, बिस्तरा।

**सेजरिया*** स्त्री० सेज, बिस्तर।

**सेझना*** अ० क्रि० पृथक् होना, अलग होना; छिटकना।

**सेठ** पु० व्यापारी; सुनार; महाजन; धनी आदमी।

**सेठन**† झाड़ू, बुहारी।

**सेतवा**† पु० अफीम काछने की करछी।

**सेतु** पु० *(सं०)* बाँध; मेंड़; पुल; रोक। *वि० श्वेत।

**सेनाध्यक्ष** पु० *(सं०)* सेना का प्रधान मुख्य अधिकारी।

**सेनानी** पु० *(सं०)* सेनापति, सिपहसालार।

**सेफ्टी बेल्ट** पु० *(अं०)* बचाव पेटी, सुरक्षा-पेटिका।

**सेभ्य** वि० *(सं०)* ठण्ढा, शीतल। पु० शीतलता।

**सेला** पु० पक्का या उबाला हुआ चावल।

**सेल्स टैक्स** पु० *(अं०)* बिक्रीकर।

**सेल्समैन** पु० *(अं०)* विक्रेता।

**सेल्हना**† अ० क्रि० मर जाना, चल बसना।

**सेव** पु० बेसन निर्मित खाने के सेब,सेब फल।

**सेवा** स्त्री० उपासना, पूजा, टहल।

**सेवायत-सेवाधारी** पु० सेवक, पुजारी।

**सेवार-सेवाल** स्त्री० शेवाल घास, काई।

**सेवि*** वि० *(सं०)* पूजित; आराध्य, पूज्य।

**सेविक** पु० भृत्य, उपासक।

**सेविका** स्त्री० *(सं०)* परिचारिका, दासी; सेंवई।

**सेविकाई** स्त्री० सेवा।

**सेवित** पु० *(सं०)*सेवि। वि० प्रयुक्त; आश्रित; युक्त, सम्पन्न; जिसकी सेवा की गयी हो; आराध्य।

**सेशन** पु० *(अं०)* कुछ समय तक निरन्तर चालू रहनेवाली बैठक; स्कूल, कॉलेज की लगातार पढ़ाई का सत्र, दौरा; अदालत, संसद, न्यायालय आदि संस्थाओं की निश्चित अवधि या सत्र। **मुहा० सेशन सिपुर्द करना** अभियुक्त, अभियोगों को सेशन जज के पास भेजना। **सेशन सिपुर्द होना** अभियोग का विचार के लिए सत्र न्यायाधीश जज के पास भेजा जाना।

**सेशन कोर्ट** पु० हत्या आदि गम्भीर अभियोगों पर विचार करनेवाली अदालत; सत्र न्यायालय।

**सेशन जज** पु० सत्र, दौरा जज।

**सेसर** पु० जालसाजी, धोखे बाजी।

**सेहरा** पु० कब्र के ताखे पर रखी जानेवाली फूल की माला; फूलों की लड़ियाँ जो दूल्हे और दुलहिन के सिर पर बाँधी जाती हैं।

**सेहुआँ** पु० श्वेत चकत्ते वाला चर्मरोग।

**सेहुँड़** पु० सेंहुड़, थूहर, स्नुही।

**सैम्पुल** पु० *(अं०)* बिकने वाली चीज का नमूना।

**सै** *स्त्री० वृद्धि; ताकत, शक्ति; सार। वि०, पु० सौ।

**सैकड़ा** पु० सौ, एक सौ।

**सैकड़े** अ० फीसदी, प्रतिशत, सौ पीछे।

**सैडल** पु० *(अं०)* काठी, जीन।

**सैद** *पु० शिकार; सैयद; *(अ०)* शिकार का जानवर।

**सैन** स्त्री० संकेत, इशारा; निशान, परिचायक चिह्न; *सेना। *पु० बाज पक्षी; शयन।

**सैना** स्त्री० सेना।
**सैनिटरी** वि० *(अं०)* सार्वजनिक स्वास्थ्य के रक्षण और अभिवृद्धि से सम्बन्ध रखने वाला।
**सैन्य** पु० *(सं०)* शिविर; प्रहरी, सन्तरी; सेना; सैनिक, सिपाही। वि० सेना-सम्बन्धी, सेना का।
**सैफी*** वि० टेढ़ा, तिरछा।
**सैयद** पु० *(अ०)* फातमा से उत्पन्न अली का वंश; इमाम; नेता, सरदार।
**सैर** स्त्री० *(अ०)* भ्रमण; घूमना, टहलना; दृश्य।
**सैली** स्त्री० छोटा सेला, टोकरी, पर्वत, शिखर।
**सैलून** पु० *(अं०)* नाई की दुकान।
**सैसव*** पु० शैशव, बाल्य-काल, बचपना।
**सैहची** स्त्री० बरछी, शक्ति।
**सैहा†** पु० पानी आदि ढालने का मिट्टी का पात्र।
**सैही†** स्त्री० छोटा सैहा।
**सों*** वि० तुल्य, सदृश। स्त्री० सौंह, शपथ। अ० साथ, सहित, संग; सम्मुख, सामने।
**सोंच†** पु० सोच।
**सो** *(सं०)* अव्य० इसलिए।
**सोक** पु० शोक।
**सोखता** पु० स्याही सोख।
**सोखन** पु० कालापन लिये हुए सफेद रंग का बैल।
**सोखना** स० क्रि० कोई तरल पदार्थ या किसी पदार्थ का रस ग्रहण या जज्ब कर लेना।
**सोख़्त** स्त्री० *(फ़ा०)* दाह, जलन।
**सोख़्ता** पु० *(हि०)* स्याही सोखने वाला मोटा खुरदरा कागज वि० *(फ़ा०)* दग्ध; आशिक; विषादयुक्त।
**सोखाई** स्त्री० *(सं०)* सोखने की क्रिया, भाव।
**सोज़िश** स्त्री० *(फ़ा०)* जलन; सूजन; व्यथा।
**सोझ*** वि० सीधा, जो टेढ़ा न हो। अ० सीधे।
**सोटा** पु० डण्डा।
**सोढर*** वि० बेवकूफ, भोंदू, बुद्ध।
**सोढव्य** वि० सहने योग्य।
**सोणित** पु० रुधिर।
**सोत, सोता** पु० झरना; मूल स्थान; झरने, नदी, नाले आदि का उद्गम स्थान।
**सोदर** पु० सहोदर।
**सोधन*** पु० सुधारने का काम; खोज करने का काम।
**सोधना*** स० क्रि० शोधन करना; गलती दुरुस्त करना; गन्दगी दूर करना, सफाई करना।
**सोना** पु० बढ़िया और बहुमूल्य वस्तु; स्वर्ण। **मुहा० सोना कसना** सोना जाँचना, परखना। **सोना लेकर मिट्टी तक न देना** बेईमानी करना। **सोने का घर मिट्टी हो जाना** बनी गृहस्थी बिगड़ जाना। **सोने की चिड़िया** अमीर आदमी। **सोने के बराबर तौलना** कम कीमत की चीज भी अधिक कीमत की चीज की भाँति तौलना। **सोने के महल उठाना** बहुत धनवान् होना। **सोने के मोल** बहुमूल्य। **सोने में घुन लगना** असम्भव बात का होना। **सोने में सुहागा** किसी वस्तु अथवा व्यक्ति का उच्चतर होना, बेहतर होना
**सोनार** पु० स्वर्णकार।
**सोपत*** पु० सुविधा, सुभीता।
**सोपान** पु० *(सं०)* सीढ़ी, मोक्ष प्राप्ति का उपाय।
**सोभना*** अ० क्रि० सुन्दर लगना, शोभायुक्त होना।
**सोभनीक*** वि० शोभायुक्त, सुन्दर।
**सोभर** पु० सौरी, सूतिगृह।
**सोभा** स्त्री० शोभा।
**सोम** *(सं०)* पु० आकाश, स्वर्ग, अमृत, सोमवार, चन्द्रमा।
**सोमकान्त** पु० चन्द्रकान्त मणि।
**सोमल** पु० सीखियाँ विष का एक भेद।
**सोमक्षय** पु० अमावस्या।
**सोमवार** पु० चन्द्रवार।
**सोम** *(सं०)* वही।
**सोर** पु० *(सं०)* वक्र गति; *ख्याति; कोलाहल, शोरगुल; *सौरी †स्त्री० मूल, जड़।
**सोल** पु० *(सं०)* कसैला; ठण्डक; *(अं०)* जूते का तल्ला। वि० कसैला; ठण्ढा, शीतल।
**सोवरी*** स्त्री० सौरी।
**सोशल** वि० *(अं०)* सामाजिक; मिलनसार।
**सोशलिज्म** पु० *(अं०)* समाजवाद।
**सोषना*** स० क्रि० सोखना।
**सोहन** वि० शोभन, सुन्दर, मोहक, सुहावना।
**सोहनी** स्त्री० निराने की क्रिया, निराई; झाड़ू, कूँची।
**सोहबत** स्त्री० *(अ०)* संगति, मण्डली; संग, साथ।
**सोहरत*** स्त्री० प्रसिद्धि, शोहरत, यश।
**सोहाग*** पु० सुहागा; सौभाग्य, सुहाग; अहिबात।

**सोहाना*** अ० क्रि० अच्छा लगना, सुशोभित होना; मनोनुकूल होना। वि० सुहावना।
**सोहाया*** वि० सुशोभित, मनोहर, सुन्दर।
**सोहारद*** पु० सौहार्द।
**सोहावना*** वि० सुन्दर। अ० क्रि० शोभित होना; भला मालूम होना, अच्छा लगना।
**सोहिनी** स्त्री० *(सं०)* सुन्दर सोभायमान।
**सोहला, सोहिला*** पु० उत्सव, खुशी; सोहला, मांगलिक गीत।
**सौंकारा, सौंकेरा†** पु० सबेरा, तड़का।
**सौंकेरे†** अ० तड़के; समय से कुछ पहले।
**सौंचना†** अ० क्रि० मलत्याग करना।
**सौंपना** स० क्रि० अधिकार में देना; सहेजना।
**सौंसे*** वि० बहुत बड़ा; समग्र, समस्त, कुल।
**सौंही** अ० सामने, समक्ष, सम्मुख।
**सौ** पु० सौ की संख्या, 100। वि० बहुत; नब्बे और दस।
**मुहा० सौ की एक बात** बहुत ही उचित बात। **सौ के सवाये करना** पचीस प्रतिशत लाभ करना। **सौ के सवाये होना** पचीस प्रतिशत लाभ होना। **सौ जतन करना** बहुत कोशिश करना। **सौ में एक** बहुत कम। **सौ में कहना** बिना हिचकिचाहट के खुले तौर से किसी बात को कहना। **सौ सौ कोस(दूर) भागना** निकट न आना, बहुत दूर भागना। **सौ सौ कोस नज़र न आना** बहुत दूर तक दिखायी न देना, कहीं पता न लगना। **सौ सौ घड़े पानी पड़ना** बहुत लज्जित होना। **सौ सौ नाम धरना** किसी में अनेक त्रुटियाँ निकालना। **सौ हाथ का कलेजा हो जाना** प्रसन्नता के कारण अत्यन्त उत्साहित होना। **सौ हाथ की ज़बान होना** चटोर होना, स्वाद लोलुप होना।
**सौक** *स्त्री० सौत, सपत्नी। †पु० शौक।
**सौकीन†** वि० शौक़ीन।
**सौख** पु० *(सं०)* सूख का भाव; *शौक।
**सौखीन†** वि० शौक़ीन।
**सौगन्ध** पु० *(सं०)* सुगन्धि, खुशबू। स्त्री० शपथ।
**सौत** स्त्री० सपत्नी, पति की दूसरी पत्नी।
**सौतन, सौतिन*** स्त्री० सौत, पति की दूसरी पत्नी।
**सौतेला** वि० सौत से पैदा; सौत से उत्पन्न।
**सौदेबाजी** स्त्री० *(अ०, फ़ा०)* मोल-भाव करना।
**सौपना*** स० क्रि० सौंपना, समर्पण करना।
**सौभागिनी** स्त्री० सधवा स्त्री, सौभाग्यवती स्त्री।
**सौभाग्य** पु० *(सं०)* आनन्द, सुख; शुभकामना; सुहाग, अहिवात; खुशकिस्मती, अच्छा भाग्य।
**सौभाग्यवती** स्त्री० *(सं०)* सधवा, सुहागिन।
**सौभाग्यवान्(वत्)** वि० *(सं०)* भाग्यशाली।
**सौम्य** पु० *(सं०)* आराधक, आराधना करने वाला; शुभ ग्रह; उपासक; पूजक। वि० शीतल व सुन्दर; मृदुल, कोमल; शान्त; कान्तिमान्; प्रसन्न।
**सौम्यता** स्त्री०, **सौम्यत्व** पु० *(सं०)* स्निग्धता; मार्दव; सौन्दर्य; शीतलता, शान्ति; उदारता।
**सौरी** स्त्री० जच्चाघर; सूतिका गृह, महीन छेद जिसमें से पानी रिसता हो।
**सौस्वर्य** पु० *(सं०)* सुस्वरता, सुरीलापन।
**सौहँ*** अ० समक्ष, सम्मुख, सामने। स्त्री० कसम।
**सौहर†** पु० शौहर, पति, जच्चा, पैदा होने के समय के गीत।
**सौहार्द** पु० *(सं०)* हृदय की सरलता; सद्भाव; मैत्री।
**सौहृद** पु० *(सं०)* मित्र। वि० मित्र का; मित्र-सम्बन्धी।
**सौहृदय** पु० *(सं०)* प्रगाढ़ मैत्री।
**स्कन्द** पु० *(सं०)* कार्त्तिकेय; पण्डित; चतुर व्यक्ति।
**स्कन्दफला** स्त्री० खजूर।
**स्कॉलर** पु० *(अं०)* विद्यार्थी; विद्वान्, पण्डित।
**स्कीम** पु०, स्त्री० *(अं०)* कल्पना; योजना।
**स्केच** पु० *(अं०)* रूपरेखा।
**स्केल** पु० *(अं०)* पटरी, पैमाना, वेतनमान।
**स्कोर** पु० (सं०) खिलाड़ियों द्वारा किये गये गोलों की संख्या या रनों की संख्या।
**स्खलन** पु० *(सं०)* चूना, रिसना, क्षरण, स्राव; पतन।
**स्खलित** पु० *(सं०)* क्षरण; विफलता; हानि, क्षति। वि० क्षरित, टपका हुआ; विफल; बाधित।
**स्टाइल** स्त्री० *(अं०)* पद्धति; शैली।
**स्टॉक** पु० *(अं०)* गोदाम; बिक्री के लिए मौजूद माल।
**स्टॉप** पु० *(अं०)* ठहराव, रोकने की क्रिया।
**स्टाफ़** पु० *(अं०)* फौजी अफसरों का समूह।
**स्टार्च** पु० *(अं०)* कलफ, माड़ी, श्वेतसार।
**स्टिच** पु० *(अं०)* टाँका।

**स्टिचिंग** स्त्री० *(अं०)* सिलाई।
**स्टीम** पु० *(अं०)* भाप, वाष्प।
**मुहा० स्टीम भरना** उत्साहित करना, जोश देना।
**स्टील** पु० *(अं०)* फौलाद इस्पात।
**स्टूडेण्ट** पु० *(अं०)* छात्र, विद्यार्थी।
**स्टेज** पु० *(अं०)* रंगमंच, मंच।
**स्टेडियम** पु० *(अं०)* अखाड़ा, मैदान।
**स्तब्ध** वि० *(सं०)* स्थिर; संज्ञाहीन; घमण्डी; सुस्त, मौन, भौचक्का, स्तम्भित।
**स्तोत्र** पु० *(सं०)* स्तुति; श्लोकबद्ध स्तुतिपरक ग्रन्थ।
**स्त्री** *(सं०)* स्त्री० नारी, पत्नी।
**स्त्रीगुरू** पु० दीक्षा देने वाली नारी।
**स्त्रीघातक** वि० नारी नाशक।
**स्त्रीचोर** पु० नारी चोर।
**स्त्रीधन** पु० नारी धन दहेज।
**स्त्रीधर्म** पु० रजस्वला होना।
**स्त्रीलिङ्ग** *(सं०)* स्त्री० स्त्री वाचक शब्द।
**स्त्रीव्रत** पु० पत्नीव्रत।
**स्त्रैण** *(सं०)* वि० स्त्री विषयक।
**स्थ** *(सं०)* प्रत्य० उपस्थित स्थित।
**स्थगित** वि० *(सं०)* रोका हुआ, अवरुद्ध।
**स्थल** पु० *(सं०)* भूभाग; ढूह; किनारा, कछार; दृढ़ और सूखी भूमि; स्थान; धरती; मैदान; मरुस्थल।
**स्थविर** पु० *(सं०)* वृद्ध व्यक्ति; वृद्ध भिक्षु। वि० अचल, दृढ़, स्थिर; प्राचीन; आदरणीय; वृद्ध।
**स्थाता(तृ)** वि० *(सं०)* दृढ़, अचल; स्थित रहनेवाला।
**स्थान** पु० *(सं०)* पद, ओहदा; रहने की जगह; टिकाव; स्थिर होना; जगह; वेदी।
**स्थानान्तर** पु० *(सं०)* भिन्न, दूसरा स्थान।
**स्थानान्तरित** वि० *(सं०)* एक स्थान से दूसरे स्थान पर किया हुआ; जिसका तबादला हो गया हो।
**स्थानीय** वि० *(सं०)* स्थानविशेष के लिए उपयुक्त; स्थानविशेष से सम्बन्ध रखने वाला। पु० आठ सौ गाँवों के बीच स्थित दुर्ग; कस्बा; नगर।
**स्थापन** पु० *(सं०)* जमाना; स्थित करना, खड़ा करना; स्थापित करना (संस्था आदि)।
**स्थापना** स्त्री० *(सं०)* रंगमंच की व्यवस्था, निर्देशन; जमाना, रखना, स्थापित करना; एकत्र करना।
**स्थापित** वि० *(सं०)* जमाया हुआ; प्रतिष्ठित किया हुआ; सुरक्षित; निश्चित किया हुआ; दृढ़, स्थिर।
**स्थायी(यिन्)** वि० *(सं०)* विश्वस्त; ठहरने, टिकनेवाला, बना रहनेवाला; किसी स्थान में रहने वाला।
**स्थाल** पु० थाल।
**स्थाली** स्त्री० काली।
**स्थावर** पु० *(सं०)* अचल सम्पत्ति या वस्तु; स्थायित्व। वि० वानस्पतिक; गतिहीन; निष्क्रिय; स्थायी।
**स्थित** पु० *(सं०)* ठहरना, रहना; चुपचाप खड़ा रहना। वि० टिका हुआ; खड़ा; स्वीकृत; किसी स्थान पर नियुक्त किया हुआ; जमाया हुआ।
**स्थितप्रज्ञ** पु० आत्म सन्तोषी। *(सं०)*
**स्थिति** स्त्री० *(सं०)* दशा, हालत; आदेश; प्रथा; सामंजस्य; ठहरना; अवस्था; प्रकृति; जड़ता।
**स्थिर** पु० *(सं०)* शनि ग्रह; पर्वत; शिव; साँड; दृढ़ता। वि० विश्वस्त; गति हीन; दृढ़; स्थायी; अचल।
**स्थिरता** स्त्री०, **स्थिरत्व** पु० *(सं०)* कठोरता; अचलता; स्थायित्व; धीरता, शान्ति; दृढ़ता।
**स्थिरा** स्त्री० पृथ्वी।
**स्थिरायु** पु० चिर जीवी।
**स्थूणा, स्थूण** पु० *(सं०)* स्तम्भ, खम्भा।
**स्थूर** पु० *(सं०)* साँड़; मनुष्य।
**स्थूल** वि० *(सं०)* सुस्त; मूर्ख। पु० गोचर पदार्थ।
**स्थूलता** स्त्री० *(सं०)* मूर्खता; बड़ा होने का भाव।
**स्थैर्य** पु० *(सं०)* कठोरता; शान्ति; स्थिरता; धैर्य।
**स्नात** वि० नहाया हुआ।
**स्नातक** पु० *(सं०)* विश्वविद्यालय से उपाधि प्राप्त व्यक्ति; किसी विश्वविद्यालय की शिक्षा समाप्त कर उपाधि प्राप्त करने वाला व्यक्ति।
**स्नान** पु० शरीर को जल से साफ करना नाहना।
**स्नायु** पु० *(सं०)* शरीर में रक्त वहन करनेवाली अंग। स्त्री० नाड़ी, रग; पेशी।
**स्निग्ध** पु० *(सं०)* प्रकाश, कान्ति; मित्र; घनता। वि० घना; प्रिय; चिकना; आर्द्र; दयालु; मृदुल; स्थिर।
**स्नुत** वि० *(सं०)* रिसा हुआ, क्षरित।
**स्नुषा** स्त्री० *(सं०)* पुत्रवधू; थूहड़।
**स्नेह** पु० *(सं०)* प्रेम; दयालुता; कोमलता; आर्द्रता।
**स्नेहाकुल** वि० *(सं०)* प्रेम से विह्वल।
**स्नेहित** पु० *(सं०)* मित्र; प्रिय व्यक्ति। वि० प्रेमी; तेल लगाया हुआ; प्यार किया हुआ; दयालु।

**स्नेही(हिन्)** पु० *(सं०)* तेल मलने वाला; मित्र; चित्रकार। वि० प्रेमयुक्त; तैलयुक्त।
**स्पन्द** पु० *(सं०)* कम्पन गति; प्रस्फुरण, फड़कना।
**स्पन्दन** पु० *(सं०)* गर्भकाल में जीव का स्फुरण; एक वृक्ष; हिलना; कम्पन; फड़कना, विस्फुरण।
**स्पन्दित** पु० *(सं०)* फड़कन, स्पन्दन; कम्पन। वि० गतिशील किया हुआ; काँपता हुआ, कम्पायमान।
**स्पर्द्धा, स्पर्धा** स्त्री० *(सं०)* हौसला, अभिलाषा; बराबरी; चुनौती; प्रतियोगिता, होड़; ईर्ष्या।
**स्पर्द्धी(र्द्धिन्), स्पर्धी(र्धिन्)** वि० *(सं०)* ईर्ष्यालु; घमण्डी; होड़, प्रतियोगिता करने वाला।
**स्पर्श** पु० *(सं०)* त्वचा; छूने से होने वाला ज्ञान; प्रभाव; रोग; सम्पर्क, छूना, संघर्ष; सम्पर्क ज्ञान।
**स्पष्ट** वि० *(सं०)* प्रत्यक्ष; सरल, सीधा; वास्तविक, सत्य; विकसित; सही; साफ-साफ देखने वाला।
**स्पष्टीकरण** पु० *(सं०)* किसी बात को सुबोध करके समझाना, स्पष्ट करना।
**स्पष्टीकृत** वि० *(सं०)* स्पष्ट किया हुआ।
**स्पीड** स्त्री० *(अं०)* गति, चाल।
**स्पृही(हिन्)** वि० *(सं०)* ईर्ष्या करने वाला; इच्छुक।
**स्पृहणीय** वि० वांछनीय।
**स्पेयर** वि० *(अं०)* फालतू, अतिरिक्त।
**स्फटिक** *(सं०)* पु० बिल्लौर, सूर्यकान्त मणि।
**स्फटिका** स्त्री० फिटकिरी।
**स्फार** वि० विपुल, विकट।
**स्फाल** *(सं०)* पु० स्फूर्ति।
**स्फीत** वि० *(सं०)* फूला हुआ; बहुत अधिक; समृद्ध; प्रसन्न; शुद्ध; घना; बढ़ा हुआ; मोटा; सफल।
**स्फीति** स्त्री० *(सं०)* समृद्धि; वृद्धि; प्राचुर्य।
**स्फुटित** वि० *(सं०)* परिहसित; नष्ट किया हुआ; खिला हुआ; फटा हुआ; स्पष्ट किया हुआ।
**स्फुरना*** अ० क्रि० व्यक्त होना; प्रकाशित होना, स्पष्ट होना; भड़कना; हिलना।
**स्फूर्ति** स्त्री० *(सं०)* विकसित होना; घमण्ड; तेजी, फुर्ती; मन में प्रकट होना; उछलना, उत्तेजना।
**स्मर्तव्य** *(सं०)* वि० स्मरणीय।
**स्मरण** पु० *(सं०)* याद, स्मृति; याददाश्त, स्मृतिशक्ति।
**स्मरणीय** वि० *(सं०)* स्मरण करने योग्य।
**स्मरना*** स० क्रि० याद करना।
**स्मारक** वि० याद दिलाने वाला।
**स्मित** वि० *(सं०)* हँसता हुआ, प्रफुल्ल, खिला हुआ; मुसकाता हुआ। पु० मन्द हास, मुस्कान।
**स्मितविभ्रम** पु० स्मरण शक्तिह्रास।
**स्मृत** पु० *(सं०)* स्मरण, याद। वि० स्मरण किया हुआ।
**स्मृति** स्त्री० *(सं०)* इच्छा; चिन्तन; स्मरण, याद।
**स्यामता** स्त्री० श्यामता, कालापन।
**स्यामा*** स्त्री० कोयला, श्यामा।
**स्यार** पु० गीदड़, सियार।
**स्यारी** स्त्री० गीदड़ी।
**स्याल*** पु० स्यार; (सं०) साला, श्याल।
**स्याली** स्त्री० साली।
**स्याही** पु० *(फ़ा०)* कालिख; दोष; अँधेरा; रोशनाई। **मुहा० स्याही लगाना** मुँह काला करना, बदनाम करना।
**स्रंग*** पु० चोटी, शृंग, सींग।
**स्रज** स्त्री० माता।
**स्रजन*** पु० सर्जन, सृष्टि।
**स्रद्धा*** स्त्री० श्रद्धा, आदर।
**सृष्टा** पु० सृष्टि करने वाला।
**स्रवन, स्रवण** पु० *(सं०)* बहना; प्रस्वेद; *कान; मूत्र।
**स्रवन*** पु० श्रवण, सुनना।
**स्राव** पु० *(सं०)* बहाव; गर्भपात; रिसना; निर्यास।
**स्लिप** स्त्री० *(अं०)* कागज का टुकड़ा, परचा।
**स्लीपर** पु० *(अं०)* रेल के यात्रियों के शयन हेतु आरक्षित डिब्बा; एड़ी की ओर खुली हुई जूती।
**स्व** वि० *(सं०)* स्वाभाविक; अपना; आत्मीय, अपना। पु० आत्मा; कुटुम्बी, आत्मीय जन, सम्बन्धी।
**स्वक** वि० निजी।
**स्वकर्म** पु० अपना कार्य।
**स्वकर्मा** वि० स्वार्थी।
**स्वक्ष** वि० *(सं०)* सुन्दर नेत्रों वाला; *स्वच्छ, निर्मल।
**स्वच्छ** वि० *(सं०)* पवित्र; सुन्दर; सफेद; निश्छल।
**स्वच्छता** स्त्री०, **स्वच्छत्व** पु० *(सं०)* विशुद्धता; निर्मलता।
**स्वच्छना*** स० क्रि० साफ करना।
**स्वछन्द** वि० स्वतन्त्र।
**स्वज** पु० पुत्र।
**स्वजन** पु० सम्बन्धी।

**स्वदेश** पु० मातृभूमि।

**स्वतः(तस्)** अ० *(सं०)* अपने आप, अपने से।

**स्वत्व** पु० *(सं०)* स्वामित्व; स्वतन्त्रता; अपनापन।

**स्वयमेव** अ० *(सं०)* स्वयं ही, अपने आप।

**स्वयम्** अ० *(सं०)* अकेले; खुद, अपने आप; स्वतः।

**स्वर** पु० *(सं०)* *(साउण्ड)* कण्ठध्वनि; आवाज; वह वर्ण जिसका उच्चारण किसी अन्य वर्ण की सहायता के बिना हो सके; *स्वर; आकाश; खर्राटा।

**स्वराष्ट्र** वि० *(सं०)* अपने देश या राज का।

**स्वरित** वि० *(सं०)* स्वरयुक्त; ध्वनित; उच्चरित।

**स्वरूप** वि० *(सं०)* सुन्दर, मनोहर; अपनी विशेषता से युक्त। पु० अपनी आकृति स्वभाव; प्रकार।

**स्वर्** पु० *(सं०)*चमक, कान्ति, दीप्ति; आकाश; स्वर्ग।

**स्वर्णाकर** पु० *(सं०)* सोने की खान।

**स्वर्णाक्षर** पु० *(सं०)* सोने के या सुनहरा अक्षर।

**स्वर्णिम** वि० *(सं०)* सोने का; सुनहला।

**स्वाँग** पु० *(सं०)* रूप; हँसी-मजाक या धोखा देने के उद्देश्य से बनाया गया हुआ दूसरे का रूप; करतब।

**स्वाँगी** वि० रूप बनाने वाला। पु० अनेक रूप धारण करने वाला व्यक्ति, स्वाँग करने वाला, ढोंगी।

**स्वाद** पु० *(सं०)* रसेंद्रिय से प्राप्त अनुभव; *जायका; कुछ खाने-पीने से जीभ को होने वाला रसानुभव। **मुहा० स्वाद चखाना** मज़ा चखाना।

**स्वादिष्ट** वि० *(सं०)* बहुत ही जायकेदार।

**स्वाधीन** वि० *(सं०)*जो अपने ही अधीन हो, स्वतन्त्र। **मुहा० स्वाधीन करना** स्वतन्त्र करना; हवाले करना, सौंपना।

**स्वाधीनता** स्त्री० *(सं०)* *(इण्डिपेण्डेंस)* स्वतन्त्रता।

**स्वामी(मिन्)** पु० *(सं०)* घर का मुखिया; प्रभु, मालिक; पति, शौहर; गुरु। वि० जिसे स्वत्व प्राप्त हो।

**स्वारथ*** पु० अपना काम, अपना फायदा, स्वार्थ। वि० कृतार्थ, सार्थक, सफल, सिद्ध।

**स्वारथी*** वि० अपना लाभ देखने वाला, स्वार्थी।

**स्वार्थ** वि० *(सं०)* जिसका कोई निजी उद्देश्य हो; अपना मतलब देखने वाला; सफल। पु० अपना धन; अपना मतलब, प्रयोजन; अपना लाभ।

**स्वार्थान्ध** वि० *(सं०)* दूसरे की हानि और लाभ का खयाल न करे, जो स्वार्थ चिन्ता या स्वार्थ-साधन की पूर्ति हेतु अन्धा हो गया हो, जो केवल अपना मतलब देखे।

**स्वार्थाभिप्रयात** पु० *(सं०)* स्वार्थसिद्धि के उद्देश्य से साथ लिया हुआ आदमी।

**स्वार्थिक** वि० *(सं०)* अपने धन से किया हुआ; जिसका अपना कोई प्रयोजन हो; वाच्यार्थयुक्त।

**स्वार्थी(र्थिन्)** वि० *(सं०)* खुदगर्ज, स्वार्थ की सिद्धि चाहने वाला, जो अपना ही मतलब देखे, जो अपना ही स्वार्थ पूरा करना चाहे।

**स्वाल्प** पु० *(सं०)* अल्पता, कमी; छोटापन। वि० बहुत छोटा; बहुत थोड़ा, बहुत कम।

**स्वावलम्बन** पु० *(सं०)* अपना ही भरोसा करना, दूसरे की सहायता न लेना।

**स्वावलम्बी(बिन्)** वि० *(सं०)* दूसरे से सहायता न लेने वाला, अपने ही बल पर काम करने वाला।

**स्वास*** पु०, **स्वासा*** पु०, स्त्री० प्राण वायु, साँस।

**स्वास्थ्य** पु० *(सं०)* चित्त का शान्त होना, निरुद्विग्न होना, सन्तोष; आरोग्य, स्वस्थता *(हेल्थ)*।

**स्वाहा** अ० *(सं०)* हविर्दान के समय उच्चारण किया जाने वाला एक शब्द। स्त्री० अग्नि की पत्नी। **मुहा० स्वाहा करना** फूँक डालना, नष्ट कर देना। **स्वाहा होना** नष्ट होना, बर्बाद होना।

**स्वाहार** पु० *(सं०)* अच्छा खाद्य पदार्थ। वि० जो आसानी से प्राप्त हो जाये।

**स्विदित** वि० *(सं०)* पिघला हुआ; जिसे पसीना निकल रहा हो।

**स्विन्न** वि० *(सं०)* सीझा हुआ, उबला हुआ; पसीने से तर; सिक्त।

**स्विष्ट** *(सं०)* सुसम्मानित, सुपूजित; प्रिय।

**स्वीकरण** पु० *(सं०)* मानना; वचन देना; ग्रहण करना, अपनाना, स्वीकार करना; पत्नी-रूप में ग्रहण करना।

**स्वीकर्ता(र्तृ)** वि० *(सं०)* स्वीकार करने वाला।

**स्वीकार** पु० *(सं०)* वचन, इकरार; अंगीकार; ग्रहण; अपना कर लेना; कबूल करना, मानना।

**स्वीकारना*** स० क्रि० कबूल करना; स्वीकार करना; ग्रहण करना; अंगीकार करना।

**स्वीकृत** वि० *(सं०)* *(रिकग्नाइज्ड)* मान्यता प्राप्त;

स्वीकार किया हुआ; मंजूर; अपनाया हुआ।

**स्वीकृति** स्त्री० *(सं०)* अपनाना, मान लेना, अपने अधिकार में लेना; मंजूरी, स्वीकार।

**स्वे*** वि० अपना, स्व, निजी।

**स्वेच्छा** स्त्री० *(सं०)* मर्जी, अपनी इच्छा।

**स्वेच्छाचार** पु० *(सं०)* निरंकुश आचरण, आचरण, जो मन में आये वह करना।

**स्वेच्छाचारी(रिन्)** वि० *(सं०)* नियम-कानून का बन्धन न मानने वाला (शासक); निरंकुश।

**स्वेच्छानुसार** अ० *(सं०)* अपनी इच्छा के अनुसार।

**स्वेत*** वि० स्वच्छ, श्वेत, उजला।

**स्वेद** पु० *(सं०)* पसीना; गर्मी।

**स्वै** वि० आना, निजी।

**स्वैर** वि० यथेच्छ।

**स्वैरता** स्त्री० स्वच्छन्दता।

**स्वैरी** स्त्री० स्वतन्त्र।

## ह

**ह** देवनागरी वर्णमाला का तैंतीसवाँ और ऊष्मवर्ग का अन्तिम व्यंजन वर्ण। इसका उच्चारण स्थान कण्ठ है।

**ह** *(सं०)* पु० आकाश, सुभ, मंगल, अव्य० क्रोध का शब्द।

**हंक*** स्त्री० पुकार, हाँक; बढ़ावा; ललकार।

**हँकड़ना** अ० क्रि० अकड़ना; गला फाड़कर चिल्लाना।

**हँकनी**† स्त्री० बैलों को हाँकने का डण्डा, पैना।

**हँकरना*** स० क्रि० बुलवाना, बुला भेजना। अ० क्रि० हँकड़ना; गला फाड़कर चिल्लाना।

**हँकवाना** क्रि० बैलों को चलवाना, आगे बढ़वाना, हाँक लगवाना।

**हँकवैया** पु० हाँकने वाला, चालक, गाड़ी, बैल, घोड़े ताँगे आदि का।

**हँकराना*** स० क्रि० बुलवाना; पुकारना।

**हंका*** स्त्री० ललकार; पुकार, हाँक।

**मुहा० हंका देना, हंका मारना** ललकारना; पुकारना।

**हँकाना** स० क्रि० हँकवाना; हाँकना।

**हंकार** स्त्री० हुंकार; *अहंकार, घमण्ड।

**हंकारी*** वि० घमण्डी, अहंकारी।

**हंगामा** पु० *(फ़ा०)* हल्ला-गुल्ला, मारपीट, हलचल।

**हंजिका** स्त्री० *(सं०)* भार्गी; परिचारिका, दासी।

**हण्टर** पु० एक तरह का चाबुक, कोड़ा।

**मुहा० हण्टर जमाना, हण्टर लगाना** हण्टर मारना।

**हन्ता(तृ)** पु० *(सं०)* डाकू; मार डालने वाला।

**हन्त** पु० *(सं०)* बैल; मृत्यु; हनन।

**हन्त्री** वि० स्त्री० *(सं०)* वध करनेवाली।

**हँथोरी*** स्त्री० हथेली।

**हम्बा, हम्भा** स्त्री० *(सं०)* गाय-बैल आदि का रभाँना।

**हँसना** अ० क्रि० खुशी मनाना; प्रसन्न होना; मुँह खोलकर वेगपूर्वक हर्षध्वनि निकालना। *स० क्रि० उपहास करना।

**मुहा० हँसकर बात उड़ाना** किसी बात को महत्त्वहीन समझकर उस पर ध्यान न देना। **हँसते-हँसते पेट में बल पड़ जाना** अधिक हँसने के कारण पेट में एक प्रकार की ऐंठन होने लगना। **हँसते-हँसते लोट जाना** बहुत हँसते हुए लोटपोट होने लगना। **हँसना-बोलना** प्रसन्नतापूर्वक वार्तालाप करना; मजाक करना। **हँस-बोलकर बसर करना** प्रसन्नतापूर्वक जीवन-निर्वाह करना।

**हँसनि, हँसनी** स्त्री० हँसी।

**हँसमुख** वि० विनोदी; प्रसन्न, हँसते चेहरे वाला।

**हँसाई** स्त्री० ठट्ठा, हँसी; उपहास; निन्दा, बदनामी।

**हँसाय*** स्त्री० हँसी, हँसाई।

**हंस** पु० पक्षी, आत्मा, सूर्य, ब्रह्म, सरस्वती की सवारी।

**हंसगति** स्त्री० हंस की जैसी सुन्दर चाल।

**हंसनादिनी** स्त्री० मधुर भाषिणी।

**हंसारूढ** पु० *(सं०)* ब्रह्मा। वि० हंस पर सवार।

**हंसारूढा** स्त्री० *(सं०)* सरस्वती।

**हँसिया** पु० लोहे का एक धनुषाकार औजार जिससे तरकारी, फसल आदि काटते हैं।

**हँसी** स्त्री० उपहास; खेल, आसान काम; बदनामी; हास, हँसने की क्रिया; मजाक, दिल्लगी।

**मुहा० हँसी उड़ाना** किसी की खिल्ली उड़ाना। **हँसी जब्त कर लेना** हँसी रोक लेना। **हँसी मानना** मामूली या आसान काम या बात

समझना। **हँसी में उड़ा देना/में उड़ाना** किसी काम को दिल्लगी में टाल देना। **हँसी में टालना** किसी बुरी बात को गम्भीरतापूर्वक ग्रहण न करना। **हँसी में ले जाना** किसी बात को मजाक बना लेना। **हँसी में ले लेना** किसी बात को गम्भीरतापूर्वक ग्रहण न करना।

**हँसेल** स्त्री० नाव को खींचने की रस्सी।

**हँसोड़, हँसोर*** वि० विनोदी, दिल्लगीबाज, विनोदप्रिय, हँसने वाला।

**हँसोहाँ, हँसौहाँ** वि० जो स्वभाव से ही हँसने वाला हो; मजाक भरा, परिहासपूर्ण; हास्ययुक्त।

**हई*** स्त्री० आश्चर्य, अचम्भा। पु० घुड़सवार, अश्वारोही।

**हउम** पु० *(सं०)* घमण्ड; अहंकार।

**हक†** पु० हक़; आश्चर्य, शोक आदि के अवसरों पर हृदय के सहसा धड़क उठने की क्रिया।

**हक़, हक्क़** वि० *(अ०)* न्याय; प्राप्य; दुरुस्त, सही। पु० अधिकार; सत्य, सच्चाई; खुदा; फर्ज, कर्तव्य; बदला, मुआवजा (नमक का हक़)।

**हकबकाना** अ० क्रि० भौंचक रह जाना, हड़बड़ाना।

**हकलाना** अ० क्रि० वाग्यन्त्र या जिह्वा के दोष के कारण रुक-रुककर बोलना।

**हकलाहा†** वि० हकला; हकला कर बोलने वाला।

**हकार** *(सं०)* पु० 'ह' वर्ण।

**हक़ारत** स्त्री० *(अ०)* हल्कापन, तुच्छता।

**मुहा० हक़ारत की नज़र या निगाह से देखना** हेय मानना, तुच्छ समझना।

**हकारना** क्रि० पसल तानना, झण्डा उठाना।

**हक़ीक़त** स्त्री० *(अ०)* असलीयत, यथार्थता; हालत; शब्द का असली अर्थ सच्चाई, सच बात; हाल।

**हक़ीक़तन्** अ० *(अ०)* हक़ीक़त में, सत्यतः।

**हकीम** पु० *(अ०)* यूनानी चिकित्साशास्त्र का पण्डित, तवीब; बुद्धिमान्; ज्ञानी।

**हक़ीर** वि० *(अ०)* छोटा; तुच्छ।

**हक्का बक्का** वि० किसी अप्रत्याशित घटना के कारण घबराया हुआ, चकित, स्तम्भित।

**हक्कार** पु० *(सं०)* आह्वान, पुकार।

**हक्काहक्क** पु० *(सं०)* चुनौती, ललकार।

**हगना** क्रि० मल त्याग करना।

**हचक** स्त्री० झटका, झोंका, धक्का।

**हचकना** स० क्रि० झोंका देना, हिलाना-डुलाना; जोर से मारना। अ० क्रि० झोंके से इधर- उधर होना; ऊपर-नीचे या आगे-पीछे हिलना-डोलना।

**हचका** पु० हचक।

**हचकाना** स० क्रि० झोंके से हिलाना-डुलाना।

**हचकोला** पु० हचका, हचक।

**हचना*** अ० क्रि० हाँ-नहीं करना, हिचकना; हिचक होना, किसी काम के करने में असमंजस होना।

**हज़, हज़्ज़** पु० *(अ०)* सुख उठाना, आनन्द लेना।

**हज़म** पु० *(अ०)* गबन, घोटाला, चोरी; तहलील, पचा लेना।

**मुहा० हज़म कर जाना/करना** माल गबन कर लेना; पचाना। **हज़म होना** गबन या घोटाले का प्रकट न होना; पचना।

**हजम** पु० *(अ०)* आकार; मोटाई।

**हजाम** पु० हज्जाम, नाई।

**हजामत** स्त्री० *(अ०)* दुर्दशा; सफाई; सिर मूँड़ना।

**मुहा० हजामत बनना** ठगा या लूटा जाना; सिर मूँड़ा जाना। **हजामत बनाना** सिर मूँड़ना; किसी को ठगना, लूटना।

**हज़ार** पु० *(फ़ा०)* हजार की संख्या। वि० अनेक, अनगिनत; दस सौ। अ० हरचन्द, कितना ही।

**हजो*** स्त्री० व्यंग्योक्ति, निन्दा।

**हज्ज** पु० *(अ०)* मक्के की यात्रा; नियत काल पर काबे के दर्शन और प्रदक्षिणा करना।

**हज्जाम** पु० *(अ०)* नाई, हजामत बनाने वाला।

**हज्जामी** स्त्री० हज्जाम का पेशा, धन्धा।

**हट** क्रि० अलग करना, दुत्कारना, रोक।

**हटक** पु० रोक, वर्जन।

**हटकन†** स्त्री० चौपायों को हाँकने की लाठी; हटक रोकना, मना करना।

**हटकना*** स० क्रि० हाँकना; मना करना, रोकना, हटाना। अ० क्रि० पश्चात्ताप होना।

**हटका†** पु० ब्योंड़ा।

**हटना** अ० क्रि० पद-त्याग करना; भागना, पीछे हटना; काम न करना, आलसी होना; वादे पर कायम न रहना। *स० क्रि० हटकना।

**हटबा, हटबया** पु० दूकानदार।

**हटुआ, हटुवा**† पु० तौलने वाला; दूकानदार, बया।
**हटुई** स्त्री० दूकानदारी।
**हटैता**† पु० सौदा, सामान, माल।
**हटौती, हड़ौती**† स्त्री० शरीर का ढाँचा।
**हट्ट** पु० *(सं०)* मेला; बाजार, हाट।
**हट्टा-कट्टा** वि० हृष्ट-पुष्ट; मोटा-ताजा; बलवान्।
**हट्टाध्यक्ष** पु० मेले का अध्यक्ष।
**हठ** पु० *(सं०)* दुराग्रह, दृढ़ प्रतिज्ञा; जबरदस्ती, टेक। **मुहा० हठ पकड़ना/माँडना** जिद करना। **हठ रखना** किसी के दृढ़ संकल्प की पूर्ति करना। **हठ रोपना** जिद करना।
**हठना*** अ० क्रि० जिद करना, हठ करना।
**हठात्** अ० *(सं०)* हठपूर्वक; बलपूर्वक।
**हठायात** वि० *(सं०)* अनिवार्य।
**हठी(ठिन्)** वि० *(सं०)* जिद्दी, हठ करने वाला, हठशील।
**हठीला** वि० युद्ध में दृढ़ जमने वाला वीर, धीर; हठी।
**हड़कना** अ० क्रि० किसी वस्तु के लिए तरसना, लालायित होना, दुत्कारना।
**हड़काना** स० क्रि० हतोत्साह करना; तरसाना, फटकारना।
**हड़काया** वि० पागल(कुत्ता); उतावला; घबराया हुआ।
**हड़मीला** वि० व्यग्र घबड़ाया हुआ।
**हड़जुरी** स्त्री० मन्दज्वर।
**हड़ताल** स्त्री० अन्याय, अत्याचार के विरोध में कम्पनी, मिलों आदि में काम करना बन्द कर देना।
**हड़ना** अ० क्रि० तौल में जाँचा जाना।
**हड़प** पु० भोजन, बिना चबाये निगल जाना; खुराक निगलना; किसी का धन लेकर हजम कर जाना।
**हड़पना** स० क्रि० किसी वस्तु को अनुचित साधनों या ढंग द्वारा कभी न देने की इच्छा से अपने अधिकार में कर लेना, जबरदस्ती या चोरी से किसी वस्तु को लेकर कभी न देना।
**हड़फूटन** स्त्री० अस्थि पीड़ा, भीतरी व्यथा।
**हड़बड़ाना** स० क्रि० जल्दी कार्य करने के लिए किसी को प्रेरित करना। अ० क्रि० हड़बड़ी, घबड़ाहट में कोई काम करना।
**हड़बड़, हड़बड़ी** स्त्री० उतावली, जल्दबाजी।
**हड़ावरि, हड़ावल*** स्त्री० अस्थिमाल; हड्डियों का ढेर।
**हड़बड़िया** वि० उतावला।
**हड़ाबल, हड़ीला** वि० हड्डी मात्र शेष हैं ऐसा, अति हड्डियों वाला।
**हड्डी** स्त्री० शरीर का वह कड़ा भाग जिससे उसका ढाँचा बनता है; *(ला०)* खानदान, कुल। **मुहा० हड्डी उखड़ना** हड्डियों का जोड़ खुल जाना। **हड्डी गुड्डी तोड़ना** बुरी तरह मारना-पीटना। **हड्डी चबाना** किसी वस्तु का अभाव होने पर भी उसे जबरदस्ती प्राप्त करने का प्रयत्न करना। **हड्डी चूसना** अशक्त व्यक्ति से जबरदस्ती काम कराना, लेना।
**हत** पु० *(सं०)* गुणा; वध, हनन। वि० तंग किया हुआ; पीटा हुआ, ताडित; विफल प्रयास, हताश, भग्न हृदय; भ्रष्ट किया हुआ; ध्वस्त, विलुप्त; घायल किया हुआ; मार डाला हुआ; निकम्मा।
**हतक** पु० *(सं०)* नीच व्यक्ति। वि० पापी; दीन-दुखी; जिसे चोट पहुँचायी गयी हो। स्त्री० *(अ०)* धृष्टता, बेअदबी; बेइज्जती, हेठी, मानहानि।
**हतदैब** पु० हत, मर गया अभागा।
**हतना*** स० क्रि० मारना-पीटना; वध करना।
**हतप्रभ** वि० प्रभाहीन।
**हतवाना*** स० क्रि० मरवा डालना; पिटवाना।
**हतादर** वि० जिसका आदर घट गया हो।
**हताना*** स० क्रि० जान से मरवाना, हतवाना।
**हताश** वि० *(सं०)* फलहीन; दुःखी; मूर्ख; जिसकी आशा नष्ट हो गयी हो।
**हताहत** वि० *(सं०)* मारे गये और घायल।
**हति** स्त्री० हत्या।
**हतेक्षण** वि० *(सं०)* अन्धा।
**हतोत्साह** वि० *(सं०)* जिसका उत्साह भंग हो गया हो, उत्साहहीन।
**हतौजस** वि० तेजहीन, दुर्बल।
**हत्तूलमकदूर** अ० *(सं०)* यथाशक्ति, शक्तिभर।
**हत्थ*** पु० हाथ।
**हत्था** पु० पंजा, कुर्सी की बाँही; कम्बल बुनते समय उसकी पटिया ठोंकने का एक औजार; केले का घौद; दस्ता, मूठ; खेत की नाली के पानी के चारों ओर उलीचने का एक औजार।
**हत्थी** स्त्री० हथियार आदि की मूठ, दस्ता, औजार; कड़ाह में रखा ईख का रस चलाने की लकड़ी।

**हत्थे** अ० हाथ में।

**हत्या** स्त्री० *(सं०)* हत्या करने का पाप; झगड़ा; खून, वध; जान से मारने का काम; बहुत दुबला-पतला या बीमार व्यक्ति आदि।

**हत्यार**† पु० हत्यारा।

**हत्यारा** पु० खूनी, हत्या करने वाला व्यक्ति।

**हत्यारिन** स्त्री० हत्या करनेवाली स्त्री।

**हत्यारी** स्त्री० हत्यारिन, हत्या करनेवाली स्त्री।

**हथ** पु० हाथ का संक्षिप्त रूप।

**हथनी, हथिनी** स्त्री० हाथी की मादा।

**हथसार** स्त्री० हस्तिशाला, हाथियों के रहने का स्थान।

**हथियाना** स० क्रि० अपने अधिकार में कर लेना; जबरदस्ती किसी की चीज ले लेना।

**हथियार** पु० अस्त्र-शस्त्र; औजार।
**मुहा० हथियार उठाना** युद्ध के लिए प्रस्तुत होना। **हथियार डालना** लड़ाई बन्द करना। **हथियार बाँधना/लगाना** अस्त्र-शस्त्र से सज्जित होना।

**हथेरी*** स्त्री० हथेली।

**हथेली** स्त्री० करतल; कलाई के आगे का चिकना और चौड़ा भाग, चरखे की मुठिया।
**मुहा० हथेली का फफोला** अत्यन्त कोमल वस्तु जिसके टूटने का भय बराबर बना रहे। **हथेली खुजलाना** द्रव्यप्राप्ति का शकुन होना। **हथेली पर जान होना** जान जाने की स्थिति में होना। **हथेली पर दही जमाना** कोई काम कराने के लिए जल्दी मचाना। **हथेली पर बाल जमना** किसी में साहस या शक्ति का आना। **हथेली पर सरसों जमाना** कोई कठिन काम फुर्ती से करना।

**हथौटी** स्त्री० किसी काम में हाथ लगाना; काम करने का अच्छा ढंग, हस्तकौशल।

**हथौड़ा** पु० धातु, ईंट, पत्थर, लोहा आदि पीटने या ठोंकने के काम आने वाला लोहे का एक वजनदार औजार।

**हथौड़ी** स्त्री० छोटा हथौड़ा।

**हथौना**† पु० दूल्हे और दुलहिन के हाथ में मिठाई देने की रस्म।

**हथ्यार*** पु० हथियार।

**हद** स्त्री० *(अ०)* सीमा; किनारा; नियत स्थान।

**हदका*** पु० हचका, धक्का, दचका।

**हदस** स्त्री० मन में समाया हुआ डर।

**हदसना** अ० क्रि० भय से सन्न हो जाना, डर बैठना।

**हद्द** स्त्री० *(अ०)* हद।

**हनन** वि० *(सं०)* वध करने वाला। पु० पीटना, मारना; वध करना, जान से मार डालना।

**हनना*** स० क्रि० चोट पहुँचाना; कत्ल करना, वध करना, जान से मार डालना; मारना-पीटना।

**हनील** पु० *(सं०)* केतकी।

**हनु** स्त्री० ठोड़ी।

**हनुमन्त*** पु० हनुमान्।

**हनुल** वि० *(सं०)* मजबूत दाढ़ वाला।

**हनुव*** पु० हनुमान्।

**हनूष** पु० *(सं०)* दैत्य, राक्षस।

**हनोज़** अ० *(फ़ा०)* अभी तक, अभी।

**हन्त** *(सं०)* अव्य० सम्भ्रम, विषादार्थक।

**हन्तव्य** वि० मारने योग्य।

**हन्ता** पु० मारक, हत्यारा।

**हपटाना**† अ० क्रि० जल्दी-जल्दी साँस लेना।

**हप्पा** पु० घूस; कौर; मुलायम भोजन।

**हप्पू** वि० अत्यधिक खाने वाला। पु० अफीम।

**हफादत** स्त्री० *(अ०)* कृपा, दया, अनुकम्पा।

**हफ़ीज** वि० *(अ०)* ईश्वर; संरक्षक; रक्षक।

**हफ़्त** वि० *(फ़ा०)* सात।

**हफ़्ता** पु० *(फ़ा०)* सप्ताह।

**हबकना** क्रि० कै करना, भोजन की उल्टी करना।

**हबकाना** क्रि० खाने का मुख खोलना, उल्टी होना।

**हबर हबर** क्रि० वि० हड़बड़ी से।

**हबशन, हबशिन** स्त्री० शाही महल की चौकीदारी करनेवाली स्त्री; काली-कलूटी स्त्री; हबशी स्त्री।

**हबशी** वि० काला-कलूटा। पु० हबशी जाति का आदमी।

**हबीब** वि० *(अ०)* प्रेमी; दोस्त; प्यारा।

**हब्ब** पु० *(अ०)* बीज, दाना; वटिका, गोली।

**हब्बा** पु० अत्यल्प मात्रा; रत्ती; अनाज का दाना।

**हब्स** पु० *(अ०)* कैदखाना; हवा का बन्द हो जाना; कैद, कारावास, अवरोध; ऊमस *(हि०)*।

**हम** अ० *(फ़ा०)* आपस में; संग, साथ; एक-सा।

**हमन*** सर्व० हम।

**हमल** पु० *(अ०)* भ्रूण; गर्भ; बोझ।
**हमला** पु० *(अ०)* वार, चोट; चढ़ाई, धावा, आक्रमण।
**हमाक़त** स्त्री० *(अ०)* मूर्खता, नासमझी।
**हमालल** पु० आदम की चोटी कहलाने वाला लंका का सर्वोच्च पर्वत।
**हमेव*** पु० अहंकार, घमण्ड।
**हमेशा** अ० *(फ़ा०)* सदैव।
**हमेस, हमेसा*** अ० सदैव, हमेशा।
**हमें** *(सं०)* हम का कर्म एवं सम्प्रदान रूप, हमको।
**हमैं*** सर्व० हमें।
**हम्माम** पु० *(अ०)* स्नान का स्थान; गर्मी स्नानागार।
**हमरा, हमार, हम्मार*** सर्व० हमारा।
**हम्माल** पु० *(अ०)* कुली, बोझ उठाने वाला।
**हमाली** स्त्री० अहंकार।
**हयन्द*** पु० बड़ा घोड़ा, अच्छा घोड़ा।
**हय** पु० *(सं०)* इन्द्र; घोड़ा, घोटक; धनु राशि।
**हयन** पु० *(सं०)* ढकी हुई गाड़ी या पालकी; साल।
**हयना*** स० क्रि० हनना, काटना।
**हया** स्त्री० *(अ०)* शर्म, लज्जा।
**हयात** वि० *(अ०)* जिन्दा, जीवित। स्त्री० प्राण; जिन्दगी, जीवन।
**हर**[*1] पु० हल।
**हर**[2] वि० *(फ़ा०)* हर एक, प्रत्येक, एक-एक।
**हर**[3] पु० *(सं०)* शिव; गधा; अग्नि; हरण; ग्रहण; ग्रहण करने वाला। वि० हकदार; विभाजन करने वाला; दूर करने वाला, हरण करने वाला; नष्ट करने वाला; ग्रहण करने वाला; कब्जा करने वाला।
**हरएँ*** अ० धीरे-धीरे, आहिस्ते से।
**हरक** पु० हरणकर्त्ता।
**हरकत** स्त्री० *(अ०)* स्वर; *(व्या०)* सूचक चिह्न, मात्रा (जेर, जबर, पेश); काम; बुरा काम, शरारत।
**हरकना** क्रि० हरकना, रोकना।
**हरकाना** पु० सन्देश वाहक, पत्रवाहक।
**हरख*** पु० प्रसन्नता, हर्ष।
**हरखना*** अ० क्रि० खुश होना, प्रसन्न होना, हर्षित होना, आनन्दित होना।
**हरखाना*** स० क्रि० खुश करना, प्रसन्न करना। अ० क्रि० हरखना।
**हरगिज़** अ० *(फ़ा०)* किसी हालत में, कभी (नहीं के साथ प्रयुक्त)।
**हरगिला**† पु० हड़गीला।
**हरज** पु० *(अ०)* हानि, क्षति; देर, समय-नाश, काम में होनेवाली रुकावट(करना, होना)।
**हरजा** पु० नुकसान; क्षति; हर्जाना, तावान; †संगतराशों का एक औजार।
**हरजाना** पु० *(फ़ा०)* नुकसान के एवज में दी जाने वाली रकम, धन, क्षतिपूर्ति।
**हरट्ट** वि० हृष्ट-पुष्ट।
**हरठिया**† पु० रहँट के बैलों को हाँकने वाला व्यक्ति।
**हरण** पु० लूटना, छीनना, चोरी करना, ले जाना।
**हरता*** पु० हर्ता।
**हरदिया** वि० हल्दी गैसा पीला।
**हरदियादेव*** पु० हरदौल।
**हरदाली** वि० हड़ताल करने वाला, उपद्रवी, आन्दोलनकारी।
**हरदी**† स्त्री० हल्दी।
**हरना** अ० क्रि० शिथिल पड़ जाना। *पु० हिरन, मृग। स० क्रि० बलात् छीन लेना; दूर करना।
**हरनाच्छ*** पु० हिरण्याक्ष।
**हर नेत्र** पु० *(सं०)* शिव के नेत्र।
**हरनौटा** पु० हिरन का बच्चा।
**हर पुजी** स्त्री० हल की पूजा।
**हरफ़** पु० हर्फ़; दोष, बुराई; वर्ण, अक्षर; शब्द, बात।
**हरफा** पु० कुटा, कटा हुआ चारा रखने की कोठरी, भुसैरा।
**हरबराना*** अ० क्रि० हड़बड़ाना।
**हरम** पु० *(अ०)* विवाहिता स्त्री; अन्तःपुर; जनानखाना; काबे की चहारदीवारी, घेरा।
**हरमज़दगी** स्त्री० हरामजादापन, दुष्टता, शरारत।
**हरयाल*** स्त्री० हरियाली।
**हरये*** अ० धीरे-धीरे, आहिस्ते-आहिस्ते, हरएँ।
**हरवल** पु० हलवाहे को दिया हुआ बिना ब्याज का धन, द्रव्य। *पु० हरावल।
**हरवा*** वि० हल्का। पु० हार।
**हरवाह, हरवाहा** पु० हलवाहा।
**हरवाही** स्त्री० हरवाहे का कार्य, वेतन।
**हरष*** पु० हर्ष।

**हरषना, हरसना*** अ० क्रि० प्रसन्न होना।
**हरषाना, हरसाना*** स० क्रि० प्रसन्न करना। अ० क्रि० प्रसन्न होना।
**हरषित*** वि० हर्षित।
**हरसिंगार** पु० पारिजात।
**हरहट**† वि० हरहा।
**हरहा** पु० हल में जुतने वाला बैल; †भेड़िया। वि० हैरान करने वाला, परेशान करने वाला (पशु)।
**हरहाई** वि० स्त्री० शरारती (गाय)।
**हराँस*** पु०, स्त्री० थकावट; साधारण ज्वर, हरारत।
**हरा** पु० हरा रंग; *माला, हार। वि० हरित, खुश, प्रफुल्ल, आनन्दित; अधपका; तरोताजा।
**हराई** स्त्री० हार।
**हराना** स० क्रि० युद्ध या लड़ाई-झगड़े में शत्रु को परास्त करना; पछाड़ना; थकाना।
**हरापन** पु० हरे होने का भाव।
**हरा, भरा** वि० प्रफुल्ल।
**हराम** पु० *(अ०)* पापकर्म; व्यभिचार, बदकारी। वि० अग्राह्य, त्याज्य; अपवित्र; अविहित, निषिद्ध।
**मुहा० हराम कर देना** कठिन, दुःखद बना देना। **हराम का खाना** बिना परिश्रम किये खाना, मुफ्तखोरी करना। **हराम का माल** बेईमानी, अधर्म से कमाया हुआ धन। **हराम की कमाई** पाप की कमाई, बेईमानी से कमाया हुआ पैसा। **हराम की मौत मरना** आत्मघात करना, जहर खाकर मरना। **हराम होना** कठिन, दुःखद, त्याज्य होना।
**हरामी** वि० हराम का जना; दुष्ट, पाजी।
**हरास** पु० दुर्घटना का भय, डर; विषाद, दुःख; ह्रास।
**हराहर*** पु० हलाहल।
**हरियल, हरिअल, हराहरि*** स्त्री० थकावट, क्लान्ति।
**हरि*** अ० धीरे।
**हरिहरि** अ० आहिस्ते-आहिस्ते।
**हरिअर*** वि० हरा।
**हरिअराना**† अ० क्रि० हरा होना।
**हरिअरी***, **हरियाली** स्त्री० हरे पेड़-पोधों की राशि, हरियाली, हरी घास; हरा रंग।
**मुहा० हरियाली सूझना** सुख-ही-सुख का आभास होना।
**हरिआना*** अ० क्रि० ताजा होना; थकान का दूर होना; आनन्दित, प्रसन्न होना; हरे रंग का होना।
**हरिचर्य** पु० सिंहचर्य।
**हरिचाप** पु० इन्द्रधनुष।
**हरिजन** पु० अछूत, भक्त।
**हरित** पु० *(सं०)* गहरा, हरा रंग; भूरा रंग। वि० ताज; हरा; भूरा; पीला।
**हरितक** पु० *(सं०)* शाक; हरी घास।
**हरिद्र** पु० *(सं०)* पीला चन्दन।
**हरिद्रा** स्त्री० *(सं०)* हल्दी; हल्दी का चूर्ण।
**हरिद्राभ** वि० *(सं०)* हल्दी के रंग का, पीला।
**हरिन** पु० मृग, कुरंग।
**हरिनी** स्त्री० मृगी।
**हरियराना*** अ० क्रि० स्वस्थ होना, हरा-भरा होना।
**हरिया**† पु० हल जोतने वाला, हलवाहा।
**हरियई*** स्त्री० हरियाली।
**हरियाली** स्त्री० हरे-भरे पेड़-पौधों का समूह; हरिआली।
**हरिष** पु० *(सं०)* हर्ष, प्रसन्नता।
**हरिस** स्त्री० हल की वह लम्बी लकड़ी जिसका एक सिरा हलकी फालवाली मोटी लकड़ी से सम्बद्ध होता है और दूसरा बैलों के जुए से।
**हरिहाई*** वि० स्त्री० हरहाई, पशुओं की परेशान करनेवाली प्रवृत्ति। पशुओं का हरियाली की ओर दौड़ना।
**हरीफ़** पु० *(अ०)* प्रतिद्वन्द्वी; हमेशा; दुश्मन, शत्रु
**हरील**† पु० एक पक्षी, हारिल, हरियल तोता।
**हरुअ, हरुआ, हरुवा*** वि० कम वजन का, हलका।
**हरुआई, हरुवाई*** स्त्री० हल्कापन।
**हरुए*** अ० धीरे-धीरे, हलके-हलके।
**हरूफ़** पु० *(अ०)* 'हर्फ' का बहुवचन।
**हरे*** अ० आहिस्ते, धीरे, हौले।
**हरेक** वि० हर-एक, प्रत्येक।
**हरैया*** पु० हरण करने वाला; दूर करने वाला।
**हर्गिज** अ० *(फ़ा०)* हरगिज।
**हर्ज** पु० हरज; *(अ०)* बाधा, रुकावट; हानि।
**हर्जाना** पु० *(अ०)* मुआवजा, क्षतिपूर्ति।
**हर्फ़** पु० *(अ०)* अव्यय, प्रत्यय *(व्या०)*; दोष; वर्ण, अक्षर; बात, शब्द (शिकायत का हर्फ़); ऐब।
**हर्ब** पु० *(अ०)* युद्ध, संग्राम।

**हर्बा** पु० हथियार, हरबा, युद्ध-सामग्री।

**हर्ष** पु० *(सं०)* गहरी इच्छा; आनन्द, प्रसन्नता, खुशी; रोमांच, रोंगटों का खड़ा होना।

**हर्षना*** अ० क्रि० आनन्दित होना, प्रसन्न होना।

**हर्षाकुल** वि० *(सं०)* आनन्दविह्वल।

**हर्षाना** स० क्रि० खुश करना, आनन्दित होना, प्रसन्न करना। अ० क्रि० हर्षना।

**हर्षित** पु० *(सं०)* प्रसन्नता। वि० प्रसन्न किया हुआ; अह्लादित; रोमांचित किया हुआ।

**हर्षुला** स्त्री० *(सं०)* दाढ़ीयुक्त स्त्री।

**हर्षोत्फुल्ल** वि० *(सं०)* खुशी से फूला हुआ।

**हर्षोन्माद** पु० *(सं०)* खुशी में सुध-बुध खो देना।

**हर्षोल्लास** पु० *(सं०)* उमंग और खुशी।

**हर्सा**† पु० हरिस।

**हलन्त** वि० *(सं०)* जिसके अन्त में स्वररहित व्यंजन वर्ण हो।

**हल**[1] पु० *(सं०)* झगड़ा, विवाद; भूमि की एक माप; बाधा; खेत जोतने का एक प्रसिद्ध औजार।

**हल**[2] पु० *(अ०)* कठिनाई का दूर होना; गणित की प्रक्रिया; सवाल का जवाब; सुलझाव; घुलना।

**हलक़** पु० *(अ०)* *(हल्क़)* गरदन; गले की नली, कण्ठ।

**हलकई**† स्त्री० छोटापन; हल्कापन; अप्रतिष्ठा।

**हलकन*** स्त्री० हिलने-डुलने की क्रिया।

**हलकना*** अ० क्रि० पानी का हिल्कोरा मारना।

**हल्का** पु० जो भारी न हो, कम वजन वाला; मात्रा में कम, थोड़ा; हल्क़ा; लहर, जल का हिल्कोरा। वि० पतला, महीन; ताजा, थकानरहित; कमीना, नीच; सहल; कम मूल्य वाला, मामूली।

**हलक़ा** पु० *(अ०)* कई गाँवों आदि को मिलाकर बना हुआ मण्डल जो किसी विशेष कर्मचारी या अधिकारी का कार्यक्षेत्र हो; मण्डल, घेरा; मण्डली; पहिया।

**हल्काना**† अ० क्रि० हल्का होना। स० क्रि० किसी तरल वस्तु को हल्कोरना, हिलाना-डुलाना।

**हल्कारा*** पु० सन्देशवाहक, हरकारा, दूत, डाकिया।

**हल्कोरा**† पु० हिलोरा, लहर, जल की तरंग।

**हलचल** स्त्री० उपद्रव, अराजकता; हिलने-डोलने की क्रिया; शोरगुल, लड़ाई-झगड़ा, भाग-दौड़।

**हलद**† स्त्री० हल्दी।

**हलना*** अ० क्रि० घुसना; अस्थिर होना, हिलना।

**हलफ़** पु० *(अ०)* शपथ, कसम।

**हलफा** पु० लहर, तेज साँस; ऊँची तरंग।

**हलवल*** स्त्री० हलचल, खलबली।

**हलबलाना*** स० क्रि० दूसरों को घबड़ाहट में डालना। अ० क्रि० घबड़ाना।

**हलवाई** पु० मिठाई बनाने बेचने वाला, मोदककार, हलवा बनाने वाला, हलवा बेचने वाला।

**हलवाइन** स्त्री० हलथई की पत्नी।

**हलाकान**† वि० हैरानी, अत्यन्त परेशान।

**हलाकानी**† स्त्री० परेशानी, हैरानी।

**हलाना*** स० क्रि० हिलाना, धसाना।

**हलाभला** पु० फल, नतीजा; तै-तमाम, निबटारा।

**हलाल** पु० *(अ०)* शरई रीति से पशु-वध। वि० 'हराम' का उलटा, धर्म के अनुकूल; जिसका ग्रहण या भोग उचित हो; विहित, उचित, जायज। **मुहा० हलाल करके खाना** परिश्रम करके खाना। **हलाल करना** यन्त्रणा देना; पशु का धर्म की विधि से वध करना। **हलाल की कमाई** ईमानदारी और मेहनत से कमाया हुआ पैसा।

**हलाह** पु० *(सं०)* चित्रिताश्व, चितकबरा घोड़ा।

**हलाहल** पु० *(सं०)* भयंकर एवं तीव्र जहर।

**हलुआ** पु० हलवा।

**हलेरना** क्रि० हिलाना, डुलाना, मथना।

**हलोर*** स्त्री० लहर, हिलोर।

**हल्ला** पु० ललकार; आदमियों के समूह की बातचीत, लड़ाई-झगड़ों में हुई सम्मिलित स्वरध्वनि, शोर-गुल।

**हवन** पु० *(सं०)* मन्त्र पढ़कर किसी देवता के लिए अग्नि में आहुति देना, होम; स्रुवा; होम करना।

**हवनीय** वि० हवन करने योग्य।

**हवन्नक़** वि० *(अ०)* भद्दी शक्ल वाला; मूर्ख, बेवकूफ।

**हवस** स्त्री० *(अ०)* दिलेरी; झूठा प्रेम; लालच; इच्छा, चाह; उमंग; शौक; खब्त।

**हवा** स्त्री० *(अ०)* ऑक्सीजन व हाइड्रोजन के योग से बना एक तत्त्व जो भूमण्डल को चारों ओर से घेरे हुए है, समीर, वायु; साँस; भूत, प्रेतादि; लालच; अरमान, ख्वाहिश; चकमा; अफवाह; आडम्बर; बहुत हल्की वस्तु।

**मुहा० हवा उखड़ना** बाजार में साख न रहना। **हवा उड़ना** किसी समाचार का प्रसारित होना; अफवाह फैलना। **हवा उड़ाना** अफवाह फैलाना; झूठी बात का प्रचार करना। **हवा का रुख़ जानना** परिस्थिति समझना। **हवा का रुख़ देखना** जमाने के अनुकूल काम करना। **हवा का रुख़ बताना** परिस्थिति का ज्ञान कराना। **हवा पलटना** परिस्थिति का परिवर्तित होना; हवा का रुख बदलना। **हवा पीकर या फाँककर रहना** निराहार रहना (व्यंग्य)। **हवा फिरना** हवा पलटना। **हवा से बातें करना** स्वयं बड़बड़ाना; हवा की तरह तेज दौड़ना। **हवा से लड़ना** अकारण झगड़ा करना। **हवा हो जाना** गायब हो जाना।

**हवाचक्की** स्त्री० पवन चक्की।

**हवाल*** पु० दशा, अवस्था; फल, परिणाम; अवस्था, दुर्दशा; हाल, खबर, समाचार।

**हवालदार** पु० हवलदार।

**हवाला** पु० *(सं०)* प्रमाण या पते के लिए उल्लेख (देना); सौंपने की क्रिया, सुपुर्दगी; पता, निशान।

**हवालात** स्त्री० *(अ०)* वह मकान जिसमें विचाराधीन कैदी रखे जाते हैं; पहरे में रखना, कैद, हिरासत।

**हवाली** पु० *(अ०)* आसपास या अगल-बगल की जगह, आसपास का स्थान।

**हवि(स्)** पु० *(सं०)* घी; *(अ०)* यज्ञ, हवन में देवताओं के लिए अग्नि में छोड़ी जानेवाली आहुति के द्रव्य।

**हविरद** वि० *(सं०)* हवि खाने वाला।

**हविष्पात्र** पु० *(सं०)* हवि रखने का बर्तन।

**हविर्भुज** वि० अग्निदेव।

**हविष्य** *(सं०)* वि० जिसे आहुति दी जाये।

**हविष्यान्न** पु० *(सं०)* यज्ञ आदि के अवसर पर खाये जाने वाले पवित्र पदार्थ।

**हविस**† स्त्री० हवस।

**हवेली** स्त्री० *(अ०)* चहारदीवारी वाला मकान; बड़ा और पक्का मकान; महल।

**हव्य** पु० *(सं०)* घृत; आहुति; यज्ञ में किसी देवता के लिए दी जानेवाली आहुति। वि० यज्ञ में आहुति के रूप में छोड़े जाने योग्य।

**हशम** पु० *(अ०)* बहुत से नौकर-चाकर।

**हशमत** स्त्री० *(सं०)* टहलुओं की भीड़, बड़ाई, गौरव; नौकर-चाकर; लाव-लश्कर; शान, दबदबा।

**हश्र** पु० *(अ०)* रोना-पीटना; उपद्रव, आफत; अन्त, प्रलय, कयामत; कोलाहल।

**हस** पु० *(सं०)* खुशी; उपहास; हास।

**हसन** पु० परिहास, हँसी विनोद।

**हसरत** स्त्री० *(अ०)* खेद, दुःख; चाह, अरमान, लालसा; वस्तु की अप्राप्ति का दुःख।

**मुहा० हसरत करना** इच्छा करना, चाहना। **हसरत निकलना** लालसा पूरी होना। **हसरत निकालना** अरमान निकालना। **हसरत बरसना** नैराश्य प्रकट होना। **हसरत बाकी रहना** अरमान पूरा न होना।

**हसिक** वि० हँसी करने वाला।

**हसिका** स्त्री० *(सं०)* उपहास; मजाक; हास, हँसी।

**हसित** पु० उपहास, हँसी।

**हसीन** वि० *(अ०)* प्यारा; हुस्न वाला, सुन्दर।

**हसील**† वि० सीधा।

**हस्त** पु० हाथ, सूड़, चौबीस अंगुल की माप, नक्षत्र विशेष, समूह, गुच्छा।

**हस्तक** पु० संगीत की ताल, ताली बजाना।

**हस्तकार्य** पु० हाथ का काम।

**हस्तकौशल** पु० हस्तकार्य कुशलता।

**हस्तलिखित** वि० हाथ से लिखित।

**हस्तलिपि** वि० हाथ की लिखावट।

**हस्तक्षेप** पु० *(सं०)* फेरबदल करने के लिए कुछ कहना; अनावश्यक तथा अनधिकार दखल।

**हस्तान्तर** पु० *(सं०)* दूसरे के हाथ में देना।

**हस्तान्तरण** पु० *(ट्रांसफरेंस)* दूसरे के हाथ में देना।

**हस्तान्तरित** वि० *(सं०)* *(ट्रांसफड)* दूसरे के हाथ में दिया हुआ।

**हस्ताक्षर** पु० *(सं०)* दस्तखत, सही।

**हस्ति** पु० हाथी।

**हस्तिनी** स्त्री० हथिनी, मादा हाथी।

**हस्ती** स्त्री० *(फा०)* विद्यमान होने का भाव, जीवित होने का भाव, अस्तिव।

**मुहा० हस्ती खोना/मिटना** बर्बाद होना, नाश होना। **हस्ती मिटाना** बर्माद करना, नष्ट करना। **हस्ती होना** बहुत महत्त्व का होना; विद्यमान रहना।

**हस्ब** अ० *(अ०)* अनुसार, मुताबिक।

**हस्र** वि० *(सं०)* हंसने वाला; मुस्कराने वाला; मूर्ख, अज्ञान। पु० *(अ०)* अवलम्बन; घेरना।

**हहर** स्त्री० सिहरन, कँपकँपी (शीत, भय आदि से); घबड़ाहट; चकपकाहट; डर, भय।

**हहराना** स० क्रि० डराना, दहलाना। अ० क्रि० हहरना।

**हहल** पु० *(सं०)* हलाहल विष। स्त्री० हहर।

**हहलना** अ० क्रि० डरना, हहरना, चकित होना।

**हहा** स्त्री० विनती, हँसने का शब्द।

**हाँ** स्त्री० स्वीकृति। अ० आत्मसन्तोष, निश्चय, स्वीकृति, स्मृति आदि का सूचक शब्द।

**हाँक** स्त्री० चिल्लाहट, ललकार।

**हाँकना** क्रि० चलाना, आगे बढ़ाना, ललकारना, चिल्लाना, पंखा झलना।

**हाँगी** स्त्री० स्वीकृति, हामी, मंजूरी।

**हाँड़ना** क्रि० निरर्थक घूमना।

**हाँडी** स्त्री० गुप्त परामर्श; हण्डी, हँड़िया।

**हाँता*** वि० दूर किया हुआ; हटाया हुआ; छोड़ा हुआ।

**हान्त्र** पु० *(सं०)* युद्ध; मरण।

**हाँपना, हाँफना** अ० क्रि० शारीरिक श्रम या श्वास रोग के कारण साँस की गति का तीव्र होना।

**हाँस**† स्त्री० हँसी।

**हाँसना*** अ० क्रि० प्रसन्न होना, हँसना।

**हाँसी** स्त्री० हँसी, दिल्लगी; निन्दा, उपहास; परिहास।

**हाँसु*** स्त्री० हँसी; हँसली।

**हाई** वि० *(अं०)* ऊँचा; बड़ा। *स्त्री० परिस्थिति, अवस्था; पद्धति, ढंग, ढब।

**हाउस** पु० *(अं०)* सभा; राजवंश; निवास-स्थान, घर।

**हॉकर** पु० *(अं०)* घूम-घूमकर अखबार बेचने वाला व्यक्ति; फेरी करके या घूम-घूमकर छोटी-मोटी वस्तुएँ बेचने वाला व्यक्ति।

**हाकिम** पु० *(अ०)* हुक्म करने वाला; हुकूमत करने वाला व्यक्ति, शासक; प्रधान अधिकारी; राजा।

**हाजत** स्त्री० *(अ०)* शौच आदि का वेग; हिरासत; इच्छा, चाह; आवश्यकता; अभाव।

**हाज़िक़** वि० *(अ०)* पण्डित; कुशल, निपुण।

**हाज़िर** वि० *(अ०)* तैयार; प्रस्तुत; उपस्थित, जो सामने हो, मौजूद।

**हाजिराई** पु० जादूगर।

**हाज़िरात** स्त्री० *(फ़ा०)* अनेक प्रेतात्माओं का एक साथ आवाहन।

**हाज़िरी** स्त्री० वह खाना जो मुर्दे के दफन किये जाने के बाद मृत के कुटुम्बियों के लिए भेजा जाये; मौजूदगी, उपस्थिति; अंग्रेजों का नाश्ता। **मुहा० हाज़िरी देना** उपस्थिति की सूचना देना, हाजिर होना। **हाज़िरी बजाना** दरबारदारी करना, किसी बड़े आदमी के पास बराबर रहना। **हाज़िरी लेना** नाम पुकारकर छात्रों आदि की उपस्थिति मालूम करना।

**हाजी** पु० *(अ०)* हज करने वाला।

**हाट** स्त्री० बाजार; दुकान; बाजार लगने का दिन।

**हाड़*** पु० हड्डी; कुलीनता की मर्यादा।

**हात** वि० *(सं०)* छोड़ा हुआ, परित्यक्त।

**हाता** पु० एहाता; रोक। *वि० परित्यक्त; दूर; नाशक।

**हातिम** वि० *(सं०)* अति दानशील; अति परोपकारी; कुशल, उस्ताद। पु० अरब के एक कबीले का एक सरदार जो दानशीलता और परोपकार-परायणता का आदर्श-सा माना जाता है। **मुहा० हातिम की क़ब्र पर लात मारना** दानशीलता या परोपकार में हातिम से बढ़ जाना।

**हाथी, हत्था** पु० मूँठ।

**हाथी** पु० हस्ती। *(सं०)*

**हाथीवान** पु० महावत, पीलवान।

**हादसा** पु० दुर्घटना, हादिसा, बुरी घटना।

**हानि** स्त्री० *(सं०)* क्षति; विफलता; अनस्तित्व, लोप; उपेक्षा; ह्रास; नुकसान; त्रुटि; कमी; बर्बादी, घाटा।

**हाफिका** स्त्री० *(सं०)* जम्हाई, जृम्भा।

**हाफु** पु० अफीम।

**हॉबी** स्त्री० *(अं०)* शौक, अभिरुचि।

**हाबुस** पु० गेहूँ या जौ।

**हामिल** वि० *(अ०)* मालवाहक; बोझ उठाने वाला।

**हामी** वि० *(अ०)* सहायक, समर्थक, पृष्ठपोषक, हिमायत करने वाला, मददगार। स्त्री० स्वीकृति। **मुहा० हामी भरना** किसी काम को करने की स्वीकृति देना।

**हाय** पु० *(अ०)* पीड़ा सूचक शब्द, आह। स्त्री० पीड़ा कष्ट।

**हाय, हाय** *(अ०)* शोकार्थक।
**हायल** वि० *(अ०)* बाधक, रुकावट डालने वाला, बीच में आने वाला; *घायल, चोटैल।
**हार** स्त्री० असफलता, पराजय।
**मुहा० हार खाना** पराजित होना। **हार देना** पराजित करना।
**हारक** पु० चोर।
**हारद*** वि० हृदय-सम्बन्धी, हार्दिक।
**हारना** स० क्रि० खोना; त्यागना; देना। अ० क्रि० थकना; असफल होना; पराजित होना।
**हारवार*** स्त्री० जल्दबाजी, उतावली, हड़बड़ी।
**हारा** पु० 'वाला'।
**हारि** वि० *(सं०)* रुचिर, मनोहर। पु० पराजय, हार, जुए में दाँव हारना; पथिकदल। *स्त्री० थकावट।
**हारिज** वि० *(अ०)* बाधक; हरज करने वाला।
**हारित** वि० *(सं०)* बलपूर्वक छीना हुआ; नष्ट किया हुआ; मुग्ध; वंचित; लाया हुआ; परास्त; समर्पित।
**हारितक** पु० *(सं०)* शाक, हरी तरकारी।
**हारी** पु० चोर, नाशक, विजेता, मोहक।
**हारीत** पु० *(सं०)* ठगी; चोरी; शठ; चोर; धूर्त।
**हार्टफेल** पु० *(अं०)* दिल की धड़कन बन्द हो जाना।
**हार्द** पु० *(सं०)* अभिप्राय, प्रयोजन; दया, प्रेम; इच्छा, आकांक्षा; कृपा। वि० हृदय- सम्बन्धी।
**हार्दिक** वि० *(सं०)* आन्तरिक, दिली; हृदय में होने वाला; हृदय-सम्बन्धी, सच्चा।
**हार्दिक्य** पु० *(सं०)* मैत्री, सौहार्द।
**हार्दी(र्दिन्)** वि० *(सं०)* स्नेहयुक्त, सहृदय। पु० वह जो बहुत प्रिय हो।
**हार्न** पु० *(अं०)* संकेत ध्वनि; भोंपा।
**हार्बर** पु० *(अं०)* बन्दरगाह।
**हार्मोन** पु० *(अं०)* पौधों तथा प्राणियों में पाया जाने वाला विशेष कार्बनिक रस।
**हार्य** वि० *(सं०)* प्रभावित करने योग्य; ग्रहण करने योग्य; वहन करने योग्य; सुन्दर।
**हार्र** वि० *(अं०)* गर्मी; गर्मी करने वाला।
**हार्वेस्टर** पु० *(अं०)* फसल काटने का यन्त्र।
**हॉर्सपॉवर** पु० *(अं०)* अश्व शक्ति।
**हाल** पु० *(सं०)* शालिवाहन नरेश; बलराम; हल।
**हाल** पु० *(अ०)* दशा; वर्तमान काल; वृत्त, हाल चाल, कुशल मंगल, समाचार। *अ० हाल में; तुरन्त।
**हालत** स्त्री० *(अ०)* वर्तमान आर्थिक दशा, मौजूदा हैसियत; अवस्था, दशा।
**हालना** अ० क्रि० हिलना-डोलना; काँपना; झूमना।
**हालरा** पु० झोंका।
**हावन** पु० *(फ़ा०)* कूटने का बर्तन, खल।
**हावहाव** स्त्री० लालचभरी आकुलता, आकर्षक चेष्टाएँ नारियों की।
**हावी** वि० *(अ०)* घेरने वाला; दबा रखने वाला।
**हासक** पु० *(सं०)* मजाकिया, विदूषक; हँसी।
**हासास्पद** पु० *(सं०)* हँसी का विषय, हास्यास्पद।
**हासिका** स्त्री० *(सं०)* हास, हँसी; मजाक, ठट्ठा।
**हासिल** पु० वस्तु का अवशेष; लाभ; निचोड़, नतीजा। वि० लब्ध, प्राप्त; शेष, जो कुछ बचा हो।
**हास्य** पु० *(सं०)* हँसी; दिल्लगी; आनन्द, प्रसन्नता। वि० उपहास्य; हास्यजनक; हँसने योग्य।
**हास्यास्पद** पु० *(सं०)* उपहास का विषय; हँसी का विषय, वह जिसे देखकर हँसी उत्पन्न हो।
**हाही** स्त्री० व्यग्रता; किसी वस्तु की प्राप्ति के लिए उत्कट लोभ या इच्छा।
**हाहू*** पु० शोरगुल, हुड़दंग, ऊधम।
**हि** *(अ०)* हेतु कारण निश्चयार्थक।
**हिण्डोरा*** पु० झूला, हिण्डोला, पालना।
**हिण्डोलना**† स० क्रि० आलोड़ित करना, घँघोलना।
**हिण्डोला** पु० नीचे ऊपर चक्कर खाने वाला एक तरह का झूला, चरखी; पालना; झूला।
**हिन्दोलक** पु० *(सं०)* झूला; पालना।
**हिन्दोला** स्त्री० *(सं०)* झूला, पालना, हिन्दोलक।
**हिंयाँ*** अ० यहाँ।
**हिंवं**† पु० बर्फ, हिम।
**हिंवार**† पु० हिम, बर्फ।
**हिंस*** स्त्री० हींस, घोड़े की हिनहिनाहट, घोड़े के हिनहिनाने की आवाज।
**हिंसक** पु० *(सं०)* हिंस्र पशु, खूँखार जानवर। वि० हिंसा करने वाला; घातक; हानिकर; हत्यारा।
**हिंसन** पु० *(सं०)* सताना; शत्रु; चोट पहुँचाना।
**हिंसना** *स० क्रि० चोट पहुँचाना; सताना। अ० क्रि० हिनहिनाना, हींसना।
**हिंसा** स्त्री० *(सं०)* बुराई; क्षति; लूट; चोरी; नाश; घात, मारण; चोट या हानि पहुँचाना।

**हिंस्र** पु० *(सं०)* निष्ठुरता, कठोरता; शिकारी जानवर। वि० भयानक; निर्दय; घातक; जंगली, खूँखार।
**हिअ, हिआ*** पु० हृदय; छाती, वक्ष।
**हिकमत** स्त्री० *(अ०)* चाल, युक्ति; चिकित्साकार्य, हकीमी; चतुराई, बुद्धिमानी; बुद्धि।
**हिकमती** वि० चालाक, जोड़-तोड़ लगाने वाला।
**हिकायत** स्त्री० *(अ०)* बात; किस्सा, कहानी।
**हिक़ारत** स्त्री० हक़ारत।
**हिक्का** स्त्री० *(सं०)* हिचकी; अस्पष्ट ध्वनि।
**हिचक** स्त्री० आगा-पीछा करना, झिझक।
**हिचकिचाना** अ० क्रि० मन का आगा-पीछा करना।
**हिचकिचाहट** स्त्री० हिचक।
**हिजड़ा** पु० नपुंसक, खोजा।
**हिजा** स्त्री० (अ०) बुराई; निन्दा; अपवाद।
**हिजाब** पु० *(अ०)* पर्दा, ओट; लज्जा।
**मुहा० हिजाब उठना** पर्दा न रहना; निर्लज्ज हो जाना।
**हिज्र** पु० *(अ०)* वियोग, विरह, जुदाई।
**हित** पु० *(सं०)* भलाई चाहने वाला; लाभ; कल्याण; रिश्तेदार; मित्र। वि० सद्भावपूर्ण; लाभदायक।
**हिताई** स्त्री० नाता, सम्बन्ध, रिश्ता।
**हितार्थी** पु० वि० *(सं०)* हित चाहने वाला।
**हिताना** क्रि० अनुकूल होना।
**हितु, हितू*** पु० हितेच्छु व्यक्ति; सम्बन्धी; मित्र।
**हितेच्छा** स्त्री० मंगल-कामना।
**हितेच्छु** वि० *(सं०)* मंगल-कामना करने वाला।
**हितेषिता** स्त्री० कल्याण चाहने की वृत्ति।
**हितैषी(षिन्)** पु० *(सं०)* मित्र। वि० हितेच्छु।
**हितोक्ति** स्त्री० हितकारी कथन।
**हितापदेश** पु० भलाई के उपदेश।
**हिदायत** स्त्री० *(अ०)* आदेश; रहनुमाई, मार्ग-प्रदर्शन।
**हिनाई** स्त्री० मानहानि; हीनता।
**हिप्नोटाइज़** स० क्रि० *(अं०)* सम्मोहित करना।
**हिप्नोटिक** वि० *(अं०)* निद्राजनक; सम्मोहित।
**हिब्बा** पु० (अ०) नजर, दान; हब्बा।
**हिम** पु० *(सं०)* पाला, बर्फ; ठण्ढक। वि० शीतल।
**हिमपात** पु० पाला गिरना।
**हिमवारि** पु० शीतल जल।
**हिमाच्छादित** वि० *(सं०)* बर्फ से आवृत्त।
**हिमाद्रि** पु० *(सं०)* हिमालय पहाड़।
**हिमायत** स्त्री० *(अ०)* ओस कण-समूह; तरफदारी।
**हिमारि** पु० *(सं०)* अग्नि।
**हिम्मत** स्त्री० *(अ०)* पौरुष, पराक्रम; बहादुरी; साहस।
**मुहा० हिम्मत पड़ना** साहस होना। **हिम्मत हारना** किसी काम के करने में साहस का न रह जाना; पस्त हो जाना।
**हिम्मती** वि० पराक्रमी, पुरुषार्थी; वीर; साहसी।
**हिय*** पु० छाती, वक्षःस्थल सीना; हृदय, हृद्, मन।
**हियरा*** पु० हृदय, हिय, मन।
**हियाँ*** अ० यहाँ।
**हिया** पु० हृदय, मन, हिय, वक्षस्थल।
**मुहा० हिया जलना** बहुत गुस्सा होना। **हिया ठण्ढा होना** हृदय शान्त होना, आनन्द का अनुभव होना। **हिया फटना** दुःख, शोक, पीड़ा के अतिरेक का अनुभव होना। **हिया भर आना** दुःखार्त होना, करुणार्द्र होना। **हिया पर पत्थर धरना** सब्र कर लेना। **हिया लगना** आलिंगन करना, गले से लगना।
**हियाव** पु० साहस।
**हिरास** वि० *(फ़ा०)* हिरासाँ, भीत, डरा हुआ। स्त्री० डर, भय, दहशत; नैराश्य, मायूसी।
**हिरासत** स्त्री० *(अ.)* नजरबन्दी; हवालात; पहरा।
**हिरासाँ** वि० *(फ़ा०)* निराश, मायूस; डरा हुआ, भीत।
**हिलकना**† स० क्रि० सिकोड़ना। अ० क्रि० सिसकना; हिहकना; हिचकना।
**हिलकी*** स्त्री० सिसकी, हिचकी; उमंग, लहर।
**हिलग** स्त्री० सम्बन्ध, लगाव।
**हिलगत** स्त्री० टेव।
**हिलगा** वि० पु० अटका लगा हुआ।
**हिलगाना** क्रि० अटकाना, लगाना।
**हिलना** अ० क्रि० डोलना; काँपना; चंचल होना।
**हिलाना** स० क्रि० कँपाना; खिसकाना; अस्थिर करना।
**हिलोर** स्त्री० हिल्लोल, जल-तरंग।
**हिलोरना** स० क्रि० हलोरना; हिल्कोरना।
**हिवाँर** पु० पाला, हिम।
**हिसका** पु० ईर्ष्या, डाह।
**हिसाब** पु० *(अ०)* होड़, गणना; लेन-देन, खरीद-बेची आदि का ब्योरा; बकिफायत।

मुहा० **हिसाब चुकता करना** कर्ज अदा कर देना। **हिसाब तलब करना** हिसाब समझाने को कहना, हिसाब माँगना। **हिसाब देना** हिसाब समझाना। **हिसाब न होना** बेहिसाब होना, गिनती न होना। **हिसाब पाक करना** चुका देना, कर्ज अदा कर देना। **हिसाब बैठना** मेल मिलना; सब कामों, आवश्यकताओं का उपाय निकल आना।

**हिसाबचोर** वि० हिसाब किताब में चोरी करने वाला।

**हिसाबबही** स्त्री० लेन-देन और लेखन पुस्तक।

**हिसार** पु० *(अ०)* परकोटा; घेरा; किला।

मुहा० **हिसार करना** घेरा डालना। **हिसार बाँधना** चारों ओर सैनिकों की पाँत या कोई दूसरी रोक खड़ी कर देना; घेरा डालना।

**हिस्सा** पु० *(अ०)* साझा; बखरा; भाग, अंश।

**हींछा*** स्त्री० कामना, इच्छा।

**हीअ*** पु० हिय।

**हीछना**† अ० क्रि० इच्छा करना, चाहना, हींछना।

**हीछा**† स्त्री० इच्छा, हींछा।

**हीनक** वि० *(सं०)* रहित, वंचित।

**हीनता** स्त्री०, **हीनत्व** पु० *(सं०)* नीचता; बुराई।

**हीलना** स्त्री० *(सं०)* क्षति। *अ० क्रि० हिलना।

**हीला** पु० *(अ०)* बहाना, बनावट; वसीला *कीचड़।

मुहा० **हीला निकलना** उपाय निकल आना। **हीला होना** कोशिश होना; बहाना होना।

**हीही** स्त्री० ही, ही, कर हँसने की क्रिया।

**हीहीकार** पु० ही ही शब्द।

**हुंकार** पु० *(सं०)* गर्जना; ललकारने का शब्द; दर्पयुक्त होकर 'हुं' शब्द करना; सूअर का गुर्राना।

**हुंकारा, हुकारीं** पु० स्त्री० स्वीकारात्मक शब्द।

**हुँडार** पु० वृक, भेड़िया।

**हुण्डी** स्त्री० रूपया उधार लेने की रीति, पत्र।

**हुन्तु** प्रत्य० द्वारा लिखित वास्ते सूचक।

**हुँ** *(अ०)* और भी, अतिरिक्त।

**हुँ, हुँ** *(अ०)* स्वीकृतिसूचक।

**हुँआना** क्रि० स्यार का रोना, 'हुँआ-हुँआ।

**हुकुम*** पु० हुक्म।

**हुकूमत** स्त्री० *(अ०)* शासन, राज्य; अधिकार, प्रभुत्व।

**हुक्म** पु० *(अ०)* इजाजत; फैसला; आज्ञा, आदेश।

मुहा० **हुक्म की तामील** आज्ञापालन। **हुक्म चलना** अधिकार होना। **हुक्म चलाना** आज्ञा प्रचारित करना; हुकूमत करना। **हुक्म बजाना** आज्ञा का पालन करना। **हुक्म लगाना** पक्की राय देना, फैसला करना।

**हुचकी** स्त्री० हिचकी।

**हुजूम** पु० *(अ०)* जनसमूह, भीड़।

**हुज्जत** स्त्री० *(अ०)* विवाद, झगड़ा; बहस; तर्क-वितर्क।

**हुड़कना** अ० क्रि० वियोग में दुखी होना; तरसना।

**हड़काना** क्रि० ललचाना।

**हुड़दंग, हुड़दंगा** पु० ऊधम, उपद्रव, हुल्लड़।

**हुडुम्ब** पु० *(सं०)* भूना हुआ चिउड़ा।

**हुन** पु० सोना, मुद्रा।

**हुनर** पु० *(फ़ा०)* निपुणता; कारीगरी; गुण; योग्यता।

**हुब्ब** स्त्री० *(अ०)* प्रेम; मुहब्बत; चाह; श्रद्धा; उत्साह।

**हुमसना** अ० क्रि० उल्लसित होना; प्रसन्न होना।

**हुरदंग, हुरदंगा** पु० उधम, हुड़दंग, उपद्रव।

**हुरमत** स्त्री० *(अ०)* बड़ाई, प्रतिष्ठा; इज्जत, मान।

**हुरमति*** स्त्री० हुरमत।

**हुरहुर** पु० एक बरसाती पौधा, हुलहुल।

**हुलकना** अ० क्रि० वमन करना, कै करना।

**हुलकी** स्त्री० उलटी, वमन, कै।

**हुलसना** अ० क्रि० उल्लसित होना, आनन्दित होना; *शोभित होना। *स० क्रि० उल्लसित करना।

**हुलसाना** स० क्रि० आनन्दित करना, उल्लसित करना। *अ० क्रि० हुलसना।

**हुलसी** स्त्री० आनन्द, हुलास।

**हुलाना**† स० क्रि० हूलना।

**हुलाल** स्त्री० लहर, तरंग।

**हुलास** पु० उत्साह; उल्लास, मन की उमंग।

**हुलासी** वि० उत्साहपूर्ण; आनन्दयुक्त, उल्लासपूर्ण।

**हुलिंग** पु० *(सं०)* मध्यदेश का एक भाग।

**हुलिया** पु० *(अ०)* शक्ल; नख-शिख, शक्ल- सूरत का ब्योरा; मुखाकृति और उसका रंग-रूप।

मुहा० **हुलिया कराना/लिखाना** खोये हुए आदमी की पहचान पुलिस में लिखाना। **हुलिया तंग होना** परेशानी में पड़ना। **हुलिया बताना/बयान**

**करना** रंग-रूप या सूरत का हाल बताना। **हुलिया बिगड़ना** बुरी हालत होना। **हुलिया बिगाड़ना** मुँह पर ऐसा मारना कि सूरत बिगड़ जाये।

**हुल्लड़** पु० ऊधम; हो-हल्ला, शोर-गुल; दंगा फसाद।

**हुसियार*** वि० होशियार, चालाक चतुर।

**हुस्न** पु० *(अ०)* खूबी; शोभा; सुन्दरता, सौन्दर्य।

**हुस्यार*** वि० होशियार।

**हूँड़** स्त्री० सिंचाई आदि खेती के कामों में किसानों की आपस की सहायता।

**हूँस** स्त्री० वि० मूर्ख, दुर्बुद्धि, ईर्ष्या, डाह; भर्त्सना; बुरी नजर, फटकार।

**हूँसना** अ० क्रि० बुरा-भला कहना; ईर्ष्या करना, डाह करना। स० क्रि० कोसना; बुरा-भला कहना।

**हूक** स्त्री० मानसिक पीड़ा; आशंका; पीड़ा, कसक।

**हूकना** अ० क्रि० शूल उठना; कसकना; दर्द करना, पीड़ा होना; सालना, आशंका होना।

**हूटना*** अ० क्रि० मुँह मोड़ना; पृथक् होना।

**हूटिंग** स्त्री० *(अं०)* चिल्लाकर भगाना; चिल्लाना।

**हूठना** अ० क्रि० घूमना, मुड़ना; हटना, टलना।

**हूठा** पु० अँगूठा; ठेंगा।

**हूड़** वि० जिद्‌दी, हठी; लापरवाह, गंवार; अनाड़ी; मूढ़।

**हूत** वि० *(सं०)* बुलाया हुआ, आमन्त्रित।

**हूदना** स० क्रि० तोड़ना, फोड़ना।

**हूदा** पु० धक्का; शूल, पीड़ा, ठूँसा।

**हूनना** स० क्रि० आग में डालकर भूनना।

**हूब**† स्त्री० उत्साह, हिम्मत।

**हूबहू** वि० वैसा ही, ज्यों का त्यों।

**हूय** पु० *(सं०)* बुलावा, आह्वान।

**हूर** स्त्री० *(अ०)* अप्सरा, बहिश्त या स्वर्गलोक की स्त्री *(ला०)* परी जैसी सुन्दर स्त्री, परम सुन्दरी।

**हूरना** स० क्रि० ठेलना; चुभाना, गड़ाना; जोर से धक्का देना; बहुत अधिक खाना।

**हूल** स्त्री० ठेल झोंकने की क्रिया, कोलाहल।

**हूलना** क्रि० भोंकना, ठेलना।

**हूला** पु० हूलने की क्रिया।

**हूश** वि० आचार, व्यवहार आदि-सम्बन्धी तौर-तरीके से अपरिचित, अशिष्ट, असंस्कृत; जंगली, जाहिल।

**हूह** स्त्री० युद्ध की ललकार; हुंकार, गर्जन।

**हूहू** पु० आग के जलने का शब्द; *(सं०)* 'हुहु'।

**हृच्छोष** पु० *(सं०)* अन्दर की शुष्कता।

**हृज्ज** वि० *(सं०)* हृदय से उत्पन्न।

**हृत** पु० *(सं०)* भाग, हिस्सा। वि० हरण किया हुआ; स्वीकृत; विभक्त; गृहीत; वहन किया हुआ, ले जाया गया हुआ; मुग्ध; वंचित।

**हृत्कम्प** पु० *(सं०)* दिल की धड़कन।

**हृत्कम्पन** पु० *(सं०)* दिल का धड़कना।

**हृत्ताप** पु० *(सं०)* हृदय का दुःख, सन्ताप।

**हृत्पेशी** स्त्री० *(सं०)* हृदय पेशी।

**हृद्** पु० *(सं०)* दिल, हृदय।

**हृदयंगम** पु० *(सं०)* उपयुक्त वचन। वि० आकर्षक; प्रिय; हृदय से निकलने वाला; आनन्ददायक; सुन्दर, मनोहर; मर्मस्पर्शी; हृदयगत; उपयुक्त।

**हृदय** पु० *(सं०)* तत्त्व, हीर; दिल; मन, अन्तःकरण; नीरक्षीरविवेकिनी बुद्धि; आत्मा; भीतरी रहस्य; छाती, सीना; प्यारा, बहुत ही प्रिय व्यक्ति।

**हृदयवान्(वत्)** वि० *(सं०)* दयालु, कोमलहृदय।

**हृदयात्मा(त्मन्)** पु० *(सं०)* कंक पक्षी।

**हृदयानुग** वि० *(सं०)* हृदय को तुष्ट करने वाला।

**हृदयालु** वि० *(सं०)* सहृदय, हृदयवान्, भावुक।

**हृदयेश, हृदयेश्वर** पु० *(सं०)* प्रियतम, पति; परम प्रिय व्यक्ति।

**हृदयेशा, हृदयेश्वरी** स्त्री० *(सं०)* पत्नी, प्रियतमा।

**हृदिस्थ** वि० *(सं०)* जो हृदय में हो; प्रिय।

**हृषीकेश** पु० श्रीकृष्ण, तीर्थ विशेष।

**हृद्** पु० *(सं०)* किसी पदार्थ का भीतरी भाग, हीर; मन, दिल; सीना; आत्मा।

**हेंगा** पु० जोती हुई जमीन बराबर करने का पटरा।

**हेकड़** वि० हट्टा-कट्टा; मोटा-ताजा; जबरदस्त; उग्र और प्रचण्ड; अक्खड़ और उद्दण्ड; अशिष्ट, जाहिल।

**हेकड़ी** स्त्री० जबरदस्ती, बलात् कुछ करने की प्रवृत्ति; अक्खड़पन मिली उद्दण्डता; अशिष्टता।

**हेक्का** स्त्री० *(सं०)* हिचकी, हिक्का।

**हेठा** वि० हेठ, नीचा, हीन।

**हेठापन** पु० नीचता।

**हेठी** स्त्री० अप्रतिष्ठा, मानहानि, हीनता।

**हेड** पु० *(अं०)* सिर; प्रधान व्यक्ति, सर्वोच्च अधिकारी।

**हेडिंग** स्त्री० *(अं०)* शीर्षक।
**हेत*** पु० हेतु; प्रीति, प्रेम।
**हेति** स्त्री० *(सं०)* चोट, आघात; प्रकाश, तेज; जख्म; औजार; अस्त्र; लौ, आग की लपट; अँखुवा।
**हेती*** पु० सम्बन्धी; प्रेमी, हित-मित्र।
**हेतु** पु० *(सं०)* कारण; लक्ष्य, मकसद; *प्रेम।
**हेतुवाद** पु० तर्कवाद पु० तर्कविद्या नास्तिक।
**हेतुशास्त्र** पु० तर्कशास्त्र।
**हेमन्ती** स्त्री० *(सं०)* जाड़े का मौसम।
**हेम** पु० *(सं०)* एक स्वर्णमान, माशा; बुध ग्रह; धतूरा; सुवर्ण; काले या भूरे रंग का घोड़ा।
**हेम(न्)** पु० *(सं०)* केसर का फूल; बुध ग्रह; पाला, हिम; सोना; जल; धतूरा।
**हेमक** पु० *(सं०)* एक अरण्य; स्वर्णखण्ड; स्वर्णकार।
**हेमा(मन्)** पु० *(सं०)* बुध ग्रह।
**हेमाचल** पु० *(सं०)* हेमपर्वत।
**हेमाढ्य** वि० *(सं०)* सोने से भरा-पूरा।
**हेम्य** वि० *(सं०)* सोने का; सुनहला।
**हेरम्बक** पु० *(सं०)* एक प्राचीन जाति।
**हेरना*** स० क्रि० तलाश करना, किसी चीज को ढूँढ़ना।
**हेरफेर** पु० भेद, अन्तर, दूरी; चाल बाजी; उलट-पलट की क्रिया, परिवर्तन; अदल-बदल करने का काम; विनिमय; रद्दोबदल *(आल्ट्रेशन)*।
**हेरवाना**' स० क्रि० खोना; खोजवाना, पता लगवाना।
**हेराना*** अ० क्रि० अपने को भूल जाना, अपनी सुध-बुध खोना; गायब हो जाना, खो जाना; एकदम न रह जाना, अभाव हो जाना। स० क्रि० खोजवाना, पता लगवाना; खोना।
**हेरा-फेरी** स्त्री० हेर-फेर, चीजों का इधर-उधर होना, लट-पलट, वस्तुओं का यथास्थान न रह जाना।
**हेरिक** पु० *(सं०)* गुप्तचर, भेदिया।
**हेरी** स्त्री० पुकार।
**हेल** पु० गोबर आदि का ढेर, कीचड़, ढेर।
**हेल** पु० मेल-जोल घनिष्ठता।
**हेलन** पु० *(सं०)* रस-क्रीड़ा; अवहेलना, तिरस्कार।
**हेलना** स्त्री० *(सं०)* हेलन। *स० क्रि० अवहेलना, उपेक्षा करना; तैरना। अ० क्रि० निश्चिन्त रहना; किलोल करना; हँसी मजाक करना।
**हेलनीय** वि० *(सं०)* तिरस्कार के योग्य।
**हेलिक** पु० *(सं०)* सूर्य।
**हेलिन, हेलिनी** स्त्री० मेहतरानी।
**हेली*** स्त्री० सखी, सहेली।
**हेल्थ** पु० *(अं०)* तन्दुरुस्ती, स्वास्थ्य।
**हेवन्त*** पु० हेमन्त।
**हे, हे** *(सं०)* अव्य० सम्बोधनार्थक शब्द।
**हैण्डपम्प** पु० *(अं०)* हाथ से चलाया जाने वाला नल।
**हैण्डबिल** पु० *(अं०)* नोटिस, पर्चा।
**हैण्डबुक** स्त्री० *(अं०)* गुटका।
**हैण्डल** पु० *(अं०)* दस्ता, मुठिया।
**हैण्डलूम** पु० *(अं०)* हथकरघा।
**हैण्डिकैप** पु० *(अं०)* अड़चन, असुविधा।
**हैण्डिल** पु० *(अं०)* मुठिया, दस्ता।
**हैजम** स्त्री० खड्ग, तलवार।
**हैज़ा** पु० *(अ०)* विषूचिका, संक्रामक माना जाने वाला एक रोग जिसमें कै और दस्त आते हैं।
**हैट** पु० *(अं०)* अँग्रेजी टोप।
**हैड** पु० *(अं०)* प्रधान अधिकारी या व्यक्ति; सिर।
**हैडिंग** वि० *(अं०)* शीर्षक, हेडिंग।
**हैडिम्बि** पु० *(सं०)* हिडिम्बा का पुत्र, घटोत्कच।
**हैना*** स० क्रि० मारना, हनन करना।
**हैबत** स्त्री० *(अ०)* डर, भय, दहशत।
**मुहा० हैबत छाना** डर जाना। **हैबत दिलाना** डरा देना। **हैबत मचना** घबड़ाहट होना।
**हैमन्त** पु० *(सं०)* हेमन्त ऋतु। वि० जाड़े के उपयुक्त; जाड़े में उत्पन्न होने वाला; हेमन्त-सम्बन्धी।
**हैरत** स्त्री० *(अ०)* अचम्भा, आश्चर्य, विस्मय।
**हैरान** वि० *(अ०)* परेशान; हतबुद्धि; चकित, भौचक्का।
**हैरानी** स्त्री० विस्मय; परेशानी।
**हैरिक** पु० *(सं०)* चोर; गुप्तचर।
**हैवर** पु० अच्छा घोड़ा।
**हैवान** पु० *(अ०)* पशु, जानवर; प्राणी; *(ला०)* उजड्ड, जंगली; मूर्ख।
**हैवानात** पु० *(अ०)* 'हैवान' का बहुवचन।
**हैवानियत** स्त्री० जंगलीपन; पशुता, पशुभाव।
**हैवानी** वि० अमानुषिक; पाशविक।
**हैसबैस** पु० *(अं०)* बहस, विवाद।
**हैसियत** स्त्री० *(अ०)* *(हैसीयत)* योग्यता; धन-सम्पत्ति; दर्जा, श्रेणी; सामर्थ्य; बिसात; आर्थिक योग्यता।

**हैहै** अ० हाय हाय, शोक, दुःख आदि का सूचक शब्द।

**होंठ** पु० दन्तच्छद; ओष्ठ, मुँह के बाहर का ऊपर या नीचे का भाग।
**मुहा० होंठ काटना/चबाना** क्रोध, शोक आदि के आवेश में दाँतों से होंठ को काटना। **होंठ चाटना** कोई स्वादिष्ट पदार्थ अधिक-से-अधिक खाने की इच्छा करना। **होंठ चिपकना** किसी मनचाही मीठी चीज का नाम सुनते ही उसे पाने की प्रबल इच्छा होना। **होंठ हिलाना** धीरे से कुछ कहना। **होंठों पर छठी का दूध याद आ जाना** बहुत बड़ी मुसीबत में पड़ना।

**होंठल** वि० बड़े और मोटे होंठों वाला।

**होंठी**' स्त्री० कौर, किनारा।

**होड** पु० *(सं०)* नाव; बेड़ा, भेला।

**होड़** स्त्री० लाग-डाट, शर्त, बाजी; प्रतिद्वन्द्विता।

**होडा (ड्र)** पु० *(सं०)* डाकू, लुटेरा; चोर।

**होड़ाहोड़ी** अ० होड़ लगाकर। स्त्री० होड़।

**होढ** पु० *(सं०)* चोरी का माल। वि० चुराया हुआ माल या धन।

**होत** स्त्री० सामर्थ्य, सम्पन्नता।

**होतव*** वि० होने योग्य, होनहार।

**होतव्य** वि० *(सं०)* हवन करने योग्य।

**होतव्यता** स्त्री० भवितव्यता, होनी।

**होत्र** पु० *(सं०)* होम; हवन-सामग्री, घी आदि।

**होत्रक** पु० *(सं०)* सहयोगी, होता का सहायक।

**होत्रा** स्त्री० *(सं०)* यज्ञ; स्तुति।

**होत्री(त्रिन्)** पु० *(सं०)* होता।

**होत्वा(त्वन्)** पु० *(सं०)* यज्ञकर्ता।

**होनहार** पु० स्त्री० अवश्यमेव घटित होनेवाली घटना, बात आदि भवितव्यता। वि० भावी, होनी; अवश्यमेव होने वाला; भविष्य के विकास, उत्कर्ष, समृद्धि का आभास देने वाला।

**होनिहार*** वि०, पु० होनहार।

**होनी** स्त्री० भवितव्यता, होनहार; उत्पत्ति।

**होम** पु० *(सं०)* ब्राह्मणों द्वारा नित्य किया जाने वाला पंच महायज्ञों में से एक देवयज्ञ; हवन, यज्ञ।

**होमना** क्रि०हवन करना।

**होमियोपैथ** पु० *(अं०)* होमियोपैथिक पद्धति के अनुसार चिकित्सा करने वाला व्यक्ति।

**होमियोपैथिक** वि० *(अं०)* होमियोपैथी-सम्बन्धी।

**होम्य** पु० *(सं०)* घृत। वि० होम के उपयुक्त; होम-सम्बन्धी; होमीय।

**होर** वि० रुका हुआ, ठहरा हुआ।

**होरमा** पु० घास विशेष।

**होरसा** पु० रोटी बेलने या चन्दन आदि घिसने का पत्थर या लकड़ी का बना चौका।

**होला, होरा, होरहा**' पु० चने का फलदार हरा पौधा; आग पर भूना हुआ जौ, चने आदि का हरा दाना, होलक।

**होरिहार*** पु० होली खेलने वाला।

**होरी** स्त्री० जहाज पर माल लादने और उस पर से उतारने के काम आनेवाली बड़ी नाव; होली।

**होलक** पु० *(सं०)* चने, मटर आदि की आग पर भूनी हुई अधपकी फलियाँ।

**होलिका** स्त्री० *(सं०)*होली का त्योहार; हिरण्यकशिपु की बहन; लकड़ी, पेड़ के तने घास-फूस आदि को इकट्ठा कर फाल्गुन की पूर्णिमा की रात में उसका होलिका के रूप में दहन होता है।

**होली** स्त्री० एक त्योहार; एक प्रकार का गीत जो होली के अवसर पर गाया जाता है; कपड़े आदि के ढेर का जला दिया जाना; होलिका।

**होश** पु० *(फ़ा०)* स्मरण, सुधबुध; बुद्धि, अक्ल, समझ; संज्ञा, जीवित रहने का ज्ञान, चेतना।
**मुहा० होश आना** चेतनायुक्त होना; समझ आना। **होश उड़ जाना** आश्चर्यचकित हो जाना; घबड़ा जाना; अक्ल खोना। **होश ठिकाने रहना** होश-हवास दुरुस्त रहना; अक्ल ठीक होना। **होश दिलाना** याद दिलाना, स्मरण कराना। **होश न होना** होश-हवास दुरुस्त न होना। **होश सँभालना** आचार-व्यवहार सीखना; बड़ा होना।

**होशियार** वि० *(फ़ा०)* प्रवीण; अक्लमन्द, बुद्धिमान्; अनुभवी; सावधान, सजग।
**मुहा० होशियार करना** असावधान को सावधान करना। **होशियार रहना** चौकस रहना, सावधान रहना। **होशियार हो जाना** सावधान हो जाना।

**होशियारी** स्त्री० *(फ़ा०)*बुद्धिमानी; चालाकी; अनुभव।

**होस*** पु० होश।

**होस्टल** पु० *(अं०)* छात्रावास।

**होहल्ला** पु० हुल्लड़, शेरगुल।
**हौंकना** †पंखे आदि से हवा करना; दहकाना; *अ० क्रि० हाँफना; गर्जन करना, हुंकारना।
**हौंसला**† पु० हौसला।
**हौआ** स्त्री० हौवा। पु० असाधारण और डरावनी चीज, एक कल्पित वस्तु जिसका नाम लेकर स्त्रियाँ बच्चों को डराया करती हैं।
**हौका** पु० लोभ, लालच; खाने की तृष्णा।
**हौज़** पु० *(अं०)* नाँद; चहबच्चा, कुण्ड।
**हौज़ा** पु० *(फ़ा०)* हौदा, हाथी की अम्मारी।
**हौत्र** वि० *(सं०)* हौतृक। पु० होता का कर्म।
**हौद** पु० नाँद; कुण्ड, हौज़।
**हौदा** पु० हौज़ कुण्ड, नाँद, हौज़ा, हाथी की अम्मारी।
**हौन*** पु० अपनापन।।
**हौरा**† पु० हल्ला, शोरगुल।
**हौरे-हौरे*** अ० आहिस्ते से, धीरे-धीरे।
**हौल** पु० *(अं०)* भीति, भय, डर, दहशत।
**हौलदिली** स्त्री० घबराहट।
**हौलाजौली** स्त्री० जल्दी; हड़बड़ी।
**हौलिंगी** वि० *(अ०, फ़ा०)* भयभीत; व्याकुल।
**हौले-हौले** अ० धीरे-धीरे, आहिस्ते से।
**हौश** पु० स्थान।
**हौस** स्त्री० उमंग; हौसला; उत्कण्ठा, प्रबल इच्छा।
**हौसला** पु० *(अं०)* सामर्थ्य; लालसा; साहस, हिम्मत। **मुहा० हौसला निकालना** अरमान पूरा करना। **हौसला पस्त होना** जोश ठण्ढा पड़ना, हिम्मत टूट जाना।
**ह्नव, ह्नवन** पु० *(सं०)* छिपाना।
**ह्यस्त्य** वि० *(सं०)* ह्यस्तन।
**ह्याँ*** अ० यहाँ।
**ह्यो*** पु० हिया, हृदय।
**ह्रसित** वि० *(सं०)* घटाया हुआ; छोटा किया हुआ, संक्षिप्त किया हुआ, ध्वनित।
**ह्रसिमा(मन्)** स्त्री० *(सं०)* अल्पता; लघुता।
**ह्रस्व** पु० *(सं०)* बौना; एकमात्रिक, लघु स्वर; यम; पुष्पकासीस। वि० नीचा, अनुच्च (जैसे द्वार) तुच्छ; लघु, छोटा (दीर्घ का उलटा); नाटा; ठिंगना।
**ह्रस्वक** वि० *(सं०)* बहुत छोटा।
**ह्रस्वत्व** पु० छोटापन, अल्पता।
**ह्रस्वांग** पु० *(सं०)* जीवक नामक पौधा; बौना आदमी। वि० वामन, बौना, ठिंगना।
**ह्रस्वाग्नि** पु० *(सं०)* मदार का पेड़, अर्क।
**ह्राद** पु० *(सं०)* शब्द, ध्वनि; मेघगर्जन; हिरण्यकशिपु का एक पुत्र।
**ह्रादक** वि० शाब्दिक।
**ह्रादिनी** स्त्री० *(सं०)* बिजली; नदी; इन्द्र का वज्र।
**ह्रादी(दिन्)** वि० *(सं०)* गरजने वाला; शब्दमय।
**ह्रास** पु० *(सं०)* अभाव, कमी; शब्द, ध्वनि; छोटी संख्या; क्षीणता, क्षय, अवनति।
**ह्वलन** पु० *(सं०)* लुढ़कना, लड़खड़ाना।
**ह्वाँ**† अ० वहाँ।
**ह्वाद** पु० आनन्द।
**ह्वादक** वि० प्रसन्न करने वाला।
**ह्वारन** पु० बुलावा आह्वान।
**ह्विस्की** स्त्री० *(अं०)* एक प्रकार की अँगरेजी शराब।
**ह्वीमान्** वि० लज्जाशील।
**ह्वेल** पु० *(अं०)* एक बहुत बड़ा समुद्री जन्तु।

❑❑❑

*परिशिष्ट–1*

# बैंकिंग शब्दावली और अँग्रेजी पर्याय

## अ

| | |
|---|---|
| अंक | figure, point |
| अंकगणितीय परिवर्तन | arithmatical conversion |
| अंकित करना | record mark |
| अंकित मूल्य | face value |
| अंकित राशि | face amount |
| अंगीकार करना, गोद लेना | adopt |
| अँगूठा निशान | thumb impression |
| अंचल | zone circle |
| अंचल प्रशिक्षण केन्द्र | zonal training centre |
| अन्तरक बैंकिग कम्पनी | transfer banking company |
| अन्तरण | transfer |
| अन्तरण अदायगी, भुगतान | transfer payment |
| अन्तरण आदेश | transfer order |
| अन्तरण इन्दराज | transfer entry |
| अन्तरण कर्ता | transferor |
| अन्तरणका प्रमाणन | certification of transfer |
| अन्तरण चैक | transfer cheque |
| अन्तरण टीप | transfer entry |
| अन्तरण विलेख | deed of transfer |
| अन्तरणीय लेखा | transferable amount |
| अन्तरिम अधिनिर्णय | interim award |
| अन्तर्देशीय प्रलेखी हुण्डियाँ | inland documentary bills |

| | |
|---|---|
| अन्तर्नियम | article |
| अन्तर्निहित | implicit |
| अन्तर्बैंक | inter-bank |
| अन्तर्बैंक माँग मुद्रा पर | inter-bank call money rate |
| अन्तर्राष्ट्रीय प्रारक्षित निधियाँ | international reserve funds |
| अन्तर्राष्ट्रीय-मुद्रा | international currency |
| अन्तर्राष्ट्रीय-व्यापार | international trade |
| अन्तर्विभागीय अन्तरण सूची | inter-deptt. transfer scroll |
| अन्तर्शाखा लेनदेन | inter-branch transactions |
| अन्तर्शाखा लेखों का समाधान | reconcilation of inter-branches' account |
| अन्तिम उत्तरजीवी पालिसी | last survivor policy |
| अन्तिम ऋणदाता | last debtor |
| अन्तिम टीप/प्रविष्टि | last/closing entry |
| अन्तिम वेतनपत्र | last pay certificate |
| अन्तिम वैध धारक | last legal holder |
| अन्तिम शेष | final balance |
| अंशकालिक कर्मचारी | part time worker |
| अक्षम | incompetent |
| अक्षरांकीय पंच | alpha numeric punch |
| अग्रणी बैंक | lead bank |
| अग्रता सूची | priority list |

| | |
|---|---|
| अग्रदाय लेखा | imprest account |
| अग्रिम | advance |
| अग्रेषण | forward/onward transmission |
| अचल सम्पति | immovable property |
| अटल मुख्तारेआम | irrevocable power of attorney |
| अतिथि वक्ता | guest speaker |
| अतिदेय किश्तें | overdue instalments |
| अतिदेय हुण्डी | overdue bill |
| अतिरिक्त जोखिम | extra risk |
| अतिरिक्त प्रभार | additional charges |
| अतिशीघ्र. | most urgent |
| अर्जन, उपार्जन | earning |
| अधशेष | opening balance |
| अदत्त | unpaid |
| अदाकर्ता बैंकर | paying banker |
| अदायगी आदेश | payorder |
| आकस्मिक/खर्च | unforseen expenditure |
| अधिक राशि निकालना | overdraw |
| अधिकारक्षेत्र | jurisdiction |
| अधिकारों का आवंटन | delegation of power |
| अधिकृत | authorised |
| अधिदेश | mandate |
| अधिनिर्णय | award |
| अधिपत्र | warrant |
| अधिप्रमाणन | authentication |
| अधिमान | preference |
| अधिमूल्यन | overvaluation |
| अधिवर्षनिधि | superannuation fund |
| अधिसूचित बैंक | notified bank |
| अधिस्थगन आदेश | order of moratorium |
| अधीनस्थ कर्मचारी | subordinate staff |
| अधीन कार्यालय | subordinate office |
| अनन्तरणीय | non-transferable |
| अनन्तिम आँकड़े | provisional figure |
| अनधिकृत | unauthorised |
| अनुसूचित बैंक | scheduled bank |
| अनमिलिखित | unrecorded |
| अनलिखित छुट्टी | leave-not-earned |
| अनाचार | Malpractice |
| अनापत्ति प्रमाणपत्र | no-objection certificate |
| अनियत रिक्तस्थापन | casual vacancy |
| अनियमित अग्रिम | irregular advances |
| अनियमित बेचान | irregular endorsement |
| अनिवार्य योग्यता | essential qualification |
| अनिवार्य सेवानिवृत्ति | compulsory retirement |
| अनिवासी | non-resident |
| अनुकूल विनिमय दर | favourable rate of exchange |
| अनुकूत व्यापार शेष | favourable balance of trade |
| अनुग्रह अवधि | grace period |
| अनुज्ञप्ति (लाइसेंस) | licence |
| अनुज्ञापत्र | permit |
| अनुदान | grant |
| अनुदेश | instruction |
| अनुदेश पुस्तक | book of instruction |
| अनुदेश पुस्तिका | manual of instruction |
| अनुपात | ratio |
| अनुपातन | compliance |
| अनुमानित लागत | estimated cost |
| अनुमोदन | approval |
| अनुमोदित निर्दिष्ट साख संस्था | approved specified credit inst. |
| अनुरोध पत्र | letter of request |
| अनुवर्ती कारवाई | follow-up action |
| अनुलग्नक | enclosure |
| अनुलिपि | duplicate |
| अनुशासनात्मक कारवाई | disciplinary action |
| अनुसंगी | ancillary, subsidiary, satellite |

| | |
|---|---|
| अनुस्मारक | reminder |
| अन्य पक्ष की गारण्टी | a third party guarantee |
| अपचार | act of misconduct |
| अप्राक्राम्य अविनियमसाध्य | not negotiable |
| अप्राक्राम्य रेखन | non-negotiable crossing |
| अप्रचलित देयताएँ | non-current liabilities |
| अप्रचलित सिक्का | obsolete coin |
| अब्याजी | non-interest bearing |
| अभिकरण | agency |
| अभिकरण व्यवस्था | agency arrangements |
| अभिकरण उधार | agency loans |
| अभिनन्दन पत्र | welcome recitation |
| अभिभावक | gaurdian |
| अभिलिखित प्रतिभूति | inscribed security |
| अभिलेख | record |
| अभिव्यक्त प्राधिकार | express authority |
| अभ्यावेदन | representation |
| अमान्यकरण | invalidation |
| अमुक बैंक | particular bank |
| अयोग्यता | disqualification |
| अर्जन क्षमता | earning capacity |
| अर्जित छुट्टी | earned leave |
| अर्णोपाय स्थिति | ways and means position |
| अर्धनिर्मित माल | semi-manufactured product |
| अर्धवार्षिक संवरण | half-yearly closings |
| अल्पकालीन ऋण | short-term loans |
| अल्प बचत | small savings |
| अल्प ब्याज धन | cheap money |
| अल्प सुविधा प्राप्त | under privileged |
| अवकाश | leave, interval, leisure |
| अवधि की समाप्ति | expiry of term |
| अवधि पूर्णता की तारीख | date of maturity |
| अवयस्क खाता | minor account |
| अवरुद्ध खाता | blocked account |
| अवरुद्ध परिसम्पत्तियाँ | frozen assets |
| अवांछित आहरण | unwanted drawals |
| अविभक्त हिन्दू परिवार | undivided Hindu family |
| अविमुक्त दिवालिया | undischarged bankrupt |
| अवेतन छुट्टी | leave without pay |
| अवैधधारक | unlawful holder |
| अवैध हड़ताल | illegal strike |
| अव्यावहारिक हुण्डी बिल | non-mercantile bill |
| अनाधिकारिक | unofficial |
| अशोध्य ऋण | irrecoverable advances/bad debts |
| असंगति | anomaly |
| असाधारण छुट्टी | extraordinary leave |
| अस्थायी अग्रिम | temporary advance |
| अस्थायी व्यवस्था | temporary arrangement |
| अस्वस्थता प्रमाणपत्र | medical certificate of sickness |
| अस्वीकृति सूचना | notice of dishonour |
| अहस्तान्तरणीय | non-transferable |

## आ

| | |
|---|---|
| आँकडे | figures |
| आन्तरिक लेखा परीक्षा | internal audit |
| आंशिक अदायगी | part payment |
| आकस्मिक देयता | contingent liability |
| आकस्मिक व्यय बिल | contingent bill |
| आगे लाया गया | brought forward |

| | |
|---|---|
| आगे ले जाया गया | carried over |
| आचार नियमावली | conduct rules |
| आज्ञापरक | mandatory |
| आतिथ्य भत्ता | entertainment allowance |
| आदतन चूककर्ता | habitual defaulter |
| आदाता | payee, reciever |
| आदाता खाता रेखन | payee's a/c only crossing |
| आदाता खजांची की सूची | receiving cashier's scroll |
| आदिष्ट चैक | order cheque |
| आद्यक्षर | initials |
| आधार अवधि | base period |
| आनुपातिक व्यय | proportional expenditure |
| आनुमानित दर | appropriate rate |
| आपत्ति सहित | under protest |
| आपाती उधार | credit emergency |
| आबण्टन | allotment |
| आय उत्पादक क्षमता | income generating capacity |
| आयात बिलों पर अग्रिम | advance against import bill |
| आयात व्यापार नियन्त्रण | import restrictions |
| आरक्षण | reservation |
| आर्थिक संकट | economic crisis |
| आलोच्य वर्ष | year under review |
| आवक जावक नकदी रजिस्टर | cash inward/outward register |
| आवक नकदी प्रेषण | incoming cash remittance |
| आवधिक जमा | fixed deposits |
| आवधिक जाँच | periodical checking |
| आवधिक विवरणियाँ | periodical returns |
| आवर्ती जमा | recurring deposits |
| आस्तियों का मूल्यांकन | evaluation of assets |
| आस्थगित अदायगी | deferred payments |
| आस्थगित प्राप्त बिल | deferred bill receivable |
| आहरण अधिकार | drawing power |
| आहरण पर्ची | drawing form |
| आहरण सीमा | drawing limits |

## इ

| | |
|---|---|
| इण्डेण्टकर्ता | indentor |
| इन्दराज | entry, posting |
| इतिशेष | closing balance |
| इक्विटी शेयर | equity share |
| इकहरी प्रविष्टि | single-entry system |
| इन्वायस बही | invoice book |

## उ

| | |
|---|---|
| उगाही हुण्डी दर | realisation levey rate |
| उचन्त लेखा /खाता | bills for collection rate |
| उचित प्राधिकारी | appropriate authority |
| उचित समय | reasonable time |
| उच्च प्राथमिकता | top priority |
| उच्चतम निर्धारित कीमत | ceiling price |
| उच्चाधिकारी | higher authority |
| उतराई खर्च | unloading charges |
| उतराई प्रभार | unloading charges |
| उतराई प्रमाण पत्र | unloading certificate |
| उतार-चढ़ाव | fluctuation |
| उत्कृष्ट | outstanding |
| उत्तरजीवी | survivor, surviving |
| उत्तरदिनांकित चैक | post-dated cheque |
| उत्तरवर्ती | succeeding, subsequent |

| | |
|---|---|
| उपसाधन, सहायक उपकरण | accessories |
| उत्तराधिकार प्रमाणपत्र | succession certificate |
| उत्पादक कीमत | producer's price |
| उत्पादन कार्यकलाप | production activity |
| उत्पादन क्षमता | production capacity |
| उत्पादन लागत | cost of production |
| उत्पादन शुल्क | excise duty |
| उद्‌गम प्रमाणपत्र | certificate of origin |
| उद्यमकर्ता/उद्यमी | entrepreneur |
| उद्योगपति | industrialist |
| उधार अन्तराल | credit gap |
| उधार अधिसंकुचन | credit squeeze |
| उधार की दरें | lending rate |
| उधार की मी याद | currency of loan |
| उधार दाता/ऋणदाता | lender, creditor |
| उधार पद्धति | lending pattern/ system |
| उपक्रम | undertaking |
| उपज के आँकड़े | field statistics |
| उपज क्षेत्र | area under crop |
| उपदान | subsidy |
| उपबन्ध | provision |
| उपभोक्ता कीमत सूचकांक | consumer-price-index |
| उपयोग में लायी गयी क्षमता | utilization capacity |
| उपरिव्यय/ऊपरी खर्चे | overhead expenses |
| उपस्कर | equipment |
| उपस्थिति नामावली | muster roll |
| उपयुक्तता प्रमाणपत्र | fitness/eligibility certificate |
| उपहार चैक | gift cheque |
| उपर लिखित | above mentioned |

## ऋ

| | |
|---|---|
| ऋण अनुबन्ध | loan agreement |
| ऋण आवेदन | loan application |
| ऋण का प्रतिदान | redemption of debt |
| ऋण की पुनर्व्यवस्था | rescheduling of loan |
| ऋण गारण्टी योजनाएँ | credit gaurantee scheme |
| ऋणदाता | creditor, lendor |
| ऋणदात्री संस्थाएँ | lending institutions |
| ऋण नकार/ अस्वीकरण | debt repudiation |
| ऋण प्रलेख/दस्तावेज | loan documents |
| ऋण प्राधिकरण योजना | credit authorization scheme |

## ए

| | |
|---|---|
| एक पक्षीय/एकतरफा | ex-parte, unilateral |
| एक मुश्त | lump sum |
| एकल स्वामित्व | individual propri-etorship |
| एक समान दर | flat rate |
| एक मात्र अभिकर्ता | sole agent |
| एकाधिकार नियन्त्रण | monopoly control |
| एकीकृतसाख प्रणाली | integrated credit system |
| एकीकृत ग्रामीण विकास कार्यक्रम | integrated rural developement scheme |
| एजेंसी प्रबन्ध | agency arrangement |
| एवजी | subsitute |
| एच्छिक सेवा निवृत्ति | voluntary retirement |

## ओ, औ

| | |
|---|---|
| ओवरड्राफ्ट/अधिविकर्ष सीमा | O.D. limit |
| औद्योगिक उत्पादन | industrial production |
| औद्योगिक अधिकरण | industrial tribunal |
| औद्योगिक विवाद | industrial dispute |

| | |
|---|---|
| औद्योगिक सम्बन्ध | industrial relation |
| औपचारिक अनुमोदन | formal approval |
| औसत अग्रिम | average advances |
| औसत आय | average revenue |

## क

| | |
|---|---|
| कम्पनी का व्यय रजिस्टर | company's register of charges |
| कम्पनी प्रतिभूति | corporate security |
| कच्चा माल | raw material |
| कटाफटा चैक | mutilated cheque |
| कदाचार | misconduct |
| कपटपूर्ण समझौता | fraudulent settlement |
| कर्तव्य भंग | breach of duty |
| कम कूतना/आँकना | under-estimate |
| कम पोत लदान | under-shipments |
| कर की वसूली | recovery of tax |
| कर निर्धारण वर्ष | assessment year |
| कर मुक्त आय | tax-free income |
| कर योग्य आय | taxable income |
| कर योग्य लाभ | taxable profits |
| करार निष्पादन | execution of agreement |
| कर्मचारी अंशदान | employee's contribution |
| कल्पित कीमत | shadow price |
| कागजी लेन-देन | paper transaction |
| कारीगर | craftsman |
| कामगार | workman |
| कारोबार का प्रकार | nature of transaction |
| कारोबार परिमाण | volume of business |
| कार्मिक नीति | personnel policy |
| कार्मिक प्रबन्ध | personnel management |
| कार्यकारी अधिकार | executive power |
| कार्यक्रम का क्रियान्वयन | implementation of programme |
| कार्यक्षेत्र | area of operation |
| कार्य ग्रहण की तिथि | date of joining |
| कार्य ग्रहण रिपोर्ट/प्रतिवेदन | joining report |
| कार्यमूल्यन | performance rating |
| कार्यमूल्यांकन | job evaluation |
| कार्यवाही | proceedings |
| कार्यवृत्त पुस्तक | minutes book |
| कार्यशाला | workshop |
| कार्यशील पूँजी अग्रिम | working captial advance |
| कार्यसाधक ज्ञान | working knowledge |
| कार्यसूची | agenda |
| कार्यालय आदेश | office order |
| कार्य समय | business hours |
| कार्यकारक | job-factor |
| कार्यावर्तन | job-rotation |
| कार्यालय क्रियाविधि | office procedure |
| कार्यालय ज्ञापन | office memorandum |
| कार्यालय टिप्पणी | office note |
| कार्यालय प्रति | office copy |
| कालाधन | black money |
| काश्तकार | farmer tenant |
| किश्तउधार | credit instalment |
| किराया खरीद अदायगी | hire purchase payment |
| कुंजी रजिस्टर | key register |
| कुक्कुट पालन | poultry farming |
| कुछ नहीं 'विवरणी' | nil return |
| कुटीर और लघुउद्योग | cottage and small industries |
| कुर्क करना | attach |
| कुर्की आदेश | attachment order |
| कुल मूल्य | aggregate value |
| कूट लेखन | encoding |
| कृषि अग्रिम | agricultural advance |

कृषि आधारित उद्योग agro-based industries

कृषिउत्पादक agricultural producers

कृषि उत्पादन वित्तपोषण agricultural advance

कृषि उपकरण agricultural implement

कृषि ऋण निगम agricultural credit corporation

कृषि विस्तार सेवा agricultural extension services

कृषि सरकारी संस्था farm co-operative

कृषि सेवा केन्द्र agro-services centre

कृषि विपणन agricultural marketing

केन्द्रीय बैंक central bank, banker's bank

क्रेता buyer

...के अधिकार से by authority of...

...के अधिकरण में in supersession of...

...के अनुसार in accordance with...

...के आदेश by command, by order...

...के नाते by virtue of...

...के नाम addressed to...

...के नाम आहरण करना drawing in favour of...

...के निपटान में in satisfaction of

...के विपरीत in contrast

...के सिवाय save

...के स्थान पर in lieu of...

...के हित में in the interest of...

...के देय/के कारण due to...

...तिथि पर देय due on...

...को सम्बोधित addressed to

...को समाप्त लेखा अवधि accounting period ended

...को समाप्त हुई तिमारी quarter ended on

कोटि/किस्म नियन्त्रण quality control

कोरा फार्म blank form

कोरा अन्तरंग blank transfer

कोरी हुण्डी blank bill

कोषयान cash van

क्रमबद्ध in order

क्रमिक जोड़ progressive total

क्षतिपूर्ति मुआवजा indemnification, compensation

क्षमता capacity

क्षेत्रफल area

क्षेत्राधिकार jurisdiction

## ख

खरीदी गयी हुण्डी bill purchased

खाता पन्ना ledger folio

खाता बही क्लावी ledger clerk

खुदरा कीमत retail price

खुला टेण्डर open tender

खुला बाजार कारवाई open market operation

## ग

गम्भीर अनियमितताएँ grave irregularities

गणक teller

गणना करना count, calculate

गणना मशीन परिचालक accounting machine operator

गत महीने का ultimo

गतावधि out of date

गतावधि ऋण expired loan

गतावधि चैक stale cheque

गवाह witness

गहन कृषि क्षेत्र जिला intensive agricultural district

| | |
|---|---|
| गिरवी | pledge |
| गिरवी कर्ता | pledger |
| गिरवी ग्राही | pledgee |
| गुजारा भत्ता | subsistence allowance |
| गुणानुक्रम | order of merits |
| गुणावगुण | merits and demerits |
| गुप्त जाँच | secret enquiry |
| गुणवत्ता नियन्त्रण | quality control |
| गृहनिर्माण अर्द्ध सहायता | housing subsidy |
| गृह निर्माण ऋण | housing loan |
| गृहीता | receiver |
| गैर जमानती ऋण | unsecured loan |
| गैर टिकाऊ माल | non-durable goods |
| गैर बैंकिंग कम्पनियाँ | non-banking companies |
| गोचर परिसम्पत्तियाँ | tangible assets |
| गोदाम रसीदें | warehouse receipts |
| गौण उद्योग | ancillary industry |
| ग्रहणाधिकार | lien |
| ग्राम और कुटीर उद्योग | village and cottage industries |
| ग्रामीण अर्थ व्यवस्था | rural economy |
| ग्रामीण अर्थशास्त्र | rural economics |
| ग्रामीण ऋणग्रस्तता | rural indebtedness |
| ग्राहक | client, customer |
| ग्रहण करना | taking over |
| ग्राहक सेवा ईकाई | customer service unit |

## घ

| | |
|---|---|
| घटक | constituent |
| घटबढ़ का विश्लेषण | analysis of variance |
| घरेलू उत्पाद/खपत | domestic product |
| घाट किराया | wharf rent |
| घाटे की जोत | uneconomical holding |
| घोर चूक | gross negligence |
| घोर दुराचरण | gross misconduct |
| घोषित मूल्य | declared value |

## च

| | |
|---|---|
| चकबन्दी | consolidation of holding |
| चक्रबृद्धि दर | compound rate of interest |
| चयन का मानदण्ड | criteria for selection |
| चयनात्मक | selective |
| चर्म उद्योग | leather industry |
| चल अस्तियाँ | movable assets |
| चल प्रतिभूति | floating security |
| चल सम्पत्ति | movable property |
| चलन अवधि | period of currency |
| चालू आय | current income |
| चालू मांग | current demand |
| चालू वित्तवर्ष | current financial year |
| चिकित्सा-अवकाश | medical leave |
| चिकित्सा प्रमाणपत्र | medical certificate |
| चिकित्सा व्यय | medical expenses |
| चिरउत्तराधिकार | perpetual succession |
| चिह्नित चैक | crossed cheque |
| चुंगी शुल्क | octroi |
| चुकायी गयी हुण्डी/बिल | discharged bill |
| चुकौती कार्यक्रम | repayment programme |
| चैकका रेखन | crossing of cheque |

## छ

छपाई तथा लेखन सामग्री — Writing and printing stationery
छलपूर्ण दावा — fraudulent claim
छानवीन — scrutiny, searching
छिद्रित — perforated
छुट्टी यात्रा रियायत — leave travel concession
छुट्टी वेतन, अग्रिम — leave salary advance
छूट अवधि — grace period
छूट प्राप्त वर्ग — Exempted category

## ज

जकात — octroi
जनजातीय क्षेत्र — tribal area
जरशक्ति प्रबन्धन — manpower management
जबानी गरण्टी — oral guarantee
जमाकर्ता — depositor
जमानती ऋण — secured loan
जमा-पर्ची — pay-in-slip
जमाराशि का संघटन — composition of deposits
जमाराशियों की वृद्धि — growth of deposits
जमा शेष — credit balance
जमा ह्रास — deposite erosion
जर्नल प्रविष्टि — journal entry
जहाज तक निःशुल्क — f.o.b. (free on board)
जहाज भाड़ा — shipping freight
जाँच अधिकारी — enquiry officer
जाँच प्रमाणपत्र — test certificate
जानकारी और विकास — knowledge and belief
जानबूझकर ऋण न चुकाने वाला — wilfull defaulter
जामिन — security
जारी करने की दर — rate of issue
जालसाजी करना — forge
जाली दस्तावेज बनाना — fabrication of documents, forged documents
जावक डाक अन्तरण — outward mail transfer
जावन निकासी — outward clearance
जीवन निर्वाह के प्रकट साधन — ostensible means of subsistence
जोखिम उठाना — risk taking
जोखिम प्रीमियम — risk premium
जोत क्षेत्र — holdings
ज्ञापन — memorandum

## ट

टकसाल — mint
टनभारक्षमता — tonnage capacity
टिप्पण और प्रारूपण — noting and drafting
टेक कीमत — support price
ट्रक चालक — truck drivers

## ठ

ठोस निर्यात आदेश — firm export order
ठोस प्रतिभूति — substantial security

## ड, ढ

डाक द्वारा लेनदेन — postal transaction
डाक पता — postal address
डाक्टरी परीक्षा — medical examination

| | |
|---|---|
| डायरी में चढ़ाना | diarising/enter in diary |
| डेरी उद्योग | dairy farming |
| ड्राफ्ट और डाक अन्तरण | draft and mail transfer |
| ढुलाई | Transportation |
| ढुलाई शुल्क | transport charges |

## त

| | |
|---|---|
| तन्त्र | system |
| तकनीकी सलाह | technical advice |
| तकनीकी संभावनाएँ | technical feasibilities |
| तट व्यापार | coastal trade |
| तटस्थ बाजार | neutral market |
| तत्काल | immediate |
| तत्काल नकदी अदायगी | down payment |
| तत्काल हड़ताल | lightening strike |
| तथ्यतः | factually, de facto |
| तथ्यपूर्ण | factual |
| तथाकथित असमानता | alleged disparity |
| तदर्थ ऋण | ad-hoc loan |
| तरल परिसम्पत्तियाँ | liquid assets |
| तार सन्देश कोड | telegraphic message code |
| तिजारती अभिकरण | mercantile agency |
| तिजोरी | chest, currency chest |
| तुड़ाना/भुनाना | encashment |
| तुलन पत्र | balance sheet |
| तैनाती | posting |
| तैयार माल लेखे | finished goods account |
| तोल सूचना | weightment advice |
| त्रिपक्षीय करार | tripartite agreement |
| तैयार उत्पादन | finished products |

## थ

| | |
|---|---|
| थोक कीमत | wholesale price |
| थोक माँगपत्र | bulk indent |
| थोक व्यापारी | wholesale dealer |

## द

| | |
|---|---|
| दण्डनीय | punishable |
| दण्डराशि | penal sum |
| दण्डात्मक कारवाई | penal action |
| दण्डात्मक हर्जाना | punitive damages |
| दखल अधिकारी | occupancy rights |
| दखल पट्टा | occupancy tenure |
| दफ्तरी हिदायतें | official instructions |
| दर अनुसूची | rate schedule |
| दर संविदा | rate contract |
| दर सूची | tariff |
| दर्शनी हुण्डी | sight bill |
| दलाल | broker |
| दलाली | brokerage |
| दस्तकारी | handicraft |
| दस्तावेज | document |
| दस्तावेजी/प्रलेखी साक्ष्य | documentary evidence |
| दावा प्रपत्र | claim form |
| दावा दायर करना | filing of claim |
| दावे का निपटारा | settlement of claim |
| दावेदार | claimant |
| दिवाला | insolvency, bankruptcy |
| दीर्घकालिक उपाय | longterm measure |
| दीर्घावधि ऋण | longterm credit |
| दुधारू पशुयोजना | milk cattle scheme |
| दुर्लभ मुद्रा क्षेत्र | hard currency area |
| दुहरी/दोहरी फसल | double crop |
| दोहरा वित्तपोषण | double financing |

| | |
|---|---|
| दृष्टिबन्धन अनुबन्ध | hypothecation agreement |
| देनदार की योग्यताएँ | debtor's qualification |
| देनदारी | liability |
| देय ड्राफ्ट पंजिका | draft payable register |
| देय बिल | bill payment |
| देय ब्याज | interest payable |
| देय हुण्डियों पर अग्रिम | advance against bills payable |
| देयता | liability |
| देयता आधार पर समायोजन | adjust mention liability basis |
| देशी माँग | indigenous demand |
| देशी बिल | inland bills |
| देशी व्यापार आँकड़े | inland trade statistics |
| दैनिक काउण्टर अदायगी बही | daily counter payment book |
| दैनिक बही | day book |
| दैनिक रिपोर्ट | daily report |
| दोहर प्रविष्टि पद्धति | double-entry system |
| दौरा कार्यक्रम | tour programme |
| द्विपक्षीय व्यापार लेखे | bilateral trade accounts |

## ध

| | |
|---|---|
| धन्धा | business, occupation |
| धनऋण प्रविष्टियाँ | credit debit entries |
| धनी जोग चैक | bearer cheque |
| धातु मुद्रा | metal money coin |
| धारक चैक | bearer cheque |
| धारक/वाहक | holder/bearer |

## न

| | |
|---|---|
| नकद अदा किया | paid in cash |
| नकद आर्थिक सहायता | cash subsidy |
| नकद उपदान | cash subsidy |
| नकद बट्टा | cash discount |
| नकद भुगतान मोहर | pay cash stamp |
| नकद लेन देन | cash transaction |
| नकद सौदा | cash transactions |
| नकद जमा अनुपात | cash deposit ratio |
| नकदी रसीद | cash receipt |
| नकदी फसल | cash crop |
| नकदी बाजार | cash market |
| नकार सूचना | dishonour advice |
| नकारा गया चैक | dishonoured cheque |
| नकारात्मक आय प्रभाव | negative income effect |
| नकारात्मक ग्रहणाधिकार | negative lien |
| नक्शा | map, blue print |
| नक्शानवीस | draftsman |
| नगर प्रतिकार भत्ता | city compensatory allowance |
| नगरीय जनसंख्या | urban population |
| नमूना जाँच | test check |
| नमूना हस्ताक्षर पर्ची | specimen signature slip |
| नलकूप | tubewell |
| नवीकरण प्रस्ताव | renewal proposal |
| नाबालिग खाता | minor account |
| नामजद सदस्य | nominated member |
| नामजोग चैक | order cheque |
| नामांकन | nomination |
| नामित सदस्य | nominated member |
| नामे खाते | debit account |
| नामे डालने की सूचना | debit advice |
| नामे बाकी | debit balance |
| निकासी अग्रेषण | cleaning, fowarding |
| निकासी अभिकर्ता | agent clearing |
| निक्षेप | deposit |
| निगमन प्रमाणपत्र | certificate of incorporation |

| | |
|---|---|
| निगमित निकाय | corporate body |
| निजी अन्तरण अदायगियाँ | private transfer payments |
| निजी क्षेत्र | private sector |
| निजी जोखिम | own risk |
| निजी व्यवसाय करने वाला | self-employed persons |
| निजी संसाधन | own resources |
| निजी स्वामित्व | private ownership |
| निदेशक मण्डल | board of directors |
| निधि निर्माण | generation of funds |
| निधियों का अन्तर्गणन | interlocking of funds |
| निपटान की प्रक्रिया | procedure of settlement |
| निपटान की शर्तें | terms of settlement |
| निभावपत्र हुण्डी/बिल | accommodation paper bill |
| निम्नतर दर | lower rate |
| नियन्त्रक मूल कम्पनी | holding company |
| नियत तिथि | due date |
| नियतन पत्र | letter of allotment |
| नियम | rule |
| निर्यात अभिकर्त्ता | agent exporting |
| नियुक्त उत्तराधिकारी | appointed heir |
| नियुक्ति की शर्तें | terms of appointment |
| नियुक्ति प्राधिकारी | appointing authority |
| नियुक्ति शाखा | appointment branch |
| निरीक्षण कार्यक्रम | inspection programme |
| निरीक्षण रिपोर्ट/प्रतिवेदन | inspection reports |
| निरुद्ध खाते | blocked accounts |
| निर्गम रजिस्टर | issue register |
| निर्दिष्ट गारण्टी | specified gaurantee |
| निर्धारित अवधि | prescribed time/ period |
| निर्धारित दर | prescribed rate |
| निर्धारित ब्याज | scheduled interest |
| निर्धारित रीति | prescribed manner |
| निर्बाध स्वीकृति/सकार | clean acceptance |
| निर्बाध ओवरड्राफ्ट | clean overdraft |
| निर्माण उद्योग लागत | manufacturing/ industry cost |
| निर्माता | manufacturer |
| निर्यात ऋण | export credit |
| निर्यात औपचारिकता से छूट | waiver from export formalities |
| निर्यात के लिए अग्रिम | advances to exports |
| निर्यात नियन्त्रण | export control |
| निर्यात निष्पादन | export performance |
| गारण्टी | guarantee |
| निर्यात बिल | export bill |
| निर्यात लदान पत्र | export bill of loading |
| निर्यात लाइसेंस शुल्क | export licence fee |
| निर्यात विकास योजना | export promotion scheme |
| निर्यात व्यापार नियन्त्रण | export trade control |
| निर्यात व्यापारी | export merchant |
| निर्यात सहायता | export subsidy |
| निर्यात साखपत्र | export letter of credit |
| निर्यातित माल | exported goods |
| निर्यात वित्त पोषण | export financing |
| निर्यातोन्मुख उद्योग | export-oriented industry |
| निर्वाह भत्ता | subsistence allowance |
| निलम्बित | suspended |
| नीलाम | auction |
| नीलामकर्त्ता | auctioneer |
| निलम्बित करना | suspend |
| निवल उत्पादन | net production |
| निवल सम्पत्ति | net worth |
| निविदा | tender |
| निवृतिपूर्व अवकाश | leave preparatory to retirement |
| निवेश छूट | investment allowance |
| निवेश लागत | investment cost |

| | | | |
|---|---|---|---|
| निषेधाज्ञा | injunction, prohibitory order | न्यास | trust |
| निष्क्रिय भागीदार | dormant partner | नौसिखिया | apprentice |
| निष्ठाशपथ | oath of allegiance | न्यून पोतलदान | short shipment |
| निष्पादन गारण्टी | performance guarantee | न्यून मूल्यांकन करना | under value |
| नेमी आदेश | routine orders | न्यूनतम जोत | minimum holding |
| नोटों की गड्डी | wad of notes/ currency notes | न्यूनतम वसूली निष्पादन | minimum recoveries performance |
| | | न्यूनतम पूँजीगत आवश्यकता | minimum capital requirement |
| | | न्यूनतम वेतन | minimum wages |

## प

| | | | |
|---|---|---|---|
| पंच निर्णय/पंचाट | award | परिणत छुट्टी | converted leave |
| पंचवर्षीय योजना | five-year plan | परिपक्वता की तारीख | date of maturity |
| पंचवार्षिक | quinquennial | परिपत्र संख्या | circular number |
| पंजीयन प्रतिभूतियाँ | registered securities | परियोजना रिपोर्ट | project report |
| पक्का पट्टा | permanent lease | परियोजना रूपरेखा | project profiles |
| पट्टा विलेख | deed of lease | परिलब्धियाँ | emoluments |
| पट्टेदार | lessee | परिवर्तन ऋण | conversion loan |
| पट्टेदारी प्रणाली | land tenure | परिवहन चालक | transport operator |
| पट्टेवाली भूमि | leasehold land | परिवाद | complaint, grievances |
| पड़ताल कर्त्ता | checker | | |
| पण्यावर्त | turnover | परिवार का प्रमुख | head of household |
| पदच्युति | dismissal | परिवीक्षा | probation |
| पदावनति | reversion, demotion | परिशोधित ऋण | amortized loan |
| पदोन्नति के अवसर | chances of promotion | परिसमापन कार्यवाही | liquidation proceedings |
| परम्परा | practice | परिसमापनाधीन बैंक | bank under liquidation |
| पराक्राम्य | negotiation | | |
| पराक्राम्य लिखत | negotiable instruments | परीक्षण चालन | test run |
| | | परीक्षित लेखे | audited accounts |
| परमावश्यक | absolutely necessary | परोक्ष उत्पादन | indirect production |
| परम गोपनीय | most secret | परोक्ष कर | indirect tax |
| परम विवेक | absolute discretion | पर्यवेक्षक | observer, supervisor |
| परांकन पर्ची | allonge | पर्याप्त प्रतिभूति | adequate security |
| पशुधन | live stock | पर्याप्त समय | reasonable time |
| परिचय पत्र | letter of identification | पश्चलेख | post-script |
| | | पहचानपत्र | identity card |
| परिचालन लागत | operational cost | पहरेदार (वाचमैन) | watchman |

| | |
|---|---|
| पहाड़ भत्ता | hill allowance |
| पात्रता आँकना | assessing the eligibility |
| पात्रबिल | eligible bills |
| पानेवाला | payee, addressee |
| पाबन्दी | ban |
| पारम्परिक प्रकार | conventional type |
| पारदर्शी लिफाफा | window envelop |
| परिवहन | transport |
| पारस्परिक | mutual |
| पारस्परिक हित | mutual interest |
| पारित करना | pass |
| पारिश्रमिक | honorarium, remuneration |
| पार्टीवार/दलानुसार | partywise |
| पालन | compliance, observance |
| पालिसीधारक | policy holder |
| पावतीकार्ड | acknowledgement card |
| पावती सहित/बाकी | acknowledgement due |
| पिछली आदिम जातियाँ | backward tribes |
| पिछलीक्षेत्र | backward area |
| पिछली वर्ग | backward classes |
| पिसाई | crushing |
| पुनः जारी करना | re-issue |
| पुनः पूर्तियोजना | re-plenishment scheme |
| पुनः पृष्ठांकित | re-endorsed |
| पुनः स्थापति करना | reinstate |
| पुनरावृत्ति | recurrence, repetition |
| पुनरीक्षण | revision |
| पुनर्गठन | reorganisation, reconstitution |
| पुनर्निर्माण | reconstruction |
| पुनर्भुनाई | rediscounting |
| पुनर्ग्रहणाधिकार | lien |
| पुनर्वास वित्त | rehabilitaion finance |
| पुनर्वित्त | refinance |
| पुरस्कार योजना | price scheme |
| पुष्टि | confirmation |
| पूँजी और प्रारक्षित निधियाँ | capital and reserve fund |
| पूँजी जमा अनुपात | capital deposit ratio |
| पूँजी निर्माण शुद्ध सकल | capital formation/net gross |
| पूँजी श्रम अनुपात | capital labourration |
| पूँजीगत अदायगी | capital payments |
| पूँजीगत माल | capital goods |
| पूँजीगत व्यय | capital expenditure |
| पूर्ण और शर्तरहित | absolute and unconditional |
| पूर्ण कालिक | whole time |
| पूर्ण बेचना | full endorsement |
| पूर्ण स्वामित्व | absolute ownership |
| पूर्णतः आश्रित | wholly dependent |
| पूर्णतः गारण्टीकृत | fully guaranteed |
| पूर्णतः चुकता | fully paid up |
| पूर्तिकार लेखे | supplier's account |
| पूर्वदत्त बाउचर | pre-paid vouchers |
| पूर्व दिनांकित चैक | antedated cheque |
| पूर्वमंजूरी/स्वीकृत | previous sanction |
| पूर्वोक्त | aforesaid |
| पूर्वोदाहरण | precedent |
| पूर्वोपाय | precautionary measures |
| पृष्ठांकन | endorsement |
| पृष्ठांकिती | endorsee |
| पैतृक व्यवसाय | ancestral profession |
| पोत प्राधिकरण | shipping authority |
| पोत लदान दस्तावेज | shipment document |
| पोत लदानोत्तर ऋण | post-shipment credit |
| प्रक्रिया नियम | rules of procedure |
| प्रक्रियात्मक | procedural |
| अनियमितताएँ | irregularities |
| प्रचल परिसम्पत्तियाँ | circulating assets |
| प्रचार सामग्री | publicity material |

| | |
|---|---|
| प्रतिउत्तर | counter reply |
| प्रतिकूल टिप्पणियाँ | unfavourable remarks |
| प्रतिपर्ण | counterfoil |
| प्रतिपूरक भत्ता | compensatory allowance |
| प्रतिपूर्ति | reimbursement |
| प्रतिबन्ध | Restriction/ Prohibition |
| प्रतिबन्धित सम्पत्तियाँ | restricted assets |
| प्रतिबन्धी बेचान | restrictive endorsement |
| प्रतिभू | surety |
| प्रतिभूति | security |
| प्रतिभूति बाण्ड | security bond |
| प्रतिभूति रहित अग्रिम | clean advance |
| प्रतिभूतियों पर ब्याज | interest on securities |
| प्रतिवेदन | report |
| प्रतिव्यक्ति आय | per capita income |
| प्रतिशत | percent |
| प्रतिस्थापक | substitute |
| प्रतिस्पर्धी दर | competitive rate |
| प्रति हस्ताक्षर | counter-signature |
| प्रतीक्षा सूची | waiting list |
| प्रत्यक्ष वित्त | direct finance |
| प्रत्याभूति गारण्टी की सीमा | extent of guarantee |
| प्रत्याशित प्रतिफल | expected returns |
| प्रथम दृष्टया | prima facie |
| प्रथा | custom |
| प्रबन्ध तकनीकी | management technique |
| प्रबन्ध निदेशक | managing director |
| प्रथम प्रभार | first charge |
| प्रदत्त पूँजी | paid up capital |
| प्रभार निर्माण | creation of charge |
| प्रभारी अधिकारी | officer incharge |
| प्रभावी कब्जा | effective occupation |
| प्रमाणक पृष्ठांकन | certifying endorsement |
| प्रमाणित चैक | certified cheque |
| प्रमुख शीर्ष | main head |
| प्रलेखो (दस्तावेजों) का निष्पादन | stamping of documents |
| प्रवासी | migrant |
| प्रविष्टि (टीप) | entry |
| प्रशासन प्रबन्ध | administration |
| प्रशासनिक योग्यता | administrative ability |
| प्रसूति छुट्टी | maternity leave |
| प्रस्तुत करना | submit |
| प्राकृतिक विपत्ति | natural calamity |
| प्राथमिक सहकारी समिति | primary co-oprative society |
| प्राथमिकता | priority |
| प्राथमिकता के क्रम से | in order of priority |
| प्रारम्भिक टीप/प्रविष्टि | opening entry |
| प्रारम्भिक नकदी | opening cash |
| प्रारक्षित अनुपात | reserve ratio |
| प्रारक्षित मूल्य | reserve price |
| प्रासंगिक व्यय | incidental expenses |
| प्रेषण की सूचना | advice of dispatch |
| प्रेषक/परेषक | sender/consigner |
| प्रेषिती | addressee, remittee |
| प्रेस विज्ञप्ति | press release |
| प्रोद्भूत आय और व्यय उपचित | accrued income and expenditure |
| प्रेषण अभिकर्त्ता | agent forwarding |

## फ

| | |
|---|---|
| फार्म का नमूना | specimen form |
| फुटकर जमा | sundry diposit |
| फुटकर नकद बही | petty cash book |
| फुटकर रोकड़ प्राप्तियाँ | petty cash receipts |
| फेरीवाला | hawker |

# ब

| | |
|---|---|
| बन्द खाते/लेखे | dead accounts, closed accounts |
| बन्दोबस्त विलेख | deed of settlement |
| बन्ध पत्र और ऋण पत्र | bonds and debentures |
| बन्धक | mortagage, pledge |
| बन्धक कर्त्ता | mortgager, pledger |
| बन्धक ग्राही | mortgagere, pledgee |
| बन्धक नामा | mortgage deed |
| बकाया चुकौती | repayment of outstanding |
| बकाया देनदारी/देयता | outstanding liability |
| बकाया राशि/वेतन | amount outstanding |
| बट्टा काटना | discounting |
| बट्टाकृत/बट्टागत मूल्य | discounted value |
| बट्टे पर विनिमय | exchange at a discount |
| बर्खास्तगी आदेश | dismissal orders |
| बहाली | reinstatement |
| बहीखाता रखना | book-keeping |
| बही मूल्य | book-value |
| बहुउद्देशीय समितियाँ | multipurpose societies |
| बहुमूल्य धातु | precious metal, bullion |
| बहुविध वित्तपोषण | multiple financing |
| बहुविध विनिमय दरें | multiple exchange rate |
| बाकीदारों की सूची | defaulters list |
| बाकी पड़ना | fall into arrears |
| बाकी देयताएँ | outstanding liabilities |
| बकाया शेष | outstanding balance |
| बाजार प्रतिस्पर्धा | market competetion |
| बजट प्रावधान | budget provision |
| बजट लीकेज | budget leakage |
| बफर स्टाक | buffer stock |
| बहुविध वित्त | multiple finance |
| बाजार मुद्रा | money market |
| बाजार मूल्य | market value |
| बालिग | major |
| बाहरी चैक | outstation cheque |
| बाह्य अलंकरण | window dressing |
| बाह्य लेखापरीक्षा | external audit |
| बाह्य स्थान भत्ता | outstation allowance |
| बिक्री मूल्य | sale value |
| बिक्री योग्यता | market ability |
| बिजली चालित करघे | powerlooms |
| बिना अनुमति के अनुपस्थिति | unauthorised absence |
| बिना वेतन छुट्टी | leave without pay |
| बिल का नवीकरण | renewal of bill |
| बिल का बेचान करना | endorsement of bill |
| बिल का भुगतान | retirement of bill |
| बिल भुनाना | bill discounting |
| बिल समर्पन | bill backing |
| बिल स्वीकृत बही | acceptance book |
| बिल छुड़ाना | retirement of bill |
| बीजक | invoice |
| बीमाकृत | insured |
| बीमा प्रमाणपत्र | certificate of insurance |
| बीमारी की छुट्टी | medical leave |
| बीते समय का चैक. | stale cheque |
| बुनकर | weaver |
| बेचान किया गया चैक | endorsed cheque |
| बेचान पर्ची | allonge |
| बेचनीय | negotiable |
| बेजमानती कर्ज | clean loans |
| बैंक अधिकारीगण | Bank staff |
| बैंक उधार | bank credit |
| बैंक की रोकड़ सूची | bank's cash scroll |
| बैंक गारण्टी योजना | bank gaurantee statement |
| बैंक समाधान विवरण | bank reconcilation statement |

बैंकर की सम्मति bankers' opinion
बैंकरों का चैक banker cheque
बैंकों के पास रोकड़ cash in hand with banks
बैंकिंग व्यवस्था banking system
बैंकों के सेवा-शुल्क bank service charge
बोली bid
ब्याज उचित लेखा interest suspense account
ब्याज उपदान interest subsidy
ब्याज मुक्त अग्रिम interest free advances

## भ

भण्डार माल stock in trade
भण्डार रजिस्टर stock register
भरण पोषण भत्ता maintenance allowance
भर्ती recruitment
भविष्य निधि निवेश provident fund investment
भागीदार partner
भार (वजन) freight
भारग्रस्त सम्पदा encumbered estate
भारमुक्त करना relieve
भारतीय बैंक संघ indian bank association
भारतीय बैंक संस्थापन indian institute of bankers
भुगतान आदेश pay orders
भुगतान करना pay
भुगतान सुविधा payment facility
भुनाई सूची encashment schedule
भुनाये गये बिल bills discounted
भूमि का किराया ground rent
भूमिबन्धक चैक land mortgage cheque
भूल-चूक errors and omissions
भृत्य peon
भौतिक माल material goods

## म

मंच plateform, forum
मंजूर वेतनमान sanctioned pay scale
मण्डल प्रस्ताव board resolution
मकान किराया भत्ता house rent allowance
मजदूर संघ labour union
मझोले खेतिहर medium cultivators
मध्यकालिक ऋण intermediate loans
मध्यकालीन ऋण medium term loans
मध्य मूल्य middle price
मध्यवर्ती उपभोग intermediate consumption
मध्यवर्ती बन्धक intermediate mortgage
मनोनीत निदेशक nominated director
मरम्मत और नवीकरण repair and renovation
मसौदा/मसविदा draft
मँहगा मुद्रा बाजार tight money market
महत्त्वपूर्ण परिवर्तन material alteration
माँग का संकुचन contraction of demand
माँग जमा demand deposit
माँग देयता demand liability
माँग पर्ची requisition slip
माँग बाजार मुद्रा call money market
माँगने पर अदा करें pay on demand
माँगने पर देय payable on demand
मानकीकरण standardisation
मानद honorary
मानदेय honorarium

| | |
|---|---|
| मानार्थ स्वीकृति | acceptance for honour |
| मामले की जांच | investigation of the case |
| मार्ग पत्रक | way bill |
| मार्ग में हुई हानि | loss in transit |
| मार्गदर्शी सिद्धान्त | guidelines |
| मार्जिन की अपेक्षाएँ | margin requirements |
| मार्जिन राशि | margin money |
| माल गोदामी कर्ज | warehousing loan |
| माल पानेवाला | consignee |
| माल भेजनेवाला | consignor |
| मासिक तलपट | monthly trial balance |
| मितव्ययिता उपाय | economy measures |
| मिलान करना | tally |
| मिश्रित पूँजी कम्पनी | joint stock company |
| मीयादी ऋण | term loans |
| मीयादी जमा रसीद | fixed deposit receipt |
| मीयादी देयताएं | time liabilities |
| मीयादी मिद्पत्री | usance bill |
| मुअत्तिल करना | suspend |
| मुक्त व्यापार क्षेत्र | free-trade zones |
| मुख्तारनामा | power of attorney |
| मुख्य आयशीर्ष | main income heads |
| मुख्या ऋणी/ऋणकर्ता | principal debtor |
| मुख्य प्रतिभूति | principal security |
| मुख्य लक्षण | salient features |
| मुद्रांक शुल्क | stamp duty |
| मुद्रा | currency, money |
| मुद्रा का अवमूल्यन | devaluation of currency |
| मुद्रा की क्रयशक्ति | purchasing power of currency |
| मुद्रा नीति | monetary policy |
| मुद्रा प्रणाली | monetary systems |
| मुख्य मदें | main heads |
| मुख्य अधिकारी | chief officer |
| मुद्रा रिजर्व | monetary reserve |
| मुद्रास्फीति | inflation |
| मुद्राओं का पुनर्मूल्यन | revaluation of currency |
| मुर्गीपालन | poultry farming |
| मूर्त जमानत | tangible security |
| मूलधन की वापसी | repayment of principal |
| मूल पद वेतन | substantive pay |
| मूल प्रति | original copy |
| मूल्य घटबढ़ (मूल्य अस्थिरता) | price fluctuation |
| मूल्य निर्धारण | price determination |
| मूल्य आँकना | appraise |
| मूल्य प्राप्त | value received |
| मूल्य रेखा | price line |
| मूल्यवर्गानुसार वर्गीकरण | denomination-wise classification |
| मूल्यवृद्धि | price-escalation |
| मूल्य सूचकांक | price index |
| मूल्य सूची | price list |
| मूल्यह्रास लागत | depreciation cost |
| मूल्यांकन | evaluation |
| मूल्यानुसार कर | ad-valorem tax |
| मृत जमाकर्त्ता | deceased depositor |
| मौखिक | oral, verbal |
| मौसमी अग्रिम | seasonal advances |
| मौसमी धन्धा | seasonal occupation |

## य

| | |
|---|---|
| यथानुपात अदायगी | pro-rata payments |
| यथामूल्य शुल्क | ad-valorem duty |
| यथा समय भुगतान | payment in due course |
| यथोचित समय | reasonable time |
| यूरोपीय आर्थिक समुदाय | european economic community |
| योग्य बिल/हुण्डियाँ | eligible bill |

| | |
|---|---|
| योग्यताक्रम | order of merit |
| यथामूल्य | ad-valorem |
| यात्रा बिल | way bill |
| योग्यता सूची | merit list |
| योग्यताप्राप्त उम्मीदवार | qualified candidates |
| योजना का क्रियान्वयन | implementation of plan |

## र

| | |
|---|---|
| रकमवार | amount-wise |
| रक्षितऋण | secured loan |
| राजकोष | exchequer, treasury, Fisc |
| राजनिष्ठा शपथ | oath of allegiance |
| राजपत्र अधिसूचना | gazette notification |
| राजभाषा | official language |
| राजस्व की छूट | remission of revenue |
| राजस्व स्टाम्प | revenue stamp |
| राज्य वित्त निगम | state financial corporation |
| राशि का अन्तिम उपयोग | end use of the amount |
| रात्रि ड्यूटी भत्ता | night duty allowance |
| राष्ट्रीय करण | nationalisation |
| राहत ऋण | relief loan |
| रिक्त पद | vaccant post |
| रिपोर्ट प्राधिकारी | reporting authority |
| रियायती ब्याज दर | concessional rate of interest |
| रुक्का/वचनपत्र | promissory note |
| रूई ओटना | cotton ginning |
| रूढ़िगत बेचनीयता | negotiability by custom |
| रूपान्तरित छुट्टी | commuted leave |
| रेखन मोहर | crossing stamp |
| रेखित चैक | crossed cheque |
| रोक रखा गया | held in abeyance |
| रोक सूचना | notice of stoppage |
| रोकड़िया की सूची | cashier's scroll |
| रोकड़ का हिसाब करना | accounting of cash |
| रोकड़ जमा | cash deposit |
| रोकड़ बाकी | cash balance |
| रोजगार पूर्व प्रशिक्षण | pre-employment training |
| रोजनामचा | day book |

## ल

| | |
|---|---|
| लक्षण | symptoms, features, characteristics |
| लक्ष्य | target, goal, mission |
| लघु उद्योग | small scale industries |
| लघु सिंचाई परियोजना | minor irrigation project |
| लदाई-उतराई | loading, unloading |
| लदान आदेश | shipping order |
| लदान बिल पत्र | bill of loding |
| लाइसेंस प्राप्त क्षमता | licenced capacity |
| लाकर सुविधा | locker facility |
| लागत और निर्माण लेखाकार | cost and work accountants |
| लागत की वसूली | recovery of cost |
| लागत निर्धारण | costing |
| लापता ड्राफ्ट | lost draft |
| लापरवाही से हुआ | occassioned by negligence |
| लाभकारी उपक्रम | advantageous enterprise |
| लाभकारी उद्यम | remunerative enterprise |
| लाभकारी धन्धा | gainful occupation |
| लाभ की गुंजाइश | margin of profit |
| लाभप्रद परिणाम | salutory effect |

| | |
|---|---|
| लाभहानि लेखा | profit and loss account |
| लाभांश | dividend |
| लावारिस प्रतिभूति | unclaimed security |
| लिखित साक्ष्य | written evidence |
| लेखन सामग्री | stationery |
| लेखा पुस्तकें | book of accounts |
| लेखा शीर्ष | account head |
| लेखा समाधान | adjustments of accounts |
| लेखा परीक्षक का प्रमाणपत्र | certification of auditor |
| लेखा परीक्षक प्रतिवेदन | auditor's report |
| लेखा परीक्षित तुलनपत्र | audited balance sheet |
| लेखा वर्ष | accounting year |
| लेखों का वार्षिक समापन | annual closing of accounts |
| लेखों में हेर-फेर करना | manipulation of accounts |
| लोकऋण की व्यवस्था | management of public debt |

# व

| | |
|---|---|
| वंशगत अधिकार | hereditary rights |
| वचनपत्र | promissory note |
| श्रेष्ठ हुण्डी | first class bill |
| वरिष्ठता सूची | seniority list |
| वर्णक्रम | alphabetical order |
| वर्तमान बाजार मूल्य | current market price |
| वर्तमान वित्त वर्ष | current financial year/fiscal year |
| वर्धमान जोड़ | progressive total |
| वर्धमान सीमान्त लागत | increasing marginal |
| वर्धिता दर | enhanced rate |
| वयस्कता | majority, Adult hood |
| वसीयत | will, testament |
| वसीयत प्रमाणपत्र | probate |
| वसूली | recovery |
| वसूली पर्यन्त | pending realisation |
| वस्तु के रूप में चुकाया गया | repaid in kind |
| वस्तु विनिमय पद्धति | banker system |
| वस्तुकर | tax commodity |
| वस्तुतः | de facto |
| वाणिज्य और उद्योग | commerce and industry |
| वाणिज्य साख | commercial credit |
| वापस माँगे गये अग्रिम | recalled advances |
| वापसी डाक से | by return of post |
| वायदा बाजार | forward market |
| वायदा विनिमय सौदा | forward exchange transaction |
| वारिस | heir |
| वार्धक्य निवर्तन | superannuation |
| वार्षिक किराया निर्धारण | annual rental valuation |
| वार्षिक चुकौती क्षमता | annual repaying capacity |
| वार्षिक निरीक्षण | annual inspection |
| वार्षिक प्रतिफल | annual returns |
| वार्षिक वेतनवृद्धि | annual increments |
| वार्षिक निधि | annuity fund |
| वार्षिक लेखाबन्दी | yearly closing of accounts |
| वार्षिक लेखा समापन | yearly closing of accounts |
| वार्षिक संवरण | annual closings |
| वार्षिक लेखा | annual accounts |
| वास्तविक कब्जा | actual possession |
| वास्तविक खरीददार | bonafide purchaser |
| वास्तविक पूँजी | real capital |
| वास्तविक मूल्य | actual cost |
| वास्तविक हर्जाना | actual damages |
| वाहक चैक | bearer cheque |
| वाहक द्वारा | per bearer |

| | |
|---|---|
| वाहक प्रतिभूतियाँ | bearer securities |
| वाहक व्यवस्था | courier arrangements |
| वाहन भत्ता | conveyance allowance |
| विकलांग कामगार | handicapped workman (labour) |
| विकृत सिक्का | defaced coins |
| विक्रेताधीन बाजार | seller's market |
| विक्रेय प्रतिभूति | marketable securities |
| विकेन्द्रित ऋण | decentralized loans |
| विचार किये बिना | irrespective of |
| विचाराधीन | under consideration |
| विचारार्थ | for consideration |
| वितरण | disbursement |
| वित्तनिभाव | financial accommodation |
| वित्त पोषक | financier |
| वित्त वर्ष | financial year |
| वित्तीय अनुशासन | financial discipline |
| वित्तीय दण्ड | financial penalty |
| वित्तीय दृष्टि से दुरस्त | financially sound |
| वित्तीय वचनबद्धता | financial commitment |
| वित्तीय हैसियत | financial position |
| विदेशों में संयुक्त उद्यम | joint venture abroad |
| विदेश व्यापार क्षेत्र | foreign trade zone |
| विदेशी ऋण | external loan |
| विदेशी प्रेषण | foreign remittance |
| विदेशी बिल | external bill |
| विदेशी मुद्रा व्यापार | foreign exchange business |
| विदेशी मुद्रागत मूल्य | exchange value |
| विदेशी हुण्डी | external bill |
| विधि परामर्शदाता | legal advisor |
| विधिक संरक्षण | legal protection |
| विधिवत हस्ताक्षरित | duly signed |
| विनिमय दर | exchange rate |
| विनिमेय मुद्रा | convertible currency |
| विनियन्त्रण | decontrol |
| विनियोजन | appropriation |
| विपणन पद्धति | marketing method |
| विभागीय जांच | departmental enquiry |
| विभेदक ब्याजदर | differential interest rate, |
| विमुक्त दिवालिया | discharged bankrupt |
| विमोचित | retired |
| विराम भत्ता | halting allowance |
| विरासत कर | inheritance tax |
| विलम्बित भुगतान | delayed payment |
| विलम्ब शुल्क | late fee |
| विवरण | statements |
| विवरण का सत्यापन | verification of statements |
| विवरणी | return |
| विवादग्रस्त हुण्डी | disputed bill |
| विवेकाधीन ऋण सीमाएँ | discretionary credit limit |
| विशिष्ट माल | specified goods |
| विशेष अनुदान | special grant |
| विशेष औसत | particular average |
| विशेषकार्य अधिकारी | officer on special duty |
| विशेष रियायत | special concession |
| विशेष राय | expert opinion |
| विशेषाधिकार | privilege |
| विसंगत | irrelevant |
| विसंगति | discrepency |
| वृद्धि का उच्च दर | high rate of growth |
| वेतन और भत्ता | pay and allowance |
| वेतन मान | scale of pay |
| वेतन वृद्धि | increment |
| वेतन सहित छुट्टी | leave with pay |
| वैकल्पिक माँग | alternate demand |
| वैध उत्तराधिकारी | legal successor heir |
| वैध-निविदा | legal tender |
| वैध धारक | lawful holder |
| वैधता अवधि | validity period |
| वैयक्तिक गारण्टी | personal guarantee |

वैयक्तिक जमानत personal security
व्यक्त प्राधिकार express authority
व्यवसाय business, occupation
व्यवसाय का मुख्य स्थान principle place of business
व्यवसाय का परिमाण volume of business
व्यवसायिक प्रतिष्ठान business establishment
व्यवसाय संगठन business organisation
व्यवस्थित sytematic
व्यवहार्य viable, workable
व्यापार ऋण trade credit
व्यापार घाटा trade deficit
व्यापार चिह्न प्रथा trade mark
व्यापार बट्टा trade discount
व्यापारिक अभिकरण mercantile agency
व्यापारी बैंक merchant banking
व्यावसायिक professional
व्यावहारिक कठिनाई practical difficulty

## श

शक्ति चालित करघे (मशीन चालित करघा) powerlooms
शक्ति चालित हल power tillers
शपथ पत्र affidavit
शहरी आबादी urban population
शाखा अन्तरण सूची branch transfer scroll
शब्द और अंकों में अन्तर words and figures difference
शाखा प्रबन्धक branch manager
शाखावार आँकड़े branch-wise figure
शाखा विस्तार कक्ष branch expansion cell
शाखा समायोजन branch clearing code
शाखाओं का आपसी लेन-देन inter-branch transaction
शाब्दिक/मौखिक verbal/ oral
शिकायतों का निवारण redressal of grievances
शिक्षित बेकारी educated unemployment
शिखर बुनकर समिति apex weaver society
शिकायत हीन क्षेत्र zero complaint region
शिनाख्त निशान identification mark
शिल्पकार sculptor
शिष्टमण्डल delegation
शिष्टाचार courtsey
शीघ्रावधि द्रव्य बाजार call money market
शीर्ष/शिखर apex
शीर्ष प्रबन्धन top management
शुद्ध अचल आस्तियाँ net fixed assets
शुद्ध अर्जन net earning
शुद्ध आय net income
शुद्ध कार्यशील पूँजी net working capital
शुद्ध तरलता अनुपात net liquidity ratio
शुद्ध देशी उत्पाद net domestic product
शुद्ध प्रतिफल net returns
शुष्क कृषि dry farming
शून्य लागत zero investment
श्रम आयुक्त labour commissioner
श्रम कानून labour laws
श्रम की अकुशलता inefficiency of labour
श्रम लागत labour laws
श्रम विवाद labour disputes
श्रम शक्ति आयोजन manpower mobilisation
श्रमिक वर्ग working class, proletariat
श्रेणी category, rank
श्रेष्ठ प्रतिमूर्ति giltedged security

# स

संकाय सदस्य — faculty member
संक्षिप्त विवरण — resume
संगठन और पद्धति — organisation and method
संगत उद्धरण — relevant extract
संग्रहण — mobilization
संघ के अन्तर्नियम — articles of association
संचालन करना (प्रोग्राम/गाड़ी) — conduct, handle, steer
संचित हानि — accumulated loss
सन्तुलन मूल्य — equilibrium price
सन्तुलित बजट — balanced budget
सन्तोषजनक — satisfactory
सन्दर्भ पुस्तकालय — reference library
सन्दर्भाधीन — under reference
सन्देशवाहक — messenger
सन्देह लाभ — benefit of doubt
सम्पत्ति का अधिकार — rights to property
सम्पति की कुर्की — attachment of property
सम्पर्क अधिकारी — liaison officer
सम्पार्श्विक प्रतिभूति — collateral security
सम्पूर्ण अधिकार — absolute title
सम्बद्ध उद्धरण — relevant extract
सम्बन्धित उपबन्ध — relevant provision
सम्भावी क्रेता — potential buyer
सम्भाव्य माँग — potential demand
सम्भाव्यता अध्ययन — feasibility studies
सम्मिश्र अग्रिम — composite advance
संयन्त्र और मशीन लेखा — plant and machinery account
संयुक्त परिवार सम्पत्ति — joint family property
संरक्षित काश्तकार — protected tenants
संलग्न करना — attach
संवर्गेत्तर पद — ex-cadre post
संवितरण पश्चात निरीक्षण — post-disbursement inspection

संविदा दायित्व — obligation of contract
संविधि पुस्तक — statute book
संसाधन करना — processing
संस्तुति — recommendation
संस्तुतिपरक — recommendatory note
स्वीकृति — sanction
सकल आय — gross income
सकल हानि — gross loss
सकारने पर देय प्रलेख — documents against acceptance
सकारात्मक — positive
सक्रिय भागीदार — active partner
सक्रिय ऋण — active loan
सक्षम प्राधिकारी — competent authority
सट्टा प्रतिभूतियाँ — speculative securities
सतत प्रतिभूति — continuing security
सतर्कता अधिकारी — vigilance officer
सत्कार भत्ता — entertainment allowance
सत्यनिष्ठा पूर्वक — solemnly
सत्यापन — verification
सदस्य सचिव — member-secretary
सदाचार — good conduct
सद्भाव से कार्य करते हुए — acting in good faith
सनदी लेखाकार — chartered accountant
समकक्ष — equivalent
समग्र व्यापार शेष — overall balance of trade
समझौता — agreement
समता सिद्धान्त — parity principle
सममूल्य पर — at par
समय पालन — punctuality
समयपूर्व आहरण — premature withdrawal

| | |
|---|---|
| समय वद्ध कार्यक्रम | time bound programme |
| समयसारणी | shedule, time table |
| समयोपरि | overtime |
| समरूप कूट | uniform code |
| समर्थ प्राधिकारी | competent authority |
| समर्थन मूल्य | support price |
| समनुदेशिती | assignee |
| समर्पित | dedicated |
| समादेश याचिका | writ petition |
| समाधान विवरण | reconciliation statement |
| समापन | closing, concluding |
| समापनाधीन | under liquidation |
| समाप्ति सूचना | termination notice |
| समामेलित बैंकिंग कम्पनी | amalgamated banking company |
| समायोजन भत्ता | adjustment allowance |
| समायोज्य अग्रिम | adjustable advance |
| समाशोधन करार | clearing agreement |
| समाशोधन गृह | clearing house |
| संचयित भण्डार योजना | buffer stock plan |
| समीक्षाधीन | under review |
| समुचित प्रतिफल | good consideration |
| समुद्रपारीय कार्यालय | overseas office |
| समुद्री जोखिम | marine risk |
| समुद्री व्यापार | maritime trade |
| समूह अग्रिम | group advance |
| समूह प्रणाली | pool system |
| समेकन | consolidation |
| समेकित दर | composite rate |
| समेटना | wind up |
| सरकारी आदाता | official receiver |
| सरकारी टिकट | service stamp |
| सरकारी प्रलेख | official document |
| सरकारी वित्त | public finance |
| सरकारी समापक | official liquidation |
| सर्राफा बाजार | bullion market |
| सराहना | appreciation |
| सराहनीय सेवा | meritorious service |
| सर्वाधिकार सुरक्षित | all right reserved |
| सर्वेक्षण रिपोर्ट | survey report |
| सर्वोच्च प्राधिकरण | supreme authority |
| सलाहकार मण्डल | advisory board |
| सवारी भत्ता | conveyance allowance |
| सवेतन अवकाश | leave with pay |
| सशर्त अदायगी | conditional payments |
| सहकारी बैंक | co-operative bank |
| सहकारी उद्यम | co-operative enterprises |
| सहकारी ऋण ढाँचा | co-operative credit structure |
| सहकारी सामूहिक कृषि समिति | co-operative collective farming society |
| सहभागिता प्रमाणपत्र | participation certificate |
| सहभागी ऋण | participation loan |
| सहयोगी संस्था | sister concern |
| सहज अधिकार | inherent rights |
| सहज विकास दर | natural growth rate |
| सहमत | agreed |
| सहमति | consent, concurrence |
| सहायक उद्योग | ancillary industry |
| सहायक संस्था | subsidiary unit/ organization |
| सहायक बल | auxiliary force |
| सहायता अनुदान | grant in aid |
| सहायता ऋण | relief loan |
| सहायता संघ | aid-consortium |
| सांख्यकीय त्रुटि | statistical error |
| सांयोगिक दायित्व | contingent obligation |
| सांविधिक आदेश | statutory order |

साक्ष्य सत्यापन verification of testimony
साख सूचना credit information
साधन resource
साधारण बन्धक ordinary mortgage
साधिकार अर्जित अवकाश privilege leave
साधिकार धारक holder in due course
सापेक्ष प्रतिवेदन qualified report
साप्ताहिक बकाया विवरण weakly arrears report
साम्यिक बन्धक equitable mortgage
सामाजिक आर्थिक विकास socio-economic development
सामाजिक नियन्त्रण social control
सामान का बही मूल्य book value of stores
सामान्य ऋण नियन्त्रण general credit control
सामान्य ग्रहणाधिकार general lien
सामान्य भविष्य निधि general provident fund
सामान्य रक्षोपाय usual safegaurd
सामान्य व्यवहार normal behaviour
सामान्यीकरण generalization
सामान्य खाता बही general ledger
सामुदायिक विकास योजना community development project
सामूहिक खेती collective farming
सामूहिक बीमा group insurance
सारणीकरण tabulation
सारवृत्त resume
सार्वजनिक ऋण public debt
सावधि बिल time bill
सावधि जमा पर ऋण loan against fixed deposits
सावधि रसीद का परिपक्वता maturity of F.D.R.
सावधि निर्यात ऋण term export credit
सहकार अधिनियम money lenders act
सिक्का ढलाई minting
सिद्धान्ततः in principle
सिफारिश recommendation
सीधा लदान-पत्र through bill of lading
सीधी भर्ती direct recruitment
सीमान्त margin
सीमान्त उपज marginal yield
सीमाएँ limits
सीमा शुल्क निकासी परमिट custom clearance permit
सीमित देनदारी limited liability
सीमित देयल प्रतिष्ठान limited company
सुअर पालन piggery
सुदृढ़ पार्टी sound party
सुनियोजित systematic
सुपुर्दगी का स्थान place of delivery
सुपुर्दगी द्वारा आक्रमण negotiation by delivery
सुरक्षा उपाय security measures
सुरक्षित जमाकक्ष safe deposit value
सूखा drought
सूचक कार्ड index card
सूचकांक index numbers
सूचना नहीं no advice
सूचना पट्ट notice board
सूचना प्रणाली information system
सूचना रहित प्रदत्त paid without advice
सूचीगत प्रतिभूति listed security
सूत का व्यापार trading in yarn
सूती वस्त्र उद्योग cotton textile industry
सेवा की सराहना appreciation of services
सेवा पूँजी service book
सौंपना entrust
सौदे का स्वरूप nature of lonsection
स्टाम्प शुल्क की छूट remission of stamp duty
स्टाक आवर्त अनुपात stock turnover ratio

| | | | |
|---|---|---|---|
| स्टाक मूल्य वृद्धि | stock appreciation | स्रोत पर कटौती | deduction at source |
| स्टाफ प्रशिक्षण केन्द्र | staff training centre | स्वनियोजन | self-employment |
| स्थगन आदेश | stay order | स्वग्रहणाधिकार | possessory title |
| स्थानान्तरण भत्ता | transfer allowance | स्वचालित | automatic |
| स्थान पर | at sight | ऋण गारण्टी योजना | credit gaurantee scheme |
| स्थानापन्न | substitute | | |
| स्थानापन्न हैसियत | officiating capacity | स्वभावतः चूक कर्त्ता | habitual defaulter |
| स्थानीय ढुलाई | local cartage | स्वयं अदा करें | pay to self |
| स्थानीय प्राधिकार | local authority | स्वयं को देय | payble to self |
| स्थानीय वितरण | local distribution | स्वर्णाभूषणों पर अग्रिम | advance against gold ornaments |
| स्थापन लागत व्यय | set-up-cost | | |
| स्रोत पर | at source | स्वस्थ्य बैंक प्रणाली | sound banking system |
| स्थापना व्यय | establishment expenses | | |
| | | स्वास्थ्यता प्रमाणपत्र | medical certificate |
| स्थायी अनुदेश | standing instruction | स्वागत | reception |
| स्थायी देनदारी | fixed liability | स्वामित्व पर प्रकार | pattern of ownership |
| स्थायी पट्टा | permanent lease | स्वीकार्य सीमा | permissible limit |
| स्थायी परिसम्पत्तियाँ | fixed assets | स्वीकृत ऋण सीमाएँ | sanctioned limits on loan |
| स्थायीवत् | quasi permanent | | |
| स्थिर कीमतें | stable price | स्वीकृत प्रतिभूति | approved security |
| स्थिर माँग | stable demand | स्वीकृति पत्र | letter of acceptance |

## ह

| | | | |
|---|---|---|---|
| हड़ताल निषेध धारा | no-strike clause | हस्तान्तरी | transferee |
| हथकरघा उद्योग | handloom industry | हाजिरी रजिस्टर | muster roll |
| | | हानि निर्धारण | assessment of loss |
| हलफनामा | affidavit | हामीदार | underwritten |
| हवाई डाक सेवा | air mail service | हुण्डीकर्त्ता | drawer |
| हस्तलिखित दस्तावेज | hand written document | हुण्डी की अवधि | term of bill |
| | | हुण्डी की चुकौती | discharge of bill |
| हस्तान्तरण विलेख | transfer deed | हैसियत | status |
| हस्तान्तरणीय | transferable | हुण्डी सरकारी खाता | acceptors' ledger |

❑❑❑

*परिशिष्ट–2*

# भारतीय संविधान विषयक हिन्दी शब्दावली एवं अँग्रेजी पर्याय

## अ

| | |
|---|---|
| अक्षम | incompetent |
| अक्षमता | incompetency |
| अग्रिम धन | advance |
| अतिक्रमण | violation, transgression, encroachment |
| न्यायाधीश | judge |
| अतिरिक्त न्यायाधीश | additional judge |
| अतिरिक्त लाभ | excess profit |
| अधिकरण | tribunal |
| अधिकार | right |
| अधिकार-अभिलेख | record of rights |
| अधिकार-पृच्छा | quo warranto |
| अधिग्रहण | requisition |
| अधिनियम (सं.) | act |
| अधिनियम (क्रि.) | enact |
| अधिपत्र | warrant |
| अधिभार | surcharge |
| अधिमान | preference |
| अधिवक्ता | advocate |
| अधिवास | domicile |
| अधिवासी | domiciled |
| अधिष्ठाता | presiding officer |
| अधिसूचना | notification |
| अधीक्षक | superintendent |
| अधीक्ष | superintendence |
| अधीन | subject |
| अधीनस्थ अधिकारी | subordinate officer |
| अधीनस्थ न्यायालय | subordinate court |
| अध्यक्ष | speaker |
| अध्यादेश | ordinance |
| अध्यासीन होना | preside |
| एक क्षेत्राधिकारू | exclusive jurisdiction |
| अनर्हता | disqualification |
| अनर्हीकरण | disqualify |
| अनियमितता | irregularity |
| अनुकूलन | adaptation |
| अनुच्छेद | article |
| अनुज्ञप्ति/लाइसेंस | licence |
| अनुज्ञा (क्रि.) | permit |
| अनुज्ञा (संज्ञा) | permission |
| अनुदान | grant |
| अनुदेश (न.) | instruction |
| अनन्मुक्त | undischarged |
| अनुपाती प्रतिनिधित्व | proportional representation |
| अनुपूरक | supplementary |
| अनुपूरक अनुदान | supplementary grant |
| अनुमति | assent |
| अनुमोदन (क्रि.) | approve |
| अनुमोदन (संज्ञा) | approval |
| अनुशासन | discipline |
| अनुशासन सम्बन्धी | disciplinary |
| अनुषक्ति | adherence |
| अनुष्ठान | rites, rituals |
| अनुसमर्थन (संज्ञा) | ratification |
| अनुसमर्थन (क्रि.) | ratify |
| अनुसन्धान (क्रि.) | investigate |
| अनुसन्धान (संज्ञा) | investigation |
| अनुस्मारक | reminder |
| अनुसूचित क्षेत्र | scheduled area |
| अनुसूचित जन जाति | scheduled tribe |

| | |
|---|---|
| अनुसूचित जाति | scheduled caste |
| अनुसूची | schedule |
| अन्तर्गसन | involvement |
| अन्तर्गस्त | involved |
| अन्र्देशीय जलपथ | inland waterway |
| अन्तर्राष्ट्रीय | international |
| अन्तःकरण | conscience |
| अन्यदेशीय | aliens |
| अन्य संक्रामण (क्रि.) | alienate |
| अन्य संक्रामण (संज्ञा) | alienation |
| अपमान लेख | libel |
| अपमान वचन | slander |
| अपमिश्रण | adulteration |
| अपर न्यायाधीश | additional judge |
| अपराध | crime, offence |
| अपराधी | criminal |
| अपवर्जन (क्रि.) | exclude |
| अपवर्जन (संज्ञा) | exclusion |
| अपात्र | ineligible |
| अपात्रता | ineligibility |
| अपील | appeal |
| अपील न्यायालय | court of appeal |
| अप्रवृत्त | inoperative |
| अभिकथन | allegation |
| अभिकरण | agency |
| अभिकर्त्ता | agent |
| अभिप्राय | opinion |
| अभियाचना | demand |
| अभियुक्त | accused |
| अभियुक्ति | charge |
| अभियोग | accusation |
| अभियोजन | prosecution |
| अभियोज्य दोष | cognizable offence |
| अभिरक्षा | custody |
| अभिलेख | record |
| अभिलेख न्यायालय | court of record |
| अभिलेख कक्ष | record room |
| अभिशप्त | accursed |
| अभिशप्ति/अभिशस्ति | curse |
| अभिसमय | convention |
| अभ्यर्थी | candidate |
| अमान्य | invalid |
| अयुक्त प्रभाव | undue influence |
| अर्जन | acquisition |
| अर्जी | petition |
| अर्थकरना | construe |
| अर्थदण्ड | fine |
| अर्हता | qualification |
| अल्पसंख्यक वर्ग | minority |
| अल्पीकरण | derogation |
| अवधिदान | adjourn |
| अवमान/अवमानना | contempt |
| अवयस्क | minor |
| अविभाजित कुटुम्ब/ परिवार | joint family |
| अविश्वास प्रस्ताव | motion of no confidence |
| अवैध | illegal |
| अवैधाचरण | illegal practice |
| असमर्थता | incapacity |
| असमर्थता निवृत्ति वेतन | invalidity pension |
| असैनिक | civil |
| असैनिक शक्ति | civil power |
| अहितकारी | detrimental |
| अंकन | endorsement |
| अंकित | endorsed |
| अंग/इकाई | unit |
| अंश | share |
| अंशदान | contribution |

## आ

| | |
|---|---|
| आकलन (क्रि.) | scrutiny |
| आकस्मिकता निधि | contingency fund |
| आचार | custom |
| आजादी | freedom |

| | |
|---|---|
| आजीविका | callings, profession, vocation |
| आजीविका-कर | profession tax |
| आज्ञप्ति | decree |
| आदेश | order |
| आदेशिका | process |
| आनुषंगिक | consequential |
| आपराधिक | criminal |
| आपात | emergency |
| आपाती | emergent |
| आपात की घोषणा | proclamation of emergency |
| आभार | obligation |
| आयकर | income tax |
| आयात शुल्क | import duty |
| आयुक्त | commissioner |
| आयोग | commission |
| आरक्षक | police |
| आरक्षक बल | police force |
| आरोप | allegation |
| आरोपण करना | Allege |
| आर्थिक | economic |
| आर्थिक क्षेत्राधिकार | pecuniary jurisdiction |
| आवर्तक | recurring |
| आवारागर्दी | vagrancy |
| आवेदन पत्र | application |
| आस्ति | property |
| आहिंडन | vagrancy |
| आह्वान | summon |
| आँकना | estimate |

## इ

| | |
|---|---|
| इच्छापत्र/वसीयत/विल | will, testament |
| इच्छा-पत्र हीन | intestate |
| इच्छा-पत्र हीनत्व | intestacy |

## उ

| | |
|---|---|
| उगाहना (क्रि.) | collect, levy |
| उच्चतम न्यायालय | supreme court |
| उच्च न्यायालय | high court |
| उत्तराधिकार | succession |
| उत्तराधिकार शुल्क | succession duty, |
| उत्तराधिकारी | successor, heir |
| उत्तरवादिता | liability |
| उत्पादन | production |
| उत्पादन शुल्क | excise duty |
| उत्प्रवास | emigration |
| उत्प्रेक्षण लेख | certiorari |
| उद्ग्रहण (संज्ञा) | levy |
| उद्घोषणा | proclamation |
| उद्भव | descent |
| उद्यम | enterprise |
| उद्योग | industry |
| उधार /ऋण | loan |
| उधार ग्रहण | borrowing |
| उन्मत्त | lunatic |
| उन्माद | lunacy |
| उन्मुक्ति/प्रतिरक्षा | immunity |
| उपकर | cess |
| उपक्रमण | initiate |
| उपचार | remedy |
| उपजीविका | occupation |
| उपदान | gratuity |
| उपदेश/परामर्श | homily/advisory |
| उपनिर्वाचन | by-election |
| उपनिवेशन | colonization |
| उपबन्ध | provision |
| उपभोग/उपभोक्ता | consumption/ consumer |
| उपराज्यपाल | lieutenant governor |

| | | | |
|---|---|---|---|
| उपराष्ट्रपति | vice president | उपाध्यक्ष | deputy speaker |
| उपलब्धि | emolument | उपायुक्त | deputy commissioner |
| उपविभाग | subdivision | उपायोजन/रोजगार | employment |
| उपवेशन/बैठक | sitting | उपार्जित /प्रोद्भूत | accrued |
| उपविधि | bye law | उम्मीदवार/प्रत्याशी | candidate |
| उपसभापति | vice chairman | उल्लंघन | contravention |
| उपस्थित होना | appear | | |

## ऋ

| | | | |
|---|---|---|---|
| ऋण | debt | ऋणपत्र | debenture |
| ऋण ग्रस्तता | indebtedness | | |

## ए

| | | | |
|---|---|---|---|
| एकक | unit | एकल संक्रमणीय मत | single transferable vote |
| एकल निगम | corporation, sole | एकस्व | patent |

## क

| | | | |
|---|---|---|---|
| कटक (सैन्यबल स्थायी निवास/छावनी) | cantonment | कार्य | business |
| कणकु | account | कार्यकारी | acting |
| कदाचार | misbehaviour, misdemeanour | कार्यपालिका अधिकार | executive power |
| कब्जा | possession | कार्यपालिका | executive |
| कम्पनी | company | कालदान | adjourn |
| कर | tax | कावल | custody |
| करारनामा | agreement | काँजी हाउस/ मवेशीखाना | cattle pound |
| कर्तव्य | duty | किराया | fare |
| कर्तुमभिप्रेत | purporting to be done | किसान | land tenant |
| कर्मचारी गण | staff | कुर्की | attachment |
| कानूनी | legal | कूटनीति | diplomacy |
| कारखाना | factory | कृतिस्वाम्य | copy right |
| कारबार/कारोबार | business | कृत्य | function |
| कारागार | prison | केन्द्रीय गुप्तचर विभाग | Central Intelligence Bureau |
| काराबन्दी | prisoner | कैद | imprisonment |
| कारावास | imprisonment | कैदी | prisoner |
| कार्मिक संघ | trade union | क्षति | injury. damage |

| | | | |
|---|---|---|---|
| क्षति पूरक बिल | bill of indemnity | क्षेत्र | area |
| क्षमताशाली | competent | क्षेत्राधिकार | jurisdiction |
| क्षमा | pardon | | |

## ख

| | | | |
|---|---|---|---|
| खनिज | mineral | खर्च | cost |
| खनिवसित | mining settlement | खण्ड | clause |
| खनिज सम्पत् | mineral resources | | |

## ग

| | | | |
|---|---|---|---|
| गणना | account | गूढ़-पत्र/मत-पत्र | ballot paper |
| गणना परीक्षा | vote on account | ग्राम परिषद् | village council |
| गणपूर्ति | audit | ग्रास | admissible |
| गवेषणा | research | | |

## घ

| | |
|---|---|
| घोषणा | declaration, declamation, Proclamation |

## च

| | | | |
|---|---|---|---|
| चट्टम | act (noun) | चिह्न | mark |
| चर्चा | discussion | चुने हुए | selected |
| चल-अर्थ, चालू मुद्रा | currency | चुंगी | octroi |
| चित्त विकृति | unsoundness of mind | चैक | cheque |

## छ

| | |
|---|---|
| छावनी | cantonment |

## ज

| | | | |
|---|---|---|---|
| जगह, षद | post | जिला न्यायालय | district court |
| जनगणना | sensus | जिला परिषद्/काउन्सिल | district council/board |
| जनजाति परिषद | tribe council | जीविका | livelihood |
| जल दस्युता | piracy | जुआ | gambling |
| जल प्रांगण | territorial waters | जुर्माना | fine |
| जामिन | bail | जेल | prison |
| जाँच करना | inquire | ज्वार-जल | tidal waters |
| जिला | district | ज्ञाप | memo |
| जिला गण | district board | ज्ञापन | memorandum |
| जिला निधि | district fund | | |

## ट, ड

टंकण coinage/type
टाँच attach
ट्राम tramway
ट्राम गाड़ी tram car
डिक्री decree

## त, थ

तत्सम for the time being
तदर्थ ad-hoc
तत्स्थानी/अनुरूप corresponding
तृतीय-पठन third reading
त्रैवार्षिक triennial
थाना police station

## द

दत्तक ग्रहण adoption
दत्तक स्वीकरण adoption
दस्तकारी handicraft
दस्तावेज document
दड देना punish
दण्ड न्यायालय criminal court
दण्ड-विधि criminal law
दण्ड विषयक criminal
दण्डादेश sentence
दण्डाधिकारी न्यायालय magistrate's court
दाखिल entry
दातव्य charities
दाय (भाग) inheritance
दायित्व liability
दावा claim
दिवाला bankruptcy
दिवाला insolvency
दीवानी civil
दीवानी-अदालत civil court
दृष्टांक visas
देय fee
देशीकरण naturalization
दोहरा/द्विगृही bicameral
दोष प्रमाणित convicted
दोष सिद्धि conviction
दोषारोप charge
द्यूत gambling
द्वितीय-पठन second reading

## ध

धन money
धन विधेयक money bill
धर्म faith / religion
धन्धा occupation

## न

नक्ष design
नगर क्षेत्र municipal area
नगर-ट्राम वे municipal tram way
नगर निगम municipal corporation
नगर पालिका municipality
नगर रथ्यायान municipal tram way
नगर समिति municipal committee
नागरिकता citizenship
नाम निर्देशन/नामित nominate
नावाधिकरण admiralty
निकाय body

| | |
|---|---|
| निक्षेपनिधि | sinking fund |
| निखात निधि | treasure trove |
| निगम कर | corporation tax |
| निगमन | incorporation |
| निगम-निकाय | body / corporate |
| निदेश | direction |
| निधि | fund |
| निबद्ध/पंजीकृत | registered |
| निबन्धक | term |
| निबन्धन | registration |
| नियन्त्रक महालेखा परीक्षक | comptroller and auditor general |
| नियन्त्रण | control |
| नियम | rule |
| नियुक्ति | appointment |
| नियोजक उत्तरदायित्व | employers liability |
| निरसन | repeal |
| निराकरण करना | abrogate |
| निरोध | custody |
| निरोधा/संक्रमण रोगावधि | quarantine |
| निर्णायक मत | casting vote |
| निर्देश/सन्दर्भ | reference |
| निर्धारण | assesment |
| निर्माण | construction, manufacture |
| निर्यात | export |
| निर्यात शुल्क | export duty |
| निर्योग्यता/अपंगता | disability |
| निर्वचन | interpretation |
| निर्वसीयत | intestate |
| निर्वसीयता | intestacy |
| निर्वहन | discharge |
| निर्वाचक गण | electoral college |
| निर्वाचन नामावली | electoral rolls |
| निर्वाचन (क्रि.) | elect |
| निर्वाचन (संज्ञा) | election |
| निर्वाचनाधिकरण | election tribunal |
| निर्वाचन-आयुक्त | election commissioner |
| निर्वाचन क्षेत्र | constituency |
| निर्वाचित | elected |
| निर्वासन | transportation, banishment |
| निर्वाह मजदूरी | subsistence wages |
| निलम्बित करना, (क्रि.) | suspend |
| निलम्बन (सं.) | suspension |
| निवारक निरोध/ नजरबन्दी | preventive detention |
| निवृत्त होना | retire |
| निवृति | retirement |
| निवृत्ति वेतन | pension |
| निषेध | forbid, prohibit |
| निषिद्ध | forbidden, prohibited |
| निष्ठा | allegiance |
| नौकरी | employment, service |
| नौकरी-कर | employment tax |
| नौकाधिकरण | admiralty |
| नौपरिवहन | navigation |
| नौसेना विषयक | naval |
| न्यस्त करना | entrust |
| न्यायपालिका | judiciary |
| न्यायाधिकरण | tribunal |
| न्यायाधिपति | justice |
| न्यायाधीश | judge |
| न्यायालय अवमानना | contempt of court |
| न्यायिक कार्यवाही | judicial proceeding |
| न्यायिक कार्यवाही | judicial proceeding |
| न्यायिक मुद्रांक | judicial stamp |
| न्यायिक अधिकार | judicial power |
| न्यास | trust |
| न्यूनन | abridge |

# प

| | |
|---|---|
| पक्ष | party |
| पण लगाना | bet |
| पणक्रिया | betting |
| पण्य चिह्न | merchandise mark |
| पत्तन निरोध | port qurantine |
| पथ कर | toll |
| पथ नियम | road rules |
| पद/पदस्थान | post,office |
| पदच्युत करना | dismiss |
| पदत्याग/पद त्याग करना | resignation/demise |
| पदधारी | incumbent |
| पदावधि | tenure |
| पदआवास | official residence |
| पदेन | ex-officio |
| पराया करण | alienation |
| परमादेश | mandamus |
| परन्तु | provided |
| परमिट (संज्ञा) | permit |
| परामर्श | consultation |
| परित्यजन/परित्याग | abandonment |
| परित्राण | safeguard |
| परिपालन | implement |
| परिप्रश्न | enquiry |
| परिलब्धि | perquisite |
| परिवहन | transport |
| परिवहन | transport, carriage |
| परिव्यय | cost |
| परिषद् | council |
| परिषद् आदेश | order in council |
| परिसीमन (क्षेत्र का)/ (चुनाव क्षेत्र का) | delimitation/ delineation |
| परिसीमा | delimitation |
| परिहार | remission |
| परिहार विधेयक | bill of indemnity |
| परोक्ष-निर्वाचन | indirect election |
| पर्यवेक्षण | inspection |
| पर्यालोचन | deliberate |
| पंचाट | award |
| पात्रता | eligibility |
| पात्र | eligible |
| पारपत्र | passport |
| पारण | pass |
| पारित | passed |
| पारितोषिक | reward |
| पारिश्रमिक | remuneration |
| पावती | receipt |
| पीठासीन | preside |
| पीठासीन अधिकारी | presiding officer |
| पुनरीक्षण | revision |
| पुनर्विचार न्यायालय | court of appeal |
| पुनर्विलोकन/ पुनरावलोकन | review |
| पुरः स्थापन | introduce |
| पुरः स्थापना | introduction |
| पूर्त | charity |
| पूर्तधार्मिक धर्मस्व | charitable and religious endowment |
| पूर्त संस्था | charitable institution |
| पूर्व-मंजूरी | previous sanction |
| पूर्वसम्मति | previous consent |
| पूंजी | capital |
| पृष्ठांकन | endorse |
| पृष्ठांकित | endorsed |
| पेशगी/अग्रिम धन | advance |
| पेशा | profession |
| पोषण | maintenance |
| पोषण करना | maintain |
| पौरत्व/नागरिकता | citizenship |
| खोज/अन्वेषण | discovery |
| प्रकाशन | publication |
| प्रक्रिया | procedure |
| प्रख्यापन | promulgate |
| प्रग्रहण/गिरफ्तार | arrest |
| प्रचलित | current |
| प्रचार करना | propagate |

प्रतिकर compensation
प्रतिकूल असर डालना affect prejudicially
प्रतिकूलता contravention
पूर्व मति ग्राहयता prejudice
प्रतिकृति/प्रतिलिपि copy
प्रतिज्ञान affirmation
प्रतिनिधि representation
प्रतिपत्री proxy
प्रतिपालक अधिकरण court of wards
प्रतिभूति security
प्रतिरक्षा defence
प्रतिलिप्याधिकार copy right
प्रतिवेदन report
प्रतिव्यक्ति कर capitation tax
प्रतिषिद्ध prohibited
प्रतिषेध prohibition
प्रतिशुल्क countervaluing duties
प्रतिषेधलेख writ of prohibition
प्रतिसंहरण revoke
प्रत्यक्ष निर्वाचन direct election
प्रत्यय credit
प्रत्यय-पत्र letter of credit
प्रत्ययानुदान votes of credit
प्रत्यर्पण extradition
प्रत्याभूति guarantee
प्रथम पठन first reading
(निचला) सदन lower house
प्रधानमन्त्री prime minister
प्रपत्र/फारम form
प्रभाव influence
प्रभुसत्ता sovereign
प्रभुता sovereignty
प्रमाणपत्र certificate
प्रमाणीकरण authentication
प्रमोदकर entertainment tax
प्रयुक्ति/प्रयोग application
प्रयोग/अभ्यास exercise
प्रति विलम्बन reprive
प्रवर समिति select commitee
प्रविष्टि entry
प्रवेश access
प्रवेशन accession
प्रव्रजन migration
प्रशान्ति tranquility
प्रशासन administration
प्रशासनिक कार्य क्षमता efficiency of administration
प्रशासनीय administrative
प्रशासित administered
प्रशिक्षण training
प्रसंग/सन्दर्भ context
प्रसारण broadcasting
प्रसूति साहाय maternity relief
प्रस्ताव motion, proposal
प्रस्तावना preamble
प्रस्थापना proposal
प्राक्कलन estimate
प्रादेशिक आयुक्त regional commissioner
प्रादेशिक क्षेत्राधिकार regional jurisdiction
प्रादेशिक निधि regional fund
प्रादेशिक निर्वाचन क्षेत्र territorial constituency
प्रादेशिक परिषद regional council
प्रादेशिक भार territorial charges
प्राधिकार authority
प्राधिकारी authority
प्राधिकृत authorised
प्रान्त province
प्रापण/प्राप्त होना accrue
प्राप्ति receipt
प्रोमिजरी नोट/वचन-पत्र promissory note
प्रासंगिक/अनुषंगिक incidental
प्रोद्भूत accrued

## फ

| | | | |
|---|---|---|---|
| फरियाद | complaint | फेडरल न्यायालय | federal court |
| फीस देय | fee | | |

## ब

| | | | |
|---|---|---|---|
| बँटवारा | allocation | बहुमत | majority/plurality |
| बनाये रखना (क्रि.) | maintain | बिल | bill |
| बनाये रखना (संज्ञा) | maintenance | बीमापत्र | policy of insurance |
| बन्दी प्रत्यक्षीकरण | habeas corpus | बेकारी | unemployment |
| बन्धक | mortgage, Hostage | बैठक | sitting |
| बल | forces | बैंक | bank |
| बहि शुल्क | custom duty | बोर्ड | board |

## भ

| | | | |
|---|---|---|---|
| भत्ता | allowance | भारग्रस्त सम्पदा | encumbered estate |
| भविष्यनिधि | provident fund | भारत सरकार | Government of India |
| भर्ती | recruitment | भारित करना | charge |
| भागिता | partnership | भू-अभिलेख | land records |
| भाटक | rent | भू-धृति | land tenures |
| भाड़ा/किराया | fare | भू-राजस्व | land revenue |
| भार | charge | भ्रष्ट | corrupt |

## म

| | | | |
|---|---|---|---|
| मजदूरी | wage | मनोदौर्बल्य | mental weakness |
| मण्डल जिला | district | मनोनयन | nominate |
| जिला न्यायालय | district court | मनोवैकल्य | mental deficiency |
| मण्डलाधीश/ मण्डलायुक्त | deputy commissioner | मन्त्रणा | advice |
| | | मन्त्रणापरिषद् | advisory council |
| मण्डली परिषद | board | मन्त्रि परिषद् | council of ministers |
| मत | vote | मन्त्री | minister |
| मतदाता /वोटदाता | voter | मरण शुल्क | death duty |
| मतदान | voting | महाजनी | usury |
| मतदाता सूची | voter list | महाधिवक्ता | advocate general |
| मताधिकार | suffrage | महा न्यायवादी | attorney general |
| मतिमन्द | dullness | महा प्रशासक | administrator general |
| मध्यस्थ न्यायालय | arbitral tribunal | | |
| मध्यस्थ | arbitrator | महालेखा परीक्षक | auditor general |
| मध्यस्थ निर्णय/ मध्यस्थता | arbitration | महाभियोग | impeachment |
| | | मानदेय/सम्भावना | honorarium |

| | |
|---|---|
| मानव पण्य | traffic in human being |
| मानहानि | defamation |
| मान्यता | validity |
| मार्ग प्रदर्शन | guidence |
| माँग | demand |
| मीनक्षेत्र | fishery |
| मीन पष्णै | fishery |
| मुक्त | exempt |
| मुखिया | headman |
| मुख्य | chief |
| मुख्य आयुक्त | chief commissioner |
| मुख्य निर्वाचन आयुक्त | chief election commissioner |
| मुख्य न्यायाधिपति | chief justice |
| मुख्यमन्त्री | chief minister |
| मुद्रा/मोहर | seal |
| मुद्रांक शुल्क | stamp duty |
| मूलधन | capital |
| मूलधन मूल्य | capital value |

## य

| | |
|---|---|
| यथास्थिति | status quo |
| यन्त्रशास्त्र/अभिमन्त्रण | engineering |
| याचिका | petition |
| यातायात | traffic |
| योगदान काल | joining time |

## र

| | |
|---|---|
| रक्षण/आरक्षण | reservation |
| रक्षा कवच | safe guard |
| रक्षित वन | reserved forest |
| रथ्यायान | tram car |
| रद्द करना | annulment |
| रसीद | receipt |
| राजकोष गामी | escheat |
| राजस्व | revenue |
| राजस्व न्यायालय | revenue court |
| राज्य | state |
| राज्य सरकार | state government |
| राज्य क्षेत्र | territory |
| राज्य क्षेत्रातीत प्रवर्तन | extra territorial operation |
| राज्यनिधि | state fund |
| राज्यपरिषद् | council of states |
| राज्यपाल | governor |
| राज्यसूची | state list |
| राय | opinion |
| राशि | amount |
| राष्ट्र | nation |
| राष्ट्र ऋण | public debt |
| राष्ट्रपति | president |
| राष्ट्रपति-प्रसाद पर्यन्त | during the pleasure of the president |
| राष्ट्रीय राजपथ | national highways |
| राष्ट्रों की विधि | laws of nations |
| रिक्त स्थान/रिक्तता | vacancy |
| रिक्थ | property |
| रुकावट | bar, ban |
| रूढ़ि | custom |
| रूप भेद | modification |
| रूपांकन | design |
| रेल | railway |

## ल

| | |
|---|---|
| लगान | levy |
| लादना (थोपना) | impose |
| लम्बमान/लम्बित | pending |
| लागत | cost |
| लागू करना | Apply |
| लाभ | profit |

| | |
|---|---|
| लाभांश | dividend |
| लिखित | written instrument |
| लिखित सूचना | notice in writing |
| लिखित आदेश | writ |
| लेखा | account |
| लेखा परीक्षा | audit |
| लेखानुदान | votes on accounts |
| लेख्य (आलेख) | document |
| लेना-देना | dealings/concern |
| लोक | people |
| लोकअधिसूचना | public notification |
| लोकसभा | house of the people, parliament |
| लोक समाज | community |
| लोक सेवाएँ | public services |
| लोक सेवा आयोग commission | public services |
| लोक स्वास्थ्य | public health |

## व

| | |
|---|---|
| वकालत करना | plead |
| वकील | pleader |
| वचनबन्ध | committed |
| वणिक् पोत | merchant marine |
| वयस्क | major, adult |
| वयस्क मताधिकार | adult suffrage |
| वस्तुभाड़ा/मालभाड़ा | freight |
| वहनपत्र | bill of loading |
| वाक्स्वातन्त्र्य | freedom of speech |
| वाणिज्य | commerce |
| वाणिज्य दूत | consul |
| वाणिज्य विषयक | commercial |
| वाद | cause |
| वाद पद | issue |
| वाद प्रतिवाद | controversy |
| वादमूल | cause of action |
| वाद विवाद | debate |
| वाद विषय | subject matter |
| वायदा बाजार | future market |
| वायुपथ | air ways |
| वार्षिक | annual |
| वार्षिक वित्त विवरण | annual financial statement |
| वार्षिकी | annuities |
| विकलन | debit |
| विकृत चित्त | unsound mind |
| विक्रय | sale |
| विक्रय कर | sales tax |
| विघटन | dissolution |
| विचार | consideration |
| विचारार्थ प्रस्ताव | motion for consideration |
| वितरण | distribution |
| वित्त | finance |
| वित्त विधेयक | finance bill |
| वित्त आयोग | finance commission |
| वित्तीय | financial |
| वित्तीय भार | financial obligation |
| वित्तीय विवरण | financial statement |
| विदेशीय कार्य/मामले | foreign affairs |
| विदेशीय विनिमय | foreign exchange |
| विधान | legislation |
| विधान परिषद् | legislative council |
| विधान मण्डल | legislature |
| विधान सभा | legislative assembly |
| विधायिनी शक्ति | legislative power |
| विधि | law |
| विधि व्यवस्था | law and order |
| विधि प्रश्न | question of law |
| विधिमान्य | legal tender |
| विधियों का समान संरक्षण | equal protection of law |
| विधि विषयक | legal |
| विधेयक | bill |
| विनिमय | regulation |
| विनिमयन | regulate |

| | |
|---|---|
| विनिमय-पत्र | bill of exchange |
| विनियोग | appropriation |
| विनियोग विधेयक | appropriation bill |
| विनिश्चय | decision |
| विभाग | section |
| विभाजन | distribution |
| विभेद | discrimination |
| विमति | dissent |
| विमान परिवहन | air navigation |
| विमान यातायात | air traffic |
| विमान बल | air force |
| विमोचन | redemption |
| विमोचन भार | redemption charges |
| वियुक्त /वंचित | deprived |
| विराम | respite |
| विलेख | deed |
| विवरणी | return |
| विवाद | dispute |
| विवाह विच्छेद | divorce |
| विशेषाधिकार | privilege |
| विश्वास प्रस्ताव | motion of confidance |
| विश्वास का अभाव | want of confidence |
| विसर्जन | disperse |
| विसंगत | irrelevant |
| विस्तार करना | extend |
| विस्फोटक | explosive |
| वीसा | visas |
| वृत्ति | profession |
| वृत्तिकर | profession tax |
| वृद्धि/सूद | interest |
| वेतन | pay/salary |
| वेलई/रोजगार | employment |
| वैदेशिक कार्य | external affairs |
| व्ययगत होना (अवधि समाप्त होना) | lapse |
| व्यय | expenditure/expense |
| व्यवसाय | vocation |
| व्यवस्था | order |
| व्यवहार | civil/ dealings |
| व्यवहार अदालत/ व्यवहारालय/व्यवहार न्यायालय | civil court |
| व्यवहार प्रक्रिया (दिवानी) | civil procedure |
| व्यवहार प्रक्रिया संहिता | civil procedure code |
| व्यवहार में घसीटना | sue |
| व्यवहार वाद | civil suit |
| व्यवहार विषयक अपकृत्य/दोष | civil wrong |
| व्यवहार शक्ति | civil power |
| व्याख्या | explanation |
| व्यापार | trade |
| व्यापार कर | trade tax |
| व्यापार चिह्न | trade mark |
| व्यापार संघ | trade union |
| व्यावृत्ति | savings |

## श

| | |
|---|---|
| शक्ति अधिकार | power |
| शर्त | condition/proviso |
| शलाका/शलाका पद्धति | ballot |
| शान्ति | peace |
| शाश्वत उत्तराधिकार | perpetual succession |
| शासक | ruler |
| शासन | governance/ government |
| शासी निकाय | governing body |
| शास्ति | penalty |
| शिक्षा | education/ instruction |
| शिल्पी प्रशिक्षण | technical training |

| | |
|---|---|
| शिविर | camp |
| शिशु | infant |
| शिस्त | disciplinary |
| शुल्क | duty/tax/levy |
| शुल्क सीमान्त | custom frontiers |
| शून्य | void |
| शैरिफ | sheriff |
| शोधना | research |
| श्रम | labour |
| श्रमिक संघ | labour union |

## स

| | |
|---|---|
| सत्र | session |
| सत्र न्यायालय | session court |
| सत्रावसान करना/ सत्रावसान (सदन का) | prorogue/ prorogation |
| सदन | house |
| सदस्य | member |
| सदाचरण पर्यन्त | duration of good behaviour |
| सदाचार (नैतिक)/ व्यावहारिक/सैद्धान्तिक | morality/probity/ ethics |
| संस्था | association |
| सन्धि | treaty |
| सभा | assembly |
| सभापति | chairman |
| समता | equality |
| समर्पण करना/समर्पण | dedicate/dedication |
| समवर्ती सूची | concurrent list |
| समवाय | company |
| समवाय संस्था/ सहकारी संस्था | cooperative society |
| समवेत होना | assemble |
| समागम | intercourse |
| समापन | winding up |
| समिति | committee |
| समुदाय | community |
| समुद्र नौवहन | maritime shipping |
| सम्पदा | estate |
| सम्पदा शुल्क | estate duty |
| सम्पूर्ण प्रभुत्व सम्पन्न गणराज्य | sovereign democratic republic |
| सम्मेलन | conference |
| सरकार | government |
| सरकारी अभियाचना | public demand |
| सर्वक्षमा | amnesty |
| सर्वोच्च समादेश | supreme command |
| सलाह | advice |
| सशस्त्र बल | armed forces |
| सहमति | concurrence |
| सहायक | ancillary |
| सहायक अनुदान | grant in aid |
| संकटमय | hazardous |
| संकल्प | resolution |
| संक्रमण | transition |
| संगणना | compute |
| संघ | union |
| संघटन | organization |
| संघ सूची | union list |
| संचार | communication |
| संचार करना | communicate |
| संचार साधन | means of communication |
| संचितनिधि | consolidated fund |
| सन्दर्भ | context |
| सन्देश | message |
| सम्बोधित | addressed |
| सम्पत्ति | property |
| सम्पत्ति हस्तान्तरण पत्र | assurances of property |
| सम्पर्क | contact |
| सम्मति | consent |
| सम्भावना | possibility |
| संरक्षक | guardian |
| संलग्न | append |
| संविदा | contract |
| संविधान | constitution |
| संविधान सभा | constituent |

| | |
|---|---|
| | assembly |
| संशोधन | amendment |
| संसद् | parliament |
| संस्थापन | establishment |
| संहिता | code |
| साक्ष्य | evidence |
| साख | credit |
| साधारण निर्वाचन | general election |
| सामर्थ्य | capacity |
| सामाजिक बीमा | social insurance |
| सामाजिक रूढ़ि | social custom |
| सामाजिक सेवा | social service |
| सामान्य मुद्रा/मुहर | common seal |
| सार्वजनिक अधिसूचना | public notification |
| सार्वजनिक अभियाचना | public demand |
| सार्वजनिक कल्याण | common good |
| सार्वजनिक व्यवस्था | public order |
| साहूकार | money lender |
| साहूकारी | money lending |
| सांसर्गिक | contagious |
| सांक्रामिक | infectious |
| सिद्धदोष | convicted |
| सिफारिश | recommendation |
| सिफारिश करना | recommend |
| सीमा | boundary |
| सीमाकर | terminal tax |
| सीमान्त | frontiers |
| सीमाशुल्क | custom duty |
| सीमांकन | demarcation |
| सुधार प्रयास | improvement trust |
| सुधारालय | reformatory |
| सुसंगति | relevancy |
| सूचना/सूचना पत्र | notice |
| सूची | list |
| सूत्र | formula |
| सूत्रित | formulated |
| सेना/सैनिक | military |
| सेना न्यायालय | court martial |
| सेवा | service |
| सेवा शर्तें | conditions of service |
| सेवानियोजन | employment |
| सेवाभार | service charges |
| सैन्यविभाजन | demobilization |
| सौंपना | assign/entrust |
| स्थगन | adjourn |
| स्थान | seat |
| स्थानान्तरण | transfer |
| स्थानीय क्षेत्र | local area |
| स्थानीय गण/मण्डली | local board |
| स्थानीय निकाय | local body |
| स्थानीय प्राधिकारी | local authority |
| स्थानीय स्वशासन | local self-government |
| स्थापना | establishment |
| स्थापित करना | establish |
| स्थायी आदेश | standing orders |
| स्थायी समिति | standing committee |
| स्पष्टीकरण | clarification/ explanation |
| स्मारक | memorial |
| स्वतन्त्रता/स्वातन्त्र्य | freedom |
| स्ववश | possession |
| स्वविवेक | discretion |
| स्वाधीनता | liberty |
| स्वामित्व | ownership |
| स्वामिलभ्य | royalties |
| स्वामी | owner |
| स्वामिहीनत्व | bona vacancia |
| स्वामी होना | own |
| स्वायत्तता | autonomy |

## ह

| | |
|---|---|
| हक्क | title |
| हक्क होना | entitled |
| हटाना | removal |
| हस्तशिल्प | handicraft |
| हस्तान्तर पत्र | conveyance |
| हस्तान्तरण | transfer |
| हिदायतें | instructions |

□□□

*परिशिष्ट–3*

# कुछ पदनाम

| | |
|---|---|
| अध्यक्ष एवं प्रबन्ध निदेशक | chairman & managing director |
| कार्यपालक निदेशक | executive director |
| महाप्रबन्धक | general manager |
| संयुक्त महा प्रबन्धक | joint-general manager |
| उपमहाप्रबन्धक | deputy general manager |
| सचिव | secretary |
| प्रबन्धक | manager |
| मुख्य प्रबन्धक | chief manager |
| शाखा प्रबन्धक | branch manager |
| मण्डल प्रबन्धक | divisional manager |
| मुख्य अधिकारी | chief officer |
| लेखाकार | accountant |
| सुरक्षा अधिकारी | security officer |
| चिकित्साधिकारी | medical officer |
| विधि अधिकारी | law officer |
| जाँच अधिकारी | investigation officer |
| प्रधानलिपिक | head clerk |
| अनुवादक | translator |
| टंकक | typist |
| खजांची | cashier |
| बिल संग्राहक | bill collector |
| प्रकाशन | Publication |
| प्रकाशक | Publisher |
| प्रकाशन व्यवसाय | Publishing |
| पुस्तक लेखक/रचयिता | Author |
| लेखक | Writer |
| सम्पादक | Editor |
| समाचार सम्पादक | News Editor |
| मुख्य उप-सम्पादक | Chief Sub-editor |
| उप-सम्पादक | Sub-editor |
| लेख त्रुटि शोधक | Proof Reader |
| मुद्रक | Printers |
| पुलिस अधीक्षक | Superintendent of Police |

*परिशिष्ट–4*

# विज्ञान शब्दावली

| | | |
|---|---|---|
| **अकार्न** | पु० | बाँझ फल, बंजू फल, बलूत के पेड़ का फल। |
| **अकास्टिक** | वि० | ध्वनिक; सुनने या ध्वनि की अनुभूति से सम्बन्धित। |
| **अकिलीज टेण्डन** | पु० | टाँग के अन्दर का मजबूत और महीन पदार्थ जो पिण्डली को ऐड़ी से जोड़ता है। |
| **अकिलीज हील** | पु० | किसी वस्तु या व्यक्ति का कमजोर पक्ष। |
| **अक्रिलिक** | पु० | एक कृत्रिम पदार्थ जो वस्त्र और पेण्ट बनाने में काम आता है। |
| **अकैडमी** | पु० | विशेष प्रशिक्षण देने वाली संस्था; विज्ञान, कला या साहित्य के क्षेत्र में सुप्रतिष्ठित व्यक्तियों का मान्यता प्राप्त अधिकारी वर्ग |
| **अकैशिया** | पु० | बबूल, कीकर जिसके पीले या सफेद फूल होते हैं। इस पेड़ के अनेक प्रकार होते हैं; कुछ पेड़ों में से चिपचिपा द्रव निकलता है। |
| **अक्वीडक्ट** | पु० | पुल के समान बना एक ढाँचा जिसके माध्यम से पानी को घाटी के पार ले जाया जाता है; कृत्रिम जलप्रणाली। |
| **अक्वेटिक** | वि० | जल में रहनेवाला, जल में होनेवाला। |
| **अक्वेरिअम** | पु० | पानी से भरी शीशे की टंकी जिसमें मछली आदि जलजीवों को रखा जाता है; मछली घर, जलजीवशाला। |
| **अक्सीलिरेट** | क्रि० | गति का बढ़ना; किसी वस्तु, घटना आदि की गति को बढ़ाना। |
| **अक्सीलिरेशन** | पु० | त्वरण, गतिवर्धन। |
| **अक्सीलिरेटर** | पु० | वाहन का वह नियन्त्रक यन्त्र जिसे वेग बढ़ाने के लिए पैर से दबाते हैं, एक्सिलिरेटर। |
| **अटामिक** | वि० | परमाणुविषयक, परमाणविक। |
| **अटामिक एनर्जी** | स्त्री० | परमाणु ऊर्जा। |
| **अटामिक मॉस** | पु० | परमाणु पिण्ड, परमाणु की मात्रा, द्रव्यमान। |
| **अटामिक नम्बर** | पु० | किसी रासायनिक तत्त्व के नाभि में स्थित धनात्मक विद्युत आवेश वाले प्रोटॉनों की संख्या, परमाणु संख्या। |
| **अट्रॉफी** | स्त्री० | रक्ताल्पता के कारण शरीर के क्षीण हो जाने की स्थित। |
| **अट्रोसिटी** | स्त्री० | पाशविक कृत्य, अत्याचार, अतिक्रूर व्यवहार। |
| **अडल्टरेट** | क्रि० | अपमिश्रण करना, खाद्यपदार्थ में मिलावट करना। |
| **अडल्टरी** | स्त्री० | परस्त्री या परपुरुष के साथ यौन सम्बन्ध; परस्त्रीगमन, परपुरुषगमन, व्यभिचार। |
| **अडैप्टर** | पु० | वह यन्त्र जिससे विद्युत के स्रोत के साथ एक से अधिक विद्युत उपकरणों को जोड़ा जा सकता है, एडॉप्टर; एक प्रकार का यन्त्र जो विद्युत उपकरणों के अलग-अलग पुर्जों को जोड़ता है, जो एक दूसरे के साथ जोड़े जाने के उद्देश्य से नहीं बनाये गये। |
| **अर्थवार्म** | पु० | केचुआ। |

| | | |
|---|---|---|
| **अनाइण्ट** | पु० | शरीर पर या चोट आदि पर मरहम या तेल आदि लगाना। |
| **अनीमिया** | स्त्री० | रक्त में लाल कणों की कमी, रक्ताल्पता, खून की कमी। |
| **अपेण्डिक्स** | पु० | उदर के निकट का एक छोटा अंग, उण्डुक पुच्छ। |
| **अपेण्डिसाइटिस** | स्त्री० | एक बीमारी जिसमें उदर के पास स्थित एक अंग में दर्द उत्पन्न होता है और इस अंग को निकालना पड़ता है। |
| **अप्रेण्टिस** | पु० | प्रशिक्षु, प्रक्षिणार्थी, किसी विशेष हुनर को सीखने के लिए कम वेतनमान पर काम करने को तैयार व्यक्ति। |
| **अप्रेण्टिसशिप** | पु० | प्रशिक्षुता, प्रशिक्षणार्थिता, प्रशिक्षु की अवस्था। |
| **अबजार्ब** | क्रि० | (द्रव पदार्थ, ताप आदि को) अपने में सोख लेना, अवशोषित करना; आत्मसात करना; अपने में समा लेना किसी के ध्यान या रुचि को आकृष्ट करना; अचानक पहुँचे तीव्र आघात के प्रभाव को कम करना। |
| **अबजार्बेट** | वि० | द्रव को सोख लेने की क्षमता रखते हुए। |
| **अबजार्पशन** | पु० | द्रव, गैस या अन्य पदार्थ के अवशोषित होने की प्रक्रिया। |
| **अबसलूट जीरो** | पु० | परम शून्य; न्यूनतम सम्भव तापमान, निरपेक्ष शून्य तापमान। |
| **अबॉर्ट** | क्रि० | गर्भपात कराना, भ्रूणहत्या कराना। |
| **अबॉर्शन** | पु० | गर्भपात कराने के लिए शल्य क्रिया। |
| **अबेकस** | पु० | एक धातु या लकड़ी का बना ऐसा चौखटा जिसमें तार लगे होते हैं और उन तारों में धातु, लकड़ी या रबर की बनी गोलियाँ पिरोयी होती हैं। इसका प्रयोग बच्चे गिनती सीखने के लिए करते हैं, गिनतारा। |
| **अब्रीविएशन** | पु० | किसी शब्द या पदबन्ध का संक्षिप्त रूप। |
| **अमीनो एसिड** | पु० | एक प्रकार का अम्ल जो पशुओं और पौधों में पाये जाने वाले तत्त्वों से मिलकर प्रोटीन का निर्माण करता है। प्रोटीन शारीरिक स्वास्थ्य और विकास के लिए आवश्यक होता है। |
| **अमोनियम** | पु० | अमोनियायुक्त पदार्थों में पाया जाने वाला एक विशेष रसायन, यह धनावेशयुक्त होता है। |
| **अमोनिया** | स्त्री० | एक तेज गन्धयुक्त रंगहीन गैस; अमोनियायुक्त एक तरल पदार्थ जो सफाई के काम आता है। |
| **अम्बिलिकल कार्ड** | पु० | नाभि रज्जु, गर्भस्थ शिशु को माँ से जोड़ने वाली नलिका। |
| **अरिथमेटिक** | पु० | अंकगणित। |
| **अरिथमेटिक प्रोग्रेशन** | पु० | समान अन्तर से संख्याओं के बढ़ने या घटने की एक गणना विधि; समान्तर श्रेणी। |
| **अर्थ्राइटिस** | पु० | सन्धिवात, गठिया रोग। |
| **अर्थ्रोपॉड** | पु० | सन्धिपाद; मेरुदण्ड रहित कठोर शरीर वाला कोई भी प्राणी; इन प्राणियों के टाँगों में कई जोड़ होते हैं और प्रत्येक जोड़ पर मुड़ सकती हैं। |
| **अलना** | पु० | कलाई और कोहनी के बीच बाँह के नीचे की दो में से एक लम्बी हड्डी; अतः प्रकोष्ठिका। |
| **अल्कलाइड** | पु० | पौधों में पाया जाने वाला एक विषैला पदार्थ जिसका प्रयोग औषधियाँ बनाने के लिए किया जाता है। |
| **अल्काहलिक** | वि० | मादक, मादक पेय का अभ्यस्त। |

| | | |
|---|---|---|
| **अल्कोहलिज्म** | पु० | अत्यधिक अल्कोहल के सेवन के कारण उत्पन्न शारीरिक अक्षमता। |
| **अल्जेबरा** | पु० | बीजगणित। |
| **अल्ट्रासाउण्ड** | पु० | शरीर की आन्तरिक भाग का चित्र प्रस्तुत करने वाली डाक्टरी प्रक्रिया; ऐसी ध्वनि जो मानव की श्रवण क्षमता से परे हो। |
| **अल्ट्रासोनिक** | वि० | मानव की श्रवण क्षमता से परे का; पराश्रव्य, पराध्वनिक। |
| **अल्ट्रावयलेट** | वि० | एक तरह का प्रकाश जिसके प्रभाव से मनुष्य की त्वचा काली पड़ जाती है, इस प्रकाश की अधिक मात्रा बहुत हानिकारक होती है; पराबैगनी। |
| **अल्सर** | पु० | फोड़ा, व्रण, नासूर। |
| **असेक्शुअल** | वि० | यौन क्रिया से असम्बद्ध, अलिंगी; यौन लक्षणों से वंचित; यौन क्रिया का अनिच्छुक। |
| **असेप्टिक** | वि० | हानिकर जीवाणुओं से रहित। |
| **अस्कार्बिक एसिड** | पु० | नींबू, सन्तरे व हरी सब्जियों में पाया जाने वाला एक प्राकृतिक पदार्थ, जो स्वास्थ्यवर्द्धक होता है। |
| **अस्ट्रॉलॉजी** | स्त्री० | सौरग्रहों तथा तारों की स्थिति और उनकी गति तथा उनका मानव जीवन पर पड़ने वाले प्रभाव का अध्ययन, फलित ज्योतिष। |
| **अस्टिमेटिज्म** | पु० | दृष्टि वैषम्य, अविन्दुकता; आँख का एक ऐसा बेडौलपन जिसके कारण साफ दिखायी नहीं देता। |
| **अस्ट्रोनॉट** | पु० | अन्तरिक्ष यात्री। |
| **अस्ट्रोनॉमर** | पु० | खगोलविद, ज्योतिर्विद। |
| **अस्ट्रोनॉमी** | स्त्री० | नक्षत्रों, सूर्य, ग्रहों तथा चन्द्रमा का वैज्ञानिक अध्ययन; खगोल विज्ञान। |
| **अस्थमा** | पु० | एक प्रकार का श्वास रोग, दमा। |
| **अस्थमेटिक** | पु० | दमे का रोगी। |
| **अस्पैरागस** | पु० | सतावरी, सतावर, नागदौन नामक वनस्पति। |
| **अस्लीप** | वि० | नींद में सोया हुआ। |
| **आइण्टमेण्ट** | पु० | मलहम जिसे चोट आदि पर लगाते हैं। |
| **आक्साइड** | पु० | ऑक्सीजन और अन्य रासायनिक तत्त्वों का संयोजन, ऑक्साइड। |
| **आक्सीजन** | पु० | एक जीवनदायी गैस जिसे आप न देख सकते हैं और न सुन सकते है, जीवधारी बिना आक्सीजन के जीवित नहीं रह सकते। |
| **आटोमेटिक** | पु० | स्वचालित मशीन। |
| **आटोप्सी** | स्त्री० | मृत्यु का कारण जानने के लिए की गयी शव परीक्षा। |
| **ऑपरेटिंग थियेटर** | पु० | शल्यकक्ष, ऑपरेशन कक्ष। |
| **ऑपरेटिंग सिस्टम** | पु० | कम्प्यूटर प्रोग्राम जो अन्य प्रोग्रामों को व्यवस्थित करता है एवं संचालित करता है; प्रचालन तन्त्र। |
| **ऑपरेशन** | पु० | शल्यक्रिया। |
| **आबट्यूज** | वि० | मन्द बुद्धि। |
| **आबट्यूज एंगिल** | पु० | अधिक कोण, 90 और 180 डिग्री का कोण। |
| **आरिकल** | पु० | हृदय का उपरिगह्वर जिसमें से रक्त प्रवाहित होकर सारे शरीर में जाता है; कान का बाहरी भाग, बहिकर्ण। |
| **आरिन्थोलॉजी** | स्त्री० | पक्षियों का वैज्ञानिक अध्ययन, पक्षी विज्ञान। |

| | | |
|---|---|---|
| **आर्किओलॉजिकल** | वि० | पुरातत्त्व विज्ञान से सम्बन्धित; पुरातत्त्वीय। |
| **आर्किटोलॉजिस्ट** | पु० | पुरातत्त्वज्ञ, पुरातत्त्व विज्ञान विशेषज्ञ। |
| **आर्किटोलॉजी** | स्त्री० | पुरातत्त्व विज्ञान। |
| **आर्कीटेक्चर** | पु० | वास्तुकला, भवननिर्माण विज्ञान; स्थापत्य कला; वास्तुशैली, स्थापत्यशैली। |
| **आर्कीटेक्ट** | पु० | वास्तुशिल्पी, स्थापत्यविद्; भवन निर्माण का नक्शा बनाने वाला। |
| **आर्कीपेल्गो** | पु० | (भूगोल में) द्वीप समूह। |
| **आर्गाज्म** | पु० | कामोत्तेजना का चरम बिन्दु, रति निष्पत्ति। |
| **आर्गेनिक** | वि० | प्राकृतिक सामग्री के प्रयोग से उत्पन्न होने वाला; सजीवों से उत्पन्न या उनमें उपस्थित; जैविक। |
| **आर्गेनिज्म** | पु० | अति सूक्ष्म जीव, जिन्हें माइक्रोस्कोप से देखा जा सकता है। |
| **आर्च** | पु० | चाप; मेहराब, तोरण; पैर के तलवे की चाप। |
| **आर्चरी** | स्त्री० | धनुर्विद्या, तीरन्दाजी। |
| **आर्टिलरी** | पु० | तोपखाना। |
| **आर्टीफीशियल इण्टेलिजेंस** | पु० | ऐसी युक्ति जिसे कम्प्यूटर को मानव बुद्धि की नकल करने में सक्षम बनाया जा सके; यान्त्रिक बुद्धि। |
| **आर्टीफीशियल इंसेमिनेशन** | पु० | कृत्रिम गर्भाधान। |
| **आर्टीफीशियल रेस्पिरेशन** | पु० | कृत्रिम श्वसन क्रिया। |
| **आर्थोपीडिक्स** | पु० | विकलांग चिकित्सा, इस चिकित्सा पद्धति में अस्थियों या माँस-पेशियों की क्षति से सम्बन्धित रोगों की चिकित्सा की जाती है। |
| **आर्म** | पु० | बाँह, भुजा, बाहु। |
| **आल्टरनेट करेण्ट** | पु० | नियमित रूप से बार-बार दिशा परिवर्तन करने वाली विद्युतधारा, प्रत्यावर्ती विद्युतधारा। |
| **आल्टरनेटर** | पु० | कार में प्रयोग किया जाने वाला वह कम्पोनेण्ट जो विभिन्न दिशाओं में जाने वाली विद्युतधारा उत्पन्न करता है, प्रत्यावर्तित्र। |
| **आसिलेट** | क्रि० | विद्युत या रेडियो तरंगों का लगातार शक्ति या दिशा बदलना; झूलना, दोलायमान होना। |
| **आसिलोस्कोप** | पु० | दोलनदर्शी; विद्युतधारा की तरंगों को परदे पर एक रेखा के रूप में दर्शाने वाला यन्त्र। |
| **आस्टियोपैथ** | पु० | अस्थि चिकित्सक। |
| **आस्टियोपोरोसिस** | स्त्री० | अस्थि सुषिरता; अस्थियों की दुर्बलता एवं भंगुरता का रोग। |
| **इंजक्ट** | क्रि० | सिरिंज में लगी सुई के द्वारा शरीर में त्वचा के अन्दर दवा पहुँचाना, सुई लगाना, इंजेक्शन लगाना, टीका लगाना। |
| **इंजिन** | पु० | गति उत्पादक यन्त्र, इंजन। |
| **इंजीनियर** | पु० | अभियन्ता, इंजीनियर। |
| **इंजीनियरिंग** | पु० | अभियान्त्रिकी, इंजीनियरी विद्या। |
| **इंजेक्शन** | पु० | सिरिंज व सुई से मनुष्य के त्वचा के अन्दर दवा पहुँचाने की क्रिया। |
| **इण्टर कनेक्ट** | क्रि० | एक समान वस्तुओं को आपस में परस्पर जोड़ना। |

**इण्टरकॉम** पु० किसी कार्यालय, विमान आदि में रेडियो या टेलीफोन द्वारा संचालित संचार प्रणाली; इस प्रणाली को प्रयोग में लाने वाला उपकरण।

**इण्ट्रानेट** पु० एक ही संगठन के अन्दर का कम्प्यूटर तन्त्र, आन्तरिक कम्प्यूटर तन्त्र।

**इण्ट्रावेनस** वि० नसों के अन्दर जाने वाली दवा, शिरा अभ्यान्तर।

**इण्टेगर** पु० पूर्ण संख्या।

**इण्टोमोलॉजी** पु० कीटविज्ञान, एण्टोमालॉजी।

**इंसुलिन** पु० शरीर में स्वयं उत्पन्न होने वाला एक पदार्थ, जो रक्त में ग्लूकोज की मात्रा को नियन्त्रित करता है।

**इंसुलेटर** पु० ताप, विद्युत या ध्वनिरोधक यन्त्र।

**इंसुलेटिंग टेप** पु० बिजली के आघात से बचने के लिए बिजली के तारों पर चढ़ाया गया विद्युतरोधी टेप।

**इको** पु० गूँज, प्रतिध्वनि।

**इकोलॉजी** स्त्री० पर्यावरण विज्ञान, पर्यावरण का अध्ययन।

**इक्लिप्स** पु० चन्द्रमा या सूर्य का कुछ देरी के लिए पूर्ण या आंशिक रूप से पृथ्वी पर दिखायी न पड़ना; सूर्य या चन्द्र ग्रहण का लगना।

**इक्वीलिब्रियम** पु० सन्तुलन की स्थिति।

**इक्वीलैट्रल** वि० समान लम्बाई की भुजाओं वाला त्रिभुज।

**इक्वेशन** पु० समीकरण।

**इजेक्ट** क्रि० किसी मशीन से बटन दबाकर टेप, डिस्क आदि को बाहर निकाल देना।

**इजैकुलेशन** पु० वीर्य स्खलन।

**इटियोलॉजी** स्त्री० रोगों के कारणों का अध्ययन करने वाला शास्त्र, रोगहेतु विज्ञान।

**इग्नियस** वि० आग्नेय।

**इग्निशन** पु० इंजन आदि स्टार्ट करने वाली प्रणाली; ज्वलन क्रिया, जलने या जलाने की क्रिया।

**इनएडिबल** वि० अखाद्य, जो खाने लायक न हो।

**इनडक्शन** पु० एक प्रकार की क्रिया जिसके द्वारा विद्युत या चुम्बक शक्ति एक वस्तु से दूसरी वस्तु तक बिना स्पर्श किये पहुँचती है; प्रेरण, प्रवर्तन।

**इनडाइजेशन** पु० भोजन पचने में कठिनाई के कारण उत्पन्न होने वाला उदरशूल, बदहजमी, अपच।

**इनफर्टाइल** वि० सन्तानोत्पादन में असमर्थ, बाँझ या बन्ध्या; अनुपजाऊ, अनुर्वर।

**इनफर्टिलिटी** स्त्री० बाँझपन, बन्ध्या।

**इनफार्मेशन टेक्नॉलॉजी** पु० सूचना प्रोद्यौगिकी, कम्प्यूटर के माध्यम से सूचनाओं के सम्प्रेषण के विषय में अध्ययन और उनका प्रयोग।

**इनफेक्शन** पु० संक्रमण, रोगसंचार; हानिकर बैक्टीरिया या हानिकर कीटाणुओं के सम्पर्क से उत्पन्न होने वाली बीमारी, रोगाणु ग्रस्तता।

**इनफेक्शस** वि० छुतहा, संसर्गज, संक्रामक।

**इनफैण्ट** पु० अबोध शिशु।

**इनफ्यूजन** पु० अनुप्रेरण, निषेचन; काढ़ा, क्वाथ; शरीर की नसों में द्रव पदार्थ को प्रविष्ट करना।

| | | |
|---|---|---|
| **इनबार्न** | वि० | जन्मजात, नैसर्गिक। |
| **इनब्रीडिंग** | पु० | अन्तः प्रजनन। |
| **इनर्ट** | वि० | रासायनिक गुणरहित, निष्क्रिय; अन्य रसायनों के प्रति क्रियाहीन। |
| **इनवर्टेब्रेट** | पु० | बिना रीढ़ का प्राणी, मेरुदण्ड रहित प्राणी। |
| **इनवेंशन** | पु० | आविष्कार प्रक्रिया, खोज, आविष्करण। |
| **इनर्शिया** | स्त्री० | जड़ता, ऊर्जा की न्यूनता, शक्तिहीनता; निष्क्रियता; वस्तु की स्थिति स्थिरता; गतिस्थिरता; वस्तु की स्थिरता शक्ति। |
| **इनसीजन** | पु० | शल्य क्रिया के दौरान सावधानी पूर्वक लगाया गया चीरा। |
| **इंसुलिन** | स्त्री० | शरीर में उत्पन्न एक पदार्थ जो शरीर में शक्कर की मात्रा को नियन्त्रित करता है। |
| **इनसेक्टीसाइड** | स्त्री० | कीटनाशक पदार्थ। |
| **इनसेफलाइटिस** | स्त्री० | मस्तिष्क में सूजन का एक रोग, मस्तिष्क शोथ। |
| **इनहेलर** | पु० | प्रश्वसन यन्त्र; औषधियुक्त छोटी नली के आकार की वस्तु जिसे आप नाक पर रखकर साँस अन्दर खींचते हैं, यह साँस के रोगियों के लिए बहुत उपयोगी है। |
| **इनार्गेनिक** | वि० | अजैव, जो सजीवों से प्राप्त या निर्मित नहीं होते। |
| **इनैमल** | पु० | एक चमकीला पदार्थ जो धातुओं को सुरक्षित रखने के काम आता है। |
| **इंजाइम** | पु० | एक प्रकार का पदार्थ जो रासायनिक परिवर्तन के घटित होने में सहायता करता है किन्तु स्वयं परिवर्तित नहीं होता। |
| **इण्डक्शन** | पु० | एक प्रक्रिया जिसके द्वारा विद्युत या चुम्बक शक्ति एक वस्तु से दूसरी तक बिना उनका स्पर्श पाये पहुँचती है; प्रेरण, प्रवर्तन। |
| **इफिकेशी** | स्त्री० | किसी औषधि या चिकित्सीय उपचार की प्रभावोत्पादकता। |
| **इमर्सन** | पु० | किसी वस्तु को द्रव में पूरी तरह से डुबा देने की क्रिया; द्रव में पूरे तरह से डूबे होने की स्थिति। |
| **इमल्शन** | पु० | प्रायः मिश्रित न होने वाले द्रवों का मिश्रण; फोटोग्राफिक फिल्म पर लगा एक पदार्थ, जिससे फिल्म प्रकाश के प्रति संवेदनशील हो जाती है। |
| **इम्पोटेण्ट** | वि० | नपुसंक। |
| **इम्प्रेसन** | पु० | प्रभाव, छाप। |
| **इम्प्योर** | वि० | अशुद्ध, मिलावटी, अनैतिक। |
| **इम्प्योरिटी** | स्त्री० | अशुद्धता, मिलावट। |
| **इम्मिजरेबुल** | वि० | अमापनीय, अपरिमित। |
| **इम्यूनाइजेशन** | पु० | प्रतिरक्षीकरण। |
| **इयर** | पु० | कान, श्रवणेन्द्रिय। |
| **इयरऐक** | पु० | कान में दर्द, कर्णशूल। |
| **इयरड्रम** | पु० | कर्णपटल, कान का पर्दा। |
| **इयरफोन** | पु० | सुनने के लिए कान पर लगाया जाने वाला उपकरण, इयरफोन। |
| **इलास्टिक** | वि० | लचीला, लचकदार, ऐसा लचीला पदार्थ जो खीचने के बाद बड़ा होता है किन्तु छोड़ने पर अपनी पूर्व अवस्था में लौट आता है। |
| **इलास्टीसिटी** | स्त्री० | लचीलापन, प्रत्यास्थता। |

| | | |
|---|---|---|
| **इलेक्ट्रॉन** | पु० | परमाणु के तीन मूल कणों में से एक जिस पर ऋणात्म विद्युत आवेश होता है। |
| **इलेक्ट्रॉनिक** | वि० | इलेक्ट्रॉनिक्स के प्रयोग से युक्त, इलेक्ट्रॉनिक्स पर आधारित। |
| **इलेक्ट्रॉनिक्स** | पु० | एक प्रकार की प्रोद्यौगिकी जो इलेक्ट्रॉन पर आधारित होती है, जिसकी सहायता से कम्प्यूटर और दूसरे विभिन्न प्रकार के उपकरण तैयार किये जाते हैं, आजकल यह प्रोद्यौगिकी बहुत विकसित हो गयी है और नित नयी-नयी सम्भावनाएँ ढूँढ़ी जा रही हैं। |
| **इलेक्ट्रिक** | वि० | विद्युत उत्पन्न करने वाला, विद्युत से चलने वाला। |
| **इलेक्ट्रिक शाक** | पु० | बिजली से लगने वाला झटका। |
| **इलेक्ट्रीफाई** | क्रि० | विद्युतीकरण करना। |
| **इलेक्ट्रीशियन** | पु० | बिजली का मिस्त्री, बिजली के उपकरणों की मरम्मत करने वाला। |
| **इलेक्ट्रीसिटी** | स्त्री० | विद्युत, बिजली, विद्युतधारा। |
| **इलेक्ट्रोस्टेटिक्स** | वि० | स्थिर विद्युत आवेशों से सम्बन्धित। |
| **इलेक्ट्रोड** | पु० | बैटरी का बिन्दु जहाँ से विद्युतधारा आती या जाती है, विद्युदग्र। |
| **इलेक्ट्रोमैगनेटिक** | वि० | विद्युत के लक्षणों के साथ चुम्बकीय क्षमता से युक्त, विद्युत चुम्बकीय। |
| **इलेक्ट्रोलाइट** | पु० | एक द्रव जिसमें से विद्युतधार प्रवाहित की जा सकती है। |
| **इलेक्ट्रोलिसिस** | पु० | विद्युत के प्रयोग से द्रव के विभिन्न रासायनिक अंशों को पृथक करने की विधि, वैद्युत अपघटन; विद्युत के प्रयोग से शरीर के बालों से स्थायी रूप से साफ करने की प्रक्रिया। |
| **इस्थीट** | स्त्री० | सौन्दर्य संवेदी, सौन्दर्यवादी; सुन्दर वस्तुओं में रुचि रखने वाला व्यक्ति। |
| **इस्थेटिक** | वि० | सौन्दर्य परक, सौन्दर्य विषयक। |
| **इस्थेटिक्स** | पु० | सौन्दर्य शास्त्र, कला और सौन्दर्य का विश्लेषण करने वाला शास्त्र। |
| **ईको साउण्डर** | पु० | बोलने वाले के पास प्रतिध्वनि के लौट आने में लगे समय के माप के अनुसार समुद्र की गहराई या समुद्र में पड़ी वस्तुओं की जानकारी के लिए बना एक यन्त्र। |
| **ईको सिस्टम** | पु० | क्षेत्र विशेष में पाये जाने वाले व अपने परिवेश से सम्बन्धित सभी पौधे व पशु; पारिस्थितिकी तन्त्र। |
| **ई-मेल** | पु० | एक कम्प्यूटर से दूसरे कम्प्यूटर को इलेक्ट्रॉनिक सन्देश या सूचना भेजने की विधि। |
| **ईथेन** | पु० | एक रंगहीन, गन्धहीन, ज्वलनशील प्राकृतिक गैस। |
| **ईफीकेसी** | पु० | किसी औषधि या चिकित्सीय उपचार की प्रभावोत्पादकता। |
| **ईफेक्ट** | पु० | प्रभाव। |
| **ईवैपोरेट** | क्रि० | वाष्पीकरण होना, भाप बन जाना। |
| **ईवोलूशन** | पु० | परिवर्तन और विकास की क्रमिक प्रक्रिया। |
| **ईशोफेगस** | पु० | भोजन की नली, जो भोजन को मुख से आमाशय तक पहुँचाती है। |
| **ईस्ट्रजन** | पु० | अण्डाशय रस; एक प्रकार का रस जो हार्मोन के प्रभाव से बनता है जिसे स्त्री अत्यधिक कामुक होकर गर्भ धारण के लिए तैयार हो जाती है। |
| **एअरेट** | क्रि० | वायु को मिट्टी, पानी आदि में मिश्रित करना; किसी द्रव पदार्थ में दबाव के साथ गैस मिलाना। |

| | | |
|---|---|---|
| **एरियल** | पु० | मकान के ऊपर धातु की लगी लम्बी छड़ जो रेडियो या टेलीविजन की तरंगें ग्रहण करती हैं; आकाशीय, हवाई। |
| **एअरोडॉयनॉमिक्स** | | वायुगति विज्ञान, वायुगतिकी। |
| **एअरोनाटिक्स** | पु० | विमान के निर्माण और उसके उड़ाने की शिक्षा देने वाला शास्त्र, विमान विज्ञान। |
| **एअरोबिक** | वि० | ऑक्सीजन पर आधारित, ऑक्सीजन से सम्बन्धित। |
| **एअरोसाल** | पु० | एक पात्र जो द्रव पदार्थों को दाब में रखकर फव्वारे के रूप में द्रव को छिड़कने के काम आता है। |
| **एअरोस्पेस** | पु० | वायुयान और अन्तरिक्षयान बनाने का उद्योग। |
| **एक्यूट** | वि० | वह बीमारी जो तेजी से खतरनाक बन जाये; तीव्र, प्रखर; कुशाग्र, तेज। |
| **एक्यूट एंगिल** | पु० | न्यूनकोण, वह कोण जो $90^0$ से कम होता है। |
| **एक्यूपंक्चर** | पु० | शरीर में बारीक सूइयों से छेद करके रोग को ठीक करने की चिकित्सा करने की प्रणाली। |
| **एक्यूमेन** | पु० | स्थिति को तत्काल और स्पष्ट रूप से समझ लेने की योग्यता, विदग्धता, कुशाग्र बुद्धि। |
| **एक्वामैरीन** | पु० | हलका हरापन लिये नीला रत्न; हरितनील; हल्का हरापन लिये नीला रंग। |
| **एगोनाइज** | क्रि० | किसी कठिन समस्या या कठिन परिस्थिति में सोचना या चिन्तित होना। |
| **एगोनी** | स्त्री० | तीव्र पीड़ा, तीव्र वेदना, अत्यधिक व्यथा, कष्ट। |
| **एगोराफोबिया** | स्त्री० | भीड़-भाड़ वाले स्थान पर जाने से भय; विवृत्त स्थान-भीति। |
| **एग्रीकल्चर** | पु० | कृषि, खेती। |
| **एग्रोकेमिकल** | पु० | कृषि रसायन, खेती में प्रयोग किये जाने वाले रसायन। |
| **एग्रोनामिस्ट** | पु० | शस्यविज्ञानी, कृषिशास्त्री। |
| **एग्रोनामी** | स्त्री० | कृषि शास्त्र, शस्यविज्ञानी। |
| **एज** | पु० | उम्र, आयु, वय। |
| **एजलिमिट** | पु० | कुछ करने के लिए निर्धारित न्यूनतम आयु सीमा। |
| **एजिटेट** | क्रि० | आन्दोलन करना। |
| **एजीज्म** | पु० | अतिवृद्ध मानकर किसी के साथ किया गया अनुचित व्यवहार। |
| **एण्डोथर्मिक** | वि० | ताप से निस्पन्न होने वाली एक रासायनिक क्रिया। |
| **एण्डोस्केलटन** | पु० | पशुओं का अन्तः कंकाल, पशुओं के अन्दर की हड्डी का ढाँचा। |
| **एण्डोस्कोप** | पु० | शरीर के अन्दरूनी भाग को देखने का यन्त्र। |
| **एण्डोस्पर्म** | पु० | पौधों के बीज का वह भाग जो पौधे के विकास के लिए भोजन को संचित रखता है, भ्रूणकोष। |
| **एडल्ट** | पु० | वयस्क, बालिग, पूर्णतया विकसित। |
| **एडल्ट एजूकेशन** | पु० | वयस्कों के लिए गैर औपचारिक शिक्षा। |
| **एडिक्ट** | पु० | वह व्यक्ति जिसे हानिकारक या नशीली वस्तुओं की आदत है। |
| **एडिनॉयड्स** | पु० | बच्चों के नाक और गले का पिछला भाग जो कभी-कभी सूज जाता है, जिससे साँस लेने और छोड़ने में कठिनाई होती है। |

| | | |
|---|---|---|
| **एडोलसेंस** | पु० | किशोरावस्था, 13 से 17 वर्ष के बीच की उम्र। |
| **एडोलसेण्ट** | पु० | तेरह से सत्तरह वर्ष के बीच की उम्र के लड़के व लड़की, किशोर, किशोरी। |
| **एथलीट** | पु० | खेल-कूद प्रतियोगिताओं में भाग लेने वाल व्यक्ति। |
| **एनर्जी** | पु० | ऊर्जा, सक्रिय रहने की क्षमता; कोयला, विद्युत, गैस आदि से उत्पन्न होने वाली शक्ति, ऊर्जा, जैसे—परमाणविक ऊर्जा। |
| **एनलजेशिक** | पु० | पीड़ाहारी पदार्थ, पीड़ानाशक पदार्थ। |
| **एनलजेशिय** | पु० | पीड़ा शून्यता; पीड़ा शून्य करने वाली दवा। |
| **एनस** | पु० | गुदाद्वार, मलद्वार। |
| **एनाइन** | पु० | रसायन शास्त्र में ऋणात्मक आयन। |
| **एनाबोलिकइस्टेरॉयड** | पु० | एक रसायन जिसका प्रयोग करने से माँस-पेशियों के आकार में वृद्धि होती है। |
| **एनीमामीटर** | पु० | पवनवेग मापी यन्त्र। |
| **एनीमेशन** | पु० | ऐसी फिल्में, कम्प्यूटर गेम आदि बनाने की तकनीक, जिसमें चित्र चलते हुए दिखायी देते हैं। |
| **एनोड** | पु० | धनाग्र; बैटरी का वह भाग जिससे विद्युत प्रवेश करती है। |
| **एनोरक्सिया** | स्त्री० | स्त्रियों को होने वाला एक रोग जिसमें मोटा हो जाने का अस्वाभाविक भय पैदा हो जाता है और रोगिणी खाना-पीना बन्द कर देती है। |
| **एपिटाइट** | पु० | भूख, क्षुधा, बुभुक्षा। |
| **एपिलेप्सी** | स्त्री० | मिरगी रोग। |
| **एपीग्लाटिस** | स्त्री० | गले की घण्टी, कौआ, उपजिह्वा। |
| **एपीडर्मिस** | स्त्री० | बाहरी त्वचा। |
| **एपीडेमियोलॉजी** | स्त्री० | रोगों के फैलने और उन पर नियन्त्रण का वैज्ञानिक अध्ययन, महामारी विज्ञान। |
| **एमीनोसेण्टेसिस** | पु० | एक प्रकार का डाक्टरी परीक्षण जिसमें गर्भाशय के तरल पदार्थ की जाँच कर गर्भस्थ शिशु के स्वास्थ्य की जाँच की जाती है। |
| **एम्नियोटिक फ्लूड** | स्त्री० | गर्भस्थ शिशु के चारों ओर का तरल पदार्थ। |
| **एम्नीजिया** | पु० | याददाश्त खो बैठने की अवस्था; स्मृति लोप। |
| **एम्पूल** | पु० | दवा से युक्त शीशे का छोटा पात्र, जिसे सुई द्वारा शरीर में चढ़ाया जाता है। |
| **एम्प्लीट्यूड** | पु० | ध्वनि तरंगों के कम्पन का अधिकतम आयाम। |
| **एम्प्लीफायर** | पु० | ध्वनि विस्तारक यन्त्र; विद्युत शक्ति प्रवर्धक यन्त्र। |
| **एम्फीबियन** | पु० | जल और थल दोनों जगह रहने वाले प्राणी। |
| **एयरकण्डिशनर** | पु० | वातानुकलन यन्त्र। |
| **एयरक्राफ्ट** | पु० | वायु में उड़नेवाला यान। |
| **एयरक्रू** | पु० | विमानकर्मी दल, वायुसेना दल। |
| **एयरटाइट** | वि० | वायुरुद्ध। |
| **एयरबेस** | पु० | सैनिक विमानों के लिए हवाई अड्डा। |
| **एपियरी** | पु० | मधुवाटिका। |

| | | |
|---|---|---|
| **एपैथेटिक** | वि० | उदासीन, अनिच्छुक। |
| **एपैथी** | पु० | उदासीनता, अनिच्छा। |
| **एपैरेटस** | पु० | किसी कार्य में प्रयोग आने वाले उपकरणों का सेट। |
| **एफिड** | पु० | पौधों के लिए हानिकर एक बहुत छोटा कीड़ा, माहू। |
| **एयरवेब्ज** | पु० | रेडियो तरंगें जिनके माध्यम से रेडियो और टीवी कार्यक्रम प्रसारित किया जाता है। |
| **एयरसिक** | वि० | विमान यात्रा के समय जी मिचलाने का रोग, उड्डयन अस्वस्थता। |
| **एरिया** | स्त्री० | क्षेत्र, इलाका; क्षेत्रफल। |
| **एलर्जन** | पु० | ऐसी वस्तु जिसे खाने, छूने या साँस लेने पर कुछ लोग बीमार हो जाते हैं। |
| **एलाय** | पु० | मिश्र धातु। |
| **एलिविएट** | क्रि० | पीड़ा या कष्ट के प्रभाव को कम करना। |
| **एलीमेण्ट** | पु० | तत्त्व, किसी वस्तु की अल्प मात्रा; किसी विद्युत उपकरण का ताप उत्पादक धातु निर्मित अंश। |
| **एलीमेण्ट्रीकैनाल** | पु० | आहारनाल, आमाशय, पाचन संस्थान। |
| **एलूमिनियम** | पु० | एलूमिनियम नामक धातु। |
| **एल्कलाई** | पु० | अम्ल के साथ अभिक्रिया होने पर लवण का निर्माण करने वाला एक रसायन; क्षार। |
| **एल्कीन** | पु० | हाइड्रोजन और कार्बन से युक्त कोई भी गैस, जिसमें अणुओं को जोड़े रखने की सामान्य से अधिक शक्ति होती है। |
| **एल्केन** | पु० | हाइड्रोजन और कार्बन से युक्त कोई भी गैस। |
| **एल्केमी** | स्त्री० | प्राचीन काल का रसायन शास्त्र जिसमें सामान्य धातुओं को सोने में बदलने की विधि ढूँढी जाती थी। |
| **एल्टसाइमजडिजीज** | पु० | एक प्रकार का मस्तिष्क को प्रभावित करने वाला रोग, जिसमें आयु बढ़ने के साथ-साथ व्यक्ति की चिन्तनशक्ति भी प्रभावित होती है; अल्झामीर रोग। |
| **एल्टीमीटर** | पु० | समुद्रतल से ऊँचाई नापने वाला यन्त्र, तुंगतामापी यन्त्र। |
| **एल्ब्यूमिन** | पु० | श्वेतक, सफेदी। |
| **एवियेशन** | पु० | वैमानिकी, विमान बनाने व उड़ाने की विद्या। |
| **एसिटिक एसिड** | पु० | सिरके में पाया जाने वाला एक अम्ल। |
| **एसिटिलीन** | पु० | एक चमकीली ज्वाला देने वाली गैस जिसका प्रयोग धातुओं को काटने के लिए किया जाता है। |
| **एसिटेट** | पु० | एक रासायनिक यौगिक जो एसिटिक एसिड से बनता है। इसका प्रयोग प्लास्टिक बनाने के लिए किया जाता है; रासायनिक तत्त्वों से बना एक चिकना कपड़ा। |
| **एसिटोन** | पु० | एक रंगहीन द्रव जो तीखी गन्ध वाला होता है। इसका प्रयोग वस्तुओं को साफ करने, एनैमल पेण्ट को पतला करने एवं अनेक प्रकार के रासायनिक पदार्थों को बनाने के काम में लाया जाता है। |
| **एसिड** | पु० | रसायन शास्त्र में एक तेजाब, अम्ल। इस द्रव में धातुएँ गल जाती हैं। त्वचा पर पड़ने से त्वचा झुलस सकती है। इसका pH मान 7 से कम होता है। यह स्वाद में खट्टा होता है। |

| | | |
|---|---|---|
| **एसिड रेन** | पु० | एक प्रकार की वर्षा जिसमें कारखानों आदि से निकले रसायन होते हैं और जो वनस्पतियों और पेड़-पौधों को बहुत क्षति पहुँचाती है। |
| **एसिडिटी** | स्त्री० | एक प्रकार का आमाशयिक रोग जिसमें पेट में खट्टापन बनता है और पाचनक्रिया खराब हो जाती है। |
| **एसी** | पु० | एयरकण्डिशनर, एक वातानुकूलन यन्त्र; आल्टरनेटिंग करेण्ट। |
| **ऐंगल** | पु० | दो रेखाओं के बीच को कोण। |
| **ऐंजाइटी** | पु० | चिन्ता या भय की या अनिश्चय की भावना। |
| **ऐण्टइटर** | पु० | चींटी खाने वाला एक जानवर। |
| **ऐण्टीकाबुलेण्ट** | पु० | रक्त को गाढ़ा होने और थक्का बनने से रोकने वाला पदार्थ; स्कन्दरोधी। |
| **ऐण्टीक्लाइन** | पु० | वह भूक्षेत्र जहाँ पृथ्वी की सतह पर स्थित चट्टान की परतें मेहराब के आकार में मुड़ी हों। |
| **ऐण्टीडॉट** | पु० | किसी भी अप्रिय प्रभाव से निपटने में सहायक कोई अन्य वस्तु; प्रतिकारक; प्रत्यौषध। |
| **ऐण्टीडिप्रेसेण्ट** | पु० | निराशा, विषाद, उदासी आदि दूर करने वाली दवा। |
| **ऐण्टीपर्सपिरेण्ट** | पु० | पसीना कम करने के लिए प्रयोग किया जाने वाला तरल पदार्थ। |
| **ऐण्टीफ्रीज** | पु० | रेडियेटर में पानी को जमने से रोकने वाला रसायन; जमावरोधी रसायन। |
| **ऐण्टीबॉडी** | पु० | रक्त में उत्पन्न होने वाला रोग निरोधक पदार्थ। |
| **ऐण्टीबायोटिक** | पु० | जीवाणु नाशक औषधि, प्रतिजैविक। |
| **ऐण्टीबैक्टीरियल** | वि० | जीवाणु निरोधक, प्रति जीवाणु। |
| **ऐण्टीलोप** | पु० | बारहसिंगा। |
| **ऐण्टीसेप्टिक** | पु० | रोगाणुरोधक दवा या मरहम। |
| **ऐण्टीहिस्टेमाइन** | पु० | एलर्जी दूर करने वाली दवा। |
| **ऐक्रिड** | वि० | गन्ध और स्वाद में कड़वा, तीव्र और तीखा। |
| **ऐक्ने** | पु० | युवावस्था में होने वाला चेहरे का एक रोग जिसमें चेहरे पर छोटी-छोटी फुंसियाँ निकल आती हैं। |
| **ऐक्सीडेण्ट** | पु० | दुर्घटना। |
| **ऐक्सीडेण्ट प्रोन** | वि० | दुर्घटना आशंकित स्थान, वह स्थान जहाँ अधिकतर दुर्घटनाएँ होती हैं। |
| **ऐटमास्फीयर** | पु० | वायुमण्डल; किसी स्थान का वातावरण; मनःस्थिति, मनोदशा। |
| **ऐटम** | पु० | परमाणु; किसी तत्त्व का सबसे सूक्ष्म भाग। |
| **ऐड** | क्रि० | संख्याओं या राशियों को जोड़ना, योग करना। |
| **ऐडहेसन** | पु० | आसंजन, चिपकाव; किसी के साथ चिपकने की क्रिया। |
| **ऐडहेसिव** | पु० | आसंजक, आपस में चिपकाने वाला पदार्थ। |
| **ऐड्स (AIDS)** | पु० | यह एक्वायर्ड इम्यून डिफीशियंसी सिण्ड्रोम का संक्षिप्त रूप है। यह एक प्रकार का रोग है, जो शरीर की रोग प्रतिरोधक क्षमता को पूर्णतया समाप्त कर देता है। |
| **ऐनेरोबिक** | वि० | जिसे ऑक्सीजन की जरूरत न हो, ऑक्सीजन निरपेक्ष। |
| **ऐनेस्थीजिया** | स्त्री० | संवेदनाहरण; एक प्रकार की औषधि जो शल्य चिकित्सा से पूर्व रोगी को संवेदन शून्य करने के लिए दी जाती है। |
| **ऐनेस्थेटिक** | पु० | संवेदनहीनता उत्पन्न करने वाला रसायन या पदार्थ; संवेदनहारी पदार्थ। |

| | | |
|---|---|---|
| **ऐनेस्थेटिस्ट** | पु० | संवेदनाहरक, निश्चेतना विज्ञानी। |
| **ऐन्थ्रासाइट** | पु० | एक कठोर प्रकृति का कोयला जिसकी ज्वलनशीलता बहुत कम होती है और जो धुआँहीन होता है। |
| **ऐन्थ्रैक्स** | पु० | गाय, बैलों और भेड़ों आदि को होने वाला गम्भीर रोग, जिसमे मृत्यु सम्भव है। |
| **ऐन्थ्रोपोलोजी** | स्त्री० | मानव की उत्पत्ति, उसके विकास, प्रथाओं और विश्वासों का वैज्ञानिक अध्ययन; मानव विज्ञान। |
| **ऐंस्वरिंग मशीन** | पु० | टेलीफोन से जुड़ा एक यन्त्र जिसके द्वारा मालिक की अनुपस्थिति में फोन सुना जा सकता है और कॉल करने वाले व्यक्तियों का सन्देश रिकॉर्ड किया जा सकता है। |
| **ऐप** | पु० | एक प्रकार का बड़ा पूँछहीन बन्दर। |
| **ऐप्रीशियेशन** | पु० | गुण ग्रहण, गुणदोष विवेचन; आभार, कृतज्ञता; किसी समस्या, स्थिति आदि का बोध, परिबोध। |
| **ऐब्सट्रैक्शन** | पु० | सार ग्रहण; पृथककरण; किसी वस्तु को किसी अन्य वस्तु से अलग करना। |
| **ऐस्ट्रोफिजिक्स** | पु० | खगोल भौतिकी। |
| **ऐस्पिरिन** | स्त्री० | ज्वर कम करने और दर्द कम करने की एक औषधि। |
| **ऐस्फाल्ट** | पु० | एक काला गाढ़ा पदार्थ जिसे सड़कों को रँगने के काम में लिया जाता है, अलकतरा, कोलतार, डामर। |
| **ऐस्फिक्सिया** | स्त्री० | साँस न ले पाने की स्थिति, जो मृत्यु का कारण भी बन सकती है; श्वास रोग। |
| **ओजोन** | पु० | एक जहरीली गैस है। यह भी ऑक्सीजन का एक दूसरा रूप है। |
| **ओजोन लेयर** | पु० | वायुमण्डल में बहुत ऊँचाई पर ओजोन गैस की एक मोटी सतह जो कि सूर्य की हानिकारक किरणों से पृथ्वी को बचाने में सहायक होती है। |
| **ओडोर** | पु० | गन्ध। |
| **ओबरी** | स्त्री० | अण्डाशय; पौधे में बीच उत्पन्न करने वाला अंश। |
| **ओम** | पु० | विद्युत की प्रतिरोध शक्ति को मापने की इकाई, वैद्युत प्रतिरोध मात्रक। |
| **ओविपैरस** | वि० | अण्डज प्राणी, ऐसे प्राणी जो शिशु न पैदा कर अण्डा देते हैं। |
| **ओवम** | पु० | अण्डाणु। |
| **ओव्यूल** | पु० | बीज वाले पौधों में बीजास्म का वह भाग जिसमें मादा कोशिका रहती है, जो कि आगे चलकर बीज बनता है; डिम्ब। |
| **ओव्यूलेट** | क्रि० | अण्डा देना, अण्डाणु उत्पन्न करना। |
| **ओव्यूलेशन** | पु० | अण्डोत्सर्ग। |
| **कण्टाजियस** | वि० | संसर्गज रोग; सम्पर्क या स्पर्श के द्वारा फैलने वाला रोग। |
| **कण्डक्टर** | पु० | वह पदार्थ जो ताप या विद्युत को अपने में से गुजरने दे; संवाहक पदार्थ, चालक। |
| **कनफिगरेशन** | पु० | किसी कम्प्यूटर पद्यति का निर्माण करने वाले उपकरण और प्रोग्राम तथा उनकी विशिष्ट संरूपण व्यवस्था। |
| **कम्पाउण्ड** | पु० | यौगिक पदार्थ; दीवार से घेरा गया भूक्षेत्र जिसपर अनेक भवन बने हों। |

| | | |
|---|---|---|
| **कम्पास** | पु० | कुतुबनुमा, दिक्सूचक। |
| **कम्प्यूटर** | पु० | एक प्रकार की अत्याधुनिक इलेक्ट्रॉनिक मशीन जिसमें जानकारी संचित करने, ढूँढ़न, उसे व्यवस्थित करने, परिकलन करने व अन्य मशीनों पर नियन्त्रण रखने के लिए तैयार किया गया है। |
| **कम्प्यूटराइजेशन** | पु० | कम्प्यूटरी करण। |
| **कम्प्यूटरलिटरेट** | वि० | कम्प्यूटरदक्ष; कम्प्यूटर के प्रयोग का जानकार। |
| **कम्प्यूटिंग** | पु० | कम्प्यूटर का प्रयोग। |
| **कम्पोनेण्ट** | पु० | अवयव। |
| **कम्बस्टिबल** | वि० | आसानी से ज्वलनशील, सुदाह्य। |
| **कम्बस्टन** | पु० | आग से जलने की क्रिया। |
| **कम्युनिकेशन** | पु० | सूचनाओं, भावनाओं और विचारों के आदान-प्रदान की क्रिया; सन्देश-प्रेषण, संचार व्यवस्था। |
| **कलवर्ट** | पु० | सड़क आदि के नीचे से जाने वाला पानी का नाला या नाली; पुलिया। |
| **काण्टैक्ट लेंस** | पु० | आँख पर लगाया जाने वाला शीशे या प्लास्टिक का बना पतला टुकड़ा जिससे दृष्टि में सुधार होता है; संस्पर्श लेंस। |
| **कांस्टीपेशन** | पु० | कब्ज, भोजन का अच्छी तरह से न पचना। |
| **काक्लिआ** | पु० | कान के अन्दर सीपी के समान एक भाग जो सुनने में सहायता करता है; कर्णावर्त। |
| **काकूसिक्स** | पु० | रीढ़ की हड्डी के अधोभाग की छोटी हड्डी। |
| **कॉनकेब** | वि० | अवतल, नतोदर; अन्दर की तरफ मुड़ती हुई। |
| **कॉनवेक्स** | वि० | उन्नतोदर, उत्तल; बाहर की ओर निकलती हुई। |
| **काम्प्लेक्शन** | पु० | चेहरे की त्वचा का प्राकृतिक रंग और गुण; किसी वस्तु का सामान्य स्वरूप। |
| **कार्टरिज** | पु० | किसी मशीन में प्रयोग होने वाली सामग्री जैसे, प्रिण्टर में लगने वाली स्याही की कार्टरीज, कैमरे की फिल्म आदि। |
| **कॉयल** | पु० | कुण्डलाकृति |
| **कार्क** | पु० | एक प्रकार का हल्का मुलायम पदार्थ जो विशेष प्रकार की पेड़ की छाल से बनाया जाता है और बोतल को बन्द करने के लिए डॉट के रूप में प्रयोग होता है। |
| **कार्कस्क्रू** | पु० | बोतलों पर लगी डॉट को खोलने के लिए एक उपकरण। |
| **कार्टिलेज** | पु० | हड्डियों के जोड़ों पर पाया जाने वाला सुदृढ़ पदार्थ। |
| **कार्टोग्राफर** | पु० | मानचित्र निर्माता; नक्शानवीस। |
| **कार्प्सकल** | पु० | लाल या सफेद रक्तकणिका। |
| **कार्बन** | पु० | एक रासायनिक तत्त्व। यह तत्त्व कोयला और हीरे में भी तथा सजीवों में पाया जाता है। |
| **कार्बन कॉपी** | पु० | मसि-पत्र लगाकार बनायी गयी प्रति; किसी वस्तु या दस्तावेज की एक दम सही प्रतिलिपि। |
| **कार्बन डाई ऑक्साइड** | स्त्री० | एक रंगहीन व गन्धहीन गैस जो जीवधारियों के स्वास्थ्य के लिए हानिकारक होती है। |

| | | |
|---|---|---|
| **कार्बोनेट** | पु० | कार्बनडाई ऑक्साइड और किसी अन्य रासायनिक तत्त्व से प्रतिक्रिया करने के परिणाम स्वरूप निर्मित लवण। |
| **कार्बोहाइड्रेड** | पु० | भोजन में उपलब्ध एक तत्त्व जो शरीर को ऊर्जा प्रदान करता है। |
| **कार्ब्यूरेटर** | पु० | कारों, मोटरसाइकिल आदि में लगा एक उपकरण जो पेट्रोल और हवा को मिश्रित कर इंजन में भेजता है। |
| **कार्डियक** | वि० | हृदयविषयक, हृदय से सम्बन्धित। |
| **कार्डियक अरेस्ट** | पु० | हृदय गति के रुक जाने की गम्भीर स्थिति। |
| **कार्सिनोंजेन** | पु० | कैंसर पैदा करने वाला एक तत्त्व। |
| **कॉलरबोन** | पु० | कन्धे को छाती की हड्यिों से जोड़ने वाली हड्डी। |
| **कास्टिक सोडा** | पु० | साबुन बनाने के काम आने वाला पदार्थ। |
| **किलोग्राम** | पु० | भार मापने की एक इकाई। यह 1000 ग्राम के बराबर होता है। |
| **किलोजूल** | पु० | भोजन से मिलने वाली ऊर्जा को मापने की एक इकाई। 1000जूल बराबर 1 किलो जूल। |
| **किलोमीटर** | पु० | लम्बाई की एक माप। यह एक हजार मीटर के बराबर होता है। |
| **किलोवाट** | पु० | विद्युत शक्ति को मापने की इकाई। यह एक हजार वॉट के बराबरहोता है। |
| **क्रिप्टॉन** | पु० | फ्लूरोसेण्ट ट्यूबों में प्रयोग की जाने वाली प्रतिक्रियाहीन और रंगहीन गैस। |
| **क्रिस्टल** | पु० | रवा; ठोस हो जाने पर पदार्थों की सुनिश्चित आकृति; स्फटिक; उच्चगुणवत्ता की काँच। |
| **क्रिस्टलाइन** | वि० | रवेदार, रवे जैसा। |
| **की-बोर्ड** | पु० | कम्प्यूटर का कुंजीपटल; पियानों का कुंजीपटल। |
| **कूलम्ब** | पु० | विद्युत चार्ज की इकाई। |
| **के एच जेड** | | यह किलोहर्ट्ज का संक्षिप्त रूप है। इसका प्रयोग रेडियो तरंगों की फ्रिक्वेंसी की इकाई के रूप में किया जाता है। |
| **केबल** | पु० | मोटा मजबूत धातुनिर्मित तार जिसपर प्लास्टिक का कवर चढ़ा होता है; विद्युत धारा के प्रवाहित होने के लिए प्लास्टिक से ढका तारों का समूह। |
| **केबल कार** | पु० | पहाड़ों पर आनेजाने के लिए तार के मोटे रस्सों पर चलने वाली केबिन युक्त गाड़ी। |
| **केबल टेलीविजन** | पु० | रेडियो तरंगों के स्थान पर केबल द्वारा टेलीविजन कार्यक्रम प्रसारित करने की पद्धति। |
| **केमिकल** | वि० | रासायनिक; रसायन शास्त्र विषयक। पु० रसायन; रासायनिक प्रक्रिया से बना पदार्थ। |
| **केमिस्ट** | पु० | औषधि निर्माता। |
| **केमिस्ट्री** | स्त्री० | रसायनशास्त्र। |
| **केमोथिरेपी** | स्त्री० | रासायनिक पदार्थों द्वारा चिकित्सा, रसचिकित्सा। |
| **कल्विन** | पु० | ताप मापने की एक इकाई, केल्विन एक डिग्री सेल्सियस के बराबर होता है। |
| **कैण्टिलीवर** | पु० | डॉट, लकड़ी या धातु का लम्बा टुकड़ा जो दीवार से बाहर की तरफ निकला होता है और पुल के छोर या अन्य ढाँचे को बल देता है; बाहुधरण। |

| | | |
|---|---|---|
| **कैनन** | पु० | स्वीकृत नियम, मापदण्ड या सिद्धान्त जिससे किसी वस्तु का मूल्यांकन होता है। |
| **कैनबिस** | पु० | भाँग की जाति का एक पौधा और उससे निर्मित एक नशीला पदार्थ जिसका सेवन कुछ लोग आनन्द उठाने के लिए करते हैं। |
| **कैंसर** | पु० | एक प्राणघातक गम्भीर रोग जिसमें शरीर के किसी भाग की कोशिकाओं की संख्या में असामान्य रूप से वृद्धि होने लगती है। |
| **कैंसरस** | वि० | कैंसर रोग से ग्रस्त। |
| **कैक्टस** | पु० | नागफनी, सेहुँड़। |
| **कैज़ुअलिटी** | स्त्री० | आपातकालीन विभाग। |
| **कैटरपिलर** | पु० | सूँड़ी, इल्ली। |
| **कैटरैक्ट** | पु० | मोतियाबिन्द। |
| **कैटलाइज** | क्रि० | रासायनिक प्रतिक्रिया को उत्प्रेरित करना। |
| **कैटलिसिस** | पु० | उत्प्रेरण। |
| **कैटालिटिक कनवर्टर** | पु० | मोटरकारों में लगा उपकरण जो विषैली गैसों से होने वाली पर्यावरण की हानि को कम करता है। |
| **कैडमियम** | पु० | एक सफेद-नीली विषैली धातु जिसका प्रयोग उद्योगों में बैटरी बनाने में किया जाता है। |
| **कैथार्सिस** | पु० | विरेचन; भावनाओं का समन। |
| **कैथेटर** | पु० | शरीर में से अनावश्यक द्रव पदार्थ को बाहर निकालने के लिए नलिका के समान यन्त्र। |
| **कैथोड** | पु० | बैटरी में वह बिन्दु जहाँ से होकर विद्युतधारा बाहर निकलती है। |
| **कैथोड-रे ट्यूब** | पु० | टेलीविजन, कम्प्यूटर स्क्रीन आदि के अन्दर की नली जिसके अन्तर्गत बनने वाले इलेक्ट्रॉनों के कारण परदे पर चित्र बनते हैं; कैथोड किरण नलिका। |
| **कैपासिटर** | पु० | विद्युत आवेश को संचित करने वाला उपकरण, सन्धारित्र। |
| **कैपेसिटी** | स्त्री० | क्षमता, धारण शक्ति; किसी मशीन की उत्पादन क्षमता। |
| **कैप्सूल** | पु० | दवा से भरी छोटी सम्पुटिका; सीलबन्द डिब्बा जिसमें वायु, नमी आदि न प्रवेश कर सके। |
| **कैफीन** | स्त्री० | चाय और कॉफी में पाया जाने वाला एक पदार्थ। |
| **कैमरा** | पु० | फोटो ग्राफी या चलचित्र रिकॉर्ड करने के लिए एक यन्त्र। |
| **कैम्कॉर्डर** | पु० | सचल वीडियो कैमरा जिससे ध्वनि भी रिकॉर्ड की जा सकती है। |
| **कैलिडोस्कोप** | पु० | रंगीन काँच के टुकड़ों से भरी दर्पणों वाली नली का खिलौना जिसे घुमाने से रंग-बिरंगी दृश्यावली दिखायी देती है; बहुमूर्तिदर्शी। |
| **कैलीब्रेशन** | पु० | किसी उपकरण पर मापन इकाइयों के निर्धारण की क्रिया, अंशांकन; किसी उपकरण (जैसे थर्मामीटर आदि) पर अंकित मापन इकाइयाँ। |
| **कैलोरिफिक** | वि० | ऊर्जा या ऊर्जा उत्पादन से सम्बन्धित। |
| **कैलोरी** | स्त्री० | ऊर्जा की इकाई; उष्मा की इकाई, उष्मा की उतनी मात्र जिससे एक ग्राम जल का तापमान एक डिग्री बढ़ जाये। |
| **कैल्कुलस** | पु० | गणित की एक शाखा, जिसका मूल विषय परिवर्तन मात्राएँ होती हैं। |

**कैल्कुलेटर** पु० गणना करने वाला एक इलेक्ट्रॉनिक यन्त्र, परिकलक।
**कैल्सिफिकेशन** पु० कैल्शिम के प्रयोग से किसी वस्तु को कठोर करने की क्रिया।
**कैल्शियम** पु० एक रासायनिक तत्त्व जो शरीर की हड्डियों और दाँतों को मजबूत कराने में सहायक होता है।
**कैल्शियम कार्बोनेट** पु० खड़िया, चूने और संगमरमर में पाया जाने वाला सफेद ठोस पदार्थ।
**कैशे** पु० कम्प्यूटर स्मृति का वह भाग जहाँ सूचना सामग्री की प्रतिलिपि संचित रहती है।
**कैबिज** पु० बन्दगोभी, करमकल्ला।
**कैस्ट्रेट** क्रि० बधिया करना।
**कोइफीशियट** पु० 3X गुणांक, जैसे 3X में; किसी पदार्थ की विशिष्टता का मापक गुणांक।
**कोऐगुलेट** क्रि० (द्रव पदार्थ का) गाढ़ा और कुछ ठोस हो जाना, जम जाना।
**कोडीन** पु० एक दर्द निवारक औषधि।
**कोबाल्ट** पु० एक कड़ी चाँदी जैसी सफेद धातु।
**कोरियोग्राफी** स्त्री० नृत्यरचना।
**कोरोनरी** वि० हृदय से सम्बन्धित, हृदय का। पु० एक प्रकार का दिल का दौरा।
**कोलाइड** क्रि० गतिमान वस्तुओं का टकराना, टकराव होना।
**कोलेस्ट्राल** पु० मनुष्यों व पशुओं के रक्त में पाया जाने वाला एक पदार्थ जिसकी मात्रा बढ़ जाने पर हृदय रोग होने की सम्भावना होती है।
**कोसाइन** पु० कोज्या, कोटिज्या, किसी समकोण त्रिभुज में न्यूनकोण के साथ की भुजा का सबसे लम्बी भुजा से अनुपात।
**कौलीफ्लावर** स्त्री० फूलगोभी।
**कोल्ड सोर** पु० विषाणु (वायरस) द्वारा संक्रमण से होंठ या मुख के अन्दर पड़ा दर्द युक्त छाला।
**क्यूब** पु० घनाकृति, समान पार्श्वों वाला ठोस पिण्ड; (गणित में) घनफल।
**क्यूबरूट** पु० (गणित में) घनमूल।
**क्यूबिक** पु० घनीय।
**क्लाइटोरिस** स्त्री० भगशिश्न; स्त्री के जननेन्द्रिय का एक भाग।
**क्लाइमेट** पु० जलवायु, वातावरण, आबोहवा।
**क्लाइमटोलॉजी** स्त्री० जलवायु विज्ञान।
**क्लाट** पु० खून का थक्का।
**क्लीनिक** पु० चिकित्सा सुविधा प्रदान करने वाला छोटा अस्पताल।
**क्लीनिकल** वि० रोगियों के परीक्षण और चिकित्सा से सम्बन्धित; नैदानिक, उपचारात्मक।
**क्लोज्ड सर्किट टेलीविजन** पु० अपराध पर नियन्त्रण रखने के लिए किसी भवन में लगायी गयी एक प्रकार की टेलीविजन व्यवस्था।
**क्लोन** पु० किसी पौधे या पशु की कोशिका से वैज्ञानिक पद्धति द्वारा बनी उसकी सही अनुकृति।
**क्लोराफार्म** पु० एक तीव्रगन्ध वाला रंगहीन द्रव पदार्थ जिसका प्रयोग कर मरीज को शल्यचिकित्सा से पूर्व बेहोश किया जाता है।
**क्लोराफिल** पु० पौधों में पाया जाने वाला हरा पदार्थ जो सूर्य की किरणों को ग्रहण कर

| | | पौधों की वृद्धि में सहायता करता है; पर्णहरित। |
|---|---|---|
| **क्लोरोप्लास्ट** | पु० | पौधों की कोशिका का क्लोरोफिल वाला वह भाग जहाँ प्रकाश संश्लेषण होता है। |
| **गामा** | पु० | ग्रीक वर्णमाला का तीसरा अक्षर। |
| **गामारेडिएशन** | पु० | रेडियो सक्रिय पदार्थों से निकलने वाली किरणें। |
| **गार्गल** | पु० | किसी रासायनिक द्रव पदार्थ से गरारे करना। |
| **गालब्लैडर** | पु० | शरीर में यकृत से जुड़ा पित्त को संचित करने वाला एक अंग; पित्ताशय। |
| **गाल स्टोन** | पु० | पित्ताशय में बन जाने वाली पथरी, जो बहुत कष्टदायी होती है। |
| **ग्राइण्डर** | पु० | पीसने की मशीन। |
| **ग्राफ** | पु० | एक आरेख जिसमें दो मात्राओं, मापों आदि के बीच सम्बन्ध को सीधी या वक्र रेखाओं में दिखाया जाता है, लेखाचित्र। |
| **ग्राफिक्स** | पु० | आरेखन चित्रों, आरेखों आदि का निर्माण। |
| **ग्रिड** | स्त्री० | मानचित्र पर बनी वर्ग प्रणाली जिसपर किसी स्थान की स्थिति अंकित की जा सकती है या पता लगाया जा सकता है; विद्युत वितरण के लिए बिजली के तारों की व्यवस्था। |
| **गीयर** | पु० | किसी वाहन या मशीन का वह पुर्जा जिससे वाहन या मशीन चलती है। |
| **गीयरलीवर** | पु० | गीयर बदलने की छड़। |
| **ग्रेफाइट** | पु० | पेंसिलों में प्रयुक्त कोमल काला पदार्थ। |
| **ग्रेविटी** | पु० | गुरुत्वाकर्षक बल। |
| **गेज** | पु० | किसी वस्तु की चौड़ाई या दो वस्तुओं के बीच की दूरी की माप। |
| **गैंगरीन** | पु० | किसी रोग या चोट के कारण शरीर के किसी अंग में रक्त रुक जाने से अंग का निष्क्रिय और निष्प्राण हो जाना। |
| **गैमीट** | | नर या मादा कोशिका जो विपरीत लिंग के साथ मिलकर शिशु का निर्माण करने वाली कोशिका बनाती है; युग्मक कोशिका। |
| **गैलन** | पु० | द्रव को मापने का एक माप। |
| **गैलेक्सी** | स्त्री० | सूर्य और ग्रहों का तारापथ जो रात्रिकालीन आकाश में प्रकाशित पट्टी जैसा दिखायी देता है; आकाश गंगा। |
| **गैलवैनाइज** | पु० | लोहे पर या इस्पात पर जस्ता चढ़ाना जिसमें उसमें जंग न लगे। |
| **गैस** | पु० | वायु के समान पदार्थ जो न ठोस हो न द्रव; भोजन बनाने या किसी धातु को गलाने में प्रयोग आने वाली एक प्रकार की प्राकृत गैस। |
| **गैसकिट** | पु० | रबर आदि का समतल टुकड़ा जिसे पाइप या इंजन की दो धातुई सतहों के बीच में रख देते हैं जिससे भाप या तेल बाहर न निकले। |
| **गैस्ट्राइटिस** | स्त्री० | आमाशय में सूजन और दर्द की बीमारी। |
| **गैस्ट्रो-इण्ट्राइटिस** | स्त्री० | आमाशय और आंतों में सूजन और दर्द की बीमारी। |
| **गैस्ट्रोपॉड** | पु० | कोमल शरीर और कड़े आवरण वाला प्राणी जो भूमि और जल में रह सकता है, जठरपाद। |
| **गैसमीटर** | पु० | घरों में प्रयोग की जाने वाली गैस की मात्रा को मापने का मीटर; गैस मीटर। |

| | | |
|---|---|---|
| **ग्लिसरीन** | स्त्री० | चरबी और तेलों से बना एक गाढ़ा मीठा रंगहीन द्रव पदार्थ, जो विस्फोटकों में और सौन्दर्य प्रसाधनों में प्रयोग किया जाता है। |
| **ग्लौकॉमा** | पु० | एक नेत्र रोग जिसमें क्रमशः दृष्टि क्षीणता होती है, काला मोतिया। |
| **चारकोल** | पु० | लकड़ी का कोयला, काठ कोयला। |
| **चार्ज** | पु० | किसी वस्तु में विद्युत आवेश। |
| **चिकेनपाक्स** | पु० | चेचक, खसरा। इस रोग में रोगी के शरीर पर छोट-छोटे, लाल दाने उभर आते हैं। |
| **चेनरिएक्शन** | पु० | रसायन विज्ञान में रासायनिक क्रियाओं की शृंखला; शृंखलाबद्ध प्रक्रिया। |
| **चैनल** | पु० | टेलीविजन स्टेशन, चैनल; रेडियो या टेलीविजन कार्यक्रमों के प्रसारण के लिए प्रयुक्त तरंग, दैर्ध्य; द्रवों आदि के बहने के लिए मार्ग। |
| **जर्म** | पु० | रोग उत्पन्न करने वाले बहुत छोटे जीवाणु। |
| **जाइरोस्कोप** | पु० | घूर्णाक्षदर्शी। |
| **जिप्सम** | पु० | एक खड़िया जैसा सफेद, मुलायम खनिज। |
| **जीओथर्मल** | वि० | जमीन की गहराई में चट्टानों के प्राकृतिक ताप से सम्बन्धित। |
| **जीओमेट्रिक** | वि० | रेखागणित, ज्यामिति विषयक। |
| **जीओमेट्रिक प्रोग्रेशन** | पु० | 1, 3, 9, 27, 81 आदि संख्याओं की शृंखला, जिसमें प्रत्येक को एक निश्चित संख्या से गुणा या भाग किया जाता है जिसके परिणाम स्वरूप अगली संख्या आती है। |
| **जीओमेट्री** | स्त्री० | गणित के अन्तर्गत रेखाओं, आकृतियों आदि का अध्ययन। |
| **जीओलॉजी** | स्त्री० | भूविज्ञान। |
| **जीनोम** | पु० | कोशिका या सजीव में स्थित पूर्ण जीन समुच्चय। |
| **जेनरेटर** | पु० | विद्युत उत्पन्न होने वाली मशीन। |
| **जेनिओलॉजी** | स्त्री० | स्त्रीरोग विज्ञान। |
| **जेनिटल** | पु० | जनन सम्बन्धी। |
| **जेनेटिक** | वि० | आनुवंशिक विज्ञान, अनुवांशिकी। |
| **जेनिटिक इंजिनियरिंग** | पु० | जीन परिवर्तन के द्वारा मनुष्य, पशु या पौधे के विकास में परिवर्तन का वैज्ञानिक अध्ययन। |
| **जेनेटिक्स** | पु० | सजीवों में विभिन्न लक्षणों का माता-पिता से उनकी सन्तान तक पहुँचाने की विकास प्रक्रिया का वैज्ञानिक अध्ययन; आनुवंशिकता विज्ञान, जनन विज्ञान। |
| **जेरिएट्रिक्स** | पु० | जरा चिकित्सा; बूढ़ों, बुजुर्गों के स्वास्थ्य की देखभाल। |
| **जेलिग्नाइट** | पु० | विस्फोटकों को बनाने के लिए प्रयोग में आने वाला पदार्थ। |
| **टंगस्टन** | पु० | एक कड़ी स्लेटी रंग की धातु या इस्पात जिससे बिजली के बल्ब के तार बनते हैं। |
| **टरबाइन** | पु० | एक मशीन जो पानी, वायु, गैस के दाब से चलने वाले पहिये के सहारे चलती है। |
| **टरमरिक** | स्त्री० | हल्दी, हरिद्रा। |
| **टाइपराइटर** | पु० | टाइप करने की मशीन, टंकण मशीन। |
| **टाइफायड** | पु० | आन्त्रज्वर, एक प्राणघातक ज्वर। |

| | | |
|---|---|---|
| **ट्रांजिस्टर** | पु० | रेडियो, कम्प्यूटर में लगने वाला एक छोटा उपकरण। |
| **ट्रांसपिरेशन** | पु० | पौधे या पत्ते की सतह पर जलकण या वाष्प प्रकट होने की क्रिया; वाष्पोत्सर्जन। |
| **ट्रांसपैरेण्ट** | वि० | पारदर्शी। |
| **ट्रांसपैरेसी** | पु० | पारदर्शी प्लास्टिक खण्ड जिस पर कुछ लिखा हो, आरेख या चित्र बना हो और जिसे प्रोजेक्टर द्वारा प्रकाश फेंक कर देखा जा सके; दृश्यता। |
| **ट्रांसप्लाण्ट** | पु० | किसी एक व्यक्ति के शरीर से शल्यक्रिया द्वारा कोई अंग निकाल कर दूसरे के शरीर में प्रत्यारोपित करने की क्रिया। |
| **ट्रांसफार्मर** | पु० | बिजली की शक्ति को बढ़ाने या घटाने का यन्त्र; बिजली का ट्रांसफार्मर। |
| **ट्रांसफ्यूजन** | पु० | रक्ताधान करना; किसी के शरीर में रक्त चढ़ाने की क्रिया। |
| **ट्रांसमिशन** | पु० | कोई सूचना या डेटा एक व्यक्ति या स्थान से दूसरे व्यक्ति या स्थान को संचारित करने की क्रिया; संचारण, सम्प्रेषण। |
| **ट्रांसल्यूसेण्ट** | पु० | पारभाषक, जिसमें से प्रकाश पार तो कर जाये पर स्पष्ट दिखायी न दे। |
| **ट्रांसवर्सवेब** | पु० | अंश को कोण पर कम्पन करने वाली लहर; अनुप्रस्थ तरंग। |
| **ट्राईसेप्स** | पु० | बाँह के ऊपरी भाग के पीछे की माँसपेशी, त्रिशिरस्क। |
| **टिटैनस** | पु० | एक प्रकार का रोग जिसमें रोगी की शरीर में अकड़न आ जाती है। यह रोग बैक्टीरिया जनक रोग है। |
| **ट्रिग्नोमेट्री** | स्त्री० | (गणित) त्रिकोणमिति। |
| **ट्रिलियन** | पु० | दस खरब की संख्या या एक लाख करोड़ की संख्या। |
| **ट्रीटमेण्ट** | पु० | किसी बीमार या घायल व्यक्ति का उपचार। |
| **टेक्निकल** | वि० | विज्ञान और उद्योग के क्षेत्र में मशीनों आदि के व्यावहारिक उपयोग से सम्बन्धित तकनीक की जानकारी वाला। |
| **टेक्नीशियन** | पु० | मशीनों आदि की जानकारी से युक्त क्षमता वाला व्यक्ति, तकनीकी कारीगर। |
| **टेक्नोलॉजी** | स्त्री० | किसी उद्योग आदि के लिए आवश्यक वैज्ञानिक जानकारी। |
| **टेक्नोलॉजिस्ट** | पु० | प्रौद्यौगिकी वेत्ता, शिल्प विज्ञानी। |
| **टेप** | पु० | संगीत, वीडियो आदि को रिकॉर्ड करने वाला कैसेट; रिकॉर्डर का टेप। |
| **टेपरिकार्डर** | पु० | ध्वनियों को टेप पर रिकॉर्ड करने और सुनाने वाली मशीन। |
| **टेपवार्म** | पु० | आँतों में रहने वाला एक कीड़ा; फीताकृमि। |
| **टेलीकम्युनिकेशंस** | पु० | दूरसंचार प्रणाली। |
| **टेलीकास्ट** | पु० | दूरदर्शन पर प्रसारण। |
| **टेलीग्राफ** | पु० | तारों की सहायता से विद्युत संकेतों को दूर भेजने की प्रेषण प्रणाली। |
| **टेलीग्राम** | पु० | टेलीग्राफ प्रणाली द्वारा किसी को भेजा गया लिखित सन्देश; तार। |
| **टेलीफोन** | पु० | एक ऐसा इलेक्ट्रो इलेक्ट्रॉनिक उपकरण जिससे हम दूरदराज में रहने वाले व्यक्तियों से सीधे वार्तालाप कर सकते हैं। |
| **टेलीस्कोप** | पु० | दूरबीन, दूरदर्शक यन्त्र, दूर की वस्तुओं को साफ-साफ देखने वालायन्त्र। |
| **टेस्टट्यूब** | स्त्री० | परखनली। |
| **टेस्टोस्टेरोन** | पु० | पुरुष के शरीर में उत्पन्न हार्मोन विशेष जो पुरुष के विशिष्ट शारीरिक और लैंगिक गुणों का विकास करता है। |

| | | |
|---|---|---|
| **ट्रेनर** | पु० | प्रशिक्षण देने वाला, शिक्षक। |
| **ट्रेनी** | पु० | प्रशिक्षणार्थी, प्रशिक्षु। |
| **ट्रेमर** | पु० | अँगुलियों आदि में हल्का कम्पन। |
| **टैंजेण्ट** | पु० | (गणित) स्पर्शज्या; किसी 90 डिग्री कोण वाले त्रिकोण के सामने और बगल वाली विकर्ण से भिन्न भुजाओं की लम्बाइयों का अनुपात। |
| **टैक्सोनॉमी** | पु० | वस्तुओं को वर्गीकरण करने की वैज्ञानिक प्रक्रिया। |
| **टैबलेट** | पु० | औषधि की गोली, टिकिया। |
| **ट्रैंक्विलाइजर** | पु० | रोगी को या अनिद्रा रोग से ग्रस्त व्यक्तियों को सोने के लिए दी जाने वाली औषधि; दर्दनाशक औषधि। |
| **ट्रैक्टर** | पु० | खेतों में जोताई आदि करने की मशीन; भारी मशीनें खींचने के लिए बड़ी मशीन। |
| **ट्रैक्शन** | पु० | टूटी हुई हड्डी को जोड़ने का ढंग; अंगकर्षण; वाहन के पहियों आदि को फिसलने से रोकने वाली शक्ति; सतह पर खींचने की क्रिया, कर्षण। |
| **ट्रैचिया** | स्त्री० | श्वास नली। |
| **ट्रैपेजियम** | पु० | समलम्बाभ चतुर्भुज; वह चतुर्भुज जिसकी आमने-सामने की भुजा समानान्तर होती हैं। |
| **ट्रैवेलसिक** | वि० | वाहन के निरन्तर हिलने-डुलने के कारण उल्टी आने या मतली आने की बीमारी। |
| **ट्रौमा** | पु० | गहरा आघात और खिन्नता की स्थिति। |
| **ट्यूब** | पु० | नली। |
| **ट्यूबर क्यूलोसिस** | पु० | क्षय रोग, टीवी। |
| **डर्मेटाइटिस** | पु० | एक त्वचारोग, जिसमें त्वचा लाल, सूजन युक्त और दर्द युक्त होजाती है। |
| **डर्मेटोलॉजिस्ट** | पु० | चर्मरोग विशेषज्ञ, त्वचा विशेषज्ञ। |
| **डर्मेटोलॉजी** | स्त्री० | त्वचा विज्ञान, चर्मरोग विज्ञान। |
| **डाइअटामिक** | वि० | द्विअंशी, दो अंशोंवाला। |
| **डाइटेटिक्स** | पु० | आहार शास्त्र, भोजन और स्वास्थ्य पर उसके प्रभाव का वैज्ञानिक अध्ययन। |
| **डाउंजसिण्ड्रोम** | पु० | एक जन्मजात विकृति जिसमें रोगी का चेहरा सपाट और चौड़ा तथा बुद्धि मन्द हो जाती है। |
| **डाक्टर** | पु० | चिकित्सक। |
| **डॉक्टरिन** | स्त्री० | सिद्धान्त। |
| **डॉयगोनल** | वि० | विकर्ण रेखा; वर्ग के सामने कोणों को मिलाने वाली सीधी रेखा अथवा वर्ग के एक कोण से दूसरे कोण तक खींची गयी सीधी रेखा। |
| **डायग्राम** | पु० | आरेख, रेखाचित्र। |
| **डायग्नोसिस** | स्त्री० | रोगी के रोग सम्बन्धी समस्या के कारण को पहचानने की क्रिया, निदान क्रिया। |
| **डायबिटीज** | स्त्री० | मधुमेह का एक रोग। |
| **डायबेटिक** | पु० | मधुमेह रोगी। |
| **डायरिया** | स्त्री० | अतिसार रोग, दस्त की बीमारी। |

| | | |
|---|---|---|
| **डॉयलसिस** | स्त्री० | क्षति ग्रस्त गुर्दो के रोगियों के लिए एक रक्त शोधन प्रक्रिया। |
| **डायलॉगबॉक्स** | पु० | कम्प्यूटर स्क्रीन पर उभरने वाला बॉक्स जो प्रयोगकर्ता को अगली क्रिया सम्पादित करने का निर्देश देता है। |
| **डायाफ्रैग्म** | पु० | फेफड़ों और पेट के बीच की माँस-पेशी जो श्वसन क्रिया में सहायक होती हैं। |
| **डायोड** | पु० | एक इलेक्ट्रॉनिक उपकरण जिसमें विद्युत धारा केवल एक दिशा में प्रवाहित होती है। |
| **ड्राइव** | स्त्री० | कम्प्यूटर का वह भाग जो सूचना को ग्रहण और संचित करता है; वाहन का ऐसा उपकरण जो इंजन द्वारा उत्पन्न शक्ति को उसके पहियों तक पहुँचाता है। |
| **डिकम्पोज** | क्रि० | विघटित होना, प्राकृतिक रासायनिक प्रक्रियाओं द्वारा क्रमशः नष्ट हो जाना। |
| **डिजिट** | पु० | 0 से 9 तक की संख्या। |
| **डिटेक्टर** | पु० | किसी वस्तु (धातु या विस्फोटक आदि का) पता लगाने वाली मशीन। |
| **डिटोनेट** | क्रि० | बम आदि का विस्फोट होना या करना। |
| **डिटोनेटर** | पु० | विस्फोट करने वाला उपकरण। |
| **डिनामिनेटर** | पु० | (गणित में) भिन्न में हर को व्यक्त करने वाली संख्या, जैसे—3/4 भिन्न में 4 की संख्या। |
| **डिप्लायड** | वि० | दो पूर्ण गुण सूत्र सेटों वाली कोशिका। |
| **डिफलेक्ट** | क्रि० | किसी से टक्कर खाकर दिशा बदल देना। |
| **डिफलेक्शन** | पु० | (टकराने से) दिशा परिवर्तन। |
| **डिफिब्रिलेटर** | पु० | हृदय की माँस-पेशियों की हरकत को बिजली के झटके देकर नियन्त्रित करने की क्रिया। |
| **डिफ्रैक्ट** | क्रि० | भौतिक शास्त्र में बहुत पतले छिद्र से या किनारे के आर-पार जाती हुई प्रकाश की किरणों या प्रकाश की लहर की शृंखला का बहुरंगी पैटर्न में विभाजन करना। |
| **डिफ्यूज** | क्रि० | किसी गैस या द्रव का अन्य दूसरी वस्तु में मिल जाना या मिलकर एक हो जाना। |
| **डिमेंशिया** | पु० | मस्तिष्क रोग या आघात के कारण होने वाला एक गम्भीर मानसिक विकार जो व्यक्ति को सोचने, याद रखने और सामान्य व्यवहार करने की क्षमता नष्ट हो जाती है। |
| **डिलीरियम** | पु० | अत्यधिक ज्वर से उत्पन्न मस्तिष्क विभ्रम। |
| **डिलीरियस** | वि० | उन्मादग्रस्त, उन्मत्त; अत्यधिक प्रसन्न। |
| **डिवाइस** | स्त्री० | उपकरण मशीन। |
| **डिसएबिलिटी** | स्त्री० | शारीरिक रूप से असक्त होने की स्थिति। |
| **डिस्इंफेक्शन** | पु० | रोगाणुनाशन। |
| **डिस्क** | स्त्री० | कम्प्यूटर में प्रयोग की जाने वाली सूचना संचित करने वाली प्लास्टिक की बनी एक गोलाकार वस्तु। |
| **डिस्कड्राइव** | स्त्री० | विद्युत से चलने वाला कम्प्यूटर में लगा एक इलेक्ट्रॉनिक उपकरण जो डिस्क से सूचना ग्रहण करता है या डिस्क में सूचना संगृहीत करता है। |

| | | |
|---|---|---|
| **डिस्कवरी** | स्त्री० | खोज, अनुसन्धान। |
| **डिस्टेस्ट** | पु० | अरुचि, स्वादहीन, नापसन्द। |
| **डिस्टिल** | क्रि० | द्रव को शुद्ध करने के लिए उसे भाप बनाना और फिर ठण्ढा करके पुनः द्रव में बदलना। |
| **डिस्टिलरी** | स्त्री० | आसवनशाला; मद्यनिर्माणशाला। |
| **डिस्टिलेशन** | पु० | द्रवशोधन, आसवन। |
| **डिस्पेंसरी** | स्त्री० | अस्पताल, औषधालय, दवाघर। |
| **डिस्प्रपोर्शनेट** | पु० | अन्य वस्तु की तुलना में बहुत बड़ा या छोटा, असंगत, बेमेल, अनुपातहीन। |
| **डिहाइड्रेशन** | पु० | निर्जलीकरण। |
| **डीएनए** | पु० | किसी सजीव प्राणी या पौधे की कोशिकाओं में विद्यमान रसायन जो उसके गुण-धर्म को निर्धारित करता है। |
| **डीजे** | पु० | रेडियो पर संगीत कार्यक्रम को प्रस्तुत करने वाला व्यक्ति। |
| **डेण्टिस्ट्री** | पु० | दाँत और मुख के विषय में अध्ययन; दन्त चिकित्सा। |
| **डेंसिटी** | स्त्री० | घनत्व, किसी स्थान के क्षेत्रफल का, वहाँ के व्यक्तियों व वस्तुओं की संख्या का आनुपातिक सम्बन्ध; सघनता। |
| **डेक्सट्रोज** | पु० | ग्लूकोज का एक रूप। |
| **डेसीमल** | वि० | दशमलव पद्धति से सम्बद्ध, दस या दसवें इकाइयों में परिगणित। पु० दशमलव भिन्न। |
| **डेसिमल प्वाइण्ट** | पु० | दशमलव बिन्दु। |
| **डेसीमीटर** | पु० | लम्बाई मापने की इकाई। यह मीटर का दसवाँ हिस्सा होता है। |
| **डेस्कटॉप** | पु० | कम्प्यूटर की स्क्रीन जिसपर कम्प्यूटर में उपलब्ध प्रोग्रामों के संकेत चित्र होते हैं। |
| **डेस्कटॉप पब्लिशिंग** | पु० | पुस्तक आदि मुद्रित करने के लिए कम्प्यूटर और प्रिण्टर का प्रयोग। |
| **ड्यूडोनियम** | स्त्री० | छोटी आँत का आगे का भाग, ग्रहणी। |
| **ड्यूप्वाइण्ट** | पु० | ओसांक, तापमान का वह बिन्दु जहाँ वायु में जल का अंश नहीं रहता। इस तापमान से नीचे के बिन्दु पर जल ओस बनकर वायु में से निकल जाता है। |
| **थर्मामीटर** | पु० | तापमापी, ताप मापने का उपकरण। |
| **थर्मोस** | पु० | द्रव को ठण्ढा या गरम रखने के लिए प्रयोग में आने वाली बोतल, थर्मस बोतल। |
| **थर्मोस्टेट** | पु० | किसी मशीन के तापमान को नियन्त्रित करने वाला उपकरण, तापस्थिरक। |
| **थर्मोस्फीयर** | पु० | बाह्य वायुमण्डल। |
| **थाईबोन** | पु० | जाँघ की हड्डी। |
| **थ्राम्बोसिस** | पु० | हृदय या रक्तनली में थक्का जमने का गम्भीर रोग, शिरावरोध। |
| **थियोडोलाइट** | स्त्री० | कोणों को मापने का उपकरण, कोणमापी। |
| **थिरेपी** | स्त्री० | शारीरिक रोगों की चिकित्सा। |
| **थोरेक्स** | पु० | छाती, वक्ष, सीना (आदि की चिकित्सा)। |
| **थ्रोट** | पु० | गला, कण्ठ। |
| **थ्योरम** | पु० | प्रमेय, सत्यसिद्ध किया जाने वाला नियम या सिद्धान्त। |

| | | |
|---|---|---|
| **नर्व** | पु० | स्नायु तन्त्र, नस, तन्त्रिका। |
| **नर्वस** | वि० | स्नायु विषयक, स्नायु स्नायविक। |
| **नाइट्रिक एसिड** | पु० | यह एक शक्तिशाली अम्ल है, इसका प्रयोग विनाशकारी और विस्फोटक पदार्थों में किया जाता है। |
| **नाइट्रेट** | पु० | नाइट्रोजन से बना एक यौगिक। यह मिट्टी को बहुत उपजाऊ बनाने में सहायता करता है। |
| **नाइट्रोजन** | पु० | एक गैस जो रंग, स्वाद और गन्ध रहित होती है। यह वायुमण्डल में 80 प्रतिशत के अनुपात में मौजूद है। |
| **नाटिकलमाइल** | पु० | समुद्र में दूरी नापने की इकाई; समुद्री मील। |
| **नार्कोटिक** | पु० | शक्तिशाली नशीला पदार्थ; स्वापक; ऐसी दवा या पदार्थ जो तनाव को दूर करे, दर्द मिटाए और नींद लाये। |
| **नास्ट्रिल** | पु० | नासाछिद्र, नथुना। |
| **नासा** | पु० | यह नेशनल एयरोनॉटिक्स एण्ड स्पेस ऐडमिनिस्ट्रेशन का संक्षिप्त रूप है। यह अमेरिकी सरकार का एक संगठन है जो अन्तरिक्ष अनुसन्धान तथा अन्तरिक्ष यात्रा का आयोजन करता है। |
| **निआन** | पु० | एक प्रकार की प्रतिक्रियाहीन गैस जो लैम्पों और विज्ञापन पट्टों को चमकदार बनाती है। |
| **निकिल** | पु० | एक धातु जो चाँदी के समान सफेद होती है और दूसरे धातुओं में अक्सर मिलायी जाती है। |
| **निकोटीन** | पु० | तम्बाकू में पाया जाने वाला एक विषैला रसायन। |
| **नेप्थालीन** | पु० | पेट्रोलियम और तारकोल के आसवन से बनी फिनायल की गोलियाँ जिनका प्रयोग कीटनाशक दवाओं के निर्माण में किया जाता है। |
| **नोज** | पु० | नाक, नासिका। |
| **नोज ब्लीड** | पु० | नक्सीर, नाक से खून का गिरना। |
| **नोड** | पु० | वह बिन्दु जहाँ दो रेखाएँ मिलती हैं या एक दूसरे को काटती हैं; मानव शरीर में हड्डियों के जोड़ के निकट एक ठोस माँस-पिण्ड। |
| **न्यूक्लियर** | वि० | आणविक या नाभिकीय ऊर्जा; परमाणु के नाभिक से सम्बन्धित। |
| **न्यूक्लियर डिसआर्मामेण्ट** | पु० | परमाणुविक निःशस्त्रीकरण; परमाणु अस्त्रों के विकास और प्रयोग पर रोक। |
| **न्यूक्लियर फिजिक्स** | पु० | परमाणु नाभिकों का वैज्ञानिक अध्ययन; परमाणुविक भौतिकी। |
| **न्यूक्लियर रिऐक्टर** | पु० | परमाणु ऊर्जा उत्पन्न करने का संयन्त्र। |
| **न्यूक्लियस** | पु० | परमाणु या कोशिकाओं का केन्द्रीय भाग। |
| **न्यूक्लेयिक एसिड** | पु० | सभी सजीव कोशिकाओं में उपस्थित दो प्रकार के एसिड— डीएनए और आरएनए में से कोई एक। |
| **न्यूटर** | क्रि० | किसी पशु या मनुष्य को नपुंसक बनाना। |
| **न्यूट्रान** | पु० | परमाणु के तीन घटकों में से एक। न्यूट्रान में कोई विद्युत आवेश नहीं होता। |
| **न्यूट्रिएण्ट** | पु० | पोषक तत्त्व। |
| **न्यूट्रिशन** | पु० | स्वास्थ्य को पुष्ट करने वाला आहार, पोषाहार। |
| **न्यूमरल** | पु० | मात्रा या संख्या का सूचक चिह्न या प्रतीक, अंक। |

**न्यूमरेटर** पु० भिन्न में रेखा के ऊपर की संख्या, अंश, जैसे 3/4 में 3 की संख्याअंश है।

**न्यूरोलॉजिस्ट** पु० स्नायुरोग विशेषज्ञ, स्नायु विज्ञानी।

**न्यूरोलॉजी** स्त्री० स्नायु विज्ञान।

**न्यूरोसिस** पु० मनस्ताप का स्नायुरोग। जिसमें भय और चिन्ता की बहुलता होती है।

**न्यूरोसिस्टम** पु० मस्तिष्क तथा समस्त स्नायुमण्डल।

**फंक्शन-की** पु० कम्प्यूटर के की-बोर्ड पर एक कुंजी जिससे विशेष प्रक्रिया सम्पन्न की जाती है।

**फन्नीबोन** पु० कोहनी की हड्डी।

**फरटाइल** वि० मनुष्य, पशु या पौधे सन्तान उत्पत्ति में सक्षम, फलोत्पादन में सक्षम, नये पौधों आदि के उत्पादन में सक्षम।

**फरटिलिटी** स्त्री० उत्पादन क्षमता; उर्वरता।

**फाइबरऑप्टिक्स** पु० प्रकाश संकेतों के रूप में सूचना सम्प्रेषण के लिए फाइबर का प्रयोग; तन्तु प्रकाशिकी।

**फाइब्रिन** पु० रक्त में बनने वाला पदार्थ जो चोट लगने की स्थिति में रक्त के प्रवाह को रोकने में सहायक होता है।

**फाइब्रिनोजन** पु० रक्त में पाया जाने वाला पदार्थ जिससे फाइब्रिन बनता है।

**फॉरेनहाइट** पु० ताप मापने का एक पैमाना; ताप मापने की एक इकाई।

**फारेंसिक** वि० अपराध सम्बन्धी जाँच के लिए वैज्ञानिक परीक्षणों का प्रयोग करने वाला।

**फीबुला** पु० घुटने से टखने के बीच की दो हड्डियों में से बाहरी हड्डी; बहिर्जंघिका।

**फिलामेण्ट** पु० विद्युतधारा पार होने पर बल्ब में प्रकाश उत्पन्न करने वाला महीन तार; फूल के बीच का रेसा।

**फिल्टर** पु० कैमरे के साथ प्रयोग होने वाला एक छोटा रंगीन शीशा जो कुछ प्रकार की प्रकाश रेखाओं को पार नहीं होने देता; द्रव या गैस को छानने का उपकरण, छननी।

**फिल्टरेशन** पु० फिल्टर द्वारा द्रव या गैस को छानने की क्रिया।

**फीमर** स्त्री० जाँघ की हड्डी; उर्विका।

**फीसीज** स्त्री० विष्ठा, मल।

**फुलक्रम** पु० वह आधार बिन्दु जिसपर कोई वस्तु घूमती है या जिस पर किसी वस्तु को टिकाया जाता है; टेक, आधार।

**फूडप्रोसेसर** पु० विद्युत चालित मशीन जो भोज्य पदार्थों को काटती और मिश्रित करती है।

**फेल्ड्स्पार** पु० (भूविज्ञान) एक प्रकार की सफेद या लाल चट्टान।

**फैक्टर** पु० (गणित) गुणक; एक को छोड़कर वह पूर्ण संख्या जिससे उससे बड़ी संख्या विभाजित हो सके।

**फैक्टरी** स्त्री० कारखाना, उद्योग।

**फैलोपियन ट्यूब** स्त्री० यह मादा पशु के शरीर में दो नलियाँ जिनमें से होकर डिम्ब अण्डाशय से गर्भाशय तक पहुँचता है; डिम्बवाही नलियाँ।

**फ्रैक्चर** पु० अस्थिभंग; किसी कठोर वस्तु में टूट।

| | | |
|---|---|---|
| **फ्रैक्शन** | पु० | छोटा अंश या छोटी मात्रा; भिन्न। |
| **फ्रैक्शनल डिक्टिनेशन** | पु० | द्रव मिश्रण को तपाकर उसके अंश विभाजन की प्रक्रिया; ताप बढ़ने के साथ प्रत्येक अंश गैस में बदल जाता है और फिर ठण्ढा होकर नली में से गुजरते हुए द्रव बन जाता है। |
| **फोकलप्वाइण्ट** | पु० | अभिरुचि या क्रियाकलाप का केन्द्र बिन्दु; वह बिन्दु जहाँ किरणें या प्रकाश की तरंगें परावर्तन या अनुवर्तन के बाद मिलती हैं। |
| **फोकललेन्थ** | पु० | दर्पण या लेंस के केन्द्र बिन्दु से उसके फोकस की दूरी; नाभीय दूरी। |
| **फोकस** | क्रि० | आँखों या कैमरे का वस्तुओं से ऐसा मेल होना या बैठना कि वस्तुएँ साफ दिखायी दें। |
| **फोयटल** | वि० | भ्रूण विषयक; माँ के शरीर में बढ़ते बच्चे से सम्बन्धित। |
| **फोयटस** | पु० | भ्रूण; स्त्री या मादा पशु के शरीर में बढ़ता बच्चा। |
| **फ्लाइंगसासर** | पु० | उड़नतस्तरी; एक गोलाकार अन्तरिक्षयान जिसे कुछ लोग देखने का दावा करते हैं और मानते हैं कि यह यान किसी ग्रह से आया है। |
| **फ्लापी** | स्त्री० | ढीला-ढाला; कोमल और नीचे लटकता हुआ। |
| **फ्लापी डिस्क** | पु० | कम्प्यूटर से सूचना संचित करने वाली प्लास्टिक की चौकोर तस्तरी। |
| **फ्लफ** | पु० | पशुओं या पक्षियों के शिशुओं के शरीर पर आने वाली नयी रायेंदार खाल। |
| **फ्लैमेबल** | वि० | प्रज्वलनशील, जिसमें आग आसानी से लग सके। |
| **फ्लोचार्ट** | पु० | क्रमदर्शी आरेख, प्रवाह चार्ट। |
| **फ्लोराइड** | पु० | एक रासायनिक पदार्थ जिसे दाँतों की रक्षा के लिए पानी या टूथपेस्ट में मिलाया जा सकता है। |
| **फ्लोरीन** | स्त्री० | एक विषैली हल्के पीले रंग की गैस। |
| **बम्ब** | पु० | बम, गोला, विस्फोटक पदार्थों से भरा पात्र; परमाणु अस्त्र। |
| **बर्ड** | स्त्री० | चिड़िया। |
| **बर्थ** | पु० | जन्म; माँ के शरीर से बाहर आने की क्रिया। |
| **बर्थकण्ट्रोल** | पु० | सन्तति निग्रह। |
| **बर्नल** | पु० | चूल्हे का वह भाग जिसमें से आग निकलती है। |
| **बल्ब** | पु० | बिजली के लैम्प का शीशे वाला हिस्सा, जिसमें से प्रकाश फैलता है। |
| **बाण्ड** | पु० | किसी रासायनिक मिश्रण में अणुओं के संयोजित होने की विधि। |
| **बाइल** | पु० | पित्त। |
| **बाइसेप्ट** | क्रि० | विभाजन करना, दो खण्डों में बाँटना। |
| **बाइसेप्स** | पु० | भुजा के शिखर पर बड़ी माँस-पेशी। |
| **बाईकार्बोनेट** | पु० | कार्बनडाई आक्साइड की दुगनी मात्रा वाला लवण। |
| **बाईफोकल** | पु० | दो हिस्सों वाले लेंस का चश्मा। |
| **बाक्साइट** | पु० | एक मुलायम चट्टान जिससे एलूमिनियम प्राप्त होता है। |
| **बाटनिस्ट** | पु० | वनस्पति शास्त्री। |
| **बाटनी** | स्त्री० | वनस्पति शास्त्र। |
| **बॉटलगोर्ड** | पु० | लौकी। |
| **बायोकेमिस्ट** | पु० | जीव रसायनविद्। |

| | | |
|---|---|---|
| **बायोकेमेस्ट्री** | स्त्री० | जैवीय रसायन का वैज्ञानिक अध्ययन, जीव रसायन। |
| **बायोगैस** | पु० | पौधे और पशुओं के अपघटन से निर्मित मिथेन तथा कार्बनडाई ऑक्साइड गैस का मिश्रण। |
| **बायोडायवर्सिटी** | पु० | जैव विविधता। |
| **बायोप्सी** | पु० | रोग की परख के लिए शरीर से किसी ऊतक को निकालने की क्रिया। |
| **बायोमास** | पु० | जैव पिण्ड। |
| **बॉयोलाजी** | पु० | सजीवों का वैज्ञानिक अध्ययन; जीव विज्ञान। |
| **बायोलाजिकल वारफेयर** | पु० | हानिकारक जीवाणुओं का युद्ध के अस्तरों के रूप में प्रयोग; जैविकयुद्ध। |
| **बायोफिजिक्स** | पु० | भौतिकी के नियमों पर जीवविज्ञान का अध्ययन; जैव भौतिकी। |
| **बायोरिद्म** | पु० | सजीवों के जीवन में होने वाले परिवर्तनों की नियमित शृंखला; जैवीय लय। |
| **बार्ली** | स्त्री० | जौ, यव। |
| **बॉलबियरिंग** | पु० | धातु निर्मित गोली जो मशीन के पुर्जों के बीच लगती है ताकि मशीन आसानी से चलती रहे। |
| **बाल्ड** | वि० | गंजा। |
| **बिटरगोर्ड** | पु० | करेला। |
| **बिटूमेन** | पु० | सड़कों को रँगने वाला तारकोल, डामर। |
| **बीकर** | पु० | वैज्ञानिक प्रयोगों में काम आने वाला एक काँच का बना बर्तन जिसमें द्रव रखते हैं। |
| **बीजवैक्स** | पु० | मधुमक्खी का मोम, इसका प्रयोग लकड़ी की पालिश करने और मोमबत्तियाँ बनाने में होता है। |
| **बीटल** | पु० | एक प्रकार का बड़ा काला और चमकीला कीट, जिसके पंखों का आवरण बहुत कठोर होता है; भौंरा। |
| **बुलमिया** | पु० | एक प्रकार का रोग जिसमें रोगी अपने भोजन पर नियन्त्रण नहीं रख पाता; क्षुधातिशयता। |
| **बुल्डोजर** | पु० | भूमि को समतल बनाने की एक भारी एवं शक्तिशाली मशीन। |
| **बूटेन** | पु० | पेट्रोल से बनी और द्रव रूप में प्रयोग की जाने वाली एक गैस। |
| **बेंजीन** | पु० | पेट्रोलियम से प्राप्त एक रंगहीन द्रव पदार्थ जिससे प्लास्टिक या विभिन्न रासायनिक पदार्थ बनते हैं। |
| **बेंजीन रिंग** | पु० | बेंजीन एवं अन्य यौगिकों में उपलब्ध छः कार्बन अणुओं का वलय। |
| **बेकिंग पाउडर** | पु० | एक रासायनिक मिश्रण जिसे केक बनाते समय प्रयोग किया जाता है। |
| **बेबीइश** | वि० | शिशु समान, शिशु के समान आचरण करते हुए। |
| **बेबीहुड** | पु० | बचपन, शैशव। |
| **बेरियम** | पु० | एक चाँदी जैसी मुलायम धातु। |
| **बेरीलियम** | पु० | एक सफेद कठोर धातु जिससे विभिन्न मिश्र धातुएँ बनती हैं। |
| **बेस** | पु० | एक रसायन; क्षार। |
| **बेसिल** | पु० | तुलसी का पौधा। |
| **बैण्डबिड्थ** | पु० | इलेक्ट्रॉनिक सन्देश भेजने में प्रयुक्त की जाने वाली तरंग पट्टिका में आवृत्तियों का परास, बैण्ड चौड़ाई; कम्प्यूटर के नेटवर्क या इण्टरनेट के |

कनेक्शन द्वारा एक विशेष अवधि में भेजी जा सकने वाली सूचना की माप, इसे बिट्स प्रति सेकण्ड में मापा जाता है।

**बैण्डेज** पु० चोट पर बाँधने के लिए पट्टी।

**बैकऐक** पु० पीठ या कमर का दर्द।

**बैकबोन** पु० रीढ़ की हड्डी।

**बैक्टीरिया** स्त्री० ऐसे जीवाणु जो बड़ी संख्या में वायु, जल, मिट्टी और प्राणियों में पाये जाते हैं।

**बैटरी** स्त्री० विद्युत उत्पन्न करने वाला एक यन्त्र।

**बैरोमीटर** पु० वायुदाब मापी, वायु का दाब मापने और मौसम में परिवर्तन देने वाला यन्त्र।

**बैलास्ट** पु० हवा के गुब्बारे या जहाज को स्थिर रखने के लिए उसमें रखा गया भारी सामान।

**बैलिस्टिक्स** पु० वायु में प्रक्षेपित होने वाली वस्तुओं का वैज्ञानिक अध्ययन, जैसे बुलेट।

**बैलून** पु० गुब्बारा; आकाश में उड़ाया जाने वाला गैस का गुब्बारा जिसके नीचे एक बड़ी टोकरी लगी रहती है जिसमें बैठकर लोग उड़ते हैं।

**बैलेंस** पु० तराजू, तुला, काँटा।

**बैसिलस** पु० बहुत छोटे जीवाणु जो रोगजनक होते हैं।

**बोन** पु० हड्डी, अस्थि।

**बोल्ट** पु० धातु का बना चूड़ीदार उपकरण जिससे किसी पुर्जे आदि को कसते हैं।

**ब्रांकस** पु० फेफड़ों तक हवा ले जाने वाली नली।

**ब्रांकाइटिस** पु० श्वासनली की एक बीमारी जिसके कारण बहुत खाँसी आती है; श्वसनी शोथ।

**ब्रांकियल** वि० श्वसनी, श्वासनली के मुख्य दो शाखाओं से सम्बन्धित।

**ब्रांज** पु० ताँबे और टिन के मिश्रण से बनी धातु।

**ब्रीड** पु० किसी पशु की विशेष नस्ल।

**ब्रीद** पु० श्वास, साँस; श्वसन क्रिया।

**ब्रीद टेस्ट** पु० शराब पीकर चलाने वाले वाहन चालक की जाँच के लिए श्वास परीक्षण।

**ब्रीस्ट** पु० स्त्री का स्तन, स्त्री की छाती।

**ब्रीस्ट बोन** पु० छाती के मध्य स्थित लम्बी चपटी हड्डी जिससे पसलियाँ जुड़ी होती हैं।

**ब्रोमाइड** पु० औषधियों में प्रयोग किया जाने वाला एक रासायनिक मिश्रण जो उपशामक होता है।

**ब्रोमीन** पु० एक विषैली तेज गन्ध वाली लाल रंग की गैस।

**ब्लड** पु० खून, रक्त, रुधिर।

**ब्लडग्रुप** पु० रुधिर वर्ग, रक्त के चार प्रकार।

**ब्लडप्वाइजनिंग** पु० रक्तविषाक्तता; रक्त में जीवाणुओं के संक्रमण से उत्पन्न होने वाला रोग।

**ब्लडट्रांसफ्यूजन** पु० किसी के शरीर में रक्त चढ़ाना।

**ब्लडवेसल** पु० रक्तवाहिका, शिरा।

| | | |
|---|---|---|
| **ब्लीच** | पु० | कपड़ों आदि को अधिक सफेद या वस्तुओं को साफ करने वाला शक्तिशाली रासायनिक पदार्थ। |
| **ब्लैडर** | पु० | मूत्राशय। |
| **ब्वायल** | पु० | वह तापमान जिसपर कोई द्रव उबलने लगता है; व्रण, फोड़ा। |
| **ब्वायलर** | पु० | वाष्पित्र, ब्वायलर; एक बहुत बड़ा पात्र या चैम्बर जिसमें ताप द्वारा पानी को उबालकर भाप बनाते हैं। |
| **ब्वायलिंग प्वाइण्ट** | पु० | वह तापमान जिसपर कोई द्रव उबलना शुरू कर देता है; क्वथनांक। |
| **मर्करी** | पु० | बुध ग्रह; चाँदी के रंग की एक धातु जो द्रव रूप में होती है और जिसका प्रयोग मानक उपकरणों जैसे, थर्मामीटर आदि के लिए किया जाता है, पारा। |
| **मलेरिया** | पु० | मच्छरों के काटने से होने वाली एक जानलेवा बीमारी जिसमें बहुत कँप-कँपी के साथ बहुत तेज ज्वर होता है। |
| **मशीन** | पु० | यन्त्र, मशीन। |
| **मशीन कोड** | पु० | प्रोग्राम के लिए प्रयुक्त (विशेष) भाषा जिसमें निर्देशों को संख्याओं के रूप में लिखा जाता है ताकि कम्प्यूटर उसे समझकर तदनुसार कार्य कर सके, अंक-भाषा। |
| **मशीन गन** | पु० | ऐसी बन्दूक जो लगातार गोलियाँ निकालती हो। |
| **मशीनटूल** | पु० | मशीन में प्रयोग किये जाने वाले औजार। |
| **मशीनरी** | स्त्री० | सभी प्रकार की मशीनें, मशीन के चलने वाले पुर्जे, यन्त्रों का समूह। |
| **मशीनिस्ट** | पु० | मशीन चलाने वाला व्यक्ति; मशीनें बनाने वाला व्यक्ति; यन्त्रकार। |
| **माइक्रो कम्प्यूटर** | पु० | माइक्रोप्रोसेसर युक्त छोटा कम्प्यूटर। |
| **माइक्रोचिप** | पु० | कम्प्यूटर के अन्दर प्रयुक्त सिलिकान का सूक्ष्म कण। जो कम्प्यूटर को सक्रिय करता है। |
| **माइक्रोप्रोसेसर** | पु० | कम्प्यूटर का वह भाग जो सेण्ट्रल प्रोसेसिंग यूनिट का काम करता है। |
| **माइक्रोफोन** | पु० | ध्वनिवर्द्धक या उसे रिकॉर्ड करने वाला विद्युत उपकरण। |
| **माइक्रोब** | पु० | अति सूक्ष्म जीवाणु; रोगाणु। |
| **माइक्रोबायोलाजिस्ट** | पु० | सूक्ष्म जीवों का वैज्ञानिक अध्ययन करने वाला; सूक्ष्मजीव विज्ञानी। |
| **माइक्रोबायोलाजी** | स्त्री० | सूक्ष्म जीव विज्ञान; सूक्ष्म जीवों का वैज्ञानिक अध्ययन। |
| **माइक्रोमीटर** | पु० | लम्बाई नापने की इकाई। |
| **माइक्रोवेब** | पु० | रेडियो संकेतों को भेजने के लिए प्रयुक्त सूक्ष्म विद्युत तरंग। |
| **माइक्रोस्कोप** | पु० | सूक्ष्मदर्शी यन्त्र जिसमें न दिखायी देने योग्य वस्तुएँ भी इसके द्वारा दिखायी देती हैं। |
| **माइनस** | पु० | घटना, घटाना; शून्य से कम या नीचे; गणित में प्रयुक्त ऋण चिह्न जो यह व्यक्त करता है कि कोई संख्या शून्य से कम या नीचे है, किसी दूसरी संख्या को पहली संख्या को घटाने के लिए प्रयोग किया जाने वाला चिह्न (-)। |
| **माल्टोज** | पु० | शरीर के रसायनों द्वारा स्टार्च से बनायी गयी शर्करा। |
| **मिक्सर** | पु० | मिश्रित करने वाली मशीन। |
| **मिक्सचर** | पु० | मिश्रण; कई वस्तुओं को मिलाकर बनायी गयी एक वस्तु। |

| | | |
|---|---|---|
| **मिथेन** | पु० | एक रंगहीन, गन्धहीन ज्वलनशील गैस जो बहुत ताप उत्पन्न करती है। |
| **मीजर** | पु० | किसी वस्तु का आकार, मात्रा आदि बताने का पैमाना। |
| **मीटर** | पु० | दूरी या गहराई को मापने वाला मात्रक। |
| **मीटरिक** | वि० | जिसमें मीटरिक पद्धति पर आधारित मापन प्रणाली का प्रयोग हुआ है। |
| **मीटरिक सिस्टम** | पु० | मीटर, किलोग्राम और लीटर को मूल इकाइयों के रूप में प्रयुक्त करने वाली मापन प्रणाली; मीटरिक पद्धति। |
| **मीडियम वेब** | पु० | रेडियो संकेतों को प्रसारित करने की प्रणाली जिसमें 100 और 1000 मीटर के बीच की ध्वनि तरंगों का प्रयोग होता है। |
| **मेंस्ट्रुअल** | वि० | मासिकधर्म सम्बन्धी। |
| **मेकेनिक** | पु० | यन्त्रों या मशीनों की मरम्मत करने वाला व्यक्ति, मिस्त्री। |
| **मेकेनिज्म** | पु० | कुछ करने या संचालित होने की विधि; विशेष काम करने वाले मशीन के सचल कल-पुर्जे। |
| **मेटलर्जिस्ट** | पु० | धातु विज्ञानी। |
| **मेटलर्जी** | पु० | धातु विज्ञान। |
| **मेटाबोलिज्म** | पु० | पेड़-पौधों और जन्तुओं में होने वाली रासायनिक प्रक्रियाएँ जो भोजन को ऊर्जा में परिवर्तित कर देती है जिससे उनकी वृद्धि होती है; चयापचयन। |
| **मेटामार्फोसिस** | पु० | प्राकृतिक विकास प्रक्रिया के अन्तर्गत पूर्णरूप से आकृति में परिवर्तन। |
| **मेटिअरोलॉजी** | स्त्री० | मौसम विज्ञान। |
| **मेटिओर** | पु० | उल्का, एक आकाशीय पिण्ड जिसका पृथ्वी के वातावरण में प्रवेश करने पर आकाश में प्रकाशमयी रेखा बन जाती है। |
| **मेथड** | पु० | रीति, विधि। |
| **मेथडोलॉजी** | स्त्री० | विशेष सिद्धान्तों और विधियों पर आधारित कार्यप्रणाली। |
| **मेथनाल** | पु० | अलकोहल का विषैला रूप जो रंग और गन्ध से रहित होता है और आसानी से गैस में बदल जाता है। |
| **मेथिलेटेड स्प्रिट** | पु० | एक प्रकार का अपेय अलकोहल, जिसका प्रयोग गन्दे धब्बे को दूर करने, जलाने या गरम करने के लिए किया जाता है। |
| **मेनोपाज** | पु० | रजोनिवृत्ति; उम्र के साथ महिलाओं का मासिक धर्म का बन्द हो जाना। |
| **मेमोरी** | स्त्री० | स्मरणशक्ति, याददाश्त; स्मृतिकोश; कम्प्यूटर का वह भाग जहाँ सूचना संग्रहीत रहती है। |
| **मेसोफिल** | पु० | वह तत्त्व जिससे पत्ती का आन्तरिक भाग बना होता है; मध्यपर्ण। |
| **मैंगनीज** | पु० | एक प्रकार की कठोर या भूरी धातु। |
| **मैण्डिबल** | पु० | जबड़ा, अधोहनु, चिबुकास्थि। |
| **मैटरनिटी** | वि० | आसन्न प्रसवा या सद्यः प्रसूता माता से सम्बन्धित। |
| **मैटीरियल** | पु० | कुछ बनाने या कुछ करने के लिए प्रयुक्त पदार्थ। |
| **मैटीरियलिज्म** | पु० | धन आदि भौतिक वस्तुओं को सर्वाधिक मानने की प्रवृत्ति; भौतिकवाद। |
| **मैटीरियलिसट** | पु० | भौतिकवादी। |
| **मैथमेटिक्स** | पु० | गणितशास्त्र। |
| **मैथमेटीशियन** | पु० | गणितज्ञ। |

| | | |
|---|---|---|
| **मैक्रो** | पु० | कम्प्यूटर के लिए अकेला बड़ा निर्देश जिसे वह स्वचालित रूप से निर्देश समुच्चय के रूप में ग्रहण करता है ताकि विशिष्ट कार्य को सम्पन्न किया जा सके। |
| **मैक्रोबायोटिक** | पु० | ऐसा खाद्य पदार्थ जो रसायन के प्रयोग से मुक्त होता है और आयुवर्द्धक माना जाता है। |
| **मैगनीफाइंग ग्लास** | पु० | छोटी वस्तुओं या छोटे अक्षर को बड़े आकार में देखने के लिए मूठ लगा एक लेंस; आवर्द्धक लेंस |
| **मैगनीशियन** | पु० | एक हल्की चाँदी जैसी सफेद धातु जिसमें से चमकदार सफेद लौ निकलती है। |
| **मैगनेट** | पु० | चुम्बक। |
| **मैगनेटिक** | वि० | चुम्बकीय। |
| **मैगनेटिक फील्ड** | पु० | चुम्बकीय क्षेत्र; चुम्बक या चुम्बकवत वस्तुओं का प्रभाव क्षेत्र। |
| **मैगनेटिज्म** | पु० | चुम्बकत्व; चुम्बक शक्ति। |
| **मोटर** | पु० | पेट्रोल, गैस, विद्युत आदि से चलने वाला यन्त्र जिसमें मशीनें आदि चलती हैं। |
| **मोडेम** | पु० | टेलीफोन लाइनों द्वारा कम्प्यूटरों को परस्पर जोड़ने वाला यन्त्र। |
| **मोबाइल फोन** | पु० | एक प्रकार का टेलीफोन जिसे कहीं आते-जाते समय भी आप अपने पास रख सकते हैं और उसका प्रयोग कर सकते हैं। |
| **मोलस्क** | पु० | मृदु कवचधारी जन्तु। जो सामान्यतया कठोर आवरण युक्त कोष में रहते हैं। |
| **मोशन** | पु० | गति। |
| **म्यूकस मेम्बरेन** | पु० | श्लेष्मल झिल्ली। यह नाक और मुँह के अन्दर त्वचा की महीन परत होती है। जिससे श्लेष्मा उत्पन्न होता है जो इन अंगों को सूखने नहीं देता। |
| **रडार** | पु० | रेडियो तरंगों का प्रयोगकर चलते जहाज, उड़ते विमान आदि की स्थिति का पता लगाने की एक प्रणाली। |
| **रिफ्लेक्स एंगिल** | पु० | $180^0$ से बड़ा कोण। |
| **रिफ्लेक्टिव** | वि० | परावर्तनशील, प्रकाश या ताप को लौटाने वाला। |
| **रिफ्रैक्ट** | क्रि० | (भौतिक विज्ञान) पानी, काँच आदि में प्रकाश रेखा का दिशा परिवर्तन, अपवर्तन करना। |
| **रिसिस्टर** | पु० | विद्युत शक्ति को परिपथ पर खुलकर प्रवाहित होने वाला उपकरण। |
| **रिसिस्टेण्ट** | वि० | प्रतिरोधी। |
| **रिस्पीरेशन** | पु० | श्वसन; साँस लेने व छोड़ने की क्रिया। |
| **रेडिएण्ट** | वि० | प्रकाश या ताप को बिखेरने वाला, विकिरणकारी। |
| **रेडिएटर** | पु० | कमरे को गरम करने के उद्देश्य से धातु का बना हुआ उपकरण जिसमें गरम पानी भरकर दीवार पर लगाया जाता है; कार के इंजन को ठण्ढा करने के लिए उसके आगे लगाया गया एक उपकरण जिसमें पानी भरा जाता है और इंजन को शीतल करता है। |
| **रेडिएशन** | पु० | कुछ पदार्थों से निकल कर फैलने वाली शक्तिशाली और हानिकर |

| | | |
|---|---|---|
| | | किरणें। इन किरणों को हम देख या महसूस नहीं कर सकते, किन्तु इन किरणों के प्रभाव से गम्भीर रोग हो सकता है जो मृत्यु का कारक हो सकता है। |
| **रेडियम** | पु० | एक रासायनिक तत्त्व। यह सफेद रंग का एक विकिरणशील तत्त्व है। इसका प्रयोग गम्भीर रोगों के उपचार में भी किया जाता है। |
| **रेडियस** | पु० | वृत्त का व्यासार्भ; त्रिज्या; वृत्त के केन्द्र से परिधि तक की दूरी; बाँह की कलाई से कुहनी तक की छोटी हड्डी; बहिः प्रकोष्ठिका। |
| **रेडियो** | पु० | विद्युत संकेतो या रेडियो तरंगों द्वारा वायु के माध्यम से सन्देशों को भेजने या प्राप्त करने की क्रिया। |
| **रेडियोएक्टिव** | वि० | विकिरणशील या रेडियो सक्रिय। अणु विखण्डन के कारण उत्पन्न होने वाली शक्तिशाली और हानिकर किरणें जो गम्भीर रोगों अन्तः मृत्यु का कारण होती हैं। |
| **रेडियोग्राफर** | पु० | अस्पताल में शरीर के अंगों का एक्स-रे लेने वाला व्यक्ति। |
| **रेफ्रिजरेशन** | पु० | प्रशीतन। |
| **रोटेन** | वि० | सड़ा-गला। |
| **रोटेशन** | पु० | धुरी पर वृत्ताकार आवर्तन, घूर्णन। |
| **रोम** | पु० | इसका पूर्णरूप रीड ओनली मेमोरी है। इसमें आवश्यक सामग्री स्थाई रूप से संचित की जाती है और उसमें किसी भी प्रकार का परिवर्तन नहीं किया जा सकता है। |
| **रोलर** | पु० | एक बेलनाकार उपकरण या मशीन का भाग जो किसी चीज को दबाकर उसकी सतह समतल करे। |
| **लांगीट्यूड** | पु० | उत्तर से दक्षिणी ध्रुव तक जाने वाली रेखा के पूर्व या पश्चिम में उस रेखा से किसी स्थान की दूरी; देशान्तर रेखा। इसे डिग्री में मापा जाता है। |
| **लांगीट्यूडनल वेब** | पु० | देशान्तरीय लहर। |
| **लाइट** | वि० | सुप्रकाशित, रोशनीदार, प्रकाशमय। |
| **लाइट ईयर** | पु० | प्रकाश वर्ष, एक वर्ष में प्रकाश द्वारा तय की जाने वाली दूरी जो लगभग $9.46 \times 10^{12}$ किलोमीटर होती है। |
| **लाउडस्पीकर** | पु० | रेडियो, सीडी प्लेयर आदि में लगा स्पीकर; ध्वनि विस्तारक यन्त्र। |
| **लॉग-इन** | क्रि० | कम्प्यूटर सिस्टम को सक्रिय करने के लिए आवश्यक क्रियाएँ करना। |
| **लॉग-आउट/लॉग-ऑफ** | क्रि० | कम्प्यूटर प्रणाली को निष्क्रिय करने के लिए आवश्यक क्रियाएँ करना। |
| **लॉगैरिथ्म** | पु० | लघुगणक; लघुगणक तालिका में क्रम से संख्याएँ दी हुई होती हैं। यहां संख्याओं में गुणा या भाग करने के लिए संख्याओं के सामने दिये गये अंकों को जोड़ा या घटाया जाता है। तत्पश्चात एक अन्य तालिका से गुणनफल या भागफल प्राप्त हो जाता है। |
| **लिक्विड क्रिस्टल डिस्प्ले (एलसीडी)** | पु० | एक प्रकार की इलेक्ट्रॉनिक मशीन जिसमें एक विशेष द्रव में विद्युतधारा को प्रवाहित किया जाता है और छोटे परदे पर संख्याएँ और अक्षर दिखायी देते हैं। |
| **लिगामेंट** | पु० | मनुष्य या पशु के शरीर के अन्दर एक ऊतक जो हड्डियों को जोड़ती है; स्नायु अस्थिबन्ध। |

| | | |
|---|---|---|
| **लिग्नाइट** | पु० | भूरा कोयला। |
| **लिटमस** | पु० | एक विशेष पदार्थ जो अम्ल के स्पर्श से लाल और क्षार के स्पर्श से नीला हो जाता है। |
| **लिम्फ** | पु० | मानव शरीर में श्वेत रक्त कोशिकाओं वाला रंगहीन द्रव, जो संक्रमण को रोकता है। |
| **लिम्फनोड** | पु० | शरीर में गाँठ जिसमें से होकर लसीका प्रवाहित होती है। |
| **लिम्फोसाइट** | स्त्री० | एक प्रकार की छोटी श्वेत रक्त कोशिका, लसीका कोशिका। |
| **लुब्रीकेण्ट** | पु० | चिकना पदार्थ जिसको लगाने से मशीन के पुर्जे बिना रुकावट के आसानी से कार्य करते हैं। |
| **लेंस** | पु० | आँख में पुतली के पीछे एक पारदर्शी अंग जो प्रकाश को नियन्त्रित करने के लिए अपनी आकृति बदलता है। |
| **लेजर** | पु० | अत्यधिक शक्तिशाली प्रकाश-पुँज उत्पन्न करने वाली क्रिया जिसका प्रयोग उपकरण के रूप में भी किया जा सकता है। |
| **लेजर प्रिण्टर** | पु० | कम्प्यूटर से संयुक्त लेजर किरणों के सहायता से प्रिण्ट करने वाला एक मुद्रण यन्त्र। |
| **लेथर्जी** | पु० | बहुत थकान या कमजोरी। |
| **लैक्टोज** | पु० | दूध में पायी जाने वाली शर्करा, जिसका प्रयोग शिशु आहारों में किया जाता है। |
| **लैक्सेटिव** | पु० | विरेचक औषधि, पेट साफ करने में सहायक औषधि, दस्तावर औषधि। |
| **लैक्टिक एसिड** | पु० | एक विशेष प्रकार का अम्ल जो दूध के बासी हो जाने पर उसमें उत्पन्न होता है। यह शारीरिक कठोर श्रम करने के फलस्वरूप माँस-पेशियों में भी उत्पन्न हो जाता है, दुग्धाम्ल। |
| **लैंगुयेज लैबोरेटरी** | पु० | भाषा प्रयोगशाला; इलेक्ट्रॉनिक उपकरणों टेप, वीडीयो आदि की सहायता से भाषा सीखने की प्रयोगशाला। |
| **लैण्टर्न** | पु० | लालटेन। |
| **लैण्डस्लाइड** | पु० | भूस्खलन, चट्टानों आदि का टूटकर गिरना। |
| **लैडर** | पु० | सीढ़ी, जीना। |
| **लैपटॉप** | पु० | एक छोटा अत्याधुनिक कम्प्यूटर जिसे बिजली न होने पर बैटरी से भी चलाया जा सकता है। |
| **लैबरिन्थ** | पु० | आन्तरकर्ण। |
| **लैबियल** | पु० | ओष्ठ्य ध्वनि, ओठों से उत्पन्न ध्वनि। |
| **लैबोरेटरी** | पु० | विज्ञान की प्रयोगशाला। |
| **लैरिंक्स** | पु० | कण्ठ, स्वरयन्त्र, गले का ऊपरी भाग जिसमें ध्वनि उत्पादक माँस-पेशियाँ होती हैं। |
| **लैरिंजाइटिस** | पु० | गले का एक रोग जिसके कारण बोलने में कठिनाई होती है; गले की सूजन, कण्ठ शोथ, स्वरयन्त्र शोथ। |
| **लोलेवल** | वि० | कम्प्यूटर में सामान्य भाषा में विभिन्न अंकों की पद्धति जिसे कम्प्यूटर समझता है, कम्प्यूटर ग्राह्य अंक पद्धति की भाषा। |
| **लोवेस्टकॉमन डिनामिनेटर** | पु० | (गणित) लधुत्तम समापवर्त्य। |

| | | |
|---|---|---|
| **ल्यूकेमिया** | स्त्री० | रक्त का एक गम्भीर रोग जो मृत्यु का कारण भी हो सकता है। |
| **ल्यूकोसाइट** | पु० | रक्त का श्वेतकण; रक्त की श्वेत कोशिका। |
| **सरकमफरेंस** | पु० | परिधि, घेरा। |
| **सर्कल** | पु० | गोल आकृति, वृत्त; घेरा, गोला। |
| **सर्किट** | पु० | विद्युतधारा का परिपथ। |
| **सर्किटबोर्ड** | पु० | विद्युत यन्त्रों के अन्दर का विद्युत परिपथ। |
| **सर्कुलेशन** | पु० | शरीर में रक्त का संचरण; परिचालन। |
| **साइकल** | पु० | घटना श्रृंखलाओं या प्रक्रियाओं की उसी क्रम में अनेक बार पुनरावृत्ति होना। |
| **साइक्लोन** | पु० | चक्रवात, बवण्डर। |
| **साइटोलॉजी** | पु० | पौधों और पशुओं की कोशिकाओं का वैज्ञानिक अध्ययन; कोशिका विज्ञान। |
| **साइटोप्लाज्म** | पु० | वह पदार्थ या द्रव्य जिससे कोशिका का निर्माण होता है। |
| **साइबर कैफे** | पु० | जहाँ भाड़े पर इण्टरनेट व कम्प्यूटर के प्रयोग की सुविधा हो। |
| **साइबरनेटिक्स** | पु० | सम्प्रेषण और नियन्त्रण की प्रक्रियाओं का वैज्ञानिक अध्ययन जिसमें उदाहरण के लिए पशु के मस्तिष्क का मशीन और इलेक्ट्रॉनिक उपकरण से तुलना की जाती है। |
| **साइबर स्पेस** | पु० | एक अभौतिक स्थल जहाँ एक से दूसरे कम्प्यूटर को भेजे जा रहे इलेक्ट्रॉनिक सन्देश स्थिर होते हैं। |
| **सायनाइड** | पु० | एक विषैला रसायन। |
| **सिरोसिस** | पु० | यकृत को प्रभावित करने वाला एक विशेष रोग। यह रोग मदिरापान के कारण होता है। |
| **सिलेण्डर** | पु० | बेलन की आकार की वस्तु; किसी इंजन का बेलनाकार पुर्जा। |
| **सिस्ट** | स्त्री० | शरीर के अन्दर बन जाने वाली एक खोखली गाँठ जिसमें द्रव पदार्थ जमा हो जाता है। |
| **सिस्टिकफाइब्रोसिस** | पु० | एक गम्भीर जन्मजात प्राणघातक रोग जिसमें रोगी के कुछ अंग ठीक से काम नहीं करते। |
| **सिस्टाइसिस** | पु० | मूत्राशय की सूजन। |
| **सीडी** | पु० | इसका पूरा रूप कम्पैक्ट डिस्क है। यह प्लास्टिक का गोल आकार में बना एक चपटा टुकड़ा है जिस पर सूचना सामग्री व ध्वनि रिकॉर्ड किया जाता है। |
| **सीडी रोम** | पु० | कम्प्यूटर में प्रयोग की जाने वाली सीडी जिसमें सूचना सामग्री संगृहीत होती है किन्तु इसमें किसी प्रकार का बदलाव नहीं किया जा सकता और न ही इसे मिटाया जा सकता है। |
| **सेण्टीमीटर** | पु० | लम्बाई मापने की एक इकाई, 100 सेमी के बराबर 1 मीटर होता है। |
| **सेण्ट्रल प्रोसेसिंग युनिट** | पु० | कम्प्यूटर के विभिन्न भागों को नियन्त्रित करने वाला केन्द्रीय अंश या भाग। इसे संक्षिप्त में सीपीयू भी कहा जाता है। |
| **सेण्ट्रल हीटिंग** | पु० | केन्द्रीय तापन प्रणाली। |
| **सेण्ट्रीपेटल** | वि० | अभिकेन्द्रीय; केन्द्र की ओर जाते हुए। |

| | | |
|---|---|---|
| **सेण्ट्रीफ्यूगल** | वि० | अपकेन्द्री; केन्द्रबिन्दु से दूर हटते हुए। |
| **सेरेबेलम** | पु० | मस्तिष्क के पिछले हिस्से का वह भाग जो माँस-पेशियों की गतिविधियों को नियन्त्रित करता है। |
| **सेरेब्रल** | वि० | प्रमस्तिष्कीय; मस्तिष्क विषयक। |
| **सेरेब्रल पाल्सी** | पु० | जन्म के समय या पहले हुई मस्तिष्क क्षति जिसके कारण भुजाओं और टाँगों पर नियन्त्रण भी क्षतिग्रस्त हो जाता है; प्रमस्तिष्क विषयक। |
| **सेरेविक्स** | पु० | गर्भाशय ग्रीवा; गर्भाशय के विवर का संकीर्ण मार्ग। |
| **सेल्यूलोज** | पु० | एक प्राकृतिक पदार्थ जो प्राणियों की कोशिका भित्तियों को बनाता है। इस पदार्थ से प्लास्टिक कागज आदि भी बनाये जाते हैं। |
| **सेल्सियस** | पु० | तापमान मापने की एक प्रणाली जिसमें पानी का हिमांक $0^0$ और क्वथनांक $100^0$ पर होता है। |
| **हर्ट** | पु० | हृदय, दिल; मनुष्य के मनोभावों का केन्द्र। |
| **हर्ट अटैक** | पु० | दिल का दौरा; हृदयगति का अनियमित होना। |
| **हर्टऐच** | पु० | मनोवेदना। |
| **हर्नियाँ** | स्त्री० | आँत आदि आन्तरिक अंग का माँस-पेशियों में से बाहर आ जाने का रोग, आँत उतरने का रोग; अन्त्रवृद्धि। |
| **हर्पीज** | पु० | एक संक्रामक त्वचा रोग जिसमें त्वचा पर विशेष रूप से गुप्तांगों पर अत्यधिक कष्टदायी चकत्ते पड़ जाते हैं, बिसर्पिका। |
| **हर्ब** | पु० | जड़ी-बूटी। |
| **हर्बैशस** | पु० | कोमल तने वाले पौधों से सम्बन्धित। |
| **हर्बीसाइड** | स्त्री० | अनावश्यक पौधों के उगने पर उनको नष्ट करने का रसायन। |
| **हर्माफ्रोडाइट** | पु० | व्यक्ति, पशु या पुष्प जिनमें नर और मादा दोनों के लक्षण हों, उभयलिंगी। |
| **हाइजीन** | पु० | मानव शरीर और उसके परिवेश की स्वच्छता, साफ-सफाई। |
| **हाइड्राक्साइड** | पु० | एक यौगिक रसायन जिसमें किसी धातु और ऑक्सीजन एवं हाइड्रोजन का मिश्रण होता है। |
| **हाइड्रो इलेक्ट्रिक** | वि० | जल की शक्ति से उत्पन्न किया हुआ; विद्युत उत्पादन में जल की शक्ति का प्रयोग करने वाला। |
| **हाइड्रोकार्बन** | पु० | (रसायन शास्त्र) हाइड्रोजन और कार्बन का मिश्रण। |
| **हाइड्रोक्लोरिक एसिड** | पु० | हाइड्रोजन और क्लोरीन युक्त अम्ल। |
| **हाइड्रोजन** | पु० | एक हल्की रंगहीन गैस। |
| **हाइड्रोजन बम** | पु० | बहुत शक्तिशाली नाभिकीय बम। |
| **हाइड्रोलॉजी** | पु० | भूजल का वैज्ञानिक अध्ययन, भूजल विज्ञान। |
| **हाईटेक** | वि० | अत्याधुनिक मशीनों और तकनीकों का प्रयोग करने वाले। |
| **हाइपर लिंक** | पु० | कम्प्यूटर स्थित इलेक्ट्रॉनिक डॉक्यूमेण्ट में एक स्थान जो दूसरे इलेक्ट्रॉनिक डाक्यूमेण्ट से जुड़ा हो। |
| **हाइपोकॉण्ड्रिया** | स्त्री० | वास्तविकता के विपरीत रोगी होने का भ्रम, रोगभ्रम। |
| **हाइपोटेन्यूज** | पु० | समकोण त्रिभुज का कर्ण। |
| **हाइपोडर्मिक** | वि० | त्वचा के नीचे इंजेक्शन लगाने के लिए प्रयुक्त यन्त्र। |

| | | |
|---|---|---|
| **हाइपोथेटिकल** | वि० | प्राक्कल्पना पूर्वक; प्राकल्पित रूप से। |
| **हाइपोथर्मिया** | पु० | शरीर का तापमान सामान्य से बहुत कम हो जाने की दशा। |
| **हाइपोथेसिस** | स्त्री० | किसी तथ्य को समझने के लिए मान ली जाने वाली बात, अनुमान पर आधारित विचार; प्राक्कल्पना। |
| **हाईब्रिड** | पु० | दो विभिन्न प्रजातियों के जनकों से उत्पन्न पशु या पौधा, संकर पशु या पौधा; वर्णसंकर। वि० संकर, मिश्र। |
| **हाईड्रण्ट** | पु० | सड़क पर लगा नल जिससे पानी लेकर सड़क साफ करने या आग बुझाने का कार्य किया जाता है। |
| **हाईड्रेट** | क्रि० | किसी को जलयुक्त करना; कोई ऐसा उपाय करना जिससे पानी अन्दर जाये। |
| **हाईड्रौलिक** | वि० | दाब की स्थिति में पाइप आदि में से बहते पानी या अन्य द्रव से चलने वाला; द्रव चालित। |
| **हाईड्रौलिक्स** | पु० | दाब की स्थिति में बदलते द्रव के प्रयोग से काम करने वाली मशीन; द्रव चालित मशीन; द्रवचालन विज्ञान। |
| **हाउंचेज** | पु० | पशु का पुट्ठा; पुरुष का नितम्ब। |
| **हाटलाइन** | पु० | किसी संगठन की या व्यापार केन्द्र की सीधी टेलीफोन लाइन। |
| **हॉरिजेण्टल** | वि० | क्षितिज के समानान्तर; समतल। |
| **हार्डकॉपी** | पु० | कागज पर मुद्रित कम्प्यूटर संचित जानकारी, पढ़ने योग्य कॉपी। |
| **हार्डडिस्क** | पु० | कम्प्यूटर के अन्दर लगी एक डिस्क जिसमें आँकड़े और प्रोग्राम स्थायी रूप से संचित रहते हैं। |
| **हार्डड्रग** | स्त्री० | शक्तिशाली और गैरकानूनी मादक पदार्थ जिसका सेवन करना एक आदत बन जाती है। |
| **हार्डवेयर** | पु० | कम्प्यूटर में प्रयोग की जाने वाली कम्पोनेण्ट्स एवं डिवाइसें, जिनके सहयोग से कम्प्यूटर चलता है। |
| **हिस्टामिन** | पु० | घायल होने पर या स्पर्श आदि की प्रतिकूल प्रतिक्रिया स्वरूप शरीर में उत्पन्न रसायन। |
| **हिस्टीरिया** | स्त्री० | भावोन्माद; व्यक्ति की अपनी भावनाओं पर नियन्त्रण खो बैठने की दशा। |
| **हिस्टेरिक्स** | पु० | उन्माद का रोग; हिस्टीरिया का दौरा। |
| **हीटर** | पु० | पानी या कमरे को गरम करने के लिए प्रयोग की जाने वाली मशीन। |
| **हीमोफिलिया** | स्त्री० | अधिक रक्तस्राव का रोग। |
| **हील** | पु० | एड़ी, पैर के पीछे का भाग। |
| **हेक्सागॉन** | पु० | छः फलकों वाली आकृति। |
| **हेटरोजाइगोट** | पु० | जीवधारी, जिसमें जीव के विशेष दो रूप हैं; विषम, युग्मज प्राणी। |
| **हेटरोसेक्सुअल** | वि० | विपरीत लिंगी व्यक्ति के प्रति कामुक भाव से आकृष्ट होना। |
| **हेडलाइट** | पु० | किसी वाहन के अग्रभाग में चमकने वाला तेज प्रकाश का स्रोत। |
| **हेपेटाइटिस** | स्त्री० | यकृतशोथ। |
| **हेमीस्फीयर** | पु० | पृथ्वी का आधाभाग, गोलार्द्ध। |
| **हेरेडिटी** | पु० | वह प्रक्रिया जिसके द्वारा माता-पिता के शारीरिक व मानसिक गुण सन्तान तक पहुँचते हैं; आनुवाशिंकता। |

| | | |
|---|---|---|
| **हेलिक्स** | पु० | कुण्डली मारे सर्प जैसी आकृति, सिलेण्डर या कोन। |
| **हेल्थ** | पु० | मनुष्य के शरीर व मन की दशा; स्वास्थ्य, शरीर के स्वस्थ एवं रोगमुक्त होने की स्थिति। |
| **हेल्थ सर्विस** | स्त्री० | स्वास्थ्य सेवा, चिकित्सा सेवा। |
| **हैल्थ सेण्टर** | पु० | स्वास्थ्य केन्द्र, अस्पताल। |
| **हैकर** | पु० | कम्प्यूटर में संचित सूचना की चोरी करने वाला व्यक्ति। |
| **हैक्सॉ** | पु० | धातुओं को काटने वाली आरी। |
| **हैमर** | पु० | हथौड़ा। |
| **हैमराइड्स** | पु० | बवासीर; अर्श। |
| **हैमरेज** | पु० | शरीर के अन्दर किसी नलिका के फटने से अधिक रक्तस्राव होना। |
| **हैमस्ट्रिंग** | पु० | घुटने की पीछे की नस जो टाँग के ऊपर के हिस्से की माँस-पेशियों के नीचे की हड्डियों से जोड़ती है; घुटनस। |
| **हैमोग्लोबिन** | पु० | रक्त में पाये जाने वाले लालकण जिसमें आयरन की मात्रा अधिक होती है और ये लाल कण ऑक्सीजन का वहन करते हैं। |
| **हैलूसिनेशन** | पु० | दृष्टिभ्रम या मतिभ्रम। |
| **हैलोजन** | पु० | पाँच रसायनों में से कोई एक जो हाइड्रोजन के साथ मिलकर शक्तिशाली अंग का निर्माण करते हैं। |
| **होमियोपैथ** | पु० | होम्योपैथी का डॉक्टर। |
| **होमियोपैथी** | स्त्री० | होम्योपैथी चिकित्सा पद्धति। |
| **होमियोस्टैटिस** | पु० | परिवर्तनों के प्रति शारीरिक प्रतिक्रिया की प्रक्रिया जिसमें शरीर की अन्दरूनी दशाएँ स्थिर रहती हैं। |
| **होमोजाइगोट** | पु० | सयुग्मज प्राणी; ऐसा प्राणी जिसमें एक विशेष जीन का केवल एक ही रूप होता है। |
| **होलोग्राम** | पु० | किसी सतह पर लगी कोई लघु छवि या चित्र जो प्रकाश पड़ने पर अलग से चमकती उभरती है। |

❑❑❑